ELEMENTOS DE MÁQUINA

EM PROJETOS MECÂNICOS

5ª edição

ELEMENTOS DE MÁQUINA
EM PROJETOS MECÂNICOS

5ª edição

ROBERT L. MOTT, P.E.
UNIVERSITY OF DAYTON

TRADUTORAS

POLIANA MAGALHÃES OLIVEIRA E GIULIANA NIEDHARDT

REVISÃO TÉCNICA

PROF. DR. ANTONIO CARLOS ANCELOTTI JR.

MESTRE E DOUTOR EM ENGENHARIA
AERONÁUTICA E MECÂNICA PELO ITA
PROFESSOR DO INSTITUTO DE ENGENHARIA
MECÂNICA DA UNIFEI

©2015 by Pearson Education do Brasil Ltda.
Copyright © 2014, 2004, 1999 by Pearson, Inc.

Todos os direitos reservados. Nenhuma parte desta publicação poderá ser reproduzida ou transmitida de qualquer modo ou por qualquer outro meio, eletrônico ou mecânico, incluindo fotocópia, gravação ou qualquer outro tipo de sistema de armazenamento e transmissão de informação, sem prévia autorização, por escrito, da Pearson Education do Brasil.

Gerente editorial Thiago Anacleto
Supervisora de produção editorial Silvana Afonso
Coordenador de produção editorial Sérgio Nascimento
Editor de aquisições Vinícius Souza
Editora de texto Sabrina Levensteinas
Editor assistente Marcos Guimarães
Preparação Beatriz Garcia
Revisão Ana Mendes
Capa Solange Rennó
Projeto gráfico e diagramação Casa de Ideias

Dados Internacionais de Catalogação na Publicação (CIP)
(Câmara Brasileira do Livro, SP, Brasil)

Mott, Robert L.
  Elementos de máquina em projetos mecânicos / Robert L. Mott; tradução Giuliana Niedhardt e Poliana Magalhães Oliveira; revisão técnica Antonio Carlos Ancelotti. – 5. ed. – São Paulo: Pearson Education do Brasil, 2015.

  Título original: *Machine elements in mechanical design*
  ISBN 978-85-430-0590-4

  1. Design de máquina 2. Elementos de máquinas 3. Máquinas - Projetos 4. Movimentos mecânicos I. Título.

15-01645   CDD-621.815

Índice para catálogo sistemático:
1. Projetos de elementos de máquinas : Engenharia mecânica 621.815

Printed in Brazil by Reproset RPPA 225567

Direitos exclusivos cedidos à
Pearson Education do Brasil Ltda.,
uma empresa do grupo Pearson Education
Avenida Santa Marina, 1193
CEP 05036-001 - São Paulo - SP - Brasil
Fone: 11 2178-8609 e 11 2178-8653
pearsonuniversidades@pearson.com

Distribuição
Grupo A Educação
www.grupoa.com.br
Fone: 0800 703 3444

SUMÁRIO

Parte 1 Princípios de projeto e análise de tensões 1

1 Natureza do projeto mecânico 3
   1.1 Objetivos 8
   1.2 Processo do projeto mecânico 8
   1.3 Habilidades necessárias no projeto mecânico 10
   1.4 Funções, requisitos do projeto e critérios de avaliação 10
   1.5 Exemplo de integração de elementos de máquinas em um projeto mecânico 12
   1.6 Auxílios computacionais 14
   1.7 Cálculos de projeto 14
   1.8 Dimensões preferenciais, roscas e formas básicas 15
   1.9 Sistemas de unidade 21
   1.10 Distinção entre peso, força e massa 22
   Referências 23
   Sites sobre projeto mecânico geral 24
   Sites sobre inovação e gestão de projetos complexos 24
   Problemas 25

2 Materiais no projeto mecânico 27
   2.1 Objetivos 29
   2.2 Propriedades dos materiais 30
   2.3 Classificação de metais e ligas 43
   2.4 Variabilidade dos valores de propriedades dos materiais 48
   2.5 Aço carbono e ligas de aço 48
   2.6 Condições dos aços e tratamento térmico 52
   2.7 Aços inoxidáveis 57
   2.8 Aço estrutural 58
   2.9 Aços-ferramenta 58
   2.10 Ferro fundido 58
   2.11 Metais em pó (metais sinterizados) 61
   2.12 Alumínio 64
   2.13 Ligas de zinco e de magnésio 66
   2.14 Ligas à base de níquel e de titânio 67
   2.15 Cobre, latão e bronze 68
   2.16 Plásticos 70
   2.17 Materiais compósitos 73
   2.18 Seleção de materiais 86
   Referências 92
   Sites relacionados a projetos de propriedades de materiais 93
   Problemas 96
   Problemas complementares 98
   Tarefas na internet 99

3 Análise de tensão e deformação 100
   3.1 Objetivos 105
   3.2 Filosofia de um projeto seguro 105
   3.3 Tensões representadas em um elemento de tensão 105
   3.4 Tensões diretas: tração e compressão 106
   3.5 Deformação sob carregamento axial direto 108
   3.6 Tensão de cisalhamento direta 108
   3.7 Relações entre torque, potência e velocidade de rotação 109
   3.8 Tensão de cisalhamento torcional 110
   3.9 Deformação torcional 112
   3.10 Torção em membros que têm seções transversais não circulares 112
   3.11 Torção em tubos fechados de paredes finas 114
   3.12 Tubos abertos e uma comparação com tubos fechados 115
   3.13 Tensão de cisalhamento vertical 116
   3.14 Fórmulas especiais de tensão de cisalhamento 118
   3.15 Tensão decorrente de flexão 119
   3.16 Centro de flexão em vigas 121
   3.17 Deflexões de vigas 121
   3.18 Equações para perfil de viga defletida 124
   3.19 Vigas com momentos fletores concentrados 125
   3.20 Tensões normais combinadas: princípio da superposição 129
   3.21 Concentrações de tensões 131
   3.22 Vigas curvas 139

3.23 Sensibilidade ao entalhe e fator de redução da resistência 147
Referências 147
Sites relacionados à análise de tensão e deformação 147
Problemas 148

4 Tensões combinadas e círculo de Mohr 161
4.1 Objetivos 163
4.2 Caso geral de tensão combinada 163
4.3 Análise das condições de carregamento complexo e tensão de von Mises 169
4.4 Círculo de Mohr 171
4.5 Problemas práticos relacionados ao círculo de Mohr 177
4.6 Casos em que as duas principais tensões têm o mesmo sinal 179
4.7 Círculo de Mohr em condições especiais de tensão 182
Referência 184
Sites 184
Problemas 184

5 Projeto para diferentes tipos de carregamento 186
5.1 Objetivos 188
5.2 Tipos de carregamento e relação de tensão 188
5.3 Resistência à fadiga e mecanismos de falha por fadiga 192
5.4 Resistência real estimada à fadiga, s'_n 195
5.5 Exemplos para estimar a resistência real à fadiga 202
5.6 Filosofia de projeto 204
5.7 Fatores de segurança 206
5.8 Previsões de falha e métodos de análise de projeto 206
5.9 Procedimento geral de projeto 210
5.10 Exemplos de projeto 212
5.11 Métodos adicionais de análise de projeto 224
5.12 Projeto e processamento recomendados para carregamento por fadiga 229
5.13 Abordagens estatísticas no projeto 229
5.14 Método de vida finita e de acumulação de danos 230
Referências 234
Sites 235
Problemas 235

6 Colunas 246
6.1 Objetivos 248
6.2 Propriedades da seção transversal de uma coluna 248
6.3 Condições de contorno nas extremidades e comprimento efetivo 249
6.4 Índice de esbeltez 249
6.5 Índice de esbeltez de transição 250
6.6 Análise de coluna longa: fórmula de Euler 250
6.7 Análise de coluna curta: equação de J. B. Johnson 253
6.8 Planilha de análise de coluna 255
6.9 Formas ou perfis eficientes para seções transversais de coluna 256
6.10 Projeto de colunas 259
6.11 Colunas deformadas 262
6.12 Colunas com carga excêntrica 265
Referências 268
Problemas 269

Parte 2 Projeto de uma transmissão mecânica 273

7 Transmissões por correia e por cadeia de elos 277
7.1 Objetivos 279
7.2 Tipos de transmissão por correia 280
7.3 Transmissões por correia em V 281
7.4 Projeto de transmissões por correia em V 282
7.5 Transmissões por correia síncrona 290
7.6 Transmissões por cadeia de elos 296
7.7 Projeto de transmissões por cadeia de elos 299
Referências 310
Sites relacionados a transmissões por correia e por cadeia de elos 310
Problemas 311

8 Cinemática de engrenagens 314
8.1 Objetivos 319
8.2 Tipos de engrenagem de dentes retos 319
8.3 Geometria da engrenagem de dentes retos: forma involuta do dente 320
8.4 Nomenclatura da engrenagem de dentes retos e características dos dentes 320
8.5 Interferência entre os dentes da engrenagem reta 330

8.6 Geometria da engrenagem helicoidal 332
8.7 Geometria da engrenagem cônica 335
8.8 Tipos de engrenamento sem-fim 340
8.9 Geometria de sem-fim e engrenagem sem-fim 342
8.10 Razão de velocidade angular e trens de engrenagem 347
8.11 Projeto de trens de engrenagem 353
Referências 360
Sites sobre cinemática de engrenagens 361
Problemas 362

9 Projeto de engrenagem de dentes retos 367
9.1 Objetivos 369
9.2 Conceitos de capítulos anteriores 370
9.3 Forças, torque e potência em engrenagens 371
9.4 Produção de engrenagens 374
9.5 Qualidade das engrenagens 375
9.6 Valores de tensão admissível 380
9.7 Materiais para engrenagens metálicas 381
9.8 Tensão de flexão nos dentes da engrenagem 385
9.9 Tensão de contato nos dentes da engrenagem 395
9.10 Seleção de materiais para engrenagem 397
9.11 Projeto de engrenagens de dentes retos 405
9.12 Projeto de engrenagem para o sistema de módulo métrico 411
9.13 Projeto e análise de engrenagem de dentes retos auxiliados por computador 414
9.14 Utilização da planilha para projeto de engrenagem de dentes retos 415
9.15 Capacidade de transmissão de potência 420
9.16 Engrenagens de plástico 421
9.17 Considerações práticas sobre engrenagens e interfaces com outros elementos 427
Referências 431
Sites relacionados ao projeto de engrenagem de dentes retos 432
Problemas 434

10 Engrenagens helicoidais, engrenagens cônicas e engrenamento sem-fim 440
10.1 Objetivos 442
10.2 Forças nos dentes da engrenagem helicoidal 442

10.3 Tensões nos dentes da engrenagem helicoidal 445
10.4 Resistência à corrosão por pite nos dentes da engrenagem helicoidal 446
10.5 Projeto de engrenagens helicoidais 448
10.6 Forças nas engrenagens cônicas retas 452
10.7 Forças dos rolamentos nos eixos de engrenagens cônicas 454
10.8 Momentos fletores nos eixos de engrenagens cônicas 458
10.9 Tensões nos dentes da engrenagem cônica reta 459
10.10 Forças, atrito e eficiência em conjuntos de engrenagem sem-fim 472
10.11 Tensão nos dentes de engrenagem sem-fim 477
10.12 Durabilidade superficial em transmissões de engrenagem de sem-fim 478
10.13 Tecnologias emergentes e softwares para projeto de engrenagem 481
Referências 483
Sites sobre engrenagens helicoidais, engrenagens cônicas e engrenamento sem-fim 484
Problemas 485

11 Chavetas, acoplamentos e vedações 488
11.1 Objetivos 489
11.2 Chavetas 490
11.3 Materiais para chavetas 494
11.4 Análise de tensão para determinar o comprimento de chaveta 494
11.5 Estrias 498
11.6 Outros métodos de fixação de elementos nos eixos 501
11.7 Acoplamentos 505
11.8 Juntas universais 509
11.9 Anéis de retenção e outros meios de fixação axial 511
11.10 Tipos de vedação 513
11.11 Materiais de vedação 516
Referências 517
Sites sobre chavetas, acoplamentos e vedações 517
Problemas 519

12 Projeto de eixos 521
12.1 Objetivos 522
12.2 Procedimento de projeto de eixo 522
12.3 Forças exercidas sobre os eixos pelos elementos de máquina 525

12.4 Concentrações de tensões em eixos 529
12.5 Tensões de projeto para eixos 530
12.6 Eixos submetidos a flexo-torção 533
12.7 Exemplos de projeto de eixo: flexo-torção 534
12.8 Exemplo de projeto de eixo: flexo-torção com forças axiais 544
12.9 Planilha de apoio para projeto de eixo 548
12.10 Rigidez do eixo e considerações dinâmicas 549
12.11 Eixos flexíveis 550
Referências 550
Sites sobre projeto de eixo 551
Problemas 551

13 Tolerâncias e ajustes 563
13.1 Objetivos 565
13.2 Fatores que afetam tolerâncias e ajustes 565
13.3 Tolerâncias, processos de produção e custo 565
13.4 Dimensões preferenciais 567
13.5 Ajustes de folga 568
13.6 Ajustes de interferência 572
13.7 Ajustes de transição 572
13.8 Tensões para ajustes de força 572
13.9 Métodos gerais de tolerância 576
13.10 Projeto robusto de produto 579
Referências 580
Sites sobre tolerâncias e ajustes 580
Problemas 581

14 Rolamentos de contato angular 582
14.1 Objetivos 584
14.2 Tipos de rolamento de contato angular 584
14.3 Rolamentos de encosto axiais 587
14.4 Rolamentos montados 588
14.5 Materiais de rolamento 588
14.6 Relação carga/vida útil 591
14.7 Dados de fabricantes de rolamentos 591
14.8 Vida útil de projeto 597
14.9 Seleção de rolamento: somente carga radial 598
14.10 Seleção de rolamento: cargas radiais e axiais combinadas 599
14.11 Seleção de rolamento a partir de catálogos de fabricantes 601
14.12 Montagem de rolamentos 602
14.13 Rolamentos de rolos cônicos 603
14.14 Considerações práticas sobre a aplicação de rolamentos 605
14.15 Importância da espessura da película de óleo nos rolamentos 608
14.16 Previsão da vida útil sob cargas variáveis 609
14.17 Séries de denominação de rolamento 610
Referências 610
Sites sobre rolamento de contato angular 611
Problemas 612

15 Conclusão de projeto de transmissão de potência 614
15.1 Objetivos 614
15.2 Descrição da transmissão de potência a ser projetada 615
15.3 Alternativas e seleção da abordagem de projeto 616
15.4 Alternativas de projeto para o redutor de engrenagem 617
15.5 Esboço geral e detalhes do projeto do redutor 618
15.6 Detalhes finais do projeto para os eixos 634
15.7 Desenho de montagem 634
Referências 637
Sites sobre projeto de transmissão 639

Parte 3 Detalhes do projeto e outros elementos de máquina 641

16 Mancais de deslizamento 643
16.1 Objetivos 645
16.2 A tarefa de projetar mancais 645
16.3 Parâmetro de deslizamento, $\mu n/p$ 646
16.4 Materiais para mancais de deslizamento 647
16.5 Projeto de mancais com lubrificação marginal 648
16.6 Mancais de deslizamento hidrodinâmicos de película completa 654
16.7 Projeto de mancais de deslizamento lubrificados hidrodinamicamente 655
16.8 Considerações práticas sobre mancais de deslizamento 661
16.9 Mancais hidrostáticos 662
16.10 Tribologia: atrito, lubrificação e desgaste 665
Referências 669

Sites sobre rolamentos planos e
    lubrificação 670
Problemas 671

17 Elementos de movimento linear 673
17.1 Objetivos 677
17.2 Parafusos de potência 677
17.3 Fusos de esfera 683
17.4 Considerações sobre a aplicação de parafusos de potência e fusos de esfera 686
Referências 687
Sites sobre elementos de movimento linear 687
Problemas 687

18 Molas 689
18.1 Objetivos 691
18.2 Tipos de mola 691
18.3 Molas helicoidais de compressão 693
18.4 Tensões e deflexões para molas helicoidais de compressão 702
18.5 Análise de características das molas 703
18.6 Projeto de molas helicoidais de compressão 706
18.7 Molas de extensão 715
18.8 Molas helicoidais de torção 719
18.9 Melhora do desempenho da mola por granalhagem 726
18.10 Fabricação de molas 726
Referências 726
Sites relevantes para projeto de molas 726
Problemas 727

19 Elementos de fixação 730
19.1 Objetivos 732
19.2 Materiais e resistência de parafusos 732
19.3 Denominações de roscas e área de tensão 735
19.4 Força tensora e aperto de juntas aparafusadas 737
19.5 Força aplicada externamente a uma junta aparafusada 739
19.6 Resistência da rosca ao desgaste 741
19.7 Outros tipos de elemento de fixação e acessórios 742
19.8 Outros meios de fixação e conexão 743
Referências 744
Sites sobre elementos de fixação 745
Problemas 746

20 Quadros de máquinas, conexões aparafusadas e conexões soldadas 748
20.1 Objetivos 749
20.2 Quadros e estruturas de máquina 749
20.3 Juntas aparafusadas com carga excêntrica 752
20.4 Conexões soldadas 756
Referências 764
Sites sobre quadros de máquina, conexões aparafusadas e conexões soldadas 765
Problemas 765

21 Motores elétricos e controles 768
21.1 Objetivos 770
21.2 Fatores de seleção de motores 770
21.3 Potência CA e informações gerais sobre motores CA 770
21.4 Princípios de operação de motores com indução CA 772
21.5 Desempenho de motor CA 773
21.6 Motores de indução trifásicos com indução gaiola de esquilo 774
21.7 Motores monofásicos 776
21.8 Tipos de quadro e caixa de motor CA 777
21.9 Controles para motores CA 781
21.10 Potência CC 788
21.11 Motores CC 789
21.12 Controle de motores CC 791
21.13 Outros tipos de motor 792
Referências 794
Sites sobre motores elétricos e controles 794
Problemas 795

22 Controle de movimento: embreagens e freios 798
22.1 Objetivos 800
22.2 Descrições de embreagens e freios 800
22.3 Tipos de embreagem e freio de atrito 802
22.4 Parâmetros de desempenho 806
22.5 Tempo necessário para acelerar a carga 807
22.6 Inércia de um sistema referente à velocidade do eixo de embreagem 809
22.7 Inércia efetiva de corpos com movimento linear 810
22.8 Absorção de energia: requisitos para dissipação de calor 811
22.9 Tempo de resposta 812
22.10 Materiais de atrito e coeficiente de atrito 814
22.11 Embreagem ou freio de disco 815

22.12 Freios a disco com caliper   817
22.13 Embreagem ou freio de cone   817
22.14 Freios a tambor   819
22.15 Freios de cinta   822
22.16 Outros tipos de embreagem e freio   824
Referências   825
Sites sobre embreagens e freios   826
Problemas   826

23   Execução de projetos   829
   23.1   Objetivos   829
   23.2   Execução de projetos   829

Apêndices   833

Respostas de problemas selecionados   887

Índice remissivo   898

PREFÁCIO

O objetivo deste livro é oferecer conceitos, procedimentos, dados e técnicas de análise de decisão necessários para o projeto de elementos de máquinas costumeiramente encontrados em dispositivos e sistemas mecânicos. Ao término do estudo, os alunos deverão ser capazes de executar projetos originais para elementos de máquinas e integrá-los em um sistema composto por vários outros elementos.

Esse processo exige uma consideração dos requisitos de desempenho de elementos específicos e das interfaces entre eles em seu funcionamento conjunto na formação de um sistema. Por exemplo, uma engrenagem deve ser projetada de modo a transmitir potência em determinada velocidade. O projeto deve especificar o número de dentes, o passo, o formato do dente, a largura de face, o diâmetro do passo e o método de tratamento térmico. Contudo, o projeto da engrenagem também afeta a engrenagem conjugada, o eixo dela e o ambiente no qual ela operará — e por esses fatores é afetado. Além disso, o eixo deve ser apoiado por rolamentos, que precisam estar contidos em uma caixa. Portanto, o projetista deve ter em mente o sistema completo ao projetar cada elemento. Esta obra ajudará o aluno a abordar problemas de projeto nesse sentido.

Este conteúdo é destinado àqueles que se interessam pela prática de projeto mecânico. A ênfase é no emprego de materiais e processos disponíveis e em abordagens apropriadas para a execução de um projeto seguro e eficiente. Presume-se que o leitor seja o projetista, ou seja, a pessoa responsável por determinar a configuração de uma máquina ou parte dela. Quando pertinente, as equações, os dados e os procedimentos necessários para a tomada de decisões são especificados.

Espera-se que os leitores tenham um bom conhecimento prévio de estatística, resistência de materiais, álgebra elementar e trigonometria. Proveitoso, porém não necessário, seria o entendimento de cinemática, mecanismos industriais, dinâmica, materiais e processos de fabricação.

Algumas características importantes do livro são as seguintes:

1. Ele é destinado ao nível universitário em cursos introdutórios sobre projeto de máquinas.
2. A grande lista de tópicos permite que o professor faça escolhas na estrutura do curso. O formato também é adequado para uma sequência de dois cursos e pode funcionar como referência para módulos de projeto mecânico.
3. Os alunos deverão ser capazes de estender seu conhecimento a tópicos não abordados em sala de aula, uma vez que as explicações dos princípios são simples e incluem muitos problemas como exemplo.
4. A apresentação prática do material leva a decisões viáveis de projeto e é útil para projetistas atuantes.
5. Referências a outros livros, normas e documentos técnicos ajudam o professor a apresentar abordagens alternativas ou a expandir a profundidade ou abrangência do assunto.

6. Listas de sites pertinentes aos tópicos estão incluídas no final da maioria dos capítulos a fim de ajudar os leitores a acessar informações ou dados adicionais sobre produtos comerciais.
7. Além da ênfase no projeto original de elementos de máquina, grande parte da discussão abrange elementos e dispositivos disponíveis no mercado, já que muitos projetos exigem uma combinação ideal de peças e componentes que sejam novas e projetadas com exclusividade.
8. Em alguns tópicos, o foco é ajudar o projetista a selecionar componentes comercialmente disponíveis, como rolamentos de contato angular, acoplamentos flexíveis, fusos de esfera, motores elétricos, transmissões por correia, transmissões por correntes, embreagens e freios.
9. Os cálculos e as soluções dos problemas empregam o Sistema Internacional de Unidades (SI) e o sistema norte-americano (polegada-libra-segundo) mais ou menos na mesma proporção. A referência básica para o uso das unidades do SI é o IEEE/ASTM-SI-10 *Standard for Use of the International System of Units (SI): The Modern Metric System*, que substituiu o ASTM E380 e o Padrão ANSI/IEEE 268-1992.
10. Em muitos capítulos, estão inclusos apêndices abrangentes e tabelas detalhadas a fim de auxiliar o leitor a tomar decisões de projeto reais usando apenas este material. Várias tabelas novas com perfis em tamanhos menores e em dimensões métricas disponíveis no mercado foram incluídas nesta edição com o objetivo de fornecer aos professores e alunos mais opções para a solução de problemas de projeto.

CARACTERÍSTICAS DA QUINTA EDIÇÃO

A abordagem prática ao projeto de elementos de máquinas no contexto de projetos mecânicos completos foi mantida e aperfeiçoada na presente edição. Uma extensa quantidade de atualizações foi realizada, como a inclusão de fotografias de componentes de máquinas disponíveis no mercado, dados de projeto para alguns elementos, normas novas ou revisadas, referências ao fim de cada capítulo, listas de sites e alguns elementos completamente novos.

A lista a seguir resume as principais características e atualizações.

1. A estrutura tríplice introduzida na terceira edição foi mantida.
    - Parte 1 (capítulos 1 a 6): concentra-se na revisão e atualização do conhecimento do leitor a respeito de filosofias de projeto, princípios de resistência dos materiais, propriedades de projeto dos materiais, tensões combinadas, projeto para diferentes tipos de carregamento e análise/projeto de colunas.
    - Parte 2 (capítulos 7 a 15): gira em torno do conceito de projeto de um sistema completo de transmissão de potência, abrangendo alguns dos principais elementos de máquina, como: transmissões por correia, transmissões por cadeia, engrenagens, eixos, chavetas, acoplamentos, vedações e rolamentos de contato angular. Esses tópicos estão agrupados para enfatizar suas inter-relações e características exclusivas. O Capítulo 15, **Conclusão de projeto de transmissão de potência**, é um guia que mostra decisões detalhadas de projeto, como esquema geral, detalhes dos desenhos, tolerâncias e ajustes.
    - Parte 3 (capítulos 16 a 22): apresenta métodos de análise e projeto de vários elementos de máquina que são importantes, porém não pertinentes ao projeto de uma transmissão de potência. Esses capítulos podem ser lidos em qualquer ordem ou utilizados como material de referência para projetos gerais. Neles, são abordados rolamentos planos, elementos de movimento linear, elementos de fixação, molas, quadros de máquina, conexões aparafusadas, conexões soldadas, motores elétricos, controles, embreagens e freios.
2. As seções **Visão geral**, **Você é o projetista** e **Objetivos**, introduzidas em edições anteriores, foram mantidas e aperfeiçoadas. O feedback de alunos e professores a respeito delas foi bastante favorável. Elas ajudam os leitores a aproveitar as próprias experiências e a estimar quais competências desenvolverão com o estudo de cada capítulo. Teorias construtivistas de ensino adotam essa abordagem.
3. Listas de sites e referências impressas foram atualizadas e editadas em todos os capítulos, com direito a vários acréscimos. Um grande número de ilustrações foi revisto e melhorado.
4. Alguns tópicos novos ou atualizados nos capítulos estão resumidos a seguir:
    - No Capítulo 1, **Natureza do projeto mecânico**, a discussão sobre o tema *projeto robusto* foi expandida.
    - O Capítulo 2, **Materiais no projeto mecânico**, foi aprimorado, notadamente por meio de atualizações na discussão sobre resistência

à flexão, módulo de flexão e resistência ao desgaste. Uma discussão ampliada sobre os dados de propriedade dos materiais, acrescentados no livro, deverá auxiliar os leitores na solução de problemas e na execução de projetos. Novas tabelas com materiais comumente utilizados em perfis disponíveis no mercado foram incluídas. A fim de servir à natureza global do projeto de máquinas, uma extensa tabela com denominações de ligas de aço e alumínio de diversos países foi adicionada. Uma grande mudança nas nomeações de ligas de aço foi implementada a fim de haver conformidade com as designações numéricas SAE em lugar do sistema AISI, utilizado anteriormente. Nos últimos anos, o AISI descontinuou seu envolvimento em sistemas de designação de aço. Para as ligas mais empregadas, as designações numéricas são as mesmas em ambos os sistemas. Portanto, a principal mudança é simplesmente a troca de "AISI" por "SAE". A discussão sobre tratamento térmico foi ampliada e dá ênfase ao endurecimento superficial. Ainda, descrições adicionais de ferro branco, metais em pó, ligas de alumínio forjadas e fundidas, magnésio, ligas à base de níquel, ligas de titânio, latões e bronzes também foram incluídas. Uma discussão maior sobre compósitos avançados de engenharia acrescenta mais dados do SI, nanocompósitos e abordagens de projeto. A seleção de materiais com técnicas de análise de decisão foi aumentada.

- No Capítulo 3, **Análise de tensão e deformação**, foi acrescentado material sobre juntas de garfo-olhal e vigas curvas com uma indicação on-line para se encontrar fatores de concentração de tensão.
- No Capítulo 4, **Tensões combinadas e círculo de Mohr**, a discussão sobre a tensão de von Mises foi expandida para sistemas de tensão biaxial e tridimensional. Os conjuntos de problemas foram aperfeiçoados a fim de se obter uma melhor distribuição dos diferentes tipos de condição de tensão em toda a gama de combinações no círculo de Mohr.
- O Capítulo 5, **Projeto para diferentes tipos de carregamento**, recebeu atualizações e melhorias nos tópicos sobre resistência à fadiga de alto e baixo ciclo e mecanismos de falha por fadiga. Um novo gráfico que ilustra resistências à fadiga foi adicionado, além da forma exponencial da equação da tensão-vida. Gráficos separados para as unidades do SI e das unidades norte-americanas agora são exibidos para a variação de resistência à fadiga conforme a condição da superfície. A discussão sobre modos de falha foi reorganizada de modo a se ter como foco inicial os métodos utilizados com mais frequência e, só depois, as outras técnicas. Um conjunto de recomendações para projeto e processamento de materiais sob carregamento de fadiga foi acrescentado. Ainda, uma nova seção foi adicionada à abordagem pelo diagrama Smith a fim de mostrar o efeito da tensão média na fadiga — um método comumente utilizado na Europa. O *método de acumulação de danos* para amplitudes de tensão variáveis foi refinado.
- No Capítulo 7, **Transmissões por correia e por cadeia de elos**, foi acrescentado material importante sobre projetos de transmissão por correia síncrona, tanto em unidades do SI quanto em unidades do sistema norte-americano, além de mais problemas práticos ao final. Dimensões comuns no sistema métrico para correias em V, correntes e rodas dentadas também foram incluídas.
- No Capítulo 8, **Cinemática de engrenagens**, a geometria do engrenamento de módulo métrico foi bastante ampliada e integrada à discussão sobre engrenagem de dentes retos, engrenagem helicoidal, engrenagem cônica e engrenamento sem-fim. Uma nova tabela foi adicionada para auxiliar no cálculo das principais características geométricas das engrenagens e dos dentes da engrenagem. Abordagens sobre a razão de velocidade angular, a razão de engrenamento e o projeto de trens de engrenagem foram reunidas, e diretrizes e métodos de projeto adicionais são apresentados.
- O Capítulo 9, **Projeto de engrenagem de dentes retos**, foi aprimorado conforme as normas AGMA revisadas, em especial no que se refere ao novo índice de qualidade no sistema do Padrão AGMA 2015, que está mais de acordo com o sistema ISO amplamente utilizado no âmbito internacional. Vários elementos do padrão básico de projeto de engrenagem de dentes retos e engrenagem helicoidal, o Padrão AGMA 2001-D04, foram implementados. As seções sobre seleção de material de engrenagem foram melhoradas, e um glossário de termos foi incorporado a fim de ajudar na resolução de problemas. Discussões sobre lubrificantes de engrenagem e graus de viscosidade típicos foram atualizadas.
- O Capítulo 10, **Engrenagens helicoidais, engrenagens cônicas e engrenamento sem-fim**, foi igualmente atualizado conforme o Capítulo

9, Projeto de engrenagem de dentes retos, a fim de refletir as normas AGMA revisadas.

- No Capítulo 11, **Chavetas, acoplamentos e vedações**, novas informações foram fornecidas sobre dimensões de chavetas no sistema métrico, materiais comuns especificados para chavetas e dados classificatórios a respeito de conjuntos de travamento Ringfeder®. O procedimento de projeto para chavetas paralelas foi aprimorado.

- No Capítulo 12, **Projeto de eixos**, o procedimento para projeto de eixo foi melhorado e simplificado. Uma tabela com dados de exemplo para a capacidade de torque de eixo flexível foi acrescentada.

- No Capítulo 14, **Rolamentos de contato angular**, dados de exemplo de seleção de rolamento são exibidos no texto a fim de ilustrar os fatores fundamentais envolvidos, como capacidades básicas de carga dinâmica e sistemas comuns de designação. Além disso, foram incluídas mais discussões a respeito de aços, cerâmica, Monel, ligas de titânio/níquel e plástico como materiais de rolamento.

- O Capítulo 16, **Mancais de deslizamento**, inclui dados aprimorados sobre *fatores pV* para rolamentos com lubrificação marginal e lubrificantes comuns. Uma análise do desempenho de mancais de deslizamento sob movimento oscilatório foi adicionada.

- No Capítulo 17, **Elementos de movimento linear**, acrescentou-se informações sobre dimensões de parafusos de potência trapezoidais no sistema métrico.

- O antigo Capítulo 19, sobre **Molas**, passou a ser o Capítulo 18. E o antigo Capítulo 18, **Elementos de fixação**, passou a ser o Capítulo 19 para ter uma conexão mais lógica com o Capítulo 20, **Quadros de máquinas, conexões aparafusadas e conexões soldadas**.

- No Capítulo 21, **Motores elétricos e controles**, várias fotos de tipos de motor disponíveis no mercado foram apresentadas, incluindo uma vista explodida de um motor de indução CA típico.

- O **Apêndice** contém muitas tabelas atualizadas com propriedades de material do aço, ferro fundido, ligas de alumínio, ligas de zinco e magnésio, plásticos, ligas à base de níquel, ligas de titânio, bronzes, latões e outras ligas de cobre. Várias tabelas novas com dados sobre as propriedades de seção de perfis disponíveis no mercado em tamanhos menores e em dimensões métricas foram acrescentadas a fim de oferecer maior variedade de opções para solução de problemas e projeto.

AGRADECIMENTOS

Meus agradecimentos se estendem a todos aqueles que ofereceram sugestões proveitosas de melhorias para este livro. Agradeço à equipe editorial da Pearson, àqueles que forneceram as ilustrações e também aos muitos leitores, tanto professores quanto alunos, com os quais conversei. Faço um agradecimento especial aos meus colegas da University of Dayton, os professores David Myszka, Joseph Untener, Michael Kozak, Philip Doepker e Robert Wolff. Eu gostaria de agradecer a Dexter C. Hulse, da University of Cincinnati, Wilson Liang, da Purdue University Fort Wayne, Jennifer Love, da Northeastern University, e Dipo Onipede Jr., Ph.D., da Penn State University Behrend, pelas proveitosas leituras desta nova edição. Muito obrigado àqueles que concederam críticas ponderadas à edição anterior. Agradeço, finalmente, aos meus alunos — anteriores e atuais — pelo incentivo e pelos comentários positivos a respeito desta obra.

Robert L. Mott

MATERIAL DE APOIO DO LIVRO

No site www.grupoa.com.br professores e alunos podem acessar os seguintes materiais adicionais:

Para professores:
- Apresentações em PowerPoint.
- Manual do professor (em inglês).

Esse material é de uso exclusivo para professores e está protegido por senha. Para ter acesso a ele, os professores que adotam o livro devem entrar em contato através do e-mail divulgacao@grupoa.com.br.

Para estudantes:
- Planilhas em MS Excell

PRINCÍPIOS DE PROJETO E ANÁLISE DE TENSÕES

PARTE 01

Ao completar os primeiros seis capítulos deste livro, você compreenderá as filosofias de projeto e ampliará os princípios que já aprendeu sobre resistência e ciência dos materiais, além de processos de fabricação. As competências adquiridas nesses capítulos serão úteis em toda a obra, bem como em diversos projetos de máquinas ou produtos.

Capítulo 1: Natureza do projeto mecânico o ajudará a ter uma visão geral do processo de projeto mecânico. Há vários exemplos de diferentes setores da indústria: produtos de consumo, sistemas de produção, equipamentos de construção, agrícolas e de transporte, navios e sistemas espaciais. As responsabilidades dos projetistas são discutidas com o auxílio de um exemplo de natureza iterativa do processo do projeto. Unidades e conversões completam o capítulo.

Capítulo 2: Materiais no projeto mecânico enfatiza as propriedades de projeto dos materiais. É provável que grande parte deste capítulo lhe sirva apenas de revisão, mas ele é apresentado aqui para ressaltar a importância da escolha do material no processo de projeto e para explicar os dados dos materiais indicados nos apêndices.

Capítulo 3: Análise de tensão e deformação é uma revisão dos princípios básicos de análise de tensão e deflexão. É fundamental que você compreenda os conceitos gerais resumidos nesse capítulo antes de prosseguir com o material. Nele, os seguintes tópicos são abordados: tensões de tração, compressão e cisalhamento; tensões de flexão; e cisalhamento torcional.

Capítulo 4: Tensões combinadas e círculo de Mohr é importante porque grande parte dos problemas gerais de projeto, bem como o projeto de elementos de máquinas abordados nos capítulos posteriores do livro, envolvem tensões combinadas. É possível que você tenha estudado esses tópicos em um curso sobre resistência dos materiais.

Capítulo 5: Projeto para diferentes tipos de carregamento é uma discussão detalhada sobre fatores de projeto, fadiga e muitos aspectos de análise de tensão presentes neste livro.

Capítulo 6: Colunas examina os elementos estruturais longos, esbeltos e com carga axial que tendem à falha por flambagem em vez de exceder as tensões de escoamento, última e de cisalhamento do material. Projetos especiais e métodos de análise são revistos nesse capítulo.

NATUREZA DO PROJETO MECÂNICO

CAPÍTULO 01

Visão geral

Tópicos de discussão

- A fim de projetar componentes e dispositivos mecânicos, é necessário ter competência no projeto dos elementos que constituem o sistema.
- Também é preciso, por outro lado, saber integrar vários componentes e dispositivos em um único sistema robusto e coordenado que atenda às necessidades do cliente.

Descubra

Pense, agora, nos vários campos em que se pode usar o projeto mecânico:
Quais são alguns produtos desses campos?
Que tipos de material são utilizados nos produtos?
Quais são algumas das características únicas dos produtos?
Como as componentes foram feitas?
Como as partes dos produtos foram montadas?
Considere produtos de consumo, equipamentos de construção, máquinas agrícolas, sistemas de produção e de transporte terrestres, aéreos, espaciais e aquáticos.

> Neste livro, você encontrará ferramentas para aprender sobre os princípios dos **Elementos de máquina em projetos mecânicos**.

Sumário
Visão geral
Você é o projetista
1.1 Objetivos
1.2 Processo do projeto mecânico
1.3 Habilidades necessárias no projeto mecânico
1.4 Funções, requisitos do projeto e critérios de avaliação
1.5 Exemplo de integração de elementos de máquinas em um projeto mecânico
1.6 Auxílios computacionais
1.7 Cálculos de projeto
1.8 Dimensões preferenciais, roscas e formas básicas
1.9 Sistemas de unidade
1.10 Distinção entre peso, força e massa

O projeto de elementos de máquinas é parte do maior e mais geral campo de projeto mecânico. Projetistas e engenheiros de projeto criam dispositivos ou sistemas para atender a necessidades específicas. Os dispositivos mecânicos geralmente envolvem peças móveis que transmitem potência e realizam determinados padrões de movimento. Sistemas mecânicos são compostos por vários dispositivos mecânicos.

A fim de projetar dispositivos e sistemas mecânicos, é necessário ter competência no projeto dos elementos das máquinas que compõem o sistema. Contudo, também é preciso saber integrar vários componentes e dispositivos em um único sistema coordenado e robusto que atenda às necessidades do cliente. Dessa lógica, vem o nome do livro: *Elementos de máquina em projetos mecânicos*.

Pense nos vários campos em que se pode usar o projeto mecânico. Discuta sobre eles com seu professor e seus colegas de classe. Converse com pessoas que fazem projetos mecânicos em indústrias locais. Se possível, procure visitar essas empresas ou conhecer projetistas e engenheiros de projeto em encontros de comunidades profissionais. Considere os campos citados a seguir em que os produtos mecânicos são projetados e produzidos.

- *Produtos de consumo:* aparelhos de uso doméstico (abridores de latas, processadores de alimentos, *mixers*, torradeiras, aspiradores de pó, máquinas de lavar roupas), cortadores de grama, motosserras, ferramentas elétricas, portas de garagem automáticas, sistemas de ar-condicionado e muitos outros. Veja as figuras 1.1 e 1.2 para alguns exemplos de produtos disponíveis no mercado.

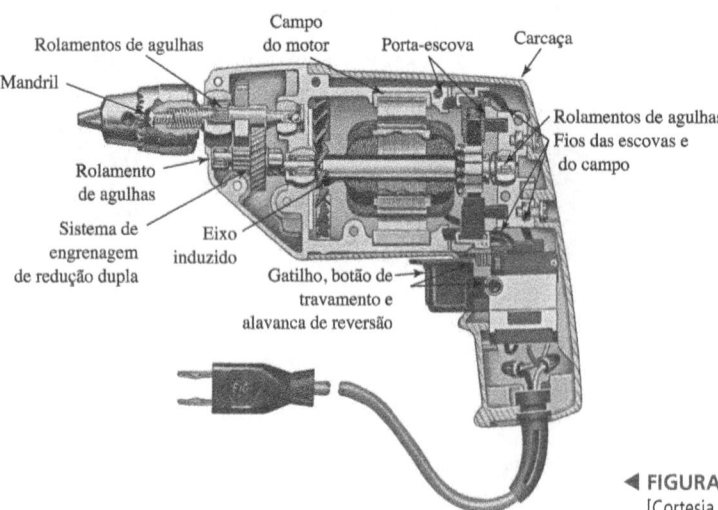

◀ **FIGURA 1.1** Vista em corte de uma furadeira manual.
[Cortesia da Standard Black & Decker (EUA) Inc. New Britain, CT]

- **Sistemas de produção:** dispositivos de manipulação de material, transportadores, guindastes, dispositivos de transferência, robôs industriais, máquinas-ferramentas, sistemas automatizados de montagem, sistemas de processamentos especiais, empilhadeiras e equipamentos de empacotamento. Veja as figuras 1.3 e 1.4.
- **Equipamentos de construção:** tratores com carregadeiras frontais ou retroescavadeiras, gruas móveis, escavadeiras mecânicas, tratores do tipo pá carregadeira, motoniveladoras, caminhões basculantes, pavimentadoras, betoneiras, pregadores e grampeadores elétricos, compressores e muitos outros. Veja as figuras 1.5 e 1.6.
- **Equipamentos agrícolas:** tratores, colheitadeiras (de milho, trigo, tomate, algodão, frutas e muitas outras culturas), pentes, enfardadeiras, arados, arados de disco, cultivadores e transportadores. Veja as figuras 1.6, 1.7 e 1.8.
- **Equipamentos de transporte:** (a) automóveis, caminhões e ônibus, que incluem centenas de dispositivos mecânicos, como componentes de suspensão (molas, amortecedores e suportes); operadores de portas e janelas; mecanismos de limpador de para-brisa; sistemas de direção; travas e dobradiças do capô e do porta-malas; sistemas de embreagem e freio; transmissões; eixos de transmissão; reguladores de assento; várias partes dos sistemas do motor. (b) Aeronaves, que possuem trem de pouso escamoteável, acionadores de flap e de leme, dispositivos de movimentação de carga, mecanismos de assentos reclináveis, dezenas de trancas, componentes estruturais e operadores de porta. Veja as figuras 1.9 e 1.10.
- **Navios:** guinchos para suspender a âncora, guindastes para movimentação de carga, antenas de radar giratórias, mecanismos de direção de leme, engrenagens e eixos acionadores, além de diversos sensores e controles para a operação dos sistemas de bordo.
- **Sistemas espaciais:** sistemas de satélite, ônibus e estações espaciais e esquemas de lançamento que contêm vários sistemas mecânicos, como dispositivos de implantação de antenas, escotilhas, ancoragem, braços robóticos, dispositivos de controle de vibração, de fixação de carga e de posicionamento para instrumentos, acionadores para propulsores e de propulsão.

Quantos exemplos de dispositivo e sistema mecânico você poderia acrescentar a essa lista?

Quais são algumas das características exclusivas dos produtos dessas áreas?

Que tipos de mecanismo estão inclusos?

Que tipos de material são utilizados nos produtos?

De que forma as componentes foram feitas?

Como as peças foram montadas de modo a formar o produto final?

Neste livro, você encontrará ferramentas para aprender sobre os princípios dos *Elementos de máquina em projetos mecânicos*. Na introdução de cada capítulo, incluímos um breve panorama chamado *Você é o projetista*. A finalidade com isso é estimulá-lo a pensar sobre o material apresentado e mostrar exemplos de situação real em que você pode aplicá-lo.

◀ **FIGURA 1.2** Motosserra.
(Anatoliy Kosolapov/Shutterstock)

(a) Mecanismo de acionamento de um sistema de transporte

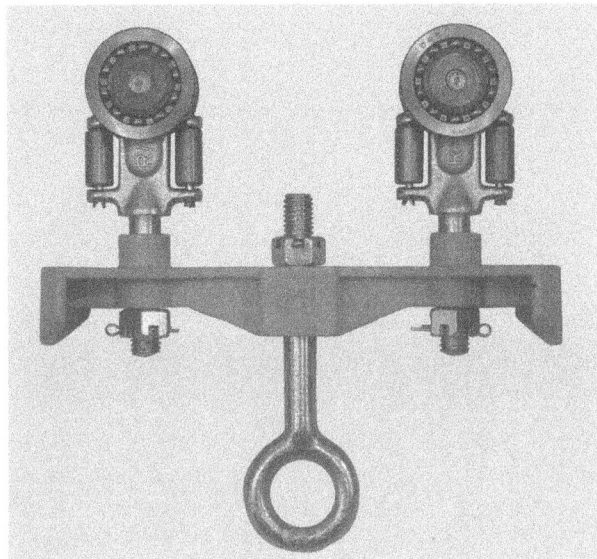

(c) Seção do trilho transportador

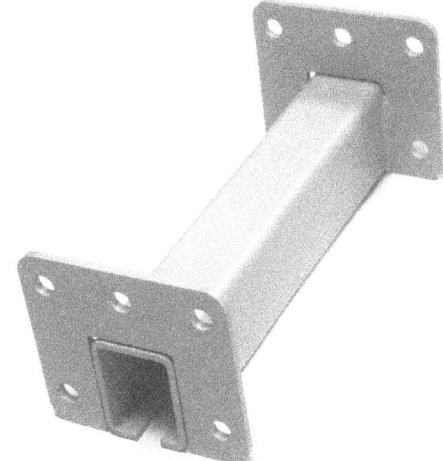

(b) Conjunto de suporte da transportadora com rolos que se deslocam dentro do trilho de tubo retangular

◀ **FIGURA 1.3** Componentes do sistema de correia transportadora. (Richards-Wilcox, Aurora, IL)

▲ **FIGURA 1.4** Célula robótica em uma planta de montagem automotiva. (© Jim West/Alamy)

▲ **FIGURA 1.5** Grua em local de construção.
(Joseph S. L. Tan Matt/Shutterstock)

▲ **FIGURA 1.6** Trator com retroescavadeira e carregadeira frontal para construções.
(Alekcey/Shutterstock)

▲ **FIGURA 1.7** Trator com sulcador para aplicações agrícolas.
(Chas/Shutterstock)

▲ **FIGURA 1.8** Trator pesado para aplicações agrícolas.
(John Gordon/Shutterstock)

▲ **FIGURA 1.9** Asa de avião com mecanismo de acionamento de aileron.
(© RTimages/Fotolia)

▲ **FIGURA 1.10** Trem de pouso de aeronaves.
(Mikhail Starodubov/Shutterstock)

Você é o projetista

Imagine que você é o projetista responsável por um novo produto de consumo, como a furadeira manual para oficinas domésticas mostrada na Figura 1.1. De que tipo de preparação técnica você precisaria para concluir o projeto? Quais passos você seguiria? De quais informações precisaria? Como você demonstraria, por meio de cálculos, que o projeto é seguro e que o produto executará a função pretendida?

As respostas gerais para essas questões são apresentadas neste capítulo. Ao completar o estudo do livro, você aprenderá muitas técnicas de projeto que o ajudarão a projetar uma grande variedade de elementos de máquinas. Além disso, você também saberá como integrar vários elementos em um sistema mecânico ao considerar as relações entre eles.

1.1 OBJETIVOS

Ao final deste capítulo, você estará apto a:

1. Reconhecer exemplos de sistemas mecânicos nos quais a aplicação dos princípios discutidos neste livro é necessária para a conclusão do projeto.
2. Listar as habilidades exigidas para a execução de determinado projeto mecânico qualificado.
3. Descrever a importância da integração de elementos de máquina em um sistema mecânico mais abrangente.
4. Descrever os principais elementos do *processo de realização do produto*.
5. Escrever declarações de *funções* e *requisitos de projeto* para dispositivos mecânicos.
6. Estabelecer um conjunto de critérios para a avaliação de projetos propostos.
7. Trabalhar com unidades adequadas em cálculos de projeto mecânico, sejam elas norte-americanas ou métricas do SI.
8. Diferenciar *força* e *massa*, e expressá-las de modo adequado em ambos os sistemas de unidade.
9. Apresentar cálculos de projeto de forma profissional, clara e organizada para que eles sejam compreendidos e avaliados por outros indivíduos da área de projeto mecânico.

1.2 PROCESSO DO PROJETO MECÂNICO

O objetivo final do projeto mecânico é produzir um produto útil que satisfaça as necessidades do cliente e que seja seguro, eficiente, confiável, econômico e de fabricação prática. Pense de forma ampla ao responder à pergunta: "Quem é o cliente que receberá o produto ou o sistema que estou prestes a projetar?". Considere as seguintes situações:

- **Você está projetando um abridor de latas para o mercado doméstico.** O cliente final é a pessoa que adquirirá o abridor de latas e o usará em uma cozinha doméstica. Entre outros clientes estão o projetista da embalagem do abridor, a equipe de fabricação responsável por produzi-lo de forma econômica e o pessoal que responde por futuros consertos.

- **Você está projetando uma peça de uma máquina de produção para uma operação de manufatura.** Os clientes incluem o engenheiro de produção responsável pela operação, o operador da máquina, a equipe de instalação e o pessoal da manutenção que deve assisti-la a fim de que continue em boas condições de funcionamento.

- **Você está projetando um sistema motorizado com a função de abrir a porta de uma aeronave.** Os clientes incluem a pessoa que deverá operar a porta em situações comuns ou em casos de emergência, aqueles que passarão pela porta, o pessoal que fabricará o sistema, os instaladores, os projetistas da estrutura da aeronave que devem acomodar as cargas produzidas pelo mecanismo durante o voo e a operação, os técnicos de manutenção do sistema e os projetistas de interior que precisam proteger o sistema durante o uso e, ao mesmo tempo, permitir o acesso para instalação e manutenção.

É essencial saber os desejos e as expectativas de todos os clientes antes de começar a projetar o produto. Os profissionais de marketing são muitas vezes encarregados de lidar com a definição dos interesses do cliente, e os projetistas possivelmente trabalharão com eles como parte de uma equipe de desenvolvimento do produto.

Há várias abordagens disponíveis para guiar os projetistas ao longo do processo completo de projeto e dos métodos para a criação de produtos inovadores. Algumas estão voltadas para produtos grandes e complexos, como aeronaves, automóveis e máquinas-ferramentas. É aconselhável que a empresa selecione um procedimento adequado ao seu estilo específico de produtos ou que crie um método que atenda às suas necessidades específicas. A discussão a seguir identifica as principais características de algumas abordagens, e as referências e os sites indicados fornecem mais detalhes. Alguns dos métodos listados são aplicados em conjunto.

- *Projeto axiomático.* Consulte as referências 14, 15 e 18 e o Site 8 (ao final deste capítulo). Os métodos de projeto axiomático implementam um processo em que os desenvolvedores pensam no aspecto funcional primeiro, seguido pela criação inovadora da parte física do produto, de modo a atender às exigências do cliente junto do processo necessário para a produção.
- *Desdobramento da função qualidade (QFD).* Consulte a Referência 8 e os sites 9 e 10. O QFD é um sistema que defende a compreensão das exigências do cliente e utiliza sistemas de qualidade com o objetivo de maximizar a qualidade positiva que agrega valor. O processo também inclui o uso da matriz "Casa da qualidade", descrita na Referência 8.
- *Projeto para seis sigma (DFSS).* Consulte as referências 18 a 20 e os sites 11 e 16. O objetivo da qualidade Seis Sigma é reduzir a variação de resultados, gerando não mais de 3,4 peças defeituosas por milhão (PPM). O termo *seis sigma,* ou 6Σ, refere-se a uma divisão de medidas de desempenho, na qual os produtos estão em limites de especificação superior e inferior de seis desvios padrões no processo em relação à média.
- *TRIZ.* Consulte as referências 21 a 23 e os sites 12 a 15. TRIZ é o acrônimo de uma expressão russa traduzida como "teoria da resolução de problemas inventivos". Desenvolvida em 1946 na Rússia por Genrich Altshuller e sua equipe, o processo é aplicado em todo o mundo na criação e no aperfeiçoamento de produtos, serviços e sistemas. TRIZ é um método de resolução de problemas com base em lógica e dados, não em intuição, o que acelera a capacidade da equipe de projetos de solucionar questões com criatividade.
- *Projeto total.* Consulte a Referência 13. Abordagem integrada à engenharia de produtos que emprega um processo sistemático e disciplinado na criação de produtos inovadores que atendam às necessidades dos clientes.
- *O processo de projeto de engenharia — projeto preliminar.* Consulte a Referência 26. Um processo abrangente que envolve identificação de necessidades, seleção de conceito, tomada de decisão, detalhamento de projeto, modelagem e simulação, projeto para fabricação e robusto, além de vários outros elementos.
- *Modos de falha e análise de efeito (FMEA).* Consulte a Referência 24 e o Site 17. Técnica de análise que facilita a identificação de possíveis problemas no projeto de um produto por meio da verificação dos efeitos de falhas em níveis inferiores. Ações recomendadas ou providências compensatórias são realizadas a fim de reduzir a probabilidade de o problema ocorrer ou de mitigar o risco caso ele ocorra. O processo é derivado de procedimentos do exército e da Nasa executados com o intuito de aumentar a confiabilidade de produtos e sistemas. A MIL-STD-1629A define métodos aceitos que são utilizados na indústria militar e comercial. A norma predominante na indústria automotiva é a SAE J1739.
- *Projeto de produtos para fabricação e montagem.* Consulte a Referência 27. Trata-se de uma metodologia de projeto de produto com forte ênfase na maneira como as componentes e o produto montado devem ser fabricados para que se obtenha baixo custo e alta qualidade. Estão incluídos projeto para fundição sob pressão, forjamento, processamento de metais em pó, conformação de chapas, usinagem, molde por injeção e muitos outros processos.

Também é importante considerar como o processo de projeto se encaixa com todas as funções necessárias para fornecer um produto satisfatório ao cliente e permitir seu desempenho adequado durante todo o ciclo de vida. Além disso, é importante considerar como o produto será descartado após sua vida útil. O total de funções que afetam o produto é chamado, por vezes, de *processo de realização do produto,* ou PRP. (Consulte as referências 3 e 10.) Alguns fatores inclusos no PRP são os seguintes:

- Funções de marketing para avaliar os requisitos do cliente.
- Pesquisas para a determinação da tecnologia disponível que pode ser utilizada devidamente no produto.
- Disponibilidade de materiais e componentes que podem ser incorporados ao produto.
- Projeto e desenvolvimento do produto.
- Teste de desempenho.
- Documentação do projeto.
- Relacionamento com fornecedores e funções de compra.
- Consideração de fornecimento e marketing globais.
- Habilidades de mão de obra.
- Planta e instalações disponíveis.
- Capacidade dos sistemas de manufatura.
- Planejamento de produção e controle de sistemas de produção.
- Sistemas e equipes de apoio de produção.
- Requisitos de sistemas de qualidade.
- Operação e manutenção da planta.
- Sistemas de distribuição para que o produto alcance o cliente.
- Operações de vendas e horários.

- Custos-meta e outras questões de concorrência.
- Requisitos do serviço ao cliente.
- Preocupações ambientais na fabricação, na operação e no descarte do produto.
- Requisitos legais.
- Disponibilidade de capital.

Você teria algo a adicionar a essa lista?

É possível ver que o projeto de um produto é apenas parte de um processo mais abrangente. Neste livro, vamos nos concentrar mais no processo do projeto propriamente dito, mas a produtibilidade dele deve ser sempre considerada. Essa consideração simultânea do projeto do produto e do projeto do processo de fabricação é muitas vezes chamada de *engenharia coordenada*. Observe que esse processo é um subconjunto da lista maior fornecida anteriormente para o processo de realização do produto. Outros livros importantes que discutem abordagens gerais ao projeto mecânico estão listados nas referências 6, 7 e 12 a 26.

1.3 HABILIDADES NECESSÁRIAS NO PROJETO MECÂNICO

Engenheiros de produto e projetistas mecânicos empregam uma ampla variedade de habilidades e conhecimentos no trabalho diário, incluindo os seguintes:

1. Croqui, desenho técnico e projeto em 2-D e 3-D auxiliado por computador.
2. Propriedades e processamento de materiais e processos de fabricação.
3. Aplicações químicas, como proteção contra corrosão, galvanização e pintura.
4. Estática, dinâmica, resistência de materiais, cinemática e mecanismos.
5. Comunicação oral, compreensão auditiva, escrita técnica e habilidades em trabalho de equipe.
6. Mecânica dos fluidos, termodinâmica e transferência de calor.
7. Potência dos fluidos, fundamentos dos fenômenos elétricos e controles industriais.
8. Projeto experimental, teste de desempenho de materiais e sistemas mecânicos e uso de software de engenharia.
9. Criatividade, resolução de problemas e gerenciamento de projetos.
10. Análise de tensão.
11. Conhecimento especializado sobre o comportamento dos elementos de máquina, como engrenagens, transmissões por correia e por cadeia, eixos, rolamentos, chavetas, estrias, acoplamentos, vedações, molas, conexões (aparafusadas, rebitadas, soldadas, com adesivos), motores elétricos, dispositivos de movimento linear, embreagens e freios.

Espera-se que você já possua um alto nível de habilidade nos itens 1 a 5 dessa lista antes de iniciar o estudo do livro. As habilidades nos itens 6 a 8 costumam ser adquiridas em outros cursos — anterior, simultânea ou posteriormente ao estudo do projeto de elementos de máquina. O item 9 representa competências que são desenvolvidas continuamente ao longo dos estudos acadêmicos e da experiência profissional. A leitura deste livro o ajudará a adquirir conhecimentos e habilidades importantes para os tópicos listados nos itens 10 e 11.

1.4 FUNÇÕES, REQUISITOS DO PROJETO E CRITÉRIOS DE AVALIAÇÃO

A Seção 1.2 salientou a importância de se identificar com cuidado as necessidades e expectativas do cliente antes do início do projeto de um dispositivo mecânico. É possível expressar essas informações construindo-se declarações claras e completas de *funções*, *requisitos do projeto* e *critérios de avaliação*.

- *Funções* exprimem o que o dispositivo deve fazer por meio de declarações gerais e não quantitativas que incluem expressões de ação, como: *suportar uma carga, levantar um engradado, transmitir potência* ou *unir dois elementos estruturais*.
- *Requisitos do projeto* são declarações detalhadas e geralmente quantitativas sobre *níveis de desempenho esperados, condições ambientais em que o dispositivo deverá operar, limitações de espaço ou peso* e *materiais e componentes disponíveis que podem ser utilizados*.
- *Critérios de avaliação* são declarações de *características qualitativas desejáveis* que ajudam o projetista a decidir qual projeto alternativo é o ideal, ou seja, qual é o projeto que maximiza os benefícios e minimiza as desvantagens.

Em conjunto, esses elementos podem ser chamados de *especificações* do projeto.

A maioria dos projetos progride em um ciclo de atividades, conforme descrito na Figura 1.11. Costuma-se propor mais de um conceito alternativo de projeto. É nesse momento que a criatividade é exercida a fim de produzir projetos realmente originais. Cada conceito de projeto deve satisfazer as funções e os requisitos. Uma avaliação crítica das características, vantagens e desvantagens desejáveis de cada conceito de projeto precisa ser concluída. Em seguida, uma técnica razoável de análise de decisão deve usar os critérios de avaliação para decidir qual conceito de projeto é o melhor

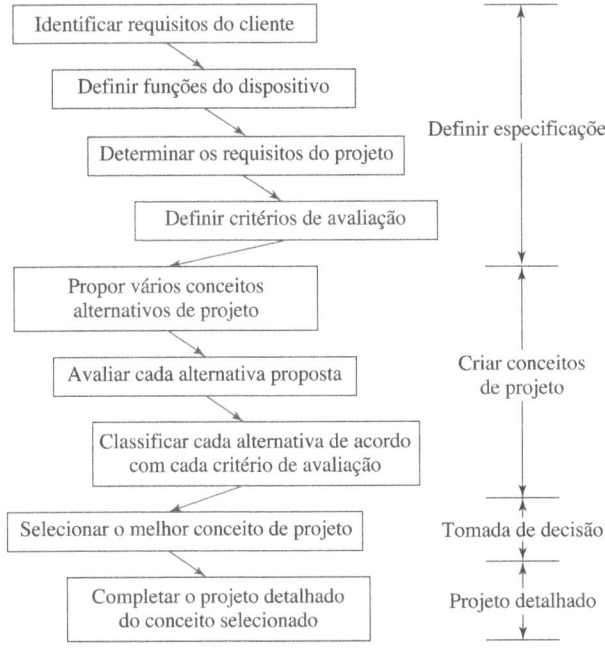

▲ FIGURA 1.11 Etapas no processo de projeto.

e, portanto, deve ser produzido. Consulte a Referência 25 e o Site 18.

O último bloco do fluxograma é o projeto detalhado, e o foco principal deste livro é nessa parte do processo geral. É importante reconhecer, entretanto, que uma quantidade significativa de atividades antecede o projeto detalhado.

Exemplo de funções, requisitos do projeto e critérios de avaliação

Imagine que você é o projetista de um redutor de velocidade que faz parte da transmissão de potência de um pequeno trator. O motor do veículo opera a uma velocidade bastante alta, mas a transmissão das rodas deve girar mais devagar e apresentar um torque mais alto do que o disponível na potência do motor.

A fim de começarmos o processo de projeto, vamos listar as *funções* do redutor de velocidade. O que ele deve fazer? Algumas respostas a essa pergunta são as seguintes:

Funções

1. Receber potência do motor do trator por meio de um eixo rotativo.
2. Transmitir a potência por meio de elementos de máquina que reduzam a velocidade angular para um valor desejado.
3. Fornecer potência em velocidade mais baixa para um eixo de saída que acionará as rodas do trator.

Agora, os *requisitos do projeto* devem ser determinados. A lista a seguir é hipotética, mas, se você fizesse parte da equipe de projeto do trator, seria capaz de identificar tais requisitos a partir de sua própria experiência e inventividade e/ou por meio de consultas a colegas projetistas, equipe de marketing, engenheiros de produção, pessoal da assistência, fornecedores e clientes.

O processo de realização do produto exige que as pessoas com todas essas funções estejam envolvidas desde os primeiros estágios do projeto.

Requisitos de projeto

1. O redutor deve transmitir 15 hp.
2. A entrada é a de um motor a gasolina de dois cilindros com velocidade angular de 2000 rpm.
3. A saída fornece potência em velocidade angular na faixa de 290 a 295 rpm.
4. É desejável uma eficiência mecânica superior a 95%.
5. A capacidade mínima de torque de saída do redutor deve ser de 3050 libras-polegadas (lb · pol).
6. A saída do redutor é conectada ao eixo acionador das rodas de tratores agrícolas. Também é submetido a impacto moderado.
7. Os eixos de entrada e saída devem estar alinhados.
8. O redutor deve ser fixado a uma estrutura rígida de aço do trator.
9. É desejável que o tamanho seja pequeno. O redutor deve caber em um espaço de até 20 × 20 pol, com altura máxima de 24 pol.
10. O trator deverá operar 8 horas (h) por dia, 5 dias por semana, e ter vida útil de 10 anos.
11. O redutor deve estar protegido dos fatores climáticos e ser capaz de operar em qualquer lugar dos Estados Unidos, em temperaturas variando de 0 a 130 °F.
12. Acoplamentos flexíveis serão usados nos eixos de entrada e saída para impedir que as cargas axiais e de flexão sejam transmitidas ao redutor.
13. A quantidade de produção é de 10000 unidades por ano.
14. O custo moderado é fundamental para uma comercialização bem-sucedida.
15. Todas as normas de segurança governamentais e industriais devem ser atendidas.

A preparação meticulosa das declarações de função e requisitos de projeto garantirá que os esforços estejam focados nos resultados desejados. Muito tempo e dinheiro podem ser desperdiçados em projetos que, embora tecnicamente corretos, não atendem aos requisitos. Estes devem incluir tudo o que for necessário, mas, ao mesmo tempo, oferecer ampla oportunidade de inovação.

Os *critérios de avaliação* devem ser determinados por todos os membros de uma equipe de desenvolvimento de produto para garantir que os interesses de todas as partes sejam considerados. Muitas vezes, pesos são atribuídos aos critérios de modo a refletir sua importância relativa.

A segurança sempre deve ser o critério máximo. Diferentes conceitos de projeto podem ter níveis próprios de segurança além das exigências já estabelecidas, conforme observado na lista de requisitos. Os projetistas e os engenheiros são legalmente responsáveis em caso de lesão por erro de projeto. É preciso considerar todos os usos previsíveis do dispositivo e garantir a segurança daqueles que o operarão ou daqueles que poderão estar por perto.

Obter um alto nível de desempenho geral também deve ser prioridade. Alguns conceitos de projeto podem ter características desejáveis que estão ausentes em outros.

Os critérios restantes devem refletir as necessidades específicas do projeto. A lista a seguir apresenta exemplos de possíveis critérios de avaliação para o pequeno trator.

Critérios de avaliação

1. Segurança (a segurança própria do projeto, além das exigências mencionadas anteriormente).
2. Desempenho (o grau em que o conceito do projeto excede os requisitos).
3. Facilidade de fabricação.
4. Facilidade de manutenção ou substituição de componentes.
5. Facilidade de operação.
6. Baixo custo inicial.
7. Baixo custo de operação e manutenção.
8. Tamanho pequeno e pouco peso.
9. Baixo nível de ruído e vibração, operação silenciosa.
10. Uso de materiais e componentes com disponibilidade imediata.
11. Uso cuidadoso tanto de peças projetadas com exclusividade quanto de componentes comercialmente disponíveis.
12. Aparência atraente e adequada à aplicação.

1.5 EXEMPLO DE INTEGRAÇÃO DE ELEMENTOS DE MÁQUINAS EM UM PROJETO MECÂNICO

Projeto mecânico é o processo de projetar e/ou selecionar componentes mecânicos e combiná-los de modo que realizem a função desejada. Naturalmente, os elementos de máquina devem ser compatíveis, ter bom encaixe e operar com segurança e eficiência. O projetista deve considerar não apenas o desempenho do elemento que está sendo projetado, mas também os elementos com os quais ele interagirá.

A fim de ilustrar como o projeto de elementos de máquina deve ser integrado a um projeto mecânico maior, vamos considerar o de um redutor de velocidade para o pequeno trator discutido na Seção 1.4. Suponha que, para fazer a redução de velocidade, você decida projetar um redutor de dupla redução por engrenagem de dentes retos. Você especifica quatro engrenagens, três eixos, seis rolamentos e uma carcaça para manter os elementos em sua devida relação uns com os outros, conforme mostrado na Figura 1.12.

Os principais elementos do redutor de velocidade na Figura 1.12 são:

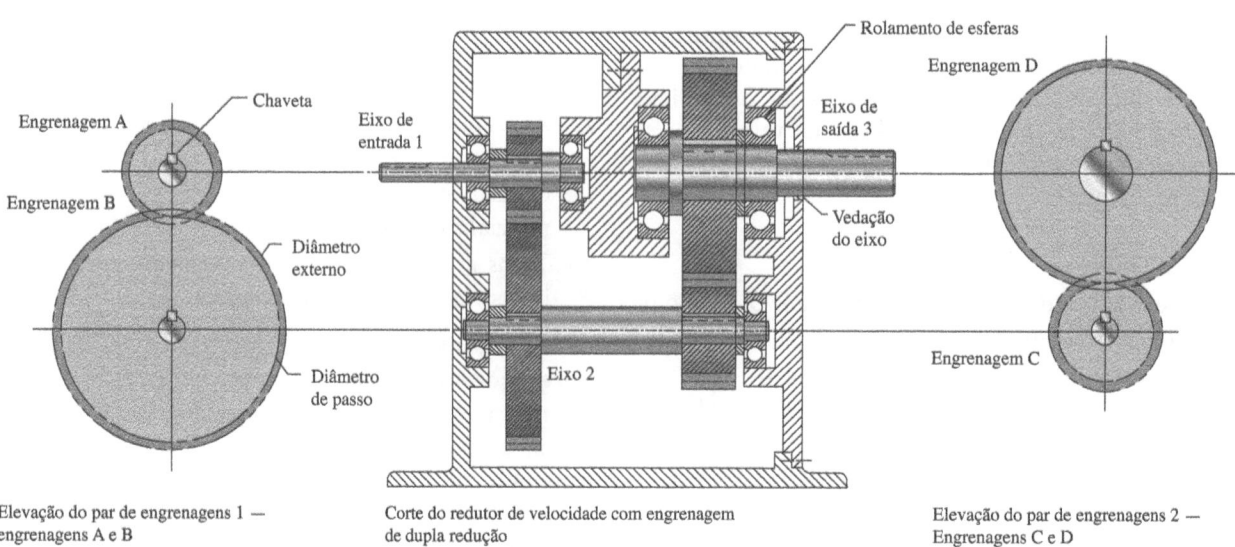

▲ FIGURA 1.12 Projeto conceitual para um redutor de velocidade.

1. O eixo de entrada (eixo 1) deve ser conectado à fonte de alimentação; no caso, um motor a gasolina cujo eixo de saída gira a 2.000 rpm. Um acoplamento flexível precisa ser utilizado para minimizar as dificuldades com o alinhamento.
2. O primeiro par de engrenagens, A e B, provoca a diminuição na velocidade do eixo intermediário (eixo 2) proporcional à razão do número de dentes das engrenagens. As engrenagens B e C são montadas no eixo 2 e giram na mesma velocidade.
3. Uma chaveta é utilizada na interface entre o cubo de cada engrenagem e o eixo sobre o qual ela é montada para transmitir torque entre a engrenagem e o eixo.
4. O segundo par de engrenagens, C e D, reduz ainda mais a velocidade da engrenagem D e do eixo de saída (eixo 3) para cerca de 290 a 295 rpm.
5. O eixo de saída deve conter uma corrente dentada (não mostrada). A transmissão por cadeia deve estar conectada, por último, às rodas motrizes do trator.
6. Cada um dos três eixos é apoiado por dois rolamentos de esferas, tornando-os estaticamente determinados e permitindo a análise das forças e tensões usando princípios de mecânica.
7. Os rolamentos são mantidos em uma carcaça que deve ser acoplada ao chassi do trator. Observe a colocação de cada rolamento para que a pista interna gire com o eixo e a pista externa permaneça imóvel.
8. As vedações são mostradas nos eixos de entrada e saída para impedir a entrada de elementos poluentes na carcaça.
9. Outras partes da carcaça são mostradas esquematicamente. Detalhes de como os elementos ativos devem ser instalados, lubrificados e alinhados são apenas sugeridos nesta fase do processo de projeto para demonstrar sua viabilidade. Um possível processo de montagem seria o seguinte:
    - Comece colocando as engrenagens, as chavetas, os espaçadores e os rolamentos em seus respectivos eixos.
    - Em seguida, insira o eixo 1 no assento do rolamento no lado esquerdo da carcaça.
    - Insira a extremidade esquerda do eixo 2 no assento do rolamento enquanto engata os dentes das engrenagens A e B.
    - Instale o suporte central do rolamento para apoiá-lo no lado direito do eixo 1.
    - Instale o eixo 3 colocando seu rolamento esquerdo no assento do suporte central enquanto engata as engrenagens C e D.
    - Instale a tampa do lado direito para a carcaça enquanto coloca os últimos dois rolamentos em seus assentos.
    - Certifique-se de alinhar bem os eixos.
    - Coloque lubrificante de engrenagem na parte inferior da carcaça.

As figuras 9.31 e 9.33 mostram três exemplos de redutores com engrenagem de dupla redução disponíveis no mercado, nos quais é possível ver esses detalhes.

A disposição das engrenagens, o posicionamento dos rolamentos cobrindo-as e a configuração geral da carcaça também são decisões de projeto. O processo de projeto não pode prosseguir até que esse tipo de decisão seja tomado. Perceba que o desenho da Figura 1.12 ilustra onde começa a *integração* dos elementos em um projeto maior. Quando o projeto geral é conceituado, o dos elementos individuais no redutor de velocidade pode continuar. À medida que cada elemento for discutido, consulte os respectivos capítulos deste livro. A segunda parte, dos capítulos 7 a 15, fornece detalhes para os elementos do redutor. Note que muitas decisões de projeto já foram tomadas com esse esboço. Primeiro optou-se por *engrenagens de dentes retos* em vez de engrenagens helicoidais, de um sem-fim e de uma engrenagem sem-fim ou engrenagens cônicas. Na verdade, outros tipos de dispositivo de redução de velocidade — transmissões por correia, transmissões por cadeia e muitos outros — poderiam ser apropriados.

Engrenagens

Para os pares de engrenagem é preciso especificar o número de dentes em cada uma, o passo (tamanho) dos dentes, os diâmetros de passo, a largura de face, o material e o tratamento térmico. Essas especificações dependem de considerações sobre força e desgaste dos dentes da engrenagem e requisitos de movimento (capítulos 8 e 9). Também é necessário entender que as engrenagens devem estar montadas sobre os eixos de forma a garantir sua localização correta, a capacidade de transmissão adequada do torque das engrenagens para os eixos (por meio de chavetas, por exemplo) e o projeto seguro do eixo.

Eixos

Após projetar os pares de engrenagem, passa-se a considerar o projeto do eixo (Capítulo 12). O eixo está sob um carregamento que gera flexão e torção por causa das forças que atuam nos dentes da engrenagem. Assim, o projeto deve considerar resistência e rigidez, e permitir a montagem de rolamentos e engrenagens. Eixos de variados diâmetros podem ser usados para fornecer flanges nas quais as engrenagens e os rolamentos serão assentados. Pode haver assentos encrustados no eixo (Capítulo 11). Os eixos de entrada e saída se estenderão para além da carcaça, permitindo acoplamento com o motor e o eixo motriz. O tipo de acoplamento deve ser considerado, uma vez que pode ter muito efeito na análise de tensão do eixo (Capítulo 11). Vedações nos eixos de entrada e saída protegem as componentes internas (Capítulo 11).

Rolamentos

Em seguida, vem o projeto dos rolamentos (Capítulo 14). Caso sejam utilizados os de contato angular, você provavelmente escolherá itens disponíveis no mercado a partir de um catálogo do fabricante, em vez de projetar um rolamento exclusivo. Primeiro, é preciso determinar a magnitude das cargas em cada rolamento a partir da análise do eixo e dos projetos da engrenagem. A velocidade angular e a vida útil de projeto dos rolamentos, bem como sua compatibilidade com o eixo no qual deverão ser montados, precisam ser consideradas. Por exemplo, com base na análise do eixo, é possível especificar o diâmetro mínimo admissível em cada local de assento de rolamento para garantir níveis de tensão seguros. O rolamento selecionado para sustentar determinada parte do eixo, portanto, não deverá ter um furo (diâmetro interno) menor do que o diâmetro seguro do eixo. Naturalmente, o rolamento não deve ser muito maior do que o necessário. Quando um rolamento específico for selecionado, o diâmetro do eixo no local do assento do rolamento e as tolerâncias admissíveis devem ser especificados, conforme as recomendações do fabricante, para um bom funcionamento e uma vida útil adequada.

Chavetas

Agora, as chavetas (Capítulo 11) e os assentos podem ser projetados. O diâmetro do eixo na chaveta determina seu tamanho básico (largura e altura). O torque a ser transmitido é utilizado em cálculos de resistência para especificar o comprimento e o material da chaveta. Uma vez que as componentes foram concebidas, o projeto da carcaça pode começar.

Carcaça

O projeto da carcaça deve ser criativo e prático. O que precisa ser feito para montar os rolamentos com precisão e transmitir as cargas com segurança através da caixa para a estrutura na qual o redutor de velocidade é montado? De que maneira os vários elementos serão estruturados dentro da carcaça? Como as engrenagens e os rolamentos serão lubrificados? Qual material deve ser usado para a carcaça? A carcaça deve ser uma fundição, uma soldagem ou uma montagem de peças usinadas?

O processo de projeto, conforme descrito aqui, implica que ele pode progredir em sequência: primeiro engrenagens, depois eixos, rolamentos, chavetas, acoplamentos e, por fim, a carcaça. É raro, entretanto, conseguir fazer essa sequência lógica apenas uma vez em determinado projeto. Normalmente, o projetista precisa voltar muitas vezes para ajustar componentes afetados por mudanças feitas em outras partes. Esse processo, chamado *iteração*, dura até que se obtenha um projeto geral aceitável. Com frequência, protótipos são desenvolvidos e testados durante a iteração.

O Capítulo 15 mostra como todos os elementos da máquina são finalmente integrados a fim de formar uma única unidade.

1.6 AUXÍLIOS COMPUTACIONAIS

Por causa da necessidade comum de várias iterações e porque muitos procedimentos de projeto exigem cálculos longos e complexos, as planilhas, os softwares de análise matemática, os programas de computador ou as calculadoras programáveis são, muitas vezes, úteis para fazer a análise dele. Planilhas ou programas interativos permitem que você, o projetista, tome decisões de projeto durante o processo. Dessa forma, muitas tentativas podem ser feitas em pouco tempo, e os efeitos da alteração de vários parâmetros podem ser investigados. Planilhas do Microsoft Excel são utilizadas com mais frequência como exemplos neste livro para projetos auxiliados por computador e cálculos de análise.

Além de empregar auxílios computacionais preparados pela própria pessoa, como planilhas ou softwares de análise matemática, é importante acessar softwares de cálculo disponíveis no mercado e usá-los de modo produtivo.

1.7 CÁLCULOS DE PROJETO

Ao estudar este livro e progredir na carreira como projetista, você fará muitos cálculos de projeto. É importante registrá-los de forma clara, completa e organizada. Talvez você precise explicar aos outros como abordou o projeto, quais dados utilizou, quais suposições fez e que decisões tomou. Em alguns casos, alguém verificará seu trabalho quando você não estiver por perto para comentar ou responder a perguntas. Além disso, um registro preciso dos cálculos de projeto é sempre proveitoso caso haja a possibilidade de mudanças. Em todas essas situações, você será solicitado a transmitir seu projeto a outra pessoa em forma escrita ou gráfica.

A fim de preparar um registro cuidadoso de projeto, costuma-se passar pelas seguintes etapas:

1. Identificar o elemento de máquina que está sendo projetado e a natureza do cálculo de projeto.
2. Fazer um croqui do elemento, mostrando todas as características que afetam o desempenho ou a análise de tensão.

3. Mostrar, em um esboço, as forças que agem sobre o elemento (o diagrama de corpo livre) e fornecer outros desenhos para esclarecer a situação física real.
4. Identificar o tipo de análise a ser realizada, tal como tensão por flexão, deflexão de uma viga, flambagem de uma coluna, e assim por diante.
5. Listar todos os dados e suposições.
6. Escrever as fórmulas a serem usadas em forma simbólica e indicar com clareza os valores e as unidades das variáveis envolvidas. Se houver a possibilidade de uma fórmula não ser conhecida pelo leitor, indicar a fonte. Ele talvez queira consultá-la para avaliar se a fórmula é adequada.
7. Resolver cada fórmula para a variável desejada.
8. Inserir dados, verificar unidades e realizar cálculos.
9. Avaliar a razoabilidade do resultado.
10. Se o resultado não for razoável, alterar as decisões de projeto e recalcular. Talvez uma geometria ou um material diferente seja mais apropriado.
11. Quando um resultado razoável e satisfatório for obtido, especificar os valores finais para todos os parâmetros importantes do projeto utilizando tamanho-padrão, dimensões convenientes, materiais facilmente disponíveis, e assim por diante.

A Figura 1.13 indica uma amostra de cálculo de projeto. Uma viga deve ser projetada de forma a abranger um poço de 60 pol. para sustentar uma grande engrenagem pesando 2050 libras (lb). O projeto pressupõe que uma forma retangular precisa ser utilizada para a seção transversal da viga. Outras formas práticas poderiam ter sido usadas. O objetivo é calcular as dimensões exigidas da seção transversal considerando tanto a tensão quanto a deflexão. Um material para a viga também é escolhido. Consulte o Capítulo 3 para rever a tensão por flexão.

1.8 DIMENSÕES PREFERENCIAIS, ROSCAS E FORMAS BÁSICAS

Uma das responsabilidades do projetista é especificar as dimensões finais dos membros que recebem carregamento. Após concluir as análises de tensão e deformação, ele conhecerá os valores mínimos aceitáveis para as dimensões, certificando-se de que o membro atenderá aos requisitos de desempenho. O projetista, então, costuma especificar as dimensões finais para servirem de valores padrão ou adequados, a fim de facilitar a aquisição de materiais e a fabricação das peças. Esta seção apresenta algumas diretrizes para essas decisões e especificações.

Dimensões preferenciais

A Tabela A2.1 lista dimensões preferenciais básicas para polegada fracionária, polegada decimal e parâmetros no sistema métrico.[1] É preciso escolher uma dessas dimensões preferenciais como parte final de seu projeto. Há um exemplo no final da amostra de cálculo de projeto apresentada na Figura 1.13. É possível, naturalmente, especificar outra dimensão se houver uma boa razão funcional.

Roscas padrão norte-americano

Fixadores roscados e elementos de máquina com conexões roscadas são produzidos de acordo com as dimensões padrão para garantir a possibilidade de troca de peças e a fabricação adequada com máquinas e ferramentas padrão. A Tabela A2.2 fornece as dimensões do padrão norte-americano unificado de roscas. Para tamanhos menores que 1/4 pol, são atribuídos números de 0 a 12, ao passo que tamanhos em polegada fracionária são especificados para diâmetros de 1/4 pol e maiores. Duas séries são listadas: UNC é a designação para roscas grossas, e UNF designa as roscas finas. As designações padrão são as seguintes:

6–32 UNC (número 6, 32 fios por polegada, rosca grossa)

12–28 UNF (número 12, 28 fios por polegada, rosca fina)

$\frac{1}{2}$–13 UNC (fracionário de $\frac{1}{2}$ pol, 13 fios por polegada, rosca grossa)

$1\frac{1}{2}$–12 UNF (fracionário de $1\frac{1}{2}$ pol, 12 fios por polegada, rosca fina)

O *passo* de uma rosca, P, é a distância entre pontos correspondentes em duas roscas adjacentes e o intervalo pelo qual o parafuso se move axialmente quando faz uma rotação completa. No sistema de roscas no padrão norte-americano unificado,

$P = 1/n = 1/$número de fios por polegada

Por exemplo, para a rosca 1/2–13 UNC, $P = 1/n = 1/13 = 0,0769$ pol. Para roscas métricas, descritas a seguir, o passo é incluído como parte do sistema de designação de rosca. Ele é dado como a distância axial entre roscas adjacentes em mm.

---

[1] Ao longo deste livro, algumas referências a tabelas e figuras apresentam a letra A antes do número, pois fazem parte dos apêndices que estão ao final dele. Por exemplo, a Tabela A2.1 é a primeira tabela no Apêndice 2; a Figura A15.4 é a quarta figura no Apêndice 15. Essas tabelas e figuras são identificadas de forma clara nas legendas presentes nos apêndices.

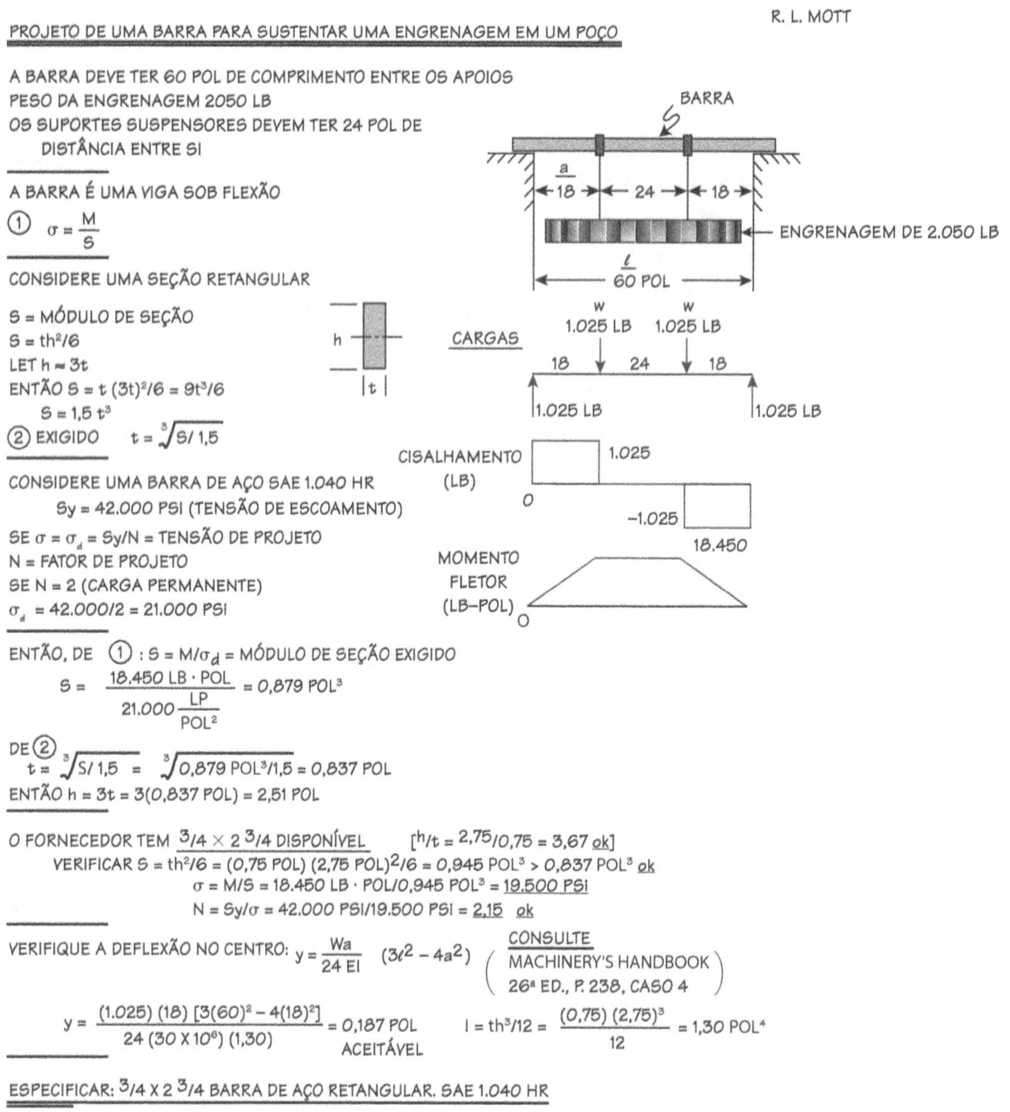

FIGURA 1.13 Amostra de cálculo de projeto.

Apresentados nas tabelas estão o diâmetro principal básico (D), o número de fios por polegada (n) e a área de tensão de tração (A_t), obtida da seguinte forma:

▶ **Área de tensão de tração para roscas**

$$A_t = 0{,}7854\left(D - \frac{0{,}9743}{n}\right)^2 \quad (1.1)$$

Quando um membro roscado é submetido a tensão direta, a área de tensão de tração é usada para calcular a média dessa tensão. Ela é baseada em uma área circular calculada a partir da média do diâmetro de passo e o menor diâmetro do membro roscado.

Roscas métricas

A Tabela A2.3 apresenta dimensões semelhantes para roscas métricas, cujas designações padrão aparecem na forma

$$M10 \times 1{,}5$$

onde M refere-se a métrico.

O número seguinte é o diâmetro principal básico, D, em mm.

O último número é o passo, P, entre roscas adjacentes em mm.

A área de tensão de tração para roscas métricas é calculada a partir da seguinte equação e baseia-se em um diâmetro ligeiramente diferente (consulte a Referência 11):

$$A_t = 0{,}7854\,(D - 0{,}9382P)^2 \quad (1.2)$$

Assim, a designação acima denotaria uma rosca métrica com diâmetro principal básico de $D = 10$ mm e passo de $P = 1{,}5$ mm. Note que passo = $1/n$. A área de tensão de tração para essa rosca é 58 mm².

Perfis comercialmente disponíveis para membros sob carregamento

Uma grande variedade de perfis para as seções transversais de membros sob carregamento está incluída nas dezenove tabelas do Apêndice 15. Muitos estão disponíveis em aço ou alumínio.

Tanto as medidas norte-americanas quanto as métricas estão incluídas, com tamanhos que variam desde muito pequenos [cerca de 10 mm ou 3/8 pol (0,375 pol)] até grandes (até 300 mm ou 24 pol). Note que as dimensões no sistema métrico listadas são projetadas especificamente em valores métricos, e não são *convertidas* de tamanhos em polegada.

É aconselhável que se consulte primeiro a introdução que precede as tabelas no início do apêndice, na qual as unidades, as descrições dos perfis básicos, os materiais e os tamanhos disponíveis são apresentados. Isso irá direcioná-lo às tabelas apropriadas para a aplicação. No geral, os seguintes tipos de perfil estão incluídos:

- Tabelas A15.1 a A15.3: cantoneiras ou perfis L.
- Tabelas A15.4 a A15.8: perfis C.
- Tabelas A15.9 a A15.13: perfis I, como abas largas (W), perfis S do padrão norte-americano, perfis I da Aluminium Association, perfis I do padrão europeu.
- Tabelas A15.14 a A15.16: tubos circulares e retangulares.
- Tabelas A15.17 a A15-19: perfis ocos e tubos mecânicos.

Em muitas tabelas, há listas de sites com conjuntos bem maiores de tamanhos para os tipos de perfil em questão. Recomenda-se que você use esse recurso para problemas e exercícios de projeto contidos no livro.

Notas de rodapé em muitas tabelas listam a densidade, como *densidade de massa*, para aço e/ou alumínio a fim de auxiliar no cálculo da massa ou do peso de determinado projeto. Observe que:

$$\text{Massa} = \text{densidade} \times \text{volume, onde}$$
$$\text{Densidade} = \text{massa/unidade de volume}$$
$$(\text{kg/m}^3 \text{ ou lb}_m/\text{pol}^3)$$

Na Terra, considera-se preciso o suficiente assumir que a unidade de força norte-americana, lb_f, é numericamente igual à unidade de massa, lb_m. Por exemplo, se a densidade é dada como 0,283 $lb_m/pé^3$, é razoável dizer que a densidade de peso (também chamada peso específico) é 0,283 $lb_f/pé^3$. A fim de se obter o peso em unidades do sistema métrico, é necessário multiplicar a massa por g, a aceleração provocada pela gravidade. O valor nominal de g = 32,2 pés/s² ou 9,81 m/s². Consulte a Seção 1.10 para discussões adicionais sobre a relação entre massa e peso.

Propriedades típicas de seção listadas para os perfis são:

- A – área de seção transversal.
- I – momento de inércia, por vezes chamado de segundo momento da área; utilizado para análise e projeto de vigas.
- S – módulo de seção. Observe que $S = I/c$, onde c é a distância entre o eixo neutro até a extremidade externa da seção; utilizado para análise e projeto de vigas.
- r – raio de giração. Note que $r = \sqrt{I/A}$; usado para análise de colunas.
- J – momento polar de inércia; utilizado para análise e projeto de torção.
- Z_p – módulo polar da seção. Note que $Z_p = J/c$, onde c é o raio externo do tubo; utilizado para análise e projeto de torção.

Perfis estruturais: denominações

Os fabricantes de aço oferecem uma grande variedade de perfis estruturais padrão que são eficientes no uso de material e convenientes para especificação e instalação em estruturas de construções ou quadros de máquinas. Dentre eles, conforme mostrado na Tabela 1.1, estão cantoneiras (perfis L), perfis C, perfis de abas largas (perfis W), perfis norte-americanos (perfis S), tubos estruturais e tubos não estruturais. Observe que os perfis W e os perfis S são comumente referidos como "perfis I" porque a forma da seção transversal é parecida com a letra I maiúscula. Consulte a Referência 2.

Os materiais utilizados para os perfis estruturais são geralmente chamados de *aços estruturais*, e suas características e propriedades são descritas de modo mais completo no Capítulo 2. Consulte o Apêndice 7 para dados comuns de resistência. Perfis W laminados estão disponíveis mais facilmente em ASTM A992, A572 grau 50 ou A36. Perfis S e perfis C são normalmente feitos com ASTM A572 grau 50 ou A36. O ASTM A36 deve ser especificado para cantoneiras e placas. Perfis estruturais tubulares (HSS) estão disponíveis com mais facilidade em ASTM A500.

Perfis estruturais em alumínio são feitos, na maioria das vezes, de liga 6061-T6 extrudada.

Cantoneiras (perfis L)

A Tabela A15.1 mostra esboços dos perfis típicos de cantoneiras de aço com comprimento igual ou diferente de aba. Chamadas de *perfil L* por causa da aparência de seção transversal, as cantoneiras são frequentemente usadas como membros tensores de treliças e torres, membros para uso em quadro de estruturas de máquinas, vergas sobre portas e janelas em construção, enrijecedores para placas grandes utilizadas em carcaças e vigas, forquilhas e

▼ TABELA 1.1 Denominações para perfis de aço e alumínio.

Nome do perfil	Perfil	Símbolo	Designação de exemplo e tabela do apêndice
Cantoneira		L	L4 × 3 × $\frac{1}{2}$ Tabela A15.1
Perfil C		C	C15 × 50 Tabela A15.4
Perfil W		W	W14 × 43 Tabela A15.9
Perfil no padrão norte-americano		S	S10 × 35 Tabela A15.10
Tubo estrutural – quadrado		HSS	4 × 4 × $\frac{1}{4}$ Tabela A15.14
Tubo estrutural – retangular		HSS	6 × 4 × $\frac{1}{4}$ Tabela A15.14
Tubo		PIPE	peso padrão de 4 pol Schedule 40 de 4 pol Tabela A15.17
Perfil C conforme a Aluminum Association		C	C4 × 1,738 Tabela A15.6
Perfil I conforme a Aluminum Association		I	18 × 6,181 Tabela A15.11

apoios de peitoril para equipamentos. Alguns se referem a esses perfis como "cantoneiras de ferro". A designação padrão norte-americana toma a seguinte forma, usando um tamanho de exemplo:

$$L4 \times 3 \times \frac{1}{2}$$

onde L se refere ao perfil L
    4 é o comprimento da aba mais longa
    3 é o comprimento da aba mais curta
    $\frac{1}{2}$ é a espessura das abas
    As dimensões estão em polegadas

Cantoneiras menores em unidades do sistema norte-americano estão listadas na Tabela A15.2. Já as cantoneiras em dimensões métricas estão listadas na Tabela A15.3 em uma variedade de tamanhos, desde 10 mm a 100 mm. Muitos perfis listados estão disponíveis em alumínio ou aço.

Perfis C

Consulte a Tabela A15.4 para a aparência dos perfis C no padrão norte-americano e suas propriedades geométricas. Perfis C são utilizados com aplicações semelhantes àquelas descritas para as cantoneiras. A alma achatada e as duas mesas proporcionam um perfil comumente mais rígido do que as cantoneiras.

O croqui no topo da tabela mostra que os perfis C possuem mesas afiladas e almas com espessura constante. A inclinação da mesa afilada é de aproximadamente 2 polegadas por 12 polegadas, tornando difícil anexar outros membros nela. Arruelas cônicas especiais estão disponíveis para facilitar a fixação. Note a designação dos eixos x e y no croqui, definidos pela alma do perfil vertical, o que dá a característica de perfil C. Isso é muito importante quando se utiliza perfis C como vigas ou colunas. O eixo x está orientado no eixo horizontal de simetria, ao passo que a dimensão x, fornecida na tabela, situa o eixo y em relação à parte de trás da alma. O centroide encontra-se no ponto de intersecção dos eixos x e y.

A forma de designação no padrão norte-americano para perfis C é

$$C15 \times 50$$

onde C indica que se trata de um perfil C padrão
    15 é a dimensão nominal (e real) em polegadas com a alma vertical
    50 é o peso por unidade de comprimento em lb/pés

A maioria dos outros perfis C tem mesas com espessura uniforme que, com frequência, são feitas pela laminação de folhas de aço no formato do perfil ou por extrusão. Perfis C menores em unidades do sistema norte-americano estão listados na Tabela A15.5. Cantoneiras de alumínio feitas segundo os padrões europeus em dimensões métricas estão listadas na Tabela A15.7, e perfis C métricos de aço estão listados na Tabela A15.8.

Perfis C feitos conforme os padrões da Aluminum Association em unidades do sistema norte-americano estão listados na Tabela A15.6. Vários sistemas de designação são de uso comum. Alguns fornecem a altura da alma, o comprimento da mesa e a espessura. Neste livro, empregamos uma forma semelhante à dos perfis padrão de aço. Por exemplo,

$$C4 \times 1{,}738$$

onde C indica a forma básica
    4 indica a profundidade do perfil (altura da alma) em polegadas
    1,738 indica o peso por unidade de comprimento em lb/pés

Perfis I

Perfis de aba larga (perfis W). Consulte a Tabela A15.9, que ilustra a forma mais comum utilizada para os perfis. Os perfis W possuem almas relativamente finas e mesas um pouco mais grossas e achatadas com espessura constante. A maior parte da área da seção transversal está nas mesas, distante do eixo centroide horizontal (eixo x), tornando o momento de inércia muito alto para determinada quantidade de material. Note que as propriedades do momento de inércia e do módulo de seção são muito maiores em relação ao eixo x do que ao y. Portanto, os perfis W são geralmente utilizados com a orientação mostrada no croqui da Tabela A15.9. Além disso, esses perfis são mais bem empregados em flexão pura, sem esforços torsores, porque são bastante flexíveis em torção.

A designação padrão para perfis W traz muita informação. Considere o seguinte exemplo:

$$W14 \times 43$$

onde W indica que se trata de um perfil W
    14 é a altura nominal em polegadas
    43 é o peso por unidade de comprimento em lb/pés

O termo *altura* é a designação padrão para o comprimento vertical da seção transversal quando orientada conforme apresentado na Tabela A15.9. Observe, a partir dos dados da tabela, que a altura real difere muitas vezes da altura nominal. Para o W14 × 43, a altura real é de 13,66 pol.

Todos os tamanhos listados na Tabela A15.9 e muitos outros (consulte a Referência 2) estão disponíveis em aço. Alguns tamanhos mostrados também são encontrados em alumínio.

Perfis norte-americanos de viga (perfis S). A Tabela A15.10 mostra as propriedades dos perfis S. Grande parte da discussão sobre os perfis W se aplica aos perfis S, também. Note que, mais uma vez, o peso por unidade de comprimento está incluído na designação conforme S10 × 35, que pesa 35 lb/pés. Para a maioria — mas não todos — os perfis S, a altura real é a mesma que a nominal. As mesas dos perfis S são afiladas com inclinação aproximada de 2 por 12 polegadas, semelhante às dos perfis C. Os eixos x e y são definidos conforme mostrado, com a alma vertical.

Normalmente, os perfis de aba larga (perfis W) são preferidos a perfis S por causa de suas abas relativamente largas, da espessura constante das mesas e das propriedades de seção em geral melhores para determinado peso e altura.

Alguns perfis S estão disponíveis em alumínio.

PERFIS I CONFORME A ALUMINUM ASSOCIATION. O padrão da Aluminum Association para perfis I em unidades do sistema norte-americano está listado na Tabela A15.11. Vários sistemas de designação são de uso comum. Alguns fornecem a altura da alma, a largura da mesa e a espessura da alma ou da mesa. Neste livro, empregamos uma forma semelhante a essa para perfis I de aço. Por exemplo,

$$I8 \times 6{,}181$$

onde I indica o perfil I básico

8 indica a altura do perfil (altura da alma) em polegadas

6,181 indica o peso por unidade de comprimento em lb/pés

OUTROS PERFIS I. A Tabela A15.12 lista pequenos perfis de alumínio extrudados. Perfis de aço no padrão europeu em unidades métricas estão listados na Tabela A15.13.

Tubos ocos (quadrados e retangulares)

Tubos quadrados e retangulares são muito úteis em estruturas de máquinas porque apresentam boas propriedades de seção para membros carregados, como vigas em flexão, e para carregamentos de torção (torsores) em função de sua seção transversal fechada. Os lados achatados com frequência facilitam a fixação de membros ou a conexão de equipamentos aos membros estruturais. Alguns quadros são soldados em uma unidade integral que funciona como um quadro geométrico rígido. Tubos quadrados são seções eficientes para colunas.

Consulte a Tabela A15.14 para a aparência e as propriedades de perfis estruturais de aço oco. Esses perfis, muitas vezes chamados de HSS, costumam ser formados por uma chapa plana com soldagem ao longo do comprimento. As propriedades da seção consideram os raios do canto. Note os croquis que mostram os eixos x e y. A designação padrão assume a forma

$$HSS\ 6 \times 4 \times \frac{1}{4}$$

onde 6 é a dimensão do lado maior em polegadas

4 é a dimensão do lado menor em polegadas

$\frac{1}{4}$ é a espessura da parede em polegadas

Note que, para perfis HSS padrão conforme listados na Referência 2, deve ser utilizada a *espessura de projeto da parede*, t_w, da Tabela A15.14. Esse valor, *menor* do que o tamanho nominal usado na designação, é empregado para computar as propriedades da seção.

A Tabela A15.15 lista tubos quadrados e retangulares menores, em aço e alumínio, de tamanhos que vão desde 0,375 pol (3/8 pol) até 3 pol de comprimento. Dimensões métricas para tubos quadrados e retangulares são listadas na Tabela A15.16, de 20 mm até 300 mm de comprimento.

Tubos e perfis circulares ocos

Seções circulares ocas, comumente chamadas de *tubos*, são muito eficientes como vigas, membros em torção e colunas. A disposição uniforme do material longe do centro nos tubos favorece o momento de inércia para determinada quantidade de material e fornece propriedades uniformes aos tubos em relação aos eixos ao longo do centro da seção transversal. A seção transversal fechada fornece alta resistência e rigidez à torção, bem como à flexão.

A Tabela A15.17 lista as propriedades do tubo soldado e forjado sem costura no padrão norte-americano Schedule 40. Esse tipo de tubo é frequentemente utilizado no transporte de água e outros fluidos, além de apresentar bom desempenho em aplicações estruturais. Note que os diâmetros interno e externo são um tanto diferentes das dimensões nominais, exceto para tamanhos muito grandes. Tubos para construção são comumente chamados de *tubos padrão* e têm as mesmas dimensões que os tubos padrão Schedule 40 para tamanhos de 1/2 pol a 10 pol. Outros "schedules" e "padrões" de tubo estão disponíveis com espessuras maiores e menores de parede.

Outras seções circulares ocas são encontradas com facilidade e são chamadas de *tubos*. Elas estão disponíveis em aço carbono, liga de aço, aço inoxidável, alumínio, cobre, latão, titânio e outros materiais. Veja as referências 1, 2, 5 e 9 para uma variedade de tipos e tamanhos de tubos.

Os tubos são normalmente especificados pelo diâmetro externo e pela espessura da parede, e a espessura da parede às vezes é dada como uma *bitola* padrão. A Tabela A15.18 lista tubos de aço e alumínio em dimensões no sistema norte-americano com diâmetros externos que variam de 0,5 pol a 5 pol e diversas espessuras de parede. Já a Tabela A15.19 lista tubos de aço e alumínio em dimensões métricas com diâmetros externos que variam de 10 mm a 150 mm e diversas espessuras de parede.

1.9 SISTEMAS DE UNIDADE

Realizaremos cálculos neste livro utilizando tanto o sistema norte-americano de unidades (polegada-libra-segundo) quanto o sistema internacional de unidades (SI). A Tabela 1.2 lista as unidades típicas utilizadas no estudo do projeto de máquinas. *SI*, abreviação de Le Système International d'Unités, é o padrão para unidades de medida do sistema métrico em todo o mundo (consulte a Referência 4). Por conveniência, a expressão *unidades do SI* será utilizada no lugar de *unidades métricas*.

Os prefixos que aparecem nas unidades básicas indicam a ordem de grandeza. Apenas aqueles listados na Tabela 1.3, que diferem entre si por um fator de 1.000, deverão ser usados em cálculos técnicos. O resultado final de uma quantidade deve ser reportado como um número entre 0,1 e 10000 vezes algum múltiplo de 1000. Portanto, a unidade com o prefixo apropriado deverá ser especificada. A Tabela 1.4 mostra exemplos da notação correta no SI.

Às vezes, será preciso converter as unidades de um sistema para o outro. O Apêndice 16 apresenta tabelas com fatores de conversão. Além disso, é necessário estar familiarizado com a ordem de grandeza típica das quantidades encontradas no projeto de máquinas para que se possa avaliar a validade dos cálculos (consulte a Tabela 1.5 para ver vários exemplos).

▼ TABELA 1.2 Unidades típicas no projeto de máquinas.

Quantidade	Unidades do sistema norte-americano	Unidade do SI
Comprimento ou distância	polegadas (pol) pés	metro (m) milímetro (mm)
Área	polegada quadrada (pol^2)	metro quadrado (m^2) ou milímetro quadrado (mm^2)
Força	libra (lb) kip (K) (1000 lb)	newton (N) (1 N = 1 kg · m/s^2)
Massa Tempo Ângulo Temperatura	slug (lb · s^2/pés) segundo (s) grau (°) graus Fahrenheit (°F)	quilograma (kg) segundo (s) radiano (rad) ou grau (°) graus Celsius (°C)
Torque ou momento	libra-polegada (lb · pol) ou libra-pé (lb · pés)	newton-metro (N · m)
Energia ou trabalho	libra-polegada (lb · pol)	joule (J) 1 J = 1 N · m
Potência	cavalos (hp) (1 hp = 550 lb · pés/s)	watt (W) ou quilowatt (kW) (1 W = 1 J/s = 1 N · m/s)
Tensão, pressão ou módulo de elasticidade	libras por polegada quadrada (lb/pol^2 ou psi) kips por polegada quadrada (K/pol^2 ou ksi)	pascal (Pa) (1 Pa = 1 N/m^2) quilopascal (kPa) (1 kPa = 10^3 Pa) megapascal (MPa) (1 MPa = 10^6 Pa) gigapascal (GPa) (1 GPa = 10^9 Pa)
Módulo da seção Momento de inércia	polegada cúbica (pol^3) polegada à quarta potência (pol^4)	metros cúbicos (m^3) ou milímetros cúbicos (mm^3) metros à quarta potência (m^4) ou milímetros à quarta potência (mm^4)
Velocidade angular	rotação por minuto (rpm)	radianos por segundo (rad/s)

▼ TABELA 1.3 Prefixos utilizados com unidades do SI.

Prefixo	Símbolo no SI	Fator
micro-	μ	10^{-6} = 0,000001
mili-	m	10^{-3} = 0,001
quilo-	k	10^3 = 1000
mega-	M	10^6 = 1000000
giga-	G	10^9 = 1000000000

▼ TABELA 1.4 Quantidades expressas em unidades do SI.

Resultado calculado	Resultado relacionado
0,00165 m	$1,65 \times 10^{-3}$ m ou 1,65 mm
32540 N	$32,54 \times 10^3$ N ou 32,54 kN
$1,583 \times 10^5$ W	$158,3 \times 10^3$ W ou 158,3 kW; ou $0,1583 \times 10^6$ W; ou 0,1583 MW
$2,07 \times 10^{11}$ Pa	207×10^9 Pa ou 207 GPa

▼ TABELA 1.5 Ordem de grandeza típica para quantidades comumente encontradas.

Quantidade	Unidades do sistema norte-americano	Unidades do SI
Dimensões de uma seção de madeira 2 × 4	1,50 pol × 3,50 pol	38 mm × 89 mm
Momento de inércia de um 2 × 4 (3,50 pol na vertical)	5,36 pol^4	$2,23 \times 10^6$ mm^4 ou $2,23 \times 10^{-6}$ m^4
Módulo de seção de um 2 × 4 (3,50 pol na vertical)	3,06 pol^3	$5,02 \times 10^4$ mm^3 ou $5,02 \times 10^{-5}$ m^3
Força necessária para levantar 1 galão de gasolina	6,01 lb	26,7 N
Densidade da água	1,94 slugs/pés^3	1000 kg/m^3 ou 1 mg/m^3
Pressão de ar comprimido em uma manufatura	100 psi	690 kPa
Ponto de escoamento do SAE 1040 laminado à quente	42000 psi ou 42 ksi	290 MPa
Módulo de elasticidade do aço	30000000 psi ou 30×10^6 psi	207 GPa

---

EXEMPLO 1.1

Expresse o diâmetro de um eixo em milímetros caso a medida tenha sido indicada como 2,755 pol.

SOLUÇÃO

A Tabela A16 apresenta o fator de conversão de comprimento como sendo 1 pol = 25,4 mm. Logo,

$$\text{Diâmetro} = 2{,}755 \text{ pol} \frac{25{,}4 \text{ mm}}{1 \text{ pol}} = 69{,}98 \text{ mm}$$

EXEMPLO 1.2

Um motor elétrico está girando a 1750 rotações por minuto (rpm). Expresse a velocidade em radianos por segundo (rad/s).

SOLUÇÃO

Uma série de conversões é necessária.

$$\text{Velocidade angular} = \frac{1750 \text{ rot}}{\text{min}} \frac{2\pi \text{ rad}}{\text{rot}} \frac{1 \text{ min}}{60 \text{ s}} = 183{,}3 \text{ rad/s}$$

1.10 DISTINÇÃO ENTRE PESO, FORÇA E MASSA

Deve ser feita uma distinção entre os termos *força*, *massa* e *peso*. *Massa* é a quantidade de matéria em um corpo. *Força* é quando se empurra ou puxa um corpo, resultando em movimento ou deformação. Esses são, claramente, dois fenômenos físicos diferentes, mas a distinção nem sempre é compreendida. As unidades para força e massa usadas neste texto estão listadas na Tabela 1.2.

O termo *peso*, conforme empregado neste livro, refere-se à quantidade de *força* necessária para sustentar um corpo contra a influência da gravidade. Assim, em resposta à pergunta: "Qual é o peso de 75 kg de aço?", nós usaríamos a relação entre força e massa da física:

▶ **Relação peso/massa**

$$F = ma \text{ ou } w = mg$$

onde F = força
m = massa
a = aceleração
w = peso
g = aceleração por gravidade

Usaremos

$$g = 32,2 \text{ pés/s}^2 \text{ ou } g = 9,81 \text{ m/s}^2$$

logo, para calcular o peso,

$$w = mg = 75 \text{ kg } (9,81 \text{ m/s}^2)$$
$$w = 736 \text{ kg} \cdot \text{m/s}^2 = 736 \text{ N}$$

Lembre-se de que, conforme apresentado na Tabela 1.2, a unidade newton (N) equivale a 1 kg · m/s². Na verdade, ela é definida como a força exigida para fornecer à massa de 1 kg uma aceleração de 1 m/s². Em nosso exemplo, então, diríamos que a massa de 75 kg de aço tem peso de 736 N.

REFERÊNCIAS

1. ALUMINUM ASSOCIATON. *Aluminum Design Manual.* Washington, DC: Aluminum Association, 2005.
2. AMERICAN INSTITUTE OF STEEL CONSTRUCTION. *Steel Construction Manual.* 13. ed. Chicago: American Institute of Steel Construction, 2005.
3. AMERICAN SOCIETY OF MECHANICAL ENGINEERS. *Integrating the Product Realization Process (PRP) into the Undergraduate Curriculum.* Nova York: American Society of Mechanical Engineers, 1995.
4. American Society for Testing and Materials. *IEEE/ASTM SI-10 Standard for Use of the International System of Units (SI): The Modern Metric System.* West Conshohocken, PA: American Society for Testing and Materials, 2002.
5. AVALLONE, Eugene; BAUMEISTER, Theodore; SADEGH, Ali (orgs.). *Marks' Standard Handbook for Mechanical Engineers.* 11. ed. Nova York: McGraw-Hill, 2007.
6. DYM, Clive L.; LITTLE, Patrick. *Engineering Design: A Project-Based Introduction.* 3. ed. Nova York: John Wiley & Sons, 2009.
7. ERTAS, Atila; JONES, Jesse C.. *The Engineering Design Process.* 2. ed. Nova York: John Wiley & Sons, 1997. Discussão do processo de projeto, desde a definição dos objetivos até a certificação e a fabricação do produto.
8. HAUSER, John R.; CLAUSING, Don. "The House of Quality". *Harvard Business Review,* maio/junho 1988. p. 63-73. Discute o desdobramento da função qualidade.
9. MOTT, Robert L. *Applied Fluid Mechanics.* 6. ed. Upper Saddle River, NJ: Pearson/Prentice Hall, 2006.
10. NATIONAL RESEARCH COUNCIL. *Improving Engineering Design:* Designing for Competitive Advantage. Washington, DC: National Academy Press, 1991. Descreve o processo de realização do produto (PRP).
11. OBERG, Erik; JONES, Franklin D.; HORTON, Holbrook L.; RYFELL, Henry H. *Machinery's Handbook.* 28. ed. Nova York: Industrial Press, 2008.
12. PAHL, Gerhard; BEITZ, Wolfgang; FELDHUSEN, Jörg; GROTE, K. H. *Engineering Design:* A Systematic Approach. 3. ed. Londres: Springer-Verlag, 2007.
13. PUGH, Stuart. *Total Design:* Integrated Methods for Successful Product Engineering. Upper Saddle River, NJ: Pearson/Prentice Hall, 1991.
14. SUH, Nam Pyo. *Axiomatic Design:* Advances and Applications. Nova York: Oxford University Press, 2001.
15. SUH, Nam Pyo. *The Principles of Design.* Nova York: Oxford University Press, 1990.
16. ULLMAN, David G. *The Mechanical Design Process.* 4. ed. Nova York: McGraw-Hill, 2010.
17. TAGUCHI, Genichi; JUGULUM, Rajesh; TAGUCHI, Shin. *Computer Based Robust Engineering:* Essentials for DFSS. Milwaukee, WI: ASQ Quality Press, 2005.
18. YANG, Kai; EL-HAIK, Basem S. *Design for Six Sigma:* A Roadmap for Product Development. Brighton, MA: Axiomatic Design Solutions, 2009.
19. JUGULUM, Rajesh; SAMUEL, Philip. *Design for Lean Six Sigma.* Brighton, MA: Axiomatic Design Solutions, 2009.
20. WILSON, Graham. *Six Sigma and the Product Development Cycle.* Nova York: Elsevier, Inc., 2006.
21. ALTSHULLER, Genrich. *40 Principles:* TRIZ Keys to Technical Innovation. Worcester, MA: Technical Innovation Center, Inc., 1998.
22. FEY, Victor. *Innovation on Demand:* New Product Development Using TRIZ. Cambridge, Inglaterra: Cambridge University Press, 2006.
23. ROYZEN, Zinovy. *Designing and Manufacturing Better Products Faster Using TRIZ.* 7. ed. Seattle, WA: TRIZ Consulting, 2010.

24. MIKULAK, Raymond J.; MCDERMOTT, Robin; BEAUREGARD, Michael. *The Basics of FMEA*. 2. ed. Boca Raton, FL: CRC Press, 2009.
25. KEPNER, Charles H.; TREGOE, Benjamin B. *The New Rational Manager*. Princeton, NJ: Kepner-Tregoe, Inc., 1998.
26. DIETER, George. *Engineering Design*. 4. ed. Nova York: McGraw-Hill, 2009.
27. BOOTHROYD, Geoffrey; DEWHUST, Peter; KNIGHT, Winston A. *Product Design for Manufacture and Assembly*. 3. ed. Boca Raton, FL: CRC Press, 2011.

SITES SOBRE PROJETO MECÂNICO GERAL

Nesta seção, estão incluídos sites que podem ser usados em muitos capítulos deste livro e na prática geral de projeto para identificar fornecedores comerciais de elementos de máquinas e normas para projeto ou execução de análises de tensão. Os capítulos posteriores apresentam sites específicos para seus tópicos.

1. **American National Standards Institute (ANSI)** <www.ansi.org>. Organização privada e sem fins lucrativos que administra e coordena a normatização voluntária nos Estados Unidos e o sistema de avaliação de conformidade.
2. **Global Engineering Documents** <http://global.ihs.com>. Banco de dados de padrões e publicações oferecidos por muitas organizações de desenvolvimento de normas, como ASME, ASTM e ISO.
3. **GlobalSpec** <www.globalspec.com>. Banco de dados com ampla variedade de produtos e serviços técnicos que oferece um sistema de pesquisa por especificações técnicas, acesso a informações de fornecedores e comparação entre fornecedores quanto a produtos específicos. A categoria *Mechanical Components* (componentes mecânicos) inclui muitos tópicos abordados neste livro.
4. **MDSOLIDS** <www.mdsolids.com>. Software educacional para tópicos sobre resistência dos materiais, incluindo análise de vigas, flexão, torção, colunas, estruturas axiais, estruturas estaticamente indeterminadas, treliças, propriedades de seção e círculo de Mohr. Esse software pode ser utilizado como ferramenta auxiliar para os conhecimentos necessários neste livro.
5. **Engineering.com** <www.engineering.com/software/Downloads/tabid/74/Default.aspx>. Softwares para diversas aplicações de engenharia, incluindo os programas de análise de vigas *Beam Analyzer* e *Beam Boy Analysis Tool*.
6. **Softpedia.com** <www.softpedia.com/get/Science-CAD/Beam-Analysis-Tool.shtml>. Software para vários campos técnicos, incluindo o *Beam Analysis Tool*.
7. **Power Transmission Home Page** <www.powertransmission.com>. Central de troca de informações para compradores, usuários e vendedores de produtos e serviços de transmissão de potência. Há informações sobre engrenagens, transmissões de engrenagens, por correia e por cadeia, rolamentos, embreagens, freios e muitos outros elementos de máquinas abordados neste livro.

SITES SOBRE INOVAÇÃO E GESTÃO DE PROJETOS COMPLEXOS

8. **Axiomatic Design Solutions, Inc.** <www.axiomaticdesign.com>. Método integrado que combina a necessidade dos clientes e os requisitos funcionais para produzir parâmetros detalhados de projeto, o corpo final de sua solução e o processo necessário para executá-lo com eficiência.
9. **QFD Institute** <www.qfdi.org>. Organização que promove o método de desdobramento da função qualidade (QFD) para utilização em projeto de produto e gestão de sistemas de qualidade.
10. **Applied Marketing Science (AMS), Inc.** <www.ams-inc.com>. Firma de consultoria que fornece a "voz do cliente" (VDC) e que utiliza o desdobramento da função qualidade (QFD) com base na matriz "Casa da qualidade", descrita na Referência 8.
11. **iSixSigma.com** <www.isixsigma.com>. A missão da iSixSigma é fornecer um recurso gratuito de informações para auxiliar profissionais na implementação da Seis Sigma e na melhoria de ferramentas e metodologias para processos comerciais em suas organizações.
12. *Revista TRIZ*. <www.triz-journal.com>. Oferece estudos de caso, artigos teóricos, história do TRIZ, simpósios, aulas e livros para ajudar projetistas no conhecimento do TRIZ.
13. **Technical Innovation Center, Inc.** <www.triz.org>. Provedor de consultoria, treinamento e serviços de publicação em TRIZ.
14. **The Altshuller Institute for TRIZ Studies** <www.aitriz.org>. Prestador de serviços à comunidade

mundial de TRIZ, autorizado por Genrikh Altshuller, seu fundador.

15. **Triz Consulting, Inc.** <www.trizconsulting.com>. Provedor de treinamento em TRIZ para inovação sistemática, consultoria e publicações.
16. **Systems2win.com** <www.systems2win.com>. Provedor de planilhas de Excel para aplicação da metodologia Seis Sigma com o objetivo de definir, medir, analisar, melhorar e controlar a qualidade (ferramentas DMAIC 6Σ).
17. **FMEA-FMECA.com** <www.fmea-fmeca.com>. Fonte de informações sobre modos de falha e análise de efeito (FMEA) e modos de falha e análise crítica de efeitos (FMECA). Fonte de livros, softwares, formulários, exemplos e outros recursos.
18. **Kepner-Tregoe, Inc.** <www.kepner-tregoe.com>. Provedor de consultoria e serviços de treinamento para ajudar clientes na implementação de estratégias por meio de métodos de identificação de problemas, tomada de decisões e execução de projetos. Editora do livro citada na Referência 25.

PROBLEMAS

Funções e requisitos de projeto

Para os dispositivos descritos nos problemas de 1 a 14, escreva um conjunto de funções e requisitos de projeto de forma semelhante aos da Seção 1.4. Você ou seu professor poderão adicionar informações mais específicas às descrições gerais apresentadas.

1. Tranca do capô de um automóvel.
2. Macaco hidráulico utilizado na manutenção de carros.
3. Talha portátil usada em pequenas garagens e casas.
4. Máquina para triturar latas de bebidas.
5. Dispositivo automático de transferência para uma linha de produção.
6. Dispositivo para elevar um tanque de 55 galões de material solto e despejar o conteúdo em um funil.
7. Dispositivo alimentador de papel para uma copiadora.
8. Transportador para elevar e despejar cascalho em um caminhão.
9. Guindaste para elevar materiais de construção do chão até o topo durante os serviços.
10. Máquina para colocar tubos de creme dental em caixas.
11. Máquina para colocar 24 caixas de creme dental em um contêiner de transporte.
12. Pinça de robô para mover um conjunto de pneu e inseri-lo no porta-malas de um automóvel na linha de montagem.
13. Tabela de posicionamento de solda em relação a um soldador automático.
14. Dispositivo de abertura para porta de garagem.

Unidades e conversões

Para os problemas de 15 a 28, faça a conversão indicada das unidades (consulte o Apêndice 16 para fatores de conversão). Escreva os resultados com os prefixos adequados conforme ilustrado nas tabelas 1.3 e 1.4.

15. Converta o diâmetro de um eixo de 1,75 pol para mm.
16. Converta o comprimento de um transportador de 46 pés para metros.
17. Converta o torque desenvolvido por um motor de 12550 lb · pol para N · m.
18. Um perfil de abas largas, W12 × 14, tem uma seção transversal de 4,12 pol^2. Converta a área para mm^2.
19. Um perfil W12 × 14 tem um módulo de seção de 14,8 pol^3. Converta para mm^3.
20. Um perfil W12 × 14 tem um momento de inércia de 88 pol^4. Converta para mm^4.
21. Que cantoneira de abas iguais teria uma área de seção transversal próxima (porém superior) a 750 mm^2? Consulte o Apêndice 15.
22. Um motor elétrico tem capacidade nominal de 7,5 hp. Qual é sua capacidade em watts (W)?
23. Um fornecedor apresenta a resistência última à tração de um aço como sendo 127000 psi. Calcule a resistência em MPa.
24. Calcule o peso de um eixo de aço com 35 mm de diâmetro e 675 mm de comprimento (veja o Apêndice 3 para a densidade do aço).
25. Uma mola de torção exige um torque de 180 lb · pol para ser rotacionada a 35°. Converta o torque para N · m, e a rotação para radianos. Se a *escala da mola* é definida como o torque aplicado por unidade de velocidade angular, calcule a escala da mola nos dois sistemas de unidade.
26. Para calcular a energia usada por um motor, multiplique a potência que ele utiliza pelo tempo de operação. Considere um motor que emprega 12,5 hp por 16 horas/dia, 5 dias por semana.

Determine a energia usada pelo motor durante um ano. Expresse o resultado em pés · lb e W · h.

27. Uma unidade empregada para viscosidade de fluidos no Capítulo 16 deste livro é o *reyn*, definido como 1 lb · s/pol². Se um óleo lubrificante tem viscosidade de 3,75 reyn, converta-a para unidades padrões no sistema norte-americano, lb · s/pés², e no sistema internacional (N · s/m²).

28. A vida útil de um rolamento que suporta um eixo rotativo é expressa em número de rotações. Calcule a vida útil de um rolamento que apresenta 1750 rpm continuamente durante 24 horas/dia por 5 anos.

MATERIAIS NO PROJETO MECÂNICO

CAPÍTULO 02

Visão geral

Tópico de discussão

- É necessário entender o comportamento dos materiais para tomar boas decisões em relação ao projeto, e para se comunicar com fornecedores e com o pessoal de produção.

Descubra

Analise os produtos de consumo, maquinário industrial, automóveis e máquinas de construção.
Quais materiais foram usados em suas diversas partes?
Por que você acha que esses materiais foram escolhidos?
Como eles foram processados?
Quais propriedades dos materiais foram importantes para as decisões de se usar materiais específicos?
Analise as tabelas nos apêndices, e consulte-as enquanto lê sobre os materiais específicos.

Este capítulo resume as propriedades de uma variedade de materiais, no que se refere ao projeto mecânico. Os apêndices incluem dados de muitos exemplos desses materiais em diferentes condições.

Sumário
Visão geral
Você é o projetista
2.1 Objetivos
2.2 Propriedades dos materiais
2.3 Classificação de metais e ligas
2.4 Variabilidade dos valores de propriedades dos materiais
2.5 Aço carbono e ligas de aço
2.6 Condições dos aços e tratamento térmico
2.7 Aços inoxidáveis
2.8 Aço estrutural
2.9 Aços-ferramenta
2.10 Ferro fundido
2.11 Metais em pó (metais sinterizados)
2.12 Alumínio
2.13 Ligas de zinco e de magnésio
2.14 Ligas à base de níquel e de titânio
2.15 Cobre, latão e bronze
2.16 Plásticos
2.17 Materiais compósitos
2.18 Seleção de materiais

É responsabilidade do projetista especificar materiais adequados para cada componente de um dispositivo mecânico. Seus esforços iniciais ao definir o material para uma componente específica de um projeto mecânico devem ser direcionados ao tipo básico de material a ser utilizado. Mantenha-se aberto a sugestões até que se tenha especificado as funções da componente, os tipos e as magnitudes de cargas que ela irá suportar, e o ambiente no qual ela deve operar. A seleção feita de um material deve considerar as propriedades físicas e mecânicas dele, e é preciso adequá-las às expectativas depositadas. Em um primeiro momento, tenha em mente as seguintes categorias de materiais:

- Metais e suas ligas
- Plásticos
- Compósitos
- Elastômeros
- Madeira
- Cerâmicas e vidros

Cada uma dessas categorias abrange um grande número de materiais específicos que possuem uma vasta gama de propriedades efetivas. Contudo, é provável que você saiba, por sua própria experiência, como cada um desses materiais se comporta de maneira geral, e tenha uma ideia das aplicações para as quais cada um deles geralmente é usado. Neste livro, a maioria das aplicações consideradas no estudo de projetos de elementos de máquinas utiliza ligas de metal, plásticos e compósitos.

O desempenho satisfatório de sistemas e componentes de máquinas depende imensamente dos materiais que o projetista especifica. Enquanto projetista, você deve entender como os materiais se comportam, quais propriedades do material afetam o desempenho das partes e como devem ser interpretadas as grandes quantidades de informações disponíveis nas propriedades do material. A habilidade que você tem de comunicar com eficácia suas especificações sobre os materiais a fornecedores, representantes de vendas, metalúrgicos, pessoal envolvido no processo de fabricação, funcionários responsáveis pelo tratamento térmico, moldadores de plásticos, operadores de máquinas e especialistas em garantia da qualidade frequentemente tem forte influência no sucesso de um projeto.

Explore quais tipos de material são usados em produtos de consumo, maquinário industrial, automóveis, máquinas de construção e outros dispositivos e sistemas com os quais você estará em contato diariamente. Formule hipóteses sobre a razão de cada material ter sido especificado para determinada aplicação. Onde é possível ver o aço sendo utilizado? Em contraposição, onde o alumínio ou outros materiais não ferrosos são usados? Como são fabricados os produtos? É possível identificar diferentes partes que são maquinadas, fundidas, forjadas, perfiladas e soldadas? Por que você acha que esses processos foram especificados para esses produtos em particular?

Faça um registro das diferentes aplicações para os plásticos e descreva as diferentes formas que estão disponíveis e que tenham sido feitas por processos distintos de fabricação. Quais são feitas por processos de moldagem de plásticos, prensagem a vácuo, moldagem por sopro ou outras técnicas? Você é capaz de identificar partes feitas a partir de materiais compósitos que têm uma quantia significativa de fibras de alta resistência incorporadas a uma matriz polimérica? Examine artigos esportivos e peças de carro, caminhões e aviões.

Dos produtos encontrados na exploração proposta anteriormente, identifique as propriedades básicas dos materiais que foram importantes para os projetistas: resistência, rigidez, peso (densidade), resistência à corrosão, aparência, usinabilidade, soldabilidade, facilidade de moldagem, custo e outros aspectos.

Este capítulo tem como foco o estudo da seleção de material e o uso de informações sobre as propriedades do material nas decisões de projeto, e não a metalurgia ou a química dos materiais. Ele também pode funcionar como um glossário de termos que pode ser utilizado do começo ao fim do livro — termos importantes estão destacados em *itálico*. Além disso, há inúmeras referências aos apêndices 3 a 13, nos quais tabelas de informações de propriedades materiais são apresentadas. Vá até elas agora mesmo e veja quais informações são oferecidas. É possível estudar as tabelas de forma mais profunda enquanto estiver lendo o texto. Observe que muitos dos problemas que você irá solucionar neste livro e os projetos que irá executar utilizarão informações provenientes dessas tabelas.

O assunto deste capítulo é bastante amplo, por isso não é possível incluir aqui todos os detalhes de que você necessitará para cada situação de projeto que surgir enquanto lê o livro ou em sua carreira. Enormes quantidades de informações adicionais estão disponíveis na internet, e os inúmeros sites listados no final deste capítulo oferecem sugestões que podem direcioná-lo para o que você necessitar. Muitos dos sites listados são indicados ao longo do capítulo, mas alguns não são e oferecem caminhos alternativos para que você pesquise o que for necessário.

Agora aplique um pouco do que aprendeu com a seção **Visão geral** em uma situação de projeto específica, conforme proposto a seguir em **Você é o projetista**.

Você é o projetista

Você faz parte da equipe responsável pelo projeto de um cortador de grama elétrico para uso doméstico. Uma de suas tarefas é especificar materiais adequados para as diversas componentes do equipamento. Leve em conta sua experiência com esses cortadores de grama e pense em quais materiais seriam usados para as seguintes componentes-chave: *rodas*, *eixos*, *chassi* e *lâmina*. Quais são as funções que eles desempenham? Quais as condições de serviço que cada um irá encontrar? Qual seria o tipo razoável de material para cada componente, e quais propriedades gerais ele deveria ter? Como essas componentes poderiam ser fabricadas? Possíveis respostas a essas perguntas são apresentadas a seguir.

Rodas

Função: sustentar o peso do cortador. Possibilitar o movimento fácil de rotação. Prever a montagem sobre um eixo. Garantir uma operação segura em superfícies gramadas planas ou inclinadas.

Condições de serviço: devem operar sobre superfícies firmes, com grama e terra macia. Sofrem exposição a água, fertilizantes e condições gerais de ambientes externos. Irão carregar cargas moderadas. Requerem uma aparência atrativa.

Material possível: uma peça única de plástico que compõe a roda incorpora o pneu, o aro e o cubo dela. Deve ter boa resistência mecânica, dureza, tenacidade e resistência ao desgaste.

Método de fabricação: moldagem de plástico por injeção.

Eixos
Função: transferir o peso do cortador, do chassi para as rodas. Permitir a rotação das rodas. Manter o posicionamento das rodas em relação ao chassi.
Condições de serviço: exposição a condições gerais de ambientes externos. Cargas moderadas.
Material possível: barra de aço preparada para montagem das rodas e acoplamento ao chassi. Exigem resistência mecânica moderada, rigidez e resistência à corrosão.
Método de fabricação: barra cilíndrica comercialmente disponível. Possivelmente por usinagem.

Chassi
Função: sustentar, isolar com segurança e proteger as componentes operacionais, inclusive a lâmina e o motor. Acomodar a fixação de dois eixos e uma alavanca. Permitir que a grama cortada saia da área de corte.
Condições de serviço: cargas moderadas e vibração decorrente do motor. Sujeito a cargas de choque das rodas. Múltiplos pontos de fixação para eixos, manivela e motor. Exposição a grama úmida e condições gerais de ambientes externos. Requer uma aparência atrativa.
Material possível: plástico de alta durabilidade com boa resistência, rigidez, resistência ao impacto, tenacidade e resistência a alterações climáticas.
Método de fabricação: moldagem de plástico por injeção. Pode exigir a usinagem de furos e pontos de montagem para o motor.

Lâmina
Função: cortar grama e ervas daninhas enquanto as lâminas rotacionam em alta velocidade. Facilitar a conexão com o eixo do motor. Funcionar de forma segura quando se deparar com objetos estranhos, como pedras, gravetos e peças de metal.
Condições de serviço: normalmente cargas moderadas. Sujeita a cargas de choque e impacto ocasionais. Deve ser capaz de afiar uma parte da lâmina para assegurar um corte de grama limpo. A afiação deve ser preservada por um tempo razoável de utilização.
Material possível: aço com alta resistência mecânica, rigidez, resistência ao impacto, tenacidade e resistência à corrosão.
Método de fabricação: estampagem de chapas de aço em faixas. Usinagem e/ou retificação da extremidade cortante.

Esse exemplo simplificado do processo de seleção de material deve ajudá-lo a entender a importância das informações apresentadas neste capítulo sobre o comportamento dos materiais comumente usados no projeto de elementos de máquinas. Uma discussão mais abrangente da seleção de material é apresentada no fim do capítulo.

2.1 OBJETIVOS

Ao final deste capítulo, você estará apto a:

1. Identificar os tipos de propriedades dos materiais que são importantes para o projeto de sistemas e dispositivos mecânicos.
2. Definir os seguintes termos: *resistência à tração, tensão de escoamento, limite de proporcionalidade, limite de elasticidade, módulo de elasticidade em tração, ductilidade e alongamento percentual, resistência ao cisalhamento, coeficiente de Poisson, módulo de elasticidade em cisalhamento, dureza, usinabilidade, resistência ao impacto, fluência, coeficiente de expansão térmica, condutividade térmica* e *resistividade elétrica*.
3. Descrever a natureza do *aço carbono e ligas de aço*, o sistema de designação por números e o efeito de diferentes tipos de elementos de liga nas propriedades das ações.
4. Descrever o modo de designar a condição e o tratamento térmico de aços, incluindo *laminação a quente, trefilação, recozimento, normalização, endurecimento integral, revenimento* e *endurecimento superficial por chama, endurecimento por indução* e *cementação*.
5. Descrever os *aços inoxidáveis* e reconhecer muitos dos seus tipos que estão disponíveis comercialmente.
6. Descrever os *aços estruturais* e reconhecer muitos de seus usos e indicações.
7. Descrever os *ferros fundidos* e os diferentes tipos de *ferro cinzento, ferro dúctil* e *ferro maleável*.
8. Descrever os *metais sinterizados* e seus usos e propriedades.
9. Descrever diferentes tipos de *aços-ferramenta* e *carbonetos* e seus usos característicos.
10. Descrever as *ligas de alumínio* e suas condições, como *endurecimento por deformação* e *tratamento térmico*.

11. Descrever a natureza e as propriedades características do *zinco*, *titânio*, *cobre*, *latão*, *bronze* e *ligas à base de níquel*.
12. Descrever diferentes tipos de *plástico*, tanto os *termofixos* quanto os *termoplásticos*, e seus usos e propriedades característicos.
13. Descrever diferentes tipos de materiais compósitos, seus usos e propriedades características.
14. Implementar um processo de seleção de material racional.

2.2 PROPRIEDADES DOS MATERIAIS

Elementos de máquinas são frequentemente produzidos a partir de um metal ou de ligas de metal, como aço, alumínio, ferro fundido, zinco, titânio ou bronze. Esta seção descreve as propriedades mais importantes dos materiais que afetam o projeto mecânico.

Propriedades de resistência, elasticidade e ductilidade e outros tipos de materiais geralmente são determinados por um *ensaio de tração*, no qual uma amostra do material, comumente na forma de um círculo ou barra plana, é fixada entre garras e tracionada lentamente até que ela se quebre com a tensão exercida. A magnitude da força na barra e a alteração correspondente no comprimento (deformação) são monitoradas e continuamente registradas durante o ensaio. Como a tensão na barra é igual à força aplicada dividida pela área, essa tensão é proporcional à força aplicada. As informações provenientes desses ensaios de tração frequentemente são mostradas nos *diagramas de tensão-deformação*, como aqueles demonstrados nas figuras 2.1 e 2.2. Nos parágrafos seguintes, serão definidas diversas propriedades de resistência, elasticidade e ductilidade dos metais.

Resistência à tração, s_u

O pico da curva de tensão-deformação é considerado a *resistência máxima à tração* (s_u), algumas vezes chamada de *resistência máxima* ou simplesmente *resistência à tração*. Nesse ponto do ensaio, é medida a *tensão aparente* mais alta em uma barra de teste do material. Como demonstrado nas figuras 2.1 e 2.2, a curva parece diminuir depois do pico. Entretanto, observe que a instrumentação utilizada para criar o diagrama indica *carga* versus *desvio*, em vez de *tensão verdadeira* versus *deformação*. A tensão aparente é calculada pela divisão da carga pela área de secção transversal original da barra de teste. Depois que o pico da curva é alcançado, há uma queda acentuada do diâmetro da barra, referida como *estricção*. Assim, a carga atua sobre uma área menor, e a *tensão verdadeira* continua a aumentar até falhar. É muito difícil medir a redução do diâmetro durante o processo de estricção; por isso, tornou-se habitual utilizar o pico da curva como a resistência à tração, embora seja um valor mais conservador.

Tensão de escoamento, s_y

A parte do diagrama de tensão-deformação em que se configura um grande aumento da deformação com pouco ou nenhum aumento da tensão é chamada de *tensão de escoamento* (s_y). Essa propriedade indica que o material foi, de fato, plasticamente alongado, permanentemente, em um grau elevado. Se o ponto em que acontece o escoamento for bastante perceptível, como ocorre na Figura 2.1, a propriedade é chamada de *ponto de escoamento*, em vez de tensão de escoamento. Esse seria o caso típico de um simples aço carbono laminado a quente.

A Figura 2.2 mostra o diagrama de tensão-deformação característico de um metal não ferroso,

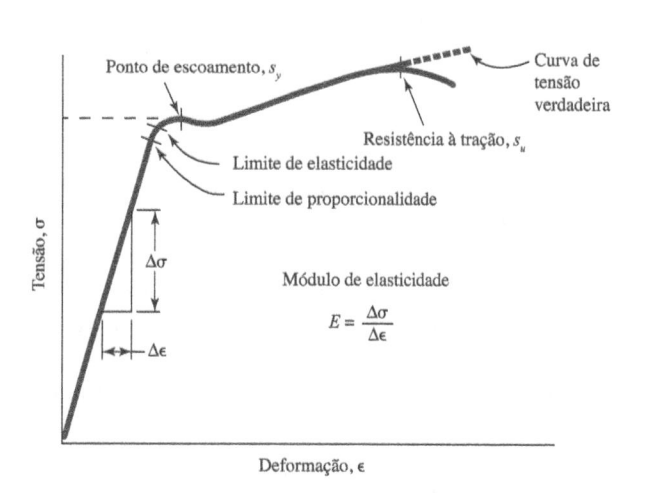

▲ **FIGURA 2.1** Diagrama de tensão-deformação típico para o aço.

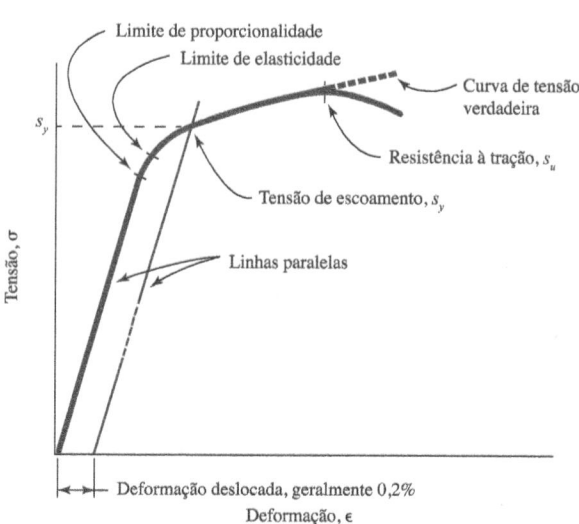

▲ **FIGURA 2.2** Diagrama de tensão-deformação típico para o alumínio e outros metais, sem ponto de escoamento.

como alumínio ou titânio, ou de alguns aços de alta resistência. Observe que não há ponto de escoamento evidenciado, na verdade o material escoa no ou perto do nível de tensão indicado como s_y. Esse ponto é determinado pelo *método deslocado*, no qual uma linha é desenhada paralelamente à parte da curva que é uma linha reta, e é deslocada para a direita por um valor definido, geralmente 0,20% de deformação (0,002 pol/pol). A intersecção entre essa linha e a curva de tensão-deformação determina a tensão de escoamento do material. Neste livro, a terminologia *tensão de escoamento* será usada para s_y, independentemente de o material apresentar ou não um ponto de escoamento verdadeiro ou de o método deslocado ser utilizado.

Limite de proporcionalidade

O ponto na curva de tensão-deformação que desvia de uma linha reta é chamado de *limite de proporcionalidade*. Isto é, acima ou no mesmo valor da tensão, a tensão não é mais proporcional à deformação. Abaixo do limite de proporcionalidade, aplica-se a Lei de Hooke: a tensão é proporcional à deformação. No projeto mecânico, os materiais raramente são usados em níveis de tensão acima do limite de proporcionalidade.

Limite de elasticidade

Em algum ponto, chamado de *limite de elasticidade*, um material experimenta certa quantidade de deformação plástica e, assim, não retorna à sua forma original após a liberação da carga. Abaixo desse nível, o material se comporta de forma completamente elástica. O limite de proporcionalidade e o limite de elasticidade ficam bem perto da tensão de escoamento. Em razão da dificuldade de serem determinados, eles raramente são descritos.

Módulo de elasticidade em tensão, E

Na parte reta do diagrama de tensão-deformação, a tensão é proporcional à deformação, e o valor de E, o *módulo de elasticidade*, consiste na constante de proporcionalidade. Isto é,

▶ **Módulo de elasticidade em tensão**

$$E = \frac{\text{tensão}}{\text{deformação}} = \frac{\sigma}{\epsilon} \quad (2.1)$$

Esse é o declínio da parte do diagrama que se apresenta como uma linha reta. O módulo de elasticidade indica a dureza do material, ou sua resistência à deformação.

Ductilidade e alongamento percentual

Ductilidade é o grau de deformação de um material antes da ruptura final. O oposto de ductilidade é *fragilidade*. Quando materiais dúcteis são usados em membros de máquinas, a falha iminente é facilmente detectada, e a falha repentina é improvável. Além disso, materiais dúcteis normalmente resistem melhor a cargas repetidas nos elementos de máquinas do que materiais frágeis.

A medida habitual da ductilidade é o *alongamento percentual* do material depois do rompimento em um ensaio padrão de tração. A Figura 2.3 mostra uma amostra tipicamente padrão de tração antes e depois do ensaio. Antes do ensaio, as marcas de referência são colocadas na barra, geralmente a 2,00 pol de distância. Então, após o rompimento da barra, as duas partes são colocadas juntas novamente, e o comprimento final entre as marcas de referência é aferido. O alongamento percentual consiste na diferença entre o comprimento final e o comprimento original, dividida pelo comprimento original, convertida para uma porcentagem. Isto é,

▶ **Alongamento percentual**

$$\text{alongamento percentual} = \frac{L_f - L_o}{L_o} \times 100\% \quad (2.2)$$

Presume-se que o alongamento percentual baseie-se em um comprimento de referência de 2,00 pol, a não ser que outro comprimento de referência seja especificamente indicado. Em ensaios de aços estruturais, com frequência é utilizado um comprimento de referência de 8,00 pol.

Em tese, um material é considerado dúctil se seu alongamento percentual for maior do que 5% (valores inferiores indicam fragilidade). Por razões práticas, recomenda-se utilizar um material com valor maior ou igual a 12% para membros de máquina sujeitos a cargas repetidas, a choque ou a impacto.

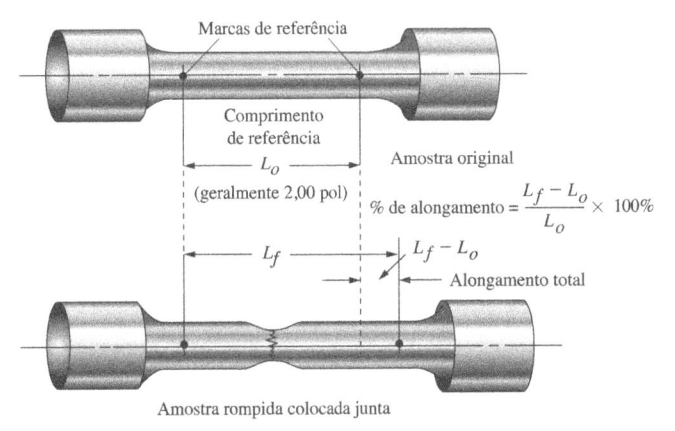

▲ **FIGURA 2.3** Medição do alongamento percentual.

A *redução percentual na área* é outra indicação de ductilidade. Para chegar a esse valor, compare a área de seção transversal original com a área final na quebra da amostra de ensaio de tração.

Resistência ao cisalhamento, s_{ys} e s_{us}

Tanto a tensão de escoamento quanto a resistência máxima no cisalhamento (s_{ys} e s_{us}, respectivamente) são importantes propriedades dos materiais. Infelizmente, esses valores raramente são descritos. Vamos utilizar os seguintes valores estimados:

▶ **Valores estimados para s_{ys} e s_{us}**

$s_{ys} = s_y/2 = 0{,}50\, s_y$ = tensão de escoamento no cisalhamento (2.3)

$s_{us} = 0{,}75\, s_u$ = resistência máxima no cisalhamento (2.4)

Coeficiente de Poisson, ν

Quando determinado material é submetido a uma deformação de tração, ocorre a redução simultânea das dimensões da seção transversal, perpendicularmente à direção da deformação de tração ou longitudinal. A razão entre a deformação da seção transversal e a deformação de tração ou longitudinal é chamada de *coeficiente de Poisson*, geralmente referido por ν, a letra grega "nu". (A letra grega "mu", μ, às vezes, também é utilizada para indicar esse coeficiente.) O coeficiente de Poisson está ilustrado na Figura 2.4. Valores característicos do coeficiente de Poisson são exibidos na Tabela 2.1.

Módulo de elasticidade em cisalhamento, G

O *módulo de elasticidade em cisalhamento* (G) é a razão entre a tensão de cisalhamento e a deformação por cisalhamento. Essa propriedade indica a rigidez de um material sob carga de cisalhamento, ou seja, a resistência à deformação por cisalhamento. Há uma relação simples entre E, G e o coeficiente de Poisson:

▶ **Módulo de elasticidade em cisalhamento**

$$G = \frac{E}{2(1 + \nu)} \quad (2.5)$$

Essa equação é válida dentro do domínio elástico do material.

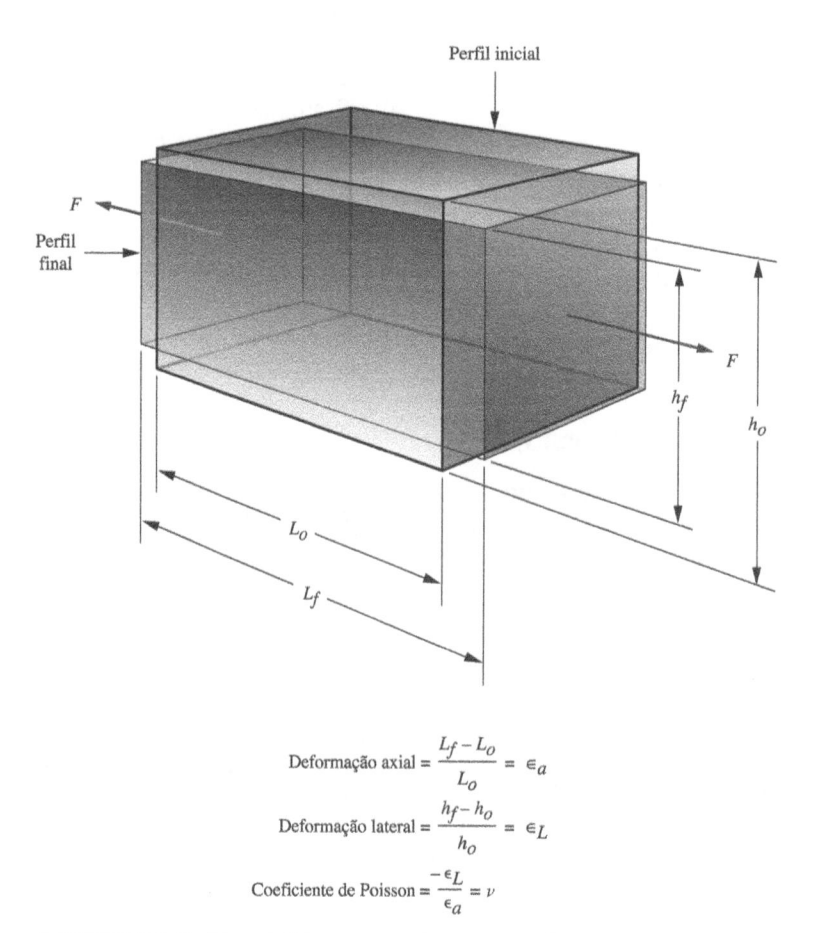

$$\text{Deformação axial} = \frac{L_f - L_o}{L_o} = \epsilon_a$$

$$\text{Deformação lateral} = \frac{h_f - h_o}{h_o} = \epsilon_L$$

$$\text{Coeficiente de Poisson} = \frac{-\epsilon_L}{\epsilon_a} = \nu$$

▲ **FIGURA 2.4** Coeficiente de Poisson para um elemento em tração.

▼ **TABELA 2.1** Valores aproximados do coeficiente de Poisson, v.

Concreto	0,10 a 0,25	Alumínio (maioria: ligas)	0,33
Vidro	0,24	Latão	0,33
Aço dúctil	0,27	Cobre	0,33
Ferro fundido cinzento	0,21	Zinco	0,33
Plástico	0,20 a 0,40	Bronze fosforoso	0,35
Aço carbono e ligas de aço	0,29	Magnésio	0,35
Aço inoxidável (18-8)	0,30	Chumbo	0,43
Titânio	0,30	Borracha, elastômeros	~0,50

Nota: os valores são aproximados e variam um pouco conforme a composição específica. As borrachas e os elastômeros se aproximam de um valor-limite de 0,50.

Medição não destrutiva do módulo de elasticidade e coeficiente de Poisson

Enquanto a maioria das determinações referentes ao módulo de elasticidade em tensão e em cisalhamento e à propriedade relacionada do coeficiente de Poisson é feita por meio de ensaios mecânicos destrutivos, conforme previamente apresentado, há um método não destrutivo que pode ser utilizado para a maioria dos metais, vidros e cerâmicas. O Site 29, indicado nas referências deste capítulo, descreve um método que utiliza a medição da velocidade do som no material através de uma técnica ultrassônica de pulso-eco junto a um dispositivo de medição de espessura. Nesse método, foi utilizada uma amostra de material de aproximadamente 12 mm (0,50 pol) de espessura cujas superfícies das extremidades são paralelas e lisas. Após a medição da velocidade do som, cálculos simples possibilitaram a determinação do coeficiente de Poisson, do módulo de Young (módulo de elasticidade em tração) e do módulo de cisalhamento.

Resistência de flexão e módulo de flexão

Para alguns materiais, particularmente os plásticos, são obtidas propriedades adicionais em flexão, chamadas de *resistência de flexão* e *módulo de flexão*. Equipamentos típicos de teste são exibidos na Figura 2.5 e os testes devem ser feitos de acordo com normas reconhecidas, tanto pela ASTM (*American Society for Testing and Materials*) quanto pela ISO (*International Standards Organization*). ASTM D790[1] e ISO 178[2] utilizam o princípio da flexão de três pontos [Parte (a) da Figura 2.5], em que uma amostra plana é colocada em dois suportes cilíndricos com um determinado vão, L, entre eles. A força de flexão é aplicada no meio do vão ($L/2$). A amostra de materiais normalmente é uma faixa plana com as dimensões aparentes. Seu módulo de seção, S, é necessário para cálculos de tensão de flexão. No Apêndice 1, temos: $S = bh^2/6$. O momento de máxima flexão ocorre quando se aplica a carga e se obtém o valor $M_{máx} = PL/4$. Portanto, a tensão de flexão é:

$$\sigma = \frac{M_{máx}}{S} = \frac{PL/4}{bh^2/6} = \frac{1,5PL}{bh^2} \quad (2.6)$$

A tensão na ruptura ou depois de uma porcentagem específica de deflexão é descrita como a resistência de flexão. Uma desvantagem desse método é que a tensão de cisalhamento existe junto da tensão de flexão, e isso pode afetar os resultados de algumas amostras.

O módulo de flexão é medido pela inclinação da curva de deflexão da carga, que ocorre durante o teste, na parte em linha reta, se houver. Alguns materiais plásticos exibem uma inclinação não linear da curva e, portanto, outras técnicas devem ser usadas. Uma delas utiliza uma linha *secante* desenhada entre dois pontos determinados na curva.

O princípio da flexão de quatro pontos — usado, por exemplo, na ASTM D6272[3] e na ISO 14125[4] — supera a questão da tensão de cisalhamento descrita anteriormente porque a parte mais tensionada da amostra não experimenta nenhuma força de cisalhamento.

---

[1] ASTM International. *Método de ensaio-padrão para propriedades de flexão de plásticos reforçados e não reforçados e materiais de isolamento elétrico*, Padrão D790. West Conshohocken, PA: ASTM International, DOI: 10.1520/D790-10, <www.astm.org>, 2010.

[2] International Standards Organization (ISO). *Plásticos — Determinação das Propriedades de Flexão.* ISO 178:2001.

[3] ASTM International. *Método de Ensaio-Padrão para Propriedades de Flexão dos Plásticos Reforçados e Não Reforçados e Materiais de Isolamento Elétrico por Flexão de Quatro Pontos*, Padrão D6272. West Conshohocken, PA: ASTM International, DOI: 101520/D6272-10, <www.astm.org>, 2010.

[4] International Standards Organization (ISO). *Compósitos Plásticos Reforçados com Fibras: Determinação das Propriedades de Flexão.* ISO 14125:1998/Cor.1:2001(E).

(a) Dispositivo para ensaio de flexão de três pontos (ASTM D790)

(b) Dispositivo para ensaio de flexão de quatro pontos (ASTM D6272)

A_O = comprimento total da amostra

Dimensões:

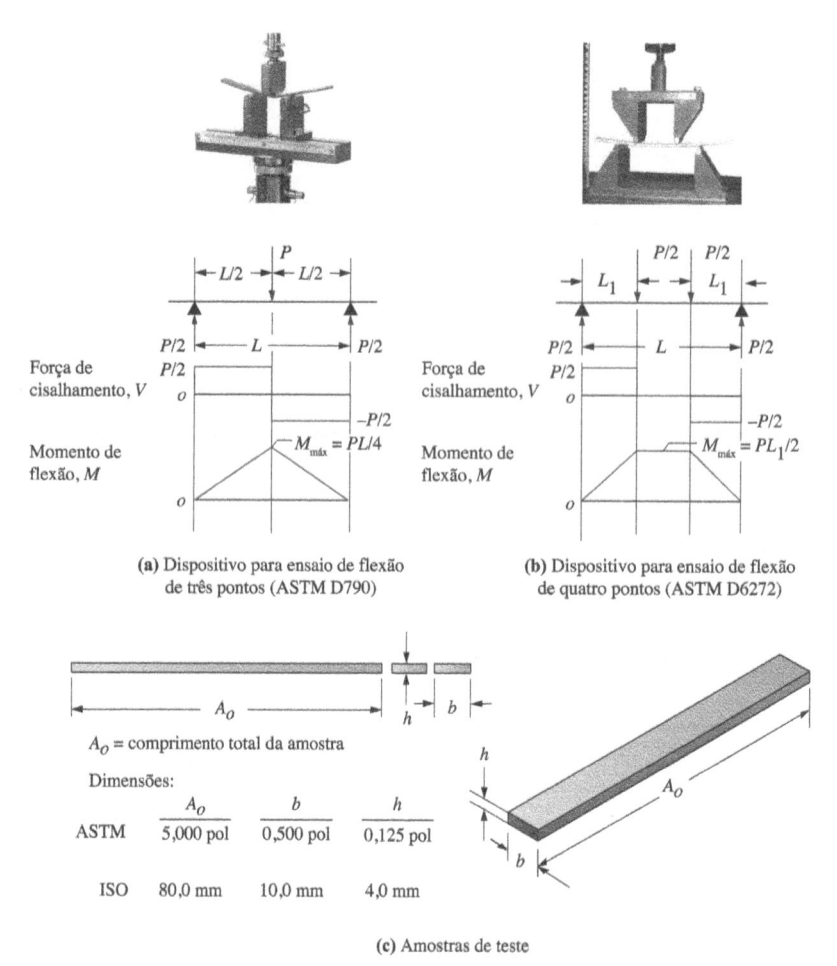

	A_O	b	h
ASTM	5,000 pol	0,500 pol	0,125 pol
ISO	80,0 mm	10,0 mm	4,0 mm

(c) Amostras de teste

▲ **FIGURA 2.5** Equipamentos para ensaio de flexão. (Instron, Norwood, MA)

Veja a Parte (b) da Figura 2.5. As distâncias, L_1, dos suportes até cada carga são as mesmas. Portanto, $M_{máx} = PL_1/2$, e a tensão de flexão é:

$$\sigma = \frac{M_{máx}}{S} = \frac{PL_1/2}{bh^2/6} = \frac{3PL_1}{bh^2} \qquad (2.7)$$

Dureza

A resistência de um material à indentação por um penetrador é uma indicação de sua *dureza*. A dureza em um aço indica resistência ao desgaste, assim como a resistência mecânica. A resistência ao desgaste será discutida em capítulos posteriores, particularmente no que se refere aos dentes da engrenagem. Diferentes tipos de dispositivos, procedimentos e penetradores medem a dureza; o ensaio de dureza Brinell e o ensaio de dureza Rockwell são mais frequentemente utilizados para elementos de máquinas. Para aços, o ensaio de dureza Brinell emprega uma esfera de aço endurecido de 10 mm de diâmetro como penetrador, sob uma carga de 3000 kg. A carga provoca um entalhe permanente no material testado, e o diâmetro do entalhe é relacionado ao número de dureza Brinell, que é abreviado como BHN (do inglês *Brinell hardness number*) ou HB. A real quantidade medida é a carga dividida pela superfície de contato do entalhe. Para aços, o valor de HB varia de aproximadamente 100 para um aço de baixo carbono recozido até mais de 700 para aços de alta liga e alta resistência em condição de temperado. Nas variações altas, acima de HB 500, o penetrador às vezes é feito de carboneto de tungstênio, em vez de aço. Para metais mais moles, uma carga de 500 kg é utilizada.

O ensaio de dureza Rockwell utiliza uma esfera de aço com 1/16 pol de diâmetro sob uma carga de 100 kg de força para metais mais moles, e a dureza resultante é listada como Rockwell B, R_B ou HRB. Para metais mais duros, como ligas de aço tratadas termicamente, é utilizada a escala Rockwell C. Uma carga de 150 kg de força é colocada em um penetrador de diamante (um penetrador Brale) em formato cônico-esférico. A dureza Rockwell C às vezes é referida como R_C ou HRC. Muitas outras escalas de Rockwell são utilizadas.

Os métodos Brinell e Rockwell se baseiam em diferentes parâmetros e chegam a números bem diferentes. Entretanto, uma vez que ambos fazem a medição de dureza, existe uma correlação entre eles, como é possível observar no Apêndice 17 e na Figura 2.6. Também é importante perceber que, especialmente no caso de ligas de aço altamente temperáveis, existe uma relação quase linear entre o número de dureza Brinell e a resistência à tração do aço, de acordo com a equação:

▶ **Relação aproximada entre dureza e resistência no aço**

0,50(HB) = resistência à tração aproximada (ksi)   (2.8)

Essa relação é mostrada na Figura 2.6.

Para comparar as escalas de dureza com a resistência à tração, considere a Tabela 2.2. Observe que existe certa sobreposição entre as escalas HRB e HRC. Normalmente, o HRB é utilizado para metais mais moles e variações de aproximadamente 60 a 100, enquanto o HRC é utilizado para metais mais duros e variações de 20 a 65. Não é recomendável utilizar os números HRB acima de 100 ou os números HRC abaixo de 20. Os valores mostrados na Tabela 2.2 são apenas para fins de comparação.

O teste de dureza Vickers, feito em alguns países da Europa e em alguns outros lugares, é semelhante ao ensaio de Brinell, exceto pela natureza do penetrador (pirâmide de diamante com base quadrada) e pela carga aplicada, em geral 50 kg. O Apêndice 17 inclui a dureza Vickers para comparação com os valores de dureza Brinell e Rockwell. Veja também a Referência 38.

Enquanto as escalas B e C de Rockwell são utilizadas para componentes substanciais feitos de aço, outras escalas Rockwell podem ser usadas para diferentes materiais, conforme listado na Tabela 2.3.

Para plásticos, borrachas e elastômeros, é bastante comum utilizar os métodos de Shore ou IRHD (*International Rubber Hardness Degree*). A Tabela 2.4 lista algumas das escalas mais populares. As escalas R, L, M, E, K e α de Rockwell também são utilizadas para alguns plásticos. Elas variam conforme o tamanho e a geometria dos penetradores e da força aplicada.

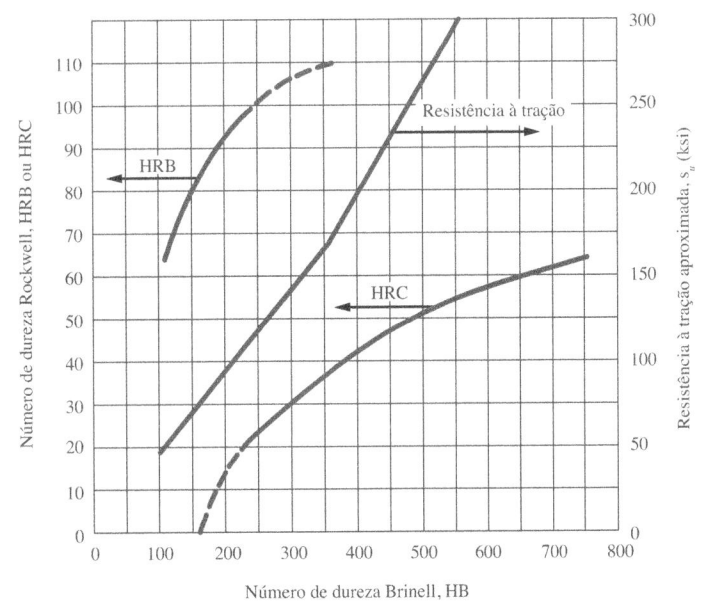

▲ **FIGURA 2.6** Conversões de dureza.

▼ **TABELA 2.2** Comparação das escalas de dureza com a resistência à tração.

Material e condição	Dureza			Resistência à tração	
	HB	HRB	HRC	ksi	MPa
1020 recozido	121	70		60	414
1040 laminado a quente	144	79		72	496
4140 recozido	197	93	13	95	655
4140 OQT 1000	341	109	37	168	1160
4140 OQT 700	461		49	231	1590

▼ **TABELA 2.3** Escalas de dureza de Rockwell e seus usos.

Escala	Símbolo	Usos típicos
A	HRA	Aço fino, aço endurecido com superfície estreita
B	HRB	Aços mais macios como baixo carbono, recozido ou laminado a quente; ferros fundidos, alumínio e cobre mais macios
C	HRC	Aços mais duros como aços de liga termicamente tratados, aços-ferramenta, titânio
D	HRD	Aços de superfície endurecida com profundidade média, ferros fundidos mais duros
E	HRE	Metais para rolamento mais duros, alumínio, magnésio, ferros fundidos
F	HRF	Metais macios em chapas finas, ligas de zinco e cobre recozidos
G	HRG	Cobre-berílio, bronze-fósforo, ferros fundidos mais macios
H	HRH	Alumínio, zinco, chumbo
K	HRK	Metais para rolamento mais macios, plásticos, borrachas e outros materiais macios. Também estão disponíveis as escalas L, M, P, R, S, V e α
15 N	HR15N	Semelhante à escala A, mas para materiais mais finos ou endurecimento superficial fino
30 N	HR30N	Semelhante à escala C, mas para materiais mais finos ou endurecimento superficial fino
45 N	HR45N	Semelhante à escala D, mas para materiais mais finos ou endurecimento superficial fino
15 T	HR15T	Semelhante à escala B, mas para materiais mais finos
30 T	HR30T	Semelhante à escala F, mas para materiais mais finos
45 T	HR45T	Semelhante à escala G, mas para materiais mais finos

Nota: os dispositivos de medição usam diferentes medidas de dimensões, perfis e forças aplicadas. Para mais detalhes, consulte as normas ASTM E18 e ISO 6508.

▼ **TABELA 2.4** Medição de dureza para plásticos, borrachas e elastômeros.

	Método Shore	
Escala do durômetro	Símbolo	Usos típicos
A	Shore A	Borrachas naturais vulcanizadas macias, elastômeros (p. ex., neoprene), couro, cera, feltro
B	Shore B	Borracha moderadamente dura, como as utilizadas para rolos de impressora e prensas
C	Shore C	Borrachas e plásticos de média dureza
D	Shore D	Borrachas e plásticos duros, como folhas de vinil, *plexiglass*, bancadas laminadas
DO	Shore DO	Bobinas têxteis muito densas
O	Shore O	Borracha macia como Artgum; bobinas têxteis
OO	Shore OO	Bobinas têxteis de baixa densidade; borracha de espuma
OOO	Shore OOO	Espumas plásticas macias
T	Shore T	Têxteis de média densidade em carretéis
M	Shore M	Anéis em O de borracha e borracha em folhas finas
Método IRHD (*International Rubber Hardness Degree*)		
Nome		Usos típicos
IRHD Micro		Pequeno: anéis em O, componentes pequenas, materiais finos
IRHD Macro L		Macio: leituras até 35 IRHD L
IRHD Macro N		Normal: leituras de 30 a 100 IRHD N

Nota: os dispositivos de medição usam diferentes medidas de dimensões, perfis e forças aplicadas. Para mais detalhes, consulte as normas ASTM D2240, ISO 868 ou DIN 53505.

Outros métodos de medição de dureza incluem o Knoop, o Universal e o ensaio de dureza por rebote.

Desgaste em dispositivos mecânicos

O desgaste é considerado sempre que duas componentes atuam com movimento relativo entre si ou quando líquidos ou sólidos colidem em alta velocidade em uma superfície. A ação de uma superfície em outra tende a desenvolver perda de material, deixar riscos ou tornar ásperas as superfícies de contato. Com frequência, o desgaste é cumulativo e eventualmente pode tornar as componentes incapazes de atender ao seu desempenho esperado. Veja as referências 7, 26 e 28. Os modos de falha incluem o desenvolvimento de:

- Intervalos excessivos entre os objetos de contato.
- Ruído.
- Aparência inaceitável de qualquer superfície de contato.
- Atrito aumentado nas superfícies de contato.
- Aumento progressivo da temperatura nas superfícies de contato.
- Apreensão resultando no bloqueio completo do dispositivo.

Os projetistas devem tomar medidas para minimizar o desgaste por meio da seleção de material adequado, preparação da superfície durante a fabricação, lubrificação das superfícies de contato, inspeção periódica e medidas corretivas para superar os efeitos do desgaste em estágios iniciais.

Embora não seja, de fato, uma propriedade material propriamente dita, é pertinente mencionar o desgaste neste capítulo porque as características dos materiais nas superfícies de contato determinam o potencial para que o desgaste ocorra e em que grau. As condições que o projetista deve controlar incluem:

- A compatibilidade química dos materiais das duas superfícies de contato, com a presença de qualquer lubrificante, e o ambiente no qual o equipamento deve atuar para inibir a corrosão que se acumularia nas superfícies de contato, provocar aspereza ou atrito aumentado, e iniciar a remoção de material.
- A dureza dos materiais nas superfícies de contato; materiais mais duros têm maior capacidade de resistir ao desgaste, embora ocorram exceções.
- A suavidade do acabamento da superfície em áreas de contato para minimizar a tendência de elevações e depressões microscópicas que possam entrar em contato.
- A dimensão física da área de contato sobre a qual são aplicadas forças funciona para controlar a pressão eficaz entre os corpos de contato em um nível administrável.
- O coeficiente de atrito inerente entre as superfícies de acoplamento em circunstâncias de atuação.
- O tipo de lubrificante usado, se houver, e sua capacidade de separar com eficácia os corpos deslizantes enquanto estiver sob carga.
- O controle da temperatura das componentes de acoplamento e de qualquer lubrificante utilizado, pois temperaturas elevadas podem reduzir a eficácia do lubrificante e diminuir a resistência dos materiais em contato.
- A limpeza do lubrificante e das próprias superfícies porque pequenas partículas sólidas entre as superfícies de contato podem riscá-las e torná-las ásperas.

Muitos tipos de desgaste podem ocorrer.

- *Desgaste por erosão:* deslocamento das partículas de uma superfície em decorrência do impacto dos sólidos ou líquidos em uma superfície, como pode ocorrer em equipamentos sujeitos ao vento e à chuva ou nos interiores das tubulações, cotovelos e outros encaixes que transportam líquidos ou gases contendo sólidos, chamados de pastas.
- *Desgaste por abrasão:* ruptura mecânica de partículas de um material pela ação do material de contato, tendo como resultado a perda de massa de um ou ambos os materiais.
- *Desgaste por adesão:* tendência de um material aderir ao material de contato e consecutivamente remover partículas, rompendo a adesão e tornando as superfícies mais ásperas.
- *Desgaste por atrito:* movimento relativo cíclico de duas partes firmemente unidas sob elevada pressão de superfície, como pode ocorrer com conectores, travas, braçadeiras e em situações similares em que até mesmo a vibração pode desencadear o desgaste por atrito.
- *Fadiga de superfície:* dano progressivo decorrente da criação de elevadas tensões de contato entre componentes de acoplamento que eventualmente conduzem à falha por fadiga de uma delas. Exemplos incluem a ação de esferas ou roletes giratórios sobre os anéis internos ou externos de rolamentos, bandas de rodagem de rodas que atuam sobre trilhos ou superfícies planas, e suportes para vigas, nos quais podem ocorrer tensões elevadas e movimento relativo.

É praticamente impossível prever a quantidade de desgaste que pode ocorrer em determinada situação; recomenda-se, portanto, realizar ensaios do projeto proposto. Algumas vezes, os projetistas podem se beneficiar dos dados provenientes dos ensaios de amostras de materiais sob cargas controladas e condições de acoplamento. Assim, é possível determinar uma medida de comparação ou classificação de certas combinações de materiais. Ensaios padronizados podem ser feitos utilizando-se qualquer um dos dois métodos descritos pela ASTM International (veja o Site 5):

1. Norma ASTM G65-04: Método de Ensaio Padrão para Medir a Abrasão Usando a Areia Seca/Mecanismo da Roda de Borracha, DOI: 101520/G0065-04.
   a. As condições são padronizadas pela dimensão, forma e dureza da partícula abrasiva; magnitude da tensão imposta pela partícula; e frequência de contato das partículas abrasivas para criar abrasão por riscamento. É medida a perda volumétrica dos materiais de ensaio.
2. Norma ASTM G132-96(2007): Método de Ensaio Padrão para Ensaio de Abrasão de Pino, DOI: 101520/G0132-96R07.
   a. O movimento relativo se estabelece entre as superfícies planas de dois materiais enquanto mantém uma força mensurável entre eles. É medida a perda de massa dos materiais de ensaio.

Usinabilidade

A *usinabilidade* está relacionada à facilidade com que um material pode ser usinado a fim de que sua superfície tenha um bom acabamento e vida útil razoável. Os índices de produção são diretamente afetados pela usinabilidade. É difícil definir as propriedades mensuráveis relacionadas à usinagem; por isso, ela geralmente é descrita em termos comparativos, relacionando o desempenho de determinado material com algum padrão.

Tenacidade, energia de impacto

A *tenacidade* é a habilidade que um material tem de absorver a energia aplicada sem falhas. *Peças submetidas a cargas repentinamente aplicadas, choque ou impacto necessitam de um elevado nível de tenacidade*. Diversos métodos são usados para medir a quantidade de energia exigida para quebrar uma amostra específica feita a partir de um material de interesse. O valor de absorção da energia de tais ensaios é chamado frequentemente de *energia de impacto* ou *resistência ao impacto*. Entretanto, é importante observar que o valor real é altamente dependente da natureza da amostra do ensaio, particularmente sua geometria. Não é possível usar os resultados do ensaio de maneira quantitativa ao fazer os cálculos do projeto. Em vez disso, a energia de impacto de diversos materiais propostos para uma aplicação específica pode ser comparada uma à outra como um indicativo qualitativo de sua tenacidade. O projeto final deve ser testado sob circunstâncias reais de serviço para verificar sua capacidade de sobreviver com segurança durante o uso previsto.

Para metais e plásticos, dois métodos para determinar a energia de impacto — *Izod* e *Charpy* — são populares, com dados frequentemente relatados na literatura pelos fornecedores de materiais. A Figura 2.7 mostra esquemas das dimensões de amostras-padrão e do tipo de carga. Em cada método, deixa-se cair, de uma altura conhecida, um pêndulo com uma massa pesada que carrega um impactor especialmente projetado. O impactor atinge a amostra em alta velocidade no fundo do arco do pêndulo; desse modo, o pêndulo adquire uma quantidade conhecida de energia cinética. A amostra normalmente é quebrada durante o teste, absorvendo um pouco da energia do pêndulo, mas permitindo que ela passe através da área de teste. A máquina de teste é configurada para medir a altura final em que o pêndulo balança e para indicar a quantidade de energia eliminada. Esse valor é relatado em unidades de energia: J (Joules ou N · m) ou pés · lb. Alguns metais altamente dúcteis e muitos plásticos não quebram durante o teste, e o resultado é então relatado como *sem quebra*.

O ensaio *Izod* padronizado emprega uma amostra quadrada com um entalhe em forma de V cuidadosamente usinado de 2,0 mm (0,079 pol), com profundidade de acordo com especificações da Norma ASTM D256.[5] A amostra é fixada em um torno de bancada especial com o entalhe alinhado com a borda superior do torno. O impactor atinge a amostra a uma altura de 22 mm acima do entalhe, carregando-a como um cantiléver em flexão. Quando usada para plásticos, a dimensão da largura pode ser diferente daquela mostrada na Figura 2.7. Obviamente isso altera a quantidade total de energia que a amostra absorverá durante a quebra. Por isso, os valores de energia de impacto são divididos pela largura real da amostra, e os resultados são relatados em unidades de N · m/m ou pés · lb/pol. Além disso, alguns vendedores e clientes podem concordar em testar o material com o entalhe virado de costas para o impactor, em vez de virado de frente, como mostrado na Figura 2.7. Isso fornece uma medida da energia de impacto do material com menor influência do entalhe.

O ensaio de *Charpy* também usa uma amostra quadrada com um entalhe profundo de 2,0 mm (0,079 pol), mas é centralizado no comprimento. A amostra é colocada de encontro a uma bigorna rígida, sem ser fixada. Veja a Norma ASTM A370[6] para a geometria específica e o procedimento de teste. O entalhe fica virado de costas para o lugar onde o impactor atinge a amostra. A

---

[5] ASTM International. *Métodos de Ensaio-Padrão para Determinar a Resistência de Impacto do Pêndulo em Plásticos, pelo Método de Izod,* Padrão D256. West Conshohocken, PA: ASTM International, DOI: 101520/D0256-10, 2010.

[6] ASTM International. *Definições e Métodos de Ensaio-Padrão para Ensaios Mecânicos de Produtos de Aço,* Padrão A370. West Conshohocken, PA: ASTM International, DOI: 10.1520/A0370-09AE01, 2009.

(a) Izod (vista lateral)   **(b)** Charpy (vista superior)

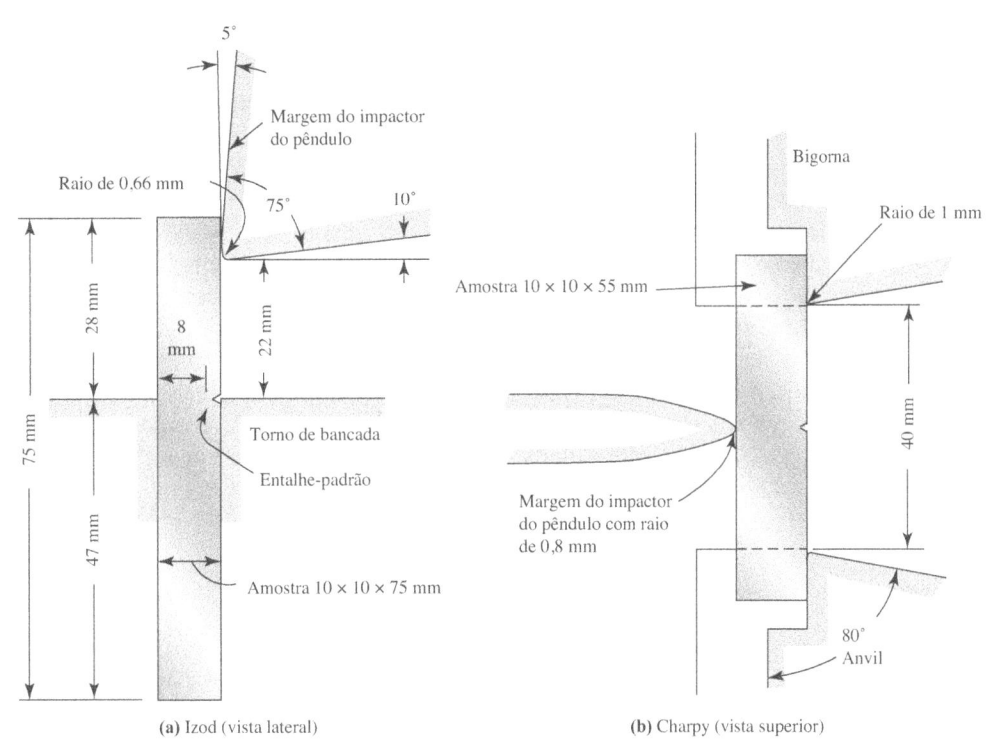

▲ **FIGURA 2.7** Ensaio de impacto utilizando os métodos de Charpy e Izod.

carga pode ser descrita como a flexão de uma viga simplesmente apoiada. O ensaio de Charpy é mais comumente utilizado para testar metais.

Outro método de ensaio de impacto usado para alguns plásticos, compósitos e produtos acabados é o ensaio de *queda livre de peso*. Aqui uma massa conhecida é elevada verticalmente acima da amostra de ensaio, a uma altura especificada. Assim, ela tem uma quantidade conhecida de energia potencial. Ao permitir que a massa caia livremente, transmite-se uma quantidade previsível de energia cinética à amostra fixada em uma base rígida. A energia inicial, o tipo de apoio, a geometria da amostra e o perfil do impactor (chamado de *tup*) são cruciais para os resultados encontrados. Um método-padrão, descrito na Norma ASTM D3763,[7] emprega um *tup* esférico com diâmetro de 12,7 mm (0,50 pol). O *tup* geralmente perfura a amostra. O mecanismo normalmente é equipado com sensores que medem e indicam, de forma dinâmica, as características de carga *versus* deflexão, fornecendo ao projetista muitas informações sobre como o material se comporta durante um evento de impacto. A descrição de dados resumidos normalmente inclui a carga máxima, a deflexão da amostra no ponto de carga máxima e a energia dissipada até o ponto de carga máxima. A energia é calculada pela determinação da área conforme o diagrama de carga-deflexão. O aspecto da amostra do ensaio também é descrito, indicando se a fratura ocorreu e se era uma fratura dúctil ou frágil.

Resistência à fadiga

Peças que se submetem a repetidas aplicações de cargas ou condições de tensão que variam com o tempo por milhares ou milhões de ciclos falham por causa do fenômeno da *fadiga*. Os materiais são testados sob cargas cíclicas controladas para determinar sua habilidade de resistir a tais cargas repetidas. Os valores resultantes são descritos como *resistência à fadiga*, também chamada limite de resistência do material. (Veja o Capítulo 5.)

Fluência

Quando os materiais se submetem continuamente a cargas elevadas, podem experimentar um alongamento progressivo ao longo do tempo. Esse fenômeno, chamado de *fluência*, deve ser considerado para metais manejados em temperaturas elevadas. Você deve verificar se há fluência quando a temperatura durante o manejo de um membro de metal com carga excede aproximadamente 0,3 (T_m), onde T_m é a temperatura de fusão expressa como absoluta. (Veja a Referência 25.) A fluência pode ser importante para membros críticos nos motores de combustão interna, fornalhas, turbinas a vapor, turbinas a gás, reatores nucleares ou motores de foguete. A tensão pode

---

[7] ASTM International. *Métodos de Ensaio-Padrão para Perfuração de Plásticos em Alta Velocidade Usando Sensores de Deslocamento e Carga, Padrão D3763*. West Conshohocken, PA: ASTM International, DOI: 10.1520/D3763-08, 2008.

ser tração, compressão, flexão ou cisalhamento. (Veja a Referência 12.)

A Figura 2.8 mostra o comportamento típico de metais que sofrem fluência. O eixo vertical indica a deformação por fluência, em unidades como polegadas/polegadas (pol/pol) ou milímetros/milímetros, relativamente ao que ocorre de início, enquanto a carga é aplicada. O eixo horizontal indica o tempo, normalmente mensurado em horas porque a fluência se desenvolve lentamente, a longo prazo. Durante a parte primária da curva de deformação por fluência *versus* tempo, a taxa de aumento da deformação inicialmente sobe, com uma inclinação bastante íngreme que em seguida diminui. A inclinação é constante (linha reta) durante a parte secundária da curva. Então a inclinação aumenta na parte terciária que precede a quebra final do material.

A fluência é medida submetendo-se uma amostra a uma carga estável conhecida, possivelmente através da aplicação de um peso morto, enquanto a amostra for aquecida e mantida a uma temperatura uniforme. Os valores de deformação *versus* tempo são obtidos pelo menos no estágio secundário de fluência e possivelmente por todo o trajeto até o rompimento, a fim de determinar a deformação da ruptura por fluência. A realização dos ensaios em uma gama de temperaturas nos fornece uma família de curvas que são úteis para o projeto.

A fluência pode ocorrer em muitos plásticos, mesmo em temperatura ambiente ou próximo dela. A Figura 2.9

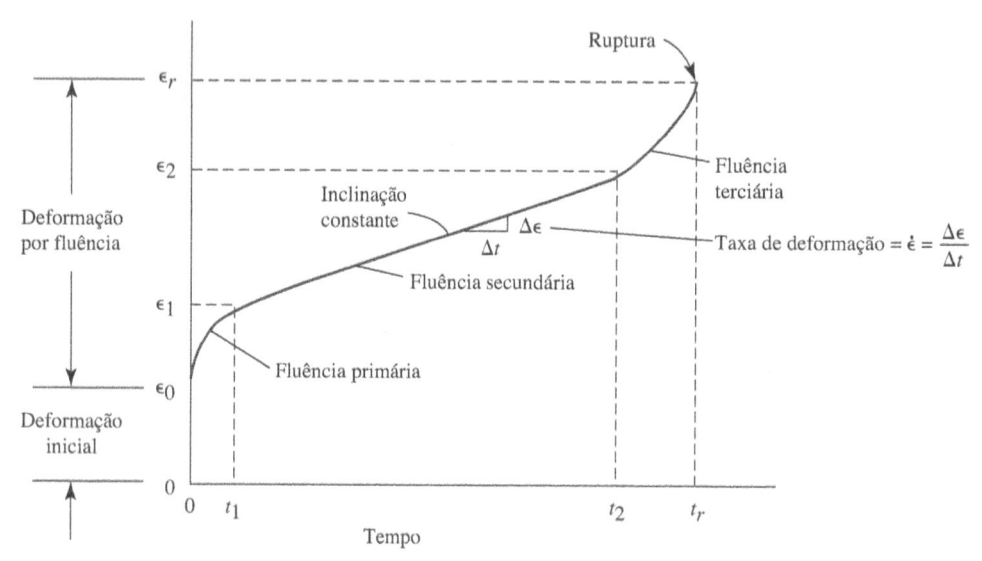

▲ **FIGURA 2.8** Comportamento típico de fluência.

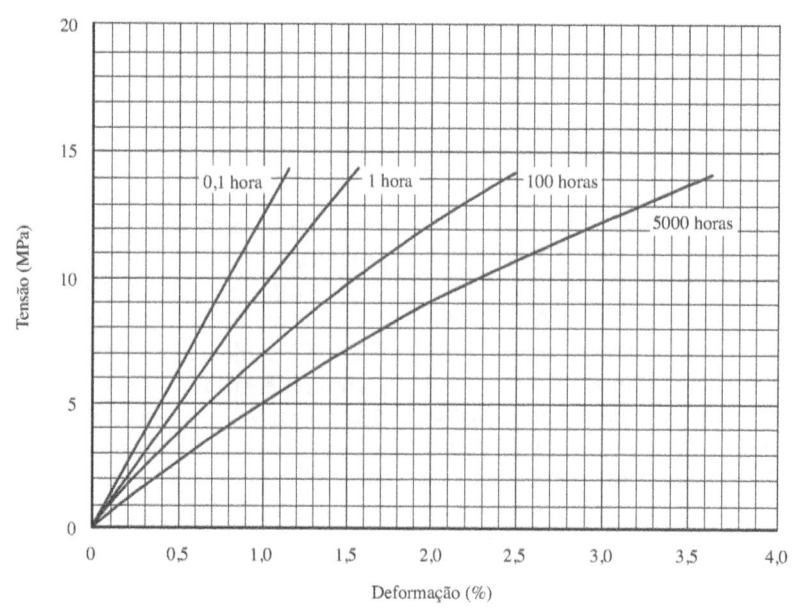

▲ **FIGURA 2.9** Exemplo de tensão *versus* deformação como uma função de tempo para o plástico nylon 66 a 23 °C (73 °F). (DuPont Polymers, Wilmington, DE)

mostra um meio de exibição dos valores de fluência para materiais plásticos. (Veja a Referência 14.) Trata-se de um gráfico de tensão aplicada *versus* deformação no membro com valores demonstrados para uma temperatura específica da amostra. As curvas mostram a quantidade de deformação que seria desenvolvida dentro dos períodos de tempo especificados, em níveis crescentes de tensão. Por exemplo, se esse material fosse submetido a uma tensão constante de 5,0 MPa por 5000 horas, a deformação total seria de 1,0%, ou seja, as amostras se alongariam em uma quantidade de 0,01 vez o comprimento original. Se a tensão fosse de 10,0 MPa por 5000 horas, a deformação total seria de aproximadamente 2,25%. O projetista deve levar em conta essa deformação por fluência para garantir que o produto tenha um desempenho satisfatório ao longo do tempo.

EXEMPLO 2.1

Uma barra circular sólida tem um diâmetro de 5,0 mm e comprimento de 250 mm. Ela é feita de plástico nylon 66 (30% vidro, 50% R.H.) e submetida a uma carga de tração estável de 240 N. Calcule o alongamento da barra imediatamente após a aplicação da carga e depois de 5000 horas (aproximadamente 7 meses). Consulte o Apêndice 13 e a Figura 2.9 para propriedades do nylon.

SOLUÇÃO

A tensão e a deflexão imediatamente após a carga serão calculadas em primeiro lugar, usando equações fundamentais da força dos materiais:

$$\sigma = F/A \text{ e } \delta = FL/EA$$

Veja o Capítulo 3 para uma revisão da força dos materiais.
Então, os valores de fluência da Figura 2.9 serão aplicados para determinar o alongamento após 5000 horas.

Resultados   *Tensão:*
A área de seção transversal da barra é:

$$A = \pi D^2/4 = \pi(5{,}0 \text{ mm})^2/4 = 19{,}63 \text{ mm}^2$$

$$\sigma = \frac{F}{A} = \frac{240 \text{ N}}{19{,}63 \text{ mm}^2} = 12{,}2 \text{ N/mm}^2 = 12{,}2 \text{ MPa}$$

O Apêndice 13 indica que a resistência à tração do nylon 66 é de 102 MPa. Portanto, a barra está a salvo de se romper.

Alongamento:
O módulo de elasticidade de tração para o nylon 66, de acordo com o Apêndice 13, deve ser $E = 5500$ MPa.
Então, o alongamento inicial é:

$$\delta = \frac{FL}{EA} = \frac{(240 \text{ N})(250 \text{ mm})}{(5500 \text{ N/mm}^2)(19{,}63 \text{ mm}^2)} = 0{,}556 \text{ mm}$$

Fluência:
Se observarmos a Figura 2.9 veremos que, quando uma tensão de tração de 12,2 MPa é aplicada ao plástico nylon 66 por 5000 horas, ocorre uma deformação total de aproximadamente 2,95%. Isso pode ser expresso como:

$$\epsilon = 2{,}95\% = 0{,}0295 \text{ mm/mm} = \delta/L$$

Então,

$$\delta = \epsilon L = (0{,}0295 \text{ mm/mm})(250 \text{ mm}) = 7{,}375 \text{ mm}$$

Comentário   Trata-se de aproximadamente sete vezes mais deformação do que a originalmente experimentada, quando a carga foi aplicada. Assim, projetar com o valor descrito do módulo de elasticidade não é apropriado quando as tensões são continuamente aplicadas por muito tempo. Agora podemos calcular um módulo de elasticidade aparente, E_{app}, para esse material nas 5000 horas de vida útil.

$$E_{app} \; \sigma/\epsilon = (12{,}2 \text{ MPa})/(0{,}0295 \text{ mm/mm}) = 414 \text{ MPa}$$

Relaxamento

Um fenômeno relacionado à fluência ocorre quando um membro sob tensão é capturado em carga, dando-lhe um determinado comprimento e uma deformação fixos. Ao longo do tempo, a tensão no membro diminuiria, exibindo um comportamento chamado de *relaxamento*. Isso é importante em aplicações como juntas fixas, componentes *press-fit* e molas instaladas com uma deflexão fixa. A Figura 2.10 mostra a comparação entre a fluência e o relaxamento. Para tensões abaixo de aproximadamente 1/3 da resistência máxima à tração do material em qualquer temperatura, o módulo aparente tanto na fluência quanto no relaxamento em qualquer momento de carga pode ser considerado similar para finalidades de engenharia. Além disso, os valores para o módulo aparente são os mesmos para tração, compressão ou flexão. (Veja a Referência 14.) A análise do relaxamento é complicada pelo fato de que, à medida que a tensão diminui, a taxa de fluência também diminui. Valores materiais adicionais, além daqueles normalmente descritos, seriam necessários para prever com acurácia a quantidade de relaxamento em cada momento determinado. Recomenda-se realizar ensaios sob circunstâncias realistas.

Propriedades físicas

Nesta seção, discutiremos conceitos como densidade, coeficiente de expansão térmica, condutividade térmica e resistividade elétrica.

Densidade. A *densidade* é definida como a massa por unidade de volume de um material. Suas unidades comumente utilizadas são kg/m³ no Sistema Internacional (SI) e lb/pol³ no Sistema norte-americano, no qual a libra deve ser entendida como massa. A letra grega rho (ρ) é o símbolo utilizado para densidade.

Em algumas aplicações, a expressão *peso específico* ou *densidade do peso* é usada para indicar o peso por unidade de volume de um material. As unidades comumente utilizadas são N/m³ no SI e lb/pol³ no sistema norte-americano, em que libra deve ser entendida como força. A letra grega Gama (γ) é o símbolo para o peso específico.

Coeficiente de expansão térmica. O *coeficiente de expansão térmica* é a medida da mudança de comprimento de um material submetido à variação de temperatura. Ele é definido pela relação:

▶ **Coeficiente de expansão térmica**

$$\alpha = \frac{\text{mudança no comprimento}}{L_0(\Delta T)} = \frac{\text{deformação}}{(\Delta T)} = \frac{\epsilon}{(\Delta T)} \quad (2.9)$$

onde

L_0 = comprimento original
ΔT = mudança de temperatura

Praticamente todos os metais e plásticos expandem com a temperatura em elevação, mas cada material expande em velocidades diferentes. Para máquinas e estruturas que contêm peças de mais de um material, as diferentes velocidades podem ter um efeito significativo no desempenho do conjunto e nas tensões produzidas.

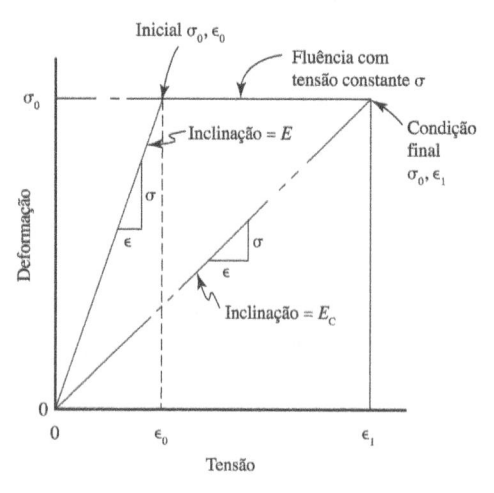

(a) Comportamento na fluência

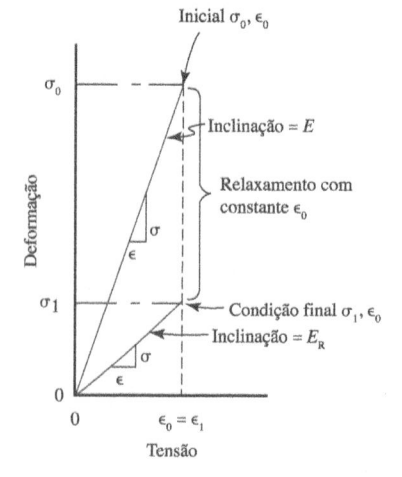

$E = \dfrac{\sigma_0}{\epsilon_0}$ = módulo de tração

$E_C = \dfrac{\sigma_0}{\epsilon_1}$ = módulo de fluência

(b) Comportamento no relaxamento

$E = \dfrac{\sigma_0}{\epsilon_0}$ = módulo de tração

$E_R = \dfrac{\sigma_1}{\epsilon_0}$ = módulo de relaxamento

▲ **FIGURA 2.10** Comparação entre fluência e relaxamento. (DuPont Polymers, Wilmington, DE)

CONDUTIVIDADE TÉRMICA. A *condutividade térmica* é a propriedade de um material que indica sua habilidade de transferir calor. Quando os elementos de máquinas operam em ambientes quentes ou quando um calor interno significativo é gerado, a habilidade dos elementos ou da estrutura da máquina em transferir o calor para fora pode afetar o desempenho da máquina. Por exemplo, os redutores de velocidade e engrenagem sem-fim normalmente geram calor de atrito em virtude do contato de atrito entre a parte espiral e os dentes da engrenagem. Se não for adequadamente transferido, o calor provoca a perda da eficácia do lubrificante, levando ao rápido desgaste dos dentes da engrenagem.

RESISTIVIDADE ELÉTRICA. Para os elementos de máquinas que conduzem eletricidade enquanto carregam cargas, a resistividade elétrica do material é tão importante quanto sua resistência. *Resistividade elétrica* é a medida da resistência oferecida por certa espessura de um material; ela é medida em centímetros Ohm ($\Omega \cdot cm$). *Condutividade elétrica*, a medida da capacidade de um material de conduzir corrente elétrica, às vezes é usada no lugar da resistividade. Frequentemente é descrita como uma porcentagem da condutividade de um material de referência, em geral a Norma Internacional do Cobre Recozido (IACS, do inglês International Annealed Copper Standard).

2.3 CLASSIFICAÇÃO DE METAIS E LIGAS

Várias associações da indústria assumem a responsabilidade de estabelecer normas para a classificação de metais e ligas. Cada uma tem seu próprio sistema de numeração, conveniente ao metal específico abrangido pela norma. Mas isso às vezes gera confusão, quando há sobreposição entre duas ou mais normas e quando esquemas bem diferentes são usados para representar os metais. A classificação dos metais foi organizada pelo uso dos Sistemas Unificados de Numeração (Unified Numbering Systems — UNS), conforme definido na Norma E 527-07, *Prática-Padrão para Numeração de Metais e Ligas* (UNS), pela Sociedade Americana de Ensaios e Materiais (American Society for Testing and Materials — ASTM). (Veja a Referência 23.) Além dos materiais listados sob o controle da própria ASTM, o UNS coordena as designações das seguintes instituições:

- Associação do Alumínio (Aluminium Association – AA)
- Instituto Americano do Ferro e do Aço (American Iron and Steel Institute – AISI)
- Associação de Desenvolvimento do Cobre (Copper Development Association – CDA)
- Sociedade dos Engenheiros Automotivos (Society of Automotive Engineers – SAE)

As principais séries de números compreendidas pelo UNS estão listadas na Tabela 2.5, junto à organização que tem a responsabilidade de atribuir os números dentro de cada série.

Desenvolvimentos recentes nas designações do aço

O tipo de material mais utilizado para elementos de máquinas neste livro é o aço. A Seção 2.5 apresenta informações significativas sobre os vários tipos de aço e suas condições relacionadas às decisões de projeto. Por muitos anos, duas organizações, AISI e SAE, desempenharam papéis importantes na catalogação de aços e na especificação de sistemas de designação usados nos Estados Unidos. Esse trabalho foi coordenado com produtores de aço, grupos de profissionais especializados e engenheiros de projeto em diversos setores da indústria que fazem uso do aço. Os sistemas de designação do AISI e da SAE, em sua grande parte, eram idênticos. A indústria automotiva tendia a usar o sistema SAE, enquanto uma ampla gama de outras indústrias usava o sistema AISI. De alguns anos para cá, o AISI tem interrompido a prática de atribuir ao aço designações numéricas, e a SAE agora assume o papel principal.

Paralelamente a esses desenvolvimentos, os comitês da SAE responsáveis por redigir as normas, em cooperação com a ASTM, iniciaram um processo de ampliação dos sistemas de designação para aços forjados e laminados, além das séries listadas na Tabela 2.5. Os sistemas novos para as séries G, H e K foram desenvolvidos e são descritos na Norma SAE J402 (R), *Novo Sistema de Designação para Aço Forjado e Laminado*. Essas novas designações do aço são as mesmas em ambos os sistemas SAE e UNS, conforme descrito na Norma SAE J402 e na publicação conjunta SAE J1086/ASTM E527. Muitas das ligas listadas dentro das séries G, H e K conservam as familiares designações de quatro dígitos do AISI e da SAE como *uma parte* do número UNS. Os detalhes das novas designações do aço serão discutidos na Seção 2.5.

SISTEMA DE MATERIAIS AEROESPACIAIS (*AEROSPACE MATERIALS SYSTEM* — AMS). O desenvolvimento do sistema AMS para designar materiais resultou da necessidade de se ter materiais especiais para atender às condições únicas encontradas nas aplicações aeroespaciais. As *Especificações de Materiais Aeroespaciais* (*Aerospace Materials Specifications* — AMS), publicadas pela SAE, são especificações completas que costumam ser adequadas para efeitos de contrato. A maioria das designações AMS pertence aos materiais pretendidos nas aplicações aeroespaciais. As especificações podem incluir requisitos de propriedades mecânicas significativamente mais severas do que aquelas para as classes do aço, que têm composições similares, mas se destinam a outras aplicações. Requisitos de processamento, como para a refusão do eletrodo consumível, são comuns em aços AMS.

▼ **TABELA 2.5** Sistema Unificado de Numeração (UNS).

Sequências numéricas	Tipos de metais e ligas	Organização responsável
Ligas e metais não ferrosos		
A00001–A99999	Alumínio e ligas de alumínio	AA
C00001–C99999	Cobre e ligas de cobre	CDA
E00001–E99999	Ligas e metais de terras raras	ASTM
L00001–L99999	Ligas e metais de baixa fusão	ASTM
M00001–M99999	Ligas e metais não ferrosos diversos	ASTM
N00001–N99999	Níquel e ligas de níquel	SAE
P00001–P99999	Ligas e metais preciosos	ASTM
R00001–R99999	Ligas e metais reativos e refratários	SAE
Z00001–Z99999	Zinco e ligas de zinco	ASTM
Ligas e metais ferrosos		
D00001–D99999	Aços; propriedades mecânicas especificadas	SAE
F00001–F99999	Ligas e ferros fundidos	ASTM
[1]G00001–G99999	Aço carbono e ligas de aço	SAE
[1]H00001–H99999	Aços H; para trabalho a quente	SAE
J00001–J99999	Aços fundidos (exceto aços-ferramenta)	ASTM
[1]K00001–K99999	Ligas ferrosas e aços diversos	SAE
S00001–S99999	Aços (inoxidáveis) resistentes ao calor e à corrosão	ASTM
T00001–T99999	Aços-ferramenta	SAE

Nota: [1]os sistemas de séries G, H e K foram alterados, conforme descrito na Seção 2.5. Por um período, tanto o sistema listado nesta tabela quanto o novo poderão ser vistos na prática.

As normas AMS podem ser acessadas no site do SAE International (Site 4 indicado nas referências ao final deste capítulo) selecionando a aba *Standards*, então *Standards by Industry* e, em seguida, *Aerospace*. Se estiver procurando uma norma para uma liga de aço específica, ao chegar nesse ponto, use a busca por palavras-chave e digite a designação da liga SAE. Por exemplo, a busca por "SAE 4340" mostrará diversas normas para a aplicação dessa liga com SAE 4340 destacado em vermelho. As normas tratam desse material em barras, forjamentos, tubulações, chapas, tiras, placas, arames de solda, peças de fundição e vários outros.

Observe que as listas de normas SAE e AMS no site do SAE incluem muitos outros tipos de material: *adesivos, vedantes, tecidos, cerâmicas, compósitos, espumas, polímeros* e muitos outros.

Valores de propriedade de materiais usados neste livro

As próximas seções deste capítulo fornecem detalhes adicionais sobre os tipos de metais, plásticos e compósitos listados no apêndice para os quais são fornecidos valores, e são usados como problemas-exemplo, questões que você deve solucionar e projetos. Oferecemos aqui uma visão geral desses valores e recomendamos que você dê uma olhada nas tabelas do apêndice, e também nas incluídas nesta seção, para se familiarizar com o tipo de valor disponível. Esse extenso conjunto de valores oferece a você muitas opções ao selecionar um material para determinado projeto, além de possibilitar a experiência de comparar suas propriedades.

Apêndices

A.3 Propriedades do aço carbono e ligas de aço
A.4 Propriedades dos aços termicamente tratados
A.5 Propriedades dos aços cementados
A.6 Propriedades dos aços inoxidáveis
A.7 Propriedades dos aços estruturais
A.8 Propriedades do ferro fundido
A.9 Propriedades do alumínio
A.10 Propriedades das ligas de magnésio e zinco fundido
A.11 Propriedades das ligas à base de níquel e titânio
A.12 Propriedades das ligas de cobre, latão e bronze
A.13 Propriedades dos plásticos selecionados

Os valores de propriedade e informações normalmente fornecidos para os materiais são:

- Nome, tipo e condição do material.
  - Para os metais, as condições normalmente são: laminado a quente, trefilado, recozido, normalizado ou termicamente tratado. É essencial especificar a condição a fim de fazer uma previsão completa das propriedades.
- Resistência à tração; às vezes chamada de resistência máxima.
  - Para os plásticos, também são informados a resistência de flexão e o módulo de flexão.
- Tensão de escoamento.
- Alongamento percentual, usado como medida da ductilidade dos metais.
- Resistência ao impacto para alguns metais e plásticos.
- Valores de propriedade física: módulo de elasticidade, densidade — às vezes informados nas notas de rodapé.

Outros valores pertinentes são informados para tipos específicos de material.

Metais usados para perfis comercialmente disponíveis

Muitos projetos para componentes de máquinas são fabricados a partir de formas-padrão produzidas por fornecedores de metal, incluindo barras redondas, barras sextavadas, barras quadradas, barras retangulares, chapas finas em faixas e chapas ou placas mais grossas. Outros projetos necessitam do uso de perfis comercialmente disponíveis que têm boas propriedades de resistência e rigidez em flexão ou torção. O Apêndice 15 fornece dezenove tabelas de valores dimensionais para diversos tipos de perfis comercialmente disponíveis:

1. Perfis L ou cantoneiras.
2. Perfis U ou C.
3. Perfis I.
4. Tubulação oca: redonda, em cano, quadrada e retangular.

Os fornecedores desses perfis normalmente oferecem somente tipos selecionados de materiais, em condições restritas, como produtos em estoque. A Tabela 2.6 lista alguns dos materiais mais comumente utilizados e suas propriedades: aço carbono e de ligas, aços inoxidáveis e ligas de alumínio. Esses valores serão úteis para os projetos em que você é requisitado para especificar perfis, dimensões e materiais necessários a uma componente. Enquanto for possível obter tais produtos em outros materiais, geralmente fica menos caro especificar ligas-padrão. Nas notas de rodapé das tabelas, você encontrará sugestões de fornecedores que oferecem os perfis indicados e seus respectivos endereços eletrônicos. Visite esses sites para verificar quais materiais realmente são oferecidos.

Perfis estruturais — L, C e I — usados para a construção de edifícios e alguns equipamentos fabricados em larga escala são normalmente feitos a partir do aço estrutural, classificado pelas designações ASTM, descritas mais detalhadamente na Seção 2.8.

DESIGNAÇÕES DO AÇO E DO ALUMÍNIO EM DIFERENTES PARTES DO MUNDO. Uma vez que este livro utiliza designações de materiais dos Estados Unidos e de outras partes da América do Norte, os usuários deste material podem trabalhar em qualquer parte do mundo. Os produtores de perfis comercialmente disponíveis em outros países usarão as designações de materiais desenvolvidas para suas próprias indústrias, que normalmente são diferentes das designações norte-americanas. Entretanto, muitas ligas serão feitas com composição similar à dos Estados Unidos. A Tabela 2.7 lista alguns materiais comuns e suas designações na Alemanha, na Inglaterra e no Reino Unido, em outras partes da União Europeia (às vezes chamada de Euronorma ou EN), no Japão e na China.

▼ **TABELA 2.6** Metais e ligas comuns utilizados para perfis laminados, soldados e extrudidos, comercialmente disponíveis.

Ref.	Material e liga	Perfis	Resistência à tração		Tensão de escoamento	
			(ksi)	(MPa)	(ksi)	(MPa)
Aço carbono e ligas de aço						
a	ASTM A36	Perfis laminados; perfis S, cantoneiras, perfis U, placas, barras	58	400	36	248
b	ASTM A500 GR-B	Tubulações; redondas, quadradas, retangulares	58	400	42	290
c	ASTM A992	Perfis W laminados	65	448	50	345
d	1018 HR	Barras, hexágonos, quadrados, retângulos	55	379	40	276
e	1018 CD	Barras, hexágonos, quadrados, retângulos	70	483	60	414
f	1045 HR	Barras, hexágonos, quadrados, retângulos	90	621	55	379
g	1045 CD	Barras, hexágonos, quadrados, retângulos	90	621	75	517
h	1117 HR	Barras, hexágonos, quadrados, retângulos	65	448	40	276
i	1117 CD	Barras, hexágonos, quadrados, retângulos	80	552	65	448
j	1141 HR	Barras, hexágonos, quadrados, retângulos	95	655	55	379
k	1141 CD	Barras, hexágonos, quadrados, retângulos	100	690	85	586
l	4140 recozido	Barras, hexágonos, quadrados, retângulos	95	655	54	372
m	8620 HR	Barras, hexágonos, quadrados, retângulos	80	552	60	414
n	8620 CD	Barras, hexágonos, quadrados, retângulos	95	655	80	552
Aços inoxidáveis						
o	304 recozido	Barras, hexágonos, quadrados, retângulos, tubulações (redondas, quadradas, retangulares)	85	586	35	241
p	316 recozido	Barras, hexágonos, quadrados, retângulos, tubulações (redondas, quadradas, retangulares)	80	552	30	207
Alumínio						
q	2011-T3	Barras, hexágonos, quadrados, retângulos	55	379	43	296
r	2017-T4	Barras, hexágonos, quadrados, retângulos	62	427	40	276
s	2024-T4	Barras, hexágonos, quadrados, retângulos	68	469	47	324
t	3003-H14	Folhas, placas, tubulações (redondas, quadradas, retangulares)	22	152	21	145
u	6061-T6	Barras, hexágonos, quadrados, retângulos, tubulações (redondas, quadradas, retangulares), perfis estruturais extrudidos	45	310	40	276
v	6063-T6	Barras, hexágonos, quadrados, retângulos, tubulações (redondas, quadradas, retangulares), perfis estruturais extrudidos	35	241	31	214

Nota: as propriedades são típicas, mas não garantidas. Outros materiais estão disponíveis.
Informações detalhadas devem ser obtidas com os vendedores.
Todas as ligas listadas são dúcteis, com alongamento percentual > 10%.

▼ TABELA 2.7 Comparação das designações para aços e alumínios de diferentes partes do mundo.

Ref.	EUA (AISI, SAE, ASTM)	União Europeia (Euronorma, EN)	(número W)[1]	Alemanha (DIN)	Reino Unido (BS)	Japão (JIS)	China (GB)
				Aços Carbono			
a	A36	S235JRG2	1,0122	S235JRG2	S235JRG2	—	Q235B
b	1015	C15	1,0401	C15	080A15	S15Ck	699-15
c	1018	C18D	1,1141	CK15	040A15	S15	ML3-715
d	1045	C45	1,0503	C45	060A47	S45C	699-45
	(AISI, SAE)			**Ligas de Aço**			
e	1213	11SMn30	1,0715	11SMn30	230M07	SUM22	—
f	4130	25CrMo4	1,7218	25CrM04	708A30	SCM 420	ML30CrMoA
g	4140	42CrMo4	1,7225	42CrMo4	708A42	SCM 440H	ML42CrMo
h	4340	34CrNiM06	1,6582	34CrNiM06	817M40	SNCM 447	ML40CrNiMoA
i	6150	50CrV4	1,7222	50CrV4	735A50	SUP10	50CrVA
j	8620	20NiCrMo2-2	1,6523	20NiCrMo2	805M20	SNCM 220 (H)	20CrNiMo
	(AISI, SAE)			**Aços Inoxidáveis**			
k	304	X2CrNi18-10	1,4301	X5CrNi18-10	304S 18	SUS 304	0Cr18Ni9
l	316	X5CrNiMo17-12-2	1,4401	X5CrNiMo17-12-2	316S 29	SUS 316	0Cr17Ni12Mo2
m	321	X6CrNiTi18-10	1,4541	X6CrNiTi18-10	321S 31	SUS321	0Cr18Ni10Ti
n	430	X6Cr17	1,4016	X6Cr17	430S 17	SUS430	ML1Cr17
o	17-4PH	X5CrNiCuNb17-4-4	1,4542	X5CrNiCuNb17-4-4	17Cr4Ni	SUS630	0Cr17Ni4Cu4Nb
	Assoc. Alumínio			**Ligas de Alumínio**			
p	1100	Al99,0Cu	—	—	—	—	—
q	2014	AlCu4SiMg	3,1255	AlCuSiMn	L.93, L.94	—	—
r	2024	AlCu4Mg1	3,1355	AlCuMg2	L.97, L.98	—	—
s	6061	AlMg1SiCu	—	—	H20	—	—
t	6063	AlMgSi	3,3206	AlMgSi0,5	H19	—	—
u	7075	AlZn6MgCu	3,4365	AlZnMgCu1,5	L.95, L.96	—	—

Notas: [1]Número Werkstoff
Os exemplos dados são uma pequena amostra das milhares de ligas disponíveis, tratamentos térmicos e formulações. Comparações exatas não são praticáveis.
Valores devem ser obtidos diretamente dos vendedores, para designações e propriedades, antes do uso de qualquer material.
Fontes: Parker Steel Company, Toledo, Ohio, <www.MetricMetal.com>.
Steel Strip Company, Reino Unido, <www.steelstrip.co.uk/international_equivalents.htm>.
Key to Metals North America, St. Louis, Missouri, <www.keytometals.com>.
All Metals & Forge, Parsippany, NJ, <www.steelforge.com>.
Aluminum Association, Arlington, VA, <www.aluminum.org>.

2.4 VARIABILIDADE DOS VALORES DE PROPRIEDADES DOS MATERIAIS

Tabelas descritivas, como as mostradas nos apêndices 3 a 13, normalmente detalham valores individuais de resistência, módulo de elasticidade (rigidez) ou alongamento percentual (ductilidade) de um material específico em uma condição particular criada pelo tratamento térmico ou pela maneira como foi formado. É importante compreender as limitações de tais informações ao tomar decisões em relação ao projeto. Você deve procurar informações sobre as bases dos valores descritos.

Algumas tabelas de dados descrevem *valores mínimos garantidos* de resistência à tração, tensão de escoamento e outros valores. Esse pode ser o caso de quando você está usando informações obtidas de um fornecedor específico. Com tais valores, você deve sentir confiança de que o material que realmente entra em seu produto tem pelo menos a resistência descrita. O fornecedor deve ser capaz de dar valores de ensaios reais e análises estatísticas utilizados para determinar as resistências mínimas descritas. Como alternativa, você poderia tentar obter os materiais reais a serem usados em um projeto, e submetê-los a ensaios para determinar seus valores mínimos de resistência. Tais ensaios são caros, mas podem ser justificados em projetos críticos.

Outras tabelas de dados descrevem *valores típicos* para as propriedades dos materiais. Desse modo, a maioria das cargas entregues de material (mais de 50%) terá os valores indicados ou maiores. Entretanto, aproximadamente 50% terão valores mais baixos, e esse fato afetará sua confiança em especificar determinado material e o tratamento térmico se a resistência for crítica. Nesses casos, recomenda-se que você use os fatores de projeto mais altos, em vez dos medianos, em seus cálculos de resistência (do projeto) admissível. (Veja o Capítulo 5.)

A abordagem mais segura seria utilizar os valores mínimos garantidos de resistência em decisões de projeto. No entanto, isso é muito conservador porque a maioria dos materiais realmente entregues teria resistências significativamente maiores do que os valores listados.

Uma forma de tornar o projeto mais favorável é adquirir dados da distribuição estatística dos valores de resistência obtidos de muitas amostras. Assim, as aplicações de teorias de probabilidade podem ser utilizadas para especificar condições adequadas ao material, com um grau razoável de confiança de que as peças irão agir de acordo com as especificações. A Figura 2.11 ilustra alguns dos conceitos básicos de distribuição estatística. Frequentemente se pressupõe que a variação da resistência sobre a população inteira de amostras tenha uma distribuição normal em torno de algum valor médio ou na média. Se você utilizasse um valor de resistência que correspondesse a um desvio-padrão (1σ) abaixo da média, 84% dos produtos sobreviveriam. Em dois desvios-padrão, mais de 97% sobreviveriam; em três desvios-padrão, mais de 99,8%; e, em quatro desvios-padrão, mais de 99,99%.

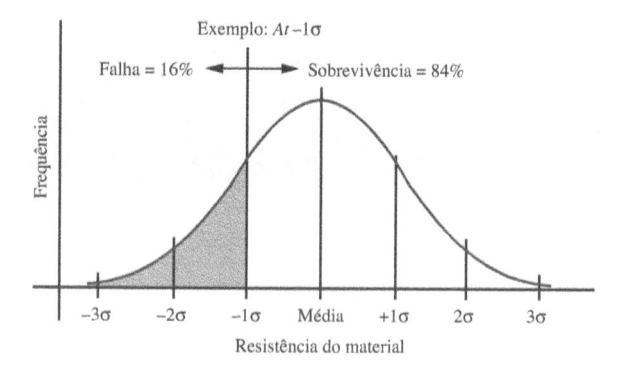

Considerando a distribuição normal da resistência:

Nível de tensão	% Sobrevivência
Média	50
-1σ	84
-2σ	97
-3σ	99,8
-4σ	99,99

▲ **FIGURA 2.11** Distribuição estatística normal da resistência de materiais.

Como projetista, você deve julgar com cuidado a confiabilidade dos dados que utiliza. Por fim, você deve avaliar a confiabilidade do produto final, considerando as variações reais nas propriedades dos materiais, as considerações de fabricação que podem afetar o desempenho e as interações de várias componentes entre si. Há mais discussões sobre esse assunto no Capítulo 5.

2.5 AÇO CARBONO E LIGAS DE AÇO

O aço é, provavelmente, o material mais amplamente utilizado para elementos de máquinas em razão de suas propriedades de alta resistência, rigidez elevada, durabilidade e relativa facilidade de fabricação. Há muitos tipos de aço disponíveis. Esta seção discutirá os métodos utilizados para designar os aços e descreverá os tipos usados mais frequentemente.

O termo *aço* se refere a uma liga de ferro, carbono, manganês e um ou mais elementos significativos diferentes dos mencionados anteriormente. O carbono tem um efeito muito forte na resistência, dureza e ductilidade de qualquer liga de aço. Os outros elementos afetam a temperabilidade, tenacidade, resistência à corrosão, usinabilidade e retenção da resistência mecânica em altas temperaturas. Os principais elementos presentes nos vários aços de liga são o enxofre, o fósforo, o silício, o níquel, o cromo, o molibdênio e o vanádio.

Sistemas de designação

Como mencionado na Seção 2.3, os sistemas de designação para aços são controlados tanto pela SAE International como pela ASTM International. É mais provável que os aços forjados ou laminados, normalmente utilizados para elementos de máquinas, sejam selecionados a partir das classes da SAE. Os aços estruturais e muitos metais fundidos carregam designações de classe da ASTM. Já foi apontado que, até recentemente, tanto a SAE quanto a AISI publicavam suas designações de aço forjado ou laminado — que eram substancialmente idênticas —, mas a AISI já não executa mais essa função. Entretanto, é provável que muito da literatura publicada e das informações comerciais do produto continue a usar o termo AISI até que novos sistemas sejam implementados.

Além disso, a SAE, em conjunto com a ASTM, está promovendo um sistema expandido para designar aços forjados, e o novo sistema é incorporado ao Sistema Unificado de Numeração (UNS). Volte à Tabela 2.5. Veja a Norma SAE J402 (R), *Novo Sistema de Designação para Aço Forjado e Laminado*. Três séries do UNS para aços — G, H e K — estão sendo alteradas para atender às conformidades do novo sistema, que prevê modificações específicas na composição química das ligas e pode também definir métodos de processamento ou limites especiais para propriedades materiais.

O sistema começa com o conhecido sistema de designação de quatro dígitos que tem sido usado por diversas décadas nos sistemas SAE e AISI, como mostrado na Figura 2.12. Os primeiros dois dígitos indicam o grupo específico que identifica os elementos de liga principais, com exceção do carbono no aço, como mostrado na Tabela 2.8. Os últimos dois dígitos indicam a quantidade de carbono no aço, em centésimos por cento. Por exemplo, quando os dois últimos dígitos são 20, a liga contém aproximadamente 0,20% de carbono, e frequentemente se diz que o aço tem *20 pontos de carbono*. Pequenas variações são permitidas, isso quer dizer 0,18% a 0,23%.

O teor de carbono é parte do sistema de designação porque as principais propriedades mecânicas de resistência, dureza e ductilidade são fortemente dependentes dele. À medida que o teor de carbono aumenta, a resistência e a dureza também aumentam durante o processamento e o tratamento térmico. A ductilidade normalmente diminui; por isso, os projetistas devem balancear resistência e ductilidade ao especificar um aço e sua condição. É útil categorizar os aços em quatro classes amplas: *baixo carbono*, *médio carbono*, *alto carbono* e *aços para rolamentos*.

- *Baixo carbono*: menos de 30 pontos de carbono. Resistência relativamente baixa, mas boa maleabilidade. Utilizado quando uma resistência alta não é necessária.
- *Médio carbono*: de 30 a 50 pontos de carbono. Resistência e dureza mais elevadas com ductilidade moderada. Uma ampla porcentagem de elementos de máquinas é feita de aços desta classe.
- *Alto carbono*: de 50 a 95 pontos de carbono. Resistência e dureza igualmente mais elevadas, mas frequentemente com ductilidade mais baixa. A dureza elevada proporciona boas propriedades de desgaste que levam a usos como em facas, que exigem uma extremidade de corte durável, peças sujeitas à abrasão, ferramentas, cinzéis e implementos agrícolas.
- *Aços para rolamentos*: normalmente 100 pontos de carbono ou mais (≥ 1,0%). Com frequência, seu uso é específico para esferas, roletes e ranhuras dos rolamentos de contato por causa das tensões de contato muito elevadas geradas na operação.

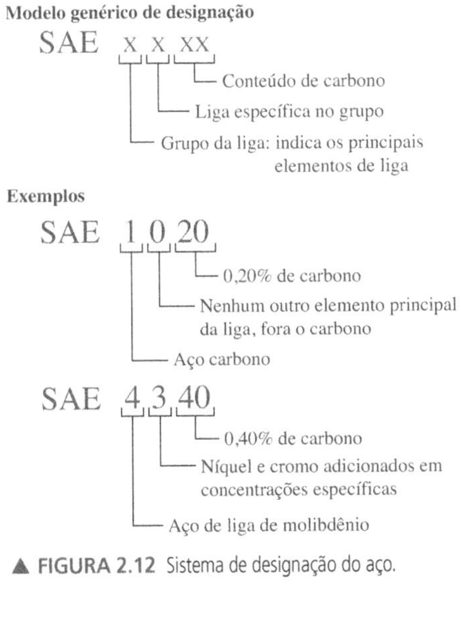

Neste livro, quando tivermos em vista as especificações-padrão para uma liga de aço, sem modificação, usaremos a designação tradicional, como demonstrado na Figura 2.12: por exemplo, aço SAE 1020 ou SAE 4340. Veja também o Apêndice 3. Em uma conversa entre projetistas, profissionais de fábrica e engenheiros, às vezes eles se referem somente ao número, como o aço 1020 e o aço 4340, ou os descrevem coloquialmente como *aço carbono simples* e aço *cromo-moli*. Naturalmente, ao especificar um aço em desenhos de projeto ou em ordens de compra, as designações formais, completas, devem ser usadas.

AS NOVAS DESIGNAÇÕES DA UNS PARA AÇOS G, H E K. A norma SAE J402 define uma designação de 12 características utilizando o perfil:

GXXXX-XXX-XXXX

Modelo genérico de designação

SAE X X XX
- Conteúdo de carbono
- Liga específica no grupo
- Grupo da liga: indica os principais elementos de liga

Exemplos

SAE 1 0 20
- 0,20% de carbono
- Nenhum outro elemento principal da liga, fora o carbono
- Aço carbono

SAE 4 3 40
- 0,40% de carbono
- Níquel e cromo adicionados em concentrações específicas
- Aço de liga de molibdênio

▲ FIGURA 2.12 Sistema de designação do aço.

▼ TABELA 2.8 Grupos de liga no sistema de numeração SAE.

10xx	Aço carbono simples: nenhum elemento de liga significativo, com exceção do carbono e do manganês; menos de 1,0% de manganês. Também chamado de *não ressulfurado*.
11xx	Aço para tornear: ressulfurado. O teor de enxofre (normalmente 0,10%) melhora a usinabilidade.
12xx	Aço para tornear: ressulfurado e refosforado. A presença de enxofre e fósforo aumentados melhora a usinabilidade e o acabamento de superfícies.
12Lxx	Aço para tornear: chumbo adicionado ao aço 12xx promove a melhora da usinabilidade.
13xx	Aço de manganês: não ressulfurado. A presença de aproximadamente 1,75% de manganês melhora a usinabilidade.
15xx	Aço carbono: não ressulfurado; mais de 1,0% de manganês.
23xx	Aço de níquel: oficialmente 3,5% de níquel.
25xx	Aço de níquel: oficialmente 5,0% de níquel.
31xx	Aço cromo-níquel: oficialmente 1,25% Ni; 0,65% Cr.
33xx	Aço cromo-níquel: oficialmente 3,5% Ni; 1,5% Cr.
40xx	Aço de molibdênio: 0,25% Mo.
41xx	Aço cromo-molibdênio: 0,95% Cr; 0,2% Mo.
43xx	Aço cromo-níquel-molibdênio: 1,8% Ni; 0,5% ou 0,8% Cr; 0,25% Mo.
44xx	Aço de molibdênio: 0,5% Mo.
46xx	Aço níquel-molibdênio: 1,8% Ni; 0,25% Mo.
48xx	Aço níquel-molibdênio: 3,5% Ni; 0,25% Mo.
5xxx	Aço de cromo: 0,4% Cr.
51xx	Aço de cromo: oficialmente 0,8% Cr.
51100	Aço de cromo: oficialmente 1,0% Cr; aço para rolamento, 1,0% C.
52100	Aço de cromo: oficialmente 1,45% Cr; aço para rolamento, 1,0% C.
61xx	Aço cromo-vanádio: 0,50 a 1,10% Cr; 0,15% V.
86xx	Aço níquel-cromo-molibdênio: 0,55% Ni; 0,5% Cr; 0,20% Mo.
87xx	Aço níquel-cromo-molibdênio: 0,55% Ni; 0,5% Cr; 0,25% Mo.
92xx	Aço de silício: 2,0% de silício.
93xx	Aço níquel-cromo-molibdênio: 3,25% Ni; 1,2% Cr; 0,12% Mo.

onde:

- A letra condutora pode ser G para aços carbono e de liga, H para aços com temperabilidade específica, ou K para aços e ligas ferrosas variados, como listado previamente no UNS.
- O primeiro grupo de quatro Xs indica a tradicional designação de quatro dígitos do SAE descrita anteriormente.
- O segundo grupo de três Xs denota modificações na composição química padrão.
- O grupo final de quatro Xs se refere aos métodos de produção especial, padrões de qualidade ou processamento.

Os detalhes da composição química e outras exigências de várias ligas estão contidos em outras normas SAE, incluindo:

- J403 *Composições Químicas de Aços Carbono SAE*; para aços carbono nas séries 10XX, 11XX, 12XX e 15XX (veja a Tabela 2.8).
- J404 *Composições Químicas de Aços de Liga SAE*; para aços de liga nas séries restantes.
- J1086 *Ligas e Metais Numerados.*
- J1249 *Antiga Norma SAE e Antigos Aços SAE-Ex.*
- J1268 *Faixas de Temperabilidade para Aços Carbono e de Liga H.*
- J1868 *Faixas Restritas de Temperabilidade para Aços de Liga Selecionados.*

O lugar dos aços em todo o UNS é documentado na norma publicada em parceria entre a SAE e a ASTM: SAE HS-1086/ASTM DS 56H *Metais e Ligas no Sistema de Numeração Unificado.* Veja os sites 4 e 5 para informações adicionais e para adquirir essas normas.

O novo sistema de designação permite que os fabricantes de aço modifiquem a composição química padrão de aços comumente usados a fim de atender às necessidades específicas do cliente, sem criar um número de designação de quatro dígitos inteiramente novo. As exigências de desempenho para prensagem, perfilagem, resistência à abrasão, resistência à corrosão ambiente, limpeza do aço e necessidades especiais semelhantes podem ser asseguradas de forma mais fácil e confiável com esse sistema. Essas situações frequentemente surgem em operações de produção da indústria automotiva e aeroespacial, de utensílios, equipamentos agrícolas, construção, fabricação, produção de energia e indústrias similares.

Um *aço para rolamento* contém oficialmente 1,0% de carbono. As classes comuns são 50100, 51100 e 52100; a designação usual de quatro dígitos é substituída por cinco dígitos, indicando 100 pontos de carbono.

Grupos de liga

Como indicado na Tabela 2.8, o enxofre, o fósforo e o chumbo melhoram a usinabilidade dos aços e são adicionados em quantidades significativas às classes 11xx, 12xx e 12Lxx. Essas classes são usadas para peças de tornos automáticos que exigem índices de produção elevados, cujas peças resultantes não são submetidas a elevadas tensões ou circunstâncias de desgaste. Nas outras ligas, esses elementos são controlados a um nível muito baixo por causa de seus efeitos adversos, como a fragilidade aumentada.

O níquel melhora a tenacidade, a temperabilidade e a resistência à corrosão do aço, e está incluso na maioria dos aços de liga. O cromo melhora a temperabilidade, as resistências ao desgaste e à abrasão, e a resistência mecânica em temperaturas elevadas. Em altas concentrações, o cromo proporciona uma significativa resistência à corrosão, como discutido na seção sobre aços inoxidáveis. O molibdênio também melhora a temperabilidade e a resistência a altas temperaturas.

O aço selecionado para uma aplicação específica deve ser econômico e fornecer propriedades desejadas de resistência, ductilidade, tenacidade, usinabilidade e maleabilidade. Com frequência, são consultados metalúrgicos, engenheiros de produção e especialistas em tratamento térmico. (Veja também as referências 3, 8, 24 e 25.) Consulte a Seção 2.18.

A Tabela 2.9 relaciona alguns aços comuns usados para peças de máquinas com as aplicações típicas listadas para as ligas. Você deve se beneficiar das decisões de projetistas experientes ao especificar materiais.

▼ TABELA 2.9 Usos de alguns aços.

Número SAE	Aplicações
1015	Peças em chapa de metal moldada; peças usinadas (podem ser cementadas)
1030	Peças em perfil de barra, alavancas, hastes e chaves de uso geral
1040	Eixos, engrenagens
1080	Molas; peças de equipamentos agrícolas submetidos a abrasão (dentes de ancinho giratório, discos, arados, dentes de cortadores)
1112	Peças de tornos automáticos
4140	Engrenagens, eixos, forjamentos
4340	Engrenagens, eixos, peças que exigem bom endurecimento integral
4640	Engrenagens, eixos, cames
5150	Eixos de alta durabilidade, molas, engrenagens
6150	Engrenagens, forjamentos, eixos, molas
8650	Engrenagens, eixos
9260	Molas

AHSS: aços avançados de alta resistência

Desenvolvimentos significativos estão sendo realizados no campo dos aços usados na indústria automotiva e relacionados a outros transportes que dependem de alta resistência com boa ductilidade. Muitos produtos emergentes são chamados de *aços avançados de alta resistência* (*Advanced High-Strength Steels* — AHSS). Os objetivos do seu desenvolvimento incluem o aprimoramento da segurança, a redução de custo, a durabilidade, o impacto ambiental reduzido e o aumento da economia de combustível para veículos. Os aços AHSS são caracterizados por fases microestruturais originais, com exceção da ferrita e da perlita, incluindo a martensita, a austenita e/ou a austenita retida em quantidades suficientes para produzir propriedades mecânicas únicas com alta resistência, maleabilidade aprimorada e elasticidade adicional, quando comparada a ferros mais tradicionais de alta resistência e baixa liga (*High Strength-Low Alloy* — HSLA). Veja a Referência 37 e o Site 40. Os tipos de aço AHSS incluem:

- Dupla fase (*Dual Phase* — DP)
- Plasticidade induzida por transformação (*Transformation Induced Plasticity* — TRIP)
- Fase complexa (*Complex Phase* — CP)
- Martensíticos (MS)

São exemplos de classes (os números indicam tensão de escoamento/tensão máxima à tração em MPa):

DP 300/500 (30% a 34% de el.)

DP 350/600 (24% a 30% de el.)

TRIP 450/800 (26% a 32% de el.)

DP 500/800 (14% a 20% de el.)

CP 700/800 (10% a 15% de el.)

DP 700/1000 (12% a 17% de el.)

MS 950/1200 (5% a 7% de el.)

MS 1250/1520 (4% a 6% de el.)

HSLA 350/450 (23% a 27% de el.)*

*Listado para comparação.

2.6 CONDIÇÕES DOS AÇOS E TRATAMENTO TÉRMICO

As propriedades finais dos aços são afetadas dramaticamente pela maneira como eles são produzidos. Alguns processos envolvem o funcionamento mecânico, tal como a laminação em um perfil específico ou o desenho através de matrizes. No projeto de máquinas, muitas peças em forma de barra, eixos, fios e membros estruturais são produzidos dessa forma. A maioria das peças de máquinas, particularmente aquelas com cargas pesadas, é termicamente tratada para produzir alta resistência com tenacidade e ductilidade razoáveis.

As chapas e barras de aço carbono geralmente são entregues na *condição de laminado*; isto é, são laminadas a uma temperatura elevada que facilite o processo de laminação. A laminação também pode ser fria para melhorar a resistência e o acabamento de superfície. A barra e o fio trefilados têm a resistência mais elevada das formas trabalhadas, além de um acabamento de superfície muito bom. Entretanto, quando um material é designado para ser *laminado*, deve-se presumir que foi laminado a quente.

Tratamento térmico

O *tratamento térmico* é todo processo em que o aço é submetido a altas temperaturas a fim de modificar suas propriedades. Dos inúmeros processos disponíveis, os mais usados para aços de máquinas são o recozimento, a normalização, o endurecimento integral (têmpera e revenimento) e o endurecimento superficial. (Veja as referências 6, 16, 17 e 18.)

A Figura 2.13 mostra os ciclos de temperatura/tempo para esses processos de tratamento térmico. O símbolo RT indica a temperatura ambiente (*room temperature*) normal, e LC refere-se à temperatura crítica mais baixa (*lower critical*) em que a transformação da ferrita em austenita começa durante o aquecimento do aço. Na temperatura crítica mais alta (*upper critical* — UC), a transformação é completa. Essas temperaturas variam com a composição do aço. Para a maioria dos aços médio carbono (0,30% a 0,50% de carbono), a UC é de aproximadamente 822 °C (1500 °F). As referências que fornecem informações detalhadas do processo de tratamento térmico devem ser consultadas.

RECOZIMENTO. O *recozimento total* [Figura 2.13(a)] é realizado por meio do aquecimento do aço acima da temperatura crítica mais alta e pela manutenção dela até que a composição esteja uniforme. Então o aço é resfriado muito lentamente na fornalha, abaixo da temperatura crítica mais baixa. O resfriamento lento em temperatura ambiente fora da fornalha termina o processo. Esse tratamento produz uma forma macia, de baixa resistência, do material, livre de tensões internas significativas. As peças frequentemente são conformadas a frio ou usinadas na condição de recozimento.

O *recozimento com alívio de tensão* [Figura 2.13(b)] frequentemente é utilizado depois da soldagem, usinagem ou conformação a frio para aliviar as tensões residuais e, assim, minimizar a distorção subsequente. O aço é aquecido a aproximadamente 540 a 650 °C (1000 a 1200 °F), temperatura mantida para atingir a uniformidade, e então é lentamente resfriado em ambiente isento de vento, em temperatura ambiente.

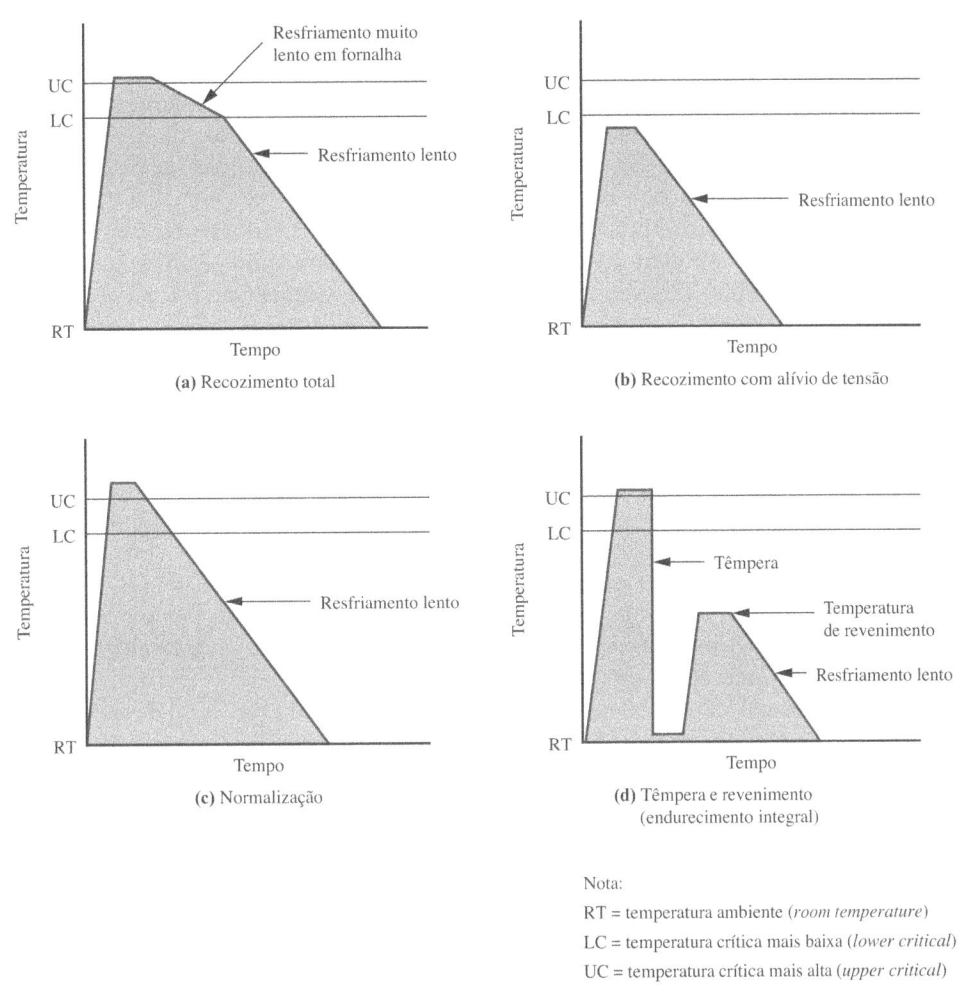

▲ **FIGURA 2.13** Tratamentos térmicos do aço. *Nota:* RT = temperatura ambiente (*room temperature*), LC = temperatura crítica mais baixa (*lower critical*), UC = temperatura crítica mais alta (*upper critical*).

Nota:
RT = temperatura ambiente (*room temperature*)
LC = temperatura crítica mais baixa (*lower critical*)
UC = temperatura crítica mais alta (*upper critical*)

NORMALIZAÇÃO. A *normalização* [Figura 2.13 (c)] é feita de maneira similar ao recozimento, mas a uma temperatura mais alta, acima do limite de transformação em que a austenita é formada, aproximadamente a 870 °C (1600 °F). O resultado é uma estrutura interna uniforme no aço e uma resistência mais elevada do que a produzida pelo recozimento. A usinabilidade e a tenacidade geralmente são melhoradas em relação à condição de laminado.

ENDURECIMENTO INTEGRAL, TÊMPERA E REVENIMENTO. O *endurecimento integral* [Figura 2.13 (d)] é realizado por meio do aquecimento do aço acima do limite de transformação em que a austenita se forma e, em seguida, é rapidamente resfriado em um meio de *têmpera*. O resfriamento rápido provoca a formação da martensita, a forma mais forte e dura do aço. O grau em que a martensita se forma depende da composição da liga. Uma liga contendo um mínimo de 80% de sua estrutura na forma de martensita sobre todo o corte transversal tem *alta temperabilidade*. Trata-se de uma importante propriedade a ser procurada ao selecionar um aço que exija resistência e dureza elevadas. Os meios líquidos comuns de têmpera são a água, salmoura e óleos minerais especiais. As formulações do polímero orgânico líquido polialquileno glicol (PAG) solúvel em água com aditivos resistentes à corrosão frequentemente substituem outros meios de têmpera para fornecer o controle adequado do limite de têmpera para reduzir a distorção e as tensões residuais. Elas podem ser usadas tanto em sistemas de imersão quanto aplicadas como um spray para as ligas de aço ou de alumínio. Um de seus nomes comerciais é UCON™ (uma marca registrada de The Dow Chemical Company), que oferece dez formulações diferentes.

O ar ou outros gases também podem ser usados para a têmpera de alguns materiais. Gases inertes — como hélio, nitrogênio, hidrogênio e argônio — podem ser usados em um tanque fechado, normalmente sob baixa pressão (vácuo), para inibir a oxidação. A especificação cuidadosa dos meios de têmpera é crucial para garantir a compatibilidade com o material específico que estiver sendo termicamente tratado. A seleção de um meio de têmpera depende da variação em que o resfriamento deve ocorrer. A maioria dos aços de máquinas usa tanto a têmpera por óleo como por água.

O *revenimento* geralmente é realizado imediatamente após a têmpera e envolve o reaquecimento do aço a uma temperatura de 200 a 700 °C (400 a 1300 °F) e, então, *o resfriamento lento* do aço em contato com o ar até a temperatura ambiente. Esse processo modifica as propriedades do aço: a resistência à tração e a tensão de escoamento diminuem com o aumento da temperatura de revenimento, visto que a ductilidade melhora, conforme indicado por um aumento no alongamento percentual. Assim, o projetista pode adequar as propriedades do aço quanto a exigências específicas. Além disso, o aço em sua condição de temperado apresenta altas tensões internas e geralmente é bem frágil. Peças de máquinas devem normalmente ser revenidas a 370 °C (700 °F) ou mais, após a têmpera.

Para ilustrar os efeitos do revenimento nas propriedades dos aços, diversos gráficos no Apêndice 4 mostram a relação resistência *versus* temperatura de revenimento. Estão inclusos nesses gráficos a resistência à tração, ponto de escoamento, alongamento percentual, redução percentual da área e o número HB de dureza, todos traçados em relação à temperatura de revenimento. Observe a diferença no perfil das curvas e nos valores absolutos de resistência e dureza ao comparar o aço carbono comum SAE 1040 ao aço de liga SAE 4340. Embora ambos tenham o mesmo teor de carbono oficial, o aço de liga alcança uma resistência e uma dureza muito mais elevadas. Observe também a dureza por temperado na parte direita superior do título dos gráficos; ela indica o grau a que determinada liga pode ser endurecida. Quando os processos de endurecimento superficial (descritos a seguir) são utilizados, a dureza por temperado torna-se muito importante.

O Apêndice 3 lista a variedade de propriedades que podem ser previstas para diversas classes de aços carbono e de liga. As ligas são listadas com seus números SAE e condições. Para as condições termicamente tratadas, lê-se a designação, por exemplo, SAE 4340 OQT 1000, que indica que a liga foi temperada em óleo e revenida a 1000 °F. Expressar as propriedades nas temperaturas de revenimento de 400 °F e 1300 °F indica os pontos finais do limite possível de propriedades que podem ser previstas para essa liga. Para especificar uma resistência entre esses limites, é possível consultar os gráficos, como os mostrados no Apêndice 4, ou determinar o processo exigido de tratamento térmico com um especialista. Para as finalidades de especificação de material neste livro, uma árdua interpolação entre os valores determinados será satisfatória. Como observado antes, você deve procurar dados mais específicos para projetos críticos.

ENDURECIMENTO SUPERFICIAL. Em muitos casos, o volume da peça exige somente resistência moderada, embora a superfície deva ter uma dureza muito elevada. Nos dentes de engrenagem, por exemplo, uma elevada dureza de superfície é necessária para resistir ao desgaste, uma vez que os dentes de acoplamento entram em contato entre si milhões de vezes durante a vida útil esperada das engrenagens. Em cada contato, é desenvolvida uma tensão elevada na superfície dos dentes. Para aplicações como essa, é utilizado o *endurecimento superficial*; à superfície (ou *case*) da peça é fornecida uma dureza elevada, a uma profundidade de talvez 0,25 a 1,00 mm (0,010 a 0,040 pol), embora o interior da peça (o *núcleo*) seja afetado somente levemente, se for o caso. A vantagem de endurecimento da superfície é que, uma vez que ela recebe a dureza resistente ao desgaste exigida, o núcleo da peça acaba ficando em uma forma mais dúctil, resistente ao impacto e à fadiga. Os processos usados com mais frequência para o endurecimento superficial são o endurecimento por chama, endurecimento por indução, cementação, nitretação, cianetação e carbonitretação. (Veja as referências 16 a 18.)

A Figura 2.14 mostra o desenho de um entalhe típico de um dente de engrenagem que passou por um processo de endurecimento superficial, mostrando claramente a superfície dura que envolve o núcleo, por sua vez mais macio e mais dúctil. O endurecimento superficial é usado nas aplicações que exigem elevada resistência ao desgaste e à abrasão no serviço normal (dentes de engrenagem, rodas de um guindaste, polias para cabo de aço e eixos de alta durabilidade).

Os processos mais comumente utilizados para endurecimento superficial são descritos a seguir.

1. ***Endurecimento por chama e endurecimento por indução:*** os processos de endurecimento por chama e por indução envolvem o rápido aquecimento da superfície da peça por um tempo limitado, de modo que uma profundidade pequena e controlada do material alcance o limite de transformação. Após a têmpera imediata, somente essa parte acima do limite de transformação produz o alto nível de martensita necessário para a dureza elevada.

   O *endurecimento por chama* utiliza uma chama concentrada que infringe em uma área localizada

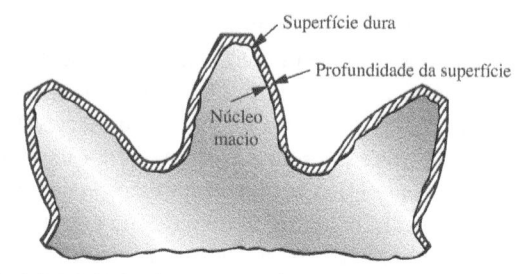

▲ **FIGURA 2.14** Entalhe típico de um dente de engrenagem que passou por um processo de endurecimento superficial.

por uma quantidade de tempo controlada para aquecer a peça, seguida pela têmpera em um banho ou em contato com uma corrente de água ou óleo. O *endurecimento por indução* é o processo em que a peça é cercada por uma bobina através da qual é passada uma corrente elétrica de alta frequência. Por causa da condutividade elétrica do aço, a corrente é *induzida* primeiramente perto da superfície da peça. A resistência do material ao fluxo da corrente resulta em um efeito de aquecimento. O controle da energia elétrica e da frequência do sistema de indução e o tempo de exposição determinam a profundidade em que o material alcança a temperatura de transformação. A rápida têmpera após o aquecimento endurece a superfície. (Veja a Referência 17.)

O projeto dos dispositivos para aquecer a peça é crítico, especialmente quando se deseja o endurecimento localizado, como no caso dos dentes de engrenagem e o endurecimento seletivo de uma área submetida ao desgaste abrasivo. Para as engrenagens de dimensão global relativamente pequena e dentes pequenos, a chama que infringe ou a bobina de aquecimento por indução podem envolver toda a engrenagem, permitindo que todos os dentes sejam endurecidos ao mesmo tempo. Para engrenagens maiores com dentes maiores, isso pode ser pouco prático e o aquecimento pode ser feito dente por dente ou em um pequeno segmento da engrenagem. Um sistema de têmpera imediata depois do aquecimento deve ser fornecido. A principal área de endurecimento dos dentes da engrenagem normalmente é a região dos flancos, em que os dois dentes entram em contato e transmitem suas forças motrizes. Devem ser evitadas altas tensões de contato em que as duas superfícies curvadas se encontram. A resistência dos dentes por pite, como será discutido no Capítulo 9, está diretamente relacionada à dureza dos flancos, e esse é o modo de falha mais evidente para as engrenagens que devem ser usadas para as milhares de horas de sua vida útil prevista. A área em que a raiz do dente se mistura com a forma envolvente do dente do flanco experimenta a tensão de flexão mais elevada. Para as engrenagens que são utilizadas de modo intermitente, a fadiga por flexão é frequentemente o modo de falha predominante. Assegurar-se de que a área da faixa esteja adequadamente endurecida irá otimizar a vida em fadiga.

Observe que, para que o endurecimento por chama ou indução seja eficaz, o material deve ter uma boa temperabilidade. Em geral, o objetivo do endurecimento superficial é produzir uma dureza superficial na escala de dureza Rockwell C HRC 5560 (dureza Brinell de aproximadamente HB 550 a 650). Consequentemente, o material deve ser capaz de ser endurecido ao nível desejado. Os aços carbono e de liga com menos de 30 pontos de carbono normalmente não podem alcançar essa exigência. Assim, os aços de liga com 40 pontos ou mais de carbono são os tipos mais usados no tratamento de endurecimento por indução ou por chama.

Os materiais de aço especificados típicos são SAE 1045, 1552, 4140, 4150, 4340 e 5150.

2. *Cementação, nitretação, cianetação e carbonitretação:* os processos restantes de endurecimento superficial — cementação, nitretação, cianetação e carbonitretação — na verdade alteram a composição da superfície do material, expondo-o a gases, líquidos ou sólidos que contenham carbono a altas temperaturas que produzem carbono e o difundem pela superfície da peça. A concentração e a profundidade da penetração do carbono dependem da natureza do material contendo carbono e do tempo de exposição. A nitretação e a cianetação normalmente produzem superfícies finas que, de modo geral, são boas para a resistência ao desgaste. Quando é necessária uma elevada capacidade de suportar carga, aliada à resistência ao desgaste, como é o caso dos dentes de engrenagem, a cementação é preferível por causa da superfície mais grossa.

Diversos aços são produzidos como classes de cementação. Entre eles estão: 1015, 1020, 1022, 1117, 1118, 4118, 4320, 4620, 4820 e 8620. O Apêndice 5 lista as propriedades previstas desses aços cementados. Ao avaliar um material para uso, observe que as propriedades do núcleo determinam sua habilidade de suportar tensões predominantes, e a dureza superficial indica sua resistência ao desgaste. A cementação realizada de maneira correta quase sempre produzirá uma dureza superficial de HRC 55 a 64 (dureza Rockwell C) ou de HB 550 a 700 (dureza Brinell).

A cementação tem diversas variações que permitem ao projetista ajustar as propriedades para atender a exigências específicas. A exposição à atmosfera do carbono ocorre a uma temperatura de aproximadamente 920 °C (1700 °F) e geralmente leva oito horas. A têmpera imediata alcança a resistência mais elevada, embora a superfície seja um tanto frágil. Normalmente, uma peça é levada para resfriar de maneira lenta após a cementação. Então ela é reaquecida a aproximadamente 815 °C (1500 °F) e, depois, temperada. Segue-se o revenimento, a uma temperatura relativamente baixa de 150 °C ou 230 °C (300 °F ou 450 °F), para aliviar as tensões induzidas pela têmpera. Como mostrado no Apêndice 5, a alta temperatura de revenimento reduz a resistência do núcleo e a dureza superficial a uma quantidade pequena mas que, em geral, melhora a tenacidade da peça. O processo que acabou de ser descrito constitui a *têmpera única e revenimento*.

Quando uma peça é temperada em óleo e revenida a 450 °F, por exemplo, a condição é de *endurecimento superficial por cementação*, SOQT 450. O ato de reaquecer após a primeira têmpera e em seguida temperar novamente refina mais ainda as propriedades da superfície e do núcleo; esse processo constitui o *endurecimento superficial por cementação*, DOQT 450. Essas condições são listadas no Apêndice 5.

CUIDADOS COM AS OPERAÇÕES DE TRATAMENTO TÉRMICO. Existem diversos métodos para executar operações de tratamento térmico, e a escolha de um deles pode afetar a qualidade e o desempenho finais da peça acabada. Recomenda-se consultar especialistas em tratamento térmico, e especificações cuidadosas devem ser acordadas previamente. Podem surgir questões como:

- Valor final de dureza aceitável.
- Distribuição da dureza sobre superfícies críticas das peças.
- Profundidade da superfície dos processos de endurecimento superficial.
- Microestrutura de zonas termicamente tratadas, tanto na superfície quanto no núcleo da peça.
- Distorção da peça como consequência do tratamento térmico.
- Tensões residuais desenvolvidas durante o tratamento térmico, particularmente as tensões de tração residuais que diminuem a vida em fadiga da peça.
- Rachaduras nas áreas críticas que podem afetar a vida em fadiga.
- Aparência da peça após o tratamento térmico.

Uma ampla gama de equipamentos é usada para o tratamento térmico; alguns são descritos brevemente aqui. Todos incluem o aquecimento em algum tipo de fornalha ou o aquecimento por chama ou indução a temperaturas de até 1250 °C (2300 °F), controladas para os tipos individuais de metais que estão sendo tratados. O aquecimento por imersão em sais fundidos também costuma ser utilizado. Então, as peças são temperadas por algum dos meios a seguir:

1. Transferência manual para tanques de têmpera cheios de líquido, pelo gotejamento por gravidade ou por transporte ou manuseio robótico. O líquido da têmpera pode estar em temperatura ambiente ou elevada e pode ser imóvel ou agitado.
2. A têmpera ao ar, tanto em ar ambiente como com ventiladores de alta velocidade ou câmaras fechadas.
3. Interferência do meio de têmpera na peça, pelo fluxo de um bocal.
4. A cementação a vácuo em alta temperatura em tanques fechados, com têmpera em gás de alta pressão usando gases inertes como hélio, argônio, hidrogênio ou néon.

A sustentação cuidadosa da peça durante o aquecimento e a têmpera frequentemente é imprescindível para reduzir a distorção. Podem ser necessários cavaletes especiais, prateleiras e equipamentos para manuseio do material.

GRANALHAGEM PARA TENSÕES RESIDUAIS FAVORÁVEIS. Como mencionado anteriormente, na discussão sobre aços usinados, retificados, conformados e termicamente tratados, as tensões residuais de tração desfavoráveis são frequentemente criadas e exacerbam problemas de formação de rachadura, em que a tensão de tração também está presente na operação. Essa combinação antecipa o aparecimento de falha por fadiga. O *processo por jato de granalhas* é um processo secundário que pode mitigar esse problema, produzindo tensões compressivas residuais favoráveis, próximas da superfície de uma peça.

O processo por jato de granalhas é o processo pelo qual um jato de granalhas de aço ou ferro fundido é projetado em alta velocidade em superfícies críticas de uma peça. Os múltiplos impactos deformam plasticamente a superfície e, depois de completado o processo, restam as tensões compressivas residuais. Desse modo, ao atuar sob condições em que são produzidas tensões de tração aplicadas, o resultado final é uma tensão de tração diminuída que poderia reduzir a probabilidade de se iniciarem rachaduras por fadiga. Foram relatados casos de aumento em 100% da vida em fadiga por processo por jato de granalhas. Muitas variáveis estão envolvidas e é recomendado realizar ensaios para quantificar os benefícios em qualquer situação que possa ocorrer. O processo por jato de granalhas tem sido usado em produtos como engrenagens, eixos, molas helicoidais de compressão e de tração, feixes de mola e lâminas de turbina.

LIGAS DE AÇO PARA PEÇAS DE FUNDIÇÃO. Frequentemente, a composição das ligas de aço para peças de fundição é similar a algumas já discutidas aqui para as formas forjadas de aço, produzidas principalmente por processos de laminação. Entretanto, como as peças de fundição resultam em estruturas internas diferentes das formas laminadas, são feitas designações especiais pela ASTM International. As classes gerais, em nível crescente de desempenho, são *carbono, baixa liga, alta liga* e *liga especial*. A seleção de material deve considerar condições operacionais para determinada aplicação, particularmente:

- Resistência estrutural em tração, compressão e cisalhamento.
- Tenacidade necessária para resistir à carga de impacto.
- Operação de alta temperatura.
- Necessidade de resistência ao desgaste.
- Necessidade de contenção da pressão.

A Tabela 2.10 fornece algumas das normas pertinentes para ligas de aço fundido. Você deve consultar as especificações da ASTM indicadas para obter detalhes de limites de resistência e outros fatores de desempenho para as ligas de aço indicadas. Observe que as composições dos aços em ASTM A915/915M-08 são projetadas para serem similares aos aços forjados geralmente utilizados, designados no sistema SAE. Entretanto, as propriedades podem ser diferentes por causa dos processos de produção.

▼ **TABELA 2.10** Aços carbono e de ligas.

Designação ASTM	Descrição
Aplicações gerais	
A27/A27M-08	Aço carbono; termicamente tratado até um limite de tensões por tração Classes: 60–30 (415–205), 65–35 (450–240), 70–36 (485–250) e 70–40 (485–275) Cada conjunto de números indica resistência de tração–tensão de escoamento em ksi (MPa)
A915/A915M-08	Aços carbono e de liga; composição similar à dos aços fundidos padrão Classes: SC1020, SC1025, SC1040, SC1045, SC4130, SC4140, SC4330, SC4340, SC8620, SC8625, SC8630 Os números de classe correspondem ao aço de nome semelhante em sua forma fundida
A128/A128M-93(2007)	Peças de fundição de aço de manganês do tipo "Hadfield"
A148/A148M-08	Aços carbono de alta resistência, de liga e inoxidáveis martensíticos para peças de fundição
Peças contendo pressão	
A757/A757M-00(2004) e A352/352M-06	Carbono e liga, ferrítico e martensítico, para baixas temperaturas
A351/A351M-10	Serviços gerais contendo pressão Algumas classes são apropriadas para altas temperaturas ou ambientes corrosivos
A216/A216M-08	Aço carbono para altas temperaturas; soldável
A389/A389M-08	Aços de liga para altas temperaturas

2.7 AÇOS INOXIDÁVEIS

A expressão *aço inoxidável* caracteriza o alto nível de resistência à corrosão oferecido pelas ligas desse grupo. Para ser classificado como aço inoxidável, a liga deve conter cromo em uma quantidade mínima de 10% — a maioria tem entre 12% e 18%. (Veja a Referência 9.)

A SAE designa a maioria dos aços inoxidáveis em suas séries 200, 300 e 400.

Os três principais grupos de aços inoxidáveis são os austeníticos, os ferríticos e os martensíticos. Os aços inoxidáveis *austeníticos* pertencem às séries SAE 200 e 300. São classes com objetivos gerais e resistência moderada. A maioria não é termicamente tratada, e suas propriedades finais são determinadas pela quantidade de trabalho, com o revenimento resultante referido como 1/4 duro, 1/2 duro, 3/4 duro e totalmente duro. Essas ligas são não magnéticas e normalmente utilizadas em equipamentos de processamento de alimentos.

SAE 304 e 316 são usados com mais frequência em barras, hexágonos, quadrados e retângulos e tubulações, conforme listado na Tabela 2.6.

Os aços inoxidáveis *ferríticos* pertencem às séries SAE 400, designadas como 405, 409, 430, 446 e assim por diante. Eles são magnéticos e têm bom desempenho em temperaturas elevadas, de 700 a 1040 °C (1300 a 1900 °F), dependendo da liga. Não são termicamente tratáveis, mas podem ser trabalhados a frio para melhorar suas propriedades. Aplicações comuns incluem tubulações de troca de calor, equipamentos para refinamento de petróleo, acessórios automotivos, peças de fornalhas e equipamentos químicos.

Os aços inoxidáveis *martensíticos* também são membros das séries SAE 400, incluindo os tipos 403, 410, 414, 416, 420, 431 e 440. Eles são magnéticos, podem ser termicamente tratados e têm resistência maior que a das séries 200 e 300, ao passo que conservam boa tenacidade. Usos comuns incluem peças de motores de turbinas, talheres, tesouras, peças de bombas e válvulas, instrumentos cirúrgicos, acessórios de aeronaves e ferragens náuticas.

Há inúmeras outras classes de aços inoxidáveis, muitas das quais são propriedades de fabricantes particulares. Um grupo utilizado para aplicações de alta resistência em usos aeroespaciais, náuticos e veiculares é o do tipo de endurecimento por precipitação. Eles desenvolvem resistências muito altas com tratamentos térmicos a temperaturas relativamente baixas, de 480 a 620 °C (900 a 1150 °F). Essa característica ajuda a minimizar a distorção durante o tratamento. Alguns exemplos são os aços inoxidáveis 17-4PH, 15-5PH, 17-7PH, PH15-7Mo e AMS362.

2.8 AÇO ESTRUTURAL

A maioria dos aços estruturais é designada pelos números ASTM, estabelecidos pela *American Society for Testing and Materials*. Uma classe comum é a ASTM A36, que tem um ponto de escoamento mínimo de 36000 psi (248 MPa) e é bastante dúctil. Trata-se basicamente de um aço de baixo carbono laminado a quente, disponível em chapas, placas, barras e perfis estruturais, como algumas vigas de abas largas, vigas de padrão norte-americano, perfis U e cantoneiras. As propriedades geométricas de alguns de cada uma dessas seções estão listadas no Apêndice 15.

Hoje em dia, a maior parte dos perfis de abas largas (perfis W) é feita usando-se o aço estrutural ASTM A992, que tem um ponto de escoamento de 50 a 65 ksi (345 a 448 MPa) e uma resistência mínima à tração de 65 ksi (448 MPa). Um requisito a mais é o fato de que a proporção máxima do ponto de escoamento à resistência à tração é de 0,85. Trata-se de um aço altamente dúctil, com um alongamento mínimo de 21% e um comprimento de calibre de 2,00 pol. O uso desse aço, em vez do ASTM A36, de menor resistência, normalmente admite membros estruturais menores e mais leves, com menor ou sem custo adicional.

Os perfis estruturais tubulares (*Hollow Structural Sections* — HSS) normalmente são feitos a partir do aço ASTM A500, que é formado a frio e fundido ou feito sem emendas. Estão inclusos os tubos redondos e os perfis quadrados e retangulares. Observe no Apêndice 7 que há valores diferentes de resistência para os tubos redondos, quando comparados com outros perfis. Além disso, podem ser especificados inúmeros graus de resistência. Alguns desses produtos HSS são feitos a partir do aço formado a quente, que tem propriedades semelhantes aos perfis de aço laminado a quente ASTM A36.

Muitas classes de aços estruturais com resistência mais alta estão disponíveis para uso em construções, veículos e aplicações em máquinas. Elas fornecem pontos de escoamento em valores de 42000 a 100000 psi (290 a 700 MPa). Algumas dessas classes, referidas como aços de alta resistência e baixa liga (HSLA), são ASTM A242, A440, A514, A572 e A913.

O Apêndice 7 lista as propriedades de diversos aços estruturais.

2.9 AÇOS-FERRAMENTA

A expressão *aços-ferramenta* refere-se a um grupo de aços normalmente usados para ferramentas de corte e perfuração, matrizes, lâminas afiadas, cinzéis e usos similares. As inúmeras variedades de materiais de aço--ferramenta têm sido classificadas em sete tipos básicos, conforme mostrado na Tabela 2.11. Enquanto a maioria dos usos dos aços-ferramenta está relacionado ao campo da engenharia de produção, eles também se referem a projetos de máquina, em que é exigida a habilidade de manter uma extremidade afiada, sob condições abrasivas (tipos H e F). Além disso, alguns aços--ferramenta têm resistência ao choque bastante elevada, o que pode ser desejável em componentes de máquinas, como peças de embreagens mecânicas, linguetas, lâminas, guias para movimentar materiais e braçadeiras (tipos S, L, F e W). (Veja a Referência 10 para uma discussão mais longa sobre os aços-ferramenta.)

2.10 FERRO FUNDIDO

Grandes engrenagens, estruturas de máquinas, colchetes, peças articuladas e outras importantes peças de máquinas são feitas de ferro fundido. Esses diversos tipos de classes disponíveis abrangem amplas gamas de resistência mecânica, ductilidade, usinabilidade, resistência ao desgaste e custo. Esses recursos são atrativos para muitas aplicações. Os três tipos mais comumente usados de ferro fundido são ferro cinzento, ferro dúctil e ferro maleável. O Apêndice 8 (unidades do sistema norte-americano) e 8A (unidades do Sistema Internacional) listam as propriedades de diversos tipos e classes de ferro fundido. Veja também a Referência 13.

O *ferro cinzento* está disponível em classes que possuem valores de resistência à tração que variam de 20000 a 60000 psi (138 a 414 MPa). Sua resistência compressiva máxima é muito mais elevada, três a cinco vezes tão elevada quanto a resistência à tração. Uma desvantagem do ferro cinzento é que ele é frágil e, portanto, não deve ser usado em aplicações nas quais a carga de impacto é provável. Mas ele tem excelente resistência ao desgaste, é relativamente fácil de usinar, tem boa capacidade de amortecimento de vibrações e sua superfície pode ser endurecida. Aplicações incluem blocos de motor, engrenagens, peças de freio e bases de máquinas. Os ferros cinzentos são

▼ TABELA 2.11 Exemplos de tipos de aço-ferramenta.

Tipo geral	Símbolo do tipo	Tipos específicos — Elementos de liga predominantes	Exemplos — Nº AISI	Nº UNS	Usos típicos (e outras ligas comuns)
De alta velocidade	M	Molibdênio	M2 M10 M42	T11302 T11310 T11342	Aços-ferramenta com objetivos gerais para ferramentas de corte e matrizes para forjamento, extrusão, flexão, extração e perfuração (M1, M3, M4 a M7, M30, M34, M36, M41 a M47)
	T	Tungstênio	T1 T15	T12001 T12015	Semelhantes aos usos dos tipos M (T2, T4, T5, T6, T8)
Trabalhado a quente	H	Cromo	H10	T20810	Matrizes de estampagem a frio, facas de corte, peças aeroespaciais, extrusão em baixa temperatura e matrizes fundidas sob pressão (H1 a H19)
		Tungstênio	H21	T20821	Matrizes em temperaturas mais altas, facas de corte a quente (H20 a H39)
		Molibdênio	H42	T20842	Aplicações que tendem a produzir desgaste elevado (H40 a H59)
Trabalhado a frio	D	Alto carbono, alto cromo	D2	T30402	Matrizes de estampa, perfuradores, calibres de folga (D3 a D5, D7)
	A	Média liga, endurecimento em ar	A2	T30102	Perfuradores, matrizes para laminação de roscas (A3 a A10)
	O	Endurecimento em óleo	O1	T31501	Torneiras, escareadores, brocas, calibres, gabaritos e dispositivos de fixação, buchas, mandris de ferramentas de máquinas, hastes de ferramentas (O2, O6, O7)
Resistentes ao choque	S		S1	T41901	Cinzéis, ferramentas pneumáticas, perfuradores de alta durabilidade, peças de máquinas submetidas a choques (S2, S4 a S7)
Aços moldados	P		P2	T51602	Matrizes de moldagem de plásticos, matrizes para laminação de roscas de zinco (P3 a P6, P20, P21)
Finalidades especiais	L	Tipos baixa liga	L2	T61202	Peças de máquinas e ferramentas que exijam alta tenacidade (L3, L6)
	F	Tipos carbono-tungstênio	F1	T60601	Semelhantes aos tipos L, mas com maior resistência à abrasão (F2)
Endurecido na água	W		W1	T72301	Usos de matrizes e ferramentas com objetivos gerais, dentes de tornos e mandris, ferramentas manuais, gabaritos e dispositivos de fixação, perfuradores (W2, W5)

classificados pela especificação ASTM A48-03 (2008) e A48M nas classes 20, 25, 30, 40, 50 e 60, em que o número se refere à resistência à tração mínima, em kips/pol^2(ksi). Por exemplo, o ferro cinzento da classe 40 tem uma resistência à tração mínima de 40 ksi ou 40000 psi (276 MPa). Por ser frágil, o ferro cinzento não apresenta a propriedade de tensão de escoamento.

O *ferro maleável* é um grupo de ferros fundidos termicamente tratáveis com resistência moderada a alta, elevado módulo de elasticidade (rigidez), boa usinabilidade e boa resistência ao desgaste. A designação de cinco dígitos indica, grosso modo, a tensão de escoamento e o alongamento percentual previsto do ferro. Por exemplo, a classe 40010 tem uma tensão de escoamento de 40 ksi (276 MPa) e um alongamento de 10%. As propriedades de resistência listadas no Apêndice 8 referem-se à condição de não termicamente tratado. Resistências mais altas resultariam de tratamento térmico. Veja as normas ASTM A 47-99 (2009) e A 220-99 (2009).

Os *ferros dúcteis* têm resistências mais altas que os ferros cinzentos e, como o próprio nome diz, são mais dúcteis. Entretanto, sua ductilidade ainda é bem menor do que a dos aços típicos. Uma designação de classe de três partes é utilizada para o ferro dúctil na especificação ASTM A536-84 (2009). O primeiro número se refere à resistência em ksi, o segundo, à tensão de escoamento em ksi, e o terceiro, ao alongamento percentual aproximado. Por exemplo, a classe 80-55-06 tem uma resistência à tração de 80 ksi (552 MPa), uma tensão de escoamento de 55 ksi (379 MPa) e um alongamento de 6% em 2,00 pol. Peças fundidas de resistência mais alta, como virabrequins e engrenagens, são feitas de ferro dúctil.

O *ferro dúctil austemperado* (*Austempered Ductile Iron* — ADI) é um ferro dúctil termicamente tratado e de liga. (Veja a Referência 13.) Ele tem propriedades atrativas que levam ao uso em equipamentos de transporte, maquinário industrial e outras aplicações nas quais o custo baixo, boa usinabilidade, características de amortecimento elevado, boa resistência ao desgaste e vantagens na fundição de precisão oferecem benefícios especiais. Como exemplos temos as engrenagens de unidades de tração, peças de juntas homocinéticas e componentes de suspensão. A Norma ASTM A897/A897M-06 lista cinco classes de variação do ADI em resistência à tração de 125 ksi (850 MPa) a 230 ksi (1600 MPa). As variações de tensões de escoamento vão de 80 ksi (550 MPa) a 185 ksi (1300 MPa). A ductilidade diminui com o aumento da resistência e da dureza com valores de alongamento percentual na faixa de aproximadamente 10% para menos de 1%. O ADI começa como um ferro dúctil convencional com cuidadoso controle de composição e o processo para produzir uma fundição sem zonas ocas e som. Pequenas quantidades de cobre, níquel e molibdênio são adicionadas para aumentar a resposta do metal ao ciclo de tratamento térmico especial mostrado na Figura 2.15. Ele é aquecido até a temperatura de austenitização (843 a 954 °C ou 1550 a 1750 °F), dependendo da composição. Ele é mantido nessa temperatura por 1 a 3 horas, enquanto o material se torna completamente austenítico. Segue-se uma rápida têmpera em uma média de 238 a 400 °C (460 a 750 °F), e a fundição é mantida nessa temperatura por 30 minutos a 4 horas. Essa é a parte de *austêmpera* do ciclo durante o qual todo o material é convertido a uma mistura de austenita e ferrita, às vezes chamada de *ausferrita*. É importante que nem a perlita nem a bainita são formadas durante esse ciclo. A fundição é então deixada para esfriar em temperatura ambiente.

Uma forma emergente de ADI, chamada de *ferro dúctil austemperado carbonetado* (*Carbidic Austempered Ductile Iron* — CADI), é produzida pelo ADI convencional com estabilizadores de carboneto como o cromo, o molibdênio ou o titânio. O CADI apresenta resistência ao desgaste e à abrasão significativamente mais alta, enquanto mantém um bom nível de tenacidade. Aplicações são encontradas em materiais circulantes ferroviários, equipamentos de terraplanagem, maquinários agrícolas, equipamentos de processamento de materiais, trituradores, componentes de bombas e transportadores de material a granel. Nessas aplicações, ele compete bem com o *ferro branco*, descrito a seguir. Outra boa aplicação é nas tubulações que transportam materiais secos gaseificados a granel ou pastas contendo partículas abrasivas em suspensão. O desgaste é particularmente um problema em cotovelos para tais sistemas.

O *ferro branco é produzido pelo rápido congelamento de uma fundição*, tanto do ferro cinzento quanto do ferro dúctil durante o processo de solidificação. O congelamento normalmente é aplicado em áreas selecionadas que irão experimentar intensa abrasão porque

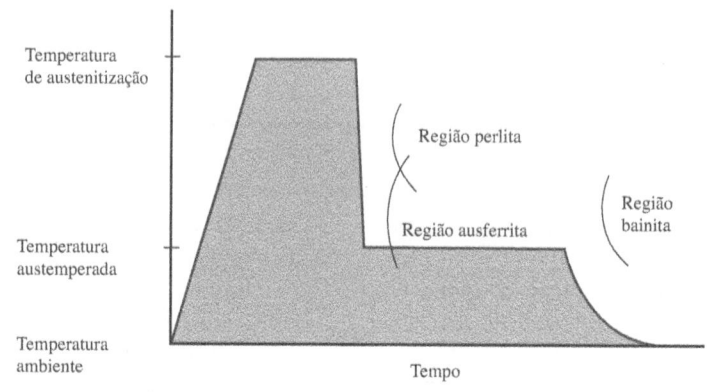

▲ **FIGURA 2.15** Ciclo de tratamento térmico para o ferro dúctil austemperado. (Austempered Ductile Iron — ADI)

as áreas congeladas se tornam muito duras e têm alta resistência ao desgaste. O congelamento *não permite que o carbono no ferro* se precipite durante a solidificação, resultando na aparência branca. Áreas distantes do meio de congelamento se solidificam de modo mais devagar e adquirem as propriedades normais do ferro de base. Uma desvantagem do processo de congelamento é que o ferro branco é um tanto frágil. O ferro branco pode se transformar em liga com o crômio e o molibdênio para alcançar uma dureza elevada, variando de 65 a 70 HRC. A Norma ASTM A532/A532M-10 engloba a composição e o tratamento térmico do ferro branco. Aplicações típicas incluem revestimentos de moinhos de bola ou de rolo para triturar agregados ou outros materiais transformando-os em pó, os próprios rolos e esferas, componentes de pulverização, equipamento de mistura de argila, processos de moldagem de tijolos e peças de desgaste dos trituradores e dispositivos de manuseio de material.

2.11 METAIS EM PÓ (METAIS SINTERIZADOS)

Fazer peças com perfis intrincados por meio da metalurgia dos pós às vezes pode eliminar a necessidade de uma longa usinabilidade. Os metais em pó estão disponíveis em muitas formulações cujas propriedades envolvem aquelas da forma forjada do metal. O processamento envolve o preparo de uma pré-forma por meio da compactação do pó em uma matriz sob elevada pressão. O próximo passo é a sinterização em alta temperatura para fundir o pó em uma massa uniforme. A repensagem às vezes é feita para melhorar as propriedades ou a acurácia dimensional da peça. São peças típicas feitas a partir de processos da metalurgia dos pós (*Powder Metallurgy* — PM): engrenagens, segmentos de engrenagem, cames, materiais excepcionais e diversas peças de máquinas que possuem saliências e buracos estranhos. São comuns tolerâncias dimensionais de 0,025 a 0,125 mm (0,001 a 0,005 pol).

Uma desvantagem das peças da PM é que às vezes elas não devem ser usadas em aplicações nas quais são previstas cargas de alto impacto. Outra aplicação importante é em rolamentos sinterizados, que são feitos em uma densidade relativamente baixa com consequente porosidade alta. O rolamento é impregnado com um lubrificante que deve ser suficiente para a vida útil da peça. Esse tipo de material será discutido adiante, no Capítulo 16.

Os fabricantes de metais em pó têm muitas formulações e classes em sua propriedade. Entretanto, a Metal Powder Industries Federation (MPIF) está promovendo a padronização dos materiais. A Figura 2.16 mostra fotografias de algumas peças feitas de metal em pó. (Veja a Referência 6 e o Site 9.)

Uma variedade de metais pode ser usada para as peças da PM; algumas de suas amostras estão listadas na Tabela 2.12. Diversos processos são aplicados para alcançar propriedades especiais e ir de encontro aos objetivos da produção. Breves descrições são dadas aqui.

- Prensa e sínter
  - Os pós que constituem a porcentagem apropriada para o material desejado são misturados de maneira uniforme.
  - Os metais em pó misturados são introduzidos em uma matriz.
  - Uma prensa comprime os pós no perfil desejado, produzindo uma *peça verde* que tem resistência relativamente baixa; a peça é ejetada da matriz.
  - Um processo de aquecimento, chamado de *sinterização*, conecta metalurgicamente os grãos de pó em uma forma sólida e resistente.
  - As etapas de fabricação opcionais podem ser executadas, se necessárias, como:
    - Repensagem, para alcançar propriedades refinadas e maior exatidão dimensional.
    - Usinagem das características que não poderiam ser feitas na matriz.
    - Tratamento térmico para alcançar maior resistência mecânica.
    - Galvanização ou outros tratamentos de superfície.

▲ **FIGURA 2.16** Exemplo de componentes de metal em pó. (Cortesia da Metal Powder Industries Federation, Princeton, NJ.)

▼ TABELA 2.12 Materiais usados para as peças de metalurgia dos pós (PM).

Tipo de material	Designação e composição	Resistência à tensão (ksi)	Resistência à tensão (MPa)	Densidade (lb_m/pol^3)	Densidade (kg/m^3)
Metais ferrosos					
Aço carbono	F-0008 0,8% C	54	370	0,249	6900
	F-0008-HT 0,8% C	85	590	0,249	6900
Aço de cobre	FC-0208 2% Cu, 0,8% C	60	410	0,242	6700
	FC-0208-HT 2% Cu, 0,8% C	85	590	0,242	6700
Aço de níquel	FN-0205 2% Ni, 0,5% C	57	390	0,257	7100
	FN-0205-HT 2% Ni, 0,5% C	145	1000	0,257	7100
Aço de baixa liga	FL-4405 0,85% Mo, 0,5% C	66	460	0,257	7100
	FL-4405-HT 0,85% Mo, 0,5% C	160	1100	0,257	7100
Híbrido de aço de baixa liga	FLN-4405 2% Ni, 0,85% Mo, 0,5% C	80	550	0,255	7050
	FLN-4405-HT 2% Ni, 0,85% Mo, 0,5% C	170	1170	0,255	7050
Aço de liga de difusão	FD-0205 1,75% Ni, 1,5% Cu, 0,5% Mo, 0,5% C	78	540	0,251	6950
	FD-0205-HT 1,75% Ni, 1,5% Cu, 0,5% Mo, 0,5% C	130	900	0,251	6950
Aço endurecido por sinterização	FLC-4608-HT 1,75% Ni, 1,5% Cu, 0,5% Mo, 0,5% C	100	690	0,253	7000
Aço inoxidável	SS-316N2 17% Cr, 12% Ni, 2,5% M	60	410	0,235	6500
	SS-430N2 17% Cr	60	410	0,257	7100
Cobre	C-0000 0,2% no máximo outro	Aplicações elétricas		0,289	8000
Bronze	CTG-1001 10% Sn, 1% grafite	Rolamentos impregnados de óleo		0,224	6200
Latão vermelho	CZ-1000 10% Zn	11	76	0,285	7900
Latão amarelo	CZ-3000 30% Zn	16	110	0,275	7600
Prata níquel	CNZ-1818 18% Ni, 18% Zn	20	138	0,285	7900
Alumínio	Alumínio 4% Cu, 0,5% Mg, 1% Si	32	221	0,094	2600

Notas: C = carbono, Cu = cobre, Ni = níquel, Mo = molibdênio, Cr = cromo, Sn = estanho, Zn = zinco, Mg = magnésio, Si = silício.
Fonte: Norma MPIF 35, Normas de Materiais para Peças Estruturais P/M, Metal Powder Industries Federation.

- Forjamento do pó
  - As etapas descritas para os processos de prensa e sínter são finalizadas como antes. Entretanto, a geometria ainda não está na forma ou na dimensão final.
  - Enquanto a peça é retirada da fornalha de sinterização, ela está revestida com um lubrificante, transferido a uma prensa de forjamento, em uma matriz de forma fechada na qual é trabalhada a quente, levando o fluxo plástico do material à sua forma final.
  - O processo de forjamento aperfeiçoa a resistência da peça, quase se igualando àquela de formas forjadas de metais similares, enquanto tende a orientar a estrutura interna em direções favoráveis de acordo com cargas antecipadas.
- Prensa isostática
  - Os metais em pó misturados são colocados em uma câmara hermética e contidos por uma membrana flexível.
  - Uma elevada pressão é exercida na membrana que comprime o pó uniformemente e que produz uma alta densidade.
  - A compressão em temperatura ambiente é chamada de *pressão isostática fria*.
  - A compressão em elevadas temperaturas é chamada de *pressão isostática quente*, a qual realiza a conformação do perfil desejado e simultaneamente a sinterização dos pós, eliminando, desse modo, uma etapa do processo.
- A habilidade de fazer peças maiores e mais complexas e o uso de uma gama mais ampla de tipos de pó são vantagens do uso de processos de pressão isostática.
- A densidade da peça acabada normalmente é mais uniforme, em comparação aos processos de prensa e sínter, e a densidade resultante e as propriedades mecânicas estão muito próximas daquelas obtidas em formas forjadas de metais de composição semelhante.
- Moldagem por injeção de metal (MIM)
  - Os metais em pó misturados são aprimorados com aglutinantes e aditivos, como ceras e polímeros termoplásticos.
  - A mistura é introduzida em uma máquina de moldagem por injeção, semelhante aos sistemas de moldagem por injeção de plásticos para criar a *peça verde*.
  - A peça verde é extraída do molde e sinterizada, como em outros processos de metal em pó.
  - Perfis mais complexos podem ser feitos com MIM, em vez de outros processos, e a exatidão dimensional é melhorada.
  - As propriedades mecânicas da peça de metal terminada são quase iguais àquelas de formas forjadas de composição semelhante.

A produção de produtos de metal em pó frequentemente necessita de ferramentas, prensas e equipamentos especiais, emprestando seu uso para produtos de alto valor ou de volume elevado. Os ramos típicos da indústria que usam produtos de metal em pó são:

Aeronaves	Veículos espaciais	Satélites	Equipamentos militares
Dispositivos médicos	Automóveis	Eletrodomésticos	Ferramentas elétricas
Sistemas hidráulicos	Maquinário agrícola	Armas	Máquinas empresariais
Componentes de motor	Equipamentos de lazer	Produtos de consumo	
Componentes periféricas de computadores	Equipamentos de processamento químico		

Diretrizes para especificação de peças de metal em pó. Uma vez que não é prático definir todas as condições possíveis, os tópicos a seguir apresentam uma estrutura na qual os produtos de metal em pó se encaixam. Recomenda-se consultar um fornecedor experiente.

1. A dimensão da peça normalmente é limitada a uma área de superfície projetada de pó comprimido a 32000 mm^2 (50 pol^2), com base na sua capacidade de prensa.
2. O comprimento da peça deve ser menor do que 300 mm (6 pol), mas maior do que 1,5 mm (0,06 pol).
3. A relação comprimento/diâmetro deve ser menor que 5.
4. A relação comprimento/espessura da parede deve ser menor que 8.
5. O perfil da peça deve ser um que possa ser formado pela compressão linear de um aríete.
6. Não podem ser feitas formas com detalhes esculpidos, roscas ou reentrâncias.
7. As variações de densidade devem ser esperadas a partir do processamento de sínter e prensa normal para peças relativamente longas.
8. Normalmente são exigidos volumes de produção relativamente altos para amortizar custos de equipamentos e ferramentas.
9. Recomenda-se consultar o fabricante na composição do pó, método de processo e ensaio de desempenho do produto final.
10. Algumas peças PM podem preservar alguma porosidade, por isso o produto não pode ser apertado sob pressão sem estar impregnado com materiais de vedação.

2.12 ALUMÍNIO

O alumínio é amplamente utilizado para aplicações mecânicas e estruturais. As principais entre suas propriedades atrativas são o peso leve, boa resistência à corrosão, relativa facilidade de usinagem e conformação, e aparência agradável. Sua densidade corresponde a aproximadamente um terço da do aço. No entanto, sua resistência é também um pouco menor. (Veja as referências 1, 2, 12 e 23.) A Tabela 2.13 lista os grupos de ligas de alumínio forjado de uso comum.

As designações-padrão para as ligas de alumínio listadas pela Aluminum Association usam um sistema de quatro dígitos. O primeiro dígito indica o tipo de liga de acordo com o elemento de liga predominante. O segundo dígito, se for diferente de zero, indica modificações de outra liga ou os limites estabelecidos de impurezas dela. A presença de impurezas é particularmente importante para os condutores elétricos. Dentro de cada grupo há diversas ligas específicas, indicadas pelos dois últimos dígitos na designação numérica.

A Tabela 2.14 lista 11 das 50 ou mais ligas de alumínio disponíveis, junto às formas em que normalmente são produzidas e algumas das suas principais aplicações. Veja também a Tabela 2.6, que lista seis ligas de alumínio usadas para perfis comercialmente disponíveis. Essas tabelas devem ajudá-lo na seleção de ligas apropriadas para aplicações específicas.

As propriedades mecânicas das ligas de alumínio são altamente dependentes de sua condição. Por essa razão, a especificação de uma liga é incompleta sem uma referência ao seu *revenido*. A lista a seguir descreve os revenidos usuais fornecidos às ligas de alumínio. Observe que algumas ligas respondem ao tratamento térmico, e outras são processadas por endurecimento por deformação. O *endurecimento por deformação* é um trabalho a frio controlado da liga, em que o aumento de trabalho aumenta a dureza e a resistência, ao passo que reduz a ductilidade. Revenidos comumente disponíveis são descritos a seguir.

▼ TABELA 2.13 Grupos de ligas de alumínio trabalháveis.

Designações de ligas (por elemento de maior concentração na liga)	
1xxx	99,00% ou maior teor de alumínio
2xxx	Cobre
3xxx	Manganês
4xxx	Silício
5xxx	Magnésio
6xxx	Magnésio e silício
7xxx	Zinco

▼ TABELA 2.14 Ligas de alumínio comuns e seus usos.

Liga	Aplicação	Formas
1060	Tanques e equipamentos químicos	Chapa, placa, tubo
1350	Condutores elétricos	Chapa, placa, tubo, haste, barra, fio, tubulações, perfis
2014	Estruturas aeroespaciais e chassis de veículos	Chapa, placa, tubo, haste, barra, fio, perfis, forjamentos
2024	Estruturas aeroespaciais, rodas, peças de máquinas	Chapa, placa, tubo, haste, barra, fio, perfis, rebites
2219	Peças submetidas a altas temperaturas (até 600 °F)	Chapa, placa, tubo, haste, barra, perfis, forjamentos
3003	Equipamentos químicos, tanques, utensílios de cozinha, peças arquiteturais	Chapa, placa, tubo, haste, barra, fio, perfis, tubulação, rebites, forjamentos
5052	Tubos hidráulicos, eletrodomésticos, fabricação de chapas de metal	Chapa, placa, tubo, haste, barra, fio, rebites
6061	Estruturas, chassis e peças de veículos, usos náuticos	Todas as formas
6063	Móveis, ferragens de construção	Tubo, tubulação, perfis extrudidos
7001	Estruturas de alta durabilidade	Tubo, perfis extrudidos
7075	Estruturas de alta durabilidade e aeroespaciais	Todas as formas, exceto tubulações

F (como fabricado): nenhum controle especial das propriedades é fornecido. Este revenido deve ser aceito somente quando a peça pode passar por ensaio minucioso antes do serviço.

O (recozido): um tratamento térmico que resulta na condição de resistência mais baixa e suave. Às vezes, é especificado para obter a forma mais trabalhável da liga. A peça resultante pode ser termicamente tratada para propriedades melhoradas, se feitas a partir de ligas das séries 2xxx, 4xxx, 6xxx ou 7xxx. Além disso, o trabalho em si pode fornecer alguma melhora nas propriedades, semelhante àquela produzida pelo endurecimento por deformação para ligas das séries 1xxx, 3xxx e 5xxx.

H (endurecido por deformação): um processo de trabalho a frio sob condições controladas que produzem propriedades previsíveis melhoradas para ligas dos grupos 1xxx, 3xxx e 5xxx. Quanto maior a quantidade de trabalho a frio, maiores serão a resistência e a durabilidade, embora a ductilidade seja diminuída. A designação *H* é seguida por dois ou mais dígitos (geralmente 12, 14, 16 ou 18) que indicam resistência progressivamente maior. O revenido H18 é chamado de *completamente duro*, produzido por aproximadamente 75% de redução na área durante o processo de endurecimento. H16 é 3/4 duro; H14 é 1/2 duro; e H12 é 1/4 duro. O revenido extraduro H19 está disponível e resulta em propriedades mais resistentes e duras que as do H18. Outras designações também são usadas.

T (termicamente tratado): uma série de processos de aquecimento e resfriamento controlados aplicada a ligas dos grupos 2xxx, 4xxx, 6xxx e 7xxx. A letra *T* é seguida por um ou mais números que indicam processos específicos. As designações mais comuns para produtos estruturais e mecânicos são T3, T4 e T6.

As informações de propriedade de ligas de alumínio estão inclusas no Apêndice 9. Como as informações são valores típicos, não garantidos, o fornecedor deve ser consultado para informar os dados no momento da compra.

Para aplicações de projetos mecânicos, a liga 6061 é um dos tipos mais versáteis. Observe que ela está disponível em praticamente todas as formas, tem boa resistência mecânica e à corrosão, e é termicamente tratável para obter uma ampla variedade de propriedades. Ela também tem boa soldabilidade. Em suas formas mais macias é facilmente conformável e trabalhada. Assim, se for exigida maior resistência, ela pode ser tratada termicamente após a conformação. Entretanto, possui baixa usinabilidade.

Ligas fundidas de alumínio

As ligas fundidas de alumínio são designadas por um sistema de três dígitos seguido por um ponto decimal e um dígito à direita: xxx.x. O primeiro dígito indica o elemento de liga que apresenta a maior concentração no alumínio base, como demonstrado a seguir:

1xx.x – Mínimo de 99,00% de alumínio
2xx.x – Cobre
3xx.x – Silício com adição de cobre e/ou magnésio
4xx.x – Silício
5xx.x – Magnésio
7xx.x – Zinco
8xx.x – Estanho

Os dois dígitos subsequentes representam uma composição específica de elementos de liga, em geral algumas das combinações relacionadas a seguir. O último dígito após o ponto decimal indica a forma do produto que está sendo descrito, conforme demonstrado,

0 – Fundido, com especificação de areia, molde permanente ou fundição sob pressão
1 – Forma de lingote, tal como é fornecido para a fundição, com controle característico de elementos não especificados
2 – Forma de lingote, com limites mais justos de elementos especificados

As designações de revenido também devem ser aplicadas à liga, normalmente *F (como fundido)*, *O (recozido)* ou *Tx (termicamente tratado)*, onde *x* representa um ou mais números indicando a natureza do tratamento térmico, semelhante àqueles usados em ligas forjadas. Os revenidos T4 e T6 são mais populares.

Os valores de propriedades mecânicas para três ligas populares, 204.0-T4, 206.0-T6 e 356.0-T6, para fundições em molde permanente estão relacionados no Apêndice 9. Pelo menos 75 outras ligas estão disponíveis, como 201, 222, 242, 319, 360, 380, 413, 443, 444, 512, 518, 535, 712, 713, 771, 850, 851 e 852. As ligas da série 850 são usadas principalmente para rolamentos em aplicações semelhantes àquelas em que o bronze é usado. Para finalidades específicas, as ligas-padrão são modificadas por componentes levemente diferentes, especificações de limites estreitos para os constituintes, ou especificando-se quantidades máximas ou mínimas de oligoelementos. As designações para tais ligas são precedidas por uma letra (A, B, C, D, e assim por diante).

Ligas forjadas de alumínio

Muitas das mesmas ligas usadas nas outras formas trabalháveis são também usadas para forjadamento. São exemplos as ligas com propósitos gerais 2014, 2024, 5052 e 6061. As ligas 7075, 7175 e 7145 oferecem resistências mais altas e frequentemente são usadas em aplicações aeroespaciais. As ligas 2218 e 2025 têm elevada resistência à fadiga e são aplicadas em peças de motores rotativos, propulsores de aeronaves e peças de máquinas que recebem cargas de forma cíclica. As ligas 2219, 2618 e 4032 são designadas para operações em alta temperatura, como as que ocorrem nos motores. As ligas forjadas da classe I normalmente são fornecidas em perfis extrudados com grandes tolerâncias em revenidos F ou O nas formas circulares, quadradas ou retangulares. Peças forjadas da classe II são trabalhadas e finalizadas a frio com tolerâncias bem mais restritas, às vezes até dez vezes mais restritas. Veja o Site 7.

2.13 LIGAS DE ZINCO E DE MAGNÉSIO

Ligas de zinco

O zinco é o quarto metal mais comumente usado no mundo. Muito dele se apresenta na forma de zinco galvanizado, que é utilizado como inibidor da corrosão em aços, embora quantidades muito grandes de ligas de zinco sejam usadas em fundições e materiais para rolamentos. Veja a Referência 30 e o Site 10. A Figura 2.17 mostra dois exemplos de peças de zinco fundidas sob pressão que têm perfis complexos e muitos buracos, saliências e outros detalhes, muitos dos quais podem ser usados sem usinagem posterior.

Quantidades de alta produção são feitas fundindo-se o zinco sob pressão, que resulta em superfícies muito lisas e excelente acurácia dimensional. Uma variedade de processos de revestimento pode ser usado para produzir aparências acabadas desejáveis e inibir a corrosão. Embora as peças fundidas já apresentem boa resistência à corrosão, o desempenho em alguns ambientes pode ser aumentado com tratamentos de cromatos ou fosfatos, ou com anodização. A pintura e a galvanização em cromo também são usadas para produzir uma ampla variedade de acabamentos de superfície atrativas.

Além da fundição sob pressão, os produtos de zinco frequentemente são feitos por fundição em molde permanente, fundição em molde permanente de grafite, fundição em areia e fundição em casca. Outros processos, usados com menos frequência, são: fundição por investimento ou cera perdida, fundição em molde permanente de baixa pressão, fundição centrífuga, lingotamento contínuo e fundição em molde de borracha. A fundição em molde de gesso é frequentemente utilizada para protótipos. O processo de lingotamento contínuo é usado para produzir perfis-padrão (haste, barra, tubo e placas). Protótipos ou produtos acabados podem então ser usinados a partir desses perfis.

As ligas de zinco normalmente contêm alumínio e uma pequena quantidade de magnésio. Outras ainda contêm cobre ou níquel. O desempenho dos produtos finais pode ser bastante sensível a pequenas quantidades de outros elementos, e limites máximos para algumas ligas são estabelecidos para os teores de ferro, chumbo, cádmio e estanho.

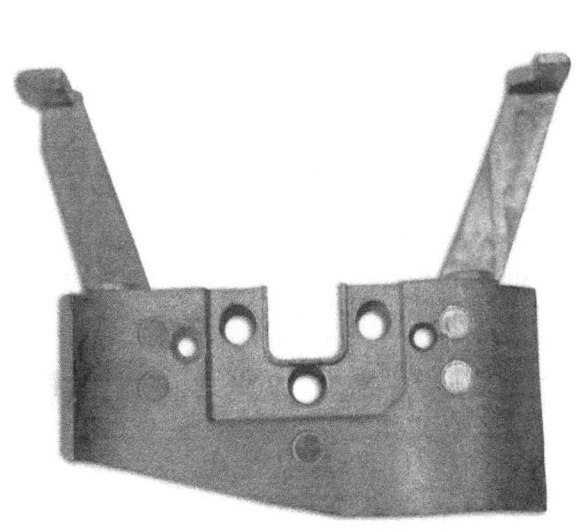

(a) Braquete de apoio de câmera para lousa interativa

(b) Encaixe da trava de direção

▲ **FIGURA 2.17** Exemplos de peças de zinco fundidas sob pressão. (Foto cortesia da North American Die Casting Association, Wheeling, IL)

A liga de zinco mais amplamente usada é chamada de *liga nº 3*, às vezes referida como *Zamak 3*. Ela contém 4% de alumínio e 0,035% de magnésio. Outra forma, chamada de *liga nº 5* (*Zamak 5*), é frequentemente utilizada na Europa e também possui 4% de alumínio, com 0,055% de magnésio e 1,0% de cobre.

Um grupo de ligas que têm teores mais altos de alumínio é o das *ligas ZA*, sendo ZA-8, ZA-12 e ZA-27 as de uso mais difundido. Os números 8, 12 e 27 indicam a porcentagem nominal de alumínio na liga, bem mais alto do que os 4% das ligas Zamak. Isso resulta em resistência mais elevada, especialmente na forma fundida sob pressão. Cada uma das ligas ZA pode ser fundida em areia, molde permanente ou sob pressão. O alongamento percentual dos materiais de zinco fundido é relativamente baixo, variando de 2% a 13%, dependendo da liga e do método de fundição. Deve-se esperar um comportamento frágil. O Apêndice 10.1 fornece um resumo das propriedades típicas dessas ligas.

Duas outras ligas, nº 2 e nº 7, também estão disponíveis. A nº 2 às vezes é chamada de KIRKSITE e é boa para fundição por gravidade. A nº 7 é uma modificação da nº 3 com teor mais baixo de magnésio, que lhe confere uma fluidez melhorada para preencher fundições mais complexas ou aquelas que exigem conformações mais moderadas durante a montagem.

Ligas de magnésio

O magnésio, um dos metais mais leves, é utilizado em muitas aplicações na indústria automotiva, equipamentos e veículos militares, motocicletas, ferramentas de construção, motosserras, malas, equipamentos empresariais, escadas, produtos de consumo, computadores, aparelhos celulares, outros dispositivos eletrônicos e eletrodomésticos. Sua densidade, de aproximadamente 1800 kg/m^3 (0,065 lb$_m$/pol^3), corresponde a dois terços da do alumínio e cerca de um quinto da do aço. O magnésio tem uma inerente e elevada capacidade amortecedora de absorver energia vibratória. Ao ser utilizado em estruturas como carcaças e caixas, possibilita a operação mais silenciosa de um equipamento. Ele é rapidamente fundido sob pressão (o mais comum), molde permanente, areia e por compressão. Entretanto, as resistências são relativamente baixas e seu módulo de elasticidade, normalmente 45 GPa (6,5310^6 psi), é o mais baixo dentre os metais comuns.

A liga mais amplamente utilizada é a AZ91, em que A se refere ao alumínio e Z, ao zinco, os dois principais elementos de liga. Uma série de três ligas AM contém alumínio e magnésio. As ligas AS contêm alumínio e silicone, que possibilitam um melhor desempenho em altas temperaturas. O Apêndice 10.2 fornece os valores para as propriedades mecânicas das ligas AZ91, AM-60, AM-50 e AM-20.

2.14 LIGAS À BASE DE NÍQUEL E DE TITÂNIO

Ligas à base de níquel

As *ligas à base de níquel* frequentemente são especificadas para aplicações nas quais são exigidas alta resistência à corrosão e/ou alta resistência a temperaturas elevadas. São exemplos as componentes de motores de turbinas, motores de foguetes, peças de fornalhas, sistemas de processamento químico, sistemas com base marítima, sistemas aeroespaciais, válvulas, bombas, trocadores de calor, equipamentos de processamento de alimentos, sistemas de processamento farmacêutico, sistemas de energia nuclear e equipamentos de poluição atmosférica.

O Apêndice 11.1 fornece as propriedades típicas de três ligas à base de níquel, listadas de acordo com suas designações UNS nas séries NXXXXX. A maioria das ligas à base de níquel não é termicamente tratada; no entanto, o trabalho a frio é empregado para aumentar a resistência, como é evidente no caso da liga N04400, demonstrado no Apêndice 11.1.

As ligas N06600 e N06110 conservam aproximadamente 70% a 80% da resistência em temperatura ambiente até 649 °C (1200 °F). Algumas ligas são utilizáveis até 1093 °C (2000 °F). As ligas são frequentemente agrupadas nas categorias de *resistentes à corrosão* ou *resistentes ao calor*. Uma vez que o níquel corresponde a 50% ou mais dessas ligas, os principais elementos incluem o cromo, o molibdênio, o cobalto, o ferro, o cobre e o nióbio. Veja os sites 28 a 30 para conhecer alguns produtores dessas ligas. Esteja atento aos nomes comerciais oferecidos por essas empresas e ao extenso conjunto de valores de propriedade disponíveis em seus endereços eletrônicos.

O desempenho de fluência é uma importante propriedade para as ligas à base de níquel, porque elas frequentemente atuam sob resistências e cargas significativas em altas temperaturas, em que a ruptura por fluência é um possível modo de falha. Além disso, o módulo de elasticidade diminui com o aumento da temperatura, que pode resultar em deformações inaceitáveis que devem ser consideradas na fase de projeto. Os produtores divulgam os módulos de elasticidade e deformação *versus* valores de temperatura para seus materiais, junto dos valores básicos de resistência.

Ligas de titânio

As aplicações do titânio incluem componentes e estruturas aeroespaciais, equipamentos de processamento e tanques químicos, dispositivos de manuseio de fluidos e ferragens náuticas. O titânio tem boa resistência à corrosão e elevada relação entre resistência mecânica e peso. Sua rigidez e densidade estão entre as do aço e as do alumínio; seu módulo de elasticidade é de aproximadamente 16×10^6 psi (110 GPa) e sua densidade é de 0,160 lb/pol³ (4,429 kg/m³). A tensões de escoamento típicas variam de 25 a 175 ksi (172 a 1210 MPa). As desvantagens do titânio incluem custo relativamente alto e usinabilidade difícil.

A classificação das ligas de titânio geralmente se dá em quatro tipos: titânio alfa comercialmente puro, ligas alfa, ligas alfa-beta e ligas beta. O termo *alfa* refere-se à estrutura metalúrgica empacotada hexagonal que se forma em baixas temperaturas, e *beta* se refere à estrutura cúbica, de corpo centrado, em alta temperatura.

De modo geral, as ligas alfa-beta e beta são formas mais resistentes de titânio. Elas são tratáveis termicamente para o controle imediato de suas propriedades. Uma vez que diversas ligas estão disponíveis, um projetista pode ajustar as propriedades para atender às necessidades especiais de maleabilidade, usinabilidade, forjabilidade, resistência à corrosão, resistência a altas temperaturas, soldabilidade e resistência à deformação, assim como resistência básica à temperatura ambiente e ductilidade. A liga Ti-6Al-4V contém 6% de alumínio e 4% de vanádio, e é usada em uma variedade de aplicações aeroespaciais.

O Apêndice 11.2 lista as propriedades de:

- Três ligas alfa comercialmente puras na forma forjada: Ti-35A, Ti-50A e Ti-65. Para cada uma delas, o número representa a resistência à tração em ksi.
- Liga alfa Ti-0.2Pd na forma forjada.
- Liga beta Ti-3A1-13V-11Cr em duas formas de tratamento térmico.
- Liga alfa-beta Ti-6Al-4V uma em forma recozida e outra em forma termicamente tratada.

2.15 COBRE, LATÃO E BRONZE

O *cobre* é amplamente usado em sua forma quase pura para aplicações elétricas e de encanamento, em razão de sua elevada condutividade elétrica e boa resistência à corrosão. Raramente é usado para peças de máquinas devido a sua resistência mecânica relativamente baixa, quando comparado ao *latão* e ao *bronze* e suas respectivas ligas. (Veja a Referência 6 e o Site 8.)

O *latão* é uma família de ligas de cobre e zinco, com teor de zinco que varia de aproximadamente 5 a 40%. O latão é frequentemente usado em aplicações navais por causa de sua resistência à corrosão por água salgada. Muitas ligas de latão também têm excelente usinabilidade e são usadas como conectores, instalações e outras peças em tornos automáticos. O *latão amarelo* contém cerca de 30% ou mais de zinco e frequentemente contém uma quantidade significativa de chumbo para melhorar a usinabilidade. O *latão vermelho* contém de 5 a 15% de zinco. Algumas ligas também contém estanho, chumbo, níquel ou alumínio.

O *bronze* é uma classe de ligas de cobre com inúmeros elementos diferentes, um dos quais geralmente é o estanho. Elas são úteis em engrenagens, eixos e outras aplicações em que são desejadas boa resistência mecânica e elevada resistência ao desgaste.

As ligas de bronze forjadas estão disponíveis em quatro tipos:

Bronze fósforo: liga de cobre-estanho-fósforo.
Bronze fósforo com chumbo: liga de cobre-estanho-chumbo-fósforo.
Bronze alumínio: liga de cobre-alumínio.
Bronze silício: liga de cobre-silício.

As ligas de bronze fundido estão disponíveis em quatro tipos:

Bronze estanho: liga de cobre-estanho.
Bronze estanho com chumbo: liga de cobre-estanho-chumbo.
Bronze estanho com níquel: liga de cobre-estanho-níquel.
Bronze alumínio: liga de cobre-alumínio.

A liga fundida chamada *bronze manganês* é, na verdade, uma forma super-resistente de latão porque contém zinco, o elemento de liga característico da família do latão. O bronze manganês contém cobre, zinco, estanho e manganês.

No UNS, as ligas de cobre são designadas pela letra C, seguida de um número de cinco dígitos. Números de 10000 a 79900 se referem a ligas forjadas; 80000 a 99900 referem-se a ligas fundidas. Veja o Apêndice 12 para propriedades típicas.

As formas forjadas de latão e bronze incluem hastes, barras achatadas, barras hexagonais, chapas, tiras e fios. Estão disponíveis mais de 120 diferentes ligas forjadas, listadas no Site 8. Quatro tipos comuns de latões forjados são:

Latão extra com alto teor de chumbo – C35600   Liga de cobre, chumbo e estanho

Seus usos incluem: engrenagens, rodas de engrenagem e peças de máquinas em geral.

Latão para tornear – C36000   Liga de cobre, chumbo e estanho

Seus usos incluem: peças de tornos automáticos, engrenagens e peças rosqueadas.

Metal Muntz para tornear – C37000   Liga de cobre e estanho com uma pequena quantidade de chumbo

Seus usos incluem: peças de tornos automáticos em operações de produção elevada.

Latão náutico – C46400   Liga de cobre, estanho, chumbo e zinco

Seus usos incluem: ferragens náuticas, eixos propulsores, hastes de válvulas, porcas, parafusos e rebites.

Bronze fósforo – C54400   Liga de cobre, chumbo, estanho, zinco e fósforo

Seus usos incluem: engrenagens, buchas, peças estampadas, peças desenhadas, componentes de máquinas.

Bronze silício – C65500   Liga de cobre (97%) e silício (3%)

Seus usos incluem: instalações elétricas, ferragens náuticas, parafusos pesados, parafusos, eixos propulsores.

Bronze manganês – C67500   Liga de cobre, zinco, ferro, estanho e manganês

Seus usos incluem: discos de embreagem, peças de bombas, eixos, peças de aeronaves, forjamentos, hastes de válvulas.

As ligas fundidas são feitas a partir da fundição de areia, da fundição em molde permanente e da fundição centrífuga. Veja o Site 8 para propriedades de mais de 90 ligas fundidas. Alguns tipos comuns são:

Bronze manganês – C86200   Liga de cobre, zinco, alumínio, ferro e manganês

Seus usos incluem: fundições náuticas, lemes, suportes para armas, engrenagens grandes, cames, peças de máquinas.

Bronze para rolamento – C93200   Liga de cobre, estanho, chumbo e zinco

Seus usos incluem: eixos e buchas para equipamentos pesados, impelidores de bombas, encaixes de mangueiras.

Bronze alumínio – C95400   Liga de cobre, alumínio e ferro

Seus usos incluem: sedes de válvulas, engrenagens, rodas sem-fim, eixos, peças de engrenagem de aterrissagem, pontas de solda.

Liga de cobre-níquel-zinco – C96200

Seus usos incluem: carcaças de bomba, corpos de válvulas, ferragens náuticas e componentes de encanamento.

Prata níquel – C97300   Liga de cobre, zinco e níquel

Seus usos incluem: peças de câmeras, equipamento óptico, joias, fixadores, perfis desenhados.

CONDIÇÕES PARA AS LIGAS DE COBRE. As ligas de cobre normalmente têm uma ampla gama de propriedades, que depende muito do tratamento térmico e da resistência ao desgaste por trabalho a frio, ou da combinação dos dois. Tratamentos térmicos incluem recozimento, tratamento térmico em solução e endurecimento por precipitação.

O *endurecimento por deformação* é categorizado por muitos sistemas, um dos quais é chamado de *revenidos trabalhados a frio* (H), cujo controle dos graus de trabalho produz propriedades de ductilidade e resistência previsíveis. O trabalho tende a alinhar os grãos da estrutura da liga e graus mais altos de trabalho criam grãos de dimensões mais finas, uma condição preferível. A variedade de revenidos trabalhados a frio normalmente é dada em dez passos, cuja condição inicial é de recozido.

H00 1/8 duro	H04 duro	H12 mola especial
H01 1/4 duro	H06 extraduro	H13 mola ultra
H02 1/2 duro	H08 mola	H14 mola super
H03 3/4 duro	H10 mola extra	

Outras condições ou revenidos incluem:

revenidos recozidos (O)

revenidos de controle de dimensão granular médio (OS)

revenidos endurecidos por moagem (TM)

revenidos endurecidos por precipitação (TF)

endurecidos por precipitação e trabalhados a frio (TL)

trabalhados a frio e endurecidos por precipitação (TH)

trabalhados a frio e distensionados (HR)

trabalhados a frio e reforçados em ordem (HT)

termicamente tratados em solução (TB)

termicamente tratados em solução e trabalhados a frio (TD)

endurecidos por precipitação e distensionados (TR)

Há um forte relacionamento entre a condição das ligas de cobre e a facilidade com que elas podem ser fabricadas, especialmente os revenidos que envolvem trabalho a frio. Em geral, à medida que o grau de trabalho a frio aumenta, a resistência é maior, mas a ductilidade é mais baixa, indicada pelo percentual de alongamento. A Figura 2.18 ilustra a natureza geral dessa situação. A responsabilidade do projetista é especificar uma condição que tenha resistência adequada e conserve ductilidade suficiente

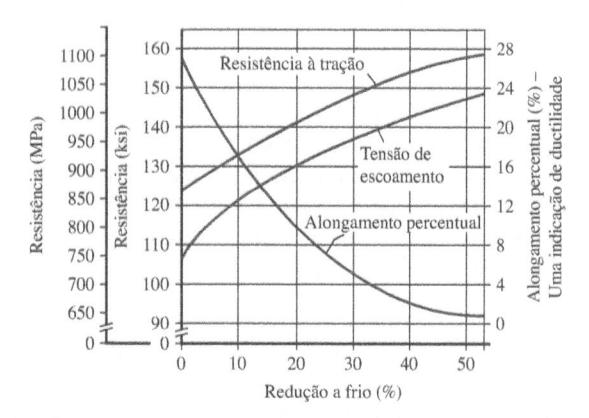

▲ **FIGURA 2.18** Características gerais da variação de resistência e ductilidade das ligas de latão, relacionadas ao grau de trabalho a frio.

para permitir a conformação e a fabricação, utilizando-se métodos como:

usinagem	rosqueamento	prensagem	quinagem
perfilação	estiragem	forjamento	recorte
estampagem	cunhagem	perfuração	recalque
recalque da cabeça	serrilhagem	cisalhamento	forjamento rotativo
fiação	soldagem branda	soldagem	brasagem

2.16 PLÁSTICOS

Os plásticos incluem uma ampla variedade de materiais formados por moléculas grandes chamadas polímeros. Os milhares de tipos de plástico são criados pela combinação de diferentes elementos químicos para formar longas cadeias de moléculas.

Um método de classificação dos plásticos é pelos termos *termoplásticos* e *termofixos*. Em geral, os materiais *termoplásticos* podem ser formados repetidamente por aquecimento ou moldagem porque a estrutura química básica deles é inalterada a partir de sua forma linear inicial. Os plásticos *termofixos* sofrem alguma alteração durante a conformação e resultam em uma estrutura na qual as moléculas são reticuladas e formam uma rede de moléculas interconectadas. Alguns projetistas recomendam o uso dos termos *lineares* e *reticulados*, em vez dos mais familiares *termoplásticos* e *termofixos*.

A seguir estão listados diversos termoplásticos e termofixos que são utilizados para peças que suportam carga e que, portanto, são de interesse do projetista de elementos de máquinas. Essas listas mostram as principais vantagens e usos de uma amostra dentre os muitos plásticos disponíveis. O Apêndice 13 relaciona as propriedades típicas.

Termoplásticos

- *Poliamida* (*PA ou nylon*): boa resistência, resistência ao desgaste e tenacidade; ampla variedade de propriedades possíveis, dependendo dos preenchedores e formulações. Usada para peças estruturais, dispositivos mecânicos, como engrenagens e eixos, e peças que necessitam de resistência ao desgaste.
- *Acrilonitrila-butadieno-estireno* (*ABS*): boa resistência ao impacto, rigidez, resistência mecânica moderada. Usado para carcaças, capacetes, revestimentos, peças de eletrodomésticos, tubulações e instalações de tubulações.
- *Policarbonato*: excelente tenacidade, resistência ao impacto e estabilidade dimensional. Usado para cames, engrenagens, carcaças, conectores elétricos, produtos de processamento de alimentos, capacetes e peças de medidores e bombas.
- *Acrílico*: boa resistência a alterações climáticas e resistência ao impacto; pode ser feito com transparência, translucência ou opacidade com cor. Usado para coberturas, lentes, placas e carcaças.
- *Cloreto de polivinil* (PVC): boa resistência mecânica, resistência a alterações climáticas e rigidez. Usado para tubulações, conduítes elétricos e pequenas estruturas de proteção (carcaças), canalizadores e moldagens.
- *Poliimida* (PI): boa resistência mecânica e ao desgaste; retenção muito boa de propriedades a elevadas temperaturas, até 500 °F. Usada para rolamentos, vedantes, ventoinhas e peças elétricas.
- *Acetal*: possui elevada resistência mecânica, rigidez, dureza e resistência ao desgaste; baixo atrito; boa resistência química e a alterações climáticas. Usado para engrenagens, buchas, rodas dentadas, peças de transporte e produtos de encanamento.
- *Elastômero de poliuretano*: material que se comporta como a borracha com excepcionais tenacidade e resistência à abrasão; boa resistência térmica e a óleos. Usado para rodas, rolamentos, engrenagens, rodas dentadas, peças de transporte e tubulações.
- *Resina de poliéster termoplástico* (PET): resina de politereftalato de etileno (PET) com fibras de vidro e/ou mineral. Possui resistência mecânica e rigidez muito altas, excelentes resistências química e térmica, excelente estabilidade e boas propriedades elétricas. Usada para peças de bombas, carcaças, peças elétricas, peças de motor, peças de automóveis, alças de forno, engrenagens, rodas dentadas e artigos esportivos.

- *Elastômero de poliéster-éster*: plástico flexível com excelentes tenacidade e resiliência, resistência elevada a fluência, impacto e fadiga sob flexão, boa resistência química. Permanece flexível em baixas temperaturas e conserva boas propriedades a temperaturas moderadamente elevadas. Usado para vedantes, correias, diafragmas de bombas, botas de proteção, tubulações, molas e dispositivos de absorção de impacto. Classes de módulo elevado podem ser usadas para engrenagens e rodas dentadas.

Termofixos

- *Fenólico*: elevada rigidez, boas moldabilidade e estabilidade dimensional, propriedades elétricas muito boas. Usado para peças que suportam cargas em equipamentos elétricos, comutadores, réguas terminais, pequenas carcaças, alças de eletrodomésticos e utensílios de cozinha, engrenagens e peças mecânicas e estruturais. Os termofixos alquídico, alil e amino têm propriedades e usos semelhantes aos dos fenólicos.
- *Poliéster*: conhecido como *fibra de vidro* quando reforçado com fibras de vidro; possui resistência mecânica e rigidez elevadas, além de boa resistência a alterações climáticas. Usado para carcaças, perfis estruturais e painéis.

Considerações especiais sobre plásticos selecionados

Um plástico específico frequentemente é selecionado por uma combinação de propriedades, como peso leve, flexibilidade, cor, resistência mecânica, rigidez, resistência química, características de baixo atrito ou transparência. A Tabela 2.15 lista os principais materiais plásticos usados para seis tipos diferentes de aplicações. As referências 14, 19, 29 e 33 fornecem longos estudos comparativos de propriedades do projeto de plásticos.

Enquanto a maioria das mesmas definições de propriedades do projeto descritas na Seção 2.2 deste capítulo pode ser usada para os plásticos, assim como para os metais, uma quantidade significativa de informações adicionais normalmente se faz necessária para especificar um material plástico adequado. Algumas das características especiais estão listadas a seguir. Os gráficos demonstrados nas figuras 2.19 a 2.22 são apenas exemplos e não pretendem indicar a natureza geral do desempenho do tipo de material. Há uma ampla gama de propriedades, além das muitas formulações de plásticos, mesmo dentro de uma determinada classe. Consulte a extensa quantidade de orientações de projeto disponibilizadas pelos vendedores de materiais de plástico.

1. A maioria das propriedades de plásticos é altamente sensível à temperatura. Em geral, a resistência à tração, a resistência compressiva, o módulo de elasticidade e a energia de falha do impacto diminuem significativamente enquanto a temperatura aumenta. A Figura 2.19 mostra a resistência à tração do nylon 66 a quatro temperaturas. Observe também os perfis bastante diferentes das curvas de tensão-ruptura. O declive da curva em qualquer ponto indica o módulo de elasticidade, e você pode notar uma ampla variação para cada curva.

▼ TABELA 2.15 Aplicações para materiais plásticos.

Aplicações	Propriedades desejadas	Plásticos apropriados
Carcaças, contêineres, dutos	Resistência de alto impacto, dureza, baixo custo, moldabilidade, resistência ambiental, estabilidade dimensional	ABS, poliestireno, polipropileno, PET, polietileno, acetatos de celulose, acrílicos
Eixos de baixo atrito, slides	Baixo coeficiente de atrito; resistência a abrasão, calor e corrosão	Fluorocarbonos TFE, nylon, acetais
Componentes de alta resistência, engrenagens, cames, roletes	Elevada resistência ao impacto e à tração, estabilidade em altas temperaturas e usinabilidade	Nylon, fenólicos, acetais preenchidos por TFE, PET, policarbonato
Equipamento térmico e químico	Resistência térmica e química, boa resistência mecânica, baixa absorção de umidade	Fluorocarbonos, polipropileno, polietileno, epóxis, poliésteres, fenólicos
Peças eletroestruturais	Resistência elétrica, resistência térmica, resistência de alto impacto, estabilidade dimensional, dureza	Alis, alquídicos, aminos, epóxi, fenólicos, poliésteres, silicones, PET
Componentes de transmissão leve	Boa transmissão de luz em cores transparentes e translúcidas, moldabilidade, resistência à quebra	Acrílico, poliestireno, acetato de celulose, vinil

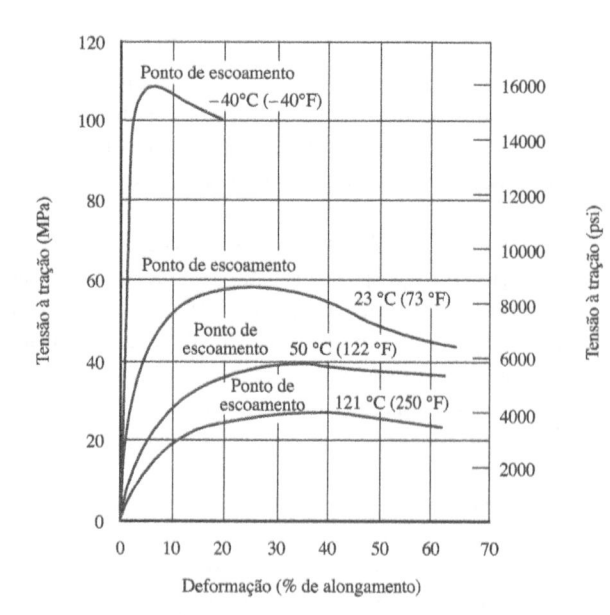

▲ **FIGURA 2.19** Curvas de tensão-resistência para o nylon 66 em quatro temperaturas. (DuPont Polymers, Wilmington, DE)

A amostra foi condicionada a 50% de umidade relativa.

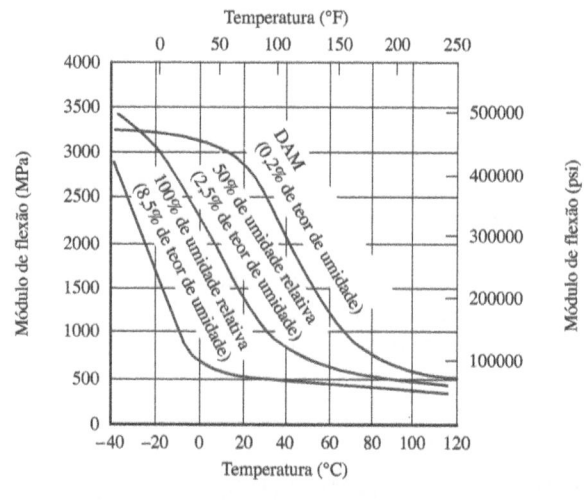

▲ **FIGURA 2.20** Efeito da temperatura e da umidade no módulo de flexão do nylon 66. (DuPont Polymers, Wilmington, DE)

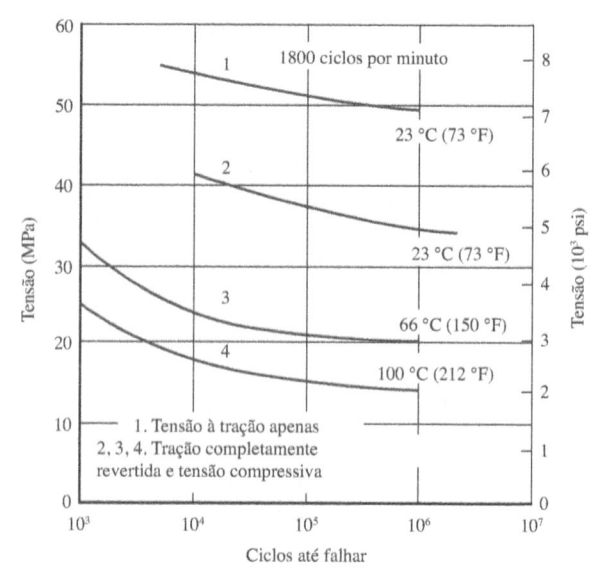

▲ **FIGURA 2.21** Tensão por fadiga *versus* número de ciclos até falhar, em um plástico de resina de acetal. (DuPont Polymers, Wilmington, DE)

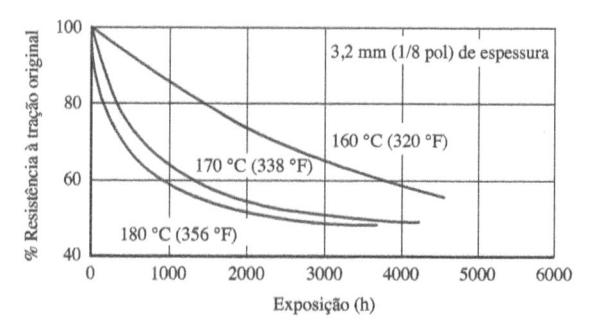

▲ **FIGURA 2.22** Efeito de exposição de uma resina de poliéster termoplástico (PET) a alta temperatura. (DuPont Polymers, Wilmington, DE)

2. Muitos plásticos absorvem uma quantidade considerável de umidade do ambiente e, como resultado, apresentam alterações dimensionais e degradação das propriedades de resistência e rigidez. Observe a Figura 2.20 que mostra o módulo de flexão *versus* a temperatura para um nylon em ar seco, 50% de umidade relativa (*relative humidity* — RH) e 100% de RH. Um produto de consumo pode, com certeza, experimentar uma parte importante dessa variação. A uma temperatura de 20 °C (68 °F, próximo da temperatura ambiente), o módulo de flexão reduziria de maneira dramática de aproximadamente 2.900 MPa para cerca de 500 MPa, enquanto a umidade varia de ar seco para 100% de RH. O produto também pode experimentar uma variação de temperatura de 0 °C (32 °F, ponto de congelamento da água) até 40 °C (104 °F). Acima desse limite, o módulo de flexão para o nylon a 50% de RH diminuiria de aproximadamente 2300 MPa para 800 MPa.

3. As componentes que suportam cargas devem continuamente ser designadas para fluência por acomodação ou relaxamento. Veja as figuras 2.8 e 2.9 e o Exemplo 2.1.

4. Os valores de resistência à fadiga de um plástico devem ser adquiridos para a formulação específica usada e a uma temperatura representativa. O Capítulo 5 fornece mais informações sobre a fadiga. A Figura 2.21 mostra a tensão por fadiga *versus* número de ciclos até falhar, para um plástico de resina de acetal. A curva 1 está a 23 °C (73 °F, próximo da temperatura ambiente) com carga cíclica em tração apenas enquanto uma carga de tração é aplicada e retirada muitas vezes. A curva 2 está à mesma temperatura, mas a carga está completamente invertida em tração e compressão, como seria experimentado com uma viga ou eixo rotativo

com carga em flexão. A curva 3 é de uma carga em flexão invertida a 66 °C (150 °F), e a curva 4 é da mesma carga a 100 °C (212 °F) para demonstrar o efeito da temperatura em valores de fadiga.

5. Os métodos de processamento podem ter efeitos amplos nas propriedades e dimensões finais de peças feitas de plástico. Plásticos moldados encolhem significativamente durante a solidificação e a fotoativação. As linhas divisórias produzidas no local onde as metades do molde se encontram podem afetar a resistência. O índice de solidificação pode ser bem diferente em determinada parte, dependendo da espessura da seção, da complexidade do perfil e da localização dos canais de alimentação por onde passa o plástico derretido para chegar aos moldes. O mesmo material pode produzir diferentes propriedades, dependendo de ele ser processado por moldagem por injeção, extrusão, moldagem por sopro ou usinagem de um bloco sólido ou barra. Veja a Referência 29.
6. A resistência a produtos químicos, alterações climáticas e outras circunstâncias ambientais devem ser verificadas.
7. Os plásticos podem apresentar uma mudança nas propriedades à medida que envelhecem, particularmente quando submetidos a elevadas temperaturas. A Figura 2.22 mostra a diminuição da resistência à tração para uma resina de poliéster termoplástica, quando submetida a temperaturas de 160 °C (320 °F) até 180 °C (356 °F) por determinado número de horas de exposição. A diminuição pode ser tanto de 50% em tão pouco tempo como em 2000 horas (12 semanas).
8. As características elétricas e de inflamabilidade devem ser consideradas. Alguns plásticos são especialmente formulados para altos índices de inflamabilidade, como denominados pelo Underwriters Laboratory e outras instituições.
9. Os plásticos usados para armazenamento ou processamento de alimentos devem seguir as normas do Food and Drug Administration, nos EUA.

2.17 MATERIAIS COMPÓSITOS

Os *compósitos* são materiais que têm dois ou mais constituintes misturados de forma que resulte em uma ligação entre os materiais. Para formar um compósito, um material de *reforço* é distribuído em um segundo material contínuo chamado de *matriz* para que adicione a esta resistência, rigidez ou outras propriedades desejadas. Normalmente, o material de reforço é resistente e rígido, enquanto a matriz tem uma densidade relativa e peso específico baixos. Quando os dois materiais se unem, grande parte da habilidade de suportar carga do compósito é produzida pelo reforço. A matriz serve para manter o reforço em um direcionamento favorável em relação à aplicação da carga e para distribuir as cargas para o reforço. O resultado é um compósito um tanto otimizado que tem altas resistência e rigidez com baixo peso. Vejas as referências 6, 20 e 34 e os sites 19 a 26 e 31.

Os projetistas podem ajustar as propriedades dos materiais compósitos para atender às necessidades específicas de uma aplicação particular, por meio da seleção de cada uma das inúmeras variáveis que determinam o desempenho do produto final. Dentre os fatores sob controle do projetista estão:

1. O metal ou resina que serve de matriz.
2. O tipo de fibra de reforço.
3. A quantidade de fibras contidas no compósito.
4. A orientação das fibras.
5. O número de camadas individuais usadas.
6. A espessura global do material.
7. A orientação das camadas, uma em relação à outra.
8. A combinação de dois ou mais tipos de compósito ou outros materiais em uma estrutura compósita.

A Tabela 2.16 relaciona alguns dos compósitos formados por combinações de resinas e fibras, além de suas características gerais e usos. Uma variedade praticamente ilimitada de materiais compósitos pode ser produzida por meio da combinação de diferentes materiais para a matriz e diferentes reforços em diferentes formas e em diferentes orientações.

▼ TABELA 2.16 Exemplos de materiais compósitos e seus usos.

Tipo de compósito	Aplicações típicas
Vidro/epóxi	Peças automotivas e aeroespaciais, tanques, artigos esportivos, placas de circuito impresso
Boro/epóxi	Estabilizadores e estruturas de aeronaves, artigos esportivos
Carbono/epóxi ou grafite/epóxi	Estruturas automotivas e aeroespaciais, artigos esportivos, equipamentos agrícolas, dispositivos de manuseio de materiais, dispositivos médicos
Aramida/epóxi	Vasos de pressão de filamento contínuo, equipamentos e estruturas aeroespaciais, vestimentas de proteção, componentes automotivos
Vidro/poliéster	Composto de moldagem de chapa (*Sheet-Molding Compound* – SMC), painéis de carroceria para caminhões e carros, nichos amplos

Exemplos de produtos feitos de materiais compósitos

O número e a variedade de aplicações dos materiais compósitos é ampla e crescente. Os itens a seguir são algumas amostras dessas aplicações.

Produtos de consumo e lazer: artigos esportivos como raquetes de tênis, pranchas de snowboard, surfe, esqui na neve e na água, bastões de beisebol, tacos de hóquei e golfe, e varas de salto em altura; inúmeros produtos que têm carcaças e painéis; cascos de barcos e outros equipamentos de bordo; equipamentos médicos e próteses.

Equipamentos de transporte terreste: canos, rodas e assentos de bicicleta; estruturas de suporte e painéis visíveis de carros e caminhões, dutos de ar, *airbags*, eixos de transmissão, molas para caminhões e carros esportivos de alto desempenho, assoalhos internos de automóveis, carrocerias de caminhonetes e para-choques.

Sistemas aeroespaciais e de aeronaves: painéis de fuselagem e elementos estruturais, asas, superfícies de controle (*ailerons*, *spoilers*, caudas, lemes), sistemas de assoalho, naceles e capotas de motor, portas do trem de pouso, instalações e estruturas do compartimento de carga, paredes laterais internas, decoração, paredes, painéis de teto, divisórias, dutos do sistema de controle ambiental, compartimentos de organização, acessórios e sistemas estruturais de toaletes, aerofólios (lâminas) na seção compressora dos motores das turbinas, bocais de foguetes, rotores de helicópteros, hélices e tanques instalados a bordo para armazenar água e águas residuais.

Instalações industriais: tanques de armazenamento e vasos de pressão para processamento químico, agrícola e petroquímico, tubulações para produtos químicos e em ambientes sujeitos à corrosão, sistemas sépticos, instalações de tratamento de águas residuais, sistemas de galvanização e limpeza química, equipamentos de fabricação de papel e pasta, tanques portáteis para caminhões e aplicações ferroviárias, equipamentos de tratamento ambiental, capacetes e vestimentas de proteção, sistemas de processamento e armazenamento de alimentos, mineração e sistemas de manuseio de material.

Sistemas elétricos e eletrônicos: placas de circuito impresso, cartões para montagem em superfície, acomodação de componentes eletrônicas e componentes de sistemas de comutação.

Materiais de construção: perfis estruturais, painéis externos, sistemas para telhados e deques, portas, molduras de janelas, caixas de equipamentos, canaletas e calhas, torres de resfriamento, pontes e passarelas, sistemas de tubulações e ductos de passagem.

Classificações de materiais compósitos por matriz

Um método de classificação de materiais compósitos é pelo tipo de material da matriz. Três classificações gerais são usadas e serão descritas a seguir, incluindo materiais usados nas matrizes comuns, seus usos e combinações matriz-reforço.

Compósitos de matriz polimérica (*Polymer Matrix Composites* — PMC)

Termoplásticos: polietilenos, poliamidas (nylons), poliestirenos, polipropilenos, policarbonatos, polieteretercetona (PEEK), sulfetos de polifenileno (PPS), cloreto de polivinil (PVC).

Termofixos: poliésteres, epóxis, fenólicos, poliimidas (PI), ésteres de vinilo, silicones.

Os PMCs são usados por suas elevadas resistência e rigidez, baixa densidade e custo relativamente baixo em aplicações aeroespaciais, automotivas, náuticas, químicas, elétricas e esportivas. Os compósitos PMC comuns incluem o vidro poliéster (fibra de vidro convencional), vidro epóxi, vidro poliimida, aramida epóxi, carbono epóxi, carbono PEEK e carbono PPS.

Compósitos de matriz metálica (*Metal Matrix Composites* — MMC) Alumínio (Al), titânio (Ti), magnésio (Mg), ferro (Fe), cobre (Cu), níquel (Ni) e ligas desses metais com eles mesmos ou com molibdênio (Mo), césio (Ce), boro (B).

Os MMCs são escolhidos por terem resistência mecânica alta, elevada rigidez, resistência à abrasão, estabilidade dimensional, condutividade térmica e elétrica, capacidade de operar em altas temperaturas e tenacidade; normalmente são utilizados em aplicações aeroespaciais e de motores. São alguns exemplos de compósitos MMC: Al-SiC (carboneto de silício), Ti-SiC, Al-B, Al-C (carbono), Al-grafite, Mg-SiC e Al-Al_2O_3 (óxido de alumínio).

Compósitos de matriz cerâmica (*Ceramic Matrix Composites* — CMC) Carboneto de silício, nitreto de silício, alumina, zircônia, vitrocerâmica, vidro, carbono, grafite.

Os CMCs são utilizados por suas elevadas resistência, rigidez e tenacidade à fratura relativa apenas à cerâmica, habilidade de operar em altas temperaturas e baixa expansão térmica, e por serem atrativos para fornalhas, motores e aplicações aeroespaciais. Os compósitos CMC comuns incluem o carbono-carbono (C-C), carbeto de silício-carbono (SiC-C), carbeto de silício-carbeto de silício (SiC-SiC), vitrocerâmica-carbeto de silício, carbeto de silício-aluminossilicato de lítio (SiC-LAS) e carbeto de silício-aluminossilicato de cálcio (SiC-CAS). Uma vez que o mesmo material básico é listado tanto na matriz quanto no reforço, este último é, de forma distinta, como se fossem capilares, fibras cortadas ou fios para alcançar as propriedades desejadas.

Formas de materiais de reforço

Muitas formas de materiais de reforço são usadas, como listado aqui.

- Fio de fibras contínuas consistindo de muitos filamentos individuais.
- Fios cortados de comprimentos curtos (0,75 a 50 mm ou 0,03 a 2,00 pol).
- Fios cortados mais longos espalhados randomicamente na forma de um tapete.
- Fios cortados mais longos alinhados com as principais direções do caminho da carga.
- Trama: um agrupamento de fios paralelos.
- Tecido entrelaçado feito de tramas ou fios.
- Tubos trançados.
- Filamentos de metal ou arames.
- Metal, vidro ou flocos de mica.
- Capilares de cristal simples de materiais como grafite, carboneto de silício e cobre.

Tipos de material reforçado

Fibras reforçadas aparecem em muitos tipos, tanto à base de materiais orgânicos quanto inorgânicos. A seguir são listados alguns dos tipos mais populares:

- Fibras de vidro em cinco tipos diferentes:
  Vidro A: boa resistência química porque contém álcalis como óxido de sódio.
  Vidro C: formulações especiais para resistência química elevada tanto quanto o vidro A.
  Vidro E: vidro amplamente utilizado com boa capacidade de isolamento elétrico e boa resistência.
  Vidro S: vidro de alta resistência e alta temperatura.
  Vidro D: melhores propriedades elétricas do que o vidro E.
- Fibras de quartzo e vidro com alto teor de sílica: boas propriedades em altas temperaturas até 1095 °C (2000 °F).
- Fibras de carbono feitas a partir de carbono à base de PAN (PAN é poliacrilonitrila): aproximadamente 95% de carbono com módulo de elasticidade muito elevado.
- Fibras de grafite: mais de 99% de carbono e um módulo de elasticidade ainda mais elevado do que o do carbono; as fibras mais rígidas normalmente são usadas em compósitos.
- Fibras de tungstênio com revestimento de boro: boa resistência a um módulo de elasticidade maior do que o do vidro.
- Fibras de tungstênio com revestimento de silício: resistência e rigidez similares às do boro/tungstênio, mas com capacidade de temperatura mais alta.
- Fibras de aramida: um membro da família poliamida dos polímeros; resistência e rigidez mais elevadas com densidade mais baixa, se comparada a do vidro; muito flexível. (As fibras de aramida produzidas pela DuPont recebem o nome de *Kevlar*™.)

Processamento de compósitos

Um método que é frequentemente utilizado para produzir compósitos consiste, primeiramente, em posicionar camadas de tecido em forma de folhas em um molde que tem o perfil desejado e, então, impregnar o tecido com resina úmida. Cada camada de tecido pode ser ajustada em sua orientação para produzir propriedades especiais do artigo finalizado. Depois que o posicionamento e a impregnação de resina forem finalizados, o sistema inteiro é submetido ao calor e à pressão enquanto o agente de cura reage com a resina de base para produzir reticulação, que conecta todos os elementos em uma estrutura tridimensional unificada. O polímero agrega as fibras e as mantém em sua posição e orientação preferenciais durante o uso.

Um método alternativo de fabricação de produtos compósitos começa com um processo de pré-impregnação das fibras com a resina. O material resultante é chamado de *prepreg*, que pode então ser empilhado em camadas ou enrolado em uma forma para produzir a espessura e o perfil desejados. O passo final é o ciclo de cura, conforme descrito para o processo. Veja os sites 23, 24 e 31.

A *moldagem por injeção* e a *extrusão* podem ser usadas para compósitos feitos a partir de termoplásticos em equipamentos de processamento de plástico convencional, caso as fibras de reforço sejam curtas para que o material possa fluir adequadamente. O reforço de fibra de vidro é mais comumente usado.

Os *compostos de moldagem em lâminas* (SMC) são usados na moldagem por compressão de painéis e envoltórios usados nos painéis de carrocerias automotivas, gabinetes de máquinas de empresas e indústrias, embarcações e peças elétricas. Produtos tridimensionais complexos podem ser feitos em sua forma final ou perfil próximo ao acabado usando materiais SMC. Fibras de reforço de vidro [normalmente em comprimentos a partir de 12 a 25 mm (1/2 a 1,0 pol) e a partir de 10% até 60% de fração de volume] são misturadas randomicamente com uma resina de polímero (frequentemente poliéster), catalisadores, corantes, espessantes, desmoldantes e cargas inertes. Filmes plásticos de nylon ou polietileno cobrem as partes de cima e de baixo, como um sanduíche, e a combinação é enrolada à espessura desejada. No momento de uso, as lâminas são colocadas em um molde e são moldadas e curadas simultaneamente sob calor e pressão. O produto resultante tem boas propriedades de resistência e rigidez, com excelente aparência da superfície. Veja o Site 32. Quando propriedades mecânicas são exigidas, as lâminas de SMC podem ser feitas a partir de uma matriz de epóxi e reforços de fibra de carbono. (Veja os sites 31 e 32.)

A *pultrusão* é um processo no qual o reforço de fibra é revestido com resina, enquanto é puxado através de uma matriz aquecida para produzir uma forma contínua no perfil desejado. Esse processo é usado para produzir hastes, tubulações, perfis estruturais (perfis I, perfis U, cantoneiras e assim por diante), tubos T e perfis-chapéu usados como enrijecedores em estruturas de aeronaves, carrocerias de reboques e caminhões e estruturas amplas similares.

O *enrolamento filamentar* é usado para fazer tubos, vasos de pressão, cárteres de motor de foguete, caixas de instrumentos e outros contêineres cilíndricos. O filamento contínuo pode ser posicionado em uma variedade de padrões, incluindo o helicoidal, o axial e o circunferencial, para produzir características desejadas de resistência e rigidez.

Seleção de materiais compósitos

A seleção de qual matriz, reforço e método de processamento deve ser usado em uma componente feita a partir de compósitos é um processo realmente complexo. Entretanto, algumas generalizações podem ser feitas dependendo dos dois principais critérios do projeto: *custo* e *desempenho*.

Quando o *baixo custo* domina os critérios do projeto, a fibra de vidro é a escolha predominante. A fibra de vidro comum, feita de resina de poliéster termofixo e reforço de fibra de vidro é mais frequentemente utilizada em barcos, tubulações, *canisters* e componentes estruturais.

Para *aplicações de alto volume* que podem ser feitas a partir da moldagem por injeção ou extrusão, os projetos de baixo custo podem ser feitos utilizando-se termoplásticos, como as poliamidas e policarbonatos com reforços de vidro curto. Propriedades mais elevadas de resistência e rigidez podem ser obtidas com o uso de PEEK, PPS ou PVC.

Quando o *alto desempenho* é exigido, a fibra de carbono em uma matriz de epóxi é a escolha predominante. Aplicações típicas incluem componentes de estruturas de aeronaves; artigos esportivos de alto padrão como raquetes de tênis, tacos de golfe e varas de pescar; e componentes de carros de corrida.

Veja também a discussão sobre *Seleção de materiais* neste capítulo.

Vantagens dos compósitos

Os projetistas normalmente buscam fazer produtos que são seguros, resistentes, rígidos, leves e com elevada tolerância ao ambiente no qual irão operar. Os compósitos com frequência se destacam em alcançar esses objetivos, quando comparados a materiais alternativos como metais, madeiras e plásticos não reforçados. Dois parâmetros que são utilizados para comparar materiais são a *resistência específica* e o *módulo específico*, definidos a seguir.

A resistência específica *é a relação da resistência à tração de um material com seu peso específico.*

O módulo específico *é a relação do módulo de elasticidade de um material com seu peso específico.*

Como o módulo de elasticidade é uma medida da rigidez do material, o módulo específico às vezes é chamado de *rigidez*.

Embora obviamente não se trate de um comprimento, essas duas grandezas têm uma *unidade* de comprimento, derivada da razão entre as unidades de resistência ou módulo de elasticidade e as unidades de peso específico. No sistema norte-americano, as unidades para resistência à tração e módulo de elasticidade são lb/pol^2, enquanto o peso específico (peso por unidade de volume) é medido em lb/pol^3. Desse modo, a unidade para a resistência específica ou o módulo específico é a polegada. No Sistema Internacional de Unidades, resistência e módulo são expressos em N/m^2 (Pascal), ao passo que o peso específico é medido em N/m^3. Assim, a unidade para resistência específica ou módulo específico é o metro.

A Tabela 2.17 oferece comparações da resistência e da rigidez específicas de determinados materiais compósitos com algumas ligas de aço, alumínio e titânio. A Figura 2.23 mostra uma comparação desses materiais usando um gráfico de barras. A Figura 2.24 é um mapa desses dados com resistência específica no eixo vertical e módulo específico no eixo horizontal. Quando o peso é crítico, o material ideal estará na parte de cima, à direita, desse mapa. Observe que os valores no gráfico e na figura se referem a compósitos que têm materiais de reforço alinhados na direção mais favorável para suportar as cargas aplicadas.

▼ TABELA 2.17 Comparação entre resistência específica e módulo específico para materiais selecionados.

Material	Módulo de elasticidade, E (psi)	(GPa)	Resistência à tração, s_u (ksi)	(MPa)	Peso específico, γ (lb/pol³)	(kN/m³)	Resistência específica (pol)	(m)	Módulo específico (pol)	(m)
Metais										
Aço										
SAE 1020 HR	$30{,}0 \times 10^6$	207	55	379	0,283	76,8	$0{,}194 \times 10^6$	$0{,}494 \times 10^4$	$1{,}06 \times 10^8$	$2{,}69 \times 10^6$
SAE 5160 OQT 700	$30{,}0 \times 10^6$	207	263	1813	0,283	76,8	$0{,}929 \times 10^6$	$2{,}36 \times 10^4$	$1{,}06 \times 10^8$	$2{,}69 \times 10^6$
Alumínio										
6061-T6	$10{,}6 \times 10^6$	69,0	45	310	0,100	27,1	$0{,}450 \times 10^6$	1,14E04	$1{,}00 \times 10^8$	$2{,}54\text{E}+06$
7075-T6	$10{,}4 \times 10^6$	71,7	83	572	0,100	27,1	$0{,}830 \times 10^6$	2,11E04	$1{,}04 \times 10^8$	$2{,}64\text{E}+06$
Titânio										
Ti-6Al-4V	$16{,}5 \times 10^6$	114	160	1103	0,160	43,4	$1{,}00 \times 10^6$	$2{,}54 \times 10^4$	$1{,}03 \times 10^8$	$2{,}62 \times 10^6$
Compósitos										
Vidro/epóxi	$4{,}00 \times 10^6$	28	114	786	0,061	16,6	$1{,}87 \times 10^6$	$4{,}75 \times 10^4$	$0{,}656 \times 10^8$	$1{,}67 \times 10^6$
34% de teor de fibra										
Aramida/epóxi	$11{,}0 \times 10^6$	76	200	1379	0,050	13,6	$4{,}00 \times 10^6$	$10{,}2 \times 10^4$	$2{,}20 \times 10^8$	$5{,}59 \times 10^6$
60% de teor de fibra										
Boro/epóxi	$30{,}0 \times 10^6$	207	270	1862	0,075	20,4	$3{,}60 \times 10^6$	$9{,}14 \times 10^4$	$4{,}00 \times 10^8$	$10{,}2 \times 10^6$
60% de teor de fibra										
Carbono/epóxi	$19{,}7 \times 10^6$	136	278	1917	0,057	15,5	$4{,}88 \times 10^6$	$12{,}4 \times 10^4$	$3{,}46 \times 10^8$	$8{,}78 \times 10^6$
62% de teor de fibra										
Carbono/epóxi	$48{,}0 \times 10^6$	331	160	1103	0,058	15,7	$2{,}76 \times 10^6$	$7{,}01 \times 10^4$	$8{,}28 \times 10^8$	$21{,}0 \times 10^6$
Módulo ultra-alto										

As vantagens dos compósitos podem ser resumidas como:

1. Resistências específicas para materiais compósitos podem variar tão alto quanto cinco vezes mais os valores das ligas de alumínio de alta resistência. Veja a Tabela 2.17 e as figuras 2.23 e 2.24.
2. Valores de módulo específico para materiais compósitos podem ser tão altos quanto oito vezes mais os das ligas de aço, alumínio ou titânio. Veja a Tabela 2.17 e as figuras 2.23 e 2.24.
3. Os materiais compósitos normalmente têm melhor desempenho do que o aço ou o alumínio em aplicações nas quais cargas cíclicas podem levar à possibilidade de falha por fadiga.
4. Quando vibrações e cargas de impacto são esperadas, os compósitos podem ser especialmente formulados com materiais que fornecem elevada tenacidade e alto nível de amortecimento.
5. Alguns compósitos têm resistência ao desgaste muito mais elevada do que os metais.

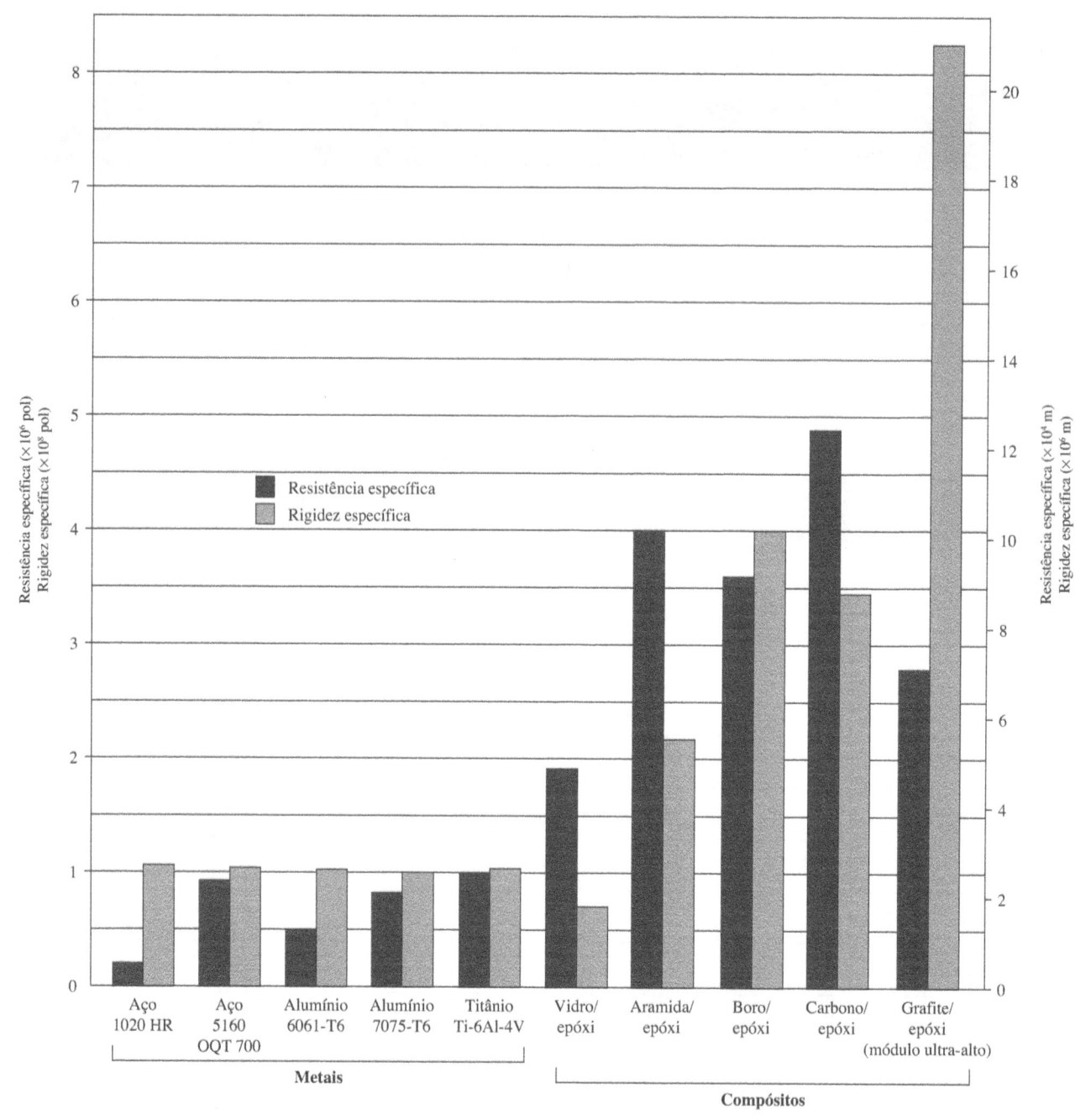

▲ **FIGURA 2.23** Comparação entre resistência específica e dureza específica para metais e compósitos selecionados.

6. A seleção cuidadosa dos materiais de matriz e reforço pode proporcionar uma resistência superior à corrosão.
7. Alterações dimensionais decorrentes de alterações na temperatura normalmente ocorrem muito menos em compósitos do que em metais.
8. Como os materiais compósitos têm propriedades que são altamente direcionáveis, os projetistas podem ajustar a disposição das fibras de reforço em direções que proporcionem a resistência e a rigidez exigidas sob as condições particulares de carga com que se depararem.
9. Estruturas compósitas frequentemente podem ser feitas em perfis complexos em uma peça única, reduzindo, assim, o número de partes em um produto e o número de operações de fixação exigidas. A eliminação de juntas normalmente melhora também a confiabilidade dessas estruturas.
10. Estruturas compósitas normalmente são feitas diretamente em sua forma final ou em um formato próximo ao acabado, reduzindo, assim, o número de operações secundárias exigidas.

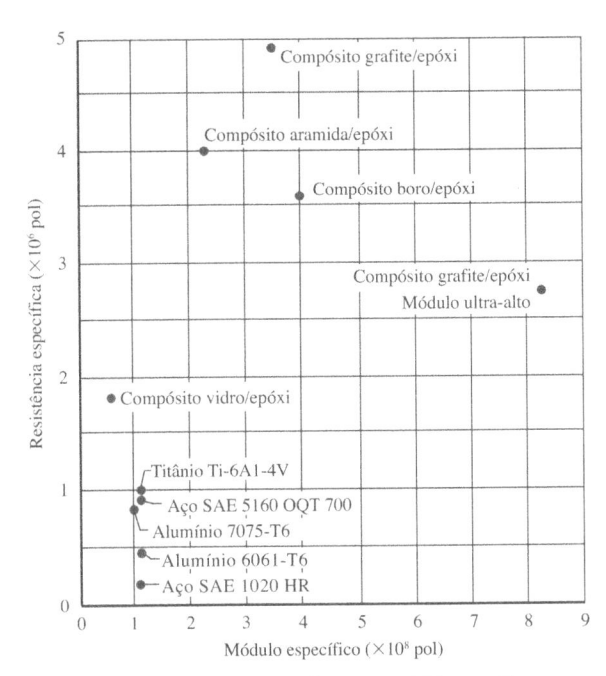

▲ **FIGURA 2.24** Resistência específica *versus* módulo específico para compósitos e metais selecionados.

Limitações dos compósitos

Os projetistas devem ponderar muitas propriedades de materiais em seus projetos enquanto, simultaneamente, consideram as operações de fabricação, custos, segurança, vida e utilidade do produto. A seguir serão listadas algumas das maiores preocupações de quando se usam compósitos.

1. Os custos de material para compósitos normalmente são mais altos do que para muitos materiais alternativos.
2. As técnicas de fabricação são bem diferentes daquelas usadas para perfilar metais. Novos equipamentos de fabricação podem ser exigidos, além do treinamento adicional para operadores de produção.
3. O desempenho dos produtos feitos a partir de algumas técnicas de produção de compósitos é submetido a uma gama de variabilidade mais ampla do que o desempenho dos produtos feitos a partir das técnicas de fabricação da maioria dos metais.
4. Os limites de temperatura para operar compósitos que têm uma matriz polimérica são de aproximadamente 260 °C (500 °F). (Os compósitos de matriz de metal ou cerâmica podem ser usados em temperaturas mais altas, como aquelas encontradas nos motores.)
5. As propriedades dos materiais compósitos não são isotrópicas: elas variam dramaticamente com a direção das cargas aplicadas. Os projetistas devem considerar essas variações para garantir uma operação com segurança e satisfação, com todos os tipos esperados de carga.
6. Atualmente, muitos projetistas carecem de compreensão do comportamento dos materiais compósitos e dos detalhes dos modos de falha previstos. Enquanto maiores avanços têm sido feitos em algumas indústrias, como nos campos aeroespacial e de equipamentos de lazer, existe a necessidade de uma maior compreensão geral sobre como projetar com materiais compósitos.
7. A análise das estruturas compósitas exige um conhecimento detalhado de mais propriedades dos materiais do que seria exigido dos metais.
8. A inspeção e os ensaios de estruturas compósitas normalmente são mais complicados e menos precisos do que os de estruturas de metal. Técnicas não destrutivas especiais podem ser exigidas para garantir que não haja brechas importantes no produto final que poderiam provocar um grave enfraquecimento da estrutura. Ensaios da estrutura completa podem ser exigidos em vez de o ensaio simplesmente de uma amostra do material por causa da interação de diferentes partes umas com as outras e da direcionalidade das propriedades do material.
9. O reparo e a manutenção das estruturas compósitas são preocupações importantes. Algumas das técnicas de produção inicial exigem ambientes especiais de temperatura e pressão que podem ser difíceis de reproduzir em campo quando é exigido o reparo de um dano. Conectar uma área reparada à estrutura-mãe também pode ser difícil.

Construção dos compósitos laminados

Muitas estruturas que usam materiais compósitos são feitas a partir de diversas camadas do material básico contendo tanto a matriz quanto as fibras de reforço. A maneira pela qual as camadas são orientadas, uma em relação à outra, afeta as propriedades finais da estrutura completa.

Como um exemplo, considere que cada camada é feita a partir de um conjunto de faixas paralelas de material de preenchimento de reforço, como fibras de vidro E, embebidas em uma matriz de resina, como poliéster. Como mencionado anteriormente, nessa forma, o material — às vezes chamado de *prepreg* — indica que o reforço foi pré-impregnado com a matriz antes da conformação da estrutura e do processo de cura da montagem. Para produzir as máximas resistência e rigidez em uma direção específica, diversas camadas ou lâminas do *prepeg* poderiam ser colocadas uma em cima da outra, com todas as fibras alinhadas na direção da carga de tração esperada. Isso é chamado de *laminado unidirecional*. Após o processo de cura, o laminado teria resistência e rigidez altas quando recebesse carga na direção das tiras, chamada de direção *longitudinal*. Entretanto, o produto resultante teria resistência e dureza muito baixas na direção perpendicular ao sentido das fibras, chamada de direção *transversal*. Se forem encontradas quaisquer cargas fora do eixo, a peça pode falhar ou deformar de maneira significativa. A Tabela 2.18 fornece valores de amostra para um compósito carbono/epóxi, laminado unidirecional.

Para compensar a ausência de resistência e rigidez fora do eixo, estruturas laminadas devem ser feitas com uma variedade de orientações das camadas. Uma disposição popular é demonstrada na Figura 2.25. Considerando a direção longitudinal da camada da superfície como $0°$ *ply*, essa estrutura é referida como:

$$0°, 90°, +45°, -45°, -45°, +45°, 90°, 0°$$

A simetria e o equilíbrio desse tipo de técnica de estratificação resultam em propriedades mais próximas de uniformes em duas direções. A expressão *quase isotrópica* às vezes é usada para descrever uma estrutura como essa. Observe que as propriedades perpendiculares às superfícies da estrutura em camadas (através da espessura) ainda são bem baixas porque as fibras não se estendem naquela direção. Além disso, a resistência e a dureza das direções primárias são um tanto mais baixas do que se as camadas fossem alinhadas na mesma direção. A Tabela 2.18 também apresenta valores de amostra para um laminado quase isotrópico, comparado a um que tenha fibras unidirecionais na mesma matriz.

CÓDIGO DE ORIENTAÇÃO PARA LAMINADOS. O exemplo demonstrado anteriormente de como uma estrutura em compósito laminado de oito camadas, mostrada na Figura 2.25, é produzida é conveniente, mas esse método se torna complicado e se estende às estruturas feitas de um grande número de camadas. A *orientação laminada* busca simplificar e abreviar a designação de determinada estrutura compósita fabricada. Observe no exemplo anterior que as oito camadas são simétricas sobre o plano médio, entre as camadas quatro e cinco. Isso é típico de muitos projetos práticos

▼ TABELA 2.18 Exemplos do efeito da orientação do laminado na resistência e na rigidez.

Tipo laminado	Resistência à tração				Módulo de elasticidade			
	Longitudinal		Transversal		Longitudinal		Transversal	
	ksi	MPa	ksi	MPa	10^6 psi	GPa	10^6 psi	GPa
Unidirecional	200	1380	5	34	21	145	1,6	11
Quase isotrópico	80	552	80	552	8	55	8	55

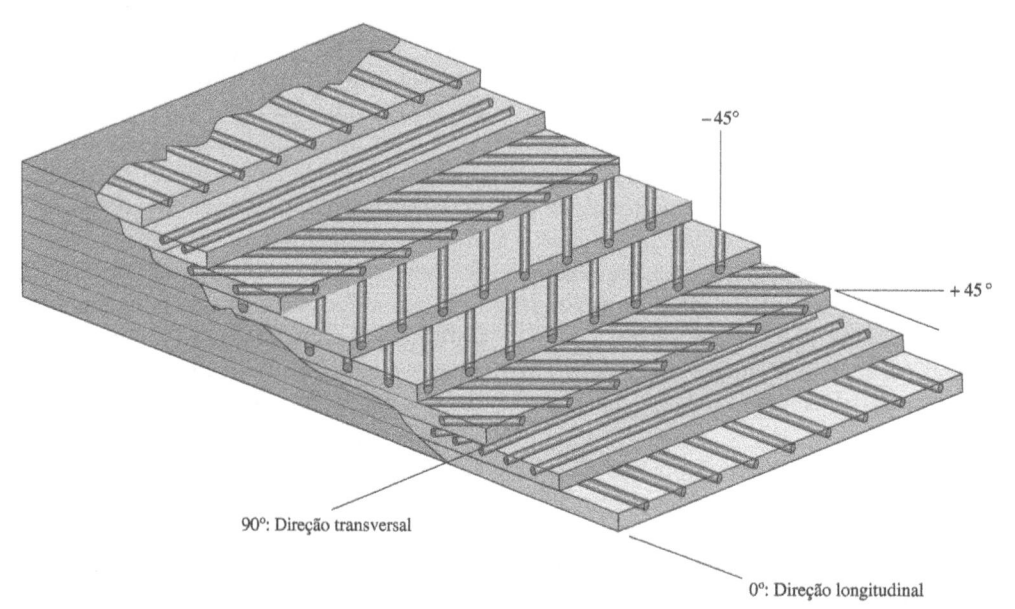

▲ FIGURA 2.25 Construção compósita, laminada e multicamadas projetada para produzir propriedades quase isotrópicas.

de estruturas compósitas e é desnecessário repetir os nomes de todas as camadas. Algumas vezes, duas ou mais camadas adjacentes da mesma orientação são usadas e é mais simples indicar o número de camadas idênticas. Algumas das convenções demonstradas em código são:

1. O código de uma determinada estrutura é fechado com colchetes [].
2. O nome das camadas começa embaixo, pela camada que está em contato com a ferramenta de forma.
3. O símbolo de grau (°) não é mostrado no código.
4. Camadas sucessivas são separadas por uma barra inclinada (/).
5. Espaços não são usados.
6. Quando as lâminas ou camadas + e − do mesmo ângulo são adjacentes, o símbolo usado é ±.
7. O sinal de + não é aplicado à camada única.
8. A direção 0° é definida nas especificações da peça e normalmente pode ser tanto o eixo primário da componente completada quanto da direção da carga aplicada mais ampla. Com frequência, camadas com um grande número de fibras de reforço são alinhadas com 0° de direção.
9. Quando duas ou mais camadas têm a mesma orientação de fibras de reforço, um subscrito indica o número de camadas.
10. Para estruturas simétricas, somente metade das camadas é definida, e o subscrito s é adicionado ao colchete final.
11. Para uma estrutura que tem um número ímpar de camadas, mas por outro lado é simétrica, a orientação da camada central está escrita com uma barra horizontal por cima.

Alguns exemplos são:

(a) Simétrico, como na Figura 2.25:
- 0°, 90°, +45°, −45°, −45°, +45°, 90°, 0° → $[0/90/\pm 45]_s$

(b) Múltiplas camadas na mesma orientação:
- 0°, 0°, 90°, 90°, +45°, −45°, −45°, +45°, 90°, 90°, 0°, 0° → $[0_2/90_2/\pm 45]_s$

(c) Número ímpar de camadas:
- 0°, 90°, +45°, −45°, 90°, −45°, +45°, 90°, 0° → $[0/90/\pm 45/\overline{90}]_s$

(d) Assimétrico:
- 90°, 90°, +30°, +30°, −30°, −30°, 0°, 0° → $[90_2/30_2/-30_2/0_2]$

(e) Séries repetidas de camadas com a mesma orientação:
- 0°, 90°, +45°, 0°, 90°, +45°, 0°, 90°, +45° → $[0/90/45]_3$

Propriedades previstas dos compósitos

A discussão a seguir resume algumas das importantes variáveis necessárias para definir as propriedades de um compósito. O c subscrito se refere ao compósito, o m se refere à matriz e o f se refere às fibras. A resistência e a rigidez de um material compósito dependem das propriedades elásticas das componentes da matriz e da fibra. Outro parâmetro é o volume relativo do compósito de fibras, V_f, e daquele compósito do material da matriz, V_m. Isto é:

V_f = fração de volume da fibra no compósito
V_m = fração de volume da matriz no compósito

Observe que, para uma unidade de volume, $V_f + V_m = 1$; portanto, $V_m = 1 - V_f$.

Vamos usar um caso hipotético para ilustrar como a resistência e a rigidez de um compósito podem ser previstas. Considere um compósito com fibras contínuas unidirecionais, alinhadas na direção da carga aplicada. As fibras normalmente são mais resistentes e rígidas do que o material da matriz. Além disso, a matriz será capaz de se submeter a uma deformação mais ampla antes do rompimento do que as fibras. A Figura 2.26 mostra esses fenômenos em um gráfico de tensão *versus* deformação para as fibras e a matriz. Usaremos as seguintes definições para manter os parâmetros básicos da Figura 2.26:

s_{uf} = resistência máxima da fibra
ϵ_{uf} = deformação na fibra correspondendo à sua resistência máxima
σ'_m = tensão na matriz com a mesma deformação de ϵ_{uf}

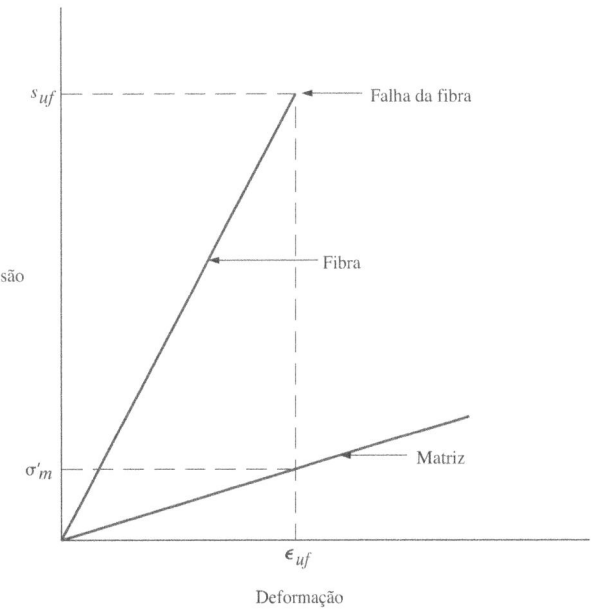

▲ **FIGURA 2.26** Tensão *versus* tração para materiais utilizados como matriz e fibra.

A resistência máxima do compósito, s_{uc}, corresponde a um valor intermediário entre s_{uf} e σ'_m, dependendo da fração de volume da fibra e da matriz no compósito. Isto é:

▶ **Regra das misturas para resistência máxima**

$$s_{uc} = s_{uf} V_f + \sigma'_m V_m \qquad (2.10)$$

Em qualquer baixo nível de tensão, a relação entre a tensão global no compósito, a tensão nas fibras e a tensão na matriz seguem um padrão semelhante:

▶ **Regra das misturas para tensão em um compósito**

$$\sigma_c = \sigma_f V_f + \sigma_m V_m \qquad (2.11)$$

A Figura 2.27 ilustra essa relação em um gráfico de tensão-deformação.

Ambos os lados da Equação 2.11 podem ser divididos pela deformação em que essas tensões ocorrem. Uma vez que para cada material $\sigma/\epsilon = E$, o módulo de elasticidade para o compósito pode ser representado como:

▶ **Regra das misturas para o módulo de elasticidade**

$$E_c = E_f V_f + E_m V_m \qquad (2.12)$$

A densidade de um compósito pode ser calculada de forma semelhante:

▶ **Regra das misturas para a densidade de um compósito**

$$\rho_c = \rho_f V_f + \rho_m V_m \qquad (2.13)$$

Como mencionado antes (Seção 2.2), a densidade é definida como massa por unidade de volume. Uma propriedade relacionada, o *peso específico*, é definido como peso por unidade de volume e é representado

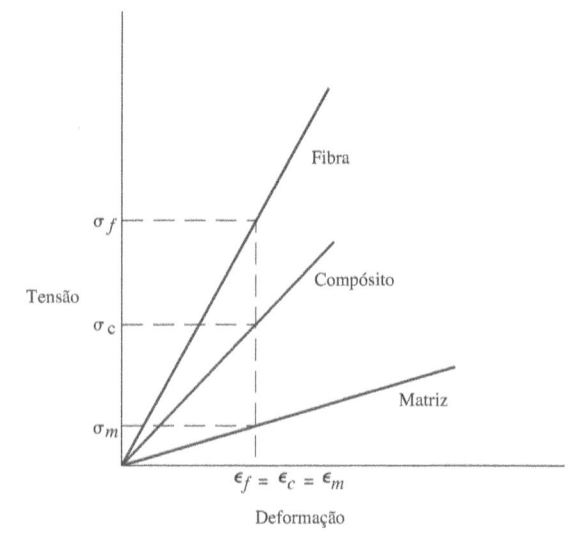

▲ **FIGURA 2.27** Relação entre tensões e deformações em um compósito e seus materiais utilizados como fibra e matriz.

pelo símbolo γ (letra grega gama). A relação entre densidade e peso específico é simplesmente $\gamma = \rho g$, onde g é a aceleração decorrente da gravidade. Ao multiplicar cada termo na Equação 2.13 por g, você obterá a fórmula para o peso específico de um compósito:

▶ **Regra das misturas para o peso específico de um compósito**

$$\gamma_c = \gamma_f V_f + \gamma_m V_m \qquad (2.14)$$

As formas das equações 2.10 a 2.14 são exemplos das *regras das misturas*.

A Tabela 2.19 lista valores de exemplo para as propriedades de alguns materiais de preenchimento e matrizes. Lembre-se de que amplas variações podem ocorrer nessas propriedades, dependendo da formulação exata e da condição dos materiais.

▼ **TABELA 2.19** Exemplo de propriedades dos materiais de reforço e matriz.

	Resistência à tração		Módulo de tensão		Peso específico	
	ksi	MPa	10^6 psi	GPa	lb/pol³	kN/m³
Materiais utilizados como matriz:						
Poliéster	10	69	0,40	2,76	0,047	12,7
Epóxi	18	124	0,56	3,86	0,047	12,7
Alumínio	45	310	10,0	69	0,100	27,1
Titânio	170	1170	16,5	114	0,160	43,4
Materiais de reforço:						
Vidro S	600	4140	12,5	86,2	0,09	24,4
Carbono PAN	470	3240	33,5	231	0,064	17,4
Carbono PAN (de alta resistência)	820	5650	40	276	0,065	17,7
Carbono (alto módulo)	325	2200	100	690	0,078	21,2
Aramida	500	3450	19,0	131	0,052	14,1

EXEMPLO 2.2 Calcule as propriedades esperadas da resistência à tração, módulo de elasticidade e peso específico de um compósito feito a partir de fios unidirecionais de fibras de carbono PAN em uma matriz epóxi. A fração de volume é de 30%. Utilize os valores da Tabela 2.19.

SOLUÇÃO

Objetivo dado

Calcule os valores esperados de s_{uc}, E_c e γ_c para o compósito.

Matrix epóxi: $s_{um} = 18$ ksi; $E_m = 0{,}56 \times 10^6$ psi; $\gamma_m = 0{,}047$ lb/pol³.

Fibras de carbono PAN: $s_{uf} = 470$ ksi; $E_f = 33{,}5 \times 10^6$ psi; $\gamma_f = 0{,}064$ lb/pol³.
Fração de volume da fibra: $V_f = 0{,}30$ e $V_m = 1{,}0 - 0{,}30 = 0{,}70$.

Análise e resultados

A resistência máxima à tração, s_{uc}, é calculada a partir da Equação 2.10:

$$s_{uc} = s_{uf} V_f + \sigma'_m V_m$$

Para encontrar σ'_m, primeiro encontramos a deformação, na qual as fibras falhariam em s_{uf}. Considere que as fibras são linearmente elásticas até falhar. Então:

$$\epsilon_f = s_{uf} / E_f = (470 \times 10^3 \text{ psi}) / (33{,}5 \times 10^6 \text{ psi}) = 0{,}014$$

Nessa mesma deformação, a tensão na matriz é:

$$\sigma'_m = E_m \epsilon = (0{,}56 \times 10^6 \text{ psi})(0{,}014) = 7840 \text{ psi}$$

Então, na Equação 2.10:

$$s_{uc} = (470000 \text{ psi})(0{,}30) + (7840 \text{ psi})(0{,}70) = 146500 \text{ psi}$$

O módulo de elasticidade é calculado a partir da Equação 2.12:

$$E_c = E_f V_f + E_m V_m = (33{,}5 \times 10^6)(0{,}30) + (0{,}56 \times 10^6)(0{,}70)$$
$$E_c = 10{,}4 \times 10^6 \text{ psi}$$

O peso específico é calculado a partir da Equação 2.14:

$$\gamma_c = \gamma_f V_f + \gamma_m V_m = (0{,}064)(0{,}30) + (0{,}047)(0{,}70) = 0{,}052 \text{ lb/pol}^3$$

Resumo dos resultados

$$s_{uc} = 146500 \text{ psi}$$
$$E_c = 10{,}4 \times 10^6 \text{ psi}$$
$$\gamma_c = 0{,}052 \text{ lb/pol}^3$$

Comentário

Observe que as propriedades resultantes do compósito são intermediárias entre aquelas das fibras e as da matriz.

Diretrizes de projeto para estruturas feitas de compósitos

A diferença mais importante entre projetar com metais e projetar com compósitos é que os metais normalmente são utilizados por serem homogêneos com propriedades isotrópicas de resistência e rigidez, ao passo que os compósitos definitivamente *não* são homogêneos ou isotrópicos.

Os modos de falha dos materiais compósitos são complexos. A falha em tração, quando a carga está alinhada com as fibras contínuas, ocorre quando as fibras individuais se quebram. Se o compósito é feito de fibras cortadas, mais curtas, a falha ocorre quando as fibras são puxadas livres da matriz. A falha em tração, quando a carga é perpendicular às fibras contínuas, ocorre quando a própria matriz é rompida. Se as fibras estão em uma forma entrelaçada, ou se um tapete tem fibras mais curtas, orientadas de forma randômica, outros modos de falha prevalecem, como a quebra ou o desprendimento da fibra. Esses compósitos teriam propriedades mais próximas de iguais em qualquer direção ou, como mostrado na Figura 2.25, poderia ser usada uma construção laminada multicamada.

Assim, uma importante diretriz de projeto para produzir ótima resistência é:

Alinhar as fibras com a direção da carga.

Outro importante modo de falha é o *cisalhamento interlaminar*, no qual as camadas de um compósito multicamadas se separa, sob efeito de forças cisalhadoras. Outra diretriz de projeto é:

Evitar ou minimizar a carga de cisalhamento, se possível.

As conexões com os materiais compósitos às vezes são difíceis de realizar e proporcionam locais em que fraturas ou falhas por fadiga podem se iniciar. A maneira de formar compósitos frequentemente permite a integração de diversos componentes em uma peça. Colchetes, frisos, abas e similares podem ser moldados junto às formas básicas da peça. A diretriz de projeto é, portanto:

Combine diversas componentes em uma estrutura integral.

Quando a elevada rigidez do painel é desejada para resistir à flexão, como em vigas ou painéis amplos como pavimentos, o projetista pode obter vantagem do fato de que os materiais mais eficientes estão próximos das superfícies externas do perfil da viga ou painel. Ao dispor as fibras de alta resistência nessas camadas externas, enquanto preenche o núcleo do perfil com um material leve, ainda rígido, isso produz um projeto eficiente em termos de peso para determinada resistência e rigidez. Veja os sites 25 e 26. A Figura 2.28 ilustra alguns exemplos de tais projetos. Assim, outra diretriz de projeto é:

Use material de núcleo leve coberto com camadas compósitas fortes.

Como a maioria dos compósitos usa um material polimérico para a matriz, as temperaturas que eles podem suportar são limitadas. Tanto a resistência quanto a rigidez diminuem, enquanto a temperatura aumenta. As poliimidas proporcionam melhores propriedades de alta temperatura [até 318 °C (600 °F)] do que a maioria dos outros materiais poliméricos de matriz. Os epóxis normalmente são limitados a temperaturas de 122 a 178 °C (250 a 350 °F). Qualquer aplicação acima da temperatura ambiente deve ser verificada com os fornecedores do material. Segue-se, portanto, mais uma diretriz de projeto:

Evite altas temperaturas.

Quando altas temperaturas [acima de 178 °C (350 °F)] forem encontradas, os materiais da matriz, exceto polímeros, devem ser considerados, o que nos leva à seguinte diretriz:

Considere usar compósitos de matriz de cerâmica (CMCs) ou compósitos de matriz de metal (MMCs) quando altas temperaturas são encontradas.

Ao utilizar estruturas em sanduíche como as ilustradas na Figura 2.28, é essencial ter uma ligação adesiva forte entre as várias camadas de cobertura e o material do núcleo em favo de mel para inibir a descamação ou a deformação interlaminar. Algumas escolhas de adesivos para os compósitos são: poliéster,

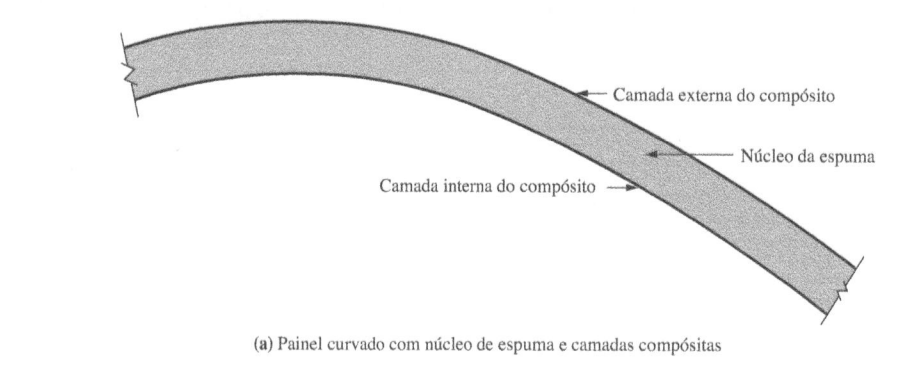

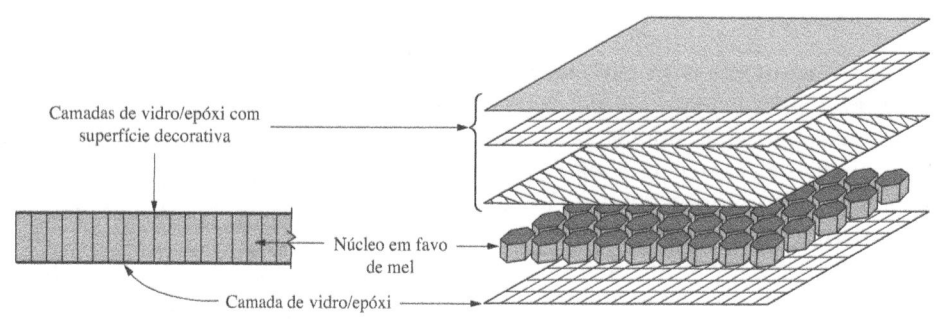

(a) Painel curvado com núcleo de espuma e camadas compósitas

(b) Painel achatado com núcleo em favo de mel e camadas compósitas

▲ **FIGURA 2.28** Painéis laminados com núcleos de peso leve.

epóxi, cianoacrilato, silicone e adesivos anaeróbicos (semelhantes aos compostos de fechamento com rosca). Além disso, a superfície dos materiais a serem conectados pode ser tratada para aumentar a adesão e a resistência resultante da ligação.

Selecione cuidadosamente os adesivos usados para ligar materiais de núcleo com camadas de superfície laminada e prepare adequadamente as superfícies de contato.

Quando uma estrutura exige painéis amplos, às vezes chamados de discos, a rigidez resultante é uma função da espessura da parede (i. e., o número de camadas no compósito) e da geometria global. Um contrapeso pode ser solicitado adicionando-se enrijecedores ao painel para quebrar a superfície ampla em uma série de pequenas áreas. Os enrijecedores podem ser moldados dentro do próprio painel ou aplicados separadamente com adesivos ou aceleradores mecânicos. Três perfis populares de enrijecedores são o perfil-chapéu, o perfil U e o perfil Z, que podem ser feitos de materiais compósitos usando-se o processo de pultrusão ou perfilado de folha de metal. Veja a Figura 2.29.

Considere o uso de enrijecedores em painéis amplos para alcançar a rigidez adequada com o peso mínimo.

Como descrito anteriormente nesta seção, muitas técnicas diferentes de fabricação são usadas para materiais compósitos. O perfil pode ditar a técnica de fabricação da peça. Essa é uma boa razão para implementar os princípios da engenharia simultânea e adotar outras diretrizes de projeto:

Envolva considerações de fabricação no início do projeto.

As referências 34 e 35 apresentam uma cobertura ampla e aprofundada do projeto e fabricação das estruturas compósitas com ênfase nas aplicações dos princípios. A Referência 36 é um dos documentos marcantes que definem os métodos analíticos de projeto e análise dos compósitos.

A análise completa das estruturas compósitas exige um conhecimento detalhado das propriedades físicas e mecânicas dos materiais compósitos no estágio da camada, no estágio laminado acabado e durante a fotoativação, nas juntas, nos pontos de fixação e em torno das formas geométricas complexas. Em razão da natureza anisotrópica dos compósitos, valores de resistência, módulo de elasticidade em tração e cisalhamento, e o coeficiente de Poisson em cada uma das três dimensões, x, y e z, são exigidos para uma análise confiável. Além disso, muitas dessas propriedades são não lineares e dependentes do conhecimento detalhado dos padrões e magnitudes da carga, e das condições ambientais (temperatura, exposição à umidade e a produtos químicos, e assim por diante). A resposta dinâmica e a resistência à fadiga também devem ser analisadas.

Alguns dos valores de propriedades dos materiais podem ser adquiridos com os fornecedores, como aqueles listados nos sites 23 a 26, 31 e 32. Bancos de dados e relatórios de pesquisa das organizações, como os listados nos sites 19 a 22 e 33 são boas fontes de informação sobre as propriedades dos materiais e métodos de processamento.

A análise das estruturas de compósitos exige intrinsecamente um projeto e ferramentas de análise assistidos por computador, incluindo uma análise de elemento finito, em razão da natureza especial da natureza tridimensional e não linear exigida para obter resultados confiáveis. Diversos softwares disponíveis comercialmente são ajustados à análise dos compósitos, como aqueles mencionados no Site 34.

APLICAÇÕES DE NANOTECNOLOGIA EM MATERIAIS. O mundo da ciência, engenharia e tecnologia de materiais está mudando rapidamente com a comercialização da nanotecnologia, a prática de aplicar partículas minúsculas de matéria. O termo *nanotecnologia* é derivado da medida de comprimento tão pequena quanto 1×10^{-9} metro (1,0 *nanômetro* ou 1,0 nm). Em razão da arbitrariedade, alguns consideram uma partícula nanomaterial como qualquer uma com dimensão característica de 1 a 100 nanômetros. A aplicação dessa tecnologia tem tido importante influência no desenvolvimento da física, biologia e química em campos como ciência de materiais, eletrônica, biotecnologia, processamento de alimentos, tecnologia ambiental, tecnologia médica, sensores, revestimentos para proteção de superfícies, reforços de pneus, células solares, baterias de materiais inteligentes — que mudam suas características em resposta a estímulos elétricos —, temperatura, tensão, deformação e assim por diante. Veja a Referência 21.

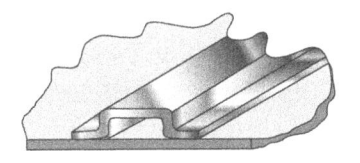

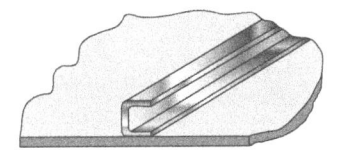

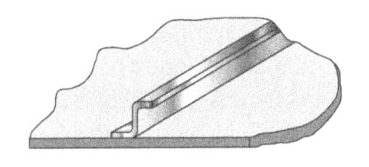

(a) Perfil-chapéu (b) Camada (c) Perfil Z

▲ **FIGURA 2.29** Painel com diferentes tipos de reforçadores.

Um tipo de nanomaterial que está envolvido em muitas pesquisas e desenvolvimento de materiais é o nanotubo carbono (*Carbon Nanotube* — CNT), camadas muito finas de grafite orientadas em forma cilíndrica com diâmetros de apenas 1 a 3 nm e comprimentos medidos a partir de capilares, disquetes, pós e fibras de até 20 microns (20 μm). Resistências relatadas de CNTs variam até 20 vezes em relação à de aços de alta liga com aproximadamente um sexto do peso. Assim, sua relação resistência/peso é aproximadamente 120 vezes maior. Os CNTs também têm uma excelente condutividade elétrica, que possibilita seu uso em uma variedade de sistemas elétricos e eletrônicos. Outra forma de nanomaterial é o conjunto de nanopartículas orgânicas, chamadas de *dendrímeros*. Algumas das aplicações que estão surgindo para os nanomateriais incluem:

- A criação de uma série de *nanocompósitos* (NCs), nos quais os CNTs ou outras nanopartículas são misturadas com materiais comuns para aumentar sua resistência, rigidez ou tenacidade. São exemplos:
  - A adição de CNTs aos compósitos de matriz cerâmica (*Ceramic Matrix Composites* — CMCs) aumenta a tenacidade da matriz enquanto retém outras propriedades desejáveis de elevada dureza, resistência ao desgaste e resistência a elevadas temperaturas. Eles são chamados de CMNCs.
  - A adição de CNTs a PMCs (compósitos de matriz polimérica) produz PMNCs que têm a rigidez e a resistência da matriz aumentadas e capacidades globais do compósito mais elevadas. Uma questão é a aderência dos polímeros à superfície dos nanotubos de carbono e a distribuição homogênea das nanopartículas na matriz.
  - A adição de CNTs a um MMC (compósito de matriz metálica) também aumenta a resistência e a rigidez do compósito, que se torna um MMNC.
  - A mistura de CNTs com metais em pó comuns (ferro, cobre, magnésio, alumínio e outros) antes da sinterização aumenta o desempenho dos produtos de metal em pó.
- O Site 35 descreve metais de alto desempenho que utilizam os CNTs para aprimorar os compósitos de matriz polimérica. Os PMNCs são produzidos como *prepregs* juntamente aos tecidos entrelaçados e fibras de carbono unidirecionais, vidro E, vidro S, aramida e outros. As aplicações estão direcionadas à indústria aeroespacial, náutica, de equipamentos esportivos e esportes motorizados.
- O Site 36 descreve múltiplas aplicações em nanotecnologia, nanomateriais e nanoeletrônicos. Uma série de nanoferramentas e nanodispositivos é produzida para auxiliar na manipulação de matéria nos nanorregimes e regimes atômicos para a fabricação, metrologia, litografia, deposição de vapor químico, impressão 3-D e nanofluídica — o estudo do comportamento dos fluidos em aplicações de nanoescala.
- O Site 37 descreve um processo de aplicação em superfícies de revestimentos de nanopartículas de óxido de alumínio para proporcionar uma resistência aumentada a riscos em aplicações em superfícies duras, plásticos, arquiteturais e automotivas.
- O Site 38 descreve um processo de aplicação de ligas de aço patenteadas com grãos microestruturais com dimensões de 10 a 100 nm. Uma técnica de pulverização por plasma é usada para aplicar os revestimentos usando formas de pó atomizado, arame tubular ou eletrodos para produzir uma espessura de revestimento com variação de 0,13 a 0,75 mm (5 a 30 *mil*). Além disso, são produzidas sobreposições de solda em espessuras a partir de 3 a 12 mm (1/8 a 1/2 pol). As aplicações incluem pás de escavadeiras revestidas, hastes cilíndricas hidráulicas, superfícies internas de sistemas de tubulações que transportam materiais abrasivos, caixas de armazenamento, componentes de transporte e produtos similares para reduzir de maneira significativa o desgaste, a corrosão e a erosão.

2.18 SELEÇÃO DE MATERIAIS

Uma das tarefas mais importantes para um projetista é a especificação do material a partir do qual qualquer componente individual de um produto possa ser feita. A decisão deve ser considerada com um número imenso de fatores, muitos dos quais são discutidos neste capítulo.

O processo de seleção de material deve começar com um claro entendimento das funções e exigências do projeto para o produto e componentes individuais. Vá até a Seção 1.4 para uma discussão desses conceitos. Então, o projetista deve considerar as inter-relações juntamente aos seguintes pontos:

- As funções da componente.
- O perfil da componente.
- O material a partir do qual a componente é feita.
- O processo de fabricação usado para produzir a componente.

As exigências globais para o desempenho da componente devem ser detalhadas. Isso inclui, por exemplo:

- A natureza das forças aplicadas à componente.
- Os tipos e a magnitude de tensões criadas pelas forças aplicadas.

- A deformação admissível da componente em pontos críticos.
- Interfaces com outras componentes do produto.
- O ambiente no qual a componente é operada.
- A dimensão física e peso da componente.
- Estética esperada para a componente e produtos globais.
- Metas de custo para o produto como um todo e essa componente em particular.
- Processos de fabricação antecipados disponíveis.

Uma lista muito mais detalhada pode ser feita com maior conhecimento das condições específicas.

A partir dos resultados dos exercícios descritos anteriormente, você deve desenvolver uma lista de propriedades-chave dos materiais que são importantes. Frequentemente são incluídos exemplos como:

1. Resistência mecânica, conforme indicada pela resistência máxima à tração, tensão de escoamento, tensão compressiva, resistência à fadiga, resistência ao cisalhamento, entre outras.
2. A rigidez, conforme indicada pelo módulo de elasticidade à tração ou módulo de flexão.
3. Peso e massa, conforme indicados pela densidade ou peso específico.
4. Ductilidade, conforme indicada pelo alongamento percentual.
5. Tenacidade, conforme indicada pela energia de impacto (Izod, Charpy etc.).
6. Valores de desempenho de fluência.
7. Resistência à corrosão e compatibilidade com o ambiente.
8. Custo do material.
9. Custo para processar o material.

Uma lista de materiais candidatos deve, então, ser criada usando seu conhecimento sobre o comportamento dos diversos tipos de material, aplicações similares de sucesso e tecnologias de materiais emergentes. Uma análise de decisão racional deve ser aplicada a fim de determinar os tipos mais adaptáveis de materiais a partir da lista de candidatos. Isso poderia assumir a forma de uma matriz na qual entram e são classificados os valores das propriedades que acabaram de ser listadas para cada material candidato. Uma análise do conjunto completo de valores irá ajudar a tomar a decisão final.

Processo de análise de decisão. Um exemplo de como a análise de decisão pode ser usada para ajudar a decidir qual material deve ser especificado em determinada aplicação é mostrado na Figura 2.30. O processo descrito aqui é relativamente simples e pode ser chamado de *processo de classificação de critérios*. O gráfico de análise de decisão, às vezes chamado de matriz, está no topo, listando cinco materiais candidatos considerados para a produção de um grupo de 300 rodas para uso em carrinho para manuseio de materiais especiais. A coluna à esquerda lista cinco critérios de avaliação. Observe também os três conjuntos de informações de apoio abaixo da matriz:

1. **Notas sobre os materiais propostos:** descreve as propriedades mecânicas pertinentes (do apêndice) e avaliações qualitativas da resistência do material à corrosão, custo de compra dos materiais e custo para processá-los. Com mais informações disponíveis, os custos reais podem ser listados para uma análise mais detalhada. Observe que os valores de processamento tanto para o magnésio quanto para o zinco são afetados pelo uso proposto da fundição sob pressão que ocasiona um custo relativamente alto para o projeto e a fabricação por apenas 300 peças a serem produzidas. Os valores baixos para processar o titânio se baseiam na dificuldade relativa de usiná-lo, quando comparado ao aço ou ao alumínio.
2. **Aplicação:** oferece mais detalhes sobre o uso das rodas e do ambiente no qual os carrinhos serão operados, incluindo a quantidade a ser produzida, as alterações climáticas, entre outras questões ambientais relacionadas às rodas, natureza geral da carga em relação ao seu nível e se a carga de choque é esperada, e a relação com o pneu adequado. Essa é uma lista abreviada; detalhes adicionais são esperados, como a carga real a ser suportada, a dimensão proposta, detalhes de montagem e assim por diante.
3. **Características desejáveis**: apoiam os critérios de julgamento dos materiais propostos.

Na matriz, cada material é avaliado diante de cada propriedade desejada, em uma escala de 1 a 10. Reconhecidamente, essas avaliações são subjetivas, mas são baseadas nos valores dados e na natureza da aplicação. Assim, as sete classificações para cada material são somadas e o total é listado. Por fim, a soma para os cinco materiais candidatos é classificada da maior (classe = 1) para a menor.

Observe que a matriz de análise de decisão não é um dispositivo de tomada de decisão, mas sim um auxílio para a tomada de decisão.

Ainda é responsabilidade do projetista tomar a decisão final. Entretanto, os resultados sugerem que tanto o aço quanto o alumínio teriam um bom desempenho nessa aplicação, em relação aos outros três materiais sugeridos. Um exame mais cuidadoso dos valores comparativos do aço e do alumínio é recomendado, e talvez uma coleta de valores adicionais possa ser feita. Algumas questões podem ser levantadas, como:

▼ FIGURA 2.30 Exemplo de uma técnica de análise de decisão para ajudar na tomada de decisão para a seleção de materiais.

SELEÇÃO DE MATERIAL – EXEMPLO DE QUADRO DE ANÁLISE DE DECISÃO					
Propriedades desejadas	*Materiais candidatos*				
	Aço	Alumínio	Magnésio	Zinco	Titânio
	Classificação [escala de 1 a 10]				
Tensão de escoamento (alta é melhor)	9	6	3	7	10
Módulo de elasticidade (alto é melhor)	10	4	2	6	8
Ductilidade (alta é melhor)	10	8	7	4	5
Densidade (baixa é melhor)	3	8	10	5	6
Resistência à corrosão (alta é melhor)	4	10	7	7	10
Custo do material (baixo é melhor)	10	7	7	7	2
Custo de processamento (baixo é melhor)	10	10	5	5	5
Total:	56	53	41	41	46
Classificação:	1	2	4	4	3

Notas sobre os materiais propostos:	s_y (MPa)	*E* (GPa)	% Along.	*Densidade* (kg/m³)	Res. corr.	*Custo mat.*	*Custo proc.*
1. Aço: forjado SAE 3140 OQT 1000	920	207	17	7680	Baixa	Baixo	Baixo
2. Alumínio forjado 6061-T6	276	69	12	2774	Alta	Moderado	Baixo
3. Magnésio: fundido sob pressão AM-50	120	45	10	1770	Moderada	Moderado	Alto
4. Zinco: fundido sob pressão ZA-12	320	82,7	5,5	6000	Moderada	Moderado	Alto
5. Titânio: forjado Ti-6Ai-4V Temperado e envelhecido a 1000°F	1030	114	7	4432	Alta	Muito alto	Alto

Aplicação: cubo de roda para carrinho de quatro rodas usado em manuseio de material dentro de um ambiente de fábrica

1. Quantidade: 300 peças
2. Exposto a alterações climáticas, em uma variedade de climas por toda a América do Norte
3. Cubo de roda; carga de choque leve; nível moderado de carga
4. Deve ser mantido em bom estado com pneus sólidos feitos de polímero de uretano

Características desejadas:

1. Alta durabilidade para sobreviver às condições de fábrica
2. Alta ductilidade para oferecer alta resistência ao impacto e tenacidade
3. Alta dureza para mostrar rigidez durante a operação
4. Baixos peso e massa para alcançar baixa inércia e esforço para acelerar o carrinho
5. Baixo custo global de aquisição e serviços

- Todos os critérios têm o mesmo peso? Se não, fatores de ponderação podem ser aplicados à lista de critérios. Isso é feito com frequência.
- Como a resistência mais baixa à corrosão do aço pode ser administrada: por meio de pintura, galvanização ou outros processos secundários?
- Como aqueles processos afetam o custo global final das rodas de aço?
- Os valores relativamente baixos do módulo de elasticidade do alumínio é um fator importante? Isso afeta o projeto final das rodas, talvez por exigir seções mais espessas para características cruciais? Como isso afeta o custo global final das rodas de alumínio?
- O peso projetado mais leve do alumínio em razão de sua menor densidade, quando comparado ao aço, é uma grande vantagem? Esse é um argumento sólido?
- Devem ser obtidos projetos mais detalhados das rodas, tanto para o aço quanto para o alumínio, antes de se comprometer com uma decisão final?

Deixamos esse processo neste ponto, com respostas pendentes a questões como essas, mas o valor de utilizar o processo de análise de decisão deve ser evidente para comparar o desempenho de uma variedade de materiais propostos usando inúmeros parâmetros.

Processos de seleção de material mais abrangentes são descritos nas referências 3 a 6, 25, 27, 31 e 32. Os sites 1, 2, 14 a 17 e 33 oferecem grandes quantidades de informações sobre propriedas materiais que podem ser usadas em combinação com o apêndice para chegar a materiais candidatos apropriados.

OUTRAS CONSIDERAÇÕES SOBRE A SELEÇÃO DE MATERIAIS. A maior parte da discussão neste livro lida com materiais metálicos que são escolhas comuns para elementos de máquinas como engrenagens, rolamentos, eixos e molas. Para o projeto em geral, uma lista ampla dos tipos de materiais que um projetista pode escolher para uma aplicação específica deve ser considerada. Volte a seções anteriores deste capítulo para informações adicionais. Considere a lista a seguir das seis classes primárias de materiais, cada uma com alguns exemplos:

- *Metais:* aço, alumínio, ligas de cobre, titânio, magnésio, ferro fundido, zinco.
- *Polímeros:* PA, ABS, PC, acrílico, PVC, acetal, poliuretano, PET, poliéster.
- *Cerâmicas:* nitreto de silício, zircônia, carboneto de silício, alumina.
- *Vidros:* vidro de silício, vidro borossilicato, vidro sódico.
- *Elastômeros:* borracha natural, borracha butílica, neoprene, isoprene, silicones.
- *Híbridos:* compósitos, espumas, estruturas tipo sanduíche, estruturas tipo favo de mel.

O grande número de diferentes materiais para se escolher faz da seleção de materiais uma tarefa assustadora. Abordagens especializadas, conforme descrito nas referências 3 a 6, oferecem uma orientação significativa ao processo de seleção. Além do mais, pacotes de softwares de computadores estão disponíveis para permitir uma busca rápida e escolha baseada em inúmeros parâmetros para produzir listas refinadas de materiais candidatos com valores quantitativos sobre seu desempenho, custo, produtibilidade ou outros critérios importantes. Dois exemplos de seleção ajudam a ilustrar a aplicação desse método. Veja o Site 39 para mais informações sobre uma série de pacotes de softwares.

Ao projetar um elemento de máquina ou uma estrutura, tanto a resistência quanto a rigidez devem ser consideradas, e as exigências de desempenho, alcançadas. Alguns projetos são *limitados quanto à resistência* (p. ex., *tensão de escoamento* ou *resistência à tração*), enquanto outros são *limitados quanto à rigidez* (p. ex., *módulo de elasticidade à tração* ou *módulo de elasticidade ao cisalhamento*). Além disso, a maioria dos projetos busca peso e massa mínimos ou ideais porque o desempenho do sistema global tende a ser melhorado, e com frequência há uma forte relação ente massa e custo. Por essas razões, os projetistas devem procurar matérias que apresentem tanto alta resistência quanto baixa massa, e também alta rigidez e baixa massa. A massa do material é representada pela densidade.

Uma boa abordagem para alcançar esse objetivo do projeto é considerar a *relação da resistência com a densidade* e a *relação da rigidez com a densidade* dos materiais candidatos. O software mencionado no Site 39 possibilita a determinação de ambas as relações para praticamente qualquer material em suas bases de dados e a exibição dos gráficos de *resistência* versus *densidade* e *rigidez* versus *densidade*. As figuras 2.31 e 2.32 mostram o conceito básico com ordens de grandeza gerais, indicados para comparação. Os materiais de melhor desempenho tenderiam a ter ambos, alta resistência e baixa densidade, mas as compensações são inevitáveis. As áreas sombreadas mostram a relação aproximada de valores para materiais de determinada classe ou tipo de material.

Contudo, trata-se de um pequeno exemplo dos pacotes de softwares de seleção de materiais voltados para a indústria. Pesquisas e gráficos adicionais podem exibir qualquer combinação de propriedades, como:

- Custo do material e seu processamento.
- Outras propriedades mecânicas: alongamento, dureza, resistência à fadiga e tenacidade à fratura.
- Propriedades térmicas: condutividade, expansão e temperatura de serviço máxima.
- Propriedades ópticas: transparente ou opaco?

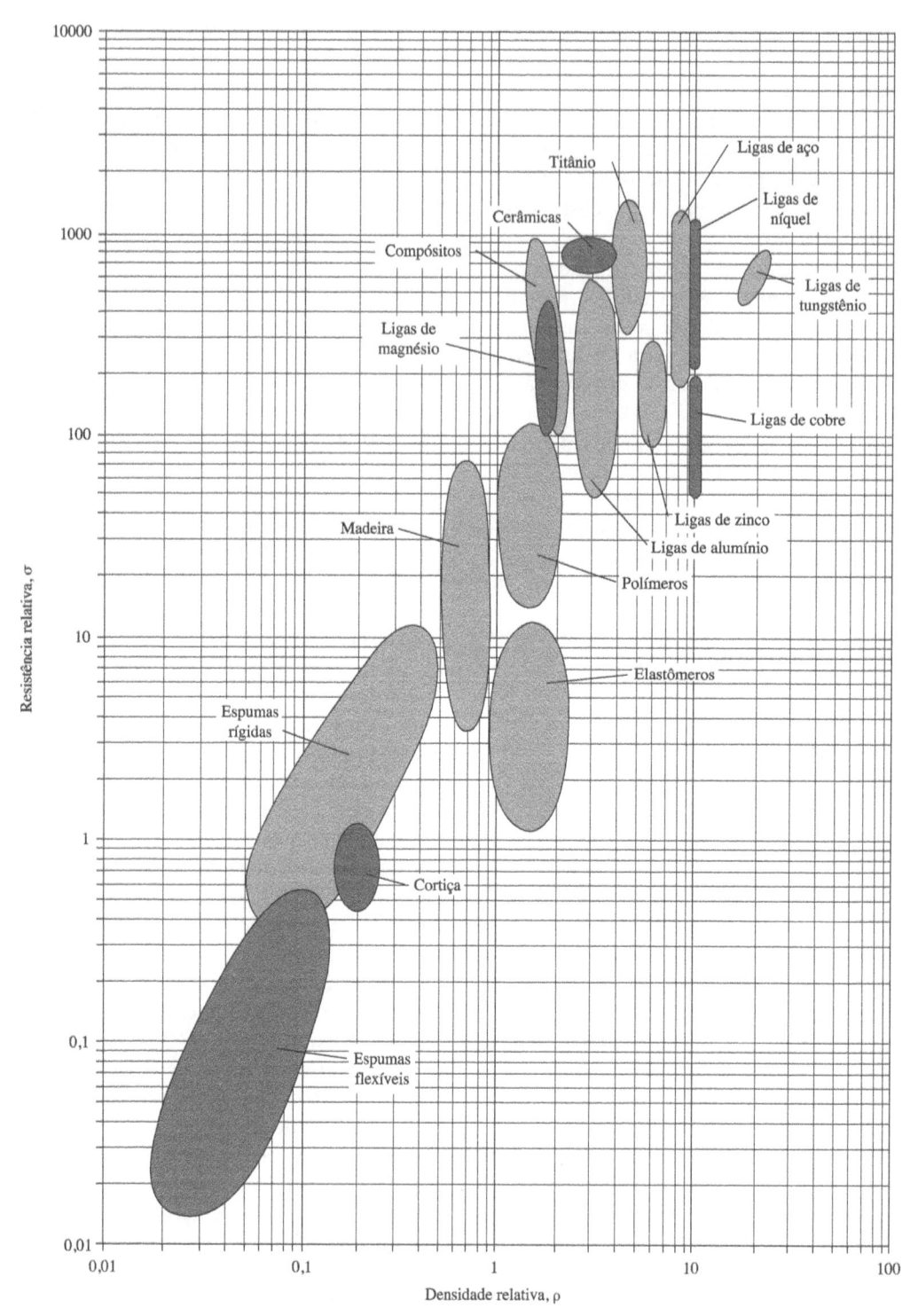

▲ **FIGURA 2.31** Resistência relativa *versus* densidade relativa.

- Corrosão e propriedades relacionadas: resistência a ácidos, álcalis, água doce, água do mar, solventes orgânicos e luz ultravioleta (UV); inflamabilidade e oxidação.
- Propriedades elétricas: condutor ou isolante?

Extensos fluxogramas de processos apropriados a cada material, abrangendo as famílias de entalhamento (*shaping*), junções (*joining*) e *deposições superficiais/modificações estruturais internas*, também fazem parte dos bancos de dados. São exemplos:

- ***Entalhamentos***: fundições, usinagem, moldagem, prototipagem rápida, entre outros.
- ***Junções***: soldagem, fixação, adesivos, soldagem branda, brasagem, entre outros.

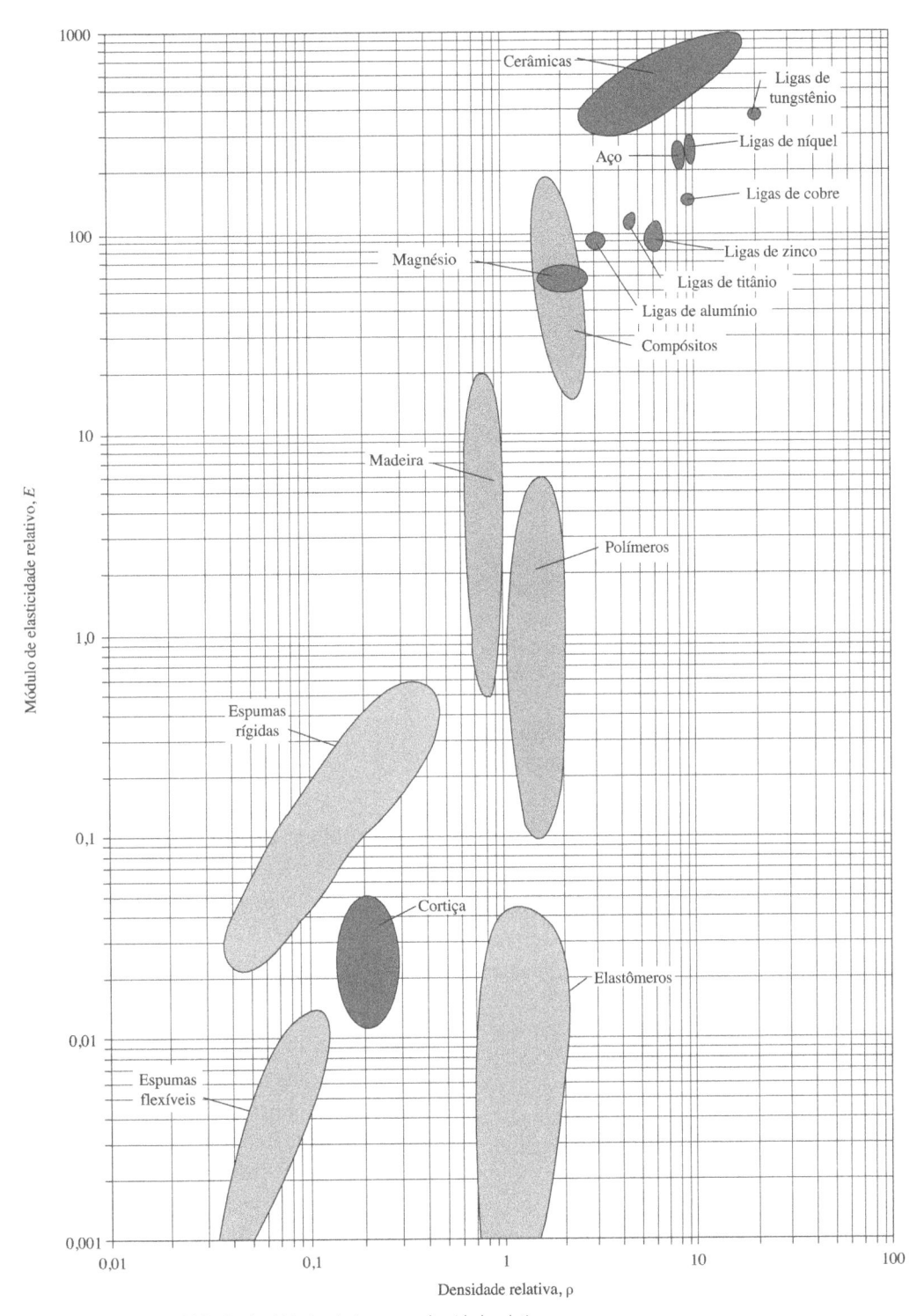

▲ FIGURA 2.32 Módulo de elasticidade relativa versus densidade relativa.

- ■ *Deposições superficiais/modificações estruturais internas*: tratamento térmico, endurecimento por indução, endurecimento por chama, cementação, revestimento, anodização, polimento, pintura, galvanização, entre outros.

  Buscas e análises especializadas: além das buscas gerais, os módulos especiais de alguns softwares ajudam a focar em certos atributos e aplicações dos materiais. Dentre eles estão:

- ■ Materiais e o meio ambiente – Eco Audits. (Veja a Referência 5 e o Site 39.)
    - Energia exigida para produzir um material, para transportar um produto feito de um material específico e a necessária durante o uso.

- Emissões, problemas de descarte.
- Custo de ciclo de vida do produto.
- Materiais aeroespaciais.
- Materiais para dispositivos médicos.
- Metais e ligas.
- Materiais poliméricos.

REFERÊNCIAS

1. ALUMINUM Association. *Aluminum Design Manual, 2010*. Washington, DC: The Aluminum Association, 2010. Inclui especificações para estruturas de alumínio, guia de projeto, propriedades dos materiais, propriedades de seção, auxílio e exemplos de projeto.
2. _____. *Aluminum Standards and Data, 2009*. Washington, DC: Inclui dados sobre propriedades mecânicas e físicas de ligas de alumínio comerciais. Disponível em unidades dos sistemas métrico internacional e norte-americano.
3. ASHBY, Michael F. *Materials Selection in Mechanical Design*. 4. ed. Oxford, Inglaterra: Butterworth-Heinemann, 2010.
4. _____. *Materials:* Engineering Science, Processing, and Design. 2. ed. Oxford, England: Butterworth-Heinemann, 2010.
5. _____. *Materials:* Materials and the Environment: Eco-informed Material Choice. Oxford, England: Butterworth-Heinemann, 2009.
6. ASM International. *ASM Handbook*. Vol. 1, *Properties and Selection*: Iron, Steels, and High-Performance Alloys (1990). Vol. 2, *Properties and Selection*: Nonferrous Alloys and Special-Purpose Materials (1990). Vol. 3, *Alloy Phase Diagrams* (1992). Vol. 4, *Heat Treating* (1991). Vol. 7, *Powder Metal Technologies and Applications* (1998). Vol. 11, *Failure Analysis and Prevention* (2002). Vol. 19, *Fatigue and Fracture* (2004). Vol. 20, *Materials Selection and Design* (1997). Vol. 21, *Composites* (2001). Materials Park, OH: ASM International.
7. _____. *Mechanical Wear Fundamentals and Testing*. 2. ed. Materials Park, OH: ASM International, 2004.
8. _____. *ASM Specialty Handbook:* Carbon and Alloy Steels. Editado por J. R. Davis. Materials Park, OH: ASM International, 1996.
9. _____. *ASM Specialty Handbook:* Stainless Steels. Editado por J. R. Davis. Materials Park, OH: ASM International, 1994.
10. _____. *ASM Specialty Handbook:* Tool Materials. Editado por J. R. Davis. Materials Park, OH: ASM International, 1995.
11. _____. *ASM Specialty Handbook:* Heat-Resistant Materials. Editado por J. R. Davis. Materials Park, OH: ASM International, 1997.
12. _____. *ASM Specialty Handbook:* Aluminum and Aluminum Alloys. Editado por J. R. Davis. Materials Park, OH: ASM International, 1993.
13. _____. *ASM Specialty Handbook:* Cast Irons. Editado por J. R. Davis. Materials Park, OH: ASM International, 1996.
14. _____. *ASM Engineered Materials Handbook:* Engineering Plastics. Materials Park, OH: ASM International, 1988.
15. _____. *Atlas of Fatigue Curves*. Editado por H. E. Boyer. Materials Park, OH: ASM International, 1986.
16. _____. *Surface Hardening of Steels*. Editado por J. R. Davis. Materials Park, OH: ASM International, 2002.
17. _____. *Practical Induction Heat Treating*. Materials Park, OH: ASM International, 2001.
18. _____. *Heat Treatment of Gears*. Materials Park, OH: ASM International, 2000.
19. _____. *Materials Science of Polymers for Engineers*. 2. ed. Materials Park, OH: ASM International, 2003.
20. _____. *Advanced Structural Materials*. Materials Park, OH: ASM International, 2010. Avaliações de materiais recentemente desenvolvidos e suas aplicações.
21. _____. *Nanomaterials Handbook*. Editado por Yury Gogotsi. Materials Park, OH: ASM International, 2010. Visão geral sobre nanomateriais e suas aplicações para cerâmica, metais, polímeros e biomateriais.
22. _____. *Biomaterials Fabrication and Processing Handbook*. Materials Park, OH: ASM International, 2010.
23. _____. *Standard Practice for Numbering Metals and Alloys in the Unified Numbering System (UNS)*. West Conshohocken, PA: ASTM International Standard, DOI: 10.1520/E0527-07, <www.astm.org, 2007>.
24. BETHLEHEM Steel Corporation. *Modern Steels and Their Properties*. Bethlehem, PA: Bethlehem Steel Corporation, 1980.
25. BUDINSKI, Kenneth G. *Engineering Materials:* Properties and Selection. 9. ed. Upper Saddle River, NJ: Prentice Hall, 2010.

26. BUDINSKI, Kenneth G. *Surface Engineering for Wear Resistance*. Upper Saddle River, NJ: Prentice Hall, 1988.
27. CALLISTER, William D. *Materials Science and Engineering:* An Introduction. 7. ed. Nova York: Wiley Higher Education, 2007.
28. DAVIS, Joseph R. *Surface Engineering for Corrosion and Wear Resistance*. Londres, Inglaterra: Maney Publishing, 2001.
29. DUPONT Engineering Polymers. *Design Guide – Module I: General Design Principles for DuPont Engineering Polymers*. Wilmington, DE: E. I. du Pont de Nemours and Company, 2000.
30. INTERZINC. *Zinc Casting: A Systems Approach*. Algonac, MI: INTERZINC, s/d.
31. LESKO, J. *Industrial Design Materials and Manufacturing*. 2. ed. Nova York: John Wiley & Sons, 2008.
32. SHACKELFORD, James F., William Alexander, and Jun S. Park. *CRC Practical Handbook of Materials Selection*. Boca Raton, FL: CRC Press, 1995.
33. STRONG, A. Brent. *Plastics: Materials and Processing*. 3. ed. Upper Saddle River, NJ: Pearson/Prentice Hall, 2006.
34. _____. *Fundamentals of Composites Manufacturing: Materials,* Methods, and Applications. 2. ed. Dearborn, MI: Society of Manufacturing Engineers, 2008.
35. BARBERO, Ever J. *Introduction to Composite Materials Design*. 2. ed. Boca Raton, FL: Taylor and Francis, CRC Press, 2011.
36. TSAI, Stephen W. *Composites Design*. Palo Alto, CA: Think Composites, Inc., 1988.
37. KEELER, Stuart (ed.). *Advanced High Strength Steel Application Guidelines*. Middletown, OH: WorldAutoSteel, 2011.
38. OBERG, Eric; HORTON, H. L.; RYFFEL., H. H. *Meachinery's Handbook,* 28. ed. Nova York: Industrial Press, 2008.

SITES RELACIONADOS A PROJETOS DE PROPRIEDADES DE MATERIAIS

Os sites [em inglês] listados aqui oferecem detalhes adicionais sobre o assunto deste capítulo, além do que está incluso aqui. A maioria dos sites, mas não todos, são mencionados no texto. Você deve considerar o uso desta lista para encontrar sites que possam ajudá-lo com questões que venham a surgir sobre os materiais.

1. **AZoM.com** (The A to Z of Materials) <www.azom.com> Fonte de informações de materiais para a comunidade de projetos. Sem custo, possui bancos de dados de metais, cerâmicas, polímeros e compósitos. Também oferece busca por palavra-chave, aplicação ou tipo de indústria.
2. **Matweb** <www.matweb.com> Banco de dados de propriedades de materiais para muitos metais, plásticos, cerâmicas e outros materiais de engenharia.
3. **ASM International** <www.asminternational.org> Sociedade de cientistas e engenheiros de materiais, é uma rede mundial dedicada à indústria em progresso, tecnologia e aplicações de metais e outros materiais.
4. **SAE International** <www.sae.org> Sociedade de engenharia de mobilidade avançada em benefício da humanidade. Uma fonte de informações técnicas e normas usadas para projetar veículos autopropulsores de todos os tipos. O site inclui acesso às normas SAE e AMS (Aerospace Materials Standards) de metais, polímeros, compósitos e muitos outros materiais, ao lado de componentes e subsistemas de veículos como direção, suspensão, motores e muitos outros.
5. **ASTM International** <www.astm.org> Antigamente conhecida como American Society for Testing and Materials. Desenvolve e vende normas para propriedades de materiais, procedimentos de ensaio e muitas outras normas técnicas.
6. **Aluminum Association** <www.aluminum.org> Associação da indústria de alumínio. Oferece inúmeras publicações que podem ser compradas.
7. **Alcoa, Inc.** <www.alcoa.com> Produtora de alumínio e produtos fabricados. Permite a busca no site por propriedades de ligas específicas.
8. **Copper Development Association** <www.copper.org> Oferece um amplo banco de dados de propriedades das formas forjada e fundida de cobres, ligas de cobre, latões e bronzes. Possibilita a busca por ligas apropriadas para usos industriais típicos com base em diversas características de desempenho. Selecione a aba *Resources* e então *Properties*.
9. **Metal Powder Industries Federation** <www.mpif.org> Tradicional associação comercial internacional que representa os produtores de metais em pó. Normas e publicações relacionadas ao projeto e à fabricação de produtos utilizando metais em pó.
10. **INTERZINC** <www.interzinc.com> Grupo de transmissão de tecnologia e desenvolvimento de mercado dedicado a aumentar o conhecimento das ligas fundidas de zinco. O site contém

inúmeras referências para auxiliar os projetistas a usar o zinco de maneira eficaz, como seleção de ligas, processos de fundição do zinco, orientações de projeto e histórias de caso. A organização patrocina a competição Zinc Challenge para estudantes de faculdades e universidades desenharem produtos originais usando processos de fundição sob pressão de zinco.

11. **Association for Iron & Steel Technology (AIST)** <www.aist.org> Organização que promove o desenvolvimento técnico, produção, processamento e aplicação de ferro e aço.

12. **American Iron and Steel Institute** <www.steel.org> A AISI funciona como a voz da indústria de aço da América do Norte; ela promove o uso do aço e tem tido importante papel no desenvolvimento e aplicação de aços e tecnologia siderúrgica.

13. **Techstreet** <www.techstreet.com> Membro da Thompson Reuters Corporation, provê aos engenheiros, bibliotecários e profissionais técnicos acesso confiável, conveniente e eficiente a códigos e normas da indústria "de missão crítica" a partir de mais de 350 fontes, incluindo AGMA, ASM, ANSI, ASME, ASTM, DOD, DIN, ISO, MIL, SAE e SME.

14. **DuPont Engineering Plastics** <www2.dupont.com/plastics> Informações sobre os plásticos DuPont e suas propriedades e processos. Tem banco de dados por tipo de plástico ou aplicação. A publicação da DuPont *General Design Principles for DuPont Engineering Polymers* – Module I pode ser baixada no site através da aba *Products*, selecionando o material *Crastin PBT*. Outros módulos de orientações de projeto permitem download dos materiais *Zytel/Minlon, Delron, Rynite PET* e *Hytrel TPE*. O manual de projeto para uso do polímero *Vespel* para buchas, rolamentos e vedações também pode ser baixado.

15. **PolymerPlace.com** <www.polymerplace.com> Portal com informações sobre o desenvolvimento de produtos e aplicações de processos e materiais plásticos.

16. **Plastics Technology Online** <www.ptonline.com> Versão on-line da revista *Plastics Technology*. Informações sobre processos e materiais plásticos.

17. **Plaspec Global** <www.ptonline.com/plaspec> Afiliada à Plastics Technology Online. Oferece um banco de dados de seleção de materiais, artigos e informações sobre plásticos, moldagem por injeção, extrusão, moldagem por sopro, ferramentas e equipamentos auxiliares.

18. **Society of Plastics Engineers** <www.4spe.org> A SPE promove o estudo e o conhecimento científico e de engenharia sobre plásticos e polímeros em todo o mundo. O site conta com uma Enciclopédia dos Plásticos (*Plastics Encyclopedia*) on-line.

19. **Composites World** <www.gardnerweb.com/composites> Site das publicações *High Performance Magazine* e *Composites Technology Magazine*. Apresenta artigos sobre práticas atuais em tecnologia de compósitos com ênfase em soluções de fabricação, projeto e engenharia.

20. **National Center for Advanced Materials Performance (NCAMP)** <www.niar.wichita.edu/coe/ncamp.asp> Membro do National Institute for Aviation Research (NIAR), em cooperação com a National Aeronautics and Space Agency (Nasa) e a Federal Aviation Administration, a NCAMP promove a validação e a garantia da qualidade dos materiais compósitos a serem aplicados na indústria da aviação comercial e militar.

21. **Center of Excellence for Composites & Advanced Materials (Cecam)** <www.niar.wichita.edu/coe/cecam.asp> Grupo acadêmico de universitários liderado pela Wichita State University e pelo NIAR (veja o Site 20) para promover a pesquisa, ensaios, certificações e transmissão de tecnologia de compósitos; promover a coordenação e cooperação junto à FAA, fabricantes de aeronaves, fornecedores de materiais e empresas aéreas; e a formação educacional das forças de trabalho envolvidas na fabricação e manutenção de aeronaves.

22. **Center for Advanced Materials in Transport Aircraft Structures (AMTAS)** <http://depts.washington.edu/amtas> Centro de excelência de apoio da FAA com base na University of Washington que discorre sobre questões de ciência e engenharia associadas a segurança, regulamentação e certificação de produtos de estruturas e materiais avançados. Ele também estabelece normas de engenharia e desenvolve uma avançada base de conhecimento de estruturas e materiais.

23. **A&P Technology** <www.braider.com> Produtor de têxteis entrelaçados com precisão para uso na indústria de compósitos, incluindo fibras de carbono entrelaçadas, bainhas biaxiais de fibra de vidro, fitas biaxiais, fitas unidirecionais e tecidos entrelaçados de viés.

24. **Cytec Engineered Materials (CEM)** <https://www.cytec.com/> Fornecedor de materiais tecnologicamente avançados para compósitos usados na indústria aeroespacial comercial, de aeronaves

militares, automotiva, náutica e nos mercados industriais de alto desempenho. Seus produtos incluem sistemas pré-impregnados, tecidos entrelaçados, fitas, mechas (*roving*), ferramentas, reforços de fibra de carbono e termoplásticos.

25. **Triumph Group, Inc.** <www.triumphgroup.com> Produtor de sistemas compósitos usados para painéis de pavimento, empregando superfícies de peso leve com revestimentos de fibra de vidro ou carbono grafite.
26. **General Plastics Manufacturing Company** <www.generalplastics.com> Produtora de sistemas de poliuretano sólido celular *Last-A-Form*® de alto desempenho para uso em superfícies de peso leve para estruturas compósitas, outras aplicações industriais e produtos gráficos.
27. **Steel Founders' Society of America** <www.sfsa.org/sfsa/sfscast.php> Associação comercial que representa fundições de aço que promove o uso de produtos de aço fundido e dissemina informações sobre fundições de aço, materiais e processos de fundição. O site oferece visões gerais de processos e trabalhos com fundição.
28. **Special Metals Corporation** <www.specialmetals.com> Produtora de ligas à base de níquel com nomes comerciais Inconel, Incoloy, Nimonic, Udimet, Monel e Nilo.
29. **Allegheny Ludlum Corporation** <www.alleghenyludlum.com> Produtora de ligas à base de níquel com nomes comerciais AL, Allcorr e Altemp.
30. **Haynes International, Inc.** <www.haynesintl.com> Produtora de ligas à base de cobalto e de níquel com nomes comerciais Hastelloy, Haynes e Ultimet.
31. **Hexcel Corporation** <www.hexcel.com/products> Produtora de fibras de carbono e produtos de matriz para a indústria de compósitos, incluindo pré-impregnação, materiais superficiais, tecidos, laminados, compostos moldados em chapas e sistemas de tecnologia de infusão de película, moldagem por transferência de resina e infusão de película de resina.
32. **IDI Composites International** <www.idicomposites.com/sheetmold-compounds.php> Produtora de compostos moldados em chapas e moldados por volume.
33. **Cindas LLC** <www.cindasdata.com> Desenvolvedor de bases de dados de propriedades de materiais: Banco de Dados de Metais Estruturais Aeroespaciais (*Aerospace Structural Metals Database* – ASMD), Manual de Projeto Tolerante a Danos (*Damage Tolerant Design Handbook* – DTDH), Manual de Ligas Estruturais (*Structural Alloys Handbook* – SAH), Banco de Dados de Materiais de Embalagem em Microeletrônica (*Microelectronics Packaging Materials Database* – MPMD) e Banco de Dados de Propriedades Termofísicas da Matéria (*Thermophysical Properties of Matter Database* – TPMD).
34. **Think Composites, Inc.** <http://www.thinkcomposites.com/index_eng.php> Empresa de consultoria especializada em projeto e análise de estruturas feitas a partir de compósitos avançados, com base no trabalho documentado na Referência 36. Desenvolve e vende softwares e oferece programas de treinamento e ensino nessa área. Os produtos de software incluem GENLAM (*strength and stiffness of laminates* ou resistência e dureza de laminados), LAMRANK (*ranking of the performance of laminates* ou classificação do desempenho de laminados), MIC-MAC (*micro and macromechanics analysis of composites* ou análise micromecânica e macromecânica de compósitos) e 3DBEAM (*design and analysis of threedimensional beams* ou projeto e análise de rolamentos tridimensionais).
35. **Zyvex Performance Materials** <www.zyvexpro.com> Produtora de materiais avançados de alto desempenho usando a nanotecnologia.
36. **Sigma-Aldrich** <http://www.sigmaaldrich.com/sigma-aldrich/home.html> Produtora de nanomateriais para o mercado de desenvolvimento de materiais. Estão inclusos nanotubos de carbono, dendrímeros, nanocompósitos e nanocompósitos de argila e polímero.
37. **Nanophase Technologies Corporation** <www.nanophase.com> Produtora de uma família de tecnologias de nanomaterial para as indústrias automotiva, eletrônica, de plásticos, tecidos, fundição exterior e outras.
38. **Nanosteel Company** <www.nanosteelco.com> Produtora de ligas de nanoaço que são aplicadas como revestimentos ou sobreposições a superfícies para melhorar sua dureza e resistência ao desgaste, erosão e corrosão.
39. **Granta Material Intelligence** <www.grantadesign.com> Produtora e vendedora de inúmeros produtos e serviços relacionados à fabricação eficiente de dados de propriedade de materiais e softwares para dar apoio à seleção de materiais na indústria e na academia. Está incluso o software de seleção de materiais CES EduPack que utiliza conceitos desenvolvidos pelo professor Michael F. Ashby.
40. **WorldAutoSteel** <www.worldautosteel.org> O grupo automotivo da World Steel Association promove e difunde a habilidade única do aço de ir ao

encontro das necessidades e desafios da indústria automotiva de um modo que preza pela sustentabilidade e responsabilidade ambiental. Responsável pela publicação das *Advanced High Strength Steel Application Guidelines*, disponíveis para download no site.

PROBLEMAS

1. Defina *resistência máxima à tração*.
2. Defina *ponto de escoamento*.
3. Defina *tensão de escoamento* e explique como ela é mensurada.
4. Quais tipos de material teriam um ponto de escoamento?
5. Qual a diferença entre limite proporcional e limite elástico?
6. Defina a *Lei de Hooke*.
7. Qual propriedade de um material é a medida de sua dureza?
8. Qual propriedade de um material é a medida de sua ductilidade?
9. Se um material é descrito como tendo um alongamento percentual de 2% e um comprimento de calibre de 2,00 pol, ele é dúctil?
10. Defina o *coeficiente de Poisson*.
11. Se um material tem um módulo de elasticidade à tração de 114 GPa e o coeficiente de Poisson é de 0,33, qual é o seu módulo de elasticidade no cisalhamento?
12. Um material é descrito como tendo uma dureza Brinell de 525. Qual é a sua dureza aproximada na escala Rockwell C?
13. Um aço é descrito como tendo uma dureza Brinell de 450. Qual é a sua resistência à tração aproximada?

Para os problemas 14 a 17, explique o que está errado em cada afirmação.

14. "Após o recozimento, o braquete de aço tem uma dureza Brinell de 750."
15. "A dureza daquele eixo de aço é HRB 120."
16. "A dureza daquela fundição de bronze é HRC 12."
17. "Com base no fato de que esta placa de alumínio tem uma dureza HB 150, sua resistência à tração é de aproximadamente 75 ksi."
18. Cite dois ensaios usados para medir a energia de impacto.
19. Quais são os principais constituintes dos aços?
20. Quais são os principais elementos de liga do aço SAE 4340?
21. Qual a quantidade de carbono do aço SAE 4340?
22. Qual é o teor de carbono típico de um aço de baixo carbono? E de um aço de médio carbono? E de um aço de alto carbono?
23. Qual a quantidade de carbono que um aço para rolamento normalmente contém?
24. Qual a principal diferença entre o aço SAE 1213 e o SAE 12L13?
25. Cite quatro materiais que são comumente usados para eixos.
26. Cite quatro materiais que são normalmente usados para engrenagens.
27. Descreva as propriedades desejáveis para as pás de uma cavadeira articulada e sugira um material adequado.
28. O Apêndice 3 lista o SAE 5160 OQT 1000. Descreva a composição básica desse material, como ele foi processado e suas propriedades em relação a outros aços listados na tabela.
29. Se a lâmina de uma pá é feita a partir do aço SAE 1040, você recomendaria o endurecimento por chama para fornecer à sua extremidade uma dureza de superfície de HRC 40? Explique.
30. Descreva as diferenças entre o endurecimento integral e a cementação.
31. Descreva o processo de endurecimento por indução.
32. Cite 10 aços usados para cementação. Qual é o teor de carbono aproximado deles antes da cementação?
33. Quais tipos de aço inoxidável são não magnéticos?
34. Qual é o principal elemento de liga que fornece ao aço inoxidável resistência à corrosão?
35. De quais materiais é feita uma típica viga de abas largas?
36. No que se refere aos aços estruturais, o que significa o termo *HSLA*? Quais resistências estão disponíveis no aço HSLA?
37. Cite três tipos de ferro fundido.
38. Descreva os seguintes materiais de ferro fundido, de acordo com o tipo, resistência à tração, tensão de escoamento, ductilidade e dureza:
ASTM A48, classe 30
ASTM A536, classe 100-70-03
ASTM A47, classe 32510
ASTM A220, classe 70003
39. Descreva o processo de fabricação de peças a partir de metais em pó.
40. Quais propriedades são típicas em peças feitas a partir de liga de zinco fundida Zamak 3?

41. Quais são os usos comuns dos aços-ferramenta do Grupo D?
42. O que representa o sufixo *O* no alumínio 6061-O?
43. O que representa o sufixo *H* no alumínio 3003-H14?
44. O que representa o sufixo no alumínio 6061-T6?
45. Cite a liga de alumínio (e a condição) que tem a resistência mais alta dentre aquelas listadas no Apêndice 9.
46. Cite uma das ligas de alumínio mais versáteis para usos estruturais e mecânicos.
47. Cite três usos típicos para as ligas de titânio.
48. Qual é o principal constituinte do bronze?
49. Descreva o bronze que tem a designação UNS C86200.
50. Cite dois usos típicos do bronze no projeto de máquinas.
51. Descreva a diferença entre plásticos termofixos e termoplásticos.
52. Sugira um material plástico adequado para cada um dos seguintes usos:
    a. Engrenagens
    b. Capacetes de futebol-americano
    c. Escudo transparente
    d. Armação estrutural
    e. Tubulação
    f. Rodas
    g. Comutador elétrico, peça estrutural
53. Cite oito fatores sobre os quais o projetista tem controle ao especificar um material compósito.
54. Defina o termo *compósito*.
55. Cite quatro resinas de base usadas com frequência para materiais compósitos.
56. Cite quatro tipos de fibras de reforço usadas para materiais compósitos.
57. Cite três tipos de materiais compósitos usados para equipamentos esportivos, como raquetes de tênis, tacos de golfe e esquis.
58. Cite três tipos de materiais compósitos usados para aeronaves e estruturas aeroespaciais.
59. Qual resina de base e qual reforço são normalmente usados para o composto de moldagem de chapa (SMC)?
60. Para quais aplicações os compostos de moldagem de chapa são usados?
61. Descreva seis formas em que as fibras de reforço são produzidas.
62. Descreva o *processamento por via úmida* de materiais compósitos.
63. Descreva os *materiais pré-impregnados*.
64. Descreva o processo de produção de compostos de moldagem de chapa.
65. Descreva a *pultrusão* e liste quatro perfis produzidos por esse processo.
66. Descreva *enrolamento de filamentos* e quatro tipos de produtos feitos por esse processo.
67. Defina a expressão *resistência específica* no contexto de aplicação a materiais estruturais.
68. Defina a expressão *dureza específica* no contexto de aplicação a materiais estruturais.
69. Discuta as vantagens dos materiais compósitos relacionados aos metais, no que se refere à resistência específica e à dureza específica.
70. Compare a resistência específica do aço laminado a quente SAE 1020 com as do aço SAE 5160 OQT 700, das duas ligas de alumínio 6061-T6 e 7075-T6 e do titânio Ti-6Al-4V.
71. Compare a dureza específica do aço laminado a quente SAE 1020 com as do aço SAE 5160 OQT 700, das duas ligas de alumínio 6061-T6 e 7075-T6 e do titânio Ti-6Al-4V.
72. Compare as resistências específicas de cada um dos cinco materiais compósitos mostrados na Figura 2.23 com as do aço laminado a quente SAE 1020.
73. Compare a dureza específica de cada um dos cinco materiais compósitos mostrados na Figura 2.23 com a do aço laminado a quente SAE 1020.
74. Descreva, de modo geral, a construção de um material compósito identificado como [0/+30/−30/90].
75. Liste e discuta seis diretrizes de projeto para a aplicação de materiais compósitos.
76. Por que é desejável formar um material compósito em camadas ou com o ângulo de orientação de diferentes camadas em diferentes direções?
77. Por que é desejável formar um elemento estrutural compósito com camadas relativamente estreitas de material compósito mais resistente sobre um núcleo de espuma leve?
78. Descreva por que o envolvimento simultâneo da engenharia e da fabricação inicial são importantes quando se está projetando peças feitas de materiais compósitos.
79. Descreva um material PMC.
80. Descreva um material MMC.
81. Descreva um material CMC.

Problemas 82 a 90. Para compósitos feitos com o material da matriz dado e as fibras de reforço, qual das três classificações de compósitos mencionadas nos Problemas 79, 80 e 81 está presente?

	Material da matriz	Material de reforço
82.	PEEK	Carbono
83.	SiC	LAS

84.	C	C
85.	Mg	SiC
86.	PPS	C
87.	SiC	CAS
88.	Al	B
89.	PI	Vidro
90.	Epóxi	Aramida

91. Recomende um tipo de compósito e materiais para uma aplicação de alto desempenho, como uma componente estrutural de aeronave.
92. Recomende um tipo de compósito, materiais e método de processamento para uma aplicação de alto volume com baixo custo por peça.
93. Cite qual a escolha predominante de tipo de compósito e materiais para aplicações de baixo custo.

Problemas 94 a 96. Para as especificações dadas para um compósito do tipo laminado, descreva as camadas.

94. $[0/\pm 45/\pm 30]_s$
95. $[90_3/\pm 45/0_2]_s$
96. $[0_4/90_2/\pm 30/0_2/90/\pm 60/0_2]$
97. Descreva um nanômetro.
98. Descreva um CNT.
99. Descreva como os CNTs são usados em um MMNC e quais benefícios podem ser esperados, em comparação a um MMC.
100. Descreva como os CNTs são usados em um CMNC e quais benefícios podem ser esperados, em comparação a um CMC.

PROBLEMAS COMPLEMENTARES

1. Liste o valor aproximado do coeficiente de Poisson para os seguintes materiais: (a) aço carbono e de liga; (b) alumínio; (c) chumbo; (d) ferro fundido cinzento; (e) concreto; (f) elastômeros.
2. Descreva e compare os métodos de medição da resistência de flexão e módulo de flexão para plásticos rígidos utilizando o método de flexão de 3 pontos e o método de flexão de 4 pontos.
3. Liste cinco tipos de desgaste.
4. Cite quatro tipos de aço carbono e de liga comumente usados para perfis comercialmente disponíveis.
5. Cite dois tipos de aço inoxidável comumente usados para perfis comercialmente disponíveis.
6. Cite quatro tipos de ligas de alumínio comumente usados para perfis comercialmente disponíveis.
7. Cite três organizações norte-americanas cujos nomes são comumente usados em designações para aços utilizados em projeto de máquinas.
8. Cite a principal organização norte-americana responsável por atribuir as designações de ligas de alumínio.
9. Um projetista norte-americano especifica o aço SAE 4140 para uma componente de máquina. Cite a designação da liga, se a mesma componente tivesse de ser produzida: (a) na Alemanha; (b) no Reino Unido; (c) na União Europeia; (d) na China; (e) no Japão.
10. Refaça o Problema 9 para o aço SAE 1045.
11. Refaça o Problema 9 para o aço inoxidável SAE 430.
12. Refaça o Problema 9, partes a–c, para a liga de alumínio 7075.
13. Liste quatro líquidos usados como meios de resfriamento durante as operações de tratamento térmico.
14. Descreva o processo de granalhagem e os benefícios de usá-lo.
15. Liste quatro aços fundidos de liga e carbono usados em aplicações gerais.
16. Liste quatro aços fundidos de liga e carbono usados em peças que devem manter fluidos pressurizados.
17. Descreva o material de fundição chamado *CADI* e liste quatro aplicações típicas.
18. Descreva o material de fundição chamado *ferro branco* e liste quatro aplicações típicas.
19. Descreva o procedimento de *prensa e sínter* para a produção de componentes de máquinas a partir da tecnologia da metalurgia dos pós.
20. Descreva o procedimento de *pressão isostática* para a produção de componentes de máquinas a partir da tecnologia da metalurgia dos pós.
21. Descreva o procedimento de *moldagem por injeção de metal* para a produção de componentes de máquinas a partir da tecnologia da metalurgia dos pós.
22. Descreva o procedimento *forjamento de pó* para a produção de componentes de máquinas a partir da tecnologia da metalurgia do pó.
23. Liste quatro designações de ligas de aço sinterizado e indique seu valor de resistência à tração em condição termicamente tratada.
24. Liste designações de metais em pó para os seguintes tipos de metal e indique seu valor de resistência à tração: (a) prata-níquel; (b) bronze; (c) cobre; (d) alumínio.

25. Indique qual o limite de dimensão típico de uma peça, para peças de metal em pó.
26. Liste ao menos duas ligas fundidas de alumínio em cada uma das séries: 200, 300, 400, 500, 700 e 800.
27. Cite três ligas forjadas de alumínio com objetivos gerais.
28. Cite a liga fundida de zinco mais amplamente usada e indique seu valor típico de resistência à tração.
29. Cite as três ligas de zinco *ZA* mais amplamente usadas e descreva o significado do *A* no seu nome. Para cada liga nomeada, indique seu valor típico de resistência à tração.
30. Dê as duas principais razões para especificar ligas à base de níquel para uma componente de máquina.
31. Especifique ao menos uma liga de latão ou bronze para as seguintes aplicações: (a) rolamentos; (b) engrenagens; (c) peças de tornos automáticos; (d) ferragens náuticas; (e) carcaças de bombas; (f) peças de aeronaves.
32. Descreva as condições para as ligas de cobre designadas como: (a) *H04*; (b) *H02*; (c) *H01*; (d) *H08*.
33. Descreva o que significa a designação de revenimento *TD*.
34. Usando a Figura 2.18, descreva o efeito do grau de trabalho a frio entre 10 e 40% nas propriedades das ligas de latão.
35. Liste as seis classificações gerais de materiais que os projetistas podem especificar para componentes de máquinas.
36. Dê três exemplos de materiais híbridos.
37. Usando a Figura 2.32, categorize as seguintes classificações gerais de materiais no que diz respeito à sua resistência: (a) materiais naturais (madeira, borracha); (b) cerâmicas; (c) polímeros; (d) metais; (e) cortiça; (f) espumas; (g) compósitos; (h) elastômeros.
38. Usando a Figura 2.32, categorize as seguintes classificações gerais de materiais no que diz respeito à sua rigidez, conforme indicado pelo seu módulo de Young: (a) materiais naturais (madeira, borracha); (b) cerâmicas; (c) polímeros; (d) metais; (e) cortiça; (f) espumas; (g) compósitos; (h) elastômeros.
39. Usando a Figura 2.32, categorize as seguintes classificações gerais de materiais no que diz respeito à sua densidade: (a) materiais naturais (madeira, borracha); (b) cerâmicas; (c) polímeros; (d) metais; (e) cortiça; (f) espumas; (g) compósitos; (h) elastômeros.
40. Compare as três listas geradas nos problemas 37, 38 e 39.

TAREFAS NA INTERNET

1. Use o site da Matweb para determinar ao menos três materiais apropriados para o projeto de um eixo. É preferível um aço de liga com uma tensão de escoamento mínima de 150 ksi (1035 MPa) e uma boa ductilidade, assim como representado por um alongamento de 10% ou mais.
2. Use o site da Matweb para determinar ao menos três materiais plásticos apropriados para usar como came. Os materiais devem ter propriedades de boa resistência e elevada tenacidade.
3. Use o site da DuPont Plastics para determinar ao menos três materiais plásticos apropriados para usar como came. Os materiais devem ter propriedades de boa resistência e elevada tenacidade.
4. Use o site da DuPont Plastics para determinar ao menos três materiais plásticos apropriados para usar como carcaça para um produto industrial. São exigidas resistência moderada e rigidez e tenacidade elevadas.
5. Use o site da Alcoa para determinar ao menos três ligas de alumínio apropriadas para uma componente mecânica que requeira resistência mecânica moderada, boa usinabilidade e boa resistência à corrosão.
6. Use o site da Interzinc para determinar ao menos três ligas fundidas de zinco apropriadas para uma componente estrutural que requeira boa resistência e que seja recomendada para fundição sob pressão.
7. Use o site da Copper Development Association para recomendar aos menos três ligas de cobre para uma engrenagem sem-fim. São desejáveis boa resistência e ductilidade, junto a boas propriedades de desgaste.
8. Use o site da Copper Development Association para recomendar aos menos três ligas de cobre para uma aplicação de rolamento. São exigidas resistência moderada e boas propriedades de atrito e desgaste.
9. Localize a descrição do aço estrutural, Norma ASTM A992, que é comumente usada para perfis de viga de aço laminado. Determine como adquirir uma cópia dessa norma.

CAPÍTULO 03

ANÁLISE DE TENSÃO E DEFORMAÇÃO

Sumário

Visão geral
Você é o projetista
3.1 Objetivos
3.2 Filosofia de um projeto seguro
3.3 Tensões representadas em um elemento de tensão
3.4 Tensões diretas: tração e compressão
3.5 Deformação sob carregamento axial direto
3.6 Tensão de cisalhamento direta
3.7 Relações entre torque, potência e velocidade de rotação
3.8 Tensão de cisalhamento torcional
3.9 Deformação torcional
3.10 Torção em membros que têm seções transversais não circulares
3.11 Torção em tubos fechados de paredes finas
3.12 Tubos abertos e uma comparação com tubos fechados
3.13 Tensão de cisalhamento vertical
3.14 Fórmulas especiais de tensão de cisalhamento
3.15 Tensão decorrente de flexão
3.16 Centro de flexão em vigas
3.17 Deflexões de vigas
3.18 Equações para perfil de viga defletida
3.19 Vigas com momentos fletores concentrados
3.20 Tensões normais combinadas: princípio da superposição
3.21 Concentrações de tensões
3.22 Vigas curvas
3.23 Sensibilidade ao entalhe e fator de redução da resistência

Visão geral

Tópicos de discussão

- Como projetista, você é responsável pela segurança dos componentes e sistemas que você projeta.
- Você deve aplicar seu conhecimento prévio dos princípios de resistência dos materiais.

Descubra

Como falham as máquinas e os produtos de consumo?
Descreva algumas falhas de produtos que você já tenha visto.

> Este capítulo apresenta uma breve revisão dos fundamentos da análise de tensão. Ele o ajudará a projetar produtos que não falham, e irá prepará-lo para tópicos posteriores deste livro.

O projetista é responsável pela segurança de componentes e sistemas que ele projeta. Muitos fatores afetam a segurança, mas um dos aspectos mais críticos da segurança do projeto é o de que o nível de tensão ao qual um componente de máquina é submetido deve ser seguro, sob condições razoavelmente previsíveis. Esse princípio indica, é claro, que nada realmente se quebra. A segurança também pode ser comprometida se for permitido aos componentes se defletirem excessivamente, mesmo que nada se quebre.

Você já estudou os princípios de resistência dos materiais, então já pode aprender os fundamentos da análise de tensão. Desse modo, nesse momento, você deve ser capaz de analisar os membros sob carregamento para tensão e deflexão decorrentes de tração direta e cargas compressivas, cisalhamento direto, cisalhamento torcional e flexão.

Agora, pense nas máquinas e produtos de consumo que lhe são familiares, e tente explicar como eles *podem falhar*. É claro que não esperamos que eles falhem, porque a maioria desses produtos é bem projetada. Mas alguns falham. Você se lembra de algum? Como eles falharam? Quais eram as condições de operação quando eles falharam? Qual era o material dos componentes que falharam? Você consegue imaginar e descrever os tipos de carga que foram colocados sobre os componentes que falharam? Eles foram submetidos a flexão, tração, compressão, cisalhamento ou torção? Pode ter havido mais de um tipo de tensão agindo ao mesmo tempo? Há evidências de sobrecargas acidentais? Essas cargas deveriam ter sido previstas pelo projetista? A falha pode ter sido decorrente tanto da fabricação quanto do projeto?

Converse sobre as falhas de máquinas e produtos com seus colegas e seu instrutor. Leve em conta peças de seu carro, eletrodomésticos, equipamentos de jardinagem ou outros equipamentos com os quais você já tenha trabalhado. Se possível, traga componentes com falhas às suas reuniões com seus colegas e discuta sobre esses componentes e suas falhas.

A maior parte deste livro enfatiza o desenvolvimento de métodos especiais para análise e projeto de elementos de máquina. Esses métodos são todos baseados nos fundamentos da análise de tensão, e pressupõe-se que você tenha conhecimentos prévios em resistência de materiais. Este capítulo apresenta um breve resumo desses fundamentos. (Ver referências 2–4.)

Capítulo 3 • Análise de tensão e deformação 101

⚙️ Você é o projetista

Você é o projetista de um guindaste que pode ser usado em uma oficina automotiva, em uma fábrica ou em uma unidade móvel, como a plataforma de um caminhão. Sua função é erguer cargas pesadas. A representação esquemática de uma configuração possível do guindaste é mostrada na Figura 3.1. Ele é composto de quatro membros primários sob carregamento, indicados como 1, 2, 3 e 4. Esses membros são conectados entre si com juntas do tipo "pino" em A, B, C, D, E e F. A carga é aplicada na extremidade da barra horizontal, no membro 3. Os pontos de apoio para o guindaste são assegurados nas juntas A e B que carregam as cargas do guindaste para uma estrutura rígida. Observe que se trata de uma representação simplificada do guindaste que exibe apenas os componentes estruturais primários e as forças no plano da carga aplicada. O guindaste também necessitaria de membros de estabilidade no plano perpendicular ao desenho.

Você precisa analisar os tipos de força empregados em cada um dos membros sob carregamento antes de projetá-los. Isso requer o uso dos princípios de estática, sobre os quais você já deve ter domínio. A discussão a seguir oferece uma revisão de alguns dos princípios básicos que serão necessários neste curso.

Seu trabalho como projetista deve ser seguir os seguintes passos:

1. Analise as forças que são empregadas em cada um dos membros sob carregamento utilizando os princípios da estática.
2. Identifique os tipos de tensão a que cada membro está sujeito pelas forças aplicadas.
3. Sugira um perfil geral para cada membro sob carregamento e o material a partir do qual cada um deverá ser feito.
4. Complete a análise de tensão para cada membro a fim de determinar suas dimensões finais.

Agora vamos explorar os passos 1 e 2 como uma revisão de estática. Você melhorará suas habilidades para prosseguir com os passos 3 e 4 ao resolver diversas amostras de problemas neste capítulo e nos capítulos 4 e 5 por meio da revisão da resistência dos materiais e pela soma das competências que se baseiam nesse fundamento.

Análise de força

Uma abordagem da análise de força é delineada aqui.

1. Considere a estrutura total do guindaste como um corpo livre, sendo a força aplicada atuante no ponto G e as reações atuantes nos pontos de apoio A e B. Veja a Figura 3.2, que mostra essas forças e importantes dimensões da estrutura do guindaste.

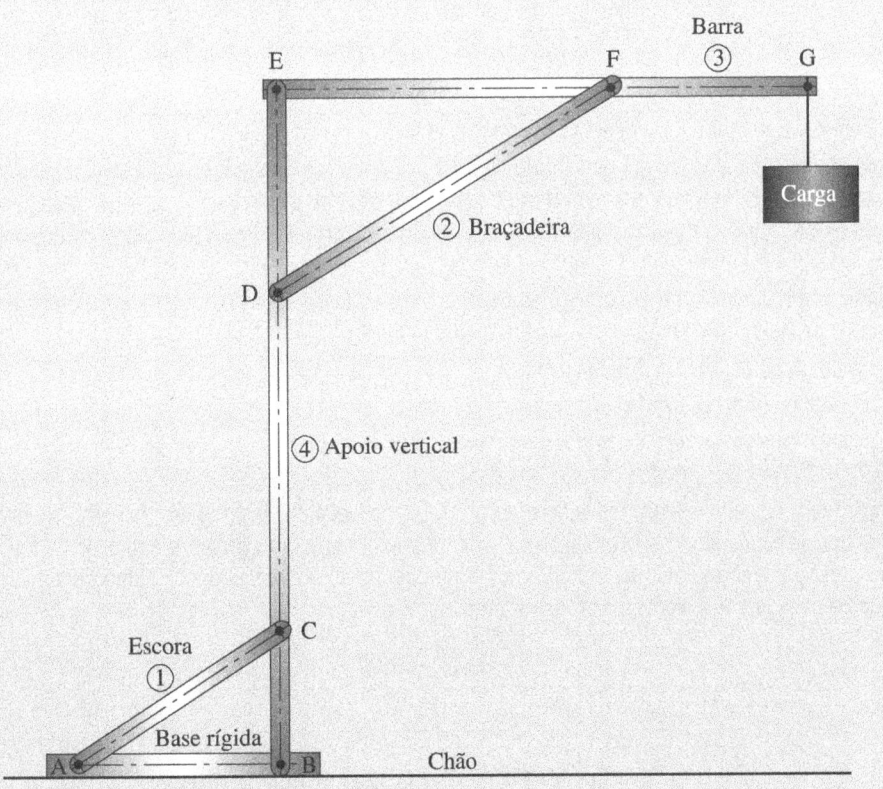

▲ **FIGURA 3.1** Representação esquemática de um guindaste.

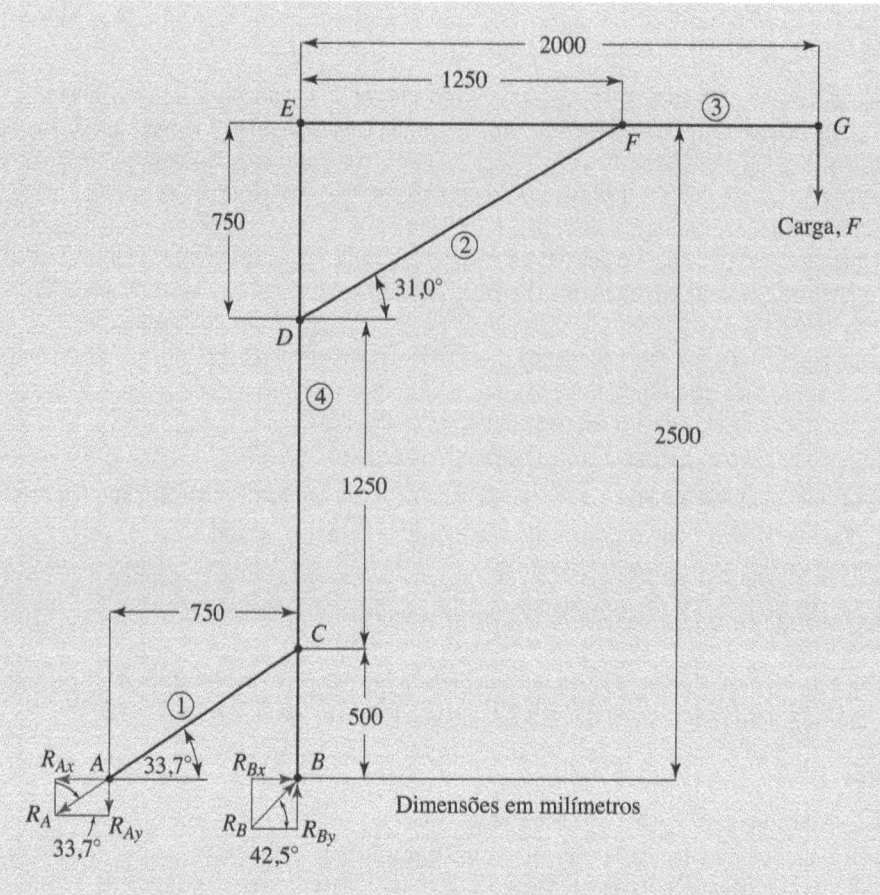

Forças de reação nos apoios A e B

▲ FIGURA 3.2 Diagrama de corpo livre da estrutura completa do guindaste.

2. Seccione essa estrutura de modo que cada membro seja representado como um diagrama de corpo livre, exibindo todas as forças que atuam em cada junta. Veja o resultado na Figura 3.3.
3. Faça uma análise das magnitudes e direções de todas as forças.

Os comentários feitos aqui resumem os métodos utilizados na análise de estática e relatam os resultados. Você deve explorar os detalhes da análise, sozinho e com seus colegas, para garantir que possa realizar tais cálculos. Todas as forças são diretamente proporcionais à força aplicada F. Os resultados serão mostrados com um valor pressuposto de $F = 10,0$ kN (aproximadamente 2250 lb).

Passo 1: As juntas em pino em A e B podem oferecer apoio em qualquer direção. Mostramos os componentes x e y das reações na Figura 3.2. Então, proceda da seguinte maneira:
  1. Some os momentos em B para encontrar
     $R_{Ay} = 2,667\ F = 26,67$ kN
  2. Some as forças na direção vertical para encontrar
     $R_{By} = 3,667\ F = 36,67$ kN.

Nesse momento, precisamos reconhecer que a escora AC é conectada por um pino em cada extremidade e carrega cargas somente nessas extremidades. Portanto, trata-se de um membro de duas forças, e a direção da força total, R_A, atua juntamente ao próprio membro. Então R_{Ay} e R_{Ax} são os componentes retangulares de R_A, como demonstrado na parte de baixo e à esquerda da Figura 3.2. Podemos dizer, portanto, que

$$\operatorname{tg}(33,7°) = R_{Ay}/R_{Ax}$$

e então

$$R_{Ax} = R_{Ay}/\operatorname{tg}(33,7°) = 26,67\text{ kN}/\operatorname{tg}(33,7°) = 40,0\text{ kN}$$

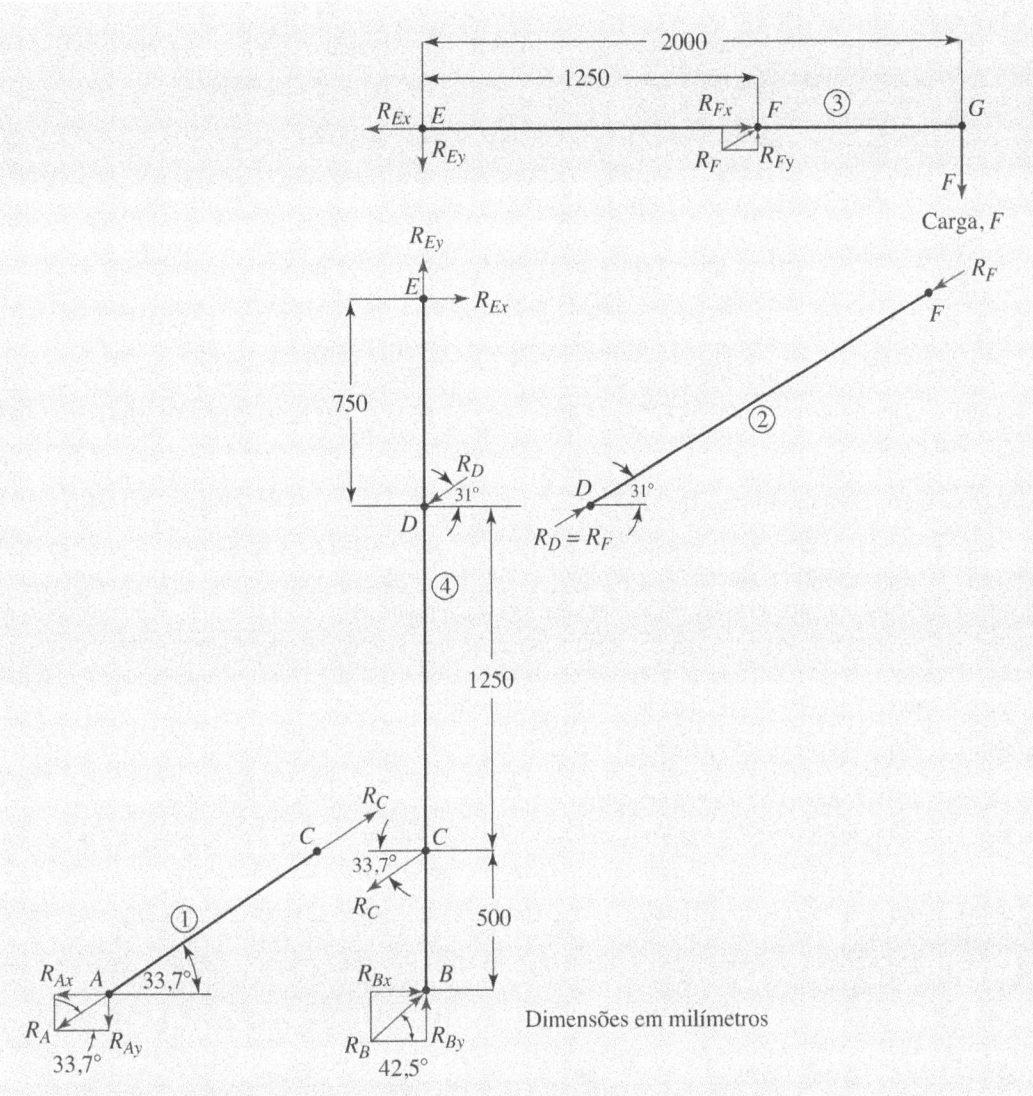

▲ **FIGURA 3.3** Diagramas de corpo livre de cada componente do guindaste.

A força total, R_A, pode ser calculada a partir do teorema de Pitágoras.

$$R_A = \sqrt{R_{Ax}^2 + R_{Ay}^2} = \sqrt{(40,0)^2 + (26,67)^2} = 48,07 \text{ kN}$$

Essa força atua juntamente à escora AC, a um ângulo de 33,7° acima da horizontal, e essa é a força que tende a cisalhar o pino da junta A. A força em C sobre a escora AC também é de 48,07 kN atuando para cima, à direita, para equilibrar R_A sobre o membro de duas forças, como demonstra a Figura 3.3. O membro AC está, portanto, em pura tensão.

Agora, podemos usar a soma das forças na horizontal em toda a estrutura para mostrar que $R_{Ax} = R_{Bx} = 40,0$ kN. O valor resultante de R_{Bx} e R_{By} é 54,3 kN, atuando em um ângulo de 42,5° acima da horizontal, e essa é a força de cisalhamento total no pino da junta B. Veja o diagrama na parte de baixo e à direita da Figura 3.2.

Passo 2: O conjunto de diagramas de corpo livre é demonstrado na Figura 3.3.

Passo 3: Agora, considere os diagramas de corpo livre de todos os membros da Figura 3.3. Nós já discutimos o membro 1, reconhecendo-o como um membro de duas forças em tensão que suporta as forças R_A e R_C iguais a 48,07 kN. A reação a R_C atua no membro vertical 4.

Agora, observe que o membro 2 também é um membro de duas forças, mas ele está em compressão, em vez de em tração. Sabemos, portanto, que as forças nos pontos D e F são iguais e que elas atuam alinhadas com o membro 2, a 31,0° em relação à horizontal. Assim, as reações a essas forças atuam no ponto D sobre o apoio vertical, membro 4, e sobre o ponto

F na barra horizontal, membro 3. Podemos encontrar o valor de *RF* considerando o diagrama de corpo livre do membro 3. Você deve ser capaz de verificar os resultados a seguir, utilizando os métodos já demonstrados.

$$R_{Fy} = 1{,}600\,F = (1{,}600)(10{,}0 \text{ kN}) = 16{,}00 \text{ kN}$$
$$R_{Fx} = 2{,}667\,F = (2{,}667)(10{,}0 \text{ kN}) = 26{,}67 \text{ kN}$$
$$R_F = 3{,}110\,F = (3{,}110)(10{,}0 \text{ kN}) = 31{,}10 \text{ kN}$$
$$R_{Ey} = 0{,}600\,F = (0{,}600)(10{,}0 \text{ kN}) = 6{,}00 \text{ kN}$$
$$R_{Ex} = 2{,}667\,F = (2{,}667)(10{,}0 \text{ kN}) = 26{,}67 \text{ kN}$$
$$R_E = 2{,}733\,F = (2{,}733)(10{,}0 \text{ kN}) = 27{,}33 \text{ kN}$$

Agora, todas as forças no membro vertical 4 são conhecidas a partir de análises prévias por meio do princípio da ação-reação em cada junta.

Tipos de tensão em cada membro

Considere novamente os diagramas de corpo livre na Figura 3.3 para visualizar os tipos de tensão que são criados em cada membro. Isso conduzirá ao uso de tipos especiais de análise de tensão enquanto o processo de projeto é completado. Os membros 3 e 4 suportam forças perpendiculares aos seus eixos longos e, portanto, atuam como vigas em flexão. A Figura 3.4 mostra esses membros com os diagramas adicionais de força de cisalhamento e momento fletor. Você deve ter aprendido a fazer diagramas como esses no estudo de resistência de materiais, pois eles constituem um pré-requisito do conteúdo. A seguir, é apresentado um resumo dos tipos de tensão em cada membro.

Membro 1: A escora está em tração pura.

Membro 2: A braçadeira está em compressão pura. A flambagem da coluna deve ser verificada.

Membro 3: A barra atua como uma viga em flexão. A extremidade à direita, entre *F* e *G*, está sujeita à tensão de flexão e à tensão de cisalhamento vertical. Entre *E* e *F* há flexão e cisalhamento combinados com a tensão de tração axial.

Membro 4: O apoio vertical experimenta um conjunto complexo de tensões que dependem do segmento considerado, como descrito aqui.

Entre *E* e *D*: tensão de flexão, tensão de cisalhamento vertical e tensão axial combinadas.

(a) Membro 3 — Barra horizontal

(b) Membro 4 — Apoio vertical

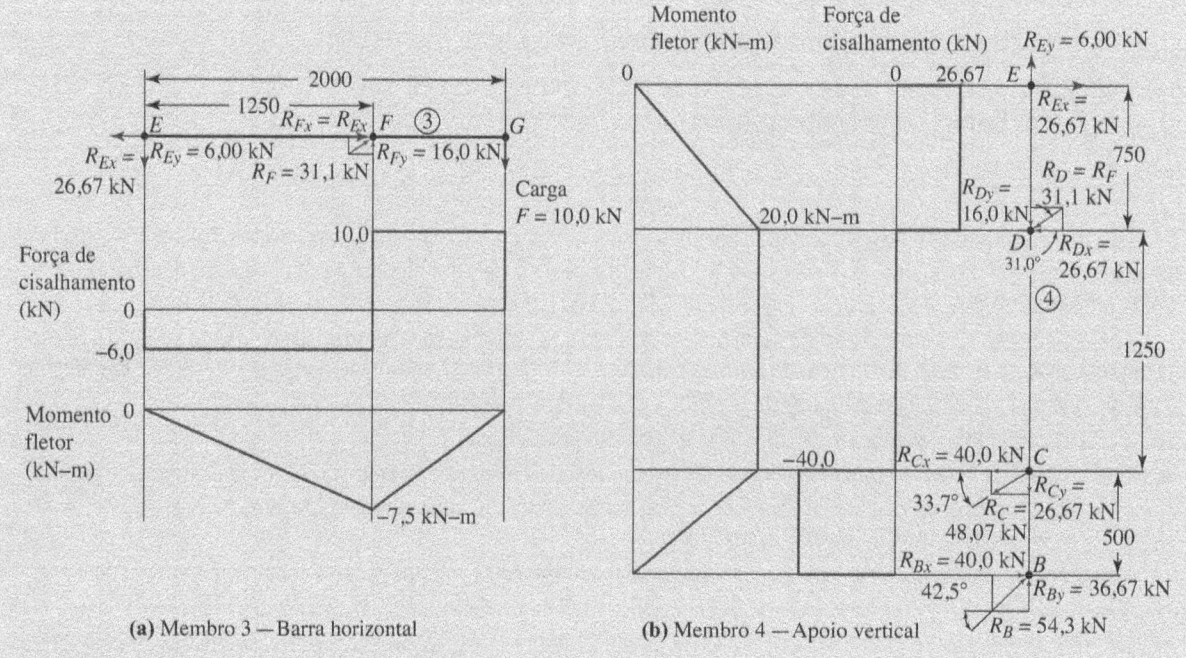

▲ **FIGURA 3.4** Diagramas de força de cisalhamento e momento fletor para os membros 3 e 4.

> Entre *D* e *C*: Tensão de flexão e compressão axial combinadas.
>
> Entre *C* e *B*: Tensão de flexão, tensão de cisalhamento vertical e compressão axial combinadas.
>
> *Juntas em pino*: as conexões entre os membros em cada junta devem ser projetadas para resistir à força de reação total que atua em cada um, calculada na análise prévia. Em geral, cada conexão provavelmente incluirá um pino cilíndrico que conecta as duas peças. Normalmente, o pino estará em cisalhamento direto.

3.1 OBJETIVOS

Ao final deste capítulo, você:
1. Terá feito uma revisão dos princípios da análise de tensão e deformação para diversos tipos de tensões, incluindo:

    Compressão e tração direta

    Cisalhamento direto

    Cisalhamento torcional tanto para as seções circulares quanto para as não circulares

    Tensões de cisalhamento vertical em vigas

    Flexão
2. Será capaz de interpretar a natureza da tensão em um ponto, delineando o elemento de tensão em qualquer ponto de um membro sob carregamento, para uma variedade de tipos de carga.
3. Terá revisto a importância do *centro de flexão* da seção transversal de uma viga no que se refere ao alinhamento das cargas nas vigas.
4. Terá feito uma revisão das fórmulas de deflexão de vigas.
5. Será capaz de analisar padrões de carregamento de vigas que produzem mudanças bruscas na magnitude do momento fletor da viga.
6. Será capaz de usar o princípio da sobreposição para analisar os elementos de máquina sujeitos a padrões de carregamento que produzem tensões combinadas.
7. Será capaz de aplicar, de maneira adequada, os fatores de concentração de tensão na análise de tensão.

3.2 FILOSOFIA DE UM PROJETO SEGURO

Neste livro, a abordagem de cada projeto garantirá que o nível de tensão esteja abaixo da ruptura em materiais dúcteis, automaticamente garantindo que a peça não quebre sob uma carga estática. Para materiais frágeis, garantiremos que os níveis de tensão estejam bem abaixo da resistência máxima à tração. Além disso, analisaremos a deflexão onde ela é crítica à segurança ou ao desempenho de uma peça.

Duas outras falhas que se aplicam a membros de máquinas são a fadiga e o desgaste. A *fadiga* é a resposta de uma peça submetida a repetidas cargas (ver Capítulo 5). O *desgaste* é discutido nos capítulos dedicados aos elementos de máquina, como engrenagens, rolamentos e correntes, para os quais ele representa uma preocupação maior.

3.3 TENSÕES REPRESENTADAS EM UM ELEMENTO DE TENSÃO

Um dos objetivos principais da análise de tensão é determinar *o ponto* em que um membro sob carregamento é submetido ao nível mais alto de tensão. Você deve desenvolver a habilidade de visualizar, a partir do membro, o *elemento de tensão*, um simples cubo, infinitamente pequeno, em uma área altamente tensionada, e de mostrar os vetores que representam os tipos de tensão que existem naquele elemento. A orientação do elemento de tensão é crucial, e deve estar alinhada com eixos específicos no membro, normalmente chamados de *x*, *y* e *z*.

A Figura 3.5 mostra três exemplos de elementos de tensão com três tipos fundamentais básicos de tensão: tração, compressão e cisalhamento. São mostrados os elementos de tensão tanto para o cubo tridimensional completo quanto para o quadrado bidimensional simplificado. O quadrado é uma face do cubo em um plano selecionado. Os lados de um quadrado representam as projeções das faces do cubo que são perpendiculares ao plano selecionado. Recomendamos que você visualize a forma do cubo primeiro e então represente o elemento de tensão em um quadrado mostrando tensões em um plano especial de interesse de um determinado problema. Em alguns problemas com mais estados gerais de tensão, dois ou três elementos de tensão do quadrado podem ser solicitados para descrever a condição de tensão completa.

As tensões de compressão e tração, chamadas de *tensões normais*, são demonstradas atuando perpendicularmente a faces opostas ao elemento de tensão. As tensões de tração tendem a puxar o elemento, ao passo que as tensões de compressão tendem a esmagá-lo.

As *tensões de cisalhamento* são criadas por cisalhamento direto, cisalhamento transversal em vigas ou torção. Em cada caso, a ação em um elemento

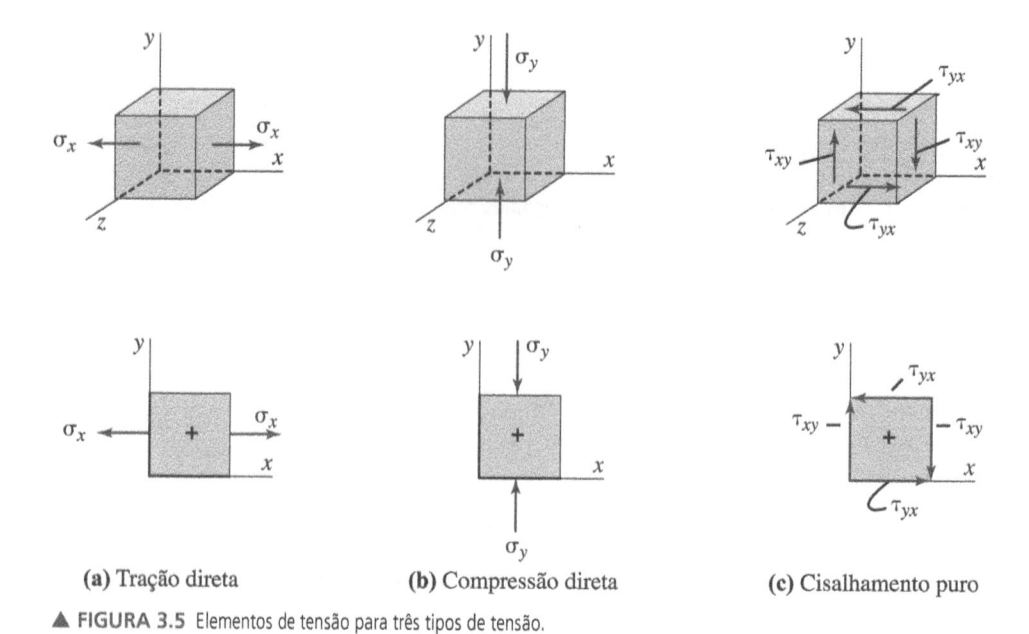

(a) Tração direta **(b)** Compressão direta **(c)** Cisalhamento puro

▲ **FIGURA 3.5** Elementos de tensão para três tipos de tensão.

submetido ao cisalhamento é uma tendência a *cortar* o elemento ao empregar uma tensão para baixo, sobre uma face, enquanto simultaneamente emprega uma tensão para cima, na face paralela oposta. Essa é a ação de uma simples tesoura. Mas observe que, se apenas um par de tensões de uma tesoura atuar em um elemento de tensão, ele não estará em equilíbrio. Em vez disso, tenderá a girar porque o par de tensões da tesoura forma um binário. Para produzir equilíbrio, um segundo par de tensões sobre outras duas faces do elemento deve existir, atuando em uma direção que se oponha ao primeiro par.

Em resumo, as tensões de cisalhamento sobre um elemento sempre serão mostradas como dois pares de tensões iguais agindo sobre (paralelas a) os quatro lados do elemento. A Figura 3.5(c) mostra um exemplo.

Convenção para sinais de tensões de cisalhamento

Este livro adota a seguinte convenção:

Tensões de cisalhamento positivas tendem a rotacionar o elemento em uma direção horária.

Tensões de cisalhamento negativas tendem a rotacionar o elemento em uma direção anti-horária.

Uma forma dupla subscrita é usada para denotar tensões de cisalhamento em um plano. Por exemplo, na Figura 3.5(c), o elemento desenhado no estado plano x–y, o par de tensões de cisalhamento, τ_{xy}, indica uma tensão de cisalhamento atuando na face do elemento que é perpendicular ao eixo x e paralela ao eixo y. Assim, τ_{yx} atua na face que é perpendicular ao eixo y e paralela ao eixo x. Nesse exemplo, τ_{xy} é positiva e τ_{yx} é negativa.

3.4 TENSÕES DIRETAS: TRAÇÃO E COMPRESSÃO

Tensão pode ser definida como a resistência interna oferecida por uma unidade de área de um material a uma carga aplicada externamente. As *tensões normais* (σ) são tanto de *tração* (positivas) quanto de *compressão* (negativas).

Para um membro sob carregamento no qual a carga externa é distribuída uniformemente ao longo da área de seção transversal do membro, a magnitude da tensão pode ser calculada a partir da fórmula de tensão direta:

▶ **Tensão direta de tração ou compressão**

$$\sigma = \text{força/área} = F/A \qquad (3.1)$$

As unidades de tensão são sempre *força por unidade de área*, como fica evidente na Equação 3.1. A seguir, são apresentadas unidades comumente utilizadas do sistema norte-americano habitual e do sistema internacional de medidas:

Unidades de medida do sistema norte-americano	*Unidades de medida do sistema internacional*
lb/pol² = psi	N/m² = pascal = Pa
kips/pol² = ksi	N/mm² = megapascal
Nota: 1,0 kip = 1000 lb	= 10⁶ Pa = MPa
1,0 ksi = 1000 psi	

As condições de uso da Equação 3.1 são as seguintes:

1. O membro sob carregamento deve ser reto.

2. A linha de atuação da carga deve passar através do centroide da seção transversal do membro.
3. O membro deve ter uma seção transversal uniforme, próximo de onde a tensão está sendo calculada.
4. O material deve ser homogêneo e isotrópico.
5. No caso de membros em compressão, o membro deve ser curto para prevenir a flambagem. As condições em que a flambagem é esperada são discutidas no Capítulo 6.

EXEMPLO 3.1	Uma força de tração de 9500 N é aplicada a uma barra redonda de 12 mm de diâmetro, como exibe a Figura 3.6. Calcule as tensões de tração diretas na barra.

$\sigma = 84{,}0$ MPa

Elemento de tensão A

Diâmetro de 12 mm

$F = 9500$ N

Vista lateral

Seção transversal

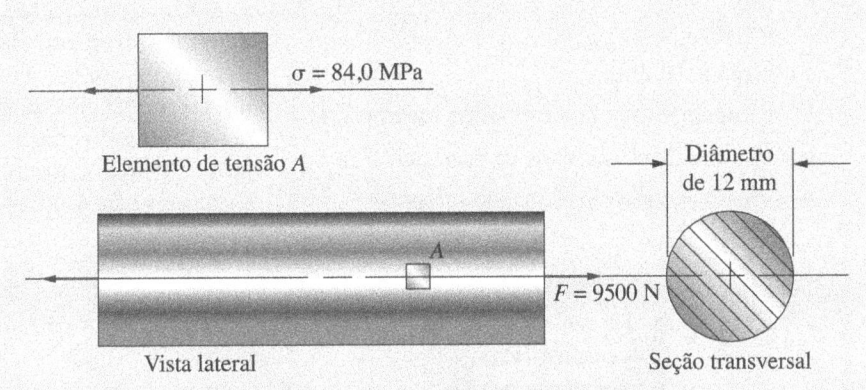

▲ **FIGURA 3.6** Tensão de tração em uma barra redonda.

SOLUÇÃO	Objetivo	Calcular a tensão de tração na barra redonda.
	Dados	Força $= F = 9500$ N; diâmetro $= D = 12$ mm.
	Análise	Use a fórmula de tensão de tração direta, Equação 3.1: $\sigma = F/A$. Calcule a área de seção transversal a partir de $A = \pi D^2/4$.
	Resultados	$A = \pi D^2/4 = \pi(12 \text{ mm})^2/4 = 113 \text{ mm}^2$
		$\sigma = F/A = (9500 \text{ N})/(113 \text{ mm}^2) = 84{,}0 \text{ N/mm}^2 = 84{,}0 \text{ MPa}$
	Comentário	Os resultados são exibidos no elemento de tensão A na Figura 3.6, que pode ser configurado para estar em qualquer lugar nos limites da barra porque, idealmente, a tensão é uniforme em qualquer seção transversal. A forma cuboide do elemento é demonstrada na Figura 3.5(a).

EXEMPLO 3.2	Para a barra redonda submetida à carga de tração demonstrada na Figura 3.6, calcule a deformação total pressupondo que o comprimento original da barra seja de 3600 mm. A barra é feita de aço e tem um módulo de elasticidade de 207 GPa.
SOLUÇÃO	Objetivo	Calcular a deformação da barra.
	Dados	Força $= F = 9500$ N; diâmetro $= D = 12$ mm. Comprimento $= L = 3600$ mm; $E = 207$ GPa
	Análise	No Exemplo 3.1, verificamos que $\sigma = 84{,}0$ MPa. Utilize a Equação 3.3.
	Resultados	$\delta = \dfrac{\sigma L}{E} = \dfrac{(84{,}0 \times 10^6 \text{ N/m}^2)(3600 \text{ mm})}{(207 \times 10^9 \text{ N/m}^2)} = 1{,}46 \text{ mm}$

3.5 DEFORMAÇÃO SOB CARREGAMENTO AXIAL DIRETO

A fórmula a seguir calcula o alongamento decorrente da carga de tração axial direta ou o encurtamento decorrente da carga compressiva axial direta:

$$\delta = FL/EA \quad (3.2)$$

▶ **Deformação decorrente da carga axial direta**

onde δ = deformação total do membro que carrega a carga axial

F = carga axial direta

L = comprimento total original do membro

E = módulo de elasticidade do material

A = área de seção transversal do membro

Observando que $\sigma = F/A$, podemos também calcular a deformação a partir de

$$\delta = \sigma L/E \quad (3.3)$$

3.6 TENSÃO DE CISALHAMENTO DIRETA

A *tensão de cisalhamento direta* ocorre quando a força aplicada tende a cortar o membro, atravessando-o, assim como uma tesoura, ou quando uma punção e uma matriz são usadas para puncionar um *slug* de material proveniente de uma folha. Outro importante exemplo de cisalhamento direto, no projeto de máquinas, é a tendência que uma chaveta tem de ser cortada na seção entre o eixo e o cubo de um elemento de máquina quando ocorre torque de transmissão. A Figura 3.7 mostra essa ação.

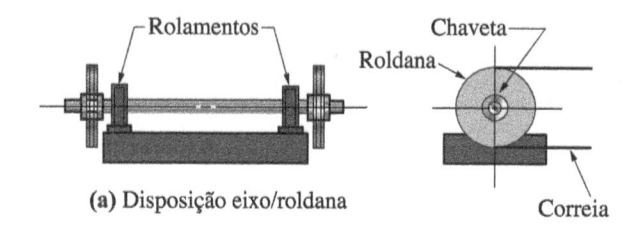

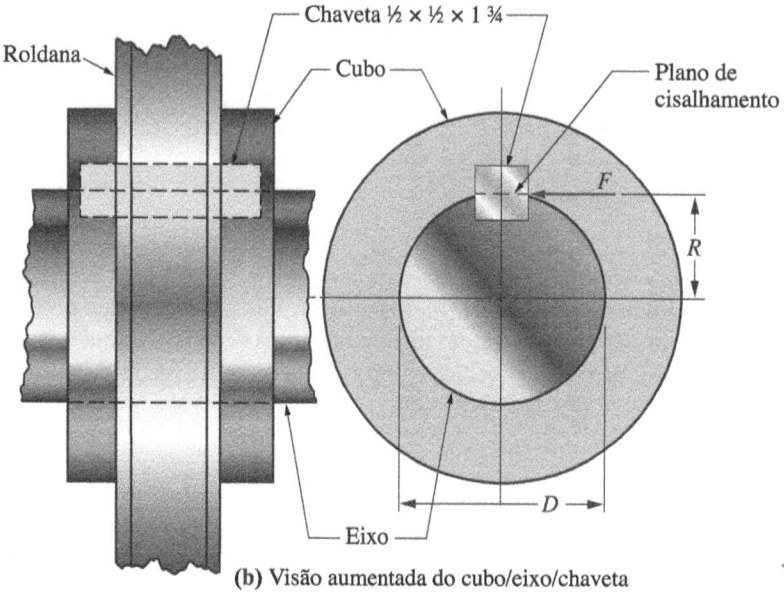

(a) Disposição eixo/roldana

(b) Visão aumentada do cubo/eixo/chaveta

◀ **FIGURA 3.7** Cisalhamento direto em uma chaveta.

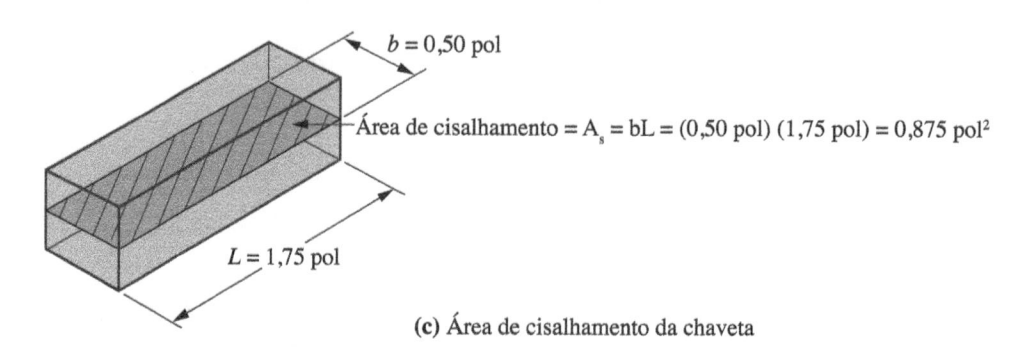

Área de cisalhamento = A_s = bL = (0,50 pol) (1,75 pol) = 0,875 pol²

(c) Área de cisalhamento da chaveta

O método de calcular a tensão de cisalhamento direta é semelhante àquele utilizado para calcular a tensão de tração direta, pois se presume que a força aplicada seja uniformemente distribuída ao longo da seção transversal da peça que resiste à força. Mas o tipo de tensão é aquele *de cisalhamento*, em vez de *normal*. O símbolo usado para a tensão de cisalhamento é a letra grega Tau (τ). Desse modo, a fórmula da tensão de cisalhamento direta pode ser descrita

▶ **Tensão de cisalhamento direta**

$$\tau = \text{força de cisalhamento/área no cisalhamento} = F/A_s \quad (3.4)$$

Essa tensão é mais adequadamente chamada de tensão de *cisalhamento médio*, mas presumiremos, de forma simplificada, que a tensão é distribuída de maneira uniforme, transversalmente à área de cisalhamento.

EXEMPLO 3.3		A Figura 3.7 mostra um eixo carregando duas roldanas que são acopladas ao eixo. A parte (b) mostra que a força F é transmitida do eixo para o cubo da roldana por meio de uma chaveta quadrada. O eixo tem um diâmetro de 2,25 pol e transmite um torque de 14063 lb · pol. A chaveta tem uma seção transversal quadrada, com uma medida de 0,50 pol de lado, e um comprimento de 1,75 pol. Calcule a força sobre a chaveta e a tensão de cisalhamento causada por essa força.
SOLUÇÃO	Objetivo	Calcular a força sobre a chaveta e a tensão de cisalhamento.
	Dados	Representação do eixo, da chaveta e do cubo exibida na Figura 3.7. Torque = T = 14063 lb · pol; dimensões da chaveta = 0,5 × 0,5 × 1,75 pol. Diâmetro do eixo = D = 2,25 pol; raio = $R = D/2$ = 1,125 pol.
	Análise	Torque T = força F × raio R. Então, $F = T/R$. Utilize a Equação 3.4 para calcular a tensão de cisalhamento: $\tau = F/A_s$. A área de cisalhamento é a seção transversal da chaveta sobre a interface entre o eixo e o cubo: $A_s = bL$.
	Resultados	$F = T/R$ = (14063 lb · pol)/(1,125 pol) = 12500 lb $A_s = bL$ = (0,50 pol)(1,75 pol) = 0,875 pol^2 $\tau = F/A$ = (12500 lb)/(0,875 pol^2) = 14300 lb/pol^2
	Comentário	Esse nível de tensão de cisalhamento será uniforme em todas as partes de seção transversal da chaveta.

3.7 RELAÇÕES ENTRE TORQUE, POTÊNCIA E VELOCIDADE DE ROTAÇÃO

A relação entre potência (P), velocidade de rotação (n) e torque (T) em um eixo é descrita pela equação

▶ **Relação potência-torque-velocidade**

$$T = P/n \quad (3.5)$$

No sistema internacional, a potência é expressa em unidades de *watt* (W) ou equivalente, *newton metro por segundo* (N · m/s), e a velocidade de rotação, em *radianos por segundo* (rad/s).

No sistema norte-americano, a potência normalmente é expressa como cavalo-vapor, igual a 550 pés · lb/s. A unidade típica para a velocidade de rotação é rpm, ou rotações por minuto. Mas a unidade mais apropriada para o torque é a libra-polegada (lb · pol). Considerando todas essas grandezas e realizando as conversões necessárias de unidades, utilizamos a fórmula a seguir para calcular o torque (em lb · pol) em um eixo que carrega uma determinada potência P (em hp), enquanto rotaciona a uma velocidade de n rpm.

▶ **Relação P-T-n em unidades norte-americanas**

$$T = 63000 \, P/n \quad (3.6)$$

O torque resultante será em libras-polegadas. Você deve verificar o valor da constante, 63000.

EXEMPLO 3.4	Calcule a quantidade de torque em um eixo que transmite 750 W de potência enquanto rotaciona a 183 rad/s. (*Nota:* isso equivale à saída de um motor elétrico de 4 polos e 1,0 hp, operando em velocidade nominal de 1750 rpm. Ver Capítulo 21.)
SOLUÇÃO Objetivo	Calcular o torque T no eixo.
Dados	Potência = P = 750 W = 750 N · m/s. Velocidade de rotação = n = 183 rad/s.
Análise	Utilize a Equação 3.5.
Resultados	$T = P/n = (750$ N · m/s$)/(183$ rad/s$)$ $T = 4{,}10$ N · m/rad = $4{,}10$ N · m
Comentário	Nesses cálculos, a unidade de N · m/rad é dimensionalmente correta, e alguns defendem seu uso. A maioria, contudo, considera o radiano adimensional; o torque, portanto, seria expresso em N · m ou outras unidades habituais de força vezes distância.

EXEMPLO 3.5	Calcule o torque sobre um eixo que transmite 1,0 hp enquanto rotaciona a 1750 rpm. Observe que essas condições são aproximadamente as mesmas para as quais o torque foi calculado no Exemplo 3.4, utilizando as unidades do sistema internacional.
SOLUÇÃO Objetivo	Calcular o torque no eixo.
Dados	$P = 1{,}0$ hp; $n = 1750$ rpm.
Análise	Use a Equação 3.6.
Resultados	$T = 63000\, P/n = [63000(1{,}0)]/1750 = 36{,}0$ lb · pol

3.8 TENSÃO DE CISALHAMENTO TORCIONAL

Quando um *torque*, ou momento de torção, é aplicado a um membro, este tende a se deformar por torção, causando a rotação de uma peça do membro relativa a outra. Esse tipo de torção provoca uma tensão de cisalhamento no membro. Para um elemento pequeno deste, a natureza da tensão é a mesma experimentada sob tensão de cisalhamento direta. Entretanto, no *cisalhamento torcional*, a distribuição de tensão não é uniforme ao longo da seção transversal.

O caso mais frequente de cisalhamento torcional no projeto de máquinas é aquele de um eixo circular redondo que transmite potência. O Capítulo 12 trata do projeto de eixo.

Fórmula da tensão de cisalhamento torcional

Quando submetida ao torque, a superfície externa de um eixo redondo sólido experimenta o maior cisalhamento por deformação e, portanto, a mais ampla tensão de cisalhamento torcional. Ver Figura 3.8. O valor da tensão de cisalhamento torcional máxima é determinado a partir de

▶ **Tensão de cisalhamento torcional máxima em um eixo circular**

$$\tau_{máx} = Tc/J \quad (3.7)$$

onde c = raio do eixo para sua superfície externa
J = momento polar de inércia
Ver Apêndice 1 para as fórmulas de J.

◀ **FIGURA 3.8** Distribuição de tensão em um eixo sólido.

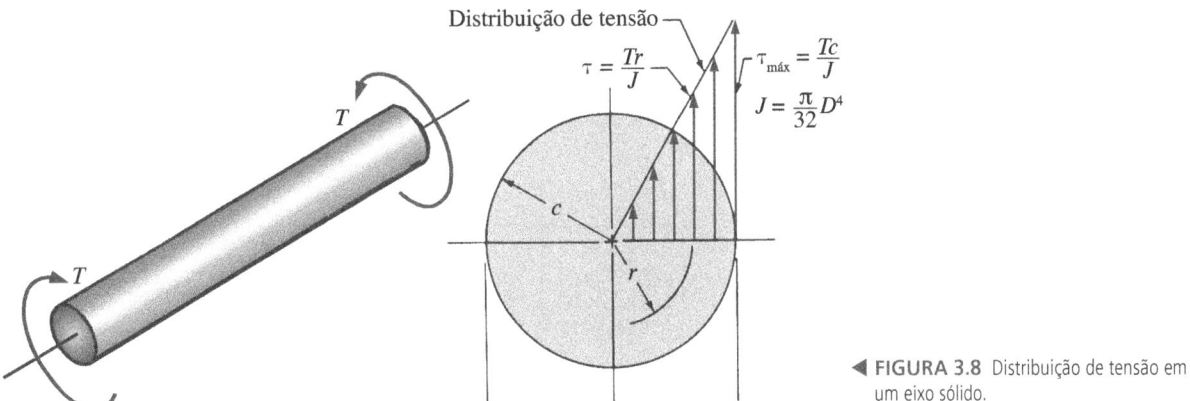

EXEMPLO 3.6 Calcule a tensão de cisalhamento torcional máxima em um eixo com diâmetro de 10 mm quando este carrega um torque de 4,10 N · m.

SOLUÇÃO

Objetivo   Calcular a tensão de cisalhamento torcional no eixo.

Dados   Torque = T = 4,10 N · m; diâmetro do eixo = D = 10 mm.
c = raio do eixo = $D/2$ = 5,0 mm.

Análise   Use a Equação 3.7 para calcular a tensão de cisalhamento torcional: $\tau_{máx} = Tc/J$. J é o momento polar de inércia para o eixo: $J = \pi D^4/32$ (ver Apêndice 1).

Resultados $J = \pi D^4/32 = [(\pi)(10 \text{ mm})^4]/32 = 982 \text{ mm}^4$

$$\tau_{máx} = \frac{(4{,}10 \text{ N} \cdot \text{m})(5{,}0 \text{ mm})\, 10^3 \text{ mm}}{982 \text{ mm}^4 \quad \text{m}} = 20{,}9 \text{ N/mm}^2 = 20{,}9 \text{ MPa}$$

Comentário   A tensão de cisalhamento torcional máxima ocorre na superfície externa do eixo, e envolve toda a sua circunferência.

Se for desejado calcular a tensão de cisalhamento torcional em algum ponto dentro do eixo, a fórmula mais geral é utilizada:

▶ **Fórmula geral para a tensão de cisalhamento torcional**

$$\tau = Tr/J \quad (3.8)$$

onde r = distância do raio, a partir do centro do eixo até o ponto de interesse

A Figura 3.8 mostra graficamente que essa equação se baseia na variação linear da tensão de cisalhamento torcional, a partir de zero, no centro do eixo, até o valor máximo na superfície externa.

As equações 3.7 e 3.8 também se aplicam aos eixos tubulares (a Figura 3.9 mostra a distribuição da tensão de cisalhamento). Observe novamente que a tensão de cisalhamento máxima ocorre na superfície externa. Observe ainda que toda a seção transversal suporta um nível de tensão relativamente alto. Como resultado, o eixo tubular é mais eficiente. Perceba que o material próximo ao centro do eixo sólido não está altamente tensionado.

Para um projeto, é apropriado definir o *módulo de seção polar*, Z_p:

▶ **Módulo de seção polar**

$$Z_p = J/c \quad (3.9)$$

Assim, a equação para a tensão de cisalhamento torcional máxima é:

$$\tau_{máx} = T/Z_p \quad (3.10)$$

As fórmulas para o módulo de seção polar também estão contidas no Apêndice 1. Essa configuração da equação de tensão de cisalhamento torcional é útil para problemas de projeto, pois o módulo de seção polar é o único termo relacionado à geometria da seção transversal.

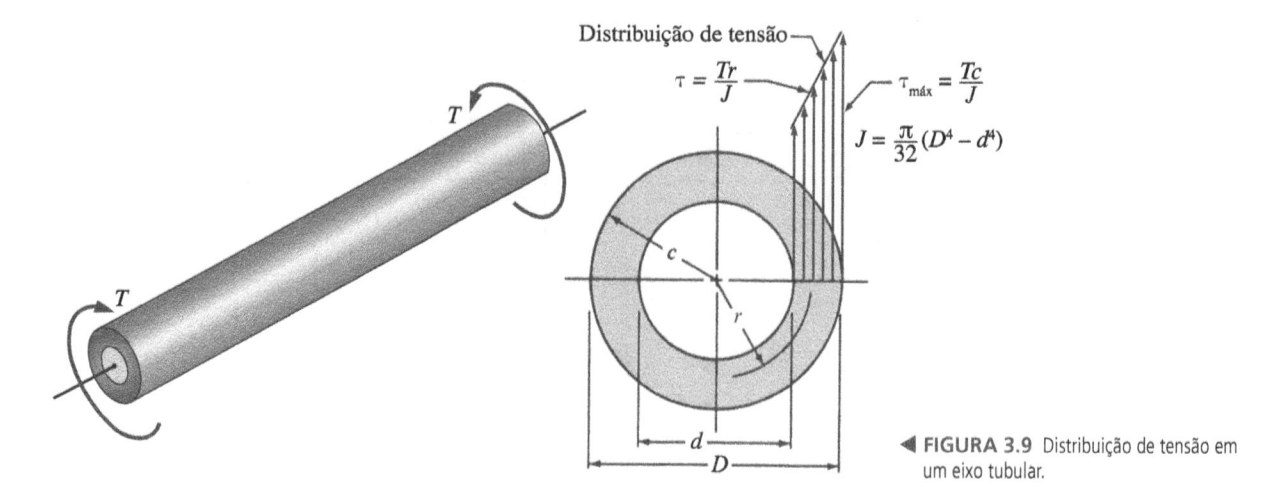

FIGURA 3.9 Distribuição de tensão em um eixo tubular.

3.9 DEFORMAÇÃO TORCIONAL

Quando um eixo é submetido a um torque, ele passa por uma torção na qual uma seção transversal é rotacionada em relação a outras seções transversais no eixo. O ângulo de torção é calculado a partir de

$$\theta = TL/GJ \quad (3.11)$$

onde θ = ângulo de torção (radianos)

L = comprimento do eixo sobre o qual o ângulo de torção é calculado

G = módulo de elasticidade do material do eixo em *cisalhamento*

EXEMPLO 3.7

Calcule o ângulo de torção de um eixo que possui um diâmetro de 10 mm suportando 4,10 N · m de torque, pressupondo que ele tenha 250 mm de comprimento e seja feito de aço com G = 80 GPa. Demonstre o resultado tanto em radianos quanto em graus.

SOLUÇÃO

Objetivo Calcular o ângulo de torção no eixo.

Dados Torque = T = 4,10 N · m; comprimento = L = 250 mm.
Diâmetro do eixo = D = 10 mm; G = 80 GPa.

Análise Use a Equação 3.11. Por razões de coerência, considere T = 4,10 × 10³ N · mm e G = 80 × 10³ N/mm², do Exemplo 3.6, J = 982 mm⁴.

Resultados
$$\theta = \frac{TL}{GJ} = \frac{(4{,}10 \times 10^3 \text{ N} \cdot \text{mm})(250 \text{ mm})}{(80 \times 10^3 \text{ N/mm}^2)(982 \text{ mm}^4)} = 0{,}013 \text{ rad}$$

Usando π rad = 180°,

$$\theta = (0{,}013 \text{ rad})(180°/\pi \text{ rad}) = 0{,}75°$$

Comentário Acima do comprimento de 250 mm, o eixo retorce 0,75°.

3.10 TORÇÃO EM MEMBROS QUE TÊM SEÇÕES TRANSVERSAIS NÃO CIRCULARES

O comportamento dos membros que têm seções transversais não circulares, quando submetidos à torção, é radicalmente diferente daquele de membros que têm seções transversais circulares. Entretanto, os fatores de maior uso no projeto de máquinas são a tensão máxima e o ângulo total de torção para esses membros. As fórmulas para esses fatores podem ser expressas em configurações semelhantes às das fórmulas usadas para membros que têm seções transversais circulares (eixos redondos tubulares e sólidos).

As duas fórmulas a seguir podem ser usadas:

▶ **Tensão de cisalhamento torcional**

$$\tau_{máx} = T/Q \qquad (3.12)$$

▶ **Deflexão de seções não circulares**

$$\theta = TL/GK \qquad (3.13)$$

Observe que as equações 3.12 e 3.13 são semelhantes às equações 3.10 e 3.11, com a substituição de Q por Z_p e K por J. Vá à Figura 3.10 para conferir os métodos de determinação dos valores de K e Q para diversos tipos de seções transversais úteis no projeto de máquinas. Esses valores são adequados apenas se as extremidades dos membros estiverem sem deformação. Se por acaso a extremidade for fixada — por exemplo, soldada a uma estrutura sólida —, a tensão e a torção angular resultantes serão bem diferentes. (Ver referências 1 a 3, 6 e 7.)

Perfil de seção transversal	K = para uso em $\theta = TL/GK$ Q = para uso em $\tau = T/Q$	Ponto (●) denota a localização de $\tau_{máx}$
Quadrado 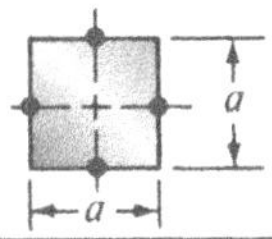	$K = 0{,}141a^4$ $Q = 0{,}208a^3$	$\tau_{máx}$ no ponto médio de cada lado
Retângulo 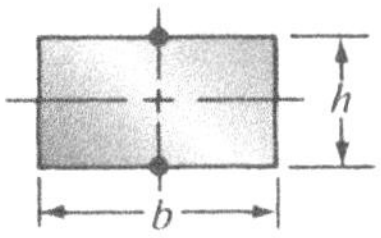	$K = bh^3\left[\frac{1}{3} - 0{,}21\frac{h}{b}\left(1 - \frac{(h/b)^4}{12}\right)\right]$ $Q = \dfrac{bh^2}{[3 + 1{,}8(h/b)]}$	(Aproximado; interior $\approx$ 5%) $\tau_{máx}$ no ponto médio de lados extensos
Triângulo (equilátero) 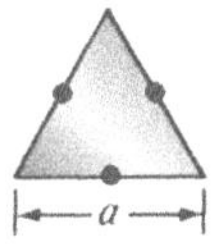	$K = 0{,}0217a^4$ $Q = 0{,}050a^3$	

Eixo com um achatamento 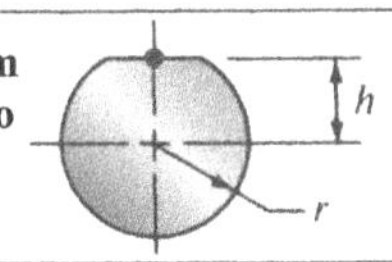		h/r	0	0,2	0,4	0,6	0,8	1,0
	$K = C_1 r^4$	C_1	0,30	0,51	0,78	1,06	1,37	1,57
	$Q = C_2 r^3$	C_2	0,35	0,51	0,70	0,92	1,18	1,57

Eixo com dois achatamentos 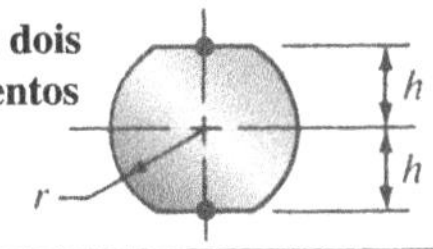		h/r	0,5	0,6	0,7	0,8	0,9	1,0
	$K = C_3 r^4$	C_3	0,44	0,67	0,93	1,19	1,39	1,57
	$Q = C_4 r^3$	C_4	0,47	0,60	0,81	1,02	1,25	1,57

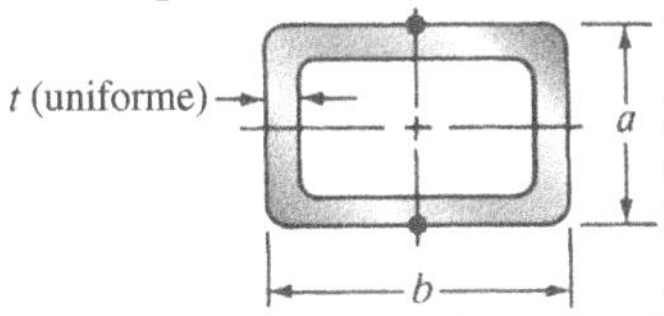 **Retângulo tubular** t (uniforme)	$K = \dfrac{2t(a-t)^2(b-t)^2}{(a+b-2t)}$ $Q = 2t(a-t)(b-t)$ Tensão média de dados; boa aproximação da tensão máxima se t for menor – tubo de paredes finas Cantos internos devem ter filetes generosos

Tubo dividido 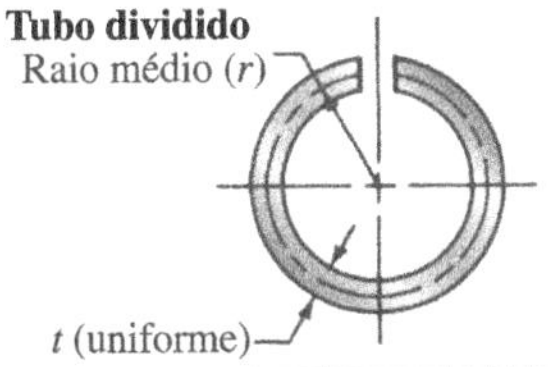 Raio médio (r) t (uniforme)	$K = 2\pi r t^3/3$ $Q = \dfrac{4\pi^2 r^2 t^2}{(6pr + 1{,}8t)}$ t deve ser menor – tubo de paredes finas

▲ **FIGURA 3.10** Elementos de tensão para três tipos de tensão.

EXEMPLO 3.8

Um eixo de 2,50 pol de diâmetro que carrega uma roda dentada tem uma extremidade fresada na forma de um quadrado a fim de possibilitar o uso de uma manivela. O quadrado tem uma medida de 1,75 pol de lado. Calcule a tensão de cisalhamento máxima na peça quadrada do eixo, quando for aplicado um torque de 15000 lb · pol.

Além disso, considerando uma peça quadrada com 8,00 pol de comprimento, calcule o ângulo de torção sobre essa peça. O material do eixo é aço com $G = 11,5 \times 10^6$ psi.

SOLUÇÃO

Objetivo Calcular a tensão de cisalhamento máxima e o ângulo de torção no eixo.

Dados Torque = T = 15000 lb · pol; comprimento = L = 8,00 pol.
O eixo é quadrado; portanto, a = 1,75 pol.
$G = 11,5 \times 10^6$ psi.

Análise A Figura 3.10 exibe os métodos para calcular os valores de Q e K para uso nas equações 3.12 e 3.13.

Resultados $Q = 0,208 a^3 = (0,208)(1,75 \text{ pol})^3 = 1,115 \text{ pol}^3$
$K = 0,141 a^4 = (0,141)(1,75 \text{ pol})^4 = 1,322 \text{ pol}^4$
Agora a tensão e a deflexão podem ser calculadas.

$$\tau_{máx} = \frac{T}{Q} = \frac{15000 \text{ lb} \cdot \text{pol}}{(1,115 \text{ pol}^3)} = 13460 \text{ psi}$$

$$\theta = \frac{TL}{GK} = \frac{(15000 \text{ lb} \cdot \text{pol})(8,00 \text{ pol})}{(11,5 \times 10^6 \text{ lb/pol}^2)(1,322 \text{ pol}^4)} = 0,0079 \text{ rad}$$

Converta o ângulo de torção para graus:

$$\theta = (0,0079 \text{ rad})(180°/\pi \text{ rad}) = 0,452°$$

Comentário Acima do comprimento de 8,00 pol, a peça quadrada do eixo retorce 0,452°. A tensão de cisalhamento máxima é de 13460 psi, e isso ocorre no ponto médio de cada lado, como demonstra a Figura 3.10.

3.11 TORÇÃO EM TUBOS FECHADOS DE PAREDES FINAS

A abordagem geral dos tubos fechados de paredes finas de praticamente qualquer perfil utiliza as equações 3.12 e 3.13 com métodos especiais de avaliação de K e Q. A Figura 3.11 mostra um tubo desses com uma espessura de parede constante. Os valores de K e Q são:

$$K = 4A^2 t/U \quad (3.14)$$

$$Q = 2tA \quad (3.15)$$

onde A = área fechada pela delimitação média (indicada pela linha tracejada na Figura 3.11)

t = espessura da parede (que deve ser uniforme e fina)

U = comprimento da delimitação média

A tensão de cisalhamento calculada por essa abordagem é a *tensão média* na parede do tubo. Entretanto, se a espessura da parede t for pequena (uma parede fina), a tensão será praticamente uniforme em toda a parede, e essa abordagem irá levar a uma aproximação próxima da tensão máxima. Para análise das seções tubulares que têm uma espessura de parede não uniforme, ver referências 1 a 3, 6 e 7.

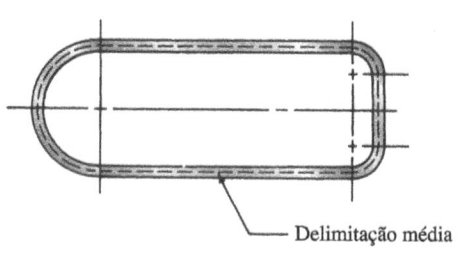

▲ **FIGURA 3.11** Tubo fechado de paredes finas com uma espessura de parede constante.

Para projetar um membro que resista apenas à torção, ou à torção e à flexão combinadas, recomenda-se selecionar tubos, tanto redondos quanto retangulares, ou algum outro perfil fechado. Eles possuem boa eficiência, tanto em flexão quanto em torção.

3.12 TUBOS ABERTOS E UMA COMPARAÇÃO COM TUBOS FECHADOS

A expressão *tubos abertos* se refere ao perfil que parece ser tubular, mas não é completamente fechado. Por exemplo, uma tubulação é fabricada ao se iniciar com uma faixa plana e fina de aço que é perfilada no formato desejado (circular, retangular, quadrado e assim por diante). Então, a linha de junção é soldada ao longo de todo o comprimento do tubo. É interessante comparar as propriedades da seção transversal de um tubo como esse antes e depois da soldagem. O exemplo a seguir ilustra a comparação de um tamanho específico de tubulação circular.

EXEMPLO 3.9

A Figura 3.12 mostra um tubo antes [Parte (b)] e depois [Parte (a)] de a linha de junção ser soldada. Compare a rigidez e a resistência de cada perfil.

SOLUÇÃO

Objetivo — Comparar a rigidez torcional e a resistência do tubo fechado da Figura 3.12(a) com aquelas do tubo com a linha de junção aberta (dividido) demonstrado na Figura 3.12(b).

Dados — Os perfis de tubo são demonstrados na Figura 3.12. Ambos têm o mesmo comprimento, diâmetro e espessura de parede, e ambos são feitos do mesmo material.

Análise — A Equação 3.13 fornece o ângulo de torção de um membro não circular e mostra que o ângulo é inversamente proporcional ao valor de K. De maneira semelhante, a Equação 3.11 demonstra que o ângulo de torção de um tubo circular oco é inversamente proporcional ao momento polar de inércia J.

Todos os outros termos nas duas equações são os mesmos para cada projeto. Desse modo, a razão entre θ_{aberto} e $\theta_{fechado}$ é igual à razão J/K. Segundo o Apêndice 1,

$$J = \pi(D^4 - d^4)/32$$

E de acordo com a Figura 3.10,

$$K = 2\pi r t^3/3$$

Usando uma lógica de semelhança, as equações 3.12 e 3.10 mostram que a tensão de cisalhamento torcional máxima é inversamente proporcional a Q e Z_p para os tubos aberto e fechado, respectivamente. Assim, podemos comparar as resistências das duas formas por meio do cálculo da razão Z_p/Q. Na Equação 3.9, verificamos que

$$Z_p = J/c = J/(D/2)$$

A equação de Q para o tubo dividido é indicada na Figura 3.10.

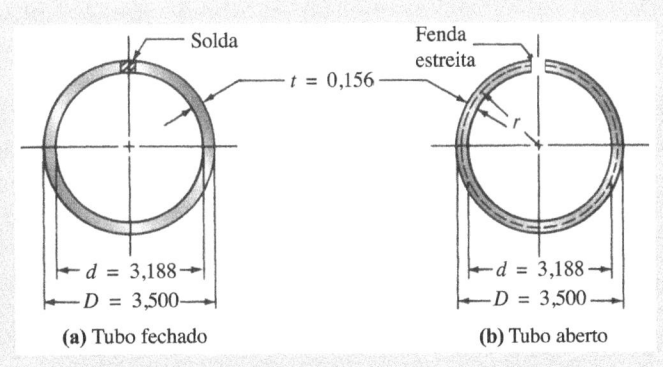

▲ **FIGURA 3.12** Comparação entre tubo fechado e tubo aberto.

(a) Tubo fechado — Solda — $t = 0{,}156$ — $d = 3{,}188$ — $D = 3{,}500$

(b) Tubo aberto — Fenda estreita — r — $d = 3{,}188$ — $D = 3{,}500$

Resultados Fazemos a comparação da rigidez torcional por meio do cálculo da razão J/K. Para o tubo fechado, oco,

$$J = \pi(D^4 - d^4)/32$$
$$J = \pi(3{,}500^4 - 3{,}188^4)/32 = 4{,}592 \text{ pol}^4$$

Para o tubo aberto antes da soldagem da fenda, de acordo com a Figura 3.10,

$$K = 2\pi r t^3/3$$
$$K = [(2)(\pi)(1{,}672)(0{,}156)^3]/3 = 0{,}0133 \text{ pol}^4$$
$$\text{Razão} = J/K = 4{,}592/0{,}0133 = 345$$

Então, fazemos a comparação das resistências das duas formas por meio do cálculo da razão Z_p/Q.
O valor de J já foi calculado como 4,592 pol^4. Portanto,

$$Z_p = J/c = J/(D/2) = (4{,}592 \text{ pol}^4)/[(3{,}500 \text{ pol})/2] = 2{,}624 \text{ pol}^3$$

Para o tubo aberto,

$$Q = \frac{4\pi^2 r^2 t^2}{(6\pi r + 1{,}8t)} = \frac{4\pi^2 (1{,}672 \text{ pol})^2 (0{,}156 \text{ pol})^2}{[6\pi(1672 \text{ pol}) + 1{,}8(0{,}156 \text{ pol})]} = 0{,}0845 \text{ pol}^3$$

Então, a comparação de resistência é

$$\text{Razão} = Z_p/Q = 2{,}624/0{,}0845 = 31{,}1$$

Comentário Assim, para um determinado torque aplicado, o tubo com fenda se retorceria 345 vezes mais do que o tubo fechado. A tensão no tubo com fenda seria 31,1 vezes mais elevada do que a do tubo fechado. Observe, ainda, que se o material do tubo for fino, provavelmente ele flambará a um nível de tensão relativamente baixo, e o tubo repentinamente colapsará. Essa comparação evidencia uma incrível superioridade da forma fechada de uma seção tubular em relação à forma aberta. Uma comparação semelhante poderia ser feita para perfis, exceto os circulares.

3.13 TENSÃO DE CISALHAMENTO VERTICAL

Uma viga que carrega cargas transversalmente ao seu eixo experimentará forças de cisalhamento, designadas como V. Na análise das vigas, é comum calcular a variação da força de cisalhamento ao longo de todo o comprimento da viga e esboçar um *gráfico de força de cisalhamento*. Assim, a tensão de cisalhamento vertical resultante pode ser calculada a partir de

▶ **Tensão de cisalhamento vertical em vigas**

$$\tau = VQ/It \quad (3.16)$$

onde I = momento de inércia retangular da seção transversal da viga

t = espessura da seção no local em que a tensão de cisalhamento será calculada

Q = *primeiro momento*, em relação ao eixo centroidal global, *da área* da parte da seção transversal que se situa longe do eixo em que a tensão de cisalhamento será calculada.

Para calcular o valor de Q, nós o definimos pela seguinte equação:

▶ **Primeiro momento da área**

$$Q = A_p \bar{y} \quad (3.17)$$

onde A_p = parte da área da seção acima do local em que a tensão será calculada

$\bar{y}$ = distância do eixo neutro da seção até o centroide da área A_p

Em alguns livros ou referências e em edições anteriores deste livro, Q foi chamado de *momento estático*. Aqui, usaremos a terminologia *primeiro momento da área*.

Para a maioria dos perfis de seção, a tensão de cisalhamento vertical máxima ocorre no eixo centroide. Especificamente, se a espessura não é inferior em um local afastado do eixo centroide, então há garantia de que a tensão de cisalhamento vertical máxima ocorre no eixo centroide.

A Figura 3.13 mostra três exemplos de como Q é calculado em típicas seções transversais de vigas. Em cada um deles, a tensão de cisalhamento vertical máxima ocorre no eixo neutro.

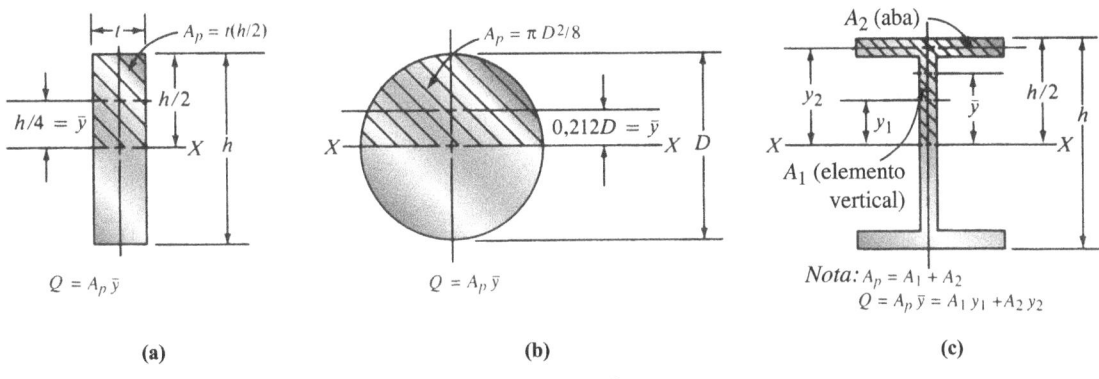

▲ **FIGURA 3.13** Ilustrações de A_p e $\bar{y}$ usados para calcular Q para os três perfis.

EXEMPLO 3.10

A Figura 3.14 mostra uma viga simplesmente apoiada que carrega duas cargas concentradas. O gráfico de força de cisalhamento é exibido junto do perfil retangular e tamanho da seção transversal da viga. A distribuição da tensão é parabólica, com a tensão máxima ocorrendo no eixo neutro. Utilize a Equação 3.16 para calcular a tensão de cisalhamento máxima na viga.

SOLUÇÃO

Objetivo: Calcular a tensão de cisalhamento máxima na viga da Figura 3.14.

Dados: O perfil da viga é retangular: $h = 8{,}00$ pol; $t = 2{,}00$ pol.
Força de cisalhamento máxima $= V = 1000$ lb em todos os pontos entre A e B.

Análise: Utilize a Equação 3.16 para calcular τ. V e t são determinados. De acordo com o Apêndice 1,

$$I = th^3/12$$

O valor desse primeiro momento da área Q pode ser calculado a partir da Equação 3.17. Para a seção transversal retangular mostrada na Figura 3.13(a), $A_p = t(h/2)$ e $\bar{y} = h/4$. Assim,

$$Q = A_p\bar{y} = (th/2)(h/4) = th^2/8$$

Resultados:
$I = th^3/12 = (2{,}0 \text{ pol})(8{,}0 \text{ pol})^3/12 = 85{,}3 \text{ pol}^4$
$Q = A_p\bar{y} = th^2/8 = (2{,}0 \text{ pol})(8{,}0 \text{ pol})^2/8 = 16{,}0 \text{ pol}^3$
Assim, a tensão de cisalhamento máxima é

$$\tau = \frac{VQ}{It} = \frac{(1000 \text{ lb})(16{,}0 \text{ pol}^3)}{(85{,}3 \text{ pol}^4)(2{,}0 \text{ pol})} = 93{,}8 \text{ lb/pol}^2 = 93{,}8 \text{ psi}$$

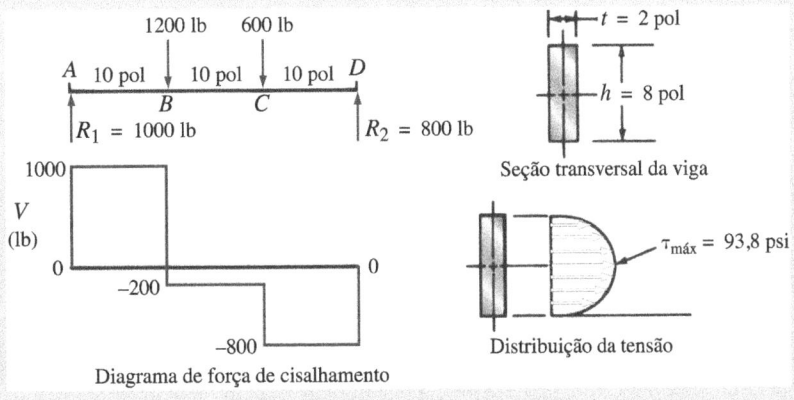

▲ **FIGURA 3.14** Gráfico de força de cisalhamento e tensão de cisalhamento vertical da viga.

> Comentário
>
> A tensão de cisalhamento máxima de 93,8 psi ocorre no eixo neutro da seção retangular, como demonstrado na Figura 3.14. A distribuição de tensão na seção transversal geralmente é parabólica, e termina com tensão de cisalhamento zero nas superfícies de cima e de baixo. Essa é a natureza da tensão de cisalhamento em qualquer lugar entre o apoio esquerdo em A e o ponto de aplicação de uma carga de 1200 lb em B. A tensão de cisalhamento máxima em qualquer outro ponto na viga é proporcional à magnitude da força de cisalhamento vertical no ponto de interesse.

Observe que a tensão de cisalhamento vertical é igual à *tensão de cisalhamento horizontal*, porque qualquer elemento de material submetido à tensão de cisalhamento em uma face deve ter uma tensão de cisalhamento da mesma magnitude que a face adjacente do elemento para estar em equilíbrio. A Figura 3.15 ilustra esse fenômeno.

Na maioria das vigas, a magnitude da tensão de cisalhamento vertical é bem pequena em comparação com a tensão de flexão (ver seção a seguir). Por essa razão, com frequência ela acaba não sendo calculada. Alguns dos casos em que é importante fazer essa inclusão são:

1. Quando o material da viga tem uma resistência ao cisalhamento relativamente baixa (como a madeira).
2. Quando o momento fletor é zero ou pequeno (e, assim, a tensão de flexão é pequena), por exemplo, nas extremidades de vigas simplesmente apoiadas e em vigas curtas.
3. Quando a espessura da seção que suporta a força de cisalhamento é pequena, assim como ocorre nas seções feitas a partir de chapas laminadas, em alguns perfis extrudados e no elemento vertical de perfis estruturais laminados, como os perfis de abas largas.

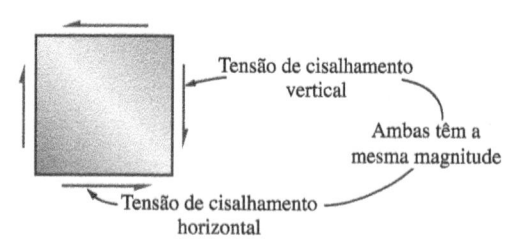

▲ **FIGURA 3.15** Tensões de cisalhamento sobre um elemento.

3.14 FÓRMULAS ESPECIAIS DE TENSÃO DE CISALHAMENTO

A Equação 3.16 pode ser complicada em decorrência da necessidade de estimar o primeiro momento da área Q. Diversas seções transversais comumente utilizadas têm fórmulas especiais e fáceis de usar para calcular a tensão de cisalhamento vertical máxima:

▶ $\tau_{máx}$ **para retângulo**

$$\tau_{máx} = 3V/2A \text{ (exato)} \quad (3.18)$$

onde A = área de seção transversal total da viga

▶ $\tau_{máx}$ **para círculo**

$$\tau_{máx} = 4V/3A \text{ (exato)} \quad (3.19)$$

▶ $\tau_{máx}$ **para perfil I**

$$\tau_{máx} \simeq V/th \text{ (aproximado: cerca de 15\% abaixo)} \quad (3.20)$$

onde t = espessura do elemento vertical

h = peso do elemento vertical (p. ex., um perfil de abas largas)

▶ $\tau_{máx}$ **para tubos de paredes finas**

$$\tau_{máx} \simeq 2V/A \text{ (aproximado: um pouco alto)} \quad (3.21)$$

Em todos esses casos, a tensão de cisalhamento máxima ocorre no eixo neutro.

EXEMPLO 3.11		Calcule a tensão de cisalhamento máxima na viga descrita no Exemplo 3.10 usando a fórmula especial de tensão de cisalhamento para uma seção retangular.
SOLUÇÃO	Objetivo	Calcular a tensão de cisalhamento máxima τ na viga da Figura 3.14.
	Dados	Os dados são os mesmos estabelecidos no Exemplo 3.10 e exibidos na Figura 3.14.

Análise	Utilize a Equação 3.18 para calcular $\tau = 3V/2A$. Para o retângulo, $A = th$.
Resultados	$\tau_{máx} = \dfrac{3V}{2A} = \dfrac{3(1000\ \text{lb})}{2[(2,0\ \text{pol})(8,0\ \text{pol})]} = 93,8\ \text{psi}$
Comentário	Esse resultado é o mesmo obtido no Exemplo 3.10, como esperado.

3.15 TENSÃO DECORRENTE DE FLEXÃO

A *viga* é um membro que carrega cargas transversalmente ao seu eixo. Essas cargas produzem momentos fletores na viga, que resultam no desenvolvimento de tensões de flexão. Tensões de flexão são *tensões normais*, ou seja, tanto de tração quanto de compressão. A tensão de flexão máxima em uma seção transversal de uma viga ocorrerá na parte mais distante do eixo neutro da seção. Nesse ponto, *a fórmula de flexão* fornece a tensão:

▶ **Fórmula de flexão para tensão de flexão máxima**

$$\sigma = Mc/I \qquad (3.22)$$

onde M = magnitude do momento fletor na seção

I = momento de inércia da seção transversal em relação ao eixo neutro

c = distância do eixo central à fibra extrema da seção transversal da viga

A magnitude da tensão de flexão varia linearmente na seção transversal, a partir de um valor de zero no eixo neutro, até a tensão de tração máxima em um lado do eixo neutro, e até a tensão de compressão máxima do outro lado. A Figura 3.16 mostra uma típica distribuição de tensão em uma seção transversal de uma viga. Observe que a distribuição de tensão é independente do perfil da seção transversal.

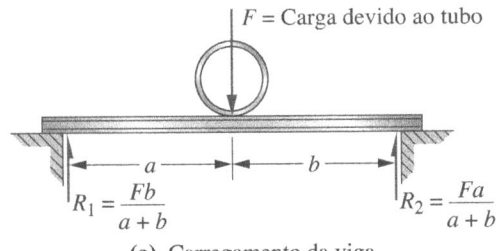

(a) Carregamento da viga

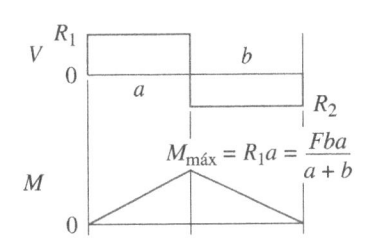

(b) Gráficos dos momentos fletor e de cisalhamento

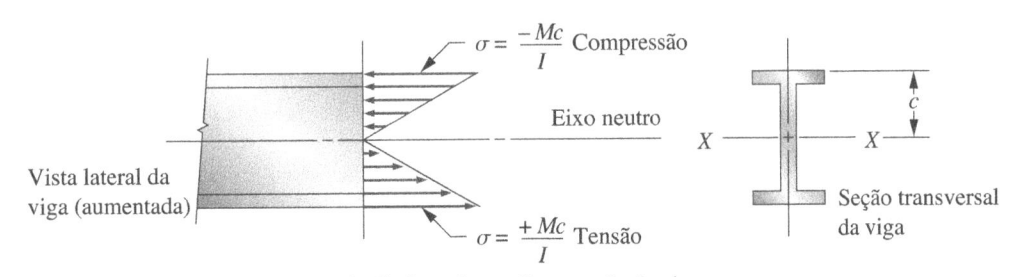

(c) Distribuição de tensão na seção da viga

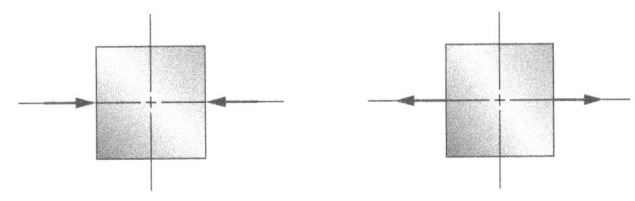

(d) Elemento de tensão em compressão na parte de cima da viga

(e) Elemento de tensão em tração na parte de baixo da viga

▲ **FIGURA 3.16** Típica distribuição de tensão de flexão em uma seção transversal de uma viga.

Observe que a *flexão positiva* ocorre quando o perfil defletido da viga é côncavo para cima, o que resulta em compressão na parte mais elevada da seção transversal e em tensão na parte mais inferior. Reciprocamente, a *flexão negativa* faz com que a viga fique côncava para baixo.

A fórmula de flexão foi desenvolvida em respeito às seguintes condições:

1. A viga deve estar em flexão pura. As tensões de cisalhamento devem ser zero ou insignificantes. Nenhuma carga axial pode estar presente.
2. A viga não deve retorcer ou ser submetida à carga torcional.
3. O material da viga deve obedecer à lei de Hooke.
4. O módulo de elasticidade do material deve ser o mesmo tanto em tração quanto em compressão.
5. Inicialmente, a viga é reta e tem uma seção transversal constante.
6. Qualquer seção transversal plana da viga permanece plana durante a flexão.
7. Nenhuma parte do perfil da viga falha por flambagem ou enrugamento.

Se a condição 1 não for estritamente atendida, você pode continuar a análise usando o método de tensões combinadas apresentado no Capítulo 4. Na maioria das vigas práticas, que são compridas em relação a sua altura, as tensões de cisalhamento são suficientemente pequenas para serem negligenciadas. Além disso, a tensão de flexão máxima ocorre nas fibras extremas da seção da viga, onde a tensão de cisalhamento é, na verdade, zero. Uma viga com seção transversal em variação, que violaria a condição 5, pode ser analisada pelo uso dos fatores de concentração de tensão discutidos mais adiante neste capítulo.

Para um projeto, é apropriado definir o termo *módulo de seção*, S, como

$$S = I/c \qquad (3.23)$$

A fórmula de flexão se torna, portanto,

▶ **Fórmula de flexão**

$$\sigma = M/S \qquad (3.24)$$

Uma vez que I e c são propriedades geométricas da seção transversal da viga, o mesmo ocorre com S. Assim, em um projeto, é comum definir uma tensão de projeto, σ_d, e, com o conhecimento do momento fletor, calcular S:

▶ **Módulo de seção exigido**

$$S = M/\sigma_d \qquad (3.25)$$

Isso resulta no valor exigido de módulo de seção. A partir daí, as dimensões exigidas da seção transversal da viga podem ser determinadas.

EXEMPLO 3.12 Para a viga mostrada na Figura 3.16, a carga F decorrente do cano é de 12000 lb. As distâncias são $a = 4$ pés e $b = 6$ pés. Determine o módulo de seção exigido para a viga para limitar a tensão decorrente da flexão a 30000 psi, a tensão de projeto recomendada para um aço estrutural típico em flexão estática. Então, especifique a viga de aço adequada mais leve.

SOLUÇÃO

Objetivo Calcular o módulo de seção exigido, S, para a viga na Figura 3.16.

Dados A representação e o padrão de carregamento são mostrados na Figura 3.16.
Comprimentos: Comprimento global = L = 10 pés; $a = 4$ pés; $b = 6$ pés.
Carga = F = 12000 lb.
Tensão de projeto = σ_d = 30000 psi.

Análise Utilize a Equação 3.25 para calcular o módulo de seção exigido, S. Calcule o momento fletor máximo que ocorre no ponto de aplicação da carga usando a fórmula demonstrada na Parte (b) da Figura 3.16.

Resultados

$$M_{máx} = R_1 a = \frac{Fba}{a+b} = \frac{(12000 \text{ lb})(6 \text{ pés})(4 \text{ pés})}{(6 \text{ pés} + 4 \text{ pés})} = 28800 \text{ lb} \cdot \text{pés}$$

$$S = \frac{M}{\sigma_d} = \frac{28800 \text{ lb} \cdot \text{pés}}{30000 \text{ lb/pol}^2} \frac{12 \text{ pol}}{\text{pés}} = 11,5 \text{ pol}^3$$

Comentário	Uma seção de viga de ferro pode agora ser selecionada a partir das tabelas A15.9 e A15.10, e que apresente ao menos esse valor para o módulo de seção. A seção mais leve, normalmente preferível, é a do perfil de abas largas, W8 × 15, com $S = 11{,}8$ pol^3.

3.16 CENTRO DE FLEXÃO EM VIGAS

Uma seção de viga deve ser carregada de modo que garanta a flexão simétrica; ou seja, não deve haver tendência de a seção se retorcer sob a carga. A Figura 3.17 mostra diversos perfis que são normalmente usados para vigas que têm um eixo vertical de simetria. Se a linha de ação das cargas em tais seções passa através do eixo de simetria, então não há tendência de a seção se retorcer, e a fórmula de flexão se aplica.

Quando não há eixo vertical de simetria, como nas seções demonstradas na Figura 3.18, deve haver cuidado na colocação das cargas. Se a linha de ação das cargas fosse representada por F1 na figura, a viga se retorceria e flexionaria, assim, a fórmula de flexão não forneceria resultados precisos para a tensão na seção. Para essas seções, a carga deve ser colocada alinhada com o *centro de flexão*, às vezes chamado de *centro de cisalhamento*. A Figura 3.18 mostra a localização aproximada do centro de flexão para esses perfis (indicada pelo símbolo Q). Aplicar a carga alinhada com Q, como demonstrado nas forças descritas como F_2, resultaria em flexão pura. Uma tabela de fórmulas para a localização do centro de flexão está disponível (ver Referência 7).

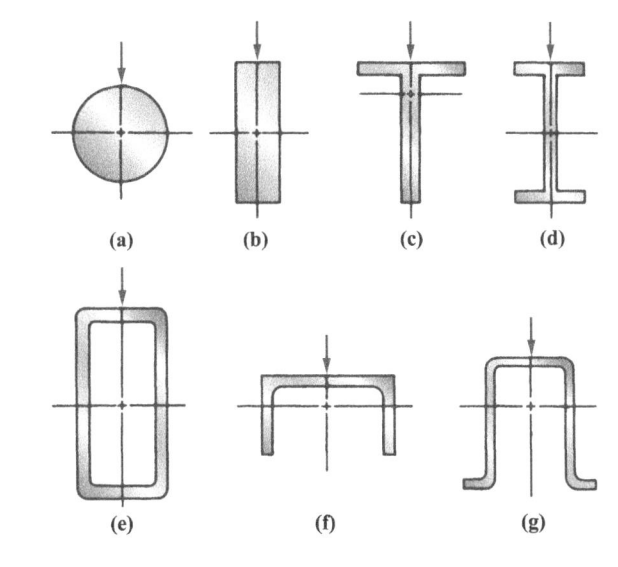

◀ FIGURA 3.17 Seções simétricas. Uma carga aplicada através do eixo de simetria resulta em pura flexão na viga.

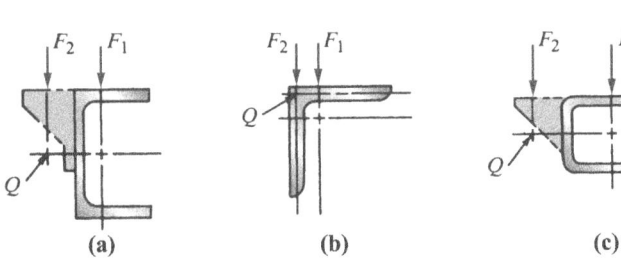

◀ FIGURA 3.18 Seções não simétricas. Uma carga aplicada como em F_1 provocaria torção; cargas aplicadas como em F_2, através do centro de flexão Q, provocaria flexão pura.

3.17 DEFLEXÕES DE VIGAS

As cargas de flexão aplicadas em uma viga fazem com que ela deflexione em uma direção perpendicular ao seu eixo. Uma viga que era originalmente reta se deformará em um perfil levemente curvado. Na maioria dos casos, o fator crucial é ou a deflexão máxima da viga, ou sua deflexão em localizações específicas.

Considere o redutor de velocidade de dupla redução mostrado na Figura 3.19. As quatro engrenagens (A, B, C e D) são montadas em três eixos, sendo cada um apoiado por dois rolamentos. A ação das engrenagens em transmitir potência cria um conjunto de forças que, por sua vez, atua sobre os eixos provocando flexão. Um componente da força total dos dentes de engrenagem atua em uma direção que tende a separar

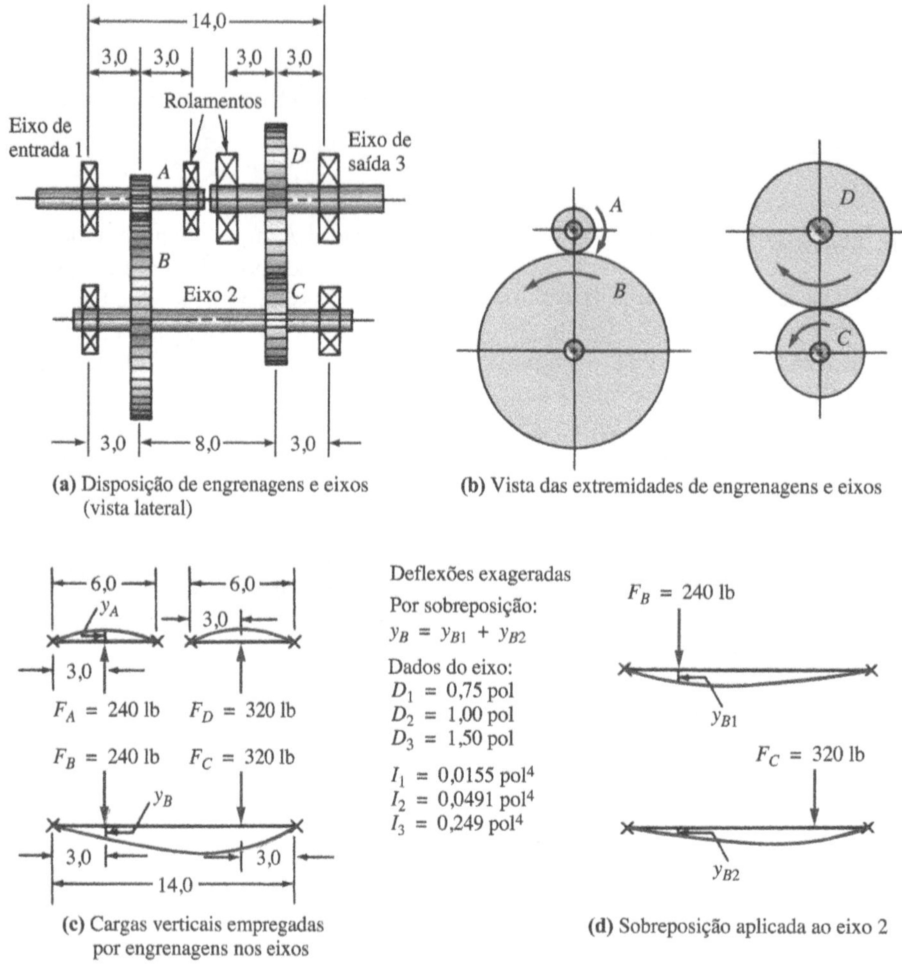

(a) Disposição de engrenagens e eixos (vista lateral)

(b) Vista das extremidades de engrenagens e eixos

Deflexões exageradas
Por sobreposição:
$y_B = y_{B1} + y_{B2}$

Dados do eixo:
$D_1 = 0,75$ pol
$D_2 = 1,00$ pol
$D_3 = 1,50$ pol

$I_1 = 0,0155$ pol^4
$I_2 = 0,0491$ pol^4
$I_3 = 0,249$ pol^4

$F_A = 240$ lb
$F_B = 240$ lb
$F_D = 320$ lb
$F_C = 320$ lb

(c) Cargas verticais empregadas por engrenagens nos eixos

(d) Sobreposição aplicada ao eixo 2

▲ **FIGURA 3.19** Análise de deflexão do eixo para um redutor de velocidade de dupla redução.

as duas engrenagens. Assim, a engrenagem A é forçada para cima, enquanto a engrenagem B é forçada para baixo. Para um bom desempenho da engrenagem, a deflexão da rede de uma engrenagem para a outra não deve exceder 0,13 mm (0,005 pol) para engrenamentos industriais de dimensões médias.

Para avaliar o projeto, há muitos métodos de cálculo de deflexões de eixo. Façamos uma breve revisão desses métodos usando fórmulas de deflexão, método da superposição e uma abordagem analítica geral.

Um conjunto de fórmulas para calcular a deflexão de vigas em qualquer ponto ou em pontos selecionados é útil em muitos problemas práticos. O Apêndice 14 inclui diversos casos.

Em muitos casos adicionais, a sobreposição é útil se o verdadeiro carregamento puder ser dividido em partes que possam ser calculadas por fórmulas disponíveis. A deflexão de cada carregamento é calculada separadamente, e, então, as deflexões individuais são somadas nos pontos de interesse.

Muitos programas computacionais disponíveis no mercado permitem a modelagem de vigas que tenham preferivelmente padrões de carregamento de alta complexidade e geometria variável. Os resultados incluem forças de reação, força de cisalhamento e gráficos de momento fletor, além de deflexões em qualquer ponto. É importante que você entenda os princípios da deflexão da viga, estudados em resistência de materiais e revisados aqui, para que possa fazer aplicações precisas desses programas e interpretar os resultados cuidadosamente.

EXEMPLO 3.13 Para as duas engrenagens, A e B, na Figura 3.19, calcule a deflexão relativa entre elas, no plano do papel, que é devido às forças mostradas na Parte (c). Essas *forças de separação*, ou *forças normais*, são discutidas nos capítulos 9 e 10. É comum considerar as cargas nas engrenagens e as reações nos rolamentos a serem concentradas. Os eixos que carregam as engrenagens são de aço e têm diâmetros uniformes, como demonstra a figura.

SOLUÇÃO	Objetivo	Calcular a deflexão relativa entre as engrenagens A e B na Figura 3.19.
	Dados	A representação e o padrão de carregamento são mostrados na Figura 3.19. A força de separação entre as engrenagens A e B é de 240 lb. A engrenagem A empurra para baixo na engrenagem B, e a força de reação da engrenagem B empurra para cima na engrenagem A. O eixo 1 tem um diâmetro de 0,75 pol e um momento de inércia de 0,0155 pol^4. O eixo 2 tem um diâmetro de 1,00 pol e um momento de inércia de 0,0491 pol^4. Ambos os eixos são de aço. Utilize $E = 30 \times 10^6$ psi.
	Análise	Utilize as fórmulas de deflexão do Apêndice 14 para calcular a deflexão para cima do eixo 1 na engrenagem A, e a deflexão para baixo do eixo 2 na engrenagem B. A soma das duas deflexões é a deflexão total da engrenagem A em relação à engrenagem B.

O caso (a) da Tabela A14.1 se aplica ao eixo 1, porque há uma única força concentrada atuando no ponto médio do eixo entre os rolamentos de apoio. Chamaremos isso de deflexão y_A.

O eixo 2 é uma viga simplesmente apoiada que carrega duas cargas assimétricas. Nenhuma fórmula do Apêndice 14, por si só, corresponde a esse padrão de carregamento. Mas podemos usar a sobreposição para calcular a deflexão do eixo na engrenagem B considerando as duas forças separadamente, como demonstra a Parte (d) da Figura 3.19. O caso (b) da Tabela A14.1 é usado para cada carga.

Calculamos, primeiramente, a deflexão em B decorrente apenas da força de 240 lb, chamando-a de y_{B1}. Então, calculamos a deflexão em B decorrente da força de 320 lb, chamando-a de y_{B2}. A deflexão total em B é $y_B = y_{B1} + y_{B2}$.

	Resultados	A deflexão do eixo 1 na engrenagem A é

$$y_A = \frac{F_A L_1^3}{48\,EI} = \frac{(240)(6,0)^3}{48(30 \times 10^6)(0,0155)} = 0{,}0023 \text{ pol}$$

A deflexão do eixo 2 em B decorrente apenas da carga de 240 lb é

$$y_{B1} = -\frac{F_B a^2 b^2}{3\,EI_2\,L_2} = -\frac{(240)(3,0)^2(11,0)^2}{3(30 \times 10^6)(0,0491)(14)} = -0{,}0042 \text{ pol}$$

A deflexão do eixo 2 em B decorrente apenas da carga de 320 lb em C é

$$y_{B2} = -\frac{F_c\,bx}{6\,EI_2\,L_2}(L_2^2 - b^2 - x^2)$$

$$y_{B2} = -\frac{(320)(3,0)(3,0)}{6(30 \times 10^6)(0,0491)14}[(14)^2 - (3,0)^2 - (3,0)^2]$$

$$y_{B2} = -0{,}0041 \text{ pol}$$

Então, a deflexão total na engrenagem B é

$$y_B = y_{B1} + y_{B2} = -0{,}0042 - 0{,}0041 = -0{,}0083 \text{ pol}$$

Como o eixo 1 deflexiona para cima e o eixo 2 deflexiona para baixo, a deflexão relativa total é a soma de y_A e y_B:

$$y_{\text{total}} = y_A + y_B = 0{,}0023 + 0{,}0083 = 0{,}0106 \text{ pol}$$

	Comentário	Essa deflexão é muito extensa para a aplicação em questão. Como a deflexão poderia ser reduzida?

3.18 EQUAÇÕES PARA PERFIL DE VIGA DEFLETIDA

São apresentados aqui os princípios gerais que relacionam a deflexão de uma viga ao carregamento em uma viga e suas formas de apoio. O resultado será um conjunto de relações entre a carga, a força de cisalhamento vertical, o momento fletor, o declive do perfil de viga defletido e a verdadeira curva de deflexão da viga. A Figura 3.20 apresenta gráficos para esses cinco fatores, tendo θ como o declínio e y como o indicativo da deflexão da viga a partir da sua posição reta inicial. O produto do módulo de elasticidade e o momento de inércia, EI, da viga é a medida de sua rigidez ou de resistência à deflexão por flexão. É apropriado combinar EI com os valores de declive e deflexão para manter uma boa relação, como discutido a seguir.

Um conceito fundamental para vigas em flexão é

$$\frac{M}{EI} = \frac{d^2y}{dx^2}$$

onde M = momento fletor

x = posição na viga, medida ao longo de seu comprimento

y = deflexão

Assim, se existe o desejo de criar uma equação da forma $y = f(x)$ (ou seja, y como uma função de x), seria em relação a outros fatores, como descrito a seguir:

$$y = f(x)$$

$$\theta = \frac{dy}{dx}$$

$$\frac{M}{EI} = \frac{d^2y}{dx^2}$$

$$\frac{V}{EI} = \frac{d^3y}{dx^3}$$

$$\frac{w}{EI} = \frac{d^4y}{dx^4}$$

onde w = termo genérico para a distribuição de carga na viga

As duas últimas equações partem da observação de que existe uma relação derivativa (declive) entre cisalhamento e momento fletor e entre carga e cisalhamento.

Na prática, as equações fundamentais que acabamos de ver são usadas de forma inversa. Isto é, a distribuição de carga como uma função de x é conhecida, e as equações para outros fatores são derivadas por sucessivas integrações. Os resultados são

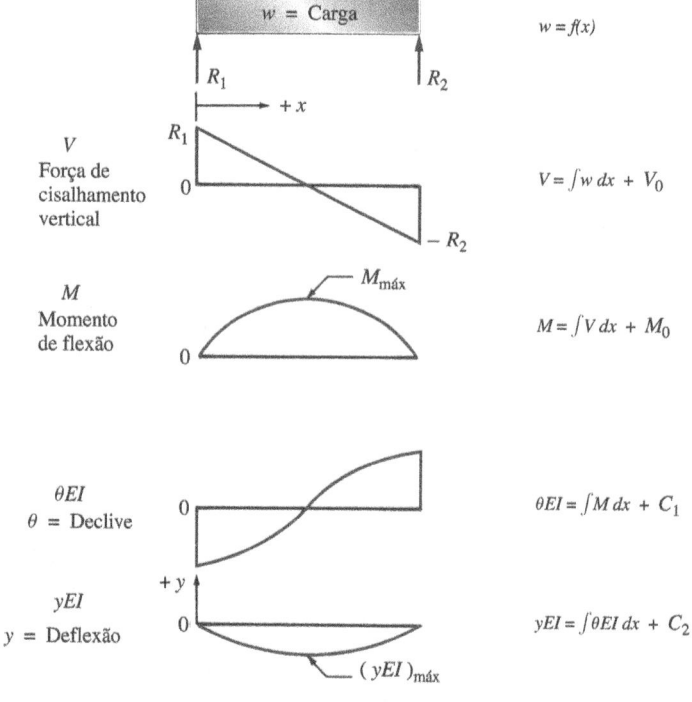

▲ **FIGURA 3.20** Relações de carga, força de cisalhamento vertical, momento de flexão, declive do perfil de viga defletido e curva de deflexão verdadeira de uma viga.

$$w = f(x)$$
$$V = \int w\,dx + V_0$$
$$M = \int V\,dx + M_0$$

onde V_0 e M_0 = constantes de integração avaliadas a partir de condições de contorno

Em muitos casos, os gráficos de carga, cisalhamento e momento de flexão podem ser desenhados de maneira convencional, e as equações de cisalhamento do momento de flexão podem ser criadas diretamente pelos princípios da geometria analítica. Considerando M como uma função de x, as relações de declive e deflexão podem ser assim descritas:

$$\theta EI = \int M\,dx + C_1$$
$$yEI = \int \theta EI\,dx + C_2$$

As constantes de integração devem ser avaliadas a partir das condições de contorno. Detalhes sobre a resistência dos materiais estão presentes nos textos sobre o assunto. (Ver Referência 4.)

3.19 VIGAS COM MOMENTOS FLETORES CONCENTRADOS

As figuras 3.16 e 3.20 mostram vigas carregadas apenas com forças concentradas ou cargas distribuídas. Para tais carregamentos em qualquer combinação, o gráfico de momento é contínuo. Ou seja, não há pontos de mudança brusca nos valores do momento de flexão. Muitos elementos de máquina, como manivelas, alavancas e engrenagens helicoidais, carregam cargas cuja linha de atuação se desvia do eixo centroidal da viga, de modo que um momento concentrado seja empregado na viga.

As figuras 3.21, 3.22 e 3.23 mostram três diferentes exemplos nos quais os momentos concentrados são criados em elementos de máquina. A alavanca com pivô, da Figura 3.21, em torno do ponto O é usada para transferir uma força aplicada a uma linha diferente de atuação. Cada braço tem o

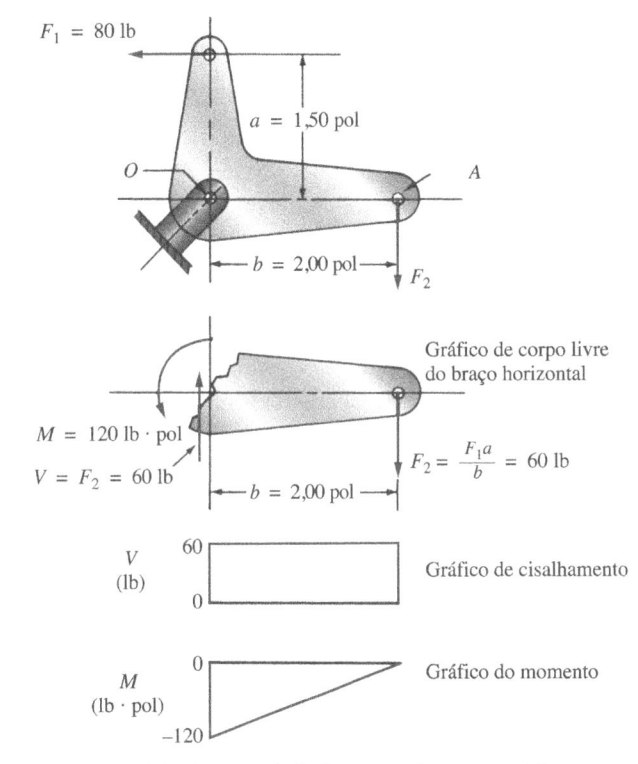

▲ **FIGURA 3.21** Momento de flexão em uma alavanca com pivô.

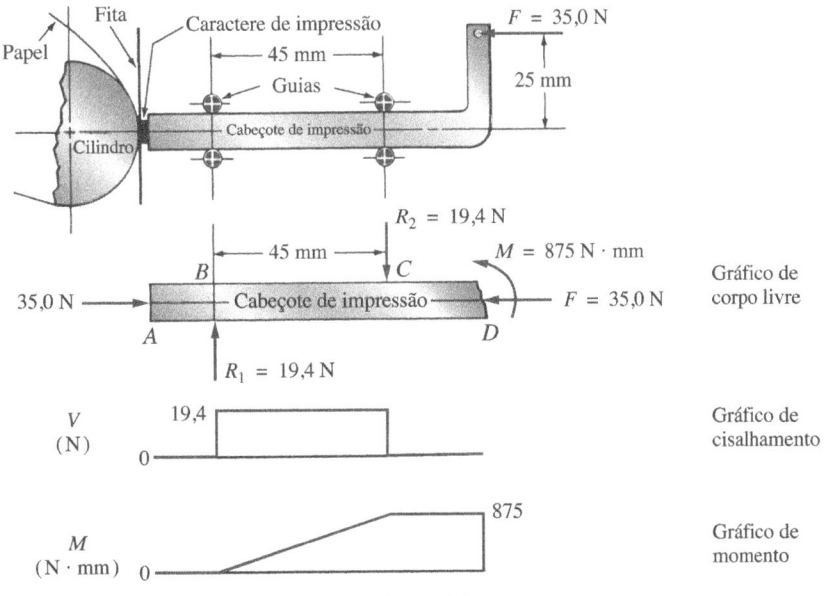

▲ **FIGURA 3.22** Momento de flexão em um cabeçote de impressão.

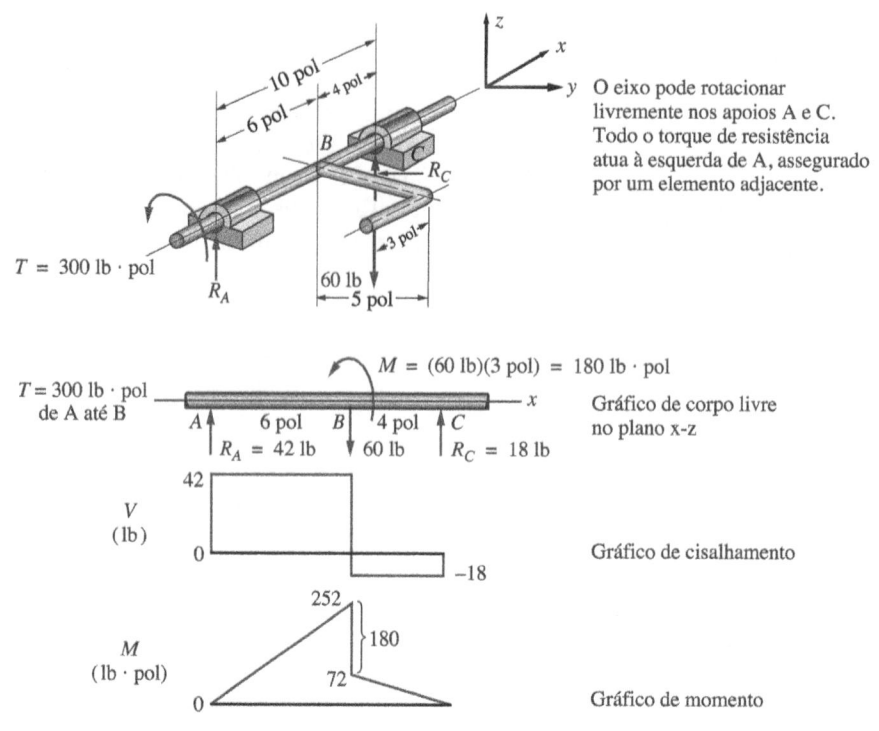

FIGURA 3.23 Momento de flexão em um eixo que carrega uma manivela.

comportamento semelhante ao de uma viga de cantiléver, flexionada em relação a um eixo através do pivô. Para análise, podemos isolar um braço fazendo um corte imaginário através do pivô e mostrando uma força de reação no pino do pivô e no momento interno do braço. Os gráficos de força de cisalhamento e momento de flexão, inclusos na Figura 3.21, mostram os resultados, e o Exemplo 3.14 fornece os detalhes da análise. Observe a semelhança a uma viga de cantiléver com o momento concentrado interno no pivô que reage com a força, F_2, atuando na extremidade do braço.

A Figura 3.22 mostra um cabeçote de impressão de uma impressora matricial na qual uma força aplicada, F, é deslocada do eixo neutro no próprio cabeçote da impressora. Assim, a força cria um momento de flexão concentrado na extremidade direita, onde o braço de uma alavanca vertical se conecta à peça horizontal. O gráfico de força livre mostra uma interrupção do braço vertical, e uma força axial interna e um momento substituem o efeito do braço estendido.

O momento concentrado provoca uma mudança brusca no valor do momento de flexão na extremidade direita do braço, como demonstra o gráfico do momento de flexão. O Exemplo 3.15 fornece os detalhes da análise.

A Figura 3.23 mostra uma visão isométrica de um eixo de manivela que é acionada pela força vertical que atua em sua extremidade. O resultado é um torque aplicado que tende a rotacionar o eixo ABC em sentido horário em relação ao eixo x. A figura mostra o torque de reação atuando na extremidade à frente da manivela. Um segundo resultado é o da força vertical atuando na extremidade da manivela, o que cria um momento de torção na haste conectada em B e, portanto, com tendência a flexionar o eixo ABC no plano x-z. O momento de torção é tratado como momento concentrado que atua em B com uma mudança abrupta resultante no momento de flexão no local, como pode ser visto no gráfico do momento de flexão. O Exemplo 3.16 fornece os detalhes da análise.

EXEMPLO 3.14

A alavanca com pivô mostrada na Figura 3.21 é parte de um acoplamento no qual a força horizontal de 80 lb é transferida à F_2 que atua verticalmente. A manivela pode girar em volta do pino em O. Esboce um gráfico de corpo livre da peça horizontal da manivela a partir de O até A. Em seguida, esboce os gráficos de cisalhamento e momento de flexão necessários para completar o projeto do braço horizontal da manivela.

SOLUÇÃO	Objetivo	Esboçar um gráfico de corpo livre da peça horizontal da manivela na Figura 3.21. Esboçar os gráficos de força de cisalhamento e de flexão para a peça.
	Dados	Representação da Figura 3.21.
	Análise	Utilize a manivela primeiramente como um corpo livre para determinar a força para baixo, F_2, que reage à força horizontal aplicada, F_1, de 80 lb por momentos de soma que se referem ao pino em O. Então, crie um gráfico de corpo livre para a peça horizontal quebrando-a através do pino e substituindo a peça removida com a força interna e o momento que atua sobre a quebra.
	Resultados	Inicialmente, podemos encontrar o valor de F_2 por meio dos momentos de soma que se referem ao pino em O utilizando toda a manivela: $$F_1 \cdot a = F_2 \cdot b$$ $$F_2 = F_1(a/b) = 80 \text{ lb } (1{,}50/2{,}00) = 60 \text{ lb}$$ Abaixo do desenho da manivela completa, desenhamos um esquema da peça horizontal, isolando-a da peça vertical. São demonstradas a força interna e o momento na seção cortada. A força para baixo aplicada externamente, F_2, se faz reagir no pino. Além disso, como F_2 provoca um momento em relação à seção no pino, subsiste um momento de reação interna, em que $$M = F_2 \cdot b = (60 \text{ lb})(2{,}00 \text{ pol}) = 120 \text{ lb} \cdot \text{pol}$$ Os gráficos de cisalhamento e momento podem, então, ser demonstrados no modo convencional. O resultado se parece mais com um cantiléver que é construído em um apoio rígido. A diferença aqui é que o momento de reação na seção através do pino é desenvolvido no braço vertical da manivela.
	Comentário	Observe que o perfil do gráfico de momento para a peça horizontal demonstra que o momento máximo ocorre na seção através do pino e que o momento diminui linearmente, enquanto nos deslocamos na direção do ponto A. Como resultado, o perfil da manivela é otimizado, com sua seção transversal mais ampla (e módulo de seção) na seção de momento de flexão mais amplo. Você poderia concluir o projeto da manivela usando as técnicas revistas na Seção 3.15.
EXEMPLO 3.15		A Figura 3.22 representa um cabeçote de impressão de uma impressora de computador. A força F desloca o cabeçote de impressão para a esquerda, contra a fita, imprimindo o caractere no papel, que é apoiado pelo cilindro. Desenhe o gráfico de corpo livre da porção horizontal do cabeçote de impressão juntamente com os gráficos de força de cisalhamento e momento de flexão.
SOLUÇÃO	Objetivo	Desenhar um gráfico de corpo livre da peça horizontal do cabeçote de impressão da Figura 3.22. Desenhar gráficos de força de cisalhamento e momento de flexão para essa peça.
	Dados	Representação da Figura 3.22.
	Análise	A força horizontal de 35 N que atua para a esquerda se faz reagir por uma força horizontal também de 35 N produzida pelo cilindro, que a empurra de volta, para a direita, no cabeçote de impressão. As guias fornecem apoios simples na direção vertical. A força aplicada também produz um momento na base do braço vertical, onde se junta à peça horizontal do cabeçote de impressão.

Criamos um gráfico de corpo livre para a peça horizontal quebrando-a em sua extremidade direita e substituindo a peça removida por uma força interna e momento que atuam na quebra. Os gráficos de força de cisalhamento e momento de flexão podem, então, ser desenhados.

Resultados O gráfico de corpo livre da porção horizontal é mostrado abaixo do esquema completo. Observe que na extremidade direita (seção D) do cabeçote de impressão, o braço vertical foi removido e substituído pela força horizontal interna de 35,0 N e pelo momento de 875 N · mm provocado pela força de 35,0 N que atua 25 mm acima dele. Observe, ainda, que o braço do momento de 25 mm da força é considerado a partir da linha de ação da força *até o eixo neutro da peça horizontal*. A reação de 35,0 N do cilindro no cabeçote de impressão tende a colocar o cabeçote em compressão sobre todo o comprimento. A tendência rotacional do momento se faz reagir pelo par criado por R_1 e R_2, que atua 45 mm à distância de B e C.

Abaixo do gráfico de corpo livre está o gráfico de força de cisalhamento vertical, no qual um cisalhamento constante de 19,4 N ocorre somente entre os dois apoios.

O gráfico do momento de flexão pode se derivar tanto da extremidade esquerda quanto da direita. Se escolhermos começar pela extremidade esquerda em A, não haverá força de cisalhamento de A até B, e assim não haverá mudança no momento de flexão. De B a C, o cisalhamento positivo provoca um aumento no momento de flexão, de zero a 875 N · mm.

Como não há cisalhamento de C a D, não há mudança no momento de flexão, e o valor permanece em 875 N · mm. O momento concentrado em sentido anti-horário em D faz com que o gráfico de momento vá para baixo abruptamente, encerrando o gráfico.

EXEMPLO 3.16 A Figura 3.23 mostra uma manivela na qual é necessário visualizar a disposição tridimensional. A força para baixo de 60 lb tende a rotacionar o eixo *ABC* em volta do eixo *x*. O torque de reação atua somente na extremidade do eixo do lado de fora do apoio de flexão em A. As flexões A e C oferecem apoios simples. Desenhe o gráfico de corpo livre completo para o eixo *ABC*, juntamente aos gráficos de força de cisalhamento e momento de flexão.

SOLUÇÃO

Objetivo Desenhar o gráfico de corpo livre do eixo *ABC* da Figura 3.23. Desenhar os gráficos de força de cisalhamento e momento de flexão para essa peça.

Dados A representação da Figura 3.23.

Análise A análise deverá seguir os passos:

1. Determine a magnitude do torque no eixo entre a extremidade esquerda e o ponto B, onde o braço da manivela está fixado.
2. Analise a conexão da manivela no ponto B e determine a força e o momento transferidos para o eixo *ABC* pela manivela.
3. Calcule as reações verticais nos apoios A e C.
4. Desenhe os gráficos de força de cisalhamento e momento de flexão considerando o momento concentrado aplicado no ponto B junto às relações familiares entre força de cisalhamento e momentos de flexão.

Resultados O gráfico de corpo livre é demonstrado, como se pode ver, no plano x-z. Observe que o corpo livre deve estar em equilíbrio com todas as direções de momento e força. Considerando primeiramente o torque (momento de rotação) acerca do eixo x, observe que a força de 60 lb da manivela atua 5,0 polegadas a partir do eixo. O torque, portanto, é

$$T = (60 \text{ lb})(5,0 \text{ pol}) = 300 \text{ lb} \cdot \text{pol}$$

Esse nível de torque atua a partir da extremidade esquerda do eixo da seção B, onde a manivela está fixada ao eixo.

Agora, o carregamento em B deve ser descrito. Um meio de fazer isso é visualizar que a própria manivela é separada do eixo e substituída por uma força e momento provocados pela manivela. Em primeiro lugar, a força para baixo de 60 lb recai em B. Além disso, como a força aplicada de 60 lb atua 3,0 pol para a esquerda de B, há um momento concentrado no *plano x-z* de 180 lb, que deve ser aplicado em B. Ambas as forças para baixo e o momento em B afetam a magnitude e a direção das forças de reação em A e C. Primeiramente, os momentos de soma acerca de A,

$$(60 \text{ lb})(6,0 \text{ pol}) - 180 \text{ lb} \cdot \text{pol} - R_C(10,0 \text{ pol}) = 0$$
$$R_C = [(360 - 180) \text{ lb} \cdot \text{pol}] / (10,0 \text{ pol}) = 18,0 \text{ lb para cima}$$

Agora, os momentos de soma que dizem respeito a C,

$$(60 \text{ lb})(4,0 \text{ pol}) + 180 \text{ lb} \cdot \text{pol} - R_A(10,0 \text{ pol}) = 0$$
$$R_A = [(240 - 180) \text{ lb} \cdot \text{pol}] / (10,0 \text{ pol}) = 42,0 \text{ lb para cima}$$

Agora os gráficos de momento de flexão e cisalhamento podem ser finalizados. O momento começa em zero no apoio simples em A, eleva-se até 252 lb · pol em B, sob a influência da força de cisalhamento de 42 lb, então, desce até 180 lb · pol, em virtude do momento concentrado anti-horário em B, e finalmente retorna a zero no apoio simples em C.

Comentário Em resumo, o eixo ABC carrega um torque de 300 lb · pol a partir do ponto B até sua extremidade esquerda. O momento de flexão máximo de 252 lb · pol ocorre no ponto B, onde a manivela é fixada. O momento de flexão, então, repentinamente cai até 72 lb · pol, sob a influência do momento concentrado de 180 lb · pol aplicado pela manivela.

Para desenhar o gráfico do momento de flexão para um membro ao qual é aplicado um momento de concentração, a convenção de sinais a seguir será utilizada.

Quando um momento de flexão concentrado atua em uma viga em direção anti-horária, o gráfico de momento se situa para baixo; quando um momento concentrado em sentido horário atua, o gráfico de momento se situa para cima.

3.20 TENSÕES NORMAIS COMBINADAS: PRINCÍPIO DA SUPERPOSIÇÃO

Quando a mesma seção transversal de um membro sob carregamento é submetida tanto à tensão direta de tração ou compressão como a uma tensão decorrente de flexão, a tensão normal resultante pode ser calculada pelo método de superposição. A fórmula é

$$\sigma = \pm Mc/I \pm F/A \qquad (3.26)$$

onde as tensões de tração são positivas e as tensões de compressão são negativas.

Um exemplo de membro sob carregamento submetido à tensão combinada de flexão e axial é demonstrado na Figura 3.24. Ela mostra uma viga submetida a uma carga aplicada para baixo e para a direita através de um colchete abaixo da viga. A resolução final da carga em componentes horizontais e verticais mostra que o seu efeito pode ser subdividido em três partes:

1. O componente vertical tende a colocar a viga em flexão com tração na parte de cima e compressão na parte de baixo.

2. O componente horizontal, por agir longe do eixo neutro da viga, provoca flexão com tração na parte de baixo e compressão na parte de cima.

3. O componente horizontal provoca tensão de tração direta através de toda a seção transversal.

Podemos proceder à análise de tensão por meio do uso das técnicas a partir da seção anterior para elaborar os gráficos de força de cisalhamento e momento de flexão e, então, usar a Equação 3.26 para combinar os efeitos da tensão de flexão e da tensão de tração direta em qualquer ponto. Os detalhes são mostrados no Exemplo 3.17.

EXEMPLO 3.17

A viga de cantiléver na Figura 3.24 é uma viga de perfil americano de aço, S6 × 12,5. A força F é de 10000 lb e atua em um ângulo de 30° abaixo da horizontal, como demonstrado. Utilize a = 24 pol e e = 6,0 pol. Desenhe um gráfico de corpo livre e os gráficos de força de cisalhamento e momento de flexão para a viga. Então, calcule as tensões de tração máxima e compressão máxima na viga e mostre onde elas ocorrem.

SOLUÇÃO

Objetivo: Determinar as tensões de tração máxima e compressão máxima na viga.

Dados: A representação da Figura 3.24(a). Força = F = 10000 lb; ângulo θ = 30°.
O perfil de viga: S6 × 12,5; comprimento = a = 24 pol.
Módulo de seção = S = 7,37 pol³; área = A = 3,67 pol² (Tabela A15.10).
Excentricidade da carga = e = 6,0 pol a partir do eixo neutro da viga até a linha de ação do componente horizontal da carga aplicada.

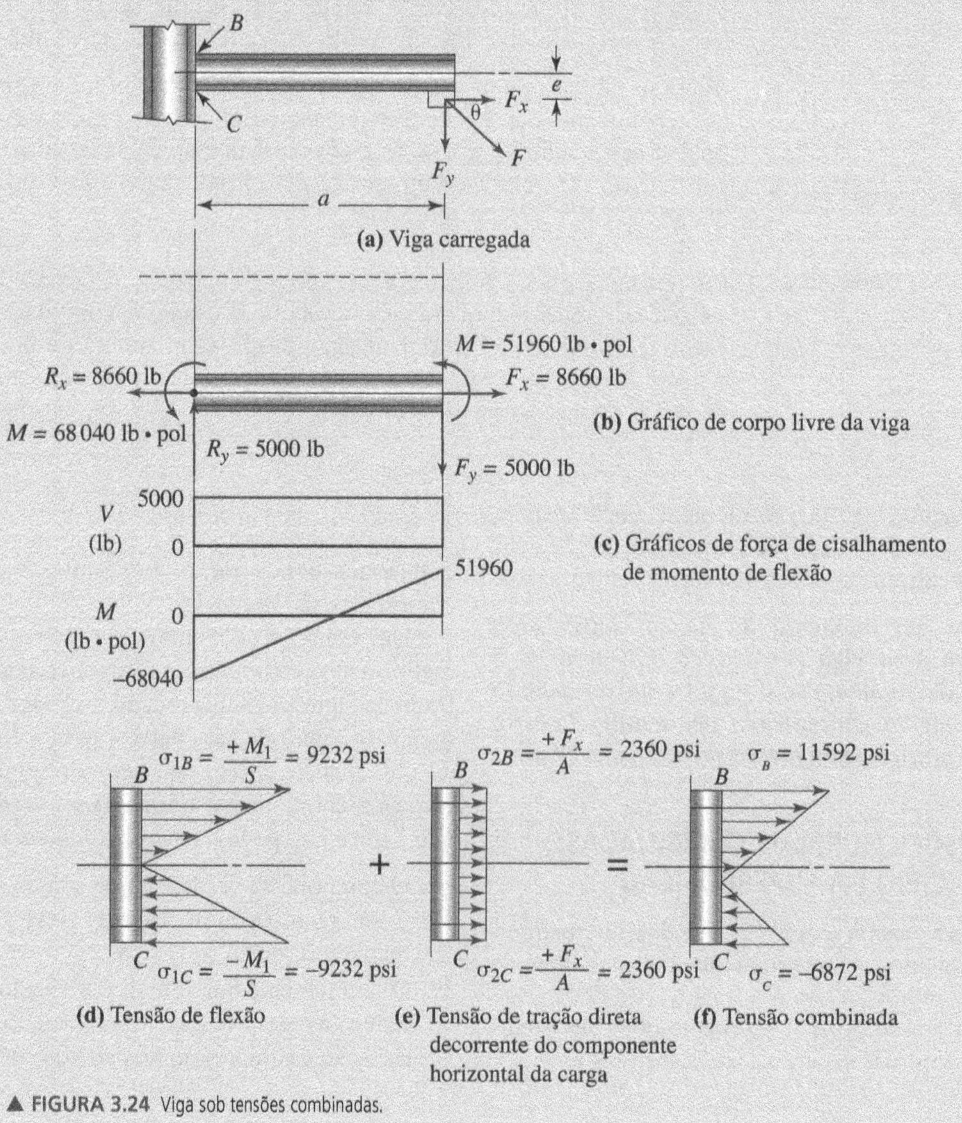
B
C
e
θ
F_x
F
F_y
a
(a) Viga carregada
M = 51960 lb • pol
R_x = 8660 lb
F_x = 8660 lb
M = 68 040 lb • pol
R_y = 5000 lb
F_y = 5000 lb
(b) Gráfico de corpo livre da viga
5000
V
(lb)
0
51960
M
0
(lb • pol)
–68040
(c) Gráficos de força de cisalhamento de momento de flexão
$\sigma_{1B} = \frac{+M_1}{S}$ = 9232 psi
$\sigma_{2B} = \frac{+F_x}{A}$ = 2360 psi
σ_B = 11592 psi
+
=
$\sigma_{1C} = \frac{-M_1}{S}$ = –9232 psi
$\sigma_{2C} = \frac{+F_x}{A}$ = 2360 psi
σ_C = –6872 psi
(d) Tensão de flexão
(e) Tensão de tração direta decorrente do componente horizontal da carga
(f) Tensão combinada

▲ FIGURA 3.24 Viga sob tensões combinadas.

Análise A análise inclui os passos a seguir:

1. Faça a resolução final da força aplicada em seus componentes verticais e horizontais.
2. Transfira o componente horizontal para um carregamento equivalente no eixo neutro, que tem uma força de tração direta e um momento decorrentes da colocação excêntrica da força.
3. Elabore o gráfico de corpo livre usando as técnicas da Seção 3.19.
4. Desenhe os gráficos de força de cisalhamento de momento de flexão e determine o ponto de momento de flexão máxima.
5. Complete a análise de tensão na seção calculando as tensões de tração máxima e compressão máxima.

Resultados Os componentes da força aplicada são:

$F_x = F\cos(30°) = (10000\ lb)[\cos(30°)] = 8660\ lb$ atuando para a direita
$F_y = F\text{sen}(30°) = (10000\ lb)[\text{sen}(30°)] = 5000\ lb$ atuando para baixo

A força horizontal produz um momento concentrado em direção anti-horária na extremidade direita da viga com uma magnitude de:

$$M_1 = F_x (6,0\ pol) = (8660\ lb)(6,0\ pol) = 51960\ lb \cdot pol$$

O gráfico de corpo livre da viga é demonstrado na Figura 3.24(b).
A Figura 3.24(c) mostra os gráficos das forças de cisalhamento de momento de flexão.
O momento de flexão máxima, 68040 lb · pol, ocorre na extremidade esquerda da viga, onde está firmemente fixado a uma coluna.
O momento de flexão, analisado sozinho, produz uma tensão de tração (+) na superfície superior no ponto B e uma tensão de compressão (–) na superfície inferior em C. As magnitudes dessas tensões são:

$$\sigma_1 = \pm M/S = \pm (68040\ lb\ pol)/(7,37\ pol^3) = \pm 9232\ psi$$

A Figura 3.24(d) mostra a distribuição de tensão decorrente apenas da tensão de flexão.
Agora calculamos a tensão de tração decorrente da força axial de 8660 lb.

$$\sigma_2 = F_x/A = (8660\ lb)/(3,67\ pol^2) = 2360\ psi$$

A Figura 3.24(e) mostra essa distribuição de tensão uniforme ao longo de toda a seção.
Em seguida, calculamos a tensão combinada em B na parte de cima da viga.

$$\sigma_B = +\sigma_1 + \sigma_2 = 9232\ psi + 2360\ psi = 11592 \text{ — psi tração}$$

Em C, na parte de baixo da viga, a tensão é:

$$\sigma_C = -\sigma_1 + \sigma_2 = -9232\ psi + 2360\ psi = -6872 \text{ — psi compressão}$$

A Figura 3.24(f) mostra a condição de tensão combinada que existe na seção transversal da viga em sua extremidade esquerda, no apoio. Trata-se de uma sobreposição das tensões componentes, como demonstram as figuras 3.24(d) e (e).

3.21 CONCENTRAÇÕES DE TENSÕES

As fórmulas revistas anteriormente para calcular tensões simples decorrentes de forças diretas de tração e compressão, momentos de flexão e momentos de torção são aplicáveis sob determinadas circunstâncias. Uma condição para que isso aconteça é que a geometria do membro deve ser uniforme através da seção de interesse.

Em muitas situações típicas de projeto de máquinas, as descontinuidades geométricas inerentes são necessárias às peças para realizar suas funções desejadas. Por exemplo, como demonstra a Figura 12.2, os eixos que carregam engrenagens, correntes dentadas ou roldanas de correias geralmente têm muitos diâmetros que criam uma série de ombros que dão lugar aos membros de transmissão de potência e rolamentos de apoio. Entalhes no eixo permitem a instalação de anéis de retenção. Assentos fresados em eixos possibilitam que chavetas direcionem os elementos. De modo semelhante, os membros de tração em acoplamento podem ser designados por entalhes em anéis de retenção, orifícios radiais para pinos, roscas ou seções reduzidas.

Qualquer uma dessas descontinuidades geométricas provocará a tensão máxima verdadeira na peça para ser superior à previsão de fórmulas simples. Definir os *fatores de concentração de tensão* como os fatores pelos quais a tensão máxima verdadeira excede a tensão nominal, σ_{nom} ou τ_{nom}, prevista pelas simples equações, permite que o projetista analise essas situações. O símbolo para esses fatores é o K_t. Em geral, os fatores K_t são usados da seguinte forma:

$$\sigma_{máx} = K_t \sigma_{nom} \text{ ou } \tau_{máx} = K_t \tau_{nom} \quad (3.27)$$

a depender do tipo de tensão produzido para a carga em particular. O valor de K_t depende do perfil de descontinuidade, da geometria específica e do tipo de tensão.

A Figura 3.25 mostra dois exemplos de como as descontinuidades geométricas afetam os níveis de tensão nos componentes mecânicos, criando concentrações de tensão. A Parte (a) mostra o desenho de um modelo de viga feito a partir de uma chapa, usando material fotoelástico, que reage aos níveis de tensão produzindo áreas claras e escuras proporcionais a variações de tensões quando vistas através de um filtro polarizado. Cada linha escura, chamada de franja, indica uma alteração na tensão de uma certa quantidade.

A viga é simplesmente apoiada em sua extremidade e carrega uma carga concentrada em seu meio, onde a abrangência da seção acaba sendo maior. Para o lado direito do meio, há uma redução da abrangência com um filete circular. Para o lado esquerdo do meio, a abrangência da seção é muito menor e o filete circular também é usado. Você deve visualizar, para essa viga simplesmente apoiada, que o momento de flexão máximo ocorre no meio e diminui linearmente até zero no apoio. A tensão de flexão máxima prevista estaria na porção esquerda, onde a seção transversal é menor, e em direção à extremidade direita daquela porção, onde o momento é mais elevado. As linhas da borda comprovam essa observação, porque o número de bordas aumenta enquanto você olha direto para a extremidade direita da menor seção. Entretanto, observe que perto de onde o filete é localizado, há muito mais linhas de borda espaçadas, mas próximas. Isso indica que a tensão local em volta dessa descontinuidade geométrica é muito mais elevada do que poderia ser previsto pelos simples cálculos de tensão de flexão. Isso ilustra o conceito de *concentrações de tensão*. Um padrão semelhante existe na porção direita da viga, embora os níveis de tensão globais estejam diminuídos porque o tamanho da seção é maior.

Outro detalhe que pode ser observado a partir da viga na Figura 3.25(a) fica na região abaixo de onde a força é aplicada. As numerosas bordas, espaçadas, mas próximas, ilustram aí o conceito de *tensão de contato* que pode ser muito elevado, em termos de localização. Um cuidado especial deve ser concedido ao projeto dessa peça da viga para resistir à tensão de contato elevada. Esse conceito também é pertinente para tensões em dentes de engrenagem (capítulos 9 e 10) e rolamentos de contato angular (Capítulo 14).

A Figura 3.25(b) mostra um fenômeno diferente de concentração de tensão e carregamento. Três placas achatadas são submetidas a níveis idênticos de tensões de tração uniformemente distribuídas na parte mais ampla de cada placa, em direção às extremidades. Cada placa tem as mesmas largura e seção de abrangência reduzida no meio, mas com uma geometria bem diferente. A largura da placa superior é reduzida bem gradualmente e a tensão no material aumenta substancialmente somente em decorrência da redução da área de seção transversal. A tensão no entalhe aumenta de novo por causa da redução na área de seção transversal, mas há também um nível aumentado de tensão próximo dos dois entalhes por causa da mudança repentina na geometria. O número mais elevado de linhas de borda é a indicação de uma *concentração de tensão* próxima dos entalhes. A placa inferior também contém um entalhe, mas é muito mais estreito, e o raio na sua parte inferior é bem mais afiado do que o da placa do meio. Aqui há até mesmo mais linhas de borda, espaçadas, mas próximas, indicando uma tensão local muito maior próxima dos entalhes pequenos.

As concentrações de tensão geralmente são fenômenos locais elevados, afetando somente a região próxima da descontinuidade geométrica. Todo o componente deve ser examinado para determinar onde as tensões máximas ocorrem, e frequentemente duas ou mais áreas devem ser analisadas para garantir que não ocorram falhas. O Capítulo 5 trata mais desse assunto.

Como um projetista, você é responsável por aplicar fatores de concentração de tensão, e o julgamento cuidadoso é exigido. Numerosos casos de geometrias e carregamento têm sido avaliados analiticamente, empiricamente e pelo uso de métodos de análise de tensão de elemento finito para produzir dados a partir dos quais valores para K_t podem ser determinados. Essa seção resume os princípios básicos e mostra exemplos da aplicação de fatores de concentração de tensão. Diretrizes gerais são listadas a seguir.

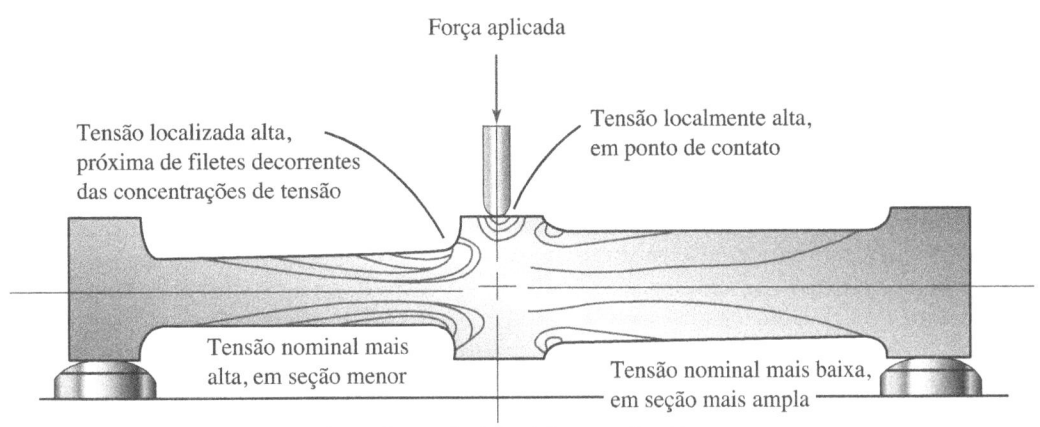

(a) Viga em flexão com carga no meio aplicada a seção aumentada, seções reduzidas com filetes circulares em cada lado; o lado esquerdo é menor que o direito

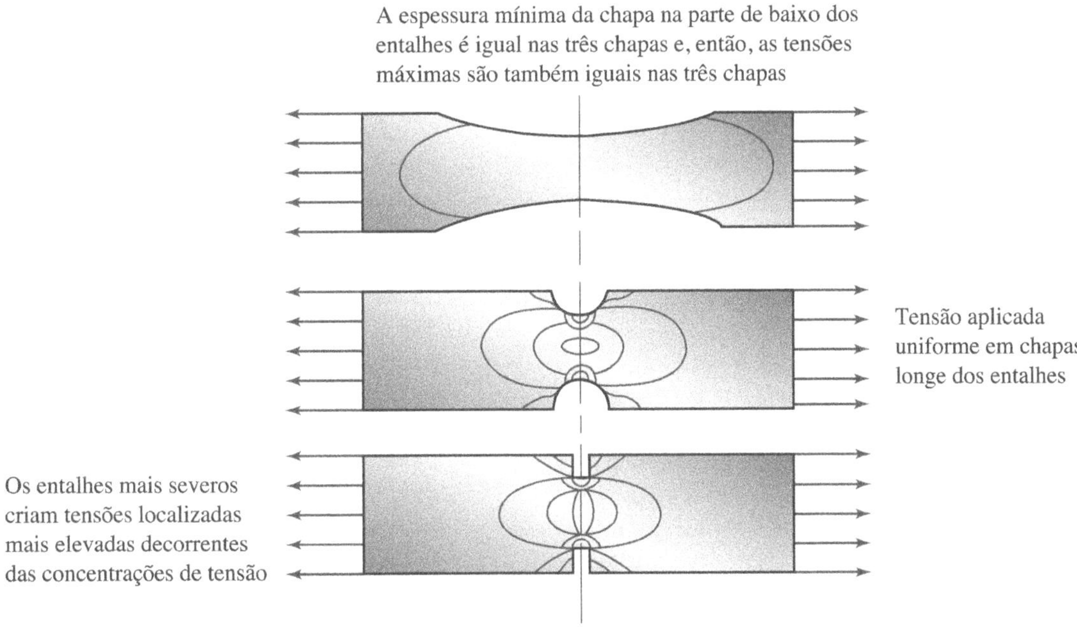

(b) Chapas planas com campos de tensão de tração uniforme aplicadas; todas as seções reduzidas no meio têm espessuras iguais; a curvatura do entalhe cada vez mais afiado nas três chapas

▲ **FIGURA 3.25** Representações das distribuições de tensão, próximo de concentrações de tensão em filetes circulares, em uma viga em flexão e em chapas entalhadas em tração.

Diretrizes gerais para o uso de fatores de concentração de tensão

1. Os fatores de concentração de tensão devem sempre ser aplicados a materiais frágeis, porque localmente tensões elevadas costumam levar à fratura.
2. Para materiais dúcteis sob carregamento de tensão estática, é normal ignorar as concentrações de tensão em áreas locais pequenas porque a ductilidade permite um escoamento que redistribui a tensão sobre uma área mais ampla, e a falha máxima não ocorre. Entretanto, alguns projetistas preferem garantir que não ocorra nenhum escoamento em nenhum lugar no componente.
3. É improvável que áreas de membros dúcteis sob tensão compressiva cíclica produzam falha, a menos que a tensão máxima local exceda a tensão de compressão máxima. Em tensões menores, uma pequena quantidade de material próximo da área de maior tensão pode escoar e permitir que a carga seja redistribuída sobre uma área mais ampla.

4. A flexão de um membro em tração tende a provocar tensões locais excessivamente altas, onde há descontinuidades geométricas, onde ocorrem pequenos vazios internos ou onde ocorrem imperfeições de superfície, como rachaduras, marcas de ferramentas, cortes, rugosidade, corrosão, galvanização ou arranhaduras. Parece que pequenas rachaduras crescerão e cobrirão áreas mais amplas ao longo do tempo, levando à falha máxima. Esse tipo de falha, chamada de fadiga, é discutida adiante no Capítulo 5. *Assim, aplique sempre fatores de concentração de tensão em áreas de tensão de tração cíclica, onde começam as falhas de fadiga.*

5. Recomenda-se projetar componentes para evitar a ocorrência dos fatores listados no item 4. É crucial manter as superfícies do material lisas e as estruturas internas homogêneas e evitar prejuízo na fabricação e manuseio.

6. Os fatores de concentração de tensão são mais elevados em regiões de mudanças em geometria abruptas. Desse modo, o bom projeto requererá mudanças mais graduais, como por meio do fornecimento de raios de filetes generosos e da mistura delicada de superfícies de contato.

A Referência 5 é, indiscutivelmente, a fonte mais abrangente de dados sobre fatores de concentração de tensão. A Referência 7 também contém muitas informações úteis.

Os fatores de concentração de tensão frequentemente são apresentados em forma de gráfico para auxiliar os projetistas na visualização do efeito de decisões geométricas específicas em tensões locais. Exemplos de formas gerais de tais gráficos são exibidos na Figura 3.26. Observe que as curvas mostradas são aproximadas e não devem ser confiadas a projetos finais. Os gráficos mostram valores para K_t no eixo vertical. O eixo horizontal é normalmente definido nos termos da razão das dimensões para apresentações geométricas primárias, como diâmetros, larguras e raios de filetes. É fundamental que você compreenda a base para a tensão nominal para uso na Equação 3.27. Para cada caso na Figura 3.26, a equação para a tensão nominal é relatada. Isso é típico para a geometria de seções menores a serem usadas no cálculo da tensão nominal, porque isso oferecerá a tensão mais ampla na região a respeito da descontinuidade antes do cálculo da geometria específica. Entretanto, ocorrem exceções. Discussões adicionais sobre os quatro tipos gerais de gráficos são apresentadas a seguir.

(a) ***Placa plana em degraus em tensão:*** A magnitude da razão da largura mais ampla, w, com a largura menor, t, é um fator importante e normalmente aparece como uma família de curvas, como as três apresentadas na figura. O eixo horizontal indica a razão r/t, onde r é o raio do filete no degrau. Observe que quanto maior o raio, menor o valor de K_t. Se possível, raios de filete pequeno devem ser evitados, porque o fator de concentração de tensão normalmente aumenta exponencialmente em razões r/t muito pequenas. *A tensão nominal se baseia na força aplicada, F, dividida pela área de seção transversal mínima na menor seção, como demonstra a figura.*

(b) ***Barra circular em flexão:*** Uma família de curvas é mostrada para a razão entre o maior diâmetro, D, e o menor diâmetro, d, semelhante à discussão na Parte (a). O eixo horizontal é a razão r/d e, novamente, é óbvio que os raios do filete pequeno devem ser evitados. *A tensão nominal se baseia no momento de flexão aplicada, M, dividido pelo módulo de seção da menor seção transversal, como mostra a figura.*

(c) ***Placa plana em tensão com um orifício central:*** Esse caso pressupõe que a força aplicada seja uniformemente distribuída a todas as partes da placa em áreas distantes do orifício. A tensão máxima surge perto das proximidades do orifício, e isso ocorre nas partes superior e inferior do orifício. O eixo horizontal do gráfico é a razão d/w, onde d é o diâmetro do orifício e w a largura da placa. Observe que a espessura da placa é chamada de t. *A tensão nominal se baseia na força aplicada dividida pela área da rede encontrada na seção transversal através do orifício.* A figura mostra que $A_{rede} = (w - d)t$.

(d) ***Barra circular em torção com um orifício central:*** *Nesse caso, o fator de concentração de tensão se baseia no módulo de seção polar bruto para a seção transversal completa da barra. Esse é um dos poucos casos em que a seção bruta é usada, em vez da seção de rede.* A principal razão é a complexidade do cálculo do módulo de seção polar e do aumento da tensão decorrente da descontinuidade em torno do orifício, resultando senão em valores amplos para K_t. O eixo horizontal é a razão d/D, onde D é o diâmetro total da barra e d é o diâmetro do orifício.

Acesse o Site 3 para obter dados de K_t e resolver os problemas propostos neste livro. Quatro categorias de perfil, listadas a seguir, estão inclusas no site com múltiplos tipos de tensões, tração axial típica, flexão e torção.

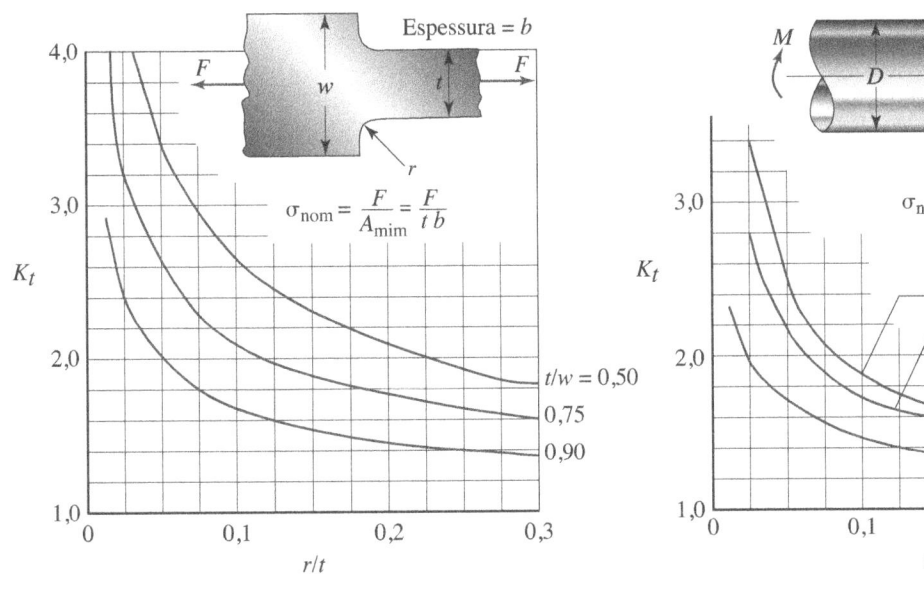

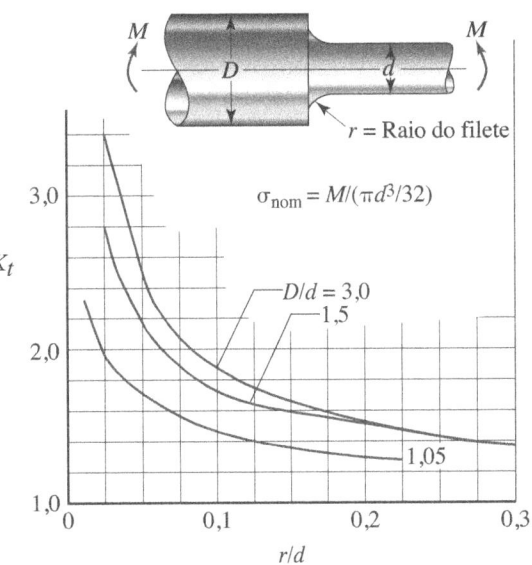

(a) Placa plana em degraus em tração

$\sigma_{nom} = \dfrac{F}{A_{mim}} = \dfrac{F}{t\,b}$

(b) Barra circular em flexão

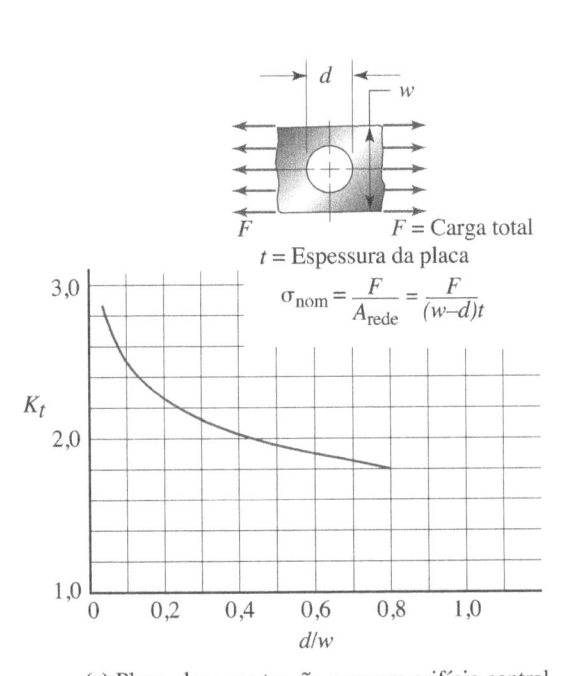

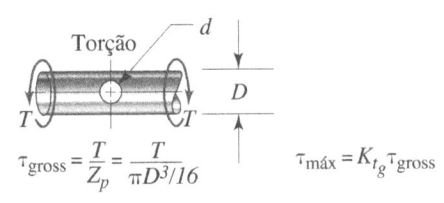

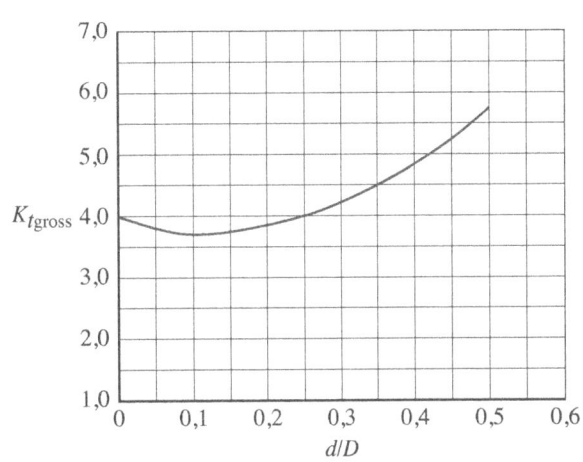

$\sigma_{nom} = M/(\pi d^3/32)$

(c) Placa plana em tensão com um orifício central

$\sigma_{nom} = \dfrac{F}{A_{rede}} = \dfrac{F}{(w-d)t}$

F = Carga total
t = Espessura da placa

(d) Barra circular em torção com um orifício central

$\tau_{gross} = \dfrac{T}{Z_p} = \dfrac{T}{\pi D^3/16}$ $\tau_{máx} = K_{t_g}\tau_{gross}$

▲ **FIGURA 3.26** Formas genéricas de curvas do fator de concentração de tensão (dados aproximados; uso para projetos finais não é aconselhado).

1. Barras retangulares com diversos tipos de entalhes, orifícios, frestas e alterações de espessura (17 tipos geométricos; 31 casos)
2. Barras redondas e eixos com degraus em diâmetro, entalhes, assentos de chaveta e orifícios (8 tipos geométricos; 23 casos)
3. Placas infinitas ou semi-infinitas (3 tipos geométricos; 7 casos)
4. Perfis especiais (3 tipos geométricos; 6 casos)

EXEMPLO 3.18 Calcule a tensão máxima em uma placa achatada em degrau submetida a uma força de tração axial de 9800 N. A geometria é mostrada na Figura 3.27.

Espessura da placa = b = 6,0 mm.

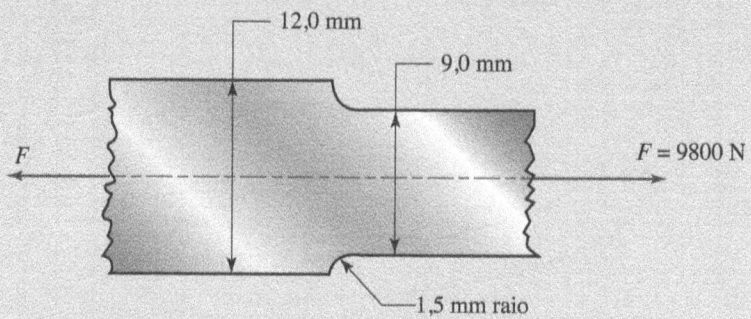

▲ **FIGURA 3.27** Placa achatada em degrau para o Exemplo 3.18.

SOLUÇÃO

Objetivo   Calcular a tensão máxima na placa achatada em degraus na Figura 3.27.

Dados   Representação da Figura 3.27. Força = F = 9800 N
Utilizando a informação da Figura 3.26(a): larguras w = 12,0 mm; t = 9,0 mm
Espessura da placa: b = 6,0 mm
Raio do filete no degrau: r = 1,50 mm

Análise   A presença de alteração da largura no degrau provoca uma concentração de tensão a ocorrer. A geometria é do tipo mostrado na Figura 3.26(a) e, para ilustrar o método, usaremos esse gráfico para determinar o valor do fator de concentração de tensão K_t. Esse valor é utilizado na Equação 3.27 para calcular a tensão máxima.

Resultados   Os valores das razões t/w e r/t são exigidos:

$$t/w = 9{,}0 \text{ mm}/12{,}0 \text{ mm} = 0{,}75$$

$$r/t = 1{,}5 \text{ mm}/9{,}0 \text{ mm} = 0{,}167$$

O valor de K_t = 1,83 pode ser lido na Figura 3.26(a).
A tensão nominal é calculada para a seção pequena que tem uma seção transversal de 6,0 mm por 9,0 mm.

$$A_{rede} = t \cdot b = (9{,}0 \text{ mm})(6{,}0 \text{ mm}) = 54{,}0 \text{ mm}^2$$

A tensão nominal é:

$$\sigma_{nom} = F/A_{rede} = (9800 \text{ N})/(54{,}0 \text{ mm}^2) = 181{,}5 \text{ N/mm}^2 = 181{,}5 \text{ MPa}$$

A tensão máxima na área do filete no degrau é:

$$\sigma_{máx} = K_t \sigma_{nom} = (1{,}83)(181{,}5 \text{ MPa}) = 332 \text{ MPa}$$

Comentário   A tensão máxima de 332 MPa ocorre na área do filete, tanto na parte superior como na inferior da seção pequena. A uma pequena distância à direita do filete, a tensão local reduz o valor nominal de 181,5 MPa. A tensão na seção mais ampla é obviamente muito menor por causa da área de seção transversal da placa. Observe que a especificação do raio de um filete pequeno provocaria uma tensão máxima mais ampla porque a curva de K_t aumenta bruscamente enquanto a razão r/t diminui. A tensão máxima modestamente menor produziria um raio de filete aumentado.

Usamos a Figura 3.26(a) para ilustrar o processo para determinar o valor aproximado do fator de concentração de tensão. Recomenda-se que o Site 3 seja usado para resolver problemas neste livro, por conter dados mais precisos e pela listagem muito maior de tipos de geometria e casos de carregamento.

FATORES DE CONCENTRAÇÃO DE TENSÃO PARA JUNTAS DE GARFO-OLHAL. Um elemento de máquina comum é a conhecida junta de manilha ou junta de garfo-olhal, esquematizada na Figura 3.28. Para essa discussão, a placa em perfil de barra é chamada de olhal, que pode ter tanto um desenho achatado, com terminação quadrada, como mostrado, ou uma terminação redonda que às vezes é utilizada para dar folga para a rotação do olhal. Na análise de tensão, o nome genérico para o olhal é placa achatada com um orifício central com uma carga aplicada através de um pino em tração. A Figura 3.29 mostra valores aproximados para fatores de concentração de tensão que ocorrem em torno do orifício em condições típicas, descritas a seguir. Pressupõe-se que a placa tenha uma distribuição uniforme da carga ao longo de qualquer seção transversal, bem distante do orifício. A seção crítica em relação à tensão de tração axial na placa ocorre na seção através do orifício onde ocorre a área mínima de seção transversal em rede. O fator de concentração de tensão é responsável pela descontinuidade geométrica dessa seção.

Em geral, a tensão de tração axial próxima do orifício do olhal depende de diversos fatores:

1. A largura e a espessura do olhal e o tamanho e a localização do orifício em relação à extremidade do olhal
2. As folgas entre as faces do olhal e placas laterais da manilha
3. Diâmetro e comprimento do pino
4. Folga entre o pino e o orifício
5. Materiais do pino e do olhal

Uma típica conexão de olhal deve ter as seguintes características:
- Um olhal com extremidade quadrada
- Um pino ajustado e delineado: $d_{orifício} \cong d_{pino}(1,002)$
- $t/d \leq 0,5$ [t = espessura do olhal paralelo ao eixo do pino; d = diâmetro do orifício nominal]
- Tanto o pino quanto o olhal têm o mesmo módulo de elasticidade;
- $E_{pino}/E_{olhal} = 1,0$
- $h/w = 1,0$
  - h = distância da linha central do orifício à parte superior do olhal
  - w = largura do olhal transversalmente à localização do orifício

Alguns problemas neste livro pressupõem as condições listadas a seguir e utilizam os valores de K_t do Site 3. A curva na Figura 3.29 fornece valores aproximados de K_t versus a razão d/w.

A Referência 5 inclui extensas informações que permitem considerar os fatores diferentemente daqueles pressupostos anteriormente.

Pinos fixados de forma muito frouxa devem ser evitados, porque:
- O pino forma uma linha virtual de contato com a parte superior do orifício
- O fator de concentração de tensão para o olhal é, de alguma maneira, maior do que mostrado na Figura 3.29
- A tensão máxima ocorre na linha de contato

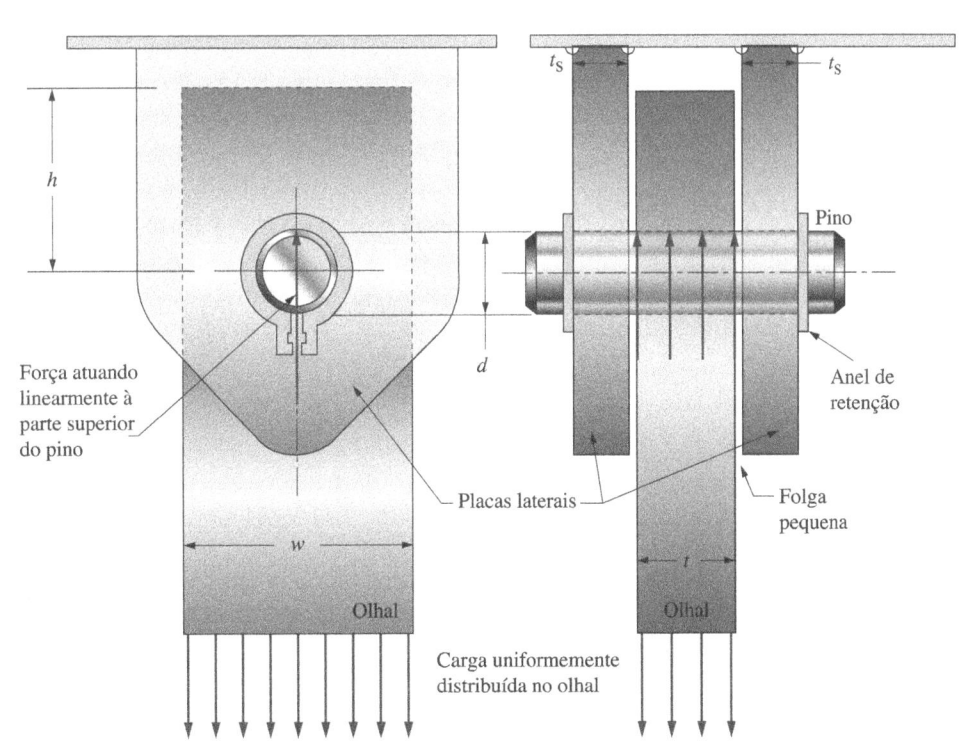

▲ **FIGURA 3.28** Junção de manilha que mostra uma conexão pino-olhal que inclui uma placa achatada com um orifício central, como utilizado na Figura 3.29.

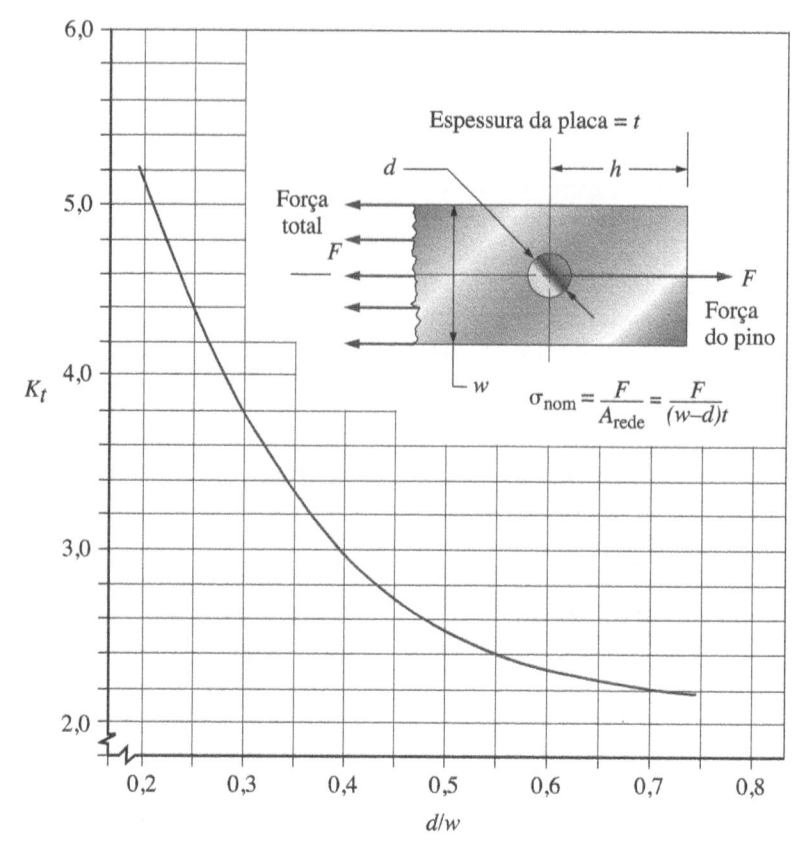

▲ **FIGURA 3.29** Fator de concentração de tensão para placa achatada com carga de tração aplicada através de um pino.

- Há o perigo de que a tensão de contato entre o pino e o orifício provoque falha no rolamento, um esmagamento local do pino ou da superfície interna do orifício.

Outros fatores a serem considerados no projeto de uma junta de manilha ou garfo-olhal são:

1. O pino deve ser tão curto quanto prático para minimizar a tendência de flexionar, o que provocaria contato não uniforme do pino no orifício.
2. O diâmetro do pino deve ser apropriado para resistir à falha por cisalhamento direto e manter a deflexão por flexão em um nível aceitável.
3. A distância, h, da linha de centro do orifício até a parte superior do olhal deve ser praticamente igual à largura da placa, w, e tão ampla quanto prática para minimizar a tensão de flexão na parte superior do olhal e para prevenir que se arranque o olhal por cisalhamento.
4. A tensão de flexão entre a superfície do pino e o interior do orifício do olhal pode ser aceitável – em geral, menos de $0,9\ s_y$.
5. De modo semelhante, a tensão e a flexão entre a superfície do pino e os orifícios nas placas laterais devem ser aceitas.
6. A folga entre as faces do olhal e as placas laterais da manilha deve ser pequena para minimizar a flexão do pino.

EXEMPLO 3.19		O olhal de uma junta de manilha do tipo mostrado na Figura 3.28 está sendo projetado por uma força aplicada de 8,75 kN. O diâmetro nominal do pino de aço foi especificado para ser $d = 12{,}0$ mm. Especifique as dimensões w, h e t para o olhal de aço a fim de ser consistente com os parâmetros listados nesta seção e com uma razão d/w de 0,40. Especifique também a folga nominal entre o pino e o orifício no olhal. Então, determine a tensão esperada máxima no olhal.
SOLUÇÃO	Objetivo	Especificar w, h e t e a folga nominal.
	Dados	$d = 12{,}0$ mm; $d/w = 0{,}40$. F = 8,75 kN

Análise *Espessura do olhal, t*: Recomenda-se $t/d \leq 0{,}50$. A utilização dos limites superiores fornece:
$t = 0{,}50\, d = (0{,}50)(12{,}0\text{ mm}) = 6{,}0\text{ mm}$
Largura do olhal, w: Utilizando $d/w = 0{,}40$, $w = d/0{,}40 = 12\text{ mm}/0{,}40 = 30{,}0\text{ mm}$
Distância da extremidade, h: razão recomendada $h/w = 1{,}0$. Então,

$$h = w = 30{,}0\text{ mm}$$

Pino ajustado e delineado: $d_{\text{orifício}} \cong d_{\text{pino}}(1{,}002) = 12{,}0\text{ mm}(1{,}002) = 12{,}024\text{ mm}$
Tensão máxima: $\sigma_{\text{máx}} = K_t \times \sigma_{\text{nom}}$

$$\sigma_{\text{nom}} = F/(w-d)t = [8{,}75\text{ kN}/(30{,}0 - 12{,}0)(6{,}0)\text{mm}^2](1000\text{ N/kN})$$

$$\sigma_{\text{nom}} = 81{,}8\text{ N/mm}^2 = 81{,}8\text{ MPa}$$

Determine K_t: Em $d/w = 0{,}40$ na Figura 3.28, $K_t \cong 3{,}0$. Então

$$\sigma_{\text{máx}} = K_t \times \sigma_{\text{nom}} = (3{,}0)(81{,}8\text{ MPa}) = 243\text{ MPa}$$

Resultados Os detalhes do projeto para o olhal da junta da manilha na Figura 3.28 são:
$d = 12{,}0\text{ mm}$; $w = 30{,}0\text{ mm}$; $t = 6{,}0\text{ mm}$; $h = 30{,}0\text{ mm}$
Folga nominal entre o pino e o orifício: $\delta = 0{,}024\text{ mm}$
Tensão máxima do olhal no orifício: $\sigma_{\text{máx}} = 243\text{ MPa}$

3.22 VIGAS CURVAS

A análise de tensão decorrente da flexão das vigas, resumida anteriormente neste capítulo, é limitada a vigas que são retas ou bem próximas disso. Observou-se que, quando uma viga originalmente reta é flexionada:

1. O raio da curvatura do eixo neutro da viga é bastante amplo
2. Seções planas perpendiculares ao eixo da viga permanecem planas enquanto a viga flexiona e elas rotacionam em direções opostas sob a influência do momento de flexão, colocando parte da seção em compressão e parte em tensão
3. A localização do eixo neutro da seção transversal da viga:
   a. Está onde a tensão de flexão é zero
   b. Coincide com o eixo centroidal da seção transversal da viga
4. As tensões máximas de tração e compressão ocorrem nas fibras externas da viga
5. Existe uma variação linear da tensão de flexão do local de máxima compressão ao local de máxima tração
6. Sob essas condições, a tensão de flexão máxima é calculada a partir da conhecida fórmula de flexão:
   a. $\sigma = Mc/I$
   b. onde M é o momento de flexão na seção; c é a distância do eixo neutro à fibra externa; e I é o momento de inércia da seção transversal em relação ao eixo centroidal

A fórmula de flexão se aplica razoavelmente bem quando a razão do raio da curvatura, R, até a profundidade da seção transversal é maior que 10. Ou seja, $R/h > 10$ (Referência 6).

Quando um componente tem um raio menor de curvatura, a tensão máxima decorrente da flexão é significativamente maior que aquela prevista a partir da fórmula de flexão, e diferentes procedimentos de análise se aplicam. Há muitos casos práticos em que ocorrem raios de curvatura menores para vigas. São exemplos:

- Ganchos para guindastes usados para levantar cargas
- Braçadeiras, como as braçadeiras C
- Armações com seção em C, abertas, para maquinários como pressões por punção
- Vigas de construção curvadas por razões estéticas e de arquitetura
- Peças de ferramentas manuais, como serras e alicates de corte e pressão
- Membros estruturais ou funcionais do maquinário em que a curvatura do membro permite uma folga das obstruções
- Peças de alguns tipos de móveis, como mesas e cadeiras
- Armações automotivas, elementos de suspensão e braços de atuação para levantar assentos e vidros de janelas

As principais características e o caráter geral dos resultados da análise de vigas curvas incluem:

1. Quando o momento de flexão aplicado tende a endireitar a viga por meio do aumento do raio de curvatura, ele é considerado positivo.
2. Quando o momento de flexão aplicado tende a diminuir o raio de curvatura, ele é considerado negativo.
3. A distribuição de tensão no interior da seção transversal do membro não é linear, mas, sim, hiperbólica.

A Figura 3.30 mostra o padrão geral da distribuição de tensão para o caso de uma viga curva com uma seção transversal retangular quando um momento de flexão positivo é aplicado. Observe que:
a. A superfície interna é colocada em tração, e a tensão máxima ocorre nessa superfície.
b. A superfície externa é colocada em compressão e a tensão de compressão máxima ocorre nessa superfície.
c. O local dentro da seção transversal em que a tensão se torna zero é chamado de *eixo neutro*, assim como para vigas retas. Entretanto, o eixo neutro *não* coincide com o eixo centroidal do perfil da seção transversal. Para o caso mostrado na Figura 3.30, ele é deslocado em direção ao centro de curvatura por uma quantidade chamada de *e*.

4. A *fórmula da viga curva* fornecida a seguir para a distribuição da tensão foi derivada das referências 1, 2 e 6.

$$\sigma = \frac{M(R-r)}{Ar(r_c - R)} \quad (3.28)$$

onde:

A = área de seção transversal do perfil
M = momento de flexão aplicado

Os três raios são medidos a partir do centro de curvatura da viga:

r até o local onde a tensão será calculada

r_c até o centroide da área

R até o *eixo neutro* da seção transversal

R depende do perfil da seção transversal usando o *fator de perfil da área*, ASF, encontrado a partir das relações exibidas na Figura 3.31. Então, calcule:

$$R = A/ASF \quad (3.29)$$

A quantidade $(r_c - R)$ no denominador da Equação 3.28 é a distância do raio a partir do eixo centroidal da seção transversal até o eixo neutro. Esse valor, chamado de *e*, normalmente é um número bem pequeno, exigindo que sejam calculadas, com elevada precisão, ao menos três figuras significativas.

Procedimento geral para análise de vigas curvas que carregam um momento de flexão puro

Esse procedimento é usado para calcular as tensões máximas de tração e compressão para uma viga curva nas superfícies interna (em r_i) e externa (em r_o). Os resultados são, então, comparados para determinar qual valor é o da tensão máxima verdadeira.

1. Determine o valor do momento de flexão aplicada, *M*, incluindo seu sinal.
2. Para a área de seção transversal da viga:
   a. Calcule a área total, *A*.
   b. Calcule a localização do centroide da área
   c. Determine o valor dos quatro raios a partir do centro de curvatura da viga; r_i, r_o, r_c e R, utilizando a Equação 3.29.
   d. Calcule o fator de perfil da área, ASF. Ver Figura 3.31.
3. Calcule a tensão na superfície externa a partir de:

$$\sigma_o = \frac{M(R - r_o)}{Ar_o(r_c - R)} \quad (3.30)$$

4. Calcule a tensão na superfície interna a partir de:

$$\sigma_i = \frac{M(R - r_i)}{Ar_i(r_c - R)} \quad (3.31)$$

5. Compare σ_o e σ_i para determinar o valor máximo.

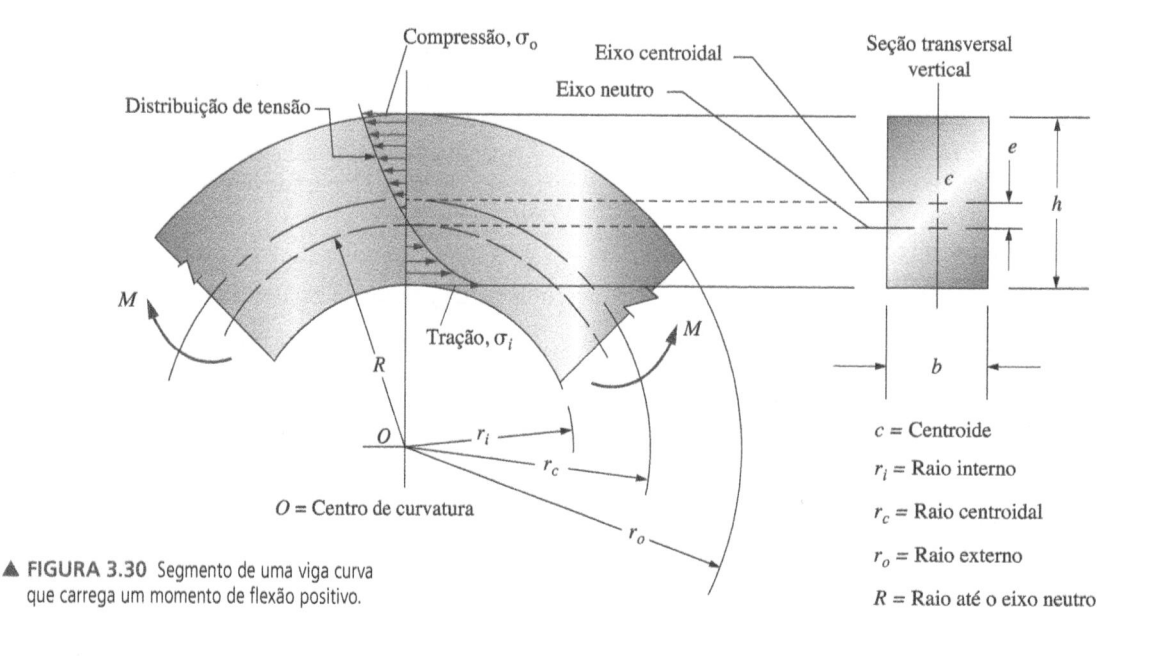

▲ **FIGURA 3.30** Segmento de uma viga curva que carrega um momento de flexão positivo.

c = Centroide
r_i = Raio interno
r_c = Raio centroidal
r_o = Raio externo
R = Raio até o eixo neutro
O = Centro de curvatura

Capítulo 3 • Análise de tensão e deformação 141

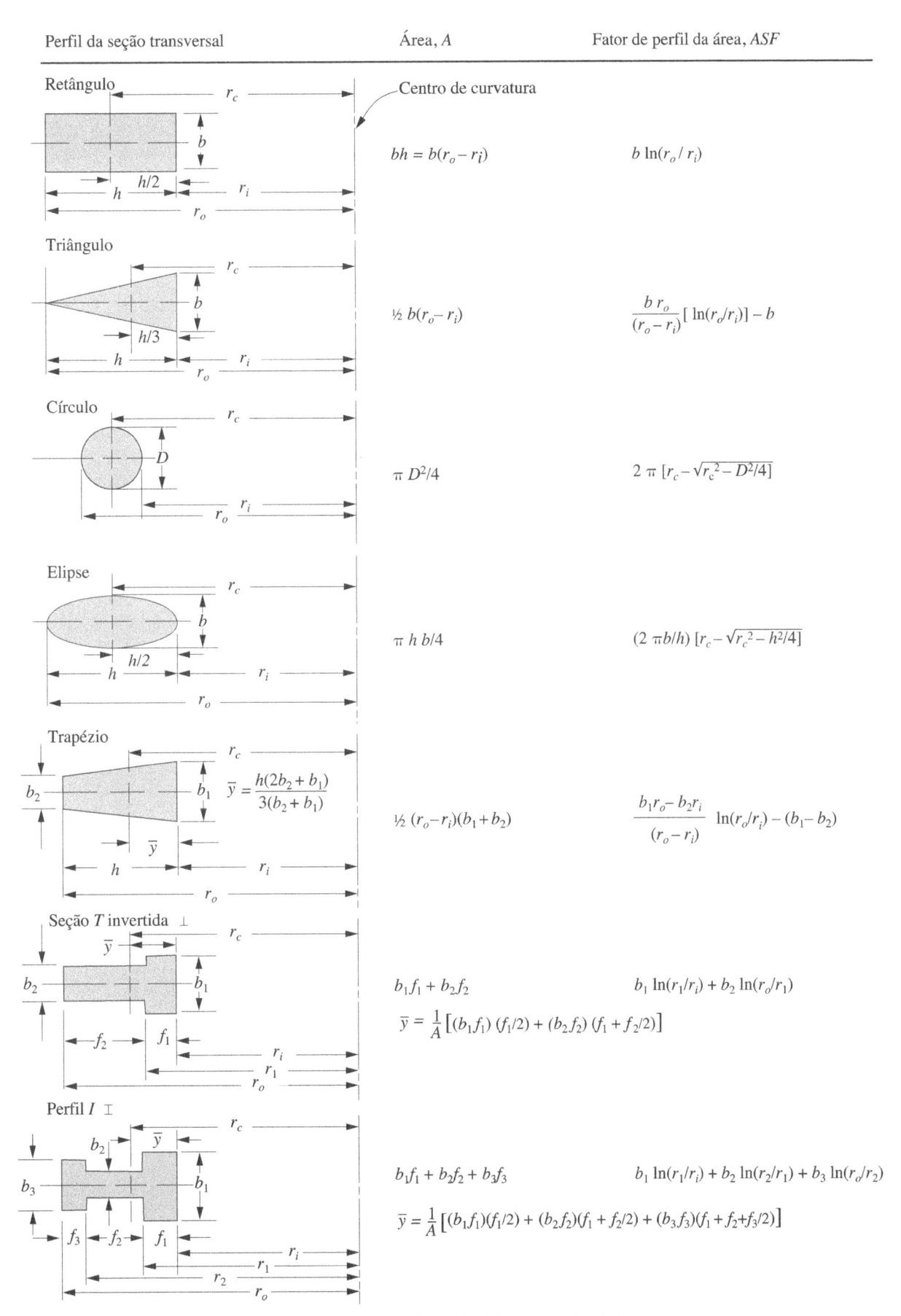

Perfil da seção transversal	Área, A	Fator de perfil da área, ASF
Retângulo	$bh = b(r_o - r_i)$	$b \ln(r_o/r_i)$
Triângulo	$\tfrac{1}{2} b(r_o - r_i)$	$\dfrac{b\, r_o}{(r_o - r_i)}[\,\ln(r_o/r_i)] - b$
Círculo	$\pi D^2/4$	$2\pi\,[r_c - \sqrt{r_c^2 - D^2/4}\,]$
Elipse	$\pi h b/4$	$(2\pi b/h)\,[r_c - \sqrt{r_c^2 - h^2/4}\,]$
Trapézio $\;\bar{y} = \dfrac{h(2b_2 + b_1)}{3(b_2 + b_1)}$	$\tfrac{1}{2}(r_o - r_i)(b_1 + b_2)$	$\dfrac{b_1 r_o - b_2 r_i}{(r_o - r_i)} \ln(r_o/r_i) - (b_1 - b_2)$
Seção T invertida $\perp$ $\;\bar{y} = \dfrac{1}{A}\big[(b_1 f_1)(f_1/2) + (b_2 f_2)(f_1 + f_2/2)\big]$	$b_1 f_1 + b_2 f_2$	$b_1 \ln(r_1/r_i) + b_2 \ln(r_o/r_1)$
Perfil I $\;\bar{y} = \dfrac{1}{A}\big[(b_1 f_1)(f_1/2) + (b_2 f_2)(f_1 + f_2/2) + (b_3 f_3)(f_1 + f_2 + f_3/2)\big]$	$b_1 f_1 + b_2 f_2 + b_3 f_3$	$b_1 \ln(r_1/r_i) + b_2 \ln(r_2/r_1) + b_3 \ln(r_o/r_2)$

▲ **FIGURA 3.31** Fatores de perfil da área para seções transversais selecionadas de barras curvas (continua).

Perfil da seção transversal	Área, A	Fator de perfil da área, ASF

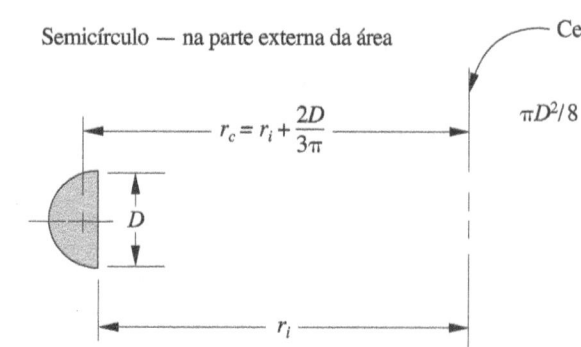

Semicírculo — na parte externa da área

$r_c = r_i + \dfrac{2D}{3\pi}$

Centro de curvatura

$\pi D^2/8$

For $D/2 > r_i$

$r_i \pi - D + 2\sqrt{D^2/4 - r_i^2}\, \ln\left[\dfrac{D/2 + \sqrt{D^2/4 - r_i^2}}{r_i}\right]$

For $r_i > D/2$

$r_i \pi - D - \pi\sqrt{r_i^2 - D^2/4} + 2\sqrt{r_i^2 - D^2/4}\, \text{sen}^{-1}(D/2r_i)$

[Nota: o argumento do seno inverso é em radianos]

Semicírculo — na parte interna da área

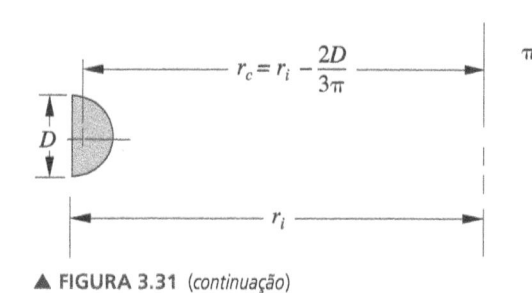

$r_c = r_i - \dfrac{2D}{3\pi}$

$\pi D^2/8$

$r_i \pi + D - \pi\sqrt{r_i^2 - D^2/4} - 2\sqrt{r_i^2 - D^2/4}\, \text{sen}^{-1}(D/r_i)$

[Nota: o argumento do seno inverso é em radianos]

▲ **FIGURA 3.31** (*continuação*)

EXEMPLO 3.20

Uma barra curva tem uma seção transversal retangular de 15,0 mm de espessura por 25,0 mm de profundidade, como mostra a Figura 3.32. A barra é flexionada em um arco circular produzindo um raio interno de 25,0 mm. Para um momento de flexão aplicado de +400 N · m, calcule as tensões de tração e compressão máximas na barra.

SOLUÇÃO

Objetivo Calcular as tensões de tração e compressão máximas.

Dados $M = +400$ N · m que tende a endireitar a barra.
$r_i = 25,0$ mm.

Seção transversal:
- 25 mm = h
- $b = 15$ mm
- c = Centroide
- $r_i = 25$ mm
- $r_c = 37,5$ mm
- $r_o = 50$ mm

O = Centro de curvatura

▲ **FIGURA 3.32** Barra curva com uma seção transversal para o Exemplo 3.20.

Análise	Aplique as equações 3.30 e 3.31.
Resultados	Calcule primeiramente a área de seção transversal:

$$A = bh = (15{,}0 \text{ mm})(25{,}0 \text{ mm}) = 375{,}0 \text{ mm}^2$$

Agora calcule as quantidades que envolvem os raios. Ver Figura 3.32 para dimensões relacionadas:

$$r_o = r_i + h = 25{,}0 \text{ mm} + 25{,}0 \text{ mm} = 50{,}0 \text{ mm}$$
$$r_c = r_i + h/2 = 25{,}0 \text{ mm} + (25{,}0/2) \text{ mm} = 37{,}5 \text{ mm}$$
$$R = A/ASF$$

Na Figura 3.31, para uma seção transversal retangular:

$$ASF = b \cdot \ln(r_o/r_i) = (15 \text{ mm})[\ln(50{,}0/25{,}0)] = 10{,}3972 \text{ mm}$$

Então, $R = A/ASF = (375 \text{ mm}^2)/10{,}3972 \text{ mm} = 36{,}0674 \text{ mm}$
Quantidades necessárias nas equações de tensão incluem:

$$r_c - R = 37{,}5 \text{ mm} - 36{,}0674 \text{ mm} = 1{,}4326 \text{ mm}$$

Essa é a distância e, como demonstra a Figura 3.30.

$$R - r_o = 36{,}0674 \text{ mm} - 50{,}0 \text{ mm} = -13{,}9326 \text{ mm}$$
$$R - r_i = 36{,}0674 \text{ mm} - 25{,}0 \text{ mm} = 11{,}0674 \text{ mm}$$

Essa é a distância da superfície interna para o eixo neutro.
A tensão na superfície externa, utilizando a Equação 3.30:

$$\sigma_o = \frac{M(R - r_o)}{Ar_o(r_c - R)} = \frac{(400 \text{ N} \cdot \text{m})(-13{,}9326 \text{ mm})[10000 \text{ mm/m}]}{(375 \text{ mm}^2)(50{,}0 \text{ mm})(1{,}4326 \text{ mm})}$$

$$\sigma_o = -207{,}5 \text{ N/mm}^2 = -207{,}5 \text{ MPa}$$

Essa é a tensão máxima de compressão na barra.
A tensão na superfície interna, utilizando a Equação 3.31:

$$\sigma_i = \frac{M(R - r_i)}{Ar_i(r_c - R)} = \frac{(400 \text{ N} \cdot \text{m})(11{,}0674 \text{ mm})[10000 \text{ mm/m}]}{(375 \text{ mm}^2)(25{,}0 \text{ mm})(1{,}4326 \text{ mm})}$$

$$\sigma_i = 329{,}6 \text{ N/mm}^2 = 329{,}6 \text{ MPa}$$

Essa é a tensão de tração máxima na barra.

Comentário	A distribuição de tensão entre o exterior e o interior é semelhante àquela mostrada na Figura 3.30.

SEÇÕES COMPOSTAS DE DOIS OU MAIS PERFIS. Projetistas frequentemente trabalham com o objetivo de otimizar o perfil da seção transversal de vigas curvas para um equilíbrio mais próximo das tensões máximas de tração e compressão quando o material é isotrópico. De modo semelhante, no caso de materiais como o ferro fundido com diferentes resistências em compressão e tração, o objetivo é alcançar um fator de projeto quase igual para as partes tanto de tração quanto de compressão da seção. O perfil de seção transversal da viga curva também pode ser modificado para otimizar os processos de fundição ou usinagem, ou para um formato mais agradável. Por meio do ajuste de formato e dimensões da seção transversal da viga curva, pode-se cumprir esses objetivos. O alcance de tais objetivos normalmente resulta em uma seção transversal que é um compósito de dois ou mais perfis-padrão, como demonstra a Figura 3.31. A Figura 3.33 apresenta exemplos dos perfis de compósitos.

O processo de análise introduzido anteriormente pode ser modificado para considerar um perfil de compósito para a seção transversal da viga curva.

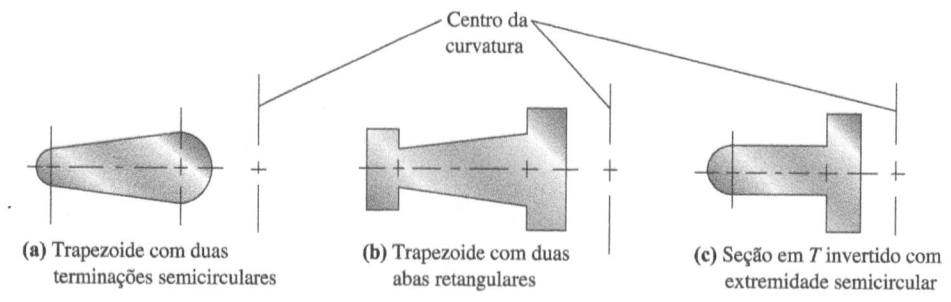

(a) Trapezoide com duas terminações semicirculares
(b) Trapezoide com duas abas retangulares
(c) Seção em T invertido com extremidade semicircular

▲ **FIGURA 3.33** Exemplos de perfis de compósito para seções transversais de vigas curvas.

Procedimento para análise de vigas curvas com perfis de seção transversa de compósitos que carregam um momento de flexão puro

Esse procedimento é utilizado para calcular as tensões máximas de tração e compressão para uma viga curva nas superfícies interna (em r_i) e externa (em r_o). Os resultados são, então, comparados para determinar qual valor corresponde à verdadeira tensão máxima.

1. Determine o valor do momento de flexão aplicado, M, incluindo seu sinal.
2. Para a área de seção transversal de compósito da viga:
   a. Determine o raio interno, r_i, e o raio externo, r_o.
   b. Divida a área de compósito em duas ou mais partes que são perfis a partir da Figura 3.31.
   c. Calcule a área de cada componente, A_i, e a área total, A.
   d. Localize o centroide da área de cada componente.
   e. Calcule o raio do centroide da área do compósito, r_c.
   f. Calcule o valor do fator de perfil da área, ASF_i, para a área de cada componente utilizando as equações da Figura 3.31.
   g. Calcule o raio, R, do centro de curvatura até o eixo neutro a partir de:

   $$R = A/\Sigma(ASF_i)$$

3. Calcule a tensão na superfície externa a partir de:

$$\sigma_o = \frac{M(R - r_o)}{Ar_o(r_c - R)} \quad (3.30)$$

4. Calcule a tensão na superfície interna a partir de:

$$\sigma_i = \frac{M(R - r_i)}{Ar_i(r_c - R)} \quad (3.31)$$

5. Compare σ_o e σ_i para determinar o valor máximo.

EXEMPLO 3.21		Uma viga curva tem o perfil mostrado na Figura 3.34 e foi submetida a um momento de flexão pura de −640 lb · pol. O raio interno é de 2,90 pol. Calcule as tensões máximas de tração e compressão na viga.
SOLUÇÃO	Objetivo	Calcular as tensões máximas de tração e compressão
	Dados	$M = -640$ lb · pol, que tende a diminuir o raio da curvatura. $r_i = 2{,}90$ pol (ver Figura 3.34 para dimensões relacionadas).
	Análise	Aplique as equações 3.30 e 3.31.
	Resultados	Divida o perfil em um compósito de seção em T invertido 1 e uma área semicircular 2. Calcule a área se seção transversal para cada parte: $A_1 = b_1 f_1 + b_2 f_2 = (0{,}80 \text{ pol})(0{,}20 \text{ pol}) + (1{,}0 \text{ pol})(0{,}40 \text{ pol})$ $A_1 = 0{,}560 \text{ pol}^2$ $A_2 = \pi D^2/8 = \pi(0{,}40 \text{ pol})^2/8 = 0{,}06283 \text{ pol}^2$

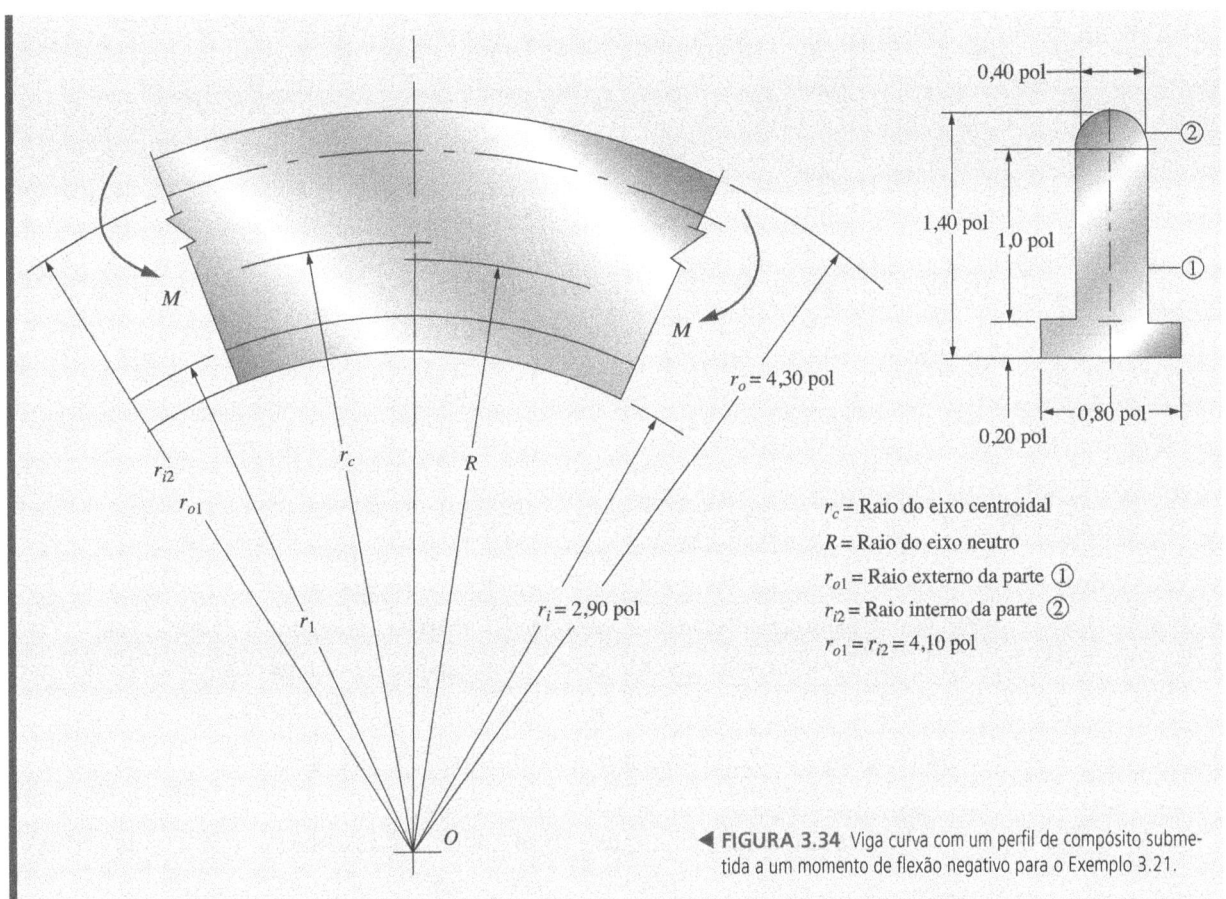

FIGURA 3.34 Viga curva com um perfil de compósito submetida a um momento de flexão negativo para o Exemplo 3.21.

Área total = $A = A_1 + A_2 = 0{,}560 + 0{,}06283 = 0{,}62283$ pol²

Agora, localize o centroide de cada área com relação à superfície interna, a partir da Figura 3.31:

$$\bar{y}_1 = [1/A][(b_1 f_1)(f_1/2) + (b_2 f_2)(f_1 + f_2/2)]$$
$$\bar{y}_1 = [1/0{,}56 \text{ pol}^2][(0{,}80)(0{,}20)(0{,}10) + (1{,}0)(0{,}40)(0{,}70)] \text{ pol}^3$$
$$\bar{y}_1 = 0{,}5286 \text{ pol}$$
$$\bar{y}_2 = 1{,}20 \text{ pol} + 2D/3\pi = 1{,}20 \text{ pol} + (2)(0{,}40 \text{ pol})/(3)(\pi)$$
$$\bar{y}_2 = 1{,}2849 \text{ pol}$$

Agora localize o centroide da área do compósito:

$$\bar{y}_c = [1/A][A_1 \bar{y}_1 + A_2 \bar{y}_2]$$
$$\bar{y}_c = [1/0{,}62283 \text{ pol}^2][(0{,}560)(0{,}5286) + (0{,}06283)(1{,}2849)] \text{ pol}^3$$
$$\bar{y}_c = 0{,}60489 \text{ pol}$$

Agora defina os raios apropriados a partir do centro de curvatura:

$$r_o = r_i + 1{,}40 \text{ pol} = 2{,}90 \text{ pol} + 1{,}40 \text{ pol} = 4{,}30 \text{ pol}$$
$$r_c = r_i + \bar{y}_c = 1{,}40 \text{ pol} + 0{,}60489 \text{ pol} = 3{,}5049 \text{ pol}$$

Calcule o valor do fator de perfil da área, ASF, para cada parte:
Para o perfil T: $ASF_1 = b_1 \ln(r_1/r_i) + b_2 \ln(r_{o1}/r_1)$

$$ASF_1 = (0{,}80 \text{ pol}) \ln(3{,}1/2{,}9) + (0{,}40 \text{ pol}) \ln(4{,}1/3{,}1)$$
$$ASF_1 = 0{,}16519 \text{ pol}$$

Para a área semicircular, temos que determinar a relação entre r_{i2} e $D/2$:

$$r_{i2} = 4{,}10 \text{ pol na base do semicírculo}$$
$$D/2 = (0{,}40 \text{ pol})/2 = 0{,}20 \text{ pol}$$

Como $r_{i2} > D/2$, utilizamos a equação,

$$ASF_2 = r_i\pi - D - \pi\sqrt{r_{i2}^2 - D^2/4} + 2\sqrt{r_{i2}^2 - D^2/4}\,[\text{sen}^{-1}(D/2\,r_i)]$$

[Nota: o argumento do seno inverso é em radianos]

$$ASF_2 = (4,10)\pi - 0,40 - \pi\sqrt{(4,1)^2 - (0,40)^2/4}$$
$$+ 2\sqrt{(4,1)^2 - (0,40)^2/4}\,[\text{sen}^{-1}(0,40)/(2)(4,1)] = 0,015016 \text{ pol}$$

Calcule o raio, R, a partir do centro de curvatura do eixo neutro a partir de:

$$R = A/\Sigma(ASF_i) = 0,62283 \text{ pol}^2/(0,16519 + 0,015016) \text{ pol}$$
$$R = 3,4563 \text{ pol}$$

Agora calcule:

$$r_c - R = 3,5049 \text{ pol} - 3,4563 \text{ pol} = 0,0486 \text{ pol} = e$$
$$R - r_o = 3,4563 \text{ pol} - 4,30 \text{ pol} = -0,8437 \text{ pol}$$
$$R - r_i = 3,4563 \text{ pol} - 2,90 \text{ pol} = 0,5563 \text{ pol}$$

Isso localiza o eixo neutro a partir da superfície interna.

Agora, calcule a tensão na superfície externa, utilizando a Equação 3.30:

$$\sigma_o = \frac{M(R - r_o)}{Ar_o(r_c - R)} = \frac{(-640 \text{ lb} \cdot \text{pol})(-0,8437 \text{ pol})}{(0,62283 \text{ pol}^2)(4,30 \text{ pol})(0,0486 \text{ pol})}$$

$$\sigma_o = 4149 \text{ lb/pol}^2 = 4149 \text{ psi}$$

Essa é a tensão máxima de tração na barra.

Tensão na superfície interna utilizando a Equação 3.31:

$$\sigma_i = \frac{M(R - r_i)}{Ar_i(r_c - R)} = \frac{(-640 \text{ lb} \cdot \text{pol})(-0,5563 \text{ pol})}{(0,62283 \text{ pol}^2)(2,90 \text{ pol})(0,0486 \text{ pol})}$$

$$\sigma_i = 4056 \text{ lb/pol}^2 = 4056 \text{ psi}$$

Essa é a tensão máxima de compressão na barra.

Comentário   Esse problema demonstrou o processo para analisar a seção de um compósito. Observe que as tensões máximas de tração e compressão estão bem próximas nesse projeto, uma condição desejável para materiais homogêneos, isotrópicos.

Vigas curvas com carga normal e momento de flexão combinados. Cada uma das vigas curvas exemplificadas consideradas até agora carregavam apenas um momento que tendia tanto a aumentar quanto a diminuir o raio de curvatura da viga. Somente a tensão de flexão foi calculada. Entretanto, muitas vigas curvas carregam uma combinação de um momento e uma carga normal que atua perpendicularmente à seção transversal da viga. O gancho para guindaste e a braçadeira C são alguns exemplos.

A análise de tensão completa exige que a tensão normal, $\sigma = P/A$, seja adicionada à tensão de flexão calculada a partir das equações 3.30 e 3.31. Esse processo é discutido na Seção 3.20, "Tensões normais combinadas: princípio da sobreposição". Aplique a Equação 3.26, como ilustra o Exemplo 3.17.

Abordagem alternativa de análise das tensões em vigas curvas. Uma abordagem alternativa para analisar as vigas curvas é relatada na Referência 5. Utilizando o conceito de fatores de concentração de tensão, dados são relatados para um valor K_t equivalente para vigas curvas, com cinco formatos diferentes: circular, elíptico, circular tubular, retangular e perfis I para um conjunto específico de proporções. O parâmetro de controle é r_c/c, onde r_c é o raio do eixo centroidal do perfil e c é a metade do peso total de cada seção. Então, K_t é utilizado da mesma maneira que discutido na Seção 3.21. Ou seja,

$$K_t = \frac{\sigma_{\text{máx}}}{\sigma_{\text{nom}}} \quad \text{ou} \quad \sigma_{\text{máx}} = K_t \sigma_{\text{nom}} = K_t(Mc/I)$$

Observe que não se trata estritamente de uma concentração de tensão, no sentido de que não há descontinuidade geométrica ou mudança brusca no formato ou no tamanho da seção transversal. Contudo, a abordagem fornece uma aproximação razoável da tensão máxima na viga curva.

A Referência 7 apresenta uma abordagem semelhante à análise das vigas curvas, mas os dados são apresentados em forma de tabela. Novamente, o parâmetro primário é r_c/c, que é utilizado para calcular a excentricidade, e, a distância do raio a partir do eixo centroidal até o eixo neutro verdadeiro. Assim, dois fatores são determinados pela tabela: k_o para a tensão na superfície externa e k_i para a tensão na superfície interna. Então,

$$\sigma_{o-\text{máx}} = k_o\, \sigma_{\text{nom}} = k_o(Mc/I) \quad \text{e}$$

$$\sigma_{i-\text{máx}} = k_i\, \sigma_{\text{nom}} = k_i(Mc/I)$$

3.23 SENSIBILIDADE AO ENTALHE E FATOR DE REDUÇÃO DA RESISTÊNCIA

A quantidade por meio da qual um membro sob carregamento é enfraquecido na presença de uma concentração de tensão (entalhe), considerando tanto o material quanto a afiação do entalhe, é definida como

K_f = fator de redução da resistência à fadiga

$$K_f = \frac{\text{limite de fadiga de uma amostra sem entalhe}}{\text{limite de fadiga de uma amostra com entalhe}}$$

Esse fator poderia ser determinado por um ensaio verdadeiro. Entretanto, normalmente é determinado pela combinação do fator de concentração de tensão, K_t, definido na Seção 3.21, com um fator de material, chamado de *sensibilidade ao entalhe*, q. Assim, definimos

$$q = (K_f - 1)/(K_t - 1) \qquad (3.28)$$

Quando q é conhecido, K_f pode ser calculado a partir de

$$K_f = 1 + q(K_t - 1) \qquad (3.29)$$

Os valores de q variam de zero a 1,0, e, portanto, K_f varia de 1,0 a K_t. Sob cargas de flexão repetidas, aços muito dúcteis exibem valores de q de 0,5 a 0,7. Aços de alta resistência com dureza de aproximadamente HB 400 ($s_u \cong 200$ ksi ou 1400 MPa) têm valores de q de 0,90 a 0,95. (Ver Referência 2 para uma maior discussão sobre os valores de q.)

Como é difícil obter valores confiáveis de q, os problemas propostos neste livro irão normalmente pressupor que $q = 1,0$ e $K_f = K_t$, o valor mais conservador e mais seguro.

REFERÊNCIAS

1. BORESI, Arthur P.; SCHMIDT, Richard J. *Advanced Mechanics of Materials*. 6. ed. Nova York: John Wiley & Sons, 2003.
2. HIBBLER, Russell C. *Mechanics of Materials*. 8. ed. Upper Saddle River, NJ: Pearson/Prentice Hall, 2011.
3. HUSTON, Ronald; JOSEPHS, Harold. *Practical Stress Analysis in Engineering Design*. 3. ed. Boca Raton, FL: CRC Press, Taylor & Francis Group, 2009.
4. MOTT, Robert L. *Applied Strength of Materials*. 5. ed. Upper Saddle River, NJ: Pearson/Prentice Hall, 2008.
5. PILKEY, Walter D.; PILKEY, Deborah F. *Peterson's Stress Concentration Factors*. 3. ed. Nova York: John Wiley & Sons, 2008.
6. TIMOSHENKO, S. *Strength of Materials, Part II—Advanced Theory and Problems*. Nova York: D. Van Nostrand Co., 1930.
7. YOUNG, Warren C.; BUDYNAS, Richard G. *Roark's Formulas for Stress and Strain*. 7. ed. Nova York: McGraw-Hill, 2002.

SITES RELACIONADOS À ANÁLISE DE TENSÃO E DEFORMAÇÃO

1. **BEAM 2D-Stress Analysis 3.1** <www.orandsystems.com>. Software para projetistas mecânicos, estruturais, civis e de arquitetura que oferece uma análise detalhada de vigas estatisticamente indeterminadas e determinadas.
2. **MDSolids** <www.mdsolids.com>. Software educacional dedicado à mecânica introdutória de materiais. Inclui módulos de resistência e deformação básicos; problemas axiais de vigas e escoras; armações; estruturas axiais estatisticamente indeterminadas; torção; vigas determinadas; propriedades de seções; análise geral de membros de vigas, axiais e de torção; flambagem de colunas; vasos de pressão; e transformações do círculo de Mohr.
3. **eFatigue.com** <www.efatigue.com/constantamplitude/stressconcentration/>. Uma fonte de consulta

PROBLEMAS

Tensão e compressão diretas

1. Um membro tracionado em uma estrutura de máquina é submetido a uma carga estável de 4,50 kN. Ele possui 750 mm de comprimento e é feito de tubo de aço com um diâmetro externo de 18 mm e diâmetro interno de 12 mm. Calcule a tensão de tração no tubo e sua deformação axial.
2. Calcule a tensão em uma barra redonda com um diâmetro de 10,0 mm submetida a uma força de tração de 3500 N.
3. Calcule a tensão em uma barra retangular com dimensões de seção transversal de 10,0 mm por 30,0 mm quando uma força de tração direta de 20,0 kN é aplicada.
4. Uma articulação em um mecanismo de máquina de acomodação tem uma seção transversal quadrada com uma medida de 0,40 pol de lado. Ela é submetida a uma força de tração de 860 lb. Calcule a tensão na articulação.
5. Duas hastes circulares suportam 3800 lb de peso de um aquecedor circular em um depósito. Cada haste tem um diâmetro de 0,375 pol e carrega 1/2 da sua carga total. Calcule a tensão nas hastes.
6. Uma carga de tração de 5,00 kN é aplicada em uma barra quadrada com 12 mm de lado e comprimento de 1,65 m. Calcule a tensão e a deformação axial na barra, considerando que esta seja feita de (a) aço laminado a quente SAE 1020, (b) aço SAE 8650 OQT 1000, (c) ferro dúctil A536(60-40-18), (d) alumínio 6061-T6, (e) titânio Ti-6Al-4V, (f) plástico PVC rígido e (g) plástico fenólico.
7. Uma haste de alumínio é feita na forma de um tubo quadrado oco, apresentando 2,25 pol externamente e uma parede com espessura de 0,120 pol. Seu comprimento é de 16,0 pol. Qual força compressiva axial faria o tubo reduzir para 0,004 pol? Calcule a tensão compressiva resultante no alumínio.
8. Calcule a tensão na porção média da haste AC na Figura P3.8, considerando uma força vertical na barra de 2500 lb. A haste é retangular, 1,50 pol por 3,50 pol.

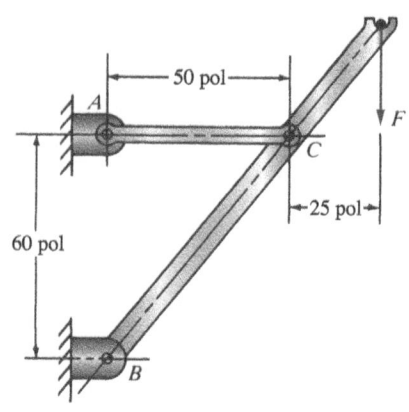

▲ **FIGURA P3.8** (problemas 8, 16, 56 e 80)

9. Calcule as forças nas duas hastes angulares na Figura P3.9 para uma força aplicada, $F = 1500$ lb e um ângulo θ de 45°.
10. Considerando que as hastes do Problema 9 são circulares, determine seus diâmetros exigidos para uma carga estática e uma tensão admissível de 18000 psi.
11. Repita os problemas 9 e 10 considerando o ângulo θ de 15°.

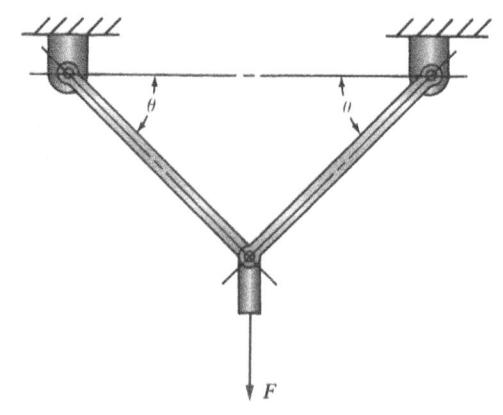

▲ **FIGURA P3.9** (problemas 9, 10, 11, 17 e 18)

12. A Figura P3.12 mostra uma pequena armação entre apoios sólidos suspendendo uma carga de 10,5 kN. São demonstradas as seções transversais dos três tipos principais de membros de armação. Calcule as tensões em todos os membros da armação perto dos pontos médios, longe das conexões. Considere todas as juntas a serem conectadas por pinos.

13. A armação mostrada na Figura P3.13 cruza um espaço total de 18,0 pés e carrega duas cargas concentradas em sua corda superior. Os membros são feitos de ângulos de aço padrão e perfis U, como indica a figura. Considere que todas as juntas devem ser conectadas por pinos. Calcule as tensões em todos os membros perto dos seus pontos médios, longe de suas conexões.

(a) Armação com carga aplicada à junta B.

(b) Seção transversal dos membros AB, BC

(c) Seção transversal do membro BD

(d) Seção transversal dos membros AD, CD

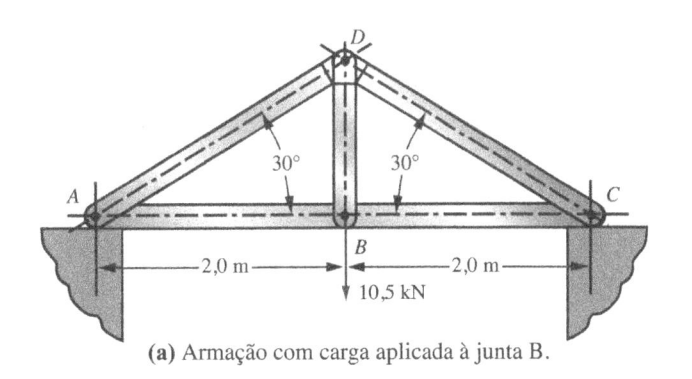

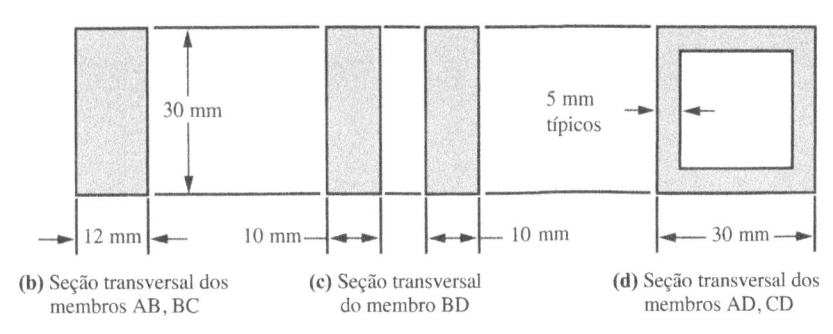

▲ FIGURA P3.12 (Problema 12)

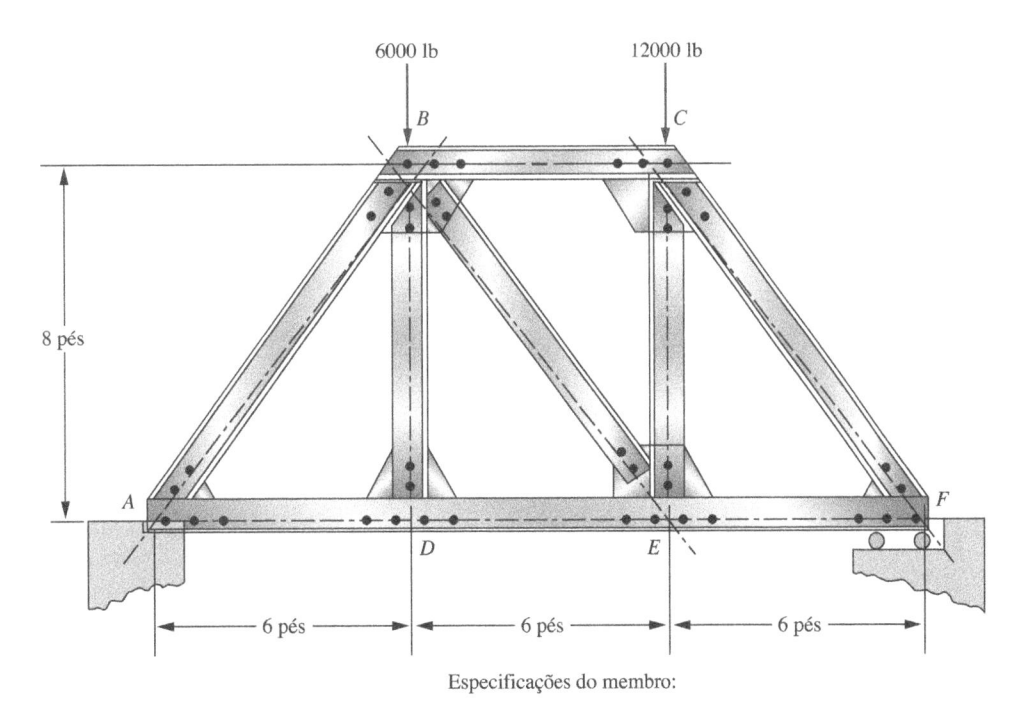

Especificações do membro:

AD, DE, EF L2 × 2 × 1/8 – Duplo ⎯⎯ ⌐⌐
BD, CE, BE L2 × 2 × 1/8 – Individual ⎯⎯ ⌐
AB, BC, CF C3 × 4,1 – duplo ⎯⎯ ⊐⊏

▲ FIGURA P3.13 (Problema 13)

14. A Figura P3.14 mostra uma perna curta para uma carga de compressão direta. Calcule a tensão de compressão, considerando que a seção transversal tem um perfil exibido e força aplicada de $F = 52000$ lb.
15. Considere o membro de compressão curta mostrado na Figura P3.15. Calcule a tensão de compressão, considerando que a seção transversal tem o perfil mostrado e carga aplicada de 640 kN.

Tensão de cisalhamento direta

16. Vá à Figura P3.8. Cada um dos pinos em A, B e C tem um diâmetro de 0,50 pol e é carregado em cisalhamento duplo. Calcule a tensão de cisalhamento em cada pino.
17. Calcule a tensão de cisalhamento nos pinos que conectam as hastes mostradas na Figura P3.9 quando é carregada uma carga de $F = 1500$ lb. Os pinos têm um diâmetro de 0,75 pol. O ângulo $\theta = 40°$.
18. Repita o Problema 17, mas altere o ângulo para $\theta = 15°$.
19. Volte à Figura 3.7. Calcule a tensão de cisalhamento na chaveta, considerando que o eixo transmite um torque de 1600 N · M. O diâmetro do eixo é de 60 mm. A chaveta é quadrada, com $b = 12$ mm e tem um comprimento de 45 mm.
20. Uma punção tenta cortar um *slug* que tem o perfil exibido na Figura P3.20 de uma folha de alumínio com espessura de 0,060 pol. Calcule a tensão de cisalhamento no alumínio quando uma força de 52000 lb é aplicada pela punção.
21. A Figura P3.21 mostra o perfil de um *slug* que será cortado por uma folha de aço com espessura de 2,0 mm. Considerando que a punção emprega uma força de 225 kN, calcule a tensão de cisalhamento do aço.

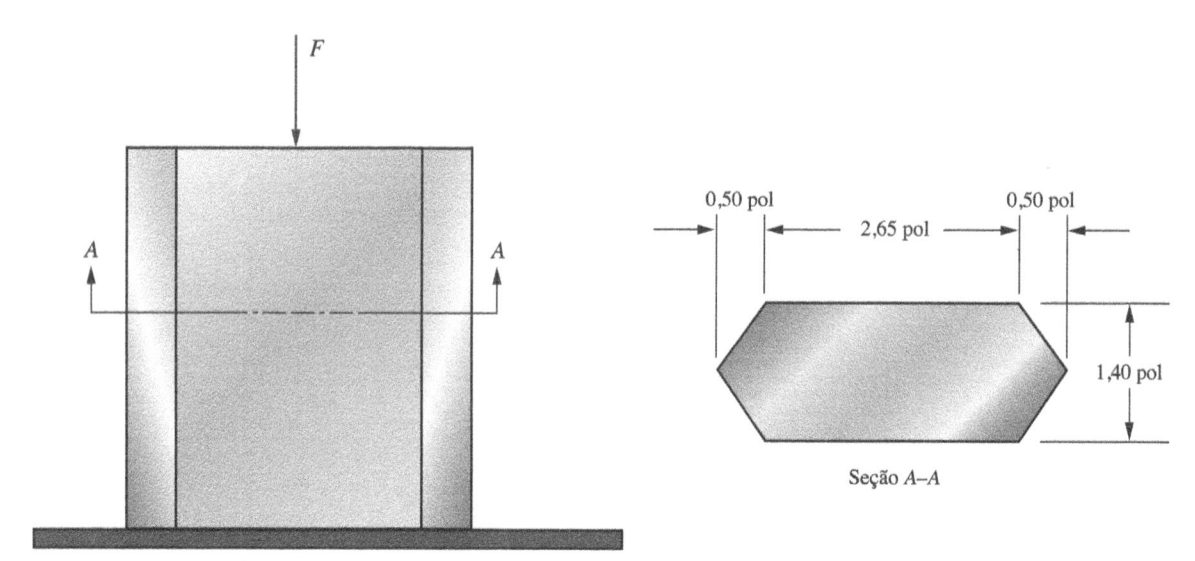

▲ **FIGURA P3.14** (Problema 14)

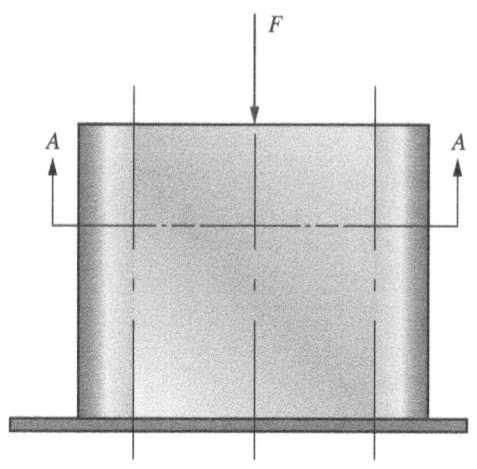

▲ **FIGURA P3.15** (Problema 15)

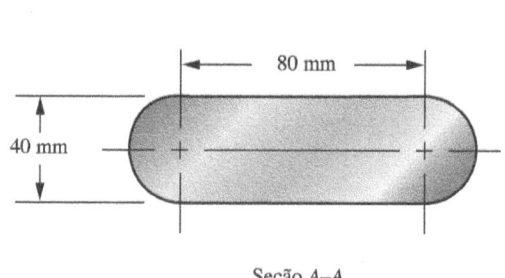

▲ FIGURA P3.20 (Problema 20)

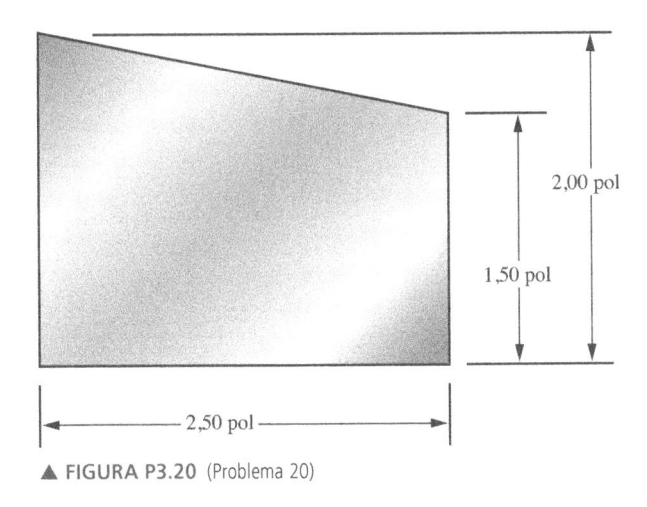

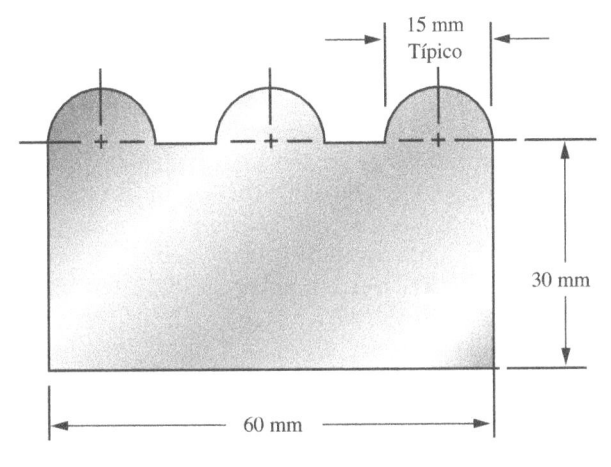

▲ FIGURA P3.21 (Problema 21)

Torção

22. Calcule a tensão de cisalhamento torcional em um eixo circular com diâmetro de 50 mm, submetido a um torque de 800 N · m.
23. Considerando que o eixo do Problema 22 tenha 850 mm de comprimento e seja feito de aço, calcule o ângulo de torção de uma extremidade em relação à outra.
24. Calcule a tensão de cisalhamento torcional decorrente de um torque de 88,0 lb · pol em um eixo circular com 0,40 pol de diâmetro.
25. Calcule a tensão de cisalhamento torcional em um eixo circular sólido com um diâmetro de 1,25 pol que transmite 110 hp a uma velocidade de 560 rpm.
26. Calcule a tensão de cisalhamento torcional em um eixo tubular com um diâmetro externo de 40 mm e um diâmetro interno de 30 mm e que transmite 28 kilowatts (kW) de potência a uma velocidade de 45 rad/s.
27. Calcule o ângulo de torção do eixo tubular do Problema 26 em um comprimento de 400 mm. O eixo é de aço.

Membros não circulares em torção

28. Uma barra de aço quadrada, com 25 mm de lado e 650 mm de comprimento, é submetida a um torque de 230 N · m. Calcule a tensão de cisalhamento e o ângulo de torção da barra.
29. Uma barra de aço de 3,00 pol de diâmetro tem um lado fresado achatado, como demonstra a Figura P3.29. Considerando que o eixo tem 44,0 pol de comprimento e carrega um torque de 10600 lb · pol, calcule a tensão e o ângulo de torção.
30. Um fornecedor de aço comercial tem em sua listagem uma tubulação de aço retangular com dimensões externas de 4,00 por 2,00 pol e uma parede com espessura de 0,109 pol. Calcule o torque máximo que pode ser aplicado a um tubo como esse considerando que a tensão de cisalhamento deve ser limitada a 6000 psi. Para esse torque, calcule o ângulo de torção do tubo sobre um comprimento de 6,5 pés.

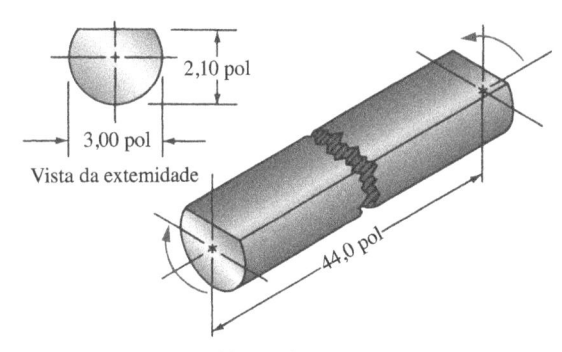

▲ FIGURA P3.29 (Problema 29)

Vigas

31. Uma viga simplesmente apoiada carrega a carga mostrada na Figura P3.31. Especifique as dimensões adequadas para essa viga, considerando que ela é feita de aço e que sua tensão é limitada a 18000 psi para os seguintes perfis:
    a. Quadrado
    b. Retângulo com altura equivalente a três vezes a espessura
    c. Retângulo com altura equivalente a um terço da espessura
    d. Seção circular sólida
    e. Seção americana de viga
    f. Perfil U americano com pernas para baixo
    g. Cano de aço padrão

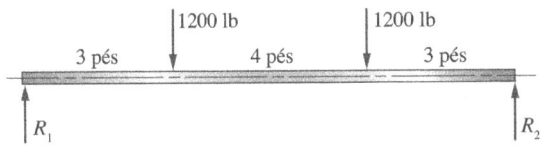

▲ FIGURA P3.31 (problemas 31, 32 e 33)

32. Para cada viga do Problema 31, calcule seu peso, considerando que o peso do aço é 0,283 lb/pol³.
33. Para cada viga do Problema 31, calcule a deflexão máxima e a deflexão nas cargas.
34. Para cada carregamento de viga da Figura P3.34, desenhe os gráficos completos de força de cisalhamento e momento de flexão, e determine os momentos de flexão nos pontos A, B e C.

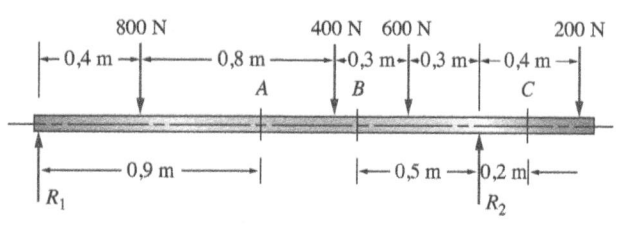

▲ FIGURA P3.34 (problemas 34 e 35)

35. Para o carregamento da viga de P3.34, projete a viga escolhendo um perfil disponível no mercado em unidades do sistema internacional do Apêndice 15 com a menor área de seção transversal que irá limitar a tensão de flexão a 100 MPa.
36. A Figura P3.36 mostra uma viga feita de um tubo de aço de bitola 4 pol e espessura de parede 40. Calcule a deflexão nos pontos A e B para dois casos: (a) um cantiléver simples e (b) um cantiléver apoiado.

(a) Cantiléver simples (b) Cantiléver apoiado

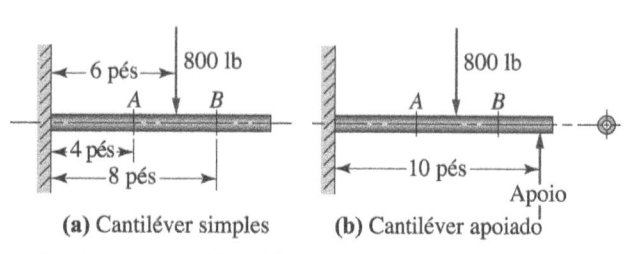

▲ FIGURA P3.36 (Problema 36)

37. Selecione um perfil I de alumínio para carregar a carga mostrada na Figura P3.37, com uma tensão máxima de 12000 psi. Então, calcule a deflexão em cada carga.
38. A Figura P3.38 representa uma vigota de madeira para uma plataforma que carrega uma carga uniformemente distribuída de 120 lb/pés e duas cargas concentradas aplicadas por algum maquinário. Calcule a tensão máxima devida à flexão na vigota e a tensão de cisalhamento vertical.

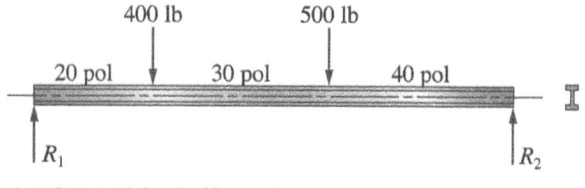

▲ FIGURA P3.37 (Problema 37)

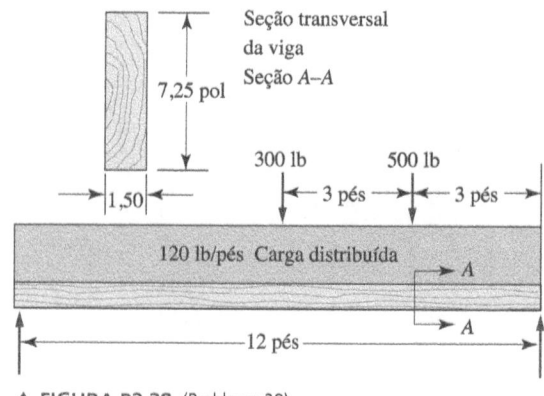

▲ FIGURA P3.38 (Problema 38)

Vigas com momentos de flexão concentrada

Para os problemas 39 a 50, desenhe um gráfico de corpo livre apenas da porção horizontal da viga das figuras dadas. Então, desenhe os gráficos de cisalhamento e momento de flexão completos. Quando usado, o símbolo X indica um apoio simples capaz de empregar uma força de reação em qualquer direção, mas sem nenhuma resistência de momento. Para vigas que têm cargas axiais desequilibradas, você deve especificar qual apoio oferece a reação.

39. Utilize a Figura P3.39.
40. Utilize a Figura P3.40.
41. Utilize a Figura P3.41.
42. Utilize a Figura P3.42.
43. Utilize a Figura P3.43.
44. Utilize a Figura P3.44.
45. Utilize a Figura P3.45.
46. Utilize a Figura P3.46.
47. Utilize a Figura P3.47.

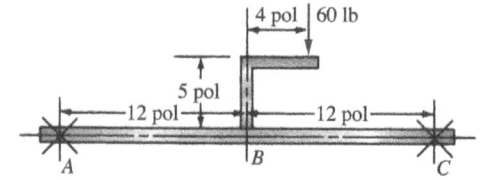

▲ FIGURA P3.39 (Problema 39)

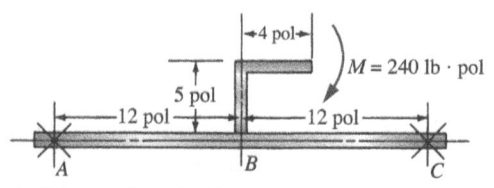

▲ FIGURA P3.40 (Problema 40)

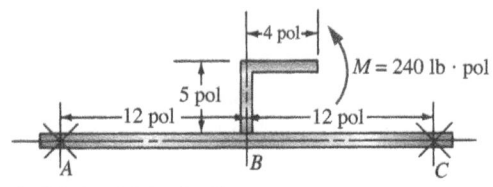

▲ FIGURA P3.41 (Problema 41)

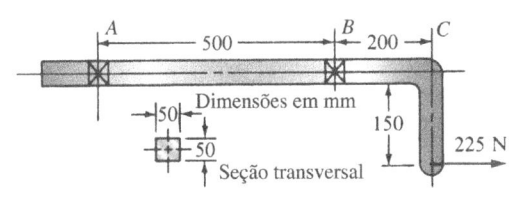

▲ FIGURA P3.42 (problemas 42 e 58)

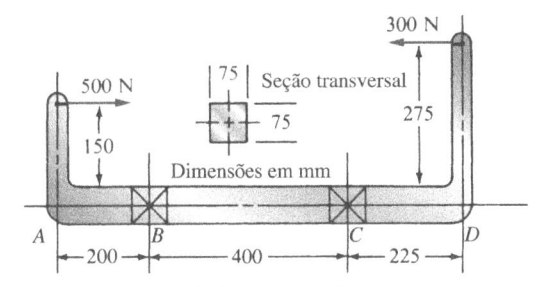

▲ FIGURA P3.43 (problemas 43 e 59)

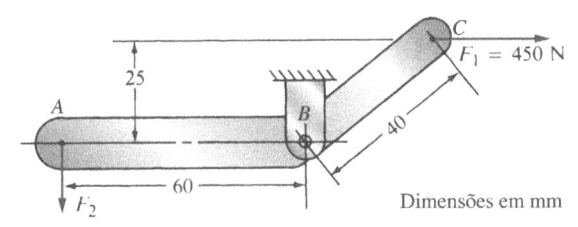

▲ FIGURA P3.44 (Problema 44)

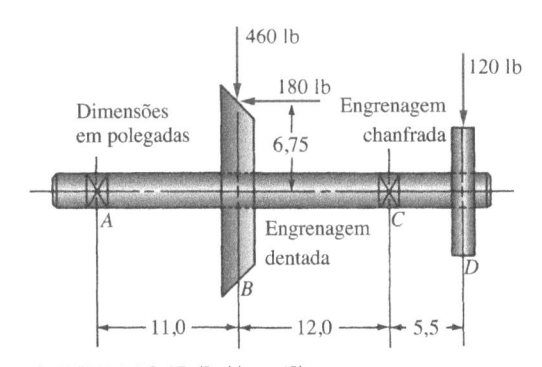

▲ FIGURA P3.45 (Problema 45)

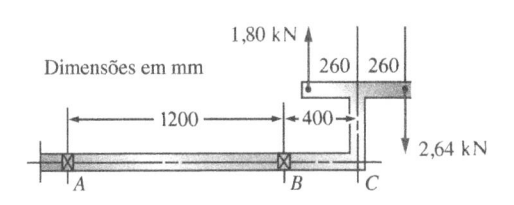

▲ FIGURA P3.46 (Problema 46)

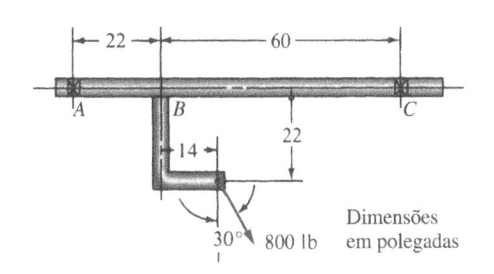

▲ FIGURA P3.47 (problemas 47 e 60)

Para os problemas 48–50, faça um diagrama de corpo livre da porção principal da engrenagem, com as indicações de A, B e C. Inclua qualquer torque desequilibrado no eixo que tenda a rotacioná-lo sobre o eixo z. Em cada caso, a reação ao torque desequilibrado ocorre na extremidade direita do eixo indicado como C. Então, desenhe os gráficos completos de força de cisalhamento e momento de flexão para carregamento no plano y-z. Além disso, elabore um gráfico do torque no eixo como uma função da posição ao longo do eixo, de A a C.

48. Utilize a Figura P3.48.
49. Utilize a Figura P3.49.
50. Utilize a Figura P3.50.

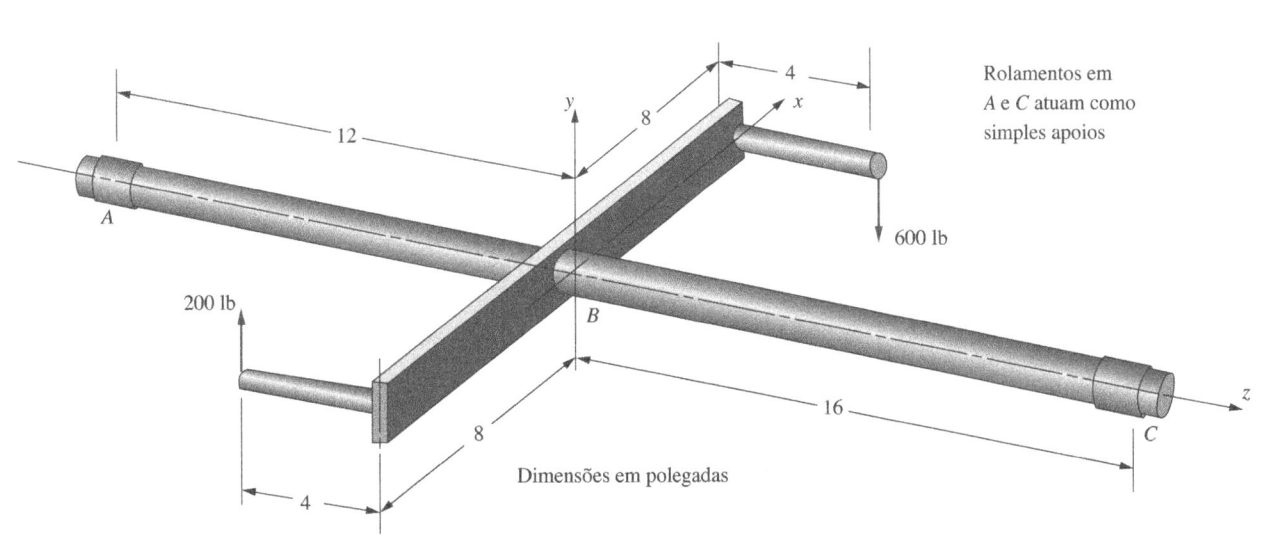

▲ FIGURA P3.48 (Problema 48)

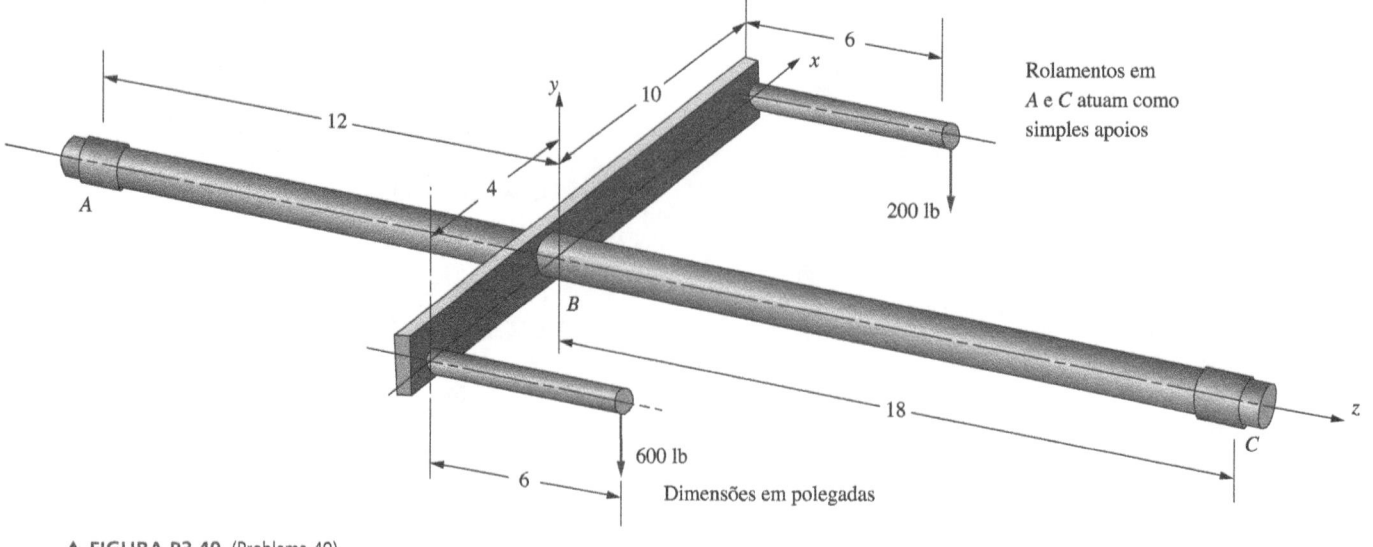

▲ FIGURA P3.49 (Problema 49)

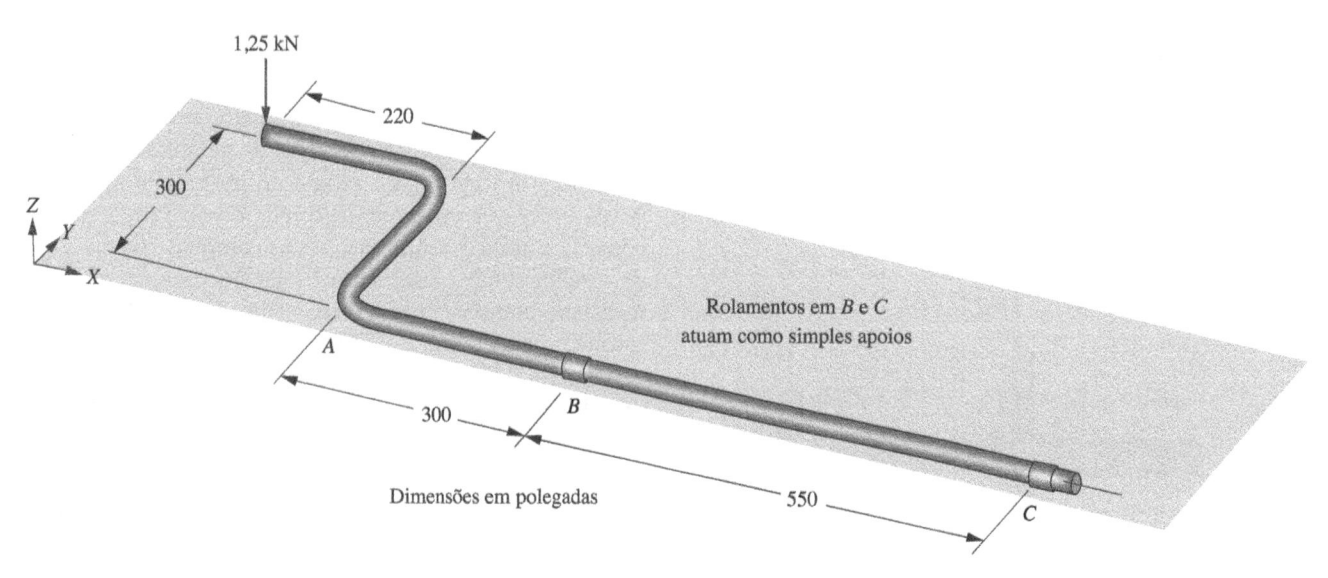

▲ FIGURA P3.50 (Problema 50)

Tensões normais combinadas

51. Calcule a tensão de tração máxima no colchete mostrado na Figura P3.51.

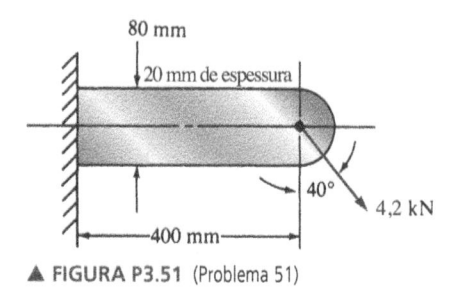

▲ FIGURA P3.51 (Problema 51)

52. Calcule as tensões máximas de tração e compressão na viga horizontal exibida na Figura P3.52.

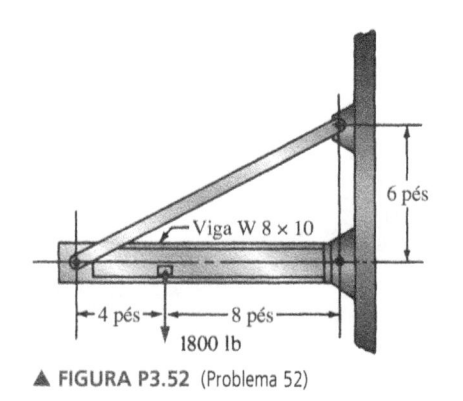

▲ FIGURA P3.52 (Problema 52)

53. Para a alavanca mostrada na Figura P3.53(a), calcule a tensão na seção A, próximo da extremidade fixa. Então, reprojete a alavanca para a forma afunilada mostrada na Parte (b) da figura por

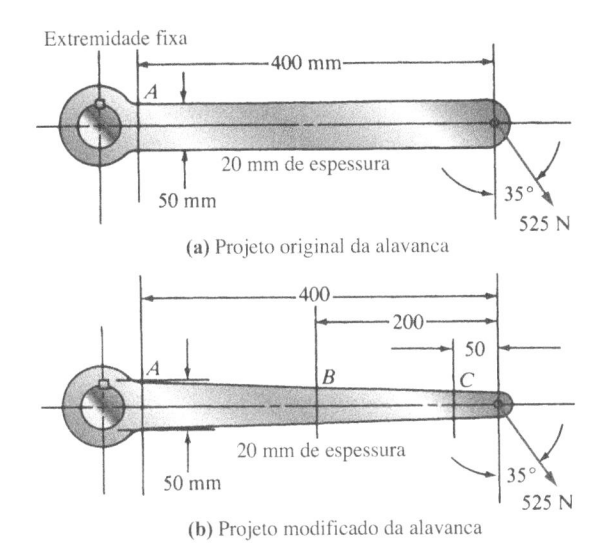

FIGURA P3.53 (Problema 53)

ajustamento somente na altura da seção transversal nas seções *B* e *C*, de modo que elas não tenham tensões maiores que a seção *A*.

54. Calcule a tensão de tração máxima nas seções *A* e *B* na barra do guindaste mostrado na Figura P3.54.

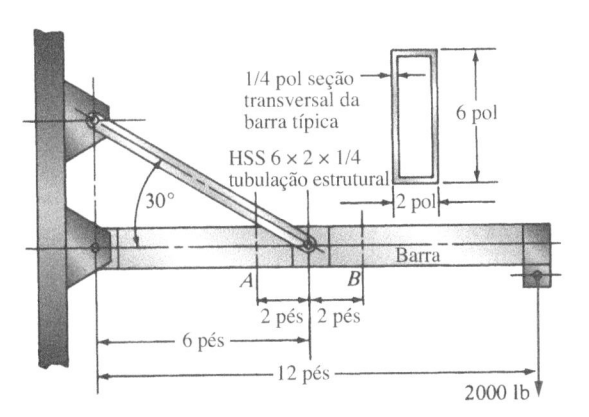

FIGURA P3.54 (Problema 54)

55. Vá à Figura 3.22. Calcule a tensão de tração máxima no cabeçote de impressão logo à direita da guia direita. O cabeçote tem uma seção transversal retangular, com 5,0 mm de altura no plano do papel e 2,4 mm de espessura.
56. Vá à Figura P3.8. Calcule as tensões de tração máxima e compressão máxima no membro *B-C*, considerando uma carga *F* de 1800 lb. A seção transversal de *B-C* é um tubo retangular HSS 6 × 4 × 1/4.
57. Vá à Figura P3.39. O membro vertical é feito de aço com uma tensão permitida máxima de 12000 psi. Especifique a dimensão exigida de uma seção transversal quadrada padrão, considerando que as dimensões têm disponibilidade para aumentar em 1/16 pol.
58. Vá à Figura P3.42. Calcule a tensão máxima na porção horizontal da barra e indique onde ocorre na seção transversal. O apoio da esquerda detém a força axial.
59. Vá à Figura P3.43. Calcule a tensão máxima na porção horizontal da barra e indique onde ela ocorre na seção transversal. O apoio da direita detém a força axial desequilibrada.
60. Vá à Figura P3.47. Especifique o diâmetro adequado para uma barra circular sólida que será usada no membro horizontal superior, que é apoiado nos rolamentos. O rolamento da esquerda detém a carga axial. A tensão normal permitida é de 25000 psi.

Concentrações de tensão

61. A Figura P3.61 mostra uma haste de válvula de um motor submetido a uma carga de tensão axial pela mola da válvula. Para uma força de 1,25 kN, calcule a tensão máxima no filete sob o ombro.

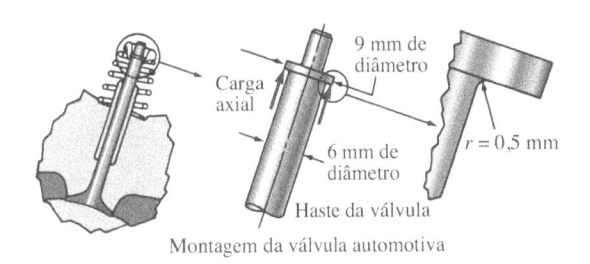

FIGURA P3.61 (Problema 61)

62. O acessório de transporte mostrado na Figura P3.62 carrega três conjuntos pesados (1200 lb cada). Calcule a tensão máxima no acessório, considerando as concentrações de tensão nos filetes e admitindo que a carga atua axialmente.
63. Para a placa achatada em tensão na Figura P3.63, calcule a tensão em cada orifício, admitindo que os orifícios são suficientemente distantes para que seus efeitos não interajam.

Para os problemas 64 a 68, calcule a tensão máxima no membro, considerando as concentrações de tensão.
64. Utilize a Figura P3.64.
65. Utilize a Figura P3.65.
66. Utilize a Figura P3.66.
67. Utilize a Figura P3.67.
68. Utilize a Figura P3.68.

Problemas de caráter geral

69. A Figura P3.69 mostra uma viga horizontal apoiada por uma articulação de tração vertical. As seções transversais tanto da viga quando da articulação têm 20 mm². Todas as conexões utilizam pinos cilíndricos de 8,00 mm de diâmetro em cisalhamento duplo. Calcule a tensão de tração no

membro A-B, a tensão decorrente da flexão em C-D e a tensão de cisalhamento nos pinos A e C.

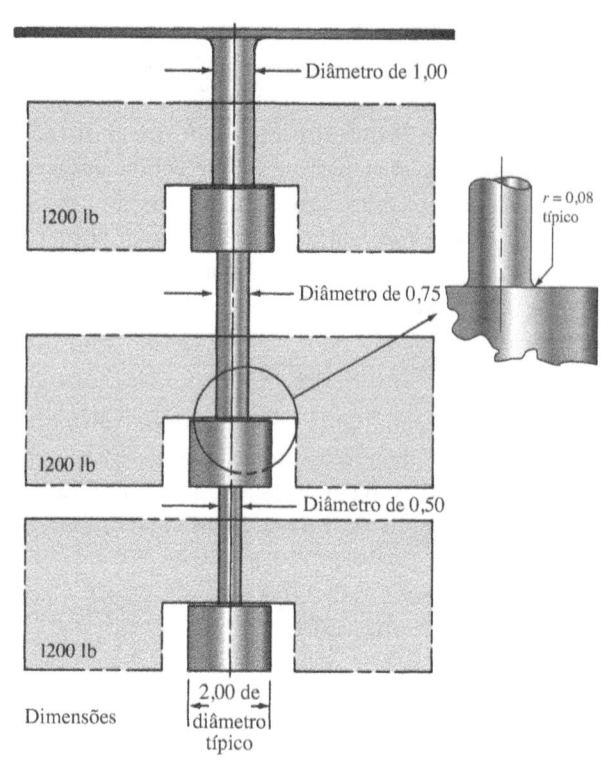

▲ **FIGURA P3.62** (Problema 62)

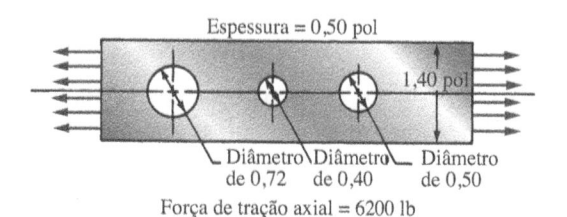

▲ **FIGURA P3.63** (Problema 63)

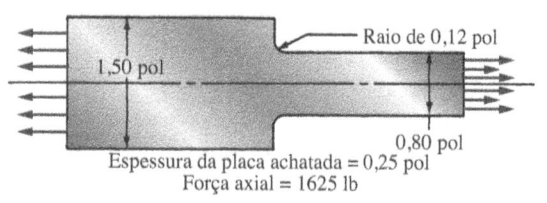

▲ **FIGURA P3.64** (Problema 64)

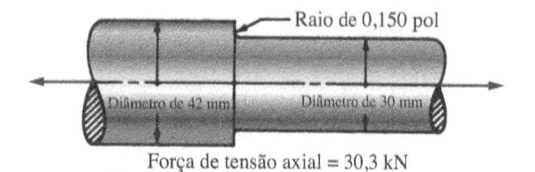

▲ **FIGURA P3.65** (Problema 65)

70. A Figura P3.70 mostra uma barra achatada afunilada com uma espessura uniforme de 20 mm. A profundidade se afunila a partir de $h_1 = 40$ mm, próximo da carga, até $h_2 = 20$ mm em cada apoio. Calcule a tensão decorrente da flexão na barra em pontos espaçados a 40 mm do apoio até a carga. Considere a carga $P = 5,0$ kN.

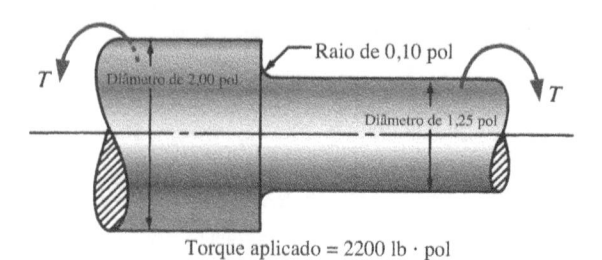

▲ **FIGURA P3.66** (Problema 66)

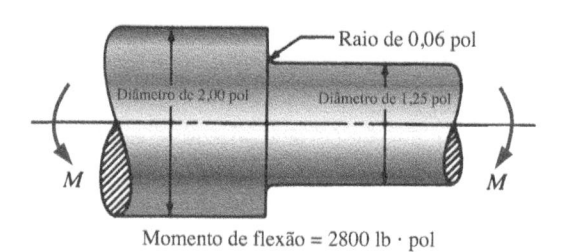

▲ **FIGURA P3.67** (Problema 67)

71. Para a barra achatada exibida na Figura P3.70, calcule a tensão no meio da barra, considerando um orifício de 25 mm de diâmetro perfurado diretamente sob a carga na linha central horizontal. A carga é P = 5,0 kN. Veja os dados no Problema 70.

72. A viga mostrada na Figura P3.72 é uma barra achatada em degraus, com uma espessura constante de 1,20 pol. Ela carrega uma única carga concentrada em C de 1500 lb. Compare as tensões nos seguintes locais:
    a. Na proximidade da carga
    b. Na seção através do menor orifício para a direita da seção C
    c. Na seção através do maior orifício para a direita da seção C
    d. Próximo da seção B, onde a barra muda de altura

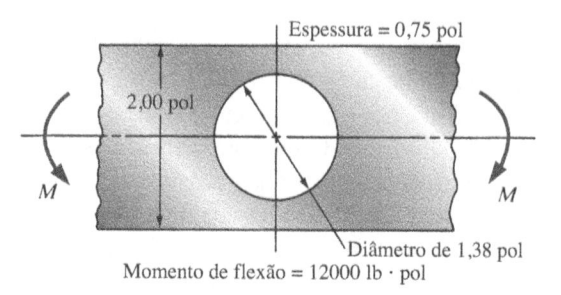

▲ **FIGURA P3.68** (Problema 68)

▲ **FIGURA P3.69** (Problema 69)

▶ **FIGURA P3.70** Barra achatada afunilada para os problemas 70 e 71.

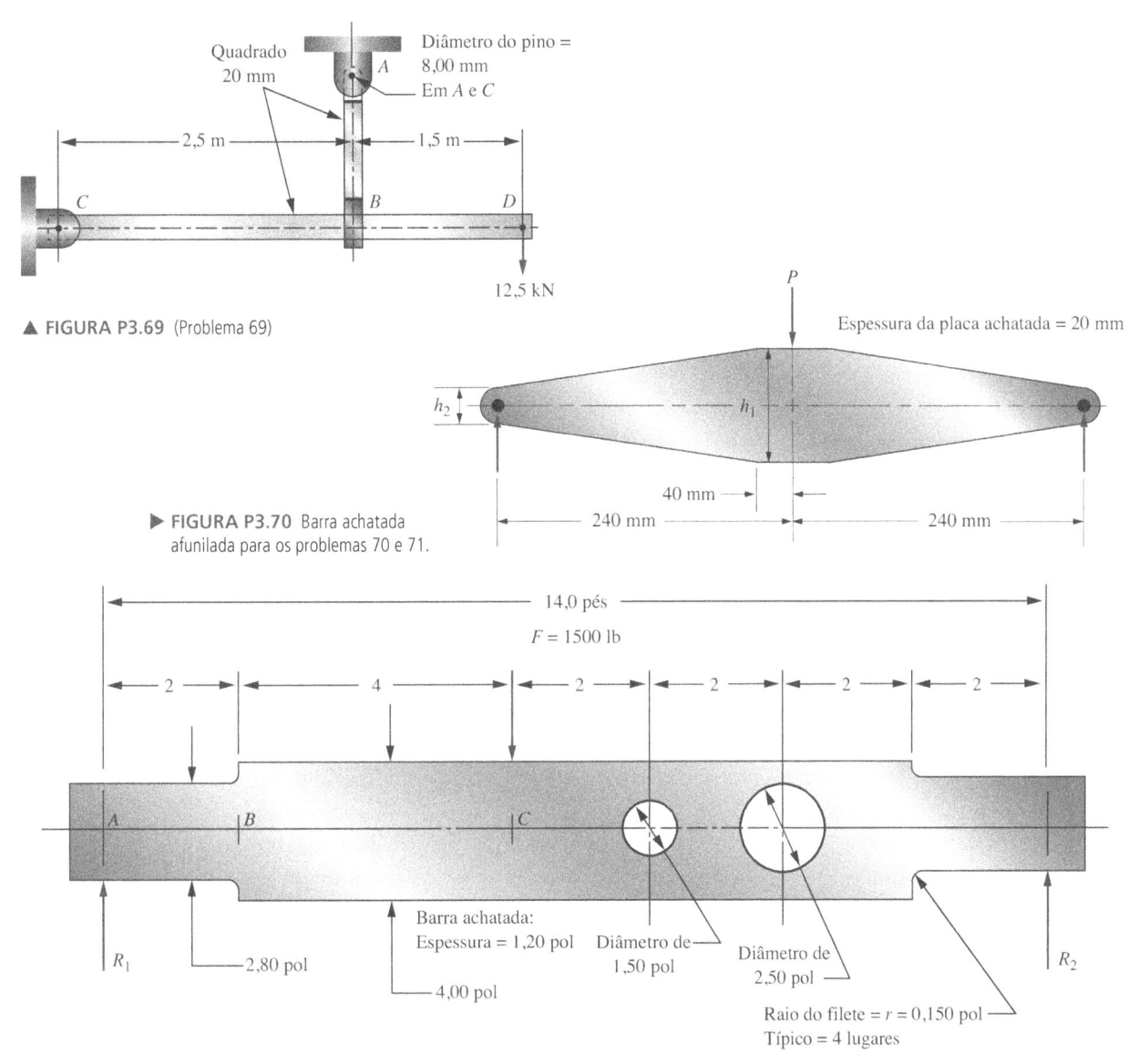

▲ **FIGURA P3.72** (Problema 72)

73. A Figura P3.73 mostra uma barra achatada, em degraus, com uma espessura constante de 8,0 mm. Ela carrega três cargas concentradas, como demonstrado. Considere $P = 200$ N, $L_1 = 180$ mm, $L_2 = 80$ mm e $L_3 = 40$ mm. Calcule a tensão máxima decorrente da flexão e determine onde ela ocorre. A barra é pressionada contra a flexão lateral e torção. Observe que as dimensões na figura não foram desenhadas em escala.

74. A Figura P3.74 mostra um colchete carregando forças opostas de $F = 2500$ N. Calcule a tensão na peça horizontal mais elevada através de um dos orifícios, como em B. Utilize $d = 15,0$ mm para o diâmetro dos orifícios.

75. Repita o Problema 74, mas use um diâmetro de orifício de $d = 12,0$ mm.

76. A Figura P3.76 mostra uma alavanca feita a partir de uma barra retangular de aço. Calcule a tensão decorrente da flexão no sustentáculo (20 pol a partir do pivô) e na seção através do orifício de baixo. O diâmetro de cada orifício é de 1,25 pol.

77. Para a alavanca em P3.76, determine a tensão máxima, considerando que os pontos de conexão são deslocados para cada um dos dois orifícios.

78. A Figura P3.78 mostra um eixo que é carregado somente em flexão. Os rolamentos são localizados nos pontos B e D para permitir que o eixo rotacione. Polias em A, C e E carregam cabos que apoiam cargas de baixo, enquanto permitem que o eixo rotacione. Calcule a tensão máxima decorrente da flexão no eixo considerando as concentrações de tensão.

▲ FIGURA P3.73 (Problema 73)

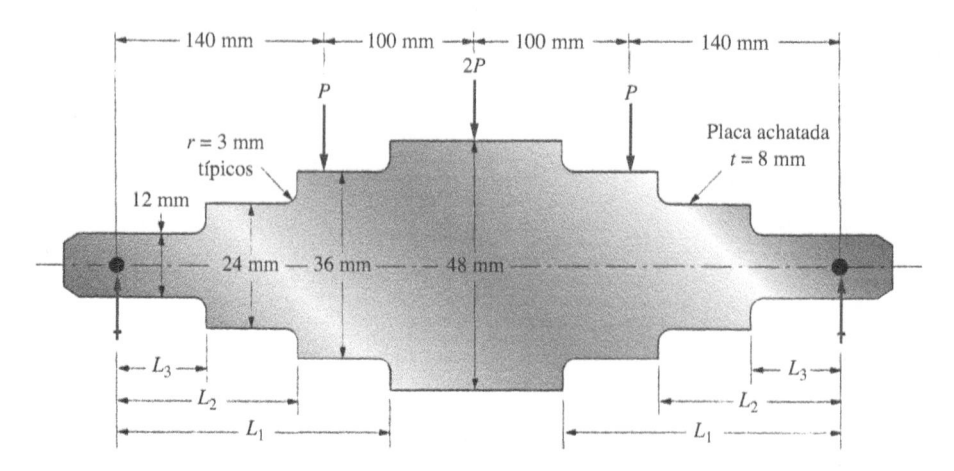

Nota: As dimensões de comprimento e altura foram desenhadas em diferentes escalas

▲ FIGURA P3.74 Barra achatada em degraus para os problemas 74 e 75.

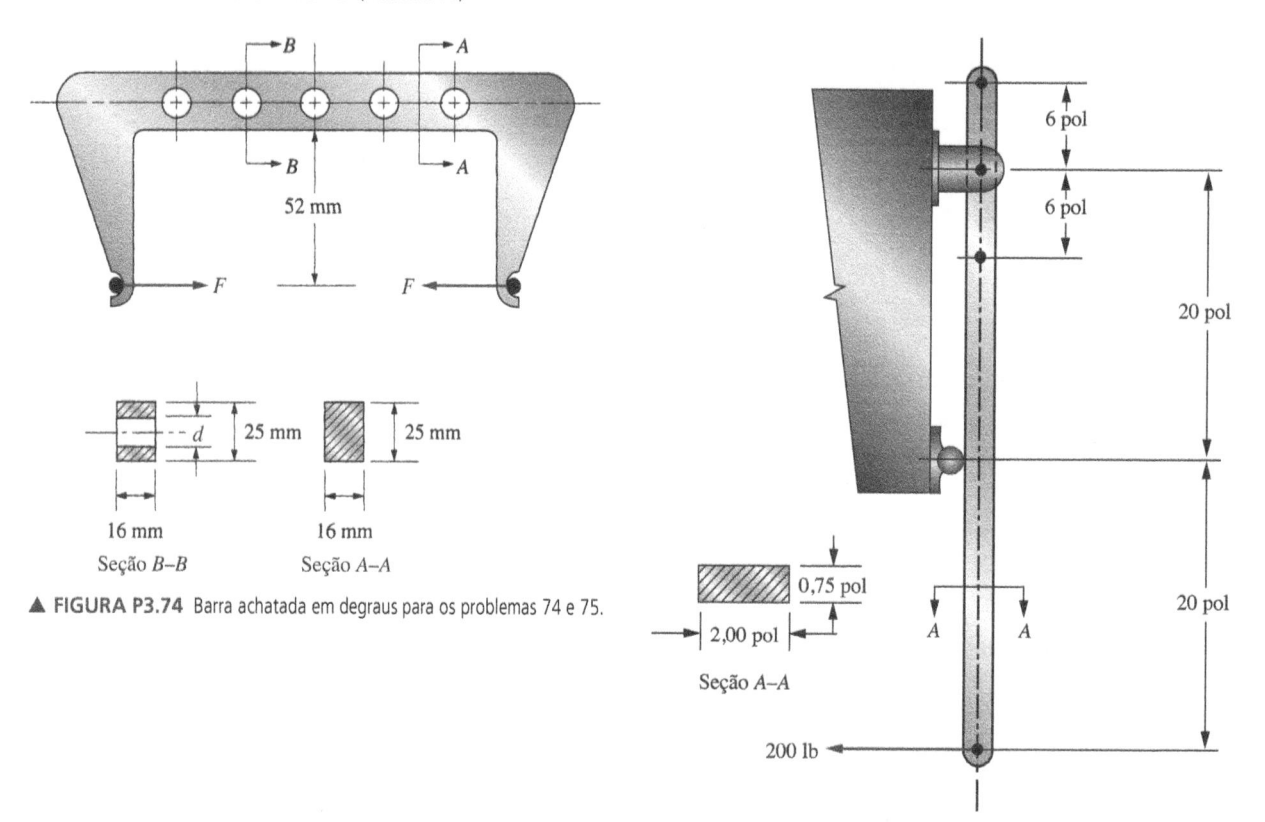

▲ FIGURA P3.76 Alavanca para os problemas 76 e 77.

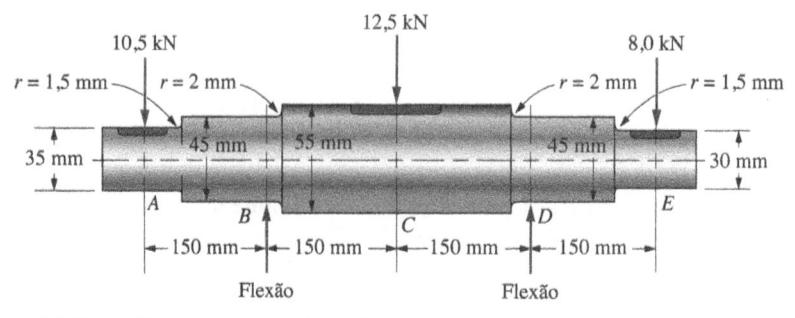

▲ FIGURA P3.78 Dados para o Problema 78.

Juntas de garfo-olhal

79. Para a viga vertical apoiada mostrada na Figura P3.69, projete a junta da manilha no ponto A de acordo com as recomendações descritas na Seção 3.21 em concentrações de tensão. Utilize o diâmetro determinado do pino, $d = 8{,}0$ mm, e a largura do olhal, $w = 20{,}0$ mm, utilizando a terminologia apresentada na Figura 3.28. As decisões primárias do projeto são a espessura do olhal, t, e os materiais para o olhal e o pino. Trabalhe direcionado para o fator de projeto de $N = 5$ com base na resistência máxima para ambas as tensões no olhal e cisalhamento no pino.

80. Repita o Problema 3.79 para as Juntas A na Figura P3.8, utilizando os dados do Problema 3.8. Todas as dimensões para o pino e o olhal da manilha devem ser especificadas.

Vigas curvas

81. Um gancho é feito de uma barra de aço estrutural ASTM A36 com uma seção transversal quadrada, com 10 mm de lado, como demonstra a Figura P3.81. O raio da curvatura é de 150 mm até a superfície interna da barra. Determine a carga F que causaria o escoamento do aço.

82. A armação de um arco de serra mostrada na Figura P3.82 é feita de aço SAE 1020 CD. Uma rosca no cabo puxa a lâmina da serra a uma força de 120 N. Determine o fator de projeto resultante com base na tensão de escoamento na área dos raios do canto da armação.

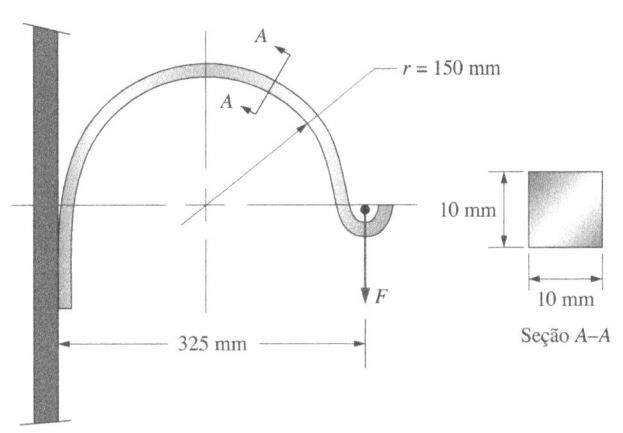

▲ **FIGURA P3.81** Gancho para o Problema 3.81.

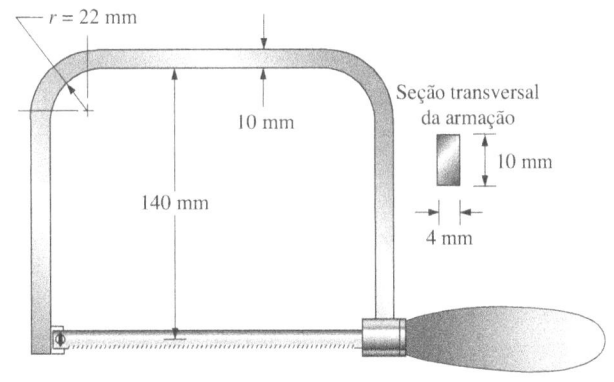

▲ **FIGURA P3.82** Armação de um arco de serra para o Problema 3.82.

83. Repita o Problema 3.82 para a armação de uma serra tico-tico mostrada na Figura P3.83 quando a força de tração na lâmina é de 480 N.

84. A Figura P3.84 mostra uma ferramenta manual de jardinagem usada para arar o solo. Calcule a força aplicada na extremidade de um dente que provocaria escoamento na área curvada. A ferramenta é feita de alumínio fundido, liga 356.0-T6.

85. A Figura P3.85 mostra uma trave de basquete e cesta fixa a um cano de aço que está firmemente cimentado no chão. A força, $F = 230$ lb, representa um jogador bruto pendurado na parte de trás do aro. Calcule o fator de projeto baseado da tensão de escoamento para o cano, considerando que ele é feito de aço estrutural ASTM A53 Grau B.

86. A braçadeira C na Figura P3.86 é feita de zinco fundido, ZA12. Determine a força que a braçadeira pode exercer para um fator de segurança igual a 3 no projeto com base na resistência máxima, tanto em tensão quanto em compressão.

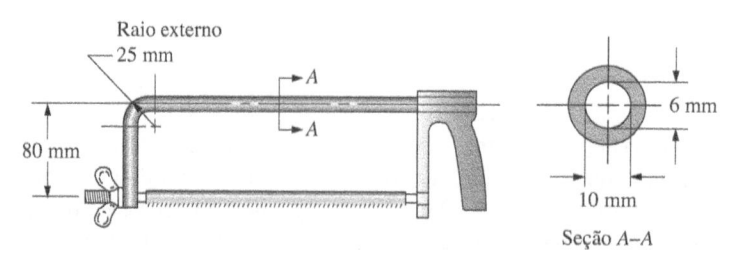

▲ **FIGURA P3.83** Armação de uma serra tico-tico para o Problema 3.83.

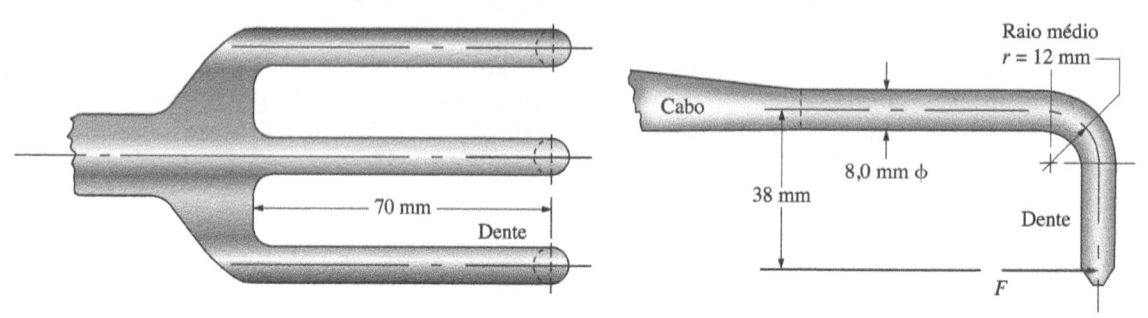

▲ **FIGURA P3.84** Ferramenta de jardinagem para o Problema 3.84.

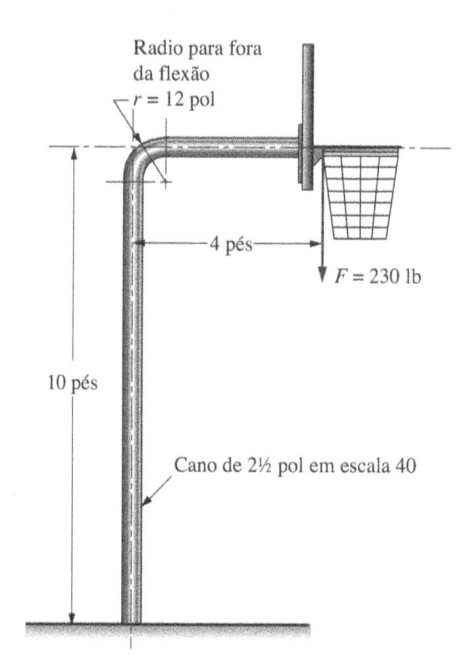

▲ **FIGURA P3.85** Trave de basquete para o Problema 3.85.

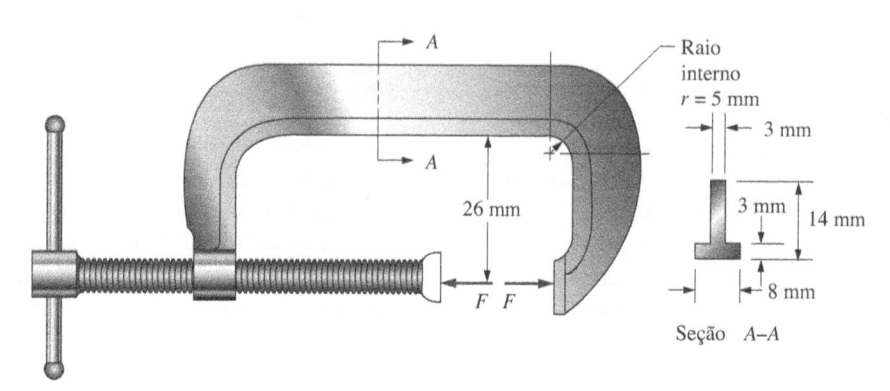

▲ **FIGURA P3.86** Braçadeira C para o Problema 3.86.

TENSÕES COMBINADAS E CÍRCULO DE MOHR

CAPÍTULO 04

Visão geral

Tópico de discussão

- Você deve desenvolver sua habilidade para analisar peças e padrões de carregamento mais complexos.

Descubra

Encontre produtos ao seu redor que possuem geometrias ou padrões de carregamento complexos. Discuta sobre esses produtos com seus colegas.

> Este capítulo o ajudará a estudar objetos complexos a fim de determinar as tensões máximas. Iremos utilizar o círculo de Mohr, uma ferramenta gráfica para análise de tensão, como uma forma de auxiliá-lo a compreender como as tensões variam em um membro de carregamento de carga.

Sumário
Visão geral
Você é o projetista
4.1 Objetivos
4.2 Caso geral de tensão combinada
4.3 Análise das condições de carregamento complexo e tensão de von Mises
4.4 Círculo de Mohr
4.5 Problemas práticos relacionados ao círculo de Mohr
4.6 Casos em que as duas principais tensões têm o mesmo sinal
4.7 Círculo de Mohr em condições especiais de tensão

No Capítulo 3, revisamos os princípios básicos da análise de tensão e deformação, praticamos a aplicação deles em problemas de projeto de máquinas e resolvemos algumas questões que pressupunham dois ou mais tipos de carga que provocavam tensões normais, tanto de tração quanto de compressão.

Mas o que acontece quando o padrão de carregamento é mais complexo?

Muitos componentes de máquina práticos experimentam combinações de tensões normais e de cisalhamento. Às vezes, o padrão de carregamento ou de geometria do componente provoca uma análise muito difícil de resolver diretamente com o uso de métodos de análise de tensão básica.

Olhe à sua volta e identifique produtos, peças de estruturas ou componentes de máquina que têm geometria ou carregamento mais complexo. Talvez alguns dos citados na Seção **Visão geral** do Capítulo 3 tenham essas características.

Discuta como os itens selecionados são carregados, onde as tensões máximas costumam ocorrer e como as cargas e a geometria estão relacionadas. O projetista ajustou o perfil do objeto a fim de que este seja capaz de carregar as cargas aplicadas de maneira eficiente? Como o perfil e a dimensão das peças críticas do item se associam com as tensões esperadas?

Quando passarmos para o **Capítulo 5: Projeto para diferentes tipos de carregamento**, vamos precisar de ferramentas para determinar a magnitude e a direção das tensões máximas de cisalhamento ou tensões principais (normais) máximas.

Ao término deste capítulo, você terá os instrumentos necessários para desenvolver um claro entendimento sobre a distribuição de tensão em um membro sob carregamento e para estabelecer as tensões máximas, tanto normais quanto de cisalhamento, de forma que você possa finalizar uma análise ou projeto seguro.

Algumas das técnicas de tensões combinadas exigem a aplicação de equações bastante relacionadas umas com as outras. *O círculo de Mohr* é uma ferramenta gráfica que pode ser utilizada como um auxílio para finalizar a análise. Empregado de forma apropriada, o método é preciso e deve ajudá-lo a compreender como as tensões variam em um membro complexo sob carregamento. Além disso, ele deve orientá-lo a usar de maneira correta os softwares de análise de tensão disponíveis no mercado.

Você é o projetista

Sua empresa está projetando uma máquina especial para testar um tecido de alta resistência sob exposição prolongada a uma carga estática a fim de determinar se ele apresenta grandes deformações ao longo do tempo. Os ensaios serão executados sob uma variedade de temperaturas, exigindo um ambiente controlado em torno da amostra testada. A Figura 4.1 mostra a representação geral de um projeto proposto. Estão disponíveis dois apoios rígidos na parte de trás da máquina com um vão de 24 polegadas entre eles. Foi solicitado que você projete um suporte para segurar a extremidade superior da armação da carga.

Considere que um dos conceitos do seu projeto utiliza a disposição mostrada na Figura 4.2. As barras circulares são flexionadas a 90°. Uma extremidade de cada barra é firmemente soldada à superfície de apoio vertical. Um bloco horizontal de transferência de carga é conectado perpendicularmente à extremidade de fora de cada barra, de modo que a carga seja compartilhada de maneira uniforme pelas duas barras.

Um dos problemas do seu projeto é determinar a tensão máxima que existe nas barras flexionadas para garantir que elas sejam seguras. Quais tipos de tensão são desenvolvidos nas barras? Onde as tensões provavelmente serão maiores? Como pode ser calculada a magnitude das tensões? Observe que a parte da barra que está perto de sua conexão ao apoio emprega neste uma combinação de tensões.

Veja o elemento na superfície superior da barra, indicada como elemento *A* na Figura 4.2. O momento provocado pela força que atua a uma extensão de 6,0 polegadas a partir do apoio coloca o elemento *A* em tensão decorrente da ação de flexão. O torque provocado pela força que atua a 15,0 polegadas para fora do eixo da barra em seu ponto de apoio cria uma tensão de cisalhamento torcional no elemento *A*. Essas duas tensões atuam no plano *x-y*, submetendo o elemento *A* a uma tensão combinada normal e de cisalhamento. Como você analisa uma condição de tensão como essa? Como as tensões de tração e cisalhamento atuam juntas? Qual a tensão normal máxima e a tensão de cisalhamento máxima no elemento *A*, e onde elas ocorrem?

Você precisaria dessas respostas para completar o projeto das barras. O material deste capítulo permitirá que você finalize as análises necessárias.

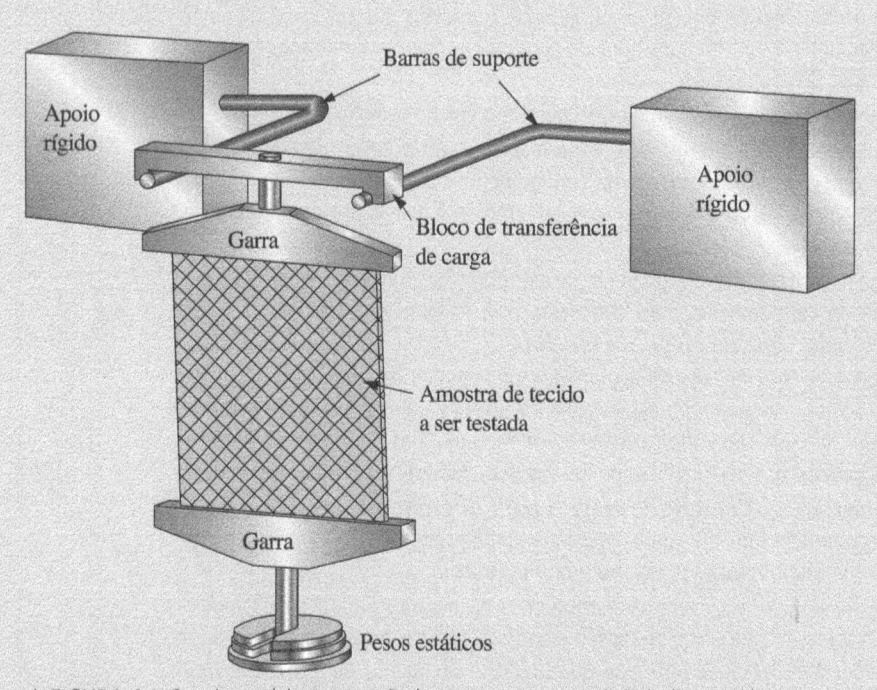

▲ **FIGURA 4.1** Conceito geral de uma armação de carga para testar a resistência de um tecido.

▲ **FIGURA 4.2** Proposta de projeto de suporte.

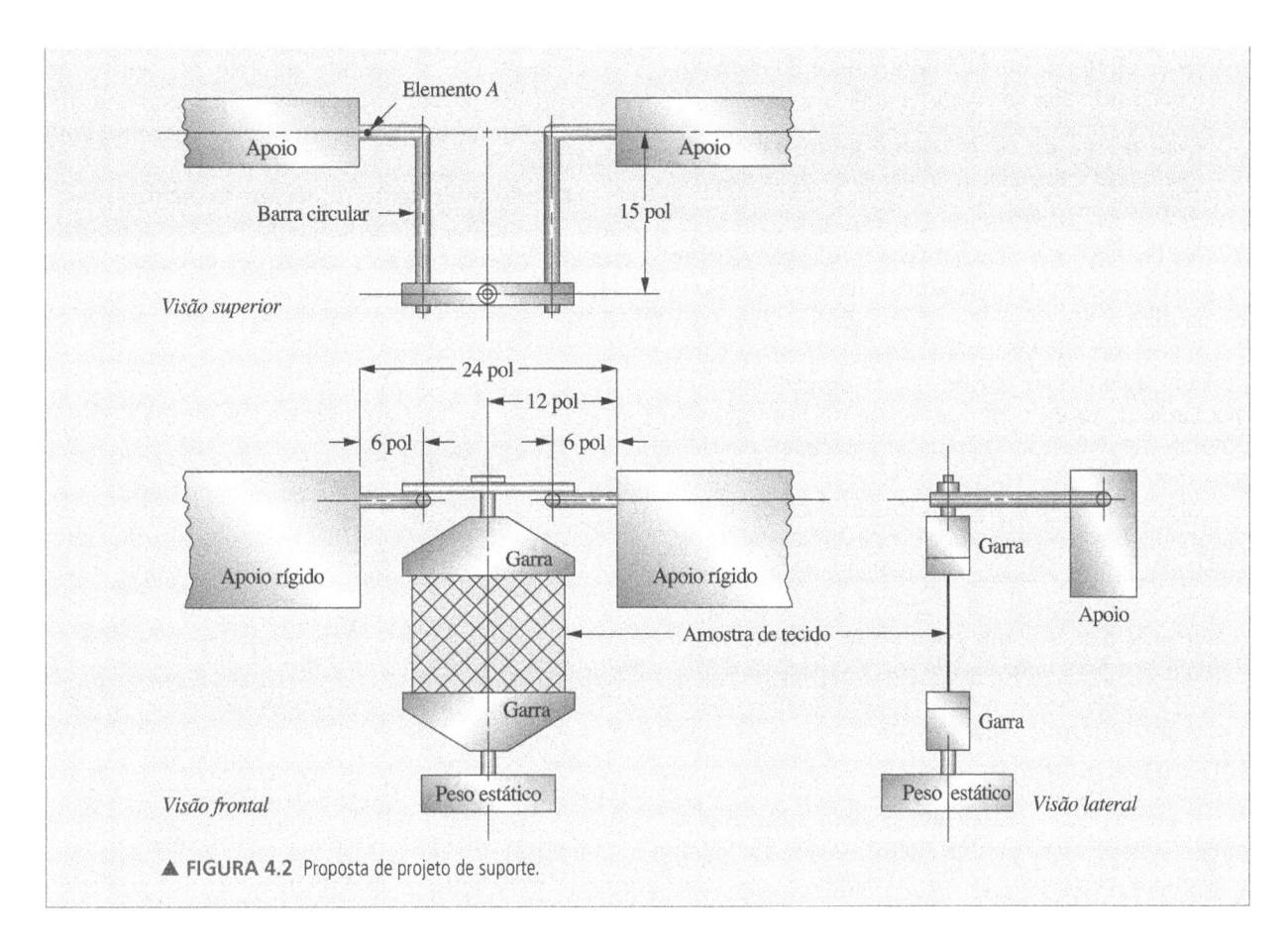

4.1 OBJETIVOS

Ao final deste capítulo, você estará apto a:
1. Ilustrar uma variedade de tensões combinadas em elementos de tensão.
2. Analisar um membro sob carregamento submetido a uma tensão combinada para determinar a tensão normal e a de cisalhamento máximas em qualquer elemento estabelecido.
3. Definir as direções nas quais as tensões máximas são alinhadas.
4. Determinar o estado de tensão em um elemento em qualquer direção específica.
5. Desenhar o círculo de Mohr completo como um auxílio para concluir a análise das tensões máximas.

4.2 CASO GERAL DE TENSÃO COMBINADA

Para visualizar o caso geral de tensão combinada, é de grande ajuda considerar um pequeno elemento do membro sob carregamento no qual atuam as tensões combinadas normal e de cisalhamento. Para essa discussão, vamos considerar uma condição de tensão bidimensional. Como ilustrado na Figura 4.3, os eixos x e y estão alinhados com os eixos correspondentes nos membros analisados.

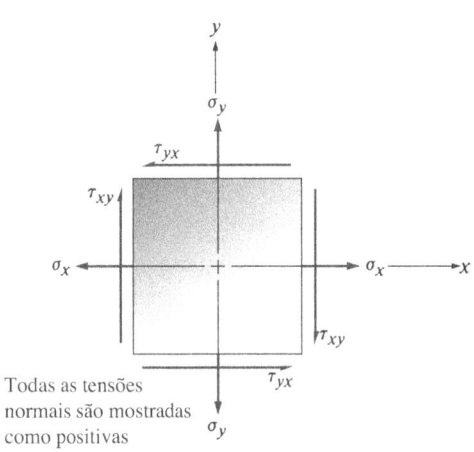

▲ **FIGURA 4.3** Elemento geral de tensão bidimensional.

As tensões normais, σ_x e σ_y, poderiam ser decorrentes de uma força de tração direta ou de flexão. Se as tensões normais fossem compressivas (negativas), os vetores apontariam no sentido oposto, para dentro do elemento de tensão.

Já a tensão de cisalhamento poderia ser decorrente da tensão de cisalhamento direto, torcional ou vertical. A indicação subscrita dupla ajuda a orientar a direção das tensões de cisalhamento. Por exemplo, τ_{xy} indica a tensão de cisalhamento atuando na face do elemento que é perpendicular ao eixo x e paralela ao eixo y.

Uma tensão de cisalhamento positiva é aquela que tende a rotacionar o elemento de tensão em sentido horário.

Na Figura 4.3, τ_{xy} é positivo e τ_{yx} é negativo. Suas magnitudes devem ser iguais para manter o elemento em equilíbrio.

É necessário determinar as magnitudes e os sinais de cada uma dessas tensões a fim de exibi-las adequadamente no elemento de tensão. O Exemplo 4.1, que segue a definição das tensões principais, ilustra o processo.

Com o elemento de tensão definido, os objetivos da análise remanescente são estabelecer a tensão normal máxima, a tensão de cisalhamento máxima e os planos nos quais elas ocorrem. A seguir, são apresentadas as fórmulas que regem essa análise. (Veja a Referência 1 para informações sobre as derivações.)

Tensões normais máximas: tensões principais

A combinação das tensões normal e de cisalhamento aplicadas que produz a tensão normal máxima é chamada de *tensão principal máxima*, σ_1. A magnitude de σ_1 pode ser calculada a partir da seguinte equação:

▶ **Tensão principal máxima**

$$\sigma_1 = \frac{\sigma_x + \sigma_y}{2} + \sqrt{\left(\frac{\sigma_x - \sigma_y}{2}\right)^2 + \tau_{xy}^2} \quad (4.1)$$

A combinação das tensões aplicadas que produz a tensão normal mínima é chamada de *tensão principal mínima*, σ_2. Sua magnitude pode ser calculada a partir da

▶ **Tensão principal mínima**

$$\sigma_2 = \frac{\sigma_x + \sigma_y}{2} - \sqrt{\left(\frac{\sigma_x - \sigma_y}{2}\right)^2 + \tau_{xy}^2} \quad (4.2)$$

Particularmente na análise de tensão experimental, é importante conhecer a orientação das tensões principais. O ângulo de inclinação dos planos nos quais atua a tensão principal, chamados de *planos principais*, pode ser determinado a partir de:

▶ **Ângulo do elemento de tensão principal**

$$\phi_\sigma = \frac{1}{2} \operatorname{arctg} [2\tau_{xy}/(\sigma_x - \sigma_y)] \quad (4.3)$$

O ângulo ϕ_σ é medido do eixo x positivo do elemento de tensão à tensão principal máxima, σ_1. Então, a tensão principal mínima, σ_2, está no plano a 90° de σ_1.

Quando o elemento de tensão é orientado conforme discutido, de modo que as tensões principais estejam atuando nele, a tensão de cisalhamento é zero. O elemento resultante é mostrado na Figura 4.4.

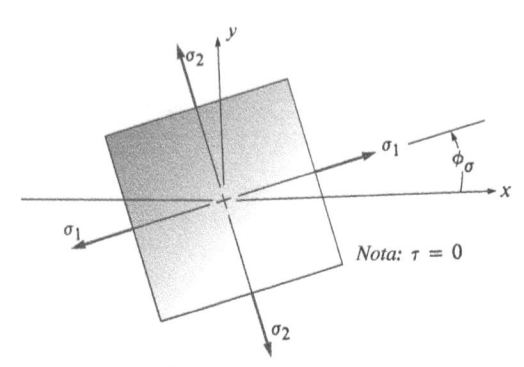

▲ **FIGURA 4.4** Elemento de tensão principal.

Tensão máxima de cisalhamento

Em uma diferente orientação do elemento de tensão, a tensão máxima de cisalhamento irá ocorrer. Sua magnitude pode ser calculada a partir da

▶ **Tensão máxima de cisalhamento**

$$\tau_{máx} = \sqrt{\left(\frac{\sigma_x - \sigma_y}{2}\right)^2 + \tau_{xy}^2} \quad (4.4)$$

O ângulo de inclinação do elemento no qual ocorre a tensão máxima de cisalhamento é calculado da seguinte forma:

▶ **Ângulo do elemento de tensão máxima de cisalhamento**

$$\phi_\tau = \frac{1}{2} \operatorname{artg} [-(\sigma_x - \sigma_y)/2\tau_{xy}] \quad (4.5)$$

O ângulo entre o elemento de tensão principal e a tensão máxima de cisalhamento é de 45°.

No elemento de tensão máxima de cisalhamento haverá tensões normais de igual magnitude agindo perpendicularmente aos planos nos quais as tensões máximas de cisalhamento estão atuando. Essas tensões normais têm o valor:

▶ **Tensão normal média**

$$\sigma_{méd} = (\sigma_x + \sigma_y)/2 \quad (4.6)$$

Observe que essa é a *média* de duas tensões normais aplicadas. O elemento de tensão máxima de cisalhamento é mostrado na Figura 4.5. Note, como afirmado anteriormente, que o ângulo entre o elemento de tensão principal e o de tensão máxima de cisalhamento é sempre 45°.

Resumo e procedimento geral para analisar as tensões combinadas

A lista a seguir fornece um resumo das técnicas apresentadas nesta seção; ela também oferece um esboço do procedimento geral para aplicação das técnicas a um determinado problema de análise de tensão.

O Exemplo 4.1, a seguir, ilustra o uso desse procedimento.

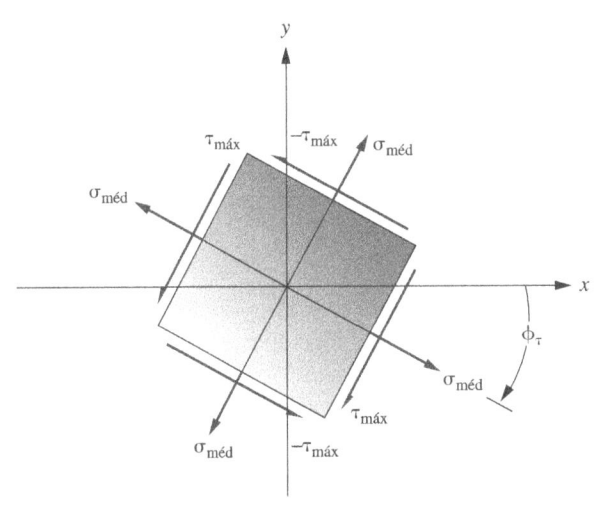

▲ **FIGURA 4.5** Elemento de tensão máxima de cisalhamento.

Procedimento geral para calcular as tensões principais e as tensões máximas de cisalhamento

1. Defina a partir de qual ponto você quer calcular as tensões.
2. Especifique claramente o sistema de coordenadas para o objeto, o gráfico de corpo livre, a magnitude e a direção das forças.
3. Calcule as tensões no ponto selecionado decorrentes das forças aplicadas, e mostre as tensões que atuam em um elemento de tensão, no ponto desejado, com especial atenção às direções. A Figura 4.3 é um modelo de como indicar essas tensões.
4. Calcule as tensões principais no ponto e as direções em que elas atuam. Utilize as equações 4.1, 4.2 e 4.3.
5. Desenhe o elemento de tensão no qual atuam as tensões principais e mostre sua orientação em relação ao eixo *x* original. É recomendado que o elemento de tensão principal seja desenhado abaixo do de tensão original para deixar clara a relação entre eles.
6. Calcule a tensão máxima de cisalhamento no elemento e a orientação do plano no qual ela age. Além disso, determine a tensão normal que atua no elemento de tensão máxima de cisalhamento. Utilize as equações 4.4, 4.5 e 4.6.
7. Desenhe o elemento de tensão no qual a tensão máxima de cisalhamento atua, e mostre sua orientação em relação ao eixo *x* original. Recomenda-se que o elemento de tensão máxima de cisalhamento seja desenhado ao lado do de tensão principal máxima para deixar clara a relação entre eles.
8. O conjunto resultante dos três elementos de tensão irá aparecer, como mostrado na Figura 4.6.

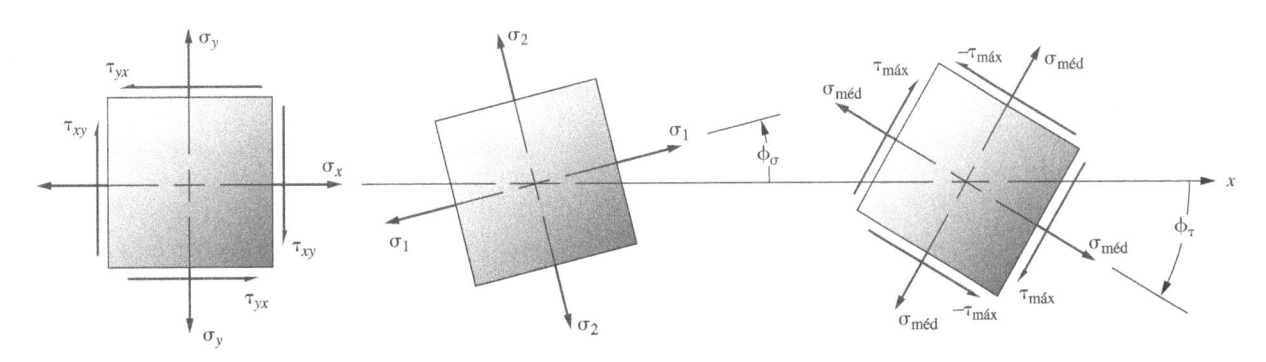

(a) Elemento de tensão original (b) Elemento de tensão principal (c) Elemento de tensão máxima de cisalhamento

▲ **FIGURA 4.6** Relações entre elemento de tensão original, elemento de tensão principal e elemento de tensão máxima de cisalhamento para determinado carregamento.

EXEMPLO 4.1

O eixo mostrado na Figura 4.7 é apoiado por dois rolamentos e carrega duas roldanas com correia em V. As tensões nas correias exercem forças horizontais no eixo, tendendo a flexioná-lo no plano x–z. A roldana B realiza um torque em sentido horário no eixo, quando visto na direção da origem do sistema de coordenadas ao longo do eixo x. A roldana C faz um torque igual, mas oposto no eixo. Para a condição de carregamento indicada, determine as tensões principais e a máxima de cisalhamento no elemento K na superfície frontal do eixo (no lado z positivo), logo à direita da roldana B. Siga o procedimento geral de análise das tensões combinadas oferecido nesta seção.

SOLUÇÃO

Objetivo Calcule as tensões principais e as máximas de cisalhamento no elemento K.

Dados Padrão de carregamento e eixo mostrados na Figura 4.7.

Análise Utilize o procedimento geral de análise das tensões combinadas.

Resultados O elemento K é submetido à flexão, que produz uma tensão de tração que atua na direção x. Além disso, existe uma tensão de cisalhamento torcional agindo em K. A Figura 4.8 mostra os gráficos de força de cisalhamento e momento de flexão para o eixo e indica que o momento de flexão em K é 1540 lb · pol. A tensão de flexão, portanto, é:

$$\sigma_x = M/S$$

$$S = \pi D^3/32 = [\pi(1{,}25 \text{ pol})^3]/32 = 0{,}192 \text{ pol}^3$$

$$\sigma_x = (1540 \text{ lb} \cdot \text{pol})/(0{,}192 \text{ pol}^3) = 8030 \text{ psi}$$

A tensão de cisalhamento torcional atua no elemento K e provoca uma tensão de cisalhamento descendente no lado direito do elemento e uma ascendente no lado esquerdo. Essa ação resulta em uma direção *horária*, que é a direção *positiva* das tensões de cisalhamento, de acordo com a convenção padrão. Além disso, a marcação das tensões de tração utiliza subscritos duplos. Por exemplo, τ_{xy} indica a tensão de cisalhamento que atua na face de um elemento perpendicular ao eixo x e paralelo ao eixo y. Assim, para o elemento K:

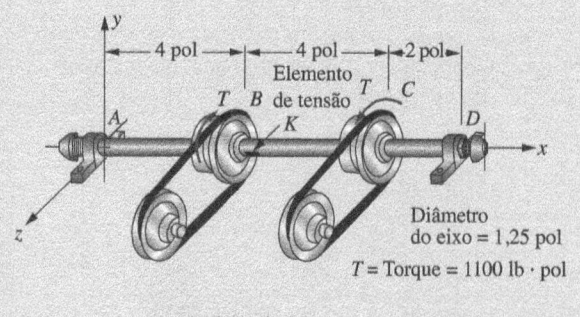

(a) Visão pictórica do eixo
Diâmetro do eixo = 1,25 pol
T = Torque = 1100 lb · pol

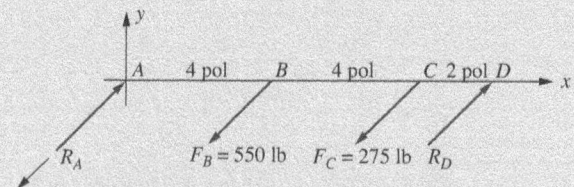

(b) Forças atuando no eixo em B e C provocadas pelas transmissões por correia
$F_B = 550$ lb $F_C = 275$ lb

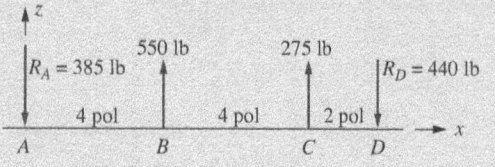

(c) Visão normal das forças sobre o eixo no plano x–z com reações nos rolamentos
$R_A = 385$ lb 550 lb 275 lb $R_D = 440$ lb

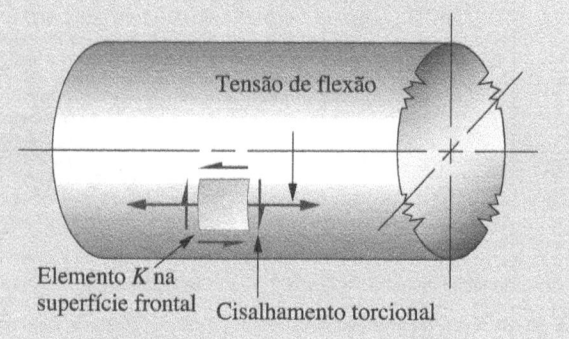

(d) Visão aumentada do elemento K na frente do eixo
Tensão de flexão
Elemento K na superfície frontal
Cisalhamento torcional

▲ **FIGURA 4.7** Eixo apoiado por dois rolamentos carregando duas roldanas com correia em V.

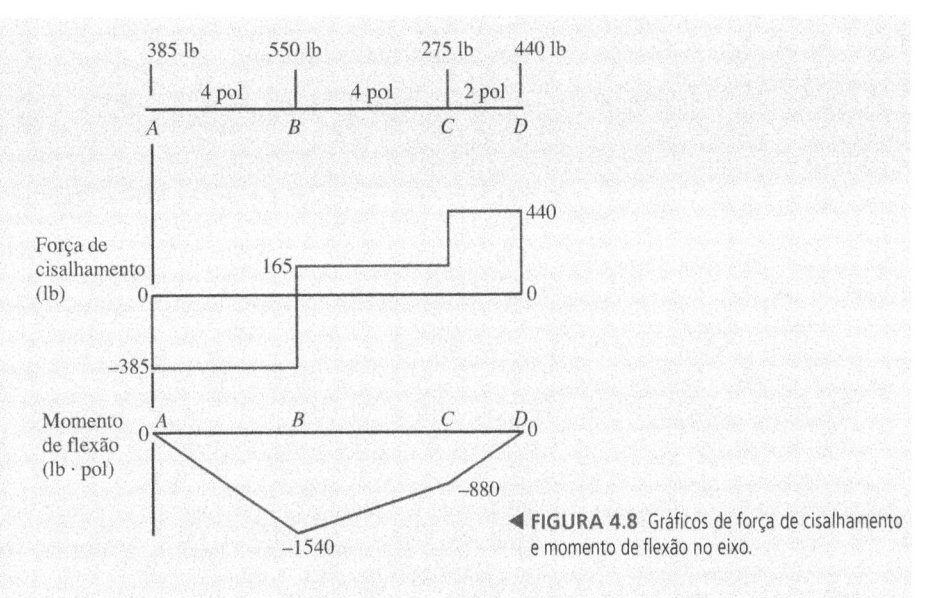

◀ **FIGURA 4.8** Gráficos de força de cisalhamento e momento de flexão no eixo.

$$\tau_{xy} = T/Z_p$$

$$Z_p = \pi D^3/16 = \pi(1{,}25 \text{ pol})^3/16 = 0{,}383 \text{ pol}^3$$

$$\tau_{xy} = (1100 \text{ lb} \cdot \text{pol})/(0{,}383 \text{ pol}^3) = 2870 \text{ psi}$$

Os valores de tensão normal, σ_x, e tensão de cisalhamento, τ_{xy}, são mostrados no elemento de tensão K na Figura 4.9. Observe que a tensão na direção y é zero para esse carregamento. Além disso, o valor da tensão de cisalhamento, τ_{yx}, deve ser igual a τ_{xy} e agir como demonstrado, de modo que o elemento fique em equilíbrio.

Agora, podemos calcular as tensões principais no elemento, utilizando as equações 4.1 a 4.3. A tensão principal máxima é:

$$\sigma_1 = \frac{\sigma_x + \sigma_y}{2} + \sqrt{\left(\frac{\sigma_x - \sigma_y}{2}\right)^2 + \tau_{xy}^2} \quad (4.1)$$

$$\sigma_1 = (8030/2) + \sqrt{(8030/2)^2 + (2870)^2}$$

$$\sigma_1 = 4015 + 4935 = 8950 \text{ psi}$$

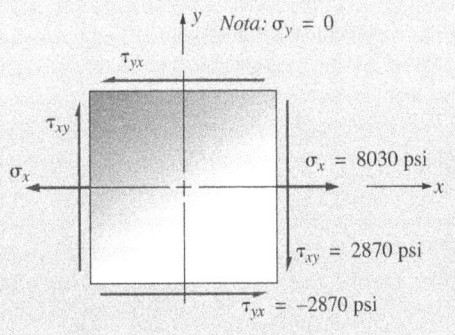

▲ **FIGURA 4.9** Tensões no elemento K.

A tensão principal mínima é:

$$\sigma_2 = \frac{\sigma_x + \sigma_y}{2} - \sqrt{\left(\frac{\sigma_x - \sigma_y}{2}\right)^2 + \tau_{xy}^2} \qquad (4.2)$$

$$\sigma_2 = (8030/2) - \sqrt{(8030/2)^2 + (2870)^2}$$

$$\sigma_2 = 4015 - 4935 = -920 \text{ psi (compressão)}$$

A direção na qual a tensão principal máxima atua é:

$$\phi_\sigma = \frac{1}{2} \text{ arctg } [2\tau_{xy}/(\sigma_x - \sigma_y)] \qquad (4.3)$$

$$\phi_\sigma = \frac{1}{2} \text{ arctg } [(2)(2870)/(8030)] = 17,8°$$

O sinal positivo determina uma rotação *horária* do elemento.

As tensões principais podem ser demonstradas em um elemento de tensão, como ilustrado na Figura 4.10(b). Observe que o elemento é mostrado em relação ao original para enfatizar a direção das tensões principais quanto ao eixo x original. O sinal positivo de ϕ_σ indica que o elemento de tensão principal é rotacionado em sentido *horário* a partir da sua posição original. Agora, podemos definir o elemento de tensão máxima de cisalhamento, utilizando as equações 4.4 a 4.6:

$$\tau_{máx} = \sqrt{\left(\frac{\sigma_x - \sigma_y}{2}\right)^2 + \tau_{xy}^2} \qquad (4.4)$$

$$\tau_{máx} = \sqrt{(8030/2)^2 + (2870)^2}$$

$$\tau_{máx} = \pm 4935 \text{ psi}$$

Os dois pares de tensões de cisalhamento, $+\tau_{máx}$ e $-\tau_{máx}$, são iguais em magnitude, mas opostos em direção.

A orientação do elemento no qual a tensão máxima de cisalhamento atua é determinada a partir da Equação 4.5:

$$\phi_\tau = \frac{1}{2} \text{ arctg } [-(\sigma_x - \sigma_y)/2\tau_{xy}] \qquad (4.5)$$

$$\phi_\tau = \frac{1}{2} \text{ arctg } (-8030/[(2)(2870)]) = -27,2°$$

O sinal negativo indica uma rotação *anti-horária* do elemento.

Há tensões normais iguais atuando nas faces desse elemento de tensão, que têm o valor de:

$$\sigma_{méd} = (\sigma_x + \sigma_y)/2 \qquad (4.6)$$

$$\sigma_{méd} = 8030/2 = 4015 \text{ psi}$$

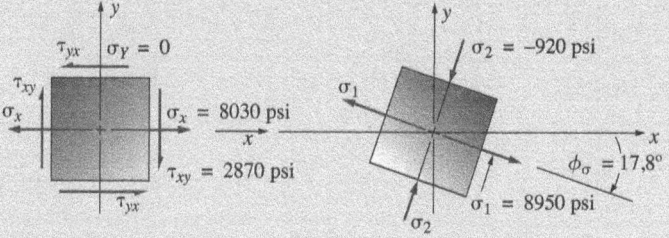

(a) Elemento de tensão original (b) Elemento de tensão principal

▲ **FIGURA 4.10** Elemento de tensão principal.

Comentário A Figura 4.11(c) mostra o elemento de tensão no qual a tensão máxima de cisalhamento atua em relação ao elemento de tensão original. Observe que o ângulo entre esse elemento e o elemento de tensão principal é 45°. É comum mostrar os três elementos de tensão lado a lado, como demonstrado na Figura 4.11.

(a) Elemento de tensão original, K **(b)** Elemento de tensão principal **(c)** Elemento de tensão máxima de cisalhamento

▲ **FIGURA 4.11** Relação do elemento de tensão máxima de cisalhamento com o elemento de tensão original e o elemento de tensão principal.

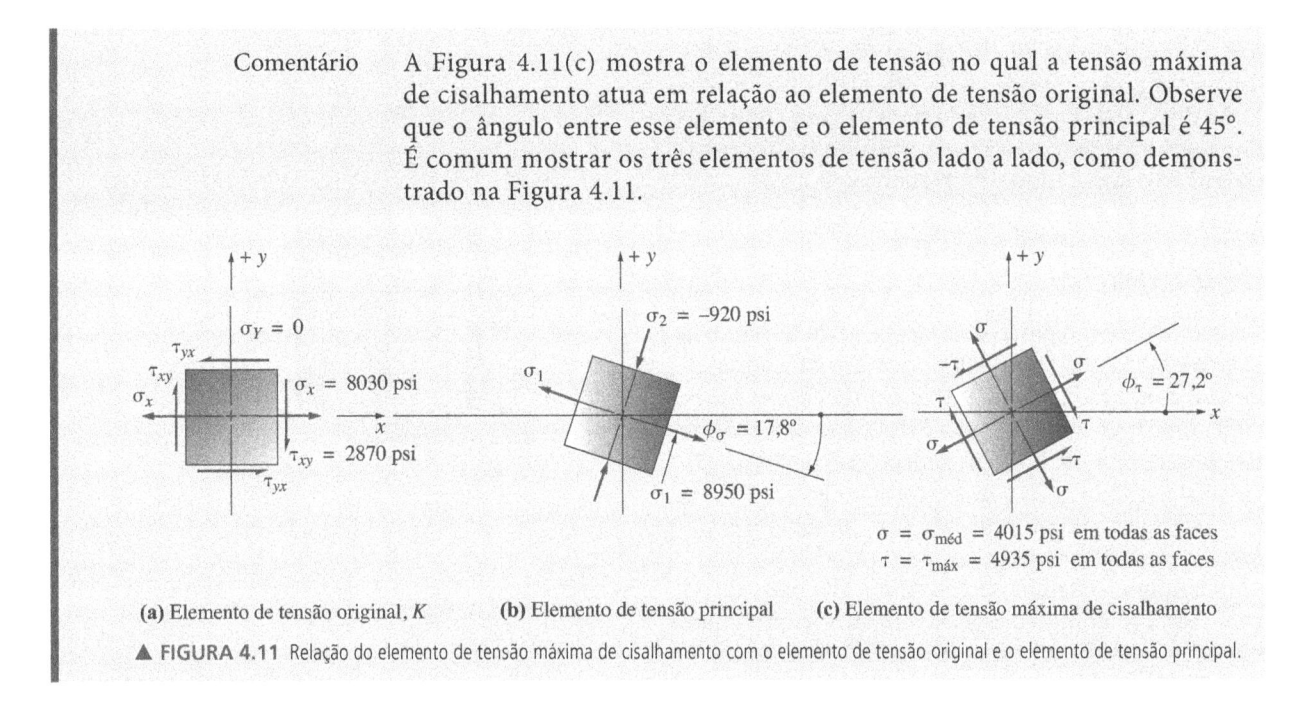

Analise os resultados do Exemplo 4.1. A tensão principal máxima, $\sigma_1 = 8950$ psi, é 11% maior do que o valor de $\sigma_x = 8030$ psi, calculado para a tensão de flexão no eixo que atua na direção x. A tensão de cisalhamento máxima, $\tau_{máx} = 4935$ psi, é 72% maior do que a tensão de cisalhamento torcional calculada de $\tau_{xy} = 2870$ psi. Você verá no Capítulo 5 que tanto a tensão normal máxima quanto a tensão máxima de cisalhamento frequentemente são exigidas para prever falhas de maneira precisa e para decisões de projeto seguras. Os ângulos dos elementos de tensão final também preveem o alinhamento da maioria das tensões prejudiciais, o que pode ser um auxílio na análise de tensão experimental e de componentes que realmente falharam.

4.3 ANÁLISE DAS CONDIÇÕES DE CARREGAMENTO COMPLEXO E TENSÃO DE VON MISES

Os exemplos mostrados neste capítulo envolvem geometrias de peças relativamente simples e condições de carregamento para as quais a análise de tensão necessária pode ser desempenhada por meio do uso de métodos familiares de estática e resistência de materiais. Se estão implicadas geometrias ou condições de carregamento mais complexas, pode ser que você não consiga finalizar a análise exigida para criar o elemento de tensão original a partir do qual o círculo de Mohr é construído, como demonstrado na Seção 4.4.

Considere, por exemplo, uma roda fundida para um carro de corrida de alto desempenho. A geometria envolveria, provavelmente, redes ou raios de um projeto único que conecta o cubo ao aro para criar uma roda de peso mais leve. O carregamento seria uma combinação complexa de torção, flexão e compressão geradas pela ação de curvar da roda.

Um método de análise de um membro sob carregamento como esse seria realizado por análise de tensão experimental que utiliza escalas de tensão ou técnicas fotoelásticas. Os resultados identificariam os níveis de tensão em pontos selecionados, em determinadas direções que poderiam ser usadas como o ponto de partida para a construção do círculo de Mohr a pontos críticos na estrutura.

Outro método de análise envolveria a modelagem da geometria da roda como o *modelo de elementos finitos*. O modelo tridimensional seria dividido em diversas centenas de elementos de pequeno volume. Pontos de apoio e limitação seriam definidos nele, e então cargas externas seriam aplicadas em locais apropriados. O conjunto completo de dados seria a entrada para um tipo especial de programa de análise computacional chamado de *análise de elementos finitos*. A saída do programa relaciona as tensões e a deflexão para cada um dos elementos. Esses dados podem ser assinalados no modelo de computador, de modo que o projetista consiga visualizar a distribuição de tensão inerente a esse modelo. A maioria desses programas associa as tensões principais e a máxima de cisalhamento para cada elemento, eliminando a necessidade de fazer um desenho real do círculo de Mohr. Uma forma especial de tensão, chamada de *tensão de von Mises*, frequentemente é calculada por meio da combinação das tensões principais. (A tensão de von Mises será introduzida a seguir e utilizada posteriormente na Seção 5.11, como um dos métodos de análise dos projetos.) Diversos e diferentes programas de análise de elementos finitos estão disponíveis no mercado para uso em computadores pessoais, em estações de trabalho de engenharia ou em computadores de grande porte.

Tensão de von Mises para tensões biaxiais

Com a compreensão do caso geral de tensão biaxial combinada da Seção 4.2, podemos agora apresentar um conceito bastante útil de *tensão de von Mises*, cujo nome homenageia R. von Mises, que desenvolveu tal conceito em 1913. Contribuições adicionais de H. Hencky em 1925 ao uso desse conceito levam a outro termo frequentemente utilizado para o método, o *método de von Mises-Hencky*.

Definimos a *tensão de von Mises*, chamada de σ', como uma combinação especial das tensões principais máxima e mínima, σ_1 e σ_2, utilizando a equação:

$$\sigma' = \sqrt{\sigma_1^2 + \sigma_2^2 - \sigma_1 \sigma_2} \qquad (4.7)$$

Sob condições estáticas de carregamento, a falha é prevista quando $\sigma' > s_y$.

Como observado na Seção 4.2, a tensão de von Mises é maior do que qualquer um de seus componentes. A maioria dos pacotes de software de elementos finitos produz a *tensão de von Mises* como parte dos cálculos de saída típicos, em razão de sua importância na previsão de falhas. Mais sobre esse assunto será discutido no Capítulo 5, na seção 5.8 **Previsões de falha e métodos de análise de projeto**.

Forma alternada da tensão de von Mises

Às vezes é conveniente expressar a tensão de von Mises nos termos das tensões no elemento de tensão original, em vez de finalizar todo o processo do círculo de Mohr. Essa forma da equação é:

$$\sigma' = \sqrt{\sigma_x^2 + \sigma_y^2 - \sigma_x \sigma_y + 3\tau_{xy}^2} \qquad (4.8)$$

Tensões tridimensionais e a tensão de von Mises

A representação mais geral de tensão em um ponto é tridimensional (triaxial), visualizada como uma estrutura parecida com um cubo, mostrada na Figura 4.12 em um sistema de eixos *x*, *y* e *z*. As características a seguir descrevem o sistema de tensões que pode atuar no elemento cúbico.

1. Qualquer uma das seis faces do cubo pode ser submetida a uma tensão normal, tanto de tensão como

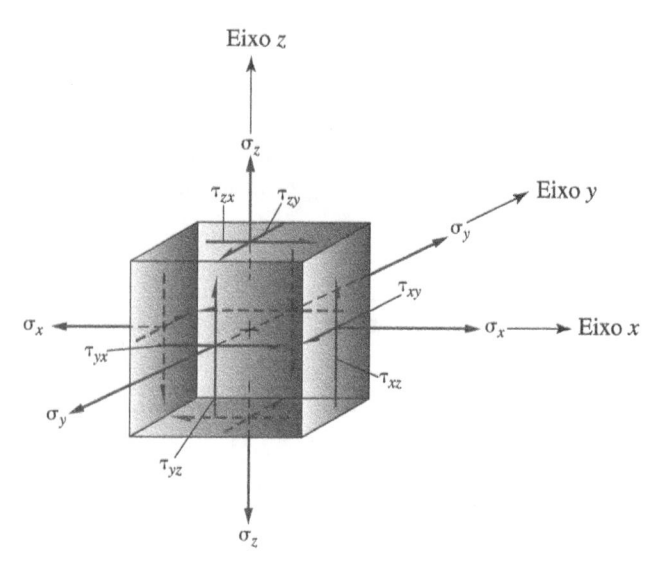

▲ **FIGURA 4.12** Elemento de tensão tridimensional com tensões normal e de cisalhamento em todas as faces.

de compressão. Os vetores de tensão normal atuam aos pares em faces opostas paralelas tanto para puxar quanto para empurrar os lados do cubo.
2. De maneira semelhante, duas tensões de cisalhamento podem atuar em qualquer face, perpendicularmente uma à outra.
   a. Observe que cada tensão de cisalhamento em determinada face tem uma contrapartida igual na face oposta paralela para criar a ação de cisalhamento.
   b. Os pares de tensões de cisalhamento que atuam em faces perpendiculares são numericamente iguais, mas agem em direções opostas, de modo a manter o equilíbrio.
   c. Somente as tensões de cisalhamento nas faces visíveis estão indicadas na figura.

Desse modo, o conjunto de tensões possíveis que atuam no elemento é:

Tensões normais: $\qquad \sigma_x \qquad \sigma_y \qquad \sigma_z$

Tensões de cisalhamento: τ_{xy} e τ_{yx}, τ_{xz} e τ_{zx}, τ_{yz} e τ_{zy}

Os valores dessas tensões são mais comumente determinados a partir da análise de elementos finitos. Uma vez que a derivação não é apresentada aqui, as três tensões principais, σ_1, σ_2 e σ_3, podem ser estabelecidas. Elas são ordenadas por magnitude, como $\sigma_1 > \sigma_2 > \sigma_3$. Então, a tensão de von Mises para o carregamento triaxial pode ser demonstrada como:

$$\sigma' = (\sqrt{2}/2)[\sqrt{(\sigma_2 - \sigma_1)^2 + (\sigma_3 - \sigma_1)^2 + (\sigma_3 - \sigma_2)^2}]$$
$$(4.9)$$

Mais uma vez, para o carregamento estático, a falha é prevista quando $\sigma' > s_y$.

4.4 CÍRCULO DE MOHR

O processo para calcular as tensões principais e a máxima de cisalhamento mostrado no Exemplo 4.1 pode parecer um pouco abstrato. Esses mesmos resultados podem ser obtidos por meio do uso de um método chamado *círculo de Mohr*, que será discutido a seguir. Ele utiliza a combinação de um auxílio gráfico e de cálculos simples. Com a prática, o uso do círculo de Mohr deve oferecer a você uma sensação mais intuitiva das variações na tensão que existem em um ponto em relação ao ângulo de orientação do elemento de tensão. Além disso, ele fornece uma abordagem simplificada para determinar a condição de tensão em qualquer plano de interesse. Como muitos termos e sinais são envolvidos, e muitos cálculos são exigidos para estabelecer as tensões principais e a máxima de cisalhamento, existe uma probabilidade bem alta de erro. O uso do auxílio gráfico e do círculo de Mohr ajuda a minimizar erros e proporciona uma "sensação" melhor para a condição de tensão no ponto de interesse.

Depois que o círculo de Mohr for construído, ele pode ser empregado para determinar:

1. As tensões principais máxima e mínima e as direções nas quais elas atuam.
2. As tensões máximas de cisalhamento e a orientação dos planos nos quais elas atuam.
3. O valor das tensões normais que agem nos planos em que as tensões máximas de cisalhamento atuam.
4. Os valores das tensões normal e de cisalhamento que atuam sobre um elemento com qualquer orientação.

Os dados necessários para construir o círculo de Mohr são, é claro, os mesmos que aqueles exigidos a fim de calcular os valores anteriores, porque a abordagem gráfica é uma analogia exata aos cálculos.

Se são conhecidas as tensões normal e de cisalhamento que atuam em quaisquer dois planos mutuamente perpendiculares de um elemento, o círculo pode ser construído e qualquer um dos itens 1 a 4, determinados.

O círculo de Mohr é, na verdade, uma rede de combinações de tensões normais e de cisalhamento que existe em um elemento de tensão para todos os ângulos possíveis de orientação do elemento. Esse método é particularmente valioso no trabalho de análise de tensão experimental porque os resultados obtidos de muitos tipos de técnica de instrumentação de escala de deformação padrão proporcionam as entradas necessárias para a criação do círculo de Mohr. (Veja a Referência 1.) Quando as tensões principais e a máxima de cisalhamento são conhecidas, o projeto completo e a análise podem ser feitos por meio da utilização de várias teorias de falhas discutidas no Capítulo 5.

Procedimento para construção do círculo de Mohr

1. Realize a análise de tensão para determinar as magnitudes e direções das tensões normal e de cisalhamento que atuam no ponto de interesse.
2. Desenhe o elemento de tensão no ponto de interesse, como demonstrado na Figura 4.13(a). As tensões normais em quaisquer dois planos mutuamente perpendiculares são desenhadas com tensões de tração positivas, projetadas para fora a partir do elemento. Tensões compressivas são negativas, direcionadas para dentro, na face. Observe que as *resultantes* de todas as tensões normais que atuam nas direções escolhidas são assinaladas. As tensões de cisalhamento são consideradas positivas se elas tendem a rotacionar o elemento em sentido *horário* (hor); caso contrário, são tidas como negativas.

   Observe que no elemento de tensão ilustrado, σ_x é positiva e σ_y é negativa, τ_{xy} é positiva e τ_{yx} é negativa. Essa atribuição é arbitrária, com propósito ilustrativo. Em geral, qualquer combinação de valores positivos e negativos poderia existir.
3. Vá à Figura 4.13(b). Monte um sistema coordenado retangular no qual um eixo horizontal positivo representa tensões normais (de tração) positivas, e o eixo vertical positivo, tensões de cisalhamento (em sentido horário) positivas. Assim, o plano criado será referido como o *plano σ-τ*.

(a) Elemento de tensão

(b) Círculo de Mohr parcialmente completo

$R = \sqrt{a^2 + b^2}$
$a = \sigma_x - \sigma_{méd}$
$b = \tau_{xy}$

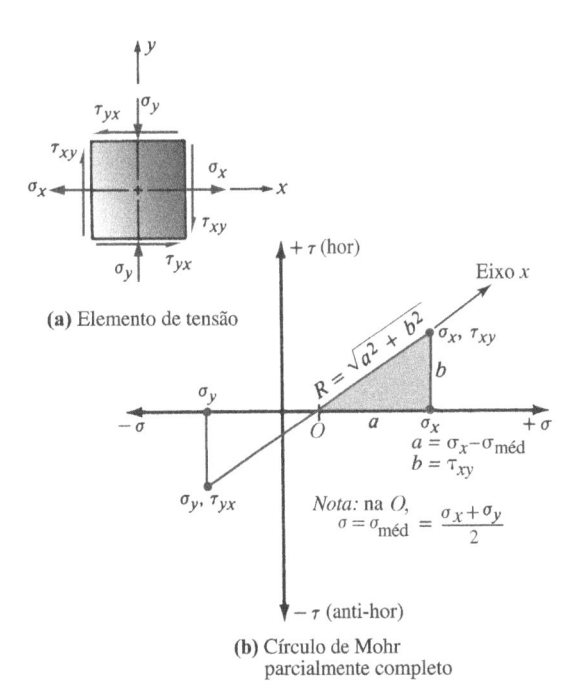

Nota: na O, $\sigma = \sigma_{méd} = \dfrac{\sigma_x + \sigma_y}{2}$

▲ **FIGURA 4.13** Círculo de Mohr parcialmente completo, Passos 1 a 7.

4. Os pontos assinalados no plano σ-τ correspondem às tensões que atuam nas faces do elemento de tensão. Se o elemento é desenhado no plano x–y, os dois pontos a serem assinalados são σ_x, τ_{xy} e σ_y, τ_{yx}. Eles estão no círculo de Mohr.

5. Desenhe a linha que conecta os dois pontos. O resultado cruza o eixo σ no centro do círculo de Mohr, na média de duas tensões normais aplicadas, onde:

$$\sigma_{méd} = (\sigma_x + \sigma_y)/2$$

O centro do círculo de Mohr é chamado de O na Figura 4.13.

6. Agora, é importante observar que a linha a partir do centro do círculo de Mohr, em O, e através do primeiro ponto assinalado, (σ_x, τ_{xy}), representa o eixo x a partir do elemento de tensão original. **Desenhe e indique uma extensão dessa linha neste momento.** A direção dessa linha corresponde, é claro, a uma conhecida no verdadeiro componente a ser analisado. Ângulos de rotação para o elemento de tensão postulado e o elemento de tensão máxima de cisalhamento, determinados nos Passos 11 a 14 a seguir, neste processo, serão medidos a partir do eixo x.

7. Observe na Figura 4.13 que um triângulo retângulo foi formado, com os lados a, b e R, onde:

$$R = \sqrt{a^2 + b^2}$$

Ao inspecioná-los, podemos ver que:

$$a = \sigma_x - \sigma_{méd}$$
$$b = \tau_{xy}$$

Calcule também o ângulo α do triângulo, entre as linhas a e R. Você pode ver que:

$$\alpha = tg^{-1}(b/a) \quad \text{ou} \quad \alpha = sen^{-1}(b/R)$$

Agora podemos dar prosseguimento à construção do círculo.

8. Desenhe o círculo completo com o centro em O e o raio de R, como demonstrado na Figura 4.14.

9. Determine σ_1, a tensão principal máxima, no ponto em que o círculo cruza o eixo σ à direita. Observe que $\sigma_1 = \sigma_{méd} + R$. Como o círculo de Mohr representa um traçado de todas as combinações possíveis de tensões normal e de cisalhamento no elemento para qualquer ângulo de orientação, é lógico que σ_1 permaneça na extremidade direita do diâmetro horizontal.

10. Determine σ_2, a tensão principal mínima, na extremidade esquerda do diâmetro horizontal. Observe que $\sigma_2 = \sigma_{méd} - R$.

11. Determine $\tau_{máx}$, a tensão máxima de cisalhamento, na extremidade superior do diâmetro vertical do círculo.

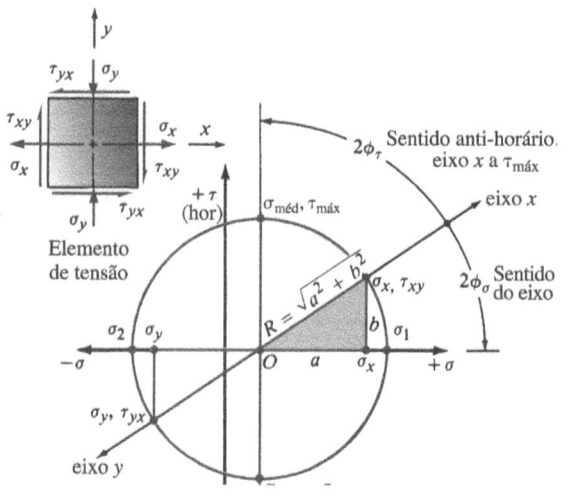

▲ **FIGURA 4.14** Círculo de Mohr completo, Passos 8 a 14.

É possível observar que $\tau_{máx} = R$, o raio do círculo. Note, ainda, que as coordenadas para o ponto na parte superior do círculo são ($\sigma_{méd}$, $\tau_{máx}$).

Neste ponto do processo, é importante perceber que os ângulos no círculo de Mohr são, na verdade, o dobro dos ângulos verdadeiros.

Os passos seguintes definem o método geral para determinar os ângulos de orientação do elemento de tensão principal e a tensão máxima de cisalhamento em relação ao eixo original x, indicado no Passo 6 e mostrado na Figura 4.14. Agora podemos observar que a linha do centro do círculo ao segundo ponto assinalado (σ_y, τ_{yx}) representa o eixo y a partir do elemento de tensão original. Os eixos x e y, é claro, estão afastados em 90°, ao passo que estão afastados em 180° no círculo de Mohr, ilustrando o fenômeno do ângulo duplo.

12. Determine o ângulo chamado de $2\varphi_\sigma$, medido sempre **a partir do eixo x até o eixo σ, e observe a direção — tanto horária quanto anti-horária.** No *problema atual*, podemos observar que $2\varphi_\sigma = \alpha$, o ângulo estabelecido no Passo 7, e a rotação é horária. **Entretanto, em outros problemas, o ângulo deve ser calculado a partir da geometria do círculo.** (Isso está ilustrado nos exemplos a seguir.) Agora calcule $\varphi_\sigma = 2\varphi_\sigma/2$.

13. Desenhe o *elemento de tensão principal*, como demonstrado na Figura 4.15(b). Na Parte (a) da figura, reproduzimos o *elemento de tensão original* para indicar a direção do eixo x e esboçamos um novo elemento em relação ao eixo no ângulo de φ_σ. O novo elemento deve ser rotacionado na mesma direção, horária ou anti-horária, como observado no Passo 12.

   a. Na face do elemento definido a partir da rotação, desenhe o vetor σ_1.

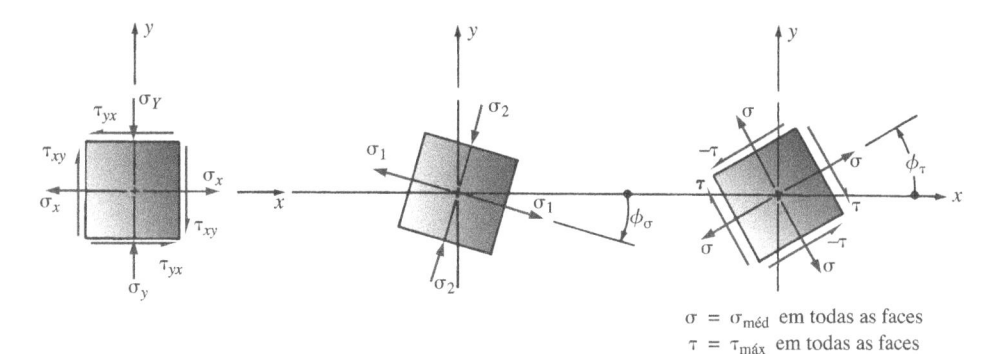

(a) Elemento de tensão original (b) Elemento de tensão principal (c) Elemento de tensão máxima de cisalhamento

$\sigma = \sigma_{méd}$ em todas as faces
$\tau = \tau_{máx}$ em todas as faces

▲ **FIGURA 4.15** Representação dos resultados a partir do círculo de Mohr.

b. Então, mostre o vetor σ_1 que atua na face paralela oposta, no sentido oposto, para indicar a tensão de tração ou compressão.

c. Desenhe dois vetores σ_2 nas outras faces perpendiculares, no sentido adequado.

d. Observe que, **no elemento de tensão principal, a tensão de cisalhamento é sempre zero**. Isso fica evidente a partir do círculo de Mohr, no qual as coordenadas das tensões principais são sempre (σ_1, 0) e (σ_2, 0), indicando a tensão de cisalhamento zero.

14. Determine o ângulo chamado de $2\varphi_\tau$, medido sempre **do eixo x ao eixo $\tau_{máx}$, e observe a direção — tanto horária quanto anti-horária**. No *problema atual*, podemos observar que $2\varphi_\tau = 90° - \alpha$, o ângulo estabelecido no Passo 7, e que a rotação é anti-horária. **Entretanto, em outros problemas, o ângulo deve ser definido a partir da geometria do círculo**. Agora calcule $\varphi_\tau = 2\varphi_\tau/2$.

15. Desenhe o *elemento de tensão máxima de cisalhamento*, como demonstrado na Figura 4.15(c). Aqui, esboçamos um novo elemento em relação ao eixo x no ângulo de φ_τ. Esse novo elemento deve ser rotacionado em direção horária ou anti-horária, conforme observado no Passo 14.

a. Na face do elemento encontrado a partir da rotação, desenhe o vetor $\tau_{máx}$.

b. Então, mostre o vetor $\tau_{máx}$ que atua na face paralela oposta, no sentido oposto, para indicar a tensão de cisalhamento.

c. Desenhe dois vetores $-\tau_{máx}$ nas outras faces perpendiculares. A combinação de todos os quatro vetores de cisalhamento deve indicar equilíbrio do elemento.

d. Observe que, **no elemento de tensão máxima de cisalhamento, a tensão normal média atua em todas as quatro faces**. Isso fica evidente a partir do círculo de Mohr, no qual as coordenadas da tensão máxima de cisalhamento são sempre ($\sigma_{méd}$, $\tau_{máx}$) e, para a tensão mínima de cisalhamento, são sempre ($\sigma_{méd}$, $-\tau_{máx}$).

16. O passo final no processo de elaboração do círculo de Mohr é resumir os resultados básicos, normalmente: σ_1, σ_2, $\tau_{máx}$, $\sigma_{méd}$, φ_σ e φ_τ.

Agora vamos ilustrar a construção do círculo de Mohr por meio do uso dos mesmos dados do Exemplo 4.1, no qual as tensões principais e a tensão máxima de cisalhamento foram calculadas diretamente a partir das equações.

EXEMPLO 4.2

O eixo mostrado na Figura 4.7 é apoiado por dois rolamentos e carrega duas roldanas com correias em V. As tensões nas correias exercem forças horizontais no eixo, tendendo a flexioná-lo no plano *x–z*. A roldana *B* realiza um torque em sentido horário no eixo, quando visto na direção da origem do sistema de coordenadas ao longo do eixo *x*. A roldana *C* faz um torque igual, mas oposto no eixo. Para a condição de carregamento mostrada, determine as tensões principais e a máxima de cisalhamento no elemento *K* na superfície frontal do eixo (no lado *z* positivo), logo à direita da roldana *B*. Utilize o procedimento para construção do círculo de Mohr nesta seção.

SOLUÇÃO

Objetivo Determine as tensões principais e as tensões máximas de cisalhamento no elemento K.

Dados Padrão de carregamento e eixo mostrados na Figura 4.7.

Análise Utilize o *Procedimento para construção do círculo de Mohr*. Alguns resultados intermediários serão obtidos a partir da solução do Exemplo 4.1 e das figuras 4.7, 4.8 e 4.9.

Resultados *Passos 1 e 2.* A análise de tensão do carregamento determinado foi concluída no Exemplo 4.1. A Figura 4.16 é idêntica à Figura 4.9 e representa os resultados do Passo 2 do procedimento do círculo de Mohr, o elemento de tensão original.

Passos 3-6. A Figura 4.17 mostra os resultados. O primeiro ponto assinalado foi:

$$\sigma_x = 8030 \text{ psi}, \tau_{xy} = 2870 \text{ psi}$$

O segundo ponto foi assinalado em:

$$\sigma_y = 0 \text{ psi}, \tau_{yx} = -2870 \text{ psi}$$

Então, uma linha foi desenhada entre eles, cruzando o eixo σ em O. O valor da tensão em O é:

$$\sigma_{méd} = (\sigma_x + \sigma_y)/2 = (8030 + 0)/2 = 4015 \text{ psi}$$

Prolongue a linha através do ponto (σ_x, τ_{xy}) e a indique no eixo x.

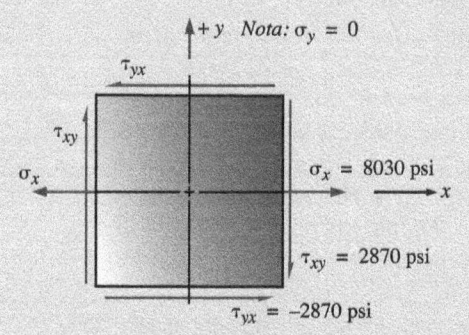

▲ **FIGURA 4.16** Tensões no elemento K.

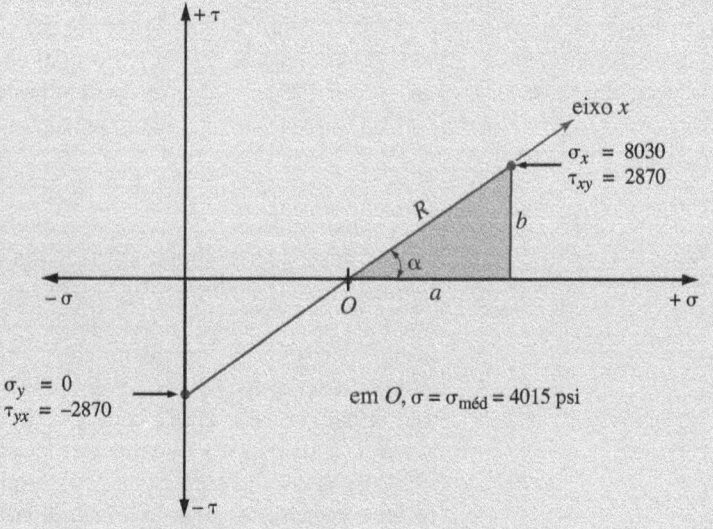

▲ **FIGURA 4.17** Círculo de Mohr parcialmente completo.

Passo 7. Calculamos os valores para a, b e R a partir de:

$$a = (\sigma_x - \sigma_{méd}) = (8030 - 4018) = 4015 \text{ psi}$$
$$b = \tau_{xy} = 2870 \text{ psi}$$
$$R = \sqrt{a^2 + b^2} = \sqrt{(4015)^2 + (2870)^2} = 4935 \text{ psi}$$

Passo 8. A Figura 4.18 mostra o círculo de Mohr completo. Ele tem seu centro em O e raio R. Observe que o círculo passa através de dois pontos originalmente assinalados. Isso deve ser assim porque o círculo representa todos os estados possíveis de tensão no elemento K.

Passo 9. A tensão principal máxima está no lado direito do círculo.

$$\sigma_1 = \sigma_{méd} + R$$
$$\sigma_1 = 4015 + 4935 = 8950 \text{ psi}$$

Passo 10. A tensão principal mínima está no lado esquerdo do círculo.

$$\sigma_2 = \sigma_{méd} - R$$
$$\sigma_2 = 4015 - 4935 = -920 \text{ psi}$$

Passo 11. Na parte superior do círculo:

$$\sigma = \sigma_{méd} = 4015 \text{ psi}$$
$$\tau = \tau_{máx} = R = 4935 \text{ psi}$$

O valor da tensão normal no elemento que carrega a tensão máxima de cisalhamento é o mesmo da coordenada de O, o centro do círculo.

Passo 12. Calcule os ângulos α, $2\phi_\sigma$ e, então, ϕ_σ. Utilize o círculo como um guia.

$$\alpha = 2\phi_\sigma = \text{arctg}\,(b/a) = \text{arctg}\,(2870/4015) = 35{,}6°$$
$$\phi_\sigma = 35{,}6°/2 = 17{,}8°$$

Observe que ϕ_σ deve ser medido em direção *horária* a partir do eixo x original até a linha de ação de σ_1 para esse conjunto de dados. O elemento de tensão principal será rotacionado no mesmo sentido, como parte do Passo 13.

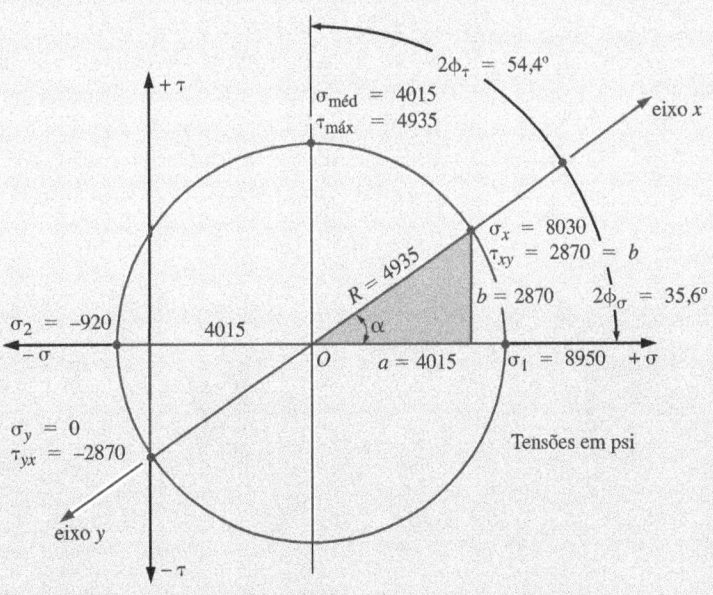

▲ **FIGURA 4.18** Círculo de Mohr completo.

Passo 13. Veja a Figura 4.19, em que o elemento de tensão original foi reproduzido. Agora desenhe o elemento de tensão principal à direita (Parte (b) da Figura). Rotacione o elemento 17,8° em sentido *horário* a partir do eixo x, como demonstrado. Então, esboce os vetores para a tensão principal máxima, $\sigma_1 = 8950$ psi (tração), naquela face e em uma oposta. Finalize o elemento desenhando vetores de $\sigma_2 = -920$ psi (compressão) nas outras duas faces. Indique-o, como mostrado na figura.

Passo 14. Calcule o ângulo $2\phi_\tau$ e, então, ϕ_τ. A partir do círculo vemos que:

$$2\phi_\tau = 90° - \alpha = 90° - 35,6° = 54,4°$$

$$\phi_\tau = 54,4°/2 = 27,2°$$

Observe que o elemento de tensão no qual a tensão máxima de cisalhamento atua deve ser rotacionado em sentido *anti-horário* a partir da orientação do elemento original para esse conjunto de dados.

Passo 15. Na Figura 4.19, desenhamos o elemento de tensão máxima de cisalhamento à direita do elemento de tensão principal. Ele é rotacionado em sentido *anti-horário*, 27,2° a partir do eixo x.

a. Nessa face mostramos a tensão máxima de cisalhamento positiva, $\tau_{máx} = 4935$ psi.
b. Então, concluímos $\tau_{máx}$ desenhando um vetor de tensão de cisalhamento igual na face oposta, atuando na direção oposta, de modo que os dois vetores tendem a rotacionar o elemento em sentido horário, indicando uma tensão de cisalhamento positiva.
c. Podemos desenhar os dois vetores que compõem $-\tau_{máx}$ nas outras duas faces. O conjunto de quatro vetores agora coloca o elemento em equilíbrio rotacional.
d. O elemento é concluído por meio do desenho de quatro vetores iguais, $\sigma_{méd}$, em todas as quatro faces dele.

Passo 16. Resumo dos resultados:
- Tensão principal máxima = $\sigma_1 = 8950$ psi — tensão
- Tensão principal mínima = $\sigma_2 = -920$ psi — compressão
- Tensão máxima de cisalhamento = $\tau_{máx} = 4935$ psi
- Ângulo de rotação do elemento de tensão principal = $\varphi_\sigma = 17,8°$ em sentido horário, abaixo do eixo x
- Ângulo de rotação do elemento de tensão máxima de cisalhamento = $\sigma_\tau = 27,2°$ em sentido anti-horário, abaixo do eixo x
- A Figura 4.19 mostra os elementos de tensão resultantes. Eles são idênticos àqueles indicados na Figura 4.11 a partir dos cálculos manuais realizados no Exemplo 4.1.

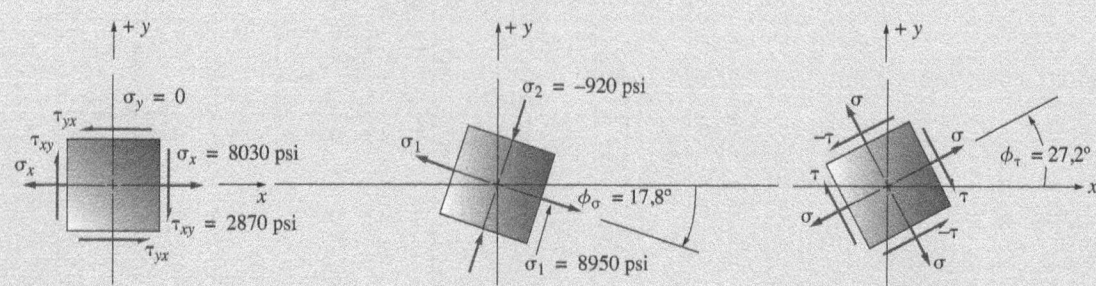

(a) Elemento de tensão original, K, da Figura 4.7   (b) Elemento de tensão principal   (c) Elemento de tensão máxima de cisalhamento

FIGURA 4.19 Resultados a partir da análise do círculo de Mohr.

4.5 PROBLEMAS PRÁTICOS RELACIONADOS AO CÍRCULO DE MOHR

Para uma pessoa que esteja vendo a construção do círculo de Mohr pela primeira vez, ela pode parecer extensa e complicada. Contudo, com prática e sob uma variedade de combinações de tensões normal e de cisalhamento, você deve ser capaz de executar os 16 passos de maneira rápida e precisa.

A Tabela 4.1 fornece quatro conjuntos de dados (exemplos 4.3 a 4.6) de tensões normal e de cisalhamento no plano x–y. Recomendamos que você complete o círculo de Mohr para cada um antes de olhar as soluções nas figuras 4.20 a 4.23. A partir do círculo, determine as duas tensões principais, a tensão máxima de cisalhamento e os planos nos quais essas tensões atuam. Então desenhe o elemento de tensão determinado, o de tensão principal e o de tensão máxima de cisalhamento, todos orientados apropriadamente em relação às direções x e y. Observe que cada problema resulta no eixo x em um diferente quadrante.

▼ **TABELA 4.1** Problemas práticos do círculo de Mohr.

Exemplo	Eixo x	σ_x	σ_y	τ_{xy}	Fig. nº
4.3	1º quadrante	+10,0 ksi	+4,0 ksi	+5,0 ksi	4.20
4.4	2º quadrante	−80 MPa	+20 MPa	+50 MPa	4.21
4.5	3º quadrante	−80 MPa	+20 MPa	−50 MPa	4.22
4.6	4º quadrante	+10,0 ksi	−2,0 ksi	−4,0 ksi	4.23

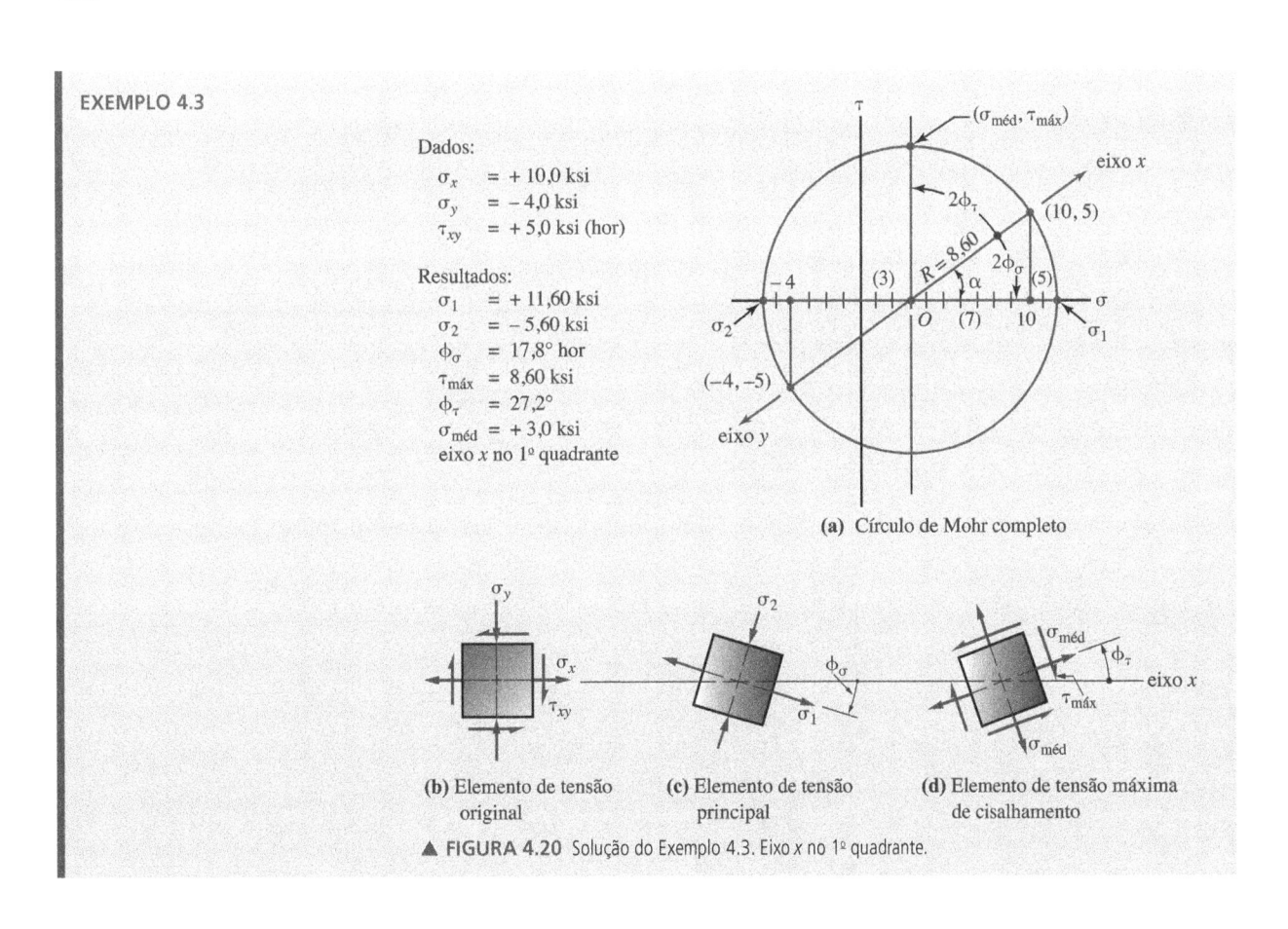

EXEMPLO 4.3

Dados:
$\sigma_x = +10,0$ ksi
$\sigma_y = -4,0$ ksi
$\tau_{xy} = +5,0$ ksi (hor)

Resultados:
$\sigma_1 = +11,60$ ksi
$\sigma_2 = -5,60$ ksi
$\phi_\sigma = 17,8°$ hor
$\tau_{máx} = 8,60$ ksi
$\phi_\tau = 27,2°$
$\sigma_{méd} = +3,0$ ksi
eixo x no 1º quadrante

(a) Círculo de Mohr completo

(b) Elemento de tensão original

(c) Elemento de tensão principal

(d) Elemento de tensão máxima de cisalhamento

▲ **FIGURA 4.20** Solução do Exemplo 4.3. Eixo x no 1º quadrante.

EXEMPLO 4.4

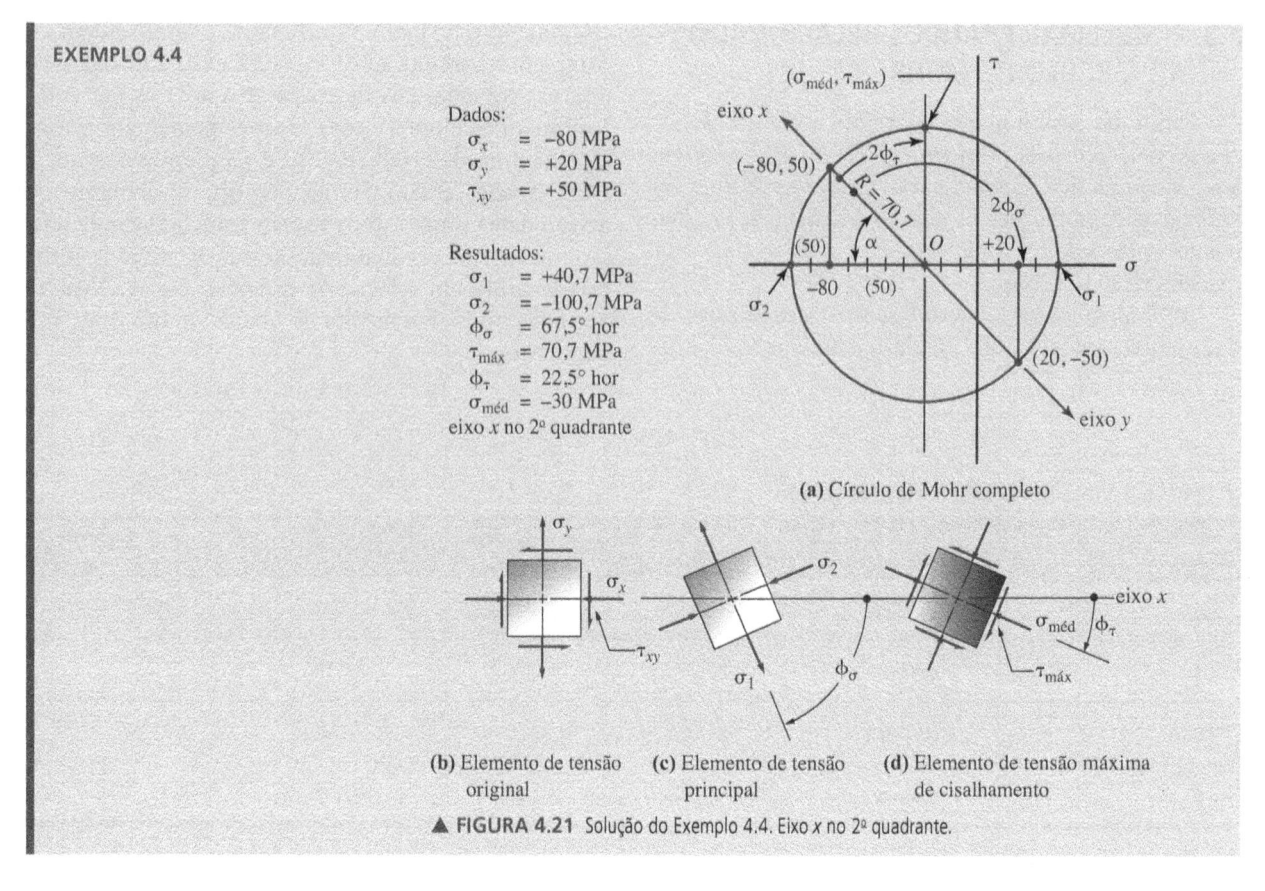

Dados:
$\sigma_x = -80$ MPa
$\sigma_y = +20$ MPa
$\tau_{xy} = +50$ MPa

Resultados:
$\sigma_1 = +40{,}7$ MPa
$\sigma_2 = -100{,}7$ MPa
$\phi_\sigma = 67{,}5°$ hor
$\tau_{máx} = 70{,}7$ MPa
$\phi_\tau = 22{,}5°$ hor
$\sigma_{méd} = -30$ MPa
eixo x no 2º quadrante

(a) Círculo de Mohr completo

(b) Elemento de tensão original **(c)** Elemento de tensão principal **(d)** Elemento de tensão máxima de cisalhamento

▲ **FIGURA 4.21** Solução do Exemplo 4.4. Eixo x no 2º quadrante.

EXEMPLO 4.5

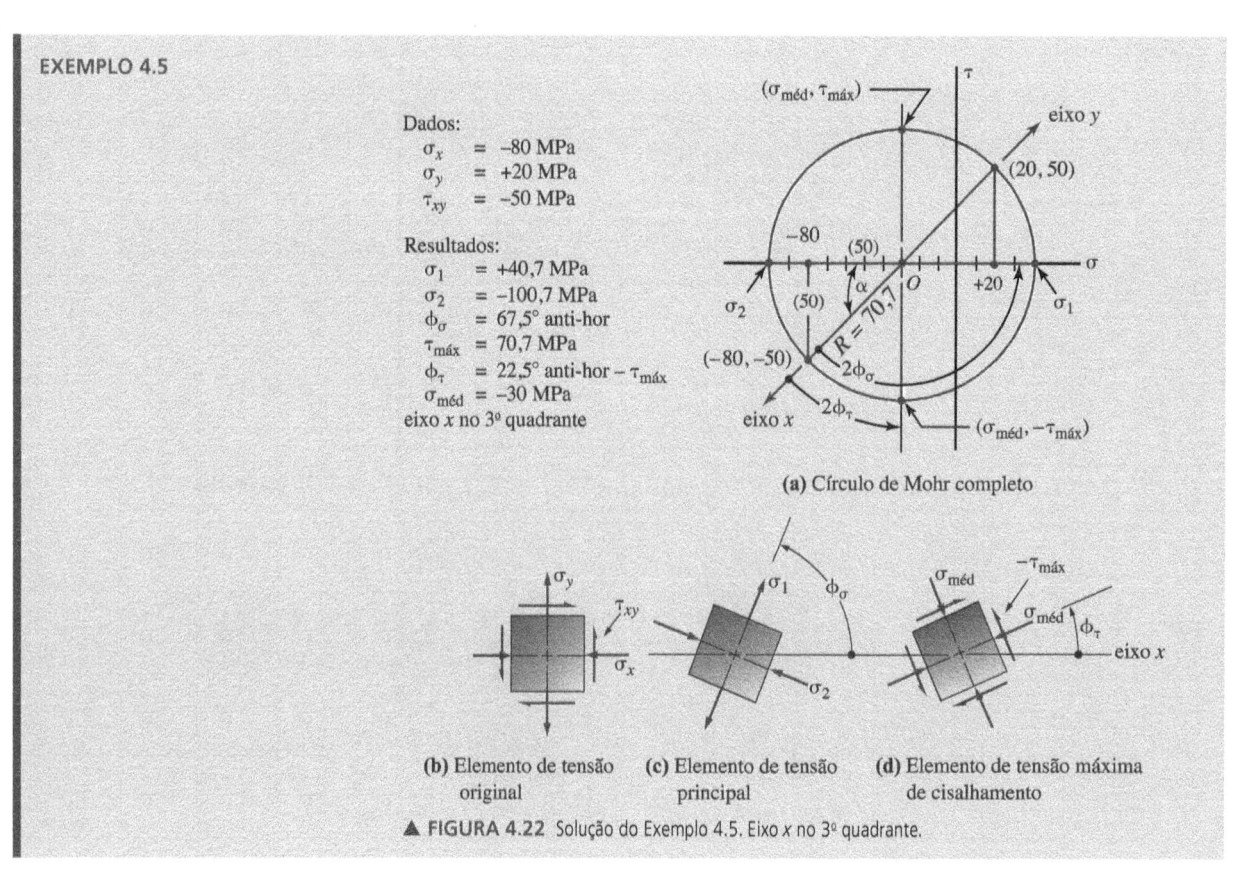

Dados:
$\sigma_x = -80$ MPa
$\sigma_y = +20$ MPa
$\tau_{xy} = -50$ MPa

Resultados:
$\sigma_1 = +40{,}7$ MPa
$\sigma_2 = -100{,}7$ MPa
$\phi_\sigma = 67{,}5°$ anti-hor
$\tau_{máx} = 70{,}7$ MPa
$\phi_\tau = 22{,}5°$ anti-hor $-\tau_{máx}$
$\sigma_{méd} = -30$ MPa
eixo x no 3º quadrante

(a) Círculo de Mohr completo

(b) Elemento de tensão original **(c)** Elemento de tensão principal **(d)** Elemento de tensão máxima de cisalhamento

▲ **FIGURA 4.22** Solução do Exemplo 4.5. Eixo x no 3º quadrante.

EXEMPLO 4.6

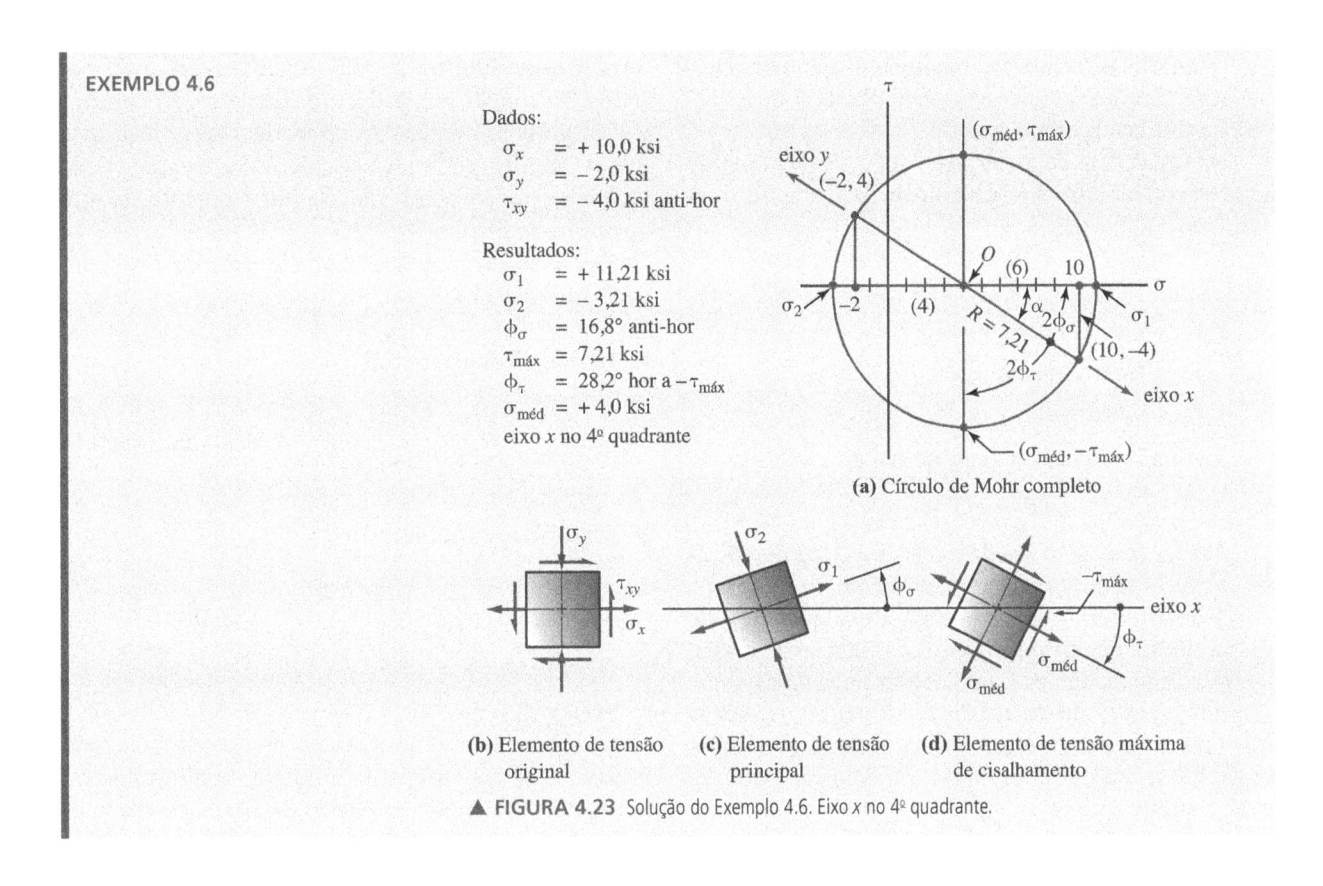

Dados:
$\sigma_x = +10{,}0$ ksi
$\sigma_y = -2{,}0$ ksi
$\tau_{xy} = -4{,}0$ ksi anti-hor

Resultados:
$\sigma_1 = +11{,}21$ ksi
$\sigma_2 = -3{,}21$ ksi
$\phi_\sigma = 16{,}8°$ anti-hor
$\tau_{máx} = 7{,}21$ ksi
$\phi_\tau = 28{,}2°$ hor a $-\tau_{máx}$
$\sigma_{méd} = +4{,}0$ ksi
eixo x no 4º quadrante

(a) Círculo de Mohr completo

(b) Elemento de tensão original
(c) Elemento de tensão principal
(d) Elemento de tensão máxima de cisalhamento

▲ **FIGURA 4.23** Solução do Exemplo 4.6. Eixo x no 4º quadrante.

4.6 CASOS EM QUE AS DUAS PRINCIPAIS TENSÕES TÊM O MESMO SINAL

Lembre-se de que todos os problemas apresentados até agora foram de tensão plana, também chamados de problemas de *tensão biaxial*, porque as tensões estão atuando somente em duas direções em um plano. Obviamente, verdadeiros membros sob carregamento são objetos tridimensionais. A suposição aqui é a de que, se nenhuma tensão é determinada na terceira direção, ela é zero. Na maioria dos casos, as soluções dadas irão produzir a real tensão máxima de cisalhamento, juntamente às duas principais para os planos determinados. Isso sempre será verdade se as duas tensões principais tiverem sinais opostos, isto é, se uma for de tração e a outra, de compressão.

A verdadeira tensão máxima de cisalhamento no elemento não será estabelecida se as duas principais tiverem o mesmo sinal. Nesse caso, você deve levar em conta a questão tridimensional.

Exemplos habituais de produtos verdadeiros nos quais as duas tensões principais têm o mesmo sinal são formas diversas de vasos de pressão. Um cilindro hidráulico com extremidades fechadas contém fluidos sob alta pressão que tendem a estourar as paredes dele. Na resistência de materiais, você aprendeu que as superfícies externas das paredes de tais cilindros são submetidas a tensões de tração em duas direções: (1) tangencialmente à sua circunferência e (2) axialmente, paralelas ao eixo do cilindro. A tensão perpendicular à parede na superfície externa é zero.

A Figura 4.24 mostra a condição de tensão em um elemento de superfície do cilindro. A tensão tangencial, também chamada de *tensão circunferencial*, está alinhada com a direção x indicada como σ_x.

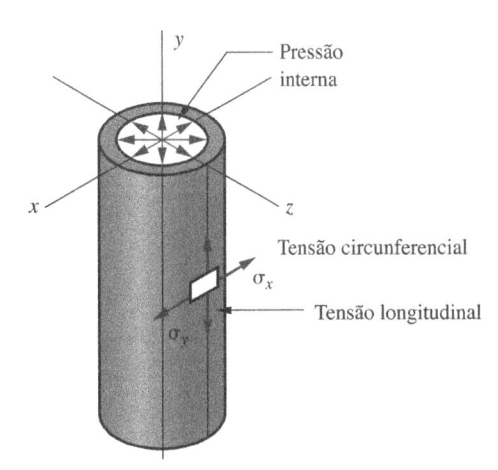

▲ **FIGURA 4.24** Cilindro de parede fina submetido a pressão com suas extremidades fechadas.

A tensão direcionada axialmente, também chamada de *tensão longitudinal*, atua alinhada com a direção y e é indicada como σ_y.

Na resistência de materiais, você aprendeu que, se a parede do cilindro é relativamente fina, a tensão circunferencial máxima é:

$$\sigma_x = pD/2t$$

onde p = pressão interna no cilindro

D = diâmetro do cilindro

t = espessura da parede do cilindro

Além disso, a tensão longitudinal é:

$$\sigma_y = pD/4t$$

Ambas as tensões são de tração, e a circunferencial é duas vezes maior do que a longitudinal.

A análise seria semelhante para qualquer tipo de vaso cilíndrico de parede fina que carrega uma pressão interna: tanques de armazenamento para gases comprimidos, canos que carregam fluidos em movimento sob pressão e a conhecida lata de bebida que libera pressão interior em um estouro, quando sua parte de cima é aberta.

Vamos utilizar o cilindro hidráulico como um exemplo para ilustrar o uso especial do círculo de Mohr, quando as duas tensões principais têm o mesmo sinal. Considere que a Figura 4.24 mostra um cilindro com extremidades fechadas que carregam uma pressão interna de 500 psi. A espessura da parede é t = 0,080 polegada, e o diâmetro do cilindro é D = 4,00 polegadas. A razão de D/t = 50 indica que o cilindro pode ser considerado de parede fina. Qualquer razão acima de 20 normalmente denota uma parede fina.

As tensões circunferencial e longitudinal calculadas na parede são:

▶ **Tensão circunferencial**

$$\sigma_x = \frac{pD}{2t} = \frac{(500 \text{ psi})(4,0 \text{ pol})}{(2)(0,080 \text{ pol})} = 12500 \text{ psi (tensão)}$$

▶ **Tensão longitudinal**

$$\sigma_y = \frac{pD}{4t} = \frac{(500 \text{ psi})(4,0 \text{ pol})}{(4)(0,080 \text{ pol})} = 6250 \text{ psi (tensão)}$$

Não há tensões de cisalhamento aplicadas nas direções x e y.

A Figura 4.25(a) mostra o elemento de tensão para o plano x–y, e a Parte (b), o círculo de Mohr correspondente. Como não há tensão de cisalhamento aplicada, σ_x e σ_y são as tensões principais para o plano. O círculo iria prever que a tensão máxima de cisalhamento seria igual ao raio dele, 3125 psi.

Observe a Parte (c) da figura. Poderíamos ter escolhido o plano x–z para análise, em vez do x–y.

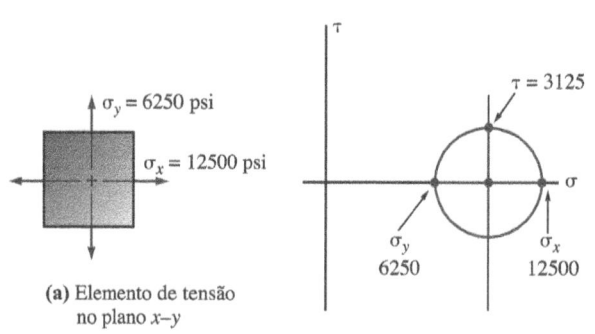

(a) Elemento de tensão no plano x–y

(b) Círculo de Mohr para o plano x–y

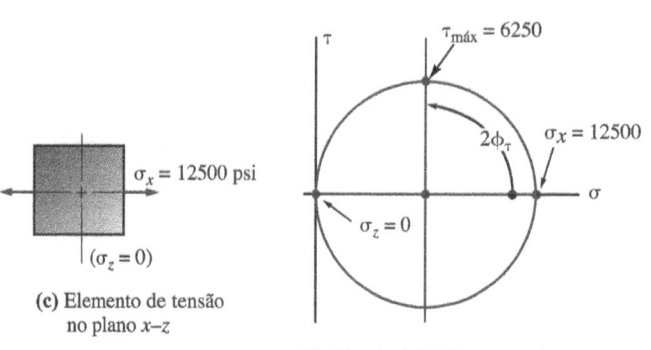

(c) Elemento de tensão no plano x–z

(d) Círculo de Mohr para o plano x–z

▲ **FIGURA 4.25** Análise de tensão de um cilindro de parede fina.

A tensão na direção z é zero porque ela é perpendicular à face livre do elemento. Do mesmo modo, não há tensões de cisalhamento nessa face. O círculo de Mohr para esse plano é mostrado na Parte (d) da figura. A tensão máxima de cisalhamento é igual ao raio do círculo, 6250 psi, ou *duas vezes* mais, como seria previsto a partir do plano x–y. Essa abordagem deveria ser usada a qualquer momento em que as duas principais tensões em um problema de tensão biaxial tenham o mesmo sinal.

Em resumo, em um elemento de tensão tridimensional geral, haverá uma orientação dele sem tensões de cisalhamento atuando. As tensões normais nas três faces perpendiculares são, portanto, as três principais. Se chamarmos essas tensões de σ_1, σ_2 e σ_3, tomando o cuidado de ordená-las como $\sigma_1 > \sigma_2 > \sigma_3$, então a tensão máxima de cisalhamento no elemento sempre será:

$$\tau_{máx} = \frac{\sigma_1 - \sigma_3}{2}$$

A Figura 4.26 mostra o elemento tridimensional. Para o cilindro da Figura 4.24, podemos concluir que:

$\sigma_1 = \sigma_x = 12500$ psi

$\sigma_2 = \sigma_y = 6250$ psi

$\sigma_3 = \sigma_z = 0$

$\tau_{máx} = (\sigma_1 - \sigma_3)/2 = (12500 - 0)/2 = 6250$ psi

A Figura 4.27 mostra dois exemplos adicionais nos quais as duas tensões principais no plano determinado têm o mesmo sinal. Então, a tensão zero na terceira direção é adicionada ao gráfico, e o novo círculo de Mohr é superimposto no original. Isso serve para ilustrar que a tensão máxima de cisalhamento ocorrerá no círculo de Mohr que tem o raio mais amplo.

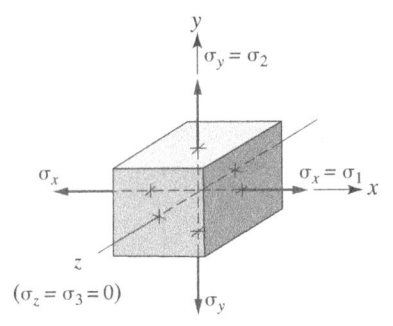

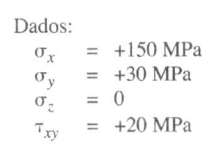

▲ **FIGURA 4.26** Elemento de tensão tridimensional.

Dados:
σ_x = +150 MPa
σ_y = +30 MPa
σ_z = 0
τ_{xy} = +20 MPa

Resultados:
σ_1 = 153,2 MPa
σ_2 = 26,8 MPa
σ_3 = 0
$\tau_{máx}$ = 76,6 MPa

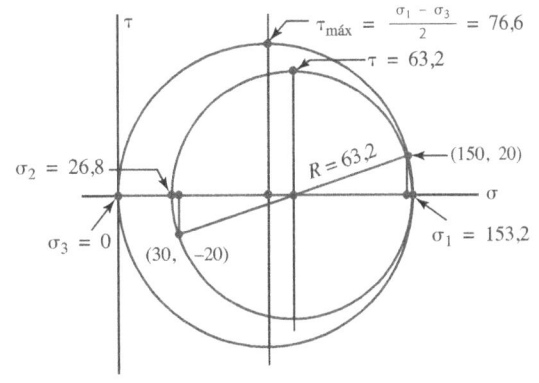

(a) σ_x e σ_y, ambas positivas

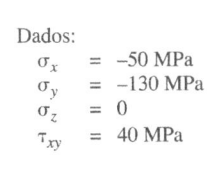

Dados:
σ_x = −50 MPa
σ_y = −130 MPa
σ_z = 0
τ_{xy} = 40 MPa

Resultados:
σ_1 = 0
σ_2 = −33,4 MPa
σ_3 = −146,6 MPa
$\tau_{máx}$ = 73,3 MPa

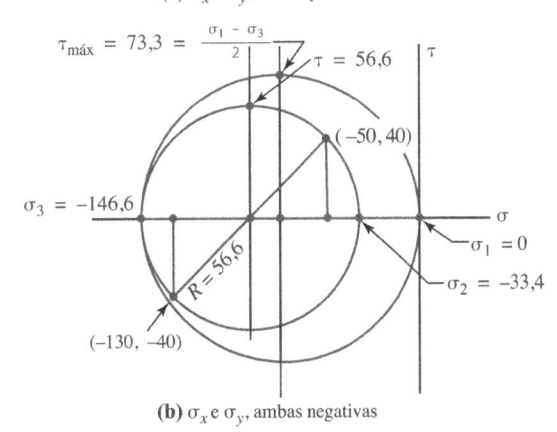

(b) σ_x e σ_y, ambas negativas

▲ **FIGURA 4.27** Círculo de Mohr para casos em que as duas tensões principais têm o mesmo sinal.

4.7 CÍRCULO DE MOHR EM CONDIÇÕES ESPECIAIS DE TENSÃO

O círculo de Mohr é utilizado aqui para demonstrar a relação entre as tensões aplicadas, as principais e a máxima de cisalhamento para os seguintes casos únicos:

Tração uniaxial pura

Compressão uniaxial pura

Cisalhamento torcional puro

Tração uniaxial combinada com cisalhamento torcional

Essas são condições de tensão importantes frequentemente encontradas, e elas serão utilizadas em capítulos posteriores para ilustrar teorias falhas e métodos de projeto. Essas teorias falhas se baseiam em valores das tensões principais e da tensão máxima de cisalhamento.

Tração uniaxial pura

A condição de tensão produzida em todas as partes de uma amostra de ensaio-padrão de tração é chamada de tração uniaxial pura. A Figura 4.28 mostra o elemento de tensão e o círculo de Mohr correspondente. Observe que a tensão principal máxima, σ_1, é igual à tensão aplicada, σ_x; a tensão mínima principal, σ_2, é zero; e a tensão máxima de cisalhamento, $\tau_{máx}$, é igual a $\sigma_x/2$.

Compressão uniaxial pura

A Figura 4.29 indica a compressão uniaxial pura e como será produzida por um ensaio de compressão padrão. O círculo de Mohr mostra que $\sigma_1 = 0$ e $\sigma_2 = \sigma_x$ (um valor negativo); além disso, a magnitude da tensão máxima de cisalhamento é $\tau_{máx} = \sigma_x/2$.

Torção pura

A Figura 4.30 ilustra que o círculo de Mohr para esse caso especial tem seu centro na origem dos eixos σ–τ e que o raio do círculo é igual ao valor da tensão de cisalhamento aplicada, τ_{xy}. Portanto, $\tau_{máx} = \tau_{xy}$; $\sigma_1 = \tau_{xy}$; e $\sigma_2 = -\tau_{xy}$.

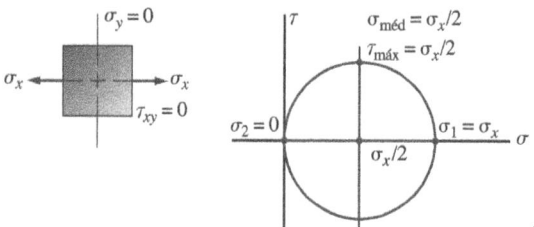

◀ **FIGURA 4.28** Círculo de Mohr para tensão uniaxial pura.

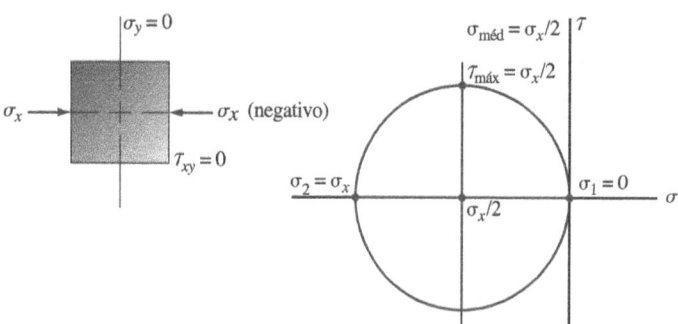

◀ **FIGURA 4.29** Círculo de Mohr para compressão uniaxial pura.

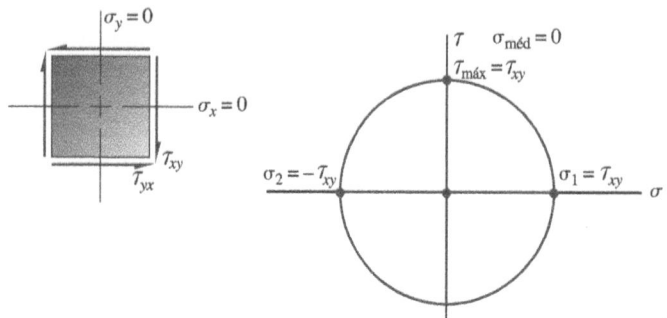

◀ **FIGURA 4.30** Círculo de Mohr para cisalhamento torcional puro.

Tensão uniaxial combinada com cisalhamento torcional

Este é um caso especial muito importante, porque ele descreve a condição de tensão em um eixo rotativo que carrega cargas em flexão enquanto simultaneamente transmite torque. Esse é o tipo de condição de tensão no qual se baseia o procedimento para projetar eixos, apresentado no Capítulo 12. Se as tensões aplicadas são chamadas de σ_x e τ_{xy}, o círculo de Mohr na Figura 4.31 mostra que:

$$\tau_{máx} = R = \text{raio do círculo} = \sqrt{(\sigma_x/2)^2 + \tau_{xy}^2} \quad (4.10)$$

$$\sigma_1 = \sigma_x/2 + R = \sigma_x/2 + \sqrt{(\sigma_x/2)^2 + \tau_{xy}^2} \quad (4.11)$$

$$\sigma_2 = \sigma_x/2 - R = \sigma_x/2 - \sqrt{(\sigma_x/2)^2 + \tau_{xy}^2} \quad (4.12)$$

Um conceito útil e conveniente chamado de *torque equivalente* pode ser desenvolvido a partir da Equação 4.10 para o caso especial de um corpo submetido a apenas flexão e torção.

Um exemplo é mostrado na Figura 4.32, em que uma barra circular é carregada em uma extremidade por uma força descendente e um momento torcional. A força provoca flexão na barra com o momento máximo no ponto onde a barra é fixada ao suporte. O momento provoca uma tensão de tração na parte superior da barra na direção x, em um ponto chamado de A, onde a magnitude da tensão é:

$$\sigma_x = M/S \quad (4.13)$$

onde S = módulo de ação da barra redonda

Nesse instante, o momento torcional provoca a tensão de cisalhamento no plano x–y no ponto A, com uma magnitude de:

$$\tau_{xy} = T/Z_p \quad (4.14)$$

onde Z_p = módulo de seção polar da barra

O ponto A, então, é submetido a uma tensão de tração combinada com cisalhamento, o caso especial mostrado no círculo de Mohr da Figura 4.31. A tensão máxima de cisalhamento pode ser calculada a partir da Equação 4.10. Se substituirmos as equações 4.13 e 4.14 na Equação 4.10, obteremos:

$$\tau_{máx} = \sqrt{(M/2S)^2 + (T/Z_p)^2} \quad (4.15)$$

Observe, com base no Apêndice 1, que $Z_p = 2S$. A Equação 4.15 pode ser descrita como:

$$\tau_{máx} = \frac{\sqrt{M^2 + T^2}}{Z_p} \quad (4.16)$$

É conveniente definir a quantidade no numerador dessa equação para ser o *torque equivalente*, T_e. Então, a equação se torna:

$$\tau_{máx} = T_e/Z_p \quad (4.17)$$

▲ **FIGURA 4.31** Círculo de Mohr para tensão uniaxial combinada com cisalhamento torcional.

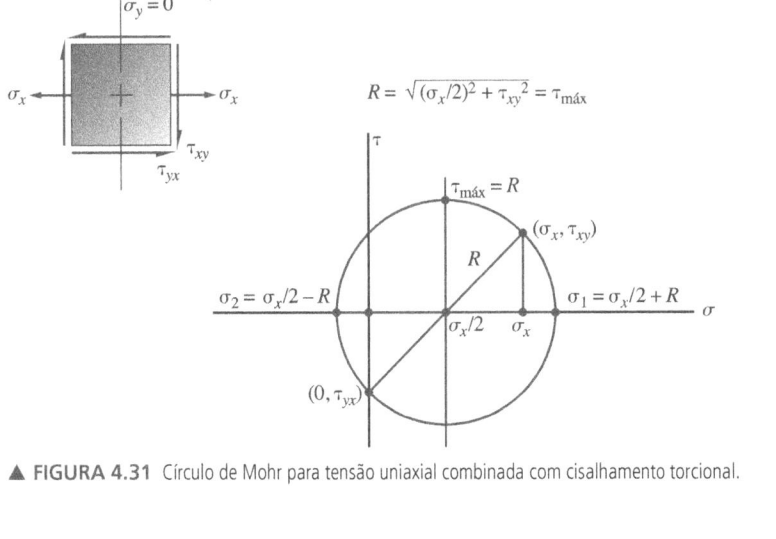

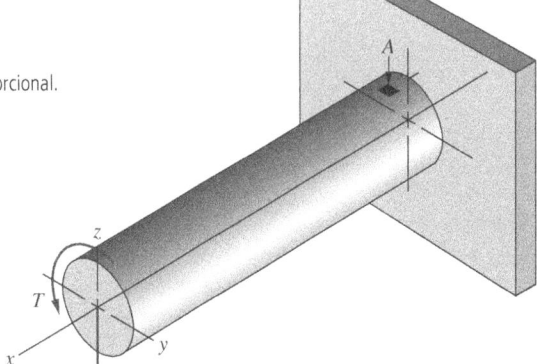

▶ **FIGURA 4.32** Barra circular em flexão e torção.

REFERÊNCIA

Mott, Robert L. *Applied Strength of Materials*. 5. ed. Upper Saddle River, NJ: Prentice Hall, 2008.

SITES

A lista a seguir é composta de inúmeras empresas que desenvolvem e fornecem softwares de análise de elementos finitos (*finite-element analysis* — FEA) para uma ampla variedade de aplicações, incluindo análise estrutural dinâmica e estática, análise térmica, desempenho dinâmico de sistemas mecânicos, análise vibratória e análise dinâmica de fluidos computacional, além de outras aplicações da engenharia auxiliada por computador (*computer-aided engineering* — CAE).

1. ADINA R&D, Inc. <www.adina.com>
2. Autodesk Algor Simulation <www.algor.com>
3. ANSYS, Inc. <www.ansys.com>
4. MSC Software, Inc. <www.mscsoftware.com>
5. NEi Software, Inc. <www.nenastran.com>

PROBLEMAS

Para os conjuntos de tensões determinadas sobre um elemento dados na Tabela 4.2, desenhe um círculo de Mohr completo, estabeleça as tensões principais e a máxima de cisalhamento, e esboce o elemento de tensão principal e o de tensão máxima de cisalhamento. Quaisquer componentes de tensão não exibidos são considerados como zero.

▼ TABELA 4.2 Tensões determinadas para os problemas 1 a 30.

Problema	σ_x	σ_y	τ_{xy}
1	20 ksi	0 ksi	10 ksi
2	−85 ksi	40 ksi	30 ksi
3	40 ksi	−40 ksi	−30 ksi
4	−80 ksi	40 ksi	−30 ksi
5	−120 ksi	40 ksi	−20 ksi
6	−120 ksi	40 ksi	20 ksi
7	60 ksi	−40 ksi	−35 ksi
8	120 ksi	−40 ksi	100 ksi
9	−100 MPa	0 MPa	80 MPa
10	−250 MPa	80 MPa	−110 MPa
11	50 MPa	−80 MPa	40 MPa
12	150 MPa	−80 MPa	−40 MPa
13	−150 MPa	80 MPa	−40 MPa
14	0 MPa	0 MPa	40 MPa
15	250 MPa	−80 MPa	0 MPa
16	50 MPa	−80 MPa	−30 MPa
17	400 MPa	−300 MPa	200 MPa
18	−120 MPa	180 MPa	−80 MPa
19	−30 MPa	20 MPa	40 MPa
20	220 MPa	−120 MPa	0 MPa
21	40 ksi	0 ksi	0 ksi
22	0 ksi	0 ksi	40 ksi
23	38 ksi	−25 ksi	−18 ksi
24	55 ksi	0 ksi	0 ksi
25	22 ksi	0 ksi	6,8 ksi
26	−4250 psi	3250 psi	2800 psi
27	300 MPa	100 MPa	80 MPa
28	250 MPa	150 MPa	40 MPa
29	−840 kPa	−335 kPa	−120 kPa
30	−325 kPa	−50 kPa	−60 kPa

31. Vá até a Figura 3.23. Para o eixo alinhado com o *x*, crie um elemento de tensão no fundo dele, logo à esquerda da seção *B*. Então, desenhe o círculo de Mohr para esse elemento. Utilize $D = 0{,}50$ pol.
32. Vá até a Figura P3.48. Para o eixo *ABC*, crie um elemento de tensão no fundo dele, logo à direita da seção *B*. O torque aplicado no eixo em *B* tem resistência apenas no apoio *C*. Desenhe o círculo de Mohr para o elemento de tensão. Utilize $D = 1{,}50$ pol.
33. Refaça o Problema 32 para o eixo na Figura P3.49 $D = 0{,}50$ pol.
34. Vá à Figura P3.50. Para o eixo *ABC*, crie um elemento de tensão no fundo dele, logo à esquerda da seção *B*. O torque aplicado no eixo pela manivela tem resistência apenas no apoio *B*. Desenhe o círculo de Mohr para o elemento de tensão. Utilize $D = 50$ mm.
35. Uma barra cilíndrica curta com um diâmetro de 4,00 polegadas é submetida a uma força compressiva axial de 75000 lb e a um momento torcional de 20000 lb · pol. Desenhe um elemento de tensão na superfície da barra. Então, esboce o círculo de Mohr para o elemento.
36. Uma barra torcional é utilizada como um elemento de suspensão para um veículo. A barra tem um diâmetro de 20 mm. Ela é submetida a um momento torcional de 450 N · m e a uma força de tração de 36,0 kN. Desenhe um elemento de tensão na superfície da barra, e então o círculo de Mohr para o elemento.

CAPÍTULO 05
PROJETO PARA DIFERENTES TIPOS DE CARREGAMENTO

Sumário
Visão geral
Você é o projetista
- 5.1 Objetivos
- 5.2 Tipos de carregamento e relação de tensão
- 5.3 Resistência à fadiga e mecanismos de falha por fadiga
- 5.4 Resistência real e resistência estimada à fadiga, s'_n
- 5.5 Exemplos para estimar a resistência real à fadiga
- 5.6 Filosofia de projeto
- 5.7 Fatores de segurança
- 5.8 Previsões de falha e métodos de análise de projeto
- 5.9 Procedimento geral de projeto
- 5.10 Exemplos de projeto
- 5.11 Métodos adicionais de análise de projeto
- 5.12 Projeto e processamento recomendados para carregamento por fadiga
- 5.13 Abordagens estatísticas no projeto
- 5.14 Método de vida finita e de acumulação de danos

Visão geral

Tópicos de discussão

- Este capítulo oferece ferramentas adicionais que você pode utilizar para projetar componentes sob carregamento que sejam seguras e razoavelmente eficientes em seu uso de materiais.
- Você deve aprender como classificar o tipo de carregamento ao qual a componente é submetida: *estático*, *cíclico* e *reverso*, *flutuante*, por *choque* ou *impacto*.
- Você aprenderá a identificar as técnicas apropriadas de análise com base no tipo de carga e de material.

Descubra

Identifique componentes de produtos ou estruturas reais que são submetidas a cargas estáticas.
Identifique componentes que são submetidas a cargas iguais e repetidas que revertem direções.
Identifique componentes que experimentam cargas flutuantes que variam com o tempo.
Identifique componentes que são carregadas por choque ou impacto, como aquelas que são atingidas por um martelo ou que caem sobre uma superfície dura.

> O uso das técnicas que você aprender neste capítulo irá ajudá-lo(a) a concluir uma ampla variedade de tarefas de projeto.

Para os conceitos considerados neste capítulo, a **Visão geral** engloba uma imensa variedade de exemplos nos quais você terá como base os princípios de resistência de materiais revisados nos capítulos 3 e 4 e com os quais poderá ampliar a utilização do modo de análise ao de projeto. Diversos passos estão envolvidos, e você deve aprender a fazer julgamentos racionais sobre o método apropriado a ser aplicado para concluir o projeto.

Neste capítulo, você aprenderá a:

1. Reconhecer a maneira como a carga é aplicada a uma peça: ela é estática, cíclica e reversa, flutuante, por choque ou impacto?
2. Selecionar o método indicado para analisar as tensões produzidas.
3. Determinar a propriedade de resistência do material que é adequada ao tipo de carregamento e ao tipo de material: o material é um metal ou um não metal? Ele é frágil ou dúctil? O projeto deve se basear em tensão de escoamento, resistência máxima à tração, resistência à compressão, resistência à fadiga ou alguma outra propriedade do material?
4. Especificar um *fator de projeto* adequado, com frequência chamado de *fator de segurança*.
5. Projetar uma ampla variedade de membros sob carregamento que devem ser seguros, dentro dos padrões esperados deles.

Os parágrafos a seguir mostram como exemplo algumas das situações a serem estudadas neste capítulo.

Uma carga *estática ideal* é aquela aplicada lentamente e nunca retirada. Algumas cargas que são aplicadas lentamente, retiradas e substituídas com pouca frequência também podem ser consideradas estáticas. Pense: quais exemplos de produtos ou componentes são submetidos a cargas estáticas? Considere membros de estruturas sob carregamento, peças de móveis e colchetes ou hastes de apoio que sustentam equipamentos em sua casa ou em uma empresa ou fábrica. Tente identificar exemplos específicos e descreva-os para seus colegas. Discuta como a carga é aplicada e quais partes do membro sob carregamento estão submetidas a maiores níveis de tensão. Alguns dos exemplos que você descobriu durante a discussão da **Visão geral** no Capítulo 3 podem ser usados novamente aqui.

As *cargas flutuantes* são aquelas que variam durante a vida normal do produto. Normalmente elas são aplicadas por um longo período, de modo que a peça experimenta muitos milhares ou milhões de ciclos de tensão durante sua vida útil. Há muitos exemplos de produtos de consumo em sua casa, seu carro, edifícios comerciais e instalações de produção. Considere praticamente qualquer coisa que tenha peças móveis. Mais uma vez, tente identificar exemplos específicos e descreva-os para seus colegas. Como a carga flutua? Ela é aplicada e então completamente removida em cada ciclo? Ou há sempre um nível de carga média com uma alternada sobreposta a esta? A carga oscila de um valor máximo positivo a um mínimo negativo de igual magnitude durante cada ciclo de carregamento? Considere peças com eixos rotativos, como motores ou maquinários agrícolas, de produção ou construção.

Leve em consideração, também, produtos que tenham falhado. Você pode identificar alguns na discussão da **Visão geral** no Capítulo 3. Eles falharam na primeira vez em que foram usados? Ou após um longo tempo de funcionamento? Por que você acha que eles foram capazes de funcionar por algum tempo antes da falha?

Você consegue encontrar componentes que falharam repentinamente por causa de um material frágil, como ferro fundido, alguns tipos de cerâmica ou plásticos? É possível localizar outros que falharam somente depois de uma deformação considerável? Tais falhas são chamadas de *fraturas dúcteis*.

Quais foram as consequências das falhas que você encontrou? Alguém foi ferido? Houve dano a alguma outra propriedade ou componente de valor? Ou a falha foi simplesmente um inconveniente? Qual foi a ordem de grandeza ou custo relacionado a ela? As respostas a algumas dessas perguntas podem ajudá-lo a tomar decisões coerentes acerca dos fatores a serem usados em seus projetos.

É responsabilidade do projetista garantir que uma peça de máquina seja segura para uma operação, sob condições razoavelmente previsíveis. Isso requer uma análise de tensão em níveis previsíveis na peça que sejam comparáveis com a *tensão de projeto*, ou naquele nível permitido sob condições de operação.

A análise de tensão pode ser desempenhada tanto de forma analítica quanto experimental, dependendo do grau de complexidade da peça, do conhecimento acerca das condições de carregamento e das propriedades do material. O projetista deve ser capaz de verificar que a tensão à qual uma peça se submete é segura.

O modo de calcular a tensão de projeto depende da maneira de carregamento e do tipo de material. O carregamento pode ser:

Estático

Cíclico e reverso

Flutuante

Por choque ou impacto

Randômico

Há muitos e variados tipos de material. Quanto aos materiais metálicos, a classificação principal ocorre entre *dúcteis* e *frágeis*. Outras considerações incluem a maneira de formar o material (por fundição, forjamento, laminação, usinagem e assim por diante), o tipo de tratamento térmico, o acabamento de superfície, a dimensão física, o ambiente no qual ele opera e a geometria da peça. Diferentes fatores devem ser considerados para plásticos, compósitos, cerâmicas, madeira, entre outros.

Este capítulo apresenta um esboço dos métodos de análise de peças de máquinas sob carregamento para garantir que elas sejam seguras. São descritos diferentes e diversos casos nos quais o conhecimento das combinações de tipos de material e padrões de carregamento nos leva a determinar o método apropriado de análise. Portanto, caberá a você aplicar essas ferramentas de maneira correta e criteriosa ao longo de sua carreira.

Você é o projetista

Relembre a tarefa apresentada no início do Capítulo 4, na qual você era o projetista de um suporte para segurar uma amostra de tecido durante um ensaio e precisava determinar suas características de elasticidade a longo prazo. A Figura 4.2 ilustrou uma proposta de projeto para o suporte.

Agora pedimos que você continue esse exercício de projeto selecionando um material a partir do qual sejam feitas duas barras circulares curvas que serão soldadas a um apoio rígido. Além disso, você deve especificar um diâmetro adequado para as barras quando uma determinada carga é aplicada ao material testado.

5.1 OBJETIVOS

Ao final deste capítulo, você estará apto a:

1. Identificar vários tipos de carregamento comumente encontrados em peças de máquina, incluindo *estático*, *cíclico e reverso*, *flutuante*, por *choque* ou *impacto* e *randômico*.
2. Definir a expressão *relação de tensão* e calcular seu valor para os vários tipos de carregamento.
3. Definir o conceito de *fadiga*.
4. Definir a propriedade de *resistência à fadiga* e determinar estimativas de sua magnitude em diferentes materiais.
5. Reconhecer os fatores que afetam a magnitude da resistência à fadiga.
6. Definir a expressão *fator de segurança*.
7. Especificar um valor apropriado do fator de segurança.
8. Definir a *teoria da tensão normal máxima de falha* e o *método de Mohr modificado* com materiais frágeis.
9. Definir a *teoria da tensão máxima de cisalhamento*.
10. Definir a *teoria da energia de distorção*, também chamada de *teoria de von Mises* ou *teoria de Mises-Hencky*.
11. Descrever o *método de Goodman* e aplicá-lo ao projeto de peças submetidas a tensões flutuantes.
12. Considerar no projeto as *abordagens estatísticas*, *vida finita*, mecânica de fratura e *métodos de acumulação de danos*.

5.2 TIPOS DE CARREGAMENTO E RELAÇÃO DE TENSÃO

Os fatores principais que devem ser considerados quando se especifica o tipo de carregamento ao qual uma peça de máquina é submetida são a maneira de variação da carga e a variação resultante de tensão com o tempo. As variações de tensão são caracterizadas por quatro valores básicos:

1. Tensão máxima, $\sigma_{máx}$
2. Tensão mínima, $\sigma_{mín}$
3. Tensão média, σ_m
4. Tensão alternada, σ_a (amplitude de tensão)

A tensões máxima e mínima normalmente são calculadas a partir de informações conhecidas por análise de tensão ou métodos de elemento finito, ou são medidas utilizando-se técnicas de tensão experimental. Então, as tensões média e alternada podem ser estabelecidas a partir de

$$\sigma_m = (\sigma_{máx} + \sigma_{mín})/2 \quad (5.1)$$

$$\sigma_a = (\sigma_{máx} - \sigma_{mín})/2\sigma \quad (5.2a)$$

$$\sigma_a = (\sigma_{máx} - \sigma_m) \quad (5.2b)$$

O comportamento de um material sob tensões variáveis é dependente da maneira como ocorre essa variação. Um método utilizado para caracterizar a variação é chamado de *relação de tensão*. Dois tipos de relação de tensão são comumente empregados, definidos como

$$\text{Relação de tensão } R = \frac{\text{tensão mínima}}{\text{tensão máxima}} = \frac{\sigma_{mín}}{\sigma_{máx}}$$

$$\text{Relação de tensão } A = \frac{\text{tensão alternada}}{\text{tensão média}} = \frac{\sigma_a}{\sigma_m} \quad (5.3)$$

A relação de tensão R é adotada neste livro.

Tensão estática

Quando uma peça é submetida a uma carga que é aplicada lentamente, sem choque e mantida a um valor constante, a tensão que resulta na peça é chamada de *tensão estática*. Um exemplo é a carga sobre uma estrutura em decorrência do peso morto dos materiais de construção. A Figura 5.1 mostra um gráfico de tensão *versus* tempo para cargas estáticas. Como $\sigma_{máx} = \sigma_{mín}$, a relação entre tensão e tensão estática é de $R = 1,0$.

O carregamento estático também pode ser adotado quando uma carga é aplicada e retirada lentamente, e então reaplicada se o número de aplicações for pequeno, ou seja, sob poucos milhares de ciclos de carregamento.

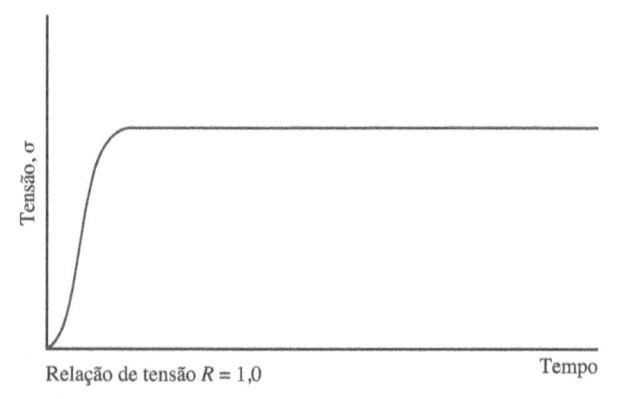

▲ **FIGURA 5.1** Tensão estática.

Tensão cíclica e reversa — pura oscilação

Uma inversão de tensão ocorre quando dado elemento de um membro sob carregamento é submetido a determinado nível de tensão de tração seguido pelo *mesmo nível* de tensão compressiva. Se esse ciclo é repetido muitas milhares de vezes, a tensão é chamada de *cíclica e reversa* ou de *pura oscilação*. A Figura 5.2 mostra o gráfico de tensão *versus* tempo para tensão cíclica e reversa. Como $\sigma_{mín} = -\sigma_{máx}$, a relação de tensão é $R = -1{,}0$ e a tensão média é zero.

Um importante exemplo em projeto de máquinas é um eixo circular rotacional carregado em flexão, como aquele indicado na Figura 5.3. Na posição apontada, um elemento na parte inferior do eixo experimenta tensão de tração, enquanto um na parte superior do eixo enfrenta uma tensão compressiva da mesma magnitude. Ao mesmo tempo que o eixo é rotacionado a 180° a partir da posição dada, esses dois elementos passam por uma inversão completa de tensão. E, se o eixo continua a rotacionar, todas as peças dele que estão em flexão vivem tensão cíclica e reversa. Essa é uma descrição do caso clássico de carregamento de *flexão reversa*.

Esse tipo de carregamento é frequentemente chamado de *carregamento por fadiga*, e uma máquina como a mostrada na Figura 5.3 é denominada *dispositivo padrão de ensaio de fadiga de R. R. Moore*. Tais máquinas são utilizadas para ensaio de materiais quanto a sua habilidade de resistir a cargas repetidas. A propriedade do material chamada de *resistência à fadiga* é medida dessa maneira. Adiante, neste capítulo, a resistência à fadiga será abordada mais detalhadamente. Na verdade, a flexão reversa somente é um caso especial de carregamento por fadiga desde que qualquer tensão que varie com o tempo possa levar à falha por fadiga de uma peça.

Tensão flutuante — tensão pulsante

Quando um membro sob carregamento é submetido a uma tensão alternada com uma média diferente de zero, esse carregamento produz *tensão flutuante*, às vezes chamada de *tensão pulsante*. A Figura 5.4 mostra quatro gráficos de tensão *versus* tempo para esse tipo de tensão. Diferenças entre os quatro gráficos ocorrem se os vários níveis de tensão forem positivos (tração) ou negativos (compressão). **Qualquer tensão variante com uma média diferente de zero é considerada flutuante.** A Figura 5.4 também indica as variações

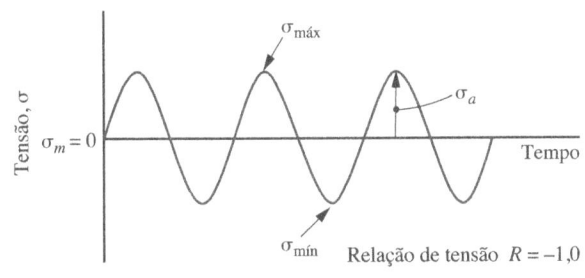

▲ **FIGURA 5.2** Tensão cíclica, reversa ou pura oscilação.

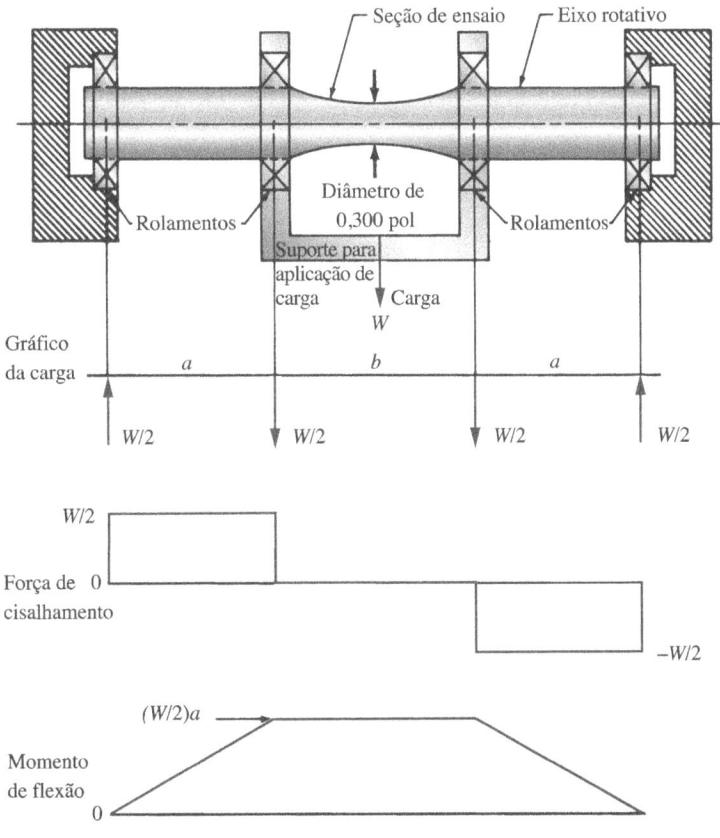

▲ **FIGURA 5.3** Dispositivo de ensaio de fadiga de R. R. Moore; exemplo de flexão reversa.

(a) Tensão média de tração —
todas as tensões de tração
$0 < R < 1{,}0$

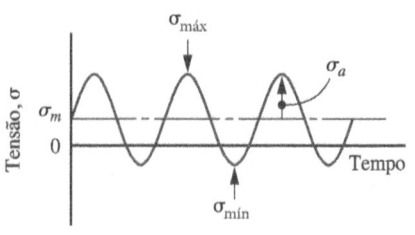

(b) Tensão média de tração —
$\sigma_{máx}$ tração
$\sigma_{mín}$ compressão
$-1{,}0 < R < 0$

(c) Tensão média de compressão —
$\sigma_{máx}$ tração
$\sigma_{mín}$ compressão
$-\infty < R < -1{,}0$

(d) Tensão média de compressão —
todas as tensões de compressão
$1{,}0 < R < \infty$

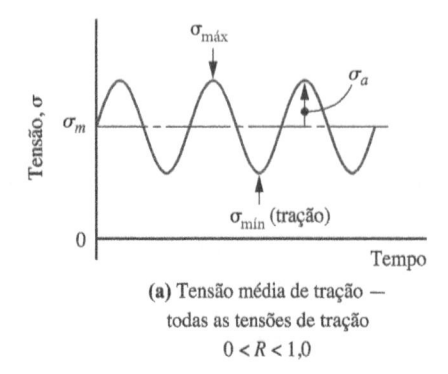

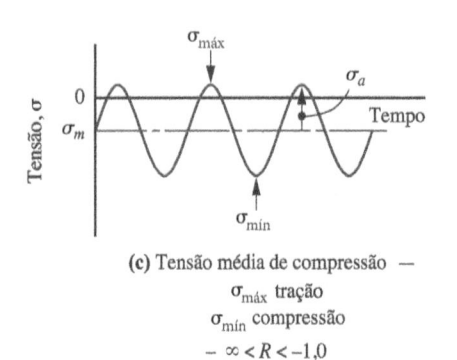

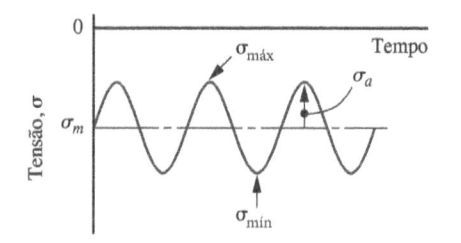

▲ **FIGURA 5.4** Tensões flutuantes — tensões pulsantes.

possíveis de valores da relação de tensão R para os padrões de carregamento dados.

Um caso especial e frequentemente encontrado de tensão flutuante é a *tensão unidirecional e cíclica* ou tensão pulsante pura, na qual a carga é aplicada e retirada muitas vezes. Como mostra a Figura 5.5, a tensão varia de zero a um valor máximo em cada ciclo. Então, por observação,

$$\sigma_{mín} = 0$$
$$\sigma_m = \sigma_a = \sigma_{máx}/2$$
$$R = \sigma_{mín}/\sigma_{máx} = 0$$

Um exemplo de uma peça de máquina submetida à tensão flutuante do tipo apontado na Figura 5.4(a) é o da Figura 5.6, na qual um seguidor de came alternativo alimenta esferas uma de cada vez, a partir de uma calha. O seguidor é mantido contra o came excêntrico por uma mola achatada carregada como um cantiléver. Quando o seguidor está mais à esquerda, a mola é defletida a partir de sua posição livre (reta) por um valor de $y_{mín} = 3{,}0$ mm. Quando o seguidor está mais à direita, a mola é defletida a $y_{máx} = 8{,}0$ mm. Então, enquanto o came continua a rotacionar, a mola experimenta um carregamento cíclico entre os valores mínimo e máximo. O ponto A na base da mola, no lado convexo, experimenta tensões de tração variáveis do tipo indicado na Figura 5.4(a). O Exemplo 5.1 completa a análise da tensão na mola no ponto A.

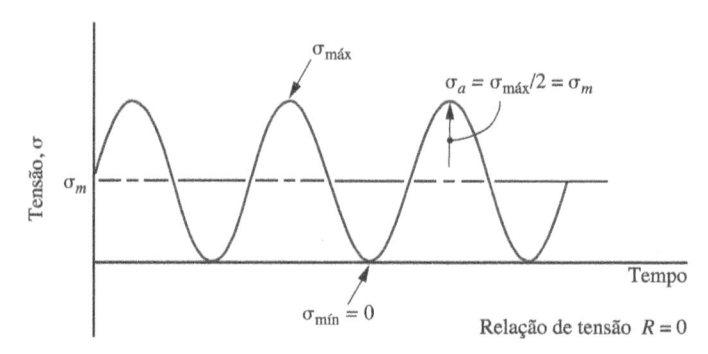

▲ **FIGURA 5.5** Tensão unidirecional e cíclica, um caso especial de tensão flutuante ou tensão pulsante pura.

Capítulo 5 • Projeto para diferentes tipos de carregamento 191

(a) Seção transversal da mola (aumentada)
(b) Dispositivo de alimentação da bola

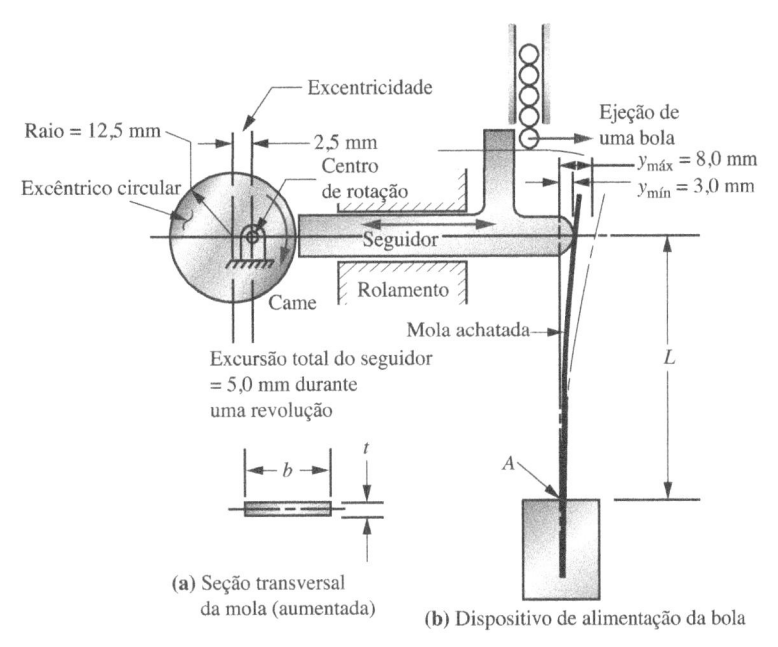

▲ **FIGURA 5.6** Exemplo de carregamento cíclico no qual a mola achatada é submetida à tensão flutuante.

EXEMPLO 5.1		Para a mola de aço achatada mostrada na Figura 5.6, calcule a tensão máxima, a mínima, a média e a alternada. Estabeleça também a relação de tensão, R. O comprimento L é de 65 mm. As dimensões da seção cruzada da mola são $t = 0{,}80$ mm e $b = 6{,}0$ mm.
SOLUÇÃO	Objetivo	Calcular as tensões de tração máxima, mínima, média e alternada na mola achatada. Estimar a relação de tensão, R.
	Dados	Esboço mostrado na Figura 5.6. A mola de aço tem $L = 65$ mm. As dimensões da seção transversal da mola são: $t = 0{,}80$ mm e $b = 6{,}0$ mm. Deflexão máxima da mola no seguidor = 8,0 mm. Deflexão mínima da mola no seguidor = 3,0 mm.
	Análise	O ponto A na base da mola experimenta a tensão de tração máxima. Determine a força empregada na mola pelo seguidor para cada nível de deflexão utilizando as fórmulas da Tabela A14.2, caso (a). Calcule o momento de flexão na base da mola para cada deflexão. Então, avalie as tensões no ponto A adotando a fórmula de tensão de flexão, $\sigma = Mc/I$. Use as equações 5.1, 5.2 e 5.3 para as tensões média e alternada, além de R.
	Resultados	O caso (a) da Tabela A14.2 fornece a seguinte fórmula para a quantidade de deflexão de um cantiléver para certa força aplicada:

$$y = PL^3/3EI$$

Para a força como uma função da deflexão, calcule:

$$P = 3EIy/L^3$$

O Apêndice 3 oferece o módulo de elasticidade para o aço como $E = 207$ GPa. O momento de inércia, I, para a seção transversal da mola é obtido a partir de

$$I = bt^3/12 = (6{,}00 \text{ mm})(0{,}80 \text{ mm})^3/12 = 0{,}256 \text{ mm}^4$$

Então, a força na mola quando a deflexão y é 3,0 mm se revela

$$P = \frac{3(207 \times 10^9 \text{ N/m}^2)(0{,}256 \text{ mm}^4)(3{,}0 \text{ mm})}{(65 \text{ mm})^3} \frac{(1{,}0 \text{ m}^2)}{(10^6 \text{ mm}^2)} = 1{,}74 \text{ N}$$

O momento de flexão no apoio é

$$M = P \cdot L = (1{,}74 \text{ N})(65 \text{ mm}) = 113 \text{ N} \cdot \text{mm}$$

A tensão de flexão no ponto A provocada por esse momento é

$$\sigma = \frac{Mc}{I} = \frac{(113 \text{ N} \cdot \text{mm})(0{,}40 \text{ mm})}{0{,}256 \text{ mm}^4} = 176 \text{ N/mm}^2 = 176 \text{ MPa}$$

Essa é a tensão mais baixa que a mola experimenta em serviço e, portanto, $\sigma_{\text{mín}} = 176$ MPa.

Como a força sobre a mola é proporcional à deflexão, a empregada quando a deflexão é 8,0 mm resulta

$$P = (1{,}74 \text{ N})(8{,}0 \text{ mm})/(3{,}0 \text{ mm}) = 4{,}63 \text{ N}$$

O momento de flexão é

$$M = P \cdot L = (4{,}63 \text{ N})(65 \text{ mm}) = 301 \text{ N} \cdot \text{mm}$$

A tensão de flexão no ponto A é:

$$\sigma = \frac{Mc}{I} = \frac{(301 \text{ N} \cdot \text{mm})(0{,}40 \text{ mm})}{0{,}256 \text{ mm}^4} = 470 \text{ N/mm}^2 = 470 \text{ MPa}$$

Essa é a tensão máxima que a mola experimenta e, portanto, $\sigma_{\text{máx}} = 470$ MPa.
Agora, a tensão média pode ser calculada:

$$\sigma_m = (\sigma_{\text{máx}} + \sigma_{\text{mín}})/2 = (470 + 176)/2 = 323 \text{ MPa}$$

Finalmente, a tensão alternada é

$$\sigma_a = (\sigma_{\text{máx}} - \sigma_{\text{mín}})/2 = (470 - 176)/2 = 147 \text{ MPa}$$

A relação de tensão é encontrada usando a Equação 5.3:

$$\text{Relação de tensão } R = \frac{\text{tensão mínima}}{\text{tensão máxima}} = \frac{\sigma_{\text{mín}}}{\sigma_{\text{máx}}} = \frac{176 \text{ MPa}}{470 \text{ MPa}} = 0{,}37$$

Comentários   O esboço de tensão *versus* tempo na Figura 5.4(a) ilustra a forma da tensão flutuante na mola. Na Seção 5.8, você verá como projetar peças submetidas a esse tipo de tensão.

Carregamento por choque ou impacto

Cargas aplicadas repentina e rapidamente provocam choque ou impacto. São exemplos uma martelada, um peso caindo sobre uma estrutura e a ação dentro de uma britadeira. O projeto de membros de máquina para resistir ao choque ou impacto envolve uma análise da capacidade de absorção de energia deles, um assunto não abordado neste livro. (Veja as referências 3, 6, 10 e 12.)

Carregamento randômico

Quando cargas variáveis são aplicadas e não se revelam regulares em sua amplitude, o carregamento é chamado de *randômico*. A análise estatística é utilizada para caracterizar o carregamento randômico para propósitos de projeto e análise. Esse assunto não é tratado neste livro. Veja a Referência 11.

5.3 RESISTÊNCIA À FADIGA E MECANISMOS DE FALHA POR FADIGA

Quando um elemento de máquina é submetido ao carregamento cíclico caracterizado por padrões como aqueles nas figuras 5.2, 5.4 e 5.5, esse carregamento em geral é chamado de *carregamento por fadiga*, comum nas componentes de maquinários. A tensão de escoamento e a resistência máxima de tração de um material não são adequadas a fim de representar a habilidade para aguentar o carregamento por fadiga. Esta seção apresenta o conceito de *resistência à fadiga*, que deve ser utilizado em tais casos. As componentes podem falhar a níveis de tensão menores do que as resistências máximas ou de escoamento após experimentar tensões aplicadas para diversos ciclos. As falhas por fadiga são frequentemente classificadas como *fadiga de baixo ciclo* (FBC) ou *fadiga de alto ciclo* (FAC) em razão de o mecanismo de falha ser diferente para cada uma. Enquanto nenhuma linha de divisão específica pode ser definida, os projetistas com frequência usam até 1000 ciclos (10^3) para a FBC a um número mais elevado de ciclos — até a vida finita — para a FAC.

As falhas por fadiga começam em pequenas trincas de superfície, imperfeições internas ou até nos contornos de grãos dos materiais em áreas submetidas a tensão por tração. Com aplicações cíclicas de tensão, as trincas aumentam e progridem para áreas mais amplas de seção transversal. Eventualmente, a componente falha, em geral de maneira repentina e catastrófica. Tais falhas com frequência ocorrem em áreas de concentração de tensão como sulcos ou ranhuras em eixos, degraus na dimensão de uma seção cruzada, entalhes ou outras descontinuidades geométricas, como discutido na Seção 3.21. Até a aspereza da superfície, decorrente de incisões e riscos provocados por usinagem ou acidentais, pode servir como pontos de iniciação de trincas. Desse modo, os projetistas devem considerar a possibilidade de falha por fadiga ao dimensionar as seções críticas de componentes. Os fabricantes também precisam compreender esse fenômeno e produzir peças com bons acabamentos que não contenham danos. Usuários finais de componentes críticas também devem manuseá-las com cuidado.

Na fadiga de baixo ciclo, as tensões locais experimentam níveis de deformação elevados, aproximando-se ou excedendo a deformação no escoamento do material. Tais eventos podem ser decorrentes de sobrecarregamento acidental, ou de situações não encontradas com frequência durante a fabricação de uma componente, instalação em uma montagem, choque durante o transporte ou manuseio, manobras evasivas, decolagens ou aterrissagens de aeronaves, lançamento de um navio ou nave espacial, ensaio inicial, abalo sísmico durante um terremoto, ou operação por períodos prolongados próximos dos limites de capacidade de um sistema. A deformação elevada pode provocar trincas microscópicas que progridem até a falha máxima. A previsão da vida de uma componente sob tais condições se enquadra no procedimento de análise chamado de *mecânica de fratura*, que exige um extenso conhecimento da geometria da trinca e da habilidade em caracterizar como um material específico se comporta em uma região altamente localizada de elevada deformação e tensão em torno da trinca. Um método de previsão de vida chamado de *deformação-vida* é utilizado. As referências 1, 2, 7 e 9 e os sites de 1 a 8 contêm muitos detalhes sobre esses assuntos. Este livro não abordará o assunto mecânica de fratura encontrado na fadiga de baixo ciclo e se concentrará no projeto para prevenir a fadiga de alto ciclo.

A resistência à fadiga de um material sob carregamento por fadiga de alto ciclo é determinada a partir de ensaios que aplicam padrões cíclicos de tensão para longos períodos de tempo, e dados são obtidos para o número de ciclos até a falha para certo nível de tensão. Como esperado, níveis de tensão mais elevados produzem falhas em números menores de ciclos, e tensões mais baixas permitem números mais elevados de ciclos — até certo ponto. Para muitos materiais comuns utilizados em maquinários, um nível de tensão é alcançado quando um número praticamente ilimitado de ciclos de tensão pode ser aplicado sem falha por fadiga. Esse nível de tensão é chamado de *resistência à fadiga* ou *limite de fadiga* do material. Neste livro, usamos o símbolo s_n para essa propriedade.

Dados de resistência à fadiga são registrados em gráficos, como mostra a Figura 5.7, chamada de *gráfico de tensão-vida*. O eixo vertical indica a *amplitude de tensão*, σ_a, como definida pela Equação 5.2 e apontada na Figura 5.2, e presume-se que a mesma amplitude ocorra para cada ciclo de muitos milhares. O eixo horizontal demonstra o número de ciclos até a falha, N. Os dois eixos são escalas logarítmicas, resultando em dados assinalados como linhas retas. Esses dados são valores médios de resistência à fadiga através dos pontos dispersos obtidos a partir de numerosos ensaios em cada nível de tensão. A transição a partir da linha inclinada até a horizontal no limite de fadiga para qualquer material dado normalmente ocorre em cerca de um milhão de ciclos (10^6), e as curvas mostradas são idealizadas, indicando o intervalo a ser destacado. A equação a seguir representa a porção inclinada da curva.

$$s_a = s_n (N)^b \quad (5.4)$$

onde

s_a = nível de amplitude de tensão para determinado número de ciclos até falhar

N = número de ciclos até falhar em determinado nível de tensão

s_n = limite ou resistência à fadiga do material

b = expoente relacionado à inclinação da curva

Aspectos dessas propriedades para muitos materiais são apresentados nas referências 1, 2, 7 e 9, e os sites de 1 a 8 descrevem programas de software que contêm bancos de dados bastante extensos de tais informações. A Tabela 5.1 mostra os dados para os cinco materiais selecionados ilustrados na Figura 5.7 para um aço carbono simples, duas ligas de aço e duas ligas de alumínio, obtidas a partir do Site 1.

A última coluna, a da *curva de interceptação*, s'_f, representa o valor de tensão no qual a curva intercepta

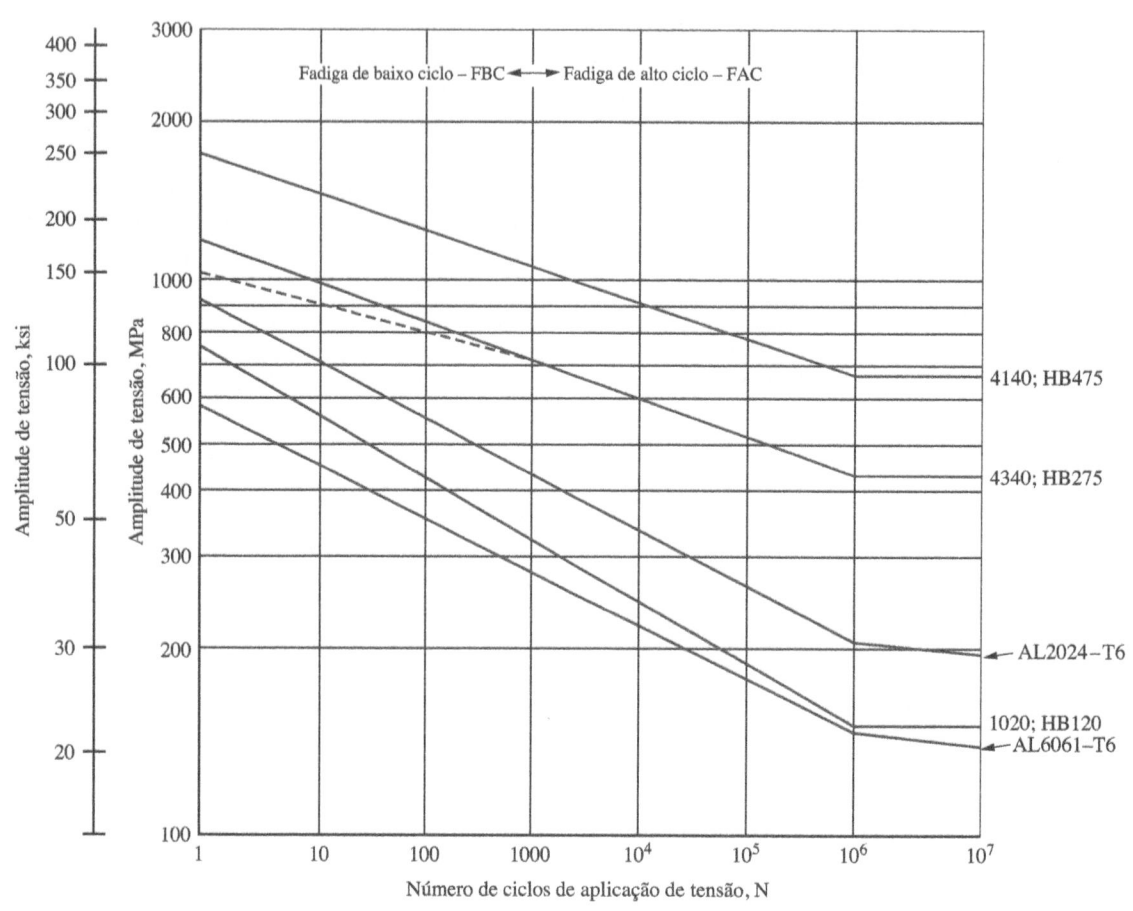

▲ **FIGURA 5.7** Resistências à fadiga representativas.

o eixo vertical. Esse valor não tem uso posterior, como será discutido mais adiante sobre a fadiga de baixo ciclo.

Observe a diferença entre as curvas dos três aços e aquelas das duas ligas de alumínio. Os aços demonstram um verdadeiro limite de fadiga que resulta na linha horizontal à direita de 10^6 ciclos, e nunca deveria falhar por fadiga a números elevados de ciclos de carregamento. As curvas do alumínio continuam a cair após 10^6 ciclos, embora a uma inclinação bem mais reduzida. Desse modo, os dados de resistência à fadiga do

▼ **TABELA 5.1** Materiais e dados de propriedade de fadiga para curvas mostradas na Figura 5.7.

Material	Condição	Resistência máxima, s_u		Limite de fadiga, s_n		Declive da curva, b	Interceptação da curva, s'_f	
		MPa	ksi	MPa	ksi		MPa	ksi
Ligas de aço e carbono								
1020	HB120	393	57	142	21	−0,121	754	109
4340	HB275	1048	152	430	62	−0,075	1211	176
4140	HB475	2033	295	663	96	−0,070	1745	253
Alumínio								
6061	T6	310	45	138	20	−0,102	565	82
2024	T6	476	69	205	30	−0,110	938	136

alumínio, muitos outros metais não ferrosos e alguns ferrosos de resistência muito alta são citados como um valor de s_n a um número estabelecido de ciclos, normalmente 10^6 ou 10^7. Para números mais elevados de ciclos, dados adicionais devem ser solicitados.

O ensaio de flexão rotacional, como mostra a Figura 5.3, tem sido utilizado há muitos anos na aquisição de dados de resistência à fadiga, e muitos dos relatados são baseados nesse ensaio. A amostra tem um diâmetro pequeno (normalmente 0,30 pol ou 7,62 mm) e é altamente polida para eliminar qualquer efeito de textura na superfície. O perfil e a maneira de carregamento produzem flexão pura com tensão de cisalhamento zero e nenhuma concentração de tensão na seção central. A magnitude da carga pode variar para produzir um nível de tensão desejado, e o eixo é rotacionado até quebrar. O número total de revoluções até a falha é registrado. O ensaio produz a clássica tensão cíclica e reversa indicada na Figura 5.2, com tensão média zero, amplitude de tensão de s_a e relação de tensão $R = -1,0$.

Recentemente, outros métodos têm ganhado destaque, em particular os dispositivos programáveis de ensaio de tensão axial servocontrolado. Amostras testadas podem ser carregadas em muitos padrões diferentes, simulando qualquer uma das condições nas figuras 5.2, 5.4, 5.5 e outras. Quando a carga é reversa e cíclica, aparentemente similar ao ensaio de flexão rotacional, o ciclo de tensão na Figura 5.2 é produzido, resultando em uma tensão média igual a zero e uma relação de tensão $R = -1,0$. Entretanto, uma diferença importante no comportamento do material ocorre porque a distribuição de tensão criada nas amostras é idealmente uniforme através de toda a seção. Observe que, na flexão rotacional, somente a parte externa da amostra do cilindro experimenta a tensão máxima, e no centro da barra a tensão diminui linearmente até zero. As falhas de fadiga apresentam maior probabilidade de se iniciar em regiões de tensão de tração elevada. Como o ensaio de carga axial do material é submetido à tensão mais alta, os dados de resistência à fadiga registrados normalmente são mais baixos do que aqueles para o ensaio de flexão rotacional em aproximadamente 20%. Essa situação será discutida em mais detalhes na Seção 5.4.

Os dispositivos de ensaio servocontrolado também são utilizados para avaliar o efeito do carregamento que produz um padrão de tensão cilíndrico flutuante ou pulsante com uma tensão média diferente de zero, como aquela nas figuras 5.4 e 5.5. O *efeito de tensão média* será discutido adiante.

As referências 4 e 11 incluem muitas tabelas de dados de resistência à fadiga de material juntamente a detalhes adicionais sobre a natureza das falhas por fadiga. Dados de resistência à fadiga devem ser usados onde quer que estejam disponíveis, tanto a partir dos resultados de ensaios quanto de dados publicados confiáveis. Entretanto, tais dados não estão sempre disponíveis. A Referência 5 sugere a seguinte aproximação da resistência à fadiga da flexão rotacional básica para o aço forjado com $s_u \leq 1500$ MPa (220 ksi).

Resistência à fadiga = s_n = 0,50 (tensão de tração máxima)

$$= 0,50 \, s_u \quad (5.5)$$

Fadiga de baixo ciclo

A parte da Figura 5.7 à esquerda da linha de 1000 ciclos indica a região de fadiga de baixo ciclo, e a discussão anterior não se aplica a ela. Na verdade, as partes das linhas a partir de $N = 1000$ até $N = 1$, abaixo, não são utilizadas, a não ser para fornecer uma forma conveniente de desenhar a parte inclinada das curvas — uma linha reta a partir da curva que intercepta o limite por fadiga. A falha em um ciclo único ($N = 1$), é claro, ocorre na tensão de tração máxima do material, s_u. Alguns projetistas adicionam uma linha complementar a partir de $N = 1000$ até $N = 1$, como mostrado em tracejado para o aço 4340. Entretanto, recomenda-se que a técnica de cisalhamento-vida mencionada antes seja empregada nessa região.

5.4 RESISTÊNCIA REAL ESTIMADA À FADIGA, s'_n

Se as características materiais reais ou condições de operação de uma peça de máquina forem diferentes daquelas para as quais a resistência à fadiga foi determinada, esta deve ser reduzida a partir do valor registrado. Alguns dos fatores que diminuem a resistência à fadiga são abordados nesta seção. A discussão se relaciona apenas à resistência à fadiga de materiais submetidos à tensão de flexão reversa e cíclica. Os casos que envolvem a resistência à fadiga em cisalhamento são mencionados separadamente, na Seção 5.8.

Começamos com a apresentação de um procedimento para estimar a *resistência real à fadiga*, s'_n, dos materiais para as peças projetadas. Isso envolve a aplicação de diversos fatores à resistência básica à fadiga do material. A elaboração adicional sobre os fatores é demonstrada a seguir.

Esses são os únicos fatores que serão empregados de maneira consistente neste livro. Se os dados de outros fatores podem ser determinados a partir de pesquisa adicional, eles deverão ser multiplicados como termos adicionais na Equação 5.6. Na maioria dos casos, sugerimos contabilizar outros fatores para

> **PROCEDIMENTO PARA ESTIMAR A RESISTÊNCIA REAL À FADIGA, s'_n**
>
> 1. Especifique o material para a peça e determine sua resistência de tração máxima, s_u, considerando sua condição, como será utilizada em serviço.
> 2. Especifique o processo de fabricação utilizado para produzir a peça, com especial atenção à condição da superfície na área de maior tensão.
> 3. Utilize a Figura 5.8 para estimar a resistência modificada à fadiga, s_n.
> 4. Aplique um fator material, C_m, a partir da lista a seguir.
>   Aço forjado: $C_m = 1,00$
>   Aço fundido: $C_m = 0,80$
>   Aço em pó: $C_m = 0,76$
>   Ferro fundido maleável: $C_m = 0,80$
>   Ferro fundido cinzento: $C_m = 0,70$
>   Ferro fundido dúctil: $C_m = 0,66$
> 5. Aplique um fator "tipo de tensão": $C_{st} = 1,0$ para tensão de flexão; $C_{st} = 0,80$ para tensão axial.
> 6. Aplique um fator de confiabilidade, C_R, a partir da Tabela 5.2.
> 7. Aplique um fator de dimensão, C_s, utilizando a Figura 5.9 e a Tabela 5.3 como guias.
> 8. Calcule a resistência real estimada à fadiga, s'_n, a partir de
>
> $$s'_n = s_n (C_m)(C_{st})(C_R)(C_s) \qquad (5.6)$$

os quais não podem ser encontrados dados razoáveis por meio do ajuste dos valores do fator de segurança, como discutido na Seção 5.7.

As concentrações de tensão provocadas por mudanças repentinas em geometria são, na verdade, locais prováveis de ocorrência de falhas por fadiga. Deve-se tomar cuidado no projeto e na fabricação de peças ciclicamente carregadas para manter os fatores de concentração de tensão a um valor baixo. Aplicaremos os fatores de concentração de tensão àquela calculada em vez de à resistência à fadiga. Veja a Seção 5.8.

Enquanto 12 fatores que afetam a resistência à fadiga são discutidos na seção seguinte, observe que o procedimento que acabou de ser descrito inclui somente os cinco primeiros. São eles: *acabamento de superfície, fator material, fator "tipo de tensão", fator de confiabilidade* e *fator de dimensão*. Os outros são mencionados para alertá-lo quanto à variedade de condições que você deve investigar ao concluir um projeto. Entretanto, informações generalizadas são difíceis de adquirir para todos os fatores. Ensaios especiais devem ser realizados ou fontes adicionais de literatura precisam ser consultadas quando existirem condições para as quais nenhuma informação tenha sido oferecida por este livro. As referências no final deste capítulo contêm uma quantidade imensa dessas informações (veja as referências 2, 4, 7, 9, 11 e de 13 a 16).

Acabamento de superfície

Qualquer divergência de uma superfície polida reduz a resistência à fadiga porque a superfície mais áspera oferece locais onde tensões localmente aumentadas ou irregularidades na estrutura material dão início a trincas microscópicas que podem progredir para falhas por fadiga. Os processos de fabricação, corrosão e manuseio descuidado produzem aspereza prejudicial da superfície.

A Figura 5.8, adaptada de dados da Referência 8, mostra estimativas para a resistência à fadiga s_n comparada com a resistência máxima à tração de aços forjados para diversas condições de superfície possíveis. Primeiro, os dados projetam a resistência à fadiga de amostras polidas para equivaler a 0,50 vez a máxima e, então, aplicar um fator relacionado à condição da superfície. Unidades do sistema norte-americano são utilizadas na Figura 5.8(a), enquanto unidades do sistema internacional são mostradas na Figura 5.8(b). Projete verticalmente a partir do eixo s_u até a curva apropriada e, então, horizontalmente ao eixo de resistência à fadiga.

Os dados da Figura 5.8 não devem extrapolar $s_u > 220$ ksi ou 1500 MPa sem ensaios específicos, como os dados empíricos registrados na Referência 4, que são inconsistentes em níveis de resistência mais elevados.

Observe que a curva indicada como *polida*, na verdade, é uma linha reta, $s_n = 0,50 \, s_u$, o que implica um fator de 1,0, porque as amostras de ensaio de resistência à fadiga são polidas.

Superfícies de solo são bastante lisas e reduzem a resistência à fadiga por um fator de aproximadamente 0,90 para $s_u < 160$ ksi (1100 MPa), decrescendo a cerca de 0,80 para $s_u = 220$ ksi (1500 MPa). A usinagem ou trefilagem a frio produz uma superfície um tanto áspera por causa das marcas de ferramentas, resultando em um fator de redução em uma variação de 0,80 a 0,60 acima da faixa de tensão mostrada. A parte externa de um aço laminado a quente tem uma escala de rugosidade que produz um fator de redução de 0,72 a 0,30 se uma peça for utilizada como condição de "como laminada". Para uma peça forjada, não subsequentemente usinada, o fator varia de 0,57 a 0,20.

A partir desses dados, deveria ser óbvio o fato de que você precisa dar atenção especial ao acabamento de superfície para aquelas críticas expostas a carregamento por fadiga, de modo que elas sejam beneficiadas

(a) Unidades do sistema norte-americano

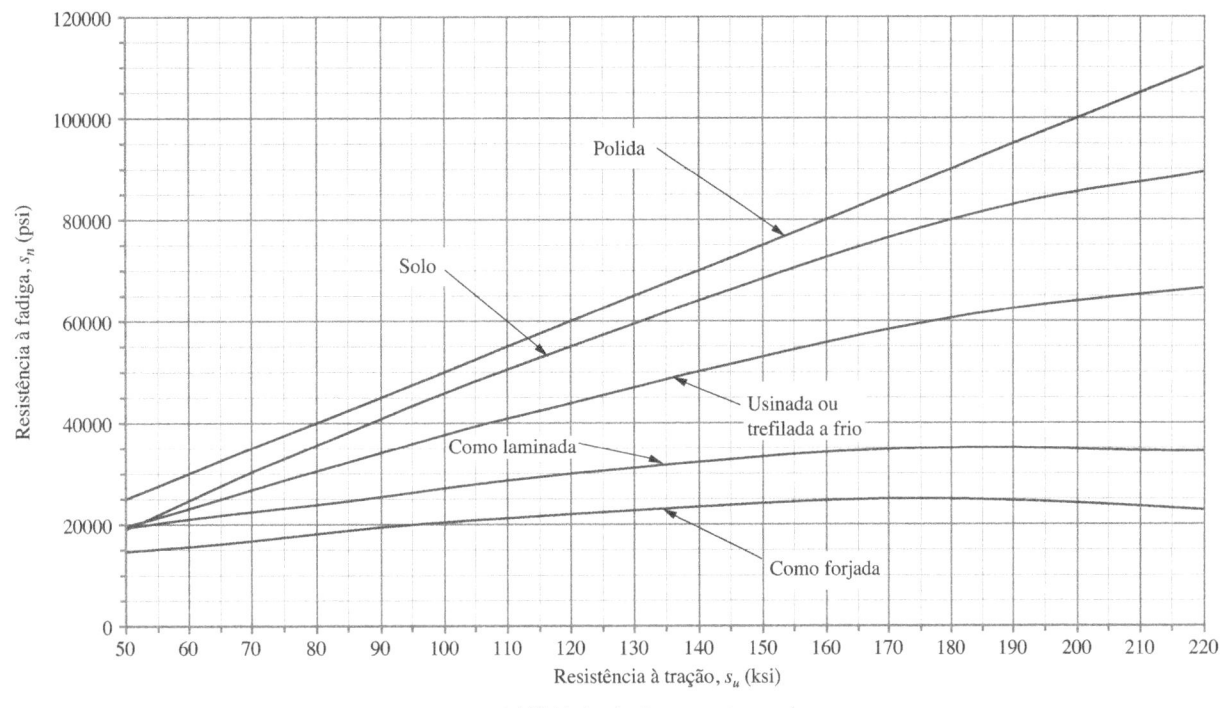

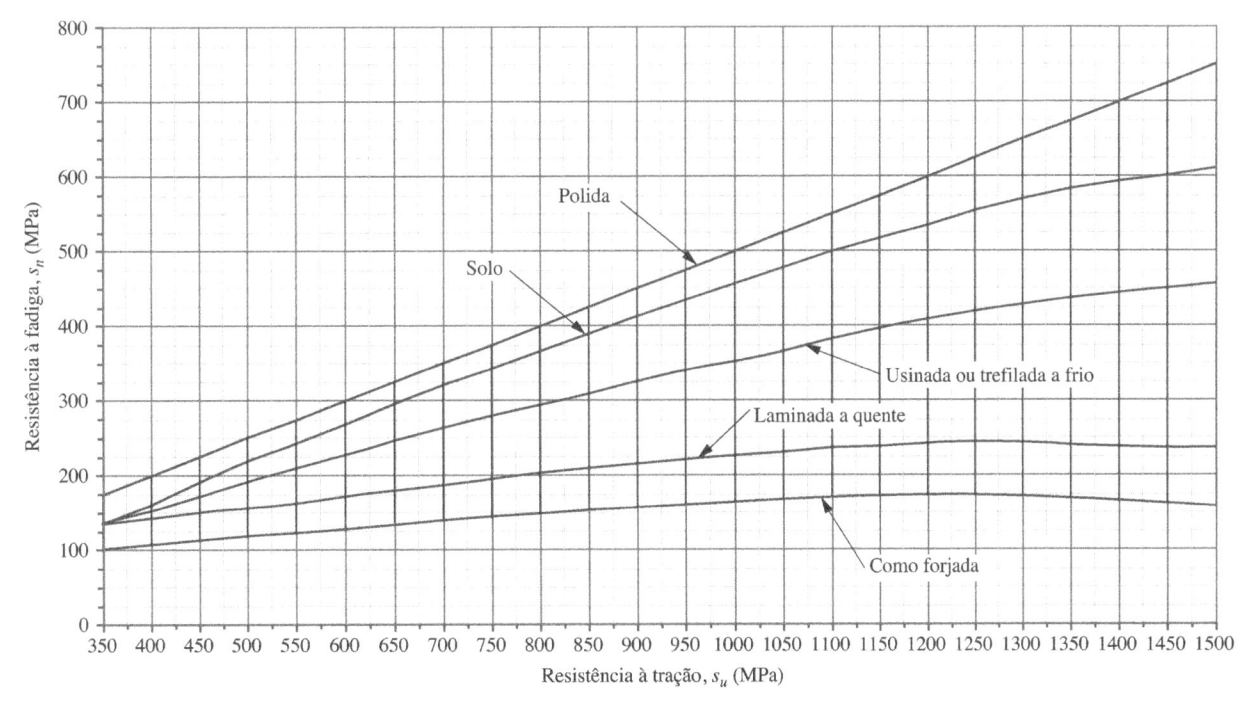

(b) Unidades do sistema internacional

▲ **FIGURA 5.8** Resistência à fadiga modificada para a condição de superfície *versus* resistência à tração para o aço forjado.

a partir da resistência básica do aço. Além disso, superfícies críticas de peças carregadas por fadiga devem ser protegidas de incisões, arranhões e corrosão porque estes reduzem drasticamente a resistência à fadiga.

Fatores materiais, C_m

As ligas de metal que têm uma composição química semelhante podem ser forjadas, fundidas ou processadas pela metalurgia dos pós para produzir a forma final. Em geral, os materiais forjados são laminados ou trefilados, e eles normalmente têm resistência à fadiga mais elevada que os fundidos. A estrutura dos grãos de muitos materiais fundidos ou metais sinterizados e a probabilidade de defeitos ou falhas internas e inclusões tendem a reduzir sua resistência à fadiga. A Referência 5 oferece dados a partir dos quais são obtidos os *fatores materiais* listados no passo 4 do procedimento delineado anteriormente.

Fator "tipo de tensão", C_{st}

Como discutido na Seção 5.3, a maioria dos valores de resistência à fadiga é obtida a partir de ensaios que utilizam uma barra cilíndrica rotacional submetida à flexão repetida e reversa na qual a peça externa experimenta o nível mais elevado. Os níveis de tensão diminuem linearmente até zero no centro da barra. Como as trincas por fadiga normalmente começam em regiões de elevada tensão por tração, uma proporção relativamente pequena do material enfrenta tais tensões. Compare isso com o caso da barra submetida à tensão de tração axial direta para a qual *todo* material experimenta tensão máxima. Há uma probabilidade mais elevada de que as falhas locais em qualquer ponto na barra possam dar início a trincas por fadiga. O resultado é que a resistência à fadiga de um material submetido à tensão axial reversa e cíclica seja de aproximadamente 80% daquele a partir da flexão cíclica e reversa. Neste livro, presumimos que os valores básicos de resistência à fadiga são obtidos a partir de ensaios de flexão rotacionais, e recomendamos os fatores $C_{st} = 1,0$ para a tensão por flexão e $C_{st} = 0,80$ para o carregamento axial.

Fator de confiabilidade, C_R

Os valores de resistência à fadiga do aço na Figura 5.8 apontam valores médios derivados de muitos ensaios de amostras que têm resistência máxima e condições de superfície adequadas. Naturalmente, há uma variação entre os pontos de valores; ou seja, metade é mais elevada e metade é mais baixa que os valores registrados na curva dada. A curva, portanto, representa confiabilidade de 50%, indicando que metade das peças falharia. Obviamente, recomenda-se projetar para uma confiabilidade bem mais elevada, quer dizer, de 90%, 99% ou 99,9%. Um fator pode ser utilizado para estimar uma resistência mais baixa à fadiga a ser utilizada no projeto a fim de produzir valores de confiabilidade mais elevados. Idealmente, deve ser obtida uma análise estatística de dados reais do material a ser empregado no projeto. Ao se fazer determinadas suposições acerca da forma de distribuição dos valores de resistência, a Referência 8 indica os dados na Tabela 5.2 como fatores aproximados de confiabilidade, C_R.

Fator de dimensão, C_s — seções circulares em flexão rotacional

Relembre que os valores básicos de resistência à fadiga foram obtidos para uma amostra com uma seção transversal circular que tem um diâmetro de 7,62 mm (0,30 pol), e que esta foi submetida uma flexão reversa e cíclica enquanto rotacionava. Desse modo, cada parte da superfície é colocada sob uma tensão máxima de flexão por tração em cada revolução. Além disso, o local mais provável de início da falha por fadiga é na zona de tensão de tração máxima com uma pequena distância da superfície externa.

Dados provenientes das referências 5 e 8 mostram que, enquanto o diâmetro de uma amostra em flexão circular rotacional aumenta, a resistência à tração diminui porque o gradiente de tensão (mudança na tensão como uma função do raio) coloca uma proporção maior do material na região de maior tensão. A Figura 5.9 e a Tabela 5.3 indicam o fator de dimensão que será utilizado neste livro, adaptado da Referência 8. Esses valores podem ser utilizados tanto para as seções circulares ocas quanto sólidas.

Fator de dimensão, C_s — outras condições

Diferentes abordagens são necessárias para determinar o fator de dimensão quando uma peça com uma seção circular é submetida à flexão cíclica e reversa, mas *não está em rotação*, ou quando a peça tem uma seção transversal não circular. Mostraremos aqui um

▼ TABELA 5.2 Fatores de confiabilidade aproximados, C_R.

Confiabilidade desejada	C_R
0,50	1,0
0,90	0,90
0,99	0,81
0,999	0,75

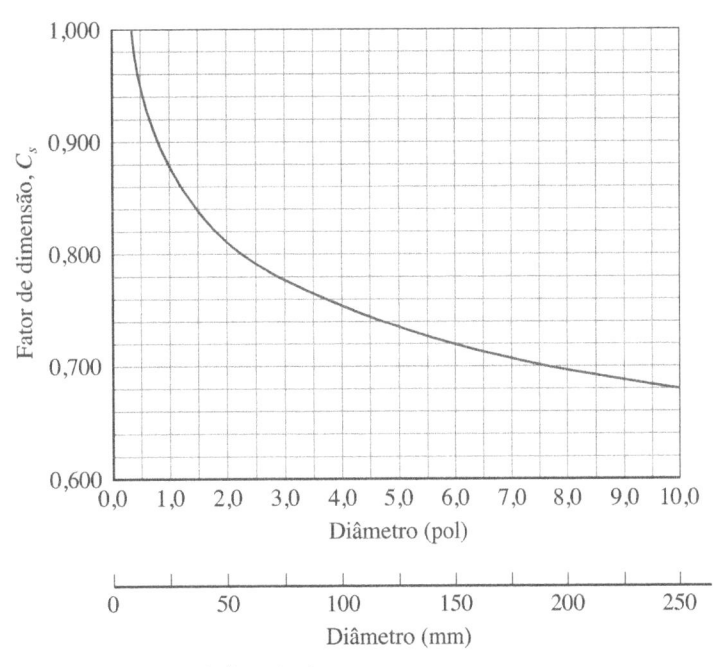

FIGURA 5.9 Fator de dimensão, C_s.

procedimento adaptado da Referência 8 que tem como foco o volume da peça que experimenta 95% ou mais da tensão máxima. É nesse volume que a falha por fadiga tem mais chance de ser iniciada. Além disso, de modo a relacionar a dimensão física de tais seções aos valores do fator de dimensão na Figura 5.9, desenvolvemos um diâmetro equivalente, D_e.

Quando as partes em questão têm uma geometria uniforme sobre o comprimento de interesse, o volume é o produto do comprimento e da área de seção transversal. Podemos comparar diferentes perfis ao considerar uma unidade de comprimento para cada um e observar somente as áreas. Para termos uma base, começaremos a determinar uma expressão para aquela parte de uma seção circular submetida a 95% ou mais da tensão máxima de flexão rotacional, chamando essa área de A_{95}. Como a tensão é diretamente proporcional ao raio, precisamos da área do anel estreito entre a superfície externa com o diâmetro completo D e um círculo cujo diâmetro é 0,95D, como mostra a Figura 5.10(a). Então,

$$A_{95} = (\pi/4)[D^2 - (0,95D)^2] = 0,0766D^2 \quad (5.7)$$

Demonstre que essa mesma equação se aplica a uma seção circular oca, como indica a Figura 5.10(b). Desse modo, é possível verificar que os valores de fator de dimensão apontados na Figura 5.9 e na Tabela 5.3 se aplicam diretamente tanto às seções circulares sólidas quanto às ocas, quando elas experimentam flexão rotacional.

SEÇÃO CIRCULAR NÃO ROTACIONAL EM FLEXÃO CÍCLICA E REVERSA. Considere agora uma seção circular sólida não rotacional, mas que seja flexionada para trás e para a frente, em flexão cíclica e reversa. Somente os segmentos superior e inferior para além de um raio de 0,475D experimentam 95% ou mais da tensão de flexão máxima, como exibido na Figura 5.10(c). Utilizando as propriedades do segmento de um círculo, é possível demonstrar que

$$A_{95} = 0,0105D^2 \quad (5.8)$$

Agora podemos determinar o *diâmetro equivalente*, D_e, para essa área igualando as equações 5.7 e 5.8

TABELA 5.3 Fatores de dimensão.

Unidades do sistema norte-americano	
Variação dimensional	Para D em polegadas
$D \leq 0,30$	$C_s = 1,0$
$0,30 < D \leq 2,0$	$C_s = (D/0,3)^{-0,11}$
$2,0 < D < 10,0$	$C_s = 0,859 - 0,02125D$
Unidades do sistema internacional	
Variação dimensional	Para D em mm
$D \leq 7,62$	$C_s = 1,0$
$7,62 < D \leq 50$	$C_s = (D/7,62)^{-0,11}$
$50 < D < 250$	$C_s = 0,859 - 0,000837D$

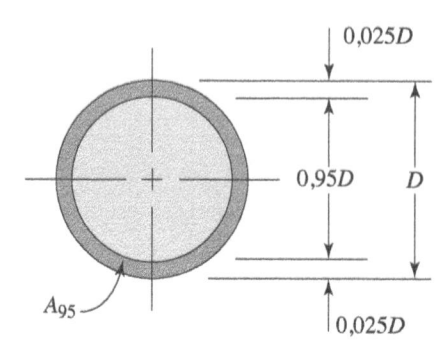

(a) Rotação da seção circular sólida

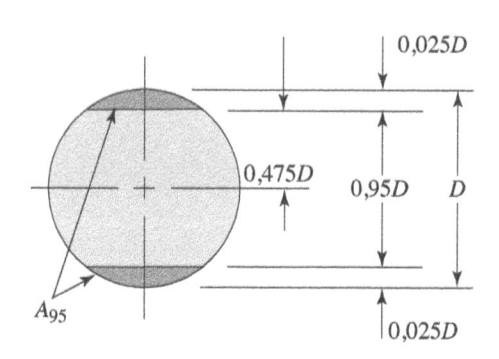

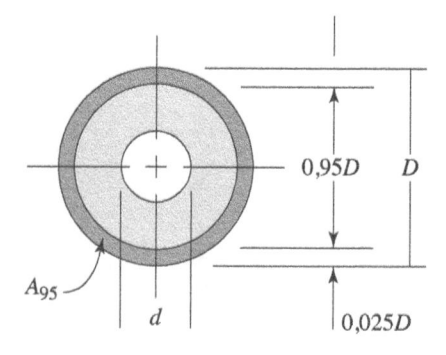

(b) Rotação da seção circular oca

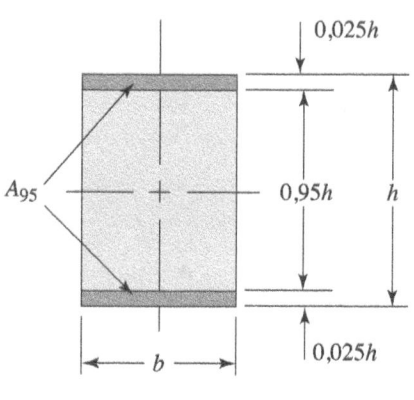

(c) Não rotação da seção circular sólida

(d) Seção retangular

▲ **FIGURA 5.10** Geometria das seções para calcular a área A_{95}.

enquanto denominamos o diâmetro na Equação 5.7 como D_e, e então calculamos D_e.

$$0{,}0766 D_e^2 = 0{,}0105 D^2$$

$$D_e = 0{,}370 D \tag{5.9}$$

Essa mesma equação se aplica a uma seção circular oca. O diâmetro, D_e, pode ser utilizado na Figura 5.9 ou na Tabela 5.3 para encontrar o fator de dimensão.

SEÇÃO RETANGULAR EM FLEXÃO CÍCLICA E REVERSA. A área A_{95} é exibida na Figura 5.10(d) como as duas tiras com espessura de $0{,}025h$ nas partes superior e inferior da seção. Desse modo,

$$A_{95} = 0{,}05 hb$$

Igualando isso a A_{95} de uma seção circular, temos:

$$0{,}0766 D_e^2 = 0{,}05 hb \tag{5.10}$$

$$D_e = 0{,}808 \sqrt{hb}$$

Esse diâmetro pode ser utilizado na Figura 5.9 ou na Tabela 5.3 para determinar o fator de dimensão.

Outros formatos podem ser analisados da mesma maneira.

QUALQUER FORMATO EM TENSÃO POR TRAÇÃO AXIAL DIRETA CÍCLICA. Esse caso especial se baseia no conceito de que há maior probabilidade de se iniciar uma falha por fadiga nas zonas de tensão por tração mais elevada. Para flexão e torção, a tensão por tração mais elevada ocorre nas partes externas da seção transversal, e essa é a base para os valores da Figura 5.9. Entretanto, para a tensão por tração axial, todas as partes da seção transversal experimentam o mesmo nível de tensão por tração e, portanto, elas são igualmente suscetíveis a começar uma trinca por fadiga.

Neste caso, utilize $C_s = 1{,}0$, independentemente da dimensão do membro.

Outros fatores

Os fatores a seguir não estão incluídos quantitativamente nas soluções dos problemas deste livro, em razão da dificuldade de encontrar dados generalizados. Entretanto, considere cada um ao se envolver em futuros projetos e procure dados adicionais, conforme a necessidade.

FALHAS OU DEFEITOS. Defeitos internos do material, especialmente prováveis em peças fundidas, são pontos nos quais se iniciam trincas por fadiga. Partes críticas podem ser inspecionadas por técnicas de raio X para falhas ou defeitos internos. Se elas não forem inspecionadas, um fator de segurança acima da média deve ser especificado para peças fundidas e uma menor resistência à fadiga, utilizada.

Temperatura. A maioria dos materiais tem uma menor resistência à fadiga em altas temperaturas. Operações acima de 260 °C (500 °F) reduzirão a resistência à fadiga da maior parte dos aços. Veja a Referência 8.

Propriedades não uniformes dos materiais. Muitos materiais têm diferentes propriedades em diferentes direções por causa da maneira pela qual foram processados. Produtos em chapas laminadas ou barras normalmente são mais fortes na direção da laminação do que na transversa. É provável que ensaios de fadiga tenham sido executados em barras orientadas na direção mais forte. A tensão de tais materiais na direção transversa pode resultar em menor resistência à fadiga.

Há também probabilidade de existência de propriedades não uniformes nas proximidades das soldas em razão da penetração incompleta destas, inclusões de escória e variações na geometria da parte na solda. Além disso, a soldagem de materiais termicamente tratados pode alterar a resistência deles por causa do recozimento próximo da solda. Alguns processos de soldagem podem resultar na produção de tensões de tração residuais que diminuem a resistência à fadiga efetiva do material. O recozimento ou a normalização depois da soldagem são frequentemente utilizados para aliviar essas tensões, mas o efeito desses tratamentos na resistência do material de base deve ser considerado.

Tensões residuais. As falhas por fadiga normalmente se iniciam em locações de tensão de tração relativamente alta. Qualquer processo de fabricação que tende a produzir tensão por tração residual diminuirá a resistência à fadiga da componente. A soldagem já foi mencionada como um processo que pode produzir tensão por tração residual. A retificação e a usinagem, especialmente com índices elevados de remoção de material, também provocam tensões de tração residuais indesejáveis. Áreas críticas de componentes de carga carregadas ciclicamente devem ser usinadas ou retificadas de maneira suave.

Os processos que produzem tensões *compressivas* residuais podem provar que são benéficos. Jateamento (ou granalhagem) e forjamento são dois desses métodos. O *jateamento* é realizado por meio do direcionamento de um fluxo em alta velocidade de esferas ou pastilhas endurecidas sobre a superfície a ser tratada. O processo de forjamento utiliza uma série de golpes de martelo sobre a superfície. Virabrequins, molas, engrenagens e outras peças de máquina carregadas ciclicamente podem se beneficiar desses métodos.

Corrosão e fatores ambientais. Os valores de resistência à fadiga normalmente são medidos com a amostra no ar. As condições de operação que expõem uma componente a água, soluções salinas ou outros ambientes corrosivos podem reduzir significativamente a resistência à fadiga efetiva. A corrosão talvez provoque a aspereza prejudicial da superfície local, e também altere a estrutura interna do grão e a química do material. Os aços expostos ao hidrogênio são especialmente afetados de maneira adversa.

Nitretação. A nitretação é um processo de endurecimento de superfície para ligas de aços nas quais o material é aquecido a 514 °C (950 °F) em uma atmosfera de nitrogênio, normalmente gás de amônia, seguido de um resfriamento lento. A melhora da resistência à fadiga de 50% ou mais pode ser alcançada com a nitretação.

Efeito da relação de tensão na resistência à fadiga. A Figura 5.11 mostra a variação geral dos valores de resistência à fadiga para determinado material quando a relação de tensão R varia de $-1,0$ a $+1,0$, abrangendo uma diversidade de casos, inclusive:

- Tensão reversa, cíclica (Figura 5.3); $R = -1,0$.
- Tensão flutuante parcialmente reversa com uma tensão média de tração [Figura 5.4(b)]; $-1,0 < R < 0$.
- Tensão de tração unidirecional cíclica (Figura 5.6); $R = 0$.
- Tensão de tração flutuante [Figura 5.4(a)]; $0 < R < 1,0$.
- Tensão estática (Figura 5.1); $R = 1$.

Observe que a Figura 5.11 é somente um exemplo, e não deve ser utilizada para determinar os pontos de dados reais. Se esses dados são desejados para um material em especial, informações específicas devem ser encontradas tanto experimentalmente quanto na literatura publicada.

O tipo mais prejudicial de tensão entre aqueles listados é a tensão reversa cíclica com $R = -1$. (Veja a Referência 4.) Relembre que o eixo rotacional em flexão, como mostra a Figura 5.3, é um exemplo de um membro sob carregamento submetido a uma relação de tensão $R = -1$.

As tensões flutuantes com uma tensão média compressiva, como demonstram as partes (c) e (d) da Figura 5.4, não afetam de modo significativo a resistência à fadiga do material porque as falhas por fadiga tendem a se originar em regiões de tensão de tração.

Observe que as curvas da Figura 5.11 indicam estimativas da resistência à fadiga, s_n, como uma função da resistência à tração máxima do aço. Esses dados são aplicados a amostras polidas ideais e não incluem nenhum dos outros fatores discutidos nesta seção. Por exemplo, a curva de $R = -1,0$ (flexão reversa) mostra que a resistência à fadiga do aço equivale a aproximadamente 0,5 vez da tensão máxima ($0,50 \times s_u$) para números amplos de ciclos de carregamento

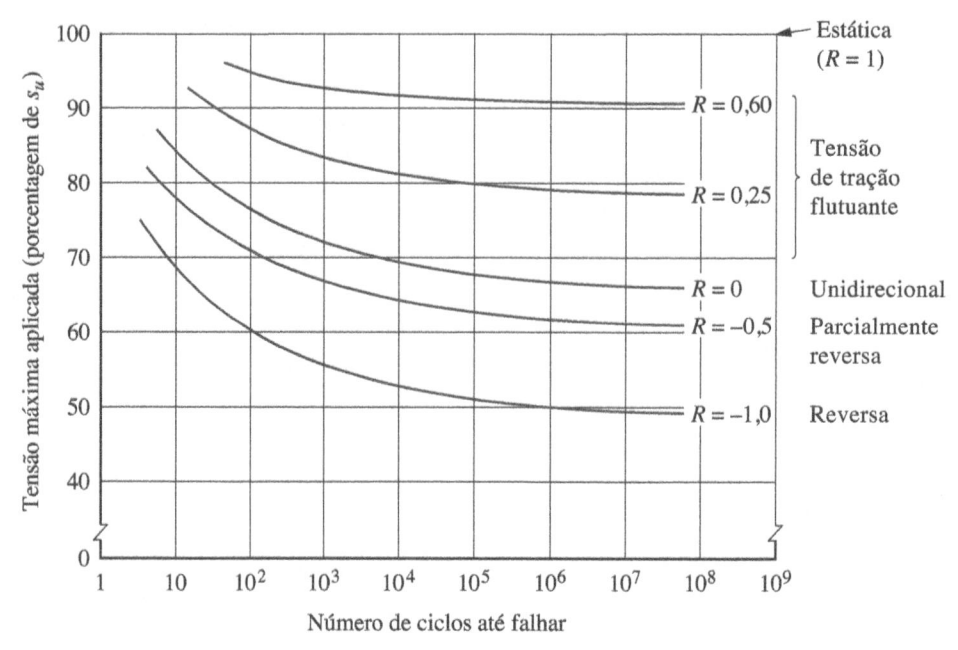

▲ **FIGURA 5.11** Efeito da relação de tensão R na resistência à fadiga de um material.

(cerca de 10^5 ou mais). Essa é uma boa estimativa geral para aços. O gráfico também aponta que os tipos de carga que produzem R maior que –1,0, mas menor que 1,0, têm um efeito menor sobre a resistência à fadiga. Isso ilustra que os dados utilizados a partir do ensaio de flexão reversa compõem o processo mais conservador.

Não empregaremos a Figura 5.11 diretamente para problemas neste livro porque nosso procedimento para estimar a resistência real à fadiga começa com o uso da Figura 5.8, que apresenta valores provenientes de ensaios de flexão reversa. Desse modo, o efeito da relação de tensão já está incluído. A Seção 5.8 contém os métodos de análise para casos de carregamento nos quais a tensão flutuante produz uma relação de tensão diferente de $R = -1,0$.

5.5 EXEMPLOS PARA ESTIMAR A RESISTÊNCIA REAL À FADIGA

Esta seção contém dois exemplos que demonstram a aplicação do *Procedimento para estimar a resistência real à fadiga*, s'_n, que foi apresentado na seção anterior.

EXEMPLO 5.2		Estime a resistência real à fadiga do aço trefilado a frio SAE 1050, quando utilizado em um eixo circular submetido apenas à flexão rotacional. O eixo será usinado a um diâmetro de aproximadamente 1,75 pol.
SOLUÇÃO	Objetivo	Calcular a resistência real e estimada à fadiga do material do eixo.
	Dados	Aço trefilado a frio SAE 1050, usinado. Dimensão da seção: $D = 1,75$ pol. Tipo de tensão: flexão reversa, cíclica.
	Análise	Utilize o Procedimento para estimar a resistência real à fadiga, s'_n. ***Passo 1:*** Resistência máxima à tração: $s_u = 100$ ksi proveniente do Apêndice 3. ***Passo 2:*** O diâmetro é usinado.

Passo 3: A partir da Figura 5.8, $s_n = 38$ ksi.

Passo 4: Fator material para o aço forjado: $C_m = 1,0$.

Passo 5: Fator "tipo de tensão" para flexão reversa: $C_{st} = 1,0$.

Passo 6: Especifique uma confiabilidade desejada de 0,99. Então, $C_R = 0,81$ (decisão de projeto).

Passo 7: Fator de dimensão para a seção circular com $D = 1,75$ pol. A partir da Figura 5.9, $C_s = 0,83$.

Passo 8: Utilize a Equação 5.6 para calcular a resistência real estimada à fadiga.

$$s'_n = s_n(C_m)(C_{st})(C_R)(C_s) = 38 \text{ ksi}(1,0)(1,0)(0,81)(0,83) = 25,5 \text{ ksi}$$

Comentário   Esse é o nível de tensão que seria esperado para produzir falha por fadiga em um eixo rotacional, em decorrência da ação de flexão reversa. Isso é levado em conta para a resistência básica à fadiga do material forjado trefilado a frio SAE 1050, o efeito da superfície usinada, a dimensão da seção e a confiabilidade desejada.

EXEMPLO 5.3

Estime a resistência real à fadiga da liga de aço que tem uma resistência máxima de 120 ksi quando utilizada em uma barra submetida a uma carga de flexão reversa e cíclica. A barra será usinada a uma seção transversal retangular, com 1,50 pol de largura × 2,00 pol de altura.

SOLUÇÃO

Objetivo   Calcular a resistência real à fadiga do material da barra.

Dados   Liga de aço usinado: $s_u = 120$ ksi.
Dimensão da seção: $b = 1,50$ pol, $h = 2,00$ pol retangular.
Tipo de tensão: flexão cíclica e reversa.

Análise   Utilize o Procedimento para estimar a resistência real à fadiga, s'_n.

Passo 1: A tensão máxima de tração é determinada para ser $s_u = 120$ ksi.

Passo 2: As superfícies são usinadas.

Passo 3: A partir da Figura 5.8, $s_n = 44$ ksi.

Passo 4: Fator material para a liga de aço: $C_m = 0,80$.

Passo 5: Fator "tipo de tensão" para flexão: $C_{st} = 1,00$.

Passo 6: Especifique uma confiabilidade desejada de 0,99. Então, $C_R = 0,81$ (decisão de projeto).

Passo 7: Fator de dimensão para a seção retangular: em primeiro lugar, utilize a Equação 5.10 para determinar o diâmetro equivalente,

$$D_e = 0,808\sqrt{hb} = 0,808\sqrt{(2,00 \text{ pol})(1,50 \text{ pol})} = 1,40 \text{ pol}$$

Então, a partir da Figura 5.9, $C_s = 0,85$.

Passo 8: Utilize a Equação 5.6 para calcular a resistência real estimada à fadiga.

$$s'_n = s_n(C_m)(C_{st})(C_R)(C_s) = 44 \text{ ksi}(0,80)(1,00)(0,81)(0,85) = 24,2 \text{ ksi}$$

5.6 FILOSOFIA DE PROJETO

É responsabilidade do projetista garantir que uma peça de máquina seja segura para uma operação sob condições razoavelmente previsíveis. Você deve avaliar cuidadosamente a aplicação na qual a componente será utilizada, o ambiente no qual ela irá operar, a natureza das cargas aplicadas, os tipos de tensão às quais a componente será exposta, o tipo de material a ser utilizado e o grau de confiança que você tem no seu conhecimento acerca da aplicação. Algumas considerações gerais são:

1. *Aplicação.* A componente será produzida em grandes ou pequenas quantidades? Quais técnicas de fabricação serão utilizadas para fazer a componente? Quais são as consequências de falha em termos de perigo às pessoas e quanto aos custos? Quão sensível ao custo é o projeto? A pequena dimensão física ou o baixo peso são importantes? Com quais outras peças ou dispositivos a componente estabelecerá áreas de interface? Para qual vida útil a componente está sendo projetada? A componente passará por manutenção e será inspecionada periodicamente?

2. *Ambiente.* A qual variação de temperatura a componente será exposta? A componente será exposta a voltagem ou corrente elétrica? Qual o seu potencial de corrosão? Tamanho reduzido ou baixo peso são fatores importantes? Haverá acesso protegido para manutenção? É importante haver pouco ruído? O ambiente é sujeito a vibração?

3. *Cargas.* Identifique a natureza das cargas aplicadas à componente que está sendo projetada com o máximo possível de detalhes. Considere todos os modos de operação, incluindo inicialização, desligamento, operação normal e sobrecargas previsíveis. As cargas devem ser caracterizadas como *estáticas, cíclicas e reversas, flutuantes,* por *choque* ou *impacto,* conforme discutido na Seção 5.2. As magnitudes básicas das cargas são: *máxima, mínima* e *média.* As variações de carga ao longo do tempo devem ser documentadas da maneira mais completa possível. As cargas médias altas serão aplicadas em longos períodos de tempo, particularmente a altas temperaturas, para as quais a fluência deve ser levada em conta? Essa informação influenciará os detalhes do processo do projeto.

4. *Tipos de tensão.* Considerando a natureza das cargas e a maneira de apoiar a componente, quais tipos de tensão serão criados: tração direta, compressão, cisalhamento direto, flexão ou cisalhamento torcional? Dois ou mais tipos de tensão serão aplicados simultaneamente? As tensões são desenvolvidas em uma direção (*uniaxialmente*), duas direções (*biaxialmente*) ou três direções (*triaxialmente*)? Existe probabilidade de ocorrer flambagem?

5. *Material.* Considere as propriedades dos materiais exigidas de tensão de escoamento, resistência máxima à tração, resistência compressiva máxima, resistência à fadiga, rigidez, ductilidade, tenacidade, resistência à fluência, resistência à corrosão e outras em relação a aplicação, cargas, tensões e ambiente. A componente será feita a partir de um metal ferroso, como carbono simples, liga de aço, aço inoxidável, aço estrutural ou ferro fundido? Ou será utilizado um metal não ferroso como alumínio, latão, bronze, titânio, magnésio ou zinco? O material é frágil (alongamento percentual < 5%) ou dúctil (alongamento percentual > 5%)? Os materiais dúcteis têm elevada preferência em componentes submetidas a cargas por fadiga, choque ou impacto. Os plásticos serão utilizados? A aplicação é adequada ao material compósito? Você deveria considerar outros não metais como cerâmica ou madeira? As propriedades térmicas ou elétricas do material são importantes?

6. *Confiança.* Qual o grau de confiabilidade dos valores de cargas, propriedades dos materiais e cálculos de tensão? Os controles de processos de fabricação são adequados para garantir que a componente será produzida como projetada, no que diz respeito a precisão dimensional, acabamento de superfície e propriedades finais dos materiais "como fabricados"? O manuseio, uso ou exposição ambiental subsequentes criarão danos que possam afetar a segurança ou vida da componente? Essas considerações afetarão sua decisão para o fator de segurança, N, que será discutido na seção seguinte.

Todas as abordagens de projeto devem definir a relação entre as tensões aplicadas em uma componente e a resistência do material a partir do qual ela será feita, considerando as condições de serviço. A base da resistência para o projeto pode ser a tensão de escoamento na tração, compressão ou cisalhamento; a resistência máxima em tração, compressão ou cisalhamento; a resistência à fadiga; ou alguma combinação delas. O objetivo do processo de projeto é alcançar um *fator de segurança* adequado, N (às vezes chamado de *fator de projeto*), que garanta a integridade da componente. Ou seja, a resistência do material deve ser melhor do que as tensões aplicadas. Os fatores de segurança são discutidos na seção seguinte.

A sequência da análise do projeto será diferente, dependendo do que já foi especificado e do que será deixado para ser determinado. Por exemplo,

1. *A geometria da componente e o carregamento são conhecidos:* aplicamos o fator de segurança desejado, N, à tensão esperada real para determinar a resistência exigida do material. Assim, um material adequado pode ser especificado.

2. *O carregamento é conhecido e o material para a componente já foi especificado:* calculamos uma *tensão de projeto* aplicando o fator de segurança desejado, N, à resistência apropriada do material. Essa é a tensão máxima admissível à qual qualquer parte da componente pode ser exposta. Podemos, então, completar a análise de tensão para determinar qual perfil e dimensão da componente garantirá que as tensões estejam seguras.

3. *O carregamento é conhecido, e o material e a geometria completa da componente já foram especificados:* calculamos tanto a tensão máxima aplicada esperada quanto a tensão de projeto. Ao compará-las, podemos determinar o fator segurança de projeto resultante, N, para o projeto proposto e julgar sua aceitabilidade. Um reprojeto pode ser requisitado se o fator de segurança for muito baixo (inseguro) ou muito alto (conservativo).

Considerações práticas. Ao assegurar que uma componente é segura, espera-se também que o projetista faça um projeto que seja possível de produzir, considerando diversos fatores.

- Cada decisão de projeto deve ser testada quanto ao custo para alcançá-lo.
- Deve-se checar a disponibilidade de material.
- Considerações de fabricação devem afetar especificações finais para a geometria global, dimensões, tolerâncias ou acabamento de superfície.
- Em geral, as componentes devem ser as menores possíveis, a não ser que as condições de operação exijam peso ou dimensões amplas.
- Após calcular a dimensão mínima aceitável para uma característica de uma componente, dimensões-padrão ou preferenciais devem ser especificadas utilizando-se a prática normal da empresa ou tabelas de dimensões preferíveis, como aquelas listadas no Apêndice 2.
- Antes que o processo se comprometa com a produção, as tolerâncias em todas as dimensões e acabamentos de superfície aceitáveis devem ser especificadas de modo que o engenheiro e o técnico de produção possam estabelecer processos de fabricação adequados.
- Acabamentos de superfície somente devem ser lisos quando forem exigidos para a função de uma área particular de uma componente, considerando aparência, efeitos na resistência à fadiga e se a área combina ou não com a outra componente. Veja o Capítulo 13.
- Tolerâncias devem ser as maiores possíveis enquanto for mantido o desempenho aceitável da componente. O custo para produzir menores tolerâncias cresce de maneira dramática. Veja o Capítulo 13.
- As dimensões finais e tolerâncias para algumas características podem ser afetadas pela necessidade de combinação com outras componentes. Folgas e ajustes apropriados devem ser definidos, conforme discutido no Capítulo 13. Outro exemplo é a montagem de um rolamento comercialmente disponível sobre um eixo para o qual o fabricante especifica a dimensão nominal e as tolerâncias para o rolamento se fixar no eixo. O Capítulo 16 oferece diretrizes para folgas entre as peças móveis e estáticas onde são utilizadas tanto a lubrificação de limite quanto a hidrodinâmica.
- Alguma característica da componente será subsequentemente pintada ou banhada, afetando as dimensões finais?

Deformações. Elementos de máquina também podem falhar por causa da deformação ou vibração excessiva. Com base no seu estudo da resistência de materiais, você deve ser capaz de calcular deformações decorrentes de tração axial ou cargas compressivas, flexão, torção ou mudanças de temperatura. Alguns dos conceitos básicos são revistos no Capítulo 3. Para perfis mais complexos ou padrões de carregamento, técnicas de análise computacional, como a de elementos finitos, são importantes auxílios.

Critérios de falha decorrente de deformação são, com frequência, altamente dependentes do uso da máquina. A deformação excessiva fará dois ou mais membros se tocarem quando eles não deveriam? A precisão desejada ficará comprometida? A peça parecerá ou será percebida como muito flexível? As partes vibrarão excessivamente ou ressonarão nas frequências experimentadas durante a operação? Os eixos rotacionais apresentarão uma velocidade crítica durante a operação, resultando em oscilações descontroladas das partes carregadas pelo eixo?

Este capítulo não abordará a análise quantitativa de deformação, deixando que fique sob sua responsabilidade o desenvolvimento do projeto de uma máquina. Capítulos posteriores enfatizam alguns casos críticos, como o ajuste da interferência entre duas peças de acoplamento (Capítulo 13), a posição do dente de uma engrenagem em relação à sua engrenagem de acoplamento (Capítulo 9), a folga radial entre um rolamento periódico e o eixo que rotaciona dentro dele (Capítulo 16) e a deformação das molas (Capítulo 18). Além disso, a Seção 5.9, como uma parte do procedimento geral do projeto, sugere algumas diretrizes para limitar deflexões.

5.7 FATORES DE SEGURANÇA

A expressão *fator de segurança*, N, é uma medida da segurança relativa de uma componente sob carregamento. Na maioria dos casos, a resistência do material a partir da qual a componente será feita é dividida pelo fator de segurança para determinar uma *tensão de projeto*, σ_d, às vezes chamada de *tensão admissível*. Assim, a tensão real à qual a componente está submetida deve ser menor do que a de projeto. Para alguns tipos de carregamento, é mais conveniente estabelecer uma relação a partir da qual o fator de segurança, N, pode ser calculado com base nas tensões reais aplicadas e na resistência do material. Ainda em outros casos, particularmente no da flambagem de colunas, como discutido no Capítulo 6, o fator de segurança é aplicado à *carga* sobre a coluna, em vez de na resistência do material.

A Seção 5.8 apresenta métodos para calcular a tensão de projeto ou o fator de segurança para muitos diferentes tipos de carregamento e materiais.

O projetista deve determinar o que deve ser um valor razoável para o fator de segurança, em qualquer situação. Frequentemente, o valor do fator de segurança ou a tensão de projeto é regida por códigos estabelecidos por organizações que definem padrões, como a American Society of Mechanical Engineers, a American Gear Manufacturers Association, o U.S. Department of Defense, a Aluminum Association ou o American Institute of Steel Construction. Para estruturas, códigos de construção estatais ou locais muitas vezes prescrevem fatores ou tensões de projeto. Algumas empresas têm adotado suas próprias políticas que especificam fatores de projeto com base em experiências vividas em condições semelhantes.

Na ausência de códigos ou padrões, o projetista deve fazer considerações para definir o fator de segurança desejado. Parte da filosofia de projeto, discutida na Seção 5.6, identifica questões como a natureza da aplicação, o ambiente, o tipo de cargas sobre a componente que será projetada, análise de tensão, propriedades dos materiais e o grau de confiança nos valores usados nos processos do projeto. Todas essas considerações afetam a decisão sobre qual valor do fator de segurança é apropriado. Este livro irá utilizar as diretrizes a seguir.

Materiais dúcteis

1. **N = 1,25 a 2,0.** Projeto de estruturas sob cargas estáticas para as quais há um nível elevado de confiança em todos os dados.
2. **N = 2,0 a 2,5.** Projeto de elementos de máquina sob carregamento dinâmico com confiança média em todos os dados. (Normalmente utilizado nas soluções de problemas neste livro.)
3. **N = 2,5 a 4,0.** Projeto de estruturas estáticas ou elementos de máquina sob carregamento dinâmico com incerteza sobre cargas, propriedades dos materiais, análise de tensão ou ambiente.
4. **N = 4,0 ou mais.** Projeto de estruturas estáticas ou elementos de máquina sob carregamento dinâmico com incerteza sobre algumas combinações de cargas, propriedades dos materiais, análise de tensão ou ambiente. O desejo de oferecer segurança extra para componentes críticas pode também justificar esses valores.

Materiais frágeis

5. **N = 3,0 a 4,0.** Projeto de estruturas sob cargas estáticas para as quais há um nível elevado de confiança em todos os dados.
6. **N = 4,0 a 8,0.** Projeto de estruturas estáticas ou elementos de máquina sob carregamento dinâmico com incerteza sobre cargas, propriedades dos materiais, análise de tensão ou ambiente.

As seções seguintes (5.8 e 5.9) oferecem orientação na introdução do fator de segurança com atenção especial à seleção da base de resistência para o projeto e cálculo da tensão de segurança. Em geral, o projeto para carregamento estático envolve a aplicação do fator de segurança à tensão de escoamento ou resistência máxima do material. O carregamento dinâmico exige a aplicação do fator de segurança para a resistência à fadiga utilizando os métodos descritos na Seção 5.4 a fim de estimar a resistência real à fadiga para as condições sob as quais estão operando as componentes.

5.8 PREVISÕES DE FALHA E MÉTODOS DE ANÁLISE DE PROJETO

Os projetistas devem entender os vários meios pelos quais as componentes sob carregamento podem falhar, de modo a completar um projeto que garanta que a falha *não ocorra*. Muitos diferentes métodos de previsão de falhas estão disponíveis, e é de responsabilidade do projetista selecionar o mais apropriado às condições do projeto. Nesta seção, descrevemos os métodos que encontraram um elevado nível de uso em campo e discutimos as situações nas quais cada um é aplicável. Os fatores envolvidos são a natureza da carga (estática, cíclica e reversa ou flutuante), o tipo de material (dúctil ou frágil) e a quantidade de esforço de projeto e análise que pode ser justificada pela natureza da componente ou produto que está sendo projetado.

Esta seção descreve os métodos mais frequentemente utilizados para análise de tensão e projeto neste livro. As seções seguintes apresentam um método de análise de tensão generalizado e mostram diversos exemplos de projeto. Partes posteriores do capítulo incluem outras abordagens relacionadas ao projeto que podem ser úteis na sua carreira.

Os métodos de projeto seguintes definem a relação entre tensões aplicadas sobre uma componente e a resistência do material a partir do qual ele é feito com base em tipos relevantes de carregamento. A base de resistência para o projeto pode ser tensão de escoamento, resistência máxima, resistência à fadiga ou uma combinação delas. O objetivo do processo de projeto é alcançar um fator de segurança adequado, N, que garanta que uma componente seja segura.

Método de previsão de falha	Usos
1. Tensão normal máxima	Tensão estática uniaxial sobre materiais frágeis
2. Tensão de escoamento	Tensão estática uniaxial sobre materiais dúcteis
3. Tensão máxima de cisalhamento	Cisalhamento direto, vertical e torcional sobre materiais dúcteis
4. Resistência à fadiga	Tensão de cisalhamento ou normal reversa/cíclica sobre materiais dúcteis
5. Goodman	Tensão flutuante sobre materiais dúcteis

1. **Método de tensão normal máxima para tensão estática uniaxial sobre materiais frágeis**

   A teoria da tensão normal máxima estabelece que um material é fraturado quando a tensão normal máxima (tração ou compressão) excede a resistência máxima do material, como a obtida de um ensaio-padrão de tração ou compressão. Seu uso é limitado, a saber, para materiais frágeis sob tração ou compressão estática uniaxial. Quando essa teoria é posta em prática, qualquer fator de concentração de tensão na região de interesse deve ser aplicado à tensão calculada porque os materiais frágeis não escoam e, portanto, não podem redistribuir a tensão aumentada.

   As equações a seguir aplicam a teoria da tensão normal máxima ao projeto.

   Para tensão de tração: $\qquad K_t \sigma < \sigma_d = s_{ut}/N$ (5.11)

   Para tensão de compressão: $\quad K_t \sigma < \sigma_d = s_{uc}/N$ (5.12)

   Observe que muitos materiais frágeis, como o ferro fundido cinzento, têm uma resistência de compressão significativamente mais elevada do que a de tração.

2. **Método de tensão de escoamento para tensões normais uniaxiais sobre materiais dúcteis**

   Essa é uma aplicação simples do princípio de escoamento no qual uma componente carrega uma carga de compressão ou tração direta, de maneira semelhante às condições do ensaio-padrão de tração ou compressão para o material. A falha é prevista quando a tensão aplicada real excede a tensão de escoamento. As concentrações de tensão podem normalmente ser negligenciadas em tensões estáticas sobre materiais dúcteis porque as mais elevadas próximas das concentrações de tensão são altamente localizadas. Quando a tensão local sobre uma peça pequena da componente alcança a tensão de escoamento do material, ela atua, na verdade, como escoamento. No processo, a tensão é redistribuída a outras áreas e a componente ainda é segura.

   As equações a seguir aplicam o princípio da tensão de escoamento ao projeto.

   Para tensão de tração: $\qquad \sigma < \sigma_d = s_{yt}/N$ (5.13)

   Para tensão de compressão: $\quad \sigma < \sigma_d = s_{yc}/N$ (5.14)

   Para a maioria dos metais dúcteis forjados, $s_{yt} = s_{yc}$.

3. **Método de tensão máxima de cisalhamento para tensão de cisalhamento estática sobre materiais dúcteis**

   O método de tensão máxima de cisalhamento de previsão de falha estabelece que um material dúctil começa a escoar quando a tensão máxima de cisalhamento em uma componente sob carregamento excede em uma amostra de ensaio de tração no início do escoamento. Uma análise do círculo de Mohr para o ensaio de tração uniaxial, discutido na Seção 4.7, mostra que a tensão máxima de cisalhamento corresponde a metade da tensão de tração aplicada. No escoamento, portanto, $s_{sy} = s_y/2$. Utilizamos essa abordagem neste livro para estimar s_{sy}. Assim, para o projeto, empregar

   $$\tau_{máx} < \tau_d = s_{sy}/N = 0{,}5\, s_y/N = s_y/2N \quad (5.15)$$

   O método de tensão máxima de cisalhamento de previsão de falha tem indicado, por experimentação, ser um tanto conservador para materiais dúcteis submetidos a uma combinação de tensões normais e de cisalhamento. É relativamente fácil de usar e escolhido com frequência pelos projetistas. Para uma análise mais precisa, o método de distorção de energia, discutido adiante, tem preferência.

4. **Método de resistência à fadiga para tensões normais ou de cisalhamento cíclicas e reversas sobre materiais dúcteis**

   A Figura 5.12 mostra o caso especial de tensões cíclicas e reversas. Observe que as magnitudes das tensões nas zonas positiva e negativa são iguais, resultando em uma tensão média zero. Ou seja, para tensões normais,

   $$\sigma_{mín} = -\sigma_{máx} \quad e \quad \sigma_m = 0$$

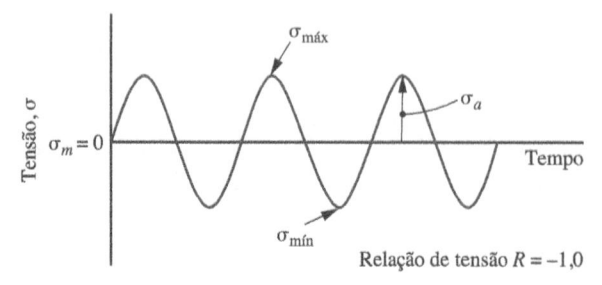

▲ **FIGURA 5.12** Tensão cíclica, reversa ou oscilação pura..

Esse é o mesmo tipo de tensão ilustrado na Figura 5.2, e ele é a base para a determinação da resistência à fadiga do material, s_n'. Além disso, a tensão cíclica submete a componente à falha por fadiga, e os fatores de concentração de tensão devem ser considerados. Desse modo, a equação de projeto para esse caso é:

$$K_t \sigma_{máx} < \sigma_d = s_n'/N \quad (5.16)$$

De maneira semelhante, para tensões de cisalhamento reversas e cíclicas e que utilizam o princípio da tensão máxima de cisalhamento para obter uma estimativa para a resistência à fadiga nele,

$s_{sn}' = 0,5\ s_n'$ (estimativa para a resistência à fadiga no cisalhamento)

$$K_t \tau_{máx} < \tau_d = s_{sn}'/N = 0,5\ s_n'/N \quad (5.17)$$

5. Método de Goodman para tensões flutuantes sobre materiais dúcteis

Uma explicação do método de Goodman é exigida antes de se mostrar as equações finais de projeto utilizadas para esse caso tão importante. Talvez essa seja a análise utilizada com mais frequência para componentes de máquina submetidas a cargas cíclicas. A Figura 5.13 aponta o padrão geral de aplicação de tensão para tensões flutuantes. As características básicas são:

- Os ciclos de tensão entre os valores máximo, $\sigma_{máx}$, e mínimo, $\sigma_{mín}$.
- A tensão média não é zero: $\sigma_m = (\sigma_{máx} + \sigma_{mín})/2 \neq 0$.
- A amplitude de tensão é: $\sigma_a = \sigma_{máx} - \sigma_m$ ou $\sigma_a = (\sigma_{máx} - \sigma_{mín})/2$.

É útil retratar o método de Goodman no gráfico exibido na Figura 5.14, assinalando a amplitude de tensão, σ_a, no eixo vertical e a tensão média, σ_m, no eixo horizontal. Inicialmente, consideramos somente o caso quando tanto σ_a como σ_m são positivas ou de tração. Recomenda-se que qualquer fator de concentração de tensão seja aplicado à componente de tensão alternada. Entretanto, não é necessário aplicar um fator de concentração de tensão à tensão média porque a evidência experimental mostra que a presença de uma concentração de tensão não afeta a contribuição da tensão média à falha por fadiga.

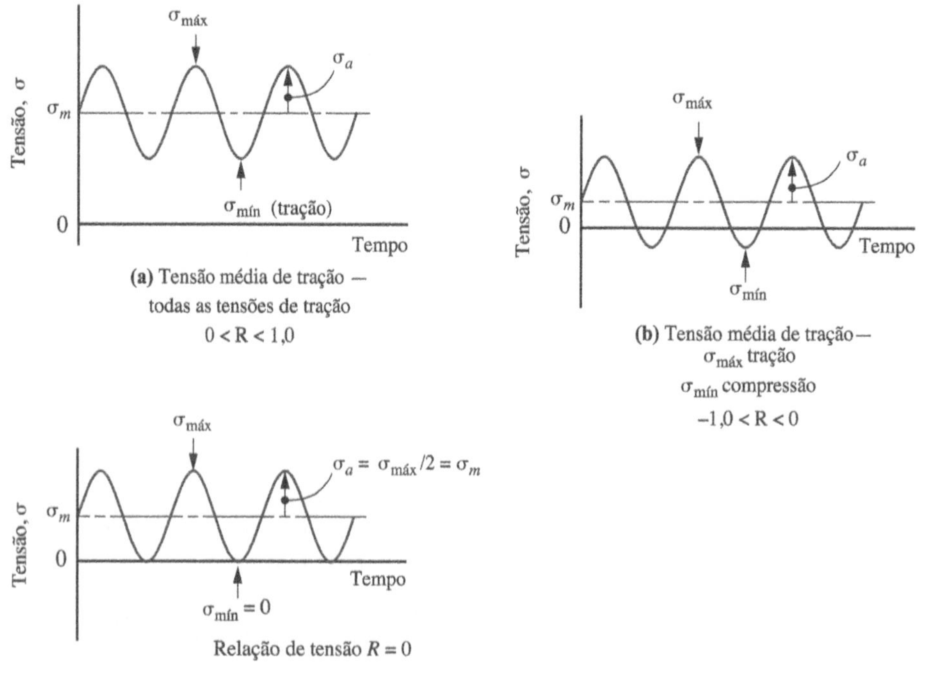

(a) Tensão média de tração —
todas as tensões de tração
$0 < R < 1,0$

(b) Tensão média de tração—
$\sigma_{máx}$ tração
$\sigma_{mín}$ compressão
$-1,0 < R < 0$

(c) Tensão unidirecional e cíclica, um caso especial de tensão flutuante ou pulsante pura

▲ **FIGURA 5.13** Tensões flutuantes — tensões pulsantes.

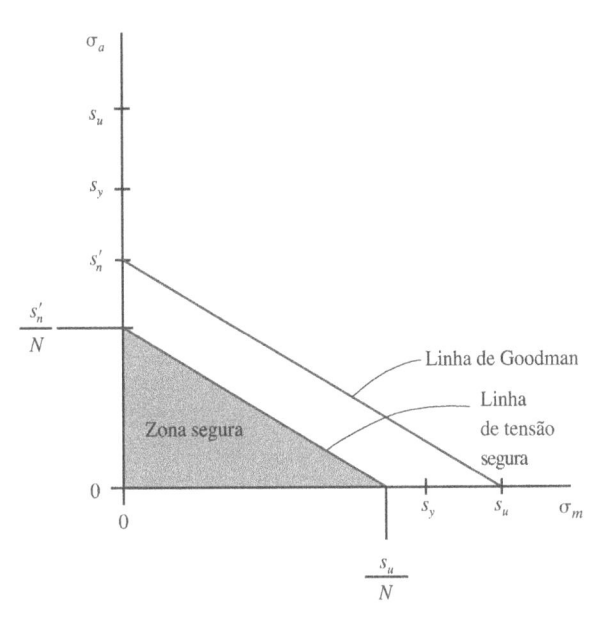

FIGURA 5.14 Método de Goodman para tensões flutuantes.

O valor máximo admissível de σ_a é a resistência real estimada à fadiga, s'_n, indicada no eixo vertical. A tensão média máxima admissível sem nenhuma carga cíclica é obtida para ser a resistência máxima, s_u. (O escoamento é adicionado posteriormente como critério.) Uma linha, chamada de linha de Goodman, é então desenhada entre dois pontos. Idealmente, combinações de tensões alternadas e médias que estão posicionadas sob a linha de Goodman são consideradas seguras. Ensaios mostram que a predominância de pontos de falha está localizada acima dessa linha. A equação da linha de Goodman é:

$$\frac{K_t\sigma_a}{s'_n} + \frac{\sigma_m}{s_u} = 1 \qquad (5.18)$$

Para o projeto, um fator de segurança é aplicado tanto à resistência à fadiga quanto à resistência máxima, e uma nova linha, chamada de *linha de tensão segura*, é desenhada entre esses pontos criando uma *zona segura* abaixo dela. A equação para a linha de tensão segura é:

$$\frac{K_t\sigma_a}{s'_n} + \frac{\sigma_m}{s_u} = \frac{1}{N} \qquad (5.19)$$

Essa é a equação de projeto que usaremos neste livro para tensões flutuantes. Entretanto, a possibilidade de escoamento deve ser considerada, conforme descrito a seguir.

CHECAGEM PARA ESCOAMENTO DE CICLO PRECOCE. Como desenhado na Figura 5.14, a linha de Goodman parece permitir uma tensão média pura acima da resistência de escoamento do material, o que é inaceitável. Desse modo, um critério adicional com base no escoamento preventivo é utilizado com a Equação 5.19. A Figura 5.15 mostra o resultado. A tensão de escoamento do material, s_y,

é adicionada a ambos os eixos, vertical e horizontal, e uma linha é desenhada entre eles. Observe que a parte direita inferior dessa linha se estende sob a linha de Goodman, indicando que algumas combinações possíveis de σ_a e σ_m resultariam em uma tensão máxima total superior ao escoamento. Foi afirmado antes que as trincas por fadiga normalmente são iniciadas em zonas de tensão de tração elevada e, por correspondência, tensões elevadas de tração. Desse modo, é desejável manter qualquer tensão possível abaixo da tensão de escoamento. Por conseguinte, essa afirmação implica que qualquer concentração de tensão deve ser considerada, tanto para a amplitude de tensão quanto para a tensão média, a fim de garantir que mesmo tensões elevadas aplicadas com baixa frequência não provoquem deformações prejudiciais que possam levar a trincas por fadiga. A aplicação de um fator de segurança à linha de escoamento resulta em uma equação de projeto para proteção contra o escoamento, como

$$\frac{K_t\sigma_a}{s'_n} + \frac{\sigma_m}{s_u} = \frac{1}{N} \qquad (5.20)$$

Na maioria dos casos, a Equação 5.18 determina o projeto. Desse modo, recomendamos inicialmente que o projeto seja baseado naquele critério, alcançando um fator de segurança aceitável. Então, o projeto proposto deve ser verificado contra o escoamento. É conveniente resolver a Equação 5.20 para o fator de segurança e utilizar a seguinte fórmula:

$$N = \frac{s_y}{K_t(\sigma_a + \sigma_m)} \qquad (5.21)$$

Se o fator de segurança resultante a partir da análise de escoamento for maior do que o critério de Goodman, o projeto é seguro.

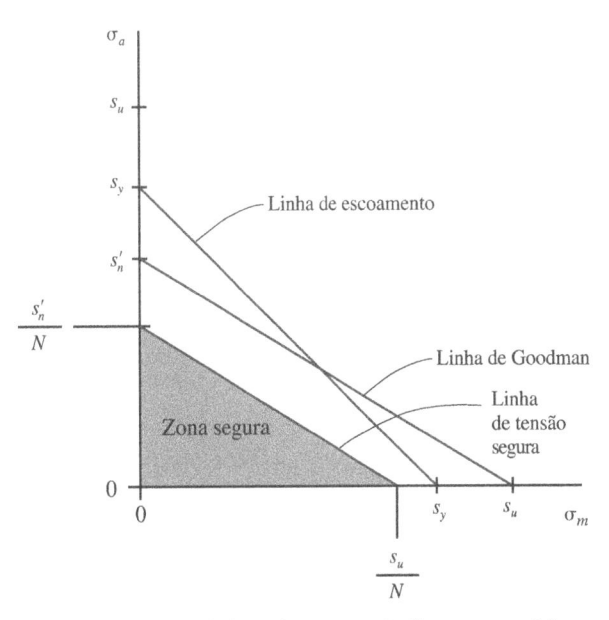

FIGURA 5.15 Método de Goodman para tensões flutuantes com adição da linha de escoamento.

O método Goodman também pode ser aplicado a casos em que as tensões de cisalhamento ocorrem por simples substituição delas e correspondentes resistências pelas tensões normais utilizadas nas equações 5.20 e 5.21. Essas equações são registradas no **Resumo das equações de projeto**, a seguir.

Resumo das equações de projeto

1. Método de tensão normal máxima para tensão normal estática sobre materiais frágeis

    Tensão de tração: $\quad K_t\sigma < \sigma_d = s_{ut}/N \quad$ (5.11)

    Tensão de compressão: $K_t\sigma < \sigma_d = s_{uc}/N \quad$ (5.12)

2. Método de tensão de escoamento para tensão normal estática sobre materiais dúcteis

    Tensão de tração: $\quad \sigma < \sigma_d = s_{yt}/N \quad$ (5.13)

    Tensão de compressão: $\sigma < \sigma_d = s_{yc}/N \quad$ (5.14)

3. Método de tensão máxima de cisalhamento para tensão de cisalhamento estática sobre materiais dúcteis

    Tensão de cisalhamento: $\tau_{máx} < \tau_d = s_{sy}/N = 0{,}50\, s_y/N$
    (5.15)

4. Método de resistência à fadiga para tensão de cisalhamento e tensão normal reversa e cíclica sobre materiais dúcteis

    Tensão normal: $\quad K_t\sigma_{máx} < \sigma_d = s'_n/N \quad$ (5.16)

    Tensão de cisalhamento:
    $s'_{sn} = 0{,}5\, s'_n$ (estimativa para a resistência à fadiga no cisalhamento)

    $K_t\tau_{máx} < \tau_d = s'_{sn}/N = 0{,}5\, s'_n/N \quad$ (5.17)

5. Método de Goodman para tensão flutuante sobre materiais dúcteis
    Equação de projeto de tensão normal

    $$\frac{K_t\sigma_a}{s'_n} + \frac{\sigma_m}{s_u} = \frac{1}{N} \quad (5.20)$$

    Verificação do escoamento na tração

    $$N = \frac{s_y}{K_t(\sigma_a + \sigma_m)} \quad (5.21)$$

    Equação de projeto de tensão de cisalhamento

    $$\frac{K_t\tau_a}{s'_{sn}} + \frac{\tau_m}{s_{su}} = \frac{1}{N} \quad (5.22)$$

    Verificação do escoamento no cisalhamento

    $$N = \frac{s_{sy}}{K_t(\tau_a + \tau_m)} = \frac{s_{y/2}}{K_t(\tau_a + \tau_m)} \quad (5.23)$$

5.9 PROCEDIMENTO GERAL DE PROJETO

As primeiras partes deste capítulo ofereceram orientação relacionada aos muitos fatores envolvidos no projeto de elementos de máquina que devem ser seguros quando carregam as cargas aplicadas. Esta seção reúne esses fatores de modo que você possa concluir o projeto. O procedimento geral descrito significa dar a sensação ao processo. Não é possível oferecer um procedimento completamente geral. Você terá que adaptá-lo a situações específicas que irá encontrar.

O procedimento é estabelecido considerando que os fatores a seguir são conhecidos ou podem ser especificados ou estimados:

- Exigências gerais do projeto: objetivos e limitações de dimensão, formato, peso, precisão desejada e assim por diante.
- Natureza das cargas a serem carregadas.
- Tipos de tensão produzida pelas cargas.
- Tipos de material a partir do qual o elemento será feito.
- Descrição geral do processo de fabricação que será utilizado, particularmente no que diz respeito ao acabamento de superfície que será produzido.
- Confiabilidade desejada.

PROCEDIMENTO GERAL DE PROJETO

1. Especifique os objetivos e limitações do projeto, se houver, incluindo vida útil desejada, dimensão, formato e aparência.
2. Determine o ambiente no qual o elemento será colocado, considerando fatores como possibilidade de corrosão e temperatura.
3. Determine a natureza e as características das cargas que serão carregadas pelo elemento, como
    - Cargas aplicadas lentamente, mortas, estáticas.
    - Cargas repetidas, variáveis, vivas, dinâmicas que podem provocar falhas por fadiga.
    - Cargas de impacto e choque.
4. Determine as magnitudes das cargas e as condições de operação, como
    - Carga esperada máxima.
    - Carga esperada mínima.
    - Níveis alternados e médios de cargas flutuantes.
    - Frequência da aplicação de carga e repetição.
    - Número esperado de ciclos de carregamento.
5. Analise como as cargas serão aplicadas para determinar o tipo de tensão produzida, como uma normal direta, de flexão, de cisalhamento direta,

tensão de cisalhamento torcional ou alguma combinação delas
6. Proponha a geometria básica do elemento, prestando atenção especial:
   - À sua habilidade de carregar as cargas aplicadas com segurança.
   - À sua habilidade de transmitir cargas a pontos de apoio apropriados. Considere os *caminhos de carga*.
   - Ao uso de formatos eficientes de acordo com a natureza das cargas e os tipos de tensão encontrados. Isso se aplica ao formato geral do elemento e a cada uma de suas seções transversais. A eficiência alcançada envolve a quantidade do tipo de material envolvido. A Seção 20.2 oferece algumas sugestões para o projeto eficiente de estruturas e membros em flexão e torsão.
   - Ao fornecimento dos acessórios para apoiar e outros elementos de máquina ou estrutura.
   - Ao fornecimento da locação positiva de outras componentes que podem estar instaladas no elemento que está sendo projetado. Isso pode exigir sobressalências, ranhuras, orifícios, anéis de retenção, chavetas e sulcos, pinos ou outras formas de fixar ou sustentar peças.
7. Proponha o método de fabricação do elemento prestando uma atenção especial à precisão exigida para várias características e o acabamento de superfície que é desejado. O elemento será fundido, usinado, retificado ou polido, ou produzido por algum outro processo? Essas decisões de projeto têm impactos importantes no desempenho do elemento, em sua habilidade de resistir ao carregamento por fadiga e no custo para ser produzido.
8. Especifique o material a partir do qual o elemento será feito, juntamente à sua condição. Para os metais, a liga específica deve ser especificada, e a condição poderia incluir tais fatores de processamento, como laminação a quente, trefilação a frio e um tratamento térmico específico. Para não metais, muitas vezes é necessário consultar os vendedores para que eles definam a composição e as propriedades físicas e mecânicas do material desejado. Consulte o Capítulo 2 e a Seção 20.2 para orientações adicionais.
9. Determine as propriedades esperadas do material selecionado, por exemplo:
   - Resistência máxima de tração, s_u.
   - Resistência máxima de compressão, s_{uc}, se apropriado.
   - Tensão de escoamento, s_y.
   - Ductilidade, como representado pelo alongamento percentual.
   - Rigidez, conforme representado pelo módulo de elasticidade, E ou G.
10. Especifique um fator de segurança adequado, N, para a análise de tensão utilizando as diretrizes discutidas na Seção 5.7.
11. Determine quais métodos de análise de tensão delineados na Seção 5.8 se aplicam ao projeto que está sendo concluído.
12. Calcule a tensão de projeto apropriada para uso na análise de tensão. Se o carregamento por fadiga estiver envolvido, a resistência real esperada à fadiga do material deve ser calculada, como esboça a Seção 5.4. Isso exige a consideração da dimensão esperada da seção, do tipo de material que será usado, da natureza da tensão e da confiabilidade desejada. Como a dimensão da seção normalmente é desconhecida no início do processo de projeto, uma estimativa deve ser realizada a fim de possibilitar a inclusão de um fator de dimensão razoável, C_s. Você precisa verificar a estimativa no final do processo de projeto a fim de averiguar os valores razoáveis que foram considerados nesse estágio do projeto.
13. Determine a natureza de quaisquer concentrações de tensão que possam existir no projeto, em locais onde talvez ocorram alterações de geometria. Essa análise deve ser considerada em todos esses lugares em decorrência da probabilidade de as tensões de tração elevadas localizadas produzirem falha por fadiga. Se a geometria do elemento nessas áreas é conhecida, determine o fator de concentração de tensão apropriado, K_t. Caso contrário, recomenda-se estimar a magnitude esperada de K_t. A estimativa deve, então, ser verificada no final do processo de projeto.
14. Complete as análises exigidas nos pontos onde a tensão pode ser alta e em alterações de seção transversal a fim de determinar as dimensões mínimas aceitáveis para áreas críticas.
15. Especifique dimensões convenientes e adequadas para todas as características do elemento. Muitas decisões de projeto são exigidas, como
    - O uso de dimensões básicas preferíveis, conforme listagem na Tabela A2.1.
    - A dimensão de qualquer peça que vier a ser instalada ou acoplada ao elemento sob análise. Exemplos disso são mostrados no Capítulo 12 sobre o projeto de eixos em que rodas dentadas, engrenagens, rolamentos e outros elementos serão instalados sobre os eixos. Mas

muitos elementos de máquina têm necessidades semelhantes para acomodar elementos de acoplamento.

- Os elementos não devem ser significativamente grandes demais, sem uma boa razão de alcançar um projeto global eficiente.
- Às vezes, o processo de fabricação a ser utilizado tem um efeito sobre as dimensões. Por exemplo, uma empresa deve ter um conjunto preferido de ferramentas de corte para usar na produção dos elementos. Processos de fundição, laminação ou moldagem têm limitações nas dimensões de determinadas características, como a espessura dos frisos, raios produzidos por usinagem ou flexão, variação em seção transversal em diferentes partes do elemento e manuseio prático do elemento durante a fabricação.
- Deve-se dar importância aos perfis e dimensões do material desejado que estão disponíveis no mercado. Isso poderia resultar em reduções de custo significativas, tanto no que se refere ao material quanto ao processo.
- Se possível, as dimensões devem ser compatíveis com as práticas-padrão das empresas.

16. Após concluir todas as análises de tensão possíveis e propor dimensões básicas para todas as características, verifique as suposições feitas antes no projeto para garantir que o elemento ainda é seguro e razoavelmente eficiente. Veja os passos 7, 12 e 13.

17. Especifique tolerâncias adequadas para todas as dimensões, considerando o desempenho do elemento, seu ajuste aos elementos de acoplamento, a capacidade do processo de fabricação e seu custo. O Capítulo 13 pode ser consultado. O uso de técnicas de análise de tolerância por computador talvez seja apropriado.

18. Por meio de verificação, determine se alguma parte da componente pode defletir excessivamente. Se isso for um problema, conclua uma análise da deflexão do elemento, conforme projetado até esse ponto. Às vezes, há limites conhecidos de deflexão com base na operação da máquina da qual faz parte o elemento que está sendo projetado. Na ausência de tais limites, as diretrizes a seguir podem ser aplicadas com base no grau de precisão desejado:

Deflexão de uma viga em decorrência de flexão

Peça de máquina geral:	0,0005 a 0,003 pol/pol de comprimento da viga
Precisão moderada:	0,00001 a 0,0005 pol/pol
Precisão alta:	0,000001 a 0,00001 pol/pol

Deflexão (rotação) em decorrência de torção

Peça de máquina geral:	0,001º a 0,01º/pol de comprimento
Precisão moderada:	0,00002º a 0,0004º/pol
Precisão alta:	0,000001º a 0,00002º/pol

Veja também a Seção 20.2 para mais sugestões de projeto eficiente. Os resultados da análise de deflexão podem fazer você reprojetar a componente. Normalmente, quando são exigidas elevadas rigidez e precisão, a deflexão — em vez da resistência — determina o projeto.

19. Fundamente o projeto final com desenhos e especificações.

20. Mantenha um registro cuidadoso da análise de projeto para futura referência. Tenha em mente que outras pessoas podem ter de consultar esses registros, esteja você ainda envolvido(a) ou não com o projeto.

5.10 EXEMPLOS DE PROJETO

Exemplos de problemas que podem ocorrer em projetos são mostrados aqui para lhe dar a sensação de uma aplicação do processo esboçado na Seção 5.9. É impraticável ilustrar todas as situações possíveis, e você deve desenvolver a habilidade de adaptar o procedimento do projeto para especificar as características de cada problema. Observe, ainda, que há muitas soluções possíveis para qualquer problema apontado aqui. A seleção de uma solução final é de responsabilidade do projetista, ou seja, sua.

Na maioria das situações de projeto, estarão disponíveis muito mais informações do que as apresentadas nos problemas contidos neste livro. Muitas vezes, porém, você terá de correr atrás dessas informações. Faremos determinadas suposições nos exemplos que permitem que se dê continuidade ao projeto. No seu trabalho, você deve verificar se tais suposições são apropriadas. Os exemplos de projeto focam somente uma ou algumas componentes dos sistemas apresentados. Em situações reais, você deve garantir que cada decisão de projeto seja compatível com a totalidade dele.

Capítulo 5 • Projeto para diferentes tipos de carregamento 213

EXEMPLO DE PROJETO 5.1   Um transformador elétrico grande será suspenso no telhado de estrutura treliçada de um edifício. O peso total do transformador é de 32000 lb. Projete os meios de apoio.

SOLUÇÃO

Objetivo   Projetar os meios de apoio do transformador.

Dados   A carga total é de 32000 lb. O transformador será suspenso sob um telhado de estrutura treliçada dentro de um edifício. A carga pode ser considerada estática. Presume-se que ela estará protegida de alterações climáticas, e que não são esperadas temperaturas severas, baixas ou altas nas proximidades do transformador.

Decisões básicas do projeto   Duas hastes cilíndricas retas serão utilizadas para apoiar o transformador, conectando a parte superior do chassi dele à base inferior da treliça de telhado. As extremidades da haste serão rosqueadas para permitir que estejam seguras por porcas ou por meio do seu rosqueamento dentro de orifícios rosqueados. Este exemplo de projeto abrangerá apenas as hastes. Presume-se que os pontos de conexão apropriados estejam disponíveis a fim de permitir que duas hastes compartilhem igualmente a carga durante o serviço. Entretanto, é possível que apenas uma haste carregue toda a carga em algum ponto durante a instalação. Desse modo, cada haste será projetada para suportar as 32000 lb.

Utilizaremos aço para as hastes e, como nem o peso nem a dimensão física são críticos nessa aplicação, um aço carbono médio, simples. Especificamos o aço trefilado a frio SAE 1040. No Apêndice 3, verificamos que ele tem uma tensão de escoamento de 71 ksi e uma ductilidade moderadamente elevada, como representado por seu alongamento de 12%. As hastes devem estar protegidas de corrosão por revestimentos apropriados.

O objetivo da análise do projeto a seguir é determinar a dimensão da haste.

Análise   As hastes serão submetidas à tensão de tração normal direta. Considerando que as roscas nas extremidades delas são cortadas ou laminadas no seu diâmetro nominal, o local crítico de análise de tensão está na porção rosqueada. Utilize a fórmula de tensão de tração direta, a Equação 3.1: $\sigma = F/A$. Inicialmente, calcularemos a tensão de projeto e, então, a área de seção transversal exigida para manter a tensão em serviço abaixo desse valor. Por fim, uma rosca-padrão será especificada a partir dos valores no Capítulo 19 sobre fixadores.

O método 2 da Seção 5.8 se aplica ao cálculo da tensão de projeto porque a haste é feita a partir de um aço dúctil e carrega uma carga estática. A tensão de projeto é

$$\sigma_d = s_y/N \tag{5.22}$$

Especificamos um fator de segurança de $N = 3$, porque ele é típico do projeto geral de máquina e há alguma incerteza acerca dos verdadeiros procedimentos de instalação que podem ser utilizados (veja a Seção 5.7). Então,

$$\sigma_d = s_y/N = (71000 \text{ psi})/3 = 23667 \text{ psi}$$

Resultados

Na equação de tensão de tração básica $\sigma = F/A$, conhecemos F, e consideraremos $\sigma = \sigma_d$. Assim, a área de seção transversal exigida é

$$A = F/\sigma_d = (32000 \text{ lb})/(23667 \text{ lb/pol}^2) = 1{,}35 \text{ pol}^2$$

Uma rosca de dimensão-padrão será agora especificada a partir de dados do Capítulo 19 sobre fixadores. Você deve estar familiarizado com esses dados, com base em cursos anteriores. A Tabela A2.2(b) lista a área de tensão de tração para as roscas de padrão norte-americano. Uma rosca de 1½-6 UNC (haste com 1½ pol de diâmetro e 6 roscas por polegada) tem uma área de tensão de tração de 1,405 pol² que deve ser satisfatória para essa aplicação.

Comentários

O projeto final especifica uma haste com diâmetro de 1½ pol feita de aço trefilado a frio SAE 1040 com roscas de 1½-6 UNC usinadas sobre cada extremidade para permitir a conexão das hastes ao transformador e à tesoura.

EXEMPLO DE PROJETO 5.2

Uma peça de um sistema transportador para uma operação de produção é mostrada na Figura 5.16. Projete o pino que conecta a barra horizontal ao dispositivo de fixação. Esse dispositivo vazio pesa 85 lb. Um bloco de motor de ferro fundido com 225 lb é pendurado no dispositivo de fixação para carregá-lo de um processo a outro, onde então ele é removido. Espera-se que o sistema experimente muitos milhares de ciclos de carregamento e descarregamento dos blocos de motor.

SOLUÇÃO

Objetivo

Projete o pino para conectar o dispositivo de fixação ao sistema transportador.

Dados

A disposição geral é indicada na Figura 5.16. O dispositivo de fixação coloca a carga de cisalhamento, que alterna entre 85 lb e 310 lb (85 + 225), sobre o pino muitos milhares de vezes na vida esperada do sistema.

Decisões básicas do projeto

Propõe-se que se faça o pino a partir do aço trefilado a frio SAE 1020. O Apêndice 3 lista $s_y = 51$ ksi e $s_u = 61$ ksi. O aço é dúctil com 15% de alongamento. Esse material é barato, e não é necessário chegar a uma dimensão pequena para o pino.

A conexão do dispositivo de fixação à barra é basicamente uma junção de manilha com duas abas na parte superior dele, uma em cada lado da barra. Haverá um ajuste apertado entre as abas e a barra para minimizar a ação de flexão do pino. Além disso, o pino será bem ajustado nos orifícios enquanto ainda permitir a rotação do dispositivo de fixação em relação à barra.

Análise

O método 5 da Seção 5.8 se aplica à conclusão da análise de projeto porque as tensões de cisalhamento flutuante são experimentadas pelo pino. Desse modo, teremos de determinar as relações para as tensões média e alternada (τ_m e τ_a) em termos de cargas aplicadas e área de seção transversal da barra. Observe que o pino está em cisalhamento duplo, de modo que duas seções transversais resistem à força de cisalhamento aplicada. Em geral, $\tau = F/2A$. Agora, usaremos as fórmulas básicas das equações 5.1 e 5.2 para calcular os valores das forças média e alternada sobre o pino:

$$F_m = (F_{máx} + F_{mín})/2 = (310 + 85)/2 = 198 \text{ lb}$$

$$F_a = (F_{máx} - F_{mín})/2 = (310 - 85)/2 = 113 \text{ lb}$$

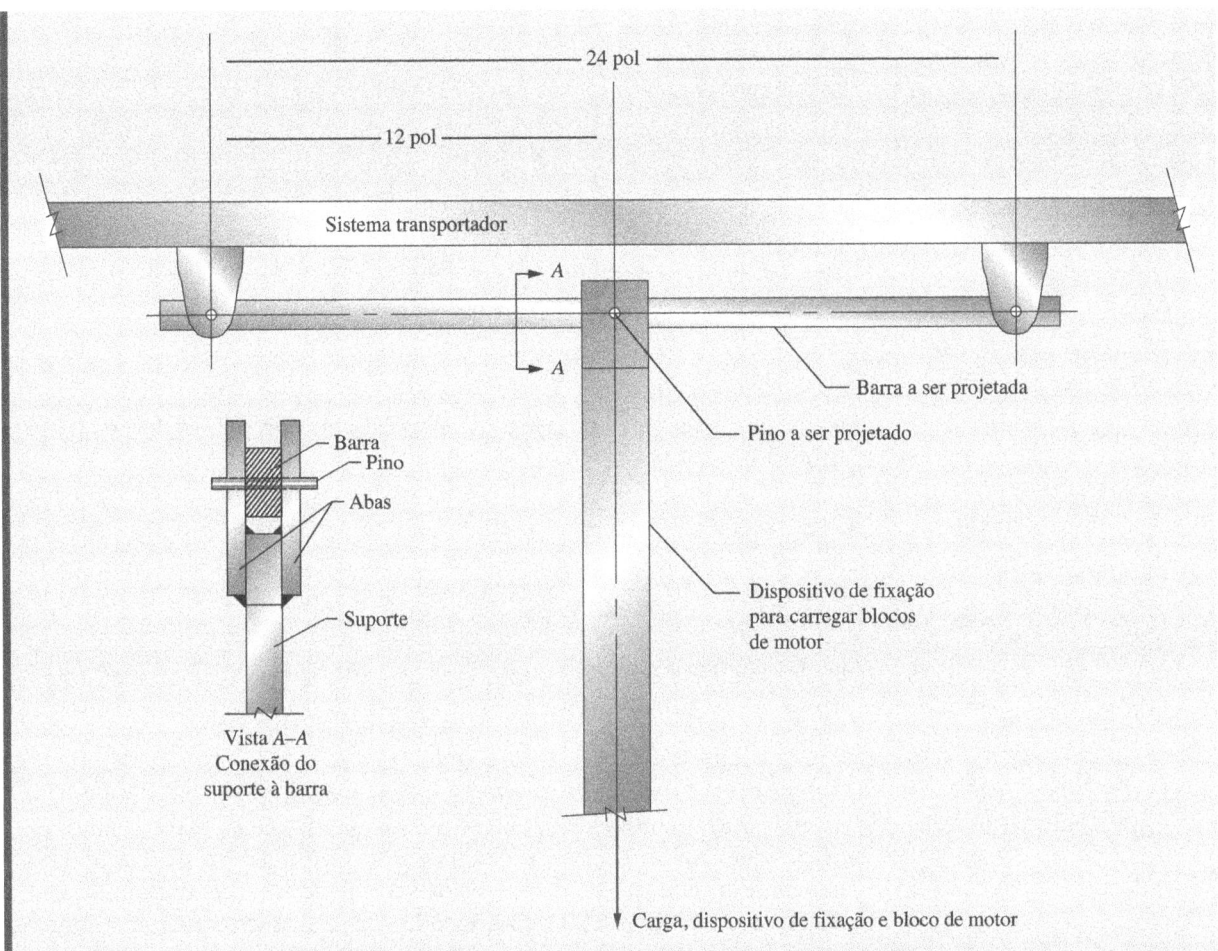

▲ **FIGURA 5.16** Sistema transportador.

As tensões serão determinadas a partir de $\tau_m = F_m/2A$ e $\tau_a = F_a/2A$.
Os valores de resistência do material necessários na Equação 5.22 para o método 5 são

$$s_{su} = 0{,}75\, s_u = 0{,}75(51\text{ ksi}) = 38{,}3\text{ ksi} = 38300\text{ psi}$$

$$s'_{sn} = 0{,}500\, s'_n$$

Precisamos estabelecer o valor de s'_n utilizando o método da Seção 5.4. A partir da Figura 5.8, verificamos que $s_n = 21$ ksi para o pino usinado, que tem um valor de $s_u = 61$ ksi. Espera-se que o pino seja relativamente pequeno; portanto, usaremos $C_s = 1{,}0$. O material é a haste de aço forjado; assim, $C_m = 1{,}0$. Empregaremos $C_{st} = 1{,}0$ para sermos conservadores, pois há poucas informações acerca desses fatores de tensão de cisalhamento direta. Uma alta confiabilidade é desejada para essa aplicação; desse modo, adotaremos $C_R = 0{,}75$ para produzir uma confiabilidade de 0,999 (veja a Tabela 5.2). Então,

$$s'_n = C_R(s_n) = (0{,}75)(21\text{ ksi}) = 15{,}75\text{ ksi} = 15750\text{ psi}$$

Por fim,

$$s'_{sn} = 0{,}500\, s'_n = 0{,}500\,(15750\text{ psi}) = 7875\text{ psi}$$

Agora podemos aplicar a Equação 5.22 do método 1:

$$\frac{1}{N} = \frac{\tau_m}{s_{su}} + \frac{K_t \tau_a}{s'_{sn}}$$

Como os pinos terão diâmetro uniforme, $K_t = 1,0$.
Substituindo $\tau_m = F_m/2A$ e $\tau_a = F_a/2A$ encontrado anteriormente, temos:

$$\frac{1}{N} = \frac{F_m}{2As_{su}} + \frac{F_a}{2As'_{sn}}$$

Utilizaremos $N = 4$ porque um leve choque pode ser esperado.

Observe que agora conhecemos todos os fatores nessa equação, exceto a área de seção transversal do pino, A. Podemos chegar a uma solução da área exigida:

$$A = \frac{N}{2}\left[\frac{F_m}{s_{su}} + \frac{F_a}{s'_{sn}}\right]$$

Por fim, podemos calcular o diâmetro mínimo permitido do pino, D, a partir de $A = \pi D^2/4$ e $D = \sqrt{4A/\pi}$.

Resultados A área exigida é

$$A = \frac{4}{2}\left[\frac{198\text{ lb}}{38300\text{ lb/pol}^2} + \frac{113\text{ lb}}{7875\text{ lb/pol}^2}\right] = 0,0390\text{ pol}^2$$

Agora, o diâmetro exigido é

$$D = \sqrt{4A/\pi} = \sqrt{4(0,0390\text{ pol}^2/\pi)} = 0,223\text{ pol}$$

Decisões e comentários finais do projeto O valor calculado para o diâmetro mínimo exigido do pino, 0,223 pol, é bem pequeno. Outras considerações como a tensão de flexão e o desgaste nas superfícies que entram em contato com as abas do dispositivo de fixação e da barra indicam que um diâmetro maior seria preferível. Especificamos $D = 0,50$ pol para o pino nessa localização, que será de diâmetro uniforme dentro da área da barra e nas abas. Ele deveria se estender além das abas, e poderia ser seguro com contrapinos ou anéis de retenção.

Isso completa o projeto do pino. Mas o próximo exemplo de projeto lida com uma barra horizontal para o mesmo sistema. Há pinos nos suportes transportadores para apoiar a barra. Eles também teriam de ser projetados. Entretanto, observe que cada um deles carrega somente metade da carga do pino na conexão de fixação. Esses pinos também experimentariam menos movimento relativo; portanto, o desgaste não deveria ser severo. Desse modo, utilizaremos pinos com $D = 3/8$ pol $= 0,375$ pol nas extremidades da barra horizontal.

EXEMPLO DE PROJETO 5.3 Uma peça de um sistema transportador para uma operação de produção é mostrada na Figura 5.16. O sistema completo inclui diversas centenas de montagens de suportes como esse. Projete a barra horizontal que se estende entre dois suportes transportadores adjacentes e que apoia um dispositivo de fixação em seu ponto médio. O dispositivo de fixação vazio pesa 85 lb. Um bloco de motor de ferro fundido com 225 lb é pendurado no dispositivo de fixação para carregá-lo de um processo a outro, para logo depois ser retirado. Espera-se que a barra experimente diversos milhares de ciclos de carregamento e descarregamento dos blocos de motor. O Exemplo de Projeto 5.2 tratou desse mesmo sistema com o objetivo de especificar o diâmetro dos pinos. O diâmetro do pino no meio da barra horizontal em que o dispositivo de fixação é pendurado foi especificado para ter 0,50 pol. Aqueles em cada extremidade em que a barra horizontal é conectada aos suportes transportadores têm, cada um, 0,375 pol.

SOLUÇÃO	Objetivo	Projetar a barra horizontal para o sistema transportador.
	Dados	Disposição geral indicada na Figura 5.16. A barra é simplesmente apoiada em 24 pontos separadamente. Uma carga vertical que alterna entre 85 lb e 310 lb (85 + 225) é aplicada no meio da barra através do pino que conecta o dispositivo de fixação a ela. A carga se deslocará ciclicamente entre esses dois valores muitos milhares de vezes na vida esperada da barra. O pino no meio da barra tem um diâmetro de 0,50 pol, enquanto aqueles em cada extremidade são de 0,375 pol.
	Decisões básicas do projeto	Propõe-se que se faça a barra a partir do aço, na forma retangular com a dimensão longa de sua seção transversal vertical. Orifícios cilíndricos serão usinados no eixo neutro da barra, nos pontos de suporte e em seu centro para receber pinos cilíndricos que a conectarão aos suportes transportadores e ao dispositivo de fixação. A Figura 5.17 mostra o projeto básico da barra. A espessura da barra, t, deve ser bastante grande para oferecer uma boa superfície de rolamento aos pinos e para garantir a estabilidade lateral da barra, quando submetida à tensão de flexão. Uma barra relativamente estreita tenderia a flambar ao longo de sua superfície superior, onde a tensão é compressiva. Como uma decisão de projeto, usaremos uma espessura de $t = 0,50$ pol. A análise de projeto determinará a altura desejada da barra, h, pressupondo que o modo primário de falha é a tensão decorrente de flexão. Outros modos possíveis de falha são discutidos nos comentários ao final deste exemplo. Um aço barato é desejável porque muitas centenas de barras serão feitas. Especificamos o aço laminado a quente SAE 1020, que tem uma tensão de escoamento de $s_y = 30$ ksi e uma resistência máxima de $s_u = 55$ ksi (Apêndice 3).
	Análise	O método 5 da Seção 5.8 se aplica à conclusão da análise de projeto porque a tensão normal flutuante devida à flexão é experimentada pela barra. A Equação 5.20 será utilizada: $$\frac{1}{N} = \frac{\sigma_m}{s_u} + \frac{K_t \sigma_a}{s'_n}$$ Em geral, a tensão de flexão na barra será calculada a partir da fórmula de flexão: $$\sigma = M/S$$ onde M = momento de flexão S = módulo da seção transversal da barra = $th^2/6$ (Ap. 1) Nossa abordagem será inicialmente determinar os valores para ambos os momentos de flexão alternada e média experimentadas pela barra em seu meio. Então, os valores de tensão de escoamento e resistência à fadiga para o aço serão encontrados. A Referência 5 no Capítulo 3 indica que um pequeno orifício, com diâmetro d, em uma placa-viga não a enfraquece se a relação d/h for menor que 0,50. Ou seja, se $d/h < 0,50$, $K_t = 1,0$. Faremos essa suposição e sua verificação mais tarde. Por fim, a Equação 5.20 inclui o fator de segurança, N. Com base nas condições de aplicação, usaremos $N = 4$ conforme aconselhado no item 4 na Seção 5.7, porque o padrão de uso real para esse sistema transportador em um ambiente de fábrica é um tanto incerto e o carregamento por choque é provável.

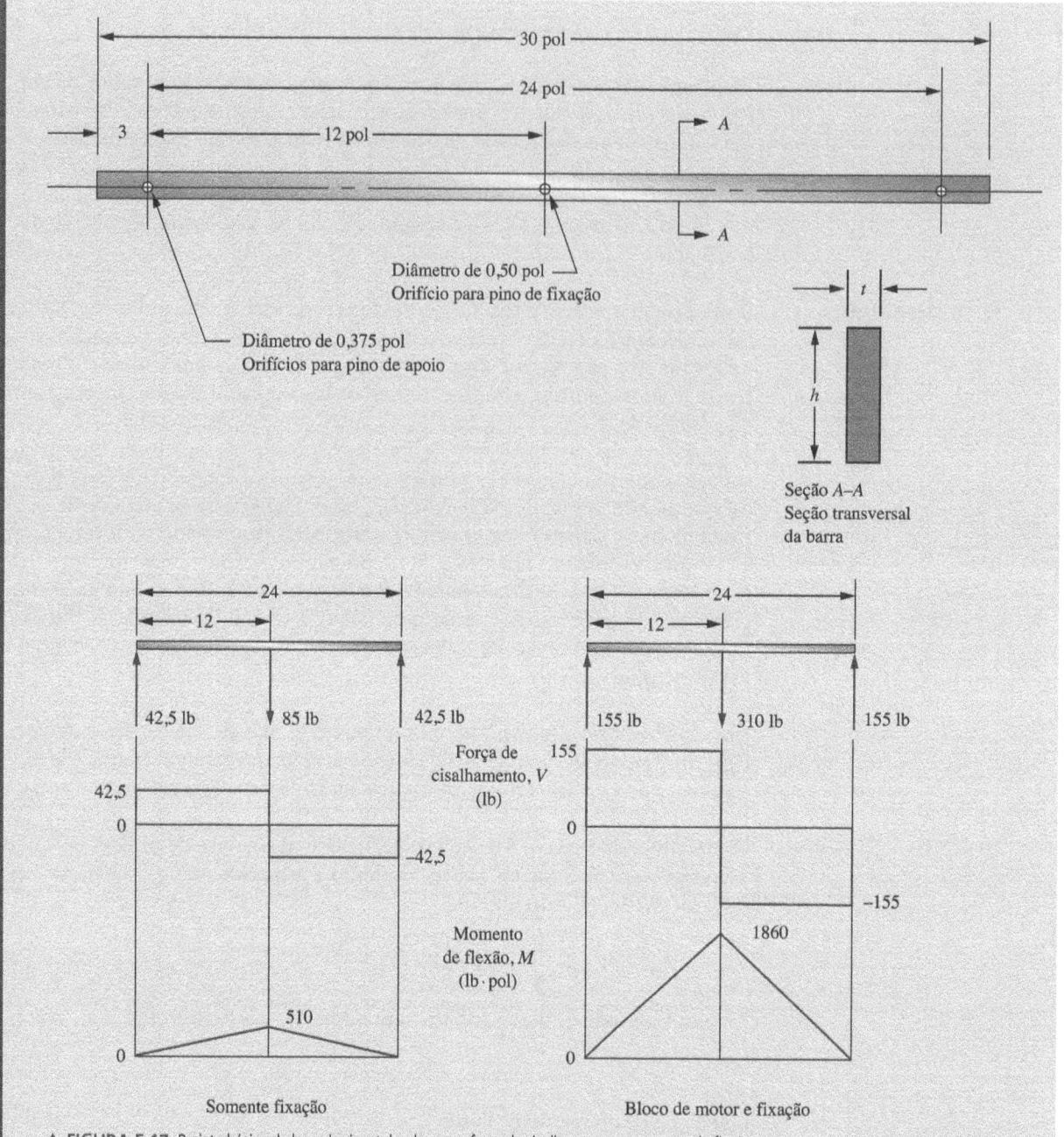

▲ FIGURA 5.17 Projeto básico da barra horizontal e de carga, força de cisalhamento e momento de flexão.

Momentos de flexão A Figura 5.17 mostra os gráficos de força de cisalhamento e momento de flexão para a barra quando carrega apenas o dispositivo de fixação, e então ambos, dispositivo de fixação e bloco de motor. O momento de flexão máximo ocorre no meio da barra, onde a carga é aplicada. Os valores são $M_{máx} = 1860$ lb · pol com o bloco de motor no dispositivo de fixação e $M_{mín} = 510$ lb · pol para o dispositivo de fixação sozinho. Agora, os valores para os momentos de flexão alternada e média são calculados por meio do uso de formas modificadas das equações 5.1 e 5.2:

$$M_m = (M_{máx} + M_{mín})/2 = (1860 + 510)/2 = 1185 \text{ lb} \cdot \text{pol}$$

$$M_a = (M_{máx} - M_{mín})/2 = (1860 - 510)/2 = 675 \text{ lb} \cdot \text{pol}$$

As tensões serão determinadas a partir de $\sigma_m - M_m/S$ e $\sigma_a = M_a/S$.

Valores de resistência do material As propriedades exigidas dos materiais são a resistência mecânica máxima s_u e a resistência real estimada à fadiga s'_n. Sabemos que a resistência máxima $s_u = 55$ ksi. Agora, encontramos s'_n utilizando o método delineado na Seção 5.4.

Fator de dimensão, C_s: a partir da Seção 5.4, a Equação 5.10 define um diâmetro equivalente, D_e, para a seção retangular como

$$D_e = 0{,}808 \sqrt{ht}$$

Especificamos a espessura da barra para ser $t = 0{,}50$ pol. A altura é desconhecida nesse momento. Como estimativa, suporemos que $h \approx 2{,}0$ pol. Então,

$$D_e = 0{,}808 \sqrt{ht} = 0{,}808 \sqrt{(2{,}0)(0{,}50)} = 0{,}808 \text{ pol}$$

Então podemos usar a Figura 5.9 ou as equações na Tabela 5.3 para encontrar $C_s = 0{,}90$. Esse valor deve ser verificado depois que for proposta uma dimensão de altura específica.

Fator material, C_m: use $C_m = 1{,}0$ para o aço laminado a quente.

Fator do tipo tensão, C_{st}: use $C_{st} = 1{,}0$ para tensão de flexão repetida.

Fator de confiabilidade, C_R: uma elevada confiabilidade é desejada.

Utilizaremos $C_R = 0{,}75$ para alcançar uma confiabilidade de 0,999, conforme indica a Tabela 5.2.
O valor de $s_n = 20$ ksi é determinado a partir da Figura 5.8 para o aço laminado a quente com uma resistência máxima de 55 ksi.
Agora, aplicando a Equação 5.6 da Seção 5.4, temos

$$s'_n = (C_m)(C_{st})(C_R)(C_s)\, s_n = (1{,}0)(1{,}0)(0{,}75)(0{,}90)(20 \text{ ksi}) = 13{,}5 \text{ ksi}$$

Solução para o módulo de seção exigido Nesse ponto, especificamos todos os fatores na Equação 5.20, exceto o módulo da seção transversal da barra, que está envolvido em cada expressão de tensão, como mostrado antes. Agora, resolveremos a equação com o valor exigido de S.
Relembre que indicamos antes que $\sigma_m = M_m/S$ e $\sigma_a = M_a/S$. Então,

$$\frac{1}{N} = \frac{\sigma_m}{s_u} + \frac{K_t \sigma_a}{s'_n} = \frac{M_m}{S s_u} + \frac{K_t M_a}{S s'_n} = \frac{1}{S}\left[\frac{M_m}{s_u} + \frac{K_t M_a}{s'_n}\right]$$

$$S = N\left[\frac{M_m}{s_u} + \frac{K_t M_a}{s'_n}\right] = 4\left[\frac{1185 \text{ lb} \cdot \text{pol}}{55000 \text{ lb/pol}^2} + \frac{1{,}0\,(675 \text{ lb} \cdot \text{pol})}{13500 \text{ lb/pol}^2}\right]$$

$$S = 0{,}286 \text{ pol}^3$$

Resultados   O módulo de seção exigido foi determinado como $S = 0{,}286$ pol³. Observamos mais cedo que $S = th^2/6$ para uma seção transversal retangular sólida e decidimos usar essa fórmula para encontrar uma estimativa inicial ao peso exigido da seção, h. Especificamos $t = 0{,}50$ pol. Então, o valor mínimo aceitável estimado para a altura h é

$$h = \sqrt{6S/t} = \sqrt{6(0{,}286 \text{ pol}^3)/(0{,}50 \text{ pol})} = 1{,}85 \text{ pol}$$

A tabela de dimensões básicas preferíveis no sistema de polegada decimal (Tabela A2.1) recomenda $h = 2{,}00$ pol. Primeiramente, devemos verificar a suposição anterior da relação $d/h < 0{,}50$ no meio da barra. A relação real é

$$d/h = (0{,}50 \text{ pol})/(2{,}00 \text{ pol}) = 0{,}25 \text{ (correta)}$$

Isso indica que nossa suposição anterior de que $K_t = 1,0$ está correta. Além disso, nosso valor pressuposto de $C_s = 0,90$ também está correto porque a altura real, $h = 2,0$ pol, é idêntica ao nosso valor pressuposto.

Agora, calcularemos o valor real do módulo da seção transversal com o orifício incluso. Veja a Figura A15.6 no apêndice.

$$S = \frac{t(h^3 - d^3)}{6h} = \frac{(0,50 \text{ pol})[(2,00 \text{ pol})^3 - (0,50 \text{ pol})^3]}{6(2,00 \text{ pol})} = 0,328 \text{ pol}^3$$

Esse valor é maior do que o mínimo exigido de 0,286 pol³. Desse modo, a dimensão da seção transversal é satisfatória, no que diz respeito à tensão decorrente de flexão.

Decisões e comentários finais do projeto

Em resumo, apresentaremos a seguir as decisões de projeto para a barra horizontal do suporte transportador mostrado na Figura 5.17.

1. *Material:* aço trefilado a quente SAE 1020.
2. *Dimensão:* seção transversal retangular. Espessura $t = 0,50$ pol; altura $h = 2,00$ pol.
3. *Projeto global:* a Figura 5.17 ilustra as características básicas da barra.
4. *Outras considerações:* restam ser especificadas as tolerâncias nas dimensões para a barra e o acabamento de suas superfícies. O potencial de corrosão deve ser considerado e pode exigir pintura, banho ou alguma outra proteção contra corrosão. A dimensão da seção transversal pode ser usada com as tolerâncias já recebidas de espessura e peso, mas ela é um tanto dependente do projeto do dispositivo de fixação que segura o bloco de motor e os suportes transportadores. Assim, as tolerâncias finais serão deixadas abertas, no aguardo das decisões de projeto posteriores. Os orifícios para pinos na barra devem ser projetados para produzir um ajuste de deslizamento próximo com os pinos, e os detalhes de especificação das tolerâncias nos diâmetros do orifício para esse ajuste são discutidos no Capítulo 13. Veja também a discussão sobre as juntas de garfo-olhal na Seção 3.21.
5. *Outros modos possíveis de falha:* a análise usada neste problema supõe que a falha ocorreria por causa de tensões de flexão na barra retangular. As dimensões foram especificadas para impedir que isso ocorra. Outros modos possíveis são discutidos aqui:
   a. *Deflexão da ação da barra como uma indicação de rigidez:* não se deve esperar que o tipo de sistema transportador descrito neste problema apresente extrema rigidez porque a deflexão moderada dos membros não pode prejudicar sua operação. Entretanto, se a barra horizontal deflete tanto que parece ser bastante flexível, isso é considerado inadequado. Trata-se de um julgamento subjetivo. Podemos usar o caso (a) da Tabela A14.1 para calcular a deflexão.

$$y = FL^3/48EI$$

Neste projeto,

$F = 310$ lb = carga máxima sobre a barra
$L = 24,0$ pol = distância entre os apoios
$E = 30 \times 10^6$ psi = módulo de elasticidade do aço
$I = th^3/12$ = momento de inércia da seção transversal
$I = (0,50 \text{ pol})(2,00 \text{ pol})^3/12 = 0,333 \text{ pol}^4$

Então,

$$y = \frac{(310 \text{ lb})(24,0 \text{ pol})^3}{48(30 \times 10^6 \text{ lb/pol}^2)(0,333 \text{ pol}^4)} = 0,0089 \text{ pol}$$

Esse valor parece satisfatório. Na Seção 5.9, algumas diretrizes foram dadas para a deflexão dos elementos de máquina. Uma estabelece que as deflexões por flexão para peças de máquinas em geral devem ser limitadas à variação de 0,0005 a 0,003 pol/pol no comprimento da viga. Para a barra nesse projeto, a razão y/L pode ser comparada à seguinte variação:

$y/L = (0{,}0089 \text{ pol})/(24{,}0 \text{ pol}) = 0{,}0004$ pol/pol do comprimento da viga

Desse modo, essa deflexão está bem dentro da variação recomendada.

b. *Flambagem da barra:* quando uma viga com uma seção transversal retangular, estreita e alta é submetida a compressão, seria possível que o perfil sofresse deflexão em decorrência da flambagem ocorrer antes que as tensões de flexão provocassem falha do material. Isso é chamado de *instabilidade elástica*, e uma discussão completa está além do escopo deste livro. Entretanto, a Referência 14 exibe um método de cálculo da carga de flambagem crítica para esse tipo de carregamento. A característica geométrica pertinente é a razão entre a espessura t da barra e sua altura h. Isso pode demonstrar que a barra, conforme projetada, não irá flambar.

c. *Tensão de rolamento sobre as superfícies internas dos orifícios na viga:* os pinos transferem cargas entre a barra e os elementos de acoplamento no sistema transportador. É possível que a tensão de rolamento na interface pino-orifício seja maior, levando à deformação excessiva ou desgaste. A Referência 4 no Capítulo 3 indica que a tensão de rolamento permitida para um pino de aço é $0{,}90\, s_y$.

$\sigma_{bd} = 0{,}90 s_y = 0{,}90\, (30000 \text{ psi}) = 27000$ psi

A tensão real de rolamento no orifício central é encontrada usando-se a área projetada, $D_p t$.

$\sigma_b = F/D_p t = (310 \text{ lb})/(0{,}50 \text{ pol})(0{,}50 \text{ pol}) = 1240$ psi

Assim, o pino e o buraco são bem seguros para o rolamento.

EXEMPLO DE PROJETO 5.4

Um colchete é feito por soldagem de uma barra retangular a uma haste circular, como demonstra a Figura 5.18. Projete a barra e a haste para carregar uma carga estática de 250 lb.

SOLUÇÃO

Objetivo

O processo de projeto será dividido em duas partes:
1. Projeto da barra retangular para o colchete.
2. Projeto da haste circular para o colchete.

Barra retangular

Dados

O projeto do colchete é mostrado na Figura 5.18. A barra retangular carrega uma carga de 250 lb verticalmente para baixo, em sua extremidade. O apoio é oferecido pela solda na sua extremidade esquerda, onde as cargas são transferidas à haste circular. A barra atua como uma viga de cantiléver, com 12 pol de comprimento. A tarefa do projeto é especificar o material para a barra e as dimensões de sua seção transversal.

Decisões básicas do projeto

Usaremos o aço para ambas as peças do colchete em razão de sua rigidez relativamente alta, facilidade de soldagem e ampla variação de resistências disponível. Especificaremos o aço recozido SAE 1340 com $s_y = 63$ ksi e $s_u = 102$ ksi (Apêndice 3). O aço é altamente dúctil, com um alongamento de 26%.

O objetivo da análise de projeto apresentada em seguida é determinar a dimensão da seção transversal da barra retangular. Considerando que as condições de processamento e carregamento são bem conhecidas, empregaremos um fator de segurança de $N = 2$ em razão da carga estática.

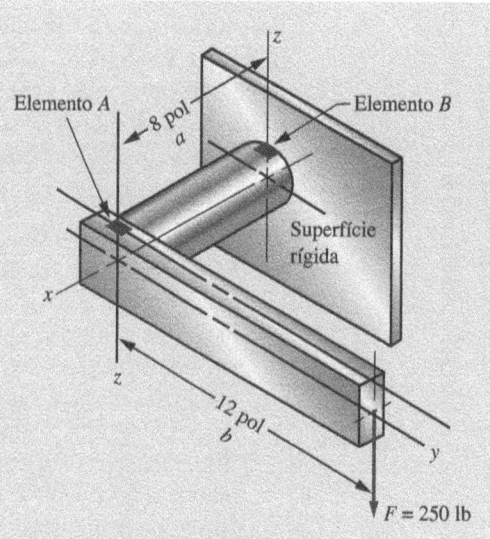

FIGURA 5.18 Projeto de colchete.

Análise e resultados

O gráfico de corpo livre da barra do cantiléver é mostrado na Figura 5.19, juntamente aos gráficos de força de cisalhamento e momento de flexão. Isso deve ser um caso familiar, levando ao julgamento de que a tensão de tração máxima ocorre na parte superior da barra, próximo de onde ela é apoiada pela haste circular. Esse ponto é chamado de elemento A na Figura 5.19. O momento de flexão máximo é
$M = 3000$ lb · pol. A tensão em A é

$$\sigma_A = M/S$$

onde S = módulo da seção transversal da barra.

Primeiramente, calcularemos o valor mínimo permitido para S, e então determinaremos as dimensões para a seção transversal.
O método 2 da Seção 5.8 se aplica por causa do carregamento estático. Em primeiro lugar, calculamos a tensão de projeto a partir de

$$\sigma_d = S_y/N$$
$$\sigma_d = S_y/N = (63000 \text{ psi})/2 = 31500 \text{ psi}$$

Agora, devemos garantir que a tensão máxima esperada $\sigma_A = M/S$ não exceda a tensão de projeto. Podemos substituir $\sigma_A = \sigma_d$ e calcular S.

$$S = M/\sigma_d = (3000 \text{ lb} \cdot \text{pol})/(31500 \text{ lb/pol}^2) = 0{,}095 \text{ pol}^3$$

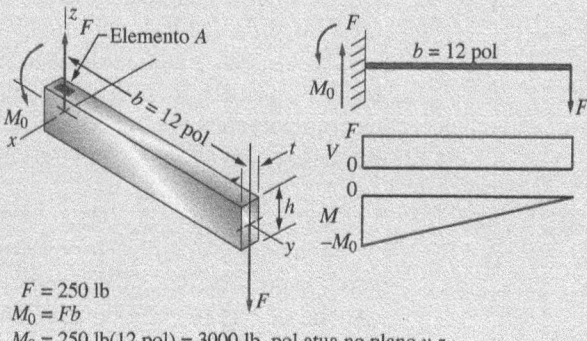

$F = 250$ lb
$M_0 = Fb$
$M_0 = 250$ lb(12 pol) $= 3000$ lb · pol atua no plano y-z

FIGURA 5.19 Diagrama de corpo livre da barra.

A relação de S é

$$S = th^2/6$$

Como uma decisão de projeto, especificamos a proporção aproximada das dimensões de seção transversal como $h = 3t$. Assim,

$$S = th^2/6 = t(3t)^2/6 = 9t^3/6 = 1{,}5t^3$$

A espessura mínima exigida é, portanto,

$$t = \sqrt[3]{S/1{,}5} = \sqrt[3]{(0{,}095 \text{ pol}^3)/1{,}5} = 0{,}399 \text{ pol}$$

A altura nominal da seção transversal deve ser, aproximadamente,

$$h = 3t = 3(0{,}399 \text{ pol}) = 1{,}20 \text{ pol}$$

Decisões e comentários finais do projeto

No sistema de polegada fracional, as dimensões preferíveis são selecionadas como $t = 3/8$ pol $= 0{,}375$ pol e $h = 1¼$ pol $= 1{,}25$ pol (veja a Tabela A2.1). Observe que escolhemos um valor ligeiramente menor para t, mas um pouco maior para h. Devemos verificar que o valor resultante para S é satisfatório.

$$S = th^2/6 = (0{,}375 \text{ pol})(1{,}25 \text{ pol})^2/6 = 0{,}0977 \text{ pol}^3$$

Isso é maior do que o valor exigido de 0,095 pol³; portanto, o projeto é satisfatório.

Haste circular

Dados

O projeto do colchete é exibido na Figura 5.18. A tarefa dele consiste em especificar o material para a haste e o diâmetro da sua seção transversal.

Decisões básicas do projeto

Estabeleceremos o aço recozido SAE 1340, o mesmo utilizado para a barra retangular. Suas propriedades são $s_y = 63$ ksi e $s_u = 102$ ksi.

Análise e resultados

A Figura 5.20 é o gráfico de corpo livre para a haste. Esta é carregada em sua extremidade esquerda pelas reações na extremidade da barra retangular, a saber, uma força descendente de 250 lb e um momento de 3000 lb · pol. A figura mostra que o momento atua como um torque na haste circular, e a força de 250 lb provoca flexão com um momento máximo de 2000 lb · pol na extremidade direita. As reações são providenciadas pela solda em sua extremidade direita, onde as cargas são transferidas para o apoio. A haste, portanto, é submetida a uma tensão combinada decorrente de torção e flexão. O elemento B na parte superior da haste é submetido à tensão combinada máxima.

A maneira de carregamento sobre a haste circular é idêntica àquela analisada anteriormente, na Seção 4.6. Foi demonstrado que, somente quando a flexão e o cisalhamento torcional ocorrem, um procedimento chamado *método de torque equivalente* pode ser utilizado para concluir a análise. Primeiramente, definimos o torque equivalente, T_e:

$$T_e = \sqrt{M^2 + T^2} = \sqrt{(2000)^2 + (3000)^2} = 3606 \text{ lb} \cdot \text{pol}$$

Assim, a tensão de cisalhamento na barra é

$$\tau = T_e/Z_p$$

onde Z_p = módulo de seção polar.

Para um eixo circular sólido,

$$Z_p = \pi D^3/16$$

Nossa abordagem é determinar a tensão de cisalhamento do projeto e T_e, e então calcular Z_p. O método 3, que utiliza a teoria da tensão de cisalhamento máxima, pode ser aplicada. A tensão de cisalhamento do projeto é

$$\tau_d = 0{,}50 s_y/N = (0{,}5)(63000 \text{ psi})/2 = 15750 \text{ psi}$$

Deixamos $\tau = \tau_d$ e calculamos Z_p:

$$Z_p = T_e/\tau_d = (3606 \text{ lb} \cdot \text{pol})/(15750 \text{ lb/pol}^2) = 0{,}229 \text{ pol}^3$$

Agora que conhecemos Z_p, podemos calcular o diâmetro exigido a partir de

$$D = \sqrt[3]{16Z_p/\pi} = \sqrt[3]{16(0{,}229 \text{ pol}^3)/\pi} = 1{,}053 \text{ pol}$$

Esse é o diâmetro mínimo aceitável para a haste.

Decisões e comentários finais do projeto

A haste circular será soldada ao lado da barra retangular, e especificamos o peso da barra como 1¼ pol, além do diâmetro da haste circular que será usinada como 1,10 pol. Isso permitirá a soldagem em torno de toda a sua região periférica.

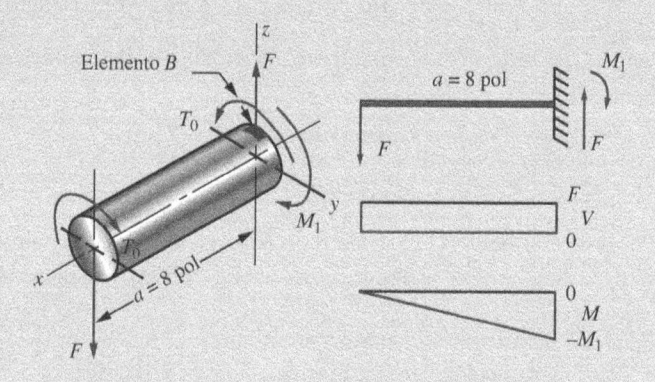

$F = 250$ lb
$M_1 = Fa = 250$ lb(8 pol) $= 2000$ lb $\cdot$ pol (atua no plano y–z)
$T_0 = Fb = 250$ lb(12 pol) $= 3000$ lb $\cdot$ pol (veja a Figura 5.19. $T_0 = M_0$)

▲ **FIGURA 5.20** Gráfico de corpo livre da haste.

5.11 MÉTODOS ADICIONAIS DE ANÁLISE DE PROJETO

Apresentamos aqui diversos métodos adicionais de análise de projeto para complementar aqueles na Seção 5.8 e incluídos no procedimento de projeto indicado e demonstrado nas seções 5.9 e 5.10. É imperativo que você, como projetista, decida cuidadosamente qual método de análise é consistente com a natureza da configuração, do material e da maneira de carregamento da componente real que está sendo projetada.

Alguns dos métodos adicionados são construídos a partir do círculo de Mohr e tensões combinadas do Capítulo 4, no que se referem:

- Às tensões principais máxima e mínima.
- À tensão de cisalhamento máxima.
- Às condições de tensão especiais.
- À análise das condições complexas de carregamento.

Os conceitos aqui normalmente são integrados dentro dos pacotes de software da moderna análise de elemento finito (AEF), e a discussão nesta seção deve ajudá-lo a entender melhor as bases para os resultados gerados a partir desses softwares. Veja os sites de 1 a 8.

Método de Mohr modificado para tensão estática biaxial em materiais frágeis

Quando as tensões são aplicadas em mais de uma direção ou quando a tensão normal e a de cisalhamento são usadas simultaneamente, é necessário calcular as tensões principais, σ_1 e σ_2, utilizando o círculo de Mohr ou as equações no Capítulo 4. As *concentrações de tensão devem ser incluídas nas tensões aplicadas antes da preparação do círculo de Mohr para materiais frágeis.*

Por segurança, a *combinação* de duas tensões principais deve permanecer dentro da área mostrada na Figura 5.21, que graficamente retrata a *teoria de Mohr modificada*. O gráfico é um mapeamento da tensão principal máxima, σ_1, no eixo horizontal (abscissa) e da tensão principal mínima, σ_2, no eixo vertical (ordenada).

Observe que o critério de falha depende do quadrante no qual se situam as tensões principais. No primeiro quadrante, as duas tensões principais são de tração, e a falha é prevista quando uma delas excede a resistência de tração máxima, s_{ut}, do material. De maneira semelhante, no terceiro quadrante, as duas tensões principais são de compressão, e a falha é prevista quando uma delas excede a resistência compressiva máxima, s_{uc}, do material.

As linhas de falha para o segundo e o quarto quadrantes são mais complexas e foram derivadas semiempiricamente para se correlacionar com os valores de ensaio. As linhas de resistência máxima à tração são estendidas a partir do primeiro quadrante, passando pelo segundo e quarto quadrantes até o ponto em que cada uma intercepta a *diagonal de cisalhamento*, deformando-se em 45° através da origem. Então, a linha de falha continua no ângulo até a resistência máxima de compressão.

Para o projeto, em razão dos muitos e diferentes formatos e dimensões de zonas de segurança-tensão na Figura 5.21, sugere-se que se faça um sinal grosseiro da parte pertinente do gráfico de Mohr modificado a partir de dados reais de resistência do material. Assim, os valores reais de σ_1 e σ_2 podem ser assinalados para garantir que eles permaneçam dentro da zona segura do gráfico.

Uma *linha de carga* pode servir de auxílio para determinar o fator de segurança, N, por meio do uso do gráfico de Mohr modificado. Supõe-se que as tensões aumentem proporcionalmente à medida que as cargas aumentam. Aplique os seguintes passos para um exemplo de estado de tensão, A, para o qual $\sigma_{1A} = 15$ ksi e $\sigma_{2A} = -80$ ksi. O material é o ferro fundido cinzento, grau 40A, que tem $s_{ut} = 40$ ksi e $s_{uc} = 140$ ksi.

1. Desenhe o gráfico de Mohr modificado, conforme exibe a Figura 5.21.
2. Assinale o ponto A em $(15, -80)$.
3. Esboce a linha de carga a partir da origem através do ponto A até que ele intercepte a linha de falha no gráfico, no ponto indicado como A_f.
4. Determine as distâncias $OA = 81{,}4$ ksi e $OA_f = 96{,}0$ ksi medindo o gráfico.
5. Calcule o fator de segurança a partir de $N = OA_f/OA = 96{,}0/81{,}4 = 1{,}18$.

Método de distorção de energia para tensão estática sobre materiais dúcteis por meio do uso da tensão de von Mises

O método de distorção de energia tem se mostrado como o melhor preditor de falha para materiais dúcteis sob cargas estáticas ou tensões combinadas, de cisalhamento ou normais completamente reversas. Ele é em geral aplicado por meio da utilização da tensão de von Mises, σ', que foi descrita na Seção 4.3. Relembre a relação a seguir para σ', com base nas tensões principais (σ_1, σ_2).

Tensão de von Mises para o estado de tensão biaxial.

Dadas as tensões principais:

$$\sigma' = \sqrt{\sigma_1^2 + \sigma_2^2 - \sigma_1 \sigma_2} \qquad (5.23)$$

É bastante útil visualizar o método de previsão de falha por distorção de energia assinalando a linha de falha em um gráfico com σ_1 no eixo horizontal e σ_2 no eixo vertical, como demonstra a Figura 5.22. A linha de falha é uma elipse centralizada na origem e que passa através da tensão de escoamento em cada eixo, tanto na região de tração quanto na de compressão. É necessário que o material tenha valores iguais para a tensão de escoamento em tensão e compressão ao uso direto desse método. As escalas numéricas no gráfico são normalizadas para a tensão de escoamento de modo que a elipse passa através de $s_y/\sigma_1 = 1{,}0$ no eixo σ_1 e similarmente nos outros eixos. *As combinações das tensões principais que permanecem dentro da elipse de distorção de energia são previstas como seguras, enquanto outras de fora preveriam falha.*

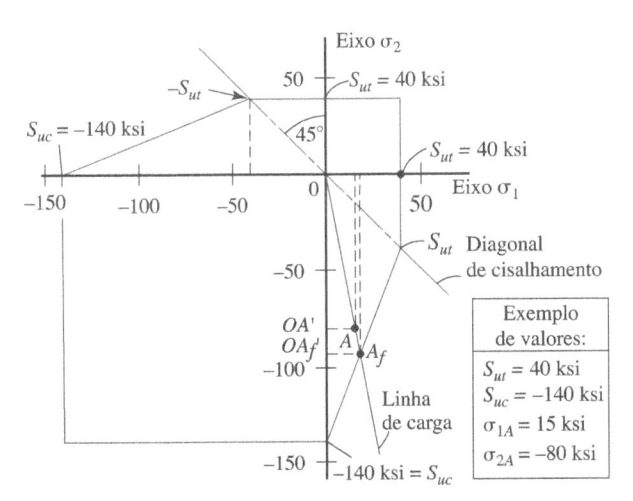

▲ **FIGURA 5.21** Gráfico de Mohr modificado com exemplo de valores e uma linha de carregamento traçada.

Para o projeto, o fator de segurança, N, pode ser aplicado à tensão de escoamento. Desse modo, utilize

$$\sigma' < \sigma_d = s_y/N \qquad (5.24)$$

Com fins de comparação, as linhas de previsão de falha para o método de tensão máxima de cisalhamento também são mostradas na Figura 5.22. Com dados indicando que o método de distorção de energia é o melhor preditor, é possível ver que o de tensão máxima de cisalhamento geralmente é conservador e coincide com a elipse de distorção de energia em seis pontos. Em outras regiões, não passa de 16% de baixa. Observe que a linha diagonal a 45° através dos segundo e quarto quadrantes é chamada de *diagonal de cisalhamento*. Trata-se do lugar geométrico de pontos onde $\sigma_1 = \sigma_2$, e sua interseção com a elipse de falha está no ponto (−0,577, 0,577) no segundo quadrante. Ele prevê falha quando a tensão de cisalhamento é 0,577s_y. O método de tensão máxima de cisalhamento prevê falha em 0,50s_y, quantificando, assim, o conservadorismo dele.

Também mostradas na Figura 5.22 estão as linhas de previsão de falha para o método de tensão principal máxima. Elas coincidem com as linhas de tensão máxima de cisalhamento nos primeiro e terceiro quadrantes, para os quais as duas tensões principais têm o mesmo sinal, tanto de tração (+) quanto de compressão (−). Desse modo, também são conservadoras nessas regiões. *Mas observe que isso é perigosamente não conservador nos segundo e quarto quadrantes.*

Tensões combinadas flutuantes — método de tensão máxima de cisalhamento

A abordagem aqui apresentada é semelhante à do método de Goodman, descrito anteriormente, mas o efeito das tensões combinadas é determinado, em primeiro lugar, pelo círculo de Mohr.

Para a teoria de tensão máxima de cisalhamento, desenhe dois círculos de Mohr, um para as tensões médias e outro para as alternadas. A partir do primeiro círculo, estabeleça a tensão de cisalhamento alternada máxima, $(\tau_m)_{máx}$. Já a partir do segundo círculo, defina a tensão de cisalhamento alternada máxima, $(\tau_a)_{máx}$. Assim, utilize esses valores na equação do projeto:

$$\frac{K_t(\tau_a)_{máx}}{s'_{sn}} + \frac{(\tau_m)_{máx}}{s_{su}} = \frac{1}{N} \qquad (5.25)$$

Na ausência de dados de resistência de cisalhamento, empregue as estimativas, $s'_{sn} = 0,577\, s'_n$ e $s_{su} = 0,75\, s_u$.

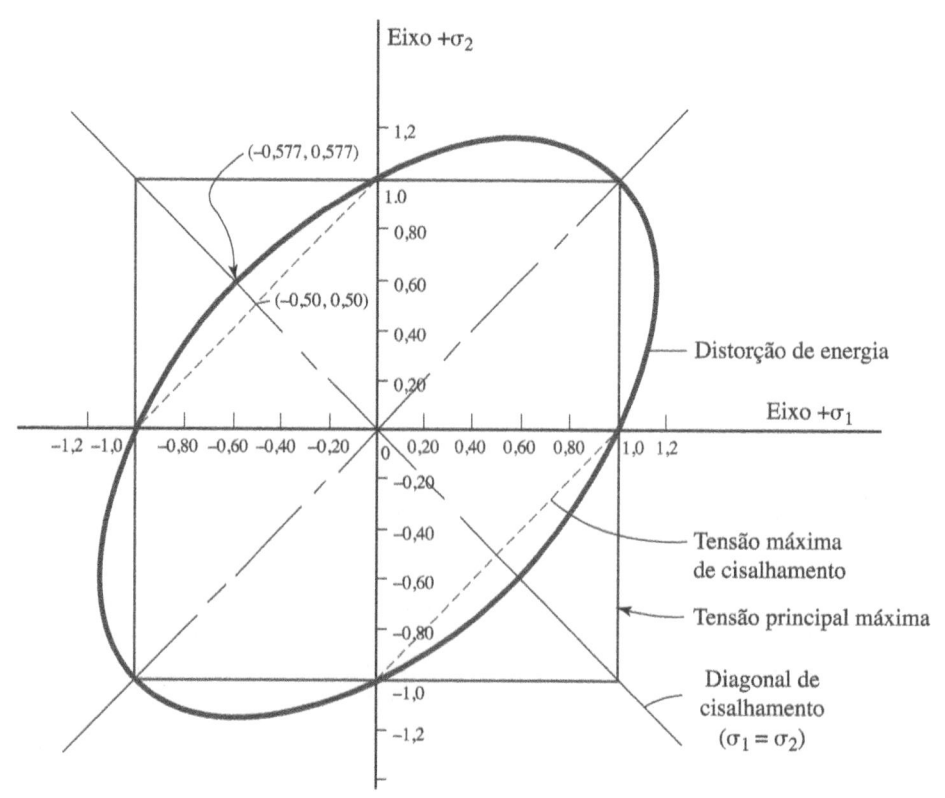

▲ **FIGURA 5.22** Método de distorção de energia comparado com os de tensão máxima de cisalhamento e de tensão principal máxima.

Tensões combinadas flutuantes — método de distorção de energia

Para a teoria da distorção de energia, desenhe dois círculos de Mohr, um para as tensões médias e outro para as alternadas. A partir desses círculos, determine as tensões principais, máxima e mínima. Então, calcule as tensões de von Mises tanto para as componentes médias quanto para as alternadas a partir de

$$\sigma'_m = \sqrt{\sigma_{1m}^2 + \sigma_{2m}^2 - \sigma_{1m}\sigma_{2m}}$$

$$\sigma'_a = \sqrt{\sigma_{1a}^2 + \sigma_{2a}^2 - \sigma_{1a}\sigma_{2a}}$$

A equação de Goodman então se torna

$$\frac{K_t\sigma'_a}{s'_n} + \frac{\sigma'_m}{s_u} = \frac{1}{N} \qquad (5.26)$$

Método de Gerber para tensões flutuantes sobre materiais dúcteis

Aqueles que se interessam por um preditor mais preciso da falha por fadiga normalmente utilizam o método de Gerber, mostrado na Figura 5.23. Os eixos são os mesmos para o método de Goodman com nível de tensão alternada, σ_a, no eixo vertical e tensão média, σ_m, no eixo horizontal. A linha de Gerber é uma curva parabólica que em geral passa através da série de pontos de dados experimentais para falhas sob combinações específicas de tensões médias e alternadas. Ela se inicia em s'_n e termina em s_u, como ocorre com a linha de Goodman de acordo com o que foi indicado na ilustração. É possível visualizar que a linha de Goodman é um pouco conservadora, mas tem a vantagem de permanecer totalmente abaixo da série de pontos de falha, e a análise é de certo modo mais simples. Veja as referências 5 e 8 para mais detalhes sobre o método de Gerber.

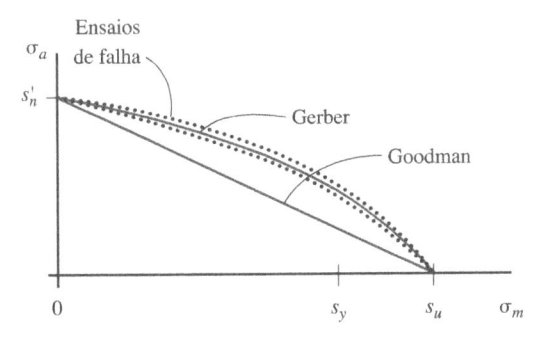

▲ **FIGURA 5.23** Comparação dos métodos de Gerber e Goodman para as tensões flutuantes sobre os materiais dúcteis.

Gráfico de Smith para mostrar o efeito da tensão média na fadiga

Alguns analistas de tensão, como é o caso de muitos na Alemanha, utilizam o *gráfico de Smith* para mapear uma região de combinações aceitáveis de tensões média e alternada. Dados adicionais de propriedade de materiais são exigidos para aplicar esse método, comparado à abordagem de Goodman definida anteriormente e adotada neste livro. A Figura 5.24 ilustra uma abordagem a fim de desenhar o gráfico de Smith para as tensões de flexão. Os dados exigidos são:

1. A resistência-limite de fadiga para a tensão de flexão completamente reversa e cíclica ($R = -1$), chamada de s_n neste livro. Alguns chamam esse padrão de carregamento de *pura oscilação*, $s_{n(-1)}$, como demonstra a Figura 5.2. A tensão média é zero [$\sigma_m = 0$] e oscila entre +$\sigma_{máx}$ e -$\sigma_{mín}$ com o mesmo valor absoluto. A tensão alternada, $\sigma_a = \sigma_{máx}$.

2. A resistência-limite de fadiga para a tensão de flexão unidirecional e cíclica ($R = 0$) às vezes é chamada de *tensão pulsante pura*, $s_{n(0)}$, e é mostrada na Figura 5.5. A tensão oscila entre o valor de $\sigma_{máx}$ e $\sigma_{mín} = 0$. As tensões alternada e média são iguais: $\sigma_a = \sigma_m = \sigma_{máx}/2$.

3. Resistência máxima, s_u.

Os passos seguidos para esboçar um gráfico na Figura 5.24 são:

1. Desenhe um eixo vertical para a tensão anternada, σ_a, e o eixo horizontal para a tensão média, σ_m.

2. Desenhe uma linha tracejada a 45° da origem. Isso representa a linha de aumento da tensão média.

3. No eixo vertical, assinale dois pontos: ponto I em +$\sigma_{máx} = s_{n(-1)}$ e ponto II em -$\sigma_{mín} = -s_{n(-1)}$ para o caso de pura oscilação.

4. Trace dados para o caso de pulsação pura: ponto III em $s_{n(0)}/2, 0$ e ponto IV em $s_{n(0)}/2, s_{n(0)}$.

5. Desenhe uma linha a partir do ponto I através do ponto IV em direção à sua interseção com a linha a 45°.

6. Desenhe outra linha a partir do ponto II através do ponto III em direção à sua interseção com a linha a 45°.

7. Desenhe uma linha horizontal a partir do valor de resistência máxima no eixo vertical até sua interseção com a linha a 45°, chamando essa interseção de ponto V.

8. Denomine a interseção da linha do Passo 7 com a do Passo 5 como ponto VI.

9. Trace uma linha vertical, de cima para baixo, a partir do ponto VI até sua interseção com a linha do Passo 6, chamando essa interseção de ponto VII.

10. Desenhe uma linha do ponto V ao ponto VII.

11. O polígono resultante dos pontos I → VI → V → VII → II → I encerra uma área de combinações teoricamente seguras de tensões média e alternada.

12. A parte superior do polígono a partir dos pontos I → VI → V é um gráfico da tensão máxima que pode ser aplicada a uma componente.

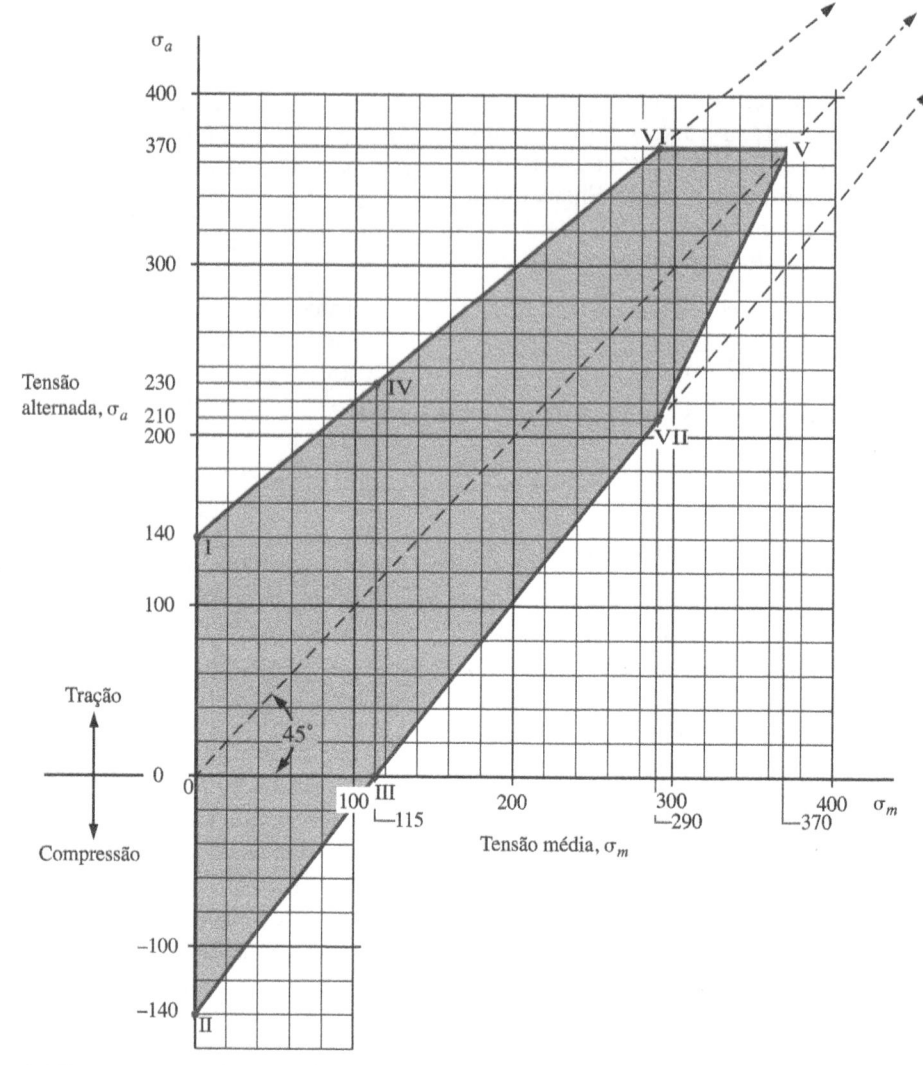

▲ **FIGURA 5.24** Exemplo de um gráfico de Smith para fadiga decorrente de tensão de flexão flutuante.

13. A parte inferior do polígono a partir dos pontos V → VII → II é um gráfico da tensão mínima que corresponde a qualquer tensão máxima diretamente vertical acima.
14. Para qualquer linha vertical desenhada através das partes superior e inferior do polígono:
    a. A interseção de cima é $+\sigma_{máx}$
    b. A interseção com a linha tracejada é σ_m
    c. A interseção de baixo é $\sigma_{mín}$
15. As tensões reais aplicadas permitidas, é claro, seriam menores do que esses pontos, de acordo com o fator de segurança desejado, N.

Os valores de exemplo utilizados para desenhar a Figura 5.24 são:

Resistência máxima = s_u = 370 MPa
Resistência à fadiga para oscilação pura, $s_{n(-1)}$ = 140 MPa
Resistência à fadiga para pulsação pura, $s_{n(0)}$ = 230 MPa

e $s_{n(0)}/2$ = 115 MPa

Coordenadas dos pontos:

	Coordenada horizontal	Coordenada vertical	
I	0	140 MPa	[Passo 3]
II	0	−140 MPa	[Passo 3]
III	115 MPa	0	[Passo 4]
IV	115 MPa	230 MPa	[Passo 4]
V	370 MPa	370 MPa	[Passo 7]
VI	290 MPa (ler a partir do gráfico)	370 MPa	[Passo 8]
VII	290 MPa	210 MPa (ler a partir do gráfico)	[Passo 9]

Esse método é uma aproximação dos valores provenientes de ensaios de fadiga a partir de muitas combinações de tensões alternada e média. Uma modificação nesse método é limitar qualquer tensão aplicada à de escoamento do material em vez de à resistência máxima. Outros gráficos de natureza semelhante são frequentemente desenhados para tensões de cisalhamento torcional e para tensão-compressão direta alternada.

5.12 PROJETO E PROCESSAMENTO RECOMENDADOS PARA CARREGAMENTO POR FADIGA

Ao longo deste capítulo, descrevemos fatores que influenciam a vida de fadiga das componentes submetidas a cargas cíclicas. Esta seção apresenta algumas recomendações resumidas para os projetistas, ao especificar tamanho, formato e técnicas de processamento para determinada componente. Veja a Referência 15 para métodos adicionais e dados de apoio.

1. Onde os níveis críticos de tensão forem encontrados, prepare a superfície com baixa aspereza e especifique um método de processamento que irá produzir vales bem arredondados entre os picos. Como exemplo, podemos citar o uso de uma ferramenta para tornear peças cilíndricas com um amplo raio de ponta, ou uma fresa esférica com um grande diâmetro para operações de fresagem.
2. Projete peças que apresentem alterações abruptas inerentes em sua geometria com baixos valores de concentrações de tensão. Um importante exemplo é fornecer raios amplos de mudança no diâmetro ou espessura de uma componente. Consulte a Seção 3.21 e a Figura 3.26.
3. Projete uma peça de modo que sua direção predominante de processamento seja paralela ao eixo principal.
4. Aumente a resistência à fadiga de áreas críticas de uma componente por meio do uso de métodos de processamento que deixem tensões residuais compressivas. Constituem exemplos a grenalhagem e a laminação ou o polimento a frio.
5. Evite métodos de processamento que produzam tensões residuais de tração redutoras da resistência à fadiga do material. São exemplos (a) as operações de retificação agressivas que retiram rapidamente grandes quantidades de material, (b) algumas operações de tratamento térmico que usam a têmpera rápida a partir de elevadas temperaturas e (c) alguns processos de soldagem próximos da zona afetada pelo calor. Se esses processos forem empregados, recomenda-se um processamento complementar para aliviar a tensão residual de tração.
6. Se o processamento deixa irregularidades na superfície, como queimaduras, trincas, materiais descarbonizados ou soldas irregulares, siga passos adicionais para eliminá-las por meio de cortes leves de acabamento, eletropolimento ou lixamento.
7. Controle todo o caminho de processo de fabricação para garantir que (a) as especificações do projeto foram atendidas, (b) as propriedades do material estão dentro dos valores usados na análise do projeto e (c) as peças são manuseadas cuidadosamente para evitar danos acidentais na superfície como sulcos, ranhuras ou corrosão.

5.13 ABORDAGENS ESTATÍSTICAS NO PROJETO

As abordagens de projeto apresentadas neste capítulo são, de certa forma, deterministas no sentido de que os dados são obtidos como valores discretos, e a análise os utiliza para estabelecer resultados específicos. O método de contabilização do que é incerto, no que diz respeito aos dados por si só, vai de encontro à seleção de um valor aceitável para o fator de segurança representado pela decisão de projeto final. Obviamente, trata-se de um julgamento subjetivo. Com frequência, as decisões que são tomadas para garantir a segurança de um projeto fazem vários deles serem bastante conservadores.

Pressões por competição exigem projetos cada vez mais eficientes e menos conservadores. Ao longo deste livro, as recomendações são feitas em busca de dados mais confiáveis para cargas, propriedades de material e fatores ambientais, oferecendo mais segurança nos resultados da análise de projeto e possibilitando valores mais baixos para o fator de segurança, como discutido na Seção 5.7. Um produto mais confiável e resistente resulta de: amostras de ensaio do material real a ser utilizado no produto; medidas extensas de desempenho de cargas a serem experimentadas; investimento em ensaios de desempenho mais detalhados; análise de tensão experimental e de elementos finitos; emprego de controle mais cuidadoso de processos de fabricação e ensaios de vida em fadiga de produtos protótipos em condições realistas, quando possível. Todas as medidas normalmente são acompanhadas de custos adicionais significativos, e decisões difíceis devem ser tomadas acerca de serem ou não implementadas.

Em combinação com as abordagens listadas anteriormente, uma maior utilização de métodos estatísticos (também chamados de *métodos estocásticos*) está surgindo para explicar a variabilidade inevitável de dados por meio da determinação de valores médios de parâmetros críticos de diversos conjuntos de dados e da quantificação da variabilidade por meio do uso de conceitos de distribuições e desvios-padrão. As referências 5 e 11 proporcionam orientação para esses métodos. A Seção 2.4 oferece uma discussão moderada dessa abordagem para explicar a variabilidade dos dados de propriedade dos materiais.

Indústrias como a automotiva, aeroespacial, de equipamentos de construção e ferramentas de máquinas direcionam recursos consideráveis para adquirir valores úteis de condições de operação que auxiliam projetistas na produção de projetos mais eficientes.

Amostras de terminologia estatística e ferramentas

- Os métodos estatísticos analisam dados para apresentar informações úteis acerca da fonte dos dados.
- Os métodos estocásticos aplicam teorias de probabilidade para caracterizar a variabilidade nesses dados.
- Os conjuntos de dados podem ser analisados para determinar a média, o índice de variação e o desvio-padrão.
- Deduções podem ser feitas acerca da natureza da distribuição dos valores, como normal ou lognormal.
- A regressão linear e outras formas de ajuste de curva podem ser empregadas para representar um conjunto de dados por funções matemáticas.
- As distribuições de tensões e cargas aplicadas podem ser comparadas com a de resistência do material para determinar a que grau eles se sobrepõem e a probabilidade de certo número de falhas ocorrerem. Veja a Figura 5.25.
- A confiabilidade de uma componente ou de um produto completo pode ser quantificada.
- A atribuição ideal de tolerâncias pode ser feita para garantir razoavelmente o desempenho satisfatório de um produto enquanto permite a variedade mais ampla possível de tolerâncias.

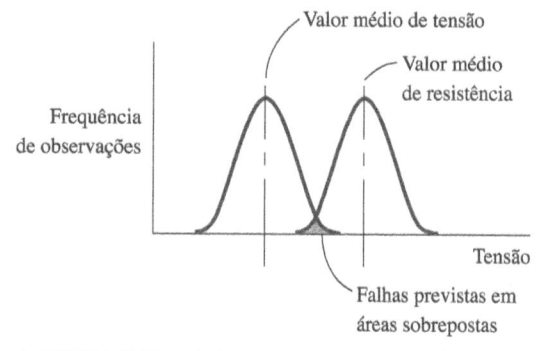

▲ **FIGURA 5.25** Variação estatística do potencial de falha.

5.14 MÉTODO DE VIDA FINITA E DE ACUMULAÇÃO DE DANOS

Os métodos de projeto por fadiga descritos até agora, neste capítulo, têm o objetivo de projetar uma componente de vida infinita por meio do uso da resistência à fadiga real estimada como base para o projeto e pressupõem que esse valor é o *limite de resistência*. Os níveis de tensão cíclica aplicada abaixo desse valor proporcionarão vida infinita. Além disso, a análise foi baseada na suposição de que o padrão de carregamento era uniforme por toda a vida da componente. Ou seja, as tensões média e alternada não variam com o passar do tempo.

Entretanto, há muitos exemplos comuns para os quais a vida finita é adequada à aplicação e nos quais o padrão de carregamento varia com o tempo. Veja as considerações a seguir.

Exemplos de vida finita

Em primeiro lugar, discutiremos o conceito de vida finita. Veja as curvas de resistência à fadiga na Figura 5.7 na Seção 5.3. Os valores são assinalados no gráfico de tensão *versus* número de ciclos até a falha (σ vs. N) com ambos os eixos utilizando escalas logarítmicas. Para os materiais que exibem um limite de resistência, é possível ver que ele ocorre para uma vida de aproximadamente 10^6 ciclos. Quanto tempo levaria para acumular 1 milhão de ciclos de aplicações de carga? Aqui estão alguns exemplos.

ALAVANCA DO FREIO DE UMA BICICLETA: considere que o freio seja aplicado a cada 5 minutos enquanto se pedala por 4 horas por dia a cada ano. Levaria mais de 57 anos para aplicar o freio 1 milhão de vezes.

MECANISMO DE AJUSTE DE PESO DE UM CORTADOR DE GRAMA: considere um cortador de grama utilizado por uma empresa de manutenção de modelos comerciais. Tenha em mente que a altura de corte do aparelho foi ajustada para se adaptar ao terreno variável três vezes por roçada e que ele será utilizado 40 vezes por semana, em todos os 12 meses do ano. A esse ritmo, levaria 160 anos para acumular 1 milhão de ciclos de carga no mecanismo de ajuste de altura.

ELEVADOR AUTOMOTIVO EM UMA OFICINA DE MANUTENÇÃO: considere que o técnico da oficina levante quatro automóveis por hora, 10 horas por dia, 6 dias por semana, cada semana do ano. A esse ritmo, levaria mais de 80 anos para acumular 1 milhão de ciclos de carga no mecanismo de levantamento.

Cada um desses exemplos indica que pode ser apropriado projetar os membros sob carregamento dos sistemas exemplificados para algo menor do que a vida infinita. Mas muitos exemplos industriais exigem projetos de vida infinita. Aqui está um exemplo.

DISPOSITIVO DE ALIMENTAÇÃO DE PEÇAS: sobre um sistema de montagem automatizada, um dispositivo de alimentação insere 120 peças por minuto. Se o sistema operar 16 horas por dia, 6 dias por semana, todas as semanas do ano, levaria apenas 8,7 dias para acumular 1 milhão de ciclos de carregamento. Haveria 35,9 millhões de ciclos em um ano.

Quando for possível justificar o projeto de uma vida finita menor do que o número de ciclos correspondente ao limite de resistência, você precisará de dados semelhantes aos da Figura 5.7 para o material real a fim de ser usado na componente. É preferível que você mesmo realize o ensaio do material, mas seria um exercício demorado e de alto custo para adquirir dados suficientes com o intuito de fazer curvas σ-N estatisticamente válidas. As referências 2–4, 9, 11 e 13 podem oferecer valores adequados, ou a busca por literatura adicional talvez seja exigida. Uma vez que os valores confiáveis são identificados, utilize a resistência à fadiga no número específico de ciclos enquanto o ponto de início para calcular a resistência à fadiga real estimada é descrita na Seção 5.5. Então, empregue esse valor na análise subsequente, conforme descreve a Seção 5.8.

Exemplos de amplitude de tensão variável

Aqui estamos procurando por exemplos nos quais a componente experimenta o carregamento cíclico para um grande número de ciclos, mas aos quais a amplitude da tensão varia com o tempo.

ALAVANCA DO FREIO DE UMA BICICLETA: reconsiderar a ação de frear uma bicicleta. Às vezes você precisa fazê-la parar bem rapidamente, partindo de uma velocidade alta, o que exige uma força muito grande na manivela do freio. Em outras ocasiões, você pode aplicar uma força mais leve para simplesmente desacelerar um pouco a fim de fazer uma curva com segurança.

MEMBRO DE SUSPENSÃO AUTOMOTIVA: peças de suspensão como escora, mola, amortecedor, braço de controle ou parafusos responsáveis por transmitir cargas da roda para a estrutura do carro. A magnitude da carga depende da velocidade do veículo, da condição da estrada e da ação do motorista. As estradas podem ser asfaltadas e lisas, esburacadas ou acidentadas e cheias de cascalho. O veículo pode, ainda, ser dirigido fora das estradas, onde picos violentos de tensão serão encontrados.

SISTEMA DE ACIONAMENTO DE FERRAMENTAS DE MÁQUINA: considere o tempo de vida de uma máquina fresadora. Sua função principal é cortar metal, e isso requer certa quantidade de torque para direcionar o cortador, dependendo da usinabilidade do material, da profundidade do corte e da taxa de alimentação. Certamente, o torque irá variar significativamente de trabalho a trabalho. Durante parte desse tempo de operação, pode ser que não haja absolutamente nenhuma ação de corte, enquanto uma nova parte é posicionada ou a operação completa um corte e se ajusta antes de fazer outro. De vez em quando, o cortador encontrará localmente um material mais duro, o que exigirá um torque maior para um curto período de tempo.

GUINDASTES, ESCAVADEIRAS, TRATORES DE ESTEIRA E OUTROS EQUIPAMENTOS DE CONSTRUÇÃO: obviamente aqui há cargas variáveis enquanto o equipamento é utilizado para diversas funções, como içar grandes vigas de aço ou pequenos membros de suporte, cavar solos duros de argila ou suaves de areia, nivelar rapidamente uma encosta ou realizar o alisamento final de uma estrada, ou, ainda, se deparar com um tronco de árvore ou uma pedra grande.

Como você determinaria as cargas que esses dispositivos experimentariam com o tempo? Um método envolve construir um protótipo e instrumentar elementos críticos com extensômetros, células de carga ou acelerômetros. Assim, o sistema seria "posto à prova" em uma ampla variedade de tarefas enquanto cargas e tensões são registradas como uma função de tempo. Veículos semelhantes poderiam ser monitorados para definir a frequência que diferentes tipos de carregamento seriam encontrados durante sua vida útil esperada. A combinação desses dados produziria um registro a partir do qual pode ser estimado o número total de ciclos de tensão em qualquer nível estabelecido. Técnicas estatísticas como a análise do espectro, a análise por Transformada de Fourier (FFT) e a análise de compressão de tempo produzem gráficos que resumem a amplitude de tensão e a frequência de dados que são úteis para a análise de vibração e fadiga. Veja a Referência 11 para uma discussão mais ampla dessas técnicas.

Método de acumulação de danos

O princípio da *acumulação de danos* se baseia na pressuposição de que qualquer nível determinado de tensão aplicada para um ciclo de carregamento contribui para certa quantidade de danos a uma componente. Veja novamente a Figura 5.7 e observe a curva S-N para a liga de aço, SAE 4340 a uma dureza de HB275 e com uma resistência máxima de 1048 MPa (152 ksi). A leitura de alguns pontos dessa curva proporciona o seguinte conjunto de valores:

Amplitude de tensão	Número de ciclos até falhar
710 MPa (103 ksi)	$1,0 \times 10^3$
600 MPa (87 ksi)	$1,0 \times 10^4$
505 MPa (73 ksi)	$1,0 \times 10^5$
415 MPa (60 ksi)	$1,0 \times 10^6$ [considerado o limite de fadiga, s_n]
< 415 MPa	∞

Teoricamente, há uma vida infinita para as tensões abaixo do limite de fadiga e não ocorre nenhum dano.

Agora, imagine que a componente experimenta 480 ciclos de tensão no nível de 600 MPa (87 ksi). É possível dizer que ela sofre um dano na proporção de $480/(1,0 \times 10^4) = 0,048$. Ao se submeter a 250 ciclos de tensão a 710 MPa (103 ksi), é produzido um dano de $250/(1,0 \times 10^3) = 0,250$. O dano acumulado de ambos os eventos se configura na soma, $0,048 + 0,250 = 0,298$. Quando a soma desses tipos de cálculo é igual a 1,0, prevê-se que a componente falharia. Desse modo, esse breve exemplo projeta que aproximadamente 30% da vida útil da componente foi acumulada.

Esse tipo de raciocínio pode ser usado para prever a vida total de uma componente submetida a uma sequência de níveis de carregamento. Considere que n_i represente o número de ciclos de um nível de tensão específico experimentado por uma componente. Considere que N_i seja o número de ciclos até falhar para esse nível de tensão como indica uma curva σ-N, semelhante àquelas mostradas na Figura 5.7. Assim, a contribuição de danos a esse carregamento é

$$D_i = n_i/N_i$$

Quando diversos níveis de tensão são experimentados para diferentes números de ciclos, o dano acumulado, D_c, pode ser representado como

$$D_c = \sum_{i=1}^{i=k} (n_i/N_i) \qquad (5.27)$$

A falha é prevista quando $D_c \geq 1,0$. Esse processo é chamado de *regra de dano acumulado linear de Miner*, ou simplesmente *regra de Miner*, em honra ao seu trabalho em 1945. Um exemplo demonstrará a aplicação da regra de Miner.

Os dados do exemplo na Figura 5.7 listados a seguir são obtidos da tensão de flexão cíclica e completamente reversa em uma barra circular de diâmetro pequeno [7,62 mm (0,30 pol)] com uma superfície polida espelhada, como a utilizada no dispositivo padrão de ensaio de R. R. Moore (Figura 5.3). Em outras condições (na situação típica), a curva S-N pode ser ajustada pelo cálculo inicial da resistência à fadiga real esperada do material, s'_n, utilizando a Equação 5.6 da Seção 5.4, como foi feito ao longo do capítulo. Assim, uma relação de s'_n/s_n pode ser aplicada aos valores de tensão das curvas S–N antes de determinar o número de ciclos até falhar. O processo é ilustrado no Exemplo 5.4.

EXEMPLO 5.4

Determine o prejuízo acumulativo experimentado por uma haste circular retificada de 38 mm de diâmetro, submetida à combinação dos ciclos de carregamento e níveis variados de tensão de flexão reversa e cíclica, mostrados na Tabela 5.4.

A barra é feita a partir da liga de aço SAE 4340, HB 275 com uma resistência máxima de 1048 MPa e um limite de fadiga de 430 MPa. Utilize a Figura 5.7 para a curva S-N.

▼ TABELA 5.4 Padrão de carregamento para o Exemplo 5.4.

Nível de tensão		Número de ciclos
MPa	ksi	n_i
650	94,3	2000
600	87,0	3000
500	72,5	10000
350	50,8	25000
300	43,5	15000

SOLUÇÃO	Dados	Haste de liga de aço SAE 4340, HB 275. s_u = 1048 MPa e D = 38 mm. Superfície retificada. Valores de resistência à fadiga (S-N) mostrados na Figura 5.7 e s_n = 430 MPa. O carregamento é flexão reversa e cíclica. História de carga mostrada na Tabela 5.4.
	Análise	Primeiramente, ajuste os valores S-N para condições reais que utilizam os métodos da Seção 5.4. Empregue a regra de Miner para estimar a porção de vida usada pelo padrão de carregamento.
	Resultados	Para SAE 4340, HB 275, s_u = 1048 MPa A partir da Figura 5.8, s_n = 475 MPa básico para superfície retificada Fator de material, C_m = 1,00 para aço forjado Tipo de fator de tensão, C_{st} = 1,0 para tensão de flexão reversa, rotacionada Fator de confiabilidade, C_R = 0,81 (Tabela 5.2) para R = 0,99 (decisão de projeto) Fator de dimensão, C_s = 0,84 (Figura 5.9 e Tabela 5.3 para D = 38 mm) Resistência real estimada à fadiga, s_n' – calculada: $$s_n' = s_n C_m C_{st} C_R C_s = (475 \text{ MPa})(1,0)(1,0)(0,81)(0,84) = 323 \text{ MPa}$$ Essa é a estimativa para o limite de fadiga real do aço. Na Figura 5.7, o limite de fadiga para amostra-padrão é 430 MPa. A razão entre valor real e padrão é 323/430 = 0,75. Agora podemos ajustar toda a curva S-N por esse fator. O resultado é mostrado na Figura 5.26. Então, é possível ler o número de ciclos de vida, N_i, que corresponde a cada um dos níveis de carregamento determinados a partir da Tabela 5.4. Os valores combinados para o número de ciclos de carga aplicados, n_i, e os ciclos de vida, N_i, são utilizados na regra de Miner, Equação 5.27, para estabelecer o prejuízo acumulado, D_c. Os resultados são exibidos na Tabela 5.5.

▼ TABELA 5.5 Cálculos de vida acumulada para o Exemplo 5.4.

Nível de tensão		Número de ciclos	Ciclos de vida	
MPa	ksi	n_i	N_i	n_i/N_i
650	94,3	2000	$1,1 \times 10^4$	0,182
600	87,0	3000	$1,8 \times 10^4$	0,167
500	72,5	10000	$5,8 \times 10^4$	0,172
350	50,8	25000	$5,6 \times 10^5$	0,045
300	43,5	15000	∞	0,000
			Total	0,566

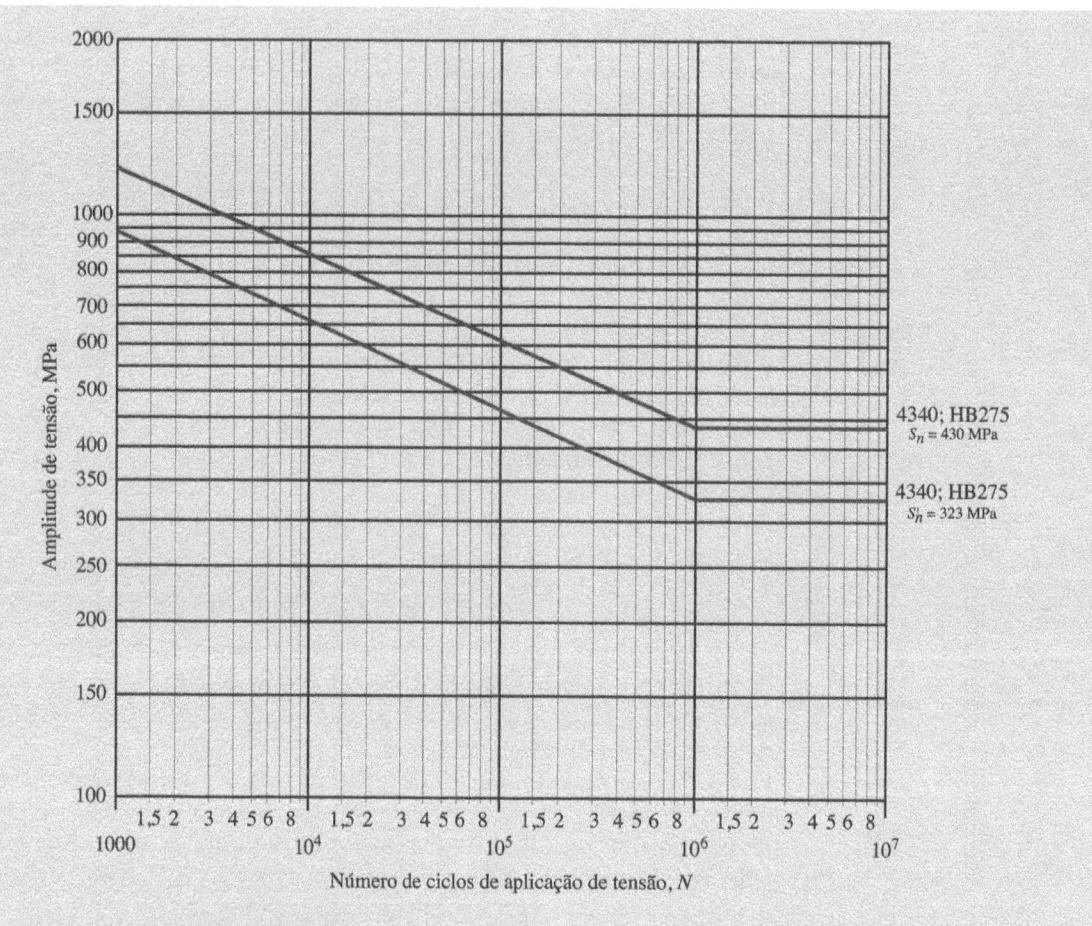

▲ **FIGURA 5.26** Resistência à fadiga para o Exemplo 5.4.

Comentários   Podemos concluir que aproximadamente 57% da vida da componente foi acumulada pelo carregamento determinado. Para esses valores, o maior prejuízo ocorre do carregamento de 650 MPa para 2000 ciclos. Uma quantidade quase igual de prejuízo é provocada pelo carregamento de 500 MPa para 10000 ciclos. Observe que os ciclos de carregamento em 300 MPa em nada contribuíram para o prejuízo porque eles estão abaixo do limite de fadiga do aço.

REFERÊNCIAS

1. ANDERSON, Ted L. *Fracture Mechanics:* Fundamentals and Applications. 3. ed. Boca Raton, FL: CRC Press, 2005.
2. ASM INTERNATIONAL. *ASM Handbook Volume 19, Fatigue and Fracture.* Materials Park, OH: ASM International, 1996.
3. BALANDIN, Dimitri V.; BOLOTNIK, Nikolaj N.; PILKEY, Walter D. *Optimal Protection from Impact, Shock and Vibration.* Londres, UK: Taylor & Francis, 2001.
4. BOYER, Howard E. *Atlas of Fatigue Curves.* Materials Park, OH: ASM International, 1986.
5. BUDYNAS, Richard G.; NISBETT, Keith J. *Shigley's Mechanical Engineering Design.* 9. ed. Nova York: McGraw-Hill, 2011.
6. DESILVA, Clarence W. *Vibration and Shock Handbook.* Boca Raton, FL: CRC Press, 2005.
7. DOWLING, Norman E. *Mechanical Behavior of Materials.* 3. ed. Upper Saddle River, NJ: Pearson/Prentice-Hall, 2007.
8. JUVINALL, Robert C.; MARSHEK, Kurt M. *Fundamentals of Machine Component Design.* 4. ed. Nova York: John Wiley & Sons, 2005.
9. MEYERS, Marc A.; CHAWLA, K. Krishan. *Mechanical Behavior of Materials.* 2. ed. Cambridge, UK: Cambridge University Press, 2009.

10. PIERSOLL, Allan; PAEZ, Thomas. *Harris' Shock and Vibration Handbook*. 6. ed. Nova York, NY: McGraw-Hill, 2010.
11. SAE INTERNATIONAL. *SAE Fatigue Design Handbook*. 3. ed. Warrendale, PA: SAE International, 1997.
12. SPOTTS, Merhyle F.; SHOUP, Terry E.; HORNBERGER, Lee E. *Design of Machine Elements*. 8. ed. Upper Saddle River, NJ: Pearson/Prentice-Hall, 2004.
13. STEPHENS, Ralph I.; FATEMI, Ali; STEPHENS, Robert R.; FUCHS, Henry O. *Metal Fatigue in Engineering*. 2. ed. Nova York: John Wiley & Sons, 2001.
14. YOUNG, Warren C.; BUDYNAS, Richard G.; SADEGH, Ali. *Roark's Formulas for Stress and Strain*. 8. ed. Nova York, NY: McGraw-Hill, 2012.
15. ZAHAVI, Eliaju; TORBILO, Vladimir. *Fatigue Design—Life Expectancy of Machine Parts*. Boca Raton, FL: CRC Press, 1996.
16. HUSTON, Ronald; JOSEPHS, Harold. *Practical Stress Analysis in Engineering Design*. 3. ed. Boca Raton, FL: CRC Press, 2009.

SITES

1. **eFatigue LLC** <https://efatigue.com>. Uma calculadora on-line de fadiga.
2. **Safe Technology** <www.safetechnology.com>. Um desenvolvedor da linha fe-safe™ de software para análise de fadiga que pode ser conectado com modelos de elemento finito. Utiliza diversos métodos de análise como tensão-vida, deformação-vida, tensão de von Mises, fadiga multiaxial e acumulação de prejuízo.
3. **HBM-nCode** <www.ncode.com>. Fornecedor de software e sistemas de medição para adquirir e processar dados de análise de fadiga. Os sistemas também trabalham com sistemas de dados de análise de elemento finito. Utiliza análise de solda, multiaxial, deformação-vida, tensão-vida e outros métodos.
4. **ProsigLtd** <www.prosig.com/dats/optfat.html>. Um produtor do software DATS Fatigue Life and Analysis juntamente ao hardware para medição e ensaios de vibração e barulho em veículos e equipamentos industriais.
5. **Comsol Multiphysics** <http://www.comsol.com/products/multiphysics/>. Um produtor de software de simulação que abrange muitos tipos de fenômeno físico, incluindo de mecânica estrutural, análise térmica e mecânica de fluidos computacional. Uma visão global da variação de métodos de análise mecânica estrutural pode ser vista em um vídeo gratuito de curta duração no YouTube: <http://www.youtube.com/watch?v=uEjJb-KAEoE>.
6. **AutoFEM Software, LLP** <www.autofemsoft.com>. Um produtor de software de análise de elementos finitos conectado ao AutoCAD. Inclui cinco módulos: estática, fadiga, frequência, flambagem e análise térmica. Oferece o gratuito AutoFEM Analysis Lite para usuários do AutoCAD com capacidades de certa forma restritas.
7. **ANSYS** <www.ansys.com>. Software de elemento finito de análise estrutural que inclui análise dinâmica e estática, linear e não linear de estruturas e dispositivos mecânicos. Conta, ainda, com o software de análise de fadiga nCode Design Life.
8. **MSC Software** <www.mscsoftware.com>. Fornecedor de versões desktop a muitos tipos de software MD NASTRAN para análise dinâmica e estática de estruturas e dispositivos móveis, incluindo análise de fadiga.

PROBLEMAS

Relação de tensão

Para cada um dos problemas de 1 a 9, esboce a variação de tensão *versus* tempo, e calcule tensão máxima, tensão mínima, tensão alternada e relação de tensão, R. Para os problemas de 6 a 9, analise a viga no local onde a tensão máxima ocorreria a qualquer momento do ciclo.

1. Uma conexão em um mecanismo é feita a partir de uma barra redonda que tem um diâmetro de 10,0 mm. Ela é submetida a uma força de tração que varia de 3500 a 500 N em um estilo cíclico enquanto o mecanismo é executado.
2. Uma estrutura em uma armação espacial tem uma seção transversal retangular de 10,0 mm por 30,0 mm. Ela experimenta uma carga que varia de uma força de tração de 20,0 kN a uma força compressiva de 8,0 kN.
3. Uma conexão em um mecanismo de máquina acondicionado tem uma seção transversal quadrada de 0,40 pol em um lado. Ela está submetida a uma carga que varia de uma tensão de tração de 860 lb a uma força de compressão de 120 lb.
4. Uma haste circular com um diâmetro de 3/8 pol apoia parte de uma plataforma de

armazenamento em um depósito. Uma vez que os produtos são carregados e descarregados, a haste é submetida a uma carga de tração que varia de 1800 a 150 lb.

5. Uma peça do trinco de uma porta de carro é feita a partir de uma haste circular que tem um diâmetro de 3,0 mm. Cada vez que é acionada, ela experimenta uma força de tração que varia de 780 a 360 N.

6. A peça de uma estrutura para o sistema de automação de uma fábrica é constituída por uma viga que se estende em 30,0 pol, como mostra a Figura P5.6. São aplicadas cargas em dois pontos: a 8,0 pol do suporte, em cada um dos lados. A carga da esquerda, $F_1 = 1800$ lb, permanece constantemente aplicada, enquanto a da direita, $F_2 = 1800$ lb, é aplicada e retirada frequentemente nos ciclos da máquina. Avalie a viga em B e C.

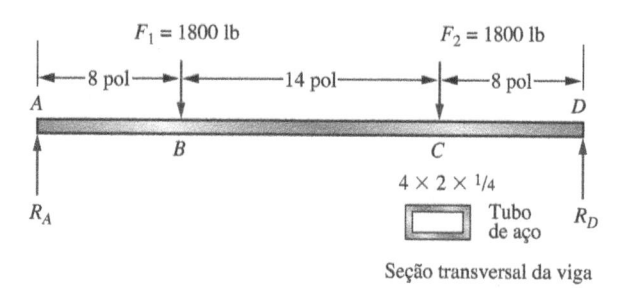

▲ FIGURA P5.6 (problemas 6 e 23)

7. Uma barra em cantiléver é parte de uma máquina de montagem e é feita de viga de aço de padrão norte-americano, S4 × 7,7. Uma ferramenta com um peso de 500 lb se movimenta continuamente da extremidade da viga de 60 pol a um ponto que fica a 10 pol do apoio.

8. A peça de um suporte na montagem do assento de um ônibus é mostrada na Figura P5.8. A carga varia de 1450 a 140 N enquanto os passageiros entram e saem do veículo.

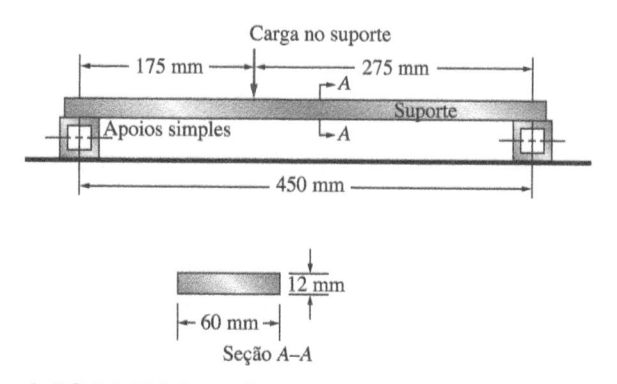

▲ FIGURA P5.8 Suporte do assento (problemas 8, 19 e 20).

9. Uma tira de aço plana é utilizada como mola para manter uma força contra parte de uma trava da cabine de uma impressora comercial, como mostra a Figura P5.9. Quando a porta da cabine está aberta, a mola é defletida pelo pino da trava por um valor de $y_1 = 0,25$ mm. O pino provoca uma deflexão para aumentar até 0,40 mm quando a porta está fechada.

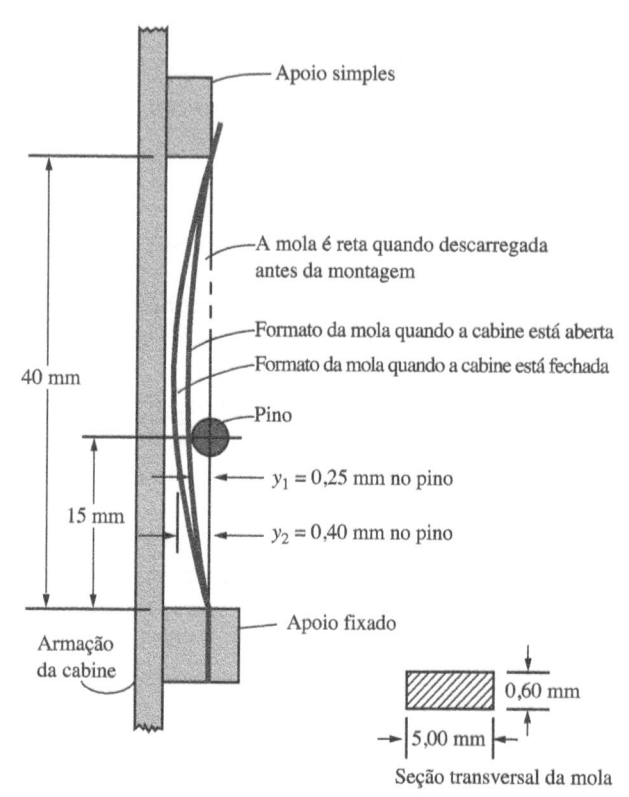

▲ FIGURA P5.9 Mola da trava da cabine de uma impressora comercial (problemas 9 e 22).

Resistência à fadiga

Para os problemas de 10 a 14, utilize o método delineado na Seção 5.4 a fim de determinar a resistência real esperada para o material.

10. Calcule a resistência à fadiga estimada para uma haste de 0,75 pol de diâmetro feita a partir de aço trefilado a frio SAE 1040. Ela é submetida à tensão de flexão cíclica e reversa. É desejável uma confiabilidade de 99%.

11. Calcule a resistência à fadiga real estimada de uma haste de aço SAE 5160 OQT 1300 com um diâmetro de 20,0 mm. Ela será usinada e submetida à tensão de flexão cíclica e reversa. É desejada uma confiabilidade de 99,9%.

12. Calcule a resistência à fadiga real estimada de uma barra de aço SAE 4130 WQT 1300 com uma seção

transversal retangular de 20,0 mm por 60 mm. Ela será usinada e submetida à tensão de flexão cíclica e reversa. É desejada uma confiabilidade de 99%.

13. Calcule a resistência à fadiga real estimada de uma haste de aço inoxidável SAE 301, 1/2 dura, com um diâmetro de 0,60 pol. Ela será usinada e submetida à tensão de tração axial cíclica. É desejada uma confiabilidade de 99,9%.

14. Calcule a resistência à fadiga real estimada de uma barra de aço retangular usinada (ASTM A242), com 3,5 pol de altura por 0,375 pol de espessura, submetida à tensão de tração cíclica e reversa. É desejada uma confiabilidade de 99%.

Projeto e análise

15. A conexão em um mecanismo será submetida a uma força de tração que varia de 3500 a 500 N em um estilo cíclico, conforme o mecanismo é executado. Decidiu-se utilizar o aço trefilado a frio SAE 1040. Conclua o projeto da conexão, especificando um perfil de seção transversal adequado e suas dimensões.

16. Uma haste circular apoiará parte de uma plataforma de armazenamento em um depósito. Como os produtos são carregados e descarregados, a haste é submetida a uma carga de tração que varia de 1800 a 150 lb. Especifique o perfil, o material e as dimensões adequados para a haste.

17. A estrutura em uma armação espacial experimenta uma carga que varia desde uma força de tração de 20,0 kN até uma força de compressão de 8,0 kN. Especifique a forma, o material e as dimensões adequadas para a estrutura.

18. A peça de uma trava para a porta de um carro será feita a partir de uma barra reta. A cada vez que é acionada, ela experimenta uma força de tração que varia de 780 a 360 N. O tamanho pequeno é importante. Conclua o projeto e especifique as dimensões, o material e o perfil adequados para a haste.

19. A peça de um suporte na montagem de um assento de ônibus é mostrada na Figura P5.8. A carga varia de 1450 a 140 N enquanto os passageiros entram e saem do veículo. O suporte é feito de aço laminado a quente SAE 1020. Determine o fator de segurança resultante.

20. Para o suporte do assento de ônibus descrito no Problema 19 e exibido na Figura P5.8, proponha um projeto alternativo ao suporte, diferente daquele mostrado, a fim de alcançar uma estrutura mais leve com um fator de segurança de aproximadamente 4,0.

21. Uma barra em cantiléver é parte de uma máquina de montagem. Uma ferramenta com um peso de 500 lb se movimenta continuamente a partir da extremidade da viga de 60 pol até um ponto de 10 pol a partir do apoio. Especifique um projeto adequado para a barra, fornecendo o material, o perfil em seção transversal e as dimensões.

22. Uma tira de aço plana é utilizada como uma mola para manter uma força contra parte de uma trava da cabine de uma impressora comercial, como mostra a Figura P5.9. Quando a porta da cabine está aberta, a mola é defletida pelo pino da trava por uma quantidade de $y_1 = 0,25$ mm. O pino provoca uma deflexão para aumentar até 0,40 mm quando a porta está fechada. Especifique um material adequado para a mola, considerando que esta é feita para as dimensões exibidas na figura.

23. A peça de uma estrutura para o sistema de automação de uma fábrica é constituída por uma viga que se estende em 30,0 pol, como mostra a Figura P5.6. São aplicadas cargas em dois pontos: a 8,0 pol do suporte, em cada um dos lados. A carga da esquerda, $F_1 = 1800$ lb, permanece constantemente aplicada, enquanto a da direita, $F_2 = 1800$ lb, é aplicada e retirada frequentemente durante os ciclos da máquina. Se o tubo retangular for feito a partir do aço ASTM A500, grau B, o projeto proposto será satisfatório? Faça melhorias no projeto para chegar a uma viga mais leve.

24. A Figura P5.24 mostra um cilindro hidráulico que empurra uma ferramenta pesada durante o curso para fora, colocando uma carga de compressão de 400 lb na haste do pistão. Durante o golpe de retorno, a haste puxa a ferramenta com uma força de 1500 lb. Calcule o fator de segurança resultante para a haste com diâmetro de 0,60 pol quando submetido a esse padrão de forças para muitos ciclos. O material é o aço SAE 4130 WQT 1300. Se o fator de segurança resultante for muito diferente de 4,0, determine o tamanho da haste que produziria $N = 4,0$.

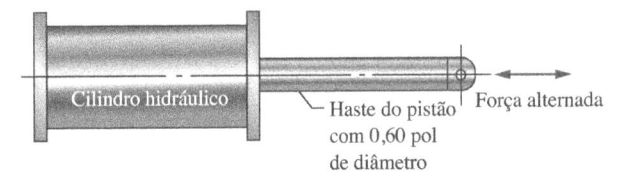

▲ **FIGURA P5.24** (Problema 24)

25. O cilindro de ferro fundido mostrado na Figura P5.25 carrega somente uma carga de compressão axial de 75000 lb. (O torque é $T = 0$.) Calcule o fator de segurança, considerando que ele seja feito de ferro fundido cinzento, grau 40A, com uma resistência máxima de tração de 40 ksi e uma de compressão de 140 ksi.

26. Refaça o Problema 25, utilizando, desta vez, uma carga de tração com uma magnitude de 12000 lb.
27. Refaça o Problema 25, utilizando, desta vez, uma carga que é a combinação de uma de compressão axial de 75000 lb e uma torção de 20000 lb · pol.
28. O eixo mostrado na Figura P5.28 é apoiado por rolamentos em cada extremidade, que apresenta furos de 20,0 mm. Projete o eixo para carregar a carga dada, considerando que esta seja estável e que ele seja estacionário.
    Faça a dimensão a tão grande quanto possível enquanto mantém a tensão a níveis seguros. Determine o diâmetro exigido na porção média. O filete máximo permitido é de 2,0 mm. Utilize o aço trefilado a frio SAE 1137 e um fator de segurança de 3.
29. Refaça o Problema 28, utilizando, desta vez, um eixo rotativo.
30. Refaça o Problema 28, utilizando, desta vez, um eixo rotativo e uma transmissão de torque de 150 N · m a partir do rolamento da esquerda até o meio do eixo. Além disso, considere uma ranhura de chaveta central sob a carga.
31. A Figura P5.31 mostra um projeto proposto para um apoio de assento. O membro vertical deve ser um perfil circular oco padrão selecionado dos

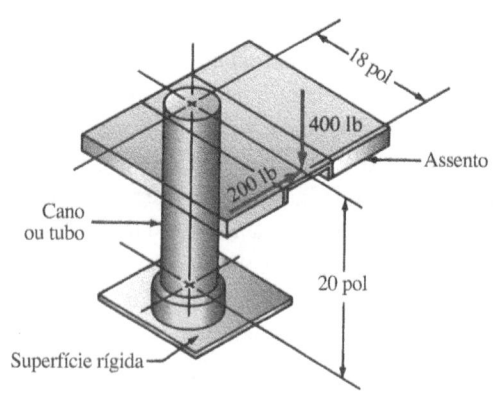

▲ **FIGURA P5.31** (Problema 31)

apêndices 15 a 17 (cano de aço) ou 15 a 18 (tubulação mecânica). As duas cargas são estáticas e atuam simultaneamente. O material é semelhante ao aço laminado a quente SAE 1020. Utilize um fator de segurança de 3.

32. Uma barra de torção terá uma seção transversal circular sólida. Ela carregará um torque flutuante de 30 a 65 N · m. Use SAE 4140 OQT 1000 para a barra e determine o diâmetro exigido para um fator de segurança de 2. Os acessórios produzem uma concentração de tensão de 2,5 próxima das extremidades da barra.
33. Determine o tamanho exigido para uma barra quadrada que deve ser feita de aço trefilado a frio SAE 1213. Ela carrega uma carga de tração axial constante de 1500 lb e uma de flexão que varia de zero a um máximo de 800 lb no centro da extensão de 48 pol. Utilize um fator de segurança de 3.
34. Refaça o Problema 33, mas adicione um momento de torção constante de 1200 lb · pol às outras cargas.

Em alguns dos problemas a seguir, pediremos para você calcular o fator de segurança resultante do projeto proposto ao carregamento dado. A não ser que haja indicações contrárias, pressuponha que o elemento que está sendo analisado tenha uma superfície usinada. Se o fator de segurança for significativamente diferente de $N = 3$, reprojete a componente para chegar perto desse valor. (Veja as figuras no Capítulo 3.)

35. Um membro de tração em uma estrutura de máquina é submetido a uma carga estável de 4,50 kN. Ele possui um comprimento de 750 mm e é feito de tubo de aço laminado a quente, SAE 1040, com um diâmetro externo de 18 mm e um interno de 12 mm. Calcule o fator de segurança resultante.
36. Uma carga de tração estável de 5,00 kN é aplicada a uma barra quadrada, com uma medida de 12 mm de lado e um comprimento de 1,65 m. Calcule a tensão na barra e o fator de segurança resultante, considerando que ele seja feito de (a) aço laminado

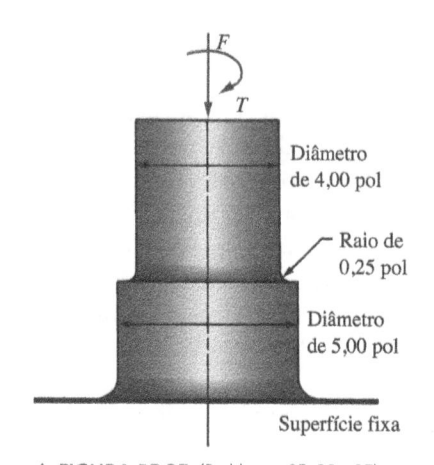

▲ **FIGURA P5.25** (Problemas 25, 26 e 27)

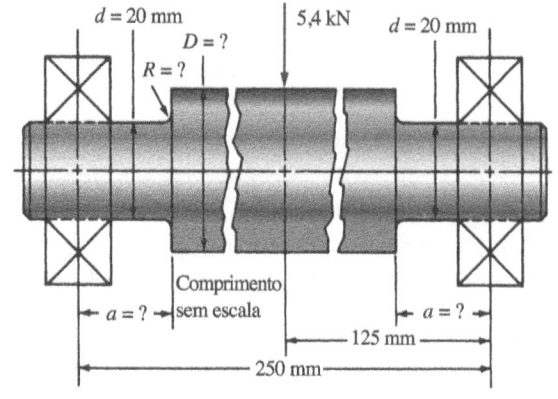

▲ **FIGURA P5.28** (Problemas 28, 29 e 30)

a quente SAE 1020; (b) aço SAE 8650 OQT 1000; (c) ferro dúctil A536 (60-40-18); (d) liga de alumínio 6061-T6; (e) liga de titânio Ti-6Al-4V, recozida; (f) plástico PVC rígido; e (g) plástico fenólico.

37. Uma haste de alumínio, feita a partir da liga 6061-T6, tem a forma de um tubo quadrado oco, medindo externamente 2,25 pol e com uma parede de 0,125 pol de espessura. Seu comprimento é 16,0 pol. Ela carrega uma força de compressão axial de 12600 lb. Calcule o fator de segurança resultante e considere que o tubo não seja flambado.

38. Calcule o fator de segurança na porção média somente da haste *AC* na Figura P3.8, considerando uma força vertical estável na barra de 2500 lb. A haste é retangular, 1,50 pol por 3,50 pol, e é feita de aço trefilado a frio SAE 1144.

39. Calcule as forças em duas hastes angulares na Figura P3.9 para uma força aplicada estável, $F = 1500$ lb, considerando o ângulo θ de 45°. Assim, projete a porção média de cada haste para que seja circular e feita de aço laminado a quente SAE 1040. Especifique um diâmetro adequado.

40. Refaça o Problema 39, considerando o ângulo θ de 15°.

41. A Figura 3.27 mostra a porção de uma barra circular que é submetida a uma força cíclica e reversa de 7500 N. Considerando que a barra seja feita de SAE OQT 1000, calcule o fator de segurança resultante.

42. Calcule a tensão de cisalhamento torcional em um eixo circular com um diâmetro de 50 mm quando submetido a um torque de 800 N · m. Considerando que o torque seja completamente reverso e cíclico, estime o fator de segurança resultante. O material deve ser SAE 1040 WQT 1000.

43. Considerando que o torque no Problema 42 flutua de zero ao máximo de 800 N · m, calcule o fator de segurança resultante.

44. Calcule a tensão de cisalhamento torcional em um eixo circular de 0,40 pol de diâmetro que é devida a um torque de 88,0 lb · pol. Especifique uma liga de alumínio para a haste.

45. Calcule o diâmetro exigido para um eixo circular sólido que transmite um máximo de 110 hp a uma velocidade de 560 rpm. O torque varia de zero ao máximo. Não há outras cargas significantes no eixo. Utilize SAE 4130 WQT 700.

46. Especifique um material adequado para um eixo oco com um diâmetro externo de 40 mm e um interno de 30 mm quando transmite 28 kilowatts (kW) de poder estável a uma velocidade de 45 radianos por segundo (rad/s).

47. Refaça o Problema 46, considerando que a potência varia de 15 a 28 kW.

48. A Figura P5.48 mostra parte de uma barra de apoio para uma máquina pesada e suspensa por molas a fim de suavizar cargas aplicadas. A carga de tração na barra varia de 12500 lb ao mínimo de 7500 lb. O deslocamento cíclico rápido para muitos milhares de ciclos é esperado. A barra é feita a partir de aço SAE 6150 OQT 1300. Calcule o fator de segurança para a barra nas proximidades do orifício.

49. A Figura P3.61 mostra uma haste de válvula de um motor submetido a uma carga de tração axial pela mola da válvula. A força varia de 0,80 a 1,25 kN. Calcule o fator de segurança resultante no filete sob o ombro. A válvula é feita de aço SAE 8650 OQT 1300.

50. Um acessório de transporte mostrado na Figura P3.62 carrega três conjuntos pesados (1200 lb cada um). O acessório é usinado a partir do aço SAE 1144 OQT 900. Calcule o fator de segurança resultante no acessório, considerando as concentrações de tensão nos filetes e que a carga atua axialmente. A carga irá variar de zero ao máximo, à medida que o transportador for carregado e descarregado.

51. Para a placa achatada em tensão na Figura P3.63, calcule o fator de segurança resultante mínimo, considerando que os orifícios estejam suficientemente distantes a fim de que seus efeitos não interajam. A placa é usinada a partir do aço inoxidável, UNS S17400 em condição H1150. A carga é repetida e varia de 4000 a 6200 lb.

Para os problemas de 52 a 56, selecione um material apropriado para o membro, considerando as concentrações de tensão para o carregamento dado, a fim de produzir um fator de segurança de $N = 3$.

52. Veja a Figura P3.64. A carga é estável, e o material corresponderá a um grau de ferro fundido cinzento, ASTM A48.

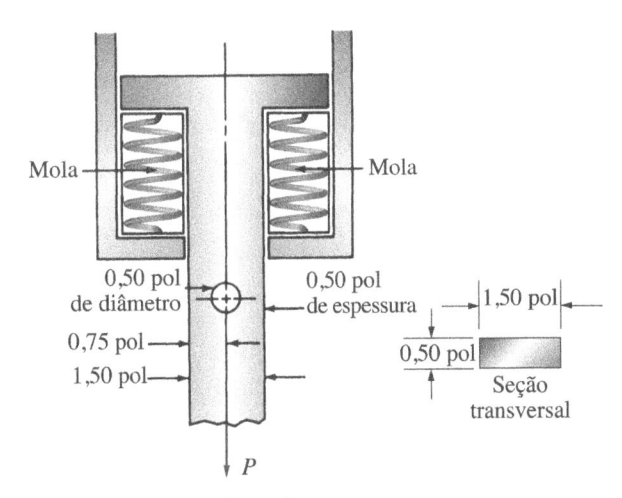

▲ **FIGURA P5.48** (Problema 48)

53. Veja a Figura P3.65. A carga varia de 20,0 a 30,3 kN, e o material deve ser o titânio.

54. Veja a Figura P3.66. O torque varia de zero a 2200 lb · pol, e o material deve ser o aço.

55. Veja a Figura P3.67. O momento de flexão é estável, e o material deve ser o ferro dúctil, ASTM A536.

56. Veja a Figura P3.68. O momento de flexão é completamente reverso, e o material deve ser o aço inoxidável.

57. A Figura P5.57 mostra parte de uma chave de fenda automática projetada para apertar muitos milhões de parafusos. O torque máximo exigido para apertar um parafuso é 100 lb · pol. Calcule o fator de segurança para o projeto proposto, considerando que a peça é feita de SAE 8740 OQT 1000.

58. A viga na Figura P5.58 carrega duas cargas estáveis, $P = 750$ lb. Avalie o fator de segurança resultante caso a viga fosse feita de ferro fundido cinzento, classe 40A.

59. Uma conexão de tração é submetida a uma carga unidirecional repetida de 3000 lb. Especifique um material apropriado para uma conexão que seja de aço e tenha um diâmetro de 0,50 pol.

60. O membro de um dispositivo automático de transferência em uma fábrica deve resistir a uma carga de tração cíclica de 800 lb e não alongar mais do que 0,010 pol em seu comprimento de 25,0 pol. Especifique um material metálico adequado e as dimensões para a haste, considerando que ela tem uma seção transversal quadrada.

61. A Figura P5.61 mostra dois projetos de uma viga para carregar uma carga central repetida de 1200 lb. Qual projeto teria o fator de segurança mais elevado para o material dado?

62. Vá à Figura P5.61. Reduzindo a dimensão de 8,0 pol, reprojete a viga na parte (b) dela, de modo que tenha um fator de segurança igual ou maior do que o do projeto da parte (a).

63. Vá à Figura P5.61. Reprojete a viga na parte (b) dela primeiramente a fim de aumentar o raio do filete para 0,40 pol, e então reduzir a dimensão de 8,0 pol, de modo que o novo projeto tenha um fator de segurança igual ou maior do que o do projeto da parte (a).

64. A peça mostrada na Figura P5.64 é feita de aço SAE 1040 HR. Ela será submetida a uma força unidirecional cíclica de 5000 lb aplicada através de dois pinos de 0,25 pol de diâmetro nos orifícios em cada extremidade. Calcule o fator de segurança resultante.

65. Para a peça descrita no Problema 64, faça ao menos três melhorias no projeto que reduzam significativamente a tensão sem aumentar o peso. As dimensões marcadas com © são críticas e não podem ser alteradas. Depois do reprojeto, especifique um material apropriado para chegar a um fator de segurança de pelo menos 3.

66. A conexão mostrada na Figura P5.66 é submetida a uma força de tração que varia de 3,0 a 24,8 kN. Avalie o fator de segurança, considerando que a conexão é feita de aço SAE 1040 CD.

67. A viga mostrada na Figura P5.67 carrega uma carga reversa e cíclica de 400 N aplicada na seção C. Calcule o fator de segurança resultante, considerando que a viga seja feita de SAE 1340 OQT 1300.

68. Para a viga descrita no Problema 67, altere a temperatura de revenimento do aço a fim de alcançar um fator de segurança de pelo menos 2,5.

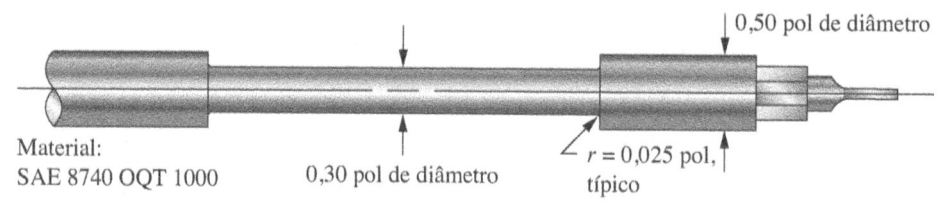

▲ **FIGURA P5.57** Chave de fenda para o Problema 57.

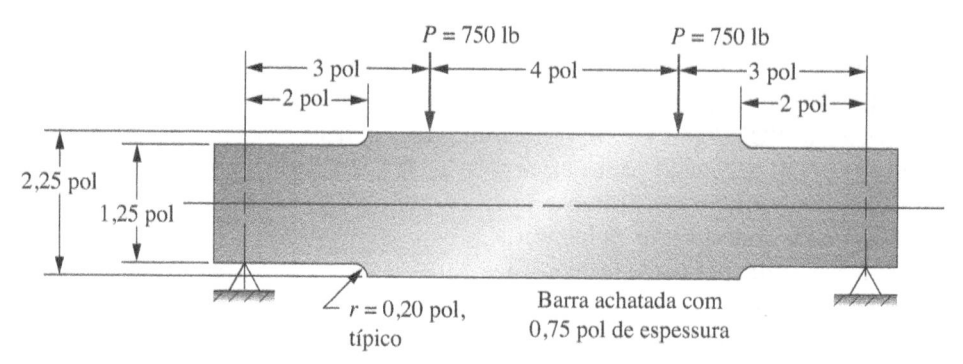

▲ **FIGURA P5.58** Viga para o Problema 58.

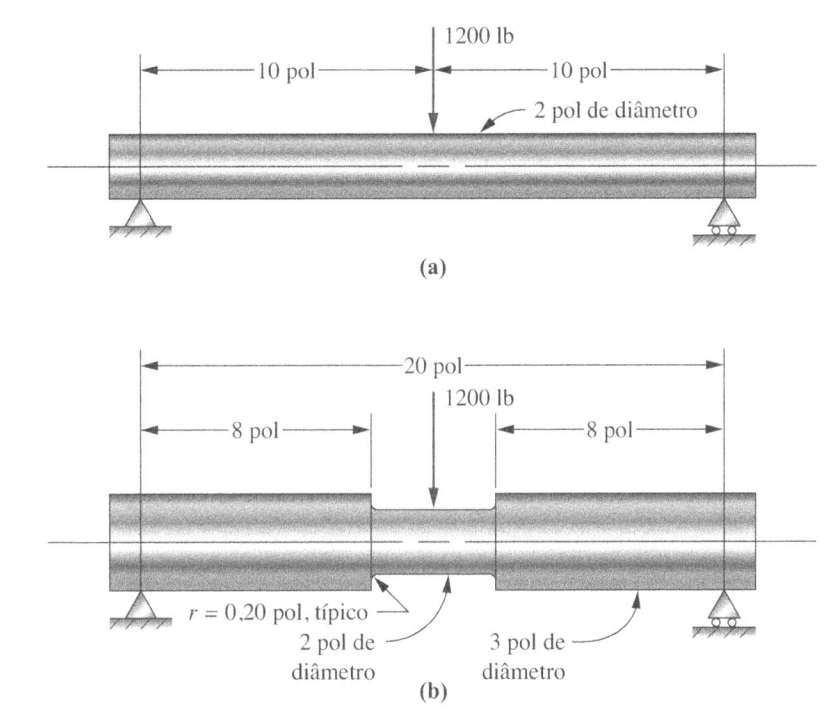

FIGURA P5.61 Viga para os problemas 61, 62 e 63.

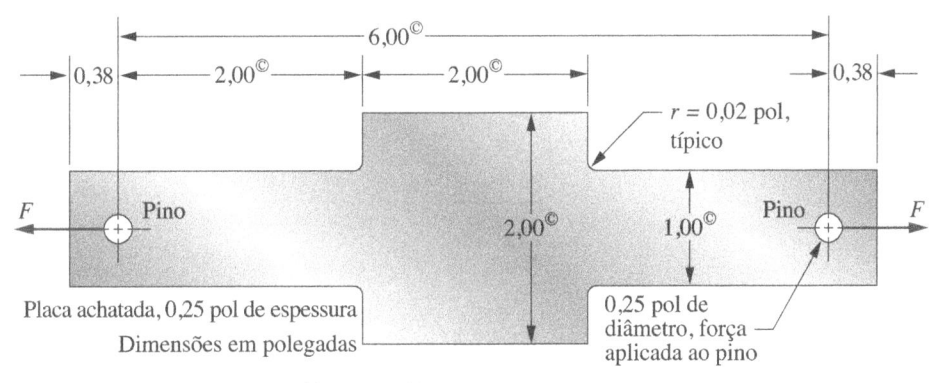

FIGURA P5.64 Viga para os problemas 64 e 65.

69. O cantiléver mostrado na Figura P5.69 carrega uma carga descendente que varia de 300 a 700 lb. Calcule o fator de segurança resultante, considerando que a barra seja feita de aço SAE 1050 HR.

70. Para o cantiléver descrito no Problema 69, aumente a dimensão do raio do filete a fim de melhorar o fator de segurança a pelo menos 3,0, se possível.

71. Para o cantiléver descrito no Problema 69, especifique um material adequado a fim de alcançar um fator de segurança de pelo menos 3,0 sem alterar a geometria da viga.

72. A Figura P5.72 mostra um eixo rotativo carregando uma carga descendente estável de 100 lb em C. Especifique um material adequado.

73. A haste em degrau mostrada na Figura P5.73 é submetida a uma força de tração direta que varia de 8500 a 16000 lb. Considerando que a haste é feita de aço SAE 1340 OQT 700, calcule o fator de segurança resultante.

74. Para a haste descrita no Problema 73, finalize um reprojeto que alcance um fator de segurança de pelo menos 3,0.

75. A viga mostrada na Figura P5.75 carrega uma carga reversa e cíclica de 800 lb alternativamente aplicada para cima e para baixo. Considerando que a viga seja feita de SAE 1144 OQT 1100, especifique o menor raio de filete aceitável em A a fim de garantir um fator de segurança de 3,0.

76. Para a viga descrita no Problema 75, projete uma seção em B a fim de alcançar um fator mínimo de projeto de 3,0. Especifique formato, dimensões e raio do filete, no qual a menor parte se junte à seção de 2,00 por 2,00 pol.

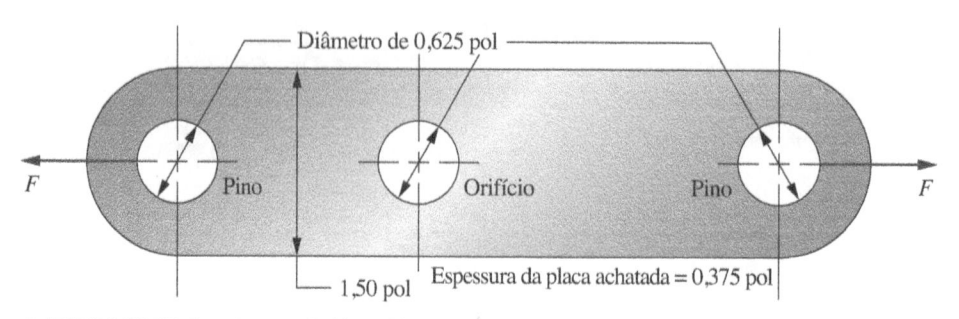

▲ **FIGURA P5.66** Conexão para o Problema 66.

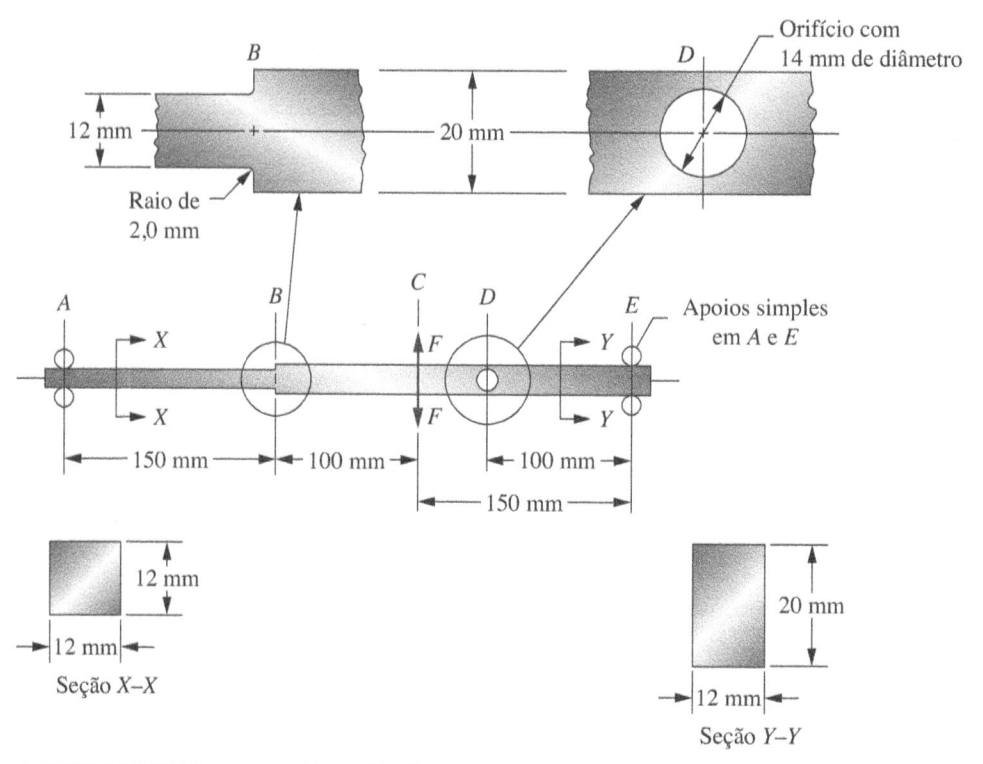

Diâmetro de 0,625 pol
Pino — Orifício — Pino
Espessura da placa achatada = 0,375 pol
1,50 pol

▲ **FIGURA P5.67** Viga para os problemas 67 e 68.

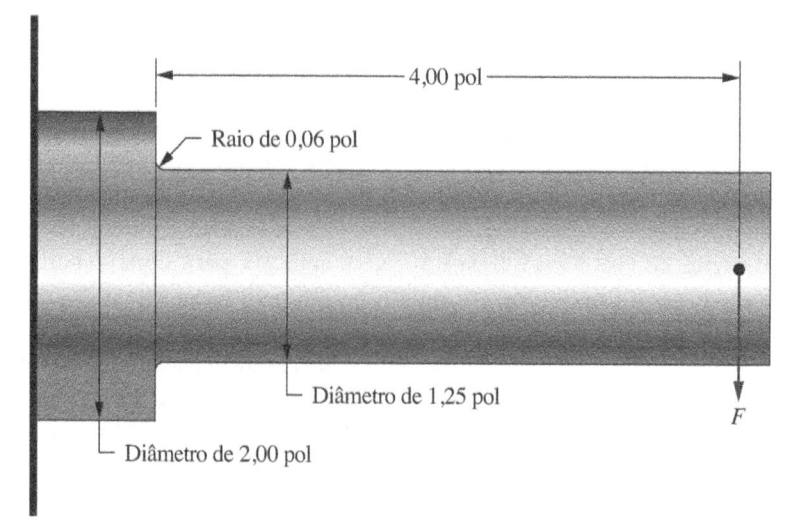

Orifício com 14 mm de diâmetro
12 mm
20 mm
Raio de 2,0 mm
Apoios simples em A e E
150 mm — 100 mm — 100 mm
150 mm
Seção X–X: 12 mm × 12 mm
Seção Y–Y: 12 mm × 20 mm

▲ **FIGURA P5.69** Cantiléver para os problemas 69, 70 e 71.

4,00 pol
Raio de 0,06 pol
Diâmetro de 1,25 pol
Diâmetro de 2,00 pol
F

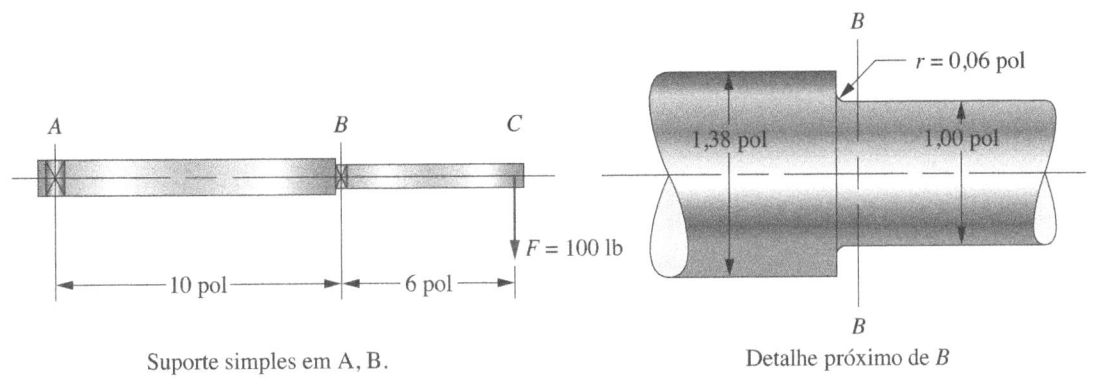

Capítulo 5 • Projeto para diferentes tipos de carregamento   243

Suporte simples em A, B.

▲ **FIGURA P5.72** Eixo para o Problema 72.

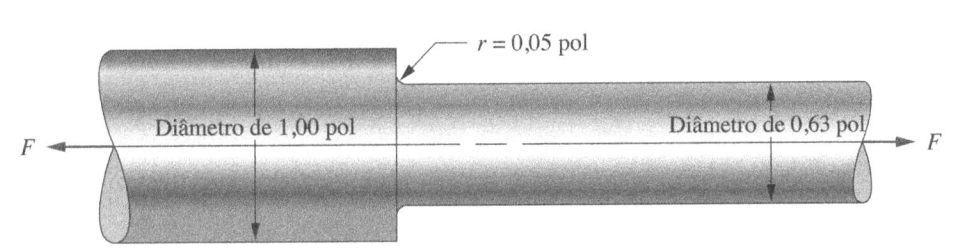

Detalhe próximo de B

▲ **FIGURA P5.73** Haste para os problemas 73 e 74.

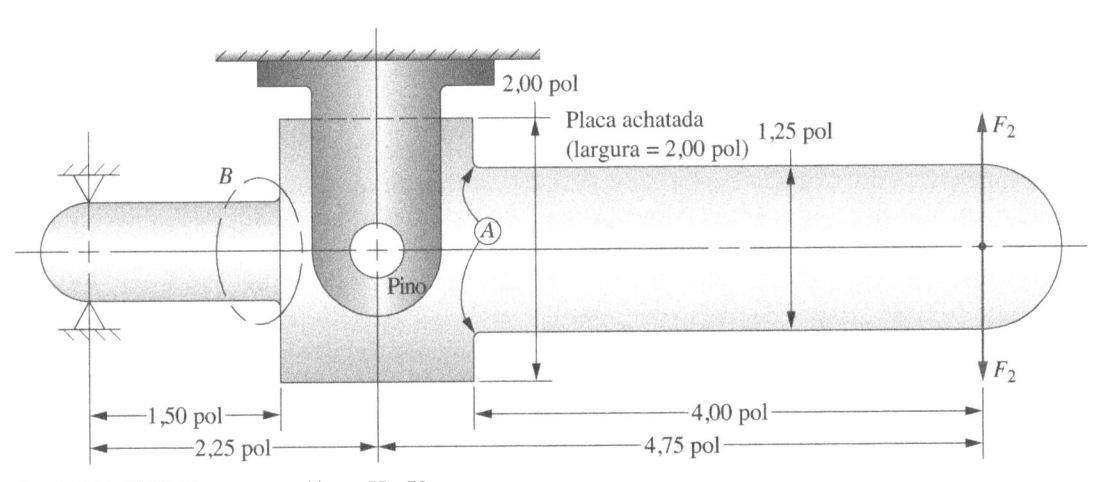

▲ **FIGURA P5.75** Viga para os problemas 75 e 76.

Problemas de projeto

Para cada um dos problemas a seguir, conclua o projeto solicitado para alcançar um fator mínimo de 3,0. Especifique o formato, as dimensões e o material para a peça a ser projetada. Trabalhe focado em um projeto eficiente que não tenha um peso baixo.

77. A conexão exibida na Figura P5.77 carrega uma carga de 3000 N que é aplicada e liberada muitas vezes. A conexão é usinada a partir de uma barra quadrada com 12,0 mm de lado, do aço SAE 1144 OQT 1100. As extremidades devem permanecer quadradas, com 12,0 mm, para facilitar a conexão com as peças de acoplamento. Se desejado, reduza a dimensão da parte média da conexão para reduzir o peso. Conclua o projeto.

78. Conclua o projeto da barra mostrada na Figura P5.78 para carregar um motor hidráulico amplo. A viga é anexada aos trilhos laterais da armação de um caminhão. Por causa das acelerações verticais experimentadas pelo veículo, a carga sobre a viga varia de 1200 lb para cima até 5000 lb para baixo. Metade da carga é aplicada à viga por pé do motor.

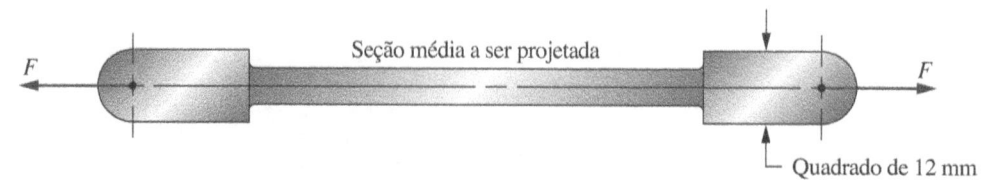

▲ **FIGURA P5.77** Conexão para o Problema 77.

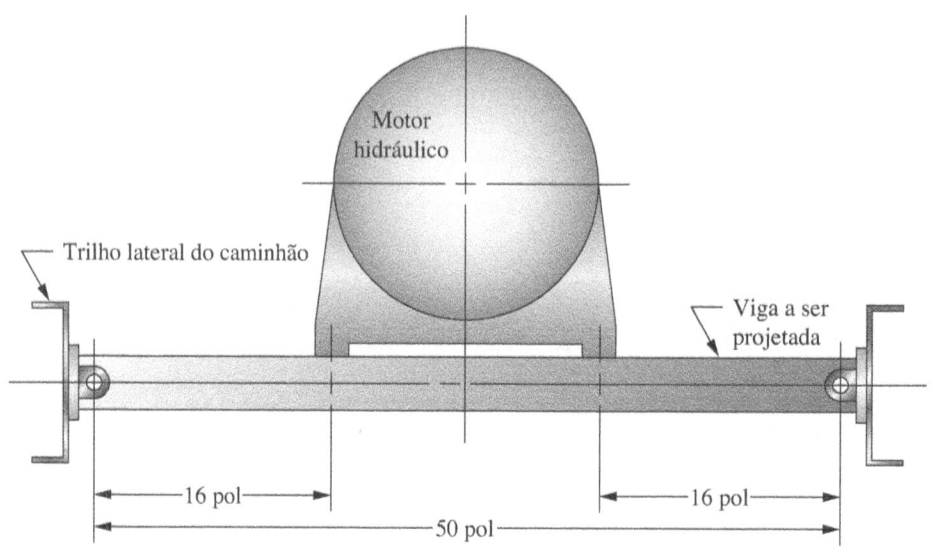

▲ **FIGURA P5.78** Viga para o Problema 78.

79. Um membro de tração em uma armação de treliça é submetido a uma carga que varia de 0 a 6500 lb, enquanto um guindaste se movimenta de um lado a outro dessa armação. Projete o membro de tração.
80. Um suporte para um sistema de transporte se estende para fora a partir de dois apoios, como mostra a Figura P5.80. A carga na extremidade direita varia de 600 a 3800 lb. Projete o suporte.
81. A Figura P5.81 mostra um suporte suspenso sob a viga de um guindaste por duas hastes. Projete o suporte, considerando que as duas cargas são aplicadas e soltas muitas vezes.
82. Para o sistema exibido na Figura P5.81, projete as duas hastes verticais, considerando que as duas cargas são aplicadas e soltas muitas vezes.
83. Projete as conexões entre as hastes, o suporte e a viga do guindaste na Figura P5.81.

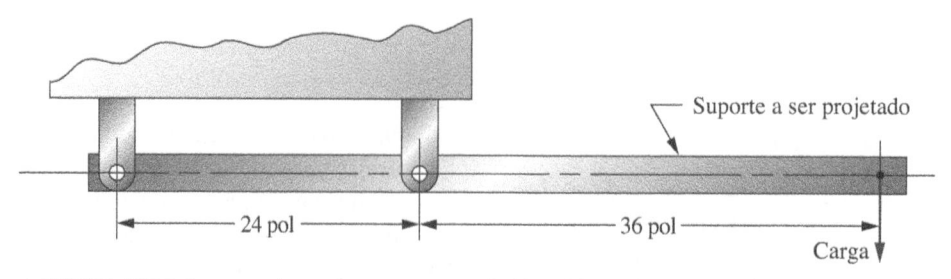

▲ **FIGURA P5.80** Suporte ao sistema de transporte para o Problema 80.

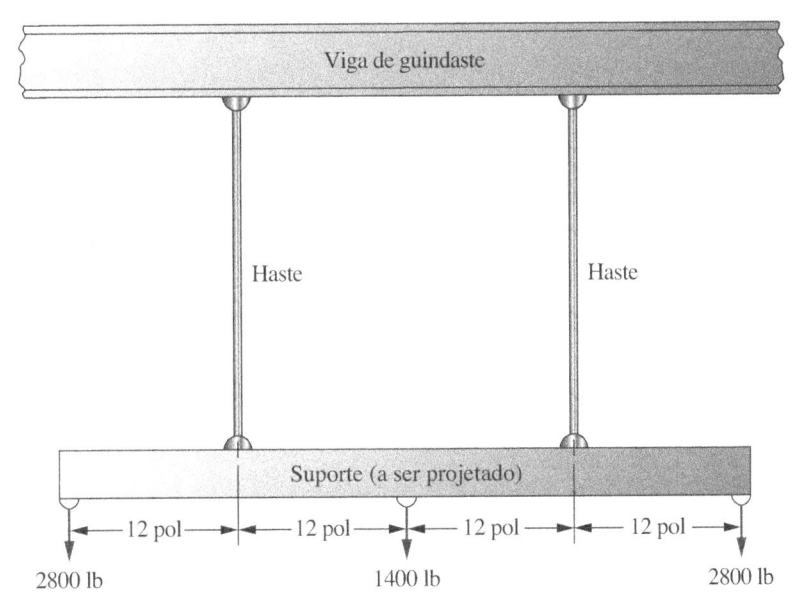

▲ **FIGURA P5.81** Grampo e hastes para os problemas 81, 82 e 83.

CAPÍTULO 06

COLUNAS

Sumário
Visão geral
Você é o projetista
6.1 Objetivos
6.2 Propriedades da seção transversal de uma coluna
6.3 Condições de contorno nas extremidades e comprimento efetivo
6.4 Índice de esbeltez
6.5 Índice de esbeltez de transição
6.6 Análise de coluna longa: fórmula de Euler
6.7 Análise de coluna curta: equação de J. B. Johnson
6.8 Planilha de análise de coluna
6.9 Formas ou perfis eficientes para seções transversais de coluna
6.10 Projeto de colunas
6.11 Colunas deformadas
6.12 Colunas com carga excêntrica

Visão geral

Tópico de discussão

- Uma coluna é um membro longo e esbelto que carrega uma carga compressiva axial e falha em decorrência de flambagem, e não do material da coluna.

Descubra

Cite pelo menos 10 exemplos de coluna. Descreva-as, explique como elas são carregadas e discuta com seus colegas.

Procure encontrar ao menos uma coluna à qual você possa aplicar manualmente uma carga de maneira apropriada, e observe o fenômeno de flambagem.

Discuta com seus colegas as variáveis que parecem influenciar como uma coluna falha e quanta carga ela pode carregar antes de falhar.

> Este capítulo irá ajudá-lo a dominar algumas das ferramentas de análise necessárias para projetar e avaliar colunas.

Uma *coluna* é um membro estrutural que carrega uma carga compressiva axial e que tende a falhar por instabilidade elástica ou flambagem, em vez de por falha por esmagamento do material. A *instabilidade elástica* é a condição de falha na qual o formato da coluna é insuficientemente rígido para se manter reto sob carga. No momento de flambagem, uma deflexão radical do eixo da coluna ocorre de modo repentino. Então, se a carga não for reduzida, a coluna sofrerá colapso. Obviamente, esse tipo de falha catastrófica deve ser evitado em estruturas e elementos de máquina.

As colunas são idealmente retas e de certa forma longas e esbeltas. Se um membro de compressão é muito curto a ponto de não tender a flambar, a análise de falha deve utilizar os métodos apresentados no Capítulo 5. Este capítulo indica diversos métodos para verificar e projetar colunas de modo a garantir segurança sob uma variedade de condições de carregamento.

Reserve alguns minutos para dar uma olhada em exemplos de flambagem de colunas. Encontre qualquer objeto que tenha aparência longa e esbelta — por exemplo, um metro, uma régua de plástico, uma cavilha de madeira longa com um diâmetro pequeno, um canudo ou um cilindro de plástico ou metal fino. Aplique com cuidado uma carga para baixo sobre a coluna que você escolheu enquanto descansa a base sobre uma escrivaninha ou no chão. Certifique-se de que ela não escorregue. Gradualmente, aumente a carga e observe o comportamento da coluna até que ela comece a flexionar na região central de maneira perceptível. Então, mantenha esse nível de carga. Não vá muito além dele, ou a coluna provavelmente quebrará!

Agora, libere a carga; a coluna deve voltar ao seu formato original. O material não deve ter quebrado ou cedido. Mas você não precisaria ter levado em conta que a coluna poderia falhar no ponto de flambagem? Não seria importante manter a carga aplicada bem abaixo daquela que levou à iniciação da flambagem?

Agora olhe ao seu redor. Pense nas coisas que lhe são familiares ou reserve um tempo para sair e encontrar outros exemplos de coluna. Lembre-se de procurar por membros sob carregamento submetidos a cargas compressivas. Considere peças de mobiliário, construções, carros, caminhões, brinquedos, *playgrounds*, maquinário industrial e maquinário de construção. Tente encontrar ao menos dez exemplos. Descreva sua aparência: o material de que são feitos, o modo como são apoiados e como são carregados. Faça essa atividade em classe ou com seus colegas; traga suas descrições para discussão em sala de aula.

Observe que foi pedido a você que encontrasse membros sob carregamento, *esbeltos, relativamente longos*. Como saberá quando um membro é longo e esbelto? Nesse momento, você deve apenas contar com seu julgamento. Se a coluna estiver livre e você for persistente o suficiente para levá-la até a flambagem, vá em frente e experimente fazer isso. Mais adiante, neste capítulo, definiremos o que significam os termos *longo* e *esbelto*.

Se as colunas que você viu não desabaram de verdade, qual propriedade do material está diretamente relacionada ao fenômeno da falha por flambagem? Lembre-se de que a falha foi descrita como *instabilidade elástica*. Então, o *módulo de elasticidade* do material parece uma propriedade básica — e é. Reveja a definição dessa propriedade no Capítulo 1 e procure valores representativos nas tabelas de propriedades materiais nos apêndices 3 a 13.

Observe, ainda, que especificamos que as colunas devem ser inicialmente retas e que as cargas precisam ser aplicadas axialmente. E se essas propriedades não forem alcançadas? E se a coluna estiver um pouco deformada antes do carregamento? Você acha que ela suportaria tanto carregamento compressivo quanto uma que estivesse reta? Por quê? E se a coluna for carregada *excentricamente*, ou seja, a carga estiver fora do centro, longe do eixo centroide da coluna? Como isso afetará sua habilidade sob carregamento? Como a forma de apoio das extremidades da coluna influencia sua habilidade sob carregamento? Quais padrões existentes orientam os projetistas quando eles lidam com colunas?

Essas e outras questões serão abordadas neste capítulo. Sempre que você estiver envolvido em um projeto no qual uma carga compressiva for aplicada, você deverá pensar em uma análise como aquela de uma coluna. A situação apresentada a seguir em **Você é o projetista** é um bom exemplo de problema como esse de projeto de máquina.

Você é o projetista

Você é membro de uma equipe que está projetando um compactador comercial para reduzir o volume de papelão e restos de papel, de modo que os resíduos possam ser facilmente transportados para uma usina de processamento. A Figura 6.1 é um esquema do aríete de compactação que é conduzido por um cilindro hidráulico sob diversos milhares de libras de força. A haste de conexão entre o cilindro hidráulico e o aríete deve ser projetada como uma coluna, porque é um membro de compressão esbelto relativamente longo. Qual deve ser o formato da seção transversal da haste de conexão? De qual material ela precisa ser feita? Como ela será conectada ao aríete e ao cilindro hidráulico? Quais devem ser as dimensões finais da haste? Você, o projetista, deve especificar todos esses fatores.

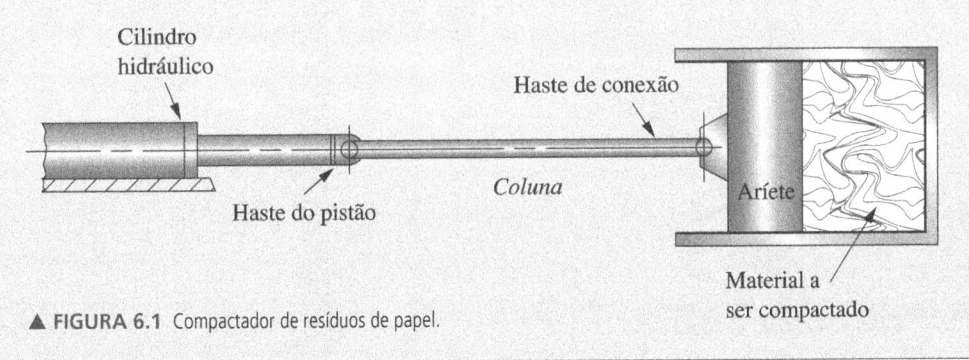

▲ **FIGURA 6.1** Compactador de resíduos de papel.

6.1 OBJETIVOS

Ao final deste capítulo, você estará apto a:

1. Reconhecer que qualquer membro de compressão relativamente longo e esbelto deve ser analisado como uma coluna a fim de prevenir a flambagem.
2. Especificar formatos eficientes para a seção transversal das colunas.
3. Calcular o *raio de giração* da seção transversal de uma coluna.
4. Especificar um valor adequado para o *fator de condições de contorno de extremidade*, K, e determinar o *comprimento efetivo* de uma coluna.
5. Calcular o índice de *esbeltez* das colunas.
6. Selecionar o método apropriado de análise ou projeto para uma coluna, com base em maneira de carregamento, tipo de apoio e magnitude do índice de esbeltez.
7. Determinar se uma coluna é *longa* ou *curta* com base no valor do índice de esbeltez, em comparação com a *constante de coluna*.
8. Utilizar a *fórmula de Euler* para análise e projeto de colunas longas.
9. Utilizar a *equação de J. B. Johnson* para análise e projeto de colunas curtas.
10. Analisar colunas deformadas a fim de determinar a carga admissível.
11. Analisar colunas às quais a carga é aplicada com uma quantidade modesta de excentricidade para determinar a tensão previsível máxima e o valor máximo de deflexão da linha central delas sob carga.

6.2 PROPRIEDADES DA SEÇÃO TRANSVERSAL DE UMA COLUNA

A tendência à flambagem de uma coluna depende de seu formato e das dimensões de sua seção transversal, além de seu comprimento e da maneira como se acopla a membros adjacentes ou apoios. As propriedades de seção transversal que são importantes estão listadas a seguir:

1. A área de seção transversal, A.
2. O momento de inércia da seção transversal, I, no que diz respeito ao eixo sobre o qual o valor de I seja mínimo.
3. O valor mínimo do raio de giração da seção transversal, r.

O raio de giração é calculado a partir do

▶ **Raio de giração**

$$r = \sqrt{I/A} \qquad (6.1)$$

Uma coluna tende a flambar em torno do eixo quando o raio de giração e o momento de inércia são mínimos. A Figura 6.2 mostra o desenho de uma

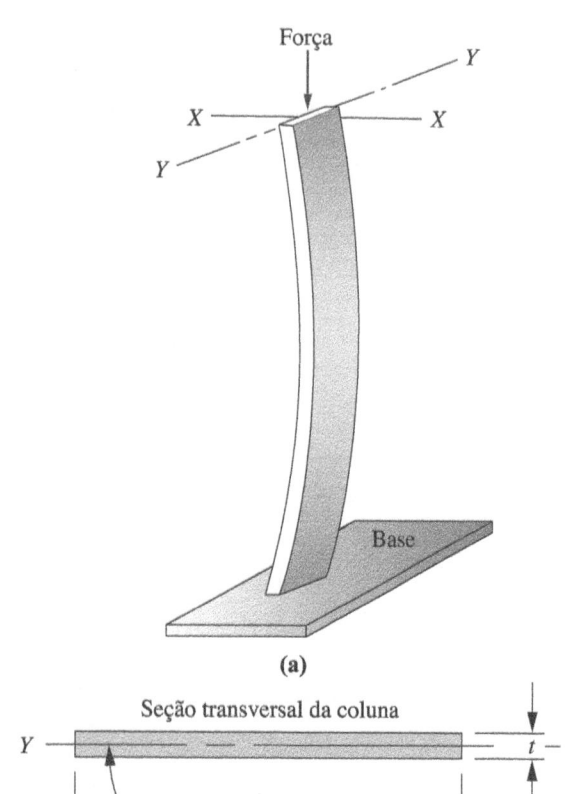

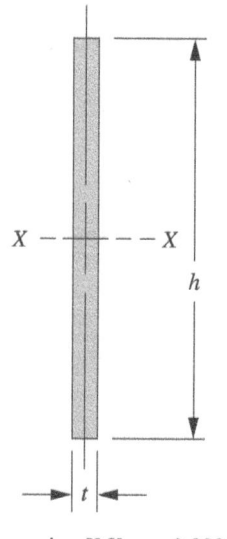

FIGURA 6.2 Flambagem de uma coluna retangular fina. (a) Aparência geral da coluna flambada. (b) Raio de giração do eixo Y-Y. (c) Raio de giração do eixo X-X.

Para o eixo Y-Y: $r = 0{,}289t$

Para o eixo X-X: $r = 0{,}289h$

coluna que tem uma seção transversal retangular. O eixo de flambagem esperado é Y-Y, porque ambos, I e r, são muito menores para esse eixo do que para o X-X. Você pode comprovar esse fenômeno carregando um metro ou régua comum com uma carga axial de magnitude suficiente para provocar flambagem. Veja o Apêndice 1 para fórmulas de I e r a perfis comuns. Consulte o Apêndice 15 para perfis estruturais.

6.3 CONDIÇÕES DE CONTORNO NAS EXTREMIDADES E COMPRIMENTO EFETIVO

A expressão *condições de contorno nas extremidades* se refere ao modo como as extremidades de uma coluna são apoiadas. A variável mais importante é a quantidade de restrição oferecida nas extremidades da coluna para a tendência à rotação. As três formas de restrição de extremidades são: ligadas com *pinos*, *fixas* e *livres*.

Uma coluna com *extremidade ligada com pinos* é orientada de modo que a extremidade não possa oscilar de um lado para o outro, mas não oferece resistência à rotação da extremidade. A melhor aproximação da extremidade ligada com pino seria uma rótula sem fricção. Uma junção com pino cilíndrico oferece baixa resistência em relação a um eixo, mas pode restringir o eixo perpendicular ao do pino.

Uma *extremidade fixa* é aquela que é mantida contra a rotação, no apoio. Um exemplo é uma coluna cilíndrica inserida em uma luva bem justa que é rigidamente apoiada. A luva impede qualquer tendência de rotação da extremidade fixa da coluna. A extremidade de uma coluna firmemente soldada a uma placa de base rígida também se aproxima bem de uma coluna de extremidade fixa.

A *extremidade livre* pode ser ilustrada pelo exemplo de um mastro de bandeira. A extremidade superior de um mastro de bandeira não é contida nem orientada — o pior caso de um carregamento de coluna.

A maneira como as duas extremidades da coluna estão apoiadas afeta o *comprimento efetivo* dela, definido como

▶ **Comprimento efetivo**

$$L_e = KL \quad (6.2)$$

onde

L = comprimento real da coluna entre os apoios
K = constante dependente da condição de extremidade, como ilustra a Figura 6.3

Os primeiros valores determinados para K são hipotéticos com base no formato da coluna defletida. Os valores secundários levam em conta a condição esperada das extremidades da coluna em estruturas reais e colocadas em uso. É particularmente difícil chegar a uma verdadeira coluna de extremidade fixa em razão da falta de rigidez completa do apoio ou dos meios de conexão. Desse modo, recomenda-se o valor mais alto de K.

6.4 ÍNDICE DE ESBELTEZ

O índice de *esbeltez* é a razão entre o comprimento efetivo da coluna e seu menor raio de giração. Ou seja:

▶ **Índice de esbeltez**

$$\text{Índice de esbeltez} = L_e/r_{\min} = KL/r_{\min} \quad (6.3)$$

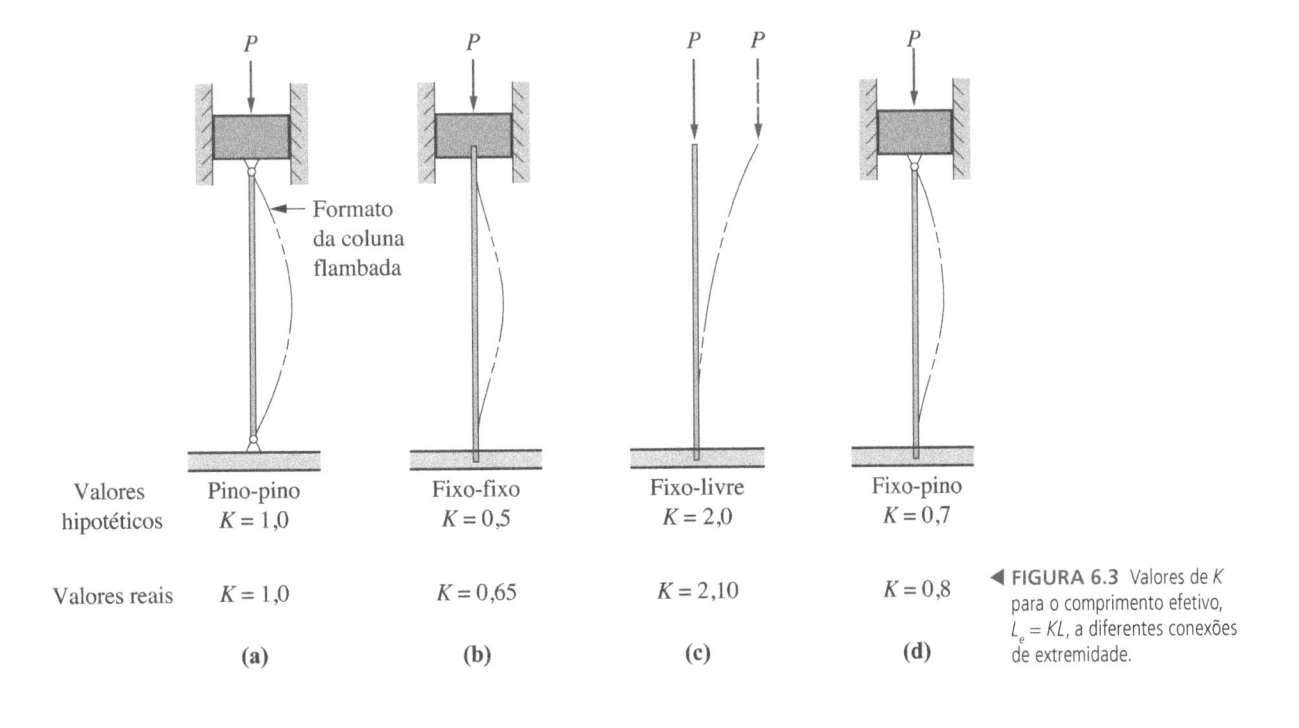

	(a) Pino-pino	(b) Fixo-fixo	(c) Fixo-livre	(d) Fixo-pino
Valores hipotéticos	$K = 1,0$	$K = 0,5$	$K = 2,0$	$K = 0,7$
Valores reais	$K = 1,0$	$K = 0,65$	$K = 2,10$	$K = 0,8$

◀ **FIGURA 6.3** Valores de K para o comprimento efetivo, $L_e = KL$, a diferentes conexões de extremidade.

Utilizaremos esse índice para auxiliar na seleção do método de desempenho da análise de colunas retas e com carga centralizada.

6.5 ÍNDICE DE ESBELTEZ DE TRANSIÇÃO

Nas seções a seguir, dois métodos de análise de colunas retas com carga centralizada são apresentados: (1) fórmula de Euler para colunas longas e esbeltas e (2) equação de J. B. Johnson para colunas curtas.

A escolha de qual método utilizar depende do valor do índice real de esbeltez para a coluna a ser analisada em relação ao índice de *esbeltez de transição* ou *constante de coluna*, C_c, definido como

▶ **Constante de coluna**

$$C_c = \sqrt{\frac{2\pi^2 E}{s_y}} \quad (6.4)$$

onde E = módulo de elasticidade do material da coluna

s_y = tensão de escoamento do material

O uso da constante de coluna é ilustrado no procedimento a seguir para analisar colunas retas com carga centralizada.

Procedimento para analisar colunas retas com carga centralizada

1. Para a coluna dada, calcule seu índice real de esbeltez.
2. Calcule o valor de C_c.
3. Compare C_c com KL/r. Como C_c representa o valor do índice de esbeltez que separa uma coluna longa de uma curta, o resultado da comparação indica qual tipo de análise deve ser usado.
4. Se o valor real de KL/r é maior do que C_c, a coluna é *longa*. Utilize a fórmula de Euler conforme descreve a Seção 6.6.
5. Se KL/r é menor do que C_c, a coluna é *curta*. Utilize a equação de J. B. Johnson, descrita na Seção 6.7.

A Figura 6.4 é um fluxograma lógico desse procedimento.

O valor da constante de coluna, ou índice de esbeltez de transição, depende das propriedades materiais do módulo de elasticidade e da tensão de escoamento. Para qualquer classe de material determinada — o aço, por exemplo —, o módulo de elasticidade é quase constante. Assim, o valor de C_c varia inversamente à raiz quadrada da tensão de escoamento. As figuras 6.5 e 6.6 mostram os valores resultantes do aço e do alumínio, respectivamente, para a variação de tensão de escoamentos esperada para cada material. As figuras mostram que o valor de C_c diminui à medida que a tensão de escoamento aumenta. A importância dessa observação é discutida na seção seguinte.

6.6 ANÁLISE DE COLUNA LONGA: FÓRMULA DE EULER

A análise de uma coluna longa emprega a fórmula de Euler (veja a Referência 4):

▶ **Fórmula de Euler para colunas longas**

$$P_{cr} = \frac{\pi^2 E A}{(KL/r)^2} \quad (6.5)$$

Essa equação fornece a carga crítica, P_{cr}, na qual a coluna começaria a flambar. Uma forma alternativa à fórmula de Euler é, muitas vezes, desejável. Observe que, a partir da Equação 6.5,

$$P_{cr} = \frac{\pi^2 E A}{(KL/r)^2} = \frac{\pi^2 E A}{(KL)^2/r^2} = \frac{\pi^2 E A r^2}{(KL)^2}$$

No entanto, a partir da definição do raio de giração, r,

$$r = \sqrt{I/A}$$

$$r^2 = I/A$$

Então

▶ **Forma alternativa à fórmula de Euler**

$$P_{cr} = \frac{\pi^2 E A I}{(KL)^2 A} = \frac{\pi^2 E I}{(KL)^2} \quad (6.6)$$

Essa variante à equação de Euler é de grande auxílio em um problema de projeto no qual o objetivo seja especificar a dimensão e o formato de uma seção transversal de coluna para carregar determinada carga. O momento de inércia para a seção transversal exigida pode ser facilmente estabelecido a partir da Equação 6.6.

Observe que a carga de flambagem depende somente da geometria (comprimento e seção transversal) da coluna e da rigidez do material representado pelo módulo de elasticidade. A resistência do material não está de nenhum modo envolvida. Por essas razões, é comum que não haja benefício ao especificar um material de alta resistência em uma aplicação de coluna longa. Um material de resistência mais baixa com a mesma rigidez, E, também teria esse desempenho.

Fator de segurança de projeto e carga admissível

Uma vez que haja probabilidade de a falha acontecer em uma carga-limite, em vez de uma tensão, o conceito de um fator de projeto é aplicado de forma diferente do que seria para a maioria dos outros membros sob carregamento. Em vez de empregar o fator de projeto à tensão de escoamento ou à tensão máxima do material, nós o aplicamos à carga crítica, com base nas equações 6.5 ou 6.6. Para aplicações comuns em projetos de máquinas, é utilizado um fator de projeto 3. Já para colunas imóveis com cargas bem conhecidas e condições de contorno de extremidade, um fator menor — como 2,0 — pode ser adotado. Um fator de 1,92 é usado em algumas aplicações de construção.

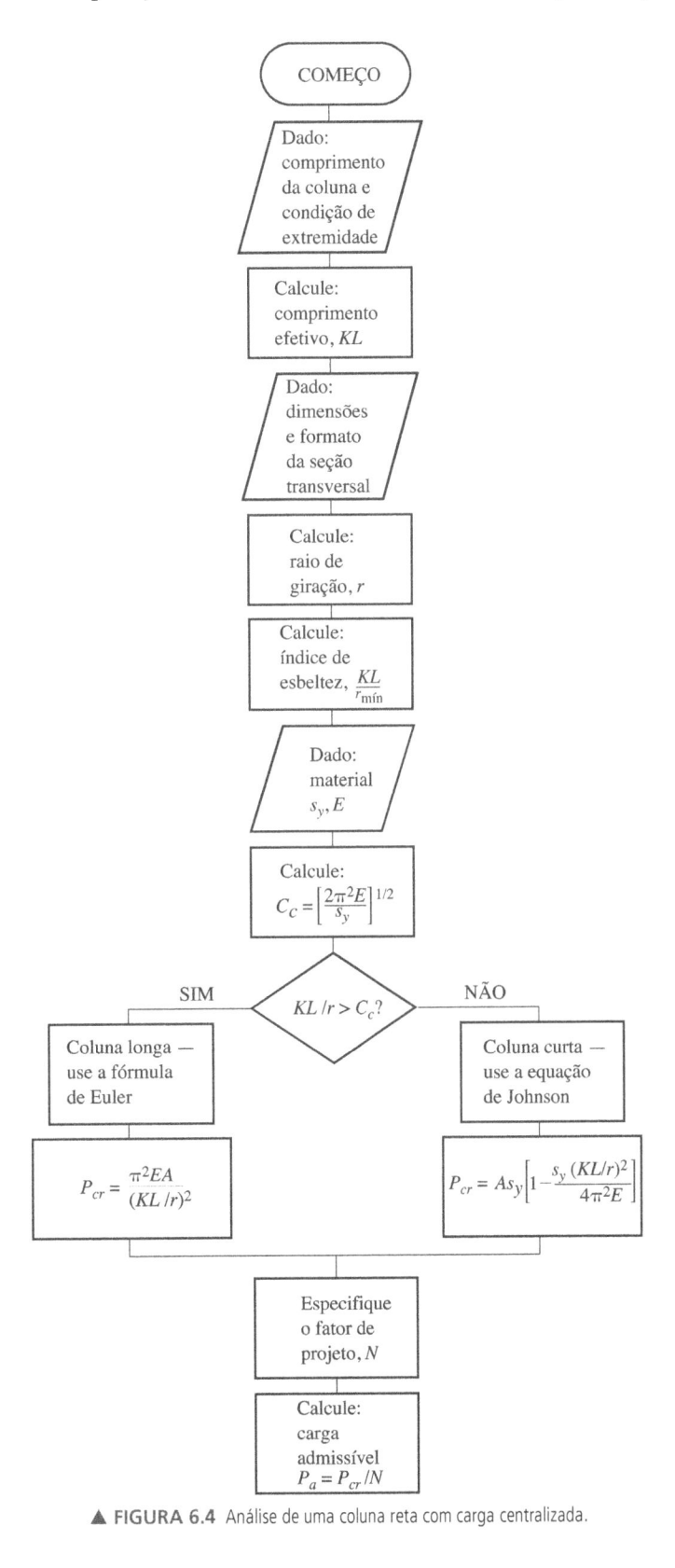

```
                    COMEÇO
                       │
              Dado: comprimento
              da coluna e condição
              de extremidade
                       │
              Calcule: comprimento
              efetivo, KL
                       │
              Dado: dimensões e
              formato da seção
              transversal
                       │
              Calcule: raio de
              giração, r
                       │
              Calcule: índice de
              esbeltez, KL/r_mín
                       │
              Dado: material
              s_y, E
                       │
              Calcule:
              C_c = [2π²E/s_y]^(1/2)
                       │
           SIM  ◇ KL/r > C_c? ◇  NÃO
          ┌─────┘               └─────┐
   Coluna longa —              Coluna curta —
   use a fórmula               use a equação
   de Euler                    de Johnson

   P_cr = π²EA/(KL/r)²         P_cr = As_y[1 − s_y(KL/r)²/(4π²E)]
          └─────┐               ┌─────┘
              Especifique o
              fator de projeto, N
                       │
              Calcule: carga
              admissível
              P_a = P_cr/N
```

▲ **FIGURA 6.4** Análise de uma coluna reta com carga centralizada.

▲ **FIGURA 6.5** Índice de esbeltez de transição C_c versus tensão de escoamento para o aço.

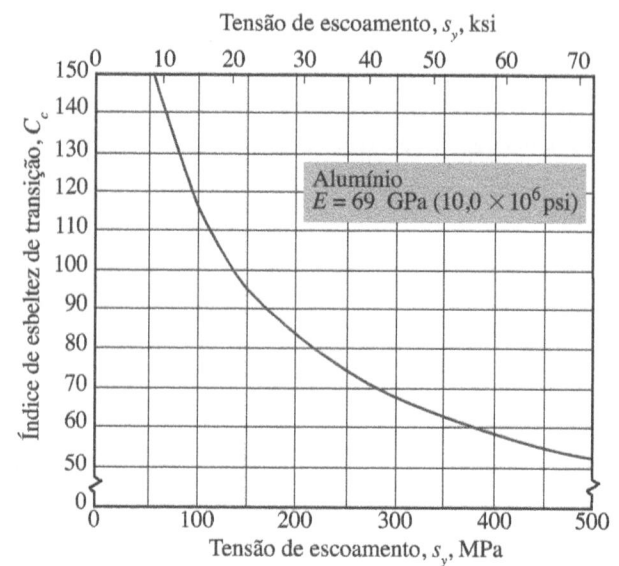

▲ **FIGURA 6.6** Índice de esbeltez de transição C_c versus tensão de escoamento para o alumínio.

Por outro lado, para colunas muito longas, em que há incerteza em relação às cargas ou às condições de contorno de extremidade, ou em que riscos específicos estão presentes, são recomendados fatores mais amplos. (Veja as referências 1 e 2.)

Em resumo, o objetivo da análise de colunas e projeto é garantir que a carga aplicada a uma coluna seja segura, bem abaixo da carga crítica de flambagem. As definições dos termos a seguir devem ser compreendidas:

P_{cr} = carga crítica de flambagem
P_a = carga admissível
P = carga aplicada real
N = fator de projeto

Então

▶ **Carga admissível**

$$P_a = P_{cr}/N$$

A carga aplicada real, P, deve ser menor do que P_a.

EXEMPLO 6.1 Uma coluna tem uma seção transversal circular sólida, com 1,25 pol de diâmetro, e 4,50 pés de comprimento, e ambas as extremidades são pinadas. Considerando que ela seja feita de aço trefilado a frio SAE 1020, qual seria o carregamento seguro da coluna?

SOLUÇÃO

Objetivo Especificar um carregamento seguro para a coluna.

Dados Seção transversal circular sólida: diâmetro = D = 1,25 pol; comprimento = L = 4,50 pés.
Ambas as extremidades das colunas são ligadas com pinos.
Material: aço trefilado a frio SAE 1020.

Análise Utilize o procedimento da Figura 6.4.

Resultados **Passo 1.** Para a coluna com extremidades pinadas, o fator da condição de extremidade é K = 1,0. O comprimento efetivo é igual ao comprimento real; KL = 4,50 pés = 54,0 pol.
Passo 2. Com base no Apêndice 1, para uma seção redonda sólida,

$$r = D/4 = 1{,}25/4 = 0{,}3125 \text{ pol}$$

Passo 3. Calcule o índice de esbeltez:

$$\frac{KL}{r} = \frac{1,0\,(54)}{0,3125} = 173$$

Passo 4. Calcule a constante de coluna a partir da Equação 6.4. Para o aço trefilado a frio SAE 1020, a tensão de escoamento é 51.000 psi, e o módulo de elasticidade é 30×10^6 psi. Então

$$C_c = \sqrt{\frac{2\pi^2 E}{s_y}} = \sqrt{\frac{2\pi^2\,(30 \times 10^6)}{51000}} = 108$$

Passo 5. Como KL/r é maior do que C_c, a coluna é longa, e a fórmula de Euler deve ser usada. A área é

$$A = \frac{\pi D^2}{4} = \frac{\pi\,(1,25)^2}{4} = 1,23\ \text{pol}^2$$

Então, a carga crítica é

$$P_{cr} = \frac{\pi^2 EA}{(KL/r)^2} = \frac{\pi^2(30 \times 10^6)\,(1,23)}{(173)^2} = 12.200\ \text{lb}$$

Nessa carga, a coluna deve apenas começar a flambar. Uma carga segura seria um valor reduzido, encontrado ao se aplicar o fator de projeto à carga crítica. Consideremos $N = 3$ para calcular a *carga admissível*, $P_a = P_{cr}/N$:

$$P_a = (12200)/3 = 4067\ \text{lb}$$

Comentário A carga segura na coluna é de 4067 lb.

6.7 ANÁLISE DE COLUNA CURTA: EQUAÇÃO DE J. B. JOHNSON

Quando o índice real de esbeltez para uma coluna, KL/r, é menor do que o valor de transição, C_c, então a coluna é curta e, portanto, a equação de J. B. Johnson deve ser utilizada. O uso da fórmula de Euler nessa variação poderia prever um valor de carga crítica maior do que ele realmente é.

A equação de J. B. Johnson é descrita conforme se segue:

▶ **Equação de J. B. Johnson para colunas curtas**

$$P_{cr} = As_y\left[1 - \frac{s_y(KL/r)^2}{4\pi^2 E}\right] \quad (6.7)$$

A Figura 6.7 mostra um gráfico dos resultados dessa equação como uma função do índice de esbeltez, KL/r. Observe que ele acaba se relacionando ao resultado da fórmula de Euler no índice de esbeltez de transição, o limite de sua aplicação. Além disso, no caso de valores muito baixos para o índice de esbeltez, o segundo termo da equação se aproxima de zero, e a carga crítica se aproxima da carga de escoamento. As curvas para os três diferentes materiais estão inclusas na figura para ilustrar o efeito de E e s_y na carga crítica e no índice de esbeltez de transição.

A carga crítica para uma coluna curta é afetada pela resistência do material além de sua rigidez, E. Como demonstrado na seção anterior, a resistência não é um fator para uma coluna longa quando a fórmula de Euler é utilizada.

Observe que, se uma coluna for designada para ser usada como parte de uma estrutura de construção, os métodos descritos nas referências 1 ou 2 deverão ser empregados.

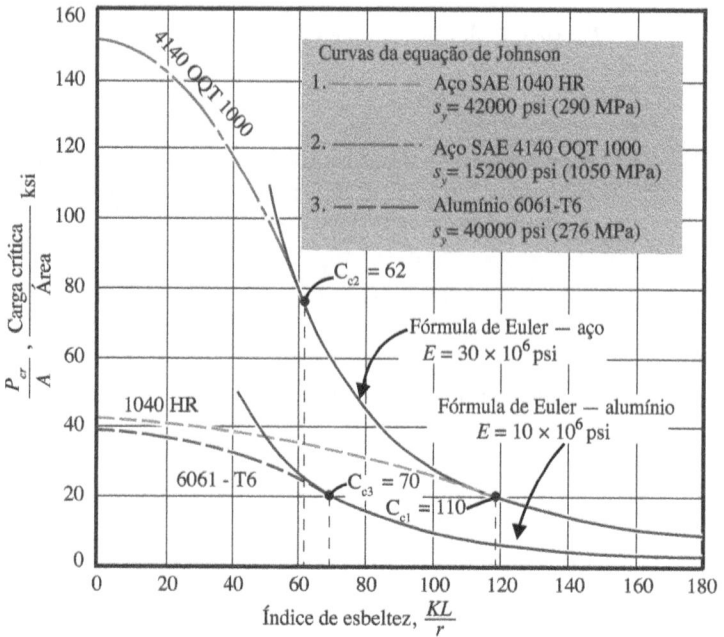

▲ **FIGURA 6.7** Curvas da equação de Johnson.

EXEMPLO 6.2		Determine a carga crítica sobre uma coluna de aço que tem uma seção transversal retangular de 12 mm por 18 mm, e um comprimento de 280 mm. Propõe-se a utilização do aço laminado a quente SAE 1040. A extremidade inferior da coluna está inserida dentro de um soquete bem ajustado e seguramente soldada. A extremidade superior é ligada com pino (veja a Figura 6.8).
SOLUÇÃO	Objetivo	Calcular a carga crítica da coluna.
	Dados	Seção transversal retangular sólida: $B = 12$ mm; $H = 18$ mm; $L = 280$ mm. A parte inferior da coluna é fixa; a parte superior é ligada com pino (veja a Figura 6.8). Material: aço laminado a quente SAE 1040.
	Análise	Utilize o procedimento descrito na Figura 6.4.

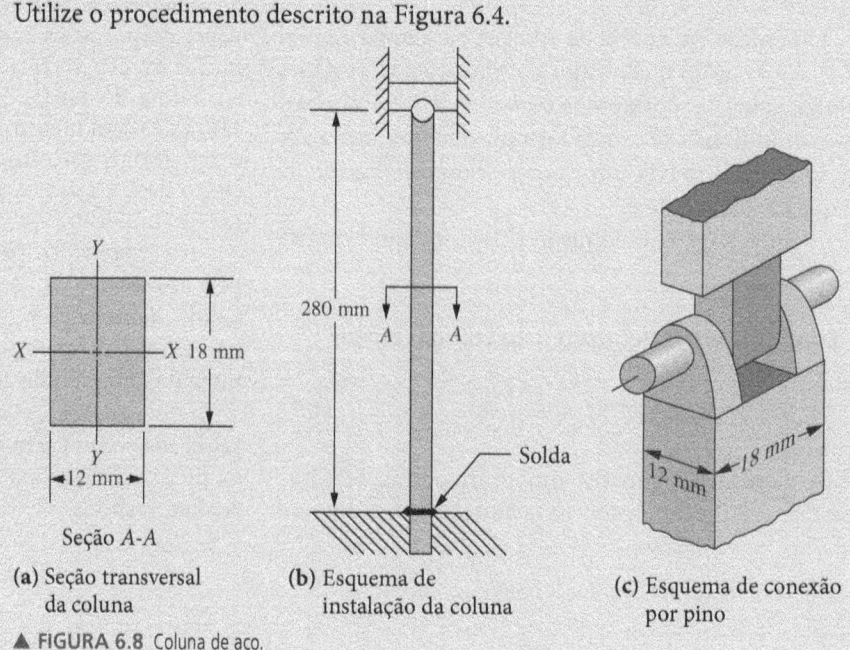

(a) Seção transversal da coluna

(b) Esquema de instalação da coluna

(c) Esquema de conexão por pino

▲ **FIGURA 6.8** Coluna de aço.

Resultados   ***Passo 1.*** Calcule o índice de esbeltez. O raio de giração deve ser determinado em relação ao eixo que fornece o valor mínimo. Esse é o eixo Y-Y, para o qual

$$r = \frac{B}{\sqrt{12}} = \frac{12 \text{ mm}}{\sqrt{12}} = 3{,}46 \text{ mm}$$

A coluna tem uma extremidade fixa com pino para a qual $K = 0{,}8$. Então

$$KL/r = [(0{,}8)(280)]/3{,}46 = 64{,}7$$

Passo 2. Calcule o índice de esbeltez de transição. Para o aço laminado a quente SAE 1040, $E = 207$ GPa e $s_y = 290$ MPa. Assim, a partir da Equação 6.4,

$$C_c = \sqrt{\frac{2\pi^2 (207 \times 10^9 \text{ Pa})}{290 \times 10^6 \text{ Pa}}} = 119$$

Passo 3. Então $KL/r < C_c$; desse modo, a coluna é curta. Utilize a equação de J. B. Johnson (Equação 6.7) para calcular a carga crítica.

$$P_{cr} = As_y \left[1 - \frac{s_y (KL/r)^2}{4\pi^2 E} \right]$$

$$P_{cr} = (216 \text{ mm}^2)(290 \text{ N/mm}^2) \left[1 - \frac{(290 \times 10^6 \text{ Pa})(64{,}7)^2}{4\pi^2 (207 \times 10^9 \text{ Pa})} \right]$$

$$P_{cr} = 53{,}3 \times 10^3 \text{ N} = 53{,}3 \text{ kN}$$

Comentário   Essa é a carga crítica de flambagem. Teríamos de aplicar um fator de projeto para determinar a carga admissível. Especificar $N = 3$ resulta em $P_a = 17{,}8$ kN.

6.8 PLANILHA DE ANÁLISE DE COLUNA

Concluir o processo descrito na Figura 6.4 utilizando uma calculadora, caneta e papel é uma atividade entediante. Uma planilha automatiza os cálculos após você adicionar os dados pertinentes para a coluna em questão a ser analisada. A Figura 6.9 mostra os dados de uma planilha empregada para resolver o Exemplo 6.1. A representação da planilha poderia ser feita de inúmeras formas, e você deve se sentir encorajado a desenvolver seu próprio estilo. Os comentários a seguir descrevem as características da planilha em questão:

1. Na parte superior da planilha, são fornecidas instruções ao usuário para adicionar dados e unidades. Essa planilha serve apenas para unidades do sistema norte-americano. Uma planilha diferente seria utilizada se dados do sistema internacional (SI) fossem adotados. (Veja a Figura 6.10, que oferece a solução para o Exemplo 6.2.)

2. No lado esquerdo da planilha são listados vários dados que devem ser obtidos pelo usuário para executar os cálculos. No lado direito são enumerados os valores de saída. Fórmulas para definir L_e, C_c, KL/r e a carga admissível são registradas diretamente dentro da célula em que aparecem os valores calculados. Os dados de saída para a mensagem "a coluna é: ***longa***" e a carga crítica de flambagem são conseguidos por configurações de *funções* dentro de *macros* descritas no Visual Basic e colocadas em uma planilha separada. A Figura 6.11 mostra as duas macros utilizadas. A primeira (*LorS*) executa o processo de decisão para testar se a coluna é longa ou curta, conforme indicado por comparação do índice de esbeltez com a constante de coluna. A segunda (*Pcr*) calcula a carga crítica de flambagem utilizando a fórmula de Euler ou a equação de J. B. Johnson, dependendo do resultado da macro *LorS*. Essas funções são denominadas por declarações nas células em que estão localizados "longa" e os valores calculados da carga crítica de flambagem (12197 lb).

3. Dispor de uma planilha como essa possibilita que você analise rapidamente diversas opções de projeto. Por exemplo, a declaração do problema em questão indicou que as extremidades foram ligadas com pinos, resultando em um valor de condição de extremidade de $K = 1$. O que ocorreria se ambas as extremidades fossem fixas? Simplesmente mudar o valor daquela célula para $K = 0{,}65$ faria toda a planilha ser recalculada, e o valor revisto da carga crítica de flambagem estaria disponível quase instantaneamente. O resultado é

PLANEJAMENTO DE ANÁLISE DE COLUNA	Dados do: Exemplo 6.1
Vá até a Figura 6.4 para seguir a lógica da análise.	
Insira dados para variáveis em *itálico* dentro dos boxes cinza.	Utilize unidades compatíveis com o sistema norte-americano.
Dados a serem inseridos:	**Valores calculados:**
Comprimento e condições de extremidade:	
Comprimento da coluna, *L = 54 pol* Condições de extremidade, *K = 1*	→ Comprimento da equação, $L_e = KL = 54{,}0$ pol
Propriedades materiais:	
Tensão de escoamento, *s_y = 51000 psi* Módulo de elasticidade, *E = 3,00E + 07 psi*	→ Constante de coluna, $C_c = 107{,}8$
Propriedades da seção transversal:	
[Nota: insira r ou calcule $r = \sqrt{I/A}$.] [Sempre insira Área.] [Insira zero para *I* ou *r*, se não utilizado.] Área, *A = 1,23 pol²* Momento de inércia, *I = 0 pol⁴* Ou Raio de giração, *r = 0,3125 pol*	→ Índice de esbeltez, $KL/r = 172{,}8$ A coluna é: **longa** **Carga crítica de flambagem = 12197 lb**
Fator de projeto:	
Fator de projeto sobre a carga, *N = 3*	→ **Carga admissível = 4066 lb**

▲ **FIGURA 6.9** Planilha para análise de coluna com dados do Exemplo 6.1.

que P_{cr} = 28868 lb, um aumento de 2,37 vezes do valor original. Com esse tipo de melhoria, você, o projetista, pode ficar inclinado a mudar o projeto para produzir extremidades fixas.

6.9 FORMAS OU PERFIS EFICIENTES PARA SEÇÕES TRANSVERSAIS DE COLUNA

Uma *forma eficiente* é aquela que proporciona bom desempenho com uma pequena quantidade de material. No caso das colunas, a forma da seção transversal e suas dimensões determinam o valor do raio de giração, *r*. A partir da definição do índice de esbeltez, KL/r, podemos ver que, à medida que *r* aumenta, o índice de esbeltez diminui. Nas equações de carga crítica, um menor índice de esbeltez resulta em uma carga crítica maior, a situação mais almejada. Desse modo, é desejável maximizar o raio de giração para projetar uma seção transversal eficiente de coluna.

A menos que as condições de extremidade variem em relação ao eixo da seção transversal, a coluna tenderá a flambar quanto ao eixo com o raio de giração *mínimo*. Assim, uma coluna com valores iguais para o raio de giração em qualquer direção é desejável.

PLANEJAMENTO DE ANÁLISE DE COLUNA	Dados do: Exemplo 6.2
Vá até a Figura 6.4 para seguir a lógica da análise.	
Insira dados para variáveis em *itálico dentro dos boxes cinza*.	Utilize unidades compatíveis com o SI.
Dados a serem inseridos:	**Valores calculados:**
Comprimento e condições de extremidade:	
Comprimento da coluna, L = 280 mm *Condições de extremidade, K = 0,8* →	Comprimento da equação, $L_e = KL$ = 224,0 mm
Propriedades materiais:	
Tensão de escoamento, s_y = 290 MPa *Módulo de elasticidade, E = 207 GPa* →	Constante de coluna, C_c = 118,7
Propriedades da seção transversal:	
[Nota: insira *r* ou calcule $r = \sqrt{I/A}$.] [Sempre insira Área.] [Insira zero para *I* ou *r*, se não utilizado.] *Área, A = 216 mm²* *Momento de inércia, I = 0 mm⁴* *Ou* *Raio de giração, r = 3,5 mm* →	Índice de esbeltez, KL/r = 64,7
	A coluna é: **curta**
Fator de projeto:	Carga crítica de flambagem = 53,32 kN
Fator de projeto sobre a carga, N = 3 →	Carga admissível = 17,77 kN

▲ **FIGURA 6.10** Planilha para análise de coluna com dados do Exemplo 6.2.

Reveja a definição de raio de giração:

$$r = \sqrt{I/A}$$

Essa equação indica que, para determinada área de material, devemos tentar maximizar o momento de inércia a fim de maximizar o raio de giração. Uma forma com um elevado momento de inércia tem sua área distribuída bem longe de seu eixo centroide.

Formas que têm as características desejáveis descritas incluem tubos e canos circulares, tubulações quadradas e seções de colunas fabricadas a partir de perfis estruturais que são colocados fora dos limites da seção. Seções circulares sólidas e quadradas sólidas também são boas, embora não tão eficientes quanto as ocas. As figuras 6.12(a–d) ilustram algumas dessas formas. A seção desenvolvida na Figura 6.12(e) fornece uma seção rígida, semelhante a uma caixa, que se aproxima do tubo quadrado oco em tamanhos maiores. No caso da Figura 6.12(f), as seções angulares nos cantos proporcionam uma maior contribuição ao momento de inércia. As barras entrelaçadas simplesmente mantêm os ângulos em suas posições. A coluna em H na Figura 6.12(g) tem profundidade e largura iguais, além de uma trama e abas relativamente pesadas. O momento de inércia relacionado ao eixo Y-Y ainda é menor do que o do X-X, mas eles estão mais próximos do que a maioria das outras seções em I projetadas para serem usadas como vigas com flexão em apenas uma direção. Assim, esse formato seria mais desejável para colunas.

' Macro LorS
' Determina se a coluna é longa ou curta.
Função LorS (SR, CC)

    Se SR > CC Então

      LorS = "longa"

    Ou

      LorS = "curta"

    Fim de se

Fim da Função

' Macro Carga Crítica
' Usa fórmula de Euler para colunas longas
' Usa equação de Johnson para colunas curtas
Função Pcr (LorS, SR, E, A, Sy)
Constante Pi = 3,1415926

    Se LorS = "longa" Então

      Pcr = Pi ^ 2 * E * A / SR ^ 2

      ' Equação de Euler; Eq. 6.4

    Ou

      Pcr = A * Sy (1 - (Sy * SR ^ 2/(4 * Pi ^ 2 * E)))

      ' Equação de Johnson; Eq. 6.7

    Fim de se

Fim da Função

▲ **FIGURA 6.11** Macros usadas na planilha de análise de coluna.

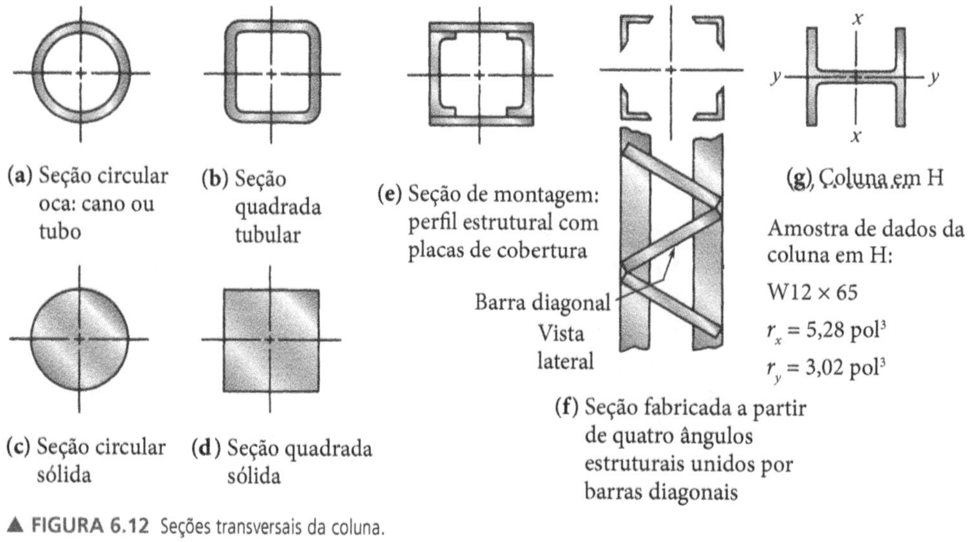

(a) Seção circular oca: cano ou tubo

(b) Seção quadrada tubular

(c) Seção circular sólida

(d) Seção quadrada sólida

(e) Seção de montagem: perfil estrutural com placas de cobertura

(f) Seção fabricada a partir de quatro ângulos estruturais unidos por barras diagonais

Barra diagonal Vista lateral

(g) Coluna em H

Amostra de dados da coluna em H:

W12 × 65

$r_x = 5{,}28 \text{ pol}^3$

$r_y = 3{,}02 \text{ pol}^3$

▲ **FIGURA 6.12** Seções transversais da coluna.

6.10 PROJETO DE COLUNAS

Em uma situação de projeto, a carga esperada sobre a coluna seria conhecida, assim como o comprimento exigido para a aplicação. O projetista, então, especificaria:

1. A maneira de conectar as extremidades à estrutura que afeta as condições delas.
2. O perfil geral da seção transversal da coluna (p. ex., circular, quadrado, retangular, tubular).
3. O material da coluna.
4. O fator de projeto, considerando sua aplicação.
5. As dimensões finais da coluna.

Pode ser desejável propor e analisar diversos e diferentes projetos para se aproximar de um ideal à aplicação. Um programa de computador ou uma planilha facilitam o processo.

Presume-se que os itens 1 a 4 sejam especificados pelo projetista para qualquer ensaio estabelecido. Para algumas formas simples, como a seção quadrada ou circular sólida, as dimensões finais são calculadas a partir da fórmula apropriada: fórmula de Euler, Equação 6.5 ou Equação 6.6; ou fórmula de J. B. Johnson, Equação 6.7. Se uma solução algébrica não for possível, há como fazer a iteração.

Em uma situação de projeto, as dimensões desconhecidas da seção transversal tornam impossível o cálculo do raio de giração e, por conseguinte, o índice de esbeltez, KL/r. Sem o índice de esbeltez, não podemos determinar se a coluna é longa (Euler) ou curta (Johnson). Assim, a fórmula apropriada para ser usada não é conhecida.

Superamos essa dificuldade fazendo uma pressuposição de que a coluna é longa ou curta e procedemos com a fórmula correspondente. Então, depois que as dimensões são determinadas pela seção transversal, o valor real de KL/r será calculado e comparado com C_c. Isso mostrará se a fórmula correta foi usada ou não. Se sim, a resposta obtida está correta. Se não, a fórmula alternativa deve ser empregada e o cálculo, repetido para determinar novas dimensões. A Figura 6.13 exibe um fluxograma para a lógica do projeto descrita aqui.

Projeto: pressupondo uma coluna longa

A fórmula de Euler é utilizada se a pressuposição é de que a coluna seja longa. A Equação 6.6 seria a forma mais conveniente porque pode ser resolvida para o momento de inércia, I:

▶ **Fórmula de Euler resolvida para o valor exigido de I**

$$I = \frac{P_{cr}(KL)^2}{\pi^2 E} = \frac{NP_a(KL)^2}{\pi^2 E} \quad (6.8)$$

onde P_a = carga admissível, geralmente estabelecida como igual à carga máxima e real esperada

Uma vez que se tem o valor exigido para I, podemos determinar as dimensões para a forma por meio de cálculos adicionais ou pelo exame cuidadoso de tabelas de dados das propriedades das seções comercialmente disponíveis.

Para a seção circular sólida é possível derivar uma equação final à dimensão característica, o diâmetro. O momento de inércia é

$$I = \frac{\pi D^4}{64}$$

Substituindo pela Equação 6.8, temos

$$I = \frac{\pi D^4}{64} = \frac{NP_a(KL)^2}{\pi^2 E}$$

Calculando os produtos de D:

▶ **Diâmetro exigido para uma coluna circular sólida e longa**

$$D = \left[\frac{64 NP_a(KL)^2}{\pi^3 E} \right]^{1/4} \quad (6.9)$$

Projeto: pressupondo uma coluna curta

A fórmula de J. B. Johnson é utilizada para analisar uma coluna curta. É difícil derivar uma forma conveniente para usar no projeto. Nos casos gerais, então, são empregados tentativa e erro.

Em alguns casos especiais, incluindo a seção circular sólida, é possível resolver a fórmula de Johnson (Equação 6.7) para a dimensão característica, o diâmetro:

$$P_{cr} = As_y \left[1 - \frac{s_y(KL/r)^2}{4\pi^2 E} \right]$$

Mas

$$A = \pi D^2/4$$
$$r = D/4 \text{ (do Apêndice 1)}$$
$$P_{cr} = NP_a$$

Então

$$NP_a = \frac{\pi D^2}{4} s_y \left[1 - \frac{s_y(KL)^2}{4\pi^2 E(D/4)^2} \right]$$

$$\frac{4NP_a}{\pi s_y} = D^2 \left[1 - \frac{s_y(KL)^2(16)}{4\pi^2 E D^2} \right]$$

Calculando os produtos de D:

▶ **Diâmetro exigido para uma coluna circular sólida e curta**

$$D = \left[\frac{4NP_a}{\pi s_y} + \frac{4s_y(KL)^2}{\pi^2 E} \right]^{1/2} \quad (6.10)$$

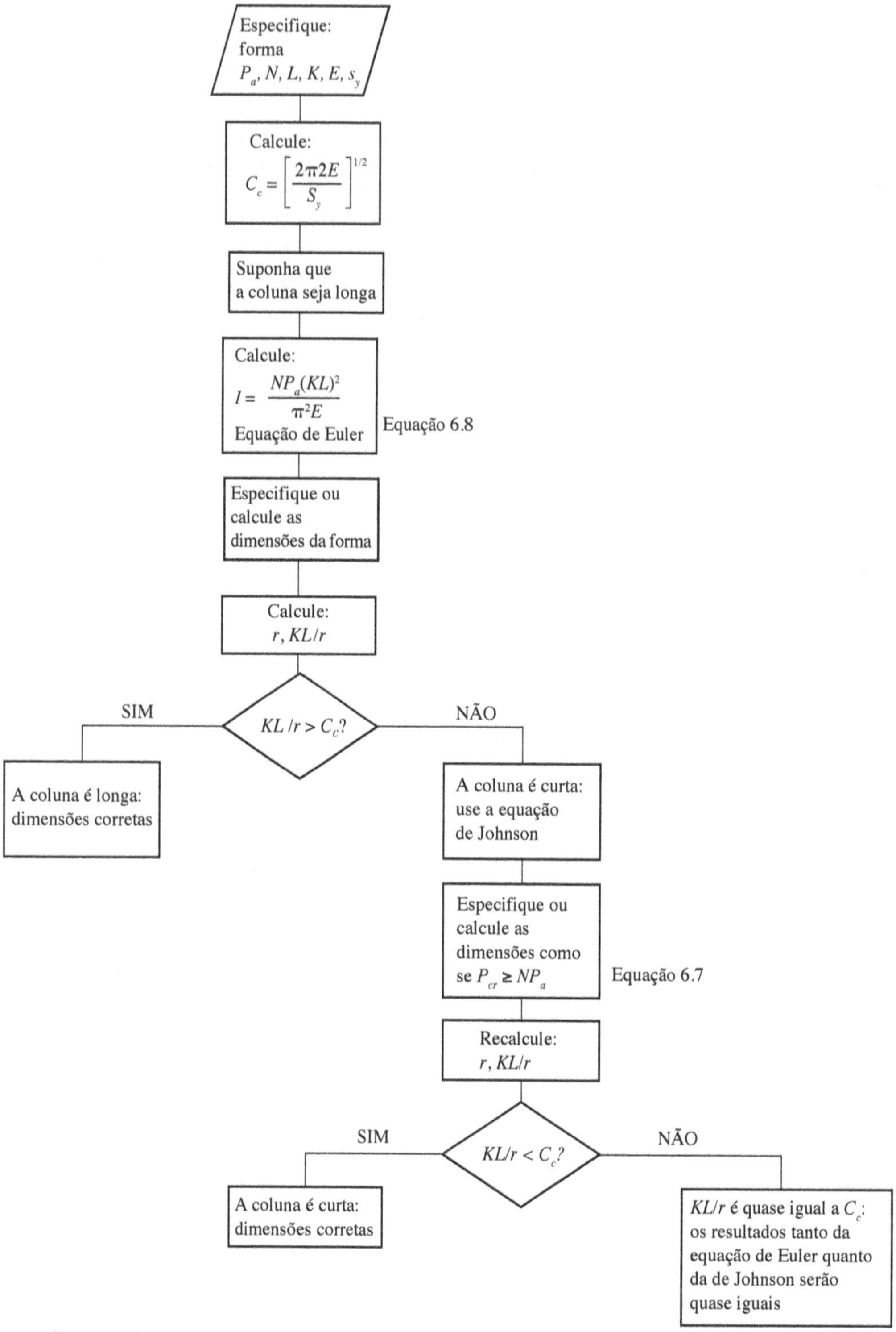

```
        ┌─────────────────┐
        │ Especifique:    │
        │ forma           │
        │ Pₐ, N, L, K, E, sy│
        └─────────────────┘
                │
        ┌─────────────────┐
        │ Calcule:        │
        │      ⎡2π2E⎤^{1/2}│
        │ C_c =⎢────⎥     │
        │      ⎣ S_y⎦     │
        └─────────────────┘
                │
        ┌─────────────────┐
        │ Suponha que     │
        │ a coluna seja longa│
        └─────────────────┘
                │
        ┌─────────────────┐
        │ Calcule:        │
        │      NPₐ(KL)²   │
        │ I = ────────    │ Equação 6.8
        │        π²E      │
        │ Equação de Euler│
        └─────────────────┘
```

Fluxograma — Projeto de uma coluna reta com carga centralizada:

- Especifique: forma, P_a, N, L, K, E, s_y
- Calcule: $C_c = \left[\dfrac{2\pi^2 E}{S_y}\right]^{1/2}$
- Suponha que a coluna seja longa
- Calcule: $I = \dfrac{N P_a (KL)^2}{\pi^2 E}$ — Equação de Euler (Equação 6.8)
- Especifique ou calcule as dimensões da forma
- Calcule: r, KL/r
- **$KL/r > C_c$?**
  - **SIM:** A coluna é longa: dimensões corretas
  - **NÃO:** A coluna é curta: use a equação de Johnson
    - Especifique ou calcule as dimensões como se $P_{cr} \geq N P_a$ — Equação 6.7
    - Recalcule: r, KL/r
    - **$KL/r < C_c$?**
      - **SIM:** A coluna é curta: dimensões corretas
      - **NÃO:** KL/r é quase igual a C_c: os resultados tanto da equação de Euler quanto da de Johnson serão quase iguais

▲ **FIGURA 6.13** Projeto de uma coluna reta com carga centralizada.

EXEMPLO 6.3

Especifique um diâmetro apropriado de uma seção transversal circular e sólida para uma conexão de máquina, considerando que ela carregará uma carga compressiva axial de 9800 lb. O comprimento será de 25 pol, e as extremidades estarão ligadas com pinos. Utilize um fator de projeto 3 e aço laminado a quente SAE 1020.

SOLUÇÃO	Objetivo	Especificar um diâmetro adequado para a coluna.
	Dados	Seção transversal circular sólida: $L = 25$ pol; use $N = 3$. Ambas as extremidades são ligadas com pinos. Material: aço laminado a quente SAE 1020.
	Análise	Utilize o procedimento da Figura 6.13. Considere inicialmente que a coluna seja longa.
	Resultados	A partir da Equação 6.9,

$$D = \left[\frac{64\,NP_a\,(KL)^2}{\pi^3 E}\right]^{1/4} = \left[\frac{64\,(3)\,(9800)\,(25)^2}{\pi^3(30 \times 10^6)}\right]^{1/4}$$

$$D = 1{,}06 \text{ pol}$$

O raio de giração pode agora ser determinado:

$$r = D/4 = 1{,}06/4 = 0{,}265 \text{ pol}$$

O índice de esbeltez é

$$KL/r = [(1{,}0)(25)]/0{,}265 = 94{,}3$$

Para o aço laminado a quente SAE 1020, $s_y = 30000$ psi. O gráfico da Figura 6.5 mostra um C_c de aproximadamente 138. Assim, o KL/r real é menor do que o valor de transição, e a coluna deve ser reprojetada como curta, usando a Equação 6.10 derivada da equação de Johnson:

$$D = \left[\frac{4\,NP_a}{\pi s_y} + \frac{4\,s_y(KL)^2}{\pi^2 E}\right]^{1/2}$$

$$D = \left[\frac{4\,(3)\,(9800)}{(\pi)\,(30000)} + \frac{4\,(30000)\,(25)}{\pi^2(30 \times 10^6)}\right]^{1/2} = 1{,}23 \text{ pol}$$

Verificando mais uma vez o índice de esbeltez, temos

$$KL/r = [(1{,}0)(25)]/(1{,}23/4) = 81{,}3$$

	Comentário	Esse valor ainda é menor do que aquele de transição, de modo que nossa análise é aceitável. Uma dimensão preferida de $D = 1{,}25$ pol poderia ser especificada. Um método alternativo de usar planilhas para projetar colunas é utilizar uma abordagem de análise semelhante àquela mostrada na Figura 6.9, mas como uma ferramenta conveniente de "tentativa e erro". Você poderia calcular dados à mão, ou procurá-los em uma tabela como A, I e r para qualquer forma e dimensões desejadas de seção transversal e inserir os valores na planilha. Então, seria possível comparar a carga admissível calculada com o valor exigido e escolher seções menores ou maiores para aproximar os valores calculados dos exigidos. Muitas iterações poderiam ser completadas em uma pequena quantidade de tempo. Para formas que possibilitam calcular r e A de forma bastante simples, há como adicionar uma nova seção à planilha a fim de estabelecer esses valores. Um exemplo é mostrado na Figura 6.14, na qual o campo diferenciado em cinza-escuro mostra os cálculos das propriedades de uma seção transversal circular. Os dados são extraídos do Exemplo 6.3, e o resultado indicado foi obtido com apenas quatro iterações.

ANÁLISE DE COLUNA CIRCULAR	Dados do: Exemplo 6.3
Vá até a Figura 6.4 para seguir a lógica da análise.	
Insira dados para variáveis em *itálico dentro dos boxes cinza*.	Utilize unidades compatíveis com o sistema norte-americano.
Dados a serem inseridos:	**Valores calculados:**
Comprimento e condições de extremidade:	
Comprimento da coluna, L = 25 pol *Condições de extremidade, K = 1*	→ Comprimento da equação, $L_e = KL$ = 25,0 pol
Propriedades materiais:	
Tensão de escoamento, s_y = 30000 psi *Módulo de elasticidade, E = 3,00E + 07 psi*	→ Constante de coluna, C_c = 140,5
Propriedades da seção transversal:	
[Nota: A e r calculados a partir de] [dimensões da seção transversal circular] [na seção seguinte desta planilha.] Área, A = 1,188 pol² Raio de giração, r = 0,3075 pol	→ Índice de esbeltez, KL/r = 81,3
Propriedades da coluna circular:	
Diâmetro da coluna circular = 1,23 pol Área, A = 1,188 pol² Raio de giração, r = 0,3075 pol	A coluna é: **curta** Carga crítica de flambagem = **29679 lb**
Fator de projeto:	
Fator de projeto sobre a carga, N = 3	→ Carga admissível = **9893 lb**

▲ **FIGURA 6.14** Planilha para análise utilizada como ferramenta para projetar uma coluna com seção transversal circular.

6.11 COLUNAS DEFORMADAS

As fórmulas de Euler e Johnson pressupõem que a coluna seja reta e que a carga atue alinhada com o centroide da seção transversal da coluna. Se a coluna for, de alguma maneira, deformada, a flexão ocorrerá além da ação dela (veja a Figura 6.15).

A fórmula da coluna deformada possibilita uma deformidade, *a*, a ser levada em conta (veja as referências 6, 7 e 8):

▶ **Fórmula da coluna deformada**

$$P_a^2 - \frac{1}{N}\left[s_y A + \left(1 + \frac{ac}{r^2}\right)P_{cr}\right]P_a + \frac{s_y A P_{cr}}{N^2} = 0 \quad (6.11)$$

onde *c* = distância a partir do eixo neutro da seção transversal sobre a qual ocorre flexão em direção à borda exterior

O P_{cr} é definido como a carga crítica encontrada a partir da *fórmula de Euler*.

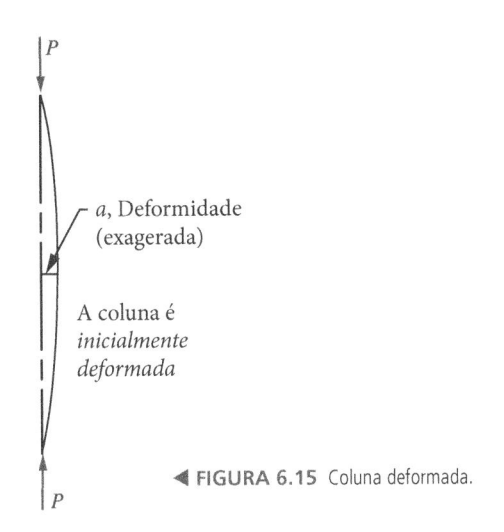

Embora essa fórmula possa se tornar cada vez mais imprecisa para colunas mais curtas, a troca pela fórmula de Johnson não é apropriada como no caso das colunas retas.

A fórmula da coluna deformada é um quadrático em relação à carga admissível P_a. A avaliação de todos os termos constantes na Equação 6.11 produz uma equação da forma

$$P_a^2 + C_1 P_a + C_2 = 0$$

Então, a partir da solução da equação quadrática,

$$P_a = 0,5\,[-C_1 - \sqrt{C_1^2 - 4C_2}]$$

A menor das duas soluções possíveis é selecionada.

FIGURA 6.15 Coluna deformada.

EXEMPLO 6.4

Uma coluna tem ambas as extremidades ligadas com pinos e comprimento de 32 pol. Ela tem uma seção transversal circular com diâmetro de 0,75 pol e deformidade inicial de 0,125 pol. O material é o aço laminado a quente SAE 1040. Calcule a carga admissível para um fator de projeto 3.

SOLUÇÃO

Objetivo Especificar a carga admissível para a coluna.

Dados Seção transversal circular sólida: $D = 0,75$ pol; $L = 32$ pol; use $N = 3$.
Ambas as extremidades são ligadas com pinos. Deformidade inicial = a = 0,125 pol.
Material: aço laminado a quente SAE 1040.

Análise Use a Equação 6.11. Em primeiro lugar, avalie C_1 e C_2. Então, resolva a equação quadrática de P_a.

Resultados

$$s_y = 42000 \text{ psi}$$

$$A = \pi D^2/4 = (\pi)(0,75)^2/4 = 0,442 \text{ pol}^2$$

$$r = D/4 = 0,75/4 = 0,188 \text{ pol}$$

$$c = D/2 = 0,75/2 = 0,375 \text{ pol}$$

$$KL/r = [(1,0)(32)]/0,188 = 171$$

$$P_{cr} = \frac{\pi^2 EA}{(KL/r)^2} = \frac{\pi^2 (30000000)(0,442)}{(171)^2} = 4476 \text{ lb}$$

$$C_1 = \frac{-1}{N}\left[s_y A + \left(1 + \frac{ac}{r^2}\right) P_{cr}\right] = -9649$$

$$C_2 = \frac{s_y A P_{cr}}{N^2} = 9,232 \times 10^6$$

A quadrática é, portanto,

$$P_a^2 - 9649\,P_a + 9,232 \times 10^6 = 0$$

Comentário A partir de então, $P_a = 1077$ lb é a carga admissível.

A Figura 6.16 mostra a solução do Exemplo 6.4 usando uma planilha. Enquanto sua aparência é semelhante à das planilhas de análise de coluna anterior, os detalhes seguem os cálculos necessários para solucionar a Equação 6.11. Na parte inferior esquerda, dois valores especiais são necessários: (1) a deformidade a e (2) a distância c do eixo neutro de flambagem em direção à superfície externa da seção transversal. No meio da parte direita estão listados alguns valores intermediários utilizados na Equação

---

ANÁLISE DE COLUNA DEFORMADA   *Dados do:* Exemplo 6.4

Resolver a Equação 6.11 para a carga admissível.

Insira dados para variáveis em *itálico dentro dos boxes cinza.*   Utilize unidades compatíveis com o sistema norte-americano.

Dados a serem inseridos: **Valores calculados:**

Comprimento e condições de extremidade:

Comprimento da coluna, L = 32 pol
Condições de extremidade, K = 1   → Comprimento da equação, $L_e = KL$ = 32,0 pol

Propriedades materiais:

Tensão de escoamento, s_y = 42000 psi
Módulo de elasticidade, E = 3,00E + 07 psi   → Constante de coluna, C_c = 118,7

Propriedades da seção transversal:

[Nota: insira r ou calcule r = sqrt(I/A).]
[Sempre insira Área.]
[Insira zero para I ou r, se não utilizado.]

Carga de flambagem de Euler = 4491 lb
C_1 na Equação 6.11 = −9678
C_2 na Equação 6.11 = 9,259E+06

Área, A = 0,442 pol²
Momento de inércia, I = 0 pol⁴
Raio de giração, r = 0,188 pol   → Índice de esbeltez, KL/r = 170,7

Valores para a Equação 6.11:   A coluna é: ***longa***

Coluna reta

Deformidade inicial = a = 0,125 pol
Eixo neutro para fora = c = 0,375 pol   Carga crítica de flambagem = ***4491 lb***

Fator de projeto: *Coluna deformada*

Fator de projeto sobre a carga, N = 3   → Carga admissível = ***1076 lb***

▲ **FIGURA 6.16** Planilha para análise de colunas deformadas.

6.11: C_1 e C_2, como definido na solução do Exemplo 6.4. O resultado, a carga admissível, P_a, está na extremidade inferior direita da planilha. Acima disso, por comparação, o valor calculado da carga crítica de flambagem é determinado para uma coluna reta do mesmo projeto. Observe que esse procedimento para solução é mais preciso no caso de colunas longas. Se a análise indica que a coluna é *curta* em vez de *longa*, o projetista necessita tomar nota do quão curta ela é por comparação do índice de esbeltez, KL/r, com a constante de coluna, C_c. Se a coluna for bastante curta, o projetista não deve confiar na precisão do resultado a partir da Equação 6.11.

6.12 COLUNAS COM CARGA EXCÊNTRICA

Uma *carga excêntrica* é aquela aplicada para longe do eixo centroide da seção transversal da coluna, como demonstra a Figura 6.17. A excentricidade, e, é a distância perpendicular a partir da linha de ação entre as cargas de extremidade aplicadas ao eixo centroide da coluna inicialmente reta. Uma carga como essa exerce flexão além da ação da coluna que resulta na forma defletida mostrada na figura. A tensão máxima na coluna defletida ocorre nas fibras externas da seção transversal, no comprimento médio da coluna, onde ocorre a deflexão máxima, $y_{máx}$. Indicaremos a tensão nesse ponto como $\sigma_{L/2}$. Então, para qualquer carga aplicada, P,

▶ **Fórmula secante para colunas carregadas excentricamente**

$$\sigma_{L/2} = \frac{P}{A}\left[1 + \frac{ec}{r^2}\sec\left(\frac{KL}{2r}\sqrt{\frac{P}{AE}}\right)\right] \quad (6.12)$$

(Veja as referências 3, 5 e 9.) Observe que essa tensão *não* é diretamente proporcional à carga. Ao avaliar a secante nessa fórmula, note que seu argumento entre parênteses está em *radianos*. Além disso, como a maioria das calculadoras não tem a função secante, lembre-se de que a secante é igual a 1/cosseno.

Para fins de projeto, gostaríamos de especificar um fator de projeto, N, que possa ser aplicado à *carga de falha* semelhante àquela definida para colunas retas com carga centralizada. Entretanto, nesse caso, a falha é prevista quando a tensão máxima na coluna ultrapassa a de escoamento do material. Definiremos agora um novo termo, P_y, para que ele seja a carga aplicada à coluna carregada excentricamente quando a tensão máxima for igual à de escoamento. A Equação 6.12 então se torna

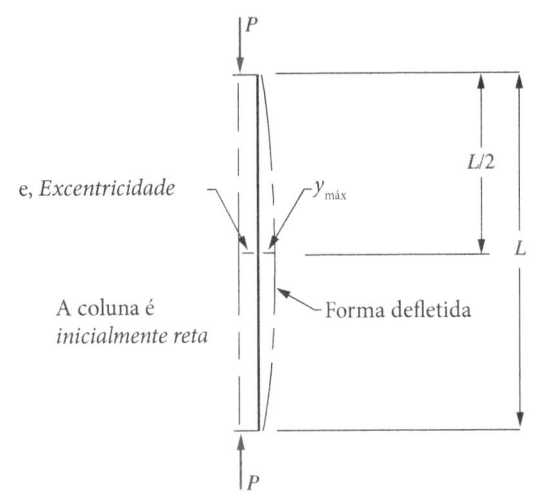

▲ **FIGURA 6.17** Colunas carregadas excentricamente.

$$s_y = \frac{P_y}{A}\left[1 + \frac{ec}{r^2}\sec\left(\frac{KL}{2r}\sqrt{\frac{P_y}{AE}}\right)\right]$$

Agora, se definirmos a *carga admissível* como

$$P_a = P_y/N$$

ou

$$P_y = NP_a$$

essa equação se torna

▶ **Equação de projeto para colunas carregadas excentricamente**

$$s_y \text{ exigida} = \frac{NP_a}{A}\left[1 + \frac{ec}{r^2}\sec\left(\frac{KL}{2r}\sqrt{\frac{NP_a}{AE}}\right)\right] \quad (6.13)$$

Essa equação não pode ser resolvida para A nem para P_a. Desse modo, uma solução iterativa é exigida, como será demonstrado no Exemplo 6.6.

Outro fator crítico pode ser a quantidade de deflexão do eixo da coluna em razão da carga excêntrica:

▶ **Deflexão máxima em uma coluna carregada excentricamente**

$$y_{máx} = e\left[\sec\left(\frac{KL}{2r}\sqrt{\frac{P}{AE}}\right) - 1\right] \quad (6.14)$$

Observe que o argumento da secante é o mesmo que foi utilizado na Equação 6.12.

A Figura 6.18 mostra a solução do problema da coluna excêntrica do Exemplo 6.6 usando uma

EXEMPLO 6.5		Para a coluna do Exemplo 6.4, calcule a tensão e a deflexão máximas, considerando que a carga de 1075 lb seja aplicada com uma excentricidade de 0,75 pol. A coluna é inicialmente reta.
SOLUÇÃO	Objetivo	Calcular a tensão e a deflexão para a coluna carregada excentricamente.
	Dados	Dados do Exemplo 6.4, mas a excentricidade = e = 0,75 pol. Seção transversal circular sólida: D = 0,75 pol; L = 32 pol; Inicialmente reta Ambas as extremidades são ligadas com pinos; KL = 32 pol; r = 0,188 pol; $c = D/2$ = 0,375 pol. Material: aço laminado a quente SAE 1040; $E = 30 \times 10^6$ psi, s_y = 42 psi
	Análise	Utilize a Equação 6.12 para calcular a tensão máxima. Então, empregue a Equação 6.14 para calcular a deflexão máxima.
	Resultados	Todos os termos foram avaliados antes. Assim, a tensão máxima é determinada a partir da Equação 6.12: $$\sigma L/2 = \frac{1075}{0,422}\left[1 + \frac{(0,75)(0,375)}{(0,188)^2}\sec\left(\frac{32}{2(0,188)}\sqrt{\frac{1075}{(0,442)(30 \times 10^6)}}\right)\right]$$ $\sigma L/2$ = 29.300 psi A deflexão máxima é estabelecida a partir da Equação 6.14: $$y_{máx} = 0,75\left[\sec\left(\frac{32}{2(0,188)}\sqrt{\frac{1075}{(0,442)(30 \times 10^6)}}\right) - 1\right] = 0,293 \text{ pol}$$
	Comentário	A tensão máxima é de 29.300 psi no comprimento médio da coluna. A deflexão ali é de 0,293 pol a partir do eixo central reto original da coluna.

EXEMPLO 6.6		A tensão na coluna encontrada no Exemplo 6.5 parece maior para o aço laminado a quente SAE 1040. Reprojete a coluna a fim de chegar a um fator de projeto de pelo menos 3.
SOLUÇÃO	Objetivo	Reprojetar a coluna carregada excentricamente do Exemplo 6.5 para reduzir a tensão e alcançar um fator de projeto de pelo menos 3.
	Dados	Dados dos exemplos 6.4 e 6.5.
	Análise	Adote um diâmetro mais amplo. Utilize a Equação 6.13 para calcular a resistência exigida. Então, compare esse valor com a resistência do aço laminado a quente SAE 1040. Faça a iteração até que a tensão seja satisfatória.
	Resultados	O Apêndice 3 fornece o valor da tensão de escoamento do SAE 1040 HR como sendo 42000 psi. Se escolhermos manter o mesmo material, as dimensões da seção transversal da coluna devem aumentar para diminuir a tensão. A Equação 6.13 pode ser utilizada para avaliar uma alternativa de projeto.

O objetivo é encontrar valores apropriados para A, c e r à seção transversal, como $P_a = 1075$ lb; $N = 3$; $L_e = 32$ pol; $e = 0{,}75$ pol. Além disso, o valor do lado direito inteiro da equação é menor do que 42000 psi. O projeto original tem uma seção transversal circular com um diâmetro de 0,75 pol. Aumentemos esse diâmetro para $D = 1{,}00$ pol. Assim,

$$A = \pi D^2/4 = \pi(1{,}00 \text{ pol})^2/4 = 0{,}785 \text{ pol}^2$$

$$r = D/4 = (1{,}00 \text{ pol})/4 = 0{,}250 \text{ pol}$$

$$r^2 = (0{,}250 \text{ pol})^2 = 0{,}0625 \text{ pol}^2$$

$$c = D/2 = (1{,}00 \text{ pol})/2 = 0{,}50 \text{ pol}$$

Agora, chamemos o lado direito da Equação 6.13 de s'_y. Então,

$$s'_y = \frac{3(1075)}{0{,}785}\left[1 + \frac{(0{,}75)(0{,}50)}{(0{,}0625)}\sec\left(\frac{32}{2(0{,}250)}\sqrt{\frac{(3)(1075)}{(0{,}785)(30\times 10^6)}}\right)\right]$$

$$s'_y = 37.740 \text{ psi} = \text{valor requerido de } s_y$$

Esse é um resultado satisfatório, pois é sutilmente menor do que o valor de s_y de 42000 psi para o aço.

Agora, avaliemos a deflexão máxima esperada com o novo projeto utilizando a Equação 6.14:

$$y_{\text{máx}} = 0{,}75\left[\sec\left(\frac{32}{2(0{,}250)}\sqrt{\frac{1075}{(0{,}785)(30\times 10^6)}}\right) - 1\right]$$

$$y_{\text{máx}} = 0{,}076 \text{ pol}$$

Comentário   O diâmetro de 1,00 pol é satisfatório. A deflexão máxima da coluna é de 0,076 pol.

planilha para calcular as equações 6.13 e 6.14. É um auxílio ao projeto que facilita a iteração exigida a fim de determinar uma geometria aceitável a uma coluna com o intuito de carregar uma carga específica com um fator de projeto desejado. Observe que os dados estão em unidades norte-americanas. Na parte inferior esquerda da planilha, os dados demandados para as equações 6.13 e 6.14 são inseridos pelo projetista, além de outros discutidos para planilhas de análise de coluna anteriores. Os **"RESULTADOS FINAIS"** na parte inferior direita mostram o valor calculado da tensão de escoamento exigida do material para a coluna e a comparam com aquele dado e inserido pelo projetista, próximo da parte superior esquerda. O projetista deve garantir que o valor real seja maior do que o calculado. A última parte do lado direito da planilha fornece a deflexão máxima calculada da coluna que ocorre no seu comprimento médio.

ANÁLISE DE COLUNA EXCÊNTRICA	Dados do: Exemplo 6.6

Resolva a Equação 6.13 para a tensão de projeto e a Equação 6.14 para a deflexão máxima.

Insira dados para variáveis em *itálico dentro dos boxes cinza*.	Utilize unidades compatíveis com o sistema norte-americano.
Dados a serem inseridos:	**Valores calculados:**
Comprimento e condições de extremidade:	
Comprimento da coluna, *L = 32 pol* Condições de extremidade, *K = 1* →	Comprimento da equação, $L_e = KL = 32{,}0$ pol
Propriedades materiais:	
Tensão de escoamento, *s_y = 42000 psi* Módulo de elasticidade, *E = 3,00E + 07 psi* →	Constante de coluna, $C_c = 118{,}7$
Propriedades da seção transversal:	
[Nota: insira r ou calcule $r = \text{sqrt}(I/A)$.] [Sempre insira Área.] [Insira zero para *I* ou *r*, se não utilizado.] Área, *A = 0,785 pol²* Momento de inércia, *I = 0 pol⁴* OU Raio de giração, *r = 0,250 pol*	Argumento da sec = 0,749 para resistência Valor da secante = 1,3654 Argumento da sec = 0,432 para deflexão Valor da secante = 1,1014
→	Índice de esbeltez, $KL/r = 128{,}0$
Valores para as equações 6.13 e 6.14 Excentricidade, *e = 0,75 pol* Eixo neutro para fora, *c = 0,5 pol* Carga admissível, *Pa = 1075 lb*	A coluna é: **longa**
	RESULTADOS FINAIS
→	
Fator de projeto: Fator de projeto sobre a carga, *N = 3*	Tensão de escoamento exigida = **37764 psi** Deve ser menor do que a tensão de escoamento real: $s_y = 42000$ psi
	Deflexão máxima, $y_{máx} = 0{,}076$ pol

▲ **FIGURA 6.18** Planilha para análise de colunas excêntricas.

REFERÊNCIAS

1. ALUMINUM ASSOCIATION. *Aluminum Design Manual*. Washington, DC: Aluminum Association, 2010.
2. AMERICAN INSTITUTE OF STEEL CONSTRUCTION. *Steel Construction Manual*. 14. ed. Chicago: American Institute of Steel Construction, 2011.
3. BUDYNAS, Richard G.; NISBETT, Keith J. *Shigley's Mechanical Engineering Design*. 9. ed. Nova York: McGraw-Hil, 2011.
4. HIBBELER, Russell C. *Mechanics of Materials*. 8. ed. Upper Saddle River, NJ: Pearson Prentice Hall, 2011.

5. POPOV, Egor P. *Engineering Mechanics of Solids*. 2. ed. Upper Saddle River, NJ: Pearson Prentice Hall, 1999.
6. SPOTTS, Merhyle F.; SHOUP, Terry E.; HORNBERGER, Lee E. *Design of Machine Elements*. 8. ed. Upper Saddle River, NJ: Pearson Prentice Hall, 2004.
7. TIMOSHENKO, Stephen P. *Strength of Materials*. Vol. 2. 2. ed. Nova York: Van Nostrand Reinhold, 1941.
8. TIMOSHENKO, Stephen P.; GERE, James M. *Theory of Elastic Stability*. 2. ed. Nova York: McGraw-Hill, 1961.
9. YOUNG, Warren C.; BUDYNAS, Richard. G.; SADEGH, Ali. *Roark's Formulas for Stress and Strain*. 8. ed. Nova York: McGraw-Hill, 2012.

PROBLEMAS

1. Uma coluna tem ambas as extremidades ligadas com pinos e um comprimento de 32 pol. Ela é feita de aço SAE 1040 HR e tem uma forma circular com um diâmetro de 0,75 pol. Determine sua carga crítica.
2. Refaça o Problema 1 usando um comprimento de 15 pol.
3. Refaça o Problema 1 com a barra feita de alumínio 6061-T4.
4. Refaça o Problema 1 pressupondo que ambas as extremidades sejam fixas.
5. Refaça o Problema 1 usando uma seção transversal quadrada com 0,65 pol de lado, em vez de uma seção transversal circular.
6. Refaça o Problema 1 com a barra feita de plástico acrílico de alto impacto.
7. Uma barra de aço retangular tem uma seção transversal de 0,50 por 1,00 pol e 8,5 pol de comprimento. Apresentando extremidades ligadas com pinos, é feita de aço SAE 4150 OQT 1000. Calcule sua carga crítica.
8. Um tubo de aço tem um diâmetro externo de 1,60 pol, uma parede com espessura de 0,109 pol e um comprimento de 6,25 pés. Calcule a carga crítica para cada uma das condições de extremidade mostradas na Figura 6.2. Utilize o aço SAE 1020 HR.
9. Calcule o diâmetro exigido de uma barra circular para ser adotada como uma coluna com carga de 8500 lb e extremidades ligadas com pinos. O comprimento é de 50 pol. Utilize o aço SAE 4140 OQT 1000 e um fator de projeto 3,0.
10. Refaça o Problema 9 usando o aço SAE 1020 HR.
11. Refaça o Problema 9 com o alumínio 2014-T4.
12. Na Seção 6.10, as equações foram derivadas para o projeto de uma coluna circular sólida, longa ou curta. Realize a derivação para uma seção transversal quadrada sólida.
13. Refaça as derivações solicitadas no Problema 12 para um tubo circular oco a qualquer índice de diâmetro interno em relação ao externo. Ou seja, o índice deve ser $R = ID/OD$; calcule o OD exigido para uma carga, seu material, fator de projeto e condições de extremidades determinadas.
14. Defina as dimensões exigidas para uma coluna com uma seção transversal quadrada a fim de carregar uma carga compressiva axial de 6500 lb, considerando um comprimento de 64 pol e extremidades fixas. Utilize um fator de projeto 3,0 e o alumínio 6061-T6.
15. Refaça o Problema 14 para um tubo de alumínio oco (6061-T6) com o índice de $ID/OD = 0,80$. Compare o peso dessa coluna com o do Problema 14.
16. Um equipamento de alternância está sendo usado para compactar aparas de sucata de aço, como ilustrado na Figura P6.16. Projete as duas conexões alternadas como sendo de aço, SAE 5160 OQT 1000, com uma seção transversal circular e extremidades ligadas com pinos. A força P exigida para triturar as aparas é de 5000 lb. Use $N = 3,50$.
17. Refaça o Problema 16, mas proponha um projeto mais leve do que a seção transversal circular sólida.
18. Um cabo de suspensão, esquematizado na Figura P6.18, deve ser capaz de carregar 18000 lb. Projete sua espátula.
19. Para o cabo de suspensão do Problema 18, projete uma espátula considerando que o ângulo exibido seja alterado de 30° para 15°.
20. Uma haste para determinado cilindro hidráulico se comporta como uma coluna fixa-livre quando utilizada para acionar um compactador de resíduos industriais. Seu comprimento máximo de extensão será de 10,75 pés. Considerando que seja feita de aço SAE 1144 OQT 1300, determine o diâmetro exigido da haste para um fator de projeto 2,5 e uma carga axial de 25000 lb.
21. Projete uma coluna para carregar 40000 lb. Uma extremidade é ligada com pino e a outra é fixa. O comprimento é de 12,75 pés.
22. Refaça o Problema 21 utilizando um comprimento de 4,25 pés.

FIGURA P6.16 (problemas 16 e 17)

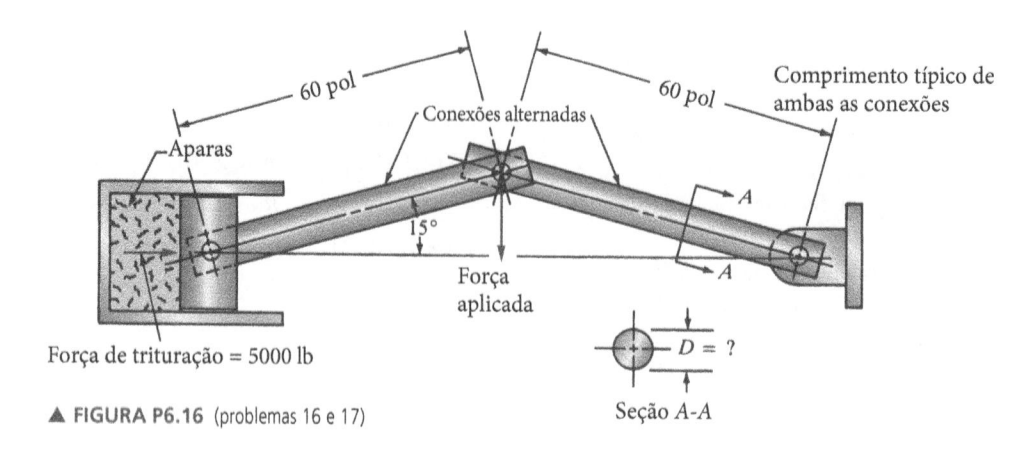

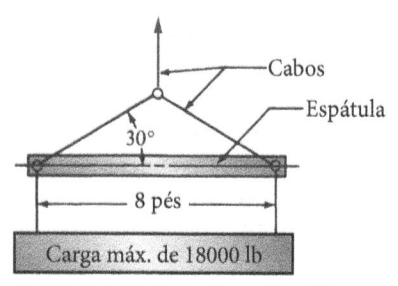

FIGURA P6.18 (problemas 18 e 19)

23. Refaça o Problema 1, considerando que a coluna tenha uma deformidade inicial de 0,08 pol. Determine a carga admissível para um fator de projeto 3.
24. Refaça o Problema 7, considerando que a coluna tenha uma deformidade inicial de 0,04 pol. Determine a carga admissível para um fator de projeto 3.
25. Refaça o Problema 8, considerando que a coluna tenha uma deformidade inicial de 0,15 pol. Determine a carga admissível para um fator de projeto 3 e somente extremidades ligadas com pinos.
26. Uma coluna de alumínio (6063-T4) tem 42 pol de comprimento e uma seção transversal quadrada com uma medida de 1,25 pol de lado. Considerando que ela carregue uma carga compressiva de 1250 lb, aplicada com uma excentricidade de 0,60 pol, calcule a tensão máxima na coluna e sua deflexão máxima.
27. Uma coluna de aço (laminado a quente SAE 1020) tem 3,2 m de comprimento e é feita de tubo padrão de aço, de bitola de 3 polegadas e espessura de parede n. 40 (veja a Tabela A15.17). Considerando que uma carga compressiva de 30,5 kN seja aplicada com uma excentricidade de 150 mm, calcule a tensão máxima na coluna e sua deflexão máxima.
28. Uma conexão em um mecanismo tem 14,75 pol de comprimento e uma seção transversal quadrada com uma medida de 0,250 pol de lado. É feita de aço inoxidável recozido SAE 410. Use $E = 28 \times 10^6$ psi. Se ela carrega uma carga compressiva de 45 lb com uma excentricidade de 0,30 pol, calcule a tensão e sua deflexão máximas.
29. Foi proposto que um tubo oco e quadrado de aço, com 40 pol de comprimento, fosse usado como um suporte para sustentar a haste de uma puncionadeira durante a instalação de novos moldes. A haste pesa 75000 lb. O suporte é feito de tubulação estrutural $4 \times 4 \times 1/4$ e de aço semelhante ao estrutural, ASTM A500, grau C. Considerando que a carga aplicada pela haste pudesse ter uma excentricidade de 0,50 pol, o suporte seria seguro?
30. Determine a carga admissível sobre uma coluna de 16,0 pés de comprimento feita de perfil de abas largas, W5 × 19. A carga será aplicada centralizada. As condições de extremidade estão de certa forma entre fixas e articuladas, ou seja, K = 0,8. Utilize um fator de projeto 3 e aço estrutural ASTM A36.
31. Determine a carga admissível sobre uma coluna de extremidade fixa que tem um comprimento de 66 pol e considere que ela seja feita de viga de padrão norte-americano, S4 × 7,7. O material é o aço estrutural ASTM A36. Utilize um fator de projeto 3.
32. Calcule a deflexão e a tensão máxima que podem ser esperadas em um membro de máquina de aço que carrega cargas excêntricas, como demonstra a Figura P6.32. A carga P é de 1000 lb. Considerando um fator de projeto 3 como ideal, especifique um aço apropriado.
33. Estabeleça um aço tubular apropriado a partir da Tabela A15.14 para oferecer apoio a um lado de uma plataforma, como mostra a Figura P6.33. O material tem uma tensão de escoamento de 36 ksi. A carga total sobre a plataforma é de 55000 lb, uniformemente distribuída.
34. Calcule a carga axial admissível sobre um perfil de aço, C5 × 9, feito de aço estrutural ASTM A36.

▲ **FIGURA P6.32** (Problema 32)

▲ **FIGURA P6.33** (Problema 33)

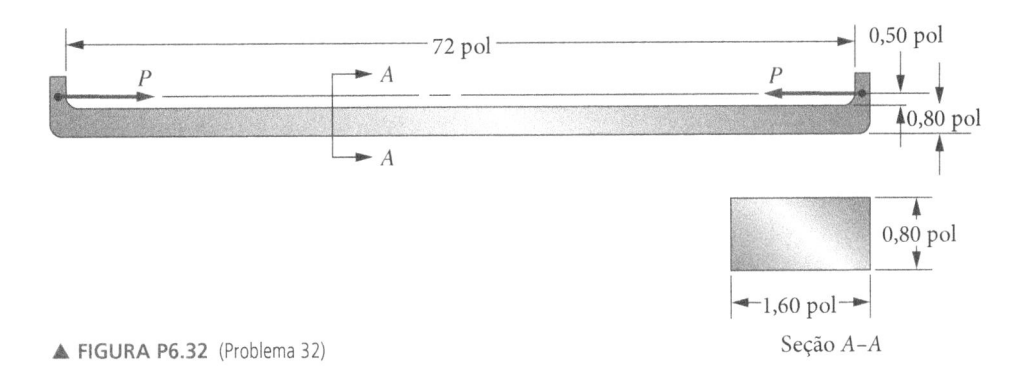

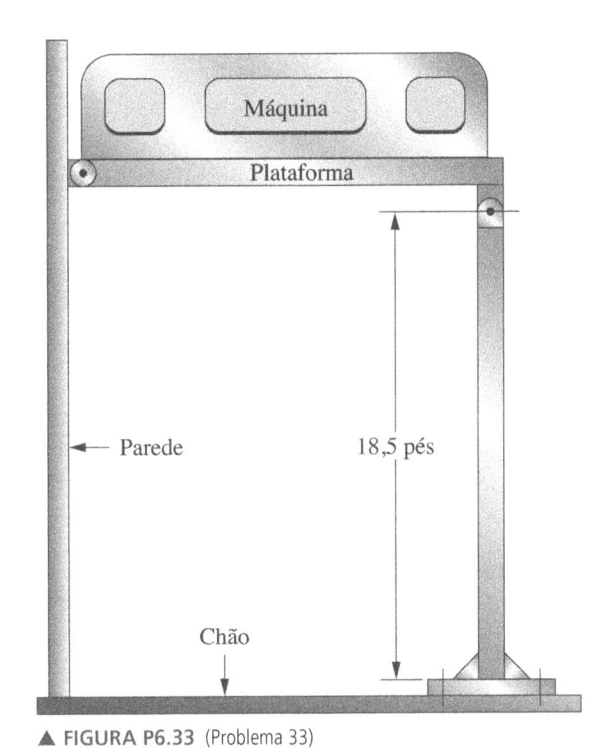

O perfil tem 112 pol de comprimento e pode-se considerar que suas extremidades são ligadas com pinos. Utilize um fator de projeto 3.

35. Refaça o Problema 34 com as extremidades fixas, em vez de ligadas com pinos.

36. Refaça o Problema 34, mas considere a carga a ser aplicada ao longo da parte externa da trama do perfil, em vez de ser axial.

37. A Figura P6.37 mostra uma coluna 4 × 4 × 1/2 feita de aço estrutural ASTM A500, grau B. Para adaptação a uma restrição de instalação especial, a carga é aplicada excentricamente, como demonstrado. Determine a quantidade de carga que a coluna pode sustentar com segurança. A coluna é apoiada lateralmente pela estrutura.

38. O dispositivo mostrado na Figura P6.38 é submetido a forças opostas F. Determine a carga máxima admissível para alcançar um fator de projeto 3. O dispositivo é feito de alumínio 6061-T6.

39. Um cilindro hidráulico é capaz de exercer uma força de 5200 N para mover uma peça de fundição ao longo de um transportador. O projeto do pino deve fazer a carga ser aplicada excentricamente em direção à haste do pistão, como demonstra a Figura P6.39. A haste do pistão é segura sob esse carregamento se for feita de aço inoxidável SAE 416 em condição de Q&T 1000? Utilize $E = 200$ GPa.

40. Um tubo padrão de aço, bitola de 2 polegadas e espessura de parede 40 é indicado para ser usado como apoio do telhado de uma sacada durante uma reforma. Seu comprimento é de 13,0 pés, e ele é feito de aço estrutural ASTM A501.
   a. Determine a carga segura sobre o tubo para que se chegue a um fator de projeto 3, considerando que ele seja reto.
   b. Determine a carga segura considerando que o tubo tenha uma deformidade inicial de 1,25 pol.

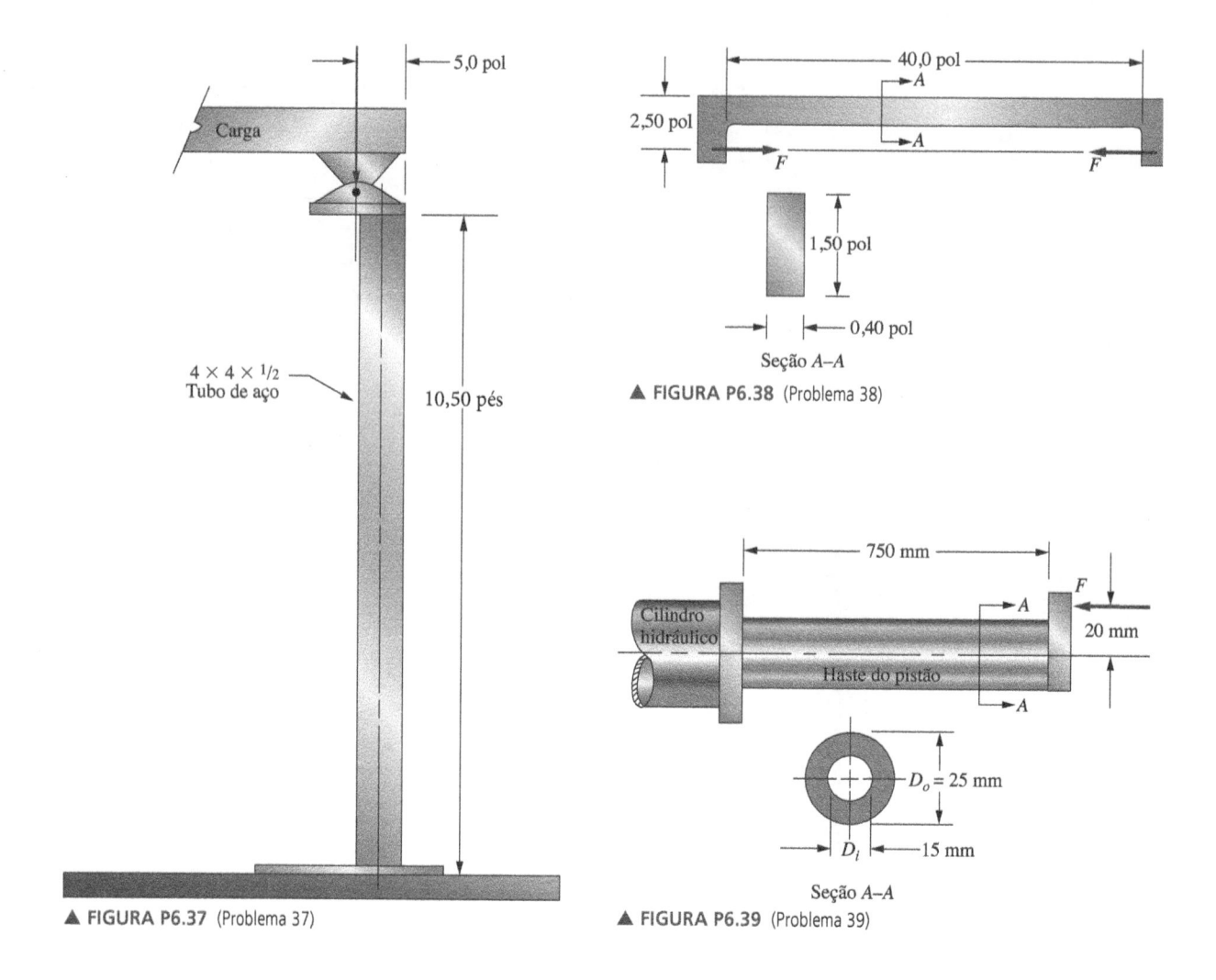

▲ FIGURA P6.37 (Problema 37)

Carga
5,0 pol
4 × 4 × ½
Tubo de aço
10,50 pés

▲ FIGURA P6.38 (Problema 38)

40,0 pol
2,50 pol
F
F
1,50 pol
0,40 pol
Seção A–A

▲ FIGURA P6.39 (Problema 39)

750 mm
F
20 mm
Cilindro hidráulico
Haste do pistão
D_o = 25 mm
D_i
15 mm
Seção A–A

PROJETO DE UMA TRANSMISSÃO MECÂNICA

PARTE 02

OBJETIVOS E CONTEÚDO DA PARTE 02

A Parte 02 deste livro contém nove capítulos (capítulos 7 a 15) que irão ajudá-lo a adquirir experiência na abordagem do projeto de um importante dispositivo final — a *transmissão mecânica*. A transmissão, às vezes chamada de *transmissão de potência*, apresenta as seguintes funções:

- Ela recebe potência de algum tipo de fonte de rotação, como um motor elétrico, um motor de combustão interna, um motor de turbina a gás, um motor hidráulico ou pneumático, uma turbina a vapor ou água ou até uma rotação manual realizada por um operador.
- A transmissão normalmente provoca mudanças na velocidade de rotação dos eixos que combinam/ajustam/compensam a transmissão, de modo que o eixo de saída opera mais devagar ou mais rápido do que o eixo de entrada. Redutores de velocidade são mais prevalentes do que multiplicadores de velocidade.
- Os elementos ativos da transmissão transmitem a energia a partir dos eixos de entrada.
- Quando há uma redução de velocidade, há um aumento correspondente do torque transmitido. Reciprocamente, um aumento de velocidade provoca uma redução no torque na saída, em comparação com a entrada da transmissão.

Os capítulos da Parte 02 oferecem descrições detalhadas de vários elementos de máquina que são normalmente usados em transmissões de potência: *transmissões por correia, transmissões por cadeia de elos ou correntes, engrenagens, rolamentos, chavetas, acoplamentos, vedações* e *chassis para manter todos os elementos juntos*. Você aprenderá quais são as características importantes desses elementos e métodos para analisá-los e projetá-los.

De igual importância é a informação oferecida sobre como os vários elementos interagem entre si. Você deve estar atento, por exemplo, a como as engrenagens são montadas sobre os eixos, como os eixos são apoiados por rolamentos, e como os rolamentos devem ser montados com segurança em uma estrutura que mantenha o sistema unido. O projeto completo final deve funcionar como uma unidade integrada.

O PROCESSO DE PROJETAR UMA TRANSMISSÃO MECÂNICA

No projeto de transmissão de potência, normalmente você deve conhecer:

- *A natureza da máquina acionada:* pode ser uma ferramenta de máquina em uma fábrica que corta peças de metal para motores; um perfurador elétrico usado por carpinteiros profissionais ou artesãos domésticos; o eixo de um trator agrícola; o eixo da hélice de uma aeronave a jato; o eixo da hélice para um grande navio; as rodas de um trenzinho de brinquedo; um mecanismo de temporização mecânico; ou qualquer outro dentre numerosos produtos que necessitam de uma unidade de velocidade controlada.

- *O nível de potência a ser transmitida:* a partir dos exemplos que acabaram de ser listados, a potência necessária pode variar de milhares de cavalos de potência para um navio, centenas de cavalos de potência para um grande trator agrícola, ou alguns watts para um temporizador ou um brinquedo.

- *A velocidade rotacional do motor de acionamento ou outro motor primário:* normalmente, o motor primário funciona a uma velocidade de rotação um tanto alta. Os eixos de motores elétricos padrão rotacionam a cerca de 1200, 1800 ou 3600 rotações por minuto (rpm). Velocidades reais de operação de carga total são um tanto menores do que essas velocidades — digamos 1150, 1750 ou 3550 rpm. Motores automotivos funcionam a partir de cerca de 1000 a 6000 rpm. Motores universais em algumas ferramentas manuais (furadeiras, serras e roteadores) e eletrodomésticos (batedeiras, liquidificadores e aspiradores de pó) funcionam de 3500 a 20000 rpm. Motores de turbina a gás para aeronaves rotacionam muitos milhares de rpm.

- *A velocidade de saída desejada da transmissão:* essa é altamente dependente da aplicação. Alguns motores de engrenagem para instrumentos rotacionam menos de 1,0 rpm. Máquinas de produção em fábricas podem funcionar a algumas centenas de rpm. Unidades para transportadores de montagem podem executar um pouco menos do que 100 rpm. Hélices de aeronaves podem funcionar a muitos milhares de rpm.

Você, o projetista, deve então fazer o seguinte:

- Escolha os tipos de elementos de transmissão de potência a serem utilizados: engrenagens, transmissões por correia ou por cadeias de elos ou outros tipos. De fato, alguns sistemas de transmissão de potência utilizam dois ou mais tipos em série para otimizar o desempenho de cada um.

- Especifique como os elementos de rotação serão dispostos e como os elementos de transmissão de potência serão montados nos eixos.

- Projete os eixos para serem seguros sob torques e cargas de flexão e localize de forma adequada os elementos de transmissão de potência e os rolamentos. É provável que os eixos tenham diversos diâmetros e características especiais para acomodar chavetas, acoplamentos, anéis de retenção e outros detalhes. As dimensões de todas as características devem ser especificadas junto às tolerâncias sobre as dimensões e acabamentos de superfície.

- Especifique rolamentos adequados para apoiar os eixos e determinar como eles serão montados sobre os eixos e como serão mantidos em uma estrutura de proteção ou carcaça.

- Especifique chavetas para conectar o eixo aos elementos de transmissão de potência; acoplamentos para conectar o eixo a partir do transmissor para o eixo de entrada da transmissão ou para conectar o eixo de saída à máquina acionada; vedações para eliminar de forma eficaz os contaminantes da entrada de transmissão; e outros acessórios.

- Coloque todos os elementos dentro de uma estrutura de proteção ou carcaça adequada que possibilite a montagem de todos os elementos, para que estes fiquem protegidos do ambiente e tenham sua lubrificação preservada.

CAPÍTULOS QUE COMPÕEM A PARTE 02

A fim de guiá-lo através do processo de projetar uma transmissão mecânica, a Parte II inclui os seguintes capítulos:

O **Capítulo 7: transmissões por correia e por cadeia de elos** enfatiza o reconhecimento da variedade de transmissões por correia e por cadeia de elos disponíveis no mercado, os parâmetros críticos de projeto e os métodos utilizados para especificar de forma razoável componentes ótimos para os sistemas de transmissão.

O **Capítulo 8: cinemática de engrenagens** descreve e define as características geométricas importantes das engrenagens. São discutidos os métodos de fabricação de engrenagens, além da importância da precisão no funcionamento delas. São descritos os detalhes de como funciona um par de engrenagens, e são analisados o projeto e o funcionamento de dois ou mais pares em um trem de engrenagens.

O **Capítulo 9: projeto de engrenagem de dentes retos** ilustra como calcular as forças exercidas pelo dente de uma engrenagem sobre seus dentes de acoplamento. São apresentados os métodos de cálculo de tensões nos dentes da engrenagem e são fornecidos os procedimentos de projeto para especificar a geometria engrenagem-dente e os materiais para produzir um sistema de transmissão de engrenagem seguro e duradouro.

O **Capítulo 10: engrenagens helicoidais, engrenagens cônicas e engrenamento sem-fim** contém abordagens semelhantes àquelas descritas para as engrenagens de dentes retos, com especial atenção à geometria única desses tipos de engrenagens.

O **Capítulo 11: chavetas, acoplamentos e vedações** discute como projetar chavetas para que elas sejam seguras sob as cargas dominantes provocadas pelo torque transmitido por elas do eixo às engrenagens ou outros elementos. Os acoplamentos devem ser especificados de modo a acomodar o possível desalinhamento dos eixos conectados enquanto transmitem o torque necessário nas velocidades de operação. As vedações devem ser especificadas para os eixos que se projetam através dos lados da carcaça e para rolamentos que devem ser mantidos sem contaminantes. É essencial a manutenção de um fornecimento confiável de lubrificantes limpos para os elementos em ação.

O **Capítulo 12: projeto de eixos** discute o fato de que, além de serem designados para transmitir com segurança os níveis exigidos de torque a determinadas velocidades, os eixos provavelmente terão diversos diâmetros e características especiais para acomodar chavetas, acoplamentos, anéis de retenção e outros detalhes. As dimensões de todas as características devem ser especificadas junto às tolerâncias sobre as dimensões e acabamentos de superfície. A conclusão dessas tarefas requer algumas das habilidades desenvolvidas nos capítulos a seguir. Portanto, você terá de retornar mais tarde para essa tarefa.

Capítulo 13: tolerâncias e ajustes discute o ajuste de elementos que são montados juntos e que podem funcionar um no outro; esse ajuste é crucial para o desempenho e a vida útil dos elementos. Em alguns casos, como o ajuste ao curso interno de uma esfera ou rolamento cilíndrico sobre um eixo, o fabricante do rolamento especifica a variação dimensional admissível sobre o eixo, de modo que seja compatível com as tolerâncias para as quais o rolamento é produzido. Normalmente existe um ajuste de interferência entre o curso interno do rolamento e o diâmetro do eixo no qual o rolamento deve ser montado. Mas existe um pequeno ajuste deslizante entre a pista externa de uma estrutura de proteção que mantém o rolamento no lugar. Em geral, é importante que você assuma o controle da especificação das tolerâncias para todas as dimensões a fim de garantir o funcionamento adequado ao mesmo tempo em que possibilita a fabricação econômica.

O **Capítulo 14: rolamentos de contato angular** tem como foco os rolamentos de contato angular disponíveis no mercado, como rolamentos de esferas, de rolos cilíndricos e de rolos cônicos. Você deve ser capaz de calcular ou especificar as cargas que os rolamentos suportarão, sua velocidade de funcionamento e sua vida útil esperada. A partir desses dados, rolamentos padrão de catálogos de fabricantes serão especificados. Então, você deverá rever o processo de projeto para os eixos, como descreve o Capítulo 12, a fim de completar a especificação das dimensões e tolerâncias. É provável que a iteração entre os processos de projeto para os elementos de transmissão de potência, eixos e rolamentos seja necessária para alcançar uma disposição ideal.

O **Capítulo 15: conclusão do projeto de transmissão de potência** combina todos os tópicos precedentes. Você determinará os detalhes do projeto de cada elemento e assegurará a compatibilidade dos elementos de acoplamento. Você reverá todas as hipóteses e decisões de projeto anteriores e garantirá que o projeto vá ao encontro das especificações. Depois que os elementos individuais tiverem sido analisados e a iteração entre eles estiver completa, eles deverão ser acomodados em uma estrutura de proteção ou carcaça adequada para mantê--los seguros, a fim de protegê-los de contaminação e proteger as pessoas que trabalharão em volta deles. A estrutura de proteção ou carcaça também deverá ser projetada para ser compatível com o transmissor e a máquina acionada. Muitas vezes isso requer preparativos de fixação e meios de localizar todos os dispositivos conectados relativos um ao outro. A montagem e o serviço devem ser levados em conta. Então você apresentará um conjunto final de especificações para todo o sistema de transmissão de potência e documentará seu projeto com desenhos adequados e a composição de um relatório.

TRANSMISSÕES POR CORREIA E POR CADEIA DE ELOS

CAPÍTULO 07

Visão geral

Tópico de discussão

- As transmissões por correia e por cadeia de elos são os principais tipos de elementos de transmissão de potência flexíveis. As correias funcionam sobre roldanas e polias, enquanto as cadeias de elos funcionam sobre rodas dentadas.

Descubra

Olhe ao seu redor e identifique ao menos um dispositivo mecânico que tenha uma transmissão por correia e um que tenha um sistema de transmissão por cadeia de elos.

Descreva cada sistema e elabore um esquema que mostre como ele recebe potência de uma fonte e como ele transfere potência a uma máquina acionada.

Descreva as diferenças entre transmissões por correia e transmissões por cadeia de elos.

> Neste capítulo, você aprenderá como selecionar componentes adequadas para transmissões por correia e transmissões por cadeia de elos a partir de projetos disponíveis no mercado.

Sumário
Visão geral
Você é o projetista
7.1 Objetivos
7.2 Tipos de transmissão por correia
7.3 Transmissões por correia em V
7.4 Projeto de transmissões por correia em V
7.5 Transmissões por correia síncrona
7.6 Transmissões por cadeia de elos
7.7 Projeto de transmissões por cadeia de elos

Correias e cadeias de elos representam os principais tipos de elementos de transmissão de potência flexíveis. A Figura 7.1 mostra uma aplicação industrial típica desses elementos combinados com um redutor de velocidade de engrenagem. Essa aplicação ilustra onde cada uma das correias, engrenagens e cadeias de elos é utilizada para melhor vantagem.

A potência rotativa é desenvolvida pelo motor elétrico, mas os motores normalmente funcionam a uma velocidade muito alta e transmitem um torque muito baixo para a aplicação final da transmissão. Lembre-se, para uma determinada transmissão de potência, o torque é aumentado na proporção da quantidade que a velocidade rotacional é reduzida. Assim, alguma redução de velocidade muitas vezes é desejável. A alta velocidade do motor faz com que as transmissões por correia sejam de certa forma ideais para aquele primeiro estágio de redução. Uma polia de menor transmissão é acoplada ao eixo do motor, enquanto uma polia de diâmetro maior é acoplada a um eixo paralelo que funciona a uma velocidade correspondentemente menor. As polias para transmissões por correia também são chamadas de *roldanas*.

Entretanto, se os raios muito grandes de redução de velocidade são exigidos no dispositivo, os redutores de engrenagem são desejáveis porque eles normalmente podem realizar reduções maiores em um pacote menor. O eixo de saída do redutor de velocidade de engrenagem geralmente está a uma condição de baixa velocidade e elevado torque. Se ambos, velocidade e torque, são satisfatórios para a aplicação, o redutor pode ser diretamente acoplado à máquina acionada.

Contudo, como os redutores de engrenagem estão disponíveis somente a discretos índices de redução, a saída muitas vezes deve ser reduzida bem antes de atender as exigências da máquina. À condição de baixa velocidade e torque elevado, as transmissões por cadeias de elos tornam-se desejáveis. O torque elevado faz com que elevadas forças de tração sejam desenvolvidas na cadeia de elos. Os elementos da cadeia de elos normal-

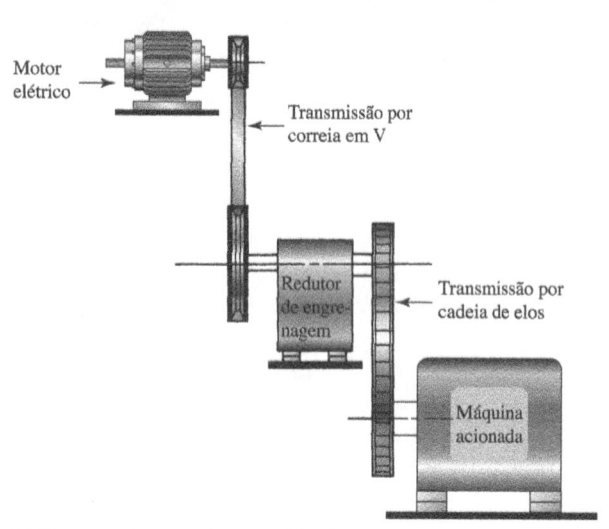

(a) Esquema de transmissão combinada

▲ **FIGURA 7.1** Transmissão combinada que emprega correias em V, um redutor de engrenagem e uma transmissão por cadeia de elos.

(b) Fotografia de uma instalação real de transmissão. Observe que as proteções haviam sido removidas das transmissões por correia e cadeia de elos para mostrar os detalhes.
(Browning Mfg. Division, Emerson Electric Co., Maysville, Kentucky, EUA)

mente são metais e são dimensionados para resistir a forças elevadas. Os conectores das cadeias de elos estão engatados em rodas dentadas para proporcionar transmissão mecânica positiva, desejável às condições de baixa velocidade e torque elevado.

Em geral, as transmissões por correia são aplicadas onde as velocidades rotacionais são relativamente altas, como no primeiro estágio de redução de velocidade a partir de um motor elétrico ou mecânico. A velocidade linear de uma correia geralmente é de 2500 a 6500 pés/min, o que resulta em forças de tração relativamente baixas na correia. A velocidades mais baixas, a tensão na correia se torna muito elevada para seções transversais típicas da correia, e o deslize pode acontecer entre os lados da correia e da cadeia de elos ou polia que o carrega. A altas velocidades, os efeitos dinâmicos como as forças centrífugas, o chicotear da correia e a vibração reduzem a efetividade da transmissão e a sua vida útil. Uma velocidade de 4000 pés/min geralmente é ideal.

A *transmissão por correia síncrona* emprega frisos de precisão sobre a superfície interior da correia que engata em ranhuras correspondentes nas polias para melhorar sua habilidade de transmitir forças elevadas a baixas velocidades. Existe ainda uma sincronia precisa entre o transmissor e as polias impulsionadas de modo que esse tipo de correia às vezes é chamado de *correia sincronizada*. Essas transmissões por correia muitas vezes competem com as transmissões por cadeia de elos e transmissões de engrenagem em algumas aplicações.

Onde você já viu transmissões por correia? Considere dispositivos mecânicos em sua casa ou escritório; veículos; equipamentos de construção; sistemas de aquecimento, ar-condicionado e ventilação; e maquinário industrial. Descreva a aparência geral de cada um. A polia de entrada estava conectada a quê? Ela estava funcionando a uma velocidade bem alta? Qual era o tamanho da polia seguinte? Isso fez com que o segundo eixo rotacionasse a uma velocidade menor? Quão menor? Havia ali mais estágios de redução realizados por correias ou por algum outro redutor? Faça um esquema do esboço do sistema de transmissão. Tire medidas, se você tiver acesso seguro ao equipamento.

Onde você encontrou transmissões por cadeia de elos? Um local óbvio pode ser a cadeia de elos de uma bicicleta onde a corrente dentada conectada ao conjunto pedal-manivela é bem grande, e aquela conectada à roda de trás é menor. A corrente dentada da transmissão e/ou os conjuntos de corrente dentada de transmissão podem ter diversos tamanhos para permitir que o ciclista selecione muitas diferentes variações de velocidade para permitir o funcionamento ideal sob diferentes condições de velocidade e exigências na subida. Onde mais você encontrou transmissões por cadeia de elos? Novamente, leve em conta veículos, equipamentos de construção e maquinário industrial. Descreva e esquematize ao menos um sistema de transmissão por cadeia de elos.

Neste capítulo você aprenderá a identificar as características típicas de projeto de transmissões por correias e cadeia de elos disponíveis no mercado. Você será capaz de identificar os tipos e dimensões adequados para transmitir um determinado nível de potência a uma certa velocidade e para realizar uma variação de velocidade especificada entre a entrada e a saída da transmissão. As considerações de instalação também são descritas de modo que você possa aplicar seus projetos em sistemas bem-sucedidos.

Você é o projetista

Uma usina no Havaí que produz açúcar necessita de um sistema de transmissão projetado para uma máquina que corta longos cilindros de cana-de-açúcar em peças de pequeno comprimento antes do processamento. O eixo de transmissão da máquina deve rotacionar devagar a 30 rpm, de modo que a cana passe por um corte liso, sem ser esmagada. A máquina grande requer um torque de 31500 lb · pol para conduzir as lâminas que realizam o corte em pequenas peças.

Sua empresa é solicitada a projetar a transmissão, e você é designado como projetista responsável. Que tipo de fonte de energia deve ser utilizado? Você pode considerar um motor elétrico, a gasolina ou hidráulico. A maioria deles funciona a velocidades relativamente altas, significativamente mais altas do que 30 rpm. Desse modo, será necessário algum tipo de redutor de velocidade. Talvez você decida utilizar uma transmissão semelhante àquela exibida na Figura 7.1.

São utilizados três estágios de redução de velocidade. A roldana de entrada da transmissão por correia rotaciona na velocidade do motor, enquanto a maior roldana acionada rotaciona a uma velocidade mais baixa e transmite a potência à entrada do redutor de engrenagem. É provável que a maior parte da redução de velocidade seja alcançada no redutor de engrenagem, com o eixo de saída rotacionando devagar e fornecendo um torque elevado. Não se esqueça de que, enquanto a velocidade de rotação do eixo de rotação diminui, o torque propagado aumenta para uma determinada potência transmitida. Mas como há apenas um número limitado de projetos de redutor disponíveis, a velocidade de saída do redutor provavelmente não será ideal para o eixo de entrada do cortador de cana. A transmissão por cadeia de elos, então, oferecerá o último estágio de redução.

Como projetista, você deve decidir qual o tipo e o tamanho da transmissão por correia a ser utilizada e qual deve ser a razão de velocidade entre a roldana acionadora e a acionada. Como a roldana acionadora é conectada ao eixo do motor? Como a roldana acionada é conectada ao eixo de entrada do redutor de engrenagem? Onde o motor deveria ser montado em relação ao redutor de engrenagem, e qual será a distância de centro resultante entre os dois eixos? Qual o índice de redução de velocidade oferecido pelo redutor de engrenagem? Qual tipo de redutor de engrenagem deverá ser utilizado: engrenagens helicoidais, uma transmissão sem-fim e engrenagem sem-fim, ou engrenagens cônicas? De quanto deve ser a redução de velocidade adicional a transmissão por cadeia de elos para transmitir a velocidade adequada ao eixo do cortador de cana? Que tamanho deve ser especificado? E qual o tipo de cadeia de elos deve ser especificado? Qual a distância de centro entre a saída do redutor de engrenagem e a entrada do cortador? E qual o comprimento exigido para a cadeia de elos? Por fim, qual potência de motor é exigida para conduzir todo o sistema nas condições estabelecidas? As informações neste capítulo irão ajudá-lo a responder questões sobre o projeto de sistemas de transmissão de potência que incorporem correias e cadeias de elos. Os redutores de engrenagem serão discutidos nos capítulos 8 a 10.

7.1 OBJETIVOS

Ao final deste capítulo, você estará apto a:
1. Descrever as características básicas de um sistema de transmissão por correia.
2. Descrever diversos tipos de transmissões por correia.
3. Especificar tipos e tamanhos adequados de correias e roldanas para transmitir um determinado nível de potência a velocidades específicas para as roldanas de entrada e saída.
4. Especificar as variáveis de instalação primárias para transmissões por correia, incluindo a distância de centro e o comprimento da correia.
5. Descrever as características básicas de um sistema de transmissão por cadeia de elos.
6. Descrever diversos tipos de transmissões por cadeia de elos.
7. Especificar tipos e tamanhos adequados de cadeias de elos e rodas dentadas para transmitir um determinado nível de potência a velocidades específicas para as rodas dentadas de entrada e saída.
8. Especificar as variáveis de instalação primárias para transmissões por cadeia de elos e correia, incluindo a distância de centro entre as roldanas, o comprimento da roldana e as exigências de lubrificação.

7.2 TIPOS DE TRANSMISSÃO POR CORREIA

Uma correia é um elemento de transmissão de potência flexível que se acomoda bem rente a um conjunto de polias ou roldanas. A Figura 7.2 mostra uma ilustração básica. Quando a correia é utilizada para redução de velocidade, o caso típico, a roldana menor é montada sobre o eixo de alta velocidade, como o de um motor elétrico. A roldana maior é montada sobre a máquina acionada. A correia é projetada para passar em volta das duas roldanas sem se soltar.

A correia é instalada por meio de seu posicionamento em volta de duas roldanas enquanto a distância de centro entre elas é reduzida. Então as roldanas são distanciadas, fazendo com que a tração da correia posicionada seja maior do que a inicial. Quando a correia está transmitindo potência, o atrito ou fricção causa um aumento da tração em um lado da transmissão, chamado de "lado tracionado ou apertado". A força de tração na correia exerce uma força tangencial na roldana acionada, e assim um torque é aplicado ao eixo acionado. O lado oposto da correia ainda está sob tração, mas a um valor menor, sendo, portanto, chamado de "lado frouxo ou folgado".

Existem muitos tipos de correia disponíveis: planas, com ranhuras e dentadas, correias em V padrão, em V de ângulo duplo, entre outras. Veja exemplos na Figura 7.3. As referências 3a–g e 4–8 oferecem mais exemplos e informações técnicas. Veja também os sites 2–14 e 16 para informações industriais.

A *correia plana* é o tipo mais simples, muitas vezes feito de couro ou tecido emborrachado. A superfície da roldana também é plana e lisa, e a força acionadora é, portanto, limitada pelo puro atrito entre a correia e a roldana. Alguns projetistas preferem correias planas para maquinário delicado porque a correia *escorregará* se o torque tender a aumentar a um nível elevado o suficiente para danificar a máquina.

Correias síncronas, às vezes chamada de *correias temporizadoras* [ver Figura 7.3(b)], são colocadas sobre rodas dentadas que têm ranhuras compatíveis dentro das quais os dentes sobre a correia se assentarão. Trata-se de uma transmissão positiva, limitada apenas pela tensão de tração da correia e pela resistência ao cisalhamento dos dentes. Ver Seção 7.5.

Algumas correias dentadas, como aquela exibida na Figura 7.3(a), são aplicadas a roldanas com ranhuras em V padrão. Os dentes fornecem à correia melhor flexibilidade e maior eficiência quando comparada às correias padrão. Eles podem funcionar em diâmetros de roldanas menores.

Um tipo amplamente utilizado de correia, particularmente em transmissões industriais e aplicações veiculares, é a *transmissão por correia em V*, mostrada na Figura 7.3(a) e na Figura 7.4. O perfil V faz com que a correia seja forçada e fique bem apertada dentro da ranhura, aumentando o atrito e permitindo que torques elevados sejam transmitidos antes que ocorra deslize. A maioria das correias tem cabos de alta resistência posicionados no sentido do diâmetro da correia para aumentar a tensão de tração da correia. Os cabos, feitos de fibras naturais, fios sintéticvos ou aço, são incorporados a um composto de borracha firme para garantir a flexibilidade necessária a fim de permitir que a correia passe em volta da polia. Muitas vezes, uma capa de tecido é acrescentada para proporcionar à correia uma boa durabilidade.

(a) Corte sob pressão, tipo dentado
(b) Correia síncrona
(c) Correia em V industrial
(d) Correia múltipla em V
(e) Correia em V de ângulo duplo
(f) Correia frisada (Polia V)

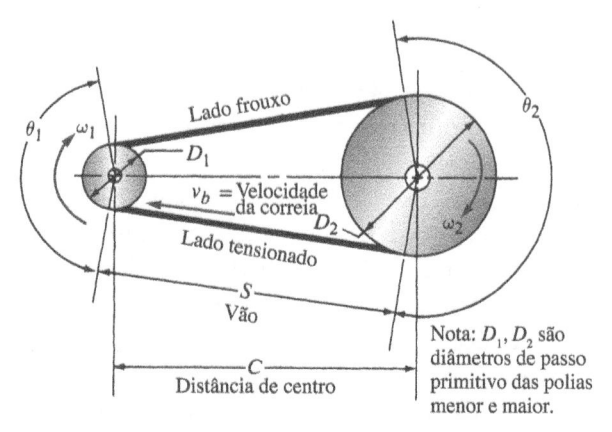

▲ FIGURA 7.2 Geometria básica de uma transmissão por correia.

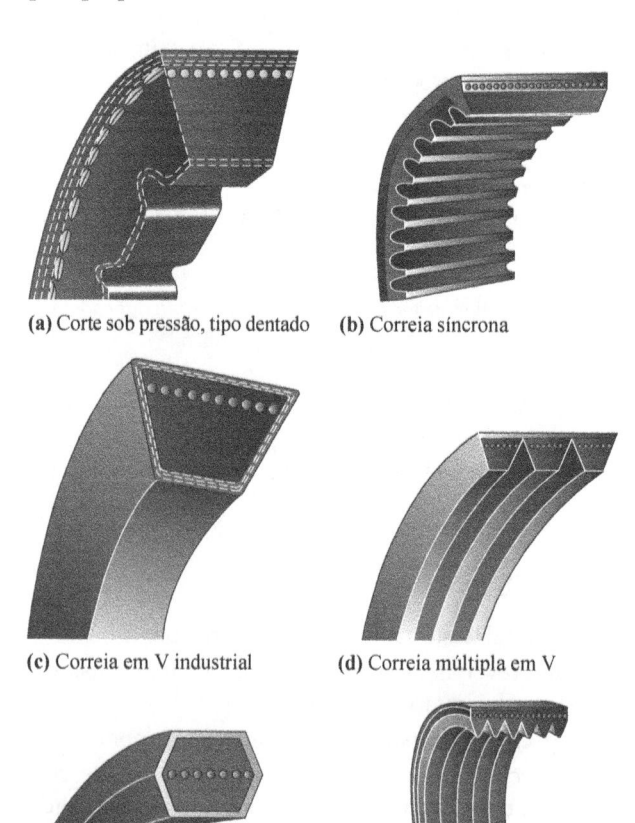

▲ FIGURA 7.3 Exemplos de construção de correias.

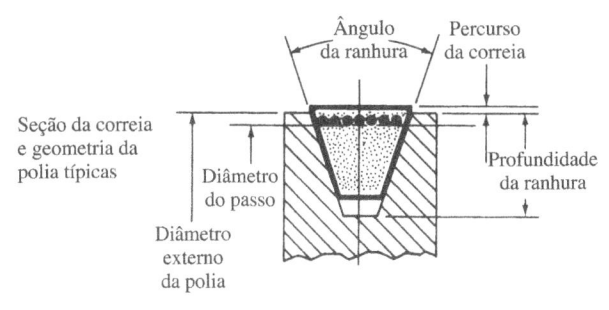

▲ FIGURA 7.4 Seção transversal da correia em V e ranhura da polia.

O ângulo da ranhura varia de 34° a 42°, dependendo do tipo de seção transversal da correia e do diâmetro do passo. No caso de roldanas, consulte as informações do fabricante.

7.3 TRANSMISSÕES POR CORREIA EM V

A disposição típica dos elementos de uma transmissão por correia em V é mostrada na Figura 7.2. Importantes observações a serem deduzidas dessa disposição podem ser resumidas da seguinte forma:

1. A roldana, com uma ranhura circunferencial que conduz a correia, é chamada de *polia*.
2. O tamanho de uma polia é indicado pelo diâmetro do passo, levemente menor do que o diâmetro externo da polia.
3. O índice de velocidade entre as polia motora e acionada é inversamente proporcional ao índice dos diâmetros do passo da polia. Isso se segue a partir da observação de que não há deslize (sob cargas normais). Assim, a velocidade linear da linha do passo de ambas as polias é a mesma e igual à velocidade da correia, v_b. Assim,

$$v_b = R_1 \omega_1 = R_2 \omega_2 \quad (7.1)$$

Mas $R_1 = D_1/2$ e $R_2 = D_2/2$. Então

$$v_b = \frac{D_1 \omega_1}{2} = \frac{D_2 \omega_2}{2} \quad (7.1A)$$

O índice de velocidade angular é

$$\frac{\omega_1}{\omega_2} = \frac{D_2}{D_1} \quad (7.2)$$

4. As relações entre comprimento do passo, L, distância de centro, C, e diâmetros da polia são

$$L = 2C + 1{,}57(D_2 + D_1) + \frac{(D_2 - D_1)^2}{4C} \quad (7.3)$$

$$C = \frac{B + \sqrt{B^2 - 32(D_2 - D_1)^2}}{16} \quad (7.4)$$

onde $B = 4L - 6{,}28(D_2 + D_1)$

5. O ângulo de contato da correia em cada polia é

$$\theta_1 = 180° - 2\,\text{sen}^{-1}\left[\frac{D_2 - D_1}{2C}\right] \quad (7.5)$$

$$\theta_2 = 180° + 2\,\text{sen}^{-1}\left[\frac{D_2 - D_1}{2C}\right] \quad (7.6)$$

Esses ângulos são importantes porque correias disponíveis no mercado são padronizadas com um ângulo de contato pressuposto de 180°. Isso ocorrerá somente se o índice da transmissão for 1 (sem alteração de velocidade). O ângulo de contato na menor das duas polias de diâmetros desiguais sempre será menor que 180°, exigindo uma potência mais baixa.

6. O comprimento do vão entre as duas polias, acima do qual a correia fica sem apoio, é

$$S = \sqrt{C^2 - \left[\frac{D_2 - D_1}{2}\right]^2} \quad (7.7)$$

Isso é importante por duas razões: você pode verificar a tração adequada da correia medindo a quantidade de força exigida para defletir a correia no meio do vão por uma dada quantidade; e, além disso, a tendência para a correia vibrar ou chicotear depende de seu comprimento.

7. Contribuem para a tensão na correia:
   (a) A força de tração na correia, em seu máximo no lado tensionado ou apertado da correia.
   (b) A flexão da correia em volta das polias, em seu máximo enquanto o lado apertado da correia flexiona em volta da polia menor.
   (c) Forças centrífugas enquanto a correia se move em volta das polias.

A tensão total máxima ocorre quando a correia entra na polia menor, e a tensão de flexão é uma parte maior. Assim, há diâmetros de polia mínimos recomendados para correias padrão. O uso de polias menores reduz drasticamente a vida útil da correia.

8. O valor de projeto da razão entre a tração do lado apertado e a tração do lado folgado é 5,0 para transmissões por correias em V. O valor real pode variar até o máximo de 10,0.

Seções transversais de correias padrão

Correias disponíveis no mercado são feitas para um dos padrões mostrados nas figuras 7.5 a 7.8. O alinhamento entre as dimensões em polegadas e as dimensões no sistema métrico indica que as dimensões emparelhadas são, na verdade, a mesma seção transversal. Uma "conversão suave" foi utilizada para renomear as dimensões em polegadas com o número para as dimensões no sistema métrico, dando a largura superior nominal em milímetros.

O valor nominal do ângulo incluído entre os lados da ranhura em V varia de 34° a 42°. O ângulo sobre a correia pode ser levemente diferente para alcançar um ajuste apertado dentro da ranhura. Algumas correias são projetadas para "andar um pouco fora" da ranhura.

Os nomes mostrados para as várias seções transversais se aplicam quando a construção da correia é similar àquela exibida na Figura 7.3(c). Para a correia do tipo dentado [Figura 7.3(a)] da mesma seção transversal, a letra X é adiciona ao nome. Por exemplo, uma correia 5V tem uma superfície interna lisa, enquanto uma correia 5VX é do tipo dentado. Os valores de transmissão de potência normalmente são mais altos para o tipo dentado porque essas correias flexionam mais facilmente em volta das polias, com menos tensão na correia.

Correias em V automotivas simples têm seções transversais que variam entre os nove tamanhos exibidos na Figura 7.8 e podem ter superfícies internas tanto do tipo liso quanto dentado (X). Muitas aplicações empregam a correia múltipla em V [Figura 7.3(d)] ou o tipo frisado [Figura 7.3(f)]. Consulte as referências 3(a), 3(f), 5 ou 8.

7.4 PROJETO DE TRANSMISSÕES POR CORREIA EM V

Os fatores envolvidos na seleção de uma correia em V e das polias acionadora e acionada, e na instalação adequada da transmissão são resumidos nesta seção. Exemplos condensados de dados disponibilizados por fornecedores são oferecidos para ilustração. Os catálogos contêm uma vasta listagem de dados e oferecem instruções de uso passo a passo. As informações básicas exigidas para a seleção de uma transmissão são as seguintes:

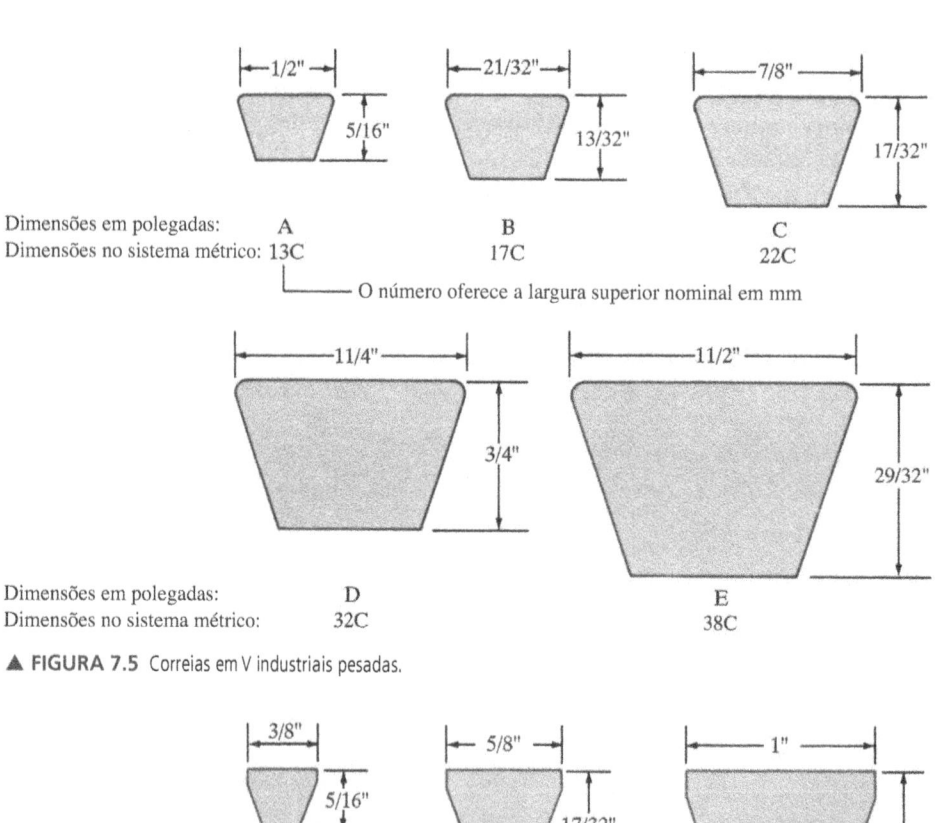

▲ **FIGURA 7.5** Correias em V industriais pesadas.

▲ **FIGURA 7.6** Correias em V industriais de seção estreita.

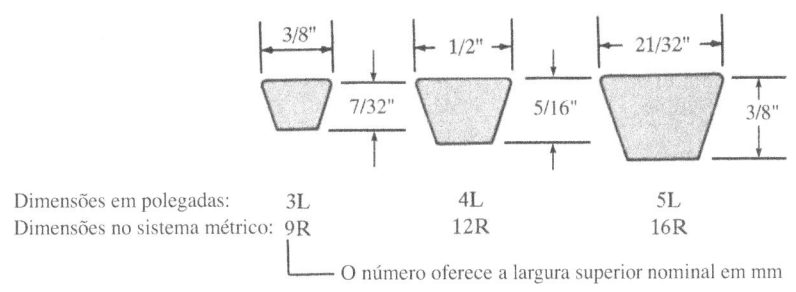

FIGURA 7.7 Correias em V leves de potência fracionária (FHP).

Dimensões em polegadas: 3L, 4L, 5L
Dimensões no sistema métrico: 9R, 12R, 16R

O número oferece a largura superior nominal em mm

Dimensões em polegadas: 0,250; 0,315; 0,380; 0,440; 0,500
Dimensões no sistema métrico: 6A, 8A, 10A, 11A, 13A

Dimensões em polegadas: 11/16, 3/4, 7/8, 1
Dimensões no sistema métrico: 15A, 17A, 20A, 23A

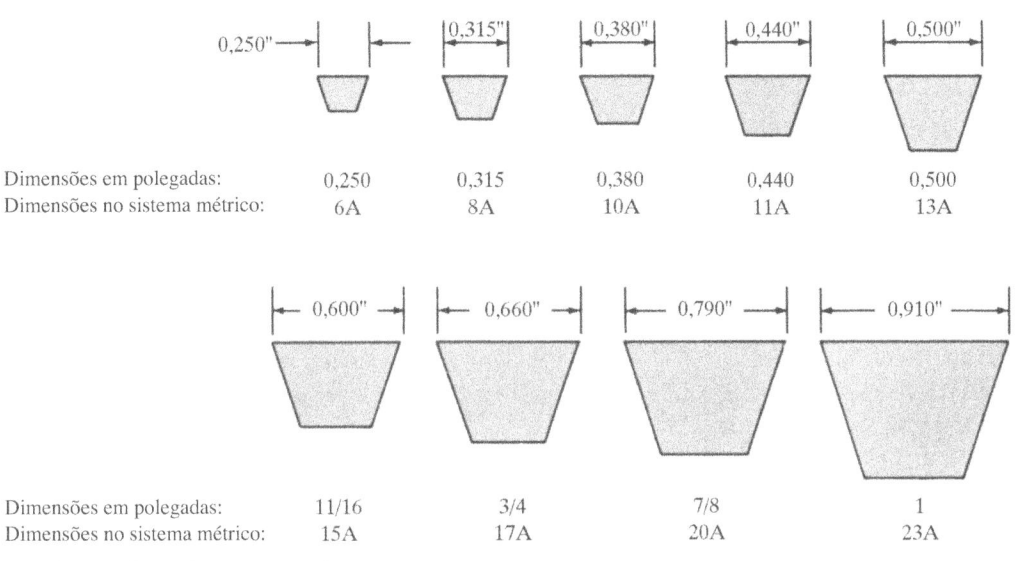

FIGURA 7.8 Correias em V automotivas.

- A potência nominal do motor acionador ou outra fonte primária
- O fator de serviço com base no tipo de transmissor e carga acionada
- A distância de centro
- A potência para uma correia como função do tamanho e da velocidade da menor polia
- O comprimento da correia
- O tamanho das polias acionadora e acionada
- O fator de correção para comprimento da correia
- O fator de correção do ângulo de envolvimento na menor polia
- O número de correias
- A tração inicial na correia

Muitas decisões de projeto dependem da aplicação e das limitações de espaço. Algumas diretrizes são descritas a seguir:

- A relação de redução máxima recomendada para uma transmissão por correia em V plana é 6:1. Para correias dentadas, a relação é 7:1. Para índices maiores desejados, utilizar dois ou mais estágios de redução.
- Devem ser oferecidos ajustes em ambas as direções para a distância de centro, a partir do valor nominal. A distância de centro deve ser reduzida no momento de instalação para possibilitar que a correia seja posicionada nas ranhuras das polias, sem forçá-las. Deve-se fazer o preparo necessário para proporcionar o aumento da distância de centro a fim de permitir o tracionamento inicial da transmissão e começar a esticar a correia. Os catálogos de fabricantes oferecem as informações necessárias. Uma forma conveniente de alcançar o ajuste é o uso de uma unidade esticadora, como demonstram as figuras 14.10(b) e 14.10(c).
- Se forem necessários centros fixos, polias intermediárias devem ser usadas. É melhor utilizar um intermediário dentado no interior da correia, junto à polia maior. Tracionadores ajustáveis estão disponíveis no mercado para carregar o intermediário.
- A variação nominal das distâncias de centro deve ser

$$D_2 < C < 3(D_2 + D_1) \qquad (7.8)$$

- O ângulo de envolvimento na polia menor deve ser maior do que 120°.

- Por causa do equilíbrio, das tensões centrífugas, do chicotear da correia e outras considerações dinâmicas, as velocidades da correia devem ser inferiores a 5000 pés/min ou o fornecedor das polias deve ser consultado. A velocidade máxima recomendada da correia é 6500 pés/min.
- Considere um tipo alternativo de transmissão, como um tipo de engrenagem ou cadeia de elos, se a velocidade da correia for inferior a 1000 pés/min.
- Evite temperaturas elevadas em volta das correias.
- Garanta que os eixos que carregam as polias emparelhadas sejam paralelos e que as polias estejam alinhadas de modo que o curso das correias se dê de forma lisa dentro das ranhuras.
- Em instalações com múltiplas correias, exigem-se correias combinadas. Números combinados são impressos em correias industriais, com 50 indicando um comprimento de correia bem próximo do valor nominal. Correias longas são marcadas por números combinados acima de 50, correias menores abaixo de 50.
- As correias devem ser instaladas com a tração inicial recomendada pelo fabricante. A tração deve ser verificada após as primeiras horas de funcionamento, quando ocorrem o assentamento e o esticamento inicial.
- Relatos de avaliações de transmissão de potência normalmente se baseiam na vida útil da correia de aproximadamente 5000–7000 horas de funcionamento e cerca de 25000 horas para as polias.

Dados do projeto

Os catálogos normalmente fornecem dezenas de páginas de informações de projeto para os vários tamanhos de correias e combinações de polias para facilitar o trabalho do projeto da transmissão. Os dados normalmente são oferecidos em forma de tabelas. Os gráficos são utilizados aqui para que você possa ter uma ideia da variação no desempenho conforme as escolhas de projeto. Qualquer projeto feito a partir dos dados oferecidos neste livro deve ser verificado em contraposição aos valores de um fabricante em particular antes do uso.

Os dados oferecidos aqui são para as correias de seção esteita: 3V, 5V e 8V. Esses três tamanhos abrangem uma ampla variedade de capacidades de transmissão de potência. Observe que as versões dentadas dessas correias de seção estreita — 3VX, 5VX e 8VX — têm potências maiores e são registradas separadamente nos catálogos. A Figura 7.9 pode ser utilizada para escolher a dimensão básica para a seção transversal da correia. Observe que o eixo de potência é *potência do projeto*, a potência nominal da fonte primária × o fator de serviço da Tabela 7.1.

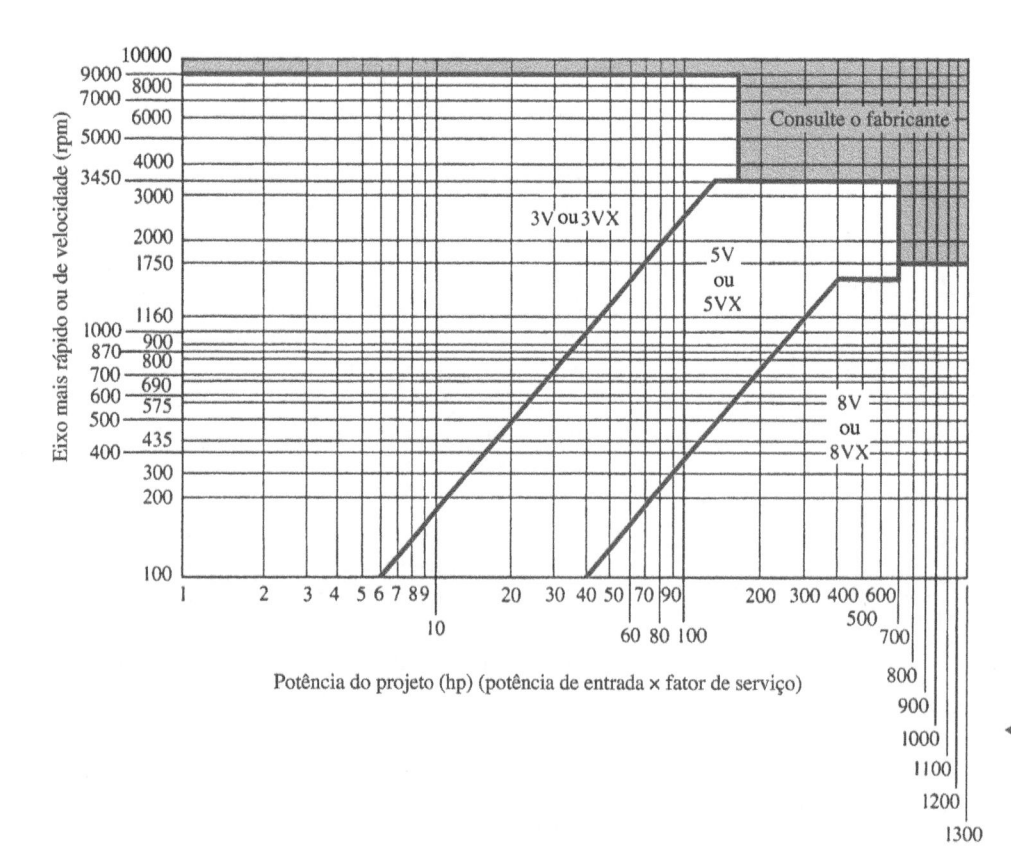

◀ FIGURA 7.9 Gráfico de seleção para correias em V industriais de seção estreita. (Dayco Corp., Dayton, Ohio, EUA)

▼ TABELA 7.1 Fatores de serviço da correia em V.[1]

	Tipo de transmissor					
	Motores CA: torque normal[2] Motores CC: em derivação Motores: cilindros múltiplos			Motores CA: torque elevado[3] Motores CC: bobinado ou de enrolamento composto Motores: de 4 cilindros ou menos		
Tipo de máquina acionada	< 6 h por dia	6–15 h por dia	> 15 h por dia	< 6 h por dia	6–15 h por dia	> 15 h por dia
Carregamento sem choque	1,0	1,1	1,2	1,1	1,2	1,3
Agitadores, transportadores leves, bombas centrífugas, ventoinhas e ventiladores abaixo de 10 HP (7,5 kW)						
Carregamento de choque leve	1,1	1,2	1,3	1,2	1,3	1,4
Geradores, ferramentas de máquinas, misturadores, ventoinhas e ventiladores acima de 10 HP (7,5 kW), transportadores de cascalho						
Carregamento de choque moderado	1,2	1,3	1,4	1,4	1,5	1,6
Elevadores de caçamba, bombas de pistão, maquinário têxtil, moinhos de martelo, transportadores pesados e pulverizadores						
Carregamento de choque pesado	1,3	1,4	1,5	1,5	1,6	1,8
Trituradores, moinhos de bolas, guindastes, moinhos de borracha e extrusores						
Maquinário que pode "afogar"	2,0	2,0	2,0	2,0	2,0	2,0

[1] Os fatores fornecidos são para redutores de velocidade. Para multiplicadores de velocidade, multiplique os fatores listados por 1,2.
[2] Síncrona, fase dissociável, trifásica com torque inicial ou torque máximo menor do que 175% de torque de carga total.
[3] Fase única, três fases com torque inicial ou torque máximo maior do que 175% de torque de carga total.

A Referência 3(c) fornece a fórmula genérica para o valor de potência de uma correia em V como

$$P_{nom} = K(P_b + \Delta P_R + \Delta P_L)$$

Onde:
K = fator com base no ângulo de envolvimento na polia
P_b = valor de potência básico para um índice de 1,0 e um comprimento de correia conjunto
ΔP_R = capacidade de potência acrescentada com base no índice de velocidade
ΔP_L = capacidade de potência acrescentada com base no comprimento da correia

Detalhes adicionais são oferecidos nas referências para os termos individuais. Os fabricantes oferecem dados de avaliação para seus tipos particulares e fatores de qualidade para seus produtos. Esta seção fornece informações de amostra para demonstrar o processo de especificação do projeto de uma correia específica.

As figuras 7.10, 7.11 e 7.12 fornecem a potência calculada por correia para as três seções transversais como uma função do diâmetro do passo da menor polia e sua velocidade de rotação. As linhas verticais indicadas em cada figura fornecem os diâmetros padrão disponíveis do passo das polias.

O valor de potência básico para um índice de velocidade de 1,00 é dado como a curva sólida. Uma determinada correia pode carregar uma potência maior à medida que o índice de velocidade aumenta, até um índice de aproximadamente 3,38. Os aumentos seguintes têm pouco efeito e também podem levar a problemas com o ângulo de envolvimento na polia menor. A Figura 7.13 é um gráfico dos dados de potência a serem acrescentados ao valor básico como uma função do índice de velocidade para a correia 5V. Os dados de catálogo são oferecidos passo a passo. A potência máxima adicionada, para índices acima de 3,38, foi utilizada para desenhar as curvas destacadas nas figuras 7.10, 7.11 e 7.12. Na maioria dos casos, uma interpolação grosseira entre as duas curvas é satisfatória.

A Figura 7.14 fornece o valor de um fator de correção, C_θ, como uma função do ângulo de envolvimento da correia na menor polia.

A Figura 7.15 fornece o valor do fator de correção, C_L, para o comprimento da correia. Uma correia mais longa é desejável porque reduz a frequência com a qual uma determinada parte da correia alcança o pico de tensão enquanto adentra a polia pequena. Somente o comprimento de algumas correias padrão está disponível (Tabela 7.2).

O Exemplo 7.1 ilustra o uso dos dados de projeto.

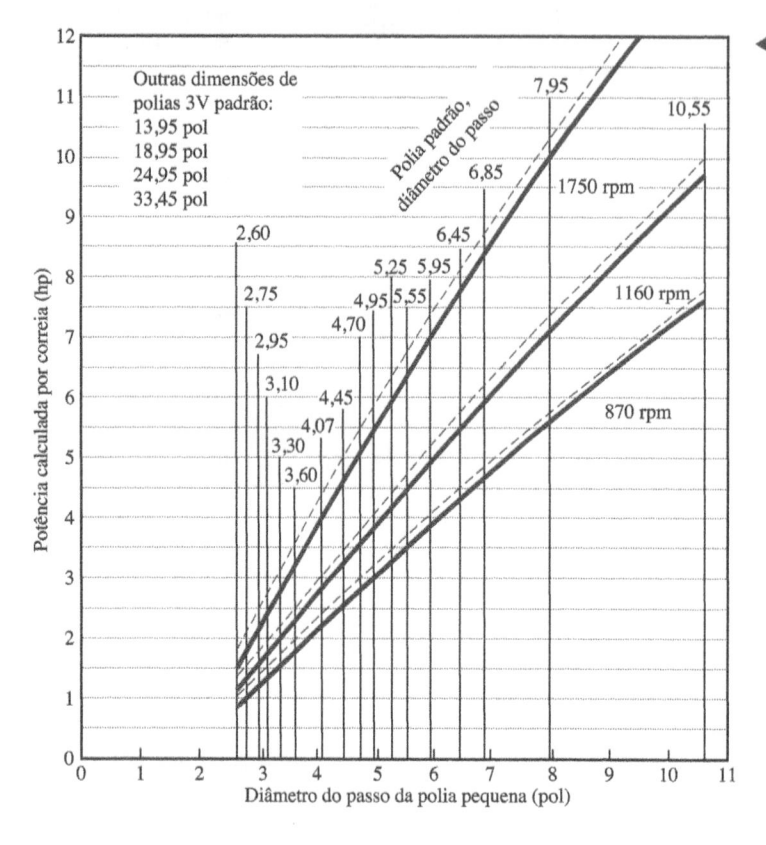

◀ **FIGURA 7.10** Valores de potência: correias 3V.

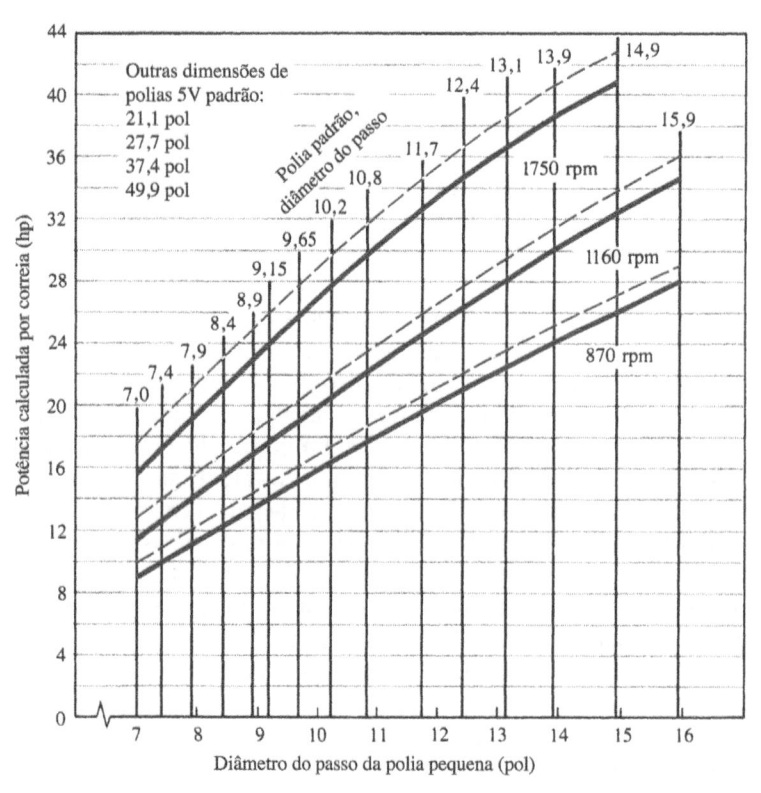

◀ **FIGURA 7.11** Valores de potência: correias 5V.

◀ **FIGURA 7.12** Valores de potência: correias 8V.

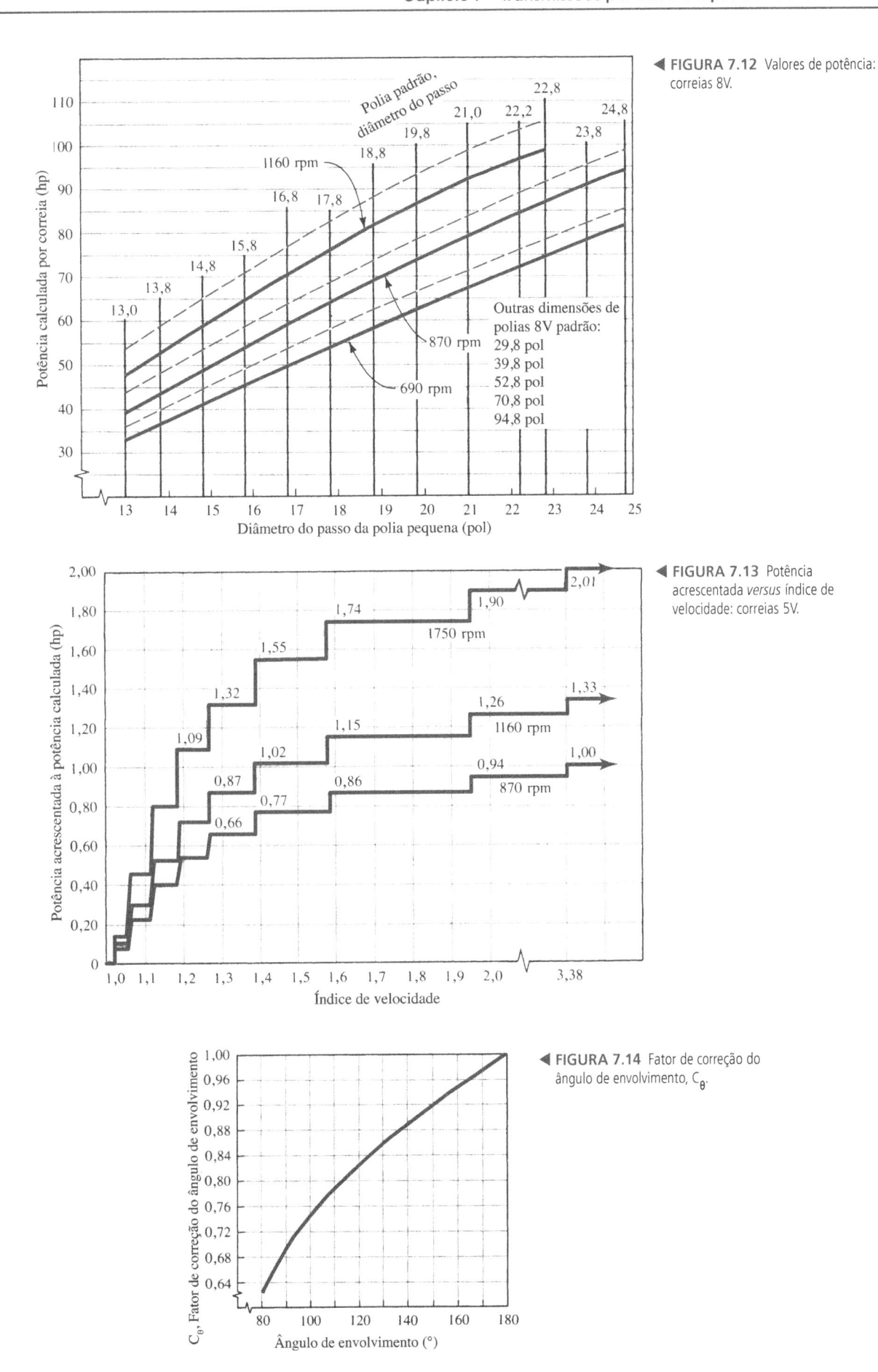

◀ **FIGURA 7.13** Potência acrescentada *versus* índice de velocidade: correias 5V.

◀ **FIGURA 7.14** Fator de correção do ângulo de envolvimento, C_θ.

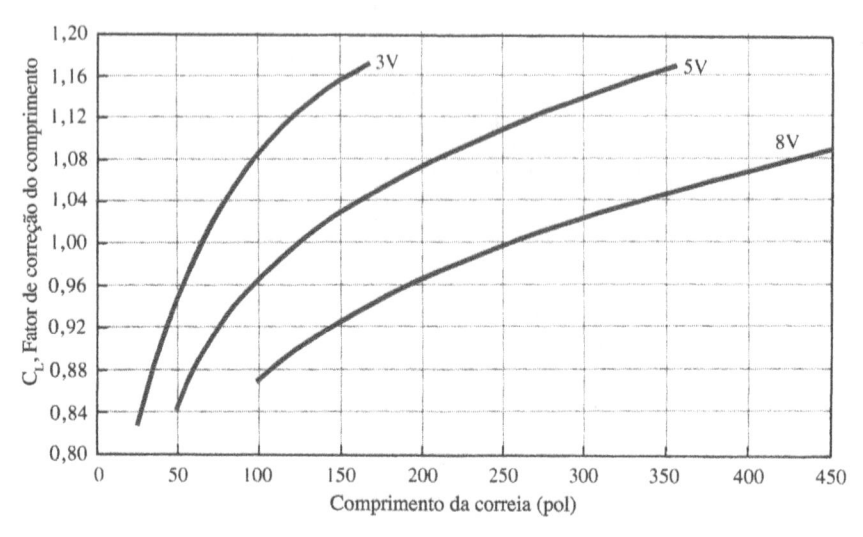

◀ **FIGURA 7.15** Fator de correção do comprimento da correia, C_L.

▼ **TABELA 7.2** Comprimentos de correias padrão para correias 3V, 5V e 8V (pol).

Somente 3V	3V e 5V	3V, 5V e 8V	5V e 8V	Somente 8V
25	50	100	150	375
26,5	53	106	160	400
28	56	112	170	425
30	60	118	180	450
31,5	63	125	190	475
33,5	67	132	200	500
35,5	71	140	212	
37,5	75		224	
40	80		236	
42,5	85		250	
45	90		265	
47,5	95		280	
			300	
165			315	
			335	
			355	

EXEMPLO 7.1

Projete uma transmissão por correia em V que tenha a polia de entrada no eixo de um motor elétrico (torque normal) calculado a 50,0 hp, a uma velocidade de carga completa de 1160 rpm. A transmissão é para um elevador de caçamba em uma usina de potassa que será utilizado 12 horas (h) por dia, a aproximadamente 675 rpm.

SOLUÇÃO

Objetivo Projetar a transmissão por correia em V.

Dados Potência transmitida = 50 hp para o elevador de caçamba
Velocidade do motor = 1160 rpm; velocidade de saída = 675 rpm

Análise Utilize os dados de projeto apresentados nesta seção. O procedimento de solução é desenvolvido dentro da seção Resultados da solução do problema.

Resultados **Passo 1.** Calcule a potência do projeto. De acordo com a Tabela 7.1, para um motor elétrico de torque normal que funcione 12 h por dia e conduza um elevador de caçamba, o fator de serviço é 1,30. Então, a potência do projeto é 1,30 (50,0 hp) = 65,0 hp.

Passo 2. Selecione a seção da correia. De acordo com a Figura 7.9, uma correia 5V é recomendada para 70,0 hp, a uma velocidade de entrada de 1160 rpm.

Passo 3. Calcule o índice de velocidade nominal:

$$\text{Índice} = 1160/675 = 1{,}72$$

Passo 4. Calcule a dimensão da polia acionadora que produziria uma velocidade de correia de 4000 pés/min, como um guia para selecionar uma polia padrão:

$$\text{Velocidade da correia} = v_b = \frac{\pi D_1 n_1}{12} \text{ pés/min}$$

Então, o diâmetro exigido para $v_b = 4000$ pés/min é

$$D_1 = \frac{12\, v_b}{\pi n_1} = \frac{12(4000)}{\pi n_1} = \frac{15279}{n_1} = \frac{15279}{1160} = 13{,}17 \text{ pol}$$

Passo 5. Selecione dimensões experimentais para a polia de entrada, calcule a dimensão desejada da polia de saída e calcule o índice de velocidade e a velocidade de saída reais.

Para este problema, as dimensões experimentais são dadas na Tabela 7.3 (os diâmetros estão em polegadas).

As duas linhas em negrito na Tabela 7.3 fornecem apenas cerca de 1% de variação a partir da velocidade de saída desejada de 675 rpm, e a velocidade de um elevador de caçamba não é crítica. Como não foram dadas limitações de espaço, escolhamos a dimensão mais ampla; $D_1 = 12{,}4$ pol; $D_2 = 21{,}1$ pol.

Agora, podemos calcular a real velocidade da correia:

$$v_b = \frac{\pi D_1 n_1}{12} = \frac{\pi (12{,}4 \text{ pol})(1160 \text{ rpm})}{12} = 3766 \text{ pés/min}$$

Passo 6. Determine a potência calculada a partir das figuras 7.10, 7.11 ou 7.12. Para a correia 5V que havíamos selecionado, a Figura 7.11 é apropriada. Para uma polia de 12,4 pol a 1160 rpm, a potência básica calculada é de 26,4 hp. Serão necessárias múltiplas correias. O índice é relativamente alto, indicando que algum valor adicional de potência pode ser utilizado. Esse valor pode ser estimado a partir da Figura 7.11 ou obtido diretamente da Figura 7.13 para a correia 5V. A potência acrescentada é de 1,15 hp. Então, a verdadeira potência calculada é 26,4 + 1,15 = 27,55 hp.

Passo 7. Especifique uma distância de centro experimental.

Podemos utilizar a Equação 7.8 para determinar uma variação aceitável nominal para C:

$$D_2 < C < 3(D_2 + D_1)$$
$$21{,}1 < C < 3(21{,}1 + 12{,}4)$$
$$21{,}1 < C < 100{,}5 \text{ pol}$$

Com o interesse de conservar espaço, experimentaremos C = 24,0 pol.

▼ TABELA 7.3 Dimensões experimentais para a polia do Exemplo 7.1.

Dimensão padrão da polia acionadora, D_1	Dimensão aproximada da polia acionada (1,72D_1)	Polia padrão aproximada, D_2	Velocidade de saída real (rpm)
13,10	22,5	21,1	720
12,4	**21,3**	**21,1**	**682**
11,7	20,1	21,1	643
10,8	18,6	21,1	594
10,2	17,5	15,9	744
9,65	16,6	15,9	704
9,15	**15,7**	**15,9**	**668**
8,9	15,3	14,9	693

Passo 8. Calcule o comprimento da correia necessário a partir da Equação 7.3:

$$L = 2C + 1{,}57(D_2 + D_1) + \frac{(D_2 - D_1)^2}{4C}$$

$$L = 2(24{,}0) + 1{,}57(21{,}1 + 12{,}4) + \frac{(21{,}1 - 12{,}4)^2}{4(24{,}0)} = 101{,}4 \text{ pol}$$

Passo 9. Selecione um comprimento de correia padrão a partir da Tabela 7.2, e calcule a distância de centro resultante a partir da Equação 7.4.
Neste problema, o comprimento padrão aproximado é de 100,0 pol. Então, com base na Equação 7.4,

$$B = 4L - 6{,}28(D_2 + D_1) = 4(100) - 6{,}28(21{,}1 + 12{,}4) = 189{,}6$$

$$C = \frac{(189{,}6 + \sqrt{(189{,}6)^2 - 32(21{,}1 - 12{,}4)^2}}{16} = 23{,}3 \text{ pol}$$

Passo 10. Calcule o ângulo de envolvimento da correia na polia pequena a partir da Equação 7.5:

$$\theta_1 = 180° - 2\,\text{sen}^{-1}\left[\frac{D_2 - D_1}{2C}\right] = 180° - 2\,\text{sen}^{-1}\left[\frac{21{,}1 - 12{,}4}{2(23{,}3)}\right] = 158°$$

Passo 11. Determine os fatores de correção a partir das figuras 7.14 e 7.15. Para θ = 158°, C_θ = 0,94. Para L = 100 pol, C_L = 0,96.

Passo 12. Estime a potência calculada corrigida por correia e o número de correias necessário para carregar a potência do projeto:

Potência corrigida = $C_\theta C_L P$ = (0,94)(0,96)(27,55 hp) = 24,86 hp
Número de correias = 65,0/24,86 = 2,61 correias (Use 3 correias.)

Comentário **Resumo do projeto**
Entrada: motor elétrico, 50,0 hp a 1160 rpm
Fator de serviço: 1,3
Potência de projeto: 65,0 hp
Correia: seção transversal 5V, comprimento de 100 pol, 3 correias
Polias: transmissora, diâmetro do passo de 12,4 pol, 3 ranhuras, 5V. Acionada, diâmetro do passo de 21,1 pol, 3 ranhuras, 5V
Velocidade de saída real: 682 rpm
Distância de centro: 23,30 pol

Tração da correia

A tração inicial dada a uma correia é crucial porque garante que a correia não deslizará sob a carga do projeto. Em repouso, os dois lados da correia têm a mesma tração. À medida que a potência é transmitida, a tração no lado apertado aumenta enquanto a tração no lado folgado diminui. Sem a tração inicial, o lado folgado ficaria totalmente solto, e a correia não se assentaria na ranhura; desse modo, deslizaria. Os catálogos de fabricantes fornecem informações para os procedimentos adequados de tracionamento da correia.

7.5 TRANSMISSÕES POR CORREIA SÍNCRONA

As *correias síncronas* são construídas com frisos ou dentes transversalmente à parte inferior da correia, como mostra a Figura 7.3(b). Os dentes combinam com ranhuras correspondentes nas polias acionadoras e acionadas, chamadas de *rodas dentadas*, proporcionando uma transmissão positiva sem deslize. Desse modo, existe uma relação fixa entre a velocidade do transmissor e a velocidade da roda dentada acionada. Por essa razão, correias síncronas muitas vezes são chamadas de *correias temporizadoras*. Em contraste, as correias em V podem se deformar ou deslizar por causa de suas polias combinadas, especialmente sob cargas pesadas e demanda de potência variável. A ação síncrona é crucial para um funcionamento bem-sucedido de alguns sistemas como impressão, manuseio de material, empacotamento e montagem. Transmissões por correias síncronas estão sendo cada vez mais consideradas para aplicações nas quais transmissões por engrenagem ou transmissões por cadeia de elos tenham sido anteriormente utilizadas.

A Figura 7.16 mostra uma correia síncrona combinada com a roda dentada acionadora da correia. Rodas dentadas acionadoras e acionadas típicas são demonstradas na Figura 7.17. Ao menos uma das duas rodas dentadas terá flanges laterais para garantir que a correia não se movimente no eixo. A Figura 7.18 mostra perfis comumente disponíveis no mercado para correias síncronas. Duas séries estão em uso, dimensões do sistema métrico (mm) e do sistema norte-americano (pol). Os perfis das seções transversais em uma parte (a) da figura são desenhados em tamanho real, mostrando os comprimentos do passo a partir do centro de um dente ao centro do dente seguinte adjacente. A Tabela 7.4 oferece alguns dados gerais para a variação de larguras da correia, número de dentes nas polias e comprimentos das correias disponíveis. Verifique os catálogos individuais dos fabricantes para dimensões de estoque disponíveis. Alguns fabricantes produzem correias síncronas com outros perfis para os dentes na parte inferior da correia, como mostra a parte (b) da figura.

A Figura 7.3(b) mostra detalhes da construção da seção transversal de uma correia síncrona. A tensão de tração é oferecida predominantemente por cabos de alta resistência feitos de fibra de vidro ou materiais similares. Os cabos são encapsulados em um material de suporte emborrachado flexível, e os dentes são formados integralmente com esse suporte. Muitas vezes, uma capa de tecido é utilizada nessas partes da correia que entram em contato com as rodas dentadas para oferecer resistência adicional ao desgaste e maior resistência ao cisalhamento para os dentes. Várias larguras das correias estão disponíveis para cada passo dado, a fim de proporcionar uma ampla variação de capacidade de transmissão de potência.

◀ **FIGURA 7.16** Correia síncrona na roda dentada acionadora. (Copyright Baldor, permissão para uso)

◀ **FIGURA 7.17** Rodas dentadas acionadora a acionada para transmissão por correia síncrona. (Copyright Baldor, permissão para uso)

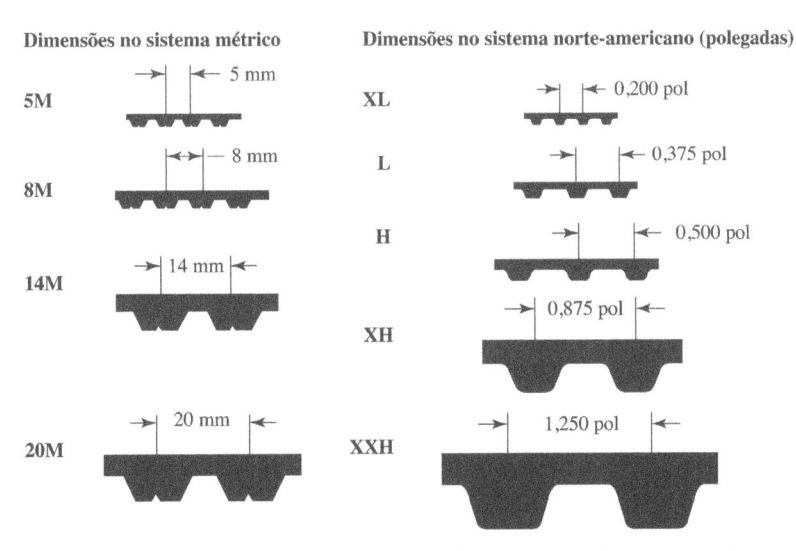

(a) Exemplos de dimensões no sistema métrico e no sistema norte-americano para correias síncronas e polias

(b) Perfis alternados para dentes de correias síncronas

▲ **FIGURA 7.18** Dimensões e perfis para dentes de correia síncrona.

▼ **TABELA 7.4** Tipos e dimensões de transmissões por correia síncrona.

Dimensões no sistema métrico (dimensões em mm)				
Passo	Larguras da correia (típicas)	Variação de número dos dentes nas polias (típicos)	Variação de comprimentos do passo da correia	
			(mm)	Nº de dentes
5	15, 25	32-112	350-2000	70-400
8	20, 30, 50, 85	22-192	480-4400	60-550
14	40, 55, 85, 115, 170	28-216	966-6860	69-490
20	115, 170, 230, 290, 340	34-216	2000-6600	100-330
Dimensões no sistema norte-americano (dimensões em polegadas)				
Passo	Larguras da correia (típicas)	Variação de número dos dentes nas polias	Variação de comprimentos do passo da correia	
			(pol)	Nº de dentes
XL-0,200	0,25; 0,375	10-72	5,00-77,00	25-385
L-0,375	0,50; 0,75; 1,00	10-120	12,38-90,00	33-240
H-0,500	0,75; 1,00; 1,50; 2,00; 3,00	14-156	21,00-170,0	42-340
XH-0,875	2,00; 3,00; 4,00; 5,00; 6,00; 8,00	18-120	50,75-175,0	58-200
XXH-1,250	2,00; 3,00; 4,00; 5,00; 6,00; 8,00	18-90		

Observação: verifique os catálogos dos fabricantes para dimensões disponíveis em estoque.

Rodas dentadas disponíveis no mercado normalmente empregam buchas cônicas divididas com um calibre preciso que oferece uma folga de somente 0,025 a 0,050 mm (0,001 a 0,002 pol) relativa ao diâmetro do eixo no qual deve ser montado. Resulta em um funcionamento liso, equilibrado e concêntrico.

O processo de selecionar componentes adequadas para uma transmissão por correia síncrona é semelhante àquele já discutido para transmissões por correia em V. Os fabricantes oferecem orientações de seleção semelhantes àquelas mostradas na Figura 7.19 que oferecem a relação entre potência do projeto e a velocidade rotacional da roda dentada menor. Essas são utilizadas para determinar o passo necessário da correia básica. Além disso, inúmeras páginas de dados de desempenho são fornecidas mostrando a capacidade de transmissão de potência para muitas combinações de largura da correia, dimensão das rodas dentadas acionadora e acionada, e distâncias de centro entre os eixos das rodas dentadas para comprimentos de correia específicos. Em geral, o processo de seleção envolve os passos a seguir. Consulte as informações e os procedimentos de projeto de fabricantes específicos, conforme listagem nos sites 3 a 6, 8, 9, 11, 14 e 16. Os sites 7 e 13 incluem padrões para sistemas de transmissão por correia síncrona.

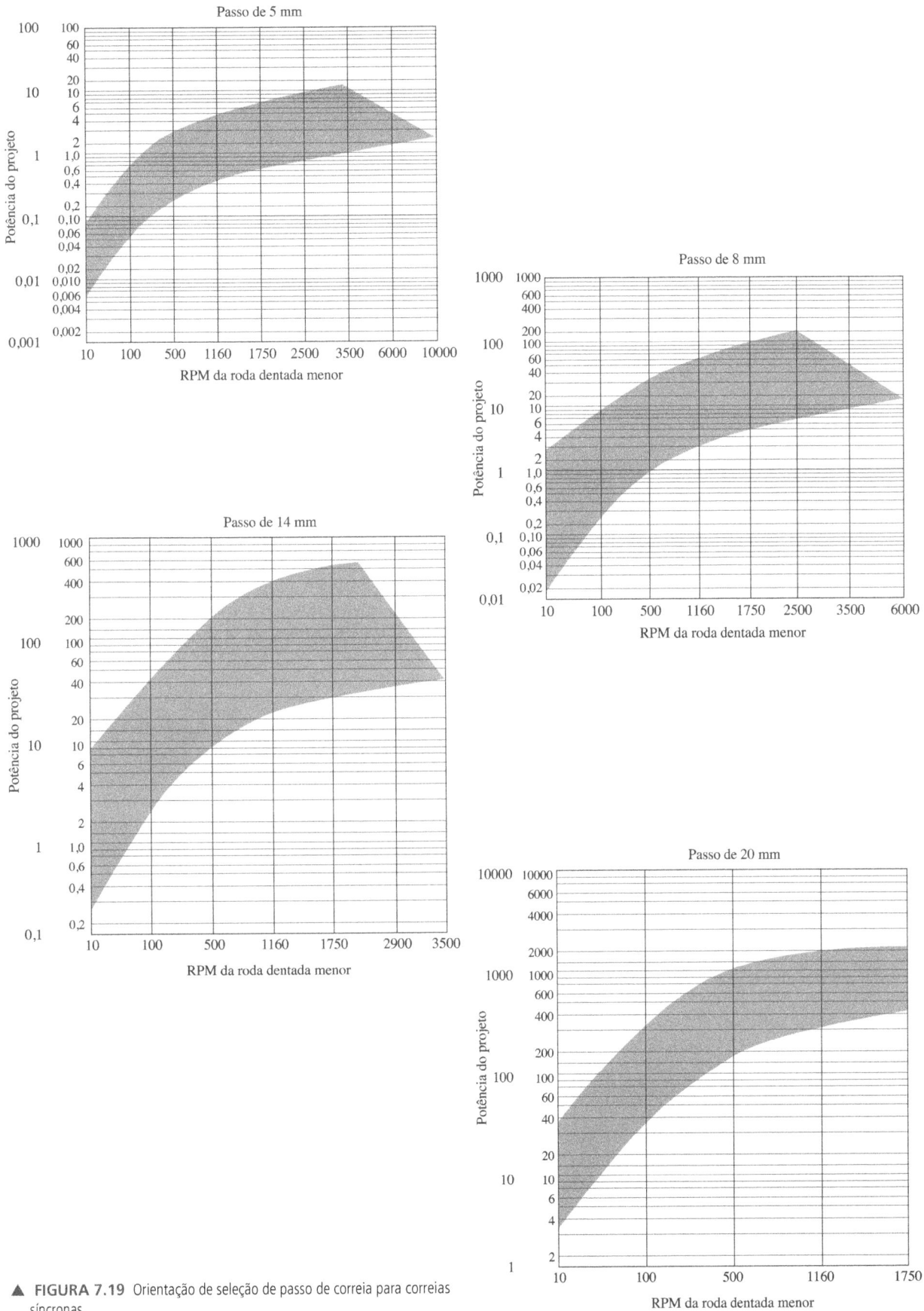

▲ **FIGURA 7.19** Orientação de seleção de passo de correia para correias síncronas.

Procedimento geral de seleção para transmissões por correia síncrona

1. Especifique a velocidade da roda dentada acionadora (normalmente um motor) e a velocidade desejada da roda dentada acionada.
2. Especifique a potência calculada para o motor acionador.
3. Determine um fator de serviço, utilizando as recomendações dos fabricantes, considerando o tipo do transmissor e a natureza da máquina acionada.
4. Calcule a potência de projeto multiplicando a potência calculada do transmissor pelo fator de serviço.
5. Determine o passo exigido da correia a partir de um dado específico do fabricante.
6. Calcule o índice de velocidade entre o transmissor e a correia dentada acionada.
7. Selecione diversas combinações possíveis do número de dentes na roda dentada do transmissor e daqueles na roda dentada acionada que produzirão o índice desejado.
8. Utilizando a variação desejada de distâncias de centro aceitáveis, determine um comprimento de correia padrão que produzirá um valor adequado.
9. Um fator de correção do comprimento da correia pode ser exigido. Dados do catálogo mostrarão fatores menores do que 1,0 para distâncias de centro mais curtas, e maiores do que 1,0 para distâncias de centro mais longas. Isso reflete a frequência com que uma dada parte da correia trabalha em área de tensão elevada, enquanto adentra a correia dentada menor. Aplique o fator à capacidade de potência calculada para a correia.
10. Especifique os detalhes do projeto final para as rodas dentadas, como flanges, tipo e dimensão de buchas no cubo, e a dimensão do calibre para combinar com os eixos de conexão.
11. Resuma o projeto, verifique a compatibilidade com outras componentes do sistema e prepare documentos de aquisição.

A instalação das rodas dentadas e da correia requer uma quantidade nominal de concessão de distância de centro para possibilitar que os dentes da correia deslizem dentro das ranhuras da roda dentada, sem forçar. Subsequentemente, a distância de centro normalmente terá de ser ajustada para fora para oferecer uma quantidade adequada de tração inicial, conforme definição do fabricante. A tração inicial normalmente é menor do que a exigida para uma transmissão por correia em V. Intermediários podem ser usados para eliminar a folga, se centros fixos forem exigidos entre o transmissor e as rodas dentadas acionadas. Entretanto, eles podem diminuir a vida útil da correia. Consulte o fabricante.

Em funcionamento, a tração final no lado apertado da correia é bem menor do que aquela desenvolvida por uma correia em V, e a tensão do lado frouxo é praticamente zero. Os resultados são forças líquidas mais baixas na correia, cargas laterais mais baixas nos eixos que carregam as rodas dentadas e cargas de flexão reduzidas.

EXEMPLO 7.2 Projete uma transmissão por correia síncrona para alcançar os mesmos requisitos, conforme listagem do Exemplo 7.1, para o qual uma transmissão por correia em V foi especificada. Trabalhe em direção a uma distância de centro nominal de 609 mm (24 pol), semelhante àquela utilizada antes.

SOLUÇÃO

Objetivo Projetar a transmissão por correia síncrona especificando o tipo de correia e a dimensão e os números de dentes nas rodas dentadas acionadora e acionada.

Dados Potência transmitida = P = 50 hp (37,3 kW) para um elevador de caçamba
Velocidade do motor = 1160 rpm; velocidade de saída a ser alcançada = 675 rpm

Análise Use o *Procedimento de seleção geral para transmissões por correia síncrona*. Observe que o procedimento de seleção real utilizado aqui é proveniente do catálogo de um fornecedor disponível no mercado de transmissões por correia síncrona, de modo a acessar o grande número de dimensões e tipos de componentes. Outros projetos aceitáveis são possíveis.

Resultados Os *passos 1 e 2* são satisfeitos com os dados fornecidos.

Passo 3. Os fatores de serviço para transmissões por correia síncrona são semelhantes àqueles utilizados para transmissões por correias em V, como lista a Tabela 7.1, mas eles são normalmente mais elevados e variam de acordo com o fabricante por causa dos fatores "adicionais" relacionados à velocidade da polia e condições de funcionamento. Para essa aplicação, o fabricante recomenda um fator de serviço de SF = 1,6.

Passo 4. Potência do projeto = $P \times$ SF = $50 \times 1,6$ = 80 hp (59,7 kW)

Passo 5. Utilizemos uma correia do tipo do sistema métrico. A partir da Figura 7.19, a correia de 14 mm é recomendada para 80 hp e uma velocidade de entrada de 1160 rpm da roda dentada montada sobre o eixo do motor.

Passo 6. Índice desejado = 1160/675 = 1,72

Passo 7. O catálogo identificou dez configurações que vão ao encontro das exigências básicas de projeto. O citado aqui foi escolhido por sua distância de centro estar mais próxima do valor desejado.

Passos 8-11. O projeto selecionado é resumido aqui:

Correia: Passo = 14 mm (0,551 pol); largura = 55 mm (2,17 pol); comprimento = 2100 mm (82,68 pol), 150 dentes

Distância de centro: C = 597 mm (23,5 pol)

Roda dentada transmissora: N_1 = 48 dentes; diâmetro do passo = 213,9 mm (8,421 pol)

Roda dentada conduzida: N_2 = 80 dentes; diâmetro do passo = 356,5 mm (14,036 pol)

Velocidade de saída: 1160 rpm $\times (N_1/N_2)$ = 1160(48/80) = 696 rpm

Velocidade da correia: v_b = 2558 pés/min (13,0 m/s)

Força de arranque da correia: F_1 = 3727 N (838 lb)

Comentário Comparações desses resultados com aqueles da transmissão por correia em V encontrados no Exemplo 7.1 são exibidas a seguir:

	Transmissão por correia em V	Transmissão por correia síncrona
Distância de centro:	23,3 pol	23,5 pol
Diâmetro do passo – transmissor:	12,4 pol	8,42 pol
Diâmetro do passo – correia conduzida:	21,1 pol	14,04 pol
Largura da correia:	3 × 0,625 pol (5V) = 1,88 pol	2,17 pol (55 mm)
Velocidade da correia	3766 pés/min	2558 pés/min

7.6 TRANSMISSÕES POR CADEIA DE ELOS

Uma cadeia de elos é um elemento de transmissão de potência feito como uma série de junção de pinos conectados. O projeto oferece flexibilidade ao passo que possibilita que a cadeia de elos transmita amplas forças de tração. Vejas as referências 1–3 e os sites 1, 4, 6–12 e 14–15 para mais informações técnicas e dados do fabricante.

Quando se transmite potência entre eixos de rotação, a cadeia de elos engata rodas correspondentes com dentes, chamadas de rodas dentadas. A Figura 7.20 mostra uma típica transmissão por cadeia de elos.

O tipo mais comum de cadeia de elos é a *correia de rolo*, na qual o rolo sobre cada pino oferece um atrito excepcionalmente baixo entre a cadeia de elos e as rodas dentadas. Outros tipos incluem uma variedade de projetos de conexão estendida utilizados na maioria das vezes em aplicações de transporte (veja a Figura 7.21).

A correia de rolo é classifica por seu *passo*, a distância entre as partes correspondentes de conexões adjacentes. O passo geralmente é ilustrado como a distância entre os centros de pinos adjacentes. A correia de rolo no padrão norte-americano carrega uma designação de tamanhos de 40 a 240, como lista a Tabela 7.5. Veja a Referência 2. Os dígitos (outros que não o final zero) indicam o passo da cadeia de elos em oitavos de uma polegada, como vemos na tabela. Por exemplo, a cadeia de elos nº 100 tem um passo de 10/8 ou 1 1/4 pol. Uma série de tamanhos pesados, com o sufixo H no nome (60H–240H), tem as mesmas dimensões básicas que a cadeia de elos padrão do mesmo número, com exceção das placas laterais mais espessas. Além disso, há os tamanhos menores e os mais leves: 25, 35 e 41.

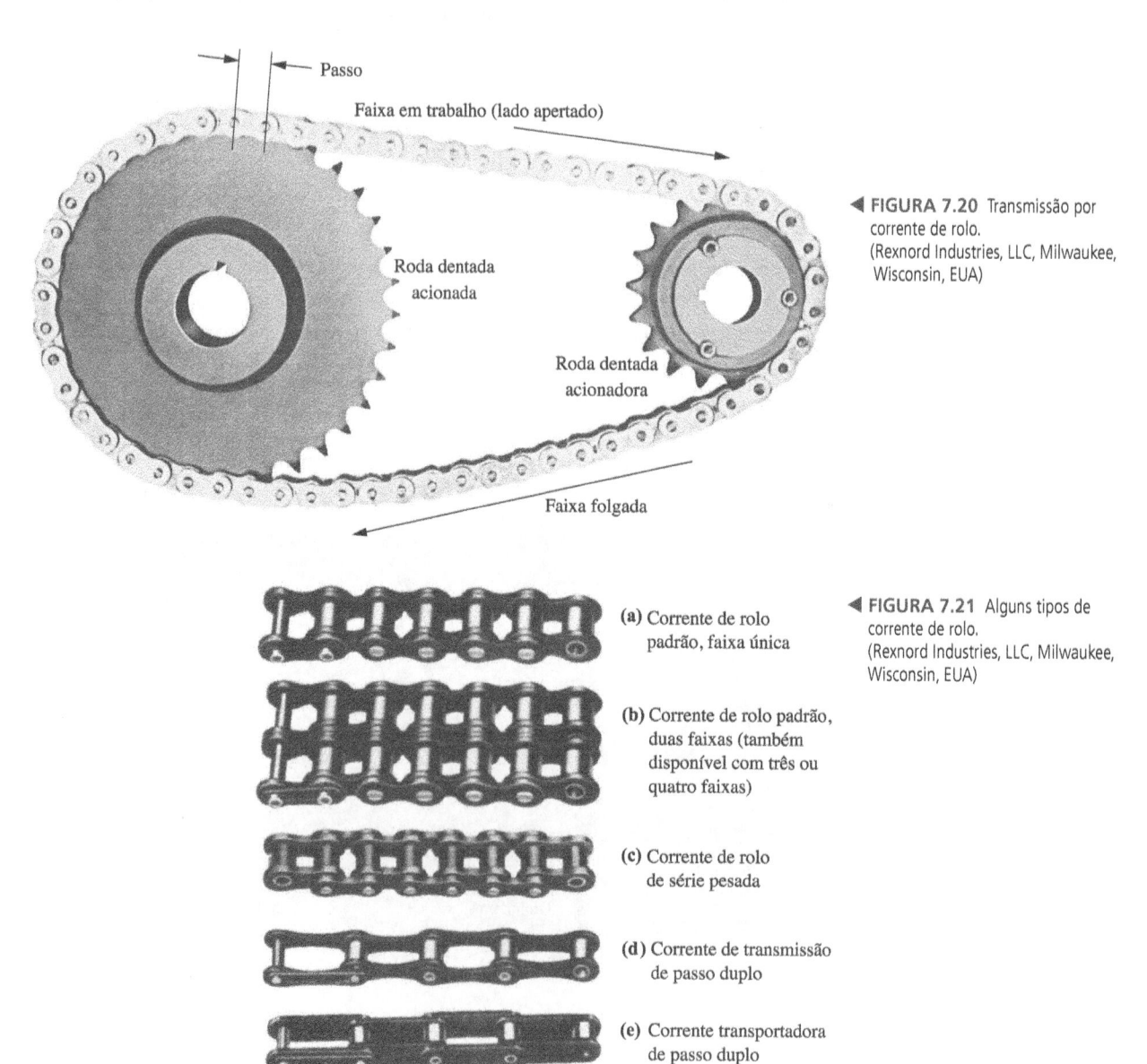

◀ **FIGURA 7.20** Transmissão por corrente de rolo.
(Rexnord Industries, LLC, Milwaukee, Wisconsin, EUA)

◀ **FIGURA 7.21** Alguns tipos de corrente de rolo.
(Rexnord Industries, LLC, Milwaukee, Wisconsin, EUA)

(a) Corrente de rolo padrão, faixa única

(b) Corrente de rolo padrão, duas faixas (também disponível com três ou quatro faixas)

(c) Corrente de rolo de série pesada

(d) Corrente de transmissão de passo duplo

(e) Corrente transportadora de passo duplo

▼ TABELA 7.5 Correias de rolo no padrão norte-americano.

Nº de dentes	Passos (pol)	Tensões de tração (lb)
25	1/4	925
35	3/8	2100
41	1/2	2000
40	1/2	3700
50	5/8	6100
60	3/4	8500
80	1	14500
100	1 1/4	24000
120	1 1/2	34000
140	1 3/4	46000
160	2	58000
180	2 1/4	80000
200	2 1/2	95000
240	3	130000

Referência: ANS1 Standard B29.1.

As tensões de tração médias dos vários tamanhos de cadeias de elos também estão listadas na Tabela 7.5. Esses dados podem ser utilizados para transmissões de velocidade bem baixa ou para aplicações em que a função da cadeia de elos é aplicar uma força de tração ou apoiar uma carga. Recomenda-se que apenas 10% da tensão de tração média seja utilizada nessas aplicações. Para a transmissão de potência, a classificação de um dado tamanho de cadeia de elos como uma função da velocidade de rotação deve ser determinada, conforme explicado mais adiante neste capítulo.

Os padrões ISO definem diversos e diferentes tipos de cadeias de elos, dados para três dos quais estão listados na Tabela 7.6. Um tipo comumente usado do ISO-606 tem basicamente as mesmas dimensões de projeto que muitas das correntes de rolo de padrão norte-americano.

Então, o passo e as dimensões para as características da roda dentada e tamanhos do calibre são listados na unidade do sistema métrico de mm, tornando mais conveniente integrar os projetos familiares de cadeias de elo em uma peça de equipamento do sistema métrico universal. O ISO-3512 inclui oito tamanhos de cadeias de elos utilizados para a transmissão pesada de potência e levantamento de equipamentos. Alguns dos passos para essas cadeias de elos são iguais aos tamanhos do sistema norte-americano. Equipamentos agrícolas como acessórios de tratores, plantadeiras, colheitadeiras e moedores empregam muitas transmissões por cadeia de elos para acionar os sistemas de movimento. O ISO-487 define oito designações em S para cobrir uma ampla variação de transmissão de potência e aplicações de tensão em arranque. Veja a Referência 3 e os sites 3, 7, 9, 14 e 15 para mais informações sobre cadeias de elos do tipo do sistema métrico e para dados de fabricante.

Uma ampla variedade de conexões está disponível para facilitar a aplicação da corrente de rolo para transporte ou outros usos de manuseio de material. Geralmente na forma de placas estendidas ou abas com buracos acrescentados, as conexões tornam mais fácil a conexão de hastes, caçambas, empurradores de peças, dispositivos de apoio de peças ou ripas de transporte para a roda dentada. A Figura 7.22 mostra alguns estilos de conexões.

A Figura 7.23 mostra uma variedade de tipos de cadeias de elos utilizados especialmente para transporte e aplicações similares. Essas cadeias de elos normalmente têm um passo mais longo do que a cadeia de rolo padrão (geralmente duas vezes o passo), e as placas de conexão são mais pesadas. Os tamanhos maiores têm placas de conexão fundidas.

▼ TABELA 7.6 Dimensões e taxas de resistência das correntes de rolos no sistema métrico.

Transmissão de potência com propósito geral ISO-606					
	Passo		Resistência à quebra		
Número da cadeia de elos	Pol	Mm	lb	kN	Nome alternativo
04B	0,250	6,350	–	–	–
05B	0,315	8,000	989	4,4	–
06B	0,375	9,525	2001	8,9	Métrico 35
08B	0,500	12,700	4002	17,8	Métrico 40
10B	0,625	15,88	4991	22,2	Métrico 50
12B	0,75	19,05	6497	28,9	Métrico 60
16B	1,00	25,40	9510	42,3	Métrico 80
20B	1,25	31,75	14501	64,5	Métrico 100
24B	1,50	38,10	22010	97,9	Métrico 120
28B	1,75	44,45	29002	129,0	Métrico 140
32B	2,00	50,8	37995	169,0	Métrico 160

(continua)

(continuação)

40B	2,50	63,5	58993	262,4	Métrico 200
48B	3,00	76,2	89996	400,3	Métrico 240
56B	3,50	88,9	122010	542,7	—
64B	4,00	101,6	160004	711,7	—
72B	4,50	114,3	202001	898,5	—

Transmissão de potência pesada

ISO-3512

Número da cadeia de elos	Passo		Resistência à ruptura	
	Pol	mm	lb	kN
2010	2,500	63,5	58903	262,0
2512	3,067	77,9	84982	378
2814	3,500	88,9	166007	516
3315	4,073	103,5	133993	596
3618	4,500	114,3	183004	814
4020	5,000	127,0	236960	1054
4824	6,000	152,4	341951	1521
5628	7,000	177,8	464928	2068

Transmissão de potência para usos na agricultura

ISO-487

Número da cadeia de elos	Passo		Resistência à ruptura	
	Pol	mm	lb	Kn
S32	1,150	29,2	1799	8,0
S42	1,375	34,9	6003	26,7
S45	0,843	21,4	4002	17,8
S52	1,500	38,1	4002	17,8
S55	1,630	41,4	4002	17,8
S62	1,650	41,9	6003	26,7
S77	2,297	58,3	10004	44,5
S88	2,609	66,3	10004	44,5

Observações: nem todos os fornecedores oferecem todos os tamanhos.
Os dados de resistência à ruptura devem ser verificados com o fornecedor específico.

(a) Ripas montadas a conexões para formar uma superfície plana de transporte

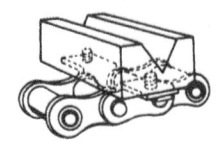

(b) Bloco em V montado a conexões para transportar objetos redondos de diâmetros variáveis

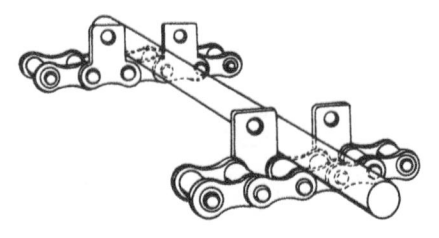

(c) Conexões utilizadas como espaçadores para transportar e posicionar objetos longos

▲ **FIGURA 7.22** Conexões da cadeia de elos.
(Rexnord Industries, LLC, Milwaukee, Wisconsin, EUA)

7.7 PROJETO DE TRANSMISSÕES POR CADEIA DE ELOS

As taxas da cadeia de elos em relação à sua capacidade de transmissão de potência levam em conta três modos de falha: (1) fadiga das placas de conexão em razão da aplicação repetida da tração no lado apertado da cadeia de elos, (2) impacto dos rolos à medida que eles engatam os dentes da roda dentada e (3) desgaste entre os pinos de cada conexão e as buchas sobre os pinos.

As taxas se baseiam em dados empíricos com um transmissor liso e uma carga lisa (fator de serviço = 1,0) e com uma vida útil de aproximadamente 15000 h. Importantes variáveis são o passo da cadeia de elos e a dimensão e a velocidade de rotação da polia menor. A lubrificação é crucial para o funcionamento satisfatório de uma transmissão por cadeia de elos. Os fabricantes recomendam o tipo de método de lubrificação para determinadas combinações entre tamanho da cadeia de elos, tamanho da polia e velocidade. Mais detalhes serão discutidos adiante.

As tabelas 7.7, 7.8 e 7.9 relacionam a potência calculada para três tamanhos de cadeia de elos padrão: nº 40 (1/2 pol), nº 60 (3/4 pol) e nº 80 (1,00 pol). Esses são exemplos típicos dos tipos de dados disponíveis para todos os tamanhos de cadeia de elos nos catálogos dos fabricantes. Observe essas características das informações:

1. As taxas se baseiam na velocidade da roda dentada menor e em uma vida útil esperada de 15000 horas.
2. Para uma dada velocidade, a capacidade de potência aumenta com o número de dentes na roda dentada. É claro, quanto maior o número de dentes, maior o diâmetro da roda dentada. Observe que o uso da cadeia de elos com um pequeno passo sobre uma roda dentada grande produz uma transmissão mais silenciosa.
3. Para um dado tamanho de roda dentada (um dado número de dentes), a capacidade de potência aumenta com o aumento de velocidade até um ponto; então ela diminui. A fadiga decorrente da tração na cadeia dentada ocorre a velocidades baixas a moderadas, o impacto nas rodas dentadas ocorre a velocidades mais altas. Cada tamanho de roda dentada tem uma velocidade-limite superior absoluta em razão do início do desgaste entre os pinos e as buxas da cadeia dentada. Isso explica a queda abrupta da capacidade de potência a zero, na velocidade-limite.
4. As taxas são para um cabo simples de cadeia de elos. Embora cabos múltiplos realmente aumentem a capacidade de potência, eles não oferecem um múltiplo direto da capacidade de um cabo simples. Multiplique a capacidade indicada nas tabelas pelos seguintes fatores:

Dois cabos: Fator = 1,7

Três cabos: Fator = 2,5

Quatro cabos: Fator = 3,3

5. As taxas são para um fator de serviço de 1,0. Especifique um fator de serviço para uma determinada aplicação, de acordo com a Tabela 7.10.

Diretrizes de projeto para as transmissões por cadeia de elos

Recomendações gerais para projetar transmissões por cadeia de elos:

1. O número de dentes em uma roda dentada deve ser no mínimo 17, a não ser que a transmissão esteja funcionando a uma velocidade muito baixa, abaixo de 100 rpm.
2. O índice de velocidade máximo deve ser 7,0, embora índices mais elevados sejam praticáveis. Dois ou mais estágios de redução podem ser utilizados para alcançar índices mais elevados.
3. A distância de centro entre os eixos da roda dentada devem ser aproximadamente de 30 a 50 passos (30–50 vezes o passo da cadeia de elos).
4. A roda dentada mais ampla normalmente não pode ter mais do que 120 dentes.
5. A disposição preferível para uma transmissão por cadeia de elos é com o eixo central das rodas dentadas disposto na horizontal e com o lado apertado em cima.
6. O comprimento da cadeia de elos deve ser um múltiplo integral do passo, e *recomenda-se um número par de passos*. A distância de centro deve ser ajustável para acomodar o comprimento da cadeia de elos e para lidar com tolerâncias e desgaste. Um decaimento excessivo no lado folgado deve ser evitado, especialmente em transmissões que não são horizontais. Uma relação conveniente entre distância de centro (C), comprimento da cadeia de elos (L), número de dentes na roda dentada menor (N_1) e número de dentes na roda dentada maior (N_2), expressa *em passos*, é

▶ **Comprimento da cadeia de elos em passos**

$$L = 2C + \frac{N_2 + N_1}{2} + \frac{(N_2 - N_1)^2}{4\pi^2 C} \quad (7.9)$$

A distância de centro para um determinado comprimento de cadeia de elos, novamente *em passos*, é

▶ **Distância de centro em passos**

$$C = \frac{1}{4}\left[L - \frac{N_2 + N_1}{2} + \right.$$
$$\left. + \sqrt{\left[L - \frac{N_2 + N_1}{2}\right]^2 - \frac{8(N_2 - N_1)^2}{4\pi^2}} \right] \quad (7.10)$$

A distância de centro calculada presume nenhum decaimento, tanto no lado apertado quanto no folgado da cadeia de elos, e assim é o *máximo*. Tolerâncias ou ajustes negativos devem ser oferecidos. O ajuste para desgaste também deve ser oferecido.

7. O diâmetro do passo de uma roda dentada com N dentes para uma cadeia de elos com um passo de p é

▶ **Diâmetro do passo da roda dentada**

$$D = \frac{p}{\text{sen}(180°/N)} \text{ polegadas ou mm} \quad (7.11)$$

8. O diâmetro mínimo da roda dentada e então o número mínimo de dentes muitas vezes são limitados pelo tamanho do eixo em que é montado. Verifique o catálogo de rodas dentadas.
9. O arco de contato, θ_1, da cadeia de elos na menor roda dentada deve ser maior do que 120°.

▶ **Ângulo de abraçamento da roda dentada menor**

$$\theta_1 = 180° - 2\,\text{sen}^{-1}\left[\frac{D_2 - D_1}{2C}\right] \quad (7.12)$$

10. Para referência, o arco de contato, θ_2, na roda dentada maior é

▶ **Ângulo de abraçamento da roda dentada maior**

$$\theta_2 = 180° + 2\,\text{sen}^{-1}\left[\frac{D_2 - D_1}{2C}\right] \quad (7.13)$$

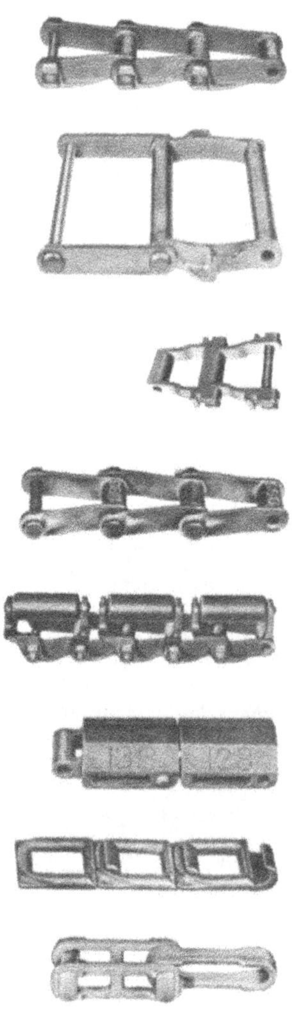

Corrente de série estreita
(tamanhos: de transmissão e transporte)
Cadeia de elos de conexão fundida de compensação utilizada principalmente na indústria madeireira para aplicações de transporte.

Corrente combinada
(tamanhos: de transporte amplas)
Conexões em bloco fundido e construção lateral em aço para aplicações de transporte.

Corrente de arraste pesada
Conexões em bloco de compensação de aço fundido. Utilizada em transporte de cinzas e lava.

Corrente de engate
Corrente construída por uma série de conexões fundidas de compensação acopladas por rebites ou pinos de aço. Adequada para transmissão de velocidade baixa a moderada, transportador e serviço de elevador.

Correntes de transferência em rolo superior
Conexões fundidas com rolos superiores utilizadas em diversos cabos para transportar material transversalmente.

Corrente do tipo "telhado"
Conexões em forma de telhado utilizadas em diversos cabos para aplicações em transportadores.

Destacável ou Separável
Consiste em unidades de conexão, cada uma com um gancho do tipo aberto que se encaixa na extremidade da conexão adjacente. Usada para transmissão de velocidade baixa a moderada e aplicação de transporte.

Forjada em matriz fechada
Conexões internas e externas forjadas em matriz fechada acopladas com pinos com cabeça.

◀ **FIGURA 7.23** Correntes transportadoras. (Rexnord, Industries, LLC, Milwaukee, Wisconsin, EUA)

▼ TABELA 7.7 Taxas de potência — Correia em rolo de cabo único nº 40.

Nº de dentes	Passo de 0,500 pol										Velocidade rotacional de roda dentada pequena, rev/min												
	10	25	50	100	180	200	300	500	700	900	1000	1200	1400	1600	1800	2100	2500	3000	3500	4000	5000	6000	7000	8000	9000
11	0,06	0,14	0,27	0,52	0,91	1,00	1,48	2,42	3,34	4,25	4,70	5,60	6,49	5,57	4,66	3,70	2,85	2,17	1,72	1,41	1,01	0,77	0,61	0,50	0,00
12	0,03	0,15	0,29	0,56	0,99	1,09	1,61	2,64	3,64	4,64	5,13	6,11	7,09	6,34	5,31	4,22	3,25	2,47	1,96	1,60	1,15	0,87	0,69	0,57	0,00
13	0,07	0,16	0,31	0,61	1,07	1,19	1,75	2,86	3,95	5,02	5,56	6,62	7,68	7,15	5,99	4,76	3,66	2,79	2,21	1,81	1,29	0,98	0,78	0,00	
14	0,07	0,17	0,34	0,66	1,15	1,28	1,88	3,08	4,25	5,41	5,98	7,13	8,27	7,99	6,70	5,31	4,09	3,11	2,47	2,02	1,45	1,10	0,87	0,00	
15	0,08	0,19	0,36	0,70	1,24	1,37	2,02	3,30	4,55	5,80	6,41	7,64	8,86	8,86	7,43	5,89	4,54	3,45	2,74	2,24	1,60	1,22	0,97	0,00	
16	0,08	0,20	0,39	0,75	1,32	1,46	2,15	3,52	4,86	6,18	6,84	8,15	9,45	9,76	8,18	6,49	5,00	3,80	3,02	2,47	1,77	1,34	0,00		
17	0,09	0,21	0,41	0,80	1,40	1,55	2,29	3,74	5,16	6,57	7,27	8,66	10,04	10,69	8,96	7,11	5,48	4,17	3,31	2,71	1,94	1,47	0,00		
18	0,09	0,22	0,43	0,84	1,48	1,64	2,42	3,96	5,46	6,95	7,69	9,17	10,63	11,65	9,76	7,75	5,97	4,54	3,60	2,95	2,11	1,60	0,00		
19	0,10	0,24	0,46	0,89	1,57	1,73	2,56	4,18	5,77	7,34	8,12	9,66	11,22	12,64	10,59	8,40	6,47	4,92	3,91	3,20	2,29	0,09	0,00		
20	0,10	0,25	0,48	0,94	1,65	1,82	2,69	4,39	6,07	7,73	8,55	10,18	11,81	13,42	11,44	9,07	6,99	5,31	4,22	3,45	2,47	0,00			
21	0,11	0,26	0,51	0,98	1,73	1,91	2,83	4,61	6,37	8,11	8,98	10,69	12,40	14,10	12,30	9,76	7,52	5,72	4,54	3,71	2,65	0,00			
22	0,11	0,27	0,53	1,03	1,81	2,01	2,96	4,83	6,68	8,50	9,40	11,20	12,99	14,77	13,19	10,47	8,06	6,13	4,87	3,98	2,85	0,00			
23	0,12	0,28	0,56	1,08	1,90	2,10	3,10	5,05	6,98	8,89	9,83	11,71	1358	15,44	14,10	11,19	8,62	6,55	5,20	4,26	3,05	0,00			
24	0,12	0,30	0,58	1,12	1,98	2,19	3,23	5,27	7,28	9,27	10,26	12,22	14,17	16,11	15,03	11,93	9,18	6,99	5,54	4,54	0,87	0,00			
25	0,13	0,31	0,60	1,17	2,06	2,28	3,36	5,49	7,59	9,66	10,69	12,73	14,76	16,78	15,98	12,68	9,76	7,43	5,89	4,82	0,00				
26	0,13	0,32	0,63	1,22	2,14	2,37	3,50	5,71	7,89	10,04	11,11	13,24	15,35	17,45	16,95	13,45	10,36	7,88	6,25	5,12	0,00				
28	0,14	0,35	0,67	1,31	2,31	2,55	3,77	6,15	8,50	10,82	11,97	14,26	16,53	18,79	18,94	15,03	11,57	8,80	6,99	5,72	0,00				
30	0,15	0,37	0,72	1,41	2,47	2,74	4,04	6,59	9,11	11,59	12,82	15,28	17,71	20,14	21,01	16,67	12,84	9,76	7,75	6,34	1,41				
32	0,16	0,40	0,77	1,50	2,64	2,92	4,31	7,03	9,71	12,38	13,66	16,30	18,89	21,48	23,14	18,37	14,14	10,76	8,54	0,00					
35	0,18	0,43	0,84	1,64	2,88	3,19	4,71	7,69	10,62	13,52	14,96	17,82	20,67	23,49	26,30	21,01	16,17	12,30	9,76	0,00					
40	0,21	0,50	0,96	1,87	3,30	3,65	5,38	8,79	12,14	15,45	17,10	20,37	23,62	26,85	3,06	25,67	19,76	15,03	0,00						
45	0,23	0,56	1,08	2,11	3,71	4,10	6,06	9,89	13,66	17,39	19,24	22,92	26,57	30,20	33,82	30,63	23,58	5,53	0,00						

Tipo A | Tipo B | Tipo C

Tipo A: Lubrificação manual ou por gotejamento
Tipo B: Lubrificação por imersão ou disco
Tipo C: Lubrificação por fluxo de óleo
Fonte: American Chain Association, Naples, Flórida, EUA.

▼ TABELA 7.8 Taxas de potência — Correia em rolo de cabo único nº 60.

Nº de dentes	Passo de 0,750 pol										Velocidade rotacional de roda dentada pequena, rev/min													
	10	25	50	100	120	200	300	400	500	600	800	1000	1200	1400	1600	1800	2000	2500	3000	3500	4000	4500	5000	5500	6000
11	0,19	0,46	0,89	1,72	2,05	3,35	4,95	6,52	8,08	9,63	12,69	15,58	11,85	9,41	7,70	6,45	5,51	3,94	3,00	2,38	1,95	1,63	1,39	1,21	0,00
12	0,21	0,50	0,97	1,88	2,24	3,66	5,40	7,12	8,82	10,51	13,85	17,15	13,51	10,72	8,77	7,35	6,28	4,49	3,42	2,71	2,22	1,86	1,59	1,38	0,00
13	0,22	0,54	1,05	2,04	2,43	3,96	5,85	7,71	9,55	11,38	15,00	18,58	15,23	12,08	9,89	8,29	7,08	5,06	3,85	3,06	2,50	2,10	1,79	0,00	
14	0,24	0,58	1,13	2,19	2,61	4,27	6,30	8,30	10,29	12,26	16,15	20,01	1702	13,51	11,05	9,26	7,91	5,66	4,31	3,42	2,80	2,34	0,41	0,00	
15	0,26	0,62	1,21	2,35	2,80	4,57	6,75	8,90	11,02	13,13	17,31	21,44	18,87	14,98	12,26	10,27	8,77	6,28	4,77	3,79	3,10	2,60	0,00		
16	0,27	0,66	1,29	2,51	2,99	4,88	7,20	9,49	11,76	14,01	18,46	22,87	20,79	16,50	13,51	11,32	9,66	6,91	5,26	4,17	3,42	1,78			
17	0,29	0,70	1,37	2,66	3,17	5,18	7,65	10,08	12,49	14,88	19,62	24,30	22,77	18,07	14,79	12,40	10,58	7,57	5,76	4,57	3,74	0,00			
18	0,31	0,75	1,45	2,82	3,36	5,49	8,10	10,68	13,23	15,76	20,77	25,73	24,81	19,69	16,11	13,51	11,53	8,25	6,28	4,98	4,08	0,00			
19	0,33	0,79	1,53	2,98	3,55	5,79	8,55	11,27	13,96	16,63	21,92	27,16	26,91	21,35	17,48	14,65	12,50	8,95	6,81	5,40	0,20				
20	0,34	0,83	1,61	3,13	3,73	6,10	9,00	11,86	14,70	17,51	23,08	28,59	29,06	23,06	18,87	15,82	13,51	9,66	7,35	5,83	0,00				
21	0,36	0,87	1,69	3,29	3,92	6,40	9,45	12,46	15,43	18,38	24,23	30,02	31,26	24,81	20,31	17,02	14,53	10,40	7,91	6,28					
22	0,38	0,91	1,77	3,45	4,11	6,71	9,90	13,05	16,17	19,26	25,39	31,45	33,52	26,60	21,77	18,25	15,58	11,15	8,48	0,00					
23	0,40	0,95	1,85	3,61	4,29	7,01	10,35	13,64	16,90	20,13	26,54	32,88	35,84	28,44	23,28	19,51	16,66	11,92	9,07	0,00					
24	0,41	0,99	1,93	3,76	4,48	7,32	10,80	14,24	17,64	21,01	27,69	34,31	38,20	30,31	24,81	20,79	17,75	12,70	9,66	0,00					
25	0,43	1,04	2,01	3,92	4,67	7,62	11,25	14,83	18,37	21,89	28,85	35,74	40,61	32,23	26,38	22,11	18,87	13,51	10,27	0,00					
26	0,45	1,08	2,09	4,08	4,85	7,93	11,70	15,42	19,11	22,76	30,00	37,17	43,07	34,18	27,98	23,44	20,02	14,32	10,90	0,00					
28	0,48	1,16	2,26	4,39	5,23	8,54	12,60	16,61	20,58	24,51	32,31	40,03	47,68	38,20	31,26	36,20	22,37	16,01	0,00						
30	0,52	1,24	2,42	4,70	5,60	9,15	13,50	17,79	22,05	26,26	34,62	42,89	51,09	42,36	34,67	29,06	24,81	17,75	0,00						
32	0,55	1,33	2,58	5,02	5,98	9,76	14,40	18,98	23,52	28,01	36,92	45,75	54,50	46,67	38,20	32,01	27,33	19,56	0,00						
35	0,60	1,45	2,82	5,49	6,54	10,67	15,75	20,76	25,72	30,64	40,39	50,03	59,60	53,38	43,69	36,62	31,26	1,35							
40	0,69	1,66	3,22	6,27	7,47	12,20	18,00	23,73	29,39	35,02	46,16	57,18	68,12	65,22	53,38	44,74	38,20	0,00							
45	0,77	1,86	3,63	7,05	8,40	13,72	20,25	26,69	33,07	38,39	51,92	64,33	76,63	77,83	63,70	53,38	12,45	0,00							

Tipo A: Lubrificação manual ou por gotejamento
Tipo B: Lubrificação por imersão ou disco
Tipo C: Lubrificação por fluxo de óleo

Fonte: American Chain Association, Naples, Flórida, EUA.

Capítulo 7 • Transmissões por correia e por cadeia de elos 303

▼ TABELA 7.9 Taxas de potência — Correia em rolo de cabo único nº 80.

Nº de dentes	Passo de 1.000 pol						Velocidade rotacional de roda dentada pequena, rev/min													
	10	25	50	75	88	100	200	300	400	500	600	700	800	900	1000	1200	1400	1600	1800	2000	2500	3000	3500	4000	4500
11	0,44	1,06	2,07	3,05	3,56	4,03	7,83	11,56	15,23	18,87	22,48	26,07	27,41	22,97	19,61	14,92	11,84	9,69	8,12	6,83	4,96	3,77	3,00	2,45	0,00
12	0,48	1,16	2,26	3,33	3,88	4,39	8,54	12,61	16,82	20,59	24,53	28,44	31,23	26,17	22,35	17,00	13,49	11,04	9,25	7,90	5,65	4,30	3,41	2,79	0,00
13	0,52	1,26	2,45	3,61	4,21	4,76	9,26	13,66	18,00	22,31	26,57	30,81	35,02	29,51	25,20	19,17	15,21	12,45	10,43	8,91	6,37	4,85	3,85	3,15	
14	0,56	1,35	2,63	3,89	4,53	5,12	9,97	14,71	19,39	24,02	28,62	33,18	37,72	32,98	28,16	21,42	17,00	13,91	11,66	9,96	7,12	5,42	4,30	3,52	
15	0,60	1,45	2,82	4,16	4,86	5,49	10,68	15,76	20,77	25,74	30,66	35,55	40,41	36,58	31,23	23,76	18,85	15,43	12,93	11,04	7,90	6,01	4,77	0,00	
16	0,64	1,55	3,01	4,44	5,18	5,86	11,39	16,81	22,16	27,45	32,70	37,92	43,11	40,30	34,41	26,17	20,77	17,00	14,25	12,16	8,70	6,62	5,25	0,00	
17	0,68	1,64	3,20	4,72	5,50	6,22	12,10	17,86	23,54	29,17	34,75	40,29	45,80	44,13	37,68	28,66	22,75	18,62	15,60	13,32	9,53	7,25	0,00		
18	0,72	1,74	3,39	5,00	5,83	6,59	12,81	18,91	24,93	30,88	36,79	42,66	48,49	48,08	41,05	31,23	24,78	20,29	17,00	14,51	10,39	7,90	0,00		
19	0,76	1,84	3,57	5,28	6,15	6,95	13,53	19,96	26,31	32,60	38,84	45,03	51,19	52,15	44,52	33,87	26,88	22,00	18,44	15,74	11,26	0,36	0,00		
20	0,80	1,93	3,76	5,55	6,47	7,32	14,24	21,01	27,70	34,32	40,88	47,40	53,88	56,30	48,08	36,58	29,03	23,76	19,91	17,00	12,16	0,00			
21	0,84	2,03	3,95	5,83	6,80	7,69	14,95	22,07	29,08	36,03	42,92	49,77	56,58	60,59	51,73	39,23	31,23	25,56	21,42	18,29	13,09	0,00			
22	0,88	2,13	4,14	6,11	7,12	8,05	15,66	23,12	30,47	37,75	44,97	52,14	59,27	64,97	55,47	42,20	3349	27,41	22,97	19,61	14,03				
23	0,92	2,22	4,33	6,39	7,45	8,42	16,37	24,17	31,85	39,46	47,01	54,51	61,97	69,38	59,30	45,11	35,80	29,30	24,55	20,97	15,00				
24	0,96	2,32	4,52	6,66	7,77	8,78	17,09	25,22	33,24	41,18	49,06	56,88	64,66	72,40	63,21	48,08	38,16	31,23	26,17	22,35	15,99				
25	1,00	2,42	4,70	6,94	8,09	9,15	17,80	26,27	34,62	42,89	51,10	59,25	67,35	75,42	67,20	51,12	40,57	33,20	27,83	23,76	8,16				
26	1,04	2,51	4,89	7,22	8,42	9,52	18,51	27,32	36,01	44,61	53,14	61,62	70,05	78,43	71,27	54,22	43,02	36,22	29,51	25,20	0,00				
28	1,12	2,71	5,27	7,77	9,06	10,25	19,93	29,42	38,78	48,04	57,23	66,36	75,44	84,47	79,65	60,59	48,08	39,36	32,98	28,16	0,00				
30	1,20	2,90	5,64	8,33	9,71	10,98	21,36	31,52	41,55	51,47	61,32	71,10	80,82	90,50	88,33	67,20	53,33	43,65	36,58	31,23					
32	1,28	3,09	6,02	8,89	10,36	11,71	22,78	33,62	44,32	54,91	65,41	75,84	86,21	96,53	97,31	74,03	58,75	48,08	40,30	5,65					
35	1,40	3,38	6,58	9,72	11,33	12,81	24,92	36,78	48,47	60,05	71,54	82,95	94,29	105,58	111,31	84,68	67,20	55,00	28,15	0,00					
40	1,61	3,87	7,53	11,11	12,95	14,64	28,48	42,03	55,40	68,63	81,76	94,80	107,77	120,67	133,51	103,46	82,10	40,16	0,00						
45	1,81	4,35	8,47	12,49	14,57	16,47	32,04	47,28	62,32	77,21	91,98	106,65	121,24	135,75	150,20	123,45	72,28	0,00							
	Tipo A						Tipo B											Tipo C							

Tipo A: Lubrificação manual ou por gotejamento
Tipo B: Lubrificação por imersão ou disco
Tipo C: Lubrificação por fluxo de óleo

Fonte: American Chain Association, Naples, Flórida, EUA.

▼ TABELA 7.10 Fatores de serviço para transmissões por cadeia de elos.

Tipo de carga	Tipo de transmissor		
	Transmissão hidráulica	Motor elétrico ou turbina	Motor de combustão interna com transmissão mecânica
Lisa Agitadores; ventoinhas; geradores; moedores; bombas centrífugas; peneiras rotativas; transportadores leves carregados de maneira uniforme	1,0	1,0	1,2
Choque moderado Elevadores de caçamba; ferramentas de máquinas; guindastes; transportadores pesados; batedeiras e moedores de alimentos; moinhos de bola; bombas alternativas; maquinário para trabalhar madeira	1,2	1,3	1,4
Choque pesado Prensas perfuradoras; moinhos de martelo; hélices de barcos; trituradores; transportadores alternativos; laminadores; guindaste de madeireira; impressoras	1,4	1,5	1,7

Lubrificação

É essencial que a lubrificação adequada seja realizada nas transmissões por cadeia de elos. Há inúmeras peças móveis dentro da cadeia de elos, além da interação entre elas e os dentes da roda dentada. O projetista deve definir as propriedades lubrificantes e o método de lubrificação.

PROPRIEDADES LUBRIFICANTES. Recomenda-se o óleo lubrificante à base de petróleo, semelhante ao óleo de motor. Sua viscosidade deve permitir que o óleo flua prontamente entre as superfícies da cadeia de elos, passando de uma a outra enquanto proporciona uma ação lubrificante adequada. O óleo deve ser mantido limpo e sem umidade. A Tabela 7.11 fornece o lubrificante recomendado para diferentes temperaturas ambiente.

MÉTODO DE LUBRIFICAÇÃO. A American Chain Association recomenda três diferentes tipos de lubrificante, dependendo da velocidade de operação e da potência a ser transmitida. Veja as tabelas 7.7 a 7.9 ou os catálogos dos fabricantes para recomendações. Consulte as descrições a seguir de métodos e ilustrações na Figura 7.24.

Tipo A. Lubrificação manual ou por gotejamento: Para a lubrificação manual, o óleo é aplicado copiosamente com uma brocha ou um recipiente de lata com bico, ao menos uma vez a cada 8 horas de funcionamento. Para a lubrificação alimentada por gotejamento, o óleo é gotejado diretamente nas placas de conexão de cada cabo da cadeia de elos.

Tipo B. Lubrificação por imersão ou disco: A cobertura da cadeia de elos oferece um reservatório de óleo no qual a cadeia de elos é mergulhada continuamente. Como alternativa, um disco ou um defletor pode ser afixado a um dos eixos para lançar óleo a uma calha acima do cabo inferior da cadeia de elos. A calha então transmite um fluxo de óleo para a cadeia de elos. Esta, por sua vez, não precisa mergulhar no óleo.

Tipo C. Lubrificação por fluxo de óleo: Uma bomba de óleo transmite um fluxo contínuo de óleo sobre a parte inferior da cadeia de elos.

▼ TABELA 7.11 Lubrificante recomendado para transmissão por corrente de elos.

Temperatura ambiente		Lubrificante recomendado
°F	°C	
20 a 40	−7 a 5	SAE 20
40 a 100	5 a 38	SAE 30
100 a 120	38 a 49	SAE 40
120 a 140	49 a 60	SAE 50

EXEMPLO 7.3 Projete uma transmissão por cadeia de elos para um transportador de carvão carregado bem pesado, que deve ser conduzido por um motor a gasolina por meio de uma transmissão mecânica. A velocidade de entrada será de 900 rpm, e a velocidade de saída desejável é de 230 a 240 rpm. O transportador requer 15,0 hp.

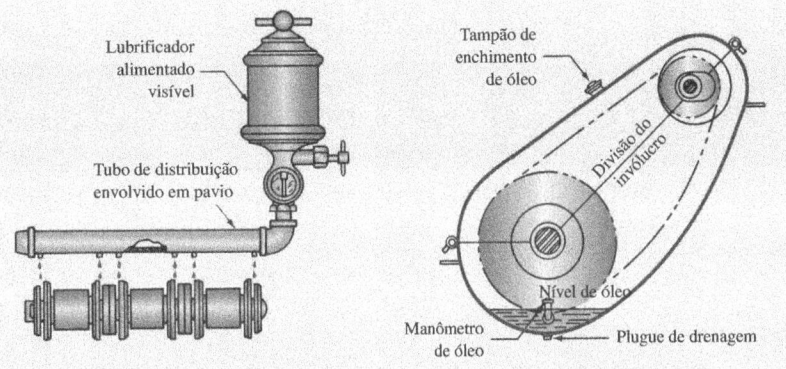

(a) Lubrificação alimentada por gotejamento (tipo A)

(b) Lubrificação por imersão rasa (tipo B)

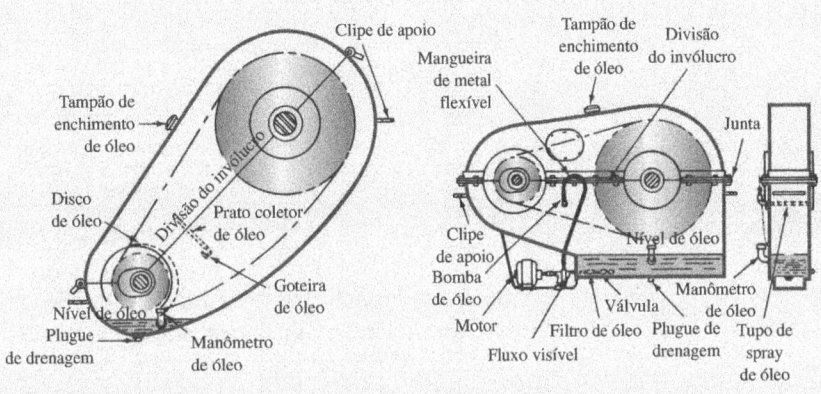

(c) Lubrificação por disco ou defletor (tipo B)

(d) Lubrificação por fluxo de óleo (tipo C)

▲ **FIGURA 7.24** Métodos de lubrificação. (American Chain Association, Naples, Flórida, EUA)

SOLUÇÃO

Objetivo Projetar uma transmissão por cadeia de elos.

Dados Potência transmitida = 15 hp para um transportador de carvão
Velocidade do motor = 900 rpm; variação de velocidade de saída = 230 a 240 rpm

Análise Utilize os dados de projeto apresentados nesta seção. O procedimento de solução é desenvolvido dentro da seção Resultados da solução do problema.

Resultados *Passo 1.* Especifique um fator de serviço e calcule a potência do projeto. De acordo com a Tabela 7.10, para choque moderado e um motor de gasolina conduzido por transmissão mecânica, $SF = 1,4$.

Potência do projeto = 1,4(15,0) = 21,0 hp

Passo 2. Calcule o índice desejado. Utilizando a metade da variação exigida de velocidades de saída, temos

Índice = (900 rpm)/(235 rpm) = 3,83

Passo 3. Consulte as tabelas para a capacidade de potência (tabelas 7.7, 7.8 e 7.9) e selecione o passo da cadeia de elos. Para um cabo único, a cadeia de elos nº 60 com $p = 3/4$ pol parece melhor. Uma roda dentada de 17 dentes é considerada a 21,96 hp a 900 rpm por interpolação. A essa velocidade, faz-se necessária a lubrificação do tipo B (banho de óleo).

Passo 4. Calcule o número necessário de dentes na roda dentada grande:

$$N_2 = N_1 \times \text{índice} = 17(3,83) = 65,11$$

Vamos utilizar um número inteiro: 65 dentes.

Passo 5. Calcule a velocidade de saída esperada real:

$$n_2 = n_1(N_1/N_2) = 900 \text{ rpm}(17/65) = 235{,}3 \text{ rpm (OK)}$$

Passo 6. Calcule os diâmetros do passo das rodas dentadas utilizando a Equação 7.11:

$$D_1 = \frac{p}{\text{sen}(180°/N_1)} = \frac{0{,}75 \text{ pol}}{\text{sen}(180°/17)} = 4{,}082 \text{ pol}$$

$$D_2 = \frac{p}{\text{sen}(180°/N_2)} = \frac{0{,}75 \text{ pol}}{\text{sen}(180°/65)} = 15{,}524 \text{ pol}$$

Passo 7. Especifique a distância de centro. Utilizemos o meio da faixa recomendada, 40 passos.

Passo 8. Calcule o comprimento exigido da cadeia de elos em passos a partir da Equação 7.9:

$$L = 2C + \frac{N_2 + N_1}{2} + \frac{(N_2 - N_1)^2}{4\pi^2 C}$$

$$L = 2(40) + \frac{65 + 17}{2} + \frac{(65 - 17)^2}{4\pi^2(40)} = 122{,}5 \text{ passos}$$

Passo 9. Especifique um número integral de passo para o comprimento da cadeia de elos e calcule a distância de centro teórica real. Utilizaremos 122 passos, um número par. Então, a partir da Equação 7.10,

$$C = \frac{1}{4}\left[L - \frac{N_2 + N_1}{2} + \sqrt{\left[L - \frac{N_2 + N_1}{2}\right]^2 - \frac{8(N_2 - N_1)^2}{4\pi^2}}\right]$$

$$C = \frac{1}{4}\left[122 - \frac{65 + 17}{2} + \sqrt{\left[122 - \frac{65 + 17}{2}\right]^2 - \frac{8(65 - 17)^2}{4\pi^2}}\right]$$

$$C = 39{,}766 \text{ passos} = 39{,}766(0{,}75 \text{ pol}) = 29{,}825 \text{ pol}$$

Passo 10. Calcule o ângulo de envolvimento da cadeia de elos para cada roda dentada utilizando as equações 7.12 e 7.13. Observe que o ângulo de envolvimento mínimo deve ser de 120°.

Para a roda dentada pequena,

$$\theta_1 = 180° - 2 \text{ sen}^{-1}\left[\frac{D_2 - D_1}{2C}\right]$$

$$\theta_1 = 180° - 2 \text{ sen}^{-1}\left[\frac{15{,}524 - 4{,}082}{2(29{,}825)}\right] = 158°$$

Como o valor é maior do que 120°, ele é aceitável.
Para a roda dentada maior,

$$\theta_2 = 180° + 2 \text{ sen}^{-1}\left[\frac{D_2 - D_1}{2C}\right]$$

$$\theta_2 = 180° + 2 \text{ sen}^{-1}\left[\frac{15{,}524 - 4{,}082}{2(29{,}825)}\right] = 202°$$

Comentários

Resumo do projeto
A Figura 7.25(a) mostra um esquema do projeto para comparar.
Passo: Cadeia de elos nº 60, passo de 3/4 pol
Comprimento: 122 passos = 122(0,75) = 91,50 pol

Distância de centro: $C = 29{,}825$ pol (máximo)
Rodas dentadas: Cabo único, nº 60, passo de 3/4 pol
Pequena: 17 dentes, $D = 4{,}082$ pol
Grande: 65 dentes, $D = 15{,}524$ pol
A lubrificação do tipo B se faz necessária. A roda dentada grande pode mergulhar dentro do banho de óleo.

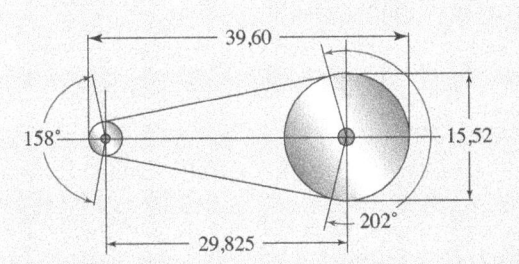

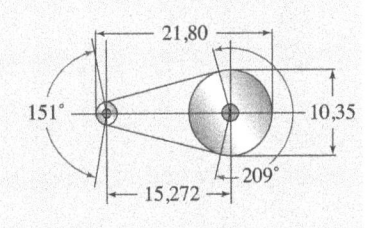

▲ **FIGURA 7.25** Desenhos em escala de esboços para transmissões em cadeia de elos para os exemplos 7.3 e 7.4.

EXEMPLO 7.4		Crie um projeto alternativo para as condições do Exemplo 7.3 para produzir uma transmissão menor.
SOLUÇÃO	Objetivo	Projetar uma transmissão em cadeia de elos menor para aplicação no Exemplo 7.3.
	Dados	Potência transmitida = 15 hp para um transportador Velocidade do motor = 900 rpm; variação de velocidade de saída = 230 a 240 rpm
	Análise	Use um projeto de múltiplos cabos para possibilitar que uma cadeia de elos de passo menor seja usada para transmitir a mesma potência de projeto (21,0 hp) à mesma velocidade (900 rpm). Utilize os dados de projeto apresentados nesta seção. O procedimento de solução é desenvolvido dentro da seção de resultados da solução do problema.
	Resultados	Experimentemos uma cadeia de elos de quatro cabos para a qual o fator de capacidade de potência é 3,3. Então a potência exigida por cabo é

$$P = 21{,}0/3{,}3 = 6{,}36 \text{ hp}$$

A partir da Tabela 7.7, verificamos que uma cadeia de elos nº 40 (passo de 1/2 pol) com uma roda dentada de 17 dentes será satisfatória. A lubrificação do tipo B, banho de óleo, pode ser utilizada.

Para a roda dentada grande necessária,

$$N_2 = N_1 \times \text{índice} = 17(3{,}83) = 65{,}11$$

Usaremos $N_2 = 65$ dentes.

Os diâmetros da roda dentada são

$$D_1 = \frac{p}{\text{sen}(180°/N_1)} = \frac{0{,}500 \text{ pol}}{\text{sen}(180°/17)} = 2{,}721 \text{ pol}$$

$$D_2 = \frac{p}{\text{sen}(180°/N_2)} = \frac{0{,}500 \text{ pol}}{\text{sen}(180°/65)} = 10{,}349 \text{ pol}$$

Para a distância de centro, experimentaremos o mínimo recomendado: $C = 30$ passos.

$$30(0{,}50 \text{ pol}) = 15{,}0 \text{ pol}$$

O comprimento da cadeia de elos é

$$L = 2(30) + \frac{65+17}{2} + \frac{(65-17)^2}{4\pi^2(30)} = 102{,}9 \text{ passos}$$

Especifique o comprimento total, $L = 104$ passos $= 104(0{,}50) = 52{,}0$ pol. A distância de centro máxima real é

$$C = \frac{1}{4}\left[104 - \frac{65+17}{2} + \sqrt{\left[104 - \frac{65+17}{2}\right]^2 - \frac{8(65-17)^2}{4\pi^2}}\right]$$

$$C = 30{,}54 \text{ passos} = 30{,}54(0{,}50) = 15{,}272 \text{ pol}$$

Calcule o ângulo de envolvimento da cadeia de elos para cada roda dentada usando as equações 7.12 e 7.13. Observe que o ângulo de envolvimento mínimo deve ser 120°.

Para a roda dentada pequena,

$$\theta_1 = 180° - 2\,\text{sen}^{-1}\left[\frac{D_2 - D_1}{2C}\right]$$

$$\theta_1 = 180° - 2\,\text{sen}^{-1}\left[\frac{10{,}349 - 2{,}721}{2(15{,}272)}\right] = 151{,}1°$$

Como esse valor é maior do que 120°, é aceitável.
Para a roda dentada maior,

$$\theta_2 = 180° + 2\,\text{sen}^{-1}\left[\frac{D_2 - D_1}{2C}\right]$$

$$\theta_2 = 180° + 2\,\text{sen}^{-1}\left[\frac{10{,}349 - 2{,}721}{2(15{,}272)}\right] = 208{,}9°$$

Comentário

Resumo
A Figura 7.25(b) mostra o novo projeto para a mesma escala como o primeiro projeto. A redução de espaço é significativa.
Cadeia de elos: Nº 40, passo de 1/2 pol, quatro cabos, 104 passos, comprimento de 52,0 pol
Roda dentada: Nº 40-4 (quatro cabos), passo de 1/2 pol
    Pequena: 17 dentes, $D_1 = 2{,}721$ pol
    Grande: 65 dentes, $D_2 = 10{,}349$ pol
Distância de centro máxima: 15,272 pol
Lubrificação do tipo B (banho de óleo)

Planilha do projeto da cadeia de elos

A Figura 7.26 mostra uma planilha que auxilia no projeto de transmissões de cadeia de elos utilizando o procedimento desenvolvido nesta seção. O usuário insere os dados mostrados em itálico nas células destacadas em cinza. Consulte as tabelas 7.5 a 7.10 para os dados exigidos. Os resultados do Exemplo 7.4 são mostrados na figura.

▼ FIGURA 7.26 Planilha do projeto da cadeia de elos.

PROJETO DA TRANSMISSÃO POR CADEIA DE ELOS

Dados de entrada inicial: Exemplo 7.4 — Multiplicidade

Aplicação:	*Transportador de carvão*	
Transmissão/tipo:	*Transmissão mecânica de motor*	
Máquina acionada:	*Transportador carregado pesado*	
Entrada de potência:	*15 hp*	
Fator de serviço:	*1,4*	Tabela 7.10
Velocidade de entrada:	*900 rpm*	
Velocidade de saída desejada:	*235 rpm*	

Dados calculados:

Potência do projeto:	21 hp
Índice de velocidade:	3,83

Decisões de projeto — Tipo de cadeia de elos e número de dentes:

Número de cabos:	*4*	1	2	3	4
Fator do cabo:	*3,3*	1,0	1,7	2,5	3,3
Potência exigida por cabo:	6,36 hp				
Número da cadeia de elos:	*40*	tabelas 7.7, 7.8 ou 7.9			
Passo da cadeia de elos:	*0,5 pol*				
Número de dentes na roda dentada transmissora:	*17*				
Nº calculado de dentes na roda dentada acionada:	65,11				
Inserir: Número escolhido de dentes:	*65*				

Dados calculados:

Velocidade de saída real:	235,4 rpm
Diâmetro do passo da roda dentada transmissora:	2,721 pol
Diâmetro do passo da roda dentada acionada:	10,349 pol

Distância de centro, comprimento da cadeia de elos e ângulo de envolvimento:

Inserir: Distância de centro nominal:	*30 passos*	30 a 50 passos recomendados
Comprimento calculado da cadeia de elos nominal:	102,9 passos	
Inserir: Nº específico de passos:	*104* passos	Mesmo número recomendado
Comprimento real da cadeia de elos:	52,00 pol	
Distância de centro real calculada:	30,545 passos	
Distância de centro real:	15,272 pol	
Ângulo de envolvimento da roda dentada transmissora:	151,1°	Deve ser maior do que 120°
Ângulo de envolvimento da roda dentada acionada:	208,9°	

REFERÊNCIAS

1. AMERICAN CHAIN ASSOCIATION. *Chains for Power Transmission and Material Handling.* 2. ed., Boca Raton, FL: CRC Press Taylor & Francis, 2006.
2. AMERICAN SOCIETY OF MECHANICAL ENGINEERS. *ASME Standard B29.1:1993, Precision Power Transmission Roller Chains, Attachments, and Sprockets.* New York: American Society of Mechanical Engineers, 1993.
3. INTERNATIONAL ORGANIZATION FOR STANDARDIZATION (ISO). *(Various standards listed below).* Geneva, Switzerland: ISO.
    a. ISO 2790:2004. *Belt Drives—V-belts for the Automotive Industry and Corresponding Pulleys—Dimensions*, 2004.
    b. ISO 5290:2001. *Belt Drives—Grooved Pulleys for Joined Narrow V-belts—Groove Sections 9N>J, 15N>J, and 25N>J*, 2001.
    c. ISO 5292:1995. *Belt Drives—V-belts and V-ribbed Belts— Calculation of Power Ratings*, 1995.
    d. ISO 5296-1:1989. *Synchronous Belt Drives—Belts—Part 1: Pitch Codes MXL, XL, L, H, XH, and XXH—Metric and Inch Dimensions*, 1989.
    e. ISO 8419: 2003. *Belt Drives—Narrow V-belts—Sections 9N>J, 15N>J, and 25N>J (Lengths in the Effective System)*, 2003.
    f. ISO 9981:1998. *Belt Drives—Pulleys and V-ribbed Belts for the Automotive Industry—PK Profile: Dimensions*, 1998.
    g. ISO 9982:1998. *Belt Drives–Pulleys and V-ribbed Belts for the Industrial Applications–PH, PJ, PL and PM Profiles: Dimensions*, 1998.
    h. ISO 487:1998. *Steel Roller Chains, Type S and C*, 1998.
    i. ISO 10823:2004. *Guidelines for the Selection of Roller Chain Drives*, 2004.
4. SOCIETY OF AUTOMOTIVE ENGINEERS. *SAE Standard J636—VBelts and Pulleys.* Warrendale, PA: Society of Automotive Engineers, 2001.
5. _____. *SAE Standard J637—Automotive V-Belt Drives.* Warrendale, PA: Society of Automotive Engineers, 2001.
6. _____. *SAE Standard J1278—SI (Metric) Synchronous Belts and Pulleys.* Warrendale, PA: Society of Automotive Engineers, 1993.
7. _____. *SAE Standard J1313— Automotive Synchronous Belt Drives.* Warrendale, PA: Society of Automotive Engineers, 1993.
8. _____. *SAE Standard J1459— V-Ribbed Belts and Pulleys.* Warrendale, PA: Society of Automotive Engineering, 2009.

SITES RELACIONADOS A TRANSMISSÕES POR CORREIA E POR CADEIA DE ELOS

1. **American Chain Association.** <www.americanchainassn.org>. Uma organização comercial norte-americana para empresas que oferecem produtos para a indústria de transmissões por cadeia de elos. Publica padrões e auxílios em geral para projetos, aplicação e manutenção de transmissões por cadeia de elos e sistemas de engenharia de transporte por cadeia de elos. As taxas de potência da ACA para toda a variedade de tamanhos de cadeia de elos para as correntes de rolo Padrão ANSI podem ser baixadas do site.
2. **Dayco Belt Drives.** <www.dayco.com> e <www.markivauto.com>. Fabricante dos sistemas de transmissão por correia Dayco (Carlisle Power Transmission Products, Inc.) e dos sistemas automotivos de transmissão por correia (MarkIV Automotive Company). O catálogo completo de dados de correias sinuosas pode ser baixado do endereço eletrônico <www.accessdayco.com>.
3. **Dodge Power Transmission.** <www.dodge-pt.com>. Fabricante de inúmeros componentes de transmissão de potência, incluindo sistemas de transmissão por correia síncrona e por correia em V.
4. **Emerson Power Transmission.** <www.emerson-ept.com>. Fabricante de inúmeros componentes de transmissão de potência, incluindo sistemas de transmissão por correia síncrona e transmissões por corrente de rolo por meio de suas divisões Browning e Morse.
5. **Gates Rubber Company.** <www.gates.com>. Produtos de borracha para os mercados automotivo e industrial, incluindo sistemas de transmissão por correia síncrona e por correia em V.
6. **Grainger Industrial Supply.** <www.grainger.com>. Distribuidor de uma ampla gama de produtos industriais incluindo correias, polias, cadeia de elos e rodas dentadas para transmissão de potência.
7. **International Organization for Standardization.** <www.iso.org>. A principal organização para

estabelecer e promover padrões técnicos para implementação no mundo todo. Procure por *Standards* e pesquise o assunto para o qual está procurando padrões ISO.

8. **Martin Sprocket and Gear Company.** <www.martinsprocket.com>. Fabricante de uma ampla variedade de produtos de transmissão de potência mecânica, incluindo rodas dentadas, polias para correias em V, polias para correias síncronas e buchas.

9. **Maryland Metrics.** <www.mdmetric.com>. Empresa estabelecida nos EUA que fornece produtos de transmissão de potência em sistema métrico dentro dos padrões ISO, BS e DIN.

10. **Power Transmission.** <www.powertransmission.com>. Um website abrangente para empresas que oferecem produtos para a indústria de transmissão de potência, muitas das quais fornecem sistemas de transmissão por cadeia de elos e correias.

11. **Putnam Precision Molding, Inc.** <www.putnamprecisionmolding.com>. Produtora de componentes de plástico de transmissão mecânica moldados por injeção, incluindo cadeia de elos, rodas dentadas e polias para correias síncronas.

12. **Rexnord Corporation.** <www.rexnord.com>. Fabricante de componentes de transporte e transmissão de potência, incluindo transmissões por corrente de rolo e sistemas de engenharia de transmissão por cadeia de elos.

13. **SAE International.** <www.sae.org>. A Society of Automotive Engineers, ou Sociedade de Engenheiros Automotivos, é uma sociedade de engenheiros que promove a mobilidade na terra ou água, no ar ou no espaço. Oferece padrões para correias em V, correias síncronas, polias e transmissões para aplicações automotivas.

14. **SDP/SI.** <www.sdp-si.com>. A Stock Drive Products/Sterling Instruments Company distribui uma ampla gama de componentes de transmissão mecânica com uma forte ênfase em componentes de transmissão mecânica de precisão, incluindo correias síncronas, polias, cadeia de elos e rodas dentadas. Estão inclusos os dois tipos de componentes: do sistema métrico e do sistema norte-americano.

15. **Wippermann Company.** <www.wippermann.com>. Fabricante de uma ampla variedade de produtos de transmissão por cadeia de elos, estabelecida na Alemanha; ampla seleção de cadeia de elos e rodas dentadas no padrão alemão DIN.

16. **T. B. Wood's Sons Company.** <www.tbwoods.com>. Fabricante de muitos produtos de transmissão mecânica, incluindo transmissões por correia em V, por correia síncrona e de velocidade ajustável.

PROBLEMAS

Transmissões por correia em V

1. Especifique o comprimento da correia padrão 3V (a partir da Tabela 7.2) que seria aplicada a duas polias com diâmetros de passo de 5,25 pol e 13,95 pol, com uma distância de centro de não mais do que 24,0 pol.

2. Para a correia padrão especificada no Problema 1, calcule a distância de centro real que seria resultante.

3. Para a correia padrão especificada no Problema 1, calcule o ângulo de envolvimento em ambas as polias.

4. Especifique o comprimento da correia padrão 5V (a partir da Tabela 7.2) que seria aplicada a duas polias com diâmetros de passo de 8,4 pol e 27,7 pol, com uma distância de centro de não mais do que 60,0 pol.

5. Para a correia padrão especificada no Problema 4, calcule a distância de centro real resultante.

6. Para a correia padrão especificada no Problema 4, calcule o ângulo de envolvimento em ambas as polias.

7. Especifique o comprimento da correia padrão 8V (a partir da Tabela 7.2) que seria aplicada a duas polias com diâmetros de passo de 13,8 pol e 94,8 pol, com uma distância de centro de não mais do que 144 pol.

8. Para a correia padrão especificada no Problema 7, calcule a distância de centro real que seria resultante.

9. Para a correia padrão especificada no Problema 7, calcule o ângulo de envolvimento em ambas as polias.

10. Considerando que a polia pequena no Problema 1 esteja rotacionando a 1750 rpm, calcule a velocidade linear da correia.

11. Considerando que a polia pequena do Problema 4 esteja rotacionando a 1160 rpm, calcule a velocidade linear da correia.

12. Considerando que a polia pequena do Problema 7 esteja rotacionando a 870 rpm, calcule a velocidade linear da correia.

13. Para a transmissão por correia dos problemas 1 e 10, calcule a potência nominal, considerando correções de índice de velocidade, comprimento da correia e ângulo de envolvimento.
14. Para a transmissão por correia dos problemas 4 e 11, calcule a potência nominal, considerando correções de índice de velocidade, comprimento da correia e ângulo de envolvimento.
15. Para a transmissão por correia dos problemas 7 e 12, calcule a potência nominal, considerando correções de índice de velocidade, comprimento da correia e ângulo de envolvimento.

Corrente de rolo

23. Descreva uma corrente de rolo padrão, nº 140.
24. Descreva uma corrente de rolo padrão, nº 60.
25. Especifique uma cadeia de elos padrão adequada para exercer uma força de tração estática de 1250 lb.
26. A corrente de rolo é utilizada em uma empilhadeira hidráulica para elevar as forquilhas. Se dois cabos oferecem suporte à carga igualmente, qual tamanho você especificaria para uma carga de projeto de 5000 lb?
27. Liste três modos de falha típicos de correntes de rolo.
28. Determine a taxa de potência de uma cadeia de elos nº 60, cabo único, que funcione em uma roda dentada de 20 dentes a 750 rpm. Descreva o método preferível de lubrificação. A cadeia de elos conecta uma transmissão hidráulica com um moedor de carne.
29. Para os dados do Problema 28, qual seria a taxa para os três cabos?
30. Determine a taxa de potência de uma cadeia de elos nº 40, cabo único, funcionando em uma roda dentada de 12 dentes a 860 rpm. Descreva o método preferível de lubrificação. A roda dentada menor é aplicada ao eixo de um motor elétrico. A saída é para um transportador de carvão.

16. Descreva a seção transversal da correia 15N. De qual tamanho de correia (em polegadas) ela estaria mais próxima?
17. Descreva a seção transversal da correia 17A. De qual tamanho de correia (em polegadas) ela estaria mais próxima?

Para os problemas 18 a 22 (Tabela 7.12), projete uma transmissão por correia em V. Especifique o tamanho da correia, as dimensões da polia, o número de correias, a velocidade de saída real e a distância de centro.

31. Para os dados do Problema 30, qual seria a taxa para os quatro cabos?
32. Determine a taxa de potência de uma cadeia de elos nº 80, cabo único, funcionando em uma roda dentada de 32 dentes a 1160 rpm. Descreva o método preferível de lubrificação. A entrada é um motor de combustão interna, e a saída é para um agitador de fluido.
33. Para os dados do Problema 32, qual seria a taxa para os dois cabos?
34. Especifique o comprimento necessário para uma cadeia de elos nº 60 para montagem sobre rodas dentadas com 15 e 50 dentes, com um centro de distância de não mais do que 36 pol.
35. Para a cadeia de elos especificada no Problema 34, calcule a distância de centro real.
36. Especifique o comprimento necessário para uma cadeia de elos nº 40 para montagem sobre rodas

▼ TABELA 7.12 Questões de projeto de transmissões por correia em V.

Número do problema	Tipo de transmissão	Máquina acionada	Serviço (h/dia)	Velocidade de entrada (rpm)	Potência de entrada		Velocidade nominal de saída (rpm)
					(hp)	(kW)	
18.	Motor CA (TE)	Moinho de martelo	8	870	25	18,6	310
19.	Motor CA (TN)	Ventoinha	22	1750	5	3,73	725
20.	Motor de 6 cilindros	Transportador pesado	16	1500	40	29,8	550
21.	Motor CC (composto)	Máquina de fresamento	16	1250	20	14,9	695
22.	Motor CA (TE)	Triturador de pedra	8	870	100	74,6	625

Nota: TN indica um motor elétrico de torque normal. *TE* indica um motor elétrico de torque elevado.

dentadas com 11 e 45 dentes, com um centro de distância de não mais do que 24 pol.

37. Para a cadeia de elos especificada no Problema 36, calcule a distância de centro real.

Correias síncronas

Para qualquer um dos conjuntos de dados dos problemas nas tabelas 7.12 e 7.13, utilize os catálogos dos fabricantes para especificar o tamanho da correia e as dimensões da roda dentada para as correias síncronas. Veja os sites 3 a 6, 8, 9, 11, 14 e 16 dos fabricantes de correias síncronas e rodas dentadas.

Para os problemas 38 a 42 (Tabela 7.13), projete uma transmissão por corrente de rolo. Especifique a dimensão da corrente, as dimensões e o número de dentes nas rodas dentadas, o número de passos das cadeias de elos e a distância de centro.

▼ TABELA 7.13 Questões de projeto de transmissões por cadeia de elos.

Número do problema	Tipo de transmissão	Máquina acionada	Velocidade de entrada (rpm)	Potência de entrada		Velocidade nominal de saída (rpm)
				(hp)	(kW)	
38.	Motor CA	Moinho de martelo	310	25	18,6	160
39.	Motor CA	Agitador	750	5	3,73	325
40.	Motor de 6 cilindros	Transportador pesado	500	40	29,8	250
41.	Turbina a vapor	Bomba centrífuga	2200	20	14,9	775
42.	Transmissão hidráulica	Triturador de pedra	625	100	74,6	225

CAPÍTULO 08
CINEMÁTICA DE ENGRENAGENS

Sumário
Visão geral
Você é o projetista
8.1 Objetivos
8.2 Tipos de engrenagem de dentes retos
8.3 Geometria da engrenagem de dentes retos: forma involuta do dente
8.4 Nomenclatura da engrenagem de dentes retos e características dos dentes
8.5 Interferência entre os dentes da engrenagem reta
8.6 Geometria da engrenagem helicoidal
8.7 Geometria da engrenagem cônica
8.8 Tipos de engrenamento sem-fim
8.9 Geometria de sem-fim e engrenagem sem-fim
8.10 Razão de velocidade angular e trens de engrenagem
8.11 Projeto de trens de engrenagem

Visão geral

Tópicos de discussão

- Engrenagens são rodas dentadas, cilíndricas, usadas para transmitir movimento e potência de um eixo rotativo para outro.
- A maioria das transmissões por engrenagem provoca uma mudança na velocidade da engrenagem de saída em relação à de entrada.
- Alguns dos tipos mais comuns de engrenagens são: *de dentes retos*, *helicoidais*, *cônicas* e *conjuntos de sem-fim/engrenagem sem-fim*.

Descubra

Identifique pelo menos duas máquinas ou dispositivos que empregam engrenagens. Descreva o funcionamento das máquinas ou dos dispositivos e a aparência das engrenagens.

> Este capítulo irá ajudá-lo a entender as características dos diferentes tipos de engrenagem, a cinemática de um par de engrenagens que opera em conjunto e o funcionamento de trens de engrenagem com mais de duas peças.

Engrenagens são rodas dentadas, cilíndricas, usadas para transmitir movimento e potência de um eixo rotativo para outro. Os dentes de uma engrenagem acionadora se encaixam com precisão nos espaços entre os dentes da engrenagem acionada, como mostra a Figura 8.1. Os dentes acionadores pressionam os acionados, exercendo uma força perpendicular ao raio da engrenagem. Assim, um torque é transmitido, e, uma vez que a engrenagem está girando, certa potência também é transmitida.

RAZÃO DE REDUÇÃO DE VELOCIDADE. Muitas vezes, engrenagens são utilizadas para produzir uma mudança na velocidade de rotação da engrenagem acionada em relação à acionadora. Na Figura 8.1, se a engrenagem superior menor, chamada de *pinhão*, estiver acionando a *engrenagem* inferior maior, chamada simplesmente de engrenagem, a maior girará mais devagar. O grau de redução de velocidade depende da razão entre o número de dentes do pinhão e o da engrenagem, como segue:

$$n_P/n_G = N_G/N_P \qquad (8.1)$$

A base para essa equação será mostrada mais adiante neste capítulo. Porém, a fim de mostrar um exemplo de sua aplicação aqui, considere que o pinhão da Figura 8.1 rotacione a 1800 rpm. É possível ver que o número de dentes do pinhão é 11, e o da engrenagem, 18. Então, é possível calcular a velocidade angular da engrenagem resolvendo a Equação 8.1 para n_G:

$$n_G = n_P(N_P/N_G) = (1800 \text{ rpm})(11/18) = 1100 \text{ rpm}$$

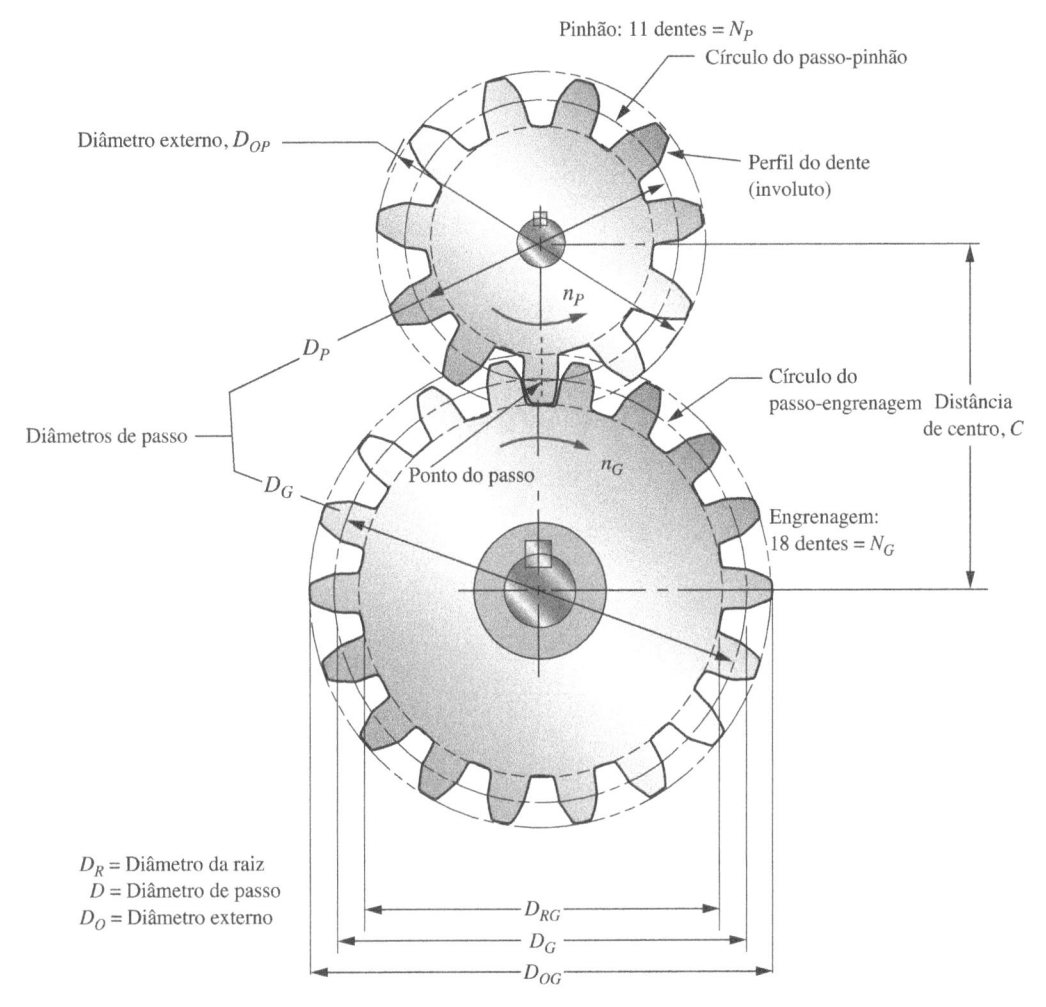

FIGURA 8.1 Par de engrenagens de dentes retos. O pinhão aciona a engrenagem.

Quando há uma redução da velocidade de rotação da engrenagem, acontece um *aumento* proporcional simultâneo no torque transmitido ao eixo da engrenagem. Falaremos a respeito disso mais adiante.

Tipos de engrenagem. Vários tipos de engrenagem com diferentes geometrias de dente são de uso comum. A fim de familiarizá-lo com o aspecto geral de alguns deles, suas descrições básicas são apresentadas aqui. Posteriormente, suas geometrias serão descritas de forma mais completa.

A Figura 8.2 mostra vários tipos de engrenagem. Os rótulos indicam os principais, que serão discutidos neste capítulo: *engrenagens de dentes retos*, *helicoidais*, *cônicas* e *conjuntos de sem-fim/engrenagem sem-fim*. Naturalmente, os eixos que sustentam as engrenagens não estão inclusos na imagem. Consulte as referências 4, 7, 10, 11, 13 e 19 e os sites 1, 4 e 5 para obter mais informações sobre engrenamento.

Engrenagens de dentes retos possuem dentes retos e paralelos à direção axial do eixo que as sustenta. O formato curvo das faces desses dentes apresenta uma geometria especial chamada *curva involuta*, descrita mais adiante neste capítulo. Esse formato possibilita a operação conjunta de duas engrenagens com transmissão suave de potência. A Figura 8.1 também mostra a vista lateral dos dentes deste tipo de engrenagem, e a curvatura involuta fica visível. Os eixos das engrenagens são paralelos.

Os dentes das *engrenagens helicoidais* são dispostos de modo a formar um ângulo em relação à direção axial do eixo. O ângulo, chamado de *ângulo de hélice*, pode ser praticamente qualquer um. Os ângulos de hélice típicos variam entre aproximadamente 10° a 30°, mas ângulos de até 45° são utilizados. Dentes helicoidais operam com mais suavidade do que os de engrenagens de dentes retos, e as tensões são inferiores. Portanto, uma engrenagem helicoidal menor pode ser projetada para determinada capacidade de transmissão de potência em comparação com engrenagens de dentes retos. Uma desvantagem das engrenagens helicoidais é que uma força de impulso, chamada de *força axial*, é gerada além da força motriz que atua tangencialmente ao cilindro básico sobre o qual os dentes estão dispostos. O projetista deve considerar a força axial ao selecionar os rolamentos que sustentarão o eixo durante a operação. Os eixos de engrenagens helicoidais são geralmente dispostos paralelamente. No entanto, um projeto especial chamado *engrenagem helicoidal cruzada* tem ângulos de hélice de 45°, e os eixos operam a 90° entre si.

Engrenagens cônicas têm dentes dispostos como elementos sobre a superfície de um cone. Eles parecem ser iguais aos de engrenagens de dentes retos, mas são cônicos, ou seja, largos no lado de fora e mais estreitos no topo do cone. Engrenagens cônicas normalmente operam em eixos com 90° entre si. Por isso, esse costuma ser o motivo para sua especificação em sistemas de transmissão. Contudo, engrenagens cônicas especialmente projetadas podem operar em eixos com ângulos diferentes de 90°. Quando são feitas com dentes que formam um ângulo de

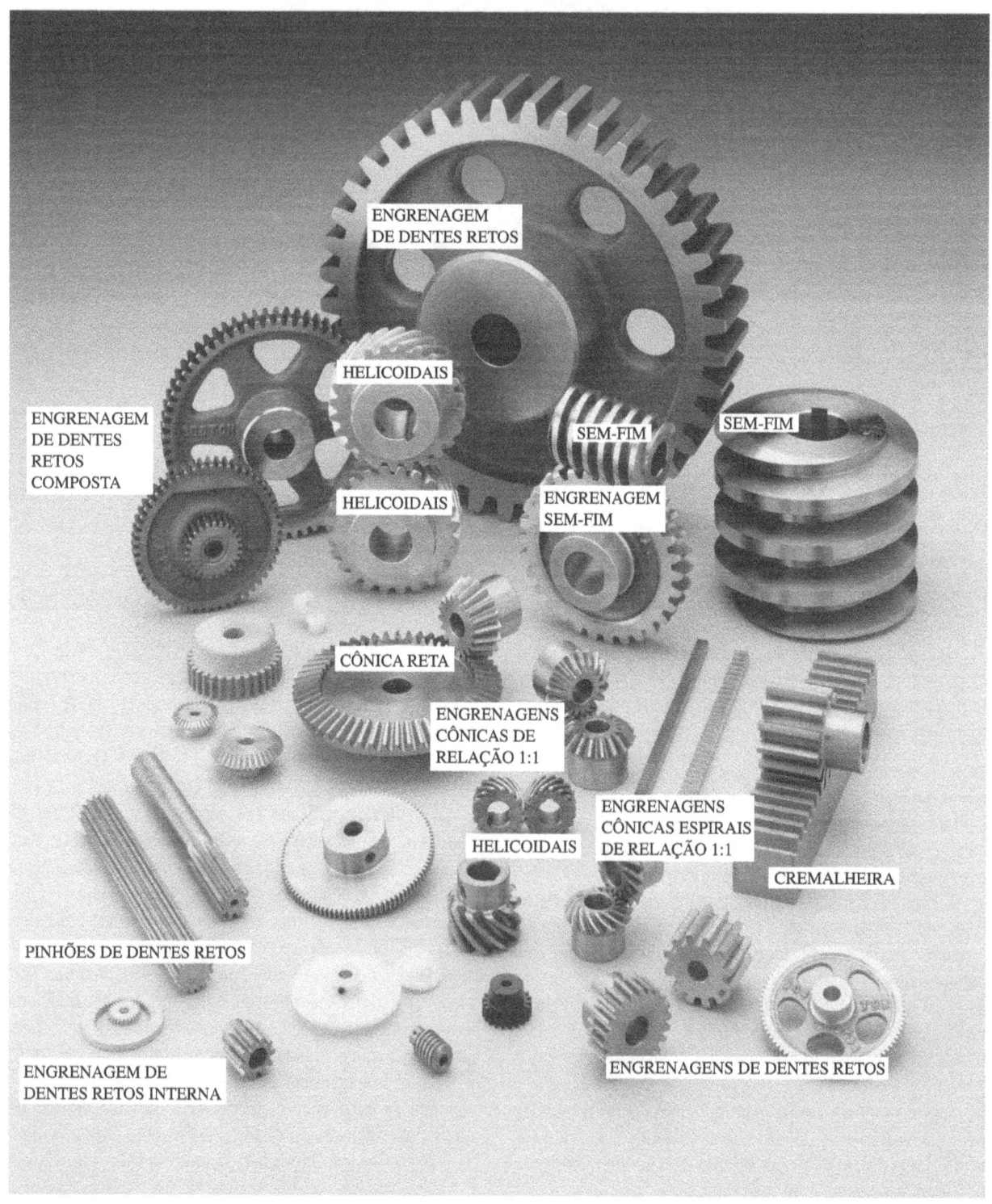

▲ **FIGURA 8.2** Vários tipos de engrenagem. (Boston Gear, Quincy, MA)

hélice semelhante ao de engrenagens helicoidais, elas são chamadas de *engrenagens cônicas espirais*. Esse tipo de engrenagem opera com mais suavidade do que as engrenagens cônicas retas, e pode ser feito em tamanho menor para determinada capacidade de transmissão de potência. Quando ambas as engrenagens cônicas em um par têm o mesmo número de dentes, elas são chamadas de *engrenagens cônicas de relação 1:1* e são usadas apenas para alterar a direção axial dos eixos para 90°. Não há mudança na velocidade.

Agora, observe com atenção a Figura 8.3, que mostra um exemplo de um grande redutor trifásico que emprega uma combinação de engrenagens cônicas, helicoidais e de dentes retos, como aquelas descritas anteriormente. Consulte o Site 6. Vê-las em uma única unidade poderá ajudá-lo a perceber as semelhanças e diferenças entre elas. Acompanhe o fluxo de potência no redutor:

1. O eixo de entrada, na extremidade esquerda, sustenta o pinhão cônico espiral para a primeira fase de redução em ângulo reto.
2. O pinhão helicoidal por trás da engrenagem de saída do par de engrenagens cônicas aciona a grande engrenagem helicoidal de saída da segunda fase de redução.
3. O eixo de saída do par de engrenagens helicoidais sustenta a engrenagem central de dentes retos de um trem de engrenagens planetárias cujo eixo de saída aciona o eixo de saída final, projetando-se na parte frontal do redutor.

Cremalheira é uma engrenagem reta que se move linearmente em vez de girar. Quando uma engrenagem circular é conjugada com uma cremalheira, como mostra o lado direito da Figura 8.2, essa combinação é chamada de *transmissão de cremalheira e pinhão*. Talvez você já tenha ouvido esse termo aplicado ao mecanismo de direção de um carro ou a determinada parte de outras máquinas. Consulte a Seção 8.10 para mais discussões sobre cremalheiras.

O sem-fim e sua engrenagem conjugada operam em eixos de 90° entre si. Eles costumam atingir um grande índice de redução de velocidade em comparação com outros tipos de engrenagem. O sem-fim é o acionador, e a engrenagem sem-fim é o elemento acionado. Os dentes do sem-fim são parecidos com roscas e, por isso, são muitas vezes chamados de *roscas* em vez de *dentes*. Os dentes da engrenagem sem-fim podem ser retos, como os de engrenagens de dentes retos, ou helicoidais. Com frequência, a forma da ponta desses dentes é alargada de maneira a envolver parcialmente as roscas do sem-fim e, desse modo, melhorar a capacidade de transmissão de potência do conjunto. Uma desvantagem da transmissão por sem-fim/engrenagem sem-fim é que ela apresenta uma eficiência mecânica um pouco menor do que a maioria das demais engrenagens, já que existe atrito intenso entre as superfícies das roscas do sem-fim e os lados dos dentes da engrenagem.

ONDE VOCÊ JÁ VIU ENGRENAGENS? Pense nas vezes em que você viu engrenagens em algum equipamento. Descreva o

(a) Vista externa do redutor

(b) Vista em corte mostrando os componentes internos

▲ **FIGURA 8.3** Redutor triplo que emprega engrenagens cilíndricas, helicoidais e de dentes retos. (Baldor/Dodge, Greenville, SC)

funcionamento desse equipamento, especialmente seu sistema de transmissão de potência. É claro que, às vezes, as engrenagens e os eixos estão alojados em uma carcaça, dificultando sua observação. Nesse caso, talvez você consiga encontrar um manual que mostre o sistema de transmissão. Ou, então, procure neste capítulo e nos capítulos 9 e 10 algumas fotografias de redutores por engrenagem comercialmente disponíveis. (*Observação: se o equipamento analisado estiver em funcionamento, tome muito cuidado para não tocar nas peças em movimento!*) Tente responder às seguintes perguntas:

- Qual era a fonte de alimentação? Um motor elétrico, um motor a gasolina, uma turbina a vapor, um motor hidráulico? Ou as engrenagens eram operadas manualmente?
- Como as engrenagens foram dispostas e como estavam ligadas à fonte acionadora e à máquina acionada?
- Havia mudança de velocidade? Você consegue determinar o grau de mudança?

- Havia mais de duas engrenagens no sistema de transmissão?
- Quais tipos de engrenagem foram usados? (Consulte a Figura 8.2.)
- De quais materiais as engrenagens eram feitas?
- Como elas estavam presas aos eixos?
- Os eixos das engrenagens conjugadas estavam alinhados paralela ou perpendicularmente?
- Como os eixos estavam apoiados?
- O sistema de transmissão por engrenagens estava alojado em uma carcaça? Em caso afirmativo, descreva-a.

Você é o projetista

Um redutor de velocidade de engrenagem foi descrito no Capítulo 1, e um esboço da disposição das engrenagens dentro do redutor foi mostrado na Figura 1.12. É aconselhável que você reveja essa discussão, pois ela o ajudará a entender como o presente capítulo sobre *geometria* e *cinemática de engrenagens* se encaixa no projeto do redutor de velocidade como um todo.

Imagine que você seja o responsável pelo projeto de um redutor de velocidade que deve transmitir potência do eixo de um motor elétrico girando a 1750 rpm para uma máquina que operará a aproximadamente 292 rpm. Foi decidido o uso de engrenagens para transmitir a potência, e você propõe um redutor de dupla redução, semelhante ao mostrado na Figura 1.12. Este capítulo fornecerá as informações necessárias para definir a natureza geral das engrenagens, incluindo sua disposição e seus tamanhos relativos.

O eixo de entrada (eixo 1) é acoplado ao eixo do motor. A primeira engrenagem do trem de engrenagens é montada nesse eixo e gira com a mesma velocidade do motor, 1750 rpm. A engrenagem 1 aciona a engrenagem conjugada 2, que é maior, fazendo com que a velocidade de rotação do eixo 2 seja menor do que aquela do eixo 1. Porém, a velocidade ainda não chegou a 292 rpm, como desejado.

O passo seguinte é montar uma terceira engrenagem (engrenagem 3) no eixo 2 e conjugá-la com a engrenagem 4, montada no eixo de saída, o eixo 3. Com o dimensionamento adequado das quatro engrenagens, é possível produzir uma velocidade de saída igual ou bem próxima à desejada. Para esse processo, é necessário conhecer o conceito de *razão de velocidade angular* e as técnicas de projeto de trens de engrenagem, conforme apresentados neste capítulo.

Também é necessário especificar a aparência das engrenagens e a geometria das várias características que as compõem. Visto que a especificação final também requer informações de capítulos seguintes, você aprenderá a reconhecer formas comuns de engrenagem e a calcular as dimensões das principais características. Isso será importante para a conclusão do projeto no que diz respeito à resistência mecânica e à resistência ao desgaste em capítulos posteriores.

Digamos que você tenha escolhido usar engrenagens de dentes retos no projeto. Quais decisões de projeto é preciso tomar para concluir a especificação das quatro engrenagens? A lista a seguir apresenta alguns parâmetros importantes para cada engrenagem:

- O número de dentes
- A forma dos dentes
- O tamanho dos dentes indicado pelo *passo*
- A largura de face dos dentes
- O estilo e as dimensões do disco de engrenagem em que os dentes serão usinados
- O projeto do cubo para a engrenagem que facilitará sua fixação no eixo
- O grau de precisão dos dentes da engrenagem e o respectivo método de fabricação para produzir essa precisão
- Os meios para fixar a engrenagem no eixo
- Os meios para posicionar a engrenagem axialmente no eixo

A fim de tomar decisões confiáveis em relação a esses parâmetros, é preciso entender a geometria especial das engrenagens de dentes retos, apresentadas no início deste capítulo. Contudo, há outras formas de engrenagem que poderiam ser utilizadas. Seções posteriores apresentam a geometria especial de engrenagens helicoidais, engrenagens cônicas e conjuntos de sem-fim/engrenagem sem-fim. Os métodos de análise das forças nesses diversos tipos de engrenagem serão descritos em capítulos posteriores, incluindo a análise de tensão nos dentes da engrenagem e recomendações sobre seleção de material para garantir a segurança na operação e longa vida útil.

8.1 OBJETIVOS

Ao final deste capítulo, você estará apto a:
1. Reconhecer e descrever as principais características das *engrenagens de dentes retos*, das *helicoidais* e dos *conjuntos de sem-fim/engrenagens sem-fim*.
2. Descrever as principais características operacionais desses diferentes tipos de engrenagem, as semelhanças e diferenças entre eles e suas vantagens e desvantagens gerais.
3. Descrever a *forma involuta do dente* e discutir sua relação com a *lei fundamental do engrenamento*.
4. Descrever as funções básicas da American Gear Manufacturers Association (AGMA) e identificar normas pertinentes que tenham sido desenvolvidas e publicadas por essa organização.
5. Definir a *razão de velocidade angular* de duas engrenagens que operam em conjunto.
6. Especificar números adequados de dentes para um par conjugado de engrenagens a fim de produzir determinada razão de velocidade angular.
7. Definir a *razão de engrenamento*, referente à razão de velocidade total entre os eixos de entrada e saída de um redutor de velocidade (ou multiplicador de velocidade) que use mais do que duas engrenagens.

8.2 TIPOS DE ENGRENAGEM DE DENTES RETOS

A Figura 8.4 mostra vários tipos diferentes de engrenagens de dentes retos disponíveis no mercado. Quando as engrenagens são grandes, o projeto raiado, mostrado na Parte (a), costuma ser usado para diminuir o peso. Os dentes são usinados em um aro relativamente fino, sustentado por um conjunto de raios ligados ao cubo. O diâmetro interno do cubo é geralmente projetado para um ajuste deslizante com o eixo da engrenagem. Um rasgo costuma ser usinado no furo para a inserção de uma chaveta com o intuito de transmitir torque. A ilustração não inclui um rasgo porque essa engrenagem é vendida como item de estoque, e, portanto, o usuário final dá acabamento ao furo conforme a peça do equipamento.

O projeto de cubo sólido na Figura 8.4(b) é típico de engrenagens menores de dentes retos. Ali, o furo acabado com assento está visível. O parafuso de ajuste sobre o rasgo permite o travamento da chaveta no lugar após a montagem.

Quando os dentes são usinados em uma barra reta, plana, o conjunto é chamado de cremalheira, como mostra a Figura 8.4(c). A cremalheira é, basicamente, uma engrenagem de dentes retos com raio infinito. Dessa forma, os dentes apresentam lateral reta, e não curvada, ou involuta, como é típico de engrenagens menores.

Engrenagens com diâmetros entre a forma sólida pequena [Parte (b)] e a forma raiada maior [Parte (a)] são muitas vezes produzidas com uma alma afinada, como mostra a Parte (d), também para diminuir o peso.

Você, na posição de projetista, pode criar projetos especiais de engrenagens e implantá-los em um dispositivo ou sistema mecânico. Um procedimento proveitoso é usinar os dentes de pequenos pinhões diretamente na superfície do eixo da engrenagem. Isso é feito com frequência para o eixo de entrada de redutores.

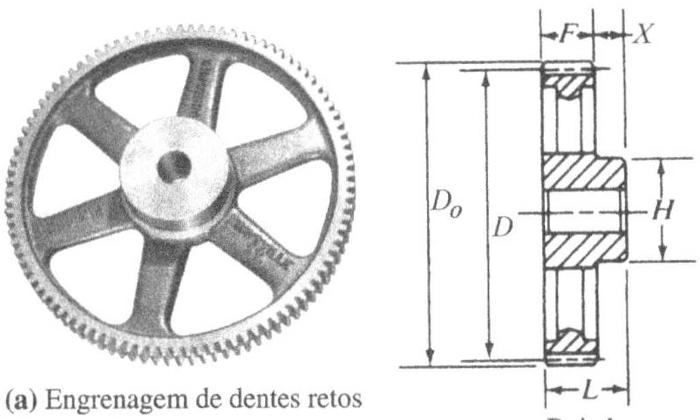

FIGURA 8.4 Exemplos de engrenagens de dentes retos e uma cremalheira. (Power Transmission Solutions, uma unidade comercial da Emerson Industrial Automation)

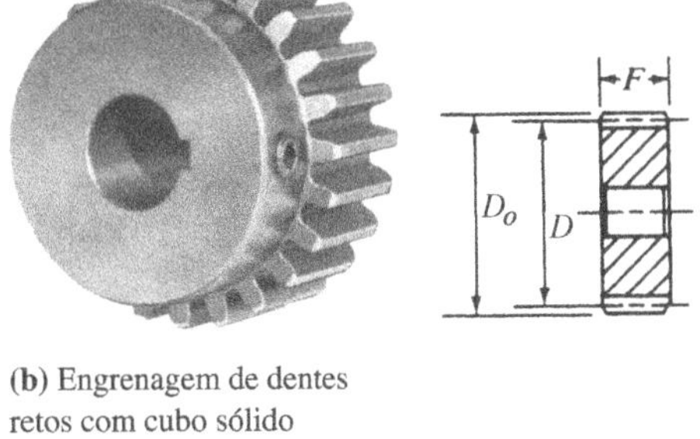

(a) Engrenagem de dentes retos com projeto raiado — Raiado

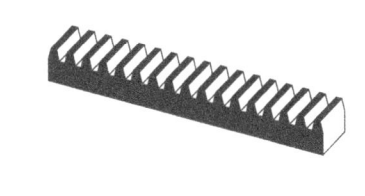

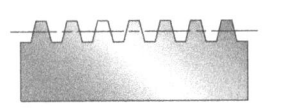

(b) Engrenagem de dentes retos com cubo sólido

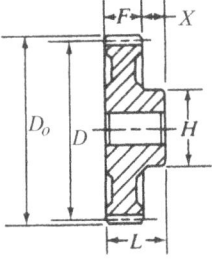

(c) Cremalheira-engrenagem de dentes retos

(d) Engrenagem de dentes retos com alma fina

D_o = diâmetro externo
D = diâmetro de passo
F = largura de face
L = comprimento do cubo
X = extensão de cubo para além da face
H = diâmetro do cubo

8.3 GEOMETRIA DA ENGRENAGEM DE DENTES RETOS: FORMA INVOLUTA DO DENTE

A forma de dente mais utilizada em engrenagens de dentes retos é a involuta de profundidade total. Seu formato característico é mostrado na Figura 8.5. Consulte as referências 10 a 15 e 18 para mais informações sobre a cinemática de engrenagens.

A forma involuta é parte de uma classe de curvas geométricas chamadas *curvas conjugadas*. Quando dois dentes desse tipo estão encaixados e girando, há uma razão de *velocidade angular constante* entre eles: do contato inicial até o momento do desengate, a velocidade da engrenagem acionadora é constantemente proporcional à da engrenagem acionada. A ação resultante das duas engrenagens é muito suave. Se não fosse o caso, ocorreria certa aceleração e desaceleração durante o engrenamento, causando vibração, ruído e oscilações torcionais perigosas ao sistema.

É possível visualizar uma curva involuta da seguinte maneira: pegue um cilindro e enrole uma corda em torno de sua circunferência. Amarre um lápis na extremidade da corda. Então, comece segurando o lápis encostado no cilindro, mantendo a corda esticada. Afaste o lápis do cilindro, mantendo a corda esticada. A curva que você fará é involuta. A Figura 8.6 é um esboço do processo.

O círculo representado pelo cilindro é chamado de *círculo base*. Note que, em qualquer posição na curva, a corda representa uma linha tangente ao círculo base e, ao mesmo tempo, perpendicular à involuta. Desenhar outro círculo base ao longo da mesma linha divisória em uma posição que deixe a involuta resultante tangente à primeira, como mostra a Figura 8.7, demonstra que, no ponto de contato, as duas linhas tangentes aos círculos base são coincidentes e ficarão na mesma posição enquanto os círculos base girarem. Isso é o que acontece quando dois dentes de engrenagem estão conjugados.

Um princípio fundamental de *cinemática*, o estudo do movimento, é que, se a linha traçada perpendicularmente às superfícies de dois corpos em rotação em seu ponto de contato sempre cruzar a linha divisória entre eles no mesmo local, sua razão de velocidade angular será constante. Essa é uma afirmação da *lei fundamental do engrenamento*. Conforme demonstrado aqui, os dentes da engrenagem com forma involuta obedecem essa lei.

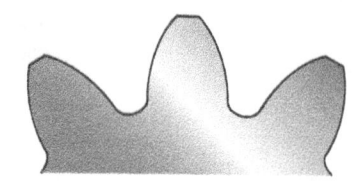

▲ FIGURA 8.5 Forma involuta do dente.

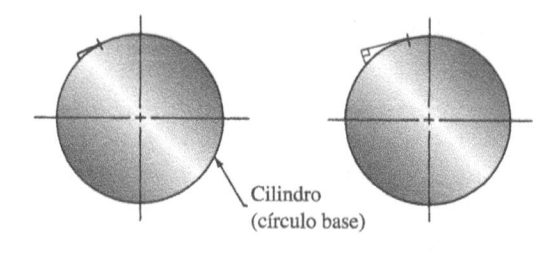

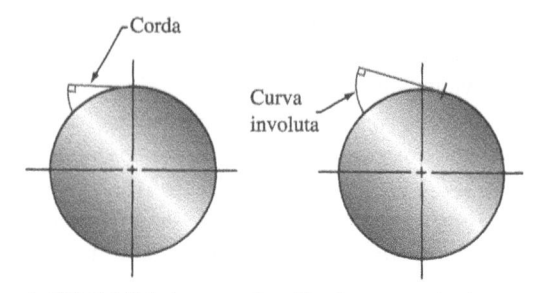

▲ FIGURA 8.6 Apresentação gráfica de uma curva involuta.

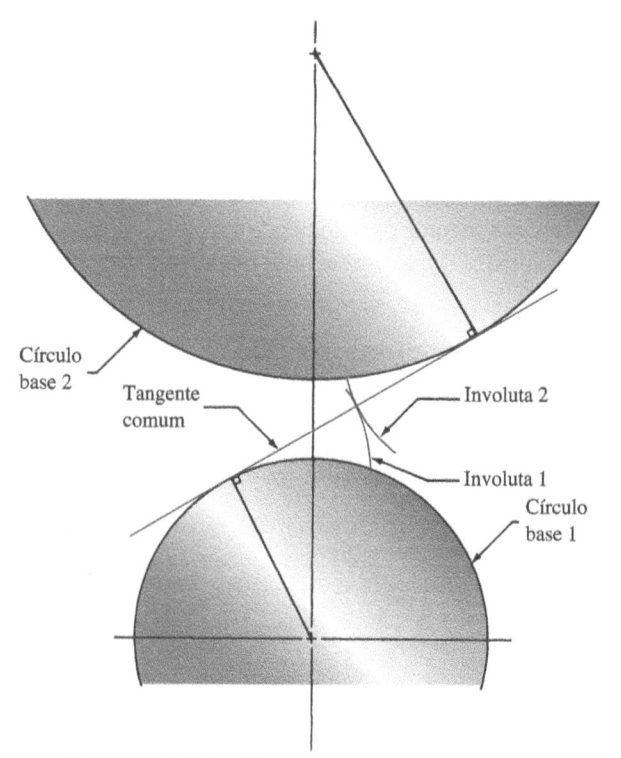

▲ FIGURA 8.7 Involutas conjugadas.

Naturalmente, apenas a parte que realmente entra em contato com o dente conjugado precisa ter forma involuta.

8.4 NOMENCLATURA DA ENGRENAGEM DE DENTES RETOS E CARACTERÍSTICAS DOS DENTES

Esta seção descreve várias características dos dentes, das engrenagens completas e da geometria básica de duas engrenagens conjugadas. Os termos e símbolos utilizados aqui estão em conformidade, principalmente, com as normas da American Gear Manufacturers Association (AGMA). Uma vez que há variação entre as diversas normas aplicáveis, a principal referência é a norma AGMA 2001-D04 *Fundamental Rating Factors and Calculation Methods for Involute Spur and Helical Gear Teeth*. Essa norma é a base dos métodos analíticos de projeto descritos nos capítulos 9 e 10 para engrenagens de dentes retos e engrenagens helicoidais, respectivamente. Quando for o caso, termos e símbolos usados por outras normas AGMA e normas internacionais como ISO, DIN (Alemanha) e JIS (Japão) serão indicados. Tanto o sistema norte-americano de unidades, chamado de *sistema de passo diametral*, quanto o sistema internacional de unidades, chamado de *sistema de módulo métrico*, são discutidos.

São feitas referências a várias figuras e tabelas que descrevem a geometria de interesse no projeto dos pares de engrenagem:

1. A Figura 8.1 mostra duas engrenagens de dentes retos conjugadas, indicando as dimensões relacionadas ao diâmetro e à distância de centro.
2. As figuras 8.8 e 8.9 mostram detalhes dos dentes e como eles se conjugam durante a rotação das engrenagens. Consulte também os sites 7 e 8 para ver animações que mostram esse processo.

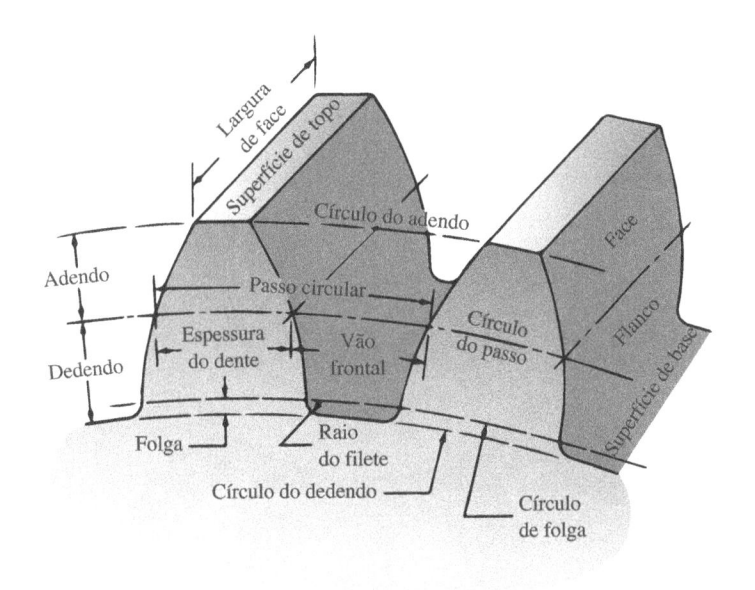

▲ **FIGURA 8.8** Características dos dentes de engrenagens de dentes retos.

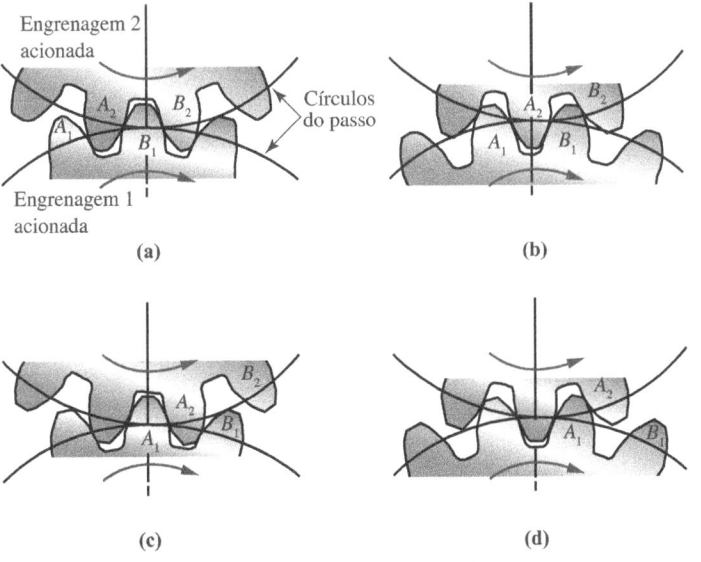

▲ **FIGURA 8.9** Ciclo de engrenamento dos dentes da engrenagem.

3. As figuras 8.10 e 8.11 mostram vários tamanhos de dentes tanto no sistema de passo diametral quanto no sistema de módulo métrico. Ambas as figuras estão em tamanho real, permitindo que você compare engrenagens físicas com os desenhos para ter uma percepção dos tamanhos dos dentes.
4. A Tabela 8.1 é uma referência múltipla para identificar nomes, símbolos, definições, unidades e fórmulas relacionados às várias características dos dentes e de engrenagens conjugadas.

Nota sobre precisão: engrenagens e trens de engrenagem são dispositivos mecânicos precisos com tolerâncias para dimensões críticas normalmente na faixa de uns dez milésimos de polegada (0,0001 pol ou cerca de 0,0025 mm). Portanto, espera-se que tais dimensões sejam ao menos próximas dos dez milésimos de polegada (quatro casas decimais) ou as mais próximas a 0,001 mm. Algumas aplicações exigem ainda mais precisão. Consulte as referências 8 e 9 para mais informações sobre precisão no engrenamento.

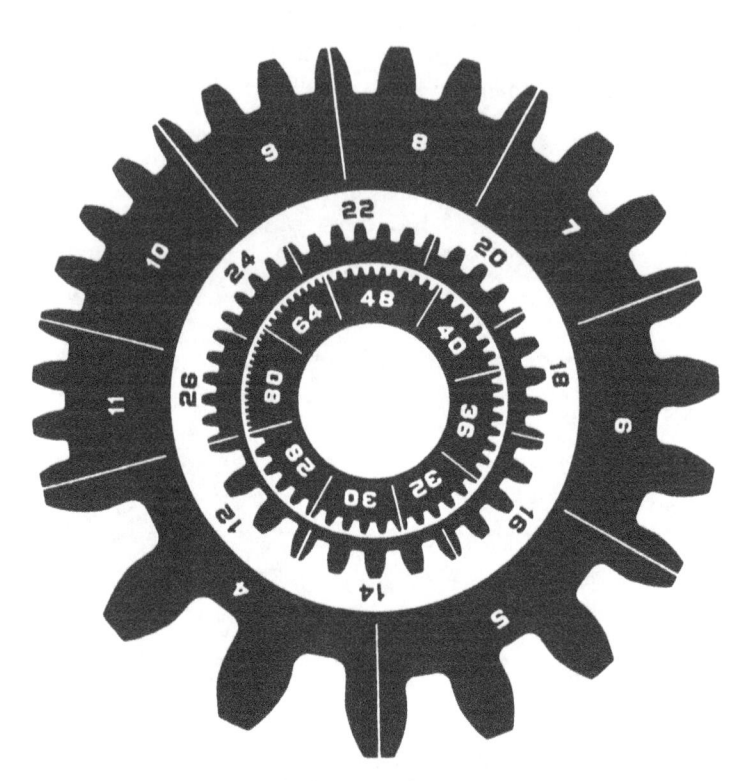

▲ **FIGURA 8.10** Tamanho do dente em função do passo diametral. (Barber-Colman Company, Loves Park, IL)

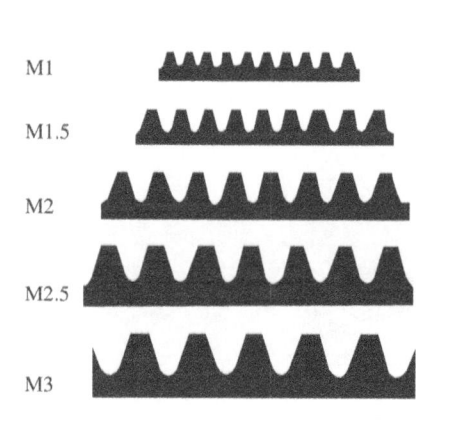

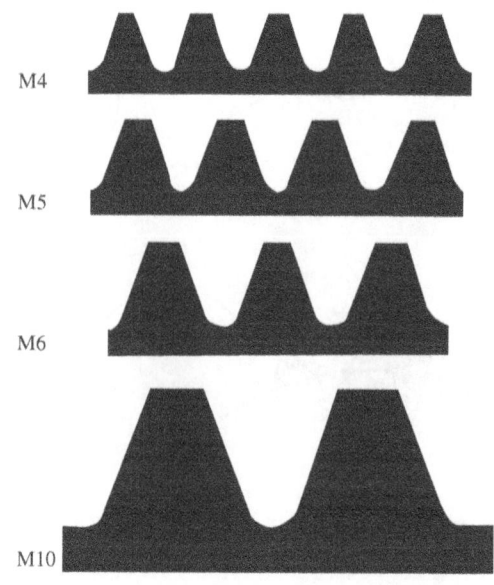

◄ **FIGURA 8.11** Seleção de módulos métricos padronizados em forma de cremalheira — tamanho real.

▼ TABELA 8.1 Características da engrenagem e dos dentes, diâmetros e distância de centro para um par de engrenagens.

Passos	Símbolo	Definição	Unidade típica	Fórmula geral	Fórmulas — Sistema norte-americano de involuta de profundidade total — Passo largo $P_d < 20$ (pol)	Passo fino $P_d \geq 20$ (pol)	Sistema de módulo métrico (mm)
Número de dentes	N	Contagem em números inteiros dos dentes de uma engrenagem					
Passo circular	p	Distância de arco entre pontos correspondentes nos dentes adjacentes	pol ou mm	$p = \pi D/N$	$p = \pi/P_d$		$p = \pi m$
Passo diametral	P_d	Número de dentes por polegada de diâmetro de passo	pol^{-1}	$P_d = N/D$			
Módulo	m	Diâmetro de passo dividido pelo número de dentes	mm	$m = D/N$	$P_d = 25{,}4/m$		$m = 25{,}4/P_d$
Diâmetros							
Diâmetro de passo	D	Diâmetro cinemático característico para uma engrenagem; Diâmetro do círculo de passo	pol ou mm		$D = N/P_d$		$D = mN$
Diâmetro externo	D_o	Diâmetro para a superfície externa dos dentes da engrenagem	pol ou mm		$D_o = (N + 2)/P_d$		$D_o = m(N+2)$
Diâmetro da raiz	D_R	Diâmetro para o círculo de raiz da engrenagem na base dos dentes	pol ou mm	$D_R = D - 2b$			
Características do dente da engrenagem							
Adendo	a	Distância radial do círculo do passo até o lado externo do dente	pol ou mm		$a = 1{,}00/P_d$		$a = 1{,}00m$
Dedendo	b	Distância radial do círculo do passo até a parte inferior do dente	pol ou mm		$b = 1{,}25/P_d$	$b = 1{,}20/P_d + 0{,}002$	$b = 1{,}25m$[1]
Folga	c	Distância radial do topo dos dentes em malha da engrenagem conjugada até a parte inferior do espaço do dente	pol ou mm		$c = 0{,}25/P_d$	$c = 0{,}20/P_d + 0{,}002$	$c = 0{,}25m$[1]
Profundidade total	h_t	Distância radial do topo de um dente até a parte inferior do espaço do dente	pol ou mm	$h_t = a + b$	$h_t = 2{,}25/P_d$	$h_t = 2{,}20m + 0{,}002$	$h_t = 2{,}25m$[1]
Profundidade útil	h_k	Distância radial que um dente projeta no espaço do dente da engrenagem conjugada	pol ou mm	$h_k = a + a = 2a$	$h_k = 2{,}00/P_d$	$h_k = 2{,}00/P_d$	$h_k = 2{,}00m$[1]
Espessura do dente	t	Distância de arco teórica igual a 1/2 do passo circular	pol ou mm	$t = p/2$	$t = \pi/2P_d$		$t = \pi m/2$
Largura de face	F	Largura do dente paralelo ao eixo da engrenagem	pol ou mm	Decisão de projeto	Aproximadamente $12/P_d$		
Ângulo de pressão	ϕ	Ângulo entre a tangente ao círculo do passo e a perpendicular à superfície do dente	graus	Decisão de projeto	Valor mais comum = 20° Outros: 14 1/2°, 25°		
Distância de centro	C	Distância entre as linhas de centro de engrenagens conjugadas	pol ou mm	$C = (D_P + D_G)/2$	$C = (N_P + N_G)/2P_d$		$C = m(N_P + N_G)/2$

Observação: [1]Fatores na fórmula para o dedendo podem variar no sistema de módulo métrico para se obter folgas típicas.

Pinhão e engrenagem. Em duas engrenagens conjugadas, a menor é chamada de *pinhão*, e a maior, apenas de *engrenagem*.

Número de dentes, N. É essencial que haja um número inteiro de dentes em toda engrenagem. Este livro emprega o símbolo N para o número de dentes, sendo que N_P se refere ao pinhão, e N_G, à engrenagem. Os subscritos também são aplicados a outras características de engrenagens. Outro símbolo comumente usado para o número de dentes é z, com subscritos semelhantes ou apenas indicados como z_1 e z_2.

Passo. Consulte as figuras 8.1, 8.8 e 8.9. O *passo* de uma engrenagem é, em geral, definido da seguinte forma:

> O passo de uma engrenagem é a distância de arco de um ponto no dente no círculo do passo até o ponto correspondente no dente adjacente seguinte, medida ao longo do círculo do passo.

O círculo do passo é definido a seguir. É importante notar que o passo de ambas as engrenagens conjugadas deve ser idêntico, a fim de garantir o engrenamento suave dos dentes durante a rotação. Passos padronizados são definidos em três sistemas diferentes, descritos posteriormente nesta seção.

Círculo do passo e diâmetro de passo. Quando duas engrenagens estão engrenadas, elas se comportam como se dois rolos lisos estivessem girando um no outro sem escorregar. A superfície de cada rolo define o *círculo do passo*, e seu diâmetro é chamado de *diâmetro de passo*. O *diâmetro de passo*, chamado D neste livro, é usado como tamanho característico da engrenagem para o cálculo de velocidades. Observe que o diâmetro de passo para uma engrenagem é um conceito teórico e não pode ser medido diretamente. Ele se localiza nos dentes da engrenagem e depende do sistema padrão para o passo que é especificado para determinado par. As unidades mais usadas para D são polegadas (pol), no sistema norte-americano, e milímetros (mm) no sistema internacional.

Passo circular, p. O passo que corresponde exatamente à definição básica dada anteriormente é chamado de *passo circular*, p. Algumas engrenagens grandes feitas por fundição são fabricadas em tamanhos padronizados de passo circular, como as listadas na Tabela 8.2. Elas representam uma porção muito pequena das engrenagens comumente utilizadas. A fórmula para p é obtida dividindo-se a circunferência do círculo de passo da engrenagem em N partes. Ou seja,

▶ **Passo circular**

$$p = \pi D/N \qquad (8.2)$$

▼ **TABELA 8.2** Passos circulares padronizados (pol).

10,0	9,0	8,0	7,0	6,0	5,0	4,0
9,5	8,5	7,5	6,5	5,5	4,5	3,5

Passo diametral, P_d. O sistema de passo mais comum nos Estados Unidos atualmente é o *sistema de passo diametral*. Usamos o símbolo P_d para denotar o *passo diametral*. Observe que algumas referências usam o termo DP. A definição de P_d é indicada aqui para o pinhão ou para a engrenagem, e ambos devem ser idênticos.

▶ **Passo diametral**

$$P_d = N_P/D_P = N_G/D_G \qquad (8.3)$$

A análise de unidades mostra que P_d tem a unidade de pol^{-1}, mas ela é raramente informada. Não se deve confundir os termos *passo diametral*, P_d, e *diâmetro de passo*, D. Repare que os projetistas muitas vezes se referem a engrenagens nesse sistema como, por exemplo, passo 8 para $P_d = 8$ e passo 20 para $P_d = 20$.

Neste livro, utilizamos apenas os valores de P_d listados na Tabela 8.3, porque eles são os mais disponíveis para engrenagens em estoque e a maioria dos fabricantes tem ferramentas para estes tamanhos. Passos menores tem dentes maiores; passos maiores têm dentes menores. Observe que passos abaixo de 20 são chamados de *largos*, e os iguais ou superiores a 20 são chamados de *finos*. Consulte a Figura 8.10, que mostra os tamanhos reais dos dentes com determinados passos diametrais. **Note que nem todos os valores listados de P_d estão prontamente disponíveis, e valores como 7, 9, 11, 22 e 26 não devem ser especificados.**

Módulo métrico, m. A definição básica de módulo métrico, m, é indicada aqui para o pinhão ou para a engrenagem, e ambos devem ser idênticos.

▶ **Módulo métrico**

$$m = D_P/N_P = D_G/N_G \qquad (8.4)$$

▼ **TABELA 8.3** Passos diametrais padronizados (dentes/pol).

Passo largo ($P_d < 20$)				Passo fino ($P_d \geq 20$)	
1	2	5	12	20	72
1,25	2,5	6	14	24	80
1,5	3	8	16	32	96
1,75	4	10	18	48	120
				64	

A unidade mm é normalmente utilizada. Perceba que valores menores de m denotam dentes menores e vice-versa. Algumas referências e catálogos de fornecedores empregam o símbolo M para o módulo e M5 para $m = 5$, por exemplo. A Figura 8.11 mostra os tamanhos reais de nove módulos padronizados, ilustrados como os dentes de *cremalheiras*, engrenagens retas de diâmetro infinito. Muitos outros módulos estão disponíveis, e a Tabela 8.4 enumera um total de 19 valores que englobam aplicações típicas apresentadas neste livro.

RELAÇÃO ENTRE P_d E m. Com projetos globalmente integrados e a comercialização de produtos e sistemas, é provável que haja a necessidade de converter valores de um sistema para o outro. Observe que a definição de P_d é basicamente o inverso da definição de m. Ou seja,

$$m = 1/P_d \text{ ou } P_d = 1/m$$

No entanto, visto que diferentes unidades são utilizadas para cada termo, um fator de conversão de 25,4 mm/pol é necessário, resultando em formas úteis da relação como

▶ **Relação entre módulo e passo diametral**

$$m = 25{,}4/P_d \text{ ou } P_d = 25{,}4/m \qquad (8.5)$$

A Tabela 8.4 usa essa relação no cálculo do passo diametral equivalente, P_d, para determinados módulos métricos padronizados, m. Note que as conversões não fornecem valores padronizados de P_d como os listados na Tabela 8.3. Por isso, listamos o valor padronizado de P_d mais próximo na Tabela 8.4 como auxílio aos projetistas que consideram a possibilidade de converter valores de um sistema para o outro. Pode-se dizer, por exemplo, que um módulo $m = 1{,}25$ é uma dimensão semelhante a $P_d = 20$. Naturalmente, o projeto em qualquer sistema deve ser completado de forma independente.

CARACTERÍSTICAS DO DENTE DA ENGRENAGEM. A Tabela 8.1 inclui definições de várias outras características dos dentes com as quais os projetistas devem estar familiarizados. Consulte as figuras 8.1 e 8.8 para visualizá-las.

LARGURA DE FACE, F. Largura de face é a largura da engrenagem paralela ao eixo da engrenagem. Ela é definida pelo projetista como uma das *decisões de projeto* necessárias. Abordaremos a largura de face novamente no Capítulo 9, onde a força dos dentes é considerada. Por ora, podemos afirmar que o valor nominal aproximado para a largura de face é $F \sim 12/P_d$, mas um limite maior é permitido.

DISTÂNCIA DE CENTRO, C. Uma das dimensões mais críticas para um par de engrenagens é a *distância de centro*, definida como a distância linear entre a linha de centro do pinhão e a da engrenagem, como mostra a Figura 8.1. O valor teórico é mais bem representado como a soma dos raios dos passos do pinhão e da engrenagem. Ou seja,

Raios dos passos: $R_P = D_P/2$ e $R_G = D_G/2$

Distância de centro: $C = R_P + R_G = D_P/2 + D_G/2$

$$= (D_P + D_G)/2 \qquad (8.6)$$

Outras equações úteis para C, recomendadas para uso neste livro, são desenvolvidas aqui.

Sistema de passo diametral: a partir da Equação 8.3,

▶ **Distância de centro em termos de N_G, N_P e P_d**

$$D_P = N_P/P_d \text{ e } D_G = N_G/P_d$$
$$C = (D_P + D_G)/2 = (N_P/P_d + N_G/P_d)/2$$
$$= (N_P + N_G)/2P_d \qquad (8.7)$$

Sistema de módulo métrico: a partir da Equação 8.4,

▼ TABELA 8.4 Módulos padronizados.

Módulo (mm)	P_d equivalente	P_d padronizado mais próximo (dentes/pol)
0,3	84667	80
0,4	63500	64
0,5	50800	48
0,8	31750	32
1	25400	24
1,25	20320	20
1,5	16933	16
2	12700	12
2,5	10160	10
3	8466	8
4	6350	6
5	5080	5
6	4233	4
8	3175	3
10	2540	2,5
12	2117	2
16	1587	1,5
20	1270	1,25
25	1016	1

▶ **Distância de centro em termos de N_G, N_P e m**

$$D_P = mN_P \text{ e } D_G = mN_G$$
$$C = (D_P + D_G)/2 = (mN_P + mN_G)/2$$
$$= m(N_P + N_G)/2 \qquad (8.8)$$

Uma vantagem importante das formas finais das equações 8.7 e 8.8 de distância de centro é que todos os números do lado direito são normalmente inteiros ou exatos fracionários, como 1,25, 1,5 ou 2,5. Portanto, o nível mais elevado de precisão é obtido com o uso dessas formas. Em contrapartida, alguns valores para diâmetro de passo são números irracionais. Por exemplo, uma engrenagem de passo 12 com 65 dentes tem um diâmetro de passo de

$$D = N/P_d = 65/12 = 5,416666 \ldots \text{ pol e}$$
$$R = D/2 = 2,708333 \ldots \text{ pol}$$

Dependendo do arredondamento, pode ocorrer um cálculo impreciso da distância de centro com a utilização desses valores.

COMENTÁRIOS SOBRE AS CARACTERÍSTICAS DO DENTE DA ENGRENAGEM. As definições e fórmulas apresentadas na Tabela 8.1 fornecem os valores teóricos, e é comum que projetistas e fabricantes de engrenagens modifiquem alguns aspectos a fim de produzir características preferenciais de desempenho. É importante saber que algumas dessas práticas alteram a geometria básica das engrenagens e podem causar formas mais fracas de dentes, vibração durante o funcionamento e/ou aumento de ruído. Alguns exemplos são dados a seguir:

1. *Modificação do adendo*: a parte superior do flanco é a primeira a engatar no dente conjugado, penetrando mais profundamente no espaço do dente da engrenagem conjugada. Algumas aplicações se beneficiam com o alívio da superfície real do dente ou com o encurtamento do adendo para promover um engrenamento suave ou evitar danos.
2. *Modificação do dedendo*: alguns projetistas preferem uma folga maior entre a parte inferior do espaço do dente e o dente conjugado para facilitar a lubrificação. Uma dimensão maior de dedendo oferece essa capacidade. Engrenagens de plástico também podem sofrer alterações no dedendo para acomodar expansão térmica e/ou inchaço por absorção de umidade.
3. *Modificação da distância de centro*: algumas combinações de geometrias no dente da engrenagem resultam em folgas muito pequenas entre os dentes e, possivelmente, em interferência entre o topo do dente acionador e a parte inferior do flanco do dente conjugado. Tais condições devem ser evitadas por meio de decisões de projeto apropriadas. Esse tópico é discutido no Capítulo 9. No entanto, alguns projetistas removem a interferência expandindo a distância de centro levemente em relação à sua dimensão teórica.
4. *Modificação da espessura do dente*: uma espessura de dente definida exatamente como $\frac{1}{2}$ passo circular resultará em um ajuste com interferência do dente no espaço da engrenagem conjugada, possivelmente causando emperramento ou impossibilitando a entrada de lubrificação no ponto de contato dos dentes. Uma espessura menor de dente proporciona espaço para lubrificação e facilita a montagem. O espaço criado é chamado de *folga* e é discutido a seguir.

■ *Folga entre dentes:* para fazer a folga, o cortador que produz os dentes da engrenagem pode ser inserido com mais profundidade no disco de engrenagem do que o valor teórico em uma das duas engrenagens conjugadas, ou nas duas. Uma maneira alternativa de criar a folga é ajustar a distância de centro para um valor maior do que o teórico.

A magnitude da folga depende da precisão desejada para o par de engrenagens, do tamanho e do passo das engrenagens. Trata-se, na verdade, de uma decisão de projeto em que se equilibra o custo de produção e o desempenho desejado. A American Gear Manufacturers Association (AGMA) fornece recomendações para a folga entre os dentes em suas normas. (Consulte a Referência 2.) A Tabela 8.5 lista intervalos recomendados para vários valores de passo.

▼ **TABELA 8.5** Folga mínima recomendada entre dentes para engrenagens de passo largo.

A. Sistema de passo diametral (folga em polegadas)					
	Distância de centro, C (pol)				
P_d	2	4	8	16	32
18	0,005	0,006			
12	0,006	0,007	0,009		
8	0,007	0,008	0,010	0,014	
5		0,010	0,012	0,016	
3		0,014	0,016	0,020	0,028
2			0,021	0,025	0,033
1,25				0,034	0,042
B. Sistema de módulo métrico (folga em milímetros)					

(continua)

(continuação)

Módulo, m	Distância de centro, C (mm)				
	50	100	200	400	800
1,5	0,13	0,16			
2	0,14	0,17	0,22		
3	0,18	0,20	0,25	0,35	
5		0,26	0,31	0,41	
8		0,35	0,40	0,50	0,70
12			0,52	0,62	0,82
18				0,80	1,00

Fonte: extraído da norma AGMA 2002-B88, *Tooth Thickness Specification and Measurement*, com permissão da editora, American Gear Manufacturers Association.

Ângulo de pressão

Ângulo de pressão é o ângulo entre a tangente ao círculo do passo e a linha normal (perpendicular) à superfície do dente da engrenagem (consulte a Figura 8.12).

A linha normal é chamada, às vezes, de *linha de ação*. Quando dois dentes de engrenagem estão engrenados e transmitindo potência, a força transferida do dente acionador ao acionado atua em uma direção ao longo da linha de ação. Além disso, a forma real do dente depende do ângulo de pressão, como ilustra a Figura 8.13. Os dentes na figura foram desenhados para uma engrenagem de 20 dentes, passo 5 e diâmetro de passo de 4,000 pol.

Os três dentes têm a mesma espessura porque, tal como indica a Tabela 8.1, a espessura na linha primitiva depende apenas do passo. A diferença entre eles é causada por diferentes ângulos de pressão, pois o ângulo determina o tamanho do círculo base. Lembre-se de que o círculo base é o círculo a partir do qual a involuta é gerada. A linha de ação é sempre tangente ao círculo base. Portanto, o tamanho do círculo base pode ser encontrado a partir de

▶ **Diâmetro do círculo base**

$$D_b = D \cos \phi \tag{8.9}$$

Valores padronizados para o ângulo de pressão são determinados por fabricantes de engrenagens, e os ângulos de duas engrenagens em malha devem ser os mesmos. Os ângulos de pressão padronizados atuais são 14 ½°, 20° e 25°, como ilustrado na Figura 8.13. Na verdade, a forma de dente 14 ½° é considerada obsoleta. Embora ainda esteja disponível, ela deve ser evitada em novos projetos. A forma com 20° é a mais disponível atualmente. As vantagens e desvantagens dos diferentes valores de ângulo de pressão dizem respeito à resistência dos dentes, à ocorrência de interferências e à magnitude das forças exercidas sobre o eixo. A interferência é discutida na Seção 8.5. Os outros pontos são abordados em um capítulo posterior.

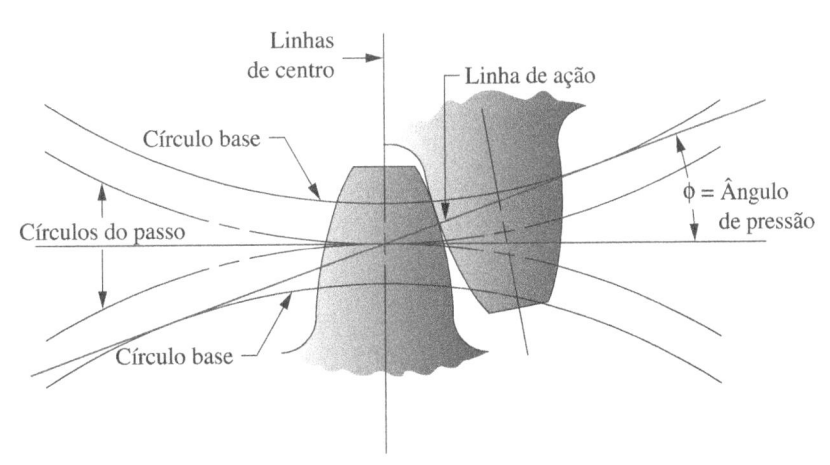

▲ **FIGURA 8.12** Ângulo de pressão.

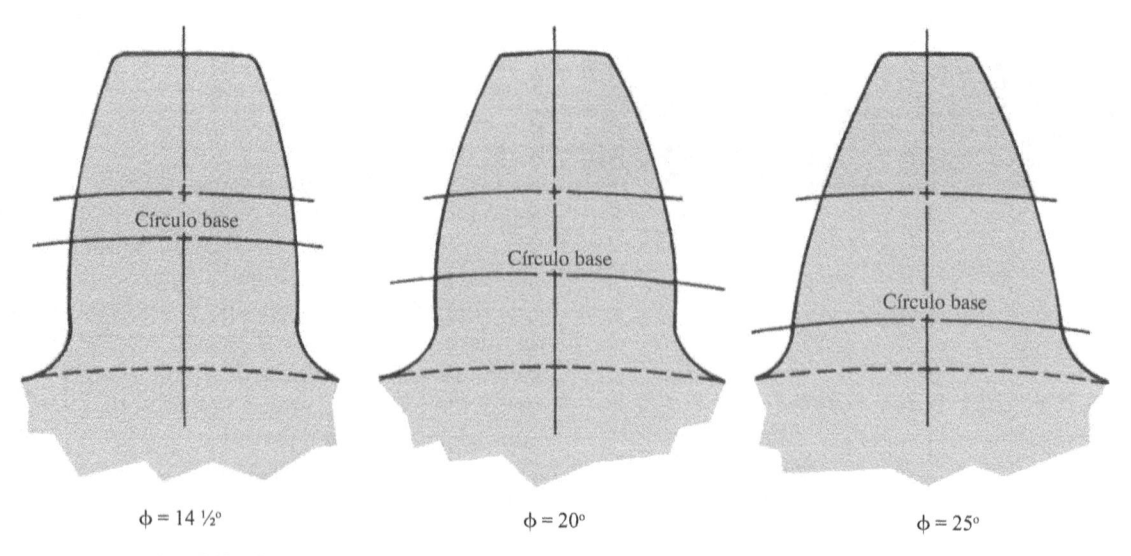

FIGURA 8.13 Forma do dente involuta e de profundidade total para diferentes ângulos de pressão.

Razão de contato

Quando duas engrenagens engrenam, é essencial para uma operação suave que o segundo dente comece a fazer contato antes que o dente anterior tenha desengatado. O termo *razão de contato* é usado para indicar o número médio de dentes em contato durante a transmissão de potência. Uma razão de contato mínima recomendada é 1,2, e combinações típicas de engrenagem de dentes retos costumam apresentar valores iguais ou superiores a 1,5.

A razão de contato é definida como a razão entre o comprimento da linha de ação e o passo base para a engrenagem. A linha de ação é o traçado reto de um dente desde o ponto em que ele encontra o diâmetro externo da engrenagem conjugada até o ponto em que desengata. O passo base é o diâmetro do círculo base dividido pelo número de dentes na engrenagem. Uma fórmula adequada para o cálculo da razão de contato, m_f, é

▶ **Razão de contato**

$$m_f = \frac{\sqrt{R_{oP}^2 - R_{bP}^2} + \sqrt{R_{oG}^2 - R_{bG}^2} - C\,\text{sen}\,\phi}{p \cos \phi} \quad (8.10)$$

onde,

ϕ = Ângulo de pressão

R_{oP} = Raio externo do pinhão = $D_{oP}/2$
$= (N_P + 2)/(2P_d)$

R_{bP} = Raio do círculo base para o pinhão = $D_{bP}/2$ = $(D_P/2) \cos \phi = (N_P/2P_d) \cos \phi$

R_{oG} = Raio externo da engrenagem = $D_{oG}/2$ = $(N_G + 2)/(2P_d)$

R_{bG} = Raio do círculo base para a engrenagem = $D_{bG}/2 = (D_G/2) \cos \phi = (N_G/2P_d) \cos \phi$

C = Distância de centro = $(N_P + N_G)/(2P_d)$

p = Passo circular = $(\pi D_P/N_P) = \pi/P_d$

Por exemplo, considere um par de engrenagens com os seguintes dados:

$$N_P = 18,\ N_G = 64,\ P_d = 8,\ \phi = 20°$$

Então,

$R_{oP} = (N_P + 2)/(2P_d) = (18 + 2)/[2(8)] = 1{,}250$ pol

$R_{bP} = (N_P/2P_d) \cos \phi = 18/[2(8)] \cos 20° = 1{,}05715$ pol

$R_{oG} = (N_G + 2)/(2P_d) = (64 + 2)/[2(8)] = 4{,}125$ pol

$R_{bG} = (N_G/2P_d) \cos \phi = 64/[2(8)] \cos 20° = 3{,}75877$ pol

$C = (N_P + N_G)/(2P_d) = (18 + 64)/[2(8)] = 5{,}125$ pol

$p = \pi/P_d = \pi/8 = 0{,}392699$ pol

Por fim, a razão de contato é

$$m_f = \frac{\sqrt{(1{,}250)^2 - (1{,}05715)^2} + \sqrt{(4{,}125)^2 - (3{,}75877)^2} - (5{,}125)\,\text{sen}\,20°}{(0{,}392699) \cos 20°}$$

$m_f = 1{,}66$

Esse valor está confortavelmente acima do mínimo recomendado, 1,20.

Desenvolvimentos semelhantes podem ser feitos para se determinar os fatores necessários à implementação do cálculo da razão de contato na Equação 8.10 com os termos expressos no sistema de módulo métrico. A Tabela 8.6 resume as relações para ambos os sistemas.

▼ TABELA 8.6 Fórmulas para uso na aplicação do cálculo de razão de contato em um par de engrenagens no sistema norte-americano e internacional, em termos de passo diametral e módulo.

Fatores		Sistema de passo diametral	Sistema de módulo métrico
ϕ	Ângulo de pressão		
R_{oP}	Raio externo — pinhão	$(N_P + 2)/(2P_d)$	$m(N_P + 2)/2$
R_{bP}	Raio do círculo base — pinhão	$(N_P/2P_d)\cos\phi$	$(mN_P/2)\cos\phi$
R_{oG}	Raio externo — engrenagem	$(N_G + 2)/(2P_d)$	$m(N_G + 2)/2$
R_{bG}	Raio do círculo base — engrenagem	$(N_G/2P_d)\cos\phi$	$(mN_G/2)\cos\phi$
C	Distância de centro	$(N_P + N_G)/(2P_d)$	$m(N_P + N_G)/(2P_d)$
p	Passo circular	π/P_d	π/P_d

EXEMPLO 8.1

Para o par de engrenagens mostrado na Figura 8.1, calcule todas as características dos dentes descritos nesta seção. As engrenagens estão em conformidade com a norma AGMA e têm passo diametral de 12 e ângulo de pressão de 20°.

SOLUÇÃO

Dados
Análise

$$P_d = 12;\ N_P = 11;\ N_G = 18;\ \phi = 20°$$

Salvo por indicação, as equações da Tabela 8.1 serão usadas para os cálculos. Consulte o texto desta seção para obter uma explicação sobre os termos.

Note que os resultados são apresentados com quatro casas decimais, pois esse é o costume para dispositivos mecânicos precisos como engrenagens. Um nível semelhante de precisão é esperado para os problemas deste livro.

Resultados

Diâmetros de passo
Para o pinhão,

$$D_P = N_P/P_d = 11/12 = 0{,}9167\ \text{pol}$$

Para a engrenagem,

$$D_G = N_G/P_d = 18/12 = 1{,}5000\ \text{pol}$$

Passo circular
Três abordagens diferentes poderiam ser usadas.

$$p = \pi/P_d = \pi/12 = 0{,}2618\ \text{pol}$$

Observe que os dados do pinhão ou da engrenagem também podem ser usados. Para o pinhão,

$$p = \pi D_P/N_P = \pi(0{,}9167\ \text{pol})/11 = 0{,}2618\ \text{pol}$$

Para a engrenagem,

$$p = \pi D_G/N_G = \pi(1{,}500\ \text{pol})/18 = 0{,}2618\ \text{pol}$$

Adendo

$$a = 1/P_d = 1/12 = 0{,}8333\ \text{pol}$$

Dedendo
Note que a engrenagem de passo 12 é considerada larga. Logo,

$$b = 1{,}25/P_d = 1{,}25/12 = 0{,}1042\ \text{pol}$$

Folga

$$c = 0{,}25/P_d = 0{,}25/12 = 0{,}0208 \text{ pol}$$

Diâmetros externos
Para o pinhão,

$$D_{oP} = (N_P + 2)/P_d = (11 + 2)/12 = 1{,}0833 \text{ pol}$$

Para a engrenagem,

$$D_{oG} = (N_G + 2)/P_d = (18 + 2)/12 = 1{,}6667 \text{ pol}$$

Diâmetros da raiz
Primeiro, para o pinhão,

$$D_{RP} = D_P - 2b = 0{,}9167 \text{ pol} - 2(0{,}1042 \text{ pol}) = 0{,}7083 \text{ pol}$$

Para a engrenagem,

$$D_{RG} = D_G - 2_b = 1{,}500 \text{ pol} - 2(0{,}1042 \text{ pol}) = 1{,}2917 \text{ pol}$$

Profundidade total

$$h_t = a + b = 0{,}0833 \text{ pol} + 0{,}1042 \text{ pol} = 0{,}1875 \text{ pol}$$

Profundidade útil

$$h_k = 2a = 2(0{,}0833 \text{ pol}) = 0{,}1667 \text{ pol}$$

Espessura do dente

$$t = \pi/2P_d = \pi/2(12) = 0{,}1309 \text{ pol}$$

Distância de centro

$$C = (N_G + N_P)/(2P_d) = (18 + 11)/[2(12)] = 1{,}2083 \text{ pol}$$

Diâmetro do círculo base

$$D_{bP} = D_P \cos \phi = (0{,}9167 \text{ pol}) \cos (20°) = 0{,}8614 \text{ pol}$$

$$D_{bG} = D_G \cos \phi = (1{,}5000 \text{ pol}) \cos (20°) = 1{,}4095 \text{ pol}$$

8.5 INTERFERÊNCIA ENTRE OS DENTES DA ENGRENAGEM RETA

Para certas combinações de números de dentes em um par de engrenagens, há interferência entre a ponta dos dentes do pinhão e o filete, ou a raiz, dos dentes da engrenagem. É evidente que isso não pode ser tolerado, pois as engrenagens simplesmente não conseguirão entrar em malha. A probabilidade de interferência é maior quando um pinhão pequeno aciona uma engrenagem grande, e o pior dos casos é quando um pinhão pequeno aciona uma cremalheira. *Cremalheira* é uma engrenagem com linha primitiva reta, podendo ser considerada uma engrenagem que apresenta diâmetro de passo infinito [consulte a Figura 8.4(c)].

É responsabilidade do projetista garantir que não haverá interferência em determinada aplicação. A maneira mais segura de se fazer isso é limitando o número mínimo de dentes do pinhão aos valores mostrados no lado esquerdo da Tabela 8.7. Com um número de dentes igual ou superior, não haverá interferência com uma cremalheira ou qualquer outra engrenagem. O projetista que preferir utilizar menos dentes do que o número listado poderá fazer uso de um esboço gráfico para testar a combinação do pinhão e da engrenagem quanto à possibilidade de interferência. Textos sobre cinemática mostram o procedimento necessário. O lado direito da Tabela 8.7 indica o número máximo de dentes na engrenagem que se pode usar para determinado número de dentes no pinhão para evitar interferências. (Consulte as referências 11 e 17.)

Com base nas informações contidas na Tabela 8.7, podemos tirar as seguintes conclusões:

1. Se um projetista quiser se certificar de que não haverá interferência entre duas engrenagens quando usar o sistema involuto de 14 ½° e profundidade total, o pinhão do par não poderá ter menos de 32 dentes.

▼ TABELA 8.7 Número de dentes no pinhão para garantir a ausência de interferência.

Para um pinhão em malha com uma cremalheira		Para um pinhão de 20° e profundidade total em malha com uma engrenagem		
Forma do dente	Número mínimo de dentes	Número de dentes no pinhão	Número máximo de dentes na engrenagem	Razão máxima
involuto, de 14 ½° e profundidade total	32	17	1309	77,00
involuto, de 20° e profundidade total	18	16	101	6,31
involuto, de 25° e profundidade total	12	15	45	3,00
		14	26	1,85
		13	16	1,23

2. Para o sistema involuto de 20° e profundidade total, o uso de pelo menos 18 dentes garante que não haverá interferência.
3. Para o sistema involuto de 25° e profundidade total, o uso de pelo menos 12 dentes garante que não haverá interferência.
4. Se um projetista quiser usar menos de 18 dentes em um pinhão de 20° e profundidade total, há um limite superior para o número de dentes que pode ser usado na engrenagem conjugada sem interferência. Para 17 dentes no pinhão, pode ser utilizado qualquer número de dentes na engrenagem até 1309, um número muito elevado. A maioria dos sistemas de transmissão não emprega mais do que aproximadamente 200 dentes em uma engrenagem. Porém, um pinhão de 17 dentes *teria* interferência com uma *cremalheira* que, na prática, é uma engrenagem com número infinito de dentes ou diâmetro de passo infinito. Da mesma forma, os seguintes requisitos aplicam-se aos dentes de 20° e profundidade total:
Um pinhão de 16 dentes requer uma engrenagem de no máximo 101 dentes, produzindo uma razão de velocidade angular máxima de $N_G/N_P = 101/16 = 6,31$.
Um pinhão de 15 dentes requer uma engrenagem de no máximo 45 dentes, produzindo uma razão de velocidade angular máxima de $45/15 = 3,00$.
Um pinhão de 14 dentes requer uma engrenagem de no máximo 26 dentes, produzindo uma razão de velocidade angular máxima de $26/14 = 1,85$.
Um pinhão de 13 dentes requer uma engrenagem de no máximo 16 dentes, produzindo uma razão de velocidade angular máxima de $16/13 = 1,23$.
Como foi observado anteriormente, o sistema de 14 ½° é considerado obsoleto. Os dados na Tabela 8.7 indicam uma das principais desvantagens desse sistema: seu potencial para interferência.

Como superar a interferência

Se um projeto proposto sofrer interferência, há maneiras de fazê-lo funcionar. No entanto, deve-se tomar cuidado, pois a forma do dente ou o alinhamento das engrenagens conjugadas são alterados, fazendo com que as análises de tensão e desgaste sejam imprecisas. Com isso em mente, o projetista pode proporcionar adelgaçamento, modificação do adendo no pinhão ou na engrenagem ou modificação da distância de centro:

Adelgaçamento é o processo de cortar o material no filete, ou na raiz, dos dentes da engrenagem, aliviando a interferência.

A Figura 8.14 mostra o resultado do adelgaçamento. É evidente que esse processo enfraquece o dente, e esse ponto é discutido mais detalhadamente no Capítulo 9, na seção sobre tensões nos dentes de engrenagem.

A fim de aliviar o problema da interferência, deve-se aumentar o adendo do pinhão e diminuir o da engrenagem. A distância de centro pode permanecer igual ao valor teórico para o número de dentes do par.

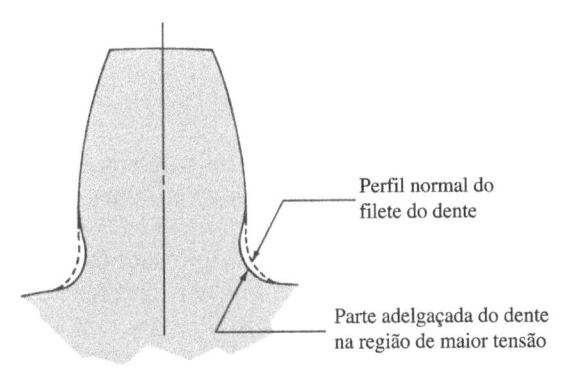

▲ FIGURA 8.14 Adelgaçamento de um dente de engrenagem.

Contudo, as engrenagens resultantes, naturalmente, não são padronizadas. (Consulte a Referência 12.) É possível que o pinhão de um par seja maior do que o padrão mesmo que a engrenagem continue padronizada, se tão somente a distância de centro para o par for ampliada. (Consulte a Referência 11.)

8.6 GEOMETRIA DA ENGRENAGEM HELICOIDAL

Engrenagens helicoidais e de dentes retos são distinguidas pela orientação dos dentes. Em engrenagens de dentes retos, os dentes são retos e alinhados com o eixo da engrenagem. Em engrenagens helicoidais, os dentes são inclinados a um ângulo em relação ao eixo, sendo esse ângulo chamado de *ângulo de hélice*. Se a engrenagem fosse bem larga, a impressão seria de que os dentes girariam em torno do disco de engrenagem em uma linha contínua e helicoidal. No entanto, considerações práticas limitam a largura das engrenagens de modo que os dentes só parecem estar inclinados em relação ao eixo. A Figura 8.15 mostra dois exemplos de engrenagens helicoidais disponíveis no mercado.

As formas dos dentes da engrenagem helicoidal são muito semelhantes às da engrenagem de dentes retos já discutida. A tarefa básica é levar em consideração o efeito do ângulo de hélice.

Ângulo de hélice

A hélice de determinada engrenagem pode ser *esquerda* ou *direita*. Os dentes de uma engrenagem helicoidal direita parecem estar inclinados para a direita, estando a engrenagem posicionada sobre uma superfície plana. Por outro lado, os dentes de uma engrenagem helicoidal esquerda parecem estar inclinados para a esquerda. Em uma instalação normal, as engrenagens helicoidais são montadas em eixos paralelos, como mostra a Figura 8.15(a). Para obter essa disposição, é necessário que uma engrenagem tenha um projeto à direita e que a outra tenha um projeto à esquerda, com ângulo de hélice igual. Se ambas as engrenagens tiverem o mesmo direcionamento, como mostra a Figura 8.15(b), os eixos estarão a 90°. Tais engrenagens são chamadas de *engrenagens helicoidais cruzadas*.

A disposição de eixos paralelos para engrenagens helicoidais é preferível, pois resulta em uma capacidade de transmissão de potência muito maior para determinado tamanho de engrenagem do que a disposição helicoidal cruzada. Neste livro, partiremos do pressuposto de que a disposição de eixos paralelos é aquela que está sendo usada, salvo por indicação do contrário.

(a) Engrenagens helicoidais com eixos paralelos

(b) Engrenagens helicoidais cruzadas, eixos perpendiculares

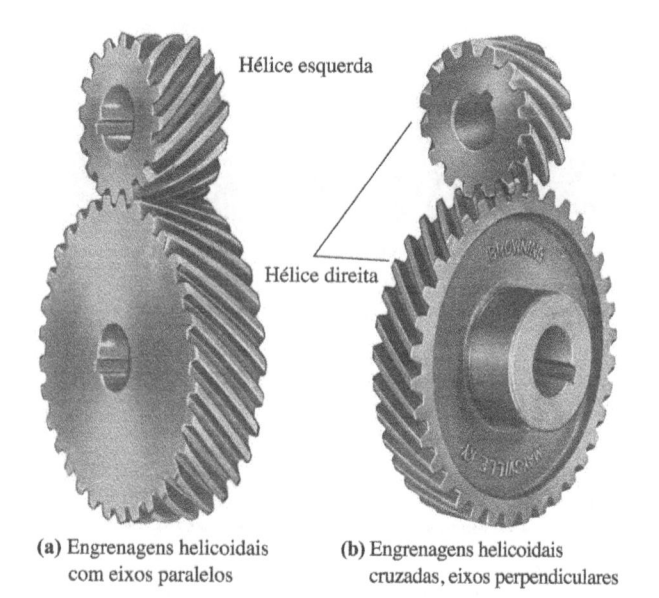

▲ **FIGURA 8.15** Engrenagens helicoidais. Estas engrenagens têm um ângulo de hélice de 45°. (Emerson Power Transmission Corporation, Browning Division, Maysville, KY)

A Figura 8.16(a) mostra a geometria apropriada de dentes de engrenagens helicoidais. Para simplificar o desenho, apenas a superfície do passo da engrenagem é mostrada. A superfície do passo é o cilindro que atravessa os dentes da engrenagem na linha primitiva. Logo, o diâmetro do cilindro é igual ao diâmetro de passo da engrenagem. As linhas traçadas na superfície do passo representam elementos de cada dente em que a superfície atravessaria a face do dente. Esses elementos estão inclinados em relação a uma linha paralela ao eixo do cilindro, e o ângulo de inclinação é o *ângulo de hélice*, ψ (a letra grega *psi*).

A principal vantagem de engrenagens helicoidais sobre engrenagens de dentes retos é o engrenamento mais suave, porque o dente recebe a carga gradualmente, e não de uma vez só. O contato começa em uma extremidade do dente, perto da ponta, e avança para baixo pela face ao longo da linha primitiva até o flanco inferior do dente, onde deixa a malha. Ao mesmo tempo, os outros dentes se aproximam antes que o anterior deixe o engrenamento, o que resulta em uma média maior de dentes engatados que compartilham as cargas aplicadas em comparação com uma engrenagem de dentes retos. A carga média mais baixa por dente permite uma capacidade maior de transmissão de potência para determinado tamanho de engrenagem, ou uma engrenagem menor pode ser projetada para transferir a mesma potência.

A principal desvantagem das engrenagens helicoidais é que uma *carga axial* é produzida como resultado natural da disposição inclinada dos dentes. Os rolamentos que sustentam o eixo da engrenagem helicoidal devem ser capazes de reagir contra a carga axial.

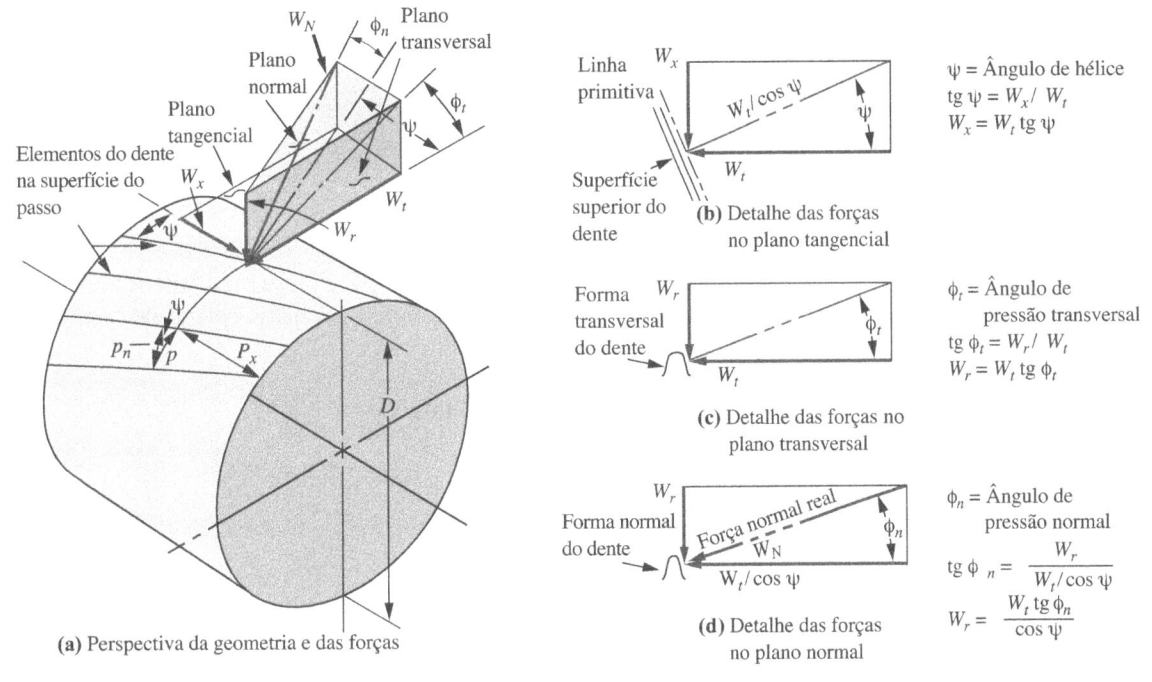

FIGURA 8.16 Geometria e forças da engrenagem helicoidal.

- (a) Perspectiva da geometria e das forças
- (b) Detalhe das forças no plano tangencial

ψ = Ângulo de hélice
$\operatorname{tg} \psi = W_x / W_t$
$W_x = W_t \operatorname{tg} \psi$

- (c) Detalhe das forças no plano transversal

ϕ_t = Ângulo de pressão transversal
$\operatorname{tg} \phi_t = W_r / W_t$
$W_r = W_t \operatorname{tg} \phi_t$

- (d) Detalhe das forças no plano normal

ϕ_n = Ângulo de pressão normal
$\operatorname{tg} \phi_n = \dfrac{W_r}{W_t / \cos \psi}$
$W_r = \dfrac{W_t \operatorname{tg} \phi_n}{\cos \psi}$

O ângulo de hélice é especificado para cada projeto de engrenagem. É preciso buscar um equilíbrio para aproveitar o engrenamento mais suave dos dentes quando o ângulo de hélice for alto e, ao mesmo tempo, manter um valor razoável de carga axial que aumente conforme o ângulo de hélice. Um intervalo típico de valores para ângulos de hélice é de 15° a 45°.

Ângulos de pressão, planos primários e forças para engrenagens helicoidais

A fim de descrever completamente a geometria dos dentes da engrenagem helicoidal, é preciso definir dois ângulos de pressão diferentes além do ângulo de hélice. Os dois ângulos de pressão estão relacionados aos três planos primários ilustrados na Figura 8.16. (1) O *plano tangencial*, (2) o *plano transversal* e (3) o *plano normal*. Observe que esses planos contêm os três componentes ortogonais da força normal real exercida por um dente da engrenagem sobre o dente da engrenagem conjugada. Entender a geometria dos dentes e a importância dessa geometria pode ajudá-lo a ver como ela afeta as forças.

Primeiro, nós nos referimos à *força normal real* como W_N. Ela atua normalmente (perpendicularmente) à superfície curva dos dentes. Na realidade, não se costuma usar a força normal em si para analisar o desempenho da engrenagem. Em vez disso, utiliza-se seus três componentes ortogonais:

- A *força tangencial* (também chamada de *força transmitida*), W_t, atua tangencialmente à superfície do passo e perpendicularmente à direção axial do eixo da engrenagem. Essa é a força que realmente aciona a engrenagem. Análise de tensão e resistência à corrosão por pite estão ambas relacionadas à magnitude da força tangencial. Ela é semelhante à W_t usada no projeto e na análise de engrenagem de dentes retos.

- A *força radial*, W_r, atua em direção ao centro da engrenagem ao longo de um raio e tende a separar as duas engrenagens em malha. Ela é semelhante à W_r usada no projeto e na análise de engrenagem de dentes retos.

- A *força axial*, W_x, atua no plano tangencial paralelamente à direção axial do eixo da engrenagem. Outro nome para força axial é *força de impulso*. Ela tende a empurrar a engrenagem ao longo do eixo. O impulso deve ser equilibrado por um dos rolamentos que sustentam o eixo, e, portanto, essa força é geralmente indesejável. Engrenagens de dentes retos não geram tal força porque os dentes são retos e paralelos ao eixo da engrenagem.

O plano que contém a força tangencial, W_t, e a força axial, W_x, é o *plano tangencial* [consulte a Figura 8.16(b)]. Ele é tangencial à superfície do passo da engrenagem e atua no ponto de passo, localizado no meio da face do dente analisado.

O plano que contém a força tangencial, W_t, e a força radial, W_r, é o *plano transversal* [consulte a Figura 8.16(c)]. Ele é perpendicular ao eixo da engrenagem e atua no ponto do passo, localizado no meio da face do dente analisado. O *ângulo de pressão transversal*, ϕ_t, é definido nesse plano como mostra a figura.

O plano que contém a força normal real, W_N, e a força radial, W_r é o *plano normal* [consulte a Figura 8.16(d)]. O ângulo entre o plano normal e o transversal é o ângulo de hélice, ψ. No plano normal, podemos ver que o ângulo entre o plano tangencial e a força normal real, W_N, é o *ângulo de pressão normal*, ϕ_n.

No projeto de uma engrenagem helicoidal, há três ângulos de interesse: (1) o ângulo de hélice, ψ; (2) o *ângulo de pressão normal*, ϕ_n; e (3) o *ângulo de pressão transversal*, ϕ_t. Os projetistas devem especificar o ângulo de hélice e um dos dois ângulos de pressão. O outro ângulo de pressão pode ser calculado a partir das seguinte relação:

$$\operatorname{tg} \phi_n = \operatorname{tg} \phi_t \cos \psi \qquad (8.11)$$

Por exemplo, o catálogo de um fabricante oferece engrenagens helicoidais padronizadas com ângulo de pressão normal de 14 ½° e ângulo de hélice de 45°. Então, o ângulo de pressão transversal é encontrado a partir de

$$\operatorname{tg} \phi_n = \operatorname{tg} \phi_t \cos \psi$$

$$\operatorname{tg} \phi_t = \operatorname{tg} \phi_n / \cos \psi = \operatorname{tg}(14{,}5°)/\cos(45°) = 0{,}3657$$

$$\phi_t = \operatorname{tg}^{-1}(0{,}3657) = 20{,}09°$$

Passos para engrenagens helicoidais

A fim de se obter uma imagem clara da geometria das engrenagens helicoidais, é preciso compreender os cinco passos a seguir.

PASSO CIRCULAR, P. *Passo circular* é a distância de determinado ponto no dente até o ponto correlativo no dente seguinte, medida na linha primitiva do plano transversal. Esta é a mesma definição utilizada para engrenagens de dentes retos. Então

▶ **Passo circular**

$$p = \pi D/N \qquad (8.12)$$

PASSO CIRCULAR NORMAL, P_N. *Passo circular normal* é a distância entre pontos correlativos em dentes adjacentes medida na superfície do passo, na direção normal. Os passos p e p_n estão relacionados pela seguinte equação:

▶ **Passo circular normal**

$$p_n = p \cos \psi \qquad (8.13)$$

PASSO DIAMETRAL, P_D. *Passo diametral* é a razão entre o número de dentes na engrenagem e o diâmetro de passo. Essa é a mesma definição para as engrenagens de dentes retos; ela se aplica a considerações sobre a forma dos dentes no plano diametral ou transversal. Por isso, este passo é chamado às vezes de *passo diametral transversal*:

▶ **Passo diametral**

$$P_d = N/D \qquad (8.14)$$

PASSO DIAMETRAL NORMAL, P_{ND}. Passo diametral normal é o passo diametral equivalente no plano normal para os dentes:

▶ **Passo diametral normal**

$$P_{nd} = P_d/\cos \psi \qquad (8.15)$$

É útil lembrar essas relações:

$$P_d p = \pi \qquad (8.16)$$

$$P_{nd} p_n = \pi \qquad (8.17)$$

MÓDULO MÉTRICO, M. Conforme declarado para engrenagens de dentes retos, o módulo métrico é basicamente o inverso do passo diametral com o valor informado em mm.

▶ **Módulo métrico**

$$m = D/N$$

Isso se aplica no plano transversal da engrenagem.

MÓDULO MÉTRICO NORMAL, M_N. Este é o inverso do passo diametral normal com o valor informado em mm. É o módulo no plano normal ao dente da engrenagem.

▶ **Módulo métrico normal**

$$m_n = 1/P_{nd} = 1/(P_d/\cos \psi) = \cos \psi / P_d$$
$$= \cos \psi/(N/D) = D \cos \psi/N = m \cos \psi \qquad (8.18)$$

PASSO AXIAL, P_x. *Passo axial* é a distância entre pontos correlativos em dentes adjacentes medida na superfície do passo na direção axial:

▶ **Passo axial**

$$P_x = p/\operatorname{tg} \psi = \pi/(P_d \operatorname{tg} \psi) = \pi m/\operatorname{tg} \psi \qquad (8.19)$$

É necessário ter pelo menos dois passos axiais na largura de face para aproveitar o benefício de toda a ação helicoidal e sua transferência suave de carga entre dentes.

O uso das equações 8.11 até 8.15 e 8.19 será ilustrado no exemplo a seguir.

EXEMPLO 8.2

Uma engrenagem helicoidal tem passo diametral transversal de 12, ângulo de pressão transversal de 14½°, 28 dentes, largura de face de 1,25 pol e ângulo de hélice de 30°. Calcule o passo circular, o passo circular normal, o passo diametral normal, o passo axial, o diâmetro de passo e o ângulo de pressão normal. Calcule o número de passos axiais na largura de face.

SOLUÇÃO

Passo circular.
Use a Equação 8.16:

$$p = \pi/P_d = \pi/12 = 0{,}262 \text{ pol}$$

Passo circular normal
Use a Equação 8.13:

$$p_n = p \cos \psi = (0{,}262)\cos(30) = 0{,}227 \text{ pol}$$

Passo diametral normal
Use a Equação 8.15:

$$P_{nd} = P_d/\cos \psi = 12/\cos(30) = 13{,}856$$

Passo axial
Use a Equação 8.19:

$$P_x = p/\text{tg } \psi = 0{,}262/\text{tg}(30) = 0{,}453 \text{ pol}$$

Diâmetro de passo
Use a Equação 8.14:

$$D = N/P_d = 28/12 = 2{,}333 \text{ pol}$$

Ângulo de pressão normal
Use a Equação 8.11:

$$\phi_n = \text{tg}^{-1}(\text{tg } \phi_t \cos \psi)$$

$$\phi_n = \text{tg}^{-1}\left[\text{tg}(14\tfrac{1}{2}) \cos(30)\right] = 12{,}62°$$

Número de passos axiais na largura de face

$$F/P_x = 1{,}25/0{,}453 = 2{,}76 \text{ passos}$$

Uma vez que ele é maior do que 2,0, haverá plena ação helicoidal.

8.7 GEOMETRIA DA ENGRENAGEM CÔNICA

Engrenagens cônicas são utilizadas para transferir movimento entre eixos não paralelos, geralmente a 90° um do outro. Os quatro tipos principais de engrenagens cônicas são: cônicas retas, cônicas espirais, cônicas com ângulo de espiral zero e hipoides. A Figura 8.17 mostra o aspecto geral desses quatro tipos de engrenagem cônica. A superfície na qual os dentes da engrenagem cônica são usinados é parte inerente de um cone. As diferenças ocorrem na forma específica dos dentes e na orientação do pinhão em relação à engrenagem. (Consulte as referências 3, 5, 14 e 16.)

Engrenagens cônicas retas

Os dentes de uma engrenagem cônica reta são retos e dispostos ao longo de um elemento na superfície cônica. Linhas ao longo da face dos dentes até o círculo do passo se encontram na ponta do cone primitivo. Como mostra a Figura 8.17(f), as linhas de centro do pinhão e da engrenagem também se encontram nessa ponta. Na configuração padrão, os dentes são afunilados em direção ao centro do cone.

As dimensões básicas são especificadas ora na extremidade externa dos dentes ora na posição central, no meio da face. As relações que controlam algumas dessas dimensões estão listadas na Tabela 8.8 para o caso em que os eixos estiverem a 90°. Os ângulos primitivos para o pinhão e a engrenagem são determinados pela razão do número de dentes, como mostra a tabela. Note que a soma é 90°. Além disso, para um par de engrenagens cônicas com razão de unidade, cada uma tem ângulo primitivo de 45°. Tais engrenagens, chamadas de *engrenagens de relação 1:1*, são

(a) Cônica reta

(b) Cônica espiral

(c) Cônica com ângulo de espiral zero

(d) Hipoide

(e) Foto de um par de engrenagens cônicas retas

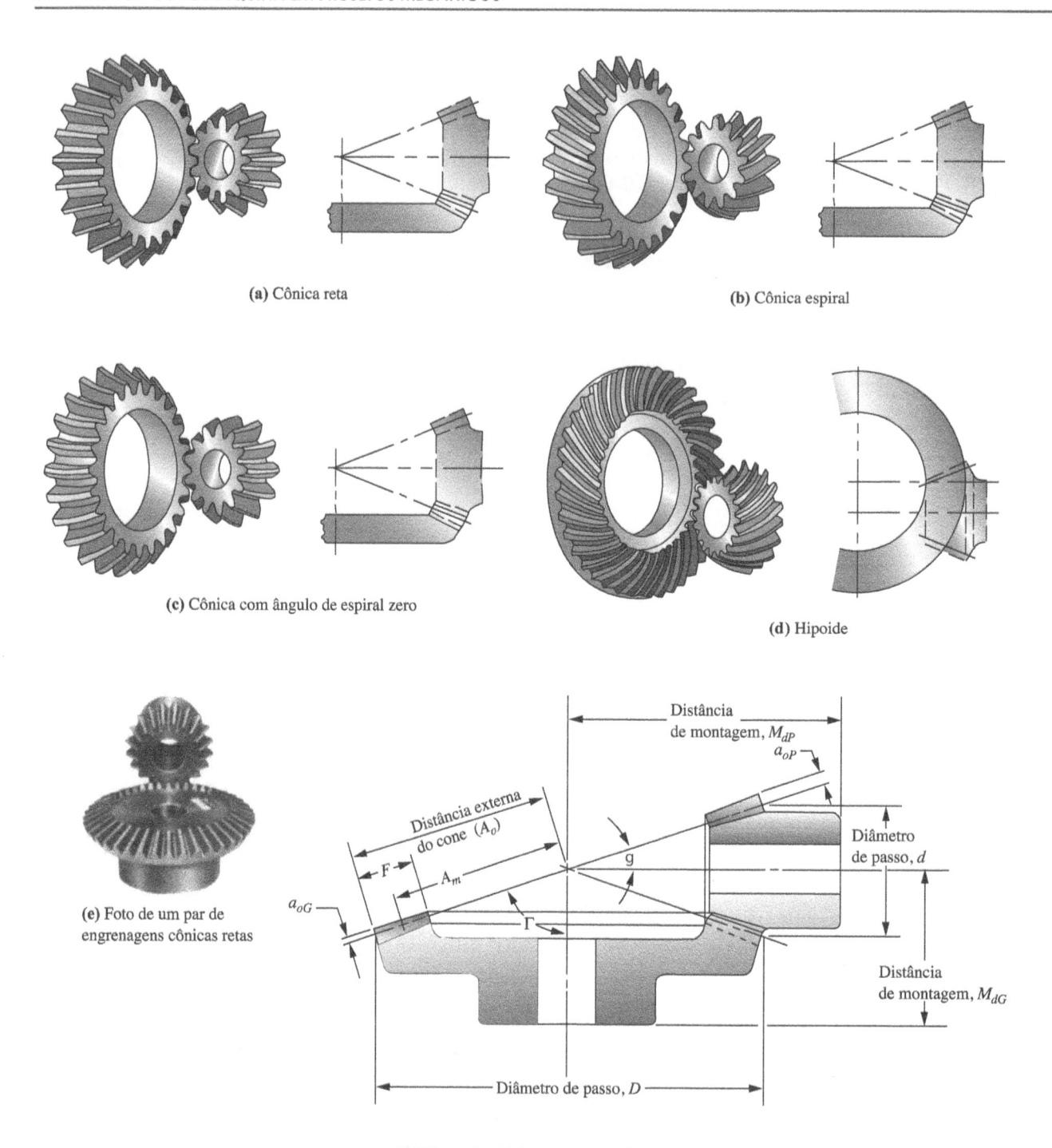

(f) Dimensões básicas de um par de engrenagens cônicas retas

▲ **FIGURA 8.17** Tipos de engrenagens cônicas [partes (a) até (d) extraídas da norma ANSI/AGMA 2005-C96, *Design Manual for Bevel Gears*, com permissão da editora, American Gear Manufacturers Association. Fotografia (e) cortesia da Emerson Power Transmission Corporation, Browning Division, Maysville, KY

utilizadas simplesmente para alterar o sentido dos eixos em uma transmissão sem afetar a velocidade de rotação.

É preciso compreender que muitas outras características devem ser especificadas antes da produção das engrenagens. Além disso, muitas engrenagens conhecidas e comercialmente disponíveis são feitas em formas não padronizadas. Por exemplo, o adendo do pinhão é muitas vezes fabricado mais longo do que a engrenagem. Alguns fabricantes modificam a inclinação da raiz dos dentes para produzir uma profundidade uniforme em vez de usar a forma cônica padronizada. A Referência 5 fornece muito mais dados.

O ângulo de pressão, ϕ, costuma ser 20°, mas 22,5° e 25° também são muito usados para evitar interferências. O número mínimo de dentes para engrenagens cônicas retas é normalmente 12. Falaremos mais sobre o projeto de engrenagens cônicas retas no Capítulo 10.

▼ **TABELA 8.8** Características geométricas de engrenagens cônicas retas.

Dados	Passo diametral = $P_d = N_P/d = N_G/D$ ou $m = d/N_P = D/N_G$ onde N_P = número de dentes no pinhão N_G = número de dentes na engrenagem	
	Dimensão	**Fórmula**
Relação de transmissão		$m_G = N_G/N_P$
Diâmetros de passo:		
Pinhão		$d = N_P/P_d$ ou $d = m N_P$
Engrenagem		$D = N_G/P_d$ ou $D = m N_G$
Ângulos primitivos:		
Pinhão		$\gamma = \text{tg}^{-1}(N_P/N_G)$ (letra minúscula grega *gama*)
Engrenagem		$\Gamma = \text{tg}^{-1}(N_G/N_P)$ (letra minúscula grega *gama*)
Distância externa do cone		$A_o = 0{,}5D/\text{sen}(\Gamma)$
Largura de face deve ser especificada:		$F =$
Largura de face nominal		$F_{nom} = 0{,}30 A_o$
Largura de face máxima		$F_{máx} = A_o/3$ ou $F_{máx} = 10/P_d$ ou $m/2{,}54$ (o que for menor)
Distância média do cone		$A_m = A_o - 0{,}5F$
		(*Observação*: A_m é definido para a engrenagem, também chamado de A_{mG}.)
Passo circular médio		$p_m = (\pi/P_d)(A_m/A_o)$ ou $\pi m(A_m/A_o)$
Profundidade útil média		$h = (2{,}00/P_d)(A_m/A_o)$ ou $2{,}00\, m(A_m/A_o)$
Folga		$c = 0{,}125h$
Profundidade total média		$h_m = h + c$
Fator de adendo médio		$c_1 = 0{,}210 + 0{,}290/(m_G)^2$
Adendo médio da engrenagem		$a_G = c_1 h$
Adendo médio do pinhão		$a_P = h - a_G$
Dedendo médio da engrenagem		$b_G = h_m - a_G$
Dedendo médio do pinhão		$b_P = h_m - a_P$
Ângulo do dedendo da engrenagem		$\delta_G = \text{tg}^{-1}(b_G/A_{mG})$
Ângulo do dedendo do pinhão		$\delta_P = \text{tg}^{-1}(b_P/A_{mG})$
Adendo externo da engrenagem		$a_{oG} = a_G + 0{,}5F\,\text{tg}\,\delta_P$
Adendo externo do pinhão		$a_{oP} = a_P + 0{,}5F\,\text{tg}\,\delta_G$
Diâmetro externo da engrenagem		$D_o = D + 2a_{oG}\cos\Gamma$
Diâmetro externo do pinhão		$d_o = d + 2a_{oP}\cos\gamma$

Fonte: extraído da norma ANSI/AGMA 2005-C96, *Design Manual for Bevel Gears*, com permissão da editora, American Gear Manufacturers Association.

A montagem das engrenagens cônicas é crítica para que se alcance um desempenho satisfatório. A maioria das engrenagens comerciais tem uma distância de montagem definida semelhante à mostrada na Figura 8.17(f). Trata-se da distância entre alguma superfície de referência, geralmente a parte de trás do cubo da engrenagem, até a ponta do cone primitivo. Uma vez que os cones primitivos das engrenagens conjugadas têm pontas coincidentes, a distância de montagem também posiciona o eixo da engrenagem conjugada. Se a engrenagem for montada a uma distância menor do que a distância de montagem recomendada, os dentes provavelmente encavalarão. Se for montada a uma distância maior, haverá folga excessiva, provocando uma operação ruidosa e irregular.

Engrenagens cônicas espirais

Os dentes de uma engrenagem cônica espiral são curvados e inclinados em relação à superfície do cone primitivo. Ângulos espirais, ψ, de 20° a 45° são utilizados, mas o valor típico é 35°. O contato começa em uma extremidade dos dentes e segue ao longo do dente até seu fim. Para determinada forma e número de dentes, mais dentes ficam em contato em engrenagens cônicas espirais do que em engrenagens cônicas retas. A transferência gradual de cargas e o maior número médio de dentes em contato tornam as engrenagens cônicas espirais mais suaves e permitem projetos menores em relação às engrenagens cônicas retas típicas. Lembre-se de que vantagens semelhantes foram descritas para a engrenagem helicoidal em relação à engrenagem de dentes retos.

O ângulo de pressão, ϕ, é normalmente 20° para engrenagens cônicas espirais, e o número mínimo de dentes é geralmente 12 para evitar interferências. Contudo, engrenagens espirais não padronizadas permitem um mínimo de cinco dentes em pinhões de conjuntos com razão elevada se a ponta dos dentes for aparada para evitar interferências. O número médio especialmente alto de dentes em contato (alta razão de contato) em engrenagens espirais torna essa abordagem aceitável e pode resultar em um projeto muito compacto. A Referência 5 fornece as relações para o cálculo das características geométricas de engrenagens cônicas espirais, que são extensões daquelas apresentadas na Tabela 8.8.

Engrenagens cônicas com ângulo de espiral zero

Os dentes de uma engrenagem cônica com ângulo de espiral zero são curvados mais ou menos como na engrenagem cônica espiral, mas o ângulo de espiral é zero. Essas engrenagens podem ser usadas nas mesmas montagens que engrenagens cônicas retas, mas operam com mais suavidade. Às vezes, elas são chamadas de engrenagens cônicas ZEROL®.

Engrenagens hipoides

A principal diferença entre as engrenagens hipoides e as outras que já foram descritas é que a linha de centro do pinhão está distanciada pelo offset para um conjunto de engrenagens hipoides, acima ou abaixo da linha de centro da engrenagem. Os dentes são projetados especialmente para cada combinação de distância de offset e ângulo espiral. Uma grande vantagem é o projeto mais compacto resultante, especialmente quando aplicado a trens de acionamento veiculares e máquinas-ferramentas. (Consulte as referências 5, 14 e 16 para dados adicionais.)

A geometria da engrenagem hipoide é a forma mais geral, e as outras são casos especiais. A engrenagem hipoide tem um offset no eixo para o pinhão, e seus dentes curvos são cortados em um ângulo espiral. Logo, a engrenagem cônica espiral é uma engrenagem hipoide com distância de offset zero. Uma engrenagem cônica ZEROL® é uma engrenagem hipoide com offset zero e ângulo espiral zero. Uma engrenagem cônica reta é uma engrenagem hipoide com offset zero, ângulo espiral zero e dentes retos.

EXEMPLO 8.3		Calcule os valores para as características geométricas listadas na Tabela 8.8 referentes a um par de engrenagens cônicas retas com passo diametral de 8, ângulo de pressão de 20°, 16 dentes no pinhão e 48 dentes na engrenagem. Os eixos estão a 90°.
SOLUÇÃO	Dados	$P_d = 8; N_p = 16; N_G = 48.$
	Valores calculados	*Relação de transmissão*
		$m_G = N_G/N_p = 48/16 = 3{,}000$
		Diâmetro de passo Para o pinhão,
		$d = N_p/P_d = 16/8 = 2{,}000 \text{ pol}$

Para a engrenagem,

$$D = N_G/P_d = 48/8 = 6{,}000 \text{ pol}$$

Ângulos primitivos
Para o pinhão,

$$\gamma = \text{tg}^{-1}(N_P/N_G) = \text{tg}^{-1}(16/48) = 18{,}43°$$

Para a engrenagem,

$$\Gamma = \text{tg}^{-1}(N_G/N_P) = \text{tg}^{-1}(48/16) = 71{,}57°$$

Distância externa do cone

$$A_o = 0{,}5\, D/\text{sen}(\Gamma) = 0{,}5(6{,}00 \text{ pol})/\text{sen}(71{,}57°) = 3{,}162 \text{ pol}$$

Largura de face
A largura de face deve ser especificada:

$$F = 1{,}000 \text{ pol}$$

Com base nas seguintes diretrizes:
  Largura de face nominal:

$$F_{nom} = 0{,}30 A_o = 0{,}30(3{,}162 \text{ pol}) = 0{,}949 \text{ pol}$$

  Largura de face máxima:

$$F_{máx} = A_o/3 = (3{,}162 \text{ pol})/3 = 1{,}054 \text{ pol}$$

ou

$$F_{máx} = 10/P_d = 10/8 = 1{,}25 \text{ pol}$$

Distância média do cone

$$A_m = A_{mG} = A_o - 0{,}5\, F = 3{,}162 \text{ pol} - 0{,}5(1{,}00 \text{ pol}) = 2{,}662 \text{ pol}$$

Razão $A_m/A_o = 2{,}662/3{,}162 = 0{,}842$ (Esta razão ocorre em vários cálculos a seguir.)
Passo circular médio

$$p_m = (\pi/P_d)(A_m/A_o) = (\pi/8)(0{,}842) = 0{,}331 \text{ pol}$$

Profundidade útil média

$$h = (2{,}00/P_d)(A_m/A_o) = (2{,}00/8)(0{,}842) = 0{,}210 \text{ pol}$$

Folga

$$c = 0{,}125 h = 0{,}125(0{,}210 \text{ pol}) = 0{,}026 \text{ pol}$$

Profundidade total média

$$h_m = h + c = 0{,}210 \text{ pol} + 0{,}026 \text{ pol} = 0{,}236 \text{ pol}$$

Fator de adendo médio

$$c_1 = 0{,}210 + 0{,}290/(m_G)^2 = 0{,}210 + 0{,}290/(3{,}00)^2 = 0{,}242$$

Adendo médio da engrenagem

$$a_G = c_1 h = (0{,}242)(0{,}210 \text{ pol}) = 0{,}051 \text{ pol}$$

Adendo médio do pinhão

$$a_P = h - a_G = 0{,}210 \text{ pol} - 0{,}051 \text{ pol} = 0{,}159 \text{ pol}$$

Dedendo médio da engrenagem

$$b_G = h_m - a_G = 0{,}236 \text{ pol} - 0{,}051 \text{ pol} = 0{,}185 \text{ pol}$$

Dedendo médio do pinhão

$$b_P = h_m - a_P = 0{,}236 \text{ pol} - 0{,}159 \text{ pol} = 0{,}077 \text{ pol}$$

Ângulo do dedendo da engrenagem

$$\delta_G = \text{tg}^{-1}(b_G/A_{mG}) = \text{tg}^{-1}(0{,}185/2{,}662) = 3{,}98°$$

Ângulo do dedendo do pinhão

$$\delta_P = \text{tg}^{-1}(b_P/A_{mG}) = \text{tg}^{-1}(0{,}077/2{,}662) = 1{,}66°$$

Adendo externo da engrenagem

$$a_{oG} = a_G + 0{,}5\, F\, \text{tg}\, \delta_P$$

$$a_{oG} = (0{,}051 \text{ pol}) + (0{,}5)(1{,}00 \text{ pol})\, \text{tg}(1{,}657°) = 0{,}0655 \text{ pol}$$

Adendo externo do pinhão

$$a_oP = a_P + 0{,}5\, F\, \text{tg}\, \delta_G$$

$$a_oP = (0{,}159 \text{ pol}) + (0{,}5)(1{,}00 \text{ pol})\, \text{tg}(3{,}975°) = 0{,}1937 \text{ pol}$$

Diâmetro externo da engrenagem

$$D_o = D + 2a_{oG} \cos \Gamma$$

$$D_o = 6{,}000 \text{ pol} + 2(0{,}0655 \text{ pol}) \cos(71{,}57°) = 6{,}041 \text{ pol}$$

Diâmetro externo do pinhão

$$d_o = d + 2a_{oP} \cos \gamma$$

$$d_o = 2{,}000 \text{ pol} + 2(0{,}1937 \text{ pol}) \cos(18{,}43°) = 2{,}368 \text{ pol}$$

8.8 TIPOS DE ENGRENAMENTO SEM-FIM

O engrenamento sem-fim é utilizado para transmitir movimento e potência entre eixos que não se cruzam, geralmente a 90°. A transmissão consiste de um sem-fim sobre um eixo em alta velocidade com o aspecto geral de uma rosca de parafuso de potência — uma rosca cilíndrica, helicoidal. O sem-fim aciona uma engrenagem sem-fim, que tem aparência semelhante à de uma engrenagem helicoidal. A Figura 8.18 mostra um conjunto típico de sem-fim e engrenagem sem-fim. Às vezes, a engrenagem sem-fim é chamada de *coroa dentada* ou simplesmente *coroa* ou *engrenagem*. (Consulte a Referência 6.) Sem-fim e engrenagens sem-fim podem ser fornecidos com roscas direitas ou

▲ **FIGURA 8.18** Sem-fim e engrenagens sem-fim. (Emerson Power Transmission Corporation, Browning Division, Maysville, KY)

esquerdas no sem-fim e dentes projetados de forma equivalente na engrenagem sem-fim, afetando o sentido de rotação desta.

Diversas variações de geometria para transmissões por engrenagem sem-fim estão disponíveis. A mais comum delas, mostrada nas figuras 8.18 e 8.19, emprega um sem-fim cilíndrico conjugado com uma engrenagem sem-fim cujos dentes apresentam garganta e envolvem parcialmente o sem-fim. Ela é chamada de transmissão por *engrenagem sem-fim de envelope simples*. O contato entre as roscas do sem-fim e os dentes da engrenagem sem-fim é ao longo de uma linha, e a capacidade de transmissão de potência é muito boa. Muitos fabricantes oferecem esse tipo de conjunto de engrenagem sem-fim a pronta entrega. A instalação do sem-fim relativamente fácil porque o alinhamento axial não é muito crítico. No entanto, a engrenagem sem-fim deve ser cuidadosamente alinhada no sentido radial a fim de aproveitar o benefício da ação de envelopamento. A Figura 8.20 mostra a vista em corte de um redutor de engrenagem sem-fim comercial.

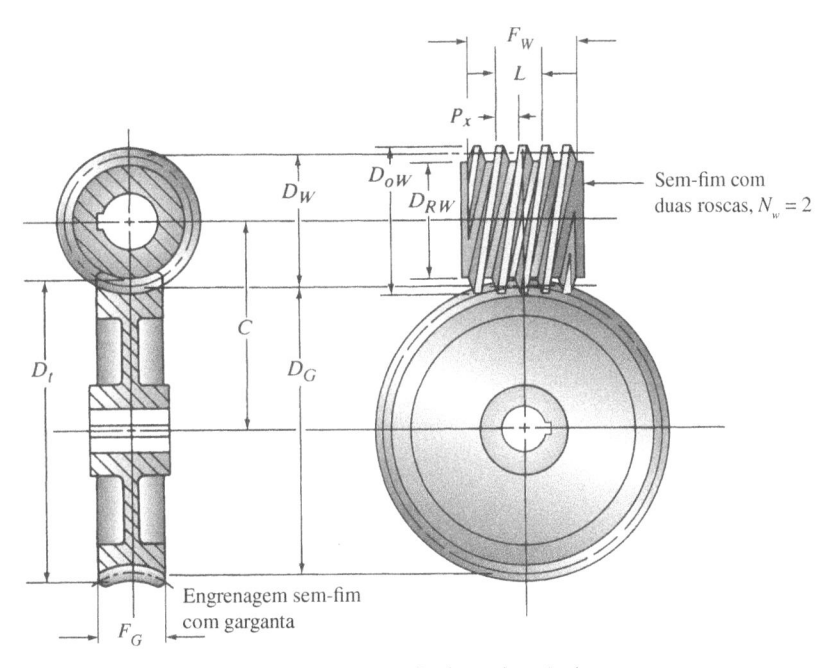

▲ **FIGURA 8.19** Conjunto de engrenagem sem-fim de envelope simples.

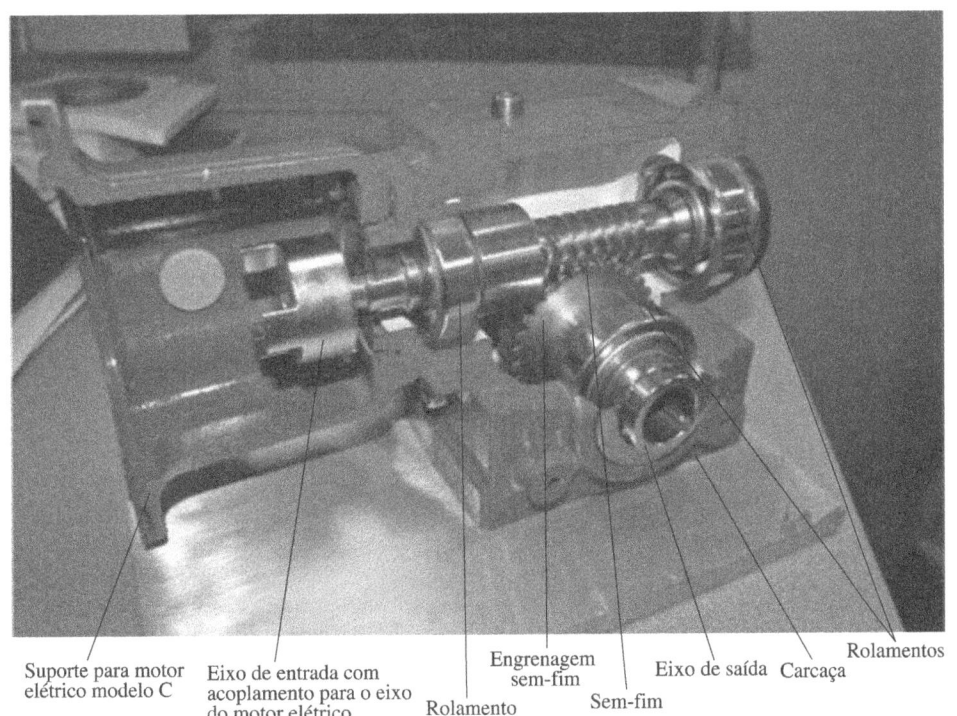

◄ **FIGURA 8.20** Vista em corte de um redutor de engrenagem sem-fim. (Baldor/Dodge, Greenville, SC)

Uma forma mais simples de transmissão por engrenagem sem-fim permite que um sem-fim cilíndrico especial seja usado com uma engrenagem de dentes retos ou uma engrenagem helicoidal padrão. Nem o sem-fim nem a engrenagem precisam ser alinhados com muita precisão, e a distância de centro não é crítica. No entanto, o contato entre as roscas do sem-fim e os dentes da engrenagem sem-fim é teoricamente um ponto, reduzindo drasticamente a capacidade de transmissão de potência do conjunto. Assim sendo, esse tipo é usado principalmente em aplicações de posicionamento sem precisão em velocidades baixas e com baixos níveis de potência.

Um terceiro tipo de conjunto de sem-fim é o *envelope duplo*, em que o sem-fim é feito em formato de ampulheta e é conjugado com uma engrenagem do tipo envelope simples. Isso resulta em uma área de contato em vez de uma linha ou um ponto de contato, e permite que um sistema muito menor transmita determinada potência a determinada razão de redução. No entanto, o sem-fim é mais difícil de ser fabricado, e o alinhamento de ambos — o sem-fim e a engrenagem sem-fim — é muito crítico.

8.9 GEOMETRIA DE SEM-FIM E ENGRENAGEM SEM-FIM

Passos, p, P_d e m

Uma exigência básica do sem-fim e da engrenagem sem-fim é que o *passo axial* daquele deve ser igual ao passo circular desta para que eles se conjuguem. A Figura 8.19 mostra as características geométricas básicas de um conjunto de envelope simples de sem-fim e engrenagem. O *passo axial*, P_x, é definido como a distância de um ponto na rosca do sem-fim até o ponto correspondente na rosca adjacente, medida axialmente no cilindro do passo. Como anteriormente, o passo circular para a engrenagem sem-fim é definido como a distância de um ponto no dente no círculo do passo até o ponto correlativo no dente seguinte, medida ao longo do círculo do passo. Assim, o passo circular é uma distância de arco que pode ser calculada a partir de

▶ **Passo circular**

$$p = \pi D_G/N_G \qquad (8.20)$$

onde

D_G = diâmetro de passo da engrenagem

N_G = número de dentes na engrenagem

Algumas engrenagens sem-fim são feitas de acordo com a convenção de passo circular. Mas, conforme observado com engrenagens de dentes retos, conjuntos de engrenagens sem-fim comercialmente disponíveis costumam ser feitos de acordo com uma convenção de passo diametral com os seguintes passos a pronta entrega: 48, 32, 24, 16, 12, 10, 8, 6, 5, 4 e 3. Consulte os sites 2, 3, 10 e 11. O passo diametral é definido para a engrenagem como

▶ **Passo diametral**

$$P_d = N_G/D_G \qquad (8.21)$$

A conversão de passo diametral para passo circular pode ser feita com a seguinte equação:

$$P_d p = \pi \qquad (8.22)$$

Sem-fim e engrenagens sem-fim no módulo métrico estão disponíveis no mercado com módulos de 0,50 a 6,00. Consulte os sites 9 e 10. Quanto aos outros tipos de engrenagem, o módulo é definido para a engrenagem sem-fim como

$$m = D/N$$

Então, o passo da engrenagem sem-fim é $p = \pi m$, e este também é o passo axial do sem-fim.

Número de roscas no sem-fim, N_W

O sem-fim pode ter uma única rosca, como um parafuso comum, ou múltiplas roscas, geralmente 2 ou 4, mas, às vezes, 3, 5, 6, 8 ou mais. É comum a referência ao número de roscas como N_W e, então, o tratamento desse número como se ele fosse o número de dentes no sem-fim. O número de roscas no sem-fim é frequentemente considerado como o número de *começos*. Isso é conveniente porque, ao olhar para a extremidade de um sem-fim, é possível contar o número de roscas que começam ali e descem pelo sem-fim cilíndrico.

Avanço L

O *avanço* de um sem-fim é a distância axial que determinado ponto no sem-fim percorre ao longo de uma revolução. O avanço está relacionado ao passo axial por

▶ **Avanço**

$$L = N_W P_x \qquad (8.23)$$

Ângulo de avanço, λ

O *ângulo de avanço* é o ângulo entre a tangente à rosca sem-fim e a linha perpendicular ao eixo do sem-fim. Para visualizar o método de cálculo do ângulo de avanço, consulte a Figura 8.21, que mostra um simples

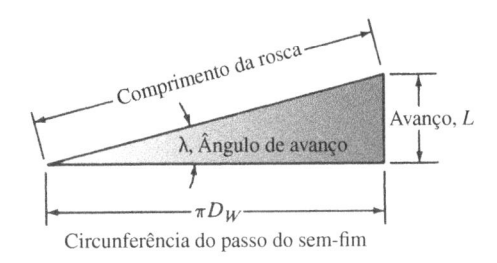

FIGURA 8.21 Ângulo de avanço.

triângulo que seria formado se uma rosca do sem-fim fosse desenrolada do cilindro do passo e colocada no papel. O comprimento da hipotenusa é o comprimento da rosca em si. O lado vertical é o avanço, L. O lado horizontal é a circunferência do cilindro do passo, πD_W, onde D_W é o diâmetro de passo do sem-fim. Então

▶ **Ângulo de avanço**

$$\operatorname{tg} \lambda = L/\pi D_W \qquad (8.24)$$

Velocidade na linha primitiva, v_t

Como anteriormente, a velocidade na linha primitiva é a velocidade linear de um ponto na linha primitiva para o sem-fim ou a engrenagem sem-fim. Para um sem-fim com diâmetro de passo D_W, rotacionando a n_W rpm,

▶ **Velocidade na linha primitiva para sem-fim**

$$v_{tW} = \frac{\pi D_W n_W}{12} \text{ pés/min} \quad \text{ou} \quad v_{tW} = \frac{\pi D_W n_W}{60\,000} \text{ m/s}$$

Para a engrenagem sem-fim com diâmetro de passo D_G, rotacionando a n_G rpm,

▶ **Velocidade na linha primitiva para engrenagem**

$$V_{tG} = \frac{\pi D_G n_G}{12} \text{ pés/min} \quad \text{ou} \quad v_{tG} = \frac{\pi D_G n_G}{60\,000} \text{ m/s}$$

Note que esses dois valores para a velocidade na linha primitiva *não* são iguais.

Razão de velocidade angular, VR

É mais prático calcular a razão de velocidade angular de um conjunto de sem-fim e engrenagem sem-fim a partir da razão entre a velocidade angular de entrada e a de saída:

▶ **Razão de velocidade angular para o conjunto de sem-fim/engrenagem sem-fim**

$$VR = \frac{\text{velocidade do sem-fim}}{\text{velocidade da engrenagem}} = \frac{n_W}{n_G} = \frac{N_G}{N_W} \quad (8.25)$$

Transmissões de engrenagem sem-fim comercialmente disponíveis têm razões de 5, 7,5, 10, 12,5, 15, 20, 25, 30, 35, 40, 45, 50, 60 e 70. As transmissões podem ter um único par de sem-fim/engrenagem ou então dois ou mais pares em série. Naturalmente, transmissões especialmente projetadas podem ter uma gama praticamente ilimitada de razões dentro dos limites de tamanho e viabilidade.

EXEMPLO 8.4	Uma engrenagem sem-fim tem 52 dentes e passo diametral de 6. Ela conjuga com um sem-fim de três roscas que gira a 1750 rpm. O diâmetro de passo do sem-fim é 2,000 pol. Calcule o passo circular, o passo axial, o avanço, o ângulo de avanço, o diâmetro de passo da engrenagem sem-fim, a distância de centro, a razão de velocidade angular e a velocidade angular da engrenagem sem-fim.
SOLUÇÃO	*Passo circular* $$p = \pi/P_d = \pi/6 = 0{,}5236 \text{ pol}$$ *Passo axial* $$P_x = p = 0{,}5236 \text{ pol}$$ *Avanço* $$L = N_W P_x = (3)(0{,}5236) = 1{,}5708 \text{ pol}$$ *Ângulo de avanço* $$\lambda = \operatorname{tg}^{-1}(L/\pi D_W) = \operatorname{tg}^{-1}(1{,}5708/\pi 2{,}000)$$ $$\lambda = 14{,}04°$$

Diâmetro de passo da engrenagem

$$D_G = N_G/P_d = 52/6 = 8{,}667 \text{ pol}$$

Distância de centro

$$C = (D_W + D_G)/2 = (2{,}000 + 8{,}667)/2 = 5{,}333 \text{ pol}$$

Razão de velocidade angular

$$VR = N_G/N_W = 52/3 = 17{,}333$$

Rpm da engrenagem

$$n_G = n_W/VR = 1750/17{,}333 = 101 \text{ rpm}$$

Ângulo de pressão

A maioria das engrenagens sem-fim disponíveis no mercado é feita com ângulos de pressão de 14 ½°, 20°, 25° ou 30°. Os ângulos de pressão baixos são utilizados com sem-fim de ângulo de avanço baixo e/ou passo diametral baixo. Por exemplo, um ângulo de pressão de 14 ½° pode ser usado para ângulos de avanço de até aproximadamente 17°. Para ângulos de avanço maiores e passos diametrais mais elevados (dentes menores), o ângulo de pressão de 20° ou 25° é utilizado para eliminar a interferência sem adelgaçamento excessivo. O ângulo de pressão de 20° é o valor preferencial para ângulos de avanço de até 30°. Para ângulos de avanço entre 30° e 45°, o ângulo de pressão de 25° é recomendado. Tanto o ângulo de pressão normal, ϕ_n, quanto o ângulo de pressão transversal, ϕ_t, podem ser especificados. Eles estão relacionados por

▶ **Ângulo de pressão**

$$\operatorname{tg} \phi_n = \operatorname{tg} \phi_t \cos \lambda \qquad (8.26)$$

Conjuntos de engrenagem sem-fim autofrenantes

Ser *autofrenante* é a condição na qual o sem-fim aciona a engrenagem sem-fim, mas, se o torque for aplicado no eixo da engrenagem, o sem-fim não gira. Ele fica bloqueado. A ação de travamento é produzida pela força de atrito entre as roscas do sem-fim e os dentes da engrenagem, e isso depende muito do ângulo de avanço. Recomenda-se o uso de um ângulo de avanço de até 5,0°, a fim de garantir o acionamento do bloqueio. Esse ângulo de avanço geralmente requer o uso de sem-fim com uma única rosca. Observe que o sem-fim com três roscas no Exemplo 8.4 tem ângulo de avanço de 14,04°. Ele provavelmente *não* é autofrenante.

Projetos típicos para conjuntos de engrenagem sem-fim

Uma latitude considerável é admissível no projeto para conjuntos de engrenagem sem-fim porque a combinação de sem-fim e engrenagem é projetada como uma unidade. Todavia, há algumas diretrizes.

Diretrizes gerais para as dimensões de sem-fim e engrenagens sem-fim

Dimensões típicas de dente

A Tabela 8.9 mostra valores típicos usados para as dimensões das roscas do sem-fim e dos dentes da engrenagem.

▼ **TABELA 8.9** Dimensões típicas de dente para sem-fim e engrenagem sem-fim.

Dimensão	Fórmula
Adendo	$a = 0{,}3183 P_x = 1/P_d$
Profundidade total	$h_t = 0{,}6866 P_x = 2{,}157/P_d$
Profundidade útil	$h_k = 2a = 0{,}6366 P_x = 2/P_d$
Dedendo	$b = h_t - a = 0{,}3683 P_x = 1{,}157/P_d$
Diâmetro da raiz do sem-fim	$D_{rW} = D_W - 2b$
Diâmetro externo do sem-fim	$D_{oW} = D_W + 2a = D_W + h_k$
Diâmetro da raiz da engrenagem	$D_{rG} = D_G - 2b$
Diâmetro da garganta da engrenagem	$D_t = D_G + 2a$

Fonte: Norma AGMA *Design Manual Cylindrical Wormgearing*, com permissão da editora, American Gear Manufacturers Association.

Diâmetro do sem-fim

O diâmetro do sem-fim afeta o ângulo de avanço, que, por sua vez, afeta a eficiência do conjunto. Por esse motivo, pequenos diâmetros são desejáveis. Mas, por razões de ordem prática e por causa da proporção adequada em relação à engrenagem sem-fim, é recomendável que o diâmetro do sem-fim seja aproximadamente $C^{0,875}/2,2$, onde C é a distância de centro em polegadas entre o sem-fim e a engrenagem. Uma variação em torno de 30% é permitida. (Consulte a Referência 6.) Assim, o diâmetro do sem-fim deve estar dentro do intervalo

▶ **Distância de centro-*pol* transmissão de engrenagem sem-fim**

$$1,6 < \frac{C^{0,875}}{D_W} < 3,0 \qquad (8.27)$$

Para projetos métricos com dimensões em mm,

▶ **Distância de centro-*mm* transmissão de engrenagem sem-fim**

$$1,07 < \frac{C^{0,875}}{D_W} < 2,0 \qquad (8.27M)$$

O diâmetro nominal recomendado para o sem-fim é aproximadamente $C^{0,875}/1,54$.

No entanto, alguns conjuntos de engrenagem sem-fim disponíveis estão fora desse intervalo, especialmente em tamanhos menores. Além disso, os sem-fim projetados de modo a ter um orifício para instalação no eixo são normalmente maiores do que se encontraria por meio da Equação 8.27. A proporção adequada e o uso eficiente do material devem servir de guia. O eixo do sem-fim também deve ser verificado quanto à deflexão sob cargas operacionais. Para sem-fins usinados ao eixo, a raiz das roscas determina o diâmetro mínimo do eixo. Para sem-fins com orifícios, por vezes chamados de *sem-fins ocos*, é preciso garantir que há material suficiente entre a raiz da rosca e o rasgo no furo. A Figura 8.22 mostra a espessura recomendada acima do rasgo como sendo de, no mínimo, metade da profundidade total das roscas.

Dimensões da engrenagem sem-fim

O foco aqui é em engrenagens sem-fim do tipo envelope simples, como mostram as figuras 8.19 e 8.23. Considera-se que seu adendo, seu dedendo e suas dimensões de profundidade são os mesmos listados na Tabela 8.9, medidos na garganta dos dentes da engrenagem sem-fim. A garganta está alinhada com a linha de centro vertical do sem-fim. A largura de face recomendada para a engrenagem sem-fim é

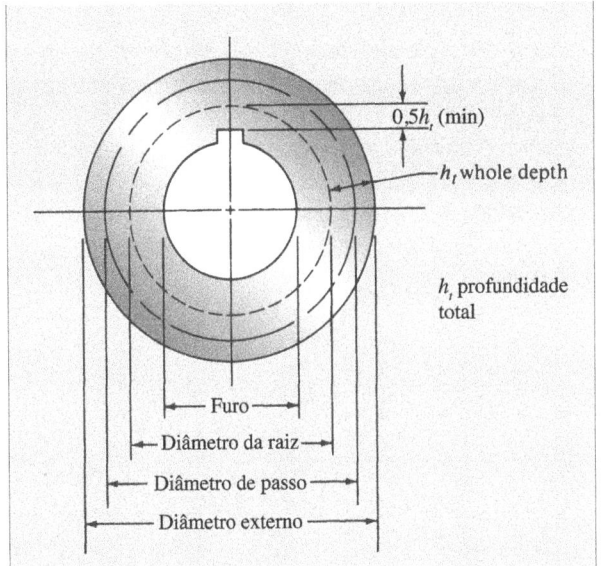

▲ **FIGURA 8.22** Sem-fim oco.

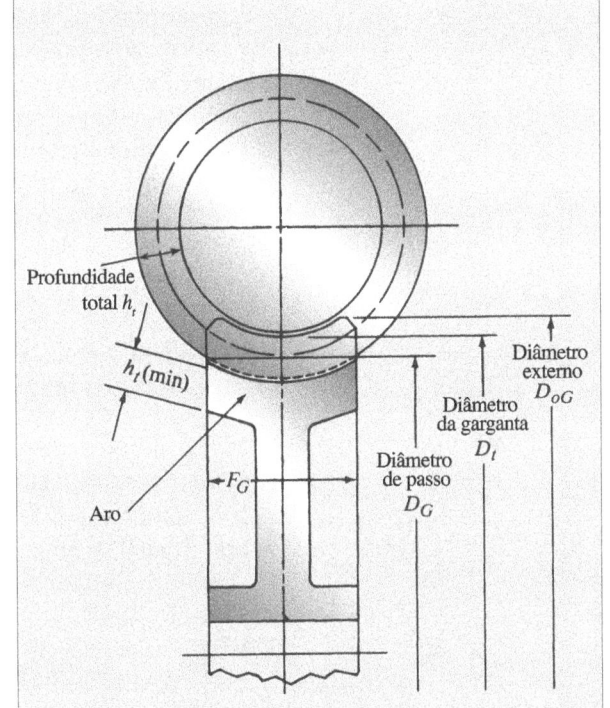

▲ **FIGURA 8.23** Detalhes da engrenagem sem-fim.

▶ **Largura de face da engrenagem sem-fim**

$$F_G = (D_{oW}^2 - D_W^2)^{1/2} \qquad (8.28)$$

Isso corresponde ao comprimento da linha tangente ao círculo do passo do sem-fim limitada pelo diâmetro externo do sem-fim. Qualquer largura de face além desse valor não seria eficaz para resistir a tensões ou ao desgaste, mas um valor conveniente um pouco maior do que o mínimo deveria ser utilizado. As bordas externas dos dentes da engrenagem sem-fim devem ser chanfradas aproximadamente como mostra a Figura 8.23.

Outra recomendação, conveniente para o projeto inicial, é que a largura de face da engrenagem deve ser em torno de 2,0 vezes o passo circular. Uma vez que estamos trabalhando com o sistema de passo diametral, usaremos

$$F_G = 2p = 2\pi/P_d \quad (8.29)$$

Porém, já que isso é apenas aproximado, e 2π é cerca de 6, usaremos

$$F_G = 6/P_d \quad (8.30)$$

Se a alma da engrenagem for fina, uma espessura de aro pelo menos igual à profundidade total dos dentes deve ser deixada.

Comprimento de face do sem-fim

Para o compartilhamento máximo de carga, o comprimento de face do sem-fim deve se estender pelo menos até o ponto em que seu diâmetro externo corta o diâmetro da garganta da engrenagem. Esse comprimento é

▶ **Comprimento de face do sem-fim**

$$F_w = 2[(D_t/2)^2 - (D_G/2 - a)^2]^{1/2} \quad (8.31)$$

EXEMPLO 8.5a

Um conjunto de sem-fim e engrenagem sem-fim deve ser projetado para produzir uma razão de velocidade angular de 40. Foi proposto que o passo diametral da engrenagem seja 8, com base no torque a ser transmitido. (Isso será discutido no Capítulo 10.) Usando as relações apresentadas nesta seção, especifique o seguinte:

Diâmetro do sem-fim, D_W
Número de roscas no sem-fim, N_W
Número de dentes na engrenagem, N_G
Distância de centro real, C
Largura de face da engrenagem, F_G
Comprimento de face do sem-fim, F_W
Espessura mínima do aro da engrenagem

SOLUÇÃO

Muitas decisões de projeto precisam ser feitas, e várias soluções podem satisfazer as exigências. Será apresentada aqui uma única solução, juntamente com comparações entre as diversas diretrizes discutidas nesta seção. Esse tipo de análise precede a análise de tensão e a determinação da capacidade de transmissão de potência do sem-fim/engrenagem sem-fim, discutida no Capítulo 10.

Projeto experimental: especifiquemos um sem-fim com duas roscas: $N_W = 2$. Então, deve haver 80 dentes na engrenagem sem-fim para que se obtenha uma razão de velocidade angular de 40. Ou seja,

$$VR = N_G/N_W = 80/2 = 40$$

Com o passo diametral, $P_d = 8$, conhecido, o diâmetro de passo da engrenagem sem-fim é

$$D_G = N_G/P_d = 80/8 = 10,000 \text{ pol}$$

Uma estimativa inicial para a magnitude da distância de centro é aproximadamente $C = 6,50$ pol. Já sabemos que ela será superior a 5,00 pol, o raio da engrenagem sem-fim. Usando a Equação 8.27, o tamanho mínimo recomendado do sem-fim é

$$D_W = C^{0,875}/3,0 = 1,71 \text{ pol}$$

Da mesma forma, o diâmetro máximo deve ser

$$D_W = C^{0,875}/1,6 = 3,21 \text{ pol}$$

Um diâmetro pequeno para o sem-fim é desejável. Especifiquemos $D_W = 2,25$ pol. A distância de centro real é

$$C = (D_W + D_G)/2 = 6,125 \text{ pol}$$

Diâmetro externo do sem-fim

$$D_{oW} = D_W + 2a = 2,25 + 2(1/P_d) = 2,25 + 2(1/8) = 2,50 \text{ pol}$$

Profundidade total

$$h_t = 2,157/P_d = 2,157/8 = 0,270 \text{ pol}$$

Largura de face para a engrenagem
Usemos a Equação 8.28:

$$F_G = (D_{oW}^2 - D_W^2)^{1/2} = (2,50^2 - 2,25^2)^{1/2} = 1,090 \text{ pol}$$

Especifiquemos $F_G = 1,25$ pol.
Adendo

$$a = 1/P_d = 1/8 = 0,125 \text{ pol}$$

Diâmetro de garganta da engrenagem sem-fim

$$D_t = D_G + 2a = 10,000 + 2(0,125) = 10,250 \text{ pol}$$

Comprimento de face mínimo recomendado do sem-fim

$$F_W = 2[(D_t/2)^2 - (D_G/2 - a)^2]^{1/2} = 3,16 \text{ pol}$$

Especifiquemos $F_W = 3,25$ pol.
Espessura mínima do aro da engrenagem
A espessura do aro deve ser superior à profundidade total:

$$h_t = 0,270 \text{ pol}$$

8.10 RAZÃO DE VELOCIDADE ANGULAR E TRENS DE ENGRENAGEM

Um trem de engrenagens *é um ou mais pares de engrenagens que operam em conjunto para transmitir potência.*

Normalmente, há uma mudança de velocidade de uma engrenagem para a outra por conta dos diferentes tamanhos das engrenagens em malha. O elemento básico da razão total de mudança de velocidade em um trem de engrenagens é a *razão de velocidade angular* entre duas engrenagens em um único par.

Razão de velocidade angular

A razão de velocidade angular (VR) *é definida como a razão entre a velocidade angular da engrenagem de entrada e a velocidade angular da engrenagem de saída em um único par de engrenagens.*

A fim de desenvolver a equação para o cálculo da razão de velocidade angular, é proveitoso visualizar a ação de duas engrenagens em malha, como mostra a Figura 8.24. A ação é equivalente à de duas rodas girando suavemente uma sobre a outra sem deslizar, cujos diâmetros são iguais aos diâmetros de passo das duas engrenagens. Lembre-se de que quando duas engrenagens estão em malha seus círculos de passo são tangentes, e, naturalmente, os dentes da engrenagem impedem qualquer deslizamento.

Como mostra a Figura 8.24, sem deslizamento não existe movimento relativo entre os dois círculos primitivos no ponto do passo, e, portanto, a velocidade linear de um ponto em qualquer círculo do passo é a mesma. Usaremos o símbolo v_t para essa velocidade. A velocidade linear de um ponto que rotaciona a uma distância R do seu centro de rotação e com uma velocidade angular, ω, é encontrada a partir de

▶ **Velocidade na linha primitiva de uma engrenagem**

$$v_t = R\omega \tag{8.32}$$

v_t é a velocidade linear de qualquer ponto no círculo do passo tanto do pinhão quanto da engrenagem

◀ **FIGURA 8.24** Duas engrenagens em malha.

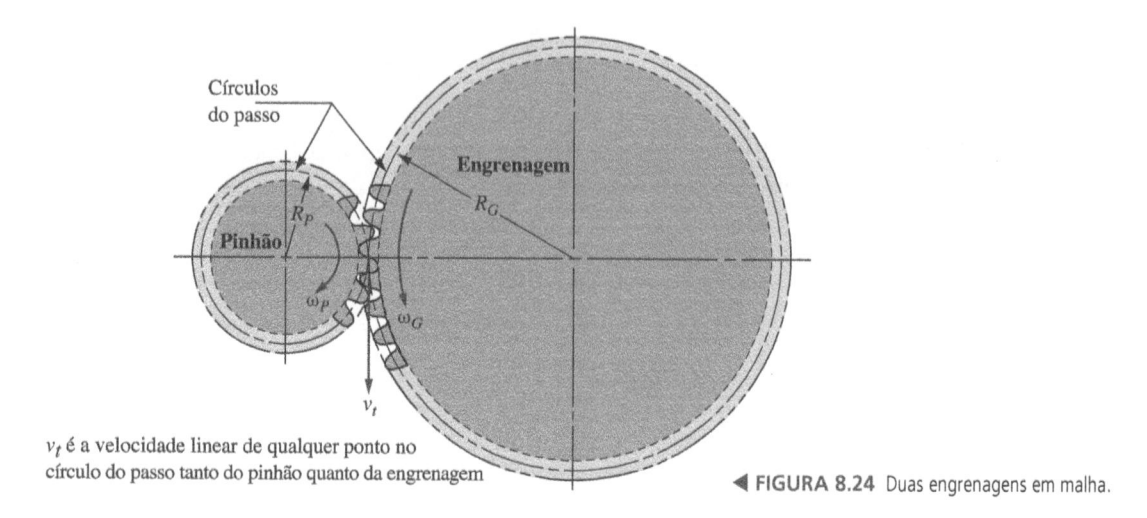

Usando o subscrito P para o pinhão e G para a engrenagem das duas engrenagens em malha, temos

$$v_t = R_P \omega_P \quad \text{e} \quad v_t = R_G \omega_G$$

Esse conjunto de equações mostra que as velocidades na linha primitiva do pinhão e da engrenagem são as mesmas. Equacionando as duas e resolvendo para ω_P/ω_G, temos nossa definição para a razão de velocidade angular, VR:

$$VR = \omega_P/\omega_G = R_G/R_P$$

Em geral, é conveniente expressar a razão de velocidade angular em termos de diâmetros de passo, velocidades angulares ou números de dentes das duas engrenagens em malha. Lembre-se de que

$R_G = D_G/2$

$R_P = D_P/2$

$D_G = N_G/P_d$

$D_P = N_P/P_d$

n_P = velocidade angular do pinhão (em rpm)

n_G = velocidade angular da engrenagem (em rpm)

A razão de velocidade angular pode, então, ser definida em qualquer uma das seguintes formas:

▶ **Razão de velocidade angular para o par de engrenagens**

$$VR = \frac{\omega_P}{\omega_G} = \frac{n_P}{n_G} = \frac{R_G}{R_P} = \frac{D_G}{D_P} = \frac{N_G}{N_P} = \frac{\text{velocidade}_P}{\text{velocidade}_G} = \frac{\text{tamanho}_G}{\text{tamanho}_P}$$

(8.33)

A maioria das transmissões por engrenagem é composta por *redutores de velocidade*; isto é, a velocidade de saída é menor do que a de entrada. Isso resulta em uma razão de velocidade angular superior a 1. Se um *multiplicador de velocidade* for desejado, o VR é inferior a 1. Note que nem todos os livros e artigos usam a mesma definição para razão de velocidade angular.

Alguns a definem como a razão entre a velocidade de saída e a de entrada, o inverso de nossa definição. Acredita-se que o uso de um VR superior a 1 para o redutor — ou seja, na maior parte do tempo — é mais conveniente.

Razão de engrenamento

Quando mais de duas engrenagens estão em malha, o termo **razão de engrenamento** *(TV) refere-se à razão entre a velocidade de entrada (para a primeira engrenagem no trem) e a velocidade de saída (para a última engrenagem no trem). Por definição, a razão de engrenamento é o produto dos valores de VR para cada par de engrenagens no trem. Nessa definição, um par de engrenagens é qualquer conjunto de duas engrenagens — uma acionadora e outra seguidora (acionada).*

Mais uma vez, a TV será superior a 1 para redutor e inferior a 1 para multiplicador. Por exemplo, considere o trem de engrenagens esboçado na Figura 8.25. A entrada ocorre por meio do eixo da engrenagem A. A engrenagem A aciona a engrenagem B. A engrenagem C está no mesmo eixo que a engrenagem B e gira na mesma velocidade. A engrenagem C aciona a engrenagem D, que está conectada ao eixo de saída. Assim, as engrenagens A e B constituem o primeiro par de engrenagens, e as engrenagens C e D constituem o segundo par. As razões de velocidade angular são

$$VR_1 = n_A/n_B$$

$$VR_2 = n_C/n_D$$

A razão de engrenamento é

$$TV = (VR_1)(VR_2) = \frac{n_A n_C}{n_B n_D}$$

FIGURA 8.25 Trem de engrenagem de dupla redução.

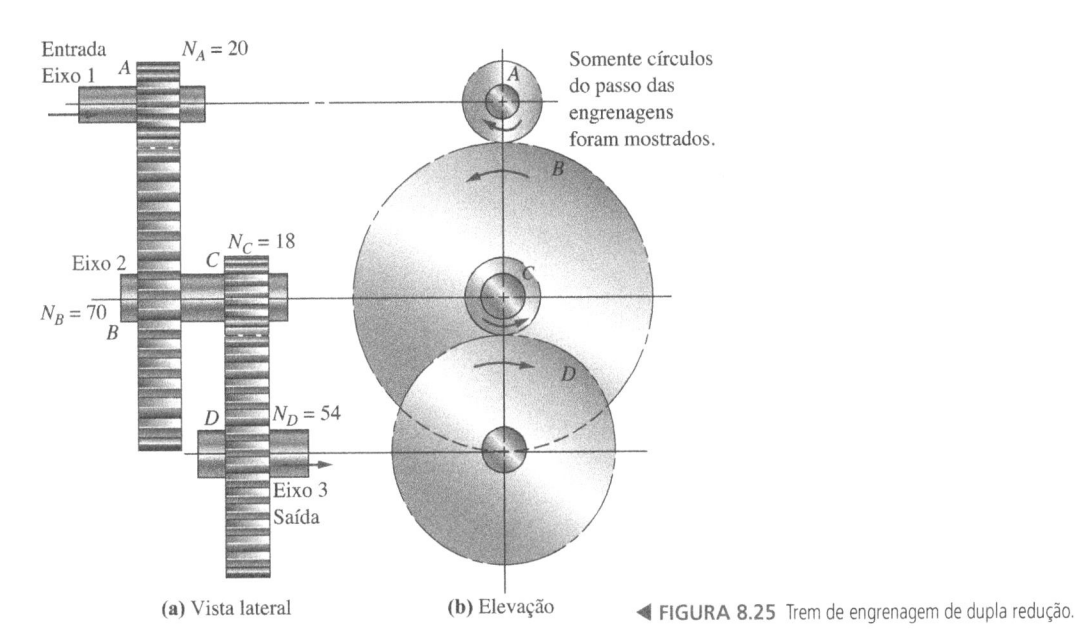

(a) Vista lateral (b) Elevação

$N_A = 20$, $N_B = 70$, $N_C = 18$, $N_D = 54$

Eixo 1 Entrada, Eixo 2, Eixo 3 Saída

Somente círculos do passo das engrenagens foram mostrados.

Mas, por estarem no mesmo eixo, $n_B = n_C$, e a equação anterior se reduz a

$$TV = n_A/n_D$$

Essa é a velocidade de entrada dividida pela de saída, a definição básica da razão de engrenamento. Esse processo pode ser ampliado para qualquer número de fases de redução em um trem de engrenagens.

Lembre-se de que qualquer uma das formas de razão de velocidade angular mostradas na Equação 8.33 pode ser utilizada para calcular a razão de engrenamento. Em projetos, o mais conveniente costuma ser expressar a razão de velocidade angular em termos de números de dentes em cada engrenagem, pois devem ser números inteiros. Então, uma vez que o passo diametral ou o módulo for definido, os valores dos diâmetros ou raios podem ser determinados.

A razão de engrenamento do trem de engrenagens de dupla redução apresentado na Figura 8.25 pode ser expressa em termos de números de dentes nas quatro engrenagens, como segue:

$$VR_1 = N_B/N_A$$

Observe que esse é o número de dentes na *engrenagem acionada B* dividido pelo número de dentes na *engrenagem acionadora A*. Esse é o formato típico para a razão de velocidade angular. Então, VR_2 pode ser encontrado da mesma forma:

$$VR_2 = N_D/N_C$$

Logo, a razão de engrenamento é

$$TV = (VR_1)(VR_2) = (N_B/N_A)(N_D/N_C)$$

Isso é geralmente indicado na forma

▶ **Razão de engrenamento**

$$TV = \frac{N_B N_D}{N_A N_C}$$

$$= \frac{\text{produto do número de dentes nas engrenagens acionadas}}{\text{produto do número de dentes nas engrenagens acionadoras}} \quad (8.34)$$

Essa é a forma para a razão de engrenamento que será usada com mais frequência.

O sentido de rotação pode ser determinado por observação, e note que há uma inversão para cada par de engrenagens externas.

*Será usado o termo **razão de engrenamento positiva** quando as engrenagens de entrada e de saída girarem no mesmo sentido. Se girarem no sentido oposto, a razão de engrenamento será negativa.*

EXEMPLO 8.5b	Para o trem de engrenagens mostrado na Figura 8.25, se o eixo de entrada gira a 1750 rpm no sentido horário, calcule a velocidade do eixo de saída e o sentido da rotação.
SOLUÇÃO	Pode-se encontrar a velocidade de saída se for possível determinar a razão de engrenamento: $TV = n_A/n_D =$ velocidade de entrada/velocidade de saída

Então

$$n_D = n_A/TV$$

Mas

$$TV = (VR_1)(VR_2) = \frac{N_B}{N_A}\frac{N_D}{N_C} = \frac{70}{20}\frac{54}{18} = \frac{3,5}{1}\frac{3,0}{1} = \frac{10,5}{1} = 10,5$$

Agora

$$n_D = n_A/TV = (1750 \text{ rpm})/10,5 = 166,7 \text{ rpm}$$

A engrenagem A gira no sentido horário; a engrenagem B gira no sentido anti-horário.

A engrenagem C gira no sentido anti-horário; a engrenagem D gira no sentido horário.

Logo, o trem da Figura 8.25 é positivo.

EXEMPLO 8.6

Determine a razão de engrenamento para o trem mostrado na Figura 8.26. Se o eixo da engrenagem A gira a 1750 rpm no sentido horário, calcule a velocidade e a direção do eixo da engrenagem E.

SOLUÇÃO

Veja primeiro a direção da rotação. Lembre-se de que um par de engrenagens é definido como duas engrenagens em malha (uma acionadora e outra acionada). Na verdade, há três pares de engrenagem:

A engrenagem A aciona a engrenagem B: A gira no sentido horário; B, no sentido anti-horário.

A engrenagem C aciona a engrenagem D: C gira no sentido anti-horário; D, no sentido horário.

A engrenagem D aciona a engrenagem E: D gira no sentido horário; E, no sentido anti-horário.

Uma vez que as engrenagens A e E giram em sentidos opostos, a razão de engrenamento é negativa. Agora

$$TV = -(VR_1)(VR_2)(VR_3)$$

Em termos de números de dentes,

$$TV = -\frac{N_B}{N_A}\frac{N_D}{N_C}\frac{N_E}{N_D}$$

Observe que o número de dentes na engrenagem D aparece tanto no numerador quanto no denominador e, portanto, pode ser anulado. A razão de engrenamento torna-se, então,

$$TV = -\frac{N_B}{N_A}\frac{N_E}{N_C} = -\frac{70}{20}\frac{50}{18} = -\frac{3,5}{1}\frac{3,0}{1} = -10,5$$

A engrenagem D é chamada de *intermediária*. Como demonstrado aqui, ela não exerce nenhum efeito na magnitude da razão de engrenamento, mas produz inversão no sentido. A velocidade de saída é, então, encontrada a partir de

$$TV = n_A/n_E$$

$$n_E = n_A/TV = (1750 \text{ rpm})/(-10,5) = -166,7 \text{ rpm (sentido anti-horário)}$$

(a) Vista lateral   **(b)** Elevação

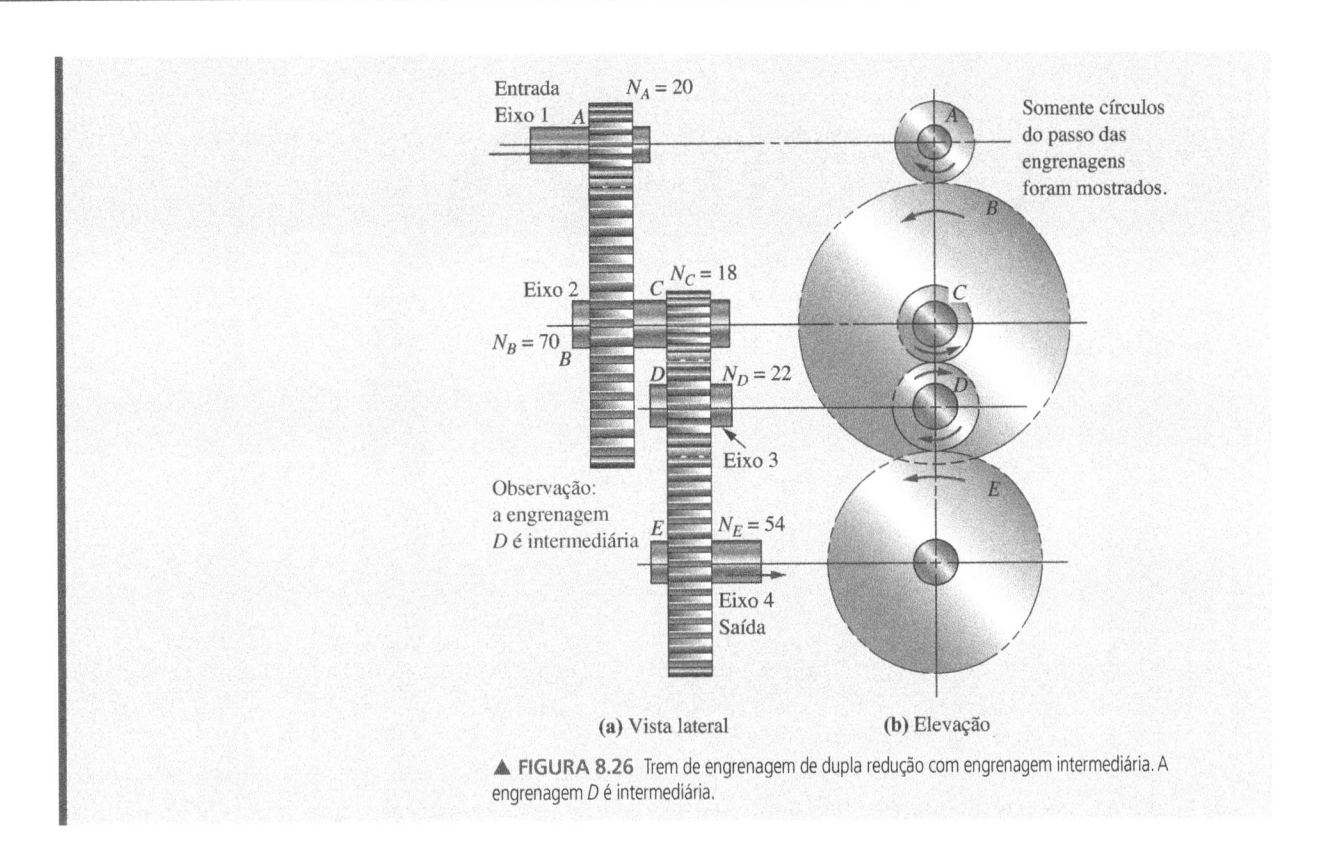

▲ **FIGURA 8.26** Trem de engrenagem de dupla redução com engrenagem intermediária. A engrenagem D é intermediária.

Engrenagem intermediária

O Exemplo 8.6 introduziu o conceito de *engrenagem intermediária*, definido como segue:

> *Qualquer engrenagem em um trem de engrenagens que opera tanto como elemento acionador quanto como elemento acionado é chamada de engrenagem intermediária, ou, simplesmente, intermediária.*

As principais características de uma engrenagem intermediária são as seguintes:

1. Ela não afeta a razão de engrenamento de um trem de engrenagens porque, por ser ao mesmo tempo engrenagem acionadora e acionada, seu número de dentes aparece tanto no numerador quanto no denominador da equação da razão de engrenamento, Equação 8.34. Portanto, qualquer diâmetro de passo e qualquer número de dentes pode ser usado para a engrenagem intermediária.
2. A inserção de uma engrenagem intermediária em um trem de engrenagens produz inversão de sentido na engrenagem de saída.
3. Uma engrenagem intermediária pode ser usada para preencher um espaço entre duas engrenagens em um trem de engrenagens quando a distância desejada entre seus centros for maior do que a distância de centro apenas para as duas engrenagens.

Engrenagem interna

Engrenagem interna *é aquela cujos dentes são usinados no interior do anel, e não no exterior do disco.*

Uma engrenagem interna conjugada com um pinhão padrão e externo é ilustrada no canto inferior esquerdo da Figura 8.2 juntamente com uma variedade de tipos de engrenagens.

A Figura 8.27 é um esboço de um pinhão externo que aciona uma engrenagem interna. Observe o seguinte:

1. A engrenagem gira no *mesmo sentido* do pinhão. Isso é diferente do que acontece quando um pinhão externo aciona uma engrenagem externa.
2. A distância de centro é

▶ **Distância de centro – engrenagem interna**

$$C = D_G/2 - D_P/2 = (D_G - D_P)/2$$
$$= (N_G/P_d - N_P/P_d)/2 = (N_G - N_P)/(2P_d) \quad \textbf{(8.35)}$$

A última forma é preferível porque seus fatores são todos números inteiros para trens de engrenagens típicos.

3. As descrições de grande parte das outras características das engrenagens internas são as mesmas

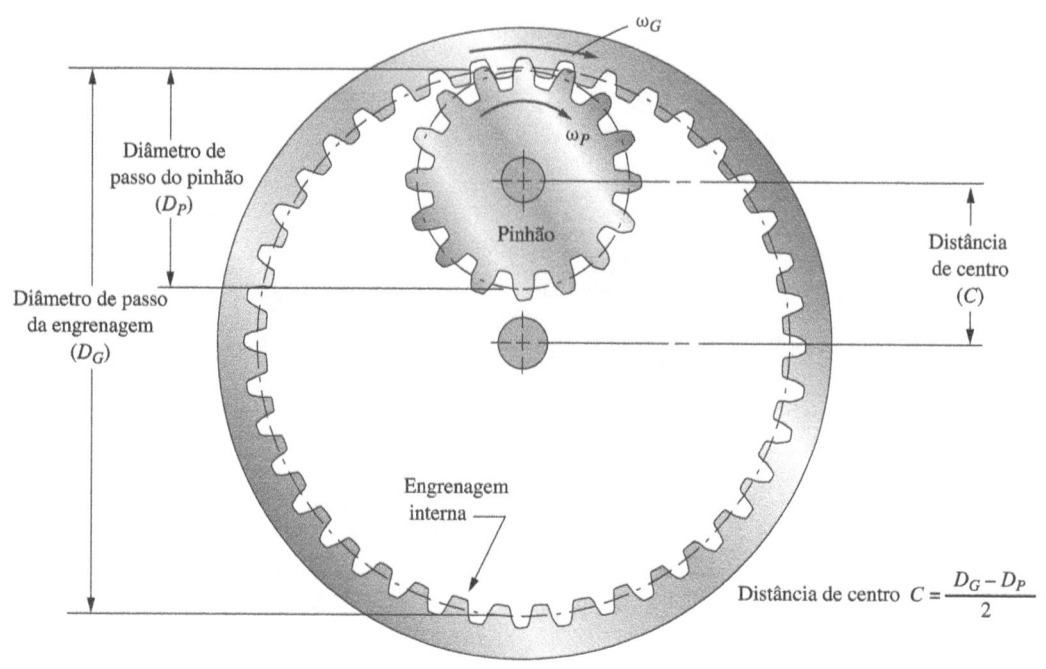

▲ **FIGURA 8.27** Engrenagem interna acionada por pinhão externo.

$$C = \frac{D_G - D_P}{2}$$

das engrenagens externas apresentadas anteriormente. Exceções para engrenagens internas são as seguintes:

O adendo, a, é a distância radial do círculo do passo até o interior de um dente.

O diâmetro interno, D_i, é

$$D_i = D - 2a$$

O diâmetro da raiz, D_R, é

$$D_R = D + 2b$$

onde b = dedendo

Engrenagens internas são usadas quando se deseja ter o mesmo sentido de rotação na entrada e na saída. Observe também que menos espaço é tomado com uma malha de engrenagem interna e pinhão externo em comparação com uma malha de duas engrenagens externas.

Velocidade da cremalheira

A Figura 8.28 mostra a configuração básica de uma transmissão de *cremalheira e pinhão*. A função de tal transmissão é produzir um movimento linear da cremalheira a partir do movimento de rotação do pinhão acionador. O oposto também é verdadeiro: se o acionador produzir o movimento linear da cremalheira, ela produzirá um movimento de rotação do pinhão.

A velocidade linear da cremalheira, v_R, deve ser igual à velocidade na linha primitiva do pinhão, v_t, como define a Equação 8.32, repetida aqui. Lembre-se de que ω_P é a velocidade angular do pinhão:

$$v_R = v_t = R_P \omega_P = (D_P/2)\omega_P$$

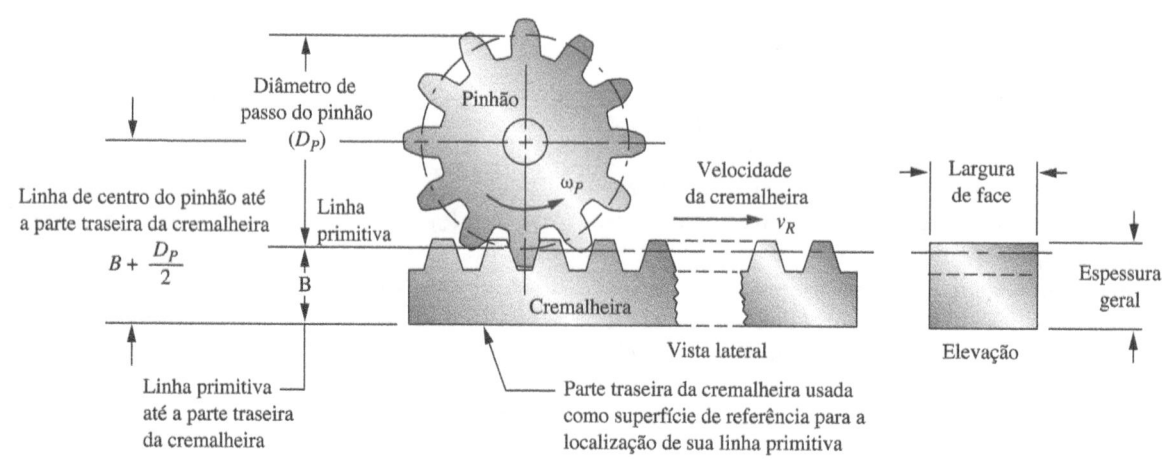

▲ **FIGURA 8.28** Cremalheira acionada por um pinhão.

OBSERVAÇÃO SOBRE UNIDADES PARA A VELOCIDADE NA LINHA PRIMITIVA. Em geral, qualquer unidade de velocidade pode ser usada para a velocidade na linha primitiva, e a escolha fica a critério do projetista contanto que haja uma manipulação cuidadosa das unidades. No entanto, há determinadas unidades preferenciais para cálculos posteriores deste livro e para o projeto de engrenagens em particular. As unidades preferenciais para a velocidade na linha primitiva são as seguintes:

Sistema de passo diametral: pés/min ou fpm

Sistema de módulo métrico: m/s

Certos dados, diretrizes de projeto e cálculos subsequentes estão vinculados à velocidade na linha primitiva expressa nessas unidades. Visto que esses cálculos aparecem com frequência nos capítulos seguintes, desenvolvemos aqui algumas relações específicas à cada unidade para facilitar. Outros pressupostos para unidades típicas em quantidades relacionadas estão inclusos nesses desenvolvimentos.

Sistema de passo diametral:

Pressupostos: as dimensões estão em polegadas; a velocidade angular está em rpm

$$v_t = (D/2)\omega = \frac{D(\text{pol})}{2}\frac{n(\text{rev})}{(\text{min})}\frac{2\pi(\text{rad})}{(\text{rev})}\frac{1,0(\text{pés})}{12(\text{pol})}$$

$$= \frac{\pi D n}{12} \text{ pés/min} \qquad (8.36)$$

Sistema de módulo métrico:

Pressupostos: as dimensões estão em mm; a velocidade angular está em rpm

$$v_t = (D/2)\omega$$

$$= \frac{D(\text{mm})}{2}\frac{n(\text{rev})}{(\text{min})}\frac{2\pi(\text{rad})}{(\text{rev})}\frac{1,0(\text{min})}{60(\text{s})}\frac{1,0 \text{ m}}{1000 \text{ mm}}$$

$$= \frac{\pi D n}{60000} \text{ m/s} \qquad (8.37)$$

Considerando que os dados sejam fornecidos nas unidades apresentadas, a forma final das equações 8.36 ou 8.37 pode ser usada para problemas e projetos neste livro. Nós nos referimos a esse tipo de equação como *equação dimensional*, o que significa que ela só é válida para dados de entrada nas unidades apropriadas.

O conceito de distância de centro não se aplica diretamente a um conjunto de cremalheira e pinhão porque o centro da cremalheira está no infinito, portanto é indeterminável. Porém, é fundamental que o círculo do passo do pinhão seja tangente à linha primitiva da cremalheira, como mostra a Figura 8.28. A cremalheira será usinada de forma a haver uma dimensão especificada entre a linha primitiva e uma superfície de referência, geralmente a parte traseira da cremalheira. Essa é a dimensão B na Figura 8.28. Então, a localização do centro do pinhão pode ser calculada usando as relações mostradas na figura.

EXEMPLO 8.7 Determine a velocidade linear da cremalheira na Figura 8.28 sendo que o pinhão acionador gira a 125 rpm. O pinhão tem 24 dentes e passo diametral de 6.

SOLUÇÃO Usaremos a Equação 8.36. Primeiro, o diâmetro de passo do pinhão é calculado com a Equação 8.3:

$$D_p = N_p/P_d = 24/6 = 4,00 \text{ pol}$$

Já que as unidades dos dados fornecidos são as mesmas usadas para derivar a Equação 8.36, podemos utilizá-la para calcular a velocidade na linha primitiva do pinhão, que é idêntica à velocidade linear da cremalheira. Para $D = 4,00$ pol e $n = 125$ rpm,

$$v_t = v_R = (\pi D n/12) \text{ pés/min} = [(\pi)(4,00 \text{ pol})(125 \text{ rpm})/12] = 130,9 \text{ pés/min}$$

8.11 PROJETO DE TRENS DE ENGRENAGEM

Agora, serão mostrados vários métodos para projetar trens de engrenagens a fim de produzir a razão de engrenamento desejada. O resultado será normalmente a especificação do número de dentes em cada engrenagem e a disposição geral das engrenagens umas em relação às outras. De modo geral, a determinação dos tipos de engrenagem não será considerada, exceto para saber como elas podem afetar o sentido de rotação ou o alinhamento geral dos eixos. Detalhes adicionais podem ser especificados após a conclusão do estudo sobre os procedimentos de projeto em capítulos posteriores.

Dente de entrosamento alternado

Alguns projetistas recomendam que, se possível, razões de velocidade angular em números inteiros sejam evitadas, pois os mesmos dois dentes entrariam em contato com frequência e produziriam padrões de desgaste desiguais. Por exemplo, ao usar uma razão de velocidade angular de exatamente 2,0, determinado dente no pinhão entraria em contato com os mesmos dois dentes da engrenagem a cada duas revoluções. No Capítulo 9, você aprenderá que os dentes do pinhão são, muitas vezes, mais rígidos do que a engrenagem porque ele recebe tensões mais elevadas. Conforme as engrenagens giram, os dentes do pinhão tendem a suavizar qualquer aspereza inerente dos dentes da engrenagem, um processo por vezes chamado de *desgaste*. Cada dente no pinhão tem uma geometria ligeiramente diferente, produzindo padrões de desgaste específicos nos poucos dentes com os quais conjuga.

Um padrão de desgaste mais uniforme resultará se a razão de velocidade angular não for um número inteiro. A adição ou subtração de um dente na engrenagem faz com que cada dente do pinhão entre em contato com um dente diferente da engrenagem a cada revolução, além de tornar o padrão de desgaste mais uniforme. O dente adicionado ou subtraído é chamado de *dente de entrosamento alternado*. Naturalmente, a razão de velocidade angular para o par de engrenagens será um pouco diferente, mas, na maioria das vezes, isso não é uma preocupação a menos que um intervalo de tempo preciso entre a engrenagem acionadora e acionada seja exigido. Considere o exemplo a seguir.

O projeto inicial de um par de engrenagens exige que o pinhão seja montado no eixo de um motor elétrico com velocidade nominal de 1750 rpm. O pinhão tem 18 dentes, e a engrenagem, 36, resultando em uma razão de velocidade angular de 36/18 ou 2,000. A velocidade de saída seria, então,

Projeto inicial: $n_2 = n_1(N_P/N_G)$

$= 1750$ rpm $(18/36) = 875$ rpm

Agora considere a adição ou subtração de um dente da engrenagem. A velocidade de saída seria

Projeto modificado: $n_2 = n_1(N_P/N_G)$

$= 1750$ rpm $(18/35) = 900$ rpm

Projeto modificado: $n_2 = n_1(N_P/N_G)$

$= 1750$ rpm $(18/37) = 851$ rpm

As velocidades de saída para os projetos modificados têm uma diferença inferior a 3% em relação ao projeto original. Teria de ser decidido se isso é aceitável em determinado projeto. Porém, esteja ciente de que a velocidade do motor não costuma ser exatamente 1750 rpm. Conforme será discutido no Capítulo 21, 1750 rpm é a *velocidade a plena carga* de um motor elétrico tetrapolar de corrente alternada. Ao operar com torque menor do que o torque a plena carga, a velocidade seria superior a 1750 rpm. Por outro lado, um torque maior resultaria em uma velocidade inferior. Quando velocidades precisas são exigidas, recomenda-se um comando de velocidade variável que possa ser ajustado de acordo com as cargas reais.

Alguns princípios gerais discutidos anteriormente neste capítulo serão revisados a seguir.

Princípios gerais para o projeto de trens de engrenagens

1. A razão de velocidade angular para qualquer par de engrenagens pode ser calculada de várias formas, como indica a Equação 8.33.
2. O número de dentes em qualquer engrenagem deve ser inteiro.
3. Engrenagens conjugadas devem ter a mesma forma de dente, o mesmo ângulo de pressão e o mesmo passo.
4. Quando engrenagens externas se conjugam, há uma inversão no sentido dos eixos.
5. Quando um pinhão externo se conjuga com uma engrenagem interna, seus eixos giram no mesmo sentido.
6. Uma intermediária é uma engrenagem que opera como elemento acionador e acionado no mesmo trem. Seu tamanho e número de dentes não têm efeito na magnitude da razão de engrenamento, mas o sentido da rotação é alterado.
7. Engrenagens de dentes retos e helicoidais operam em eixos paralelos.
8. Engrenagens cônicas e conjuntos de sem-fim/engrenagem sem-fim operam em eixos perpendiculares.
9. O número de dentes no pinhão de um par de engrenagens não deve causar interferência nos dentes da engrenagem conjugada. Consulte a Tabela 8.7.
10. Em geral, o número de dentes na engrenagem não deve ser maior do que aproximadamente 150. Isso é um tanto arbitrário, mas costuma ser mais desejável utilizar um trem de engrenagens de dupla redução em vez de um par de engrenagens muito grande e de redução simples.

11. Qualquer problema de projeto de trem de engrenagens pode exigir um ou mais pares de engrenagens, dependendo da razão de engrenamento geral necessária, do espaço disponível e do tamanho viável de engrenagem.
12. Geralmente, é desejável projetar o trem de engrenagens com o menor número possível de engrenagens. Cada engrenagem adicional requer seu próprio eixo, que deve ser sustentado por rolamentos.
13. De modo geral, espera-se que o trem de engrenagens seja pequeno, compacto e organizado de modo a facilitar a montagem.
14. É preciso determinar as direções exigidas do acionador para o trem de engrenagens e para o eixo de saída; ou, pelo menos, se a entrada e a saída devem girar no mesmo sentido (trem positivo) ou no sentido oposto (trem negativo).
15. É desejável que se aplique o conceito de "dente de entrosamento alternado", descrito anteriormente, em qualquer par de engrenagens. Contudo, neste livro, será considerada aceitável qualquer razão viável para determinado par de engrenagens.
16. Será mostrado nos capítulos 9 e 10 que pares de engrenagens que operam em velocidades mais baixas são submetidos a torques e cargas de dentes mais elevados em comparação com os pares que operam em velocidade mais elevadas. Isso faz com que os dentes da engrenagem mais lenta e seu passo circular sejam maiores para determinada razão de velocidade angular. Por esse motivo, é desejável alocar uma porcentagem mais elevada da razão de engrenamento total aos pares de engrenagens com velocidade mais alta a fim de se obter um projeto geral para o trem mais próximo do ideal.

A seguir, três procedimentos diferentes de projeto são descritos e demonstrados em exemplos. Recomenda-se que os três sejam estudados e compreendidos para que se possa escolher o mais adequado em determinada situação de projeto. Comentários introdutórios são feitos aqui sobre os tipos de situação de projeto em que cada procedimento deve ser aplicado.

1. **Único par de engrenagens para produzir uma razão de velocidade angular desejada:** esse é o processo fundamental necessário para definir o número de dentes no pinhão e na engrenagem a fim de produzir uma razão desejada.

2. **Razão residual:** esse processo é utilizado quando dois ou mais pares de engrenagens em um trem são necessários. Ele exige a especificação de todas as razões necessárias, menos uma, para produzir uma razão de engrenamento geral. Então, é possível calcular o valor necessário da razão final. *Essa é a abordagem mais geral e mais utilizada neste livro.*

3. **Abordagem por fatoração:** quando, para um trem, são necessários dois ou mais pares de engrenagens e um número exato para a razão de engrenamento, a razão de velocidade angular de cada par de engrenagens deve ser um fator da razão de engrenamento geral. A determinação dos fatores da razão desejada é uma habilidade necessária para se aplicar esse método.

Introdução: para qualquer problema de projeto de trem de engrenagens, é preciso primeiro determinar o número mínimo de pares de engrenagens necessários para produzir a razão de engrenamento geral. A seguir, encontra-se um resumo da abordagem recomendada.

1. Determine a razão de engrenamento geral, TV, necessária a partir dos dados sobre a aplicação.
2. Determine a razão de velocidade angular máxima, $VR_{máx}$, que pode ser obtida com um único par de engrenagens, considerando um número máximo razoável de dentes para a engrenagem e um número de dentes para o pinhão que não resulte em interferência, de acordo com a Tabela 8.7.
3. Se a razão de engrenamento for maior do que a razão encontrada no passo 2, dividir $TV/VR_{máx}$. Isso ajudará a determinar quantos pares de engrenagens são necessários.
4. Observe que a razão de engrenamento geral é o produto da razão de velocidade angular para cada par de engrenagens. Ou seja,

$$TV = VR_1 \times VR_2 \times VR_3 \ldots$$

5. Determine se uma engrenagem intermediária é necessária para se obter o sentido exigido no eixo de saída.
6. Especifique cada razão de velocidade angular usando as diretrizes listadas anteriormente.
7. Especifique o número de dentes em cada engrenagem, em cada um dos pares.
8. Esboce a disposição das engrenagens para mostrar como elas são colocadas nos eixos em relação adequada umas às outras. Nessa fase, seria apropriado montar um diagrama esquemático semelhante às figuras 8.25 e 8.26.

Projeto de um único par de engrenagens para produzir uma razão de velocidade angular desejada

EXEMPLO 8.8

Para determinada transmissão a partir de um motor elétrico, projete um trem de engrenagens que reduza a velocidade de rotação do eixo de 3450 rpm para aproximadamente 650 rpm. Utilize $N_{máx} = 150$ dentes.

SOLUÇÃO

Primeiro, calcularemos a razão de engrenamento nominal:

TV = (velocidade de entrada)/(velocidade de saída) = 3450/650 = 5,308

Se um único par de engrenagens for usado, a razão de engrenamento será igual à razão de velocidade angular para esse par. Ou seja, $TV = VR = N_G/N_P$. Decidimos que engrenagens de dentes retos com dentes involutos, de profundidade total e ângulo de pressão de 20° deverão ser utilizadas. Então, consultamos a Tabela 8.7 e determinamos um número mínimo de 16 dentes para o pinhão a fim de evitar interferência. Podemos especificar o número de dentes no pinhão e usar a razão de velocidade angular para calcular o número de dentes na engrenagem:

$$N_G = (VR)(N_P) = (5{,}308)(N_P)$$

Todos os exemplos possíveis são fornecidos na Tabela 8.10.

▼ **TABELA 8.10** Todos os valores possíveis de N_P e N_G para produzir a razão de velocidade angular desejada.

N_P	N_G calculado = (5,308)(N_P)	Número inteiro mais próximo para N_G	VR real: $VR = N_G/N_P$	Velocidade de saída real (rpm): $n_G = n_P/VR$ = $n_P(N_P/N_G)$
16	84,92	85	85/16 = 5m31	649,4
17	90,23	90	90/17 = 5,29	651,7
18	95,54	96	96/18 = 5,33	646,9
19	100,85	101	101/19 = 5,32	649,0
20	106,15	106	106/20 = 5,30	650,9
21	111,46	111	111/21 = 5,29	652,7
22	116,77	117	117/22 = 5,32	648,7
23	122,08	122	122/23 = 5,30	650,4
24	127,38	127	127/24 = 5,29	652,0
25	132,69	133	133/25 = 5,32	648,5
26	138,00	138	138/26 = 5,308	650,0 Exato
27	143,31	143	143/27 = 5,30	651,4
28	148,61	149	149/28 = 5,32	648,3
29	153,92	154 **Muito grande**		

Capítulo 8 • Cinemática de engrenagens   357

Conclusão e observações	A combinação de $N_P = 26$ e $N_G = 138$ é a que produz o resultado mais ideal para a velocidade de saída. No entanto, todos os valores experimentais fornecem velocidades de saída razoavelmente próximas do valor desejado. Apenas dois deles diferem em mais do que 2,0 rpm do valor desejado. A proximidade entre a velocidade de saída e o valor informado de 650 rpm continua sendo uma decisão de projeto. Observe que a velocidade de entrada é fornecida como sendo 3450 rpm, que é a velocidade a plena carga de um motor elétrico. Mas esse valor é preciso? A velocidade de entrada real variará conforme a carga no motor. Por isso, possivelmente a razão não terá de ser exata.

Método da razão residual

EXEMPLO 8.9	Projete um trem de engrenagens para a transmissão de um transportador. O motor de acionamento gira a 1150 rpm, e espera-se que a velocidade de saída para o eixo que aciona o transportador esteja na faixa de 24 a 28 rpm. Use um trem de engrenagens de redução dupla. De acordo com a análise de transmissão de potência, é desejável que a razão de redução do primeiro par de engrenagens seja um pouco maior do que a do segundo par.
SOLUÇÃO	Usaremos as recomendações da *introdução*, dadas anteriormente, para iniciar a solução. *Razões de engrenamento admissíveis* Primeiro, calculemos a razão de engrenamento nominal que produzirá uma velocidade de saída de 26,0 rpm no meio da faixa admissível: TV_{nom} = (velocidade de entrada)/(velocidade de saída nominal) = 1150/26 = 44,23 Agora podemos calcular a razão de velocidade mínima e máxima admissível: $TV_{mín}$ = (velocidade de entrada)/(velocidade de saída máxima) = 1150/28 = 41,07 $TV_{máx}$ = (velocidade de entrada)/(velocidade de saída mínima) = 1150/24 = 47,92 *Razão possível para um único par* A razão máxima que qualquer um dos pares de engrenagens pode produzir ocorre quando a engrenagem tem 150 dentes e o pinhão, 17 (consulte a Tabela 8.7). Então $VR_{máx} = N_G/N_P = 150/17 = 8,82$ (muito baixo) *Razão de engrenamento possível para trem de redução dupla* $$TV = (VR_1)(VR_2)$$ Mas o valor máximo para qualquer VR é 8,82. Assim, a razão de engrenamento máxima é $$TV_{máx} = (8,82)(8,82) = (8,82)^2 = 77,9$$ Um trem de dupla redução é viável. *Projetos opcionais* O esboço geral do trem proposto é mostrado na Figura 8.29. Sua razão de engrenamento é $$TV = (VR_1)(VR_2) = (N_B/N_A)(N_D/N_C)$$

É preciso especificar o número de dentes em cada uma das engrenagens para que se obtenha uma razão de engrenamento dentro do intervalo calculado. Nossa abordagem é especificar duas razões, VR_1 e VR_2, de forma que seu produto esteja dentro da faixa desejada. Se as duas razões fossem iguais, cada uma seria a raiz quadrada da razão desejada, 44,23. Ou seja,

$$VR_1 = VR_2 = \sqrt{44,23} = 6,65$$

Porém, queremos que a primeira razão seja um pouco maior do que a segunda. Especifiquemos

$$VR_1 = 8,0 = (N_B/N_A)$$

Tenha o pinhão A 17 dentes, o número de dentes na engrenagem B deve ser

$$N_B = (N_A)(8) = (17)(8) = 136$$

Então, a segunda razão deve ser aproximadamente

$$VR_2 = TV/(VR_1) = 44,23/8,0 = 5,53$$

Essa é a *razão residual* restante após a especificação da primeira razão. Agora, se especificarmos 17 dentes para o pinhão C, a engrenagem D deve ser

$$VR_2 = 5,53 = N_D/N_C = N_D/17$$

$$N_D = (5,53)(17) = 94,01$$

O arredondamento para 94 possivelmente produzirá um resultado aceitável. Por fim,

$$N_A = 17 \qquad N_B = 136 \qquad N_C = 17 \qquad N_D = 94$$

É preciso verificar o projeto final:

$$TV = (136/17)(94/17) = 44,235 = n_A/n_D$$

A velocidade de saída real é

$$n_D = n_A/TV = (1150 \text{ rpm})/44,235 = 26,0 \text{ rpm}$$

Esse valor está situado bem no meio do intervalo desejado.

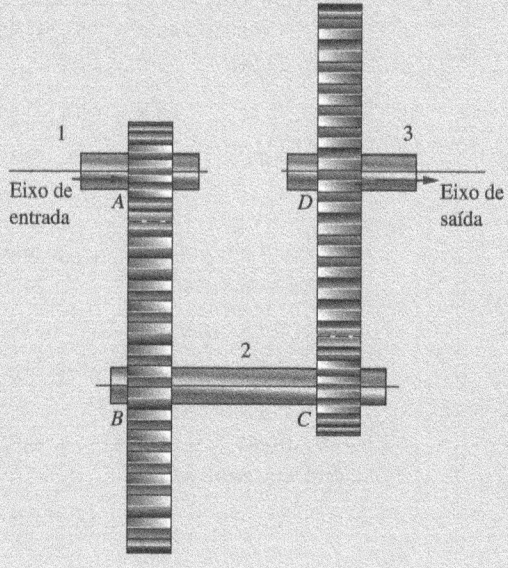

▲ **FIGURA 8.29** Esboço geral do trem de engrenagens proposto.

Abordagem de fatoramento para trens de engrenagem compostos

EXEMPLO 8.10

Projete um trem de engrenagens para o gravador de um instrumento de medição precisa. A entrada é um eixo que gira a exatamente 3600 rpm. A velocidade de saída deve ser exatamente 11,25 rpm. Utilize dentes involutos, de profundidade total e com ângulo de pressão de 20° que não estejam em quantidade inferior a 17 nem superior a 150 em qualquer engrenagem.

SOLUÇÃO

TV desejada

$$TV_{nom} = 3600/11,25 = 320$$

VR individual máxima

$$VR_{máx} = 150/17 = 8,824$$

TV máxima para redução dupla

$$TV_{máx} = (8,824)^2 = 77,8 \text{ (muito baixo)}$$

TV máxima para redução tripla

$$TV_{máx} = (8,824)^3 = 687 \text{ (OK)}$$

Projete um trem de engrenagens de tripla redução como mostra a Figura 8.30. A razão de engrenamento é o produto de três razões de velocidade angular:

$$TV = (VR_1)(VR_2)(VR_3)$$

Se pudermos encontrar três fatores de 320 que estejam dentro do limite de razões possíveis para um único par de engrenagens, eles podem ser especificados para cada razão de velocidade angular.

Fatores de 320

Um método é dividir pelos menores números primos, que farão uma divisão exata para o número dado, geralmente 2, 3, 5 ou 7. Por exemplo,

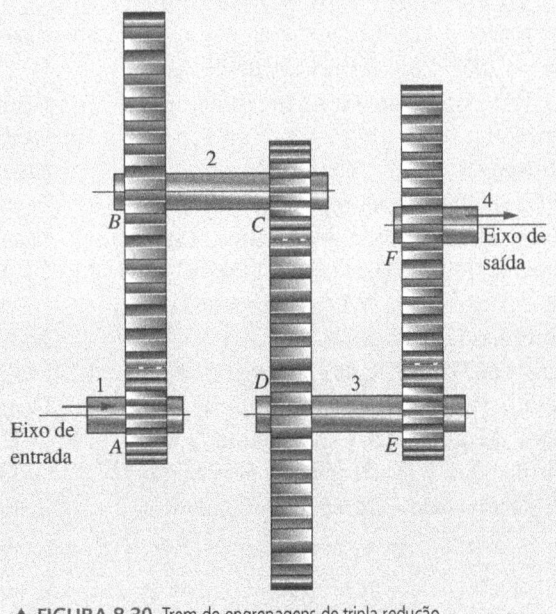

▲ **FIGURA 8.30** Trem de engrenagens de tripla redução.

$$320/2 = 160$$
$$160/2 = 80$$
$$80/2 = 40$$
$$40/2 = 20$$
$$20/2 = 10$$
$$10/2 = 5$$

Logo, os fatores principais de 320 são 2, 2, 2, 2, 2, 2 e 5. Deseja-se um conjunto de três fatores, que podemos encontrar combinando cada grupo de três fatores "2" em seu produto. Ou seja,

$$(2)(2)(2) = 8$$

Assim, os três fatores de 320 são

$$(8)(8)(5) = 320$$

Agora, seja o número de dentes no pinhão de cada par 17. O número de dentes nas engrenagens, então, será $(8)(17) = 136$ ou $(5)(17) = 85$. Por último, podemos especificar

$$N_A = 17 \quad N_C = 17 \quad N_E = 17$$
$$N_B = 136 \quad N_D = 136 \quad N_F = 85$$

REFERÊNCIAS

1. AMERICAN GEAR MANUFACTURERS ASSOCIATION. Norma 1012-G05. *Gear Nomenclature, Definitions of Terms with Symbols.* Alexandria, VA: American Gear Manufacturers Association, 2005.
2. _____. Norma 2002-B88 (R1996). *Tooth Thickness Specification and Measurement.* Alexandria, VA: American Gear Manufacturers Association, 1996.
3. _____. Norma 2008-C01. *Assembling Bevel Gears.* Alexandria, VA: American Gear Manufacturers Association, 2001.
4. _____. Norma 917-B97. *Design Manual for Parallel Shaft Fine-Pitch Gearing.* Alexandria, VA: American Gear Manufacturers Association, 1997.
5. _____. Norma 2005-D03. *Design Manual for Bevel Gears.* Alexandria, VA: American Gear Manufacturers Association, 2003.
6. _____. Norma 6022-C93(R2008). *Design Manual for Cylindrical Wormgearing.* Alexandria, VA: American Gear Manufacturers Association, 2008.
7. _____. Norma 6001-E08. *Design and Selection of Components for Enclosed Gear Drives.* Alexandria, VA: American Gear Manufacturers Association, 2008.
8. _____. Norma 2000-A88. *Gear Classification and Inspection Handbook—Tolerances and Measuring Methods for Unassembled Spur and Helical Gears (Including Metric Equivalents).* Alexandria, VA: American Gear Manufacturers Association, 1988.
9. _____. Norma 2015-1-A01. *Accuracy Classification System—Tangential Measurements for Cylindrical Gears.* Alexandria, VA: American Gear Manufacturers Association, 2001.
10. DOONER, David B.; SEREIG, Ali A. *The Kinematic Geometry of Gearing: A Concurrent Engineering Approach.* Nova York: John Wiley & Sons, 1995.
11. DRAGO, Raymond J. *Fundamentals of Gear Design.* Nova York: Elsevier Science & Technology Books, 1988.
12. DUDLEY, Darle W. *Handbook of Practical Gear Design.* Boca Raton, FL: CRC Press, 1994.
13. INTERNATIONAL STANDARDS ORGANIZATION. Norma ISO 54:1996. *Cylindrical Gears for General Engineering and for*

Heavy Engineering—Modules. Genebra, Suíça. International Standards Organization, 1996.
14. _____. Norma ISO 696:1976. *Straight Bevel Gears for General Engineering and Heavy Engineering*. Genebra, Suíça. International Standards Organization, 1976.
15. _____. Norma ISO 1122:1998. *Vocabulary of Gear Terms—Part 1: Definitions Related to Geometry*. Genebra, Suíça. International Standards Organization, 1998.
16. _____. Norma ISO 23509:2006. *Bevel and Hypoid Gear Geometry*. Genebra, Suíça. International Standards Organization, 2006.
17. LIPP, Robert. "Avoiding Tooth Interference in Gears". In: *Machine Design* 54, n. 1 (7 de janeiro de 1982).
18. LITVIN, Faydor; FUENTES, Alfonso. *Gear Geometry and Applied Theory*, 2 ed. Cambridge, Reino Unido: Cambridge University Press, 2004.
19. OBERG, Erik; JONES, Franklin D.; HORTON, Holbrook L.; RYFFEL, Henry H.. *Machinery's Handbook*, 28 ed. Nova York: Industrial Press, 2008.

SITES SOBRE CINEMÁTICA DE ENGRENAGENS

1. **American Gear Manufacturers Association (AGMA).** <www.agma.org>. Desenvolve e publica normas voluntárias e estabelecidas por consenso para engrenagens e transmissões. Algumas normas são publicadas em conjunto com o American National Standards Institute (ANSI).
2. **Boston Gear Company.** <www.bostongear.com>. Fabricante de engrenagens e transmissões completas. Parte da Altra Industrial Motion, Inc. Dados fornecidos para engrenagens de dentes retos, helicoidais, cônicas e sem-fim.
3. **Emerson Power Transmission Corporation.** <www.emerson-ept.com>. As divisões Browning e Morse produzem engrenagens de dentes retos, helicoidais, cônicas e sem-fim, além de transmissões completas.
4. **Gear Industry Home Page.** <www.geartechnology.com>. Fonte de informação para muitas empresas que fabricam ou usam engrenagens ou sistemas de engrenamento. O site inclui mecanismos de engrenagem, ferramentas de corte, materiais para engrenagem, transmissões, engrenamento aberto, ferramentas e suprimentos, softwares, treinamento e formação. Publica a *Gear Technology Magazine, The Journal of Gear Manufacturing*.
5. **Power Transmission Home Page.** <www.power-transmission.com>. Central para compradores, usuários e vendedores de produtos e serviços relacionados a transmissão de potência. Estão inclusos engrenagens, transmissões e motorredutores.
6. **Baldor/Dodge.** <www.dodge-pt.com>. Fabricante de muitos componentes de transmissão, incluindo redutores de velocidade de engrenagem completos, rolamentos e componentes como transmissões por correia, transmissões por cadeia, embreagens, freios e acoplamentos.
7. **Engrenagem — site da Wikipédia** <http://en.wikipedia.org/wiki/Gear>. Discussão geral sobre cinemática e engrenagens, incluindo uma animação de engrenagens em malha.
8. **Animação de engrenamento de dentes** <http://school.mech.uwa.edu.au/~dwright/DANotes/gears/meshing/meshing.html#animation>. Uma animação de dentes involutos em malha mostrando os círculos base das engrenagens conjugadas e o caminho do engrenamento ao longo da linha de ação. Direitos autorais: Douglas Wright, University of Western Australia, 2005.
9. **Maryland Metrics Co.** <www.mdmetric.com>. Distribuidor de uma ampla variedade de peças métricas e produtos de transmissão de potência, incluindo muitos tipos de engrenagens.
10. **Stock Drive Products/Sterling Instruments Co.** <www.sdp-si.com>. Distribuidor de uma ampla variedade de peças métricas e em unidades norte-americanas e produtos de transmissão de potência, incluindo muitos tipos de engrenagem.
11. **W. M. Berg Co.** <www.wmberg.com>. Distribuidor de uma ampla variedade de peças em unidades norte-americanas e produtos de transmissão de potência, incluindo muitos tipos de engrenagem.

PROBLEMAS

Geometria de engrenagens

1. Uma engrenagem tem 44 dentes involutos, de profundidade total e com ângulo de pressão de 20° e passo diametral de 12. Calcule:
   a. Diâmetro de passo
   b. Passo circular
   c. Módulo equivalente
   d. Módulo padronizado mais próximo
   e. Adendo
   f. Dedendo
   g. Folga
   h. Profundidade total
   i. Profundidade útil
   j. Espessura do dente
   k. Diâmetro externo

Repita o Problema 1 para as seguintes engrenagens:

2. $N = 34; P_d = 24$
3. $N = 45; P_d = 2$
4. $N = 18; P_d = 8$
5. $N = 22; P_d = 1,75$
6. $N = 20; P_d = 64$
7. $N = 180; P_d = 80$
8. $N = 28; P_d = 18$
9. $N = 28; P_d = 20$

Para os problemas 10-17, repita o Problema 1 para as seguintes engrenagens no sistema de módulo métrico. Substitua a parte (c) pelo P_d equivalente e a parte (d) pelo P_d padronizado mais próximo.

10. $N = 34; m = 3$
11. $N = 45; m = 1,25$
12. $N = 18; m = 12$
13. $N = 22; m = 20$
14. $N = 20; m = 1$
15. $N = 180; m = 0,4$
16. $N = 28; m = 1,5$
17. $N = 28; m = 0,8$
18. Defina *folga entre os dentes* e discorra sobre os métodos utilizados para produzi-la.
19. Recomende a quantidade de folga para as engrenagens dos problemas 1 e 12.

Razão de velocidade angular

20. Um pinhão com passo 8 e 18 dentes conjuga com uma engrenagem de 64 dentes. Ele gira a 2450 rpm. Calcule:
    a. Distância de centro
    b. Razão de velocidade angular
    c. Velocidade da engrenagem
    d. Velocidade na linha primitiva

Repita o Problema 20 para os seguintes dados:

21. $P_d = 4; N_P = 20; N_G = 92; n_P = 225$ rpm
22. $P_d = 20; N_P = 30; N_G = 68; n_P = 850$ rpm
23. $P_d = 64; N_P = 40; N_G = 250; n_P = 3450$ rpm
24. $P_d = 12; N_P = 24; N_G = 88; n_P = 1750$ rpm
25. $m = 2; N_P = 22; N_G = 68; n_P = 1750$ rpm
26. $m = 0,8; N_P = 18; N_G = 48; n_P = 1150$ rpm
27. $m = 4; N_P = 36; N_G = 45; n_P = 15$ rpm
28. $m = 12; N_P = 15; N_G = 36; n_P = 480$ rpm

Para os problemas 29 a 32, todas as engrenagens são feitas no padrão involuto, de profundidade total e com ângulo de pressão de 20°. Encontre o que está errado nas seguintes afirmações:

29. Um pinhão de passo 8 e 24 dentes conjuga com uma engrenagem de passo 10 e 88 dentes. O pinhão gira a 1750 rpm, e a engrenagem, a aproximadamente 477 rpm. A distância de centro é 5,900 pol.
30. Um pinhão de passo 6 e 18 dentes conjuga com uma engrenagem de passo 6 e 82 dentes. O pinhão gira a 1750 rpm, e a engrenagem, a aproximadamente 384 rpm. A distância de centro é 8,3 pol.
31. Um pinhão de passo 20 e 12 dentes conjuga com uma engrenagem de passo 20 e 62 dentes. O pinhão gira a 825 rpm, e a engrenagem, a aproximadamente 160 rpm. A distância de centro é 1,850 pol.
32. Um pinhão de passo 16 e 24 dentes conjuga com uma engrenagem de passo 16 e 45 dentes. O diâmetro externo do pinhão é 1,625 pol. O diâmetro externo da engrenagem é 2,938 pol. A distância de centro é 2,281 pol.

Dimensões da carcaça

33. O par de engrenagens descrito no Problema 20 deverá ser instalado em uma carcaça retangular. Especifique as dimensões X e Y, conforme esboça a Figura P8.33, para oferecer uma folga mínima de 0,10 pol.

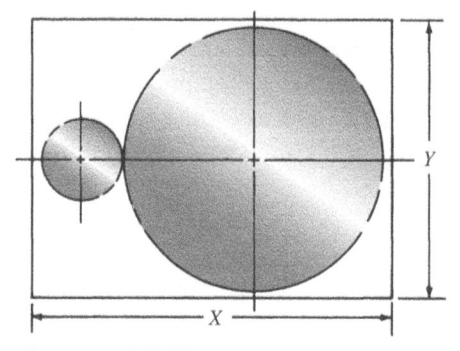

▲ **FIGURA P8.33** (problemas 33, 34, 35 e 36)

34. Repita o Problema 33 para os dados do Problema 23.
35. Repita o Problema 33 para os dados do Problema 26, mas com folga de 2,0 mm.
36. Repita o Problema 33 para os dados do Problema 27, mas com folga de 2,0 mm.

Análise de trens de engrenagens simples

Problemas 37 a 40
Para os trens de engrenagens esboçados nas figuras, calcule a velocidade de saída e o sentido de rotação do eixo de saída, considerando que o eixo de entrada gira a 1750 rpm no sentido horário.
37. Use a Figura P8.37.
38. Use a Figura P8.38.
39. Use a Figura P8.39.
40. Use a Figura P8.40.

Engrenamento helicoidal

41. Uma engrenagem helicoidal tem passo diametral transversal de 8, ângulo de pressão transversal de 14½°, 45 dentes, largura de face de 2,00 pol e ângulo de hélice de 30°. Calcule o passo circular, o passo circular normal, o passo diametral normal, o passo axial, o diâmetro de passo e o ângulo de pressão normal. Depois, calcule o número de passos axiais na largura de face.
42. Uma engrenagem helicoidal tem passo diametral normal de 12, ângulo de pressão normal de 20°, 48 dentes, largura de face de 1,50 pol e ângulo de hélice de 45°. Calcule o passo circular, o passo circular normal, o passo diametral transversal, o passo axial, o diâmetro de passo e o ângulo de pressão transversal. Depois, calcule o número de passos axiais na largura de face.
43. Uma engrenagem helicoidal tem passo diametral transversal de 6, ângulo de pressão transversal de 14½°, 36 dentes, largura de face de 1,00 pol e ângulo de hélice de 45°. Calcule o passo circular, o passo circular normal, o passo diametral normal, o passo axial, o diâmetro de passo e o ângulo de pressão normal. Depois, calcule o número de passos axiais na largura de face.
44. Uma engrenagem helicoidal tem passo diametral normal de 24, ângulo de pressão normal de 14½°, 72 dentes, largura de face de 0,25 pol e ângulo de hélice de 45°. Calcule o passo circular, o passo circular normal, o passo diametral transversal, o passo axial, o diâmetro de passo e o ângulo de pressão transversal. Depois, calcule o número de passos axiais na largura de face.

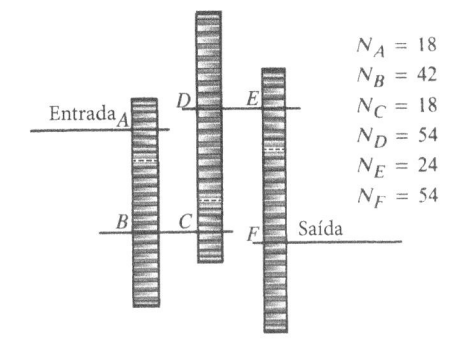

▲ FIGURA P8.37 Esboço do trem de engrenagens para o Problema 37.

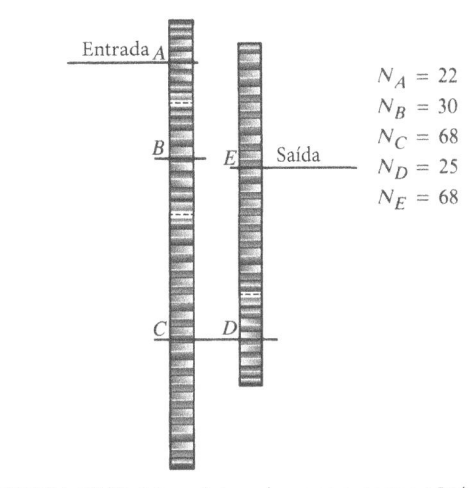

$N_A = 18$
$N_B = 42$
$N_C = 18$
$N_D = 54$
$N_E = 24$
$N_F = 54$

▲ FIGURA P8.38 Esboço do trem de engrenagens para o Problema 38.

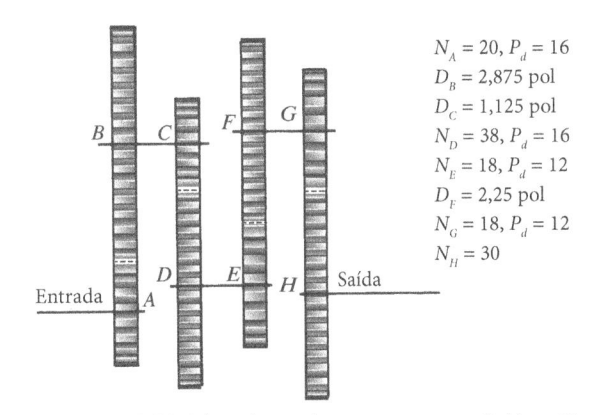

$N_A = 22$
$N_B = 30$
$N_C = 68$
$N_D = 25$
$N_E = 68$

▲ FIGURA P8.39 Esboço do trem de engrenagens para o Problema 39.

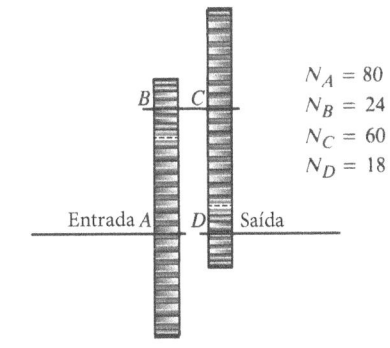

$N_A = 20, P_d = 16$
$D_B = 2,875$ pol
$D_C = 1,125$ pol
$N_D = 38, P_d = 16$
$N_E = 18, P_d = 12$
$D_F = 2,25$ pol
$N_G = 18, P_d = 12$
$N_H = 30$

▲ FIGURA P8.40 Esboço do trem de engrenagens para o Problema 40.

$N_A = 80$
$N_B = 24$
$N_C = 60$
$N_D = 18$

Engrenagens cônicas

45. Um par de engrenagens cônicas retas apresenta os seguintes dados: $N_p = 15$; $N_G = 45$; $P_d = 6$; ângulo de pressão de 20° Calcule todas as características geométricas da Tabela 8.8.
46. Desenhe o par de engrenagens do Problema 45 em escala. As seguintes dimensões adicionais são fornecidas (consulte a Figura 8.17). Distância de montagem (M_{dP}) para o pinhão = 5,250 pol; M_{dG} para a engrenagem = 3,000 pol; largura de face = 1,250 pol. Forneça quaisquer outras dimensões necessárias.
47. Um par de engrenagens cônicas retas apresenta os seguintes dados: $N_p = 25$; $N_G = 50$; $P_d = 10$; ângulo de pressão de 20°. Calcule todas as características geométricas da Tabela 8.8.
48. Desenhe o par de engrenagens do Problema 47 em escala. As seguintes dimensões adicionais são fornecidas (consulte a Figura 8.17). Distância de montagem (M_{dP}) para o pinhão = 3,375 pol; M_{dG} para a engrenagem = 2,625 pol; largura de face = 0,700 pol. Forneça quaisquer outras dimensões necessárias.
49. Um par de engrenagens cônicas retas apresenta os seguintes dados: $N_p = 18$; $N_G = 72$; $P_d = 12$; ângulo de pressão de 20°. Calcule todas as características geométricas da Tabela 8.8.
50. Um par de engrenagens cônicas retas apresenta os seguintes dados: $N_p = 16$; $N_G = 64$; $P_d = 32$; ângulo de pressão de 20°. Calcule todas as características geométricas da Tabela 8.8.
51. Um par de engrenagens cônicas retas apresenta os seguintes dados: $N_p = 12$; $N_G = 36$; $P_d = 48$; ângulo de pressão de 20°. Calcule todas as características geométricas da Tabela 8.8.

Engrenamento sem-fim

52. Um conjunto de engrenagens possui um sem-fim com uma única rosca, diâmetro de passo de 1,250 pol, passo diametral de 10 e ângulo de pressão normal de 14,5°. Considerando que o sem-fim conjuga com uma engrenagem de 40 dentes e largura de face de 0,625 pol, calcule o avanço, o passo axial, o passo circular, o ângulo de avanço, o adendo, o dedendo, o diâmetro externo do sem-fim, o diâmetro de raiz do sem-fim, o diâmetro de passo da engrenagem, a distância de centro e a razão de velocidade angular.
53. Três projetos estão sendo considerados para um conjunto de engrenagem sem-fim que produza uma razão de velocidade angular de 20 e cuja engrenagem gire a 90 rpm. Os três incluem passo diametral de 12, diâmetro de passo do sem-fim de 1,000 pol, largura de face da engrenagem de 0,500 pol e ângulo de pressão normal de 14,5°. O primeiro sugere um sem-fim com uma única rosca e 20 dentes na engrenagem; o segundo sugere um sem-fim com duas roscas e 40 dentes na engrenagem; o terceiro sugere um sem-fim com quatro roscas e 80 dentes na engrenagem. Para cada projeto, calcule o avanço, o passo axial, o passo circular, o ângulo de avanço, o diâmetro de passo da engrenagem e a distância de centro.
54. Um conjunto de engrenagens possui um sem-fim com duas roscas, ângulo de pressão normal de 20°, diâmetro de passo de 0,625 pol e passo diametral de 16. A engrenagem conjugada tem 100 dentes e largura de face de 0,3125 in. Calcule o avanço, o passo axial, o passo circular, o ângulo de avanço, o adendo, o dedendo, o diâmetro externo do sem-fim, a distância de centro e a razão de velocidade angular.
55. Um conjunto de engrenagens possui um sem-fim com quatro roscas, ângulo de pressão normal de 14½°, diâmetro de passo de 2,000 pol e passo diametral de 6. A engrenagem conjugada tem 72 dentes e largura de face de 1,000 pol. Calcule o avanço, o passo axial, o passo circular, o ângulo de avanço, o adendo, o dedendo, o diâmetro externo do sem-fim, a distância de centro e a razão de velocidade angular.
56. Um conjunto de engrenagens possui um sem-fim com uma única rosca, ângulo de pressão normal de 14½°, diâmetro de passo de 4,000 pol e passo diametral de 3. A engrenagem conjugada tem 54 dentes e largura de face de 2,000 pol. Calcule o avanço, o passo axial, o passo circular, o ângulo de avanço, o adendo, o dedendo, o diâmetro externo do sem-fim, a distância de centro e a razão de velocidade angular.
57. Um conjunto de engrenagens possui um sem-fim com quatro roscas, ângulo de pressão normal de 25°, diâmetro de passo de 0,333 pol e passo diametral de 48. A engrenagem conjugada tem 80 dentes e largura de face de 0,156 pol. Calcule o avanço, o passo axial, o passo circular, o ângulo de avanço, o adendo, o dedendo, o diâmetro externo do sem-fim, a distância de centro e a razão de velocidade angular.

Análise de trens de engrenagens complexos

58. O eixo de entrada para o trem de engrenagens mostrado na Figura P8.58 gira a 3450 rpm no sentido horário. Calcule a velocidade angular e a direção do eixo de saída.

Figura P8.58

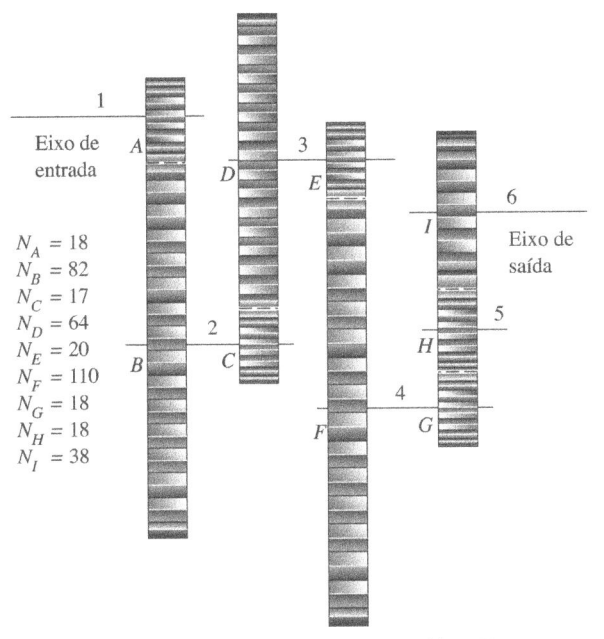

$N_A = 18$
$N_B = 82$
$N_C = 17$
$N_D = 64$
$N_E = 20$
$N_F = 110$
$N_G = 18$
$N_H = 18$
$N_I = 38$

▲ **FIGURA P8.58** Trem de engrenagens para o Problema 58.

59. O eixo de entrada para o trem de engrenagens mostrado na Figura P8.59 gira a 12200 rpm. Calcule a velocidade angular do eixo de saída.

60. O eixo de entrada para o trem de engrenagens mostrado na Figura P8.60 gira a 6840 rpm. Calcule a velocidade angular do eixo de saída.

61. O eixo de entrada para o trem de engrenagens mostrado na Figura P8.61 gira a 2875 rpm. Calcule a velocidade angular do eixo de saída.

Projeto cinemático de um único par de engrenagens

62. Especifique o número de dentes para o pinhão e a engrenagem de um único par para produzir uma razão de velocidade angular mais próxima possível de π. Não use menos de 16 dentes nem mais de 24 dentes no pinhão.

63. Especifique o número de dentes para o pinhão e a engrenagem de um único par para produzir uma razão de velocidade angular mais próxima possível de $\sqrt{3}$. Não use menos de 16 dentes nem mais de 24 dentes no pinhão.

64. Especifique o número de dentes para o pinhão e a engrenagem de um único par para produzir uma razão de velocidade angular mais próxima possível de $\sqrt{38}$. Não use menos de 18 dentes nem mais de 24 dentes no pinhão.

65. Especifique o número de dentes para o pinhão e a engrenagem de um único par para produzir uma razão de velocidade angular mais próxima possível de 7,42. Não use menos de 18 dentes nem mais de 24 dentes no pinhão.

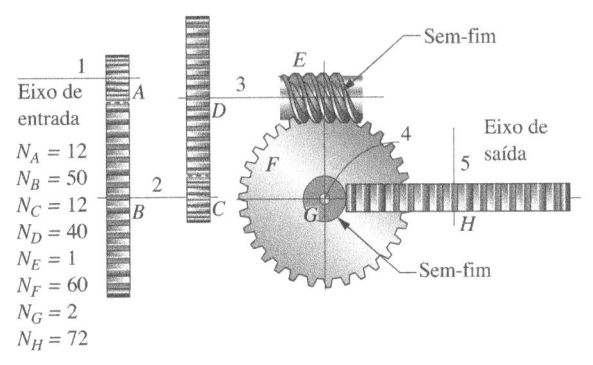

$N_A = 12$
$N_B = 50$
$N_C = 12$
$N_D = 40$
$N_E = 1$
$N_F = 60$
$N_G = 2$
$N_H = 72$

▲ **FIGURA P8.59** Trem de engrenagens para o Problema 59.

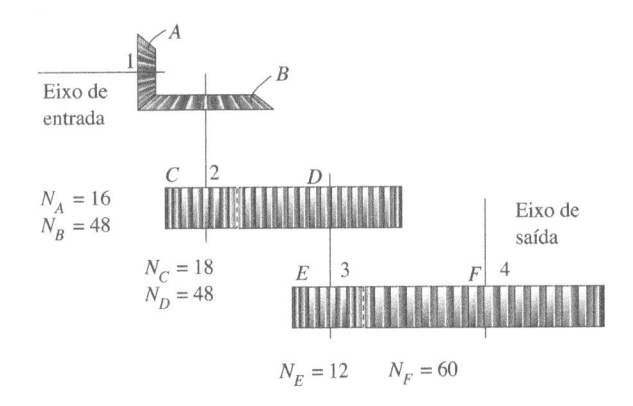

$N_A = 16$
$N_B = 48$
$N_C = 18$
$N_D = 48$
$N_E = 12$ $N_F = 60$

▲ **FIGURA P8.60** Trem de engrenagens para o Problema 60.

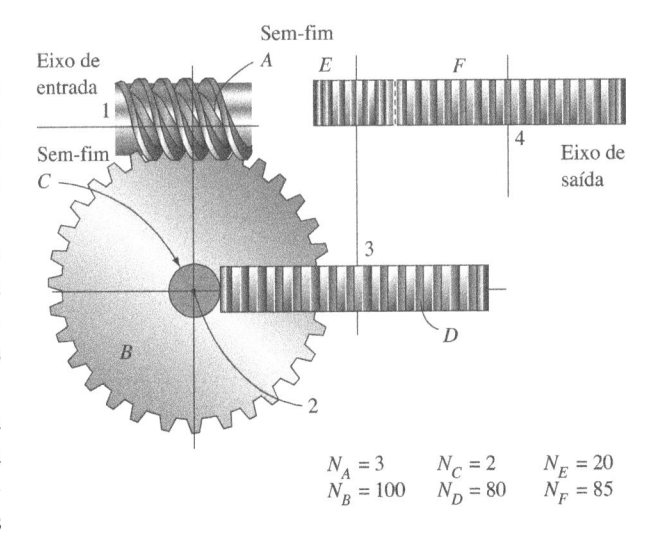

$N_A = 3$ $N_C = 2$ $N_E = 20$
$N_B = 100$ $N_D = 80$ $N_F = 85$

▲ **FIGURA P8.61** Trem de engrenagens para o Problema 61.

Projeto cinemático de trens de engrenagem

Para os problemas 66 a 75, projete um trem de engrenagens com todas as engrenagens externas em eixos paralelos. Utilize dentes involutos, de profundidade total e com ângulo de pressão de 20° que não ultrapassem a quantidade de 150 em qualquer engrenagem. Certifique-se de que não haja interferência. Desenhe o esboço de seu projeto.

Problema nº	Velocidade de entrada (rpm)	Intervalo de velocidade de saída (rpm)
66.	1800	2 exatamente
67.	1800	21,0 a 22,0
68.	3360	12,0 exatamente
69.	4200	13,0 a 13,5
70.	5500	221 a 225
71.	5500	13,0 a 14,0
72.	1750	146 a 150
73.	850	40,0 a 44,0
74.	3000	548 a 552 use dois pares
75.	3600	3,0 a 5,0

Para os problemas 76 a 80, projete um trem de engrenagens usando qualquer tipo de engrenagem. Procure utilizar o menor número possível de engrenagens, evitar interferências e não ultrapassar a quantidade de 150 dentes em qualquer engrenagem. Esboce seu projeto.

Problema nº	Velocidade de entrada (rpm)	Velocidade de saída (rpm)
76.	3600	3,0 a 5,0
77.	1800	8,0 exatamente
78.	3360	12,0 exatamente
79.	4200	13,0 a 13,5
80.	5500	13,0 a 14,0

PROJETO DE ENGRENAGEM DE DENTES RETOS

CAPÍTULO 09

Visão geral

Tópico de discussão

- Uma engrenagem de dentes retos apresenta dentes involutos paralelos à direção axial do eixo que a sustenta.

Descubra

Descreva a ação dos dentes da engrenagem acionadora sobre os da acionada. Quais tipos de tensão são produzidos?

De que maneira a geometria dos dentes da engrenagem, os materiais de que são feitos e as condições de funcionamento afetam as tensões e a vida útil do sistema de transmissão?

> Este capítulo irá ajudá-lo a adquirir habilidades para realizar análises necessárias e projetar sistemas de transmissão de engrenagem de dentes retos que sejam seguros e tenham longa vida útil.

O objetivo deste capítulo é ajudá-lo a obter o conhecimento e as habilidades necessárias para projetar engrenagens de dentes retos que transmitam potência de uma fonte — como motor elétrico, motor a gasolina, motor hidráulico, turbina ou outro principal — a uma máquina acionada, alterando a velocidade do eixo de entrada no de saída. A maioria das transmissões de potência por engrenagem é composta por *redutores de velocidade* que transmitem a potência à máquina acionada com velocidade menor e torque maior. Exemplos de tais transmissões são:

1. Potência de um motor elétrico conduzida por sistema de transmissão para um transportador em uma fábrica;
2. Potência de um motor a gasolina de um veículo conduzida por sistema de transmissão para rodas motrizes;
3. Potência de um motor hidráulico conduzida por sistema de transmissão para o guincho de um trator;
4. Potência de uma turbina hidráulica conduzida por sistema de transmissão para um gerador elétrico;
5. Potência de um motor de turbina a gás (jato) conduzida por sistema de transmissão para o rotor de um helicóptero.

As transmissões também podem ser utilizadas como *multiplicadoras de velocidade*, embora com menos frequência do que como *redutoras de velocidade*. Um exemplo importante seria o caso de uma turbina eólica que gira com relativa lentidão, digamos, 20 rpm, cuja velocidade deveria ser aumentada para 1800 rpm a fim de acionar um gerador elétrico.

Sumário

Visão geral
Você é o projetista

9.1 Objetivos
9.2 Conceitos de capítulos anteriores
9.3 Forças, torque e potência em engrenagens
9.4 Produção de engrenagens
9.5 Qualidade das engrenagens
9.6 Valores de tensão admissível
9.7 Materiais para engrenagens metálicas
9.8 Tensão de flexão nos dentes da engrenagem
9.9 Tensão de contato nos dentes da engrenagem
9.10 Seleção de materiais para engrenagem
9.11 Projeto de engrenagens de dentes retos
9.12 Projeto de engrenagem para o sistema de módulo métrico
9.13 Projeto e análise de engrenagem de dentes retos auxiliados por computador
9.14 Utilização da planilha para projeto de engrenagem de dentes retos
9.15 Capacidade de transmissão de potência
9.16 Engrenagens de plástico
9.17 Considerações práticas sobre engrenagens e interfaces com outros elementos

A Figura 9.1 mostra um redutor de dupla redução com engrenagem de dentes retos disponível no mercado, que é acionado por um motor elétrico de várias aplicações. Esse é um exemplo do tipo de redutor apresentado neste capítulo e a respeito do qual tratam muitos processos de projeto discutidos na Parte 2 deste livro (capítulos 7 a 15). Tome nota de como as engrenagens são posicionadas e de como são montadas em eixos que, depois, serão sustentados por rolamentos em uma carcaça rígida.

A *engrenagem de dentes retos* é um dos tipos mais básicos. Seus dentes são retos e paralelos à direção axial do eixo que sustenta a engrenagem. Eles têm a forma involuta descrita no Capítulo 8. Por isso, em geral, a ação de um dente sobre um conjugado é semelhante à de dois membros curvos e convexos em contato: conforme a engrenagem acionadora gira, seus dentes exercem uma força sobre a engrenagem conjugada que é tangencial ao passo circular das duas engrenagens. Uma vez que essa força age em uma distância igual ao raio do passo da engrenagem, um torque é desenvolvido no eixo que sustenta a engrenagem. Quando as duas engrenagens giram, elas transmitem potência proporcional ao torque. Na verdade, esse é o principal objetivo do sistema de transmissão com engrenagens de dentes retos.

Considere a ação descrita no parágrafo anterior:

- De que maneira essa ação se relaciona com o projeto dos dentes da engrenagem? Analise mais uma vez a Figura 8.1 ao responder a essa pergunta e às seguintes.
- Quando a força é exercida pelo dente acionador no dente conjugado, quais tipos de tensão são produzidos nos dentes? Considere tanto o ponto de contato de um dente sobre o outro quanto todo o dente. Onde se localizam as tensões máximas?
- Como poderiam ocorrer falhas nos dentes sob a influência dessas tensões?
- Quais propriedades de material são críticas para que as engrenagens trabalhem sob tais cargas com segurança e tempo de vida útil razoável?
- Quais propriedades geométricas importantes afetam os níveis de tensão produzidos nos dentes?
- De que forma a precisão da geometria do dente afeta seu funcionamento?

▲ **FIGURA 9.1** Redutor de dupla redução com engrenagem de dentes retos. (Bison Gear & Engineering Corporation, St. Charles, IL)

- Como a natureza do trabalho a ser realizado afeta as engrenagens? E se a máquina que as engrenagens acionam for um triturador que reduz grandes rochas a cascalho? Como seria esse nível de carregamento comparado ao de um sistema de engrenagens que aciona um ventilador responsável por fornecer ventilação a um edifício?
- Qual é a influência da máquina acionadora? O projeto seria diferente se um motor elétrico ou um motor a gasolina fosse o acionador?
- As engrenagens são geralmente montadas em eixos que fornecem alimentação do acionador à engrenagem de entrada de um trem de engrenagens e que recebem potência da engrenagem de saída e a transmitem à máquina acionada. Descreva diferentes formas de acoplamento das engrenagens aos eixos e de seu posicionamento em relação às outras engrenagens. Como os eixos podem ser sustentados?

Este capítulo contém informações que podem ser utilizadas para responder a perguntas como essas e para completar a análise e o projeto de sistemas de transmissão de potência por engrenagens de dentes retos.

Os capítulos 10 a 15 abordam tópicos semelhantes em relação a engrenagens helicoidais, cônicas e sem-fim, bem como o projeto e especificação de chavetas, acoplamentos, vedações, eixos e rolamentos, ou seja, todos os elementos necessários para o projeto completo de uma transmissão mecânica.

Você é o projetista

Você já decidiu, para o projeto, que um redutor de velocidade com engrenagem de dentes retos será empregado para determinado fim. Como você completará o projeto das engrenagens?

Essa é a continuação de um cenário de projeto iniciado no Capítulo 1 deste livro, quando os objetivos originais e um panorama geral foram apresentados. A introdução à Parte 2 deu prosseguimento a esse tema, indicando que a disposição dos capítulos está de acordo com o processo a ser utilizado para completar o projeto do redutor de velocidade.

Em seguida, no Capítulo 8, você — o projetista — abordou a cinemática de um redutor de velocidade que transformaria a potência do eixo de um motor elétrico girando a 1750 rpm para uma máquina que deveria operar a aproximadamente

292 rpm. Ali, você limitou seu interesse às decisões que afetavam os movimentos e a geometria básica das engrenagens. Foi decidido que você utilizaria um trem de engrenagem de dupla redução para reduzir a velocidade de rotação do sistema de transmissão em duas etapas por meio de dois pares de engrenagens em série. Você também aprendeu a especificar o formato do trem de engrenagem, bem como a tomar decisões importantes de projeto, como o número de dentes em todas as engrenagens e as relações entre o passo diametral, o número de dentes nas engrenagens, o diâmetro de passo e a distância entre os centros dos eixos que sustentam essas engrenagens. Para o passo diametral, você aprendeu a calcular as dimensões de características-chave dos dentes da engrenagem, como o adendo, o dedendo e a largura dos dentes.

No entanto, o projeto não estará completo até que você tenha especificado o material das engrenagens e verificado se elas resistirão às forças exercidas sobre si à medida que transmitem potência e o torque correspondente. Os dentes não podem se quebrar e devem ter vida útil longa o suficiente para satisfazer as necessidades do cliente que usará o redutor.

A fim de finalizar o projeto, você precisará de mais dados: quanta potência será transmitida? Para qual tipo de máquina a potência de saída do redutor será transmitida? De que maneira isso afeta o projeto das engrenagens? Qual seria a previsão para o ciclo de funcionamento do redutor em termos de horas por dia, dias por semana e anos de vida? Quais são as opções de materiais adequados para as engrenagens? Qual material será especificado e qual será seu tratamento térmico?

Você é o projetista. As informações contidas neste capítulo o ajudarão a completar o projeto.

9.1 OBJETIVOS

Depois de completar este capítulo, você será capaz de demonstrar as competências listadas a seguir. Elas são apresentadas na ordem em que são abordadas aqui. Os principais objetivos são os números 6, 7 e 8, que envolvem (a) o cálculo da resistência à flexão e a capacidade dos dentes da engrenagem de resistir à corrosão por pite e (b) a segurança do projeto das engrenagens no que diz respeito à força e à resistência à corrosão por pite. As competências são as seguintes:

1. Calcular as forças exercidas sobre os dentes da engrenagem durante o giro e a transmissão de potência.
2. Descrever diversos métodos de fabricação de engrenagens e os níveis de precisão e qualidade com os quais elas podem ser produzidas.
3. Especificar um nível de qualidade adequado para as engrenagens de acordo com a utilização a que se destinam.
4. Descrever materiais metálicos apropriados para a fabricação das engrenagens para que haja um desempenho aceitável no que diz respeito à força e à resistência à corrosão por pite.
5. Utilizar as normas da American Gear Manufacturers Association (AGMA) como base para concluir o projeto das engrenagens.
6. Empregar análises de tensão adequadas para determinar as relações entre as forças aplicadas, a geometria dos dentes da engrenagem, a precisão destes e outros fatores específicos a fim de se estabelecer aplicação com o intuito de tomar decisões finais sobre essas variáveis.
7. Realizar a análise da tendência que as tensões de contato exercidas sobre as superfícies dos dentes têm de causar corrosão por pite nos dentes a fim de determinar uma dureza adequada do material da engrenagem que forneça um nível aceitável de resistência à corrosão por pite ao redutor.
8. Concluir o projeto das engrenagens, levando em consideração tanto a análise de tensão quanto a de resistência à corrosão por pite. O resultado será uma especificação completa da geometria da engrenagem, do material para as engrenagens e do tratamento térmico a ser aplicado no material.

Resumo do capítulo: o processo de projetar transmissões por engrenagem de dentes retos contém várias etapas e exige a determinação de diversas quantidades que afetam o desempenho das transmissões. O capítulo desenvolverá esse processo nas seções que se seguem, que contribuem para o processo final do projeto, descrito na Seção 9.11. A lista a seguir apresenta as principais etapas no processo de concepção de uma transmissão composta por duas engrenagens de aço.

1. Definir os objetivos do projeto da transmissão por engrenagem: a potência a ser transmitida, a velocidade da engrenagem de entrada, a velocidade desejada para a engrenagem de saída, o tipo de acionador que fornecerá a potência, o tipo de máquina acionada e quaisquer características especiais do projeto.
2. Determinar as forças aplicadas sobre a engrenagem (Seção 9.3).
3. Estabelecer a precisão exigida para as engrenagens, especificando o índice de qualidade (Seção 9.5).
4. Compreender os tipos de liga de aço normalmente utilizados para engrenagens e os tipos de tratamento térmico disponíveis (Seção 9.7).
5. Sugerir a geometria das engrenagens, incluindo o passo, o número de dentes em cada uma, o

diâmetro de passo, a forma dos dentes e a largura de face (Seção 9.11).

6. Indicar a tensão esperada por conta da flexão nos dentes da engrenagem. Essa etapa exige a especificação de diversos fatores em função do modo de utilização, além dos processos de fabricação a serem empregados na produção das engrenagens (Seção 9.8).
7. Determinar a tensão de contato real a ser recebida pela face dos dentes (Seção 9.9).
8. Com base na tensão de flexão da etapa 6 e na tensão de contato da etapa 7, precisar a resistência e a dureza necessárias para os materiais das engrenagens a fim de se garantir a segurança e a vida útil apropriadas, além de especificar a liga de aço e o tratamento térmico que atenderão a esses requisitos (Seção 9.10).
9. Resumir os detalhes do projeto.

9.2 CONCEITOS DE CAPÍTULOS ANTERIORES

Para o estudo deste capítulo, espera-se que você esteja familiarizado com a geometria das características da engrenagem e com a cinemática de uma engrenagem acionando outra, como apresenta o Capítulo 8 e ilustram as figuras 8.1, 8.8, 8.12, 8.13 e 8.24. (Consulte também as referências 4 e 26.) Relações fundamentais que você deve ser capaz de adotar incluem as seguintes:

Velocidade na linha primitiva = $v_t = R\omega = (D/2)\omega$

onde

R = raio do passo circular (raio primitivo ou de referência)
D = diâmetro de passo
ω = velocidade angular da engrenagem

Uma vez que a velocidade na linha primitiva é a mesma para o pinhão e a engrenagem, os valores de R, D e ω podem servir para ambos. No cálculo de tensões nos dentes das engrenagens pelo sistema norte-americano, é comum expressar a velocidade na linha primitiva em pés/min, ao passo que o tamanho da engrenagem é fornecido como seu diâmetro de passo, em polegadas. A velocidade de rotação costuma ser dada como n rpm — isto é, n rev/min. Calculemos a equação dimensional que fornece a velocidade na linha primitiva em pés/min.

▶ **Velocidade na linha primitiva Unidades do sistema norte-americano**

$$v_t = (D/2)\omega = \frac{D \text{ pol}}{2} \cdot \frac{n \text{ rev}}{\min} \cdot \frac{2\pi \text{ rad}}{\text{rev}} \cdot \frac{1 \text{ pé}}{12 \text{ pol}}$$
$$= (\pi D n / 12) \text{ pés/min} \tag{9.1}$$

No sistema métrico internacional, o diâmetro costuma ser expresso em mm, e a velocidade, em rpm, ao passo que a velocidade na linha primitiva é normalmente indicada em m/s. Com base em um processo semelhante ao utilizado anteriormente na Equação 9.1, a seguinte expressão de equação dimensional foi desenvolvida no Capítulo 8.

▶ **Velocidade na linha primitiva Unidades do sistema internacional**

$$v_t = \pi D n / 60000 \text{ m/s} \tag{9.2}$$

A razão de velocidade angular pode ser expressa de muitas maneiras. Para o caso específico de um pinhão que aciona uma engrenagem maior,

▶ **Razão de velocidade angular**

Razão de velocidade angular =

$$VR = \frac{\omega_p}{\omega_G} = \frac{n_p}{n_G} =$$
$$= \frac{R_G}{R_P} = \frac{D_G}{D_P} = \frac{N_G}{N_P} \tag{9.3}$$

Uma razão relacionada, m_G, chamada de *relação de transmissão*, é frequentemente utilizada na análise do desempenho de engrenagens. Ela é sempre definida como a razão entre o número de dentes na engrenagem maior e o número de dentes no pinhão, independentemente de qual seja o acionador. Assim, m_G é sempre maior ou igual a 1,0. Quando o pinhão é o acionador, como no caso de um redutor de velocidade, m_G é igual a VR. Ou seja,

▶ **Relação de transmissão**

Relação de transmissão = $m_G = N_G/N_P \geq 1,0$ (9.4)

No sistema norte-americano, o passo diametral, P_d, caracteriza o tamanho físico dos dentes de uma engrenagem. Ele está relacionado ao diâmetro de passo e ao número de dentes, como segue:

▶ **Passo diametral**

$$P_d = N_G/D_G = N_P/D_P \tag{9.5}$$

No sistema métrico internacional, o módulo métrico, m, caracteriza o tamanho dos dentes. Ele é definido como

▶ **Módulo métrico**

$$m = D_G/N_G = D_P/N_P \tag{9.6}$$

O ângulo de pressão, ϕ, é um aspecto importante que caracteriza a forma da curva involuta que compõe a face ativa dos dentes de engrenagens-padrão. Consulte a Figura 8.13. Perceba também, na Figura 8.12, que o ângulo entre a normal da curva involuta e a tangente do passo circular de uma engrenagem é igual ao ângulo de pressão.

9.3 FORÇAS, TORQUE E POTÊNCIA EM ENGRENAGENS

Para entender o método de cálculo de tensões em dentes de engrenagem, é preciso considerar como a potência é transmitida por um sistema de engrenagens. Para o par de engrenagens de redução simples mostrado na Figura 9.2, a energia é recebida do motor pelo eixo de entrada que gira na velocidade desse motor. Assim, o torque no eixo pode ser calculado pela seguinte equação:

▶ **Torque**

Torque = potência/velocidade angular = P/n (9.7)

O eixo de entrada transmite a potência do acoplamento até o ponto em que o pinhão estiver montado por meio da chaveta. Os dentes do pinhão acionam os da engrenagem, transmitindo, assim, potência a esta. Porém, novamente, a transmissão de potência envolve a aplicação de um torque durante a rotação em determinada velocidade. O torque é o produto da força agindo tangencialmente ao passo circular do pinhão vezes o raio do passo do pinhão. Usaremos o símbolo W_t para indicar a *força tangencial*. Como descrito, W_t é a força exercida *pelos dentes do pinhão nos*

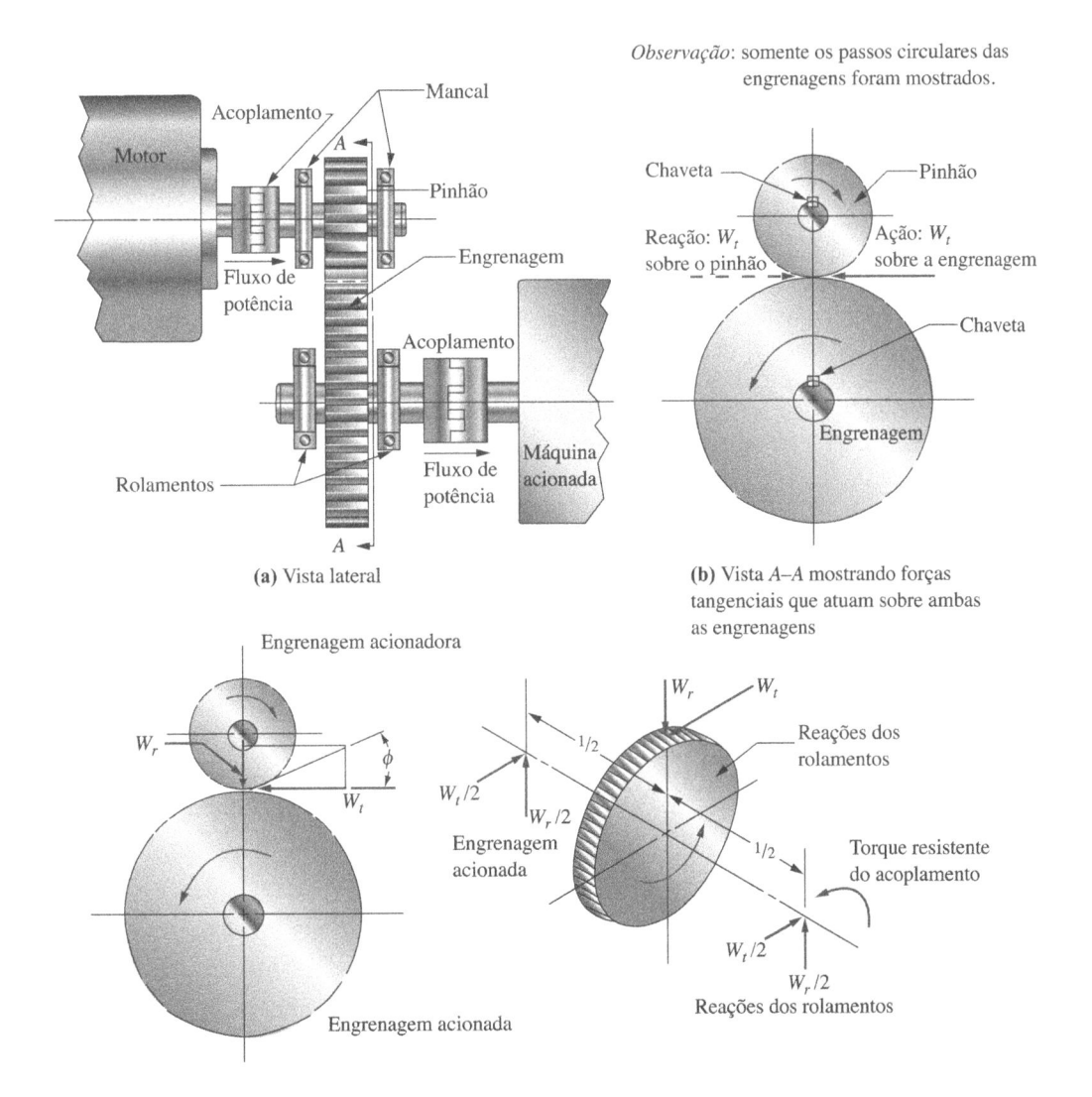

(a) Vista lateral

(b) Vista A–A mostrando forças tangenciais que atuam sobre ambas as engrenagens

(c) Vista A–A mostrando forças tangencial e radial que atuam sobre a engrenagem acionada

(d) Forças sobre um eixo sustentando uma engrenagem de dentes retos

◀ **FIGURA 9.2** Fluxo de potência em um par de engrenagens.

da engrenagem. Porém, se as engrenagens estiverem girando em velocidade constante e transmitindo um nível uniforme de potência, significa que o sistema está em equilíbrio. Portanto, deve haver uma força tangencial igual e oposta exercida pelos dentes da engrenagem sobre os do pinhão. Essa é uma aplicação do princípio de ação e reação.

Para completar a descrição do fluxo de potência, a força tangencial sobre os dentes da engrenagem produz um torque na engrenagem igual ao produto de W_t vezes o raio do passo da engrenagem. Uma vez que W_t é o mesmo sobre o pinhão e a engrenagem, mas o raio do passo da engrenagem é maior do que o do pinhão, o torque sobre a engrenagem (torque de saída) é maior do que o torque de entrada. No entanto, note que a energia transmitida é a mesma ou um pouco menor por causa de ineficiências mecânicas. A potência, então, flui da engrenagem através da chaveta até o eixo de saída e, por fim, até a máquina acionada.

A partir dessa descrição de fluxo de potência, podemos ver que as engrenagens transmitem potência ao exercer uma força através dos dentes acionadores sobre os acionados, ao mesmo tempo que a força de reação retroage sobre os dentes da engrenagem de acionamento. A Figura 9.3 mostra um dente de engrenagem com força tangencial W_t atuando sobre ele. Entretanto, essa não é a força total sobre o dente. Por causa da forma involuta do dente, a força total transferida de um dente para o conjugado age normalmente com relação ao perfil involuto. Essa ação é indicada como W_n. A força tangencial W_t é, na verdade, a componente horizontal da força total. Para completar o quadro, observe que há uma componente vertical da força total atuando radialmente sobre o dente de engrenagem, indicado por W_r.

A discussão sobre fluxo de potência e forças existentes em engrenagens até aqui foi genérica e independente de unidades. A seguir, ela é voltada principalmente para o sistema de unidade norte-americano com base no passo diametral, P_d. Mais tarde, adaptaremos os resultados para o sistema de unidades e o módulo métrico internacional, m.

Iniciaremos o cálculo de forças com a força transmitida, W_t, pois seu valor tem por base os dados fornecidos para potência e velocidade. É conveniente desenvolver equações dimensionais para W_t porque a prática padrão em geral exige as seguintes unidades para as principais quantidades pertinentes à análise de conjuntos de engrenagens:

Forças em libras (lb)

Potência em cavalos (hp) (Note que 1,0 hp = 550 lb · pés/s.)

Velocidade angular em rpm, ou seja, rotações/min

Velocidade na linha primitiva em pés/min

Torque em lb · pol

O torque exercido sobre uma engrenagem é o produto da carga transmitida, W_t, e o raio do passo da engrenagem. O torque também é igual à potência transmitida dividida pela velocidade angular. Então

$$T = W_t(R) = W_t(D/2) = P/n$$

Assim, podemos calcular a força, e as unidades podem ser ajustadas conforme segue:

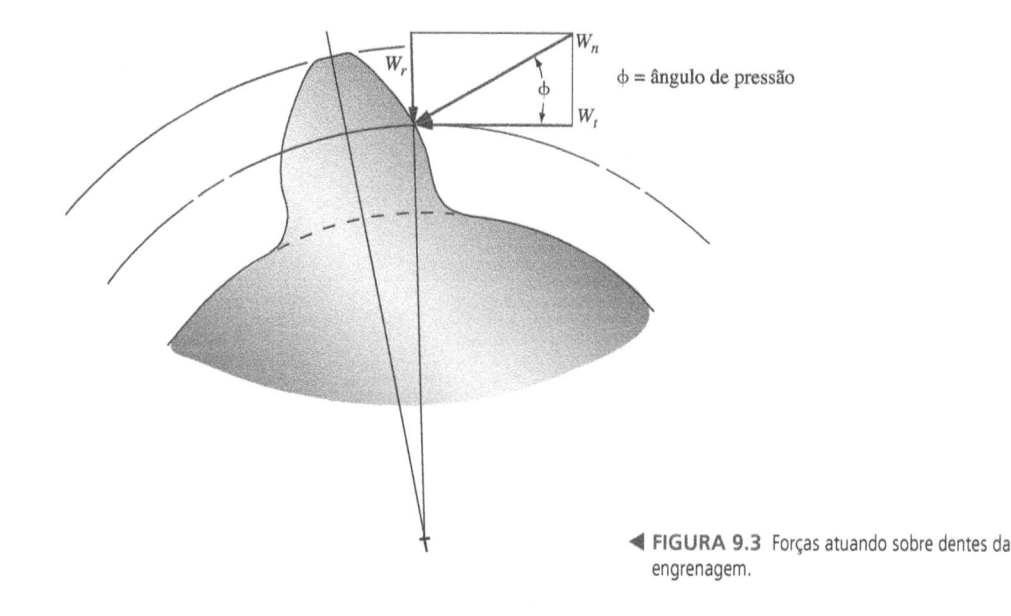

◀ **FIGURA 9.3** Forças atuando sobre dentes da engrenagem.

▶ **Força tangencial**

$$W_t = \frac{2P}{Dn} = \frac{2P(\text{hp})}{D(\text{pol}) \cdot n(\text{rev/min})} \cdot \frac{550 \text{ lb} \cdot \text{pés/s}}{(\text{hp})} \cdot \frac{1,0 \text{ rev}}{2\pi \text{ rad}}$$

$$\frac{60 \text{ s/min}}{} \cdot \frac{12 \text{ pol}}{\text{pés}}$$

$$W_t = (126000)(P)/(nD) \text{ lb} \quad (9.8)$$

Dados para o pinhão ou para a engrenagem podem ser usados nessa equação. Outras relações são desenvolvidas agora, pois se fazem necessárias em outras partes do processo de análise das engrenagens ou dos eixos que as sustentam.

Potência também é o produto da força transmitida, W_t, e a velocidade na linha primitiva:

$$P = W_t \cdot v_t$$

Então, calculando a força e ajustando unidades, temos

▶ **Força tangencial**

$$W_t = \frac{P}{v_t} = \frac{P(\text{hp})}{v_t(\text{pés/min})} \cdot \frac{550 \text{ lb} \cdot \text{pés/s}}{1,0 \text{ hp}} \cdot \frac{60 \text{ s/min}}{}$$

$$= 33000 (P)/(v_t) \text{ lb} \quad (9.9)$$

Talvez também seja necessário calcular torque em lb · pol:

▶ **Torque**

$$T = \frac{P}{\omega} = \frac{P(\text{hp})}{n(\text{rev/min})} \cdot \frac{550 \text{ lb} \cdot \text{pés/s}}{1,0 \text{ hp}} \cdot \frac{1,0 \text{ rev}}{2\pi \text{ rad}} \cdot \frac{60 \text{ s/min}}{} \cdot \frac{12 \text{ pol}}{\text{pés}}$$

$$T = 63000 (P)/n \text{ lb} \cdot \text{pol} \quad (9.10)$$

Esses valores podem ser calculados para o pinhão ou para a engrenagem com substituições apropriadas. Lembre-se de que a velocidade na linha primitiva é a mesma para o pinhão e para a engrenagem e que as cargas transmitidas sobre eles são iguais, exceto pelo fato de que atuam em direções opostas.

A força normal, W_n, e a força radial, W_r, podem ser calculadas a partir do W_t conhecido utilizando-se as relações de triângulo corretas evidentes na Figura 9.3.

▶ **Força radial**

$$W_r = W_t \, \text{tg} \, \phi \quad (9.11)$$

▶ **Força normal**

$$W_n = W_t/\cos \phi \quad (9.12)$$

onde ϕ = ângulo de pressão da forma do dente

Além de causar tensões nos dentes da engrenagem, essas forças atuam sobre o eixo. A fim de manter o equilíbrio, os rolamentos que sustentam o eixo devem fornecer as reações. A Figura 9.2(d) mostra o diagrama de corpo livre do eixo de saída do redutor.

Fluxo de potência e eficiência

Até aqui, a discussão teve como foco a potência, o torque e as forças para um único par de engrenagens. Para engrenamentos compostos, com dois ou mais pares de engrenagens, o fluxo de potência e a eficiência geral tornam-se muito mais importantes.

Perdas de potência em transmissões por engrenagem de dentes retos, helicoidais e cônicas dependem da ação de cada dente sobre o conjugado em uma combinação de rolagem e deslizamento. Em engrenagens precisas e bem lubrificadas, a perda de potência varia entre 0,5% a 2% e costuma ser considerada aproximadamente 1%. (Consulte a Referência 20.) *Por ser muito pequena, é costume ignorar essa perda no dimensionamento de pares individuais de engrenagem. É o que fazemos neste livro.*

Transmissões por engrenagem compostas empregam vários pares de engrenagens em série para produzir grandes razões de redução de velocidade. Com 1% de perda de potência em cada par, a perda acumulada para o sistema pode ser significativa e afetar o tamanho do motor que acionará o sistema ou a potência e torque finais disponíveis para uso na saída. Além disso, a perda de potência é transferida para o meio ou para o lubrificante da engrenagem e, em grandes transmissões de potência, o gerenciamento do calor gerado é crítico ao desempenho global da unidade. A viscosidade e a capacidade de transporte de carga dos lubrificantes são reduzidas com o aumento da temperatura.

Controlar o fluxo de potência em um trem de engrenagens simples ou compostas é fácil: a potência é transferida de um par de engrenagens para o seguinte com apenas uma pequena perda de potência em cada relação. Projetos mais complexos podem dividir o fluxo de energia em algum ponto em dois ou mais trajetos. Isso é típico em trens de engrenagens planetárias. Em tais casos, é preciso considerar a relação básica entre potência, torque e velocidade angular mostrada na Equação 9.7, $P = T \times n$. Podemos apresentar isso de outra forma. Seja a velocidade rotacional, n, geralmente dada em rpm, tratada por um termo mais geral: *velocidade angular*, ω, em rad/s. Agora, expresse o torque em termos de forças transmitidas, W_t, e o raio do passo da engrenagem, R. Ou seja, $T = W_t R$. A Equação 9.7, então, se torna

$$P = T \times n = W_t R \omega$$

Mas $R\omega$ é a velocidade na linha primitiva para as engrenagens, v_t. Então,

$$P = W_t R\omega = W_r v_t$$

Sabendo como a potência se divide, é possível determinar a carga transmitida em cada relação.

9.4 PRODUÇÃO DE ENGRENAGENS

A discussão sobre produção de engrenagens começará com o método de fabricação dos discos. Engrenagens pequenas são geralmente feitas de chapas forjadas ou barras, com o cubo, a alma, os raios e o aro usinados nas dimensões finais ou quase finais antes de os dentes serem produzidos. A largura de face e o diâmetro externo dos dentes da engrenagem também são produzidos nessa fase. Outros discos de engrenagem podem ser forjados, fundidos em areia ou fundidos sob pressão para chegar à forma básica antes da usinagem. As engrenagens das quais se exige apenas uma precisão moderada podem ser fundidas sob pressão com os dentes em forma quase definitiva.

As engrenagens grandes são frequentemente fabricadas a partir de componentes. O aro e a parte em que os dentes são usinados podem ser moldados à forma de anel a partir de uma barra plana e, em seguida, soldados. Depois, a alma, ou os raios, e o cubo são soldados dentro do anel. Engrenagens muito grandes podem ser feitas por segmentos, que são soldados ou presos por fixação mecânica na montagem final.

Os métodos conhecidos para usinagem dos dentes da engrenagem são: fresamento de molde, brochamento e fresamento com caracol. (Consulte as referências 5, 18 e 26.)

No *fresamento de forma* [Figura 9.4 (a)], uma fresa com a forma do espaço do dente é usada, e cada espaço é cortado completamente antes de o disco de engrenagem ser indexado à posição do espaço adjacente. Esse método é usado principalmente para engrenagens grandes, e é necessário muito cuidado para se obter resultados precisos.

◀ **FIGURA 9.4** Uma variedade de ferramentas para corte de engrenagem. (Gleason Cutting Tools Corporation, Loves Park, IL)

(a) Fresa de forma

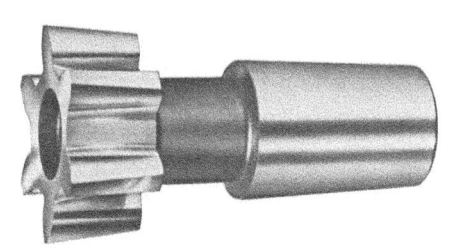

(b) Fresa de topo para usinagem de engrenagem de dentes retos

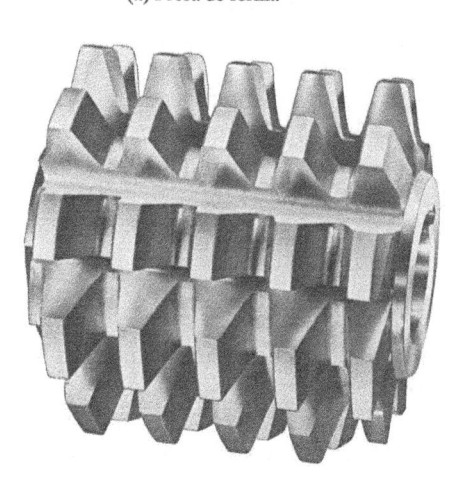

(c) Fresa caracol para engrenagens de passo pequeno e dentes grandes

(d) Fresa caracol para engrenagens de passo grande e dentes pequenos

A *conformação por brochamento* [figuras 9.4 (b) e 9.5] é um processo no qual o cortador produz movimento de vaivém, geralmente em eixo vertical. A máquina cortadora gira enquanto faz o movimento e é introduzida no disco de engrenagem. Assim, a forma involuta do dente é gerada de maneira gradativa. Esse processo costuma ser usado para engrenagens internas.

O *fresamento com caracol* [figuras 9.4 (c), (d) e 9.6] é um processo de fresamento no qual a peça (o disco de engrenagem) e o cortador (a fresa caracol) giram de modo coordenado. Aqui a forma do dente também é gerada gradualmente, à medida que a fresa caracol é introduzida no disco.

Após o fresamento de forma, a conformação por brochamento ou o fresamento com caracol, os dentes da engrenagem recebem acabamento mais preciso com os processos de esmerilhamento, aplainamento e brunimento. Por serem produtos de processos secundários, eles são caros e devem ser utilizados apenas quando a operação exigir alta precisão na forma do dente e no espaçamento. A Figura 9.7 mostra uma esmerilhadeira de engrenagens.

9.5 QUALIDADE DAS ENGRENAGENS

Assegurar a precisão dimensional correta das engrenagens de transmissão de potência é essencial para sua adequação ao uso em máquinas. Tensões nas engrenagens, suavidade de funcionamento, vida útil e ruído são afetados pelo grau de precisão obtido na produção. As referências 5, 7 e 14 fornecem um tratamento abrangente sobre qualidade de engrenagens. Aqui, oferecemos

(a) Engrenagem sendo moldada com cortador

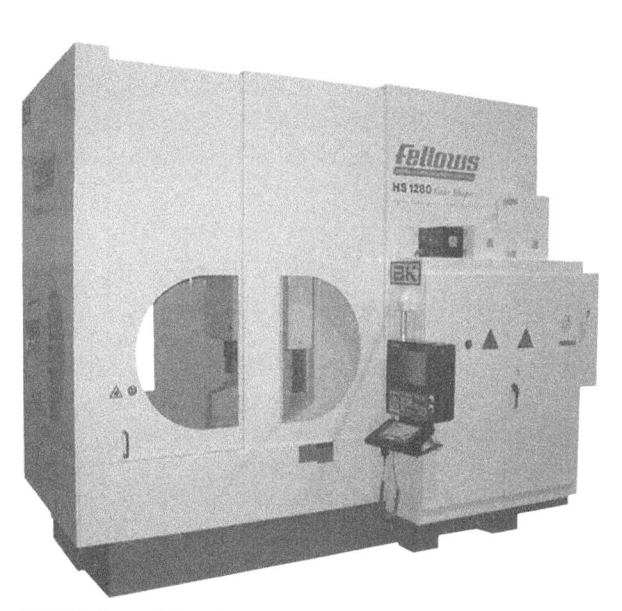

(b) Máquina cortadora de engrenagem

▲ **FIGURA 9.5** Operação de corte de engrenagem e máquina cortadora. (Bourn & Koch, Inc., Rockford, IL USA)

(a) Pinhão longo e uma fresa caracol em uma máquina de fresamento

(b) Máquina de fresamento com caracol

▲ **FIGURA 9.6** Operação de fresamento com caracol e fresadora. (Bourn & Koch, Inc., Rockford, IL, USA)

(a) Engrenagem com rebolo

(b) Esmerilhadeira de engrenagens

▲ **FIGURA 9.7** Operação de esmerilhamento de engrenagem e esmerilhadeira. (Bourn & Koch, Inc., Rockford, IL, USA)

uma visão geral dos princípios e equipamentos utilizados para medir a qualidade das engrenagens.

A qualidade no engrenamento é indicado por um dos dois métodos: (1) a precisão das características específicas de uma única engrenagem, chamada de *medição analítica* ou (2) a variação composta de uma engrenagem produzida para teste que gira em cadeia com uma engrenagem principal precisa, chamada de *medição funcional*. Esses dois métodos são descritos a seguir.

Métodos de medição de engrenagem

A ***medição funcional*** emprega um dispositivo chamado *engrenômetro* para medir o *desvio composto radial total* e a *variação composta radial dente a dente*. A Figura 9.8 mostra uma fotografia (a) de um engrenômetro comercialmente disponível, um diagrama esquemático de sua construção (b), e uma amostra do resultado do teste (c). Os recursos básicos do dispositivo de teste são os seguintes:

1. Eixo fixo para montagem da engrenagem a ser testada.
2. Suporte de montagem para uma engrenagem mestra precisa sobre um plano deslizante, de forma a manter duplo contato entre as duas engrenagens.
3. Dispositivo medidor que indica o movimento do eixo para a engrenagem mestra enquanto a testada dá um giro completo.
4. Registro para exibir o deslocamento total da engrenagem mestra durante o ciclo.

Note que o deslocamento total [parte (c) da Figura 9.8] contém uma componente de longo prazo com variações para o encaixe de cada dente superposta a ela. O desvio composto radial total é medido a partir do maior deslocamento do gráfico sobre o ciclo completo, conforme mostrado. A fim de se observar melhor o desvio dente a dente, a componente de longo prazo é extraída do gráfico total e apresentada separadamente, com o maior desvio para qualquer dente informado.

A ***medição analítica*** mede várias características de cada dente por meio de uma sonda de alta sensibilidade que se move sobre a superfície dele, sob o comando de uma máquina de medição por coordenada (MMC) especialmente projetada. O computador, no sistema completo, orienta a sonda por trajetórias especificadas enquanto faz uma medição precisa de sua posição. A Figura 9.9 mostra um sistema comercialmente disponível. Entre as medições que podem ser feitas, estão:

Variação de índice: a diferença entre a localização real de um ponto na face de um dente da engrenagem no passo circular e o ponto correspondente de um dente de referência medido no passo circular. A variação causa imprecisão na ação dos dentes da engrenagem conjugada. A Figura 9.10 (a) ilustra um exemplo de saída para variação de índice.

Alinhamento do dente: o desvio da linha real sobre a superfície do dente no passo circular em relação à linha teórica. As medições são feitas de uma extremidade da face à outra. Para uma engrenagem de dentes retos, a linha teórica é reta; para

(a) Engrenômetro

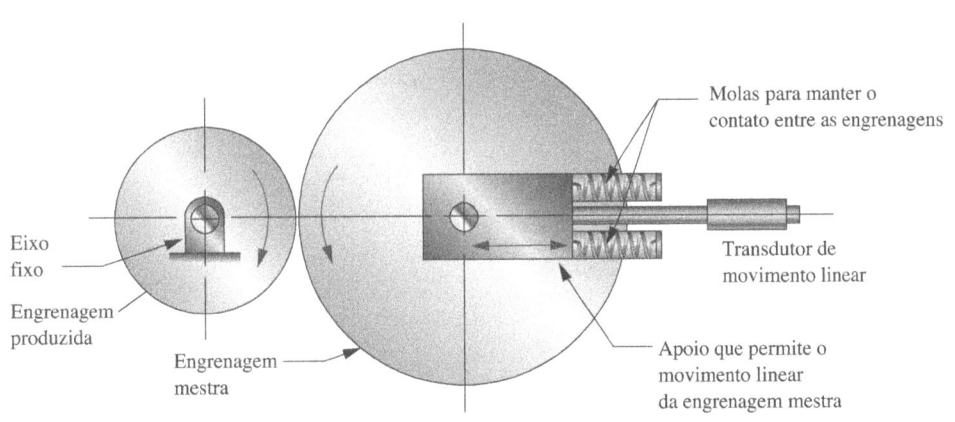

(b) Diagrama esquemático do engrenômetro

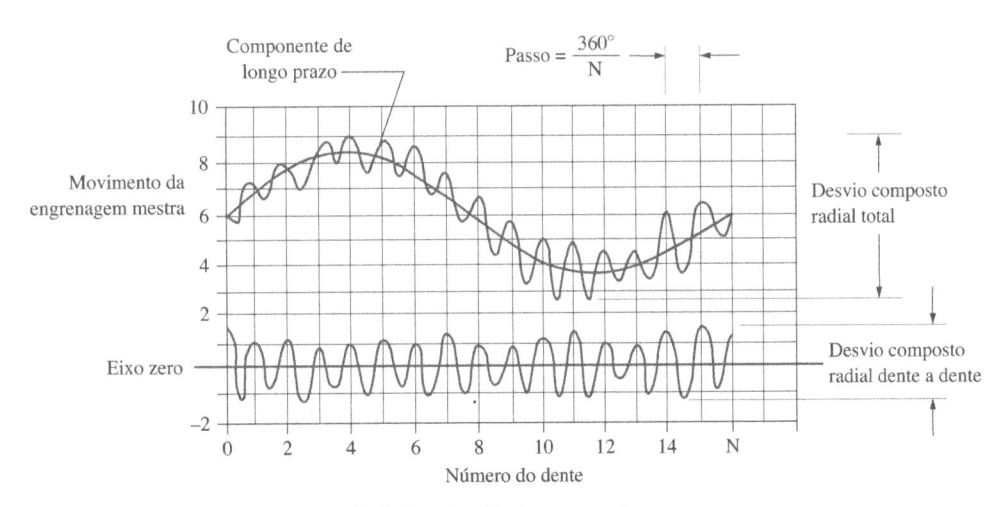

(c) Gráfico de saída de um engrenômetro

▲ **FIGURA 9.8** Teste de engrenagens quanto ao desvio composto radial.
(Process Equipment Company, Tipp City, Ohio)

uma engrenagem helicoidal, ela é uma parte de uma hélice. A medição do alinhamento do dente é, por vezes, chamada de medição da forma de *hélice*. Ela é importante porque o desalinhamento excessivo causa carregamento não uniforme sobre os dentes da engrenagem.

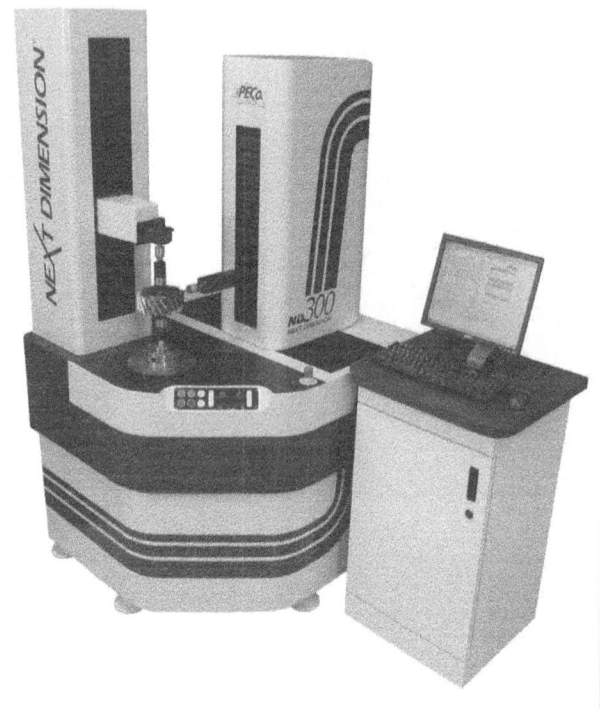

(a) Visão geral

(b) Vista ampliada da sonda e da engrenagem testada

▲ **FIGURA 9.9** Sistema de medição analítica para qualidade da engrenagem. (Process Equipment Company, Tipp City, Ohio)

(a) Variação do índice

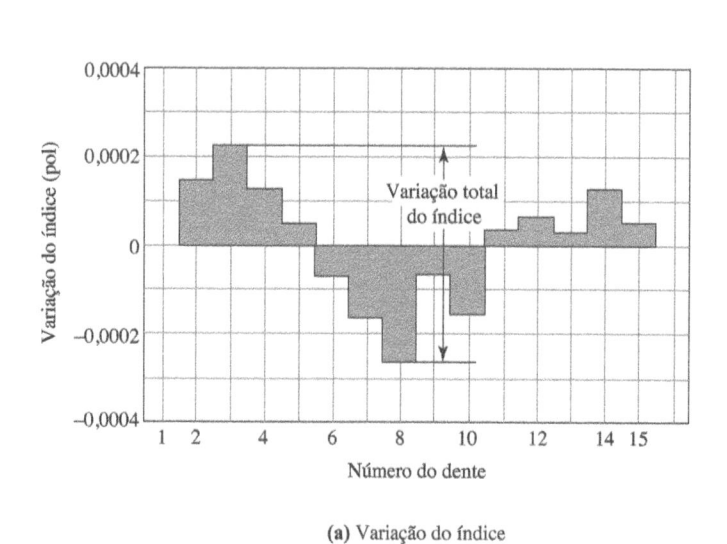

(b) Variação de perfil

▲ **FIGURA 9.10** Gráficos de saída típicos de um sistema de medição analítica. (Process Equipment Company, Tipp City, Ohio)

Perfil do dente: a medição do perfil real da superfície de um dente desde o ponto de início do perfil ativo até a ponta do dente. O perfil teórico é uma curva involuta exata. Variações do perfil real em relação ao teórico causam alterações na razão de velocidade angular instantânea entre as duas engrenagens em cadeia, afetando a suavidade do movimento e o ruído. A Figura 9.10 (b) mostra um exemplo de saída da variação de perfil.

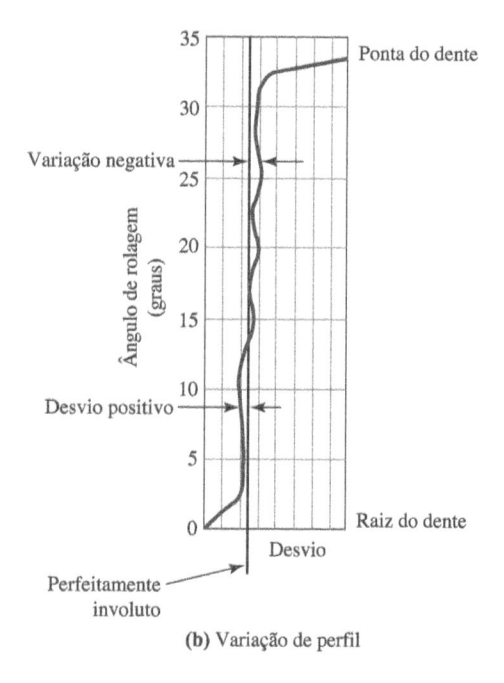

Raio radicular: o raio do filete na base do dente. Variações em relação ao valor teórico podem afetar o encadeamento de engrenagens conjugadas, gerando uma possível interferência, e os fatores de concentração de tensão relacionados à tensão de flexão no dente.

***Desvio* (runout):** medida de excentricidade e imperfeição geométrica circular de uma engrenagem. O desvio excessivo faz o ponto de contato sobre os dentes da engrenagem conjugada se mover radialmente durante cada giro.

Conforme o sistema de medição analítica conclui os testes, comparações são realizadas automaticamente com as formas teóricas do dente e os valores de tolerância da norma aplicável (descritos a seguir) a fim de relatar o *índice de qualidade* resultante. Os dados também são úteis para que os fabricantes ajustem as configurações das máquinas de corte e esmerilhamento a fim de melhorar a precisão do processo total.

Com os recursos gerais do sistema de medição analítica, também é possível determinar as dimensões de outras características, além dos dentes, enquanto a engrenagem estiver no suporte. Por exemplo, quando uma engrenagem estiver usinada sobre um eixo, pode-se verificar os diâmetros, os assentos, os cantos filetados e outras características geométricas em relação a dimensões, perpendicularidade, paralelismo e concentricidade. Segmentos de engrenagens, engrenagens compostas (duas ou mais engrenagens no mesmo eixo), estrias e superfícies do came também podem ser medidos.

Normas para a qualidade das engrenagens

Fabricantes, projetistas e usuários de engrenagens devem estar de acordo quanto às normas usadas para determinar a aceitabilidade das engrenagens produzidas. Há várias organizações responsáveis pelo estabelecimento de normas, incluindo a AGMA (Estados Unidos), ISO (internacional), DIN (Alemanha), JIS (Japão) e outras. Embora as normas sejam parecidas, elas não são idênticas. Projetistas e fabricantes devem se familiarizar com as disposições dessas normas a fim de transmitir com eficácia o objetivo de seus projetos, a capacidade dos processos de fabricação e a aceitabilidade de determinada engrenagem.

Como indica a Tabela 9.1, a norma AGMA 2015-1-A01 atual (Referência 15) emprega dez classes de precisão, que vão desde A2 (mais preciso) até A11 (menos preciso). Um sistema de medição analítica [Figura 9.9(a)] realiza um total de nove medições tangenciais elementares exigidas para engrenagens de alta precisão (A2-A5), cinco medições para engrenagens de média precisão (A6-A9) e três medições para engrenagens de baixa precisão (A10-A11).

A norma AGMA 2015-1-A01 substitui a AGMA 2000-A88, que foi utilizada na edição anterior deste livro e de acordo com a qual foram fabricadas muitas engrenagens atualmente em funcionamento. Ela também substitui a ISO 1328-1, que havia sido uma norma provisória com a metodologia ISO. Como referência, a Tabela 9.2 mostra as relações aproximadas entre as três normas, embora os valores reais das tolerâncias não sejam idênticos. Uma diferença notável é que a antiga AGMA 2000 empregava classificações que iam desde Q5 (menos preciso) até Q15 (mais preciso), ou seja, em ordem oposta à AGMA 2015. Uma boa comparação pode ser feita ao se observar que a soma dos índices de qualidade da AGMA 2015 e da AGMA 2000 é sempre 17. Por exemplo, Q12 e A5 são equivalentes.

Nesta obra, será utilizada a norma AGMA 2015-1-A01. Suas classificações de A2 até A11 estão vinculadas a um termo chamado *fator dinâmico*, K_v, que será introduzido mais tarde neste capítulo. Observe que as tabelas vigentes de dados para tolerâncias estão listadas no sistema de módulo métrico, com os valores de tolerância em micrômetros (μm). Esteja ciente de que os valores de tolerância são bem pequenos. No caso da categoria A5, as tolerâncias estão na ordem de aproximadamente 6,0 μm (0,00024 pol) para desvio único de passo em engrenagens pequenas (100 mm; 3,94 pol) com dentes pequenos (m = 1 mm; P_d = 25,4) até cerca de 22 μm (0,00088 pol) para engrenagens maiores (800 mm; 31,5 pol) com dentes grandes (m = 50 mm;

▼ **TABELA 9.1** Grupos de precisão da AGMA 2015. Sistema de qualidade de engrenagens.

Baixa (B)	A10–A11
Média (M)	A6–A9
Alta (A)	A2–A5

▼ **TABELA 9.2** Correlações gerais entre AGMA 2000, AGMA 2015 e ISO 1328. Sistema de qualidade de engrenagens.

AGMA 2000	AGMA 2015	ISO 1328	AGMA 2000	AGMA 2015	ISO 1328
——— Menos precisa ———					
Q5	–	12	Q11	A6	6
Q6	A11	11	Q12	A5	5
Q7	A10	10	Q13	A4	4
Q8	A9	9	Q14	A3	3
Q9	A8	8	Q15	A2	2
Q10	A7	7	——— Mais precisa ———		

$P_d = 0{,}51$). As engrenagens são componentes mecânicos *muito precisos*.

Em algumas aplicações, geralmente para aquelas de baixa precisão, as partes envolvidas podem concordar em usar outra parte da norma, a AGMA 2015-2--A06, para medições radiais baseadas no desvio composto radial total e no dente a dente, como mostra a Figura 9.8. Nesse padrão, há nove classificações, que vão desde C4 (mais preciso) até C12 (menos preciso). O *engrenômetro*, descrito anteriormente, é utilizado para realizar o teste.

Índices de qualidade recomendados

Todo mecanismo por engrenagem deve ser fabricado com bons níveis de precisão, refletindo a exatidão com que as engrenagens precisam funcionar para que haja bom desempenho, longa vida útil, operação suave e baixo nível de ruído. O projeto de todo o sistema, incluindo eixos, rolamentos e carcaça, deve ser coerente com o grau esperado de precisão. Naturalmente, o sistema não deve ser produzido com mais precisão do que o necessário por causa do custo. Por esse motivo, os fabricantes recomendam índices de qualidade que ofereçam desempenho satisfatório a custo razoável para diversas aplicações. A Tabela 9.3 lista vários exemplos.

Máquinas-ferramentas, como tornos, centros de usinagem e esmeris, estão inclusas na parte inferior da Tabela 9.3, com os índices de qualidade recomendados vinculados à velocidade na linha primitiva das engrenagens, como definem as equações 9.1 e 9.2. Velocidades mais altas exigem maior precisão. *Esses valores devem ser utilizados para outros tipos de equipamento industrial de precisão não listados na primeira parte da tabela.*

9.6 VALORES DE TENSÃO ADMISSÍVEL

Posteriormente neste capítulo, serão apresentados procedimentos de projeto com considerações a respeito de duas formas de falha nos dentes da engrenagem.

▼ **TABELA 9.3** Índices de qualidade recomendados pela AGMA.

Aplicação	Índice de qualidade	Aplicação	Índice de qualidade
Acionador do tambor do misturador de cimento	A11	Furadeira de baixa potência	A9
Forno de cimento	A11	Máquina de lavar roupas	A8
Acionadores de fresa de aço	A11	Prensa de impressão	A7
Colheitadeira	A10	Mecanismo de computador	A6
Guindastes	A10	Transmissão de automóveis	A6
Prensa de esmagamento	A10	Acionador de antena de radar	A5
Esteira de mineração	A10	Acionador de propulsor marítimo	A5
Máquina de fabricação de papel	A9	Acionador de motor de avião	A4
Mecanismo do medidor de gás	A9	Giroscópio	A2

Acionadores para máquinas-ferramentas e outros sistemas mecânicos de alta qualidade

Velocidade na linha primitiva (fpm)	Índice de qualidade	Velocidade na linha primitiva (m/s)
0-800	A10	0-4
800-2000	A8	4-11
2000-4000	A6	11-22
Mais de 4000	A4	Mais de 22

O dente atua como uma viga em balanço ao resistir à força exercida pelos dentes conjugados. O ponto de maior tensão de tração na flexão está na raiz do dente em que a curva involuta se funde com o filete. A AGMA desenvolveu um conjunto de *valores de tensão de flexão admissível*, chamado s_{at}, que é comparado a níveis calculados de tensão de flexão no dente para avaliar a aceitabilidade de um projeto.

Uma segunda forma independente de falha é a corrosão por pite na superfície dos dentes, geralmente perto da linha do passo, onde há tensões de contato elevadas. A transferência de força do dente acionador para o conjugado ocorre, teoricamente, através de uma linha de contato por causa da ação de duas curvas convexas de um sobre o outro. O ciclo repetido dessas tensões de contato elevadas pode causar um tipo de falha por fadiga na superfície, resultando em fraturas e perda real de material. Isso é chamado de *corrosão por pite*. A AGMA desenvolveu um conjunto de *valores de tensão de contato admissível*, chamado s_{ac}, que é comparado a níveis calculados de tensão de contato no dente para avaliar a aceitabilidade de um projeto.

Dados representativos para s_{at} e s_{ac} são fornecidos na seção a seguir para fins de informação geral e uso em problemas deste livro. Dados mais extensivos são oferecidas nas normas AGMA listadas no final do capítulo. (Consulte as referências 6, 8 e 9.) Esses documentos devem ser verificados para detalhes que vão além da discussão presente aqui.

9.7 MATERIAIS PARA ENGRENAGENS METÁLICAS

As engrenagens podem ser feitas a partir de uma ampla variedade de materiais, de modo a se obter propriedades adequadas para sua aplicação. Do ponto de vista do projeto mecânico, resistência a esforços e resistência à corrosão por pite são as propriedades mais importantes. Mas, em geral, o projetista deve considerar a viabilidade de produção da engrenagem levando em conta todos os processos de fabricação envolvidos, desde a preparação do disco de engrenagem e a formação dos dentes até a montagem final da peça em uma máquina. Outras considerações são o peso, a aparência, a resistência à corrosão, o ruído, e, é claro, o custo. Esta seção aborda vários tipos de metal utilizados para a produção de engrenagens. Os plásticos são tratados em uma seção posterior.

Muitas ligas de carbono e aço são utilizadas para a fabricação de engrenagens, e a maioria recebe tratamentos térmicos para oferecer dureza e resistência controladas (referências 8 e 28). A seleção da liga depende, em parte, do processo de tratamento térmico empregado para se alcançar as propriedades finais. A Tabela 9.4 apresenta alguns exemplos.

É importante reconhecer que as ligas listadas para têmpera completa, endurecimento por chama ou endurecimento por indução precisam apresentar boa temperabilidade a fim de alcançar os níveis desejados de dureza descritos na seção a seguir. Elas também devem manter uma ductilidade razoável indicada pelo alongamento percentual na condição de tratamento térmico. Todas as ligas listadas são aços de médio teor de carbono.

Os aços que devem ser cementados normalmente possuem baixo teor de carbono porque o processo de cementação em si infunde quantidades significativas dessa substância na superfície do aço enquanto ele está sob temperatura elevada. Em seguida, a dureza final da superfície é obtida por têmpera e revenimento, deixando o núcleo dos dentes com menor resistência, mas maior ductilidade.

▼ TABELA 9.4 Seleção de materiais para engrenagens.

Tratamento térmico	Ligas típicas (números da SAE)
Têmpera completa, endurecimento superficial por chama ou endurecimento por indução	1045, 4140, 4150, 4340, 4350
Cementação, endurecimento superficial	1020, 4118, 4320, 4820, 8620, 9310

Materiais de engrenagens de aço

AÇOS COM TÊMPERA COMPLETA. Engrenagens para máquinas-ferramentas e muitos tipos de transmissão e redutor de velocidade médio ou pesado são normalmente feitos de aços com médio teor de carbono. A norma AGMA 2001-D04 fornece dados para o número de tensão de flexão admissível, s_{at}, e o número de tensão de contato admissível, s_{ac}, para aços em condição de têmpera completa (Referência 6). As figuras 9.11 e 9.12 são gráficos que relacionam os números de tensão ao de dureza Brinell, HB, para os dentes. Note que é preciso conhecer apenas a dureza, por causa da relação direta entre dureza e resistência à tração dos aços. Consulte o Apêndice 17 para ter acesso aos dados correlacionados ao número de dureza Brinell, com a resistência à tração do aço em ksi. A gama de durezas abrangida pelos dados da AGMA é de 180 a 400 HB, correspondente a uma resistência à tração de aproximadamente 87 a 200 ksi. ***Não é recomendado o uso de têmpera completa acima de 400 HB em decorrência do desempenho inconsistente das engrenagens.*** Normalmente, o endurecimento superficial é trabalhado quando se deseja atingir um valor acima de 400 HB. Isso é descrito mais adiante nesta seção.

A medição da dureza para o número de tensão de flexão admissível deve ser feita na raiz do dente, pois é ali que essa tensão é maior. O número de tensão de contato admissível está relacionado à dureza da superfície na face dos dentes, onde os conjugados sofrem tensões de contato elevadas.

Ao selecionar um material para as engrenagens, o projetista deve especificar aquele que pode alcançar a dureza desejada. Reveja o Capítulo 2 para discussões sobre técnicas de tratamento térmico e consulte os apêndices 3 e 4 para dados representativos. Para maiores durezas, como aquelas acima de 250 HB, é desejável uma liga de aço com médio teor de carbono e boa temperabilidade. Os exemplos estão listados na Tabela 9.4. A ductilidade também é bastante importante por causa dos vários ciclos de tensão sofridos pelos dentes da engrenagem e da probabilidade de ocasionais sobrecargas, impactos ou cargas de impacto. Um valor de alongamento percentual igual ou superior a 12% é desejado.

As curvas nas figuras 9.11 e 9.12 incluem duas classes de aço: Classe 1 e Classe 2. *A Classe 1 é considerada o padrão básico e será utilizada para a solução de problemas neste livro*. A Classe 2 exige um grau mais elevado de controle da microestrutura, composição de liga, maior pureza, tratamento térmico, testes não destrutivos, valores de dureza no núcleo e outros fatores. Consulte a norma AGMA 2001-D04 (Referência 6) para obter detalhes.

AÇOS COM ENDURECIMENTO SUPERFICIAL. Endurecimento por chama, por indução, cementação e nitretação são processos utilizados para a formação de dureza elevada na camada superficial dos dentes da engrenagem. Veja a discussão relacionada na Seção 2.6. Esses processos fornecem valores de dureza superficial entre 50 e 64 HRC (Rockwell C), além de valores elevados correspondentes de s_{at} e s_{ac}, como mostra a Tabela 9.5. A seguir, há discussões mais específicas a respeito de cada tipo de processo de endurecimento superficial.

Engrenagens de aço com endurecimento superficial podem ser produzidas em classes 1, 2 e 3, e a Classe 1 abrange engrenagens comumente disponíveis, conforme dito a respeito de aços com têmpera completa. Por causa dos cuidados especiais exigidos na produção das classes 2 e 3, a Tabela 9.5 mostra os dados relativos apenas a engrenagens da Classe 1, como recomendado para este livro. Além disso, uma vez que a nitretação pode ser feita de várias maneiras e não é adotada com tanta frequência como a cementação, o endurecimento por chama ou o endurecimento por indução, os dados para valores de projeto das tensões de flexão e da resistência à corrosão por pite não são listados aqui. Consulte a Referência 6 para os valores necessários.

Aço de Classe 2:
Sistema norte-americano:
$s_{at} = 0{,}102\,HB + 16{,}40$ ksi
HB exigido = $(s_{at} - 16{,}40)/0{,}102$

Sistema internacional:
$s_{at} = 0{,}703\,HB + 113{,}1$ MPa
HB exigido = $(s_{at} - 113{,}1)/0{,}703$

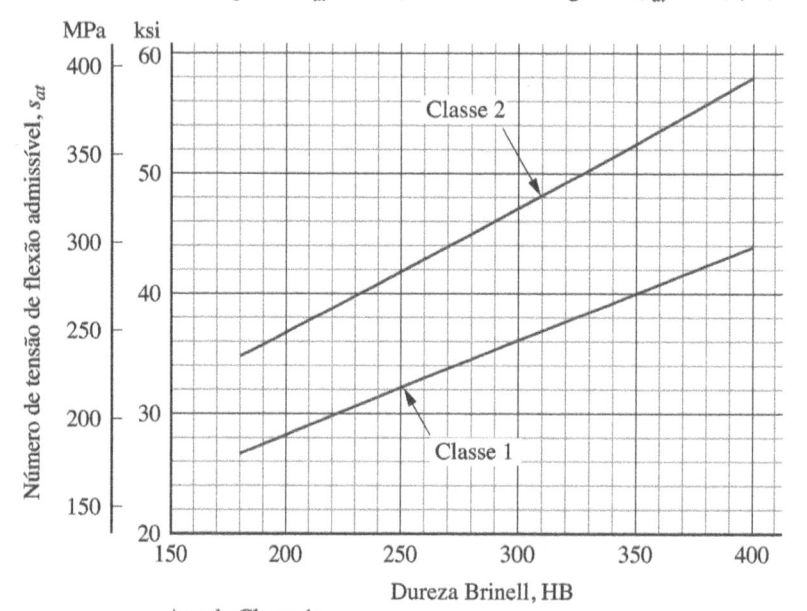

Aço de Classe 1:
Sistema norte-americano:
$s_{at} = 0{,}0773\,HB + 12{,}80$ ksi
HB exigido = $(s_{at} - 12{,}80)/0{,}0773$

Sistema internacional:
$s_{at} = 0{,}533\,HB + 88{,}26$ MPa
HB exigido = $(s_{at} - 88{,}26)/0{,}533$

▲ FIGURA 9.11 Número de tensão de flexão admissível para engrenagens de aço com têmpera completa, s_{at}. (Extraído da norma AGMA 2001-D04, *Fundamental Rating Factors and Calculation Methods for Involute Spur and Helical Gear Teeth*, com permissão da editora, American Gear Manufacturers Association)

Aço de Classe 2:
Sistema norte-americano:
$s_{ac} = 0{,}349\ HB + 34{,}30$ ksi
HB exigido $= (s_{ac} - 34{,}30)/0{,}349$

Sistema internacional:
$s_{ac} = 2{,}41\ HB + 236{,}5$ MPa
HB exigido $= (s_{ac} - 236{,}5)/2{,}41$

Aço de Classe 1:
Sistema norte-americano:
$s_{ac} = 0{,}322\ HB + 29{,}10$ ksi
HB exigido $= (s_{ac} - 29{,}10)/0{,}322$

Sistema internacional:
$s_{ac} = 2{,}22\ HB + 200{,}6$ MPa
HB exigido $= (s_{ac} - 200{,}6)/2{,}22$

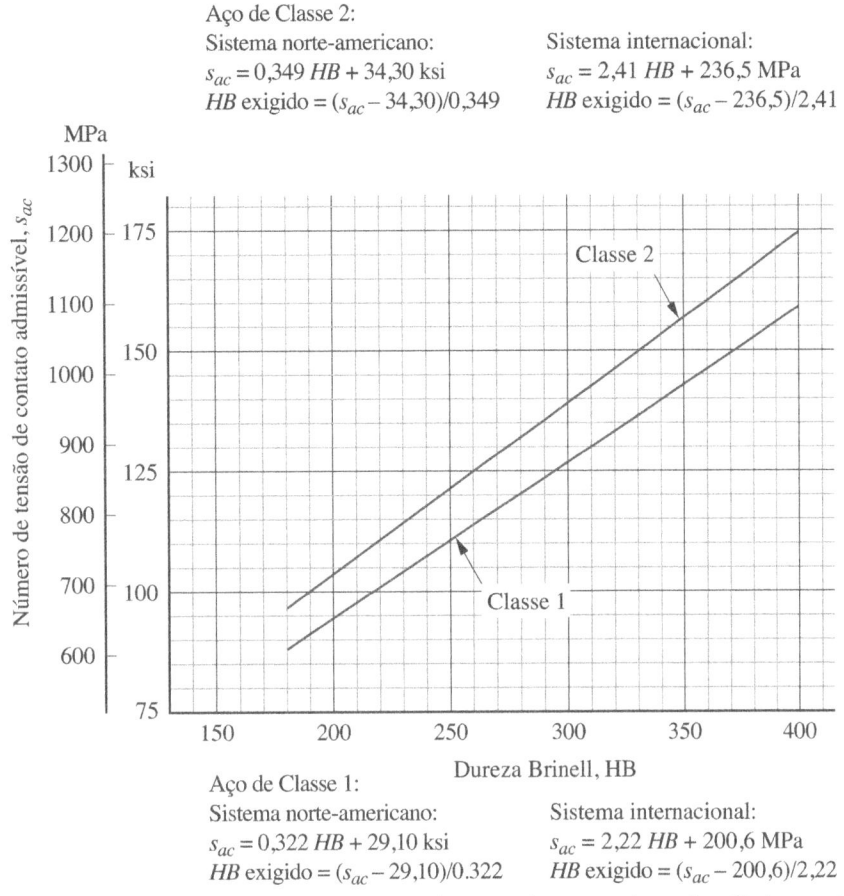

▲ **FIGURA 9.12** Número de tensão de contato admissível para engrenagens de aço com têmpera completa, s_{ac} (extraído da norma AGMA 2001-D04, *Fundamental Rating Factors and Calculation Methods for Involute Spur and Helical Gear Teeth*, com permissão da editora, American Gear Manufacturers Association).

▼ **TABELA 9.5** Números de tensão admissível para materiais de aço Classe 1 com endurecimento superficial.

Dureza na superfície	Número de tensão de flexão admissível, s_{at}		Número de tensão de contato admissível, s_{ac}	
	(ksi)	(MPa)	(ksi)	(MPa)
Endurecimento por chama ou indução				
50 HRC	45	310	170	1172
54 HRC	45	310	175	1207
Cementação ou endurecimento superficial				
55-64 HRC	55	379	180	1241

Fonte: extraído da norma AGMA 2001-D04, *Fundamental Rating Factors and Calculation Methods for Involute Spur and Helical Gear Teeth*, com permissão da editora, American Gear Manufacturers Association.

DENTES DE ENGRENAGEM COM ENDURECIMENTO POR INDUÇÃO E POR CHAMA. Lembre-se de que esses processos envolvem o aquecimento local da superfície dos dentes da engrenagem com chamas de gás em alta temperatura ou espiras de condução elétrica. Ao controlar o tempo e a entrada de energia, o fabricante pode regular a profundidade do aquecimento e a da superfície resultante. É essencial que o aquecimento ocorra em volta de todo o dente, desencadeando a superfície rígida sobre a face dele *e nas áreas do filete e da raiz*, para que os valores de tensão listados na Tabela 9.5 sejam usados. Isso pode exigir um projeto especial para a forma da chama ou para o aquecedor de condução. Consulte a Referência 6.

As especificações para dentes de aço com endurecimento por chamas ou por indução exigem uma dureza resultante de HRC 50 a 54. Uma vez que esses processos dependem da temperabilidade inerente dos aços, é preciso especificar um material que possa ser endurecido a tais níveis. Normalmente, ligas de aço com médio teor de carbono (aproximadamente 0,40% a 0,60% de carbono) são especificadas. A Tabela 9.4 e os apêndices 3 e 4 listam alguns materiais adequados.

CEMENTAÇÃO. A cementação produz durezas superficiais entre 55 a 64 HRC. Isso resulta em algumas das resistências mais altas em usos comuns de engrenagens. Os aços especiais cementados estão listados no Apêndice 5. A Figura 9.13 mostra a recomendação da AGMA para a espessura da superfície de dentes cementados. A profundidade da camada endurecida é definida como a da superfície até o ponto em que a dureza atinge 50 HRC.

NITRETAÇÃO. A nitretação cria uma superfície muito dura, *mas muito fina*. Ela é indicada para casos em que as cargas são homogêneas e bem conhecidas. A nitretação deve ser evitada diante da possibilidade de sobrecarga ou impacto, pois a superfície não é forte o suficiente nem está bem apoiada para suportar tais condições. Por causa da camada fina, a escala Rockwell 15N é usada para especificar a dureza. Consulte a Referência 6 para dados de projeto referentes a vidro nitretado.

Materiais para engrenagem de ferro e bronze

FERROS FUNDIDOS. Dois tipos de ferro empregados para engrenagens são o *ferro fundido cinzento* e o *ferro dúctil* (às vezes chamado de *nodular*). A Tabela 9.6 fornece as classes comuns usadas pela ASTM com seus respectivos números de tensão de flexão admissível e de tensão de contato. Lembre-se de que o ferro fundido cinzento é frágil; portanto, é preciso cuidado caso haja a possibilidade de carga de impacto. Além disso, as formas com maior resistência dos outros ferros têm baixa ductilidade. O ferro fundido nodular austemperado (ADI) tem importantes aplicações automotivas. No entanto, números de tensão admissível padronizados ainda não foram especificados.

▼ TABELA 9.6 Valores de tensão admissível para engrenagens de ferro e bronze.

Designação do material	Dureza mínima na superfície (HB)	Número de tensão de flexão admissível, s_{at}		Número de tensão de contato admissível, s_{ac}	
		(ksi)	(MPa)	(ksi)	(MPa)
Ferro fundido cinzento, ASTM A48, forma fundida					
Classe 20		5	35	50	345
Classe 30	174	8,5	59	65	448
Classe 40	201	13	90	75	517
Ferro dúctil (nodular), ASTM A536					
60-40-18 recozido	140	22	152	77	530
80-55-06 temperado e revenido	179	22	152	77	530
100-70-03 temperado e revenido	229	27	186	92	634
120-90-02 temperado e revenido	269	31	214	103	710
Bronze, fundido em areia, $s_{u\,min}$ = 40 ksi (275 MPa)		5,7	39	30	207
Bronze, com tratamento térmico, $s_{u\,min}$ = 90 ksi (620 MPa)		23,6	163	65	448

Fonte: extraído da norma AGMA 2001-D04, *Fundamental Rating Factors and Calculation Methods for Involute Spur and Helical Gear Teeth*, com permissão da editora, American Gear Manufacturers Association.

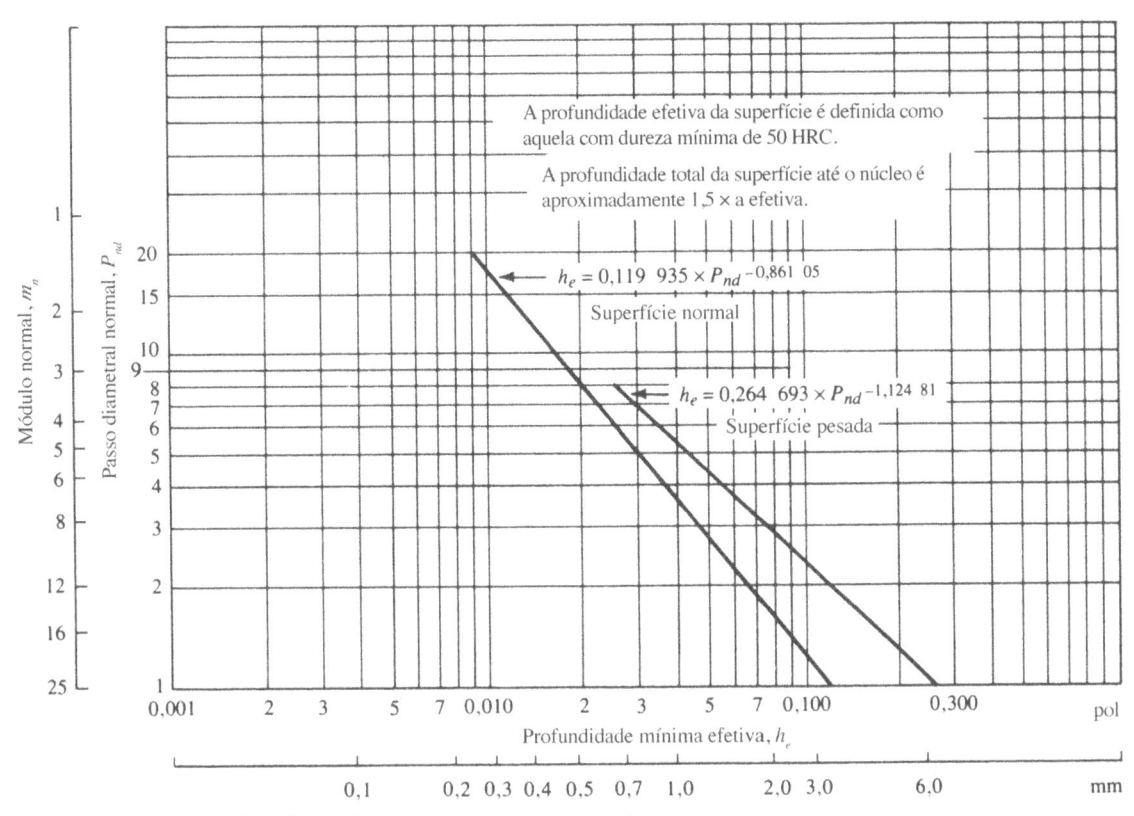

▲ **FIGURA 9.13** Profundidade efetiva da superfície para engrenagens cementadas, h_e.
(Extraído da norma AGMA 2001-D04, *Fundamental Rating Factors and Calculation Methods for Involute Spur and Helical Gear Teeth*, com permissão da editora, American Gear Manufacturers Association)

BRONZES. Quatro famílias de bronze são normalmente utilizadas em engrenagens: (1) bronze-fósforo ou bronze-estanho, (2) bronze-manganês, (3) bronze-alumínio e (4) bronze-silicone. Além disso, o latão amarelo também é empregado. A maioria dos bronzes são fundidos, mas alguns estão disponíveis em forma forjada. Resistência a corrosão, boas propriedades de desgaste e baixos coeficientes de atrito são alguns dos motivos para se escolher o bronze na fabricação de engrenagens. A Tabela 9.6 mostra os números de tensão admissível para uma liga de bronze em duas formas comuns.

9.8 TENSÃO DE FLEXÃO NOS DENTES DA ENGRENAGEM

A análise de tensão dos dentes de engrenagem é facilitada pela consideração das componentes ortogonais da força, W_t e W_r, como indica a Figura 9.3. A força tangencial, W_t, produz um momento fletor sobre o dente semelhante ao de uma viga em balanço. A tensão de flexão resultante é máxima na base do dente, no filete que une o perfil involuto ao fundo do espaço do dente. Levando em conta a geometria detalhada do dente, Wilfred Lewis desenvolveu uma equação para a tensão na base do perfil involuto, agora chamada de *equação de Lewis*:

▶ **Equação de Lewis para tensão de flexão em dentes de engrenagem**

$$\sigma_t = \frac{W_t P_d}{FY} \qquad (9.13)$$

onde

W_t = força tangencial
P_d = passo diametral do dente
F = largura de face do dente
Y = *fator de forma de Lewis*, que depende da forma do dente, do ângulo de pressão, do passo diametral, do número de dentes na engrenagem e do local onde W_t atua

Embora a base teórica para a análise de tensão dos dentes da engrenagem seja apresentada, a equação de Lewis deve ser modificada para a prática do projeto e da análise. Uma limitação significativa da equação é não levar em conta a concentração de tensão existente no filete do dente. A Figura 9.14 é uma fotografia de uma análise fotoelástica de tensão de um modelo de dente. Ela indica a concentração de tensão no filete situado na raiz do dente, bem como as altas tensões de contato na superfície conjugada (a tensão de contato é discutida na seção a seguir). Comparar a tensão real na raiz com a prevista pela equação de Lewis nos permite determinar

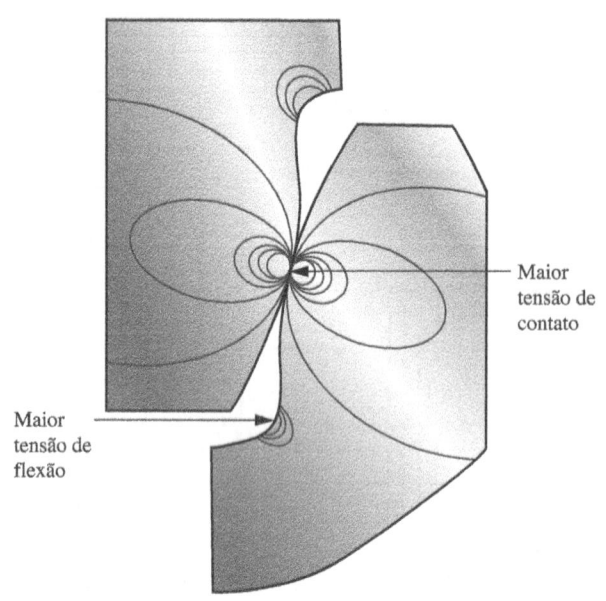

▲ FIGURA 9.14 Estudo fotoelástico de dentes de engrenagem sob carregamento.

o fator de concentração de tensão, K_t, para a área do filete. Equacionando 9.13, temos

$$\sigma_t = \frac{W_t P_d K_t}{FY} \qquad (9.14)$$

O valor do fator de concentração de tensão depende da forma do dente, do formato e do tamanho do filete na raiz do dente e do ponto de aplicação da força sobre o dente. Observe que o valor do fator de forma de Lewis, Y, também depende da geometria do dente. Portanto, os dois fatores se tornam um único termo, o *fator geométrico*, J, onde $J = Y/K_t$. O valor de J, naturalmente, também muda de acordo com a localização do ponto de aplicação da força sobre o dente, pois Y e K_t variam.

A Figura 9.15 mostra gráficos com os valores do fator geométrico para dentes involutos com ângulo de pressão de 20° e 25°. O valor mais seguro a se usar é aquele para a carga aplicada na ponta do dente. No entanto, esse valor é muito conservador, pois, no momento em que a carga é aplicada na ponta de um dente, ela é parcialmente compartilhada com outro. O carregamento crítico sobre determinado dente ocorre quando a carga está no ponto mais alto de contato único, ou seja, quando o dente está suportando todo o carregamento. As curvas superiores na Figura 9.15 fornecem os valores de J para essa condição.

Usando o fator geométrico, J, na equação de tensão, temos

$$\sigma_t = \frac{W_t P_d}{FJ} \qquad (9.15)$$

Os gráficos da Figura 9.15 foram extraídos da antiga norma AGMA 218.01, substituída por duas novas: AGMA 2001-D04, *Fundamental Rating Factors and Calculation Methods for Involute Spur and Helical Gear Teeth*, 1995, e AGMA 908-B89 (R1999), *Geometry Factors for Determining the Pitting Resistance and Bending Strength of Spur, Helical and Herringbone Gear Teeth*, 1999. A norma 908-B89 inclui um método analítico para o cálculo do fator geométrico, J. Porém, os valores de J mantiveram-se inalterados em relação aos da norma anterior. Em vez de gráficos, a nova norma informa valores de J em tabelas para uma variedade de formatos de dentes. Os gráficos da antiga norma estão na Figura 9.15, para que você possa visualizar a variação de J com o número de dentes no pinhão e na engrenagem.

Observe, ainda, que o fator J é referente a apenas duas formas de dente na Figura 9.15 e que os valores são válidos somente para essas formas. O projetista deve se certificar de que o fator J para a forma do dente utilizada, inclusive a do filete, esteja incluído na análise de tensão.

A Equação 9.15 pode ser chamada de *equação de Lewis modificada*. Outras alterações na equação são recomendadas pela AGMA na norma 2001-D04 a fim de que o projeto prático leve em conta a variedade de condições que podem ser encontradas no funcionamento.

A abordagem da AGMA é aplicar uma série de fatores de modificação adicionais à tensão de flexão da equação de Lewis modificada para calcular um valor chamado *número de tensão de flexão*, s_t. Esses fatores representam o grau em que a superfície real do carregamento difere da base teórica da equação de Lewis. O resultado é uma estimativa melhor do nível real de tensão de flexão produzida nos dentes da engrenagem e do pinhão.

Em seguida, separadamente, o número de tensão de flexão admissível, s_{at}, é modificado por uma série de fatores que afetam o valor quando o meio é diferente da situação nominal assumida na definição dos valores para s_{at}. O resultado é uma estimativa melhor do nível real de resistência à flexão do material utilizado para a fabricação da engrenagem ou do pinhão.

O projeto é concluído de forma a assegurar que o número de tensão de flexão seja menor do que o admissível modificado. Esse processo deverá ser realizado tanto para o pinhão quanto para a engrenagem de determinado par pelos seguintes motivos: os materiais podem ser diferentes; o fator geométrico, J, é distinto; e outras condições de funcionamento também podem diferir. Isso será demonstrado nos exemplos deste capítulo.

Muitas vezes, a principal decisão a ser tomada é a especificação dos materiais adequados para a fabricação do pinhão e da engrenagem. Em tais casos, o número de tensão de flexão admissível básico exigido,

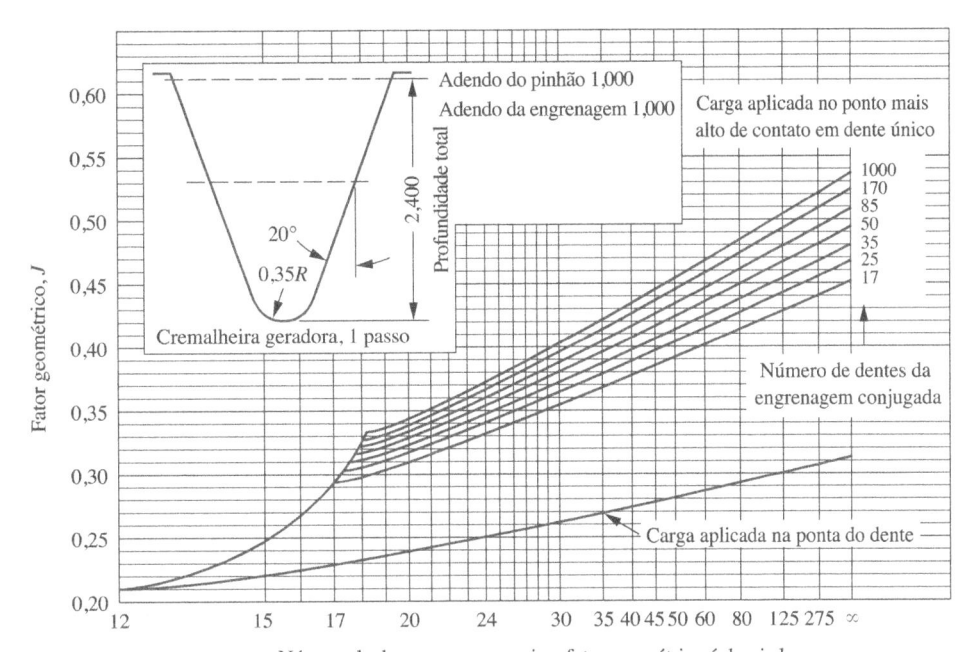

FIGURA 9.15 Fator geométrico, J.
(Extraído da norma AGMA 218.01, *Rating the Pitting Resistance and Bending Strength of Spur and Helical Involute Gear Teeth*, com permissão da editora, American Gear Manufacturers Association)

(a) Engrenagem de dentes retos com ângulo de pressão de 20°: adendo-padrão

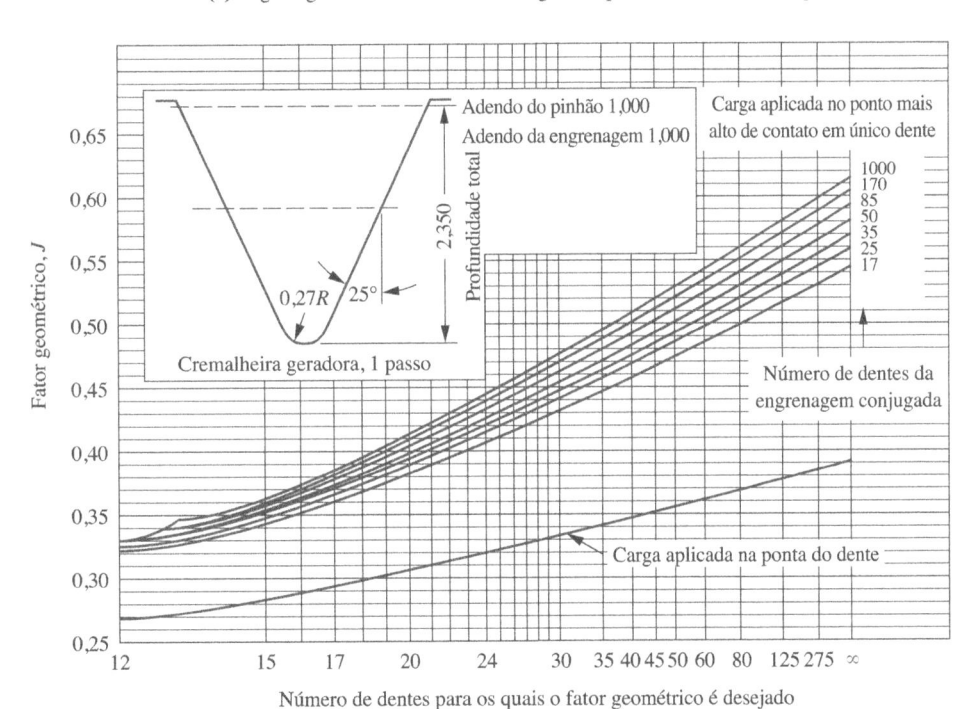

(b) Engrenagem de dentes retos com ângulo de pressão de 25°: adendo-padrão

s_{at}, será calculado. Quando o aço é utilizado, a dureza exigida do material é obtida a partir dos dados descritos na Seção 9.6. Por fim, o material e seu tratamento térmico são especificados para garantir que ele tenha pelo menos a dureza demandada.

Agora, procederemos com a discussão sobre o número de tensão de flexão, s_t.

Número de tensão de flexão, s_t

O método de análise de projeto utilizado aqui tem por base, principalmente, a norma AGMA 2001-D04. No entanto, uma vez que os valores para alguns fatores não estão incluídos na norma, dados provenientes de outras fontes foram adicionados. Esses valores ilustram os tipos de condição que afetam o projeto final.

O projetista, basicamente, tem a responsabilidade de tomar decisões de projeto apropriadas.

A equação a seguir será utilizada neste livro:

▶ **Número de tensão de flexão, s_t**

$$s_t = \frac{W_t P_d}{FJ} K_o K_s K_m K_B K_v \qquad (9.16)$$

onde

K_o = fator de sobrecarga para resistência à flexão
K_s = fator de forma para resistência à flexão
K_m = fator de distribuição de carga para resistência à flexão
K_b = fator de espessura de borda
K_v = fator dinâmico para resistência à flexão

Métodos para a especificação de valores para esses fatores são discutidos a seguir.

Fator de sobrecarga, K_o

Os fatores de sobrecarga consideram a probabilidade de que variações de carga, vibrações, impactos, mudanças de velocidade e outras condições específicas à aplicação resultem em cargas de pico superiores a W_t sendo aplicadas nos dentes da engrenagem durante a operação. Uma análise criteriosa das condições reais deve ser feita, e a norma AGMA 2001-D04 não fornece valores específicos para K_o. A Referência 20 apresenta valores recomendados, e muitas indústrias estabeleceram alguns deles com base na experiência.

Para a solução de problemas neste livro, serão empregados os valores da Tabela 9.7. As principais considerações dizem respeito à natureza *tanto* da fonte de alimentação acionadora *quanto* da máquina acionada. Um fator de sobrecarga de 1,00 seria aplicado a um motor elétrico perfeitamente estável que aciona um gerador igualmente estável por meio de um redutor de velocidade de engrenagem. Quaisquer condições mais irregulares exigem um valor de K_o superior a 1,00. Para fontes de alimentação, usaremos as seguintes:

Uniforme: motor elétrico ou turbina a gás com velocidade constante.

Choque leve: turbina hidráulica, comando de velocidade variável.

Choque moderado: motor multicilindros.

Exemplos de classificação quanto ao nível de carga para máquinas acionadas incluem os seguintes:

Uniforme: geradores contínuos, rebobinadores de papel e filme.

Choque leve: ventiladores e bombas centrífugas de baixa velocidade, agitadores, geradores para cargas variáveis, transportadores sob carregamento uniforme, bombas de deslocamento positivo rotativas, processamento de tiras metálicas.

Choque moderado: bombas centrífugas de alta velocidade, bombas e compressores alternativos, transportadores para cargas pesadas, transmissões de máquinas-ferramentas, betoneiras, máquinas têxteis, moedores de carne, serras, elevadores de caçamba, elevadores de carga, escadas rolantes, moldagem e processamento de plásticos, equipamentos para tratamento de esgoto, guinchos, enroladores de cabos.

Impacto pesado: trituradores de rocha, acionadores de prensas perfuradoras, pulverizadores, trituradores de processamento, tambores rotativos, trituradores de madeira, peneiras vibratórias, viradores de vagões, transportadores de toras, equipamentos para processamento de madeira serrada, guilhotinas metalúrgicas, moinhos de martelo, arruelas comerciais, gruas e guindastes para cargas pesadas, alimentadores alternativos, escavadeiras, processamento de borracha, compactadores, extrusoras de plástico.

Fatores de forma, K_s

A AGMA indica que o fator de forma pode ser considerado 1,00 para a maioria das engrenagens. No entanto, para engrenagens com dentes grandes ou larguras de face amplas, um valor superior a 1,00 é recomendado. A Referência 20 recomenda um valor de 1,00 para passos

▼ **TABELA 9.7** Fatores de sobrecarga sugeridos, K_o.

Fonte de alimentação	Máquina acionada			
	Uniforme	Choque leve	Choque moderado	Choque pesado
Uniforme	1,00	1,25	1,50	1,75
Choque leve	1,20	1,40	1,75	2,25
Choque moderado	1,30	1,70	2,00	2,75

diametrais iguais ou superiores a 5 ou para um módulo métrico igual ou menor que 5. Para dentes maiores, os valores apresentados na Tabela 9.8 podem ser utilizados.

▼ TABELA 9.8 Fatores de forma sugeridos, K_s.

Passo diametral, P_d	Módulo métrico, m	Fator de forma, K_s
≥5	≤5	1,00
4	6	1,05
3	8	1,15
2	12	1,25
1,25	20	1,40

Fator de distribuição de carga, K_m

A determinação do fator de distribuição de carga é baseada em muitas variáveis do projeto das próprias engrenagens, bem como nas variáveis de eixos, rolamentos, carcaças e estrutura onde a transmissão está instalada. Por isso, esse é um dos fatores mais difíceis de se especificar. Muito trabalho analítico e experimental é continuamente feito a fim de estabelecer valores para K_m.

Se a intensidade do carregamento em todas as partes dos dentes em contato, em qualquer momento, for uniforme, o valor de K_m será 1,00. Contudo, esse raramente é o caso. Qualquer um dos seguintes fatores pode causar um desalinhamento dos dentes do pinhão em relação aos da engrenagem:

1. Dentes imprecisos na engrenagem
2. Desalinhamento dos eixos que sustentam as engrenagens
3. Deformações elásticas de engrenagens, eixos, rolamentos, carcaças e estruturas de apoio
4. Folgas entre os eixos e as engrenagens, entre os eixos e os rolamentos ou entre os rolamentos e a carcaça
5. Distorções térmicas durante a operação
6. Abaulamento ou chanfro da ponta nos dentes da engrenagem

A norma AGMA 2001-D04 apresenta discussões abrangentes sobre métodos de determinação de valores para K_m. Um deles é empírico e considera engrenagens de até 40 pol (1000 mm) de largura. Outro método é analítico e considera a rigidez e a massa de engrenagens e dentes individualmente e a incompatibilidade total entre os dentes conjugados. Não serão apontados tantos detalhes aqui. Todavia, diretrizes gerais serão dadas a seguir.

O projetista pode minimizar o fator de distribuição de carga especificando o seguinte:

1. Dentes precisos (um índice de qualidade baixo da AGMA 2015)
2. Larguras de face estreitas
3. Engrenagens centralizadas entre os rolamentos (montagem aberta)
4. Vãos de eixo curtos entre os rolamentos
5. Diâmetros grandes de eixo (alta rigidez)
6. Carcaças rígidas e duras
7. Alta precisão e pequenas folgas em todas as componentes da transmissão

Aconselha-se o estudo dos detalhes da norma AGMA 2001-D04, que abrange uma vasta gama de formas físicas para sistemas de engrenagem. Porém, os projetos de engrenagem discutidos neste livro são de tamanho moderado, típicos das transmissões de potência em aplicações industriais e veiculares leves. Um conjunto mais restrito de dados é registrado aqui para ilustrar os conceitos que devem ser considerados no projeto de engrenagens.

A seguinte equação será utilizada para calcular o valor do fator de distribuição de carga:

$$K_m = 1{,}0 + C_{pf} + C_{ma} \qquad (9.17)$$

onde

C_{pf} = fator de proporção do pinhão (consulte a Figura 9.16)
C_{ma} = fator de correção de alinhamento de malha (consulte a Figura 9.17)

Nesta obra, limitamos os projetos àqueles com larguras de face iguais ou inferiores a 15 pol. Larguras de face mais amplas exigem fatores adicionais. Além disso, alguns projetos bem-sucedidos comercialmente empregam modificações na forma básica do dente para obter uma malha mais uniforme. Tais métodos não são discutidos aqui.

A Figura 9.16 mostra que o fator de proporção do pinhão depende de sua largura de face real e da razão entre a largura de face e seu diâmetro de passo. Já a Figura 9.17 relaciona o fator de correção de alinhamento de malha à precisão esperada para os diferentes métodos de aplicação das engrenagens.

- O *engrenamento aberto* refere-se a sistemas de transmissão em que os eixos são apoiados em rolamentos montados sobre elementos estruturais da máquina, com a expectativa de que desalinhamentos relativamente grandes ocorram.
- Em *unidades de engrenagens fechadas de qualidade industrial*, os rolamentos são montados em uma carcaça especialmente projetada que proporciona uma rigidez maior do que para engrenamento aberto, mas

▲ **FIGURA 9.16** Fator de proporção do pinhão, C_{pf}.
(Extraído da norma AGMA 2001-D04, *Fundamental Rating Factors and Calculation Methods for Involute Spur and Helical Gear Teeth*, com permissão da editora, American Gear Manufacturers Association)

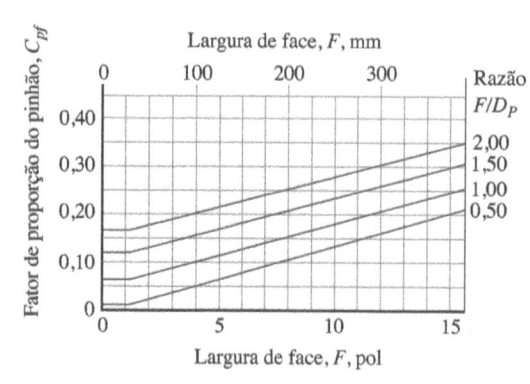

D_P = diâmetro do pinhão

Para $F/D_P < 0{,}50$, use curva para $F/D_P = 0{,}50$

Quando $F \leq 1{,}0$ pol ($F \leq 25$ mm)

$$C_{pf} = \frac{F}{10 D_P} - 0{,}025$$

Quando $1{,}0 \leq F < 15$,

$$C_{pf} = \frac{F}{10 D_P} - 0{,}0375 + 0{,}0125 F$$

Engrenamento aberto $\quad C_{ma} = 0{,}247 + 0{,}0167 F - 0{,}765 \times 10^{-4} F^2$

Unidades de engrenagens fechadas industriais $\quad C_{ma} = 0{,}127 + 0{,}0158 F - 1{,}093 \times 10^{-4} F^2$

Unidades de engrenagens fechadas de precisão $\quad C_{ma} = 0{,}0675 + 0{,}0128 F - 0{,}926 \times 10^{-4} F^2$

Unidades de engrenagens fechadas de alta precisão $\quad C_{ma} = 0{,}0380 + 0{,}0102 F - 0{,}822 \times 10^{-4} F^2$

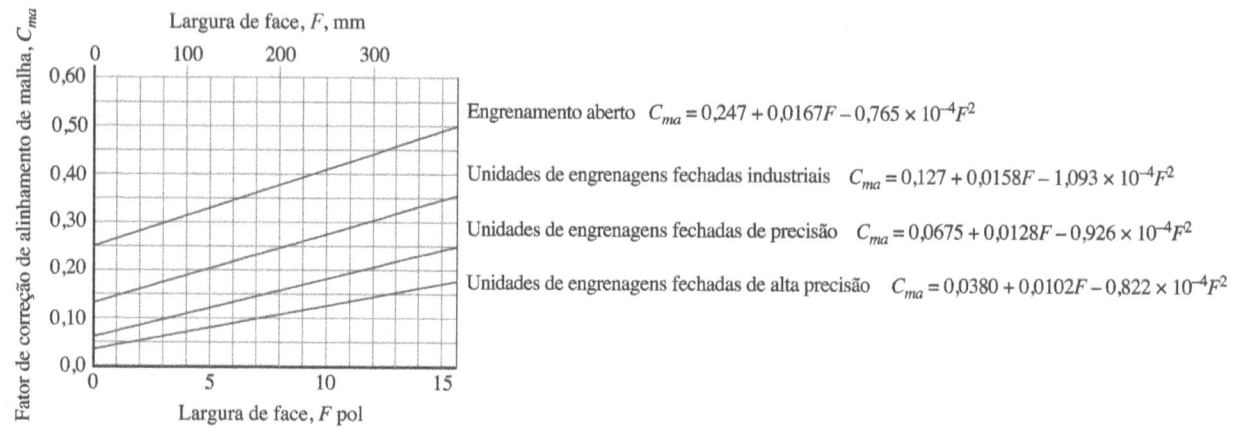

▲ **FIGURA 9.17** Fator de correção de alinhamento de malha, C_{ma}.
(Extraído da norma AGMA 2001-D04, *Fundamental Rating Factors and Calculation Methods for Involute Spur and Helical Gear Teeth*, com permissão da editora, American Gear Manufacturers Association)

para a qual as tolerâncias sobre dimensões individuais são bastante vagas.
- *Unidades de engrenagens fechadas de precisão* são concebidas para tolerâncias mais limitadas.
- *Unidades de engrenagens fechadas de alta precisão* são designadas para precisões minuciosas e costumam ser ajustadas na montagem de forma a alcançar um alinhamento excelente dos dentes da engrenagem. A experiência com unidades semelhantes no campo o ajudará a compreender melhor os diferentes tipos de projeto. As unidades industriais ou de precisão são recomendadas para este livro.

Fator de espessura de borda, K_B

A análise básica usada para desenvolver a equação de Lewis pressupõe que o dente da engrenagem se comporta como uma viga em balanço anexada a uma estrutura de apoio perfeitamente rígida em sua base. Isso é verdade se a engrenagem for feita a partir de um disco sólido, como mostra a Figura 8.4 (b), ou de um disco que tenha uma alma delgada, como esboça a parte (d) dessa mesma figura. Isso é típico de engrenagens pequenas a médias. As maiores geralmente são feitas com o projeto raiado mostrado na Figura 8.4 (a) para economizar material e produzir uma peça mais leve. Pode-se esperar que engrenagens raiadas produzidas comercialmente tenham uma boa estruturação para o aro. A esses tipos de engrenagem, $K_B = 1{,}0$ pode ser utilizado.

No entanto, ao se projetar uma engrenagem raiada para determinada aplicação, é preciso haver cuidado a fim de que o aro seja rígido o suficiente para sustentar os dentes sem que tensões perigosas sejam criadas sobre ele. A Figura 9.18 deve ser utilizada para estimar a influência da espessura do aro. O principal parâmetro geométrico é chamado de *razão auxiliar*, m_B, onde

$$m_B = t_R / h_t$$

t_R = espessura de borda

h_t = profundidade total do dente da engrenagem

Para $m_B > 1{,}2$, o aro é suficientemente forte e rígido a fim de sustentar o dente, e $K_B = 1{,}0$.

CASO ESPECIAL PARA PEQUENOS PINHÕES MONTADOS EM EIXOS COM ASSENTO. Uma opção frequente de projeto é montar um

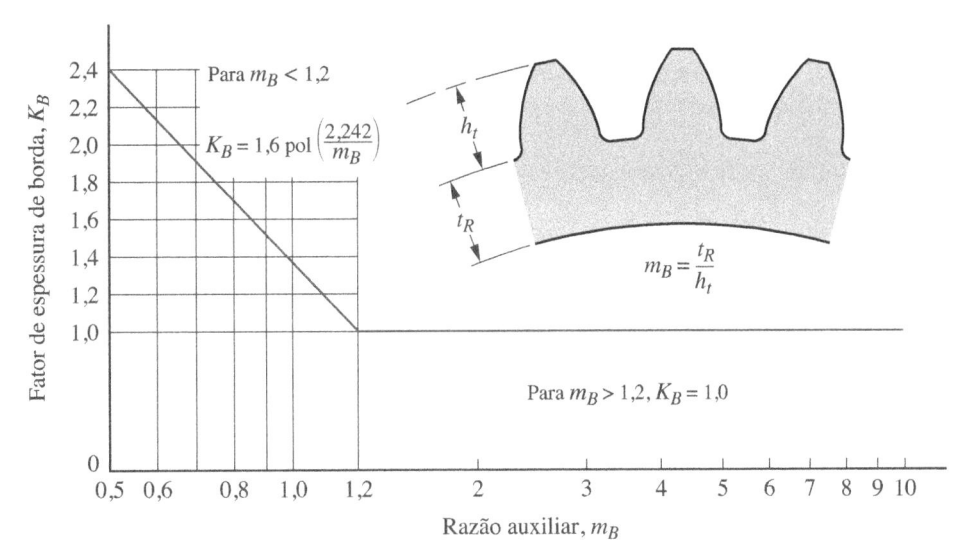

▲ **FIGURA 9.18** Fator de espessura de borda, K_B.
(Extraído da norma AGMA 2001-D04, *Fundamental Rating Factors and Calculation Methods for Involute Spur and Helical Gear Teeth*, com permissão da editora, American Gear Manufacturers Association)

pequeno pinhão em um eixo, como aponta a Figura 9.19, com uma chaveta para transmitir o torque de um para o outro, e exigir que um rasgo de chaveta seja usinado no furo do pinhão e no eixo. Deve-se assegurar que haja material suficiente acima do rasgo de chaveta. É recomendável que a condição de $m_B > 1,2$ seja aplicada nos casos em que a dimensão t_R é medida acima da parte superior do rasgo. Então, o fator $K_B = 1,0$ pode ser utilizado.

Se for inviável disponibilizar $m_B > 1,2$, sugere-se que *o pinhão seja usinado ao eixo*, eliminando, assim, a necessidade de uma chaveta e, em seguida, que seja usado $K_B = 1,0$.

Fator dinâmico, K_v

O fator dinâmico considera que a carga é admitida por um dente com algum grau de impacto e que a carga real submetida ao dente é maior do que

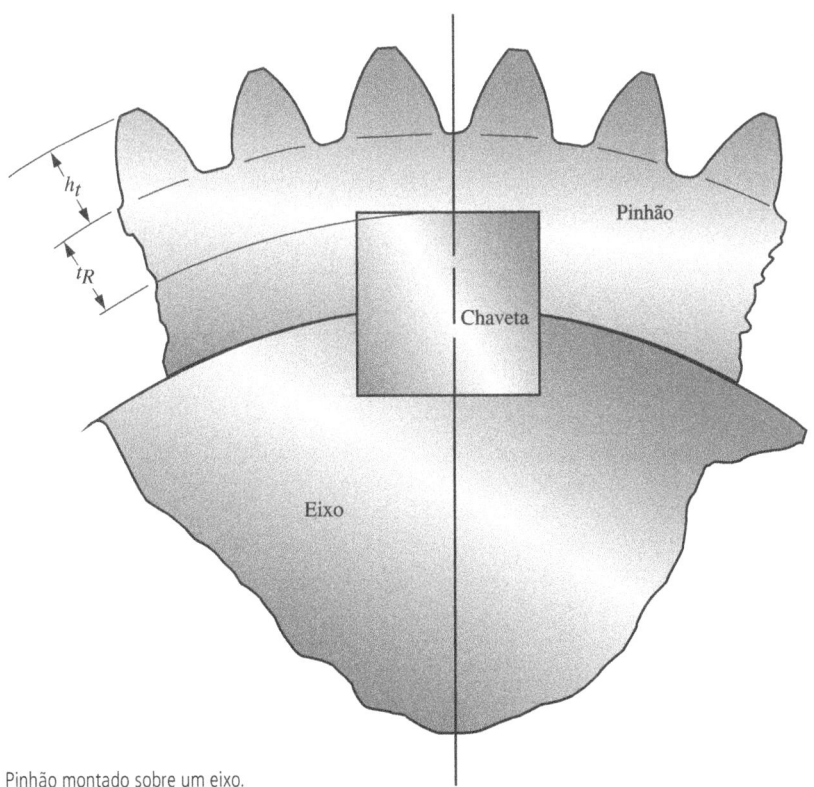

▲ **FIGURA 9.19** Pinhão montado sobre um eixo.

somente a transmitida. O valor de K_v depende da precisão do perfil do dente, das propriedades elásticas dele e da velocidade com a qual os dentes entram em contato.

A Figura 9.20 mostra um gráfico dos valores recomendados pela AGMA para K_v, no qual os números A_v são os índices de qualidade da AGMA referidos anteriormente na Seção 9.5. As engrenagens em projetos de máquina típicos se encaixariam nas classes representadas pelas curvas 8 e 11 para aquelas feitas por fresamento com caracol ou conformação com média para boa usinagem. Se os dentes receberem acabamento ou passarem por processo de usinagem de precisão para melhorar a precisão do perfil e espaçamento, as curvas 6 e 7 devem ser usadas. Sob condições especiais, nas quais os dentes de alta precisão são utilizados em aplicações em que há pouca chance de desenvolvimento de cargas dinâmicas externas, a área sombreada pode ser empregada ($A_v = 2 - 5$). Se os dentes forem cortados por fresamento de molde, a curva 12 ou superior deverá ser usada. Observe que engrenagens de qualidade 12 não devem ser adotadas com velocidades na linha primitiva superiores a 3000 pés/min (15 m/s). Note, também, que os fatores dinâmicos são aproximados. Para aplicações extremas, especialmente em operações acima de 4000 pés/min (20 m/s), abordagens que levam em conta as propriedades dos materiais, a massa e a inércia das engrenagens, além do erro real na forma do dente, devem ser usadas para prever a carga dinâmica. (Consulte as referências 6, 19, 20, 23, 25 e 27.)

EQUAÇÕES PARA O FATOR DINÂMICO, K_v. Obter valores para K_v de qualquer parte da Figura 9.20 fornece a precisão adequada porque os gráficos são aproximados, e pequenas diferenças na leitura não devem causar dificuldades em um projeto de engrenagem. Contudo, recomenda-se o emprego de um método analítico ao se realizar vários projetos. Mais adiante neste capítulo, uma abordagem auxiliada por computador com base em uma planilha é mostrada com o método analítico integrado. A Tabela 9.9 apresenta equações adaptadas da Referência 6 e configuradas nos sistemas de

▼ TABELA 9.9 Método analítico para cálculo do fator dinâmico, K_v.

Unidades do sistema norte-americano	Unidades do sistema métrico internacional
Dados A_v e v_t (pés/min)	Dados A_v e v_t (m/s)
$B = 0{,}25(A_v - 5{,}0)^{0{,}667}$	$B = 0{,}25(A_v - 5{,}0)^{0{,}667}$
$C = 50 + 56(1{,}0 - B)$	$C = 3{,}5637 + 3{,}9914(1{,}0 - B)$
$K_v = \left[\dfrac{C}{C + \sqrt{v_t}}\right]^{-B}$	$K_v = \left[\dfrac{C}{C + \sqrt{v_t}}\right]^{-B}$
Velocidade máxima para determinado A_v:	Velocidade máxima para determinado A_v:
$v_{t\,máx} = [C + (14 - A_v)]^2$	$v_{t\,máx} = [C + (14 - A_v)]^2$

A_v	$v_{t\,máx}$ (pés/min)	A_v	$v_{t\,máx}$ (m/s)
6	10000	6	50,8
7	8239	7	41,9
8	6867	8	34,9
9	5731	9	29,1
10	4767	10	24,2
11	3937	11	20,0
12	3219	12	16,4

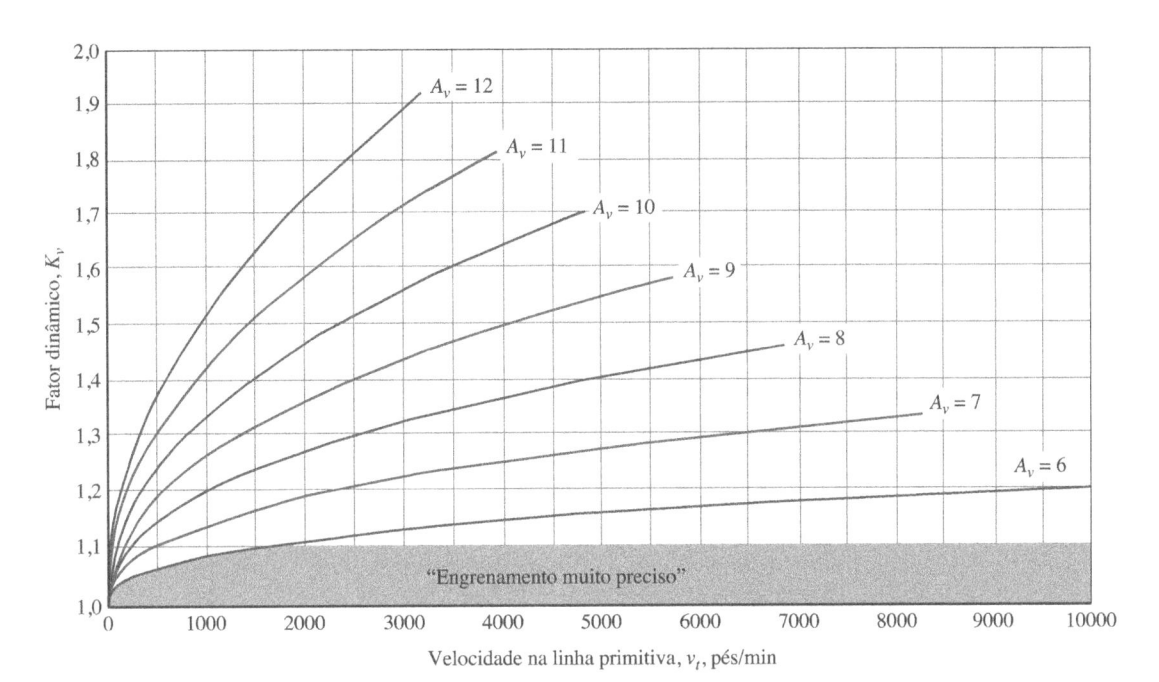

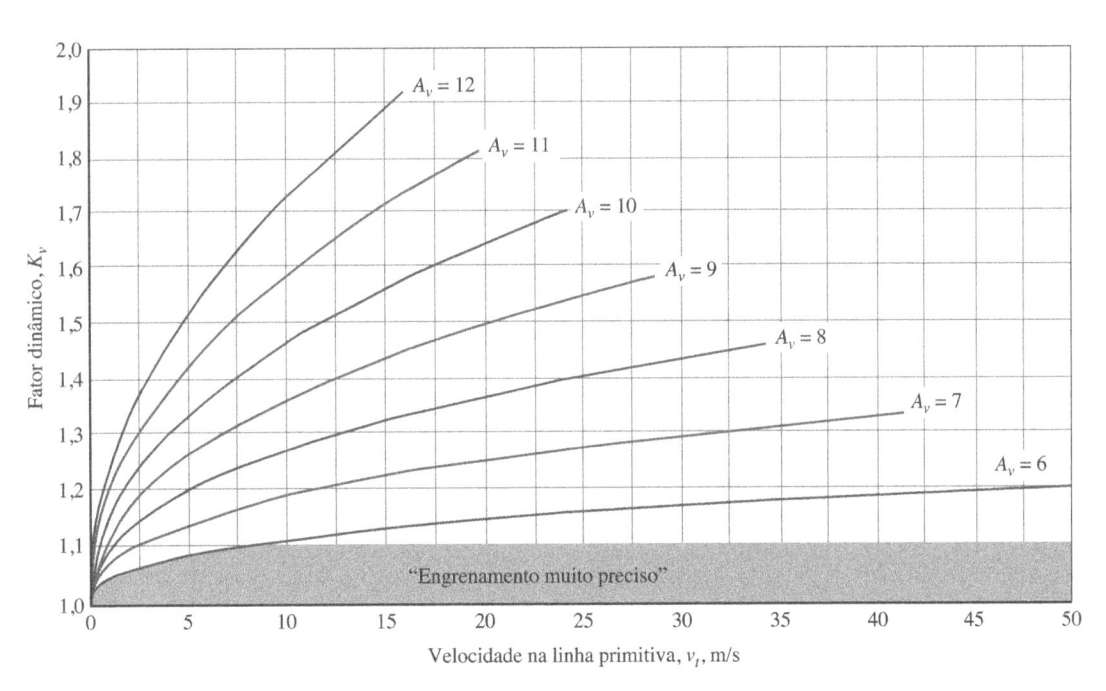

▲ **FIGURA 9.20** Fator dinâmico, K_v.
(Adaptado da norma AGMA 2001-D04, *Fundamental Rating Factors and Calculation Methods for Involute Spur and Helical Gear Teeth*, com permissão da editora, American Gear Manufacturers Association)

unidade norte-americano e internacional. As variáveis envolvidas são o índice de qualidade adimensional (A_v) e a velocidade na linha primitiva em pés/min, no sistema norte-americano, e em m/s, no sistema métrico internacional. Ambos os dados são especificados ou calculados nas fases iniciais do processo de projeto da engrenagem. O método envolve o cálculo de dois termos intermediários, B e C, e, em seguida, de K_v.

EXEMPLO 9.1

Calcule os números da tensão de flexão para o pinhão e a engrenagem do par mostrado na Figura 9.2. O pinhão gira a 1750 rpm, acionado diretamente por um motor elétrico. A máquina acionada é uma serra industrial que exige 25 hp. A unidade da engrenagem é fechada e feita conforme os padrões comerciais. As engrenagens têm montagem aberta entre os rolamentos. Os seguintes dados se aplicam:

$$N_p = 20 \quad N_G = 70 \quad P_d = 6 \quad F = 2{,}25 \text{ pol} \quad A_v = 10$$

Os dentes da engrenagem são involutos, de profundidade total e com ângulo de pressão de 20°, e os discos são sólidos.

SOLUÇÃO

Usaremos a Equação 9.16 para calcular a tensão esperada:

$$s_t = \frac{W_t P_d}{F J} K_o K_s K_m K_B K_v$$

Podemos, primeiro, empregar os princípios da Seção 9.3 para estimar a carga transmitida sobre os dentes da engrenagem:

$$D_P = N_P/P_d = 20/6 = 3{,}333 \text{ pol}$$

$$v_t = \pi D_P n_P / 12 = \pi(3{,}333)(1750)/12 = 1527 \text{ pés/min}$$

$$W_t = 33000\,(P)/v_t = (33000)(25)/(1527) = 540 \text{ lb}$$

Outros dados úteis para visualizar o tamanho total do par de engrenagens e que servem como informações para decisões posteriores são calculados aqui.

$$D_G = N_G/P_d = 70/6 = 11{,}667 \text{ pol}$$

$$C = (N_P + N_G)/2P_d = (20+70)/[(2)(6)] = 7{,}500 \text{ pol}$$

$$n_G = n_P(N_P/N_G) = 1750 \text{ rpm } (20/70) = 500 \text{ rpm}$$

Razão de velocidade angular = VR = relação de transmissão = $m_G = N_G/N_P =$
= 70/20 = 3,50

Da Figura 9.15, verificamos que $J_p = 0{,}335$ e $J_G = 0{,}420$.
O fator de sobrecarga é encontrado na Tabela 9.7. Para um motor elétrico suave e uniforme que aciona uma serra industrial e gera choque moderado, $K_o = 1{,}50$ é um valor razoável.
O fator de forma é $K_s = 1{,}00$ porque os dentes da engrenagem com $P_d = 6$ são relativamente pequenos. Consulte a Tabela 9.8.
O fator de distribuição de carga, K_m, pode ser encontrado pela Equação 9.17 para transmissões de engrenagens fechadas industriais. Para esse projeto, $F = 2{,}25$ pol, e

$$F/D_p = 2{,}25/3{,}333 = 0{,}68$$

$$C_{pf} = 0{,}058 \text{ (Figura 9.16)}$$

$$C_{ma} = 0{,}162 \text{ (Figura 9.17)}$$

$$K_m = 1{,}0 + C_{pf} + C_{ma} = 1{,}0 + 0{,}058 + 0{,}162 = 1{,}22$$

O fator de espessura de borda, K_B, pode ser considerado 1,00 porque as engrenagens devem ser feitas de discos sólidos.
O fator dinâmico pode ser visto na Figura 9.20. Para $v_t = 1527$ pés/min e $A_v = 10$, $K_v = 1{,}41$.

A tensão pode, agora, ser calculada com a Equação 9.16. Avaliaremos a tensão no pinhão primeiro:

$$s_{tP} = \frac{(540)(6)}{(2{,}25)(0{,}335)}(1{,}50)(1{,}0)(1{,}22)(1{,}0)(1{,}41) = 11091 \text{ psi}$$

Observe que todos os fatores na equação da tensão são os mesmos para a engrenagem, exceto o valor do fator geométrico, J. Em seguida, a tensão na engrenagem pode ser calculada de

$$s_{tG} = \sigma_{tP}(J_P/J_G) = (11091)(0{,}335/0{,}420) = 8847 \text{ psi}$$

A tensão nos dentes do pinhão sempre será maior do que a nos dentes da engrenagem porque o valor de J aumenta conforme o número de dentes.

As magnitudes das tensões por flexão, como encontradas no Exemplo 9.1, são, então, usadas para determinar as propriedades de resistência e dureza do material com o qual as engrenagens serão feitas. Em seguida, mostramos o desenvolvimento dos métodos para calcular a tensão de contato criada na face dos dentes durante a transmissão de potência. A resistência à flexão e à tensão de contato devem ser satisfeitas pelo material selecionado. Verifica-se, com frequência, que a tensão de contato é o fator determinante, especialmente para transmissões adotadas por longos períodos. Por esse motivo, a seleção de material para ambos os tipos de tensão é discutida na Seção 9.10.

9.9 TENSÃO DE CONTATO NOS DENTES DA ENGRENAGEM

Além de serem resistentes à flexão, os dentes da engrenagem também devem ser capazes de operar durante o tempo desejado sem que haja corrosão por pite em sua forma. *Corrosão por pite* é o fenômeno em que pequenas partículas são removidas da superfície das faces do dente por causa de altas tensões de contato, resultando em fadiga. Consulte novamente a Figura 9.14, que mostra as altas tensões de contato localizadas. Uma operação prolongada após o início da corrosão por pite faz os dentes ficarem ásperos, e a forma acaba se deteriorando. Em pouco tempo, ocorre a falha. Note que tanto os dentes acionadores quanto os conjugados são submetidos igualmente a essas altas tensões de contato. A Referência 11 fornece um tratamento abrangente sobre desgaste e falha dos dentes de engrenagens.

A ação no ponto de contato nos dentes é a de duas superfícies curvadas externamente. Se os materiais da engrenagem fossem infinitamente rígidos, o contato seria uma linha simples. Na verdade, por conta da elasticidade do material, o formato do dente se deforma levemente, fazendo a força transmitida atuar sobre uma pequena área retangular. A tensão resultante é chamada de *tensão de contato* ou *tensão Hertz*. A Referência 17 dá a seguinte forma da equação para a tensão Hertz,

▶ **Tensão de contato Hertz nos dentes da engrenagem**

$$\sigma_c = \sqrt{\frac{W_c}{F}\frac{1}{\pi\{[(1-v_1^2)/E_1] + [(1-v_2^2)/E_2]\}}\left(\frac{1}{r_1}+\frac{1}{r_2}\right)}$$

(9.18)

onde os subscritos 1 e 2 referem-se aos materiais dos dois corpos em contato. O módulo de elasticidade de tração é E, e o coeficiente de Poisson é v. W_c é a força de contato exercida entre os dois corpos, e F é o comprimento das superfícies de contato. Os raios de curvatura das duas superfícies são chamados r_1 e r_2.

Quando a Equação 9.18 é aplicada às engrenagens, F é a largura de face dos dentes, e W_c é a força normal exercida pelo dente acionador sobre o conjugado, que é, conforme a Equação 9.12,

$$W_N = W_t/\cos\phi \quad (9.19)$$

O segundo termo da Equação 9.18 (incluindo a raiz quadrada) pode ser calculado se as propriedades elásticas dos materiais do pinhão e da engrenagem forem conhecidas. Ele recebe o nome de *coeficiente elástico, C_p*. Ou seja,

▶ **Coeficiente elástico**

$$C_P = \sqrt{\frac{1}{\pi\{[(1-v_P^2)/E_P] + [(1-v_G^2)/E_G]\}}} \quad (9.20)$$

A Tabela 9.10 fornece valores às combinações mais comuns de materiais para pinhões e engrenagens.

Os termos r_1 e r_2 são os raios de curvatura das formas involutas de dois dentes conjugados. Esses raios mudam continuamente durante o ciclo conforme o ponto de contato se move da ponta do dente, passando pelo passo circular, até o flanco inferior do dente antes de deixar o engrenamento. Podemos escrever as seguintes equações para o raio da curvatura quando o contato está no ponto do passo,

$$r_1 = (D_P/2)\,\text{sen}\,\phi \quad \text{e} \quad r_2 = (D_G/2)\,\text{sen}\,\phi \quad (9.21)$$

No entanto, a AGMA exige que o cálculo da tensão de contato seja feito no ponto extremo inferior de contato de um dente, porque, acima desse ponto, a carga é compartilhada com outros dentes. O cálculo dos raios de curvatura para o LPSTC é um pouco complexo. Um fator geométrico para a corrosão por pite, I, é definido pela AGMA para incluir os termos de raios de curvatura e o do cos ϕ na Equação 9.19 porque todos eles envolvem a geometria específica do dente. As variáveis necessárias para calcular o I são o ângulo de pressão ϕ, a relação de transmissão $m_G = N_G/N_P$ e o número de dentes do pinhão N_P.

Outro fator na equação da tensão de contato é o diâmetro do pinhão, que não está incluído em I. A equação da tensão de contato, então, se torna,

$$\sigma_c = C_p \sqrt{\frac{W_t}{F D_P I}} \quad (9.22)$$

Os valores para o fator geométrico, I, para alguns casos comuns são apresentados na Figura 9.21 e devem ser utilizados para a resolução de problemas neste livro.

▼ TABELA 9.10 Coeficiente elástico, C_p.

Material do pinhão	Módulo de elasticidade, E_p, lb/pol² (MPa)	Material da engrenagem e módulo de elasticidade, E_G, lb/pol² (MPa)					
		Aço 30×10^6 (2×10^5)	Ferro maleável 25×10^6 $(1{,}7 \times 10^5)$	Ferro nodular 24×10^6 $(1{,}7 \times 10^5)$	Ferro fundido 22×10^6 $(1{,}5 \times 10^5)$	Bronze--alumínio $17{,}5 \times 10^6$ $(1{,}2 \times 10^5)$	Bronze--estanho 16×10^6 $(1{,}1 \times 10^5)$
Aço	30×10^6	2300	2180	2160	2100	1950	1900
	(2×10^5)	(191)	(181)	(179)	(174)	(162)	(158)
Ferro maleável	25×10^6	2180	2090	2070	2020	1900	1850
	$(1{,}7 \times 10^5)$	(181)	(174)	(172)	(168)	(158)	(154)
Ferro nodular	24×10^6	2160	2070	2050	2000	1880	1830
	$(1{,}7 \times 10^5)$	(179)	(172)	(170)	(166)	(156)	(152)
Ferro fundido	22×10^6	2100	2020	2000	1960	1850	1800
	$(1{,}5 \times 10^5)$	(174)	(168)	(166)	(163)	(154)	(149)
Bronze-alumínio	$1{,}75 \times 10^6$	1950	1900	1880	1850	1750	1700
	$(1{,}2 \times 10^5)$	(162)	(158)	(156)	(154)	(145)	(141)
Bronze-estanho	16×10^6	1900	1850	1830	1800	1700	1650
	$(1{,}1 \times 10^5)$	(158)	(154)	(152)	(149)	(141)	(137)

Fonte: extraído da norma AGMA 2001-D04, *Fundamental Rating Factors and Calculation Methods for Involute Spur and Helical Gear Teeth*, com permissão da editora, American Gear Manufacturers Association.

Nota: coeficiente de Poisson = 0,30; unidades para C_p são (lb/pol²)$^{0{,}5}$ ou (MPa)$^{0{,}5}$.

O Apêndice 18 fornece uma abordagem ao cálculo do valor de *I* para engrenagem de dentes retos, conforme indica a Referência 3.

Tal como acontece com a equação para tensão de flexão nos dentes da engrenagem, vários fatores são adicionados à equação para tensão de contato, como mostramos a seguir. A quantidade resultante é chamada de *número de tensão de contato*, s_c:

▶ **Número de tensão de contato**

$$s_c = C_p \sqrt{\frac{W_t K_o K_s K_m K_v}{F D_p I}} \quad (9.23)$$

Os valores para o fator de sobrecarga, K_o; o fator de forma, K_s; o fator de distribuição de carga, K_m; e o fator dinâmico, K_v, podem ser considerados os mesmos em relação aos valores correspondentes para a análise de tensão de flexão nas seções anteriores.

A Equação 9.23 é utilizada para calcular a tensão de contato tanto do pinhão quanto da engrenagem; elas são iguais. Não é correto usar o diâmetro da engrenagem, D_G, nessa equação. O Exemplo 9.2 segue para ilustrar o uso dessa equação. Em seguida, apresentamos o método para seleção de materiais ao pinhão e à engrenagem na Seção 9.10.

9.10 SELEÇÃO DE MATERIAIS PARA ENGRENAGEM

Agora, serão empregados valores da tensão de flexão encontrados na Seção 9.8 e os da tensão de contato da Seção 9.9 para especificar um material em condições adequadas que tolere essas tensões, isto é, sem quebra de dentes por tensão de flexão e com boa resistência à corrosão por pite na face dos dentes causada pela tensão de contato. Desenvolvemos aqui uma abordagem para a especificação de aço às engrenagens. Um método semelhante pode ser usado para materiais não ferrosos, como ferro fundido e bronze. Mais para a frente neste capítulo, discutiremos o projeto de engrenagens de plástico. O objetivo do processo é assegurar que as tensões previstas sejam menores do que a resistência admissível do material. Dados para as decisões são:

1. Tensão de flexão estimada, s_t, conforme encontrada na Seção 9.8, Equação 9.16
2. Tensão de contato estimada, s_c, conforme encontrada na Seção 9.9, Equação 9.23
3. Vida útil desejada e confiabilidade para as engrenagens, discutidas nesta seção
4. Fator de segurança escolhido, *SF*, discutido nesta seção
5. Número de tensão de flexão admissível, s_{at}, e número de tensão de contato admissível para o material, s_{ac}, discutidos na Seção 9.7

OBSERVAÇÃO SOBRE TEMPERATURA. Os métodos desenvolvidos nesta seção pressupõem que a temperatura de operação para as engrenagens é inferior a 250 °F (121 °C) e superior a 32 °F (0 °C), porque temos por base dados publicados para os materiais obtidos dentro desses limites. Temperaturas mais elevadas podem ser consideradas se houver dados disponíveis sobre como a resistência do material é afetada. Uma preocupação é que muitas engrenagens de aço recebem tratamento térmico para produzir a resistência e a ductilidade desejada, e temperaturas de operação mais altas podem reduzir a resistência por causa do revenimento. É possível haver operações em temperatura abaixo de zero, contanto que se realize um teste para verificar a resistência adequada a impacto usando os métodos de Charpy ou Izod discutidos no Capítulo 2.

EXEMPLO 9.2

Calcule o número de tensão de contato para o par de engrenagens descrito no Exemplo 9.1.

SOLUÇÃO

Os dados no exemplo estão resumidos a seguir:

$N_p = 20$ $N_G = 70$, $F = 2,25$ pol $W_t = 540$ lb $D_p = 3,333$ pol

$K_o = 1,50$ $K_s = 1,00$ $K_m = 1,22$ $K_v = 1,41$ $P_d = 6$

Os dentes da engrenagem são involutos, de profundidade total e com ângulo de pressão de 20°. Também precisamos do fator geométrico para resistência à corrosão por pite, *I*. Na Figura 9.21 (a), com uma relação de transmissão de $m_G = N_G/N_p = 70/20 = 3,50$ e para $N_p = 20$, temos aproximadamente $I = 0,108$.

> A análise de projeto para resistência à flexão indicou que duas engrenagens de aço devem ser utilizadas. Então, com a Tabela 9.10, verificamos que $C_p = 2300$. Portanto, o número de tensão de contato é
>
> $$s_c = C_p \sqrt{\frac{W_t K_o K_s K_m K_v}{F D_p I}} = 2300 \sqrt{\frac{(540)(1,50)(1,0)(1,22)(1,41)}{(2,25)(3,333)(0,108)}}$$
>
> $$s_c = 95398 \text{ psi}$$
>
> Esse valor é utilizado tanto para o pinhão quanto para a engrenagem.

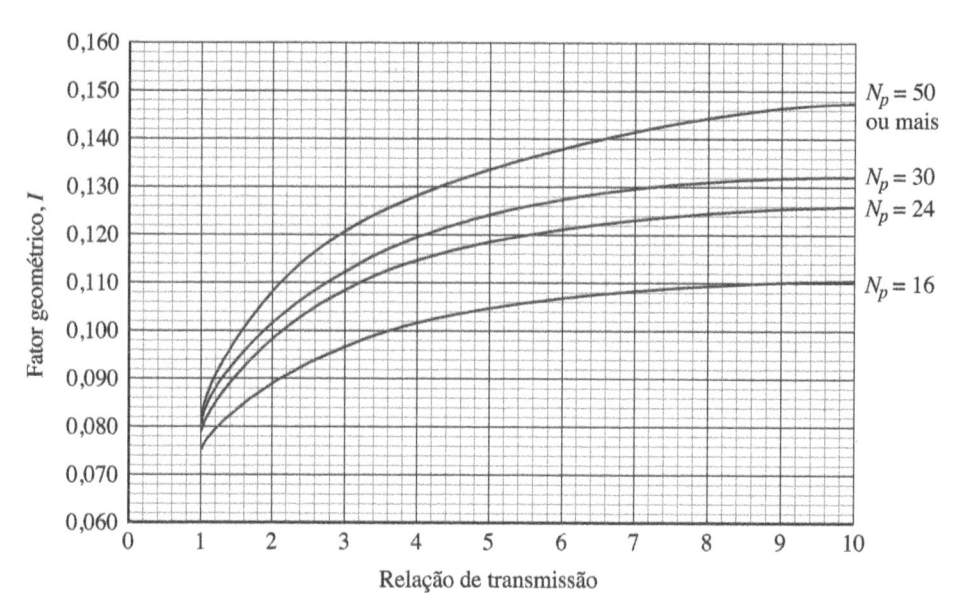

(a) Dentes de profundidade total com ângulo de pressão de 20° (adendo padrão = $1/P_d$)

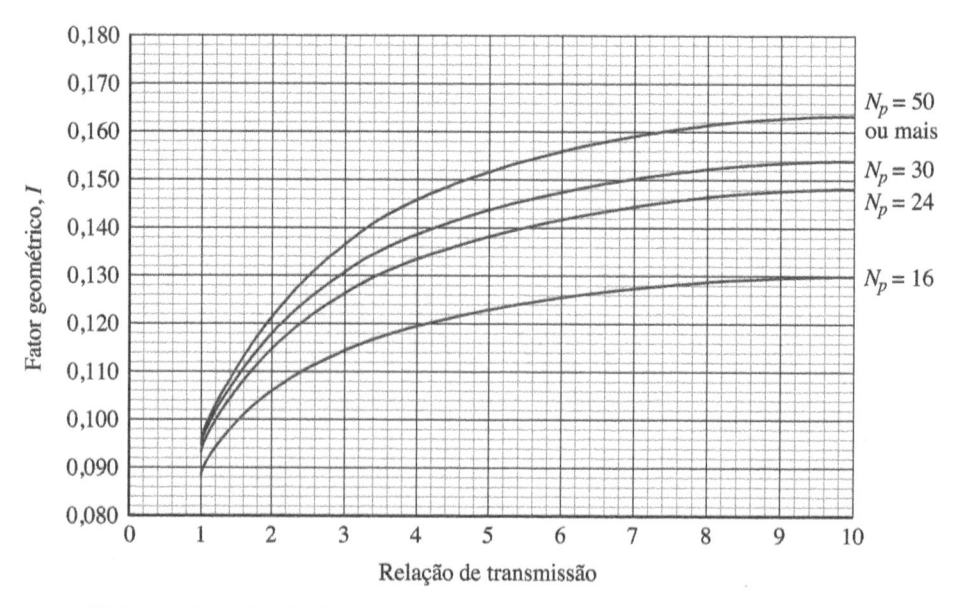

(b) Dentes de profundidade total com ângulo de pressão de 25° (adendo padrão = $1/P_d$)

▲ **FIGURA 9.21** Fator geométrico do pinhão de dentes retos externo, I, para distâncias de centro padrão. Todas as curvas são referentes ao ponto extremo inferior de contato de um dente no pinhão.
(Extraído da norma AGMA 218.01, *Rating the Pitting Resistance and Bending Strength of Spur and Helical Involute Gear Teeth*, com a permissão da editora americana, American Gear Manufacturers Association)

Princípios gerais para a especificação de materiais. Podemos usar as seguintes relações para nos orientar no processo de especificação de materiais adequados para engrenagens.

$$s_t < s_{at}' \quad e \quad s_c < s_{ac}' \quad (9.24)$$

Como já mencionado a respeito das resistências admissíveis, os ajustes são feitos em dados publicados para s_{at} e s_{ac}, apresentados na Seção 9.7. As condições para esses dados são as seguintes:

- Temperaturas operacionais acima de 32 °F (0 °C) e abaixo de 250 °F (121 °C)
- Materiais expostos a 10^7 ciclos de carregamento
- Confiabilidade esperada de 99%, ou seja, menos de uma falha em 100
- Fator de segurança, SF, de 1,00

Os ajustes para s_{at} e s_{ac} considerados aqui assumem a forma

$$s_{at}' = s_{at} \frac{Y_N}{(SF)(K_R)} \quad (9.25)$$

$$s_{ac}' = s_{ac} \frac{Z_N}{(SF)(K_R)} \quad (9.26)$$

onde

SF = fator de segurança
K_R = fator de confiabilidade
Y_N = fator de ciclo para tensão de resistência à flexão
Z_N = fator de ciclo para tensão de resistência à corrosão por pite

Fator de segurança: o valor de SF é geralmente considerado 1,0 porque a maioria das incertezas envolvidas no cálculo das tensões de flexão e de contato estão inclusas nas equações para s_{at} e s_{ac} pelos fatores K_o, K_s, K_v e K_m. Pode-se tomar a decisão de usar SF > 1,00 por segurança extra ou como previsão de condições indesejáveis além desses fatores. A AGMA recomenda

$$1,00 \leq SF \leq 1,50$$

Fator de confiabilidade: a Tabela 9.11 mostra valores típicos para K_R, e a escolha de qual deles aplicar é uma decisão de projeto.

Vida útil desejada para a transmissão: os projetistas devem avaliar cada projeto para especificar a vida útil. A Tabela 9.12 indica um conjunto de valores recomendados de vida útil em horas de operação. A faixa de 20000 a 30000 horas para máquinas industriais em geral é uma escolha razoável, salvo se existirem condições conhecidas dos tipos enumerados. A mesma

▼ TABELA 9.11 Fator de confiabilidade, K_R.

Confiabilidade	K_R
0,90, uma falha em 10	0,85
0,99, uma falha em 100	1,00
0,999, uma falha em 1000	1,25
0,9999, uma falha em 10000	1,50

▼ TABELA 9.12 Vida útil de projeto recomendada.

Aplicação	Vida útil de projeto (h)
Aparelhos domésticos	1000–2000
Motores de avião	1000–4000
Automotivos	1500–5000
Equipamentos agrícolas	3000–6000
Elevadores, ventiladores industriais, engrenamentos para usos diversos	8000–15000
Motores elétricos, ventoinhas industriais e máquinas industriais em geral	20000–30000
Bombas e compressores	40000–60000
Equipamentos críticos de operação contínua	100000–200000

Fonte: AVALLONE, Eugene A.; BAUMEISTER III, Theodore (orgs.). *Marks' Standard Handbook for Mechanical Engineers.* 9. ed. Nova York: McGraw-Hill, 1986.

tabela para vida útil de projeto é usada no caso de rolamentos de contato angular no Capítulo 14. Também é necessário ter o *número de ciclos de carga*, que pode ser calculado pela seguinte equação:

$$N_c = (60)(L)(n)(q) \quad (9.27)$$

onde

N_c = número esperado de ciclos de carga
L = vida útil do projeto em horas
n = velocidade angular da engrenagem em rpm
q = número de aplicações de carga por revolução

O número normal de aplicações de carga por revolução para qualquer dente costuma ser, naturalmente, um. Porém, considere o caso de uma engrenagem intermediária que serve tanto como acionadora quanto acionada em um trem de engrenagens. Ela recebe dois ciclos de carga por revolução: um quando obtém potência de suas engrenagens conjugadas e outro quando transmite potência para elas. Além disso, em certos tipos de trem de engrenagem, uma pode fornecer potência para duas ou mais conjugadas a ela. Engrenagens em um trem de engrenagens planetárias frequentemente têm essa característica.

Como exemplo da aplicação da Equação 9.27, considere que o pinhão dos exemplos 9.1 e 9.2 seja projetado para ter uma vida útil de 20000 horas girando a 1750 rpm. Então

$$N_c = (60)(L)(n)(q) = (60)(20000)(1750)(1) = \\ = 2{,}1 \times 10^9 \text{ ciclos}$$

Uma vez que esse valor é superior a 10^7, um ajuste deve ser feito no número de tensão de flexão admissível.

FATORES DE CICLO DE TENSÃO: as figuras 9.22 e 9.23 mostram os valores recomendados de Y_N para tensão de flexão e Z_N para tensão de contato em engrenagens de aço. Características desses gráficos incluem:

- Cada um é plotado em escala log-log com o *número de ciclos de carga* sobre o eixo horizontal e o *fator de ciclo de tensão* sobre o eixo vertical.
- O fator de ciclo de tensão é aproximadamente 1,0 para 10^7 ciclos de carga em ambos os gráficos.
- Os fatores de ciclo de tensão são inferiores a 1,0 para ciclos de carga superiores a 10^7, e os valores são independentes do tipo de aço ou de sua condição. Alguns projetos para funcionamento crítico utilizam valores menores do que os apresentados, e a norma da AGMA fornece uma área sombreada extra para uso em tais condições.
- Os fatores de ciclo de tensão são superiores a 1,0 para ciclos de carga inferiores a 10^7, e os valores são dependentes do tipo de aço e de sua condição.
- As equações de uma forma exponencial são dadas nos gráficos para facilitar o cálculo dos valores dos fatores de ciclo de tensão.
- Esses gráficos não se aplicam a ferro fundido ou a materiais não ferrosos, como bronze. Os valores de $Y_N = 1{,}00$ e $Z_N = 1{,}00$ podem ser usados garantindo-se que as resistências reais dos materiais especificados tenham uma margem modesta de segurança.

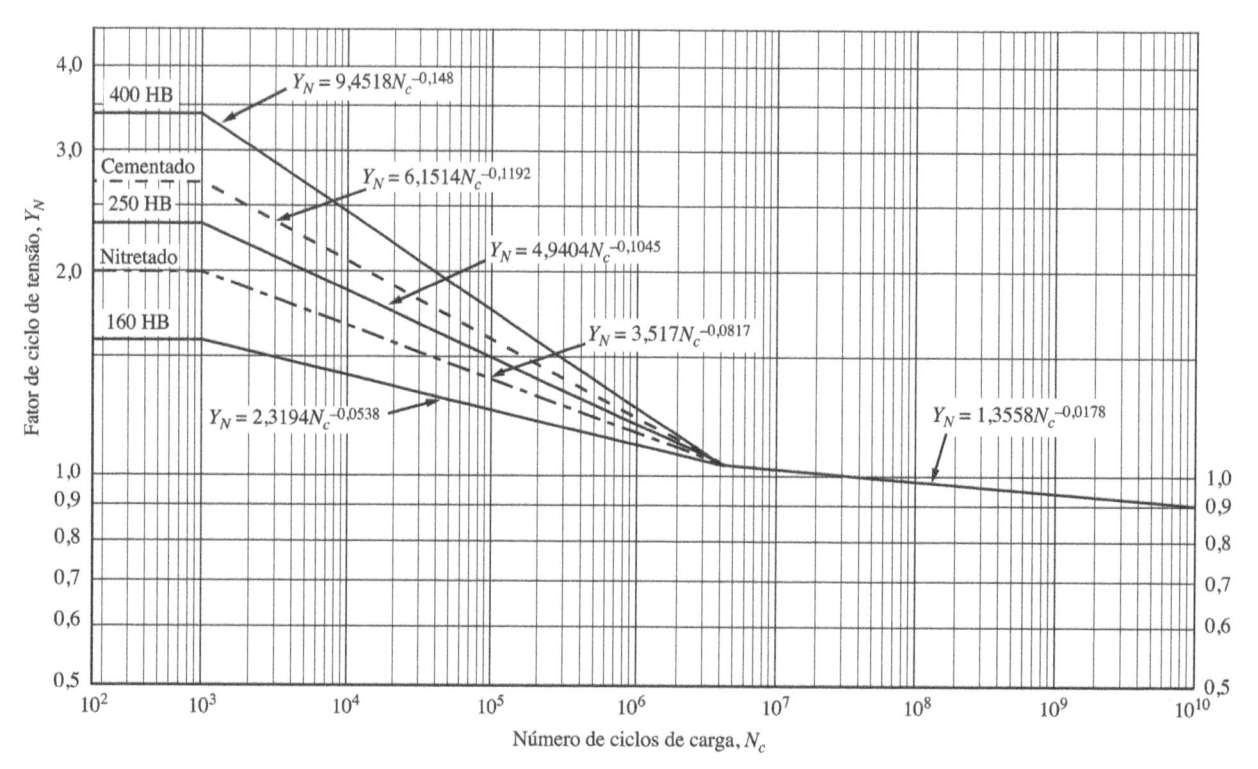

▲ **FIGURA 9.22** Fator de ciclo para tensão de resistência à flexão, Y_N.
(Adaptado da norma AGMA 2001-D04, *Fundamental Rating Factors and Calculation Methods for Involute Spur and Helical Gear Teeth*, com permissão da editora, American Gear Manufacturers Association)

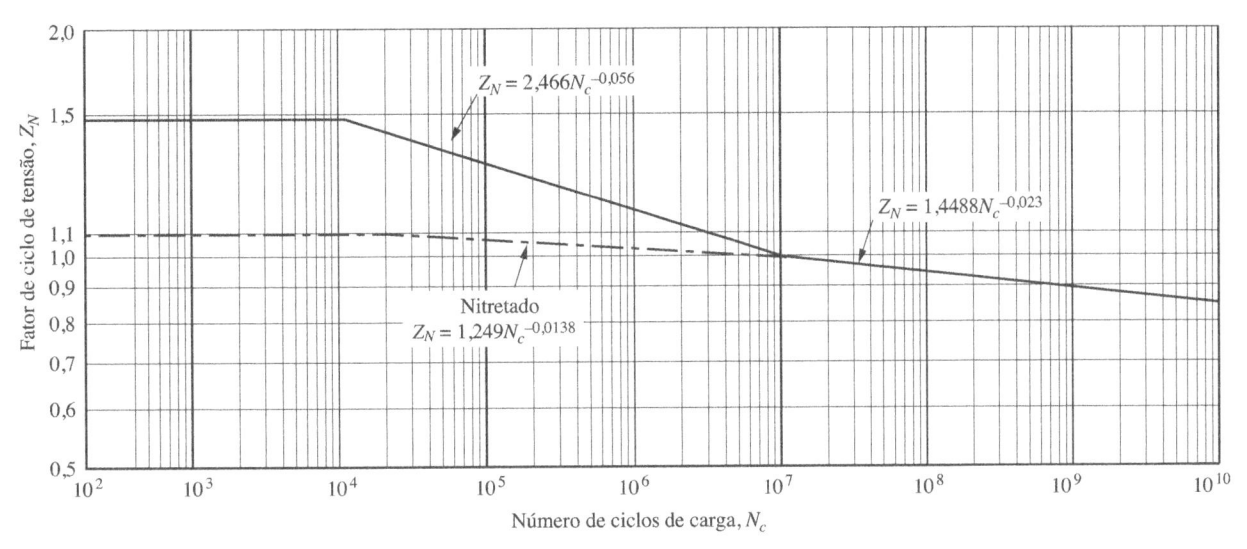

FIGURA 9.23 Fator de ciclo para tensão de resistência à corrosão por pite, Z_N.
(Adaptado da norma AGMA 2001-D04, *Fundamental Rating Factors and Calculation Methods for Involute Spur and Helical Gear Teeth*, com permissão da editora, American Gear Manufacturers Association)

Agora podemos descrever a abordagem geral de especificação de aços ou outros materiais metálicos apropriados para as engrenagens. O objetivo é obter os dados na Seção 9.7, incluindo as figuras 9.11 e 9.12 e as tabelas 9.5 e 9.6, que fornecem valores aceitos de s_{at} e s_{ac} para aços com têmpera completa, aços com endurecimento superficial por chama ou indução, aços carburizados e com endurecimento superficial, ferros fundidos e bronzes. A fim de facilitar essa abordagem, podemos combinar as equações 9.24 e 9.26 e, em seguida, resolver para s_{at} e s_{ac}:

$$s_t < s_{at}' = s_{at} \frac{Y_N}{(SF)(K_R)}$$

$$s_c < s_{ac}' = s_{ac} \frac{Z_N}{(SF)(K_R)}$$

Calculando s_{at} e s_{ac}, temos

$$s_{at} \text{ necessário} > s_t \frac{(SF)(K_R)}{Y_N} \qquad (9.28)$$

$$s_{ac} \text{ necessário} > s_c \frac{(SF)(K_R)}{Z_N} \qquad (9.29)$$

As equações 9.28 e 9.29 devem ser satisfeitas. É preciso observar aqui que, para transmissões por engrenagem com vida útil relativamente longa, o projeto será regido, na maioria das vezes, pela resistência à corrosão por pite, e essa suposição é feita nas diretrizes a seguir.

Diretrizes para a especificação de materiais metálicos a engrenagens

1. Dadas a tensão de flexão, s_t, a tensão de contato, s_c, e a velocidade angular tanto do pinhão, n_p, quanto da engrenagem, n_G, de análises semelhantes àquelas dos exemplos 9.1 e 9.2. Note que isso também exige que o material de escolha seja aço, ferro fundido ou bronze.
2. Decida o fator de segurança; normalmente $SF = 1,00$, a menos que existam condições incomuns.
3. Decida a confiabilidade desejada e utilize a Tabela 9.11 para determinar K_R; normalmente, usa-se $K_R = 1,00$ para uma confiabilidade de 0,99 (uma falha em 100).
4. Especifique a vida útil desejada em horas para as engrenagens usando a Tabela 9.12 como guia.
5. Calcule o número esperado de ciclos de carga para o pinhão e a engrenagem usando a Equação 9.27.
6. Use a Figura 9.22 para determinar Y_N ao pinhão, e a Figura 9.23 para estabelecer Z_N à engrenagem. Os valores podem ser obtidos nos gráficos ou calculados com as equações apresentadas nas figuras.
7. Use a Equação 9.29 para avaliar o s_{acP} exigido para o pinhão, pois ele costuma ter o valor mais crítico para s_{ac}. Em seguida, consulte a Figura 9.12 a fim de determinar se o aço com têmpera completa de Classe 1 pode ser utilizado. Empregue o gráfico com o valor de s_{ac} no eixo vertical; projete horizontalmente para a linha da Classe 1; em seguida, projete verticalmente

em direção ao eixo da dureza Brinell com o intuito de obter a dureza HB mínima aceitável. Observe que o valor deve estar entre HB 180 e HB 400. A faixa mais desejável desse limite está entre cerca de HB 250 e HB 400. Se o valor for inferior, um tamanho mais compacto de engrenagem geralmente pode ser projetado. Nenhum valor superior a HB 400 deve ser considerado para aços com têmpera completa. Somente aços da Classe 1 são recomendados.

8. Se a Etapa 7 produzir um resultado razoável, prossiga calculando s_{acG} para a engrenagem com a Equação 9.29 e estime s_{at} tanto para o pinhão quanto para a engrenagem usando a Equação 9.28. Verifique se os números de tensão de flexão são aceitáveis consultando a Figura 9.11; quase sempre eles são aceitáveis.

9. Empregando a dureza HB exigida para o pinhão, calculada na Etapa 7, especifique um material adequado e um tratamento térmico usando os apêndices 3 e 4. Os gráficos no Apêndice 4 são recomendados porque fornecem variações mais amplas de temperaturas para revenimento e os valores correspondentes de dureza. Examine a linha inferior de dados para HB a fim de encontrar um valor maior do que o mínimo encontrado na Etapa 7 e estabeleça a temperatura de revenimento que produzirá o nível de dureza. A Tabela 9.4 recomenda várias ligas de aço tipicamente utilizadas em engrenagens com têmpera completa; SAE 1045 (semelhante à 1040), 4140 e 4340 estão inclusas, e gráficos para essas três ligas são apresentados no Apêndice 4.

10. Se a Etapa 8 não for bem-sucedida, projete novamente as engrenagens ou considere usar aço com endurecimento superficial e valores de s_{ac} provenientes da Tabela 9.5. Mais diretrizes para um novo projeto são fornecidas na Seção 9.11.

11. Se o projeto empregar ferro fundido ou bronze, consulte a Tabela 9.6 para valores de s_{ac}.

O Exemplo 9.3 segue utilizando os resultados dos exemplos 9.1 e 9.2 como dados de entrada. O problema ilustra a aplicação desse procedimento adotando o sistema de unidade norte-americano com base no passo diametral. Em seguida, na Seção 9.11, toda a discussão até este ponto do capítulo é inserida em um procedimento de projeto mais geral. Tanto o sistema de unidade norte-americano com base no passo diametral quanto o sistema de unidade internacional com base no módulo, m, são demonstrados.

Em seguida, é descrita na Seção 9.12 uma abordagem auxiliada por computador para a implementação de vários cálculos necessários. O projeto de engrenamento com plásticos é discutido na Seção 9.13, ao passo que outras considerações práticas sobre engrenagens e interfaces com outros elementos de máquina (eixos, rolamentos, chavetas, entre outros) são abordadas na Seção 9.14.

EXEMPLO 9.3

Especifique materiais adequados para o pinhão e a engrenagem da transmissão dos exemplos 9.1 e 9.2. Use os resultados deles para a tensão de flexão e a tensão de contato calculadas. Projete de modo a obter confiabilidade de 0,999, ou seja, menos de uma falha em 1000. A aplicação do projeto é uma transmissão para serra industrial de operação normal, com único turno e frequência de cinco dias por semana.

SOLUÇÃO

Usaremos as ***Diretrizes para a especificação de materiais metálicos a engrenagens***, discutidas anteriormente. A intenção é adotar engrenagens de aço com têmpera completa, e devemos especificar a liga de aço e seu tratamento térmico a fim de garantir os níveis de segurança para as tensões de flexão e de contato.

Passo 1. Os resultados críticos dos exemplos 9.1 e 9.2 são:

$$n_p = 1.750 \text{ rpm}$$
$$n_G = 500 \text{ rpm}$$
$$D_P = 3,333 \text{ pol}$$
$$F = 2,25 \text{ pol}$$
$$s_{tP} = 11.091 \text{ psi}$$
$$s_{tG} = 8.847 \text{ psi}$$
$$s_{cP} = s_{cG} = 95.398 \text{ psi}$$

Passo 2. Decisão de projeto: use um fator de segurança de $SF = 1{,}00$, pois desconhecemos condições incomuns que não tenham sido levadas em conta no cálculo das tensões.

Passo 3. A partir da Tabela 9.11, encontramos $K_R = 1{,}25$ para a confiabilidade desejada de 0,999, conforme especificado no problema. Essa é também uma decisão de projeto.

Passo 4. Decisão de projeto: uma vez que a serra será usada apenas em ambiente industrial, escolhemos uma vida útil de $L = 20000$ horas, com base na Tabela 9.12.

Passo 5. Calcule o número de ciclos de carga para o pinhão e a engrenagem usando a Equação 9.27. Cada dente experimenta um ciclo de carga por revolução, $q = 1$.

$$N_{cP} = (60)(L)(n_P)(q) = (60)(20000)(1750)(1) = 2{,}10 \times 10^9 \text{ ciclos}$$

$$N_{cG} = (60)(L)(n_G)(q) = (60)(20000)(500)(1) = 6{,}00 \times 10^8 \text{ ciclos}$$

Passo 6. A partir da Figura 9.22, descobrimos que $Y_{NP} = 0{,}93$ e $Y_{NG} = 0{,}95$ para tensão de flexão. A partir da Figura 9.23, descobrimos que $Z_{NP} = 0{,}88$ e $Z_{NG} = 0{,}91$ para tensão de contato.

Passo 7. Partindo do princípio de que a tensão de contato no pinhão orientará o projeto, adote a Equação 9.29 para o pinhão:

$$s_{acP} \text{ necessário} > s_c \frac{(SF)(K_R)}{Z_{NP}} = (95398 \text{ psi}) \frac{(1{,}00)(1{,}25)}{0{,}88} = 135508 \text{ psi}$$

Agora, consultamos a Figura 9.12 para avaliar a aceitabilidade desse nível de tensão de contato. Para aços de Classe 1, lemos que a dureza superficial exigida para um dente com têmpera completa é de HB 330, um resultado muito satisfatório. Também poderíamos calcular a dureza exigida utilizando a equação mostrada no Passo 7.

$$\text{HB necessário} = (s_{ac} - 29100)/322 = (135508 - 29100)/322 = 330$$

Passo 8. O cálculo para a tensão de contato exigida para as engrenagem dá:

$$s_{acG} \text{ necessário} > s_c \frac{(SF)(K_R)}{Z_{NG}} = 95398 \text{ psi} \frac{(1{,}00)(1{,}25)}{0{,}91} = 131041 \text{ psi}$$

É comum que a tensão de contato na engrenagem seja menor do que a do pinhão, mas muito próxima em termos de valor.

Passo 9. Agora, calculamos as tensões de flexão admissível exigidas para o pinhão e a engrenagem:

$$s_{atP} \text{ necessário} > s_{tP} \frac{(SF)(K_R)}{Y_{NP}} = 11091 \text{ psi} \frac{(1{,}00)(1{,}25)}{0{,}93} = 14097 \text{ psi}$$

$$s_{atG} \text{ necessário} > s_{tG} \frac{(SF)(K_R)}{Y_{NG}} = 8847 \text{ psi} \frac{(1{,}00)(1{,}25)}{0{,}95} = 11640 \text{ psi}$$

A comparação desses valores com a dureza necessária do aço para flexão, apresentada na Figura 9.11, mostra que uma dureza muito baixa é exigida, bem abaixo de HB 180 — o limite para a Classe 1. Isso comprova que a tensão de contato direciona o projeto.

Passo 10. O passo final é especificar o material e seu tratamento térmico, nesse caso, com base na tensão de contato no pinhão, para a qual HB 330 é exigida. A Tabela 9.4 recomenda ligas SAE 1045 (semelhante à SAE 1040), SAE 4140 e SAE 4340, além de algumas outras. O Apêndice 4 é recomendado para a especificação do tratamento térmico. Vejamos essas três opções possíveis:

SAE 1040 WQT 800, HB 352, s_y = 90 ksi, s_u = 120 ksi, 20% de alongamento

SAE 4140 OQT 1000, HB 341, s_y = 152 ksi, s_u = 169 ksi, 18% de alongamento

SAE 4340 OQT 1000, HB 363, s_y = 158 ksi, s_u = 170 ksi, 17% de alongamento

Qualquer uma das três ligas e seus tratamentos térmicos seriam satisfatórios, e fatores como disponibilidade, custo, fornecimento e usinabilidade poderiam afetar a decisão. Talvez a SAE 1040 seja preferida por ser um simples aço-carbono que tende a ser menos custoso e apresenta o maior alongamento percentual das três opções, indicando maior ductilidade.

Resumo dos resultados dos exemplos 9.1, 9.2 e 9.3

Os exemplos 9.1, 9.2 e 9.3 estenderam-se por várias páginas porque os princípios de projeto e os procedimentos foram desenvolvidos e demonstrados ao longo da solução. Agora, mostraremos o resumo das principais decisões de projeto e dos resultados dos cálculos.

Dados:

Aplicação: serra industrial acionada por motor elétrico a 1750 rpm

Velocidade de saída da engrenagem: 500 rpm; razão de velocidade angular: 3,50

Funcionamento de produção: utilização total; vida útil de projeto = 20000 horas

Potência transmitida: 25 hp

Redutor de engrenagem fechada feito de acordo com as normas comerciais

Alta confiabilidade para projeto de engrenagem: R = 0,999; menos de uma falha em 1000

Decisões de projeto:

Passo diametral: 6

Ângulo de pressão: ϕ = 20°

Largura de face: F = 2,25 pol

Número de dentes: pinhão — 20; engrenagem — 70

Índice de qualidade para a geometria da engrenagem: A_v = 10

Resultados calculados:

Geometria do par de engrenagens e forças

Diâmetros de passo: D_P = 3,333 pol; D_G = 11,667 pol

Distância de centro: C = 7,500 pol

Velocidade na linha primitiva: v_t = 1527 pés/min

Força transmitida: W_t = 540 lb

Fatores nas análises de tensão:

Fator de sobrecarga: K_o = 1,50

Fator de forma: K_s = 1,0

Fator de distribuição de carga: K_m = 1,22

Fator dinâmico: K_v = 1,41

Tensões nos dentes da engrenagem:

Tensão de flexão: pinhão s_{tP} = 11091 psi

Engrenagem s_{tG} = 8847 psi

Tensão de contato: pinhão e engrenagem s_c = 95398 psi

Resistência de material exigida para a engrenagem:

A tensão de contato no pinhão é o fator determinante. Decisões de projeto:

Fator de segurança: SF = 1,00

Fator de confiabilidade: K_R = 1,25

Tensão do fator de ciclo para resistência à corrosão por pite: Z_{NP} = 0,88

Número de tensão de contato exigido: s_{acP} = 135508 psi

Dureza superficial necessária para aço com têmpera completa: HB = 330

Material especificado — tanto para o pinhão quanto para a engrenagem:

SAE 1040 WQT 800; HB = 352; s_y = 90 ksi; s_u = 120 ksi; 21% de alongamento

9.11 PROJETO DE ENGRENAGENS DE DENTES RETOS

Em projetos que envolvem transmissões por engrenagem, normalmente as velocidades de rotação exigidas para o pinhão e a engrenagem, bem como a quantidade de potência a ser transmitida, são conhecidas. Esses fatores são determinados com base na aplicação final. Além disso, o ambiente e as condições de funcionamento aos quais a transmissão será submetida devem ser entendidos. É especialmente importante conhecer o tipo de dispositivo acionador e de máquina acionada a fim de decidir o valor adequado para o fator de sobrecarga.

O projetista deve escolher o tipo de engrenagem que utilizará; a disposição das engrenagens sobre os eixos; os materiais para a fabricação delas, incluindo o tratamento térmico; e sua geometria: número de dentes, passo diametral, diâmetros de passo, forma do dente, largura de face e índices de qualidade.

Esta seção apresenta um procedimento de projeto responsável pela resistência à fadiga por flexão dos dentes e pela resistência à corrosão por pite, chamado de *durabilidade superficial*. Esse procedimento faz uso extensivo das equações de projeto indicadas nas seções anteriores deste capítulo e das tabelas de propriedades dos materiais contidas nos apêndices 3 até 5, 8 e 12.

É preciso entender que não existe uma solução melhor para determinado problema de projeto de engrenagem; há várias possibilidades boas. Seu parecer, sua criatividade e os requisitos específicos da aplicação afetarão significativamente o projeto final selecionado. O objetivo aqui é fornecer um meio de abordar o problema de forma a criar um projeto razoável.

Objetivos de projeto

Alguns objetivos gerais de um projeto estão listados a seguir. A transmissão final deve

Ser compacta e pequena
Operar com suavidade e em silêncio
Ter vida longa
Ter baixo custo
Ser de fácil fabricação

Ser compatível com os demais elementos da máquina, como rolamentos, eixos, carcaça, acionador e máquina acionada

O objetivo principal do procedimento de projeto é definir uma transmissão segura e duradoura. Etapas e diretrizes gerais são descritas aqui de modo a produzir um projeto inicial razoável. No entanto, por causa das numerosas variáveis envolvidas, muitas iterações costumam ser feitas em prol de um projeto ideal. Detalhes do processo são apresentados no Exemplo 9.4.

A Tabela 9.13 é uma combinação de glossário de termos e referências a equações, tabelas ou figuras necessárias para completar um projeto de engrenagem. O procedimento descrito a seguir utiliza o sistema norte-americano de unidades e o sistema de passo diametral, P_d. Já a Seção 9.12 o adapta às unidades do sistema internacional e ao sistema de módulo métrico, *m*. Consulte as seções anteriores deste capítulo e o Capítulo 8 para mais detalhes.

Procedimentos para a concepção de uma transmissão por engrenagem segura e duradoura

1. A partir dos requisitos de projeto, identifique a velocidade de entrada do pinhão, n_P, a velocidade de saída desejada da engrenagem, n_G, e a potência a ser transmitida, *P*.

2. Escolha o tipo de material para as engrenagens, como aço, ferro fundido ou bronze.

3. Considerando o tipo de acionador e de máquina acionada, especifique o fator de sobrecarga, K_o, com base na Tabela 9.7. A principal preocupação é o nível esperado de choque ou impacto da carga.

4. Especifique um valor experimental para o passo diametral. No caso de engrenagens de aço, a Figura 9.24 fornece orientação inicial. O gráfico da transmissão de potência de projeto e da velocidade angular do pinhão foi derivado para passos selecionados e diâmetros do pinhão. A potência de projeto é $P_{des} = K_o P$. O aço com têmpera completa a HB 300 é usado. Por causa das numerosas variáveis envolvidas, o valor de P_d extraído da figura é apenas um alvo inicial. Iterações subsequentes podem exigir a consideração de um valor diferente, superior ou inferior.

5. Estabeleça a largura de face dentro do seguinte intervalo recomendado para engrenagens gerais de máquinas:

> **Fator de largura de face**
>
> $$8/P_d < F < 16/P_d \quad (9.30)$$
> Valor nominal de $F = 12/P_d$
>
> O limite superior dado tende a minimizar problemas de alinhamento e garantir um carregamento razoavelmente uniforme ao longo de toda a face. Quando a largura de face é menor do que o limite inferior, é provável que um projeto mais compacto possa ser obtido com um passo diferente. Além disso, a largura da face costuma ser menor do que o dobro do diâmetro de passo do pinhão.
>
> 6. Especifique ou calcule os valores a seguir:
>   - Número de dentes no pinhão (N_P) e na engrenagem (N_G) para obter a velocidade de saída desejada dela.
>   - Calcule a velocidade de saída real da engrenagem e garanta que ela seja satisfatória.
>   - Calcule as principais características geométricas: diâmetros de passo, D_P e D_G, e distância de centro, C. Verifique se são aceitáveis.
>   - Calcule a velocidade na linha primitiva, v_t, e a carga transmitida, W_t.

- Determine os fatores geométricos para tensão de flexão, J_P e J_G, e o fator geométrico para tensão de contato, I.
- Especifique o índice de qualidade para os dentes das engrenagens com base na Tabela 9.3.
- Determine valores para todos os fatores na Equação 9.16 a tensão de flexão e na Equação 9.23 a tensão de contato.

7. Calcule a tensão de flexão e a de contato sobre os dentes do pinhão e da engrenagem. Avalie se as tensões são razoáveis (nem muito baixas nem muito altas) em termos de especificação do material adequado. Caso negativo, selecione um novo passo ou reveja o número de dentes, o diâmetro de passo ou a largura de face. Geralmente, a tensão de contato sobre o pinhão é o valor limite para engrenagens destinadas a ter longa vida útil.

8. Refaça o processo, buscando outros projetos ideais. Não é incomum fazer várias tentativas antes de um projeto específico ser escolhido. O uso do computador, como no caso das planilhas descritas na Seção 9.13, pode desencadear tentativas bem-sucedidas com rapidez.

▼ **TABELA 9.13** Resumo e glossário de termos utilizados no projeto de engrenagem.

Termo por grupo	Símbolo	Descrição de uso	Local de referência
Índices de qualidade recomendados	A_v	Especificar valor de A_v	Tabela 9.3
Número de tensão de flexão admissível — aço	s_{at}	Especificar material	Figura 9.11
Número de tensão de contato admissível — aço	s_{ac}	Especificar material	Figura 9.12
Tensões admissíveis — aço com endurecimento superficial	s_{at} e s_{ac}	Especificar material	Tabela 9.5
Tensões admissíveis — não ferrosos	s_{at} e s_{ac}	Especificar material	Tabela 9.6
Fatores geométricos para tensão de flexão	J_P e J_G	Tensão de flexão	Figura 9.15
Fator de sobrecarga	K_o	Tensão de flexão e contato	Tabela 9.7
Fator de forma	K_s	Tensão de flexão e contato	Tabela 9.8
Fator de alinhamento: $K_m = 1,0 + C_{pf} + C_{ma}$	K_m	Tensão de flexão e contato	Equação 9.17
Fator de proporção	C_{pf}	Tensão de flexão e contato	Figura 9.16
Fator de correção de alinhamento de malha	C_{ma}	Tensão de flexão e contato	Figura 9.17

(continua)

(continuação)

Termo por grupo	Símbolo	Descrição de uso	Local de referência
Fator de espessura de borda	K_B	Tensão de flexão e contato	Figura 9.18
Fator dinâmico	K_v	Tensão de flexão e contato	Figura 9.20
Equações para K_v	K_v	Tensão de flexão e contato	Tabela 9.9
Coeficiente elástico	C_P	Tensão de contato	Tabela 9.10
Fator geométrico para tensão de contato	I	Tensão de contato	Figura 9.21
Fator de confiabilidade	K_R	Tensão de flexão e contato	Tabela 9.11
Vida útil recomendada em horas	L	Tensão de flexão e contato	Tabela 9.12
Fator de ciclo da tensão de flexão	Y_N	Tensão de flexão	Figura 9.22
Fator de ciclo da tensão de contato	Z_N	Tensão de contato	Figura 9.23
Auxílio à seleção de passo para projeto		Especificar tentativa P_d ou m	Figura 9.24
Equações básicas usadas no projeto de engrenagem:			
Número de tensão de flexão	S_t	$s_t = \dfrac{W_t P_d}{FJ} K_o K_s K_m K_B K_v$	Equação 9.16
Número de tensão de flexão admissível exigido	S_{at}	s_{at} necessário $> s_t \dfrac{(SF)(K_R)}{Y_N}$	Equação 9.28
Número de tensão de contato	S_c	$s_c = C_P \sqrt{\dfrac{W_t K_o K_s K_m K_v}{F D_P I}}$	Equação 9.23
Número de tensão de contato admissível exigido	S_{ac}	s_{ac} necessário $> s_c \dfrac{(SF)(K_R)}{Z_N}$	Equação 9.29

Diretrizes para ajustes nas iterações

As relações a seguir irão ajudá-lo a determinar quais mudanças devem ser feitas nas premissas do projeto após o primeiro conjunto de cálculos, a fim de aprimorá-lo:

- A diminuição do valor numérico do passo diametral resulta em dentes maiores e, em geral, tensões menores. Além disso, um valor de passo menor geralmente significa uma largura de face maior, diminuindo a tensão e aumentando a durabilidade superficial.
- O aumento do diâmetro do pinhão diminui a carga transmitida, costuma reduzir a tensão e melhora a durabilidade superficial.
- O aumento da largura de face diminui a tensão e melhora a durabilidade superficial, mas, em geral, em menor grau do que as alterações no passo ou no diâmetro de passo discutidas anteriormente.
- Engrenagens com dentes menores e em maior número tendem a funcionar com mais suavidade e

FIGURA 9.24 Transmissão de potência de projeto em função da velocidade do pinhão para engrenagens de dentes retos com passos e diâmetros diferentes.

Para todas as curvas: dentes de profundidade total com ângulo de pressão de 20°;
$N_P = 24$; $N_G = 96$; $m_G = 4{,}00$; $F = 12/P_d$; $A_v = 11$
Engrenagens de aço, HB 300; $s_{at} = 36\,000$ psi (250 MPa); $s_{ac} = 126\,000$ psi (869 MPa)

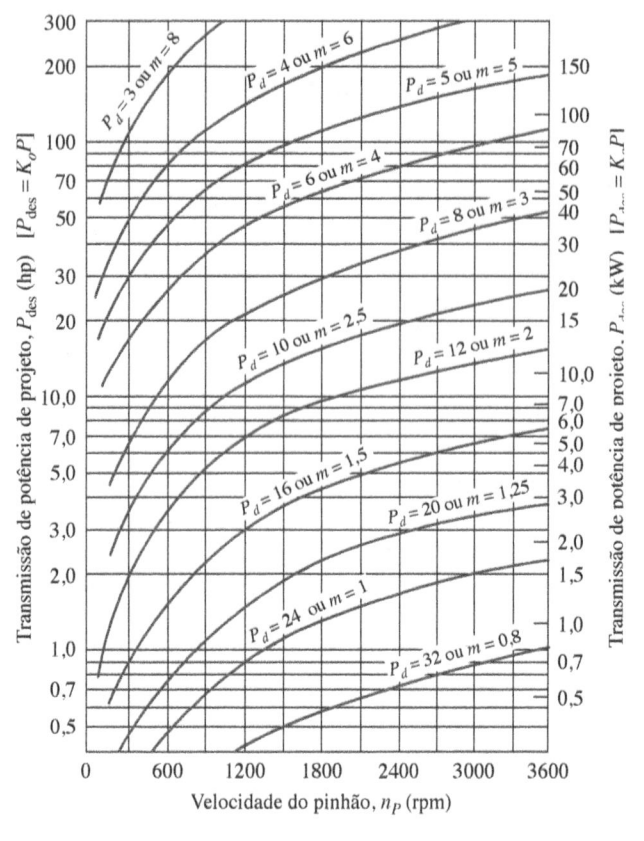

menor ruído do que aquelas com dentes maiores e em menor número.

- Valores da norma para o passo diametral devem ser usados a fim de facilitar a fabricação e baixar o custo (consulte a Tabela 8.3).
- O emprego de aços de alta liga e dureza superficial elevada produz o sistema mais compacto, mas com maior custo.
- A utilização de engrenagens muito precisas (com dentes que passaram por esmerilhamento ou processo de *shaving*) resulta em um índice de qualidade mais elevado, cargas dinâmicas menores e, por conseguinte, tensões menores e durabilidade superficial melhorada, mas com custo maior.
- O número de dentes do pinhão deve ser, em geral, o menor possível para que o sistema seja compacto. Contudo, a possibilidade de interferência é maior com poucos dentes. Verifique a Tabela 8.7 para se certificar de que não haverá interferência. (Consulte a Referência 24.)

EXEMPLO 9.4

Projete um par de engrenagens de dentes retos a ser usado como parte da transmissão de um picador que terá a função de preparar madeiras macias para uma fábrica de papel. Espera-se um uso intermitente. Um motor elétrico transmite 3,0 hp para o pinhão a 1750 rpm, e a engrenagem deve girar entre 460 e 465 rpm. Um projeto compacto é desejado.

SOLUÇÃO E PROCEDIMENTOS GERAIS DE PROJETO

Passo 1. Considerando a potência transmitida, P, a velocidade do pinhão, n_p, e a aplicação, consulte a Figura 9.24 para determinar um valor experimental ao passo diametral, P_d. O fator de sobrecarga, K_o, pode ser estabelecido com base na Tabela 9.7, considerando tanto a fonte de alimentação quanto a máquina acionada.

Para este problema, $P = 3{,}0$ hp e $n_p = 1750$ rpm, $K_o = 1{,}75$ (acionador uniforme, máquina acionada para choque pesado). Então, $P_{des} = (1{,}75)(3{,}0\text{ hp}) = 5{,}25$ hp. Tente $P_d = 12$ para o projeto inicial.

Passo 2. Especifique o número de dentes do pinhão. Para tamanhos pequenos, use de 17 a 20 dentes como ponto de partida. No caso deste problema, consideremos $N_P = 18$.

Passo 3. Calcule a razão de velocidade angular nominal partindo de $VR = n_p/n_G$. Para este problema, use $n_G = 462{,}5$ rpm no meio da faixa aceitável.

$$VR = n_p/n_G = 1750/462{,}5 = 3{,}78$$

Passo 4. Avalie o número aproximado de dentes na engrenagem partindo de $N_G = N_P (VR)$.

Para este problema, $N_G = N_P(VR) = 18(3,78) = 68,04$. Especifique $N_G = 68$.

Passo 5. Calcule a razão de velocidade angular real partindo de $VR = N_G/N_P$.
Para este problema, $VR = N_G/N_P = 68/18 = 3,778$.

Passo 6. Calcule a velocidade de saída real partindo de $n_G = n_P(N_P/N_G)$.
Para este problema, $n_G = n_P(N_P/N_G) = (1750 \text{ rpm})(18/68) = 463,2$ rpm.

Passo 7. Calcule os diâmetros de passo, a distância de centro, a velocidade na linha primitiva e a carga transmitida, e avalie a aceitabilidade geral dos resultados.
Para este problema, os diâmetros de passo são:

$$D_P = N_P/P_d = 18/12 = 1,500 \text{ pol}$$

$$D_G = N_G/P_d = 68/12 = 5,667 \text{ pol}$$

Distância de centro:

$$C = (N_P + N_G)/(2P_d) = (18 + 68)/(24) = 3,583 \text{ pol}$$

Velocidade na linha primitiva:

$$v_t = \pi D_P n_P/12 = [\pi(1,500)(1,750)]/12 = 687 \text{ pés/min}$$

Carga transmitida: $W_t = 33000(P)/v_t = 33000(3,0)/687 = 144$ lb

Esses valores parecem ser aceitáveis.

Passo 8. Especifique a largura de face do pinhão e da engrenagem utilizando a Equação 9.30 como guia.
Para este problema: limite inferior $= 8/P_d = 8/12 = 0,667$ pol.
Limite superior $= 16/P_d = 16/12 = 1,333$ pol
Valor nominal $= 12/P_d = 12/12 = 1,00$ pol. Utilize este valor.

Passo 9. Especifique o tipo de material para as engrenagens e determine C_p a partir da Tabela 9.10.
Para este problema, estabeleça duas engrenagens de aço. $C_p = 2300$.

Passo 10. Defina o índice de qualidade, A_v, usando a Tabela 9.3 como guia. Determine o fator dinâmico partindo da Figura 9.20.
Para este problema, especifique $A_v = 11$ para um picador de madeira. $K_v = 1,35$.

Passo 11. Especifique a forma do dente, os fatores geométricos de flexão para o pinhão e a engrenagem partindo da Figura 9.15, além do fator geométrico de corrosão por pite partindo da Figura 9.21.
Para este problema, defina dentes de profundidade total com ângulo de pressão de 20°. $J_P = 0,325$, $J_G = 0,410$, $I = 0,104$.

Passo 12. Determine o fator de distribuição de carga, K_m, com a Equação 9.17 e as figuras 9.16 e 9.17. A classe de precisão do sistema de engrenagens deve ser especificada. Os valores podem ser calculados a partir de equações apresentadas nas figuras ou extraídos dos gráficos.
Para este problema: $F = 1,00$ pol, $D_P = 1,500$. $F/D_P = 0,667$. Então, $C_{pf} = 0,042$.
Estabeleça engrenamento aberto para o picador de madeira, montado no chassis. $C_{ma} = 0,264$.
Calcule: $K_m = 1,0 + C_{pf} + C_{ma} + 0,042 + 0,264 = 1,31$

Passo 13. Especifique o fator de forma, K_s, a partir da Tabela 9.8.
Para este problema, $K_s = 1,00$ para $P_d = 12$.

Passo 14. Especifique o fator de espessura de borda, K_B, a partir da Figura 9.18.
Para este problema, defina um disco de engrenagem sólido. $K_B = 1,00$.

Passo 15. Especifique um fator de serviço, SF, geralmente entre 1,00 e 1,50, por conta da incerteza dos dados.
Para este problema, não há incerteza incomum. Seja $SF = 1,00$.

Passo 16. Especifique um fator de confiabilidade usando a Tabela 9.11 como guia.
Para este problema, defina uma confiabilidade de 0,99. $K_R = 1,00$.

Passo 17. Especifique uma vida útil para o projeto. Calcule o número de ciclos de carga para o pinhão e a engrenagem. Determine os fatores de ciclo de tensão para flexão (Y_N) e corrosão por pite (Z_N) ao pinhão e à engrenagem.
Para este problema, espera-se um uso intermitente. Defina uma vida útil de projeto de 3000 horas, semelhante à de máquinas agrícolas. Os números de ciclo de carga são:

$$N_{cP} = (60)(3000 \text{ h})(1750 \text{ rpm})(1) = 3,15 \times 10^8 \text{ ciclos}$$

$$N_{cG} = (60)(3000 \text{ h})(463,2 \text{ rpm})(1) = 8,34 \times 10^7 \text{ ciclos}$$

Então, a partir da Figura 9.22, $Y_{NP} = 0,96$, $Y_{NG} = 0,98$. Partindo da Figura 9.23, $Z_{NP} = 0,92$, $Z_{NG} = 0,95$.

Passo 18. Calcule as tensões de flexão esperadas no pinhão e na engrenagem usando a Equação 9.16.

$$s_{tP} = \frac{W_t P_d}{F J_P} K_o K_s K_m K_B K_v = \frac{(144)(12)}{(1,00)(0,325)} (1,75)(1,0)(1,31)(1,0)(1,35) = 16455 \text{ psi}$$

$$s_{tG} = s_{tP}(J_P/J_G) = (16455)(0,325/0,410) = 13044 \text{ psi}$$

Passo 19. Ajuste as tensões de flexão utilizando a Equação 9.28.
Para este problema, no caso do pinhão:

$$s_{atP} > s_{tP} \frac{K_R(SF)}{Y_{(NP)}} = (16455) \frac{(1,00)(1,00)}{0,96} = 17141 \text{ psi}$$

No caso da engrenagem:

$$s_{atG} > s_{tG} \frac{K_R(SF)}{Y_{(NG)}} = (13044) \frac{(1,00)(1,00)}{0,98} = 13310 \text{ psi}$$

Passo 20. Calcule a tensão de contato esperada no pinhão e na engrenagem partindo da Equação 9.23. Observe que esse valor será o mesmo tanto para o pinhão quanto para a engrenagem.

$$s_c = C_P \sqrt{\frac{W_t K_o K_s K_m K_v}{F D_P I}} = 2300 \sqrt{\frac{(144)(1,75)(1,0)(1,31)(1,35)}{(1,00)(1,50)(0,104)}} = 122933 \text{ psi}$$

Passo 21. Ajuste as tensões de contato para o pinhão e a engrenagem usando a Equação 9.29.

$$s_{acP} > s_{cP} \frac{K_R(SF)}{Z_{NP}} = (122933) \frac{(1,00)(1,00)}{(0,92)} = 133623 \text{ psi}$$

Para a engrenagem:

$$s_{acG} > s_{cG} \frac{K_R(SF)}{Z_{NG}} = (122933) \frac{(1,00)(1,00)}{(0,95)} = 129403 \text{ psi}$$

Passo 22. Especifique materiais para o pinhão e a engrenagem que tenham têmpera completa ou endurecimento superficial adequados a fim de proporcionar tensões de flexão e de contato admissíveis maiores do que as exigidas nos passos 19 e 21. Normalmente, a tensão de contato no pinhão é o fator controlador. Consulte as figuras 9.11 e 9.12 e as tabelas 9.5 e 9.6 para obter dados sobre a dureza exigida. Veja também os apêndices 3 a 5, nos quais estão as propriedades do aço, para especificar a liga e o tratamento térmico.

Para este problema, a tensão de contato ao pinhão é o fator controlador, como é muitas vezes o caso. É preciso especificar um aço com classificação capaz de lidar com aproximadamente s_{ac} = 133,6 ksi. Primeiro, verifique a Figura 9.12 para analisar se o aço com têmpera completa é prático. Podemos utilizar a equação para o aço de Classe 1 em unidades do sistema norte-americano a fim de determinar o número de dureza Brinell, HB.

$$HB \text{ exigido} = (s_{ac} - 29{,}10)/0{,}322 = (133{,}6 \text{ ksi} - 29{,}10)/0{,}322 = 324$$

Este valor está bem dentro da dureza recomendada para aços com têmpera completa. Com o Apêndice 4, podemos especificar o aço SAE 4140 OQT 1000 com HB = 341 e 18% de alongamento, indicando boa ductilidade. Também é possível verificar a dureza demandada para a engrenagem com s_{ac} exigido = 129,4 ksi.

$$HB \text{ exigido} = (s_{ac} - 29{,}10)/0{,}322 = (129{,}4 \text{ ksi} - 29{,}10)/0{,}322 = 311$$

Esse valor pode ser satisfeito com o aço SAE 4140 OQT 1100 com HB = 311 e 20% de alongamento. No entanto, uma vez que tanto o pinhão quanto a engrenagem recebem praticamente a mesma tensão de contato, talvez seja prudente especificar o mesmo tratamento térmico para ambos, a fim de que possam ser produzidos pelo mesmo processo.

9.12 PROJETO DE ENGRENAGEM PARA O SISTEMA DE MÓDULO MÉTRICO

Aqui, tomamos os princípios, as diretrizes e a metodologia de projeto inicialmente desenvolvidos para o sistema de unidades norte-americano, com base no passo diametral, P_d, e os adaptamos ao sistema internacional de unidades, tendo em vista módulo métrico, m. As variáveis básicas envolvidas estão listadas abaixo com unidades de ambos os sistemas.

Variáveis	Unidades do sistema norte-americano	Unidades do SI
Comprimento (D, C, passo)	pol	mm
Força (W_t, W_r)	lb	N
Potência, P	hp	watts ou kW
Velocidade na linha primitiva, v_t	pés/min	m/s
Tensões	psi ou ksi	MPa

Alguns dos ajustes exigidos para os cálculos e as equações estão listados a seguir, com o objetivo de ajudá-lo a relacionar mentalmente os dois sistemas.

Em geral, recomendamos que os projetos sejam concluídos em um sistema ou outro, com o mínimo de conversões.

- Consulte a Tabela 8.1 para características dos dentes e pares da engrenagem.
- Os quadros, as tabelas e os gráficos deste capítulo contêm ambos os conjuntos de unidade.
- Largura de face, F, limites recomendados:
  Unidades do sistema norte-americano (pol): $8/P_d < F < 16/P_d$ Nominal: $12/P_d$
  Unidades do SI (mm): $8m < F < 16m$ Nominal: $12m$
- Velocidade na linha primitiva, v_t:
  Unidades do sistema norte-americano (pés/min):
  $v_t = \pi Dn/12$ pés/min
  [D em polegadas, n em rpm].
  Unidades do SI (m/s): $v_t = \pi Dn/60000$ m/s
  [D em mm, n em rpm].
- Carga transmitida, W_t:
  Unidades do sistema norte-americano (lb):
  $W_t = 33000(P)/v_t$ [P em hp, v_t em pés/min]
  Unidades do SI (m/s): $W_t = 1000(P)/v_t$ [P em kW, v_t em m/s]

O exemplo a seguir usa as unidades do SI. O procedimento será praticamente o mesmo do projeto feito com unidades norte-americanas.

EXEMPLO 9.5

Um par de engrenagens deve ser projetado para transmitir 15,0 quilowatts (kW) de potência a um grande moedor em uma usina de processamento de carne. O pinhão é acoplado ao eixo de um motor elétrico girando a 575 rpm. A engrenagem precisa operar entre 270 e 280 rpm. Considere a engrenagem do tipo fechada e de qualidade comercial. Engrenagens involutas com fresamento em caracol (qualidade comercial, índice A11), ângulo de pressão de 20° e profundidade total devem ser utilizadas no sistema de módulo métrico. A distância de centro máxima tem que ser 200 mm. Especifique o projeto das engrenagens.

SOLUÇÃO

A razão de velocidade angular nominal é

$$VR = 575/275 = 2,09$$

Estabeleça um fator de sobrecarga $K_o = 1,50$ com base na Tabela 9.7 a fim de obter uma fonte de alimentação uniforme e choque moderado para o moedor de carne. Em seguida, calcule a potência de projeto,

$$P_{des} = K_o P = (1,50)(15 \text{ kW}) = 22,5 \text{ kW}$$

De acordo com a Figura 9.24, $m = 5$ é um módulo experimental razoável. Então

$$N_P = 18 \text{ (decisão de projeto)}$$

$$D_P = N_P m = (18)(5) = 90 \text{ mm}$$

$$N_G = N_P (VR) = (18)(2,09) = 37,6 \text{ (use 38.)}$$

$$D_G = N_G m = (38)(5) = 190 \text{ mm}$$

Velocidade de saída final = $n_G = n_P (N_P/N_G)$

$$N_G = 575 \text{ rpm} \times (18/38) = 272 \text{ rpm}$$

Distância de centro = $C = (N_P + N_G)m/2$ [Tabela 8.1]

$$C = (18 + 38)(5)/2 = 140 \text{ mm (OK)}$$

No sistema internacional, a velocidade na linha primitiva em metros por segundo (m/s) é

$$v_t = \pi D_P n_P/(60000) = [(\pi)(90)(575)]/(60000) = 2,71 \text{ m/s}$$

Nesse sistema, a carga transmitida, W_t, está em newtons (N). Se a potência, P, estiver em kW e v_t estiver em m/s,

$$W_t = 1000(P)/v_t = (1000)(15)/(2,71) = 5536 \text{ N}$$

Largura de face, F: especifiquemos o valor nominal $F = 12m = 12(5) = 60$ mm.

Fatores na análise de tensão:

$K_o = 1,50$ (encontrado anteriormente)

$K_s = 1,00$ (Tabela 9.8; $m = 5$)

$K_R = 1,00$ (Tabela 9.11; confiabilidade de 0,99)

$K_v = 1,31$ (Figura 9.20; $A_v = 11$)

$K_m = 1,21$ (figuras 9.16 e 9.17; $F = 60$ mm; $F/D_P = 60/90 = 0,67$)

$J_P = 0,315$; $J_G = 0,380$ (Figura 9.15; $N_P = 18$, $N_G = 38$)

$C_p = 191$ (Tabela 9.10)

$K_B = 1,00$ (use discos de engrenagem sólidos)

$SF = 1,00$ (sem condições incomuns)

$I = 0,092$ (Figura 9.21)

Tensão de contato no pinhão: (Equação 9.23)

$$S_c = C_P \sqrt{\frac{W_t K_o K_s K_m K_v}{FD_P I}} = 191 \sqrt{\frac{(5536)(1,50)(1,0)(1,21)(1,31)}{(60)(90)(0,092)}} = 983 \text{ MPa}$$

Ajustes para o número de ciclos, com base nas figuras 9.22 e 9.23:

$$Y_{Np} = 0,94 \quad Z_{NP} = 0,91 \quad Y_{NG} = 0,96 \quad Z_{NG} = 0,92$$

s_{acP} necessário $= s_c(SF)(K_R)/Z_{NP} = 983$ MPa $(1,0)(1,0)/0,91 = 1080$ MPa

Usando $s_{acP} = 1080$ MPa, a Figura 9.12 mostra a dureza necessária $=$ HB 396 para aços de Classe 1 com têmpera completa. Isso é aceitável apenas próximo ao limite superior do intervalo recomendado.

Especificação do material: Partindo da Tabela A4.5 (existem outras possibilidades),

SAE 4340 OQT 800; HB 415; $s_y = 1324$ MPa; $s_u = 1448$ MPa; 12% de alongamento.

Verifique outras tensões: Espera-se que a tensão de contato para a engrenagem e a tensão de flexão para o pinhão e a engrenagem exijam menos dureza e resistência de material.

s_{acG} necessário $= s_c(SF)(K_R)/Z_{NG} = 983$ MPa$(1,0)(1,0)/0,92 = 1068$ MPa

Isso é pouco menor do que para o pinhão

$$S_{tP} = \frac{W_t K_o K_s K_B K_m K_v}{Fm J_P} = \frac{(5536)(1,50)(1)(1)(1,21)(1,31)}{(60)(5)(0,315)} = 139 \text{ MPa}$$

s_{atP} necessário $= s_{tP}(SF)(K_R)/Y_{NP} = 139$ MPa $(1,0)(1,0)/0,94 = 148$ MPa

Com referência à Figura 9.11, é óbvio que a tensão de flexão requer uma dureza bem mais baixa para os dentes de engrenagem, inferior a HB 180. A tensão na engrenagem é sempre menor do que no pinhão, então será segura também.

Resumo do projeto: $P = 15,0$ kW de um motor elétrico para um grande moedor de carne

Velocidade do pinhão: $n_p = 575$ rpm

Número de dentes: $N_P = 18$; $N_G = 38$

Módulo: $m = 5$ mm

Material: SAE 4340 OQT 800

Velocidade da engrenagem: $n_G = 272$ rpm

Distância de centro: $C = 140,00$ mm

Diâmetros: $D_P = 90$ mm; $D_G = 190$ mm

> Comentário: Pode-se considerar outro projeto com várias abordagens possíveis:
> 1. Aumentar a largura de face, F, para reduzir as tensões e permitir a escolha de um material com dureza exigida mais moderada e melhor ductilidade. O limite superior recomendado para largura de face é $16m = 16(5) = 80$ mm.
> 2. Aumentar o tamanho do pinhão e o número de dentes (mesmo módulo) para reduzir tensões.
>
>   Possível tentativa: módulo: $m = 5$ mm
>   Número de dentes: $N_P = 22$; $N_G = 46$
>   Distância de centro: $C = 170,00$ mm
>   Diâmetros: $D_P = 110$ mm; $D_G = 230$ mm
> 3. Considerar aço com endurecimento superficial para o projeto inicial em vez de aço com têmpera completa. Um projeto menor também é possível.

9.13 PROJETO E ANÁLISE DE ENGRENAGEM DE DENTES RETOS AUXILIADOS POR COMPUTADOR

Esta seção apresenta uma abordagem para auxiliar o projetista de engrenagens nos muitos cálculos e nas várias decisões que ele deve tomar para produzir um projeto aceitável. A planilha mostrada na Figura 9.25 facilita a produção de um projeto prospectivo de um par de engrenagens em poucos minutos por um projetista experiente. É preciso ter estudado todo o material contido aqui e no Capítulo 8 a fim de compreender os dados necessários para a planilha e usá-la de forma eficaz.

Recomendamos o emprego da planilha para a criação de uma série de iterações de projeto que permitam o avanço em direção a um projeto ideal em pouco tempo. Ela segue o processo descrito na Seção 9.11 até o ponto de cálculo do número de tensão de flexão admissível e do número de tensão de contato admissível exigidos, tanto para o pinhão quanto para a engrenagem. O projetista deve utilizar esses dados para especificar materiais adequados às engrenagens e os tratamentos térmicos.

A seguir, há uma discussão sobre as características essenciais da planilha. No geral, ela primeiro exige a entrada de dados básicos de desempenho, permitindo a especificação de uma geometria proposta. O resultado final é a conclusão das análises de tensão para flexão e resistência à corrosão por pite, tanto para o pinhão quanto para a engrenagem. As equações 9.16 e 9.28 são combinadas para a análise da flexão. Já a análise da resistência à corrosão por pite utiliza as equações 9.23 e 9.29. O projetista deve fornecer dados para os diversos fatores presentes nessas equações com base em figuras e gráficos adequados ou em decisões de projeto. Praticamente todos os cálculos são realizados pela planilha, permitindo que o projetista decida a partir dos resultados intermediários.

O formato adotado na planilha ajuda o projetista a acompanhar o processo. Após definir o problema no topo, a primeira coluna à esquerda requer vários dados de entrada. Qualquer valor em itálico dentro da área sombreada deve ser introduzido pelo projetista. As áreas brancas mostram os resultados dos cálculos e dão orientação. A parte superior da segunda coluna também orienta o projetista na determinação de valores para os diversos fatores necessários às análises de resistência à flexão e corrosão por pite. A área no canto inferior direito da planilha apresenta os dados de saída básicos nos quais as decisões de projeto para materiais e tratamentos térmicos são baseadas.

Os dados da Figura 9.25 foram tomados do Exemplo 9.4, solucionado de forma tradicional na Seção 9.11.

Discussão sobre o uso da planilha para projeto de engrenagem de dentes retos

1. **Descrição da aplicação:** no cabeçalho, o projetista é solicitado a descrever a aplicação para fins de identificação e a destacar as utilizações básicas das engrenagens. Use a natureza do motor principal e da máquina acionada para especificar o fator de sobrecarga, K_o, adotando a Tabela 9.7 como guia.

2. **Dados de entrada iniciais:** supõe-se que o projetista comece com conhecimento sobre a transmissão de potência desejada, a velocidade angular do pinhão do par de engrenagens e a velocidade de saída requerida. Usando a natureza da aplicação e o fator de sobrecarga, K_o, calcule a *potência de projeto* de

$$P_{des} = K_o P$$

Em seguida, aproveite a Figura 9.24 a fim de determinar um valor experimental para o passo diametral utilizando a potência de projeto e a velocidade angular do pinhão. O número de dentes no pinhão é uma decisão de projeto essencial porque o tamanho do sistema depende desse valor. Assegure-se de que não haja interferências.

Um valor experimental inicial de $N_p = 17$ a 20 costuma ser uma boa escolha.

3. **Número de dentes na engrenagem:** a planilha calcula o número aproximado de dentes na engrenagem para produzir a velocidade de saída desejada partindo de $N_G = N_p(n_G/n_p)$. Mas, naturalmente, o número de dentes em qualquer engrenagem deve ser um número inteiro, e o valor real de N_G é inserido pelo projetista.

4. **Dados calculados:** os sete valores informados no meio da primeira coluna são determinados a partir dos dados de entrada e permitem que o projetista avalie a adequação da geometria do projeto proposto nesse ponto. Alterações nos dados de entrada podem ser feitas nesse momento se algum valor estiver fora do intervalo desejado no parecer do projetista.

5. **Dados de entrada secundários:** após obter uma geometria adequada para as engrenagens, o projetista insere os dados exigidos na parte inferior da primeira coluna da planilha. A localização dos dados nas tabelas e figuras pertinentes está listada.

6. **Fatores na análise de projeto:** a análise de tensão exige muitos fatores para a situação única do projeto a ser desenvolvido. Mais uma vez, há orientação, mas o projetista deve inserir os valores dos fatores exigidos. Muitos deles podem ter um valor de 1,00 para condições normais.

7. **Fator de alinhamento:** o fator de alinhamento depende de dois outros: o fator de proporção do pinhão e o fator de correção de alinhamento de malha, como mostram as figuras 9.16 e 9.17. Os valores sugeridos nas áreas brancas são calculados a partir das equações fornecidas nas figuras. Note o valor listado de F/D_P. Se $F/D_P < 0,50$, use $F/D_P = 0,50$ para encontrar C_{pf}. O projetista deve decidir quanto ao tipo de engrenamento a ser utilizado (aberto ou fechado) e o grau de precisão a ser projetado no sistema. O resultado final é estimado a partir dos dados de entrada.

8. **Fator de forma e de espessura de borda:** consulte a Tabela 9.8 e a Figura 9.18. Observe que o fator de espessura de borda pode ser diferente para o pinhão e a engrenagem. Às vezes, o pinhão menor é feito de um disco sólido, ao passo que a engrenagem maior pode usar um projeto com aros e raios.

9. **Fator dinâmico:** a planilha usa as equações incluídas na Tabela 9.9 para calcular o fator dinâmico empregando o índice de qualidade e a velocidade na linha primitiva encontrados a partir dos dados da primeira coluna.

10. **Fator de serviço:** essa é uma decisão de projeto, conforme discutido na Seção 9.11. Muitas vezes, um valor de 1,00 é usado quando não se espera qualquer condição incomum que já não tenha sido levada em conta em outros fatores. Fatores de serviço maiores oferecem um grau maior de segurança ou de consideração de incertezas.

11. **Fator de confiabilidade:** o projetista deve selecionar um valor da Tabela 9.11 de acordo com o nível desejado de confiabilidade.

12. **Fatores de ciclo de tensão:** aqui, o projetista precisa especificar a vida útil de projeto em horas de operação para o par de engrenagens. A Tabela 9.12 fornece sugestões de acordo com a utilização do sistema. O número de ciclos de tensão é estimado para o pinhão e a engrenagem, pressupondo o caso normal de um ciclo com um único sentido de tensão por revolução. Se as engrenagens operarem em modo de reversão, como engrenagens intermediárias, ou em trens de engrenagem planetária, esse cálculo deverá ser ajustado para levar em conta os múltiplos ciclos de tensão recebidos em cada revolução. As diretrizes recomendam fatores de 1,00 para 10^7 ciclos, aos quais os números de tensão admissível são calculados. Para um maior número de ciclos, as equações indicadas nas figuras 9.22 e 9.23 são usadas a fim de calcular os fatores recomendados. Uma vez que uma grande variedade de dados é fornecida para casos com menos de 10^7 ciclos, o projetista deve consultar as figuras com o intuito de determinar os fatores. Qualquer que seja a condição, o usuário da planilha precisa inserir os valores selecionados.

13. **Análises de tensão para flexão e resistência à corrosão por pite:** por fim, o número de tensão de flexão admissível e o de contato admissível exigidos são calculados com as equações 9.28 e 9.29, e ajustados aos valores especiais dos fatores para o pinhão e a engrenagem.

14. **Especificação dos materiais e do tratamento térmico:** a etapa final trata de utilizar os valores calculados com as análises de tensão e especificar os materiais que oferecerão resistência e dureza superficial adequadas aos dentes da engrenagem. Dados pertinentes estão listados nas figuras 9.11 e 9.12 e nas tabelas 9.5 e 9.6. As tabelas dos apêndices com propriedades dos materiais também podem ser consultadas uma vez que a dureza necessária tenha sido determinada.

9.14 UTILIZAÇÃO DA PLANILHA PARA PROJETO DE ENGRENAGEM DE DENTES RETOS

A planilha desenvolvida na Seção 9.13 é uma ferramenta útil que auxilia o projetista a concluir um projeto de um par de engrenagens seguro no que diz respeito às tensões de flexão nos dentes e à resistência

PROJETO DE ENGRENAGENS DE DENTES RETOS

APLICAÇÃO:	Exemplo 9.4				
Picador de madeira acionado por motor elétrico					
Dados de entrada iniciais:					
Fator de sobrecarga:	$K_o = 1,75$ Tabela 9.7				
Potência transmitida:	$P = 3$ hp				
Potência de projeto:	$P_{des} = 5,25$ hp				
Passo diametral:	$P_d = 12$ Figura 9.24				
Velocidade de entrada:	$n_p = 1750$ rpm				
Número de dentes no pinhão:	$N_P = 18$				
Velocidade de saída desejada:	$n_G = 462,5$ rpm				
Número calculado de dentes da engrenagem:	68,1				
Insira: número escolhido de dentes na engrenagem:	$N_G = 68$				
Dados calculados:					
Velocidade de saída real:	$n_G = 463,2$ rpm				
Relação de transmissão:	$m_G = 3,78$				
Diâmetro de passo — pinhão:	$D_P = 1,500$ pol				
Diâmetro de passo — engrenagem:	$D_G = 5,667$ pol				
Distância de centro:	$C = 3,583$ pol				
Velocidade na linha primitiva:	$v_t = 687$ pés/min				
Carga transmitida:	$W_t = 144$ lb				
Dados de entrada secundários:					
		Min	Nominal	Máx	
Diretrizes para largura de face (pol):		0,667	1,000	1,333	
Insira: largura de face:	$F = 1,000$ pol				
Proporção: largura de face/diâmetro do pinhão:	$F/D_P = 0,67$				
Intervalo recomendado de proporção:	$0,50 < F/D_P < 2,00$				
Insira: coeficiente elástico:	$C_p = 2300$ Tabela 9.10				
Insira: índice de qualidade:	$A_v = 11$ Tabela 9.3				
Fator dinâmico:	$K_v = 1,35$ Tabela 9.9				
[Fatores para calcular K_v:]	$B = 0,826$	$C = 59,75$			
Referência:	$N_P = 18$	$N_G = 68$			
Fator geométrico de flexão — pinhão:	$J_P = 0,325$ Figura 9.15				
Fator geométrico de flexão — engrenagem:	$J_G = 0,410$ Figura 9.15				
Referência:	$m_G = 3,78$				
Insira: fator geométrico de corrosão por pite:	$I = 0,104$ Figura 9.21				

Fatores na análise de projeto:			
Fator de alinhamento, $K_m = 1,0 + C_{pf} + C_{ma}$	Se $F < 1,0$	Se $F > 1,0$	
Fator de proporção do pinhão, $C_{pf} =$	0,042	0,042	[0,50 < F/D_P < 2,00]
Insira: $C_{pf} =$	0,042	Figura 9.16	
Tipo de engrenamento:	Aberto	Comercial	Precisão	Extrema precisão
Fator de correção de alinhamento de malha, $C_{ma} =$	0,264	0,143	0,080	0,048
Insira: $C_{ma} =$	0,264	Figura 9.17		
Fator de alinhamento: $K_m =$	1,31	[calculado]		
Fator de forma: $K_s =$	1,00	Tabela 9.8: Use 1,00 se $P_d > = 5$		
Fator de espessura de borda do pinhão: $K_{BP} =$	1,00	Figura 9.18: use 1,00 no caso de disco sólido		
Fator de espessura de borda da engrenagem: $K_{BG} =$	1,00	Figura 9.18: use 1,00 no caso de disco sólido		
Fator de serviço: $SF =$	1,00	Use 1,00 se não houver condições incomuns		
Fator de confiabilidade: $K_R =$	1,00	Tabela 9.11 Use 1,00 para $R = 0,99$		
Insira: Vida útil de projeto:	3000	horas	Consulte a Tabela 9.12	
Pinhão — número de ciclos de carga: $N_P =$	3,2E+08		Diretrizes: Y_N, Z_N	
Engrenagem — Número de ciclos de carga: $N_G =$	8,3E+07		10^7 ciclos	>10^7	10^7
Fator de ciclo de tensão de flexão: $Y_{NP} =$	0,96		1,00	0,96	Figura 9.22
Fator de ciclo de tensão de flexão: $Y_{NG} =$	0,98		1,00	0,98	Figura 9.22
Fator de ciclo de corrosão por pite: $Z_{NP} =$	0,92		1,00	0,92	Figura 9.23
Fator de ciclo de corrosão por pite: $Z_{NG} =$	0,95		1,00	0,95	Figura 9.23

Análise de tensão: flexão

Pinhão: s_{at} necessário =	17102 psi	Consulte a Figura 9.11
Engrenagem: s_{at} necessário =	13280 psi	ou a Tabela 9.5

Análise de tensão: corrosão por pite

Pinhão: s_{ac} necessário =	133471 psi	Consulte a Figura 9.12
Engrenagem: s_{ac} necessário =	129256 psi	ou a Tabela 9.5
HB necessária do pinhão:	324	equações na Figura 9.12 — Classe 1
HB necessária da engrenagem:	311	equações na Figura 9.12 — Classe 1

Especificar materiais, ligas e tratamento térmico para equipamentos com utilização severa.

Uma possível especificação de material:

Pinhão exige HB 324: SAE 4140 OQT 1000; HB 341, 18% de alongamento
Engrenagem exige HB 311: SAE 4140 OQT 1100; HB 311, 20% de alongamento

Observações:

Seria lógico especificar o mesmo tratamento térmico para o pinhão e a engrenagem, pois suas tensões de contato são muito semelhantes.

▲ **FIGURA 9.25** Solução de planilha para projeto de engrenagem de dentes retos utilizando dados do Exemplo 9.4.

à corrosão por pite. A utilização da planilha foi demonstrada com os dados do Exemplo 9.4, como indica a Figura 9.25.

Um uso importante da planilha é propor e analisar várias alternativas de projeto e avançar em direção a um projeto ideal em relação a tamanho, custo e outros parâmetros fundamentais para determinado objetivo.

Projetistas de transmissões comuns de máquinas e veículos devem utilizar aços de Classe 1 e tratamentos térmicos padrões, como têmpera e revenimento. Quando o tamanho pequeno for essencial ou quando o custo não for uma grande preocupação, o endurecimento superficial por cementação, o endurecimento por chama ou indução ou a nitretação poderão ser adotados. Por isso, costuma ser desejável produzir várias alternativas de projeto que possam ser analisadas em termos de custo e viabilidade de fabricação. Então, a seleção final tem como ser feita com a certeza de que um projeto razoavelmente ideal foi identificado.

ITERAÇÕES SUCESSIVAS. Agora, daremos continuidade ao processo de projeto fazendo alterações cuidadosas nas decisões com base nas *Diretrizes para ajustes nas iterações* da Seção 9.11, pouco antes do Exemplo 9.4.

O projeto de transmissão do picador de madeira, no Exemplo 9.4, foi muito satisfatório tendo em vista a intenção de se obter um projeto eficiente usando aço com têmpera completa. O emprego de aço SAE 4140 OQT 1000 com dureza de 341 HB é capaz de resistir a uma possível corrosão por pite causada pela tensão de contato do pinhão, de aproximadamente 134 ksi.

Mas como podemos aprimorar esse projeto? A resposta requer uma reflexão sobre o que constitui esse aprimoramento. Os objetivos de projeto comumente desejáveis para uma transmissão por engrenagem, listados no início da Seção 9.11, afirmavam que a transmissão deveria:

Ser compacta e pequena
Ter vida longa
Ser de fácil fabricação
Operar com suavidade e em silêncio
Ter baixo custo
Ser compatível com os demais elementos da máquina, como rolamentos, eixos, carcaça, acionador e máquina acionada

Em determinado projeto, alguns objetivos podem receber mais prioridade do que outros. Além disso, alguns deles são antagônicos; por exemplo, é muito provável que uma engrenagem extremamente compacta e pequena não tenha o custo menor nem a fabricação mais fácil. No entanto, pode valer a pena produzir uma transmissão menor. É preciso saber mais sobre a aplicação final antes de dar tais pareceres.

Prosseguimos com a premissa de que, para o picador de madeira, uma transmissão do menor tamanho possível é desejada, ao passo que custo e facilidade de fabricação são preocupações secundárias. Consultando as *Diretrizes*, pode-se concluir que as seguintes alterações facilitarão a confecção de um projeto menor, mas, ainda assim, seguro:

1. Obviamente, cada engrenagem deve ser menor do que as do projeto inicial, contido no Exemplo 9.4.
2. Usar um valor maior de passo diametral com o mesmo número de dentes resulta em engrenagens menores e distância de centro proporcionalmente menor.
3. Engrenagens menores costumam resultar em tensões de flexão e de contato maiores nos dentes, exigindo materiais com maior resistência.
4. O número de dentes (18) não pode ser diminuído de forma considerável sem risco de interferência.
5. A largura de face pode ser utilizada para *afinar* o projeto.
6. Dentes mais precisos (maior valor de A_v) também podem ser usados para *afinar* o projeto.

DECISÕES DE PROJETO PARA A SEGUNDA TENTATIVA: a principal mudança para se obter um projeto menor é aumentar o valor do passo diametral. Podemos tentar P_d = 16 em vez de P_d = 12, usado no Exemplo 9.4. Agora poderemos demonstrar a vantagem de se utilizar uma planilha como auxílio de cálculo. A Figura 9.26 mostra o resultado final — um projeto muito menor e ainda seguro. ***Concluir esse projeto levou apenas alguns minutos.*** Os dados alterados são destacados dentro das células em negrito. Aqueles que são decisões de projeto ficam dentro das células sombreadas, e aqueles que foram calculados pela planilha ficam em células com fundo branco. A alterações controladas pelo usuário são:

1. P_d = 16
2. F = 1,00 pol [na extremidade final do limite recomendado; $F_{máx}$ = 16 > P_d]
3. A_v = 10 [pouco mais preciso do que o valor original de A_v = 11; observe que K_v = 1,24 é moderadamente menor do que o valor de 1,35 no projeto inicial.]
4. K_m = 1,33 [pouco maior do que o valor de 1,31; causado pela mudança em C_{pf} = 0,064 a partir de 0,042 para o teste inicial, porque a razão F/D_P mudou. K_v foi calculado pela planilha após o ajuste em C_{pf} ter sido exibido e selecionado pelo usuário.]

PROJETO DE ENGRENAGENS DE DENTES RETOS

APLICAÇÃO:	Exemplo 9.6			Fatores na análise de projeto:			
Projeto alternativo: picador de madeira acionado por motor elétrico (Exemplo 9.6)				Fator de alinhamento, $K_m = 1,0 + C_{pf} + C_{ma}$	Se $F < 1,0$	Se $F > 1,0$	
Dados de entrada iniciais:				Fator de proporção do pinhão, $C_{pf} =$	0,064	0,064	[0,50 < F/D_p < 2,00]
Fator de sobrecarga:	$K_o =$	1,75	Tabela 9.7		Se $F < 1,0$	Figura 9.16	
Potência transmitida:	$P =$	3	hp	*Insira:* $C_{pf} =$	0,064		
Potência de projeto:	$P_{des} =$	5,25	hp	Tipo de engrenamento:	Aberto	Comercial	Precisão	Extrema Precisão
Passo diametral:	$P_d =$	16	Figura 9.24	Fator de correção de alinhamento de malha, $C_{ma} =$	0,264	0,143	0,080	0,048
Velocidade de entrada:	$n_P =$	1.750	rpm	*Insira:* $C_{ma} =$	0,264			
Número de dentes no pinhão:	$N_P =$	18		Fator de alinhamento: $K_m =$	1,33	[calculado]		
Velocidade de saída desejada:	$n_G =$	462,5	rpm	Fator de forma: $K_s =$	1,00	Tabela 9.8: use 1,00 se $P_d >= 5$		
Número calculado de dentes da engrenagem:		68,1		Fator de espessura de borda do pinhão: $K_{BP} =$	1,00	Figura 9.18: use 1,00 no caso de disco sólido		
Insira: número escolhido de dentes na engrenagem:	$N_G =$	68		Fator de espessura de borda da engrenagem: $K_{BG} =$	1,00	Figura 9.18: use 1,00 no caso de disco sólido		
Dados calculados:				Fator de serviço: $SF =$	1,00	Use 1,00 se não houver condições incomuns		
Velocidade de saída real:	$n_G =$	463,2	rpm	Fator de confiabilidade: $K_R =$	1,00	Tabela 9.11 Use 1,00 para $R = 0,99$		
Relação de transmissão:	$m_G =$	3,78		*Insira:* Vida útil de projeto:	3000	horas	Consulte a Tabela 9.12	
Diâmetro de passo — pinhão:	$D_P =$	1,125	pol	Pinhão — número de ciclos de carga: $N_P =$	3,2E+08		Diretrizes: Y_N, Z_N	
Diâmetro de passo — engrenagem:	$D_G =$	4,250	pol	Engrenagem — número de ciclos de carga: $N_G =$	8,3E+07		10^7 ciclos	>10^7	10^7
Distância de centro:	$C =$	2,688	pol	Fator de ciclo de tensão de flexão: $Y_{NP} =$	0,96		1,00	0,96	Figura 9.22
Velocidade na linha primitiva:	$v_t =$	515	pés/min	Fator de ciclo de tensão de flexão: $Y_{NG} =$	0,98		1,00	0,98	Figura 9.22
Carga transmitida:	$W_t =$	192	lb	Fator de ciclo de corrosão por pite: $Z_{NP} =$	0,92		1,00	0,92	Figura 9.23
Dados de entrada secundários:				Fator de ciclo de corrosão por pite: $Z_{NG} =$	0,95		1,00	0,95	Figura 9.23

	Min	Nominal	Máx	**Análise de tensão: flexão**			
Diretrizes para largura de face (pol):	0,500	0,750	1,000	Pinhão: s_{at} necessário =	28496	psi	
Insira: largura de face:	$F =$	1,000	pol	Engrenagem: s_{at} necessário =	22127	psi	
Proporção largura de face/diâmetro do pinhão:	$F/D_P =$	0,89		**Análise de tensão: corrosão por pite**			
Intervalo recomendado de proporção: 0,50 < F/D_P < 2,00				Pinhão: s_{ac} necessário =	172288	psi	
Insira: coeficiente elástico:	$C_p =$	2300	Tabela 9.10	Engrenagem: s_{ac} necessário =	166847	psi	
Insira: índice de qualidade:	$A_v =$	10	Tabela 9.3	HB necessária do pinhão:	445	equações na Figura 9.12 — Classe 1	
Fator dinâmico:	$K_v =$	1,24	Tabela 9.9	HB necessária da engrenagem:	428	equações na Figura 9.12 — Classe 1	
[Fatores para calcular K_v:]	$B =$	0,731	$C = 65,04$	**Especificar materiais, ligas e tratamento térmico para equipamentos com utilização severa.**			
Referência:	$N_P = 18$		$N_G = 68$	**Requisitos de material: observação:** aço com têmpera completa não pode ser usado.			
Fator geométrico de flexão — pinhão:	$J_P =$	0,325	Figura 9.15	Para o pinhão, é necessário endurecimento superficial — HRC 54, no mínimo; indução, chama ou cementação			
Fator geométrico de flexão — engrenagem:	$J_G =$	0,410	Figura 9.15	Para a engrenagem, é necessário endurecimento superficial — HRC 50, no mínimo; indução, chama ou cementação			
Referência:	$m_G = 3,78$			**Observações: possível especificação — Aço SAE 6150 com endurecimento por indução**			
Fator geométrico de corrosão por pite:	$I =$	0,104	Figura 9.21	Pinhão e engrenagem: SAE 6150: tratamento térmico no núcleo OQT 1200; HB 293			
				Endurecido por indução a, no mínimo, HRC 54			

▲ **FIGURA 9.26** Solução de planilha para o Exemplo 9.6; projeto alternativo para engrenagem de dentes retos utilizando os dados do Exemplo 9.4.

COMPARAÇÃO DOS RESULTADOS:

	Projeto 1	Projeto 2
	Exemplo 9.4	Exemplo 9.6
a. Diâmetro do pinhão: D_P	1,500 pol	1,125 pol
b. Diâmetro da engrenagem: D_G	5,667 pol	4,250 pol
c. Distância de centro: C	3,583 pol	2,688 pol
d. Velocidade na linha primitiva: v_t	687 pés/min	515 pés/min
e. Carga transmitida: W_t	144 lb	192 lb
f. s_{atP} necessário:	17102 psi	28496 psi
g. s_{atG} necessário:	13280 psi	22127 psi
h. s_{acP} necessário:	133471 psi	172288 psi
i. s_{acPG} necessário:	129256 psi	166847 psi
j. Material:	SAE 4140 OQT 1000 Têmpera completa	SAE 6150 OQT 1200, Endurecimento superficial por indução

OBSERVAÇÕES SOBRE AS ALTERAÇÕES E SEUS EFEITOS:

a. Engrenagens menores produzem tensões maiores.

b. O tamanho das engrenagens e da transmissão geral foi reduzido significativamente, como pode ser visto na Figura 9.27, que mostra um desenho em escala dos dois projetos. Uma medida é o conjunto das dimensões mínimas dentro da carcaça para incluir as duas engrenagens, indicadas como x e y.

$x_1 = 7,333$ pol $x_2 = 5,500$ pol (25% menor)

$y_1 = 5,833$ pol $y_2 = 4,375$ pol (25% menor)

Onde $x = C + D_{oP}/2 + D_{oG}/2$ e $y = D_{oG}$

c. A tensão de contato no pinhão (valor de tensão determinante) aumentou 33% no segundo projeto em relação ao primeiro. Isso foi consequência de dentes mais precisos e diâmetro de passo menor nas engrenagens.

d. O valor da tensão de contato no pinhão, de aproximadamente 172 ksi, tornava impraticável a utilização de aço com têmpera completa. Observe que o cálculo planilhado indica a necessidade de uma dureza de 445 HB. No entanto, a Figura 9.12 indica que nenhum projeto deveria utilizar uma dureza superior a 400 HB.

e. Portanto, para $s_{acP} = 172$ ksi, é necessário algum tipo de endurecimento superficial, seja *endurecimento por indução*, *por chama* ou *cementação e endurecimento superficial*, como indica a Tabela 9.5.

f. O uso de endurecimento por indução foi uma decisão de projeto, mas a indução é uma escolha muito frequente na indústria. Consulte o Site 19 para obter os dados de um fornecedor de sistemas de endurecimento por indução.

g. A especificação do aço SAE 6150 para as engrenagens foi uma decisão de projeto baseada na necessidade de um aço altamente endurecível que alcançasse durezas mínimas de 54 HRC (como observado na Tabela 9.5). A Figura 4.6 indica que essa liga, após processo de têmpera, pode estar na faixa de 627 HB, correspondente a cerca de 58 HRC (Apêndice 17).

h. O endurecimento por indução é considerado um processo terciário para engrenagens porque:

- As engrenagens costumam ser primeiro usinadas por fresamento com caracol.
- Em seguida, recebem tratamento térmico para produzir propriedades desejáveis no núcleo dos dentes. Nesse caso, consultando a Figura A4.6, optou-se por utilizar o tratamento térmico OQT 1200, que produzirá uma dureza de núcleo de HB 293 e 20% de alongamento, uma condição altamente dúctil.
- As engrenagens são endurecidas por indução a uma profundidade moderada para obter alta resistência à corrosão por pite nas faces dos dentes. Processos bem projetados também produzirão endurecimento superficial na área da raiz, onde ocorrem as tensões de flexão mais elevadas.

i. Uma vez que o tratamento térmico pode causar distorção, um esmerilhamento ou outros processos de acabamento pode ser necessário para produzir o índice de qualidade final da engrenagem — no caso, $A_v = 11$.

j. Essa longa lista de etapas de processamento torna a escolha por endurecimento superficial por indução muito mais dispendiosa do que uma simples têmpera completa. O projetista deve considerar que o valor do benefício trazido pelo sistema menor excede os custos adicionais.

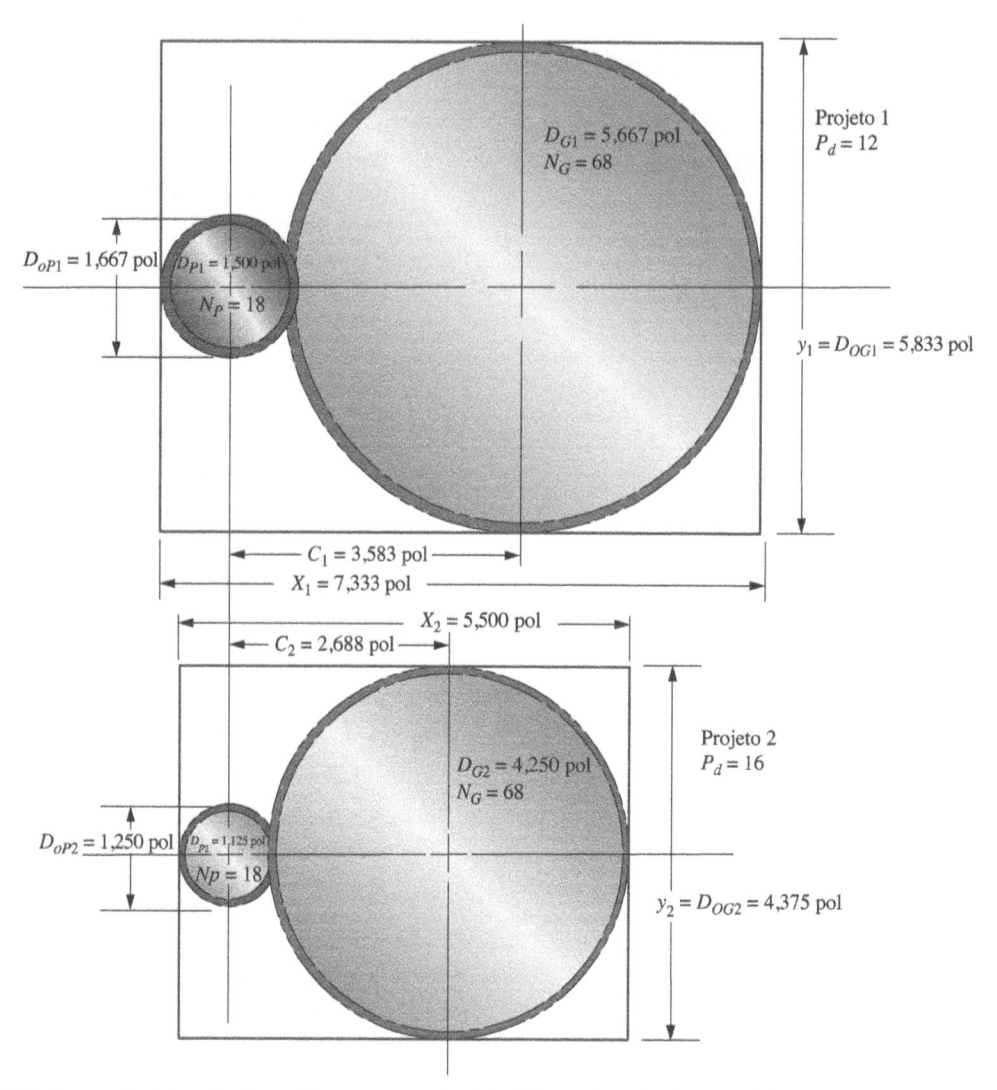

▲ **FIGURA 9.27** Comparação de tamanho dos projetos para os exemplos 9.4 e 9.6, com dimensões internas mínimas para a carcaça.

Espera-se que os leitores deste livro passem por processos semelhantes de tomada de decisão ao projetar transmissões por engrenagem e especificar materiais e tratamentos térmicos.

9.15 CAPACIDADE DE TRANSMISSÃO DE POTÊNCIA

Por vezes, é desejável calcular a quantidade de potência que um par de engrenagens pode transmitir com segurança depois de ter sido completamente definido. A *capacidade de transmissão de potência* P_{cap} é a capacidade de a carga tangencial igualar a tensão esperada ao número de tensão admissível, tendo considerado todos os fatores modificadores. A capacidade deve ser calculada para a resistência à flexão e à corrosão por pite tanto do pinhão quanto da engrenagem.

Quando materiais semelhantes são usados no pinhão e na engrenagem, é provável que o pinhão esteja mais sujeito à tensão de flexão. No entanto, a condição mais crítica costuma ser a resistência à corrosão por pite. As relações a seguir podem ser usadas para calcular a capacidade de transmissão de potência. Nesta análise, pressupõe-se que a temperatura de funcionamento das engrenagens e dos lubrificantes seja de 250 °F e que elas tenham sido produzidas com acabamento apropriado na superfície.

Flexão

Começaremos com as equações 9.16 e 9.28, nas quais o número de tensão de flexão calculado é comparado ao número de tensão de flexão admissível modificado para a engrenagem:

$$s_{at} = s_t \frac{(SF)(KR)}{Y_N} = \frac{W_t P_d}{FJ} K_o K_s K_m K_B K_v \times \frac{(SF)(KR)}{Y_N}$$

Mas, calculando W_t, têm-se

$$W_t = \frac{s_{at}Y_N F J}{(SF)K_R K_o K_s K_m K_B K_v P_d} \quad (9.31)$$

Foi mostrado na Equação 9.8 que

$$W_t = (126000)(P)/(n_p D_p)$$

Então, substituindo-se na Equação 9.31 e chamando a potência P_{cap}, têm-se

$$\frac{(126000)(P_{cap})}{n_P D_P} = \frac{s_{at}Y_N F J}{(SF)K_R K_o K_s K_m K_B K_v P_d}$$

Calculando P_{cap}, têm-se

$$P_{cap} = \frac{s_{at} Y_N F J n_P D_P}{(126000)(P_d)(SF) K_R K_o K_s K_m K_B K_v} \quad (9.32)$$

Essa equação deve ser resolvida para o pinhão e a engrenagem. A maioria das variáveis será a mesma, exceto para s_{at}, Y_N, J e, possivelmente, K_B.

Resistência à corrosão por pite

Começaremos com as equações 9.23 e 9.29, nas quais o número de tensão de contato calculado é comparado ao de contato admissível modificado para a engrenagem. A Equação 9.26 pode ser expressa sob a forma

$$s_{ac} = s_c \frac{(SF)(KR)}{Z_N} = C_P \sqrt{\frac{W_t K_o K_s K_m K_v}{D_P F I}} \times \frac{(SF)(KR)}{Z_N}$$

Elevando-se ao quadrado ambos os lados da equação e solucionando para W_t, têm-se

$$\frac{W_t K_o K_s K_m K_v}{D_P F I} = \left[\frac{s_{ac} Z_N}{(SF)K_R C_P}\right]^2$$

$$W_t = \frac{D_P F I}{K_o K_s K_m K_v}\left[\frac{s_{ac} Z_N}{(SF)K_R C_P}\right]^2 \quad (9.33)$$

Agora, substituindo-se na Equação 9.8 e calculando a potência P_{cap}, têm-se

$$P_{cap} = \frac{W_t D_P n_P}{126000} = \frac{D_P n_P D_P F I}{126000 K_o K_s K_m K_v}\left[\frac{s_{ac} Z_N}{(SF)K_R C_P}\right]^2$$

$$P_{cap} = \frac{n_P F I}{126000 K_o K_s K_m K_v}\left[\frac{s_{ac} D_P Z_N}{(SF)K_R C_P}\right]^2 \quad (9.34)$$

As equações 9.32 e 9.34 devem ser usadas para calcular a capacidade de transmissão de potência a um par de engrenagens de projeto conhecido com materiais específicos. Partindo da especificação do material com sua condição (em geral, um tratamento térmico ou processo de endurecimento superficial), os valores-limite para s_{at} e s_{ac} podem ser encontrados a partir das figuras 9.11 e 9.12 e das tabelas 9.5 e 9.6. A inserção desses valores e dos dados conhecidos para o projeto proposto permite o cálculo da capacidade de transmissão de potência, P_{cap}. Esse valor pode ser compartilhado com colegas e clientes para verificar a adequação de um projeto a determinada aplicação.

9.16 ENGRENAGENS DE PLÁSTICO

Os plásticos satisfazem uma parte importante e crescente de aplicações de engrenamento. Algumas das várias vantagens do plástico em sistemas de engrenamento em relação aos aços e outros metais são:

- Menor peso
- Menor inércia
- Possibilidade de funcionar com pouca ou nenhuma lubrificação externa
- Funcionamento mais silencioso
- Baixo atrito, resultando em uma malha mais eficiente
- Resistência a químicos e capacidade de funcionar em ambientes corrosivos
- Capacidade de operar bem sob condições de vibração moderada, choque e impacto
- Custo relativamente baixo quando fabricado em grandes quantidades
- Capacidade de combinar vários recursos em uma única peça
- Alojamento de maior tolerância por causa da resiliência
- Propriedades de material que podem ser personalizadas para atender às necessidades da aplicação
- Menor desgaste entre alguns plásticos em relação aos metais em certas aplicações

As vantagens devem ser comparadas com as desvantagens, como:

- Resistência relativamente menor em comparação aos metais
- Menor módulo de elasticidade
- Maiores coeficientes de expansão térmica
- Dificuldade ao operar em altas temperaturas
- Custo inicial alto para projeto, desenvolvimento e fabricação do molde
- Mudança de dimensão com absorção de umidade que varia conforme as condições
- Vasta gama de formulações de material, o que dificulta o projeto

Algumas engrenagens de plástico são cortadas com processos de fresamento com caracol ou conformação semelhantes aos utilizados para engrenagens metálicas. No entanto, a maioria das engrenagens de plástico é fabricada com processo de molde por injeção por causa de sua capacidade de produzir grandes quantidades em pouco tempo e com baixo custo. O projeto do molde é essencial porque deve acomodar o encolhimento que ocorre enquanto o plástico derretido se solidifica. A abordagem tipicamente bem-sucedida leva em conta o encolhimento previsto, fazendo a matriz maior do que o tamanho exigido para a engrenagem acabada. No entanto, a tolerância não é uniforme em toda a engrenagem, e é necessário ter uma quantidade significativa de dados sobre as propriedades de moldagem do material e do processo de moldagem em si para produzir engrenagens de plástico com alta precisão dimensional. Costuma-se usar softwares de projeto de molde, que simulam o fluxo do plástico derretido pelas cavidades do molde e o processo de cura. O molde da engrenagem ou suas ferramentas de corte são projetados para produzir dentes dimensionalmente precisos, com espessura controlada de forma a criar uma quantidade adequada de folga durante a operação. A usinagem por descargas elétricas (EDM) é normalmente usada para produzir formas de dente precisas em moldes feitos de aços com dureza elevada e resistentes ao desgaste, garantindo que vários processos de produção sejam conduzidos sem a substituição da ferramenta.

Materiais plásticos para engrenagens

A grande variedade de plásticos disponível dificulta a seleção de material, e recomenda-se que os projetistas de sistemas de engrenagem consultem fornecedores de material, projetistas de molde e fabricantes durante o processo de projeto. Embora a simulação possa ajudar na obtenção de um projeto adequado, recomenda-se a condução de testes em condições realistas antes de encaminhá-lo à produção. Alguns tipos mais comuns de materiais utilizados na fabricação de engrenagens são os seguintes:

Nylon	Acetal	ABS (acrilonitrila-butadieno-estireno)
Policarbonato	Poliuretano	Termoplásticos de poliéster
Poliimida	Compostos fenólicos	Sulfeto de polifenileno
Polisulfonas	Óxidos de fenileno	Estireno-acrilonitrila (SAN)

Os projetistas devem buscar um equilíbrio adequado de características do material para a aplicação, considerando-se, por exemplo:

- Resistência à flexão sob condições de fadiga
- Alto módulo de elasticidade para rigidez
- Resistência a impacto e robustez
- Resistência a desgaste e abrasão
- Estabilidade dimensional sob as temperaturas esperadas

- Estabilidade dimensional por causa da absorção de líquidos e umidade
- Desempenho de atrito e possível necessidade de lubrificação
- Funcionamento em ambientes de vibração
- Resistência a produtos químicos e compatibilidade com o ambiente operacional
- Sensibilidade à radiação ultravioleta
- Resistência à fluência se operado sob carga durante longos períodos
- Capacidade de resistir às chamas
- Custo
- Facilidade de processamento e moldagem
- Considerações de montagem e desmontagem
- Compatibilidade com peças conjugadas
- Impacto ambiental durante o processamento, o uso, a reciclagem e o descarte

Os materiais plásticos básicos listados anteriormente costumam ser modificados com cargas e aditivos para produzir propriedades ideais de moldagem. Alguns deles são:

Reforços para resistência, robustez, moldabilidade, estabilidade a longo prazo, condutividade térmica e estabilidade dimensional: fibras de vidro longas, fibras de vidro picadas, vidro moído, fibras de vidro tecidas, fibras de carbono, esferas de vidro, flocos de alumínio, mineral, celulose, modificadores de borracha, farinha de madeira, algodão, tecido, mica, talco e carbonato de cálcio.

Fillers para melhorar a lubricidade e o desempenho sob atrito: PTFE (politetrafluoretileno), silicone, fibras de carbono, pó de grafite e bissulfeto de molibdênio (MoS_2).

Consulte a Seção 2.17 para discussões adicionais sobre materiais plásticos, suas propriedades e considerações especiais para a seleção. Consulte os sites 1, 8, 18 e 20.

Resistência de projeto para materiais de engrenagem de plástico

Aqui são fornecidos dados sobre materiais plásticos típicos utilizados na fabricação de engrenagens. Eles podem ser aplicados na solução de problemas deste livro. No entanto, a verificação das propriedades dos materiais a serem usados em aplicação comercial, levando-se em conta as condições de funcionamento, deve ser adquirida junto ao fornecedor. Os efeitos da temperatura sobre a resistência, o módulo, a robustez, a estabilidade química e a precisão dimensional são especialmente importantes. Os processos de fabricação devem ser controlados para garantir que as propriedades finais sejam consistentes com os valores prescritos.

A Tabela 9.14 lista alguns dados selecionados para a tensão de flexão admissível no dente, s_{at}, em engrenagens de plástico. Vários dados adicionais para outros materiais podem ser encontrados nas referências 19 e 21. Observe o aumento significativo da resistência admissível gerado pelo reforço de vidro. A combinação de fibras de vidro com a matriz básica de plástico funciona como um material compósito com a quantia de reforço normalmente variando entre 20% e 50%.

Os fornecedores de material podem providenciar dados em forma de gráficos para consideração de fadiga nos plásticos, como os mostrados na Figura 9.28, apresentando a tensão de flexão admissível em função do número de ciclos até a falha para o nylon DuPont Zytel© e para a resina acetal Delrin©. Esses dados são para engrenagens moldadas operando em temperatura ambiente com os passos diametrais indicados, velocidade na linha primitiva abaixo de 4000 pés/min e lubrificação contínua. Reduções devem ser aplicadas para engrenagens cortadas, temperaturas mais elevadas, passos diferentes e condições de lubrificação distintas. Consulte a Referência 21.

Geometria dos dentes

Em geral, a geometria padrão dos dentes em engrenagens plásticas segue as premissas apresentadas na Seção 8.4. Os diâmetros de passo padrão da Tabela 8.3 e os módulos métricos padrão da Tabela 8.4 devem ser usados, a menos que haja grandes vantagens em utilizar outros valores. Deve-se verificar a possibilidade de os fornecedores oferecerem passos fora dos padrões. Ângulos de pressão de $14\frac{1}{2}°$, 20° e 25° são utilizados, com preferência aos de 20°. As fórmulas padronizadas para o adendo, o dedendo e a folga para dentes involutos de profundidade total estão listadas Tabela 8.1. Os valores de qualidade para engrenagens são definidos de forma semelhante aos das engrenagens metálicas, conforme discutido na Seção 9.5. O índice de qualidade típico da AGMA produzido com molde por injeção está na faixa de A11 a A7.

Às vezes, os projetistas usam formas especiais para adaptar a resistência dos dentes de plástico às exigências de aplicações específicas. O sistema *stub* com ângulo de pressão de 20° proporciona dentes mais curtos e largos do que o sistema de profundidade total com ângulo de pressão de 20°, diminuindo a tensão de flexão do dente. A unidade Plastics Gearing Technology da empresa ABA-PGT desenvolveu outro sistema que vem agradando alguns projetistas. Consulte as referências 1, 2, 12 e 13.

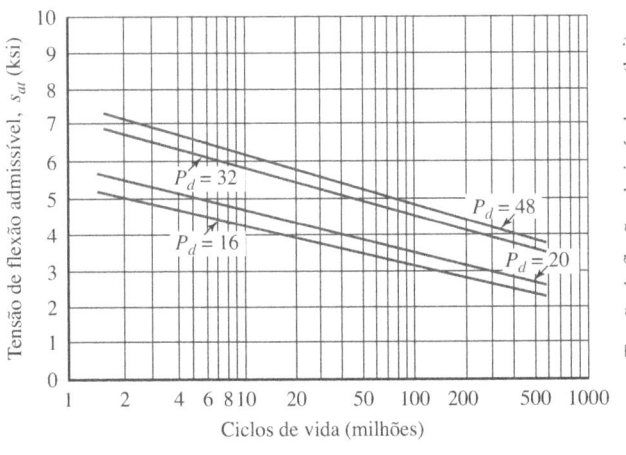

▼ TABELA 9.14 Tensão de flexão admissível aproximada para o dente, s_{at}, em engrenagens plásticas.

Material	Tensão de flexão admissível aproximada, s_{at}, psi (MPa)	
	Sem reforços	Reforçados com vidro
ABS	3000 (21)	6000 (41)
Acetal	5000 (34)	7000 (48)
Nylon	6000 (41)	12000 (83)
Policarbonato	6000 (41)	9000 (62)
Poliéster	3500 (24)	8000 (55)
Poliuretano	2500 (17)	

Fonte: Plastics Gearing. Manchester, CT: ABA/PGT Publishing, 1994.

(a) Dados de vida em fadiga para a resina de nylon DuPont© Zytel

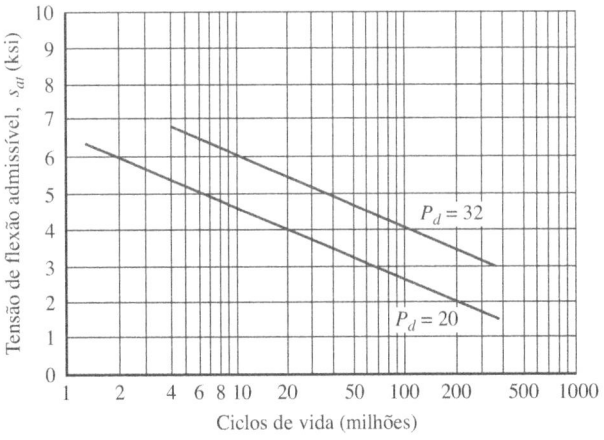

(b) Dados de vida em fadiga para a resina acetal DuPont© Delrin

▲ FIGURA 9.28 Dados de vida em fadiga em dois tipos de material plástico utilizados em engrenagens. (DuPont Polymers, Wilmington, DE)

Muitos projetistas de engrenagens plásticas preferem usar um adendo mais longo no pinhão e um mais curto na engrenagem conjugada a fim de produzir uma operação mais favorável por causa da maior flexibilidade dos plásticos em relação aos metais. A espessura dos dentes costuma ser diminuída no pinhão e/ou na engrenagem para fornecer folga aceitável e garantir que engrenagens conjugadas não emperrem. O emperramento pode acontecer como resultado de deflexão dos dentes sob carregamento ou de expansões desencadeadas pelo aumento de temperatura ou absorção de umidade ou água. Aumentar a distância de centro é outro método utilizado para ajustar a folga. Os projetistas devem descrever esses tamanhos nos desenhos e nas especificações. Consulte a norma AGMA 1006 A97 (R2003), *Tooth Proportions for Plastic Gears*, para mais detalhes. A Referência 2 fornece tabelas úteis com fórmulas e dados para ajustes à forma do dente e à distância de centro. Já a Referência 21 recomenda o intervalo de valores de folga mostrado na Figura 9.29.

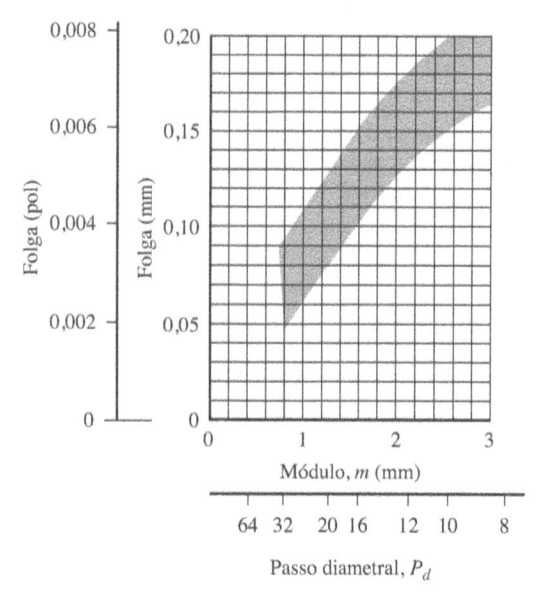

▲ **FIGURA 9.29** Folga recomendada para engrenagens de plástico.

Encolhimento

Durante a fabricação de engrenagens de plástico com molde por injeção, o aumento do passo diametral efetivo e do diâmetro de passo dos dentes cortados no molde acomoda o encolhimento. O ângulo de pressão também é ajustado. As correções nominais são calculadas da seguinte forma:

$$P_{dc} = \frac{P_d}{(1+S)} \quad (9.35)$$

$$\cos \phi_1 = \frac{\cos \phi}{(1+S)} \quad (9.36)$$

$$D_c = N/P_{dc} \quad (9.37)$$

onde

S = encolhimento do material
P_d = passo diametral padrão para a engrenagem
P_{dc} = passo diametral modificado dos dentes no molde
ϕ = ângulo de pressão padrão para a engrenagem
ϕ_1 = ângulo de pressão modificado dos dentes no molde
N = número de dentes
D_c = diâmetro de passo dos dentes no molde

Depois da moldagem, os dentes devem ficar praticamente conformes à geometria padrão. Algumas vezes, são feitos ajustes adicionais, com a ponta dos dentes refinada para um acoplamento mais suave e um aumento da largura na base, perto do ponto de maior tensão de flexão.

Análise de tensão

A análise de tensão de flexão para engrenagens plásticas baseia-se na fórmula básica de Lewis, introduzida na Seção 9.8, Equação 9.13. Os fatores modificadores exigidos pelas normas AGMA para engrenagens de aço não são especificados para as plásticas desta vez. Podemos levar em conta incertezas ou cargas de impacto ao inserir um fator de segurança. O fator de sobrecarga da Tabela 9.7 pode ser utilizado como guia. É preciso conduzir testes do projeto proposto em condições realistas. A equação da tensão de flexão, então, se torna

$$\sigma_t = \frac{W_t P_d (SF)}{FY} \quad (9.38)$$

Os valores para o fator de forma de Lewis, Y, mostrados na Tabela 9.15, descrevem a geometria dos dentes involutos da engrenagem agindo como uma viga em balanço com a carga aplicada perto do ponto do passo. Logo, a Equação 9.38 dá a tensão de flexão na raiz do dente. A maioria dos projetos de engrenagem plástica exige um raio de filete generoso entre o começo do perfil involuto ativo no flanco do dente e a raiz, resultando em pouca ou nenhuma concentração de tensão.

Considerações sobre desgaste

O desgaste na superfície dos dentes das engrenagens plásticas é uma função da tensão de contato entre aqueles conjugados, como acontece com os de metal. A Equação 9.18 pode ser usada para calcular a tensão de contato. No entanto, faltam valores nos dados publicados sobre tensão de contato admissível.

Na realidade, a lubrificação e a *combinação de materiais em engrenagens conjugadas* desempenham papéis importantes na vida de desgaste do par. Recomenda-se a comunicação com fornecedores de materiais e testes dos projetos propostos. Aqui são apresentadas algumas diretrizes gerais das referências 2 e 21.

▼ TABELA 9.15 Fator de forma de Lewis referente ao dente, Y, para carregamento junto ao ponto de passo.

Número de dentes	Forma do dente		
	14½° profundidade total	20° profundidade total	20° stub
14	–	–	0,540
15	–	–	0,566
16	–	–	0,578
17	–	0,512	0,587
18	–	0,521	0,603
19	–	0,534	0,616
20	–	0,544	0,628
22	–	0,559	0,648
24	0,509	0,572	0,664
26	0,522	0,588	0,678
28	0,535	0,597	0,688
30	0,540	0,606	0,698
34	0,553	0,628	0,714
38	0,566	0,651	0,729
43	0,575	0,672	0,739
50	0,588	0,694	0,758
60	0,604	0,713	0,774
75	0,613	0,735	0,792
100	0,622	0,757	0,808
150	0,635	0,779	0,830
300	0,650	0,801	0,855
Rack	0,660	0,823	0,881

Fonte: DuPont Polymers, Wilmington, DE.

- Engrenamento continuamente lubrificado oferece a vida útil mais longa.
- Com lubrificação contínua e cargas leves, é a resistência à fadiga, e não o desgaste, que costuma determinar a vida útil.
- Engrenagens sem lubrificação tendem a falhar por desgaste, não fadiga, contanto que tensões de flexão adequadas sejam usadas.
- Se a lubrificação contínua não for prática, uma inicial no engrenamento pode auxiliar no processo de funcionamento e aumentar a vida útil em relação a engrenagens que nunca são lubrificadas.
- Se a lubrificação contínua não for prática, a combinação de um pinhão de nylon e uma engrenagem de acetal produz baixo atrito e pouco desgaste.
- É possível obter um excelente desempenho de desgaste para cargas e velocidades na linha primitiva relativamente elevadas usando-se um par lubrificado composto por um pinhão de aço endurecido (HRC > 50) conjugado com uma engrenagem plástica feita de nylon, acetal ou poliuretano.
- O desgaste aumenta conforme as temperaturas de funcionamento sobem. A refrigeração, para dissipar o calor, pode aumentar a vida útil.

Formas e montagem de engrenagem

As referências 2 e 21 incluem muitas recomendações para o projeto geométrico de engrenagens considerando resistência, inércia e condições de moldagem. Muitas engrenagens menores são simplesmente feitas com espessura uniforme igual à largura de face dos dentes. Com frequência, engrenagens maiores têm um aro para sustentar os dentes, uma alma afinada para economizar e diminuir o peso do material e um cubo para facilitar a montagem sobre o eixo. A Figura 9.30 mostra proporções recomendadas. Seções transversais simétricas são preferíveis, com espessuras de seção equilibradas para promover um bom fluxo de material e minimizar a distorção durante a moldagem.

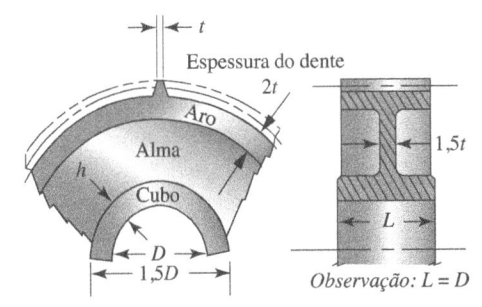

▲ FIGURA 9.30 Proporções sugeridas de engrenagem plástica. (DuPont Polymers, Wilmington, DE)

A fixação de engrenagens nos eixos requer um projeto cuidadoso. Chavetas posicionadas nos assentos sobre o eixo e rasgos de chaveta no cubo da engrenagem fornecem confiabilidade na transmissão de torque. Para torques leves, parafusos de fixação podem ser usados, mas deslizamento e dano na superfície do eixo são possíveis. O diâmetro interno do cubo pode ser levemente pressionado contra o eixo, cuidando-se para que um torque suficiente consiga ser transmitido sem criar tensões excessivas sobre o cubo plástico. Serrilhar o eixo antes de pressionar a engrenagem aumenta a capacidade de torque. Alguns projetistas preferem utilizar cubos metálicos para facilitar o uso de chavetas. Em seguida, o plástico é moldado ao cubo para formar o aro e os dentes da engrenagem.

Procedimento de projeto

O projeto de engrenagens plásticas deve considerar uma variedade de possibilidades, e está sujeito a ser um processo iterativo. O procedimento a seguir descreve os passos para uma tentativa, usando unidades norte-americanas.

Procedimento para projeto de engrenagens plásticas

1. Determine a potência exigida, P, a ser transmitida e a velocidade de rotação, n_p, do pinhão em rpm.
2. Especifique o número de dentes, N, e selecione um passo diametral experimental para o pinhão.
3. Calcule o diâmetro do pinhão a partir de $D_P = N_P/P_d$.
4. Calcule a carga transmitida, W_t (em libras), com a Equação 9.8, repetida aqui.

$$W_t = (126000)(P)/(n_p D_p)$$

5. Especifique a forma do dente e determine o fator de forma de Lewis, Y, com base na Tabela 9.15.
6. Especifique um fator de segurança, SF. Consulte a Tabela 9.7 para obter orientação.
7. Especifique o material a ser usado e determine a tensão admissível, s_{at}, com base na Tabela 9.15 ou na Figura 9.33.
8. Resolva a Equação 9.38 para a largura de face, F, e calcule seu valor a partir de

$$F = \frac{W_t P_d (SF)}{s_{at} Y} \quad (9.39)$$

9. Avalie a adequação da largura de face calculada no que diz respeito à aplicação. Considere a montagem no eixo, o espaço disponível nas direções diametral e axial e se as proporções gerais são aceitáveis para molde por injeção. Consulte as referências 2 e 21. Nenhuma recomendação geral é feita para a largura de face de engrenagens plásticas, e elas frequentemente são mais estreitas do que engrenagens metálicas semelhantes.
10. Refaça os passos 2 a 9 até obter um projeto satisfatório para o pinhão. Especifique dimensões convenientes para o valor final da largura de face e outras características do pinhão.
11. Considerando a razão de velocidade angular desejada entre o pinhão e a engrenagem, calcule o número de dentes exigido para a engrenagem e refaça os passos 3 a 9 com o mesmo passo diametral do pinhão. Usando a mesma largura de face do pinhão, a tensão nos dentes da engrenagem será sempre menor, pois o fator de forma Y aumentará, ao passo que todos os outros fatores permanecerão iguais. Se o mesmo material for utilizado para a engrenagem, ela sempre será segura. Outra alternativa seria calcular a tensão de flexão diretamente da Equação 9.38 e especificar um material diferente para a engrenagem, com tensão de flexão admissível adequada.

EXEMPLO 9.6

Projete um par de engrenagens de plástico para uma trituradora de papel que deverá transmitir 0,25 hp a uma velocidade de pinhão de 1160 rpm. O pinhão será montado no eixo de um motor elétrico com diâmetro de 0,625 pol e ranhura para uma chaveta de 3/16 × 3/16 pol. A engrenagem deverá girar a aproximadamente 300 rpm.

DADOS

$P = 0{,}25$ hp, $n_p = 1160$ rpm
Diâmetro do eixo = $D_s = 0{,}625$ pol, rasgo para uma chaveta de 3/16 × 3/16 pol.
Velocidade aproximada da engrenagem = $n_G = 300$ rpm

SOLUÇÃO   Use o procedimento de projeto descrito nesta seção.

Passo 1. Considere os dados fornecidos.

Passo 2. Especifique $N_p = 18$ e $P_d = 16$ (decisões de projeto)

Passo 3. $D_p = N_p/P_d = 18/16 = 1{,}125$ pol. Isso parece ser razoável para a montagem no eixo de 0,625 pol do motor.

Passo 4. Calcule a carga transmitida,

$$W_t = (126000)(P)/(n_p D_p) = (126000)(0{,}25)/[(1160)(1{,}125)] = 24{,}1 \text{ lb}$$

Passo 5. Especifique dentes de profundidade total com ângulo de pressão de 20°. Então, $Y = 0{,}521$ para 18 dentes, com base na Tabela 9.15.

Passo 6. Especifique um fator de segurança, *SF*. A trituradora provavelmente sofrerá choque leve; é preferível operar as engrenagens sem lubrificação. Defina $SF = 1{,}50$ a partir da Tabela 9.7.

Passo 7. Especifique nylon sem *filler*. Partindo da Tabela 9.14, $s_{at} = 6000$ psi.

Passo 8. Calcule a largura de face exigida usando a Equação 9.39.

$$F = \frac{W_t P_d (SF)}{s_{at} Y} = \frac{(24{,}1)(16)(1{,}50)}{(6000)(0{,}521)} = 0{,}185 \text{ pol}$$

Passo 9. As dimensões parecem razoáveis.

Passo 10. O Apêndice 2 apresenta um tamanho preferível para a largura de face de 0,200 pol.

Comentário   Em suma, o pinhão proposto tem as seguintes características:

$P_d = 16$, $N_p = 18$ dentes, $D_p = 1{,}125$ pol, $F = 0{,}200$ pol, diâmetro interno = 0,625 pol, rasgo para uma chaveta de 3/16 × 3/16 pol. Material de nylon sem *filler*.

Passo 11. Projeto da engrenagem: especifique $F = 0{,}200$ pol, $P_d = 16$. Calcule o número de dentes na engrenagem.

$$N_G = N_p (n_p/n_G) = 18(1160/300) = 69{,}6 \text{ dentes}$$

Especifique $N_G = 70$ dentes

Diâmetro de passo da engrenagem = $D_G = N_G/P_d = 70/16 = 4{,}375$ pol
Com base na Tabela 9.15, $Y_G = 0{,}728$ por interpolação.
Tensão nos dentes da engrenagem usando a Equação 9.38:

$$\sigma_t = \frac{W_t P_d (SF)}{FY} = \frac{(24{,}1)(16)(1{,}50)}{(0{,}200)(0{,}728)} = 3973 \text{ psi}$$

Comentário   O nível de tensão é seguro para nylon. A engrenagem também poderia ser feita de acetal a fim de se obter melhor desempenho de desgaste.

9.17 CONSIDERAÇÕES PRÁTICAS SOBRE ENGRENAGENS E INTERFACES COM OUTROS ELEMENTOS

É importante considerar o projeto de todo o sistema de engrenagens ao projetá-las, pois elas devem operar em harmonia com os demais elementos. Esta seção discutirá brevemente algumas dessas considerações práticas e mostrará redutores de velocidade disponíveis no mercado.

Nossa discussão, até o momento, concentrou-se principalmente nos dentes da engrenagem, incluindo a forma do dente, o passo, a largura de face, a seleção do material e o tratamento térmico. Também resta considerar o tipo de disco de engrenagem. As figuras 8.2 e 8.4 indicam vários tipos de disco. Engrenagens menores e com pouca carga costumam ser fabricadas no formato padrão; engrenagens com diâmetros de passo de aproximadamente 5,0 pol a 8,0 pol são frequentemente feitas com almas afinadas entre o aro e o cubo para diminuir o peso, e algumas têm perfurações nas almas para tornar a peça ainda mais leve; engrenagens maiores, geralmente com diâmetros de passo superiores a 8,0 pol, são feitas de discos fundidos com raios entre o aro e o cubo.

Em muitas máquinas especiais de precisão e sistemas de engrenagem produzidos em grandes quantidades, as engrenagens são usinadas ao eixo. Isso, naturalmente, elimina alguns problemas associados à montagem e localização das engrenagens, mas pode complicar as operações de usinagem.

Em projetos gerais de máquina, as engrenagens são normalmente montadas em eixos separados, com o torque sendo transmitido do eixo para a engrenagem por meio de uma chaveta. Essa configuração oferece um meio positivo de transmissão de torque ao mesmo tempo que permite um processo simples de montagem e desmontagem. A fixação axial da engrenagem deve ser feita por outro meio, como uma flange no eixo, um anel de retenção ou um espaçador (consulte os capítulos 11 e 12).

Outras considerações incluem as forças exercidas sobre o eixo e os rolamentos que estão sujeitos à ação das engrenagens. Esses assuntos são discutidos na Seção 9.3. O projeto da carcaça deve oferecer suporte adequado para os rolamentos e proteção às componentes internas. Normalmente, ele também precisa proporcionar uma forma para lubrificar as engrenagens.

Consulte as referências 9, 19, 20, 23 e 25 a 27 para outras considerações de ordem prática.

Lubrificação

A ação em uma engrenagem de dentes retos é uma combinação de rotação e deslizamento. Por causa do movimento relativo e das grandes forças locais exercidas nas faces da engrenagem, uma lubrificação adequada é essencial para a suavidade de funcionamento e a vida útil da peça. Um suprimento contínuo de óleo na linha primitiva é desejável para a maioria das engrenagens, a menos que elas tenham pouco carregamento ou operem apenas de forma intermitente.

Na lubrificação por salpico, uma das engrenagens no par é imersa em um recipiente com óleo e, depois, o transporta à linha primitiva. Em velocidades mais altas, o óleo pode ser lançado às superfícies internas da carcaça; depois, escorre, de forma controlada, até a linha primitiva. Ao mesmo tempo, o óleo tem como ser direcionado aos rolamentos que sustentam os eixos. Uma dificuldade com a lubrificação por salpico é que o óleo é agitado; em velocidades altas nas engrenagens, pode ocorrer calor excessivo e a produção de espuma.

Um sistema positivo de circulação de óleo é utilizado para sistemas de alta velocidade e alta capacidade. Uma bomba separada retira o óleo do reservatório e o transporta, em taxa controlada, aos dentes em contato.

As principais funções dos lubrificantes de engrenagem são reduzir o atrito na malha e manter as temperaturas de funcionamento em níveis aceitáveis. É essencial que uma película contínua de lubrificante seja mantida entre as superfícies dos dentes conjugados de engrenagens altamente carregadas e que haja taxa de fluxo e quantidade total de óleo suficientes para preservar temperaturas mais baixas. O calor é gerado pelos dentes em contato, pelos rolamentos e pela agitação do óleo. Esse calor deve ser dissipado do óleo até a carcaça ou até algum dispositivo externo de troca de calor a fim de manter a temperatura do óleo propriamente dito abaixo de 200 °F (cerca de 93 °C). Acima dessa temperatura, a capacidade de lubrificação do óleo, como indicado pela sua viscosidade, é severamente reduzida. Além disso, alterações químicas podem ser produzidas no óleo, diminuindo sua lubricidade. Por causa da grande variedade de lubrificantes disponível e das muitas condições em que eles devem operar, é recomendável que seus fornecedores sejam consultados para uma escolha adequada. (Consulte também as referências 10, 16, 22 e 29.)

A AGMA, na Referência 10, define vários tipos de lubrificante para uso em transmissões por engrenagem.

- *Óleos para engrenagem com inibidores de ferrugem e oxidação* (chamados R&O) são à base de petróleo com aditivos químicos.
- *Lubrificantes compostos para engrenagem* (CP) são uma mistura de 3% a 10% de óleos graxos com óleos de petróleo.
- *Lubrificantes de extrema pressão* (EP) incluem aditivos químicos que inibem o desgaste das faces dos dentes.
- *Lubrificantes sintéticos para engrenagem* (S) são formulações químicas especiais aplicadas principalmente em condições severas de funcionamento.

Lubrificantes R&O são fornecidos em 10 graus de viscosidade no padrão ISO, e os números menores se referem aos menores graus de viscosidade. Números semelhantes são usados para os outros tipos de lubrificante, mas com denominações diferentes e os sufixos *CP*, *EP* ou *S*. O grau recomendado depende da temperatura ambiente em torno da transmissão e da velocidade na linha primitiva do par com menor velocidade em um redutor. Consulte as tabelas 9.16 e 9.17. Transmissões com engrenagem sem-fim exigem graus mais elevados de viscosidade.

Redutores de velocidade de engrenagem disponíveis comercialmente

Ao estudar o projeto de redutores de velocidade de engrenagem, você terá uma ideia melhor dos detalhes e das relações entre as componentes:

▼ **TABELA 9.16** Graus de viscosidade do lubrificante recomendados para transmissões com engrenagem fechada.

Grau de viscosidade ISO	Viscosidade média a 40 °C (mm²/s)	Antigo equivalente AGMA
ISO VG 32	32	0
ISO VG 46	46	1
ISO VG 68	68	2
ISO VG 100	100	3
ISO VG 150	150	4
ISO VG 220	220	5
ISO VG 320	320	6
ISO VG 460	460	7
ISO VG 680	680	8
ISO VG 1000	1000	8A

Observações:
1. A unidade mm²/s para viscosidade é comumente conhecida como *centistoke* (cSt).
2. A norma ISO prescreve limite mínimo e máximo de viscosidade cinemática para cada grau.
Adaptado da norma AGMA 6013-A06 *Standard for Industrial Enclosed Drives*, com permissão da editora, American Gear Manufacturers Association.

▼ **TABELA 9.17** Diretrizes ao grau de viscosidade para transmissões com engrenagem fechada.

Intervalo aproximado de temperatura				Velocidade na linha primitiva aproximada no estágio final da transmissão, pés/min (m/s)						
Ambiente		Reservatório de óleo		<1000	1000–2000	2000–3000	3000–4000	4000–5000	5000–6000	6000–7000
°F	°C	°F	°C	(<5)	(5–10)	(10–15)	(15–20)	(20–25)	(25–30)	(30–35)
−40 a −10	−40 a −23,3	<60	<15,6	68S	68S	46S	46S	46S	32S	32S
−10 a 20	−23,3 a −6,7	60 a 90	15,6 a 32,2	100S	100S	68S	68S	46S	32S	32S
20 a 40	−6,7 a 4,5	90 a 150	32,2 a 65,6	150	150	150	68	68	68	46
40 a 80	4,5 a 26,7	150 a 190	65,6 a 87,8	320	220	220	150	100	100	100
80 a 120	26,7 a 48,9	190 a 210	87,8 a 98,9	460	460	320	320	220	150	100
>120	>48,9	>210	>98,9	Não recomendado						

Observações:
Os graus de viscosidade são referentes ao tipo R&O, salvo quando S (sintético) for especificado.
Consulte a Tabela 9.16 para a listagem de graus de viscosidade ISO.
Adaptado da norma AGMA 6013-A06 *Standard for Industrial Enclosed Drives*, com permissão da editora, American Gear Manufacturers Association.

engrenagens, eixos, rolamentos, carcaça, meios de lubrificação e acoplamento com a máquina acionadora e a acionada.

A Figura 9.31 mostra um redutor de dupla redução com engrenagem de dentes retos e um motor elétrico bem fixado nele. Essa unidade costuma ser chamada de *motorredutor*. A Figura 9.32 indica uma unidade de tripla redução com engrenagens de dentes retos nos dois estágios finais e engrenagens helicoidais no primeiro estágio (como discutido no Capítulo 10). O desenho da seção transversal esboçado na Figura 9.33 dá uma imagem clara das diversas componentes de um redutor.

O redutor planetário na Figura 9.34 tem um projeto bem diferente para acomodar o posicionamento da engrenagem central, engrenagem planetária e coroa. A Figura 9.35 apresenta a transmissão de oito velocidades de um grande trator agrícola e ilustra o alto grau de complexidade que pode haver no projeto de transmissões.

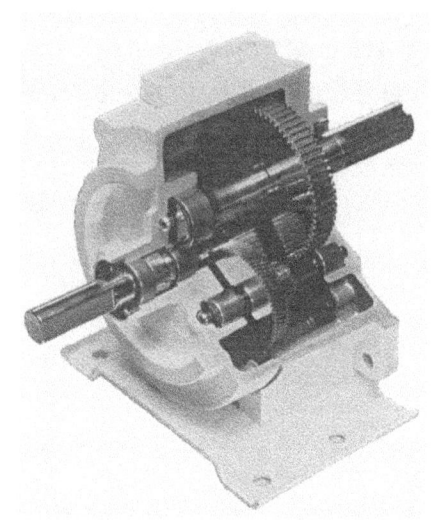

▲ **FIGURA 9.32** Redutor de tripla redução. Engrenagens helicoidais para o primeiro estágio; engrenagens de dentes retos para o segundo e o terceiro estágios. O pinhão, no estágio três, está no canto inferior esquerdo e não é visível. (Bison Gear & Engineering Corporation, St. Charles, IL)

▼ **FIGURA 9.33** Redutor de engrenagem helicoidal concêntrico. (Peerless Winsmith Subsidiary HBD Industries, Springville, NY)

(a) Vista em corte de um redutor de engrenagem helicoidal concêntrico

▲ **FIGURA 9.31** Redutor de dupla redução com engrenagem de dentes retos. (Bison Gear & Engineering Corporation, St. Charles, IL)

(b) Redutor completo

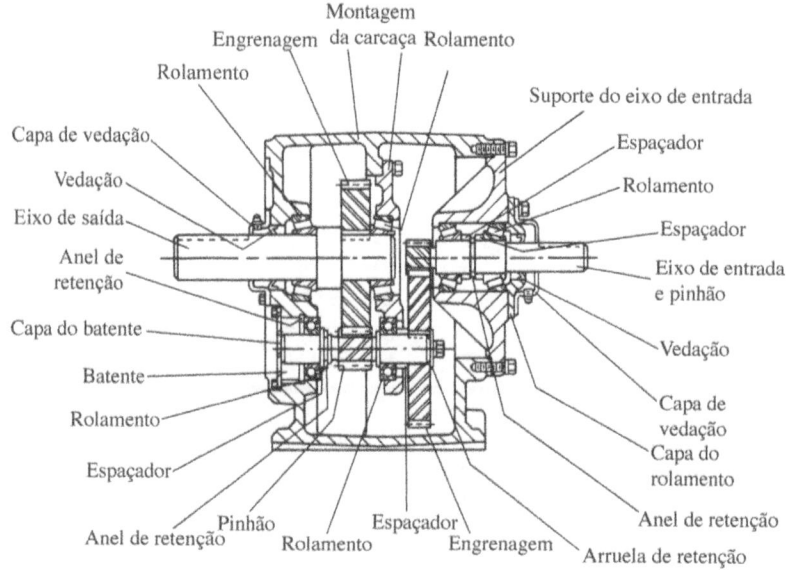

(c) Índice de peças

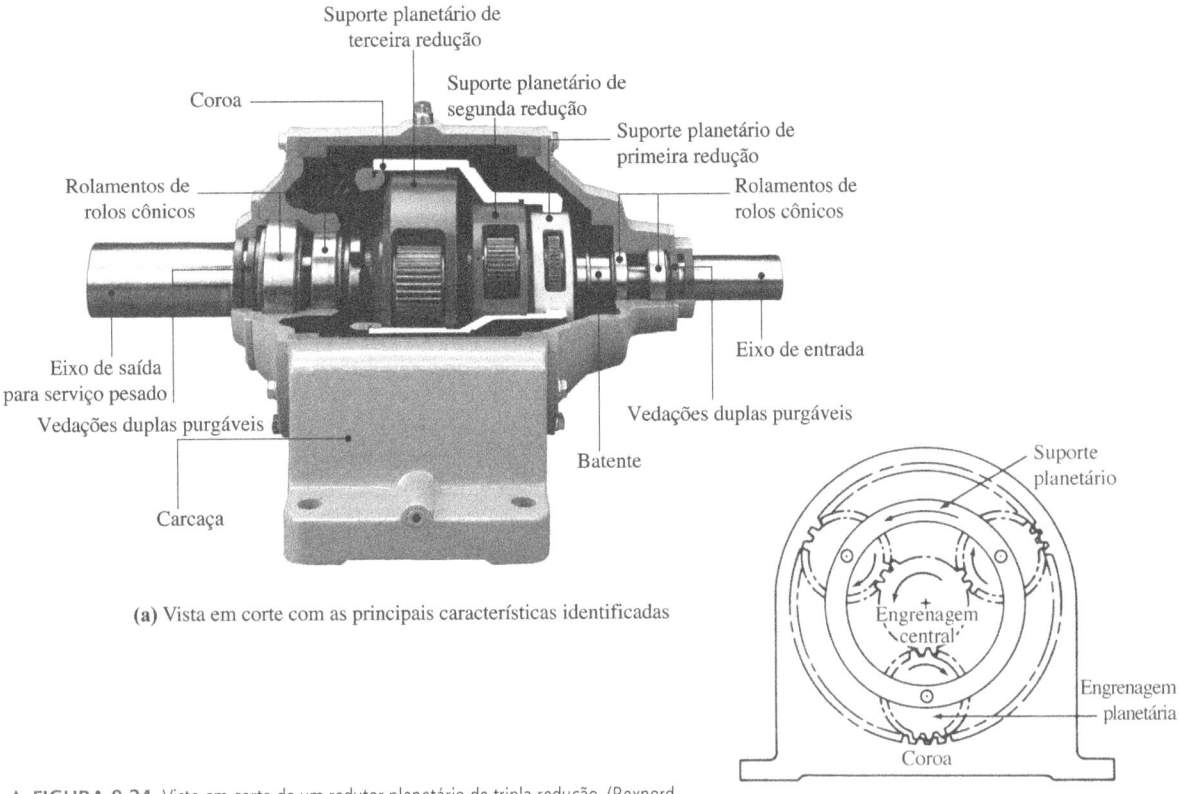

Capítulo 9 • Projeto de engrenagem de dentes retos 431

▲ **FIGURA 9.34** Vista em corte de um redutor planetário de tripla redução. (Rexnord Industries, LLC, Milwaukee, WI)

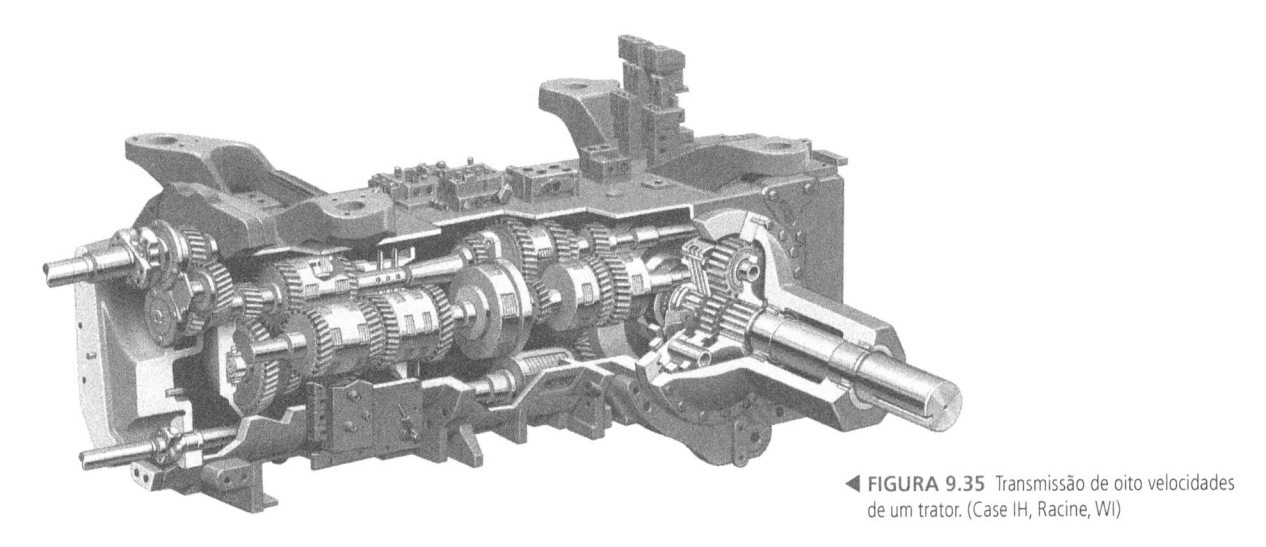

(a) Vista em corte com as principais características identificadas

(b) Disposição esquemática de engrenamento planetário

◀ **FIGURA 9.35** Transmissão de oito velocidades de um trator. (Case IH, Racine, WI)

REFERÊNCIAS

1. ABA-PGT, INC. *Plastics Gearing*. Manchester, CT:ABA-PGT Publishing, 1994.
2. ADAMS, Clifford E. *Plastics Gearing*: Selection and Application. Boca Raton, FL: CRC Press, 1986.
3. AMERICAN GEAR MANUFACTURERS ASSOCIATION. Norma 908-B89 (R1999). *Geometry Factors for Determining the Pitting Resistance and Bending Strength of Spur, Helical, and Herringbone Gear Teeth*. Alexandria, VA: American Gear Manufacturers Association, 1999.
4. _____. Norma 1012-G05. *Gear Nomenclature, Definitions of Terms with Symbols*. Alexandria, VA: American Gear Manufacturers Association, 2005.
5. RADZEVICH, Stephen P. *Gear Cutting Tools*— Fundamentals of Design and Computation. Boca Raton, FL: CRC Press, 2010.

6. AMERICAN GEAR MANUFACTURERS ASSOCIATION. Normas 2001-D04 (com base em P_d) e 2101-D04 (com base no módulo métrico, m). *Fundamental Rating Factors and Calculation Methods for Involute Spur and Helical Gear Teeth*. American Gear Manufacturers Association. Alexandria, VA: American Gear Manufacturers Association, 2004.
7. _____. Norma 2002-B88 (R1996). *Tooth Thickness Specification and Measurement*. Alexandria, VA: American Gear Manufacturers Association, 1996.
8. _____. Norma 2004-C08. *Gear Materials, Heat Treatment and Processing Manual*. Alexandria, VA: American Gear Manufacturers Association, 2008.
9. _____. Norma 6013-A06. *Standard for Industrial Enclosed Gear Drives*. Alexandria, VA: American Gear Manufacturers Association, 2006.
10. _____. Norma 9005-E02. *Industrial Gear Lubrication*. Alexandria, VA: American Gear Manufacturers Association, 2002.
11. _____. Norma 1010-E95. *Appearance of Gear Teeth-Terminology of Wear and Failure*. Alexandria, VA: American Gear Manufacturers Association, 1995.
12. _____. Norma 1006-A97 (R2003). *Tooth Proportions for Plastic Gears*. Washington, DC: AGMA, 2003.
13. _____. Norma 1106-A97 (R2003). *Tooth Proportions for Plastic Gears (Metric)*. Washington, DC: AGMA, 2003.
14. _____. Norma 2000-A88. *Gear Classification and Inspection Handbook—Tolerances and Measuring Methods for Unassembled Spur and Helical Gears (Including Metric Equivalents)*. Alexandria, VA: American Gear Manufacturers Association, 1988.
15. _____. Norma 2015-1-A01. *Accuracy Classification System—Tangential Measurements for Cylindrical Gears*. Alexandria, VA: American Gear Manufacturers Association, 2001.
16. BOOSER, E. Richard. *Tribology Data Handbook: An Excellent Friction, Lubrication, and Wear Resource*. Nova York: Taylor & Francis, 1997.
17. BUDYNAS, Richard G.; NISBETT, Keith J. *Shigley's Mechanical Engineering Design*. 9. ed. Nova York: McGraw-Hill, 2011.
18. DAVIS, J. R. (org.). *Gear Materials, Properties and Manufacture*. Materials Park, OH: ASM International, 2005.
19. DRAGO, Raymond J. *Fundamentals of Gear Design*. Nova York: Elsevier Science & Technology Books, 1988.
20. DUDLEY, Darle W. *Handbook of Practical Gear Design*. Boca Raton, FL: CRC Press, 1994.
21. DU PONT POLYMERS. *Design Handbook for Du Pont Engineering Polymers, Module I—General Design Principles*. Wilmington, DE: Du Pont Polymers, 2000.
22. ERRICHELLO, Robert. *Friction, Lubrication, and Wear of Gears*. Materials Park, OH: ASM International, 1992.
23. INTERNATIONAL STANDARDS ORGANIZATION. Norma ISO 54:1996. *Cylindrical Gears for General Engineering and for Heavy Engineering—Modules*. Genebra, Suíça. International Standards Organization, 1996.
24. LIPP, Robert. "Avoiding Tooth Interference in Gears". In: *Machine Design* 54, n. 1, 7 jan. 1982.
25. LYNWANDER, Peter. *Gear Drive Systems*: Design and Application. Boca Raton, FL: CRC Press, 1983.
26. OBERG, Erik et al. *Machinery's Handbook*. 28. ed. Nova York: Industrial Press, 2008.
27. RADZEVICH, Stephen P. *Dudley's Handbook of Practical Gear Design and Manufacture*. 2. ed. Boca Raton, FL: CRC Press, 2012.
28. RAKHIT, A. K. *Heat Treatment of Gears: A Practical Guide for Engineers*. Materials Park, OH: ASM International, 2000.
29. SRIVASTAVA, S. P. *Advances in Lubrication Additives and Tribology*. Boca Raton, FL: CRC Press, 2009.

SITES RELACIONADOS AO PROJETO DE ENGRENAGEM DE DENTES RETOS

1. **ABA-PGT, Inc.** <www.abapgt.com>. A divisão ABA produz moldes para engrenagens plásticas usando modelo por injeção; a divisão PGT é dedicada à tecnologia de engrenamento plástico.
2. **American Gear Manufacturers Association (AGMA).** <www.agma.org>. Desenvolve e publica normas voluntárias e estabelecidas por consenso para engrenagens e transmissões.
3. **Baldor/Dodge.** <www.dodge-pt.com>. Fabricante de muitas componentes de transmissão, incluindo redutores de velocidade de engrenagem completos, rolamentos e componentes como transmissões

por correia, transmissões por cadeia, embreagens, freios e acoplamentos.
4. **Bison Gear, Inc.** <www.bisongear.com>. Fabricante de redutores de potência fracionária e motorredutores. O site contém vários vídeos mostrando os produtos da Bison Gear.
5. **Boston Gear, Company.** <www.bostongear.com>. Fabricante de engrenagens e transmissões completas. Parte da Altra Industrial Motion, Inc. Dados fornecidos para engrenagens de dentes retos, helicoidais e sem-fim.
6. **Bourn & Koch, Inc.** <www.bourn-koch.com>. Fabricante de máquinas de fresamento com caracol, esmerilhamento e outros tipos para a produção de engrenagens, incluindo a linha Barber-Colman e as fresadoras Fellows. O site também fornece serviços para uma grande variedade de máquinas-ferramentas.
7. **Drivetrain Technology Center.** <http://www.arl.psu.edu/centers_dtc.php>. Centro de pesquisa sobre tecnologia de trem de acionamento por engrenagem. Parte do Applied Research Laboratory of Penn State University.
8. **DuPont Polymers.** <www.plastics.dupont.com>. Informações e dados sobre plásticos e suas propriedades. Um banco de dados por tipo de plástico ou aplicação.
9. **Emerson Power Transmission Corporation.** <www.emerson-ept.com>. As divisões Browning e Morse produzem engrenagens de dentes retos, helicoidais, cônicas e sem-fim, além de transmissões completas.
10. **Gear Industry Home Page.** <www.geartechnology.com>. Fonte de informação para muitas empresas que fabricam ou usam engrenagens ou sistemas de engrenamento. O site inclui mecanismos de engrenagem, ferramentas de corte, transmissões, engrenamento aberto, ferramentas e suprimentos, softwares, treinamento e formação. Publica a *Gear Technology Magazine*: The Journal of Gear Manufacturing.
11. **Gleason Corporation.** <www.gleason.com>. Fabricante de muitos tipos de máquina para corte de engrenagem: fresamento com caracol, fresamento de molde, conformação e esmerilhamento. A Gleason Cutting Tools Corporation fabrica uma grande variedade de fresas cônicas, fresas helicoidais, cortadores shaper, cortadores shaver e rebolos para equipamentos de produção de engrenagens. Produtora de sistemas analíticos de inspeção de engrenagem.
12. **International Organization for Standardization.** <www.iso.org>. Organização que estabelece normas para vários tipos de produto e dispositivo, incluindo engrenamentos. Reconhecida em quase todas as partes do mundo. A maioria das normas é apresentada em unidades do sistema métrico internacional
13. **Peerless-Winsmith, Inc.** <www.winsmith.com>. Fabricante de uma grande variedade de redutores e produtos de transmissão de potência, incluindo engrenamento sem-fim, planetário e misto helicoidal/sem-fim. Subsidiária da HBD Industries, Inc.
14. **Power Transmission Engineering.** <www.power-transmission.com>. Central para compradores, usuários e vendedores de produtos e serviços relacionados a transmissão de potência. Engrenagens, transmissões e motorredutores incluídos. Também há vários vídeos dos produtos.
15. **Process Equipment Company.** <www.gearinspection.com>. Produtor de máquinas, produtos, sistemas e serviços inovadores, incluindo sistemas de medição de engrenagens. Também oferece serviços de inspeção de engrenagens.
16. **Quality Transmission Gears.** <www.qtcgears.com>. Fornecedor de engrenagens métricas padrão.
17. **Star-SU, Inc.** <www.star-su.com>. Fabricante de uma ampla gama de sistemas de produção de engrenagem, incluindo fresamento com caracol, esmerilhamento, conformação e aplainamento, além de ferramentas de corte para a indústria de engrenagens.
18. **Stock Drive Products—Sterling Instruments.** <www.sdp-si.com>. Fabricante e distribuidora de componentes mecânicas comerciais e precisas, incluindo redutores. O site conta também com um extenso manual de projeto e informações sobre engrenagens metálicas e plásticas.
19. **Eldec induction U.S.A., Inc.** <www.eldec-usa.com>. Produtora de sistemas completos de endurecimento por indução para operações de produção, com recursos especiais na fabricação de engrenagens.
20. **Ticona Engineering Polymers.** <www.ticona.com>. Produtora de engrenagens plásticas feitas de numerosos polímeros de alto desempenho para diversas aplicações, como indústria automotiva, HVAC, ferramentas elétricas industriais, componentes eletrônicas, aparelhagem médica e equipamentos para lar e jardinagem.

PROBLEMAS

Forças sobre os dentes da engrenagem

1. Um par de engrenagens de dentes retos, involutos, de profundidade total e com ângulo de pressão de 20° transmite 7,5 hp. O pinhão está montado no eixo de um motor elétrico operando a 1750 rpm. O pinhão tem 20 dentes e passo diametral de 12. A engrenagem tem 72 dentes. Calcule:
   a. A velocidade angular da engrenagem
   b. A razão de velocidade angular e a relação de transmissão para o par de engrenagens
   c. O diâmetro de passo do pinhão e da engrenagem
   d. A distância de centro entre os eixos que sustentam o pinhão e a engrenagem
   e. A velocidade na linha primitiva para o pinhão e a engrenagem
   f. O torque no eixo do pinhão e no da engrenagem
   g. A força tangencial atuando sobre os dentes de cada engrenagem
   h. A força radial atuando sobre os dentes de cada engrenagem
   i. A força normal atuando sobre os dentes de cada engrenagem

2. Um par de engrenagens de dentes retos, involutos, de profundidade total e com ângulo de pressão de 20° transmite 50 hp. O pinhão está montado no eixo de um motor elétrico operando a 1150 rpm. O pinhão tem 18 dentes e passo diametral de 5. A engrenagem tem 68 dentes. Calcule:
   a. A velocidade angular da engrenagem
   b. A razão de velocidade angular e a relação de transmissão para o par de engrenagens
   c. O diâmetro de passo do pinhão e da engrenagem
   d. A distância de centro entre os eixos que sustentam o pinhão e a engrenagem
   e. A velocidade na linha primitiva para o pinhão e a engrenagem
   f. O torque no eixo do pinhão e no da engrenagem
   g. A força tangencial atuando sobre os dentes de cada engrenagem
   h. A força radial atuando sobre os dentes de cada engrenagem
   i. A força normal atuando sobre os dentes de cada engrenagem

3. Um par de engrenagens de dentes retos, involutos, de profundidade total e com ângulo de pressão de 20° transmite 0,75 hp. O pinhão está montado no eixo de um motor elétrico operando a 3450 rpm. O pinhão tem 24 dentes e passo diametral de 24. A engrenagem tem 110 dentes. Calcule:
   a. A velocidade angular da engrenagem
   b. A razão de velocidade angular e a relação de transmissão para o par de engrenagens
   c. O diâmetro de passo do pinhão e da engrenagem
   d. A distância de centro entre os eixos que sustentam o pinhão e a engrenagem
   e. A velocidade na linha primitiva para o pinhão e a engrenagem
   f. O torque no eixo do pinhão e no da engrenagem
   g. A força tangencial atuando sobre os dentes de cada engrenagem
   h. A força radial atuando sobre os dentes de cada engrenagem
   i. A força normal atuando sobre os dentes de cada engrenagem

4. Para os dados do Problema 1, refaça as partes (g), (h) e (i) no caso de dentes com ângulo de pressão de 25°, em vez de 20°.

5. Para os dados do Problema 2, refaça as partes (g), (h) e (i) no caso de dentes com ângulo de pressão de 25°, em vez de 20°.

6. Para os dados do Problema 3, refaça as partes (g), (h) e (i) no caso de dentes com ângulo de pressão de 25°, em vez de 20°.

Fabricação de qualidade de engrenagens

7. Liste e descreva três métodos de produção de dentes de engrenagem. Inclua uma descrição do cortador empregado em cada método, com seu movimento em relação ao disco.

8. Especifique um índice de qualidade adequado para as engrenagens na transmissão de uma colheitadeira.

9. Especifique um índice de qualidade adequado para as engrenagens na transmissão de uma impressora de alta velocidade.

10. Especifique um índice de qualidade adequado para as engrenagens em uma transmissão automotiva.

11. Especifique um índice de qualidade adequado para as engrenagens na transmissão de um giroscópio usado no sistema de orientação de uma espaçonave.

12. Liste cinco fatores geométricos estimados por dispositivos analíticos de medição de qualidade da engrenagem.

13. Identifique a norma AGMA que serve de base para as medições de qualidade das engrenagens e descreva o intervalo de seu índice de qualidade. Compare a lista com as duas normas usadas anteriormente.

14. Especifique um índice de qualidade adequado para as engrenagens do Problema 1 se a transmissão fizer parte de uma máquina-ferramenta de precisão.
15. Especifique um índice de qualidade adequado para as engrenagens do Problema 2 se a transmissão fizer parte de uma máquina-ferramenta de precisão.
16. Especifique um índice de qualidade adequado para as engrenagens do Problema 3 se a transmissão fizer parte de uma máquina-ferramenta de precisão.

Materiais de engrenagem

17. Identifique os dois tipos principais de tensão criados nos dentes da engrenagem durante a transmissão de potência. Descreva como as tensões são produzidas e onde se espera que seus valores máximos ocorram.
18. Descreva a natureza dos dados contidos nas normas AGMA relacionadas à capacidade do dente de suportar os principais tipos de tensão recebidos durante a operação.
19. Descreva a natureza geral dos aços comumente usados na fabricação de engrenagens e liste pelo menos cinco exemplos de ligas adequadas.
20. Descreva o intervalo de dureza que normalmente pode ser produzido por técnicas de têmpera completa e usado com sucesso em engrenagens de aço.
21. Descreva a natureza geral das diferenças entre os aços produzidos como Classe 1, Classe 2 e Classe 3.
22. Sugira pelo menos três aplicações em que um aço de Classe 2 ou 3 seria apropriado.
23. Descreva três métodos de produção de dentes de engrenagem com resistências superiores às que podem ser alcançadas por têmpera completa.
24. Qual norma AGMA deve ser consultada a fim de se obter dados sobre as tensões admissíveis para aços utilizados em engrenagens?
25. Para quais outros materiais, além dos aços, são fornecidos dados de resistência na norma AGMA identificada no Problema 24?
26. Determine o número de tensão de flexão admissível e o de contato admissível para os seguintes materiais:
    a. Aço com têmpera completa, de Classe 1, com dureza de 200 HB
    b. Aço com têmpera completa, de Classe 1, com dureza de 300 HB
    c. Aço com têmpera completa, de Classe 1, com dureza de 400 HB
    d. Aço com têmpera completa, de Classe 1, com dureza de 450 HB
    e. Aço com têmpera completa, de Classe 2, com dureza de 200 HB
    f. Aço com têmpera completa, de Classe 2, com dureza de 300 HB
    g. Aço com têmpera completa, de Classe 2, com dureza de 400 HB
27. Dado que o projeto de uma engrenagem de aço indica a necessidade de um número de tensão de flexão admissível de 36000 psi, especifique um nível de dureza adequado para um aço de Classe 1. Qual nível de dureza seria necessário para um aço de Classe 2?
28. Qual nível de dureza se pode esperar de dentes com endurecimento superficial por cementação?
29. Cite três aços típicos usados na cementação.
30. Qual é o nível de dureza que se pode esperar de dentes com endurecimento superficial por chama ou indução?
31. Cite três aços típicos usados para endurecimento por chama ou indução. Qual seria uma propriedade importante desses aços?
32. Expresse o nível mínimo de dureza na superfície de dentes feitos de ferro dúctil ASTM A536, Classe 80-55-06.
33. Determine o número de tensão de flexão admissível e o de contato admissível para os seguintes materiais:
    a. Aço SAE 4140 com endurecimento por chama, Classe 1, com dureza superficial de 50 HRC
    b. Aço SAE 4140 com endurecimento por chama, Classe 1, com dureza superficial de 54 HRC
    c. Aço SAE 4620 com cementação e endurecimento superficial, Classe 1, DOQT 300
    d. Aço SAE 4620 com cementação e endurecimento superficial, Classe 2, DOQT 300
    e. Aço SAE 1118 com cementação e endurecimento superficial, Classe 1, SWQT 350
    f. Ferro fundido cinzento, Classe 20
    g. Ferro fundido cinzento, Classe 40
    h. Ferro dúctil, 100-70-03
    i. Bronze fundido em areia com resistência à tração mínima de 40 ksi (275 MPa)
    j. Bronze com tratamento térmico e resistência à tração mínima de 90 ksi (620 MPa)
    k. Nylon reforçado com fibra de vidro
    l. Policarbonato reforçado com fibra de vidro
34. Qual profundidade deve ser especificada para a superfície de um dente cementado com passo diametral de 6?
35. Qual profundidade deve ser especificada para a superfície de um dente cementado com módulo métrico de 6?

Tensões de flexão nos dentes da engrenagem

Para os problemas 36 a 41, calcule o número da tensão de flexão, s_t, usando a Equação 9.16. Considere que o disco de engrenagem é sólido, salvo indicação do contrário. (*Observe que os dados desses problemas são utilizados para outros aspectos do Problema 59. Tenha em mãos as soluções dos problemas para usar os dados e os resultados em outros. Os quatro problemas vinculados ao mesmo conjunto de dados exigem a análise da tensão de flexão e da tensão de contato, além da especificação correspondente de materiais adequados com base nessas tensões. Os exemplos de projeto 60 a 70 usam a análise completa em cada problema.*)

36. Um par de engrenagens com dentes involutos, de profundidade total e com ângulo de pressão de 20° transmite 10,0 hp, e o pinhão gira a 1750 rpm. O passo diametral é 12, e o índice de qualidade é A11. O pinhão tem 18 dentes, e a engrenagem, 85. A largura de face é de 1,25 pol. A potência de entrada é proveniente de um motor elétrico, e a transmissão servirá para um transportador industrial. A transmissão é uma unidade de engrenagem fechada industrial.

37. Um par de engrenagens com dentes involutos, de profundidade total e com ângulo de pressão de 20° transmite 40 hp, e o pinhão gira a 1150 rpm. O passo diametral é 6, e o índice de qualidade é A11. O pinhão tem 20 dentes, e a engrenagem, 48. A largura de face é de 2,25 pol. A potência de entrada é proveniente de um motor elétrico, e a transmissão servirá para um forno de cimento. Essa transmissão é uma unidade de engrenagem fechada industrial.

38. Um par de engrenagens com dentes involutos, de profundidade total e com ângulo de pressão de 20° transmite 0,50 hp, e o pinhão gira a 3450 rpm. O passo diametral é 32, e o índice de qualidade é A7. O pinhão tem 24 dentes, e a engrenagem, 120. A largura de face é de 0,50 pol. A potência de entrada é proveniente de um motor elétrico, e a transmissão servirá para uma pequena máquina-ferramenta. Essa transmissão é uma unidade de engrenagem fechada de precisão.

39. Um par de engrenagens com dentes involutos, de profundidade total e com ângulo de pressão de 25° transmite 15,0 hp, e o pinhão gira a 6500 rpm. O passo diametral é 10, e o índice de qualidade é A5. O pinhão tem 30 dentes, e a engrenagem, 88. A largura de face é de 1,50 pol. A potência de entrada é proveniente de um motor elétrico universal, e a transmissão servirá para o atuador de uma aeronave. Essa transmissão é uma unidade de engrenagem fechada de precisão extrema.

40. Um par de engrenagens com dentes involutos, de profundidade total e com ângulo de pressão de 25° transmite 125 hp, e o pinhão gira a 2500 rpm. O passo diametral é 4, e o índice de qualidade é A9. O pinhão tem 32 dentes, e a engrenagem, 76. A largura de face é de 1,50 pol. A potência de entrada é proveniente de um motor a gasolina, e a transmissão servirá para uma bomba d'água industrial portátil. Essa transmissão é uma unidade de engrenagem fechada industrial.

41. Um par de engrenagens com dentes involutos, de profundidade total e com ângulo de pressão de 25° transmite 2,50 hp, e o pinhão gira a 680 rpm. O passo diametral é 10, e o índice de qualidade é A11. O pinhão tem 24 dentes, e a engrenagem, 62. A largura de face é de 1,25 pol. A potência de entrada é proveniente de um motor hidráulico de palhetas, e a transmissão servirá para um pequeno trator de jardim. Essa transmissão é uma unidade de engrenagem fechada industrial.

Número de tensão de flexão admissível exigido

Para os problemas 42 a 47, calcule o número de tensão de flexão admissível exigido, s_{at}, usando a Equação 9.29. Considere a inexistência de condições incomuns, a menos que haja indicação do contrário. Ou seja, utilize um fator de serviço, SF, de 1,00. Em seguida, especifique o aço apropriado e seu tratamento térmico para o pinhão e a engrenagem com base na tensão de flexão.

42. Use os dados e os resultados do Problema 36. Projete para uma confiabilidade de 0,99 e uma vida útil de 20000 horas.

43. Use os dados e os resultados do Problema 37. Projete para uma confiabilidade de 0,99 e uma vida útil de 8000 horas.

44. Use os dados e os resultados do Problema 38. Projete para uma confiabilidade de 0,9999 e uma vida útil de 12000 horas. Considere que a máquina-ferramenta é parte essencial de um sistema de produção que exige um fator de serviço de 1,25 para evitar paradas não programadas.

45. Use os dados e os resultados do Problema 39. Projete para uma confiabilidade de 0,9999 e uma vida útil de 4000 horas.

46. Use os dados e os resultados do Problema 40. Projete para uma confiabilidade de 0,99 e uma vida útil de 8000 horas.

47. Use os dados e os resultados do Problema 41. Projete para uma confiabilidade de 0,90 e uma

vida útil de 2000 horas. O desconhecimento do uso real do trator exige um fator de serviço de 1,25. Considere a possibilidade de empregar ferro fundido ou bronze se as condições permitirem.

Resistência à corrosão por pite

Para os problemas 48 a 53, calcule o número de tensão de contato esperado, s_c, usando a Equação 9.23. Considere que ambas as engrenagens devem ser de aço, salvo por indicação do contrário.

48. Use os dados e os resultados dos problemas 36 e 42.
49. Use os dados e os resultados dos problemas 37 e 43.
50. Use os dados e os resultados dos problemas 38 e 44.
51. Use os dados e os resultados dos problemas 39 e 45.
52. Use os dados e os resultados dos problemas 40 e 46.
53. Use os dados e os resultados dos problemas 41 e 47.

Número de tensão de contato admissível exigido

Para os problemas 54 a 59, calcule o número de tensão de contato admissível exigido, s_{at}, usando a Equação 9.29. Adote um fator de serviço, SF, de 1,00, a menos que outro valor seja indicado. Em seguida, especifique o material apropriado para o pinhão e a engrenagem com base na resistência à corrosão por pite. Empregue aço, a menos que outro material tenha sido escolhido em decisões anteriores. Nesse caso, avalie se elas ainda são válidas. Se não, especifique um material diferente de acordo com as condições mais críticas. Se nenhum material adequado puder ser encontrado, considere repetir o projeto das engrenagens originais, de modo a permitir que materiais razoáveis sejam utilizados.

54. Use os dados e os resultados dos problemas 36, 42 e 48.
55. Use os dados e os resultados dos problemas 37, 43 e 49.
56. Use os dados e os resultados dos problemas 38, 44 e 50.
57. Use os dados e os resultados dos problemas 39, 45 e 51.
58. Use os dados e os resultados dos problemas 40, 46 e 52.
59. Use os dados e os resultados dos problemas 41, 47 e 53.

Problemas de projeto

Para os problemas 60 a 70, descreva situações de projeto. A cada um deles, projete um par de engrenagens de dentes retos, especificando (ao menos) o passo diametral, o número de dentes e os diâmetros de passo de cada engrenagem, a distância de centro, a largura de face e o material de que deverão ser feitas. Projete para a vida útil recomendada levando em conta as resistências à flexão e à corrosão por pite. Procure fazer que os projetos sejam compactos. Utilize valores padrão para o passo diametral e evite projetos que possam sofrer interferências. Consulte o Exemplo 9.4. Considere que a entrada para o par de engrenagens é proveniente de um motor elétrico, exceto por indicação do contrário.

Se os dados forem fornecidos em unidades do SI, conclua o projeto no módulo métrico com dimensões em mm, forças em N e tensões em MPa. Consulte o Exemplo 9.5.

60. Um par de engrenagem de dentes retos deve ser projetado para transmitir 5,0 hp enquanto o pinhão gira a 1200 rpm. A engrenagem deve operar entre 385 e 390 rpm, e ela aciona um compressor alternativo.
61. Um par de engrenagens fará parte da transmissão de uma fresadora que requer 20,0 hp, com velocidade de pinhão de 550 rpm e velocidade de engrenagem entre 180 e 190 rpm.
62. A transmissão de uma prensa perfuradora exige 50,0 hp, com velocidade de pinhão de 900 rpm e velocidade de engrenagem entre 225 e 230 rpm.
63. Um motor monocilindro à gasolina apresenta o pinhão de um par de engrenagens em seu eixo de saída. A engrenagem está acoplada ao eixo de uma betoneira pequena. A betoneira requer 2,5 hp enquanto rotaciona a aproximadamente 75 rpm. O motor é regulado para operar a cerca de 900 rpm.
64. Um motor quadricilíndrico industrial opera a 2200 rpm e transmite 75 hp à engrenagem de entrada da transmissão de um grande picador de madeira usado para preparar lascas macias à fabricação de papel. A engrenagem de saída deve rotacionar entre 4500 e 4600 rpm.
65. Um pequeno trator comercial está sendo projetado para tarefas como corte de grama e remoção de neve. O sistema de transmissão deverá ser constituído por um par de engrenagens, no qual o pinhão opera a 600 rpm, enquanto a engrenagem, montada no cubo do volante, opera entre 170 a 180 rpm. O volante tem 300 mm de diâmetro. O motor a gasolina fornece 3,0 kW de potência para o par de engrenagens.
66. Uma turbina hidráulica transmite 75 kW de potência para um par de engrenagens a 4500 rpm. A saída desse par deve acionar um gerador de energia elétrica a 3600 rpm. A distância de centro para o par não deve exceder 150 mm.
67. Um sistema de transmissão para uma grande serra de fita comercial deve ser projetado de forma a transmitir 12,0 hp. A serra será usada a fim de cortar tubos de aço para escapamentos

automotivos. O pinhão gira a 3450 rpm, enquanto a engrenagem deve girar entre 725 e 735 rpm. Foi especificado que as engrenagens precisarão ser feitas de aço SAE 4340 temperado em óleo e revenido. Endurecimento superficial *não* poderá ser empregado.

68. Refaça o Problema 67, mas considere um aço cementado com o endurecimento superficial do Apêndice 5. Tente conseguir o menor projeto possível. Compare o resultado com o projeto do Problema 67.

69. A transmissão para uma máquina-ferramenta com propósito específico e exclusivo está sendo projetada para fresar a superfície de uma peça de aço fundido. A transmissão deve comunicar 20 hp com velocidade do pinhão de 650 rpm e velocidade de saída entre 110 e 115 rpm. A fresa será usada continuamente, dois turnos por dia, seis dias por semana, por um período mínimo de cinco anos. Projete a transmissão de modo a ter o menor tamanho possível e, assim, ser montada próxima à cabeça de fresagem.

70. Um tambor de cabo para um guindaste deve rotacionar entre 160 e 166 rpm. Projete uma transmissão para 25 hp, na qual o pinhão de entrada gira a 925 rpm e a saída gira com o tambor. O esperado é que o guindaste opere em ciclo de trabalho de 50%, 120 horas por semana, durante um período mínimo de 10 anos. O pinhão e a engrenagem da transmissão precisam caber dentro do diâmetro interno de 24 pol do tambor, com a engrenagem montada no eixo dele.

Capacidade de transmissão de potência

71. Determine a capacidade de transmissão de potência de um par de engrenagens de dentes retos, de profundidade total e com ângulo de pressão de 20°, passo diametral de 10, largura de face de 1,25 pol, 25 dentes no pinhão, 60 dentes da engrenagem e uma classe de qualidade AGMA A9. O pinhão é feito de aço SAE 4140 OQT 1000, e a engrenagem, de aço SAE 4140 OQT 1100. O pinhão deverá girar a 1725 rpm no eixo de um motor elétrico. A engrenagem acionará uma bomba centrífuga.

72. Determine a capacidade de transmissão de potência de um par de engrenagens de dentes retos, de profundidade total e com ângulo de pressão de 20°, passo diametral de 6, 35 dentes no pinhão, 100 dentes na engrenagem, largura de face de 2,00 pol e classe de qualidade AGMA A11. Um motor a gasolina aciona o pinhão a 1500 rpm. Já a engrenagem aciona um transportador para rochas trituradas em uma pedreira. O pinhão é feito de aço SAE 1040 WQT 800, e a engrenagem, de ferro fundido cinzento, ASTM A48-83, Classe 30. Projete considerando uma vida útil de 15000 horas.

73. Verificou-se que o par de engrenagens descrito no Problema 72 desgastou-se quando foi acionado por um motor de 25 hp. Proponha um novo projeto para as mesmas 15000 horas sob essas condições.

Projeto de sistemas de dupla redução

74. Projete um trem de engrenagens de dupla redução que transmita 10,0 hp de um motor elétrico operando a 1750 rpm para um transportador, cujo eixo acionador deverá operar entre 146 e 150 rpm. Note que isso exigirá o projeto de dois pares de engrenagens. Esboce a disposição do trem e calcule a velocidade real de saída.

75. Um triturador de alimentos comercial, no qual o eixo final rotaciona entre 40 e 44 rpm, deve ser projetado. A entrada é proveniente de um motor elétrico operando a 850 rpm e transmitindo 0,50 hp. Projete um trem de engrenagem de dupla redução para o triturador.

76. Uma pequena furadeira manual é acionada por um motor elétrico operando a 3000 rpm. A velocidade de giro da broca deve ser de aproximadamente 550 rpm. Projete o redutor de velocidade para a broca. A potência transmitida é de 0,25 hp.

77. A broca descrita no Problema 76 funciona como acionadora para uma pequena serra de fita usada em uma oficina doméstica. A lâmina da serra deve se mover com velocidade linear de 375 pés/min. Além disso, ela opera sobre cilindros de 9,0 pol de diâmetro. Projete o redutor de engrenagem para acionar essa lâmina. Considere a possibilidade de utilizar engrenagens plásticas.

78. Projete um sistema de pinhão e cremalheira para elevar o painel de acesso de um forno. Um motor hidráulico rotacionando a 1500 rpm fornecerá 5,0 hp na entrada do sistema. A velocidade linear do painel deve ser de, no mínimo, 2,0 pés/s. A cremalheira se move 6,0 pés em cada direção durante a abertura e o fechamento das portas do forno. Mais de um estágio de redução pode ser utilizado, mas procure fazer um projeto com a menor quantidade possível de engrenagens. É esperado que o sistema opere, no mínimo, 6 vezes por hora, 3 turnos por dia, 7 dias por semana, por um período mínimo de 15 anos.

79. Projete o sistema de engrenagem para as rodas de uma empilhadeira industrial. Sua velocidade máxima deverá ser de 20 mph. Decidiu-se que as rodas terão diâmetro de 12,0 pol. Um motor CC fornece 20 hp a uma velocidade de 3000 rpm. A

vida útil do projeto é de 16 horas por dia, 6 dias por semana, por um período de 20 anos.

Engrenamento plástico

80. Projete um par de engrenagens de plástico para uma pequena serra de fita. A entrada é de 0,50 hp, proveniente de um motor elétrico girando a 860 rpm, e o pinhão será montado em um eixo com diâmetro de 0,75 pol com rasgo para uma chaveta de 0,1875 × 0,1875 pol. A engrenagem deve operar entre 265 e 267 rpm.

81. Projete um par de engrenagens de plástico para operar um cilindro alimentador de papéis em uma impressora de escritório. O pinhão gira a 88 rpm, e a engrenagem deve girar entre 20 e 22 rpm. A potência necessária é de 0,06 hp. Procure conseguir o menor tamanho possível.

82. Projete um par de engrenagens de plástico para acionar as rodas de um pequeno carro de controle remoto. A engrenagem será montada sobre o eixo da roda e precisa operar entre 120 e 122 rpm. O pinhão gira a 430 rpm. A potência necessária é de 0,025 hp. Procure conseguir o menor tamanho possível usando nylon sem *fillers*.

83. Projete um par de engrenagens de plástico para acionar um cortador de alimentos comercial. A entrada é de 0,65 hp, proveniente de um motor elétrico girando a 1560 rpm, e o pinhão será montado em um eixo com diâmetro de 0,875 pol com rasgo para uma chaveta de 0,1875 × 0,1875 pol. A engrenagem deverá operar entre 468 e 470 rpm.

CAPÍTULO 10

ENGRENAGENS HELICOIDAIS, ENGRENAGENS CÔNICAS E ENGRENAMENTO SEM-FIM

Sumário

Visão geral
Você é o projetista
10.1 Objetivos
10.2 Forças nos dentes da engrenagem helicoidal
10.3 Tensões nos dentes da engrenagem helicoidal
10.4 Resistência à corrosão por pite nos dentes da engrenagem helicoidal
10.5 Projeto de engrenagens helicoidais
10.6 Forças nas engrenagens cônicas retas
10.7 Forças dos rolamentos nos eixos de engrenagens cônicas
10.8 Momentos fletores nos eixos de engrenagens cônicas
10.9 Tensões nos dentes da engrenagem cônica reta
10.10 Forças, atrito e eficiência em conjuntos de engrenagem sem-fim
10.11 Tensão nos dentes de engrenagem sem-fim
10.12 Durabilidade superficial em transmissões de engrenagem sem-fim
10.13 Tecnologias emergentes e softwares para projeto de engrenagem

Visão geral

Tópicos de discussão

- A geometria de engrenagens helicoidais, cônicas e sem-fim foi descrita no Capítulo 8.
- Os princípios da análise de tensão das engrenagens foram vistos no Capítulo 9 em relação a engrenagens de dentes retos. Grande parte dessa informação se aplica aos tipos de engrenagem discutidos neste capítulo.

Descubra

Revise os capítulos 8 e 9.
Relembre a discussão do início do Capítulo 8 a respeito dos diferentes usos de engrenagens presentes ao seu redor. Reveja essas informações agora e concentre a discussão em engrenagens helicoidais, engrenagens cônicas e engrenamentos sem-fim.

> Neste capítulo, você obterá conhecimento para realizar análises necessárias em projetos de transmissões seguras, de longa vida útil e que empregam engrenagens helicoidais, engrenagens cônicas e engrenamentos sem-fim.

No Capítulo 8, falou-se muito sobre a geometria de engrenagens de dentes retos, helicoidais, cônicas e engrenamentos sem-fim presentes em um único par ou em trens compostos por dois ou mais pares de engrenagens. Além disso, partes iniciais do Capítulo 9 discutiram os tipos de material metálico comumente utilizados na fabricação de engrenagens para transmissão de potência, métodos de fabricação das engrenagens, princípios de qualidade das engrenagens e as medidas necessárias para garantir essa qualidade. Depois, você aprendeu a analisar a tensão de flexão no filete, na base dos dentes da engrenagem, e a tensão de contato ao longo da face dos dentes, próximo à linha primitiva. Ao mesmo tempo, determinou-se a tensão de flexão exigida para o material da engrenagem, a fim de evitar a falha por fadiga, e a dureza de face fundamental para a engrenagem, a fim de se alcançar resistência adequada à corrosão por pite na superfície. O resultado levou a um método de projetar engrenagens de dentes retos que preza por vida útil e desempenho satisfatórios. A Seção 9.16 aplicou princípios de projeto a engrenamentos plásticos.

Análises semelhantes e abordagens de projeto serão desenvolvidas neste capítulo em relação a engrenagens helicoidais, engrenagens cônicas e engrenamentos sem-fim. Será preciso consultar os capítulos 5, 8 e 9 à medida que avançarmos. Informações mais detalhadas podem ser encontradas nas normas AGMA listadas nas referências 3, 4, 5, 7 e 8.

A Figura 10.1 mostra um redutor de velocidade de engrenagem acionado por um motor elétrico acoplado; essa combinação é com frequência chamada de *motorredutor*. A ilustração da Figura 10.1(b) exibe a disposição interna do redutor de três estágios. Na extremidade direita, um eixo do pinhão helicoidal é acionado diretamente pelo motor, que, por sua vez, ativa sua engrenagem conjugada para o primeiro estágio de redução. O mesmo eixo com a engrenagem helicoidal de saída transporta o pinhão cônico para o segundo estágio de redução. Para o terceiro estágio, o pinhão helicoidal é posicionado próximo à engrenagem cônica de saída no mesmo eixo. Em seguida, a engrenagem helicoidal maior de saída fornece

Capítulo 10 • Engrenagens helicoidais, engrenagens cônicas e engrenamento sem-fim 441

a potência em velocidade bastante reduzida e com torque proporcionalmente maior à máquina acionada. O projeto do eixo de saída utiliza um eixo oco com bucha taper-lock que facilita a ligação ao eixo de entrada da máquina acionada.

A Figura 10.2 mostra um redutor de dupla redução com engrenagem helicoidal que recebe potência do motor elétrico (montado acima do redutor) pela transmissão por correia, que produz uma diminuição inicial da velocidade. Atente para a disposição das engrenagens, dos eixos e dos rolamentos na carcaça, conforme indicado a seguir. Os rolamentos de rolos cônicos são usados em todos os eixos para transportar a combinação de forças radiais e axiais produzidas inerentemente pelas engrenagens helicoidais.

Consulte a Figura 8.20 para obter um exemplo de redutor de engrenagem sem-fim.

◀ **FIGURA 10.1** Montagem de motorredutor com redutor de três estágios.
(Baldor/Dodge, Greenville, SC)

(a) Montagem de um redutor de velocidade e um motor de acionamento, chamado motorredutor.

(b) Vista em corte mostrando a disposição interna do redutor de três estágios helicoidal-cônico-helicoidal

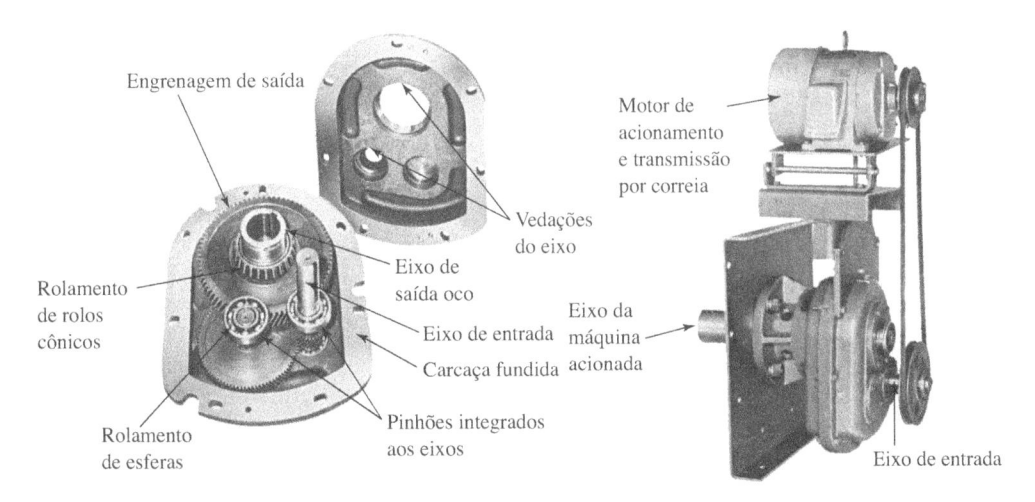

▶ **FIGURA 10.2** Redutor helicoidal montado em eixo.
(Power Transmission Solutions, uma unidade comercial da Emerson Industrial Automation)

Redutor com motor montado ao lado de uma máquina

Você é o projetista

Todas as transmissões projetadas no Capítulo 9 partiram do princípio de que engrenagens de dentes retos seriam usadas para realizar a redução ou o aumento da velocidade entre a entrada e a saída. No entanto, muitos outros tipos de engrenagem poderiam ter sido empregados. Suponha que você seja o projetista da transmissão para o picador de madeira descrito no Exemplo 9.4. Em quais aspectos o projeto seria diferente se engrenagens helicoidais fossem utilizadas no lugar das de dentes retos? Quais forças seriam criadas e transferidas aos eixos das engrenagens e aos rolamentos dos eixos? Seria possível usar engrenagens menores? Em quais aspectos a geometria das engrenagens helicoidais difere da geometria das de dentes retos?

Em vez de os eixos de entrada e saída serem paralelos, como nos projetos concluídos até aqui, como poderíamos projetar transmissões que fornecem potência a um eixo de saída perpendicular ao de entrada? Quais técnicas especiais de análise são aplicadas a engrenagens cônicas e engrenamentos sem-fim?

As informações contidas neste capítulo o ajudarão a responder a essas e outras perguntas.

10.1 OBJETIVOS

Ao final deste capítulo, você estará apto a:

1. Descrever a geometria de engrenagens helicoidais e calcular as dimensões das principais características.
2. Calcular as forças exercidas por uma engrenagem helicoidal em sua engrenagem conjugada.
3. Calcular a tensão causada por flexão nos dentes da engrenagem helicoidal e especificar materiais adequados para resistir a essas tensões.
4. Projetar engrenagens helicoidais com durabilidade superficial.
5. Descrever a geometria de engrenagens cônicas e calcular as dimensões das principais características.
6. Analisar as forças exercidas por uma engrenagem cônica em outra e mostrar como essas forças são transferidas para os eixos das engrenagens.
7. Projetar e analisar os dentes da engrenagem cônica em relação a resistência e durabilidade superficial.
8. Descrever a geometria sem-fim e engrenagens sem-fim.
9. Calcular as forças criadas por um sistema de transmissão de engrenagem sem-fim e analisar seu efeito sobre os eixos sem-fim e a engrenagem sem-fim.
10. Calcular a eficiência das transmissões de engrenagem sem-fim.
11. Projetar e analisar transmissões de engrenagem sem-fim que sejam seguras em relação a resistência à flexão e desgaste.

Recomenda-se a leitura das referências ao final do capítulo, nas quais há informações adicionais sobre projeto e aplicação de engrenagens helicoidais, engrenagens cônicas e engrenamento sem-fim.

10.2 FORÇAS NOS DENTES DA ENGRENAGEM HELICOIDAL

A Figura 10.3 mostra duas engrenagens helicoidais projetadas para montagem em eixos paralelos. Essa é a configuração básica que devemos analisar neste capítulo. Consulte a Figura 10.4 para uma representação do sistema de força que atua entre os dentes de duas engrenagens helicoidais em contato. No Capítulo 8, usando a mesma figura, definimos as seguintes forças:

- W_N é a *força normal real* que age perpendicularmente à face do dente no plano normal à superfície do dente. O plano normal é apresentado na Figura 10.4(d). Raramente é preciso usar o valor de W_N, pois suas três componentes ortogonais, definidas a seguir, são utilizadas nas análises realizadas para engrenagens helicoidais. Os valores dos componentes ortogonais dependem dos três ângulos a seguir, que ajudam a definir a geometria dos dentes da engrenagem helicoidal:

◀ **FIGURA 10.3** Engrenagens helicoidais. Essas engrenagens têm um ângulo de hélice de 45°. (Emerson Power Transmission Corporation, Drive and Component Division, Ithaca, NY)

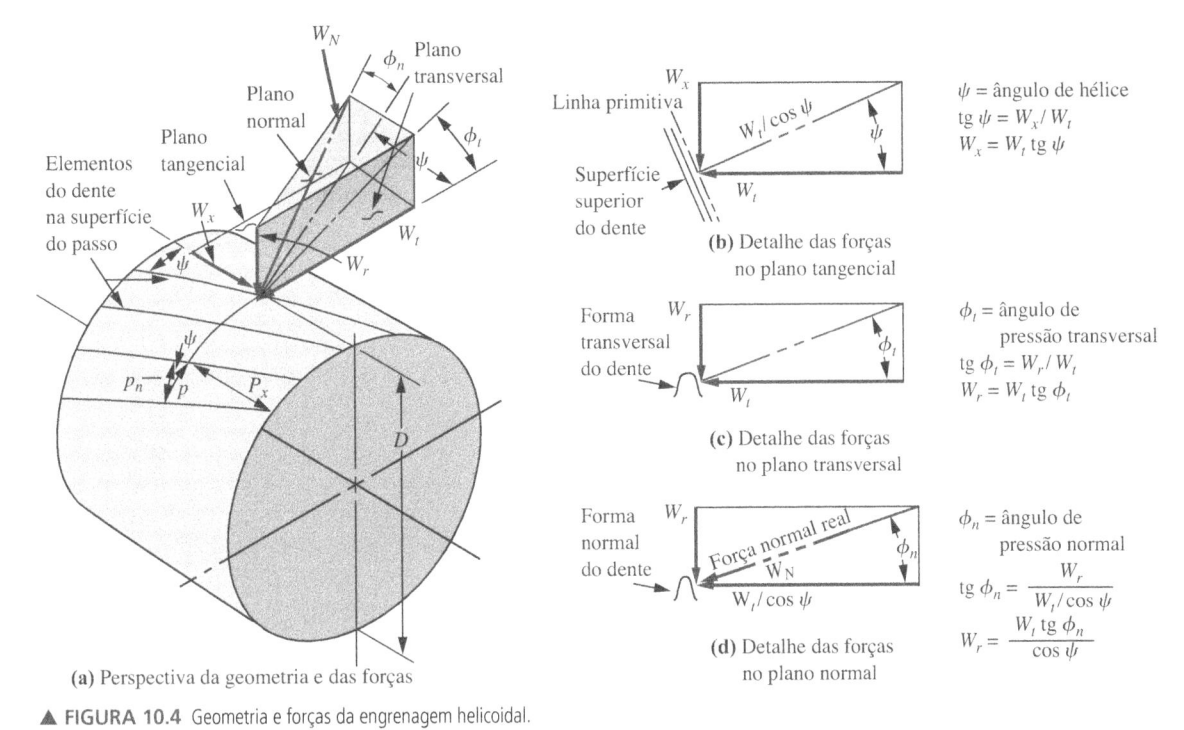

Capítulo 10 • Engrenagens helicoidais, engrenagens cônicas e engrenamento sem-fim

FIGURA 10.4 Geometria e forças da engrenagem helicoidal.

(a) Perspectiva da geometria e das forças

(b) Detalhe das forças no plano tangencial

ψ = ângulo de hélice
$\operatorname{tg} \psi = W_x / W_t$
$W_x = W_t \operatorname{tg} \psi$

(c) Detalhe das forças no plano transversal

ϕ_t = ângulo de pressão transversal
$\operatorname{tg} \phi_t = W_r / W_t$
$W_r = W_t \operatorname{tg} \phi_t$

(d) Detalhe das forças no plano normal

ϕ_n = ângulo de pressão normal
$\operatorname{tg} \phi_n = \dfrac{W_r}{W_t / \cos \psi}$
$W_r = \dfrac{W_t \operatorname{tg} \phi_n}{\cos \psi}$

Ângulo de pressão normal: ϕ_n

Ângulo de pressão transversal: ϕ_t

Ângulo de hélice: ψ

Para engrenagens helicoidais, o ângulo de hélice e um dos outros dois são especificados. O terceiro ângulo pode ser computado a partir de

$$\operatorname{tg} \phi_n = \operatorname{tg} \phi_t \cos \psi \qquad (10.1)$$

- W_t é a *força tangencial* que age no plano transversal, tangencialmente ao passo circular da engrenagem helicoidal, fazendo o torque ser transmitido da engrenagem acionadora à acionada. Por isso, essa força é muitas vezes chamada de *força transmitida*. No que diz respeito à função, ela é semelhante à W_t usada na análise de engrenagens de dentes retos nos capítulos 8 e 9. É possível calcular seu valor com as mesmas equações, como segue:

Se o torque transmitido (T) e o tamanho da engrenagem (D) forem conhecidos,

▶ **Força tangencial**

$$W_t = T/(D/2) \qquad (10.2)$$

Se a potência transmitida (P) e a velocidade angular (n) forem conhecidas,

$$T = (P/n) \qquad (10.3)$$

POTÊNCIA, TORQUE E FORÇAS NO SISTEMA NORTE-AMERICANO DE UNIDADES: aqui, os conceitos e as equações da Seção 9.3, desenvolvidos para engrenagens de dentes retos, serão aplicados a engrenagens helicoidais. *Elas são equações dimensionais.*

Quando a potência, P, for expressa em hp; a velocidade angular, n, estiver em rpm; e os diâmetros, D, estiverem em polegadas:

Torque: $\qquad T = 63000(P)/n \text{ lb} \cdot \text{pol} \qquad (10.4)$

Velocidade na linha primitiva: $v_t = \pi D n / 12 \text{ pés/min} \qquad (10.5)$

Força tangencial: $\quad W_t = (126000)(P)/[(n)(D)] \text{ lb} \qquad (10.6)$

Ou: $\qquad W_t = (33000)(P)/v_t \text{ lb} \qquad (10.7)$

POTÊNCIA, TORQUE E FORÇAS NO SISTEMA MÉTRICO INTERNACIONAL: Mais uma vez, os conceitos e as equações das seções 9.3 e 9.12, desenvolvidos para engrenagens de dentes retos, serão aplicados a engrenagens helicoidais. *Elas são equações dimensionais.*

Quando a potência, P, for expressa em kW; a velocidade angular, n, estiver em rpm; e os diâmetros, D, estiverem em mm:

Torque: $\qquad T = 9549(P)/n \text{ N} \cdot \text{m} \qquad (10.4\text{M})$

Velocidade na linha primitiva: $v_t = \pi D n / 60000 \text{ m/s} \qquad (10.5\text{M})$

Força tangencial: $\quad W_t = (19099)(P)/[(n)(D)] \text{ N} \qquad (10.6\text{M})$

Ou: $\qquad W_t = (1000)(P)/vt \text{ N} \qquad (10.7\text{M})$

O valor da carga tangencial é o mais fundamental das três componentes ortogonais da força normal real. O cálculo do número da tensão de flexão e da tensão de contato nos dentes da engrenagem depende de W_t.

- W_r é a *força radial* que atua em direção ao centro da engrenagem, perpendicular ao passo circular e à força tangencial. Ela tende a separar as duas engrenagens. Como pode ser visto na Figura 10.4(c),

▶ **Força radial**

$$W_r = W_t \, \text{tg} \, \phi_t \qquad (10.8)$$

onde ϕ_t = ângulo de pressão transversal para os dentes helicoidais.

- W_x é a *força axial* que atua paralelamente ao eixo da engrenagem e provoca uma carga axial que deve ser resistida pelos rolamentos do eixo. Conhecendo-se a força tangencial, a força axial é calculada a partir de

▶ **Força axial**

$$W_x = W_t \, \text{tg} \, \psi \qquad (10.9)$$

EXEMPLO 10.1

Uma engrenagem helicoidal tem passo diametral normal de 8, ângulo de pressão normal de 20°, 32 dentes, largura de face de 3,00 pol e ângulo de hélice de 15°. Calcule o passo diametral, o ângulo de pressão transversal e o diâmetro de passo. Se a engrenagem estiver girando a 650 rpm e transmitindo 7,50 hp, estime a velocidade na linha primitiva, além da força tangencial, da axial e da radial.

SOLUÇÃO

Passo diametral (Equação 8.15)

$$P_d = P_{nd} \cos \psi = 8 \cos(15) = 7{,}727$$

Ângulo de pressão transversal (Equação 10.1)

$$\phi_t = \text{tg}^{-1}(\text{tg}\, \phi_n / \cos \psi)$$

$$\phi_t = \text{tg}^{-1}[\text{tg}(20)/\cos(15)] = 20{,}65°$$

Diâmetro de passo (Equação 8.14)

$$D = N/P_d = 32/7{,}727 = 4{,}141 \text{ pol}$$

Velocidade na linha primitiva, v_t (Equação 10.5)

$$v_t = \pi D n / 12 = \pi(4{,}141)(650)/12 = 704{,}7 \text{ pés/min}$$

Força tangencial, W_t (Equação 10.7)

$$W_t = 33000(P)/v_t = 33000(7{,}5)/704{,}7 = 351 \text{ lb}$$

Força axial, W_x (Equação 10.9)

$$W_x = W_t \, \text{tg}\, \psi = 351 \, \text{tg}(15) = 94 \text{ lb}$$

Força radial, W_r (Equação 10.8)

$$W_r = W_t \, \text{tg}\, \phi_t = 351 \, \text{tg}(20{,}65) = 132 \text{ lb}$$

O exemplo a seguir ilustra cálculos semelhantes para o sistema métrico internacional.

EXEMPLO 10.2

Uma engrenagem helicoidal tem módulo normal de 3 mm, ângulo de pressão normal de 25°, ângulo de hélice de 22°, 32 dentes e largura de face de 75 mm. Calcule o módulo transversal, o ângulo de pressão transversal e o diâmetro de passo. Em seguida, se a engrenagem estiver girando a 650 rpm e transmitindo 5,0 kW de potência, estime a velocidade na linha primitiva, além da força tangencial, da axial e da radial.

> **SOLUÇÃO**
>
> *Módulo transversal:* (Equação 8.18)
>
> $$m_n = m \cos \psi$$
>
> $$m = m_n/\cos \psi = 3{,}00 \text{ mm}/\cos 22° = 3{,}236 \text{ mm}$$
>
> *Ângulo de pressão transversal:* (Equação 8.11)
>
> $$\phi_t = \text{tg}^{-1}(\text{tg } \phi_n/\cos \psi) = \text{tg}^{-1}[\text{tg}(25°)/\cos(22°)] = 23{,}38°$$
>
> *Diâmetro de passo:*
>
> $$D = mN = (3{,}236 \text{ mm})(32) = 103{,}54 \text{ mm}$$
>
> *Velocidade na linha primitiva:* (Equação 10.5M)
>
> $$v_t = \pi Dn/(60000) = \pi(103{,}54 \text{ mm})(650 \text{ rpm})/(60000) = 3{,}524 \text{ m/s}$$
>
> *Força tangencial:* (Equação 10.6M)
>
> $$W_t = (1000)(P)/v_t = (1000)(5{,}0 \text{ kW})/(3{,}524 \text{ m/s}) = 1419 \text{ N}$$
>
> *Força axial:* (Equação 10.9)
>
> $$W_x = W_t \text{ tg } \psi = (1419 \text{ N}) \text{ tg}(22°) = 573{,}3 \text{ N}$$
>
> *Força radial:* (Equação 10.8)
>
> $$W_r = W_t \text{ tg } \phi_t = (1419 \text{ N}) \text{ tg}(23{,}38°) = 613{,}5 \text{ N}$$

10.3 TENSÕES NOS DENTES DA ENGRENAGEM HELICOIDAL

Usaremos a mesma equação básica para calcular o número de tensão de flexão referente aos dentes da engrenagem helicoidal, assim como fizemos para a engrenagem de dentes retos, no Capítulo 9, com a Equação 9.16 repetida aqui:

$$s_t = \frac{W_t P_d}{FJ} K_o K_s K_m K_B K_v$$

As figuras 10.5, 10.6 e 10.7 mostram os valores do fator geométrico, *J*, para os dentes da engrenagem helicoidal com ângulos de pressão normal de 15°, 20° e 22°, respectivamente.[1] Os fatores *K* são os mesmos que aqueles utilizados para engrenagens de dentes retos. Consulte as referências 9 e 18 e as seguintes localizações de valores:

K_o = fator de sobrecarga (Tabela 9.7)
K_s = fator de forma (Tabela 9.8)
K_m = fator de distribuição de carga (figuras 9.16 e 9.17 e Equação 9.17)
K_B = fator de espessura de borda (Figura 9.18)
K_v = fator dinâmico (Figura 9.20)

Para o projeto, é preciso especificar um material com número de tensão de flexão admissível, s_{at}, maior do que o número de tensão de flexão calculado, s_t. Os valores de projeto para s_{at} podem ser encontrados:

Figura 9.11: Aço, têmpera completa, classes 1 e 2

Tabela 9.5: Aços com endurecimento superficial

Tabela 9.6: Ferro fundido e bronze

(Consulte também as referências 11 e de 17 a 23.) Os dados para aço, ferro e bronze aplicam-se a uma vida útil de projeto de 10^7 ciclos com confiabilidade de 99% (menos de uma falha em 100). Caso se deseje outros valores para vida útil de projeto ou confiabilidade, a tensão admissível pode ser modificada com o procedimento descrito na Seção 9.10.

---

[1] Figuras 10.5, 10.6 e 10.7: os gráficos do fator geométrico, *J*, para engrenagens helicoidais foram retirados da norma AGMA 218.01-1982, *Standard for Rating the Pitting Resistance and Bending Strength of Spur and Helical Involute Gear Teeth*, com permissão da editora, American Gear Manufacturers Association. Essa norma foi substituída por outras duas: (1) Norma 908-B89 (R 1999), *Geometry Factors for Determining the Pitting Resistance and Bending Strength of Spur, Helical and Herringbone Gear Teeth*, 1999, e (2) Norma 2001-D04, *Fundamental Rating Factors and Calculation Methods for Involute Spur and Helical Gear Teeth*, 2004. O método para o cálculo do valor de *J* não foi alterado. Contudo, as novas normas não contêm os gráficos. Os usuários são alertados a verificar se os fatores geométricos de determinado projeto estão em conformidade com a geometria específica da fresa empregada na fabricação de engrenagens. As normas 908-B89 (R 1999) e 2001-D04 devem ser consultadas para detalhes do cálculo de valores de *J* e para a classificação do desempenho dos dentes da engrenagem.

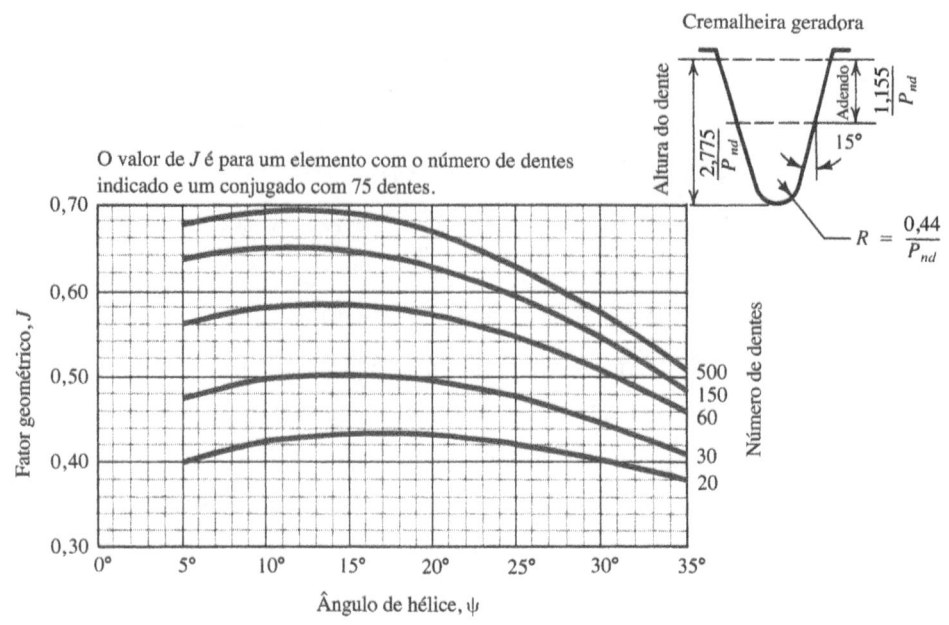

(a) Fator geométrico (J) para ângulo de pressão normal de 15° e adendo indicado

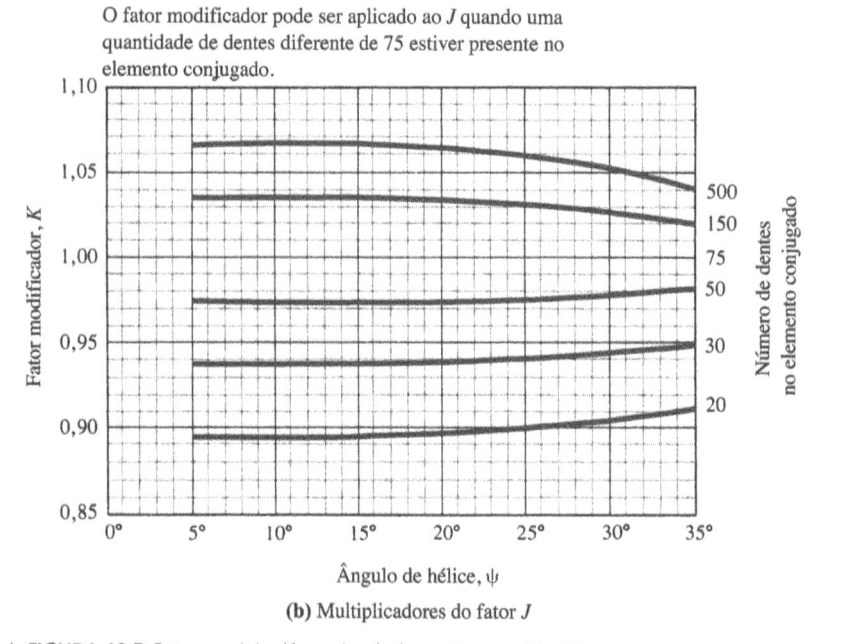

(b) Multiplicadores do fator J

▲ **FIGURA 10.5** Fator geométrico (J) para ângulo de pressão normal de 15°.

10.4 RESISTÊNCIA À CORROSÃO POR PITE NOS DENTES DA ENGRENAGEM HELICOIDAL

A resistência à corrosão por pite nos dentes da engrenagem helicoidal é avaliada com o mesmo procedimento discutido no Capítulo 9 para engrenagens de dentes retos. A Equação 9.23 é repetida aqui:

$$s_c = C_p \sqrt{\frac{W_t K_o K_s K_m K_v}{F D_p I}} \qquad (9.23)$$

Todos os fatores são os mesmos para engrenagens helicoidais, com exceção do fator geométrico para resistência à corrosão por pite, I. Os valores de C_p estão na Tabela 9.10. Observe que os outros fatores K têm os mesmos valores que os discutidos e identificados na Seção 10.3.

Por causa da maior variedade de características geométricas necessárias para definir a forma de engrenagens helicoidais, não é lógico reproduzir todas as tabelas exigidas de valores ou as fórmulas

O valor de J é para um elemento com o número de dentes indicado e um conjugado com 75 dentes.

Os fatores são para dentes cortados com uma fresa de acabamento na operação final de usinagem.

(a) Fator geométrico (J) para ângulo de pressão normal de 20°, adendo padrão e fresa de acabamento

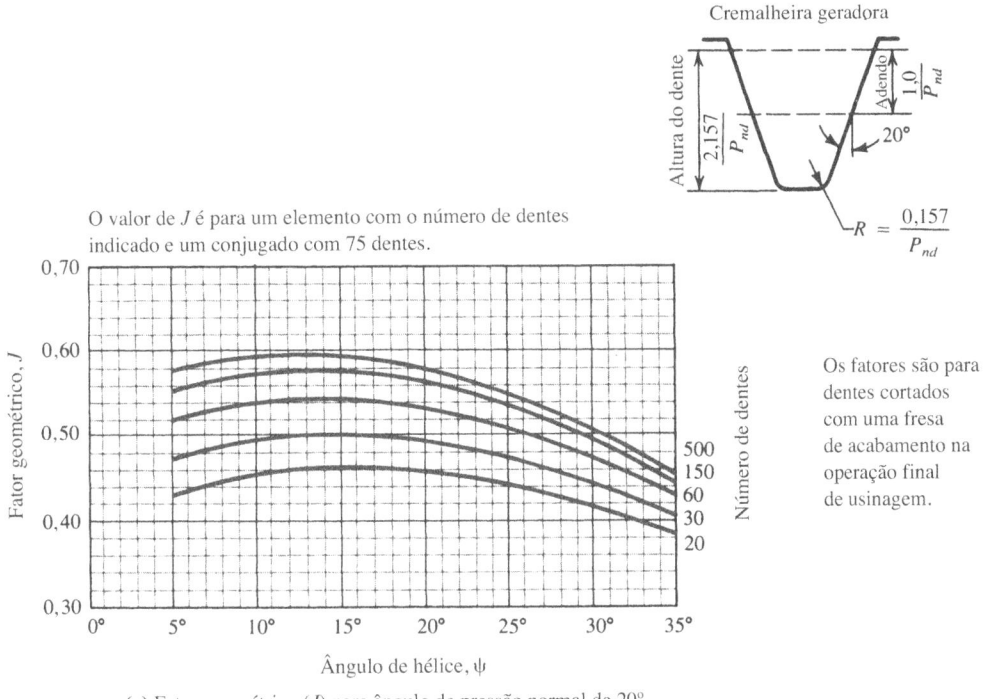

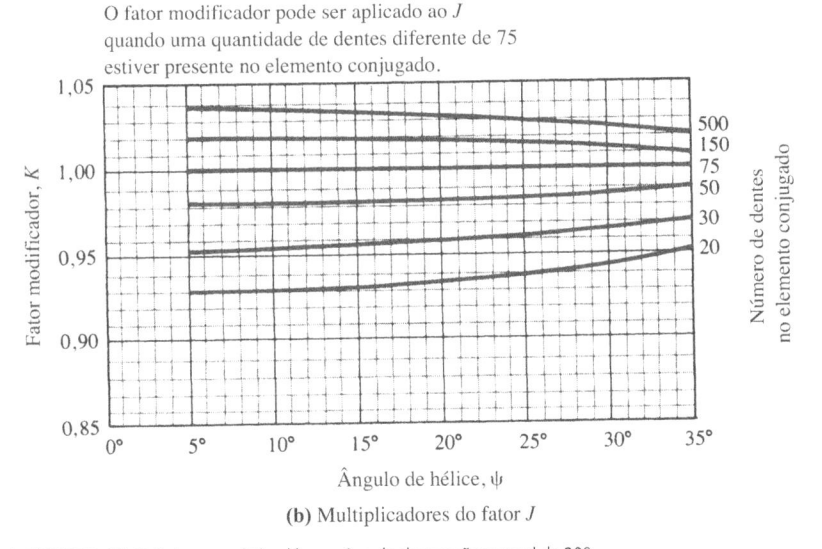

O fator modificador pode ser aplicado ao J quando uma quantidade de dentes diferente de 75 estiver presente no elemento conjugado.

(b) Multiplicadores do fator J

▲ **FIGURA 10.6** Fator geométrico (J) para ângulo de pressão normal de 20°.

completas para o cálculo de I. Os valores mudam com a relação de transmissão, o número de dentes no pinhão, a forma do dente, o ângulo de hélice e os valores específicos para o adendo, a profundidade total e o raio do filete. Consulte as referências 6 e 13 para vastas discussões sobre os procedimentos. A fim de facilitar a resolução de problemas neste livro, as tabelas 10.1 e 10.2 fornecem alguns valores para I.

Para o projeto, quando o número de tensão de contato for conhecido, é preciso especificar um material com número de tensão de contato admissível, s_{ac}, maior do que s_c. Os valores de projeto para s_{ac} podem ser encontrados da seguinte forma:

O valor de J é para um elemento com o número de dentes indicado e um conjugado com 75 dentes.

Os fatores são para dentes que passaram por processo de desbaste por acabamento e fresamento.

(a) Fator geométrico (J) para ângulo de pressão normal de 22°, adendo padrão e fresa de acabamento

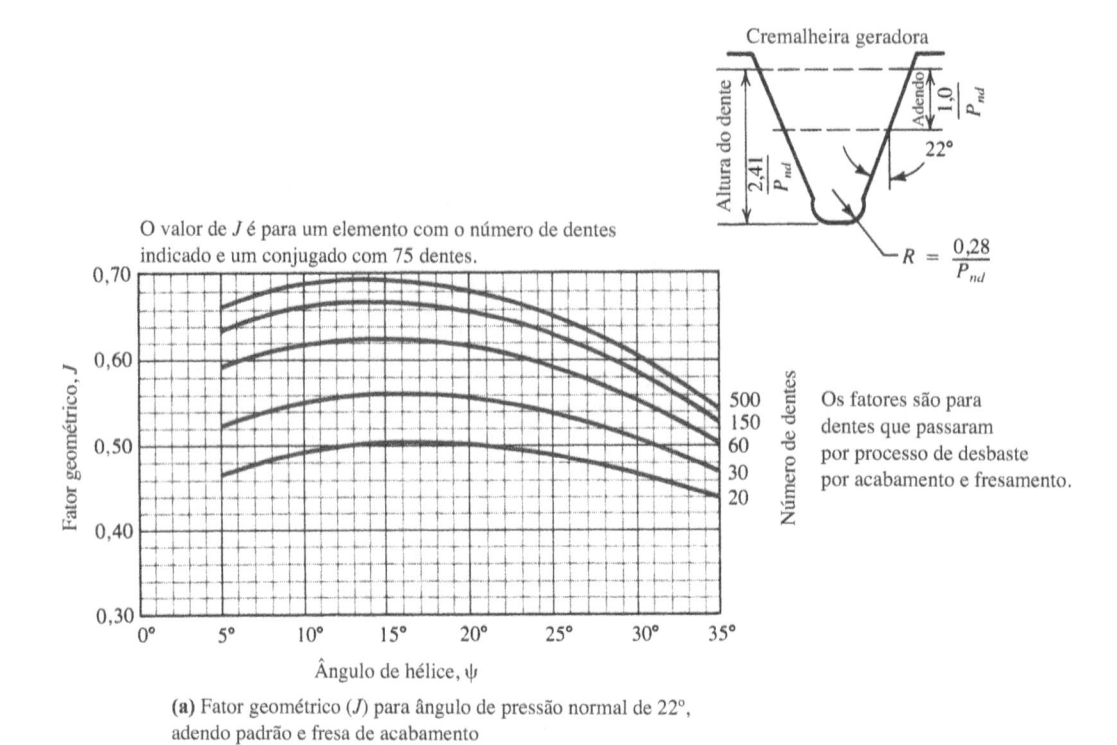

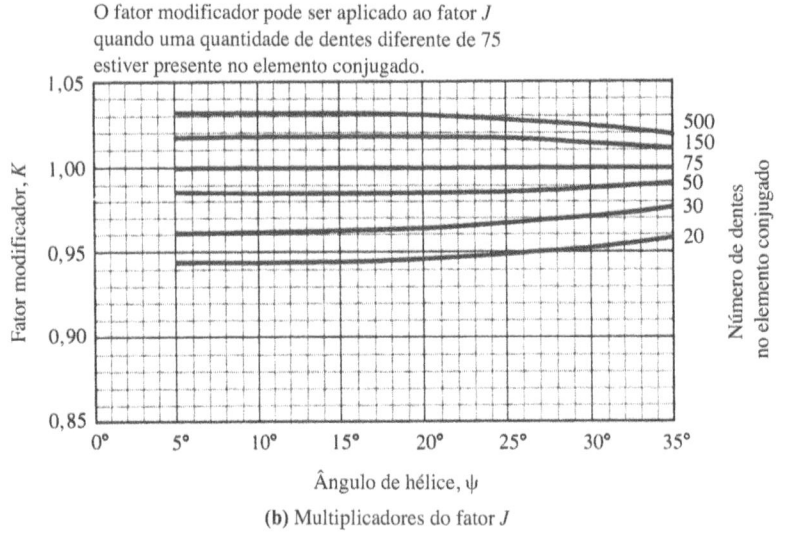

O fator modificador pode ser aplicado ao fator J quando uma quantidade de dentes diferente de 75 estiver presente no elemento conjugado.

(b) Multiplicadores do fator J

▲ **FIGURA 10.7** Fator geométrico (J) para ângulo de pressão normal de 22°.

Figura 9.12: aço, têmpera completa, classes 1 e 2

Tabela 9.5: aço, endurecimento superficial, Classe 1; endurecimento por chama, indução ou cementação

Tabela 9.6: ferro fundido e bronze

Os dados dessas fontes aplicam-se a uma vida útil de projeto de 10^7 ciclos com confiabilidade de 99% (menos de uma falha em 100). Caso se deseje outros valores para vida útil de projeto e confiabilidade ou seja necessário aplicar um fator de serviço, o número de tensão de contato admissível pode ser modificado com o procedimento descrito na Seção 9.10.

10.5 PROJETO DE ENGRENAGENS HELICOIDAIS

O exemplo a seguir ilustra o procedimento de um projeto de engrenagens helicoidais.

Capítulo 10 • Engrenagens helicoidais, engrenagens cônicas e engrenamento sem-fim

▼ **TABELA 10.1** Fatores geométricos para resistência à corrosão por pite, *I*, em engrenagens helicoidais com ângulo de pressão normal de 20° e adendo padrão.

A. Ângulo de hélice, $\psi = 15{,}0°$

Dentes da engrenagem	Dentes do pinhão				
	17	21	26	35	55
17	0,124				
21	0,139	0,128			
26	0,154	0,143	0,132		
35	0,175	0,165	0,154	0,137	
55	0,204	0,196	0,187	0,171	0,143
135	0,244	0,241	0,237	0,229	0,209

B. Ângulo de hélice, $\psi = 25{,}0°$

Dentes da engrenagem	Dentes do pinhão					
	14	17	21	26	35	55
14	0,123					
17	0,137	0,126				
21	0,152	0,142	0,130			
26	0,167	0,157	0,146	0,134		
35	0,187	0,178	0,168	0,156	0,138	
55	0,213	0,207	0,199	0,189	0,173	0,144
135	0,248	0,247	0,244	0,239	0,230	0,210

Fonte: extraído da norma AGMA 908-B89 (R 1999), *Geometry Factors for Determining the Pitting Resistance and Bending Strength of Spur, Helical and Herringbone Gear Teeth*, com permissão da editora, American Gear Manufacturers Association.

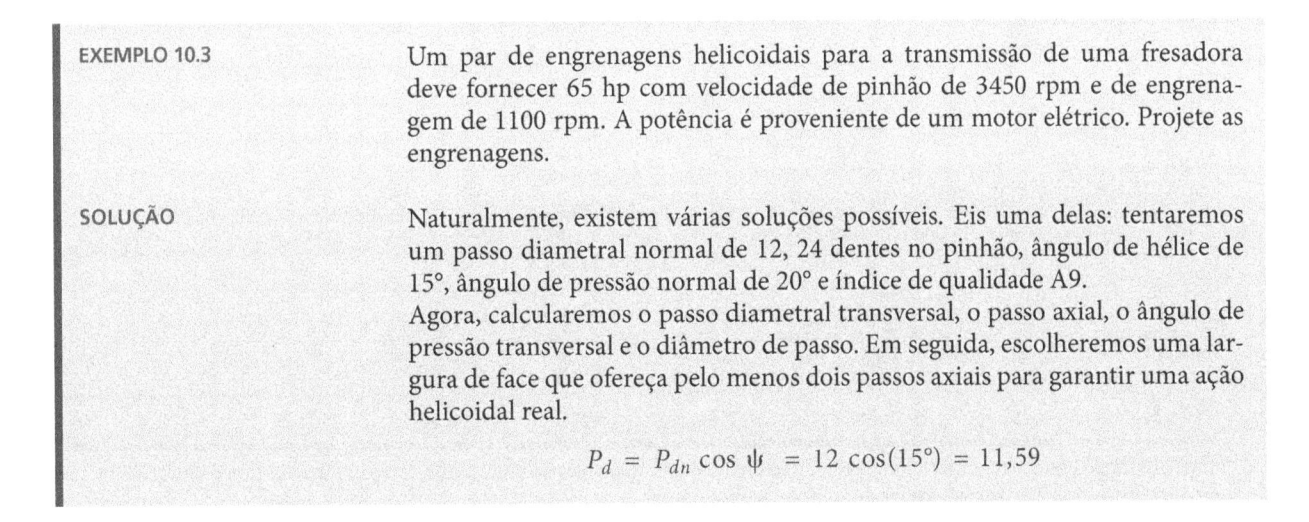

EXEMPLO 10.3

Um par de engrenagens helicoidais para a transmissão de uma fresadora deve fornecer 65 hp com velocidade de pinhão de 3450 rpm e de engrenagem de 1100 rpm. A potência é proveniente de um motor elétrico. Projete as engrenagens.

SOLUÇÃO

Naturalmente, existem várias soluções possíveis. Eis uma delas: tentaremos um passo diametral normal de 12, 24 dentes no pinhão, ângulo de hélice de 15°, ângulo de pressão normal de 20° e índice de qualidade A9.

Agora, calcularemos o passo diametral transversal, o passo axial, o ângulo de pressão transversal e o diâmetro de passo. Em seguida, escolheremos uma largura de face que ofereça pelo menos dois passos axiais para garantir uma ação helicoidal real.

$$P_d = P_{dn} \cos \psi = 12 \cos(15°) = 11{,}59$$

$$P_x = \frac{\pi}{P_d \, \text{tg} \, \psi} = \frac{\pi}{11,59 \, \text{tg}(15°)} = 1,012 \text{ pol}$$

$$\phi_t = \text{tg}^{-1}(\text{tg} \, \phi_n/\cos \psi) = \text{tg}^{-1}[\text{tg}(20°)/\cos(15°)] = 20,65°$$

$$d = D_p/P_d = 24/11,59 = 2,071 \text{ pol}$$

$$F = 2P_x = 2(1,012) = 2,024 \text{ pol} \quad \text{(largura de face nominal)}$$

Usemos 2,25 pol, um valor mais conveniente. A velocidade na linha primitiva e a carga transmitida são

$$v_t = \pi D_p \, n/12 = \pi(2,071)(3450)/12 = 1871 \text{ pés/min}$$

$$W_t = 33000 \, (\text{hp})/v_t = (33000)(65)/1871 = 1146 \text{ lb}$$

▼ **TABELA 10.2** Fatores geométricos para resistência à corrosão por pite, I, em engrenagens helicoidais com ângulo de pressão normal de 25° e adendo padrão.

A. Ângulo de hélice, $\psi = 15,0$

Dentes da engrenagem	Dentes do pinhão					
	14	17	21	26	35	55
14	0,130					
17	0,144	0,133				
21	0,160	0,149	0,137			
26	0,175	0,165	0,153	0,140		
35	0,195	0,186	0,175	0,163	0,143	
55	0,222	0,215	0,206	0,195	0,178	0,148
135	0,257	0,255	0,251	0,246	0,236	0,214

B. Ângulo de hélice, $\psi = 25,0°$

Dentes da engrenagem	Dentes do pinhão						
	12	14	17	21	26	35	55
12	0,129						
14	0,141	0,132					
17	0,155	0,146	0,135				
21	0,170	0,162	0,151	0,138			
26	0,185	0,177	0,166	0,154	0,141		
35	0,203	0,197	0,188	0,176	0,163	0,144	
55	0,227	0,223	0,216	0,207	0,196	0,178	0,148
135	0,259	0,258	0,255	0,251	0,246	0,235	0,213

Fonte: extraído da norma AGMA 908-B89, *Geometry Factors for Determining the Pitting Resistance and Bending Strength of Spur, Helical and Herringbone Gear Teeth*, com permissão da editora, American Gear Manufacturers Association.

Agora, podemos calcular o número de dentes na engrenagem:

$$VR = N_G/N_P = n_P/n_G = 3450/1100 = 3,14$$

$$N_G = N_P \, (VR) = 24(3,14) = 75 \text{ dentes} \text{ (valor inteiro)}$$

Os valores para os fatores da Equação 9.6 devem agora ser determinados a fim de permitir o cálculo da tensão de flexão. O fator geométrico para o pinhão é encontrado na Figura 10.6 para 24 dentes no pinhão e 75 dentes da engrenagem: $J_P = 0,48$. O valor de J_G será maior do que o de J_P, resultando em uma tensão menor na engrenagem.

Os fatores K são

K_o = fator de sobrecarga = 1,5 (choque moderado)

K_s = fator de forma = 1,0

K_m = fator de distribuição de carga = 1,26 para $F/D_P = 1,09$ e engrenamento fechado de qualidade comercial

K_B = fator de espessura de borda = 1,0 (engrenagens sólidas)

K_v = fator dinâmico = 1,35 para $A_v = 9$ e $v_t = 1871$ pés/min

A tensão de flexão no pinhão pode ser calculada agora:

$$s_{tP} = \frac{W_t P_d}{F J_P} K_o K_s K_m K_B K_v$$

$$s_{tP} = \frac{(1146)(11,59)}{(2,25)(0,48)}(1,50)(1,0)(1,26)(1,0)(1,35) = 31400 \text{ psi}$$

Com base na Figura 9.11, um aço de Classe 1 com dureza aproximada de 250 HB seria necessário. Avancemos no projeto para a resistência à corrosão por pite.

Usamos a Equação 9.23:

$$s_c = C_p \sqrt{\frac{W_t K_o K_s K_m K_v}{F D_p I}}$$

Para duas engrenagens de aço, $C_p = 2300$. Uma interpolação aproximada dos dados da Tabela 10.1 para $N_P = 24$ e $N_G = 75$ resulta em $I = 0,202$. É recomendável que o procedimento computacional descrito nas normas AGMA seja empregado no cálculo de um valor mais preciso para trabalhos severos. A tensão de contato, então, é

$$s_c = 2300 \sqrt{\frac{(1146)(1,50)(1,0)(1,26)(1,35)}{(2,25)(2,071)(0,202)}} = 128200 \text{ psi}$$

Fica evidente que a tensão de contato rege esse projeto. Ajustemos a solução para uma confiabilidade maior, levando em conta o número esperado de ciclos de operação. Algumas decisões de projeto devem ser tomadas. Por exemplo, considere o seguinte:

Projeto para uma confiabilidade de 0,999 (menos que uma falha em 1000): $K_R = 1,25$ (Tabela 9.11).

Vida útil de projeto: projetemos para 10000 horas de vida útil, conforme sugerido na Tabela 9.12 para engrenamentos de uso diverso. Em seguida, adotando a Equação 9.27, podemos calcular o número de ciclos de carregamento. Para a rotação do pinhão a 3450 rpm com um ciclo de carga por revolução,

$$N_c = (60)(L)(n)(q) = (60)(10000)(3450)(1,0) = 2,1 \times 10^9 \text{ ciclos}$$

A partir da Figura 9.24, verificamos que $Z_N = 0,89$.

Nenhuma condição incomum parece existir nesse tipo de aplicação além das que já haviam sido consideradas nos diversos fatores K. Portanto, utilizamos um fator de serviço, SF, de 1,00.
Podemos empregar a Equação 9.27 para aplicar esses fatores.

$$\frac{K_R(SF)}{Z_N} s_c = s_{ac} = \frac{(1,25)(1,00)}{(0,89)}(128200 \text{ psi}) = 180000 \text{ psi}$$

A Tabela 9.5 indica que um aço de Classe 1, com endurecimento superficial por cementação, seria adequado. Com base no Apêndice 5, especifiquemos AISI 4320 SOQT 450 com dureza superficial de HRC 59 e dureza de núcleo de 415 HB. Isso satisfaz tanto a resistência à flexão quanto a resistência à corrosão por pite. Tanto o pinhão quanto a engrenagem devem ser feitos desse material.

10.6 FORÇAS NAS ENGRENAGENS CÔNICAS RETAS

Revise a Seção 8.8 e a Figura 8.17, referentes à geometria das engrenagens cônicas. Consulte também as referências 1, 10 e 12.

Por causa do formato das engrenagens cônicas e da forma involuta do dente, um conjunto triplo de forças atua sobre os dentes da engrenagem cônica. Com notação semelhante à das engrenagens helicoidais, calcularemos: a força tangencial, W_t; a força radial, W_r; e a força axial, W_x. Presume-se que as três forças atuam simultaneamente na superfície média dos dentes e no cone primitivo (consulte a Figura 10.8). Embora o ponto real de aplicação da força resultante esteja um pouco fora do centro, nenhum erro grave resulta disso.

A força tangencial atua tangencialmente ao cone primitivo, e é aquela que produz o torque sobre o pinhão e a engrenagem. O torque pode ser calculado a partir da potência transmitida conhecida e da velocidade angular.

$$T = 63000 \, P/n$$

Em seguida, utilizando o pinhão, por exemplo, a carga transmitida é

$$W_{tP} = T/r_m \quad (10.10)$$

onde r_m = raio médio do pinhão

O valor de r_m pode ser computado a partir de

$$r_m = d/2 - (F/2) \text{ sen } \gamma \quad (10.11)$$

Lembre-se de que o diâmetro de passo, d, é medido até a linha primitiva do dente em sua extremidade maior. O γ é o ângulo primitivo para o pinhão, como mostra a Figura 10.8(a). A carga radial atua em direção ao centro do pinhão, perpendicularmente ao seu eixo, causando flexão no eixo do pinhão. Logo,

$$W_{rP} = W_t \text{ tg } \phi \cos \gamma \quad (10.12)$$

O ϕ é o ângulo de pressão para os dentes.

A carga axial atua paralelamente ao eixo do pinhão, tendendo a afastá-lo da engrenagem conjugada. Isso provoca uma carga axial sobre os rolamentos do eixo, e também produz um momento fletor sobre este, porque atua na distância dele, que é igual ao raio médio da engrenagem. Logo,

$$W_{xP} = W_t \text{ tg } \phi \text{ sen } \gamma \quad (10.13)$$

Os valores para as forças na engrenagem podem ser calculados pelas mesmas equações mostradas aqui para o pinhão substituindo-se a geometria da engrenagem pela dele. Consulte a Figura 10.8 para relações entre as forças no pinhão e na engrenagem tanto em grandeza quanto em sentido.

Capítulo 10 • Engrenagens helicoidais, engrenagens cônicas e engrenamento sem-fim 453

γ = ângulo primitivo para o pinhão

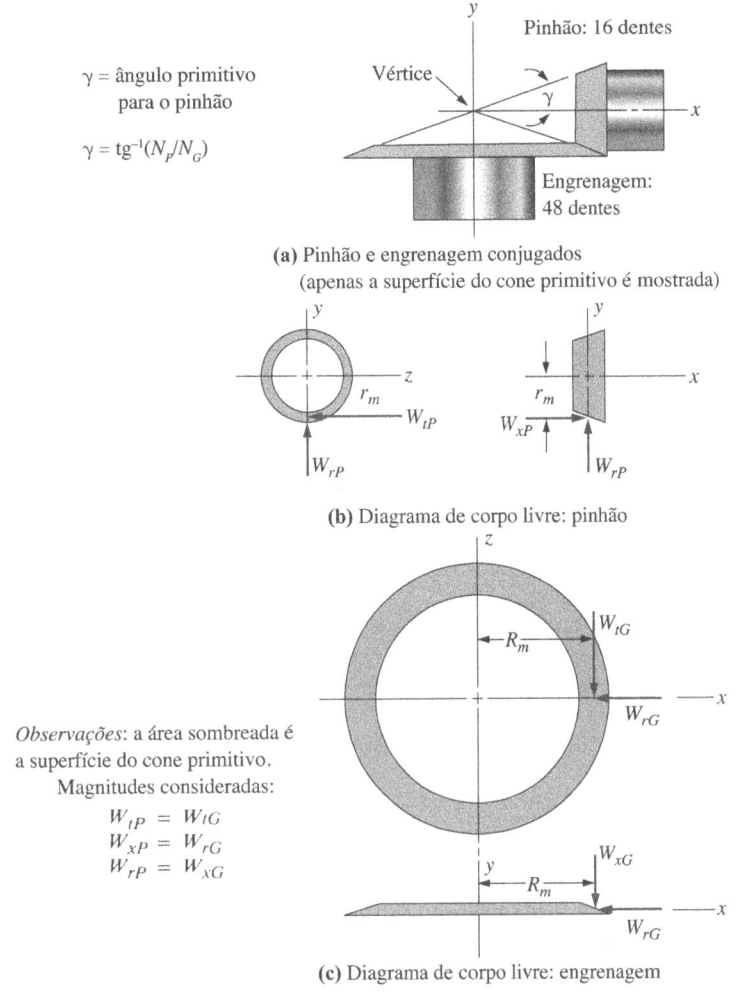

$\gamma = \text{tg}^{-1}(N_P/N_G)$

(a) Pinhão e engrenagem conjugados (apenas a superfície do cone primitivo é mostrada)

(b) Diagrama de corpo livre: pinhão

Observações: a área sombreada é a superfície do cone primitivo.
Magnitudes consideradas:

$W_{tP} = W_{tG}$
$W_{xP} = W_{rG}$
$W_{rP} = W_{xG}$

(c) Diagrama de corpo livre: engrenagem

▲ **FIGURA 10.8** Forças atuando sobre engrenagens cônicas.

EXEMPLO 10.4

Para o par de engrenagens descrito no Exemplo 8.3, calcule as forças sobre o pinhão e a engrenagem, considerando que a transmissão é de 2,50 hp, e a velocidade de pinhão, de 600 rpm. Os fatores geométricos estimados no Exemplo 8.3 são aplicáveis. Os dados estão resumidos aqui.

Resumo dos resultados pertinentes do Exemplo 8.3 e dados fornecidos

Número de dentes no pinhão: $N_P = 16$
Número de dentes na engrenagem: $N_G = 48$
Passo diametral: $P_d = 8$
Diâmetro de passo do pinhão: $d = 2,000$ pol
Ângulo de pressão: $\phi = 20°$
Ângulo primitivo do pinhão: $\gamma = 18,43°$
Ângulo primitivo da engrenagem: $\Gamma = 71,57°$
Largura de face: $F = 1,00$ pol
Velocidade angular do pinhão: $n_p = 600$ rpm
Potência transmitida: $P = 2,50$ hp

> **SOLUÇÃO**
>
> As forças no pinhão são descritas pelas seguintes equações:
>
> $$W_t = T/r_m$$
>
> Mas
>
> $$T_p = 63000(P)/n_p = [63000(2,50)]/600 = 263\ \text{lb} \cdot \text{pol}$$
>
> $$r_m = d/2 - (F/2)\ \text{sen}\ \gamma$$
>
> $$r_m = (2,000/2) - (1,00/2)\ \text{sen}\ (18,43°) = 0,84\ \text{pol}$$
>
> Então
>
> $$W_t = T_p/r_m = 263\ \text{lb} \cdot \text{pol}/0,84\ \text{pol} = 313\ \text{lb}$$
>
> $$W_r = W_t\ \text{tg}\ \phi\ \cos\ \gamma = 313\ \text{lb}\ \text{tg}(20°)\cos(18,43°) = 108\ \text{lb}$$
>
> $$W_x = W_t\ \text{tg}\ \phi\ \text{sen}\ \gamma = 313\ \text{lb}\ \text{tg}(20°)\text{sen}(18,43°) = 36\ \text{lb}$$
>
> A fim de determinar as forças na engrenagem, calculemos primeiro sua velocidade angular:
>
> $$n_G = n_p(N_P/N_G) = 600\ \text{rpm}(16/48) = 200\ \text{rpm}$$
>
> Então
>
> $$T_G = 63000(2,50)/200 = 788\ \text{lb} \cdot \text{pol}$$
>
> $$R_m = D/2 - (F/2)\text{sen}\ \Gamma$$
>
> $$R_m = 6,000/2 - (1,00/2)\text{sen}(71,57°) = 2,53\ \text{pol}$$
>
> $$W_t = T_G/R_m = (788\ \text{lb} \cdot \text{pol})/(2,53\ \text{pol}) = 313\ \text{lb}$$
>
> $$W_r = W_t\ \text{tg}\ \phi\ \cos\ \Gamma = 313\ \text{lb}\ \text{tg}(20°)\cos(71,57°) = 36\ \text{lb}$$
>
> $$W_x = W_t\ \text{tg}\ \phi\ \text{sen}\ \Gamma = 313\ \text{lb}\ \text{tg}(20°)\text{sen}(71,57°) = 108\ \text{lb}$$

Observe, na Figura 10.8, que as forças no pinhão e na engrenagem formam um *par de ação e reação*. Isto é, as forças na engrenagem são iguais às no pinhão, mas atuam em sentido oposto. Além disso, por causa da orientação de 90° dos eixos, a força radial no pinhão transforma-se na carga axial sobre as engrenagens, e a carga axial sobre o pinhão transforma-se na radial sobre a engrenagem.

10.7 FORÇAS DOS ROLAMENTOS NOS EIXOS DE ENGRENAGENS CÔNICAS

Por causa do sistema de força tridimensional que atua sobre engrenagens cônicas, o cálculo das forças nos rolamentos dos eixos pode ser trabalhoso. Um exemplo é resolvido aqui com o objetivo de demonstrar o procedimento. A fim de se obter dados numéricos, a disposição mostrada na Figura 10.9 é proposta para o par de engrenagens cônicas dos exemplos 8.3 e 10.4. A localização dos rolamentos é fornecida em relação ao vértice dos dois cones primitivos, onde os eixos se cruzam.

Observe que tanto o pinhão quanto a engrenagem possuem *montagem aberta*, ou seja, cada engrenagem é posicionada entre os rolamentos de apoio. Essa é a disposição de preferência, uma vez que costuma fornecer a maior rigidez e mantém o alinhamento dos dentes durante a transmissão de potência. Deve-se procurar fornecer fixações rígidas e eixos firmes quando se emprega engrenagens cônicas.

Na disposição da Figura 10.9, o rolamento do lado direito resiste à carga axial sobre o pinhão, e o rolamento inferior, à carga axial sobre a engrenagem.

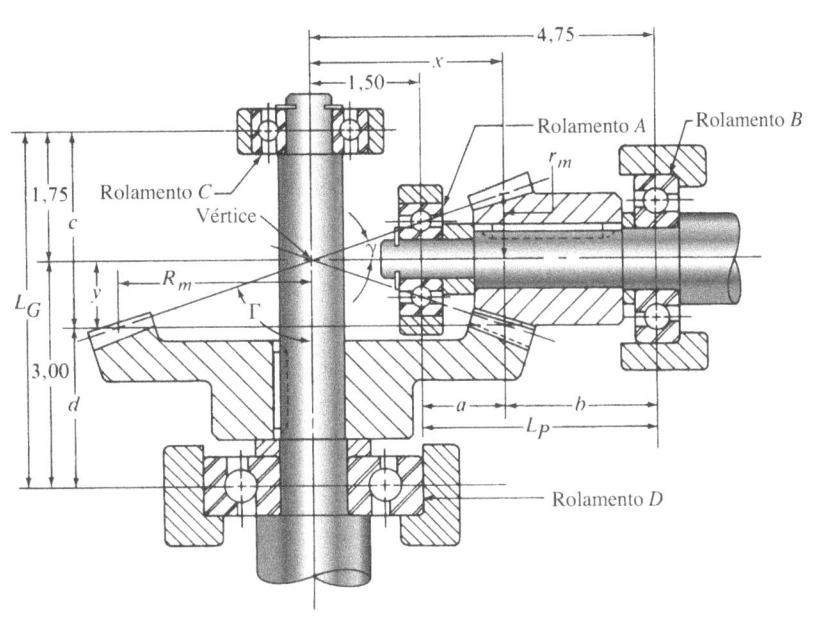

Capítulo 10 • Engrenagens helicoidais, engrenagens cônicas e engrenamento sem-fim 455

▲ **FIGURA 10.9** Esboço do par de engrenagens cônicas para o Exemplo 10.5.

EXEMPLO 10.5	Calcule as forças de reação sobre os rolamentos que sustentam os eixos do par de engrenagens cônicas mostrado na Figura 10.9. Os valores dos exemplos 8.3 e 10.4 se aplicam.
SOLUÇÃO	Com base nos resultados do Exemplo 10.4 e na Figura 10.8, listamos as forças que atuam sobre as engrenagens:

Força	Pinhão	Engrenagem
Tangencial	$W_{tP} = 313$ lb	$W_{tG} = 313$ lb
Radial	$W_{rP} = 108$ lb	$W_{rG} = 36$ lb
Axial	$W_{xP} = 36$ lb	$W_{xG} = 108$ lb

É fundamental visualizar as direções nas quais essas forças atuam por causa do sistema de força tridimensional. Observe, na Figura 10.8, que um sistema de coordenadas retangular foi criado. A Figura 10.10 é um esboço isométrico dos diagramas de corpo livre do pinhão e da engrenagem, simplificado de modo a representar as forças concorrentes que atuam na interface pinhão/engrenagem e nos locais dos rolamentos. Embora os dois diagramas de corpo livre estejam separados para maior clareza, note que é possível juntá-los movendo o ponto chamado *vértice* em cada esboço. Esse é o ponto no sistema de engrenagens em que os vértices dos dois cones primitivos estão no mesmo local. Os dois pontos do passo também coincidem.

Para montar as equações de equilíbrio estático necessárias à resolução das reações dos rolamentos, as distâncias a, b, c, d, L_P e L_G são exigidas, como mostra a Figura 10.9. Elas requerem as duas dimensões designadas por x e y. Observe, no Exemplo 10.4, que

$$x = R_m = 2,53 \text{ pol}$$
$$y = r_m = 0,84 \text{ pol}$$

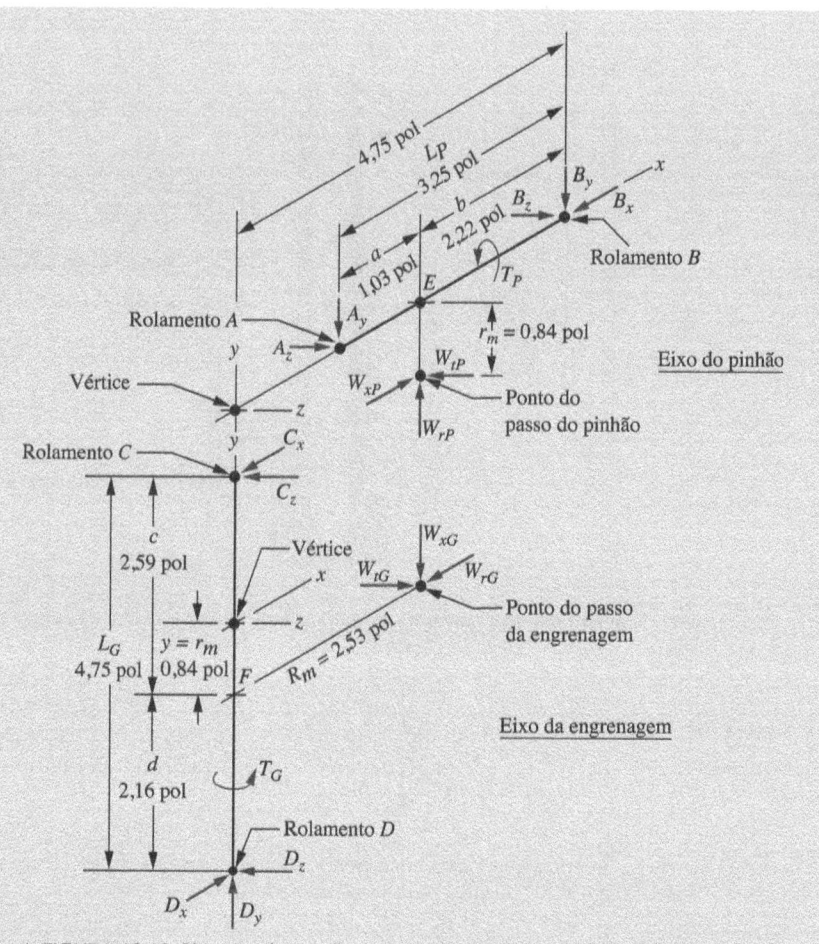

▲ **FIGURA 10.10** Diagramas de corpo livre para os eixos do pinhão e da engrenagem.

Então

$$a = x - 1{,}50 = 2{,}53 - 1{,}50 = 1{,}03 \text{ pol}$$
$$b = 4{,}75 - x = 4{,}75 - 2{,}53 = 2{,}22 \text{ pol}$$
$$c = 1{,}75 + y = 1{,}75 + 0{,}84 = 2{,}59 \text{ pol}$$
$$d = 3{,}00 - y = 3{,}00 - 0{,}84 = 2{,}16 \text{ pol}$$
$$L_P = 4{,}75 - 1{,}50 = 3{,}25 \text{ pol}$$
$$L_G = 1{,}75 + 3{,}00 = 4{,}75 \text{ pol}$$

Esses valores são indicados na Figura 10.10.

Para solucionar as reações, temos de considerar os planos horizontal (x-z) e vertical (x-y) separadamente. Talvez seja de ajuda consultar também a Figura 10.11, que quebra as forças no eixo do pinhão nesses dois planos. Em seguida, podemos analisar cada plano usando equações fundamentais de equilíbrio.

Reações dos rolamentos, eixo do pinhão: rolamentos A e B

Passo 1. Para encontrar B_z e A_z: no plano x-z, somente W_{tP} atua. Somando-se os momentos de A, temos

$$0 = W_{tP}(a) - B_z(L_P) = 313(1{,}03) - B_z(3{,}25)$$
$$B_z = 99{,}2 \text{ lb}$$

Somando-se os momentos de B, temos

$$0 = W_{tP}(b) - A_z(L_P) = 313(2{,}22) - A_z(3{,}25)$$
$$A_z = 214 \text{ lb}$$

(a) Plano horizontal (x-z)   **(b)** Plano vertical (x-y)

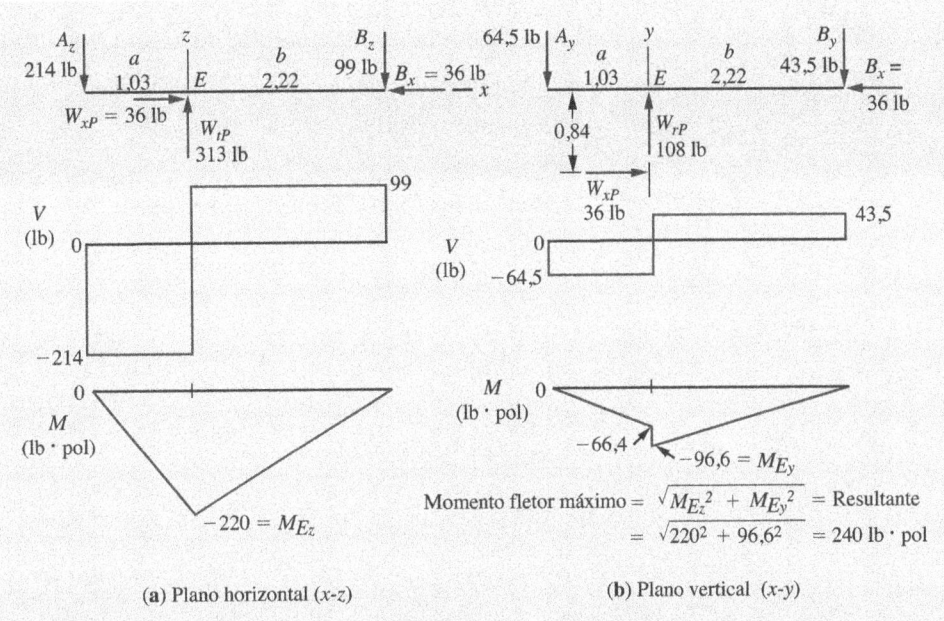

▲ **FIGURA 10.11** Momentos fletores no eixo do pinhão.

Passo 2. Para encontrar B_y e A_y: no plano x-y, W_{rP} e W_{xP} atuam. Somando-se os momentos de A, temos

$$0 = w_{rP}(a) + W_{xP}(r_m) - B_y(L_P)$$
$$0 = 108(1,03) + 36(0,84) - B_y(3,25)$$
$$B_y = 43,5 \text{ lb}$$

Somando-se os momentos de B, temos

$$0 = W_{rP}(b) + W_{xP}(r_m) - A_y(L_P)$$
$$0 = 108(2,22) + 36(0,84) - A_y(3,25)$$
$$A_y = 64,5 \text{ lb}$$

Passo 3. Para encontrar B_x: somando-se as forças na direção x, temos

$$B_x = W_{xP} = 36 \text{ lb}$$

Essa é a força axial no rolamento B.

Passo 4. Para encontrar a força radial total em cada rolamento: calcule o resultado das componentes y e z.

$$A = \sqrt{A_y^2 + A_z^2} = \sqrt{64,5^2 + 214^2} = 224 \text{ lb}$$
$$B = \sqrt{B_y^2 + B_z^2} = \sqrt{43,5^2 + 99,2^2} = 108 \text{ lb}$$

Reações dos rolamentos, eixo da engrenagem: rolamentos C e D
Com métodos similares, podemos encontrar as forças na Figura 10.12.

$$\left.\begin{array}{l} C_z = 142 \text{ lb} \\ C_x = 41,1 \text{ lb} \end{array}\right\} C = 148 \text{ lb (força radial em C)}$$

$$\left.\begin{array}{l} D_z = 171 \text{ lb} \\ D_x = 77,1 \text{ lb} \end{array}\right\} D = 188 \text{ lb (força radial em D)}$$

$$D_y = W_{xG} = 108 \text{ lb (força axial em D)}$$

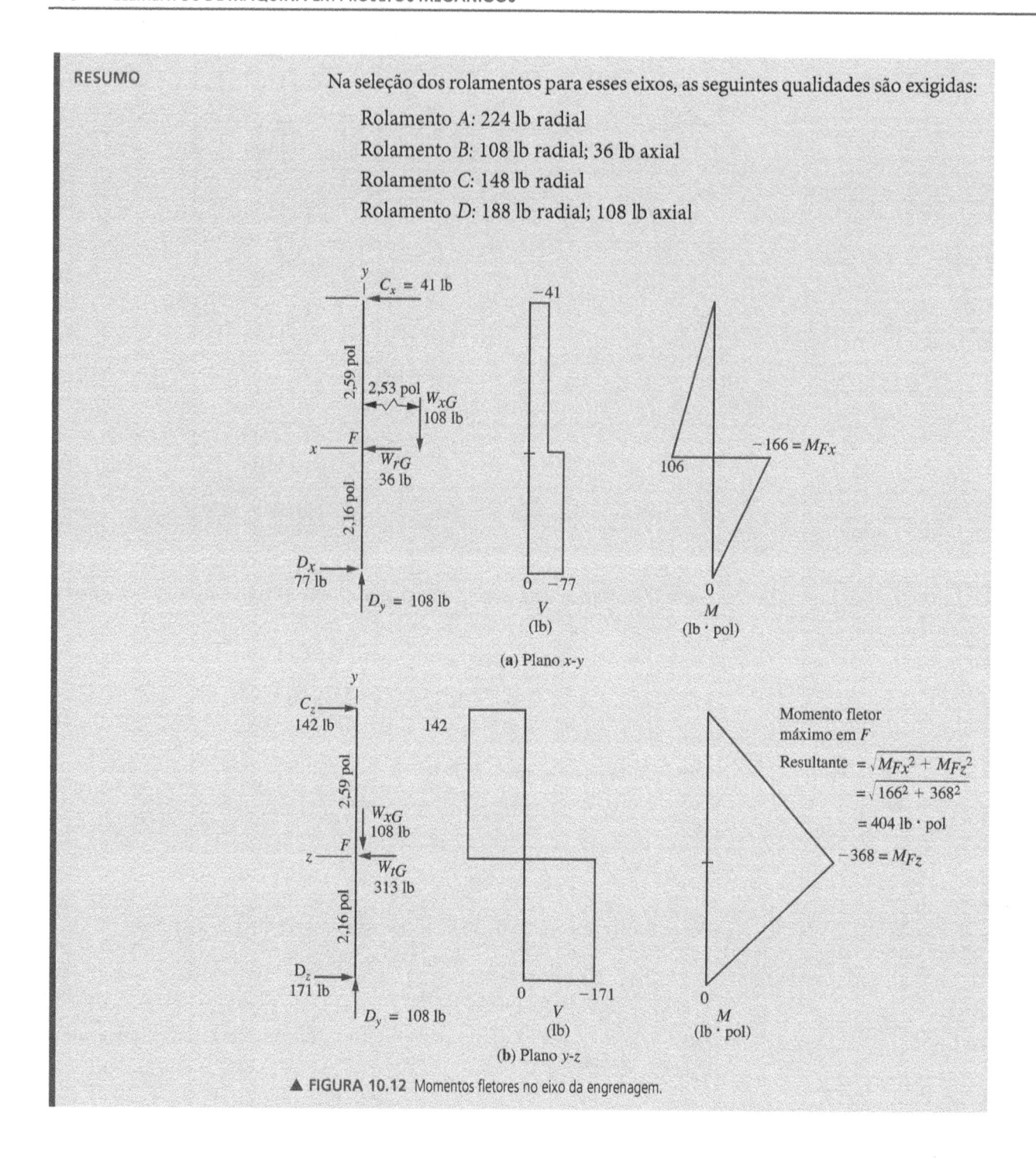

RESUMO

Na seleção dos rolamentos para esses eixos, as seguintes qualidades são exigidas:

Rolamento *A*: 224 lb radial
Rolamento *B*: 108 lb radial; 36 lb axial
Rolamento *C*: 148 lb radial
Rolamento *D*: 188 lb radial; 108 lb axial

(a) Plano x-y

$C_x = 41$ lb
2,59 pol
2,53 pol
W_xG 108 lb
F
W_rG 36 lb
2,16 pol
D_x 77 lb
$D_y = 108$ lb

−41
0 −77
V (lb)

106
−166 = M_{Fx}
0
M (lb · pol)

(b) Plano y-z

C_z 142 lb
2,59 pol
W_xG 108 lb
F
W_tG 313 lb
2,16 pol
D_z 171 lb
$D_y = 108$ lb

142
0 −171
V (lb)

−368 = M_{Fz}
0
M (lb · pol)

Momento fletor máximo em *F*
Resultante $= \sqrt{M_{Fx}^2 + M_{Fz}^2}$
$= \sqrt{166^2 + 368^2}$
$= 404$ lb · pol

▲ **FIGURA 10.12** Momentos fletores no eixo da engrenagem.

10.8 MOMENTOS FLETORES NOS EIXOS DE ENGRENAGENS CÔNICAS

Uma vez que há forças atuando em dois planos nas engrenagens cônicas, conforme discutido na seção anterior, também há flexão em dois planos. A análise dos diagramas da força de cisalhamento e do momento fletor para os eixos deve levar esse fato em consideração.

As figuras 10.11 e 10.12 mostram os diagramas resultantes para os eixos do pinhão e da engrenagem, respectivamente, no par utilizado nos exemplos 8.3, 10.4 e 10.5. Observe que a carga axial em cada engrenagem proporciona um momento concentrado ao eixo, que é igual à carga axial vezes a distância deslocada dele. Veja também que o momento fletor máximo para cada eixo é o resultado dos momentos nos dois planos. No eixo do pinhão, o momento máximo é 240 lb · pol em *E*, onde as linhas de ação para as forças radiais e tangenciais cruzam esse eixo. Da mesma forma, no eixo da engrenagem, o momento máximo é

404 lb · pol em F. Esses dados são utilizados no projeto do eixo (como discutido no Capítulo 12).

10.9 TENSÕES NOS DENTES DA ENGRENAGEM CÔNICA RETA

No geral, essa seção segue a norma AGMA 2003-C10, *Rating the Pitting Resistance and Bending Strength of Generated Straight Bevel, Zerol Bevel and Spiral Bevel Gear Teeth*, considerada a principal norma nos Estados Unidos (Referência 10). No entanto, somente engrenagens cônicas retas são tratadas aqui. A norma apresenta a análise de projeto tanto no sistema de unidades norte-americanas, com base no passo diametral, P_d, quanto no sistema internacional de unidades métricas, com base no módulo métrico, m.

Este livro manterá tais notações e símbolos para dentes da engrenagem, tensões admissíveis e fatores modificadores inicialmente apresentados no Capítulo 9 para o projeto de engrenagem de dentes retos, a fim de facilitar a comparação entre abordagens. O leitor deve observar que a norma 2003-C10 indica a análise de projeto em unidades do sistema internacional usando terminologia de normas ISO que empregam conjuntos de símbolos completamente diferentes. Aqui, mantemos notações semelhantes para fatores em ambos os sistemas, exceto quanto aos termos básicos: passo diametral, P_d, e módulo métrico, m.

Além disso, conforme introduzido no Capítulo 9, esta obra faz as seguintes suposições:

1. As engrenagens operam em temperaturas entre 32 °F e 250 °F (0 °C e 120 °C), para as quais o fator de temperatura é $K_T = 1,0$ e, portanto, não influencia as equações de análise de tensões.
2. Os dentes da engrenagem são feitos para padrões normais sem modificações específicas. Isso pressupõe, entretanto, o abaulamento dos dentes no processo de fabricação, comum na indústria de engrenagens cônicas.
3. Tanto o pinhão quanto a engrenagem do conjunto de engrenagens cônicas possuem montagem aberta, como mostra a Figura 10.9, proporcionando disposição mais rígida. Se uma das engrenagens não tem montagem aberta, a disposição saliente — geralmente menos rígida — requer a aplicação de fatores modificadores adicionais.
4. A dureza do pinhão e da engrenagem são quase iguais, de forma que cada uma resiste à tensão de contato sem corrosão por pite, permitindo o uso do fator de dureza, $C_H = 1,0$, sem incluí-lo nas equações. A norma contém dados e discussões importantes para modificar resistências admissíveis quando o pinhão é significativamente mais rígido do que a engrenagem, uma abordagem de alguns projetistas para promover o *desgaste* dos dentes da engrenagem pelo pinhão mais rígido. Também presentes na norma com o fator de dureza estão os ajustes com base na rugosidade de superfície dos dentes, não inclusos neste livro.
5. Quando o endurecimento superficial é utilizado, como na maioria dos casos, a superfície tem profundidade suficiente, e a dureza e a resistência do núcleo são elevadas o bastante para evitar esmagamento ou falha subsuperficial do núcleo por causa de tensões de flexão ou de contato. A norma inclui extensa discussão sobre esses fatores.
6. Tensões residuais em dentes de engrenagem não são consideradas nesta seção. Observe que tensões residuais compressivas benéficas na área da raiz originadas de martelagens podem melhorar significativamente a vida útil das engrenagens. Em contrapartida, tensões de tração residuais talvez sejam prejudiciais.

A seguir, há uma discussão sobre o cálculo da tensão de flexão e da tensão de contato com os parâmetros e fatores de modificação correspondentes:

Diâmetro de passo, D: uma diferença importante na análise de engrenagens cônicas é a definição do diâmetro de passo; ele é medido na extremidade maior (externa) da engrenagem, e não no meio dos dentes, como no caso de engrenagens de dentes retos e helicoidais. Essa diferença é satisfeita na determinação dos fatores geométricos J e I, mostrados mais adiante.

Passos: o passo para as engrenagens cônicas é definido no diâmetro de passo externo e é chamado de *passo transversal externo*. O cálculo é o mesmo utilizado para engrenagens de dentes retos e helicoidais, com exceção da definição de diâmetro de passo feita anteriormente.

Unidades do sistema norte-americano: passo diametral transversal externo = $P_d = N/D$ (as unidades estão em pol^{-1}; raramente informado)

Unidades do sistema métrico internacional: módulo métrico transversal externo = $m = D/N$ mm

Força tangencial, W_t: como no Capítulo 9, utilizaremos as seguintes equações dimensionais para o torque em uma engrenagem, velocidade na linha primitiva e a força tangencial resultante.

Unidades do sistema norte-americano: potência, P, em hp; velocidade angular, n, em rpm; diâmetros, D, em polegadas

Velocidade na linha primitiva = v_t
$= \pi D_n/12$ pés/min

Torque = $T = 63000\, P/n$ lb · pol

Força tangencial = $W_t = T/(D/2) = 126000\, P/(D n)$ lb

Ou

Força tangencial = $W_t = 33000\, P/v_t$ lb

Unidades do sistema métrico internacional: potência, P, em kW; velocidade angular, n, em rpm; diâmetros, D, em mm

Velocidade na linha primitiva $= v_t$
$= \pi D n/(60000)$ m/s

Torque $= T = 9550\ P/n$ N · m

Força tangencial $= W_t = T/(D/2) = 19{,}1 \cdot 10^6 P/(Dn)$ N
$= 19100\ P/(D n)$ kN

Ou

Força tangencial $= W_t = 1000\ P/v_t$ N $= P/v_t$ kN

Número de tensão de flexão, s_t: o número máximo de tensão de flexão ocorre na área da raiz dos dentes, como no caso de engrenagens helicoidais e de dentes retos. A equação é a seguinte:

Unidades do sistema norte-americano:
$$s_t = \frac{W_t P_d K_o K_s K_m K_v}{FJ}\ \text{psi} \quad (10.14)$$

Unidades do sistema métrico internacional:
$$s_t = \frac{W_t K_o K_s K_m K_v}{FJm}\ \text{MPa} \quad (10.14\text{M})$$

Fator de sobrecarga, K_o: utilize os mesmos valores fornecidos na Tabela 9.7.

Fator de forma, K_s, para resistência à flexão: use a Figura 10.13, adaptada da norma AGMA 2003-C10. Para $P_d \geq 16$ ($m \leq 1{,}6$ mm), empregue $K_s = 0{,}50$. A equação para a parte inclinada da Figura 10.13 é

$$K_s = 0{,}4867 + 0{,}2133/P_d \quad (10.15)$$

$$K_s = 0{,}4867 + 0{,}008399\ m \quad (10.15\text{M})$$

Fator de distribuição de carga, K_m: dentes típicos de engrenagens cônicas são abaulados ao longo do perfil e de ponta a ponta a fim de garantir um engate suave sob condições previsíveis de precisão do dente e de deflexão sob carregamento. Durante o ciclo de engate/desengate, o padrão de contato entre os dentes deve propagar a carga sobre toda a área das faces. Quando desalinhamentos adicionais acontecem, esse padrão é alterado, e os efeitos são mais preeminentes em larguras de face maiores e padrões de montagem. Use a Figura 10.14 quando uma análise discreta das deformações não for prática. As três curvas correspondem às equações:

Unidades do sistema norte-americano:
$$K_m = K_{mb} + 0{,}0036\ F^2 \quad (10.16)$$

Unidades do sistema métrico internacional:
$$K_m = K_{mb} + 5{,}6 \times 10^{-6}\ F^2 \quad (10.16\text{M})$$

Onde

$K_{mb} = 1{,}00$ para ambas as engrenagens com montagem aberta

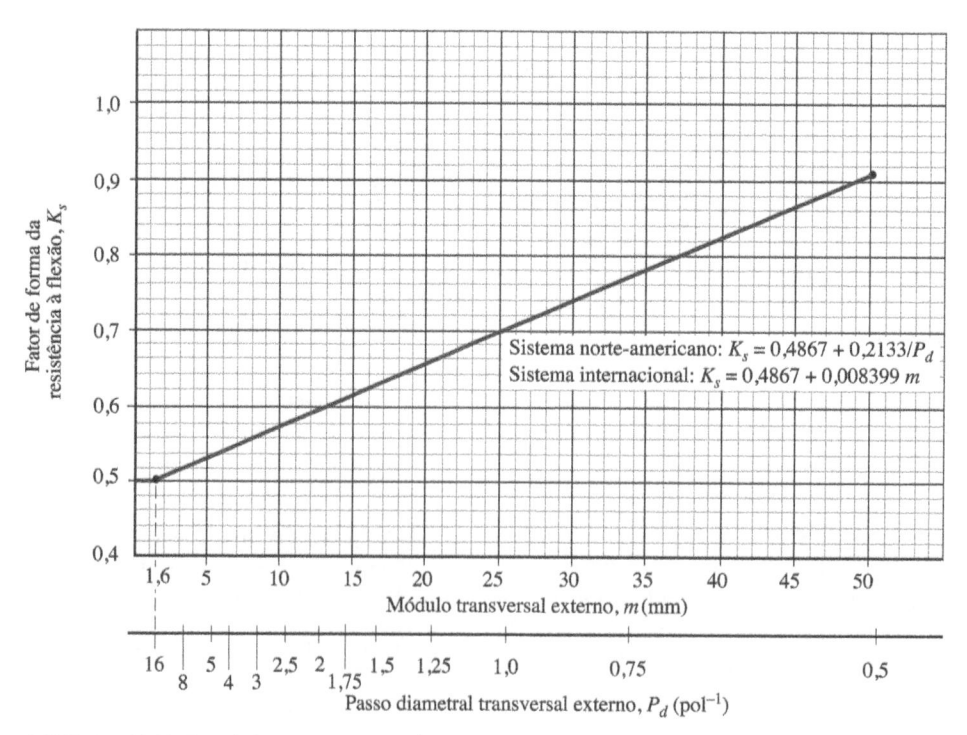

▲ **FIGURA 10.13** Fator de forma para tensão de flexão, K_s, em engrenagens cônicas (adaptado da norma AGMA 2003-C10, *Rating the Pitting Resistance and Bending Strength of Generated Straight Bevel, Zerol Bevel and Spiral Bevel Gear Teeth*, com permissão da editora, American Gear Manufacturers Association)

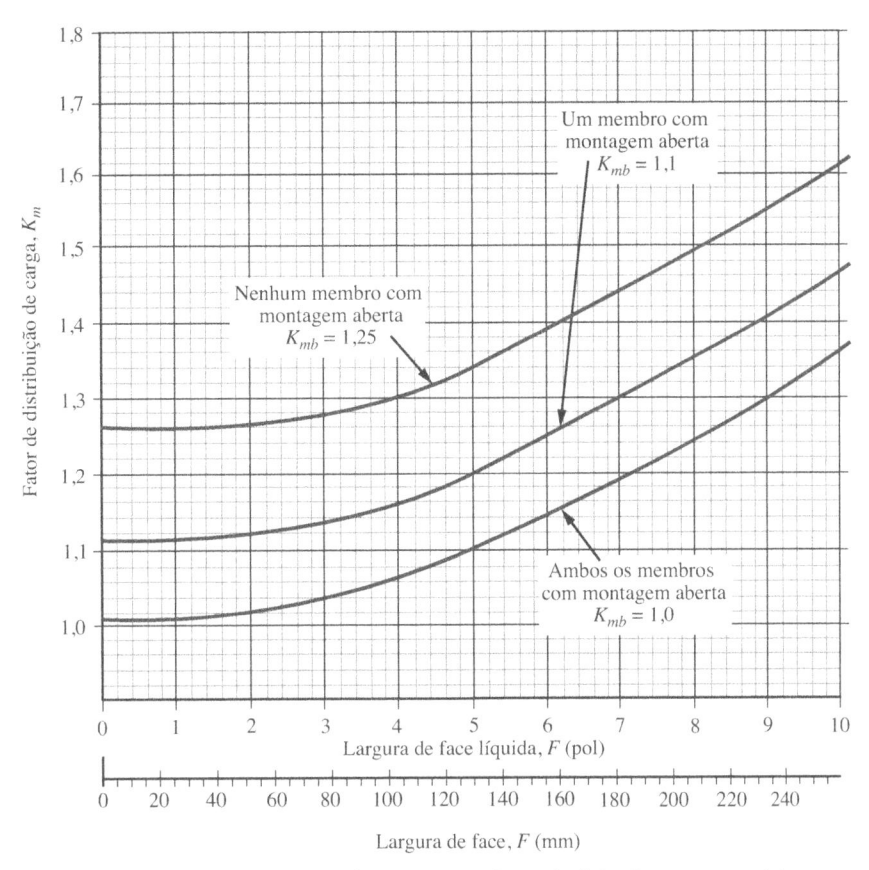

FIGURA 10.14 Fator de distribuição de carga, K_m, para dentes abaulados de engrenagens cônicas. (adaptado da norma AGMA 2003-C10, *Rating the Pitting Resistance and Bending Strength of Generated Straight Bevel, Zerol Bevel and Spiral Bevel Gear Teeth*, com permissão da editora, American Gear Manufacturers Association)

$K_{mb} = 1{,}10$ para uma engrenagem com montagem aberta

$K_{mb} = 1{,}25$ para nenhuma engrenagem com montagem aberta

Os problemas deste livro partem do pressuposto de que ambas as engrenagens têm montagem aberta, salvo por indicação do contrário. Os projetistas devem tomar as providências necessárias para fornecer um sistema preciso e rígido composto por engrenagens, eixos, rolamentos e carcaça.

Fator dinâmico, K_v: use o mesmo gráfico mostrado para engrenagens de dentes retos na Figura 9.20, com base no sistema de qualidade definido nas normas AGMA 2015-1-A01 e 2001-D04, em que os índices de A11 (menos preciso) a A4 (mais preciso) são usados. A norma para engrenagens cônicas, AGMA 2003-C10, inclui a antiga tabela para K_v com base no sistema Q de qualidade, que vai de Q5 (menos preciso) a Q11 (mais preciso).

Os valores de K_v nessas duas tabelas são compatíveis, em um grau de precisão razoável quando o índice de qualidade no sistema A somado ao no sistema Q resulta em 17. Por exemplo, Q8 é semelhante a A9, e Q10 é semelhante a A7.

Fator geométrico para resistência à flexão, J: use a Figura 10.15 para os problemas deste livro. Essa figura é para engrenagens cônicas de dentes retos com ângulo de pressão de 20° e ângulo de eixo entre os do pinhão e da engrenagem de 90°. A norma AGMA 2003-C10 oferece fórmulas para calcular o valor em outros projetos quando a geometria detalhada dos dentes é conhecida.

O Exemplo 10.6 ilustra o cálculo para o número de tensão de flexão em dentes de engrenagens cônicas retas usando os mesmos dados de problemas anteriores. Em seguida, serão introduzidas as tensões admissíveis e a seleção do material para resistência à tensão de flexão.

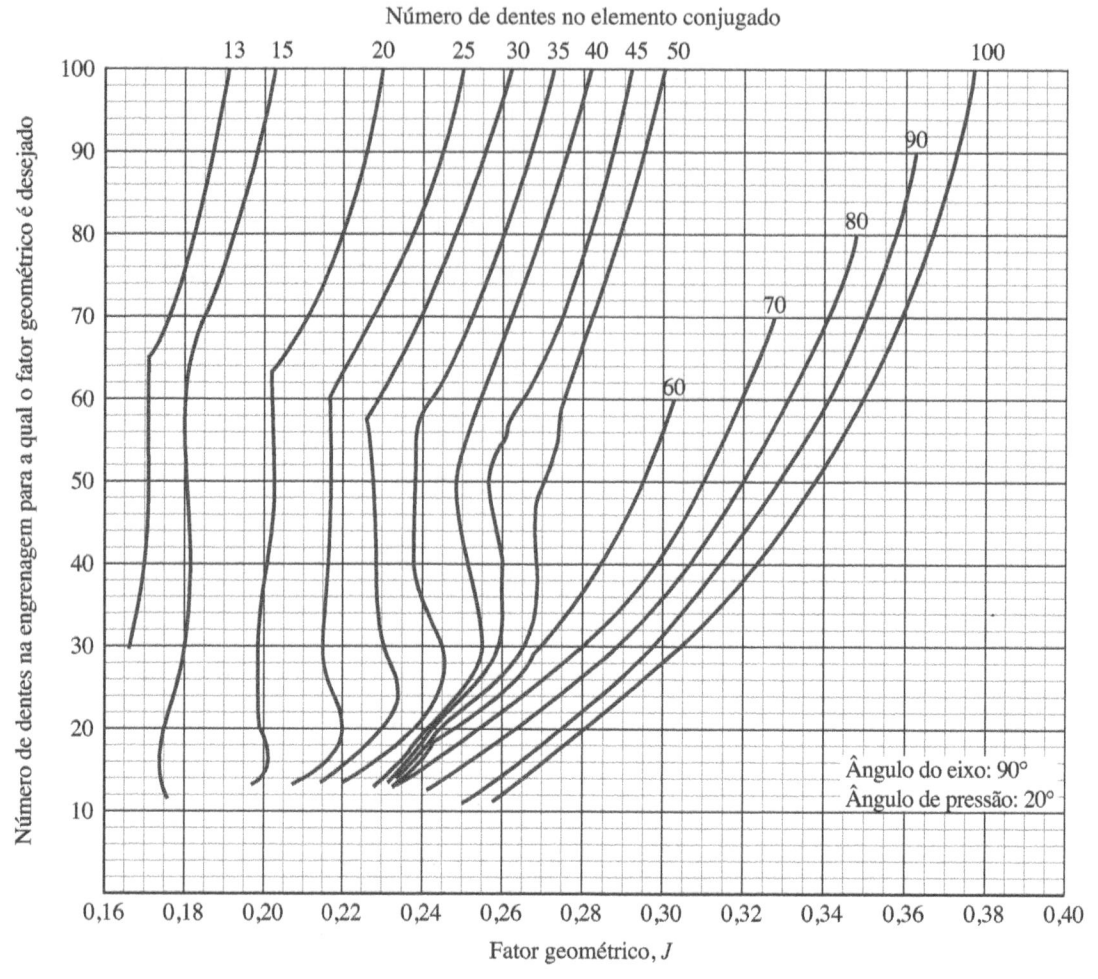

▲ **FIGURA 10.15** Fator geométrico, J, para engrenagens cônicas retas com ângulo de pressão de 20° e ângulo de eixo de 90°. (adaptado da norma AGMA 2003-C10, *Rating the Pitting Resistance and Bending Strength of Generated Straight Bevel, Zerol Bevel and Spiral Bevel Gear Teeth*, com permissão da editora, American Gear Manufacturers Association)

EXEMPLO 10.6

Calcule a tensão de flexão nos dentes do pinhão cônico mostrado na Figura 10.9. Os dados do Exemplo 10.4 se aplicam: $N_P = 16$; $N_G = 48$; $n_p = 600$ rpm; $P = 2,50$ hp; $P_d = 8$; $d = 2,000$ pol; $F = 1,00$ pol. Suponha que o pinhão seja acionado por um motor elétrico e que a carga proporcione choque moderado. O índice de qualidade, A_v, deve ser 11.

SOLUÇÃO

$$W_t = \frac{T}{r} = \frac{63000(P)}{n_p}\frac{1}{d/2} = \frac{63000(2,50)}{600}\frac{1}{2,000/2} = 263 \text{ lb}$$

$v_t = \pi d n_P/12 = \pi(2,000)(600)/12 = 314$ pés/min

$K_o = 1,50$ (da Tabela 9.7)

$K_s = 0,4867 + 0,2133/P_d = 0,4867 + 0,2133/8 = 0,513$

$K_m = 1,004$ (ambas as engrenagens com montagem aberta e qualidade geral comercial)

$J_P = 0,230$ (da Figura 10.5)

$K_v = 1,24$ (use $A_v = 11$ e $v_t = 314$ pés/min)

(Veja na Figura 9.20 ou calculado nas equações da Tabela 9.9)

Em seguida, a partir da Equação 10.13,

$$s_t = \frac{W_t P_d K_o K_s K_m K_v}{FJ} = \frac{(263)(8)(1{,}50)(0{,}5131)(1{,}004)(1{,}24)}{(1{,}00)(0{,}230)} = 8764 \text{ psi}$$

Número de resistência à flexão admissível: o processo para encontrar a resistência à flexão admissível necessária, s_{at}, em engrenagens cônicas é semelhante ao utilizado em engrenagens helicoidais e de dentes retos. A equação fundamental é

$$s_{wt} = \frac{s_{at} K_L}{(SF)(K_R)} \quad (10.17)$$

Onde

s_{wt} = número de tensão de flexão admissível considerando vida útil de projeto e confiabilidade

K_L = fator de ciclo de tensão para flexão

Para engrenagens cônicas de aço cementado com endurecimento superficial, use a Figura 10.16. A maior parte dos dados de teste para essas curvas foi desenvolvida para engrenagens cementadas com endurecimento superficial; portanto, o uso para aço com têmpera completa é apenas aproximado. No Capítulo 9, um fator semelhante foi chamado de Y_N, e esse é o termo utilizado nas normas ISO também. Observe que a curva para fatores de vida acima de aproximadamente 3×10^6 é empregada para a maioria das transmissões comerciais. A norma permite um valor inferior para algumas aplicações críticas.

K_R = fator de confiabilidade. Use a Tabela 10.3. Note que, para flexão, o fator de confiabilidade das engrenagens cônicas é o mesmo de engrenagens helicoidais e de dentes retos na Tabela 9.11.

SF = fator de segurança. Normalmente considerado 1,00, mas valores até cerca de 1,50 podem ser usados no caso de incertezas maiores ou sistemas críticos.

Para projetos em que o objetivo é especificar um material adequado à engrenagem, a Equação 10.17 pode ser combinada com aquela para s_t de 10.14, sendo possível resolvê-la para o valor exigido da resistência à flexão admissível, s_{at}. Isto é,

$$\text{Seja } s_t = s_{wt} = \frac{s_{at} K_L}{(SF)(K_R)}$$

Em seguida, o valor exigido de s_{at} é

$$s_{at} = \frac{s_t (SF)(K_R)}{K_L} \quad (10.18)$$

Use a Figura 10.17 para estabelecer a dureza exigida ao aço com têmpera completa, reconhecendo que HB 400 é o valor máximo recomendado. Acima disso, aços com endurecimento por chama, indução ou cementação devem ser empregados até os limites mostrados na Tabela 10.4.

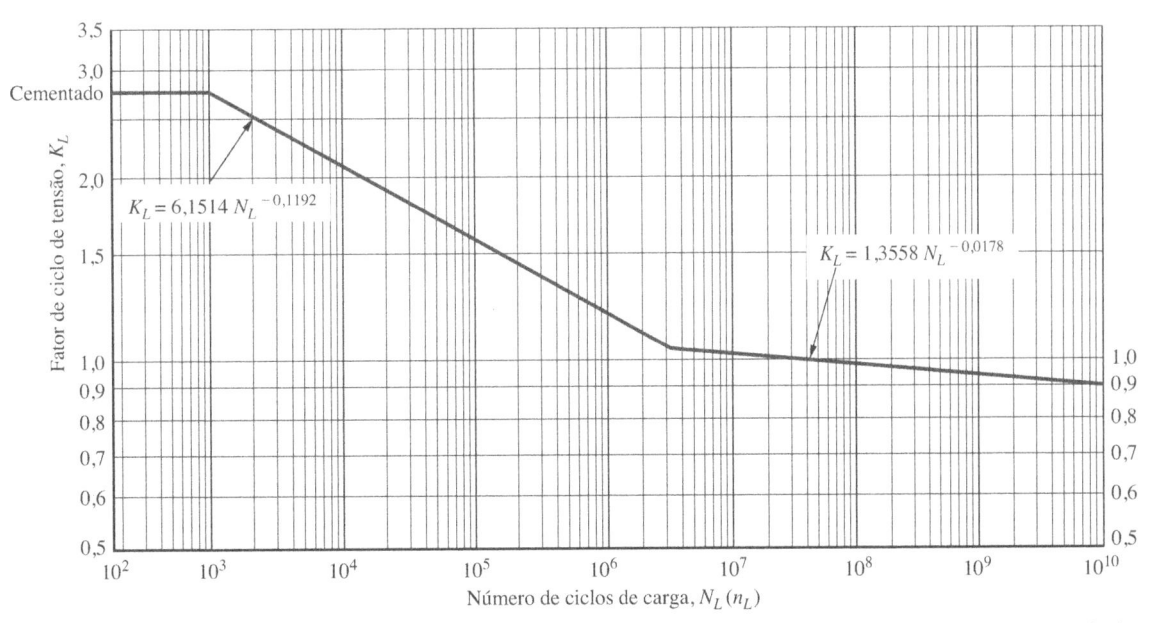

▲ **FIGURA 10.16** Fator de ciclo de tensão para resistência à flexão, K_L – engrenagens cônicas de aço cementado com endurecimento superficial. (adaptado da norma AGMA 2003-C10, *Rating the Pitting Resistance and Bending Strength of Generated Straight Bevel, Zerol Bevel and Spiral Bevel Gear Teeth*, com permissão da editora, American Gear Manufacturers Association)

Em seguida, será desenvolvida uma abordagem semelhante para a determinação do número de tensão de contato admissível exigido, s_{ac}. Então, será indicado outro exemplo, em que se identifica o valor crítico sobre o qual a seleção de material está baseada.

Número de tensão de contato, s_c: o número máximo de tensão de contato ocorre na face dos dentes, da mesma forma que nas engrenagens helicoidais e de dentes retos; a equação é a mesma para unidades do sistema norte-americano e internacional, com a devida atenção às unidades de W_t, F, D_p e C_p:

▼ **TABELA 10.3** Fatores de confiabilidade para tensões de flexão e contato admissíveis.

Confiabilidade R	Interpretação	Fatores de confiabilidade	
		Flexão K_R	Contato C_R
0,9	Menos de uma falha em 10	0,85	0,92
0,99	Menos de uma falha em 100	1,00	1,00
0,999	Menos de uma falha em 1000	1,25	1,12
0,9999	Menos de uma falha em 10000	1,50	1,22

Fonte: adaptado da norma AGMA 2003-C10, *Rating the Pitting Resistance and Bending Strength of Generated Straight Bevel, Zerol Bevel and Spiral Bevel Gear Teeth*, com permissão da editora, American Gear Manufacturers Association.

Aço de classe 2:
Sistema norte-americano: $s_{at} = 0{,}048\ HB + 5{,}980$ ksi   Sistema internacional: $s_{at} = 0{,}33\ HB + 41{,}24$ MPa
HB exigido $= (s_{at} - 5{,}980)/0{,}048$ HB exigido $= (s_{at} - 41{,}24)/0{,}33$

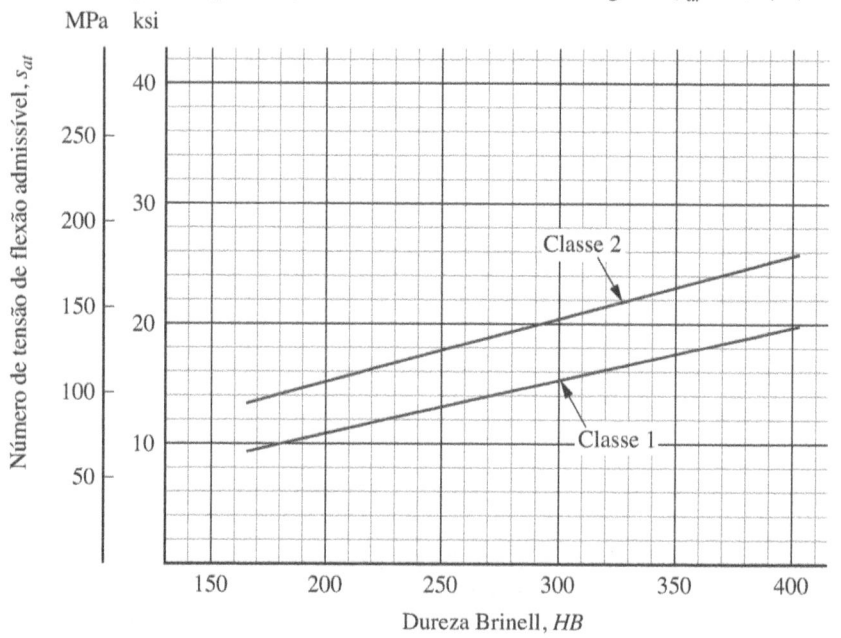

Aço de classe 1:
Sistema norte-americano $s_{at} = 0{,}044\ HB + 2{,}10$ ksi   Sistema internacional: $s_{at} = 0{,}30\ HB + 14{,}48$ MPa
HB exigido $= (s_{at} - 2{,}10)/0{,}044$ HB exigido $= (s_{at} - 14{,}48)/0{,}30$

▲ **FIGURA 10.17** Número de tensão de flexão admissível, s_{at}, para aços com têmpera completa em engrenagens cônicas. (adaptado da norma AGMA 2003-C10, *Rating the Pitting Resistance and Bending Strength of Generated Straight Bevel, Zerol Bevel and Spiral Bevel Gear Teeth*, com permissão da editora, American Gear Manufacturers Association)

Unidades do sistema norte-americano ou internacional:

$$s_c = C_p \sqrt{\frac{W_t K_o K_m K_v C_s C_{xc}}{F D_p I}} \text{ psi ou MPa} \quad (10.19)$$

Note que essa equação é utilizada tanto para o pinhão quanto para a engrenagem, pois a tensão de contato básica é igual em ambos. *Não use o diâmetro de passo da engrenagem nessa equação.*

Todas as variáveis dela foram discutidas em relação ao número de tensão de flexão, exceto I, C_p, C_s e C_{xc}, que serão discutidas a seguir.

C_p: o coeficiente elástico depende do módulo de elasticidade e do coeficiente de Poisson para os materiais do pinhão e da engrenagem. Para duas engrenagens de aço, $C_p = 2300$ psi^{0,5} (191 MPa^{0,5}). Use os valores do Capítulo 9, na Tabela 9.10, para outros materiais.

C_s: o *fator de forma para tensão de contato* é diferente do valor de K_s usado para tensão de flexão. Consulte a Figura 10.18. O fator tem por base a largura de face, F. Para $F \leq 0,50$ pol (12,5 mm), use $C_s = 0,50$. Para $F \geq 3,14$ pol (80 mm), empregue $C_s = 0,83$. Entre esses limites, utilize a figura ou calcule o valor a partir das equações fornecidas aqui:

Unidades do sistema norte-americano:
$$C_s = 0,125\, F + 0,4375 \quad (10.20)$$

Unidades do sistema métrico internacional:
$$C_s = 0,00492\, F + 0,4375 \quad (10.20M)$$

C_{xc}: o *fator de abaulamento para corrosão por pite* leva em conta o padrão de contato entre os dentes conjugados. Os processos típicos de produção de engrenagem cônica criam abaulamento ao longo do flanco do dente e de toda a largura da face. Essa é a abordagem de preferência. No entanto, algumas engrenagens cônicas não são abauladas. A norma AGMA 2003-C10 recomenda os seguintes fatores:

$C_{xc} = 1,5$ para dentes devidamente abaulados

$C_{xc} = 2,0$ ou mais para dentes não abaulados

I: o *fator geométrico para resistência à corrosão por pite* incorpora os raios de curvatura dos dentes do pinhão e da engrenagem e o grau de compartilhamento de carga entre os dentes. É uma função do número de dentes no pinhão e na engrenagem e, por conseguinte, da relação de transmissão. Use a Figura 10.19 a fim de obter valores para a resolução de problemas neste livro. A norma AGMA 2003-C10 oferece uma fórmula para *I* e um procedimento detalhado para a aquisição dos dados necessários e a realização dos cálculos.

Agora voltaremos ao exemplo de projeto empregado ao longo deste capítulo e estimaremos a tensão de contato.

▼ TABELA 10.4 Números de tensão permitidos para engrenagens cônicas.

Dureza na superfície	Materiais de aço classe 1 com endurecimento superficial			
	Número de tensão de flexão admissível, s_{at}		Número de tensão de contato admissível, s_{ac}	
	(ksi)	(MPa)	(ksi)	(MPa)
Com endurecimento por chama ou indução				
50 HRC – raízes sem endurecimento	12,5	86	175	1207
50 HRC – raízes com endurecimento	22,5	155	175	1207
Cementado ou com endurecimento superficial				
55-64 HRC	30	207	200	1379

Fonte: adaptado da norma AGMA 2003-C10, *Rating the Pitting Resistance and Bending Strength of Generated Straight Bevel, Zerol Bevel and Spiral Bevel Gear Teeth*, com permissão da editora, American Gear Manufacturers Association.

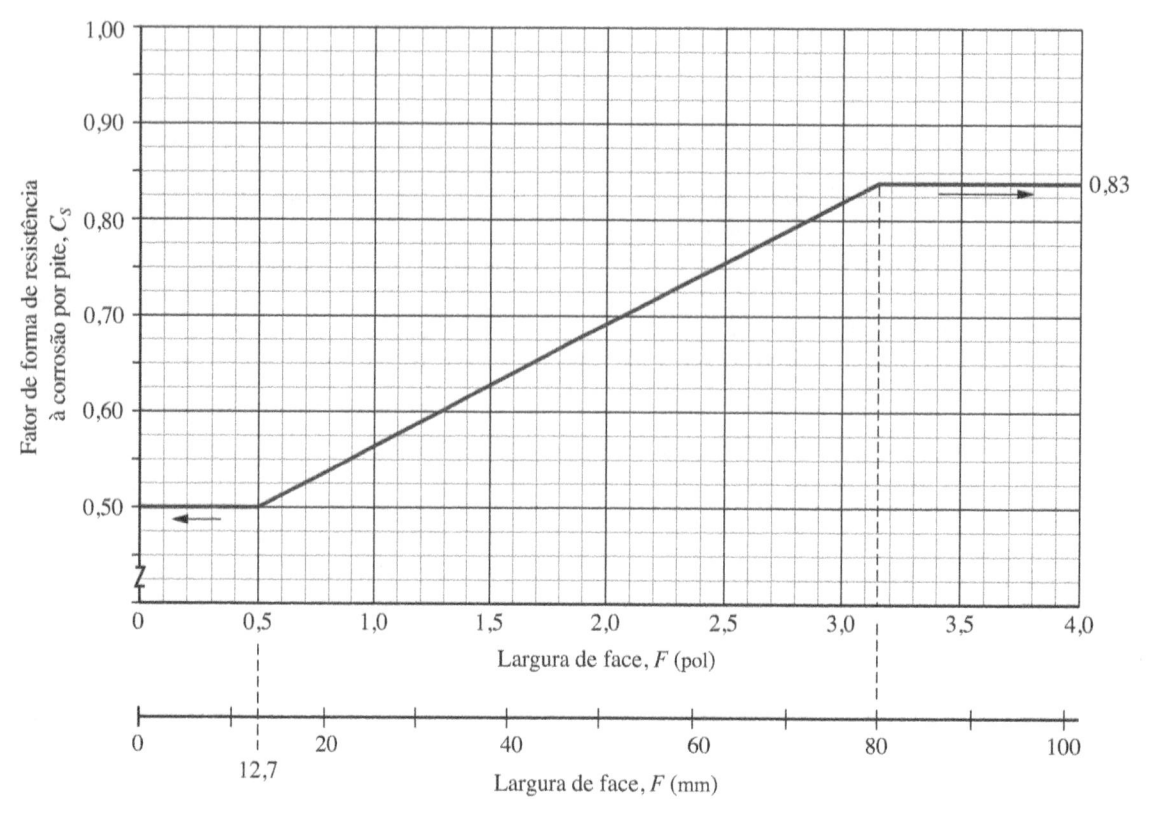

▲ **FIGURA 10.18** Fator de forma de resistência à corrosão por pite, C_s. (adaptado da norma AGMA 2003-C10, *Rating the Pitting Resistance and Bending Strength of Generated Straight Bevel, Zerol Bevel and Spiral Bevel Gear Teeth*, com permissão da editora, American Gear Manufacturers Association)

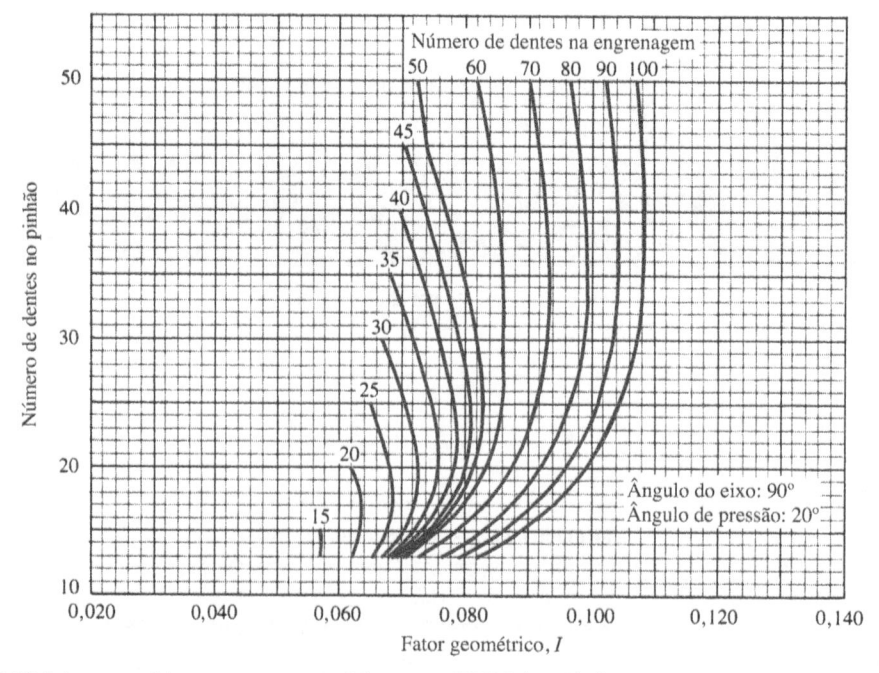

▲ **FIGURA 10.19** Fatores geométricos para engrenagens cônicas retas e ZEROL®. (extraído da norma AGMA 2003-C10, *Rating the Pitting Resistance and Bending Strength of Generated Straight Bevel, ZEROL® Bevel and Spiral Bevel Gear Teeth*, com permissão da editora, American Gear Manufacturers Association)

EXEMPLO 10.7

Calcule a tensão de contato para o par de engrenagens na Figura 10.9 às condições usadas no Exemplo 10.5: $N_p = 16$; $N_G = 48$; $n_p = 600$ rpm; $P_d = 8$; $F = 1,00$ pol; $D_p = 2,000$ pol. Ambas as engrenagens devem ser de aço.

SOLUÇÃO

Será empregada a Equação 10.19 com unidades do sistema norte-americano.

$$s_c = C_p \sqrt{\frac{W_t K_o K_m K_v C_s C_{xc}}{F D_p I}} \text{ psi}$$

A partir do Exemplo 10.5: $W_t = 263$ lb; $K_o = 1,50$; $K_m = 1,004$; $K_v = 1,24$. Outros fatores são:

Coeficiente elástico $C_p = 2300$ psi^{0,5} para duas engrenagens de aço

Fator de forma $C_s = 0,56$ (Figura 10.18)

Fator de abaulamento $C_{xc} = 1,5$ (especifique dentes devidamente abaulados)

Fator geométrico para a resistência à corrosão por pite $I = 0,077$ (Figura 10.19)

Então

$$s_c = 2300 \sqrt{\frac{(263)(1,50)(1,004)(1,24)(0,56)(1,5)}{(1,00)(2,000)(0,077)}} \text{ psi} = 119044 \text{ psi}$$

Número de tensão de contato admissível: o processo para encontrar a tensão de contato admissível necessária, s_{ac}, em engrenagens cônicas é semelhante ao utilizado em engrenagens helicoidais e de dentes retos. A equação fundamental é

$$s_{wc} = \frac{s_{ac} C_L}{(SF)(C_R)} \quad (10.21)$$

Onde

s_{wc} = número de tensão de contato admissível considerando vida útil de projeto e confiabilidade.

C_L = fator de ciclo de tensão para tensão de contato. Use a Figura 10.20, desenvolvida para engrenagens cônicas de aço cementado com endurecimento superficial. A aplicação a engrenagens com têmpera completa é aproximada.

C_R = fator de confiabilidade. Empregue a Tabela 10.3. Observe que o fator de confiabilidade para resistência à corrosão por pite é igual à raiz quadrada do fator para flexão. A norma AGMA regula as resistências à flexão admissíveis.

S_F = fator de segurança. Normalmente considerado 1,00, mas valores até cerca de 1,50 podem ser usados para incertezas maiores ou sistemas críticos.

Para projetos em que o objetivo é especificar um material adequado à engrenagem, a Equação 10.21 pode ser combinada com aquela para s_c de 10.19, sendo possível resolver para o valor exigido da resistência à flexão admissível, s_{ac}. Isto é,

$$\text{Seja } s_c = s_{wc} = \frac{s_{ac} C_L}{(SF)(C_R)}$$

Em seguida, o valor exigido de s_{ac} é

$$s_{ac} = \frac{s_c (SF)(C_R)}{C_L} \quad (10.22)$$

Use a Figura 10.21 a fim de determinar a dureza exigida para aço com têmpera completa, reconhecendo que HB 400 é o valor máximo recomendado. Acima disso, aços com endurecimento por chama, indução ou cementação devem ser empregados até os limites mostrados na Tabela 10.3.

Agora, voltamos para o exemplo de análise de projeto considerado antes e analisamos o valor exigido para s_{at} e s_{ac}. Por fim, identificamos o valor crítico e especificamos um material adequado para as duas engrenagens.

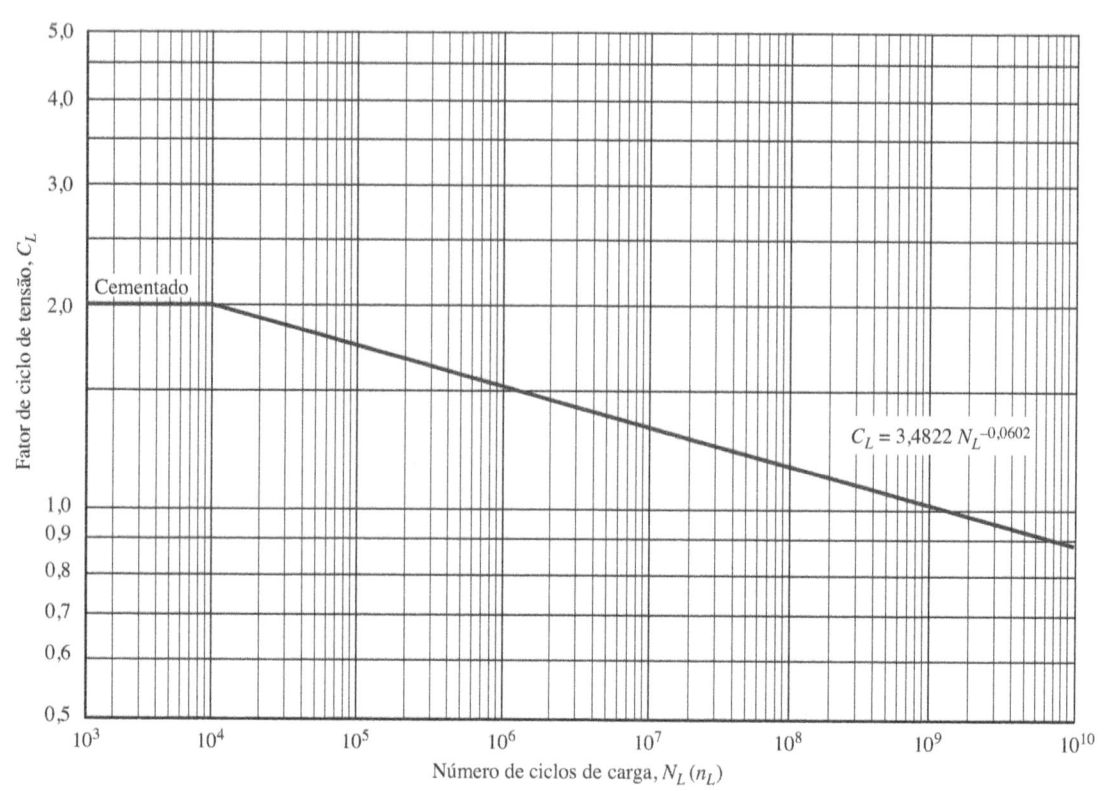

▲ **FIGURA 10.20** Fator de ciclo de tensão para resistência à corrosão por pite, C_L – engrenagens cônicas de aço cementado com endurecimento superficial. (adaptado da norma AGMA 2003-C10, *Rating the Pitting Resistance and Bending Strength of Generated Straight Bevel, Zerol Bevel and Spiral Bevel Gear Teeth*, com permissão da editora, American Gear Manufacturers Association)

(curva: $C_L = 3{,}4822\, N_L^{-0{,}0602}$)

Aço de classe 2:
Sistema norte-americano: $s_{ac} = 0{,}3636\, HB + 29{,}56$ ksi
HB exigido $= (s_{ac} - 29{,}56)/0{,}3636$

Sistema internacional: $s_{ac} = 2{,}51\, HB + 203{,}86$ MPa
HB exigido $= (s_{ac} - 203{,}86)/2{,}51$

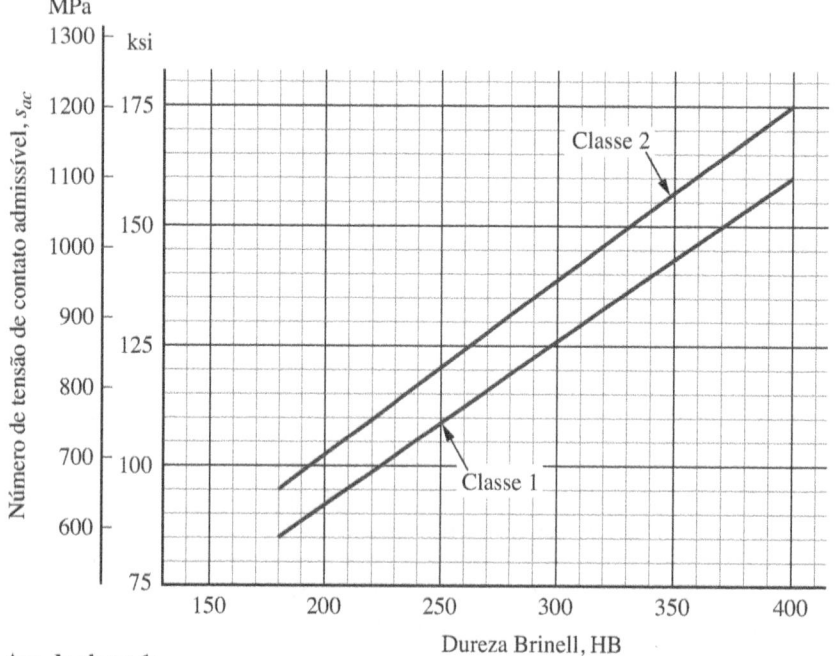

Aço de classe 1:
Sistema norte-americano: $s_{ac} = 0{,}341\, HB + 23{,}62$ ksi
HB exigido $= (s_{ac} - 23{,}62)/0{,}341$

Sistema internacional: $s_{ac} = 2{,}35\, HB + 162{,}89$ MPa
HB exigido $= (s_{ac} - 162{,}89)/2{,}35$

▲ **FIGURA 10.21** Número de tensão de contato admissível, S_{ac}, para aços com têmpera completa em engrenagens cônicas. (adaptado da norma AGMA 2003-C10, *Rating the Pitting Resistance and Bending Strength of Generated Straight Bevel, Zerol Bevel and Spiral Bevel Gear Teeth*, com permissão da editora, American Gear Manufacturers Association)

EXEMPLO 10.8

Especifique materiais adequados para o pinhão e a engrenagem com os dados dos exemplos 10.1 a 10.6. Projete para uma vida útil de 15000 horas.

SOLUÇÃO

Nos exemplos 10.5 e 10.6, encontramos os seguintes dados:

Velocidade angular do pinhão = n_p = 600 rpm
Número de tensão de flexão, s_t = 8764 psi
Número de tensão de contato, s_c = 119044 psi
Aplicamos as equações 10.18 e 10.22.

$$s_{at} = \frac{s_t\,(SF)(K_R)}{K_L} \quad (10.18)$$

$$s_{ac} = \frac{s_c\,(SF)(C_R)}{C_L} \quad (10.22)$$

Dois dos fatores em cada equação são decisões de projeto.

Fator de segurança SF: sem conhecimento de incertezas adicionais ou exigências específicas. Logo, $SF = 1,00$.

Fatores de confiabilidade K_R e C_R: considere uma confiabilidade de 0,99, ou seja, uma falha em 100.
Então, $K_R = 1,00$ e $C_R = 1,00$.

Fatores de vida K_L e C_L: utilizamos as figuras 10.16 e 10.20, que exigem o número esperado de ciclos de carga, N_c. A equação apresentada a seguir foi empregada no Capítulo 9, com q indicando o número de ciclos de tensão por revolução da engrenagem, geralmente 1,0. Para sistemas planetários ou de divisão de potência, q pode ser igual ou superior a 2,0.

$$N_c = 60\,(L)(n_P)(q) = (60)(15000)(600)(1) = 5,4 \times 10^8 \text{ ciclos de carga}$$

Para flexão: $K_L = 0,948$ (calculado com a equação na Figura 10.16)
Para resistência à corrosão por pite: $C_L = 1,038$ (calculado com a equação na Figura 10.20)
É possível, então, completar os cálculos:

$$s_{at} = \frac{s_t\,(SF)(K_R)}{K_L} = \frac{(8764)(1,0)(1,0)}{0,948} = 9245 \text{ psi} = 9,245 \text{ ksi}$$

$$s_{ac} = \frac{s_c\,(SF)(C_R)}{C_L} = \frac{(119044)(1,0)(1,0)}{1,038} = 114686 \text{ psi} = 114,7 \text{ ksi}$$

Dureza exigida de aços e especificação de material:
Use a Figura 10.17 para flexão: HB exigido = 162; baixo; adote quase qualquer aço.
Use a Figura 10.21 para tensão de contato: HB exigido = 267.
Esse valor é bastante adequado para aço com têmpera completa.
Use a Figura A4.1: especifique SAE 1040 WQT 1000; HB = 269
22% de alongamento; s_y = 88 ksi; s_u = 114 ksi

Resumo e comentários: uma engrenagem cônica foi projetada com dentes retos para transmissão de potência a eixos com orientação de 90° entre si. Dados fundamentais foram fornecidos e empregados nos capítulos 8 e 10, nos exemplos 8.3 e 10.4 a 10.8. Os resultados estão resumidos a seguir:

1. *Exemplo 8.3:* valores de características geométricas foram calculados para os seguintes dados de entrada: P_d = 8; ângulo de pressão de 20°; N_P = 16; N_G = 48; ângulo de eixo de 90°.

a. Dados de saída utilizados em problemas posteriores incluem: relação de transmissão = 3,00; D_p = 2,000 pol; D_G = 6,000 pol; ângulo primitivo para o pinhão = γ = 18,43°; ângulo primitivo para a engrenagem = Γ = 71,57°; largura de face = F = 1,00 pol (decisão de projeto); diâmetro externo do pinhão = D_{oP} = 2,368 pol; diâmetro externo da engrenagem = D_{oG} = 6,041 pol. Várias outras características dos dentes da engrenagem também foram calculadas.

2. **Exemplo 10.4:** as forças e os torques no pinhão e na engrenagem foram calculados para determinada potência transmitida = P = 2,50 hp a uma velocidade de pinhão de 600 rpm.
    a. Resultados inclusos: torque no pinhão = T_P = 263 lb · pol; torque na engrenagem = T_G = 788 lb · pol; força tangencial transmitida nos raios médios = W_t = 313 lb; força radial = W_r = 108 lb; força axial = W_x = 36 lb; raio médio dos dentes do pinhão = R_{mP} = 0,84 pol; raio médio dos dentes da engrenagem = R_{mG} = 2,53 pol.
    b. As forças nos raios médios, os torques e o raio médio para o pinhão e a engrenagem foram usados na análise das forças sobre os eixos e rolamentos no Exemplo 10.5. Observe que as forças tangenciais são recalculadas no Exemplo 10.6 a fim de haver conformidade com as convenções de análise de tensão para os dentes da engrenagem cônica.
3. **Exemplo 10.5:** consulte a Figura 10.10 para uma exibição gráfica dos diagramas de corpo livre de ambos os eixos, onde são mostrados todas as forças e todos os torques que atuam sobre os dois eixos do pinhão e da engrenagem com reações do rolamento. Isso exigiu análise das forças, das forças de cisalhamento e dos momentos fletores em ambos os eixos nos dois planos. Todos os rolamentos recebem forças de reação radiais em dois planos. Os resultados foram calculados para cada rolamento. Por uma decisão de projeto, as forças axiais criadas pelas engrenagens cônicas foram consideradas em atuação sobre os rolamentos B e D. Os resultados são os seguintes:
    a. Rolamento A: carga radial = 224 lb
    b. Rolamento B: carga radial = 108 lb; carga axial = 36 lb
    c. Rolamento C: carga radial = 148 lb
    d. Rolamento D: carga radial = 188 lb; carga axial = 108 lb
4. **Seção 10.8:** a análise de equilíbrio para determinar as forças no Exemplo 10.5 foi expandida a fim de contemplar as forças de cisalhamento e os momentos fletores em dois planos para ambos os eixos. Consulte a Figura 10.11 para o eixo do pinhão e a Figura 10.12 para o eixo da engrenagem. Também foram calculados os momentos fletores que seriam necessários para concluir o projeto dos eixos, como será discutido no Capítulo 12.
5. **Exemplo 10.6:** o número de tensão de flexão para os dentes do pinhão foi calculado com dados de problemas anteriores e informações adicionais:
    a. O pinhão é acionado por um motor elétrico, e a carga proporciona choque moderado. O índice de qualidade é A_v = 11, alcançável por usinagem comercial.
    b. Note que as forças transmitidas sobre o pinhão e a engrenagem são recalculadas com base no torque transmitido e nos raios do passo externo para o pinhão e a engrenagem. As diferenças entre essas forças e aquelas utilizadas na análise de força do eixo são levadas em conta nos fatores geométricos J e I. Aqui, usamos W_t = 263 lb.

c. Número de tensão de flexão nos dentes do pinhão = s_t = 8764 psi. A tensão sobre os dentes da engrenagem será menor por causa do valor relativo do fator geométrico.

6 **Exemplo 10.7:** o número de tensão de contato para os dentes do pinhão foi calculado com dados de problemas anteriores. Uma decisão de projeto optou pelo uso de aço tanto para o pinhão quanto para a engrenagem.
   a. Número de tensão de contato, s_c = 119044 psi.

7. **Exemplo 10.8:** o número mínimo de tensão de flexão admissível exigido e os números mínimos de tensão de contato admissível foram calculados com base nos resultados dos exemplos 10.6 e 10.7, com as seguintes decisões de projeto:
   a. Confiabilidade = R = 0,99 (< 1 falha em 100); $K_R = C_R = 1,0$.
   b. Fator de segurança = SF = 1,0, considerando a ausência de incertezas incomuns além de outros fatores K.
   c. Projeto para vida útil de 15000 horas. Isso é razoável para aplicações industriais em geral, com utilização total.
   d. Resultados: flexão: s_{at} = 9245 psi = 9,245 ksi; s_{ac} = 114686 psi = 114,7 ksi

8. **Dureza exigida de aços e especificação de material:**

   Flexão: HB exigido = 162; baixo; use quase qualquer aço.

   Tensão de contato-resistência à corrosão por pite: HB exigido = 267.

   Esse valor controla a especificação do material e é bastante adequado para aço com têmpera completa.

   Usando a Figura A4.1, especifique SAE 1040 WQT 1000; HB = 269

   22% de alongamento; s_y = 88 ksi; s_u = 114 ksi

9. **Comentários sobre a análise e o projeto:** considerados em conjunto, os procedimentos e os resultados resumidos aqui demonstram uma abordagem razoável para o projeto de pares de engrenagem cônica com dentes retos. O projeto é satisfatório, como mostrado. No entanto, projetos alternativos são praticáveis, e outras iterações são recomendadas para explorar a possibilidade de melhorias. A seguir, há possíveis escolhas para diferentes decisões de projeto:
   a. Uma transmissão menor pode ser factível com o uso de endurecimento superficial por chama, indução ou cementação. Esses procedimentos seriam capazes de operar com tensões de flexão e contato mais elevadas produzidas por engrenagens pequenas, mas com custos de processamento proporcionalmente maiores.
   b. Uma qualidade mais precisa de engrenagem poderia ser escolhida em lugar de A_v = 11, com o objetivo de diminuir tensões e melhorar a suavidade de funcionamento e o ruído; porém, isso também traz custos elevados.
   c. Considere a possibilidade de usar granalhagem ou outros meios para melhorar a vida útil das engrenagens.
   d. Engrenagens cônicas espirais podem permitir um projeto mais compacto, e é preciso fazer referência à norma AGMA 2003-C10 para se obter a metodologia de análise e os dados adicionais necessários.

Considerações práticas sobre engrenamento cônico

Fatores semelhantes àqueles discutidos em relação a engrenagens helicoidais e de dentes retos devem ser considerados no projeto de sistemas com engrenagens cônicas. A precisão do alinhamento e a acomodação de cargas axiais, discutidas nos exemplos, são essenciais.

A Figura 10.22 mostra a vista externa de um redutor de engrenagem de trabalho pesado para uma transmissão industrial em ângulo reto. O eixo de entrada está à esquerda, e o de saída é o maior à direita, estendendo-se pelo lado da carcaça. A Figura 10.23 indica um redutor semelhante ao da Figura 10.22, mas com a parte superior da carcaça removida para que todos os três estágios da redução possam ser vistos.

O primeiro estágio consiste em um par de engrenagens cônicas espirais, e os estágios dois e três, em pares de engrenagens helicoidais. A grande redução de velocidade resulta em um aumento proporcional no torque sobre o eixo de saída, exigindo que seu diâmetro seja maior, como ilustrado. Observe, também, a disposição cuidadosa dos rolamentos de todos os eixos na carcaça e como esta permite a lubrificação das engrenagens e a montagem de todas as componentes.

▲ **FIGURA 10.22** Redutor de engrenagem em ângulo reto para trabalho pesado. (Sumitomo Machinery Corporation of America, Teterboro, NJ)

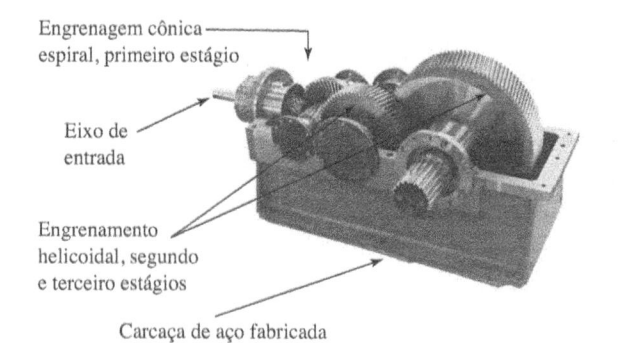

▲ **FIGURA 10.23** Redutor de três estágios industrial com engrenagem cônica e helicoidal. (Sumitomo Machinery Corporation of America, Teterboro, NJ)

10.10 FORÇAS, ATRITO E EFICIÊNCIA EM CONJUNTOS DE ENGRENAGEM SEM-FIM

Consulte o Capítulo 8 para a geometria de conjuntos de engrenagem sem-fim. Veja também as referências 2, 14, 16 a 18 e 23.

Costuma-se considerar que o sistema de força que atua sobre o conjunto sem-fim/engrenagem sem-fim possui três componentes perpendiculares, como no caso de engrenagens helicoidais e cônicas. Há uma tangencial, uma radial e uma força axial atuando sobre o sem-fim e a engrenagem sem-fim. A mesma notação do sistema de engrenagens cônicas será empregada aqui.

A Figura 10.24 mostra duas vistas ortogonais (frontal e lateral) de um par de sem-fim/engrenagem sem-fim, indicando apenas os diâmetros de passo das engrenagens. A figura apresenta o sem-fim e a engrenagem sem-fim separados com as forças agindo sobre cada um deles. Observe que, por causa da orientação de 90° dos dois eixos,

▶ **Forças sobre sem-fim e engrenagens sem-fim**

$$\left.\begin{array}{l} W_{tG} = W_{xW} \\ W_{xG} = W_{tW} \\ W_{rG} = W_{rW} \end{array}\right\} \quad (10.23)$$

Naturalmente, as direções dos pares de forças são opostas por causa do princípio de ação e reação.

A força tangencial sobre a engrenagem sem-fim é calculada primeiro e é baseada nas condições operacionais de torque, potência e velocidade no eixo de saída.

Velocidade na linha primitiva, v_t

Conforme declarado no Capítulo 8, a velocidade na linha primitiva é a linear de um ponto na linha primitiva para o sem-fim ou a engrenagem sem-fim. Para um sem-fim com diâmetro de passo D_w pol, rotacionando a n_w rpm,

▶ **Velocidade na linha primitiva para sem-fim**

$$v_{tW} = \frac{\pi D_W n_W}{12} \text{ pés/min} \quad \text{ou} \quad v_{tW} = \frac{\pi D_W n_W}{60000} \text{ m/s}$$

Para a engrenagem sem-fim com diâmetro de passo D_G pol, rotacionando a n_G rpm,

▶ **Velocidade na linha primitiva para engrenagem**

$$V_{tG} = \frac{\pi D_G n_G}{12} \text{ pés/min} \quad \text{ou} \quad v_{tG} = \frac{\pi D_G n_G}{60000} \text{ m/s}$$

Note que esses dois valores para a velocidade na linha primitiva *não* são iguais.

Razão de velocidade angular, *VR*

É mais prático calcular a razão de velocidade angular de um conjunto de sem-fim e engrenagem sem-fim a partir da razão entre a velocidade angular de entrada e a de saída:

▶ **Razão de velocidade angular para sem-fim**

$$VR = \frac{\text{velocidade do sem-fim}}{\text{velocidade da engrenagem}} = \frac{n_W}{n_G} = \frac{N_G}{N_W}$$

Coeficiente de atrito, μ

O atrito desempenha um papel importante no funcionamento de um conjunto de engrenagens sem-fim porque há deslizamento inerente entre as roscas do sem-fim e os dentes da engrenagem sem-fim. O coeficiente de atrito depende dos materiais utilizados, do lubrificante e da velocidade de deslizamento. Com base na velocidade na linha primitiva da engrenagem, a velocidade de deslizamento é

▶ **Velocidade de deslizamento para a engrenagem**

$$v_s = v_{tG}/\text{sen } \lambda \quad (10.24)$$

Com base na velocidade na linha primitiva do sem-fim,

▶ **Velocidade de deslizamento para o sem-fim**

$$v_s = v_{tW}/\cos \lambda \quad (10.25)$$

O termo λ é o ângulo de avanço para a rosca do sem-fim, como definido na Equação 8.24.

A AGMA (consulte a Referência 14) recomenda as fórmulas a seguir para estimar o coeficiente de atrito de um sem-fim de aço endurecido (mínimo de 58 HRC), com esmerilhamento suave (polimento, laminação ou acabamento equivalente), operando em uma engrenagem sem-fim de bronze. A escolha da fórmula depende da velocidade de deslizamento. *Observação:* v_s deve estar em pés/min nas fórmulas; 1,0 pé/min = 0,0051 m/s.

Condição estática: $v_s = 0$

$$\mu = 0,150$$

Baixa velocidade: $v_s < 10$ pés/min (0,051 m/s)

$$\mu = 0,124 e^{(-0,074 v_s^{0,645})} \quad (10.26)$$

Velocidade maior: $v_s > 10$ pés/min

$$\mu = 0,103 e^{(-0,110 v_s^{0,450})} + 0,012 \quad (10.27)$$

A Figura 10.25 é uma representação do coeficiente μ em função da velocidade de deslizamento v_s.

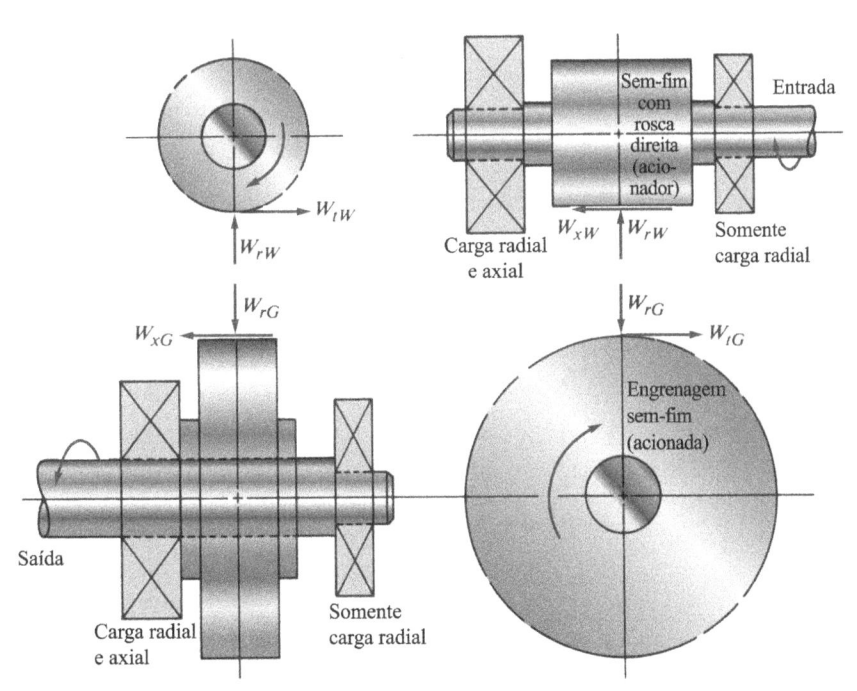

▲ **FIGURA 10.24** Forças sobre sem-fim e engrenagem sem-fim.

Torque de saída da transmissão de engrenagem sem-fim, T_o

Na maioria dos problemas de projeto para transmissões de engrenagem sem-fim, o torque de saída e a velocidade de rotação do eixo de saída serão obtidos a partir dos requisitos da máquina acionada. O torque e a velocidade estão relacionados à potência de saída por

▶ **Torque de saída da engrenagem sem-fim**

$$T_o = \frac{63000(P_o)}{n_G} \quad (10.28)$$

Consultando a elevação da engrenagem sem-fim na Figura 10.24, é possível ver que o torque de saída é

$$T_o = W_{tG} \cdot r_G = W_{tG}(D_G/2)$$

Então, o procedimento a seguir pode ser usado para calcular as forças que atuam em um sistema de transmissão de sem-fim/engrenagem sem-fim.

Procedimento para o cálculo das forças em um conjunto de sem-fim/engrenagem sem-fim

Dados:

Torque de saída, T_o, em lb · pol
Velocidade de saída, n_G, em rpm
Diâmetro de passo da engrenagem sem-fim, D_G, em polegadas

Ângulo de avanço, λ
Ângulo de pressão normal, ϕ_n

Calcule:

$$W_{tG} = 2T_o/D_G \quad (10.29)$$

$$W_{xG} = W_{tG}\frac{\cos\phi_n \operatorname{sen}\lambda + \mu\cos\lambda}{[\cos\phi_n\cos\lambda - \mu\operatorname{sen}\lambda]} \quad (10.30)$$

$$W_{rG} = \frac{W_{tG}\operatorname{sen}\phi_n}{\cos\phi_n\cos\lambda - \mu\operatorname{sen}\lambda} \quad (10.31)$$

As forças no sem-fim podem ser obtidas por observação, utilizando a Equação 10.23. As equações 10.30 e 10.31 foram produzidas com as componentes da força acionadora tangencial sobre a engrenagem sem-fim e a força de atrito no local do engate entre as roscas do sem-fim e os dentes da engrenagem sem-fim. O desenvolvimento completo das equações é mostrado na Referência 15.

Força de atrito, W_f

A força de atrito, W_f, atua paralelamente à face das roscas do sem-fim e dos dentes da engrenagem, e depende da força tangencial sobre esta, do coeficiente de atrito e da geometria dos dentes:

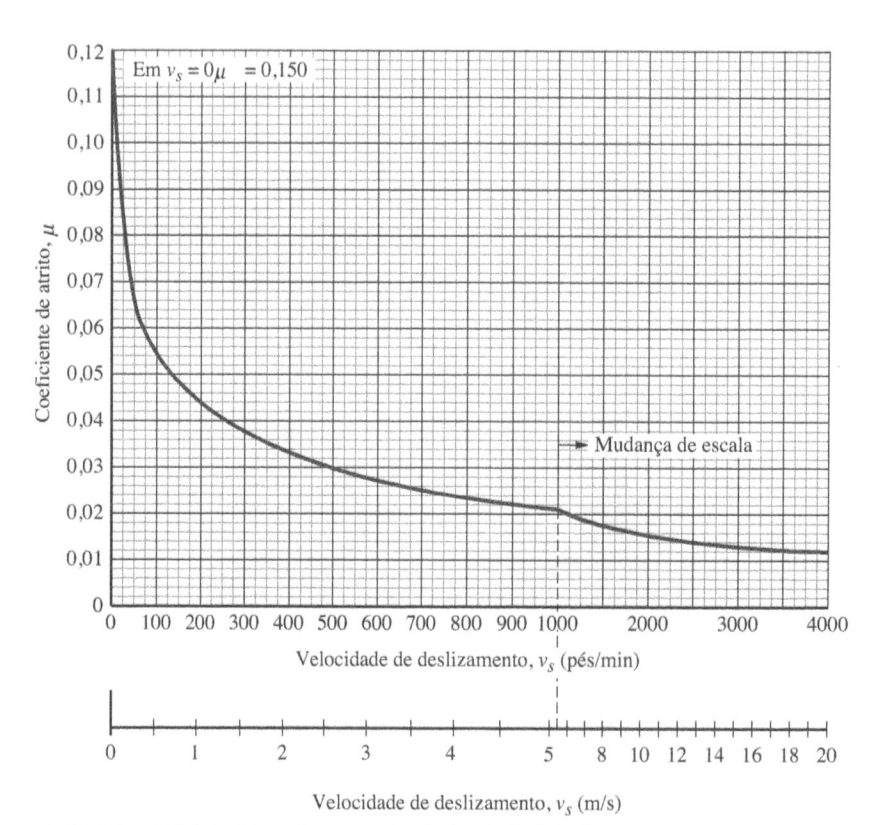

$$W_f = \frac{\mu W_{tG}}{(\cos\lambda)(\cos\phi_n) - \mu\operatorname{sen}\lambda} \quad (10.32)$$

▲ **FIGURA 10.25** Coeficiente de atrito em função da velocidade deslizante para sem-fim de aço e engrenagem sem-fim de bronze.

Perda de potência por fricção, P_L

Perda de potência é produto da força de atrito e da velocidade de deslizamento na malha. Ou seja,

$$P_L = \frac{v_s W_f}{33000} \quad (10.33)$$

Nessa equação, a perda de potência está em hp, v_s está em pés/min e W_f está em lb.

Potência de entrada, P_i

A potência de entrada é a soma da de saída e a da perda de potência por atrito:

$$P_i = P_o + P_L \quad (10.34)$$

Eficiência, η

A *eficiência* é definida como a relação entre a potência de saída e a de entrada:

$$\eta = P_o / P_i \quad (10.35)$$

A eficiência de uma transmissão de engrenagem sem-fim também pode ser calculada diretamente com a seguinte equação, no caso comum de a entrada vir pelo sem-fim.

$$\eta = \frac{\cos \phi_n - \mu \, \text{tg} \, \lambda}{\cos \phi_n + \mu / \text{tg} \, \lambda} \quad (10.36)$$

Fatores que afetam a eficiência

Como pode ser visto na Equação 10.32, o ângulo de avanço, o ângulo de pressão normal e o coeficiente de atrito afetam a eficiência. O fator que produz mais efeito, e sobre o qual o projetista tem mais controle, é o ângulo de avanço, λ. Quanto maior o ângulo de avanço, maior a eficiência, até aproximadamente $\lambda = 45°$. (Consulte a Figura 10.26.)

Agora, relembrando a definição de ângulo de avanço, observe que o número de roscas no sem-fim produz um efeito essencial sobre esse ângulo. Portanto, a fim de obter um valor alto de eficiência, use um sem-fim com múltiplas roscas. Mas há uma desvantagem nessa conclusão. Um número maior de roscas de sem-fim exige mais dentes na engrenagem para atingir a mesma proporção, resultando em um sistema geral maior. O projetista é muitas vezes obrigado a ceder em algum lado.

Exemplo: forças e eficiência em engrenamento sem-fim

Reveja os resultados do Exemplo 8.4, no qual os fatores geométricos para determinado conjunto de sem-fim e engrenagem sem-fim foram calculados. O seguinte exemplo amplia a análise, de modo a contemplar as forças que atuam sobre o sistema para determinado torque de saída.

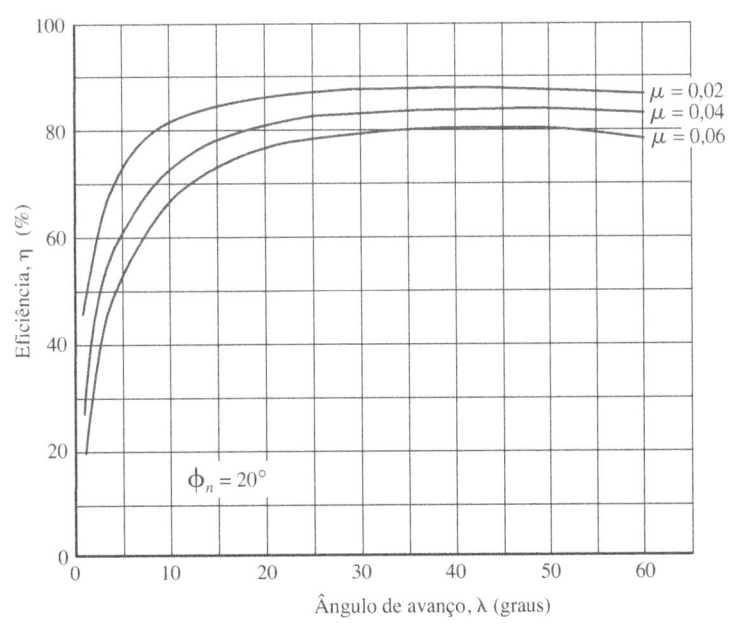

▲ **FIGURA 10.26** Eficiência da transmissão de engrenagem sem-fim em função do ângulo de avanço.

EXEMPLO 10.9

A transmissão de engrenagem sem-fim descrita no Exemplo 8.4 fornece um torque de saída de 4168 lb · pol. O ângulo de pressão transversal é 20°. O sem-fim é feito de aço endurecido e esmerilhado, e a engrenagem sem-fim é de bronze. Calcule as forças sobre o sem-fim e a engrenagem sem-fim, a potência de saída, a potência de entrada e a eficiência.

SOLUÇÃO

Lembre-se de que vimos no Exemplo 8.4 que

$$\lambda = 14{,}04° \qquad n_G = 101 \text{ rpm} \qquad D_W = 2{,}000 \text{ pol}$$
$$D_G = 8{,}667 \text{ pol} \qquad n_W = 1750 \text{ rpm}$$

O ângulo de pressão normal é exigido. Partindo da Equação 8.26,

$$\phi_n = \text{tg}^{-1}(\text{tg } \phi_t \cos \lambda) = \text{tg}^{-1}(\text{tg } 20° \cos 14{,}04°) = 19{,}45°$$

Uma vez que são recorrentes em várias fórmulas, calculemos os seguintes valores:

$$\text{sen } \phi_n = \text{sen } 19{,}45° = 0{,}333$$
$$\cos \phi_n = \cos 19{,}45° = 0{,}943$$
$$\cos \lambda = \cos 14{,}04° = 0{,}970$$
$$\text{sen } \lambda = \text{sen } 14{,}04° = 0{,}243$$
$$\text{tg } \lambda = \text{tg } 14{,}04° = 0{,}250$$

Agora, estimar a força tangencial na engrenagem sem-fim usando a Equação 10.29

$$W_{tG} = \frac{2 T_o}{D_G} = \frac{(2)(4168 \text{ lb} \cdot \text{pol})}{8{,}667 \text{ pol}} = 962 \text{ lb}$$

Os cálculos das forças axial e radial exigem um valor para o coeficiente de atrito, que, por sua vez, depende da velocidade na linha primitiva e da velocidade de deslizamento.

Velocidade na linha primitiva da engrenagem

$$v_{tG} = \pi D_G n_G / 12 = \pi(8{,}667)(101)/12 = 229 \text{ pés/min}$$

Velocidade de deslizamento (Equação 10.24)

$$v_s = v_s / \text{sen } \lambda = 229 / \text{sen } 14{,}04° = 944 \text{ pés/min}$$

Coeficiente de atrito: partindo da Figura 10.25, a uma velocidade de deslizamento de 944 pés/min, temos que $\mu = 0{,}022$.

Agora as forças axial e radial na engrenagem sem-fim podem ser calculadas.

Força axial na engrenagem sem-fim (Equação 10.30)

$$W_{xG} = 962 \text{ lb} \left[\frac{(0{,}943)(0{,}243) + (0{,}022)(0{,}970)}{(0{,}943)(0{,}970) - (0{,}022)(0{,}243)} \right] = 265 \text{ lb}$$

Força radial na engrenagem sem-fim (Equação 10.31)

$$W_{rG} = \left[\frac{(962)(0{,}333)}{(0{,}943)(0{,}970) - (0{,}022)(0{,}243)} \right] = 352 \text{ lb}$$

Então, a potência de saída, a de entrada e a eficiência podem ser estimadas.

Potência de saída (Equação 10.28)

$$P_o = \frac{T_o n_G}{63000} = \frac{(4168 \text{ lb} \cdot \text{pol})(101 \text{ rpm})}{63000} = 6{,}68 \text{ hp}$$

A potência de entrada depende da força de atrito e da perda de potência resultante por atrito.

Força de atrito (Equação 10.32)

$$W_f = \frac{\mu W_{tG}}{(\cos \lambda)(\cos \phi_n) - \mu \operatorname{sen} \lambda} = \frac{(0{,}022)(962 \text{ lb})}{(0{,}970)(0{,}943) - (0{,}022)(0{,}243)} = 23{,}3 \text{ lb}$$

Perda de potência por atrito (Equação 10.33)

$$P_L = \frac{v_s W_f}{33000} = \frac{(944 \text{ pés/min})(23{,}3 \text{ lb})}{33000} = 0{,}666 \text{ hp}$$

Potência de entrada (Equação 10.34)

$$P_i = P_o + P_L = 6{,}68 + 0{,}66 = 7{,}35 \text{ hp}$$

Eficiência (Equação 10.35)

$$\eta = \frac{P_o}{P_i}(100\%) = \frac{6{,}68 \text{ hp}}{7{,}35 \text{ hp}}(100\%) = 90{,}9\%$$

A Equação 10.36 também poderia ser usada para obter a eficiência diretamente, sem o cálculo da perda de potência por atrito.

Configurações de engrenagem autotravante

A condição *autotravante* é aquela na qual o sem-fim aciona a engrenagem sem-fim, mas, se o torque for aplicado no eixo da engrenagem, o sem-fim não gira. Ele fica bloqueado. A ação de travamento é produzida pela força de atrito entre as roscas do sem-fim e os dentes da engrenagem, e isso depende muito do ângulo de avanço. Recomenda-se o uso de um ângulo de avanço de até 5,0°, a fim de garantir o acionamento do bloqueio. Esse ângulo de avanço geralmente exige o uso de um sem-fim com uma única rosca; um ângulo pequeno resulta em baixa eficiência, chegando possivelmente a 60% ou 70%.

10.11 TENSÃO NOS DENTES DE ENGRENAGEM SEM-FIM

Será apresentado aqui um método aproximado para o cálculo da tensão de flexão nos dentes da engrenagem sem-fim. Visto que a geometria dos dentes não é uniforme ao longo da largura de face, não é possível chegar a uma solução exata. No entanto, o método fornecido aqui é capaz de prever a tensão de flexão com precisão suficiente para a verificação de um projeto, pois a maioria dos sistemas de sem-fim/engrenagem sem-fim está limitada por corrosão por pite, desgaste ou considerações térmicas em vez de resistência.

A AGMA, na norma 6034-B92, não inclui um método para análise de engrenagens sem-fim em relação à resistência. O procedimento aqui foi adaptado da Referência 15. Apenas os dentes da engrenagem sem-fim são analisados, pois as roscas do sem-fim são mais fortes por natureza, e normalmente feitas de um material mais resistente.

A tensão nos dentes da engrenagem pode ser calculada a partir de

$$\sigma = \frac{W_d}{yFp_n} \qquad (10.37)$$

onde

W_d = carga dinâmica sobre os dentes da engrenagem
y = fator de forma de Lewis (consulte a Tabela 10.5)
F = largura de face da engrenagem
p_n = passo circular normal = $p \cos \lambda = \pi \cos \lambda / P_d$
$\qquad (10.38)$

A carga dinâmica pode ser estimada a partir de

$$W_d = W_{tG}/K_v \qquad (10.39)$$

e

$$K_v = 1200/(1200 + v_{tG}) \qquad (10.40)$$

▼ **TABELA 10.5** Fator de forma de Lewis aproximado para dentes de engrenagem sem-fim.

ϕ_n	y
$14\tfrac{1}{2}°$	0,100
20°	0,125
25°	0,150
30°	0,175

$v_{tG} = \pi D_G n_G / 12 =$ velocidade na linha primitiva da engrenagem (10.41)

Apenas um valor é dado para o fator de forma de Lewis a determinado ângulo de pressão, pois o valor real é muito difícil de ser calculado com precisão e não varia muito conforme o número de dentes. A largura de face real deve ser usada até o limite de dois terços do diâmetro de passo do sem-fim.

O valor calculado para a tensão de flexão no dente com a Equação 10.37 pode ser comparado com a resistência à fadiga do material da engrenagem. Para bronze-manganês na engrenagem, use uma resistência à fadiga de 17000 psi; para bronze-fósforo na engrenagem, use 24000 psi. Para ferro fundido, utilize aproximadamente 0,35 vez a resistência última, a menos que dados específicos estejam disponíveis para resistência à fadiga.

10.12 DURABILIDADE SUPERFICIAL EM TRANSMISSÕES DE ENGRENAGEM SEM-FIM

A norma AGMA 6034-B92 (consulte a Referência 14) oferece um método de classificação da durabilidade superficial em sem-fim feito de aço endurecido e operando com engrenagens de bronze. As classificações são baseadas na capacidade de as engrenagens operarem sem danos significativos por corrosão por pite ou desgaste. Todas as equações da norma estão no sistema norte-americano. Caso o projeto esteja no sistema internacional, os valores de parâmetro deverão ser convertidos para unidades do outro sistema — para as quais as equações foram feitas — a fim de que os fatores correspondentes sejam determinados. As unidades são:

W_{tR} – carga tangencial nominal: lb

Diâmetros e largura de face: pol

v_s – velocidade de deslizamento: pés/min

Valores equivalentes em unidades do SI são mostrados apenas para referência.

O procedimento exige o cálculo de uma *carga tangencial nominal*, W_{tR}, a partir de

▶ **Carga tangencial nominal em engrenagens sem-fim**

$$W_{tR} = C_s D_G^{0,8} F_e C_m C_v \quad (10.42)$$

onde

C_s = fator dos materiais (da Figura 10.27)
D_G = diâmetro de passo da engrenagem sem-fim, em polegadas
F_e = largura de face efetiva, em polegadas. Use a largura de face real da engrenagem sem-fim até o valor máximo de 0,67 D_W
C_m = fator de correção de razão (da Figura 10.28)
C_v = fator de velocidade (da Figura 10.29)

Condições para o uso da Equação 10.42

1. A análise é válida apenas para um sem-fim de aço endurecido (mínimo de 58 HRC) operando com

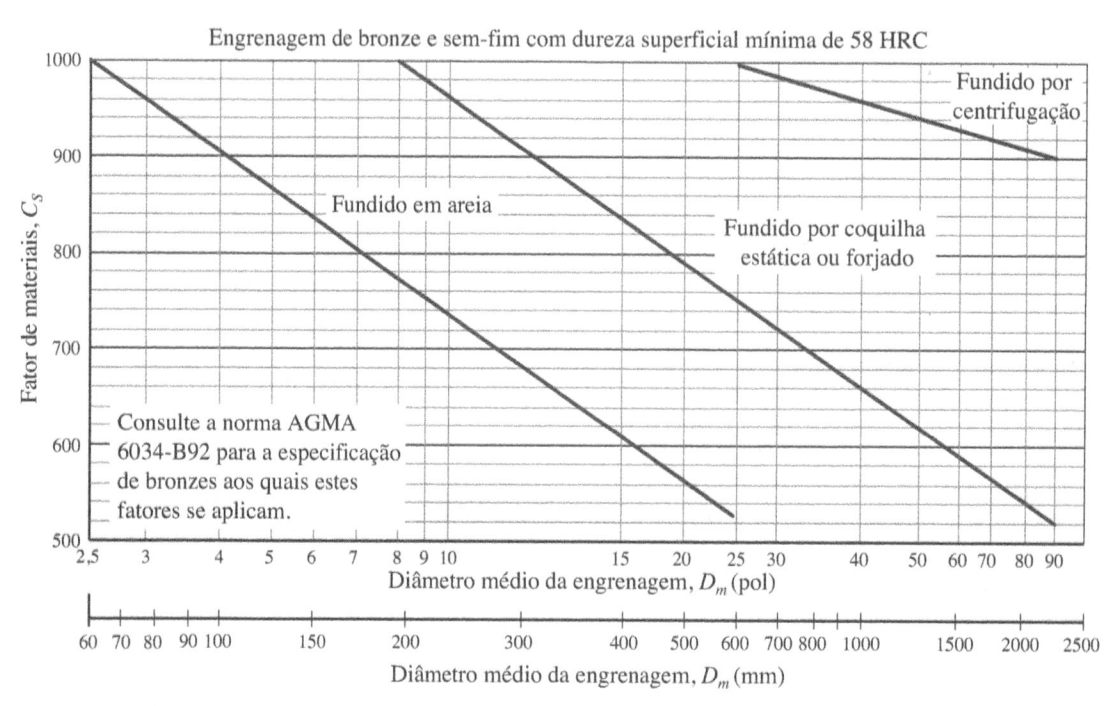

▲ **FIGURA 10.27** Fator de materiais, C_s, para sem-fim de aço endurecido operando com engrenagens de bronze para distância de centro C > 3,0 pol (76 mm). (extraído da norma AGMA 6034-B92, *Practice for Enclosed Cylindrical Wormgear Speed Reducers and Gearmotors*, com permissão da editora, American Gear Manufacturers Association, 1001)

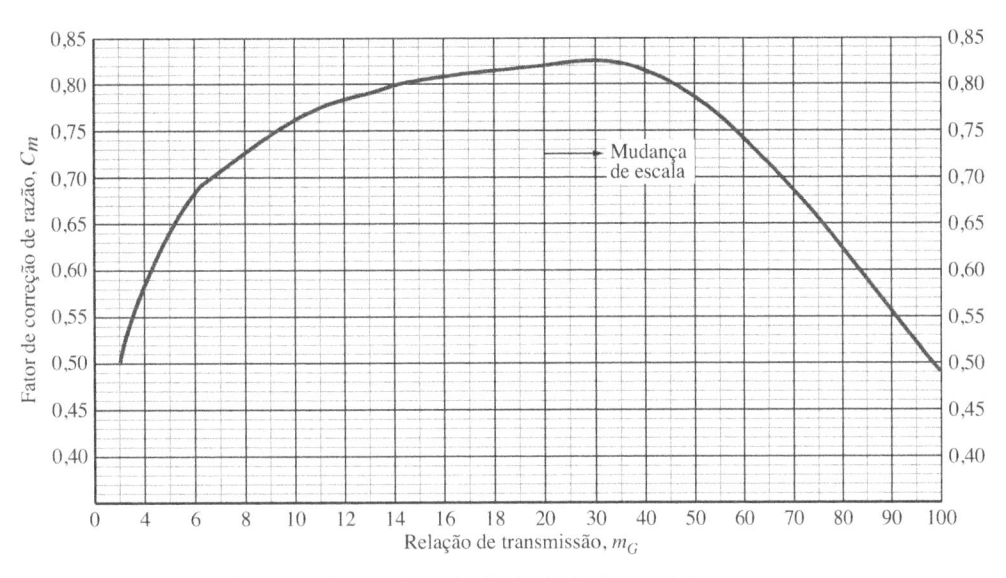

▲ **FIGURA 10.28** Fator de correção de razão, C_m, em função da relação de transmissão, m_G.

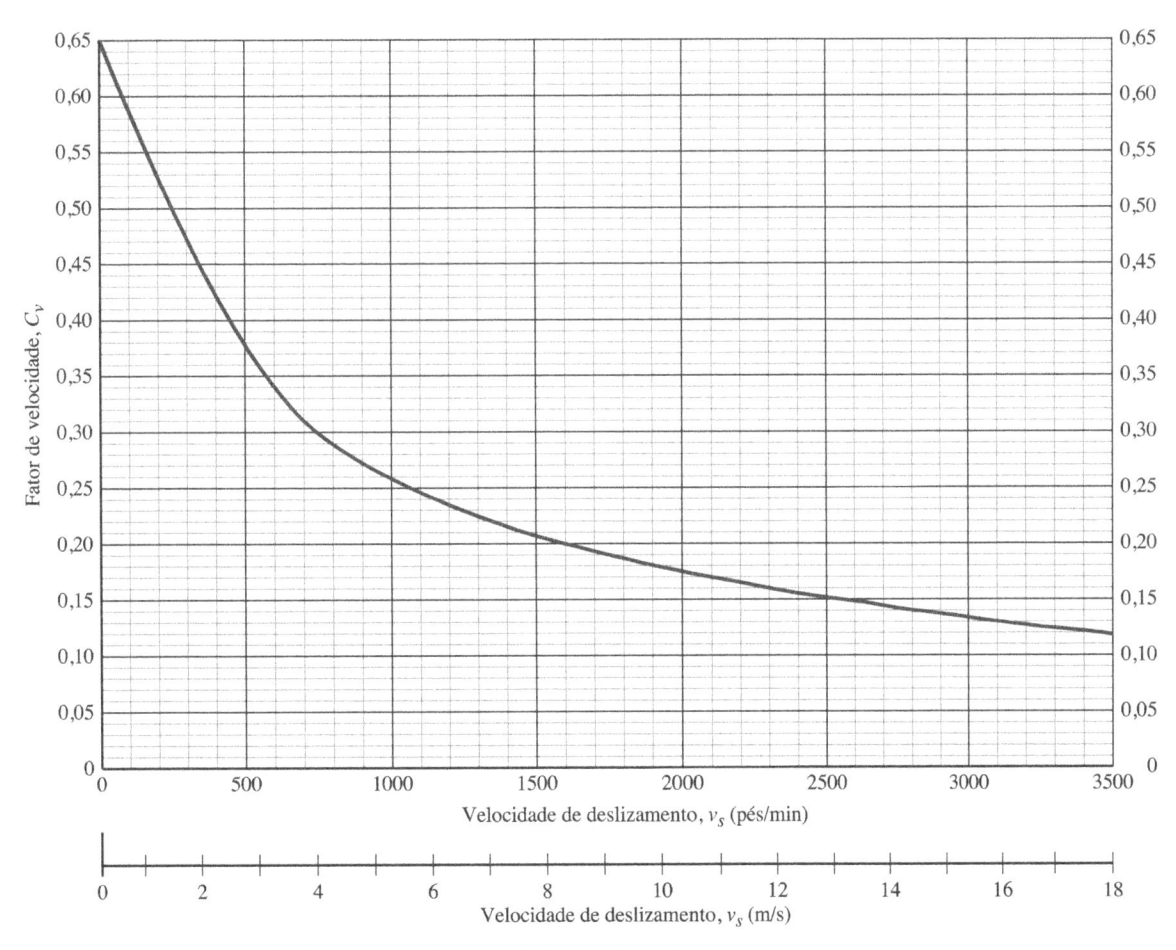

▲ **FIGURA 10.29** Fator de velocidade, C_v, em função da velocidade de deslizamento.

bronzes em engrenagens especificados na norma AGMA 6034-B92. As classes de bronze normalmente usadas são: bronze-estanho, bronze-fósforo, bronze-manganês e bronze-alumínio. O fator de materiais, C_s, é dependente do método de fundição do bronze, como indica a Figura 10.27. Os valores para C_s podem ser calculados a partir das seguintes fórmulas.

Bronzes fundidos em areia:
Para $D_G > 2,5$ pol (64 mm),

$$C_s = 1189,636 - 476,545 \log_{10}(D_G) \quad (10.43)$$

Para $D_G < 2,5$ pol (64 mm),

$$C_s = 1000$$

Bronzes fundidos por coquilha estática ou forjados:
Para $D_G > 8,0$ pol (203 mm),

$$C_s = 1411,651 - 455,825 \log_{10}(D_G) \quad (10.44)$$

Para $D_G < 8,0$ pol (203 mm)

$$C_s = 1000$$

Bronzes fundidos por centrifugação:
Para $D_G > 25$ pol (635 mm),

$$C_s = 1251,291 - 179,750 \log_{10}(D_G) \quad (10.45)$$

Para $D_G < 25$ pol (635 mm),

$$C_s = 1000$$

2. O diâmetro da engrenagem sem-fim é o segundo fator na determinação de C_s. O *diâmetro médio* na altura média da profundidade útil dos dentes deve ser usado. Se engrenagens com adendo padrão forem empregadas, o diâmetro médio será igual ao diâmetro de passo.
3. Use a largura de face real, F, da engrenagem sem-fim como F_e se $F < 0,667(D_w)$. Para larguras de face maiores, adote $F_e = 0,67(D_w)$, porque a largura excedente não é efetiva.
4. O fator de correção de razão, C_m, pode ser calculado a partir das seguintes fórmulas.

Para relações de transmissão, m_G, de 6 a 20

$$C_m = 0,0200 \, (-m_G^2 + 40m_G - 76)^{0,5} + 0,46 \quad (10.46)$$

Para relações de transmissão, m_G, de 20 a 76

$$C_m = 0,0107 \, (-m_G^2 + 56m_G + 5145)^{0,5} \quad (10.47)$$

Para $m_G > 76$

$$C_m = 1,1483 - 0,00658 m_G \quad (10.48)$$

5. O fator de velocidade depende da velocidade de deslizamento, v_s, calculada pela Equação 10.24 ou pela Equação 10.25. Os valores para C_v podem ser calculados a partir das seguintes fórmulas.

Para v_s de 0 a 700 pés/min (0-3,56 m/s)

$$C_v = 0,659 e^{(-0,0011 v_s)} \quad (10.49)$$

Para v_s de 700 a 3000 pés/min (3,56 a 15,24 m/s)

$$C_v = 13,31 v_s^{(-0,571)} \quad (10.50)$$

Para $v_s > 3000$ pés/min (> 15,24 m/s)

$$C_v = 65,52 v_s^{(-0,774)} \quad (10.51)$$

6. As proporções do sem-fim e da engrenagem sem-fim devem estar em conformidade com os limites a seguir, que definem os diâmetros de passo mínimo e máximo do sem-fim em relação à distância de centro, C, para o conjunto de engrenagem. Todas as dimensões estão em polegadas.

$$D_W \text{ máximo} = C^{0,875}/1,6 \quad (10.52)$$

$$D_W \text{ mínimo} = C^{0,875}/3,0 \quad (10.53)$$

7. O eixo do sem-fim deve ser rígido o suficiente para limitar a deflexão no ponto do passo ao valor máximo de $0,005\sqrt{P_x}$, onde P_x é o passo axial do sem-fim, numericamente igual ao passo circular, p, da engrenagem.
8. Ao analisar determinado conjunto de engrenagem sem-fim, o valor da carga tangencial nominal, W_{tR}, deve ser maior que o da real, W_t, para uma vida útil satisfatória.
9. As classificações fornecidas nesta seção são válidas apenas para sistemas suaves, como ventiladores ou bombas centrífugas acionadas por motor elétrico ou hidráulico que operam 10 horas por dia. Condições mais severas, como cargas de impacto, motores de combustão interna ou um número maior de horas de funcionamento, exigem a aplicação de um fator de serviço. A Referência 14 lista vários desses fatores com base em experiência de campo com tipos específicos de equipamento. Para os problemas deste livro, os fatores da Tabela 9.7 podem ser utilizados.

EXEMPLO 10.10 — O conjunto de engrenagem sem-fim descrito no Exemplo 8.4 é satisfatório no que diz respeito a resistência e desgaste sob as condições do Exemplo 10.9? A engrenagem sem-fim tem uma largura de face de 1,25 pol.

SOLUÇÃO   Com base em problemas e soluções anteriores,

$$W_{tG} = 962 \text{ lb} \quad v_s = 944 \text{ pés/min}$$
$$V_R = m_G = 17,33 \quad D_G = 8,667 \text{ pol}$$
$$v_{tG} = 229 \text{ pés/min} \quad D_W = 2,000 \text{ pol}$$

Considere 58 HRC mínimo para o sem-fim de aço e que a engrenagem de bronze seja fundida em areia.
Tensão

$$K_v = 1200/(1200 + v_{tG}) = 1200/(1200 + 229) = 0,84$$
$$W_d = W_{tG}/K_v = 962/0,84 = 1145 \text{ lb}$$
$$F = 1,25 \text{ pol}$$
$$y = 0,125 \text{ (da Tabela 10.4)}$$
$$p_n = p \cos \lambda = (0,5236)\cos 14,04° = 0,508 \text{ pol}$$

Então

$$\sigma = \frac{W_d}{yFp_n} = \frac{1145}{(0,125)(1,25)(0,508)} = 14430 \text{ psi}$$

As diretrizes contidas na Seção 10.12 indicam que esse nível de tensão seria adequado para bronze-manganês ou bronze-fósforo nas engrenagens.
Durabilidade superficial: use a Equação 10.42:

$$W_{tR} = C_s D_G^{0,8} F_e C_m C_v \qquad (10.42)$$

Fatores C: os valores para os fatores C podem ser encontrados nas figuras 10.27, 10.28 e 10.29. Definimos

$$C_s = 740 \text{ para bronze fundido em areia e } D_G = 8,667 \text{ pol}$$
$$C_m = 0,814 \text{ para } m_G = 17,33$$
$$C_v = 0,265 \text{ para } v_s = 944 \text{ pés/min}$$

Podemos usar $F_e = F = 1,25$ pol se esse valor não for superior a 0,67 vez o diâmetro do sem-fim. Para $D_W = 2,000$ pol,

$$0,67 D_W = (0,67)(2,00 \text{ pol}) = 1,333 \text{ pol}$$

Portanto, adote $F_e = 1,25$ pol. A carga tangencial nominal é

$$W_{tR} = (740)(8,667)^{0,8}(1,25)(0,814)(0,265) = 1123 \text{ lb}$$

Uma vez que esse valor seja maior do que a carga tangencial real de 962 lb, o projeto será satisfatório (desde que as condições definidas para a aplicação da Equação 10.42 sejam atendidas).

10.13 TECNOLOGIAS EMERGENTES E SOFTWARES PARA PROJETO DE ENGRENAGEM

A compreensão dos fundamentos do projeto de engrenagem, apresentados nos capítulos 8, 9 e 10 deste livro, fornecerá uma base sólida para a construção de futuras habilidades relacionadas à tomada de decisões de projeto em transmissões de potência por engrenagem. Esse campo está sempre agregando novas tecnologias e aprimorando os métodos aqui indicados. A literatura da área frequentemente promove as vantagens de se obter experiência adicional, pois isso permite a criação de projetos mais refinados e a descoberta de tecnologias emergentes. Esta seção discute algumas delas e tópicos que ultrapassam o escopo desta obra. Embora algumas tecnologias mencionadas não sejam realmente novas ou emergentes, elas estão sendo adotadas com mais prontidão por profissionais de projeto de transmissões por engrenagem. Também será delineado um breve panorama dos softwares disponíveis para auxílio no processo de projeto de engrenagens.

Tecnologias emergentes de engrenamento

É altamente recomendável que profissionais da área de projeto de engrenagens estejam cientes dos aprimoramentos e atualizações da tecnologia da área, conforme representado no amplo conjunto de normas publicadas pela American Gear Manufacturers Association (AGMA), International Organization for Standardization (ISO) e por outras organizações semelhantes em todo o mundo. Com a experiência, os profissionais também devem se envolver no processo de desenvolvimento de normas, visto que a maior parte delas é produzida por voluntários representantes de empresas importantes, que fabricam produtos para transmissões por engrenagem e máquinas para a produção destes ou que empregam tais transmissões em seus produtos e sistemas. Publicações do setor, como *Power Transmission Engineering* e *Gear Technology*, fornecem comentários e relatórios atuais e constantes sobre o estado da arte em transmissões por engrenagem e sua fabricação. (Consulte os sites 10 e 14 no Capítulo 9.)

ENGRENAMENTOS E FORMAS DE DENTE NÃO PADRONIZADOS. A fim de fornecer uma base para estudos mais aprofundados, este livro tem como foco as formas de dente padronizadas, involutas, de profundidade total e com geometria do filete, adendos, dedendos e distâncias de centro também padronizados — entre outras características —, utilizando métodos descobertos no final do século XVIII. Grandes fabricantes de equipamentos oferecem máquinas de uso geral para a produção de projetos padrão, e fornecedores de engrenagens e transmissões por engrenagem beneficiam-se da padronização em termos de componentes de substituição, podendo especificar produtos de diversos vendedores.

A experiência tem demonstrado que modificações em algumas características padronizadas podem ser benéficas em aplicações especiais e áreas em que testes extensivos são realizados. Exemplos disso são automóveis, propulsão naval, máquinas industriais, equipamentos de construção e propulsão aeroespacial. Abaulamento de dentes e ponta de alívio para promover um engrenamento suave, modificações geométricas para acomodar deformações dos dentes sob cargas pesadas e filetes modificados para otimizar tensões de flexão são algumas áreas de constante exploração. Nas tecnologias dos materiais também há fértil desenvolvimento em relação a aços, a outros materiais metálicos e à ampla variedade de materiais plásticos. Em outros casos, busca-se mudanças radicais na forma do dente para aprimorar força, rigidez, redução de ruído ou resistência à corrosão por pite.

O Site 1, ao final deste capítulo, descreve projetos patenteados, Megagear® e Unimegagear®, nos quais uma maior densidade de potência, eficiência e durabilidade são obtidas. Os perfis do dente são otimizados, resultando em maior área de contato entre os dentes da engrenagem, o que reduz a tensão de compressão, aumenta a vida de fadiga e torna a distribuição de carga mais uniforme.

O Site 2 descreve o Direct Gear Design®, um método alternativo de análise e projeto de engrenagens involutas que separa a definição da geometria de engrenagens da seleção de ferramentas a fim de obter o melhor desempenho possível para determinado produto ou determinada aplicação. O resultado é uma geometria de engrenagem com dentes assimétricos e filetes otimizados na área da raiz. Dois involutos de dois círculos de base diferentes são definidos, aumentando simultaneamente a razão de contato e o ângulo de pressão de serviço para além dos limites convencionais. Ferramentas de corte especialmente projetadas são usadas para produzir as engrenagens por fresamento com caracol ou conformação. Processos de molde para engrenagens plásticas, fundição sob pressão e metais em pó também podem ser utilizados. A aplicação do Direct Gear Design deve ser justificada por uma melhora significativa no desempenho da engrenagem.

O Site 3 descreve o MGT Frictionless Drive System®, que usa forças repulsivas de ímãs para fazer a ligação entre um eixo acionador e o acionado, permitindo, ao mesmo tempo, que ambos girem de forma completamente independente um do outro. Logo, não há atrito entre eles; além disso, a eficiência e a vida útil do equipamento são melhoradas. O sistema pode ser aplicado tanto como engrenamento quanto como acoplamento. A segurança é aprimorada porque, se o sistema estiver sobrecarregado por determinada quantidade, o acionador diminui em relação ao membro acionado. As faces do acoplador não se tocam, e o espaço entre elas costuma ser de poucos milímetros.

O Site 4 e a Referência 24 descrevem o campo de engrenagens não circulares e sua fabricação. As formas podem ser elípticas, quadradas ou projetadas para uma ampla variedade de funções especiais. Às vezes, elas são usadas como substitutos do came em aplicações em que o torque ou as cargas radiais devem ser manejadas. As aplicações incluem: alinhamento de velocidade em linhas de montagem, ciclos variáveis de corte para produtos de almas contínuas, movimento linear com retorno rápido, mecanismos de rotação positiva e negativa, medidores de fluxo, rodas dentadas de bicicleta, limpadores de para-brisa com velocidade variável e aparelhos com movimentos de pausa e repouso.

MARTELAGEM. Foi enfatizado que um projeto de engrenagem bem-sucedido deve demonstrar que a tensão de flexão e a de contato nas engrenagens são mantidas dentro dos limites de resistência à fadiga e à corrosão por pite do material do qual foram feitas. É evidente, portanto, que o aumento da resistência à fadiga e à corrosão por pite pode produzir engrenagens mais seguras, leves e duradouras. Um método para se obter isso é chamado de *martelagem*, no qual as superfícies da engrenagem com tensão elevada são bombardeadas com materiais rígidos, chamados de *granalha*, em alta velocidade e de forma controlada. Cada impacto de granalha entalha permanentemente o material, produzindo a condição final de compressão. As granalhas possuem uma variedade de formas, como:

- Esferas fundidas (aço, aço inoxidável, ferro fundido, óxido de alumínio, zinco, titânio e outros)
- Arame cortado (aço, alumínio, zinco, cobre e outros)
- Esferas (cerâmica, vidro, aluminossilicato, plástico)
- Vidro moído, escória de carvão, rocha rígida, granada

O processo deixa a superfície com uma tensão de compressão residual desejável e elevado grau de dureza, aumentando a capacidade de suportar cargas e a vida útil da componente tratada. Um objetivo importante do uso de granalhagem é tratar áreas selecionadas com tensões de tração elevadas por conta de condições operacionais ou nas quais as tensões de tração na superfície foram produzidas por etapas de processamento anteriores, como esmerilhamento, soldagem e usinagem agressiva. A martelagem neutraliza as tensões de tração residuais, resultando em tensões líquidas finais menores sob carregamento. As aplicações são encontradas em numerosos tipos de produto relacionados à indústria aeroespacial (trem de pouso, componentes da turbina), automobilística (marchas, componentes do motor, elementos estruturais), de motores (virabrequins, comandos de válvulas, bielas, eixos, molas de folhas, molas espirais), equipamentos de construção (superfícies de alto desgaste, braços acionadores, eixos), dispositivos médicos (próteses de joelho), produção e transmissão de energia e equipamentos de recreação.

Os sites 5 e 6 descrevem os tipos de equipamentos utilizado para granalhagem, bem como os materiais e as formas de granalha disponíveis. Dois tipos comuns são:

- Jateamento por turbina — a granalha é introduzida no centro de uma roda que gira rapidamente e é acelerada pela força centrífuga conforme passa ao perímetro, e, depois, é projetada em alta velocidade à área do alvo.
- Jateamento por ar comprimido — o ar pressurizado passa através de um bocal onde a granalha é injetada e, em seguida, soprada em alta velocidade em direção ao alvo.

Produtos relacionados comumente chamados de jateadores de areia são usados para limpar as superfícies de carepas e produzir um acabamento superficial texturizado, sem necessariamente desencadear a tensão de compressão residual. O acabamento vibratório emprega agentes rígidos de vários materiais em diversas formas, em meio aos quais as peças são lançadas para a remoção da carepa e a rebarbação de extremidades e superfícies usinadas; isso ocorre pela fricção contínua entre os agentes e as peças.

Softwares para projeto de engrenagem

Como foi possível perceber ao longo dos tópicos e das metodologias de projeto abrangidos neste capítulo e no Capítulo 9, o objeto do projeto exige apoio computacional. Este livro inclui alguns auxílios específicos para o cálculo em forma de planilhas eletrônicas, sugerindo as vantagens de se usar tais abordagens de engenharia auxiliada por computador. Desenvolvedores de vários pacotes de software disponíveis no mercado, que possuem muito mais recursos para projetos e incluem uma ampla variedade de tipos de engrenagem, estão listados nos sites de 7 a 13. Alguns dos desenvolvedores também oferecem serviços de consultoria para auxiliar no planejamento e na implementação de transmissões complexas.

REFERÊNCIAS

1. AMERICAN GEAR MANUFACTURERS ASSOCIATION. Norma 2008-C01. *Assembling Bevel Gears*. Alexandria, VA: American Gear Manufacturers Association, 2001.

2. _____. Norma 6022-C93 (R2008). *Design Manual for Cylindrical Wormgearing*. Alexandria, VA: American Gear Manufacturers Association, 2008.

3. _____. Norma AGMA 917-B97. *Design Manual for Parallel Shaft Fine-Pitch Gearing*. Alexandria, VA: American Gear Manufacturers Association, 1997.

4. _____. Norma 6001-E08. *Design and Selection of Components for Enclosed Gear Drives*. Alexandria, VA: American Gear Manufacturers Association, 2008.

5. _____. *Norma 2015-1-A01. Accuracy Classification System—Tangential Measurements for Cylindrical Gears*. Alexandria, VA: American Gear Manufacturers Association, 2001.
6. _____. *Norma AGMA 908-B89 (R1999). Geometry Factors for Determining the Pitting Resistance and Bending Strength of Spur, Helical, and Herringbone Gear Teeth*. Alexandria, VA: American Gear Manufacturers Association, 1999.
7. _____. *Norma AGMA 1012-G05. Gear Nomenclature, Definitions of Terms with Symbols*. Alexandria, VA: American Gear Manufacturers Association, 2005.
8. _____. *Norma AGMA 2000-A88. Gear Classification and Inspection Handbook—Tolerances and Measuring Methods for Unassembled Spur and Helical Gears (Including Metric Equivalents)*. Alexandria, VA: American Gear Manufacturers Association, 1988. Substituição parcial da AGMA 390.03.
9. _____. Normas 2001-D04 (com base em P_d) e 2101-D04 (com base no módulo métrico, m). *Fundamental Rating Factors and Calculation Methods for Involute Spur and Helical Gear Teeth*. Alexandria, VA: American Gear Manufacturers Association, 2004.
10. _____. *Norma AGMA 2003-C10. Rating the Pitting Resistance and Bending Strength of Generated Straight Bevel, ZEROL® Bevel, and Spiral Bevel Gear Teeth*. Alexandria, VA: American Gear Manufacturers Association, 2010.
11. _____. *Norma AGMA 2004-C08. Gear Materials, Heat Treatment and Processing Manual*. Alexandria, VA: American Gear Manufacturers Association, 2008.
12. _____. Norma AGMA 2005-D03. *Design Manual for Bevel Gears*. Alexandria, VA: American Gear Manufacturers Association, 2003.
13. _____. Norma AGMA 6013-A06. *Standard for Industrial Enclosed Gear Drives*. Alexandria, VA: American Gear Manufacturers Association, 2006.
14. _____. Norma AGMA 6034-B92 (R1999). *Practice for Enclosed Cylindrical Wormgear Speed Reducers and Gearmotors*. Alexandria, VA: American Gear Manufacturers Association, 1999.
15. BUDYNAS, R. G.; NISBETT, K. J. *Shigley's Mechanical Engineering Design*. 9. ed. Nova York: McGraw-Hill, 2011.
16. CROSHER, W. P. *Design and Application of the Worm Gear*. Nova York: American Society of Mechanical Engineers, 2002.
17. DRAGO, Raymond J. *Fundamentals of Gear Design*. Nova York: Elsevier Science & Technology Books, 1988.
18. DUDLEY, Darle W. *Handbook of Practical Gear Design*. Boca Raton, FL: CRC Press, 1994.
19. INTERNATIONAL STANDARDS ORGANIZATION. Norma ISO 54:1996. *Cylindrical Gears for General Engineering and for Heavy Engineering—Modules*. Genebra, Suíça. International Standards Organization, 1996.
20. KIMOTHO, J.; KIHIU, J. *Design Optimization of Multistage Gear Trains*. Saarbruken, Alemanha: VDM Verlag Dr. Muller GMBH & Co., 2010.
21. LYNWANDER, Peter. *Gear Drive Systems*: Design and Application. Boca Raton, FL: CRC Press, 1983.
22. OBERG, Erik; et al. *Machinery's Handbook*. 28. ed. Nova York: Industrial Press, 2008.
23. RADZEVICH, S. P. *Handbook of Practical Gear Design*. Boca Raton, FL: CRC Press, 1994.
24. LITVIN, F. L. et al. *Noncircular Gears*: Design and Generation. Cambridge, Reino Unido: Cambridge University Press, 2010.

SITES SOBRE ENGRENAGENS HELICOIDAIS, ENGRENAGENS CÔNICAS E ENGRENAMENTO SEM-FIM

Consulte a lista de sites no final do Capítulo 9 sobre engrenagens de dentes retos. Praticamente todos os sites listados ali também são relevantes para o projeto de engrenagens helicoidais, engrenagens cônicas e engrenamento sem-fim.

1. **Power Engineering and Manufacturing, Ltd.** <www.prmltd.com>. Fabricante de redutores personalizados e criador da forma de dente Megagear®.
2. **AKGears, LLC.** <www.akgears.com>. Criador da forma de dente Direct Gear Design® e desenvolvedor de aplicações a uma variedade de produtos e sistemas mecânicos.
3. **Magnetic Gearing and Turbine Corporation.** <www.mgt.com.au>. Desenvolvedor e produtor do MTG Frictionless Drive System®, que usa forças repulsivas de ímãs para fornecer torque e transmissão de potência sem contato físico entre as peças conjugadas.
4. **Cunningham Industries, Inc.** <www.cunningham-ind.com>. Fabricante de engrenagens elípticas e outros tipos não circulares.

5. **The Shot Peener.** <www.shotpeener.com>. Site dedicado a prestadores de serviço de granalhagem ou fornecedores de máquinas para granalhagem. Há informações valiosas sobre a tecnologia e suas aplicações.
6. **Wheelabrator, Inc.** <www.wheelabratorgroup.com>. Fabricante de equipamentos e material para granalhagem, incluindo processos por turbina ou ar comprimido, e equipamentos para acabamento vibratório.
7. **TEDATA.** <www.tedata.com>. Desenvolvedor do software MDESIGN, para análise e cálculo de várias componentes mecânicas, incluindo engrenagens.
8. **Smart Manufacturing Technology, Ltd.** <www.smartmt.com>. Desenvolvedor do software MASTA, para projeto e análise, e prestador de serviços de projeto para transmissões por engrenagem.
9. **Universal Technical Systems, Inc.** <www.uts.com>. Desenvolvedor do versátil software UTS, para análise técnica, que inclui o Integrated Gear Software (IGS) para projeto de engrenagem.
10. **Drive System Technology, Inc.** <www.geardoc.com>. Consultores de transmissão mecânica de potência e desenvolvedor do software PowerGear, para projeto de engrenagem. Empresa fundada por Raymond Drago, engenheiro coordenador da Drive Systems Technology, Inc. (consulte a Referência 17).
11. **K2 Plastics, Inc.** <www.k2plasticsinc.com>. Consultores de engenharia para projeto e produção de engrenagens plásticas que utilizam seu próprio software personalizado de projeto. A página *Engineering and Design*, nesse mesmo site, inclui uma imagem animada, dinâmica e colorida de uma análise de contato dos dentes de uma engrenagem por técnica de elementos finitos, mostrando tensões de flexão e de contato durante a transmissão de potência.
12. **KISSsoft, U.S.A., LLC.** <www.kisssoft.ag>. Desenvolvedor do software KISSsoft, para projeto de engrenagem, a vários tipos comuns de engrenagem, bem como componentes de máquinas relacionadas e transmissões de potência completas.
13. **AGMA Software Products.** <www.agma.org/publications/software-products/>. Desenvolvedor de um conjunto de softwares diretamente vinculado às normas AGMA. Os softwares inclusos são: Bevel Gears Rating Suite, Gear Rating Suite (para engrenagens de dentes retos e engrenagens helicoidais), AGMA 2015-1-A01 Calculator (Accuracy Classification System–Tangential Measurements for Cylindrical Gears).

PROBLEMAS

Engrenamento helicoidal

1. Uma engrenagem helicoidal tem passo diametral transversal de 8, ângulo de pressão transversal de $14\frac{1}{2}°$, 45 dentes, largura de face de 2,00 pol e ângulo de hélice de 30°.
    a. Se a engrenagem transmite 5,0 hp a uma velocidade de 1250 rpm, calcule a força tangencial, a axial e a radial.
    b. Se a engrenagem opera com um pinhão de 15 dentes, calcule a tensão de flexão nos dentes dele. A potência vem de um motor elétrico, e a transmissão é para uma bomba alternativa. Especifique um índice de qualidade para os dentes.
    c. Estabeleça um material adequado para o pinhão e a engrenagem, considerando tanto a resistência mecânica quanto a resistência à corrosão por pite.
2. Uma engrenagem helicoidal tem passo diametral normal de 12, ângulo de pressão normal de 20°, 48 dentes, largura de face de 1,50 pol e ângulo de hélice de 45°.
    a. Se a engrenagem transmite 2,50 hp a uma velocidade de 1750 rpm, calcule a força tangencial, a axial e a radial.
    b. Se a engrenagem opera com um pinhão de 16 dentes, calcule a tensão de flexão nos dentes dele. A potência vem de um motor elétrico, e a transmissão é para uma ventoinha centrífuga. Especifique um índice de qualidade para os dentes.
    c. Estabeleça um material adequado para o pinhão e a engrenagem, considerando tanto a resistência mecânica quanto a resistência à corrosão por pite.
3. Uma engrenagem helicoidal tem passo diametral transversal de 6, ângulo de pressão transversal de $14\frac{1}{2}°$, 36 dentes, largura de face de 1,00 pol e ângulo de hélice de 45°.
    a. Se a engrenagem transmite 15,0 hp a uma velocidade de 2200 rpm, calcule a força tangencial, a axial e a radial.
    b. Se a engrenagem opera com um pinhão de 12 dentes, calcule a tensão de flexão nos dentes dele. A potência vem de um motor a gasolina

de seis cilindros, e a transmissão é para uma betoneira. Especifique um índice de qualidade para os dentes.

c. Estabeleça um material adequado para o pinhão e a engrenagem, considerando tanto a resistência mecânica quanto a resistência à corrosão por pite.

4. Uma engrenagem helicoidal tem passo diametral normal de 24, ângulo de pressão normal de $14\frac{1}{2}°$, 72 dentes, largura de face de 0,25 pol e ângulo de hélice de 45°.

   a. Se a engrenagem transmite 0,50 hp a uma velocidade de 3450 rpm, calcule a força tangencial, a axial e a radial.
   b. Se a engrenagem opera com um pinhão de 16 dentes, calcule a tensão de flexão nos dentes dele. A potência vem de um motor elétrico, e a transmissão é para um guincho que sofrerá choque moderado. Especifique um índice de qualidade para os dentes.
   c. Estabeleça um material adequado para o pinhão e a engrenagem, considerando tanto a resistência mecânica quanto a resistência à corrosão por pite.

Para os problemas 5 a 11, complete o projeto de um par de engrenagens helicoidais a fim de operar sob as condições indicadas. Estabeleça a geometria das engrenagens, o material e o tratamento térmico. Parta do princípio de que a transmissão vem de um motor elétrico, salvo por especificação do contrário. Considere tanto a resistência mecânica quanto a resistência à corrosão por pite.

5. Um par de engrenagens helicoidais deve ser projetado para transmitir 5,0 hp enquanto o pinhão gira a 1200 rpm. A engrenagem aciona um compressor alternativo e deve rotacionar entre 385 e 390 rpm.

6. Um par de engrenagens helicoidais fará parte da transmissão de uma fresadora que requer 20,0 hp com velocidade de pinhão de 550 rpm e velocidade de engrenagem entre 180 e 190 rpm.

7. Uma transmissão de engrenagem helicoidal para uma prensa perfuradora exige 50,0 hp com velocidade de pinhão de 900 rpm e velocidade de engrenagem entre 225 e 230 rpm.

8. Um motor monocilindro a gasolina apresenta o pinhão de um par de engrenagens em seu eixo de saída. A engrenagem está acoplada ao eixo de uma betoneira pequena. A betoneira requer 2,5 hp, enquanto rotaciona a aproximadamente 75 rpm. O motor é regulado para operar a cerca de 900 rpm.

9. Um motor quadricilíndrico industrial opera a 2200 rpm e transmite 75 hp à engrenagem de entrada da transmissão de engrenagem helicoidal de um grande picador de madeira usado para preparar lascas de matéria-prima macia à fabricação de papel. A engrenagem de saída deve rotacionar entre 4500 e 4600 rpm.

10. Um pequeno trator comercial está sendo projetado para tarefas como corte de grama e remoção de neve. O sistema de transmissão para a roda deverá ser constituído por um par de engrenagens helicoidais, no qual o pinhão opera a 450 rpm, enquanto a engrenagem, montada no cubo da roda, atua entre 75 a 80 rpm. A roda tem 18 pol de diâmetro. O motor a gasolina de dois cilindros fornece 20,0 hp.

11. Uma turbina hidráulica transmite 15,0 hp para um par de engrenagens helicoidais a 4500 rpm. A saída do par de engrenagens deve acionar um gerador de energia elétrica a 3600 rpm. A distância de centro para o par não deve exceder 4,00 pol.

12. Determine a capacidade de transmissão de potência de um par de engrenagens helicoidais com ângulo de pressão normal de 20°, ângulo de hélice de 15°, passo diametral normal de 10, 20 dentes no pinhão, 75 dentes na engrenagem, largura de face de 2,50 pol e fabricado com aço SAE 4140 OQT 1000. As engrenagens são de qualidade comercial comum. O pinhão deverá girar a 1725 rpm no eixo de um motor elétrico. A engrenagem acionará uma bomba centrífuga.

13. Refaça o Problema 12 com engrenagens feitas de aço SAE 4620 DOQT 300 cementado e com endurecimento superficial. Em seguida, calcule as forças axiais e radiais sobre as engrenagens.

Engrenagens cônicas

14. Um par de engrenagens cônicas retas apresenta os seguintes dados: $N_p = 15$; $N_G = 45$; $P_d = 6$; ângulo de pressão de 20°. Considerando que o par transmite 3,0 hp, calcule as forças sobre o pinhão e a engrenagem. A velocidade do pinhão é 300 rpm. A largura de face é 1,25 pol. Estime a tensão de flexão e a de contato para os dentes e especifique um material e um tratamento térmico adequados. As engrenagens são acionadas por um motor a gasolina, e a carga é uma betoneira de choque moderado. Leve em conta que nenhuma engrenagem tem montagem aberta.

15. Um par de engrenagens cônicas retas apresenta os seguintes dados: $N_p = 25$; $N_G = 50$; $P_d = 10$; ângulo de pressão de 20°. Considerando que o par

transmite 3,5 hp, calcule as forças sobre o pinhão e a engrenagem. A velocidade do pinhão é 1250 rpm. A largura de face é 0,70 pol. Estime a tensão de flexão e a de contato para os dentes e especifique um material e um tratamento térmico adequados. As engrenagens são acionadas por um motor a gasolina, e a carga é um transportador de choque moderado. Leve em conta que nenhuma engrenagem tem montagem aberta.

16. Projete um par de engrenagens cônicas retas que deverá transmitir 5,0 hp a uma velocidade de pinhão de 850 rpm. A velocidade da engrenagem deve ser aproximadamente 300 rpm. Considere tanto a resistência mecânica quanto a resistência à corrosão por pite. O acionador é um motor a gasolina, e a máquina acionada é um transportador para trabalho pesado.

17. Projete um par de engrenagens cônicas retas que deverá transmitir 0,75 hp a uma velocidade de pinhão de 1800 rpm. A velocidade da engrenagem deve ser aproximadamente 475 rpm. Considere tanto a resistência mecânica quanto a resistência à corrosão por pite. O acionador é um motor elétrico, e a máquina acionada é um serrote elétrico.

Engrenamento sem-fim

18. Um conjunto de engrenagens possui um sem-fim com uma única rosca, diâmetro de passo de 1,250 pol, passo diametral de 10 e ângulo de pressão normal de 14,5°. Partindo do pressuposto de que o sem-fim se conjuga com uma engrenagem de 40 dentes e largura de face de 0,625 pol, calcule o diâmetro de passo da engrenagem, a distância de centro e a razão de velocidade angular. Supondo que o conjunto de engrenagem sem-fim transmita 924 lb · pol de torque no eixo de saída, que gira a 30 rpm, estime as forças sobre as engrenagens, a eficiência, a velocidade de entrada, a potência de entrada e a tensão sobre os dentes. Considerando que o sem-fim é de aço endurecido, e a engrenagem é de bronze coquilhado, avalie a carga nominal e determine se o projeto é satisfatório em relação à resistência à corrosão por pite.

19. Três projetos estão sendo considerados para um conjunto de engrenagem sem-fim que produza uma razão de velocidade angular de 20 e cuja engrenagem gire a 90 rpm. Todos os três incluem passo diametral de 12, diâmetro de passo do sem-fim de 1,000 pol, largura de face da engrenagem de 0,500 pol e ângulo de pressão normal de 14,5°. O primeiro sugere um sem-fim com uma única rosca e 20 dentes na engrenagem; o segundo, um sem-fim com duas roscas e 40 dentes na engrenagem; o terceiro, um sem-fim com quatro roscas e 80 dentes na engrenagem. Para cada projeto, calcule o torque de saída nominal, considerando tanto a resistência mecânica quanto a resistência à corrosão por pite. Os sem-fim são de aço endurecido, e as engrenagens, de bronze coquilhado.

20. Para cada um dos três projetos propostos no Problema 19, calcule a eficiência.

Os dados para os problemas 21, 22 e 23 são fornecidos na Tabela 10.6. Projete um conjunto de engrenagem sem-fim que produza a razão de velocidade angular desejada ao transmitir o torque fornecido no eixo de saída para a velocidade angular de saída oferecida.

▼ TABELA 10.6 Dados para os problemas 21-23.

Problema	VR	Torque (lb · pol)	Velocidade de saída (rpm)
21.	7,5	984	80
22.	3	52,5	600
23.	40	4200	45

24. Compare os dois projetos descritos na Tabela 10.7, uma vez que cada um transmite 1200 lb·pol de torque no eixo de saída, que gira a 20 rpm. Calcule as forças sobre o sem-fim e a engrenagem, a eficiência e a potência de entrada exigida.

▼ TABELA 10.7 Projetos para o Problema 24.

Projeto	P_d	N_t	N_G	D_w	F_G	Ângulo de pressão
A	6	1	30	2,000	1,000	14,5°
B	10	2	60	1,250	0,625	14,5°

CAPÍTULO 11

CHAVETAS, ACOPLAMENTOS E VEDAÇÕES

Sumário
Visão geral
Você é o projetista
11.1 Objetivos
11.2 Chavetas
11.3 Materiais para chavetas
11.4 Análise de tensão para determinar o comprimento de chaveta
11.5 Estrias
11.6 Outros métodos de fixação de elementos nos eixos
11.7 Acoplamentos
11.8 Juntas universais
11.9 Anéis de retenção e outros meios de fixação axial
11.10 Tipos de vedação
11.11 Materiais de vedação

Visão geral

Tópicos de discussão

- Chavetas e acoplamentos conectam peças funcionais de mecanismos e máquinas, permitindo que as peças móveis transmitam potência ou se situem em função uma da outra.
- Anéis de retenção mantêm íntegras as montagens ou fixam peças em eixos, como ao conservar uma roda dentada na posição correta ou sobre um eixo.
- Vedações protegem componentes críticos excluindo contaminantes ou retendo fluidos no interior da carcaça de uma máquina.

Descubra

Olhe à sua volta e identifique exemplos de uso de chavetas, acoplamentos, anéis de retenção e vedações em automóveis, caminhões, eletrodomésticos, ferramentas, equipamentos de jardinagem ou bicicletas.

Este capítulo irá ajudá-lo a entender as funções e os requisitos de projeto de tais dispositivos. Além disso, você aprenderá a reconhecer projetos comercialmente disponíveis e a aplicá-los corretamente.

Pense em como duas ou mais peças de uma máquina podem ser conectadas com a finalidade de situar uma em relação à outra. Agora reflita sobre como essa conexão deve ser projetada se as peças forem móveis e se tiverem de transmitir potência.

Este capítulo apresentará informações sobre produtos disponíveis no mercado que realizam essas funções. As categorias genéricas de chavetas, acoplamentos e vedações, na verdade, englobam numerosos projetos.

A *chaveta* é usada para conectar um membro da transmissão, como a polia da correia, a corrente dentada ou a engrenagem, ao seu eixo. (Consulte a Figura 11.1.) O torque e a potência são transmitidos pela chaveta para o eixo ou a partir dele. Mas como a potência entra ou sai do eixo? Pode ocorrer, por exemplo, de a saída do eixo de um motor estar conectada ao eixo de entrada da transmissão por meio de um *acoplamento flexível*. Este transmite potência de modo confiável, mas permite certo desalinhamento entre os eixos durante a operação por causa da flexão dos membros da estrutura ou desalinhamento progressivo causado por desgaste.

As *vedações* são difíceis de serem vistas, pois costumam estar encerradas em uma carcaça ou cobertas de alguma forma. Sua função é proteger elementos críticos de contaminação por poeira, sujeira ou água e outros fluidos, mas permitindo que itens de máquinas rotacionais ou translacionais se movam e cumpram suas funções. As vedações excluem materiais indesejados do interior do mecanismo ou mantêm a lubrificação essencial e os fluidos refrigerantes no interior da carcaça.

Observe as máquinas que você utiliza diariamente e identifique peças que se encaixam nas descrições feitas aqui. Olhe dentro do compartimento do motor de um carro ou caminhão. Como as polias da transmissão, as articulações, as trancas, as dobradiças do capô, a ventoinha, os limpadores de para-brisa e qualquer outra parte móvel está conectada a outro elemento, como a estrutura do carro, um eixo rotativo ou outra parte móvel? Se você estiver familiarizado com o funcionamento interno do motor e da transmissão, descreva como essas partes são conectadas. Veja o sistema de direção e de suspensão, a bomba d'água, a bomba de combustível, o reservatório do fluido de freio e os cilindros da suspensão ou amortecedores. Tente notar onde as vedações são usadas. Você consegue enxergar as juntas universais, por vezes chamadas de juntas de *velocidade constante* (CV), no trem de acionamento? Elas conectam o eixo de saída da transmissão às partes finais do trem de acionamento enquanto a potência é fornecida às rodas.

Procure um pequeno trator de jardim em casa ou em uma loja local. Normalmente seus mecanismos são acessíveis, embora protegidos de contato por razões de segurança. Descubra como a potência é transmitida do motor, passa por uma transmissão, uma correia ou corrente de acionamento e percorre todo o caminho até as rodas ou a lâmina do cortador. Como as peças funcionais estão conectadas?

Observe eletrodomésticos, ferramentas elétricas em lojas de produtos para o lar e equipamentos de jardinagem. Você consegue ver peças fixadas por *anéis de retenção*? Eles costumam ser finos e achatados pressionados contra os eixos ou inseridos em ranhuras. O objetivo deles é fixar uma roda em um eixo, manter uma engrenagem ou uma polia na posição correta ao longo do comprimento de um eixo ou simplesmente prender alguma parte do dispositivo.

Como chavetas, acoplamentos, vedações, anéis de retenção e outros dispositivos de conexão são feitos? Que materiais são usados? Como são instalados? Eles podem ser retirados? Que tipos de força devem resistir? De que maneira sua geometria específica realiza a função pretendida? Como podem falhar?

Este capítulo o ajudará a se familiarizar com tais componentes mecânicos, com alguns fabricantes que oferecem versões comerciais e métodos corretos de aplicação.

Você é o projetista

Na primeira parte do Capítulo 8, você foi o projetista de um redutor de velocidade de engrenagem cujo projeto conceitual foi mostrado na Figura 8.3. Ele tem quatro engrenagens, três eixos e seis rolamentos, todos contidos em uma carcaça. Como as engrenagens são ligadas aos eixos? Uma maneira seria por meio de chavetas na interface entre o cubo das engrenagens e o eixo. Você precisa saber projetar as chavetas. De que maneira o eixo de entrada está conectado ao motor que fornece a potência? De que forma o eixo de saída está ligado à máquina acionada? Um jeito seria por meio de acoplamentos flexíveis. Você precisa ser capaz de especificar acoplamentos comercialmente disponíveis e aplicá-los de modo adequado, considerando a quantidade de torque a ser transmitida e o grau de desalinhamento permitido.

Como as engrenagens são axialmente dispostas ao longo dos eixos? Parte dessa função pode ser suprida por flanges usinadas no eixo, mas isso só funciona de um lado. Para o outro lado, uma forma de disposição seria com um anel de retenção instalado em um sulco no eixo depois de a engrenagem ter sido posta em seu lugar. Anéis ou espaçadores podem ser utilizados à esquerda das engrenagens *A* e *B* e à direita das engrenagens *C* e *D*. Observe que os eixos de entrada e saída se estendem para fora da carcaça. Como você poderia impedir a entrada de contaminantes? Como você poderia manter o óleo lubrificante no lado de dentro? Vedações de eixo podem cumprir essa função. As vedações também podem ser colocadas nos rolamentos a fim de manter o lubrificante no interior e em pleno contato com as esferas rolantes ou os roletes.

Você deve se familiarizar com os tipos de material utilizados para vedações e suas geometrias específicas. Tais conceitos serão discutidos neste capítulo.

11.1 OBJETIVOS

Ao final deste capítulo, você estará apto a:
1. Descrever vários tipos de *chaveta*.
2. Especificar o tamanho adequado de chaveta para determinado tamanho de eixo.
3. Estabelecer materiais indicados para chavetas.
4. Concluir o projeto de chavetas e seus respectivos rasgos e assentos, fornecendo as geometrias completas.
5. Descrever *estrias* e determinar sua capacidade de torque.
6. Detalhar vários métodos alternativos para fixar elementos de máquinas nos eixos.
7. Descrever *acoplamentos rígidos* e *acoplamentos flexíveis*.
8. Descrever vários tipos de acoplamento flexível.
9. Descrever *juntas universais*.
10. Descrever *anéis de retenção* e outros meios de dispor elementos nos eixos.
11. Especificar vedações adequadas para eixos e outros tipos de elementos de máquinas.

11.2 CHAVETAS

Chaveta é um componente de máquina situado na interface entre um eixo e o cubo de um elemento transmissor de potência com o objetivo de transmitir torque [consulte a Figura 11.1(a)]. A chaveta é desmontável para facilitar a montagem e desmontagem do sistema de eixo. Ela é instalada em um sulco axial usinado no eixo, chamado de *assento*. Um sulco semelhante no cubo do elemento transmissor de potência é normalmente denominado *rasgo*, mas é mais correto dizer que também se trata de um assento. A chaveta costuma ser instalada primeiro no assento do eixo; depois, o assento do cubo é alinhado com a chaveta, e o cubo é deslizado para a posição.

Chavetas paralelas quadradas e retangulares

O tipo mais comum de chaveta para eixos de até 6,5 pol de diâmetro é a chaveta quadrada, como ilustrado na Figura 11.1(b). A chaveta retangular, Figura 11.1(c), é recomendada para eixos maiores e usada em menores se a altura puder ser tolerada. Tanto chavetas quadradas quanto retangulares são chamadas de *chavetas paralelas* porque as partes superior e inferior e os lados são paralelos. (Consulte os sites 1 e 20 ao final deste capítulo.)

A Tabela 11.1 fornece as dimensões preferidas para chavetas paralelas como uma função do diâmetro do eixo em dimensões nos sistemas norte-americano e métrico. A largura é aproximadamente um quarto do diâmetro do eixo. Veja as referências 7 e 9 para dimensões e tolerâncias mais detalhadas.

Os assentos no eixo e no cubo são projetados de modo que exatamente metade da altura da chaveta se apoie no lado do assento do eixo, e a outra metade, no lado do assento do cubo. A Figura 11.2 mostra a geometria resultante. Y é a distância radial do referencial teórico superior do eixo, antes de o assento ser usinado, até a extremidade superior do assento acabado para produzir uma profundidade de exatamente $H/2$. A fim de ajudar na usinagem e inspeção do eixo ou do cubo, as dimensões S e T podem ser calculadas e indicadas nos desenhos da peça. As equações são fornecidas na Figura 11.2. Os valores tabulados de Y, S e T estão disponíveis nas referências 7 e 9.

Conforme será discutido mais adiante no Capítulo 12, os assentos nos eixos costumam ser usinados com uma fresa de topo ou uma fresa circular, produzindo, respectivamente, o assento embutido ou o deslizante (consulte a Figura 12.6). Na prática geral, os assentos e as chavetas são deixados com extremidades e bordas quadradas. Todavia, assentos arredondados e chavetas chanfradas podem ser usados para reduzir as concentrações de tensão. A Tabela 11.2 mostra valores sugeridos pela norma ANSI B17.1.

Como alternativas ao uso de chavetas paralelas, podem ser empregadas chavetas de cunha, de quilha, de pino e Woodruff para se obter funcionalidades especiais de instalação ou operação. A Figura 11.3 exibe a geometria geral desses tipos de chaveta.

Chavetas de cunha e chavetas de quilha

Chavetas de cunha são projetadas para serem inseridas na extremidade do eixo após o cubo ser posicionado, em vez de serem instaladas primeiro, e, só depois,

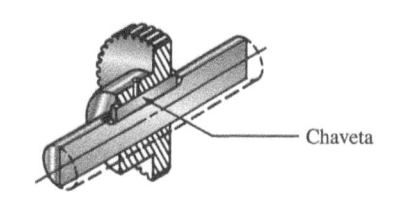

(a) Chaveta e assento aplicados a uma engrenagem e a um eixo

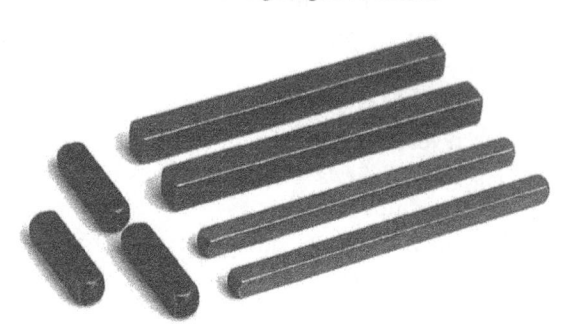

(b) Chaveta quadrada

(c) Chaveta retangular

(d) Chavetas disponíveis no mercado

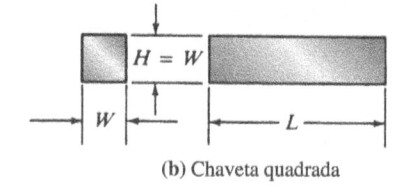

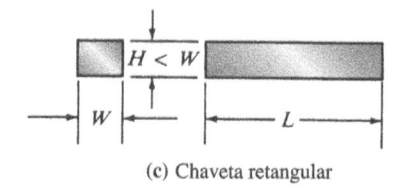

◀ **FIGURA 11.1** Chavetas paralelas.
[Fonte para (d): Driv-Lok, Inc., Sycamore, IL].

▼ TABELA 11.1 Tamanho da chaveta em função do diâmetro do eixo.

Dimensões em polegadas (sistema norte-americano)				Dimensões métricas (sistema internacional)			
Diâmetro nominal do eixo		Dimensões da chaveta		Diâmetro nominal do eixo		Dimensões da chaveta	
Limite inferior (pol)	Limite superior (pol)	Largura, W (pol)	Altura, H (pol)	Limite inferior (mm)	Limite superior (mm)	Largura, W (mm)	Altura, H (mm)
0,3125	0,4375	0,09375	0,09375	6	8	2	2
0,4375	0,5625	0,1250	0,1250	8	10	3	3
0,5625	0,875	0,1875	0,1875	10	12	4	4
0,875	1,250	0,2500	0,2500	12	17	5	5
1,250	1,375	0,3125	0,3125	17	22	6	6
1,375	1,75	0,375	0,375	22	30	8	7
1,75	2,25	0,500	0,500	30	38	10	8
2,25	2,75	0,625	0,625	38	44	12	8
2,75	3,25	0,750	0,750	44	50	14	9
3,25	3,75	0,875	0,875	50	58	16	10
3,75	4,50	1,00	1,00	58	65	18	11
4,50	5,50	1,25	1,25	65	75	20	12
5,50	6,50	1,50	1,50	75	85	22	14
6,50	7,50	1,75	1,50	85	95	25	14
7,50	9,00	2,00	1,50	95	110	28	16
9,00	11,00	2,50	1,75	110	130	32	18
11,00	13,00	3,00	2,00	130	150	36	20
13,00	15,00	3,50	2,50	150	170	40	22
15,00	18,00	4,00	3,00	170	200	45	25
18,00	22,00	5,00	3,50	200	230	50	28
22,00	26,00	6,00	4,00	230	260	56	32
26,00	30,00	7,00	5,00	260	290	63	32
				290	330	70	36
				330	380	80	40
				380	440	90	45
				440	500	100	50

Fonte – dimensões no sistema norte-americano: reimpressão da norma ANSI B17.1–1967 com permissão da American Society of Mechanical Engineers. Todos os direitos reservados.
Observação: os tamanhos de chaveta acima da linha em destaque são quadrados; os outros são retangulares.

$$Y = \frac{D - \sqrt{D^2 - W^2}}{2}$$

(a) Altura de corda

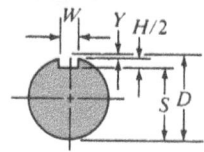

$$S = D - Y - \frac{H}{2} = \frac{D - H + \sqrt{D^2 - W^2}}{2}$$

(b) Profundidade do assento do eixo

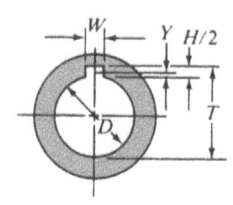

$$T = D - Y + \frac{H}{2} + C = \frac{D + H + \sqrt{D^2 - W^2}}{2} + C$$

Símbolos
C = Ajuste
 + 0,005 pol de folga para chavetas paralelas
 − 0,020 pol de interferência para chavetas de cunha
D = Eixo nominal ou diâmetro interno, pol
H = Altura nominal da chaveta, pol
W = Largura nominal da chaveta, pol
Y = Altura de corda, pol

(c) Profundidade do assento do cubo

▲ **FIGURA 11.2** Dimensões para assentos paralelos.

▼ **TABELA 11.2** Raios de filete sugeridos e chanfros de chaveta.

H/2, profundidade do assento		Raio do filete	Chanfro de 45°
Limite inferior	Limite superior		
1/8	1/4	1/32	3/64
1/4	1/2	1/16	5/64
1/2	7/8	1/8	5/32
7/8	$1\frac{1}{4}$	3/16	7/32
$1\frac{1}{4}$	$1\frac{3}{4}$	1/4	9/32
$1\frac{3}{4}$	$2\frac{1}{2}$	3/8	13/32

Fonte: reimpressão da norma ASME B17.1–1967 com permissão da American Society of Mechanical Engineers. Todos os direitos reservados.
Observação: todas as dimensões estão em polegadas.

terem o cubo deslizado sobre si, como ocorre no caso de chavetas paralelas. Elas se estendem, no mínimo, pelo comprimento do cubo, e a altura, H, medida na extremidade dele, é a mesma da chaveta paralela. Ela costuma ter 1/8 polegada por pé. Note que esse projeto apresenta uma área de apoio menor nos lados da chaveta, e a tensão no apoio deve ser verificada.

A *chaveta de quilha* [Figura 11.3(c)] tem uma geometria em forma de cunha dentro do cubo igual à da chaveta de cunha plana. Porém, a cabeça estendida é o meio pelo qual a chaveta pode ser extraída da mesma extremidade em que foi instalada. Essa é uma característica bastante desejável se a extremidade oposta não estiver acessível para a retirada da chaveta.

▲ FIGURA 11.3 Tipos de chaveta.

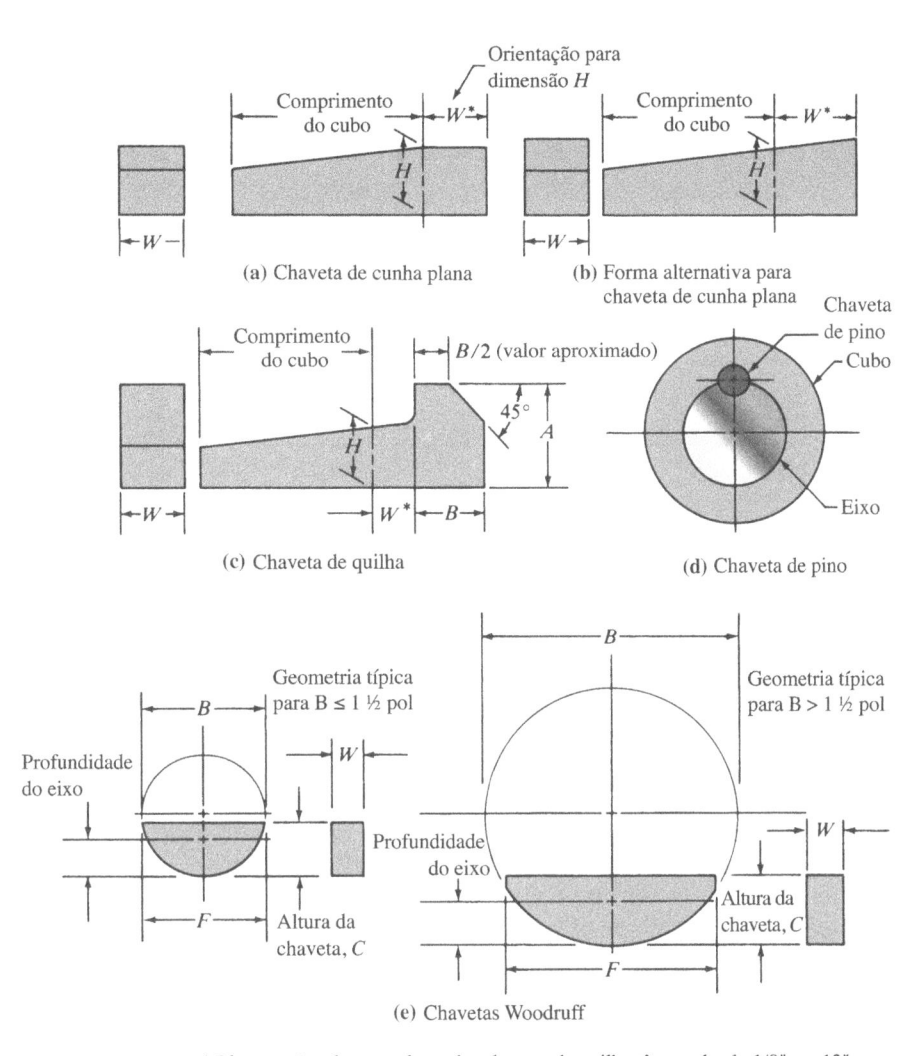

*Observação: chavetas de cunha planas e de quilha têm cunha de 1/8" em 12".

Chavetas de pino

A *chaveta de pino*, mostrada na Figura 11.3(d), é um pino cilíndrico colocado em um sulco de mesmo formato no eixo e no cubo. Fatores menores de concentração de tensão são resultantes mais desse tipo de projeto do que de chavetas paralelas ou de cunha. Um ajuste preciso entre o pino e o sulco é necessário para garantir que o primeiro não se mova e que o apoio seja uniforme ao longo do comprimento deste.

Chavetas Woodruff

Nos casos em que cargas leves e facilidade de montagem e desmontagem forem desejáveis, a *chaveta Woodruff* deve ser considerada. A Figura 11.3(e) mostra a configuração padrão. O sulco circular no eixo mantém a chave na posição, enquanto a peça conjugada é deslizada sobre a chaveta. A análise de tensão para esse tipo procede da forma discutida a seguir para chavetas paralelas, levando-se em conta a geometria específica da chaveta Woodruff.

A norma ANSI B17.2-1967 lista as dimensões para um grande número de chavetas Woodruff padronizadas e seus respectivos assentos. (Consulte a Referência 8.) A Tabela 11.3 oferece uma amostragem. Observe que o *número de chaveta* indica suas dimensões nominais. Os dois últimos dígitos fornecem o diâmetro nominal, B, em oitavos de polegada, e os dígitos anteriores aos dois últimos proporcionam a largura nominal, W, em trinta segundos de polegada. Por exemplo, o número de chaveta 1210 tem diâmetro de 10/8 pol (1 ¼ pol) e largura de 12/32 pol (3/8 pol). O tamanho real da chaveta é ligeiramente menor do que a metade de todo o círculo, conforme mostrado nas dimensões C e F na Tabela 11.3.

Seleção e instalação de chavetas e assentos

A chaveta e o assento para determinada aplicação costumam ser projetados após a especificação do diâmetro do eixo pelos métodos do Capítulo 12. Então, tendo o diâmetro de eixo como guia, o tamanho da

▼ TABELA 11.3 Dimensões de chaveta Woodruff.

Número da chaveta	Tamanho nominal da chaveta, $W \times B$	Comprimento efetivo, F	Altura da chaveta, C	Profundidade do assento no eixo	Profundidade do assento no cubo
202	1/16 × 1/4	0,248	0,104	0,0728	0,0372
204	1/16 × 1/2	0,491	0,200	0,1668	0,0372
406	1/8 × 3/4	0,740	0,310	0,2455	0,0685
608	3/16 × 1	0,992	0,435	0,3393	0,0997
810	1/4 × $1\frac{1}{4}$	1,240	0,544	0,4170	0,1310
1210	3/8 × $1\frac{1}{4}$	1,240	0,544	0,3545	0,1935
1628	1/2 × $3\frac{1}{2}$	2,880	0,935	0,6830	0,2560
2428	3/4 × $3\frac{1}{2}$	2,880	0,935	0,5580	0,3810

Fonte: reimpressão da norma ASME B17.2–1967 com permissão da American Society of Mechanical Engineers. Todos os direitos reservados.
Observação: todas as dimensões estão em polegadas.

chaveta é selecionado a partir da Tabela 11.1. As únicas variáveis restantes são o comprimento dela e seu material. Quando uma delas for especificada, os requisitos para a outra poderão ser calculados.

Geralmente, o comprimento da chaveta é especificado como parte substancial do comprimento do cubo pertencente ao elemento em que ela está instalada, com o objetivo de oferecer bom alinhamento e operação estável. Contudo, se o assento do eixo estiver nas imediações de outras alterações geométricas, como cantos filetados e ranhuras do anel, é importante permitir certa folga axial entre eles, de modo que os efeitos das concentrações de tensão não sejam agravados.

A chaveta pode ser cortada em formato quadrangular em suas extremidades ou fabricada com borda arredondada quando instalada em um assento embutido a fim de melhorar o posicionamento. Chavetas quadradas costumam ser usadas com assentos deslizantes.

Por vezes, a chaveta é mantida em sua posição no cubo por meio de um parafuso de ajuste. No entanto, a confiabilidade desse procedimento é questionável, pois é possível que o parafuso saia do lugar com as vibrações do conjunto. A localização ao longo do eixo de montagem deve ser estabelecida por meios mais eficientes, como flanges, anéis de retenção ou espaçadores.

11.3 MATERIAIS PARA CHAVETAS

Chavetas são feitas de aço-carbono, ligas de aço, aços inoxidáveis e alguns metais não ferrosos. Até mesmo plásticos são utilizados para dispositivos pequenos com cargas baixas. Este livro se concentrará principalmente em aços para aplicações industriais gerais. A Tabela 11.4 lista uma variedade de aços e uma liga de alumínio para ilustrar os tipos de material disponível. (Consulte o site 20.)

Para a solução de problemas deste livro, recomenda-se que o aço de baixo teor de carbono SAE 1018 seja considerado na maioria das aplicações. Trata-se de um material de baixo custo, com disponibilidade imediata no mercado e de resistência geralmente adequada.

Se houver necessidade de mais resistência para projetos de comprimento considerável, sugere-se os aços com médio teor de carbono SAE 1035 ou 1045 ou as ligas de aço SAE 4140 ou 8630. O aço com alto teor de carbono SAE 1095 pode ser empregado, mas talvez apresente baixa ductilidade.

Quando a resistência à corrosão for necessária, os aços inoxidáveis listados na Tabela 11.4 poderão ser levados em conta. O alumínio 6061 é menos utilizado em chavetas, mas pode ser conveniente por motivo de compatibilidade de materiais.

11.4 ANÁLISE DE TENSÃO PARA DETERMINAR O COMPRIMENTO DE CHAVETA

Há dois modos básicos de falha para chavetas que transmitem potência: (1) por cisalhamento na interface eixo/cubo e (2) por compressão causada pelas reações na face de contato entre a chaveta e o eixo ou o cubo. A análise para cada modo de falha requer uma compreensão das forças que atuam sobre a chaveta.

▼ TABELA 11.4 Seleção de materiais usados em chavetas.

Designação do material	Resistência à tração s_u		Tensão de escoamento s_y	
	(ksi)	(MPa)	(ksi)	(MPa)
Aços-carbono (SAE)				
1018	64	441	54	372
1035	72	496	39,5	272
1045	91	627	77	531
1095	140	965	83	572
Ligas de aço (SAE)				
4140	102	703	90	621
8630	100	690	95	655
Aços inoxidáveis (SAE)				
303	90	621	35	241
304	85	586	35	241
316	85	586	35	241
416	75	517	40	276
Alumínio				
6061	18	124	12	83

Fonte: adaptado do Site 20.
Observação: propriedades de resistência típicas, não garantidas.

A Figura 11.4 mostra um caso idealizado em que o torque no eixo cria uma força sobre o lado esquerdo da chaveta. Esta, por sua vez, exerce uma força sobre o lado direito do assento no cubo. A força de reação do cubo na chaveta produz um conjunto de forças opostas que geram cisalhamento sobre a seção transversal da chaveta, $W \times L$. A magnitude da força de cisalhamento pode ser calculada como

$$F = T/(D/2)$$

A tensão de cisalhamento é, então,

$$\tau = \frac{F}{A_s} = \frac{T}{(D/2)(WL)} = \frac{2T}{DWL} \quad (11.1)$$

Em um projeto, a tensão de cisalhamento pode ser igual à tensão máxima predita pela teoria de falha por cisalhamento:

$$\tau_d = 0{,}5s_y/N$$

Então, o comprimento exigido para a chaveta é

▶ **Comprimento mínimo de chaveta exigido para cisalhamento**

$$L_{\min} = \frac{2T}{\tau_d DW} \quad (11.2)$$

A falha no apoio está relacionada à tensão de compressão no lado da chaveta, no lado do assento do eixo ou no do assento do cubo. A área em compressão é igual para qualquer uma dessas zonas, $L \times (H/2)$. Assim, a falha ocorre na superfície com a menor tensão de escoamento à compressão. Seja definida uma *tensão de projeto para compressão* como

$$\sigma_d = s_y/N$$

Logo, a tensão de compressão é

$$\sigma = \frac{F}{A_c} = \frac{T}{(D/2)(L)(H/2)} = \frac{4T}{DLH} \quad (11.3)$$

Igualar essa tensão à de compressão de projeto permite o cálculo do comprimento exigido da chaveta para esse modo de falha:

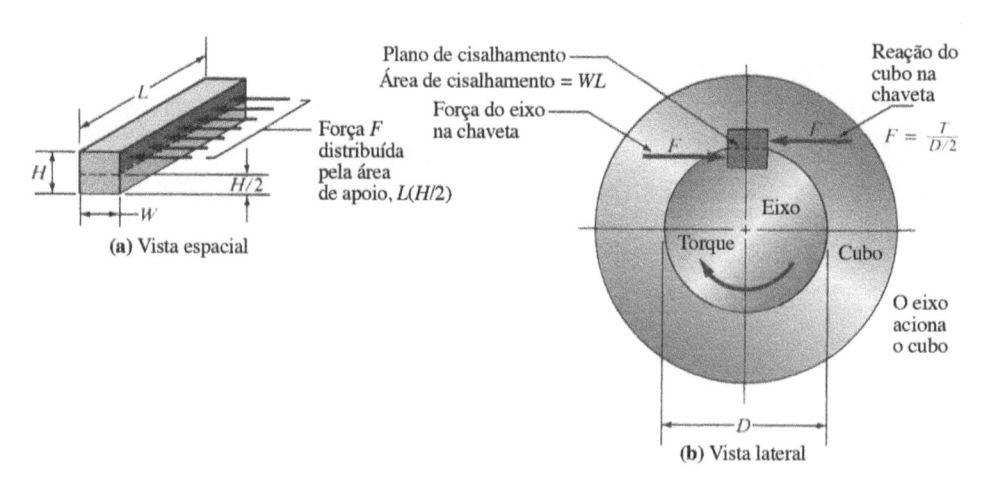

▲ FIGURA 11.4 Forças na chaveta.

▶ **Comprimento mínimo de chaveta exigido para compressão**

$$L_{mín} = \frac{4T}{\sigma_d DH} \quad (11.4)$$

Para o projeto de uma chaveta quadrada cujo material tem resistência menor do que a do eixo ou do cubo, as equações 11.2 e 11.4 produzem o mesmo resultado. Inserindo a tensão de projeto em qualquer uma delas, têm-se

▶ **Comprimento mínimo de chaveta exigido se seu material for o mais fraco**

$$L_{mín} = \frac{4TN}{DWs_y} \quad (11.5)$$

Porém, certifique-se de avaliar o comprimento da chaveta na Equação 11.4 se o eixo ou o cubo tiver tensão de escoamento menor do que ela.

Procedimento de projeto para chavetas paralelas

1. Conclua o projeto do eixo onde a chaveta será instalada e especifique o diâmetro real no local do assento.
2. Selecione o tamanho da chaveta com base na Tabela 11.1.
3. Especifique um fator de projeto adequado, N. Em aplicações industriais típicas, $N = 3$ é indicado para acomodar sobrecargas ou choques acidentais.
4. Estabeleça o material para a chaveta, geralmente aço SAE 1018. Um material com maior resistência também pode ser usado.
5. Determine a tensão de escoamento dos materiais para a chaveta, o eixo e o cubo.
6. Se uma chaveta quadrada for usada e seu material tiver a menor resistência, empregue a Equação 11.5 para calcular o comprimento mínimo exigido. Esse comprimento será satisfatório tanto para a tensão de cisalhamento quanto para aquela na região de apoio.
7. Se uma chaveta retangular for usada, ou se o eixo ou cubo tiver resistência menor do que a chaveta, utilize a Equação 11.4 para calcular o comprimento mínimo exigido com base na tensão na região de apoio. Empregue também a Equação 11.2 ou a Equação 11.5 para estabelecer o comprimento mínimo exigido com base no cisalhamento da chaveta. O maior comprimento calculado direcionará o projeto. Verifique se o comprimento obtido é mais curto do que o do cubo. Se não for, um material com maior resistência deverá ser selecionado, e o processo de projeto, repetido. Como alternativa, duas chavetas ou uma estria poderão ser usadas em lugar de uma única.
8. Especifique o comprimento real da chaveta, de modo a ser igual ou maior do que o mínimo calculado. Um tamanho padrão conveniente deverá ser especificado utilizando-se as dimensões preferenciais mostradas no Apêndice A2.1. *A chaveta precisará se estender sobre todo o comprimento do cubo ou sobre grande parte dele. Porém, o assento não deve ter contato com outros pontos concentradores de tensão, como flanges ou sulcos.*
9. Conclua o projeto do assento no eixo e do rasgo no cubo usando as equações da Figura 11.2. A norma ANSI B17.1 deve ser consultada para tolerâncias padronizadas em dimensões de chavetas e assentos.
10. Consulte também o Capítulo 15 para detalhes adicionais sobre tolerância e chanfro.

EXEMPLO 11.1 A parte do eixo onde uma engrenagem deverá ser montada tem diâmetro de 2,00 pol. A engrenagem transmite 2965 lb · pol de torque. O eixo precisa ser feito de aço SAE 1040 estirado a frio. A engrenagem é composta de aço SAE 8650 OQT 1000. A largura do cubo da engrenagem montada nesse local é 1,75 pol. Projete a chaveta.

SOLUÇÃO Com base na Tabela 11.1, a dimensão padrão de chaveta para um eixo de 2,00 pol de diâmetro seria 0,500 pol no formato quadrangular. Consulte a Figura 11.5 para a proposta do projeto.

A seleção de material é uma decisão de projeto. Escolheremos o aço SAE 1018 com s_y = 54.000 psi, conforme listado na Tabela 11.4.

Uma verificação nas tensões de escoamento dos três materiais presentes na chave, no eixo e no cubo indica que a chave é o material mais fraco. Então, a Equação 11.5 pode ser usada para calcular o comprimento mínimo de chaveta exigido:

$$L = \frac{4\,TN}{DWs_y} = \frac{4(2965)(3)}{(2,00)(0,500)(54000)} = 0,659 \text{ pol}$$

Esse comprimento é bem inferior à largura do cubo da engrenagem. Perceba que o projeto do eixo inclui anéis de retenção em ambos os lados dela. É desejável manter o assento bem afastado dos sulcos do anel. Portanto, especificaremos o comprimento da chaveta como sendo de 1,50 pol.

RESUMO Em suma, a chaveta tem as seguintes características:

Material: Chaveta de aço SAE 1018

Largura: 0,500 pol

Altura: 0,500 pol

Comprimento: 1,50 pol.

A Figura 11.5 mostra alguns detalhes do projeto concluído. Um assento embutido no eixo é mostrado.

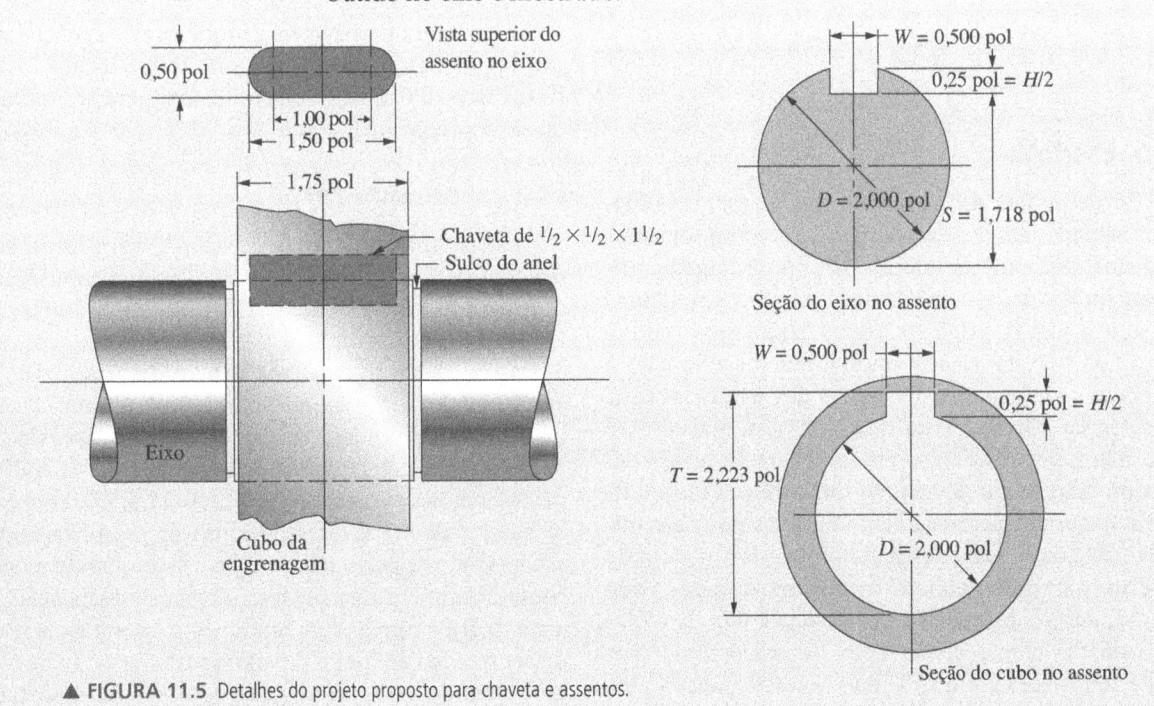

▲ **FIGURA 11.5** Detalhes do projeto proposto para chaveta e assentos.

Áreas de cisalhamento e apoio para chavetas Woodruff

A geometria das chavetas Woodruff dificulta a determinação da área de cisalhamento e da área de apoio para as análises de tensão. A Figura 11.3(e) mostra que a área de apoio no lado da chaveta no assento é um segmento de um círculo. A área de cisalhamento é o produto da corda desse segmento vezes a espessura da chaveta. As seguintes equações descrevem a geometria:

Dados

B = diâmetro nominal do cilindro do qual a chaveta faz parte
W = largura (espessura) da chaveta
C = altura total da chaveta
d_s = profundidade do assento no eixo

Resultados

Área de cisalhamento = $A_s = 2W\sqrt{d_s(B - d_s)}$ **(11.6)**

A fim de definir as equações para as áreas de apoio no lado da chaveta no eixo e no cubo, é preciso primeiro estabelecer três variáveis geométricas, G, L e J, como segue:

$$G = (\pi/180)B\cos^{-1}\{2[(B/2) - d_s]/B\}$$
$$L = 2\sqrt{d_s(B - d_s)}$$
$$J = (\pi/180)B\cos^{-1}\{2[(B/2) - C]/B\}$$

Área de apoio no eixo

$A_{c\,eixo} = 0{,}5\{G(B/2) - L[(B/2) - d_s]\}$ **(11.7)**

$A_{c\,cubo} = 0{,}5\{J(B/2) - F[(B/2) - C]\} - A_{c\,eixo}$ **(11.8)**

11.5 ESTRIAS

Estrias podem ser descritas como uma série de chavetas usinadas em um eixo com sulcos correspondentes usinados no diâmetro interno da peça conjugada (engrenagem, roldana, roda dentada e assim por diante; consulte a Figura 11.6). As estrias executam a mesma função da chaveta, transmitindo torque do eixo para o elemento conjugado. As vantagens das estrias sobre as chavetas são muitas. Visto que quatro ou mais estrias costumam ser utilizadas, em comparação a apenas uma ou duas chavetas, há uma transferência mais uniforme de torque e carregamento menor sobre determinada parte da interface eixo/cubo. As estrias são parte do eixo, portanto, nenhum movimento relativo pode ocorrer, como no caso de uma chaveta e um eixo. Elas são usinadas com precisão a fim de proporcionar um ajuste controlado entre as demais peças conjugadas, internas e externas. A superfície da estria é muitas vezes endurecida para resistir ao desgaste e facilitar sua aplicação quando se deseja o movimento axial do elemento conjugado. Movimentos de deslizamento entre uma chaveta paralela padrão e um elemento conjugado não devem ser permitidos. Por causa das múltiplas estrias no eixo, o elemento conjugado pode ser indexado em várias posições.

As estrias podem ser de lado reto ou involutas. A forma involuta é preferível porque prevê a centralização do elemento conjugado e pode ser usinada com fresas caracol padronizadas utilizadas para cortar dentes de engrenagem.

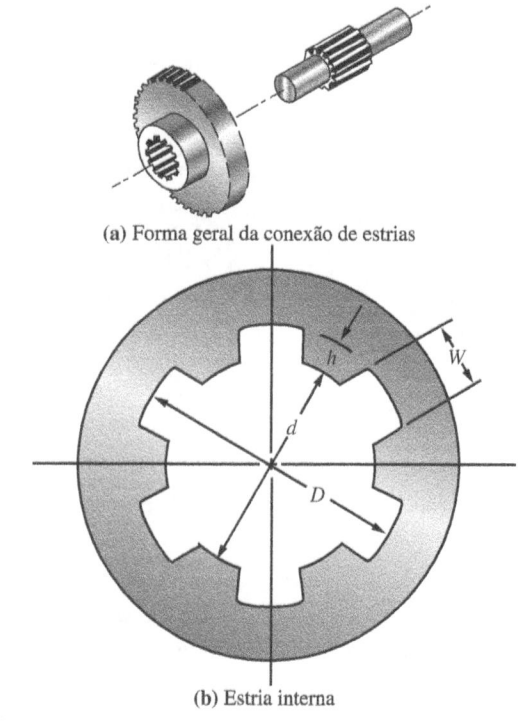

(a) Forma geral da conexão de estrias

(b) Estria interna

▲ **FIGURA 11.6** Estria de lado reto.

Estrias de lado reto

Estrias retas são feitas de acordo com as especificações da Society of Automotive Engineers (SAE) e se organizam geralmente em 4, 6, 10 ou 16 estrias. A Figura 11.6 mostra a versão com seis estrias, em que é possível ver os parâmetros básicos de projeto D (diâmetro maior), d (diâmetro menor), W (largura da estria) e h (profundidade da estria). As dimensões de d, W e h estão relacionadas ao diâmetro nominal maior D pelas fórmulas fornecidas na Tabela 11.5. Observe que os valores de h e d diferem conforme a utilização da estria. O ajuste permanente, A, é usado quando a peça conjugada não puder ser movida após a instalação. Já o ajuste B é empregado quando a peça conjugada tiver de ser movida ao longo do eixo sem uma carga de torque. Quando a peça conjugada necessita ser deslocada sob carregamento, o ajuste C é o escolhido.

▼ TABELA 11.5 Fórmulas para estrias retas SAE.

Número de estrias	W, para todos os ajustes	A: Ajuste permanente		B: Para deslizamento sem carga		C: Para deslizamento com carga	
		h	d	h	d	h	d
Quatro	0,241D	0,075D	0,850D	0,125D	0,750D		
Seis	0,250D	0,050D	0,900D	0,075D	0,850D	0,100D	0,800D
Dez	0,156D	0,045D	0,910D	0,070D	0,860D	0,095D	0,810D
Dezesseis	0,098D	0,045D	0,910D	0,070D	0,860D	0,095D	0,810D

Observação: essas fórmulas fornecem as dimensões máximas para W, h e d.

A capacidade de torque para estrias SAE tem por base o limite de 1.000 psi na tensão de apoio nos lados das estrias, a partir do qual se deriva a seguinte fórmula:

▶ **Capacidade de torque para uma estria**

$$T = 1000NRh \quad (11.9)$$

onde

$N =$ número de estrias
$R =$ raio médio das estrias
$h =$ profundidade das estrias (Tabela 11.5)

A capacidade de torque é por polegada de comprimento da estria. Mas note que

$$R = \frac{1}{2}\left[\frac{D}{2} + \frac{d}{2}\right] = \frac{D+d}{4}$$

$$h = \frac{1}{2}(D - d)$$

Então

$$T = 1000N\frac{(D+d)}{4}\frac{(D-d)}{2} = 1000N\frac{(D^2 - d^2)}{8} \quad (11.10)$$

Essa equação pode, ainda, ser otimizada para cada um dos tipos de estria da Tabela 11.5, substituindo-se as relações apropriadas para N e d. Por exemplo, para a versão com seis estrias e ajuste B, $N = 6$, $d = 0,850D$ e $d^2 = 0,7225D^2$. Então

$$T = 1000(6)\frac{[D^2 - 0,7225D^2]}{8} = 208D^2$$

Logo, o diâmetro necessário para transmitir determinado torque seria

▶ **Diâmetro de estria necessário para determinado torque**

$$D = \sqrt{T/208}$$

Nessas fórmulas, as dimensões estão em polegadas, e o torque, em libras vezes polegadas. Utiliza-se a mesma abordagem para encontrar as capacidades de torque e os diâmetros exigidos para as demais versões de estria reta (Tabela 11.6).

Os gráficos na Figura 11.7 permitem a escolha de um diâmetro aceitável para que a estria transmita determinado torque, dependendo do ajuste desejado: A, B ou C. Os dados foram extraídos da Tabela 11.6.

Estrias involutas

Estrias involutas são normalmente compostas com ângulos de pressão de 30°, 37,5° ou 45°. A forma de 30°

▼ TABELA 11.6 Capacidade de torque para estrias retas por polegada de comprimento.

Número de estrias	Ajuste	Capacidade de torque	Diâmetro exigido
4	A	$139D^2$	$\sqrt{T/139}$
4	B	$219D^2$	$\sqrt{T/219}$
6	A	$143D^2$	$\sqrt{T/143}$
6	B	$208D^2$	$\sqrt{T/208}$
6	C	$270D^2$	$\sqrt{T/270}$
10	A	$215D^2$	$\sqrt{T/215}$
10	B	$326D^2$	$\sqrt{T/326}$
10	C	$430D^2$	$\sqrt{T/430}$
16	A	$344D^2$	$\sqrt{T/344}$
16	B	$521D^2$	$\sqrt{T/521}$
16	C	$688D^2$	$\sqrt{T/688}$

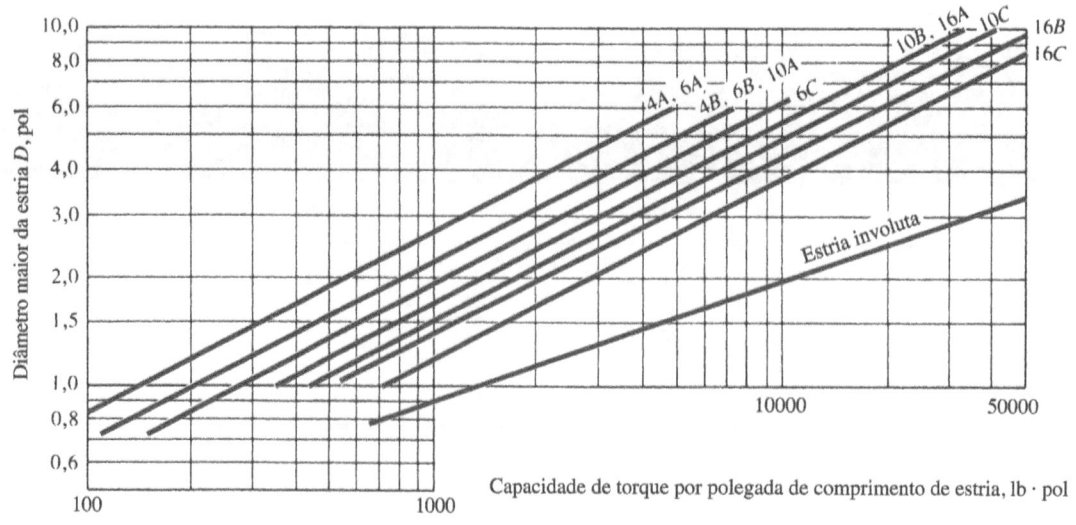

▲ **FIGURA 11.7** Capacidade de torque por polegada de comprimento de estria, lb · pol.

é ilustrada na Figura 11.8, mostrando os dois tipos de ajuste que podem ser especificados. O *ajuste do diâmetro maior* produz concentricidade precisa entre o eixo e o elemento conjugado. No *ajuste lateral*, há contato somente nas laterais dos dentes, mas a forma involuta tende a centralizar o eixo no cubo estriado conjugado.

A Figura 11.8 também fornece algumas fórmulas básicas para características fundamentais de estrias involutas em unidades norte-americanas e dimensões em polegadas. (Consulte a Referência 5.) Os termos são semelhantes aos de engrenagens de dentes retos involutos, discutidos de forma mais completa no Capítulo 8. O tamanho básico da estria é orientado por seu *passo diametral*, P:

$$P = N/D \qquad (11.11)$$

onde

$N =$ número de dentes da estria
$D =$ diâmetro de passo

O passo diametral, então, é *o número de dentes por polegada de diâmetro de passo*. Costuma-se utilizar apenas números pares de dentes entre 6 e 60. Até 100 dentes são empregados em algumas estrias de 45°.

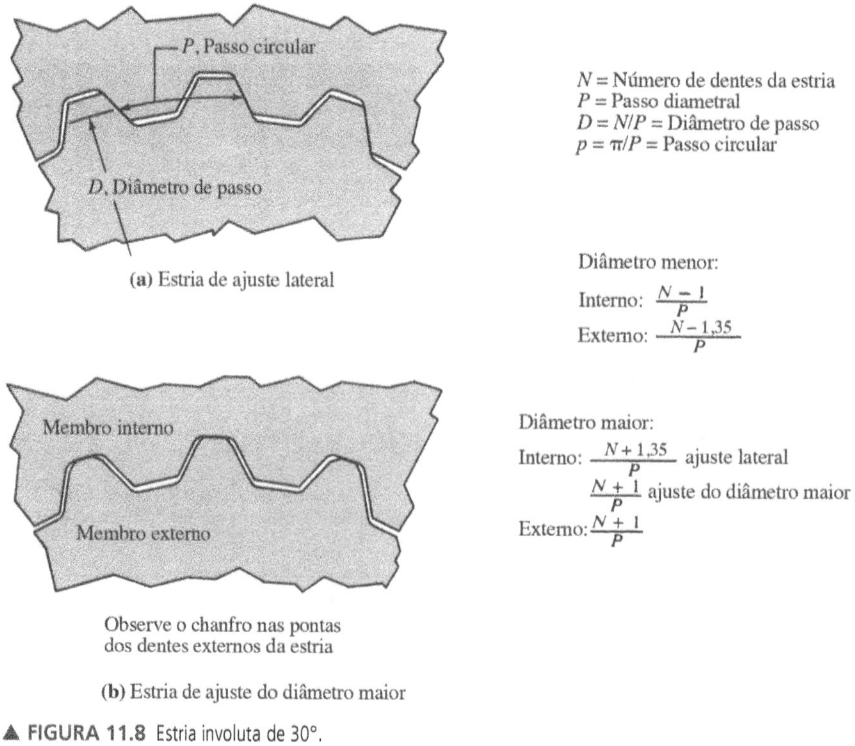

$N =$ Número de dentes da estria
$P =$ Passo diametral
$D = N/P =$ Diâmetro de passo
$p = \pi/P =$ Passo circular

Diâmetro menor:

Interno: $\dfrac{N-1}{P}$

Externo: $\dfrac{N-1{,}35}{P}$

Diâmetro maior:

Interno: $\dfrac{N+1{,}35}{P}$ ajuste lateral

$\dfrac{N+1}{P}$ ajuste do diâmetro maior

Externo: $\dfrac{N+1}{P}$

(a) Estria de ajuste lateral

(b) Estria de ajuste do diâmetro maior

Observe o chanfro nas pontas dos dentes externos da estria

▲ **FIGURA 11.8** Estria involuta de 30°.

Note que o diâmetro de passo está *dentro* do dente e está relacionado aos diâmetros maior e menor pelas relações mostradas na Figura 11.8.

O *passo circular, p,* é a distância de um ponto no dente até o correspondente no próximo dente adjacente, medida ao longo do círculo do passo. Para encontrar o valor nominal de *p*, divida a circunferência do passo circular pelo número de dentes da estria. Ou seja,

$$p = \pi D/N \quad (11.12)$$

Mas, porque $P = N/D$, também podemos dizer que

$$p = \pi/P \quad (11.13)$$

A *espessura do dente, t,* é aquela medida ao longo do passo circular. Logo, o valor teórico é

$$t = p/2 = \pi/2P$$

O valor nominal da largura do espaço do dente é igual a *t*.

PASSOS DIAMETRAIS PADRONIZADOS. A seguir, estão os 17 passos diametrais padronizados para uso comum:

2,5	3	4	5	6	8	10	12	16
20	24	32	40	48	64	80	128	

A designação comum para uma estria involuta é dada como uma fração, P/P_s, onde P_s é chamado de *diâmetro da raiz* e é sempre igual a 2P. Assim, se uma estria tivesse passo diametral de 4, ela seria chamada de estria de passo 4/8. Por conveniência, usaremos apenas o passo diametral.

COMPRIMENTO DAS ESTRIAS. Projetos comuns usam comprimentos de estria entre 0,75D e 1,25D, onde D é o diâmetro de passo da estria. Se esses padrões forem utilizados, a resistência ao cisalhamento das estrias excederá aquela do eixo sobre o qual estão usinadas.

ESTRIAS NO MÓDULO MÉTRICO. As dimensões de estrias feitas para os padrões métricos estão relacionadas ao *módulo, m*, onde

$$m = D/N \quad (11.14)$$

e tanto D quanto m estão em milímetros. (Consulte a Referência 6.) Observe que o símbolo Z é usado no lugar de N para o número de dentes em normas que descrevem estrias métricas. Outras características de estrias métricas podem ser encontradas com as seguintes fórmulas:

$$\text{Diâmetro de passo} = D = mN \quad (11.15)$$

$$\text{Passo circular} = p = \pi m \quad (11.16)$$

$$\text{Espessura básica do dente} = t = \pi m/2 \quad (11.17)$$

MÓDULOS PADRONIZADOS. Há 15 módulos padronizados:

0,25	0,50	0,75	1,00	1,25	1,50	1,75	2,00
2,50	3	4	5	6	8	10	

Auxílios para projeto

Consulte as referências 9, 10 e 11 para diretrizes de projeto adicionais. A Referência 9 inclui extensas tabelas de dados sobre estrias e oferece aplicações e informações de projeto. Já a referência 10 fornece informações sobre aplicação, operação, dimensionamento e fabricação de estrias involutas com aplicações automotivas. Os dados inclusos dizem respeito à tensão de cisalhamento admissível, à tensão de compressão admissível, ao fator de vida de desgaste, ao fator de sobrecarga da estria e ao fator de vida de fadiga. Por fim, a Referência 11 tem como foco estrias do módulo métrico.

11.6 OUTROS MÉTODOS DE FIXAÇÃO DE ELEMENTOS NOS EIXOS

A discussão a seguir apresentará algumas maneiras de fixar elementos transmissores de potência aos eixos sem chavetas ou estrias. Na maioria dos casos, os projetos não foram padronizados, sendo necessária a análise de casos individuais considerando as forças exercidas sobre os elementos e a forma de carregamento dos meios de fixação. Em vários projetos, a análise do cisalhamento e do apoio acompanhará um procedimento semelhante àquele mostrado em relação às chavetas. Se uma análise satisfatória não for possível, recomenda-se testar o conjunto.

Fixação com pinos

Com o elemento corretamente posicionado no eixo, faz-se um furo no cubo e no eixo e insere-se um pino. A Figura 11.9 mostra três exemplos desse procedimento. O pino reto, sólido e cilíndrico é submetido a cisalhamento em duas seções transversais. Se houver uma força, *F*, em cada extremidade do pino na interface eixo/cubo, e se o diâmetro do eixo for *D*, então

$$T = 2F(D/2) = FD$$

ou $F = T/D$. Com o símbolo *d* representando o diâmetro do pino, a tensão de cisalhamento no pino é

$$\tau = \frac{F}{A_s} = \frac{T}{D(\pi d^2/4)} = \frac{4T}{D(\pi d^2)} \quad (11.18)$$

Igualando a tensão de cisalhamento à de projeto como antes e calculando *d*, tem-se o diâmetro de pino exigido:

▶ **Diâmetro de pino exigido**

$$d = \sqrt{\frac{4T}{D(\pi)(\tau_d)}} \quad (11.19)$$

Às vezes o diâmetro do pino é feito propositalmente em tamanho pequeno, para garantir que ele se quebre com sobrecarga moderada, a fim de proteger

(a) Pino cilíndrico   **(b)** Pino cônico   **(c)** Pino de mola

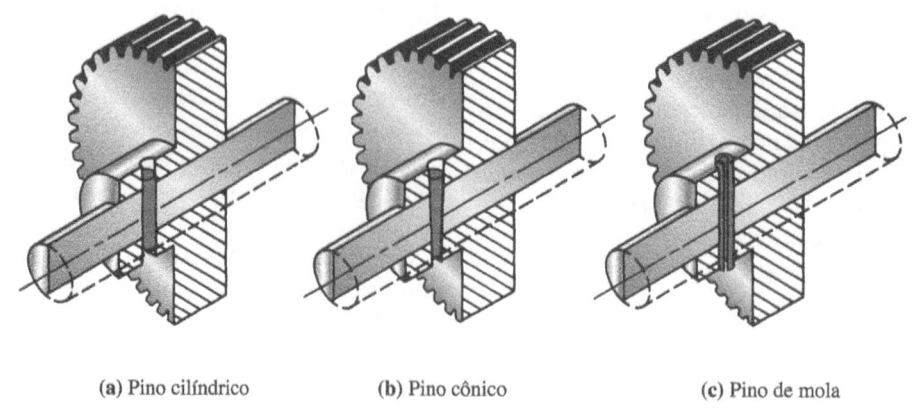

▲ **FIGURA 11.9** Fixação com pinos.

partes essenciais do mecanismo. Esse pino é chamado de *pino de cisalhamento*.

Um problema com pinos cilíndricos é a dificuldade de posicioná-los adequadamente, de modo a fornecer a localização exata do cubo e evitar que eles caiam. O *pino cônico* supera alguns desses problemas, bem como o *pino trava de mola* mostrado na Figura 11.9(c). No caso do pino trava de mola, o furo feito é um pouco menor do que seu diâmetro para que uma leve força seja necessária na inserção. A força da mola segura o pino no furo e mantém o conjunto na posição correta. Mas, naturalmente, a presença de qualquer tipo de conexão por pino produz concentrações de tensão no eixo. (Consulte o site 1.)

Cubo sem chaveta para conexões do eixo

Um anel de aço comprimido firmemente em torno de um eixo suave permite que o torque seja transmitido entre o cubo de um elemento transmissor de potência e um eixo sem uma chaveta entre os dois elementos. A Figura 11.10 mostra um produto comercialmente disponível chamado *Locking Assembly*™, da Ringfeder® Corporation, que emprega esse princípio.

O Locking Assembly™ utiliza anéis de aço com pinos cônicos conjugados que são unidos com uma série de elementos de fixação. Com o Locking Assembly™ posicionado completamente dentro do rebaixo do cubo de praticamente qualquer tipo de elemento transmissor de potência — como engrenagem, roda dentada, roda de ventilador, came, acoplamento ou rotor da turbina —, os fixadores podem ser apertados. Inicialmente, há uma pequena folga entre o diâmetro interno do dispositivo de travamento e o eixo, bem como o furo do cubo. Essa folga facilita a montagem e o posicionamento do cubo. Após o cubo ser posicionado no local desejado no eixo, os elementos de fixação são apertados com um torque específico em uma sequência determinada. Quando os parafusos são apertados, eles unem os anéis cônicos opostos, gerando um movimento radial do anel interno em direção ao eixo e, simultaneamente, um

(a) Variedade de estilos

(b) Conjunto de travamento aplicado a uma engrenagem

▲ **FIGURA 11.10** Ringfeder® Locking Assemblies.
(*Fonte*: Ringfeder® Corporation, Westwood, NJ)

movimento do anel externo para fora, em direção ao diâmetro interno do cubo. Após a eliminação das folgas iniciais, o aperto dos parafusos resulta em alta pressão contra o eixo e o cubo. Quando os parafusos são adequadamente torqueados com uma chave inglesa, a pressão de contato final combinada com o atrito permite a transmissão de um valor predeterminado e previsível de torque entre o cubo e o eixo.

A conexão pode transmitir forças axiais sob a forma de cargas axiais, bem como torque, como no caso de engrenagens helicoidais, por exemplo. A Tabela 11.7 lista exemplos de capacidade de torque e força axial para tamanhos selecionados de um modelo do Ringfeder Locking Assemblies®. Todos os dados métricos são para dimensões métricas catalogadas com capacidades de torque em kN · m e força axial em kN. Os dados na parte superior não destacada, para os modelos medidos em polegadas, são catalogados com capacidades de torque em lb · pés e força axial em lb. Os tamanhos dos

▼ TABELA 11.7 Capacidades de alguns tamanhos selecionados de Ringfeder® Locking Assemblies.

Dimensões métricas			Dimensões em polegadas		
Tamanho do eixo (mm)	Torque transmissível (kN · m)	Força axial transmissível (kN)	Tamanho do eixo (pol)	Torque transmissível (lb · pés)	Força axial transmissível (lb)
25	0,460	30,0	1,000	337	8088
50	2,07	80,0	2,000	1808	21696
75	5,81	160	3,000	4332	34656
100	11,1	220	4,000	8489	50934
150	28,0	380	6,000	22762	91048
200	63,5	640	7,875	46707	142345
300	183	1220	11,8	134987	274281
400	384	1920	15,7	283252	431655
600	896	2989	23,6	660921	671987
800	1550	3876	31,5	1143334	871402
1000	2375	4749	39,4	1751145	1067670
			Conversão a partir de dados métricos		

Observação: todos os dados não destacados foram extraídos de listas catalogadas.

eixos listados são bastante próximos das dimensões métricas na parte esquerda da tabela, a fim de ilustrar comparações. A parte inferior da tabela mostra dados em unidades do sistema norte-americano convertidos dos dados métricos para os tamanhos maiores porque o maior modelo padrão em polegada é para um eixo de 7,875 pol.

Diferentemente de uma conexão com ajuste térmico ou de pressão, o dispositivo de travamento pode ser facilmente removido por se vincular a um *ajuste mecânico por contração*. As pressões geradas dentro do próprio dispositivo de travamento permitem que as tensões permaneçam dentro dos limites elásticos dos materiais. A remoção é feita simplesmente pelo afrouxamento cuidadoso dos parafusos, deixando, assim, que os anéis se separem e retornem o Locking Assembly™ à sua condição original. O elemento pode então ser reposicionado ou removido a qualquer momento. Alguns dispositivos de travamento têm ângulos cônicos com capacidade de se soltar quando os fixadores são afrouxados. Outros dispositivos de travamento possuem pinos cônicos autotravantes que exigem um pouco de pressão para separar suas partes. Diferentes aplicações ditam qual tipo de dispositivo é mais apropriado.

As vantagens da conexão sem chaveta são a eliminação de chavetas, rasgos ou estrias e o custo de usinagem desses elementos; melhor ajuste do elemento acionador ao redor do eixo; a capacidade de transmitir cargas reversoras ou dinâmicas; e fácil montagem, desmontagem e ajuste dos elementos. Informações gerais de engenharia são fornecidas no site 2 da Ringfeder® Corporation para dimensões de instalação, tolerâncias, lubrificação e acabamentos de superfície exigidos. O valores nominais de torque são para uso em eixos sólidos; eixos ocos exigem uma análise complementar. São necessárias considerações especiais sobre o projeto de cubo para garantir que as tensões permaneçam abaixo da tensão de escoamento do material.

Conexão poligonal entre cubo e eixo

A Figura 11.11 mostra uma conexão entre eixo e cubo que emprega formas poligonais conjugadas especiais para transmitir torque sem chavetas ou estrias.

Perfil poligonal produzido em uma variedade de produtos.

Perfil externo P3 trilateral

Perfil externo PC4 quadrilátero

◀ **FIGURA 11.11** Cubo poligonal para conexões de eixo. (*Fonte:* General Polygon Systems, Inc., Millville, NJ)

Consulte o site 17 para tamanhos disponíveis e informações sobre aplicação. As normas alemãs DIN 32711 e 32712 descrevem as formas. Elas podem ser produzidas em tamanhos de eixo de 0,188 pol (4,76 mm) até 8,00 pol (203 mm). A configuração trilateral é chamada de perfil P3, e o projeto quadrilátero, de perfil PC4. Torneamento e esmerilhamento CNC podem ser usados para criar a forma externa, ao passo que o processo de mandrilagem geralmente produz a forma interna. O torque é transmitido pela distribuição da carga em cada lado do polígono, eliminando a ação de cisalhamento inerente com chavetas ou estrias. As dimensões podem ser controladas para ajustes forçados ou por pressão a fim de se obter precisão, para fixação na folga entre os dentes ou para ajuste deslizante com o intuito de facilitar a montagem.

Bucha cônica dividida

A *bucha cônica dividida* (consulte a Figura 11.12) utiliza uma chaveta para transmitir torque. A fixação axial no eixo é feita pela ação de aperto de uma bucha dividida com um pequeno pino cônico na superfície externa. Quando a bucha é colocada dentro de um cubo conjugado com um conjunto de parafusos de remate, ela é posta em contato próximo com o eixo para suportar a montagem na posição axial apropriada. O pequeno pino cônico trava a montagem. A remoção da bucha é feita retirando-se os parafusos de remate e usando-os nos furos, de modo a forçar o pino para fora do eixo. O conjunto, então, pode ser facilmente desmontado.

Parafusos de ajuste

Um *parafuso de ajuste* é um fixador roscado inserido radialmente através de um cubo para se apoiar na superfície externa do eixo (consulte a Figura 11.13). A ponta do parafuso de ajuste pode ser plana, oval, em forma de cone, em forma de copo ou em vários outros formatos. Ela se apoia no eixo ou perfura levemente sua superfície. Assim, o parafuso de ajuste transmite o torque por atrito entre a ponta e o eixo ou pela resistência do material em cisalhamento. A capacidade de transmissão de torque é um tanto variável,

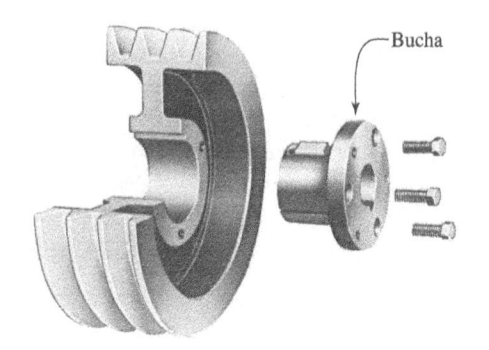

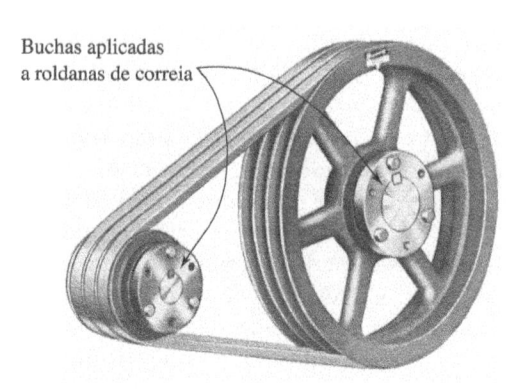

▲ **FIGURA 11.12** Roldanas de correia em V com três sulcos e bucha cônica dividida para montagem de eixo. (*Fonte:* Power Transmission Solutions, unidade comercial da Emerson Industrial Automation)

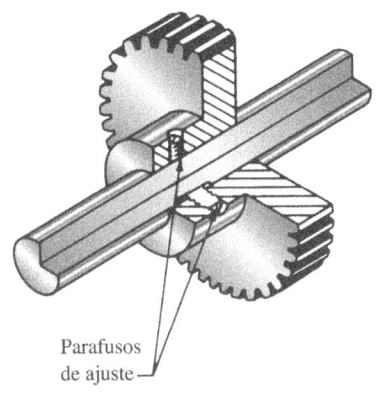

▲ FIGURA 11.13 Parafusos de ajuste.

pois depende da dureza do material do eixo e da força de aperto criada quando o parafuso é instalado. Além disso, o parafuso pode se afrouxar durante a operação por causa da vibração. Por essas razões, os parafusos de ajuste devem ser usados com cuidado. Alguns fabricantes os fornecem com insertos de plástico na lateral, entre as roscas. Quando são apertados em um furo roscado, o plástico é deformado pelas roscas, segurando-os com firmeza e resistindo às vibrações. O uso de um adesivo líquido também ajuda a evitar o afrouxamento. (Consulte o site 21.)

Outro problema dos parafusos de ajuste é que a superfície do eixo é danificada pela ponta, e esse dano pode dificultar a desmontagem. A usinagem de região plana na superfície do eixo pode ajudar na redução do problema, e também oferecer uma montagem mais consistente.

Quando os parafusos de ajuste são corretamente montados em eixos industriais típicos, sua capacidade de força é em torno de (consulte a Referência 9):

Diâmetro do parafuso	Força de retenção
1/4 pol	100 lb
3/8 pol	250 lb
1/2 pol	500 lb
3/4 pol	1300 lb
1 pol	2500 lb

Pino cônico e parafuso

O elemento transmissor de potência (engrenagem, roldana, roda dentada ou outro) a ser montado na extremidade de um eixo pode ser fixado com um parafuso e uma arruela, como mostra a Figura 11.14(a). O pino cônico fornece boa concentricidade e capacidade moderada de transmissão de torque. Por causa da usinagem exigida, a conexão é bem custosa. Uma forma modificada utiliza o eixo cônico com uma extremidade roscada para a aplicação de uma porca, como ilustra a Figura 11.14(b). A inclusão de uma chaveta no assento usinado paralelamente ao pino cônico aumenta muito a capacidade de transmissão de torque e garante um alinhamento positivo.

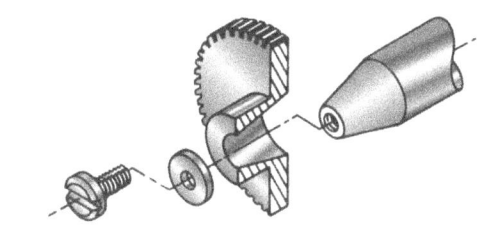

(a) Pino cônico e parafuso

(b) Pino cônico e porca

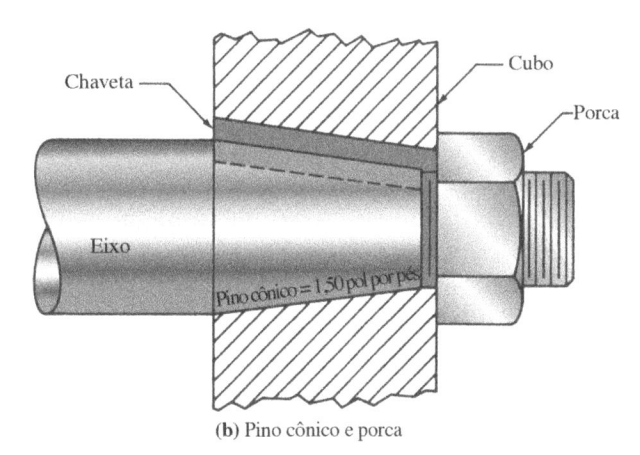

▲ FIGURA 11.14 Eixo cônico para fixação de elementos de máquina aos eixos.

Ajuste forçado

Fazer o diâmetro do eixo maior do que o diâmetro interno do elemento conjugado resulta em um ajuste de interferência. A pressão obtida entre o eixo e o cubo permite a transmissão de torque em níveis bastante elevados, dependendo do grau de interferência. Esse assunto é discutido em mais detalhes no Capítulo 13. Às vezes, o ajuste forçado é combinado com uma chaveta: esta fornece a transmissão positiva, e aquele garante a concentricidade e a fixação da peça na posição axial.

Moldagem

Engrenagens de plástico e ferro fundido sob pressão podem ser moldadas diretamente em seus eixos. Com frequência, a engrenagem é aplicada em um local serrilhado para melhorar a capacidade de transmissão de torque. Uma modificação desse procedimento é tomar um disco de engrenagem com um cubo preparado, posicioná-lo sobre o local adequado no eixo e, em seguida, fundir zinco no espaço entre o eixo e o cubo para ligá-los.

11.7 ACOPLAMENTOS

O termo *acoplamento* refere-se a um recurso usado para conectar dois eixos pelas extremidades com o objetivo de transmitir potência. Há dois tipos gerais de acoplamento: rígido e flexível.

Acoplamentos rígidos

Acoplamentos rígidos são projetados para unir dois eixos com firmeza, de modo que nenhum movimento relativo possa ocorrer entre eles. Esse projeto é desejável para certos tipos de equipamento em que o alinhamento preciso de dois eixos é exigido e pode ser alcançado. Em tais casos, o acoplamento deve ser projetado para transmitir o torque nos eixos.

A Figura 11.15 mostra três tipos de acoplamento rígido. (Consulte o Site 3.) No tipo (a), as duas peças flangeadas são instaladas nos eixos a serem acoplados, e os parafusos no flange são unidos por uma série deles. A carga parte, então, do eixo acionador, passa ao seu flange pelos parafusos, entra no flange conjugado e, por fim, chega ao eixo acionado. O torque cisalha os parafusos. A força de cisalhamento total sobre os parafusos depende do raio do círculo de parafuso, $D_{bc}/2$, e do torque, T. Isto é,

$$F = T/(D_{bc}/2) = 2T/D_{bc}$$

Seja N o número de parafusos, a tensão de cisalhamento em cada um deles é

$$\tau = \frac{F}{A_s} = \frac{F}{N(\pi d^2/4)} = \frac{2T}{D_{bc}N(\pi d^2/4)} \quad (11.20)$$

Igualando a tensão à de projeto em cisalhamento e calculando o diâmetro do parafuso, temos

▶ **Diâmetro exigido de parafuso para acoplamento rígido**

$$d = \sqrt{\frac{8T}{D_{bc}N\pi\tau_d}} \quad (11.21)$$

Observe que essa análise é semelhante àquela para conexões por pino na Seção 11.6. Ela pressupõe que os parafusos são a parte mais frágil do acoplamento.

O tipo da Figura 11.15(b) é chamado de *acoplamento rígido taper-lock*, está disponível em oito tamanhos com capacidade para transmitir torque entre 5050 lb · pol e 254500 lb · pol (655 N · m e 33000 N · m) e acomodar tamanhos de eixo entre 0,50 pol e 6,00 pol (12,7 mm e 152 mm). A parte (c) é chamada de *acoplamento rígido com luva de compressão*, disponível com tamanhos de furo de até 7,00 pol (178 mm) e capacidade para transmitir até 254400 lb · pol (33000 N · m) de torque. (Consulte o Site 3.)

Acoplamentos rígidos devem ser utilizados somente quando o alinhamento dos dois eixos puder ser mantido com precisão, não só no momento da instalação, como também durante a operação das máquinas. Se houver desalinhamento angular, radial ou axial significativo, tensões de difícil previsão que podem causar falha prematura por fadiga serão induzidas nos eixos. Essas dificuldades podem ser superadas com o uso de acoplamentos flexíveis.

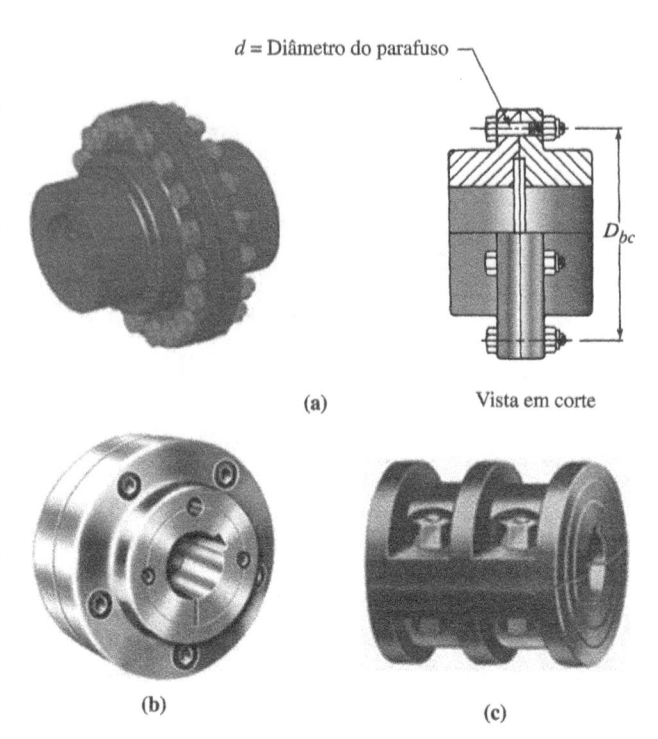

▲ **FIGURA 11.15** Acoplamento rígido. (*Fonte*: baldor/Dodge, Greenville, SC)

Acoplamentos flexíveis

Acoplamentos flexíveis são projetados para transmitir torque de forma suave e permitir certo desalinhamento axial, radial e angular. A flexibilidade reside no fato de que, quando ocorre desalinhamento, as partes do acoplamento se movem com pouca ou nenhuma resistência. Portanto, nenhuma tensão significativa axial ou de flexão é desenvolvida no eixo.

Muitos tipos de acoplamento flexível estão disponíveis no mercado, como mostram as figuras 11.16 a 11.25. Cada um é projetado para transmitir um torque limite. O catálogo do fabricante lista dados de projeto a partir dos quais é possível escolher um acoplamento adequado. Lembre-se de que o torque é igual à potência dividida pela velocidade angular. Logo, para um dado tamanho de acoplamento, a quantidade de potência que ele pode transmitir aumenta conforme a velocidade de rotação, embora nem sempre em proporção direta. Naturalmente, os efeitos centrífugos determinam o limite máximo de velocidade.

O grau de desalinhamento que pode ser acomodado pelo acoplamento é obtido a partir dos dados de catálogo do fabricante, com valores variando de acordo com o tamanho e o projeto. Acoplamentos pequenos podem ser limitados a um desalinhamento paralelo de 0,005 pol, mas os maiores permitem 0,030 pol ou mais. O desalinhamento angular admissível típico é de ±3°. O movimento axial permitido, por vezes chamado de *folga axial*, é de até 0,030 pol para muitos tipos de acoplamento. (Consulte as referências 1 a 4 e os sites 3 a 8, 17 e 22 para fabricantes.)

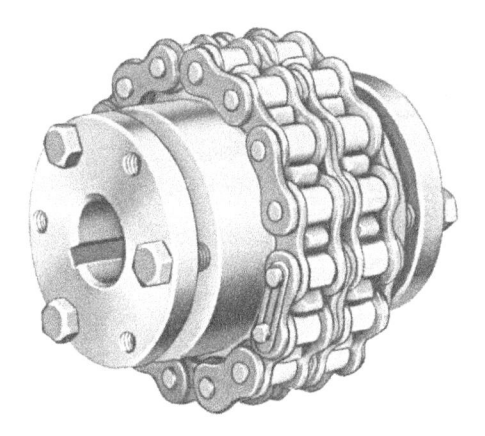

Capítulo 11 • Chavetas, acoplamentos e vedações   507

▲ **FIGURA 11.16** Acoplamento de corrente. O torque é transmitido por meio de uma corrente de rolo dupla. Folgas entre a corrente e os dentes da roda nas duas metades do acoplamento acomodam o desalinhamento. (*Fonte:* Emerson Power Transmission Corporation, Ithaca, NY)

Membro elastômero ligado a flanges e cubos de aço

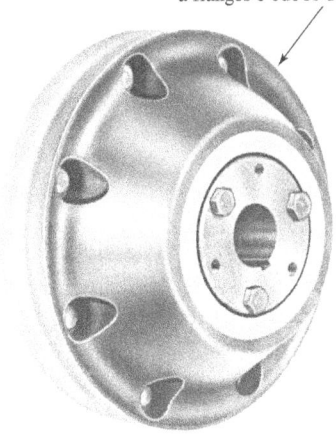

▲ **FIGURA 11.17** Acoplamento Ever-Flex. As características deste acoplamento são que ele (1) geralmente minimiza vibrações torcionais, (2) amortece cargas de choque, (3) estabiliza desalinhamentos paralelos de até 1/32 pol, (4) acomoda desalinhamentos angulares de ±3° e (5) proporciona folga axial adequada, de ± 1/32 pol.
(*Fonte:* Emerson Power Transmission Corporation, Ithaca, NY)

▲ **FIGURA 11.18** Acoplamento de tira. O torque é transmitido por meio de uma tira metálica flexível elástica. A flexão da tira permite o desalinhamento e a torna torcionalmente resiliente para resistir a cargas de choque.
(*Fonte:* Emerson Power Transmission Corporation, Ithaca, NY)

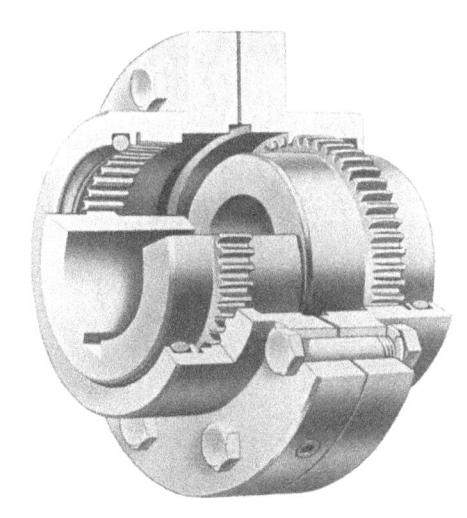

▲ **FIGURA 11.19** Acoplamento de engrenagem. O torque é transmitido entre os dentes abaulados por fresa da metade do acoplamento à luva. O formato abaulado dos dentes da engrenagem permite o desalinhamento.
(*Fonte:* Emerson Power Transmission Corporation, Ithaca, NY)

▲ **FIGURA 11.20** Acoplamento de fole. A flexibilidade inerente do fole acomoda o desalinhamento.
(*Fonte:* Stock Drive Products, New Hyde Park, NY)

▲ **FIGURA 11.21** Acoplamento Para-Flex®. O emprego de um elemento elastomérico permite o desalinhamento e amortece choques.
(*Fonte:* Baldor/Dodge, Greenville, SC)

▲ **FIGURA 11.22** Acoplamento D-Flex usado principalmente para conexão de bombas e motores.
(*Fonte:* Baldor/Dodge, Greenville, SC)

▲ **FIGURA 11.23** Acoplamento Dynaflex®. O torque é transmitido por meio de material elastômero que se flexiona para permitir o desalinhamento e atenuar cargas de choque.
(*Fonte:* Lord Corporation, Erie, PA)

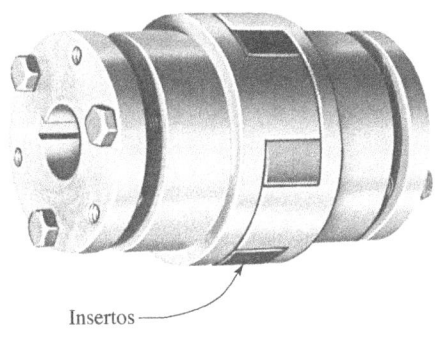

(a) Acoplamento montado

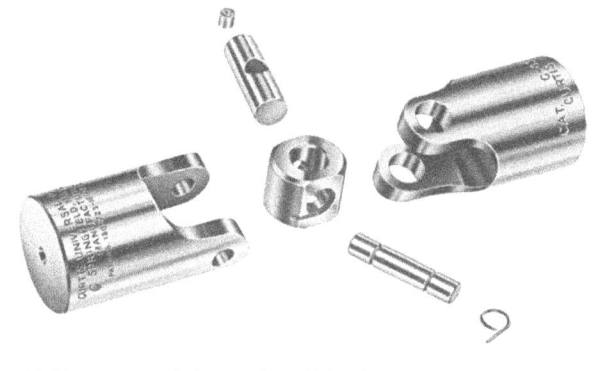

Insertos

(a) Componentes de junta universal simples

Neoprene (aplicações de uso normal)

Bronze impregnado com óleo (aplicações em velocidade baixa e com torque alto)

Poliuretano (capacidade extra entre média e alta velocidade)

(b) Tipos de insertos

▲ **FIGURA 11.24** Acoplamento de garra.
(*Fonte:* Emerson Power Transmission Corporation, Ithaca, NY)

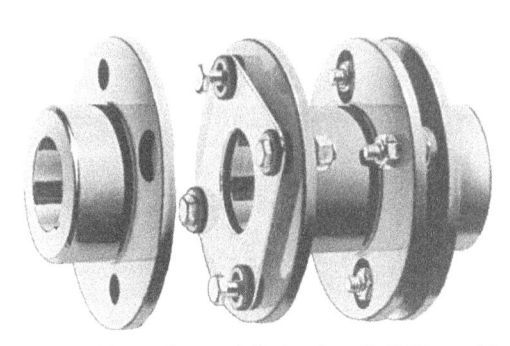

▲ **FIGURA 11.25** Acoplamento de lâminas Form-Flex®. O torque é transmitido dos cubos por meio de elementos flexíveis laminados até o espaçador.
(*Fonte:* T. B. Wood's Incorporated, Chambersberg, PA)

11.8 JUNTAS UNIVERSAIS

Quando uma aplicação exige a acomodação de um desalinhamento entre eixos conjugados maior do que os três graus normalmente fornecidos por acoplamentos flexíveis, costuma-se empregar uma *junta universal*. As figuras 11.26 a 11.29 mostram alguns tipos disponíveis. Consulte os sites 5, 6, 9, 10 e 22 para juntas universais comercialmente disponíveis. Desalinhamentos angulares de até 45° são possíveis em baixas velocidades angulares com juntas universais simples, como a ilustrada na

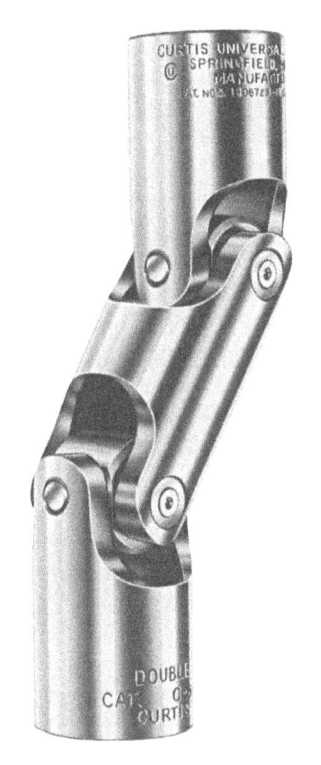

(b) Junta universal dupla

▲ **FIGURA 11.26** Juntas universais, simples e dupla.
(*Fonte:* Curtis Universal Joint Co., Inc., Springfield, MA)

Figura 11.26(a) — com dois garfos, um bloco central e dois pinos que o atravessam perpendicularmente. Cerca de 20° a 30° é um valor mais razoável para velocidades acima de 10 rpm. Juntas universais simples têm a desvantagem de que a velocidade angular do eixo de saída não é uniforme em relação ao eixo de entrada.

Juntas universais duplas, como indica a Figura 11.26(b), permitem que os eixos conectados sejam paralelos e tenham elevada excentricidade. Além disso, a segunda anula a oscilação não uniforme da primeira, de forma que a entrada e a saída giram à mesma velocidade uniforme. Consulte os sites 5, 6, 9, 10, 19 e 22.

A Figura 11.27 mostra uma junta universal veicular conectando um motor, ou uma transmissão, às rodas motrizes usadas em alguns carros com tração nas rodas

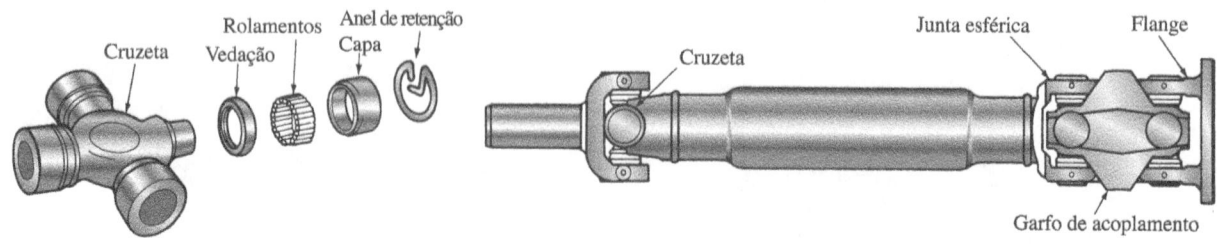

510 ELEMENTOS DE MÁQUINA EM PROJETOS MECÂNICOS

(a) Componentes de junta universal automotiva

(b) Eixo de propulsão automotivo com junta universal dupla Cardan

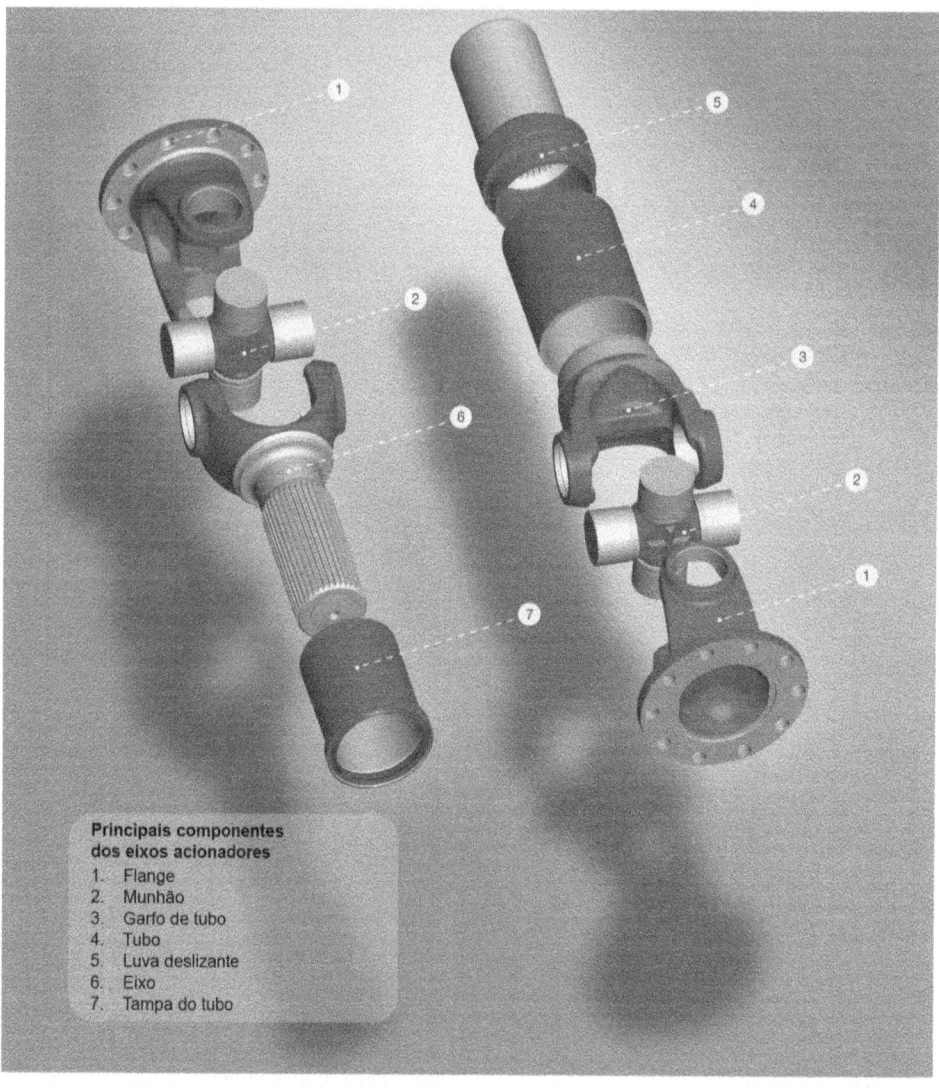

▲ FIGURA 11.27 Juntas universais automotivas.

Principais componentes dos eixos acionadores
1. Flange
2. Munhão
3. Garfo de tubo
4. Tubo
5. Luva deslizante
6. Eixo
7. Tampa do tubo

(a) Vista explodida dos componentes do eixo acionador

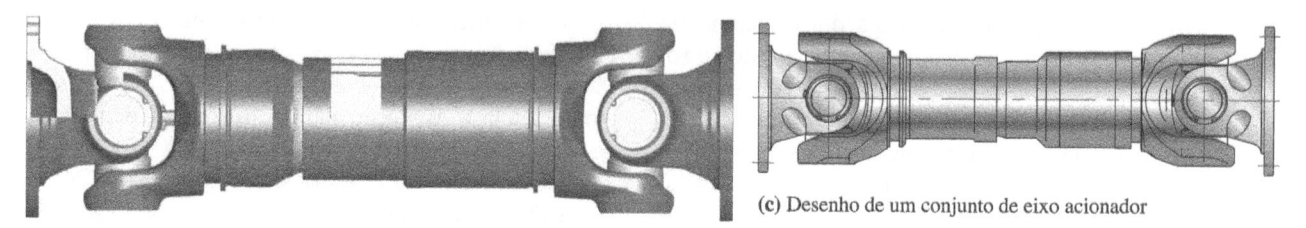

(b) Vista lateral do conjunto e seções parciais com vista em corte

(c) Desenho de um conjunto de eixo acionador

▲ FIGURA 11.28 Eixo acionador industrial com um par de juntas universais.
(*Fonte:* GWB–A Dana Brand, Essen, Germany and Toledo, OH)

FIGURA 11.29 Junta universal Cornay™.
(*Fonte*: Drive Technologies, Inc., Longmont, CO)

traseiras, caminhões leves e pesados, equipamentos agrícolas e veículos de construção. A montagem de cruzeta contém roletes de rolamento de agulhas em cada braço. A extremidade direita mostra uma junta esférica, um flange e um acoplamento central que compõem uma *junta universal dupla Cardan*. Outro tipo, chamado de *junta de velocidade constante*, ou simplesmente *junta CV*, é frequentemente usado como componente-chave de sistemas de transmissão de veículos com tração nas rodas dianteiras ou em todas as rodas.

A Figura 11.28 indica uma junta universal dupla industrial para trabalho pesado. Algumas juntas desse tipo têm um tubo conector de duas partes que é estriado a fim de permitir alterações consideráveis na posição axial, bem como a acomodação do desalinhamento angular ou paralelo.

A Figura 11.29 ilustra um novo projeto chamado junta universal Cornay™, que produz velocidade constante real do eixo ao longo de todos os ângulos de transmissão de até 90°. Em comparação com projetos padronizados de juntas universais, a junta Cornay™ pode operar em velocidades mais altas, transmitir níveis mais altos de torque e produzir menos vibração.

Prospectos do fabricante devem ser consultados para a especificação do tamanho adequado a determinada aplicação. As principais variáveis envolvidas são o torque a ser transmitido, a velocidade angular e o ângulo em que a junta operará. Um *fator de velocidade/ângulo* é calculado como produto da velocidade angular e do ângulo de operação. Com esse valor, determina-se um *fator de uso* aplicado à carga básica de torque para definir o torque nominal exigido para a junta. Todos os fabricantes fornecem esses dados em seus catálogos.

11.9 ANÉIS DE RETENÇÃO E OUTROS MEIOS DE FIXAÇÃO AXIAL

As seções anteriores deste capítulo se concentraram nos meios para se conectar elementos de máquinas aos eixos a fim de transmitir potência. Portanto, elas enfatizaram a capacidade dos elementos de suportar determinado torque a certa velocidade de rotação. É preciso reconhecer que a posição axial dos elementos de máquina também deve ser assegurada pelo projetista.

A escolha dos meios para fixação axial depende muito se a carga axial é transmitida ou não pelo elemento. Engrenagens de dentes retos, roldanas de correias em V e correntes dentadas não produzem cargas axiais significativas. Portanto, a necessidade de fixação axial afeta apenas as forças incidentes causadas por vibração, manuseio e transporte. Apesar de não serem severas, essas forças não devem ser menosprezadas. O movimento axial de um elemento em relação à sua peça conjugada pode provocar ruído, desgaste excessivo, vibração ou desconexão total da transmissão. Qualquer ciclista que já tenha enfrentado a situação de ter a corrente da bicicleta solta conhece as consequências do desalinhamento. Lembre-se de que, no caso de engrenagens de dentes retos, a resistência dos dentes e a resistência ao desgaste são diretamente proporcionais à largura de face da engrenagem. O desalinhamento axial diminui a largura de face efetiva.

Alguns métodos discutidos na Seção 11.6, para fixação de elementos nos eixos a fim de transmitir potência, também proporcionam certo grau de fixação axial. Consulte as discussões sobre fixação com pinos, cubos sem chaveta para conexão do eixo, buchas cônicas divididas, parafusos de ajuste, pinos cônicos e parafusos, pinos cônicos e porcas, ajuste forçado, moldagem e os diversos métodos de travamento mecânico de elementos no eixo.

Dentre a ampla variedade de meios disponíveis para fixação axial, serão discutidos os seguintes:
- Anéis de retenção
- Colares
- Flanges
- Espaçadores
- Contraporcas

Anéis de retenção

Os *anéis de retenção* são colocados em sulcos no eixo ou em cavidades internas para evitar o movimento axial de um elemento ou manter componentes internos em seu lugar. A Figura 11.30 mostra esboços de anéis de retenção em formas genéricas comuns. O projeto básico externo [Figura 11.30(*a*)] é usado, na maioria das vezes, para fixar engrenagens e outros elementos de transmissão de potência na posição axial nos eixos. Esse assunto será discutido mais detalhadamente no Capítulo 12, sobre projeto de eixo. Há muitos tipos disponíveis de diversos fornecedores, incluindo aqueles listados nos sites 7, 11 e 21, nos quais é possível encontrar dados de catálogo com diretrizes de projeto que orientam o preparo de eixos ou carcaças para o recebimento dos anéis. Em geral, os anéis de retenção são classificados como *externos* ou *internos*. Alguns são instalados em sulcos cuidadosamente dimensionados, ao passo que outros se mantêm em posição com a força de retenção entre o

(a) Anel básico externo para aplicações de eixo

(b) Anel externo tipo E

(c) Anel externo de montagem radial

(d) Anel externo de autorretenção

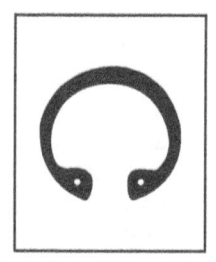

(e) Anel interno básico com projeções internas

(f) Anel interno básico com projeções externas

(g) Anel interno de autorretenção

▲ **FIGURA 11.30** Exemplos de anéis de retenção.

anel e o elemento conjugado. A capacidade de transmissão de cargas axiais e a altura do flange fornecidas por diferentes tipos de anéis variam, e os dados catalogados devem ser consultados. Os anéis são fabricados tanto para dimensões norte-americanas quanto para aquelas no sistema métrico.

Colares

O *colar* é um anel deslizante, colocado sobre o eixo de forma adjacente a um elemento de máquina, com o propósito de posicionamento axial. Ele costuma ser mantido em posição por parafusos de ajuste. Sua vantagem é que a fixação axial pode ser estabelecida praticamente em qualquer lugar ao longo do eixo, permitindo o ajuste da posição no momento da montagem. As desvantagens são principalmente aquelas relacionadas ao uso dos parafusos de ajuste (Seção 11.6).

Flanges

Um *flange* é uma superfície vertical produzida quando há uma mudança de diâmetro no eixo. Essa solução de projeto é um excelente método para promover o posicionamento axial de um elemento de máquina, ao menos por um lado. Muitos dos eixos ilustrados no Capítulo 12 possuem flanges. As principais considerações de projeto são proporcionar (1) um flange suficientemente grande, de modo a posicionar o elemento de forma eficaz, e (2) um filete na base do flange, produzindo um fator concentração de tensão aceitável que seja compatível com a geometria do furo do elemento conjugado (consulte as figuras 12.2 e 12.7).

Espaçadores

Um *espaçador* é um elemento semelhante a um colar, no sentido de que é deslizado sobre o eixo contra o elemento de máquina a ser posicionado. A principal diferença é que os parafusos de ajuste não são necessários, pois o espaçador é ajustado *entre* dois elementos e, assim, controla apenas a posição relativa entre eles. Normalmente, um dos elementos é posicionado por outros métodos, como flanges ou anéis de retenção. Considere o eixo na Figura 11.31, no qual dois espaçadores posicionam cada uma das engrenagens em relação ao rolamento adjacente. Os rolamentos são, por sua vez, posicionados por um lado, apoiando-se

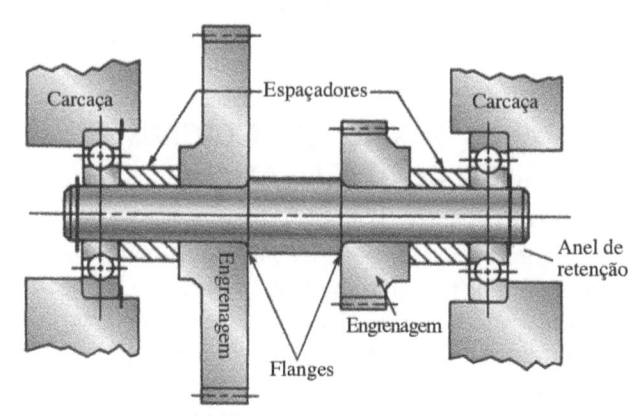

▲ **FIGURA 11.31** Aplicação de espaçadores e flanges.

na carcaça que sustenta suas pistas externas. As engrenagens também se apoiam em flanges do outro lado. Os anéis de fixação no eixo sustentam o subconjunto antes de sua instalação na carcaça.

Contraporcas

Quando um elemento está posicionado na extremidade de um eixo, uma *contraporca* pode ser utilizada para fixá-lo de um lado. A Figura 11.32 mostra uma contraporca de retenção. Esse tipo de item está disponível para pronta entrega em fornecedores de rolamento.

Cautela com restrição excessiva

Uma consideração de ordem prática na questão da fixação axial de elementos de máquina é o cuidado para que eles não sejam *restringidos excessivamente*. Sob certas condições de expansão térmica diferencial ou com pouca tolerância de folga, os elementos podem sofrer carregamentos excessivos, a ponto de serem desencadeadas tensões axiais perigosas. Às vezes, pode ser desejável posicionar apenas um rolamento no eixo e permitir que o outro flutue levemente no sentido axial. O elemento flutuante pode ser mantido em posição com uma força axial elástica acomodando a expansão térmica sem criar forças elevadas.

11.10 TIPOS DE VEDAÇÃO

Vedações são uma parte importante de projeto de máquinas em que se aplicam as seguintes condições:

1. Os contaminantes devem ser impedidos de entrar em áreas críticas da máquina.
2. Os lubrificantes devem ser contidos dentro de um espaço.
3. Os fluidos pressurizados devem ser contidos dentro de um componente, como uma válvula ou um cilindro hidráulico.

Alguns parâmetros que influenciam a escolha do tipo de sistema de vedação, os materiais utilizados e os detalhes do projeto são os seguintes:

1. A natureza dos fluidos a serem mantidos ou excluídos.
2. As pressões em ambos os lados da vedação.
3. A natureza de qualquer movimento relativo entre a vedação e os componentes conjugados.
4. As temperaturas em todas as partes do sistema de vedação.
5. O grau de vedação necessária (pode haver uma pequena quantidade de vazamento?).
6. A expectativa de vida do sistema.
7. A natureza dos materiais sólidos nos quais a vedação deve agir: potencial de corrosão, uniformidade, dureza, resistência ao desgaste.
8. Facilidade de manutenção para a substituição de elementos desgastados.

O número de projetos para sistemas de vedação é praticamente ilimitado, e apenas uma breve visão geral será apresentada aqui. Uma abordagem mais abrangente pode ser encontrada nas referências 12-15. Muitas vezes, os projetistas contam com informações técnicas

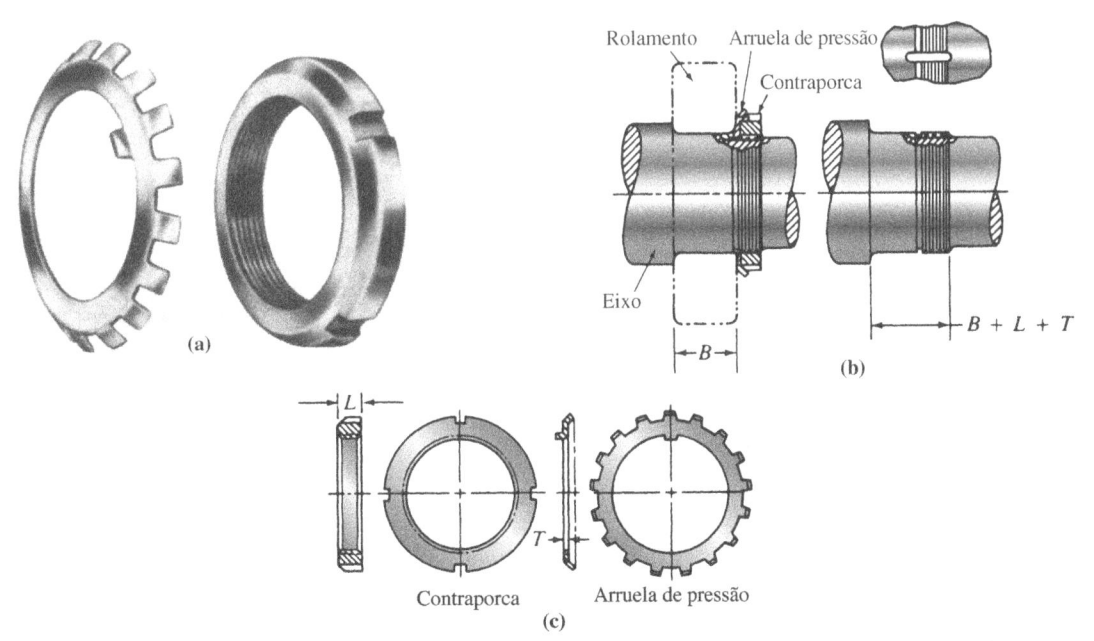

▲ **FIGURA 11.32** Contraporca e arruela de pressão para fixação de rolamentos. As dimensões são fornecidas no catálogo do fabricante, e os tamanhos das peças são compatíveis com os tamanhos padronizados de rolamento.
(*Fonte:* SKF Industries, Inc., Norristown, PA)

fornecidas pelos fabricantes de sistemas completos ou elementos específicos de vedação. Além disso, em situações críticas ou incomuns, aconselha-se testar o projeto proposto. Consulte os sites 12-15, 22 e 23.

A escolha de um tipo de sistema de vedação depende da função a ser executada. Condições comuns em que as vedações devem operar estão listadas aqui, com alguns tipos existentes:

1. Condições estáticas, como vedação da abertura de um recipiente pressurizado: O-rings elastoméricos, T-rings, O-rings metálicos vazados e selantes como epóxi, silicone e butil para calafetagem (Figura 11.33).
2. Vedação de recipiente fechado que permite o movimento relativo de algumas peças, como diafragmas, foles e botas (Figura 11.34).
3. Vedação ao redor de uma barra ou pistão de movimento alternativo contínuo, como um cilindro hidráulico ou uma válvula de carretel em um sistema hidráulico: vedação de lábio, vedação em copo U, gaxeta V e vedações em anéis divididos, por vezes chamados de *anéis de pistão* (Figura 11.35).
4. Vedação em torno de um eixo rotativo, como os de entrada ou saída de um redutor de velocidade, de uma transmissão ou de um motor: vedação de lábio, limpadores e raspadores e vedações de face (Figura 11.36).
5. Proteção de rolamentos de esferas rolantes que servem de apoio aos eixos, de modo a evitar o contato dos contaminantes com as esferas e os roletes (Figura 11.37).
6. Vedação dos elementos ativos de uma bomba ou de um compressor para reter o fluido bombeado: vedações de face e gaxetas V.
7. Vedação de elementos com movimento não frequente, como a haste de uma válvula de controle de vazão de fluido: gaxetas de compressão e gaxetas V.
8. Vedação entre superfícies sólidas, rígidas, como entre a cabeça de um cilindro e o bloco de um motor: juntas de vedação resilientes. Consulte o Site 15.

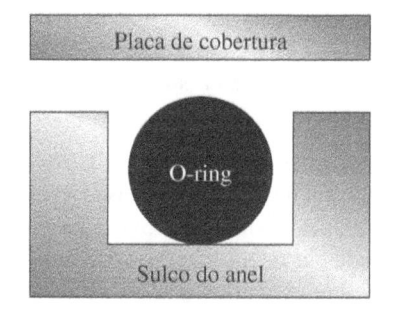

(a) O-ring instalado sem compressão.

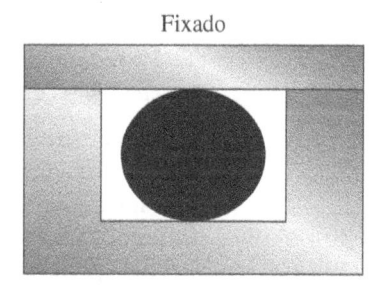

(b) O-ring comprimido. Esmagamento recomendado de aproximadamente 10%.

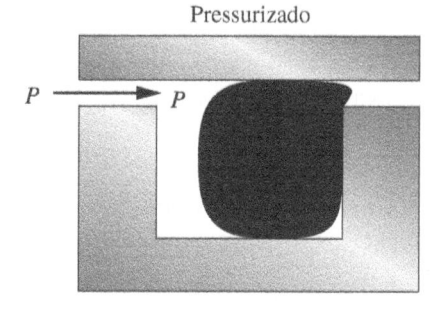

(c) O-ring instalado com folga permite extrusão dentro do espaço. Podem ocorrer danos no anel.

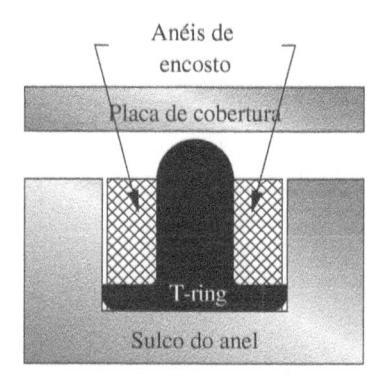

(a) Instalação inicial do T-ring e dos anéis de encosto.

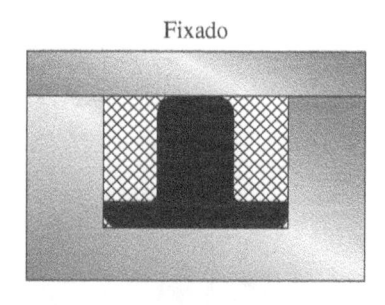

(b) Anéis de encosto pressionam a parte inferior e os lados dos T-rings.

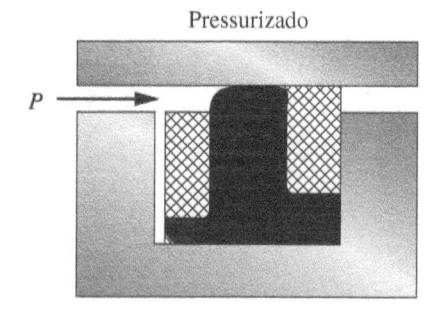

(c) A pressão faz o T-ring mover o anel de encosto para a folga. O anel de encosto mais rígido não extruda.

▲ **FIGURA 11.33** O-ring e T-ring usados como vedações estáticas.

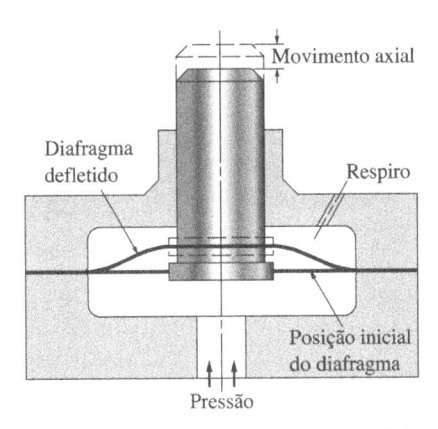

▲ **FIGURA 11.34** Aplicação de uma vedação de diafragma.

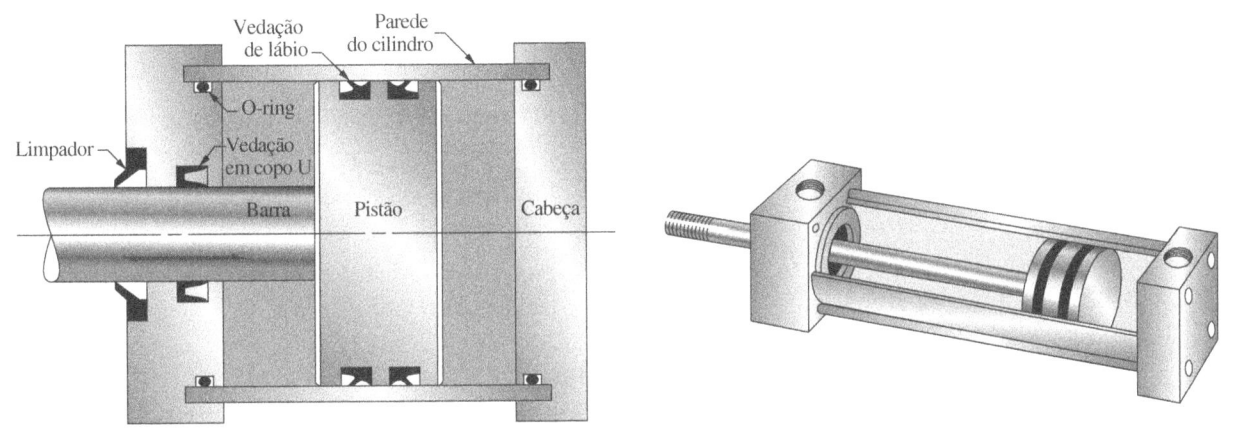

▶ **FIGURA 11.35** Vedação de lábio, vedação em copo U, limpador e O-ring aplicados em um atuador hidráulico.

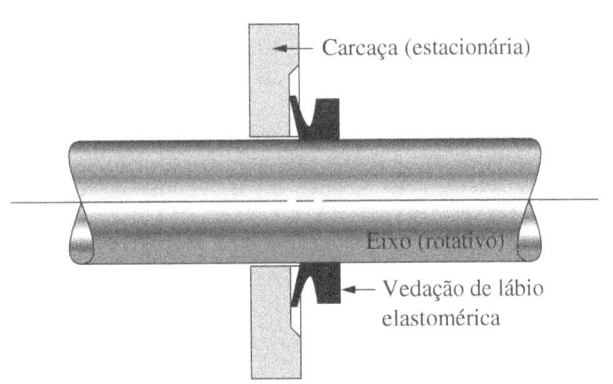

(a) Vedação de face tipo lábio

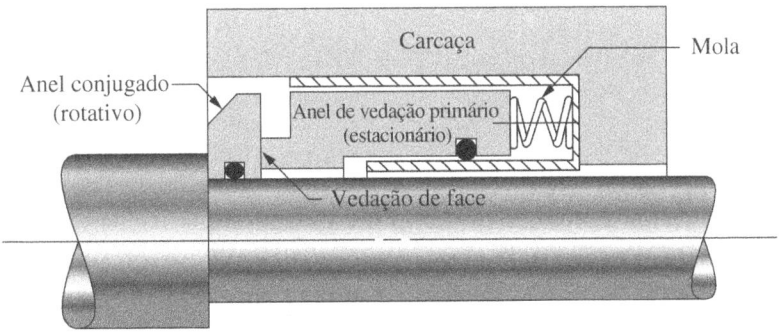

(b) Vedação de face mecânica

▶ **FIGURA 11.36** Vedações de face.

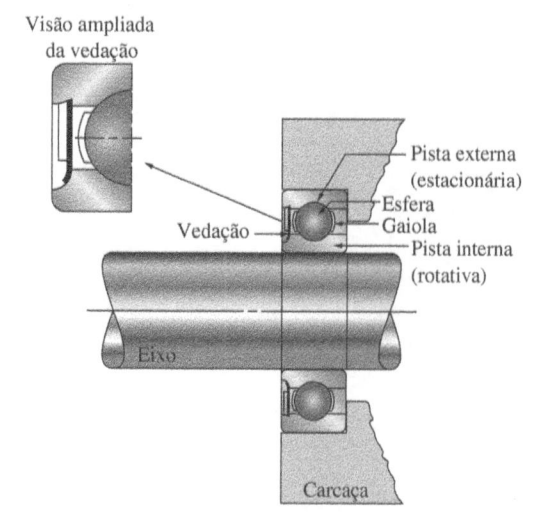

FIGURA 11.37 Vedação para rolamento de esferas.

9. Vedações circunferenciais, como nas pontas das pás de turbinas e em grandes elementos de rotação de alta velocidade: vedações de labirinto, abrasivas e hidrostáticas.

11.11 MATERIAIS DE VEDAÇÃO

A maioria dos materiais de vedação é resiliente e permite que os pontos de vedação acompanhem pequenas variações na geometria das superfícies conjugadas. A flexão de partes da seção transversal da vedação também ocorre em alguns projetos, exigindo resiliência dos materiais. Alternativamente, como no caso de O-rings metálicos vazados, a forma da vedação permite a flexão de materiais rígidos. Vedações de face pedem materiais sólidos, rígidos, que possam suportar movimentos deslizantes constantes e ser produzidos com precisão, nivelamento e uniformidade.

Elastômeros

Vedações resilientes, como O-ring, T-ring e de lábio são geralmente feitas de elastômeros sintéticos, como os seguintes:

Neoprene	Fluorossilicone	Poliuretano
Butil	Butadieno	Epicloridrina
Nitrilo	Poliéster	Poliacrilato
(Buna-*N*)	Etileno	PNF (fluoro-
Fluorcarbono	propileno	elastômero
Silicone	Polissulfeto	fosfonitrílico)

Muitas formulações disponíveis no mercado sob essa classificação geral são ofertadas com nomes comerciais dos produtores de selantes e plásticos.

As propriedades necessárias a uma dada instalação limitarão a seleção de possíveis materiais. A lista a seguir apresenta alguns dos requisitos predominantes para vedações e alguns dos materiais que os cumprem:

Resistência a intempéries: silicone, fluorossilicone, fluorocarbono, etileno propileno, poliuretano, polissulfeto, poliéster, neoprene, epicloridrina e PNF.

Resistência a fluidos petrolíferos: poliacrilato, poliéster, PNF, nitrilo, polissulfeto, poliuretano, fluorcarbono e epicloridrina.

Resistência a ácidos: fluorcarbono.

Operação em alta temperatura: etileno propileno, fluorcarbono, poliacrilato, silicone e PNF.

Operação em baixa temperatura: silicone, fluorossilicone, etileno propileno e PNF.

Resistência à tração: butadieno, poliéster e poliuretano.

Resistência à abrasão: butadieno, poliéster e poliuretano.

Impermeabilidade: butil, poliacrilato, polissulfeto e poliuretano.

Materiais rígidos

As vedações de face, bem como as partes de outros tipos de sistema de vedação com elastômero, exigem materiais rígidos que possam absorver a ação de deslizamento e que sejam compatíveis com o meio da vedação. Alguns materiais rígidos usados em sistemas de vedação são descritos na lista a seguir:

Metais: aço-carbono, aço inoxidável, ferro fundido, ligas de níquel, bronze e aços ferramenta.

Plásticos: nylon, politetrafluoretileno (PTFE) com fillers e poliamida.

Carbono, cerâmica, carboneto de tungstênio.

Galvânicos: cromo, cádmio, estanho, níquel e prata.

Compostos pulverizados a chama.

Gaxetas

Gaxetas para vedação de eixos, barras, hastes de válvulas e aplicações semelhantes são feitas a partir de uma variedade de materiais, incluindo couro, algodão, linho, vários tipos de plástico, arames trançados ou torcidos de cobre ou alumínio, tecido laminado, materiais elastoméricos e grafite flexível.

Juntas de vedação

Materiais comuns para juntas de vedação são cortiça, compostos de cortiça e borracha, borracha com fillers, papel, plásticos resilientes e espumas. Consulte o site 15.

Eixos

Quando vedações de lábio radiais são necessárias em torno dos eixos, estes costumam ser feitos de aço. Eles devem ser endurecidos a 30 HRC para resistir a escoriações na superfície. A tolerância no diâmetro do eixo onde se localiza a vedação precisa estar em conformidade com as seguintes recomendações para garantir que o lábio da vedação acompanhe as variações:

Diâmetro do eixo (pol)	Tolerância (pol)
$D \leq 4{,}000$	$\pm\, 0{,}003$
$4{,}000 < D \leq 6{,}000$	$\pm\, 0{,}004$
$D > 6{,}000$	$\pm\, 0{,}005$

A superfície do eixo e de todas as áreas com as quais a vedação entrará em contato durante a instalação deve estar livre de rebarbas para que não ocorram rasgos. Recomenda-se um acabamento superficial de 10 a 20 µpol com lubrificação adequada para garantir o pleno contato e reduzir o atrito entre a vedação e a superfície do eixo.

REFERÊNCIAS

1. AMERICAN GEAR MANUFACTURERS ASSOCIATION. AGMA 9009-D02. *Nomenclature for Flexible Couplings.* Alexandria, VA: American Gear Manufacturers Association, 2002.
2. _____. ANSI/AGMA 9002-B04. *Bores and Keyways for Flexible Couplings (Inch Series).* Alexandria, VA: American Gear Manufacturers Association, 2004.
3. _____. AGME 9112-A04. *Bores and Keyways for Flexible Couplings (Metric Series).* Alexandria, VA: American Gear Manufacturers Association, 2004.
4. _____. ANSI/AGMA 9001-B97 (R2003). *Lubrication of Flexible Couplings.* Alexandria, VA: American Gear Manufacturers Association, 1997.
5. AMERICAN NATIONAL STANDARDS INSTITUTE. ANSI B92.1–1986. *Involute Splines.* Nova York: American National Standards Institute, 1996.
6. _____. ANSI B92.2–1980 R1989. *Metric Module Involute Splines.* Nova York: American National Standards Institute, 1989.
7. American Society of Mechanical Engineers. ANSI B17.1–67. R98. *Keys and Keyseats.* Nova York: American Society of Mechanical Engineers, 1998.
8. _____. ANSI B17.2–67. R98. *Woodruff Keys and Keyseats.* Nova York: American Society of Mechanical Engineers, 1998.
9. OBERG, Erik et al. *Machinery's Handbook.* 28. ed. Nova York: Industrial Press, 2008.
10. SOCIETY OF AUTOMOTIVE ENGINEERS. *Standard AS-84,* (R2004) *Splines, Involute (Full Fillet).* Warrendale, PA: Society of Automotive Engineers, 2004.
11. INTERNATIONAL STANDARDS ORGANIZATION. *ISO Standard 4156–1:2005, Straight Cylindrical Involute Splines–Metric Module.* Genebra, Suíça: International Standards Organization, 2005.
12. FLITNEY, R. K. *Seals and Sealing Handbook.* 5. ed. Nova York: Elsevier Science, 2008.
13. SUMMERS-SMITH, J. D. (ed.). *Mechanical Seal Practice for Improved Performance.* Nova York: John Wiley & Sons, 2005.
14. BICKFORD, John. *Gaskets and Gasketed Joints.* Boca Raton, FL: CRC Press, 1998.
15. CZERNIK, Daniel. *Gaskets: Design, Selection, and Testing.* Nova York: McGraw-Hill, 1996.

SITES SOBRE CHAVETAS, ACOPLAMENTOS E VEDAÇÕES

1. **Driv-Loc, Inc.** <www.driv-lok.com>. Fabricante de uma grande variedade de chavetas paralelas e dispositivos de fixação por pressão, como pinos ranhurados, pinos de ajuste, pinos de mola e prisioneiros. Para chavetas, clique em *Products* e, depois, em *Additional Solutions.*
2. **Ringfeder Corporation.** <www.ringfeder.com>. Fabricante de dispositivos de travamento Ringfeder® entre eixo e cubo sem chaveta.
3. **Baldor/Dodge.** <www.dodge-pt.com>. Fabricante de uma grande variedade de componentes de transmissão, incluindo acoplamentos flexíveis, engrenagens, transmissões por correia, embreagens, freios e rolamentos. Para acoplamentos, clique em *Products* e, depois, em *PT Components.*
4. **Emerson Power Transmission, Inc.** <www.emerson-ept.com>. Fabricante de uma grande variedade de equipamentos de transmissão, incluindo

acoplamentos flexíveis e juntas universais das marcas Kop-Flex, Browning e Morse. Outras marcas incluem McGill, Rollway, Sealmaster e Van Gorp para engrenamentos, transmissões por correia, transmissões por cadeia, rolamentos, polias transportadoras e embreagens.

5. **Dana Corporation-Spicer Drivetrain Components.** <www.spicerparts.com>. Fabricante de acoplamentos flexíveis, juntas universais e eixos acionadores para aplicações veiculares e industriais sob as marcas Dana e Spicer.

6. **GWB-A Dana Brand.** <www.gwb-essen.de/>. Fabricante de eixos acionadores para equipamentos industriais de cargas elevadas, locomotivas e aplicações similares.

7. **Stock Drive Products/Sterling Instrument.** <www.sdp-si.com>. Fabricante e distribuidor de componentes precisos de máquinas e montagens, incluindo acoplamentos flexíveis, engrenamentos, embreagens, freios e elementos de fixação.

8. **T. B. Wood's Sons Company.** <www.tbwoods.com>. Fabricante de produtos de transmissão industriais mecânicos, elétricos e eletrônicos, incluindo acoplamentos flexíveis, transmissões por correia síncrona, transmissões por correia em V, motorredutores e engrenamentos.

9. **Curtis Universal Joint Company.** <www.curtisuniversal.com>. Fabricante de juntas universais para o mercado industrial e aeroespacial.

10. **Cooper Power Tools/Apex Tool Group.** <www.apexuniversal.com>. Fabricante de juntas universais para o mercado de transmissões militar, aeroespacial, esportivo e industrial.

11. **Rotor Clip Company, Inc.** <www.rotorclip.com>. Fabricante de uma grande variedade de anéis de retenção para produtos industriais, comerciais, militares e de consumo.

12. **Federal Mogul Corporation/National Seals.** <www.federalmogul.com>. Fabricante de vedações para motores, transmissões, rodas, diferenciais e aplicações industriais. Entre em *Tecnologias de produtos Automotive* OEM e, depois, em *Vedação de trens de força*.

13. **American Seal & Packing Company.** <www.americansealandpacking.com>. Fabricante de O-rings, anéis de encosto, anéis quadrados, vedações mecânicas, peças moldadas personalizadas e produtos relacionados. Divisão da Steadman & Associates, Inc.

14. **Mechanical Seals.net.** <www.mechanicalseals.net>. Parte do site da American Seal and Packing Company que fornece informações técnicas sobre o projeto de vários tipos de vedação, seu funcionamento, sua manutenção e os materiais usados.

15. **Industrial Gasket & Shim Company.** <www.igs-corp.com>. Fabricante de juntas de vedação, calços, vedações sob medida, juntas de expansão e selantes industriais.

16. **American High Performance Seals, Inc.** <www.ahpseals.com>. Fabricante de uma grande variedade de limpadores e vedações para barras, pistões e aplicações rotativas. O site inclui numerosas representações gráficas de seções transversais de vedações e tabelas de materiais com suas propriedades.

17. **Lord Corporation-Vibration & Motion Control Products.** <www.lord.com>. Fabricante de acoplamentos flexíveis, suportes vibratórios e suportes com isolamento de choque usando materiais elastoméricos ligados a metais. Clique em *Products & Solutions* e, depois, em *Vibration & Motion Control*.

18. **General Polygon Systems, Inc.** <www.generalpolygon.com>. Fornecedores de conexões mecânicas para eixo e cubo usando o General Polygon System.

19. **Drive Technologies, LLC.** <www.cornay.com>. Desenvolvedor e fabricante da junta universal Cornay™, de eixos acionadores, tomadas de potência, juntas CV e sistemas de transmissão completos.

20. **G. L. Huyett Co.** <www.huyett.com>. Fornecedor de numerosos componentes de máquina, incluindo chavetas quadradas e retangulares, barras, eixos e calços tanto em dimensões do sistema norte-americano quanto em dimensões do sistema internacional e em diversas classes de materiais. Na página inicial, clique em *Power Transmission*.

21. **Loctite Corporation.** <www.loctiteproducts.com/threadlockers.shtml>. Fabricante de diversos tipos de adesivo, incluindo o Loctite® Threadlocker®, que inibe o afrouxamento dos parafusos e outros produtos roscados.

22. **Grainger.** <www.grainger.com>. Distribuidor de um enorme leque de produtos para componentes de máquinas, hardware, motores, produtos de transmissão de potência, rolamentos, acoplamentos flexíveis, juntas universais, elementos de fixação, anéis de retenção, chavetas, matérias-primas, produtos de soldagem, adesivos, vedações e selantes, materiais para trava roscas, dispositivos de movimento linear e muitos outros.

23. **Federal Mogul Corporation.** <www.federalmogul.com>. Fabricante de componentes automotivos e produtos para uso industrial, energia e transporte, incluindo vedações para rodas, virabrequins, comandos de válvulas e anéis de controle de óleo em pistões.

PROBLEMAS

Para os problemas 1 a 4 e 7, determine a geometria de chaveta exigida: comprimento, largura e altura. Use aço SAE 1018 para as chavetas se um projeto satisfatório puder ser obtido. Se não for o caso, utilize um material com maior resistência da Tabela 11.4. Salvo por indicação do contrário, considere que o material da chaveta é o mais fraco em comparação ao do eixo ou dos elementos conjugados.

1. Especifique uma chaveta para uma engrenagem a ser montada em um eixo com 2,00 pol de diâmetro. A engrenagem transmite 21000 lb · pol de torque, e o cubo tem comprimento de 4,00 pol.
2. Especifique uma chaveta para uma engrenagem que transmite 21000 lb · pol de torque e está montada em um eixo com 3,60 pol de diâmetro. O comprimento do cubo da engrenagem é 4,00 pol.
3. Uma roldana de correia em V transmite 1112 lb · pol de torque para um eixo com diâmetro de 1,75 pol. A roldana é feita de ferro fundido ASTM Classe 20 com comprimento de cubo de 1,75 pol.
4. Uma corrente dentada transmite 110 hp para um eixo com velocidade angular de 1700 rpm. O diâmetro interno da roda dentada é 2,50 pol. O comprimento do cubo é 3,25 pol.
5. Especifique uma estria adequada com ajuste B para cada uma das aplicações nos problemas 1 a 4.
6. Projete um pino cilíndrico para transmitir potência, como no Problema 4. Porém, projete-o de modo a falhar em cisalhamento caso a potência exceda 220 hp.
7. Especifique uma chaveta tanto para a roda dentada quanto para a engrenagem sem-fim do Exemplo 12.3. Observe as especificações para os diâmetros finais do eixo no fim do problema.
8. Descreva uma chaveta Woodruff n. 204.
9. Descreva uma chaveta Woodruff n. 1628.
10. Faça um desenho detalhado de uma conexão por chaveta Woodruff entre o eixo e o cubo de uma engrenagem. O eixo tem diâmetro de 1,500 pol. Use uma chaveta Woodruff n. 1210. Dimensione o assento no eixo e no cubo.
11. Refaça o Problema 10 usando uma chaveta Woodruff n. 406 em um eixo de 0,500 pol de diâmetro.
12. Refaça o Problema 10 usando uma chaveta Woodruff n. 2428 em um eixo de 3,250 pol de diâmetro.
13. Calcule o torque que pode ser transmitido pela chaveta do Problema 10 com base no cisalhamento e no apoio se ela for feita de aço SAE 1018 estirado a frio com fator de projeto $N = 3$.
14. Refaça o Problema 13 para a chaveta do Problema 11.
15. Refaça o Problema 13 para a chaveta do Problema 12.
16. Desenhe uma conexão de quatro estrias com diâmetro maior de 1,500 pol e ajuste A. Mostre as dimensões críticas.
17. Desenhe uma conexão de dez estrias com diâmetro maior de 3,500 pol e ajuste B. Mostre as dimensões críticas.
18. Desenhe uma conexão de dezesseis estrias com um diâmetro maior de 2,500 pol e ajuste C. Mostre as dimensões críticas.
19. Determine a capacidade de torque das estrias nos problemas 16 a 18.
20. Descreva a maneira como um parafuso de ajuste transmite torque quando é empregado no lugar de uma chaveta. Discorra sobre as desvantagens deste procedimento.
21. Descreva um ajuste forçado fixando um elemento transmissor de potência no eixo.
22. Descreva as principais diferenças entre acoplamentos rígidos e flexíveis no que diz respeito à maneira como afetam as tensões nos eixos que conectam.
23. Discorra sobre uma grande desvantagem de se usar a junta universal simples para conectar dois eixos com desalinhamento angular.
24. Descreva cinco maneiras de fixar axialmente elementos transmissores de potência em um eixo.
25. Descreva três situações em que as vedações são aplicadas em projetos de máquinas.
26. Enumere oito parâmetros a serem considerados na seleção do tipo de vedação e na especificação de determinado projeto.
27. Cite três formas de vedar um recipiente pressurizado em condições estáticas.
28. Cite três métodos de vedar um recipiente fechado e, ao mesmo tempo, permitir movimento relativo de algumas partes.
29. Cite quatro tipos vedação utilizados em barras ou pistões de movimentos alternativos.
30. Cite três tipos de vedação aplicados em eixos rotativos.
31. Descreva o método de vedação de um rolamento de esferas para evitar a entrada de contaminantes.
32. Descreva uma vedação com O-ring e esboce sua instalação.
33. Descreva uma vedação com T-ring e esboce sua instalação.
34. Descreva algumas vantagens das vedações com T-ring em relação às com O-ring.

35. Descreva uma vedação de diafragma e o tipo de situação em que ela é usada.
36. Descreva métodos adequados para selar os lados de um pistão contra as paredes internas do cilindro de um atuador hidráulico.
37. Descreva a função de um raspador ou limpador em uma barra cilíndrica.
38. Descreva os elementos essenciais de uma vedação de face mecânica.
39. Cite pelo menos seis tipos de elastômero comumente utilizados para vedações.
40. Cite pelo menos três tipos de elastômero recomendados para exposição a intempéries.
41. Cite pelo menos três tipos de elastômero recomendados para exposição a fluidos petrolíferos.
42. Cite pelo menos três tipos de elastômero recomendados para exposição a baixas temperaturas.
43. Cite pelo menos três tipos de elastômero recomendados para exposição a temperaturas elevadas.
44. Uma aplicação de vedação envolve as seguintes condições: exposição a fluidos petrolíferos em alta temperatura e impermeabilidade. Especifique um elastômero adequado para a vedação.
45. Uma aplicação de vedação envolve as seguintes condições: exposição a temperatura elevada e intempéries, impermeabilidade e alta resistência mecânica e à abrasão. Especifique um elastômero adequado para a vedação.
46. Descreva detalhes adequados de projeto de eixo em que há contato entre este e vedações elastoméricas.

PROJETO DE EIXOS

CAPÍTULO 12

Visão geral

Tópico de discussão

- Eixo é um componente de máquina rotativo que transmite potência.

Descubra

Identifique exemplos de sistema mecânico que incorporam eixos transmissores de potência. Descreva sua geometria, bem como as forças e os torques exercidos sobre eles.
Quais tipos de tensão são produzidos no eixo?
Como os outros elementos são montados no eixo? De que maneira a geometria deste os acomoda? Como o eixo é sustentado? Quais tipos de rolamento são utilizados?

> Este capítulo oferece abordagens para um projeto seguro de eixos. Contudo, a responsabilidade final é sua.

Sumário

Visão geral
Você é o projetista
12.1 Objetivos
12.2 Procedimento de projeto de eixo
12.3 Forças exercidas sobre os eixos pelos elementos de máquina
12.4 Concentrações de tensões em eixos
12.5 Tensões de projeto para eixos
12.6 Eixos submetidos a flexo-torção
12.7 Exemplos de projeto de eixo: flexo-torção
12.8 Exemplo de projeto de eixo: flexo-torção com forças axiais
12.9 Planilha de apoio para projeto de eixo
12.10 Rigidez do eixo e considerações dinâmicas
12.11 Eixos flexíveis

Eixo é o componente de um dispositivo mecânico que transmite potência e movimento rotativo. Ele é parte de qualquer sistema mecânico no qual a potência é propagada de um motor principal, como um elétrico ou mecânico, a outras partes rotativas do sistema. Você consegue identificar alguns tipos de sistema mecânico com elementos rotativos que transmitem potência?

Aqui estão alguns exemplos: redutores de velocidade de engrenagem, transmissões por correia ou cadeia, transportadores, bombas, ventoinhas, agitadores e muitos tipos de equipamento de automação. Em quais outros você consegue pensar? Considere eletrodomésticos, equipamentos de manutenção de gramado, partes de um carro, ferramentas elétricas e máquinas presentes em escritórios ou em seu local de trabalho. Descreva-os e discorra sobre como os eixos são usados. De qual fonte vem a potência transmitida ao eixo? Que tipo de elemento transmissor de potência, se houver algum, está sobre ele? Ou o eixo simplesmente transmite o torque e o movimento de rotação para algum outro elemento? Se este for o caso, como o eixo está ligado a esse elemento?

Visualize as forças, os torques e os momentos fletores criados no eixo durante a operação. No processo de transmissão de potência a determinada velocidade angular, o eixo é submetido a um momento torsor, ou *torque*. Assim, uma tensão de cisalhamento torcional é desenvolvida nele. Além disso, o eixo geralmente carrega componentes transmissores de potência, como engrenagens, polias de correia ou correntes dentadas, que exercem forças sobre ele na direção transversal (perpendicular ao seu eixo). Essas forças transversais causam momentos fletores a serem desenvolvidos no eixo, o que exige análise de tensão por flexão. Na verdade, a maioria dos eixos deve ser analisada quanto às tensões combinadas.

Descreva a geometria específica dos eixos de alguns tipos de equipamento que você pode examinar. Faça um esboço de quaisquer variações na geometria que possam ocorrer, como mudanças no diâmetro para a produção de flanges, sulcos, assentos ou furos. De que forma os elementos transmissores de potência são mantidos em posição ao longo do comprimento do eixo? Como os eixos são sustentados? Geralmente, rolamentos são empregados para apoiar o eixo e permitir rotação relativa à carcaça da máquina. Quais tipos de rolamento são utilizados? Eles têm elementos rolantes, como esferas? Ou são rolamentos lisos? Que materiais são usados?

Você provavelmente encontrará muita diversidade no projeto de eixos em diferentes tipos de equipamento. É preciso perceber que as funções de um eixo exercem grande influência em seu projeto. A geometria de eixo é enormemente afetada pelos elementos conjugados, como rolamentos, acoplamentos, engrenagens, correntes dentadas ou outros tipos de transmissores de potência.

Este capítulo oferece abordagens para um projeto seguro de eixos. Contudo, a responsabilidade final é sua, pois é inviável prever em um livro todas as condições a que determinado eixo pode ser submetido.

Você é o projetista

Considere o redutor de velocidade de engrenagem mostrado nas figuras 1.12 e 8.3. Na continuação do projeto, três eixos devem ser desenhados. O eixo de entrada sustenta a primeira engrenagem no trem de engrenagens e gira na velocidade do motor principal, em geral um elétrico ou mecânico. O eixo do meio sustenta duas engrenagens e gira mais lentamente do que o eixo de entrada por causa da primeira fase de redução de velocidade. A última engrenagem no trem é sustentada pelo terceiro eixo, que também transmite a potência à máquina acionada. De que material cada eixo deve ser feito? Que torque é transmitido a partir de cada eixo, e sobre qual parte dele atua? Como as engrenagens são posicionadas nos eixos? Como a potência deve ser transmitida das engrenagens para os eixos e vice-versa? Que forças são exercidas no eixo pelas engrenagens, e quais são os momentos fletores resultantes? A quais forças os rolamentos que sustentam cada eixo devem resistir? Quais são os diâmetros mínimos aceitáveis para os eixos em todas as seções a fim de garantir uma operação segura? Quais devem ser as especificações dimensionais finais para as várias características dos eixos, e quais devem ser as tolerâncias nessas dimensões? O material contido neste capítulo o ajudará a tomar essas e outras decisões de projeto de eixos.

12.1 OBJETIVOS

Ao final deste capítulo, você estará apto a:
1. Propor geometrias razoáveis para que os eixos sustentem vários tipos de elemento transmissor de potência, providenciando o posicionamento seguro de cada um deles e uma transmissão confiável.
2. Calcular as forças exercidas nos eixos por engrenagens, polias de correia e correntes dentadas.
3. Determinar a distribuição de torque nos eixos.
4. Preparar diagramas de força de cisalhamento e momento fletor para eixos em dois planos.
5. Considerar fatores de concentração de tensão comumente encontrados em projetos de eixo.
6. Especificar tensões de projeto apropriadas para eixos.
7. Aplicar o procedimento de projeto mostrado neste capítulo para determinar o diâmetro exigido dos eixos em qualquer seção, de modo a resistir à combinação de tensão de cisalhamento torcional e tensão de flexão.
8. Especificar dimensões finais razoáveis para eixos que satisfaçam aos requisitos de resistência e às considerações de instalação e que sejam compatíveis com os elementos montados nos eixos.
9. Considerar a influência da rigidez do eixo em seu desempenho dinâmico.

12.2 PROCEDIMENTO DE PROJETO DE EIXO

Por causa da ocorrência simultânea de tensões de cisalhamento torcional e tensões normais por flexão, a análise de tensão de um eixo, praticamente, envolve sempre uma abordagem de tensões combinadas. A abordagem recomendada para o projeto e a análise de eixo é a *teoria de falha por energia de distorção*. Essa teoria foi introduzida no Capítulo 5 e será discutida de modo mais completo na Seção 12.5. Tensões de cisalhamento vertical e tensões normais diretas por cargas axiais também podem ocorrer. Em eixos muito curtos ou em partes de eixos onde não há qualquer flexão ou torção, tais tensões podem ser dominantes. As discussões nos capítulos de 3 a 5 explicam a análise apropriada.

As tarefas específicas a serem executadas no projeto e na análise de um eixo dependem do projeto proposto e também da forma de carga e apoio. Com isso em mente, segue uma abordagem geral recomendada para o projeto de um eixo.

Esse processo será demonstrado depois que os conceitos de análise de força e tensão forem apresentados.

Procedimento para projeto de um eixo

1. Determine a velocidade angular do eixo.
2. Estabeleça a potência ou o torque a ser transmitido pelo eixo.
3. Defina o projeto dos componentes transmissores de potência ou de outros dispositivos que serão montados no eixo e especifique o posicionamento exigido de cada um.
4. Especifique a localização dos rolamentos que sustentarão o eixo. Normalmente, apenas dois rolamentos são usados para isso. Admite-se que as reações nos rolamentos que sustentam as cargas radiais atuam no ponto central. Por exemplo, se um rolamento de esferas com fileira única for usado, presume-se que o trajeto da carga passará diretamente pelas esferas. Se cargas de impulso (axiais) existirem no eixo, é preciso especificar qual rolamento será projetado para reagir contra elas. Então, o rolamento que não resistir ao impulso deverá ser capaz de se mover levemente na direção axial para garantir que nenhuma carga de impulso inesperada e indesejável seja exercida sobre ele.

   Os rolamentos devem ser colocados em ambos os lados dos elementos transmissores de potência, se possível, para fornecer apoio estável ao eixo e produzir um carregamento razoavelmente equilibrado. Os rolamentos devem ser colocados perto dos elementos transmissores de potência para minimizar momentos fletores. Além disso, o eixo precisa permanecer pequeno em comprimento para manter as deflexões em níveis razoáveis.
5. Proponha a forma geral da geometria para o eixo, considerando como cada elemento será mantido em posição axialmente e como a transmissão de potência de cada elemento até o eixo acontecerá. Por exemplo, leve em conta o eixo na Figura 12.1, que deve sustentar duas engrenagens como eixo intermediário em um redutor de dupla redução com engrenagem de dentes retos. A engrenagem A recebe potência da engrenagem P via eixo de entrada. A potência é transmitida da engrenagem A até o eixo por meio da chaveta na interface entre o cubo e o eixo. Depois, passa pelo eixo até o ponto C, onde atravessa outra chaveta para chegar à engrenagem C. Esta, então, transmite a potência para a engrenagem Q e, assim, para o eixo de saída. A localização das engrenagens e dos rolamentos é ditada pela configuração geral do redutor.

   Agora, é decidido que os rolamentos serão colocados nos pontos B e D no eixo a ser projetado. Mas como os rolamentos e as engrenagens serão fixados de modo a permanecer na posição correta durante o funcionamento, o manejo, o transporte e outras situações? Naturalmente, há muitas maneiras de fazer isso. Uma delas é proposta na Figura 12.2. Os flanges devem ser usinados no eixo a fim de fornecer superfícies para assentar os rolamentos e as engrenagens em um dos lados de cada elemento. As engrenagens são presas no outro lado com anéis de retenção encaixados em sulcos no eixo. Já os rolamentos são mantidos em posição pela carcaça, que atua em suas pistas externas. Então, são usinados assentos no eixo, no local de cada engrenagem. Essa geometria proposta oferece um posicionamento efetivo de cada elemento.
6. Determine a magnitude do torque que o eixo recebe em todos os pontos. Recomenda-se a preparação de um diagrama de torque, como será mostrado mais adiante.
7. Determine as forças exercidas sobre o eixo, tanto no sentido radial quanto no axial.
8. Separe as forças radiais em componentes nas direções perpendiculares, em geral vertical e horizontalmente.
9. Calcule as reações em todos os rolamentos de apoio em cada plano.
10. Produza os diagramas completos de força de cisalhamento e momento fletor para determinar a distribuição de momentos fletores no eixo.
11. Selecione o material do qual o eixo será feito e especifique sua condição: estirado a frio, com tratamento térmico, entre outros. Como indica a Tabela 2.9, os aços sugeridos para a fabricação dos eixos são carbono simples ou ligas de aço com médio teor de carbono, como SAE 1040, 4140, 4340, 4640, 5150, 6150 e 8650. Recomenda-se boa ductilidade e alongamento percentual acima de aproximadamente 12%.

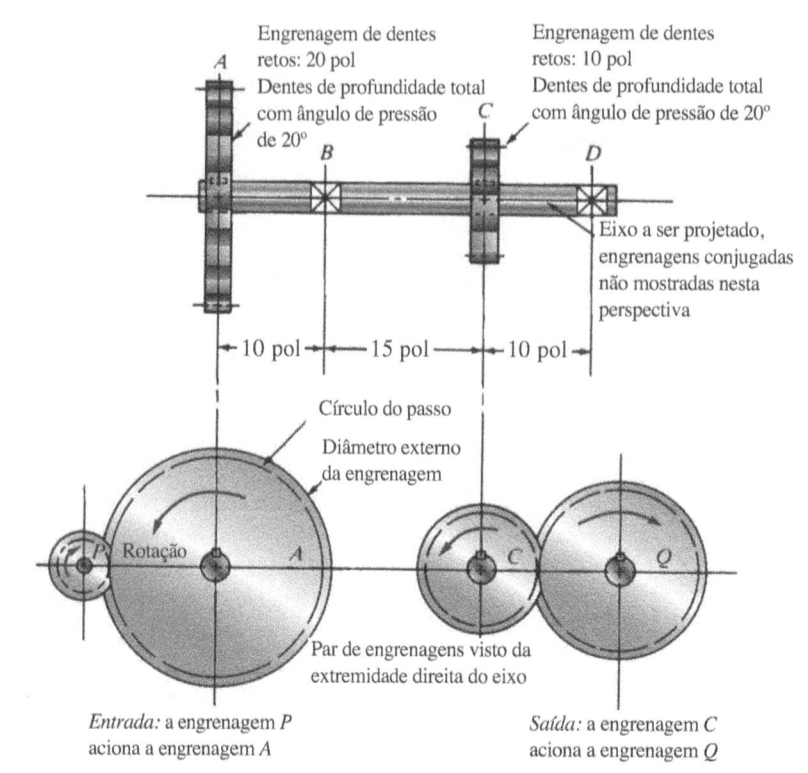

▲ **FIGURA 12.1** Eixo intermediário para um redutor de dupla redução com engrenagem de dentes retos.

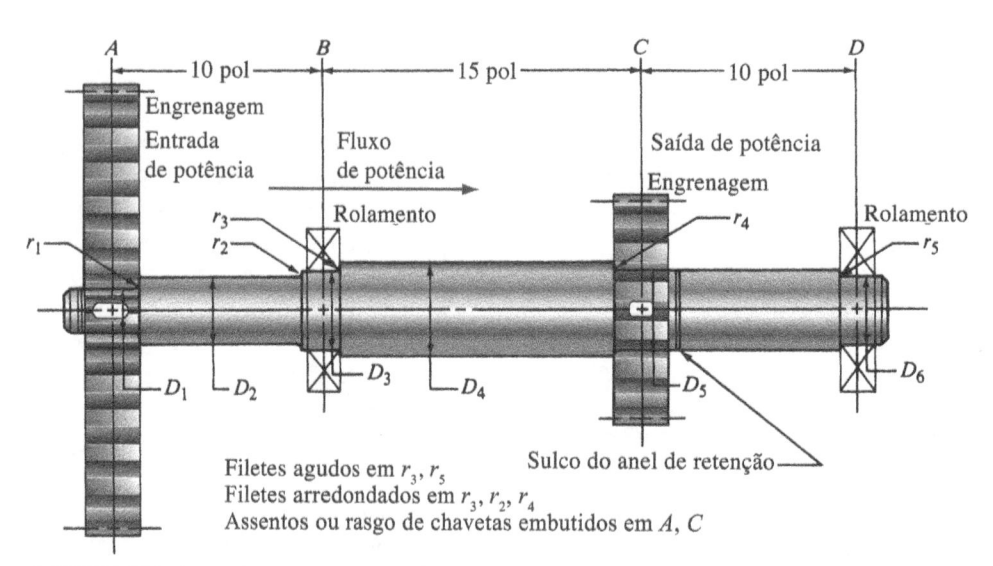

Filetes agudos em r_3, r_5
Filetes arredondados em r_1, r_2, r_4
Assentos ou rasgo de chavetas embutidos em A, C

▲ **FIGURA 12.2** Geometria proposta para o eixo da Figura 12.1. Filetes agudos em r_3, r_5; filetes arredondados em r_1, r_2, r_4; rasgos de chavetas embutidos em A, C.

Determine a resistência última, a tensão de escoamento e o alongamento percentual do material selecionado.
12. Estabeleça uma tensão de projeto apropriada, considerando a forma de carregamento (regular, choque, repetido e reverso ou outro).
13. Analise todos os pontos críticos do eixo para determinar o diâmetro mínimo aceitável em cada um, de modo a garantir a segurança sob carregamento. Em geral, os pontos críticos são vários e incluem aqueles em que ocorre alteração de diâmetro, valores mais elevados de torque e momento fletor e concentrações de tensão.
14. Especifique dimensões finais, acabamentos da superfície, tolerâncias, detalhes de dimensionamento geométrico, raios dos filetes, altura dos

flanges, dimensões dos assentos, geometria do sulco do anel de retenção e outros detalhes para cada parte do eixo, garantindo que as dimensões mínimas de diâmetro da Etapa 13 sejam satisfeitas. Algumas considerações são listadas aqui, mas informações e diretrizes adicionais são apresentadas nos capítulos 13 a 15.

a. Elementos transmissores de potência, como engrenagens, polias de correias e correntes dentadas, costumam ser colocados nos eixos com pequenas folgas para facilitar a montagem e manter um funcionamento seguro. O Capítulo 13 descreve ajustes entre elementos que devem ser aplicados em decisões finais de tolerância. Para dispositivos de alta precisão e para os que operam em altas velocidades, os elementos são geralmente montados com um leve ajuste de interferência a fim de minimizar a vibração e manter o alinhamento preciso dos membros conjugados. O ajuste escolhido determina as dimensões limítrofes finais para o eixo. Consulte a Referência 12, ao final deste capítulo.

b. As pistas internas dos rolamentos de contato angular são normalmente montadas em eixos com um leve ajuste de interferência conforme a especificação do fabricante do rolamento. É essencial que essas especificações do fabricante sejam mostradas no desenho do eixo. Os capítulos 13 a 15 dão mais informações e alguns dados de exemplo. A Tabela 15.5 indica que, para um rolamento de esferas, a tolerância total especificada ao diâmetro do eixo no assento está geralmente entre 0,0003 pol e 0,0011 pol [cerca de 7,6 micrômetros (μm) a 28,0 μm]. Veja exemplos de dimensionamento do assento nas figuras 15.6 e 15.7, *geralmente apontado como dimensões limite*. Para os propósitos deste capítulo, é suficiente afirmar que o diâmetro especificado da pista interna do rolamento determina a dimensão final do eixo.

c. Por causa das tolerâncias restritas nos assentos, essas partes do eixo são normalmente esmerilhadas. Outras partes podem ser produzidas por torneamento com acabamento fino para que se obtenha o ajuste desejado e um desempenho satisfatório de fadiga.

d. Os assentos no eixo devem ser dimensionados como mostra a Figura 11.2(b), fornecendo a *dimensão S* para facilitar a fabricação. Consulte também as figuras 15.6 e 15.7 para exemplos.

e. Este capítulo apresenta um método, inicialmente aproximado, para considerar as concentrações de tensão causadas por cantos filetados. Espera-se que o projetista especifique os raios finais do filete que resultem em tensões seguras.

f. Fabricantes de anéis de retenção estabelecem as dimensões e tolerâncias exigidas para os sulcos em que essas peças serão assentadas. Os projetistas devem mostrar esses detalhes nos desenhos do eixo. Consulte as figuras 15.6 e 15.7 para exemplos.

g. As dimensões axiais para as características do eixo costumam ser mostradas em relação a algum aspecto de dados críticos, como o flange onde uma engrenagem ou um rolamento será montado(a).

12.3 FORÇAS EXERCIDAS SOBRE OS EIXOS PELOS ELEMENTOS DE MÁQUINA

Engrenagens, polias de correia, correntes dentadas e outros elementos comumente sustentados por eixos exercem forças sobre eles, causando momentos fletores. A seguir, você acompanhará uma discussão sobre os métodos para calcular essas forças em alguns casos. No geral, será preciso empregar os princípios da estática e da dinâmica para a determinação das forças em qualquer elemento específico.

Engrenagens de dentes retos

A força exercida no dente de uma engrenagem durante a transmissão de potência atua na direção normal (perpendicular) ao perfil involuto dele, como discutido no Capítulo 9 e mostrado na Figura 12.3. É conveniente, para a análise dos eixos, considerar os componentes retangulares dessa força atuando nas

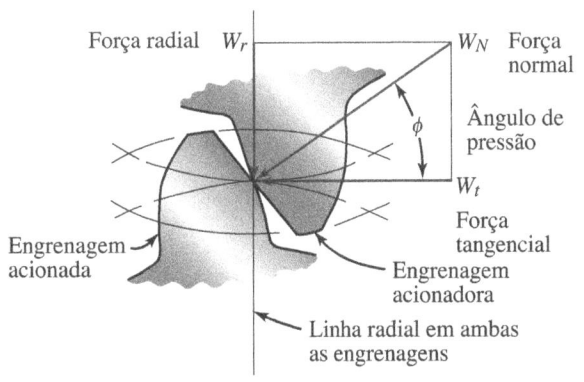

▲ **FIGURA 12.3** Forças nos dentes de uma engrenagem acionada.

direções radial e tangencial. É ainda mais proveitoso calcular a força tangencial, W_t, diretamente a partir do torque conhecido transmitido pela engrenagem. Para unidades norte-americanas,

▶ **Torque**

$$T = 63000\,(P)/n \qquad (12.1)$$

▶ **Força tangencial**

$$W_t = T/(D/2) \qquad (12.2)$$

onde

P = potência sendo transmitida em hp
n = velocidade angular em rpm
T = torque na engrenagem em lb · pol
D = diâmetro de passo da engrenagem em polegadas

O ângulo entre a força total e o componente tangencial é igual ao ângulo de pressão, φ, da forma do dente. Assim, se a força tangencial for conhecida, a força radial pode ser calculada diretamente a partir de

▶ **Forças radiais**

$$W_r = W_t\,\mathrm{tg}\,\phi \qquad (12.3)$$

e não há qualquer necessidade de mensurar a força normal. Para engrenagens, o ângulo de pressão é geralmente 14,5°, 20° ou 25°.

Direções das forças em engrenagens de dentes retos conjugadas

Representar as forças na direção correta é essencial para uma análise precisa de forças e tensões nos eixos das engrenagens. O sistema de forças mostrado na Figura 12.4(a) representa a ação da engrenagem acionadora A na engrenagem acionada B. A força tangencial, W_t, atua perpendicularmente à linha radial, fazendo a engrenagem acionada girar. Já a força radial, W_r, exercida pela engrenagem acionadora A, age ao longo da linha radial e tende a empurrar a engrenagem acionada B.

Um importante princípio da mecânica afirma que, para cada força de ação, há uma força de reação igual e oposta. Portanto, como mostra a Figura 12.4, a engrenagem acionada empurra a engrenagem acionadora de volta com uma força tangencial que se opõe à dela e uma força radial que tende a empurrá-la. Para a orientação das engrenagens mostradas na Figura 12.4, observe as seguintes direções das forças:

Ação: a acionadora empurra a engrenagem acionada
W_t: atua para a esquerda
W_r: atua para baixo

Reação: a engrenagem acionada empurra a acionadora de volta
W_t: atua para a direita
W_r: atua para cima

Em suma, sempre que for preciso determinar a direção das forças que atuam em determinada engrenagem, deve-se primeiro verificar se ela é do tipo acionadora ou acionada. Em seguida, é necessário visualizar as forças de ação da engrenagem acionadora. Se a de interesse for a acionada, trata-se de forças atuando sobre ela. Se for a acionadora, as forças que atuam sobre ela estão em direção oposta às de ação.

Engrenagens helicoidais

Além das forças tangenciais e radiais encontradas em engrenagens de dentes retos, engrenagens helicoidais produzem uma força axial (como discutido no Capítulo 10). Primeiro, calcule a força tangencial

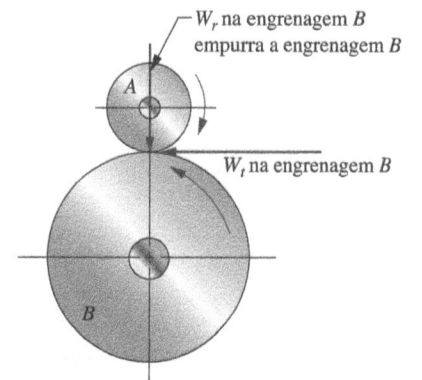

(a) Forças de ação—engrenagem A aciona engrenagem B. Forças exercidas na engrenagem B pela engrenagem A.

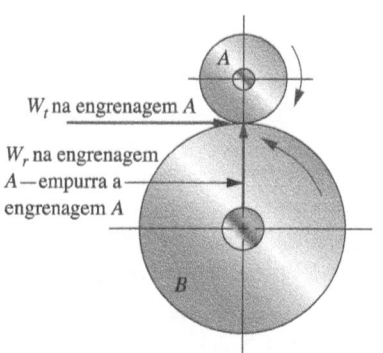

(b) Forças de reação. Forças exercidas na engrenagem A pela engrenagem B.

▲ **FIGURA 12.4** Direções das forças em engrenagens de dentes retos conjugadas.

a partir das equações 12.1 e 12.2. Então, sendo o ângulo de hélice da engrenagem ψ, e o ângulo de pressão normal, ϕ_n, a força radial pode ser calculada a partir de

▶ **Força radial**

$$W_r = W_t \, \text{tg} \, \phi_n / \cos \psi \qquad (12.4)$$

A força axial é

▶ **Força axial**

$$W_x = W_t \, \text{tg} \, \psi \qquad (12.5)$$

Engrenagens cônicas

Consulte o Capítulo 10 para rever as fórmulas dos três componentes da força total que atua nos dentes da engrenagem cônica nas direções tangencial, radial e axial. O Exemplo 10.5 fornece uma análise abrangente de forças, torques e momentos fletores nos eixos de engrenagens cônicas.

Sem-fins e engrenagens sem-fim

O Capítulo 10 também oferece as fórmulas para o cálculo das forças que atuam sobre os sem-fins e as engrenagens sem-fim nas direções tangencial, radial e axial. Consulte o Exemplo 10.9.

Correntes dentadas

A Figura 12.5 mostra um par de correntes dentadas transmitindo potência. A parte superior da corrente está em tração e produz torque nas duas rodas. A parte inferior, chamada de *lado frouxo*, não exerce nenhuma força em nenhuma das rodas. Portanto, a força total de flexão no eixo da roda dentada é igual à tensão no lado tenso da corrente. Se o torque em uma roda for conhecido,

▶ **Força na corrente**

$$F_c = T/(D/2) \qquad (12.6)$$

onde D = diâmetro de passo dessa roda

Note que a força, F_c, atua ao longo da direção do lado tenso da correia. Por causa da diferença de tamanho entre as duas rodas dentadas, essa direção tem certa angulação a partir da linha dos centros de eixo. Uma análise precisa exigiria que a força, F_c, fosse resolvida em componentes paralelos e perpendiculares à linha de centro. Isto é,

$$F_{cx} = F_c \cos \theta \quad \text{e} \quad F_{cy} = F_c \, \text{sen} \, \theta$$

onde

a direção x é paralela à linha de centro
a direção y é perpendicular à linha de centro
o ângulo θ é o de inclinação do lado tensionado da corrente em relação à direção x

Esses dois componentes da força causariam flexão tanto na direção x quanto na y. Por outro lado, a análise poderia ser executada na da força, F_c, onde ocorre flexão em um único plano.

Se o ângulo θ for pequeno, a suposição de que a força inteira, F_c, atua ao longo da direção x causará pouca inexatidão. *Salvo por indicação do contrário, este livro partirá desse pressuposto.*

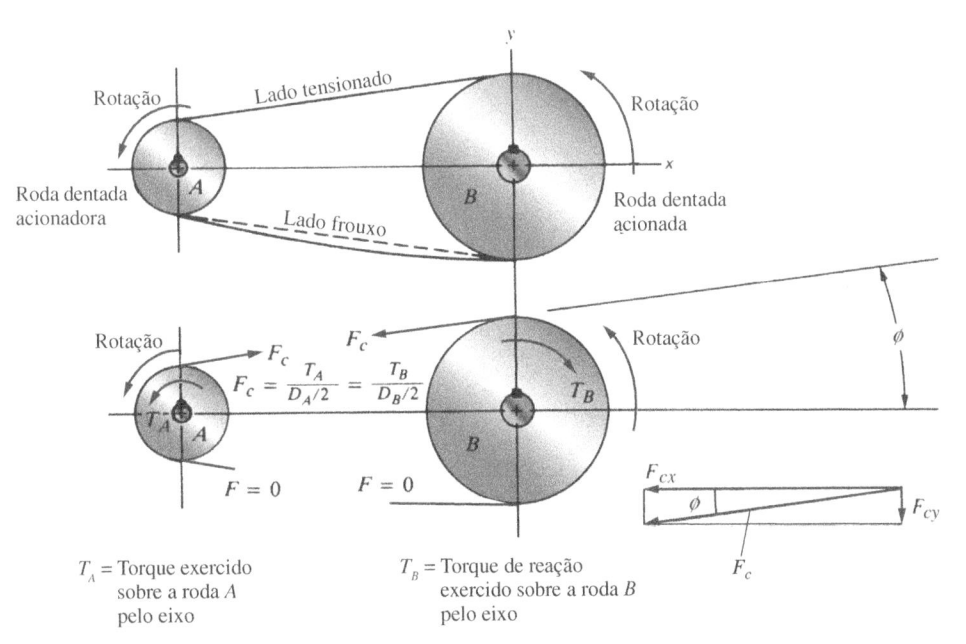

▲ **FIGURA 12.5** Forças atuando sobre correntes dentadas.

Polias para correias em V

A aparência geral de um sistema de transmissão por correia em V é semelhante à de um sistema de transmissão por corrente. Porém, há uma diferença importante: ambos os lados da correia em V estão em tensão, como indica a Figura 12.6. A tensão no lado tensionado, F_1, é maior do que a tensão no "lado frouxo", F_2, havendo uma força acionadora líquida nas polias igual a

▶ **Força acionadora líquida**

$$F_N = F_1 - F_2 \quad (12.7)$$

A magnitude da força acionadora líquida pode ser calculada a partir do torque transmitido:

▶ **Força acionadora líquida**

$$F_N = T/(D/2) \quad (12.8)$$

Contudo, observe que a força de flexão no eixo da polia depende da *soma* $F_1 + F_2 = F_B$. Para maior precisão, os componentes de F_1 e F_2 paralelos à linha dos centros das duas rodas dentadas devem ser usados. Porém, a menos que as duas rodas dentadas sejam extremamente diferentes em diâmetro, pouca inexatidão resultará de $F_B = F_1 + F_2$.

Para determinar a força de flexão, F_B, uma segunda equação envolvendo as duas forças F_1 e F_2 é necessária.

Isso é fornecido pressupondo uma razão entre a tensão do lado tensionado e a tensionado do lado frouxo. Para transmissão por correia em V, a razão é normalmente considerada como

$$F_1/F_2 = 5 \quad (12.9)$$

É conveniente derivar uma razão entre F_N e F_B da forma

$$F_B = CF_N \quad (12.10)$$

onde C = constante a ser determinada

$$C = \frac{F_B}{F_N} = \frac{F_1 + F_2}{F_1 - F_2} \quad (12.11)$$

Mas, a partir da Equação 12.9, $F_1 = 5F_2$. Então

$$C = \frac{F_1 + F_2}{F_1 - F_2} = \frac{5F_2 + F_2}{5F_2 - F_2} = \frac{6F_2}{4F_2} = 1{,}5$$

A Equação 12.10 então se torna, para transmissões por correia em V,

▶ **Força de flexão no eixo para transmissão por correia em V**

$$F_B = 1{,}5\,F_N = 1{,}5\,T/(D/2) \quad (12.12)$$

É costume considerar a força de flexão, F_B, como a única ao longo da linha dos centros das duas polias, como mostra a Figura 12.6.

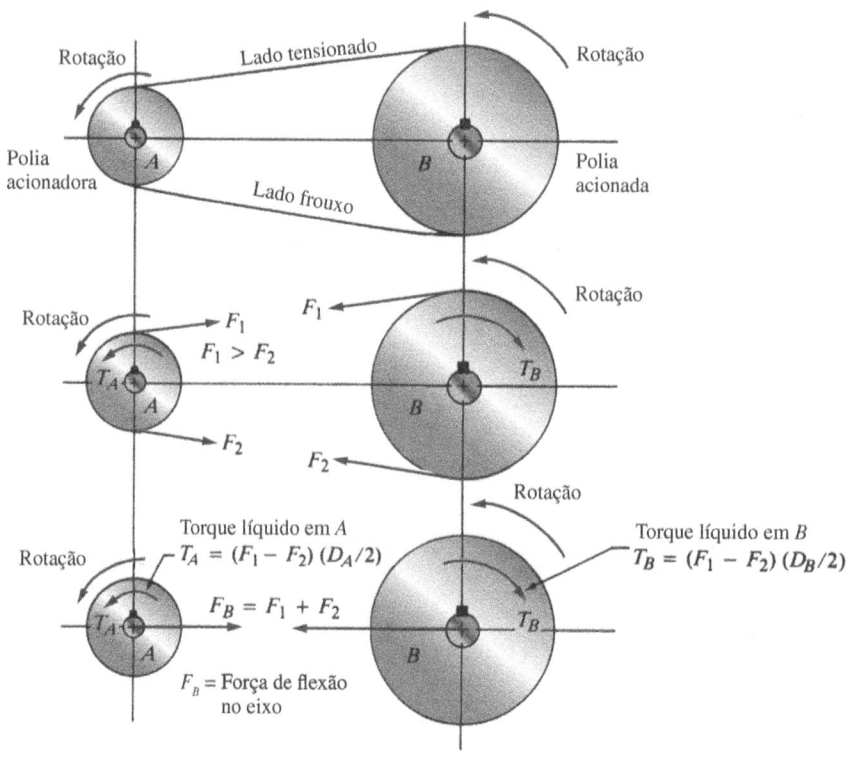

▲ **FIGURA 12.6** Forças em polias ou polias de correia.

Polias de correia plana

A análise da força de flexão exercida nos eixos por polias de correia plana é idêntica à de polias de correia em V, exceto pelo fato de que a razão entre a tensão do lado tensionado e a do lado frouxo costuma ser considerada 3, em vez de 5. Usando a mesma lógica aplicada às polias de correia em V, é possível calcular a constante C como 2,0. Então, para transmissões por correia plana,

▶ **Força de flexão no eixo para transmissão por correia plana**

$$F_B = 2{,}0\, F_N = 2{,}0T/(D/2) \qquad (12.13)$$

Acoplamentos flexíveis

Uma discussão mais detalhada sobre acoplamentos flexíveis foi apresentada no Capítulo 11, mas é importante observar aqui como seu uso afeta o projeto de um eixo.

O acoplamento flexível é empregado para transmitir potência entre eixos e, ao mesmo tempo, acomodar pequenos desalinhamentos nas direções radial, angular ou axial. Dessa forma, os eixos adjacentes aos acoplamentos são submetidos a torção, mas os desalinhamentos não causam cargas axiais ou de flexão.

12.4 CONCENTRAÇÕES DE TENSÕES EM EIXOS

A fim de montar e posicionar adequadamente os vários tipos de elemento de máquinas nos eixos, o projeto final costuma apresentar vários diâmetros, assentos, sulcos de anéis e outras descontinuidades geométricas que criam concentrações de tensão. O projeto de eixo proposto na Figura 12.2 é um exemplo dessa observação.

Essas concentrações de tensão devem ser levadas em conta na análise de projeto. O problema, entretanto, é que os valores reais de projeto para os fatores de concentração de tensão, K_t, são desconhecidos no início do processo de projeto. A maioria dos valores depende dos diâmetros do eixo e das geometrias do filete e do sulco, e estes são os objetivos do projeto.

É possível superar esse dilema estabelecendo um conjunto de valores de projeto preliminares para fatores de concentração de tensão comumente encontrados, que podem ser usados como estimativas iniciais aos diâmetros de eixo mínimos aceitáveis. Então, após a seleção das dimensões precisas, pode-se analisar a geometria final para determinar os valores reais dos fatores de concentração de tensão. A comparação dos valores finais com os preliminares permitirá que se estabeleça a aceitabilidade do projeto. Os valores finais de K_t podem ser encontrados com a ajuda do Site 3, no Capítulo 3.

Valores preliminares de projeto para K_t

Aqui são considerados os tipos de descontinuidade geométrica encontrados com mais frequência em eixos transmissores de potência: assentos, cantos filetados e sulcos de anéis de retenção. Em cada caso, o valor de projeto sugerido é relativamente alto a fim de produzir um resultado conservador para a primeira estimativa. Mais uma vez, enfatiza-se que o projeto final deve ser verificado em relação à segurança. Ou seja, se o valor final for inferior ao original, o projeto é ainda seguro. Por outro lado, se o valor final for superior, a análise de tensão para o projeto deverá ser verificada.

ASSENTOS. *Assento* é um sulco longitudinal feito no eixo para a montagem da chaveta, permitindo a transferência de torque entre o eixo e um elemento transmissor de potência ou vice-versa. O projeto detalhado de chavetas foi abrangido no Capítulo 11.

Dois tipos de assento são empregados com mais frequência: embutido e deslizante (consulte a Figura 12.7). O assento embutido é feito com uma fresa de topo com diâmetro igual à largura da chave. O sulco resultante tem fundo plano e uma extremidade afiada, quadrada. Já o assento deslizante é produzido com uma fresa circular com largura igual à da chaveta. Ao início ou término do corte do assento, a fresa produz um raio suave. Por esse motivo, o fator de concentração de tensão para o assento deslizante é

(a) Assento embutido

(b) Assento deslizante

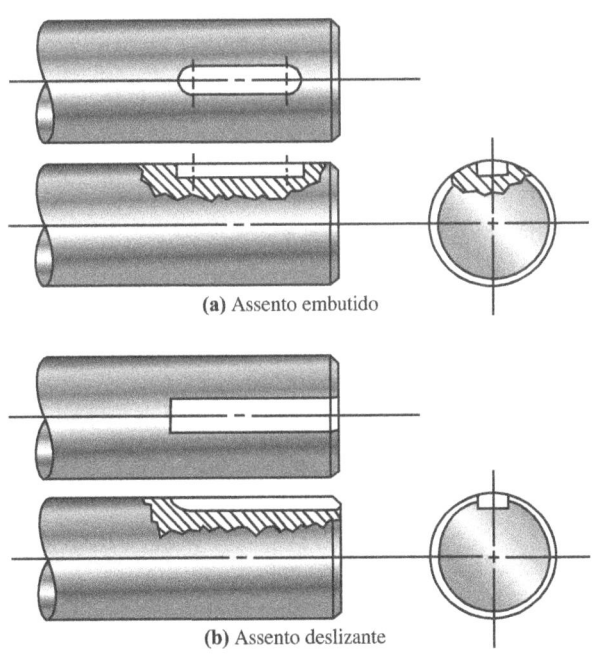

▲ **FIGURA 12.7** Assentos.

menor do que para o assento embutido. Os valores de projeto normalmente usados são

$$K_t = 2,0 \text{ (embutido)}$$

$$K_t = 1,6 \text{ (deslizante)}$$

Cada um deles deve ser aplicado ao cálculo de tensão de flexão para o eixo, considerando o diâmetro total deste. Os fatores levam em conta tanto a redução na seção transversal quanto o efeito da descontinuidade. Consulte as referências listadas para mais detalhes sobre fatores de concentração de tensão em assentos. (Veja a Referência 6.) Se a tensão de cisalhamento torcional for flutuante, e não constante, o fator de concentração de tensão também é aplicado a isso.

CANTOS FILETADOS. Quando ocorre alteração no diâmetro do eixo para a criação de um flange, a fim de se fixar um elemento de máquina, é produzida uma concentração de tensão que depende da razão dos dois diâmetros e do raio no filete (consulte a Figura 12.8). É recomendado que o raio do filete seja o maior possível para minimizar a concentração de tensão, mas, às vezes, o projeto da engrenagem, do rolamento ou de outro elemento o afeta. Para o projeto, os filetes serão classificados em duas categorias: agudo e arredondado.

O termo *agudo* aqui não significa realmente agudo, sem nenhum raio do filete. Tal configuração de flange teria um fator muito alto de concentração de tensão e deveria ser evitada. Em vez disso, *agudo* descreve um flange com raio de filete de certa forma pequeno. Um contexto em que essa condição é provável se revela quando um rolamento de esferas ou rolos cilíndricos precisa ser fixado. A pista interna do rolamento tem um raio de fábrica, mas pequeno. O raio do filete no eixo deve ser menor ainda para que o rolamento seja assentado adequadamente no flange. Quando um elemento com chanfro grande no furo é fixado no flange, ou quando nada está assentado neste, o raio do filete pode ser muito maior (*arredondado*), e o fator correspondente de concentração de tensão é menor. Para o projeto, serão usados os seguintes valores para flexão:

$$K_t = 2,5 \text{ (filete agudo)}$$

$$K_t = 1,5 \text{ (filete arredondado)}$$

No site 3, no Capítulo 3, é possível ver que esses valores equivalem a razões r/d de aproximadamente 0,03 para o caso do filete agudo e 0,19 para o filete arredondado em uma razão D/d de 1,50.

SULCOS DE ANÉIS DE RETENÇÃO. Anéis de retenção são usados para muitos tipos de fixação no eixo e instalados em sulcos após o posicionamento do elemento a ser fixado. A geometria do sulco é ditada pelo fabricante do anel. Sua configuração comum é de pouca profundidade com paredes e fundo retos e um pequeno filete na base. O comportamento do eixo nas proximidades do sulco pode ser entendido considerando dois flanges de filetes agudos juntos. Assim, o fator de concentração de tensão para um sulco é bastante alto.

Para o projeto preliminar, aplicaremos $K_t = 3,0$ à tensão de flexão em um sulco de anel de retenção a fim de considerar os raios dos filetes bem agudos. O fator de concentração de tensão não é usado para a tensão de cisalhamento torcional se ela for constante em uma única direção.

A estimativa calculada para o diâmetro mínimo exigido em um sulco de anel é referente à base dele. É preciso aumentar esse valor em aproximadamente 6% a fim de considerar a profundidade típica do sulco para a determinação do tamanho nominal do eixo. Aplique um fator de 1,06 ao diâmetro exigido calculado.

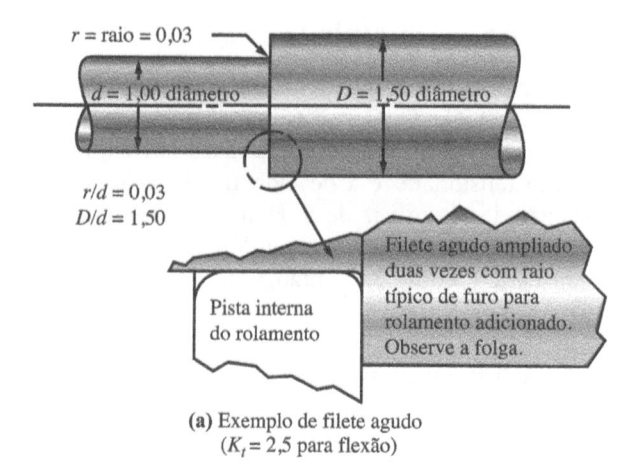

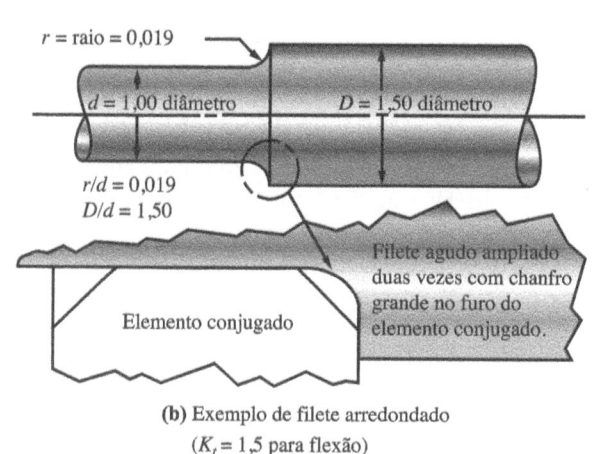

▲ FIGURA 12.8 Filetes em eixos.

(a) Exemplo de filete agudo ($K_t = 2,5$ para flexão)

(b) Exemplo de filete arredondado ($K_t = 1,5$ para flexão)

12.5 TENSÕES DE PROJETO PARA EIXOS

Em certo eixo, várias condições diferentes de tensão podem coexistir. Para qualquer parte do eixo transmissor de potência, há uma tensão de cisalhamento torcional, e a tensão de flexão está geralmente presente nas mesmas partes. Em outras, pode haver somente tensões de flexão. Alguns pontos talvez não sejam submetidos a flexão ou torção, mas sofrem tensão de cisalhamento vertical. Tração axial ou tensões de compressão podem ser sobrepostas às outras tensões. Também é possível que haja alguns pontos em que nenhuma tensão significativa é criada.

Portanto, a decisão sobre qual tensão de projeto usar depende da situação específica do ponto em questão. Em muitos projetos e análises de eixo, é preciso fazer cálculos em vários pontos a fim de considerar completamente a variedade de condições existentes para carregamento e geometria.

Vários casos discutidos no Capítulo 5 para o cálculo de fatores de projeto, N, são úteis à determinação de tensões no projeto de eixo. As tensões de flexão serão consideradas completamente invertidas e repetidas por causa da rotação do eixo. Uma vez que materiais dúcteis têm melhor desempenho sob tais cargas, consideraremos que o material do eixo é dúctil. Também será pressuposto que a carga torsional é relativamente constante e atua em uma única direção. Se houver outras situações, consulte o caso apropriado no Capítulo 5.

O símbolo τ_d será usado para a tensão de projeto quando uma tensão de cisalhamento for o referencial, e o símbolo σ_d, quando uma tensão normal for o referencial.

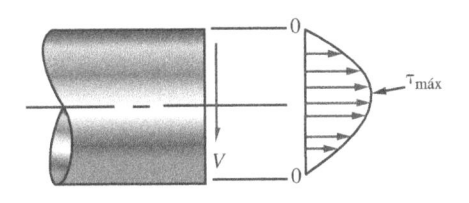

Tensão de cisalhamento de projeto – torque constante

Foi afirmado, no Capítulo 5, que o melhor prognosticador de falha em materiais dúcteis por tensão de cisalhamento constante é a teoria de energia de distorção, na qual a tensão de cisalhamento de projeto é calculada a partir de

$$\tau_d = s_y/(N\sqrt{3}) = (0{,}577 s_y)/N \quad (12.14)$$

Usaremos esse valor para tensões de cisalhamento torcionais, tensões de cisalhamento verticais ou tensões de cisalhamento diretas que sejam constantes em um eixo.

Tensão de cisalhamento de projeto – cisalhamento vertical invertido

Os pontos no eixo em que nenhum torque é aplicado e em que os momentos fletores são zero ou muito baixos são frequentemente submetidos a forças de cisalhamento verticais significativas que, então, orientam a análise de projeto. Isso costuma ocorrer onde o rolamento sustenta a extremidade de um eixo e onde nenhum torque é transmitido.

A Figura 12.9(a) mostra a distribuição de tensões de cisalhamento verticais em tal seção transversal circular. Observe que a tensão de cisalhamento máxima está na linha axial neutra do eixo, isto é, no diâmetro.

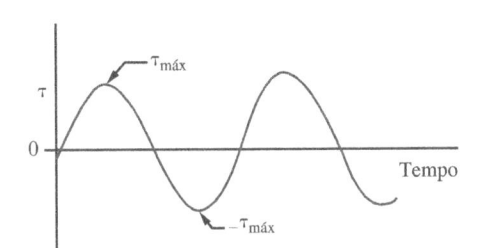

(a) Distribuição da tensão de cisalhamento na seção transversal circular de um eixo

(b) Variação da tensão de cisalhamento em determinado elemento na superfície de um eixo rotativo circular

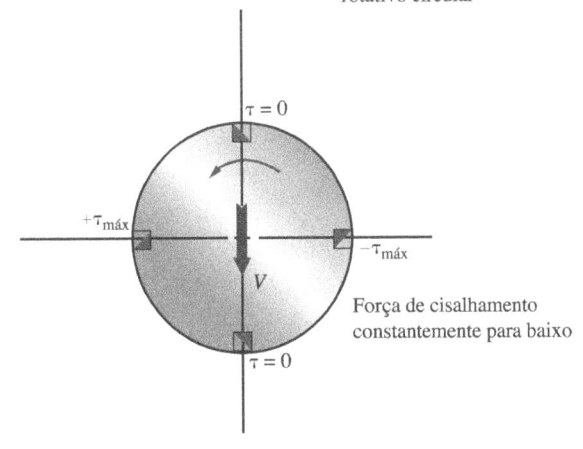

(c) Visualização do posicionamento do elemento ao longo de uma revolução

▲ **FIGURA 12.9** Tensão de cisalhamento em um eixo rotativo causada por força de cisalhamento vertical, V.

A tensão diminui de modo aproximadamente parabólico até chegar a zero na superfície exterior do eixo.

O diagrama na Figura 12.9(b) pode ser explicado visualizando-se um elemento do eixo, começando no topo, com uma força de cisalhamento que atua para baixo, na seção transversal. Acompanhe esse elemento durante uma revolução.

1. Olhe diretamente para a seção transversal circular da extremidade do eixo [consulte a Figura 12.9(c)].
2. Um elemento no topo do eixo recebe tensão de cisalhamento zero, como indica a Figura 12.9(a).
3. Após uma rotação de 90 graus no sentido anti-horário, colocando-o no lado esquerdo do diâmetro horizontal, esse mesmo elemento recebe a tensão de cisalhamento máxima, voltada para baixo.
4. Esse mesmo elemento recebe tensão de cisalhamento zero novamente quando gira mais 90 graus, ficando na parte inferior do eixo.
5. Girando mais 90 graus até o lado direito do diâmetro horizontal, note que o elemento fica de ponta cabeça em relação à sua posição no lado esquerdo, embora a força de cisalhamento ainda atue para baixo.
6. No entanto, em relação ao elemento, a tensão atua na *direção oposta* à da Etapa 3, e a tensão no elemento tem seu valor invertido.
7. Ao girar mais 90 graus até alcançar novamente a parte superior do eixo, o elemento volta a receber tensão de cisalhamento zero.

Portanto, pode-se concluir que qualquer partícula do eixo na superfície externa tem sua tensão de cisalhamento invertida durante cada rotação, como mostra a Figura 12.9(b).

Com base na resistência de materiais, a tensão de cisalhamento vertical máxima para o caso específico de uma seção transversal circular sólida pode ser calculada a partir de

$$\tau_{máx} = 4V/3A$$

onde

V = força de cisalhamento vertical

A = área da seção transversal

Onde os fatores de concentração de tensão devem ser considerados,

$$\tau_{máx} = K_t(4V/3A)$$

Note também que, como mostra a Figura 12.9, a rotação do eixo faz qualquer ponto na parte externa da seção transversal receber uma tensão de cisalhamento que varia de $+\tau_{máx}$ a zero e $-\tau_{máx}$ a zero em cada revolução. As equações de projeto aplicadas a esse tipo de carga são desenvolvidas a seguir:

$$N = s'_{sn}/\tau_{máx}$$

Recomenda-se o uso da teoria de energia de distorção. Então a resistência à fadiga por cisalhamento é

$$s'_{sn} = 0{,}577 s'_n$$

Logo, a equação anterior pode ser escrita na forma

$$N = 0{,}577 s'_n / \tau_{máx}$$

Expressa como uma tensão de projeto, ela é

$$\tau_d = 0{,}577 s'_n / N$$

Agora, sendo $\tau_{máx} = \tau_d = K_t(4V)/3A$, tem-se

$$\frac{K_t(4V)}{3A} = \frac{0{,}577 s'_n}{N}$$

Calculando N,

$$N = \frac{0{,}577 s'_n(3A)}{K_t(4V)} = \frac{0{,}433 s'_n(A)}{K_t(V)} \qquad (12.15)$$

A Equação 12.15 é útil se o objetivo for avaliar o fator de projeto para determinada magnitude de carga, geometria de eixo e propriedade dos materiais.

Então, calculando a área exigida, tem-se

$$A = \frac{K_t(V)N}{0{,}433 s'_n} = \frac{2{,}31 K_t(V)N}{s'_n}$$

Todavia, o objetivo comum é o projeto do eixo para determinar o diâmetro exigido. Substituindo

$$A = \pi D^2/4$$

pode-se estimar D:

▶ **Diâmetro de eixo exigido**

$$D = \sqrt{2{,}94\, K_t(V)N/s'_n} \qquad (12.16)$$

Essa equação deve ser usada para calcular o diâmetro necessário de um eixo onde uma força de cisalhamento vertical V é o único carregamento significativo presente. Na maioria dos eixos, o diâmetro resultante será muito menor que o exigido em outras partes onde há valores significativos de torque e de momento fletor. Além disso, considerações práticas podem exigir que o eixo seja um tanto maior do que o mínimo calculado para acomodar um rolamento no lugar onde a força de cisalhamento é igual à carga radial nesse elemento.

O uso das equações 12.15 e 12.16 tem a complicação de que os valores para o fator de concentração de tensão sob condições de tensão de cisalhamento vertical não são muito conhecidos. Dados publicados, como os da Referência 6 e aqueles do Site 3 no Capítulo 3, informam valores para fatores de concentração de tensão relativos a tensão normal axial, tensão normal de flexão e tensão de cisalhamento torcional. Contudo, valores para tensão de cisalhamento vertical dificilmente são informados. Como forma de aproximação, os valores de K_t serão usados para tensão de cisalhamento torcional nessas equações.

Tensão normal de projeto – carregamento de fadiga

Para a flexão que se repete e tem sinal invertido a cada rotação por causa de cargas transversais aplicadas ao eixo rotativo, a tensão de projeto está relacionada à resistência à fadiga do material do eixo. As condições reais em que o eixo é *fabricado* e *operado* devem ser consideradas na especificação da tensão de projeto.

Consulte a discussão na Seção 5.4 sobre o método de cálculo da resistência à fadiga real aproximada, s'_n, para uso em projeto de eixo. O processo começa com o emprego do gráfico na Figura 5.8 a fim de determinar a resistência à fadiga como função da resistência à tração última do material, ajustado para o acabamento da superfície. A Equação 5.6 adequa esse valor aplicando quatro fatores de acordo com: o tipo de material, o tipo de tensão, a confiabilidade e a forma da seção transversal. Quando eixos rotativos de aço são projetados, os valores para o fator do material e o fator do tipo de tensão são ambos iguais a 1,0. Use a Tabela 5.2 para o fator de confiabilidade e a Figura 5.9 ou as equações na Tabela 5.3 para determinar o fator de forma.

Os fatores de concentração de tensão serão considerados na equação de projeto desenvolvida mais adiante.

A tensão de projeto usada aqui para as partes do eixo submetidas à tensão de flexão invertida por causa da rotação é

$$\sigma_d = s'_n/N \qquad (12.17)$$

Observação: outros fatores não considerados aqui poderiam exercer efeito adverso na resistência à fadiga do material do eixo e, portanto, na tensão de projeto.
Exemplos:
- Variação em tensões de pico acima da resistência à fadiga nominal durante alguns períodos de tempo, até mesmo intervalos curtos para excesso de tensão;
- Temperaturas acima de aproximadamente 400 °F (204 °C);
- Vibrações que induzem variações na tensão não inclusas na análise;
- Tensões residuais: perigosas quando trativas, possivelmente benéficas quando compressivas;
- Endurecimento superficial do material do eixo, resultando em uma distribuição não uniforme da resistência perto da superfície e alterando a resistência efetiva à fadiga líquida;
- Ajustes de interferência de elementos conjugados que introduzem mais tensões locais e concentrações de tensão;
- Corrosão que pode tornar a superfície áspera e diminuir a resistência à fadiga efetiva;
- Ciclagem térmica sobre as tensões aplicadas, alterando o intervalo dos ciclos de tensão;
- Tração axial ou tensões de compressão. (Uma seção posterior aborda esse caso.)

Recomenda-se o teste dos componentes reais sob condições operacionais realistas quando houver qualquer uma dessas situações.

Fator de projeto, *N*

Consulte a Seção 5.7 para uma discussão sobre os fatores que afetam a escolha do fator de projeto. Neste livro, será usado normalmente $N = 2{,}5$ a $3{,}0$, indicando um nível moderado de incerteza sobre as resistências reais do material, as condições de carga e os fatores ambientais a longo prazo. Às vezes, valores mais elevados são justificados para projetos críticos em que não há conhecimento claro das condições reais. Por outro lado, valores mais baixos podem ser usados quando dados abrangentes e confiáveis estão disponíveis.

12.6 EIXOS SUBMETIDOS A FLEXO-TORÇÃO

Exemplos de eixos submetidos a flexo-torção são aqueles que sustentam engrenagens de dentes retos, polias de correia em V ou rodas dentadas. A potência transmitida causa a torção, e as forças transversais nos elementos causam flexão. Em geral, as forças transversais não atuam todas no mesmo plano. Em tais casos, os diagramas de momento fletor para dois planos perpendiculares são preparados primeiro. Depois, o momento fletor resultante em cada ponto de interesse é determinado. O processo será ilustrado no Exemplo 12.1.

Uma equação de projeto é desenvolvida agora com base na suposição de que a tensão de flexão no eixo é repetida e invertida ao longo da rotação, mas que a tensão de cisalhamento torcional é praticamente uniforme. A equação de projeto é baseada no princípio mostrado graficamente na Figura 12.10, em que o eixo vertical é a razão entre a tensão de flexão invertida e a resistência à fadiga do material. (Consulte a Referência 8.) O eixo horizontal é a razão entre a tensão de cisalhamento torcional e a tensão de escoamento do material em cisalhamento. Os pontos com valor 1,0 nesses eixos indicam falha iminente por flexão ou torção puras, respectivamente. Dados experimentais mostram que falha sob combinações de flexão e torção segue mais ou menos a curva que conecta esses dois pontos, que obedece à seguinte equação:

$$(\sigma/s'_n)^2 + (\tau/s_{ys})^2 = 1 \qquad (12.18)$$

Usaremos $s_{ys} = s_y/\sqrt{3}$ para a teoria de energia de distorção. Além disso, um fator de projeto pode ser introduzido em cada termo no lado esquerdo da equação para produzir uma expressão baseada em *tensões de projeto*:

$$(N\sigma/s'_n)^2 + (N\tau\sqrt{3}/s_y)^2 = 1$$

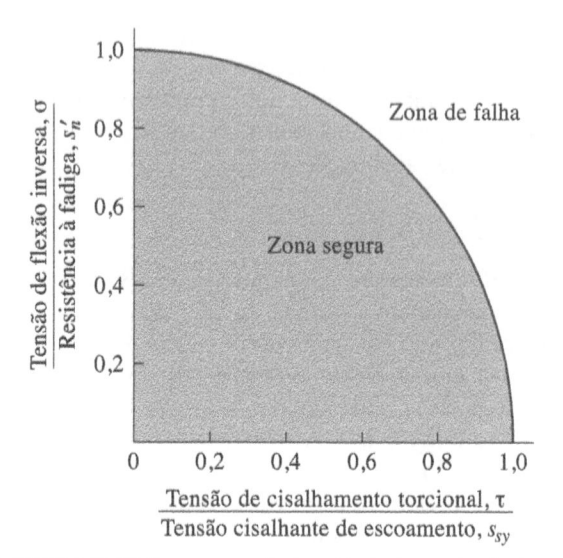

▲ **FIGURA 12.10** Base para equação de projeto de eixo para tensões de flexão repetidas e invertidas e tensões de cisalhamento torcionais constantes.

Agora, podemos introduzir um fator de concentração de tensão para flexão apenas no primeiro termo, pois essa tensão é repetida. Nenhum fator é necessário para o termo da tensão de cisalhamento torcional porque ela é considerada constante, e as concentrações de tensão têm pouco ou nenhum efeito sobre o potencial de falha. Então

$$(K_t N\sigma/s_n')^2 + (N\tau\sqrt{3}/s_y)^2 = 1 \quad (12.19)$$

Para eixos rotativos, sólidos, circulares, a tensão de flexão por momento fletor, M, é

$$\sigma = M/S \quad (12.20)$$

onde $S = \pi D^3/32$ é o módulo de seção retangular. A tensão de cisalhamento torcional é

$$\tau = T/Z_p \quad (12.21)$$

onde $Z_p = \pi D^3/16$ é o momento polar da seção.

Note que $Z_p = 2S$ e, portanto,

$$\tau = T/(2S)$$

Substituindo essas relações na Equação 12.19, tem-se

$$\left[\frac{K_t NM}{Ss_n'}\right]^2 + \left[\frac{NT\sqrt{3}}{2Ss_y}\right]^2 = 1 \quad (12.22)$$

Agora os termos N e S podem ser fatorados, e os termos $\sqrt{3}$ e 2, tirados dos colchetes no termo de torsão:

$$\left[\frac{N}{S}\right]^2\left[\left[\frac{K_t M}{s_n'}\right]^2 + \frac{3}{4}\left[\frac{T}{s_y}\right]^2\right] = 1$$

Então, tiramos a raiz quadrada da equação inteira:

$$\frac{N}{S}\sqrt{\left[\frac{K_t M}{s_n'}\right]^2 + \frac{3}{4}\left[\frac{T}{s_y}\right]^2} = 1$$

Seja $S = \pi D^3/32$ para um eixo circular sólido.

$$\frac{32N}{\pi D^3}\sqrt{\left[\frac{K_t M}{s_n'}\right]^2 + \frac{3}{4}\left[\frac{T}{s_y}\right]^2} = 1 \quad (12.23)$$

Podemos assim calcular o diâmetro D:

▶ **Equação de projeto para eixo**

$$D = \left[\frac{32N}{\pi}\sqrt{\left[\frac{K_t M}{s_n'}\right]^2 + \frac{3}{4}\left[\frac{T}{s_y}\right]^2}\right]^{1/3} \quad (12.24)$$

A Equação 12.24 é utilizada para o projeto de eixo neste livro. Ela é compatível com a norma ANSI B106.1M-1985. (Consulte a Referência 1.) Perceba que a Equação 12.24 também pode ser usada para flexão ou torção pura.

12.7 EXEMPLOS DE PROJETO DE EIXO: FLEXO-TORÇÃO

A seguir, serão mostrados dois exemplos de projeto de eixo empregando o procedimento geral fornecido na Seção 12.2. O processo geral deve ser adaptado à natureza específica de cada problema. Os exemplos 12.1 e 12.2 apresentam algumas combinações de engrenagens de dentes retos, polias de correia e correntes dentadas que exercem forças normais ao eixo para causar flexão. As forças podem atuar em qualquer direção ao redor do eixo, dependendo do posicionamento dos elementos conjugados. Observe que nenhum desses tipos de elemento exerce forças paralelas à direção axial do eixo tendendo a causar tensão axial direta ou compressão.

A Seção 12.8 modificará esse procedimento para os casos em que cargas axiais estiverem presentes, como em eixos de engrenagens helicoidais ou engrenagens sem-fim.

Dimensões básicas recomendadas para eixos

Ao montar um elemento comercialmente disponível, siga a recomendação do fabricante quanto à dimensão básica do eixo e à tolerância.

No sistema norte-americano, os diâmetros costumam ser especificados como frações comuns ou seus equivalentes decimais. O Apêndice 2 lista as dimensões preferenciais que se pode utilizar em décimos de polegada, polegadas fracionadas e unidades métricas. (Consulte a Referência 2.)

Quando rolamentos comercialmente disponíveis que não estão montados são empregados em um eixo, é provável que seus diâmetros internos estejam em dimensões métricas. Dimensões típicas disponíveis e seus equivalentes decimais estão listados na Tabela 14.3.

EXEMPLO 12.1

Projete o eixo mostrado nas figuras 12.1 e 12.2. Ele deve ser usinado de aço SAE 1144 OQT 1000. O eixo é parte da transmissão de um grande sistema de ventilação que fornece ar para uma fornalha. A engrenagem A recebe 200 hp da engrenagem P. Já a engrenagem C transmite a potência para a engrenagem Q. O eixo gira a 600 rpm. Use $D_A = 20,00$ pol e $D_C = 10,00$ pol. Ângulo de pressão = $\phi = 20°$

SOLUÇÃO

Primeiro, determine as propriedades do aço para o eixo. Com base na Figura A4.2, $s_y = 83000$ psi, $s_u = 118000$ psi e o alongamento percentual é de 19%. Portanto, o material tem boa ductilidade. Usando a Figura 5.8, é possível estimar que $s_n = 42000$ psi. Para flexão invertida, seja $K_m = K_{st} = 1,0$.

Um fator de forma deve ser aplicado à resistência à fadiga porque o eixo será grande o suficiente para transmitir 200 hp. Embora não se conheça a forma real no momento, pode-se selecionar $C_s = 0,75$ da Figura 5.9 como estimativa. Um fator de confiabilidade também deve ser especificado. Essa é uma decisão de projeto. Para esse problema, projete para uma confiabilidade de 0,99 e use $C_R = 0,81$. Agora podemos calcular uma estimativa da resistência à fadiga real:

$$s'_n = s_n C_s C_R = (42000)(0,75)(0,81) = 25500 \text{ psi}$$

O fator de projeto é considerado $N = 2$. Não é esperado que o ventilador sofra qualquer choque ou impacto.

Agora podemos calcular o torque no eixo a partir da Equação 12.1:

$$T = 63000(P)/n = 63000(200)/600 = 21000 \text{ lb} \cdot \text{pol}$$

Observe que apenas essa parte do eixo de A a C é submetida a esse torque. O torque é zero desde o lado direito da engrenagem C até o rolamento D. Consulte a Figura 12.11(d).

Forças nas engrenagens: a Figura 12.11 mostra os dois pares de engrenagem com as forças atuando *sobre as engrenagens A e C indicadas*. Note que a engrenagem A é acionada pela P, e a engrenagem C aciona a Q. É muito importante que as direções dessas forças estejam corretas. Os valores das forças são encontrados com as equações 12.2 e 12.3.

$$W_{tA} = T_A/(D_A/2) = 21000/(20/2) = 2100 \text{ lb} \downarrow$$

$$W_{rA} = W_{tA} \text{ tg}(\phi) = 2100 \text{ tg}(20°) = 764 \text{ lb} \rightarrow$$

$$W_{tC} = T_C/(D_C/2) = 21000/(10/2) = 4200 \text{ lb} \downarrow$$

$$W_{rC} = W_{tC} \text{ tg}(\phi) = 4200 \text{ tg}(20°) = 1529 \text{ lb} \leftarrow$$

Forças no eixo: o passo seguinte é mostrar essas forças nos planos de ação apropriados e nas direções corretas. As reações nos rolamentos são calculadas, e os diagramas de força de cisalhamento e momento fletor são preparados. Os resultados são ilustrados na Figura 12.12.

Continuamos o projeto calculando o diâmetro mínimo aceitável do eixo em diversos pontos. Utilizamos o projeto proposto na Figura 12.2. Em cada ponto, observaremos a magnitude de torque e o momento fletor existente, e estimaremos o valor de quaisquer fatores de concentração de tensão. Se mais de uma concentração de tensão existir nas proximidades do ponto de interesse, o valor maior é utilizado para o projeto. Isso pressupõe que as descontinuidades geométricas em si não interagem, o que é bom para o projeto. Por exemplo, no ponto A, o assento deveria terminar bem antes do início dos cantos filetados.

1. **Ponto A:** a engrenagem A produz torção no eixo de A até a direita. À esquerda de A, onde há um anel de retenção, não há forças, momentos ou torques.

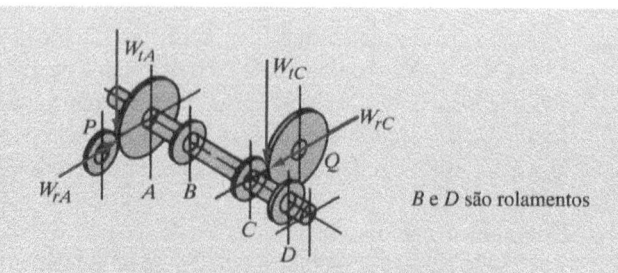

536 ELEMENTOS DE MÁQUINA EM PROJETOS MECÂNICOS

(a) Vista pictórica das forças sobre as engrenagens A e C

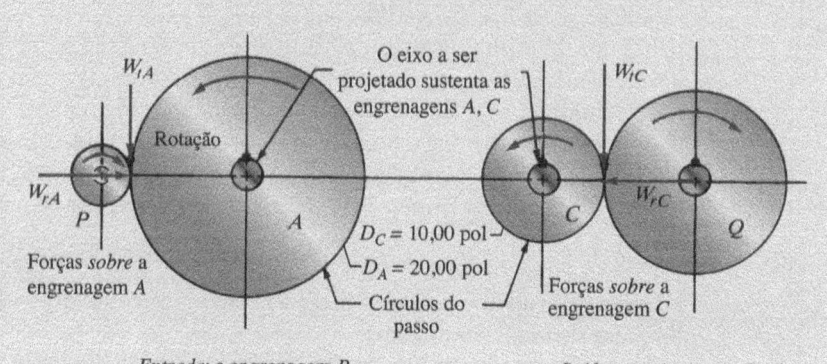

B e D são rolamentos

O eixo a ser projetado sustenta as engrenagens A, C

$D_C = 10{,}00$ pol
$D_A = 20{,}00$ pol

Círculos do passo

Forças *sobre* a engrenagem A

Forças *sobre* a engrenagem C

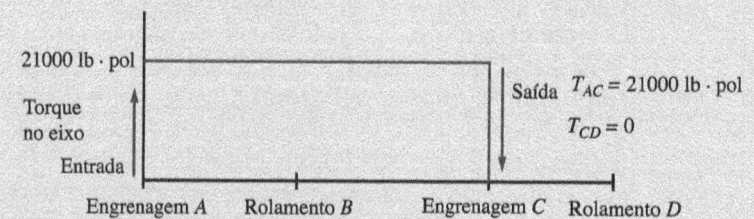

Entrada: a engrenagem P aciona a engrenagem A
Ação
(b) Forças sobre a engrenagem A

Saída: a engrenagem C aciona a engrenagem Q
Reação
(c) Forças sobre a engrenagem C

Torque no eixo

21000 lb · pol

Entrada — Engrenagem A — Rolamento B — Engrenagem C — Rolamento D

Saída $T_{AC} = 21000$ lb · pol
$T_{CD} = 0$

(d) Diagrama de torque no eixo

▲ **FIGURA 12.11** Forças nas engrenagens A e C.

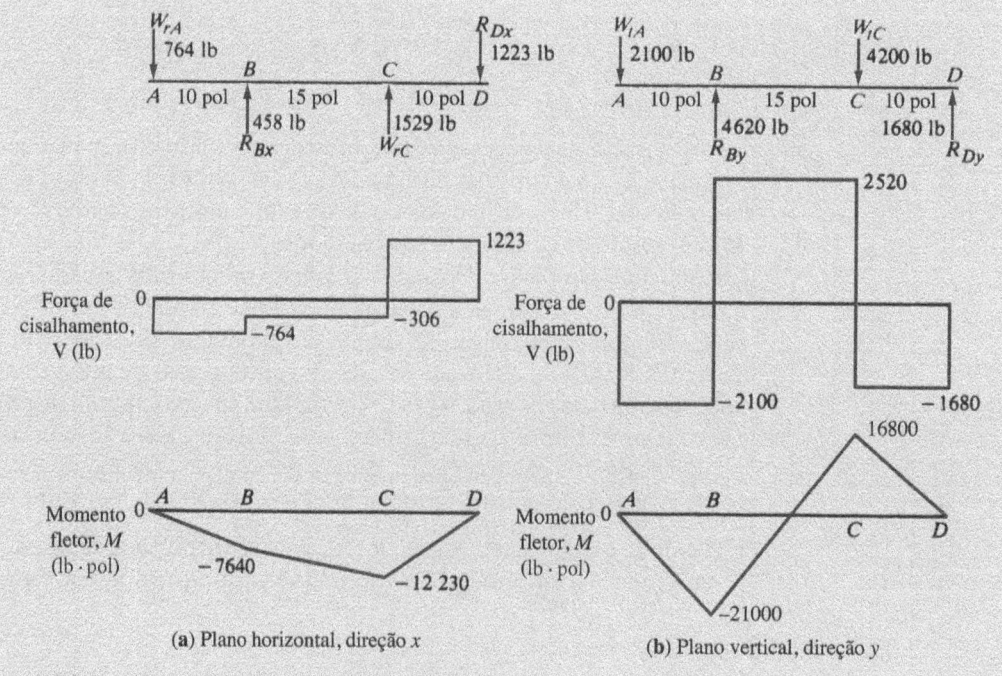

W_{rA} 764 lb R_{Dx} 1223 lb
A 10 pol B 15 pol C 10 pol D
458 lb   1529 lb
R_{Bx} W_{rC}

W_{tA} 2100 lb W_{tC} 4200 lb
A 10 pol B 15 pol C 10 pol D
4620 lb   1680 lb
R_{By} R_{Dy}

Força de cisalhamento, V (lb): 0, −764, −306, 1223

Força de cisalhamento, V (lb): 0, 2520, −2100, −1680

Momento fletor, M (lb · pol): 0 em A, −7640 em B, −12 230 em C, 0 em D

Momento fletor, M (lb · pol): 0 em A, −21000 em B, 16800 em C, 0 em D

(a) Plano horizontal, direção x

(b) Plano vertical, direção y

▲ **FIGURA 12.12** Diagramas de carga, cisalhamento e momento fletor para o eixo da Figura 12.10.

O momento em A é zero porque se trata de uma extremidade livre do eixo. Agora podemos usar a Equação 12.24 para calcular o diâmetro exigido no eixo em A, empregando apenas o termo da torção.

$$D_1 = \left[\frac{32N}{\pi}\sqrt{\frac{3}{4}\left(\frac{T}{s_y}\right)^2}\right]^{1/3}$$

$$D_1 = \left[\frac{32(2)}{\pi}\sqrt{\frac{3}{4}\left(\frac{21000}{83000}\right)^2}\right]^{1/3} = 1,65 \text{ pol}$$

2. **Ponto B:** o ponto B é a localização de um rolamento com um filete agudo à direita e um filete arredondado à esquerda. É desejável fazer com que D_2 seja pelo menos um pouco menor do que D_3 no assento do rolamento a fim de permitir que este deslize facilmente sobre o eixo até o local em que é pressionado na posição final. Costuma haver um leve ajuste forçado entre o diâmetro interno do rolamento e o assento do eixo. O torque no eixo em B é

$$T_B = 21000 \text{ lb} \cdot \text{pol}$$

O momento fletor em B é a resultante do momento nos planos x e y da Figura 12.12:

$$M_B = \sqrt{M_{Bx}^2 + M_{By}^2} = \sqrt{(7640)^2 + (21000)^2} = 22350 \text{ lb} \cdot \text{pol}$$

À *esquerda de B* (diâmetro D_2),

$$K_t = 1,5 \text{ (filete arredondado)}$$

Usando a Equação 12.24 por causa da condição das tensões combinadas,

$$D_2 = \left[\left(\frac{32N}{\pi}\right)\sqrt{\left(\frac{K_t M}{s_n'}\right)^2 + \frac{3}{4}\left(\frac{T}{s_y}\right)^2}\right]^{1/3}$$

$$D_2 = \left[\frac{32(2)}{\pi}\sqrt{\left[\frac{1,5(22350)}{25500}\right]^2 + \frac{3}{4}\left[\frac{21000}{83000}\right]^2}\right]^{1/3} = 3,30 \text{ pol} \quad \textbf{(12.24a)}$$

Em B e à direita de B (diâmetro $D3$), tudo é o mesmo, exceto o valor de $Kt = 2,5$ para o filete agudo. Então

$$D_3 = \left[\frac{32(2)}{\pi}\sqrt{\left[\frac{2,5(22350)}{25500}\right]^2 + \frac{3}{4}\left[\frac{21000}{83000}\right]^2}\right]^{1/3} = 3,55 \text{ pol}$$

Note que D_4 será maior do que D_3 a fim de fornecer um flange para o rolamento. Portanto, ele será seguro. Seu diâmetro real será especificado após a conclusão da análise de tensão e a seleção do rolamento em B. O catálogo do fabricante do rolamento especificará o diâmetro mínimo aceitável à direita com o objetivo de oferecer um flange adequado para assentá-lo.

3. **Ponto C:** o ponto C é a localização da engrenagem C com um filete arredondado à esquerda, um assento embutido nela e um sulco de anel de retenção à direita. O emprego de um filete arredondado nesse ponto é, na verdade, uma decisão de projeto que exige a acomodação de um filete maior no diâmetro interno da engrenagem. Normalmente, isso significa que um chanfro é produzido nas extremidades desse diâmetro. O momento fletor em C é

$$M_C = \sqrt{M_{Cx}^2 + M_{Cy}^2} = \sqrt{(12230)^2 + (16800)^2} = 20780 \text{ lb} \cdot \text{pol}$$

À *esquerda de C*, o torque de 21000 lb · pol acontece com o assento embutido fornecendo $K_t = 2,0$. Então

$$D_5 = \left[\frac{32(2)}{\pi}\sqrt{\left[\frac{2,0(20780)}{25500}\right]^2 + \frac{3}{4}\left[\frac{21000}{83000}\right]^2}\right]^{1/3} = 3,22 \text{ pol}$$

À direita de C não há torque, mas o sulco do anel sugere $K_t = 3,0$ para projeto, e ocorre flexão invertida. Podemos usar a Equação 12.24 com $K_t = 3,0$, $M = 20780$ lb · pol e $T = 0$.

$$D_5 = \left[\frac{32(2)}{\pi}\sqrt{\left(\frac{(3,0)(20780)}{25500}\right)^2}\right]^{1/3} = 3,68 \text{ pol}$$

Um fator de sulco de anel de 1,06 aumenta o diâmetro para 3,90 pol. Esse valor é mais elevado do que o calculado para a esquerda de *C* e, portanto, direciona o projeto no ponto *C*.

4. **Ponto D:** o ponto *D* é a base para o rolamento *D*, e não há torque ou momento fletor nele. Contudo, há uma força de cisalhamento vertical igual à reação no rolamento. Usando a resultante das reações nos planos *x* e *y*, a força de cisalhamento é

$$V_D = \sqrt{(1223)^2 + (1680)^2} = 2078 \text{ lb}$$

Podemos usar a Equação 12.16 para calcular o diâmetro exigido nesse ponto do eixo:

$$D = \sqrt{2,94 \ K_t(V)N/s_n'} \qquad (12.16)$$

Consultando a Figura 12.2, vemos um filete agudo próximo a esse ponto no eixo. Então, um fator de concentração de tensão de 2,5 deve ser utilizado:

$$D_6 = \sqrt{\frac{2,94(2,5)(2078)(2)}{25500}} = 1094 \text{ pol}$$

Esse resultado é muito pequeno em comparação aos outros diâmetros calculados, o que é bastante comum. Na realidade, o diâmetro em *D* será provavelmente fabricado em tamanho muito maior por causa da dimensão do rolamento capaz de sustentar a carga radial de 2078 lb.

RESUMO

Os diâmetros exigidos mínimos calculados para as diversas partes do eixo na Figura 12.2 são os seguintes:

$$D_1 = 1,65 \text{ pol}$$
$$D_2 = 3,30 \text{ pol}$$
$$D_3 = 3,55 \text{ pol}$$
$$D_5 = 3,90 \text{ pol}$$
$$D_6 = 1,094 \text{ pol}$$

Além disso, D_4 deve ser um pouco maior do que 3,90 pol a fim de oferecer flanges adequados para a engrenagem *C* e o rolamento *B*.

Agora, especificamos dimensões apropriadas em décimos de polegadas para os seis diâmetros. Escolha as dimensões do assento do rolamento com base na Tabela 14.3 e todas as outras dimensões com base no Apêndice 2. A Tabela 12.1 apresenta um conjunto possível de diâmetros recomendados.

▼ TABELA 12.1 Diâmetros recomendados.

Peça conjugada	Número do diâmetro (do Exemplo 12.1 e da Figura 12.2)	Diâmetro mínimo	Diâmetro especificado (dimensão básica)
Engrenagem	D_1	1,65 pol	1,800 pol
Nenhuma	D_2	3,30 pol	3,400 pol
Rolamento	D_3	3,55 pol	3,7402 pol (95 mm)
Nenhuma	D_4	>D_3 ou D_5	4,400 pol
Engrenagem	D_5	3,90 pol	4,000 pol
Rolamento	D_6	1,094 pol	1,7717 pol (45 mm)

Os diâmetros D_3 e D_6 são os equivalentes decimais dos diâmetros métricos das pistas internas dos rolamentos presentes na Tabela 14.3. Os procedimentos no Capítulo 14 teriam de ser usados para determinar se os rolamentos com esses diâmetros são adequados para sustentar as cargas radiais. Além disso, D_4 teria de ser verificado para saber se oferece um flange alto o suficiente para apoiar o rolamento montado no ponto B do eixo. Então, especificações detalhadas para raios de filete, assentos e sulcos de anéis de retenção deveriam ser definidas. Em seguida, os valores reais para fatores de concentração de tensão e o fator de forma teriam de ser estabelecidos. Por fim, a análise de tensão deve ser repetida para garantir que o fator de projeto resultante é aceitável. A Equação 12.23 pode ser resolvida para N e avaliada quanto às condições reais.

EXEMPLO 12.2

O eixo mostrado na Figura 12.13 recebe 110 hp de uma turbina hidráulica por meio de uma corrente dentada no ponto C. O par de engrenagens em E transmite 80 hp para um gerador elétrico. E a polia de correia em V no ponto A transmite 30 hp para um elevador de caçamba que transporta grãos a um funil elevado. O eixo gira a 1700 rpm. A roda dentada, a polia e a engrenagem estão posicionadas axialmente por anéis de retenção. Além disso, as duas últimas estão conectadas por assentos deslizantes, e há um assento embutido na roda dentada. Use aço SAE 1040 estirado a frio para o eixo. Calcule os diâmetros mínimos aceitáveis de D_1 a D_7, como define a Figura 12.13.

SOLUÇÃO

Primeiro, as propriedades de material para o aço SAE 1040 estirado a frio são encontradas no Apêndice 3.

$$s_y = 71000 \text{ psi} \quad s_u = 80000 \text{ psi}$$

Assim, partindo da Figura 5.8, $s_n = 30000$ psi. Projete para uma confiabilidade de 0,99 e use $C_R = 0,81$. O tamanho do eixo deve ser moderadamente grande, e podemos considerar $C_s = 0,85$ como uma estimativa razoável. Então, a resistência à fadiga modificada é

$$s'_n = s_n C_s C_R = (30000)(0,85)(0,81) = 20650 \text{ psi}$$

A aplicação é bastante suave: uma transmissão de turbina, um gerador e um transportador nos pontos de saída. Um fator de projeto de $N = 2$ deve ser satisfatório.

Distribuição de torque no eixo: lembrando que toda a potência vai para o eixo em C, podemos observar que 30 hp é transmitido pelo eixo de C para a polia em A. Além disso, 80 hp é transmitido pelo eixo de C até a engrenagem em E. Com base nessas informações, o torque no eixo pode ser calculado:

$$T_A = T_{AC} = 63000(30)/1700 = 1112 \text{ lb} \cdot \text{pol} \quad \text{de A a C no eixo}$$

$$T_E = T_{CE} = 63000(80)/1700 = 2965 \text{ lb} \cdot \text{pol} \quad \text{de C a E no eixo}$$

A Figura 12.14 mostra um esboço da distribuição de torque *no eixo* sobreposto ao desenho do eixo. Ao projetar o eixo em C, usaremos 2965 lb · pol *em C e à direita*, mas podemos empregar 1112 lb · pol *à esquerda de C*. Perceba que nenhuma parte do eixo é submetida aos 110 hp totais que atingem a roda dentada em C. A potência se divide em duas partes quando entra no eixo. Ao analisar a roda dentada em si, devemos usar 110 hp e o torque correspondente:

$$T_C = 63000(110)/1700 = 4076 \text{ lb} \cdot \text{pol (torque na roda dentada)}$$

Forças: calcularemos as forças em cada elemento separadamente e mostraremos as forças componentes que atuam nos planos vertical e horizontal, como no Exemplo 12.1. A Figura 12.15 indica as direções das forças aplicadas e suas componentes para cada elemento.

1. **Forças na polia A:** use as equações 12.7, 12.8 e 12.12:

$$F_N = F_1 - F_2 = T_A/(D_A/2) = 1112/3{,}0 = 371 \text{ lb} \quad \text{(força acionadora líquida)}$$

$$F_A = 1{,}5\, F_N = 1{,}5(371) = 556 \text{ lb} \quad \text{(força de flexão)}$$

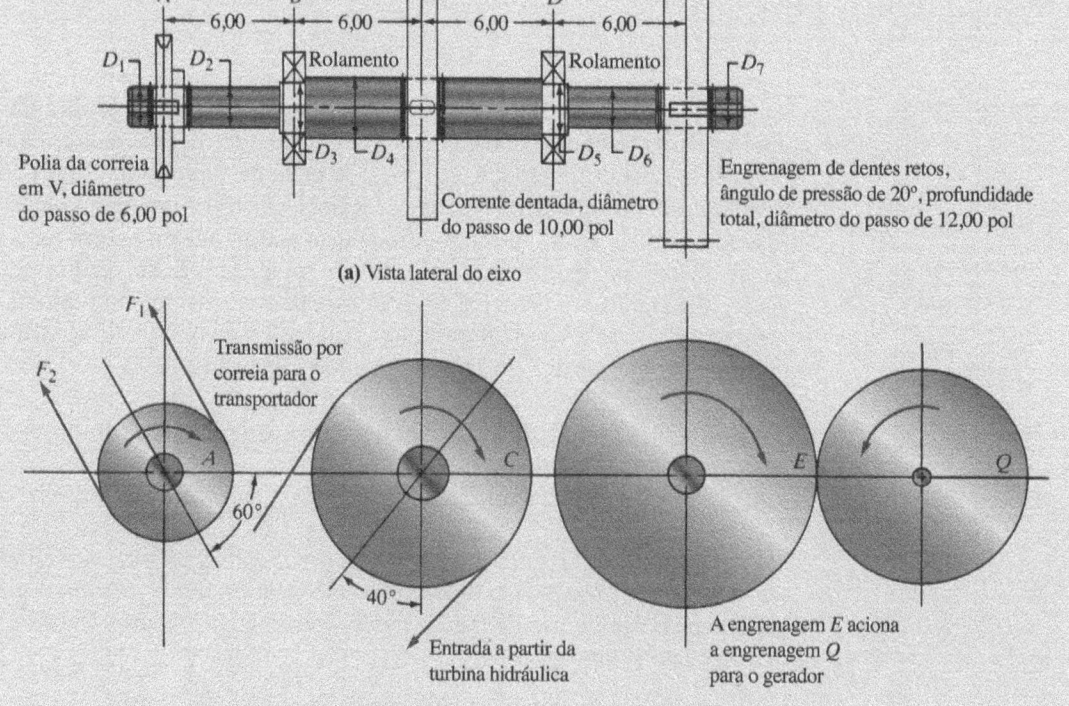

(a) Vista lateral do eixo

(b) Orientação dos elementos A, C e E vista da extremidade direita do eixo

▲ **FIGURA 12.13** Projeto de eixo para o Exemplo 12.2.

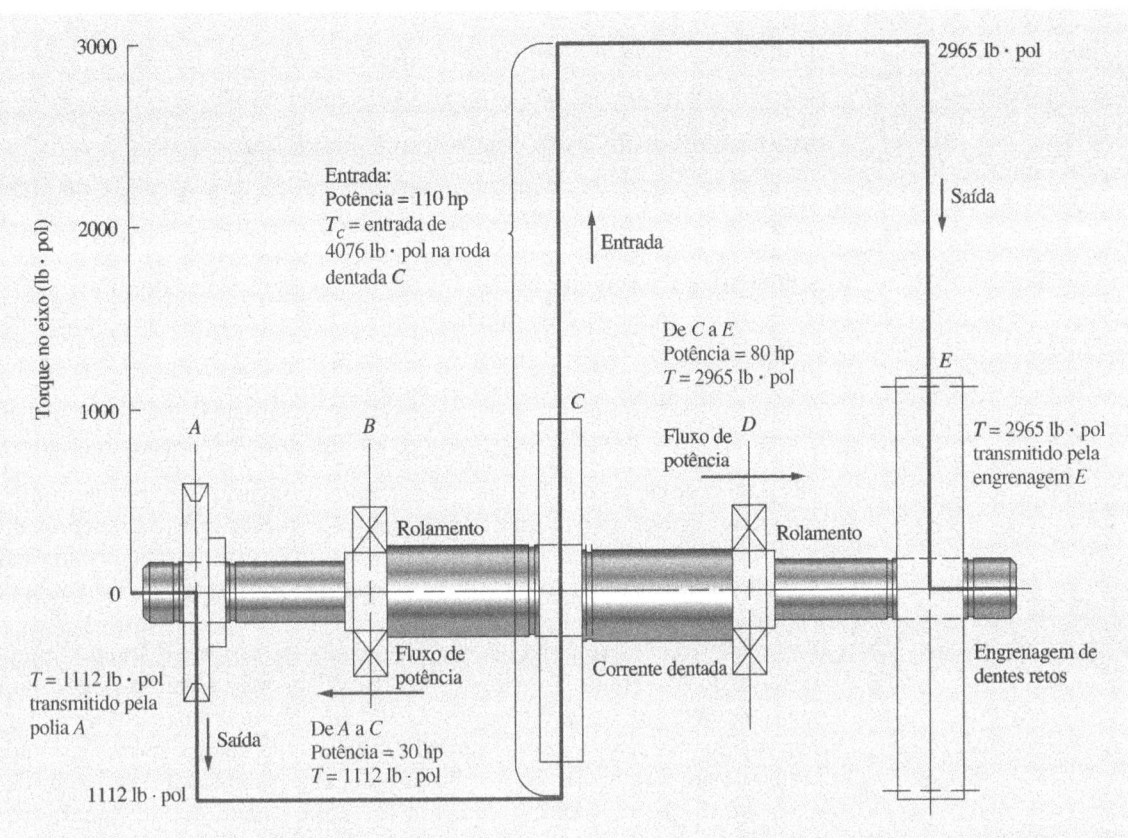

▲ **FIGURA 12.14** Distribuição de torque no eixo.

(a) Vista pictórica das forças

(b) Forças sobre o eixo na polia A

(c) Forças sobre o eixo na roda dentada C

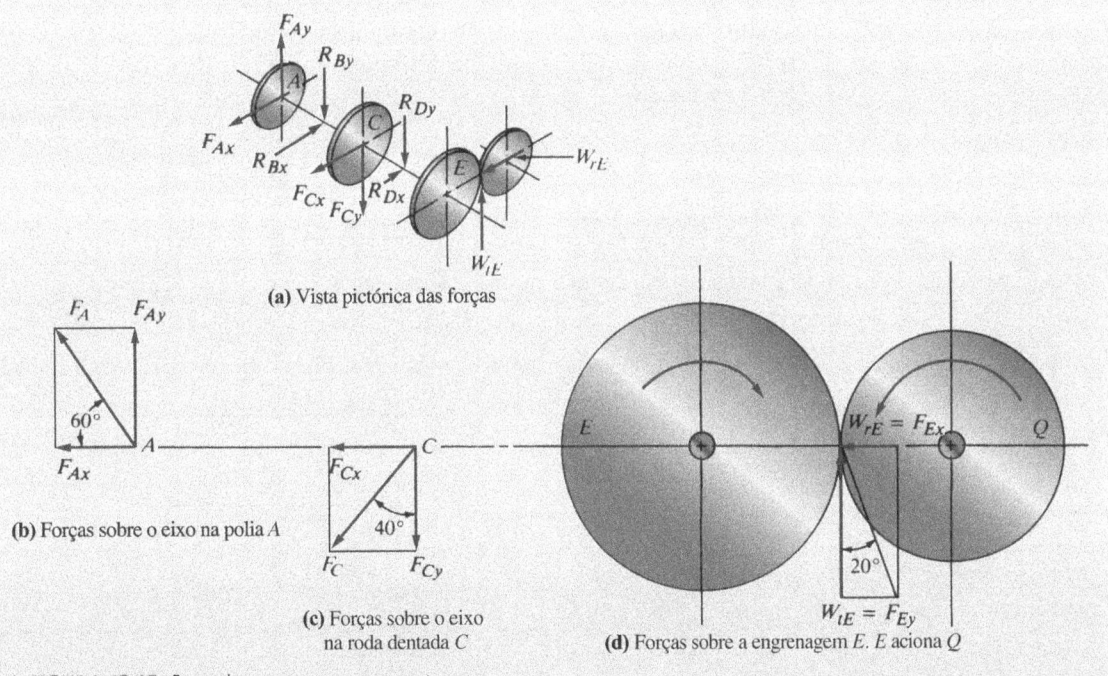

(d) Forças sobre a engrenagem E. E aciona Q

▲ **FIGURA 12.15** Forças decompostas nas componentes x e y.

A força de flexão atua para cima e para a esquerda em um ângulo de 60° da horizontal. Como mostra a Figura 12.15, as componentes da força de flexão são

$$F_{Ax} = F_A \cos(60°) = (556)\cos(60°) = 278 \text{ lb} \leftarrow \quad \text{(para a esquerda)}$$

$$F_{Ay} = F_A \text{sen}(60°) = (556)\text{sen}(60°) = 482 \text{ lb} \uparrow \quad \text{(para cima)}$$

2. **Forças na roda dentada C:** use a Equação 12.6:

$$F_C = T_C/(D_C/2) = 4076/5{,}0 = 815 \text{ lb}$$

Essa é a carga de flexão no eixo. As componentes são

$$F_{Cx} = F_C \operatorname{sen}(40°) = (815)\operatorname{sen}(40°) = 524 \text{ lb} \leftarrow \quad \text{(para a esquerda)}$$

$$F_{Cy} = F_C \cos(40°) = (815)\cos(40°) = 624 \text{ lb} \downarrow \quad \text{(para baixo)}$$

3. **Forças na engrenagem E:** a carga transmitida é encontrada com a Equação 12.2, e a carga radial, com a Equação 12.3. As direções são mostradas na Figura 12.15.

$$F_{Ey} = W_{tE} = T_E/(D_E/2) = 2965/6{,}0 = 494 \text{ lb} \uparrow \quad \text{(para cima)}$$

$$F_{Ex} = W_{rE} = W_{tE} \operatorname{tg}(\phi) = (494)\operatorname{tg}(20°) = 180 \text{ lb} \leftarrow \quad \text{(para a esquerda)}$$

Diagramas de carga, cisalhamento e momento: a Figura 12.16 mostra as forças que atuam sobre o eixo em cada elemento, as reações nos rolamentos e os diagramas de força de cisalhamento e momento fletor para os planos horizontal (x) e vertical (y). Na figura, os cálculos do momento fletor resultante nos pontos B, C e D também são indicados.

Projeto do eixo: usaremos a Equação 12.24 para determinar o diâmetro mínimo aceitável do eixo em cada ponto de interesse. Visto que a equação exige um número bastante grande de operações individuais, e uma vez que nós a empregaremos pelo menos sete vezes, pode ser desejável criar um programa de computador só para essa operação. A utilização de uma planilha também seria ideal. Consulte a Seção 12.9. Observe que é possível usar a Equação 12.24, mesmo que haja só torção ou só flexão, inserindo zero para o valor faltante.

A Equação 12.24 é repetida aqui para referência. Na solução a seguir, os dados usados para cada ponto considerado no projeto são listados. Seria apropriado verificar os cálculos para os diâmetros mínimos exigidos. O fator de projeto $N = 2$ foi usado.

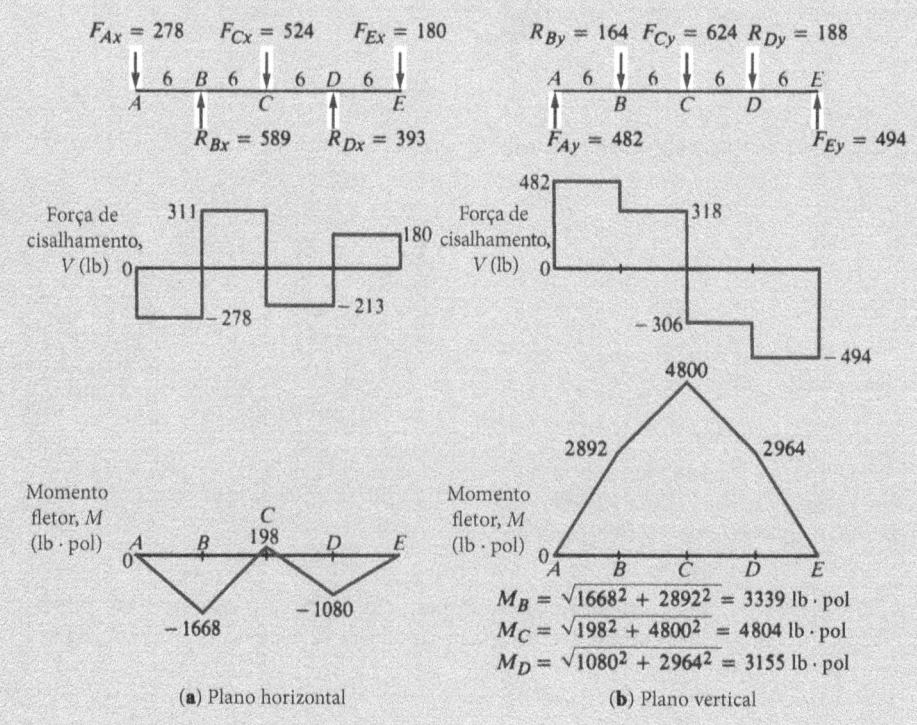

$M_B = \sqrt{1668^2 + 2892^2} = 3339 \text{ lb} \cdot \text{pol}$

$M_C = \sqrt{198^2 + 4800^2} = 4804 \text{ lb} \cdot \text{pol}$

$M_D = \sqrt{1080^2 + 2964^2} = 3155 \text{ lb} \cdot \text{pol}$

(a) Plano horizontal

(b) Plano vertical

▲ **FIGURA 12.16** Diagramas de carga, cisalhamento e momento.

$$D = \left[\frac{32N}{\pi}\sqrt{\left(\frac{K_t M}{s'_n}\right)^2 + \frac{3}{4}\left(\frac{T}{s_y}\right)^2}\right]^{1/3}$$

1. **Ponto A:** torque = 1112 lb · pol; momento = 0. A polia está posicionada com anéis de retenção. Uma vez que o torque é constante, não será usado um fator de concentração de tensão nesse cálculo, como discutido na Seção 12.4. Porém, encontraremos o diâmetro nominal no sulco à direita de A aumentando o resultado calculado em aproximadamente 6%. O resultado será conservador para geometrias típicas de sulco.

   Usando a Equação 12.24, $D_1 = 0{,}65$ pol. Aumentando 6%, $D_1 = 0{,}69$ pol.

2. **À esquerda do ponto B:** esse é o diâmetro de alívio até o assento do rolamento. Um raio de filete arredondado será especificado para o local onde D_2 se une a D_3. Logo,

   Torque = 1112 lb · pol   Momento = 3339 lb · pol $K_t = 1{,}5$

   Então, $D_2 = 1{,}70$ pol.

3. **No ponto B e à direita:** esse é o assento do rolamento com cantos filetados à direita, exigindo um filete bem agudo:

   Torque = 1112 lb · pol   Momento = 3339 lb · pol $K_t = 2{,}5$

   Então, $D_3 = 2{,}02$ pol.

4. **No ponto C:** o objetivo é que o diâmetro seja o mesmo desde a direita do rolamento B até à esquerda do rolamento D. A pior condição é à direita de C, onde há um sulco de anel, e o maior valor de torque é

   Torque = 2965 lb · pol   Momento = 4804 lb · pol $K_t = 3{,}0$

   Então, $D_4 = 2{,}57$ pol após a aplicação do fator de sulco do anel de 1,06.

5. **No ponto D e à esquerda:** esse é um assento do rolamento semelhante ao de B:

   Torque = 2965 lb · pol   Momento = 3155 lb · pol $K_t = 2{,}5$

   Então, $D_5 = 1{,}98$ pol.

6. **À direita do ponto D:** esse é um diâmetro de alívio semelhante a D_2:

   Torque = 2965 lb · pol   Momento = 3155 lb · pol $K_t = 1{,}5$

   Então, $D_6 = 1{,}68$ pol.

7. **No ponto E:** a engrenagem está montada com anéis de retenção em cada lado:

   Torque = 2965 lb · pol   Momento = 0 $K_t = 3{,}0$

   Então, $D_7 = 0{,}96$ lb · pol após a aplicação do fator de sulco do anel de 1,06.

RESUMO COM VALORES CONVENIENTES ESPECIFICADOS

Com base no Apêndice 2, especificamos frações convenientes em todos os locais, incluindo os assentos do rolamento (consulte a Tabela 12.2). Considera-se que rolamentos do tipo pillow block com dimensões em polegadas serão usados. Foi decidido que os diâmetros D_1, D_2, D_6 e D_7 serão os mesmos para minimizar a usinagem e oferecer um pouco de segurança adicional nos sulcos dos anéis. Mais uma vez, as dimensões do diâmetro interno do rolamento teriam de ser verificadas em relação à classificação de carga dos rolamentos. O tamanho de D_4 teria de ser verificado para saber se oferece flange suficiente para os rolamentos em B e D.

O fator de forma e os fatores de concentração de tensão também devem ser verificados.

▼ TABELA 12.2 Especificação de valores.

Peça conjugada	Número do diâmetro	Diâmetro mínimo	Diâmetro especificado Fração	Diâmetro especificado Decimal
Polia	D_1	0,69	$1\frac{3}{4}$	1,750
Nenhuma	D_2	1,70	$1\frac{3}{4}$	1,750
Rolamento	D_3	2,02	$2\frac{1}{4}$	2,250
Roda dentada	D_4	2,57	$2\frac{3}{4}$	2,750
Rolamento	D_5	1,98	2	2,000
Nenhuma	D_6	1,68	$1\frac{3}{4}$	1,750
Engrenagem	D_7	0,96	$1\frac{3}{4}$	1,750

12.8 EXEMPLO DE PROJETO DE EIXO: FLEXO-TORÇÃO COM FORÇAS AXIAIS

O Exemplo 12.3 mostra um eixo sustentando uma corrente dentada e uma engrenagem sem-fim. Uma das componentes das forças sobre a engrenagem sem-fim atua paralelamente à direção axial do eixo, criando uma componente direta de tensão axial no eixo à esquerda do ponto D. Descrevemos um método para lidar com essa situação ao longo do desenvolvimento da análise de tensão para essa parte do eixo na solução do exemplo.

Salvo pela presença da tensão axial no eixo, o procedimento de projeto é o mesmo dos exemplos de projeto 12.1 e 12.2. Por essa razão, grande parte da manipulação detalhada de fórmulas é omitida a fim de condensar a apresentação da análise.

EXEMPLO 12.3

Uma engrenagem sem-fim está montada na extremidade direita do eixo, como mostra a Figura 12.17. A engrenagem tem o mesmo projeto do Exemplo 10.7 e transmite 6,68 hp para o eixo a uma velocidade de 101 rpm. As magnitudes e direções das forças na engrenagem são fornecidas na figura. Observe que há um sistema de três forças ortogonais atuando sobre a engrenagem. A potência é transmitida por uma corrente dentada a B para acionar um transportador que remove lascas de ferro fundido de um sistema de usinagem. Projete o eixo.

SOLUÇÃO

O torque no eixo desde a engrenagem sem-fim, no ponto D, até a corrente dentada, em B, é

$$T_B = T_D = T_{BD} = W_{tG}(D_G/2) = 962(4,333) = 4168 \text{ lb} \cdot \text{pol}$$

além disso, $T_{AB} = 0$. O diagrama de torque está desenhado na Figura 12.17.
A força na corrente dentada é

$$F_c = T_B/(D_s/2) = 4168/(6,71/2) = 1242 \text{ lb}$$

Essa força atua horizontalmente para a direita, como visto a partir da extremidade do eixo.
Diagramas de momento fletor: a Figura 12.18 mostra as forças que atuam no eixo nos planos vertical e horizontal e os diagramas correspondentes de força de cisalhamento e momento fletor. É preciso rever esses diagramas, especialmente o do plano vertical, para compreender o efeito da força axial de 265 lb. Note que, uma vez que atua acima do eixo, ela cria um momento fletor na extremidade dele para

FIGURA 12.17 Projeto de eixo.

Forças na engrenagem sem-fim:
W_{tG} = 962 lb tangencial
W_{rG} = 352 lb radial
W_{xG} = 265 lb axial

$T_D = T_{BD}$ = 4168 lb · pol
$T_{AB} = 0$

Diâmetro de passo da roda dentada = D_s = 6,71 pol

F_c = Tração na corrente

Diagrama de torque para o eixo

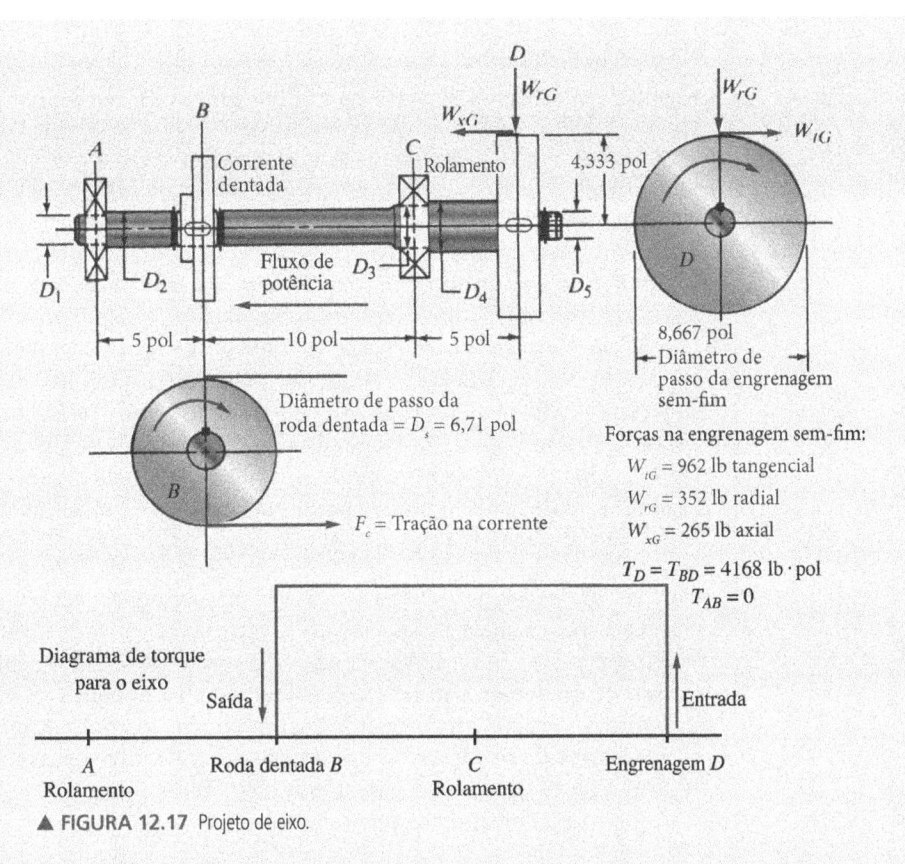

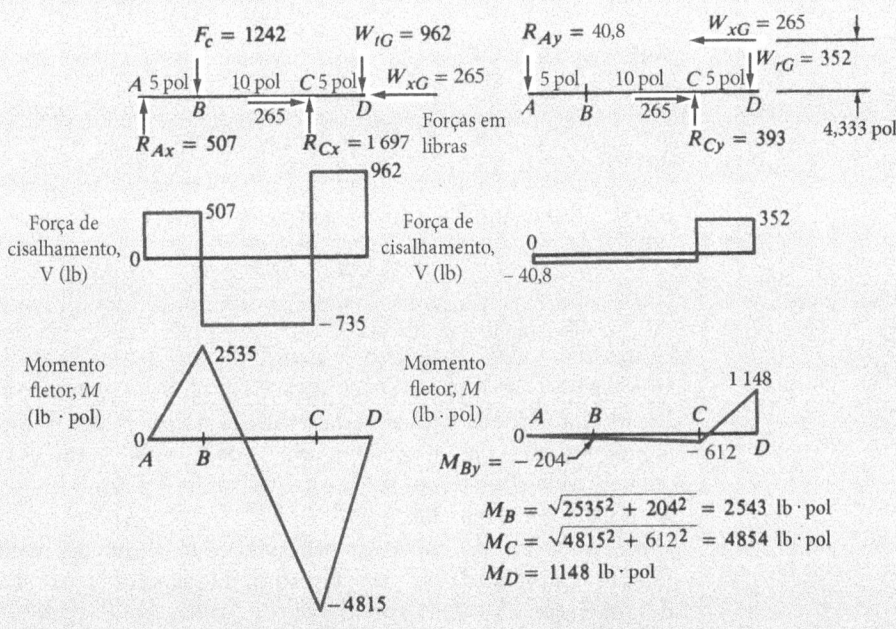

(a) Plano horizontal

$M_B = \sqrt{2535^2 + 204^2}$ = 2543 lb · pol
$M_C = \sqrt{4815^2 + 612^2}$ = 4854 lb · pol
M_D = 1148 lb · pol

(b) Plano vertical

FIGURA 12.18 Diagramas de carga, cisalhamento e momento para o eixo da Figura 12.16.

$$M_D = W_{xG} \cdot D_{G/2} = (265 \text{ lb})(8{,}667 \text{ pol}/2)$$
$$M_D = 1148 \text{ lb} \cdot \text{pol}$$

Ela também afeta as reações nos rolamentos. Os momentos fletores resultantes em B, C e D são igualmente indicados na figura.

No projeto do sistema inteiro, é preciso decidir qual rolamento resistirá à força axial. Para este exemplo, especificaremos que o rolamento em *C* transferirá a força axial para a carcaça. Essa decisão coloca uma tensão de compressão no eixo de *C* a *D* e requer meios de transmissão da força axial da engrenagem sem-fim até o rolamento. A geometria proposta na Figura 12.17 proporciona isso, e ela será adotada para a análise de tensão seguinte. Os procedimentos são os mesmos utilizados nos exemplos 12.1 e 12.2, e apenas resultados resumidos serão mostrados. A consideração da tensão de compressão axial é discutida com os cálculos do ponto *C* no eixo.

Seleção de material e resistências de projeto: um aço de médio teor de carbono com boa ductilidade e alta resistência é desejado para esta solicitação. Usaremos SAE 1340 OQT 1000 (Apêndice 3) com resistência última de 144000 psi, tensão de escoamento de 132000 psi e 17% de alongamento. Com base na Figura 5.8, estimamos que s_n = 50000 psi. Utilizaremos um fator de forma inicial de 0,80 e um fator de confiabilidade de 0,81. Então

$$s'_n = (50000 \text{ psi})(0,80)(0,81) = 32400 \text{ psi}$$

Uma vez que o uso do transportador será intenso, empregaremos um fator de projeto de *N* = 3, mais elevado do que o normal.

Exceto no ponto *A*, onde há apenas uma tensão de cisalhamento vertical, o cálculo do diâmetro mínimo exigido é feito com a Equação 12.24.

1. **Ponto A:** o rolamento esquerdo está montado no ponto *A*, recebendo apenas a força de reação radial que atua como uma força de cisalhamento vertical no eixo. Não há torque ou momento fletor aqui.

   A força de cisalhamento vertical é

$$V = \sqrt{R_{Ax}^2 + R_{Ay}^2} = \sqrt{(507)^2 + (40,8)^2} = 509 \text{ lb}$$

   Podemos usar a Equação 12.16 para calcular o diâmetro exigido nesse ponto do eixo:

$$D = \sqrt{2{,}94\, K_t(V)N/s'_n} \qquad (12.16)$$

   Consultando a Figura 12.17, vemos um filete agudo próximo a esse ponto no eixo. Então, um fator de concentração de tensão de 2,5 deve ser utilizado:

$$D = \sqrt{\frac{2{,}94\,(2{,}5)\,(509)(3)}{32400}} = 0{,}588 \text{ pol}$$

   Como visto antes, esse valor é bem baixo, e, dependendo do rolamento selecionado, o diâmetro especificado final provavelmente será maior.

2. **Ponto B:** a corrente dentada está montada no ponto *B* e posicionada axialmente por anéis de retenção em ambos os lados. O ponto crítico está à direita da roda dentada no sulco do anel, onde *T* = 4168 lb · pol, *M* = 2543 lb · pol e K_t = 3,0 para flexão.

   O diâmetro mínimo calculado necessário é D_2 = 1,93 pol na base do sulco. É preciso aumentar esse valor em aproximadamente 6%, conforme discutido na Seção 12.3. Então

$$D_2 = 1{,}06(1{,}93 \text{ pol}) = 2{,}05 \text{ pol}$$

3. **À esquerda do ponto C:** esse é o diâmetro de alívio para o assento do rolamento. O diâmetro aqui será especificado como o mesmo de *B*, mas com condições diferentes: torque = 4168 lb · pol, *M* = 4854 lb · pol e K_t = 1,5 para o filete arredondado em flexão, apenas. O diâmetro exigido é 1,91 pol. Uma vez que ele é menor do que o diâmetro em *B*, o cálculo anterior governará a solução.

4. **No ponto C e à direita:** o rolamento será assentado aqui, e pressupõe-se que o filete será bem agudo. Logo, *T* = 4168 lb · pol, *M* = 4854 lb · pol e K_t = 2,5, apenas para flexão. O diâmetro exigido é D_3 = 2,26 pol.

A carga axial de impulso atua entre os pontos C e D. A inclusão dessa carga nos cálculos complicaria muito a solução para os diâmetros exigidos. Na maioria dos casos, a tensão normal axial é relativamente pequena em relação à tensão de flexão. Além disso, o fato de a tensão ser compressiva melhora o desempenho de fadiga do eixo, pois as falhas por fadiga normalmente começam em pontos de tensão de tração. Por esses motivos, a tensão axial é ignorada nos cálculos. Os diâmetros calculados também são interpretados como diâmetros mínimos nominais, e o diâmetro selecionado final é maior do que o mínimo. Isso também tende a tornar o eixo seguro mesmo quando há uma carga axial extra. Na dúvida, ou quando uma tensão de tração axial relativamente alta for encontrada, os métodos do Capítulo 5 devem ser aplicados. Eixos longos em compressão também devem ser verificados quanto à flambagem.

5. **Ponto D:** a engrenagem sem-fim está montada no ponto D. Especificaremos que um filete arredondado será colocado à esquerda de D e que haverá um assento deslizante. Logo, $T = 4168$ lb·pol, $M = 1148$ lb·pol e $K_t = 1,6$, apenas para flexão. O diâmetro exigido calculado é $D_5 = 1,24$ pol. Note que D_4 deve ser maior do que D_3 ou D_5, pois ele fornece os meios para a transferência da carga axial da engrenagem sem-fim até a pista interna do rolamento em C.

RESUMO E SELEÇÃO DE DIÂMETROS CONVENIENTES

A Tabela 12.3 apresenta um resumo dos diâmetros exigidos e dos diâmetros especificados para todas as partes do eixo neste exemplo de projeto. Consulte a Figura 12.17 para a localização dos cinco diâmetros. Para esta aplicação, decidimos usar dimensões em polegadas fracionadas do Apêndice 2, exceto nos assentos dos rolamentos, onde diâmetros internos métricos da Tabela 14.3 são selecionados.

COMENTÁRIO

Como verificação parcial da validade da decisão de projeto, a fim de completar os cálculos para os diâmetros de eixo e desconsiderar a tensão axial entre os pontos C e D pela solicitação da engrenagem sem-fim, calcularemos agora a magnitude da tensão compressiva axial pela força de 265 lb. O tamanho do eixo entre os pontos C e D é $D_4 = 3,00$ pol. Então,

Tensão axial = $\sigma_{CD} = -W_{xG}/A_4$

$$A_4 = \pi D_4^2/4 = \pi(3,00 \text{ pol})^2/4 = 7,069 \text{ pol}^2$$

$$\sigma_{CD} = -265 \text{ lb}/7,069 \text{ pol}^2 = -37,5 \text{ psi Compressão}$$

Por causa desse nível de tensão bem baixo, parece razoável concluir que a desconsideração da tensão de compressão axial na análise inicial de projeto foi justificada.

▼ **TABELA 12.3** Resumo dos diâmetros do eixo.

Peça conjugada	Número do diâmetro	Diâmetro mínimo	Diâmetro especificado Fração (métrica)	Decimal
Rolamento A	D_1	0,59 pol	(35 mm)	1,3780 pol
Roda dentada B	D_2	2,05 pol	$2\frac{1}{4}$ pol	2,250 pol
Rolamento C	D_3	2,26 pol	(65 mm)	2,5591 pol
(Flange)	D_4	$> D_3$	3 pol	3,000 pol
Engrenagem sem-fim D	D_5	1,24 pol	$1\frac{1}{2}$ pol	1,500 pol

12.9 PLANILHA DE APOIO PARA PROJETO DE EIXO

Planilhas são úteis para organizar os dados pedidos pelo cálculo do diâmetro mínimo exigido em diversos pontos ao longo de um eixo e para considerar as equações 12.16 e 12.24. Observe que a Equação 12.24 pode ser usada para flexão, torção ou combinação flexo-torção.

A Figura 12.19 mostra um exemplo típico, com unidades norte-americanas e dados do Exemplo 12.1. Descreva a aplicação no quadro superior para referência futura. Depois, siga os seguintes passos:

- Insira a especificação do material do eixo com suas propriedades de tensão de escoamento e resistência final, encontradas nas tabelas dos apêndices.
- Localize a resistência à fadiga básica na Figura 5.8 considerando a resistência à tração última e o modo de produção (esmerilhamento, usinagem ou outro).
- Insira valores para o fator de forma e o fator de confiabilidade. Em seguida, a planilha calculará a resistência à fadiga modificada, s'_n.
- Inclua o fator de concentração de tensão para o ponto de interesse.
- Insira o fator de projeto.
- Após uma análise semelhante à do Exemplo 12.1, insira o torque e as componentes do momento fletor nos planos x e y existentes no ponto de interesse ao longo do eixo. A planilha calculará o momento fletor combinado.
- Insira as componentes da força de cisalhamento vertical nos planos x e y. A planilha calculará a força de cisalhamento combinada.

Os diâmetros de eixo mínimos aceitáveis tanto da Equação 12.16 (apenas cisalhamento vertical) quanto da Equação 12.24 (torção e/ou flexão) são calculados. É preciso observar qual diâmetro exigido é maior.

PROJETO DE EIXOS			
Aplicação:	Exemplo 12.1, transmissão para um sistema de ventilação Diâmetro D_3 — até a direita do ponto B — flexão e torção		
Este auxílio de projeto calcula o diâmetro mínimo aceitável usando a Equação 12.24 para eixos sujeitos a torção constante e/ou flexão rotacional. A Equação 12.16 é usada quando apenas a tensão de cisalhamento vertical está presente.			
Dados de entrada		*(Inserir valores em itálico.)*	
Especificação do material do eixo:		Aço SAE 1144 OQT 1000	
Resistência à tração:	$s_u =$	118000 psi	
Tensão de escoamento:	$s_y =$	83000 psi	
Resistência à fadiga básica:	$s_n =$	42000 psi	A partir da Figura 5.8
Fator de forma:	$C_s =$	0,75	A partir da Figura 5.9
Fator de confiabilidade:	$C_R =$	0,81	A partir da Tabela 5.2
Resistência à fadiga modificada:	$s'_n =$	25515 psi	*Calculado*
Fator de concentração de tensão:	$K_t =$	2,5 filete agudo	
Fator de projeto:	$N =$	2 Nominal $N = 2$	
Dados de carregamento do eixo: flexão e torção			
Componentes do momento fletor:	$M_x =$	21000 lb·pol	$M_y =$ 7640 lb·pol
Momento fletor combinado:	$M =$	22347 lb·pol	*Calculado*
Torque:	$T =$	21000 lb·pol	
Diâmetro mínimo do eixo:	$D =$	3,55 pol	*Calculado a partir da Equação 12.24*
Dados de carregamento do eixo: apenas força de cisalhamento vertical			
Componentes da força de cisalhamento:	$V_x =$	764 lb	$V_y =$ 2520 lb
Força de cisalhamento combinada:	$V =$	2633 lb	*Calculado*
Diâmetro mínimo do eixo:	$D =$	1,232 pol	*Calculado a partir da Equação 12.16*

▲ **FIGURA 12.19** Planilha de apoio para projeto de eixo.

12.10 RIGIDEZ DO EIXO E CONSIDERAÇÕES DINÂMICAS

Os processos de projeto descritos até agora neste capítulo tiveram como foco a análise de tensão, garantindo que o eixo é seguro em relação às tensões de flexão e de cisalhamento torcional impostas por elementos transmissores de potência. A rigidez do eixo também é uma grande preocupação por vários motivos:

1. A deflexão radial excessiva do eixo pode desalinhar elementos ativos, resultando em baixo desempenho e desgaste acelerado. Por exemplo, a distância de centro entre os eixos que sustentam engrenagens de precisão não deve ter variação maior do que aproximadamente 0,005 pol (0,13 mm) quanto ao referencial teórico. O resultado disso seria um engrenamento inadequado dos dentes da engrenagem, e as tensões reais de flexão e contato poderiam ser significativamente mais elevadas do que os valores preditos no projeto das engrenagens.
2. Na Seção 20.2, são informadas diretrizes para os limites recomendados de deflexão de flexão e torção do eixo conforme a precisão pretendida.
3. A deflexão do eixo também contribui muito para a tendência que ele tem de vibrar durante a rotação. Um eixo flexível oscilará nos modos de flexão e torção, causando movimentos maiores do que as deflexões estáticas resultantes apenas de gravidade, cargas aplicadas e torques. Eixos longos e finos tendem a girar e apresentar efeito chicote com deformações relativamente grandes diante do referencial teórico do eixo.
4. O eixo em si e os elementos montados sobre ele devem ser balanceados. Qualquer grau de desequilíbrio gera forças centrífugas que giram com o eixo. Grandes desequilíbrios e altas velocidades de rotação podem criar níveis de força inaceitáveis e vibrações no sistema rotacional. Um exemplo com o qual você talvez esteja familiarizado é uma roda de carro "desbalanceada". É possível sentir a vibração no volante ao dirigir. Balancear os pneus e as rodas reduz a vibração a níveis aceitáveis.
5. O comportamento dinâmico do eixo pode se tornar perigosamente destrutivo se for operado próximo à sua *velocidade crítica*. Nela, o sistema está em ressonância, e a deflexão do eixo continua a aumentar praticamente sem limite, fazendo ele se tornar autodestrutivo.

As velocidades críticas de projetos de eixos típicos são da ordem de milhares de revoluções por minuto. No entanto, muitas variáveis estão envolvidas. Eixos longos usados como acionadores veiculares, parafusos de potência ou agitadores podem ter velocidades críticas muito menores e devem ser verificados. É normal manter velocidades de operação até pelo menos 20% abaixo ou acima da velocidade crítica. Quando se opera acima dela, é necessário que o eixo a ultrapasse rapidamente, pois oscilações perigosas levam tempo para se desenvolver.

A análise para a determinação da velocidade crítica é complexa, e há programas de computador que auxiliam nos cálculos. Consulte o Site 1. O objetivo é determinar a frequência natural do eixo enquanto ele sustenta o peso estático de elementos como engrenagens, rodas dentadas e polias. A rigidez dos rolamentos também é um fator. Uma expressão fundamental para a frequência natural, ω_n, é

$$\omega_n = \sqrt{k/m}$$

onde k é a rigidez do eixo, e m é a massa. É desejável ter uma velocidade crítica alta, bem acima da operacional, a fim de que a rigidez seja alta, e a massa, baixa. As variáveis primárias sobre as quais o projetista tem controle são o material e o módulo de elasticidade, E, sua densidade, ρ, o diâmetro do eixo, D, e o comprimento do eixo, L. A seguinte relação funcional pode ajudar a entender a influência de cada uma dessas variáveis:

$$\omega_n \propto (D/L^2)\sqrt{E/\rho}$$

onde o símbolo $\propto$ indica a proporção entre as variáveis. Usando essa função como guia, as seguintes ações podem reduzir possíveis problemas com deflexões ou velocidades críticas.

1. Tornar o eixo mais rígido pode evitar comportamentos dinâmicos indesejáveis.
2. Diâmetros maiores de eixo aumentam a rigidez.
3. Comprimentos menores de eixo reduzem a deflexão e as velocidades críticas.
4. Recomenda-se a colocação de elementos ativos no eixo próximos aos rolamentos de apoio.
5. A redução do peso dos elementos sustentados pelo eixo diminui a deflexão estática e a velocidade crítica.
6. É desejável a seleção de material para o eixo com razão elevada de E/ρ. Embora a maioria dos metais tenha razão semelhante, a dos materiais compósitos costuma ser alta. Por exemplo, eixos acionadores longos para veículos que devem operar em velocidades altas são frequentemente feitos de materiais compósitos tubulares ocos usando fibras de carbono. Consulte os sites 2 e 3.
7. Os rolamentos devem ter rigidez alta em termos de deflexão radial em relação ao carregamento.
8. As montagens para rolamentos e carcaças devem ser projetadas com rigidez alta.
9. As referências 3, 4, 5 e 7 fornecem informações adicionais e métodos analíticos para a estimativa de velocidades críticas. As referências de 9 a 11 abordam a vibração.

O Site 4 inclui uma seção sobre velocidades críticas que podem ser usadas para o cálculo de valores aproximados em diversas condições de apoio e padrões de carregamento. Já os sites 5 e 6 descrevem dois softwares que contêm programas de análise de viga e que podem ser empregados para a estimativa de deflexões de viga.

12.11 EIXOS FLEXÍVEIS

Às vezes, é desejável transmitir movimento rotacional e potência entre dois pontos desalinhados entre si. Eixos flexíveis podem ser usados em tais situações para acoplar uma transmissão, como um motor, a um dispositivo acionado ao longo de uma trajetória curvada ou dinâmica. A flexibilidade permite que o ponto acionado fique separado do acionador de modo paralelo ou angular. Eixos unidirecionais são utilizados para transmissão de potência em aplicações como: sistemas de automação, maquinários industriais, equipamentos agrícolas, atuadores de aeronaves, ajustadores de assento, dispositivos médicos e odontológicos, velocímetros, equipamentos de carpintaria e ferramentas de joalheiros. Já eixos flexíveis bidirecionais são empregados em controles remotos, acionamento de válvulas e dispositivos de segurança. Eles frequentemente podem oferecer mais flexibilidade de projeto do que outras opções, como transmissões por engrenagem de ângulo reto ou juntas universais. O ângulo *offset* entre a máquina acionadora e a acionada pode ser de até 180°, contanto que o raio da curva esteja acima do mínimo especificado. A capacidade de torque aumenta à proporção do raio da curva. As eficiências ficam na média de 90% a 95%.

A construção consiste em um núcleo flexível do tipo cabo conectado a mecanismos em cada extremidade. Os mecanismos facilitam a conexão entre a máquina acionadora e a acionada. A carcaça protege pessoas ou equipamentos próximos do contato com o núcleo rotativo. Os projetos estão disponíveis para transmissão de potência em qualquer sentido, horário ou anti-horário. Alguns operam bidirecionalmente.

Consulte os sites de 7 a 9 para informações adicionais sobre eixos flexíveis disponíveis no mercado. A Tabela 12.4 fornece uma amostragem de tamanhos e classificações do Site 7. Muitos outros tamanhos são possíveis de ser encontrados.

▼ TABELA 12.4 Amostragem de capacidade operacional de torque para eixos flexíveis.

Dados para eixos de rigidez média operando com raio de 12 pol (305 mm)			
Diâmetro do eixo		Capacidade de torque	
(pol)	(mm)	(lb · pol)	(N · m)
0,127	3,23	1,7	0,19
0,183	4,65	4,3	0,49
0,245	6,22	20	2,26
0,304	7,72	33	3,73
0,495	12,57	86	9,72
0,740	18,80	265	29,95
0,990	25,15	386	43,62

Dados adaptados do Site 7.

REFERÊNCIAS

1. AMERICAN SOCIETY OF MECHANICAL ENGINEERS. ANSI Standard B106.1M-1985. *Design of Transmission Shafting*. Nova York: American Society of Mechanical Engineers, 1985.
2. _____. ANSI Standard B4.1-67. *Preferred Limits and Fits for Cylindrical Parts*. Nova York: American Society of Mechanical Engineers, 1994.
3. AVALLONE, E.; BAUMEISTER T.; SADEGH, Ali. *Marks' Standard Handbook for Mechanical Engineers*. 11. ed. Nova York: McGraw-Hill, 2007.
4. PIERSOL, Allan G.; PAEZ, Thomas (Orgs.). *Harris' Shock and Vibration Handbook*. 6. ed. Nova York: McGraw-Hill, 2010.
5. OBERG, Erik et al. *Machinery's Handbook*. 28. ed. Nova York: Industrial Press, 2008.
6. PILKEY, Walter D.; PILKEY, Deborah F. *Peterson's Stress Concentration Factors*. 3. ed. Nova York: John Wiley & Sons, 2008.
7. BUDYNAS, R. G.; NISBETT, K. J. *Shigley's Mechanical Engineering Design*, 9. ed. Nova York: McGraw-Hill, 2011.
8. SODERBERG, C. R. "Working Stresses". *Journal of Applied Mechanics* 57 (1935): A–106.
9. WOWK, Victor. *Machinery Vibration*: Alignment. Nova York: McGraw-Hill, 2000.
10. _____. *Machinery Vibration*: Balancing. Nova York: McGraw-Hill, 1998.
11. _____. *Machinery Vibration*: Measurement and Analysis. Nova York: McGraw-Hill, 1991.
12. AMERICAN SOCIETY OF MECHANICAL ENGINEERS. ANSI Standard B4.2-1978. *Preferred Metric Limits and Fits*. Nova York: American Society of Mechanical Engineers, 1978.

SITES SOBRE PROJETO DE EIXO

1. **Hexagon Software.** <www.hexagon.de>. Software WL1+ para cálculos de eixo. Considera até 100 segmentos de eixo cilíndricos ou cônicos e até 50 forças individuais. Calcula diagramas de força de cisalhamento e momento fletor, inclinação, deflexão, tensões de flexão e tensões de cisalhamento. Velocidades críticas para vibração de flexão e torção também são estimadas.
2. **Spinning Composites.** <www.spinning-composites.com>. Fabricante de eixos compósitos para aplicações veiculares e industriais. Inclui discussão sobre velocidades críticas.
3. **Advanced Composite Products and Technology, Inc.** <www.acpt.com>. Fabricante de produtos comvpósitos para os mercados aeroespacial, militar, comercial e industrial, incluindo eixos acionadores e rotores de alta velocidade.
4. **RoyMech.** <www.roymech.co.uk>. Site com informações, tabelas e fórmulas úteis relacionadas à engenharia mecânica, desenvolvido por Roy Beardmore. Uma seção trata de velocidades críticas dos eixos: <www.roymech.co.uk/Useful_Tables/Drive/Shaft_Critical_Speed.html>.
5. **Orand Systems, Inc.** <www.orandsystems.com>. Desenvolvedor e distribuidor do software *Beam 2D Stress Analysis*. Analisa vigas com diversas cargas, seções transversais e condições de apoio. Calcula carregamento, força de cisalhamento, momento fletor, inclinação e deflexão de saída em formato gráfico ou em dados numéricos. Pode ser usado para os cálculos de flexão nos eixos.
6. **MDSolids.** <www.mdsolids.com>. Software educativo para análise de tensão que inclui diversos módulos, como vigas, torção, treliças e colunas.
7. **S. S. White Technologies, Inc.** <www.sswt.com>. Fabricante de eixos flexíveis. O site inclui tabelas de classificação da capacidade de torque em função do raio mínimo do eixo durante a operação.
8. **Elliott Manufacturing Co.** <www.elliottmfg.com>. Fabricante de eixos flexíveis.
9. **Otto Suhner AG.** <www.suhner-transmission-expert.com>. Fabricante de eixos flexíveis, engrenagens cônicas espirais, motores aéreos pequenos e de alta velocidade e motores elétricos. O site inclui tabelas de classificação para potência e capacidade de torque de eixos flexíveis.

PROBLEMAS

Os problemas de 1 a 30 estão relacionados às figuras P12.1 até P12.17, que mostram eixos sustentando uma variedade de combinações de engrenagens, polias de correia, correntes dentadas e alguns outros itens, como um volante e um ventilador do tipo propulsor. Há múltiplas formas de apresentá-los, uma vez que alguns lidam somente com níveis de torque e forças radiais no eixo por elementos transmissores de potência selecionados, e outros são problemas de projeto abrangentes para o eixo que sustenta vários elementos. A tabela a seguir pode ajudar os professores a decidir como trabalhar as questões com os alunos e também auxiliar a compreender como os conjuntos de problemas conduzem ao projeto de eixo mais geral. Qualquer combinação de problemas pode ser escolhida.

Torques e forças atuando radialmente ao eixo	Quadro geral
Figura P12.1: P1 — Engrenagem *B*; P14 — Polia *D*	P22
Figura P12.2: P2 — Engrenagem *C*; P12 — Roda dentada *D*; P13 — Polia *A*	P23
Figura P12.3: P3 — Engrenagem *B*; P15 — Roda dentada *C*; P16 — Polias *D, E*	P24
Figura P12.4: P4 — Engrenagem *A*; P19 — Rodas dentadas *C, D*	P25
Figura P12.5: P5 — Engrenagem *D*; P20 — Polia *A*; P21 — Roda dentada *E*	P26
Figura P12.6: P6 — Engrenagem *E* (Nenhuma análise separada da Polia *A*)	P27 (Inclui Polia *A*)
Figura P12.7: P7 — Engrenagem *C*; P8 — Engrenagem *A*	P28 (Inclui polias *D, E*)
Figura P12.9: P9 — Engrenagem *C*; P10 — Engrenagem *D*; P11 — Engrenagem *F*	P29 (Inclui polia *B*)
Figura P12.17: P17 — Polia *C*; P18 — Polia *D*	P30 (Inclui ventilador *A*)

Torques e forças atuando radialmente ao eixo

1. Consulte a Figura P12.1. O eixo, rotacionando a 550 rpm, sustenta a engrenagem de dentes retos *B* que tem passo diametral de 6. Os 96 dentes são involutos, com ângulo de pressão de 20° e profundidade total. A engrenagem recebe 30 hp de um pinhão posicionado diretamente acima. Calcule o torque transmitido ao eixo e as forças tangencial e radial exercidas no eixo pela engrenagem.

2. Consulte a Figura P12.2. O eixo, rotacionando a 200 rpm, sustenta a engrenagem de dentes retos *C* que tem passo diametral de 8. Os 80 dentes são involutos, com ângulo de pressão de 20° e profundidade total. A engrenagem transmite 6 hp para um pinhão posicionado diretamente abaixo. Calcule o torque transmitido pelo eixo à engrenagem *C* e as forças tangencial e radial exercidas no eixo pela engrenagem.

3. Consulte a Figura P12.3. O eixo, rotacionando a 480 rpm, sustenta o pinhão de dentes retos *B* que tem passo diametral de 8. Os 24 dentes são involutos, com ângulo de pressão de 20° e profundidade total. O pinhão transmite 5 hp para uma engrenagem posicionada diretamente abaixo. Calcule o torque transmitido pelo eixo ao pinhão *B* e as forças tangencial e radial exercidas no eixo pelo pinhão.

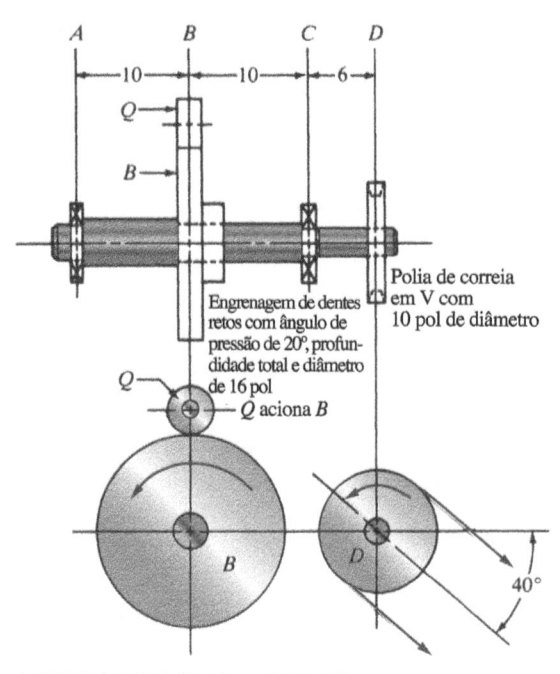

▲ **FIGURA P12.1** (Problemas 1, 14 e 22)

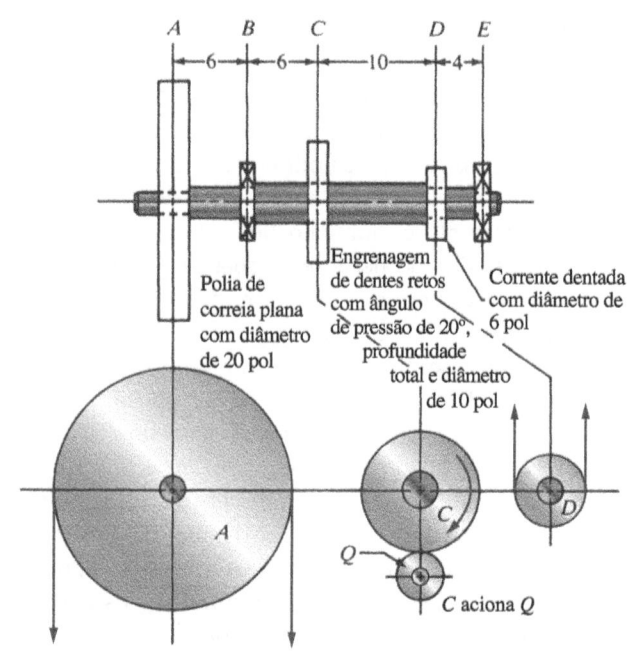

▲ **FIGURA P12.2** (Problemas 2, 12, 13 e 23)

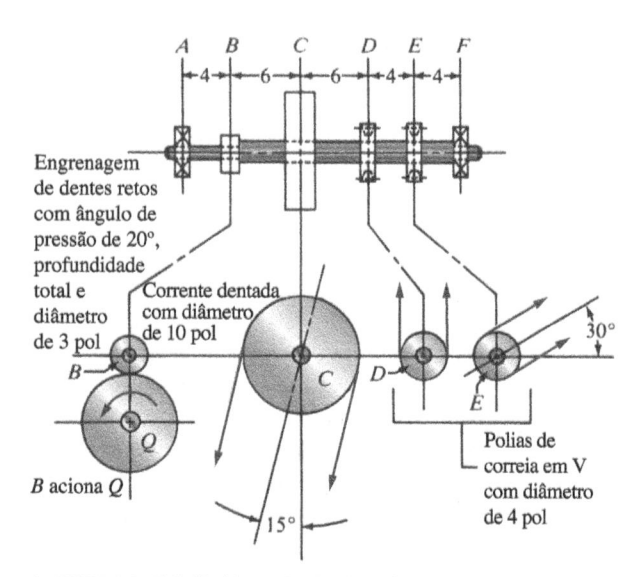

▲ **FIGURA P12.3** (Problemas 3, 15, 16 e 24)

4. Consulte a Figura P12.4. O eixo, rotacionando a 120 rpm, sustenta a engrenagem de dentes retos *A* que tem passo diametral de 5. Os 80 dentes são involutos, com ângulo de pressão de 20° e profundidade total. A engrenagem recebe 40 hp de um pinhão posicionado à direita, conforme mostrado. Calcule o torque transmitido ao eixo e as forças tangencial e radial exercidas no eixo pela engrenagem.

5. Consulte a Figura P12.5. O eixo, rotacionando a 240 rpm, sustenta a engrenagem de dentes retos *D* que tem passo diametral de 6. Os 48 dentes são involutos,

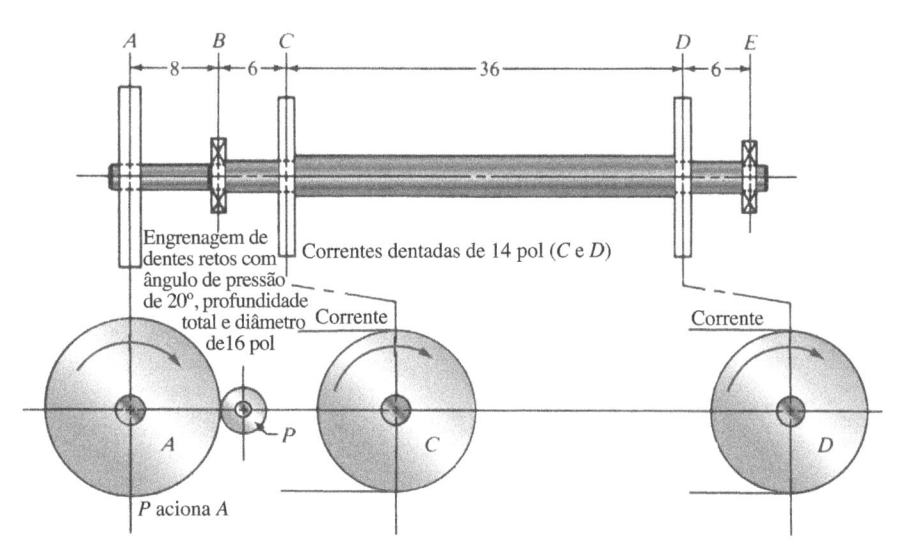

▲ **FIGURA P12.4** (Problemas 4, 19 e 25)

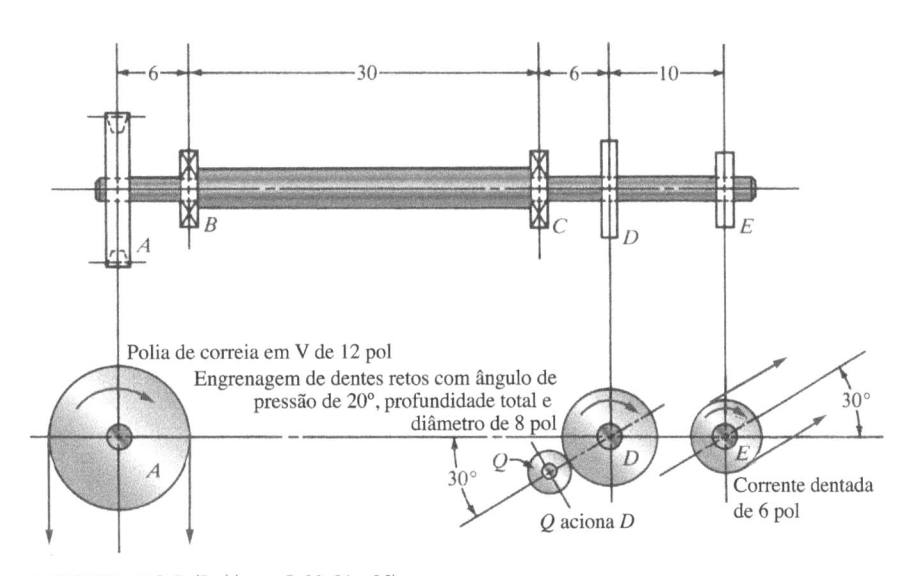

▲ **FIGURA P12.5** (Problemas 5, 20, 21 e 26)

com ângulo de pressão de 20° e profundidade total. A engrenagem recebe 15 hp do pinhão Q, cuja posição está indicada. Calcule o torque transmitido ao eixo e as forças tangencial e radial exercidas no eixo pela engrenagem. Resolva as forças tangencial e radial em suas componentes horizontal e vertical e determine as forças líquidas que atuam no eixo em D nas direções horizontal e vertical.

6. Consulte a Figura P12.6. O eixo, rotacionando a 310 rpm, sustenta o pinhão de dentes retos E que tem passo diametral de 6. Os 36 dentes são involutos, com ângulo de pressão de 20° e profundidade total. O pinhão transmite 20 hp para a engrenagem à esquerda, conforme mostrado. Calcule o torque transmitido pelo eixo ao pinhão E e as forças tangencial e radial exercidas no eixo pelo pinhão. Inclua o peso deste último.

7. Consulte a Figura P12.7. O eixo, rotacionando a 480 rpm, sustenta a engrenagem de dentes retos C que tem passo diametral de 5. Os 50 dentes são involutos, com ângulo de pressão de 20° e profundidade total. A engrenagem recebe 50 hp de um pinhão posicionado diretamente abaixo. Calcule o torque transmitido ao eixo e as forças tangencial e radial exercidas no eixo pela engrenagem.

8. Consulte a Figura P12.7. O eixo, rotacionando a 480 rpm, sustenta o pinhão de dentes retos A que tem passo diametral de 6. Os 30 dentes são involutos, com ângulo de pressão de 20° e profundidade total. O pinhão transmite 30 hp para a engrenagem à esquerda, conforme mostrado. Calcule o torque transmitido pelo eixo ao pinhão A e as forças tangencial e radial exercidas no eixo pelo pinhão.

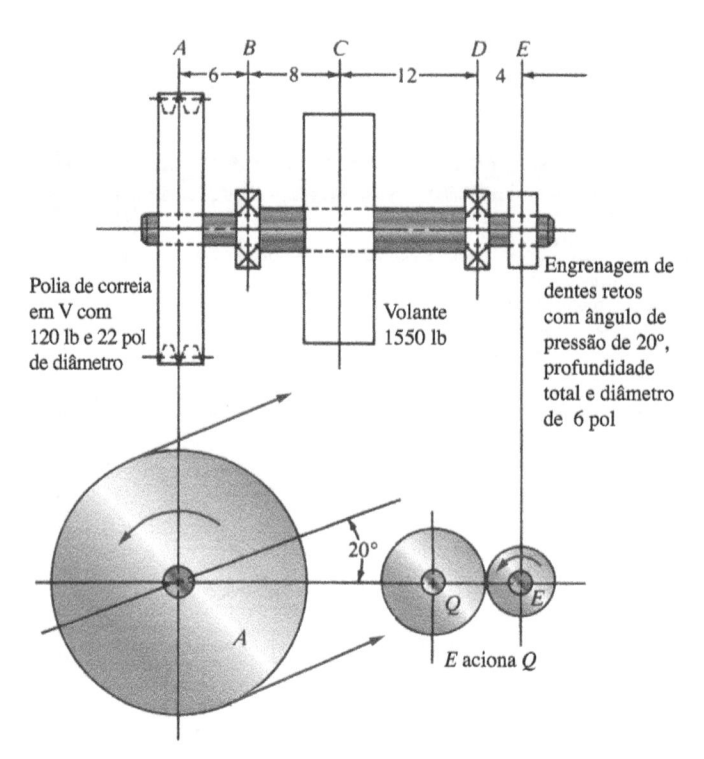

▲ **FIGURA P12.6** (Problemas 6 e 27)

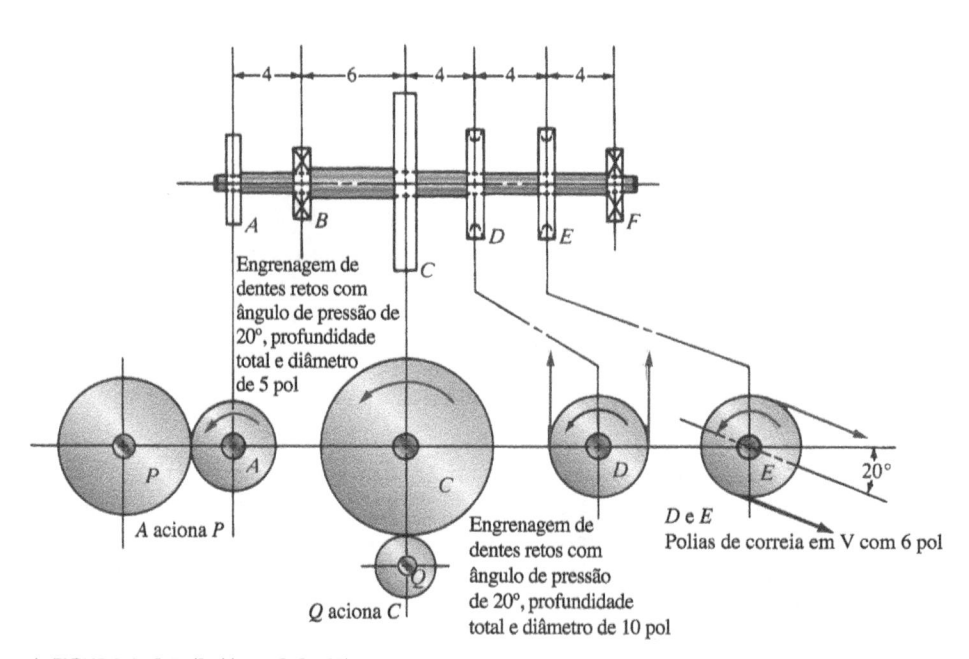

▲ **FIGURA P12.7** (Problemas 7, 8 e 28)

9. Consulte a Figura P12.9. O eixo, rotacionando a 220 rpm, sustenta o pinhão de dentes retos C que tem passo diametral de 10. Os 60 dentes são involutos, com ângulo de pressão de 20° e profundidade total. O pinhão transmite 5 hp para uma engrenagem posicionada diretamente acima. Calcule o torque transmitido pelo eixo ao pinhão C e as forças tangencial e radial exercidas no eixo pelo pinhão.

10. Consulte a Figura P12.9. O eixo, rotacionando a 220 rpm, sustenta a engrenagem de dentes retos D que tem passo diametral de 8. Os 96 dentes são involutos, com ângulo de pressão de 20° e profundidade total. A engrenagem recebe 12,5 hp de um pinhão posicionado diretamente abaixo. Calcule o torque transmitido ao eixo e as forças tangencial e radial exercidas no eixo pela engrenagem.

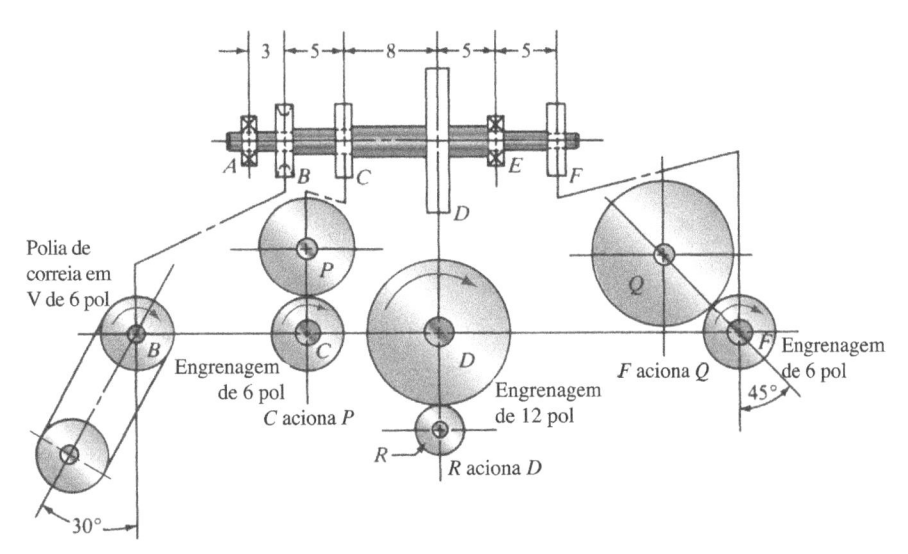

▲ **FIGURA P12.9** (Problemas 9, 10, 11 e 29)

11. Consulte a Figura P12.9. O eixo, rotacionando a 220 rpm, sustenta o pinhão de dentes retos *F* que tem passo diametral de 10. Os 60 dentes são involutos, com ângulo de pressão de 20° e profundidade total. O pinhão transmite 5 hp para a engrenagem cujo posicionamento está indicado. Calcule o torque transmitido pelo eixo ao pinhão *F* e as forças tangencial e radial exercidas no eixo pelo pinhão. Resolva as forças em suas componentes horizontal e vertical e determine as forças líquidas que atuam no eixo *F* nas direções horizontal e vertical.

12. Consulte a Figura P12.2. O eixo, rotacionando a 200 rpm, sustenta a corrente dentada *D* com diâmetro de 6 pol que transmite 4 hp à roda dentada conjugada acima. Calcule o torque transmitido pelo eixo à roda dentada *D* e a força exercida por ela.

13. Consulte a Figura P12.2. O eixo, rotacionando a 200 rpm, transporta uma polia de correia plana com diâmetro de 20 pol em *A* que recebe 10 hp de baixo. Calcule o torque transmitido pela polia ao eixo e a força exercida por ela.

14. Consulte a Figura P12.1. O eixo, rotacionando a 550 rpm, sustenta a polia de correia em V com diâmetro de 10 pol em *D*, que, por sua vez, transmite 30 hp à polia conjugada, conforme mostrado. Calcule o torque transmitido pelo eixo à polia e a força total exercida por ela. Resolva a força em suas componentes horizontal e vertical e indique as forças líquidas que atuam no eixo em *D* nas direções horizontal e vertical.

15. Consulte a Figura 12.3. O eixo, rotacionando a 480 rpm, sustenta a corrente dentada com diâmetro de 10 pol em *C*, que, por sua vez, recebe 11 hp da roda dentada conjugada no lado inferior esquerdo, conforme mostrado. Calcule o torque transmitido ao eixo pela roda dentada e a força total exercida por ela. Resolva a força em suas componentes horizontal e vertical e indique as forças líquidas que atuam no eixo em *C* nas direções horizontal e vertical.

16. Consulte a Figura 12.3. O eixo, rotacionando a 480 rpm, sustenta duas polias com diâmetro de 4 pol em *D* e *E*, e cada uma delas transmite 3 hp às polias conjugadas, conforme mostrado. Calcule o torque transmitido pelo eixo à cada polia e a força total exercida por elas separadamente. Resolva a força em *E* em suas componentes horizontal e vertical e indique as forças líquidas que atuam no eixo em *E* nas direções horizontal e vertical.

17. Consulte a Figura P12.17. O eixo, rotacionando a 475 rpm, sustenta a polia de correia em V com diâmetro de 10 pol em *C*, que, por sua vez, recebe 15,5 hp da polia conjugada à esquerda, conforme mostrado. Calcule o torque transmitido ao eixo em *C* pela polia e a força total exercida no eixo em *C* por ela.

18. Consulte a Figura P12.17. O eixo, rotacionando a 475 rpm, sustenta a polia de correia plana com diâmetro de 6 pol em *D*, que, por sua vez, transmite 3,5 hp à polia conjugada no lado superior direito, conforme mostrado. Calcule o torque transmitido ao eixo pela polia e a força total exercida por ela. Resolva a força em suas componentes horizontal e vertical e indique as forças líquidas que atuam no eixo em *D* nas direções horizontal e vertical.

19. Consulte a Figura P12.4. O eixo, rotacionando a 120 rpm, sustenta duas correntes dentadas idênticas com diâmetro de 14 pol em *C* e *D*. Cada roda

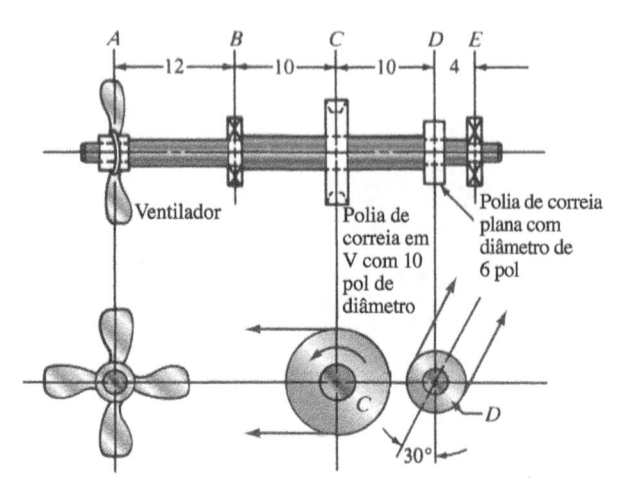

▲ **FIGURA P12.17** (Problemas 17, 18 e 30)

dentada transmite 20 hp às partes conjugadas à esquerda, conforme mostrado. Calcule o torque transmitido pelo eixo à cada roda dentada e a força total exercida por elas separadamente.

20. Consulte a Figura P12.5. O eixo, rotacionando a 240 rpm, sustenta a polia de correia em V com diâmetro de 12 pol em A, que, por sua vez, transmite 10 hp à polia conjugada diretamente abaixo. Calcule o torque transmitido pelo eixo à polia e a força total exercida no eixo em A por ela.

21. Consulte a Figura P12.5. O eixo, rotacionando a 240 rpm, sustenta a corrente dentada com diâmetro de 6 pol em E, que, por sua vez, transmite 5,0 hp à roda dentada conjugada no lado superior direito, conforme mostrado. Calcule o torque transmitido pelo eixo à roda dentada e a força total exercida por ela. Resolva a força em suas componentes horizontal e vertical e indique as forças líquidas que atuam no eixo em E nas direções horizontal e vertical.

Problemas abrangentes de projeto de eixo

Para cada um dos problemas de 22 a 30, será necessário fazer o seguinte:
 a. Determinar a magnitude do torque no eixo em todos os pontos
 b. Calcular as forças que atuam no eixo em todos os elementos transmissores de potência
 c. Calcular as reações nos rolamentos
 d. Desenhar os diagramas completos de carga, cisalhamento e momento fletor

Despreze o peso dos elementos nos eixos, a menos que ele seja solicitado.

O objetivo de qualquer problema, a critério do professor, poderá ser qualquer um dos seguintes:

- Projetar o eixo completo, incluindo a especificação da geometria total e a consideração dos fatores de concentração de tensão. A análise mostraria o diâmetro mínimo aceitável em cada ponto no eixo, de modo a estar seguro do ponto de vista da resistência.
- Dada uma geometria sugerida de uma parte do eixo, especificar o diâmetro mínimo aceitável nesse ponto.
- Especificar a geometria necessária em qualquer elemento selecionado no eixo: uma engrenagem, uma polia, um rolamento etc.
- Fazer uma planta do projeto para o eixo seguindo a análise de tensão apropriada e especificar as dimensões finais.
- Sugerir como determinado eixo pode ser projetado novamente movendo-se ou reposicionando-se os elementos de modo a melhorar o projeto e produzir tensões mais baixas, um eixo menor, uma montagem mais prática, entre outros aspectos.
- Incorporar o eixo em uma máquina e completar o projeto de toda a unidade. Na maioria dos problemas, o tipo de máquina para a qual o eixo será projetado é sugerido.

22. O eixo na Figura P12.1 é parte de uma transmissão para um sistema automatizado de transferência em uma planta de estamparia metálica. A engrenagem Q transmite 30 hp para a engrenagem B. Já a polia D transmite a potência para a polia conjugada, conforme mostrado. O eixo que sustenta B e D rotaciona a 550 rpm. Use aço SAE 1040 estirado a frio.

23. O eixo na Figura P12.2 rotaciona a 200 rpm, e a polia A recebe 10 hp de baixo. A engrenagem C transmite 6 hp à engrenagem conjugada abaixo, e a corrente dentada D transmite 4 hp ao eixo acima. Use aço SAE 1117 estirado a frio.

24. O eixo na Figura P12.3 é parte de uma máquina especial projetada para recuperar latas de alumínio de sucata. A engrenagem em B transmite 5 hp para um cortador que tritura as latas, e a polia de correia em V em D transmite 3 hp a um ventilador que puxa o ar pelo cortador. Já a polia de correia em V E transmite 3 hp a um transportador que leva o alumínio triturado a uma tremonha elevada. O eixo gira a 480 rpm. Toda a potência vai para o eixo por meio da corrente dentada em C. Use aço SAE 1137 OQT 1300 para o eixo. Os elementos em

B, C, D e E são mantidos em posição por anéis de retenção e chavetas em assentos embutidos.

25. O eixo na Figura P12.4 é acionador de um grande transportador de material a granel. A engrenagem recebe 40 hp e rotaciona a 120 rpm. Cada corrente dentada transmite 20 hp para um lado do transportador. Use aço SAE 1020 estirado a frio.

26. O eixo na Figura P12.5 é parte de um sistema de transmissão de um transportador que leva brita a um vagão de trem. O eixo rotaciona a 240 rpm e é submetido a choque moderado durante a operação. Toda a potência é direcionada à engrenagem em D. A polia de correia em V em A transmite 10,0 hp para baixo, e a corrente dentada E transmite 5,0 hp. Observe a posição da engrenagem Q, que aciona a engrenagem D.

27. A Figura P12.6 ilustra um eixo intermediário de uma prensa perfuradora que rotaciona a 310 rpm e transmite 20 hp da polia de correia em V à engrenagem. O volante não absorve nem cede qualquer energia nesse momento. Considere o peso de todos os elementos na análise.

28. O eixo na Figura P12.7 é parte de um sistema de manipulação de materiais a bordo de um navio. Toda a potência chega ao eixo pela engrenagem C, que rotaciona a 480 rpm. A engrenagem A transmite 30 hp a uma talha. Já as polias de correia em V D e E transmitem, cada uma, 10 hp a bombas hidráulicas. Use aço SAE 3140 OQT 1000.

29. O eixo na Figura P12.9 é parte de um sistema automático de usinagem. Toda a potência entra pela engrenagem D. Já as engrenagens C e F acionam dois dispositivos de alimentação de ferramentas, e cada um deles exige 5,0 hp. A polia de correia em V em B demanda 2,5 hp para acionar uma bomba de refrigeração. O eixo gira a 220 rpm. Todas as engrenagens são de dentes retos com ângulo de pressão de 20° e profundidade total. Use aço SAE 1020 estirado a frio para o eixo.

30. O eixo na Figura P12.17 é parte de um sistema de secagem de grãos. Em A, está um ventilador do tipo hélice que exige 12 hp e gira a 475 rpm. O ventilador pesa 34 lb, e seu peso deve ser incluído na análise. A polia de correia plana em D transmite 3,5 hp a um transportador helicoidal que manipula os grãos. Toda a potência chega ao eixo pela polia de correia em V em C. Use aço SAE 1144 estirado a frio.

Eixos com cargas radiais e axiais

Os problemas P31 até P34 lidam com eixos que sustentam engrenagens helicoidais e engrenagens sem-fim que produzem forças direcionadas axialmente, além das forças radiais.

Torques e forças atuando radial e axialmente ao eixo	Quadro geral
Figura P12.31: P31 — Engrenagem helicoidal B	P32
Figura P12.33: P33 — Engrenagem sem-fim C	P34 (Inclui polia A)

◀ FIGURA P12.31 (Problemas 31 e 32)

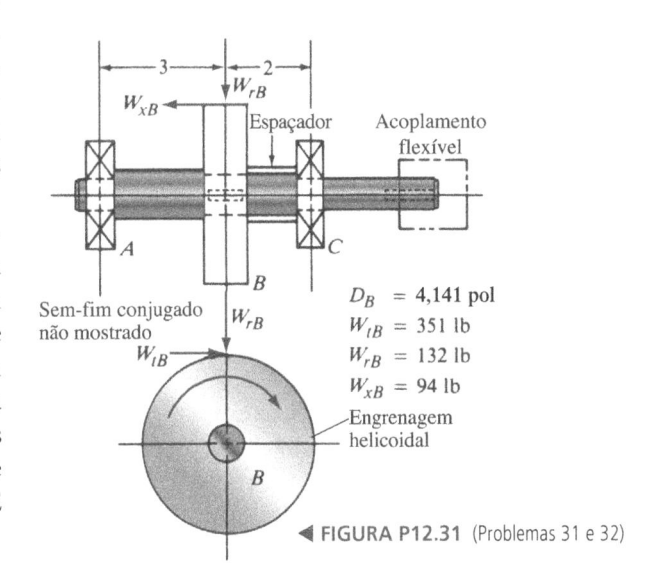

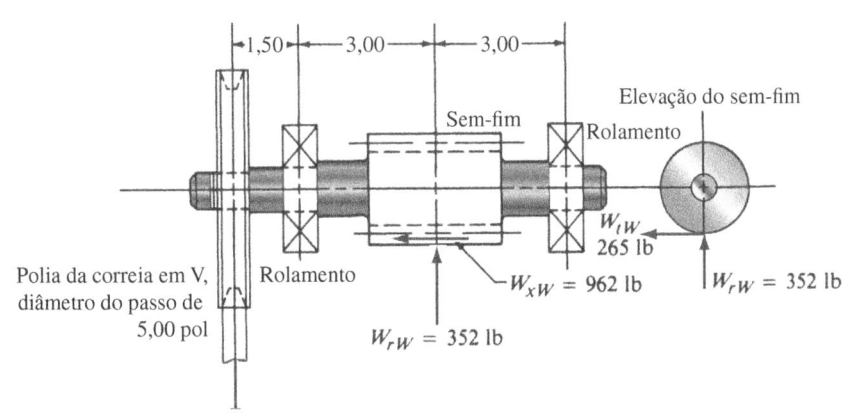

▲ FIGURA P12.33 (Problemas 33 e 34)

Forças e torque nos eixos — engrenagens helicoidais

31. Consulte a Figura P12.31. O eixo gira a 650 rpm e recebe 7,5 hp por meio de um acoplamento flexível. A potência é transmitida a um eixo adjacente por uma única engrenagem helicoidal, *B*, que apresenta ângulo de pressão normal de 20° e de hélice de 15°. O diâmetro de passo para a engrenagem é 4,141 pol. Reveja a discussão sobre forças em engrenagens helicoidais no Capítulo 10 e utilize as equações 12.1, 12.2, 12.4 e 12.5 neste capítulo para verificar os valores das forças indicadas na figura. Desenhe os diagramas completos de corpo livre para o eixo, tanto no plano vertical quanto no horizontal. Em seguida, faça os diagramas completos de força de cisalhamento e momento fletor para o eixo em ambos os planos.

32. A Figura P12.31 mostra uma engrenagem helicoidal montada em um eixo que gira a 650 rpm e transmite 7,5 hp. A engrenagem também é analisada no Exemplo 10.1, e as forças tangencial, radial e axial sobre ela são indicadas na figura. O diâmetro de passo é 4,141 pol. A potência é transmitida do eixo por meio de um acoplamento flexível na extremidade direita. Um espaçador é utilizado para posicionar a engrenagem em relação ao rolamento *C*. A carga axial atua no rolamento *A*.

Forças e torque nos eixos — engrenagens sem-fim

33. Consulte a Figura P12.33. O eixo gira a 1750 rpm e recebe 7,5 hp de uma transmissão por correia em V de 5,00 pol proveniente de uma polia de correia localizada diretamente abaixo. A potência é transmitida por um sem-fim com diâmetro de passo de 2,00 pol. As forças sobre o sem-fim foram usadas no Exemplo de projeto 12.3 e são mostradas na figura. Reveja a descrição dessas forças no Capítulo 10. Desenhe os diagramas completos de corpo livre para o eixo, tanto no plano vertical quanto no horizontal. Em seguida, faça os diagramas completos de força de cisalhamento e momento fletor para o eixo em ambos os planos.

34. O eixo mostrado na Figura P12.33 é o de entrada de uma transmissão de engrenagem sem-fim. A polia da correia em V recebe 7,5 hp diretamente de baixo. O sem-fim gira a 1750 rpm e tem diâmetro de passo de 2,000 pol. Esse é o sem-fim acionador para a engrenagem sem-fim descrita no Exemplo de projeto 12.3. As forças tangencial, radial e axial são indicadas na figura. O sem-fim deve ser usinado ao eixo e tem diâmetro de raiz de 1,614 pol. Considere que a geometria da área da raiz apresenta um fator de concentração de tensão de 1,5 para flexão. Analise a tensão na raiz da rosca do sem-fim e especifique um material adequado para o eixo.

Outros problemas de projeto abrangentes

Os problemas 35 a 41 contêm uma variedade de situações de carga para as quais o procedimento geral de solução deve ser adaptado. Alguns dos problemas envolvem mais de um eixo, considerando aqueles para engrenagens conjugadas e reduções múltiplas.

Figura P12.35: P35 — Transmissão helicoidal de dupla redução.

Figura P10.8 no Capítulo 10: P36 — Transmissão de engrenagem cônica.

Figura P12.37: P37 — Transmissão de engrenagem cônica com duas correntes dentadas.

Figura P12.38: P38 — Transmissão por engrenagem de dentes retos de dupla redução; projete três eixos.

Figura P12.39: P39 — Sistema de transmissão constituído por um motor elétrico, uma transmissão por correia em V, um redutor de engrenagem de dentes retos de dupla redução e uma transmissão por cadeia.

Figura P12.40: P40 — Eixo com três engrenagens de dentes retos.

Figura P12.41: P41 — Eixo para mecanismo de limpador de para-brisas com duas alavancas.

35. O redutor de engrenagem helicoidal de dupla redução mostrado na Figura P12.35 transmite 5,0 hp. O eixo 1 é a entrada, girando a 1800 rpm e recebendo potência diretamente de um motor elétrico por meio de um acoplamento flexível. O eixo 2 gira a 900 rpm. Já o eixo 3 é a saída e gira a 300 rpm. Uma corrente dentada está montada no eixo de saída, conforme indicado, e transmite a potência para cima. Os dados para as engrenagens são fornecidos na Tabela 12.5. Cada engrenagem tem ângulo de pressão normal de 14 ½° e de hélice de 45°. As combinações de hélices esquerda e direita estão dispostas de modo que as forças axiais se opõem umas às outras no eixo 2, como ilustrado. Use SAE 4140 OQT 1200 para os eixos.

36. Complete o projeto dos eixos que sustentam a engrenagem cônica e o pinhão mostrados na Figura 10.8. As forças nas engrenagens, as reações do rolamento e os diagramas de momento fletor são desenvolvidos nos exemplos 10.3 e 10.4 e indicados nas figuras de 10.8 até 10.12. Considere que

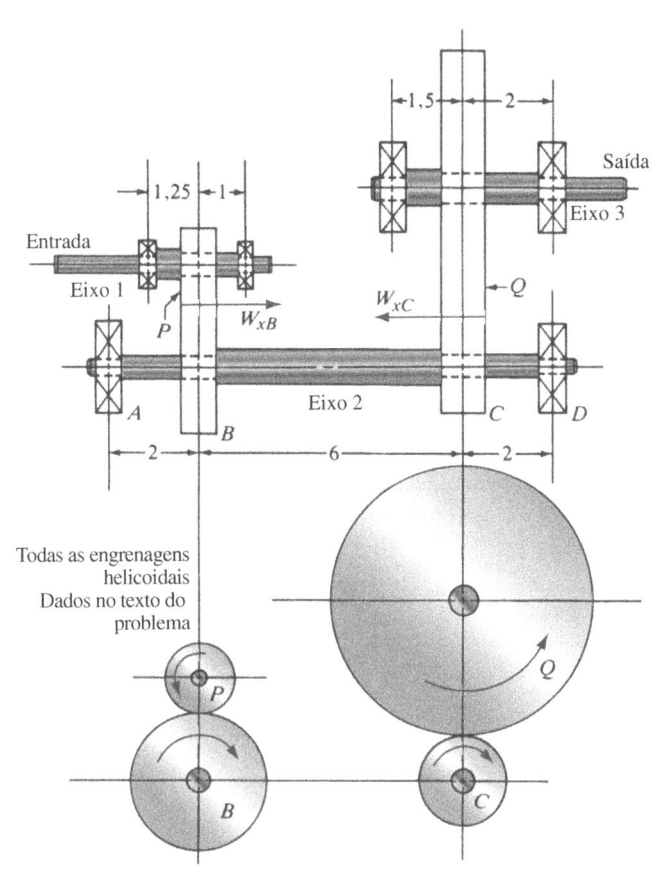

▲ **FIGURA P12.35** (Problema 35)

▼ **TABELA 12.5**

Engre-nagem	Passo diame-tral	Diâmetro de passo	Núme-ro de dentes	Largura de face
P	8	1,500 pol	12	0,75 pol
B	8	3,000 pol	24	0,75 pol
C	6	2,000 pol	12	1,00 pol
Q	6	6,000 pol	36	1,00 pol

os 2,50 hp entram no eixo do pinhão pela direita por meio de um acoplamento flexível. A potência é transmitida pela extensão inferior do eixo da engrenagem por outro acoplamento flexível. Use SAE 1040 OQT 1200 para os eixos.

37. O eixo vertical mostrado na Figura P12.37 é acionado a uma velocidade de 600 rpm, com 4,0 hp provenientes da engrenagem cônica. Cada uma das duas correntes dentadas transmite 2,0 hp para o lado a fim de acionar lâminas misturadoras em um recipiente de reação química. A engrenagem cônica tem passo diametral de 5, diâmetro de passo de 9000 pol, largura de face de 1,31 pol e ângulo de pressão de 20°. Use aço SAE 4140 OQT 1000 para o eixo. Além disso, consulte o Capítulo 10 para métodos de cálculo das forças na engrenagem cônica.

38. A Figura P12.38 mostra um trem de engrenagem de dentes retos de dupla redução. O eixo 1 gira a 1725 rpm, acionado diretamente por um motor elétrico que transmite 15 hp para o redutor. Todas as engrenagens no trem apresentam dentes com ângulo de pressão de 20°, profundidade total e os seguintes números e diâmetros de passo:

Engrenagem A	Engrenagem B
18 dentes	54 dentes
1,80 pol de diâmetro	5,40 pol de diâmetro

Engrenagem C	Engrenagem D
24 dentes	48 dentes
4,00 pol de diâmetro	8,00 pol de diâmetro

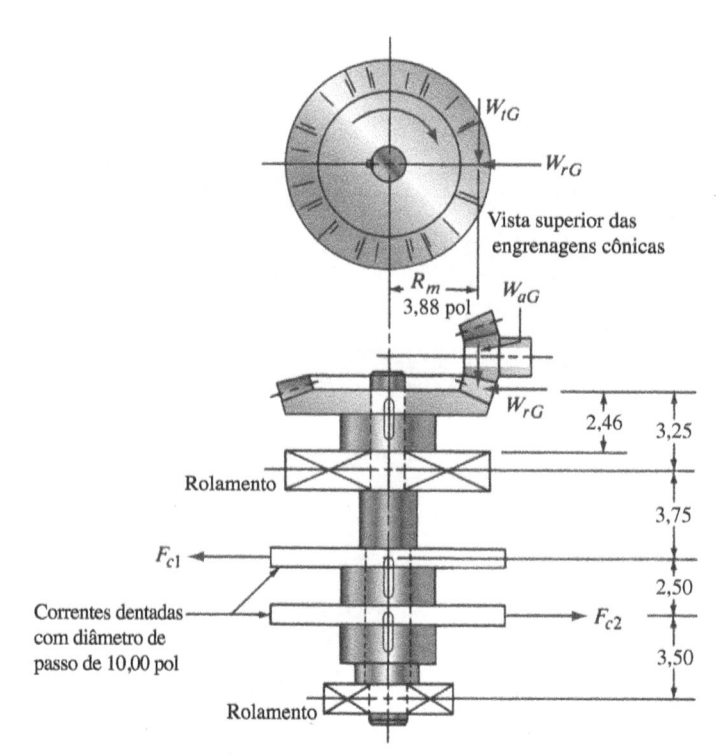

FIGURA P12.37 Engrenagens cônicas mostradas na seção para o Problema 37. Consulte o Capítulo 10.

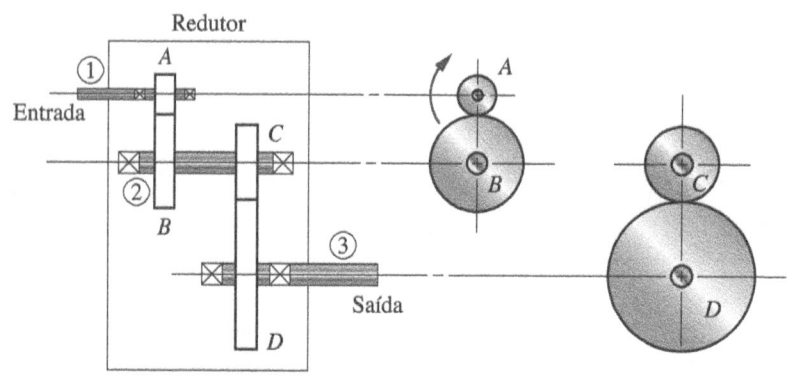

FIGURA P12.38 Redutor de engrenagem para os problemas 38 e 39.

Observe que a redução de velocidade para cada par de engrenagens é proporcional à razão do número de dentes. Portanto, o eixo 2 gira a 575 rpm, e o eixo 3, a 287,5 rpm. Considere que todos os eixos sustentam 15 hp. A distância do centro de cada rolamento até o meio da face da engrenagem mais próxima é 3,00 pol. O eixo 2 tem comprimento de 5,00 pol entre as duas engrenagens, fazendo a distância total entre o meio dos dois rolamentos ser igual a 11,00 pol. As extensões dos eixos de entrada e de saída transmitem torque, mas nenhuma carga de flexão é exercida sobre elas. Conclua o projeto dos três eixos. Coloque assentos embutidos para cada engrenagem e deslizantes nas extremidades externas dos eixos de entrada e saída. Providencie o posicionamento de cada engrenagem e rolamento no eixo.

39. A Figura P12.39 mostra um redutor de velocidade com transmissão por correia em V transmitindo potência ao eixo de entrada e uma transmissão por cadeia recebendo potência do eixo de saída e repassando-a a um transportador. O motor de acionamento fornece 12,0 hp e rotaciona a 1150 rpm. As reduções de velocidade da transmissão por correia em V e da transmissão por cadeia são proporcionais à razão do diâmetro das polias ou rodas dentadas acionadoras e acionadas. A disposição das engrenagens no redutor é a mesma descrita na Figura P12.38 e no Problema 38. Determine as forças aplicadas ao eixo do motor, a cada um dos três eixos do redutor e ao eixo acionador do transportador. Em seguida, conclua o projeto dos três eixos do redutor, considerando que todos eles transmitem 12,0 hp.

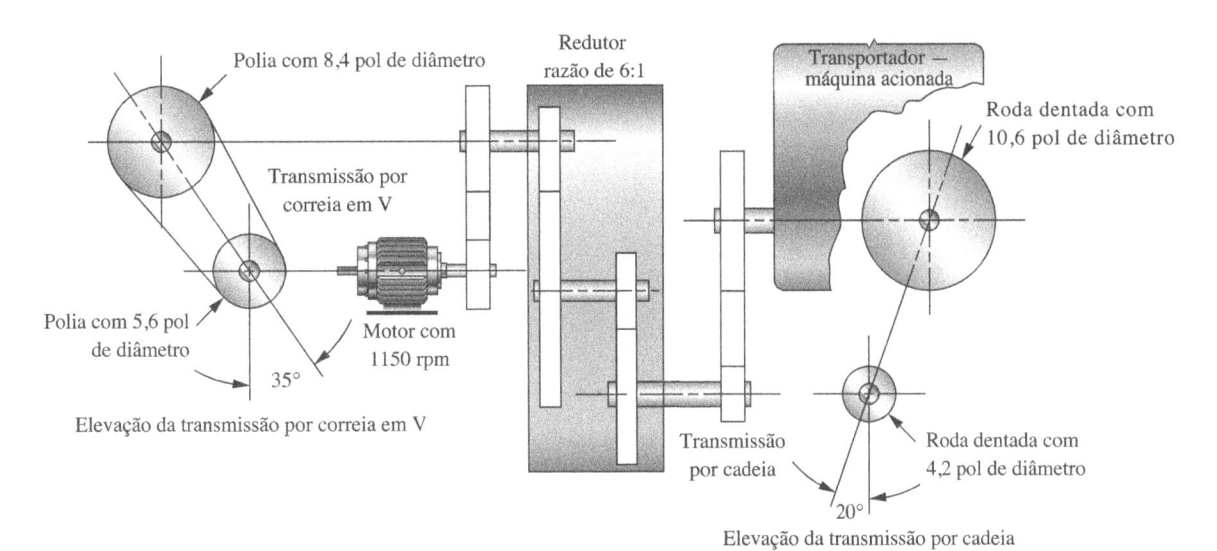

▲ **FIGURA P12.39** Sistema de transmissão para o Problema 39.

40. A Figura P12.40 mostra a transmissão de um sistema que tritura carvão e o transporta para um vagão de trem. A engrenagem *A* transmite 15 kW para o triturador, e a engrenagem *E*, 7,5 kW para o transportador. Toda a potência vai para o eixo por meio da engrenagem *C*. O eixo das engrenagens *A*, *C* e *E* rotaciona a 480 rpm. Projete esse eixo. A distância do meio de cada rolamento até o meio da face da engrenagem mais próxima é 100 mm.

41. Deve-se projetar um eixo para a ligação de um mecanismo de limpador de para-brisa em um caminhão (consulte a Figura P12.41). Uma força de 20 N é aplicada à alavanca 1 por uma conexão adjacente. A força de reação, F_2, na alavanca 2 é transmitida a outra conexão. A distância, *d*, entre os elementos é 20,0 mm. Os rolamentos *A* e *C* são buchas de bronze retas, cilíndricas, com 10,0 mm de comprimento. Projete o eixo e as alavancas 1 e 2.

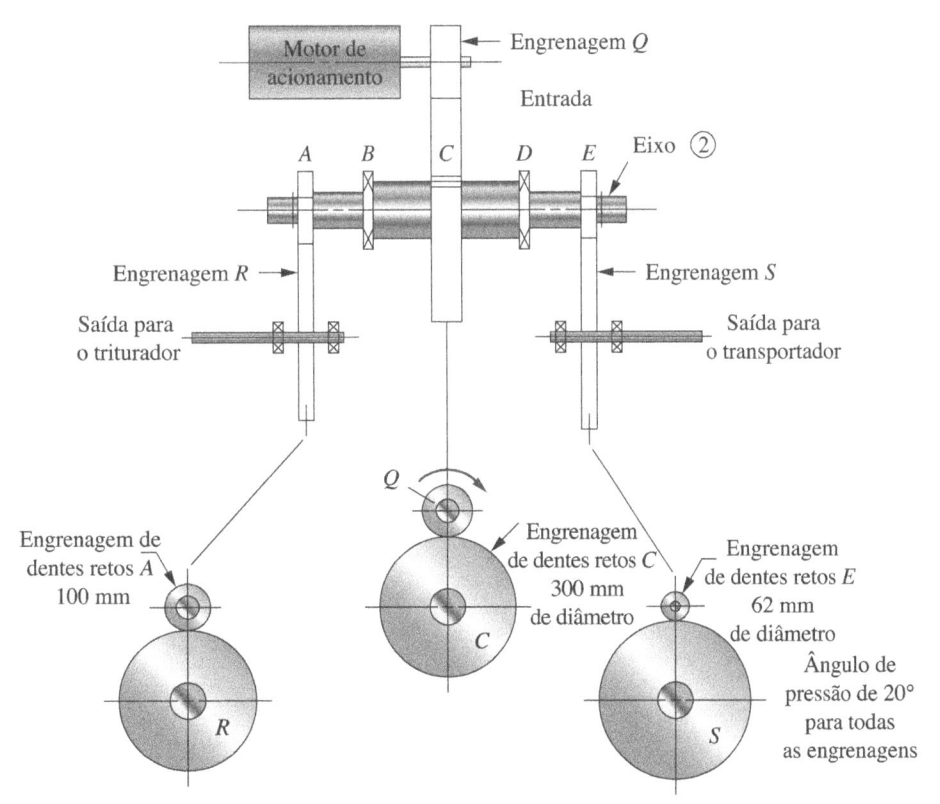

▲ **FIGURA P12.40** Sistema de transmissão para o Problema 40.

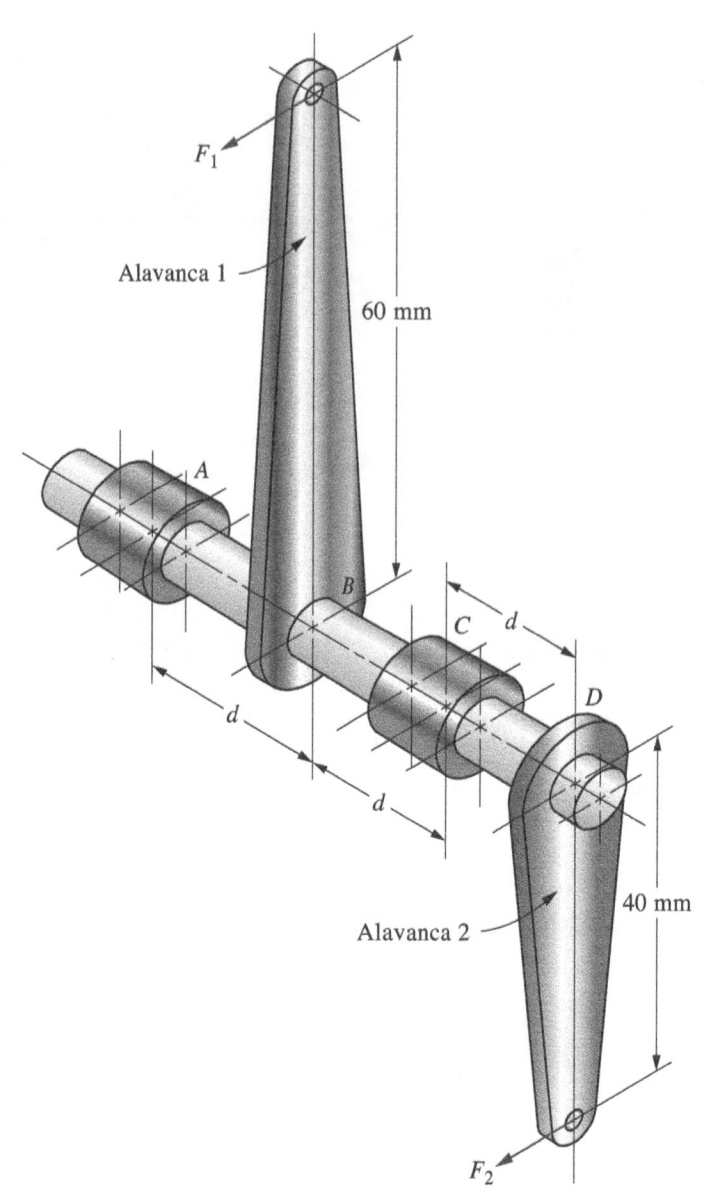

▲ **FIGURA P12.41** Eixo e alavancas para o sistema de limpador de para-brisa do Problema 41.

TOLERÂNCIAS E AJUSTES

CAPÍTULO 13

Visão geral

Tópicos de discussão

- *Tolerância* é a variação admissível em dimensões-chave de peças mecânicas. Você, como projetista, deve especificar a tolerância para cada dimensão, considerando a performance e a forma de fabricação.
- Duas ou mais peças podem ser unidas com um *ajuste de folga*, permitindo o movimento relativo, ou com um *ajuste de interferência*, quando as duas peças são pressionadas e, portanto, não se deslocam durante o funcionamento do dispositivo.

Descubra

Identifique exemplos de produto para os quais tolerâncias dimensionais precisas seriam apropriadas e alguns para os quais tolerâncias mais folgadas seriam permitidas.
Procure exemplos de peça mecânica com ajustes de folga e outras com ajustes de interferência.
Descreva as razões pelas quais o projetista provavelmente fez essas escolhas.

Sumário
Visão geral
Você é o projetista
13.1 Objetivos
13.2 Fatores que afetam tolerâncias e ajustes
13.3 Tolerâncias, processos de produção e custo
13.4 Dimensões preferenciais
13.5 Ajustes de folga
13.6 Ajustes de interferência
13.7 Ajustes de transição
13.8 Tensões para ajustes de força
13.9 Métodos gerais de tolerância
13.10 Projeto robusto de produto

> Este capítulo irá ajudá-lo a especificar ajustes adequados para peças conjugadas e as tolerâncias dimensionais que produzirão o ajuste desejado.

O objetivo da maioria dos procedimentos de análise discutidos neste livro é determinar a dimensão geométrica mínima aceitável para que o componente esteja seguro e opere de modo apropriado em condições específicas. Como projetista, você também deve especificar as dimensões finais para os componentes, incluindo as tolerâncias nelas.

O termo *tolerância* refere-se ao desvio permissível em relação à dimensão básica especificada. O bom desempenho de uma máquina pode depender das tolerâncias estabelecidas para suas peças, em especial àquelas que devem se encaixar para o posicionamento ou ter liberdade para um movimento relativo adequado.

O termo *ajuste* normalmente é relativo às *folgas* permissíveis entre peças conjugadas em um dispositivo mecânico que devem ter facilidade de montagem e, com frequência, mover-se em relação umas às outras durante o funcionamento normal. Tais ajustes costumam ser chamados de *ajustes deslizantes*. *Ajuste* também pode se referir à quantidade de *interferência* existente quando a peça interna precisa ser maior do que a externa. Os ajustes de interferência são utilizados para garantir que as peças conjugadas não se movam uma em relação à outra.

Procure exemplos de peça para dispositivos mecânicos que tenham ajustes de folga. Qualquer máquina com eixos que giram em rolamentos planos tem tais peças. Esse tipo de rolamento é chamado de *rolamento de carga radial*, e deve haver uma folga pequena, porém confiável, entre o eixo e o rolamento a fim de permitir uma rotação suave do primeiro. A folga não deve ser muito grande para que o funcionamento da máquina não pareça muito bruto e áspero.

Considere também qualquer montagem com dobradiças, as quais permitem que uma parte gire em relação à outra, como uma porta de acesso, uma divisória ou uma tampa de recipiente. As peças da dobradiça terão um ajuste de folga. Muitos tipos de equipamento de medição com peças móveis, como paquímetros, relógios comparadores e sondas eletrônicas, devem ser projetados com cuidado, de modo a manter a precisão esperada das medições e, ao mesmo tempo, permitir movimentos confiáveis. Na outra extremidade do leque, há o ajuste bem folgado, comum em brinquedos e outros tipos de equipamento recreativo. O ajuste das rodas de um carrinho em seu eixo costuma ser bem folgado para permitir uma rotação livre e uma montagem simples. Será mostrado, neste capítulo, que a ampla gama de ajustes encontrados é projetada com a especificação de uma *classe de ajuste* e, em seguida, com a determinação do intervalo admissível em dimensões-chave para peças conjugadas.

Procure, também, exemplos em que duas peças são montadas de forma a não se moverem uma em relação à outra. Elas são unidas com firmeza porque a peça interna é maior do que a externa. Talvez algumas partes de seu carro sejam assim.

Este capítulo irá ajudá-lo a projetar peças que precisam de ajustes de folga ou de interferência. Muitas vezes, quando há um ajuste de interferência, é desejável prever o nível de tensão ao qual as peças conjugadas estarão sujeitas. Esse tópico também será abordado aqui.

Você é o projetista

Suponha que você é o responsável pelo projeto do redutor de velocidade de engrenagem discutido no Capítulo 1 e esboçado na Figura 1.12. O esboço é repetido aqui na forma da Figura 13.1. O eixo de entrada e o de saída sustentam uma engrenagem cada um e estão apoiados em dois rolamentos montados na carcaça. As engrenagens estão vinculadas aos eixos para permitir a transmissão de torque entre o eixo e a engrenagem, ou vice-versa. O material do Capítulo 12 o ajudará a projetar os eixos. O Capítulo 14 aborda a seleção e aplicação de rolamentos. Os resultados dessas decisões de projeto incluem o cálculo do diâmetro mínimo aceitável para o eixo em qualquer seção e a especificação de rolamentos adequados para sustentar as cargas aplicadas ao longo de uma vida útil razoável. O fabricante do rolamento especificará as tolerâncias em suas diversas dimensões. Seu trabalho é estabelecer as dimensões finais para o eixo em todos os pontos, incluindo as tolerâncias nessas dimensões.

Considere a parte do eixo de entrada onde a primeira engrenagem do trem é montada. Qual seria uma dimensão nominal conveniente para o diâmetro do eixo no local da engrenagem? É desejável deslizar a engrenagem facilmente sobre a extremidade esquerda do eixo e contra a flange que a posiciona? Em caso afirmativo, quanto de folga deve ser permitido entre o eixo e o diâmetro interno da engrenagem para que sejam garantidos a facilidade de montagem e, ao mesmo tempo, o posicionamento preciso e uma operação suave? Quando o eixo é usinado, qual leque de dimensões será permitido à equipe de produção fabricar? Qual acabamento superficial deve ser especificado para o eixo e qual processo de fabricação é necessário para produzir esse acabamento? Qual é o custo relativo da operação de fabricação? Perguntas semelhantes devem ser respondidas quanto ao diâmetro interno da engrenagem.

Rolamentos de contato angular, como o conhecido rolamento de esferas, são projetados para instalação no eixo com um *ajuste de interferência*. Isto é, o diâmetro interno do rolamento é menor do que o externo do eixo onde ele deve ser assentado. Uma força significativa é necessária para pressionar o rolamento no eixo. Quais dimensões você especificaria para o eixo no assento do rolamento? Quanto de interferência deve ser estabelecido? Quanto de tensão é causado no eixo por causa do ajuste de interferência? Como projetista, você deve responder a essas perguntas.

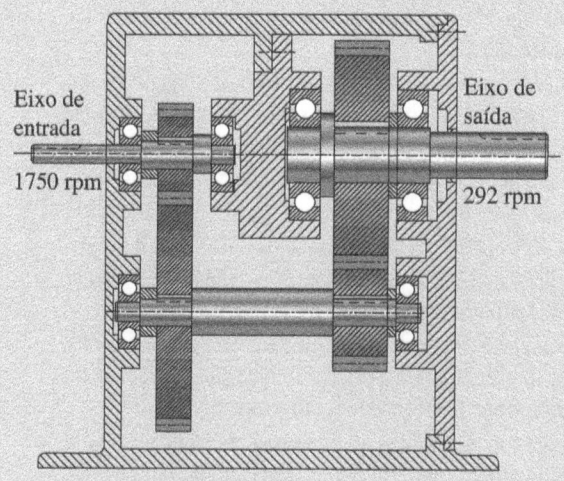

▲ **FIGURA 13.1** Projeto conceitual para um redutor de velocidade.

13.1 OBJETIVOS

Ao final deste capítulo, você estará apto a:
1. Definir os termos *tolerância, folga, tolerância unilateral* e *tolerância bilateral*.
2. Descrever as relações entre tolerâncias, processos de produção e custo.
3. Determinar tamanhos básicos para as dimensões de acordo com um conjunto de tamanhos preferíveis.
4. Usar a norma ANSI B4.1, *Preferred Limits and Fits for Cylindrical Parts* [Limites e ajustes preferíveis para peças cilíndricas], e a ANSI B4.2-1978 para limites métricos e ajustes a fim de estabelecer tolerâncias, ajustes e folgas.
5. Especificar ajustes de transição, de interferência e de força.
6. Calcular a pressão criada entre as peças sujeitas a ajustes de interferência e as tensões resultantes nas partes conjugadas.
7. Usar uma planilha como auxílio no cálculo de tensões para os ajustes de interferência.
8. Avaliar dimensões geométricas adequadas e controles de tolerância para peças conjugadas.

13.2 FATORES QUE AFETAM TOLERÂNCIAS E AJUSTES

Considere os rolamentos planos projetados no Capítulo 16. Uma parte crítica do projeto é a especificação da folga diametral entre o mancal e o rolamento, como ilustra a Figura 16.1. O valor típico é de apenas alguns milésimos de polegada. Contudo, certa variação deve ser permitida tanto no diâmetro externo do mancal quanto no interno do rolamento por razões de economia de fabricação. Assim, haverá uma variação da folga real em dispositivos de produção dependendo de onde os componentes conjugados se incluírem nas próprias faixas de tolerância. Tais variações devem ser consideradas na análise de desempenho do rolamento. Uma folga muito pequena pode causar emperramento. Por outro lado, uma folga muito grande reduz a precisão da máquina e prejudica a lubrificação.

A montagem dos elementos transmissores de potência nos eixos é outra situação em que as tolerâncias e os ajustes devem ser considerados. Uma corrente dentada para transmissões mecânicas de uso geral costuma ser produzida com um diâmetro interno que desliza facilmente à posição no eixo durante a montagem. Mas, uma vez no lugar, ela transmite potência com suavidade e em silêncio apenas se não estiver excessivamente frouxa. Um rotor de turbina de alta velocidade deve ser instalado no eixo com um ajuste de interferência, eliminando quaisquer folgas que possam causar vibrações nas altas velocidades de rotação.

Quando há exigência de movimento relativo entre duas peças, um ajuste de folga é necessário. Porém, nesse caso também há diferenças. Alguns instrumentos de medição têm partes que devem se mover sem folgas perceptíveis (às vezes chamadas de *jogo*) entre peças conjugadas, o que prejudicaria a precisão da medição. Uma roldana intermediária em um sistema de transmissão por correia deve girar em seu eixo de modo confiável, sem a tendência de emperrar, mas com apenas uma pequena quantidade de jogo. O requisito para a montagem de rodas ao eixo em um carrinho de brinquedo é muito diferente. Um ajuste frouxo de folga é satisfatório para o uso esperado da roda, permitindo grandes tolerâncias em seu diâmetro interno e no diâmetro do eixo para economia.

13.3 TOLERÂNCIAS, PROCESSOS DE PRODUÇÃO E CUSTO

A *tolerância unilateral* apresenta desvio em apenas uma direção em relação à dimensão básica. Já a *tolerância bilateral* tem desvio tanto acima quanto abaixo da dimensão básica. Por fim, a *tolerância total* é a diferença entre as dimensões admissíveis máxima e mínima.

O termo *folga* refere-se a uma diferença intencional entre os limites máximos materiais das peças conjugadas. Por exemplo, uma folga positiva para um par furo/eixo definiria a *folga* mínima entre as peças conjugadas do eixo maior combinando com o furo menor. Uma folga negativa faria o eixo ser maior do que o furo (*interferência*).

O termo *ajuste* diz respeito à folga (ajuste de folga) ou aperto (ajuste de interferência) de peças conjugadas, principalmente quanto ao movimento ou à força entre elas após a montagem. Especificar o grau de folga ou interferência é uma das funções do projetista.

É custoso produzir componentes com tolerâncias muito pequenas nas dimensões. Torna-se responsabilidade do projetista estabelecer as tolerâncias ao nível mais elevado possível sem prejudicar o bom funcionamento da máquina. Sem dúvida, julgamento e experiência devem ser exercidos nesse processo. Em situações de produção em quantidade, talvez seja um bom custo-benefício testar protótipos com um intervalo de tolerância e observar os limites de desempenho aceitável.

Em geral, a produção de peças com pequenas tolerâncias nas dimensões exige múltiplas etapas de processamento. Pode ser que um eixo precise, primeiro, passar por um torno e, em seguida, ser esmerilhado a fim de produzir as dimensões finais e o acabamento da superfície. Em casos extremos, o polimento talvez seja necessário. Cada etapa subsequente na fabricação eleva o custo. Mesmo que operações diferentes não sejam exigidas, a inclusão de pequenas tolerâncias em uma única máquina, como um torno, pode demandar vários passes, terminando com um corte de acabamento refinado. Alterações na ferramenta de corte também devem ser mais frequentes, pois o desgaste dela altera a tolerância.

Além disso, o desenvolvimento de aspectos da peça com pequenas tolerâncias geralmente envolve acabamentos superficiais mais refinados. A Figura 13.2 mostra a relação geral entre o acabamento superficial e o custo relativo da produção de uma peça. A tolerância total típica proporcionada pelos processos descritos está inclusa na figura. O aumento de custo é dramático para pequenas tolerâncias e acabamentos refinados.

A Figura 13.3 apresenta a relação entre o acabamento superficial e as operações de usinagem disponíveis para produzi-lo.

A referência básica para tolerâncias e ajustes nos Estados Unidos é a norma ANSI B4.1-1967, *Preferred Limits and Fits for Cylindrical Parts* [Limites e ajustes preferíveis para peças cilíndricas]. As dimensões métricas devem estar em conformidade com a norma ANSI B4.2-1978, *Preferred Metric Limits and Fits* [Limites e ajustes métricos preferíveis]. A versão mais recente deve ser consultada. (Veja as referências 1 e 2 ao final deste capítulo.)

A Organização Internacional para Padronização (ISO) apresenta dados métricos para limites e ajustes na ISO 286-1:1988, utilizados na Europa e em muitos outros países.

O termo *grau de tolerância* refere-se a um conjunto de tolerâncias que podem ser estabelecidas com uma capacidade de produção aproximadamente igual. A tolerância permitida total real em cada grau depende do tamanho nominal da dimensão. Tolerâncias menores podem ser alcançadas para dimensões menores e vice-versa. As normas ISO R286 e ANSI B4.1 incluem dados completos para os graus de tolerância 01 a 16, como mostra a Tabela 13.1. Quanto menor a tolerância, menor o número de classificação.

Uma amostragem de dados de tolerância para peças usinadas em alguns graus e intervalos de tamanho é fornecida nas tabelas 13.2 e 13.2M. A Figura 13.2 mostra a capacidade que processos de fabricação selecionados têm de operar dentro das classificações de tolerância. A Referência 8 inclui numerosas tabelas de dados com graus de tolerância, limites e ajustes.

Alguns projetos podem se beneficiar da possibilidade de calcular a quantidade de tolerância para determinada dimensão básica a fim de se alcançar um grau específico de IT. A equação a seguir aplica-se a dimensões métricas.

▶ **Tolerância para classificação IT**

$$T = [0{,}045 \times (D)^{1/3} + 0{,}001 \times (D)][10^{0{,}2(ITG-1)}]$$

(13.1A)

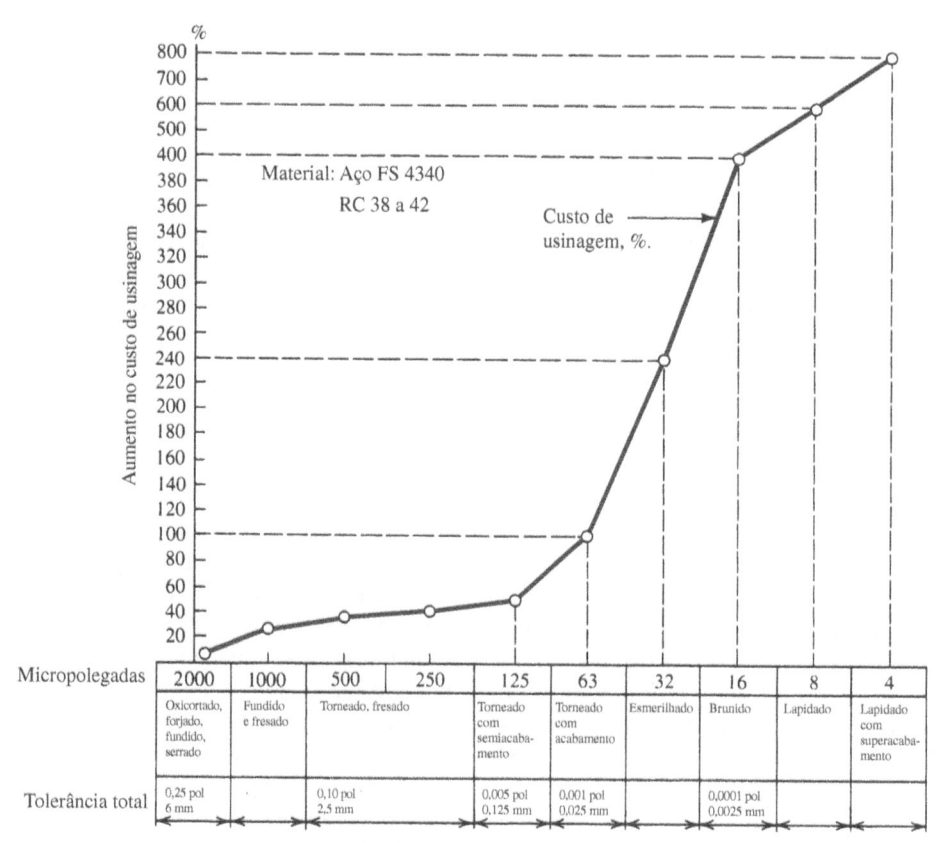

▲ **FIGURA 13.2** Custos de usinagem em função do acabamento superficial especificado.
[Reimpresso com permissão da Association for Integrated Manufacturing Technology (antiga Numerical Control Society)]

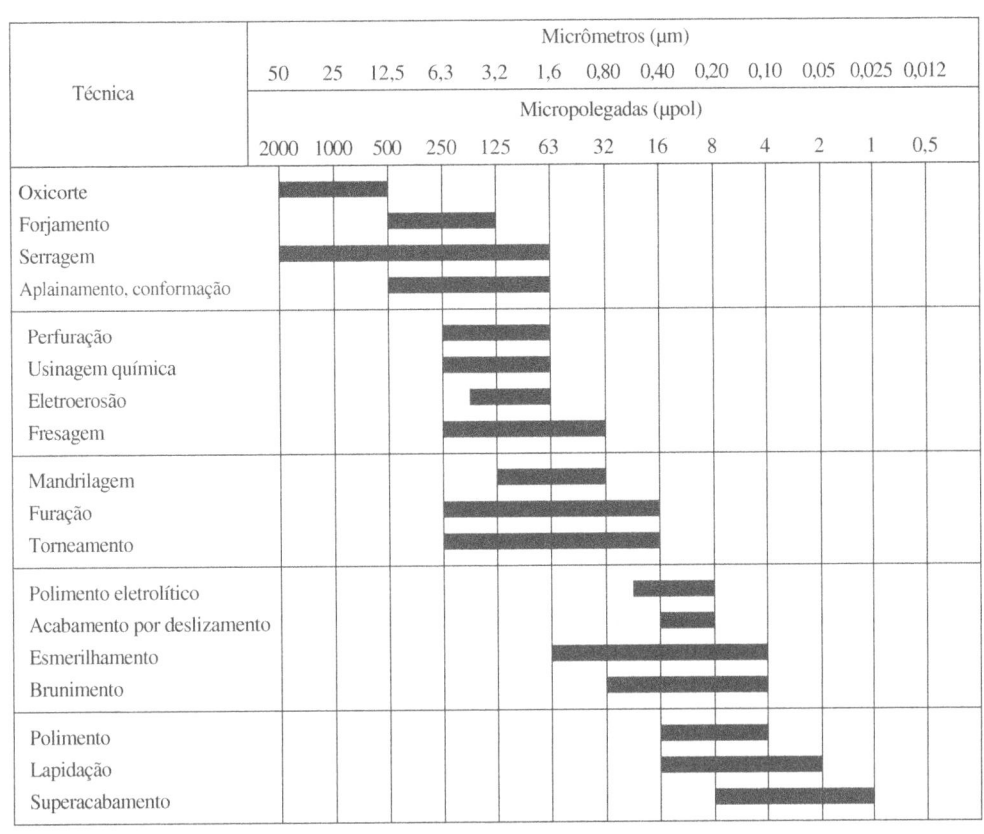

Técnica	Micrômetros (μm)											
	50	25	12,5	6,3	3,2	1,6	0,80	0,40	0,20	0,10	0,05	0,025 0,012
	Micropolegadas (μpol)											
	2000	1000	500	250	125	63	32	16	8	4	2	1 0,5
Oxicorte												
Forjamento												
Serragem												
Aplainamento, conformação												
Perfuração												
Usinagem química												
Eletroerosão												
Fresagem												
Mandrilagem												
Furação												
Torneamento												
Polimento eletrolítico												
Acabamento por deslizamento												
Esmerilhamento												
Brunimento												
Polimento												
Lapidação												
Superacabamento												

▬▬▬ = Aplicação industrial média (os valores podem variar em condições especiais)

▲ **FIGURA 13.3** Acabamentos produzidos por técnicas diversas (média de dureza, R_a).

▼ **TABELA 13.1** Graus de tolerância.

Aplicação	Graus de tolerância								
Ferramentas de medição	01	0	1	2	3	4	5	6	7
Ajustes de peças usinadas	4	5	6	7	8	9	10	11	
Material, como fornecido	8	9	10	11	12	13	14		
Formas grosseiras (fundição, serragem, forjamento etc.)	12	13	14	15	16				

onde

T = tolerância em mm
D = dimensão média em mm do intervalo de dimensões nominais da Tabela 13.2M
ITG = número internacional de classificação de tolerância (número inteiro de 1 a 14)

13.4 DIMENSÕES PREFERENCIAIS

O primeiro passo na especificação de uma dimensão para uma peça é decidir o tamanho básico — a dimensão à qual as tolerâncias são aplicadas. A análise de resistência, deflexão ou desempenho da peça determina a dimensão nominal ou mínima exigida. Salvo por condições especiais, a dimensão básica deve ser escolhida a partir das listas de dimensões preferenciais na Tabela A2.1 para dimensões em polegadas fracionadas, em décimos de polegadas, e métricas, do SI. Se possível, faça a seleção da primeira coluna a escolher. Se uma dimensão entre os dois tamanhos da primeira escolha for necessária, uma segunda coluna deve ser verificada. Isso limitará o número de dimensões comumente encontradas na fabricação de produtos e resultará em uma padronização que gerará custo-benefício. A escolha do sistema depende das políticas da empresa e do mercado para o produto.

▼ TABELA 13.2 Margens para alguns graus de tolerância.

Dimensão nominal (pol)	Grau de tolerância							
	4	5	6	7	8	9	10	11
	Tolerâncias em milésimos de polegada							
0,24–0,40	0,15	0,25	0,4	0,6	0,9	1,4	2,2	3,5
0,40–0,71	0,20	0,3	0,4	0,7	1,0	1,6	2,8	4,0
0,71–1,19	0,25	0,4	0,5	0,8	1,2	2,0	3,5	5,0
1,19–1,97	0,3	0,4	0,6	1,0	1,6	2,5	4,0	6,0
1,97–3,15	0,3	0,5	0,7	1,2	1,8	3,0	4,5	7,0
3,15–4,73	0,4	0,6	0,9	1,4	2,2	3,5	5,0	9,0
4,73–7,09	0,5	0,7	1,0	1,6	2,5	4,0	6,0	10,0

▼ TABELA 13.2M Margem métrica para alguns graus de tolerância.

Intervalo de dimensão nominal (mm)	Grau de tolerância								Dimensão média (referência) (mm)
	4	5	6	7	8	9	10	11	
	Tolerâncias em milímetros (mm)								
6–10	0,0036	0,0057	0,009	0,014	0,023	0,036	0,057	0,091	8
10–18	0,0044	0,0069	0,011	0,017	0,028	0,044	0,069	0,110	14
18–30	0,0053	0,0083	0,013	0,021	0,033	0,053	0,083	0,132	24
30–50	0,0063	0,010	0,016	0,025	0,040	0,063	0,100	0,158	40
50–80	0,0075	0,012	0,019	0,030	0,047	0,075	0,118	0,187	65
80–120	0,0087	0,014	0,022	0,035	0,055	0,087	0,138	0,219	100
120–180	0,0101	0,016	0,025	0,040	0,064	0,101	0,160	0,254	150

13.5 AJUSTES DE FOLGA

Quando é preciso haver uma folga constante entre peças conjugadas, um ajuste de folga é especificado. A designação para ajustes de folga padronizados da norma ANSI/ASME B4.1 a membros que devem se mover juntos é *ajuste de folga móvel* ou *deslizante* (RC). Dentro desse padrão, há nove classes: de RC1 a RC9; sendo que RC1 oferece a menor folga, e RC9, a maior. As seguintes descrições de cada membro dessa classe o ajudarão a decidir qual é o mais adequado para determinada aplicação.

RC1 (ajuste deslizante justo): posicionamento preciso de peças que devem ser montadas com folga imperceptível.

RC2 (ajuste deslizante): peças que se movem e giram com facilidade, mas que não devem correr livremente. Elas podem emperrar com pequenas variações de temperatura, especialmente nos tamanhos maiores.

RC3 (ajuste móvel preciso): peças de precisão que operam em baixas velocidades com cargas leves e devem correr livremente. Alterações de temperatura podem causar dificuldades.

RC4 (ajuste móvel justo): posicionamento preciso com jogo mínimo para uso sob cargas moderadas e em velocidades médias. Uma boa escolha para máquinas de precisão.

RC5 (ajuste móvel médio): peças precisas de máquina para velocidades e/ou cargas mais elevadas do que RC4.

RC6 (ajuste móvel médio): semelhante ao RC5, mas para aplicações em que se deseja uma folga maior.

RC7 (ajuste móvel livre): movimento relativo confiável mesmo com grandes variações de temperatura em aplicações cuja precisão não é crítica.

RC8 (ajuste móvel folgado): permite grandes folgas, possibilitando o uso de peças com tolerâncias comerciais, "de fábrica".

RC9 (ajuste móvel folgado): semelhante ao RC8, mas com folgas aproximadamente 50% maiores.

A norma completa ANSI/ASME B4.1 lista as tolerâncias nas peças conjugadas e os limites resultantes de folgas para as nove classes e para os tamanhos de 0 a 200 pol. (Consulte também as referências 4, 6 e 8.) A Tabela 13.3 foi extraída da norma. Considere que RC2 representa os ajustes de precisão (RC1, RC2, RC3); RC5, os ajustes móveis precisos e confiáveis (RC4 a RC7); e RC8, os ajustes folgados (RC8, RC9).

Os números na Tabela 13.3 estão em milésimos de polegada. Portanto, uma folga de 2,8 da tabela significa uma diferença de tamanho entre as peças interna e externa de 0,0028 pol. As tolerâncias no furo e no eixo devem ser aplicadas à dimensão básica para determinar os limites de tamanho para essa dimensão.

▼ TABELA 13.3 Ajustes de folga (RC).

Dimensão nominal (pol)	Classe RC2			Classe RC5			Classe RC8			Dimensão nominal (pol)
	Limites de folga	Limites padronizados		Limites de folga	Limites padronizados		Limites de folga	Limites padronizados		
Intervalo		Furo	Eixo		Furo	Eixo		Furo	Eixo	Intervalo
0–0,12	0,1 / 0,55	+0,25 / 0	−0,1 / −0,3	0,6 / 1,6	+0,6 / −0	−0,6 / −1,0	2,5 / 5,1	+1,6 / 0	−2,5 / −3,5	0–0,12
0,12–0,24	0,15 / 0,65	+0,3 / 0	−0,15 / −0,35	0,8 / 2,0	+0,7 / −0	−0,8 / −1,3	2,8 / 5,8	+1,8 / 0	−2,8 / −4,0	0,12–0,24
0,24–0,40	0,2 / 0,85	+0,4 / 0	−0,2 / −0,45	1,0 / 2,5	+0,9 / −0	−1,0 / −1,6	3,0 / 6,6	+2,2 / 0	−3,0 / −4,4	0,24–0,40
0,40–0,71	0,25 / 0,95	+0,4 / 0	−0,25 / −0,55	1,2 / 2,9	+1,0 / −0	−1,2 / −1,9	3,5 / 7,9	+2,8 / 0	−3,5 / −5,1	0,40–0,71
0,71–1,19	0,3 / 1,2	+0,5 / 0	−0,3 / −0,7	1,6 / 3,6	+1,2 / −0	−1,6 / −2,4	4,5 / 10,0	+3,5 / 0	−4,5 / −6,5	0,71–1,19
1,19–1,97	0,4 / 1,4	+0,6 / 0	−0,4 / −0,8	2,0 / 4,6	+1,6 / −0	−2,0 / −3,0	5,0 / 11,5	+4,0 / 0	−5,0 / −7,5	1,19–1,97
1,97–3,15	0,4 / 1,6	+0,7 / 0	−0,4 / −0,9	2,5 / 5,5	+1,8 / −0	−2,5 / −3,7	6,0 / 13,5	+4,5 / 0	−6,0 / −9,0	1,97–3,15
3,15–4,73	0,5 / 2,0	+0,9 / 0	−0,5 / −1,1	3,0 / 6,6	+2,2 / −0	−3,0 / −4,4	7,0 / 15,5	+5,0 / 0	−7,0 / −10,5	3,15–4,73
4,73–7,09	0,6 / 2,3	+1,0 / 0	−0,6 / −1,3	3,5 / 7,6	+2,5 / −0	−3,5 / −5,1	8,0 / 18,0	+6,0 / 0	−8,0 / −12,0	4,73–7,09
7,09–9,85	0,6 / 2,6	+1,2 / 0	−0,6 / −1,4	4,0 / 8,6	+2,8 / −0	−4,0 / −5,8	10,0 / 21,5	+7,0 / 0	−10,0 / −14,5	7,09–9,85
9,85–12,41	0,7 / 2,8	+1,2 / 0	−0,7 / −1,6	5,0 / 10,0	+3,0 / −0	−5,0 / −7,0	12,0 / 25,0	+8,0 / 0	−12,0 / −17,0	9,85–12,41

Fonte: reimpressão da norma ANSI/ASME B4.1-1967 com permissão da American Society of Mechanical Engineers. Todos os direitos reservados.
Observação: os limites estão em milésimos de polegada.

Ao aplicar tolerâncias e a folga às dimensões das peças conjugadas, os projetistas utilizam o sistema furo-base e o eixo-base. No *sistema furo-base*, a dimensão de projeto do furo é a básica, e a folga é aplicada ao eixo; a dimensão básica é a mínima do furo. No *sistema eixo-base*, a dimensão de projeto do eixo é a básica, e a folga é aplicada ao furo; a dimensão básica é a máxima do eixo. O sistema furo-base é preferível.

A Figura 13.4 mostra uma visualização gráfica das tolerâncias e dos ajustes para as nove classes de RC quando aplicados a uma combinação eixo/furo em que a dimensão básica é 2,000 pol e o sistema furo-base é utilizado. Note que esse diagrama indica a tolerância total tanto no eixo quanto no furo. A tolerância para o furo sempre começa na dimensão básica, ao passo que a tolerância do eixo é deslocada abaixo da dimensão básica a fim de fornecer a folga mínima (furo menor com o eixo maior). A folga máxima combina o furo maior com o eixo menor. Essa figura também ilustra o intervalo expressivo de folgas fornecidas pelas nove classes do sistema RC.

Os códigos nas barras de tolerância na Figura 13.4 referem-se às classes de tolerância mencionadas anteriormente. O H maiúsculo junto ao número de classificação de tolerância é usado para o furo no

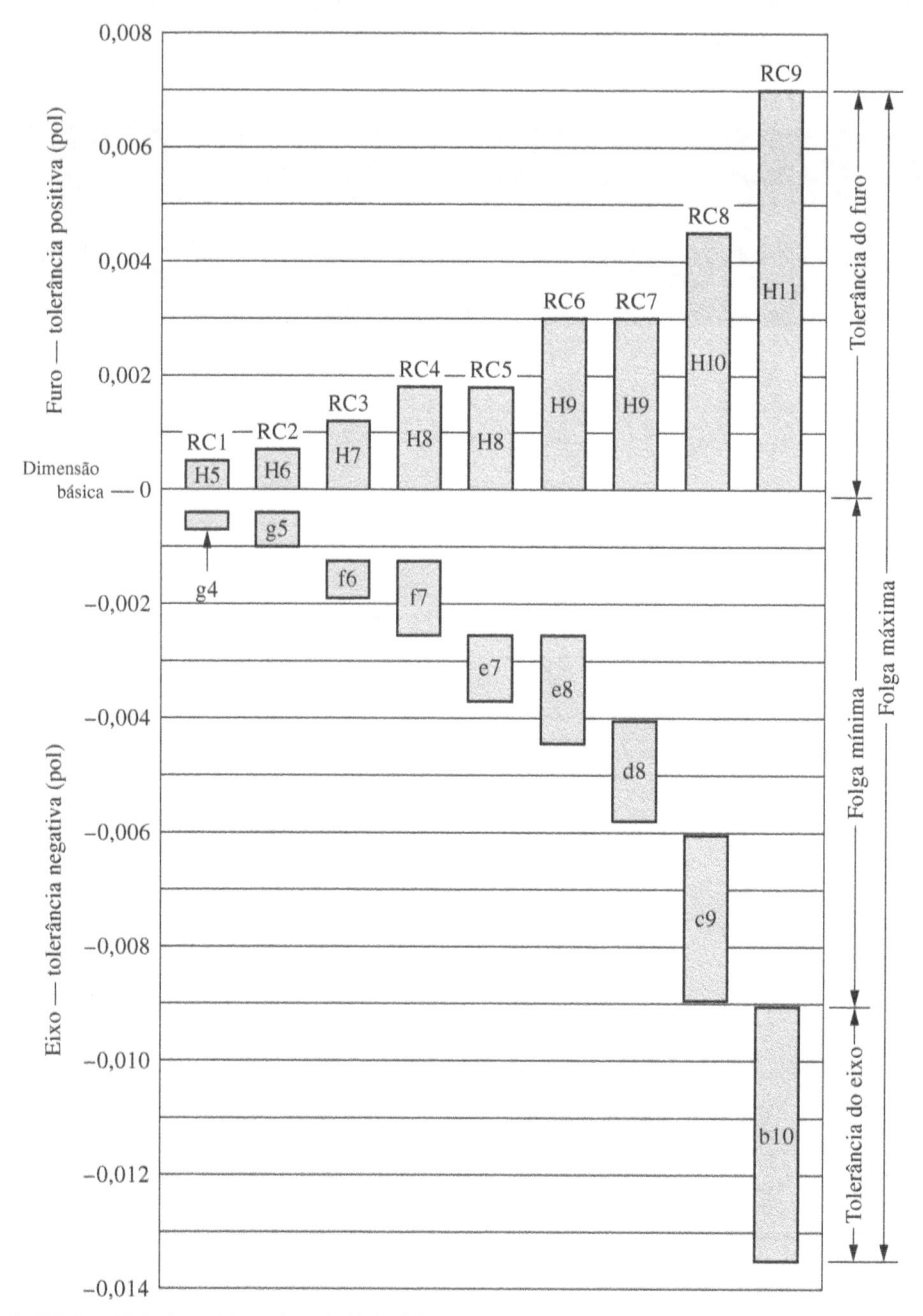

▲ **FIGURA 13.4** Ajustes RC para dimensão básica de furo de 2,00 pol mostrando tolerâncias para o furo e o eixo, a folga mínima e a folga máxima.

sistema furo-base ao qual não há desvio fundamental em relação à dimensão básica. As letras minúsculas nas barras de tolerância do eixo indicam algum desvio fundamental da dimensão do eixo em relação à básica. Em seguida, a tolerância é acrescentada ao desvio fundamental. A dimensão da tolerância é indicada pelo número.

A norma ISO R286 para limites e ajustes também emprega os códigos alfanuméricos. Por exemplo, uma especificação para uma combinação eixo/furo com dimensão básica de 50 mm que deve proporcionar um ajuste móvel livre (semelhante ao RC7) poderia ser definida em um esboço como

Furo: ⌀50 H9   Eixo: ⌀50 d8

Nenhum valor de tolerância precisa ser fornecido no esboço.

EXEMPLO 13.1

O eixo de uma roldana intermediária para um sistema de transmissão por correia deve ter dimensão nominal de 2,00 pol. A roldana precisa girar de forma confiável no eixo, mas com a suavidade característica de uma máquina de precisão. Especifique os limites de dimensão para o eixo e o furo da roldana e liste os limites de folga resultantes. Utilize o sistema furo-base.

SOLUÇÃO

Um ajuste RC5 é satisfatório para essa aplicação. Com base na Tabela 13.3, os limites de tolerância do furo são +1,8 e –0. O furo da roldana, então, deve estar dentro dos seguintes limites:

Furo da roldana

$$2,0000 + 0,0018 = 2,0018 \text{ pol (maior)}$$
$$2,0000 - 0,0000 = 2,0000 \text{ pol (menor)}$$

Observe que o furo menor é a dimensão básica.

Os limites da tolerância do eixo são –2,5 e –3,7. Já os limites da dimensão resultantes são os seguintes:

Diâmetro do eixo

$$2,0000 - 0,0025 = 1,9975 \text{ pol (maior)}$$
$$2,0000 - 0,0037 = 1,9963 \text{ pol (menor)}$$

A Figura 13.5 ilustra esses resultados.

A combinação do eixo menor com o furo maior oferece a folga maior. Por outro lado, a combinação do eixo maior com o furo menor proporciona a folga menor. Portanto, os limites da folga são

$$2,0018 - 1,9963 = 0,0055 \text{ pol (maior)}$$
$$2,0000 - 1,9975 = 0,0025 \text{ pol (menor)}$$

Esses valores estão de acordo com os limites de folga na Tabela 13.3. Observe que a tolerância total para o eixo é 0,0012 pol e, para o furo, 0,0018 pol; ambos os valores são relativamente pequenos.

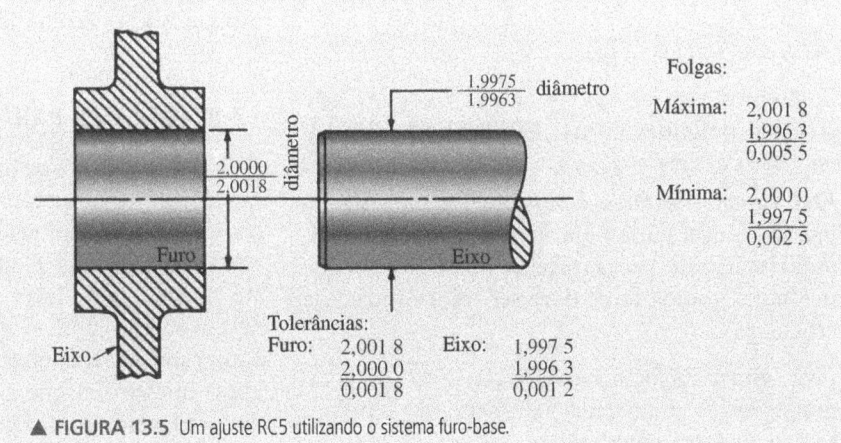

▲ **FIGURA 13.5** Um ajuste RC5 utilizando o sistema furo-base.

Ajustes de folga de localização

Outro sistema de ajuste de folga está disponível para peças cujo posicionamento se deseja controlar, muito embora elas normalmente não se movam umas em relação às outras durante o funcionamento. Chamados de ajustes de *folga de localização* (LC), eles incluem 11 classes. As quatro primeiras, LC1 a LC4, têm folga zero (de dimensão a dimensão) como limite inferior do ajuste, independentemente da dimensão ou classe. O limite superior do ajuste se eleva conforme o tamanho das peças e o número da classe. As classes LC5 a LC11 oferecem uma folga positiva para todas as dimensões, aumentando conforme a dimensão das peças e a classe. Os valores numéricos para as tolerâncias e os ajustes nessas classes estão disponíveis. (Consulte as referências 1, 2, 4, 6 e 8.)

13.6 AJUSTES DE INTERFERÊNCIA

Ajustes de interferência são aqueles em que o membro interno é maior do que o externo, exigindo a aplicação de força na montagem. Há certa deformação das peças após a montagem, e também pressão nas superfícies conjugadas.

Ajustes de força são projetados para gerar uma pressão controlada entre as peças conjugadas ao longo do intervalo de dimensões para determinada classe. Eles são utilizados nos casos em que forças ou torques são transmitidos pela articulação. Em vez de serem montados por aplicação de força, resultados semelhantes são obtidos pelo processo de *ajuste por contração*, no qual um dos membros é aquecido para expandir, e o outro permanece frio. Em seguida, as peças são montadas com pouco ou nenhum esforço. Após o resfriamento, a mesma interferência dimensional existe em relação ao ajuste de força. *Ajustes de interferência de localização* são empregados apenas para posicionamento. Não há movimento entre as peças após a montagem, mas também não há qualquer requisito especial para a pressão resultante entre as peças conjugadas.

Ajustes de força (FN)

Como mostra a Tabela 13.4, cinco classes de ajuste de força são definidas na norma ANSI/ASME B4.1. (Consulte as referências 1, 2, 4, 6 e 8.)

FN1 (ajuste de força leve): apenas uma ligeira pressão é necessária para montar peças conjugadas. Usado para peças frágeis e nos casos em que nenhuma grande força deve ser transmitida pela articulação.

FN2 (ajuste de força média): classe de uso geral muitas vezes empregada para peças de aço com seção transversal moderada.

FN3 (ajuste de força pesada): usado para peças pesadas de aço.

FN4 (ajuste de força): utilizado para montagens de alta resistência em que pressões elevadas resultantes são exigidas.

FN5 (ajuste de força): semelhante ao FN4, mas para pressões mais elevadas.

O uso dos métodos de ajuste por contração é desejável na maioria dos casos de ajuste de interferência, sendo praticamente obrigatório para classes mais pesadas e peças maiores. A elevação de temperatura necessária à expansão na montagem pode ser calculada a partir da definição básica do coeficiente de expansão térmica:

$$\delta = \alpha L (\Delta t) \qquad (13.1)$$

onde

δ = deformação total desejada (pol ou mm)

α = coeficiente de expansão térmica (pol/pol · °F ou mm/mm · °C)

L = comprimento nominal do membro a ser aquecido (pol ou mm)

Δt = diferença de temperatura (°F ou °C)

Para peças cilíndricas, L é o diâmetro, e δ, a alteração no diâmetro exigida. A Tabela 13.5 apresenta os valores de α para vários materiais. (Consulte a Referência 8 para dados adicionais.)

13.7 AJUSTES DE TRANSIÇÃO

O ajuste de *localização de transição* (LT) é usado quando a precisão da localização é importante, mas uma pequena quantidade de folga ou interferência é aceitável. Há seis classes, LT1 a LT6. Em qualquer uma delas, existe sobreposição nos limites de tolerância tanto para o furo quanto para o eixo, de modo que combinações possíveis produzem uma pequena folga, uma pequena interferência ou mesmo um ajuste dimensão a dimensão. Tabelas completas de dados para esses ajustes estão contidas nas referências 1, 2, 4, 6 e 8.

13.8 TENSÕES PARA AJUSTES DE FORÇA

Quando ajustes de força são usados para fixar peças mecânicas, a interferência cria uma pressão que atua nas superfícies conjugadas. Essa pressão provoca tensões em cada peça. Com ajustes de força intensos ou até mesmo mais leves em peças frágeis, as tensões desenvolvidas podem ser grandes o suficiente para escoar materiais dúcteis. O resultado disso é um conjunto inteiriço, o que costuma prejudicar a utilidade da montagem. Em materiais frágeis como o ferro fundido, podem ocorrer fraturas.

Capítulo 13 • Tolerâncias e ajustes

▼ TABELA 13.4 Ajustes de força e por contração (FN).

Dimensão nominal (pol)	Classe FN1			Classe FN2			Classe FN3			Classe FN4			Classe FN5		
	Limites de folga	Limites padronizados		Limites de folga	Limites padronizados		Limites de folga	Limites padronizados		Limites de folga	Limites padronizados		Limites de folga	Limites padronizados	
Intervalo		Furo	Eixo		Furo	Eixo		Furo	Eixo		Furo	Eixo		Furo	Eixo
0–0,12	0,05 / 0,5	+0,25 / −0	+0,5 / +0,3	0,2 / 0,85	+0,4 / −0	+0,85 / +0,6				0,3 / 0,95	+0,4 / −0	+0,95 / +0,7	0,3 / 1,3	+0,6 / −0	+1,3 / +0,9
0,12–0,24	0,1 / 0,6	+0,3 / −0	+0,6 / +0,4	0,2 / 1,0	+0,5 / −0	+1,0 / +0,7				0,4 / 1,2	+0,5 / −0	+1,2 / +0,9	0,5 / 1,7	+0,7 / −0	+1,7 / +1,2
0,24–0,40	0,1 / 0,75	+0,4 / −0	+0,75 / +0,5	0,4 / 1,4	+0,6 / −0	+1,4 / +1,0				0,6 / 1,6	+0,6 / −0	+1,6 / +1,2	0,5 / 2,0	+0,9 / −0	+2,0 / +1,4
0,40–0,56	0,1 / 0,8	+0,4 / −0	+0,8 / +0,5	0,5 / 1,6	+0,7 / −0	+1,6 / +1,2				0,7 / 1,8	+0,7 / −0	+1,8 / +1,4	0,6 / 2,3	+1,0 / −0	+2,3 / +1,6
0,56–0,71	0,2 / 0,9	+0,4 / −0	+0,9 / +0,6	0,5 / 1,6	+0,7 / −0	+1,6 / +1,2				0,7 / 1,8	+0,7 / −0	+1,8 / +1,4	0,8 / 2,5	+1,0 / −0	+2,5 / +1,8
0,71–0,95	0,2 / 1,1	+0,5 / −0	+1,1 / +0,7	0,6 / 1,9	+0,8 / −0	+1,9 / +1,4				0,8 / 2,1	+0,8 / −0	+2,1 / +1,6	1,0 / 3,0	+1,2 / −0	+3,0 / +2,2
0,95–1,19	0,3 / 1,2	+0,5 / −0	+1,2 / +0,8	0,6 / 1,9	+0,8 / −0	+1,9 / +1,4	0,8 / 2,1	+0,8 / −0	+2,1 / +1,6	1,0 / 2,3	+0,8 / −0	+2,3 / +1,8	1,3 / 3,3	+1,2 / −0	+3,3 / +2,5
1,19–1,58	0,3 / 1,3	+0,6 / −0	+1,3 / +0,9	0,8 / 2,4	+1,0 / −0	+2,4 / +1,8	1,0 / 2,6	+1,0 / −0	+2,6 / +2,0	1,5 / 3,1	+1,0 / −0	+3,1 / +2,5	1,4 / 4,0	+1,6 / −0	+4,0 / +3,0
1,58–1,97	0,4 / 1,4	+0,6 / −0	+1,4 / +1,0	0,8 / 2,4	+1,0 / −0	+2,4 / +1,8	1,2 / 2,8	+1,0 / −0	+2,8 / +2,2	1,8 / 3,4	+1,0 / −0	+3,4 / +2,8	2,4 / 5,0	+1,6 / −0	+5,0 / +4,0
1,97–2,56	0,6 / 1,8	+0,7 / −0	+1,8 / +1,3	0,8 / 2,7	+1,2 / −0	+2,7 / +2,0	1,3 / 3,2	+1,2 / −0	+3,2 / +2,5	2,3 / 4,2	+1,2 / −0	+4,2 / +3,5	3,2 / 6,2	+1,8 / −0	+6,2 / +5,0
2,56–3,15	0,7 / 1,9	+0,7 / −0	+1,9 / +1,4	1,0 / 2,9	+1,2 / −0	+2,9 / +2,2	1,8 / 3,7	+1,2 / −0	+3,7 / +3,0	2,8 / 4,7	+1,2 / −0	+4,7 / +4,0	4,2 / 7,2	+1,8 / −0	+7,2 / +6,0
3,15–3,94	0,9 / 2,4	+0,9 / −0	+2,4 / +1,8	1,4 / 3,7	+1,4 / −0	+3,7 / +2,8	2,1 / 4,4	+1,4 / −0	+4,4 / +3,5	3,6 / 5,9	+1,4 / −0	+5,9 / +5,0	4,8 / 8,4	+2,2 / −0	+8,4 / +7,0
3,94–4,73	1,1 / 2,6	+0,9 / −0	+2,6 / +2,0	1,6 / 3,9	+1,4 / −0	+3,9 / +3,0	2,6 / 4,9	+1,4 / −0	+4,9 / +4,0	4,6 / 6,9	+1,4 / −0	+6,9 / +6,0	5,8 / 9,4	+2,2 / −0	+9,4 / +8,0
4,73–5,52	1,2 / 2,9	+1,0 / −0	+2,9 / +2,2	1,9 / 4,5	+1,6 / −0	+4,5 / +3,5	3,4 / 6,0	+1,6 / −0	+6,0 / +5,0	5,4 / 8,0	+1,6 / −0	+8,0 / +7,0	7,5 / 11,6	+2,5 / −0	+11,6 / +10,0
5,52–6,30	1,5 / 3,2	+1,0 / −0	+3,2 / +2,5	2,4 / 5,0	+1,6 / −0	+5,0 / +4,0	3,4 / 6,0	+1,6 / −0	+6,0 / +5,0	5,4 / 8,0	+1,6 / −0	+8,0 / +7,0	9,5 / 13,6	+2,5 / −0	+13,6 / +12,0

Fonte: reimpressão da norma ANSI/ASME B4.1-1967 com permissão da American Society of Mechanical Engineers. Todos os direitos reservados.
Observação: os limites estão em milésimos de polegada.

▼ TABELA 13.5 Coeficiente de expansão térmica.

Material	Coeficiente de expansão térmica, α	
	pol/pol · °F	mm/mm · °C
Aço:		
SAE 1020	$6{,}5 \times 10^{-6}$	$11{,}7 \times 10^{-6}$
SAE 1050	$6{,}1 \times 10^{-6}$	$11{,}0 \times 10^{-6}$
SAE 4140	$6{,}2 \times 10^{-6}$	$11{,}2 \times 10^{-6}$
Aço inoxidável:		
SAE 301	$9{,}4 \times 10^{-6}$	$16{,}9 \times 10^{-6}$
SAE 430	$5{,}8 \times 10^{-6}$	$10{,}4 \times 10^{-6}$
Alumínio:		
2014	$12{,}8 \times 10^{-6}$	$23{,}0 \times 10^{-6}$
6061	$13{,}0 \times 10^{-6}$	$23{,}4 \times 10^{-6}$
Bronze:	$10{,}0 \times 10^{-6}$	$18{,}0 \times 10^{-6}$

A análise de tensão aplicável a ajustes de força está relacionada à de cilindros de paredes espessas. O membro externo se expande sob influência da pressão na superfície conjugada, com a tensão de tração tangencial desenvolvida atingindo um máximo na superfície conjugada. Há uma tensão radial igual à própria pressão. Além disso, o membro interno se contrai por causa da pressão e é submetido a uma tensão de compressão tangencial com a radial equivalente à pressão. (Consulte a Referência 5.)

O objetivo comum da análise é estabelecer a magnitude da pressão causada por determinado ajuste de interferência desenvolvida nas superfícies conjugadas. Depois, as tensões produzidas por essa pressão nos membros conjugados são calculadas. O procedimento a seguir pode ser utilizado:

Procedimento para cálculo das tensões em ajustes de força

1. Determine a quantidade de interferência com base no projeto das peças. Para ajustes de força padronizados, a Tabela 13.4 pode ser usada. O limite máximo de interferência forneceria, evidentemente, as tensões máximas para as peças. Note que os valores de interferência têm por base a interferência total no diâmetro, que é a soma da expansão do anel externo e a contração do membro interno (consulte a Figura 13.6).
2. Calcule a pressão na superfície conjugada com a Equação 13.2 se ambos os membros forem do mesmo material.

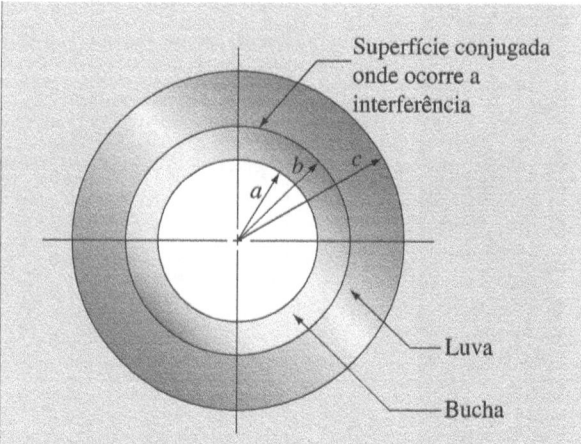

▲ FIGURA 13.6 Terminologia para ajuste de interferência.

▶ **Pressão criada por ajuste de força**

$$p = \frac{E\delta}{2b}\left[\frac{(c^2 - b^2)(b^2 - a^2)}{2b^2(c^2 - a^2)}\right] \quad (13.2)$$

Use a Equação 13.3 se forem de materiais diferentes:

▶ **Pressão criada por ajuste de força com dois materiais diferentes**

$$p = \frac{\delta}{2b\left[\dfrac{1}{E_o}\left(\dfrac{c^2 + b^2}{c^2 - b^2} + \nu_o\right) + \dfrac{1}{E_i}\left(\dfrac{b^2 + a^2}{b^2 - a^2} - \nu_i\right)\right]} \quad (13.3)$$

onde

p = pressão na superfície conjugada

δ = interferência diametral total

E = módulo de elasticidade de cada membro, se for o mesmo

E_o = módulo de elasticidade do membro externo

E_i = módulo de elasticidade do membro interno

ν_o = coeficiente de Poisson para o membro externo

ν_i = coeficiente de Poisson para o membro interno

3. Descubra a tensão de tração no membro externo a partir de

▶ **Tensão de tração no membro externo**

$$\sigma_o = p\left(\frac{c^2 + b^2}{c^2 - b^2}\right) \quad \text{(tração na superfície interna na direção tangencial)} \quad (13.4)$$

4. Estabeleça a tensão de compressão no membro interno a partir de

▶ **Tensão de compressão no membro interno**

$$\sigma_i = -p\left(\frac{b^2 + a^2}{b^2 - a^2}\right)$$ (compressão na superfície externa na direção tangencial) **(13.5)**

5. Se desejado, o aumento no diâmetro do membro externo, causado pela tensão de tração, pode ser calculado a partir de

$$\delta_o = \frac{2bp}{E_o}\left[\frac{c^2 + b^2}{c^2 - b^2} + v_o\right] \quad (13.6)$$

6. Se desejado, a diminuição no diâmetro do membro interno, causada pela tensão de compressão, pode ser calculada a partir de

$$\delta_i = \frac{2bp}{E_i}\left[\frac{b^2 + a^2}{b^2 - a^2} - v_i\right] \quad (13.7)$$

As tensões calculadas com as equações 13.4 e 13.5 foram obtidas partindo do pressuposto de que os dois cilindros têm o mesmo comprimento. Se o membro externo for mais curto do que o interno, as tensões são mais elevadas nas extremidades a um fator de 2,0. Este deve ser aplicado como um fator de concentração de tensão.

Na ausência de tensões de cisalhamento aplicadas, a tensão de tração na direção tangencial no membro externo é a principal máxima e pode ser comparada à de escoamento do material para se determinar o fator de projeto resultante.

O Exemplo 13.2 mostra a aplicação dessas relações. Em seguida, há uma planilha para a resolução das mesmas equações, com saídas de amostra contendo a solução do Exemplo 13.2.

EXEMPLO 13.2

Uma bucha de bronze deve ser instalada dentro de uma luva de aço, como indica a Figura 13.6. A bucha tem diâmetro interno de 2,000 pol e diâmetro externo nominal de 2,500 pol. Já a luva de aço tem diâmetro interno nominal de 2,500 pol e diâmetro externo de 3,500 pol.

1. Especifique os limites de dimensão para o diâmetro externo da bucha e o diâmetro interno da luva a fim de obter um ajuste de força pesado, FN3. Determine os limites de interferência resultantes.
2. Para a interferência máxima a partir de 1, calcule a pressão que seria desenvolvida entre a bucha e a luva, além da tensão e da deformação em cada uma delas. Use $E = 30 \times 10^6$ psi para o aço e $E = 17 \times 10^6$ para o bronze. Adote $v = 0,27$ para ambos os materiais.

SOLUÇÃO

Para 1, com base na Tabela 13.4, a uma dimensão parcial de 2,50 pol na superfície conjugada, os limites de tolerância do furo no membro externo são +1,2 e –0. Aplicando-os à dimensão básica, tem-se os limites da dimensão para o furo na luva de aço:

2,5012 pol

2,5000 pol

Para o inserto de bronze, os limites de tolerância são +3,2 e +2,5. Então, os limites de dimensão para o diâmetro externo da bucha são

2,5032 pol

2,5025 pol

Os limites de interferência seriam 0,0013 a 0,0032 pol.

Para 2, a pressão máxima seria produzida pela interferência máxima, 0,0032 pol. Então, usando $a = 1,00$ pol, $b = 1,25$ pol, $c = 1,75$ pol, $E_o = 30 \times 10^6$ psi, $E_i = 17 \times 10^6$ psi e $v_o = v_i = 0,27$ a partir da Equação 13.3,

$$p = \frac{\delta}{2b\left[\frac{1}{E_o}\left(\frac{c^2 + b^2}{c^2 - b^2} + v_o\right) + \frac{1}{E_i}\left(\frac{b^2 + a^2}{b^2 - a^2} - v_i\right)\right]}$$

$$p = \frac{0{,}0032}{(2)(1{,}25)\left[\dfrac{1}{30 \times 10^6}\left(\dfrac{1{,}75^2 + 1{,}25^2}{1{,}75^2 - 1{,}25^2} + 0{,}27\right) + \dfrac{1}{17 \times 10^6}\left(\dfrac{1{,}25^2 + 1{,}00^2}{1{,}25^2 - 1{,}00^2} - 0{,}27\right)\right]}$$

$p = 3518 \text{ psi}$

A tensão de tração na luva de aço é

$$\sigma_o = p\left(\frac{c^2 + b^2}{c^2 - b^2}\right) = 3518\left(\frac{1{,}75^2 + 1{,}25^2}{1{,}75^2 - 1{,}25^2}\right) = 10846 \text{ psi}$$

A tensão de compressão na bucha de bronze é

$$\sigma_i = -p\left(\frac{b^2 + a^2}{b^2 - a^2}\right) = -3518\left(\frac{1{,}25^2 + 1{,}00^2}{1{,}25^2 - 1{,}00^2}\right) = -16025 \text{ psi}$$

O aumento no diâmetro da luva é

$$\delta_o = \frac{2bp}{E_o}\left[\frac{c^2 + b^2}{c^2 - b^2} + \nu_o\right]$$

$$\delta_o = \frac{2(1{,}25)(3518)}{30 \times 10^6}\left[\frac{1{,}75^2 + 1{,}25^2}{1{,}75^2 - 1{,}25^2} + 0{,}27\right] = 0{,}00098 \text{ pol}$$

A diminuição no diâmetro da bucha é

$$\delta_i = \frac{2bp}{E_i}\left[\frac{b^2 + a^2}{b^2 - a^2} - \nu_i\right]$$

$$\delta_i = \frac{2(1{,}25)(3518)}{17 \times 10^6}\left[\frac{1{,}25^2 + 1{,}00^2}{1{,}25^2 - 1{,}00^2} + 0{,}27\right] = 0{,}00222 \text{ pol}$$

Observe que a soma de δ_o e δ_i é igual a 0,0032, a interferência total, δ.

A planilha para análise dos ajustes de força é mostrada na Figura 13.7. Os dados apresentados são do Exemplo 13.2.

13.9 MÉTODOS GERAIS DE TOLERÂNCIA

É responsabilidade do projetista estabelecer tolerâncias para cada dimensão de todos os componentes em um dispositivo mecânico. As tolerâncias devem garantir que o componente cumpra a sua função. Contudo, elas também precisam ter o maior tamanho possível a fim de permitir uma fabricação econômica. É necessário lidar com esse par de princípios conflitantes. Consulte textos mais abrangentes sobre esboços técnicos e interpretação de esboços de engenharia para princípios gerais (Referências 4, 6 e 9. Consulte também o Site 8).

É importante dar atenção especial às características de um componente que conjugam com as de outros componentes e com as quais devem operar de forma confiável ou ter um posicionamento preciso. O ajuste das pistas internas dos rolamentos nos eixos é um exemplo disso. Outros ajustes oferecem folgas entre peças que devem ser montadas com facilidade, mas que não podem ter grandes movimentos relativos durante a operação.

Quando nenhum componente conjuga suas características com determinadas de outro componente, as tolerâncias devem ser o maior possível para que consigam ser produzidas com processos básicos de usinagem, moldagem ou fundição sem a necessidade de acabamento posterior. Muitas vezes, recomenda-se que tolerâncias gerais sejam fornecidas para tais dimensões e que a precisão com a qual a dimensão básica é indicada no esboço implique determinada tolerância. Para dimensões decimais em unidades norte-americanas, normalmente é feita uma observação semelhante à seguinte:

DIMENSÕES EM pol. AS TOLERÂNCIAS SÃO AS SEGUINTES, EXCETO COM INDICAÇÃO CONTRÁRIA.
XX,X = ±0,050
XX,XX = ±0,010
XX,XXX = ±0,005
XX,XXXX = ±0,0005
ÂNGULOS: ±0,50°

onde X representa um dígito especificado

TENSÕES PARA AJUSTES DE FORÇA Consulte a Figura 13.6 para geometria.			*Dados do:* Exemplo 13.2		
Dados de entrada:			**Os valores numéricos em *itálico* devem ser inseridos para cada problema.**		
Raio interno do membro interno:	a	$=$	*1,0000*	pol	
Raio externo do membro interno:	b	$=$	*1,2500*	pol	
Raio externo do membro externo:	c	$=$	*1,7500*	pol	
Interferência total:	d	$=$	*0,0032*	pol	
Módulo do membro externo:	E_o	$=$	*3,00E+07*	psi	
Módulo do membro interno:	E_i	$=$	*1,70E+07*	psi	
Coeficiente de Poisson para o membro externo:	v_o	$=$	*0,27*		
Coeficiente de Poisson para o membro interno:	v_i	$=$	*0,27*		
		Resultados calculados			
Pressão na superfície conjugada:	p	$=$	3518	psi	Usando a Equação 13.3
Tensão de tração no membro externo:	σ_o	$=$	10846	psi	Usando a Equação 13.4
Tensão de compressão no membro interno:	σ_i	$=$	−16025	psi	Usando a Equação 13.5
Aumento no diâmetro do membro externo:	δ_o	$=$	0,00098	pol	Usando a Equação 13.6
Diminuição no diâmetro do membro interno:	δ_i	$=$	0,00222	pol	Usando a Equação 13.7

▲ **FIGURA 13.7** Solução em planilha para pressão, tensões e deformações em membros cilíndricos conjugados com ajuste de força.

Por exemplo, se determinada dimensão tem tamanho básico de 2,5 pol, ela pode ser informada no esboço sob qualquer uma das quatro formas, com diferentes interpretações:

2,5   significa 2,5 ± 0,050 ou limites de 2,550 a 2,450 pol

2,50   significa 2,50 ± 0,010 ou limites de 2,510 a 2,490 pol

2,500   significa 2,500 ± 0,005 ou limites de 2,505 a 2,495 pol

2,5000   significa 2,5000 ± 0,0005 ou limites de 2,5005 a 2,4995 pol

Qualquer outra tolerância desejada deve ser especificada na dimensão. Evidentemente, é possível selecionar diferentes tolerâncias padronizadas de acordo com as necessidades do sistema que está sendo projetado.

Dados semelhantes para esboços métricos apareceriam da seguinte forma:

DIMENSÕES EM mm. AS TOLERÂNCIAS SÃO AS SEGUINTES, EXCETO COM INDICAÇÃO CONTRÁRIA.
XX = ±1,0
XX,X = ±0,25
XX,XX = ±0,15
XX,XXX = ±0,012
ÂNGULOS: ±0,50°

Algumas observações de tolerância também relacionam o grau de precisão à dimensão nominal da característica em questão, com tolerâncias mais restritas em dimensões menores e mais amplas em dimensões maiores. As classes internacionais de tolerância (IT), discutidas na Seção 13.3, empregam essa abordagem.

DIMENSIONAMENTO E TOLERÂNCIAS GEOMÉTRICAS (GD&T). O método de dimensionamento e tolerâncias geométricas (GD&T) é utilizado para controlar posicionamento, forma, perfil, orientação e desvio em uma característica dimensionada. Seu objetivo é assegurar a montagem e/ou operação adequada das peças, e é especialmente útil na produção em grande quantidade de peças intercambiáveis. A definição completa do método é fornecida na norma ASME Y14.5M-2009 (Referência 3). As referências 4 e 6 a 9 mostram algumas aplicações e demonstram a interpretação dos diversos símbolos. Consulte também os sites 1, 2 e 4.

A Figura 13.8(a) indica alguns dos símbolos geométricos mais comuns. A parte (b) ilustra sua utilização em um *quadro de controle de características*, que contém o símbolo para a forma geométrica da característica controlada, a tolerância na dimensão ou forma e o *dado* ao qual a característica em questão deve ser relacionada. Por exemplo, na parte (c), o diâmetro menor deve ser concêntrico com o diâmetro maior (dado – A –) dentro de uma tolerância de 0,010 pol.

ACABAMENTO DE SUPERFÍCIE. O projetista também deve controlar o acabamento superficial de todas as características essenciais ao desempenho do dispositivo que está sendo projetado. Isso inclui as superfícies conjugadas discutidas anteriormente. Ademais, qualquer

Tolerância	Característica	Símbolo
Forma	Retilineidade	—
	Planeza	⟋⟍
	Circularidade	○
	Cilindricidade	⌭
Perfil	Perfil de uma linha	⌒
	Perfil de uma superfície	⌓
Orientação	Angularidade	∠
	Perpendicularidade	⊥
	Paralelismo	//
Posicionamento	Posição/simetria	⊕
	Concentricidade	◎
Batimento (runout)	Batimento circular	↗
	Batimento total	↗↗

(a) Símbolos geométricos

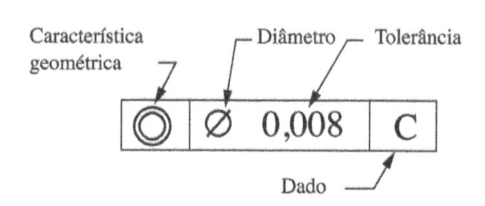

(b) Quadro de controle de características

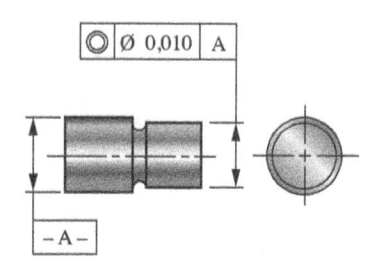

(c) Concentricidade

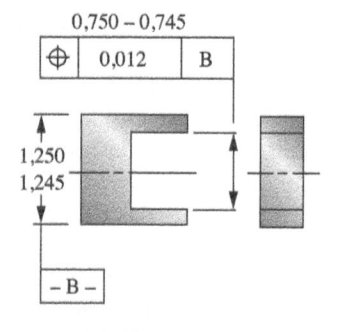

(d) Simetria

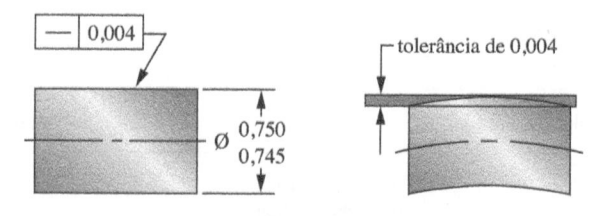

(e) Retilineidade

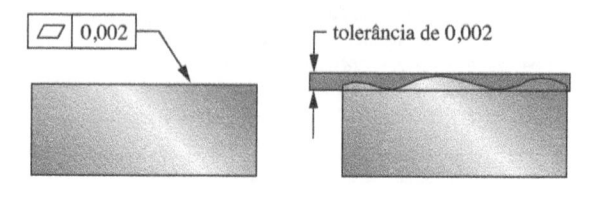

(f) Planeza

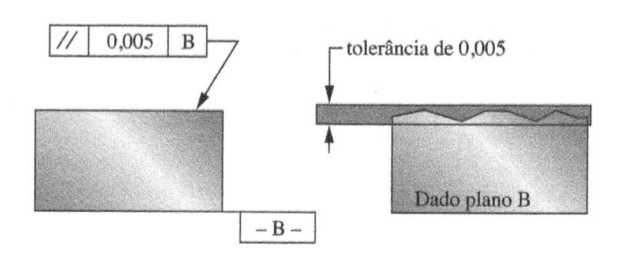

(g) Paralelismo: planos

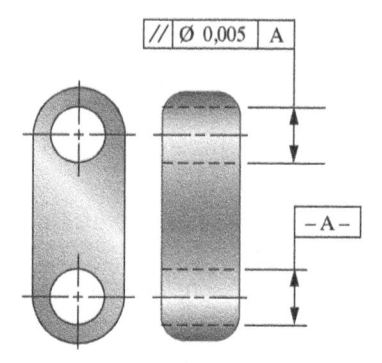

(h) Paralelismo: cilindros

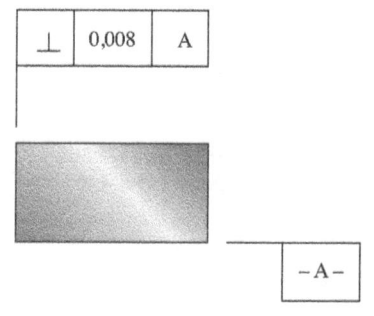

(i) Perpendicularidade

▲ FIGURA 13.8 Exemplos de tolerância geométrica.

superfície que receba tensões relativamente elevadas, em particular flexão reversa, precisa ser lisa.

Consulte a Figura 5.8 para uma indicação aproximada do efeito de acabamentos superficiais entre, por exemplo, superfícies *usinadas* e *esmerilhadas* na resistência básica à fadiga dos aços. Em geral, superfícies *esmerilhadas* apresentam rugosidade média, R_a, de 16 µpol (0,4 µm). A Figura 13.3 mostra o intervalo esperado de acabamento superficial para vários tipos de processo de usinagem. Sabe-se que o torneamento é capaz de produzir esse nível de acabamento superficial, mas está no limite da sua capacidade e provavelmente exigirá cortes superficiais muito refinados com ferramentas bem afiadas com bico de raio amplo. O acabamento nominal proveniente de torneamento, fresagem, mandrilagem e furação é 63 µpol (1,6 µm). Isso corresponderia à categoria *usinado* na Figura 5.8.

Os assentos de rolamento nos eixos para máquinas de precisão costumam ser esmerilhados, especialmente em dimensões menores inferiores a 3,0 pol (80 mm), com rugosidade média admissível máxima de 16 µpol (0,4 µm). Acima desse tamanho e com até 20 pol (500 mm), 32 µpol (0,8 µm) é um valor permitido. Consulte os catálogos dos fabricantes.

13.10 PROJETO ROBUSTO DE PRODUTO

O controle cuidadoso das tolerâncias nas dimensões das peças é responsabilidade tanto do projetista do produto quanto da equipe de fabricação. O objetivo é assegurar a funcionalidade do produto e, ao mesmo tempo, permitir uma fabricação econômica. Com frequência, essas metas parecem incompatíveis.

O *projeto robusto de produto* é uma ferramenta que pode auxiliar nesse ponto. (Consulte a Referência 10 e os sites 3, 5 e 6.) Trata-se de uma técnica na qual uma série de experimentos é conduzida para se determinar as variáveis no projeto de um produto que mais afetam seu desempenho. Em seguida, os limites ideais nessas variáveis são definidos. Os conceitos podem ser usados para dimensões, propriedades dos materiais, configurações de controle e muitos outros fatores.

O projeto dos experimentos utilizados na implementação de um produto robusto é essencial para o sucesso. Um experimento inicial de triagem é feito para selecionar as variáveis mais significativas. Então, testes adicionais são realizados para determinar a resposta do sistema a combinações dessas variáveis. Impressões de resultado geradas por computador estabelecem limites para as variáveis significativas.

O projeto robusto de produto tem como base o *método Taguchi*, um importante elemento no processo de aprimoramento da qualidade de fabricação desenvolvido pelo dr. Genichi Taguchi. Ele mostrou como o projeto de experimentos pode ser usado na criação de produtos com qualidade consistentemente alta e insensíveis ao ambiente operacional. (Consulte a Referência 10.)

O controle de dimensões e tolerâncias para minimizar a variação pode ser realizado com ferramentas de análise estatística. O projetista modela o tipo e a magnitude da variação de dimensão esperada para um conjunto de componentes conjugados. Já o software de simulação prevê a configuração final de montagem considerando a "pilha de tolerância" de cada um dos componentes. A análise pode ser feita em uma, duas ou três dimensões. (Consulte o Site 5.)

O principal objetivo desses métodos é a atribuição de tolerâncias em dimensões críticas de peças conjugadas, de modo a assegurar um funcionamento satisfatório em todas as condições previsíveis de fabricação do componente, montagem, meio e uso. Manter custos razoáveis de produção também é uma consideração importante. Muitos fabricantes praticam esses métodos, especialmente nos mercados automotivo, aeroespacial, militar e de produtos de alta produção. Técnicas assistidas por computador estão disponíveis para facilitar o processo. A maioria dos sistemas de projeto abrangentes, de modelagem sólida e assistidos por computador inclui a análise de tolerância estatisticamente fundamentada como recurso padrão. O Site 7 descreve as atividades da Association for the Development of Computer-Aided Tolerancing Systems (ADCATS) [Associação para o desenvolvimento de sistemas de tolerância auxiliados por computador], um consórcio de várias indústrias e da Brigham Young University.

O projeto robusto é uma parte importante do *processo de realização de produto*, e foi introduzido no Capítulo 1, Seção 1.2. Ele também é importante para os conceitos de:

- *Projeto para fabricação e montagem* (consulte a Referência 27 no Capítulo 1).
- *Projeto para a viabilidade de fabricação* (consulte a Referência 11).
- *Engenharia coordenada* (consulte o Site 9 e a Referência 11).
- *ISO 9001 – parte 7.1, Planejamento de realização de produto*, e parte 7.5.1, *Controle de produção e prestação de serviços* (consulte o Site 10).

Cada um desses conceitos exige uma especificação cuidadosa das características dimensionais da peça e rigor na medição e no controle das variações que ocorrem nos sistemas de produção. Um processo relacionado, de avaliação da capacidade que os equipamentos de produção têm de desenvolver uma peça com a precisão exigida, é chamado C_{pk} e requer conhecimento aprofundado sobre tolerâncias e medição precisa de características das peças. Todo o processo de projeto do produto deve estar estreitamente ligado ao planejamento e ao projeto de fabricação a fim de garantir um produto robusto.

REFERÊNCIAS

1. THE AMERICAN SOCIETY OF MECHANICAL ENGINEERS. ANSI/ASME. Padrão B4.1-1967. *Preferred Limits and Fits for Cylindrical Parts.* Nova York: American Society of Mechanical Engineers, 1999.
2. _____. ANSI/ASME. Padrão B4.2-1978. *Preferred Metric Limits and Fits.* Nova York: American Society of Mechanical Engineers, 1984.
3. _____. ASME. Padrão Y14.5-2009. *Dimensioning and Tolerancing.* Nova York: American Society of Mechanical Engineers, 2009.
4. BERTOLINE, G. R. et al. *Fundamentals of Graphics Communication,* 6. ed. Nova York: McGraw-Hill, 2011.
5. BUDYNAS, R. G.; NISBETT, K. J. *Shigley's Mechanical Engineering Design,* 9. ed. Nova York: McGraw-Hill, 2011.
6. GIESECKE, F. E. et al. *Technical Drawing with Engineering Graphics,* 14. ed. Upper Saddle River, NJ: Pearson/Prentice-Hall, 2012.
7. MADSEN, D. A. *Geometric Dimensioning and Tolerancing:* Based on ASME Y14.5-2009, 8. ed. Tinley Park, IL: Goodheart-Wilcox Co., 2010.
8. OBERG, E. et al. *Machinery's Handbook.* 28. ed. Nova York: Industrial Press, 2008.
9. PUNCOCHAR, D. E. *Interpretation of Geometric Dimensioning and Tolerancing,* 3. ed. Nova York: Industrial Press, 2010.
10. TAGUCHI, Genichi; TAGUCHI, Shin. *Robust Engineering.* Nova York: McGraw-Hill, 1999.
11. ANDERSON, D. M. *Design for Manufacturability & Concurrent Engineering:* How to Design for Low Cost, Design in High Quality, Design for Lean Manufacture, and Design Quickly for Fast Production. Cambria, CA: CIM Press, 2010.

SITES SOBRE TOLERÂNCIAS E AJUSTES

1. **Engineering Fundamentals.** <www.efunda.com>. Um site abrangente que oferece vários tópicos de informação sobre projeto, incluindo dimensionamento e tolerância geométrica.
2. **Engineers Edge.** <www.engineersedge.com>. Um site abrangente que oferece vários tópicos de informação sobre projeto, incluindo dimensionamento e tolerância geométrica.
3. **iSixSigma.** <www.isixsigma.com>. Um recurso gratuito de informações sobre gestão de qualidade, incluindo projeto robusto, métodos Taguchi e gestão de qualidade seis sigma.
4. **Engineering Bookstore.** <www.engineeringbookstore.com>. Um site que oferece livros técnicos de várias áreas, incluindo dimensionamento e tolerância geométrica.
5. **Dimensional Control Systems, Inc.** <www.3dcs.com>. Desenvolvedor e fornecedor de software para gerenciamento e controle de dimensões e tolerâncias de componentes e montagens em três dimensões. Variações podem ser modeladas e simuladas para garantir que os objetivos de qualidade para ajuste, acabamento e funcionalidade sejam alcançados.
6. **DRM Associates.** <www.npd-solutions.com/robust.html>. Um site amplo sobre o tema de desenvolvimento de novos produtos (NPD), incluindo projeto robusto, projeto de experimentos, métodos Taguchi, dimensionamento e tolerância geométrica, redução de variabilidade e projeto e análise de tolerância para componentes e montagens. Clique em *NPD Body of Knowledge* para acessar um índice abrangente de tópicos.
7. **ADCATS.** <http://adcats.et.byu.edu>. Associação para o desenvolvimento de sistemas de tolerância auxiliados por computador (ADCATS) na Brigham Young University.
8. **Drafting Zone.** <www.draftingzone.com>. Informações sobre padrões e práticas de desenhos mecânicos. Genium Group, Inc.
9. **Sage Publishing.** <http://cer.sagepub.com>. Editora da *Concurrent Engineering Research and Applications* que fornece informações sobre a área, incluindo tomada de decisão em conjunto, modelagem de informação, equipe, compartilhamento e gestão de engenharia coordenada.
10. **The 9000store.com.** <http://the9000store.com/ISO-9000-tips-product-realization-process.aspx>. Documentos e padrões relacionados às normas e aos processos de qualidade da ISO 9001. A parte 7.1 trata de Planejamento de realização de produto, e a parte 7.5.1, de Controle de produção e prestação de serviços.

PROBLEMAS

Ajustes de folga

1. Especifique a classe do ajuste, os limites da dimensão e os da folga para o furo do rolamento de um transportador lento, mas com carga pesada, que deve girar livremente em um eixo fixo. O diâmetro nominal do eixo é 3,500 pol. Use o sistema furo-base.
2. Uma placa de seno é um dispositivo de medição que gira na base, permitindo que assuma diferentes ângulos definidos com blocos medidores para precisão. O pino no eixo tem diâmetro nominal de 0,5000 pol. Especifique a classe do ajuste, os limites da dimensão e os da folga para o eixo. Utilize o sistema furo-base.
3. Um carrinho de brinquedo tem eixo com diâmetro nominal de 5/8 pol. Para o furo da roda e o eixo, especifique a classe do ajuste, os limites da dimensão e os da folga. Use o sistema eixo-base.
4. A engrenagem planetária de um trem de engrenagens epicíclicas deve rodar de modo confiável no eixo e, ao mesmo tempo, manter o posicionamento preciso em relação às engrenagens conjugadas. Para o furo da engrenagem planetária e seu eixo, especifique a classe do ajuste, os limites da dimensão e os da folga. Utilize o sistema furo-base. O diâmetro nominal do eixo é 0,800 pol.
5. A base de um cilindro hidráulico é montada no chassi de uma máquina por uma junta clevis, permitindo que ele oscile durante a operação. O pino clevis deve oferecer um movimento confiável, mas algum grau de jogo é aceitável. Para os furos da junta clevis e o pino, que tem diâmetro nominal de 1,25 pol, especifique a classe do ajuste, os limites da dimensão e os da folga. Utilize o sistema furo-base.
6. A porta pesada de uma fornalha gira para cima, permitindo o acesso ao lado de dentro. Durante vários modos de operação, a porta e seu conjunto de dobradiças recebem temperaturas de 50 °F a 500 °F. O diâmetro nominal de cada pino da dobradiça é 4,00 pol. Para a dobradiça e seu pino, especifique a classe do ajuste, os limites da dimensão e os da folga. Use o sistema eixo-base.
7. A mesa de um microscópio industrial gira de modo a permitir a montagem de uma variedade de formas. Ela deve se mover com precisão e confiabilidade em temperaturas altamente variáveis. Para a montagem do pino da mesa, com diâmetro nominal de 0,750 pol, especifique a classe do ajuste, os limites da dimensão e os da folga. Utilize o sistema furo-base.
8. Uma placa de publicidade está suspensa em uma haste horizontal e pode balançar com as forças do vento. A haste deve ser uma barra comercial, nominalmente com 1,50 polegada de diâmetro. Para as dobradiças conjugadas na placa, especifique a classe do ajuste, os limites da dimensão e os da folga. Use o sistema eixo-base.
9. Para qualquer um dos problemas de 1 a 8, faça um diagrama de tolerâncias, ajustes e folgas com suas especificações utilizando um método semelhante ao da Figura 13.4.

Ajustes de força

10. Um espaçador feito de aço SAE 1020 laminado a quente tem a forma de cilindro oco com diâmetro interno nominal de 3,25 pol e diâmetro externo de 4,000 pol. Ele deve ser montado em um eixo sólido de aço com ajuste de força pesado. Especifique as dimensões para o eixo e a luva e calcule a tensão na luva após a instalação. Utilize o sistema furo-base.
11. Uma bucha de bronze, com diâmetro interno de 3,50 pol e diâmetro externo nominal de 4,00 pol, é pressionada para dentro de uma luva de aço com diâmetro externo de 4,50 pol. Para um ajuste de classe FN3, especifique as dimensões das peças, os limites da interferência e as tensões criadas na bucha e na luva. Utilize o sistema furo-base.
12. Foi proposta a instalação de uma barra de aço com diâmetro nominal de 3,00 pol no furo de um cilindro de alumínio com diâmetro externo de 5,00 pol usando um ajuste de força FN5. Isso seria satisfatório?
13. A tensão de compressão admissível na parede de um tubo de alumínio é 8500 psi. Seu diâmetro externo é 2,000 pol, e a espessura da parede é 0,065 pol. Qual é a quantidade máxima de interferência que pode ser tolerada entre o tubo e uma luva de aço? A luva tem diâmetro externo de 3,00 pol.
14. A qual temperatura o espaçador do Problema 10 teria de ser aquecido para deslizar sobre o eixo com uma folga de 0,002 pol? A temperatura ambiente é 75 °F.
15. Para a bucha de bronze e a luva de aço do Problema 11, a temperatura ambiente é 75 °F. Quanto a bucha de bronze encolheria se fosse colocada em um congelador a –220 °F? Então, a qual temperatura a luva de aço teria de ser aquecida a fim de oferecer uma folga de 0,004 pol para a montagem na bucha fria?
16. Para a bucha de bronze do Problema 11, qual seria o diâmetro interno final após a montagem na luva se o inicial fosse de 3,5000 pol?

CAPÍTULO 14

ROLAMENTOS DE CONTATO ANGULAR

Sumário

Visão geral
Você é o projetista
14.1 Objetivos
14.2 Tipos de rolamento de contato angular
14.3 Rolamentos de encosto axiais
14.4 Rolamentos montados
14.5 Materiais de rolamento
14.6 Relação carga/vida útil
14.7 Dados de fabricantes de rolamentos
14.8 Vida útil de projeto
14.9 Seleção de rolamento: somente carga radial
14.10 Seleção de rolamento: cargas radiais e axiais combinadas
14.11 Seleção de rolamento a partir de catálogos de fabricantes
14.12 Montagem de rolamentos
14.13 Rolamentos de rolos cônicos
14.14 Considerações práticas sobre a aplicação de rolamentos
14.15 Importância da espessura da película de óleo nos rolamentos
14.16 Previsão da vida útil sob cargas variáveis
14.17 Séries de denominação de rolamento

Visão geral

Tópicos de discussão

- *Rolamentos* são utilizados para sustentar uma carga e, ao mesmo tempo, permitir o movimento relativo entre dois elementos de uma máquina.
- Alguns rolamentos empregam elementos rolantes, como esferas, roletes cilíndricos ou roletes cônicos. Isso resulta em um baixíssimo coeficiente de atrito.

Descubra

Procure exemplos de rolamento em máquinas, carros, caminhões, bicicletas e produtos de consumo.
Descreva os rolamentos, inclusive como eles estão instalados e quais são os tipos de força exercidos sobre eles.

Este capítulo apresenta informações sobre rolamentos e oferece métodos para a análise desse tipo de peça e para a seleção de opções disponíveis comercialmente.

O propósito de um rolamento é sustentar uma carga e, ao mesmo tempo, permitir o movimento relativo entre dois elementos de uma máquina. O termo *rolamento de contato angular* refere-se a uma ampla variedade de rolamentos que utiliza esferas ou algum outro tipo de rolete entre peças fixas e móveis. O tipo mais comum de rolamento sustenta um eixo rotativo, resistindo apenas a cargas radiais ou a uma combinação de cargas radiais e axiais (de impulso). Alguns rolamentos são projetados para sustentar apenas cargas de impulso. A maioria deles é utilizada em aplicações que envolvem rotação, mas alguns são usados em aplicações de movimento linear.

As componentes de um rolamento de contato angular típico são: a pista interna, a pista externa e os elementos rolantes. A Figura 14.1 mostra um rolamento de esferas comum, com fileira única e sulco profundo. Normalmente, a pista externa é fixa e presa pela carcaça da máquina. A pista interna é encaixada no eixo rotativo e, portanto, gira com ele. Dessa forma, as esferas rolam entre a pista externa e a interna. O trajeto da carga começa pelo eixo, passa pela pista interna e pelas esferas até chegar à pista externa e, finalmente, à carcaça. A presença das esferas possibilita uma rotação do eixo bastante suave e com pouco atrito. O coeficiente de atrito típico para um rolamento de contato angular é aproximadamente de 0,001 a 0,005. Esses valores refletem apenas os elementos rolantes e os meios pelos quais eles são fixados no rolamento. A presença de vedações, excesso de lubrificante ou carregamento incomum aumenta esses dados.

Procure produtos, máquinas industriais ou equipamentos de transporte (carros, caminhões, bicicletas e assim por diante) e identifique alguns usos de rolamento de contato angular. Certifique-se de que a máquina está desligada e, desse modo, tente acessar os eixos da transmissão mecânica usados para levar a potência do motor até as peças móveis. Os eixos são sustentados por rolamentos de esferas ou rolos cilíndricos? Ou então por rolamentos planos, nos quais passam por membros cilíndricos chamados *buchas*, geralmente com a presença de lubrificantes entre o eixo rotativo e o rolamento fixo? Os rolamentos planos são discutidos no Capítulo 16.

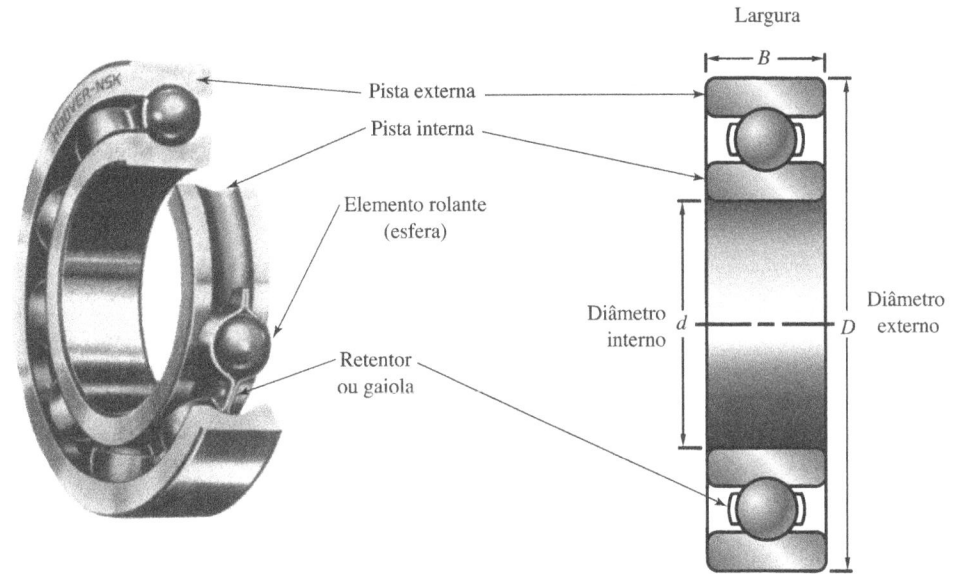

FIGURA 14.1 Rolamento de esferas com fileira única e sulco profundo.
(NSK Corporation, Ann Arbor, MI)

Para os eixos sustentados por rolamentos de esferas ou rolos cilíndricos, descreva o rolamento. Como ele está montado no eixo? Como ele está montado na carcaça da máquina? Você consegue identificar que tipos de força atuam no rolamento e em quais direções? As forças estão direcionadas radialmente à linha de centro do eixo? Existe alguma força que atua paralelamente à direção axial do eixo? Compare os rolamentos que você encontrar com as fotografias presentes neste capítulo. Quais variedades de rolamento você detectou? Meça ou estime o tamanho físico dos rolamentos, especialmente o diâmetro interno em contato com o eixo, o diâmetro externo e a largura. Você consegue ver os elementos rolantes, sejam eles esferas ou roletes? Em caso afirmativo, esboce-os e defina seu diâmetro e/ou comprimento. Algum desses elementos é do tipo rolete cônico, como mostra a Figura 14.7?

Ao final deste capítulo, você será capaz de identificar vários tipos de rolamento de contato angular e estabelecer opções adequadas para o apoio de cargas especificadas. Você também conseguirá aplicar rolamentos corretamente, planejando sua instalação nos eixos e nas carcaças.

Você é o projetista

No Capítulo 12, você foi o projetista de um eixo que girava a 600 rpm e transportava duas engrenagens como parte de um sistema de transmissão de potência. As figuras 12.1 e 12.2 mostravam o esquema básico proposto. O eixo foi projetado para ser apoiado em dois rolamentos nos pontos B e D. Depois, no Exemplo 12.1, foi concluída a análise da força calculando-se aquelas aplicadas ao eixo pelas engrenagens e, em seguida, as *reações nos rolamentos*. A Figura 12.11 indicou os resultados, resumidos aqui:

$$R_{Bx} = 458 \text{ lb} \quad R_{By} = 4620 \text{ lb}$$
$$R_{Dx} = 1223 \text{ lb} \quad R_{Dy} = 1680 \text{ lb}$$

onde x se refere à direção horizontal, e y, à vertical. Todas as forças nos rolamentos estão no sentido radial. Sua tarefa agora é especificar rolamentos de contato angular adequados para o eixo que resistam a essas forças e as transmitam do eixo para a carcaça do redutor de velocidade.

Que tipo de rolamento deve ser selecionado? Como as forças identificadas afetam a escolha? Que expectativa de vida seria razoável para os rolamentos e como isso afeta sua seleção? Qual tamanho deve ser especificado? Como os rolamentos devem ser instalados no eixo e como isso influencia o projeto detalhado do eixo? Quais limites de dimensão precisam ser definidos para a os assentos do rolamento no eixo? Como o rolamento deve ser posicionado no eixo? Como instalá-lo e posicioná-lo na carcaça? Como deve ser a lubrificação dos rolamentos? Há necessidade de isolamentos e vedações para impedir a entrada de contaminantes nos rolamentos? As informações contidas neste capítulo irão ajudá-lo a tomar essas e outras decisões de projeto.

14.1 OBJETIVOS

Ao final deste capítulo, você estará apto a:

1. Identificar os tipos de rolamento de contato angular comercialmente disponíveis e selecionar a opção apropriada para determinada aplicação, considerando a forma de carregamento e as condições de instalação.
2. Usar a relação entre as forças nos rolamentos e a expectativa de vida útil para determinar fatores de seleção críticos.
3. Utilizar dados do fabricante sobre o desempenho de rolamentos de esferas para especificar opções adequadas a determinada aplicação.
4. Recomendar valores apropriados para a vida útil do projeto de rolamento.
5. Calcular a *carga equivalente* em um rolamento correspondente às combinações de cargas axiais e radiais aplicadas nele.
6. Especificar detalhes da montagem do rolamento que afetam o projeto do eixo em que ele será assentado e a carcaça em que será instalado.
7. Calcular as cargas equivalentes em rolamentos de rolos cônicos.
8. Descrever o projeto especial de rolamentos de encosto.
9. Descrever vários tipos de rolamento montados disponíveis no mercado e sua aplicação no projeto de máquina.
10. Compreender certas considerações práticas envolvidas na aplicação de rolamentos, incluindo lubrificação, vedação, velocidades limite, classes de tolerância e padrões relacionados à fabricação e ao uso de rolamentos.
11. Considerar os efeitos das cargas variáveis na expectativa de vida e na especificação dos rolamentos.

14.2 TIPOS DE ROLAMENTO DE CONTATO ANGULAR

Aqui serão discutidos sete tipos diferentes de rolamento de contato angular e as aplicações em que cada um deles costuma ser empregado. Muitas variações dos projetos apresentados estão disponíveis. Ao longo da abordagem de cada um, consulte a Tabela 14.1 para uma comparação de desempenho entre eles.

As *cargas radiais* atuam em direção ao centro do rolamento ao longo de um raio. Elas costumam ser criadas por elementos transmissores de potência nos eixos, como engrenagens de dentes retos, transmissões por correia em V e transmissões por cadeia. Já as *cargas axiais* são aquelas que atuam paralelamente à direção axial do eixo. As componentes axiais das forças em engrenagens helicoidais, sem-fins, engrenagens sem-fim e engrenagens cônicas são cargas de impulso. Além disso, rolamentos que sustentam eixos com direção axial vertical são submetidos a cargas de impulso por causa do peso do eixo, dos elementos sobre ele e das forças axiais operantes. O *desalinhamento* refere-se ao desvio angular da direção axial do eixo no rolamento em relação ao eixo real deste. Um excelente índice de desalinhamento, contido na Tabela 14.1, indica que o rolamento pode acomodar até 4,0° de desvio angular. Um rolamento com boa classificação pode tolerar até 0,15°, ao passo que uma classificação baixa indica que eixos rígidos com menos de 0,05° de desalinhamento são necessários. Os catálogos dos fabricantes devem ser consultados quanto a dados específicos. Consulte os sites 1-8 (ao final deste capítulo).

Rolamento de esferas com fileira única e sulco profundo

Por vezes chamado de *rolamento Conrad*, o rolamento de esferas com fileira única e sulco profundo

▼ TABELA 14.1 Comparação de tipos de rolamento.

Tipo de rolamento	Capacidade de carga radial	Capacidade de carga axial	Capacidade de desalinhamento
Rolamento de esferas com fileira única e sulco profundo	Boa	Razoável	Razoável
Rolamento de esferas com fileira dupla e sulco profundo	Excelente	Boa	Razoável
Contato angular	Boa	Excelente	Baixa
Rolete cilíndrico	Excelente	Baixa	Razoável
Agulha	Excelente	Baixa	Baixa
Rolete esférico	Excelente	Razoável/boa	Excelente
Rolete cônico	Excelente	Excelente	Baixa

(Figura 14.1) é o que a maioria das pessoas imagina quando o termo *rolamento de esferas* é usado. A pista interna é normalmente pressionada no eixo, no assento do rolamento, com um leve ajuste de interferência para garantir que girará com o eixo. Os elementos rolantes esféricos, ou esferas, giram em um sulco profundo localizado nas pistas interna e externa. O espaçamento entre as esferas é mantido por retentores ou "gaiolas". Embora seja projetado principalmente para sustentar carga radial, o sulco profundo permite que o rolamento carregue uma carga axial de tamanho considerável. A carga axial seria aplicada a um lado da pista interna por um flange no eixo. Ela passaria do lado do sulco pela esfera até o lado oposto da pista externa, chegando à carcaça. O raio das esferas é um pouco menor do que o do sulco para que elas possam rolar livremente. O contato entre uma esfera e a pista é teoricamente um ponto, mas, na realidade, é uma pequena área circular por causa da deformação dos elementos. Uma vez que a carga é sustentada em uma área pequena, ocorrem tensões de contato locais muito altas. A fim de aumentar a capacidade de um rolamento com fileira única, deve ser usado um número maior de esferas ou, então, esferas maiores em pistas com diâmetro maior.

Rolamento de esferas com fileira dupla e sulco profundo

O acréscimo de uma segunda fileira de esferas (Figura 14.2) aumenta a capacidade de carga radial por parte do rolamento com sulco profundo em relação ao projeto com fileira única, pois mais esferas compartilham a carga. Dessa forma, uma carga maior pode ser transportada no mesmo espaço, ou determinada carga pode ser transportada em um espaço menor. Rolamentos com fileira dupla mais largos costumam prejudicar a capacidade de desalinhamento.

Rolamento de esferas de contato angular

Um dos lados de cada pista no rolamento de contato angular é mais alto para permitir a acomodação de cargas axiais maiores em comparação ao rolamento de esferas padrão com fileira única e sulco profundo. O esboço na Figura 14.3 mostra o ângulo preferido da força resultante (cargas radiais e axiais combinadas), com rolamentos disponíveis comercialmente que apresentam ângulos de 15° a 40°.

Rolamento de roletes cilíndricos

A substituição das esferas por roletes cilíndricos (Figura 14.4), com as alterações correspondentes no projeto das pistas, oferece uma capacidade maior de carga radial. O padrão de contato entre um rolete e sua pista é teoricamente uma linha, mas se torna uma forma retangular conforme os membros se deformam sob carregamento. Os níveis de tensão de contato resultantes são inferiores aos de rolamentos de esferas em tamanho equivalente, permitindo que pequenos rolamentos sustentem determinada carga, ou que rolamentos de determinado tamanho carreguem uma carga maior. A capacidade de carga axial é baixa porque qualquer uma desse tipo seria aplicada à lateral dos roletes, causando atrito, e não movimento de rolamento real. Recomenda-se que *nenhuma* carga axial seja aplicada. Rolamentos de roletes cilíndricos costumam ser bem amplos, o que lhes confere uma capacidade apenas razoável de acomodar desalinhamento angular.

▲ **FIGURA 14.2** Rolamento de esferas com fileira dupla e sulco profundo. (NSK Corporation, Ann Arbor, MI)

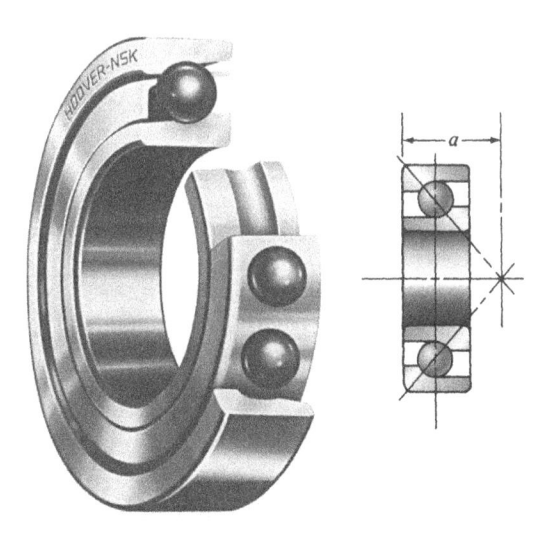

▲ **FIGURA 14.3** Rolamento de esferas de contato angular. (NSK Corporation, Ann Arbor, MI)

Rolamento de agulhas

Rolamentos de agulhas (Figura 14.5) são, na verdade, de rolos cilíndricos com roletes de diâmetro muito menor, como é possível ver comparando as figuras 14.4 e 14.5. Um espaço radial menor é normalmente exigido para que os rolamentos de agulhas sustentem determinada carga em relação a qualquer outro tipo de rolamento de contato angular. Isso faz ser mais fácil projetá-los para muitos tipos de equipamento e componente, como bombas, juntas universais, instrumentos de precisão e aparelhos de uso doméstico. O seguidor de came, mostrado na Figura 14.5(b), é outro exemplo no qual a operação antifricção dos rolamentos de agulhas pode ser inserida com pouco espaço radial exigido. Como em outros rolamentos de roletes cilíndricos, a capacidade axial e de desalinhamento é baixa.

Rolamento de rolos esféricos

O rolamento de rolos esféricos (Figura 14.6) é uma forma de *rolamento autocompensador*, assim chamado porque há rotação real relativa da pista externa em relação aos roletes e à pista interna quando ocorre desalinhamentos angulares. Isso confere a excelente classificação de capacidade de desalinhamento, ao mesmo tempo em que mantém praticamente as mesmas classificações de capacidade de carga radial.

▲ **FIGURA 14.4** Rolamento de esferas de roletes cilíndricos. (NSK Corporation, Ann Arbor, MI)

(a) Rolamentos de agulhas com fileira única e dupla

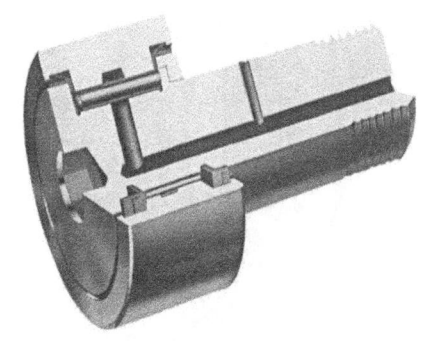

(b) Rolamentos de agulha adaptados para seguidores de came

▲ **FIGURA 14.5** Rolamentos de agulhas. (McGill Manufacturing Co., Inc., Bearing Division, Valparaiso, IN)

▲ **FIGURA 14.6** Rolamento de rolos esféricos.
(NSK Corporation, Ann Arbor, MI)

▲ **FIGURA 14.7** Rolamento de rolos cônicos.
(NSK Corporation, Ann Arbor, MI)

Rolamento de rolos cônicos

Rolamentos de rolos cônicos (Figura 14.7) são projetados para receber cargas axiais significativas com radiais altas, resultando em excelentes classificações de ambos. Eles são usados frequentemente em rodas de veículos e equipamentos móveis e em máquinas pesadas com cargas axiais altas. A Seção 14.13 fornece informações adicionais sobre sua aplicação. Além disso, as figuras 8.20, 9.33, 10.1 e 10.2 mostram rolamentos de rolos cônicos sendo aplicados em redutores de velocidade de engrenagem.

14.3 ROLAMENTOS DE ENCOSTO AXIAIS

Os rolamentos discutidos até agora neste capítulo são projetados para sustentar cargas radiais ou uma combinação de cargas radiais e axiais. Muitos projetos de máquina exigem um rolamento que resista apenas a cargas axiais, e vários tipos de rolamento de encosto padronizados estão disponíveis comercialmente. Os mesmos tipos de elemento rolante são usados: esferas, roletes cilíndricos e roletes cônicos (consulte a Figura 14.8).

A maioria dos rolamentos axiais pode receber pouca ou nenhuma carga radial. Assim, o projeto e a seleção deles dependem apenas da magnitude da carga axial e da vida útil de projeto. Os dados sobre as capacidades básicas de carga dinâmica e estática são

(a) Exemplo de rolamentos axiais de esferas

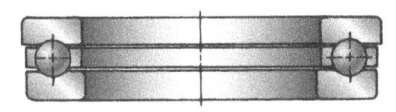

(b) Seção transversal típica de rolamento axial de esferas

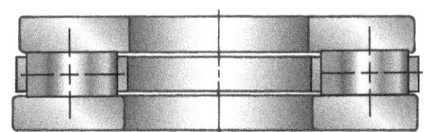

(c) Exemplos de rolamentos axiais de rolos cilíndricos

Rolamento axial de roletes cilíndricos padronizado

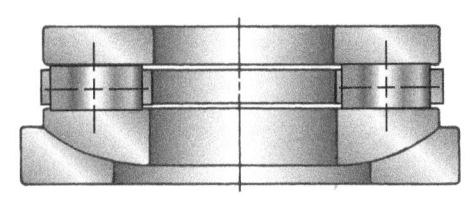

Rolamento axial autocompensador

▲ **FIGURA 14.8** Rolamentos de encosto axiais.
(Andrews Bearing Corp., Spartanburg, SC)

informados nos catálogos dos fabricantes, como aqueles referentes aos rolamentos radiais.

14.4 ROLAMENTOS MONTADOS

Em muitos tipos de máquina pesada e especial produzida em pequena quantidade, rolamentos montados são selecionados no lugar de não montados. Os montados, por vezes chamados de rolamentos alojados, fornecem um meio de fixar a unidade diretamente no chassi da máquina com parafusos em vez de inseri-la em um rebaixo (ou alojamento ou cavidade) usinado na carcaça, como exigido em rolamentos não montados.

A Figura 14.9 mostra a configuração mais comum de um rolamento montado: o *mancal de rolamento*. A carcaça é feita de aço conformado, ferro fundido ou aço fundido, com orifícios ou ranhuras para fixação durante a montagem da máquina, momento este em que o alinhamento da unidade de rolamento é ajustado. Os rolamentos podem ser de praticamente qualquer tipo discutido nas seções anteriores: esfera, rolete cônico ou rolete esférico. A capacidade de desalinhamento é uma importante consideração de aplicação por causa das condições de uso de tais rolamentos. Essa capacidade é fornecida na própria construção do rolamento ou na carcaça, como indica a Figura 14.9.

Uma vez que o rolamento em si é semelhante aos que já foram discutidos, o processo de seleção também é igual. A maioria dos catálogos oferece dados extensos, listando a capacidade de carga em valores de vida nominal especificados. O Site 7 inclui um exemplo.

Outras formas de rolamento montado são ilustradas na Figura 14.10. As *unidades de flange* são projetadas para montagem nos chassis laterais verticais das máquinas, sustentando eixos horizontais. Mais uma vez, vários tipos de rolamento e tamanhos estão disponíveis. A expressão *unidade esticadora* refere-se a um rolamento montado em uma carcaça que, por sua vez, está em um chassi que permite o movimento do rolamento com o eixo no lugar. Utilizada em transportadores, transmissões por cadeia, transmissões por correia e aplicações similares, a unidade esticadora permite o ajuste da distância de centro das componentes da transmissão no momento da instalação e durante a operação para acomodar desgaste ou estiramento de peças do conjunto.

14.5 MATERIAIS DE ROLAMENTO

A carga aplicada ao rolamento de contato angular atravessa a pista externa, passa pelos elementos rolantes (esferas ou roletes) e, em seguida, chega à pista interna, resultando em forças exercidas sobre áreas de contato muito pequenas. Tensões de contato de aproximadamente 300000 psi (2070 MPa) não são incomuns. A fim de aguentar tensões tão elevadas, as esferas, os roletes e as pistas são normalmente feitos de aço ou cerâmica bastante duros e resistentes. Outros materiais metálicos utilizados incluem algumas ligas de titânio/níquel e metal Monel (ligas basicamente de níquel, cobre e cobalto). Quando cargas mais leves são encontradas ou quando é necessário haver resistência à corrosão por materiais específicos, rolamentos

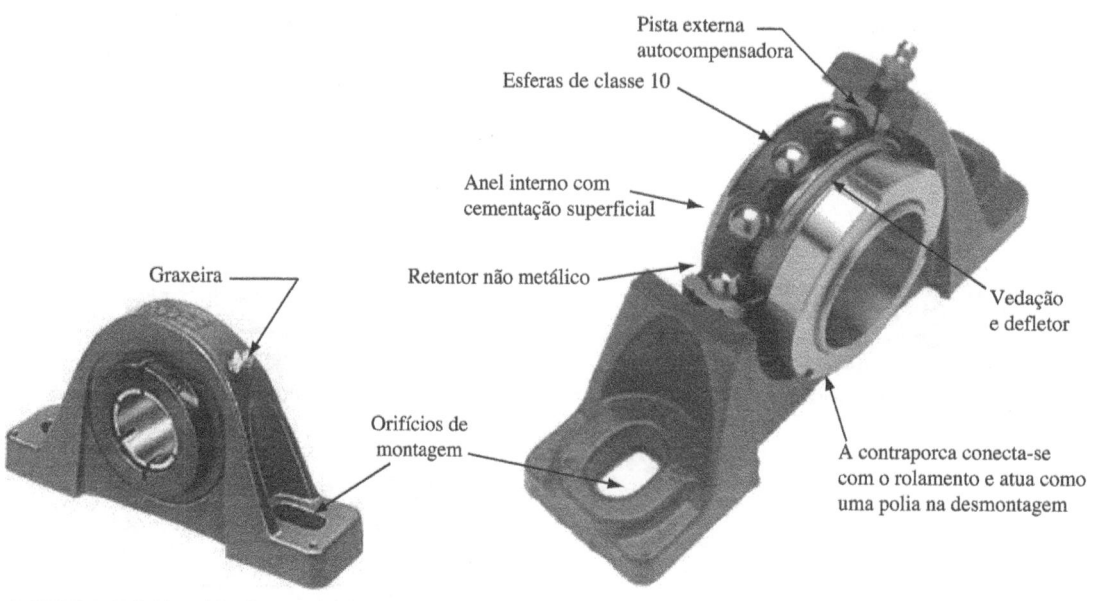

▲ **FIGURA 14.9** Mancal de rolamento de esferas.
(Baldor/Dodge, Greenville, SC)

(a) Mancal de rolamento flangeado com quatro parafusos

(b) Mancal de rolamento esticador

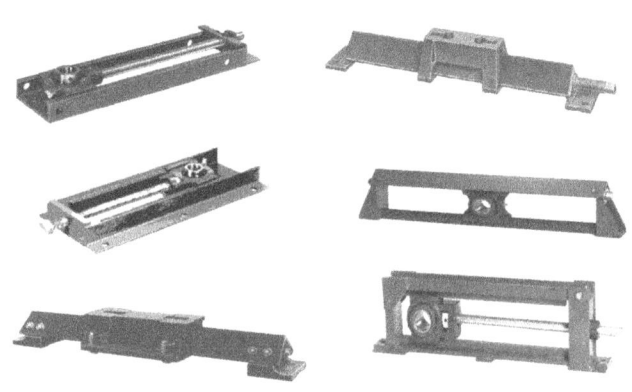

(c) Estilos selecionados de mancais esticadores

▲ **FIGURA 14.10** Formas de rolamento montado. (Baldor/Dodge, Greenville, SC)

plásticos podem ser usados. Consulte a Tabela 14.2 para propriedades de materiais selecionados.

O material de rolamento mais amplamente utilizado é o aço SAE 52100 com teor de carbono muito elevado, entre 0,95% e 1,10%, com 1,3% a 1,6% de cromo, 0,25% a 0,45% de manganês, 0,2% a 0,35% de silício e outros elementos de liga em quantidades baixas, porém controladas. As impurezas são cuidadosamente minimizadas. O aço passa por têmpera completa até a faixa de 58 a 65 HRC para desenvolver capacidade de resistir a tensões de contato elevadas. Alguns aços ferramenta, em especial M1 e M50, também são utilizados. Às vezes, são empregadas ligas de aço como SAE 3310, 4620 e 8620 endurecidas superficialmente por cementação a fim de alcançar dureza superficial elevada e núcleo rígido. Um controle cuidadoso da profundidade de superfície é necessário para a resistência de tensões subsuperficiais críticas. Alguns rolamentos com carga mais leve ou exposição a ambientes corrosivos são feitos de aço inoxidável SAE 440C.

Elementos rolantes, pistas e outras componentes também podem ser feitos de materiais cerâmicos, como nitreto de silício (Si_3N_4), óxido de zircônio (ZrO_2), óxido de alumínio (Al_2O_3) e carbeto de silício (SiC). Comparados com aços típicos de rolamento, esses materiais apresentam densidade muito mais baixa, dureza maior e valores de módulo de elasticidade superiores, resultando em menor peso, menor desgaste e maior rigidez. Além disso, eles têm tipicamente maior resistência à corrosão e podem operar em temperaturas muito mais altas. Suas aplicações incluem máquinas-ferramentas, material ferroviário, fabricação de semicondutores, dispositivos aeroespaciais e qualquer equipamento que opere em temperaturas elevadas. A cerâmica pode ser empregada em todos os elementos do rolamento (esferas, roletes, pistas, gaiolas) ou em projetos híbridos compostos por elementos rolantes de cerâmica em pistas de aço com gaiolas de aço ou polímero. A Figura 14.11 mostra exemplos de rolamentos esféricos e radiais de esferas feitos totalmente de cerâmica. Note que o nitreto de silício é preto brilhante, o óxido de zircônio é branco brilhante, o óxido de alumínio é branco fosco e o carbeto de silício é preto fosco. O Site 1 mostra rolamentos cerâmicos com furos de 3,0 mm (0,1181 pol) até 50 mm (1,9685 pol). Dimensões de furo em polegadas vão desde 0,0937 pol (2,38 mm) até 1,25 pol (31,75 mm).

Ligas de titânio e níquel, por vezes chamadas de Nitinol, são aplicadas onde suas propriedades anticorrosivas são desejáveis. Sua densidade menor, em comparação com o aço, também é vantajosa. Uma liga é

(a) Rolamentos de esferas radiais totalmente de cerâmica

(b) Rolamentos esféricos totalmente de cerâmica

▲ **FIGURA 14.11** Rolamentos cerâmicos do tipo esférico e radial de esferas. (Boca Bearings Company, Delray Beach, FL)

listada na Tabela 14.2. Outras ligas de titânio estão em desenvolvimento.

O metal Monel é uma liga basicamente de níquel, cobre e cobalto, com menores quantidades de ferro, silício, manganês, carvão, alumínio, titânio e enxofre. Sua resistência à água doce, à água do mar, à maioria dos ácidos, ao cloreto de cálcio e aos óleos de petróleo torna-o atraente para aplicações marítimas, usinas químicas, indústrias de óleo e gás e unidades de tratamento de água e água residual. Uma liga é listada na Tabela 14.2. (Consulte o Site 12.)

Rolamentos feitos de plástico são normalmente utilizados em aplicações de carga leve e precisão moderada que exigem boa resistência à corrosão e pouco peso. Vários tipos de formulação de plástico podem ser usados, como acetal, poliamida (PA, nylon) e poliéster termoplástico (PBT). Projetos híbridos, com elementos de carcaça de plástico e esferas ou roletes de

▼ **TABELA 14.2** Comparação de materiais de rolamentos.

		Aços		Titânio/níquel	Cerâmica				Monel	Plástico
Propriedade	Unidade	Aço de rolamento 52100	Aço inoxidável 440C	Nitinol 60NiTi	Nitreto de silício Si_3N_4	Óxido de zircônio ZrO_2	Óxido de alumínio Al_2O_3	Carbeto de silicio SiC	Metal K-500	Poliamida (nylon 66)
Densidade	kg/m^3	7680	7750	6700	3230	6050	3920	3120	8434	1360
	$lbm/pés^3$	480	484	418	202	378	245	195	527	85
Módulo de elasticidade	GPa	207	200	114	300	210	340	440	179	4,2
	ksi	30000	29000	16500	43500	30500	49300	63800	25950	610
Dureza	Vickers	700	700	650	1500	1200	1650	2800	263	—
Resistência à flexão	MPa	2240	1930	900	450	210	230	380	965	82
	ksi	325	280	131	65	31	33	55	140	11,9
Temperatura máxima de utilização	°C	300	350	400	1050	750	1500	1700	315	130
	°F	570	660	750	1920	1380	2730	3100	600	270

Observação: dados apenas representativos extraídos de uma variedade de fontes. As propriedades reais são altamente dependentes da composição, do processamento, do tratamento térmico e da forma específica.

aço inoxidável, são com frequência empregados. Um material de poliamida reforçado com fibra de vidro está listado na Tabela 14.2. (Consulte os sites 13 e 14 para alguns fornecedores.)

14.6 RELAÇÃO CARGA/VIDA ÚTIL

Apesar de utilizar aços com resistência muito alta, todos os rolamentos têm vida finita e acabam falhando por fadiga em virtude das tensões de contato elevadas. Contudo, obviamente, quanto mais leve a carga, maior a vida útil e vice-versa. A relação entre carga, P, e vida útil, L, para rolamentos de contato angular pode ser expressa da seguinte forma

▶ **Relação entre carga e vida útil do rolamento**

$$\frac{L_2}{L_1} = \left(\frac{P_1}{P_2}\right)^k \quad (14.1)$$

onde

$k = 3,00$ para rolamentos de esferas
$k = 3,33$ para rolamentos de roletes cilíndricos

14.7 DADOS DE FABRICANTES DE ROLAMENTOS

A seleção de um rolamento de contato angular a partir do catálogo do fabricante envolve considerações sobre a capacidade de carga e a geometria. A Tabela 14.3 mostra dados relativos a três classes de rolamentos de esferas com fileira única e sulco profundo, semelhantes às opções encontradas nos catálogos.

Rolamentos padronizados estão disponíveis em várias classes, geralmente extraleve, leve, média e pesada. Os projetos diferem em tamanho e número de elementos sob carregamento (esferas ou roletes). O número do rolamento, na maior parte dos casos, indica a classe e o tamanho do furo. A maioria dos rolamentos é fabricada com dimensões nominais em unidades métricas, e os dois últimos dígitos indicam o tamanho nominal do furo. A convenção para o tamanho do furo pode ser vista nos dados na Tabela 14.3. Observe que, para tamanhos iguais ou superiores a 04, a dimensão nominal do furo em milímetros é cinco vezes os dois últimos dígitos do número do rolamento.

O número que precede os dois últimos algarismos aponta a classe. Normalmente, a série 100 é extraleve, a 200 é leve, a 300 é média e a 400 é pesada. A Figura 14.12 mostra o tamanho relativo das diferentes classes de rolamento. Os três dígitos podem ser precedidos por outros para indicar um código de projeto referente ao tipo de rolamento. Na Tabela 14.3, o número 6 designa *rolamentos de esferas com fileira única e sulco profundo*.

Rolamentos em polegadas estão disponíveis com diâmetros internos entre 0,125 e 15,000 pol.

Considerando a capacidade de carga primeiro, os dados relatados para cada projeto de rolamento incluirão uma capacidade de carga dinâmica básica, C, e uma capacidade de carga estática básica, C_o.

A *capacidade de carga estática básica*, C_o, é a carga que o rolamento pode suportar sem sofrer deformação permanente em qualquer componente. Se essa carga for excedida, o resultado mais provável será a indentação de uma das pistas pelos elementos rolantes. A deformação é semelhante à produzida no teste de dureza Brinell, e a falha é chamada às vezes de *brinelling* (desgaste). A operação do rolamento após esse desgaste é muito ruidosa, e as cargas de impacto na área indentada produzem rápido desgaste e falha progressiva da peça.

A fim de entender a *capacidade de carga dinâmica básica*, C, é necessário discutir o conceito de vida útil de um rolamento. A fadiga ocorre ao longo de um grande número de ciclos de carga; para um rolamento, isso seria um grande número de revoluções. Além disso, a fadiga é um fenômeno estatístico com propagação considerável da vida real de um grupo de rolamentos em determinado projeto. A vida nominal é o meio padrão de relatar os resultados de muitos testes com rolamentos. Ela representa a vida útil que

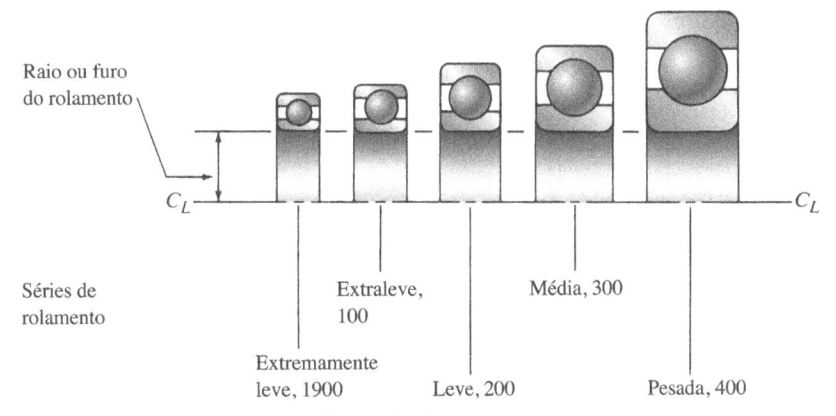

▲ **FIGURA 14.12** Tamanhos relativos de séries de rolamento.

▼ TABELA 14.3 Dimensões para rolamentos de esferas com fileira única e sulco profundo.

Número do rolamento	Dimensões nominais do rolamento							Capacidades básicas de carga				Raio máximo do filete r_{max}		Diâmetro mínimo do flange do eixo, S		Diâmetro máximo do flange da carcaça, H		Massa do rolamento	
	Furo, d		Diâmetro externo, D		Largura, B			Estática, C_o		Dinâmica, C									
	mm	pol	mm	pol	mm	pol		kN	lb_f	kN	lb_f	mm	pol	mm	pol	mm	pol	kg	lb_m
6000	10	0,3937	26	1,0236	8	0,3150		1,96	441	4,62	1039	0,3	0,012	12	0,472	24	0,945	0,019	0,042
6200	10	0,3937	30	1,1811	9	0,3543		2,36	531	5,07	1140	0,6	0,024	14	0,551	26	1,024	0,032	0,071
6300	10	0,3937	35	1,3780	11	0,4331		8,06	1812	3,40	764	0,6	0,024	14	0,551	31	1,220	0,053	0,117
6001	12	0,4724	28	1,1024	8	0,3150		2,36	531	5,07	1140	0,3	0,012	14	0,551	26	1,024	0,022	0,049
6201	12	0,4724	32	1,2598	10	0,3937		3,10	697	6,89	1549	0,6	0,024	16	0,630	28	1,102	0,037	0,082
6301	12	0,4724	37	1,4567	12	0,4724		4,15	933	9,75	2192	1,0	0,039	17	0,669	32	1,260	0,060	0,132
6002	15	0,5906	32	1,2598	9	0,3543		2,85	641	5,59	1257	0,3	0,012	17	0,669	30	1,181	0,030	0,066
6202	15	0,5906	35	1,3780	11	0,4331		3,75	843	7,80	1754	0,6	0,024	19	0,748	31	1,220	0,045	0,099
6302	15	0,5906	42	1,6535	13	0,5118		5,40	1214	11,40	2563	1,0	0,039	20	0,787	37	1,457	0,082	0,181
6003	17	0,6693	35	1,3780	10	0,3937		3,25	731	6,05	1360	0,3	0,012	19	0,748	33	1,299	0,039	0,086
6203	17	0,6693	40	1,5748	12	0,4724		4,75	1068	9,56	2149	0,6	0,024	21	0,827	36	1,417	0,065	0,143
6303	17	0,6693	47	1,8504	14	0,5512		6,55	1473	13,50	3035	1,0	0,039	22	0,866	42	1,654	0,120	0,265
6004	20	0,7874	42	1,6535	12	0,4724		5,00	1124	9,36	2104	0,6	0,024	24	0,945	38	1,496	0,069	0,152
6204	20	0,7874	47	1,8504	14	0,5512		6,55	1473	12,70	2855	1,0	0,039	25	0,984	42	1,654	0,110	0,243
6304	20	0,7874	52	2,0472	15	0,5906		7,80	1754	15,90	3575	1,0	0,039	27	1,063	45	1,772	0,140	0,309

continua

Capítulo 14 • Rolamentos de contato angular

Número do rolamento	Dimensões nominais do rolamento							Capacidades básicas de carga				Raio máximo do filete $r_{máx}$		Diâmetro mínimo do flange do eixo, S		Diâmetro máximo do flange da carcaça, H		Massa do rolamento	
	Furo, d		Diâmetro externo, D		Largura, B			Estática, C_o		Dinâmica, C									
	mm	pol	mm	pol	mm	pol		kN	lb_f	kN	lb_f	mm	pol	mm	pol	mm	pol	kg	lb_m
6005	25	0,9843	47	1,8504	12	0,4724		6,55	1473	11,20	2518	0,6	0,024	29	1,142	43	1,693	0,080	0,176
6205	25	0,9843	52	2,0472	15	0,5906		7,80	1754	14,00	3147	1,0	0,039	30	1,181	47	1,850	0,130	0,287
6305	25	0,9843	62	2,4409	17	0,6693		11,60	2608	22,50	5058	1,0	0,039	32	1,260	55	2,165	0,230	0,507
6006	30	1,1811	55	2,1654	13	0,5118		8,30	1866	13,30	2990	1,0	0,039	35	1,378	50	1,969	0,160	0,353
6206	30	1,1811	62	2,4409	16	0,6299		11,2	2518	19,5	4384	1,0	0,039	35	1,378	57	2,244	0,200	0,441
6306	30	1,1811	72	2,8346	19	0,7480		16,0	3597	28,1	6317	1,0	0,039	37	1,457	65	2,559	0,350	0,772
6007	35	1,3780	62	2,4409	14	0,5512		10,2	2293	15,9	3575	1,0	0,039	40	1,575	57	2,244	0,160	0,353
6207	35	1,3780	72	2,8346	17	0,6693		15,3	3440	25,5	5733	1,0	0,039	42	1,654	65	2,559	0,290	0,639
6307	35	1,3780	80	3,1496	21	0,8268		19,0	4272	33,2	7464	1,5	0,059	43	1,693	72	2,835	0,460	1,014
6008	40	1,5748	68	2,6772	15	0,5906		11,6	2608	16,8	3777	1,0	0,039	45	1,772	63	2,480	0,190	0,419
6208	40	1,5748	80	3,1496	18	0,7087		19,0	4272	30,7	6902	1,0	0,039	47	1,850	73	2,874	0,370	0,816
6308	40	1,5748	90	3,5433	23	0,9055		24,0	5396	41,0	9218	1,5	0,059	48	1,890	82	3,228	0,630	1,389
6009	45	1,7717	75	2,9528	16	0,6299		14,6	3282	20,8	4676	1,0	0,039	50	1,969	70	2,756	0,250	0,551
6209	45	1,7717	85	3,3465	19	0,7480		21,6	4856	33,2	7464	1,0	0,039	52	2,047	78	3,071	0,410	0,904
6309	45	1,7717	100	3,9370	25	0,9843		31,5	7082	52,7	11848	1,5	0,059	53	2,087	92	3,622	0,830	1,830

continua

continuação

Número do rolamento	Dimensões nominais do rolamento						Capacidades básicas de carga				Raio máximo do filete $r_{máx}$		Diâmetro mínimo do flange do eixo, S		Diâmetro máximo do flange da carcaça, H		Massa do rolamento	
	Furo, d		Diâmetro externo, D		Largura, B		Estática, C_o		Dinâmica, C									
	mm	pol	mm	pol	mm	pol	kN	lb$_f$	kN	lb$_f$	mm	pol	mm	pol	mm	pol	kg	lb$_m$
6010	50	1,9685	80	3,1496	16	0,6299	16,0	3597	21,6	4856	1,0	0,039	55	2,165	75	2,953	0,260	0,573
6210	50	1,9685	90	3,5433	20	0,7874	23,2	5216	35,1	7891	1,0	0,039	57	2,244	83	3,268	0,460	1,014
6310	50	1,9685	110	4,3307	27	1,0630	38,0	8543	61,8	13894	2,0	0,079	59	2,323	101	3,976	1,050	2,315
6011	55	2,1654	90	3,5433	18	0,7087	21,2	4766	28,1	6317	1,0	0,039	62	2,441	83	3,268	0,390	0,860
6211	55	2,1654	100	3,9370	21	0,8268	29,0	6520	43,6	9802	1,5	0,059	63	2,480	92	3,622	0,610	1,345
6311	55	2,1654	120	4,7244	29	1,1417	45,0	10117	71,5	16075	2,0	0,079	64	2,520	111	4,370	1,350	2,977
6012	60	2,3622	95	3,7402	18	0,7087	23,2	5216	29,6	6655	1,0	0,039	67	2,638	88	3,465	0,420	0,926
6212	60	2,3622	110	4,3307	22	0,8661	32,5	7307	47,5	10679	1,5	0,059	68	2,677	102	4,016	0,780	1,720
6312	60	2,3622	130	5,1181	31	1,2205	52,0	11691	81,9	18413	2,0	0,079	71	2,795	119	4,685	1,700	3,749
6013	65	2,5591	100	3,9370	18	0,7087	25,0	5621	30,7	6902	1,0	0,039	72	2,835	93	3,661	0,440	0,970
6213	65	2,5591	120	4,7244	23	0,9055	40,5	9105	55,9	12567	1,5	0,059	73	2,874	112	4,409	0,990	2,183
6313	65	2,5591	140	5,5118	33	1,2992	60,0	13489	92,3	20751	2,0	0,079	76	2,992	129	5,079	2,100	4,631
6014	70	2,7559	110	4,3307	20	0,7874	31,0	6969	37,7	8476	1,0	0,039	77	3,031	103	4,055	0,600	1,323
6214	70	2,7559	125	4,9213	24	0,9449	45,0	10117	60,5	13602	1,5	0,059	78	3,071	117	4,606	1,050	2,315
6314	70	2,7559	150	5,9055	35	1,3780	68,0	15288	104,0	23381	2,0	0,079	81	3,189	139	5,472	2,500	5,513

continua

Capítulo 14 • Rolamentos de contato angular

continuação

Número do rolamento	Dimensões nominais do rolamento							Capacidades básicas de carga				Raio máximo do filete $r_{máx}$		Diâmetro mínimo do flange do eixo, S		Diâmetro máximo do flange da carcaça, H		Massa do rolamento		
	Furo, d		Diâmetro externo, D		Largura, B			Estática, C_o		Dinâmica, C										
	mm	pol	mm	pol	mm	pol		kN	lb_f	kN	lb_f	mm	pol	mm	pol	mm	pol	kg	lb_m
6015	75	2,9528	115	4,5276	20	0,7874		33,5	7531	39,7	8925	1,0	0,039	82	3,228	108	4,252	0,640	1,411
6215	75	2,9528	130	5,1181	25	0,9843		49,0	11016	66,3	14 906	1,5	0,059	83	3,268	122	4,803	1,200	2,646
6315	75	2,9528	160	6,2992	37	1,4567		76,5	17199	114,0	25629	2,0	0,079	86	3,386	149	5,866	3,000	6,615
6016	80	3,1496	125	4,9213	22	0,8661		40,0	8993	47,5	10679	1,0	0,039	87	3,425	118	4,646	0,850	1,874
6216	80	3,1496	140	5,5118	26	1,0236		55,0	12365	70,2	15782	2,0	0,079	89	3,504	131	5,157	1,400	3,087
6316	80	3,1496	170	6,6929	39	1,5354		86,5	19447	124,0	27878	2,0	0,079	91	3,583	159	6,260	3,600	7,938
6017	85	3,3465	130	5,1181	22	0,8661		43,0	667	49,4	11106	1,0	0,039	92	3,622	123	4,843	0,890	1,962
6217	85	3,3465	150	5,9055	28	1,1024		64,0	14388	83,2	18705	2,0	0,079	94	3,701	141	5,551	1,800	3,969
6317	85	3,3465	180	7,0866	41	1,6142		96,5	21695	133,0	29901	2,5	0,098	98	3,858	167	6,575	4,250	9,371
6018	90	3,5433	140	5,5118	24	0,9449		50,0	11241	58,5	13152	1,5	0,059	98	3,858	132	5,197	1,150	2,536
6218	90	3,5433	160	6,2992	30	1,1811		73,5	16524	95,6	21493	2,0	0,079	99	3,898	151	5,945	2,150	4,741
6318	90	3,5433	190	7,4803	43	1,6929		108,0	24281	143,0	32149	2,5	0,098	103	4,055	177	6,969	4,900	10,805
6019	95	3,7402	145	5,7087	24	0,9449		54,0	12140	60,5	13602	1,5	0,059	103	4,055	137	5,394	1,200	2,646
6219	95	3,7402	170	6,6929	32	1,2598		81,5	18323	108,0	24281	2,0	0,079	106	4,173	159	6,260	2,600	5,733
6319	95	3,7402	200	7,8740	45	1,7717		118,0	26529	153,0	34397	2,5	0,098	108	4,252	187	7,362	5,650	12,458

continua

continuação

Número do rolamento	Dimensões nominais do rolamento							Capacidades básicas de carga				Raio máximo do filete r_{max} [1]		Diâmetro mínimo do flange do eixo, S		Diâmetro máximo do flange da carcaça, H		Massa do rolamento	
	Furo, d		Diâmetro externo, D		Largura, B		Estática, C_o		Dinâmica, C									
	mm	pol	mm	pol	mm	pol	kN	lb$_f$	kN	lb$_f$	mm	pol	mm	pol	mm	pol	kg	lb$_m$
6020	100	3,9370	150	5,9055	24	0,9449	54,0	12 140	60,5	13 602	1,5	0,059	108	4,252	142	5,591	1,250	2,756
6220	100	3,9370	180	7,0866	34	1,3386	93,0	20 908	124,0	27 878	2,0	0,079	111	4,370	169	6,654	3,150	6,946
6320	100	3,9370	215	8,4646	47	1,8504	140,0	31 475	174,0	39 119	2,5	0,098	113	4,449	202	7,953	7,000	15,435
6021	105	4,1339	160	6,2992	26	1,0236	65,5	14 726	72,8	16 367	2,0	0,079	114	4,488	151	5,945	1,600	3,528
6221	105	4,1339	190	7,4803	36	1,4173	104,0	23 381	133,0	29 901	2,0	0,079	116	4,567	179	7,047	3,700	8,159
6321	105	4,1339	225	8,8583	49	1,9291	153,0	34 397	182,0	40 917	2,5	0,098	118	4,646	212	8,346	8,250	18,191
6022	110	4,3307	170	6,6929	28	1,1024	73,5	16 524	81,9	18 413	2,0	0,079	119	4,685	161	6,339	1,950	4,300
6222	110	4,3307	200	7,8740	38	1,4961	118,0	26 529	143,0	32 149	2,0	0,079	121	4,764	189	7,441	4,350	9,592
6322	110	4,3307	240	9,4488	50	1,9685	180,0	40 468	203,0	45 638	2,5	0,098	123	4,843	227	8,937	9,550	21,058
6024	120	4,7244	180	7,0866	28	1,1024	80,0	17 986	85,2	19 155	2,0	0,079	129	5,079	171	6,732	2,050	4,520
6224	120	4,7244	215	8,4646	40	1,5748	118,0	26 529	146,0	32 824	2,0	0,079	131	5,157	204	8,031	5,150	11,356
6324	120	4,7244	260	10,2362	55	2,1654	186,0	41 817	208,0	46 763	2,5	0,098	133	5,236	247	9,724	14,500	31,973
6026	130	5,1181	200	7,8740	33	1,2992	100,0	22 482	106,0	23 831	2,0	0,079	139	5,472	191	7,520	3,150	6,946
6226	130	5,1181	230	9,0551	40	1,5748	132,0	29 676	156,0	35 072	2,5	0,098	143	5,630	217	8,543	5,800	12,789
6326	130	5,1181	280	11,0236	58	2,2835	216,0	48 561	229,0	51 484	3,0	0,118	146	5,748	264	10,394	18,000	39,690

[1] Filete máximo no flange do eixo que não interferirá com o raio na pista do rolamento.

90% dos rolamentos atingiria com êxito sob certa carga nominal. Note que ela também indica a vida útil que 10% dos rolamentos não atingiria. A vida nominal é, portanto, normalmente referida como a *vida* L_{10} sob determinada carga nominal.

A *capacidade de carga dinâmica básica*, C, pode ser definida como a carga à qual os rolamentos podem ser submetidos de modo a alcançar uma vida nominal (L_{10}) de 1 milhão de revoluções. Por isso, o fabricante fornece um conjunto de dados que relaciona carga e vida útil. A Equação 14.1 pode ser usada para calcular a expectativa de vida sob qualquer outra carga.

É preciso estar ciente de que fabricantes diferentes utilizam outras bases para a vida nominal. Por exemplo, alguns empregam 90 milhões de ciclos como vida nominal e determinam a carga nominal de acordo com essa base. Além disso, outros relatam uma *vida média*, a qual 50% dos rolamentos não atingirá. Logo, o tempo médio de vida pode ser chamado de vida L_{50}, não L_{10}. Observe que a vida média é aproximadamente cinco vezes maior do que a vida L_{10}. (Consulte o Site 2.) Assegure-se de compreender a base das classificações dos catálogos. (Veja as referências 2, 5, 6, 7, 10 e 12 para análises adicionais do desempenho de rolamentos de roletes cilíndricos.)

EXEMPLO 14.1

O catálogo especifica a capacidade de carga dinâmica básica de um rolamento de esferas como sendo 7050 lb para uma vida nominal de 1 milhão de revoluções. Qual seria a vida L_{10} esperada para a peça se submetida a uma carga de 3500 lb?

SOLUÇÃO

Na Equação 14.1,

$P_1 = C = 7050$ lb (capacidade de carga dinâmica básica)
$P_2 = P_d = 3500$ lb (carga de projeto)
$L_1 = 10^6$ rev (vida L_{10} na carga C)
$k = 3$ (rolamento de esferas)

Então, considerando que a vida, L_2, seja chamada de *vida útil de projeto*, L_d, na carga de projeto,

$$L_2 = L_d = L_1 \left(\frac{P_1}{P_2}\right)^k = 10^6 \left(\frac{7050}{3500}\right)^{3,00} = 8,17 \times 10^6 \text{ rev}$$

Isso deve ser interpretado como vida L_{10} em uma carga de 3500 lb.

14.8 VIDA ÚTIL DE PROJETO

O método desenvolvido no Exemplo 14.1 será utilizado para refinar o procedimento de cálculo da capacidade de carga dinâmica básica exigida, C, para determinada carga de projeto, P_d, e vida útil de projeto, L_d. Se os dados de carga informados no texto do fabricante forem para 10^6 revoluções, a Equação 14.1 poderá ser escrita como

▶ **Vida útil de projeto**

$$L_d = (C/P_d)^k (10^6) \quad (14.2)$$

O valor C exigido para determinada carga e vida de projeto seria

▶ **Capacidade de carga dinâmica básica**

$$C = P_d (L_d/10^6)^{1/k} \quad (14.3)$$

A maioria das pessoas não pensa em termos de número de revoluções do eixo. Em vez disso, são consideradas a velocidade de rotação do eixo, geralmente em rpm, e a vida útil de projeto da máquina, com frequência em horas de operação. A vida útil de projeto é especificada pelo projetista, considerando a aplicação. A Tabela 14.4 pode ser utilizada como guia. Agora, para uma vida útil de projeto estabelecida em horas e uma velocidade de rotação conhecida em rpm, o número de revoluções do projeto para o rolamento seria

$$L_d = (h)(\text{rpm})(60 \text{ min/h})$$

EXEMPLO 14.2

Calcule a capacidade de carga dinâmica básica exigida, C, para que um rolamento de esferas sustente a carga radial de 650 lb de um eixo girando a 600 rpm, parte de um transportador de uma fábrica.

SOLUÇÃO

Com base na Tabela 14.4, selecione uma vida útil de projeto de 30000 horas. Então, L_d é

$$L_d = (30000 \text{ h})(600 \text{ rpm})(60 \text{ min/h}) = 1{,}08 \times 10^9 \text{ rev}$$

A partir da Equação 14.3,

$$C = 650(1{,}08 \times 10^9/10^6)^{1/3} = 6670 \text{ lb}$$

▼ TABELA 14.4 Vida útil de projeto recomendada para rolamentos.

Aplicação	Vida útil de projeto L_{10}, h
Eletrodomésticos, instrumentos, aparelhos médicos	1000-2000
Motores de avião	1000-4000
Automóveis	1500-5000
Equipamentos agrícolas, talhas, máquinas de construção	3000-6000
Elevadores, ventiladores industriais, engrenamentos para fins diversos, trituradores rotativos, guindastes	8000-1500
Motores elétricos, ventoinhas industriais, máquinas industriais em geral, transportadores	20000-30000
Bombas e compressores, máquinas têxteis, transmissões de laminadoras	40000-60000
Equipamentos críticos em operação contínua, 24 h; usinas de energia, transmissões navais	100000-200000

Fonte: AVALLONE, Eugene A.; BAUMEISTER III, Theodore (orgs.). *Marks' Standard Handbook for Mechanical Engineers.* 9. ed. Nova York: McGraw-Hill, 1986.

14.9 SELEÇÃO DE ROLAMENTO: SOMENTE CARGA RADIAL

A seleção de um rolamento leva em conta a capacidade de carga, conforme discutido anteriormente, e a geometria, para garantir que ele seja instalado com facilidade na máquina. Primeiro, serão considerados os rolamentos não montados apenas com cargas radiais; em seguida, os rolamentos não montados com uma combinação de cargas radiais e axiais. A expressão *não montado* refere-se a quando o projetista deve fornecer a aplicação adequada do rolamento no eixo e na carcaça.

Procedimento de seleção de um rolamento — apenas carga radial

1. O rolamento é normalmente selecionado após o projeto do eixo determinar o diâmetro mínimo exigido, utilizando as técnicas apresentadas no Capítulo 12. As cargas radiais também são conhecidas, bem como a orientação dos rolamentos em relação aos outros elementos da máquina.
2. Especificar a carga de projeto no rolamento, geralmente chamada de *carga equivalente*. O método para determinação da carga equivalente quando apenas uma carga radial, *R*, é aplicada leva em conta se a pista interna ou externa gira.

▶ **Carga equivalente, apenas carga radial**

$$P = VR \quad (14.4)$$

O fator *V* é chamado de *fator de rotação* e assume o valor de 1,0 se a pista interna do rolamento girar, o que costuma ser o caso. Usar $V = 1,2$ se a pista externa girar.

3. Determinar o diâmetro mínimo aceitável do eixo que limitará o tamanho do furo do rolamento.
4. Selecionar o tipo de rolamento, usando a Tabela 14.1 como guia.
5. Especificar a vida útil de projeto do rolamento, usando a Tabela 14.4.
6. Calcular a capacidade de carga dinâmica básica exigida, *C*, com a Equação 14.3.
7. Identificar um conjunto de rolamentos que possuam a capacidade de carga dinâmica básica exigida.
8. Selecionar o rolamento com a geometria mais adequada, considerando também o custo e a disponibilidade.
9. Determinar as condições de montagem, como o diâmetro e a tolerância do assento do eixo, o diâmetro interno e a tolerância da carcaça, os meios de posicionamento axial do rolamento e as necessidades especiais, como vedações ou isolamentos.

EXEMPLO 14.3

Escolha um rolamento de esferas com fileira única e sulco profundo para sustentar 650 lb de carga radial pura proveniente de um eixo que gira a 600 rpm. A vida útil de projeto deve ser 30000 h. O rolamento precisa ser montado em um eixo com diâmetro mínimo aceitável de 1,48 pol.

SOLUÇÃO

Observe que essa é uma carga radial pura e que a pista interna deve ser encaixada no eixo para girar com ele. Portanto, o fator $V = 1,0$ na Equação 14.4 e a carga de projeto é igual à carga radial. Esses são os mesmos dados utilizados no Exemplo 14.2, no qual se descobriu que a capacidade de carga dinâmica básica exigida, *C*, é 6670 lb. A partir da Tabela 14.3, com dados de projeto para três classes de rolamento, detectamos que é possível empregar um rolamento de 6208 *C* com furo de 40 mm (1,5748 pol).

Resumo dos dados para o rolamento selecionado

Número do rolamento: 6208, rolamento de esferas com fileira única e sulco profundo
Diâmetro interno: $d = 40$ mm (1,5748 pol)
Diâmetro externo: $D = 80$ mm (3,1496 pol)
Largura: $B = 18$ mm (0,7087 pol)
Raio máximo do filete: $r = 1,0$ mm (0,039 pol)
Capacidade de carga dinâmica básica: $C = 6902$ lb

14.10 SELEÇÃO DE ROLAMENTO: CARGAS RADIAIS E AXIAIS COMBINADAS

Quando tanto cargas radiais quanto axiais são exercidas em um rolamento, a carga equivalente é a radial constante que produziria a mesma vida nominal do rolamento em relação à carga combinada. O método de cálculo da carga equivalente, *P*, para tais casos é apresentado no catálogo de fabricante e assume a seguinte forma:

▶ **Carga equivalente com cargas radiais e axiais**

$$P = VXR + YT \quad (14.5)$$

onde

P = carga equivalente
V = fator de rotação (como definido)
R = carga radial aplicada
T = carga axial aplicada
X = fator radial
Y = fator axial

Os valores de X e Y variam conforme o projeto específico do rolamento e a magnitude da carga axial em relação à radial. Para cargas axiais relativamente pequenas, $X = 1$ e $Y = 0$, de modo que a equação da carga equivalente toma a forma da Equação 14.4, para cargas radiais puras. A fim de indicar a carga axial limite, que é o caso aqui, os fabricantes especificam um fator chamado e. Se a relação $T/R > e$, a Equação 14.5 deve ser usada para calcular P. Se $T/R < e$, a Equação 14.4 é utilizada. A Tabela 14.5 mostra um conjunto de dados para um rolamento de esferas com fileira única e sulco profundo, para o qual o valor de $X = 0{,}56$ se aplica a todos os valores de Y. Note que tanto e quanto Y dependem da relação T/C_o, onde C_o é a capacidade de carga estática de determinado rolamento. Isso representa uma dificuldade na seleção de rolamentos, pois o valor de C_o não é conhecido até que a peça tenha sido escolhida. Portanto, um simples método de tentativa e erro é exercido. Se uma carga axial significativa for aplicada a um rolamento com uma carga radial, siga estes passos:

Procedimento de seleção de um rolamento — carga axial e radial

1. Admitir um valor para Y com base na Tabela 14.5. O valor $Y = 1{,}50$ é razoável, pois é aproximadamente o meio do intervalo de valores possíveis.
2. Calcular $P = VXR + YT$.
3. Calcular a capacidade de carga dinâmica básica exigida, C, com a Equação 14.3.
4. Selecionar um possível rolamento com valor de C pelo menos igual ao exigido.
5. Para o rolamento selecionado, determinar C_o.
6. Calcular T/C_o.
7. Com base na Tabela 14.5, determinar e.
8. Se $T/R > e$, determinar Y a partir da Tabela 14.5.
9. Se o novo valor de Y for diferente do admitido no passo 1, repetir o processo.
10. Se $T/R < e$, utilizar a Equação 14.4 para calcular P e prosseguir para o caso de carga radial pura.

▼ **TABELA 14.5** Fatores radiais e axiais para rolamentos de esferas com fileira única e sulco profundo.

e	T/C_o	Y	e	T/C_o	Y
0,19	0,014	2,30	0,34	0,170	1,31
0,22	0,028	1,99	0,38	0,280	1,15
0,26	0,056	1,71	0,42	0,420	1,04
0,28	0,084	1,55	0,44	0,560	1,00
0,30	0,110	1,45			

Observação: $X = 0{,}56$ para todos os valores de Y.

EXEMPLO 14.4

Selecione um rolamento de esferas com fileira única e sulco profundo da Tabela 14.3 para sustentar uma carga radial de 1850 lb e uma axial de 675 lb. O eixo deve girar a 1150 rpm, e uma vida útil de projeto de 20000 h é desejada. O diâmetro mínimo aceitável para o eixo é 3,10 pol.

SOLUÇÃO

Utilize o procedimento descrito anteriormente.
Passo 1. Use $X = 0{,}56$ e admita que $Y = 1{,}50$.
Passo 2. $P = VXR + YT = (1{,}0)(0{,}56)(1850) + (1{,}50)(675) = 2049$ lb.
Passo 3. A capacidade de carga dinâmica básica exigida, C, é encontrada com a Equação 14.3.

$$L_d = (\text{h})(\text{rpm})(60 \text{ min/h}) = (20000 \text{ h})(1150 \text{ rev/min})(60 \text{ min/h}) = 1{,}38 \times 10^9 \text{ rev}$$

$$C = P_d(L_d/10^6)^{1/k} = 2049 \text{ lb}(1{,}38 \times 10^9/10^6)^{1/3} = 22812 \text{ lb}$$

Passo 4. Com base na Tabela 14.3, podemos usar o rolamento de número 6316 com furo de 80 mm (3,1496 pol), pouco maior do que o valor informado de $D_{min} = 3,10$ pol.

Passo 5. Para o rolamento de número 6316, $C = 27878$ lb e $C_o = 19447$ lb.

Passo 6. $T/C_o = 675$ lb/(19447 lb) = 0,0347.

Passo 7. Com base na Tabela 14.5, $e = 0,25$, aproximadamente.

Passo 8. $T/R = 675$ lb/1850 lb = 0,365. Uma vez que $T/R > e$, é possível encontrar $Y = 1,78$ a partir da Tabela 14.5 por interpolação baseada em $T/C_o = 0,0347$.

Passo 9. Recalcule

$$P = (1,0)(0,56)(1850 \text{ lb}) + (1,78)(675 \text{ lb}) = 2238 \text{ lb}$$

$$C = P_d (L_d/10^6)^{1/k} = 2238 \text{ lb}(1,38 \times 10^9/10^6)^{1/3} = 24910 \text{ lb}$$

O valor de $C = 27878$ lb para o rolamento 6316 ainda é satisfatório. Portanto, especificamos esse rolamento para a aplicação.

Ajuste da capacidade de vida para confiabilidade

Até aqui, foi utilizada a vida básica L_{10} para a seleção de rolamentos de contato angular. Essa é a prática industrial geral e a base dos dados publicados pela maioria dos fabricantes de rolamentos. Lembre-se de que a vida L_{10} indica uma probabilidade de 90% de o rolamento selecionado sustentar sua carga dinâmica nominal durante o número especificado de horas de projeto. Com isso, resta 10% de probabilidade de o rolamento ter uma vida útil mais curta.

Algumas aplicações exigem uma confiabilidade maior. Exemplos podem ser encontrados nas áreas aeroespacial, militar, médica e de instrumentação. Portanto, é desejável poder ajustar a vida útil esperada de um rolamento para haver maior confiabilidade. A equação a seguir fornece um método.

$$L_{aR} = C_R L_{10} \quad (14.6)$$

onde

L_{10} = vida em milhões de revoluções para uma confiabilidade de 90%

L_{aR} = vida ajustada para confiabilidade

C_R = fator de ajuste para confiabilidade

A Tabela 14.6 fornece valores de C_R para confiabilidades entre 90% e 99%.

É preciso notar que projetos com confiabilidade mais elevada resultam em rolamentos maiores e mais caros.

14.11 SELEÇÃO DE ROLAMENTO A PARTIR DE CATÁLOGOS DE FABRICANTES

Os métodos manuais para a seleção de rolamentos de esferas com fileira única e sulco profundo, descritos em seções anteriores, demonstram os princípios fundamentais e utilizam as tabelas de classificação básica

▼ **TABELA 14.6** Fatores de ajuste de vida útil para confiabilidade, C_R.

Confiabilidade (%)	C_R	Designação da vida
90	1,0	L_{10}
95	0,62	L_5
96	0,53	L_4
97	0,44	L_3
98	0,33	L_2
99	0,21	L_1

na Figura 14.3. A capacidade de carga dinâmica básica exigida, C, foi encontrada com a Equação 14.3 após a determinação dos valores para a carga de projeto, P_d, e a vida útil de projeto, L_d. O ajuste da capacidade de vida para uma confiabilidade diferente da L_{10} típica (90% de confiabilidade) foi acrescentado à Equação 14.6. Todos esses dados foram estabelecidos com o uso de métodos padrão de classificação de rolamentos, desenvolvidos por normas industriais semelhantes àquelas descritas na Referência 13.

A maioria dos fabricantes produz muitos tipos e tamanhos de rolamento e informa os dados de desempenho em catálogos detalhados. Além disso, outros fatores além daqueles listados neste livro estão incluídos. Padrões de rolamento possibilitam que os fabricantes definam outros fatores de ajuste para propriedades especiais, como:

- qualidade do aço ou de outros materiais utilizados no rolamento;
- processos especiais de fabricação;
- características de projeto únicas;
- eficácia da lubrificação representada pela natureza da película de óleo entre os elementos rolantes e as pistas;

- temperatura da operação e a viscosidade resultante do óleo.

É impraticável informar todos esses fatores em um livro, e alguns provavelmente são diferentes para cada fabricante. Portanto, recomenda-se o uso de softwares on-line, fornecidos por alguns fabricantes, para a seleção de rolamentos a serem empregados nos problemas apresentados e em outros projetos.

14.12 MONTAGEM DE ROLAMENTOS

Até este ponto, foram considerados a capacidade de carga e o tamanho do furo na seleção de um rolamento para determinada aplicação. Embora esses sejam os parâmetros mais críticos, a aplicação bem-sucedida de um rolamento deve considerar sua montagem adequada. Rolamentos são elementos de precisão de uma máquina, e deve haver muito cuidado nos processos de manuseio, montagem, instalação e lubrificação.

As principais considerações na montagem de um rolamento são as seguintes:
- O diâmetro do assento do eixo e as tolerâncias
- O orifício interno da carcaça e as tolerâncias
- O diâmetro do flange do eixo em que a pista interna do rolamento será posicionada
- O diâmetro do flange da carcaça fornecido para posicionar a pista externa
- O raio dos filetes na base do eixo e os flanges da carcaça
- Os meios de fixação do rolamento na posição correta

Em uma instalação típica, o furo do rolamento faz um ajuste de interferência no eixo, e o diâmetro externo da pista externa faz um ajuste de folga no furo da carcaça. Para garantir um funcionamento e uma vida útil adequados, as dimensões de montagem devem ser mantidas a uma tolerância total de apenas *algumas dezenas de milésimos de polegada*. A maioria dos catálogos especifica as dimensões limite tanto para o diâmetro do assento do eixo quanto para o diâmetro do furo da carcaça.

Da mesma forma, o catálogo especifica os diâmetros de flange desejáveis para o eixo e a carcaça de modo a oferecer uma superfície segura em que posiciona o rolamento e, ao mesmo tempo, garante que o flange do eixo tenha contato apenas com a pista interna, e o flange da carcaça, apenas com a pista externa. A Tabela 14.3 inclui esses valores.

O raio do filete especificado no catálogo (consulte r na Tabela 14.3) é o raio máximo admissível *no eixo e na carcaça* que não interfere no raio externo nas pistas do rolamento. Um raio muito grande não permitiria que o rolamento fosse assentado de maneira firme no flange. Naturalmente, o raio do filete real deve ser feito do maior tamanho possível, de modo a minimizar a concentração de tensão no flange.

Os rolamentos podem ser fixados no sentido axial por muitos meios descritos no Capítulo 11. Três métodos conhecidos são anéis de retenção, tampas e contraporcas. A Figura 14.13 mostra uma disposição possível. Observe que, para o rolamento esquerdo, o diâmetro do eixo é um pouco menor à esquerda do assento. Isso permite que o rolamento seja deslizado facilmente sobre o eixo até o lugar em que deve ser pressionado. O anel de retenção para a pista externa pode ser fornecido como parte integrante da peça, em vez de ser considerado uma parte separada.

O rolamento direito é mantido no eixo com uma contraporca na extremidade. Consulte a Figura 14.14 para o projeto de contraporcas padrão. A aba interna na arruela de pressão se prende em um sulco no eixo,

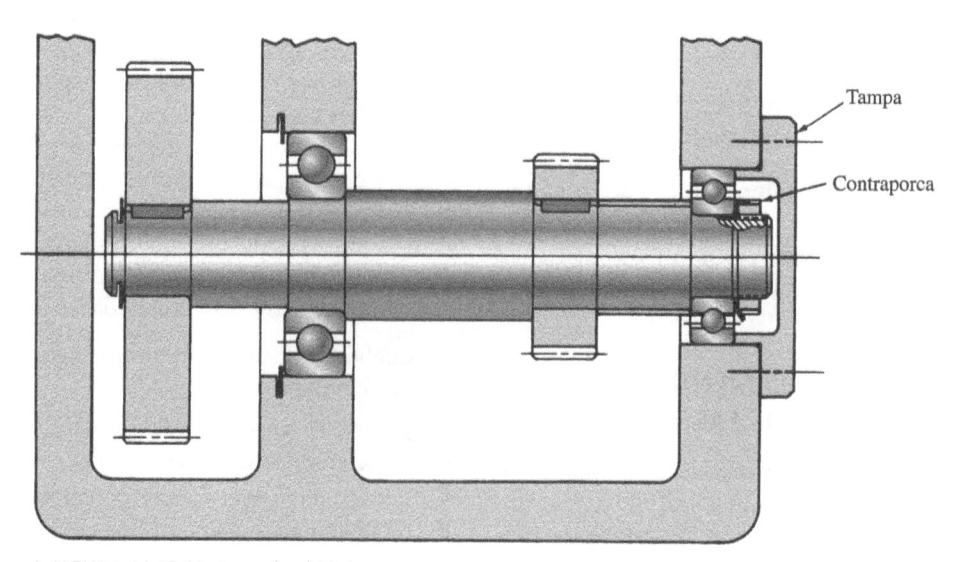

▲ **FIGURA 14.13** Montagem do rolamento.

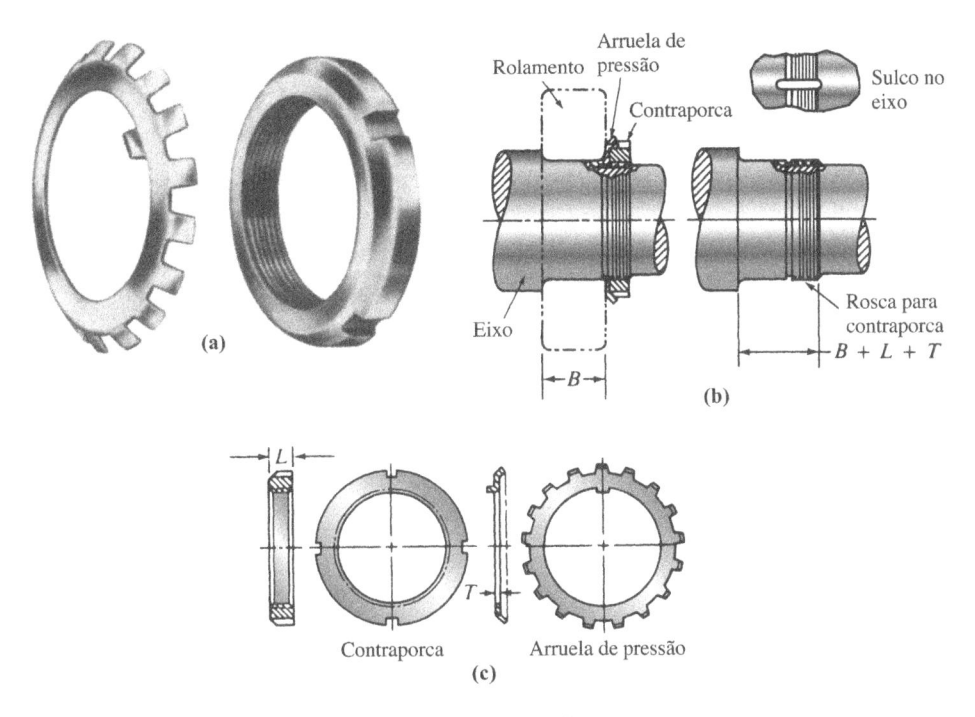

▲ **FIGURA 14.14** Contraporca e arruela de pressão para fixação de rolamentos. (SKF USA, Inc., Norristown, PA)

e uma das abas externas é dobrada em uma ranhura na porca após ser assentada, para impedir que esta recue. A tampa externa não somente protege o rolamento, como também mantém a pista externa na posição correta.

É preciso se certificar de que os rolamentos não estão com fixação excessivamente restritiva. Se ambos forem posicionados com muita força, qualquer alteração nas dimensões por expansão térmica ou desvios de tolerância desfavoráveis causariam emperramento e poderiam produzir cargas perigosas inesperadas. É aconselhável fixar completamente um dos rolamentos e permitir que o outro flutue de maneira axial.

14.13 ROLAMENTOS DE ROLOS CÔNICOS

O afunilamento nos rolos cônicos dos rolamentos, evidente na Figura 14.7, resulta em um trajeto de carga diferente dos rolamentos discutidos até agora. A Figura 14.15 mostra dois rolamentos de rolos cônicos sustentando o eixo com uma combinação de carga radial e axial. O projeto do eixo é direcionado para que a carga axial seja resistida pelo rolamento esquerdo. Contudo, uma característica peculiar desse tipo é que uma carga radial em um dos rolamentos cria um empuxo no oposto também, e essa característica deve ser considerada na análise.

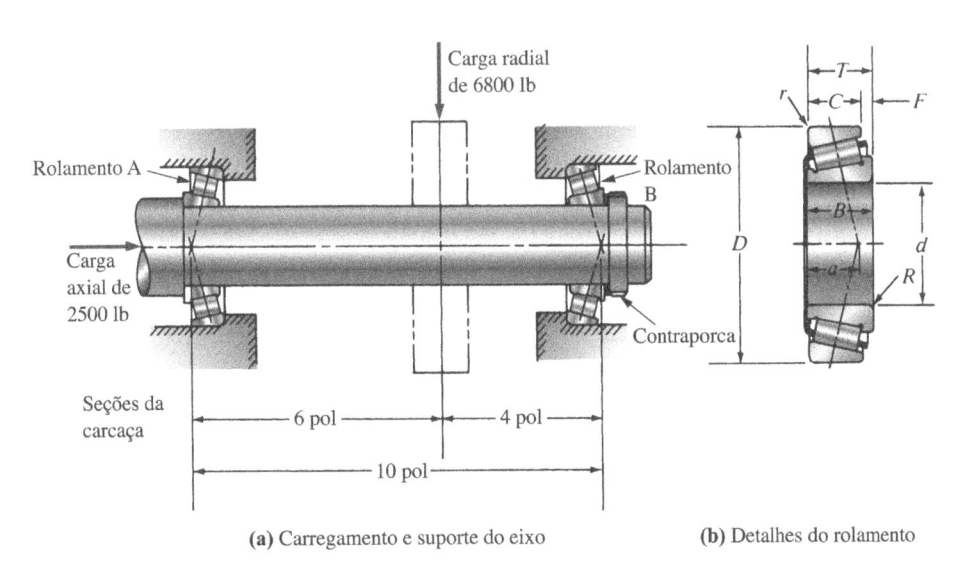

▲ **FIGURA 14.15** Exemplo de instalação de rolamento de rolo cônico.

A localização da reação radial deve igualmente ser determinada com cuidado. A parte (b) da Figura 14.15 mostra uma dimensão *a* encontrada pela intersecção de uma linha perpendicular ao eixo do rolete e da linha de centro do eixo. A reação radial no rolamento atua através desse ponto. A distância *a* é informada nas tabelas de dados dos rolamentos.

A American Bearings Manufacturers' Association (ABMA) recomenda a seguinte abordagem no cálculo das cargas equivalentes em um rolamento de rolos cônicos:

▶ **Carga equivalente para rolamento de rolo cônico**

$$P_A = 0{,}4F_{rA} + 0{,}5\frac{Y_A}{Y_B}F_{rB} + Y_A T_A \quad (14.7)$$

$$P_B = F_{rB} \quad (14.8)$$

onde

P_A = carga radial equivalente no rolamento A
P_B = carga radial equivalente no rolamento B
F_{rA} = carga radial aplicada no rolamento A
F_{rB} = carga radial aplicada no rolamento B
T_A = carga axial no rolamento A
Y_A = fator axial para o rolamento A com base nas tabelas
Y_B = fator axial para o rolamento B com base nas tabelas

A Tabela 14.7 mostra um conjunto resumido de dados de um catálogo para ilustrar o método de cálculo para cargas equivalentes.

Nas centenas de projetos de rolamentos de rolos cônicos padronizados e comercialmente disponíveis, o

▼ **TABELA 14.7** Dados do rolamento de rolo cônico.

Furo, d	Diâmetro externo, D	Largura, T	a	Fator axial, Y	Capacidade de carga dinâmica básica, C
1,0000	2,5000	0,8125	0,583	1,71	8370
1,5000	3,0000	0,9375	0,690	1,98	12800
1,7500	4,0000	1,2500	0,970	1,50	21400
2,0000	4,3750	1,5000	0,975	2,02	26200
2,5000	5,0000	1,4375	1,100	1,65	29300
3,0000	6,0000	1,6250	1,320	1,47	39700
3,5000	6,3750	1,8750	1,430	1,76	47700

Observação: as dimensões estão em polegadas. A carga C está em libras para uma vida L_{10} de 1 milhão de revoluções.

EXEMPLO 14.5

O eixo mostrado na Figura 14.15 sustenta uma carga transversal de 6800 lb e uma carga axial de 2500 lb. O impulso é resistido pelo rolamento A. O eixo gira a 350 rpm e será utilizado em um equipamento agrícola. Especifique rolamentos de rolos cônicos adequados para o eixo.

SOLUÇÃO

As cargas radiais nos rolamentos são

$$F_{rA} = 6800(4 \text{ pol}/10 \text{ pol}) = 2720 \text{ lb}$$
$$F_{rB} = 6800(6 \text{ pol}/10 \text{ pol}) = 4080 \text{ lb}$$
$$T_A = 2500 \text{ lb}$$

A fim de utilizarmos a Equação 14.7, é preciso admitir valores para Y_A e Y_B. Seja $Y_A = Y_B = 1{,}75$. Então

$$P_A = 0{,}40(2720) + 0{,}5\frac{1{,}75}{1{,}75}4080 + 1{,}75(2500) = 7503 \text{ lb}$$

$$P_B = F_{rB} = 4080 \text{ lb}$$

Usando a Tabela 14.4 como guia, selecione 4000 h como a vida útil do projeto. Logo, o número de revoluções seria

$$L_d = (4000 \text{ h})(350 \text{ rpm})(60 \text{ min/h}) = 8{,}4 \times 10^7 \text{ rev}$$

A capacidade de carga dinâmica básica exigida pode agora ser calculada com a Equação 14.3, usando $k = 3{,}33$:

$$C_A = P_A(L_d/10^6)^{1/k}$$

$$C_A = 7503(8{,}4 \times 10^7/10^6)^{0{,}30} = 28400 \text{ lb}$$

Do mesmo modo,

$$C_B = 4080(8{,}4 \times 10^7/10^6)^{0{,}30} = 15400 \text{ lb}$$

Com base na Tabela 14.7, podemos escolher os seguintes rolamentos.

Rolamento A

$d = 2{,}5000$ pol $\quad D = 5{,}0000$ pol
$C = 29300$ lb $\quad Y_A = 1{,}65$

Rolamento B

$d = 1{,}7500$ pol $\quad D = 4{,}0000$ pol
$C = 21400$ lb $\quad Y_B = 1{,}50$

Agora podemos recalcular as cargas equivalentes:

$$P_A = 0{,}40(2720) + 0{,}5 \frac{1{,}65}{1{,}50} \; 4080 + 1{,}65(2500) = 7457 \text{ lb}$$

$$P_B = F_{rB} = 4080 \text{ lb}$$

A partir daí, os novos valores de $C_A = 28200$ lb e $C_B = 15400$ lb ainda são satisfatórios para os rolamentos selecionados.

---

valor do fator axial varia de 1,07 a 2,26. Em estudos de projeto, um procedimento de tentativa e erro costuma ser necessário. O Exemplo 14.5 ilustra uma das abordagens.

Há um cuidado a ser tomado no uso das equações para cargas equivalentes em rolamentos de rolos cônicos. Se, a partir da Equação 14.7, a carga equivalente no rolamento A for menor do que a carga radial aplicada, a equação a seguir deverá ser utilizada:

Se $P_A < F_{rA}$, considere $P_A = F_{rA}$ e calcule P_B.

$$P_B = 0{,}4F_{rB} + 0{,}5 \frac{Y_B}{Y_A} F_{rA} - Y_B T_A \quad (14.9)$$

Uma análise semelhante é feita para rolamentos de esferas de contato angular nos quais o projeto das pistas resulta em um trajeto de carga semelhante ao dos rolamento de rolos cônicos. A Figura 14.3 mostra um rolamento de contato angular e o ângulo que passa pelo centro de pressão. Isso é equivalente à linha perpendicular ao eixo do rolamento de rolos cônicos. A reação radial no rolamento atua através da intersecção dessa linha e da direção axial do eixo. Além disso, a carga radial em um dos rolamentos provoca uma carga axial no rolamento oposto, exigindo a aplicação de fórmulas de carga equivalentes às usadas nas equações 14.7 e 14.9. O ângulo da linha de carga em rolamentos de contato angular comercialmente disponíveis varia entre 15° e 40°.

14.14 CONSIDERAÇÕES PRÁTICAS SOBRE A APLICAÇÃO DE ROLAMENTOS

Esta seção discute a lubrificação, a instalação, o pré-carregamento, a rigidez, a operação sob cargas variáveis, a vedação, as velocidades limite, as normas e as classes de tolerância no que tange à fabricação e à aplicação de rolamentos.

Lubrificação

As funções de lubrificação em um rolamento são as seguintes:

1. fornecer uma película de baixa fricção entre os elementos rolantes e as pistas do rolamento e em pontos de contato com gaiolas, superfícies guias, retentores e outros;
2. proteger as componentes do rolamento de corrosão;
3. ajudar a dissipar o calor da unidade;

4. retirar o calor da unidade;
5. ajudar a expelir contaminantes e umidade do rolamento.

Rolamentos de contato angular são normalmente lubrificados com graxa ou óleo. Em condições normais de temperatura ambiente (cerca de 70 °F) e velocidades relativamente baixas (menos de 500 rpm), a graxa é satisfatória. Em velocidades mais altas ou temperaturas mais elevadas, a lubrificação com óleo aplicada em fluxo contínuo é necessária, possivelmente com resfriamento externo dele.

Os óleos utilizados na lubrificação de rolamentos são geralmente minerais puros, estáveis. Com cargas mais leves e velocidades mais baixas, usa-se um óleo leve. Cargas mais pesadas e/ou velocidades mais altas exigem óleos mais pesados, de até SAE 30. Um limite superior recomendado para a temperatura do lubrificante é 160 °F. A escolha correta do óleo ou da graxa depende de muitos fatores, e, por isso, cada aplicação deve ser discutida com a fabricante do rolamento. Em geral, uma viscosidade cinemática de 13 a 21 centistokes deve ser mantida na temperatura de funcionamento do lubrificante. As recomendações do fabricante precisam ser seguidas.

Em algumas aplicações críticas, como rolamentos em motores a jato e dispositivos de alta velocidade, o óleo lubrificante é bombeado sob pressão para uma carcaça ou estrutura fechada, na qual é direcionado para os próprios elementos rolantes. Um caminho de retorno controlado também é fornecido. A temperatura do óleo no cárter é monitorada e controlada com trocadores de calor ou refrigeração para manter a viscosidade dele dentro de limites aceitáveis. Tais sistemas fornecem lubrificação confiável e asseguram a remoção de calor do rolamento.

Consulte a Seção 14.15 para outras discussões sobre a importância da espessura da película de óleo nos rolamentos. As referências 1, 3, 5, 6 e 11 contêm uma grande quantidade de informações sobre o assunto.

As graxas utilizadas em rolamentos são misturas de óleos lubrificantes e agentes espessantes, geralmente sabões como lítio ou bário. Os sabões agem como transportadores do óleo, que é sugado para o ponto de necessidade dentro do rolamento. Aditivos para impedir a corrosão ou a oxidação do óleo em si são muitas vezes acrescentados. Classificações de graxa especificam as temperaturas de operação às quais os lubrificantes serão expostos, como define a American Bearing Manufacturers' Association (ABMA) e descreve a Tabela 14.8.

O Site 1 apresenta muitos tipos de graxa, óleo e lubrificante para rolamentos de cerâmica, de metal, híbridos e outros equipamentos de precisão. Espessantes de graxa incluem sabão de complexo de bário, poliureia, PTFE e lítio. Também é mencionado o Ultra-Dry Lube DL-5, feito de um dissulfeto de tungstênio modificado

▼ TABELA 14.8 Tipos de graxa utilizados na lubrificação de rolamentos.

Grupo	Tipo de graxa	Intervalo de temperatura de operação (°F)
I	Uso geral	−40 a 250
II	Temperatura alta	0 a 300
III	Temperatura média	32 a 200
IV	Temperatura baixa	−67 a 225
V	Temperatura extremamente alta	Até 450

(WS_2) em forma lamelar que é quimicamente inerte, não tóxico e resistente à corrosão. Ele pode operar em um intervalo de temperatura entre −188 °C e +538 °C (−350 °F e +1000 °F). O coeficiente de atrito nominal é 0,030. Alguns rolamentos feitos totalmente de cerâmica podem funcionar bem sem lubrificação, o que é um recurso importante para aplicações relacionadas a processamento de alimentos, produção de semicondutores, dispositivos aeroespaciais e instalações a alto vácuo.

Instalação

Já foi afirmado que a maioria dos rolamentos deve ser instalada com um ajuste de interferência entre o diâmetro interno e o eixo para evitar a possibilidade de rotação da pista interna em relação ao eixo. Essa condição resultaria em um desgaste desigual dos elementos do rolamento e uma falha prematura. A fim de instalar o rolamento, são necessárias forças bem pesadas aplicadas axialmente. É preciso tomar cuidado para que o rolamento não seja danificado durante a instalação, cuja força deve ser aplicada diretamente na pista interna do rolamento.

Se a força fosse aplicada ao longo da pista externa, a carga seria transferida pelos elementos rolantes à pista interna. Por causa da pequena área de contato, essa transferência de forças provavelmente sobrecarregaria algum elemento, excedendo a capacidade de carga estática. O resultado seria um rápido desgaste e um ruído típico dessa condição. Para rolamentos grandes, pode ser necessário aquecê-los a fim de expandir seu diâmetro e manter as forças da instalação dentro de um limite razoável. A remoção de rolamentos para reutilização exige precauções semelhantes. As polias de rolamento estão disponíveis para facilitar essa tarefa.

Pré-carregamento

Alguns rolamentos são feitos com folgas internas que devem ser consideradas em determinada direção para assegurar um funcionamento satisfatório. Em tais casos, o pré-carregamento precisa ser realizado, geralmente no sentido axial. As molas costumam ser utilizadas em eixos horizontais, com ajuste axial de deflexão fornecido às vezes para ajustar a quantidade de pré-carregamento. Quando o espaço é limitado, o emprego de arruelas Belleville é desejável, pois elas proporcionam forças elevadas com pequenas deflexões. Calços podem ser usados para ajustar a deflexão e o pré-carregamento obtidos (consulte o Capítulo 18). Em eixos verticais, o próprio peso deles pode ser suficiente para fornecer o pré-carregamento necessário.

Rigidez do rolamento

Rigidez é a deflexão a que determinado rolamento é submetido quando sustenta uma carga. Em geral, a rigidez radial é mais importante, pois o comportamento dinâmico do sistema de eixo rotativo é afetado. A velocidade crítica e o modo de vibração são funções da rigidez do rolamento. Na maioria dos casos, quanto mais suave é o rolamento (baixa rigidez), menor é a velocidade crítica do eixo. A rigidez é medida em unidades utilizadas para molas, como libras por polegada ou newtons por milímetro. Evidentemente, os valores de rigidez são bastante elevados, sendo razoáveis aqueles entre 500000 e 1000000 lb/pol (87,5 e 175 MN/m). O fabricante deve ser consultado quando essa informação for necessária, pois ela raramente está inclusa em catálogos padrão.

Operação sob cargas variáveis

A relação carga/vida útil utilizada até aqui parte do pressuposto de que a carga é razoavelmente constante em magnitude e direção. Se a carga variar de maneira considerável, deverá ser usada uma carga média efetiva para determinar a vida útil esperada do rolamento. (Consulte as referências 4, 6 e 12.) Cargas oscilatórias também exigem análises especiais, porque apenas alguns dos elementos rolantes compartilham a carga. Consulte a Seção 14.16 para informações adicionais sobre a previsão de vida útil sob cargas variáveis.

Vedação

Quando o rolamento tiver de operar em ambientes sujos ou úmidos, isolamentos e vedações especiais costumam ser especificados. Eles podem ser colocados em qualquer ou em ambos os lados dos elementos rolantes. Os isolamentos são feitos tipicamente de metal e fixados na pista imóvel, permanecendo afastados da pista rotativa. As vedações são feitas de materiais elastoméricos e têm contato com a pista rotativa. Os rolamentos equipados com vedações, isolamentos e graxa já de fábrica são, por vezes, chamados de *rolamentos com lubrificação permanente*. Embora eles estejam aptos a operar satisfatoriamente durante muitos anos, condições extremas podem desencadear uma degradação nas propriedades de lubrificação da graxa. A presença de vedações também aumenta o atrito no rolamento. Elas podem ser colocadas fora do rolamento, na carcaça ou na interface eixo/carcaça. Em eixos de alta velocidade, uma *vedação de labirinto* é com frequência usada, a qual consiste de um anel sem contato ao redor do eixo, com uma folga radial de alguns milésimos de polegada. Os sulcos, às vezes em forma de rosca, são usinados no anel, e o movimento relativo do eixo em relação ao anel produz a vedação.

Velocidades limite

A maioria dos catálogos especifica velocidades limite para cada rolamento. A ultrapassagem desses limites pode resultar em temperaturas de funcionamento extremamente altas causadas por atrito entre as gaiolas que sustentam os elementos rolantes. No geral, a velocidade limite é menor para rolamentos maiores do que para menores. Além disso, o rolamento terá uma velocidade limite menor conforme o aumento da carga. Com cuidados especiais, tanto na fabricação da gaiola quanto na lubrificação, os rolamentos podem ser operados em velocidades mais altas do que as listadas no catálogo. O fabricante deve ser consultado em tais aplicações. O uso de elementos rolantes de cerâmica, com sua massa menor, pode resultar em velocidades limite mais elevadas.

Normas

Vários grupos estão envolvidos no estabelecimento de normas para a indústria de rolamentos. Alguns deles são os seguintes:

American Bearing Manufacturers, Association	(ABMA) (Site 11)
Annular Bearing Engineers Committee	(ABEC)
American National Standards Institute	(ANSI)
International Standards Organization	(ISO)

Muitas normas são especificadas pelas organizações ANSI e ABMA, incluindo:

Capacidades de carga e vida de fadiga para rolamentos de esferas, ABMA 9

Capacidades de carga e vida de fadiga para rolamentos de roletes cilíndricos, ABMA 11

Tolerâncias

Diversas classes de tolerância são reconhecidas na indústria de rolamentos para suprir as necessidades de uma ampla variedade de equipamentos que empregam rolamentos de contato angular. Em geral, é claro, todos os rolamentos são elementos de precisão e devem ser tratados como tal. Como mencionado antes, o intervalo geral de tolerâncias está na ordem de algumas dezenas de milésimos de polegada. As classes padrão de tolerância são definidas pelo ABEC, como identificadas a seguir.

ABEC 1: Rolamentos radiais padrão de esferas e rolos cilíndricos

ABEC 3: Rolamentos de esferas instrumentais de semiprecisão

ABEC 5: Rolamentos radiais de esferas e rolos cilíndricos de precisão

ABEC 5P: Rolamentos de esferas instrumentais de precisão

ABEC 7: Rolamentos de esferas radiais de alta precisão

ABEC 7P: Rolamentos de esferas instrumentais de alta precisão

A maioria das aplicações em máquinas usaria tolerâncias ABEC 1, cujos dados são normalmente fornecidos nos catálogos. Hastes de máquinas-ferramentas, que exigem uma operação extrassuave e precisa, empregariam as classes ABEC 5 ou ABEC 7.

14.15 IMPORTÂNCIA DA ESPESSURA DA PELÍCULA DE ÓLEO NOS ROLAMENTOS

Para rolamentos que operam com cargas pesadas ou em velocidades altas, é fundamental manter uma película de óleo na superfície dos elementos rolantes. Um abastecimento permanente de lubrificante puro com viscosidade adequada é necessário. Com uma análise meticulosa da geometria do rolamento, da velocidade de rotação e das propriedades do lubrificante, é possível estimar a espessura da película de óleo entre os elementos rolantes e as pistas. Embora a espessura da película possa ser de apenas algumas micropolegadas, foi demonstrado que a insuficiência de óleo na área de contato é a principal causa de falha prematura em rolamentos de contato angular. Por outro lado, a expectativa de vida será muito maior do que a apresentada nos catálogos se a espessura de uma película puder ser mantida maior do que a altura da superfície rugosa. (Consulte as referências 4, 6 e 12.)

A natureza da lubrificação na interface entre os elementos rolantes e as pistas é chamada de *elasto-hidrodinâmica*, porque depende da deformação elástica específica das superfícies conjugadas, causada pela influência de tensões de contato elevadas, e da criação de uma película de lubrificante pressurizada pela ação dinâmica dos elementos rolantes.

Os dados necessários para avaliar a espessura da película em rolamentos de esferas são fornecidos nas listas a seguir:

Fatores geométricos do rolamento

Diâmetro da esfera
Número de esferas
Raio de curvatura no sulco da pista interna nas direções circunferencial e axial
Diâmetro de passo do rolamento; a média entre o diâmetro interno e o externo
Rugosidade de superfície das esferas e das pistas
Ângulo de contato angular para rolamentos

Fatores de materiais do rolamento

Módulo de elasticidade das esferas e das pistas
Coeficiente de Poisson

Fatores do lubrificante

Viscosidade dinâmica à temperatura de funcionamento *dentro* do rolamento
Coeficiente de pressão de viscosidade; a variação da viscosidade conforme a pressão

Fatores operacionais

Velocidade angular das pistas internas e externas
Carga radial
Carga axial
Os detalhes da análise estão na Referência 6.
Os resultados da análise incluem os seguintes:
A espessura mínima da película lubrificante, h_o
A rugosidade composta das esferas e das pistas, S
A razão $\Lambda = h_o/S$
A vida útil do rolamento depende do valor de Λ:

- Se $\Lambda < 0,90$, deve-se esperar uma vida útil menor do que a nominal do fabricante por causa de danos à superfície causados por uma película lubrificante inadequada.
- Se Λ estiver na faixa de 0,90 a 1,50, a vida útil nominal pode ser esperada.
- Se Λ estiver na faixa de 1,50 a 3,0, é possível que a vida útil aumente até três vezes em relação à nominal.
- Se Λ for maior do que 3,0, é possível que a vida útil aumente até seis vezes em relação à nominal.

Recomendações gerais para que os rolamentos tenham longa vida útil

1. Escolha um rolamento com vida nominal adequada usando os procedimentos descritos neste capítulo.
2. Certifique-se de que o rolamento possui um excelente acabamento superficial e não está danificado por manuseio grosseiro, práticas de instalação inferiores, corrosão, vibração ou exposição a fluxo de corrente elétrica.
3. Assegure-se de que as cargas operacionais estão dentro dos valores de projeto.

4. Abasteça o rolamento com um bom fluxo de lubrificante que seja puro, tenha viscosidade adequada, esteja à temperatura de operação dentro da peça e atenda às recomendações do fabricante. Forneça refrigeração externa para o lubrificante se necessário. Para um sistema existente, esse é o fator sobre o qual se tem mais controle sem a necessidade de reformulações significativas no projeto.
5. Se for possível refazer o projeto, faça o sistema operar à velocidade mais baixa possível.

14.16 PREVISÃO DA VIDA ÚTIL SOB CARGAS VARIÁVEIS

Os procedimentos de projeto e análise utilizados até agora neste livro partiram do pressuposto de que o rolamento operaria com uma única carga de projeto ao longo de sua vida útil. É possível prever a vida útil sob tais condições com bastante exatidão, usando dados do fabricante fornecidos em catálogos. Se as cargas variarem com o tempo, entretanto, será necessário realizar um procedimento modificado.

Um dos procedimentos recomendados por fabricantes de rolamentos é chamado *regra de Palmgren-Miner*, ou simplesmente *regra de Miner*. As referências 9 e 10 descrevem seu funcionamento, e a Referência 8 discute uma abordagem modificada, mais adaptada aos rolamentos.

A base da regra de Miner é que, se determinado rolamento for submetido a uma série de cargas com diferentes magnitudes por períodos de tempo conhecidos, cada carga contribuirá para a falha do rolamento na proporção da razão entre a carga e a vida útil esperada para ela. Portanto, o efeito cumulativo da série de cargas deve levar em conta todos esses contribuintes para a falha.

Uma abordagem semelhante, descrita na Referência 6, introduz o conceito de *carga média efetiva*, F_m:

▶ **Carga média efetiva sob cargas variáveis**

$$F_m = \left(\frac{\sum_i (F_i)^p N_i}{N} \right)^{1/p} \quad (14.10)$$

onde

F_i = carga individual entre uma série de cargas i
N_i = número de revoluções com que F_i opera
N = número total de revoluções em um ciclo completo
p = expoente da relação carga/vida útil; $p = 3$ para rolamentos de esfera, e $p = 10/3$ para roletes

Por outro lado, se o rolamento estiver girando a uma velocidade constante, e uma vez que o número de rotações é proporcional ao tempo de operação, N_i pode ser o número de minutos de operação em F_i, e N, a soma do número de minutos no ciclo total. Ou seja,

$$N = N_1 + N_2 + \cdots + N_i$$

Logo, a vida total esperada em milhões de revoluções do rolamento seria

$$L = \left(\frac{C}{F_m} \right)^p \quad (14.11)$$

EXEMPLO 14.6

Um rolamento de esferas com fileira única e sulco profundo de número 6208 é submetido ao seguinte conjunto de cargas durante os tempos informados:

Condição	F_i	Tempo
1	650 lb	30 min
2	750 lb	10 min
3	250 lb	20 min

Esse ciclo de 60 min é repetido continuamente durante toda a vida útil do rolamento. O eixo sustentado pelo rolamento rotaciona a 600 rpm. Estime a vida útil total do rolamento.

SOLUÇÃO

Utilizando a Equação 14.10, tem-se

$$F_m = \left(\frac{\sum_i (F_i)^p N_i}{N} \right)^{1/p} \quad (14.10a)$$

$$F_m = \left(\frac{30(650)^3 + 10(750)^3 + 20(250)^3}{30 + 10 + 20} \right)^{1/3} = 597 \text{ lb}$$

Agora, use a Equação 14.11:

$$L = \left(\frac{C}{F_m}\right)^p \quad (14.11a)$$

Com base na Tabela 14.3, para o rolamento 6208, descobrimos que $C = 6902$ lb. Então,

$$L = \left(\frac{6902}{597}\right)^3 = 1545 \text{ milhões de revoluções}$$

A uma velocidade angular de 600 rpm, o número de horas de vida útil seria

$$L = \frac{1545 \times 10^6 \text{ rev}}{1} \cdot \frac{\min}{600 \text{ rev}} \cdot \frac{h}{60 \min} = 42917 \text{ h}$$

Note que esse é o mesmo rolamento usado no Exemplo 14.3, selecionado para operar durante pelo menos 30000 h sob carga constante de 650 lb.

14.17 SÉRIES DE DENOMINAÇÃO DE ROLAMENTO

Um exemplo de sistema para a designação de rolamentos foi mostrado na Tabela 14.3, utilizando a série 6000 para rolamentos de esferas com fileira única e sulco profundo. A lista a seguir indica as designações de série para outros tipos de rolamento. Observe que fabricantes diferentes podem usar modificações dessas denominações.

Série	Tipo de rolamento	Exemplo para furo de 30 mm, leve (206)
1000	Rolamento autocompensador de esferas com fileira dupla	1206
2000	Rolamento de rolos cônicos	2206
6000	Rolamento de esferas com fileira única e sulco profundo	6206
7000	Rolamento de esferas de contato angular com fileira única	7206
21000	Rolamento de rolos esféricos	21.206
51000	Rolamento axial de esferas	51.206
81000	Rolamento axial de rolos cilíndricos	81.206
NU	Rolamento de roletes cilíndricos com fileira única	NU206
Rolamentos de agulhas utilizam um sistema modificado, no qual os dois últimos dígitos indicam o diâmetro interno em mm.		
NK	Rolamento de agulhas cilíndricas	NK30

REFERÊNCIAS

1. ASSOCIATION FOR IRON AND STEEL TECHNOLOGY-AIST. *Lubrication Engineers Manual*. 4. ed. Warrendale, PA: AIST, 2010.
2. AVALLONE, Eugene; BAUMEISTER III, Theodore; SADEGH, Ali. *Mark's Standard Handbook for Mechanical Engineers*. 11. ed. Nova York: McGraw-Hill, 2007.
3. BLOCH, Heinz P. *Practical Lubrication for Industrial Facilities*. 2. ed. Lilburn, GA: Fairmont Press, 2010.
4. BRANDLEIN, Johannes; ESCHMANN, Paul; HASBARGEN, Ludwig; WEIGAND, Karl. *Ball and Roller Bearings:* Design and Application. 3. ed. Nova York: John Wiley & Sons, 2000.

5. GRESHAM, Robert M.; TOTTEN, George E. (orgs.). *Lubrication and Maintenance of Industrial Machinery: Best Practices and Reliability*. Boca Raton, FL: CRC Press, 2009.
6. HARRIS, Tedric A.; KOTZALAS, Michael N. *Rolling Bearing Analysis*. 5. ed. Boca Raton, FL: CRC Press, 2007.
7. JUVINALL, Robert C.; MARSHEK, Kurt M. *Fundamentals of Machine Component Design*. 5. ed. Nova York: John Wiley & Sons, 2011.
8. KAUZLARICH, James J. "The Palmgren-Miner Rule Derived." *Proceedings of the 15th Leeds/Lyon Symposium of Tribology*. Leeds, Reino Unido, 6-9 set. 1988.
9. MINER, M. A. "Cumulative Damage in Fatigue." *Journal of Applied Mechanics* 67, 1945. p. A159–A164.
10. PALMGREN, Arvid. *Ball and Roller Bearing Engineering*. 3 ed. Filadélfia, PA: Burbank, 1959.
11. PIRRO, D. M.; WESSOL, A. A. (orgs.). *Lubrication Fundamentals*. 2. ed. Boca Raton, FL: CRC Press, 2002.
12. CHANGSEN, Wan. *Analysis of Rolling Contact Bearings*. Nova York: John Wiley & Sons, 2006.
13. ASME Tribology Division. *Standard ISO 281/2—Life Ratings for Modern Rolling Bearings*. Nova York: ASME Press, 2003.

SITES SOBRE ROLAMENTO DE CONTATO ANGULAR

1. **Boca Bearings Company.** <www.bocabearings.com>. Fabricante de muitos tipos de rolamento de contato angular feitos de aço, cerâmica e híbridos de cerâmica tanto em polegadas quanto em dimensões métricas. Habilidades especiais com rolamentos em miniatura com diâmetro interno de 0,040 pol e 0,60 mm. Aplicações em máquinas industriais de precisão, indústria de semicondutores, medidores de vazão, dispositivos médicos, robótica, ótica, bombas criogênicas, processamento de alimentos, bicicletas, carros de controle remoto e aviões. Além disso, lubrificantes específicos para rolamentos em aplicações especiais.
2. **SKFUSA, Inc.** <www.skf.com>. Fabricante de rolamentos de contato angular da marca SKF. Catálogo on-line.
3. **FAG Bearings.** <www.fag.com>. Fabricante de rolamentos de contato angular das marcas FAG e IMA. Catálogo on-line. Subsidiário do Schaeffler Group.
4. **RBC Bearings.** <www.rbcbearings.com>. Fabricante de muitos tipos de rolamento de contato angular, seguidores de came e montagens integradas especializadas contendo rolamentos para os mercados de automóveis, agricultura, equipamentos de jardim, semicondutores, equipamentos médicos, manipulação de material e outros mercados semelhantes.
5. **NSK Corporation.** <www.nsk.com>. Fabricante de rolamentos de contato angular da marca NSK. Catálogo on-line.
6. **Timken Corporation.** <www.timken.com>. Fabricante de rolamentos de contato angular da marca Timken. Catálogo on-line.
7. **Baldor/Dodge.** <www.dodge-pt.com>. Fabricante de numerosos produtos transmissores de potência, incluindo rolamentos de contato angular montados e vários outros tipos. Catálogo on-line.
8. **Emerson Power Transmission.** <www.emerson-ept.com>. Fabricante de numerosos produtos transmissores de potência, incluindo rolamentos de suas unidades Browning, McGill, Rollway e Sealmaster. Catálogo on-line.
9. **PowerTransmission.com.** <www.powertransmission.com>. Site que lista vários fabricantes de componentes transmissoras de potência, incluindo rolamentos de contato angular, engrenagens, transmissões por engrenagem, embreagens, acoplamentos, motores e outros. São fornecidas informações descritivas sobre as empresas listadas, com links para seus sites.
10. **Machinery Lubrication.** <www.machinerylubrication.com>. Assistência on-line da *Machinery Lubrication Magazine* com artigos e informações técnicas sobre lubrificação de máquinas industriais, incluindo rolamentos.
11. **American Bearing Manufacturers Association.** <www.americanbearings.org>. Associação sem fins lucrativos de fabricantes de rolamentos antiatrito. A ABMA define as normas nacionais norte-americanas para os rolamentos.
12. **High Temp Metals, Inc.** <www.hightempmetals.com>. Distribuidor de níquel e ligas de cobalto em classes de alta temperatura resistentes à corrosão.
13. **Igus, Inc.** <www.igus.com>. Produtor de rolamentos plásticos de esferas que utiliza seus próprios polímeros, xiros® e iglide®.
14. **KMS Bearings, Inc.** <www.kmsbearings.com>. Produtor de rolamentos montados feitos com carcaça plástica e esferas de aço inoxidável.

PROBLEMAS

1. Um rolamento radial de esferas tem capacidade de carga dinâmica básica de 2350 lb para uma vida nominal (L_{10}) de 1 milhão de revoluções. Qual seria sua vida L_{10} com uma carga de 1675 lb?
2. Determine a capacidade de carga dinâmica básica exigida para que um rolamento sustente 1250 lb de um eixo girando a 880 rpm se a vida útil de projeto tiver de ser de 20000 h.
3. O catálogo especifica a capacidade de carga dinâmica básica de um rolamento de esferas como sendo 3150 lb para uma vida nominal de 1 milhão de revoluções. Qual seria a vida L_{10} para a peça se submetida a uma carga de (a) 2200 lb e (b) 4500 lb?
4. Calcule a capacidade de carga dinâmica básica exigida, C, a fim de que um rolamento de esferas sustente uma carga radial de 1450 lb a uma velocidade de eixo de 1150 rpm para um ventilador industrial.
5. Especifique rolamentos adequados para o eixo do Exemplo 12.1. Observe os dados contidos nas figuras 12.1, 12.2, 12.11 e 12.12.
6. Especifique rolamentos adequados para o eixo do Exemplo 12.2. Observe os dados contidos nas figuras 12.13, 12.14, 12.15 e 12.16.
7. Especifique rolamentos adequados para o eixo do Exemplo 12.3. Observe os dados contidos nas figuras 12.17 e 12.18.
8. Para qualquer um dos rolamentos especificados no Problema 2.7, faça um desenho em escala do eixo, dos rolamentos e da parte da carcaça que sustenta as pistas externas dos rolamentos. Certifique-se de considerar os raios do filete e a fixação axial dos rolamentos.
9. Um rolamento deve sustentar uma carga radial de 455 lb e nenhuma carga axial. Especifique um tipo adequado da Tabela 14.3, considerando que o eixo gira a 1150 rpm e a vida útil de projeto é de 20000 h.

Para cada um dos problemas na Tabela P14.9, refaça o Problema 9 com os respectivos dados.

18. No Capítulo 12, as figuras P12.1 até P12.40 apresentaram exercícios de projeto de eixo relacionados aos problemas ao final do capítulo. Para cada eixo considerado, especifique um rolamento adequado da Tabela 14.3. Se o projeto do eixo já tiver sido concluído ao ponto de o diâmetro mínimo aceitável no assento do rolamento ser conhecido, considere esse diâmetro quando for especificar o rolamento. Observe as informações do problema no Capítulo 12 quanto à velocidade do eixo e aos dados do carregamento.

▼ TABELA P14.9

Número do problema	Carga radial	Carga axial	rpm	Vida útil de projeto, h
10.	857 lb	0	450	30000
11.	1265 lb	645 lb	210	5000
12.	235 lb	88 lb	1750	20000
13.	2875 lb	1350 lb	600	15000
14.	3,8 kN	0	3450	15000
15.	5,6 kN	2,8 kN	450	2000
16.	10,5 kN	0	1150	20000
17.	1,2 kN	0,85 kN	860	20000

19. O rolamento de número 6324, da Tabela 14.3, sustenta o conjunto de cargas da Tabela P14.19 e gira a 600 rpm. Calcule a vida L_{10} esperada para o rolamento sob essas condições se o ciclo se repetir continuamente.

▼ TABELA P14.19

Condição	Carga, F_i	Tempo, N_i
1	4500 lb	25 min
2	2500 lb	15 min

20. O rolamento de número 6314, da Tabela 14.3, sustenta o conjunto de cargas da Tabela P14.20 e gira a 600 rpm. Calcule a vida L_{10} esperada para o rolamento sob essas condições se o ciclo se repetir continuamente.

▼ TABELA P14.20

Condição	Carga, F_i	Tempo, N_i
1	2500 lb	25 min
2	1500 lb	15 min

21. O rolamento de número 6209, da Tabela 14.3, sustenta o conjunto de cargas da Tabela P14.21 e gira

a 1700 rpm. Calcule a vida L_{10} esperada para o rolamento sob essas condições se o ciclo se repetir continuamente.

▼ TABELA P14.21

Condição	Carga, F_i	Tempo, N_i
1	600 lb	480 min
2	200 lb	115 min
3	100 lb	45 min

22. O rolamento de número 6209, da Tabela 14.3, sustenta o conjunto de cargas da Tabela P14.22 e gira a 1700 rpm. Calcule a vida L_{10} esperada para o rolamento sob essas condições se o ciclo se repetir continuamente.

▼ TABELA P14.22

Condição	Carga, F_i	Tempo, N_i
1	450 lb	480 min
2	180 lb	115 min
3	50 lb	45 min

23. O rolamento de número 6205, da Tabela 14.3, sustenta o conjunto de cargas da Tabela P14.23 e gira a 101 rpm durante um turno de 8 h. Calcule a vida L_{10} esperada para o rolamento sob essas condições caso o ciclo se repita continuamente. Se a máquina operar dois turnos por dia, 6 dias por semana, em quantas semanas você acha que seria preciso substituir o rolamento?

▼ TABELA P14.23

Condição	Carga, F_i	Tempo, N_i
1	500 lb	6,75 h
2	800 lb	0,40 h
3	100 lb	0,85 h

24. O rolamento de número 6211, da Tabela 14.3, sustenta o conjunto de cargas da Tabela P14.24 e gira a 101 rpm durante um turno de 8 h. Calcule a vida L_{10} esperada para o rolamento sob essas condições caso o ciclo se repita continuamente. Se a máquina operar dois turnos por dia, 6 dias por semana, em quantas semanas você acha que seria preciso substituir o rolamento?

▼ TABELA P14.24

Condição	Carga radial	Carga axial	Tempo, N_i
1	1750 lb	350 lb	6,75 h
2	600 lb	250 lb	0,40 h
3	280 lb	110 lb	0,85 h

25. Calcule a capacidade de carga dinâmica básica, C, para que um rolamento de esferas sustente uma carga radial de 1450 lb a uma velocidade de eixo de 1150 rpm durante 15000 h. Use uma confiabilidade de 95%.
26. Calcule a capacidade de carga dinâmica básica, C, para que um rolamento de esferas sustente uma carga radial de 509 lb a uma velocidade de eixo de 101 rpm durante 20000 h. Use uma confiabilidade de 99%.
27. Calcule a capacidade de carga dinâmica básica, C, para que um rolamento de esferas sustente uma carga radial de 436 lb a uma velocidade de eixo de 1700 rpm durante 5000 h. Use uma confiabilidade de 97%.
28. Calcule a capacidade de carga dinâmica básica, C, para que um rolamento de esferas sustente uma carga radial de 1250 lb a uma velocidade de eixo de 880 rpm durante uma vida útil de projeto de 20000 h. Use uma confiabilidade de 95%.

CAPÍTULO 15
CONCLUSÃO DE PROJETO DE TRANSMISSÃO DE POTÊNCIA

Sumário

Visão geral
Você é o projetista
15.1 Objetivos
15.2 Descrição da transmissão de potência a ser projetada
15.3 Alternativas e seleção da abordagem de projeto
15.4 Alternativas de projeto para o redutor de engrenagem
15.5 Esboço geral e detalhes do projeto do redutor
15.6 Detalhes finais do projeto para os eixos
15.7 Desenho de montagem

Visão geral

Tópico de discussão

- Agora, serão reunidos os conceitos e procedimentos dos últimos oito capítulos a fim de concluir o projeto de transmissão de potência.

Descubra

Pense em como todos os elementos de máquina estudados nos capítulos de 7 a 14 se encaixam. Considere também todo o ciclo de vida da transmissão, desde o projeto até o descarte.

> Este capítulo apresenta um resumo dos passos a serem seguidos para concluir o projeto de transmissão de potência. Alguns procedimentos são bastante detalhados. Você deverá ser capaz de aplicar esse processo a qualquer projeto futuro.

Este é o ponto em que toda a informação referente à Parte II do livro é reunida. Nos capítulos de 7 a 14, você aprendeu importantes conceitos e procedimentos de projeto para vários tipos de elemento de máquina que poderiam fazer parte de uma transmissão de potência. Em cada caso, foi mencionado como os elementos devem operar em conjunto. Agora, será mostrado como concluir o projeto de transmissão de potência, o que indica uma abordagem integrada e uma referência ao título deste livro, *Elementos de máquina em projetos mecânicos*. A ênfase é dada ao projeto inteiro.

A lição deste capítulo é que você, como projetista, deve sempre ter em mente como a peça que está sendo projetada se encaixa com outras e como o projeto dela pode afetar o das outras. Também é preciso considerar como a peça deve ser fabricada, conservada, consertada — se necessário — e, por fim, descartada. O que acontecerá com os materiais presentes no produto após sua vida útil como parte do projeto atual?

Apesar de empregarmos uma transmissão de potência nesse exemplo, as habilidades e os conhecimentos adquiridos poderão ser transferidos para o projeto de quase qualquer outro dispositivo ou sistema mecânico.

15.1 OBJETIVOS

Ao final deste capítulo, você estará apto a:

1. Reunir as componentes individuais de uma transmissão de potência por engrenagem e transformá-las em um sistema unificado e completo.
2. Resolver as questões de interface em que duas componentes se encaixam.
3. Estabelecer tolerâncias razoáveis para dimensões fundamentais das componentes, especialmente nos pontos em que a montagem e a operação dos elementos forem críticas.
4. Verificar se o projeto final é seguro e adequado para sua finalidade.
5. Adicionar detalhes a algumas componentes que não foram consideradas nas análises.

15.2 DESCRIÇÃO DA TRANSMISSÃO DE POTÊNCIA A SER PROJETADA

O projeto a ser concluído neste capítulo é o de um redutor simples de velocidade com engrenagens de dentes retos. Serão usados os dados do Exemplo 9.1, no qual as engrenagens para a transmissão de uma serra industrial foram projetadas. Reveja esse problema agora e observe que ele se estende até o Exemplo 9.3.

Também serão utilizados elementos do projeto mecânico descritos pela primeira vez nas seções 1.4 e 1.5. As funções e os requisitos de projeto para a transmissão de potência serão informados, um conjunto de critérios para a avaliação das decisões de projeto será estabelecido e as tarefas de projeto descritas na Seção 1.5 serão implementadas. As referências 3, 8 e de 10 a 13 neste capítulo oferecem abordagens adicionais que podem ser úteis em outros projetos.

Enunciado básico do problema

Será projetada uma transmissão de potência para uma serra industrial, cuja finalidade é cortar tubos para escapamentos veiculares antes dos processos de conformação. A serra receberá 25 hp do eixo de um motor elétrico girando a 1750 rpm. O eixo acionador da serra deverá girar a aproximadamente 500 rpm.

Funções, requisitos de projeto e critérios de seleção para a transmissão de potência

FUNÇÕES. As funções da transmissão de potência são as seguintes:

1. Receber potência de um motor elétrico por intermédio de um eixo rotativo.
2. Transmitir a potência por meio de elementos de máquina que reduzam a velocidade angular para um valor desejado.
3. Fornecer potência a uma velocidade mais baixa para um eixo de saída, o qual acionará a serra.

REQUISITOS DO PROJETO. Informações adicionais são apresentadas aqui para o caso específico da serra industrial. Em uma situação real, você seria responsável por obter as informações necessárias e tomar decisões de projeto neste ponto do processo. Por estar envolvido no projeto da serra, você poderia discutir sobre as funcionalidades desejáveis com colegas das áreas de marketing, vendas, planejamento e controle de produção, atendimento ao público e, talvez, até mesmo clientes. Os tipos de informação que você deveria buscar estão listados a seguir:

1. O redutor deve transmitir 25 hp.
2. A entrada é de um motor elétrico cujo eixo gira a uma velocidade de 1750 rpm com carga máxima. Foi proposto o uso de um motor de chassis NEMA 284T com diâmetro de eixo de 1,875 pol e rasgo para acomodar uma chaveta de 1/2 × 1/2 pol. Consulte a Figura 21.18 e a Tabela 21.3 para obter mais dados sobre as dimensões do motor. As seções 21.3 a 21.8 descrevem motores CA industriais.
3. A saída do redutor transmite potência para a serra por meio de um eixo que gira a 500 rpm. A taxa de redução de velocidade será, então, de 3,50.
4. É desejável uma eficiência mecânica superior a 95%.
5. O torque mínimo transmitido para a serra deve ser de 2950 lb · pol.
6. Trata-se de uma serra de fita. A operação de corte é geralmente suave, mas pode haver choque moderado quando a lâmina se encaixa nos tubos ou quando há algum emperramento dela no corte.
7. O redutor de velocidade será montado em uma chapa rígida que faz parte da base da serra. Os meios de fixação do redutor devem ser especificados.
8. O projeto do eixo para a transmissão da serra de fita ainda não foi concluído. Seu diâmetro provavelmente será o mesmo do eixo de saída do redutor.
9. Embora um redutor pequeno e compacto seja desejável, o espaço na base da máquina precisa acomodar o projeto mais razoável.
10. A serra deverá operar 16 horas por dia, 5 dias por semana e ter uma vida útil de projeto de 5 anos. Isso equivale a aproximadamente 20000 horas de operação.
11. A base da máquina será fechada, evitando qualquer contato acidental com o redutor. Contudo, as componentes funcionais do redutor devem ser fechadas em sua própria carcaça rígida para serem protegidas de contaminantes e para que a segurança das pessoas que trabalham com o equipamento seja garantida.
12. A serra é destinada a ambientes industriais e deve ser capaz de operar em um intervalo de temperatura entre 50 °F e 100 °F.
13. Deverão ser produzidas 5000 unidades por ano.
14. Um custo moderado é essencial para o sucesso de vendas da máquina.

CRITÉRIOS DE SELEÇÃO. A lista de critérios deve ser feita por uma equipe interdisciplinar com ampla experiência no mercado e na utilização do equipamento. Os detalhes variam de acordo com o projeto específico. Como ilustração do processo, os seguintes itens são sugeridos para o projeto atual:

1. *Segurança:* o redutor de velocidade deve operar com segurança e proporcionar um ambiente seguro para as pessoas ao redor.
2. *Custo:* é desejável que a serra tenha um custo baixo para atrair um grande número de compradores.
3. *Tamanho pequeno.*

4. *Alta confiabilidade.*
5. *Pouca necessidade de manutenção.*
6. *Operação suave; baixo nível de ruído; pouca vibração.*

15.3 ALTERNATIVAS E SELEÇÃO DA ABORDAGEM DE PROJETO

Há muitas maneiras de reduzir a velocidade da serra. A Figura 15.1 apresenta quatro possibilidades: (a) transmissão por correia, (b) transmissão por cadeia, (c) transmissão por engrenagem conectada com acoplamentos flexíveis e (d) transmissão por engrenagem com processo por correia no lado da entrada, ambas ligadas à serra com um acoplamento flexível.

A Referência 9 inclui um conjunto mais abrangente de alternativas e uma análise mais detalhada. Já o Site 2 (citado no final deste capítulo) fornece vários exemplos de redutor de velocidade disponíveis no mercado.

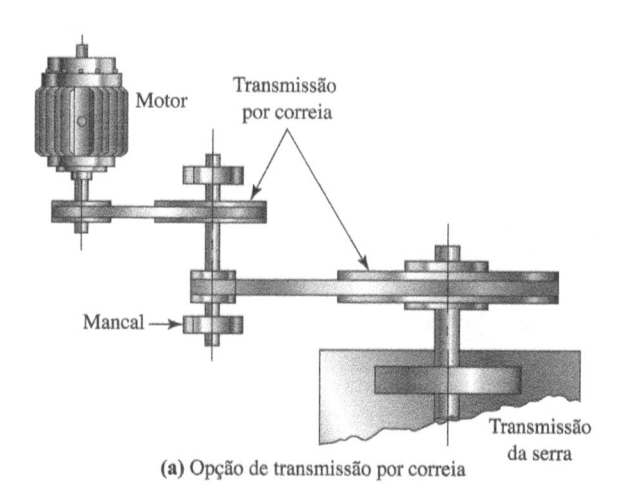

Seleção da abordagem básica de projeto

A Tabela 15.1 mostra um exemplo de avaliação que poderia ser feita para selecionar o tipo de projeto a ser produzido. Uma escala de 10 pontos é utilizada, sendo 10 a classificação mais elevada. Naturalmente, com mais informações sobre a aplicação real, uma abordagem de projeto diferente poderia ser escolhida. Além disso, talvez seja desejável desenvolver mais de um projeto para que outros detalhes sejam determinados, possibilitando uma decisão mais racional. A modificação da matriz de decisão de projeto exige que fatores ponderadores sejam atribuídos a cada critério a fim de refletir sua importância relativa. Consulte as referências 5 e 10 e o Site 1 para amplas discussões sobre técnicas de análise de decisões racionais.

Com base nessa análise de decisão, prosseguimos com (c), o projeto de um *redutor de velocidade de engrenagem com acoplamentos flexíveis* para a conexão com o motor de acionamento e o eixo acionado da serra. Essa opção é considerada mais segura para os operadores e a

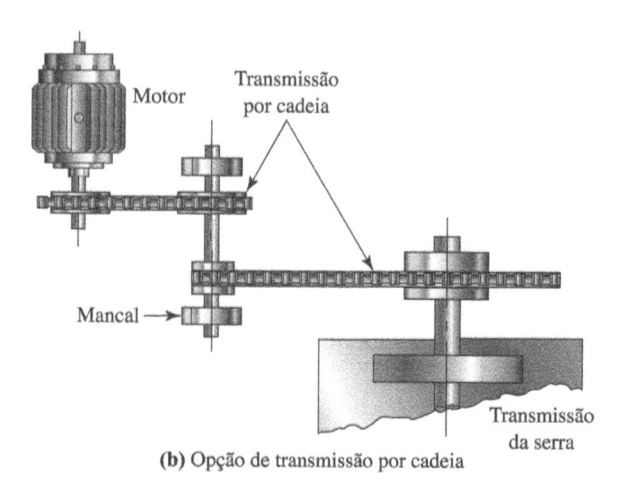

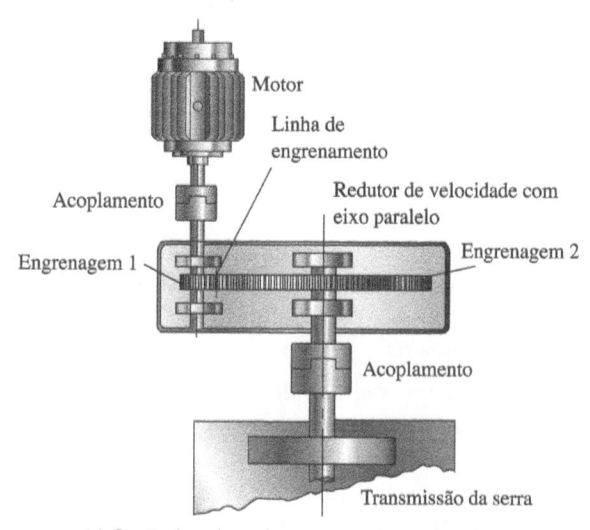

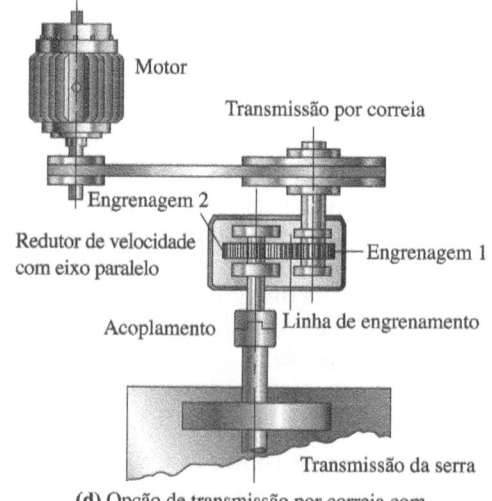

(a) Opção de transmissão por correia

(b) Opção de transmissão por cadeia

(c) Opção de redutor de engrenagem com fase única

(d) Opção de transmissão por correia com redutor de engrenagem de fase única

▲ **FIGURA 15.1** Opções para redução de velocidade no projeto de transmissão da serra.

▼ **TABELA 15.1** Tabela de análise de decisão.

Critérios	Alternativas			
	(a) Correia	(b) Cadeia	(c) Engrenagem com acoplamentos flexíveis	(d) Engrenagem com entrada por transmissão de correia
1. Segurança	6	6	9	7
2. Custo	9	8	7	6
3. Tamanho	5	6	9	6
4. Confiabilidade	7	6	10	7
5. Manutenção	6	5	9	6
6. Suavidade	8	6	9	8
	Total: 41	31	53	40

equipe de manutenção porque as componentes rotativas são fechadas. Os eixos de entrada e de saída, bem como os acoplamentos, podem ser cobertos no momento da instalação. Espera-se que a confiabilidade seja maior, uma vez que peças metálicas de precisão são utilizadas e a transmissão é fechada em uma carcaça vedada. A flexibilidade das correias e o número significativo de peças móveis em uma transmissão por cadeia são considerados fatores que diminuem a confiabilidade. O custo inicial pode ser mais elevado do que para transmissões por correia ou cadeia. No entanto, espera-se que a manutenção seja um pouco menos frequente, o que diminui o custo geral. Essa opção ocupará pouco espaço, simplificando o projeto de outras peças da serra. A alternativa de projeto (d) é atraente se houver interesse em oferecer uma operação de velocidade variável no futuro. Usando diferentes taxas de transmissão por correia, é possível atingir distintas velocidades de corte para a serra. Outra alternativa seria um motor de acionamento elétrico de velocidade variável, ora para eliminar totalmente a necessidade de um redutor, ora para ser utilizado com o redutor de engrenagem.

15.4 ALTERNATIVAS DE PROJETO PARA O REDUTOR DE ENGRENAGEM

Uma vez selecionado o redutor de engrenagem, é preciso decidir qual tipo usar. A seguir, listamos algumas alternativas:

1. ***Engrenagens de dentes retos com redução simples:*** a razão nominal de 3,50:1 é razoável para um único par de engrenagens. As de dentes retos produzem apenas cargas radiais, o que simplifica a seleção dos rolamentos para sustentar os eixos. A eficiência deve ser maior do que 95%, com precisão razoável nas engrenagens, nos rolamentos e nas vedações. Esse tipo de engrenagem apresenta custo de produção relativamente baixo. Os eixos devem ser paralelos e de fácil alinhamento com o motor e com o eixo acionador da serra.

2. ***Engrenagens helicoidais com redução simples:*** essas engrenagens podem ser utilizadas da mesma forma que as de dentes retos. O alinhamento do eixo é semelhante. Tamanhos menores de engrenagem helicoidal podem ser utilizados, pois elas apresentam capacidade maior. Porém, cargas axiais são geradas e devem ser acomodadas pelos rolamentos e pela carcaça. O custo é provavelmente um pouco maior.

3. ***Engrenagens cônicas:*** essas engrenagens produzem uma transmissão em ângulo reto, o que pode ser desejável, mas não é necessário para o presente projeto. Também é um pouco mais difícil projetá-las e montá-las de modo a obter a precisão adequada.

4. ***Transmissão com sem-fim e engrenagem sem-fim:*** essa alternativa também produz uma transmissão em ângulo reto. Ela é geralmente usada para se obter taxas de redução acima de 3,50:1. A eficiência costuma ser muito inferior a 95%, valor exigido pelos requisitos do projeto, e a geração de calor poderia ser um problema com 25 hp e eficiência reduzida. Um motor maior talvez fosse exigido para compensar a perda de potência e ainda proporcionar o torque necessário no eixo de saída.

Decisão de projeto para o tipo de engrenagem

Para o presente projeto, será escolhido o *redutor simples com engrenagem de dentes retos*. A simplicidade dessa alternativa é desejável, e o custo final provavelmente será inferior ao dos outros projetos propostos. Um tamanho menor, como no caso do redutor helicoidal, não é considerado prioritário.

15.5 ESBOÇO GERAL E DETALHES DO PROJETO DO REDUTOR

A Figura 15.2 mostra a disposição das componentes para o redutor simples de velocidade com engrenagens de dentes retos. Note que a parte (b) da ilustração é a vista superior. O projeto envolve as seguintes tarefas:

1. Projetar um pinhão e uma engrenagem para transmitir 25 hp; a velocidade do pinhão deve ser 1750 rpm, e a da engrenagem, 500 rpm. A razão é 3,50:1. Projetar de modo que haja resistência aos esforços e à corrosão por pite para que o equipamento atinja aproximadamente 20000 horas de vida útil e uma confiabilidade de, pelo menos, 0,999.

2. Projetar dois eixos, um para o pinhão e outro para a engrenagem. Providenciar fixação axial positiva para as engrenagens no eixo. O eixo de entrada deve ser projetado de forma a se estender

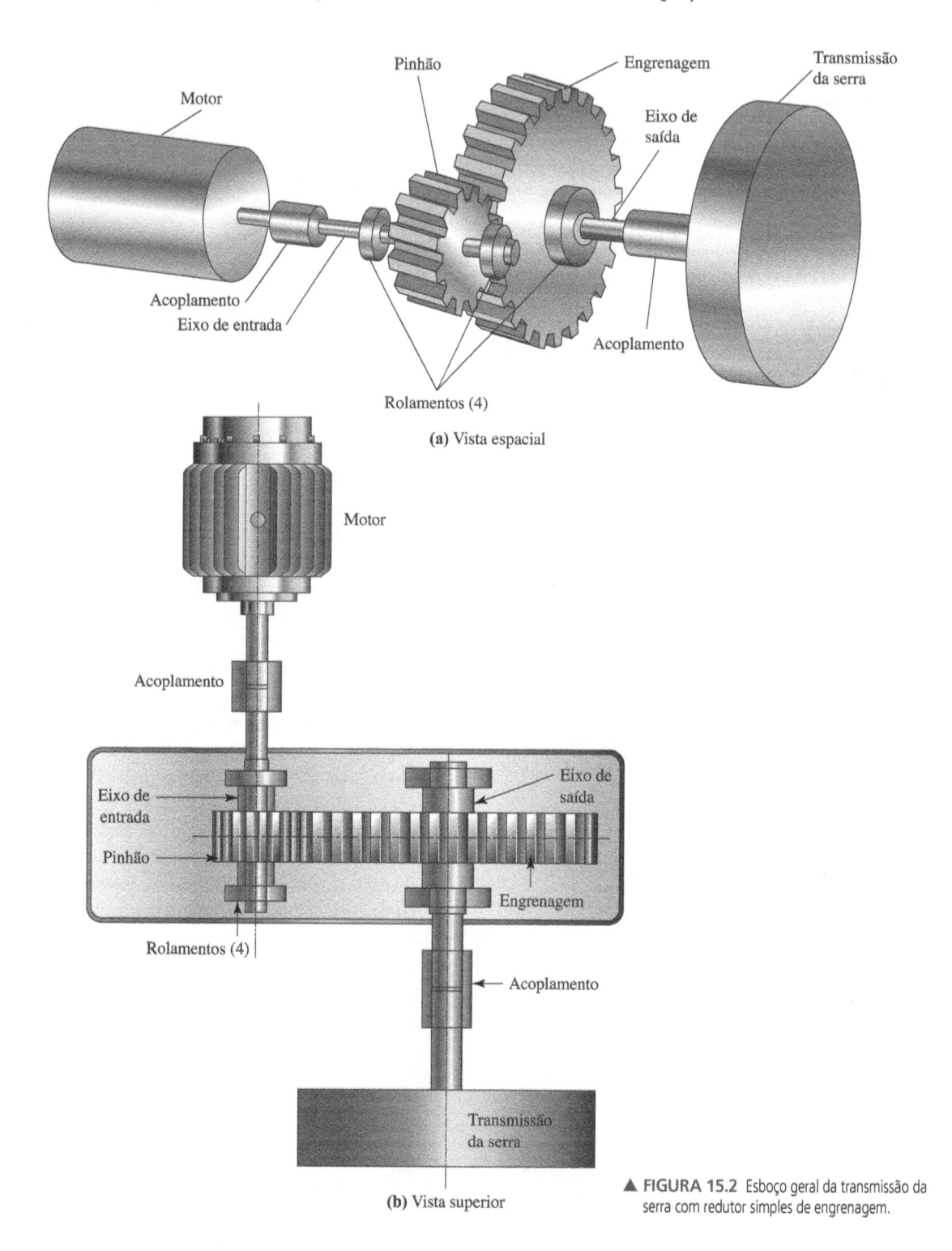

▲ **FIGURA 15.2** Esboço geral da transmissão da serra com redutor simples de engrenagem.

para além da carcaça, possibilitando que o eixo do motor seja acoplado a ele. O eixo de saída deve acomodar um acoplamento que conjugue com o eixo acionador da serra. Usar uma confiabilidade de projeto de 0,999.
3. Projetar seis chavetas: uma para cada engrenagem; uma para o motor; uma para o eixo de entrada no acoplamento; uma para o de saída no acoplamento; e uma para o eixo acionador da serra.
4. Especificar dois acoplamentos flexíveis: um para o eixo de entrada e outro para o de saída.
5. Especificar quatro rolamentos de contato angular comercialmente disponíveis, dois para cada eixo. A vida útil de projeto L_{10} deve ser 20000 horas.
6. Projetar uma carcaça para proteger e sustentar as engrenagens e os rolamentos.
7. Providenciar um meio para a lubrificação das engrenagens dentro da carcaça.
8. Fornecer vedações para os eixos de entrada e de saída no local onde atravessam a carcaça. Não serão dadas vedações específicas por insuficiência de dados neste livro. No Capítulo 11, entretanto, é possível obter sugestões quanto aos tipos de vedação apropriados.

Projeto da engrenagem

As condições descritas anteriormente são semelhantes às dos exemplos 9.1, 9.2 e 9.3. Serão propostas pequenas alterações nas decisões de projeto de modo a se obter um par de engrenagens que opere com mais suavidade e menos ruído e tenha dentes menores e em maior quantidade. Assim, serão selecionados:

- Passo diametral: $P_d = 8$, em vez de 6, como usado antes.
- Número de dentes no pinhão = 28; número de dentes na engrenagem = 98, em vez de 20 e 70 usados antes.

O projeto modificado é mostrado na Figura 15.3 sob a forma da planilha desenvolvida para o projeto de engrenagem no Capítulo 9. Os principais resultados que afetam a conclusão do projeto do redutor estão resumidos a seguir.

- Passo diametral: $P_d = 8$; dentes involutos de profundidade total com ângulo de pressão de 20°.
- Número de dentes no pinhão: $N_p = 28$.
- Número de dentes na engrenagem: $N_G = 98$.
- Diâmetro do pinhão: $D_p = 3,500$ pol.
- Diâmetro da engrenagem: $D_G = 12,250$ pol.
- Distância de centro: $C = 7,875$ pol.
- Largura de face: $F = 2,00$ pol.
- Índice de qualidade: $A_{vee} = 9$.
- Força tangencial: $W_t = 514$ lb.
- Número de tensão de flexão exigido para o pinhão: $s_{at} = 20915$ psi.

- Número de tensão de contato exigido para o pinhão: $s_{ac} = 153363$ psi; exige aço 386 HB.
- Material especificado: SAE 4140 OQT 800; 429 HB; $s_u = 210$ ksi; 16% de alongamento.

Projeto do eixo

1. *Forças:* a Figura 15.4(a) mostra a configuração proposta para o eixo de entrada que sustenta o pinhão e se conecta ao eixo do motor por meio de um acoplamento flexível. Já a Figura 15.4(b) indica o eixo de saída, configurado da mesma maneira. As únicas forças ativas nos eixos são a tangencial e a radial dos dentes da engrenagem. Os acoplamentos flexíveis nas extremidades dos eixos possibilitam a transmissão de torque, mas nenhuma força radial ou axial é transmitida quando o alinhamento dos eixos está dentro dos limites recomendados para o acoplamento. (Consulte o Capítulo 11.) Sem os acoplamentos flexíveis, seria muito provável que cargas radiais significativas fossem produzidas, exigindo diâmetros um pouco maiores para o eixo e rolamentos também maiores. (Consulte o Capítulo 12.)

    A análise da planilha das engrenagens apresenta a força tangencial como $W_t = 514$ lb. Ela atua para baixo, no plano vertical, sobre o pinhão, e para cima, sobre a engrenagem. A força radial é

    $$W_r = W_t \, \text{tg} \, \phi = (514 \text{ lb}) \, \text{tg} \, (20°) = 187 \text{ lb}$$

    A força radial atua horizontalmente para a esquerda sobre o pinhão, tendendo a separá-lo da engrenagem, e para a direita sobre a engrenagem.

2. *Valores de torque:* o torque no eixo de entrada é

    $$T_1 = (63000)(P)/n_p = (63000)(25)/1750 = 900 \text{ lb} \cdot \text{pol}$$

    Esse valor atua desde o acoplamento na extremidade esquerda do eixo até o pinhão, onde a potência é fornecida por meio da chaveta e, depois, à engrenagem conjugada.

    O torque no eixo de saída é calculado em seguida, pressupondo que nenhuma potência se perde. O valor resultante do torque é conservador para o uso no projeto do eixo:

    $$T_2 = (63000)(P)/n_G = (63000)(25)/500 = 3150 \text{ lb} \cdot \text{pol}$$

    O torque atua no eixo de saída desde a engrenagem até o acoplamento na extremidade direita dele. Partindo do princípio de que o sistema é 95% eficiente, o torque de saída real é aproximadamente

    $$T_o = T_2(0,95) = 2992 \text{ lb} \cdot \text{pol}$$

    Esse valor está dentro do intervalo exigido, conforme indicado nos requisitos de projeto (item 5).

3. **Diagramas de força de cisalhamento e momento fletor:** a Figura 15.4 mostra os diagramas de força de cisalhamento e momento fletor para os dois eixos. Uma vez que o carregamento ativo ocorre somente nas engrenagens, a forma de cada diagrama é a mesma nas direções vertical e horizontal. O primeiro número é o valor para carga, força de cisalhamento ou momento fletor no plano vertical. O segundo número, entre parênteses, é o valor no plano horizontal. O momento fletor máximo em cada eixo ocorre quando as engrenagens estão montadas. Os valores são

$$M_y = 643 \text{ lb} \cdot \text{pol} \quad M_x = 234 \text{ lb} \cdot \text{pol}$$

O momento resultante é $M_{máx} = 684$ lb · pol.
O momento fletor é zero nos rolamentos e nas extensões dos eixos de entrada e saída.

4. **Reações de apoio — forças no rolamento:** as reações em todos os rolamentos são as mesmas para esse exemplo por conta da simplicidade do padrão de carga e da simetria do projeto. As componentes horizontais e verticais são

$$F_y = 257 \text{ lb} \quad F_x = 93,5 \text{ lb}$$

A força resultante é a radial, que deve ser sustentada pelos rolamentos: $F_r = 274$ lb. Esse valor também produz tensão de cisalhamento vertical no eixo na altura dos rolamentos.

5. **Seleção de material para os eixos:** cada eixo terá uma série de diâmetros, flanges com filetes, assentos e um sulco de anel, como mostra a Figura 15.4. Portanto, muita usinagem será necessária. Os eixos serão submetidos a uma combinação de torque constante e flexão reversa com repetição durante o uso normal, no qual a serra corta tubos de aço para escapamentos veiculares. Cargas de choque moderadas serão esperadas ocasionalmente, por exemplo quando a serra se prender no tubo, quando emperrar no corte por embotamento da lâmina ou quando o aço da tubulação for excepcionalmente duro.

Essas condições exigem um aço com resistência moderadamente alta, além de resistência à fadiga, ductilidade e usinabilidade boas. Tais eixos são normalmente feitos de liga de aço com médio teor de carbono (0,30% a 0,60%) estirado a frio ou temperado em óleo. Uma boa usinabilidade é obtida em aços com teor de enxofre moderadamente alto, uma característica da série 1100. Quando uma boa temperabilidade também é desejada, usa-se um teor mais elevado de manganês.

Um exemplo dessa liga é a AISI 1144, que apresenta entre 0,40% e 0,48% de carbono, 1,35% e 1,65% de manganês e 0,24% e 0,33% de enxofre. Essa classe de aço é chamada *ressulfurada de fácil usinagem*.

A Figura A4.2 mostra a gama de propriedades disponíveis nesse tipo de material quando temperado em óleo. Será selecionada uma temperatura de revenimento de 1000 °F, pois isso produz bom equilíbrio entre resistência e ductilidade.
Em resumo, o material especificado é

Aço AISI 1144 OQT 1000: $s_u = 118000$ psi;
                                       $s_y = 83000$ psi;
                                       20% de alongamento

A resistência à fadiga do material pode ser estimada com o método descrito nos capítulos 5 e 12.

Resistência à fadiga básica: $s_n = 43000$ psi (com base na Figura 5.8 para uma superfície usinada)

Fator de forma: $C_s = 0,81$ (com base na Figura 5.9 e diâmetro estimado de 2,0 pol)

Fator de confiabilidade: $C_R = 0,75$ (confiabilidade desejada de 0,999)

Resistência à fadiga modificada: $s'_n = s_n(C_s)(C_R) = (43000 \text{ psi})(0,81)(0,75) = 26100$ psi

6. **Fator de projeto, N:** a escolha de um fator de projeto, N, deve considerar os diversos fatores discutidos no Capítulo 5, no qual um valor nominal de $N = 2$ foi sugerido para o projeto geral de máquinas. Diante da possibilidade de choque moderado e carga de impacto, especifique $N = 4$ para segurança extra.

7. **Diâmetros mínimos admissíveis do eixo:** os diâmetros mínimos admissíveis do eixo são então calculados em várias seções com a Equação 12.24 quando houver qualquer combinação de torção ou cargas de flexão. Para seções submetidas apenas a cargas de cisalhamento verticais, como nos rolamentos D na Figura 15.4, a Equação 12.16 é empregada. A Tabela 15.2 resume os dados utilizados nessas equações para cada seção e informa o diâmetro mínimo calculado. A planilha da Seção 12.9 foi adotada para concluir a análise.

A última coluna da Tabela 15.2 também lista algumas decisões de projeto *preliminares* para diâmetros convenientes nos pontos em questão. Elas serão reavaliadas e aperfeiçoadas à medida que o projeto for concluído. Os diâmetros sugeridos para as extensões em A dos eixos de entrada e de saída foram definidos como os valores padrão disponíveis para furos de acoplamentos flexíveis. Os acoplamentos flexíveis reais serão discutidos mais adiante.

Observe que os diâmetros para os assentos do rolamento nas seções B e D não foram fornecidos. Isso ocorre porque a tarefa seguinte do projeto é especificar rolamentos de contato angular disponíveis no mercado para sustentar as cargas radiais com vida útil adequada. Os diâmetros dos eixos devem ser estabelecidos de acordo com as dimensões limite recomendadas pelo

APLICAÇÃO:	serra industrial + motor elétrico		
Dados para o projeto do Capítulo 15			
Dados de entrada iniciais:			
Fator de sobrecarga:	$K_o =$	1,50	Tabela 9.7
Potência de entrada:	$P =$	25	hp
Potência de projeto:	$P_{des} =$	37,5	
Velocidade de entrada:	$n_P =$	1750	rpm
Passo diametral:	$P_d =$	8	
Número de dentes no pinhão:	$N_P =$	28	
Velocidade de saída desejada:	$n_G =$	500	rpm
Número calculado de dentes na engrenagem:		98,0	
Insira: número escolhido de dentes na engrenagem:	$N_G =$	98	
Dados calculados:			
Velocidade de saída real:	$n_G =$	500,0	rpm
Relação de transmissão:	$m_G =$	3,50	
Diâmetro de passo – pinhão:	$D_P =$	3,500	pol
Diâmetro de passo – engrenagem:	$D_G =$	12,250	pol
Distância de centro:	$C =$	7,875	pol
Velocidade na linha primitiva:	$v_t =$	1604	pés/min
Carga transmitida:	$W_t =$	514	lb
Dados de entrada secundários:			
	Min	Nom	Máx
Diretrizes para largura de face (pol):	1,000	1,500	2,000
Insira: largura de face:	$F =$	2,000	pol
Proporção: largura de face/diâmetro do pinhão:	$F/D_P =$	0,57	
Intervalo de razão recomendado:	$0,50 < F/D_P < 2,00$		
Insira: coeficiente elástico:	$C_P =$	2300	Tabela 9.10
Insira: índice de qualidade:	$A_v =$	9	Tabela 9.3
Fator dinâmico:	$K_v =$	1,33	Tabela 9.9
[Fatores para o cálculo de K_v:]	$B = 0,630$	$C = 70,71$	
Referência:	$N_P = 28$	$N_G = 98$	
Fator geométrico de flexão – pinhão:	$J_P =$	0,380	Figura 9.15
Fator geométrico de flexão – engrenagem:	$J_G =$	0,440	Figura 9.15
Referência:	$m_G =$	3,50	
Insira: fator geométrico de corrosão por pite:	$I =$	0,115	Figura 9.21

Fatores na análise de projeto:			
	Se $F < 1,0$		Se $F > 1,0$
Fator de alinhamento, $K_m = 1,0 + C_{pf} + C_{ma}$			
Fator de proporção do pinhão,	$C_{pf} =$	0,032	0,045
			$[0,50 < F/D_P < 2,00]$
Insira:	$C_{pf} =$	0,045	Figura 9.16
Tipo de engrenamento:		Aberto	Comercial	Precisão	Extrema precisão
Fator de correção de alinhamento de malha,	$C_{ma} =$	0,280	0,158	0,093	0,058
Insira:	$C_{ma} =$	0,158	Figura 9.17
Fator de alinhamento:	$K_m =$	1,20	[calculado]
Fator de forma:	$K_s =$	1,00	Tabela 9.7: use 1,00 se $P_d >= 5$
Fator de espessura de borda do pinhão:	$K_{BP} =$	1,00	Figura 9.18: use 1,00 no caso de disco sólido
Fator de espessura de borda da engrenagem:	$K_{BG} =$	1,00	Figura 9.18: use 1,00 no caso de disco sólido
Fator de serviço:	$SF =$	1,00	Use 1,00 se não houver condições incomuns
Fator de confiabilidade:	$K_R =$	1,50	Tabela 9.9: use 1,00 para $R = 0,99$
Insira: vida útil de projeto:	20000 horas		Consulte a Tabela 9.8
Pinhão – Número de ciclos de carga:	$N_P =$	2,1E + 09	Diretrizes: Y_N, Z_N
Engrenagem – Número de ciclos de carga:	$N_G =$	6,0E + 08	10^7 ciclos	$> 10^7$	$< 10^7$
Fator de ciclo de tensão de flexão:	$Y_{NP} =$	0,93	1,00	0,93	Figura 9.20
Fator de ciclo de tensão de flexão:	$Y_{NG} =$	0,95	1,00	0,95	Figura 9.20
Fator de ciclo de corrosão por pite:	$Z_{NP} =$	0,88	1,00	0,88	Figura 9.22
Fator de ciclo de corrosão por pite:	$Z_{NG} =$	0,91	1,00	0,91	Figura 9.22
Análise de tensão: flexão			
Pinhão: exigido	$s_{at} =$	20912 psi	Consulte a Figura 9.11 ou Tabela 9.5 ou Tabela 9.6
Engrenagem: exigido	$s_{at} =$	17680 psi	Tabela 9.5 ou Tabela 9.6
Análise de tensão: corrosão por pite			
Pinhão: exigido	$s_{ac} =$	153353 psi	Consulte a Figura 9.12 ou Tabela 9.5 ou Tabela 9.6
Engrenagem: exigido	$s_{ac} =$	148298 psi	Tabela 9.5 ou Tabela 9.6
Dureza HB necessária para o pinhão:		386	Equações na Figura 9.12 – Classe 1
Dureza HB necessária para a engrenagem:		370	Equações na Figura 9.12 – Classe 1
Especificar materiais, ligas e tratamento térmico para equipamentos com utilização severa.			
Possível especificação de material:			
Pinhão exige HB 386: SAE 4140 OQT 800; HB 429, 16% de alongamento			
Engrenagem exige HB 370: SAE 4140 OQT 800; HB 429, 16% de alongamento			
Observações:			
Seria sensato especificar o mesmo material para o pinhão e a engrenagem, pois a dureza exigida é semelhante.			

FIGURA 15.3 Dados de planilha usados para o projeto final de transmissão de potência no Capítulo 15. Dados de entrada dos exemplos 9.1 e 9.3.

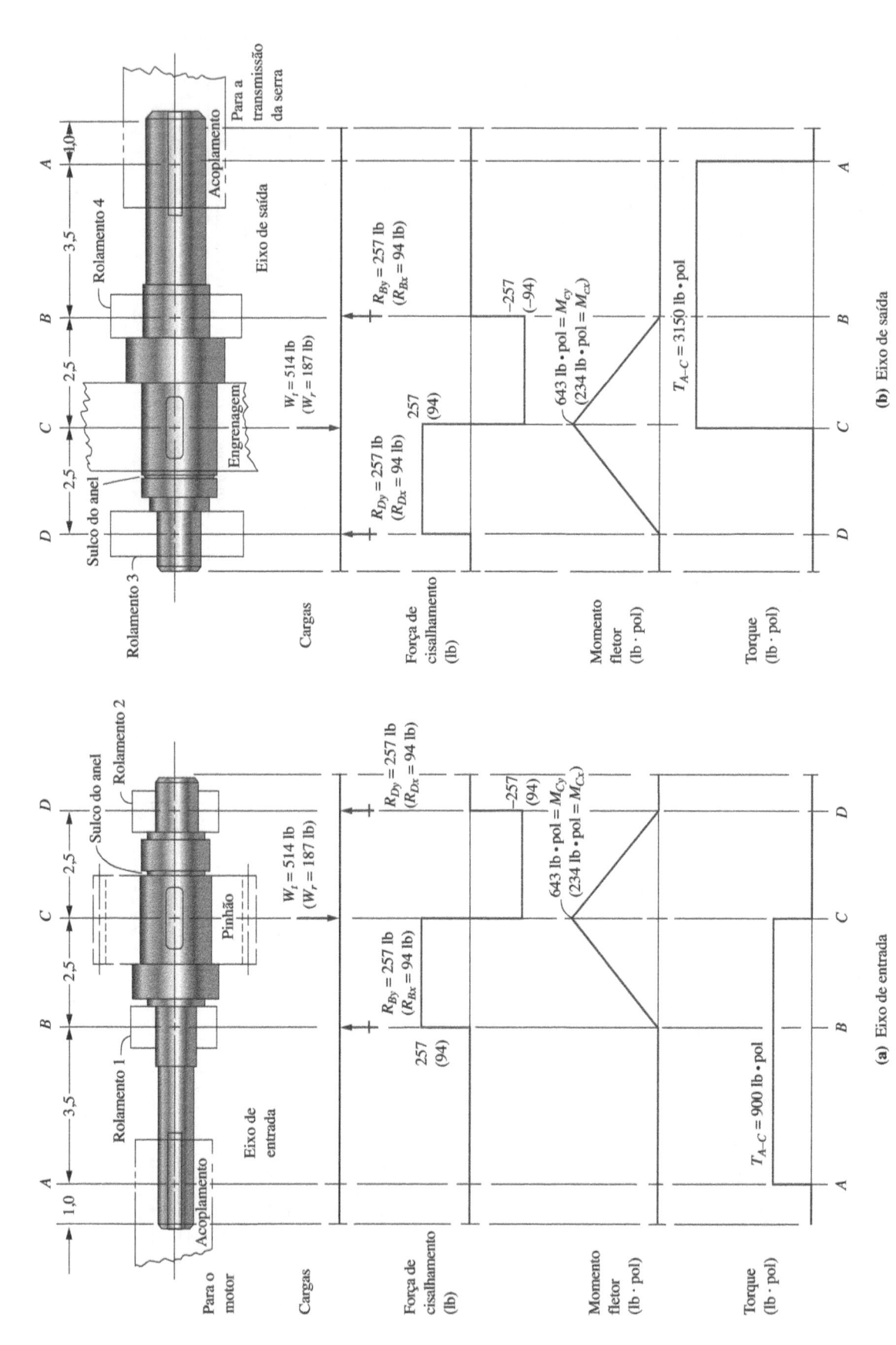

622 ELEMENTOS DE MÁQUINA EM PROJETOS MECÂNICOS

▲ **FIGURA 15.4** Diagramas de configurações do eixo, força de cisalhamento, momento fletor e torque.

fabricante do rolamento. Portanto, a Tabela 15.2 será deixada assim por enquanto até que processo de seleção do rolamento seja concluído.

Outra verificação aconselhável nessa fase do processo de projeto é na seção C, onde o pinhão é montado no eixo para garantir a quantidade adequada de material acima do assento no cubo até a raiz dos dentes. Esse caso foi discutido no Capítulo 9 em relação ao *fator de espessura de borda*, K_B, e mostrado nas figuras 9.18 e 9.19. A dimensão, t_R, é definida como a distância radial do topo da chaveta até a raiz dos dentes, e é recomendável que $t_R/h_t > 1{,}2$, onde h_t é a profundidade total dos dentes. Para o projeto proposto do eixo com $D_C = 1{,}75$ pol, uma chaveta quadrada de 3/8 pol é usada, como mostra a Tabela 11.1. Pode ser demonstrado que a distância radial até o topo da chaveta é de 1,044 pol. É preciso calcular o diâmetro da raiz do pinhão e, em seguida, o raio da raiz. Lembrando que o dedendo, b, é a distância entre a linha primitiva da engrenagem até a parte inferior do espaço do dente, tem-se que o raio da raiz é:

Raio radicular = $R_R = D/2 - b = D/2 - 1{,}25/P_d$
$= 3{,}500/2 - 1{,}25/8 = 1{,}594$ pol

Então,

$t_R = R_R - 1{,}044$ pol $= 1{,}594 - 1{,}044 = 0{,}550$ pol

A profundidade total dos dentes da engrenagem é:

$h_t = a + b = 1/P_d + 1{,}25/P_d$
$= 2{,}25/P_d = 2{,}25/8 = 0{,}281$ pol

$t_R/h_t = 0{,}550/0{,}281 = 1{,}95 > 1{,}2$

Portanto, o espaço é adequado, e é aceitável montar o pinhão no eixo. Se essa verificação falhasse, o recomendado seria alterar o projeto — talvez com um diâmetro menor de eixo ou a usinagem do pinhão diretamente nele, eliminando a necessidade de uma chaveta.

Seleção do rolamento

O método descrito na Seção 14.9 será utilizado para selecionar rolamentos de esferas com fileira única e sulco profundo comercialmente disponíveis a partir dos dados fornecidos na Tabela 14.3. A carga de projeto é igual à radial, e o valor pode ser encontrado na análise do eixo mostrada na Figura 15.4. As reações nos apoios para cada eixo são, na verdade, as cargas radiais às quais os rolamentos são submetidos.

Uma vez que o projeto desse sistema é simétrico e não há cargas radiais no eixo além daquelas produzidas pela ação dos dentes da engrenagem, os quatro rolamentos apresentam as mesmas cargas radiais. No início deste capítulo, na seção sobre projeto de eixo, foi determinado que a carga de rolamento é 274 lb.

Lembre-se de que a vida útil de projeto para os rolamentos, L_d, é o número total de revoluções previsto. Portanto, isso depende tanto da velocidade angular do eixo quanto da vida útil de projeto em horas. No caso, uma vida útil de projeto de 20000 horas é utilizada para todos os rolamentos. O eixo 1, de entrada, gira a 1750 rpm, resultando em um número total de revoluções de

$L_d = (20000 \text{ h})(1750 \text{ rev/min})(60 \text{ min/h}) = 2{,}10 \times 10^9$ rev

O eixo 2, de saída, gira a 500 rpm. Logo, a vida útil de projeto é

$L_d = (20000 \text{ h})(500 \text{ rev/min})(60 \text{ min/h}) = 6{,}0 \times 10^8$ rev

Os dados para os rolamentos na Tabela 14.3 são para uma vida útil de 1,0 milhão de revoluções (10^6 rev).

Agora, a Equação 14.3 será usada com $k = 3$ para calcular a capacidade de carga dinâmica básica exigida C em cada rolamento de esferas. Para os rolamentos no eixo 1,

$C = P_d(L_d/10^6)^{1/k} = (274 \text{ lb})(2{,}10 \times 10^9/10^6)^{1/3} = 3510$ lb

Da mesma forma, para os rolamentos no eixo 2,

$C = P_d(L_d/10^6)^{1/k} = (274 \text{ lb})(6{,}0 \times 10^8/10^6)^{1/3} = 2310$ lb

Na Tabela 15.3, estão listados possíveis rolamentos para cada eixo com capacidades de carga dinâmica no mínimo iguais àquelas calculadas. Também é preciso consultar a Tabela 15.2 para determinar os diâmetros mínimos aceitáveis dos eixos em cada assento de rolamento, de forma a garantir que o diâmetro da pista interna do rolamento seja compatível.

Foi selecionado o menor rolamento para cada posicionamento no eixo 1 com valor adequado à capacidade de carga dinâmica básica. Para o eixo 2, foi decidido que o diâmetro da extensão deve ter 1,25 pol e que o furo do rolamento deve ser maior. O rolamento 6207 oferece um furo adequado e um fator de segurança adicional para a capacidade de carga.

Observe que as dimensões dos rolamentos são indicadas em mm pelo fabricante, conforme mostrado na Tabela 14.3. Os valores equivalentes em décimos de polegadas são um pouco inadequados, mas devem ser usados. As dimensões em mm estão listadas a seguir:

Dimensão em polegada	mm	Dimensão em polegada	mm
0,5906	15	1,3780	35
0,6299	16	2,0472	52
0,6693	17	2,4409	62
0,9843	25	2,8346	72
1,1811	30	0,039	1,00 mm (raio do filete)

▼ **TABELA 15.2** Resumo dos resultados dos cálculos para o diâmetro do eixo no projeto preliminar. Dimensionamento do eixo

A. Eixo de entrada

Seção	Diâmetro (e componente relacionada)	Torque (lb·pol)	Momentos fletores M_x (lb·pol)	Momentos fletores M_y (lb·pol)	Forças de cisalhamento V_x (lb)	Forças de cisalhamento V_y (lb)	K_t	Característica	Diâmetro (pol) Mínimo	Diâmetro (pol) Projeto
A	D_1 (acoplamento)	900	0	0	0	0	1,60	Assento des.	0,73	0,875
B (para a direita)	D_2 (rolamento)	900	0	0	0	0	2,50	Filete agudo	0,73	*
Observação: D_3 deve ser maior do que D_2 ou D_4 para fornecer flanges ao rolamento e à engrenagem.										2,000
C	D_4 (engrenagem)	900	234	643	94	257	2,00	Assento emb.	1,29	1,750
C (para a direita)	D_4 (engrenagem)	0	234	643	94	257	3,00	Sulco do anel	1,47	1,750
D	D_5 (rolamento)	0	0	0	94	257	2,50	Filete agudo	0,56	*

B. Eixo de saída

Seção	Diâmetro (e componente relacionada)	Torque (lb·pol)	Momentos fletores M_x (lb·pol)	Momentos fletores M_y (lb·pol)	Forças de cisalhamento V_x (lb)	Forças de cisalhamento V_y (lb)	K_t	Característica	Diâmetro (pol) Mínimo	Diâmetro (pol) Projeto
A	D_1 (acoplamento)	3150	0	0	0	0	1,60	Assento des.	1,10	1,250
B (para a esquerda)	D_2 (rolamento)	3150	0	0	0	0	2,50	Filete agudo	1,10	*
Observação: D_3 deve ser maior do que D_2 ou D_4 para fornecer flanges ao rolamento e à engrenagem.										2,000
C	D_4 (engrenagem)	3150	234	643	94	257	2,00	Assento emb.	1,36	1,750
C (para a esquerda)	D_4 (engrenagem)	0	234	643	94	257	3,00	Sulco do anel	1,47	1,750
D	D_5 (rolamento)	0	0	0	94	257	2,50	Filete agudo	0,56	*

Observação: diâmetros de assento do rolamento indicados por * devem ser especificados. des. = deslizante; emb. = embutido.

▼ TABELA 15.3 Rolamentos possíveis para os eixos 1 e 2.

A. Para o eixo 1: Furo mínimo = 0,73 pol na seção B; 0,56 pol na seção D; C_{min} = 3516 lb						
Rolamento nº	C (lb)	d (pol)	D (pol)	B (pol)	$r_{máx}$ (pol)	Comentário
6206	4384	1,1811	2,4409	0,6299	0,039	Grande para B e D
6305	5058	0,9843	2,4409	0,6693	0,039	Especificar para B e D

B. Para o eixo 2: Furo mínimo = 1,10 pol na seção B; 0,56 pol na seção D; C_{min} = 2310 lb						
Rolamento nº	C (lb)	d (pol)	D (pol)	B (pol)	$r_{máx}$ (pol)	Comentário
6205	3147	0,9843	2,0472	0,5906	0,039	Pequeno para B; especificar para D
6207	5733	1,3780	2,8346	0,6693	0,039	Especificar para B

Montagem do rolamento nos eixos e na carcaça

Com as especificações para os rolamentos, é possível finalizar as dimensões básicas para os diâmetros do eixo. A Tabela 15.4 é uma atualização dos dados da Tabela 15.2, com as dimensões do furo do rolamento. Outras mudanças também estão inclusas, o que é da natureza iterativa do projeto. Por exemplo, o diâmetro do eixo de entrada no acoplamento (seção A) foi feito um pouco menor do que o do assento do rolamento. Isso possibilita que o rolamento seja deslizado sobre o eixo com facilidade até o ponto em que é pressionado ao assento na seção B e no flange. Outra verificação deve ser feita na seção D para ambos os eixos onde o diâmetro de 1750 pol é reduzido ao do assento do rolamento, de 0,984 pol. Existe a possibilidade de que o degrau seja muito grande e que interfira na pista externa do rolamento. Isso será verificado conforme os detalhes da montagem dos rolamentos forem resolvidos. Se houver interferência, basta providenciar outro pequeno degrau para deixar o flange do rolamento a uma altura aceitável.

A montagem de rolamentos de esferas e rolos cilíndricos nos eixos e nas carcaças requer uma consideração muito minuciosa das dimensões limite em todas as peças conjugadas a fim de garantir os ajustes corretos, definidos pelo fabricante do rolamento. As tolerâncias totais nos diâmetros do eixo são apenas algumas dezenas de milésimos de polegada em tamanhos de até aproximadamente 6,00 pol. Já as tolerâncias totais nos diâmetros internos da carcaça variam entre cerca de 0,001 a 0,004 pol para tamanhos entre 1,00 pol e mais de 16,0 pol. A violação dos ajustes recomendados pode causar desempenho insatisfatório e falha prematura do rolamento.

O furo de um rolamento é normalmente encaixado no assento com um leve ajuste de interferência para garantir que a pista interna gire com o eixo. O diâmetro externo do rolamento apresenta um ajuste deslizante apertado na carcaça, com folga mínima zero. Isso facilita a instalação e permite um pequeno movimento do rolamento quando há deformação térmica durante a operação. Ajustes mais apertados do que o recomendado pelo fabricante podem fazer os elementos rolantes ficarem presos entre as pistas interna e externa, resultando em cargas mais altas e atritos mais elevados. Por outro lado, ajustes mais frouxos podem fazer a pista externa girar em relação à carcaça, configurando uma situação muito indesejável.

Apenas um dos dois rolamentos em um eixo deve ser fixado axialmente na carcaça para proporcionar o alinhamento apropriado das componentes funcionais, como as engrenagens nesse projeto. O segundo rolamento deve ser instalado de modo a permitir um pequeno movimento axial durante a operação. Se também for fixado, provavelmente serão desenvolvidas cargas axiais para as quais ele não foi projetado.

Primeiro, será discutida a especificação das dimensões limite do eixo nos assentos do rolamento.

DIÂMETROS DO ASSENTO DO ROLAMENTO. Visto que a maioria dos rolamentos comercialmente disponíveis é produzida em dimensões métricas, os ajustes são especificados de acordo com o sistema de tolerância da Organização Internacional para Padronização (ISO). Apenas uma amostra dos dados é apresentada aqui com o objetivo de ilustrar o processo de especificação das dimensões limite em eixos e carcaças para acomodar rolamentos. Os catálogos dos fabricantes incluem dados muito mais extensos.

Para rolamentos que sustentam cargas moderadas ou pesadas, como os desse exemplo de projeto, as seguintes classes de tolerância são recomendadas aos assentos nos eixos e os ajustes do furo da carcaça com a pista externa:

▼ TABELA 15.4 Resumo dos resultados dos cálculos para o diâmetro do eixo no projeto revisado. Dimensionamento do eixo

A. Eixo de entrada

Seção	Diâmetro (e componente relacionada)	Torque (lb·pol)	M_x (lb·pol)	M_y (lb·pol)	V_x (lb)	V_y (lb)	K_t	Característica	Diâmetro (pol) Mínimo	Diâmetro (pol) Projeto
A	D_1 (acoplamento)	900	0	0	0	0	1,60	Assento des.	0,73	0,875
B (para a direita)	D_2 (rolamento)	900	0	0	0	0	2,50	Filete agudo	0,73	0,984
Observação: D_3 deve ser maior do que D_2 ou D_4 para fornecer flanges ao rolamento e à engrenagem.										2,000
C	D_4 (engrenagem)	900	234	643	94	257	2,00	Assento emb.	1,29	1,750
C (para a direita)	D_4 (engrenagem)	0	234	643	94	257	3,00	Sulco do anel	1,47	1,750
D	D_5 (rolamento)	0	0	0	94	257	2,50	Filete agudo	0,56	0,984

B. Eixo de saída

Seção	Diâmetro (e componente relacionada)	Torque (lb·pol)	M_x (lb·pol)	M_y (lb·pol)	V_x (lb)	V_y (lb)	K_t	Característica	Diâmetro (pol) Mínimo	Diâmetro (pol) Projeto
A	D_1 (acoplamento)	3150	0	0	0	0	1,60	Assento des.	1,10	1,250
B (para a esquerda)	D_2 (rolamento)	3150	0	0	0	0	2,50	Filete agudo	1,10	1,378
Observação: D_3 deve ser maior do que D_2 ou D_4 para fornecer flanges ao rolamento e à engrenagem.										2,000
C	D_4 (engrenagem)	3150	234	643	94	257	2,00	Assento emb.	1,36	1,750
C (para a esquerda)	D_4 (engrenagem)	0	234	643	94	257	3,00	Sulco do anel	1,47	1,750
D	D_5 (rolamento)	0	0	0	94	257	2,50	Filete agudo	0,56	0,984

Observação: des. = deslizante; emb. = embutido.

Intervalo de diâmetro interno do rolamento	Classe de tolerância
10-18 mm	j5
20-100 mm	k5
105-140 mm	m5
150-200 mm	m6
Furo da carcaça (qualquer)	H8

A Tabela 15.5 mostra dados representativos para as dimensões limite reais dessas classes dentro dos intervalos de tamanho para os rolamentos listados na Tabela 14.3. Note que as dimensões do diâmetro interno e externo do rolamento são as esperadas pelo fabricante de rolamentos. É preciso manter o diâmetro do eixo e da carcaça dentro das dimensões mínimas e máximas especificadas. A tabela também aponta os ajustes máximo e mínimo resultantes. O símbolo L indica que há um ajuste (frouxo) de folga líquido; T assinala um ajuste (apertado) de interferência. Assim, os rolamentos devem ser pressionados no assento do eixo. Às vezes, o aquecimento do rolamento e a refrigeração do eixo são realizados para produzir uma folga e facilitar a montagem. Quando as peças voltam à temperatura normal, o ajuste final é estabelecido.

Agora, será mostrada a determinação das dimensões limite para o eixo em cada assento de rolamento.

Eixo 1: Eixo de entrada. Os rolamentos 1 e 2 são de número 6305.

Diâmetro interno nominal = 25 mm (0,9843 pol)
A partir da Tabela 15.5: classe de tolerância ISO k5 no assento do eixo; limites de 0,9847 a 0,9844 pol
Ajuste resultante entre o furo do rolamento e o assento do eixo: 0,0001 pol apertado a 0,0008 pol apertado
Diâmetro externo da pista externa = 62 mm (2,4409 pol)
A partir da Tabela 15.5: classe de tolerância ISO H8 no furo da carcaça; limites de 2,4409 a 2,4427 pol
Ajuste resultante entre a pista externa e o furo da carcaça: 0,0 a 0,0023 pol frouxo

Eixo 2: Eixo de saída. O rolamento 3 em D é de número 6205.

Diâmetro interno nominal = 25 mm (0,9843 pol)
A partir da Tabela 15.5: classe de tolerância ISO k5 no assento do eixo; limites de 0,9847 a 0,9844 pol
Ajuste resultante entre o furo do rolamento e o assento do eixo: 0,0001 pol apertado a 0,0008 pol apertado
Diâmetro externo da pista externa = 52 mm (2,0472 pol)
A partir da Tabela 15.5: classe de tolerância ISO H8 no furo da carcaça; limites de 2,0472 a 2,0490 pol
Ajuste resultante entre a pista externa e o furo da carcaça: 0,0 a 0,0023 pol frouxo

▼ TABELA 15.5 Ajustes do eixo e da carcaça para rolamentos.

A. Ajustes do eixo							
Diâmetro interno do rolamento			Classe de tolerância ISO	Diâmetro do eixo		Limites do ajuste	
Nominal (mm)	Máximo (pol)	Mínimo (pol)		Máximo (pol)	Mínimo (pol)	Mínimo (pol)	Máximo (pol)
10	0,3937	0,3934	j5	0,3939	0,3936	0,0001L	0,0005T
12	0,4724	0,4721	j5	0,4726	0,4723	0,0001L	0,0005T
15	0,5906	0,5903	j5	0,5908	0,5905	0,0001L	0,0005T
17	0,6693	0,6690	j5	0,6695	0,6692	0,0001L	0,0005T
20	0,7874	0,7870	k5	0,7878	0,7875	0,0001T	0,0008T
25	0,9843	0,9839	k5	0,9847	0,9844	0,0001T	0,0008T
30	1,1811	1,1807	k5	1,1815	1,1812	0,0001T	0,0008T
35	1,3780	1,3775	k5	1,3785	1,3781	0,0001T	0,0010T

(continua)

(continuação)

A. Ajustes do eixo							
Diâmetro interno do rolamento			Classe de tolerância ISO	Diâmetro do eixo		Limites do ajuste	
Nominal (mm)	Máximo (pol)	Mínimo (pol)		Máximo (pol)	Mínimo (pol)	Mínimo (pol)	Máximo (pol)
40	1,5748	1,5743	k5	1,5753	1,5749	0,0001T	0,0010T
45	1,7717	1,7712	k5	1,7722	1,7718	0,0001T	0,0010T
50	1,9685	1,9680	k5	1,9690	1,9686	0,0001T	0,0010T
55	2,1654	2,1648	k5	2,1660	2,1655	0,0001T	0,0012T
60	2,3622	2,3616	k5	2,3628	2,3623	0,0001T	0,0012T
65	2,5591	2,5585	k5	2,5597	2,5592	0,0001T	0,0012T
70	2,7559	2,7553	k5	2,7565	2,7560	0,0001T	0,0012T
75	2,9528	2,9522	k5	2,9534	2,9529	0,0001T	0,0012T
80	3,1496	3,1490	k5	3,1502	3,1497	0,0001T	0,0012T
85	3,3465	3,3457	k5	3,3472	3,3466	0,0001T	0,0015T
90	3,5433	3,5425	k5	3,5440	3,5434	0,0001T	0,0015T
95	3,7402	3,7394	k5	3,7409	3,7403	0,0001T	0,0015T
100	3,9370	3,9362	k5	3,9377	3,9371	0,0001T	0,0015T
105	4,1339	4,1331	m5	4,1350	4,1344	0,0005T	0,0019T
110	4,3307	4,3299	m5	4,3318	4,3312	0,0005T	0,0019T
115	4,5276	4,5268	m5	4,5287	4,5281	0,0005T	0,0019T
120	4,7244	4,7236	m5	4,7255	4,7249	0,0005T	0,0019T
125	4,9213	4,9203	m5	4,9226	4,9219	0,0006T	0,0023T
130	5,1181	5,1171	m5	5,1194	5,1187	0,0006T	0,0023T
140	5,5118	5,5108	m5	5,5131	5,5124	0,0006T	0,0023T
150	5,9055	5,9045	m6	5,9071	5,9061	0,0006T	0,0026T
160	6,2992	6,2982	m6	6,3008	6,2998	0,0006T	0,0026T
170	6,6929	6,6919	m6	6,6945	6,6935	0,0006T	0,0026T
180	7,0866	7,0856	m6	7,0882	7,0872	0,0006T	0,0026T
190	7,4803	7,4791	m6	7,4821	7,4810	0,0007T	0,0030T
200	7,8740	7,8728	m6	7,8758	7,8747	0,0007T	0,0030T

(continua)

(continuação)

B. Ajustes da carcaça

Diâmetro externo do rolamento			Classe de tolerância ISO	Diâmetro interno da carcaça		Limites do ajuste	
Nominal (mm)	Máximo (pol)	Mínimo (pol)		Máximo (pol)	Mínimo (pol)	Mínimo (pol)	Máximo (pol)
30	1,1811	1,1807	H8	1,1811	1,1824	0	0,0017L
32	1,2598	1,2594	H8	1,2598	1,2613	0	0,0019L
35	1,3780	1,3776	H8	1,3780	1,3795	0	0,0019L
37	1,4567	1,4563	H8	1,4567	1,4582	0	0,0019L
40	1,5748	1,5744	H8	1,5748	1,5763	0	0,0019L
42	1,6535	1,6531	H8	1,6535	1,6550	0	0,0019L
47	1,8504	1,8500	H8	1,8504	1,8519	0	0,0019L
52	2,0472	2,0467	H8	2,0472	2,0490	0	0,0023L
62	2,4409	2,4404	H8	2,4409	2,4427	0	0,0023L
72	2,8346	2,8341	H8	2,8346	2,8364	0	0,0023L
80	3,1496	3,1491	H8	3,1496	3,1514	0	0,0023L
85	3,3465	3,3459	H8	3,3465	3,3486	0	0,0027L
90	3,5433	3,5427	H8	3,5433	3,5454	0	0,0027L
100	3,9370	3,9364	H8	3,9370	3,9391	0	0,0027L
110	4,3307	4,3301	H8	4,3307	4,3328	0	0,0027L
120	4,7244	4,7238	H8	4,7244	4,7265	0	0,0027L
125	4,9213	4,9206	H8	4,9213	4,9238	0	0,0032L
130	5,1181	5,1174	H8	5,1181	5,1206	0	0,0032L
140	5,5118	5,5111	H8	5,5118	5,5143	0	0,0032L
150	5,9055	5,9048	H8	5,9055	5,9080	0	0,0032L
160	6,2992	6,2982	H8	6,2992	6,3017	0	0,0035L
170	6,6929	6,6919	H8	6,6929	6,6954	0	0,0035L
180	7,0866	7,0856	H8	7,0866	7,0891	0	0,0035L
190	7,4803	7,4791	H8	7,4803	7,4831	0	0,0040L
200	7,8740	7,8728	H8	7,8740	7,8768	0	0,0040L
215	8,4646	8,4634	H8	8,4646	8,4674	0	0,0040L

(continua)

(continuação)

B. Ajustes da carcaça							
Diâmetro externo do rolamento			Classe de tolerância ISO	Diâmetro interno da carcaça		Limites do ajuste	
Nominal (mm)	Máximo (pol)	Mínimo (pol)		Máximo (pol)	Mínimo (pol)	Mínimo (pol)	Máximo (pol)
225	8,8583	8,8571	H8	8,8583	8,8611	0	0,0040L
230	9,0551	9,0539	H8	9,0551	9,0579	0	0,0040L
240	9,4488	9,4476	H8	9,4488	9,4516	0	0,0040L
250	9,8425	9,8413	H8	9,8425	9,8453	0	0,0040L
260	10,2362	10,2348	H8	10,2362	10,2394	0	0,0046L
270	10,6299	10,6285	H8	10,6299	10,6331	0	0,0046L
280	11,0236	11,0222	H8	11,0236	11,0268	0	0,0046L
290	11,4173	11,4159	H8	11,4173	11,4205	0	0,0046L
300	11,8110	11,8096	H8	11,8110	11,8142	0	0,0046L
310	12,2047	12,2033	H8	12,2047	12,2079	0	0,0046L
320	12,5984	12,5968	H8	12,5984	12,6019	0	0,0051L
340	13,3858	13,3842	H8	13,3858	13,3893	0	0,0051L
360	14,1732	14,1716	H8	14,1732	14,1767	0	0,0051L
380	14,9606	14,9590	H8	14,9606	14,9641	0	0,0051L
400	15,7480	15,7464	H8	15,7480	15,7515	0	0,0051L
420	16,5354	16,5336	H8	16,5354	16,5392	0	0,0056L

Observação: L = frouxo; T = apertado.

Eixo 2: eixo de saída. O rolamento 4 em B é de número 6207.

Diâmetro interno nominal = 35 mm (1,3780 pol)

A partir da Tabela 15.5: classe de tolerância ISO k5 no assento do eixo; limites de 1,3785 a 1,3781 pol

Ajuste resultante entre o furo do rolamento e o assento do eixo: 0,0001 pol apertado a 0,0010 pol apertado

Diâmetro externo da pista externa = 72 mm (2,8346 pol)

A partir da Tabela 15.5: classe de tolerância ISO H8 no furo da carcaça; limites de 2,8346 a 2,8364 pol

Ajuste resultante entre a pista externa e o furo da carcaça: 0,0 a 0,0023 pol frouxo.

Diâmetros do flange do eixo e da carcaça. Cada um dos rolamentos nesse projeto deve ser assentado em um flange por um dos lados. O flange do eixo deve ser grande o suficiente para proporcionar uma superfície plana e sólida em que apoiar a lateral da pista interna. Contudo, não é indicado que ele seja tão alto a ponto de ter contato com a pista externa, pois a interna gira na velocidade do eixo, e a externa é imóvel.

Da mesma forma, o flange na carcaça deve oferecer uma fixação sólida da pista externa, mas não a ponto de ter contato com a interna.

Os catálogos dos fabricantes de rolamentos fornecem dados semelhantes aos apresentados na Tabela 14.3 a fim de orientar a especificação de alturas adequadas do flange. Como mostra a Figura 15.5, o valor de S é o diâmetro mínimo do flange do eixo. O diâmetro máximo nominal é o médio para o rolamento no meio das esferas. O valor de H é o diâmetro máximo do flange da carcaça, com o diâmetro mínimo nominal sendo o médio do rolamento.

Por exemplo, no projeto atual, o diâmetro mínimo do flange em cada rolamento no eixo 1 deve ser 1,260 pol, conforme apontado para o rolamento número 305 na Tabela 14.3. (Observe que o rolamento número 6305, especificado para o eixo, é da mesma *série* que o número 305, indicando dimensões semelhantes.) O diâmetro máximo do flange da carcaça para o rolamento número 305 é 2,165 pol, no qual a pista externa deve ser assentada.

No eixo 2, o flange para o rolamento 6205 também deve ter, pelo menos, 1,181 pol, e aquele para o rolamento 6207 precisa ter 1,654 pol, no mínimo.

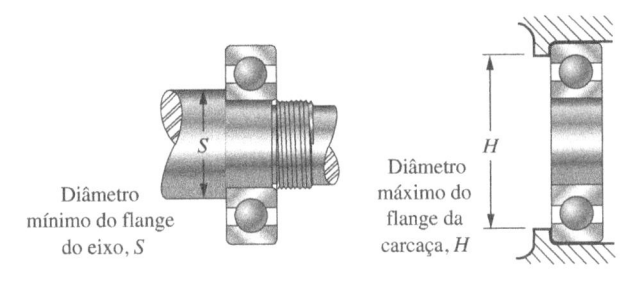

Observações:
S = diâmetro mínimo do flange do eixo
 O diâmetro máximo não deve exceder o médio do rolamento no meio das esferas.
H = diâmetro máximo do flange da carcaça
 O diâmetro mínimo não deve ser menor do que o médio do rolamento no meio das esferas.
Consulte a Tabela 14.3, no Capítulo 14, para valores de S e H.

▲ **FIGURA 15.5** Diâmetros do flange do eixo e da carcaça.

O diâmetro máximo do flange da carcaça para o rolamento 6205 no eixo 2 é 1,850. Para o rolamento 6207, o diâmetro máximo do flange da carcaça é 2,559 pol.

A Tabela 15.6 mostra os dados relevantes utilizados para decidir os valores dos diâmetros do flange e, nas duas últimas colunas, indica os valores especificados. Quando o diâmetro especificado do flange for menor do que o preliminar apontado na Tabela 15.4, será utilizado mais um degrau no eixo de modo a oferecer um flange apropriado para o rolamento e a engrenagem. Isso pode ser visto nos desenhos dos eixos fornecidos no final deste capítulo.

O emprego de um diâmetro de 1,75 pol para o flange em D no eixo 1 foi especificado porque esse é o diâmetro do eixo escolhido anteriormente. Ele é um pouco maior do que o diâmetro médio do rolamento, mas ainda deve ser menor do que o da pista externa. Dados mais completos no catálogo do fabricante indicam que o diâmetro da superfície interna da pista externa é 2,00 pol, e, portanto, o diâmetro de 1,75 pol é aceitável.

RAIOS DO FILETE. Cada um dos rolamentos especificados para o redutor exige um raio máximo de 0,039 pol ao filete do flange responsável por sua fixação. (Consulte a Tabela 14.3.) Estabelecemos limites de 0,039 a 0,035 para o raio. Antes de submetê-los ao projeto, o fator de concentração de tensão será verificado em cada flange.

ACOPLAMENTOS FLEXÍVEIS. O uso de acoplamentos flexíveis nos eixos de entrada e saída foi levado em conta no projeto e na análise do eixo. Eles possibilitam a transmissão de torque entre dois eixos sem exercer forças radiais ou axiais significativas. No caso, o uso de acoplamentos flexíveis simplificou o projeto do eixo e diminuiu as cargas nos rolamentos em comparação ao

▼ **TABELA 15.6** Diâmetros do flange do eixo e da carcaça para os rolamentos no projeto atual.

A. Eixo 1							
Rolamento nº	Diâmetro interno	Diâmetro externo	Diâmetro médio	S mínimo	H máximo	Flange especificado do eixo	Flange especificado da carcaça
6305 em B	0,9843	2,4409	1,713	1,260	2,165	1,50	2,00
6305 em D	0,9843	2,4409	1,713	1,260	2,165	1,75	2,00
B. Eixo 2							
Rolamento nº	Diâmetro interno	Diâmetro externo	Diâmetro médio	S mínimo	H máximo	Flange especificado do eixo	Flange especificado da carcaça
6207 em B	1,3780	2,8346	2,106	1,654	2,559	2,00	2,25
6205 em D	0,9843	2,0472	1,516	1,181	1,850	1,50	1,75

uso de um dispositivo, como uma roldana de correia ou uma corrente dentada.

Agora, serão especificados acoplamentos adequados para os eixos de entrada e saída. O Capítulo 11 mostrou muitos exemplos, e é preciso revê-los agora. É inviável reproduzir os dados de todos os acoplamentos mencionados neste livro. Durante a leitura desta seção, seria interessante buscar uma cópia do catálogo de um dos fabricantes de acoplamentos e estudar seus procedimentos de seleção recomendados. (Consulte os sites do Capítulo 11.)

Foram selecionados rolamentos do tipo mostrado na Figura 11.16, chamados *acoplamentos Ever-Flex Browning* da Emerson Power Transmission, uma divisão da Emerson Electric Company. Membros flexíveis de borracha são permanentemente unidos a cubos de aço, e a flexibilidade da borracha acomoda desalinhamento paralelo dos eixos conjugados de até 0,032 pol, desalinhamento angular de ± 3° e folga axial dos eixos de até ± 0,032 pol. É importante projetar o sistema de transmissão para a serra de modo a proporcionar esse alinhamento do eixo de entrada até o motor de acionamento e do eixo de saída até o eixo acionador da serra.

A seleção de um acoplamento adequado depende da taxa de transmissão de potência dos diversos tamanhos disponíveis. No entanto, a taxa de potência deve estar correlacionada à velocidade de rotação, pois a variável real é o torque ao qual o acoplamento é submetido. Tanto o acoplamento de entrada quanto o de saída transmitem, nominalmente, 25 hp nesse projeto para a transmissão da serra. Porém, o eixo de entrada gira a 1750 rpm, e o de saída, a 500 rpm. Uma vez que o torque é inversamente proporcional à velocidade de rotação, o torque recebido pelo acoplamento no eixo de saída é aproximadamente 3,5 vezes maior do que no eixo de entrada. Os dados do catálogo do acoplamento também exigem o uso de um *fator de serviço* com base no tipo de máquina acionada, e alguns valores sugeridos estão inclusos nesse catálogo. Consideraremos que um fator de serviço de 1,5 é adequado para a serra, que receberá, na maioria das vezes, uma transmissão de potência suave com carga de impacto moderada ocasional.

O fator de serviço é aplicado à potência nominal que está sendo transmitida para que se calcule um valor para a *taxa normal* dos acoplamentos. Então,

Taxa normal = entrada de potência × fator de serviço
= 25 hp(1,5) = 37,5 hp

As tabelas do catálogo estabelecem o acoplamento CFR6 com uma taxa normal adequada a 1750 rpm para o eixo de entrada, e o CF9 para o eixo de saída a 500 rpm.

São especificados cubos para os acoplamentos que possuem furos usinados e rasgos de chaveta com uma variedade de furos permitidos. Cada metade do acoplamento pode ter um furo diferente de acordo com o tamanho do eixo onde será montada. Para o eixo de entrada, foi definido um diâmetro de 0,875 pol (7/8 pol), e esta será a especificação do furo para metade do acoplamento CFR6. O rasgo tem 3/16 × 3/32 para receber uma chaveta quadrada de 3/16 pol. O comprimento nominal máximo do eixo dentro de cada metade do acoplamento é 2,56 pol.

A outra metade do acoplamento CFR6 é montada no eixo do motor. Lembre-se de que os requisitos de projeto listados no início desse processo especificaram um motor de 25 hp com chassis NEMA 284T. A Tabela 21.3 estabelece um diâmetro de eixo de 1,875 pol (1 7/8 pol) para esse motor com rasgo de 1/2 × 1/4 pol a fim de receber uma chaveta quadrada de 1/2 pol. Esse será o furo especificado para a metade do acoplamento CFR6 conectada ao motor. A razão para a grande diferença nos tamanhos dos eixos do motor e do redutor é que o primeiro, de uso geral, deve ser projetado para sustentar uma carga lateral significativa, e o eixo, não.

O eixo de saída do redutor no acoplamento tem diâmetro de 1,250 pol, e o de entrada para a serra terá o mesmo tamanho. Logo, as duas metades do acoplamento CFR9 terão esse furo com rasgo de 1/4 × 1/8 pol para receber uma chaveta quadrada de 1/4 pol. O comprimento nominal máximo do eixo dentro de cada metade do acoplamento é 3,125 pol.

CHAVETAS E ASSENTOS. Um total de seis chavetas precisam ser especificadas: duas para cada metade dos acoplamentos flexíveis nos eixos de entrada e saída e uma para cada engrenagem no redutor. Os métodos do Capítulo 11 são utilizados para verificar a adequação das chavetas e definir o comprimento exigido com a Equação 11.5. Serão empregados tamanhos padronizados de chaveta feitas de aço SAE 1018 CD com tensão de escoamento de 54000 psi.

1. ***Chavetas para o acoplamento CFR6 no eixo de entrada:*** primeiro, serão verificadas as chavetas dentro dos acoplamentos porque suas dimensões já foram especificadas pelo fabricante. A metade do acoplamento conectada ao eixo de entrada é crítica, pois seu diâmetro interno de 0,875 pol é menor, resultando em forças maiores na chaveta durante a transmissão do torque de 900 lb · pol calculado anteriormente no projeto do eixo. A chaveta é quadrada e tem 3/16 pol (0,188 pol). Será usado um fator de projeto N de 4, como no projeto do eixo. Então, a partir da Equação 11.5,

$$L = \frac{4TN}{DWs_y} = \frac{4(900 \text{ lb} \cdot \text{pol})(4)}{(0,875 \text{ pol})(0,188 \text{ pol})(54000 \text{ psi})} = 1,62 \text{ pol}$$

Pode-se especificar um comprimento de chaveta de 2,50 pol para aumentar a segurança e corresponder ao do cubo do acoplamento CFR6. Para o eixo do motor, deve-se usar uma chaveta de 1/2 pol com comprimento igual ao do cubo do acoplamento. Além disso, ela precisa ser muito segura por conta do tamanho da chaveta e do eixo, que sustentam o mesmo torque.

2. *Chavetas para o acoplamento CFR9 no eixo de saída:* para o eixo de saída e o eixo acionador da serra,

$T = 3150$ lb · pol
$D = 1,25$ pol
$W = 0,250$ pol (largura da chaveta)

$$L = \frac{4TN}{DWs_y} = \frac{4(3150 \text{ lb} \cdot \text{pol})(4)}{(1,25 \text{ pol})(0,250 \text{ pol})(54000 \text{ psi})} = 2,99 \text{ pol}$$

O comprimento da chaveta será de 3,125 pol (3 1/8 pol), o total do cubo do acoplamento CFR9. O fator de projeto conservador, 4, torna esse comprimento aceitável.

3. *Chaveta para o pinhão no eixo 1:* o furo do pinhão deve ter nominalmente 1,75 pol, como determina o projeto do eixo e mostra a Tabela 15.4. A chaveta para esse diâmetro precisa ser quadrada e ter 3/8 pol, de acordo com a Tabela 11.1. O torque transmitido é de 900 lb · pol. Então, com a Equação 11.5, têm-se

$$L = \frac{4TN}{DWs_y} = \frac{4(900 \text{ lb} \cdot \text{pol})(4)}{(1,75 \text{ pol})(0,375 \text{ pol})(54000 \text{ psi})} = 0,406 \text{ pol}$$

A largura de face da engrenagem é 2,00 pol. Usaremos um comprimento de chaveta de 1,50 pol e centralizaremos o assento embutido na seção C no eixo, de forma que esse assento não interaja de modo significativo com o sulco do anel à direita ou com o canto filetado à esquerda.

4. *Chaveta para a engrenagem no eixo 2:* o furo da engrenagem deve ter nominalmente 1,75 pol, como determina o projeto do eixo e mostra a Tabela 15.4. A chaveta para esse diâmetro precisa ser quadrada e apresentar 3/8 pol, de acordo com a Tabela 11.1. O torque transmitido é de 3150 lb · pol. Então, com a Equação 11.5, têm-se

$$L = \frac{4TN}{DWs_y} = \frac{4(3500 \text{ lb} \cdot \text{pol})(4)}{(1,75 \text{ pol})(0,375 \text{ pol})(54000 \text{ psi})} = 1,42 \text{ pol}$$

A largura de face da engrenagem é 2,00 pol. Será usado um comprimento de 1,50 pol para essa chaveta, também. Os projetos das chavetas estão resumidos na seguinte lista:

Resumo dos projetos das chavetas

Eixo do motor: chaveta quadrada 1/2 pol × 2,50 pol de comprimento

Eixo de entrada do redutor no acoplamento: chaveta quadrada 3/16 pol × 2,50 pol de comprimento; assento deslizante

Eixo de entrada no pinhão: chaveta quadrada 3/8 pol × 1,50 pol de comprimento; assento embutido do eixo

Eixo de saída na engrenagem: chaveta quadrada 3/8 pol × 1,50 pol de comprimento; assento embutido do eixo

Eixo de saída no acoplamento: chaveta quadrada 1/4 pol × 3,125 pol de comprimento; assento deslizante

Eixo acionador para a serra no acoplamento: chaveta quadrada 1/4 pol × 3,125 pol de comprimento; assento deslizante

As tolerâncias para as chavetas e os assentos estão resumidas a seguir: a barra quadrada padrão de aço SAE 1018 está disponível para uso nas chavetas. Já as tolerâncias típicas são fornecidas na Tabela 15.7. Também são indicadas as tolerâncias recomendadas para a largura do assento e o ajuste resultante entre a chaveta e o assento. Um pequeno ajuste de folga é desejável para possibilitar uma montagem simples sem que a chaveta se movimente visivelmente durante a instalação.

TOLERÂNCIAS PARA OUTRAS DIMENSÕES DE EIXO. Reveja a discussão nas seções 13.5 e 13.9 sobre ajustes e tolerâncias, respectivamente. Consulte também as referências 1, 4 e 7 no Capítulo 15 com outros textos abrangentes sobre desenho técnico e interpretação de desenhos de engenharia.

O ajuste do furo das engrenagens nos eixos ou o do diâmetro interno dos acoplamentos nas extremidades dos eixos deve ser especificado. Um ajuste deslizante apertado ou um de localização apertado é recomendado para tais componentes. Os dados são fornecidos na Tabela 13.3 para os ajustes RC2, RC5 e RC8. Dados mais completos estão disponíveis nas referências 1, 2, 3, 5, 6 e 8 do Capítulo 13. Será aplicado o ajuste RC5 para peças conjugadas precisas que devem ser montadas com facilidade, mas nas quais pouco jogo perceptível é desejado. Os ajustes RC empregam o *sistema furo-base*, ilustrado no Capítulo 13.

▼ TABELA 15.7 Tolerâncias e ajustes para chavetas e assentos.

Tamanho da chaveta (largura em polegadas)	Tolerância para a chaveta (todos + 0,000)	Tolerância para o assento (todos − 0,000)	Intervalo de ajuste
Até 1/2	−0,002	+0,002	0,000–0,004
Entre 1/2 e 3/4	−0,002	+0,003	0,000–0,005
Entre 3/4 e 1	−0,003	+0,003	0,000–0,006
Entre 1 e 1½	−0,003	+0,004	0,000–0,007
Entre 1½ e 2½	−0,004	+0,004	0,000–0,008

15.6 DETALHES FINAIS DO PROJETO PARA OS EIXOS

As figuras 15.6 e 15.7 mostram o projeto final dos eixos de entrada e saída. Dados fornecidos ao longo deste capítulo foram usados para especificar as dimensões pertinentes. Nos pontos em que os filetes são especificados, foi feita uma verificação de tensão final para garantir que os fatores de concentração de tensão estimados utilizados na análise do projeto anterior sejam satisfatórios e que os níveis finais de tensão sejam seguros.

Detalhes do assento foram indicados depois dos desenhos do eixo dimensionado. Consulte o Capítulo 11 para o cálculo da dimensão vertical desde a parte inferior do eixo até a parte inferior do assento.

Os sulcos do anel de retenção são desenhados nas dimensões especificadas para um anel básico externo de um eixo com 1,75 pol de diâmetro, como ilustra a Figura 11.30(a). Consulte os sites 11 e 21 do Capítulo 11 para fornecedores dos anéis de retenção e detalhes de aplicação.

Quatro diâmetros de eixo são dimensionados para o ajuste RC5 nas figuras 15.6 e 15.7. No eixo 1, eles estão na extensão em que o acoplamento é montado e no pinhão. No eixo 2, estão na engrenagem e no local em que o acoplamento está fixado na extensão de saída. A Tabela 15.8 resume os dados para os ajustes. É preciso verificá-los com o procedimento indicado no Capítulo 13. Observe que as dimensões limite tanto para o diâmetro do eixo quanto para o furo do elemento conjugado são fornecidas e que a tolerância total em cada dimensão é pequena, inferior a 0,002 pol. Note também a pequena variação da folga nas peças conjugadas, conforme indicado na última coluna, chamada "Ajuste".

Nos eixos desse projeto, especificamos tolerâncias geométricas para a concentricidade de quatro diâmetros críticos em cada um. A Figura 15.7(b) registra a abordagem para o eixo de saída. Por causa da semelhança entre os dois eixos, a natureza das observações seria a mesma para o eixo de entrada. O diâmetro de referência é estabelecido na engrenagem. Assim, os diâmetros nos dois assentos do rolamento e na extremidade do eixo que recebe o acoplamento são monitorados por blocos de controle com funções de concentricidade. Flanges para a fixação dos rolamentos e das engrenagens são mantidos perpendiculares à direção axial do eixo, conforme representado pelo diâmetro da engrenagem. O assento é mantido paralelo à direção axial do eixo.

15.7 DESENHO DE MONTAGEM

A Figura 15.8 é um desenho da montagem do redutor com todas as características em escala. A carcaça é mostrada como uma caixa retangular para fins de simplificação. Os rolamentos são mantidos em retentores, que, por sua vez, são fixados nas paredes da carcaça. É preciso dispensar atenção especial ao alinhamento dos retentores, e esta seria uma tarefa importante para o detalhamento da carcaça, não indicado aqui.

A montagem de todas as componentes dentro da carcaça é facilitada se o lado direito for removível. Mais uma vez, o alinhamento da tampa com o compartimento principal é essencial.

Vedações foram mostradas nos retentores, onde os eixos penetram as paredes laterais da carcaça. Consulte o Capítulo 11 para obter mais informações sobre vedações.

Análise crítica do projeto

As figuras 15.6 a 15.8 apresentam desenhos que atendem aos requisitos básicos do projeto estabelecidos no início deste capítulo. Alguns aperfeiçoamentos

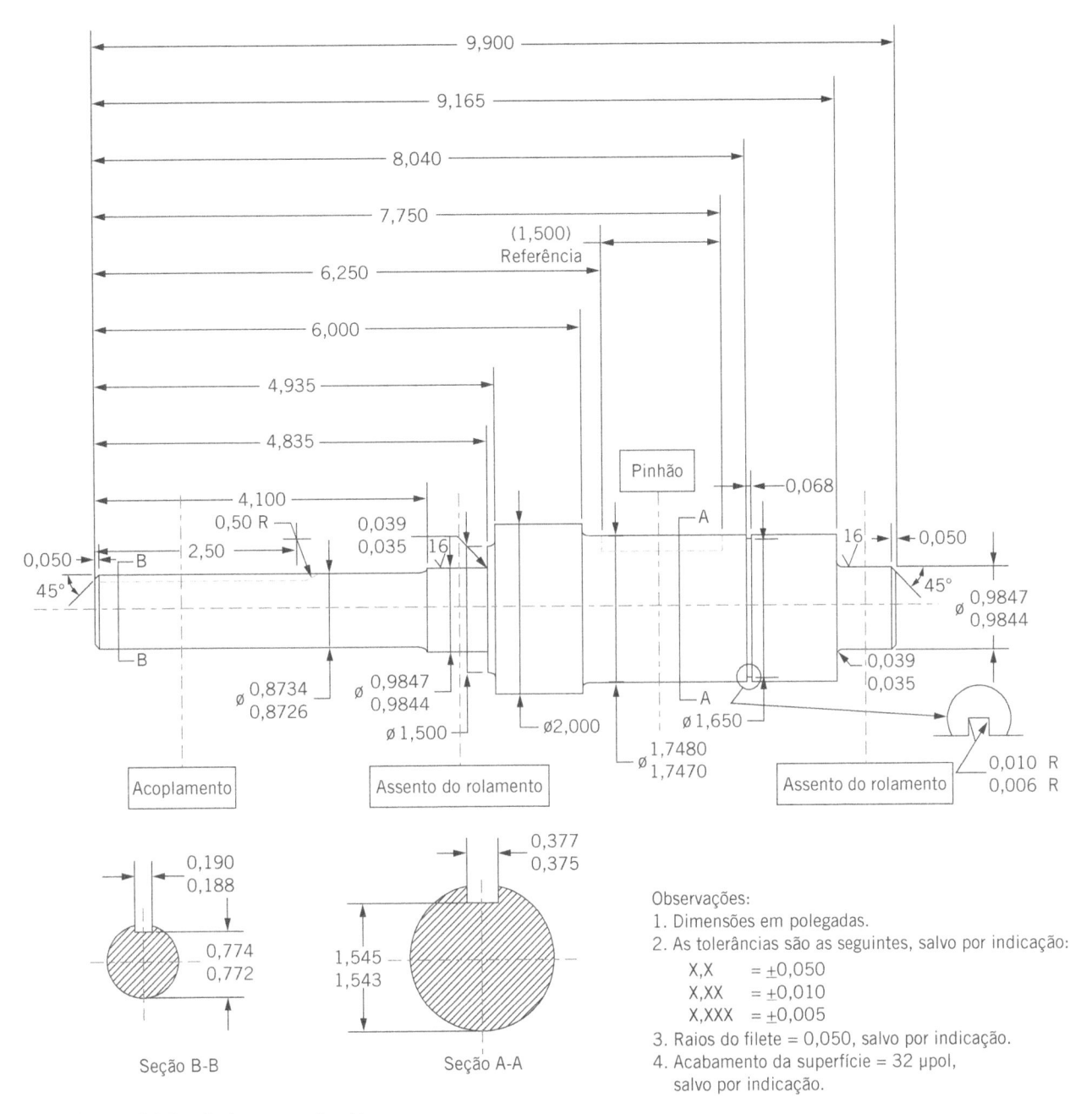

▲ **FIGURA 15.6** Desenho da montagem do redutor.

Observações:
1. Dimensões em polegadas.
2. As tolerâncias são as seguintes, salvo por indicação:
   X,X   = ±0,050
   X,XX   = ±0,010
   X,XXX   = ±0,005
3. Raios do filete = 0,050, salvo por indicação.
4. Acabamento da superfície = 32 μpol, salvo por indicação.

poderiam ser realizados se houvesse mais detalhes sobre a serra para a qual o redutor está sendo projetado.

Pelo que dá para perceber, o comprimento dos eixos poderia ser um pouco menor. As distâncias entre o centro das engrenagens e os rolamentos foram arbitrariamente selecionadas como 2,50 pol no início do processo, quando as dimensões de todas as componentes eram desconhecidas. Agora que o tamanho nominal das engrenagens, dos rolamentos e dos acoplamentos é conhecido, iterações adicionais no projeto poderiam resultar em um conjunto menor.

Deve-se procurar, em outros redutores de velocidade por engrenagem comercialmente disponíveis, características que possam ser incorporadas a este projeto. Consulte especialmente as figuras 9.31, 9.32 e 9.33 no Capítulo 9 e as figuras 10.1, 10.2, 10.22 e 10.23 no Capítulo 10.

▼ TABELA 15.8 Cálculos e especificações para o ajuste de elementos nos eixos da transmissão.

Posicionamento	Diâmetro nominal	Dimensões limite do furo para o elemento externo	Dimensões limite do diâmetro externo para o eixo	Ajuste
Eixo 1:				
Entrada no acoplamento	0,8750	0,8762/0,8750	0,8734/0,8726	+0,0026/+0,0036
Pinhão	1,7500	1,7516/1,7500	1,7480/1,7470	+0,0020/+0,0046
Eixo 2:				
Engrenagem	1,7500	1,7516/1,7500	1,7480/1,7470	+0,0020/+0,0046
Saída no acoplamento	1,2500	1,2516/1,2500	1,2480/1,2470	+0,0020/+0,0046

Observação: o ajuste RC5 é usado para todas as fixações, e as dimensões estão em polegadas.

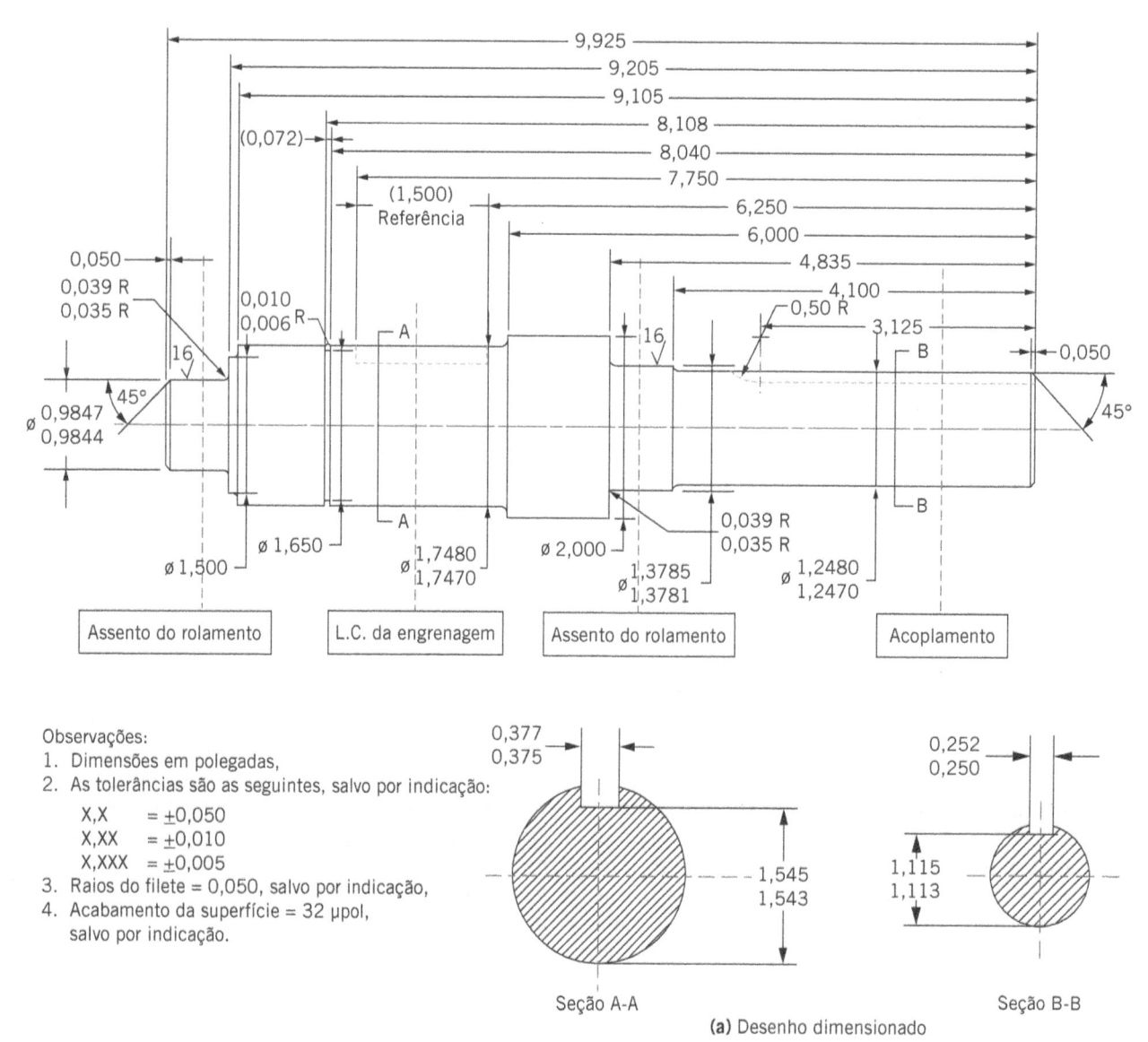

Observações:
1. Dimensões em polegadas,
2. As tolerâncias são as seguintes, salvo por indicação:

   X,X   = ±0,050
   X,XX = ±0,010
   X,XXX = ±0,005

3. Raios do filete = 0,050, salvo por indicação,
4. Acabamento da superfície = 32 µpol, salvo por indicação.

(a) Desenho dimensionado

▲ FIGURA 15.7 Projeto final do eixo de saída (continua).

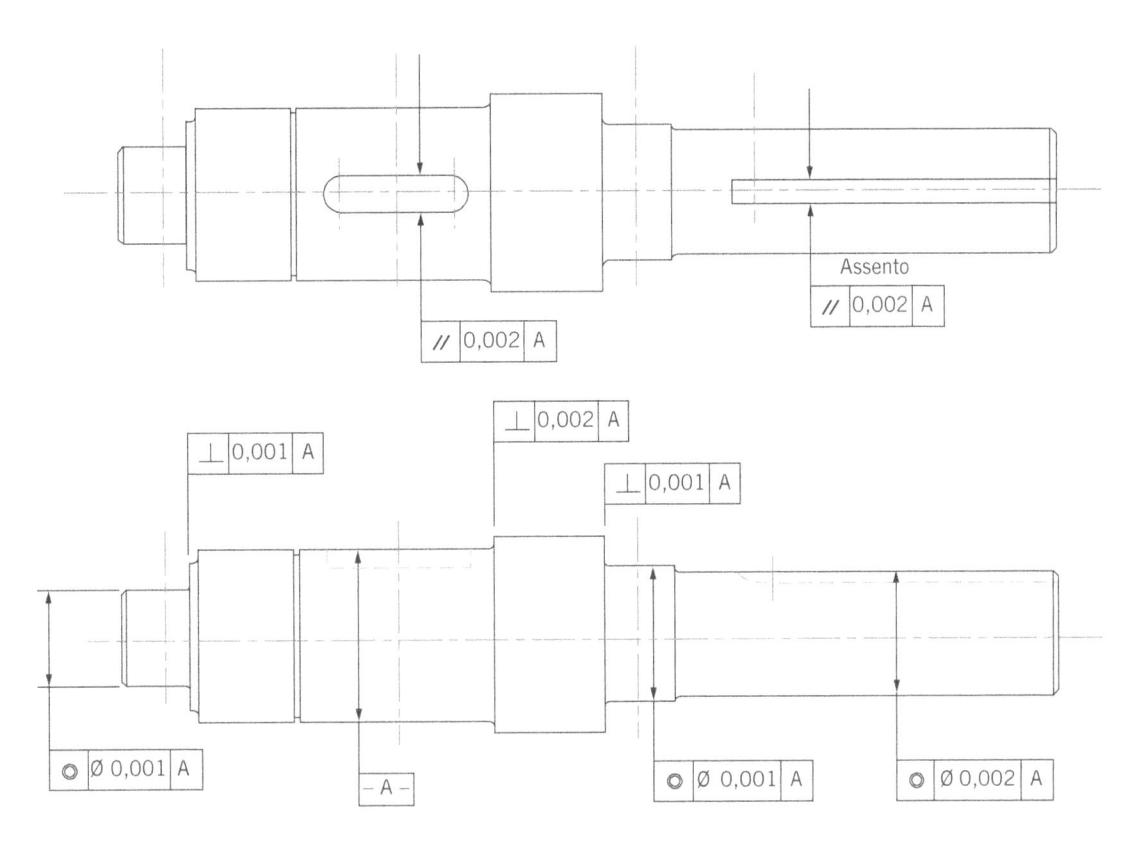

(b) Tolerâncias geométricas

▲ FIGURA 15.7 (continuação)

REFERÊNCIAS

1. AMERICAN SOCIETY OF MECHANICAL ENGINEERS. ASME Standard Y14.5. *Dimensioning and Tolerancing*. Nova York: American Society of Mechanical Engineers, 2009.
2. BERTOLINE, G.; WIEBE, E.; HARTMAN, N.; ROSS, W. *Fundamentals of Graphic Communication*. 6. ed. Nova York: McGraw-Hill, 2010.
3. CROSS, Nigel. *Engineering Design Methods:* Strategies for Product Design. 4. ed. Nova York: John Wiley & Sons, 2008.
4. EARLE, James H. *Engineering Design Graphics*, 12. ed. Upper Saddle River, NJ: Pearson Prentice Hall, 2007.
5. KEPNER, Charles H.; TREGOE, Benjamin B. *The New Rational Manager:* An Updated Edition for a New World. Princeton, NJ: Princeton Research Press, 1997.
6. NATIONAL RESEARCH COUNCIL. *Improving Engineering Design:* Designing for Competitive Advantage. Washington, DC: National Academy Press, 1991.
7. OBERG, Erik et al. *Machinery's Handbook*. 28. ed. Nova York: Industrial Press, 2008.
8. PAHL, G.; BEITZ, W.; FELDHUSEN, J.; GROTE, K. *Engineering Design:* A Systematic Approach. 3. ed. Londres: Springer, 2007.
9. PEERLESS-WINSMITH, INC. *The Speed Reducer Book:* A Practical Guide to Enclosed Gear Drives. Springville, NY: Peerless-Winsmith, 1980.
10. PUGH, Stuart. *Total Design: Integrated Methods for Successful Product Engineering*. Reading, MA: Addison-Wesley, 1991.
11. PUGH, Stuart; CLAUSING, Don. *Creating Innovative Products Using Total Design:* The Living Legacy of Stuart Pugh. Reading, MA: Addison-Wesley, 1996.
12. ULLMAN, David G. *The Mechanical Design Process*. 4. ed. Nova York: McGraw-Hill, 2010.
13. ULRICH, K.; EPPINGER, S. *Product Design and Development*. 4. ed. Nova York: McGraw-Hill/Irwin, 2007.

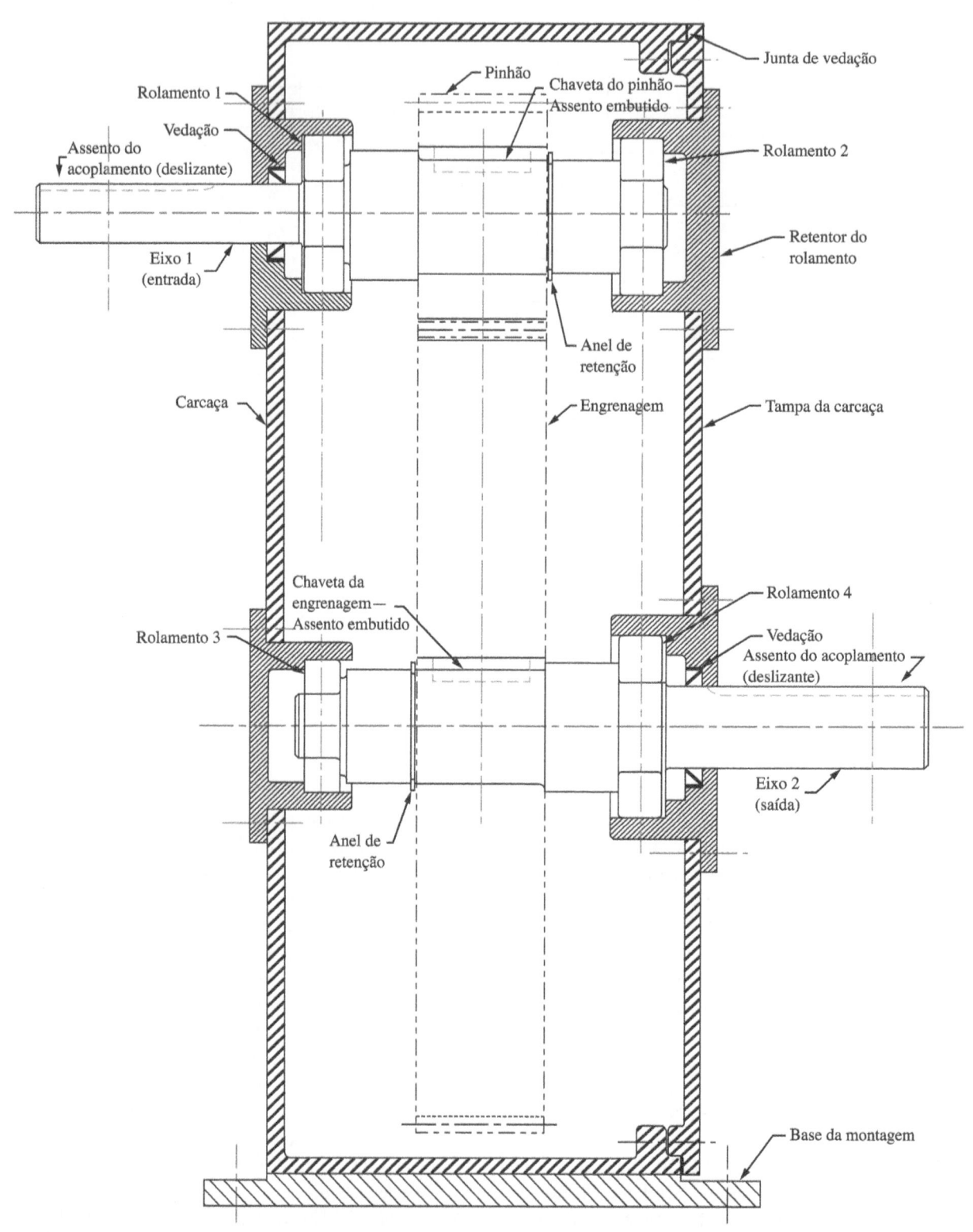

▲ FIGURA 15.8 Desenho da montagem do redutor.

SITES SOBRE PROJETO DE TRANSMISSÃO

1. **Kepner-Tregoe, Inc.** <www.kepner-tregoe.com> Empresa de consultoria de gestão e treinamento especializada em decisões estratégicas e operacionais. Seu trabalho originou-se do conhecido livro listado na Referência 5. A abordagem da Kepner--Tregoe aplica-se à resolução de problemas e à tomada de decisões no desenvolvimento de produtos e nos processos de fabricação. Agora há uma modalidade on-line chamada *eLearning Problem Solving and Decision Making* (Ensino eletrônico de solução de problemas e tomada de decisões).

2. **Peerless-Winsmith, Inc.** <www.winsmith.com> Fabricante de uma ampla linha de redutores de velocidade. Essa empresa produziu o livro listado na Referência 9.

PARTE 03
DETALHES DO PROJETO E OUTROS ELEMENTOS DE MÁQUINA

OBJETIVOS E CONTEÚDO DA PARTE 03

Os capítulos 16 a 23 apresentam métodos de análise e projetos de vários elementos importantes de máquinas que não são pertinentes ao projeto de uma transmissão de potência, conforme apresentado na Parte 02 deste livro. Esses capítulos podem ser lidos em qualquer ordem ou podem ser utilizados como material de referência para projetos gerais.

Capítulo 16: Mancais de deslizamento. Trata de mancais de deslizamento. Esses mancais empregam elementos de superfície lisa para sustentar cargas de eixos ou outros dispositivos em que há movimento relativo. Você aprenderá a especificar materiais para as peças do mancal, a geometria do mancal e eixo de deslizamento e o lubrificante. Também são discutidas a lubrificação hidrodinâmica de película completa e a lubrificação marginal.

Capítulo 17: Elementos de movimento linear. Aborda dispositivos que convertem movimento rotacional a movimento linear ou vice-versa. Eles são muito usados em máquinas-ferramentas, equipamentos de automação e peças de máquinas de construção. Você aprenderá sobre a geometria desses dispositivos e como analisar seu desempenho.

Capítulo 18: Molas. Mostra como projetar e analisar molas de compressão helicoidal, molas helicoidais de extensão e molas torcionais.

Capítulo 19: Elementos de fixação. Descreve parafusos de máquina, parafusos, porcas e parafusos de ajuste. Você conhecerá os tipos de material usados em elementos de fixação e aprenderá a projetá-los para um desempenho seguro e confiável. Rebites, elementos de fixação de rápida operação, soldagem, brasagem, solda branda e fixação por adesivo ou colagem.

Capítulo 20: Quadros de máquinas, conexões aparafusadas e conexões soldadas. Apresenta a importante habilidade de projetar um quadro para rigidez e resistência. Você ganhará experiência na análise de forças e tensões em conexões aparafusadas e soldadas que unem elementos portantes. Você também aprenderá a analisar cargas excêntricas nas conexões.

Capítulo 21: Motores elétricos e controles. Discute os vários tipos de motores CA e CC comercialmente disponíveis. Visto que um grande número de projetos mecânicos envolve o uso de um motor elétrico como principal, você aprenderá a fazer com que suas características de desempenho atendam às necessidades da máquina sendo projetada e também a especificar controles do motor.

Capítulo 22: Controle de movimento: embreagens e freios. Aborda os vários tipos de embreagens e freios que podem ser utilizados. As embreagens fornecem o trajeto para a potência entre o motor principal e a máquina acionada. Os freios fazem com que as máquinas em movimento parem ou diminuam a velocidade. Você aprenderá a analisar seu desempenho e projetá-los — ou especificar unidades disponíveis no mercado.

Capítulo 23: Execução de projetos. Apresenta vários projetos que você mesmo pode concluir.

MANCAIS DE DESLIZAMENTO

CAPÍTULO 16

Visão geral

Tópico de discussão

- O propósito de um mancal é sustentar uma carga e, ao mesmo tempo, permitir o movimento relativo entre dois elementos de uma máquina. Este capítulo discute mancais de deslizamento nos quais as duas peças que se movem em relação uma à outra não possuem elementos rolantes entre si.

Descubra

Procure produtos com mancais de deslizamento em sua casa ou em seu carro. Identifique os que apresentam movimento rotacional e os que possuem contato deslizante linear. Considere itens simples, como dobradiças, trancas de porta ou rodas de um cortador de grama. A maioria deles recebe lubrificação marginal.

Agora, veja se você consegue encontrar informações sobre os mancais de uma árvore de manivela no motor do seu carro. Tais mancais costumam receber lubrificação hidrodinâmica de película completa. O que é possível descobrir sobre eles?

Como você acha que um grande telescópio ou uma antena astronômica de rádio são sustentados de modo a haver facilidade de movimento e precisão no posicionamento? Um método utiliza mancais hidrostáticos. O que é possível descobrir sobre esses mancais?

Este capítulo irá ajudá-lo a explorar todos esses tipos de mancais e a completar as análises básicas de projeto exigidas para garantir uma operação satisfatória.

Sumário

Visão geral
Você é o projetista
16.1 Objetivos
16.2 A tarefa de projetar mancais
16.3 Parâmetro de deslizamento, $\mu n/p$
16.4 Materiais para mancais de deslizamento
16.5 Projeto de mancais com lubrificação marginal
16.6 Mancais de deslizamento hidrodinâmicos de película completa
16.7 Projeto de mancais de deslizamento lubrificados hidrodinamicamente
16.8 Considerações práticas sobre mancais de deslizamento
16.9 Mancais hidrostáticos
16.10 Tribologia: atrito, lubrificação e desgaste

O propósito de um mancal é sustentar uma carga e, ao mesmo tempo, permitir o movimento relativo entre dois elementos de uma máquina. Este capítulo discute mancais de deslizamento nos quais as duas peças que se movem em relação uma à outra não possuem elementos rolantes entre si. Observe que os rolamentos de contato angular foram discutidos no Capítulo 14.

Mancais de deslizamento para peças rotativas são, naturalmente, cilíndricos e apresentam o arranjo típico apresentado na Figura 16.1. O membro interno, chamado *superfície de deslizamento (ou bucha)*, é normalmente a parte do eixo pela qual as reações radiais são transferidas para a base da máquina. O membro estacionário que conjuga com a superfície de deslizamento é chamado simplesmente de *mancal*.

Onde você já viu mancais de deslizamento em operação? Assim como foi feito no Capítulo 14 a respeito de rolamentos de contato angular, procure em produtos de consumo, máquinas industriais ou equipamentos de transporte (carros, caminhões, bicicletas e outros — qualquer dispositivo com eixos rotativos). Se os mancais não estiverem visíveis (como costuma ser o caso), talvez seja preciso desmontar parcialmente o produto para enxergar dentro dele.

Contudo, há alguns exemplos óbvios que são acessíveis. As rodas de um cortador de grama doméstico, de um carrinho de mão ou de uma simples carroça costumam ser montadas diretamente nos eixos de modo a formar um mancal de deslizamento. Ferramentas manuais, como tesouras de jardinagem e poda, alicates e chaves ajustáveis ou com catraca, utilizam mancais de deslizamento nos pontos em que uma peça deve girar em relação à outra.

Folga radial
$$C_r = \frac{D_b - D_j}{2}$$

Diâmetro do mancal D_b
Diâmetro do elemento de deslizamento D_j

Folga diametral
$$C_d = D_b - D_j = 2C_r$$

Eixo de deslizamento
Folga e lubrificante
Rolamento
Carcaça

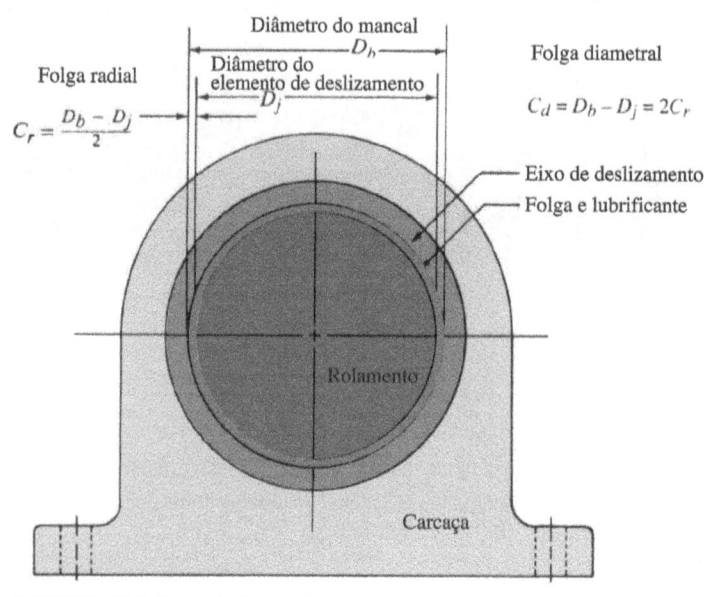

▲ **FIGURA 16.1** Geometria do mancal.

Observe praticamente qualquer dobradiça de porta. Ela incorpora um pino sólido dentro de um membro externo cilíndrico. Esse é um exemplo de mancal de deslizamento. Portões de garagem costumam ter roletes dentro de canais, mas os eixos que os sustentam operam em eixos cilíndricos, geralmente com folgas bem grandes. O sistema de cabo que liga as molas de contrapeso corre por polias girando em eixos estacionários. Se o portão tem um sistema elétrico de abertura, vários componentes provavelmente usam mancais de deslizamento. Pegue uma escada e suba para analisá-los. *Cuidado com as peças em movimento!*

Além do movimento rotacional das aplicações descritas anteriormente, alguns mancais de deslizamento apresentam movimento deslizante linear. Olhe dentro de uma impressora de jato de tinta ou matricial. Identifique a peça que transfere a imagem para o papel à medida que atravessa toda a página. Ela normalmente desliza sobre uma haste polida com grande precisão. Muitas ligações contêm peças que deslizam. Observe mecanismos de travamento, trancas, grampeadores, interruptores, ajustadores de banco de automóveis, alavancas para mudança de marcha, peças de dispositivos para fechamento de janelas e máquinas operadas por moedas. Você consegue identificar as peças com movimento deslizante linear?

Ao visitar uma fábrica, você provavelmente verá muitos exemplos de ação rotacional e deslizante linear. Dispositivos de transferência, máquinas alternativas, lâminas de máquinas-ferramentas e equipamentos de empacotamento empregam muitos mancais de deslizamento.

A maioria dos exemplos mencionados possui movimento intermitente e relativamente lento entre as peças conjugadas, seja ele rotacional ou linear. Nessas aplicações, costuma haver lubrificante entre as peças móveis. Caso não haja, os materiais são cuidadosamente escolhidos para produzir baixa fricção e movimento seguro e suave. Esse tipo de rolamento recebe *lubrificação marginal*, conforme discutido neste capítulo.

Talvez você esteja familiarizado com rolamentos de árvores de manivela em motores de combustão interna. Eles são frequentemente chamados de *mancais de carga radial* porque apresentam a configuração clássica mostrada na Figura 16.1. Porém, considere seu funcionamento geral. Após o motor ser iniciado, a manivela gira a milhares de rotações por minuto, geralmente entre cerca de 1500 a 6000 rpm. Essa é uma das aplicações mais importantes de mancais de deslizamento com *lubrificação hidrodinâmica de película completa*. Nesses mancais, há uma película contínua de lubrificante, geralmente óleo, que eleva o rolamento do eixo rotativo em relação ao mancal. Logo, não há contato de metais entre os membros. Grande parte deste capítulo é dedicada a esse tipo de mancal e à análise das condições exigidas para se manter a película de óleo. Eixos de motor são alguns dos dispositivos mecânicos que mais sofrem modificações de engenharia.

Você consegue identificar outros exemplos de eixos de rolamentos que usam lubrificação hidrodinâmica de película completa?

Outra classe de mancais é chamada de *hidrostática*. As bombas geram alta pressão em um fluido, como óleo, que é transferido por êmbolos cuidadosamente moldados, por meio dos quais a pressão eleva a parte a ser movida. Isso possibilita que o elemento seja movido com facilidade, com rapidez ou lentidão. Imagine um enorme telescópio ou uma antena de rádio que deve apresentar posicionamento preciso e facilidade de deslocamento. Tais aplicações são raras, mas importantes, justificando a intensa engenharia e o esforço técnico necessários para projetá-las, instalá-las e mantê-las.

Este capítulo irá ajudá-lo a entender os conceitos de lubrificação marginal, lubrificação hidrodinâmica de película completa e lubrificação hidrostática. Também serão discutidos aspectos mais gerais de atrito, lubrificação, desgaste e lubrificantes utilizados para minimizar o atrito.

Você é o projetista

Sua empresa está projetando um sistema para transportar produtos como parte do processo logístico de um grande fabricante. Foi decidido usar um transportador de correia flexível acionado por polias chatas em uma das extremidades. Os eixos que sustentam as polias devem estar apoiados em mancais nas laterais do chassi do transportador. Sua tarefa é projetar os mancais.

Primeiro, deve-se decidir qual tipo de mancal usar: planos ou de carga radial, conforme discutidos neste capítulo, ou de contato angular, discutidos no Capítulo 14. Para os mancais de deslizamento, é preciso determinar se a lubrificação hidrodinâmica de película completa pode ser obtida com suas vantagens de baixo atrito e longa vida útil. Em caso negativo, o eixo operará no mancal com lubrificação marginal? De quais materiais o eixo de rolamento e o mancal serão feitos? Quais dimensões serão especificadas para as componentes? Qual lubrificante deve ser usado? Estas e outras questões serão discutidas neste capítulo.

16.1 OBJETIVOS

Após final deste capítulo, você estará apto a:

1. Descrever os três modos de operação de um mancal de deslizamento (lubrificação marginal, de película mista e hidrodinâmica de película completa) e discutir as condições em que cada um normalmente ocorrerá.
2. Discutir a importância do parâmetro de deslizamento, $\mu n/p$.
3. Listar as decisões que o projetista de mancais deve tomar para definir completamente um sistema de mancal de deslizamento.
4. Enumerar os materiais frequentemente utilizados em mancais e rolamentos e descrever suas propriedades mais importantes.
5. Definir o *fator pV* e usá-lo no projeto de mancais de deslizamento com lubrificação marginal.
6. Descrever o funcionamento de mancais de deslizamento com lubrificação hidrodinâmica de película completa.
7. Concluir o projeto de mancais de deslizamento com película completa, definindo: o tamanho do mancal e do rolamento, a folga diametral, o comprimento da superfície de deslizamento (bucha), a espessura mínima da película, o acabamento da superfície, o lubrificante e o desempenho de atrito resultante no sistema de rolamento.
8. Descrever um sistema de mancal de deslizamento hidrostático e concluir um projeto básico desse tipo de mancal.
9. Definir *tribologia* e discutir as características essenciais do atrito, da lubrificação e do desgaste em máquinas.
10. Descrever a natureza geral de óleos e graxas e seus efeitos na lubrificação e no desgaste.

16.2 A TAREFA DE PROJETAR MANCAIS

A expressão *deslizamento plano* refere-se ao tipo de mancal em que duas superfícies se movem em relação uma à outra sem o benefício do contato angular. Logo, há contato deslizante. A forma das superfícies pode ser qualquer uma que permita o movimento relativo. As formas mais comuns são superfícies planas e cilindros concêntricos. A Figura 16.1 mostra a geometria básica de um mancal cilíndrico de superfície plana.

Um sistema de mancal deslizante pode operar com um dos três tipos de lubrificação a seguir:

Lubrificação marginal: há contato entre as superfícies sólidas das partes móvel e imóvel do sistema de rolamento, embora uma película de lubrificante esteja presente.

Lubrificação de película mista: há uma zona de transição entre a lubrificação marginal e a de película completa.

Lubrificação de película completa: as partes móvel e imóvel do sistema de rolamento são separadas por uma película completa de lubrificante que sustenta a carga. A expressão *lubrificação hidrodinâmica* é frequentemente usada para descrever este tipo.

Todos esses tipos de lubrificação podem ser encontrados em mancais sem pressurização externa. Se um lubrificante sob pressão for aplicado a um mancal, este é chamado de *mancal hidrostático*, o qual será discutido separadamente. Operar superfícies secas em conjunto não é recomendado, a menos que haja boa lubricidade inerente entre os materiais conjugados. Alguns plásticos são usados a seco, conforme discutido nas seções 16.4 e 16.5.

O projeto de mancais envolve tantas decisões que é impossível desenvolver um procedimento para a produção de uma única opção ideal. Portanto, diversos projetos viáveis poderiam ser propostos, e o projetista deve tomar decisões com base no conhecimento da aplicação e nos princípios da operação do mancal a fim de definir o projeto final. As listas a seguir identificam as informações necessárias para o projeto de um sistema de mancal de deslizamento e os tipos de decisões que devem ser tomadas. (Consulte as referências 6 e 13.) Nessa discussão, partiu-se da pressuposição de que o mancal será cilíndrico, como o tipo empregado na sustentação de um eixo rotativo. Listas modificadas poderiam ser feitas para superfícies lineares deslizantes ou outra geometria.

Requisitos do mancal de deslizamento
Magnitude, direção e grau de variação da carga radial
Magnitude e direção da carga axial, se houver
Velocidade angular do rolamento (eixo)
Frequência de inícios e interrupções e duração das pausas
Magnitude da carga quando o sistema está parado e quando é iniciado
Expectativa de vida útil do sistema de mancal
Ambiente onde o mancal operará

Decisões de projeto
Materiais para o mancal de deslizamento
Diâmetros, incluindo as tolerâncias, do mancal de deslizamento
Valor nominal e extensão da folga do mancal de deslizamento
Acabamento superficial para o mancal de deslizamento
Comprimento do mancal
Método de fabricação do sistema de mancal
Tipo de lubrificante a ser utilizado e modos de aplicação
Temperatura de funcionamento do sistema de mancal e do lubrificante
Método de manutenção da pureza e da temperatura do lubrificante

Análises exigidas
Tipo de lubrificação: marginal, película mista ou completa
Coeficiente de atrito
Perda de energia por atrito
Espessura mínima da película
Expansão térmica
Dissipação de calor necessária e meios para isso
Rigidez e inclinação do eixo no rolamento

16.3 PARÂMETRO DE DESLIZAMENTO, $\mu n/p$

O desempenho de um rolamento pode ser radicalmente diferente conforme o tipo de lubrificação. Há uma acentuada diminuição no coeficiente de atrito quando a operação substitui a lubrificação marginal pela de película completa. O desgaste também diminui com esse tipo de lubrificação. Por isso, é proveitoso entender as condições em que cada tipo é aplicado.

A lubrificação de película completa, o tipo mais desejável, é interessante para cargas leves, velocidade relativa elevada entre as partes móvel e imóvel e a presença de lubrificante de alta viscosidade e em abundância na área de deslizamento. Para um mancal de carga radial rotacional, o efeito combinado desses três fatores, no que diz respeito ao atrito na superfície de deslizamento, pode ser avaliado com o cálculo do *parâmetro de deslizamento*, $\mu n/p$. A viscosidade do lubrificante é indicada por μ; a velocidade angular, por n; e a carga na superfície, pela pressão, p. Para calcular a pressão, divida a carga radial aplicada no eixo de deslizamento pela *área projetada* do eixo, ou seja, o produto do comprimento vezes o diâmetro.

O parâmetro de deslizamento $\mu n/p$ é adimensional quando cada termo é expresso em unidades consistentes. Alguns sistemas de unidade que podem ser utilizados são listados aqui:

Sistema de unidade	Viscosidade, μ	Velocidade angular, n	Pressão, p
SI métrico	$N \cdot s/m^2$ ou $Pa \cdot s$	rev/s	N/m^2 ou Pa
Norte-americano	$lb \cdot s/pol^2$ ou reyn	rev/s	lb/pol^2
Métrico antigo (obsoleto)	$dina \cdot s/cm^2$ ou poise	rev/s	$dina/cm^2$

O efeito do parâmetro de deslizamento é mostrado na Figura 16.2. Ele é, por vezes, chamado de *curva de Stribeck* — um gráfico do coeficiente de atrito, f, para o rolamento em função do valor de $\mu n/p$. Com valores baixos de $\mu n/p$, há lubrificação marginal, e o coeficiente de atrito é alto. Por exemplo, para um eixo de aço deslizando lentamente em um rolamento de bronze lubrificado (lubrificação marginal), o valor de f estaria entre aproximadamente 0,08 e 0,14. Com valores altos de $\mu n/p$, há película hidrodinâmica completa, e o valor de f fica normalmente na faixa de 0,001 a 0,005. Observe que isso é semelhante aos rolamentos de contato angular de precisão. Entre a lubrificação marginal e a de película completa, ocorre a lubrificação do tipo *película mista*, que é uma combinação das duas. A curva tracejada mostra a natureza geral da variação na espessura da película na superfície de deslizamento.

Recomenda-se que os projetistas evitem a zona da película mista, pois é praticamente impossível prever o desempenho do sistema de deslizamento. Note também que a curva é muito íngreme nessa zona. Logo, uma

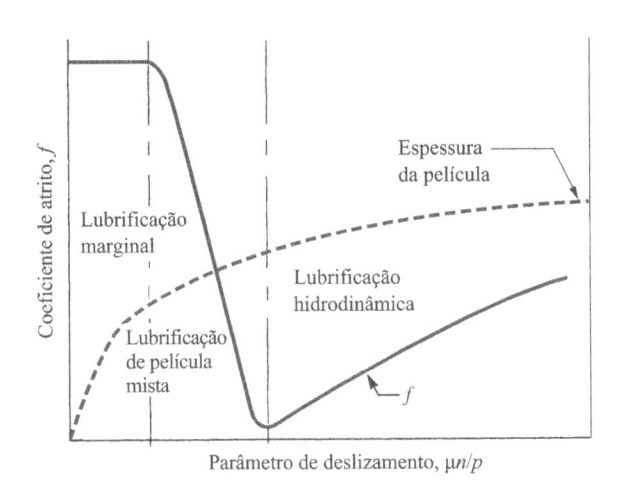

▲ FIGURA 16.2 Desempenho do rolamento e tipos de lubrificação relacionados ao parâmetro de deslizamento, $\mu n/p$. Curva de Stribeck.

pequena mudança em qualquer um dos três fatores — μ, n ou p — produz uma grande alteração em f, resultando no desempenho irregular da máquina.

É difícil prever a qual valor de $\mu n/p$ a lubrificação de película completa é produzida. Além dos fatores individuais de velocidade, pressão (carga) e viscosidade (uma função do tipo de lubrificante e sua temperatura), as variáveis que afetam a produção da película incluem: a quantidade de lubrificante fornecida, a aderência do lubrificante às superfícies, os materiais do mancal e do eixo de deslizamento (ou bucha), a rigidez estrutural do mancal e do eixo de deslizamento e a rugosidade superficial do mancal e do eixo de deslizamento. Após concluir o processo do projeto apresentado mais adiante neste capítulo, é aconselhável testá-lo.

Em geral, deve-se esperar lubrificação marginal para operações lentas, com velocidade superficial inferior a aproximadamente 10 pés/min (0,05 m/s). Movimentos alternativos/oscilatórios ou uma combinação de lubrificante leve e pressão alta também produzem lubrificação marginal.

O projeto de mancais para a produção de lubrificação de película completa é descrito na Seção 16.6. De modo geral, é necessária uma velocidade superficial superior a 25 pés/min (0,13 m/s) contínua em uma única direção com suprimento adequado de óleo em viscosidade apropriada.

16.4 MATERIAIS PARA MANCAIS DE DESLIZAMENTO

Em aplicações rotacionais, o elemento de deslizamento do eixo é normalmente feito de aço. O eixo de deslizamento (ou bucha) estacionário pode ser feito a partir de uma grande variedade de materiais, incluindo os seguintes:

Bronze
Metal patente
Alumínio
Zinco
Metais porosos
Plásticos (nylon, TFE, PTFE, fenólicos, acetal, policarbonato, poliimida com *fillers*)

As propriedades desejáveis para os materiais utilizados em mancais de deslizamento são muito específicas, e, com frequência, é necessário fazer concessões. A seguinte lista descreve essas propriedades.

1. *Resistência:* a função do eixo de deslizamento é sustentar a carga aplicada e transmiti-la à estrutura de apoio. Às vezes, as cargas são variadas, exigindo resistência à fadiga e resistência estática.
2. *Incorporabilidade:* a propriedade da incorporabilidade refere-se à capacidade do material de manter os contaminantes no mancal sem danificar o eixo de deslizamento. Assim, um material relativamente suave é desejável.
3. *Resistência à corrosão:* todo o ambiente do mancal de deslizamento deve ser considerado, incluindo o material do mancal, o lubrificante, a temperatura, as partículas transportadas pelo ar e os gases ou vapores corrosivos.
4. *Custo:* sempre um fator importante, o custo inclui não apenas o custo do material, mas também os custos de processamento e instalação.

Segue uma breve discussão sobre o desempenho de alguns materiais utilizados em mancais de deslizamento.

Bronze fundido

O nome *bronze* refere-se a diversas ligas de cobre com estanho, chumbo, zinco ou alumínio, de forma isolada ou combinada. Os bronzes chumbados contêm entre 25 e 35% de chumbo, o que lhes confere boa incorporabilidade e resistência a emperramento em condições de lubrificação marginal. No entanto, sua resistência é relativamente baixa. O bronze fundido, SAE CA932, tem 83% de cobre, 7% de estanho, 7% de chumbo e 3% de zinco. Ele apresenta uma boa combinação de propriedades para usos em bombas, máquinas e aparelhos. Bronzes de estanho e alumínio possuem resistência e dureza mais elevadas e podem sustentar cargas maiores, especialmente em situações de impacto. No entanto, eles têm menos incorporabilidade. Consulte os sites 1, 6, 7, 9 e 10.

Metal patente

Metais patentes podem ser à base de chumbo ou estanho, sendo compostos nominalmente por 80% do metal patente. Diversas composições de liga de cobre e antimônio (bem como chumbo e estanho) podem ajustar as propriedades de modo a atender determinada aplicação. Por causa de sua boa capacidade de conformação, os metais patentes apresentam excelente incorporabilidade e resistência a emperramento, propriedades importantes em aplicações com lubrificação marginal. Eles evidenciam resistência bem baixa, entretanto, e muitas vezes são aplicados como revestimento em carcaças de aço ou ferro fundido. Consulte o Site 9.

Alumínio

Com a maior resistência dos materiais comumente utilizados em mancais, o alumínio é usado para aplicações severas em motores, bombas e aeronaves. A dureza elevada dos mancais de alumínio resulta em baixa incorporabilidade, exigindo lubrificantes puros.

Zinco

Os mancais de deslizamento feitos de ligas de zinco oferecem boa proteção nos casos em que não há suprimento contínuo de lubrificante, embora operem melhor com lubrificação. Graxas próprias para eixo de deslizamento costumam ser utilizadas. Quando operam em mancais de aço, uma película fina do material mais suave do zinco é transferida ao aço para protegê-lo de danos e desgaste. O zinco tem bom desempenho na maioria das condições atmosféricas, exceto em ambientes continuamente úmidos e sob exposição à água do mar. Consulte o Site 8.

Metais porosos

Os metais porosos — produtos da indústria de metais em pó — são sinterizados a partir de pó de bronze, ferro e alumínio, e alguns são misturados com chumbo ou cobre. A sinterização deixa um grande número de espaços vazios no material do rolamento, onde o óleo lubrificante é inserido. Durante a operação, o óleo sai dos poros, lubrificando o rolamento. Esse tipo de eixo de deslizamento é especialmente interessante para movimentos lentos, alternativos ou oscilatórios. Consulte os sites 6, 7 e 17.

Plásticos

Geralmente considerados *materiais autolubrificantes*, os plásticos utilizados em mancais de deslizamento apresentam baixo atrito por natureza. Eles podem ser operados a seco, mas a maioria tem o desempenho melhorado com a presença de lubrificante. A incorporabilidade geralmente é boa, bem como a resistência a emperramento. No entanto, muitos apresentam baixa resistência, o que limita sua capacidade de carga. Reforço com luvas metálicas costuma ser feito para aumentar a capacidade de carga. As principais vantagens são a resistência à corrosão e, quando operado a seco, a imunidade à contaminação. Essas propriedades são particularmente importantes no processamento de alimentos e produtos químicos. Consulte os sites 2, 3, 4, 5, 7 e 17.

Por causa da complexidade dos nomes químicos dados aos materiais plásticos e das combinações praticamente infinitas de materiais de base, reforços e *fillers*, é difícil caracterizar plásticos para rolamentos. A maioria é composta por diversos componentes. O grupo conhecido como *fluoropolímero* é popular por causa do baixíssimo coeficiente de atrito (0,05 a 0,15) e da boa resistência ao desgaste. Fenólicos, policarbonatos, acetais, nylon e muitos outros plásticos também são usados em mancais de deslizamento. Entre os nomes químicos e as abreviaturas existentes, há os seguintes:

PTFE: Politetrafluoretileno
PA: Poliamida
PPS: Sulfeto de polifenileno
PVDF: Fluoreto de polivinilideno
PEEK: Polieteretercetona
PEI: Polieterimida
PES: Polietersulfona
PFA: Perfluoroalcóixido modificado tetrafluoroetileno

Reforços e *fillers* utilizados com materiais plásticos para rolamentos incluem: fibras de vidro, vidro moído, fibras de carbono, pós de bronze, PTFE, PPS e alguns lubrificantes sólidos, como grafite e dissulfeto de molibdênio.

16.5 PROJETO DE MANCAIS COM LUBRIFICAÇÃO MARGINAL

Um mancal com lubrificação marginal é normalmente um cilindro liso e oco, onde o eixo gira devagar, oscila ou desliza do modo linear. A Figura 16.3 mostra dois tipos de mancais de deslizamento disponíveis no mercado. A parte (a) mostra um mancal de deslizamento montado em flange com autolubrificação capaz de operar em atmosferas corrosivas ou debaixo d'água e outros líquidos leves. Ele pode ser exposto a temperaturas entre −200 °F e +1000 °F (−129 °C e +538 °C). A parte (b) mostra um mancal de deslizamento revestido com metal patente (para até 130 °F [54 °C]) ou bronze (para até 300 °F [149 °C]) lubrificado periodicamente com graxa.

(a) Mancal montado em flange com autolubrificação
(b) Mancal de carga radial lubrificado com graxa

▲ **FIGURA 16.3** Dois tipos de mancal com lubrificação marginal. (Baldor/Dodge, Greenville, SC)

Os fatores a serem considerados na seleção de materiais para os mancais e na especificação dos detalhes do projeto incluem os seguintes:

Coeficiente de atrito: condições estáticas e dinâmicas devem ser consideradas.

Capacidade de carga, p: carga radial dividida pela área projetada da superfície de deslizamento (lb/pol^2 ou Pa).

Velocidade de operação, V: a velocidade relativa entre os componentes móvel e imóvel, normalmente em pés/min ou m/s.

Temperatura em condições operacionais.

Limitações de desgaste.

Produtibilidade: usinagem, moldagem, fixação, montagem e manutenção.

Além de especificar o material, o projetista deve determinar a combinação do diâmetro interno, D, e o comprimento, L, para o rolamento.

Fator *pV*

Além da consideração individual da capacidade de carga, p, e da velocidade de operação, V, o produto pV é um importante parâmetro de desempenho para o projeto do mancal de deslizamento com lubrificação marginal. O valor pV é a capacidade do material de acomodar a energia gerada pelo atrito na superfície de deslizamento. No valor pV limite, o mancal não alcançará um limite estável de temperatura, e logo ocorrerá a falha. Um valor prático de projeto para pV é metade do valor pV limite, fornecido na Tabela 16.1.

UNIDADES PARA *pV*. As unidades nominais para pV são simplesmente o produto das unidades de pressão e das unidades de velocidade. No sistema norte-americano, isto é, considerando somente as unidades

$$p = F/LD = lb/pol^2 = psi$$
$$V = \pi Dn/12 = pés/min = fpm$$
para rotação contínua em rpm
$$pV = (lb/pol^2)(pés/min) = psi\text{-}fpm$$

Outra maneira de considerar essas unidades é reorganizando-as na forma

$$pV = (pés \cdot lb/min)/pol^2$$

O numerador representa uma unidade de transferência de potência ou energia por unidade de tempo. O denominador representa a área. Portanto, pV pode

▼ **TABELA 16.1** Parâmetros típicos de desempenho para materiais com lubrificação marginal em temperatura ambiente.

Material	pV psi-fpm	pV MPa-m/s	
Poliimida Vespel® SP-21	300000	10,500	Marca registrada de DuPont Co.
DP11™, seco	286000	10,02	GGB Bearing Technology
Bronze-manganês (C86200)	150000	5,250	Também chamado de SAE 430A
Bronze-alumínio (C95400)	125000	4,375	Também chamado de SAE 68A
DX®10, seco ou lubrificado	80000	2,800	GGB Bearing Technology
Bronze-estanho chumbado (C93800)	75000	2,625	Também chamado de SAE 660
DU®	51400	1,800	GGB Bearing Technology
Bucha BU de lubrificante seco	51000	1,785	Consulte a observação 1.
Bronze poroso/impregnado de óleo	50000	1,750	
Metal patente: alto teor de estanho (89%)	30000	1,050	
DP11™, seco	28600	1,000	GGB Bearing Technology
Metal patente: baixo teor de estanho (10%)	18000	0,630	
Grafite/metalizado	15000	0,525	Graphite Metallizing Corp.

(continua)

(continuação)

Material	pV psi-fpm	pV MPa-m/s	
PTFE Rulon®: 641	10000	0,350	Aplicações alimentícias e medicamentosas (consulte a observação 2)
PTFE Rulon®: J	7500	0,263	PTFE com *fillers*
Poliuretano: UHMW	4000	0,140	Peso molecular altíssimo
Nylon® 101	3000	0,105	Marca registrada de DuPont Co.

Fonte: sites 2 a 7, 17 e 18
Observações:
[1] Buchas BU são compostos por camadas coladas de um apoio de aço e uma matriz de bronze poroso sobreposta por material de rolamento de PTFE/chumbo. Uma película do material é transferida para o mancal/eixo durante a operação.
[2] Rulon® é uma marca registrada da Saint-Gobain Performance Plastics Company. Os mancais são feitos de PTFE Rulon® (politetrafluoretileno) em uma variedade de formulações e construções físicas.

ser considerado a taxa de entrada de energia no mancal por unidade de área projetada se o coeficiente de atrito for 1,0. Naturalmente, o coeficiente de atrito real costuma ser muito inferior a um. Então, é possível pensar em pV como uma medida comparativa para a capacidade do deslizamento de absorver energia sem causar superaquecimento.

Em unidades do sistema internacional, a força, F, é expressa em newtons (N), e as dimensões do eixo de deslizamento, em mm. Logo, a pressão é

▶ **Pressão do eixo de deslizamento**

$$p = F/LD = N/mm^2 = MPa \quad (16.1)$$

A velocidade linear da superfície do eixo de deslizamento é geralmente calculada a partir de

$$v = \pi Dn/(60000) \text{ m/s}$$

com D em mm e n em rpm. Então, as unidades para pV são

$$pV = (MPa)(m/s)$$

Uma conversão prática para o sistema norte-americano é

$$1,0 \text{ psi-fpm} = 3,50 \times 10^{-5} \text{ MPa} \cdot \text{m/s}$$

Mais uma vez, as unidades para pV podem ser refeitas de modo a refletir a taxa de transferência de energia por unidade de área:

$$pV = MPa \cdot m/s = \frac{10^6 \text{ N}}{\text{m}^2} \cdot \frac{\text{m}}{\text{s}} = \frac{10^6 \text{ W}}{\text{m}^2}$$

onde $1 \text{ W} = 1 \text{ N} \cdot \text{m/s}$

Temperatura de operação

A maioria dos plásticos é limitada a aproximadamente 200 °F (93 °C). Contudo, o PTFE pode operar a 500 °F (260 °C). O metal patente é limitado a 300 °F (150 °C), ao passo que o bronze-estanho e o alumínio podem operar a 500 °F (260 °C). Uma grande vantagem dos mancais de deslizamento de carbono-grafite é a capacidade de operar a até 750 °F (400 °C).

Procedimento de projeto para eixos continuamente rotativos em mancais

A seguir, encontra-se um método para concluir o projeto preliminar de mancais de deslizamento com lubrificação marginal.

PROCEDIMENTO PARA O PROJETO DE MANCAIS DE DESLIZAMENTO COM LUBRIFICAÇÃO MARGINAL

Dados fornecidos: carga radial no mancal, F (lb ou N); velocidade de rotação, n (rpm); diâmetro nominal mínimo do eixo; D_{min} (pol ou mm) (com base na análise de tensão ou deflexão).

Objetivos do processo de projeto: especificar, para o eixo de deslizamento, o diâmetro nominal, o comprimento e um material com valor seguro de pV.

1. Especificar um diâmetro experimental, D, para o mancal e o eixo.
2. Especificar uma relação entre comprimento e diâmetro do eixo de deslizamento, L/D, geralmente na faixa de 0,5 a 2,0. Para eixos não lubrificados (atrito

seco) ou porosos com óleo impregnado, recomenda-se $L/D = 1$. (Consulte a Referência 6.) Para eixos de carbono-grafite, recomenda-se $L/D = 1,5$.

3. Calcular $L = D\,(L/D)$ comprimento nominal do eixo.
4. Especificar um valor adequado para L.
5. Calcular a pressão do eixo (lb/pol² ou Pa):

$$p = F/LD$$

6. Calcular a velocidade linear da superfície do eixo de deslizamento:

Unidades norte-americanas

$$V = \pi D n/12 \text{ pés/min ou fpm}$$

Unidades métricas do sistema internacional:

$$V = \pi D n\,(60000) \text{ m/s}$$

Note também:
  1,0 pé/min = 0,005 08 m/s
  1,0 m/s = 197 pés/min

7. Calcular pV (psi-fpm ou MPa·m/s).
8. Multiplicar $2(pV)$ para obter um valor de projeto para pV.
9. Especificar um material da Tabela 16.1 com valor nominal de pV igual ou superior ao valor de projeto.
10. Concluir o projeto do sistema de mancal considerando a folga diametral, a seleção do lubrificante, o fornecimento de lubrificante, a especificação do acabamento superficial, o controle térmico e as considerações de montagem. Muitas vezes, o fornecedor do material para o mancal faz recomendações para muitas dessas decisões de projeto.
11. Folga diametral nominal: muitos fatores afetam a especificação final da folga, como necessidade de precisão, expansão térmica de todas as peças do sistema de mancal, variações de carga, deflexão esperada do eixo, meios de abastecimento do lubrificante e capacidade de produção. Uma antiga regra prática orienta a especificação de 0,001 pol de folga por polegada de diâmetro do eixo. A Figura 16.4 mostra os valores mínimos recomendados para a folga com base no diâmetro e na velocidade angular do eixo de deslizamento sob cargas constantes. Esses valores aplicam-se à menor folga em qualquer combinação de tolerâncias nas dimensões do sistema de mancal a fim de evitar problemas de aquecimento e um futuro emperramento. A folga operacional será, então, maior do que esses valores por causa das tolerâncias de fabricação. O desempenho em todo o intervalo de folgas deve ser avaliado, de preferência por meio de testes.

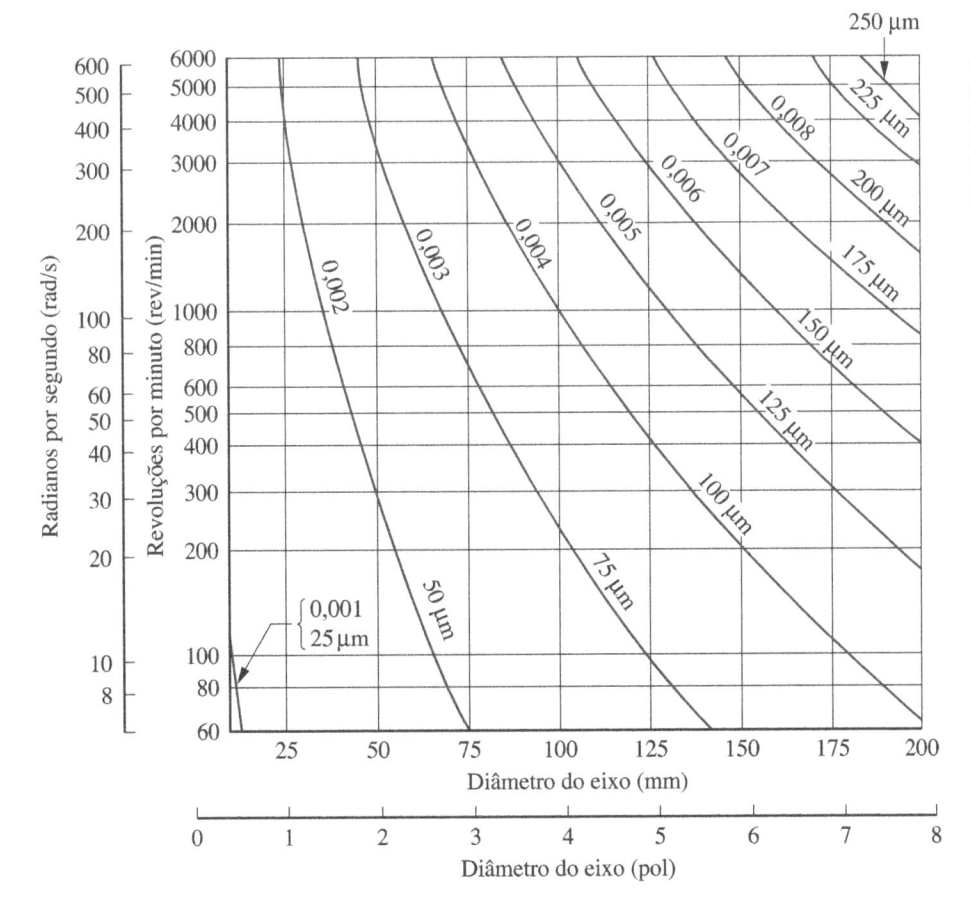

◀ **FIGURA 16.4** Folga diametral mínima recomendada para rolamentos considerando o diâmetro e a velocidade angular. (Extraído de: WELSH, R. J. *Plain Bearing Design Handbook*. Londres: Butterworths, 1983.)

EXEMPLO 16.1

Um mancal deve ser projetado para sustentar a carga radial de 150 lb de um eixo com diâmetro mínimo aceitável de 1,50 pol que gira a 500 rpm. Projete-o para operar em condições de lubrificação marginal.

SOLUÇÃO

Será utilizado o procedimento de projeto descrito anteriormente.

Passo 1. Diâmetro experimental: tente $D = D_{mín} = 1{,}50$ pol.

Passos 2-4. Tente $L/D = 1{,}0$. Em seguida, $L = D = 1{,}50$ pol.

Passo 5. Pressão do eixo:

$$p = F/LD = (150 \text{ lb})/(1{,}50 \text{ pol})(1{,}50 \text{ pol}) = 66{,}7 \text{ psi}$$

Passo 6. Velocidade do eixo:

$$V = \pi D n/12 = \pi(1{,}50)(500)/12 = 196 \text{ pés/min}$$

Passo 7. Fator pV:

$$pV = (66{,}7 \text{ psi})(196 \text{ fpm}) = 13100 \text{ psi-fpm}$$

Passo 8. Valor de projeto para $pV = 2(13100) = 26200$ psi-fpm.

Passo 9. Com base na Tabela 16.1, seria possível utilizar um mancal/eixo feito de metal patente com alto teor de estanho com valor nominal pV de 30000 psi-fpm.

Passos 10-11. Folga diametral nominal: com base na Figura 16.4, é possível recomendar um mínimo $C_d = 0{,}002$ pol a partir de $D = 1{,}50$ pol e $n = 500$ rpm. Outros detalhes de projeto dependem do sistema em que o rolamento será inserido.

EXEMPLO 16.2

Projete um mancal de deslizamento com lubrificação marginal para sustentar a carga radial de 2,50 kN de um eixo que gira a 1150 rpm. O diâmetro nominal mínimo do mancal é 65 mm.

SOLUÇÃO

Será utilizado o procedimento de projeto descrito anteriormente.

Passo 1. Diâmetro experimental: tente $D = 75$ mm.

Passos 2-4. Tente $L/D = 1{,}0$. Em seguida, $L = D = 75$ mm.

Passo 5. Pressão do eixo:

$$p = F/LD = (2500 \text{ N})/(75 \text{ mm})(75 \text{ mm}) = 0{,}444 \text{ N/mm}^2 = 0{,}444 \text{ MPa}$$

Passo 6. Velocidade do rolamento:

$$V = \pi D n/(60000) = \pi(75)(1150)/(60000) = 4{,}52 \text{ m/s}$$

Passo 7. Fator pV:

$$pV = (0{,}444 \text{ MPa})(4{,}52 \text{ m/s}) = 2{,}008 \text{ MPa} \cdot \text{m/s}$$

Passo 8. Valor de projeto para $pV = 2(2{,}008) = 4{,}016$ MPa · m/s.

Passo 9. Com base na Tabela 16.1, é possível especificar bronze-alumínio (C95400) com pV nominal de 4,375 MPa · m/s.

Passos 10-11. Com base na Figura 16.4, é possível recomendar um mínimo $C_d = 100$ μm (0,100 mm ou 0,004 pol) a partir de $D = 75$ mm e 1150 rpm.

Projeto alternativo: o fator pV para o projeto inicial, embora satisfatório, é um pouco alto e pode exigir uma lubrificação cuidadosa. Considere o seguinte projeto alternativo, com diâmetro maior do eixo.

Passo 1. Tente $D = 150$ mm.

Passo 2. Seja $L/D = 1{,}25$.

Passo 3. Então

$$L = D(L/D) = (150 \text{ mm})(1,25) = 187,5 \text{ mm}$$

Passo 4. Use o valor mais conveniente de 175 mm para L.

Passo 5. Pressão do eixo:

$$p = F/LD = (2500 \text{ N})/(175 \text{ mm})(150 \text{ mm}) = 0,095 \text{ N/mm}^2 = 0,095 \text{ MPa}$$

Passo 6. Velocidade do eixo:

$$V = \pi Dn/(60000) = \pi(150)(1150)/(60000) = 9,03 \text{ m/s}$$

Passo 7. Fator pV:

$$pV = (0,095 \text{ MPa})(9,03 \text{ m/s}) = 0,860 \text{ MPa} \cdot \text{m/s}$$

Passo 8. Valor de projeto para $pV = 2(0,860) = 1,720$ MPa $\cdot$ m/s.

Passo 9. Com base na Tabela 16.1, é possível especificar um mancal de deslizamento de bronze poroso impregnado de óleo com pV nominal de 1,750 MPa $\cdot$ m/s ou um rolamento BU lubrificado a seco com pV nominal de 1,785 MPa $\cdot$ m/s.

Passos 10-11. Com base na Figura 16.4, é possível recomendar um mínimo $C_d = 150$ μm (0,150 mm ou 0,006 pol) a partir de $D = 150$ mm e 1150 rpm. Outros detalhes de projeto dependem do sistema em que o rolamento será inserido.

Procedimento de projeto para mancais de deslizamento com lubrificação marginal sob carregamento oscilatório

Muitos mancais de deslizamento de lubrificação marginal oscilam em eixos estacionários em vez de apresentar eixos continuamente rotativos dentro dos mancais. Exemplos disso incluem: mancais em eixos de direção, elementos de suspensão para veículos, pedais de freio e aceleração, reguladores de assento, mecanismos de mudança de marcha, dobradiças de portas, máquinas de exercício físico, leitos de hospital, atuadores hidráulicos cilíndricos e portinholas.

O procedimento de projeto é alterado nessas condições. Pode-se descrever a oscilação com os seguintes dados:

φ = Ângulo de oscilação em uma direção, graus

n_o = Número de ciclos completos de oscilação em ambas as direções por minuto, ciclos/min

D = Diâmetro interno nominal do mancal, pol ou mm

L = Comprimento do eixo, pol ou mm

F = Carga radial aplicada, lb ou N

Agora é possível definir um número equivalente de revoluções/min para o movimento do eixo:

$$n_{eq} = n_o(2\varphi)/360 \text{ revoluções/min equivalentes} \quad (16.2)$$

Pode-se, então, inserir esse valor em equações desenvolvidas anteriormente para calcular a velocidade relativa entre o rolamento e o eixo, como segue.

Unidades do sistema norte-americano; D em polegadas:

$$V = \pi Dn_{eq}/12 \text{ pés/min} \quad (16.3)$$

Unidades do SI; D pol mm: $V = \pi Dn_{eq}/(60000)$ m/s (16.4)

O valor pV é, então, calculado da mesma maneira que eixos rotativos em mancais.

EXEMPLO 16.3

O projeto da porta de um forno industrial apresenta uma barra horizontal com 15 mm de diâmetro acima da abertura, de onde ficará suspensa. Duas dobradiças cilíndricas lisas são revestidas por grafite metalizado, um material de deslizamento listado na Tabela 16.1. A porta pesa 20,40 kN e gira 110° da vertical a 20° acima da horizontal quando é aberta para a colocação ou retirada de peças a serem aquecidas. Depois, retorna à posição original. A porta é aberta e fechada cinco vezes por minuto. Determine o comprimento exigido para as dobradiças a fim de produzir um valor pV que não ultrapasse 25% do valor limite.

> **SOLUÇÃO**
>
> A partir dos dados fornecidos:
>
> $\varphi = 110°$
>
> $n_o = 5{,}0$ ciclos/min
>
> $D = 15$ mm
>
> $L =$ Comprimento do deslizamento, pol ou mm
>
> $F = (20{,}40$ kN$)/2 = 10{,}2$ kN $= 10200$ N em cada dobradiça
>
> $$pV \text{ limite} = 0{,}525 \text{ MPa} \cdot \text{m/s}$$
>
> O valor admissível de pV é
>
> $$(pV)_{all} = pV \text{ limite} \times 0{,}25 = 0{,}525 \text{ MPa} \cdot \text{m/s} \times 0{,}25 = 0{,}1313 \text{ MPa} \cdot \text{m/s}$$
>
> Agora é possível calcular o número equivalente de rotações por minuto a partir de:
>
> $$n_{eq} = n_o(2\varphi)/360 = (5{,}0 \text{ ciclos/min})(2)(110°)/360° = 3{,}06$$
>
> A velocidade de deslizamento equivalente é
>
> $$V_e = \pi D n_{eq}/(60000) \text{ m/s} = V = \pi(15)(3{,}06)/(60000) \text{ m/s} = 0{,}00240 \text{ m/s}$$
>
> Pode-se, então, resolver para a pressão limite do eixo de deslizamento:
>
> $$p_{all} = (pV)_{all}/V_e = (0{,}1313 \text{ MPa} \cdot \text{m/s})/(0{,}00240 \text{ m/s}) = 54{,}69 \text{ MPa} = 54{,}69 \text{ N/mm}^2$$
>
> Seja $p = F/LD$, é possível resolver para o comprimento exigido, L.
>
> $$L = F/pD = (10200 \text{ N})/(54{,}69 \text{ N/mm}^2)(15 \text{ mm}) = 12{,}43 \text{ mm}$$
>
> Um valor preferível de $L = 16$ mm seria razoável.

Considerações de desgaste para mancais de deslizamento com lubrificação marginal

O desgaste é uma importante consideração em rolamentos com lubrificação marginal por causa da ação deslizante inerente entre o eixo e o rolamento. Cada fabricante fornece dados de desgaste relativos aos seus próprios materiais. Consulte a Seção 16.10 para outras discussões sobre desgaste.

16.6 MANCAIS DE DESLIZAMENTO HIDRODINÂMICOS DE PELÍCULA COMPLETA

No *mancal de deslizamento hidrodinâmico de película completa*, a carga é sustentada em uma película contínua de lubrificante, geralmente óleo, para que não haja contato entre o mancal e o eixo de deslizamento rotativo. É preciso desenvolver pressão no óleo para que ele sustente a carga. Com um projeto apropriado, o movimento do eixo dentro do mancal cria a pressão necessária.

A Figura 16.5 mostra a ação progressiva em um rolamento plano desde o arranque até o estado estacionário da operação hidrodinâmica. Observe que a lubrificação marginal e a de película mista precedem a lubrificação hidrodinâmica de película completa. No arranque, uma carga radial aplicada ao mancal por meio do rolamento força-o para fora do centro, no sentido da carga, ocupando toda a folga [Figura 16.5(a)]. Nas baixas velocidades angulares iniciais, o atrito entre o mancal e o eixo faz com que o mancal suba pela parede do eixo, mais ou menos como mostra a Figura 16.5(b). Por causa das tensões viscosas de cisalhamento desenvolvidas no óleo, o eixo móvel sorve óleo para a área convergente em forma de cunha acima da região de contato. A ação de bombeamento resultante produz pressão na película de óleo, e, quando a pressão é elevada o suficiente, o mancal é levantado do eixo. As forças de atrito são significativamente reduzidas nessas condições operacionais, e o eixo acaba voltando para a posição estacionária mostrada na Figura 16.5 (c). Observe que o eixo é deslocado da direção carga; existe certa excentricidade, e, entre o centro geométrico do mancal e do centro do eixo; há um ponto de espessura mínima da película, h_o, na ponta da zona pressurizada em forma de cunha.

A Figura 16.6 ilustra a forma geral da distribuição de pressão dentro de um eixo com lubrificação hidrodinâmica de película completa. A folga entre o eixo e o mancal é bastante exagerada. A parte (a) da figura

(a) Estacionário **(b)** Arranque **(c)** Operação de película completa

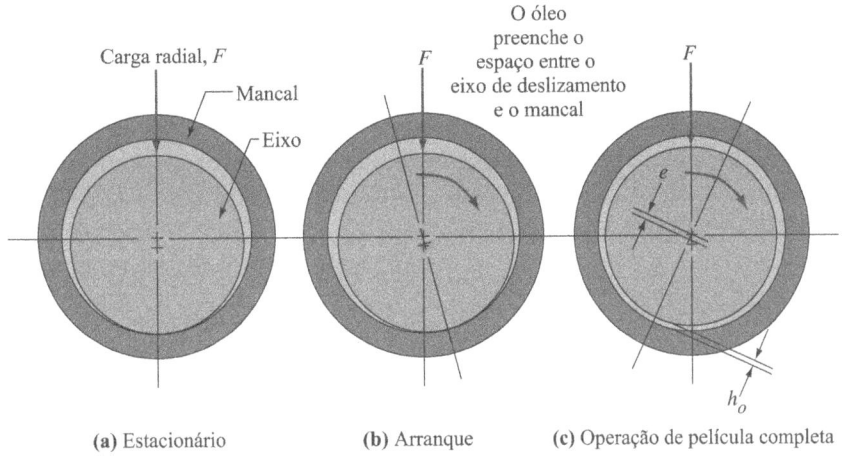

▲ **FIGURA 16.5** Posição do eixo de deslizamento em relação ao mancal em função do modo de operação.

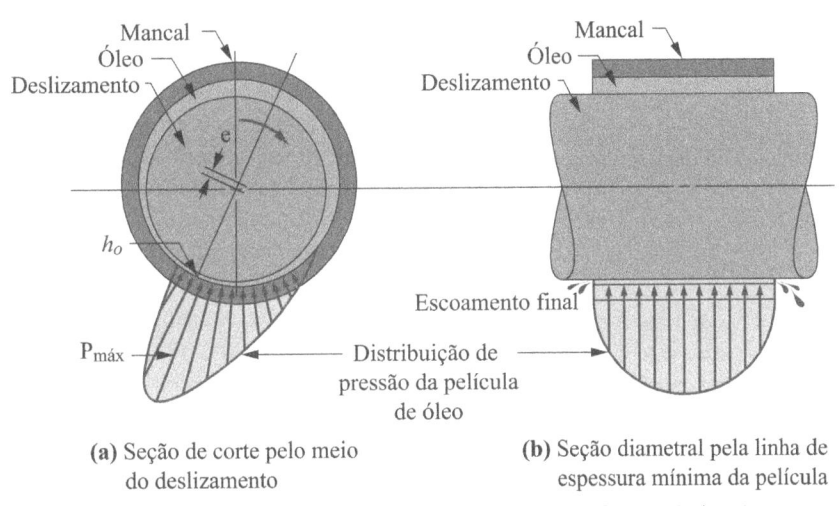

(a) Seção de corte pelo meio do deslizamento **(b)** Seção diametral pela linha de espessura mínima da película

▲ **FIGURA 16.6** Distribuição de pressão na película de óleo para lubrificação hidrodinâmica.

mostra o aumento da pressão conforme o eixo rotativo sorve o óleo para a cunha convergente, aproximando-se do ponto de espessura mínima da película. A pressão máxima ocorre ali e, em seguida, cai rapidamente para quase zero quando o espaço entre o mancal e o eixo diverge de novo. O efeito integrado da distribuição de pressão equivale a uma força suficiente para sustentar o eixo em uma película de óleo sem contato entre os metais.

A Figura 16.6(b) mostra a distribuição de pressão axialmente ao longo do eixo pela linha da espessura mínima de película ou pressão máxima. O valor mais elevado de pressão ocorre no meio do comprimento do eixo. Ele cai rapidamente conforme se aproxima das extremidades porque a pressão fora do eixo é a pressão ambiente, normalmente atmosférica. Há fluxo contínuo de escoamento em ambas as extremidades do eixo. Isso ilustra a importância do suprimento contínuo de óleo ao eixo para manter a operação de película completa. Sem um abastecimento constante e adequado de óleo, o sistema não seria capaz de criar a película pressurizada para sustentar o eixo, resultando em uma lubrificação marginal. As forças de atrito significativamente maiores criadas dessa forma causariam o rápido aquecimento da interface mancal/eixo, provocando, muito provavelmente, emperramento em pouco tempo.

16.7 PROJETO DE MANCAIS DE DESLIZAMENTO LUBRIFICADOS HIDRODINAMICAMENTE

A discussão a seguir apresenta várias diretrizes para o projeto de mancais de deslizamento com aplicações industriais. O procedimento de projeto tem como base principal as informações contidas nas referências 1 a 5.

Rugosidade superficial

Um mancal esmerilhado com rugosidade superficial média de 16-32 micropolegadas (μpol), ou 0,40 a 0,80 μm, é recomendado para eixos de deslizamento de boa qualidade. O eixo deve ser igualmente liso ou feito de um dos materiais mais suaves para que o "desgaste" possa suavizar os pontos altos, criando um bom ajuste entre o mancal e o eixo. Em equipamentos de alta precisão, pode-se realizar polimento ou lapidação para produzir um acabamento superficial na ordem de 8 a 16 μpol (0,20 a 0,40 μm).

Espessura mínima da película

O valor limite aceitável da espessura mínima da película depende da rugosidade superficial do mancal e do eixo, pois a película deve ser espessa o suficiente para eliminar qualquer contato sólido durante as condições operacionais esperadas. O valor de projeto sugerido também depende do tamanho do mancal. Para mancais esmerilhados, a seguinte relação pode ser usada para estimar o valor de projeto:

$$h_o = 0{,}00025D \qquad (16.5)$$

onde D = diâmetro do eixo de deslizamento

Folga diametral

A folga entre o mancal e o eixo depende do diâmetro nominal do elemento de deslizamento, da precisão da máquina à qual o eixo está sendo projetado, da velocidade de rotação e da rugosidade superficial do mancal. O coeficiente de expansão térmica, tanto para o mancal quanto para o eixo, também deve ser considerado para que uma folga satisfatória seja assegurada em todas as condições operacionais. A diretriz geral para que sejam estabelecidas folgas entre 0,001 e 0,002 vez o diâmetro do eixo pode ser aplicada. A Figura 16.4 mostra um gráfico da folga diametral mínima recomendada como função do diâmetro do eixo e da velocidade angular. Certo grau de variação superior aos valores da curva é admissível.

Relação entre comprimento e diâmetro do eixo de deslizamento

Uma vez que o mancal é parte do próprio eixo, seu diâmetro mínimo costuma ser limitado por considerações de tensão e deflexão como as discutidas no Capítulo 12. Em seguida, o comprimento do eixo é especificado para assegurar um nível adequado de pressão. Eixos para máquinas industriais de uso geral normalmente operam com pressão em torno de 200 a 500 psi (1,4 a 3,4 MPa) com base na área projetada [p = carga/(LD)]. A pressão pode variar de 50 psi (0,34 MPa), para equipamentos de carga leve, até 2000 psi (13,4 MPa), para máquinas pesadas sob cargas variáveis, como motores de combustão interna. O escoamento de óleo da superfície de deslizamento também é afetado por seu comprimento. O intervalo típico da razão entre comprimento e diâmetro (L/D) para mancais de deslizamento hidrodinâmicos de película completa é entre 0,35 e 1,5. No entanto, muitos mancais operam bem fora dessa faixa.

Temperatura do lubrificante

A viscosidade do óleo é um parâmetro crítico no desempenho de um mancal. A Figura 16.7 mostra a grande variação de viscosidade conforme a temperatura, indicando que o controle desta é aconselhável. Além disso, a maioria dos óleos lubrificantes de petróleo deve ser limitada a aproximadamente 160 °F (70 °C) para retardar a oxidação. A temperatura em questão é, evidentemente, a do interior do rolamento. A energia de atrito ou a energia térmica do equipamento em si pode elevar a temperatura do óleo em relação ao reservatório de abastecimento. Nos exemplos de projeto, será selecionado o lubrificante que garantir viscosidade satisfatória a 160 °F, salvo por indicação do contrário. Se a temperatura operacional real for inferior, a espessura resultante da película será maior do que o valor de projeto — um resultado conservador. Cabe ao projetista garantir que a temperatura limite não seja ultrapassada, usando refrigeração forçada se necessário.

Viscosidade do lubrificante

A especificação do lubrificante para o rolamento é uma das últimas decisões a serem tomadas no procedimento de projeto que vem em seguida. Nos cálculos, a viscosidade dinâmica, μ, é aquela utilizada. No sistema norte-americano (lb-pol-s), a viscosidade dinâmica é expressa em lb · s/pol², que recebe o nome *reyn* — em homenagem a Osbourne Reynolds, que realizou um trabalho bastante significativo na área de escoamento de fluidos. Nas unidades do SI, a unidade padrão é N · s/m² ou Pa · s. Alguns preferem a unidade poise ou centipoise, derivada do sistema métrico dina-cm-s. Algumas conversões práticas são

$$1{,}0 \text{ reyn} = 6895 \text{ Pa} \cdot \text{s}$$

$$1{,}0 \text{ Pa} \cdot \text{s} = 1000 \text{ centipoise}$$

Outras conversões de viscosidade também podem ser úteis. (Consulte a Referência 18.) A Figura 16.7 mostra gráficos de viscosidade dinâmica em função da temperatura, tanto em unidades do SI quanto em unidades norte-americanas. Note, na Figura 16.7(b), que os valores comuns em unidades norte-americanas são muito pequenos. Os valores da escala devem ser multiplicados por 10^{-6}.

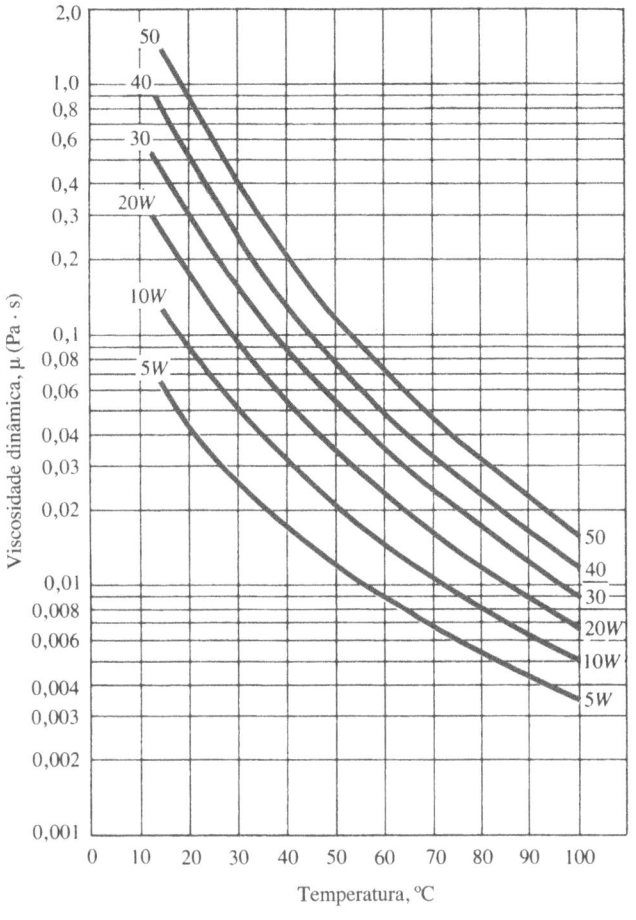

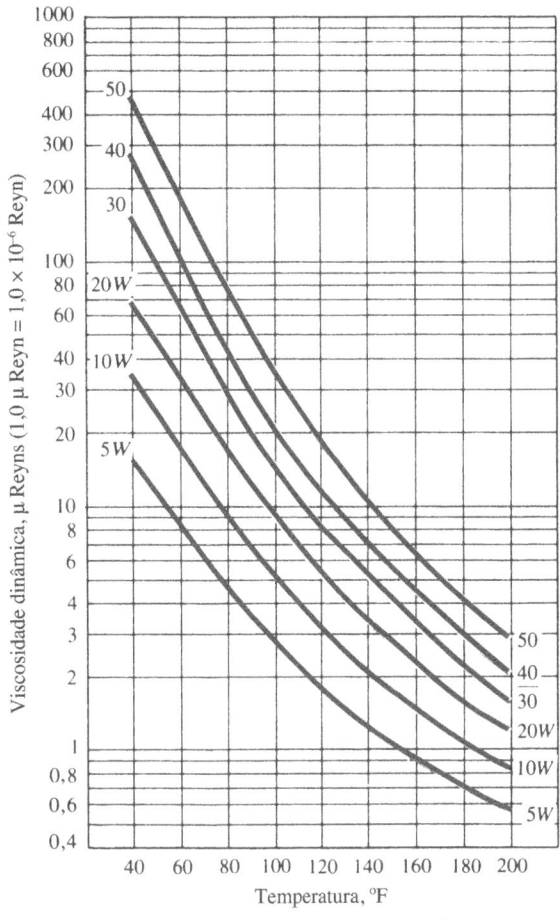

(a) Unidades métricas do sistema internacional

(b) Unidades do sistema norte-americano

▲ **FIGURA 16.7** Viscosidade em função da temperatura para óleos SAE.

Número de Sommerfeld

O efeito combinado de muitas variáveis envolvidas na operação de um mancal com lubrificação hidrodinâmica pode ser caracterizado pelo número adimensional, S, chamado *número de Sommerfeld*. Alguns se referem a ele como *número característico do mancal*, definido como segue:

▶ **Número característico do mancal**

$$S = \frac{\mu n_s (R/C_r)^2}{p} \quad (16.6)$$

Observe que S é semelhante ao parâmetro de deslizamento, $\mu n/p$, discutido na Seção 16.3, porque engloba o efeito combinado de viscosidade, velocidade angular e pressão do rolamento. Para que S seja adimensional, as seguintes unidades devem ser utilizadas para os fatores:

	Unidades norte-americanas	Unidades do SI
μ	lb · s/pol² (reyns)	Pa · s (N · s/m²)
n_s	rev/s	rev/s
p	lb/pol² (psi)	Pa (N/m²)
R, C_r	pol	m ou mm

Qualquer unidade consistente pode ser utilizada. A Figura 16.8, adaptada da Referência 4, mostra a relação entre o número de Sommerfeld e a razão de espessura da película, h_o/C_r.

A Figura 16.9 mostra a relação entre S e a variável de coeficiente de atrito, $f(R/C_r)$. Esses valores são utilizados no procedimento de projeto a seguir. Visto que muitas decisões de projeto são necessárias, há várias soluções aceitáveis.

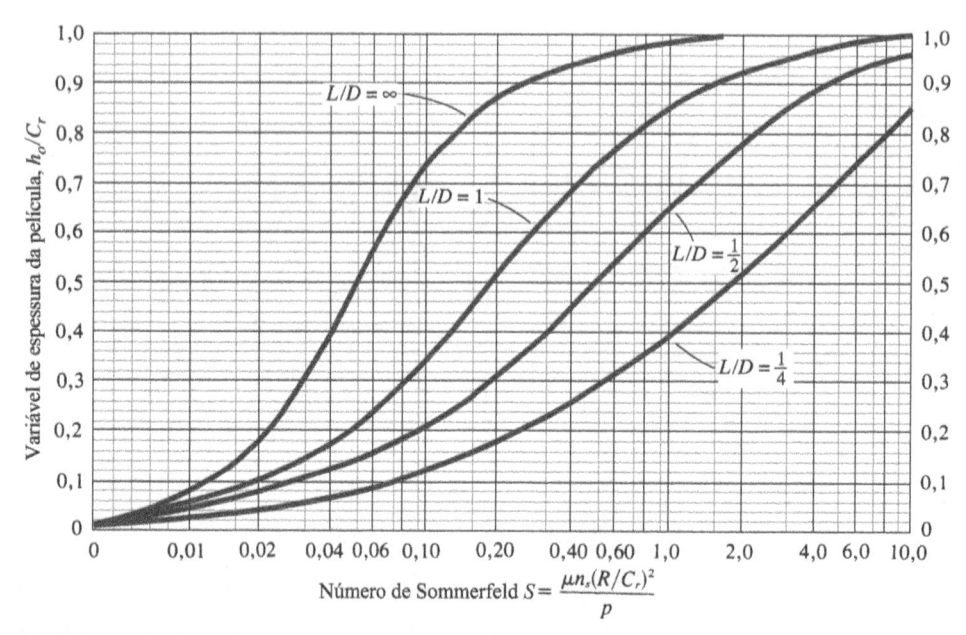

▲ **FIGURA 16.8** Variável de espessura da película, h_o/C_r, em função do número de Sommerfeld, S. (Adaptado de: BOYD, John; RAIMONDI, Albert A. "A Solution for the Finite Journal Bearing and Its Application to Analysis and Design", partes I e II. In: *Transactions of the American Society of Lubrication Engineers*, v. 1, n. 1, 1958.)

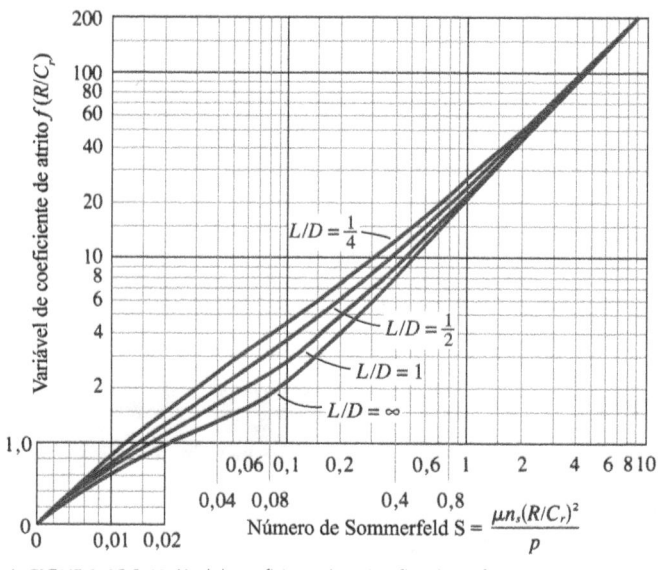

▲ **FIGURA 16.9** Variável de coeficiente de atrito, $f(R/C_r)$, em função do número de Sommerfeld, S.

Procedimento de projeto

Procedimento para o projeto de mancais de deslizamento com lubrificação hidrodinâmica de película completa

Uma vez que o projeto do mancal costuma ser feito após a conclusão da análise de tensão do eixo, os seguintes itens são normalmente conhecidos:

Carga radial no eixo, F, geralmente em lb ou N
Velocidade angular, n, geralmente em rpm
Diâmetro nominal do eixo no mancal, por vezes especificado como um diâmetro mínimo aceitável com base na resistência e na rigidez

Os resultados do procedimento de projeto geram valores para o diâmetro real do mancal, o comprimento da superfície de deslizamento, a folga diametral, a espessura mínima da película lubrificante durante a operação, o acabamento superficial do mancal, o lubrificante e sua temperatura operacional máxima, o coeficiente de atrito, o torque de atrito e a energia dissipada por causa do atrito.

1. Especificar um valor experimental para o diâmetro do mancal, D, e o raio, $R = D/2$.
2. Especificar uma pressão operacional nominal de deslizamento, geralmente entre 200 e 500 psi (1,4 a 3,4 MPa), onde $p = F/LD$. Calcular L:

$$L = F/pD$$

   Então, calcular L/D. Pode ser desejável redefinir L/D como um valor conveniente de 0,25 a 1,5 a fim de usar as tabelas de projeto disponíveis. Por último, especificar o valor real de projeto para L/D e L e calcular $p = F/LD$.
3. Em referência à Figura 16.4, especificar a folga diametral, C_d, com base nos valores de D e n. Então, calcular $C_r = C_d/2$ e a razão R/C_r.
4. Especificar o acabamento superficial desejado para o mancal e o eixo, também com base na aplicação. Um valor típico é entre 16 e 32 µpol (0,40 a 0,80 µm).
5. Calcular a espessura mínima nominal da película a partir da Equação 16.5.

$$h_o = 0,00025D$$

6. Calcular h_o/C_r, a razão da espessura da película.
7. A partir da Figura 16.8, determinar o valor do número de Sommerfeld para a razão de espessura da película selecionada e a razão L/D. É preciso cuidado com a interpolação neste gráfico por causa do eixo logarítmico e da distância não linear entre as curvas. Para $L/D > 1$, apenas dados aproximados podem ser obtidos. Para $L/D = 1,5$, interpolar cerca de um quarto da distância entre as curvas para $L/D = 1$ e $L/D = $ infinito. Para $L/D = 2$, avançar mais ou menos metade da distância.
8. Calcular a velocidade angular n_s em revoluções por segundo:

$$n_s = n/60$$

   onde n está em rpm
9. Uma vez que todos os fatores do número de Sommerfeld são conhecidos, exceto a viscosidade do lubrificante, μ, calcule a viscosidade mínima exigida capaz de produzir a espessura mínima desejada da película:

▶ **Viscosidade mínima exigida do lubrificante**

$$\mu = \frac{Sp}{n_s(R/C_r)^2} \quad (16.7)$$

10. Especificar uma temperatura máxima aceitável para o lubrificante, geralmente 160 °F ou 70 °C. Selecionar um lubrificante da Figura 16.7 que tenha pelo menos a viscosidade exigida à temperatura operacional. Se o lubrificante selecionado tiver viscosidade superior à calculada no Passo 9, recalcular S para o novo valor de viscosidade. O valor resultante para a espessura mínima da película agora será um pouco maior do que o valor de projeto — de modo geral, um resultado desejável. Pode-se consultar a Figura 16.8 novamente para determinar o novo valor da espessura mínima da película.
11. A partir da Figura 16.9, obter a variável de coeficiente de atrito, $f(R/C_r)$.
12. Calcular $f = f(R/C_r)/(R/C_r) = $ coeficiente de atrito.
13. Calcular o torque de fricção. O produto do coeficiente de atrito e da carga F indica a força de atrito na superfície do mancal. Esse valor multiplicado pelo raio resulta no torque:

▶ **Torque de fricção**

$$T_f = F_f R = fFR \quad (16.8)$$

14. Calcular a energia dissipada no mancal a partir da relação entre potência, torque e velocidade, utilizada diversas vezes:

▶ **Perda de energia por atrito**

$$P_f = T_f n/63000 \text{ hp} \quad (16.9)$$

Esta perda de energia por atrito representa a taxa de entrada de energia ao lubrificante dentro do mancal, o que pode elevar a temperatura. Trata-se de uma parte da energia que deve ser removida do mancal a fim de manter a viscosidade satisfatória do lubrificante.

O Exemplo 16.4 ilustrará o processo.

EXEMPLO 16.4 Projete um mancal de deslizamento para sustentar a carga radial constante de 1500 lb enquanto o eixo gira a 850 rpm. A análise de tensão do eixo determina que o diâmetro mínimo aceitável no eixo seja 2,10 pol. O eixo é parte de uma máquina que exige boa precisão.

SOLUÇÃO

Passo 1. Selecione $D = 2,50$ pol. Então, $R = 1,25$ pol.

Passo 2. Para $p = 200$ psi, L deve ser

$$L = F/pD = 1500/(200)(2,50) = 3,00 \text{ pol}$$

Para esse valor de L, $L/D = 3,00/2,50 = 1,20$. A fim de utilizarmos uma das tabelas padrão de projeto, altere L para 2,50 pol, de modo que $L/D = 1,0$. Isso não é essencial, mas elimina a interpolação. A pressão real, então, é

$$p = F/LD = 1500/(2,50)(2,50) = 240 \text{ psi}$$

Esta é uma pressão aceitável.

Passo 3. A partir da Figura 16.4, $C_d = 0,003$ pol é um valor adequado para a folga diametral, com base em $D = 2,50$ pol e $n = 850$ rpm, e $C_r = C_d/2 = 0,0015$ pol. Além disso,

$$R/C_r = 1,25/0,0015 = 833$$

Esse valor é utilizado em cálculos posteriores.

Passo 4. Para a precisão desejada nessa máquina, use um acabamento superficial de 16 a 32 µpol que exige um mancal esmerilhado.

Passo 5. Espessura mínima da película (valor de projeto):

$$h_o = 0,00025D = 0,00025(2,50) = 0,0006 \text{ pol (aprox.)}$$

Passo 6. Variável de espessura da película:

$$h_o/C_r = 0,0006/0,0015 = 0,40$$

Passo 7. A partir da Figura 16.8, para $h_o/C_r = 0,40$ e $L/D = 1$, tem-se que $S = 0,13$.

Passo 8. Velocidade angular em rotações por segundo:

$$n_s = n/60 = 850/60 = 14,2 \text{ rev/s}$$

Passo 9. Resolver para a viscosidade a partir do número de Sommerfeld, S:

$$\mu = \frac{Sp}{n_s(R/C_r)^2} = \frac{(0,13)(240)}{(14,2)(833)^2} = 3,17 \times 10^{-6} \text{ reyn}$$

Passo 10. Com base na tabela de viscosidade, na Figura 16.7, o óleo SAE 30 é exigido para garantir uma viscosidade suficiente a 160 °F. A viscosidade real esperada do SAE 30 a 160 °F é aproximadamente $3,3 \times 10^{-6}$ reyn.

Passo 11. Para a viscosidade real, o número de Sommerfeld seria

$$S = \frac{\mu n_s (R/C_r)^2}{p} = \frac{(3,3 \times 10^{-6})(14,2)(833)^2}{240} = 0,135$$

Passo 12. Coeficiente de atrito (Figura 16.9): $f(R/C_r) = 3,5$ para $S = 0,135$ e $L/D = 1$. Agora, uma vez que $R/C_r = 833$,

$$f = 3,5/833 = 0,0042$$

Passo 13. Torque de fricção:

$$T_f = fFR = (0,0042)(1500)(1,25) = 7,88 \text{ lb} \cdot \text{pol}$$

Passo 14. Energia de atrito:

$$P_f = T_f n/63000 = (7,88)(850)/63000 = 0,106 \text{ hp}$$

> **COMENTÁRIO**
>
> Uma avaliação qualitativa do resultado exigiria mais conhecimento sobre a aplicação. Porém, observe que um coeficiente de atrito de 0,0042 é muito baixo. Uma máquina que exige um eixo tão grande e que apresenta forças de deslizamento tão elevadas provavelmente também exige muita potência para ser acionada. Assim sendo, a energia de atrito de 0,106 hp parece ser pequena. Considerações térmicas também são importantes para se determinar quanta energia deve ser dissipada do mancal. A conversão da perda de energia por atrito em energia térmica resulta em
>
> $$P_f = 0,106 \text{ hp} \frac{745,7 \text{ W}}{\text{hp}} = 79,0 \text{ W}$$
>
> Em unidades norte-americanas, tem-se
>
> $$P_f = 79,0 \text{ W} \frac{1 \text{ Btu/hr}}{0,293 \text{ W}} = 270 \text{ Btu/hr}$$

16.8 CONSIDERAÇÕES PRÁTICAS SOBRE MANCAIS DE DESLIZAMENTO

O projeto do sistema de mancal deve considerar: o método de suprimento de lubrificante à superfície de deslizamento, a distribuição do lubrificante dentro da área de deslizamento, a quantidade necessária de lubrificante, a quantidade de calor gerada no mancal e seu efeito sobre a temperatura do lubrificante, a dissipação de calor do mancal, a manutenção da pureza do lubrificante e o desempenho do mancal em todas as condições operacionais prováveis.

Muitos desses fatores são simplesmente detalhes de projeto que devem ser resolvidos com os outros aspectos do projeto da máquina. Todavia, algumas diretrizes e recomendações gerais serão apresentadas aqui.

O lubrificante pode ser suprido ao mancal por uma bomba, talvez acionada pela mesma fonte que aciona a máquina inteira. Em algumas transmissões por engrenagem, uma das engrenagens é projetada para imergir em um cárter de óleo e transportar o lubrificante até a malha e as superfícies de deslizamento. Um copo de óleo externo pode ser usado para fornecer óleo por gravidade se a quantidade exigida de lubrificante for pequena.

Há métodos para se estimar a quantidade de óleo necessária, considerando o escoamento a partir das extremidades do mancal. (Consulte as referências 1, 4, 6, 7, 9, 12, 13 e 20.)

O fornecimento de óleo ao rolamento deve ocorrer sempre em uma área oposta ao local da pressão hidrodinâmica que sustenta a carga. Caso contrário, o orifício de suprimento de óleo destruiria a pressurização da película.

Ranhuras são frequentemente utilizadas para distribuir o óleo ao longo do comprimento do mancal de deslizamento. Nesse caso, o óleo é fornecido por meio de um orifício radial no meio do comprimento da superfície de deslizamento. A ranhura estende-se axialmente em ambas as direções a partir do orifício, terminando um pouco antes do final do mancal a fim de que o óleo não vaze pelo lado. A rotação do rolamento, então, distribui o óleo até a área onde a película hidrodinâmica é gerada. A Figura 16.10 mostra vários tipos de ranhura em uso.

O resfriamento do mancal em si, ou do óleo no cárter que o fornece, deve sempre ser considerado. A convecção natural pode ser suficiente para eliminar o calor e manter uma temperatura aceitável do mancal. Se não, uma convecção forçada pode ser feita. Em casos graves de geração de calor, principalmente quando o sistema de mancal opera em uma área quente como fornos, um líquido de arrefecimento pode ser bombeado por um invólucro em torno do mancal. Alguns mancais disponíveis no mercado oferecem esse recurso. A inserção de um trocador de calor no cárter do óleo ou o bombeamento de óleo através de um trocador de calor externo também são soluções possíveis. A Figura 16.11 mostra um tipo de mancal de deslizamento comercialmente disponível com tubos de arrefecimento que permitem o uso de água, ar ou óleo em seu interior.

O lubrificante pode ser purificado por meio de filtros enquanto é bombeado para o mancal. Velas magnéticas dentro do cárter podem ser eficazes ao atrair e reter partículas metálicas que cortariam o eixo se entrassem na folga existente entre ele e o

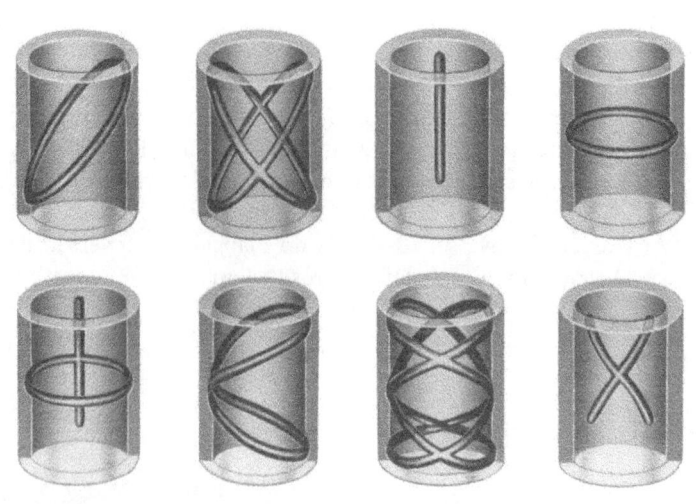

▲ **FIGURA 16.10** Tipos de sulco para buchas de mancais de deslizamento. (Bunting Bearings Corp., Holland, OH)

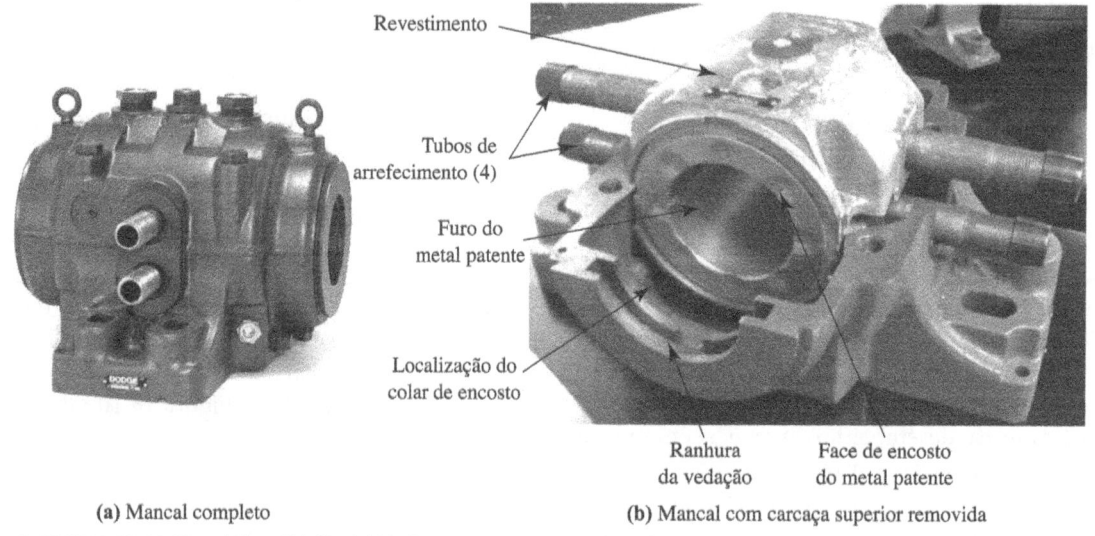

(a) Mancal completo

(b) Mancal com carcaça superior removida

▲ **FIGURA 16.11** Mancal *Sleevoil* lubrificado hidrodinamicamente com tubos de arrefecimento. (Baldor/Dodge, Greenville, SC)

mancal. Obviamente, a troca frequente de óleo também é desejável.

O procedimento de projeto seguido na seção anterior atendeu a um conjunto de condições específicas: uma temperatura determinada, folga diametral, carga e velocidade angular. Se qualquer um desses fatores variar durante o funcionamento da máquina, o desempenho do mancal deverá ser avaliado sob as novas condições. O teste de um protótipo em condições variadas também é desejável. As referências 1 a 7, 10 a 17 e 19 a 21 discutem outras considerações práticas para o projeto de mancais de deslizamento.

16.9 MANCAIS HIDROSTÁTICOS

Lembre-se de que a lubrificação hidrodinâmica resulta da criação de uma película pressurizada de óleo suficiente para sustentar a carga do mancal, sendo esta película gerada pelo movimento do próprio eixo de deslizamento (bucha) dentro do mancal. Foi observado que um movimento constante relativo entre o mancal e o eixo de deslizamento é necessário para gerar e manter a película.

Em alguns tipos de equipamento, as condições não permitem o desenvolvimento de uma película hidrodinâmica. Dispositivos alternativos ou oscilantes e máquinas com movimento muito lento são exemplos disso. Se a carga no mancal for muito alta, talvez não seja possível gerar pressão suficientemente elevada na película para sustentá-la. Mesmo nos casos em que a lubrificação hidrodinâmica puder ser desenvolvida durante a operação normal da máquina, há ainda a lubrificação de película mista ou marginal durante os ciclos de arranque e desligamento. Isso pode ser inaceitável.

Considere o projeto de montagem de um telescópio ou um sistema de antena em que a rotação da base deve apresentar movimento muito lento e suave. Além disso, é desejável que haja baixo atrito a fim de manter o sistema de transmissão pequeno e oferecer resposta rápida e posicionamento preciso. A montagem é, basicamente, um mancal axial que sustenta o peso do sistema.

Nesse tipo de aplicação, a *lubrificação hidrostática* é desejável. O lubrificante é fornecido ao mancal sob alta pressão — várias centenas de psi ou até mais — e a pressão agindo sobre a área de deslizamento literalmente levanta a carga do mancal, mesmo com o equipamento parado.

A Figura 16.12 mostra os principais elementos de um sistema de mancal hidrostático. Uma bomba de deslocamento positivo retira o óleo do reservatório e o distribui sob pressão para um coletor, a partir do qual várias almofadas de deslizamento podem ser abastecidas. Em cada almofada de deslizamento, o óleo passa por um elemento de controle que permite o equilíbrio do sistema. O elemento de controle pode ser uma válvula de controle de fluxo, a extensão de um tubo com diâmetro pequeno ou um orifício, sendo que qualquer um deles oferece resistência ao fluxo de óleo e permite que várias almofadas de deslizamento operem sob pressão suficientemente alta para levantar a carga sobre a almofada. Quando o sistema está em operação, o óleo entra em um rebaixo nas almofadas. Por exemplo, a Figura 16.12(b) mostra uma almofada circular com um rebaixo também circular no centro, alimentado com óleo através de um orifício central. A carga inicialmente se apoia na superfície, selando o rebaixo. Quando a pressão no rebaixo alcança o nível em que o produto da pressão vezes a área do rebaixo é igual à carga aplicada, a carga é levantada da almofada. Imediatamente, ocorre um fluxo de óleo por toda a superfície sob a carga elevada, e a pressão diminui até se equiparar à pressão atmosférica na parte externa da almofada. O fluxo de óleo deve ser mantido a um nível que corresponda ao escoamento da almofada. Quando acontece o equilíbrio, o produto integrado da pressão local vezes a área levanta a carga a uma certa distância, h, geralmente na faixa de 0,001 a 0,010 pol (0,025 a 0,25 mm). A espessura da película, h, deve ser grande o suficiente para garantir que não haja contato sólido em todas as condições operacionais, mas pequena o suficiente para minimizar o fluxo de óleo em cada superfície de deslizamento e a potência necessária da bomba para acionar o sistema.

Desempenho do mancal hidrostático

Três fatores que caracterizam o desempenho de um mancal hidrostático são: a capacidade de carga, o fluxo de óleo exigido e a potência necessária da bomba, conforme indicado pelos coeficientes adimensionais a_f, q_f e H_f. A magnitude dos coeficientes depende do projeto da almofada:

▶ **Capacidade de carga**

$$F = a_f A_p p_r \qquad (16.10)$$

▶ **Fluxo de óleo exigido**

$$Q = q_f \frac{F}{A_p} \frac{h^3}{\mu} \qquad (16.11)$$

▶ **Potência da bomba exigida**

$$P = p_r Q = H_f \left(\frac{F}{A_p}\right)^2 \frac{h^3}{\mu} \qquad (16.12)$$

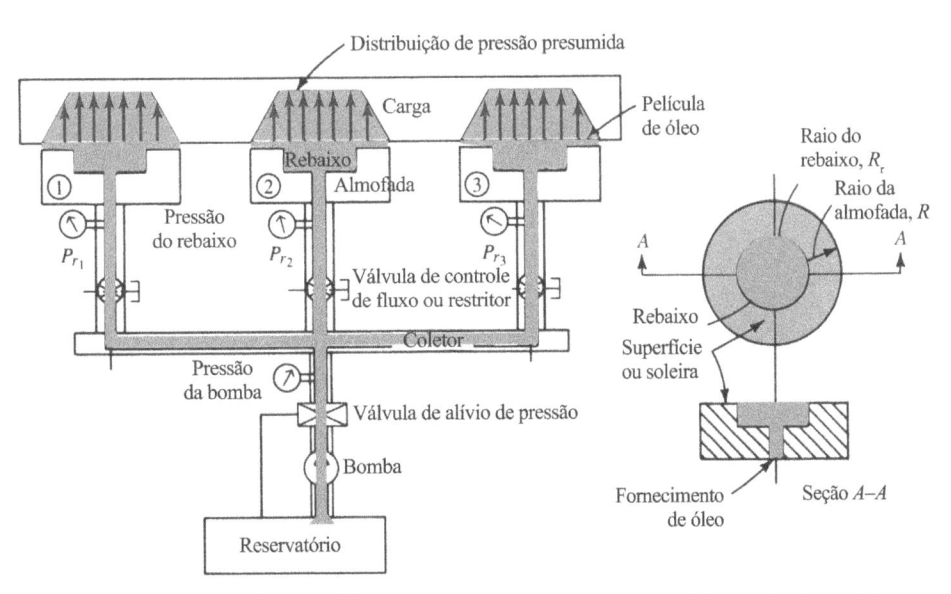

▲ **FIGURA 16.12** Principais elementos de um sistema de mancal hidrostático.

(a) Sistema de mancal hidrostático

(b) Geometria da almofada

onde

- F = carga no mancal, lb ou N
- Q = vazão volumétrica de óleo, pol³/s ou m³/s.
- P = potência da bomba, lb · pol/s ou N · m/s (watts)
- a_f = coeficiente de carga da almofada, adimensional
- q_f = coeficiente de fluxo da almofada, adimensional
- H_f = coeficiente de potência da almofada, adimensional (Nota: $H_f = q_f/a_f$)
- A_p = área da almofada, pol² ou m²
- p_r = pressão do óleo no rebaixo da almofada, psi ou Pa
- h = espessura da película, pol ou m
- μ = viscosidade dinâmica do óleo, lb · s/pol² (reyn) ou Pa · s

A Figura 16.13 mostra a variação típica dos coeficientes adimensionais em função da geometria da almofada para uma almofada circular com rebaixo circular. Conforme o tamanho do rebaixo, R_r/R, aumenta, a capacidade de carga também aumenta, como indica a_f. Ao mesmo tempo, entretanto, o fluxo através do mancal aumenta, como indica q_f. O aumento é gradual até um valor R_r/R de aproximadamente 0,7 e, então, passa a ser rápido para razões mais elevadas. Essa taxa de fluxo mais alta exige uma potência muito maior de bombeamento, como indica o rápido aumento do coeficiente de potência. Em proporções muito baixas de R_r/R, o coeficiente de carga diminui rapidamente. A pressão no recesso teria de aumentar até alcançar o equilíbrio a fim de levantar a carga. A pressão mais elevada exige mais potência de bombeamento. Portanto, o coeficiente de potência é alto tanto em razões muito pequenas de R_r/R quanto em razões elevadas. A potência mínima é exigida para proporções entre 0,4 e 0,6.

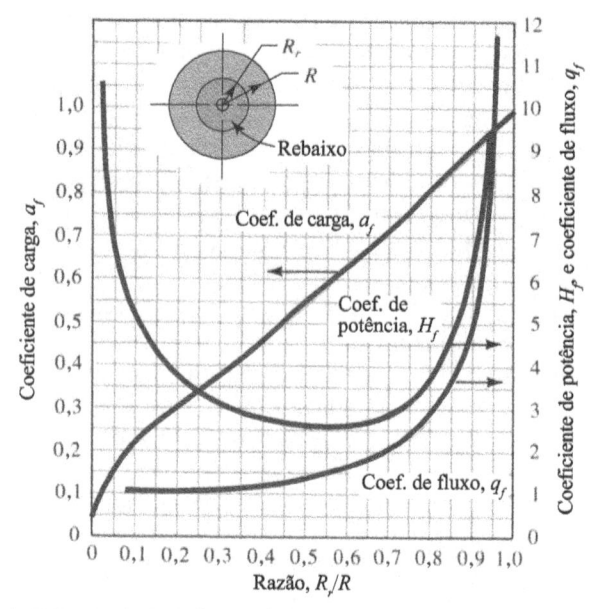

▲ **FIGURA 16.13** Coeficientes de desempenho adimensionais para mancal hidrostático de almofada circular. (CAST BRONZE INSTITUTE. *Cast Bronze Hydrostatic Bearing Design Manual*. Nova York: Copper Development Association, 1975)

Essas características gerais do desempenho da almofada de mancais hidrostáticos são típicas de várias geometrias de almofadas. Dados abrangentes sobre o desempenho de diferentes formas de almofada já foram publicados. (Consulte a Referência 8.)

O Exemplo 16.5 ilustra o procedimento de projeto básico para mancais hidrostáticos.

EXEMPLO 16.5

Uma grande antena de 12000 lb deverá ser montada sobre três mancais hidrostáticos de forma que cada uma das almofadas dos mancais receba 4000 lb. Uma bomba de deslocamento positivo será utilizada para distribuir óleo sob uma pressão de até 500 psi. Projete os mancais hidrostáticos.

SOLUÇÃO

Será escolhido o projeto de almofada circular, para os quais os coeficientes de desempenho estão disponíveis na Figura 16.13. Os resultados do projeto especificarão as dimensões das almofadas, a pressão de óleo exigida no rebaixo de cada almofada, o tipo de óleo necessário e sua temperatura, a espessura da película de óleo quando os mancais estão sustentando a carga, a vazão de óleo exigida e a potência de bombeamento necessária.

Passo 1. Com base na Figura 16.13, a potência mínima exigida para um elemento de almofada circular ocorreria com uma razão R_r/R de aproximadamente 0,50. Para essa razão, o valor do coeficiente de carga é $a_f = 0{,}55$. A pressão no rebaixo do elemento será um pouco inferior à máxima disponível de 500 psi por causa da queda de pressão no restritor colocado entre o coletor e a almofada. Faça um projeto com base em uma pressão de rebaixo de aproximadamente 400 psi. A partir da Equação 16.10,

$$A_p = \frac{F}{a_f p_r} = \frac{4000 \text{ lb}}{0{,}55\,(400 \text{ lb/pol}^2)} = 18{,}2 \text{ pol}^2$$

Mas $A_p = \pi D^2/4$. Então, o diâmetro da almofada exigido é

$$D = \sqrt{4A_p/\pi} = \sqrt{4(18,2)/\pi} = 4,81 \text{ pol}$$

Por conveniência, especifique $D = 5,00$ pol. Assim, a área real da almofada será

$$A_p = \pi D^2/4 = (\pi)(5,00 \text{ pol})^2/4 = 19,6 \text{ pol}^2$$

A pressão exigida no rebaixo é, então

$$p_r = \frac{F}{a_f A_p} = \frac{4000 \text{ lb}}{0,55(19,6 \text{ pol}^2)} = 370 \text{ lb/pol}^2$$

E

$$R = D/2 = 5,00 \text{ pol}/2 = 2,50 \text{ pol}$$

$$R_r = 0,50 R = 0,50(2,50 \text{ pol}) = 1,25 \text{ pol}$$

Passo 2. Especifique o valor de projeto para a espessura da película, h. Recomenda-se que h seja entre 0,001 e 0,010 pol. Use $h = 0,005$ pol.

Passo 3. Especifique o lubrificante e a temperatura operacional. Selecione o óleo SAE 30 e suponha que a temperatura máxima na película será 120 °F. Um método para a estimativa da temperatura real da película durante a operação pode ser consultada. (Consulte a Referência 8.) Com base nas curvas de viscosidade/temperatura, na Figura 16.7, a viscosidade é aproximadamente $8,3 \times 10^{-6}$ reyn (lb · s/pol^2).

Passo 4. Calcule o fluxo de óleo através do mancal com a Equação 16.11. O valor de $q_f = 1,4$ pode ser encontrado a partir da Figura 16.13:

$$Q = q_f \frac{F}{A_p} \frac{h^3}{\mu} = (1,4) \frac{4000 \text{ lb}}{19,6 \text{ pol}^2} \frac{(0,005 \text{ pol})^3}{8,3 \times 10^{-6} \text{ lb} \cdot \text{s/pol}^2}$$

$$Q = 4,30 \text{ pol}^3/\text{s}$$

Passo 5. Calcule a potência de bombeamento exigida com a Equação 16.12. O valor de $H_f = 2,6$ pode ser encontrado a partir da Figura 16.13:

$$= p_r Q = H_f \left(\frac{F}{A_p}\right)^2 \frac{h^3}{\mu} = 2,6 \left(\frac{4000}{19,6}\right)^2 \frac{(0,005 \text{ pol})^3}{8,3 \times 10^{-6}} = 1631 \text{ lb} \cdot \text{pol/s}$$

Por conveniência, é possível converter esse valor em hp:

$$P = \frac{1631 \text{ lb} \cdot \text{pol}}{\text{s}} \frac{1,0 \text{ pés}}{12 \text{ pol}} \frac{1,0 \text{ hp}}{550 \text{ lb} \cdot \text{pés/s}} = 0,247 \text{ hp}$$

16.10 TRIBOLOGIA: ATRITO, LUBRIFICAÇÃO E DESGASTE

O estudo do atrito, da lubrificação e do desgaste, chamado *tribologia*, envolve muitas disciplinas, como mecânica dos sólidos, mecânica dos fluidos, ciência dos materiais e química. É conveniente envolver vários especialistas em equipes que desenvolvem projetos de mancais críticos ou lubrificação geral. Para estudos além do escopo deste livro, consulte as referências 1 a 3, 9, 12 a 17 e 19 a 22.

Esta seção apresenta alguns princípios gerais de lubrificação que podem ser aplicados a uma variedade de situações de projeto com movimento relativo entre elementos de máquinas conjugados. O objetivo é ajudá-lo a reconhecer os vários parâmetros a serem considerados no projeto de máquinas e a analisar falhas ou o funcionamento insatisfatório de máquinas já existentes. Grande parte da discussão diz respeito à minimização ou ao controle do *atrito*, geralmente definido como a resistência ao movimento paralelo de superfícies conjugadas. A *lubrificação* é feita para minimizar o atrito e consiste na introdução da película de um material que reduz a força necessária à movimentação de um elemento em relação ao componente conjugado. Alguns materiais possuem, por natureza, baixos coeficientes de atrito e podem operar de forma satisfatória sem lubrificação externa. Quando o movimento relativo resulta em contato físico entre as superfícies de componentes conjugados, é possível que parte do material da superfície seja removido, causando o *desgaste*.

Atrito

Nem todo atrito é indesejável. Considere a necessidade que as rodas motrizes têm de usar atrito para desenvolver força propulsora contra o solo, trilhos ou estradas. Embreagens e freios empregam atrito para acionar máquinas, acelerá-las, desacelerá-las, interrompê-las ou mantê-las em determinada posição. Consulte o Capítulo 22. Braçadeiras e pinças usam atrito para segurar peças durante a fabricação. Em tais aplicações, forças de atrito grandes e consistentes são desejáveis.

A maioria das outras aplicações em que ocorre contato deslizante entre componentes conjugados exige a minimização do atrito a fim de diminuir as forças, os torques e a potência necessária para acionar o sistema. A presente seção tem como foco principal esse tipo de aplicação.

Os principais fenômenos envolvidos na criação de atrito são: aderência, efeitos elásticos como resistência à rolagem, efeitos viscoelásticos e resistência hidrodinâmica. *Aderência* é a união de materiais diferentes. A resistência da aderência depende da estrutura e da composição química dos materiais conjugados. As características da superfície também contribuem, como a altura das pontas e dos sulcos da rugosidade, chamados de *asperezas*. Às vezes, as asperezas nas peças conjugadas são deformadas ou fraturadas durante o movimento relativo; em outras condições, o movimento sofre resistência conforme as asperezas apresentam movimento relativo entre si. A *resistência à deslizamento* é causada pela deformação elástica do corpo móvel ou da superfície sobre a qual ele se move. A geometria dos membros em contato angular, a magnitude das forças aplicadas e a elasticidade dos materiais em contato contribuem para a determinação da quantidade de resistência. Os *efeitos viscoelásticos* dizem respeito às forças provocadas pela deformação de materiais flexíveis, como elastômeros, durante o contato. A *resistência hidrodinâmica*, também chamada de *efeito viscoso*, é causada pelo movimento relativo entre as moléculas de líquidos lubrificantes entre os componentes conjugados móveis. Essa é a principal forma de resistência em mancais com lubrificação hidrodinâmica de película completa. Todas essas formas de atrito, ou muitas delas, coexistem na maioria das máquinas.

Lubrificantes

Algumas das importantes funções dos lubrificantes incluem: reduzir o atrito, dissipar o calor dos mancais e outros elementos de máquina em que há atrito e suspender contaminantes. Diversas propriedades contribuem para o desempenho satisfatório do lubrificante:

- Boa lubricidade ou oleosidade para promover baixa fricção;
- Viscosidade adequada à aplicação;
- Baixa volatilidade em condições operacionais;
- Características satisfatórias de fluxo às temperaturas encontradas em uso;
- Condutividade térmica adequada e calor específico para a função de transferência de calor;
- Boa estabilidade química e térmica e capacidade de manter características desejáveis por um período razoável;
- Compatibilidade com outros materiais no sistema, como mancais, vedações e peças da máquina, especialmente no que diz respeito à proteção contra corrosão e degradação;
- Minimização do impacto ambiental.

Aqui discutimos a natureza básica de óleos, graxas e lubrificantes sólidos.

ÓLEOS. Fornecedores de óleos lubrificantes oferecem uma enorme variedade de categorias. Uma classificação geral distingue o óleo de petróleo natural refinado e os lubrificantes sintéticos. Geralmente, os óleos naturais apresentam custo mais baixo e podem oferecer bom desempenho para lubrificação de uso geral. Aditivos são frequentemente misturados ao óleo natural para aumentar a viscosidade, melhorar o índice de viscosidade (diminuir sua variação conforme a temperatura), reduzir a possibilidade de corrosão, retardar a oxidação ou outras formas de decomposição química e elevar a capacidade de suportar alta pressão localizada. Lubrificantes sintéticos são formulações químicas especialmente projetadas que podem ser adaptadas a aplicações específicas. Embora o desempenho seja melhor do que o de óleos naturais, o custo costuma ser maior.

Óleos lubrificantes são fornecidos em categorias como: óleos de motor, óleos de engrenagem, óleos de compressores, óleos de turbina, óleos lubrificantes de uso geral, lubrificantes de corrente, óleos de rolamento, lubrificantes alimentícios, fluidos de transmissão automática, óleos hidráulicos e fluidos de metalurgia. Os sites 11 a 13 e 16 oferecem bons exemplos de lubrificantes disponíveis. As propriedades dos lubrificantes que podem afetar a seleção são o grau de viscosidade, o índice de viscosidade e a proteção contra corrosão.

Os graus de viscosidade são normalmente informados de acordo com o sistema de classificação ISO (Organização Internacional para Padronização). O número de classificação é a viscosidade cinemática do óleo em centistokes (mm^2/s) medido a 40 °C (104 °F). Números comuns de classificação ISO são 32, 46, 68, 100, 150, 220, 320, 460, 680 e 1000. Os óleos de engrenagem são geralmente os de número 150 a 680, dependendo da temperatura ambiente e do grau de carregamento. Muitas vezes, a viscosidade também será informada a 100 °C (212 °F) como indicação de variação conforme a temperatura. Isso não faz parte da classificação ISO, sendo um dado influenciado principalmente pela propriedade do índice de viscosidade, discutido posteriormente nesta seção.

No passado, a American Gear Manufacturers Association (AGMA) definia os números dos lubrificantes em um intervalo de 0 a 15, sendo que os números de 3 a 8 representavam os lubrificantes mais comuns para usos gerais de transmissões de potência. As viscosidades básicas de 0 a 8 da antiga classificação da AGMA relacionam-se com as classificações de viscosidade ISO da seguinte maneira:

AGMA	ISO	AGMA	ISO	AGMA	ISO
0	32	3	100	6	320
1	46	4	150	7	460
2	68	5	220	8	680

Alguns sufixos são acrescentados às designações da AGMA: EP para pressão extrema, CP para óleos compostos e S para óleos sintéticos. Consulte as referências 10, 16, 22 e 29 do Capítulo 9. Veja também a Seção 9.17.

Os graus de viscosidade SAE também são usados para informar a viscosidade do óleo. Semelhantemente às classificações utilizadas em motores automotivos, os óleos SAE também são bons para lubrificação geral e transmissões de potência por engrenagem. Classificações comuns são SAE 20, 30, 40, 50, 60, 85, 90, 140 e 250. Elas devem estar em conformidade com os limites da viscosidade cinemática em centistokes, medida a 100 °C (212 °F). As classes W dos óleos SAE, como o SAE 20W, devem ter viscosidade inferior aos limites especificados em temperaturas baixas variando entre −5 °C e −55 °C (−3 °F até −67 °F). Consulte a Referência 18. Isso assegura o escoamento do lubrificante às superfícies críticas em ambientes frios, especialmente durante a inicialização de equipamentos. Os óleos de engrenagem são geralmente os de classificação SAE entre 80 e 250.

Para obter mais detalhes sobre os graus de viscosidade SAE, consulte:

- SAE J300 *Classificações de viscosidade de óleo de motor*
- SAE J306 *Classificações de viscosidade de lubrificante de engrenagem automotiva*

Utilize sempre a versão mais recente.

O *índice de viscosidade (VI)* mede a alteração da viscosidade do fluido conforme a temperatura. O VI é determinado com a medição da viscosidade de um fluido de amostra a 40 °C (104 °F) e 100 °C (212 °F) e com a comparação destes valores a fluidos de referência com VI entre 0 e 100.

Um fluido com VI alto apresenta pouca variação de viscosidade conforme a temperatura.

Um fluido com VI baixo apresenta muita variação de viscosidade conforme a temperatura.

Para a maioria dos lubrificantes, um VI elevado é desejável por oferecer uma proteção mais confiável e apresentar um desempenho mais uniforme conforme a variação de temperatura. Os lubrificantes comercialmente disponíveis informam valores de VI em torno de 90 a 250. Lubrificantes de engrenagem normalmente apresentam VI de aproximadamente 150. Aditivos, geralmente polímeros orgânicos, são usados para melhorar a viscosidade e ajustar o índice de viscosidade.

A proteção contra corrosão pode ser personalizada para aplicações específicas com a mistura de diversos aditivos à base de óleo. Inibidores de corrosão para materiais ferrosos ou proteção contra corrosão de cobre e bronze são comuns. Inibidores de oxidação são utilizados para prolongar a vida útil dos óleos. Aditivos de extrema pressão ajudam a evitar fricção em aplicações sob carregamento pesado. Aditivos para controle de espuma evitam a formação de espuma onde as engrenagens ou outros elementos de máquina são agitados em uma solução de óleo.

As referências 3, 6, 16, 19 e 22 descrevem desenvolvimentos recentes no campo da tecnologia da lubrificação e da tribologia. A Referência 9 descreve trabalhos recentes sobre a utilização de materiais compósitos com reforços de fibras naturais e a tribologia resultante. A Referência 22 enfatiza as influências do campo de fenômenos em micro e nanoescalas na tribologia, que está crescendo rapidamente. Grandes fornecedores de lubrificante (sites 11 a 13 e outros) estão desenvolvendo novos aditivos e formulações sintéticas para atender às áreas de energia alternativa eólica e solar, com atenção especial à ampla gama de condições ambientais em que devem operar. Alguns são aplicados em temperaturas que chegam a −55 °C (−67 °F) e 50 °C (122 °F), com alterações relacionadas na umidade e na exposição a elementos corrosivos.

GRAXAS. Graxa é um lubrificante bifásico composto por um espessante disperso em um fluido de base, normalmente um óleo. Quando aplicada à interface entre componentes móveis, a graxa tende a permanecer no local e aderir às superfícies. O óleo fornece lubrificação de forma semelhante ao que já foi discutido. Contanto que haja quantidade suficiente de graxa na interface, há lubrificação contínua. Diz-se que alguns mecanismos podem ser lubrificados permanentemente. No entanto, o projetista deve garantir que a graxa não se deslocará das áreas críticas ou, então, deve projetar o sistema de modo a possibilitar uma reaplicação periódica da graxa. Alguns componentes, como rolamentos, são fornecidos com graxeiras para o reabastecimento de lubrificante e para o descarte de graxa contaminada ou oxidada.

Vários tipos de espessantes são utilizados com óleos sintéticos ou naturais. Consulte os sites 14 e 15 para ver alguns exemplos. Espessantes são sabões formados pela reação de gorduras animais ou vegetais com substâncias alcalinas, como lítio, cálcio, um complexo de alumínio, argila, poliureia e outros. A 12 hidroxiestearato de lítio é a forma mais utilizada. Os sabões têm uma consistência suave e amanteigada, mantendo o óleo em suspensão até que ele escoe para a área a ser lubrificada. Os aditivos oferecem o recurso de extrema pressão (EP), proteção contra ferrugem, estabilidade à oxidação e melhor bombeamento da graxa.

O National Lubricating Grease Institute (NLGI) define nove faixas de consistência que vão de 000 a 6: semifluido, macio, meio rígido, rígido e bloco rígido. O grau 2 é bom para aplicações industriais gerais.

LUBRIFICANTES SÓLIDOS. Algumas aplicações não podem empregar óleos ou graxas por causa de contaminação de outras partes do sistema, exposição a alimentos, temperaturas excessivamente elevadas ou baixas, operação no vácuo ou outras considerações ambientais. Nesses casos, o projetista pode especificar materiais sólidos com boas propriedades de lubrificação ou acrescentar lubrificantes sólidos a superfícies críticas. A seção sobre lubrificação marginal já discutiu várias formulações de PTFE (politetrafluoretileno) que são exemplos de materiais com boa lubricidade.

Um lubrificante sólido é uma película fina que reduz o atrito e o desgaste. Alguns desses lubrificantes são aplicados em forma de pó por brochamento, pulverização ou imersão, aderindo às superfícies conjugadas. Aglomerantes são muitas vezes misturados ao material de base para facilitar a aplicação e promover a aderência. A cura por ar ou cozimento é necessária.

O dissulfeto de molibdênio (MoS_2) e o grafite são dois tipos de lubrificante sólido usados com frequência. Outros incluem iodeto de chumbo (PbI_2), sulfato de prata ($AgSO_4$), dissulfeto de tungstênio e ácido esteárico. Um exemplo de sua eficácia é a redução do coeficiente de atrito por deslizamento entre aços, em torno de 0,50 em superfícies secas e limpas, para a faixa de 0,03 a 0,06.

Muitos avanços em lubrificantes sólidos são projetados para melhorar a eficiência e aumentar a resistência ao desgaste das muitas superfícies de rolamento em motores de automóveis e caminhões. O Site 19 descreve novos rolamentos IROX™ que apresentam um revestimento de aglutinante feito de resina polimérica poliamidaimida (PAI) contendo muitos aditivos dispersos por toda a matriz. Esses aditivos proporcionam maior resistência ao desgaste, resistência mecânica, condutividade térmica e incorporabilidade.

Desgaste

Desgaste é a remoção progressiva do material de superfícies deslizantes. Trata-se de um processo complexo com muitas variáveis. Somente testes em condições reais de operação podem prever o desgaste real de determinado sistema. Há vários tipos de desgaste:

- Por pite, descamação, deformação ou escoriação que normalmente resultam de tensões de contato elevadas e fadiga do material da superfície durante contato angular ou deslizante.

- Desgaste abrasivo, atrito mecânico, incisões ou raspagens, como aqueles feitos por contaminantes rígidos na interface entre as peças conjugadas.

- Atrito, um deslizamento cíclico de amplitude muito pequena que desloca material da superfície. A acumulação subsequente de detritos tende a acelerar o processo. A operação contínua produz uma aparência superficial semelhante à de corrosão e pode gerar pequenas fissuras, a partir das quais a falha por fadiga pode ocorrer. Isto ocorre muitas vezes quando peças de ajuste apertado são submetidas a cargas oscilatórias ou vibração.

- Desgaste por impacto, quando ocorre uma erosão causada por materiais rígidos e móveis que atingem a superfície, possivelmente carregados pelo ar ou por fluidos. Fluidos em alta velocidade, como a descarga de lavadoras de alta pressão, podem causar este tipo de desgaste.

Embora não seja possível prescrever abordagens específicas para reduzir o desgaste, há ações que o projetista pode tentar. Mais uma vez, testes são a única forma de assegurar um funcionamento satisfatório.

1. Manter a força de contato baixa entre superfícies deslizantes.
2. Manter a temperatura baixa nas superfícies de contato.
3. Usar superfícies de contato rígidas.
4. Produzir superfícies de contato suaves.
5. Manter a lubrificação contínua para reduzir o atrito.
6. Manter uma velocidade relativa baixa entre as superfícies de contato.
7. Especificar materiais com boas propriedades de desgaste.

Muitos fornecedores de materiais informam propriedades de desgaste para contato com materiais semelhantes ou diferentes. Esses dados são adquiridos por meio de testes em condições cuidadosamente controladas em laboratório. Geralmente, um dos membros de um par de materiais é movido a uma velocidade conhecida, como uma rotação. O material conjugado é mantido estacionário e sob uma carga conhecida. Medições meticulosas são feitas em relação ao peso original e às dimensões do tipo de material conjugado. Após um tempo considerável de operação, os elementos são pesados e medidos novamente para se determinar quanto material foi removido. Os resultados são informados como desgaste, calculados a partir de uma equação como

$$K = W/FVT \qquad (16.13)$$

onde

$K =$ fator de desgaste para os materiais
$W =$ desgaste medido como perda de peso ou volume
$F =$ carga aplicada
$V =$ velocidade relativa linear entre as partes deslizantes
$T =$ tempo de operação

Comparar os fatores K de uma variedade de materiais sendo considerados pode auxiliar o projetista na seleção.

REFERÊNCIAS

1. AVRAHAM, Harnoy. *Bearing Design in Machinery: Engineering Tribology and Lubrication.* Boca Raton, FL: CRC Press, 2003.
2. BAYER, Raymond G. *Mechanical Wear Fundamentals and Testing.* Boca Raton, FL: CRC Press, 2004.
3. BLOCH, Heinz P. *Practical Lubrication for Industrial Facilities.* 2. ed. Lilburn, GA: Fairmont Press, 2010.
4. BOYD, John; RAIMONDI, Albert A. "A Solution for the Finite Journal Bearing and Its Application to Analysis and Design", partes I, II e III. In: *Transactions of the American Society of Lubrication Engineers,* 1, n. 1 (1958): p. 159-209.
5. _____. "Applying Bearing Theory to the Analysis and Design of Journal Bearings", partes I e II. In: *Journal of Applied Mechanics* 73 (1951): p. 298-316.
6. BRUCE, Robert W. (org.). *Handbook of Lubrication and Tribology, Volume II: Theory and Design.* 2. ed. Boca Raton, FL: CRC Press, 2012.
7. CAST BRONZE INSTITUTE. *Cast Bronze Bearing Design Manual.* Nova York: Copper Development Association, 1979.
8. _____. *Cast Bronze Hydrostatic Bearing Design Manual.* Nova York: Copper Development Association, 1975.
9. CHAND, Neven. *Tribology of Natural Fiber Polymer Composites.* Boca Raton, FL: CRC Press, 2009.
10. COPPER DEVELOPMENT ASSOCIATION. *Cast Copper Alloy Sleeve Bearings—Selection Guide.* Nova York: Copper Development Association, 1997.
11. JUVINALL, Robert C.; MARSHEK, Kurt M. *Fundamentals of Machine Component Design.* 5. ed. Nova York: John Wiley & Sons, 2011.
12. HAMROCK, Bernard J. *Fundamentals of Fluid Film Lubrication.* Boca Raton, FL: CRC Press, 2004.
13. KHONSARI, Michael M.; BOOSER, E. Richard. *Applied Tribology: Bearing Design and Lubrication.* 2. ed. Nova York: John Wiley & Sons, 2008.
14. LUDEMA, Kenneth C. *Friction, Wear, Lubrication: A Textbook in Tribology.* Boca Raton, FL: CRC Press, 1996.
15. MANG, Theo; DRESEL, Wilfried. *Lubricants and Lubrications.* 2. ed. Nova York: Wiley-VCH, 2007.
16. MANG, Theo; BOBZIN, Kirsten; THORSTEN, Bartels. *Industrial Tribology: Tribosystems, Friction, Wear, and Surface Engineering, Lubrication.* Nova York: John Wiley & Sons, 2011.
17. MIYOSHI, Kazuhisa. *Solid Lubrication Fundamentals and Applications.* Boca Raton, FL: CRC Press, 2002.
18. MOTT, Robert L. *Applied Fluid Mechanics.* 6. ed. Upper Saddle River, NJ: Prentice Hall, 2006.

19. SRIVASTAVA, Som Prakash. *Advances in Lubricant Additives and Tribology*. Boca Raton, FL: CRC Press, 2009.
20. TOTTEN, George E. (Org.). *Handbook of Lubrication and Tribology: Volume I Application and Maintenance*. 2. ed. Boca Raton, FL: CRC Press, 2006.
21. TOTTEN, George E.; LIANG, Hong. *Mechanical Tribology: Materials, Characterization, and Applications*. Boca Raton, FL: CRC Press, 2004.
22. YIP-WAH, Chung. *Micro- and Nanoscale Phenomena in Tribology*. Boca Raton, FL: CRC Press, 2012.

SITES SOBRE ROLAMENTOS PLANOS E LUBRIFICAÇÃO

1. **Copper Development Association (CDA).** <www.copper.org>. Associação industrial de empresas e organizações envolvidas na produção e aplicação de cobre, incluindo rolamentos de bronze fundido e buchas de bronze poroso. O site inclui algumas informações técnicas sobre o projeto de rolamentos planos de bronze. A associação também publica o proveitoso livro *Cast Bronze Bearing Design Manual*.
2. **Thomson Engineering & Polymers.** <www.nyliner.com>. Fabricante de rolamentos planos de plástico das marcas Nyliner® e Nyliner Plus®.
3. **Saint-Gobain Performance Plastics.** <www.saint-gobain-northamerica.com>. Fabricante de rolamentos planos de plástico da marca Rulon®, disponíveis em 15 formulações.
4. **GGB Bearing Technology.** <www.ggbearings.com>. Fabricante de uma variedade de rolamentos planos feitos de um composto de plástico PTFE, bronze poroso e aço ou fibra de vidro das marcas DU®, DX®, Gar-Fil®, Gar-Max® e outras.
5. **Graphite Metallizing Corporation.** <www.graphalloy.com>. Fabricante de rolamentos planos da marca Graphalloy®. Graphalloy® é uma liga de metal-grafite formada a partir de metal derretido e grafite, resultando em um material uniforme, sólido e autolubrificante para buchas, disponível em mais de 100 classes.
6. **Beemer Precision, Inc.** <www.oilite.com>. Fabricante de rolamentos planos feitos de bronze fundido e bronze sinterizado poroso impregnado de óleo das marcas Oilite® e Excelite.
7. **Bunting Bearings Corporation.** <www.bunting-bearings.com>. Fabricante de rolamentos planos feitos de bronze fundido, bronze sinterizado poroso impregnado com óleo e rolamentos de plástico feitos de Nylon, PTFE e Vespel®. A empresa também faz o rolamento BU que consiste de um mata-junta de aço, uma matriz de bronze poroso impregnada e coberta por um revestimento de PTFE/chumbo para um baixo coeficiente de atrito.
8. **Zincaloy, Inc.** <www.zincaloy.com>. Fabricante da liga de zinco-alumínio ZA-12 com fundição contínua (Zincaloy™), usada para rolamentos em mineração, construção, silvicultura e indústrias de veículos off-road. O Team Tube Ltd. é um distribuidor autorizado de rolamentos de Zincaloy. <www.teamtube.com>.
9. **Baldor/Dodge.** <www.dodge-pt.com>. Fabricante de rolamentos de deslizamento planos e autolubrificantes da marca Solidlube®, usados em indústrias de manuseio e de materiais a granel. Também estão disponíveis rolamentos Bronzoil® com bronze poroso impregnado de óleo, rolamentos buchados com metal patente e bronze e rolamentos montados em flange M Series Hydrodynamic, especificamente projetados para grandes motores e geradores.
10. **Waukesha Bearings Corporation.** <www.waukbearing.com>. Fabricante de rolamentos de deslizamento hidrodinâmicos de película fluida, rolamentos axiais e radiais de almofada oscilante, rolamentos magnéticos e carcaças para os rolamentos. Esses rolamentos são utilizados para turbinas, compressores, geradores, caixas de câmbio e outros tipos de equipamento rotativo.
11. **Exxon-Mobil, Inc.** <www.mobil.com>. Produtor de uma ampla variedade de lubrificantes para a indústria geral, automóveis, turbinas, compressores e aplicações de motores. Folhas de dados são fornecidas na página *Industrial lubricants*.
12. **Castrol Industrial.** <www.castrol.com>. Fabricante de lubrificantes para veículos e aplicações industriais, como rolamentos, engrenagens, correntes e aplicações gerais de lubrificação. Clique em *Industrial Lubricants* na página inicial.
13. **Shell Oil Company.** <www.shell.us/>. Produtor de uma ampla variedade de lubrificantes para a

indústria geral, automóveis, turbinas, compressores e aplicações de motores. Folhas de dados são fornecidas na página *Lubricants*.
14. **National Lubricating Grease Institute.** <www.nlgi.org>. Associação de empresas e organizações de pesquisa que desenvolvem, fabricam, distribuem e utilizam graxas. Ela estabelece padrões e fornece publicações e artigos técnicos sobre o assunto.
15. **Lubrizol Corporation.** <www.lubrizol.com>. Fabricante de uma ampla variedade de graxas e aditivos para a indústria de lubrificação.
16. **LubeLink.com** <www.lubelink.com>. Lista links de empresas que fornecem produtos e serviços de lubrificação, laboratórios para testes, fabricantes originais de equipamentos que fazem uso intenso de lubrificante em aplicações veiculares e industriais e associações industriais relacionadas ao campo da lubrificação.
17. **RBC Bearings.** <www.rbcbearings.com>. Fabricante de uma grande diversidade de rolamentos, incluindo rolamentos planos esféricos, de extremidade de barra e autolubrificantes. Os produtos são utilizados sempre que o uso de rolamentos giratórios e de carga pesada é necessário, como equipamentos de construção, máquinas agrícolas, conexões hidráulicas cilíndricas, suspensões de veículo e juntas articuladas.
18. **Plastics International.** <www.plasticsintl.com>. Fornecedor de um grande número de tipos e classes de plástico. Ao clicar na aba *Material Properties*, o site oferece uma lista de mais de 100 plásticos com propriedades mecânicas. Os valores do *fator pV* são fornecidos no arquivo PDF selecionável para os materiais comumente utilizados em rolamentos, como Delrin, PEEK e Rulon.
19. **Federal Mogul Corporation.** <www.federal-mogul.com>. Fabricante de numerosos componentes e sistemas para aplicações automotivas, incluindo rolamentos de motor. Clique em *Automotive OEM Technology and Products → Powertrain Sealing and Bearings → Bearings, Bushings and Washers*.

PROBLEMAS

Para os problemas 1-8 e os dados listados na Tabela 16.2, projete um rolamento plano usando a abordagem de lubrificação marginal da Seção 16.5. Utilize uma razão *L/D* para o rolamento na faixa de 0,50 a 1,50. Calcule o fator pV e especifique um material da Tabela 16.1.

▼ TABELA 16.2

Número do problema	Carga radial (lb)	Diâmetro do eixo (pol)	Velocidade do eixo (rpm)
1.	225	3,00	1750
2.	100	1,50	1150
3.	200	1,25	850
4.	75	0,50	600
5.	850	4,50	625
6.	500	3,75	450
7.	800	3,00	350
8.	60	0,75	750

Para os problemas 9-18 e os dados listados na Tabela 16.3, projete um mancal hidrodinamicamente lubrificado usando o método descrito na Seção 16.7. Especifique o diâmetro nominal do mancal, o comprimento do rolamento, a folga diametral, a espessura mínima da película lubrificante durante a operação, o acabamento superficial do mancal e do rolamento, o lubrificante e a temperatura operacional máxima do lubrificante. Para o seu projeto, calcule o coeficiente de atrito, o torque de fricção e a potência dissipada como resultado do atrito.

Para os problemas 19-28 e os dados listados na Tabela 16.4, projete um mancal hidrostático de formato circular. Especifique o diâmetro da almofada, o diâmetro do rebaixo, a pressão do rebaixo, a espessura da película, o lubrificante e sua temperatura, a taxa de fluxo de óleo e a potência de bombeamento. A carga especificada é para um único rolamento. Você pode optar por usar múltiplos rolamentos. (A pressão de alimentação é a máxima disponível na bomba.)

▼ TABELA 16.3

Número do problema	Carga radial	Diâmetro mínimo do eixo	Velocidade do eixo (rpm)	Aplicação
9.	1250 lb	2,60 pol	1750	Motor elétrico
10.	2250 lb	3,50 pol	850	Transportador
11.	1875 lb	2,25 pol	1150	Compressor de ar
12.	1250 lb	1,75 pol	600	Haste de precisão
13.	500 lb	1,15 pol	2500	Haste de precisão
14.	850 lb	1,45 pol	1200	Roldana intermediária
15.	4200 lb	4,30 pol	450	Eixo para transmissão por cadeia
16.	18,7 kN	100 mm	500	Transportador
17.	2,25 kN	25 mm	2200	Máquina-ferramenta
18.	5,75 kN	65 mm	1750	Impressora

▼ TABELA 16.4

Número do problema	Carga	Pressão de alimentação
19.	1250 lb	300 psi
20.	5000 lb	300 psi
21.	3500 lb	500 psi
22.	750 lb	500 psi
23.	250 lb	150 psi
24.	500 lb	150 psi
25.	22,5 kN	2,0 MPa
26.	1,20 kN	750 kPa
27.	8,25 kN	1,5 MPa
28.	12,5 kN	1,5 MPa

ELEMENTOS DE MOVIMENTO LINEAR

CAPÍTULO 17

Visão geral

Tópicos de discussão

- Muitos tipos de dispositivo mecânico produzem movimento linear para máquinas, como equipamentos de automação, sistemas de embalamento e máquinas-ferramentas.
- *Parafusos de potência*, *macacos* e *fusos de esfera* têm o objetivo de converter movimento rotatório em movimento linear e exercer a força necessária para mover um elemento de máquina por uma trajetória desejada. Eles utilizam o princípio de uma rosca com a porca correspondente.

Sumário
Visão geral
Você é o projetista
17.1 Objetivos
17.2 Parafusos de potência
17.3 Fusos de esfera
17.4 Considerações sobre a aplicação de parafusos de potência e fusos de esfera

Descubra

Visite uma loja de máquinas e veja se consegue identificar parafusos de potência, fusos de esfera ou outros dispositivos de movimento linear. Observe, de modo especial, os tornos e as fresadoras. As máquinas manuais provavelmente empregam parafusos de potência. Aquelas que usam comando numérico computadorizado costumam ter fusos de esfera. Descreva a forma das roscas. Como os parafusos são acionados? Como são fixados em outras peças da máquina? Você consegue encontrar outros equipamentos que utilizam dispositivos de movimento linear? Procure em laboratórios nos quais materiais são testados ou grandes forças devem ser geradas.

> Este capítulo o ensinará a analisar transmissões com parafusos de potência e fusos de esfera, além de especificar tamanhos adequados conforme a aplicação.

Um requisito comum no projeto mecânico é o de deslocar as componentes em linha reta. Os elevadores movem-se verticalmente, para cima ou para baixo. Máquinas-ferramentas carregam ferramentas de corte ou peças a serem usinadas em linha reta, no sentido horizontal ou vertical, de modo a conferir ao metal a forma desejada. Dispositivos precisos de medição levam a sonda em linha reta para determinar eletronicamente as dimensões de uma peça. Máquinas de montagem exigem muitos movimentos em linha reta para inserir componentes e uni-las. Empacotadeiras colocam produtos dentro de caixas de papelão, fecham as abas e lacram o pacote. Alguns exemplos de componentes e sistemas que facilitam o movimento linear são:

Parafusos de potência	Macacos
Atuadores lineares	Buchas esféricas
Solenoides lineares	Mesas X-Y-Z
Fusos de esfera	Cilindros hidráulicos
Guias lineares	Conjuntos de cremalheira e pinhão
Estágios de posicionamento	Mesa de pórtico

A Figura 17.1(a) mostra a vista em corte de um macaco que utiliza um parafuso de potência para produzir movimento linear. A potência é transmitida ao eixo de entrada por um motor elétrico. O sem-fim, usinado ao eixo de entrada, aciona a engrenagem sem-fim, resultando na redução da velocidade de rotação. O interior da engrenagem sem-fim apresenta roscas usinadas que se encaixam nas roscas externas do parafuso de potência, acionando-o verticalmente.

Já Figura 17.1(b) ilustra o macaco de rosca conjugado com um redutor de engrenagem e um motor externos a fim de oferecer um sistema completo de movimento linear. Interruptores de limite, sensores de posição e controladores lógicos programáveis podem ser usados para controlar o ciclo de movimento. Esses e outros tipos de atuador linear podem ser vistos nos sites 1-13 (citados no final deste capítulo).

Os conjuntos de pinhão e cremalheira são discutidos no Capítulo 8. Atuadores hidráulicos empregam pressão hidráulica de óleo ou de fluido pneumático para estender ou retrair uma haste de pistão dentro do cilindro, conforme abordado em livros sobre potência dos fluidos. Estágios de posicionamento, mesas X-Y-Z e mesas de pórtico são normalmente acionados por motores de passo de precisão ou servomecanismos que possibilitam o posicionamento exato de componentes em qualquer lugar dentro de seu volume de controle. Solenoides lineares são dispositivos que fazem núcleos em forma de haste ser estendidos ou retraídos de acordo com o fornecimento de potência a uma bobina elétrica, produzindo movimentos rápidos em distâncias pequenas. As aplicações podem ser vistas em equipamentos de escritório, dispositivos de automação e sistemas de empacotamento. Consulte o Site 11 (ao final deste capítulo).

Guias lineares e buchas esféricas são projetados para orientar componentes mecânicos ao longo de uma trajetória linear precisa. Materiais de baixo atrito ou elementos de contato angular são utilizados para produzir movimentos suaves com pouca potência. Consulte os sites 1, 3, 5 e 7 a 9.

Parafusos de potência e fusos de esfera têm o objetivo de converter movimento rotatório em linear e exercer a força necessária para mover um elemento de máquina por uma trajetória desejada. Os parafusos de potência operam com base no princípio clássico da rosca e da porca: se o parafuso for apoiado em rolamentos e girar enquanto a porca for mantida imóvel, ela fará um movimento translacional ao longo dele; se a porca for parte de uma máquina, como o porta-ferramentas de um torno, o parafuso conduzirá o porta-ferramentas ao longo da base da máquina para fazer um corte. Por outro lado, se a porca for sustentada enquanto estiver girando, pode-se fazer o parafuso apresentar movimento translacional. O macaco de rosca emprega esse método.

O fuso de esfera tem a mesma função do parafuso de potência, mas a configuração é diferente. A porca contém várias esferas pequenas que fazem contato angular com as roscas do parafuso, conferindo baixo atrito e alta eficácia em comparação com parafusos de potência. Máquinas-ferramentas modernas, equipamentos de automação, sistemas de direção veicular e atuadores de aeronaves utilizam fusos de esfera para que haja alta precisão, resposta rápida e operação suave.

Visite uma oficina em que haja máquinas-ferramentas para corte de metais. Procure exemplos de parafusos de potência que convertem movimento rotatório em linear. Eles possivelmente estarão em tornos manuais movendo o porta-ferramentas. Observe também a transmissão da mesa de uma fresadora. Verifique a forma das roscas do parafuso de potência. Elas têm um formato semelhante ao de uma rosca com lados inclinados? Ou os lados são retos? Compare as roscas com aquelas mostradas na Figura 17.2 para formas quadradas, Acme e dente de serra.

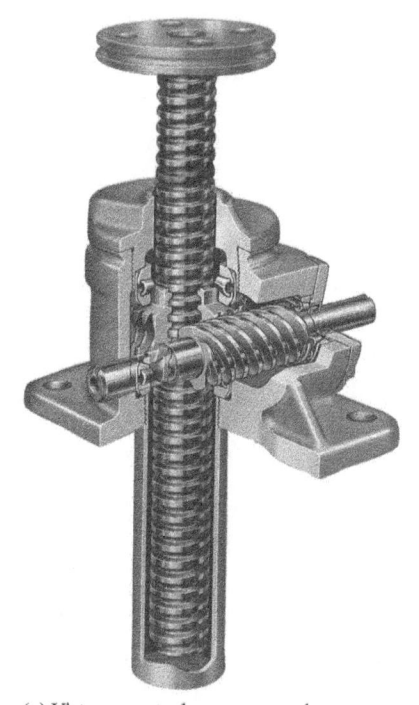

(a) Vista em corte de um macaco de rosca industrial

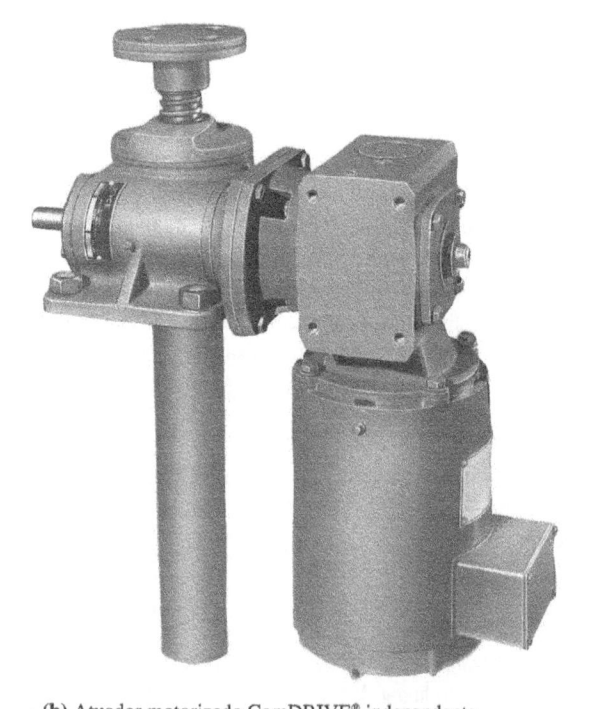

(b) Atuador motorizado ComDRIVE® independente

▲ **FIGURA 17.1** Exemplos de elementos de máquinas com movimento linear.
(Joyce/Dayton Corporation, Dayton, OH)

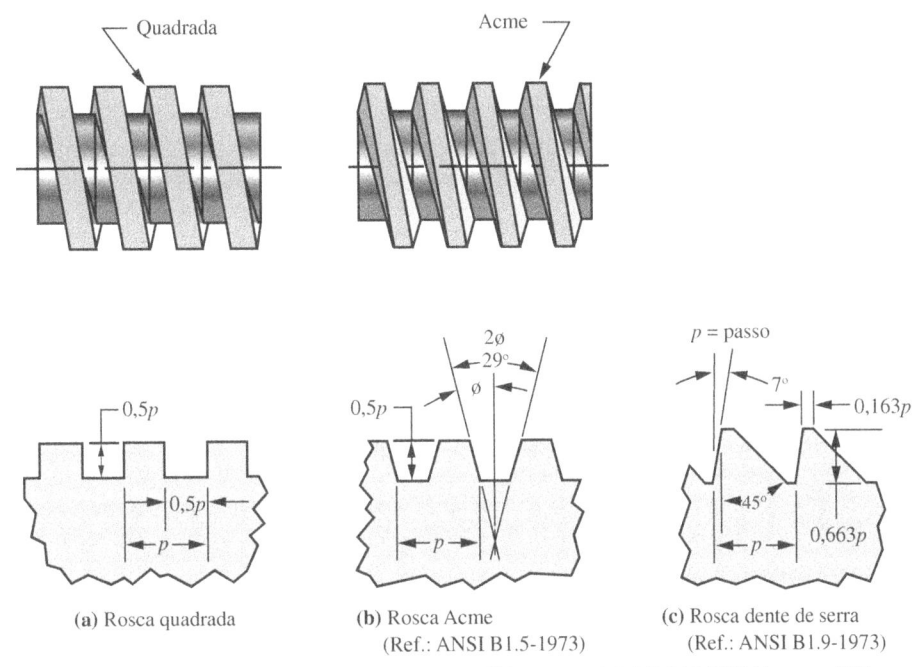

FIGURA 17.2 Formas de rosca de parafuso de potência [(b), norma ANSI/ASME B1.5-1973 (c), norma ANSI B1.9-1973].

Ainda na oficina, você consegue encontrar algum tipo de equipamento para teste de materiais ou um dispositivo chamado *prensa manual* que exerce grandes forças axiais? Essas máquinas costumam empregar parafusos de potência com roscas quadradas para produzir a força e o movimento axial a partir de uma entrada rotativa, seja por meio de uma manivela ou uma transmissão de motor elétrico. Se a oficina não tiver essas máquinas, procure no laboratório de metalurgia ou em outro local em que materiais são testados.

Continue explorando a oficina. Há máquinas que utilizam visores digitais para indicar a posição da mesa ou da ferramenta? Há máquinas-ferramentas com comando numérico computadorizado? Muito possivelmente, qualquer um desses tipos de máquina terá fusos de esfera em vez dos tradicionais parafusos de potência, pois os primeiros exigem potência e torque bem menores para o acionamento sob determinada carga. Eles também podem ser movidos com mais rapidez e posicionados com mais precisão. Talvez você não consiga ver as esferas circulando na porca do parafuso de potência, como ilustra a Figura 17.3. Porém, certamente notará as roscas de diferentes formas se assemelhando a sulcos, com fundos circulares onde as esferas rolam.

Você já percebeu esses parafusos de potência ou fusos de esfera em algum lugar sem ser na oficina? Alguns abridores de portas de garagem empregam uma transmissão por parafuso, mas outros usam transmissões por cadeia. Talvez você tenha em casa um macaco de rosca ou de tesoura para levantar o carro e trocar o pneu. Ambos utilizam parafusos de potência. Você já viajou de avião e pôde ver, de seu assento, os mecanismos que acionam os flaps na borda traseira da asa? Experimente fazer isso um dia e observe os atuadores durante a decolagem ou o pouso. É bem possível que você veja um fuso de esfera em ação.

Este capítulo irá ajudá-lo no aprendizado de métodos para a análise de desempenho de parafusos de potência e fusos de esfera e a especificar tamanhos adequados conforme a aplicação.

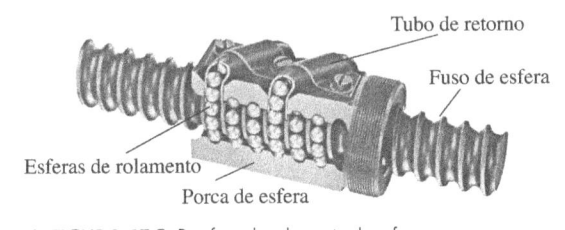

FIGURA 17.3 Parafuso de rolamento de esferas. (Thomson Industries, Inc., Port Washington, NY)

Você é o projetista

Imagine que você é membro da equipe de engenharia de uma grande siderúrgica. Um dos fornos da fábrica, onde o aço é aquecido antes do tratamento térmico final, está instalado sob o piso, e os grandes lingotes são baixados ali verticalmente. Enquanto eles estão imersos no forno, um alçapão grande e pesado é colocado sobre a abertura para minimizar o escape de calor e manter uma temperatura mais uniforme. O alçapão pesa 25000 lb.

Você deve projetar um sistema que permita ao alçapão ser levantado pelo menos 15 pol acima do chão em 12,0 s e baixado novamente em 12,0 s.

Qual conceito de projeto você sugeriria? Naturalmente, há muitos possíveis, mas suponha que você tenha proposto um sistema como o esboçado na Figura 17.4. Uma estrutura de apoio superior é indicada, na qual um sistema de transmissão sem-fim/engrenagem sem-fim seria montado. Um primeiro eixo seria acionado diretamente pela transmissão por engrenagem, e um segundo, de modo simultâneo por uma transmissão por cadeia. Os eixos são parafusos de potência, sustentados por rolamentos nas partes superior e inferior. Um garfo é ligado ao alçapão e montado nos parafusos com as porcas, as quais são conjugadas com o parafuso desse garfo. Assim, conforme o parafuso gira, as porcas sustentam o garfo e o alçapão verticalmente, para cima ou para baixo.

Como projetista do sistema de suspensão do alçapão, você deve tomar várias decisões. Qual tamanho de parafuso é necessário para garantir que o alçapão de 25000 lb será erguido com segurança? Note que os parafusos são colocados sob tensão ao serem sustentados nos colares do sistema de apoio superior. Quais diâmetro, tipo e tamanho de rosca devem ser usados? O desenho sugere uma rosca Acme. Quais outros tipos estão disponíveis? A que velocidade os parafusos devem ser girados para elevar o alçapão em 12,0 s ou menos? Quanta potência é exigida para acionar os parafusos? Quais são as preocupações de segurança existentes enquanto o sistema maneja essa carga pesada? Qual seria a vantagem de se utilizar um fuso de esfera no lugar do parafuso de potência?

O conteúdo deste capítulo irá ajudá-lo a tomar essas decisões e fornecerá métodos para o cálculo das tensões, dos torques e das eficiências.

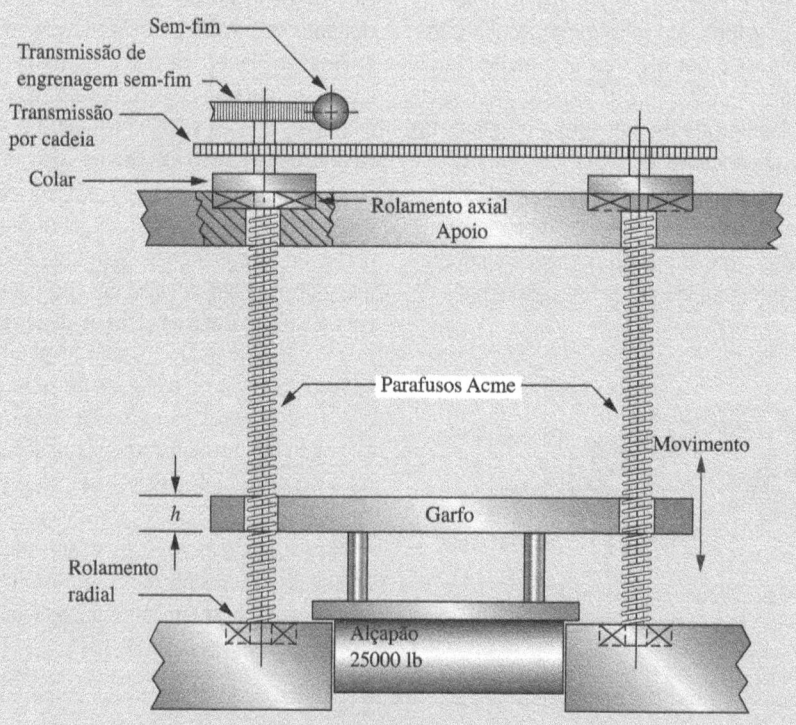

▲ **FIGURA 17.4** Sistema acionado por parafuso Acme para a suspensão de um alçapão.

17.1 OBJETIVOS

Ao final deste capítulo, você estará apto a:
1. Descrever o funcionamento de um parafuso de potência e a forma geral de *roscas quadradas*, *roscas Acme* e *roscas dente de serra* no que diz respeito à sua aplicação em parafusos de potência.
2. Calcular o torque que deve ser aplicado a um parafuso de potência para suspender ou baixar uma carga.
3. Calcular a eficiência de parafusos de potência.
4. Calcular a potência exigida para acionar um parafuso de potência.
5. Descrever o projeto de um fuso de esfera e sua porca correspondente.
6. Especificar fusos de esfera adequados para determinado conjunto de requisitos de carga, velocidade e vida útil.
7. Calcular o torque necessário para acionar um fuso de esfera e, depois, sua eficiência.

17.2 PARAFUSOS DE POTÊNCIA

A Figura 17.2 apresenta três tipos de rosca de parafuso de potência: a rosca quadrada, a rosca Acme e a rosca dente de serra. Das três, a quadrada e a dente de serra são as mais eficientes. Ou seja, elas exigem o menor torque para mover determinada carga ao longo do parafuso. No entanto, a rosca Acme não é muito menos eficiente, além de ser de fácil usinagem. A rosca dente de serra é desejável quando a força tiver de ser transmitida em apenas uma direção.

A Tabela 17.1 fornece as combinações preferenciais de diâmetro básico principal, D, e o número de roscas por polegada, n, para roscas Acme em unidades do sistema norte-americano. O passo, p, é a distância entre um ponto de uma rosca e o correspondente na rosca adjacente, e $p = 1/n$. Dados adicionais sobre parafusos de potência podem ser encontrados nas referências 1 e 4.

Outras dimensões pertinentes listadas na Tabela 17.1 incluem o diâmetro menor mínimo e o diâmetro de passo mínimo de um parafuso com rosca externa. Ao realizar análises de tensão no parafuso, a abordagem mais segura consiste em estabelecer a área correspondente ao diâmetro menor para tensões trativas ou compressivas. Contudo, um cálculo mais preciso de tensão é alcançado com o uso da *área de tensão de tração* (listada na Tabela 17.1), encontrada a partir de

▶ **Área de tensão de tração para roscas**

$$A_t = \frac{\pi}{4}\left[\frac{D_r + D_p}{2}\right]^2 \quad (17.1)$$

Essa é a área que equivale à média do diâmetro menor (ou raiz), D_r, e o diâmetro de passo, D_p. Os dados refletem os valores mínimos para parafusos comercialmente disponíveis de acordo com tolerâncias recomendadas.

Outro modo de falha para um parafuso de potência é o cisalhamento das roscas no sentido axial, que as corta do eixo principal perto do diâmetro de passo. A tensão de cisalhamento é calculada com a fórmula de tensão direta

$$\tau = F/A_s$$

A área de tensão de cisalhamento, A_s, listada na Tabela 17.1, também pode ser encontrada em dados publicados e representa a área em cisalhamento aproximadamente na linha primitiva das roscas para 1,0 pol de comprimento de engrenamento. Outros comprimentos exigiriam que a área fosse modificada pela razão do comprimento real para 1,0 pol.

Parafusos de potência métricos

Parafusos de potência métricos usam um sistema de rosca trapezoidal semelhante à rosca Acme, mas com uma forma ligeiramente diferente e em dimensões métricas. Uma diferença notável entre a rosca Acme e a métrica trapezoidal ISO é que o ângulo $\phi = 15°$ em vez de 14½°, indicado para o projeto Acme na Figura 17.2(b). A Tabela 17.1M mostra uma lista selecionada de tamanhos, extraída da lista geral de parafusos trapezoidais ISO. Todos eles são um projeto de rosca única. Muitos outros diâmetros e passos estão disponíveis, bem como vários outros tipos com duas ou mais roscas que produzem avanços mais longos múltiplos do passo.

Torque exigido para mover a carga

Ao utilizar um parafuso de potência para exercer força, como no caso de um macaco que levanta a carga, é preciso saber a quantidade de torque a ser aplicada à porca do parafuso para mover a carga. Os parâmetros envolvidos são: a força a ser movida, F; o tamanho do parafuso, conforme indicado pelo diâmetro de passo, D_p; o avanço do parafuso, L; e o coeficiente de atrito, f. Observe que o *avanço* é definido como a distância axial que o parafuso percorreria em uma revolução completa. Para o caso comum de um parafuso com rosca única, o avanço é igual ao passo e pode ser obtido na Tabela 17.1 ou calculado a partir de $L = p = 1/n$ para projetos Acme no sistema norte-americano.

No desenvolvimento da Equação 17.2 para o torque exigido à rotação do parafuso, usa-se a Figura 17.5(a), que denota uma carga sendo empurrada para cima de um plano inclinado contra uma força de atrito. Essa é uma representação razoável de

▼ **TABELA 17.1** Roscas Acme preferíveis.

Diâmetro principal nominal, D (pol)	Roscas por pol, n	Passo, $p = 1/n$ (pol)	Diâmetro menor mínimo, D_r (pol)	Diâmetro de passo mínimo, D_p (pol)	Área de tensão de tração, A_t (pol²)	Área de tensão de cisalhamento, A_s (pol²)[a]
1/4	16	0,0625	0,1618	0,2043	0,02632	0,3355
5/16	14	0,0714	0,2140	0,2614	0,04438	0,4344
3/8	12	0,0833	0,2632	0,3161	0,06589	0,5276
7/16	12	0,0833	0,3253	0,3783	0,09720	0,6396
1/2	10	0,1000	0,3594	0,4306	0,1225	0,7278
5/8	8	0,1250	0,4570	0,5408	0,1955	0,9180
3/4	6	0,1667	0,5371	0,6424	0,2732	1,084
7/8	6	0,1667	0,6615	0,7663	0,4003	1,313
1	5	0,2000	0,7509	0,8726	0,5175	1,493
$1\frac{1}{8}$	5	0,2000	0,8753	0,9967	0,6881	1,722
$1\frac{1}{4}$	5	0,2000	0,9998	1,1210	0,8831	1,952
$1\frac{3}{8}$	4	0,2500	1,0719	1,2188	1,030	2,110
$1\frac{1}{2}$	4	0,2500	1,1965	1,3429	1,266	2,341
$1\frac{3}{4}$	4	0,2500	1,4456	1,5916	1,811	2,803
2	4	0,2500	1,6948	1,8402	2,454	3,262
$2\frac{1}{4}$	3	0,3333	1,8572	2,0450	2,982	3,610
$2\frac{1}{2}$	3	0,3333	2,1065	2,2939	3,802	4,075
$2\frac{3}{4}$	3	0,3333	2,3558	2,5427	4,711	4,538
3	2	0,5000	2,4326	2,7044	5,181	4,757
$3\frac{1}{2}$	2	0,5000	2,9314	3,2026	7,388	5,700
4	2	0,5000	3,4302	3,7008	9,985	6,640
$4\frac{1}{2}$	2	0,5000	3,9291	4,1991	12,972	7,577
5	2	0,5000	4,4281	4,6973	16,351	8,511

[a] Por polegada de comprimento de engrenamento.

▼ TABELA 17.1M Exemplos de parafuso de potência com rosca trapezoidal métrica.

Sistema de roscas ISO — roscas externas				
Diâmetro principal, D (mm)	Passo, p (mm)	Diâmetro de passo, D_p (mm)	Diâmetro menor, D_r (mm)	Área de tensão de tração (mm²)
8	1,5	7,25	6,2	35,52
10	2	9,0	7,5	53,46
12	3	10,5	8,5	70,88
14	3	12,5	10,5	103,9
16	3	14,5	12,5	143,1
20	4	18,0	15,5	220,4
22	5	19,5	16,5	254,5
24	5	21,5	18,5	314,2
28	5	25,5	22,5	452,4
30	6	27,0	23,0	490,9
32	6	29,0	33,0	754,8
36	6	33,0	29,0	754,8
40	7	36,5	32,0	921,3
46	8	42,0	37,0	1225
50	8	46,0	41,0	1486
55	9	50,5	45,0	1791
60	9	55,5	50,0	2185
70	10	65,0	59,0	3019
80	10	75,0	69,0	4072
90	12	84,0	77,0	5090
100	12	94,0	87,0	6433
120	14	113,0	104,0	9246
125	14	122,0	109,0	10477

uma rosca quadrada se a considerarmos deitada fora do parafuso. O torque para uma rosca Acme é ligeiramente diferente dessa por causa do ângulo da rosca. A equação revisada para a rosca Acme será mostrada mais adiante.

O torque calculado com a Equação 17.2 é chamado T_u, e indica que a força é aplicada para mover uma carga para cima do plano, isto é, para suspendê-la. Essa observação é apropriada se a carga for suspensa verticalmente, como por meio de um macaco. Se, por outro lado, a carga estiver na horizontal ou em um ângulo, a Equação 17.2 ainda será válida, contanto que ela avance sobre o parafuso, "subindo pela rosca". A Equação 17.4 exibe o torque exigido, T_d, para baixar a carga ou fazer ela "descer pela rosca".

O torque para mover uma carga para cima da rosca é

▶ **Torque necessário para fazer uma carga subir pelo parafuso de potência com rosca quadrada**

$$T_u = \frac{FD_p}{2}\left[\frac{L + \pi f D_p}{\pi D_p - fL}\right] \quad (17.2)$$

Essa equação considera a força exigida para superar o atrito entre o parafuso e a porca, além da força necessária apenas para mover a carga. Se o parafuso ou a porca estiverem apoiados em uma superfície estacionária enquanto girarem, haverá um torque de fricção adicional desenvolvido nela. Por esse motivo, muitos macacos e dispositivos semelhantes apresentam rolamentos antiatrito nesses pontos.

O coeficiente de atrito para uso na Equação 17.2 depende dos materiais utilizados e da forma de lubrificação do parafuso. No caso de parafusos de aço bem lubrificados atuando em porcas de aço, $f = 0{,}15$ é um valor conservador.

Um fator importante na análise do torque é o ângulo de inclinação do plano. Em uma rosca, ele é chamado de *ângulo de avanço*, λ. Trata-se do ângulo entre a tangente à hélice da rosca e o plano transversal ao eixo do parafuso. Pode ser visto na Figura 17.5 que

$$\operatorname{tg}\lambda = L/(\pi D_p) \quad (17.3)$$

onde πD_p = circunferência da linha primitiva do parafuso

Logo, se a rotação do parafuso tende a elevar a carga (movê-la para cima da inclinação), a força de atrito opõe-se ao movimento e atua para baixo do plano.

Por outro lado, se a rotação do parafuso tende a reduzir a carga, a força de atrito atua para cima do plano, como mostra a Figura 17.5(b). A análise de torque muda, produzindo a Equação 17.4:

▶ **Torque necessário para fazer uma carga descer pelo parafuso de potência com rosca quadrada**

$$T_d = \frac{FD_p}{2}\left[\frac{\pi f D_p - L}{\pi D_p + fL}\right] \quad (17.4)$$

Se a rosca for íngreme (ou seja, se tiver ângulo de avanço elevado), a força de atrito pode não ser capaz de superar a tendência da carga de "deslizar" para baixo do plano, e esta cairá por causa da gravidade. Na maioria dos casos de parafusos de potência com rosca única, entretanto, o ângulo de avanço é bem pequeno, e a força de atrito é grande o suficiente para se opor à carga e impedir que ela deslize pelo plano. Tais parafusos são chamados de *autotravantes*, uma característica desejável para macacos e dispositivos semelhantes. Quantitativamente, a condição a ser satisfeita para o autotravamento é

$$f > \operatorname{tg}\lambda \quad (17.5)$$

O coeficiente de atrito deve ser maior do que a tangente do ângulo de avanço. Para $f = 0{,}15$, o valor correspondente do ângulo de avanço é 8,5°. Para $f = 0{,}1$, em superfícies muito suaves e bem lubrificadas, o ângulo de avanço para o autotravamento é 5,7°. Os

P = Força exigida para mover a carga
F_f = Força de atrito
N = Força normal
λ = Ângulo de avanço
D_p = Diâmetro de passo

(a) Força exercida para *cima* do plano

(b) Força exercida para *baixo* do plano

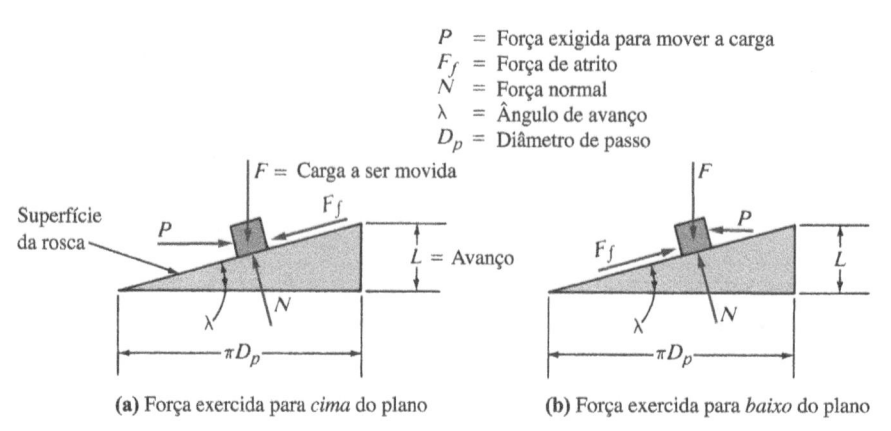

▲ **FIGURA 17.5** Análise de força da rosca.

ângulos de avanço para os projetos de parafuso listados na Tabela 17.1 variam entre 1,94° e 5,57°. Assim, é esperado que todos sejam autotravantes. No entanto, a operação sob condições de vibração deve ser evitada, pois isso ainda poderia provocar o movimento do parafuso.

Eficiência de um parafuso de potência

A *eficiência* da transmissão de força por um parafuso de potência pode ser expressa como a razão entre o torque exigido para mover a carga sem atrito e aquele exigido para mover a carga com atrito. A Equação 17.2 fornece o torque exigido com atrito, T_u. Seja $f = 0$, o torque exigido sem atrito, T', é

$$T' = \frac{FD_p}{2} \frac{L}{\pi D_p} = \frac{FL}{2\pi} \qquad (17.6)$$

Logo, a eficiência, e, é

▶ Eficiência de um parafuso de potência

$$e = \frac{T'}{T_u} = \frac{FL}{2\pi T_u} \qquad (17.7)$$

Formas alternativas das equações de torque

As equações 17.2 e 17.4 podem ser expressas em termos de ângulo de avanço em vez de avanço e diâmetro de passo, observando-se a relação na Equação 17.3. Com essa substituição, o torque necessário para mover a carga seria

▶ Torque para elevar a carga com uma rosca quadrada

$$T_u = \frac{FD_p}{2}\left[\frac{(\operatorname{tg}\lambda + f)}{(1 - f\operatorname{tg}\lambda)}\right] \qquad (17.8)$$

e o torque para baixar a carga é

▶ Torque para baixar a carga com uma rosca quadrada

$$T_d = \frac{FD_p}{2}\left[\frac{(f - \operatorname{tg}\lambda)}{(1 + f\operatorname{tg}\lambda)}\right] \qquad (17.9)$$

Adaptação para roscas Acme e roscas métricas trapezoidais

A diferença entre roscas Acme e roscas quadradas é a presença do ângulo da rosca, ϕ. Observe, na Figura 17.1, que $2\phi = 29°$, e, portanto, $\phi = 14,5°$. Para a rosca métrica trapezoidal, $\phi = 15°$. Isso altera o sentido da ação das forças sobre a rosca em relação à representação na Figura 17.5. A Figura 17.6 mostra que F teria de ser substituído por $F/\cos\phi$. Com isso, a análise de torque resultaria nas formas modificadas das equações 17.8 e 17.9 a seguir. O torque para fazer a carga subir pela rosca é

▶ Torque para elevar a carga com uma rosca Acme

$$T_u = \frac{FD_p}{2}\left[\frac{(\cos\phi\operatorname{tg}\lambda + f)}{(\cos\phi - f\operatorname{tg}\lambda)}\right] \qquad (17.10)$$

e o torque para fazer a carga descer pela rosca é

▶ Torque para baixar a carga com uma rosca Acme

$$T_d = \frac{FD_p}{2}\left[\frac{(f - \cos\phi\operatorname{tg}\lambda)}{(\cos\phi + f\operatorname{tg}\lambda)}\right] \qquad (17.11)$$

Potência exigida para acionar um parafuso de potência

Se o torque necessário para girar o parafuso for aplicado a uma velocidade angular constante, n, a potência em hp para acionar o parafuso será de

$$P = \frac{Tn}{63000}$$

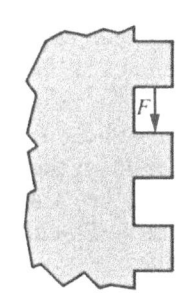

(a) Força normal para uma rosca quadrada

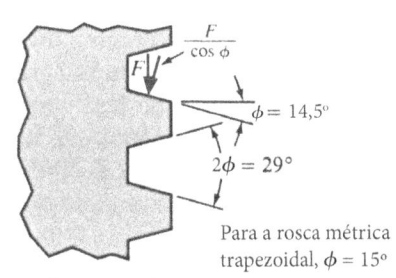

(b) Força normal para uma rosca Acme

$\phi = 14,5°$

$2\phi = 29°$

Para a rosca métrica trapezoidal, $\phi = 15°$

▲ **FIGURA 17.6** Força em uma rosca Acme.

EXEMPLO 17.1

Dois parafusos de potência com rosca Acme serão utilizados para suspender um pesado alçapão de acesso, como esboça a Figura 17.4. O peso total do alçapão é 25000 lb, dividido igualmente entre os dois parafusos. Selecione um parafuso satisfatório na Tabela 17.1 com base na resistência à tração, restringindo a tensão de tração a 10000 psi. Em seguida, determine a espessura exigida do garfo, que atua como porca no parafuso para limitar a tensão de cisalhamento nas roscas a 5000 psi. Para o parafuso assim projetado, calcule o ângulo de avanço, o torque necessário para levantar a carga, a eficiência do parafuso e o torque exigido para baixar a carga. Use um coeficiente de atrito de 0,15.

SOLUÇÃO

A carga a ser levantada coloca os dois parafusos em tensão direta. Portanto, a área de tensão de tração demandada é

$$A_t \frac{F}{\sigma_d} = \frac{12500 \text{ lb}}{10000 \text{ lb/pol}^2} = 1,25 \text{ pol}^2$$

Com base na Tabela 17.1, um parafuso de rosca Acme com 1½ pol de diâmetro e quatro roscas por polegada forneceria uma área de tensão de tração de 1,266 pol².

Para esse parafuso, cada polegada de comprimento da porca ofereceria 2,341 pol² de área de tensão de cisalhamento nas roscas. A área de cisalhamento exigida é, então,

$$A_s = \frac{F}{\tau_d} = \frac{12500 \text{ lb}}{5000 \text{ lb/pol}^2} = 2,50 \text{ pol}^2$$

Logo, o comprimento pedido do garfo seria

$$h = 2,5 \text{ pol}^2 \left[\frac{1,0 \text{ pol}}{2,341 \text{ pol}^2} \right] = 1,07 \text{ pol}$$

Por conveniência, especifiquemos $h = 1,25$ pol.
O ângulo de avanço é (lembre-se de que $L = p = 1/n = 1/4 = 0,250$ pol)

$$\lambda = \text{tg}^{-1} \frac{L}{\pi D_p} = \text{tg}^{-1} \frac{0,250}{\pi(1,3429)} = 3,39°$$

O torque necessário para elevar a carga pode ser calculado com a Equação 17.10:

$$T_u = \frac{FD_p}{2} \left[\frac{(\cos\phi \, \text{tg}\lambda + f)}{(\cos\phi - f \, \text{tg}\lambda)} \right] \quad (17.10)$$

Usando $\cos\phi = \cos(14{,}5°) = 0{,}968$ e $\text{tg}\lambda = \text{tg}(3{,}39°) = 0{,}0592$, tem-se

$$T_u = \frac{(12500 \text{ lb})(1,3429 \text{ pol})}{2} \frac{[(0,968)(0,0592) + 0,15]}{[0,968 - (0,15)(0,0592)]} = 1809 \text{ lb} \cdot \text{pol}$$

A eficiência pode ser estabelecida com a Equação 17.7:

$$e = \frac{FL}{2\pi T_u} = \frac{(12500 \text{ lb})(0,250 \text{ pol})}{2(\pi)(1809 \text{ lb} \cdot \text{pol})} = 0,275 \text{ ou } 27,5\%$$

O torque para baixar a carga pode ser obtido com a Equação 17.11:

$$T_d = \frac{FD_p}{2} \left[\frac{(f - \cos\phi \, \text{tg}\lambda)}{(\cos\phi + f \, \text{tg}\lambda)} \right] \quad (17.11)$$

$$T_d = \frac{(12500 \text{ lb})(1,3429 \text{ pol})}{2} \frac{[0,15 - (0,968)(0,0592)]}{[0,968 + (0,15)(0,0592)]} = 796 \text{ lb} \cdot \text{pol}$$

EXEMPLO 17.2

Deseja-se levantar o alçapão da Figura 17.4 a um total de 15,0 polegadas em até 12,0 s. Calcule a velocidade angular para os parafusos e a potência necessárias.

SOLUÇÃO

O parafuso selecionado na solução do Exemplo 17.1 foi um parafuso de rosca Acme com 1½ pol de diâmetro e quatro roscas por polegada. Assim, a carga seria movida 1/4 pol a cada revolução. A velocidade linear necessária é

$$V = \frac{15,0 \text{ pol}}{12,0 \text{ s}} = 1,25 \text{ pol/s}$$

A velocidade angular exigida seria

$$n = \frac{1,25 \text{ pol}}{\text{s}} \frac{1 \text{ rev}}{0,25 \text{ pol}} \frac{60 \text{ s}}{\text{min}} = 300 \text{ rpm}$$

Então, a potência para acionar cada parafuso seria

$$P = \frac{Tn}{63000} = \frac{(1809 \text{ lb} \cdot \text{pol})(300 \text{ rpm})}{63000} = 8,61 \text{ hp}$$

Formas de roscas múltiplas para parafusos de potência

A eficiência relativamente baixa de parafusos com rosca única Acme (cerca de 30% ou menos) pode ser uma grande desvantagem. Eficiências mais altas conseguem ser alcançadas com projetos de avanço elevado e roscas múltiplas. Ângulos de avanço mais elevados produzem eficiências na faixa de 30% a 70%. É preciso entender que certa vantagem mecânica é perdida; afinal, torques mais altos são necessários para mover determinada carga em comparação com parafusos de rosca única. (Consulte os sites 3, 5, 7, 10, 12 e 13.)

17.3 FUSOS DE ESFERA

A ação básica dos parafusos na produção de movimento linear a partir da rotação foi descrita na Seção 17.2, sobre parafusos de potência. Uma adaptação especial pode minimizar o atrito entre as roscas e a porca conjugada, a saber, o *fuso de esfera*.

A Figura 17.3 mostra a vista em corte de um fuso de esfera comercialmente disponível. Ele substitui o atrito de deslizamento do parafuso de potência convencional pelo de rolagem das esferas de rolamento. Estas circulam em pistas de aço endurecido formadas por sulcos helicoidais côncavos no parafuso e na porca. Todas as cargas reativas entre o parafuso e a porca são sustentadas pelas esferas de rolamento, que oferecem o único contato físico entre esses membros. Conforme o parafuso e a porca giram um em relação ao outro, as esferas de rolamento são desviadas de uma extremidade e transportadas pelos tubos de retorno à extremidade oposta da porca esférica. Essa circulação permite a trajetória ilimitada da porca quanto ao parafuso. (Consulte os sites 3, 5, 7, 10 e 12.)

As aplicações de fusos de esfera ocorrem em sistemas de direção automotivos, mesas de máquinas-ferramentas, atuadores lineares, mecanismos de elevação e posicionamento, controles de aeronaves como os dispositivos de acionamento de flap, equipamentos de empacotamento e instrumentos. A Figura 17.7 ilustra uma máquina com um fuso de esfera instalado para mover uma componente ao longo da base.

Os parâmetros de aplicação a serem considerados na escolha de um fuso de esfera incluem os seguintes:

A carga axial a ser exercida pelo parafuso durante a rotação

A velocidade angular do parafuso

A carga estática máxima no parafuso

A direção da carga

A forma de apoio das extremidades do parafuso

O comprimento do parafuso

A vida útil esperada

As condições ambientais

Relação carga/vida útil

Ao sustentar uma carga, o fuso de esfera recebe tensões semelhantes às do rolamento de esfera, conforme discutido no Capítulo 14. A carga é transferida do parafuso para as esferas, das esferas para a porca e da porca para o dispositivo acionado. A tensão de contato entre as esferas e as pistas acaba causando falha por fadiga, indicada por pontos de pite de ambas.

Assim, a classificação dos fusos de esfera fornece a capacidade de carga do parafuso para uma vida útil que 90% dos parafusos de determinado projeto terão.

▲ **FIGURA 17.7** Aplicação de um fuso de esfera. (Thomson Industries, Inc., Port Washington, NY)

Isso é semelhante à vida L_{10} dos rolamentos de esferas. Uma vez que os fusos de esfera são normalmente utilizados como atuadores lineares, o parâmetro de vida útil mais pertinente é a distância percorrida pela porca em relação ao parafuso.

Os fabricantes costumam relatar a carga nominal que determinado parafuso pode exercer por 1 milhão de polegadas (25,4 km) de trajetória cumulativa. A relação entre carga, P, e vida útil, L, também é semelhante à do rolamento de esferas.

▶ **Relação entre carga e vida útil do rolamento**

$$\frac{L_2}{L_1} = \left(\frac{P_1}{P_2}\right)^3 \quad (17.12)$$

Portanto, se a carga em um fuso de esfera for dobrada, a vida útil é reduzida a um oitavo da original. Se a carga for cortada pela metade, a vida útil é aumentada oito vezes. A Figura 17.8 mostra o desempenho nominal de fusos de esfera em uma pequena variedade de tamanhos. Muitos outros tipos e tamanhos estão disponíveis.

Torque e eficiência

A eficiência de um parafuso de rolamento de esferas é geralmente considerada de 90%. Isso ultrapassa muito a eficiência de parafusos de potência sem contato angular, normalmente na faixa de 20% a 30%. Assim, muito menos torque é exigido para exercer certa carga com determinado tamanho do parafuso. A potência é reduzida de maneira proporcional. O cálculo do torque para girar é adaptado da Equação 17.7, relacionando eficácia a torque:

▶ **Eficiência de um fuso de esfera**

$$e = \frac{FL}{2\pi T_u} \quad (17.7)$$

Então, utilizando $e = 0{,}90$,

▶ **Torque para acionar um fuso de esfera**

$$T_u = \frac{FL}{2\pi e} = 0{,}177 FL \quad (17.13)$$

Por causa do baixo atrito, os fusos de esfera quase nunca são autotravantes. Na verdade, os projetistas tiram vantagem dessa propriedade usando a carga aplicada na porca para girar o parafuso. Isso se chama *backdriving*; o torque *backdriving* pode ser calculado a partir de

▶ **Torque *backdriving* para um fuso de esfera**

$$T_b = \frac{FLe}{2\pi} = 0{,}143 FL \quad (17.14)$$

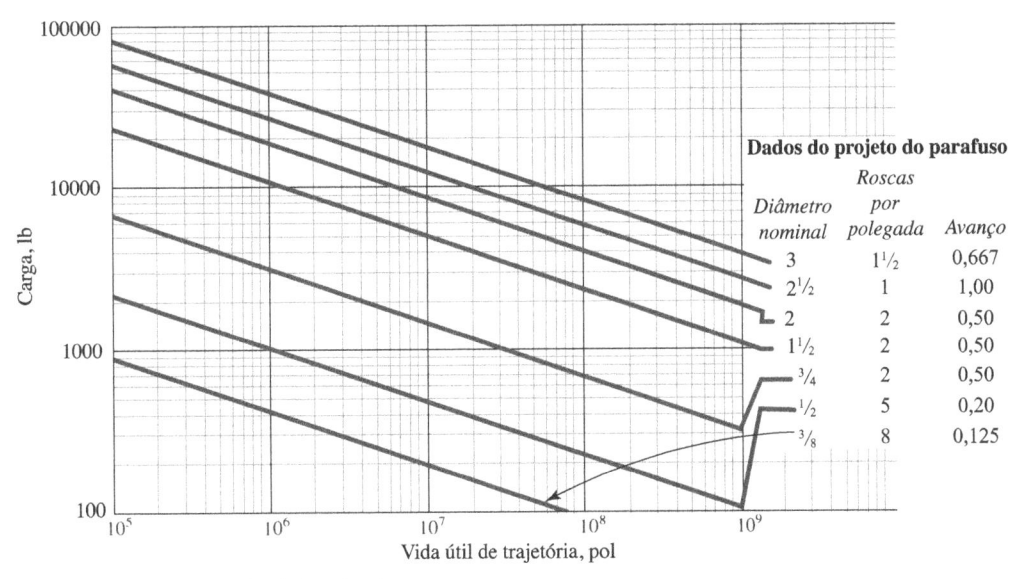

▲ **FIGURA 17.8** Desempenho de fuso de esfera.

Dados do projeto do parafuso		
Diâmetro nominal	Roscas por polegada	Avanço
3	1½	0,667
2½	1	1,00
2	2	0,50
1½	2	0,50
¾	2	0,50
½	5	0,20
⅜	8	0,125

EXEMPLO 17.3

Selecione fusos de esfera adequados para a aplicação descrita nos exemplos 17.1 e 17.2 e ilustrada na Figura 17.4. O alçapão deve ser elevado e baixado 15,0 pol, oito vezes ao dia. A vida útil do projeto é de 10 anos. A elevação ou a descida precisa ser concluída em até 12,0 s.

Para o parafuso selecionado, calcule o torque a fim de girá-lo, a potência necessária e a vida útil esperada real.

SOLUÇÃO

Os dados necessários para selecionar um parafuso da Figura 17.8 são a carga e a trajetória da porca no parafuso ao longo da vida útil desejada. A carga é de 12500 lb em cada parafuso:

$$\text{Trajetória} = \frac{15,0 \text{ pol}}{\text{movimento}} \frac{2 \text{ movimentos}}{\text{ciclo}} \frac{8 \text{ ciclos}}{\text{dia}} \frac{365 \text{ dias}}{\text{ano}} \frac{10 \text{ anos}}{} = 8,76 \times 10^5 \text{ pol}$$

Com base na Figura 17.8, o parafuso de 2 pol de diâmetro com duas roscas por polegada e um avanço de 0,50 pol é satisfatório.

O torque exigido para girar o parafuso é

$$T_u = 0,177 FL = 0,177(12500)(0,50) = 1106 \text{ lb} \cdot \text{pol}$$

A velocidade angular exigida é

$$n = \frac{1 \text{ rev}}{0,50 \text{ pol}} \frac{15,0 \text{ pol}}{12,0 \text{ s}} \frac{60 \text{ s}}{\text{min}} = 150 \text{ rpm}$$

A potência necessária para cada parafuso é

$$P = \frac{Tn}{63000} = \frac{(1106)(150)}{63000} = 2,63 \text{ hp}$$

Compare esse resultado com o valor de 8,61 hp para o parafuso Acme no Exemplo 17.2.

A vida útil real da trajetória esperada para esse parafuso sob uma carga de 12500 lb seria de aproximadamente $3,2 \times 10^6$ pol, usando a Figura 17.8. Isso é 3,65 vezes maior do que a demanda.

17.4 CONSIDERAÇÕES SOBRE A APLICAÇÃO DE PARAFUSOS DE POTÊNCIA E FUSOS DE ESFERA

Esta seção aborda considerações adicionais a respeito da aplicação tanto de parafusos de potência quanto de fusos de esfera. Os detalhes podem mudar de acordo com a geometria específica e os processos de fabricação. Os dados do fornecedor devem ser consultados.

Velocidade crítica

A aplicação adequada de fusos de esfera deve levar em consideração as tendências de vibração, em especial em velocidades relativamente elevadas. Parafusos longos e esbeltos podem apresentar o fenômeno da *velocidade crítica*, quando tendem a vibrar ou girar em torno do próprio eixo, talvez alcançando amplitudes perigosas. Portanto, é recomendável que a velocidade de operação do parafuso seja 0,80 vez inferior à crítica. Uma estimativa para a velocidade crítica, oferecida por Roton Products, Inc. (Site 10), é:

$$n_c = \frac{4{,}76 \times 10^6 dK_s}{(SF)L^2} \quad (17.15)$$

onde,

d = diâmetro menor do parafuso (pol)
K_s = fator de condição de extremidade
L = distância entre os apoios (pol)
SF = fator de segurança

O fator de condição de extremidade, K_s, depende do apoio das extremidades do parafuso, havendo as seguintes opções:

1. Simplesmente apoiado em cada extremidade por um rolamento: $K_s = 1{,}00$
2. Engastado em cada extremidade por dois rolamentos que impedem a rotação no apoio: $K_s = 2{,}24$
3. Engastado em uma extremidade e apoiado na outra: $K_s = 1{,}55$
4. Engastado em uma extremidade e livre na outra: $K_s = 0{,}32$

O valor do fator de segurança é uma decisão de projeto, muitas vezes considerado na faixa de 1,25 a 3,0. Observe que o comprimento do parafuso é elevado ao quadrado no denominador, indicando que um parafuso relativamente longo teria uma baixa velocidade crítica. Os melhores projetos empregam um pequeno comprimento, apoios rígidos e diâmetro grande. Consulte as referências 2 e 3 para mais informações sobre velocidade crítica.

Flambagem de colunas

Os fusos de esfera que sustentam cargas compressivas axiais devem ser verificados quanto à flambagem de colunas. Os parâmetros, semelhantes aos discutidos no Capítulo 6, são o material de que o parafuso é feito, a condição de extremidade, o diâmetro e o comprimento. Parafusos longos precisam ser analisados com a fórmula de Euler, a Equação 6.5 ou a Equação 6.6, ao passo que a equação de J. B. Johnson, a Equação 6.7, é usada para parafusos mais curtos. A condição de extremidade depende da rigidez dos apoios, conforme o que foi descrito anteriormente a respeito da velocidade crítica. No entanto, os fatores são diferentes para o carregamento de coluna.

1. Simplesmente apoiado em cada extremidade por um rolamento: $K_s = 1{,}00$
2. Engastado em cada extremidade por dois rolamentos que impedem a rotação no apoio: $K_s = 4{,}00$
3. Engastado em uma extremidade e apoiado na outra: $K_s = 2{,}00$
4. Engastado em uma extremidade e livre na outra: $K_s = 0{,}25$

Fornecedores de fusos de esfera incluem dados para carga compressiva admissível nos catálogos. (Consulte os sites 3, 5, 7, 10 e 12.)

Materiais para parafuso

Fusos de esfera são normalmente feitos de carbono ou ligas de aço, usando tecnologia de laminação de rosca. Depois que as roscas são fabricadas, o aquecimento por indução melhora a dureza e a resistência das superfícies sobre as quais as esferas rolam, evitando o desgaste e aumentando a vida útil. As porcas dos fusos de esfera são compostas de liga de aço endurecido por cementação.

Parafusos de potência são geralmente produzidos com carbono ou ligas de aço, como SAE 1018, 1045, 1060, 4130, 4140, 4340, 4620, 6150, 8620 e outras. Para ambientes corrosivos ou com temperaturas elevadas, aços inoxidáveis são utilizados, tais como SAE 304, 305, 316, 384, 430, 431 ou 440. Alguns são feitos de ligas de alumínio 1100, 2014 ou 3003.

As porcas dos parafusos de potência são formadas de aços para cargas moderadas e velocidades relativamente baixas. Lubrificação com graxa é recomendada. Velocidades e cargas mais elevadas exigem porcas de bronze lubrificadas, que apresentam desempenho de desgaste superior. As aplicações que demandam cargas mais leves podem usar porcas de plástico com boa lubricidade, sem lubrificação externa. Exemplos de tais aplicações são: equipamentos de processamento de alimentos, dispositivos médicos e operações de fabricação que não podem ter contaminação.

REFERÊNCIAS

1. AVALLONE, E.; BAUMEISTER III, T.; SADEGH, A. *Mark's Standard Handbook for Mechanical Engineers.* 11. ed. Nova York: McGraw-Hill, 2007.
2. BUDYNAS, R. G.; NISBETT, K. J. *Shigley's Mechanical Engineering Design.* 9. ed. Nova York: McGraw-Hill, 2011.
3. JUVINALL, R. C.; MARSHEK, K. M. *Fundamentals of Machine Component Design.* 5. ed. Nova York: John Wiley & Sons, 2011.
4. OBERG, E. et al. *Machinery's Handbook.* 28. ed. Nova York: Industrial Press, 2008.

SITES SOBRE ELEMENTOS DE MOVIMENTO LINEAR

1. **PowerTransmission.com.** <www.powertransmission.com>. Listagem on-line de vários fabricantes e fornecedores de dispositivos de movimento linear, incluindo fusos de esfera, parafusos de potência (avanço), atuadores lineares, macacos de rosca e guias lineares.
2. **Ball-screws.net.** <www.ball-screws.net>. Este site lista vários fabricantes de fuso de esfera, e alguns apresentam catálogos on-line.
3. **Thomson Industries, Inc.** <www.thomsonlinear.com>. Fabricante de fusos de esfera, buchas esféricas, guias de movimento linear, embreagens, freios, atuadores e outros elementos de controle de movimento. O site contém um software de seleção para dimensões do sistema norte-americano ou métrico. A Thomson é parte do Danaher Motion Group of Danaher Corporation.
4. **Danaher Motion Group.** <www.danahermotion.net>. Parte da Danaher Corporation. Fabricantes de dispositivos de controle de movimento, motores, transmissões, controles, estágios rotativos de rolamentos a ar e estágios x-y-z de alta precisão da marca Thomson.
5. **THK Linear Motion Systems.** <www.thk.com/us>. Fabricante de fusos de esfera, estrias esféricas, guias de movimento linear, buchas lineares, atuadores lineares e outros produtos de controle de movimento.
6. **Joyce/Dayton Company.** <www.joycedayton.com>. Fabricante de uma ampla variedade de macacos para aplicações comerciais e industriais. Há tipos de parafuso de potência e fuso de esfera com transmissões por engrenagem conjugadas e sistemas completos de atuador motorizado.
7. **SKF Linear Motion.** <www.skf.com>. Fabricante de parafusos métricos, sistemas de guias lineares, atuadores e controles de alta eficiência.
8. **Specialty Motions, Inc. (SMI).** <www.smi4motion.com>. Fabricante e fornecedor de sistemas de movimento linear e componentes de todos os tamanhos: fusos de esfera, estágios de posicionamento, rolamentos e buchas lineares, guias esféricas e outros.
9. **Techno, Inc.** <www.techno-isel.com>. Fabricante de uma ampla variedade de produtos de movimento linear, incluindo guias, mesas x-y e x-y-z, mesas de pórtico e controles.
10. **Roton Products, Inc.** <www.roton.com>. Fabricante de uma grande variedade de parafusos de potência, fusos de esfera e sem-fins em dimensões do sistema norte-americano ou métrico.
11. **Ledex.** <www.ledex.com>. Fabricante de pequenos atuadores solenoides lineares e rotatórios e produtos relacionados das marcas Ledex e Dormeyer®. Uma unidade da Johnson Electric.
12. **Nook Industries.** <www.nookindustries.com>. Fabricante de parafusos de potência e macacos de rosca em dimensões do sistema norte-americano e métrico e formas de rosca.
13. **Power Jacks Group.** <www.powerjacks.com>. Fabricante de macacos de rosca métricos e atuadores.

PROBLEMAS

1. Nomeie quatro tipos de rosca usados em parafusos de potência.
2. Faça um desenho em escala de uma rosca Acme com diâmetro principal de 1½ pol e quatro roscas por polegada. Desenhe uma seção com 2,0 pol de comprimento.
3. Refaça o Problema 2 para uma rosca dente de serra.
4. Refaça o Problema 2 para uma rosca quadrada.
5. Se um parafuso de potência com rosca Acme for carregado sob tensão com uma força de 30000 lb, qual tamanho, com base na Tabela 17.1, deve ser utilizado para manter a tensão de tração inferior a 10000 psi?
6. Para o parafuso escolhido no Problema 5, qual seria o comprimento axial exigido da porca nele para a transferência da carga ao chassi da máquina

se a tensão de cisalhamento nas roscas deve ser inferior a 6000 psi?

7. Calcule o torque necessário para elevar a carga de 30000 lb com o parafuso Acme selecionado no Problema 5. Use um coeficiente de atrito de 0,15.

8. Calcule o torque necessário para abaixar a carga com o parafuso do Problema 5.

9. Um parafuso de rosca quadrada com diâmetro principal de 3/4 pol e seis roscas por polegada é usado para levantar uma carga de 4000 lb. Calcule o torque necessário para girar o parafuso. Use um coeficiente de atrito de 0,15.

10. Em relação ao parafuso do Problema 9, calcule o torque necessário para girá-lo ao baixar a carga.

11. Calcule o ângulo de avanço para o parafuso do Problema 9. Ele é autotravante?

12. Calcule a eficiência do parafuso do Problema 9.

13. Se a carga de 4000 lb for levantada pelo parafuso descrito no Problema 9 à taxa de 0,5 pol/s, calcule a velocidade angular exigida desse parafuso e a potência necessária para acioná-lo.

14. Um fuso de esfera para uma transmissão de mesa de máquina deve ser selecionado. A força axial a ser transmitida pelo parafuso é de 600 lb. A mesa se move 24 pol por ciclo, e a expectativa é que haja 10 ciclos por hora durante uma vida útil de projeto de 10 anos. Selecione um parafuso adequado.

15. Calcule o torque necessário para acionar o parafuso selecionado no Problema 14.

16. Para o parafuso selecionado no Problema 14, a velocidade de deslocamento normal da mesa é 10,0 pol/min. Calcule a potência necessária para acionar esse parafuso.

17. Se o tempo de ciclo para a máquina no Problema 14 fosse reduzido de modo a se obter 20 ciclos/h em vez de 10, qual seria a vida útil esperada em anos para o parafuso selecionado?

18. Especifique o tamanho adequado para um parafuso de potência trapezoidal métrico submetido a uma carga de tração de 125 kN com tensão de tração inferior a 75 MPa.

19. Calcule o torque necessário para elevar a carga verticalmente no caso do parafuso selecionado no Problema 18. Use um coeficiente de atrito de 0,15.

20. Calcule o torque necessário para baixar a carga com o parafuso especificado no Problema 18.

21. Para o parafuso especificado no Problema 18, calcule a potência exigida a fim de elevar a carga a um total de 4250 mm em 7,5 s.

22. Calcule o ângulo de avanço para o parafuso especificado no Problema 18. Ele será autotravante?

23. Calcule a eficiência do parafuso especificado no Problema 18 ao levantar a carga.

24. Especifique o tamanho adequado para um parafuso de potência trapezoidal métrico submetido a uma carga de tração de 8500 N com tensão de tração inferior a 110 MPa.

25. Calcule o torque necessário para elevar a carga verticalmente no caso do parafuso selecionado no Problema 24. Use um coeficiente de atrito de 0,15.

26. Calcule o torque necessário para baixar a carga com o parafuso especificado no Problema 24.

27. Para o parafuso especificado no Problema 24, calcule a potência necessária a fim de elevar a carga a um total de 240 mm em 3,5 s.

28. Calcule o ângulo de avanço para o parafuso especificado no Problema 24. Ele será autotravante?

29. Calcule a eficiência do parafuso especificado no Problema 24 ao levantar a carga.

30. Calcule a velocidade crítica para o fuso de esfera especificado no Problema 14. O comprimento total do parafuso entre os rolamentos em cada extremidade é 28,0 pol.

MOLAS

CAPÍTULO 18

Visão geral

Tópico de discussão

- *Mola* é um elemento flexível utilizado para exercer força ou torque e, ao mesmo tempo, armazenar potência.

Descubra

Olhe à sua volta e veja se consegue encontrar alguma mola. Descreva-a, mencionando sua geometria básica, o tipo de força ou torque produzido, a forma como é utilizada e outras características.

Compartilhe suas observações sobre as molas com colegas e aprenda com as considerações deles.

Escreva um breve relato sobre, no mínimo, dois tipos diferentes de mola. Inclua desenhos que mostrem o tamanho básico, a geometria e a aparência deles. Descreva suas funções, incluindo o modo de funcionamento e como eles afetam a operação do dispositivo em que estão.

Este capítulo o ajudará a desenvolver habilidades para projetar e analisar molas helicoidais de compressão, de tração e de torção.

Sumário

Visão geral
Você é o projetista
18.1 Objetivos
18.2 Tipos de mola
18.3 Molas helicoidais de compressão
18.4 Tensões e deflexões para molas helicoidais de compressão
18.5 Análise de características das molas
18.6 Projeto de molas helicoidais de compressão
18.7 Molas de extensão
18.8 Molas helicoidais de torção
18.9 Melhora do desempenho da mola por granalhagem
18.10 Fabricação de molas

Mola é um elemento flexível utilizado para exercer força ou torque e, ao mesmo tempo, armazenar potência. A força pode ser linear ou radial, atuando de forma semelhante a um elástico em torno de um rolo de papéis. O torque pode ser usado com o objetivo de causar uma rotação; por exemplo, para fechar a porta de um armário ou fornecer contrapeso a um elemento de máquina que gira em uma dobradiça.

As molas armazenam potência quando defletidas e a devolvem quando a força que causa a deflexão é removida. Pense nas caixinhas de brinquedo que, quando abertas, lançam um boneco para fora. Quando empurramos o boneco para dentro, exercemos força sobre uma mola, fornecendo potência a ela. Ao fecharmos a tampa da caixa, a mola é guardada e mantida em estado comprimido. O que acontece quando a tranca é liberada? O boneco pula para fora! Mais precisamente, a força da mola faz ele forçar a tampa. Assim, a potência armazenada na mola é liberada, expandindo-a a seu comprimento livre inicial, quando não havia carga aplicada. Alguns dispositivos contêm *molas de potência* ou *molas de motor*, que são enroladas para fornecer potência em um ritmo calculado e produzir ação em longo prazo. Como exemplos, há brinquedos mecânicos animados, carrinhos de corrida, alguns relógios e cronômetros.

Olhe à sua volta e veja se consegue encontrar alguma mola. Ou, então, tente se lembrar de onde viu recentemente algum dispositivo que utiliza molas. Considere aparelhos diversos, automóveis, caminhões, bicicletas, máquinas de escritório, trancas de porta, brinquedos, máquinas de fabricação ou algum outro dispositivo que possui peças móveis.

Descreva as molas. Elas exercem força para puxar ou empurrar? Ou, em vez disso, exercem toque, de modo a causar rotação? De que elas são feitas? Qual é o tamanho delas? A força ou o torque exercido(a) é muito grande, ou leve o suficiente para que você as acione? Como essas molas foram montadas no dispositivo? A carga está sempre presente nas molas? Ou elas se afrouxam completamente em um ponto do ciclo de operação? As molas foram projetadas para ser acionadas muitas vezes e, assim, apresentar um número muito grande de ciclos de carga (e tensão) durante a vida útil esperada? Qual é o ambiente em que elas operam? Quente ou frio? Seco ou molhado? Elas ficam expostas a materiais corrosivos? De que maneira o ambiente afeta o tipo de material usado nas molas ou seu revestimento?

Compartilhe suas observações com outras pessoas do grupo e com seu professor. Ouça as considerações dos demais e compare-as com os exemplos de molas que você encontrou. Escolha pelo menos duas bem diferentes e prepare um relatório sucinto sobre elas, incluindo desenhos que mostrem o tamanho básico, a geometria e a aparência. Descreva suas funções, incluindo o modo de funcionamento e como eles afetam a operação do dispositivo em que estão. Consulte o parágrafo anterior para ter ideias de alguns fatores que podem ser descritos. Inclua também uma lista com uma breve descrição de cada tipo de mola que você ou seus colegas encontraram.

Este capítulo apresentará informações básicas sobre uma variedade de tipos de mola. Serão desenvolvidos procedimentos de projeto para molas helicoidais de compressão, de tração e de torção. Além disso, serão consideradas cargas e tensões, características de deflexão, seleção de materiais, expectativa de vida útil, fixação e instalação.

Você é o projetista

Um projeto para o trem de válvulas de um motor automotivo é mostrado na Figura 18.1. Ao girar, o came faz a haste de comando se mover para cima. Em seguida, o balancim gira e empurra a haste da válvula para baixo, abrindo-a. Ao mesmo tempo, a mola que envolve a haste da válvula é comprimida, armazenando potência. Conforme o came continua a girar, ele permite que o movimento do trem o recoloque na posição original. A mola auxilia a válvula nos movimentos de subida e de retorno, exercendo uma força responsável por fechá-la ao final do ciclo.

Você é o projetista da mola para o trem de válvulas. Que tipo de mola você especificará? Quais devem ser as dimensões, incluindo o comprimento, o diâmetro externo, o interno e o do fio das espiras? Quantas espiras devem ser usadas? Qual aparência devem ter as extremidades da mola? Qual será a intensidade da força exercida sobre a válvula e como essa força é alterada conforme o trem de válvulas completa um ciclo? Qual material deve ser usado? Quais níveis de tensão serão desenvolvidos no fio da mola e como ela pode ser projetada para ser segura do ponto de vista do carregamento, da vida útil e das condições ambientais em que deve operar? Você deverá especificar ou calcular todos esses fatores para obter êxito no projeto da mola.

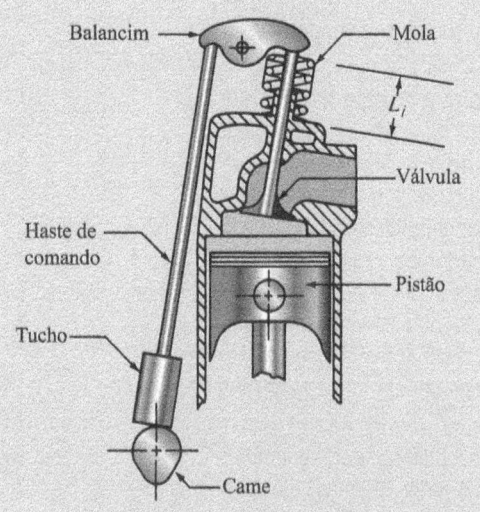

(a) Válvula fechada: comprimento da mola, L_i
(b) Válvula aberta: comprimento da mola, L_o

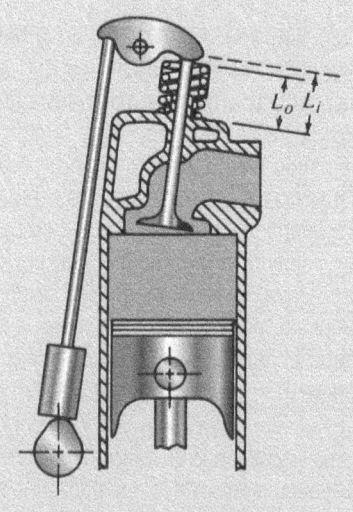

▲ **FIGURA 18.1** Trem de válvula do motor mostrando a aplicação de uma mola helicoidal de compressão.

18.1 OBJETIVOS

Ao final deste capítulo, você estará apto a:
1. Identificar e descrever vários tipos de mola, incluindo os seguintes: helicoidal de compressão, helicoidal de extensão, de torção, Belleville, plana, de barra de tração, Garter, de força constante e de potência.
2. Projetar e analisar molas helicoidais de compressão para satisfazer exigências de projeto, como características de força/deflexão, vida útil, tamanho físico e condições ambientais.
3. Calcular as dimensões de diferentes características geométricas de molas helicoidais de compressão.
4. Especificar materiais adequados para molas com base em parâmetros de resistência, vida útil e deflexão.
5. Projetar e analisar molas helicoidais de extensão.
6. Projetar e analisar molas de torção.
7. Utilizar programas de computador para auxiliar no projeto e na análise de molas.

▼ TABELA 18.1 Tipos de mola.

Uso	Tipos de mola
Compressão	Molas helicoidais de compressão
	Mola Belleville
	Mola de torção: força atuando na extremidade do braço de torque
	Mola plana, como uma viga em balanço ou uma mola de lâminas
Tração	Mola helicoidal de extensão
	Mola de torção: força atuando na extremidade do braço de torque
	Mola plana, como uma viga em balanço ou uma mola de lâminas
	Mola de barra de tensão (caso específico da mola de compressão)
	Mola de força constante
Radial	Mola Garter, faixa elastomérica, grampo de mola
Torque	Mola de torção, mola de potência

18.2 TIPOS DE MOLA

As molas podem ser classificadas de acordo com o sentido e a natureza da força exercida por elas quando defletidas. A Tabela 18.1 apresenta vários tipos de mola, classificados como *compressão*, *tração*, *radial* e *torção*. A Figura 18.2 mostra vários projetos típicos.

Molas helicoidais de compressão são normalmente feitas de fio redondo, envolto em uma forma reta, cilíndrica, com passo constante entre espiras adjacentes. O fio quadrado ou retangular também pode ser utilizado. Quatro configurações de extremidade possíveis são apontadas na Figura 18.3. Sem uma carga atuante, o comprimento da mola é chamado de *comprimento livre*. Quando uma força de compressão é aplicada, as espiras são pressionadas até que todas encostem umas nas outras, chegando ao menor comprimento possível — o *comprimento sólido*. Uma quantidade linearmente crescente de força é necessária para comprimir a mola conforme a deflexão aumenta. Molas helicoidais de compressão retas, cilíndricas, estão entre os tipos mais empregados. Também são mostrados, na Figura 18.2, os formatos cônico, de barril, de ampulheta e de passo variável.

Molas helicoidais de extensão são semelhantes às de compressão, com uma série de espiras enroladas em forma cilíndrica. Porém, nas molas de extensão, as espiras encostam umas nas outras ou apresentam pouco espaçamento entre si mesmo sem carga. Quando há carga de tração externa aplicada é que as espiras se separam. A Figura 18.4 mostra várias configurações de extremidade para molas de extensão.

A *mola de barra de tensão* apresenta uma mola helicoidal de compressão padrão com dois dispositivos de fio com alça inseridos por dentro dela. Com esse projeto, a força de tração pode ser exercida puxando-se as alças, ao mesmo tempo que a mola é comprimida. Esse tipo de mola também faz uma interrupção definitiva quando a de compressão é comprimida à altura sólida.

A *mola de torção*, como o próprio nome indica, é usada para exercer torque ao ser defletida por rotação em torno de seu eixo. Pregadores de roupa comuns utilizam mola de torção para produzir a ação de apertar. As molas de torção também são usadas para girar portas à posição aberta ou fechada ou oferecer contrapeso à tampa de recipientes. Alguns temporizadores e outros controles usam molas de torção para acionar os contatos do interruptor ou produzir ações semelhantes. Forças de tração ou compressão podem ser exercidas por molas de torção se uma das extremidades estiver ligada ao membro a ser acionado.

As *molas de lâminas* são feitas de uma ou mais tiras de latão, bronze, aço ou outros materiais carregados, como vigas em balanço ou vigas simples. Elas podem oferecer uma força de tração ou compressão quando defletidas a partir de sua condição livre. Grandes forças podem ser exercidas em um espaço pequeno por molas de lâminas. Adaptando a geometria das lâminas e alojando modelos de diferentes dimensões, o projetista pode obter características especiais de força-deflexão. O projeto de molas de lâmina utiliza os princípios da análise de tensão e deflexão, apresentados em cursos de resistência de materiais e revistos no Capítulo 3.

A *mola Belleville* tem a forma de um disco raso e cônico com um orifício central. Ela é, por vezes, chamada de *arruela Belleville* porque sua aparência é semelhante à de uma arruela plana. Uma constante de mola ou força de mola muito elevada pode ser desenvolvida em um pequeno espaço axial com esse tipo. Ao variar a altura do cone em relação à espessura do disco, o projetista pode obter uma variedade de características de carga-deflexão. Além disso, a inserção de várias molas de frente ou de costas umas para as outras oferece muitas constantes de mola.

As *molas Garter* são fios enrolados em forma de anel contínuo, de modo a exercer força radial em torno da periferia do objeto em que são aplicadas. Forças para dentro ou para fora podem ser obtidas com diferentes projetos. O funcionamento de uma mola Garter com força para dentro é semelhante ao de um elástico, e essa ação se assemelha à de uma mola de extensão.

As *molas de força constante* assumem a forma de uma faixa enrolada. A força necessária para puxar a tira da espira é praticamente constante durante um longo período de tração. A magnitude da força depende dos fatores: largura, espessura e raio da curvatura da espira e módulo elástico do material da mola. Basicamente, a força está relacionada à deformação da tira desde sua forma originalmente curva até a reta.

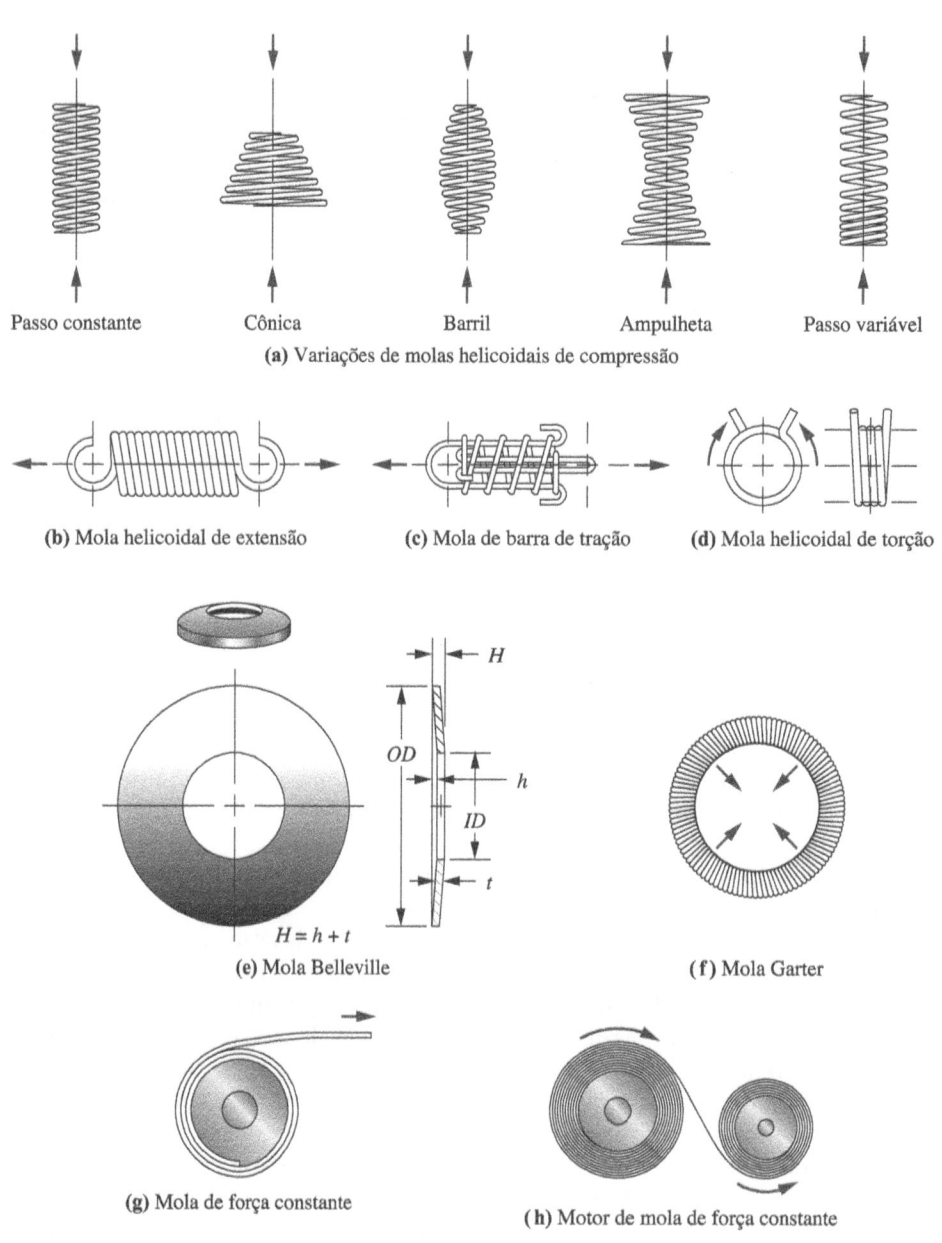

▲ **FIGURA 18.2** Vários tipos de molas.

(a) Extremidades planas enroladas para a direita

(b) Extremidades em esquadro, esmerilhadas e enroladas para a esquerda

(c) Extremidades em esquadro ou fechadas, não esmerilhadas e enroladas para a direita

(d) Extremidades planas, esmerilhadas e enroladas para a esquerda

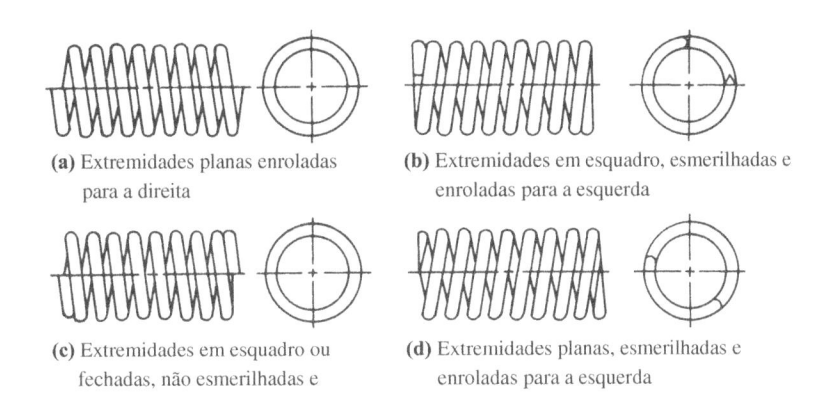

▲ **FIGURA 18.3** Aparência de molas helicoidais de compressão mostrando o tratamento das extremidades.

Tipo	Configurações de extremidade
Alça torcida ou gancho	
Alça central em cruz ou gancho	
Alça lateral ou gancho	
Gancho estendido	
Extremidades especiais	

▲ **FIGURA 18.4** Configurações de extremidade para molas de extensão.

As *molas de potência*, às vezes chamadas de *molas de motor* ou de *relógio*, são feitas de aço de mola plana enrolado em forma de espiral. Um torque é exercido pela mola conforme ele tende a desenrolar a espiral. A Figura 18.2 mostra uma mola de motor feita de uma mola de força constante.

Uma *barra de torção*, como o próprio nome indica, é uma barra carregada em torção. Quando uma barra redonda é utilizada, as análises de tensão e deflexão são semelhantes à análise apresentada para eixos circulares nos capítulos 3 e 12. Outras formas de seção transversal podem ser usadas, e deve haver cuidado especial nos pontos de fixação.

Informações sobre molas comercialmente disponíveis podem ser encontradas nos sites 3 a 5 e 13, ao final deste capítulo. Os métodos de análise e projeto de molas utilizados neste livro foram desenvolvidos com base nos princípios das referências 1 a 8.

18.3 MOLAS HELICOIDAIS DE COMPRESSÃO

Na forma mais comum de mola helicoidal de compressão, o fio redondo é envolto em uma forma cilíndrica com passo constante entre espiras adjacentes. Essa forma básica é complementada por uma variedade de tratamentos de extremidade, como mostrado na Figura 18.3.

Para molas médias e grandes utilizadas em máquinas, o tratamento de extremidade esmerilhado e em esquadro oferece uma superfície plana onde apoiar a mola. A espira final é contraída contra a adjacente (em esquadro), e a superfície é esmerilhada até, pelo menos, 270° da última espira estar em contato com a superfície do rolamento. Molas feitas de fio menor (inferior a aproximadamente 0,020 pol, ou 0,50 mm) costumam ser apenas em esquadro, sem esmerilhamento. Em casos raros, as extremidades podem ser esmerilhadas sem esquadro ou deixadas com extremidades planas, apenas cortadas no comprimento após serem enroladas.

Você provavelmente está familiarizado com muitos usos de molas helicoidais de compressão. A caneta esferográfica retrátil conta com uma mola helicoidal de compressão, geralmente instalada em torno do tinteiro. O sistema de suspensão de automóveis, caminhões e motocicletas emprega essas molas com frequência. Outras aplicações automotivas incluem as molas de válvulas em motores, o contrapeso das articulações de capô e as molas da chapa de pressão da embreagem. Na área de produção, as molas são utilizadas em matrizes para acionar placas flutuantes; em válvulas de controle hidráulico; como molas de cilindro pneumático de retorno; e na montagem de equipamentos pesados para isolamento contra choques. Muitos dispositivos pequenos, como interruptores elétricos e válvulas de retenção esféricas, apresentam molas helicoidais de compressão. Algumas cadeiras possuem molas robustas para retornar o assento à posição vertical. E não se esqueça do antigo pula-pula!

Os parágrafos seguintes definem muitas variáveis empregadas para descrever e analisar o desempenho de molas helicoidais de compressão.

Diâmetros

A Figura 18.5 exibe a notação utilizada na referência aos diâmetros característicos de molas helicoidais de compressão. O diâmetro externo (OD), o diâmetro interno (ID) e o diâmetro do fio (D_w) são evidentes e podem ser medidos com instrumentos comuns. Para calcular a tensão e a deflexão de uma mola, usa-se o diâmetro médio, D_m. Observe que

▶ **Diâmetros da mola**

$$OD = D_m + D_w$$
$$ID = D_m - D_w$$

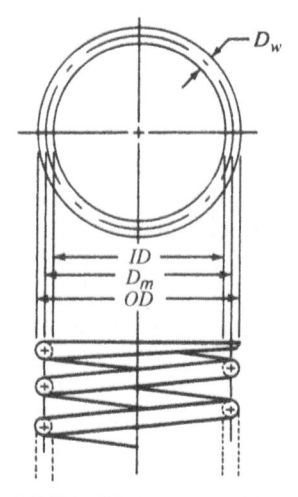

▲ **FIGURA 18.5** Notação para diâmetros.

DIÂMETROS-PADRÃO DE FIO. A especificação do diâmetro exigido do fio é um dos resultados mais importantes do projeto de molas. Vários tipos de material são normalmente utilizados para o fio da mola, que é produzido em uma ampla variedade de diâmetros-padrão. A Tabela 18.2 apresenta as bitolas de fio mais comuns. Perceba que, exceto para o fio de música, o tamanho diminui conforme o número da bitola aumenta. Veja também as notas ao final da tabela. Consulte os sites 8 a 11 e 15 para fornecedores de fio de mola.

Comprimentos

É importante compreender a relação entre o comprimento da mola e a força exercida por ela (veja a Figura 18.6). O *comprimento livre*, L_f, é o que a mola apresenta quando não está exercendo força, como se estivesse simplesmente posicionada sobre uma superfície. O *comprimento sólido*, L_s, é encontrado quando a mola é contraída a ponto de todas as espiras estarem em contato. Esse é, naturalmente, o menor comprimento possível da mola. Ela não costuma ser contraída ao comprimento sólido durante a operação.

O menor comprimento da mola durante a operação normal é o *comprimento operacional*, L_o. Às vezes, a mola será projetada para operar entre dois limites de deflexão. Considere a mola da válvula de um motor, por exemplo, como mostrado na Figura 18.1. Quando a válvula está aberta, a mola assume seu menor comprimento, L_o. Quando está fechada, a mola fica mais comprida, mas ainda exerce força para manter a válvula segura em seu assento. O comprimento nessa condição é chamado de *comprimento instalado*, L_i. Assim, o comprimento da mola da válvula muda de L_o para L_i durante o funcionamento normal, conforme a própria válvula se movimenta.

Forças

A letra F será utilizada para indicar as forças exercidas por uma mola, acrescida por diversos subscritos que especificam o nível de força considerado. Os subscritos correspondem àqueles usados para os comprimentos. Logo,

F_s = força com comprimento sólido, L_s: a força máxima que a mola pode exercer.

F_o = força com comprimento operacional, L_o: a força máxima que a mola exerce em uma *operação normal*.

F_i = força com comprimento instalado, L_i: a força varia entre F_o e F_i para uma mola alternativa.

F_f = força com comprimento livre, L_f: essa força é zero.

Constante de mola

A relação entre a força exercida por uma mola e sua deflexão é chamada de *constante de mola*, k.

▼ TABELA 18.2 Bitolas e diâmetros do fio da mola.

Bitola nº	Bitola de aço no sistema norte-americano (pol)[1]	Bitola de fio de música (pol)[2]	Bitola Brown & Sharpe (pol)[3]	Diâmetros métricos preferíveis (mm)[4]
7/0	0,4900			13,0
6/0	0,4615	0,004	0,5800	12,0
5/0	0,4305	0,005	0,5165	11,0
4/0	0,3938	0,006	0,4600	10,0
3/0	0,3625	0,007	0,4096	9,0
2/0	0,3310	0,008	0,3648	8,5
0	0,3065	0,009	0,3249	8,0
1	0,2830	0,010	0,2893	7,0
2	0,2625	0,011	0,2576	6,5
3	0,2437	0,012	0,2294	6,0
4	0,2253	0,013	0,2043	5,5
5	0,2070	0,014	0,1819	5,0
6	0,1920	0,016	0,1620	4,8
7	0,1770	0,018	0,1443	4,5
8	0,1620	0,020	0,1285	4,0
9	0,1483	0,022	0,1144	3,8
10	0,1350	0,024	0,1019	3,5
11	0,1205	0,026	0,0907	3,0
12	0,1055	0,029	0,0808	2,8
13	0,0915	0,031	0,0720	2,5
14	0,0800	0,033	0,0641	2,0
15	0,0720	0,035	0,0571	1,8
16	0,0625	0,037	0,0508	1,6
17	0,0540	0,039	0,0453	1,4
18	0,0475	0,041	0,0403	1,2
19	0,0410	0,043	0,0359	1,0

(continua)

(continuação)

Bitola nº	Bitola de aço no sistema norte-americano (pol)[1]	Bitola de fio de música (pol)[2]	Bitola Brown & Sharpe (pol)[3]	Diâmetros métricos preferíveis (mm)[4]
20	0,0348	0,045	0,0320	0,90
21	0,0317	0,047	0,0285	0,80
22	0,0286	0,049	0,0253	0,70
23	0,0258	0,051	0,0226	0,65
24	0,0230	0,055	0,0201	0,60 ou 0,55
25	0,0204	0,059	0,0179	0,50 ou 0,55
26	0,0181	0,063	0,0159	0,45
27	0,0173	0,067	0,0142	0,45
28	0,0162	0,071	0,0126	0,40
29	0,0150	0,075	0,0113	0,40
30	0,0140	0,080	0,0100	0,35
31	0,0132	0,085	0,00893	0,35
32	0,0128	0,090	0,00795	0,30 ou 0,35
33	0,0118	0,095	0,00708	0,30
34	0,0104	0,100	0,00630	0,28
35	0,0095	0,106	0,00501	0,25
36	0,0090	0,112	0,00500	0,22
37	0,0085	0,118	0,00445	0,22
38	0,0080	0,124	0,00396	0,20
39	0,0075	0,130	0,00353	0,20
40	0,0070	0,138	0,00314	0,18

Fonte: ASSOCIATED SPRING, BARNES GROUP, INC. *Engineering Guide to Spring Design.* Bristol, CT, 1987. CARLSON, Harold. *Spring Designer's Handbook.* Nova York: Marcel Dekker, 1978. OBERG, E. et al. *Machinery's Handbook.* 26. ed. Nova York: Industrial Press, 2000.
[1] Use a bitola de aço no sistema norte-americano para fio de aço, exceto fio de música. Essa bitola também é chamada de *Washburn e Moen (W&M)*, *American Steel Wire Co.* e *Roebling*.
[2] Use a bitola de fio de música apenas para fio de música (ASTM A228).
[3] Use a bitola Brown & Sharpe para fios não ferrosos, como latão e bronze fosforoso.
[4] As dimensões métricas preferíveis são da Associated Spring, Barnes Group, Inc., e estão listadas como as mais próximas da bitola de aço no sistema norte-americano.
Os números de bitola não se aplicam.

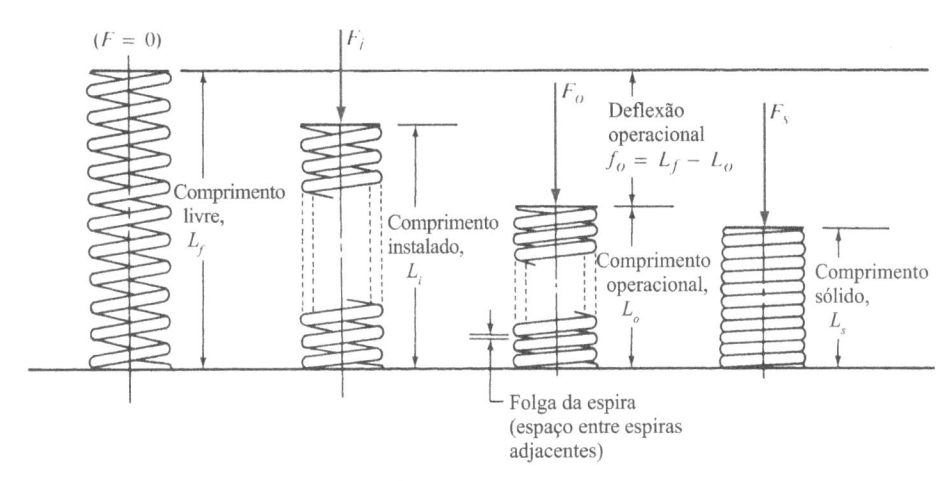

▲ **FIGURA 18.6** Notação para comprimentos e forças.

Qualquer mudança na força dividida pela alteração correspondente na deflexão pode ser usada para calcular a constante de mola:

▶ **Constante de mola**

$$k = \Delta F / \Delta L \quad (18.1)$$

Por exemplo,

$$k = \frac{F_o - F_i}{L_i - L_o} \quad (18.1a)$$

ou

$$k = \frac{F_o}{L_f - L_o} \quad (18.1b)$$

ou

$$k = \frac{F_i}{L_f - L_i} \quad (18.1c)$$

Além disso, se a constante de mola for conhecida, a força pode ser calculada para qualquer deflexão medida. Por exemplo, se uma mola apresenta constante de 42,0 lb/pol, a força exercida sob uma deflexão de comprimento livre de 2,25 pol seria:

$$F = k(L_f - L) = (42,0 \text{ lb/pol})(2,25 \text{ pol}) = 94,5 \text{ lb}$$

Índice de mola

A relação entre o diâmetro médio da mola e o do fio é chamada de *índice de mola*, C:

▶ **Índice de mola**

$$C = D_m / D_w$$

Recomenda-se que C seja maior do que 5,0 e que molas típicas de máquina tenham valores de C entre 5 e 12. Para C inferior a 5, a formação da mola será muito difícil, e a deformação severa necessária pode criar fissuras no fio. As tensões e deflexões nas molas dependem de C, e um valor maior dele ajudará a eliminar a tendência que as molas têm de entortar.

Número de espiras

O número total de espiras em uma mola será chamado de N. Porém, no cálculo das tensões e deflexões, algumas espiras são inativas e, portanto, omitidas. Por exemplo, em uma mola com extremidades em esquadro e esmerilhadas, ou apenas em esquadro, as espiras da ponta são inativas, e o número de *espiras ativas*, N_a, é $N - 2$. Para extremidades planas, todas as espiras são ativas: $N_a = N$. Para espiras planas com extremidades esmerilhadas, $N_a = N - 1$.

Passo

O *passo*, p, refere-se à distância axial de um ponto em uma espira até o correspondente na espira adjacente. A relação entre o passo, o comprimento livre, o diâmetro do fio e o número de espiras ativas é a seguinte:

Extremidades em esquadro e esmerilhadas:
$$L_f = pN_a + 2D_w$$

Extremidades apenas em esquadro:
$$L_f = pN_a + 3D_w$$

Extremidades planas e esmerilhadas:
$$L_f = p(N_a + 1)$$

Extremidades planas:
$$L_f = pN_a + D_w$$

Ângulo primitivo

A Figura 18.7 mostra o ângulo primitivo, λ. Observe que, quanto maior o ângulo primitivo, mais acentuadas as espiras parecem ser. Projetos mais funcionais de mola produzem um ângulo primitivo menor do que 12°. Se o ângulo for superior a 12°, tensões de

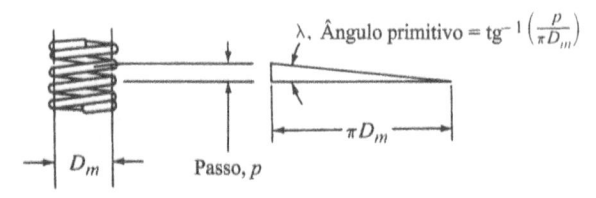

▲ FIGURA 18.7 Ângulo primitivo.

compressão indesejáveis são desenvolvidas no fio, e as fórmulas apresentadas mais adiante tornam-se imprecisas. O ângulo primitivo pode ser calculado com a fórmula

$$\lambda = \text{tg}^{-1}\left[\frac{p}{\pi D_m}\right] \quad (18.2)$$

É possível ver a lógica dessa fórmula ao desenrolar uma espira de mola sobre uma superfície plana, conforme ilustrado na Figura 18.7. A linha horizontal é a circunferência média da mola, e a linha vertical é o passo, p.

Considerações sobre a instalação

Com frequência, as molas são instaladas em um orifício cilíndrico ou em torno de uma barra. Nesse caso, folgas apropriadas devem ser fornecidas. Quando uma mola de compressão é comprimida, seu aumenta. Logo, o diâmetro interno do furo em volta da mola deve ser maior do que o externo da mola para que não haja atrito. Recomenda-se uma folga diametral inicial de um décimo do diâmetro do fio para molas com diâmetro igual ou superior a 0,50 pol (12 mm). Se uma estimativa mais precisa do diâmetro externo real da mola for necessária, a seguinte fórmula pode ser usada para o OD na condição de comprimento sólido:

$$OD_s = \sqrt{D_m^2 + \frac{p^2 - D_w^2}{\pi^2}} + D_w \quad (18.3)$$

Embora o ID da mola fique maior, também é recomendável que a folga no ID seja de aproximadamente $0,1D_w$.

Molas com extremidades em esquadro, ou em esquadro e esmerilhadas, costumam ser montadas em um assento do tipo botão ou em uma cavidade com profundidade equivalente à altura de apenas algumas espiras a fim de posicioná-las.

FOLGA ENTRE ESPIRAS. A expressão *folga entre espiras* refere-se ao espaço entre espiras adjacentes quando a mola é comprimida ao comprimento operacional, L_o. A folga real entre espiras, cc, pode ser estimada a partir de

▶ **Folga entre espiras**

$$cc = (L_o - L_s)/N_a$$

Uma diretriz é que a folga entre espiras deve ser superior a $D_w/10$, especialmente em molas carregadas ciclicamente. Outra recomendação diz respeito à deflexão total da mola:

$$(L_o - L_s) > 0{,}15(L_f - L_s)$$

Materiais utilizados em molas

Praticamente qualquer material elástico pode ser usado em uma mola. No entanto, a maioria das aplicações mecânicas utiliza fio metálico — aço com alto teor de carbono (o mais comum), liga de aço, aço inoxidável, latão, bronze, cobre-berílio ou ligas à base de níquel. A maior parte dos materiais de mola é feita de acordo com as especificações da ASTM. A Tabela 18.3 enumera alguns tipos comuns. (Consulte os sites 8 a 11, 14 e 15.)

Tipos de carregamento e tensões admissíveis

A tensão admissível a uma mola depende do tipo de carga, do material e do tamanho do fio. O carregamento é geralmente classificado em três tipos:

- **Serviço leve:** cargas estáticas ou até 10000 ciclos com baixa taxa de carregamento (sem impacto).
- **Serviço médio:** situações típicas de projeto de máquinas; taxa moderada de carregamento e até 1 milhão de ciclos.
- **Serviço pesado:** ciclos rápidos acima de 1 milhão; possibilidade de carga de choque ou impacto; molas de válvula de motor são um bom exemplo.

A resistência de determinado material é maior para os tamanhos menores. As figuras 18.8 a 18.13 mostram as tensões de projeto para seis materiais diferentes. Observe que algumas curvas podem ser usadas para mais de um material com a aplicação de um fator. Para uma abordagem conservadora, será utilizada a curva de serviço média na maioria dos exemplos de projeto, salvo se houver condições reais de alta ciclagem. A curva de serviço leve será empregada como limite superior para a tensão quando a mola estiver comprimida à altura sólida. Se a tensão exceder um pouco o valor de serviço leve, a mola será submetida a uma deformação permanente em função do escoamento.

▼ TABELA 18.3 Materiais de mola.

Tipo de material	ASTM nº	Custo relativo	Limites de temperatura, °F
A. *Aços com alto teor de carbono*			
Estirado a frio	A227	1,0	0–250
Aço de uso geral com 0,60% a 0,70% de carbono; baixo custo			
Fio de música	A228	2,6	0–250
Aço de alta qualidade com 0,80% a 0,95% de carbono; resistência muito alta; acabamento superficial excelente; estirado a frio; bom desempenho de fadiga; utilizado em tamanhos menores de até 0,125 pol na maioria das vezes			
Revenido a óleo	A229	1,3	0–350
Aço de uso geral com 0,60% a 0,70% de carbono; utilizado em tamanhos maiores acima de 0,125 pol na maioria das vezes; inadequado para choque ou impacto			
B. *Ligas de aço*			
Cromo-vanádio	A231	3,1	0–425
Boa resistência mecânica, à fadiga, ao impacto, desempenho em alta temperatura; qualidade de mola de válvula			
Cromo-silício	A401	4,0	0–475
Resistência mecânica muito alta e bom desempenho à fadiga e ao choque			
C. *Aços inoxidáveis*			
Tipo 302	A313(302)	7,6	<0-550
Muito boa resistência à corrosão e desempenho em alta temperatura; praticamente não magnéticos; estirados a frio; os tipos 304 e 316 também fazem parte dessa classificação ASTM e apresentam usinabilidade aprimorada, mas resistência menor			
Tipo 17-7 PH	A313(631)	11,0	0–600
Bom desempenho em alta temperatura			
D. *Ligas de cobre:* todas apresentam boa resistência à corrosão e condutividade elétrica			
Latão	B134	Alto	0–150
Bronze fosforoso	B159	8,0	<0-212
Cobre-berílio	B197	27,0	0–300
E. *Ligas à base de níquel:* todas são resistentes à corrosão, apresentam boas propriedades em temperaturas altas e baixas e são não magnéticas, ou praticamente não magnéticas (nomes comerciais da International Nickel Company)			
Monel™			−100–425
K-Monel™			−100–450
Inconel™			Até 700
Inconel-X™		44,0	Até 850

Fonte: ASSOCIATED SPRING, BARNES GROUP, INC. *Engineering Guide to Spring Design.* Bristol, CT, 1987. CARLSON, Harold. *Spring Designer's Handbook.* Nova York: Marcel Dekker, 1978. OBERG, E. et al. *Machinery's Handbook.* 26. ed. Nova York: Industrial Press, 2000.

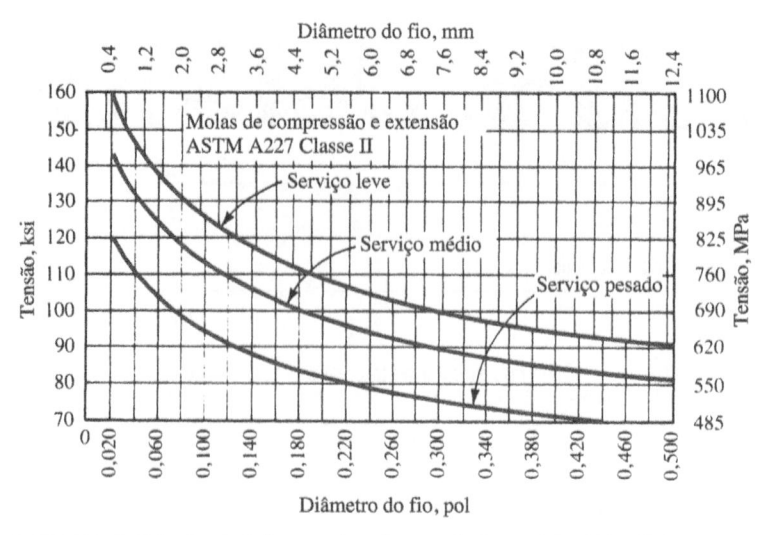

▲ **FIGURA 18.8** Tensões de cisalhamento de projeto para fio de aço ASTM A227 trefilado.
(Reimpresso de: CARLSON, Harold. *Spring Designer's Handbook*, p. 144, cortesia de Marcel Dekker, Inc.)

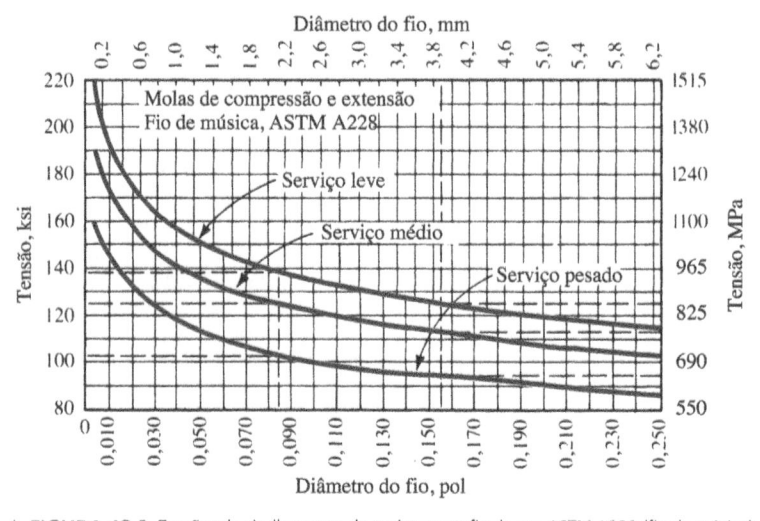

▲ **FIGURA 18.9** Tensões de cisalhamento de projeto para fio de aço ASTM A228 (fio de música).
(Reimpresso de: CARLSON, Harold. *Spring Designer's Handbook*, p. 143, cortesia de Marcel Dekker, Inc.)

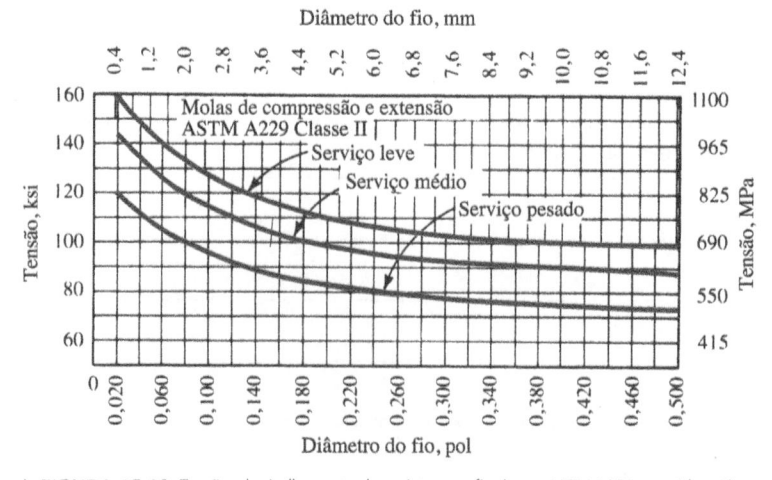

▲ **FIGURA 18.10** Tensões de cisalhamento de projeto para fio de aço ASTM A229 revenido a óleo.
(Reimpresso de: CARLSON, Harold. *Spring Designer's Handbook*, p. 146, cortesia de Marcel Dekker, Inc.)

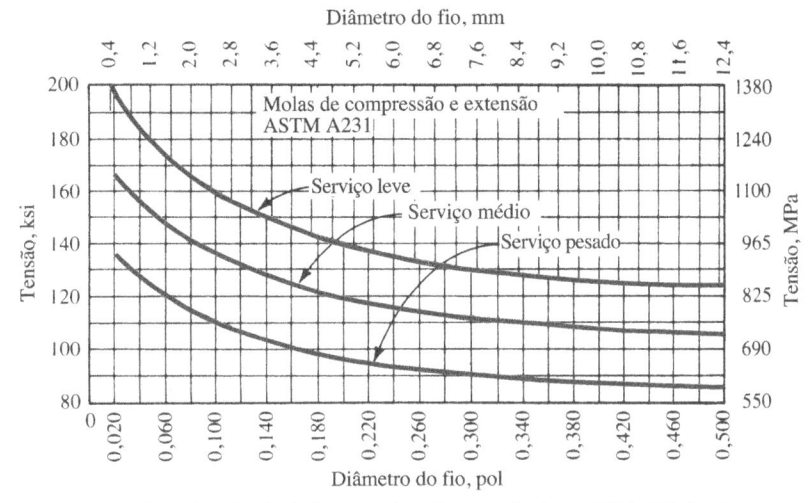

▲ **FIGURA 18.11** Tensões de cisalhamento de projeto para fio de aço ASTM A231, liga de cromo--vanádio, qualidade de mola de válvula.
(Reimpresso de: CARLSON, Harold. *Spring Designer's Handbook*, p. 147, cortesia de Marcel Dekker, Inc.)

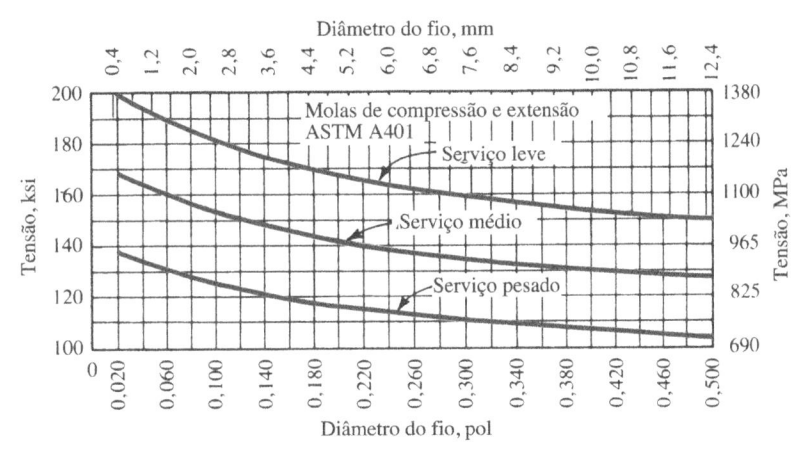

▲ **FIGURA 18.12** Tensões de cisalhamento de projeto para fio de aço ASTM A401, liga de cromo--silício, revenido a óleo.
(Reimpresso de: CARLSON, Harold. *Spring Designer's Handbook*, p. 148, cortesia de Marcel Dekker, Inc.)

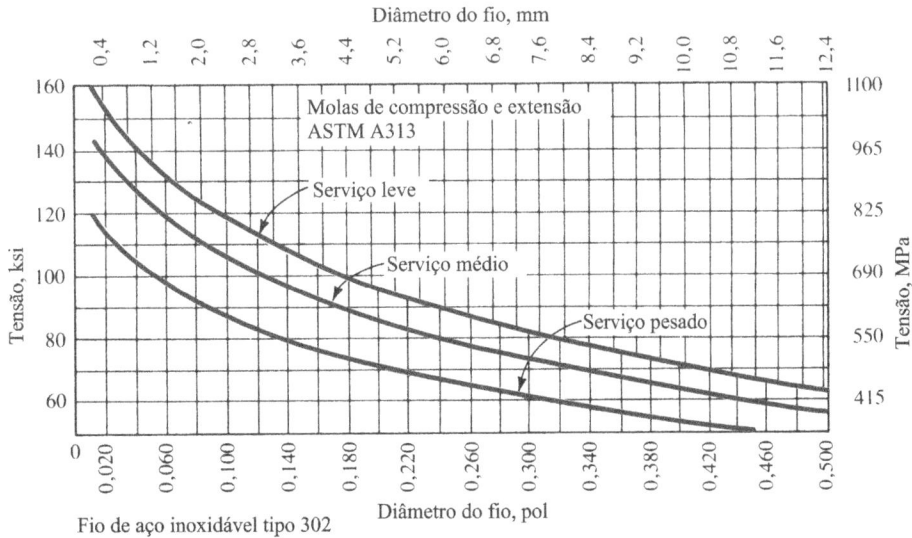

Fio de aço inoxidável tipo 302
Para o tipo 304, multiplicar por 0,95
Para o tipo 316, multiplicar por 0,85

▲ **FIGURA 18.13** Tensões de cisalhamento de projeto para fio de aço inoxidável ASTM A313 resistente à corrosão.
(Reimpresso de: CARLSON, Harold. *Spring Designer's Handbook*, p. 150, cortesia de Marcel Dekker, Inc.)

18.4 TENSÕES E DEFLEXÕES PARA MOLAS HELICOIDAIS DE COMPRESSÃO

Uma vez que a mola de compressão é comprimida sob uma carga axial, o fio é torcido. Portanto, a tensão desenvolvida no fio é *tensão de cisalhamento torcional*, e pode ser derivada da clássica equação $\tau = Tc/J$.

Quando a equação é aplicada especificamente a uma mola helicoidal de compressão, alguns fatores modificadores são necessários para que sejam levadas em conta a curvatura do fio da mola e a tensão de cisalhamento criada conforme as espiras resistem à carga vertical. Além disso, é conveniente expressar a tensão de cisalhamento em termos das variáveis de projeto encontradas em molas. A equação resultante para a tensão é atribuída a Wahl. (Consulte a Referência 8.) A tensão de cisalhamento máxima, que ocorre na superfície interna do fio, é

▶ **Tensão de cisalhamento em uma mola**

$$\tau = \frac{8KFD_m}{\pi D_w^3} = \frac{8KFC}{\pi D_w^2} \qquad (18.4)$$

Essas são duas formas da mesma equação, conforme a definição de $C = D_m/D_w$ demonstra. A tensão de cisalhamento para qualquer força aplicada, F, pode ser calculada. Em geral, nós nos preocuparemos com a tensão quando a mola for comprimida ao comprimento sólido sob a influência de F_s e quando ela estiver operando sob a carga máxima normal, F_o. Observe que a tensão é inversamente proporcional ao *cubo* do diâmetro do fio. Isso ilustra o grande efeito que a variação no tamanho do fio exerce sobre o desempenho da mola.

O fator de Wahl, K, na Equação 18.4, é o termo que leva em conta a curvatura do fio e a tensão de cisalhamento direta. Analiticamente, K está relacionado à C:

▶ **Fator de Wahl**

$$K = \frac{4C - 1}{4C - 4} + \frac{0{,}615}{C} \qquad (18.5)$$

A Figura 18.14 mostra um gráfico de K em função de C para fio redondo. Lembre-se de que $C = 5$ é o valor mínimo recomendado. O valor de K aumenta rapidamente para $C < 5$.

Deflexão

Uma vez que a principal forma de carregamento no fio de uma mola helicoidal de compressão é torção, a deflexão é calculada a partir do ângulo da fórmula de torção:

$$\theta = TL/GJ$$

onde
 θ = ângulo da torção em radianos
 T = torque aplicado
 L = comprimento do fio
 G = módulo de elasticidade do material em cisalhamento
 J = momento polar de inércia do fio

De novo, por uma questão de praticidade, usaremos uma forma diferente da equação a fim de detectar a deflexão linear, f, da mola em relação às variáveis de projeto típicas. A equação resultante é

▶ **Deflexão de uma mola**

$$f = \frac{8FD_m^3 N_a}{GD_w^4} = \frac{8FC^3 N_a}{GD_w} \qquad (18.6)$$

Lembre-se de que N_a é o número de espiras *ativas*, conforme discutido na Seção 18.3. A Tabela 18.4

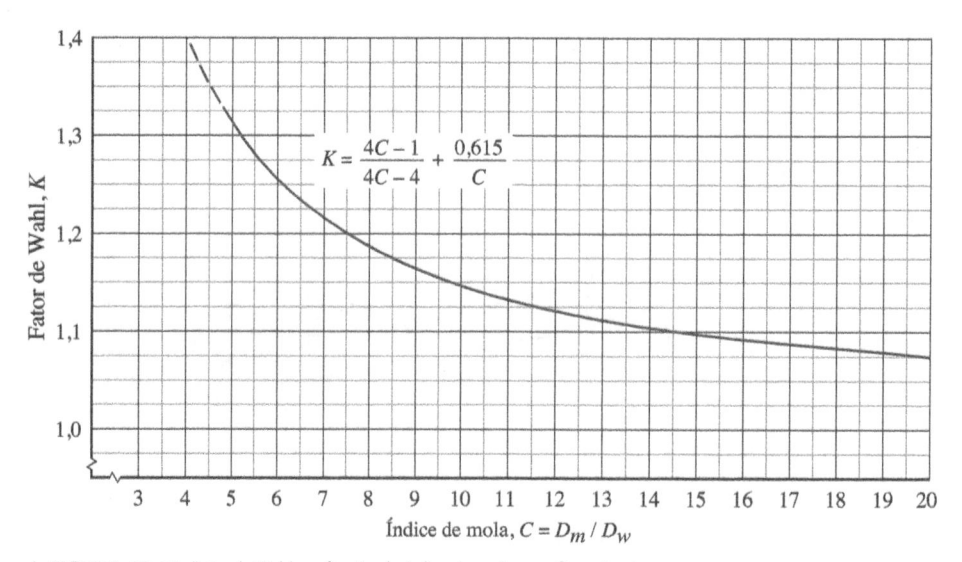

▲ **FIGURA 18.14** Fator de Wahl em função do índice de mola para fio redondo.

apresenta os valores de G para materiais típicos de mola. Note novamente, na Equação 18.6, que o diâmetro do fio exerce grande efeito no desempenho da mola.

Flambagem

A tendência que as molas têm de flambar aumenta à medida que elas se tornam altas e delgadas, como com colunas. A Figura 18.15 mostra gráficos da taxa crítica de deflexão e comprimento livre em função da taxa do comprimento livre e diâmetro médio para a mola. Três condições diferentes de extremidade são descritas na figura. Como exemplo do uso dessa figura, considere uma mola com extremidades em esquadro e esmerilhadas com comprimento livre de 6,0 pol e diâmetro médio de 0,75 pol. Deseja-se saber qual deflexão faria a mola flambar. Primeiro, calcule

$$\frac{L_f}{D_m} = \frac{6,0}{0,75} = 8,0$$

Então, com base na Figura 18.15, a taxa crítica de deflexão é 0,20. Com isso, é possível calcular a deflexão crítica:

$$\frac{f_o}{L_f} = 0,20 \quad \text{ou} \quad f_o = 0,20(L_f) = 0,20(6,0 \text{ pol}) = 1,20 \text{ pol}$$

Ou seja, se a mola for defletida mais de 1,20 pol, ela flambará.

Aprofundamento no assunto e discussões adicionais a respeito de fórmulas para tensões e deflexões de molas helicoidais de compressão podem ser encontrados nas referências 4 e 6. Já a Referência 3 fornece informações valiosas sobre a análise de falhas de mola.

18.5 ANÁLISE DE CARACTERÍSTICAS DAS MOLAS

Esta seção demonstra a utilização dos conceitos desenvolvidos em anteriores para analisar a geometria e as características de desempenho de determinada mola. Suponha que você tenha encontrado uma mola, mas não há dados de desempenho disponíveis sobre ela. Com alguns cálculos e medições, é possível determinar essas características. Uma informação que você *precisaria* ter, entretanto, é o material de que a mola foi feita a fim de poder avaliar a aceitabilidade dos níveis estimados de tensão.

O método de análise é apresentado no Exemplo 18.1.

▼ **TABELA 18.4** Módulo de elasticidade do fio da mola em cisalhamento (G) e tensão (E).

Material e nº ASTM	Módulo de cisalhamento, G		Módulo de tensão, E	
	(psi)	(GPa)	(psi)	(GPa)
Aço trefilado: A227	11,5 × 10⁶	79,3	28,6 × 10⁶	197
Fio de música: A228	11,85 × 10⁶	81,7	29,0 × 10⁶	200
Revenido a óleo: A229	11,2 × 10⁶	77,2	28,5 × 10⁶	196
Cromo-vanádio: A231	11,2 × 10⁶	77,2	28,5 × 10⁶	196
Cromo-silício: A401	11,2 × 10⁶	77,2	29,5 × 10⁶	203
Aços inoxidáveis: A313				
Tipos 302, 304, 316	10,0 × 10⁶	69,0	28,0 × 10⁶	193
Tipo 17-7 PH	10,5 × 10⁶	72,4	29,5 × 10⁶	203
Latão: B134	5,0 × 10⁶	34,5	15,0 × 10⁶	103
Bronze fosforoso: B159	6,0 × 10⁶	41,4	15,0 × 10⁶	103
Cobre-berílio: B197	7,0 × 10⁶	48,3	17,0 × 10⁶	117
Monel e K-Monel	9,5 × 10⁶	65,5	26,0 × 10⁶	179
Inconel e Inconel-X	10,5 × 10⁶	72,4	31,0 × 10⁶	214

Observação: os dados são valores médios. Pequenas variações conforme o tamanho do fio e o tratamento podem ocorrer.

▲ **FIGURA 18.15** Critérios de flambagem de mola. Se a razão real de f_o/L_f for maior do que a crítica, a mola flambará com deflexão operacional.

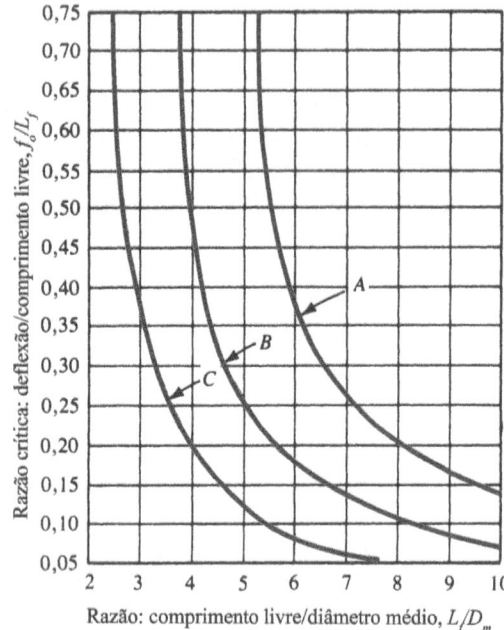

Curva A: Extremidades fixas (por exemplo, extremidades em esquadro e esmerilhadas em superfícies direcionadas, planas e paralelas)

Curva B: Uma extremidade fixa; uma articulada (por exemplo, uma sobre superfície plana, e a outra em contato com uma esfera)

Curva C: Ambas as extremidades articuladas (por exemplo, em contato com superfícies fixadas à estrutura, porém livres para girar)

EXEMPLO 18.1

Sabe-se que uma mola foi feita de fio de música, ASTM A228, mas nenhum outro dado é conhecido. É possível descobrir as seguintes características por meio de simples ferramentas de medição:

Comprimento livre = L_f = 1,75 pol
Diâmetro externo = OD = 0,561 pol
Diâmetro do fio = D_w = 0,055 pol
As extremidades são em esquadro e esmerilhadas.
O número total de espiras é 10,0.

Na aplicação dessa mola, a carga normal de serviço deve ser 14,0 lb. Cerca de 300000 ciclos de carregamento são esperados.

Para essa mola, calcule e/ou faça o seguinte:

1. O número da bitola do fio de música, o diâmetro médio, o diâmetro interno, o índice de mola e o fator de Wahl.
2. A tensão esperada sob a carga operacional de 14,0 lb.
3. A deflexão da mola sob a carga de 14,0 lb.
4. O comprimento operacional, o comprimento sólido e a constante de mola.
5. A força sobre a mola em comprimento sólido e a tensão correspondente na mesma condição.
6. A tensão de projeto para o material; em seguida, compare-a com a tensão operacional real.
7. A tensão máxima admissível; em seguida, compare-a com a tensão em comprimento sólido.
8. Verifique a mola quanto a flambagem e folga entre espiras.
9. Especifique um diâmetro adequado para o orifício onde a mola será instalada.

SOLUÇÃO A solução é apresentada na mesma ordem dos itens solicitados. As fórmulas utilizadas podem ser encontradas nas seções anteriores deste capítulo.

Passo 1. O fio de música tem bitola de número 24 (Tabela 18.2). Logo,

$$D_m = OD - D_w = 0,561 - 0,055 = 0,506 \text{ pol}$$

$$ID = D_m - D_w = 0,506 - 0,055 = 0,451 \text{ pol}$$

Índice de mola $= C = D_m/D_w = 0,506/0,055 = 9,20$

Fator de Wahl $= K = (4C-1)/(4C-4) + 0,615/C$

$$K = [4(9,20)-1]/[4(9,20)-4] + 0,615/9,20$$

$$K = 1,158$$

Passo 2. Tensão na mola em $F = F_o = 14,0$ lb (Equação 18.4):

$$\tau_o = \frac{8KF_oC}{\pi D_w^2} = \frac{8(1,158)(14,0)(9,20)}{\pi(0,055)^2} = 125560 \text{ psi}$$

Passo 3. Deflexão com força operacional (Equação 18.6):

$$f_o = \frac{8F_oC^3N_a}{GD_w} = \frac{8(14,0)(9,20)^3(8,0)}{(11,85 \times 10^6)(0,055)} = 1,071 \text{ pol}$$

Observe que o número de espiras ativas para uma mola com extremidades esmerilhadas e em esquadro é $N_a = N - 2 = 10,0 - 2 = 8,0$. Além disso, o módulo do fio da mola, G, é encontrado na Tabela 18.4. O valor de f_o é a deflexão *do comprimento livre* para o operacional.

Passo 4. Comprimento operacional: ele é calculado como

$$L_o = L_f - f_o = 1,75 - 1,071 = 0,679 \text{ pol}$$

Comprimento sólido $= L_s = D_w(N) = 0,055(10,0) = 0,550 \text{ pol}$

Índice de mola: usa-se a Equação 18.1.

$$k = \frac{\Delta F}{\Delta L} = \frac{F_o}{L_f - L_o} = \frac{F_o}{f_o} = \frac{14,0 \text{ lb}}{1,071 \text{ pol}} = 13,07 \text{ lb/pol}$$

Passo 5. É possível encontrar a força no comprimento sólido multiplicando-se a constante de mola pela deflexão do comprimento livre ao sólido. Então

$$F_s = k(L_f - L_s) = (13,07 \text{ lb/pol})(1,75 \text{ pol} - 0,550 \text{ pol}) = 15,69 \text{ lb}$$

A tensão no comprimento sólido, τ_s, pode ser encontrada a partir da Equação 18.4 utilizando $F = F_s$. No entanto, um método mais fácil é reconhecer que a tensão é diretamente proporcional à força na mola e que todos os outros dados na fórmula são os mesmos empregados para calcular a tensão sob a força operacional, F_o. Pode-se, então, usar a simples proporção

$$\tau_s = \tau_o(F_s/F_o) = (125560 \text{ psi})(15,69/14,0) = 140700 \text{ psi}$$

Passo 6. Tensão de projeto, τ_d: a partir da Figura 18.9, no gráfico da tensão de projeto em função do diâmetro do fio da mola para aço ASTM A228, pode-se usar a curva de *serviço médio* com base no número esperado de ciclos de carga. Lemos que $\tau_d = 135000$ psi para o fio de 0,055 pol. Visto que a tensão operacional real, τ_o, é inferior a esse valor, ele é satisfatório.

Passo 7. Tensão máxima admissível, $\tau_{máx}$: é recomendável que a curva de *serviço leve* seja usada para determinar esse valor. Para $D_w = 0,055$, $\tau_{máx} = 150000$ psi. A tensão máxima esperada real no comprimento sólido ($\tau_s = 140700$ psi) é inferior a esse valor, e, por conseguinte, o projeto é satisfatório no que diz respeito às tensões.

Passo 8. Flambagem: para avaliar a flambagem, é preciso calcular

$$L_f/D_m = (1{,}75 \text{ pol})/(0{,}506 \text{ pol}) = 3{,}46$$

Com base na Figura 18.15 e na curva *A* para extremidades esmerilhadas e em esquadro, vê-se que a taxa de deflexão crítica é muito alta e que não haverá flambagem. A bem da verdade, para qualquer valor de $L_f/D_m < 5{,}2$, pode-se concluir que não ocorrerá flambagem.

Folga entre espiras, *cc*: Avalia-se a *cc* como segue:

$$cc = (L_o - L_s)/N_a = (0{,}679 - 0{,}550)/(8{,}0) = 0{,}016 \text{ pol}$$

Comparando esse valor com a folga mínima recomendada de

$$D_w/10 = (0{,}055 \text{ pol})/10 = 0{,}0055 \text{ pol}$$

pode-se concluir que essa folga é aceitável.

Passo 9. Diâmetro do furo: é recomendável que o furo onde a mola será instalada tenha diâmetro maior do que o *OD* da mola em uma proporção de $D_w/10$. Então

$$D_{furo} > OD + D_w/10 = 0{,}561 \text{ pol} + (0{,}055 \text{ pol})/10 = 0{,}567 \text{ pol}$$

Um diâmetro de 5/8 pol (0,625 pol) seria um tamanho-padrão satisfatório. Isso conclui o exemplo.

18.6 PROJETO DE MOLAS HELICOIDAIS DE COMPRESSÃO

O objetivo do projeto de molas helicoidais de compressão é especificar a geometria de uma mola para que ela opere sob limites específicos de carga, deflexão e, possivelmente, espaço. O material e o tipo de serviço são estabelecidos levando-se em conta o ambiente e a aplicação.

A seguir, há um enunciado típico de problema. Em seguida, dois procedimentos de solução são mostrados, e cada um é implementado com a ajuda de uma planilha.

EXEMPLO 18.2

Uma mola helicoidal de compressão deve exercer uma força de 8,0 lb quando comprimida a um comprimento de 1,75 pol. Com 1,25 pol, a força deve ser de 12,0 lb. A mola será instalada em uma máquina de ciclos lentos, cujo total esperado é de aproximadamente 200000. A temperatura não excederá 200 °F. A mola será colocada em um furo com diâmetro de 0,75 pol.

Para essa aplicação, especifique um material adequado, o diâmetro do fio, o diâmetro médio, o *OD*, o *ID*, o comprimento livre, o comprimento sólido, o número de espiras e a condição da extremidade. Verifique a tensão sob a carga operacional máxima e no comprimento sólido.

O primeiro procedimento de solução será mostrado. As etapas numeradas podem ser usadas como guia para problemas futuros e como um tipo de algoritmo para a abordagem por planilha, que segue após a solução manual.

MÉTODO DE SOLUÇÃO 1

O procedimento aborda diretamente a geometria geral da mola, especificando o diâmetro médio, de modo a satisfazer as limitações de espaço. O processo requer que o projetista tenha tabelas de dados disponíveis com diâmetros de fio (como a Tabela 18.2) e gráficos de tensões de projeto para o material de que a mola será feita (como as figuras 18.8 a 18.13). É preciso fazer uma estimativa inicial da tensão de projeto para o material, consultando-se as tabelas de tensão de projeto em função do diâmetro de fio para que se faça uma escolha razoável. No geral, mais de uma tentativa deve ser feita, mas os resultados de tentativas iniciais o ajudarão a decidir os valores de tentativas posteriores.

Passo 1. Especifique um material e seu módulo de cisalhamento, G.
Para esse problema, vários materiais de mola podem ser utilizados. Selecione o fio de aço cromo-vanádio ASTM A231, com valor de $G = 11200000$ psi (consulte a Tabela 18.4).

Passo 2. A partir do enunciado do problema, identifique a força operacional, F_o; o comprimento operacional ao qual a força deve ser exercida, L_o; a força em algum outro comprimento, chamada de *força instalada*, F_i; e o comprimento instalado, L_i.

Lembre-se de que F_o é a força máxima que a mola exerce sob condições normais de operação. Muitas vezes, o segundo nível de força não é especificado. Nesse caso, seja $F_i = 0$, e estabeleça um valor de projeto para o comprimento livre, L_f, no lugar de L_i.

Para esse problema, $F_o = 12,0$ lb; $L_o = 1,25$ pol; $F_i = 8,0$ lb; e $L_i = 1,75$ pol.

Passo 3. Calcule a constante de mola, k, utilizando a Equação 18.1(a):

$$k = \frac{F_o - F_i}{L_i - L_o} = \frac{12,0 - 8,0}{1,75 - 1,25} = 8,00 \text{ lb/pol}$$

Passo 4. Calcule o comprimento livre, L_f:

$$L_f = L_i + F_i/k = 1,75 \text{ pol} + [(8,00 \text{ lb})/(8,00 \text{ lb/pol})] = 2,75 \text{ pol}$$

O segundo termo da equação anterior é a quantidade de deflexão do comprimento livre ao comprimento instalado a fim de desenvolver a força instalada, F_i. Naturalmente, esse passo se torna desnecessário se o comprimento livre for especificado nos dados originais.

Passo 5. Especifique uma estimativa inicial para o diâmetro médio, D_m.
Tenha em mente que o diâmetro médio será menor do que o *OD* e maior do que o *ID*. É preciso tomar uma decisão inicial. Para esse problema, especifique $D_m = 0,60$ pol. Esse tamanho possibilita a instalação no furo de 0,75 pol de diâmetro.

Passo 6. Especifique uma tensão de projeto inicial.

Os gráficos das tensões de projeto para o material selecionado podem ser consultados, considerando também o serviço. Nesse problema, devemos utilizar serviço médio. Então, para o aço ASTM A231, como ilustrado na Figura 18.11, uma tensão de projeto nominal seria de 130000 psi. Isso é apenas uma estimativa com base na resistência do material. O processo inclui uma verificação posterior da tensão.

Passo 7. Calcule o diâmetro experimental do fio com a Equação 18.4 para D_w. Observe que todo o restante da equação é conhecido, exceto o fator de Wahl, K, porque depende do próprio diâmetro do fio. Contudo, K varia apenas um pouco acima da faixa normal de índices de mola, C. Com base na Figura 18.14, note que $K = 1,2$ é um valor nominal. Isso também será verificado posteriormente. Com o valor presumido de K, algumas simplificações podem ser feitas:

$$D_w = \left[\frac{8KF_oD_m}{\pi \tau_d}\right]^{1/3} = \left[\frac{(8)(1,2)(F_o)(D_m)}{(\pi)(\tau_d)}\right]^{1/3}$$

Combinando as constantes, têm-se

▶ **Diâmetro experimental do fio**

$$D_w = \left[\frac{8KF_oD_m}{\pi \tau_d}\right]^{1/3} = \left[\frac{(3,06)(F_o)(D_m)}{(\tau_d)}\right]^{1/3} \quad (18.7)$$

Para esse problema,

$$D_w = \left[\frac{(3,06)(F_o)(D_m)}{\tau_d}\right]^{1/3} = \left[\frac{(3,06)(12)(0,6)}{130000}\right]^{0,333}$$

$$D_w = 0,0553 \text{ pol}$$

Passo 8. Selecione um diâmetro-padrão de fio das tabelas e determine a tensão de projeto e a máxima admissível para o material nesse diâmetro. Normalmente, a tensão de projeto será para serviço médio, a menos que taxas elevadas de ciclagem ou impacto indiquem a certeza de serviço pesado. A curva de serviço leve deve ser utilizada com cuidado, pois está muito próxima à tensão de escoamento. Na verdade, ela será usada como estimativa da tensão máxima admissível.

Para esse problema, o tamanho-padrão de fio um pouco maior é o de 0,0625 pol, nº 16 na tabela de bitola de fio de aço no sistema norte-americano. Para esse tamanho, as curvas na Figura 18.11 relativas ao fio de aço ASTM A231 mostram que a tensão de projeto é de aproximadamente 145000 psi para serviço médio e que a tensão máxima admissível é de 170000 psi, com base na curva de serviço leve.

Passo 9. Calcule os valores reais de C e K, o índice de mola e o fator de Wahl:

$$C = \frac{D_m}{D_w} = \frac{0,60}{0,0625} = 9,60$$

$$K = \frac{4C-1}{4C-4} + \frac{0,615}{C} = \frac{4(9,60)-1}{4(9,60)-4} + \frac{0,615}{9,60} = 1,15$$

Passo 10. Calcule a tensão esperada real causada pela força operacional, F_o, com a Equação 18.4:

$$\tau_o = \frac{8KF_oD_m}{\pi D_w^3} = \frac{(8)(1,15)(12,0)(0,60)}{(\pi)(0,0625)^3} = 86450 \text{ psi}$$

Comparando-a com a tensão de projeto de 145000 psi, pode-se concluir que o valor é seguro.

Passo 11. Calcule o número de espiras ativas necessárias para oferecer as características próprias de deflexão à mola. Utilizando a Equação 18.6 e resolvendo para N_a, tem-se

$$f = \frac{8FC^3 N_a}{GD_w}$$

▶ **Número de espiras ativas**

$$N_a = \frac{fGD_w}{8FC^3} = \frac{GD_w}{8kC^3} \quad (\text{Observação: } F/f = k, \text{ a constante de mola.}) \quad \textbf{(18.8)}$$

Então, para esse problema,

$$N_a = \frac{GD_w}{8kC^3} = \frac{(11200000)(0,0625)}{(8)(8,0)(9,60)^3} = 12,36 \text{ espiras}$$

Observe que $k = 8,0$ lb/pol é a constante de mola. Não a confunda com K, o fator de Wahl.

Passo 12. Calcule o comprimento sólido, L_s; a força sobre a mola em comprimento sólido, F_s; e a tensão na mola em comprimento sólido, τ_s. Esse cálculo fornecerá a tensão máxima que a mola receberá.

O comprimento sólido ocorre quando todas as espiras estão em contato; lembre-se, entretanto, de que há duas espiras inativas em molas com extremidades esmerilhadas e em esquadro. Logo,

$$L_s = D_w(N_a + 2) = 0,0625(14,36) = 0,898 \text{ pol}$$

A força em comprimento sólido é o produto da constante de mola vezes a deflexão em comprimento sólido ($L_f - L_s$):

$$F_s = k(L_f - L_s) = (8,0 \text{ lb/pol})(2,75 - 0,898) \text{ pol} = 14,8 \text{ lb}$$

Uma vez que a tensão na mola é diretamente proporcional à força, um método simples para calcular a tensão em comprimento sólido é

$$\tau_s = (\tau_o)(F_s/F_o) = (86450 \text{ psi})(14,8/12,0) = 106750 \text{ psi}$$

Quando esse valor é comparado à tensão máxima admissível de 170000 psi, vê-se que é seguro, e a mola não cederá quando comprimida ao comprimento sólido.

Passo 13. Conclua os cálculos das características geométricas e compare-as com as limitações de espaço e funcionamento:

$$OD = D_m + D_w = 0,60 + 0,0625 = 0,663 \text{ pol}$$

$$ID = D_m - D_w = 0,60 - 0,0625 = 0,538 \text{ pol}$$

Essas dimensões são satisfatórias para a instalação em um furo com diâmetro de 0,75 pol.

Passo 14. A tendência à flambagem é verificada, bem como a folga entre espiras.

Esse procedimento conclui o projeto de uma mola satisfatória para essa aplicação. Outras tentativas podem ser interessantes para que se encontre uma mola mais próxima do ideal.

Planilha para o Método 1 de projeto de mola

Os 14 passos necessários para concluir um projeto experimental com o Método 1, demonstrado no Exemplo 18.2, são bem complexos, enfadonhos e demorados. Além disso, é muito provável que haja a necessidade de várias iterações a fim de produzir uma solução ideal que atenda às considerações de aplicação relativas ao tamanho físico da mola, aos níveis aceitáveis de tensão sob todas as cargas, ao custo e a outros fatores. Talvez você queira verificar o uso de materiais diferentes para os mesmos objetivos básicos de projeto em relação às forças, aos comprimentos e à constante de mola.

Por essas e muitas outras razões, recomenda-se que abordagens auxiliadas por computador sejam desenvolvidas para realizar a maioria dos cálculos e orientá-lo no procedimento de solução. Isso pode ser feito com um programa de computador, uma planilha, um software de análise matemática ou uma calculadora programável. Uma vez preenchido(a), o programa ou a planilha pode ser usado(a) para qualquer problema de projeto semelhante no futuro por você mesmo ou por outros.

A Figura 18.16 mostra uma abordagem por planilha com os dados do Exemplo 18.2, usado para ilustração. Essa abordagem é interessante porque toda a solução é apresentada em uma única página, e o utilizador é guiado pelo procedimento. O emprego dessa planilha será resumido aqui. Durante a leitura, compare as entradas da planilha com os detalhes da solução do Exemplo 18.2. As diversas fórmulas utilizadas ali são programadas em células apropriadas na planilha.

1. O processo começa — como em praticamente qualquer procedimento de projeto de mola — com a especificação da relação entre força e comprimento de duas condições diferentes, normalmente chamadas de *força-comprimento operacionais* e *força-comprimento instalados*. A partir desses dados, a constante de mola é efetivamente estabelecida também. Às vezes, o comprimento livre é conhecido, o qual, por sua vez, é igual ao instalado, e a força instalada é igual a zero. Além disso, o projetista deve conhecer mais ou menos o espaço em que a mola será instalada.

2. O cabeçalho da planilha fornece uma breve visão geral da abordagem de projeto contida no Método 1. O projetista especifica um diâmetro médio para a mola, de modo a se encaixar em determinada aplicação. O material da mola é estabelecido, e o gráfico da resistência desse material é usado como guia para estimar a tensão de projeto. Isso requer que o utilizador também faça uma estimativa aproximada do diâmetro do fio, mas um tamanho específico ainda não é escolhido. O serviço (leve, médio ou pesado) também deve ser determinado nesse momento.

3. A planilha, então, calcula a constante de mola resultante, o comprimento livre e um diâmetro experimental do fio para produzir uma tensão aceitável. A Equação 18.7 é usada para estimar o tamanho do fio.

4. O projetista, depois, insere um tamanho-padrão de fio, geralmente maior do que o valor calculado. A Tabela 18.2 é uma lista de tamanhos padronizados de fio. Nesse ponto, ele deve analisar novamente o gráfico de tensão de projeto para o material escolhido e determinar um valor revisto que corresponda ao novo diâmetro do fio. A tensão máxima admissível também é inserida, a partir da curva de serviço leve para o material no tamanho de fio especificado.

5. Após os dados terem sido inseridos, a planilha conclui todo o conjunto de cálculos restantes. A mola deve ser fabricada exatamente com os diâmetros especificados e o número de espiras ativas. A condição das extremidades da mola também precisa ser definida com base nas possibilidades mostradas na Figura 18.3.

6. A tarefa do projetista é avaliar a adequação dos resultados para geometria básica, tensões, possibilidade de flambagem, folga entre espiras e instalação da mola no furo. A coluna de **Comentários** à direita inclui vários lembretes. Contudo, é responsabilidade do projetista fazer avaliações e tomar decisões de projeto.

A vantagem de se utilizar uma planilha é esta: o projetista raciocina, e a planilha calcula. Para iterações subsequentes, somente os valores diferentes precisam ser inseridos. Por exemplo, se o projetista quiser experimentar outro diâmetro de fio para o mesmo material de mola, somente os três valores na seção **Dados de entrada secundários** precisam ser alterados, e um novo resultado é produzido imediatamente. Muitas iterações de projeto podem ser concluídas em pouco tempo com essa abordagem.

Você também é encorajado a aprimorar a utilidade da planilha.

Planilha para o Método 2 de projeto de mola

Um método alternativo de projeto de mola é mostrado na Figura 18.17. Ele confere ao projetista mais liberdade para manipular os parâmetros. Os dados utilizados são basicamente os mesmos do Exemplo 18.2, exceto pelo fato de que não há qualquer exigência para a instalação da mola em um furo de tamanho específico. Esse enunciado modificado do problema é referido como Exemplo 18.3.

Projeto de mola helicoidal de compressão — Método 1
Especificar diâmetro médio e tensões de projeto. Calcular diâmetro do fio e número de espiras.

1. Inserir dados para forças e comprimentos.
2. Especificar material; módulo de cisalhamento, G; e uma estimativa para tensão de projeto.
3. Inserir diâmetro médio experimental para mola, considerando o espaço disponível.
4. Verificar valores calculados para constante de mola, comprimento livre e novo diâmetro de fio experimental.
5. Inserir sua escolha para diâmetro de fio em tamanho-padrão.
6. Inserir tensão de projeto e tensão máxima admissível com base nas figuras 18.8 a 18.13 para novo D_w.

Os valores numéricos em itálico nas áreas sombreadas devem ser inseridos para cada problema.		Problema:	Exemplo 18.2
Dados de entrada iniciais:			Comentários:
Força operacional máxima =	$F_o =$	12,0 lb	
Comprimento operacional =	$L_o =$	1,25 pol	
Força instalada =	$F_i =$	8,0 lb	Nota: $F_i = 0$ se:
Comprimento instalado =	$L_i =$	1,75 pol	$L_i =$ comprimento livre
Diâmetro médio experimental =	$D_m =$	0,60 pol	
Tipo de fio de mola:		Aço ASTM A231	Consultar as figuras 18.8 a 18.13.
Módulo de cisalhamento do fio da mola =	$G =$	1,12E + 07 psi	Da Tabela 18.4
Estimativa inicial da tensão de projeto =	$\tau_{di} =$	130000 psi	Do gráfico de tensão de projeto
Valores calculados:			
Constante de mola calculada =	$k =$	8,00 lb/pol	
Comprimento livre calculado =	$L_f =$	2,75 pol	
Diâmetro de fio experimental calculado =	$D_{wt} =$	0,055 pol	
Dados de entrada secundários:			
Diâmetro-padrão do fio =	$D_w =$	0,0625 pol	Da Tabela 18.2
Tensão de projeto =	$\tau_d =$	145000 psi	Do gráfico de tensão de projeto
Tensão máxima admissível =	$\tau_{máx} =$	170000 psi	Usar a curva de serviço leve.
Valores calculados:			
Diâmetro externo =	$D_o =$	0,663 pol	
Diâmetro interno =	$D_i =$	0,538 pol	
Número de espiras ativas =	$N_a =$	12,36	
Índice de mola =	$C =$	9,60	**Não deve ser < 5,0**
Fator de Wahl =	$K =$	1,15	
Tensão sob força operacional =	$\tau_o =$	86459 psi	**Não pode ser > 145000**
Comprimento sólido =	$L_s =$	0,898 pol	**Não pode ser > 1,25**
Força em comprimento sólido =	$F_s =$	14,82 lb	
Tensão em comprimento sólido =	$\tau_s =$	106768 psi	**Não pode ser > 170000**
Verificar flambagem, folga entre espiras e tamanho do furo:			
Flambagem: razão =	$L_f/D_m =$	4,58	Verificar a Figura 18.15 > se 5,2.
Folga entre espiras =	$cc =$	0,029 pol	Deve ser > 0,00625
Se a instalação for em um furo, o diâmetro mínimo deste deve ser =	$D_{furo} >$	0,669 pol	Para folga lateral

▲ **FIGURA 18.16** Planilha do Método 1 para o projeto de mola do Exemplo 18.2.

712 ELEMENTOS DE MÁQUINA EM PROJETOS MECÂNICOS

Projeto de mola helicoidal de compressão — Método 2			
Especificar diâmetro do fio, tensões de projeto e número de espiras. Calcular diâmetro médio.			
1. Inserir dados para forças e comprimentos.			
2. Especificar material; módulo de cisalhamento, G; e uma estimativa para tensão de projeto.			
3. Inserir diâmetro de fio experimental.			
4. Verificar valores calculados para constante de mola, comprimento livre e novo diâmetro de fio experimental.			
5. Inserir sua escolha para diâmetro de fio em tamanho-padrão.			
6. Inserir tensão de projeto e tensão máxima admissível com base nas figuras 18.8 a 18.13 para novo D_w.			
7. Verificar número máximo de espiras calculado. Inserir número de espiras real selecionado.			
Os valores numéricos em itálico nas áreas sombreadas devem ser inseridos para cada problema.		Problema:	Exemplo 18.3, tentativa 1:
Dados de entrada iniciais:			Comentários:
Força operacional máxima =	$F_o =$	12,0 lb	
Comprimento operacional =	$L_o =$	1,25 pol	
Força instalada =	$F_i =$	8,0 lb	Nota: $F_i = 0$ se:
Comprimento instalado =	$L_i =$	1,75 pol	$L_i =$ comprimento livre
Tipo de fio de mola:		Aço ASTM A231	Consultar as figuras 18.8 a 18.13.
Módulo de cisalhamento do fio da mola =	$G =$	1,12E + 07 psi	Da Tabela 18.4
Estimativa inicial da tensão de projeto =	$\tau_{di} =$	144000 psi	Do gráfico de tensão de projeto
Diâmetro de fio da tentativa inicial =	$D_w =$	0,06 pol	
Valores calculados:			
Constante de mola calculada =	$k =$	8,00 lb/pol	
Comprimento livre calculado =	$L_f =$	2,75 pol	
Diâmetro de fio experimental calculado =	$D_{wt} =$	0,042 pol	
Dados de entrada secundários:			
Diâmetro-padrão do fio =	$D_w =$	0,0475 pol	Da Tabela 18.2
Tensão de projeto =	$\tau_d =$	149000 psi	Do gráfico de tensão de projeto
Tensão máxima admissível =	$\tau_{máx} =$	174000 psi	Usar a curva de serviço leve.
Calculado: número máximo de espiras =	$N_{máx} =$	24,32	
Entrada: número de espiras ativas =	$N_a =$	22	Sugerir um número inteiro.
Valores calculados:			
Índice de mola =	$C =$	7,23	**Não deve ser < 5,0**
Fator de Wahl =	$K =$	1,21	
Diâmetro médio =	$D_m =$	0,343 pol	
Diâmetro externo =	$D_o =$	0,391 pol	
Diâmetro interno =	$D_i =$	0,296 pol	
Comprimento sólido =	$L_s =$	1,140 pol	**Não pode ser > 1,25**
Tensão sob força operacional =	$\tau_o =$	118030 psi	**Não pode ser > 149000**
Força em comprimento sólido =	$F_s =$	12,88 lb	
Resistência em comprimento sólido =	$\tau_s =$	126685 psi	**Não pode ser > 174000**
Verificar flambagem, folga entre espiras e tamanho do furo:			
Flambagem: Razão =	$L_f/D_m =$	8,01	Verificar a Figura 18.15 > se 5,2.
Folga entre espiras =	$cc =$	0,0050 pol	Deve ser > 0,00475
Se a instalação for em um furo, o diâmetro mínimo deste deve ser =	$D_{furo} >$	0,396 pol	Para folga lateral

▲ **FIGURA 18.17** Planilha do Método 2 para o projeto de mola do Exemplo 18.3, tentativa 1.

EXEMPLO 18.3

O processo é semelhante ao Método 1, de modo que apenas as principais diferenças serão discutidas a seguir. Acompanhe a descrição das tentativas 1 e 2 do Método 2 com a planilha da Figura 18.17.

MÉTODO DE SOLUÇÃO 2, TENTATIVA 1

1. O procedimento geral é descrito no topo da planilha. O projetista seleciona um material, define o diâmetro do fio em uma tentativa inicial e insere uma estimativa correspondente da tensão de projeto.
2. A planilha, então, calcula um novo diâmetro de fio experimental com uma fórmula derivada da equação fundamental para tensão de cisalhamento em molas helicoidais de compressão, a Equação 18.4. O desenvolvimento é descrito aqui.

$$\tau = \frac{8KFC}{\pi D_w^2} \qquad (18.4)$$

Seja $F = F_o$ e $\tau = \tau_d$ (a tensão de projeto). Resolvendo para o diâmetro do fio, tem-se

$$D_w = \sqrt{\frac{8KF_oC}{\pi \tau_d}} \qquad (18.9)$$

Os valores de K e C ainda não são conhecidos, mas uma boa estimativa para o diâmetro do fio pode ser calculada se o índice de mola for considerado em torno de 7,0, um valor razoável. O valor correspondente para o fator de Wahl é $K = 1,2$, a partir da Equação 18.5. A combinação desses valores admitidos com as demais constantes na equação anterior resulta em

$$D_w = \sqrt{21,4(F_o)/(\tau_d)} \qquad (18.10)$$

Essa fórmula é programada na planilha à direita da célula classificada como D_w, o diâmetro do fio experimental calculado.

3. Em seguida, o projetista insere um tamanho-padrão de fio e determina valores revistos para a tensão de projeto e a tensão máxima admissível com base nos gráficos das propriedades do material, as figuras 18.8 a 18.13.
4. A planilha, então, calcula o número máximo admissível de espiras ativas para a mola. A lógica aqui é que *o comprimento sólido deve ser menor do que o operacional*. O comprimento sólido é o produto do diâmetro do fio pelo número total de espiras. Para extremidades esmerilhadas e em esquadro, isso é

$$L_s = D_w(N_a + 2)$$

Observe que relações diferentes são usadas para o número total de espiras em molas com outras condições de extremidade. Veja a discussão "Número de espiras" na Seção 18.3. Agora, considerando $L_s = L_o$ como limite e resolvendo para o número de espiras, tem-se

$$(N_a)_{máx} = (L_o - 2D_w)/D_w \qquad (18.11)$$

Essa é a fórmula programada na tabela à direita da célula identificada como $N_{máx}$.

5. O projetista agora é livre para escolher qualquer número de espiras ativas, contanto que seja inferior ao valor máximo calculado. Repare nos efeitos dessa decisão. A escolha de um pequeno número de espiras oferecerá mais folga entre as adjacentes e usará menos fio por mola. No entanto, as tensões produzidas para uma dada carga serão maiores, portanto, não existe um limite prático. Uma abordagem é experimentar um número cada vez menor de espiras até que a tensão se aproxime da de projeto. Embora qualquer número de espiras possa ser produzido, mesmo fracionários, a sugestão é que se tente valores inteiros pela conveniência do fabricante.

6. Após o número selecionado de espiras ser introduzido, a planilha pode concluir os cálculos restantes. Uma fórmula nova é usada aqui para estimar o valor do índice de mola, C. Ela é desenvolvida a partir da segunda forma da Equação 18.6, relacionando a deflexão para a mola, f, a uma força aplicada correspondente, F, ao valor de C e a outros parâmetros já conhecidos. Primeiro, resolvemos para C^3:

▶ **Deflexão de uma mola**

$$f = \frac{8FD_m^3 N_a}{GD_w^4} = \frac{8FC^3 N_a}{GD_w}$$

$$C^3 = \frac{fGD_w}{8FN_a}$$

Agora observe que a força F está no denominador e que a deflexão f correspondente está no numerador. Porém, a constante de mola k é definida como a razão de F/f. Em seguida, é possível substituir k no denominador e resolver para C:

$$C = \left[\frac{GD_w}{8kN_a} \right]^{1/3} \tag{18.12}$$

Essa fórmula é programada na tabela à direita da célula identificada como $C =$.

7. Lembre-se de que C é definido como a razão D_m/D_w. Pode-se, então, resolver para o diâmetro médio:

$$D_m = CD_w$$

Isso é usado para calcular o diâmetro médio na célula à direita de $D_m =$.

8. Os demais cálculos utilizam equações já desenvolvidas e empregadas anteriormente. Mais uma vez, o projetista é responsável por avaliar a adequação dos resultados e efetuar iterações adicionais em busca de um valor ideal.

MÉTODO DE SOLUÇÃO 2, TENTATIVA 2

Observe que a solução obtida na Tentativa 1 e mostrada na Figura 18.17 está longe de ser ideal. O comprimento livre de 2,75 pol é muito longo em comparação com o diâmetro médio de 0,343 pol. A taxa de flambagem de $L_f/D_m = 8,01$ indica que a mola é longa e esbelta. Ao verificar a Figura 18.15, é possível ver que haverá flambagem.

Uma forma de conseguir uma geometria mais adequada é aumentar o diâmetro do fio e reduzir o número de espiras. O resultado líquido será um diâmetro médio maior, melhorando a taxa de flambagem.

> A Figura 18.18 mostra o resultado de várias iterações: $D_w = 0{,}0625$ pol (maior do que o valor prévio de 0,0475 pol) e 16 espiras ativas (menos do que as 22 da primeira tentativa). A taxa de flambagem diminuiu para 4,99, indicando sua improbabilidade. A tensão sob a força operacional é inferior, com folga, à de projeto. As outras características geométricas também parecem ser satisfatórias.

Esse exemplo demonstra o valor da utilização de planilhas ou outros auxílios computacionais. Com eles, você também adquire uma percepção melhor dos tipos de decisão que ajudam na obtenção de um projeto ideal. (Consulte os sites 1, 2 e 16 para softwares de projeto de mola.)

18.7 MOLAS DE EXTENSÃO

Molas de extensão são projetadas para exercer força de tração e armazenar energia. Elas são feitas de espiras helicoidais bem enroladas, com aparência semelhante à de molas helicoidais de compressão. A maioria das molas de extensão é feita com espiras adjacentes em contato tão próximo que uma força inicial deve ser aplicada para separá-las. Quando isso ocorre, a força é linearmente proporcional à deflexão, como é o caso de molas helicoidais de compressão. A Figura 18.19 mostra uma mola de extensão típica, e a Figura 18.20, o tipo característico de curva carga-deflexão. Por convenção, a força inicial é encontrada projetando-se a parte da curva em linha reta de volta à deflexão zero.

As tensões e deflexões de uma mola de extensão podem ser calculadas com as fórmulas utilizadas para molas de compressão. A Equação 18.4 é usada para a tensão de cisalhamento torcional; a Equação 18.5, para o fator de Wahl a fim de levar em consideração a curvatura do fio e a tensão de cisalhamento direta; e a Equação 18.6, para as características da deflexão. Todas as espiras em uma mola de extensão são ativas. Além disso, uma vez que as alças ou os ganchos da extremidade defletem, isso pode afetar a constante de mola real.

A tensão inicial em uma mola de extensão é normalmente 10% a 25% da força de projeto máxima. A Figura 18.21 indica que a recomendação de um fabricante para a tensão torcional preferível causada por tensão inicial é uma função do índice de mola.

Configurações de extremidade para molas de extensão

Uma ampla variedade de configurações de extremidade pode ser obtida para a fixação da mola em elementos conjugados da máquina, e algumas delas são mostradas na Figura 18.4. O custo da mola pode ser significativamente afetado conforme o tipo de extremidade, e é recomendado que o fabricante seja consultado antes dessa especificação.

Muitas vezes, a parte mais fraca de uma mola de extensão é a extremidade, sobretudo em casos de carregamento de fadiga. A alça ilustrada na Figura 18.22, por exemplo, apresenta tensão de flexão elevada no ponto A e tensão de cisalhamento torcional no ponto B. Aproximações para as tensões nesses pontos podem ser calculadas da seguinte forma:

Tensão de flexão em A

$$\sigma_A = \frac{16 D_m F_o K_1}{\pi D_w^3} + \frac{4 F_o}{\pi D_w^2} \quad \textbf{(18.13)}$$

$$K_1 = \frac{4 C_1^2 - C_1 - 1}{4 C_1 (C_1 - 1)} \quad \textbf{(18.14)}$$

$$C_1 = 2 R_1 / D_w$$

Tensão torcional em B

$$\tau_B = \frac{8 D_m F_o K_2}{\pi D_w^3} \quad \textbf{(18.15)}$$

$$K_2 = \frac{4 C_2 - 1}{4 C_2 - 4} \quad \textbf{(18.16)}$$

$$C_2 = 2 R_2 / D_w$$

As razões C_1 e C_2 dizem respeito à curvatura do fio e devem ser grandes, normalmente superiores a 4, a fim de evitar tensões elevadas.

Tensões admissíveis para molas de extensão

A tensão de cisalhamento torcional nas espiras da mola e nas alças das extremidades pode ser comparada às curvas nas figuras 18.8 a 18.13. Alguns projetistas reduzem essas tensões admissíveis em cerca de 10%. A tensão de flexão nas alças da extremidade, tal como a da Equação 18.13, deve ser comparada com as tensões de flexão admissíveis para molas de torção, como apresentado na próxima seção.

Projeto de mola helicoidal de compressão — Método 2
Especificar diâmetro do fio, tensões de projeto e número de espiras. Calcular diâmetro médio.

1. Inserir dados para forças e comprimentos.
2. Especificar material; módulo de cisalhamento, G; e uma estimativa para tensão de projeto.
3. Inserir diâmetro de fio experimental.
4. Verificar valores calculados para constante de mola, comprimento livre e novo diâmetro de fio experimental.
5. Inserir sua escolha para diâmetro de fio em tamanho-padrão.
6. Inserir tensão de projeto e tensão máxima admissível com base nas figuras 18.8 a 18.13 para novo D_w.
7. Verificar número máximo de espiras calculado. Inserir número de espiras real selecionado.

Os valores numéricos em itálico nas áreas sombreadas devem ser inseridos para cada problema.	Problema:	Exemplo 18.3, tentativa 2: $D_w = 0{,}0625$
Dados de entrada iniciais:		**Comentários:**
Força operacional máxima =	$F_o =$	12,0 lb	
Comprimento operacional =	$L_o =$	1,25 pol	
Força instalada =	$F_i =$	8,0 lb	Nota: $F_i = 0$ se:
Comprimento instalado =	$L_i =$	1,75 pol	$L_i =$ comprimento livre
Tipo de fio de mola:	Aço ASTM A231		Consultar as figuras 18.8 a 18.13.
Módulo de cisalhamento do fio da mola =	$G =$	$1{,}12E+07$ psi	Da Tabela 18.4
Estimativa inicial da tensão de projeto =	$\tau_{di} =$	144000 psi	Do gráfico de tensão de projeto
Diâmetro de fio da tentativa inicial =	$D_w =$	0,06 pol	
Valores calculados:			
Constante de mola calculada =	$k =$	8,00 lb/pol	
Comprimento livre calculado =	$L_f =$	2,75 pol	
Diâmetro de fio experimental calculado =	$D_{wt} =$	0,042 pol	
Dados de entrada secundários:			
Diâmetro-padrão do fio =	$D_w =$	0,0625 pol	Da Tabela 18.2
Tensão de projeto =	$\tau_d =$	142600 psi	Do gráfico de tensão de projeto
Tensão máxima admissível =	$\tau_{máx} =$	167400 psi	Usar a curva de serviço leve.
Calculado: número máximo de espiras =	$N_{máx} =$	18,00	
Entrada: número de espiras ativas =	$N_a =$	16	Sugerir um número inteiro.
Valores calculados:			
Índice de mola =	$C =$	8,81	**Não deve ser $< 5{,}0$**
Fator de Wahl =	$K =$	1,17	
Diâmetro médio =	$D_m =$	0,551 pol	
Diâmetro externo =	$D_o =$	0,613 pol	
Diâmetro interno =	$D_i =$	0,488 pol	
Comprimento sólido =	$L_s =$	1,125 pol	**Não pode ser $> 1{,}25$**
Tensão sob força operacional =	$\tau_o =$	80341 psi	**Não pode ser > 142600**
Força em comprimento sólido =	$F_s =$	13,00 lb	
Tensão em comprimento sólido =	$\tau_s =$	87036 psi	**Não pode ser > 167400**
Verificar flambagem, folga entre espiras e tamanho do furo:			
Flambagem: razão =	$L_f/D_m =$	4,99	Verificar a Figura 18.15 se $> 5{,}2$.
Folga entre espiras =	$cc =$	0,0078 pol	Deve ser $> 0{,}00625$
Se a instalação for em um furo, o diâmetro mínimo deste deve ser =	$D_{furo} >$	0,619 pol	Para folga lateral

▲ **FIGURA 18.18** Planilha do Método 2 para o projeto de mola do Exemplo 18.3, Tentativa 2.

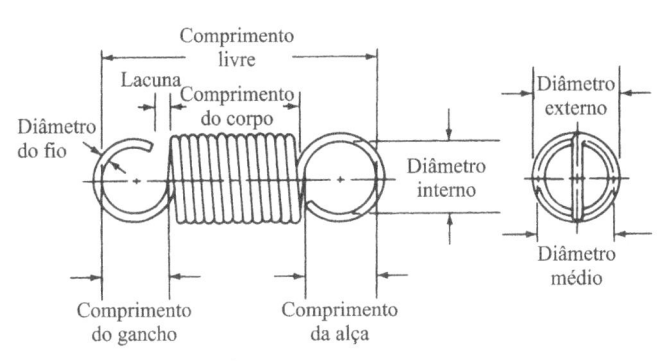

▲ **FIGURA 18.19** Mola de extensão.

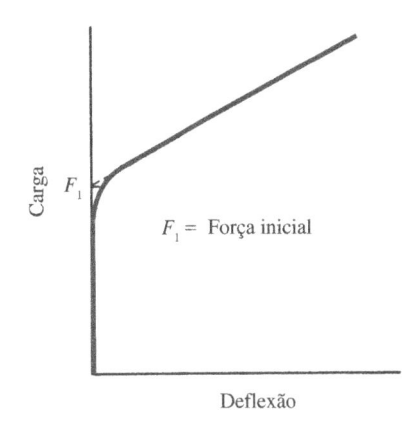

▲ **FIGURA 18.20** Curva carga-deflexão para mola de extensão.

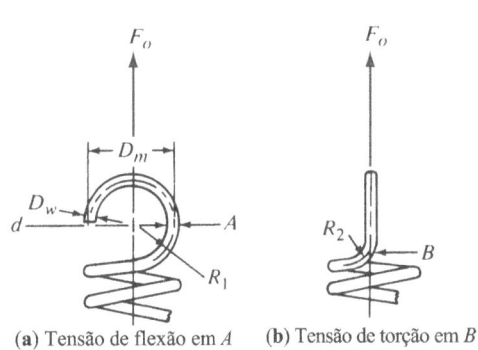

F_1 = Força inicial

(a) Tensão de flexão em A (b) Tensão de torção em B

▲ **FIGURA 18.22** Tensões nas extremidades da mola de extensão.

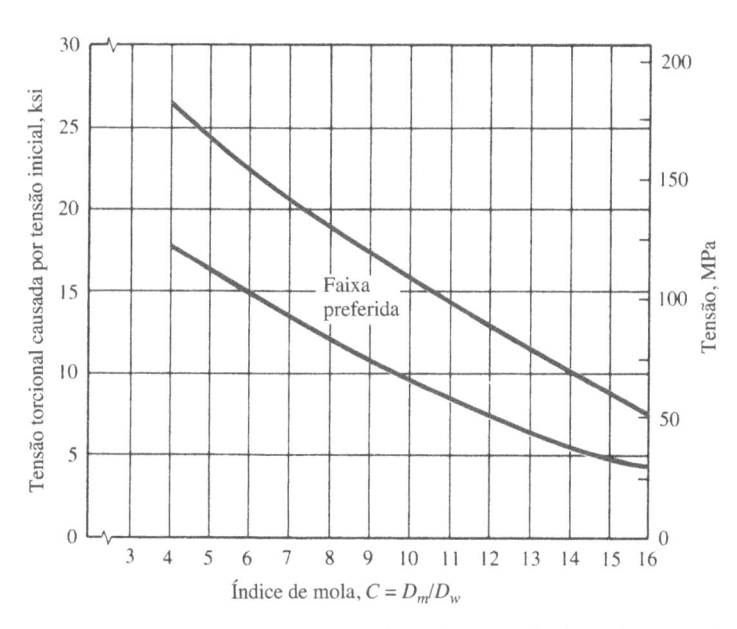

▲ **FIGURA 18.21** Recomendação de tensão de cisalhamento torcional causada por tensão inicial em mola de extensão.
(Dados de Associated Spring, Barnes Group, Inc.)

Índice de mola, $C = D_m/D_w$

EXEMPLO 18.4	Uma mola helicoidal de extensão deve ser instalada na trava de uma grande máquina de lavar roupas para uso comercial. Quando a trava é fechada, a mola deve exercer força de 16,25 lb ao longo de um comprimento entre pontos de fixação de 3,50 pol. Quando aberta, a mola é puxada a um comprimento de 4,25 pol com força máxima de 26,75 lb. Um diâmetro externo de 5/8 pol (0,625 pol) é desejado. A trava apresentará apenas em torno de 10 ciclos por dia, e, portanto, o projeto terá como base um serviço médio. Use fio de aço ASTM A227. Projete a mola.
SOLUÇÃO	Como antes, o procedimento de projeto sugerido será fornecido em passos numerados, seguidos pelos cálculos para esse conjunto de dados.

Passo 1. Escolha um diâmetro médio e uma tensão de projeto experimentais para a mola.
Seja o diâmetro médio 0,500 pol. Para fio ASTM A227 sob serviço médio, uma tensão de projeto de 110000 psi é razoável (com base na Figura 18.8). |

Passo 2. Calcule um diâmetro de fio experimental com a Equação 18.4 para a força operacional máxima, o diâmetro médio e a tensão de projeto escolhidos e um valor experimental de K de aproximadamente 1,20.

$$D_w = \left[\frac{8KF_oD_m}{\pi\tau_d}\right]^{1/3} = \left[\frac{(8)(1,20)(26,75)(0,50)}{(\pi)(110000)}\right]^{1/3} = 0,072 \text{ pol}$$

Esse tamanho-padrão está disponível no sistema norte-americano de bitolas de fio de aço. Use a bitola 15.

Passo 3. Determine a tensão de projeto real para o tamanho de fio selecionado. Com base na Figura 18.8, a tensão de projeto é 120000 psi para um tamanho de fio de 0,072 pol.

Passo 4. Calcule os valores reais para o diâmetro externo, o médio, o interno, o índice de mola e o fator de Wahl, K. Esses fatores são os mesmos definidos para molas helicoidais de compressão.
Seja o diâmetro externo conforme o especificado, 0,625 pol. Então,

$$D_m = OD - D_w = 0,625 - 0,072 = 0,553 \text{ pol}$$

$$ID = OD - 2D_w = 0,625 - 2(0,072) = 0,481 \text{ pol}$$

$$C = D_m/D_w = 0,553/0,072 = 7,68$$

$$K = \frac{4C-1}{4C-4} + \frac{0,615}{C} = \frac{4(7,68)-1}{4(7,68)-4} + \frac{0,615}{7,68} = 1,19$$

Passo 5. Calcule a tensão esperada real no fio da mola sob a carga operacional da Equação 18.4:

$$\tau_o = \frac{8KF_oD_m}{\pi D_w^3} = \frac{8(1,19)(26,75)(0,553)}{\pi(0,072)^3} = 120000 \text{ psi} \quad (OK)$$

Passo 6. Calcule o número necessário de espiras para produzir as características desejadas de deflexão. Resolva a Equação 18.6 para o número de espiras e faça a substituição $k = $ força/deflexão $= F/f$:

$$k = \frac{26,75 - 16,25}{4,25 - 3,50} = 14,0 \text{ lb/pol}$$

$$N_a = \frac{GD_w}{8C^3k} = \frac{(11,5 \times 10^6)(0,072)}{8(7,68)^3(14,0)} = 16,3 \text{ espiras}$$

Passo 7. Calcule o comprimento do corpo da mola e proponha um projeto experimental para as extremidades.

$$\text{Comprimento do corpo} = D_w(N_a + 1) = (0,072)(16,3 + 1) = 1,25 \text{ pol}$$

Especifiquemos uma alça completa para as extremidades da mola, adicionando um comprimento igual ao ID da mola em cada uma. Assim, o comprimento total é

$$L_f = \text{comprimento do corpo} + 2(ID) = 1,25 + 2(0,481) = 2,21 \text{ pol}$$

Passo 8. Calcule a deflexão do comprimento livre ao comprimento operacional:

$$f_o = L_o - L_F = 4{,}25 - 2{,}21 = 2{,}04 \text{ pol}$$

Passo 9. Calcule a força inicial na mola com a qual as espiras começam a se separar. Isso é feito com a subtração da quantidade de força gerada pela deflexão, f_o:

$$F_I = F_o - kf_o = 26{,}75 - (14{,}0)(2{,}04) = -1{,}81 \text{ lb}$$

Uma força negativa resultante de um comprimento livre pequeno demais para as condições especificadas é claramente impossível.

Tente $L_f = 2{,}50$ pol, o que exigirá um novo projeto das alças das extremidades. Então

$$f_o = 4{,}25 - 2{,}50 = 1{,}75 \text{ pol}$$

$$F_I = 26{,}75 - (14{,}0)(1{,}75) = 2{,}25 \text{ lb (razoável)}$$

Passo 10. Calcule a tensão na mola sob a tração inicial e compare-a com os níveis recomendados na Figura 18.21.

Uma vez que a tensão é proporcional à carga,

$$\tau_I = \tau_o (F_I/F_o) = (120000)(2{,}25/26{,}75) = 10100 \text{ psi}$$

Para $C = 7{,}68$, essa tensão está no intervalo preferível da Figura 18.21.

Nesse ponto, a parte enrolada da mola é satisfatória. A configuração final das alças das extremidades deve ser concluída e analisada em relação à tensão.

18.8 MOLAS HELICOIDAIS DE TORÇÃO

Muitos elementos de máquina exigem uma mola que exerça um momento rotacional, ou torque, em vez de uma força de tração ou compressão. A mola helicoidal de torção é projetada para atender a essa exigência. Ela tem a mesma aparência geral da mola de extensão ou da mola helicoidal de compressão, com o fio redondo envolto em uma forma cilíndrica. Geralmente as espiras ficam bem próximas, mas com uma pequena folga, impossibilitando qualquer tensão inicial na mola, como acontece nas molas de extensão. A Figura 18.23 mostra alguns exemplos de de torção com uma variedade de tratamentos de extremidade.

Pregadores de roupa comuns utilizam uma mola de torção para produzir a força de aperto; além disso, muitas portas de armário são projetadas para fechar automaticamente sob a influência desse tipo de mola. Alguns temporizadores e interruptores usam molas de torção para acionar mecanismos ou fechar contatos. Essas molas muitas vezes oferecem um contrapeso a elementos de máquina montados em uma chapa articulada.

A seguir, estão alguns recursos especiais e guias de projeto para molas de torção:

1. O movimento aplicado a uma mola de torção deve sempre atuar em uma direção que faça as espiras girarem de forma mais apertada, em vez de abrir a mola. Isso aproveita as tensões residuais favoráveis no fio depois de sua formação.

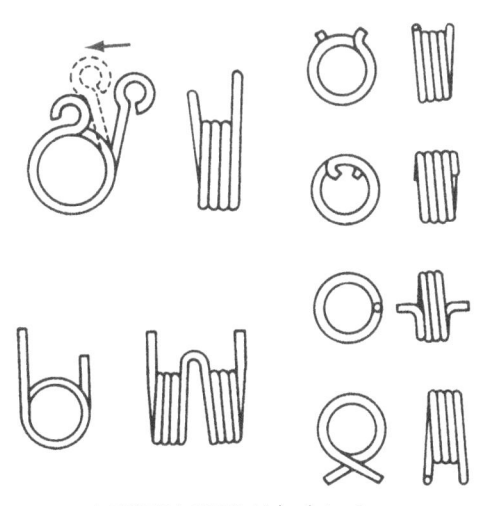

▲ **FIGURA 18.23** Molas de torção com uma variedade de tipos de extremidade.

2. Na condição livre (sem carga), as definições de diâmetro médio, externo, interno, do fio e o índice de mola são as mesmas utilizadas para molas de compressão.
3. Conforme a carga da mola de torção aumenta, seu diâmetro médio, D_m, diminui, e seu comprimento, L, aumenta, de acordo com as seguintes relações:

$$D_m = D_{mI} N_a/(N_a + \theta) \quad (18.17)$$

onde

D_{mI} = diâmetro médio inicial na condição livre
N_a = número de espiras ativas na mola (a ser definido depois)
θ = deflexão angular da mola em relação à condição livre, expressa em revoluções ou em frações de uma revolução

$$L = D_w(N_a + 1 + \theta) \quad (18.18)$$

Essa equação parte do pressuposto de que todas as espiras estão em contato. Se houver alguma folga, como muitas vezes é desejável para reduzir o atrito, é preciso acrescentar um comprimento de N_a vezes a folga.

4. As molas de torção devem ser apoiadas em três ou mais pontos. Elas são normalmente instaladas em torno de uma barra para posicionamento e transferência de forças de reação à estrutura. O diâmetro da barra deve ser aproximadamente 90% do ID da mola sob carga máxima.

Cálculos de tensão

A tensão nas espiras de uma mola helicoidal de torção é *tensão de flexão* criada porque o momento aplicado tende a dobrar cada espira em um diâmetro menor. Portanto, a tensão é calculada com uma forma da fórmula de flexão, $\sigma = Mc/I$, modificada para levar em conta o fio curvado. Além disso, uma vez que a maioria das molas de torção é feita de fio redondo, o módulo de seção $I/cis S = \pi D_w^3/32$. Então

$$\sigma = \frac{McK_b}{I} = \frac{MK_b}{S} = \frac{MK_b}{\pi D_w^3/32} = \frac{32MK_b}{\pi D_w^3} \quad (18.19)$$

K_b é o fator de correção de curvatura e é relatado por Wahl (consulte a Referência 8) como

$$K_b = \frac{4C^2 - C - 1}{4C(C-1)} \quad (18.20)$$

onde C = índice de mola

Deflexão, constante de mola e número de espiras

A equação básica de deflexão é

$$\theta' = ML_w/EI$$

onde

θ' = deformação angular da mola em radianos (rad)
M = momento aplicado, ou torque
L_w = comprimento do fio na mola
E = módulo de tração
I = momento de inércia do fio da mola

É possível substituir as equações para L_w e I e converter θ' (radianos) para θ (revoluções) de modo a produzir uma forma mais conveniente de aplicação das molas de torção:

$$\theta = \frac{ML_w}{EI} = \frac{M(\pi D_m N_a)}{E(\pi D_w^4/64)} \frac{1 \text{ rev}}{2\pi \text{ rad}} = \frac{10{,}2MD_m N_a}{ED_w^4} \quad (18.21)$$

A fim de calcular a constante de mola, k_θ (momento por revolução), resolva para M/θ:

$$k_\theta = \frac{M}{\theta} = \frac{ED_w^4}{10{,}2D_m N_a} \quad (18.22)$$

O atrito entre espiras e entre o ID da mola e a barra-guia podem diminuir um pouco esse valor da constante.

O número de espiras, N_a, é composto por uma combinação do número de espiras no corpo da mola, chamado N_b, e a contribuição das extremidades ao serem submetidas à flexão também. Ao chamar de N_e a contribuição das extremidades com comprimentos L_1 e L_2, tem-se

$$N_e = (L_1 + L_2)/(3\pi D_m) \quad (18.23)$$

Então, calcule $N_a = N_b + N_e$.

Tensões de projeto

Visto que a tensão em uma mola de torção é de flexão, e não de cisalhamento torcional, as tensões de projeto são diferentes daquelas usadas em molas de compressão e extensão. As figuras 18.24 a 18.29 incluem seis gráficos da tensão de projeto em função do diâmetro do fio para as mesmas ligas empregadas anteriormente em molas de compressão.

Procedimento de projeto para molas de torção

Um procedimento geral para o projeto de molas de torção é apresentado e ilustrado no Exemplo 18.5.

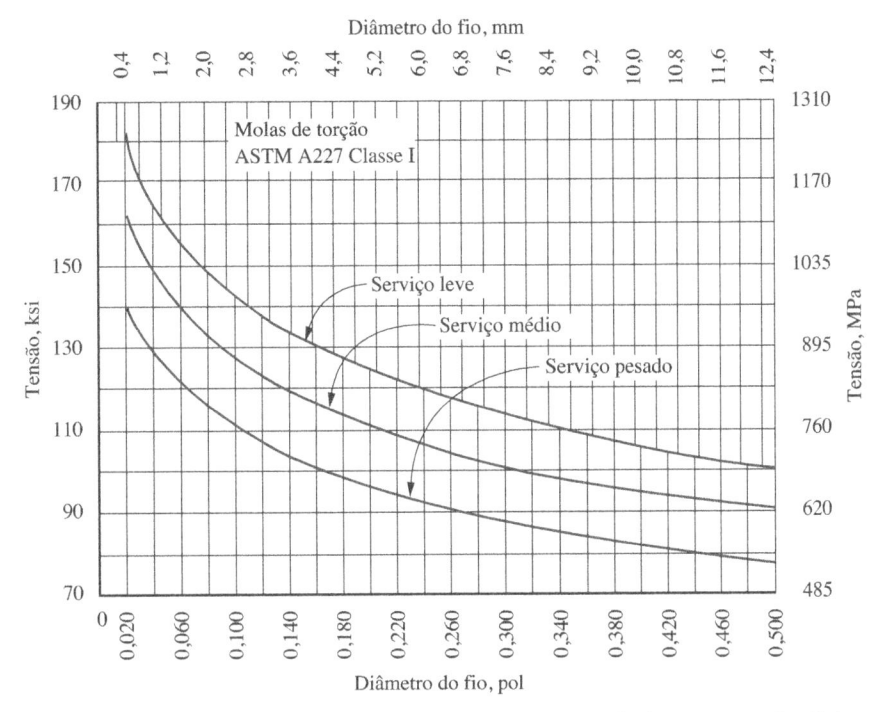

▲ FIGURA 18.24 Tensões de flexão de projeto para molas de torção com fio de aço ASTM A227 trefilado. (Reimpressa de: CARLSON, Harold. *Spring Designer's Handbook*, p. 144, cortesia de Marcel Dekker, Inc.)

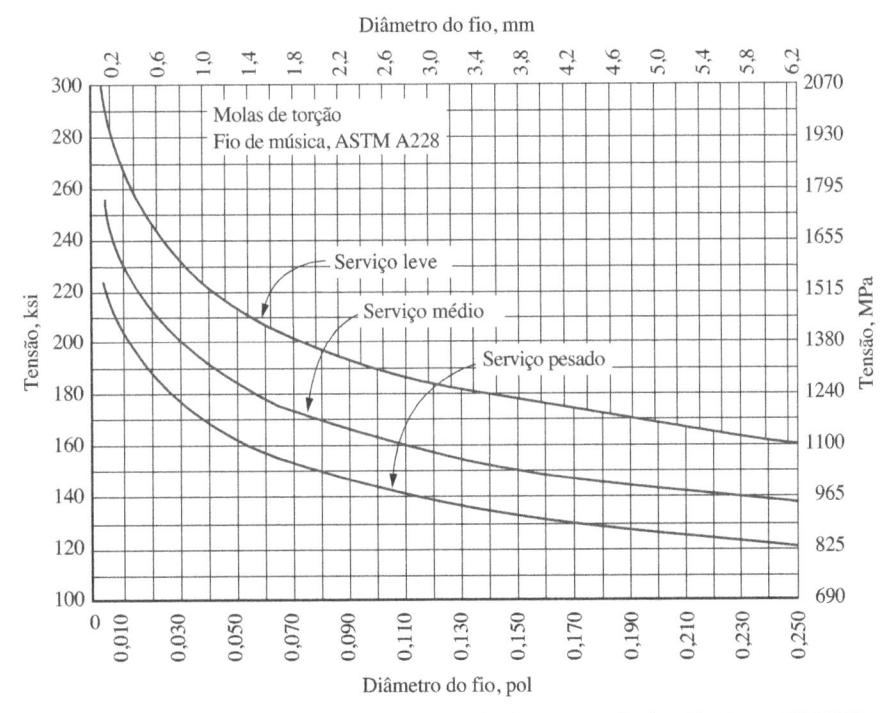

▲ FIGURA 18.25 Tensões de flexão de projeto para molas de torção com fio de música de aço ASTM A228. (Reimpresso de: CARLSON, Harold. *Spring Designer's Handbook*, p. 143, cortesia de Marcel Dekker, Inc.)

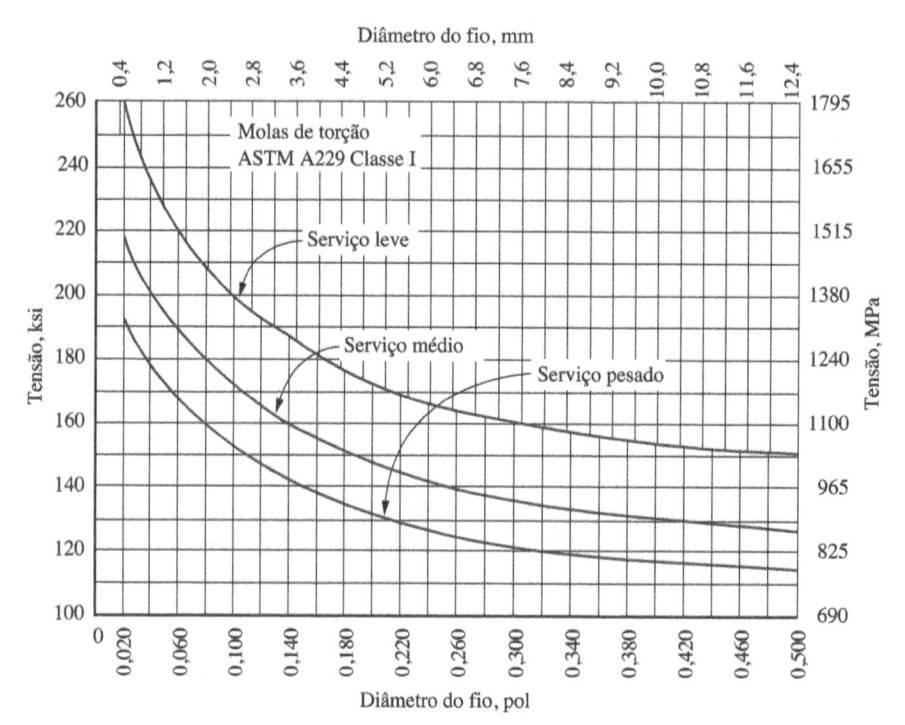

▲ **FIGURA 18.26** Tensões de flexão de projeto para molas de torção com fio de aço ASTM A229 revenido a óleo, grau MB.
(Reimpresso de: CARLSON, Harold. *Spring Designer's Handbook*, p. 146, cortesia de Marcel Dekker, Inc.)

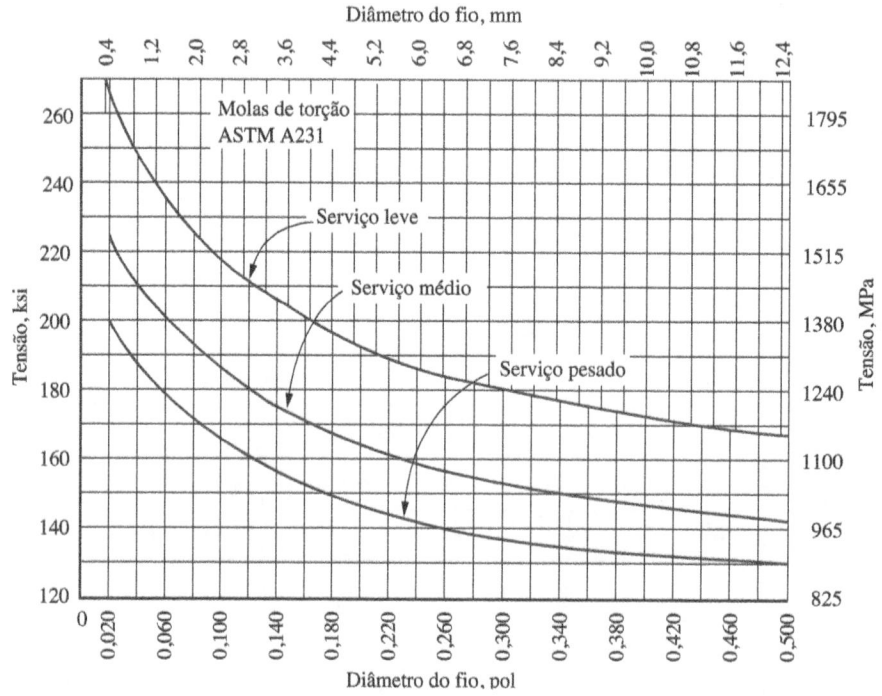

▲ **FIGURA 18.27** Tensões de flexão de projeto para molas de torção com fio de aço ASTM A231, liga de cromo-vanádio, qualidade de mola de válvula.
(Reimpresso de: CARLSON, Harold. *Spring Designer's Handbook*, p. 147, cortesia de Marcel Dekker, Inc.)

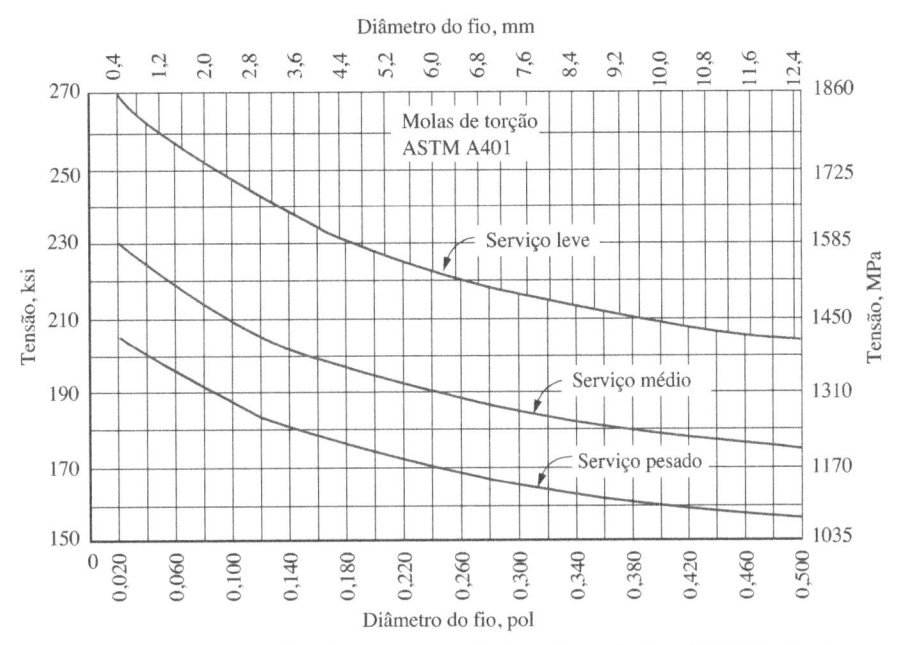

▲ **FIGURA 18.28** Tensões de flexão de projeto para molas de torção com fio de aço ASTM A401, liga de cromo-silício, revenido a óleo.
(Reimpresso de: CARLSON, Harold. *Spring Designer's Handbook*, p. 148, cortesia de Marcel Dekker, Inc.)

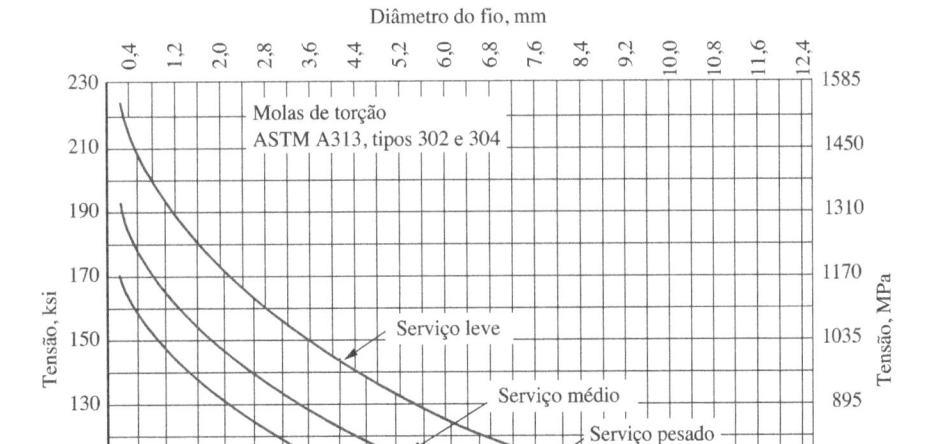

▲ **FIGURA 18.29** Tensões de flexão de projeto para molas de torção com fio de aço ASTM A313 inoxidável, tipos 302 e 304, resistente à corrosão.
(Reimpresso de: CARLSON, Harold. *Spring Designer's Handbook*, p. 150, cortesia de Marcel Dekker, Inc.)

EXEMPLO 18.5

Um temporizador apresenta um mecanismo para fechar um interruptor após um ciclo. Os contatos do interruptor são acionados por uma mola de torção a ser projetada. O came no eixo do temporizador move lentamente uma alavanca presa a uma extremidade da mola até um ponto em que o torque máximo na mola é de 3,00 lb · pol. Ao final da revolução, o came possibilita à alavanca girar 60° repentinamente com o movimento produzido pela potência armazenada na mola. Nessa nova posição, o torque na mola é de 1,60 lb · pol. Por limitações de espaço, o OD da mola não deve ser superior a 0,50 pol, e o comprimento não deve exceder 0,75 pol. Use fio de música com aço ASTM A228. O número de ciclos da mola será moderado; portanto, empregue tensões de projeto para serviço médio.

SOLUÇÃO

Passo 1. Escolha um valor experimental para o diâmetro médio e uma estimativa para a tensão de projeto.
Usemos aqui um diâmetro médio de 0,400 pol e uma tensão de projeto para fio de música A228 em serviço médio de 180000 psi (Figura 18.25).

Passo 2. Resolva a Equação 18.19 para o diâmetro do fio, calcule um tamanho experimental e selecione um tamanho padrão. Seja $K_b = 1,15$ uma estimativa. Use também o maior torque aplicado:

$$D_w = \left[\frac{32 M K_b}{\pi \sigma_d}\right]^{1/3} = \left[\frac{32(3,0)(1,15)}{\pi(180000)}\right]^{1/3} = 0,058 \text{ pol}$$

Com base na Tabela 18.2, podemos escolher fio de música com bitola 25 e diâmetro de 0,059 pol. Para esse tamanho de fio, a tensão de projeto real em serviço médio é de 178000 psi.

Passo 3. Estime o OD, o ID, o índice de mola e o novo K_b:

$$OD = D_m + D_w = 0,400 + 0,059 = 0,459 \text{ pol (OK)}$$

$$ID = D_m - D_w = 0,400 - 0,059 = 0,341 \text{ pol}$$

$$C = D_m/D_w = 0,400/0,059 = 6,78$$

$$K_b = \frac{4C^2 - C - 1}{4C(C-1)} = \frac{4(6,78)^2 - 6,78 - 1}{4(6,78)(6,78-1)} = 1,123$$

Passo 4. Calcule a tensão esperada real com a Equação 18.19:

$$\sigma = \frac{32 M K_b}{\pi D_w^3} = \frac{32(3,0)(1,123)}{(\pi)(0,059)^3} = 167000 \text{ psi (OK)}$$

Passo 5. Avalie a constante de mola com base nos dados fornecidos.
O torque exercido pela mola diminui de 3,00 para 1,60 lb · pol conforme gira 60°. Converta 60° para uma fração de revolução (rev):

$$\theta = \frac{60}{360} = 0,167 \text{ rev}$$

$$k_\theta = \frac{M}{\theta} = \frac{3,00 - 1,60}{0,167} = 8,40 \text{ lb} \cdot \text{pol/rev}$$

Passo 6. Calcule o número necessário de espiras resolvendo para N_a com a Equação 18.22:

$$N_a = \frac{ED_w^4}{10,2 D_m k_\theta} = \frac{(29 \times 10^6)(0,059)^4}{(10,2)(0,400)(8,40)} = 10,3 \text{ espiras}$$

Passo 7. Calcule o número equivalente de espiras por conta das extremidades da mola com a Equação 18.23.
Isto requer a tomada de algumas decisões de projeto. Usemos extremidades retas, com 2,0 pol de comprimento em um lado, e 1,0 pol no outro. Elas serão fixadas na estrutura do temporizador durante a operação. Então

$$N_e = (L_1 + L_2)/(3\pi D_m) = (2,0 + 1,0)/[3\pi (0,400)] = 0,80 \text{ espira}$$

Passo 8. Determine o número necessário de espiras no corpo da mola:

$$N_b = N_a - N_e = 10,3 - 0,8 = 9,5 \text{ espiras}$$

Passo 9. Conclua o projeto geométrico da mola, incluindo o tamanho da barra onde ela será montada.
Precisamos, primeiro, da deflexão angular total da mola desde a condição livre até a carga máxima. Nesse caso, é sabido que ela gira 60° durante a operação. A isso, é preciso acrescentar a rotação desde a condição livre até o torque inicial, 1,60 lb · pol. Logo,

$$\theta_I = M_I/k_\theta = 1,60 \text{ lb} \cdot \text{pol}/(8,4 \text{ lb} \cdot \text{pol/rev}) = 0,19 \text{ rev}$$

Então, a rotação é total é

$$\theta_t = \theta_I + \theta_o = 0,19 + 0,167 = 0,357 \text{ rev}$$

A partir da Equação 18.15, o diâmetro médio com o torque operacional máximo é

$$D_m = D_{mI}N_a/(N_a + \theta_t) = [(0,400)(10,3)]/[(10,3 + 0,357)] = 0,387 \text{ pol}$$

O diâmetro interno mínimo é

$$ID_{\text{mín}} = 0,387 - D_w = 0,387 - 0,059 = 0,328 \text{ pol}$$

O diâmetro da barra na qual a mola é montada deve ser aproximadamente 0,90 vez esse valor. Então

$$D_r = 0,9(0,328) = 0,295 \text{ pol (digamos, 0,30 pol)}$$

O comprimento da mola, partindo do princípio de que todas as espiras estão originalmente em contato, é calculado com a Equação 18.18:

$$L_{\text{máx}} = D_w (N_a + 1 + \theta_t) = (0,059)(10,3 + 1 + 0,356) = 0,688 \text{ pol (OK)}$$

Esse valor de comprimento é o espaço máximo exigido na direção do eixo da espira quando a mola estiver totalmente acionada. As especificações possibilitam um comprimento axial de 0,75 pol; portanto, esse projeto é aceitável.

18.9 MELHORA DO DESEMPENHO DA MOLA POR GRANALHAGEM

Os dados apresentados neste capítulo sobre materiais de fio de mola são referentes aos tipos comercialmente disponíveis com bom acabamento superficial. Deve-se tomar cuidado para evitar cortes e arranhões no fio da mola, pois eles representam pontos propícios para o início de trincas por fadiga. Ao formar extremidades de molas de extensão ou ao criar outra geometria especial, os raios de flexão devem ter o maior tamanho possível a fim de evitar regiões de alta tensão residual após a flexão.

Aplicações críticas podem exigir *granalhagem* para melhorar o desempenho de fadiga das molas e outros elementos de máquina. Exemplos disso são molas de válvulas de motores, molas de ciclo rápido em equipamentos de automação, molas de embreagem, aplicações aeroespaciais, equipamentos médicos, engrenagens, impulsores de bombas e sistemas militares. Granalhagem é um processo em que pequenos grânulos rígidos, chamados de jatos, são direcionados em alta velocidade à superfície a ser tratada. Os jatos provocam pequenas deformações plásticas locais próximo à superfície. O material abaixo da área deformada é posteriormente posto em compressão à medida que tenta retornar a superfície à sua forma original. Tensões de compressão residuais elevadas são produzidas na superfície, o que é uma situação favorável. Trincas por fadiga geralmente têm início em pontos de tensão de tração elevada. Portanto, a tensão de compressão residual tende a impedir o surgimento dessas rachaduras, e a resistência à fadiga do material é significativamente melhorada. (Consulte o Site 12.)

18.10 FABRICAÇÃO DE MOLAS

Máquinas formadoras de molas são exemplos fascinantes de dispositivos velozes, flexíveis, programáveis, multieixo e multifuncionais. Os sites 6, 7 e 14 mostram imagens de vários tipos que incluem sistemas de alimentação de fio, bobinas de espira e múltiplas cabeças formadoras. Os sistemas utilizam CNC (comando numérico computadorizado) a fim de possibilitar configurações e ajustes que produzam automaticamente as geometrias variadas para o corpo e as extremidades das molas, como indicado nas figuras 18.2 e 18.4. Além disso, outras formas complexas podem ser estabelecidas para formas de fio utilizadas em grampos especiais, braçadeiras e forquilhas. O Site 14 inclui vários vídeos com fabricação de mola e processos de formação de fio.

Acessórios às máquinas de fabricação de molas são:

- Sistemas para a manipulação de grandes espiras de fio cru, que as desenrolam suavemente conforme necessário.
- Retificadores que removem a forma arredondada do fio enrolado antes de formar a mola.
- Esmeris para formar as extremidades esmerilhadas e em esquadro das molas de compressão.
- Fornos de tratamento térmico que aliviam a tensão das molas imediatamente após a formação para que elas mantenham a geometria especificada.
- Equipamentos de granalhagem, conforme descrito na Seção 18.9.

Informações gerais sobre a indústria de fabricação de molas podem ser encontradas nos sites 1, 2, 14 e 15. Os fabricantes de equipamentos para molas estão listados nos sites 6 e 7.

REFERÊNCIAS

1. ASSOCIATED SPRING, BARNES GROUP, INC. *Engineering Guide to Spring Design.* Bristol, CT: Associated Spring, 1987.
2. BUDYNAS, R. G.; NISBETT, K. J. *Shigley's Mechanical Engineering Design.* 9. ed. Nova York: McGraw-Hill, 2011.
3. CARLSON, H. *Spring Designer's Handbook.* Boca Raton, FL: CRC Press, 1978.
4. _____. *Springs-Troubleshooting and Failure Analysis.* Nova York: Marcel Dekker, 1980.
5. OBERG, E. et al. *Machinery's Handbook.* 28. ed. Nova York: Industrial Press, 2008.
6. SOCIETY OF AUTOMOTIVE ENGINEERS. *Spring Design Manual.* 2. ed. Warrendale, PA: Society of Automotive Engineers, 1995.
7. SPRING MANUFACTURERS INSTITUTE. *Handbook of Spring Design.* Oak Brook, IL: Spring Manufacturers Institute, 2002.
8. WAHL, A. M. *Mechanical Springs.* Nova York: McGraw-Hill, 1963.

SITES RELEVANTES PARA PROJETO DE MOLAS

1. **Spring Manufacturers Institute.** <www.smihq.org>. Associação industrial que serve a fabricantes e fornecedores de publicações técnicas, softwares de projeto de molas, material educativo e uma variedade de serviços. O software chamado *Advance Spring Design* facilita o projeto de

muitos tipos de molas, incluindo de compressão, extensão e torção.

2. **Institute of Spring Technology.** <www.ist.org.uk>. Oferece uma vasta gama de pesquisa, desenvolvimento, resolução de problemas, análise de falha, treinamento, software de cálculo de mola, materiais e testes mecânicos para a indústria de molas.

3. **Associated Spring-Barnes Group, Inc.** <www.asbg.com>. Um grande fabricante de molas de precisão para indústrias de transporte, telecomunicações, eletrônicos, eletrodomésticos e equipamentos agrícolas.

4. **Associated Spring Raymond.** <www.asraymond.com>. Produtor de uma ampla variedade de molas e componentes relacionadas. Catálogo on-line da linha SPEC com molas de compressão, extensão, torção, arruelas de mola, molas a gás, de força constante e de uretano.

5. **Century Spring Corporation.** <www.centuryspring.com>. Produtor de uma ampla variedade de molas. Catálogo on-line de molas de compressão, extensão, torção, para prensas, de uretano e de barra de tração.

6. **Unidex Machinery Company.** <www.unidexmachinery.com>. Fabricante de máquinas CNC para formação de molas, máquinas bobinadoras e equipamentos relacionados.

7. **Oriimec Corporation of America.** <www.oriimec.com>. Fabricante de máquinas CNC multieixo para formação de molas, máquinas CNC bobinadoras e máquinas de molas de tensão.

8. **American Spring Wire Corporation.** <www.amspringwire.com>. Fabricante de corpo de válvula e fio de mola de qualidade comercial em carbono e ligas de aço. Também produz fios de 7 pernas para aplicações de carga de alta tração, como estruturas de concreto pré-tensionadas ou pós-tensionadas.

9. **Mapes Piano String Company.** <www.mapeswire.com>. Fabricante de fio de mola, corda de piano e especialmente fio para cordas de guitarra. Os fios de mola incluem os de música (simples e revestido), os de míssil de alta tração e aço inoxidável.

10. **Little Falls Alloys, Inc.** <www.lfa-wire.com>. Fabricante de fio não ferroso, como cobre-berílio, latão, bronze fosforoso, níquel e cuproníquel. As listas de produtos incluem propriedades físicas e mecânicas.

11. **Alloy Wire International.** <www.alloywire.com>. Fabricante de fio redondo e formado em superligas, como Inconel®, Incoloy®, Monel® (marcas registradas da Special Metals Group of Companies), hastelloy, aço inoxidável e titânio.

12. **Metal Improvement Company.** <www.metalimprovement.com>. Fornecedor de serviços de granalhagem para indústrias aeroespaciais, automotivas, químicas, navais, agrícolas, mineradoras e médicas. A granalhagem melhora o desempenho de fadiga de molas, engrenagens e muitos outros produtos. O site inclui discussões sobre os aspectos técnicos da granalhagem.

13. **Lee Spring Company.** <www.leespring.com>. Fabricante de molas e fornecedor de uma grande seleção, incluindo molas de compressão, extensão, torção, compressão plástica, para prensas, personalizadas e arruelas Belleville.

14. **Spring-Makers-Resource.net.** <http://www.spring-makers-resource.net/>. Fonte versátil de informações sobre a indústria de molas, com listagens de tecnologia, maquinário, tipos de fio e projeto de molas. Também apresenta fabricantes de molas e fornecedores de fios e máquinas. Vários vídeos mostram processos de fabricação de molas e métodos de produção de formas complexas de fio.

15. **Wire Links.** <www.wirelinks.com>. Diretório on-line para a indústria de molas e cabos. Apresenta informações sobre fornecedores para as indústrias de fios, cabos e molas.

16. **Spring Pro.** <http://spring-pro.software.informer.com/5.0/>. Software profissional para projeto de molas cônicas, de compressão, extensão, torção, viga simples e viga em balanço. Uso integrado de unidades do sistema norte-americano ou métrico. Gera desenhos em CAD dos projetos.

PROBLEMAS

Molas de compressão

1. Uma mola tem comprimento total de 2,75 pol sem carga e 1,85 pol com carga de 12,0 lb. Calcule a constante de mola.

2. Uma mola é carregada inicialmente com 4,65 lb e tem comprimento de 1,25 pol. A constante de mola fornecida é de 18,8 lb/pol. Qual é o comprimento livre?

3. Uma mola tem constante de 76,7 lb/pol. Com uma carga de 32,2 lb, ela apresenta comprimento de 0,830 pol. Seu comprimento sólido é 0,626 pol. Calcule a força necessária para comprimir a mola

à altura sólida. Determine também o comprimento livre.

4. Uma mola tem comprimento total de 63,5 mm sem carga e 37,1 mm com carga de 99,2 N. Calcule a constante de mola.

5. Uma mola é carregada inicialmente com 54,05 N e tem comprimento de 39,47 mm. A constante de mola fornecida é de 1,47 N/mm. Qual é o comprimento livre?

6. Uma mola tem constante de 8,95 N/mm. Com uma carga de 134 N, ela apresenta comprimento de 29,4 mm. Seu comprimento sólido é 21,4 mm. Calcule a força necessária para comprimir a mola à altura sólida, e também o comprimento livre.

7. Uma mola helicoidal de compressão com extremidades esmerilhadas e em esquadro tem diâmetro externo de 1,100 pol, diâmetro do fio de 0,085 pol e altura sólida de 0,563 pol. Calcule o ID, o diâmetro médio, o índice de mola e o número aproximado de espiras.

8. Os seguintes dados de uma mola são conhecidos:
Número total de espiras = 19
Extremidades esmerilhadas e em esquadro
Diâmetro externo = 0,560 pol
Diâmetro do fio = 0,059 pol (fio de música com bitola 25)
Comprimento livre = 4,22 pol
Calcule o índice de mola, o passo, o ângulo primitivo e o comprimento sólido.

9. Para a mola do Problema 8, calcule a força necessária a fim de reduzir o comprimento a 3,00 pol. Com essa força, determine a tensão na mola. Essa tensão seria satisfatória para um serviço médio?

10. A mola dos problemas 8 e 9 tende a flambar quando comprimida a 3,00 pol?

11. Para a mola do Problema 8, calcule a estimativa para o diâmetro externo quando comprimida ao comprimento sólido.

12. A mola do Problema 8 deve ser comprimida ao comprimento sólido para a instalação. Qual força é necessária? Calcule a tensão na altura sólida. Essa tensão é satisfatória?

13. Uma barra de apoio para uma componente de máquina é suspensa a fim de suavizar cargas aplicadas. Durante a operação, a carga em cada mola varia entre 180 e 220 lb. A posição da barra deve mover, no máximo, 0,500 pol, conforme a variação de carga. Projete uma mola de compressão para essa aplicação. Vários milhões de ciclos de carga são esperados. Use fio de aço ASTM A229.

14. Projete uma mola helicoidal de compressão que exerça força de 22,0 lb quando comprimida a 1,75 pol. Quando o comprimento for de 3,00 pol, ela deve exercer força de 5,0 lb. A mola terá ciclos rápidos e serviço pesado. Use fio de aço ASTM A401.

15. Projete uma mola helicoidal de compressão para uma válvula de alívio de pressão. Quando a válvula é fechada, o comprimento da mola é de 2,0 pol, e a força, de 1,50 lb. Conforme a pressão na válvula aumenta, uma força de 14,0 lb faz ela se abrir e comprimir a mola a 1,25 pol. Utilize fio de aço ASTM A313 resistente à corrosão, tipo 302, e projete para serviço médio.

16. Projete uma mola helicoidal de compressão para retornar um cilindro pneumático à posição original após ser acionado. Com comprimento de 10,50 pol, a mola deve exercer uma força de 60 lb. Com comprimento de 4,00 pol, deve exercer uma força de 250 lb. Espera-se serviço pesado. Use fio de aço ASTM A231.

17. Projete uma mola helicoidal de compressão com fio de música que exerça uma força de 14,0 lb com comprimento de 0,68 pol. O comprimento livre deve ser 1,75 pol. Use serviço médio.

18. Projete uma mola helicoidal de compressão com fio de aço ASTM A313 inoxidável tipo 316 para serviço médio que exerça uma força de 8,00 lb após defletir 1,75 pol do comprimento livre de 2,75 pol.

19. Refaça o Problema 18 com o requisito adicional de que a mola deve operar em torno de uma barra com diâmetro de 0,625 pol.

20. Refaça o Problema 17 com o requisito adicional de que a mola deve ser instalada em um furo com diâmetro de 0,750 pol.

21. Projete uma mola helicoidal de compressão com fio de aço ASTM A231 para serviço pesado. Ela exercerá uma força de 45,0 lb com comprimento de 3,05 pol, e uma força de 22,0 lb com comprimento de 3,50 pol.

22. Projete uma mola helicoidal de compressão com fio redondo de aço ASTM A227. Ela acionará uma embreagem e deve suportar vários milhões de ciclos de operação. Quando os discos da embreagem estiverem em contato, a mola terá comprimento de 2,50 pol e deverá exercer uma força de 20 lb. Quando a embreagem estiver desengatada, a mola terá 2,10 pol de comprimento e deverá exercer uma força de 35 lb. A mola será instalada em torno de um eixo redondo com diâmetro de 1,50 pol.

23. Projete uma mola helicoidal de compressão com fio redondo de aço ASTM A227. Ela acionará uma embreagem e deve suportar vários milhões de ciclos de operação. Quando os discos da

embreagem estiverem em contato, a mola terá comprimento de 60 mm e deverá exercer uma força de 90 N. Quando a embreagem estiver desengatada, a mola terá 50 mm de comprimento e deverá exercer uma força de 155 N. A mola será instalada em torno de um eixo redondo com diâmetro de 38 mm.

24. Avalie o desempenho de uma mola helicoidal de compressão feita de fio de aço ASTM A229 com bitola 17 e diâmetro externo de 0,531 pol. Ela tem comprimento livre de 1,25 pol, extremidades esmerilhadas e em esquadro e um total de 7,0 espiras. Calcule a constante de mola, bem como a deflexão e a tensão com carga de 10,0 lb. A esse nível de tensão, para qual tipo de serviço (leve, médio ou pesado) a mola seria adequada?

Molas de extensão

Para os problemas 25 a 31, certifique-se de que a tensão na mola sob a tensão inicial esteja dentro do intervalo sugerido na Figura 18.21.

25. Projete uma mola helicoidal de extensão com fio de música para exercer força de 7,75 lb quando a distância entre os pontos de fixação for 2,75 pol, e força de 5,25 lb a uma distância de 2,25 pol. O diâmetro externo deve ser inferior a 0,300 pol. Use serviço pesado.

26. Projete uma mola helicoidal de extensão para serviço médio com fio de música a fim de exercer força de 15,0 lb quando a distância entre os pontos de fixação for 5,00 pol, e força de 5,20 lb a uma distância de 3,75 pol. O diâmetro externo deve ser inferior a 0,75 pol.

27. Projete uma mola helicoidal de extensão para serviço pesado com fio de música a fim de exercer força máxima de 10,0 lb com comprimento de 3,00 pol. A constante de mola deve ser 6,80 lb/pol e o diâmetro externo, inferior a 0,75 pol.

28. Projete uma mola helicoidal de extensão para serviço pesado com fio de música a fim de exercer força máxima de 10,0 lb com comprimento de 6,00 pol. A constante de mola deve ser 2,60 lb/pol, e o diâmetro externo, inferior a 0,75 pol.

29. Projete uma mola helicoidal de extensão para serviço médio com fio de música para exercer força máxima de 10,0 lb com comprimento de 9,61 pol. A constante de mola deve ser 1,50 lb/pol e o diâmetro externo, inferior a 0,75 pol.

30. Projete uma mola helicoidal de extensão para serviço médio com fio de aço inoxidável ASTM A313 tipo 302 a fim de exercer força máxima de 162 lb com comprimento de 10,80 pol. A constante de mola deve ser 38,0 lb/pol, e o diâmetro externo, aproximadamente 1,75 pol.

31. Uma mola de extensão tem extremidade semelhante à mostrada na Figura 18.22. Os dados pertinentes são os seguintes: bitola 19 no sistema norte-americano; diâmetro médio = 0,28 pol; R_1 = 0,25 pol; R_2 = 0,094 pol. Calcule as tensões esperadas nos pontos A e B na figura para uma força de 5,0 lb. Essas tensões seriam satisfatórias para fio de aço ASTM A227 em serviço médio?

Molas de torção

32. Projete uma mola helicoidal de torção para serviço médio com fio de aço inoxidável ASTM A313 tipo 302 a fim de exercer torque de 1,00 lb · pol após deflexão de 180° da condição livre. O diâmetro externo da espira não deve exceder 0,500 pol. Especifique o diâmetro de uma barra para a montagem da mola.

33. Projete uma mola helicoidal de torção para serviço pesado com fio de aço inoxidável ASTM A313 tipo 302 a fim de exercer torque de 12,0 lb · pol após deflexão de 270° da condição livre. O diâmetro externo da espira não deve exceder 1,250 pol. Especifique o diâmetro de uma barra para a montagem da mola.

34. Projete uma mola helicoidal de torção para serviço pesado com fio de música a fim de exercer torque máximo de 2,5 lb · pol após deflexão de 360° da condição livre. O diâmetro externo da espira não deve exceder 0,750 pol. Especifique o diâmetro de uma barra para a montagem da mola.

35. Uma mola helicoidal de torção tem diâmetro de fio de 0,038 pol; diâmetro externo de 0,368 pol; 9,5 espiras no corpo; uma extremidade com 0,50 pol de comprimento; outra extremidade com 1,125 pol; e aço ASTM A401. Qual torque faria a mola girar 180°? Qual seria a tensão? Seria segura?

CAPÍTULO 19

ELEMENTOS DE FIXAÇÃO

Sumário
Visão geral
Você é o projetista
19.1 Objetivos
19.2 Materiais e resistência de parafusos
19.3 Denominações de roscas e área de tensão
19.4 Força tensora e aperto de juntas aparafusadas
19.5 Força aplicada externamente a uma junta aparafusada
19.6 Resistência da rosca ao desgaste
19.7 Outros tipos de elemento de fixação e acessórios
19.8 Outros meios de fixação e conexão

Visão geral

Tópico de discussão

- Os *elementos de fixação* conectam ou ligam duas ou mais componentes. Os tipos mais comuns são os *parafusos passantes* e *não passantes*, como os ilustrados nas figuras 19.1 a 19.4.

Descubra

Procure exemplos de parafusos passantes e não passantes. Liste quantos tipos você encontrou. Para quais funções eles estavam sendo usados? A quais tipos de forças os elementos de fixação estão sujeitos? Quais materiais são utilizados em elementos de fixação?

Neste capítulo, você aprenderá a analisar o desempenho dos elementos de fixação e a selecionar seus tipos e tamanhos adequados.

Um *elemento de fixação* é um dispositivo usado para conectar ou ligar duas ou mais componentes. Literalmente, centenas de tipos e variações de elementos de fixação estão disponíveis. Os mais comuns são fixadores roscados chamados de diversos nomes, entre eles: parafusos passantes, parafusos não passantes, porcas, prisioneiros, parafusos com rosca soberba e parafusos de ajuste.

Parafuso passante é um fixador roscado projetado para atravessar furos nos membros conjugados e ser preso com uma porca na extremidade oposta à cabeça. Veja, na Figura 19.1(a), o *parafuso passante de cabeça sextavada* (*hexagonal*). Vários outros tipos de parafuso são mostrados na Figura 19.2.

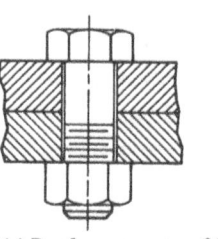

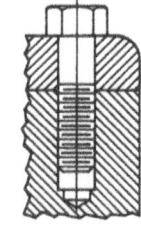

(a) Parafuso passante de cabeça sextavada (b) Parafuso não passante de cabeça sextavada

◄ FIGURA 19.1 Comparação entre um parafuso passante e um parafuso não passante.[9]

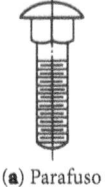

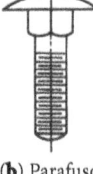

(a) Parafuso francês (b) Parafuso correia elevadora (c) Parafuso escareado (d) Parafuso arado (e) Parafuso esteira (f) Parafuso prisioneiro (g) Parafuso fogão de cabeça abaulada (h) Parafuso fogão de cabeça chata

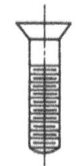

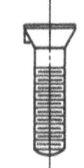

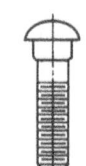

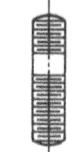

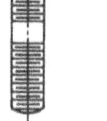

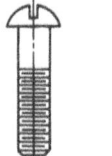

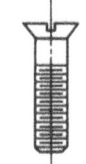

▲ FIGURA 19.2 Tipos de parafuso. Veja também o parafuso sextavado na Figura 19.1.[9]

Parafuso é um fixador roscado projetado para unir um elemento a outro por meio de um furo roscado. Consulte a Figura 19.1(b). O furo roscado pode ser pré-furado por puncionamento, por exemplo, ou formado pelo próprio parafuso quando forçado no material. *Parafusos máquina*, também chamados de *parafusos com cabeça*, são elementos de fixação precisos com corpo em rosca reta inserido em furos roscados (consulte a Figura 19.3). Um tipo comum de parafuso máquina é o com cabeça cilíndrica. A configuração usual, mostrada na Figura 19.3(f), tem uma cabeça cilíndrica com um soquete sextavado rebaixado. Também estão disponíveis os tipos: cabeça chata, para embutimento de modo a produzir uma superfície plana; cabeça abaulada, para uma aparência de perfil baixo; e flangeado, que fornece uma superfície de apoio para posicionamento ou pivotamento. Consulte os sites 9 e 11, ao final deste capítulo. *Parafusos para chapa*, *parafusos de rosca soberba*, *parafusos autoatarraxantes* e *parafusos para madeira* costumam formar a própria rosca. A Figura 19.4 ilustra alguns estilos.

Procure aplicações em que os tipos de elemento de fixação ilustrados nas figuras de 19.1 a 19.4 são utilizados. Quantas você consegue encontrar? Faça uma lista com os nomes dos elementos de fixação conforme apresentados nas figuras. Descreva a aplicação. Que função o elemento de fixação desempenha? Quais tipos de força são exercidos em cada elemento de fixação durante o funcionamento? Qual é o tamanho do elemento de fixação? Meça todas as dimensões possíveis. De qual material cada elemento de fixação é feito?

Examine um carro, especialmente sob o capô, no compartimento do motor. Se puder, olhe também embaixo do chassi e procure os locais onde elementos de fixação são usados para manter as componentes no lugar ou em outro membro estrutural.

Observe também bicicletas, equipamentos de jardinagem, carrinhos de supermercado, vitrines de lojas, ferramentas manuais, eletrodomésticos, brinquedos, equipamentos de ginástica e mobiliário. Se tiver acesso a uma fábrica, você poderá identificar centenas ou milhares de exemplos. Procure descobrir onde certos tipos de elemento de fixação são utilizados e para quais objetivos.

Neste capítulo, você aprenderá sobre diversos tipos de elemento de fixação e como analisar seu desempenho.

As referências de 1 a 7 e os sites 1, 2, 14 e 15 fornecem uma ampla cobertura da ciência e tecnologia dos elementos de fixação e são recomendados como fontes complementares à abordagem deste livro.

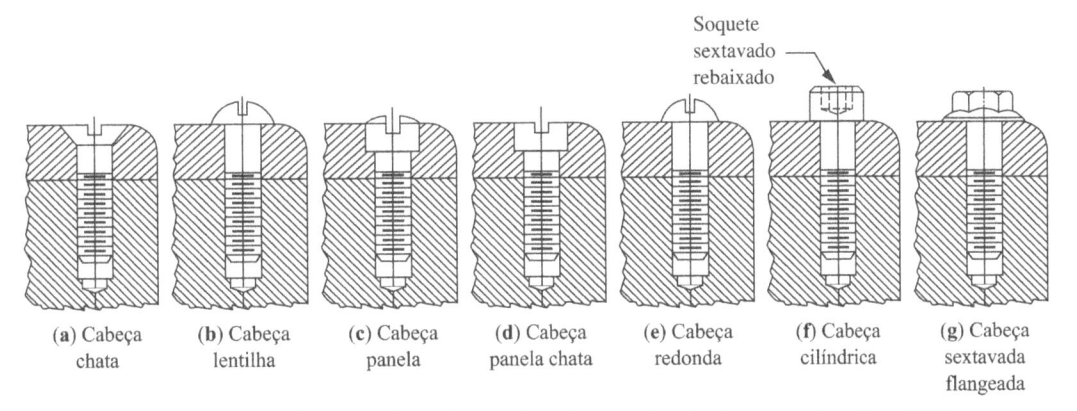

▲ **FIGURA 19.3** Parafusos com cabeça ou parafusos máquina. Veja também o parafuso de cabeça sextavada na Figura 19.1.[9]

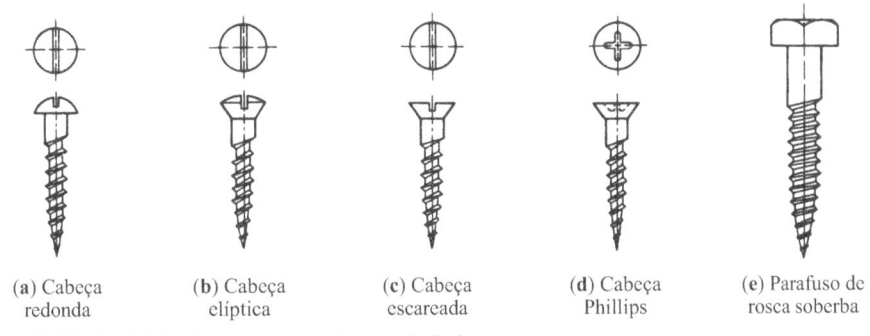

▲ **FIGURA 19.4** Parafusos para chapa e de rosca soberba.[9]

Você é o projetista

Reveja a Figura 15.6, que mostra a montagem de uma transmissão de potência por engrenagem projetada no Capítulo 15. Os elementos de fixação são necessários em vários pontos da carcaça para a transmissão, mas não foram especificados no referido capítulo. Os quatro *retentores de rolamento* devem ser unidos à carcaça e à tampa por fixadores roscados. A própria tampa deve ser fixada à carcaça por elementos de fixação. Por fim, a base de montagem apresenta meios para o uso de elementos de fixação a fim de manter toda a transmissão presa a uma estrutura de suporte.

Você é o projetista. Quais tipos de elemento de fixação você consideraria para essas aplicações? Qual material deve ser usado para sua fabricação? Que resistência o material precisa ter? Se forem utilizados fixadores roscados, de que tamanho devem ser as roscas e qual seria o comprimento adequado delas? Qual tipo de cabeça você especificaria? Quanto torque necessita ser aplicado ao elemento de fixação a fim de garantir força de aperto suficiente entre os membros unidos? De que maneira o projeto da junta de vedação entre a tampa e a carcaça afeta a escolha dos elementos de fixação e a especificação de seu torque de aperto? Quais alternativas existem ao uso de fixadores roscados para unir componentes e, ao mesmo tempo, possibilitar a desmontagem?

Este capítulo apresenta informações que podem ser utilizadas para tais decisões de projeto. As referências ao final do texto fornecem outras fontes valiosas de informação, extraídas do grande conjunto de conhecimentos sobre elementos de fixação.

19.1 OBJETIVOS

Ao final deste capítulo, você estará apto a:

1. Descrever um parafuso passante comparado a um parafuso máquina.
2. Nomear e descrever nove tipos de cabeça de parafusos passantes.
3. Nomear e descrever seis tipos de cabeça de parafusos máquina.
4. Descrever parafusos para chapa e parafusos de rosca soberba.
5. Descrever seis tipos de parafuso de ajuste e sua aplicação.
6. Descrever nove tipos de dispositivos de travamento que impedem o afrouxamento da porca no parafuso.
7. Usar tabelas de dados para várias classes de materiais de aço empregadas em parafusos, conforme publicadas pela Society of Automotive Engineers (SAE) e pela American Society for Testing and Materials (ASTM), e para classes métricas padronizadas.
8. Listar pelo menos dez materiais, além do aço, usados em elementos de fixação.
9. Empregar tabelas de dados para roscas-padrão nos sistemas norte-americano e métrico para análise de dimensões e tensão.
10. Definir *carga de prova*, *força tensora* e *torque de aperto* em relação a parafusos passantes e não passantes, e calcular valores de projeto.
11. Avaliar o efeito da adição de uma força aplicada externamente a uma junta aparafusada, incluindo a força final nos parafusos e nos membros presos.
12. Listar e descrever 16 técnicas diferentes de revestimento e acabamento utilizadas para elementos de fixação metálicos.
13. Descrever rebites, elementos de fixação de rápida operação, soldagem, brasagem e adesivos, e compará-los com parafusos passantes e não passantes em aplicações de fixação.

19.2 MATERIAIS E RESISTÊNCIA DE PARAFUSOS

No projeto de máquinas, a maioria dos elementos de fixação é feita de aço por causa da alta resistência, da rigidez elevada e da boa ductilidade, usinabilidade e maleabilidade. Contudo, diferentes composições e condições de aço são utilizadas. A resistência dos aços empregados em parafusos passantes e não passantes é usada para determinar sua *classe*, de acordo com uma dentre várias normas. Três classificações de resistência costumam estar disponíveis: as conhecidas resistência à tração e tensão de escoamento e a resistência de prova. A *resistência de prova*, semelhante ao limite elástico, é definida como a tensão que faria o parafuso ser submetido a uma deformação permanente. Ela geralmente varia entre 0,90 e 0,95 vez a tensão de escoamento.

Três grandes organizações estabelecedoras de normas relacionadas a elementos de fixação nos Estados Unidos estão listadas nas referências 1, 2, 11 e de 17 a 28. Consulte os sites 1, 2, 14 e 15. Observe que algumas normas listadas são para elementos de fixação métricos, ao passo que a maioria das demais tem como foco o sistema norte-americano de polegada-libra, e poucas abordam ambas as unidades. A indústria de elementos de fixação é representada pelo Industrial Fasteners

Institute, que publica um documento abrangente listado na Referência 10. Há muitas referências cruzadas entre essas organizações. É essencial que os projetistas estejam familiarizados com todo o conteúdo das versões mais recentes das normas aplicáveis, que apresentam muito mais informações do que as indicadas neste livro.

Você deve se habituar com uma variedade de fornecedores de parafusos passantes, não passantes e outros tipos de elemento de fixação. A título de exemplo, confira os sites 3 a 13.

A Tabela 19.1 lista dados básicos selecionados para quatro classes SAE de viscosidade com base na Referência 18, com a resistência à tração geralmente aumentando conforme os números de classe. Perceba que as resistências estão relacionadas a intervalos especificados de tamanhos de elementos de fixação. Algumas classes são feitas com uma marcação especial na cabeça a fim de ajudar os utilizadores em campo a garantir o emprego da classe correta.

A Tabela 19.2 reproduz dados extraídos de seis normas ASTM diferentes, cada uma focada em uma determinada classe de aço ou em um tipo específico de elemento de fixação. As denominações completas dessas classes estão listadas nas referências 20 a 24 e 27. A Referência 25 é a especificação das porcas mais aplicáveis às classes de parafuso listadas. Uma porção de classes é descrita. A Referência 10 contém tabelas que mostram as classes comercialmente disponíveis de porca para cada tipo de parafuso passante.

Exemplos de classes métricas de aços utilizados em parafusos são indicados na Tabela 19.3, cujos dados foram extraídos de uma variedade de fontes, incluindo as referências 1, 2, 19 e 28. Note o sistema significativamente diferente de denotação das classes.

▼ TABELA 19.1 Classes SAE de aços para elementos de fixação.

Número da classe	Tamanho do parafuso (pol)	Resistência à tração (ksi)	Tensão de escoamento (ksi)	Resistência de prova (ksi)	Marcação na cabeça
1	1/4–1½	60	36	33	Nenhuma
2	1/4–3/4	74	57	55	Nenhuma
	>3/4–1½	60	36	33	
5	1/4–1	120	92	85	⬡
	>1–1½	105	81	74	
8	1/4–1½	150	130	120	⬡

▼ TABELA 19.2 Classes ASTM de aços para parafusos.

Classe ASTM	Tamanho do parafuso (pol)	Resistência à tração (ksi)	Tensão de escoamento (ksi)	Resistência de prova (ksi)	Marcação na cabeça
A307	1/4–4	60	(Não informada)		Nenhuma
A325	1/2–1	120	92	85	A 325
	>1–1½	105	81	74	
A354-BC	1/4–2½	125	109	105	BC
A354-BD	1/4–2½	150	130	120	⬡
A449	1/4–1	120	92	85	
	>1–1½	105	81	74	
	>1½–3	90	58	55	
A490	1/2–1/2	150	130	120	A 490
A574	0,060–1/2	180		140	(Parafusos de cabeça cilíndrica)
	5/8–4	170		135	

▼ TABELA 19.3 Classes métricas de aços para parafusos.

Classe	Tamanho do parafuso	Resistência à tração (MPa)	Tensão de escoamento (MPa)	Resistência de prova (MPa)
4,6	M5–M36	400	240	225
4,8	M1,6–M16	420	340[a]	310
5,8	M5–M24	520	415[a]	380
8,8	M17–M36	830	660	600
9,8	M1,6–M16	900	720[a]	650
10,9	M6–M36	1040	940	830
12,9	M1,6–M36	1220	1100	970

[a] As tensões de escoamento são aproximadas e não estão inclusas na norma.

Parafusos métricos passantes e não passantes usam um sistema de código numérico que varia entre 4,6 e 12,9, e os números mais elevados indicam resistências maiores. Os números antes da vírgula decimal são aproximadamente 0,01 vez a resistência à tração do material em MPa. O último dígito com a vírgula decimal é a proporção aproximada entre a tensão de escoamento do material e a resistência à tração.

EQUIVALÊNCIAS APROXIMADAS ENTRE AS CLASSES SAE, ASTM E MÉTRICAS DE AÇOS PARA PARAFUSOS. A lista a seguir mostra equivalências aproximadas que podem ser úteis na comparação de projetos cujas especificações incluem combinações de classes SAE, ASTM e métricas de aços para parafusos. As normas originais devem ser consultadas conforme os dados de resistência específica.

Classe SAE	Classe ASTM	Classe métrica
J429 Classe 1	A307 Classe A	Classe 4,6
J429 Classe 2	———	Classe 5,8
J429 Classe 5	A449, A325	Classe 8,8
J429 Classe 8	A354 Classe BD, A490	Classe 10,9
	A574	Classe 12,9

A seguir, estão listados alguns dos aços mais utilizados em parafusos segundo a Referência 10.

Unidades do sistema norte-americano	Unidades do SI
SAE J429, classes 5 e superiores	SAE J1199 e ISO, classes 8,8, 10,9 e 12,9
ASTM A325, A384, A449, A490	ASTM A325M, A490M, A574M

A empresa listada no Site 9 fornece parafusos com cabeça cilíndrica feitos de liga de aço de alta resistência com tratamento térmico:

Faixa de tamanho	Resistência à tração		Tensão de escoamento	
	(ksi)	(MPa)	(ksi)	(MPa)
0–5/8	190	1310	170	1172
3/4–3	180	1241	155	1069

Um desempenho mais ou menos equivalente é obtido a partir de parafusos com cabeça cilíndrica feitos com classe métrica de resistência 12,9. A mesma geometria está disponível em aço inoxidável resistente à corrosão, geralmente 19-8, com níveis de resistência um pouco inferiores. Consulte o Site 11.

O *alumínio* é utilizado por causa da resistência à corrosão, do peso leve e do nível satisfatório de resistência mecânica. Sua boa condutividade térmica e elétrica também pode ser desejável no projeto. As ligas mais amplamente empregadas são as 2024-T4, 6061-T6 e 7075-T73. As propriedades desses materiais estão listadas no Apêndice 9.

Latão, cobre e *bronze* também são utilizados pela resistência à corrosão. A facilidade de usinagem e a aparência atraente também são vantagens desses materiais. Algumas ligas são especialmente boas para resistência à corrosão em aplicações marítimas. Consulte o Apêndice 12.

O *níquel* e suas ligas, como *Monel* e *Inconel* (da International Nickel Company), fornecem bom desempenho e resistência à corrosão em temperaturas elevadas, robustez em temperaturas baixas e aparência atraente. Consulte o Apêndice 11.1.

Os *aços inoxidáveis* são utilizados principalmente pela resistência à corrosão. As ligas empregadas em elementos de fixação incluem as 19-8, 410, 416, 430 e 431. Além disso, os aços inoxidáveis da série 300 são não magnéticos. Consulte o Apêndice 6 para conhecer as propriedades.

A proporção elevada entre resistência e peso é a principal vantagem das ligas de *titânio*, aproveitadas nos elementos de fixação em aplicações aeroespaciais. O Apêndice 11.2 fornece uma lista de propriedades de diversas ligas.

Os *plásticos* são amplamente utilizados por causa da leveza, resistência à corrosão, propriedade isolante e facilidade de fabricação. O nylon 6,6 é o material mais utilizado, mas há outros, como ABS, acetal, fluorcarbonos TFE, policarbonato, polietileno, polipropileno e policloreto de vinila. O Apêndice 13 lista diversos tipos de plástico e suas propriedades. Além de serem empregados em parafusos passantes e não passantes, os plásticos são muito usados nos casos em que o elemento de fixação é projetado especialmente para determinada aplicação. Consulte também a Referência 13.

Revestimentos e *acabamentos* são acrescentados a elementos de fixação metálicos com o objetivo de melhorar sua aparência ou resistência à corrosão. Alguns desses processos também reduzem o coeficiente de atrito para que sejam obtidos resultados mais consistentes relacionando o torque à força de aperto. Elementos de fixação de aço podem receber acabamento com oxidação negra, azulagem, banho em níquel brilhante, banho em fosfato e zincagem por imersão a quente. A galvanização pode ser utilizada para depositar cádmio, cobre, cromo, níquel, prata, estanho e zinco. Pinturas, vernizes e acabamentos cromados também são realizados. O alumínio é normalmente anodizado. Verifique os riscos ambientais para a escolha de revestimentos e acabamentos.

19.3 DENOMINAÇÕES DE ROSCAS E ÁREA DE TENSÃO

A Tabela 19.4 mostra as dimensões pertinentes de roscas no padrão norte-americano, e a Tabela 19.5 fornece os tipos no sistema métrico internacional. Para a consideração de resistência e tamanho, o projetista deve conhecer o principal diâmetro básico, o passo das roscas e a área disponível para resistir às cargas de tração. Observe que o passo é igual a $1/n$, onde n é o número de roscas por polegada no sistema norte-americano. No SI, o passo em milímetros é designado diretamente. A área de tensão de tração listada nas tabelas 19.4 e 19.5 leva em consideração a área real cortada por um plano transversal. Por causa da trajetória helicoidal da rosca no parafuso, esse plano fará o próximo da raiz em um dos lados do parafuso, mas cortará perto do diâmetro principal no outro. A equação para a área de tensão de tração nas roscas no padrão norte-americano é:

▶ **Área de tensão de tração para roscas UNC ou UNF**

$$A_t = (0{,}7854)[D - (0{,}9743)p]^2 \qquad (19.1)$$

onde

D = diâmetro principal
p = passo da rosca

Para roscas métricas, a área de tensão de tração é:

▶ **Área de tensão de tração para roscas métricas**

$$A_t = (0{,}7854)[D - (0{,}9382)p]^2 \qquad (19.2)$$

Para a maioria dos tamanhos padronizados de rosca, pelo menos dois passos estão disponíveis: a série de *roscas grossas* e a de *roscas finas*. Ambas estão inclusas nas tabelas 19.4 e 19.5.

As menores roscas do padrão norte-americano utilizam uma designação numérica de 0 a 12. O diâmetro principal correspondente está listado na Tabela 19.4(a). Os tamanhos maiores empregam designações em polegadas fracionadas. O equivalente decimal para o diâmetro principal é mostrado na Tabela 19.4(b). As roscas métricas listam o diâmetro principal e o passo em milímetros, conforme apontado na Tabela 19.5. Amostras de designações padronizadas para roscas são fornecidas a seguir.

Padrão norte-americano: tamanho básico seguido pelo número de roscas por polegada e pela designação de série da rosca.

10–24 UNC	10–32 UNF
1/2–13 UNC	1/2–20 UNF
$1\frac{1}{2}$–6 UNC	$1\frac{1}{2}$–12 UNF

Métrico: M (de "métrico"), seguido pelo diâmetro principal básico e, depois, pelo passo em milímetros.

M3 × 0,5   M3 × 0,35   M10 × 1,5

▼ TABELA 19.4 Roscas no padrão norte-americano.

A. Dimensões de rosca norte-americanas, tamanhos numerados

Diâmetro principal básico, D (pol)	Roscas grossas: UNC		Roscas finas: UNF	
	Tamanho - roscas por polegada, n	Área de tensão de tração (pol²)	Tamanho-roscas por polegada, n	Área de tensão de tração (pol²)
0,0600	—	—	0–80	0,00180
0,0730	1–64	0,00263	1–72	0,00278
0,0860	2–56	0,00370	2–64	0,00394
0,0990	3–48	0,00487	3–56	0,00523
0,1120	4–40	0,00604	4–48	0,00661
0,1250	5–40	0,00796	5–44	0,00830
0,1380	6–32	0,00909	6–40	0,01015
0,1640	8–32	0,0140	8–36	0,01474
0,1900	10–24	0,0175	10–32	0,0200
0,2160	12–24	0,0242	12–28	0,0258

B. Dimensões de rosca norte-americanas, tamanhos fracionários

Diâmetro principal básico, D (pol)	Roscas grossas: UNC		Roscas finas: UNF	
	Tamanho - roscas por polegada, n	Área de tensão de tração (pol²)	Tamanho-roscas por polegada, n	Área de tensão de tração (pol²)
0,2500	1/4–20	0,0318	1/4–28	0,0364
0,3125	5/16–18	0,0524	5/16–24	0,0580
0,3750	3/8–16	0,0775	3/8–24	0,0878
0,4375	7/16–14	0,1063	7/16–20	0,1187
0,5000	1/2–13	0,1419	1/2–20	0,1599
0,5625	9/16–12	0,182	9/16–18	0,203
0,6250	5/8–11	0,226	5/8–18	0,256
0,7500	3/4–10	0,334	3/4–16	0,373
0,8750	7/8–9	0,462	7/8–14	0,509
1,000	1–8	0,606	1–12	0,663
1,125	$1\frac{1}{8}$–7	0,763	$1\frac{1}{8}$–12	0,856
1,250	$1\frac{1}{4}$–7	0,969	$1\frac{1}{4}$–12	1,073
1,375	$1\frac{3}{8}$–6	1,155	$1\frac{3}{8}$–12	1,315
1,500	$1\frac{1}{2}$–6	1,405	$1\frac{1}{2}$–12	1,581
1,750	$1\frac{3}{4}$–5	1,90		
2,000	2–$4\frac{1}{2}$	2,50		

▼ TABELA 19.5 Tamanhos métricos de roscas.

Diâmetro principal básico, D (mm)	Roscas grossas		Roscas finas	
	Designação básica da rosca			
	DP (mm) × Passo (mm)	Área de tensão de tração (mm²)	DP (mm) × Passo (mm)	Área de tensão de tração (mm²)
1	M1 × 0,25	0,460	—	—
1,6	M1,6 × 0,35	1,27	M16 × 0,20	1,57
2	M2 × 0,4	2,07	M2 × 0,25	2,45
2,5	M2,5 × 0,45	3,39	M25 × 0,35	3,70
3	M3 × 0,5	5,03	M3 × 0,35	5,61
4	M4 × 0,7	8,78	M4 × 0,5	9,79
5	M5 × 0,8	14,2	M5 × 0,5	16,1
6	M6 × 1	20,1	M6 × 0,75	22,0
8	M8 × 1,25	36,6	M8 × 1	39,2
10	M10 × 1,5	58,0	M10 × 1,25	61,2
12	M12 × 1,75	84,3	M12 × 1,25	92,1
16	M16 × 2	157	M16 × 1,5	167
20	M20 × 2,5	245	M20 × 1,5	272
24	M24 × 3	353	M24 × 2	384
30	M30 × 3,5	561	M30 × 2	621
36	M36 × 4	817	M36 × 3	865
42	M42 × 4,25	1121		
48	M48 × 5	1473		

19.4 FORÇA TENSORA E APERTO DE JUNTAS APARAFUSADAS

Força tensora

Quando um parafuso passante ou não passante é usado para prender duas peças, a força exercida entre elas é chamada de *força tensora*. O projetista é responsável por especificar a força tensora e garantir que o elemento de fixação poderá suportá-la. A força tensora máxima é normalmente considerada 0,75 vez a carga de prova, sendo essa última o produto da tensão de prova vezes a área da tensão de tração do parafuso.

Torque de aperto

A força tensora é gerada no parafuso por meio de um torque de aperto na porca ou na própria cabeça do parafuso. Uma relação aproximada entre o torque e a força de tração axial no parafuso (a força de aperto) é:

▶ Torque de aperto

$$T = KDP \quad (19.3)$$

onde

T = torque, lb · pol
D = diâmetro externo nominal das roscas, pol
P = força tensora, lb
K = constante dependente da lubrificação

Para condições comerciais comuns, use $K = 0,15$ se houver qualquer tipo de lubrificação. Até mesmo fluidos de corte ou outros depósitos residuais nas roscas produzirão condições consistentes com esse parâmetro. Se as roscas estiverem bem limpas e secas, $K = 0,20$ é melhor. É óbvio que esses valores são aproximados, e variações entre montagens aparentemente idênticas devem ser esperadas. Testes e análises estatísticas dos resultados são recomendados.

EXEMPLO 19.1

Um conjunto de três parafusos deve ser usado para gerar uma força de aperto de 12000 lb entre duas componentes de uma máquina. A carga é compartilhada igualmente entre os três parafusos. Especifique parafusos adequados, incluindo a classe do material se cada um for tensionado a 75% de sua resistência de prova. Em seguida, calcule o torque de aperto necessário.

SOLUÇÃO

A carga em cada parafuso deve ser de 4000 lb. Especifiquemos um parafuso passante feito de aço SAE Classe 5 com resistência de prova de 85000 psi. Então, a tensão admissível é:

$$\sigma_a = 0,75(85000 \text{ psi}) = 63750 \text{ psi}$$

Logo, a área de tensão de tração exigida para o parafuso é:

$$A_t = \frac{\text{carga}}{\sigma_a} = \frac{4000 \text{ lb}}{63\,750 \text{ lb/pol}^2} = 0,0627 \text{ pol}^2$$

Na Tabela 19.4(b), verificamos que a rosca 3/8-16 UNC tem a área de tensão de tração requerida. O torque de aperto exigido será:

$$T = KDP = 0,15(0,375 \text{ pol})(4000 \text{ lb}) = 225 \text{ lb} \cdot \text{pol}$$

A Equação 19.3 é adequada para o projeto mecânico geral. Uma análise mais completa do torque para a geração de determinada força de aperto requer mais informações sobre o projeto da ligação. Há três fatores que contribuem para o torque: um deles, que será chamado de T_1, é o torque necessário para desenvolver a carga de tração no parafuso, P_t, usando a natureza de plano inclinado da rosca.

$$T_1 = \frac{P_t l}{2\pi} = \frac{P_t}{2\pi n} \quad (19.4)$$

onde l é o avanço da rosca do parafuso, e $l = p = 1/n$.

A segunda componente do torque, T_2, é fundamental para superar o atrito entre as roscas conjugadas, calculado a partir de:

$$T_2 = \frac{d_p \mu_1 P_t}{2 \cos \alpha} \quad (19.5)$$

onde

d_p = diâmetro de passo da rosca
μ_1 = coeficiente de atrito entre as superfícies da rosca
α = 1/2 do ângulo da rosca, geralmente 30°

A terceira componente do torque, T_3, é o atrito entre a face inferior da cabeça do parafuso ou porca e a superfície apertada. Presume-se que essa força de atrito atua no meio da superfície e é calculada a partir de:

$$T_3 = \frac{(d + b) \mu_2 P_t}{4} \quad (19.6)$$

onde

d = diâmetro principal do parafuso
b = diâmetro externo da superfície de atrito na face inferior do parafuso
μ_2 = coeficiente de atrito entre a cabeça do parafuso e a superfície apertada

O torque total é, então,

$$T_{tot} = T_1 + T_2 + T_3 \quad (19.7)$$

Consulte as referências 4 a 8 e 12 a 16 para discussões adicionais sobre torque de parafusos. É importante observar que muitas variáveis estão envolvidas nos fatores contribuintes à relação entre o torque aplicado e o pré-carregamento trativo no parafuso. É difícil fazer uma previsão exata dos coeficientes de atrito. A precisão com que o torque especificado é aplicado é afetada pela precisão do dispositivo de medição utilizado, como chave de torque e torquímetros pneumáticos ou hidráulicos, bem como a habilidade do operador. A Referência 4 apresenta uma ampla discussão sobre a grande variedade de chaves de torque disponível.

Outros métodos de aperto de parafuso

É conveniente medir o torque aplicado ao parafuso passante, ao parafuso não passante ou à porca durante a instalação. No entanto, por causa do grande número de variáveis envolvidas, a força de aperto real criada pode variar significativamente. A fixação de conexões críticas muitas vezes usa outros métodos de aperto de parafuso, relacionados mais diretamente à força de aperto. As situações em que esses métodos podem ser utilizados são: conexões de aço estrutural, flanges para sistemas de alta pressão, componentes de usinas nucleares, parafusos de cabeça cilíndrica e biela para motores, estruturas aeroespaciais, componentes de motores de turbina, sistemas de propulsão e equipamentos militares.

MÉTODO DO GIRO DA PORCA. Primeiro, o parafuso é apertado de modo a fazer todas as partes da junta ficarem em contato próximo. Em seguida, a porca recebe uma força adicional entre um terço e uma volta completa, dependendo do tamanho do parafuso. Uma volta completa produziria uma expansão no parafuso semelhante ao avanço da rosca, onde $l = p = 1/n$. O comportamento elástico do parafuso determina a quantidade de força de aperto. As referências 4, 8 e 17 fornecem mais detalhes.

PARAFUSOS COM CONTROLE DE TENSÃO. Estão disponíveis parafusos especiais que incluem um bocal cuidadosamente dimensionado em uma das extremidades conectado a uma seção estriada. A estria é mantida fixa conforme a porca é girada. Quando um torque predeterminado é aplicado à porca, a seção do bocal quebra e o aperto é interrompido. O resultado disso é um desempenho consistente de conexão.

Outra forma de parafuso com controle de tensão emprega uma ferramenta que exerce tensão axial direta no parafuso, molda um colar em sulcos anulares ou nas roscas do fixador e, então, quebra uma parte do parafuso com pequeno diâmetro a uma força predeterminada. O resultado é uma quantidade previsível de força de aperto na junta. Consulte o Site 13.

PARAFUSOS FLANGEADOS ONDULADOS. A face inferior da cabeça do parafuso é formada em um padrão ondulado durante o processo de fabricação. Quando o torque é aplicado, provocando a tensão necessária para a ligação, a superfície ondulada se deforma, tornando-se plana em contato com a superfície a ser conjugada. Consulte o Site 9.

ARRUELAS COM INDICADORES DE TENSÃO (DTI). A arruela DTI apresenta várias áreas em relevo em sua superfície. Uma arruela regular é, então, colocada sobre a DTI e uma porca aperta a montagem até que as áreas em relevo sejam achatadas a determinado grau, gerando uma tensão previsível no parafuso. Consulte o Site 10.

MEDIÇÃO E CONTROLE ULTRASSÔNICOS DE TENSÃO. Avanços recentes resultaram na disponibilidade de equipamentos que transmitem ondas acústicas ultrassônicas aos parafusos enquanto são apertados, sendo o tempo das ondas refletidas correlacionado à quantidade de expansão e tensão no parafuso. Consulte a Referência 4.

MÉTODO DO APERTO ATÉ O ESCOAMENTO. A maioria dos elementos de fixação apresenta tensão de escoamento garantida; portanto, é necessária uma quantidade previsível de força de tração para que o parafuso escoe. Alguns sistemas automáticos usam esse princípio detectando a relação entre o torque aplicado e a rotação da porca e interrompendo o processo quando o parafuso começa a escoar. Na parte elástica da curva de tensão-deformação do parafuso, o torque varia linearmente com a rotação. No ponto de escoamento, um aumento dramático na rotação com pouco ou nenhum acréscimo no torque significa escoamento. Uma variação desse método, chamada de *método da taxa logarítmica (LRM)*, determina o pico na curva do logaritmo referente à taxa de torque em função dos dados da rotação e, em seguida, aplica uma quantidade predefinida de giros adicionais à porca. Consulte o Site 16.

O Site 12 descreve um sistema de teste que ajuda a analisar a eficácia de ligações aparafusadas. Uma película fina sensível à pressão é colocada na interface entre as superfícies a serem presas, mais ou menos como uma junta de vedação. Então, a conexão aparafusada é feita com valores especificados de aperto. A remoção posterior dos parafusos revela dados quantitativos e qualitativos sobre a distribuição de pressão nas superfícies críticas. A empresa também oferece serviços de consultoria sobre projeto de ligações e métodos de produção.

19.5 FORÇA APLICADA EXTERNAMENTE A UMA JUNTA APARAFUSADA

A análise apresentada no Exemplo 19.1 considera a tensão no parafuso apenas sob condições estáticas e para a força tensora. Foi recomendado que a tensão no parafuso seja muito alta, aproximadamente 75% da carga de prova para o parafuso. Essa carga utilizará a resistência disponível do parafuso com eficiência e evitará a separação dos membros unidos.

Quando uma carga é aplicada a uma junta aparafusada acima da força tensora, uma consideração especial deve ser feita a respeito do comportamento da junta. Inicialmente, a força no parafuso (em tração) é igual à força nos membros unidos (em compressão). Então, parte da carga adicional atuará de modo a expandir o parafuso além do comprimento assumido após a aplicação da força tensora. Outra porção resultará em uma *diminuição* da força compressiva no membro preso. Assim, apenas parte da força aplicada é sustentada pelo parafuso. A quantidade depende da rigidez relativa do parafuso e dos membros presos.

Se um parafuso rígido estiver apertando um membro flexível, como uma junta de vedação resiliente, a maior parte da força adicionada será recebida pelo parafuso, pois pouca força é necessária para alterar a compressão nas juntas de vedação. Nesse caso, o projeto do parafuso deve levar em consideração não apenas a força de aperto inicial, mas também a acrescentada.

Por outro lado, se o parafuso for de certa forma flexível em relação aos membros fixados, quase toda a carga aplicada externamente será, de início, voltada para diminuir a força de aperto até que os membros se separem — uma condição em geral interpretada como falha da junta. Então, o parafuso sustentará toda a carga externa.

No projeto prático da junta, haveria normalmente uma situação entre os extremos descritos. Em juntas "duras" típicas (sem uma junta de vedação suave), a rigidez dos membros presos é cerca de três vezes maior do que a do parafuso. A carga aplicada externamente é, então, compartilhada pelo parafuso e pelos membros presos, de acordo com sua rigidez relativa:

$$F_b = P + \frac{k_b}{k_b + k_c} F_e \quad (19.8)$$

$$F_c = P - \frac{k_c}{k_b + k_c} F_e \quad (19.9)$$

onde

F_e = carga aplicada externamente
P = força tensora inicial (conforme usada na Equação 19.3)
F_b = força final no parafuso
F_c = força final nos membros fixados
k_b = rigidez do parafuso
k_c = rigidez dos membros fixados

EXEMPLO 19.2

Suponha que a junta descrita no Exemplo 19.1 tenha sido submetida a uma carga externa adicional de 3000 lb após a aplicação da força tensora inicial de 4000 lb. Imagine também que a rigidez dos membros fixados seja três vezes maior do que a do parafuso. Calcule a força no parafuso, a força nos membros fixados e a tensão final no parafuso após a aplicação da carga externa.

SOLUÇÃO

Primeiro, serão utilizadas as equações 19.8 e 19.9 com $P = 4000$ lb, $F_e = 3000$ lb e $k_c = 3k_b$:

$$F_b = P + \frac{k_b}{k_b + k_c} F_e = P + \frac{k_b}{k_b + 3k_b} F_e = P + \frac{k_b}{4k_b} F_e$$

$$F_b = P + F_e/4 = 4000 + 3000/4 = 4750 \text{ lb}$$

$$F_c = P - \frac{k_c}{k_b + k_c} F_e = P - \frac{3k_b}{k_b + 3k_b} F_e = P - \frac{3k_b}{4k_b} F_e$$

$$F_c = P - 3F_e/4 = 4000 - 3(3000)/4 = 1750 \text{ lb}$$

Uma vez que F_c ainda é maior que zero, a junta continua apertada. Agora, a tensão no parafuso pode ser encontrada. Para o parafuso 3/8-16, a área de tensão de tração é 0,0775 pol². Logo,

$$\sigma = \frac{P}{A_t} = \frac{4750 \text{ lb}}{0,0775 \text{ pol}^2} = 61300 \text{ psi}$$

A resistência de prova do material Classe 5 é 85000 psi, e essa tensão é aproximadamente 72% da resistência de prova. Portanto, o parafuso selecionado ainda é seguro. Porém, considere o que aconteceria com uma junta relativamente "suave", discutida no Exemplo 19.3.

EXEMPLO 19.3

Refaça o Exemplo 19.2, mas pressuponha que a ligação apresenta uma junta de vedação elastomérica flexível separando os membros fixados e que a rigidez do parafuso é 10 vezes maior do que a da ligação.

SOLUÇÃO

O procedimento será o mesmo, mas agora $k_b = 10k_c$. Logo,

$$F_b = P + \frac{k_b}{k_b + k_c}F_e = P + \frac{10k_c}{10k_c + k_c}F_e = P + \frac{10k_c}{11k_c}F_e$$

$$F_b = P + 10F_e/11 = 4000 + 10(3000)/11 = 6727 \text{ lb}$$

$$F_c = P - \frac{k_c}{k_b + k_c}F_e = P - \frac{k_c}{10k_c + k_c}F_e = P - \frac{k_c}{11k_c}F_e$$

$$F_c = P - F_e/11 = 4000 - 3000/11 = 3727 \text{ lb}$$

A tensão no parafuso seria

$$\sigma = \frac{6727 \text{ lb}}{0,0775 \text{ pol}^2} = 86800 \text{ psi}$$

Esse valor ultrapassa a resistência de prova do material Classe 5 e está perigosamente próximo à tensão de escoamento.

19.6 RESISTÊNCIA DA ROSCA AO DESGASTE

Além do dimensionamento do parafuso com base na tensão de tração axial, as roscas devem ser verificadas para garantir que não serão desgastadas pelo cisalhamento. As variáveis envolvidas na resistência ao cisalhamento das roscas são: os materiais do parafuso, da porca ou das roscas internas do furo roscado; o comprimento de aplicação, L_e; e o tamanho das roscas. Os detalhes de análise dependem da resistência relativa dos materiais.

MATERIAL INTERNO DA ROSCA MAIS FORTE DO QUE O DO PARAFUSO Nesse caso, a resistência das roscas do parafuso direcionará o projeto. Aqui, apresentamos uma equação para o comprimento necessário de aplicação, L_e, das roscas do parafuso que terão, pelo menos, a mesma resistência sob cisalhamento que o próprio parafuso sob tração.

$$L_e = \frac{2A_{tB}}{\pi(ID_{Nmáx})[0,5 + 0,57735\,n(PD_{Bmín} - ID_{Nmáx})]} \quad (19.10)$$

onde

A_{tB} = área de tensão de tração do parafuso
$ID_{Nmáx}$ = diâmetro interno (raiz) máximo das roscas da porca
n = número de roscas por polegada
$PD_{Bmín}$ = diâmetro de passo mínimo das roscas do parafuso

Os subscritos B e N referem-se ao parafuso e à porca, respectivamente. Já os subscritos mín e máx referem-se aos valores mínimo e máximo, respectivamente, considerando as tolerâncias nas dimensões da rosca. A Referência 14 fornece dados para as tolerâncias em função da classe da rosca especificada.

Para determinado comprimento de aplicação, a área de cisalhamento resultante para as roscas do parafuso é:

$$A_{sB} = \pi L_e ID_{Nmáx}[0,5 + 0,57735\,n(PD_{Bmín} - ID_{Nmáx})] \quad (19.11)$$

MATERIAL DA PORCA MAIS FRACO DO QUE O DO PARAFUSO. Isso é especialmente aplicável quando o parafuso é inserido em um furo roscado feito de ferro fundido, alumínio ou outro material com resistência relativamente baixa. O comprimento necessário de aplicação para que ao menos a resistência total do parafuso seja desenvolvida é:

$$L_e = \frac{s_{utB}(2A_{tB})}{s_{utN}\pi OD_{Bmín}[0,5 + 0,57735\,n(OD_{Bmín} - PD_{Nmáx})]} \quad (19.12)$$

onde

s_{utB} = resistência à tração última do material do parafuso
s_{utN} = resistência à tração última do material da porca
$OD_{Bmín}$ = diâmetro externo mínimo das roscas do parafuso
$PD_{Nmáx}$ = diâmetro de passo máximo das roscas da porca

A área de cisalhamento na raiz das roscas da porca é:

$$A_{sN} = \pi L_e OD_{Bmín}[0,5 + 0,57735\,n(OD_{Bmín} - PD_{Nmáx})] \quad (19.13)$$

MATERIAL DA PORCA E DO PARAFUSO COM RESISTÊNCIA IGUAL. Nesse caso, a falha é prevista como cisalhamento de qualquer um dos dois no diâmetro de passo nominal, PD_{nom}. O comprimento necessário de aplicação para que ao menos a resistência total do parafuso seja desenvolvida é:

$$L_e = \frac{4 A_{tB}}{\pi\, PD_{nom}} \qquad (19.14)$$

A área de tensão de cisalhamento para as roscas da porca ou do parafuso é:

$$A_s = \pi\, PD_{nom}\, L_e/2 \qquad (19.15)$$

19.7 OUTROS TIPOS DE ELEMENTO DE FIXAÇÃO E ACESSÓRIOS

A maioria dos parafusos passantes e não passantes possui cabeças ampliadas que pressionam a peça a ser fixada e, assim, exercem a força de aperto. Os *parafusos de ajuste* não têm cabeça, são inseridos em furos roscados e projetados para ter contato direto com a peça conjugada, fixando-a no local correto. A Figura 19.5 mostra várias geometrias de parafusos de ajuste. É preciso ter cuidado com esse tipo de parafuso, bem como com qualquer outro fixador roscado, para que a vibração não o afrouxe.

Uma *arruela* pode ser utilizada sob a cabeça do parafuso e/ou da porca para distribuir a força tensora sobre uma área ampla e fornecer uma superfície de apoio para a rotação relativa da porca. O tipo básico de arruela é a plana chata, um disco plano com um furo através do qual o parafuso passa. Outros tipos, chamados de *arruelas de pressão*, apresentam deformações axiais ou projeções que produzem forças axiais no elemento de fixação quando comprimidas. Essas forças mantêm as roscas das peças conjugadas em contato próximo e diminuem a probabilidade de o elemento de fixação afrouxar durante a operação.

A Figura 19.6 apresenta várias formas de se usar arruelas e outros dispositivos de travamento. A parte (a) é uma contraporca apertada contra a porca comum. A parte (b) é a arruela de pressão padrão. A parte (c) é uma aba de travamento que impede a porca de girar. A parte (d) é um contrapino inserido por um orifício feito no parafuso. A parte (e) usa um contrapino, mas ele também atravessa as fendas na porca. A parte (f) é um dos vários tipos de técnica de deformação de rosca utilizados. A parte (g), uma *porca-batente elástica*, emprega um inserto plástico para manter as roscas da porca em contato com o parafuso. Ela pode ser usada em parafusos-máquina também. Na parte (h), a porca-batente elástica é rebitada a uma placa fina, permitindo que a peça conjugada seja parafusada do lado oposto. O dispositivo metálico fino em (i) pressiona a parte superior da porca e segura as roscas, impedindo o movimento axial da porca.

Parafuso prisioneiro é semelhante a um parafuso passante fixado permanentemente a uma parte do membro a ser unido. A peça conjugada é, então, colocada sobre ele, e uma porca é apertada para unir as partes.

Há outras variações quando esses tipos de elemento de fixação são combinados com diferentes formas de cabeça. Muitas delas foram mostradas nas figuras já discutidas. Outras serão listadas a seguir:

Quadrada	Coroa baixa	Arruela sextavada
Castelo	Truss	Panela
Coroa alta	Fenda cruzada	Lentilha
Cilíndrica abaulada	Cilíndrica estriada	Sextavada plana
Arado	Sextavada pesada	12 pontas
Cilíndrica sextavada	Sextavada com fenda	Cabeça T
Sextavada	Redonda	Escareada chata
Sextavada chata		Escareada oval
		Abaulada

Combinações adicionais são criadas considerando os seguintes fatores: American National Standards ou

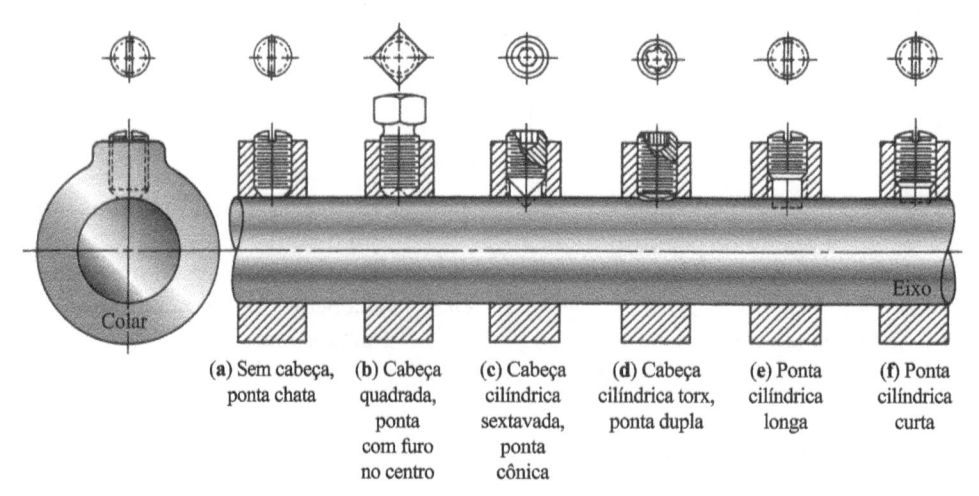

▲ **FIGURA 19.5** Parafusos de ajuste com diferentes tipos de cabeça e ponta para fixar um colar no eixo.[9]

(a) Sem cabeça, ponta chata (b) Cabeça quadrada, ponta com furo no centro (c) Cabeça cilíndrica sextavada, ponta cônica (d) Cabeça cilíndrica torx, ponta dupla (e) Ponta cilíndrica longa (f) Ponta cilíndrica curta

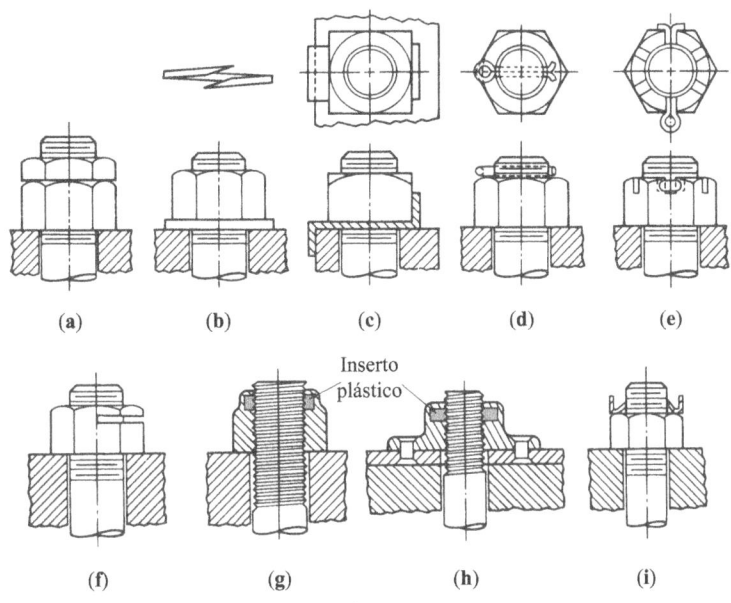

▲ FIGURA 19.6 Dispositivos de travamento.[9]

British Standard (métrica); classes de materiais; acabamentos; tamanhos de rosca; comprimentos; classe (grau de tolerância); modo de formação de cabeça (usinagem, forjamento, conformação a frio); e modo de formação de roscas (usinagem, corte com matriz, puncionamento, laminação e moldagem plástica).

Desse modo, é possível ver que uma abordagem abrangente dos fixadores roscados engloba dados extensos. Consulte as referências e os sites listados ao final deste capítulo.

19.8 OUTROS MEIOS DE FIXAÇÃO E CONEXÃO

Até aqui, o capítulo se concentrou em parafusos passantes e não passantes por causa de suas muitas aplicações. Outros tipos de fixação serão discutidos a seguir.

Rebites são elementos de fixação não roscados, normalmente feitos de aço ou alumínio. Eles são fabricados com uma única cabeça, e a extremidade oposta é formada após a inserção deles nos orifícios das peças a serem fixadas. Rebites de aço são formados a quente, ao passo que os de alumínio podem ser formados à temperatura ambiente. Naturalmente, as juntas rebitadas não são projetadas para mais de uma montagem. (Consulte os sites 3 e 4.)

Uma grande variedade de *fixadores de rápida operação* está disponível. Muitos deles são do tipo um quarto de volta, exigindo apenas uma rotação de 90° para conectar ou desconectar o elemento de fixação. Painéis de acesso, alçapões, tampas e forquilhas para equipamentos removíveis são fixados com esse tipo de elemento. Da mesma forma, há muitas variedades de *trava* que fornecem rápida ação com, talvez, maior capacidade de suporte. (Consulte os sites 3 e 4.)

A *soldagem* diz respeito à colagem metalúrgica de metais, geralmente com a aplicação de calor com um arco elétrico, chama de gás ou aquecimento por resistência elétrica sob forte pressão. A soldagem é discutida no Capítulo 20.

Brasagem e *solda branda* utilizam o calor para derreter um agente de fixação que flui para dentro do espaço entre as peças a serem unidas, adere a ambas e, depois, solidifica-se à medida que esfria. A *brasagem* emprega temperaturas um pouco elevadas, acima de 840 °F (450 °C), e ligas de cobre, prata, alumínio, silício ou zinco. Naturalmente, os metais a serem unidos devem apresentar uma temperatura de fusão bem mais elevada. Os metais brasados com êxito incluem ligas simples de carbono e aço, aços inoxidáveis, ligas de níquel, cobre, alumínio e magnésio. A *solda branda* é semelhante à brasagem, exceto pelo fato de que é executada a temperaturas mais baixas, inferiores a 840 °F (450 °C). São usadas várias ligas com solda branda de chumbo-estanho, estanho-zinco, estanho-prata, chumbo-prata, zinco-cádmio, zinco-alumínio e outras. As juntas brasadas são em geral mais fortes do que as de solda branda por causa da resistência inerentemente maior das ligas brasadas. A maioria das juntas de solda branda é fabricada com juntas sobrepostas de travamento a fim de oferecer resistência mecânica, e, em seguida, a solda é empregada para unir a montagem e possivelmente proporcionar vedação. As juntas em tubulações e encanamentos são normalmente de solda branda.

Adesivos têm ampla utilização. A versatilidade e a facilidade de aplicação são fortes vantagens deles, que são aproveitados em um grande leque de produtos, desde brinquedos e aparelhos de uso doméstico até estruturas automotivas e aeroespaciais. (Consulte os sites 3 e 17.) Alguns tipos incluem os seguintes:

Acrílicos: usados para muitos metais e plásticos.

Cianoacrilatos: cura muito rápida; flui facilmente entre superfícies bem conjugadas.

Epóxis: boa resistência estrutural; a junta é geralmente rígida. Alguns exigem formulações de duas partes. Uma grande variedade de formulações e propriedades está disponível.

Anaeróbios: usados para fixar porcas, parafusos e outras juntas com pequenas folgas; cura na ausência de oxigênio.

Silicones: adesivo flexível com bom desempenho em alta temperatura (400 °F/200 °C).

Poliéster derretido: bom adesivo estrutural; fácil de aplicar com equipamento específico.

Poliuretano: boa colagem; fornece uma junta flexível.

REFERÊNCIAS

1. ASTM INTERNATIONAL. *ISO Standards Handbooks*—Fasteners and Screw Threads—Volumes 1&2. West Conshohocken, PA: ASTM International, 2001.
2. _____. *Publication STP 587*, Metric Mechanical Fasteners. West Conshohocken, PA: ASTM International, publicado originalmente em 1975 e atualizado em 2011.
3. BARRETT, R. T.; NATIONAL AERONAUTICS AND SPACE ADMINISTRATION (NASA). *Fastener Design Manual*. Seattle, WA: Create Space/Amazon.com, 2011.
4. BICKFORD, J. H. *Introduction to the Design and Behavior of Bolted Joints:* Non-Gasketed Joints. 4. ed. Boca Raton, FL: CRC Press, 2008. [Consulte também: PAYNE, item 16.]
5. BICKFORD, J. H.; NASSAR, Sayed (orgs.). *Handbook of Bolts and Bolted Joints*. Nova York: Marcel Dekker, 1998.
6. BLAKE, Alexander. *Design of Mechanical Joints*. Boca Raton, FL: CRC Press, 1985. [Observação: este é um livro de referência recomendado pelo International Fasteners Institute.]
7. _____. *What Every Engineer Should Know About Threaded Fasteners*—Materials and Design. Boca Raton, FL: CRC Press, 1986. [Observação: este é um livro de referência recomendado pelo International Fasteners Institute.]
8. FASTENER TECHNOLOGY INTERNATIONAL. *Torque Tensioning:* A Ten Part Compilation. Stow, OH: Fastener Technology International/Initial Publications, Inc., 1990. [Observação: este é um livro de referência recomendado pelo International Fasteners Institute.]
9. HOELSCHER, R. P. et al. *Graphics for Engineers*. Nova York: John Wiley & Sons, 1968.
10. INDUSTRIAL FASTENERS INSTITUTE. *IFI Inch Fastener Standards Book*. 8. ed. Independence, OH: Industrial Fasteners Institute, 2011.
11. INTERNATIONAL ORGANIZATION FOR STANDARDIZATION. *ISO Metric Screw Thread and Fastener Handbook*. 5. ed. Independence, OH: Industrial Fasteners Institute, 2001; atualizado em 2010.
12. KULAK, G. L.; FISHER, J. W.; STRUIK, J. H. A. *Guide to Design Criteria for Bolted and Riveted Joints*. 2. ed. Nova York: John Wiley & Sons, 1987.
13. LINCOLN, Brayton; GOMES, K. J.; BRANDEN, J. F. *Mechanical Fastening of Plastics:* An Engineering Handbook. Boca Raton, FL: CRC Press, 1984. [Observação: este é um livro de referência recomendado pelo International Fasteners Institute.]
14. OBERG, E. et al. *Machinery's Handbook*. 28. ed. Nova York: Industrial Press, 2008.
15. PARMLEY, R. O. *Standard Handbook of Fastening and Joining*. 3. ed. Nova York: McGraw-Hill, 1997.
16. PAYNE, James R. *Introduction to the Design and Behavior of Bolted Joints:* Gasketed Bolted Joints. 4. ed. Boca Raton, FL: CRC Press, 2010. [Consulte também BICKFORD, item 4. Eles agora são livros separados, mas foram publicados na 3. ed. como uma única obra de John H. Bickford.]
17. RESEARCH COUNCIL ON STRUCTURAL CONNECTIONS. *Specification for Structural Joints Using High-Strength Bolts*. Chicago, IL: Research Council on Structural Connections, 2010.
18. SAE INTERNATIONAL. *SAE Standard J429 Mechanical and Material Requirements for Externally Threaded Fasteners*. Warrendale, PA: SAE International, 2011.
19. _____. *SAE Standard J1199 Mechanical and Material Requirements for Metric Externally Threaded Fasteners*. Warrendale, PA: SAE International, 2001.
20. ASTM INTERNATIONAL. *ASTM Standard A307, 2010 Standard Specifications for Carbon Steel*

Bolts and Studs, 60,000 psi Tensile Strength. West Conshohocken, PA: ASTM International, 2010, DOI 10.1520/A0307-10.

21. _____. *ASTM Standard A325, 2010 Standard Specifications Structural Bolts, Steel, 120/105 Minimum Tensile Strength*. West Conshohocken, PA: ASTM International, 2010, DOI 10.1520/A0325-10.

22. _____. *ASTM Standard A354, 2007 Standard Specifications for Quenched and Tempered Alloy Steel Bolts, Studs and Other Externally Threaded Fasteners*. West Conshohocken, PA: ASTM International, 2007, DOI 10.1520/A0354-07A.

23. _____. *ASTM Standard A449, 2010 Standard Specifications for Hex Cap Screws, Bolts and Studs, Steel, Heat Treated, 120/105/90 Minimum Tensile Strength, General Use*. West Conshohocken, PA: ASTM International, 2010, DOI 10.1520/A0449-10.

24. _____. *ASTM Standard A490, 2010 Standard Specifications for Structural Bolts, Alloy Steel, Heat Treated, 150 ksi Minimum Tensile Strength*. West Conshohocken, PA: ASTM International, 2010, DOI 10.1520/A0490-10AE01.

25. _____. *ASTM Standard A563, 2007 Standard Specifications for Carbon and Alloy Steel Nuts*. West Conshohocken, PA: ASTM International, 2007, DOI 10.1520/A0563-07A.

26. _____. *ASTM Standard A563M, 2007 Standard Specifications for Carbon and Alloy Steel Nuts (Metric)*. West Conshohocken, PA: ASTM International, 2007, DOI 10.1520/A0563M-07.

27. _____. *ASTM Standard A574, 2011 Standard Specifications for Alloy Steel Socket Head Cap Screws*. West Conshohocken, PA: ASTM International, 2011, DOI 10.1520/A0574-11.

28. _____. *ASTM Standard A574M, 2011 Standard Specifications for Alloy Steel Socket Head Cap Screws (Metric)*. West Conshohocken, PA: ASTM International, 2011, DOI 10.1520/A0574M-11. [Complemento métrico para a especificação A574.]

SITES SOBRE ELEMENTOS DE FIXAÇÃO

1. **Industrial Fasteners Institute (IFI).** <www.indfast.org>. Associação de fabricantes e fornecedores de parafusos passantes, porcas, parafusos não passantes, rebites e parafusos especiais forjados, bem como materiais e equipamentos para a fabricação destes. O IFI desenvolve normas, organiza pesquisas e dirige programas educacionais relacionados à indústria de elementos de fixação.

2. **Research Council on Structural Connections (RCSC).** <www.boltcouncil.org>. Organização que estimula e apoia pesquisas sobre conexões estruturais, prepara e publica normas e dirige programas educacionais. Consulte a Referência 12.

3. **Accurate Fasteners, Inc.** <www.actfast.com>. Fornecedor de parafusos passantes, não passantes, porcas, rebites e muitos outros tipos de elemento de fixação para uso industrial no geral. Também fornece adesivos para aplicações estruturais e não estruturais, adesivos de travamento e fitas.

4. **The Fastener Group.** <www.fastenergroup.com>. Fornecedor de parafusos passantes, não passantes, porcas, rebites e muitos outros tipos de elemento de fixação para uso militar e industrial no geral.

5. **Haydon Bolts, Inc.** <www.haydonbolts.com>. Fabricante de parafusos, porcas e muitos outros tipos de elemento de fixação para a indústria de construção.

6. **Nucor Fastener Division.** <www.nucor-fastener.com>. Fabricante de parafusos não passantes de cabeça sextavada em classes SAE, ASTM e métricas, porcas sextavadas, parafusos passantes estruturais, porcas e arruelas.

7. **Nylok Fastener Corporation.** <www.nylok.com>. Fabricante de fixadores autotravantes Nylok® para aplicações automotivas, aeroespaciais, agrícolas, industriais, em mobílias, produtos de consumo e muitas outras.

8. **Phillips Screw Company.** <www.phillips-screw.com>. Desenvolvedor da chave de fenda Phillips®. Fabricante de fixadores relacionados para os mercados aeroespacial, automotivo e industrial.

9. **Unbrako Group.** <www.unbrako.com>. Fabricante de parafusos de cabeça cilíndrica com alta resistência e produtos relacionados para aplicações industriais, aeroespaciais, automotivas e outras, das marcas Unbrako e Durlok. Parte da Deepak Fasteners, Ltd. e Interfast (EUA). Guia de engenharia disponível no site.

10. **St. Louis Screw & Bolt Company.** <www.stlouisscrewbolt.com>. Fabricante de parafusos, porcas e arruelas conforme as normas ASTM para a

indústria de construção. Oferece arruelas com indicadores de tensão (DTI).

11. **Acument® Global Technologies.** <www.acument.com>. Fornecedor de elementos de fixação e produtos relacionados para indústrias de automóveis, eletrônicos e outras, das marcas Camcar® e Ring Screw. Os produtos incluem parafusos com cabeça, parafusos formadores de roscas, o sistema Torx Plus® e outros itens relacionados.

12. **Sensor Products, Inc.** <www.sensorprod.com>. Fornecedor de sensores de pressão superficial com película fina tátil e de força, úteis no projeto e na verificação da eficácia de juntas aparafusadas, juntas de vedação, vedações e aplicações relacionadas. Também oferece serviços de consultoria aos clientes.

13. **Alcoa Fastening Systems/Huck Fasteners.** <www.afshuck.net>. Fabricante dos Huck LockBolts e de fixadores cegos estruturais para os mercados de caminhões, trailers, climatização, equipamentos industriais, agrícolas, aeroespaciais e outros, frequentemente substituindo a solda ou métodos tradicionais de fixação de porcas/parafusos.

14. **ASTM International.** <www.astm.org/Standard>. Organização estabelecedora de muitas normas para materiais de engenharia, elementos de fixação e produtos associados.

15. **SAE International.** <www.sae.org/standards>. SAE International é um grupo mundial de cientistas, engenheiros e outros profissionais que propaga conhecimento em um fórum neutro para o benefício da sociedade. A missão envolve atividades de estabelecimento de normas relacionadas principalmente a veículos aeroespaciais, automotivos e comerciais.

16. **Hytorc Company.** <www.hytorc.com>. Fabricante de tensores de torque automáticos hidráulicos e pneumáticos, de tensores mecânicos e da tecnologia *Stretch-to-Load*.

17. **Loctite Adhesives.** <www.loctiteproducts.com>. Fornecedor de adesivos para uso industrial, comercial, doméstico e na construção civil, incluindo epóxis, cianoacrilatos, cimentos de contato, adesivos de construção e o trava rosca Loctite. Parte da Henkel Corporation que oferece outras dezenas de marcas de adesivos para um amplo leque de usos. <www.henkelna.com>.

PROBLEMAS

1. Descreva a diferença entre um parafuso passante e um parafuso não passante.
2. Defina a expressão *resistência de prova*.
3. Defina a expressão *força tensora*.
4. Especifique parafusos-máquina adequados para serem instalados em um padrão de quatro, igualmente espaçados em torno de um flange, levando em conta que a força de aperto entre o flange e a estrutura conjugada deve ser de 6000 lb. Em seguida, recomende um torque de aperto apropriado para cada parafuso.
5. Qual seria a força de tração em um parafuso-máquina com rosca 8-32 se ele for feito de aço SAE Classe 5 e estiver tensionado à sua resistência de prova?
6. Qual seria a força de prova de tração em newtons (N) em um parafuso-máquina com diâmetro principal de 4 mm e roscas finas padronizadas feito de aço com uma classe métrica de resistência de 8.6?
7. Qual seria o tamanho padrão de rosca métrica mais próximo ao da rosca 7/8-14 no padrão norte-americano? Em quanto os diâmetros principais diferem?
8. Um parafuso-máquina é encontrado sem qualquer informação sobre sua dimensão. Os dados a seguir são obtidos com um micrômetro padrão: o diâmetro principal tem 0,196 pol; o comprimento axial para 20 roscas completas é 0,630 pol. Identifique a rosca.
9. Um fixador roscado é feito de nylon 6,6 com uma rosca M10 × 1,5. Calcule a força máxima de tração que pode ser permitida no fixador se ele tiver de ser tensionado a 75% da resistência à tração do nylon 6,6 seco. Consulte o Apêndice 13.
10. Compare a força de tração que pode ser sustentada por um parafuso 1/4-20 se ele tiver de ser tensionado a 50% de sua resistência à tração e se ele for feito de cada um dos seguintes materiais:
    a. Aço, SAE Classe 2
    b. Aço, SAE Classe 5
    c. Aço, SAE Classe 8
    d. Aço, ASTM Classe A307
    e. Aço, ASTM Classe A574
    f. Aço, Classe métrica 8,8
    g. Alumínio 2024-T4
    h. SAE 430 recozido
    i. Ti-6A1-4V recozido
    j. Nylon 6,6 seco
    k. Policarbonato
    l. ABS de alto impacto

11. Descreva as diferenças entre soldagem, brasagem e solda branda.
12. Quais são os tipos de metal geralmente brasados?
13. Quais são algumas ligas brasadas comuns?
14. Quais materiais compõem os elementos para solda branda mais usados?
15. Cite cinco adesivos comuns e forneça as propriedades típicas de cada um.
16. O rótulo de um adesivo comum de uso doméstico o descreve como um *cianoacrilato*. Quais propriedades você espera que ele tenha?
17. Encontre três adesivos comercialmente disponíveis em sua casa, em um laboratório, em uma oficina mecânica ou em seu local de trabalho. Tente identificar a natureza genérica do adesivo e compare-o com a lista apresentada neste capítulo.

CAPÍTULO 20

QUADROS DE MÁQUINAS, CONEXÕES APARAFUSADAS E CONEXÕES SOLDADAS

Sumário
Visão geral
Você é o projetista
20.1 Objetivos
20.2 Quadros e estruturas de máquina
20.3 Juntas aparafusadas com carga excêntrica
20.4 Conexões soldadas

Visão geral

Tópico de discussão

- Ao desenvolver o projeto de elementos de máquina (como tem feito ao longo deste livro), você também deve projetar a carcaça, o quadro ou a estrutura que os apoia e protege dos elementos.

Descubra

Selecione uma variedade de produtos, máquinas, veículos e, até mesmo, brinquedos. Observe como são construídos. Qual é a forma básica da estrutura que mantém todos os elementos unidos? Por que essa forma foi escolhida pelo projetista? Quais funções são executadas pelo quadro?

Quais tipos de força, momento fletor e momento torsor (torque) são produzidos quando o produto está em funcionamento? Como eles são administrados e controlados? Qual é o caminho do carregamento que os transmite à estrutura?

Este capítulo vai ajudá-lo a identificar algumas abordagens eficazes para o projeto de estruturas e quadros e a analisar o desempenho de elementos de fixação e conexões soldadas com diferentes tipos de carga.

Até este ponto do livro, você estudou elementos de máquina separadamente, e também considerou a maneira como eles devem operar juntos em uma máquina mais abrangente. Conforme o projeto avança, entretanto, chega o momento em que é preciso *unir tudo*. Então somos confrontados com as perguntas: "Onde devo colocar isso? Como posso reunir todas os componentes funcionais em segurança de modo a permitir a montagem e a operação e, ao mesmo tempo, oferecer uma estrutura segura e rígida?".

É impraticável criar uma abordagem totalmente generalizada ao projeto de estruturas ou quadros para máquinas, veículos, produtos de consumo ou mesmo brinquedos. Cada projeto difere no que diz respeito aos seguintes fatores: funções; número, tamanho e componentes do produto; uso pretendido; e demanda esperada para um projeto estético. Por exemplo, brinquedos costumam apresentar abordagens engenhosas de projeto porque o fabricante deseja oferecer um produto seguro e funcional, enquanto minimiza a quantidade de material utilizado e o tempo de trabalho dos funcionários na produção.

Neste capítulo, você estudará alguns conceitos básicos para a criação de um projeto satisfatório de quadro considerando a forma dos componentes estruturais, as propriedades do material, o uso de elementos de fixação — como parafusos — e a fabricação de conjuntos soldados. Você aprenderá algumas técnicas para analisar e projetar montagens aparafusadas de modo a considerar as cargas nos parafusos em várias direções. Também será discutido como projetar juntas soldadas que sejam seguras e rígidas.

O Capítulo 19 abordou parte da questão, analisando parafusos submetidos à tração pura, como na função de aperto. Este capítulo dá continuidade ao anterior, considerando conexões com carga excêntrica — aquelas que devem resistir a uma combinação de cisalhamento direto e momento fletor em um padrão de aparafusamento.

A capacidade que uma conexão soldada tem de sustentar uma variedade de cargas é discutida com o objetivo de projetar a solda. Aqui são analisadas conexões com carga tanto uniforme quanto excêntrica.

A fim de aproveitar este estudo, selecione uma variedade de produtos, máquinas e veículos, e observe como eles são construídos. Qual é a forma básica da estrutura que mantém todos os elementos unidos? Onde as forças, os momentos fletores e os momentos torsores (torques) são gerados? Quais tipos de tensão eles criam? Considere o *caminho do carregamento*, seguindo uma força desde o local onde é gerada, passando por todos os meios pelos quais ela ou seus efeitos são transmitidos a uma série de membros e chegando ao ponto em que ela é sustentada por uma estrutura básica da máquina ou deixa o sistema. A consideração dos caminhos do carregamento de todas as forças que existem em um dispositivo mecânico lhe concederá uma compreensão das características desejáveis para a estrutura e o ajudará a realizar um projeto que aperfeiçoe a gestão das forças exercidas nele.

Desmonte alguns dispositivos mecânicos para observar sua estrutura. De que maneira a forma contribuiu para melhorar a rigidez e a segurança do dispositivo? Ela é bem rígida? Ou é mais flexível? Há estrias ou seções mais espessas que fornecem resistência ou rigidez especial a algumas peças?

Este capítulo o auxiliará a identificar algumas abordagens eficazes para o projeto de estruturas e quadros e a analisar o desempenho de elementos de fixação e conexões soldadas com muitos tipos de carga.

Quadros e estruturas de máquinas são um tema bem complexo. Ele é discutido a partir do ponto de vista de princípios e diretrizes gerais, em vez de técnicas específicas de projeto. Quadros típicos são, normalmente, projetados com uma análise por elementos finitos auxiliada por computador. Além disso, técnicas experimentais de análise de tensão são com frequência utilizadas para verificação de projetos.

Você é o projetista

No Capítulo 16, você projetou rolamentos para sistemas de transportadores, parte de uma grande central de distribuição de produtos. Agora, como você projetará o quadro e a estrutura do sistema do transportador? Qual forma geral é desejável? Quais materiais e formas devem ser utilizados para os elementos estruturais? Os elementos estão sob esforços de tração, compressão, flexão, cisalhamento, torção ou alguma combinação desses tipos de tensão? De que forma o carregamento e a natureza da tensão na estrutura afetam essas decisões? O quadro deve ser fabricado a partir de perfis estruturais padronizados com ligações aparafusadas? Ou deve ser feito de chapas de aço com ligações soldadas? Que tal usar alumínio? Ou deve ser empregado ferro ou aço fundido? Ele pode ser moldado com plástico? Materiais compósitos podem ser utilizados? Como o peso da estrutura seria afetado? Quanta rigidez é desejável para esse tipo de estrutura? Quais formas de elementos portantes contribuem para uma estrutura rígida, firme e, ao mesmo tempo, segura por resistir às tensões aplicadas?

Se a estrutura envolver parafusos ou soldas, como as juntas devem ser projetadas? Quais forças, tanto em magnitude quanto em direção, precisam ser exercidas por elementos de fixação ou pelas soldas?

O material contido neste capítulo o ajudará a tomar algumas dessas decisões de projeto. Grande parte das informações é de natureza geral, não se limitando a oferecer procedimentos específicos de projeto. É preciso exercitar o bom senso e a criatividade não só no projeto do quadro do transportador, mas também na análise de seus componentes. Uma vez que o projeto do quadro pode evoluir a uma forma complexa demais para técnicas tradicionais de análise de tensão, talvez seja preciso utilizar a modelagem por elementos finitos a fim de determinar se ele está adequado ou, talvez, superdimensionado. Pode ser necessário construir um ou mais protótipos para testes.

20.1 OBJETIVOS

Ao final deste capítulo, você estará apto a:
1. Aplicar os princípios da análise de tensão e deflexão a fim de propor um perfil razoável e eficiente para uma estrutura ou um quadro e para os componentes envolvidos.
2. Especificar materiais adequados às exigências do projeto, às condições de carga, ao ambiente, aos requisitos de fabricação, à segurança e à estética.
3. Analisar juntas aparafusadas com carga excêntrica.
4. Projetar conexões soldadas para muitos tipos de padrão de carga.

20.2 QUADROS E ESTRUTURAS DE MÁQUINA

O projeto de quadros e estruturas de máquinas é, em grande parte, a maneira como os componentes da máquina devem ser acomodados. O projetista geralmente tem restrições quanto ao local onde os apoios podem ser colocados, de modo a não interferir no funcionamento da máquina ou para deixar a montagem ou manutenção mais acessíveis.

Porém, naturalmente, os requisitos técnicos da própria estrutura também devem ser respeitados. Alguns parâmetros de projeto mais importantes incluem os seguintes:

Resistência mecânica   Rigidez
Aparência   Custo de fabricação
Resistência à corrosão   Peso
Tamanho   Redução de ruído
Limitação de vibração   Vida útil

Por conta das possibilidades quase infinitas de detalhes para o projeto de quadros e estruturas, esta seção se concentrará em diretrizes gerais. A implementação das diretrizes depende de cada aplicação. Os fatores a serem considerados no início do projeto de um quadro estão resumidos a seguir:

- Forças exercidas pelos componentes da máquina em pontos de montagem, como rolamentos, eixos, forquilhas e pés de outros elementos da máquina.
- Modo de apoio do próprio quadro.
- Precisão do sistema: deflexão admissível dos componentes.
- Ambiente onde a unidade operará.
- Quantidade de produções e instalações disponíveis.
- Disponibilidade de ferramentas analíticas, como análise de tensão computadorizada, experiência anterior com produtos semelhantes e análise experimental de tensão.
- Relação com outras máquinas, paredes e outros.

Mais uma vez, muitos desses fatores exigem avaliação do projetista. Os parâmetros sobre os quais ele tem mais controle são: seleção do material, geometria das peças portantes do quadro e processos de fabricação. A seguir, será apresentada uma revisão de algumas possibilidades.

Materiais

Como no caso de elementos de máquina discutidos ao longo deste livro, as propriedades de resistência e rigidez são de primordial importância. O Capítulo 2 apresentou uma grande quantidade de informações sobre os materiais, e os apêndices também contêm muita informação útil. Em geral, o aço ocupa uma posição superior de resistência em relação a materiais concorrentes para quadros. Contudo, muitas vezes é melhor considerar mais do que apenas a tensão de escoamento, a resistência à tração última ou a resistência à fadiga isoladamente. O projeto completo pode ser executado com diversos materiais a fim de se avaliar o desempenho geral. A consideração da *relação entre resistência e densidade*, por vezes referida como *relação entre resistência e peso* ou *resistência específica*, pode levar a uma seleção de material diferente. Com efeito, esse é um dos motivos para o uso de alumínio, titânio e materiais compósitos em aeronaves, veículos aeroespaciais e equipamentos de transporte.

A rigidez de uma estrutura ou de um quadro é, em muitos casos, o fator determinante no projeto, em lugar da resistência. Nesses casos, a rigidez do material, indicada pelo seu módulo de elasticidade, é o fator mais importante. Novamente, a *relação entre rigidez e densidade*, chamada de *rigidez específica*, talvez necessite ser avaliada. Consulte a Tabela 2.17 e as figuras 2.23, 2.24, 2.31 e 2.32 para ter acesso aos dados.

Limites de deflexão recomendados

Na verdade, apenas um profundo conhecimento da aplicação de um membro ou quadro de máquina pode fornecer o valor para uma deflexão admissível. Todavia, há algumas diretrizes que nos indicam por onde começar. (Consulte a Referência 7.)

Deflexão por flexão

Parte geral da máquina: 0,0005 a 0,003 pol/pol de comprimento da viga
Precisão moderada: 0,00001 a 0,0005 pol/pol
Alta precisão: 0,000001 a 0,00001 pol/pol

Deflexão (rotação) por torção

Parte geral da máquina: 0,001° a 0,01°/pol de comprimento
Precisão moderada: 0,00002° a 0,0004°/pol
Alta precisão: 0,000001° a 0,00002°/pol

Sugestões de projeto para resistência à flexão

A análise de uma tabela com fórmulas de deflexão para vigas em flexão, como as do Apêndice 14, resultaria na seguinte forma para a deflexão:

$$\Delta = \frac{PL^3}{KEI} \qquad (20.1)$$

onde,

P = carga
L = distância entre apoios
E = módulo de elasticidade do material na viga
I = momento de inércia da seção transversal da viga
K = fator que depende da forma de carregamento e apoio

Algumas conclusões evidentes da Equação 20.1 são que a carga e o comprimento devem ser mantidos pequenos e os valores de E e I precisam ser grandes. Note a função cúbica do comprimento. Isso significa, por exemplo, que a redução do comprimento por um fator de 2,0 reduziria a deflexão por um fator de 8,0, obviamente um efeito desejável.

A Figura 20.1 mostra a comparação entre quatro tipos de sistema de viga para sustentar uma carga, P, a uma distância, a, a partir de um apoio rígido. Uma viga simplesmente apoiada em cada extremidade é considerada o "caso básico". Com fórmulas-padrão de viga, foi calculado o valor do momento fletor e o da deflexão em termos de P e a, e esses valores foram arbitrariamente normalizados como 1,0. Em seguida, os valores para os outros três casos foram estimados, e as proporções foram determinadas em relação ao caso básico. Os dados indicam que uma viga com extremidade fixa fornece o menor momento fletor e a menor deflexão, ao passo que a viga em balanço oferece os maiores valores para ambos.

Em resumo, as seguintes sugestões são feitas para um projeto resistente à flexão:

1. Manter o comprimento da viga o menor possível e colocar as cargas perto do apoio.
2. Maximizar o momento de inércia da seção transversal na direção da flexão. No geral, pode-se fazer isso ao colocar a maior parte possível do material longe do eixo neutro da flexão, como no caso de

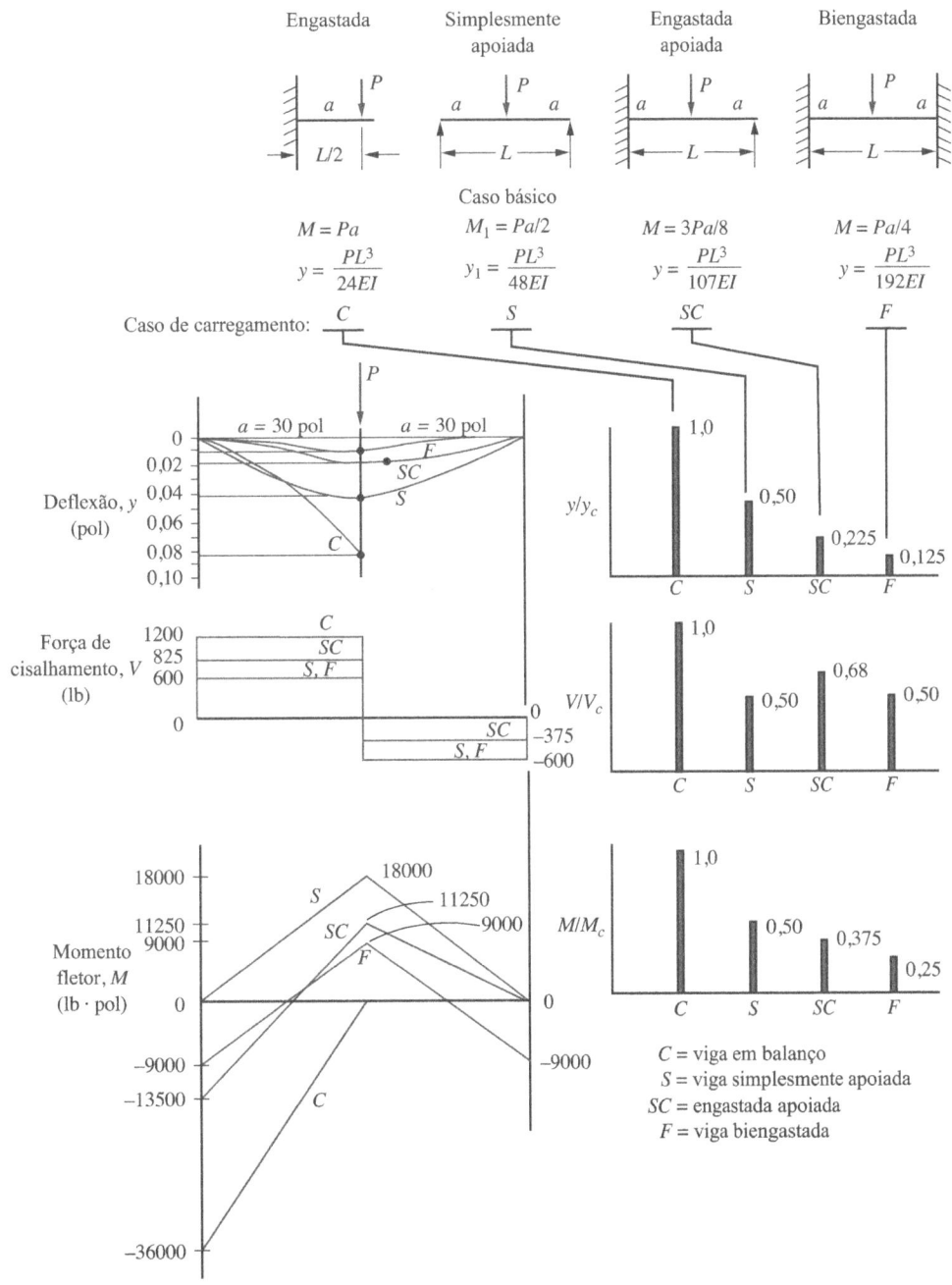

FIGURA 20.1 Comparação de métodos para suporte de carga em uma viga.[17]

uma viga com mesa larga (perfis I) ou uma seção retangular oca.

3. Usar um material com módulo de elasticidade elevado.
4. Utilizar extremidades fixadas para a viga quando possível.
5. Considerar a deflexão lateral além daquela na direção principal da carga. Tais cargas podem surgir durante a fabricação, o manuseio, o transporte, o uso descuidado ou um impacto acidental.
6. Certificar-se de avaliar o projeto final no que diz respeito à resistência e à rigidez. Algumas abordagens para melhorar a rigidez (elevar *I*) podem realmente aumentar a tensão na viga porque o módulo de seção é diminuído.
7. Oferecer travamento rígido para os cantos em estruturas abertas.
8. Cobrir uma seção do quadro aberto com material laminado para resistir à distorção. Esse processo é, por vezes, chamado de *enrijecimento por painel*.
9. Considerar uma construção do tipo treliça para obter rigidez estrutural com membros leves.
10. Ao projetar um quadro de espaço aberto, usar braçadeiras diagonais para quebrar seções em partes triangulares, que são uma forma inerentemente rígida.
11. Considerar reforços para grandes painéis a fim de reduzir a vibração e o ruído. Consulte a Figura 2.29.
12. Adicionar travamentos e chapas de ligação a áreas onde as cargas são aplicadas ou em suportes para ajudar a transferir as forças aos membros adjacentes.
13. Tomar cuidado com elementos portantes que apresentam flanges finos e longos, os quais podem ser solicitados em compressão. Pode ocorrer flambagem local, às vezes denominada *instabilidade local*.
14. Se possível, posicionar as ligações em pontos de baixa tensão.

Consulte também as referências 1, 4, 6, 7 e 10 para outras técnicas de projeto e análise.

Sugestões para o projeto de membros que resistam à torção

A torção pode ser criada em um membro do quadro de máquina em uma variedade de formas: uma superfície de apoio pode ser irregular; uma máquina ou um motor pode transmitir um torque de reação ao quadro; uma carga atuando para o lado do eixo da viga (ou qualquer outro lugar longe do centro de flexão da viga) também produziria a torção.

Em geral, a deflexão torcional de um membro é calculada a partir de:

$$\theta = \frac{TL}{GR} \tag{20.2}$$

onde,

T = torque aplicado ou momento de torção
L = comprimento sobre o qual o torque atua
G = módulo de elasticidade de cisalhamento do material
R = constante de rigidez torcional

O projetista deve escolher a forma do elemento de torção com cuidado a fim de obter uma estrutura rígida. As seguintes sugestões são feitas:

1. Usar seções fechadas sempre que possível, como barras sólidas com seção transversal grande, tubos ou perfis circulares ocos, tubos quadrados ou retangulares fechados ou ocos e formas fechadas especiais que se aproximam de um tubo.
2. Em contrapartida, evitar seções abertas feitas de materiais finos. A Figura 20.2 é uma boa ilustração.
3. Para quadros largos, forquilhas, mesas, bases e outros, usar travamentos diagonais colocados a 45° dos lados do quadro (consulte a Figura 20.3).
4. Usar conexões rígidas, como na união de membros por soldagem.

A maioria das sugestões apresentadas nesta seção pode ser executada independentemente do tipo específico de quadro projetado: fundições de ferro, de aço, alumínio, zinco ou magnésio; soldas feitas de chapa de aço ou alumínio; carcaças formadas de lâminas ou chapas de metal; ou moldagens de plástico. As referências deste capítulo fornecem orientações adicionais valiosas para que você complete o projeto de quadros, estruturas e carcaças. Consulte as referências 1, 4, 6, 7, 10 a 12 e 18. Veja também os sites 1 a 9, ao final deste capítulo.

20.3 JUNTAS APARAFUSADAS COM CARGA EXCÊNTRICA

A Figura 20.4 mostra um exemplo de junta aparafusada com carga excêntrica. O motor no suporte estendido coloca os parafusos em cisalhamento porque seu peso atua diretamente para baixo. No entanto, também existe um momento igual a $P \times a$ que deve ser resistido. O momento tende a girar o suporte e, assim, cisalhar os parafusos.

A abordagem básica à análise e ao projeto de juntas com carga excêntrica é determinar as forças que atuam sobre cada parafuso por conta de todas as cargas aplicadas. Em seguida, por meio de um processo de sobreposição, as cargas são combinadas vetorialmente para se descobrir qual parafuso sustenta a maior carga.

Comparação da deformação torcional em função da forma.
Todas as seções transversais têm espessura e perímetro iguais.
θ = Ângulo de torção para determinado comprimento e torque aplicado.

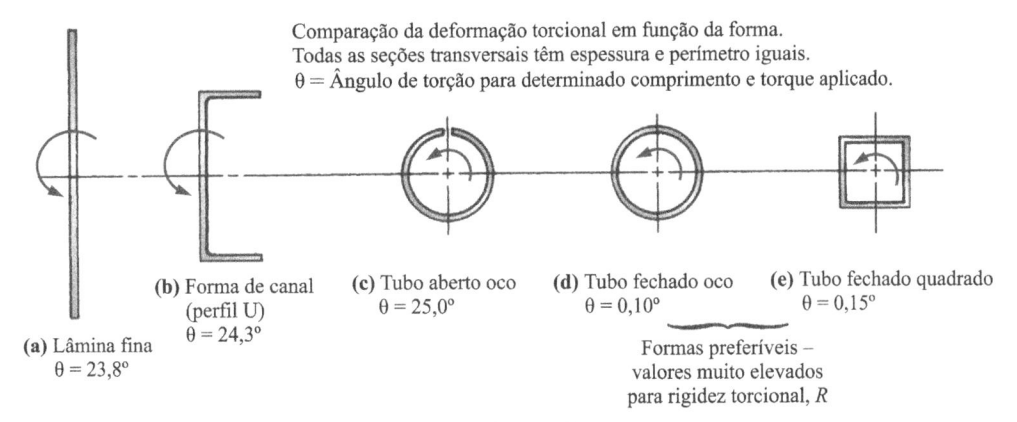

(a) Lâmina fina
θ = 23,8°

(b) Forma de canal
(perfil U)
θ = 24,3°

(c) Tubo aberto oco
θ = 25,0°

(d) Tubo fechado oco
θ = 0,10°

(e) Tubo fechado quadrado
θ = 0,15°

Formas preferíveis –
valores muito elevados
para rigidez torcional, R

▲ FIGURA 20.2 Comparação de deformação torcional como função da forma.

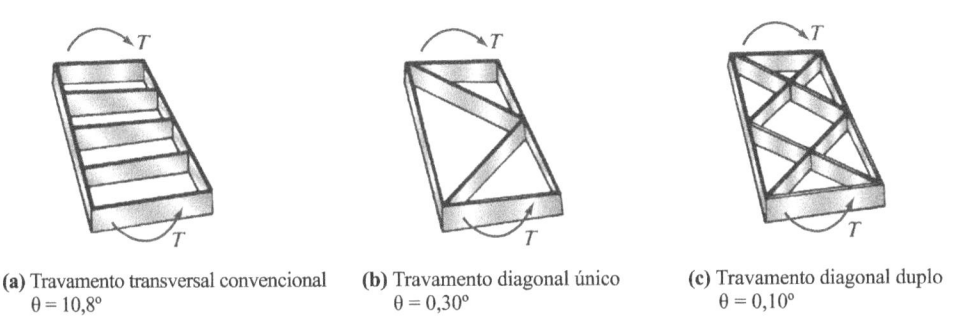

(a) Travamento transversal convencional
θ = 10,8°

(b) Travamento diagonal único
θ = 0,30°

(c) Travamento diagonal duplo
θ = 0,10°

▲ FIGURA 20.3 Comparação do ângulo de torção, θ, para quadros em formato de caixa. Cada um apresenta as mesmas dimensões básicas e o mesmo torque aplicado.

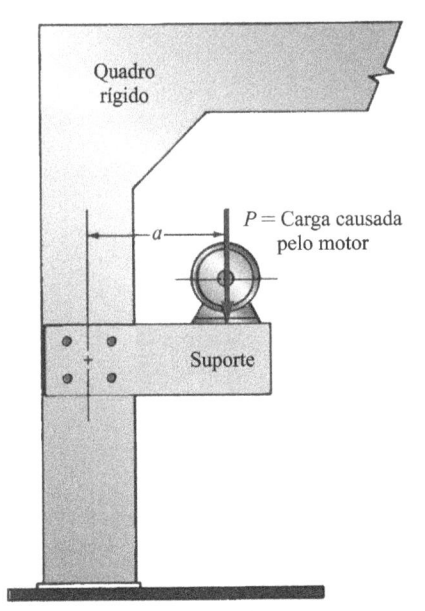

▲ FIGURA 20.4 Juntas aparafusadas com carga.

Então, o parafuso é dimensionado. Esse método será ilustrado no Exemplo 20.1.

O American Institute of Steel Construction (AISC) lista tensões admissíveis referentes a parafusos feitos de aços com classe ASTM, conforme mostrado na Tabela 20.1. Esses dados são relativos a parafusos utilizados em furos com tamanhos-padrão, 1/16 pol maior do que o parafuso. Além disso, presume-se uma *ligação por atrito*, na qual a força de aperto é suficientemente grande para que o atrito entre as peças de contato ajude a sustentar parte da carga de cisalhamento. (Consulte as referências 1 a 3, 14, 19, 20 e 22.)

No projeto de juntas aparafusadas, é preciso assegurar-se de que não há roscas no plano onde o cisalhamento ocorre. O corpo do parafuso, então, terá um diâmetro igual ao principal da rosca. É possível usar as tabelas do Capítulo 19 para selecionar o tamanho-padrão de um parafuso.

▼ TABELA 20.1 Tensões admissíveis em parafusos.

Classe ASTM	Tensão de cisalhamento admissível	Tensão de tração admissível
A307	10 ksi (69 MPa)	20 ksi (138 MPa)
A325 e A449	17,5 ksi (121 MPa)	44 ksi (303 MPa)
A490	22 ksi (152 MPa)	54 ksi (372 MPa)

EXEMPLO 20.1

Para o suporte da Figura 20.4, suponha que a força total P seja 3500 lb e que a distância a seja 12 pol. Projete a junta aparafusada, incluindo a posição, o número, o material e o diâmetro dos parafusos.

SOLUÇÃO

A solução apresentada é o esboço de um procedimento que pode ser utilizado para analisar juntas semelhantes. Os dados deste exemplo ilustram o procedimento.

Passo 1. Proponha o número de parafusos e o padrão de posição. Essa é uma decisão de projeto que tem como base seu próprio parecer e a geometria das partes unidas. Para esse problema, tente um padrão de quatro parafusos posicionados conforme a Figura 20.5.

Passo 2. Determine a força direta de cisalhamento sobre o padrão de parafusos e sobre cada um deles de forma isolada, supondo que todos compartilham a carga de cisalhamento igualmente:
Carga de cisalhamento = P = 3500 lb
Carga por parafuso = F_s = $P/4$ = 3500 lb/4 = 875 lb/parafuso

A força de cisalhamento atua diretamente para baixo em cada parafuso.

Passo 3. Calcule o **momento** a ser resistido pelos parafusos: o produto da carga do equipamento e a distância até o **centroide** do padrão de parafusos. Para este exemplo, $M = P \times a = (3500 \text{ lb})(12 \text{ pol}) = 42000 \text{ lb} \cdot \text{pol}$.

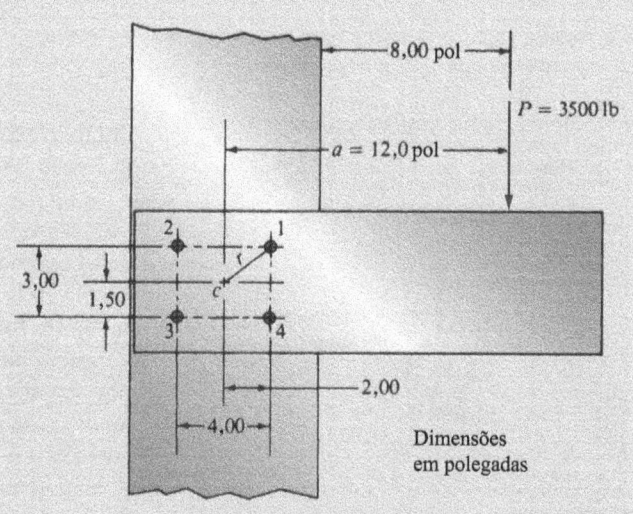

(a) Padrão proposto de parafusos

(b) Forças sobre o parafuso 1

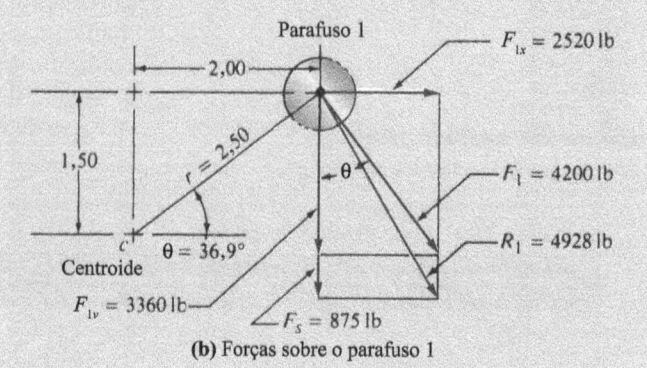

▲ **FIGURA 20.5** Geometria da junta aparafusada e forças sobre o parafuso 1.

Passo 4. Calcule a distância radial entre o centroide do padrão de parafusos e o centro de cada parafuso. Para este exemplo, cada parafuso tem distância radial de:

$$r = \sqrt{(1{,}50\,\text{pol})^2 + (2{,}00\,\text{pol})^2} = 2{,}50\text{ pol}$$

Passo 5. Calcule a soma dos *quadrados* de todas as distâncias radiais até todos os parafusos. Para este exemplo, todos os quatro parafusos têm o mesmo r. Logo,

$$\Sigma r^2 = 4(2{,}50\text{ pol})^2 = 25{,}0\text{ pol}^2$$

Passo 6. Calcule a força necessária em cada parafuso para resistir ao momento fletor a partir da relação:

$$F_i = \frac{Mr_i}{\Sigma r^2} \qquad (20.3)$$

onde,
  r_i = distância radial entre o centroide do padrão de parafusos e o i-ésimo parafuso.
  F_i = força no i-ésimo parafuso causada pelo momento. A força atua perpendicularmente ao raio.

Neste problema, todas essas forças são iguais. Por exemplo, no parafuso 1,

$$F_1 = \frac{Mr_1}{\Sigma r^2} = \frac{(42\,000\text{ lb}\cdot\text{pol})(2{,}50\text{ pol})}{25{,}0\text{ pol}^2} = 4200\text{ lb}$$

Passo 7. Determine a resultante de todas as forças que atuam em cada parafuso. Uma soma vetorial pode ser realizada tanto analítica quanto graficamente, ou cada força pode ser resolvida em componentes horizontal e vertical. Os componentes são, então, somados, e a resultante pode ser calculada.

Use a segunda abordagem para este exemplo. A força de cisalhamento atua diretamente para baixo, na direção y. Os componentes x e y de F_1 são:

$$F_{1x} = F_1 \operatorname{sen}\theta = (4200\text{ lb})\operatorname{sen}(36{,}9°) = 2520\text{ lb}$$

$$F_{1y} = F_1 \cos\theta = (4200)\cos(36{,}9°) = 3360\text{ lb}$$

Logo, a força total na direção y é:

$$F_{1y} + F_s = 3360 + 875 = 4235\text{ lb}$$

Então, a força resultante no parafuso 1 é:

$$R_1 = \sqrt{(2520)^2 + (4235)^2} = 4928\text{ lb}$$

Passo 8. Especifique o material do parafuso, calcule a área necessária para ele e selecione um tamanho apropriado. Neste exemplo, estabeleça aço ASTM A325 para os parafusos com uma tensão de cisalhamento admissível de 17500 psi, a partir da Tabela 20.1. Assim, a área exigida para o parafuso é:

$$A_s = \frac{R_1}{\tau_a} = \frac{4928\text{ lb}}{17500\text{ lb/pol}^2} = 0{,}282\text{ pol}^2$$

O diâmetro necessário seria:

$$D = \sqrt{\frac{4A_s}{\pi}} = \sqrt{\frac{4(0{,}282\text{ pol}^2)}{\pi}} = 0{,}599\text{ pol}$$

Determinemos um parafuso de 5/8 pol com diâmetro de 0,625 pol.

20.4 CONEXÕES SOLDADAS

O projeto de conexões soldadas requer a consideração do modo de carga na junta, dos tipos de material na solda e nos membros a serem unidos e da geometria da ligação em si. A carga pode ser distribuída uniformemente sobre a solda, de maneira que todas as partes estejam sob o mesmo nível de tensão, ou aplicada excentricamente. Ambos os casos são discutidos nesta seção.

Os materiais da solda e dos membros a serem fixados determinam as tensões admissíveis. A Tabela 20.2 enumera vários exemplos para aço e alumínio. As tensões admissíveis listadas são para cisalhamento em soldas de filetes. Para o aço, soldado pelo método do arco elétrico, o tipo de eletrodo indica a resistência à tração do metal adicional. Por exemplo, o eletrodo E70 tem resistência à tração mínima de 70 ksi (483 MPa). Dados adicionais estão disponíveis em publicações da American Welding Society (AWS), do American Institute for Steel Construction (AISC) e da Aluminum Association (AA). Consulte a Referência 1 e os sites 3, 7 e 10.

Tipos de junta

O *tipo de junta* refere-se à relação entre as peças conjugadas, como ilustrado na Figura 20.6. A solda de topo permite que uma junta tenha a mesma espessura nominal das peças conjugadas e usualmente é empregada em carregamentos de tração. Se a junta for feita com o material apropriado de solda, ela será mais forte do que o metal ligado. Assim, nenhuma análise especial da junta é necessária se os próprios membros ligados demonstram ser seguros. Recomenda-se cautela, entretanto, quando os materiais a serem unidos são prejudicados pelo calor no processo de solda. Os aços com tratamento térmico e muitas ligas de alumínio são exemplos disso. Admite-se que os outros tipos de junta na Figura 20.6 colocam a solda em cisalhamento.

Tipos de solda

A Figura 20.7 mostra vários tipos de solda, designados de acordo com a geometria das bordas das

▼ **TABELA 20.2** Tensões de cisalhamento admissíveis em soldas de filete para aço e alumínio.

A. Aço

Tipo de eletrodo	Metais típicos solidificados (classe ASTM)	Tensão de cisalhamento admissível
E60	A36, A500	18 ksi (124 MPa)
E70	A242, A441	21 ksi (145 MPa)
E80	A572, Classe 65	24 ksi (165 MPa)
E90		27 ksi (186 MPa)
E100		30 ksi (207 MPa)
E110		33 ksi (228 MPa)

B. Alumínio

Metal solidificado	Liga do material adicional 1100		Liga do material adicional 4043		Liga do material adicional 5356		Liga do material adicional 5556	
	ksi	MPa	ksi	MPa	ksi	MPa	ksi	MPa
1100	3,2	22	4,8	33				
3003	3,2	22	5,0	34				
6061			5,0	34	7,0	48	8,5	59
6063			5,0	34	6,5	45	6,5	45

▲ **FIGURA 20.6** Tipos de ligação soldada.

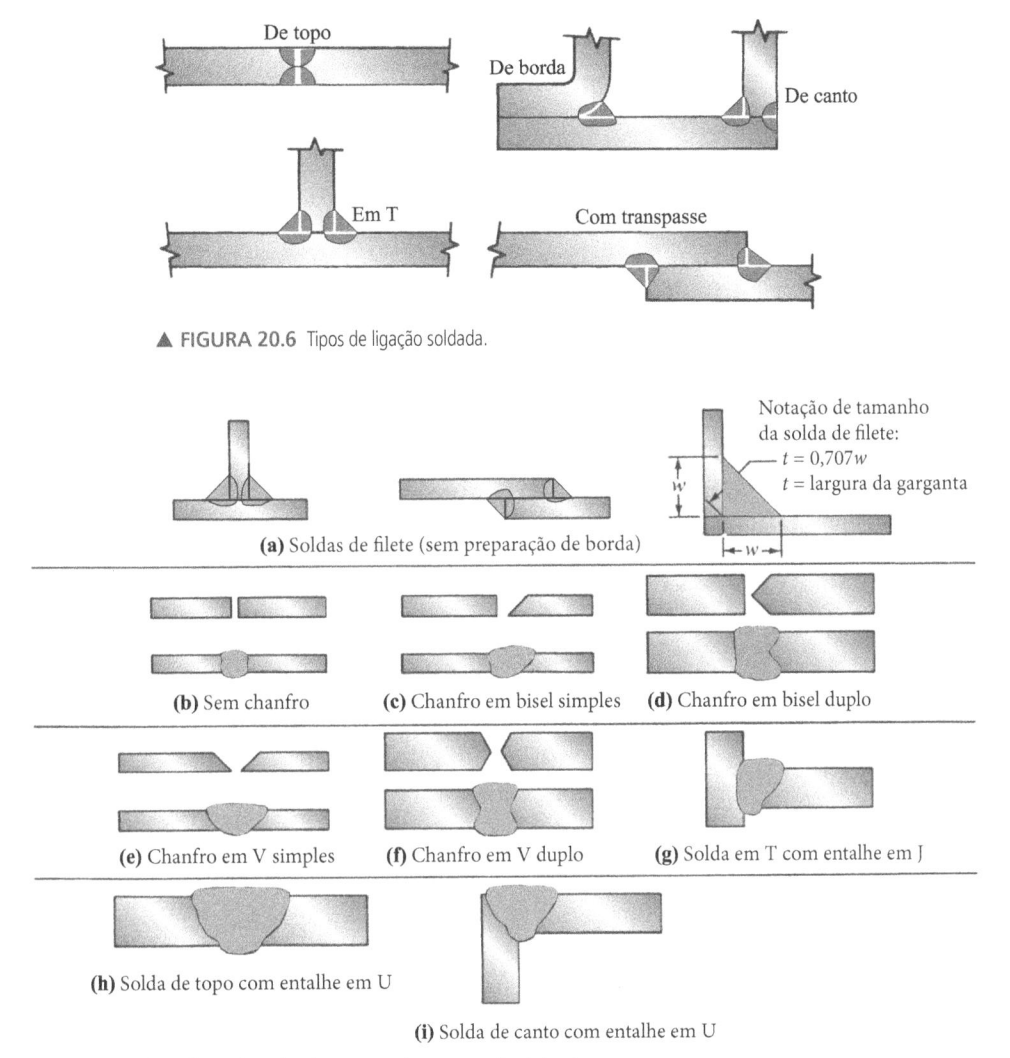

▲ **FIGURA 20.7** Alguns tipos de solda mostrando a preparação da borda.

peças a serem unidas. Observe a preparação especial necessária da borda, especialmente para chapas grossas, com o objetivo de permitir ao arame de solda entrar na junta e criar um cordão de solda contínuo.

Comprimento de solda

Os cinco tipos de solda de entalhe contidos na Figura 20.7 são feitos como de penetração total. Assim, como indicado anteriormente para soldas de topo, a solda é mais forte do que os metais dos elementos a serem fixados, e nenhuma outra análise é necessária.

Soldas de filete são normalmente feitas como triângulos retângulos com pernas de mesmo tamanho, sendo o comprimento de solda indicado pelo comprimento da perna. Uma solda de filete sob um carregamento de cisalhamento tenderia a falhar ao longo da menor dimensão, que é representada por uma linha normal à face da solda que vai até a raiz desta. A partir de uma simples trigonometria, descobre-se que o comprimento dessa linha é $0{,}707w$, onde w é a dimensão da perna.

Os objetivos do projeto de uma conexão com solda de filete são especificar o comprimento das pernas do filete, o padrão da solda e o comprimento dela. Aqui é apresentado o método que aborda a solda como uma linha sem espessura. O método consiste na determinação da *força máxima por polegada* do comprimento da perna da solda. A comparação da força real com uma admissível possibilita o cálculo do comprimento exigido da perna.

A Tabela 20.3 fornece dados para a tensão de cisalhamento e a força admissíveis por polegada em algumas combinações de metal-base e eletrodo de solda. Em geral, os limites admissíveis para estruturas de edificação dizem respeito a cargas estáticas. Os valores para carregamento de pontes consideram os efeitos cíclicos. Para carregamentos repetidos que geram fadiga, consulte a literatura. (Veja as referências 1, 6 a 10, 13, 15, 16, 21 e 23.)

Método de abordagem da solda como uma linha

Quatro tipos diferentes de carga são considerados aqui: (1) tração direta ou compressão, (2) cisalhamento vertical direto, (3) flexão e (4) torção. Esse método permite que o projetista realize cálculos de maneira muito semelhante ao projeto dos próprios elementos portantes. Em geral, a solda é analisada separadamente para cada tipo de carregamento a fim de se determinar a força por polegada de comprimento gerada a cada carga. As cargas são, então, combinadas vetorialmente para a definição da força máxima, que é comparada aos limites admissíveis da Tabela 20.3 a fim de se estabelecer o comprimento exigido de solda. Consulte as referências 6 e 7.

▼ **TABELA 20.3** Tensões de cisalhamento admissíveis e forças nas soldas.

Classe ASTM do metal-base	Eletrodo	Tensão de cisalhamento admissível	Força admissível por polegada de perna
Estruturas de edificação:			
A36, A441	E60	13600 psi	9600 lb/pol
A36, A441	E70	15800 psi	11200 lb/pol
Estruturas de ponte:			
A36	E60	12400 psi	8800 lb/pol
A441, A242	E70	14700 psi	10400 lb/pol

As relações usadas são resumidas a seguir:

Tipo de carga	Fórmula (e número da equação) para força por polegada de solda	
Tração direta ou compressão	$f = P/A_w$	20.4
Cisalhamento vertical direto	$f = V/A_w$	20.5
Flexão	$f = M/S_w$	20.6
Torção	$f = Tc/J_w$	20.7

Nessas fórmulas, a geometria da solda é utilizada para avaliar os termos A_w, S_w e J_w com as relações mostradas na Figura 20.8. Observe a semelhança entre essas fórmulas e aquelas empregadas na análise de tensão. Perceba também a semelhança entre os fatores geométricos para soldas e as propriedades das áreas utilizadas na análise de tensão. Uma vez que a solda é tratada como uma linha sem espessura, as unidades para os fatores geométricos são diferentes das para as propriedades da área, como indicado na Figura 20.8.

O uso desse método para análise de solda será demonstrado com os problemas de exemplo. Em geral, ele requer o cumprimento das etapas contidas na seção *Procedimento geral para o projeto de conexões soldadas*.

Procedimento geral para o projeto de conexões soldadas

1. Propor a geometria da conexão e o projeto dos membros a serem unidos.
2. Identificar os tipos de tensão aos quais a junta é submetida (flexão, torção, cisalhamento vertical, tensão direta ou compressão).
3. Analisar a junta para determinar a magnitude e a direção da força sobre a solda gerada por todos os tipos de carga.
4. Combinar as forças vetorialmente no(s) ponto(s) da solda onde elas parecem ser máximas.
5. Dividir a força máxima na solda pela admissível com base na Tabela 20.3 para determinar o tamanho da perna exigido para a solda. Observe que, quando chapas grossas são soldadas, há tamanhos mínimos aceitáveis, conforme listado na Tabela 20.4.

▼ **TABELA 20.4** Tamanhos mínimos de solda para chapas grossas.

Espessura da chapa (pol)	Tamanho mínimo da perna para solda de filete (pol)
≤ 1/2	3/16
> 1/2 – 3/4	1/4
> 3/4 – 1½	5/16
> 1½ – 2¼	3/8
> 2¼ – 6	1/2
> 6	5/8

Capítulo 20 • Quadros de máquinas, conexões aparafusadas e conexões soldadas

Dimensões de solda	Flexão	Torção

① $A_w = d$

Flexão: $S_w = d^2/6$, $M = P_a$

Torção: $J_w = d^3/12$, $T = P_a$, $c = d/2$

② $A_w = 2d$

Flexão: $S_w = d^2/3$

Torção: $J_w = \dfrac{d(3b^2 + d^2)}{6}$

③ $A_w = 2b$

Flexão: $S_w = bd$

Torção: $J_w = \dfrac{b^3 + 3bd^2}{6}$

④ $A_w = b + d$, $\bar{x} = \dfrac{b^2}{2(b+d)}$, $\bar{y} = \dfrac{d^2}{2(b+d)}$

Flexão: No topo: $S_w = \dfrac{4bd + d^2}{6}$; Na base: $S_w = \dfrac{d^2(4b+d)}{6(2b+d)}$

Torção: $J_w = \dfrac{(b+d)^4 - 6b^2 d^2}{12(b+d)}$

⑤ $A_w = d + 2b$, $\bar{x} = \dfrac{b^2}{2b+d}$

Flexão: $S_w = bd + d^2/6$

Torção: $J_w = \dfrac{(2b+d)^3}{12} - \dfrac{b^2(b+d)^2}{(2b+d)}$

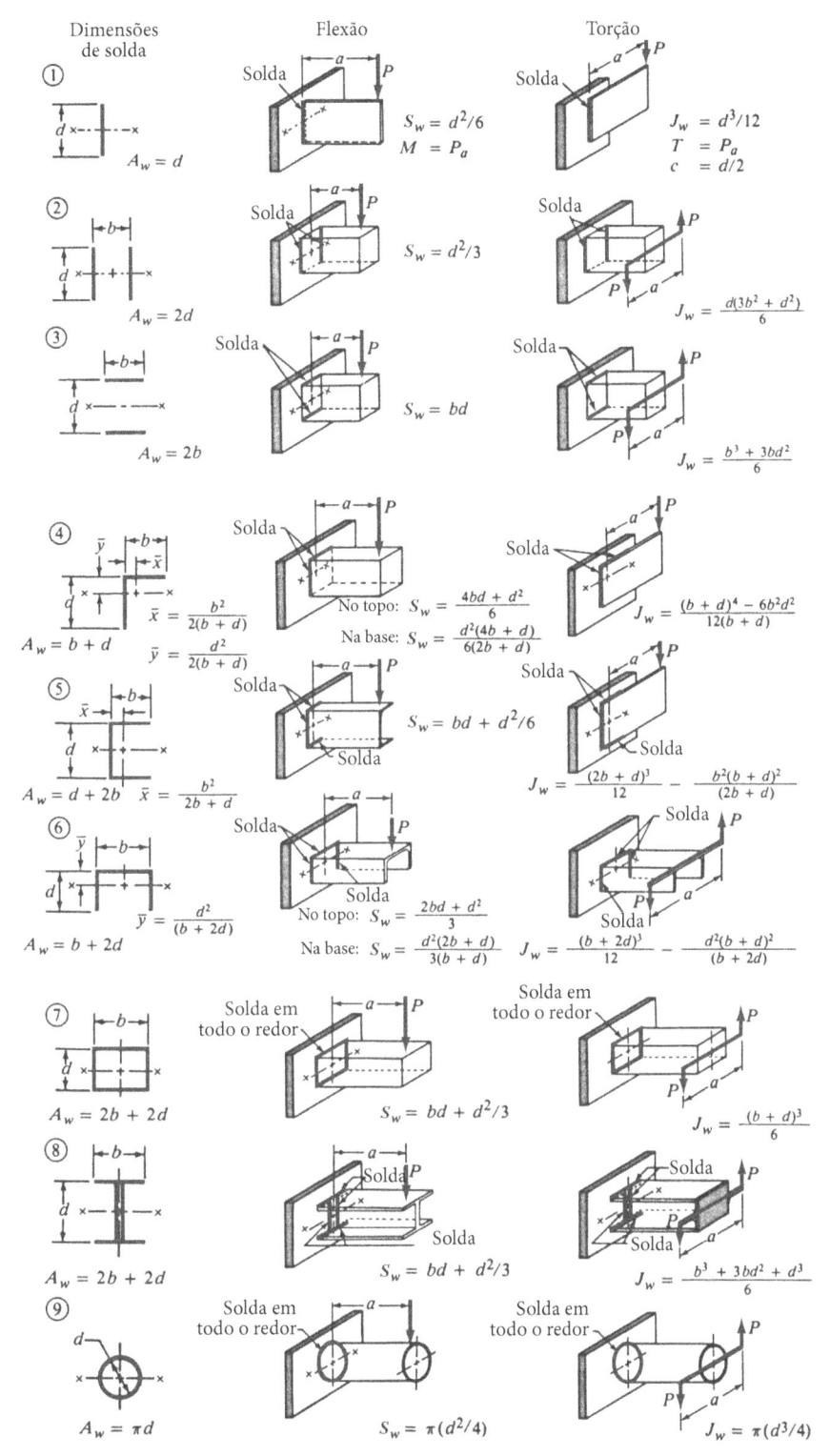

⑥ $A_w = b + 2d$, $\bar{y} = \dfrac{d^2}{(b+2d)}$

Flexão: No topo: $S_w = \dfrac{2bd + d^2}{3}$; Na base: $S_w = \dfrac{d^2(2b+d)}{3(b+d)}$

Torção: $J_w = \dfrac{(b+2d)^3}{12} - \dfrac{d^2(b+d)^2}{(b+2d)}$

⑦ $A_w = 2b + 2d$ — Solda em todo o redor

Flexão: $S_w = bd + d^2/3$

Torção: $J_w = \dfrac{(b+d)^3}{6}$

⑧ $A_w = 2b + 2d$

Flexão: $S_w = bd + d^2/3$

Torção: $J_w = \dfrac{b^3 + 3bd^2 + d^3}{6}$

⑨ $A_w = \pi d$ — Solda em todo o redor

Flexão: $S_w = \pi(d^2/4)$

Torção: $J_w = \pi(d^3/4)$

▲ **FIGURA 20.8** Fatores geométricos para análise de solda.

EXEMPLO 20.2

Projete um suporte semelhante ao da Figura 20.4, mas use solda para fixá-lo à coluna. O suporte tem 6,00 pol de altura e é feito de aço ASTM A36 com espessura de 1/2 pol. A coluna também é composta de aço A36 e tem 8,00 pol de largura.

SOLUÇÃO

Passo 1. A geometria proposta é uma decisão de projeto e talvez precise ser submetida a algumas iterações para que se torne ideal. Como primeira tentativa, utilize o padrão de solda em forma de C, mostrado na Figura 20.9.

Passo 2. A solda será submetida a cisalhamento vertical direto e torção, causados pela carga de 3500 lb sobre o suporte.

Passo 3. Para calcular as forças na solda, é preciso conhecer os fatores geométricos A_w e J_w. Além disso, a localização do centroide da solda deve ser estimada [consulte a Figura 20.9(b)]. Use o caso 5 da Figura 20.8.

$$A_w = 2b + d = 2(4) + 6 = 14 \text{ pol}$$

$$J_w = \frac{(2b+d)^3}{12} - \frac{b^2(b+d)^2}{(2b+d)} = \frac{(14)^3}{12} - \frac{16(10)^2}{14} = 114,4 \text{ pol}^3$$

$$\bar{x} = \frac{b^2}{2b+d} = \frac{16}{14} = 1,14 \text{ pol}$$

Força por cisalhamento vertical

$$V = P = 3500 \text{ lb}$$

$$f_s = P/A_w = (3500 \text{ lb})/14 \text{ pol} = 250 \text{ lb/pol}$$

Essa força atua verticalmente para baixo em todas as partes da solda.

Forças por momento torsor

$$T = P[8,00 + (b - \bar{x})] = 3500[8,00 + (4,00 - 1,14)]$$

$$T = 3500(10,86) = 38010 \text{ lb} \cdot \text{pol}$$

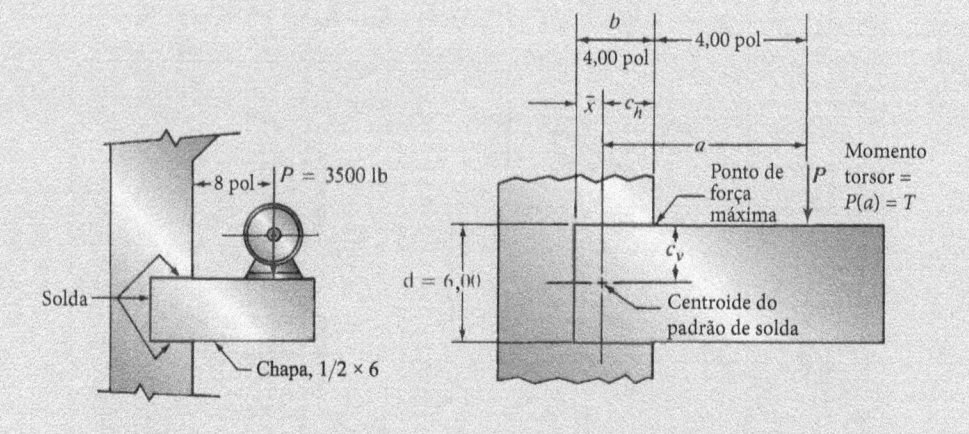

(a) Projeto básico de suporte

(b) Dimensões do suporte

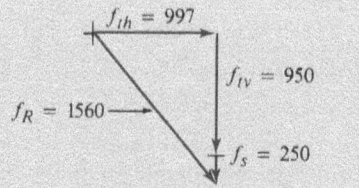

$f_{th} = 997$
$f_{tv} = 950$
$f_R = 1560$
$f_s = 250$

Soma vetorial das forças individuais no ponto de força máxima

(c) Análise de forças

▲ **FIGURA 20.9** Suporte com solda em forma de C.

O momento torsor faz uma força ser exercida na solda de modo perpendicular a uma linha radial que vai desde o centroide da solda até o ponto de interesse. Nesse caso, a extremidade da solda na parte superior direita recebe a maior força. O mais conveniente é dividir a força em componentes horizontal e vertical e, em seguida, recombinar todas esses componentes a fim de calcular a força resultante:

$$f_{th} = \frac{Tc_v}{J_w} = \frac{(38010)(3,00)}{114,4} = 997 \text{ lb/pol}$$

$$f_{tv} = \frac{Tc_h}{J_w} = \frac{(38010)(2,86)}{114,4} = 950 \text{ lb/pol}$$

Passo 4. A combinação vetorial das forças na solda é mostrada na Figura 20.9(c). Assim, a força máxima é 1560 lb/pol.

Passo 5. Ao selecionar um eletrodo E60 para a soldagem, verifica-se que a força admissível por polegada de perna da solda é 9600 lb/pol (Tabela 20.3). Logo, o tamanho de perna da solda necessário é:

$$w = \frac{1560 \text{ lb/pol}}{9600 \text{ lb/pol por pol de perna}} = 0{,}163 \text{ pol}$$

A Tabela 20.4 indica que o tamanho mínimo de solda para uma chapa de 1/2 pol é 3/16 pol (0,188 pol). Esse tamanho deve ser especificado.

EXEMPLO 20.3

Uma tira de aço, com 1/4 pol de espessura, deve ser soldada a um quadro rígido para sustentar uma carga permanente de 12500 lb, conforme mostrado na Figura 20.10. Projete a tira e sua solda.

SOLUÇÃO

O objetivo básico do projeto é especificar um material adequado para a tira, o eletrodo da solda, o tamanho da solda e as dimensões W e h, como mostrado na Figura 20.10.
Especifiquemos que a tira deve ser feita de aço estrutural ASTM A441 e que precisa ser soldada com um eletrodo E70 usando o tamanho mínimo de solda de 3/16 pol. O Apêndice 7 apresenta a tensão de escoamento do aço A441 como sendo de 42000 psi. Com um fator de projeto 2, pode-se calcular uma tensão admissível de:

$$\sigma_a = 42000/2 = 21000 \text{ psi}$$

Logo, a área exigida da tira é:

$$A = \frac{P}{\sigma_a} = \frac{12500 \text{ lb}}{21000 \text{ lb/pol}^2} = 0{,}595 \text{ pol}^2$$

Porém, a área é $W \times t$, onde $t = 0{,}25$ pol. Então, a largura necessária W é:

$$W = A/t = 0{,}595/0{,}25 = 2{,}38 \text{ pol}$$

Estabelecemos que $W = 2{,}50$ pol.
A fim de calcular o comprimento exigido da solda h, precisamos da força admissível na solda de 3/16 pol. A Tabela 20.3 indica que a força admissível no aço A441 soldado com um eletrodo E70 é de 11200 lb/pol por pol de tamanho de perna. Assim,

$$f_a = \frac{11200 \text{ lb/pol}}{\text{perna de } 1,0} \times \text{perna de } 0,188 \text{ pol} = 2100 \text{ lb/pol}$$

A força real na solda é:
$$f_a = P/A_w = P/2h$$
Então, resolvendo para h, tem-se:
$$h = \frac{P}{2(f_a)} = \frac{12500 \text{ lb}}{2(2100 \text{ lb/pol})} = 2,98 \text{ pol}$$

Especifiquemos $h = 3,00$ pol.

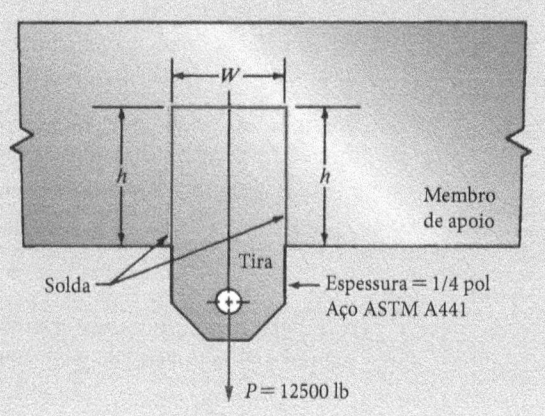

▲ **FIGURA 20.10** Tira de aço.

EXEMPLO 20.4

Avalie o projeto mostrado na Figura 20.11 no que diz respeito à tensão nas soldas. Todas as peças do conjunto são feitas de aço estrutural ASTM A36 e são soldadas com um eletrodo E60. A carga de 2500 lb é permanente.

SOLUÇÃO

O ponto crítico seria a solda na parte superior do tubo, onde ele é fixado à superfície vertical. Nesse ponto, há um sistema de força tridimensional atuando na solda, como ilustrado na Figura 20.12. O deslocamento da carga causa uma torção na solda, o que produz uma força f_t para a esquerda na direção y. A flexão desencadeia uma força f_b que atua para fora, ao longo do eixo x. A força de cisalhamento vertical f_s age para baixo, ao longo do eixo z.

Da estática, a resultante dos componentes das três forças seria:
$$f_R = \sqrt{f_t^2 + f_b^2 + f_s^2}$$

Agora, cada componente da força na solda será calculado.

Força de torção, f_t:
$$f_t = \frac{Tc}{J_w}$$
$$T = (2500 \text{ lb})(8,00 \text{ pol}) = 20000 \text{ lb} \cdot \text{pol}$$
$$c = OD/2 = 4,500/2 = 2,25 \text{ pol}$$
$$J_w = (\pi)(OD)^3/4 = (\pi)(4,500)^3/4 = 71,57 \text{ pol}^3$$

Então,
$$f_t = \frac{Tc}{J_w} = \frac{(20000)(2,25)}{71,57} = 629 \text{ lb/pol}$$

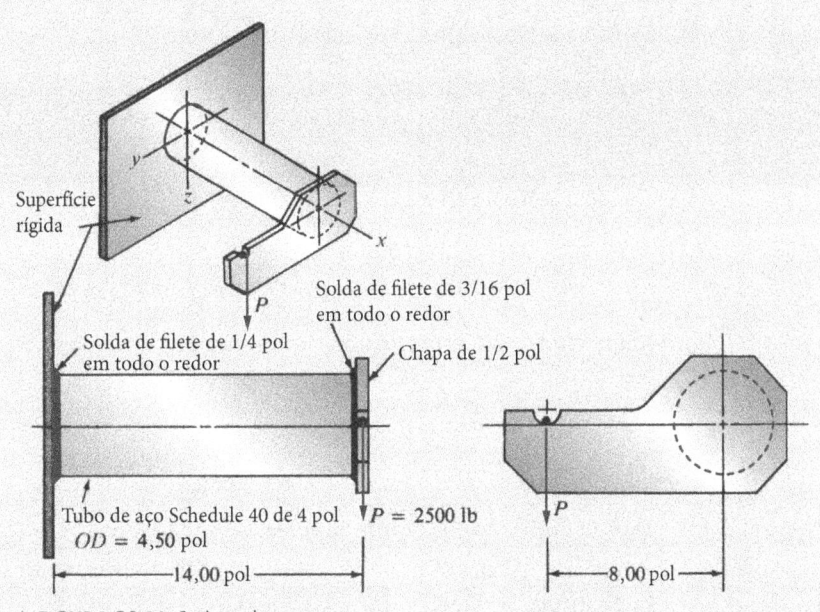

FIGURA 20.11 Conjunto de suporte.

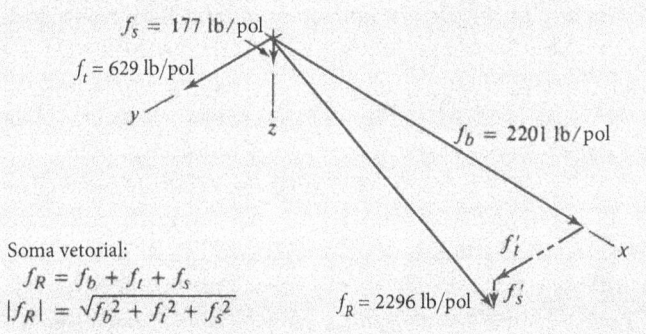

FIGURA 20.12 Vetores de força.

Soma vetorial:
$$f_R = f_b + f_t + f_s$$
$$|f_R| = \sqrt{f_b^2 + f_t^2 + f_s^2}$$

Força de flexão, f_b:

$$f_b = \frac{M}{S_w}$$

$$M = (2500 \text{ lb})(14,00 \text{ pol}) = 35000 \text{ lb} \cdot \text{pol}$$

$$S_w = (\pi)(OD)^2/4 = (\pi)(4,500)^2/4 = 15,90 \text{ pol}^2$$

Então,

$$f_b = \frac{M}{S_w} = \frac{35000}{15,90} = 2201 \text{ lb/pol}$$

Força de cisalhamento vertical, f_s:

$$f_s = \frac{P}{A_w}$$

$$A_w = (\pi)(OD) = (\pi)(4,500 \text{ pol}) = 14,14 \text{ pol}$$

$$f_s = \frac{P}{A_w} = \frac{2500}{14,14} = 177 \text{ lb/pol}$$

Agora a resultante pode ser calculada:

$$f_R = \sqrt{f_t^2 + f_b^2 + f_s^2}$$

$$f_R = \sqrt{629^2 + 2201^2 + 177^2} = 2296 \text{ lb/pol}$$

A comparação disso com a força admissível em uma solda de 1,0 pol resulta em:

$$w = \frac{2296 \text{ lb/pol}}{9600 \text{ lb/pol por pol de tamanho de perna}} = 0{,}239 \text{ pol}$$

O filete de 1/4 pol especificado na Figura 20.11 é satisfatório.

REFERÊNCIAS

1. AMERICAN INSTITUTE OF STEEL CONSTRUCTION. *Steel Construction Manual*. 14. ed. Chicago, IL: American Institute of Steel Construction, 2011.
2. BICKFORD, J. H. *Introduction to the Design and Behavior of Bolted Joints*: Non-Gasketed Joints. 4. ed. Boca Raton, FL: CRC Press, 2008.
3. BICKFORD, J. H.; NASSAR, Sayed (orgs.). *Handbook of Bolts and Bolted Joints*. Nova York: Marcel Dekker, 1978.
4. BLAIR, M.; STEVENS, T. L.; LINSKEY, B. (orgs.). *Steel Castings Handbook*. 6. ed. Materials Park, OH: ASM International, 1996.
5. BLAKE, Alexander. *Design of Mechanical Joints*. Boca Raton, FL: CRC Press, 1985.
6. BLODGETT, O. W. *Design of Welded Structures*. Cleveland, OH: James F. Lincoln Arc Welding Foundation, 1976.
7. _____. *Design of Weldments*. Cleveland, OH: James F. Lincoln Arc Welding Foundation, 1998.
8. CARY, H. B.; HELZER, S. *Modern Welding Technology*. 6. ed. Upper Saddle River, NJ: Pearson/Prentice Hall, 2004.
9. GEARY, D.; MILLER, R. *Welding*. 2. ed. Nova York: McGraw-Hill, 2011.
10. HICKS, J. *Welded Design*: Theory and Practice. Cambridge, Reino Unido; Filadélfia, PA: Woodhead Publishing, 2001.
11. HUMPSTON, G.; JACOBSON, D. M. *Principles of Soldering*. Materials Park, OH: ASM International, 2004.
12. _____. *Principles of Brazing*. Materials Park, OH: ASM International, 2005.
13. JEFFUS, L. *Welding Principles and Applications*. 7. ed. Florence, KY: Delmar Cengage Learning, 2011.
14. KULAK, G. L.; FISHER, J. W.; STRUIK, J. H. A. *Guide to Design Criteria for Bolted and Riveted Joints*. 2. ed. Nova York: John Wiley & Sons, 1987.
15. LOHWASSER, D.; CHEN, A. W. *Friction Stir Welding*: From Basics to Application. Cambridge, Reino Unido; Filadélfia, PA: Woodhead Publishing, 2009.
16. MATHERS, Gene. *The Welding of Aluminum and Its Alloys*. Boca Raton, FL: CRC Press, 2002.
17. MOTT, R. L. *Applied Strength of Materials*. 5. ed. Upper Saddle River, NJ: Pearson/Prentice Hall, 2008.
18. NORTH AMERICAN DIE CASTING ASSOCIATION. *Cast View Design Software*. Rosemont, IL: North American Die Casting Association, 2002.
19. OBERG, E.; JONES, F. D.; HORTON, H. L.; RYFFEL, H. H. *Machinery's Handbook*. 28. ed. Nova York: Industrial Press, 2008.
20. PARMLEY, R. O. *Standard Handbook of Fastening and Joining*. 3. ed. Nova York: McGraw-Hill, 1997.
21. RAJ, B.; SHANKAR, V.; BHADURI, A. K. *Welding Technology for Engineers*. Materials Park, OH: ASM International, 2006. (Publicado em parceria com Narosa Publishing House, Nova Deli, Índia).
22. RESEARCH COUNCIL ON STRUCTURAL CONNECTIONS. *Specification for Structural Joints Using High-Strength Bolts*. Chicago, IL: Research Council on Structural Connections, 2010.
23. WEMAN, K. *Welding Processes Handbook*. 2. ed. Cambridge, Reino Unido; Filadélfia, PA: Woodhead Publishing, 2012.

SITES SOBRE QUADROS DE MÁQUINA, CONEXÕES APARAFUSADAS E CONEXÕES SOLDADAS

Consulte também os sites do Capítulo 19 sobre elementos de fixação, pois muitos deles são relacionados a conexões aparafusadas.

1. **Steel Founders' Society of America.** <www.sfsa.org>. Associação de empresas que prestam serviços de fundição. O site inclui informações úteis sobre fundição, um glossário com termos da área e uma estrutura para projetos.
2. **American Foundry Society.** <www.afsinc.org>. Sociedade profissional que promove pesquisa e tecnologia para a indústria de fundição. O site inclui uma seção chamada *How to Design Castings* (Como projetar fundições), numerosos tutoriais de projeto e vídeos com operações de fundição.
3. **American Welding Society.** <www.aws.org>. Sociedade profissional que desenvolve normas para a indústria de soldagem, dentre elas: AWS D1.1 Structural Welding Code-Steel (2010), AWS D1.2 Structural Welding Code-Aluminum (2008) e muitas outras. O site oferece acesso às normas e ao seu sistema de ensino American Welding Online. Ele também fornece links para o SENSE (School Excelling through National Skill Standards Education) e diretrizes para a formação de soldadores.
4. **James F. Lincoln Foundation.** <www.jflf.org>. Organização que promove educação e treinamento sobre as tecnologias de soldagem. O site contém artigos técnicos e informações gerais sobre processos de soldagem, projetos de conexão e guias para construção em aço soldado. Ele também inclui um centro educacional com slides de PowerPoint e outros materiais de treinamento.
5. **Miller Electric Company.** <www.millerwelds.com>. Fabricante de uma ampla variedade de equipamentos e acessórios de soldagem para a comunidade profissional da área e soldadores ocasionais. O site inclui uma seção de treinamento/formação, na qual se pode buscar informações sobre vários processos de soldagem. Também há uma seção de recursos com dicas técnicas, diretrizes de soldagem e vídeos sobre o assunto.
6. **Lincoln Electric Company.** <www.lincolnelectric.com>. Fabricante de uma ampla variedade de equipamentos e acessórios de soldagem para a indústria. O site inclui uma seção de informações que oferece artigos técnicos sobre tecnologias de soldagem.
7. **Hobart Brothers Company.** <www.hobartbrothers.com>. Fabricante de muitos tipos de produtos para metal adicional, eletrodos e arame de aço à indústria de soldagem. O site oferece uma seção com material de apoio disponível para download, como cartazes e tabelas sobre soldagem.
8. **Hobart Institute of Welding Technology.** <www.welding.org>. Organização educacional que oferece instrução sobre o desempenho de técnicas de soldagem.
9. **Metal Casting Design.** <www.metalcastingdesign.com>. Recurso on-line para compradores e engenheiros de projeto na área de fundição de metais, patrocinado pela American Foundry Society. Inclui um seletor de processo para fundição de metal, tutoriais e treinamento para compradores e projetistas. Os tutoriais de fundição acompanham um projeto desde a concepção até os problemas de fabricação e a terminologia envolvida na seleção, no projeto, na compra, na produção e na utilização de metais fundidos.
10. **Aluminum Association.** <www.aluminum.org>. A associação promove o uso de alumínio e representa, nos EUA e em outros países, os principais produtores e recicladores de alumínio e fabricantes de produtos industrializados, bem como fornecedores industriais. Ela publica a *Aluminum Standards and Data* em unidades tanto do sistema norte-americano quanto do sistema métrico, o *Aluminum Design Manual* e o *Aluminum Structural Welding Code*.

PROBLEMAS

Nos problemas de 1 a 6, projete uma junta aparafusada para unir os dois membros mostrados na figura correspondente. Especifique o número, o padrão, a classe e o tamanho dos parafusos.

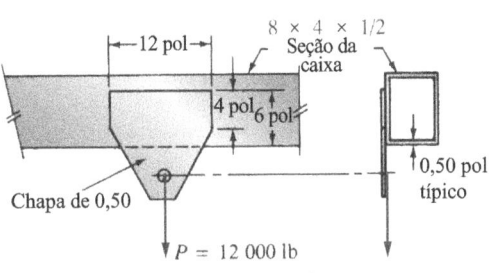

1. Figura P20.1

▲ **FIGURA P20.1** (Problemas 1, 7 e 13)

2. Figura P20.2

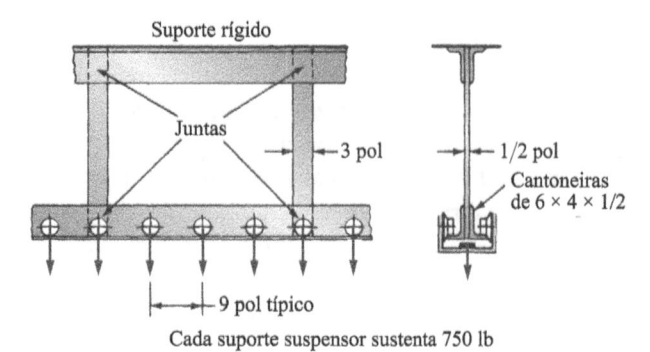

▲ FIGURA P20.2

Suporte rígido
Juntas
3 pol
1/2 pol
Cantoneiras de 6 × 4 × 1/2
9 pol típico
Cada suporte suspensor sustenta 750 lb

3. Figura P20.3

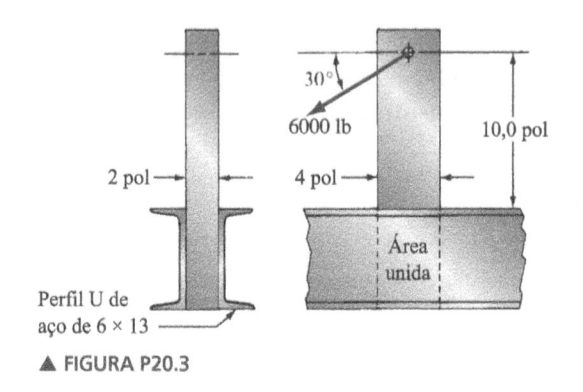

30°
6000 lb
10,0 pol
2 pol
4 pol
Área unida
Perfil U de aço de 6 × 13

▲ FIGURA P20.3

4. Figura P20.4

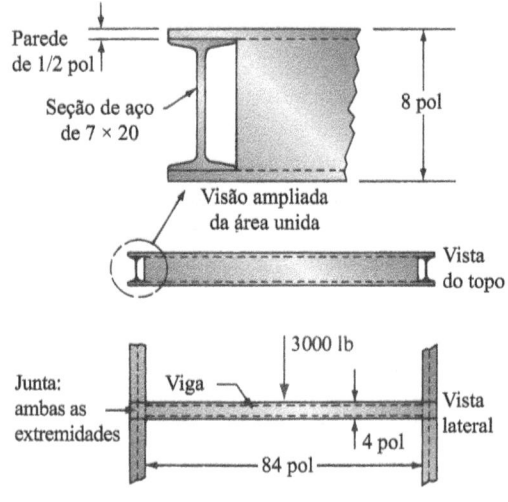

Parede de 1/2 pol
Seção de aço de 7 × 20
8 pol
Visão ampliada da área unida
Vista do topo
3000 lb
Junta: ambas as extremidades
Viga
Vista lateral
4 pol
84 pol

▲ FIGURA P20.4 (Problemas 4 e 8)

5. Figura P20.5

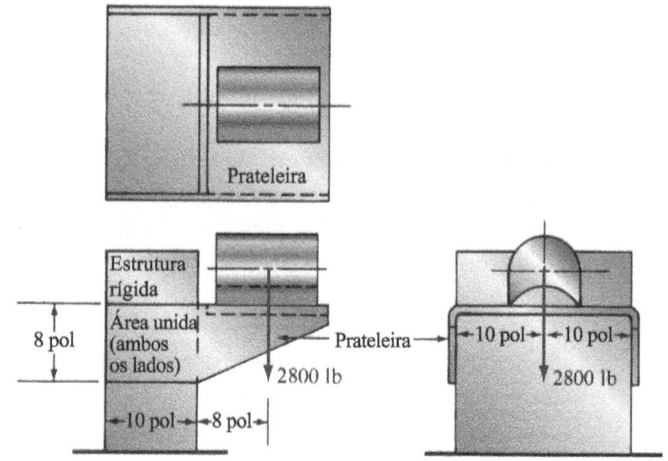

Prateleira
Estrutura rígida
8 pol
Área unida (ambos os lados)
Prateleira
10 pol — 10 pol
2800 lb
2800 lb
10 pol — 8 pol

▲ FIGURA P20.5 (Problemas 5 e 9)

6. Figura P20.6

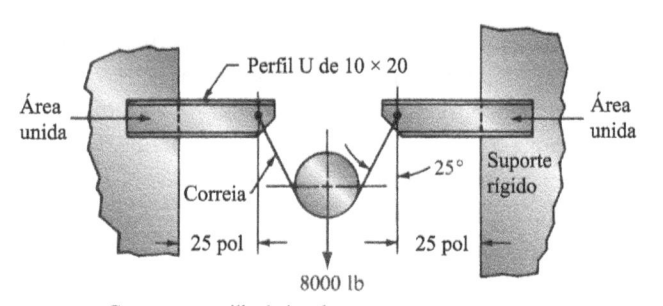

Perfil U de 10 × 20
Área unida
Área unida
Correia
25°
Suporte rígido
25 pol
25 pol
8000 lb

Carga compartilhada igualmente por quatro suportes (apenas dois são mostrados)

▲ FIGURA P20.6 (Problemas 6 e 10)

Nos problemas de 7 a 12, projete uma conexão soldada para unir os dois membros mostrados na figura correspondente. Especifique o padrão da solda, o tipo de eletrodo a ser utilizado e o comprimento da solda. Nos problemas de 7 a 9, os membros são feitos de aço ASTM A36. Já nos problemas de 10 a 12, os membros são feitos de aço ASTM A441. Empregue o método de abordagem da junta como uma linha e use as forças admissíveis por polegada de perna para estruturas de edificação, com base na Tabela 20.3.

7. Figura P20.1
8. Figura P20.4
9. Figura P20.5
10. Figura P20.6
11. Figura P20.11

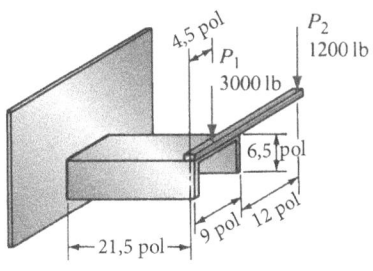

▲ FIGURA P20.11 (Problemas 11 e 12)

12. Figura P20.11 (mas $P_2 = 0$)

Nos problemas de 13 a 16, projete uma conexão soldada para unir os dois membros de alumínio mostrados na figura correspondente. Especifique o padrão da solda, o tipo de liga de metal adicional e o comprimento da solda. Os tipos de material ligado estão listados nos problemas.

13. Figura P20.1: liga 6061 (mas $P = 4000$ lb)

14. Figura P20.14: liga 6061

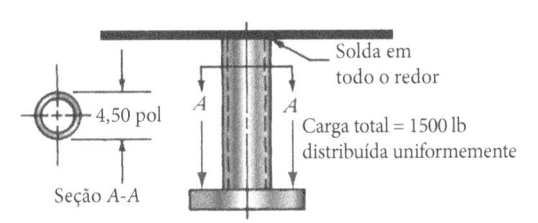

▲ FIGURA P20.14

15. Figura P20.15: liga 6063

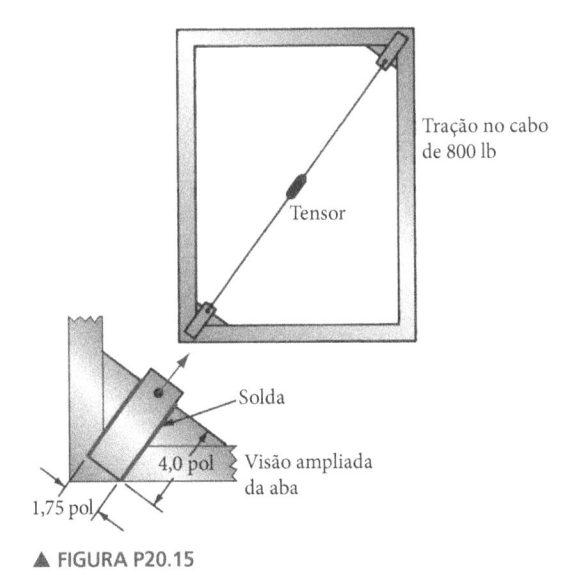

▲ FIGURA P20.15

16. Figura P20.16: liga 3003

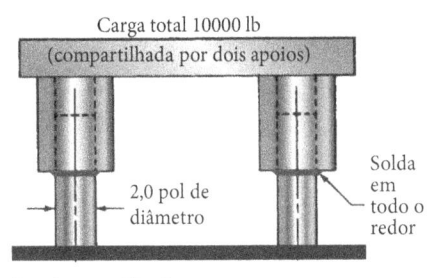

▲ FIGURA P20.16

17. Compare o peso de uma barra em tração com carga permanente de 4800 lb se ela for feita de: (a) aço SAE 1020 HR; (b) aço SAE 5160 OQT 1300; (c) alumínio 2014-T6; (d) alumínio 7075-T6; (e) titânio 6A1-4V recozido; e (f) titânio 3A1-13V-11Cr envelhecido. Utilize $N = 2$ com base na tensão de escoamento.

CAPÍTULO 21
MOTORES ELÉTRICOS E CONTROLES

Sumário
Visão geral
Você é o projetista
21.1 Objetivos
21.2 Fatores de seleção de motores
21.3 Potência CA e informações gerais sobre motores CA
21.4 Princípios de operação de motores com indução CA
21.5 Desempenho de motor CA
21.6 Motores de indução trifásicos com indução gaiola de esquilo
21.7 Motores monofásicos
21.8 Tipos de quadro e caixa de motor CA
21.9 Controles para motores CA
21.10 Potência CC
21.11 Motores CC
21.12 Controle de motores CC
21.13 Outros tipos de motor

Visão geral

Tópicos de discussão

- Os motores elétricos fornecem potência para uma vasta gama de produtos em casas, fábricas, escolas, instalações comerciais, equipamentos de transporte e muitos dispositivos portáteis.
- As duas principais classificações dos motores são: *corrente alternada (CA)* e *corrente contínua (CC)*. Alguns podem operar com qualquer tipo de potência.

Descubra

Busque uma grande variedade de máquinas e produtos acionados por motores elétricos. Escolha dispositivos grandes e pequenos, alguns portáteis e outros com plugues para tomadas elétricas padronizadas. Procure em sua casa, em seu local de trabalho e em uma fábrica.

Tente encontrar a placa de identificação em cada motor e copie o máximo de informações que puder. De que maneira os dados da placa de identificação estão relacionados com as características de desempenho do motor? Trata-se de um motor CA ou de um motor CC? Qual é a velocidade de operação? Qual é a classificação elétrica em termos de tensão e corrente?

Alguns motores que operam bem nos Estados Unidos apresentarão desempenho diferente em outros países ou simplesmente não funcionarão. Por quê? Quais são as tensões elétricas e os padrões de frequência em diversas partes do mundo?

Este capítulo o ajudará a identificar muitos tipos de motor, a compreender as características operacionais gerais de cada um e a aplicá-los adequadamente.

O motor elétrico é amplamente utilizado para fornecer a potência principal de máquinas industriais, produtos de consumo e equipamentos de serviço. Este capítulo descreverá os diversos tipos de motor e discutirá suas características operacionais. O objetivo é apresentar as informações necessárias à especificação de motores e à comunicação com fornecedores, a fim de que seja possível adquirir o motor apropriado para determinada aplicação.

Os tipos de motor discutidos neste capítulo são: corrente contínua (CC), corrente alternada (CA, tanto monofásico quanto trifásico), universal, de passo e CA com velocidade variável. Controles de motor, baterias e outros meios de fornecimento de potência CC também são discutidos.

Embora a aparência dos diferentes tipos de motor e o projeto das partes componentes variem significativamente, é proveitoso neste momento analisar a Figura 21.1, que mostra um motor elétrico CA comum de porte industrial. A vista explodida indica as principais componentes e como elas estão posicionadas umas em relação às outras. O fornecimento de potência de saída do motor acontece pelo *eixo*, que normalmente vai desde a parte traseira até a frontal do *quadro*, prolongando-se para fora, de modo a possibilitar a conexão com a máquina acionada ou a equipar um elemento transmissor de potência, como uma engrenagem, uma roldana ou uma roda dentada. O eixo é apoiado por dois *rolamentos* de precisão, geralmente de contato angular, que o posicionam de forma concêntrica com o da *carcaça*. O *rotor* do motor é fixado ao eixo entre os dois rolamentos. Ele reage eletromagneticamente com *enrolamentos no estator*, instalados dentro da carcaça estacionária. Esse tipo específico de motor chama-se *motor elétrico CA de indução totalmente fechado com ventilação externa*, ou *TFVE*. Observe o *ventilador*

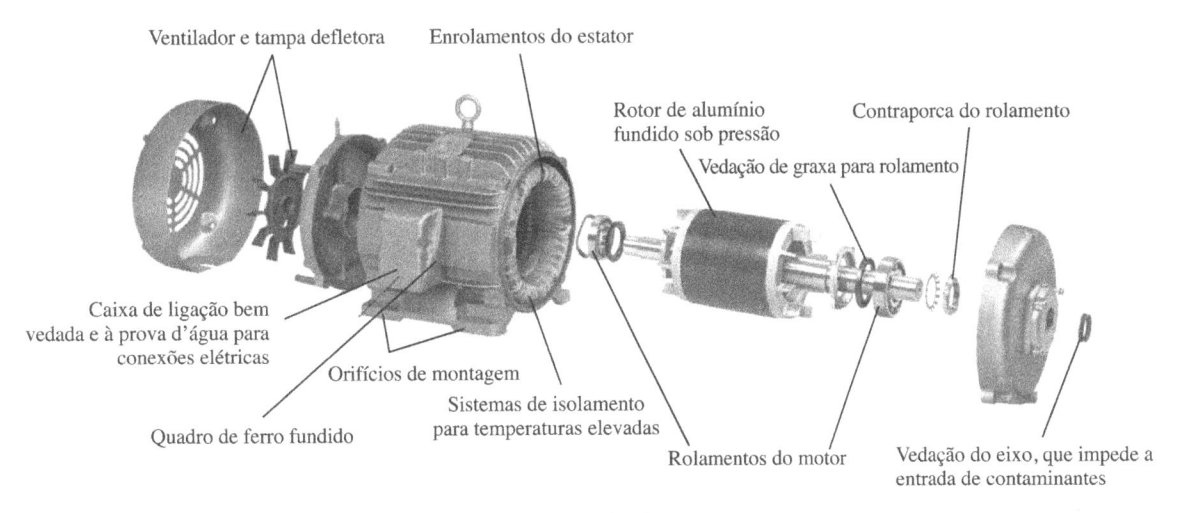

FIGURA 21.1 Vista explodida das componentes de um motor elétrico CA de indução.
(Baldor Eletric Company, Greenville, SC)

à esquerda que gira com o eixo do motor, puxando o ar sobre a carcaça e soprando-o pela tampa traseira para remover o calor gerado pelo processo de indução.

Agora, tente encontrar uma grande variedade de máquinas acionadas por motores elétricos: grandes, pequenas, portáteis, com plugue para tomadas elétricas padronizadas ou conectadas diretamente a um circuito elétrico. Examine sua casa, seu carro, seu local de trabalho, postos de gasolina, lojas, cinemas ou fábricas, se possível.

Procure localizar a placa de identificação em cada motor e copie o máximo de informações que puder. O que significam os dados? Há algum diagrama de instalação elétrica? De que maneira os dados da placa de identificação estão relacionados com as características de desempenho do motor? Trata-se de um motor CA ou de um motor CC? Qual é a velocidade de operação? Qual é a classificação elétrica em termos de tensão e corrente? Nos motores de dispositivos portáteis, que tipo de fonte de alimentação é usada? Quais tipos de bateria são necessários? Quantas unidades? Como a bateria é conectada? Em série? Em paralelo? De que maneira esses fatores estão relacionados com a classificação de tensão do motor? Qual é a relação entre o tipo de trabalho feito pelo motor e o tempo entre as sessões de carregamento?

Compare alguns motores maiores com as imagens da Seção 21.8 neste capítulo. Você consegue identificar o tipo de quadro? Qual empresa fabricou o motor?

Busque mais informações sobre os motores ou seus fabricantes na Internet. Procure o nome de algumas empresas citadas neste capítulo e aprenda mais sobre as linhas de motor oferecidas. Faça uma pesquisa ampla para descobrir o maior número possível de modelos.

Qual é a potência nominal de cada motor? Quais unidades são empregadas na taxa de potência? Converta todas as taxas de potência para watts. (Consulte o Apêndice 17.) Em seguida, converta todas elas para hp a fim de ter uma ideia do tamanho físico de diversos motores e visualizar a comparação entre a unidade do sistema internacional, o watt, e a unidade norte-americana mais antiga, o hp.

Separe os motores encontrados em dois grupos: CA e CC. Você consegue enxergar alguma diferença significativa entre os dois tipos de motor? Dentro de cada classe, quais variações podem ser observadas? Alguma placa de identificação descreve o tipo de motor como *síncrono*, *universal*, de *fase dissociável*, *NEMA projeto C* ou outras denominações?

Que tipos de controle estão conectados aos motores? Interruptores? Acionadores? Controles de velocidade? Dispositivos de proteção?

Este capítulo o ajudará a identificar muitos tipos de motor, a compreender as características operacionais gerais de cada um e a aplicá-los adequadamente.

Você é o projetista

Suponha que você deve projetar um sistema transportador. Uma das possibilidades de acionamento é o uso de um motor elétrico. Qual tipo de motor deve ser usado? A que velocidade ele operará? Que tipo de potência elétrica está disponível para alimentá-lo? Qual potência é necessária? Que tipos de carcaça e montagem devem ser especificados? Quais são as dimensões do motor? Como o motor está conectado à polia motriz do sistema transportador? As informações contidas neste capítulo o ajudarão a responder a essas e outras perguntas.

21.1 OBJETIVOS

Ao final deste capítulo, você estará apto a:
1. Descrever os fatores que devem ser especificados na seleção de um motor adequado.
2. Descrever os princípios operacionais de motores CA.
3. Identificar as classificações típicas de motores elétricos CA segundo a potência nominal.
4. Identificar as tensões e frequências comuns da potência CA e a velocidade operacional de motores CA nesses sistemas.
5. Descrever a potência CA monofásica e trifásica.
6. Descrever projetos, tamanhos e tipos comuns de quadro para motores CA.
7. Descrever a forma geral de uma curva de desempenho do motor.
8. Falar sobre o desempenho comparativo de motores CA monofásicos dos tipos *polo sombreado*, *capacitor permanente*, *fase dissociável* e *capacitor de partida*.
9. Descrever motores CA trifásicos de indução gaiola de esquilo.
10. Descrever o desempenho comparativo de motores CA trifásicos dos tipos *NEMA projeto B*, *NEMA projeto C*, *NEMA projeto D* e *rotor bobinado*.
11. Descrever *motores síncronos*.
12. Descrever *motores universais*.
13. Listar três formas de produzir potência CC e as tensões comuns geradas.
14. Enumerar as vantagens e desvantagens dos motores CC em relação aos motores CA.
15. Abordar quatro projetos básicos de motores CC — *em derivação*, *série*, *composto* e *ímã permanente* — e suas curvas de desempenho.
16. Descrever motores de torque, servomotores, motores de passo, motores CC sem escova e motores de circuito impresso.
17. Descrever sistemas de controle de motor para proteção de sistema, controle de velocidade, partida, parada e proteção contra sobrecarga.
18. Descrever o controle de velocidade de motores CA.
19. Descrever o controle de motores CC.

21.2 FATORES DE SELEÇÃO DE MOTORES

No mínimo, os seguintes itens devem ser especificados para os motores:

- Tipo de motor: CC, CA, monofásico, trifásico, e assim por diante.
- Taxa de potência e velocidade.
- Tensão e frequência de funcionamento.
- Tipo de caixa.
- Tamanho do quadro.
- Detalhes de montagem.

Além disso, pode haver muitos requisitos especiais que devem ser comunicados ao fornecedor. Os principais fatores a serem considerados na escolha de um motor incluem os seguintes:

- Torque operacional, velocidade operacional e taxa de potência. Note que esses fatores estão relacionados na seguinte equação:

$$\text{Potência} = \text{torque} \times \text{velocidade}$$

- Torque de partida.
- Variações de carga esperadas e as respectivas variações de velocidade que podem ser toleradas.
- Limitações de corrente durante as fases de operação e partida.
- Ciclo de trabalho: a frequência na qual o motor é acionado e interrompido.
- Fatores ambientais: temperatura, presença de corrosivos ou atmosferas explosivas, exposição ao tempo ou a líquidos, disponibilidade de resfriamento do ar, e assim por diante.
- Variações de tensão esperadas: a maioria dos motores tolera até ± 10% de variação em relação à tensão nominal. Acima disso, são necessários projetos especiais.
- Carregamento do eixo, principalmente cargas laterais e axiais que podem afetar a vida útil dos rolamentos do eixo.

Tamanho do motor

Uma classificação rudimentar por tamanho é usada para agrupar motores que possuem um projeto semelhante. O cavalo de potência (hp) é atualmente a unidade mais utilizada, mas o watt ou o quilowatt, unidades métricas, também são empregadas às vezes. A conversão é

$$1{,}0 \text{ hp} = 0{,}746 \text{ kW} = 746 \text{ W}$$

As classificações são as seguintes:

- *Potência subfracionária*: de 1 a 40 milicavalos de potência (mhp), onde 1 mhp = 0,001 hp. Assim, esse intervalo abrange de 0,001 a 0,040 hp (de 0,75 a 30 W, aproximadamente).
- *Potência fracionária*: de 1/20 a 1,0 hp (de 37 a 746 W, aproximadamente).
- *Potência integral*: a partir de 1,0 hp (0,75 kW).

As referências 1 a 8 fornecem informações adicionais sobre a seleção e a aplicação de motores elétricos. Consulte também os sites 1 a 4, 14 e 15.

21.3 POTÊNCIA CA E INFORMAÇÕES GERAIS SOBRE MOTORES CA

A potência por corrente alternada (CA) é produzida pela empresa de energia elétrica e fornecida ao consumidor industrial, comercial ou residencial em uma variedade de formas. Nos Estados Unidos, a potência CA tem uma frequência de 60 hertz (Hz) ou 60 ciclos/s. Em muitos outros países, 50 Hz é a frequência usada. Algumas aeronaves utilizam potência de 400 Hz proveniente de um gerador integrado.

A potência CA também é classificada como monofásica ou trifásica. A maioria das unidades residenciais e instalações comerciais leves possui potência apenas monofásica, transmitida por dois condutores e aterramento. A forma de onda da potência é semelhante à da Figura 21.2: uma senoide única e contínua na frequência do sistema, cuja amplitude é a tensão nominal da potência. A potência trifásica é fornecida por meio de um sistema com três condutores e é composta por três ondas distintas de mesma amplitude e frequência, cada fase está deslocada em 120° da fase seguinte, conforme ilustrado na Figura 21.3. Instalações industriais e comerciais de grande porte empregam potência trifásica para as cargas elétricas maiores, pois, assim, o uso de motores menores é possível e há economia de operação.

Tensões CA

Algumas classificações de tensão mais conhecidas em potência CA estão listadas na Tabela 21.1.

Ali são fornecidas a tensão nominal do sistema e a classificação da tensão típica do motor para ele, tanto na forma monofásica quanto na trifásica. Na maioria dos casos, a tensão mais alta deve ser aplicada, pois o fluxo de corrente para determinada potência é menor. Isso possibilita o uso de condutores menores.

▼ TABELA 21.1 Tensões de motor CA.

Tensão do sistema	Classificações da tensão do motor	
	Monofásica	Trifásica
120	115	115
120/208	115	200
240	230	230
480		460
600		575

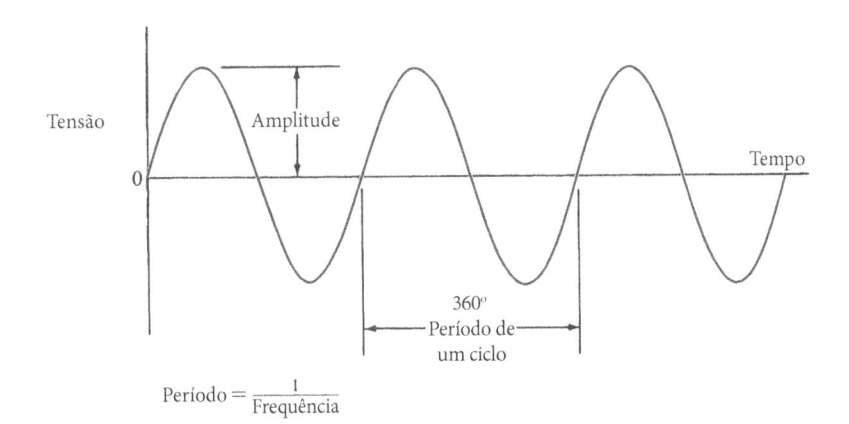

▲ FIGURA 21.2 Potência CA monofásica.

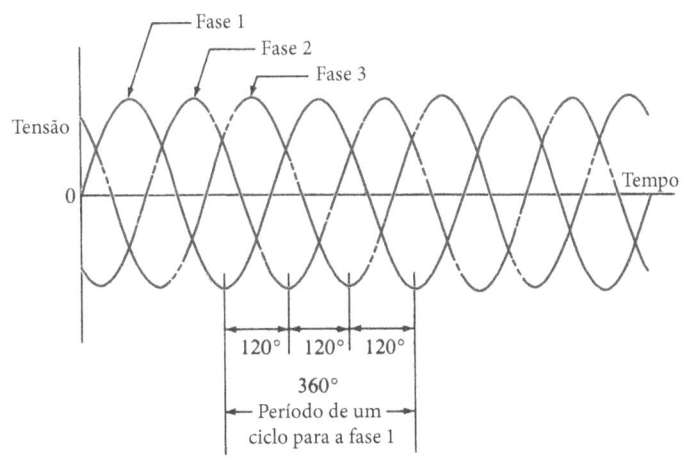

▲ FIGURA 21.3 Potência CA trifásica.

Velocidades de motores CA

Um motor CA com carga zero tende a operar à *velocidade síncrona*, n_s, ou próximo dela, que está relacionada com a frequência, f, da potência CA e com o número de polos elétricos, p, enrolados no motor, de acordo com a seguinte equação:

▶ **Velocidade síncrona**

$$n_s = \frac{120f}{p} \text{rev/min} \qquad (21.1)$$

Os motores têm um número par de polos, geralmente entre 2 e 12, resultando nas velocidades síncronas listadas na Tabela 21.2 para uma potência de 60 Hz. No entanto, o motor de indução — o tipo mais usado — opera a uma velocidade progressivamente menor do que a síncrona conforme a demanda de carga (torque) aumenta. Quando o motor fornece seu torque nominal, ele opera próximo à sua velocidade nominal ou de carga máxima, também listada na Tabela 21.2. Observe que a velocidade de carga máxima não é precisa e que os valores listados são para motores com escorregamento normal de aproximadamente 5%. Alguns motores descritos mais adiante são de "alto escorregamento", com velocidades inferiores de carga máxima. Já certos motores de quatro polos apresentam valor nominal de 1750 rpm com carga máxima, indicando um escorregamento de apenas 3%, aproximadamente. *Motores síncronos* operam exatamente à velocidade síncrona, sem escorregamento.

21.4 PRINCÍPIOS DE OPERAÇÃO DE MOTORES COM INDUÇÃO CA

Mais adiante neste capítulo, serão discutidos os detalhes específicos de vários tipos de motor CA, sendo o mais comum deles o *motor de indução*. Consulte novamente a Figura 21.1, que mostra as componentes em vista explodida. Veja também as figuras 21.13 a 21.17, que exibem imagens de motores completos. As duas partes ativas de um motor de indução são o *estator*, ou elemento estacionário, e o *rotor*, ou elemento rotativo. A Figura 21.4 ilustra a seção longitudinal de um motor de indução, em que é possível ver o estator, na forma de um cilindro oco, fixado na carcaça. O rotor é posicionado dentro do estator e é sustentado pelo eixo; este, por sua vez, é sustentado por rolamentos na carcaça.

O estator é feito de vários discos laminados de aço, chamados *laminações*, empilhados e isolados uns dos outros. A Figura 21.5 apresenta a forma das laminações, incluindo uma série de fendas no interior. Essas fendas são alinhadas no empilhamento das laminações, formando, assim, canais ao longo do comprimento do núcleo do estator. Várias camadas de fio de cobre são inseridas nos canais e enroladas em volta para formar um conjunto de espiras contínuas, chamadas de

▼ **TABELA 21.2** Velocidades de motor CA para potência de 60 hertz.

Número de polos	Velocidade síncrona (rpm)	Velocidade com carga máxima[a] (rpm)
2	3600	3450
4	1800	1725
6	1200	1140
8	900	850
10	720	690
12	600	575

[a] Aproximadamente 95% da velocidade síncrona (escorregamento normal).

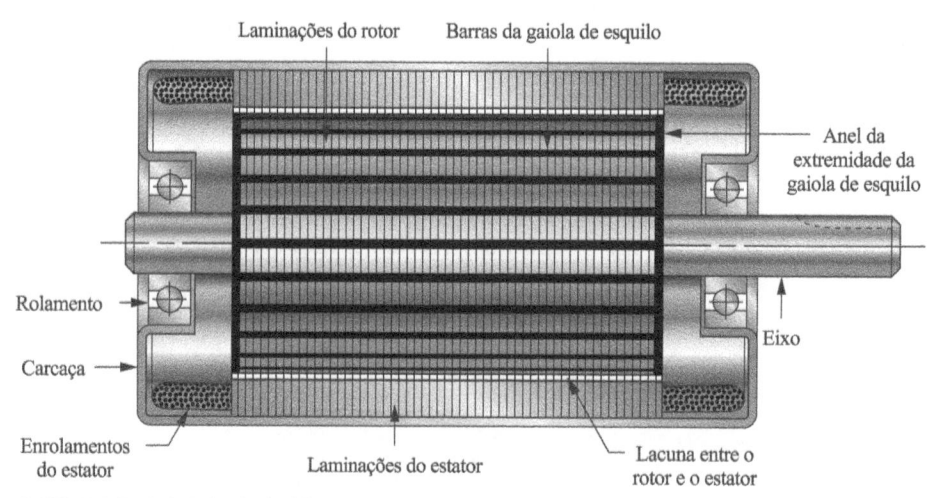

▲ **FIGURA 21.4** Seção longitudinal de um motor de indução.

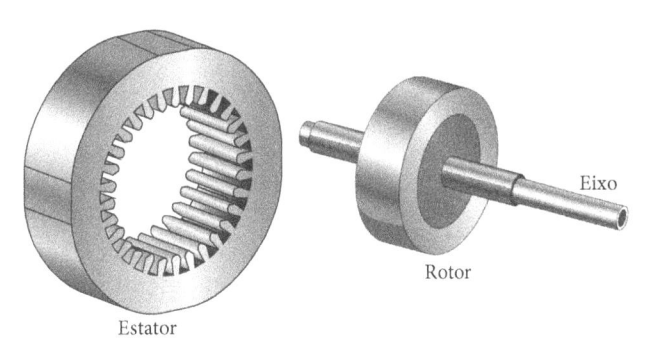

FIGURA 21.5 Laminações de motor de indução.

enrolamentos. O padrão das espiras no estator determina o número de polos para o motor, geralmente 2, 4, 6, 8, 10 ou 12. A Tabela 21.2 mostra que a velocidade angular do motor depende do número de polos.

O rotor também possui uma pilha de laminações com canais ao longo do comprimento. Os canais costumam ser preenchidos com barras sólidas feitas de um bom condutor elétrico, como cobre ou alumínio, com as extremidades ligadas a anéis contínuos. Em alguns rotores menores, o conjunto completo de barras e anéis de extremidade é fundido com alumínio, formando uma única unidade. Como é possível perceber na Figura 21.6, se essa peça fundida fosse vista sem a laminação, seria parecida com uma gaiola de esquilo. Por esse motivo, motores de indução são frequentemente chamados de motores gaiola de esquilo. A combinação da gaiola de esquilo com as laminações é fixada no eixo do motor de modo muito preciso a fim de garantir o alinhamento concêntrico com o estator e o balanceamento dinâmico durante a rotação. Quando o rotor está instalado nos rolamentos de apoio e inserido dentro do estator, há uma pequena lacuna de aproximadamente 0,020 pol (0,50 mm) entre a superfície externa do rotor e a interna do estator.

Motores trifásicos

Os princípios operacionais dos motores CA serão discutidos primeiro em relação a motores de indução trifásicos. Já projetos de motores monofásicos serão abordados mais adiante. A potência elétrica trifásica, mostrada esquematicamente na Figura 21.3, é conectada aos enrolamentos do estator. Conforme a corrente flui nos enrolamentos, campos electromagnéticos são criados e expostos aos condutores no rotor. Uma vez que as três fases da potência estão defasadas umas das outras no tempo, o efeito criado é um conjunto de campos girando em torno do estator. O condutor, quando colocado sob um campo magnético em movimento, tem corrente induzida, e uma força é exercida perpendicularmente a ele. A força atua junto à periferia do rotor, criando um torque para girá-lo.

É a produção da corrente induzida no rotor que leva esses motores a serem chamados de *motores de indução*. Note, ainda, que não há conexões elétricas diretas para o rotor, o que simplifica muito o projeto e a construção do motor e contribui para seu alto grau de confiabilidade.

21.5 DESEMPENHO DE MOTOR CA

O desempenho de motores elétricos é normalmente exibido em um gráfico da velocidade em função do torque, como indicado na Figura 21.7. O *eixo vertical* é o da velocidade angular do motor como porcentagem da velocidade síncrona. O *eixo horizontal* é o do torque desenvolvido pelo motor como porcentagem com carga máxima ou nominal. Quando exerce seu torque de carga máxima, o motor opera à velocidade de carga máxima e transmite a potência nominal. Consulte a Tabela 21.2 para uma lista de velocidades síncronas e de carga máxima.

O torque na parte inferior da curva onde a velocidade é zero é chamado de *torque de partida* ou *torque de rotor bloqueado*. Trata-se do torque disponível para colocar a carga em movimento e iniciar sua aceleração. Esse é um dos parâmetros mais importantes para a seleção de motores, conforme será discutido nas descrições dos diferentes tipos existentes.

O "joelho" da curva, chamado de *torque de ruptura*, é o torque máximo desenvolvido pelo motor durante a aceleração. A inclinação da curva de velocidade/torque nas imediações do ponto operacional de carga máxima é uma indicação da *regulação de velocidade*. Uma curva plana (baixa inclinação) indica boa regulação de velocidade com pouca alternância desta à medida que a carga varia. Por outro lado, uma curva acentuada (inclinação elevada) indica má regulação de velocidade, e o motor apresentará grandes oscilações nela à medida que a carga varia. Tais motores produzem uma aceleração "suave" da carga, o que pode ser vantajoso em algumas aplicações. Contudo, quando uma velocidade razoavelmente constante for desejada, um motor com boa regulação de velocidade deve ser selecionado.

▲ FIGURA 21.6 Rotor gaiola de esquilo sem laminações.

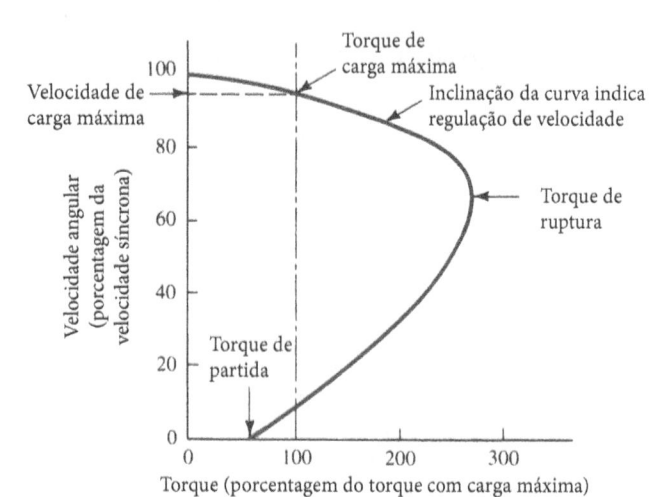

▲ FIGURA 21.7 Forma geral da curva de desempenho do motor.

21.6 MOTORES DE INDUÇÃO TRIFÁSICOS COM INDUÇÃO GAIOLA DE ESQUILO

Três dos motores CA trifásicos mais utilizados são simplesmente chamados de projetos B, C e D pela National Electrical Manufacturers Association (NEMA). Eles diferem entre si em especial no valor de torque de partida e na regulação de velocidade próximo à carga máxima. A Figura 21.8 mostra as curvas de desempenho desses três projetos para fins de comparação. Cada um deles emprega o tipo de rotor gaiola de esquilo sólido, e, portanto, não há qualquer conexão elétrica com ele.

O projeto com quatro polos e velocidade síncrona de 1800 rpm é o mais comum, e está disponível em praticamente todas as taxas de potência de 1/4 hp a 500 hp. Certos tamanhos estão disponíveis em projetos com 2 polos (3600 rpm), 6 polos (1200 rpm), 8 polos (900 rpm) 10 polos (720 rpm) e 12 polos (600 rpm).

NEMA projeto B

O desempenho do projeto B de motor trifásico é semelhante ao do motor monofásico de fase dissociável (*split-phase*) descrito mais adiante. Ele apresenta torque de partida moderado (aproximadamente 150% do torque de carga máxima) e boa regulação de velocidade. O torque de ruptura é elevado, geralmente 200% do torque de carga máxima ou mais. A corrente de partida é bem elevada, cerca de seis vezes a corrente de carga máxima. O circuito de partida deve ser selecionado a fim de conduzir essa corrente durante o curto período necessário para acelerar o motor.

Usos comuns para o projeto B de motor incluem bombas centrífugas, ventiladores, ventoinhas e máquinas-ferramenta, como esmeris e tornos.

NEMA projeto C

O torque de partida elevado é a principal vantagem do projeto C de motor. Cargas que exigem entre 200% e 300% do torque de carga máxima para a partida podem ser acionadas. A corrente de partida é geralmente inferior à do projeto B de motor para o mesmo torque de partida. A regulação de velocidade é boa, mais ou menos a mesma do projeto B. Compressores alternativos, sistemas de refrigeração, transportadores com carga pesada e moinho de esfera e barra são usos comuns.

NEMA projeto D

O projeto D apresenta torque de partida elevado, aproximadamente 300% do torque de carga máxima. No entanto, ele possui uma regulação ruim de velocidade, o que resulta em grandes alterações com

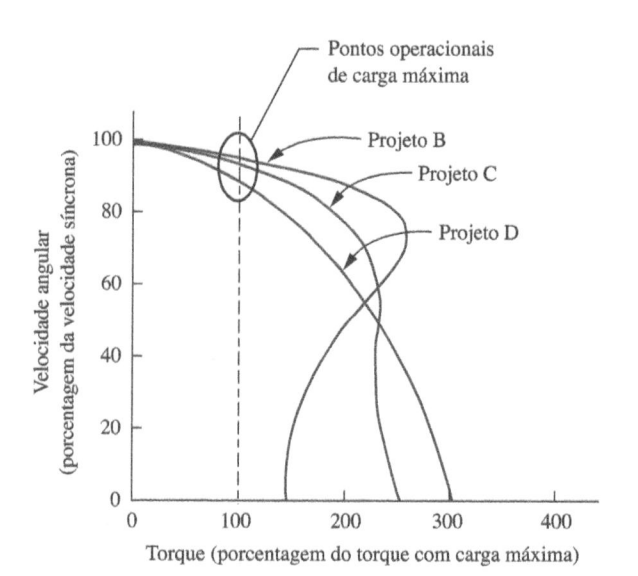

▲ FIGURA 21.8 Curvas de desempenho de motores trifásicos: projetos B, C e D.

cargas variáveis. Por vezes chamado de *motor de alto escorregamento*, ele opera com 5% a 13% de escorregamento à carga máxima, ao passo que os projetos B e C trabalham com 3% a 5% de escorregamento. Logo, a velocidade com carga máxima será inferior no projeto D.

A má regulação da velocidade é considerada uma vantagem em algumas aplicações, e é a principal razão de se escolher o projeto D para usos em prensas perfuradoras, tesouras, prensas dobradeiras de folha de metal, guindastes, elevadores e bombas de poços de petróleo. A possibilidade de o motor desacelerar significativamente com o aumento de carga oferece ao sistema uma resposta "suave", reduzindo impactos e solavancos sentidos pelo sistema de transmissão e pela máquina acionada. Imagine um elevador. Quando uma cabine com carregamento pesado é acionada, a aceleração deve ser estável e suave, e a velocidade de deslocamento deve ser alcançada sem trepidações excessivas. Isso também se aplica a um guindaste. Se houver um movimento abrupto quando o gancho estiver muito carregado, a aceleração máxima será aumentada. A força elevada de inércia resultante pode quebrar o cabo.

Motores com rotor bobinado

Como o nome indica, o rotor do *motor com rotor bobinado* tem enrolamentos elétricos conectados por anéis de escorregamento ao circuito externo de potência. A inserção seletiva de resistência no circuito do rotor permite que o desempenho do motor seja adaptado às necessidades do sistema e modificado com relativa facilidade a fim de acomodar alterações ou variar a velocidade.

A Figura 21.9 mostra os resultados obtidos pela alteração da resistência no circuito do rotor. Observe que as quatro curvas são todas referentes ao mesmo motor, e a curva 0 aponta o desempenho sem qualquer resistência externa. Isso é semelhante ao projeto B. As curvas 1, 2 e 3 indicam o desempenho com níveis progressivamente mais elevados de resistência no circuito do rotor. Assim, o torque de partida e a regulação de velocidade (suavidade) podem ser ajustados conforme a carga. É possível realizar o ajuste de velocidade sob determinada carga até aproximadamente 50% da velocidade sob carga máxima.

O projeto de rotor bobinado é usado em aplicações como máquinas de impressão, equipamentos de trituração, transportadores e talhas.

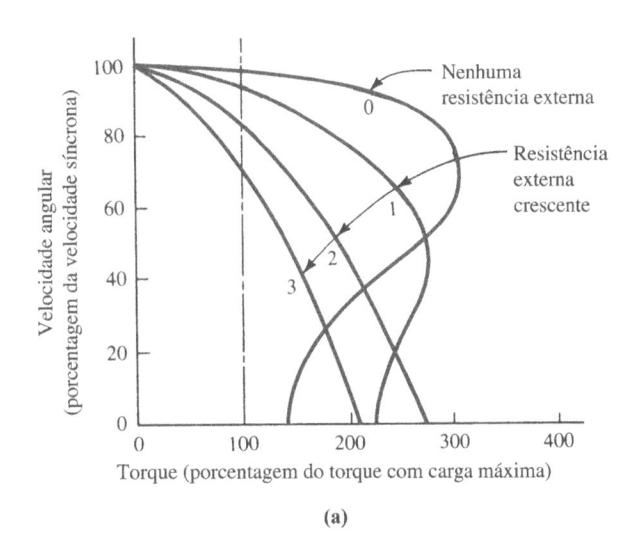

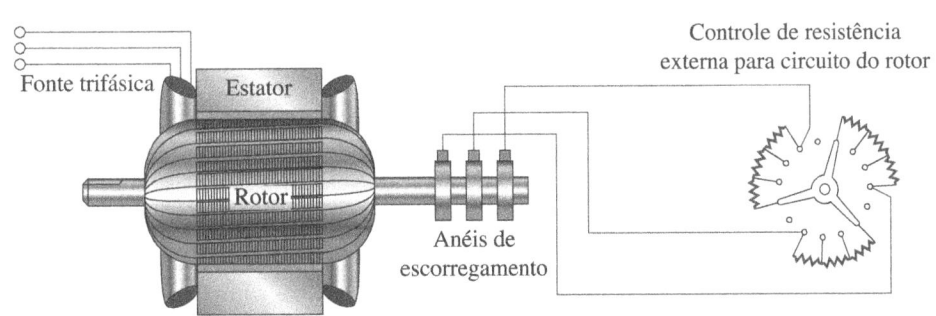

▲ **FIGURA 21.9** (a) Curvas de desempenho para motor trifásico com rotor bobinado e resistência externa variável no circuito do rotor. (b) Esquema de motor com rotor bobinado e controle de resistência externa.

Motores síncronos

Totalmente diferente do motor por indução gaiola de esquilo ou do motor de rotor bobinado, o *motor síncrono* opera a rigor à velocidade síncrona sem escorregamento. Esses motores estão disponíveis em tamanhos subfracionários, usados em temporizadores e instrumentos, e também com várias centenas de cavalos de potência, empregados para acionar grandes compressores de ar, bombas ou ventiladores.

O motor síncrono deve ser acionado e acelerado de forma separada de suas componentes, pois estas fornecem muito pouco torque à velocidade zero. Em geral, há um enrolamento (semelhante ao motor gaiola de esquilo) separado dentro do rotor que acelera o eixo do motor. Quando a velocidade do rotor está dentro de um intervalo pequeno de porcentagem da velocidade síncrona, os polos do campo do motor são ativados, e o rotor é colocado em sincronismo. Nesse ponto, a gaiola de esquilo torna-se ineficaz, e o motor continua funcionando à velocidade independentemente das variações de carga até um limite chamado *torque de saída* (*pull-out*). Uma carga acima do torque de saída tirará o motor de sincronismo e fará ele parar.

Motores universais

Motores universais operam com potência CA ou CC. Sua construção é semelhante à do motor CC série, descrito mais adiante. O rotor tem bobinas elétricas conectadas ao circuito externo por um comutador no eixo, uma espécie de montagem de anel de escorregamento feita com vários segmentos de cobre sobre os quais as escovas de carvão estacionárias atuam. O contato é mantido com uma leve pressão de mola.

Os motores universais geralmente operam em alta velocidade, de 3500 a 20000 rpm. Isso resulta em uma taxa elevada de potência/peso e potência/tamanho para esse tipo de motor, tornando-o desejável para ferramentas portáteis como brocas, serras e batedeiras. Aspiradores e máquinas de costura também costumam empregar motores universais. A Figura 21.10 mostra uma configuração típica de curvas velocidade/torque para uma versão de alta velocidade do motor universal, indicando o desempenho para potência CA de 60 Hz e 25 Hz e para potência CC. Observe que o desempenho próximo à carga nominal é semelhante, independentemente da natureza da potência de entrada. Perceba também que esses motores apresentam má regulação de velocidade; ou seja, a velocidade varia muito com a carga.

21.7 MOTORES MONOFÁSICOS

Os quatro tipos mais comuns de motor monofásico são: *fase dissociável (split-phase)*, *capacitor de partida*, *capacitor permanente* e *polo sombreado*. Cada um deles é único na construção física e na forma como as componentes elétricas estão conectadas para a partida e o funcionamento. A ênfase aqui não é no projeto dos motores, mas em seu desempenho, a fim de possibilitar a seleção do tipo mais apropriado.

A Figura 21.11 aponta as características de desempenho desses quatro tipos de motor para fins de comparação. As características especiais das curvas de desempenho são discutidas em seções posteriores.

De modo geral, a construção de motores monofásicos é semelhante à de motores trifásicos, com um estator fixo, um rotor sólido e um eixo sustentado por

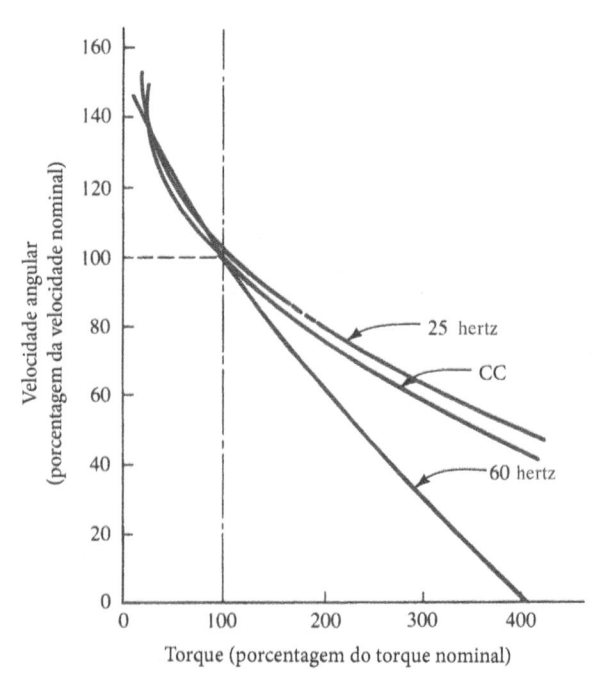

▲ **FIGURA 21.10** Curvas de desempenho para um motor universal.

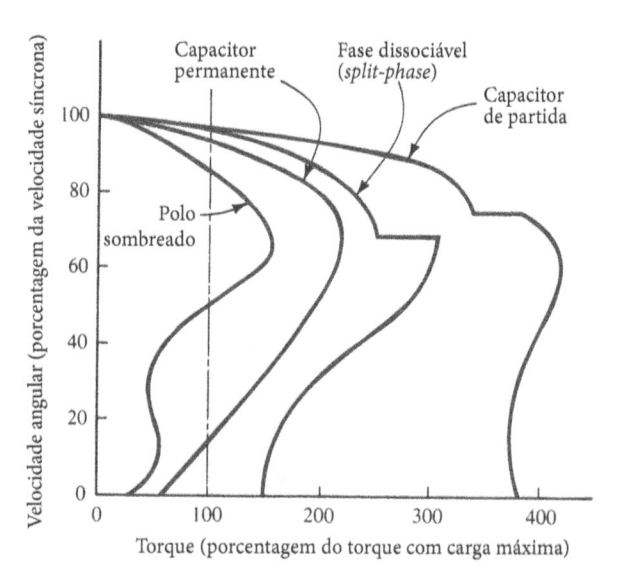

▲ **FIGURA 21.11** Curvas de desempenho para quatro tipos de motor elétrico monofásico.

rolamentos. O princípio de indução, discutido anteriormente, aplica-se também a motores monofásicos. Há diferenças porque a potência monofásica não gira inerentemente em torno do estator para criar um campo móvel. Cada tipo emprega um esquema distinto para acionar o motor. Consulte a Figura 21.12.

Motores monofásicos apresentam em geral cavalos de potência subfracionários ou fracionários entre 1/50 hp (15 W) e 1,0 hp (750 W), embora alguns estejam disponíveis com até 10 hp (7,5 kW).

Motores de fase dissociável ou dividida (*split-phase*)

O estator do motor de fase dissociável [Figura 21.12(b)] tem dois enrolamentos: o *enrolamento principal*, que fica continuamente conectado à linha de potência, e o *enrolamento de partida*, que fica conectado somente durante a partida do motor. O enrolamento de partida produz uma leve mudança de fase que cria o torque inicial para acionar e acelerar o rotor. Depois que o rotor atinge cerca de 75% de sua velocidade síncrona, o enrolamento de partida é desligado por um interruptor centrífugo, e o rotor continua a operar com o enrolamento principal.

A curva de desempenho para o motor de fase dissociável é mostrada na Figura 21.11. Ele apresenta torque de partida moderado, aproximadamente 150% do torque de carga máxima. Além disso, possui boa eficiência e é projetado para operação contínua. A regulação de velocidade também é boa. Uma das desvantagens é que esse tipo de motor requer um interruptor centrífugo para desligar o enrolamento de partida. O degrau na curva de velocidade/torque indica esse desligamento.

Tais características fazem do motor de fase dissociável um dos tipos mais conhecidos, sendo utilizado em computadores, máquinas-ferramenta, bombas centrífugas, cortadores de grama elétricos CA e aplicações semelhantes.

Motores com capacitor de partida

Assim como o motor de fase dissociável, o motor com capacitor de partida [Figura 21.12 (c)] também tem dois enrolamentos: um *principal*, ou *de trabalho*, e um *de partida*. Porém, por dentro, o capacitor é conectado em série ao enrolamento de partida, fornecendo um torque de partida muito mais elevado do que o motor de fase dissociável. Um torque de partida de 250% da carga máxima ou superior é comum. Nesse caso, um interruptor centrífugo também é utilizado para desligar o enrolamento de partida e o capacitor. As características de trabalho desse motor são muito semelhantes às do motor de fase dissociável: boa regulação de velocidade e boa eficiência em operação contínua.

As desvantagens incluem o interruptor e o capacitor relativamente volumoso. Com frequência, o capacitor é montado de forma bem visível na parte superior do motor. Ele também pode ser integrado a um conjunto contendo o interruptor de partida, um relé ou outros elementos de controle.

Os usos do motor com capacitor de partida incluem os vários tipos de máquina que necessitam de torque de partida elevado. Alguns exemplos são: transportadores sob carregamento pesado, compressores de refrigeração, bombas e agitadores para fluidos pesados.

Motores com capacitor permanente

Nesse tipo de motor, um capacitor está sempre conectado em série com o enrolamento de partida. O torque de partida do motor com capacitor permanente [Figura 21.12 (d)] é em geral muito baixo, aproximadamente 40% ou menos do torque de carga máxima. Portanto, somente cargas com baixa inércia, como ventiladores e ventoinhas, costumam ser utilizadas. Uma vantagem é a possibilidade de adaptar o desempenho operacional e a regulação de velocidade de acordo com a carga, selecionando o valor adequado do capacitor. Além disso, nenhum interruptor centrífugo é necessário.

Motores de polo sombreado

O motor de polo sombreado [Figura 21.12 (e)] tem apenas um enrolamento: o *principal*, ou *de trabalho*. A reação inicial é produzida pela presença de uma tira de cobre em torno de um dos lados de cada polo. A tira de baixa resistência "sombreia" o polo a fim de gerar um campo magnético rotativo para acionar o motor.

O motor de polo sombreado é simples e barato, mas apresenta eficiência reduzida e torque de partida muito baixo. A regulação de velocidade não é boa, e deve ser arrefecida por ventilador durante a operação normal. Portanto, seu principal uso é em ventiladores e ventoinhas montadas em eixos pelas quais o ar é sugado para o motor. Algumas bombas pequenas, brinquedos e utensílios domésticos de uso intermitente também empregam motores de polo sombreado por causa do baixo custo.

21.8 TIPOS DE QUADRO E CAIXA DE MOTOR CA

Tipos de quadro

O projeto do equipamento no qual o motor será montado determina o tipo de quadro necessário. Alguns tipos são descritos a seguir.

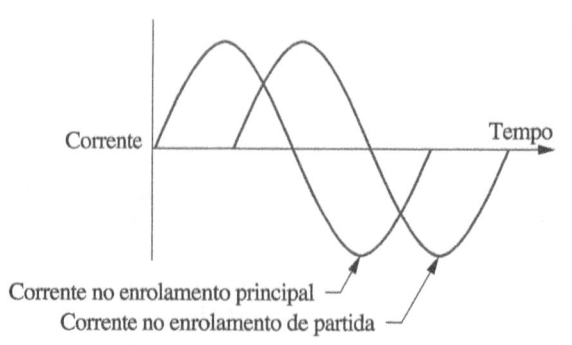

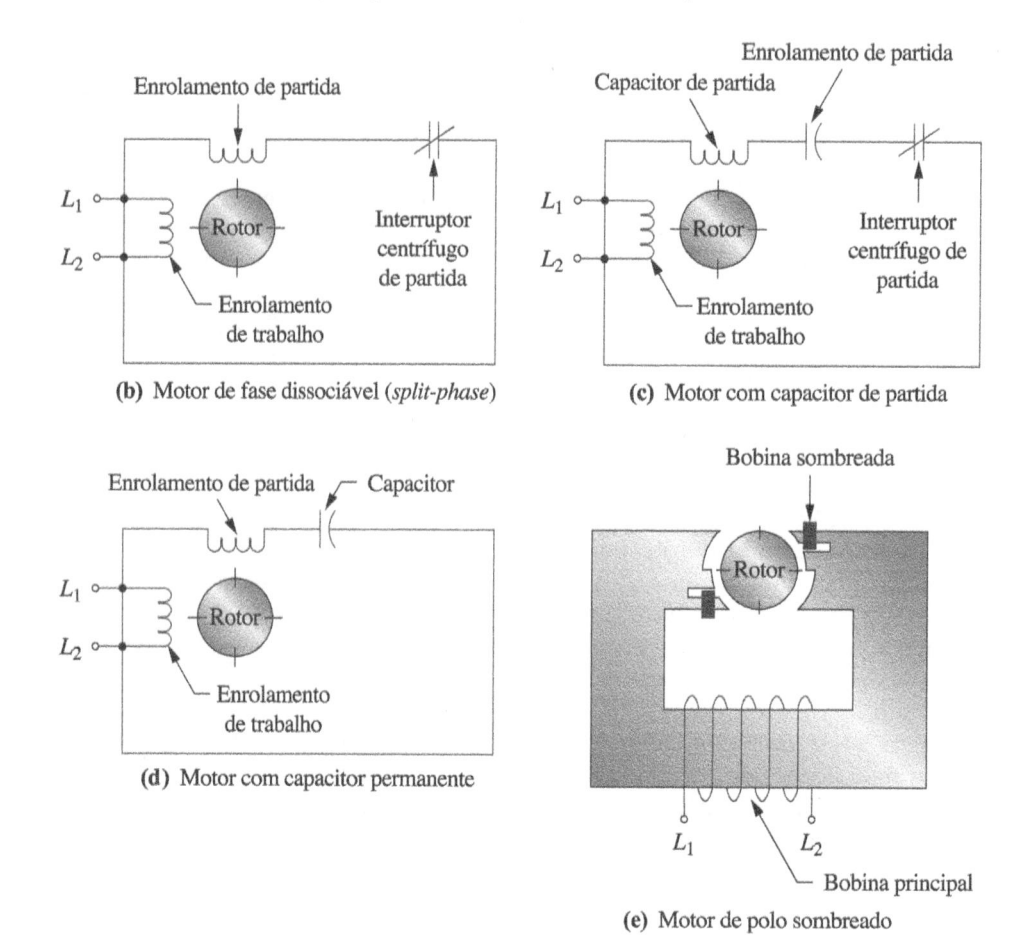

FIGURA 21.12 Diagramas esquemáticos de motores monofásicos.

(a) Mudança de fase entre a corrente no enrolamento principal e a corrente no enrolamento de partida

(b) Motor de fase dissociável (*split-phase*)

(c) Motor com capacitor de partida

(d) Motor com capacitor permanente

(e) Motor de polo sombreado

Montado sobre pés. O tipo mais usado para maquinário industrial, esse quadro tem pés integrados com um padrão de furos para o aparafusamento do motor à máquina (consulte a Figura 21.13).

Montado sobre pads. A montagem sobre *pads* é feita com isolamento resiliente entre o motor e o quadro da máquina a fim de reduzir a vibração e o ruído. Esse tipo de quadro é muitas vezes utilizado em ventiladores e utensílios nos quais o motor fica dentro da casca ou carcaça do produto.

Montado na face C. Uma superfície usinada com um padrão de furos roscados é fornecida na extremidade do eixo do motor. O equipamento acionado é, então, aparafusado diretamente ao motor. O projeto da superfície é padronizado pela National Electrical Manufacturers Association (NEMA). Consulte a Figura 21.14.

Montado por flange. Um flange contendo um padrão de furos com folgas é usinado na extremidade do eixo do motor para o aparafusamento deste ao equipamento acionado. O projeto do flange é controlado pela NEMA.

(a) Aberto, protegido, à prova de gotejamento

(b) Totalmente fechado, sem ventilação, à prova de fibras

(c) Totalmente fechado, arrefecido

(d) À prova de explosão, à prova de pó de ignição

▲ **FIGURA 21.13** Motores montados sobre pés em vários tipos de caixa. (Baldor/Reliance Electric, Greenville, SC)

▲ **FIGURA 21.14** Motor com face C. Consulte a Figura 8.20, que mostra um exemplo de redutor projetado para conjugar com um motor de face C. (Baldor/Reliance Electric, Greenville, SC)

MONTAGEM VERTICAL. A montagem vertical é um projeto especial por causa dos efeitos que essa posição exerce nos rolamentos do motor. A conexão com o equipamento acionado é geralmente feita através de furos de parafuso na face C ou no flange, conforme descrito anteriormente.

SEM ESTRUTURA DE MONTAGEM. Alguns fabricantes de equipamento adquirem apenas o rotor e o estator separadamente do fabricante de motores, e, então, os inserem na própria máquina. Compressores para equipamentos de refrigeração são em geral construídos dessa forma.

MONTAGENS PARA FINS ESPECIAIS. Muitos projetos especiais são feitos para ventiladores, bombas, queimadores de óleo, e assim por diante.

Caixas

As carcaças em torno do motor, que sustentam as partes ativas e as protegem, variam conforme o grau de proteção exigido. Alguns tipos de caixa são descritos a seguir.

ABERTA. Normalmente, uma carcaça feita de folha de metal com bitola leve é instalada ao redor do estator com placas na extremidade para apoiar os rolamentos do eixo. Ela contém vários furos, ou fendas, que permitem a entrada de ar para resfriamento no motor. Os motores desse tipo devem ser protegidos pela carcaça da própria máquina.

PROTEGIDO. Às vezes chamado de *aberto à prova de gotejamento*. Neste caso, aberturas para ventilação são fornecidas apenas na parte inferior da carcaça, impedindo a entrada de líquidos que gotejam sobre o motor. Esse é provavelmente o tipo mais utilizado [consulte a Figura 21.13(a)].

TOTALMENTE FECHADO SEM VENTILAÇÃO EXTERNA **(TFSV)**. Não há qualquer abertura na carcaça, nem provisão especial é feita para o arrefecimento do motor, salvo por aletas fundidas no quadro com o objetivo de promover resfriamento por convecção. Esse projeto protege o motor de atmosferas nocivas [consulte a Figura 21.13(b)].

TOTALMENTE FECHADO COM VENTILAÇÃO EXTERNA **(TFVE)**. O projeto totalmente fechado com ventilação externa (TFVE) é semelhante ao TFSV, exceto pelo fato de que há um ventilador montado em uma extremidade do eixo com o objetivo de sugar ar para a carcaça aletada [consulte a Figura 21.13(c)].

TFVE À PROVA DE EXPLOSÃO. O projeto TFVE à prova de explosão é semelhante à carcaça TFVE, salvo pela proteção das conexões elétricas que impede incêndio ou explosão em ambientes perigosos [consulte a Figura 21.13(d)].

MOTORES DE APLICAÇÃO PESADA IEEE **841-2001**. Consulte a Figura 21.15. Esse tipo especial de carcaça é projetado para ambientes agressivos, como aciarias, petroquímicas e fábricas de papel e celulose, onde há atmosfera corrosiva, temperaturas altas e umidade elevada. Nele, há área adicional de aleta, algumas componentes de aço inoxidável e tintas/vedações resistentes à corrosão.

MOTORES LAVÁVEIS. Consulte a Figura 21.16. Quando os motores são utilizados em áreas de processamento de alimentos, salas limpas, instalações médicas e locais semelhantes, esse tipo especial de carcaça é projetado para ser lavado com fluido sanitário de limpeza e suportar esguichos diretos.

MOTOFREIOS. Consulte a Figura 21.17. Observe a extensão ao lado esquerdo do motor que abriga um sistema de freio, que pode ser vinculado a um sistema de controle para interromper rapidamente o eixo do motor em caso de problemas de segurança ou para acomodar a ciclagem de processos. Consulte o Capítulo 22 para mais discussões sobre projetos de freio.

▲ **FIGURA 21.16** Motor lavável. (Baldor Electric, Greenville, SC)

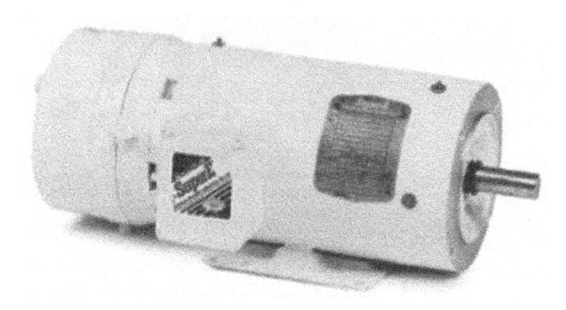

▲ **FIGURA 21.17** Motofreio. (Baldor Electric, Greenville, SC)

Tamanhos de quadro

As dimensões críticas dos quadros de motor são controladas pelos tamanhos de quadro da NEMA. Estão inclusos: a altura e a largura total; a altura da base até a linha central do eixo; o diâmetro e o comprimento do eixo e o tamanho do rasgo de chaveta; as dimensões do padrão de furo para montagem. Alguns tamanhos selecionados de quadro para motores de 1725 rpm, trifásicos, de indução, com montagem sobre pés e à prova de gotejamento estão listados na Tabela 21.3. Para as descrições das dimensões, consulte a Figura 21.18.

▲ **FIGURA 21.15** Motor de aplicação pesada IEEE 841-2001. (Baldor Electric, Greenville, SC)

▼ **TABELA 21.3** Tamanhos de quadro de motor.

hp	Tamanho do quadro	Dimensões (pol)								Rasgo de chaveta
		A	C	D	E	F	O	U	V	
1/4	48	5,63	9,44	3,00	2,13	1,38	5,88	0,500	1,50	0,05 chato
1/2	56	6,50	10,07	3,50	2,44	1,50	6,75	0,625	1,88	3/16 × 3/32
1	143T	7,00	10,69	3,50	2,75	2,00	7,00	0,875	2,00	3/16 × 3/32
2	145T	7,00	11,69	3,50	2,75	2,50	7,00	0,875	2,00	3/16 × 3/32
5	184T	9,00	13,69	4,50	3,75	2,50	9,00	1,125	2,50	1/4 × 1/8
10	215T	10,50	17,25	5,25	4,25	3,50	10,56	1,375	3,13	5/16 × 5/32
15	254T	12,50	22,25	6,25	5,00	4,13	12,50	1,625	3,75	3/8 × 3/16

(continua)

(*continuação*)

hp	Tamanho do quadro	Dimensões (pol)								Rasgo de chaveta
		A	C	D	E	F	O	U	V	
20	256T	12,50	22,25	6,25	5,00	5,00	12,50	1,625	3,75	3/8 × 3/16
25	284T	14,00	23,38	7,00	5,50	4,75	14,00	1,875	4,38	1/2 × 1/4
30	286T	14,00	24,88	7,00	5,50	5,50	14,00	1,875	4,38	1/2 × 1/4
40	324T	16,00	26,00	8,00	6,25	5,25	16,00	2,125	5,00	1/2 × 1/4
50	326T	16,00	27,50	8,00	6,25	6,00	16,00	2,125	5,00	1/2 × 1/4

Observação: todos os motores são CA, de indução, trifásicos, com quatro polos e 60 Hz. Consulte a Figura 21.18 para uma descrição das dimensões.

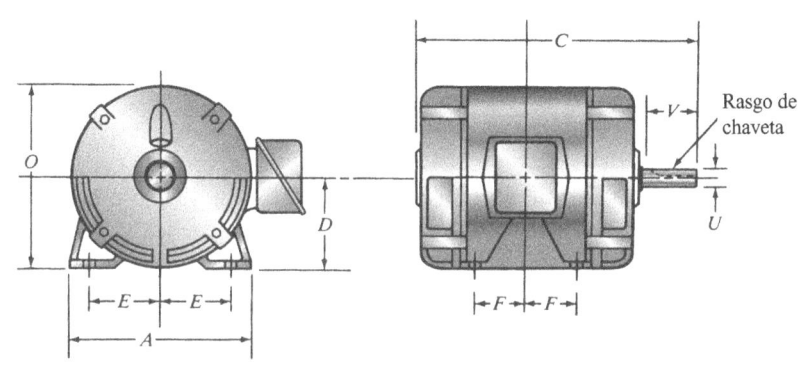

▲ **FIGURA 21.18** Chaveta para dimensões de quadros de motor padrão NEMA, listadas na Tabela 21.3.

21.9 CONTROLES PARA MOTORES CA

Os controles de motor devem executar várias funções, como descrito na Figura 21.19. A complexidade do controle depende do tamanho e do tipo de motor em questão. Pequenos motores fracionários ou subfracionários podem, por vezes, ser acionados com um simples interruptor que os liga diretamente à tensão de linha total. Motores maiores, bem como alguns pequenos em equipamentos críticos, exigem mais proteção. Consulte os sites 1, 3 e de 5 a 9, além das referências de 2 a 8.

As funções dos controles de motor são as seguintes:

1. Acionar e parar o motor;
2. Proteger o motor de sobrecargas que o fariam alcançar níveis perigosamente elevados de corrente;
3. Proteger o motor de superaquecimento;
4. Proteger os indivíduos de contato com partes perigosas do sistema elétrico;
5. Proteger os controles do ambiente;
6. Impedir que os controles causem incêndio ou explosão;
7. Fornecer torque, aceleração, velocidade ou desaceleração controlados ao motor;
8. Propiciar o acionamento sequencial de uma série de motores ou outros dispositivos;
9. Proporcionar a operação coordenada de diferentes partes de um sistema, possivelmente incluindo vários motores;
10. Proteger os condutores do circuito de derivação onde o motor é ligado.

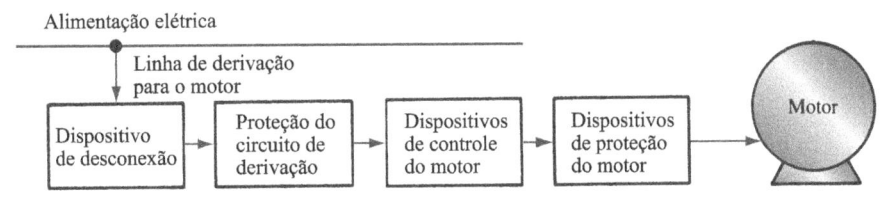

▲ **FIGURA 21.19** Diagrama de bloco de controle do motor.

A seleção adequada de um sistema de controle de motor requer conhecimento dos seguintes fatores, pelo menos:

1. O tipo de serviço elétrico: tensão e frequência; monofásico ou trifásico; limitações de corrente.
2. O tipo e o tamanho do motor: taxas de potência e velocidade; taxa de corrente com carga máxima; taxa de corrente com rotor bloqueado.
3. Operação desejada: ciclo de trabalho (contínuo, liga/desliga ou intermitente); velocidades discretas únicas ou múltiplas ou operação com velocidade variável; unidirecional ou reversível.
4. Ambiente: temperatura; água (chuva, neve, granizo, borrifo/respingo de água); pó e sujeira; gases ou líquidos corrosivos; vapores ou pós explosivos; óleos ou lubrificantes.
5. Limitações de espaço.
6. Acessibilidade dos controles.
7. Fatores de ruído ou aparência.

Acionadores

Há várias classificações de acionador de partida: manual ou magnético; unidirecional ou reversível; controle a dois ou três fios; acionamento com tensão total ou reduzida; velocidade única ou múltipla; parada normal, frenagem ou torque frenante. Todas essas opções costumam incluir alguma forma de proteção contra sobrecarga, o que será discutido mais adiante.

Acionamento manual e magnético, com tensão total e unidirecional

A Figura 21.20 mostra o diagrama esquemático de conexão para acionadores manuais em motores monofásicos e trifásicos.

O símbolo M indica um contator normalmente aberto (interruptor) que é acionado de modo manual, por exemplo, com uma alavanca. Os contatores são classificados de acordo com a potência de motor com que são capazes de operar em segurança. A taxa de potência está indiretamente relacionada com a corrente utilizada pelo motor, e o projeto do contator deve: (1) fazer contato seguro durante a partida do motor, considerando a corrente de partida elevada; (2) transmitir o intervalo esperado de corrente de serviço sem superaquecimento; e (3) interromper o contato sem centelhação excessiva, o que poderia queimar os contatos. As classificações são estabelecidas pela NEMA. As tabelas 21.4 e 21.5 mostram as classificações para os tamanhos de acionador NEMA selecionados.

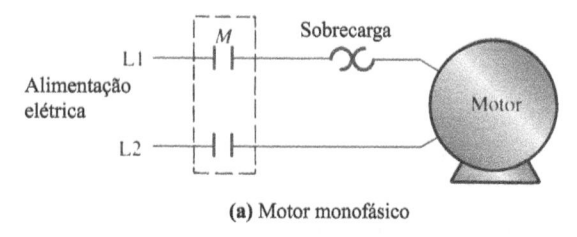

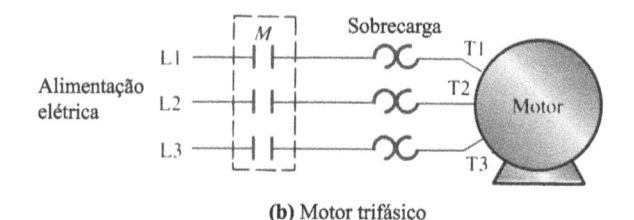

(a) Motor monofásico

(b) Motor trifásico

▲ **FIGURA 21.20** Acionadores manuais. M = contatores normalmente abertos. Todos atuam em conjunto.

▼ **TABELA 21.4** Classificações de acionadores CA de tensão total para alimentação monofásica.

Número do tamanho NEMA	Classificação da corrente (ampères)	Taxa de potência em tensões determinadas					
		110 V		220 V		440 e 550 V	
		(hp)	(kW)	(hp)	(kW)	(hp)	(kW)
00		1/2	0,37	3/4	0,56		
0	15	1	0,75	$1\frac{1}{2}$	1,12	$1\frac{1}{2}$	1,12
1	25	$1\frac{1}{2}$	1,12	3	2,24	5	3,73
2[a]	50	3	2,24	$7\frac{1}{2}$	5,60	10	7,46
3[a]	100	$7\frac{1}{2}$	5,60	15	11,19	25	18,65

[a] Aplica-se apenas a acionadores operados magneticamente.

▼ TABELA 21.5 Classificações de acionadores CA de tensão total para alimentação trifásica.

Número do tamanho NEMA	Classificação da corrente (ampères)	Taxa de potência em tensões determinadas					
		110 V		220 V		440 e 550 V	
		(hp)	(kW)	(hp)	(kW)	(hp)	(kW)
00		3/4	0,56	1	0,75	1	0,75
0	15	$1\frac{1}{2}$	1,12	2	1,49	2	1,49
1	25	3	2,24	5	3,73	$7\frac{1}{2}$	5,60
2	50	$7\frac{1}{2}$	5,60	15	11,19	25	18,65
3	100	15	11,19	30	22,38	50	37,30

Observe, na Figura 21.20, que a proteção contra sobrecarga é necessária em todas as três linhas de motores trifásicos, mas em apenas uma linha do motor monofásico.

A Figura 21.21 mostra os diagramas esquemáticos de conexão para acionadores magnéticos usando controles a dois e três fios. O botão "acionar" no controle a três fios é um tipo de contato momentâneo. Conforme é acionado manualmente, a bobina em paralelo com o interruptor é energizada e fecha magneticamente a linha de contatores marcada como M. Os contatos permanecem fechados até que o botão de

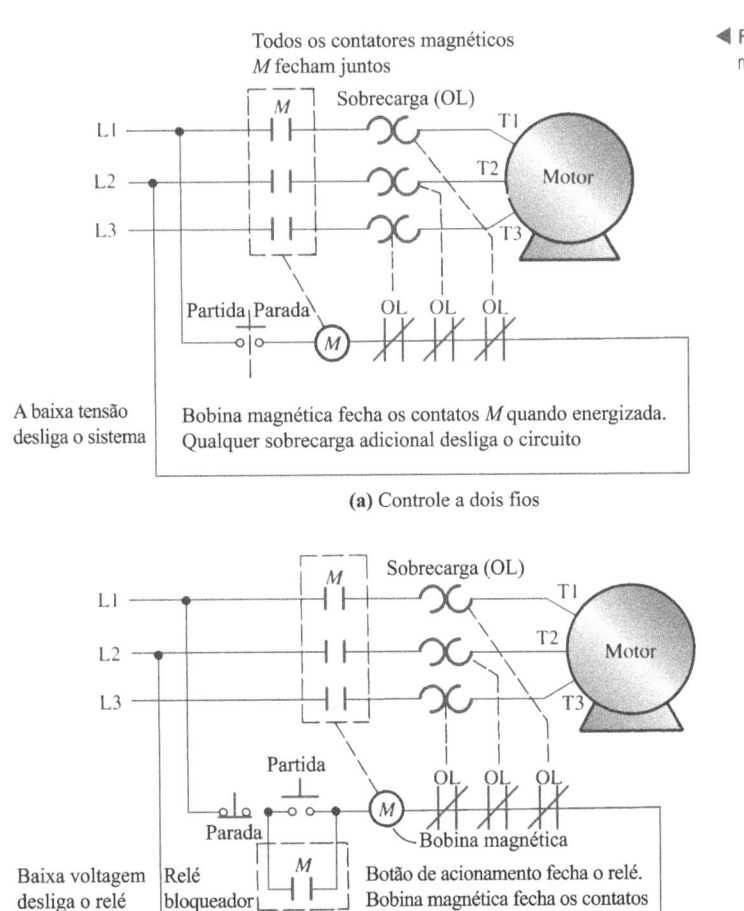

◀ FIGURA 21.21 Acionadores magnéticos para motores trifásicos.

(a) Controle a dois fios

(b) Controle a três fios

parada seja pressionado ou até que a tensão caia para um valor baixo determinado. (Lembre-se de que uma baixa tensão faz o motor utilizar corrente em excesso.) Qualquer um dos casos leva os contatores magnéticos a serem abertos, parando o motor. O botão de acionamento deve ser pressionado manualmente mais uma vez para reiniciar o motor.

O controle a dois fios tem um botão de acionamento operado manualmente que permanece acionado após a partida do motor. Como recurso de segurança, o interruptor abrirá quando houver uma condição de baixa tensão. Porém, quando a tensão for novamente elevada a um nível aceitável, os contatos se fecharão, reiniciando o motor. Certifique-se de que esse é um modo de operação seguro.

Acionadores reversos

A Figura 21.22 mostra a conexão para um acionador reverso de motor trifásico. É possível reverter o sentido de rotação de um motor trifásico trocando duas das três linhas de potência. Os contatores F são utilizados para a rotação em uma direção. Já os contatores R trocariam L1 e L3 para reverter a direção da rotação. Os botões *Frente* e *Reverso* acionam apenas um dos conjuntos de contatores.

Acionamento com tensão reduzida

Os motores discutidos nas seções anteriores e os circuitos ilustrados nas figuras 21.20 a 21.22 empregam acionamento com tensão total. Ou seja, quando o sistema é acionado, a tensão de linha total é aplicada aos terminais do motor. Isso fornece o esforço máximo de acionamento, mas, em alguns casos, esse é um comportamento indesejável. Às vezes, a tensão de partida reduzida é utilizada para impedir movimentos bruscos, controlar a aceleração de uma carga e limitar a corrente de partida. Essa partida suave é usada em alguns transportadores, talhas, bombas e cargas semelhantes.

A Figura 21.23 indica um método de fornecimento de tensão reduzida ao motor na partida. A primeira ação é o fechamento dos contatores assinalados como A. Assim, a potência para o motor passa por um conjunto de resistores que reduz a tensão em cada terminal. Uma redução típica seria de cerca de 65% da tensão de linha normal. A corrente de linha máxima seria reduzida para 65% da corrente de rotor bloqueado normal, e o torque de partida seria 42% do torque de rotor bloqueado normal. (Consulte a Referência 4.) Depois que o motor é acelerado, os principais contatores M são fechados, e a tensão total é aplicada ao motor. Um temporizador costuma ser utilizado para controlar a sequência dos contatores A e M.

Acionamento de motor com dupla velocidade

Um motor de dupla velocidade com dois enrolamentos separados, para produzir as diferentes velocidades, pode ser acionado com o circuito mostrado na Figura 21.24. O operador escolhe fechar o contato F (rápido) ou o S (lento) a fim de obter a velocidade desejada. As outras características de circuitos de partida discutidas anteriormente também podem ser aplicadas a esse circuito.

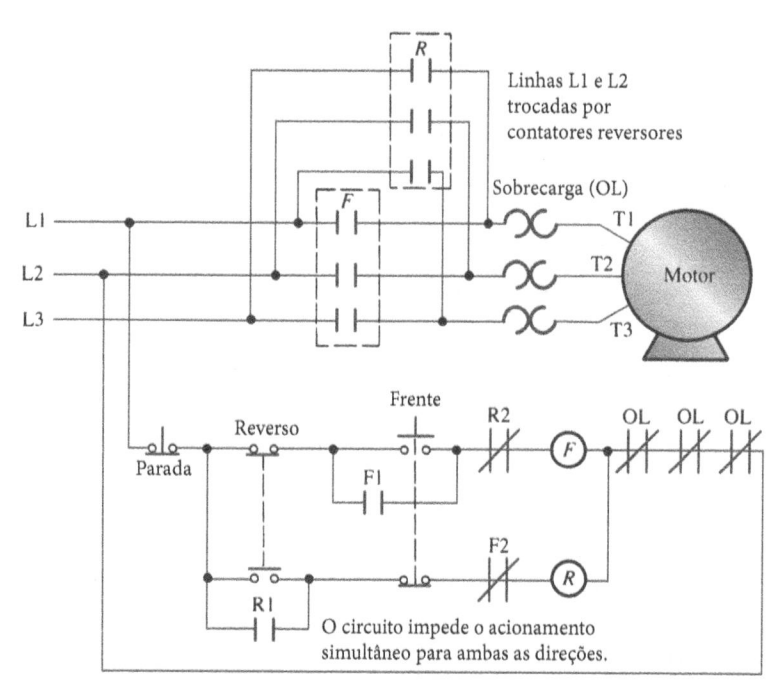

FIGURA 21.22 Controle de reversão para motor trifásico.

◀ **FIGURA 21.23** Acionamento com tensão reduzida pelo método do resistor primário.

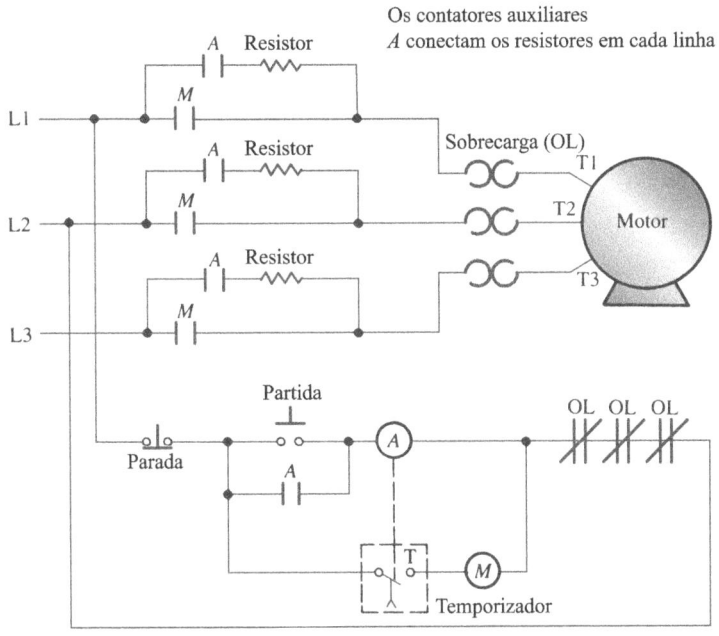

Os contatores auxiliares são acionados primeiro. O temporizador, então, aciona os principais contatores, causando curto-circuito nos resistores de partida

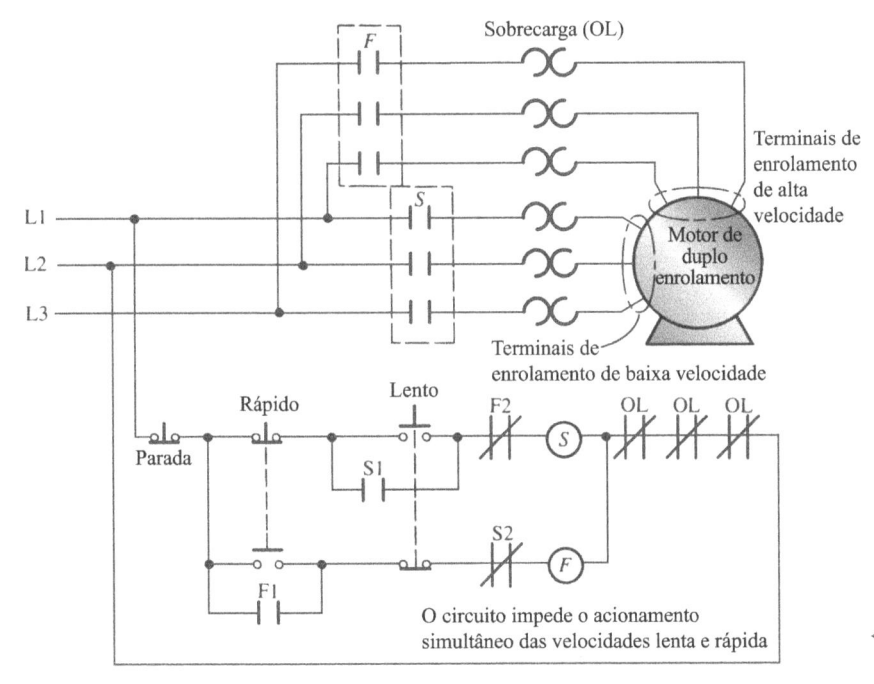

◀ **FIGURA 21.24** Controle de velocidade para motor trifásico de duplo enrolamento.

O circuito impede o acionamento simultâneo das velocidades lenta e rápida

Parada do motor

Nos casos em que não há condições especiais para o sistema desligado, o motor pode reduzir lentamente a velocidade de giro depois de a alimentação ser interrompida. O tempo necessário à parada total dependerá da inércia e do atrito no sistema. Se uma parada controlada e rápida for exigida, freios externos podem ser utilizados. Os *motofreios*, que têm um freio integrado ao motor, também estão disponíveis. Em geral, o projeto é de natureza "à prova de falhas", ou seja, o freio é desativado por uma bobina eletromagnética quando o motor é energizado. No momento em que o motor é desenergizado, de propósito ou por falta de alimentação, o freio é acionado por força elástica. Consulte a Figura 21.17.

Em circuitos com acionadores reversores, o *torque frenante* pode ser usado. Quando se deseja parar o motor que está operando em determinada direção, o controle pode ser comutado imediatamente para reversão. Desta forma, há um torque de desaceleração aplicado ao rotor, fazendo-o parar rapidamente. Deve-se tomar cuidado ao desligar o circuito reverso quando o motor estiver em repouso para que ele não continue no sentido inverso.

Proteção contra sobrecarga

A principal causa de falha em motores elétricos é o superaquecimento das bobinas por excesso de corrente. A corrente é dependente da carga no motor. Um curto-circuito, é claro, produziria quase instantaneamente uma corrente alta em nível prejudicial.

A proteção contra curtos-circuitos pode ser fornecida na forma de *fusíveis*, mas é essencial que sua aplicação ao motor seja cuidadosa. O fusível contém um elemento que literalmente derrete quando determinado nível de corrente flui através dele. Dessa forma, o circuito é aberto. A reativação do circuito exigiria a troca do fusível. Os modelos de efeito retardado, ou "de queima lenta", são necessários nos circuitos do motor para impedir que se queimem quando o motor é iniciado, recebendo a corrente de partida relativamente alta — que é normal, não prejudicial. Após o acionamento do motor, o fusível queimará sob determinado valor de sobrecarga.

Os fusíveis são insuficientes para motores maiores ou mais críticos porque oferecem proteção contra apenas um nível de sobrecarga. Cada projeto de motor tem uma *curva de superaquecimento* característica, como mostrado na Figura 21.25. Isso indica que o motor poderia suportar diferentes níveis de corrente excessiva por diferentes períodos de tempo. Por exemplo, para a curva de aquecimento do motor na Figura 21.25, uma corrente duas vezes mais elevada do que a de carga máxima (200%) poderia durar até 9 minutos antes de uma temperatura prejudicial ser gerada nos enrolamentos. Já uma sobrecarga de 400% causaria danos em menos de 2 minutos. Um dispositivo ideal de proteção contra sobrecarga operaria em paralelo à curva de superaquecimento de determinado motor, desligando-o a um nível seguro de corrente, conforme apontado na Figura 21.25. Tais dispositivos estão disponíveis comercialmente. Alguns utilizam ligas especiais de fusão, tiras bimetálicas semelhantes a um termostato ou bobinas magnéticas sensíveis à corrente que as atravessa. A maioria dos grandes acionadores de partida já inclui uma proteção integrada contra sobrecarga.

Outro tipo de proteção contra sobrecarga emprega um dispositivo sensível à temperatura que é inserido nos enrolamentos do motor durante sua fabricação. Sua função é abrir o circuito do motor quando os enrolamentos atingem uma temperatura perigosa, independentemente do motivo.

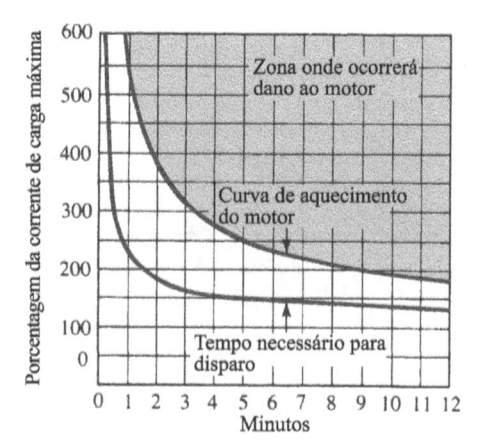

▲ **FIGURA 21.25** Curva de aquecimento do motor e curva de resposta de um protetor típico contra sobrecarga. (Square D by Schneider Electric Company, Palatine, IL)

Relé de sobrecarga de estado sólido

As dificuldades com dispositivos de elemento térmico ou bimetálicos de sobrecarga podem ser superadas com o uso de um relé de sobrecarga de estado sólido. Os dispositivos térmicos que utilizam um elemento de fusão exigem sua substituição após o disparo, resultando em custos adicionais para suprimentos de manutenção e mão de obra. Tanto os dispositivos de elemento térmico quanto os bimetálicos de sobrecarga são afetados por temperaturas ambientes variáveis, que podem alterar o nível real de fluxo de corrente da proteção. Dispositivos de compensação de temperatura estão disponíveis, mas exigem configuração cuidadosa e conhecimento das condições esperadas. Relés de sobrecarga de estado sólido superam essas dificuldades porque apenas o nível detectado de fluxo de corrente é usado para produzir a ação de disparo. Eles são inerentemente insensíveis às oscilações de temperatura ambiente. Além disso, podem detectar o fluxo de corrente em cada um dos três enrolamentos de motores trifásicos e oferecem proteção se qualquer uma das fases sofrer uma falha ou determinado aumento na corrente. Isso oferece proteção não apenas ao motor, mas também a equipamentos associados que podem ser danificados se o motor falhar repentinamente. Consulte o Site 5 para obter informações adicionais.

Caixas para controles de motor

Como já foi dito antes, uma das funções do sistema de controle de motor é proteger os utilizadores do contato com partes perigosas do sistema elétrico. Além disso, o sistema deve ser protegido do ambiente. Essas funções são desempenhadas pela caixa.

A NEMA estabeleceu normas para caixas de acordo com a diversidade de ambientes onde os controles de motor operam. Os tipos mais comuns são descritos na Tabela 21.6.

▼ TABELA 21.6 Caixas de controle de motor.

Número de projeto NEMA	Descrição
1	Uso geral: ambientes fechados; não é à prova de poeira
3	À prova de poeira e de chuva: resistente ao tempo
3R	À prova de poeira, chuva e granizo
4	À prova d'água: pode suportar jato direto de mangueira; usado em navios e fábricas de processamento de alimentos onde a lavagem é necessária
4X	À prova d'água e de corrosão
7	Locais perigosos, classe I: pode operar em áreas onde há gases ou vapores inflamáveis
9	Locais perigosos, classe II: áreas com pós combustíveis
12	Uso industrial: resistente à poeira, a fibras, a óleo e a líquidos refrigerantes
13	À prova de óleo e de poeira

Comandos de velocidade variável CA

Os motores CA padrão operam a uma velocidade fixa com determinada carga se forem alimentados por potência CA a uma frequência fixa, por exemplo, 60 Hz. A operação com velocidade variável pode ser obtida com um sistema de controle que produz potência de frequência variável. Dois tipos de controle desse tipo são comumente utilizados: o *método do inversor de seis passos* e o *método de modulação por largura de pulso* (*PWM*). Em primeiro lugar, os dois sistemas recebem a tensão de linha de 60 Hz e a transformam em tensão CC. O método do inversor de seis passos, então, usa um inversor para produzir uma série de ondas quadradas que fornecem uma tensão ao enrolamento do motor, variando tanto a tensão quanto a frequência em seis passos por ciclo. No sistema PWM, a tensão CC alimenta um inversor, que produz uma série de pulsos com largura variável. A taxa de inversões de polaridade determina a frequência aplicada ao motor. Consulte as figuras 21.26 e 21.27.

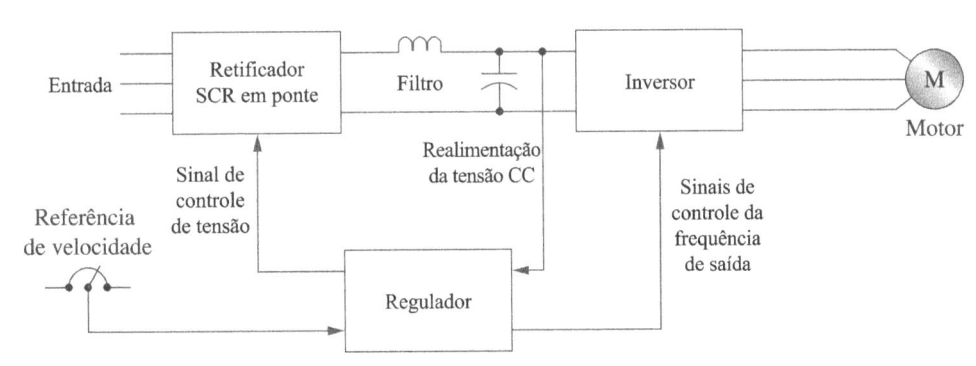

(a) Diagrama esquemático do inversor de tensão variável

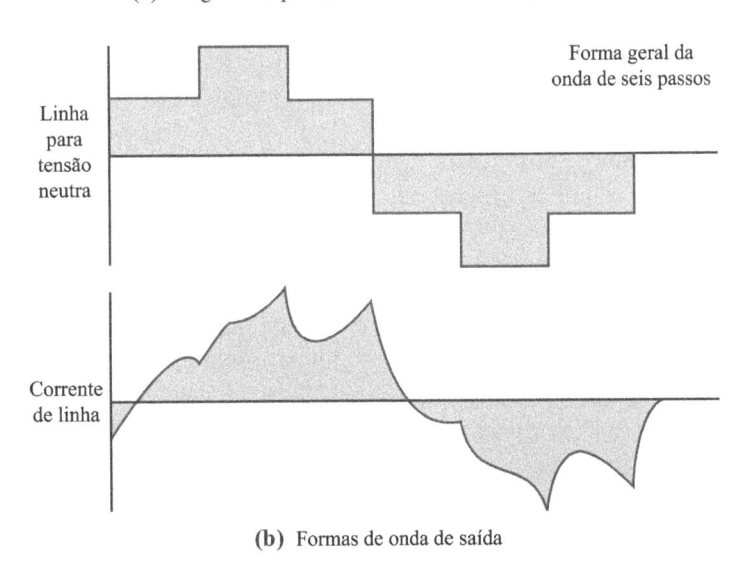

(b) Formas de onda de saída

▲ FIGURA 21.26 Método do inversor de seis passos para controle de motor CA de velocidade variável. (Rockwell Automation/Allen-Bradley, Milwaukee, WI)

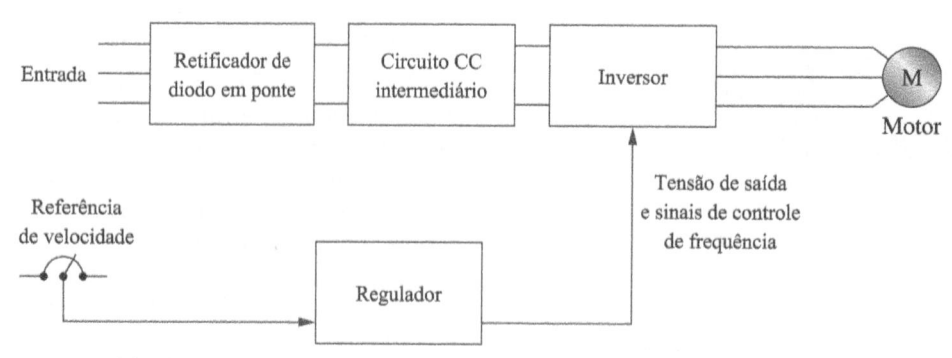

(a) Diagrama esquemático de controlador com modulação por largura de pulso (PWM)

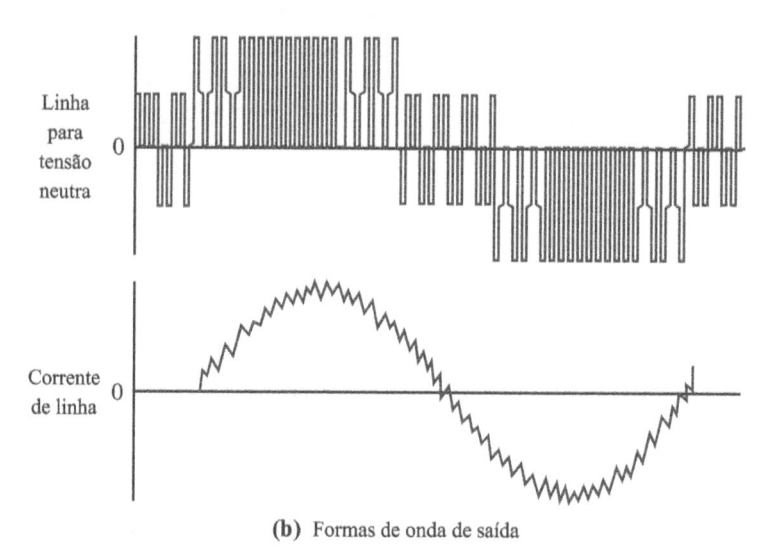

(b) Formas de onda de saída

▲ **FIGURA 21.27** Método de modulação por largura de pulso para controle de motor CA com velocidade variável. (Rockwell Automation/Allen-Bradley, Milwaukee, WI)

Razões para a aplicação de comandos de velocidade variável

Muitas vezes, é desejável variar a velocidade de sistemas mecânicos a fim de se obter características operacionais mais próximas ao ideal para determinada aplicação. Por exemplo:

1. A velocidade de uma esteira transportadora pode variar para atender à demanda de produção.
2. A entrega de materiais a granel para um processo pode ser continuamente variada.
3. O controle automático pode oferecer a sincronização de duas ou mais componentes de um sistema.
4. O controle dinâmico da operação de um sistema pode ser utilizado durante as sequências de partida e parada, no controle de torque ou no controle de aceleração e desaceleração em curso, muitas vezes necessário no processamento de tramas contínuas, como papel ou filme plástico.
5. As velocidades do eixo de máquinas-ferramentas podem ser variadas para produzir o corte ideal em determinados materiais, profundidade de corte, alimentações ou ferramentas de corte.
6. A velocidade de ventiladores, compressores e bombas de líquido pode ser variada de acordo com as necessidades de refrigeração ou entrega de produto.

Todas essas situações permitem um controle de processo melhor e mais flexível. Elas também colaboram com a economia de custos, especialmente a do item 6. A diferença na potência necessária para operar uma bomba em duas velocidades é proporcional ao cubo da razão entre as velocidades. Por exemplo, se a velocidade do motor for reduzida à metade da original, a potência exigida para operar a bomba é diminuída a 1/8 da original. Conformar a velocidade da bomba à transmissão exigida de fluido pode poupar uma quantidade significativa de recursos. Economias semelhantes podem ser feitas em ventiladores e compressores.

21.10 POTÊNCIA CC

Motores CC têm várias vantagens em relação a motores CA, como será discutido na próxima seção. Porém, sua desvantagem é que uma fonte de alimentação CC deve estar disponível. A maioria das regiões residenciais, comerciais e industriais tem apenas potência CA fornecida pela empresa local. Quatro métodos são usados para fornecer potência CC: baterias, células combustíveis de hidrogênio, geradores e retificadores. Consulte os sites de 5 a 9 para obter mais informações sobre os tipos de potência e controle, e os sites de 10 a 13 para informações mais detalhadas sobre baterias.

1. *Baterias*: as tensões de bateria normalmente disponíveis e suas aplicações são:
   a. Alcalina e níquel-hidreto metálico recarregável: 1,5 V; 3,6 V; 4,8 V; 9,0 V.
      - Lanternas, telefones celulares, sensores, pequenos eletrodomésticos, pequenas ferramentas elétricas.
   b. Níquel-cádmio: 9,6 V; 12,0 V; 14,4 V; 18,0 V e 24,0 V, ferramentas elétricas.
   c. Selada chumbo-ácido (SLA), inundada regulada por válvula chumbo-ácido (VRLA), esteira de vidro absorvente (AGM): 2,0 V; 4,0 V; 6,0 V; 8,0 V; 12,0 V; 24,0 V; 36,0 V.
      - Automóveis, marinha, cadeiras de rodas, pequenas motonetas, empilhadeiras, veículos guiados automaticamente, carrinhos de golfe, cortadores de grama, tratores de jardim, enceradeiras, baterias estacionárias, unidades de distribuição de energia, fontes de alimentação ininterrupta (UPS), pequenas unidades de armazenamento de energia solar, equipamentos de telecomunicação.
   d. Íon-lítio: 12,0 V; 18,0 V; 24,0 V; 28,0 V; 36,0 V; 48,0 V.
      - Ferramentas elétricas de qualidade comercial, equipamento para reserva de energia com grande capacidade, veículos híbridos, veículos elétricos *plug-in*.
2. *Células combustíveis de hidrogênio*: em uma única célula combustível de hidrogênio, esse elemento, ao passar por uma placa de ânodo, um eletrólito e um cátodo, converte energia química em elétrica entre dois eletrodos em ambos os lados da célula, a aproximadamente 1,0 V. Apenas água e calor são liberados das células. Múltiplas células são empilhadas a fim de produzir tensão e capacidade de potência suficientes para determinada aplicação. Usos possíveis incluem pequenos dispositivos portáteis e laptops, equipamentos de telecomunicação, alimentação auxiliar para fins residenciais, comerciais ou industriais, alimentação portátil para instalações remotas e todos os tipos de transporte. As capacidades de potência variam desde cerca de 50 W até várias centenas de kW ou mais. Sistemas classificados no intervalo MW estão sendo considerados. Essa é uma tecnologia emergente, mas há rápidos avanços sendo feitos.
3. *Geradores*: alimentados por motores elétricos CA, motores de combustão interna, turbinas, dispositivos eólicos, turbinas hidráulicas e outros, os geradores CC produzem corrente contínua pura. As tensões comuns são 115 e 230 V. Algumas indústrias mantêm esses geradores para fornecer potência CC a toda a fábrica.
4. *Retificadores*: *retificação* é o processo de converter potência CA, com sua variação senoidal da tensão no tempo, em potência CC, que é idealmente não variável. Um dispositivo prontamente disponível é o *retificador controlado de silício* (SCR). Uma dificuldade na retificação de potência CA para a produção de potência CC é que sempre há uma quantidade de "ondulação", uma pequena variação de tensão em função do tempo. A ondulação excessiva pode causar o superaquecimento do motor CC. A maioria dos dispositivos SCR comercialmente disponíveis produz energia CC com um nível baixo, aceitável, de ondulação. A Tabela 21.7 lista as taxas de tensão CC normalmente usadas para motores alimentados por potência CA retificada, conforme definido pela NEMA.

21.11 MOTORES CC

As vantagens dos motores de corrente contínua são resumidas aqui:
- A velocidade é ajustável com o uso de um simples reostato, que regula a tensão aplicada ao motor.
- O sentido de rotação é reversível com a mudança da polaridade da tensão aplicada ao motor.
- É simples o processo de controle automático de velocidade para igualar as velocidades de dois ou mais motores ou para programar uma variação da velocidade em função do tempo.

▼ TABELA 21.7 Taxas de tensão de motor CC.

Tensão CA de entrada	Taxa de motor CC	Código NEMA
115 V CA, monofásica	90 V CC	K
230 V CA, monofásica	180 V CC	K
230 V CA, trifásica	240 V CC	C ou D
460 V CA, trifásica	500 V CC ou	C ou D
	550 V CC	
460 V CA, trifásica	240 V CC	E

- A aceleração e a desaceleração podem ser controladas para fornecer o tempo de resposta desejado ou diminuir os movimentos bruscos.
- O torque pode ser controlado com a variação da corrente aplicada ao motor. Isso é desejável em aplicações de controle de tensão, como o enrolamento de película em um carretel.
- A frenagem dinâmica pode ser obtida com a reversão da polaridade da potência enquanto o motor gira. O torque efetivo revertido desacelera o motor sem a necessidade de frenagem mecânica.
- Os motores CC normalmente têm resposta rápida, acelerando rapidamente quando a tensão é alterada, pois possuem um pequeno diâmetro de rotor que lhes confere taxa elevada de torque para a inércia.

Os motores CC têm enrolamentos elétricos no rotor, e cada bobina tem duas conexões com o comutador no eixo. O comutador é uma série de segmentos de cobre através dos quais a potência elétrica é transferida ao rotor. O caminho da corrente desde a parte estacionária do motor até o comutador é através de um par de escovas, geralmente feitas de carbono, presas no comutador por bobinas leves ou molas de lâminas. A manutenção das escovas é uma das desvantagens dos motores CC.

Tipos de motor CC

Quatro tipos de motor CC comumente usados são: *em derivação*, *série*, *composto* e *ímã permanente*. Eles são descritos em termos de curvas de velocidade/torque, semelhantemente aos motores CA. A diferença é que o eixo da velocidade é expresso como porcentagem da *velocidade nominal de carga máxima*, em vez de porcentagem da velocidade síncrona, uma vez que esse termo não se aplica a motores CC.

Motor CC em derivação. O campo eletromagnético é conectado em paralelo à armadura rotativa, como esboçado na Figura 21.28. A curva de velocidade/torque mostra uma regulação de velocidade relativamente boa até cerca de duas vezes o torque com carga máxima, com uma rápida queda na velocidade após esse ponto. A velocidade com carga zero é apenas um pouco mais elevada do que com carga máxima. Compare isso com o motor série descrito a seguir. Os motores em derivação são utilizados principalmente para pequenos ventiladores e ventoinhas.

Motor CC série. O campo eletromagnético é conectado em série com a armadura rotativa, conforme mostrado na Figura 21.29. A curva de velocidade/torque é íngreme, conferindo ao motor um desempenho suave — uma característica desejável em guindastes, talhas e transmissões de tração em veículos. O torque de partida é muito elevado, chegando a 800% do nominal com carga máxima. Uma grande dificuldade, entretanto, com motores série é que a velocidade sem carga é teoricamente ilimitada. O motor poderia atingir uma velocidade perigosa se a carga fosse desconectada acidentalmente. Dispositivos de segurança, como detectores de excesso de velocidade que desligam a alimentação, devem ser utilizados.

Motor CC composto. O motor CC composto emprega tanto um campo em série quanto um campo em derivação, conforme representado na Figura 21.30. Seu desempenho fica mais ou menos entre o motor série e o motor em derivação. Ele apresenta torque de partida razoavelmente elevado e velocidade suave; sem carga, entretanto, a velocidade é controlada. Isso o torna um bom motor para guindastes, que podem perder a carga subitamente. O motor opera com lentidão com muita carga, para segurança e controle, e rapidamente com pouca carga, para melhorar a produtividade.

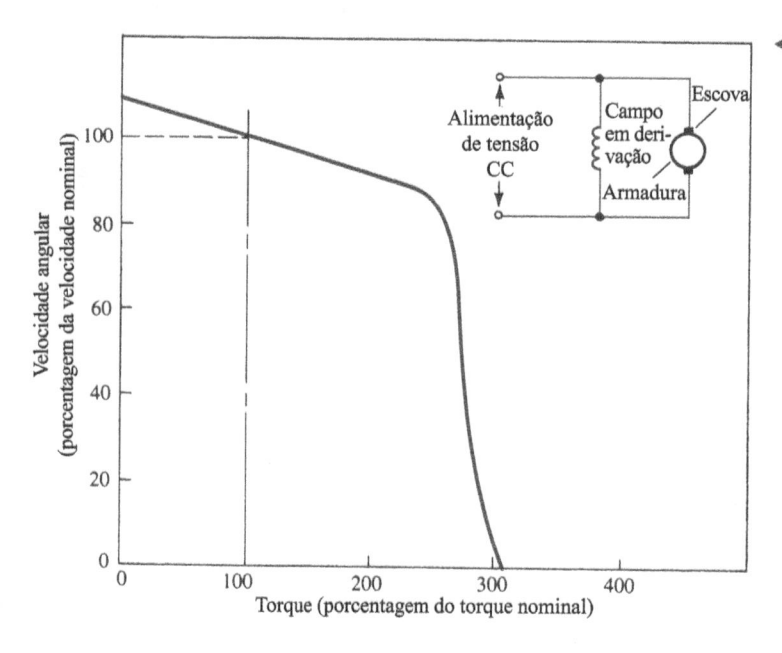

◀ **FIGURA 21.28** Curva de desempenho de motor CC em derivação.

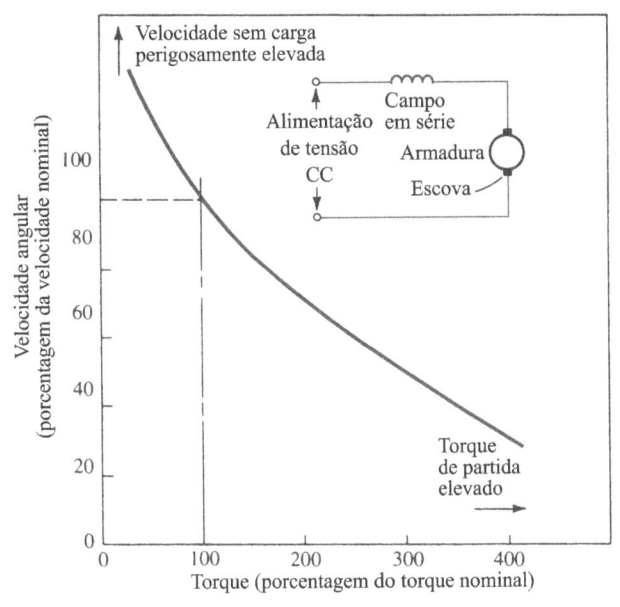

▲ **FIGURA 21.29** Curva de desempenho de motor CC série.

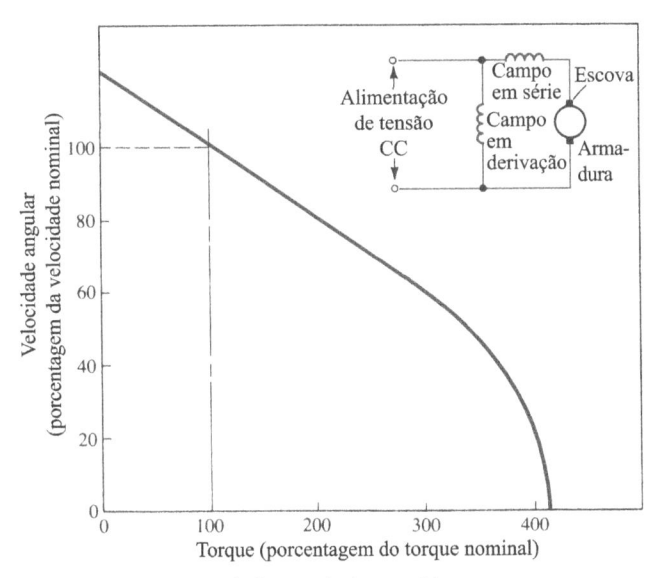

▲ **FIGURA 21.30** Curva de desempenho de motor CC composto.

Motor CC de ímã permanente. Em vez de usar eletroímãs, esse tipo de motor CC usa ímãs permanentes a fim de gerar o campo para a armadura. A corrente contínua passa através da armadura, como ilustrado na Figura 21.31. O campo é praticamente constante em todo o tempo, resultando em uma curva velocidade/torque linear. O consumo de corrente também varia linearmente com o torque. As aplicações incluem: ventiladores e ventoinhas para resfriar equipamentos eletrônicos em aeronaves; pequenos atuadores para controle em aeronaves; dispositivos para controle de vidros e assentos automotivos; e ventiladores em automóveis para aquecimento e condicionamento de ar. Com frequência, esses motores apresentam redutores de velocidade de engrenagem embutidos a fim de produzir velocidade baixa e torque elevado de saída.

21.12 CONTROLE DE MOTORES CC

A partida de motores CC apresenta basicamente os mesmos problemas discutidos em relação a motores CA, em termos de limitar a corrente de partida e demandar dispositivos de ligação e relés bloqueadores com capacidade suficiente para suportar as cargas operacionais. A situação torna-se um pouco mais complexa, entretanto, pela presença dos comutadores no circuito do rotor, que são mais sensíveis a corrente excessiva.

O controle de velocidade é feito por variação da resistência nas linhas que contêm a armadura ou o campo do motor. Os detalhes dependem do tipo de motor: série, em derivação ou composto. O dispositivo de resistência variável, por vezes chamado de *reostato*, pode proporcionar variação gradual na resistência

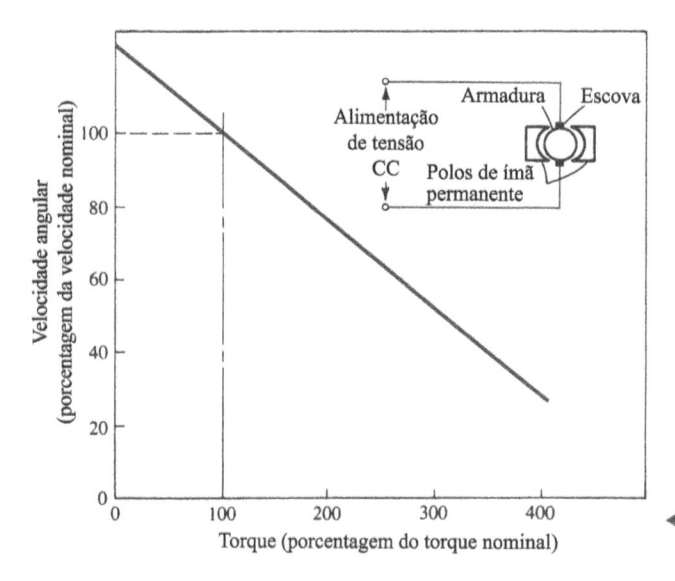

◀ **FIGURA 21.31** Curva de desempenho de motor CC de ímã permanente.

ou resistência com variação contínua. A Figura 21.32 mostra os diagramas esquemáticos para vários tipos de controle de velocidade em motores CC. Consulte os sites 1, 3 e 5 a 9, além das referências 2 a 8.

21.13 OUTROS TIPOS DE MOTOR

Motores de torque

Como o próprio nome indica, *motores de torque* são selecionados pela capacidade de exercer determinado torque em vez de uma potência. Muitas vezes, esse tipo de motor é operado em condição estacionária para manter uma tensão constante sobre a carga. A operação contínua em baixa velocidade ou em velocidade zero faz a geração de calor ser um problema em potencial. Em casos severos, ventiladores externos podem ser necessários.

Mediante projeto especial, vários tipos de motor CC e CA discutidos neste capítulo podem ser utilizados como motores de torque.

Servomotores

Servomotores tanto CA quanto CC estão disponíveis para fornecer controle automático de posição ou velocidade de um mecanismo como resposta a um sinal de controle. Tais motores são utilizados em atuadores de aeronaves, instrumentos, impressoras e máquinas-ferramentas. A maioria tem características de resposta rápida por causa da baixa inércia das componentes rotativas e do torque relativamente elevado exercido pelo motor. Consulte os sites 3, 7 a 9 e 15.

A Figura 21.33 esboça o diagrama esquemático relativo ao sistema de controle de um servomotor. Três circuitos de loop para controle são mostrados: (1) de posição, (2) de velocidade e (3) de corrente. O controle de velocidade é realizado pela detecção da rotação do motor com um tacômetro e pela alimentação do sinal através do circuito de velocidade para o controlador novamente. A posição é detectada por um codificador ótico ou dispositivo semelhante na carga acionada, com o sinal sendo alimentado de volta através do circuito de posição para o controlador. Este, por sua vez, soma as entradas, compara-as com o valor desejado estabelecido pelo programa de controle e gera um sinal para monitorar o motor. Logo, o sistema é um servocontrole de circuito fechado. As utilizações mais comuns para esse tipo de controle estão relacionadas a máquinas-ferramentas com controle numérico, máquinas para fins especiais e atuadores superficiais para controle de aeronave.

Motores de passo

Um fluxo de impulsos eletrônicos é fornecido a um *motor de passo*, que responde com uma rotação fixa (passo) para cada impulso. Desse modo, uma posição angular muito precisa pode ser obtida por contagem e controle do número de impulsos transferidos ao motor. Vários ângulos de passo estão disponíveis para motores, como: 1,8°; 3,6°; 7,5°; 15°; 30°; 45°; e 90°. Quando os impulsos são interrompidos, o motor para automaticamente e é mantido em posição. Uma vez que muitos desses motores são ligados por um redutor de velocidade de engrenagem à carga, um posicionamento muito preciso é possível para uma pequena fração de passo. Além disso, o redutor fornece um aumento de torque. Consulte o Site 14.

Motores sem escova

Um motor CC típico requer escovas para fazer contato com o comutador rotativo em seu eixo. Esse é um importante modo de falha desses motores. No *motor CC sem escova*, a comutação das bobinas do rotor é feita por dispositivos eletrônicos em estado sólido,

(a) Diagrama esquemático do controle de motor CC

(b) Controle de motor CC em derivação

- Motor CC em derivação básico (veja a Fig. 21.28)
- Controle com resistência em série na armadura
- Controle com resistência em derivação na armadura
  (o aumento da resistência diminui a velocidade)
- Controle com resistência em série de campo
  (o aumento da resistência eleva a velocidade)

(c) Controle de motor CC série

- Motor CC série básico (veja a Fig. 21.29)
- Controle com resistência em sériena armadura
  (o aumento da resistência diminui a velocidade)
- Controle com resistência em derivação na armadura
  (velocidade diminuída e velocidade sem carga controlada)

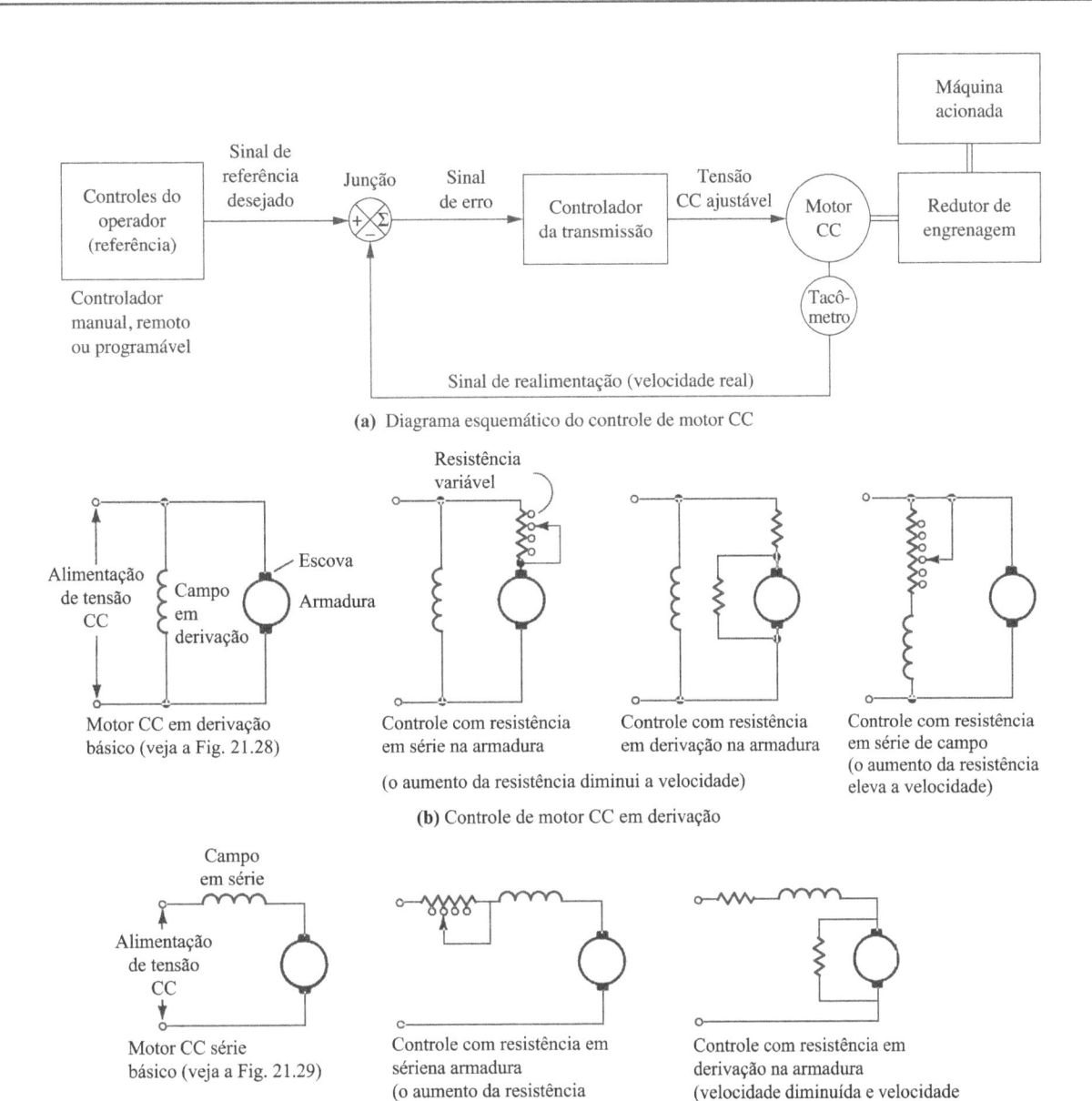

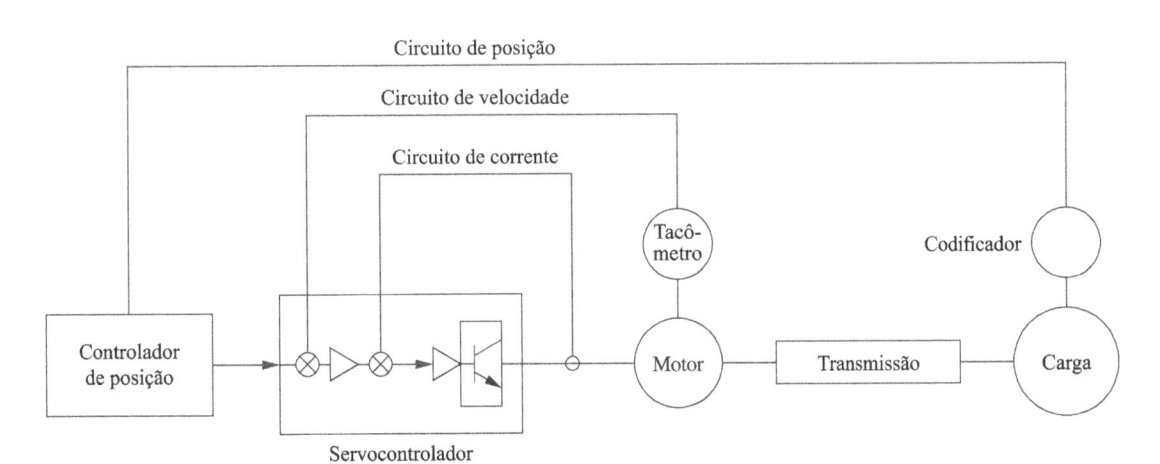

▲ **FIGURA 21.32** Controle de motor CC.
[(a) Rockwell Automation/Allen-Bradley, Milwaukee, WI]

▲ **FIGURA 21.33** Sistema de controle de servomotor.
(Rockwell Automation/Allen-Bradley, Milwaukee, WI)

resultando em uma vida útil muito longa. A emissão de interferência eletromagnética é igualmente reduzida em comparação a motores CC com escova.

Motores de circuito impresso

O rotor do *motor de circuito impresso* é um disco plano que opera entre dois ímãs permanentes. O projeto resultante tem diâmetro relativamente grande e comprimento axial pequeno. Por vezes, é chamado de *motor panqueca*. O rotor tem inércia muito baixa, possibilitando taxas elevadas de aceleração.

Motores lineares

Motores lineares são eletricamente semelhantes aos rotativos, exceto pelo fato de que as componentes, o estator e o rotor ficam em posição plana em vez de em forma cilíndrica. Dentre os tipos, há: CC com escova, CC sem escova, de passo e monofásicos. A capacidade é medida em termos de força que o motor pode exercer, alternando normalmente entre algumas libras e 2500 lb. As velocidades variam a partir de 100 pol/s (1,02 a 2,54 m/s). Consulte os sites 9 e 15.

REFERÊNCIAS

1. AVALLONE, Eugene P.; BAUMEISTER III, Theodore; SADEGH, Ali. *Marks' Handbook for Mechanical Engineers*. 11. ed. Nova York: McGraw-Hill, 2011.
2. HUBERT, Charles I. *Electric Machines*: Theory, Operating Applications, and Controls. 2. ed. Upper Saddle River, NJ: Prentice Hall, 2002.
3. SKVARENINA, Timothy L.; DEWITT, William E. *Electrical Power and Controls*. 2. ed. Upper Saddle River, NJ: Prentice Hall, 2005.
4. WILDI, Theodore. *Electrical Machines, Drives, and Power Systems*. 6. ed. Upper Saddle River, NJ: Prentice Hall, 2006.
5. HUGHES, Austin. *Electrical Motors and Drives*: Fundamentals, Types and Applications. Amsterdã, Holanda: Elsevier Science & Technology Books, 2006.
6. POLKA, David. *Motors and Drives*: A Practical Technology Guide. Research Triangle Park, NC: ISA: The Instrumentation, Systems, and Automation Society, 2003.
7. HERMAN, Stephen. *Industrial Motor Control*. 6. ed. Florence, KY: Delmar Cengage Learning, 2010.
8. MILLER, Rex; MILLER, Mark. *Industrial Electricity and Motor Controls*. Nova York: McGraw-Hill, 2008.

SITES SOBRE MOTORES ELÉTRICOS E CONTROLES

1. **Reliance Electric/Baldor Electric.** <www.reliance.com>. Fabricante de motores CC e CA e controles associados. O site fornece um recurso chamado *Motor Technical Reference*, que apresenta o desempenho do motor, diretrizes de aplicação, informações sobre a construção e um catálogo on-line.
2. **Regal Beloit EPC, Inc.** <www.regal-beloit.com/rbcelectricmotors>. Fabricante de motores elétricos para bombas acionadoras, transportadores, maquinários de processamento alimentício, máquinas-ferramentas, equipamentos de escritório e outras aplicações comerciais e industriais. Os tamanhos variam desde 1/12 até 1250 hp.
3. **Baldor Electric Company.** <www.baldor.com>. Fabricante de motores CC e CA, motorredutores, servomotores, motores lineares, geradores, produtos de movimento linear e controles para uma ampla gama de aplicações industriais e comerciais. Um catálogo on-line, desenhos CAD e gráficos de desempenho também estão inclusos.
4. **U.S. Electric Motors Company.** <www.usmotors.com>. Fabricante de uma grande variedade de motores elétricos CA e CC, desde 1/4 até 4000 hp, para aplicações gerais e específicas. Um catálogo on-line está incluso. Parte da Nidec Motor Corporation.
5. **Schneider Electric.** <www.schneider-electric.us>. Fabricante de dispositivos e sistemas elétricos de controle para indústria, energia e infraestrutura, construções, aplicações residenciais e *data centers*. O mercado industrial inclui: automação de processos, controle e supervisão de máquinas, alimentação e distribuição de potência, monitoramento e controle de energia e muitos outros. Alguns produtos relacionados ao controle de motores, como acionadores e contatores, são oferecidos pela marca Square D, da Schneider Electric.
6. **Eaton/Electrical-USA.** <www.eaton.com/electrical/USA>. Fabricante de um amplo leque de produtos de controle elétrico e distribuição de potência para aplicações industriais, comerciais e residenciais. Acesse "*Product and services*" para centros de controle de motores, disjuntores, equipamentos

de condicionamento de energia, painéis de comutação, freios e muitos outros produtos.

7. **Allen-Bradley/Rockwell Automation.** <www.rockwellautomation.com>. Fabricante de uma grande variedade de controles para automação, incluindo contatores de motor, transmissões de motor CA, centros de controle de motor, servomotores, controladores lógicos programáveis, sensores, relés, dispositivos de proteção de circuito, comunicação em rede e sistemas de controle. Acesse <www.ab.com/catalogs>. para informações sobre controles de motor e produtos relacionados.

8. **GE Intelligent Platforms.** <www.ge-ip.com>. Fabricante de uma extensa linha de controladores lógicos programáveis, controles de movimento e soluções de processo.

9. **Parker Automation.** <www.parkermotion.com>. Fabricante de um amplo leque de dispositivos e sistemas de automação para aplicações industriais. Inclui a linha *Compumotor* de servomotores e controladores e a linha *Trilogy Systems* de motores elétricos lineares e posicionadores lineares para automação industrial. Parte da Parker Hannifin Corporation.

10. **Deka Batteries—East Penn Manufacturing Co.** <www.dekabatteries.com>. Fabricante de uma grande variedade de tamanhos de baterias de chumbo-ácido para ferramentas elétricas, equipamentos de jardinagem, sistemas de rede de energia elétrica, equipamentos móveis industriais, carrinhos de golfe, cadeiras de roda, sistemas de acionamento de motor a diesel para via férrea e muitos outros.

11. **Exide Technologies.** <www.exide.com>. Fabricante de uma linha completa de baterias para aplicações em automóveis, caminhões, jardinagem, comércio, marinha, empilhadeiras industriais, veículos guiados automaticamente, telecomunicações, backups e sistemas de segurança, iluminação de emergência e diversos equipamentos militares.

12. **U.S. Battery.** <www.usbattery.com>. Fabricante de baterias de 6 V, 8 V e 12 V para carrinhos de golfe, aspiradores e enceradeiras industriais, marinha e aplicações para múltiplos fins.

13. **Battery Council International.** <www.batterycouncil.org>. Organização de fabricantes e utilizadores de baterias e equipamentos operados por baterias que oferece treinamento, procedimentos de teste recomendados, informações sobre carregamento e segurança.

14. **Oriental Motor U.S.A. Corporation.** <www.orientalmotor.com>. Fabricante de motores de passo com potência de entrada CA ou CC e motores síncronos de baixa velocidade para uma variedade de aplicações em automação industrial e comercial.

15. **Beckhoff Drive Technology.** <www.beckhoff.com>. Fabricante de servomotores síncronos sem escova e motores síncronos lineares para uma variedade de aplicações em automação industrial e comercial.

PROBLEMAS

1. Enumere seis itens que devem ser especificados para motores elétricos.
2. Enumere oito fatores que devem ser considerados na escolha de um motor elétrico.
3. Defina *ciclo de trabalho*.
4. Quanta variação na tensão a maioria dos motores CA tolera?
5. Declare a relação entre torque, potência e velocidade.
6. O que significa a sigla CA?
7. Descreva e desenhe a forma de potência CA monofásica.
8. Descreva e desenhe a forma de potência CA trifásica.
9. Qual é a frequência padrão de potência CA nos Estados Unidos?
10. Qual é a frequência padrão de potência CA na Europa?
11. Que tipo de potência elétrica está disponível em uma residência norte-americana comum?
12. Quantos condutores são necessários para transmitir potência monofásica? E para transmitir potência trifásica?
13. Suponha que você precise selecionar um motor elétrico para uma máquina a ser utilizada em uma fábrica. Os seguintes tipos de potência CA estão disponíveis: 120 V monofásica, 240 V monofásica, 240 V trifásica e 480 V trifásica. De maneira geral, para que tipo de potência você especificaria o motor?
14. Defina *velocidade síncrona* para um motor CA.
15. Defina *velocidade com carga máxima* para um motor CA.
16. Qual é a velocidade síncrona de um motor CA com quatro polos em operação nos Estados Unidos? E na França?
17. A placa de identificação de um motor indica que a velocidade com carga máxima é 3450 rpm.

Quantos polos tem o motor? Qual seria a velocidade aproximada com carga zero?

18. Se um motor com quatro polos opera a uma potência CA de 400 Hz, qual será sua velocidade síncrona?
19. Se um motor CA for descrito como um motor de escorregamento normal de quatro/seis polos, qual será sua velocidade aproximada com carga máxima?
20. Qual tipo de controle você usaria para fazer um motor CA operar em velocidades variáveis?
21. Descreva um motor com face C.
22. Descreva um motor com flange D.
23. O que significa a sigla NEMA?
24. Descreva um motor protegido.
25. Descreva um motor TFVE.
26. Descreva um motor TFSV.
27. Qual tipo de caixa para motor você especificaria para uso em uma fábrica que produz farinha de panificação?
28. Qual tipo de motor você especificaria para um triturador de carne se ele precisasse ficar exposto?
29. A Figura P21.29 mostra uma máquina que deverá ser acionada por um motor CA de 5 hp, protegido e montado sobre pés com quadro de 184T. Ele deve ser alinhado com o eixo da máquina. Faça um desenho dimensionado completo, indicando o lado padrão e as vistas frontais da máquina e do motor. Projete uma base adequada de montagem para o motor, exibindo os orifícios.
30. Defina *torque de rotor bloqueado*. Qual é outro termo usado para esse parâmetro?
31. O que significa o fato de um motor ter regulação de velocidade inferior a outro?
32. Defina *torque de ruptura*.
33. Nomeie os quatro tipos mais comuns de motor CA monofásico.
34. Consulte a curva de desempenho do motor CA na Figura P21.34.
    a. Que tipo de motor a curva possivelmente representa?
    b. Se o motor tiver seis polos e 0,75 hp, quanto torque ele pode exercer com carga nominal?
    c. Quanto torque o motor pode desenvolver para acionar uma carga?
    d. Qual é o torque de ruptura para o motor?
35. Refaça as partes (b), (c) e (d) do Problema 34 no caso de o motor ter dois polos e 1,50 kW.
36. O *cooler* de um computador deve operar a 1725 rpm, acionado diretamente por um motor elétrico. A curva de velocidade/torque para o *cooler* é mostrada na Figura P21.36. Especifique um motor adequado, incluindo o tipo, os cavalos de potência e o número de polos.
37. A Figura P21.37 mostra a curva de velocidade/torque para um compressor de refrigeração doméstico, projetado para operar a 3450 rpm. Especifique um motor adequado, incluindo o tipo, a taxa de potência em watts e o número de polos.
38. Como a velocidade de um motor com rotor bobinado é ajustada?

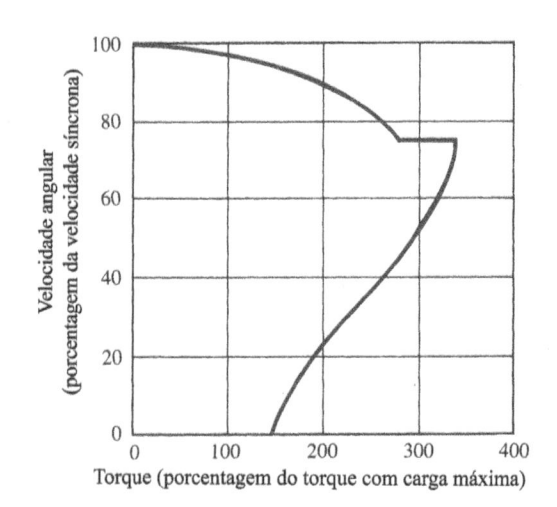

▲ FIGURA P21.34 (Problemas 34 e 35)

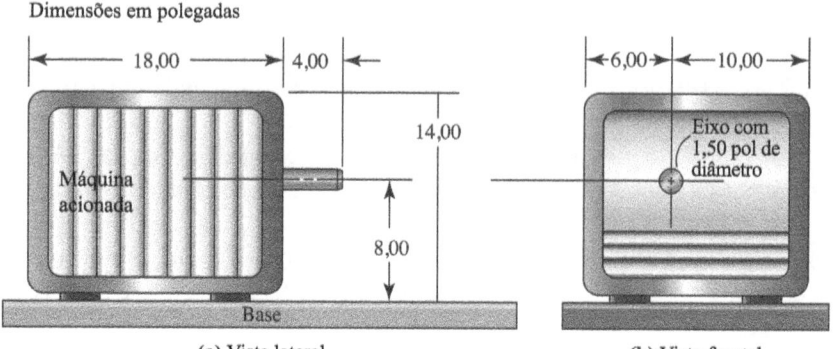

◀ FIGURA P21.29

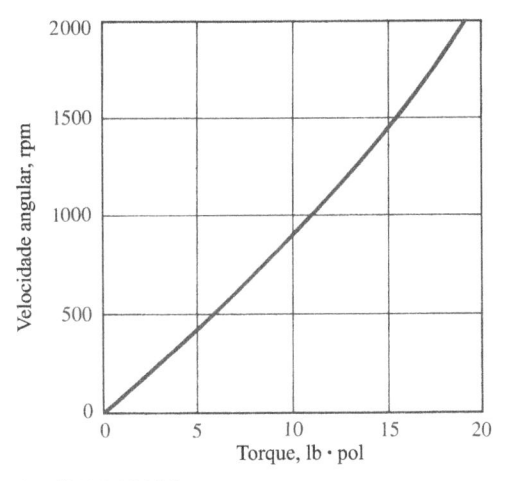

▲ FIGURA P21.36

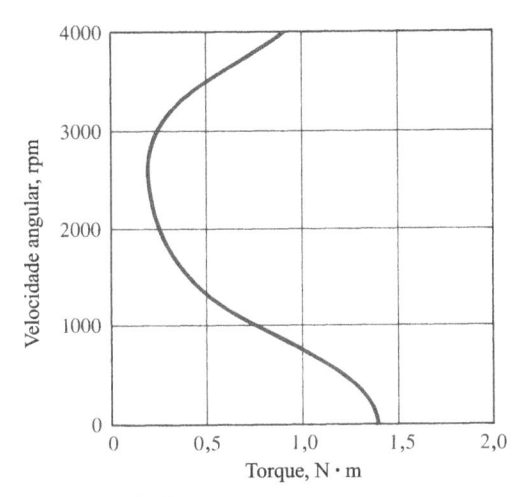

▲ FIGURA P21.37

39. Qual é a velocidade com carga máxima de um motor síncrono com 10 polos?
40. O que significa a expressão *torque de saída* (*pull-out*) em relação a um motor síncrono?
41. Explique os motivos pelos quais os motores universais são frequentemente utilizados para ferramentas portáteis e aparelhos de pequeno porte.
42. Por que o adjetivo *universal* descreve um motor universal?
43. Cite quatro formas de produzir energia CC.
44. Liste 12 tensões CC comuns.
45. O que é controle SCR? Para que é utilizado?
46. Quando a transmissão de um motor CC indica a produção de *baixa ondulação*, o que essa expressão significa?
47. Se quiser usar um motor CC em sua casa, e nela só houver potência padrão CA monofásica de 115 V, do que você precisará? Que tipo de motor você deverá adquirir?
48. Enumere sete vantagens dos motores CC em relação aos CA.
49. Explique duas desvantagens dos motores CC.
50. Cite quatro tipos de motor CC.
51. O que acontece a um motor CC série se a carga diminuir para quase zero?
52. Suponha que um motor CC de ímã permanente possa exercer um torque de 15,0 N · m operando a 3000 rpm. Qual torque ele poderia exercer a 2200 rpm?
53. Cite 10 funções de um controle de motor.
54. Qual tamanho de acionador de partida é necessário para um motor trifásico de 10 hp operando a 220 V?
55. Um motor CA monofásico de 110 V tem capacidade nominal indicada na placa de identificação de 1,00 kW. Qual tamanho de acionador de partida é necessário?
56. O que significa a expressão *torque frenante* e como ele é realizado?
57. Por que o fusível é um dispositivo de proteção inadequado ao um motor industrial?
58. Que tipo de caixa para controle de motor você especificaria ao uso em um lava-rápido?
59. O que você poderia fazer com o circuito de controle para que um motor CC série padrão forneça uma velocidade sem carga controlada?
60. O que aconteceria se você ligasse uma resistência em série à armadura de um motor CC em derivação?
61. O que aconteceria se você ligasse uma resistência em série ao campo em derivação de um motor CC em derivação?

CAPÍTULO 22

CONTROLE DE MOVIMENTO: EMBREAGENS E FREIOS

Sumário

Visão geral
Você é o projetista
22.1 Objetivos
22.2 Descrições de embreagens e freios
22.3 Tipos de embreagem e freio de atrito
22.4 Parâmetros de desempenho
22.5 Tempo necessário para acelerar a carga
22.6 Inércia de um sistema referente à velocidade do eixo de embreagem
22.7 Inércia efetiva de corpos com movimento linear
22.8 Absorção de energia: requisitos para dissipação de calor
22.9 Tempo de resposta
22.10 Materiais de atrito e coeficiente de atrito
22.11 Embreagem ou freio de disco
22.12 Freios a disco com caliper
22.13 Embreagem ou freio de cone
22.14 Freios a tambor
22.15 Freios de cinta
22.16 Outros tipos de embreagem e freio

Visão geral

Tópicos de discussão

- *Freio* é um dispositivo utilizado para colocar um sistema móvel em condição estacionária, diminuir sua velocidade ou mantê-la em determinado valor sob condições variáveis.
- *Embreagem* é um dispositivo empregado para conectar ou desconectar um elemento acionado do motor principal do sistema.

Descubra

Onde você usa freios?

Observe os freios de um carro ou de uma bicicleta. Descreva as componentes e o ciclo de atuação com o máximo de detalhes possível. Converse com seus colegas sobre o que descobriu.

Quais tipos de equipamento, além de veículos, utilizam embreagens ou freios? Descreva algumas situações.

Descreva a física do funcionamento da embreagem e do freio, considerando a energia e os efeitos de inércia.

Este capítulo o ajudará a explorar todos esses pontos e a desenvolver muitas equações proveitosas de projeto e análise. Além disso, muitos tipos de freio e embreagem comercialmente disponíveis serão ilustrados e descritos.

Os sistemas de máquinas exigem controle sempre que a velocidade ou a direção do movimento de uma ou mais componentes tem que ser alterada. Quando um dispositivo é acionado, ele deve ser acelerado da condição estacionária até a velocidade operacional. Com frequência, quando uma função é concluída, o sistema deve ter o funcionamento interrompido. Em sistemas de operação contínua, a alteração da velocidade conforme as condições operacionais se faz, muitas vezes, necessária. Há casos em que a segurança é que orienta o controle de movimento, como quando uma carga é abaixada por uma talha ou um elevador.

Este capítulo terá como principal foco o controle de movimento rotativo em sistemas acionados por motores elétricos, mecânicos, turbinas e similares. Em última análise, o movimento linear pode ser produzido por acoplamentos, transportadores ou outros mecanismos.

Os elementos de máquina mais usados para controle de movimento são a embreagem e o freio, definidos como segue:

- *Embreagem* é um dispositivo utilizado para conectar ou desconectar um elemento acionado do motor principal do sistema. Por exemplo, em uma máquina com ciclos frequentes, o motor de acionamento opera continuamente, enquanto uma embreagem é interposta entre o motor e a máquina acionada. Então, a embreagem é ligada e desligada para conectar e desconectar a carga. Isso permite que o motor opere a uma velocidade eficiente e que o sistema apresente ciclos mais rápidos, uma vez que não há a necessidade de acelerar o rotor do motor, com todo o seu peso, a cada ciclo.

- *Freio* é um dispositivo adotado para colocar um sistema móvel em condição estacionária, diminuir sua velocidade ou mantê-la em determinado valor sob condições variáveis.

Onde você usa freios? Uma resposta óbvia seria em carros ou bicicletas, nos quais a operação segura exige paradas rápidas e suaves, em condições de emergência ou simplesmente quando há a necessidade de respeitar placas de trânsito e estacionar. Todavia, nem sempre é fundamental parar totalmente o veículo. A desaceleração, para acompanhar o fluxo de tráfego ou fazer uma curva, também requer um freio a fim de diminuir a velocidade.

O que realmente acontece quando os freios de uma bicicleta são acionados? Você consegue descrever os elementos essenciais de um sistema de frenagem? No caso do freio de mão, o acionamento da alavanca de freio puxa um cabo que, por sua vez, aciona um acoplamento no sistema montado acima do aro da roda; tal acoplamento faz a pastilha de atrito pressionar o aro. Quanto maior a força empregada no acionamento da alavanca, maior também será a força desenvolvida entre a pastilha e o aro. Isso é chamado de *força normal*. Lembre que, na física e na estática, uma força de atrito é criada entre superfícies com movimento relativo quando uma força normal as pressiona. A força de atrito atua na direção oposta ao movimento relativo e, portanto, tende a retardá-lo. Se essa força for elevada o bastante e durar tempo suficiente, a roda para de girar. Observe também que a força de atrito atua em um raio relativamente grande do centro da roda. Assim, a força faz um *torque de atrito* ser desenvolvido e o que realmente acontece é a desaceleração da velocidade angular da roda. Porém, uma vez que essa velocidade é diretamente proporcional à linear da bicicleta, experimentamos a ação de parada como uma desaceleração linear.

Mas isso não é tudo! Você já tocou alguma vez na pastilha de freio após uma parada brusca? O fato de ela esquentar é uma indicação de que o freio absorve energia durante a ação. De onde vem a energia? É possível calcular a quantidade de energia que deve ser absorvida? Quais são os parâmetros envolvidos nesse cálculo? Compare a quantidade de energia a ser absorvida na frenagem de uma bicicleta com envolvida na frenagem de um grande avião comercial, que pousa a 120 mph com carga máxima de pessoas e bagagem, além do enorme peso dele próprio. Imagine como são esses freios em comparação ao freio de uma bicicleta!

Que outros tipos de equipamento, além de veículos de transporte, exigem freios? Considere elevadores, escadas rolantes, talhas e guinchos, os quais devem parar e segurar a carga após levantá-la. Máquinas-ferramentas, transportadores e outros equipamentos de produção muitas vezes precisam ter o movimento interrompido de modo seguro e rápido.

Contudo, esses equipamentos também devem ser *acelerados* para dar início a um novo ciclo de operação. Como isso pode ser feito? Uma forma é ligar e desligar o motor que aciona o equipamento. No entanto, isso é inadequado, demorado e pode causar falha prematura no sistema.

Já pensou se você precisasse desligar o motor do carro sempre que visse uma placa de pare e, então, tivesse de ligá-lo novamente para prosseguir? Como o sistema automotivo permite que você pare o carro e, depois, continue a dirigir sem desligar o motor? Você já conduziu um veículo de câmbio manual? Um carro com "marcha"? A *embreagem* é utilizada para engatar e desengatar o trem de acionamento do motor. Em carros com transmissão automática, as embreagens também são integradas à transmissão.

Que outros tipos de equipamento usam embreagem? Descreva alguns exemplos de sua experiência pessoal ou imagine uma situação em que o uso de embreagem seria desejável.

Agora, considere a função da embreagem. Algumas peças da máquina giram continuamente, ao passo que outras ficam temporariamente paradas. Então, você engata a embreagem. O que acontece? Pense na física da situação. As partes estacionárias devem ser aceleradas até a velocidade desejada, conforme o projeto do sistema de transmissão. A inércia deve ser superada — às vezes inércia rotacional, em outras ocasiões inércia linear, em certos casos os dois tipos na mesma máquina. Quanto tempo você quer que leve a aceleração da carga até a velocidade operacional? É preciso ter consciência de que um tempo mais curto exige o desenvolvimento de um valor mais elevado de torque de aceleração pela embreagem; isso aumenta as exigências técnicas no sistema em termos de resistência das componentes, suavidade e vida útil dos materiais de atrito responsáveis pelo engrenamento.

Este capítulo permitirá que você explore todas essas questões, e muitas equações práticas de projeto e análise serão desenvolvidas. Além disso, vários tipos diferentes de freio e embreagem serão discutidos, e fotografias ou desenhos detalhados de muitos projetos comercialmente disponíveis serão mostrados. Talvez seja uma boa ideia manter este livro ao alcance para futuros projetos, de modo que você possa consultar os detalhes de diferentes opções para freios e embreagens.

Você é o projetista

Sua empresa fabrica sistemas transportadores para armazéns e terminais logísticos. Os transportadores levam caixas de materiais a qualquer uma das várias estações onde os caminhões são carregados. Para economizar energia e diminuir o desgaste nas peças operacionais do sistema transportador, é decidido que ele operará apenas as partes dele que têm a demanda de transportar uma caixa. O sistema deve ser operado automaticamente por meio de uma série de sensores, interruptores, controladores programáveis e um controle de computador geral de supervisão. Sua tarefa é recomendar o tipo e o tamanho das unidades de embreagem e freio para acionar e interromper os vários transportadores.

Algumas decisões de projeto que você terá de tomar são as seguintes:

1. Quanto tempo deve levar para que os transportadores alcancem a velocidade ideal após o comando inicial de acionamento?
2. Quanto tempo deve levar para que os transportadores parem completamente?
3. Quantos ciclos por hora são esperados?
4. Quanto espaço há disponível para instalar as unidades de embreagem e freio?
5. Quais são os meios disponíveis para acionar as unidades de embreagem e freio: energia elétrica, ar comprimido, pressão hidráulica ou outra opção?
6. Qual tipo de embreagem e freio deve ser utilizado?
7. Qual tamanho e modelo devem ser especificados para as unidades?

Além de tomar essas decisões, você precisará de informações sobre o sistema transportador, como:

1. Qual quantidade de carga estará sobre os transportadores quando eles forem acionados e parados?
2. Como é o projeto do sistema transportador e quais são os pesos, as formas e as dimensões de suas componentes?
3. O transportador é acionado por motor elétrico, hidráulico ou outra opção?
4. Os produtos são deslocados em apenas um nível ou há alterações de elevação no sistema?

As informações contidas neste capítulo o ajudarão a completar o sistema.

22.1 OBJETIVOS

Ao final deste capítulo, você estará apto a:

1. Definir os termos *embreagem* e *freio*.
2. Diferenciar uma embreagem de um *acoplamento de embreagem*.
3. Descrever um freio à prova de falhas.
4. Descrever uma unidade de freio e embreagem.
5. Especificar a capacidade necessária de uma embreagem ou um freio para acionar determinado sistema de modo confiável.
6. Calcular o tempo exigido para acelerar um sistema ou interrompê-lo com a aplicação de certo torque.
7. Definir a inércia de um sistema em termos de seu valor Wk^2.
8. Calcular os requisitos de dissipação de energia para uma embreagem ou um freio.
9. Determinar o tempo de resposta para um sistema de embreagem-freio.
10. Descrever pelo menos cinco tipos de embreagens e freios.
11. Citar seis formas de acionamento utilizadas para embreagens e freios.
12. Executar o projeto e a análise de embreagens e freios dos tipos: disco, caliper, cone, tambor e sapata e faixa.
13. Citar outros nove tipos de embreagens e freios.

22.2 DESCRIÇÕES DE EMBREAGENS E FREIOS

Várias combinações de embreagens e freios são mostradas na Figura 22.1. Por convenção, o termo *embreagem* é reservado para a aplicação em que a conexão é feita a um eixo paralelo ao do motor, como ilustrado na Figura 22.1(a). Se a conexão for com um eixo alinhado ao motor, usa-se a expressão *acoplamento da embreagem*, conforme indicado na Figura 22.1(b).

Também por convenção, o freio [Figura 22.1(c)] é acionado por uma ação observável: a aplicação de pressão hidrostática, a ligação de uma corrente elétrica ou o movimento manual de uma alavanca. Os freios acionados automaticamente por mola, sem uma ação observável, são chamados de *freios à prova de falhas* [Figura 22.1(d)]: quando a energia é desligada, o freio é acionado.

Quando as funções tanto de embreagem quanto de freio são necessárias em um sistema, elas costumam ser organizadas em uma mesma unidade, a *unidade de freio e embreagem*. Quando a embreagem é acionada, o freio é desativado e vice-versa [consulte a Figura 22.1(e)].

Embreagem deslizante é um modelo que, por causa de seu projeto, transmite apenas torque limitado; por isso, escorrega com qualquer torque mais alto. Ela é empregada para fornecer aceleração controlada a uma carga suave que exige potência menor de motor. Esse tipo de embreagem também

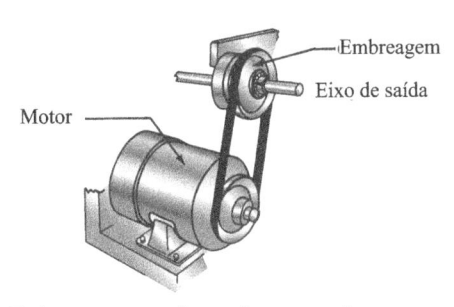

(a) Embreagem: transmite movimento rotativo a um eixo paralelo somente quando a espira é energizada, utilizando roldanas, rodas dentadas, engrenagens ou polias sincronizadoras.

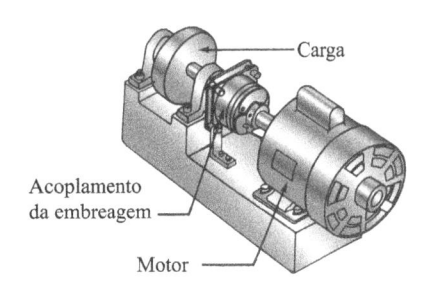

(b) Acoplamento da embreagem: transmite movimento rotativo a um eixo alinhado somente quando a espira é energizada. Aplicações de eixo dividido.

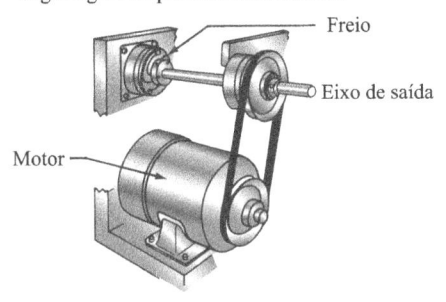

(c) Freio: para (freia) a carga quando a espira é energizada. O painel mostra a embreagem transmitindo movimento rotativo ao eixo de saída (carga) enquanto o freio está desenergizado. Em contrapartida, a desenergização da espira da embreagem e a energização da espira do freio faz a carga parar.

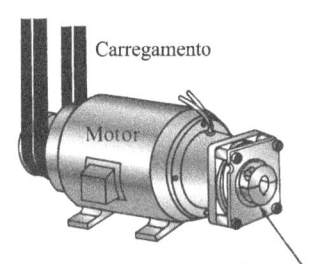

(d) Freio à prova de falhas: interrompe a carga com a desenergização da espira; potência desligada – freio acionado.

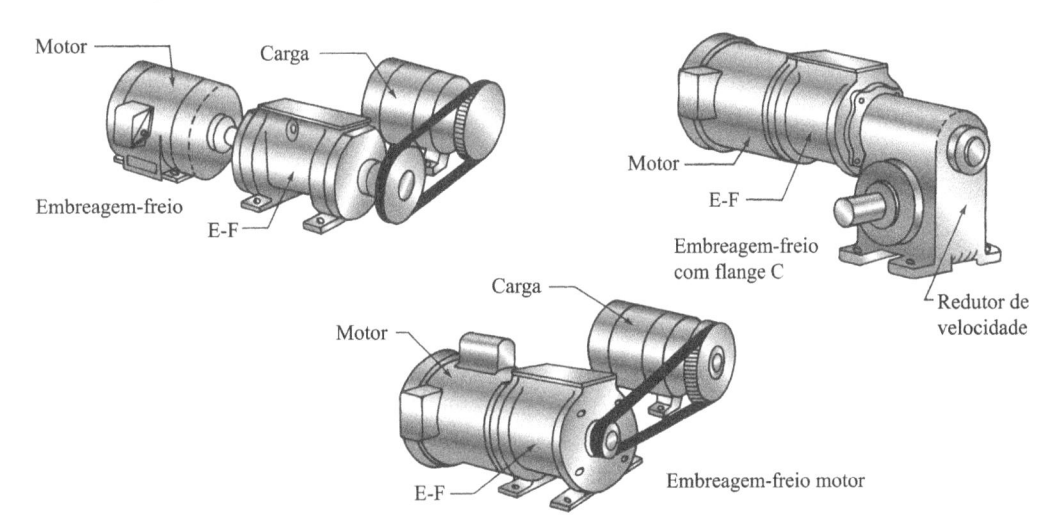

(e) Três tipos de montagem para unidades de freio e embreagem: a *embreagem-freio* combina funções das duas unidades em um conjunto pré-montado com eixos de entrada e saída. A *embreagem-freio com flange C* desempenha a mesma função, mas seu uso é entre o motor flangeado NEMA C e o redutor de velocidade. A *embreagem-freio motor* é um módulo pré-montado para conexão com um motor flangeado NEMA C e apresenta um eixo de saída para ligação com a carga.

▲ **FIGURA 22.1** Aplicações típicas de embreagens e freios. (Electroid Company, Springfield, NJ)

é utilizado como dispositivo de segurança, protegendo componentes caros ou sensíveis caso o sistema emperre.

A maior parte da discussão neste capítulo abrangerá embreagens e freios que transmitem movimento por atrito na interface entre duas peças rotativas com velocidades diferentes. Outros tipos serão discutidos brevemente na última seção.

As referências 1 a 7 e os sites 1 a 9 fornecem informações adicionais sobre o projeto, a seleção e a aplicação de sistemas de controle de movimento, embreagens e freios.

22.3 TIPOS DE EMBREAGEM E FREIO DE ATRITO

Embreagens e freios que utilizam superfícies de atrito como meio de transmissão de torque para acionar ou parar um mecanismo podem ser classificados de acordo com a geometria dessas superfícies de atrito e os meios empregados para acioná-los. Em alguns casos, a mesma geometria básica pode ser usada como embreagem ou freio, fixando os elementos de atrito ora no acionador, ora na máquina acionada, ora no quadro estacionário da máquina.

Os seguintes tipos de embreagem e freio estão esboçados na Figura 22.2:

1. *Embreagem ou freio a disco:* cada superfície de atrito tem o formato de um ânulo em um disco plano. Um ou mais discos de atrito se movem axialmente de modo a fazer contato com um disco conjugado, normalmente feito de aço, ao qual o torque de atrito é transmitido.

2. *Freio a disco com caliper:* um rotor em formato de disco é acoplado à máquina a ser controlada. Pastilhas de atrito cobrindo apenas uma pequena porção do disco estão contidas em uma montagem fixa chamada *caliper* e são forçadas contra o disco por pressão de ar ou hidráulica.

3. *Embreagem ou freio de cone:* uma embreagem ou um freio de cone é semelhante a uma embreagem ou um freio a disco, exceto pelo fato de que as superfícies conjugadas estão em uma porção de um cone, e não em um disco plano.

4. *Freio de cinta:* usado somente como freio, o material de atrito fica sobre uma cinta flexível

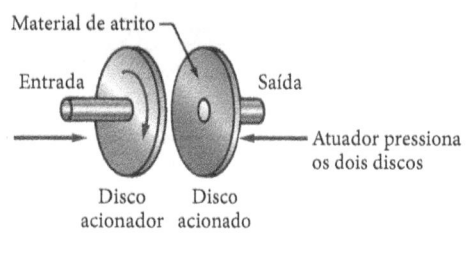

(a) Embreagem de disco (para freio, o membro "saída" é estacionário)

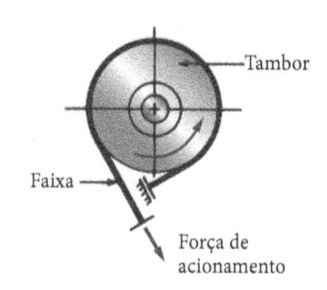

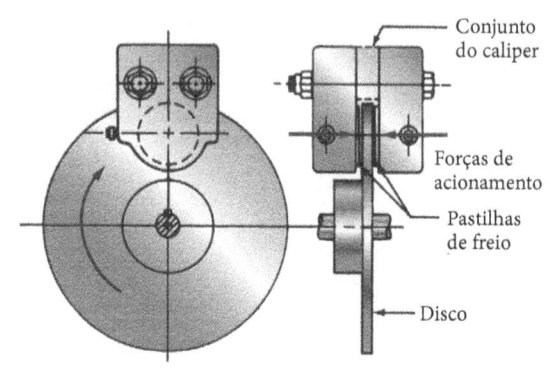

(b) Freio a disco com caliper

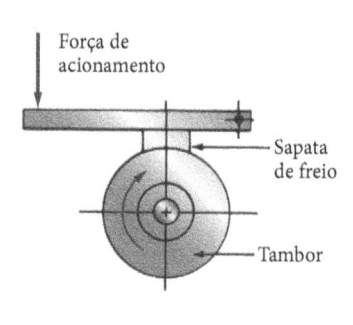

(c) Embreagem ou freio de cone

(d) Freio de faixa

(e) Freio de sapata curta

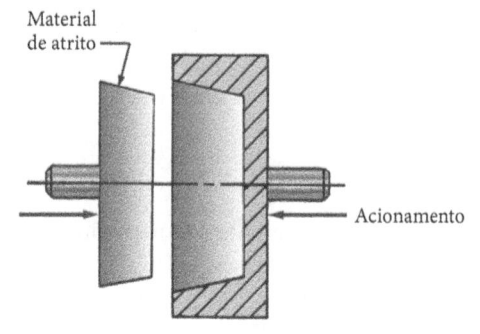

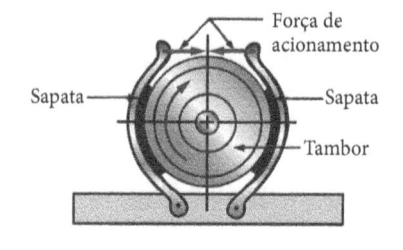

(f) Freio de sapata longa

▲ **FIGURA 22.2** Tipos de embreagem e freio de atrito.
[(b) Tol-O-Matic, Hamel, MN]

que praticamente envolve um tambor cilíndrico anexado à máquina controlada. Quando a frenagem é desejada, a cinta é apertada no tambor, exercendo uma força tangencial para interromper a carga.

5. *Freio de bloco ou sapata:* pastilhas curvadas e rígidas voltadas para o material de atrito são forçadas contra a superfície de um tambor, do lado externo ou interno, exercendo uma força tangencial a fim de interromper a carga.

Acionamento

A seguir, estão os meios utilizados para acionar freios ou embreagens. Cada um deles pode ser aplicado a vários tipos descritos. As figuras 22.3 a 22.9 mostram uma variedade de projetos disponíveis comercialmente.

MANUAL. O operador providencia a força, em geral por meio de uma disposição de alavancas que a multiplicam. A Figura 22.3 ilustra uma tomada de potência para equipamentos agrícolas ou de construção em que uma embreagem operada manualmente engata e desengata o eixo acionado a partir do motor. Esse eixo aciona equipamentos acessórios, como um distribuidor de fertilizante, uma betoneira ou um picador de madeira.

APLICADO POR MOLA. Por vezes chamado de projeto *à prova de falhas*, o freio é aplicado automaticamente por molas, a menos que haja alguma força contrária. Logo, se a potência falhar, se a pressão de ar/hidráulica for perdida ou se o operador for incapaz de executar a função, as molas aplicarão o freio e interromperão a carga. O conceito também pode ser utilizado para engatar ou desengatar uma embreagem.

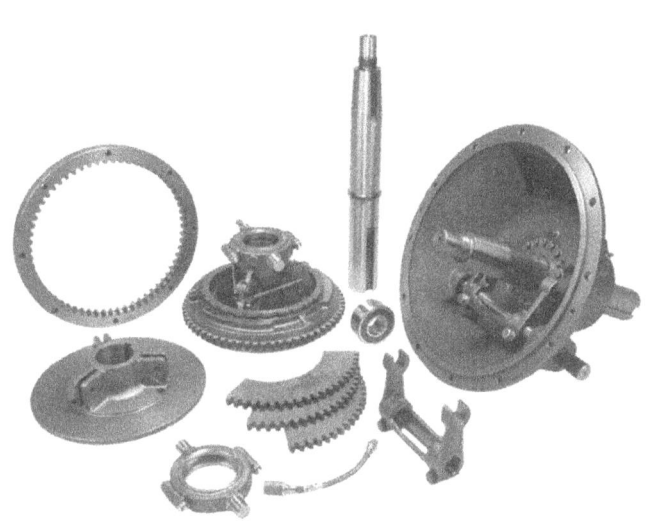

(a) Componentes da tomada de potência

(b) Conjunto de embreagem para tomada de potência

▲ FIGURA 22.3 Tomada de potência com embreagem manual. (North American Cluth & Driveline, Inc., Machesney Park, IL)

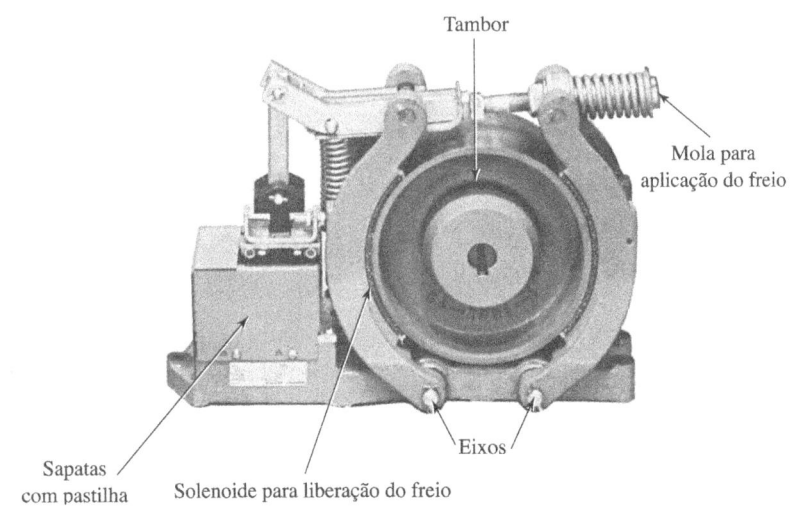

▲ FIGURA 22.4 Freio de sapata longa aplicado por mola com liberação elétrica. (Eaton Corp., Cutler-Hammer Products, Milwaukee, WI)

CENTRÍFUGO. Uma embreagem centrífuga é, às vezes, empregada para permitir que o sistema de acionamento acelere sem uma carga conectada. Então, a uma velocidade pré-selecionada, a força centrífuga coloca os elementos da embreagem em contato para conectar a carga. Conforme o sistema desacelera, a carga é automaticamente desconectada.

PNEUMÁTICO. Ar comprimido é introduzido em um cilindro ou em alguma outra câmara. A força produzida pela pressão sobre um pistão ou diafragma coloca as superfícies de atrito em contato com os membros ligados à carga.

HIDRÁULICO. Freios hidráulicos são semelhantes aos pneumáticos, exceto pelo fato de que usam óleo como fluido em vez de ar. O atuador hidráulico é normalmente aplicado onde forças elevadas de atuação são exigidas.

ELETROMAGNÉTICO. Uma corrente elétrica é aplicada a uma bobina, criando um fluxo eletromagnético. A força magnética, então, atrai uma armadura acoplada à máquina a ser controlada. A armadura é geralmente de tipo disco.

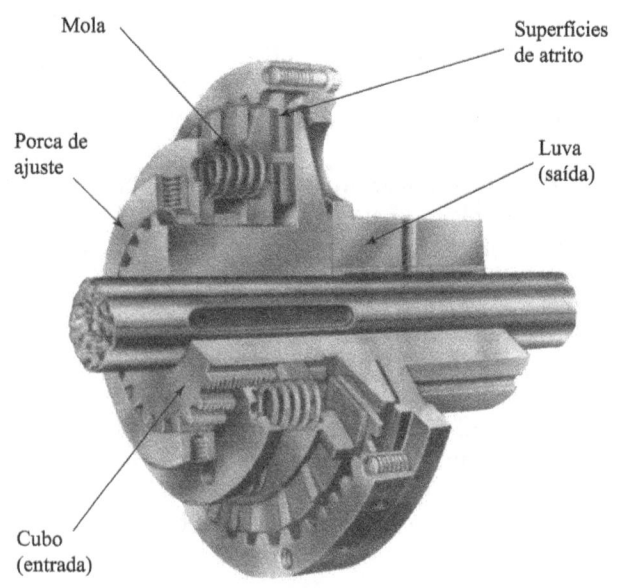

▲ **FIGURA 22.5** Embreagem deslizante. As molas aplicam pressão normal sobre os discos de atrito. A força elástica é ajustável para variar o nível de torque sob o qual a embreagem escorregará.
(The Hilliard Corp., Elmira, NY)

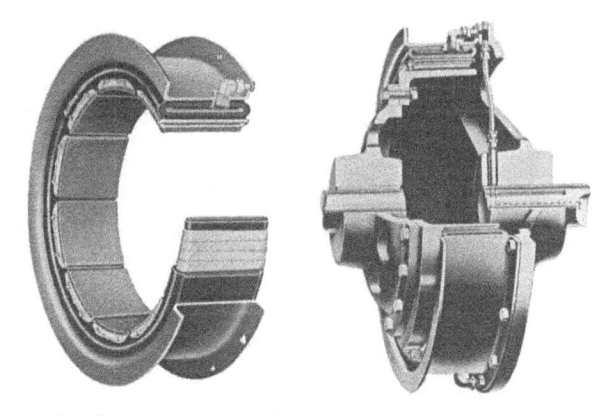

(a) Detalhes do projeto da embreagem

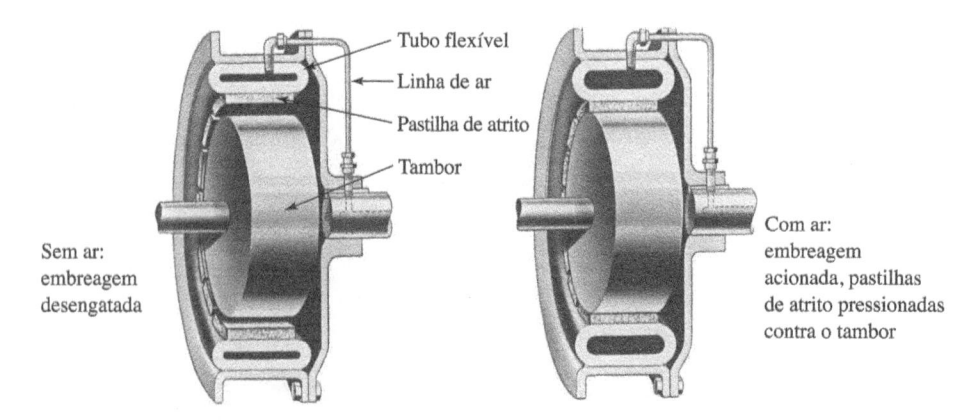

(b) Ciclo de atuação da embreagem

▲ **FIGURA 22.6** Embreagem ou freio acionado por ar.
(Eaton Corp., Airflex Division, Cleveland, OH)

Capítulo 22 • Controle de movimento: embreagens e freios   805

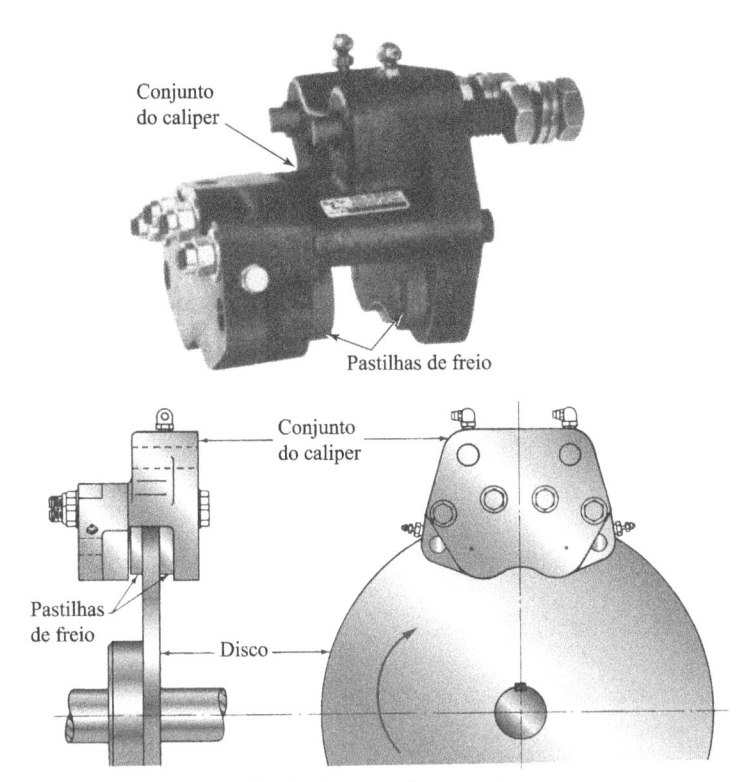

▲ **FIGURA 22.7** Conjunto de freio a disco hidraulicamente acionado. (Tol-O-Matic, Hamel, MN)

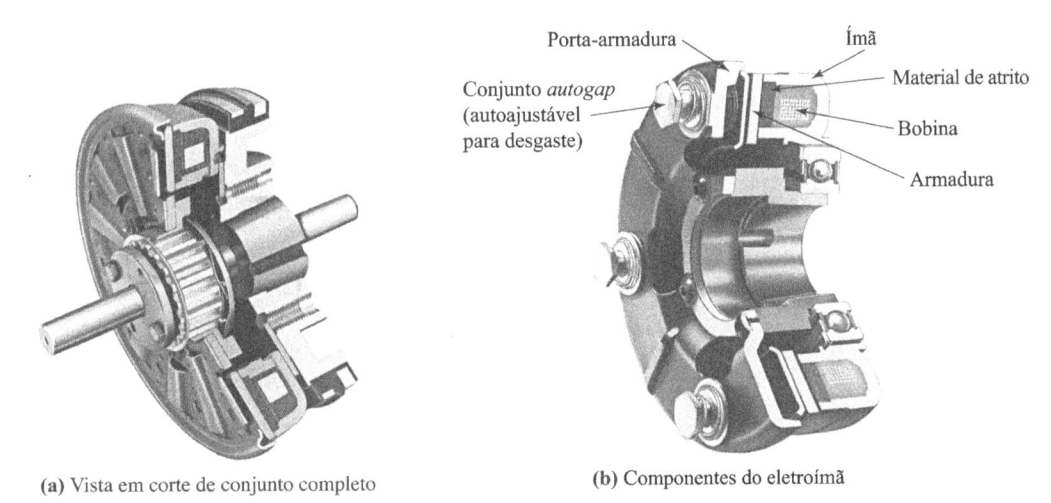

(a) Vista em corte de conjunto completo

(b) Componentes do eletroímã

▲ **FIGURA 22.8** Embreagem ou freio de disco com acionamento elétrico. (Warner Electric, Inc., South Beloit, IL)

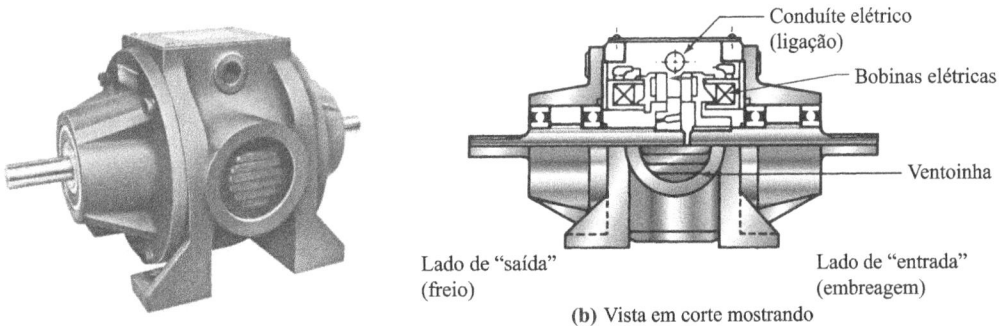

(a) Aparência externa

(b) Vista em corte mostrando as componentes internas

▲ **FIGURA 22.9** Unidade de freio e embreagem eletricamente operada. (Electroid Company, Springfield, NJ)

22.4 PARÂMETROS DE DESEMPENHO

Segundo os princípios da física, sempre que a velocidade ou a direção do movimento de um corpo é alterada, deve haver uma força exercida sobre ele. Se o corpo estiver em rotação, um torque precisa ser aplicado ao sistema para acelerá-lo ou desacelerá-lo. Quando há uma mudança na velocidade, também acontece uma alteração correspondente na energia cinética do sistema. Portanto, o controle de movimento envolve o de energia, quer com a adição dela para acelerar o sistema, quer com a absorção dela para desacelerá-lo.

Os parâmetros envolvidos na classificação de embreagens e freios são os seguintes:

1. Torque necessário para acelerar ou desacelerar o sistema.
2. Tempo necessário para realizar a mudança de velocidade.
3. Taxa de ciclagem: número de ciclos liga/desliga por unidade de tempo.
4. Inércia rotacional ou translacional das peças.
5. Ambiente do sistema: temperatura, efeitos de refrigeração, e assim por diante.
6. Capacidade de dissipação de energia na embreagem ou no freio.
7. Tamanho físico e configuração.
8. Meios de acionamento.
9. Confiabilidade e vida útil do sistema.
10. Custo e disponibilidade.

Dois métodos básicos são usados para se determinar a capacidade de torque necessária a uma embreagem ou um freio. Um deles relaciona a capacidade à potência do motor que aciona o sistema. Lembre-se de que, em geral, potência = torque × velocidade angular ($P = Tn$). A capacidade de torque necessária é, então, geralmente expressa na seguinte forma:

▶ **Capacidade de torque necessária à embreagem ou ao freio**

$$T = \frac{CPK}{n} \quad (22.1)$$

onde

C = fator de conversão para unidades
K = fator de serviço com base na aplicação

Mais será dito sobre esses fatores adiante.

Observe que o torque necessário é inversamente proporcional à velocidade angular. Por esse motivo, é aconselhável posicionar a embreagem ou o freio no eixo com a velocidade mais elevada do sistema, de modo que o torque necessário seja mínimo. O tamanho, o custo e o tempo de resposta são tipicamente menores quando o torque é menor. Uma desvantagem é que o eixo a ser acelerado ou desacelerado deve ser submetido a uma mudança maior de velocidade; assim, a quantidade de escorregamento pode ser maior. Esse efeito talvez gere mais calor por atrito, causando problemas térmicos. No entanto, isso é compensado pelo efeito de refrigeração aumentado em virtude do movimento mais rápido das peças da embreagem ou do freio.

O valor do fator K na equação de torque é, em grande medida, uma decisão de projeto. Algumas diretrizes típicas são as seguintes:

1. Para freios em condições comuns, use $K = 1,0$.
2. Para embreagens com serviço leve em que o eixo de saída não assume a carga normal até atingir a velocidade, use $K = 1,5$.
3. Para embreagens com serviço pesado em que grandes cargas acopladas devem ser aceleradas, use $K = 3,0$.
4. Para embreagens em sistemas com cargas variáveis, use um fator K que ao menos seja igual àquele pelo qual o torque de ruptura do motor excede o com carga máxima. Isso foi discutido no Capítulo 21, mas, para um motor industrial típico (projeto B), use $K = 2,75$. Para um motor com torque de partida elevado (projeto C ou motor com capacitor de partida), $K = 4,0$ pode ser necessário. Isso garante que a embreagem será capaz de transmitir, no mínimo, a mesma quantidade de torque que o motor e que não escorregará após atingir a velocidade.
5. Para embreagens em sistemas acionados por motor à gasolina, a diesel ou por outro motor principal, considere a capacidade de torque de pico do acionador; $K = 5,0$ pode ser necessário.

A lista a seguir relaciona o valor de C a unidades tipicamente usadas para torque, potência e velocidade angular. Por exemplo, se a potência estiver em hp e a velocidade estiver em rpm, use $T = 5252(P/n)$ para obter o torque em lb · pés.

Torque	Potência	Velocidade	C
lb · pés	hp	rpm	5252
lb · pol	hp	rpm	63025
N · m	W	rad/s	1
N · m	W	rpm	9,549
N · m	kW	rpm	9549

Embora o método de cálculo de torque da Equação 22.1 proporcione desempenho geralmente satisfatório em aplicações típicas, ele não oferece um meio para estimar o tempo real necessário à aceleração da carga com uma embreagem ou à desaceleração da carga com um freio. O método descrito a seguir deve ser usado para sistemas com grande inércia, como transportadores ou prensas com volantes.

22.5 TEMPO NECESSÁRIO PARA ACELERAR A CARGA

O princípio básico envolvido é proveniente da dinâmica:

$$T = I\alpha$$

onde,

I = momento de massa de inércia das componentes sendo aceleradas.

α (alfa) = aceleração angular, isto é, a taxa de variação da velocidade angular.

O objetivo comum dessa análise é estabelecer o torque necessário para produzir uma mudança na velocidade angular, Δn, de um sistema em determinado período de tempo, t. Mas $\Delta n/t = \alpha$.

Além disso, é mais conveniente expressar o momento de massa de inércia em termos de *raio de giração*, k. Por definição,

$$k = \sqrt{I/m} \quad \text{ou} \quad k^2 = I/m$$

onde

m = massa
$m = W/g$

Então,

$$I = mk^2 = Wk^2/g$$

A equação para o torque se torna

▶ **Torque necessário para acelerar uma carga de inércia**

$$T = I\alpha = \frac{Wk^2}{g}\frac{(\Delta n)}{t} \qquad (22.2)$$

O termo Wk^2 é muitas vezes chamado simplesmente de *inércia* da carga, embora essa designação não seja totalmente correta. Uma grande proporção das componentes em um sistema de máquina a ser acelerado está na forma de cilindros ou discos. A Figura 22.10 fornece as relações para o raio de giração e Wk^2 para discos ocos. Discos sólidos são apenas um caso especial com raio interno zero. Podemos analisar objetos mais complexos considerando-os como se

---

Raio de giração:

$$k^2 = \frac{1}{2}(R_1^2 + R_2^2)$$

Volume:

$$V = \pi(R_1^2 - R_2^2)L$$

Peso:

$$W = \delta_W V$$

δ_W = densidade (peso/volume)

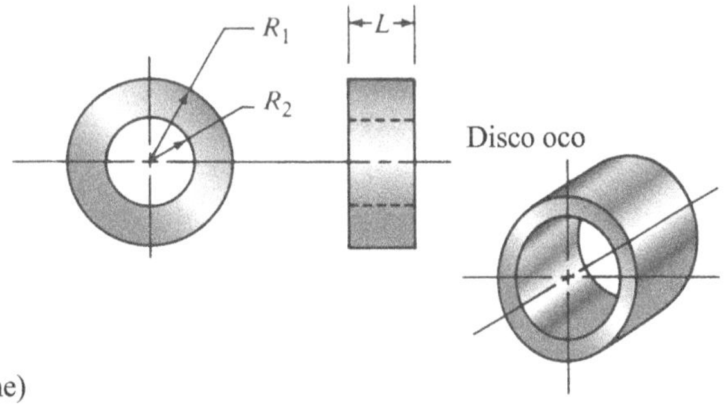

Inércia (Wk^2):

$$Wk^2 = \delta_W V k^2 = \delta_W \pi (R_1^2 - R_2^2) L (R_1^2 + R_2^2)/2$$

$$Wk^2 = \frac{\pi \delta_W L}{2}(R_1^4 - R_2^4)$$

Unidades típicas: L, R_1, R_2 em polegadas

δ_W em lb/pol³

Wk^2 em lb·pés²

$$Wk^2 = \frac{\pi}{2} \times \delta_w \frac{\text{lb}}{\text{pol}^3} \times L(\text{pol}) \times (R_1^4 - R_2^4)\text{pol}^4 \times \frac{1\,\text{pés}^2}{144\,\text{pol}^2}$$

$$Wk^2 = \frac{\delta_w L(R_1^4 - R_2^4)}{91{,}67}\,\text{lb}\cdot\text{pol}^2$$

Caso especial para aço: $\delta_W = 0{,}283$ lb/pol³

$$Wk^2 = \frac{L(R_1^4 - R_2^4)}{323{,}9}\,\text{lb}\cdot\text{pés}^2$$

▲ **FIGURA 22.10** Propriedades de inércia de um disco oco.

fossem feitos de um conjunto de discos mais simples. O Exemplo 22.1 ilustra o processo.

Agora o torque necessário para acelerar a polia pode ser calculado. A Equação 22.2 pode ser escrita de uma forma mais conveniente, notando que T é em geral expresso em lb · pés; Wk^2, em lb · pés^2; n, em rpm; e t, em s. Usando $g = 32{,}2$ pés/s^2 e convertendo as unidades, tem-se

$$T = \frac{Wk^2(\Delta n)}{308t} \text{ lb} \cdot \text{pés} \quad (22.3)$$

EXEMPLO 22.1

Calcule o valor de Wk^2 para a polia de correia plana de aço mostrada na Figura 22.11.

SOLUÇÃO

A polia pode ser considerada como se fosse composta de três componentes — no caso, três discos ocos. O Wk^2 para toda a polia é a soma desse valor referente a cada componente.

Parte 1. Usando a fórmula da Figura 22.10 para um disco de aço, temos

$$Wk^2 = \frac{(R_1^4 - R_2^4)(L)}{323{,}9} \text{ lb} \cdot \text{pés}^2 = \frac{[(10{,}0)^4 - (9{,}0)^4](6{,}0)}{323{,}9}$$

$$Wk^2 = 63{,}70 \text{ lb} \cdot \text{pés}^2$$

Parte 2.

$$Wk^2 = \frac{[(9{,}0)^4 - (3{,}0)^4](0{,}75)}{323{,}9} = 15{,}00 \text{ lb} \cdot \text{pés}^2$$

Parte 3.

$$Wk^2 = \frac{[(3{,}0)^4 - (1{,}5)^4](4{,}0)}{323{,}9} = 0{,}94 \text{ lb} \cdot \text{pés}^2$$

$$\text{Total } Wk^2 = 63{,}70 + 15{,}00 + 0{,}94 = 79{,}64 \text{ lb} \cdot \text{pés}^2$$

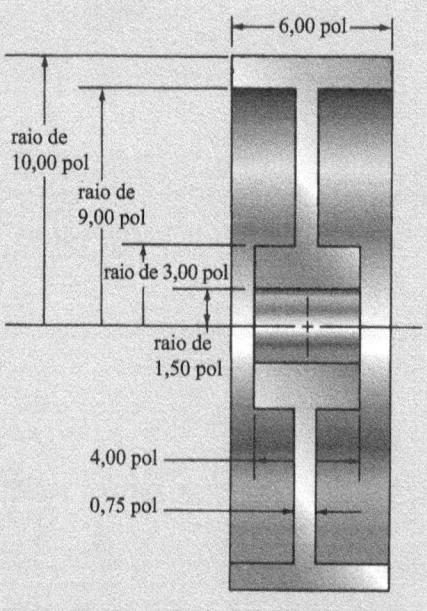

▲ FIGURA 22.11 Polia de correia plana de aço.

EXEMPLO 22.2

Calcule o torque que uma embreagem deve transmitir para acelerar a polia da Figura 22.11 desde a condição estacionária até 550 rpm em 2,50 s. Com base no Exemplo 22.1, $Wk^2 = 79{,}64$ lb·pés².

SOLUÇÃO

Use a Equação 22.3:

$$T = \frac{(79{,}64)(550)}{308(2{,}5)} = 56{,}9 \text{ lb} \cdot \text{pés}$$

Em resumo, se uma embreagem capaz de exercer pelo menos 56,9 lb·pés de torque aciona um eixo que transporta a polia mostrada na Figura 22.11, a polia pode ser acelerada desde a condição estacionária até 550 rpm em 2,50 s ou menos.

22.6 INÉRCIA DE UM SISTEMA REFERENTE À VELOCIDADE DO EIXO DE EMBREAGEM

Em muitos sistemas de máquina, há diversos elementos em vários eixos operando em diferentes velocidades. É necessário que a inércia efetiva *que afeta a embreagem* seja determinada. A inércia efetiva de uma carga conectada operando a uma velocidade angular distinta daquela da embreagem é proporcional ao quadrado da razão das velocidades. Ou seja,

▶ **Inércia efetiva**

$$Wk_e^2 = Wk^2 \left(\frac{n}{n_c}\right)^2 \qquad (22.4)$$

onde

n = velocidade da carga em questão
n_c = velocidade da embreagem

EXEMPLO 22.3

Calcule a inércia total do sistema na Figura 22.12, a partir da embreagem. Em seguida, estime o tempo necessário para acelerar o sistema desde a condição estacionária até uma velocidade de motor de 550 rpm no caso de a embreagem exercer um torque de 240 lb·pés. O valor Wk^2 para a armadura da embreagem, que também deve ser acelerada, é 0,22 lb·pés², incluindo o eixo de 1,25 pol.

SOLUÇÃO

A embreagem e a engrenagem A girarão a 550 rpm, mas, por causa da redução de engrenagem, a engrenagem B, seu eixo e a polia giram a

$$n_2 = 550 \text{ rpm } (24/66) = 200 \text{ rpm}$$

Agora, calcule a inércia de cada elemento em relação à velocidade da embreagem. Considere que as engrenagens são discos com diâmetro externo igual ao de passo da engrenagem e com diâmetro interno igual ao do eixo. A equação a fim de um disco de aço na Figura 22.10 será usada para calcular Wk^2.

Engrenagem A

$$Wk^2 = [(2{,}00)^4 - (0{,}625)^4](2{,}50)/323{,}9 = 0{,}122 \text{ lb} \cdot \text{pés}^2$$

Engrenagem B

$$Wk^2 = [(5{,}50)^4 - (1{,}50)^4](2{,}50)/323{,}9 = 7{,}02 \text{ lb} \cdot \text{pés}^2$$

Mas, por causa da diferença de velocidade, a inércia efetiva é

$$Wk_e^2 = 7{,}02(200/550)^2 = 0{,}93 \text{ lb} \cdot \text{pés}^2$$

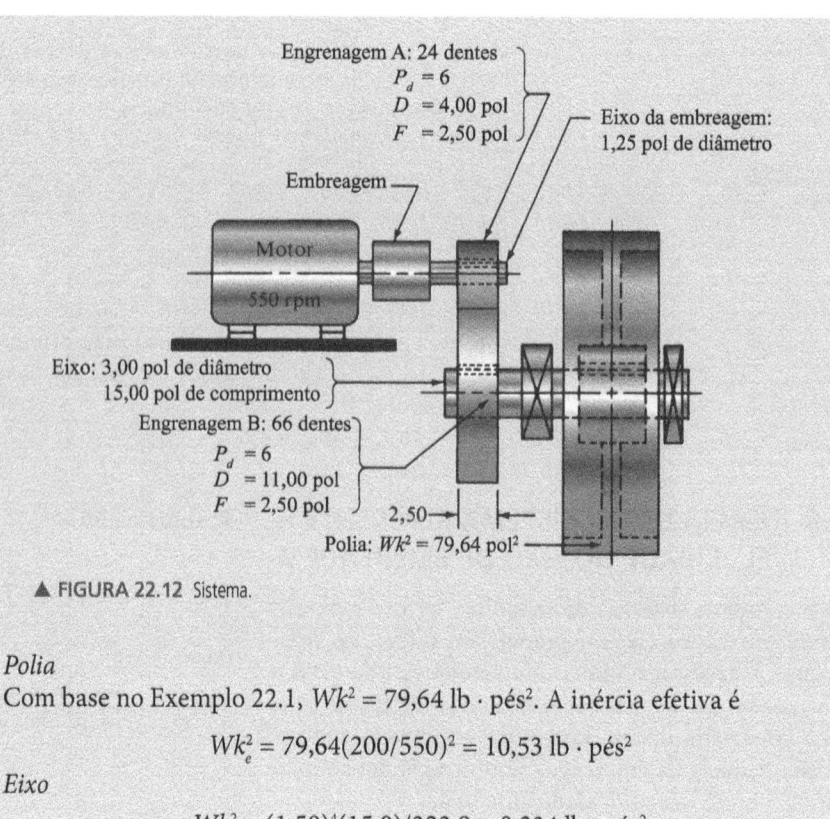

[Figura: Sistema com motor a 550 rpm, embreagem, eixo da embreagem de 1,25 pol de diâmetro, Engrenagem A (24 dentes, $P_d = 6$, $D = 4{,}00$ pol, $F = 2{,}50$ pol), Eixo de 3,00 pol de diâmetro e 15,00 pol de comprimento, Engrenagem B (66 dentes, $P_d = 6$, $D = 11{,}00$ pol, $F = 2{,}50$ pol), e Polia: $Wk^2 = 79{,}64$ pol².]

▲ **FIGURA 22.12** Sistema.

Polia

Com base no Exemplo 22.1, $Wk^2 = 79{,}64$ lb · pés². A inércia efetiva é

$$Wk_e^2 = 79{,}64(200/550)^2 = 10{,}53 \text{ lb} \cdot \text{pés}^2$$

Eixo

$$Wk^2 = (1{,}50)^4(15{,}0)/323{,}9 = 0{,}234 \text{ lb} \cdot \text{pés}^2$$

A inércia efetiva é

$$Wk_e^2 = 0{,}234(200/550)^2 = 0{,}03 \text{ lb} \cdot \text{pés}^2$$

A inércia efetiva total, a partir da embreagem, é

$$Wk_e^2 = 0{,}22 + 0{,}12 + 0{,}93 + 10{,}53 + 0{,}03 = 11{,}83 \text{ lb} \cdot \text{pés}^2$$

Resolvendo a Equação 22.3 para o tempo, tem-se

$$t = \frac{Wk_e^2(\Delta n)}{308\,T} = \frac{(11{,}83)(550)}{308(240)} = 0{,}088 \text{ s}$$

22.7 INÉRCIA EFETIVA DE CORPOS COM MOVIMENTO LINEAR

Até este ponto, lidamos apenas com componentes que giram. Muitos sistemas incluem dispositivos lineares — como transportadores, cabos de talhas e suas cargas ou cremalheiras alternativas acionadas por engrenagens — que também têm inércia e devem ser acelerados. Seria conveniente representar esses dispositivos com uma inércia eficaz medida por Wk^2, como fizemos para corpos rotativos. É possível fazer isso relacionando as equações de energia cinética para movimento linear e rotacional. A energia cinética real de um corpo em movimento translacional é

$$KE = \frac{1}{2}mv^2 = \frac{1}{2}\frac{W}{g}v^2 = \frac{Wv^2}{2g}$$

onde v = velocidade linear do corpo.

Usaremos pés/min para as unidades de velocidade. Para um corpo em rotação,

$$KE = \frac{1}{2}I\omega^2 = \frac{1}{2}\frac{Wk^2}{g}\omega^2 = \frac{Wk^2\omega^2}{2g}$$

Sendo Wk^2 a inércia efetiva e igualando essas duas fórmulas, tem-se

$$Wk_e^2 = W\left(\frac{v}{\omega}\right)^2$$

onde ω deve estar em rad/min para ser consistente.

Usando n rpm, em vez de ω rad/min, devemos fazer a substituição $\omega = 2\pi n$. Então,

▶ **Inércia efetiva para carga com movimento linear**

$$Wk_e^2 = W\left(\frac{v}{2\pi n}\right)^2 \qquad (22.5)$$

EXEMPLO 22.4

O transportador na Figura 22.13 se move a 80 pés/min. O peso combinado da correia e das peças é de 140 lb. Calcule a inércia Wk^2 equivalente para o transportador em relação ao eixo que aciona a correia.

SOLUÇÃO

A velocidade angular do eixo é

$$\omega = \frac{v}{R} = \frac{80 \text{ pés}}{\text{min}} \frac{1}{5{,}0 \text{ pol}} \frac{12 \text{ pol}}{\text{pés}} = 192 \text{ rad/min}$$

Então, o valor Wk^2 equivalente é

$$Wk_e^2 = W\left(\frac{v}{\omega}\right)^2 = (140 \text{ lb})\left(\frac{80 \text{ pés/min}}{192 \text{ rad/min}}\right)^2 = 24{,}3 \text{ lb}\cdot\text{pés}^2$$

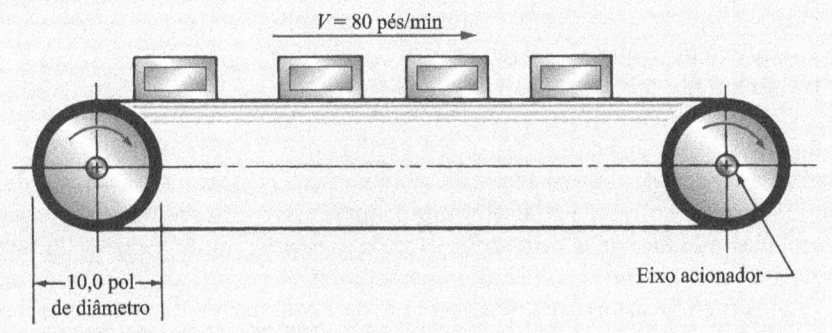

▲ **FIGURA 22.13** Transportador movendo-se a 80 pés/min.

22.8 ABSORÇÃO DE ENERGIA: REQUISITOS PARA DISSIPAÇÃO DE CALOR

Quando se usa um freio a fim de parar um objeto em rotação ou uma embreagem para acelerá-lo, esses elementos devem transmitir energia pelas superfícies de atrito conforme deslizam umas em relação às outras. Calor é gerado nessas superfícies, o que tende a aumentar a temperatura da unidade. Naturalmente, o calor é dissipado da unidade, e uma temperatura de equilíbrio é alcançada para determinado conjunto de condições operacionais. Essa temperatura deve ser suficientemente baixa para garantir uma vida útil longa aos elementos de atrito e às outras peças operacionais da unidade, como bobinas elétricas, molas e rolamentos.

A energia a ser absorvida ou dissipada pela unidade por ciclo é igual à variação na energia cinética das componentes sendo aceleradas ou paradas. Ou seja,

▶ **Absorção de energia pelo freio**

$$E = \Delta KE = \frac{1}{2}I\omega^2 = \frac{1}{2}mk^2\omega^2 = \frac{Wk^2\omega^2}{2g}$$

Para unidades típicas no sistema usual dos Estados Unidos ($\omega = n$ rpm; Wk^2 em lb · pés; e $g = 32{,}2$ pés/s²), tem-se

$$E = \frac{Wk^2(\text{lb}\cdot\text{pés}^2)}{2(32{,}2 \text{ pés/s}^2)} \frac{n^2 \text{ rev}^2}{\text{min}^2} \frac{(2\pi)^2 \text{ rad}}{\text{rev}^2} \frac{1 \text{ min}^2}{60^2 \text{ s}^2}$$

▶ **Absorção de energia em unidades norte-americanas**

$$E = 1{,}7 \times 10^{-4} \, Wk^2 n^2 \text{ lb}\cdot\text{pés} \qquad (22.6)$$

Em unidades do sistema internacional, a massa está em quilogramas (kg), o raio de giração está em metros (m) e a velocidade angular está em radianos por segundo (rad/s). Então,

$$E = \frac{1}{2}I\omega^2 = \frac{1}{2}mk^2\omega^2 (\text{kg}\cdot\text{m}^2/\text{s}^2)$$

A unidade newton, entretanto, é igual à kg · m/s². Então,

▶ **Absorção de energia em unidades do SI**

$$E = \frac{1}{2}mk^2\omega^2 \text{ N}\cdot\text{m} \qquad (22.7)$$

Nenhum outro fator de conversão é necessário.

Se houver ciclos repetidos de operação, a energia da Equação 22.6 ou 22.7 deve ser multiplicada pela taxa de ciclagem, geralmente em ciclos/min para unidades norte-americanas e ciclos/s para unidades do SI. O resultado seria a geração de energia por unidade de tempo, que deve ser comparada com a capacidade de dissipação de calor do freio ou da embreagem, sendo considerado(a) para a aplicação.

Quando a embreagem-freio atravessa ciclos de liga/desliga, parte de seu funcionamento ocorre com velocidade operacional total do sistema, e parte permanece em condição estacionária. A capacidade combinada de dissipação de calor é a média da capacidade de cada velocidade ponderada pela proporção do ciclo em cada velocidade (consulte o Exemplo 22.5).

22.9 TEMPO DE RESPOSTA

A expressão *tempo de resposta* refere-se ao tempo necessário para que a unidade (embreagem ou freio) execute sua função após a ação ser iniciada pela aplicação de corrente elétrica, pressão de ar, força elástica ou força manual. A Figura 22.14 mostra o ciclo completo de uma unidade de freio e embreagem. A curva de linha reta é idealizada, ao passo que a linha curva fornece a forma geral do sistema de movimento. O tempo de resposta real varia, até mesmo para determinada unidade, de acordo com as variações de carga, ambiente ou outras condições operacionais.

Freios e embreagens comercialmente disponíveis para aplicações típicas em máquina apresentam tempos de resposta que variam desde alguns milésimos de segundo (1/1000 s) em um pequeno dispositivo, como para o transporte de papel, até aproximadamente 1,0 s para máquinas maiores, como um transportador de montagem. A literatura dos fabricantes deve ser consultada. Para que você tenha uma ideia das capacidades de freios e embreagens comercialmente disponíveis, a Tabela 22.1 oferece uma amostra de dados para unidades alimentadas eletricamente.

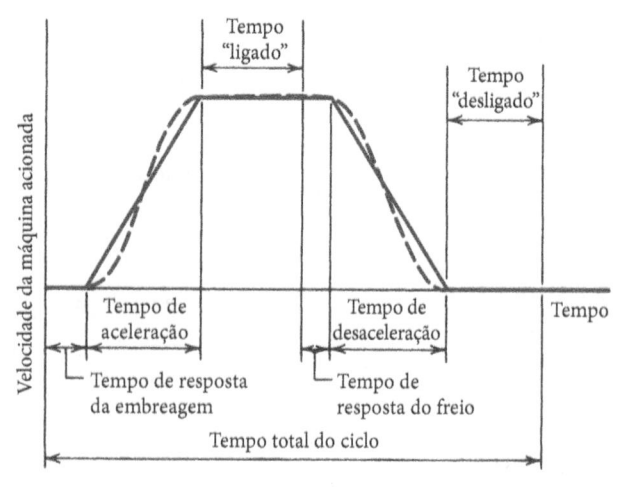

▲ **FIGURA 22.14** Ciclo típico de engate e desengate para uma embreagem.

▼ **TABELA 22.1** Amostra de dados de desempenho para freio/embreagem.

Tamanho da unidade	Capacidade de torque (lb · pés)	Inércia, Wk^2 (lb · pés^2)	Dissipação de calor (pés · lb/min)		Tempo de resposta (s)	
			Em repouso	1800 rpm	Embreagem	Freio
A	0,42	0,00017	750	800	0,022	0,019
B	1,25	0,0014	800	1200	0,032	0,024
C	6,25	0,021	1050	2250	0,042	0,040
D	20,0	0,108	2000	6000	0,090	0,089
E	50,0	0,420	3000	13000	0,110	0,105
F	150,0	1,17	9000	62000	0,250	0,243
G	240,0	2,29	18000	52000	0,235	0,235
H	465,0	5,54	20000	90000	0,350	0,350
I	700,0	13,82	26000	190000	0,512	0,512

Observação: as taxas de torque são estáticas. A capacidade de torque diminui conforme a diferença da velocidade entre as peças sendo engatadas aumenta. A interpolação pode ser utilizada em dados de dissipação de calor.

EXEMPLO 22.5

Para o sistema da Figura 22.12, com os dados do Exemplo 22.3, estime o tempo total do ciclo se o sistema for controlado pela unidade G da Tabela 22.1 e tiver de permanecer ligado (com velocidade constante) durante 1,50 s e desligado (permanecer em condição estacionária) durante 0,75 s. Calcule também o tempo de resposta da embreagem-freio e os tempos de aceleração e desaceleração. Se os ciclos do sistema forem contínuos, calcule a taxa de dissipação de calor e compare-a com a capacidade da unidade.

SOLUÇÃO

A Figura 22.15 mostra o tempo total estimado do ciclo para o sistema como sendo de 2,896 s. Com base na Tabela 22.1, verificamos que a embreagem-freio exerce 240 lb · pés de torque e tem tempo de resposta de 0,235 s, tanto para a embreagem quanto para o freio.

Tempo de aceleração e desaceleração (Equação 22.3)

$$t = \frac{Wk_e^2(\Delta n)}{308T} = \frac{(11,83)(550)}{308(240)} = 0,088 \text{ s}$$

Taxa de ciclagem e dissipação de calor (Equação 22.6)
Para um tempo total de ciclo de 2,896 s, o número de ciclos por minuto seria

$$C = \frac{1,0 \text{ ciclo}}{2,896 \text{ s}} \frac{60 \text{ s}}{\text{min}} = 20,7 \text{ ciclos/min}$$

A energia gerada com cada engrenamento do freio ou da embreagem é

$$E = 1,7 \times 10^{-4} Wk^2 n^2 = 1,7 \times 10^{-4}(11,83)(550)^2 = 608 \text{ lb} \cdot \text{pés}$$

A geração de energia por minuto é

$$E_t = 2EC = (2)(608 \text{ lb} \cdot \text{pés /ciclo})(20,7 \text{ ciclos/min}) = 25200 \text{ lb} \cdot \text{pés /min}$$

Isso é maior do que a capacidade de dissipação de calor da unidade G em repouso (18000 lb · pés/min). Em seguida, calcularemos a capacidade média ponderada para esse ciclo. Primeiro, em referência à Figura 22.15, aproximadamente 1,735 s estão "em operação", ou 550 rpm. O equilíbrio do ciclo, 1,161 s, está em repouso. Com base na Tabela 22.1 e interpolando entre velocidade zero e 1800 rpm, a taxa de dissipação de calor a 550 rpm é de aproximadamente 28400 lb · pés/min. Então, a capacidade média ponderada para a unidade G é

$$E_{\text{méd}} = \frac{t_0}{t_t} E_0 + \frac{t_{550}}{t_t} E_{550}$$

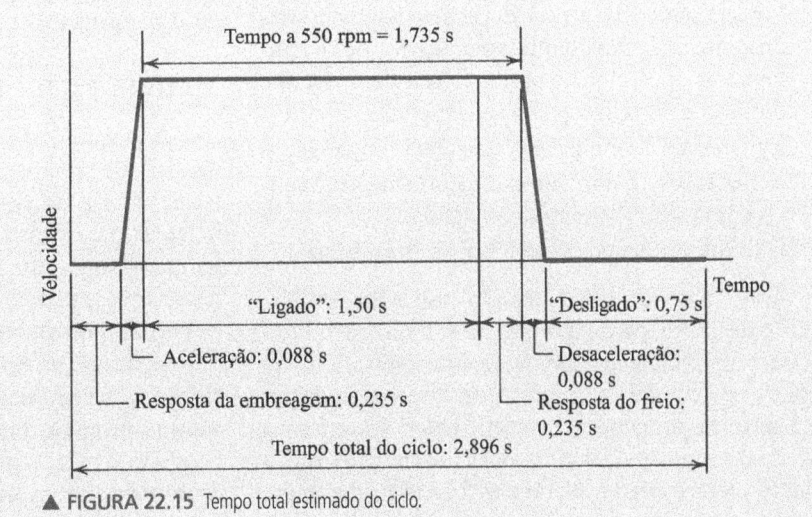

▲ **FIGURA 22.15** Tempo total estimado do ciclo.

onde

t_t = tempo total do ciclo
t_0 = tempo em repouso (0 rpm)
t_{550} = tempo a 550 rpm
E_0 = capacidade de dissipação de calor em repouso
E_{550} = capacidade de dissipação de calor a 550 rpm

Então,

$$E_{méd} = \frac{1,161}{2,896}(18000) + \frac{1,735}{2,896}(28400) = 24230 \, lb \cdot pés/min$$

Isso é um pouco menos do que o necessário, e o projeto seria marginal. Menos ciclos por minuto devem ser especificados.

22.10 MATERIAIS DE ATRITO E COEFICIENTE DE ATRITO

Muitos tipos de embreagem e freio discutidos neste capítulo empregam superfícies conjugadas que são acionadas por materiais de atrito. A função desses materiais é desenvolver uma força de atrito significativa quando uma força normal é gerada pelos meios de acionamento do freio. O atrito produz uma força ou um torque que retarda o movimento existente se aplicada(o) como freio ou que acelera um membro em repouso ou em velocidade mais lenta se aplicada(o) como embreagem.

As propriedades desejáveis para materiais de atrito são as seguintes:

1. Eles devem ter um coeficiente de atrito relativamente elevado durante a operação contra os materiais conjugados no sistema. O coeficiente de atrito mais elevado não é sempre a melhor escolha, pois o engate suave é muitas vezes auxiliado por uma força de atrito ou torque mais moderada(o).
2. O coeficiente de atrito deve ser relativamente constante ao longo do intervalo de pressões e temperaturas operacionais para que um desempenho confiável e previsível possa ser esperado.
3. Os materiais devem ter boa resistência ao desgaste.
4. Os materiais devem ser quimicamente compatíveis com as componentes conjugadas.
5. Os riscos ambientais devem ser minimizados.

Vários materiais diferentes são utilizados em elementos de atrito para embreagens e freios, e muitos são de propriedade de um fabricante específico. No passado, era comum o emprego de diversos compostos à base de amianto com coeficientes de atrito na faixa de 0,35 a 0,50. Demonstrou-se, entretanto, que o amianto oferece risco à saúde e está sendo substituído por compostos moldados de polímeros e borracha. Nos casos em que se exige flexibilidade, como em freios de cinta, o material base é tecido em uma trama, por vezes reforçado com fio de metal, saturado com uma resina e curado. Cortiça e madeira também são utilizadas às vezes. Materiais à base de papel são usados em algumas embreagens preenchidas de óleo. Em ambientes agressivos, ferro fundido, ferro sinterizado, outros metais ou materiais de grafite são empregados. A Tabela 22.2 oferece intervalos aproximados de coeficientes de atrito e a pressão que os materiais podem suportar.

Para aplicações automotivas, as normas são definidas pela Society of Automotive Engineers [Sociedade de engenheiros automotivos]. Na norma SAE J866 (Referência 7), um conjunto de códigos é definido para classificar materiais de atrito em função do coeficiente de atrito, independentemente do material utilizado. A Tabela 22.3 lista esses códigos.

Para os problemas deste livro que exigirem um coeficiente de atrito, o valor de 0,25 será adotado, salvo por indicação do contrário. Diante dos valores aqui apresentados, esse é um valor relativamente baixo que deve produzir projetos conservadores.

Materiais para discos e tambores

Uma variedade de metais é aplicada na fabricação de discos e tambores para freios e embreagens. O material precisa ter resistência, ductilidade e rigidez suficientes para resistir às forças aplicadas e, ao mesmo tempo, manter uma geometria precisa. Ele também deve ser capaz de absorver calor da superfície de atrito e dissipá-lo no ambiente.

Algumas escolhas comuns são ferro fundido cinzento, ferro dúctil, aço-carbono e ligas de cobre. Muitos discos e tambores são fundidos por razões de custo e para alcançar um formato praticamente pronto das peças que exigem pouca usinagem após

▼ TABELA 22.2 Coeficientes de atrito.

Material de atrito	Coeficiente dinâmico de atrito		Intervalo de pressão	
	Seco	Em óleo	(psi)	(kPa)
Compostos moldados	0,25–0,45	0,06–0,10	150–300	1035–2070
Materiais tecidos	0,25–0,45	0,08–0,10	50–100	345–690
Metal sinterizado	0,15–0,45	0,05–0,08	150–300	1035–2070
Cortiça	0,30–0,50	0,15–0,25	8–15	55–100
Madeira	0,20–0,45	0,12–0,16	50–90	345–620
Ferro fundido	0,15–0,25	0,03–0,06	100–250	690–1725
À base de papel		0,10–0,15		
Grafite/resina		0,10–0,14		

▼ TABELA 22.3 Códigos de classificação do coeficiente de atrito da Society of Automotive Engineers.

Letra do código	Coeficiente de atrito
C	Não acima de 0,15
D	Acima de 0,15, mas não de 0,25
E	Acima de 0,25, mas não de 0,35
F	Acima de 0,35, mas não de 0,45
G	Acima de 0,45, mas não de 0,55
H	Acima de 0,55
Z	Não classificado

a fundição. O ferro fundido tem custo baixo e alta condutividade térmica em comparação ao ferro dúctil. Contudo, o ferro dúctil tem maior capacidade de suportar carga de choque ou impacto. As ligas de cobre têm condutividade térmica muito mais elevada do que os outros materiais, mas apresentam menor desempenho de desgaste.

22.11 EMBREAGEM OU FREIO DE DISCO

A Figura 22.2(a) mostra o esboço simples de uma embreagem de disco, e a Figura 22.8, a vista em corte de uma embreagem ou um freio eletricamente acionado. Na Figura 22.8, um eletroímã exerce uma força axial que une as superfícies de atrito. Quando dois corpos são colocados em contato com uma força normal entre eles, é gerada uma força de atrito que tende a resistir ao movimento relativo. Esse é o princípio do freio ou da embreagem de disco.

Torque de atrito

Conforme a placa de atrito gira em relação à placa conjugada com uma força axial pressionando-as, a força de atrito atua em uma direção tangencial, produzindo o torque do freio ou da embreagem. Em qualquer ponto, a pressão local vezes a área diferencial no ponto é a *força normal*. A força normal vezes o coeficiente de atrito é a *força de atrito*. A força de atrito vezes o raio do ponto é o *torque* produzido nesse ponto. O *torque total* é a soma de todos os torques sobre toda a área da placa. Podemos encontrar a soma integrando a área.

Costuma haver alguma variação de pressão sobre a superfície da placa de atrito, e algumas suposições sobre a natureza dessa variação devem ser feitas antes que o torque total possa ser calculado. Uma suposição conservadora que produz um resultado útil é a de que a superfície de atrito sofrerá desgaste uniforme sobre toda a área durante a operação do freio ou da embreagem. Esse pressuposto implica que o produto da pressão local, p, vezes a velocidade linear relativa, v, entre as placas é constante. Verificou-se que o desgaste é aproximadamente proporcional ao produto de p vezes v.

A consideração de todos esses fatores na conclusão da análise produz o seguinte resultado para torque de atrito:

$$T_f = fN(R_o + R_i)/2$$

Porém, a última parte dessa relação é o raio médio, R_m, da placa anular. Então,

▶ **Torque de atrito na placa anular**

$$T_f = fNR_m \quad (22.8)$$

Como já foi dito antes, esse é um resultado conservador, o que significa que o torque real produzido seria um pouco maior que o previsto.

Taxa de desgaste

Observe que o torque é proporcional ao raio médio, mas nenhuma relação de área está envolvida na Equação 22.8. Logo, a conclusão do projeto para as dimensões finais requer mais um parâmetro. O elemento faltante na Equação 22.8 é a taxa esperada de desgaste do material de atrito. Deveria ser evidente que, apesar do mesmo raio médio, um freio com área maior sofre menos desgaste que um freio com área menor.

Os fabricantes de materiais de atrito podem auxiliar na determinação final da relação entre desgaste e área da superfície de atrito. No entanto, as diretrizes a seguir permitem a estimativa do tamanho físico dos freios e serão utilizadas para a solução dos problemas neste livro.

A taxa de desgaste, WR, será baseada na potência de atrito, P_f, absorvida pelo freio por unidade de área, A, onde

▶ **Potência de atrito**

$$P_f = T_f \omega \quad (22.9)$$

e ω é a velocidade angular do disco. Em unidades do SI, com o torque em N · m e ω em rad/s, a potência de atrito é informada em N · m/s ou watts. No sistema norte-americano, com o torque em lb · pol e a velocidade angular em n rpm, a potência de atrito é expressa em hp, calculada a partir de

$$P_f = \frac{T_f n}{63000} \text{ hp} \quad (22.10)$$

Para aplicações industriais, usaremos

▶ **Taxa de desgaste**

$$WR = P_f/A \quad (22.11)$$

onde

$WR = 0{,}04$ hp/pol^2 para aplicações frequentes, uma taxa conservadora
$WR = 0{,}10$ hp/pol^2 para serviço médio
$WR = 0{,}40$ hp/pol^2 para freios usados raramente e com possibilidade de resfriamento entre aplicações

---

EXEMPLO 22.6

Calcule as dimensões de um freio de disco anular para produzir um torque de frenagem de 300 lb · pol. As molas fornecerão uma força normal de 320 lb entre as superfícies de atrito. O coeficiente de atrito é 0,25. O freio será usado em serviço industrial médio, parando uma carga de 750 rpm.

SOLUÇÃO

Passo 1. Calcule o raio médio exigido. A partir da Equação 22.8,

$$R_m = \frac{T_f}{fN} = \frac{300 \text{ lb} \cdot \text{pol}}{(0{,}25)(320 \text{ lb})} = 3{,}75 \text{ pol}$$

Passo 2. Especifique uma razão desejada de R_o/R_i e resolva para as dimensões. Um valor razoável para a razão é de aproximadamente 1,50. O intervalo pode ser de 1,2 a cerca de 2,5, à escolha do projetista. Usando 1,50, $R_o = 1{,}50R_i$, e

$$R_m = (R_o + R_i)/2 = (1{,}5R_i + R_i)/2 = 1{,}25R_i$$

Então,

$$R_i = R_m/1{,}25 = (3{,}75 \text{ pol})/1{,}25 = 3{,}00 \text{ pol}$$

$$R_o = 1{,}50R_i = 1{,}50(3{,}00) = 4{,}50 \text{ pol}$$

Passo 3. Calcule a área da superfície de atrito:

$$A = \pi(R_o^2 - R_i^2) = \pi[(4{,}50)^2 - (3{,}00)^2] = 35{,}3 \text{ pol}^2$$

Passo 4. Calcule a potência de atrito absorvida:

$$P_f = \frac{T_f n}{63000} = \frac{(300)(750)}{63000} = 3{,}57 \text{ hp}$$

Passo 5. Calcule a taxa de desgaste:

$$WR = \frac{P_f}{A} = \frac{3{,}57 \text{ hp}}{35{,}3 \text{ pol}^2} = 0{,}101 \text{ hp/pol}^2$$

Passo 6. Avalie a adequação de *WR*. Se *WR* for muito elevado, volte para o Passo 2 e aumente a razão. Se *WR* for muito baixo, diminua a razão. Nesse exemplo, *WR* é aceitável.

Uma unidade mais compacta pode ser projetada se mais de uma placa de atrito for usada. Multiplicamos o torque de atrito de uma placa pelo número delas para determinar o torque de atrito total. Uma desvantagem dessa abordagem é que a dissipação de calor é relativamente menor para uma única placa.

Melhora do desempenho de desgaste de freios

O desgaste real em determinada aplicação depende de uma combinação de muitas variáveis. Os materiais de atrito são relativamente mais suaves e fracos do que os metálicos usados para discos e tambores. O desgaste é muitas vezes caracterizado como aderência. Conforme a superfície do material de atrito desliza sobre os pontos altos do metal, ocorre deformação plástica nela. Isso faz que partículas sejam raspadas, rompendo a ligação entre elas ou retirando fillers dos agentes de polímero para aderência. Esse processo é acelerado com o aumento das temperaturas superficiais, à medida que o freio absorve a energia necessária para interromper o sistema rotativo. O comportamento térmico do sistema é fundamental para uma boa vida útil. Se as temperaturas excedem cerca de 400 °F (200 °C), a taxa de desgaste aumenta consideravelmente e o coeficiente de atrito diminui, gerando um desempenho de frenagem pior, chamado *fade*.

É difícil prever a vida útil de determinado sistema de freio analiticamente, e testes em condições operacionais reais são recomendados para novos projetos. A lista a seguir fornece princípios gerais para a melhora do desempenho de desgaste:

- Especificar materiais de atrito que apresentam aderência relativamente baixa em contato com o material do disco ou do tambor.
- Especificar materiais de atrito com resistência de aderência elevada entre as partículas constituintes.
- Fornecer dureza elevada na superfície do disco ou tambor por tratamento térmico.
- Manter a pressão entre o material de atrito e o do disco ou tambor a mais baixa possível.
- Manter a temperatura superficial na interface entre o material de atrito e o do disco ou tambor a mais baixa possível, promovendo transferência de calor longe do sistema por condução, convecção e radiação. Fluxo de ar forçado ou refrigeração com água são procedimentos frequentemente realizados em situações críticas.
- Proporcionar um bom acabamento superficial nos discos e tambores.
- Fornecer lubrificantes, como óleo ou grafite, na interface de atrito.
- Retirar contaminantes abrasivos da interface de atrito.
- Minimizar o escorregamento entre os elementos do freio ou da embreagem, promovendo o travamento dos elementos de engate.

22.12 FREIOS A DISCO COM CALIPER

As pastilhas do freio a disco são colocadas em contato com o disco rotativo por meio de pressão hidráulica atuando sobre um pistão no caliper (pinça). As pastilhas são redondas ou têm formato curto crescente para cobrir mais a superfície do disco [consulte as figuras 22.2(b) e 22.7]. No entanto, uma vantagem do freio a disco é que o disco é exposto à atmosfera, promovendo dissipação de calor. Uma vez que o disco gira com a máquina a ser controlada, a dissipação de calor é ainda maior. O efeito de resfriamento melhora a resistência a *fade* desse tipo de freio em relação ao de sapata.

Projetos para o torque de atrito e a taxa de desgaste são semelhantes àqueles já explicados para freios de disco.

22.13 EMBREAGEM OU FREIO DE CONE

O ângulo de inclinação da superfície cônica da embreagem ou do freio de cone é normalmente 12°. Um ângulo inferior poderia ser usado com cuidado, mas existe a tendência de as superfícies de atrito engatarem de repente com um movimento brusco. Conforme o ângulo aumenta, a quantidade de força axial necessária para produzir determinado torque de atrito também aumenta. Assim sendo, 12° é um bom meio-termo.

Com referência à Figura 22.16, é possível ver que, quando uma força axial F_a é aplicada por uma mola — manualmente ou por pressão hidráulica —, uma força normal N é criada entre as superfícies conjugadas de atrito por toda a periferia do cone. A força de atrito desejada F_f é produzida na direção tangencial, onde $F_f = fN$. Pressupõe-se que a força de atrito atua no raio médio do cone, de modo que o torque de atrito é

$$T_f = F_f R_m = f N R_m \qquad (22.8)$$

Além da força de atrito tangencialmente direcionada, outra se desenvolve ao longo da superfície do cone e opõe-se à tendência do membro com a superfície interna do cone de se afastar axialmente da superfície externa dele. Essa força será chamada de F'_f, e também será calculada a partir de

$$F'_f = fN$$

Para o equilíbrio da parte externa do cone, a soma das forças horizontais deve ser zero. Então,

$$F_a = N \operatorname{sen} \alpha + F'_f \cos \alpha = N \operatorname{sen} \alpha + fN \cos \alpha$$
$$= N(\operatorname{sen} \alpha + f \cos \alpha)$$

ou

$$N = \frac{F_a}{\operatorname{sen} \alpha + f \cos \alpha} \qquad (22.12)$$

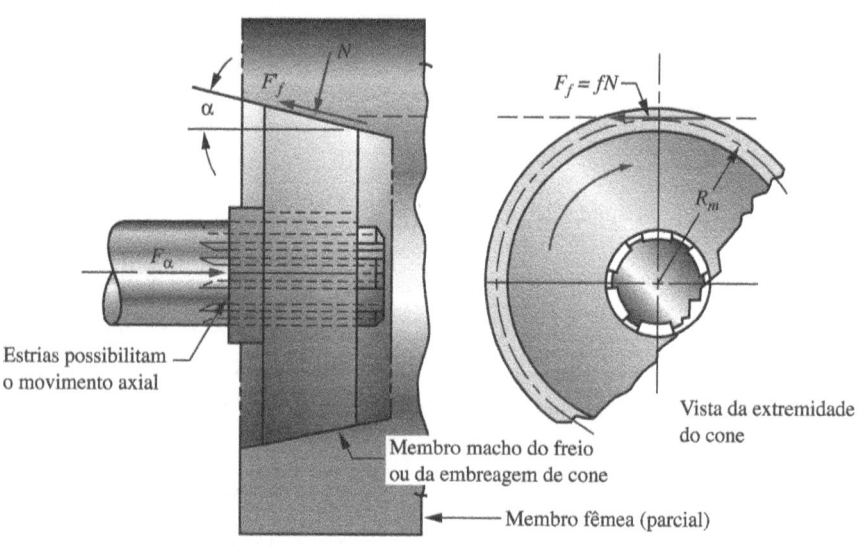

▲ **FIGURA 22.16** Embreagem ou freio de cone.

EXEMPLO 22.7	Calcule a força axial exigida para um freio de cone se ele tiver de exercer um torque de frenagem de 50 lb · pés. O raio médio do cone é 5,0 pol. Use $f = 0{,}25$. Experimente ângulos de cone de 10°, 12° e 15°.
SOLUÇÃO	É possível resolver a Equação 22.13 para a força axial F_a: $$F_a = \frac{T_f(\operatorname{sen} \alpha + f \cos \alpha)}{f R_m} = \frac{(50 \text{ lb} \cdot \text{pés})(\operatorname{sen} \alpha + 0{,}25 \cos \alpha)}{(0{,}25)(5{,}0/12) \text{ pés}}$$ $$F_a = 480(\operatorname{sen} \alpha + 0{,}25 \cos \alpha) \text{ lb}$$ Então, os valores de F_a como função do ângulo do cone são os seguintes: Para $\alpha = 10°$ $F_a = 202$ lb Para $\alpha = 12°$ $F_a = 217$ lb Para $\alpha = 15°$ $F_a = 240$ lb

Substituindo na Equação 22.8, tem-se

▶ **Torque de atrito em um freio ou uma embreagem de cone**

$$T_f = \frac{fR_m F_a}{\operatorname{sen}\alpha + f\cos\alpha} \qquad (22.13)$$

22.14 FREIOS A TAMBOR

Freios a tambor de sapata curta

A Figura 22.17 mostra o esboço de um freio a tambor em que a força de acionamento W atua sobre a alavanca que revolve sobre o pino A. Isso cria uma força normal entre a sapata e o tambor rotativo. Assume-se que a força de atrito resultante atua tangencialmente ao tambor se a sapata for curta. A força de atrito vezes o raio do tambor é o torque de atrito que desacelera o tambor.

Os objetivos da análise são determinar a relação entre a carga aplicada e a força de atrito e avaliar o efeito das decisões de projeto, como o tamanho do tambor, as dimensões da alavanca e o posicionamento do eixo A. Os diagramas de corpo livre na Figura 22.17(a) sustentam essa análise. Para a alavanca, podemos somar os momentos em torno do eixo A:

$$\Sigma M_A = 0 = WL - Na + F_f b \qquad (22.14)$$

Porém, note que $F_f = fN$ ou $N = F_f/f$; onde f = coeficiente de atrito. Então,

$$0 = WL - F_f a/f + F_f b = WL - F_f(a/f - b)$$

Resolvendo para W, temos

$$W = \frac{F_f(a/f - b)}{L} \qquad (22.15)$$

Resolvendo para F_f, temos

▶ **Força de atrito no freio a tambor**

$$F_f = \frac{WL}{(a/f - b)} \qquad (22.16)$$

Podemos usar essas equações para o torque de atrito observando o seguinte:

▶ **Torque de atrito**

$$T_f = F_f D_d/2 \qquad (22.17)$$

onde D_d = diâmetro do tambor.

Observe as posições alternadas do eixo nas partes (b) e (c) da Figura 22.17. Em (b), a dimensão é $b = 0$.

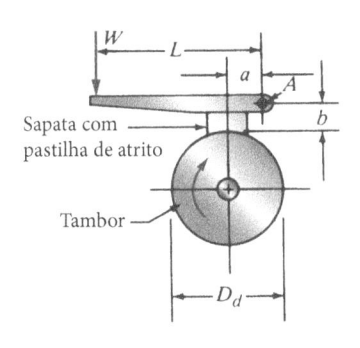

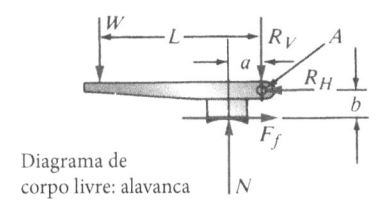

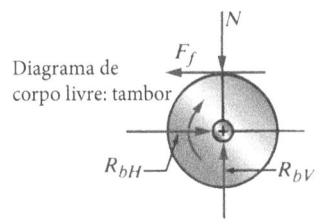

(a) Projeto da alavanca 1

(b) Projeto da alavanca 2

(c) Projeto da alavanca 3

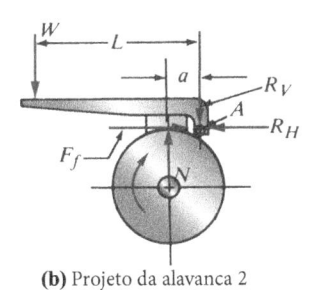

▲ **FIGURA 22.17** Freio a tambor com sapata curta.

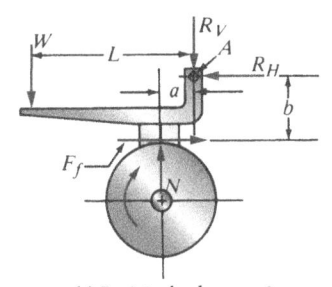

EXEMPLO 22.8

Calcule a força de acionamento necessária para que o freio a tambor com sapata curta da Figura 22.17(a) produza um torque de atrito de 50 lb · pés. Use um diâmetro de tambor de 10,0 pol, $a = 3,0$ pol e $L = 15,0$ pol. Considere os valores de f como 0,25, 0,50 e 0,75, bem como diferentes pontos de localização do eixo A para que b varie entre 0 e 6,0 pol.

SOLUÇÃO

A força de atrito exigida pode ser encontrada com a Equação 22.17:

$$F_f = 2T_f/D_d = (2)(50 \text{ lb} \cdot \text{pés})/(10/12 \text{ pés}) = 120 \text{ lbv}$$

Na Equação 22.15, é possível substitui-la para a, L e F_f:

$$W = \frac{F_f(a/f - b)}{L} = \frac{120 \text{ lb }[(3,0 \text{ pol})/f - b]}{15,0 \text{ pol}} = 8(3/f - b) \text{ lb}$$

É possível substituir os valores variáveis de f e b nessa última equação para calcular os dados relativos às curvas da Figura 22.18, mostrando a força de acionamento em função da distância b para diferentes valores de f. Note que, para algumas combinações, o valor de W é *negativo*. Isso significa que o freio é *autoacionador* e que uma força ascendente sobre a alavanca seria necessária para liberar o freio.

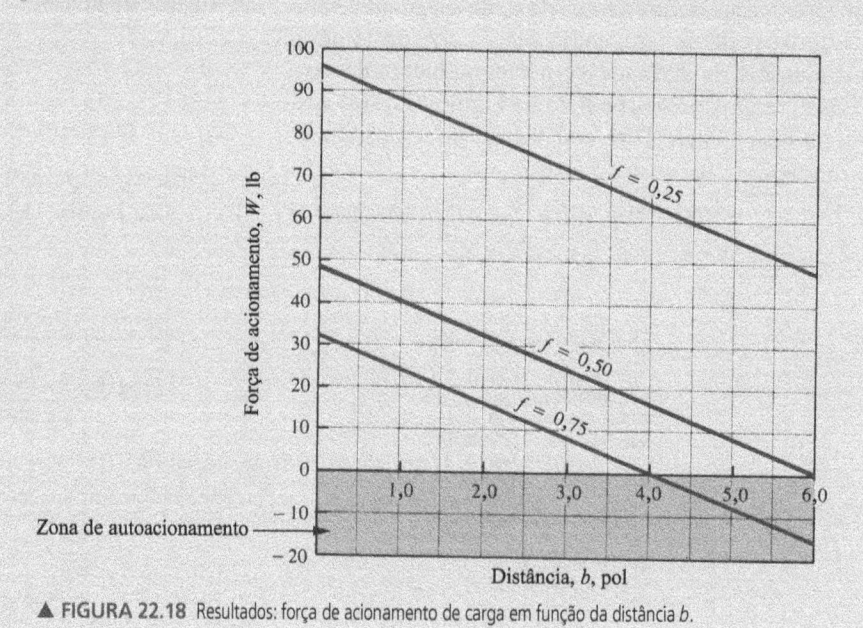

▲ **FIGURA 22.18** Resultados: força de acionamento de carga em função da distância b.

Freios a tambor de sapata longa

O pressuposto para freios de sapata curta — que a força de atrito resultante atua no meio da sapata — não pode ser aplicado no caso de sapatas que cobrem mais de aproximadamente 45° do tambor. Em tais casos, a pressão entre a lona do disco e o tambor é muito irregular, tal qual o momento da força de atrito e da força normal no que diz respeito ao eixo da sapata.

As seguintes equações regem o desempenho de um freio de sapata longa, usando a terminologia da Figura 22.19. (Consulte a Referência 4.)

1. *Torque de atrito no tambor:*

$$T_f = r^2 f w p_{máx}(\cos \theta_1 - \cos \theta_2) \quad (22.18)$$

2. *Força de acionamento:*

$$W = (M_N + M_f)/L \quad (22.19)$$

onde

M_N = momento de força normal em relação à articulação

$$M_N = 0,25 p_{máx} wrC[2(\theta_2 - \theta_1) - \text{sen } 2\theta_2 + \text{sen } 2\theta_1] \quad (22.20)$$

M_f = momento de força de atrito em relação à articulação

$$M_f = fp_{máx}wr[r(\cos\theta_1 - \cos\theta_2) + 0{,}25C(\cos 2\theta_2 - \cos 2\theta_1)] \quad (22.21)$$

O sinal de M_f será negativo (–) se a superfície do tambor estiver se afastando do eixo, e positivo (+) se ela estiver se movendo em direção a ele.

3. **Potência de atrito:**

$$P_f = T_f n/63000 \text{ hp} \quad (22.22)$$

onde n = velocidade angular em rpm

4. **Área da sapata do freio** (*Observação:* a área projetada é utilizada):

$$A = L_s w = 2wr\, \text{sen}[(\theta_2 - \theta_1)/2] \quad (22.23)$$

5. **Taxa de desgaste:**

$$WR = P_f/A \quad (22.24)$$

O uso dessas relações no projeto e na análise de um freio de sapata longa é mostrado no Exemplo 22.9.

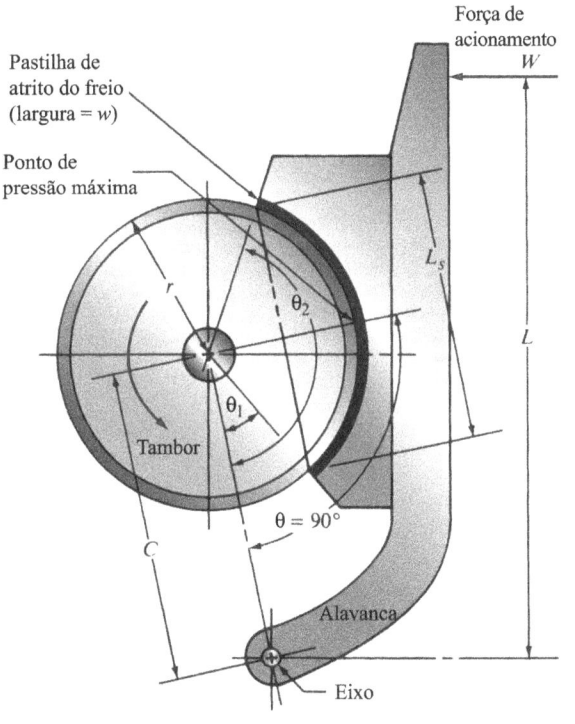

▲ **FIGURA 22.19** Terminologia para freio a tambor de sapata longa.

EXEMPLO 22.9

Projete um freio a tambor de sapata longa que produza um torque de atrito de 750 lb · pol a fim de parar um tambor de 120 rpm.

SOLUÇÃO

Passo 1. Selecione um material de atrito para o freio e especifique a pressão máxima desejada, além do valor de projeto para o coeficiente de atrito. A Tabela 22.2 lista algumas propriedades gerais para materiais de atrito. Valores reais de teste ou dados específicos do fabricante devem ser utilizados sempre que possível. O valor de projeto para $p_{máx}$ deve ser muito menor que a pressão permitida listada na Tabela 22.2 a fim de melhorar a vida útil do freio.

Aqui, escolheremos um material de tecido e projeto para pressão máxima de aproximadamente 75 psi. Observe, conforme ilustrado na Figura 22.19, que a pressão máxima ocorre na seção de 90° do eixo. Se a sapata não se estender por pelo menos 90°, as equações adotadas aqui não são válidas. (Consulte a Referência 4.) Além disso, usaremos $f = 0{,}25$ para o projeto.

Passo 2. Proponha valores experimentais para a geometria do tambor e da pastilha do freio. Várias decisões de projeto devem ser tomadas aqui. A disposição geral mostrada na Figura 22.19 pode ser utilizada como guia. Contudo, sua criatividade e a aplicação específica talvez o façam propor alterações.

Os valores experimentais são: $r = 4{,}0$ pol, $C = 8{,}0$ pol, $L = 15$ pol, $\theta_1 = 30°$ e $\theta_2 = 150°$.

Passo 3. Resolva para a largura exigida da sapata com base na Equação 22.18:

$$w = \frac{T_f}{r^2 f p_{máx}(\cos\theta_1 - \cos\theta_2)}$$

Para esse problema,

$$w = \frac{750 \text{ lb} \cdot \text{pol}}{(4{,}0 \text{ pol})^2(0{,}25)(75 \text{ lb/pol}^2)(\cos 30° - \cos 150°)} = 1{,}443 \text{ pol}$$

Por conveniência, seja $w = 1{,}50$ pol. Uma vez que a pressão máxima é inversamente proporcional à largura, a pressão máxima real será

$$P_{\text{máx}} = 75 \text{ psi}(1{,}44/1{,}50) = 72{,}17 \text{ psi}$$

Passo 4. Calcule M_N com a Equação 22.20. O valor de $\theta_2 - \theta_1$ deve estar em radianos, com π radianos = 180°. Então,

$$\theta_2 - \theta_1 = 120°(\pi \text{ rad}/180°) = 2{,}0944 \text{ rad}$$

O momento da força normal sobre a sapata é

$$M_N = 0{,}25(72{,}17 \text{ lb/pol}^2)(1{,}50 \text{ pol})(4{,}0 \text{ pol})(8{,}0 \text{ pol})$$

$$[2(2{,}09) - \text{sen}(300°) + \text{sen}(60°)]$$

$$M_N = 5128 \text{ lb} \cdot \text{pol}$$

Passo 5. Calcule o momento da força de atrito sobre a sapata, M_f, com a Equação 22.21:

$$M_f = 0{,}25(72{,}17 \text{ lb/pol}^2)(1{,}50 \text{ pol})(4{,}0 \text{ pol})$$

$$[(4{,}0 \text{ pol})(\cos 30° - \cos 150°)$$

$$+ 0{,}25(8{,}0 \text{ pol})(\cos 300° - \cos 60°)]$$

$$M_f = 749{,}8 \text{ lb} \cdot \text{pol}$$

Passo 6. Calcule a força de acionamento exigida, W, com a Equação 22.19:

$$W = (M_N - M_f)/L = (5128 - 749{,}8)/(15) = 291{,}8 \text{ lb}$$

Observe o sinal de subtração para M_f, pois a superfície do tambor está se afastando do eixo.

Passo 7. Calcule a potência de atrito com a Equação 22.22:

$$P_f = T_f n/(63000) = (750)(120)/(63000) = 1{,}429 \text{ hp}$$

Passo 8. Calcule a área projetada da sapata do freio com a Equação 22.23.

$$A = L_s w = 2wr \, \text{sen}[(\theta_2 - \theta_1)/2]$$

$$A = 2(1{,}50 \text{ pol})(4{,}0 \text{ pol}) \, \text{sen}(120°/2) = 10{,}392 \text{ pol}^2$$

Passo 9. Calcule a taxa de desgaste, WR:

$$WR = P_f/A = 1{,}429 \text{ hp}/10{,}392 \text{ pol}^2 = 0{,}137 \text{ hp/pol}^2$$

Passo 10. Avalie a adequação dos resultados. Neste problema, seriam necessárias mais informações sobre a aplicação para analisar os resultados. No entanto, a taxa de desgaste parece razoável para um serviço médio (consulte a Seção 22.11), e a geometria parece aceitável.

22.15 FREIOS DE CINTA

A Figura 22.20 mostra a configuração típica de um *freio de cinta*. A cinta flexível, normalmente feita de aço, é voltada para um material de atrito capaz de se conformar à curvatura do tambor. A aplicação de uma força na alavanca traciona a cinta e força o material de atrito contra o tambor. A força normal, produzida dessa maneira, faz a força de atrito tangencial à superfície do tambor ser criada, retardando-o.

A tração na cinta diminui desde o valor P_1, no lado do eixo da cinta, até P_2, no lado da alavanca. O torque final sobre o tambor é, então,

$$T_f = (P_1 - P_2)r \qquad (22.25)$$

onde r = raio do tambor.

A relação entre P_1 e P_2 pode ser demonstrada (consulte a Referência 4) como sendo a função logarítmica

$$P_2 = P_1/e^{f\theta} \qquad (22.26)$$

onde θ = ângulo total de cobertura da cinta em radianos.

O ponto de pressão máxima no material de atrito ocorre na extremidade mais próxima da tração mais elevada, P_1, onde

$$P_1 = p_{máx} rw \qquad (22.27)$$

e w é a largura da cinta.

Para os dois tipos de freio de cinta ilustrados na Figura 22.20, os diagramas de corpo livre das alavancas podem ser usados para mostrar as seguintes relações de força de acionamento, W, em função das trações na cinta. Para o freio de cinta simples da Figura 22.20(a),

$$W = P_2 a/L \qquad (22.28)$$

O tipo mostrado na Figura 22.20(b) é chamado *freio de cinta de diferencial*, no qual a força de acionamento é

$$W = (P_2 a - P_1 e)/L \qquad (22.29)$$

O procedimento de projeto é apresentado no Exemplo 22.10.

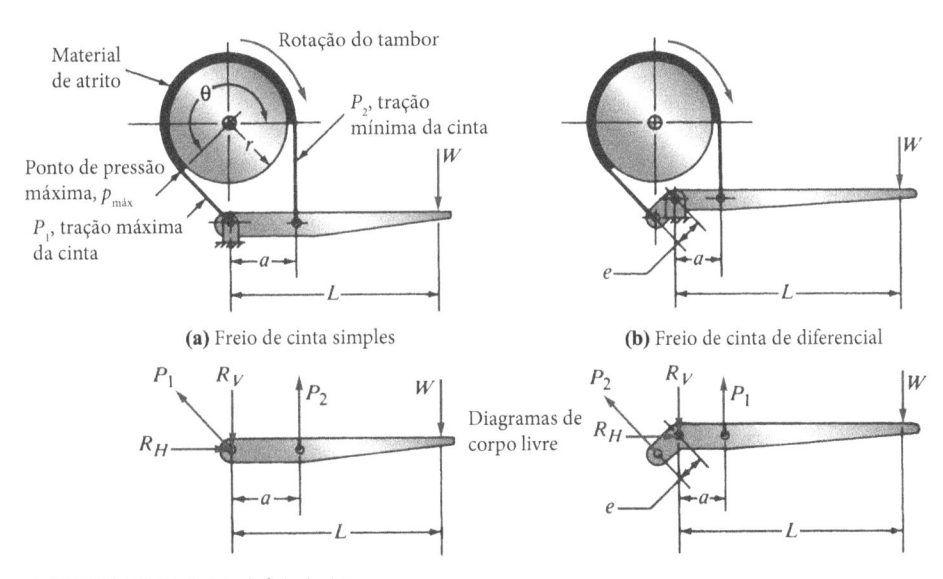

▲ **FIGURA 22.20** Projeto de freio de cinta.

EXEMPLO 22.10 Projete um freio de cinta que exerça torque de frenagem de 720 lb · pol enquanto desacelera o tambor de 120 rpm.

SOLUÇÃO *Passo 1.* Selecione um material e especifique um valor de projeto para a pressão máxima. Um material de atrito de tecido é desejável para se conformar à forma cilíndrica do tambor. Será usado $p_{máx}$ = 25 psi e um valor de projeto de f = 0,25. Consulte a Seção 22.10.

Passo 2. Especifique uma geometria experimental: r, θ, w. Para este problema, tente r = 6,0 pol, θ = 225° e w = 2,0 pol. Observe que 225° = 3,93 rad.

Passo 3. Calcule a tração máxima da cinta, P_1, com a Equação 22.27:

$$P_1 = p_{máx} rw = (25 \text{ lb/pol}^2)(6{,}0 \text{ pol})(2{,}0 \text{ pol}) = 300 \text{ lb}$$

Passo 4. Calcule a tração P_2 com a Equação 22.26:

$$P_2 = \frac{P_1}{e^{f\theta}} = \frac{300 \text{ lb}}{e^{(0,25)(3,93)}} = 112{,}3 \text{ lb}$$

Passo 5. Calcule o torque de atrito, T_f:

$$T_f = (P_1 - P_2)r = (300 - 112{,}3)(6{,}0) = 1126 \text{ lb} \cdot \text{pol}$$

Observação: repita os passos de 2 a 5 até obter uma geometria e um torque de atrito satisfatórios. Experimente um projeto menor, por exemplo, $r = 5{,}0$ pol:

$$P_1 = (25)(5{,}0)(2{,}0) = 250 \text{ lb}$$

$$P_2 = \frac{250 \text{ lb}}{e^{(0{,}25)(3{,}93)}} = 93{,}59 \text{ lb}$$

$$T_f = (250 - 93{,}59)(5{,}0) = 782{,}0 \text{ lb} \cdot \text{pol (OK)}$$

Passo 6. Especifique a geometria da alavanca e calcule a força de acionamento exigida. Use $a = 5{,}0$ pol e $L = 15{,}0$ pol. Então,

$$W = P_2(a/L) = 93{,}59 \text{ lb } (5{,}0/15{,}0) = 31{,}20 \text{ lb}$$

Passo 7. Calcule a taxa de desgaste média a partir de $WR = P_f/A$:

$$A = 2\pi rw (\theta/360) = 2(\pi)(5{,}0 \text{ pol})(2{,}0 \text{ pol})(225/360) = 39{,}27 \text{ pol}^2$$

$$P_f = T_f n/63000 = (782{,}0)(120)/(63000) = 1{,}490 \text{ hp}$$

$$WR = P_f/A = (1{,}490 \text{ hp})/(39{,}27 \text{ pol}^2) = 0{,}0379 \text{ hp/pol}^2$$

Esse valor deve ser conservador para um serviço médio.

22.16 OUTROS TIPOS DE EMBREAGEM E FREIO

Até aqui, o capítulo teve como foco embreagens e freios que empregam materiais de atrito para transmitir torque entre membros em rotação, mas há muitos outros tipos disponíveis. A seguir, estão algumas descrições resumidas sem informações específicas de projeto. A maioria das opções é exclusividade do fabricante, e os dados de aplicação estão disponíveis em catálogos.

Embreagem de dentes

Os dentes do conjunto conjugado são engrenados deslizando-se um ou ambos os membros no sentido axial. Os dentes podem ser retos, triangulares ou apresentar uma curva suave para facilitar o engrenamento. Uma vez engrenados, há uma transmissão positiva de torque. A embreagem de dentes é normalmente engrenada enquanto o sistema está parado ou com velocidade muito lenta.

Catraca

Embora não sejam exatamente uma embreagem, a catraca e o pedal permitem um engrenamento alternado e um desengrenamento dos membros móveis, podendo, portanto, ser usados em aplicações semelhantes. Em geral, a catraca se move apenas uma pequena fração de revolução por ciclo.

Embreagem de catraca, de roletes e com came

Há diferenças na geometria específica das embreagens de catraca, de roletes e com came, mas todas elas desempenham funções semelhantes. Quando o eixo de entrada está girando no sentido de acionamento, os elementos internos (catracas, roletes ou cames) são forçados entre os membros acionadores e acionados e, assim, transmitem o torque. Porém, quando o membro de entrada gira no sentido oposto, os elementos internos saem do engrenamento, e nenhum torque é transmitido. Desse modo, eles podem ser utilizados em aplicações semelhantes a catracas, mas com uma operação muito mais suave e uma quantidade praticamente infinita de movimentos adicionais. Outra aplicação é a *não reversível*, em que a embreagem opera livremente quando a máquina está sendo acionada na direção pretendida. Todavia, se a transmissão estiver desengrenada e a carga começar a reverter a empregada, a embreagem é bloqueada e impede o movimento. Esse tipo de embreagem também é utilizada como *corrediça*: uma transmissão positiva, contanto que a carga não gire mais rápido do que ela. Se a carga apresentar a tendência de operar mais rapidamente que o acionador, os elementos da embreagem desengrenam. Isso protege o equipamento de ser danificado por excesso de velocidade. (Consulte o Site 6.)

Embreagem de fibra

Uma embreagem de fibra opera de modo semelhante às corrediças descritas anteriormente. Porém, em vez de acionar através de elementos sólidos, o torque é transmitido por meio de fibras rígidas com orientação designada. Quando giradas em direção oposta à designada, as fibras "se deitam", e nenhum torque é transmitido.

Embreagem de mola enrolada

Também empregada em casos semelhantes aos da corrediça, a *embreagem de mola enrolada* é feita de um fio retangular e em geral tem diâmetro interno ligeiramente maior que o do eixo onde é instalada. Portanto, nenhum torque é transmitido. Contudo, quando uma extremidade da mola é retraída, esta se "enrola para baixo" de modo firme sobre a superfície do eixo, e o torque é transmitido positivamente através da mola. (Consulte o Site 4.)

Embreagem de revolução simples

Com frequência, é desejável que a máquina execute um ciclo com uma revolução completa e, em seguida, pare. A *embreagem de revolução simples* oferece esse recurso. Após ser ligada, ela aciona o eixo de saída até atingir uma parada positiva ao final de uma revolução. Alguns tipos podem ser engatados por mais de uma revolução, mas retornarão a uma posição fixa; por exemplo, à parte superior do curso de uma prensa. (Consulte o Site 6.)

Embreagem fluídica

A *embreagem fluídica* é composta por duas partes distintas sem ligação mecânica entre si. O fluido preenche a cavidade entre as partes, e, conforme um dos membros gira, ele tende a cisalhar o fluido, fazendo o torque ser transmitido ao elemento conjugado. A transmissão resultante é suave e macia porque os picos de carga farão apenas um membro se mover em relação ao outro. Nesse aspecto, esse tipo de embreagem é semelhante à deslizante descrita anteriormente.

Embreagem por corrente parasita

Quando um disco condutor se move através de um campo magnético, *correntes parasitas* são induzidas nesse disco, fazendo que uma força seja exercida sobre ele na direção oposta à da rotação. A força pode ser utilizada para frear o disco ou transmitir torque a uma peça conjugada, como uma embreagem. Uma vantagem desse tipo de unidade é que não há ligação mecânica entre os elementos. O torque pode ser controlado com a variação da corrente para os eletroímãs.

Embreagem de sobrecarga

A transmissão é positiva, desde que o torque esteja abaixo de um valor determinado. Com torques mais elevados, alguns elementos são desativados automaticamente. Um tipo dela utiliza uma série de esferas posicionadas em obstáculos e seguras com força elástica. Quando o torque de disparo é atingido, as esferas são forçadas para fora dos obstáculos e desengatam a transmissão. (Consulte o Site 6.)

Tensores

A produção contínua de produtos como fios, rolos de papel ou filme plástico exige que o sistema de transmissão seja cuidadosamente controlado a fim de se manter uma leve tração sem quebrar o produto. Um controle semelhante deve ser exercido ao enrolar bobinas de papel, alumínio ou folhas de metal durante sua produção ou ao desenrolá-las para alimentar um processo, como impressão ou formação em prensa. Transmissões para guindastes e talhas devem oferecer frenagem controlada enquanto as cargas são baixadas. Em tais casos, é necessário que os freios exerçam ação de frenagem, mas, ao mesmo tempo, permitam movimentos suaves. Muitos projetos de freio revistos neste capítulo são capazes de realizar essa função ao moderar a força aplicada entre os elementos de atrito. Um exemplo é o freio acionado a ar mostrado na Figura 22.6. O torque de frenagem depende da pressão de ar aplicada, que pode ser controlada por um operador ou de forma automática. (Consulte também o Site 5.)

REFERÊNCIAS

1. AVALLONE, E. A.; SADEGH, A.; BAUMEISTER III, T. (orgs.). *Marks' Standard Handbook for Mechanical Engineers*. 11. ed. Nova York: McGraw-Hill, 2007.
2. JUVINALL, R. C.; MARSHEK, K. M. *Fundamentals of Machine Component Design*. 5. ed. Nova York: John Wiley & Sons, 2012.
3. ORTHWEIN, W. C. *Clutches and Brakes:* Design and Selection. 2. ed. Boca Raton, FL: CRC Press, 2004.
4. BUDYNAS, R. G.; NISBETT, K. J. *Shigley's Mechanical Engineering Design*. 9. ed. Nova York: McGraw-Hill, 2011.
5. SOCIETY OF AUTOMOTIVE ENGINEERS. *Standard J286 Clutch Friction Test Machine*

Guidelines. Warrendale, PA. Society of Automotive Engineers, 2006.

6. _____. *Standard J661 Brake Lining Quality Control Test Procedure*. Warrendale, PA. Society of Automotive Engineers, 1997.

7. _____. *Standard J866 Friction Coefficient Identification System for Brake Linings*. Warrendale, PA. Society of Automotive Engineers, 2002.

SITES SOBRE EMBREAGENS E FREIOS

1. **GKN Rockford, Inc.** <www.rockfordpowertrain.com>. Fabricante de embreagens e outras componentes de trem de força para o mercado de carros, caminhões e equipamentos off-road.
2. **Baldor/Dodge.** <www.dodge-pt.com>. Fabricante de freios e embreagens Dodge para máquinas industriais, equipamentos de transporte e indústria têxtil. Clique em *Products* [Produtos], depois em *Brakes* [Freios] ou *Clutches* [Embreagens]. A empresa também oferece uma ampla gama de transmissões por engrenagem, transmissões por correia, rolamentos e muitos outros produtos de transmissão de potência.
3. **BorgWarner, Inc.** <www.borgwarner.com>. Fabricante de conjuntos de embreagem automotiva e outras componentes. Clique em *Products* [Produtos] e em *Drivetrain Systems* [Sistemas de trem de acionamento].
4. **Warner Electric, Inc.** <www.warnernet.com>. Fabricante de sistemas de embreagem e freio para indústrias, jardinagem, turbinas eólicas e veículos. Inclui uma ampla variedade de freios e embreagens de disco, mola enrolada e partícula magnética para controle de acionamento, interrupção, pausa e tração. Informações de catálogo podem ser obtidas na seção *Literature* [Literatura].
5. **Eaton/Airflex.** <www.airflex.com>. Fabricante de freios e embreagens industriais com o princípio de tubo expansível acionado por pressão pneumática ou hidráulica. As aplicações incluem motores, máquinas de fabricação de papel, prensas elétricas, freios, tesouras, transmissões navais, perfuração de poços e equipamentos para tracionamento, enrolamento e desenrolamento. Há, ainda, dados e descrições dos produtos, instruções de aplicação e informações técnicas.
6. **Hilliard Corporation.** <www.hilliardcorp.com>. Fabricante de uma ampla variedade de embreagens e freios para aplicações em equipamentos industriais e comerciais. Dentre elas, embreagens centrífugas, de revolução simples, corrediças, com retém de esfera para sobrecarga, limitadores de torque de embreagens deslizantes, transmissões intermitentes e freios a disco com caliper.
7. **Tol-O-Matic, Inc.** <www.tolomatic.com>. Fabricante de freios a disco com caliper operados pneumática e hidraulicamente, embreagens de cone e outros produtos de controle de movimento.
8. **Electroid Company.** <www.electroid.com>. Fabricante de uma ampla variedade de embreagens, freios e tensores para aplicações industriais, comerciais e aeroespaciais.
9. **Emerson Power Transmission Co.** <www.emerson-ept.com>. Fabricante de diversos tipos de embreagem e dispositivos de sobrecarga de torque da marca Morse. Clique em *Products* [Produtos], *Components* [Componentes] e, depois, em *Clutches* [Embreagens] ou *Torque overload devices* [Dispositivos de sobrecarga de torque]. O site também inclui um documento de 12 páginas disponível para download, chamado *Clutches and Brakes* [Embreagens e freios], com a descrição dos principais tipos existentes. Na seção de busca *Site/Part Search*, digite *Clutches and Brakes*.

PROBLEMAS

1. Especifique a taxa exigida de torque para que uma embreagem seja acoplada ao eixo de um motor operando a 1750 rpm. O motor tem capacidade nominal de 5,0 hp e é do tipo projeto B.
2. Especifique a taxa exigida de torque para que uma embreagem seja acoplada ao eixo de um motor a diesel operando a 2500 rpm. O motor tem capacidade nominal de 75,0 hp.
3. Especifique a taxa exigida de torque para que uma embreagem seja acoplada ao eixo de um motor elétrico operando a 1150 rpm. O motor tem capacidade nominal de 0,50 hp e aciona um ventilador leve.
4. Um projeto alternativo para o sistema descrito no Problema 1 está sendo considerado. Em vez de colocar a embreagem no eixo do motor,

deseja-se inseri-la no eixo de saída de um redutor de velocidade que gira a 180 rpm. A transmissão de potência continua sendo de aproximadamente 5,0 hp. Especifique a taxa exigida de torque para a embreagem.

5. Especifique a taxa exigida de torque de freio para cada uma das condições dos problemas de 1 a 4 em condições industriais médias.

6. Especifique a taxa exigida de torque para uma embreagem em N · m se ela estiver acoplada ao eixo do projeto B de um motor elétrico com capacidade nominal de 20,0 kW girando a 3450 rpm.

7. Uma unidade de freio e embreagem deve ser conectada entre um projeto C de motor elétrico e um redutor de velocidade. O motor tem capacidade nominal de 50,0 kW a 900 rpm. Estabeleça a taxa exigida de torque para as partes de embreagem e freio do módulo com serviço industrial médio. A transmissão é para um grande transportador.

8. Calcule o torque necessário para acelerar um disco sólido de aço da condição estacionária até 550 rpm em 2,0 s. O disco tem 24,0 pol de diâmetro e 2,5 pol de espessura.

9. O conjunto mostrado na Figura P22.9 deve ser parado por um freio de 775 rpm a zero em 0,50 s ou menos. Calcule o torque de frenagem exigido.

10. Calcule o torque de embreagem necessário para acelerar o sistema indicado na Figura P22.10 da condição estacionária até uma velocidade de motor de 1750 rpm em 1,50 s. Ignore a inércia da embreagem.

11. Um guincho, esboçado na Figura P22.11, abaixa uma carga à velocidade de 50 pés/min. Calcule a taxa de torque necessária para que o freio no eixo do guincho pare o sistema em 0,25 s.

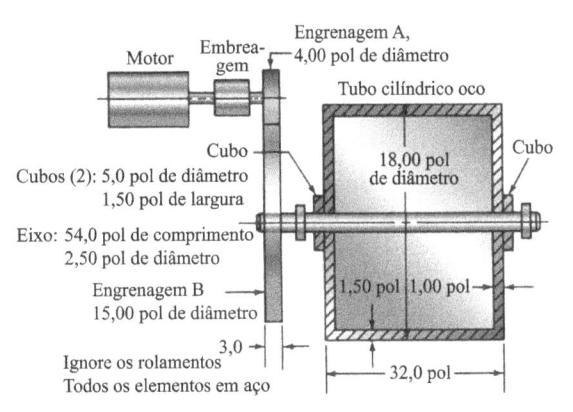

▲ FIGURA P22.10

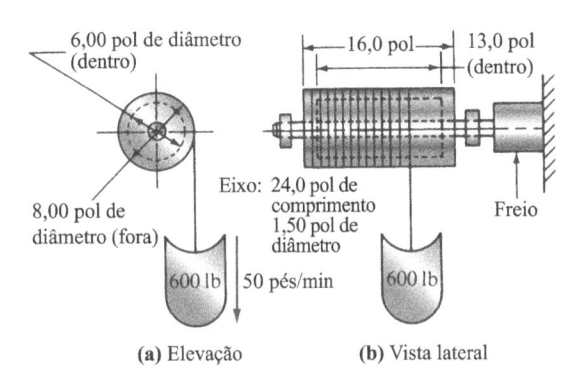

▲ FIGURA P22.11

12. A Figura P22.12 mostra um tambor rotativo sendo acionado por uma unidade de redução por engrenagem sem-fim. Avalie a taxa de torque necessária para que uma embreagem acelere o tambor a 38,0 rpm da condição estacionária em 2,0 s (a) se ela estiver posicionada no eixo do motor e (b) se estiver na saída do redutor. Ignore a inércia dos eixos da engrenagem, das pistas do rolamento e da embreagem. Considere o sem-fim e a engrenagem sem-fim como cilindros sólidos.

13. Calcule as dimensões de um freio de disco anular para produzir um torque de frenagem de 75 lb · pol. A pressão de ar desenvolverá uma força normal de 150 lb entre as superfícies de atrito. Use um coeficiente de atrito de 0,25. O freio será empregado em serviço industrial médio, parando uma carga de 1150 rpm.

14. Projete um freio de disco para a aplicação descrita no Problema 9. Especifique o coeficiente de atrito de projeto, as dimensões do disco e a força axial exigida.

15. Calcule a força axial exigida para uma embreagem de cone se ela tiver que exercer um torque de acionamento de 15 lb · pés. A superfície do cone tem diâmetro médio de 6,0 pol e ângulo de 12°. Use $f = 0{,}25$.

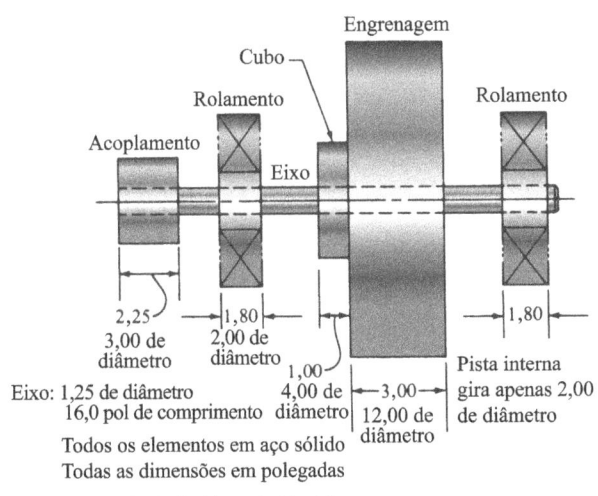

▲ FIGURA P22.9 (Problemas 9, 14 e 16)

16. Projete um freio de cone para a aplicação descrita no Problema 9. Especifique o coeficiente de atrito de projeto, o diâmetro médio da superfície do cone e a força axial exigida.
17. Calcule a força de acionamento necessária para que o freio a tambor com sapata curta da Figura 22.17 produza um torque de atrito de 150 lb · pés. Use um diâmetro de tambor de 12,0 pol, $a = 4,0$ pol e $L = 24,0$ pol. Adote $f = 0,25$ e $b = 5,0$ pol.
18. Sendo todos os outros dados do Problema 17 os mesmos, determine a dimensão b necessária para que o freio seja autoacionador.
19. Projete um freio a tambor com sapata curta que produza um torque de 100 lb · pés. Especifique o diâmetro do tambor, a configuração da alavanca de acionamento e a força de acionamento.
20. Projete um freio a tambor com sapata longa que produza um torque de atrito de 100 lb · pés a fim de parar uma carga de 480 rpm. Especifique o material de atrito, o tamanho do tambor, a configuração da sapata, os posicionamentos do eixo e a força de acionamento.
21. Projete um freio de cinta que exerça torque de frenagem de 75 lb · pés enquanto desacelera um tambor de 350 rpm até a condição estacionária. Especifique um material, o diâmetro do tambor, a largura da cinta, o ângulo de cobertura do material de atrito, a configuração da alavanca de acionamento e a força de acionamento.

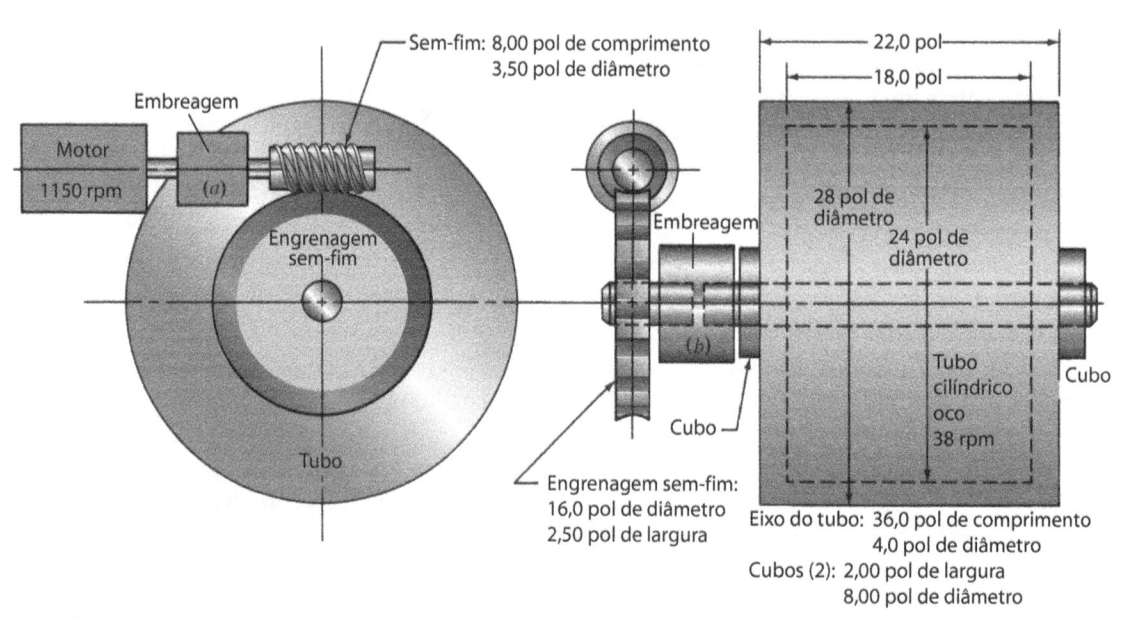

▲ FIGURA P22.12

EXECUÇÃO DE PROJETOS

CAPÍTULO 23

Sumário
23.1 Objetivos
23.2 Execução de projetos

23.1 OBJETIVOS

Um dos principais focos deste livro foi enfatizar a integração dos elementos de máquina em projetos mecânicos completos. As interfaces entre os elementos de máquina foram discutidas com muitos exemplos, e as forças exercidas por um elemento sobre outro foram calculadas. Componentes e dispositivos completos disponíveis no mercado foram mostrados em figuras por todo este material.

Embora tais discussões e exemplos sejam úteis, uma das melhores maneiras de aprender sobre projeto mecânico é *fazer* um projeto mecânico. Você deve decidir as funções detalhadas e os requisitos dele, além de conceituar várias abordagens. Precisa decidir qual abordagem usar, completar o projeto de cada elemento de modo minucioso e fazer esboços do conjunto e dos detalhes para transmitir o projeto aos indivíduos que o usarão ou serão responsáveis por sua concretização. Deve, ainda, especificar de forma completa as componentes compradas que fazem parte do projeto.

A seguir, há vários projetos que exigem esses procedimentos. Você ou seu professor podem modificar ou ampliar os projetos de acordo com as necessidades individuais, com o tempo disponível ou com as informações necessárias, como catálogos de fabricantes. Assim como na maioria dos projetos, muitas soluções são possíveis. Diferentes opções de vários alunos da turma podem ser comparadas e comentadas para aprimorar o aprendizado. Talvez seja útil neste momento rever as seções 1.4 e 1.5, a respeito de funções, requisitos e filosofia de projeto. Além disso, os problemas no final do Capítulo 1 solicitavam que você escrevesse um conjunto de funções e requisitos de projeto para vários dispositivos. Se você já tiver feito isso, eles podem ser utilizados como parte dos próximos exercícios.

23.2 EXECUÇÃO DE PROJETOS

Tranca de capô de automóvel

Projete uma tranca de capô para um automóvel. A tranca deve ser capaz de manter o capô bem fechado durante a operação do veículo. Por outro lado, precisa ser de fácil abertura para a manutenção do conteúdo no compartimento do motor. Proteção contra roubo também é um importante objetivo de projeto. A fixação da tranca no chassi do carro e no capô necessita ser definida. Além disso, a produção em massa deve ser um requisito.

Elevador hidráulico

Projete um elevador hidráulico para ser utilizado em manutenção de carros. Obtenha dimensões pertinentes de carros representativos para altura inicial, altura estendida, projeto das almofadas que entram em contato com o carro, e assim por diante. O elevador levantará o carro todo.

Macaco

Projete um macaco para levantar toda a parte dianteira ou traseira de um carro. Ele pode ser acionado de forma manual, usando dispositivo mecânico ou hidráulico. Também há a possibilidade de acionamento por pressão pneumática ou energia elétrica.

Guindaste portátil

Projete um guindaste portátil para ser utilizado em casas, pequenas indústrias, depósitos e garagens. Ele deve ter capacidade de, pelo menos, 1000 lb (4,45 kN). Usos típicos incluiriam a remoção do motor de um carro, a elevação de componentes de máquina ou o carregamento de caminhões.

Triturador de latas

Projete uma máquina para triturar latas de refrigerante ou cerveja. O triturador seria utilizado em casas ou restaurantes como auxílio aos esforços de reciclagem. Ele pode ser operado manual ou eletricamente. A máquina deve triturar latas, de modo que elas atinjam cerca de 20% do volume original.

Dispositivo de transferência

Projete um dispositivo automático de transferência para uma linha de produção. As peças a serem manejadas são fundições de aço com as seguintes características:

Peso: 42,0 lb (187 N)
Tamanho: forma cilíndrica; 6,75 pol de diâmetro e 10,0 pol de altura. A superfície externa é livre de saliências ou furos e tem acabamento razoavelmente suave, como fundido.
Taxa de transferência: fluxo contínuo, 2,00 s entre as peças.

As peças entram com uma elevação de 24,0 pol sobre um transportador de roletes. Elas devem ser elevadas a 48,0 pol em um espaço de 60,0 pol de comprimento. Por fim, saem sobre um transportador separado.

Virador de tambor

Projete um virador de tambor. A máquina deve elevar 55 galões de um material a granel do nível do solo até uma altura de 60,0 pol e despejar o conteúdo em um funil.

Alimentador de papel

Projete um dispositivo alimentador de papel para uma copiadora. O papel deve ser alimentado a uma taxa de 120 folhas por minuto.

Transportador de cascalho

Projete um transportador para elevar e despejar cascalho em um caminhão. A borda superior da plataforma do caminhão está a 8,0 pés (2,44 m) do solo. Essa plataforma tem 6,5 pés de largura, 12,0 pés de comprimento e 4,0 pés de profundidade (1,98 m × 3,66 m × 1,22 m). Deseja-se encher o caminhão em 5,0 min ou menos.

Elevador de construção

Projete um elevador de construção. Ele transportará materiais de construção desde o nível do solo até qualquer altura de, no máximo, 40,0 pés (12,2 m). O elevador ficará no topo de um andaime rígido que não faz parte do projeto e levantará uma carga de até 500 lb (2,22 kN) a uma taxa de 1,0 pé/s (0,30 m/s). A carga estará sobre um palete de 3,0 pés por 4,0 pés (0,91 m × 1,22 m). No topo do elevador, devem ser providenciados meios para colocar a carga sobre uma plataforma que o sustenta.

Máquina de empacotar

Projete uma máquina de empacotar. Tubos de creme dental devem ser retirados de uma correia contínua e inseridos em caixas. É possível escolher qualquer tamanho padrão de tubo. O dispositivo pode incluir meios para o fechamento das caixas após o posicionamento do tubo.

Enfardadeira de caixas

Projete uma máquina para colocar 24 caixas de creme dental em um contêiner de transporte.

Pinça de robô

Projete uma pinça de robô para pegar um conjunto de pneu reserva de uma cremalheira e inseri-lo no porta-malas de um automóvel na linha de montagem. Obtenha as dimensões de um carro específico.

Posicionador de solda

Projete um posicionador de solda. Um quadro pesado é feito de chapa de aço soldada na forma mostrada pela Figura 23.1. A unidade de soldagem será orientada por robô, mas é essencial que a linha de solda seja horizontal com retilineidade. Projete o dispositivo para segurar o quadro com segurança e apresentar a peça ao robô. A chapa tem espessura de 3/8 pol (9,53 mm).

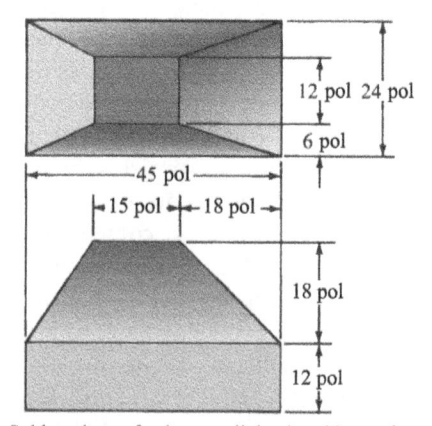

Solde todas as fendas com linha de solda no plano horizontal

▲ **FIGURA 23.1** Quadro a ser manejado por um posicionador de solda.

Dispositivo de abertura para porta de garagem

Projete um dispositivo de abertura para porta de garagem.

Redutor de velocidade de engrenagem de dentes retos, redução simples

Projete um redutor de velocidade de engrenagem de dentes retos e redução simples completo. Especifique as duas engrenagens, dois eixos, quatro rolamentos e uma carcaça. Use quaisquer dados do Capítulo 9, Problemas de 60 a 70.

Redutor de velocidade de engrenagem de dentes retos, redução dupla

Projete um redutor de velocidade de engrenagem de dentes retos e redução dupla completo. Especifique as quatro engrenagens, três eixos, seis rolamentos e uma carcaça. Use quaisquer dados do Capítulo 9, Problemas de 74 a 76.

Redutor de velocidade de engrenagem helicoidal, redução simples

Projete um redutor de velocidade de engrenagem helicoidal e redução simples completo. Use quaisquer dados do Capítulo 10, Problemas de 5 a 11.

Redutor de velocidade de engrenagem cônica, redução simples

Projete um redutor de velocidade de engrenagem cônica e redução simples completo. Use quaisquer dados do Capítulo 10, Problemas de 14 a 17.

Redutor de velocidade de engrenagem sem-fim, redução simples

Projete um redutor de velocidade de engrenagem sem-fim e redução simples completo. Use quaisquer dados do Capítulo 10, Problemas de 18 a 24.

Dispositivo de elevação usando parafusos Acme

Projete um dispositivo semelhante ao esboçado na Figura 17.3. Um motor elétrico aciona o sem-fim à velocidade de 1750 rpm. Os dois parafusos Acme giram e elevam o garfo, que, por sua vez, eleva a escotilha. Consulte o Exemplo 17.1 para detalhes adicionais. Complete toda a unidade, incluindo o conjunto de engrenagem sem-fim, a transmissão por cadeia, os parafusos Acme, os rolamentos e suas montagens. A escotilha tem 60 pol (1524 mm) de diâmetro na superfície superior. Os parafusos devem ter 30 pol (762 mm) de comprimento nominal. O movimento total do garfo será de 24 pol, a ser concluído em 15,0 s ou menos.

Dispositivo de elevação usando fusos de esfera

Refaça o projeto do dispositivo de elevação usando fusos de esfera no lugar de parafusos Acme.

Freio para eixo acionador

Projete um freio. Uma carga rotativa (conforme esboçado na Figura P22.9) deve ser parada por um freio a partir de 775 rpm em 0,50 s ou menos. Use qualquer tipo de freio descrito no Capítulo 22 e complete os detalhes do projeto, incluindo os meios de acionamento — molas, pressão de ar, alavanca manual, e assim por diante. Mostre o freio acoplado ao eixo da Figura P22.9.

Freio para guincho

Projete um freio completo para a aplicação mostrada na Figura P22.11 e descrita no Problema 11 no Capítulo 22.

Transmissão de indexadora

Projete uma transmissão de indexadora para um sistema automatizado de montagem. Os itens a serem movidos são montados sobre uma placa de aço quadrada de fixação, com 6,0 pol (152 mm) de lado e 0,5 pol (12,7 mm) de espessura. O peso total de cada conjunto é 10,0 lb (44,5 N). O centro de cada fixação (intersecção das diagonais) deve se mover 12,0 pol (305 mm) com seu elemento indexado. A indexação precisa ser concluída em 1,0 s ou menos, e a fixação, mantida estacionária em cada estação por, no mínimo, 2,0 s. Quatro estações de montagem são necessárias. A disposição pode ser linear, rotacional ou qualquer outra, desde que as fixações se movam no plano horizontal.

Roda-gigante

Projete uma roda-gigante. Ela deve ser capaz de suportar entre uma e quatro crianças com peso de até 80 lb (356 N) cada uma. A velocidade angular precisa ser 1 rev em 6,0 s, e o brinquedo, acionado por motor elétrico.

Carrossel

Projete uma atração para crianças pequenas, de até 6 anos de idade, nas quais elas fiquem sentadas em segurança enquanto se divertem com um padrão interessante de movimento. No mínimo duas crianças podem brincar por vez. O brinquedo será comercializado para shopping centers e lojas de departamento a fim de distrair os filhos dos clientes.

Brinquedo infantil

Projete um brinquedo infantil no qual pequenos vagões sejam puxados ao longo de uma trajetória circular. Ele deve ser acionado por motor elétrico. Cada vagão tem 1,0 m de comprimento (39,4 pol) e 0,50 m de largura (19,7 pol). As quatro rodas têm 150 mm (6,0 pol) de diâmetro. O vagão deve ser acoplado à barra de transmissão no ponto onde o cabo normalmente estaria. A distância radial até o ponto de fixação deve ser 2,0 m (6,6 pés). Os vagões devem completar 1 rev em 8,0 s. Providencie um meio de acionar e parar a transmissão.

Dispositivo de transferência

Projete um dispositivo para mover comandos de válvulas automotivas entre estações de processamento. Cada movimento deve ser de 9,0 pol (229 mm). O comando de válvulas precisa ser sustentado sobre duas superfícies de rolamento inacabadas com diâmetro de 3,80 pol (96,5 mm) e comprimento axial de 0,75 pol (19,0 mm). O espaço entre as superfícies do rolamento é de 15,75 pol (400,0 mm). Cada comando de válvulas pesa 16,3 lb (72,5 N). Um ciclo de movimento deve ser concluído a cada 2,50 s. Planeje o mecanismo completo, incluindo a transmissão de um motor elétrico.

Transportador de corrente

Projete um transportador de corrente elétrico e retilíneo para movimentar oito paletes ao longo de uma linha de montagem. Os paletes têm 18 pol de comprimento e 12 pol de largura. O peso máximo de cada palete, mais o produto transportado, é de 125 lb. No final do transportador, uma força externa para baixo de 500 lb é aplicada sobre o produto, a qual deve passar pelo palete até a estrutura do transportador. Você pode projetar a configuração dos lados e da parte inferior do palete.

Projetos "você é o projetista"

No início de cada capítulo deste livro, há uma seção chamada **Você é o projetista**, na qual você é convidado a se imaginar como o projetista de algum dispositivo ou sistema. Escolha qualquer um desses projetos.

APÊNDICES

LISTA DE APÊNDICES

APÊNDICE 1	Propriedades das áreas
APÊNDICE 2	Dimensões preferenciais e roscas
APÊNDICE 3	Propriedades de projeto de carbono e ligas de aço
APÊNDICE 4	Propriedades de aços com tratamento térmico
APÊNDICE 5	Propriedades de aços cementados
APÊNDICE 6	Propriedades de aços inoxidáveis
APÊNDICE 7	Propriedades de aços estruturais
APÊNDICE 8	Propriedades de projeto de ferro fundido — sistema norte-americano de unidades
APÊNDICE 8A	Propriedades de projeto de ferro fundido — sistema internacional de unidades
APÊNDICE 9	Propriedades típicas do alumínio
APÊNDICE 10.1	Propriedades de ligas de zinco fundidas sob pressão
APÊNDICE 10.2	Propriedades de ligas de magnésio fundidas sob pressão
APÊNDICE 11.1	Propriedades de ligas à base de níquel
APÊNDICE 11.2	Propriedades de ligas de titânio
APÊNDICE 12	Propriedades de bronzes, latões e outras ligas de cobre
APÊNDICE 13	Propriedades típicas de plásticos selecionados
APÊNDICE 14	Fórmulas de deflexão de viga
APÊNDICE 15	Perfis comercialmente disponíveis para elementos portantes
APÊNDICE 16	Fatores de conversão
APÊNDICE 17	Tabela de conversão de dureza
APÊNDICE 18	Fator geométrico, I, para corrosão por pite em engrenagens de dentes retos

APÊNDICE 1 PROPRIEDADES DAS ÁREAS

A = área
I = momento de inércia
S = módulo de seção

r = raio de giração = $\sqrt{I/A}$
J = momento polar de inércia
Z_p = módulo polar da seção

(a) Círculo

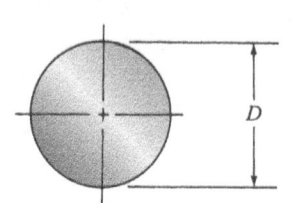

$A = \pi D^2/4$ $r = D/4$
$I = \pi D^4/64$ $J = \pi D^4/32$
$S = \pi D^3/32$ $Z_p = \pi D^3/16$

(b) Círculo oco (tubo)

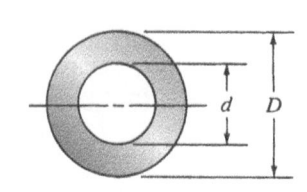

$A = \pi(D^2 - d^2)/4$ $r = \dfrac{\sqrt{(D^2 + d^2)}}{4}$
$I = \pi(D^4 - d^4)/64$ $J = \pi(D^4 - d^4)/32$
$S = \pi(D^4 - d^4)/32D$ $Z_p = \pi(D^4 - d^4)/16D$

(c) Quadrado

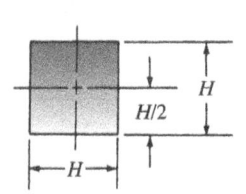

$A = H^2$ $r = H/\sqrt{12}$
$I = H^4/12$
$S = H^3/6$

(d) Retângulo

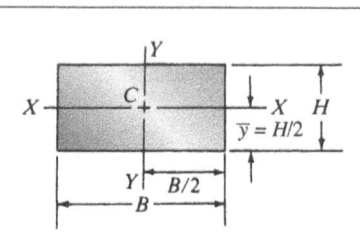

$A = BH$ $r_x = H/\sqrt{12}$
$I_x = BH^3/12$ $r_y = B/\sqrt{12}$
$I_y = HB^3/12$
$S_x = BH^2/6$
$S_y = HB^2/6$

(e) Retângulo oco $t = (H-h)/2$ uniforme

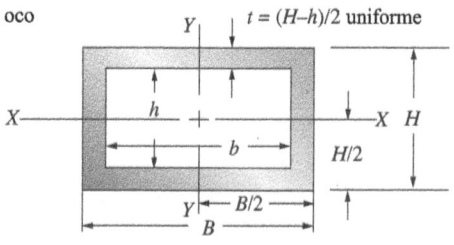

$A = BH - bh$
$I_x = \dfrac{BH^3 - bh^3}{12}$ $S_x = \dfrac{BH^3 - bh^3}{6H}$ $r_x = 0{,}289\sqrt{\dfrac{BH^3 - bh^3}{BH - bh}}$
$I_y = \dfrac{HB^3 - hb^3}{12}$ $S_y = \dfrac{HB^3 - hb^3}{6B}$ $r_y = 0{,}289\sqrt{\dfrac{HB^3 - hb^3}{HB - hb}}$

(f) Triângulo

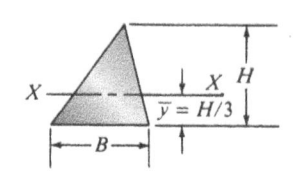

$A = BH/2$ $r = H/\sqrt{18}$
$I = BH^3/36$
$S = BH^2/24$

(g) Semicírculo

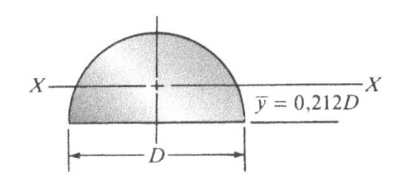

$A = \pi D^2/8$ $\quad r = 0{,}132D$
$I = 0{,}007D^4$
$S = 0{,}024D^3$

$\bar{y} = 0{,}212D$

(h) Hexágono regular

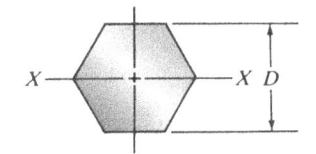

$A = 0{,}866D^2$ $\quad r = 0{,}264D$
$I = 0{,}06D^4$
$S = 0{,}12D^3$

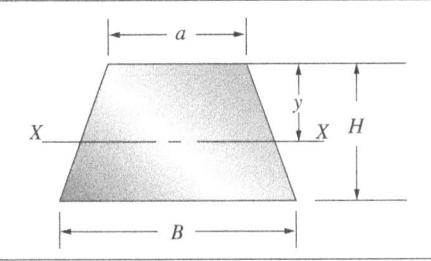

(i) Trapézio

$A = H(a + B)/2$

$y = \dfrac{H(a + 2B)}{3(a + B)}$

$I_x = \dfrac{H^3(a^2 + 4aB + B^2)}{36(a + B)}$

$S = \dfrac{H^2(a^2 + 4aB + B^2)}{12(a + 2B)}$

$r = \dfrac{H^2(a^2 + 4aB + B^2)}{18(a + B)^2}$

y = Distância máxima do eixo x até a superfície externa da seção

(j) Elipse

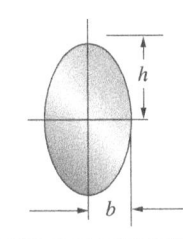

$A = \pi b h$

$I = \dfrac{\pi h^3 b}{4}$

$S = \dfrac{\pi h^2 b}{4}$

$r = h/2$

APÊNDICE 2 DIMENSÕES PREFERENCIAIS E ROSCAS

▼ TABELA A2.1 Dimensões preferenciais.

Fracionário (pol)		Decimal (pol)				Métrico (mm)					
						Primeiro	Segundo	Primeiro	Segundo	Primeiro	Segundo
1/64	0,015625	5	5,000	0,010	2,00	8,50	1		10		100
1/32	0,03125	5 1/4	5,250	0,012	2,20	9,00		1,1		11		110
1/16	0,0625	5 1/2	5,500	0,016	2,40	9,50	1,2		12		120	
3/32	0,09375	5 3/4	5,750	0,020	2,60	10,00		1,4		14		140
1/8	0,1250	6	6,000	0,025	2,80	10,50	1,6		16		160	
5/32	0,15625	6 1/2	6,500	0,032	3,00	11,00		1,8		18		180
3/16	0,1875	7	7,000	0,040	3,20	11,50	2		20		200	
1/4	0,2500	7 1/2	7,500	0,05	3,40	12,00		2,2		22		220
5/16	0,3125	8	8,000	0,06	3,60	12,50	2,5		25		250	
3/8	0,3750	8 1/2	8,500	0,08	3,80	13,00		2,8		28		280
7/16	0,4375	9	9,000	0,10	4,00	13,50	3		30		300	
1/2	0,5000	9 1/2	9,500	0,12	4,20	14,00		3,5		35		350
9/16	0,5625	10	10,000	0,16	4,40	14,50	4		40		400	
5/8	0,6250	10 1/2	10,500	0,20	4,60	15,00		4,5		45		450
11/16	0,6875	11	11,000	0,24	4,80	15,50	5		50		500	
3/4	0,7500	11 1/2	11,500	0,30	5,00	16,00		5,5		55		550
7/8	0,8750	12	12,000	0,40	5,20	16,50	6		60		600	
1	1,000	12 1/2	12,500	0,50	5,40	17,00		7		70		700
1 1/4	1,250	13	13,000	0,60	5,60	17,50	8		80		800	
1 1/2	1,500	13 1/2	13,500	0,80	5,80	18,00		9		90		900
1 3/4	1,750	14	14,000	1,00	6,00	18,50					1000	
2	2,000	14 1/2	14,500	1,20	6,50	19,00						
2 1/4	2,250	15	15,000	1,40	7,00	19,50						
2 1/2	2,500	15 1/2	15,500	1,60	7,50	20,00						
2 3/4	2,750	16	16,000	1,80	8,00							
3	3,000	16 1/2	16,500									
3 1/4	3,250	17	17,000									
3 1/2	3,500	17 1/2	17,500									
3 3/4	3,750	18	18,000									
4	4,000	18 1/2	18,500									
4 1/4	4,250	19	19,000									
4 1/2	4,500	19 1/2	19,500									
4 3/4	4,750	20	20,000									

Fonte: reimpresso de ASME B4.1-1967, com permissão da American Society of Mechanical Engineers. Todos os direitos reservados.

▼ TABELA A2.2 Roscas no padrão norte-americano.

A. Dimensões de rosca norte-americanas, tamanhos numerados

Diâmetro principal básico, D (pol)	Roscas grossas: UNC		Roscas finas: UNF	
	Tamanho-roscas por polegada, n	Área de tensão de tração (pol^2)	Tamanho-roscas por polegada, n	Área de tensão de tração (pol^2)
0,0600	—	—	0–80	0,00180
0,0730	1–64	0,00263	1–72	0,00278
0,0860	2–56	0,00370	2–64	0,00394
0,0990	3–48	0,00487	3–56	0,00523
0,1120	4–40	0,00604	4–48	0,00661
0,1250	5–40	0,00796	5–44	0,00830
0,1380	6–32	0,00909	6–40	0,01015
0,1640	8–32	0,0140	8–36	0,01474
0,1900	10–24	0,0175	10–32	0,0200
0,2160	12–24	0,0242	12–28	0,0258

B. Dimensões de rosca norte-americanas, tamanhos fracionários

Diâmetro principal básico, D (pol)	Roscas grossas: UNC		Roscas finas: UNF	
	Tamanho-roscas por polegada, n	Área de tensão de tração (pol^2)	Tamanho-roscas por polegada, n	Área de tensão de tração (pol^2)
0,2500	1/4–20	0,0318	1/4–28	0,0364
0,3125	5/16–18	0,0524	5/16–24	0,0580
0,3750	3/8–16	0,0775	3/8–24	0,0878
0,4375	7/16–14	0,1063	7/16–20	0,1187
0,5000	1/2–13	0,1419	1/2–20	0,1599
0,5625	9/16–12	0,182	9/16–18	0,203
0,6250	5/8–11	0,226	5/8–18	0,256
0,7500	3/4–10	0,334	3/4–16	0,373
0,8750	7/8–9	0,462	7/8–14	0,509
1,000	$1\frac{1}{8}$–8	0,606	$1\frac{1}{8}$–12	0,663
1,125	$1\frac{1}{8}$–7	0,763	$1\frac{1}{8}$–12	0,856
1,250	$1\frac{1}{4}$–7	0,969	$1\frac{1}{4}$–12	1,073
1,375	$1\frac{3}{8}$–6	1,155	$1\frac{3}{8}$–12	1,315
1,500	$1\frac{1}{2}$–6	1,405	$1\frac{1}{2}$–12	1,581
1,750	$1\frac{3}{4}$–5	1,90		
2,000	2–$4\frac{1}{2}$	2,50		

▼ TABELA A2.3 Tamanhos métricos de roscas.

Diâmetro principal básico, D (mm)	Roscas grossas		Roscas finas	
	Designação básica da rosca			
	MD (mm) × Passo (mm)	Área de tensão de tração (mm²)	MD (mm) × Passo (mm)	Área de tensão de tração (mm²)
1	M 1 × 0,25	0,460	—	—
1,6	M 1,6 × 0,35	1,27	M 1,6 × 0,20	1,57
2	M 2 × 0,4	2,07	M 2 × 0,25	2,45
2,5	M 2,5 × 0,45	3,39	M 2,5 × 0,35	3,70
3	M 3 × 0,5	5,03	M 3 × 0,35	5,61
4	M 4 × 0,7	8,78	M 4 × 0,5	9,79
5	M 5 × 0,8	14,2	M 5 × 0,5	16,1
6	M 6 × 1	20,1	M 6 × 0,75	22,0
8	M 8 × 1,25	36,6	M 8 × 1	39,2
10	M 10 × 1,5	58,0	M 10 × 1,25	61,2
12	M 12 × 1,75	84,3	M 12 × 1,25	92,1
16	M 16 × 2	157	M 16 × 1,5	167
20	M 20 × 2,5	245	M 20 × 1,5	272
24	M 24 × 3	353	M 24 × 2	384
30	M 30 × 3,5	561	M 30 × 2	621
36	M 36 × 4	817	M 36 × 3	865
42	M 42 × 4,5	1121		
48	M 48 × 5	1473		

APÊNDICE 3 PROPRIEDADES DE PROJETO DE CARBONO E LIGAS DE AÇO

Designação do material (número SAE)	Condição	Resistência à tração		Tensão de escoamento		Ductilidade (alongamento percentual em 2 pol)	Dureza Brinell (HB)
		(ksi)	(MPa)	(ksi)	(MPa)		
1020	Laminado a quente	55	379	30	207	25	111
1020	Estirado a frio	61	420	51	352	15	122
1020	Recozido	60	414	43	296	38	121
1040[1]	Laminado a quente	72	496	42	290	18	144
1040	Estirado a frio	80	552	71	490	12	160
1040	OQT 1300	88	607	61	421	33	183
1040	OQT 400	113	779	87	600	19	262
1050	Laminado a quente	90	620	49	338	15	180
1050	Estirado a frio	100	690	84	579	10	200
1050	OQT 1300	96	662	61	421	30	192
1050	OQT 400	143	986	110	758	10	321
1117	Laminado a quente	65	448	40	276	33	124
1117	Estirado a frio	80	552	65	448	20	138
1117	WQT 350	89	614	50	345	22	178
1137	Laminado a quente	88	607	48	331	15	176
1137	Estirado a frio	98	676	82	565	10	196
1137	OQT 1300	87	600	60	414	28	174
1137	OQT 400	157	1083	136	938	5	352
1144[1]	Laminado a quente	94	648	51	352	15	188
1144	Estirado a frio	100	690	90	621	10	200
1144	OQT 1300	96	662	68	469	25	200
1144	OQT 400	127	876	91	627	16	277
1213	Laminado a quente	55	379	33	228	25	110
1213	Estirado a frio	75	517	58	340	10	150
12L13	Laminado a quente	57	393	34	234	22	114
12L13	Estirado a frio	70	483	60	414	10	140
1340[1]	Recozido	102	703	63	434	26	207
1340	OQT 1300	100	690	75	517	25	235
1340	OQT 1000	144	993	132	910	17	363
1340	OQT 700	221	1520	197	1360	10	444
1340	OQT 400	285	1960	234	1610	8	578
3140	Recozido	95	655	67	462	25	187
3140	OQT 1300	115	792	94	648	23	233
3140	OQT 1000	152	1050	133	920	17	311
3140	OQT 700	220	1520	200	1380	13	461
3140	OQT 400	280	1930	248	1710	11	555

(continua)

(continuação)

Designação do material (número SAE)	Condição	Resistência à tração		Tensão de escoamento		Ductilidade (alongamento percentual em 2 pol)	Dureza Brinell (HB)
		(ksi)	(MPa)	(ksi)	(MPa)		
4130	Recozido	81	558	52	359	28	156
4130	WQT 1300	98	676	89	614	28	202
4130	WQT 1000	143	986	132	910	16	302
4130	WQT 700	208	1430	180	1240	13	415
4130	WQT 400	234	1610	197	1360	12	461
4140[1]	Recozido	95	655	54	372	26	197
4140	OQT 1300	117	807	100	690	23	235
4140	OQT 1000	168	1160	152	1050	17	341
4140	OQT 700	231	1590	212	1460	13	461
4140	OQT 400	290	2000	251	1730	11	578
4150	Recozido	106	731	55	379	20	197
4150	OQT 1300	127	880	116	800	20	262
4150	OQT 1000	197	1360	181	1250	11	401
4150	OQT 700	247	1700	229	1580	10	495
4150	OQT 400	300	2070	248	1710	10	578
4340[1]	Recozido	108	745	68	469	22	217
4340	OQT 1300	140	965	120	827	23	280
4340	OQT 1000	171	1180	158	1090	16	363
4340	OQT 700	230	1590	206	1420	12	461
4340	OQT 400	283	1950	228	1570	11	555
5140	Recozido	83	572	42	290	29	167
5140	OQT 1300	104	717	83	572	27	207
5140	OQT 1000	145	1000	130	896	18	302
5140	OQT 700	220	1520	200	1380	11	429
5140	OQT 400	276	1900	226	1560	7	534
5150	Recozido	98	676	52	359	22	197
5150	OQT 1300	116	800	102	700	22	241
5150	OQT 1000	160	1100	149	1030	15	321
5150	OQT 700	240	1650	220	1520	10	461
5150	OQT 400	312	2150	250	1720	8	601
5160	Recozido	105	724	40	276	17	197
5160	OQT 1300	115	793	100	690	23	229
5160	OQT 1000	170	1170	151	1040	14	341
5160	OQT 700	263	1810	237	1630	9	514
5160	OQT 400	322	2220	260	1790	4	627
6150[1]	Recozido	96	662	59	407	23	197
6150	OQT 1300	118	814	107	738	21	241
6150	OQT 1000	183	1260	173	1190	12	375
6150	OQT 700	247	1700	223	1540	10	495
6150	OQT 400	315	2170	270	1860	7	601

(continua)

(continuação)

Designação do material (número SAE)	Condição	Resistência à tração		Tensão de escoamento		Ductilidade (alongamento percentual em 2 pol)	Dureza Brinell (HB)
		(ksi)	(MPa)	(ksi)	(MPa)		
8650	Recozido	104	717	56	386	22	212
8650	OQT 1300	122	841	113	779	21	255
8650	OQT 1000	176	1210	155	1070	14	363
8650	OQT 700	240	1650	222	1530	12	495
8650	OQT 400	282	1940	250	1720	11	555
8740	Recozido	100	690	60	414	22	201
8740	OQT 1300	119	820	100	690	25	241
8740	OQT 1000	175	1210	167	1150	15	363
8740	OQT 700	228	1570	212	1460	12	461
8740	OQT 400	290	2000	240	1650	10	578
9255	Recozido	113	780	71	490	22	229
9255	Q&T 1300	130	896	102	703	21	262
9255	Q&T 1000	181	1250	160	1100	14	352
9255	Q&T 700	260	1790	240	1650	5	534
9255	Q&T 400	310	2140	287	1980	2	601

Observações: propriedades comuns a todas as ligas de carbono e aço:
Coeficiente de Poisson: 0,27.
Módulo de cisalhamento: $11,5 \times 10^6$ psi; 80 GPa.
Coeficiente de expansão térmica: $6,5 \times 10^{-6}$ F^{-1}.
Densidade: 0,283 lb/pol^3: 7680 kg/m^3.
Módulo de elasticidade: 30×10^6 psi; 207 GPa.
[1]Consulte o Apêndice 4 para gráficos de propriedades em função do tratamento térmico.

APÊNDICE 4 PROPRIEDADES DE AÇOS COM TRATAMENTO TÉRMICO

Tratamento: normalizado a 1650 F; reaquecido a 1550 F; temperado em água. Peças usinadas de 1 pol; peças ensaiadas de 0,505 pol   Como temperado HB 534

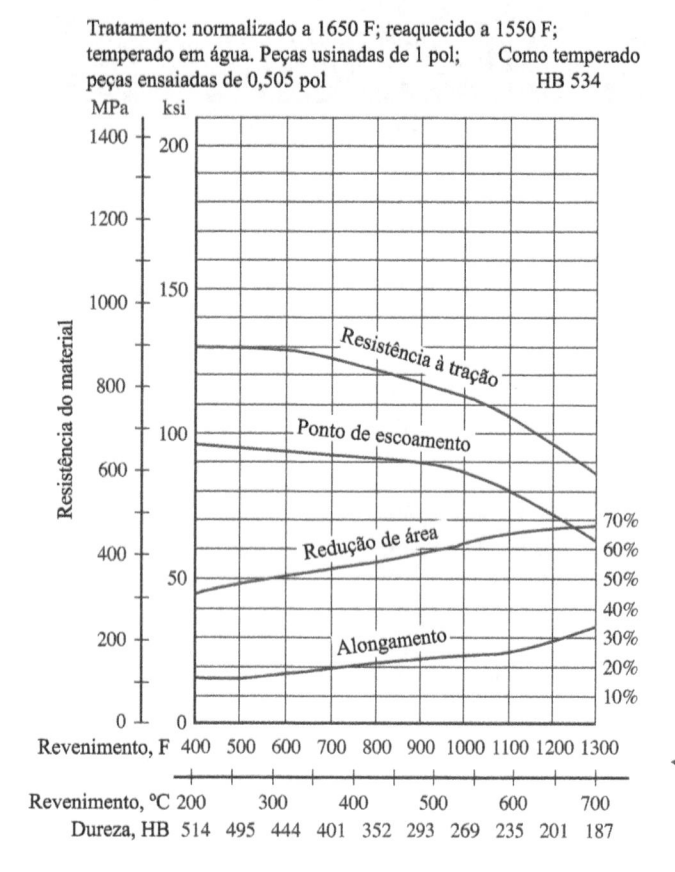

Revenimento, °F	400	500	600	700	800	900	1000	1100	1200	1300
Revenimento, °C	200		300		400		500		600	700
Dureza, HB	514	495	444	401	352	293	269	235	201	187

◀ **FIGURA A4.1** Propriedades de SAE 1040 com tratamento térmico, temperado em água e revenido. (*Modern Steels and Their Properties*, Bethlehem Steel Co.,* Bethlehem, PA)
*Agora ArcelorMittal, Luxemburgo

Tratamento: normalizado a 1650 F; reaquecido a 1550 F; temperado em óleo. Peças usinadas de 1 pol; peças ensaiadas de 0,505 pol   Como temperado HB 285

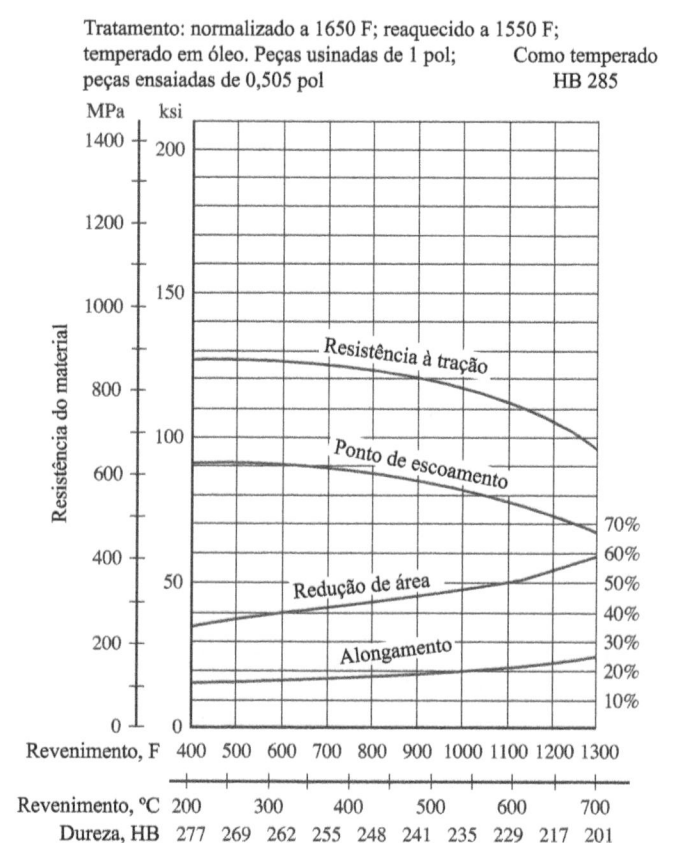

Revenimento, °F	400	500	600	700	800	900	1000	1100	1200	1300
Revenimento, °C	200		300		400		500		600	700
Dureza, HB	277	269	262	255	248	241	235	229	217	201

▶ **FIGURA A4.2** Propriedades de SAE 1144 com tratamento térmico, temperado em óleo e revenido. (*Modern Steels and Their Properties*, Bethlehem Steel Co.,* Bethlehem, PA)
*Agora ArcelorMittal, Luxemburgo

Tratamento: normalizado a 1600 F; reaquecido a 1525 F;
temperado em óleo agitado. Peças usinadas de 0,565 pol; peças ensaiadas de 0,505 pol

Como temperado
HB 601

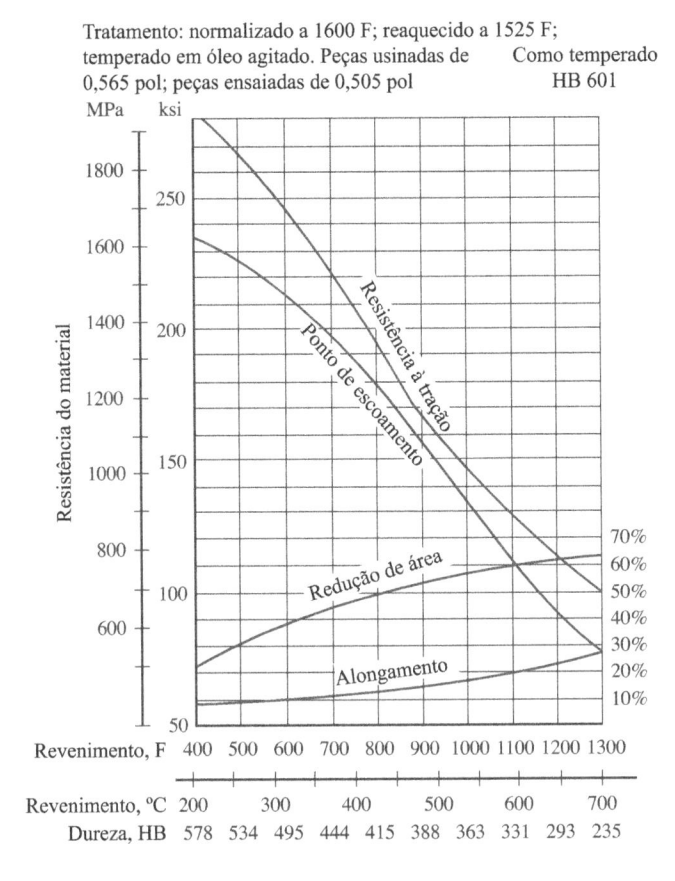

Revenimento, °C	200	300	400	500	600	700
Dureza, HB	578 534	495 444	415 388	363 331	293 235	

◀ **FIGURA A4.3** Propriedades de SAE 1340 com tratamento térmico, temperado em óleo e revenido. (*Modern Steels and Their Properties*, Bethlehem Steel Co.,* Bethlehem, PA)
*Agora ArcelorMittal, Luxemburgo

Tratamento: normalizado a 1600 F; reaquecido a 1550 F;
temperado em óleo agitado. Peças usinadas de 0,530 pol; peças ensaiadas de 0,505 pol

Como temperado
HB 601

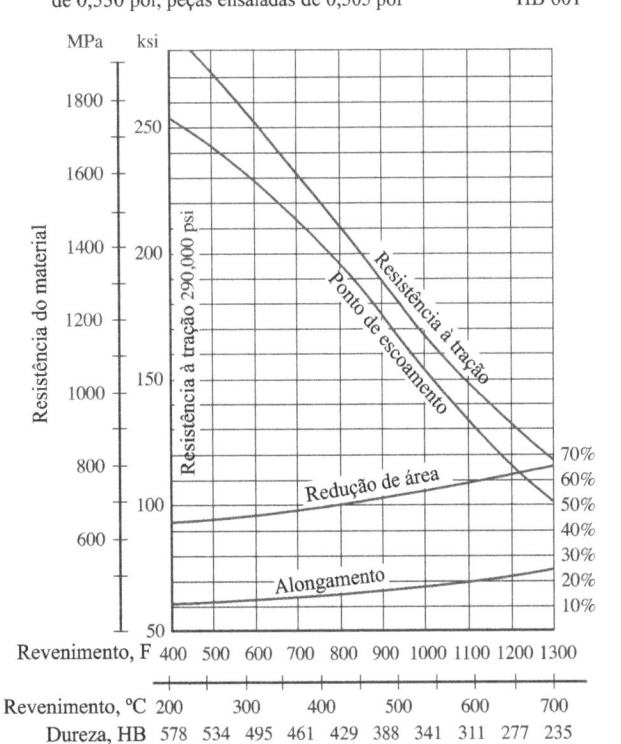

▶ **FIGURA A4.4** Propriedades de SAE 4140 com tratamento térmico, temperado em óleo e revenido. (*Modern Steels and Their Properties*, Bethlehem Steel Co.,* Bethlehem, PA)
*Agora ArcelorMittal, Luxemburgo

Revenimento, °C	200	300	400	500	600	700
Dureza, HB	578 534	495 461	429 388	341 311	277 235	

Tratamento: normalizado a 1600 F; reaquecido a 1475 F;
temperado em óleo agitado. Peças usinadas   Como temperado
de 0,530 pol; peças ensaiadas de 0,505 pol   HB 601

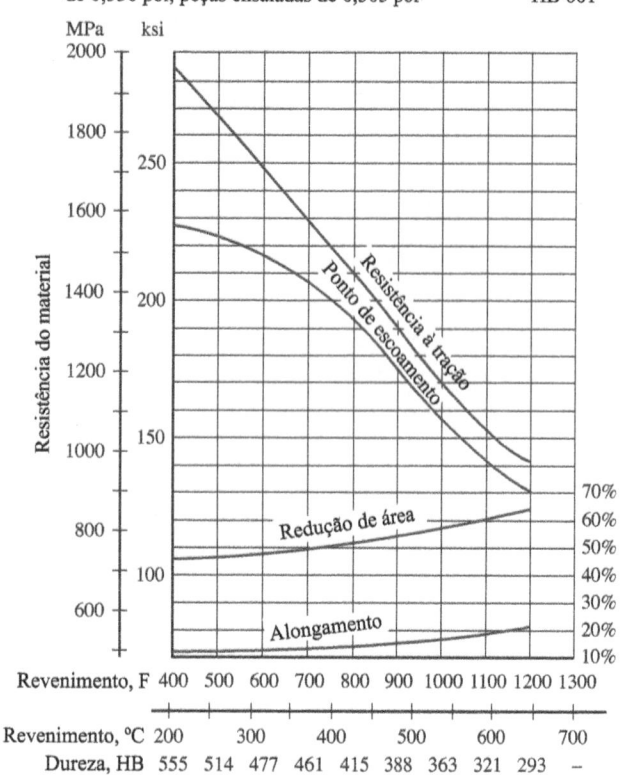

Revenimento, F	400	500	600	700	800	900	1000	1100	1200	1300
Revenimento, °C	200		300		400		500		600	700
Dureza, HB	555	514	477	461	415	388	363	321	293	—

◀ **FIGURA A4.5** Propriedades de SAE 4340 com tratamento térmico, temperado em óleo e revenido. (*Modern Steels and Their Properties*, Bethlehem Steel Co.,* Bethlehem, PA)
*Agora ArcelorMittal, Luxemburgo

Tratamento: normalizado a 1600 F; reaquecido a 1550 F;
temperado em óleo agitado. Peças usinadas de   Como temperado
0,565 pol; peças ensaiadas de 0,505 pol   HB 627

Resistência à tração 315000 psi
Resistência à tração 295500 psi

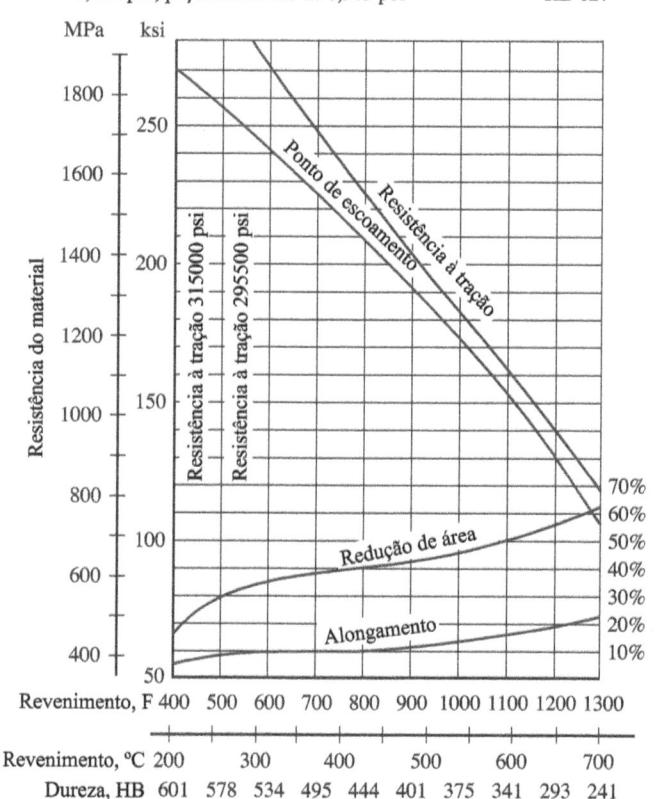

Revenimento, F	400	500	600	700	800	900	1000	1100	1200	1300
Revenimento, °C	200		300		400		500		600	700
Dureza, HB	601	578	534	495	444	401	375	341	293	241

▶ **FIGURA A4.6** Propriedades de SAE 6150 com tratamento térmico, temperado em óleo e revenido. (*Modern Steels and Their Properties*, Bethlehem Steel Co.,* Bethlehem, PA)
*Agora ArcelorMittal, Luxemburgo

APÊNDICE 5 PROPRIEDADES DE AÇOS CEMENTADOS

Designação do material (número SAE)	Condição	Propriedades essenciais					Dureza Brinell (HB)	Dureza (HRC)
		Resistência à tração		Tensão de escoamento		Ductilidade (alongamento percentual em 2 pol)		
		(ksi)	(MPa)	(ksi)	(MPa)			
1015	SWQT 350	106	731	60	414	15	217	62
1020	SWQT 350	129	889	72	496	11	255	62
1022	SWQT 350	135	931	75	517	14	262	62
1117	SWQT 350	125	862	66	455	10	235	65
1118	SWQT 350	144	993	90	621	13	285	61
4118	SOQT 300	143	986	93	641	17	293	62
4118	DOQT 300	126	869	63	434	21	241	62
4118	SOQT 450	138	952	89	614	17	277	56
4118	DOQT 450	120	827	63	434	22	229	56
4320	SOQT 300	218	1500	178	1230	13	429	62
4320	DOQT 300	151	1040	97	669	19	302	62
4320	SOQT 450	211	1450	173	1190	12	415	59
4320	DOQT 450	145	1000	94	648	21	293	59
4620	SOQT 300	119	820	83	572	19	277	62
4620	DOQT 300	122	841	77	531	22	248	62
4620	SOQT 450	115	793	80	552	20	248	59
4620	DOQT 450	115	793	77	531	22	235	59
4820	SOQT 300	207	1430	167	1150	13	415	61
4820	DOQT 300	204	1405	165	1140	13	415	60
4820	SOQT 450	205	1410	184	1270	13	415	57
4820	DOQT 450	196	1350	171	1180	13	401	56
8620	SOQT 300	188	1300	149	1030	11	388	64
8620	DOQT 300	133	917	83	572	20	269	64
8620	SOQT 450	167	1150	120	827	14	341	61
8620	DOQT 450	130	896	77	531	22	262	61
E9310	SOQT 300	173	1190	135	931	15	363	62
E9310	DOQT 300	174	1200	139	958	15	363	60
E9310	SOQT 450	168	1160	137	945	15	341	59
E9310	DOQT 450	169	1170	138	952	15	352	58

Observações: as propriedades listadas são referentes a um único conjunto de ensaios em barras redondas de 1/2 pol.
SWQT: têmpera simples em água e revenimento.
SOQT: têmpera simples em óleo e revenimento.
DOQT: têmpera dupla em óleo e revenimento.
300 e 450 são as temperaturas de revenimento em °F. O aço foi cementado por 8 h. A profundidade superficial variou entre 0,045 e 0,075 pol.

APÊNDICE 6 PROPRIEDADES DE AÇOS INOXIDÁVEIS

Designação do material			Resistência à tração		Tensão de escoamento		Ductilidade (alongamento percentual em 2 pol)
Número SAE	UNS	Condição	(ksi)	(MPa)	(ksi)	(MPa)	
Aços austeníticos							
201	S20100	Recozido	115	793	55	379	55
		1/4 duro	125	862	75	517	20
		1/2 duro	150	1030	110	758	10
		3/4 duro	175	1210	135	931	5
		Completamente duro	185	1280	140	966	4
301	S30100	Recozido	110	758	40	276	60
		1/4 duro	125	862	75	517	25
		1/2 duro	150	1030	110	758	15
		3/4 duro	175	1210	135	931	12
		Completamente duro	185	1280	140	966	8
304	S30400	Recozido	85	586	35	241	60
310	S31000	Recozido	95	655	45	310	45
316	S31600	Recozido	80	552	30	207	60
Aços ferríticos							
405	S40500	Recozido	70	483	40	276	30
430	S43000	Recozido	75	517	40	276	30
		Completamente duro	90	621	80	552	15
446	S44600	Recozido	80	552	50	345	25
Aços martensíticos							
410	S41000	Recozido	75	517	40	276	30
416	S41600	Q&T 600	180	1240	140	966	15
		Q&T 1000	145	1000	115	793	20
		Q&T 1400	90	621	60	414	30
431	S43100	Q&T 600	195	1344	150	1034	15
440A	S44002	Q&T 600	280	1930	270	1860	3
501	S50100	Recozido	70	483	30	207	28
		OQT 1000	175	1210	135	931	15
Aços com têmpera por precipitação							
17-4PH	S17400	H 900	210	1450	185	1280	14
		H 1150	145	1000	125	862	19
17-7PH	S17700	RH 950	200	1380	175	1210	10
		TH 1050	175	1210	155	1070	12
PH 13-8 Mo	S13800	H 950	220	1517	205	1413	10
		H 1050	175	1207	165	1138	12
		H 1150	135	931	90	621	14

APÊNDICE 7 PROPRIEDADES DE AÇOS ESTRUTURAIS

Nº ASTM do material e produtos	Resistência última, s_u[1]		Tensão de escoamento, s_y[1]		Alongamento percentual em 2 pol
	ksi	MPa	ksi	MPa	
A36 — Aço-carbono: perfis, chapas e barras	58	400	36	248	21
A 53 — Grau B tubo	60	414	35	240	—
A242 — HSLA resistente à corrosão: perfis, chapas e barras					
≤ $\frac{3}{4}$ pol de espessura	70	483	50	345	21
$\frac{3}{4}$ a 1 $\frac{1}{2}$ pol de espessura	67	462	46	317	21
1 $\frac{1}{2}$ a 4 pol de espessura	63	434	42	290	21
A500 — Tubo estrutural formado a frio					
Redondo, grau B	58	400	42	290	23
Redondo, grau C	62	427	46	317	21
Dobrado, grau B	58	400	46	317	23
Dobrado, grau C	62	427	50	345	21
A501 — Tubo estrutural formado a quente, redondo ou dobrado	58	400	36	248	23
A514 — Liga de aço temperada e revenida: chapa					
≤ 2 $\frac{1}{2}$ pol de espessura	110	758	100	690	18
2 $\frac{1}{2}$ a 6 pol de espessura	100	690	90	620	16
A572 — HSLA aço colômbio-vanádio: perfis, chapas e barras					
Classe 42	60	414	42	290	24
Classe 50	65	448	50	345	21
Classe 60	75	517	60	414	18
Classe 65	80	552	65	448	17
A913 — HSLA, classe 65: perfis	80	552	65	448	17
A992 — HSLA: perfis W apenas	65	448	50	345	21

Observações: [1]Valores mínimos; pode haver variação para mais.
HSLA — Alta resistência baixa liga (ARBL)
O *American Institute of Steel Construction* especifica $E = 29 \times 10^6$ psi (200 GPa) para aço estrutural.

APÊNDICE 8 PROPRIEDADES DE PROJETO DE FERRO FUNDIDO — SISTEMA NORTE-AMERICANO DE UNIDADES[3]

Unidades do sistema norte-americano Tipo e classe do material	Resistência última S_u ksi	S_u ²MPa	[1]S_{uc} ksi	S_{uc} ²MPa	[1]S_{us} ksi	S_{us} ²MPa	Tensão de escoamento S_{yt} ksi	S_{yt} ²MPa	[1]Módulo de elasticidade, E 10⁶ psi	E ²GPa	Alongamento percentual %
Ferro cinzento — ASTM A48											
No, 20A	20	138	80	552	32	221	—	—	12,2	84	<1,0
No, 30A	30	207	113	779	47	324	—	—	16,9	117	<1,0
No, 40A	40	276	140	965	57	393	—	—	19,4	134	<1,0
No, 50A	50	345	158	1089	66	455	—	—	20,8	143	<1,0
No, 60A	60	414	170	1172	72	496	—	—	21,5	148	<1,0
Ferro dúctil — ASTM A536											
60-40-18	60	414	—	—	57	393	40	276	24	165	18
65-45-12	65	448	—	—	—	—	45	310	24	165	12
80-55-08	80	552	—	—	—	—	55	379	24	165	6
100-70-03	100	690	—	—	—	—	70	483	24	165	3
120-90-02	120	827	180	1241	—	—	90	621	23	159	2
Ferro fundido nodular austemperado (ADI) — ASTM A897											
110/70/11	110	758	—	—	—	—	70	483	22	152	11
130/90/09	130	896	—	—	—	—	90	621	22	152	9
150/110/07	150	1034	—	—	—	—	110	758	22	152	7
175/125/04	175	1207	—	—	—	—	125	862	22	152	4
200/155/02	200	1379	—	—	—	—	155	1069	22	152	2
230/185/01	230	1586	—	—	—	—	185	1276	22	152	1
Ferro maleável ferrítico — ASTM A47											
32510	50	345	—	—	—	—	32,5	224	25	172	10
Ferro maleável perlítico — ASTM A220											
40010	60	414	240	1655	43	296	40	276	26	179	10
45008	65	448	240	1655	49	338	45	310	26	179	8
45006	65	448	240	1655	49	338	45	310	26	179	6
50005	70	483	240	1655	55	379	50	345	26	179	5
60004	80	552	240	1655	65	448	60	414	26	179	4
70003	85	586	240	1655	68	469	70	483	26	179	3
80002	95	655	240	1655	75	517	80	552	26	179	2
90001	105	724	240	1655	78	538	90	621	26	179	1

Observações: [1]Valores aproximados; não normatizados; em casos críticos, obter valores do fornecedor,
[2]Dados métricos calculados com: (6,895 × dados norte-americanos); não normatizado,
[3]A densidade de ferros fundidos varia entre 0,25 lb_m/pol^3 e 0,27 lb_m/pol^3 (6920 kg/m³ e 7480 kg/m³),

APÊNDICE 8A PROPRIEDADES DE PROJETO DE FERRO FUNDIDO — SISTEMA INTERNACIONAL DE UNIDADES[3]

Unidades do SI Tipo e classe do material	Resistência última s_u		[1]s_{uc}		s_{us}		Tensão de escoamento s_{yt}		[1]Módulo de elasticidade, E		Alongamento percentual
	ksi	MPa	[2]ksi	MPa	[2]ksi	MPa	[2]ksi	MPa	10⁶ psi	GPa	%
Ferro cinzento — ASTM A48M											
No. 150A	22	150	—	—	—	—	—	—	12,2	84	<1,0
No. 200A	29	200	—	—	—	—	—	—	16,9	117	<1,0
No. 275A	40	275	—	—	—	—	—	—	19,4	134	<1,0
No. 350A	51	350	—	—	—	—	—	—	20,8	143	<1,0
No. 400A	58	400	—	—	—	—	—	—	21,5	148	<1,0
Ferro dúctil — ASTM A536 *Observação: nenhuma classe métrica inclusa na norma.*											
Ferro fundido nodular austemperado (ADI) — ASTM A897M											
750/500/11	109	750	—	—	—	—	73	500	22	152	11
900/650/09	131	900	—	—	—	—	94	650	22	152	9
1050/750/07	152	1050	—	—	—	—	109	750	22	152	7
1200/850/04	174	1200	—	—	—	—	123	850	22	152	4
1400/1100/02	203	1400	—	—	—	—	160	1100	22	152	2
1600/1300/01	232	1600	—	—	—	—	189	1300	22	152	1
Ferro maleável ferrítico — ASTM A47M											
22010	49	340	—	—	—	—	32	220	25	172	10
Ferro maleável perlítico — ASTM A220M											
280M10	58	400	—	—	—	—	41	280	26	179	10
310M8	65	450	—	—	—	—	45	310	26	179	8
310M6	65	450	—	—	—	—	45	310	26	179	6
340M5	70	480	—	—	—	—	49	340	26	179	5
410M4	80	550	—	—	—	—	59	410	26	179	4
480M3	86	590	—	—	—	—	70	480	26	179	3
550M2	94	650	—	—	—	—	80	550	26	179	2
620M1	104	720	—	—	—	—	90	620	26	179	1

Observações: cinco classes intermediárias adicionais estão inclusas na norma A48M para ferro cinzento.
[1]Valores aproximados; não normatizados; em casos críticos, obter valores do fornecedor.
[2]Dados do sistema norte-americano calculados com: (dados do sistema internacional/6,895); não normatizado.
[3]A densidade de ferros fundidos varia entre 6920 kg/m³ e 7480 kg/m³ (0,25 lb$_m$/pol³ e 0,27 lb$_m$/pol³).

APÊNDICE 9 PROPRIEDADES TÍPICAS DO ALUMÍNIO

Liga e revenimento	Resistência à tração		Tensão de escoamento		Ductilidade (alongamento percentual em 2 pol)	Resistência ao cisalhamento		Resistência à fadiga	
	(ksi)	(MPa)	(ksi)	(MPa)		(ksi)	(MPa)	(ksi)	(MPa)
1060-O	10	69	4	28	43	7	48	3	21
1060-H14	14	97	13	90	12	9	62	5	34
1060-H18	19	131	18	124	6	11	121	6,5	41
1350-O	12	83	4	28	28	8	55		
1350-H14	16	110	14	97		10	69		
1350-H19	27	186	24	165		15	103	7	48
2014-O	27	186	14	97	18	18	124	13	90
2014-T4	62	427	42	290	20	38	262	20	138
2014-T6	70	483	60	414	13	42	290	18	124
2024-O	27	186	11	76	22	18	124	13	90
2024-T4	68	469	47	324	19	41	283	20	138
2024-T361	72	496	57	393	13	42	290	18	124
2219-O	25	172	11	76	18				
2219-T62	60	414	42	290	10			15	103
2219-T87	69	476	57	393	10			15	103
3003-O	16	110	6	41	40	11	121	7	48
3003-H14	22	152	21	145	16	14	97	9	62
3003-H18	29	200	27	186	10	16	110	10	69
5052-O	28	193	13	90	30	18	124	16	110
5052-H34	38	262	31	214	14	21	145	18	124
5052-H38	42	290	37	255	8	24	165	20	138
6061-O	18	124	8	55	30	12	83	9	62
6061-T4	35	241	21	145	25	24	165	14	97
6061-T6	45	310	40	276	17	30	207	14	97
6063-O	13	90	7	48		10	69	8	55
6063-T4	25	172	13	90	22				
6063-T6	35	241	31	214	12	22	152	10	69
7178-O	33	228	15	103	16				
7178-T6	88	607	78	538	11				
7075-O	33	228	15	103	16	22	152		
7075-T6	83	572	73	503	11	48	331	23	159
Ligas de fundição (molde permanente)									
204,0-14	48	331	29	200	8	—	—		
206,0-T6	65	445	59	405	6	—	—		
356,0-T6	41	283	30	207	10	—	—		

Observação: propriedades comuns:
Densidade: 0,095 a 0,102 lb/pol^3 (2635 a 2829 kg/m^3).
Resistência à fadiga a 5×10^8 ciclos.

Módulo de elasticidade	Ligas
$10,0 \times 10^6$ psi (69,0 GPa)	1100, 3003, 6061, 6063
$10,2 \times 10^6$ psi (70,3 GPa)	5154
$10,4 \times 10^6$ psi (71,7 GPa)	7075
$10,6 \times 10^6$ psi (73,1 GPa)	2014

APÊNDICE 10

▼ APÊNDICE 10.1 Propriedades de ligas de zinco fundidas sob pressão.

Designação do material	Resistência à tração (ksi)	Resistência à tração (MPa)	Tensão de escoamento (ksi)	Tensão de escoamento (MPa)	Tensão de compressão (ksi)	Tensão de compressão (MPa)	Alongamento percentual %	Densidade (lb_m/pol^3)	Densidade (kg/m^3)	Módulo de elasticidade (10^6 psi)	Módulo de elasticidade (GPa)	Resistência de impacto (pés·lb)	Resistência de impacto (J ou N·m)
ZAMAK #3	41	283	32	221	60	414	10	0,240	6600	12,4	85,5	43,0	58
ZAMAK #5	48	331	33	228	87	600	7	0,240	6600	12,4	85,5	48,0	65
ZA-8	54	374	42	290	37	252	8	0,227	6300	12,4	85,5	31,0	42
ZA-12	59	404	46	320	39	269	5,5	0,216	6000	12,0	82,7	21,0	29
ZA-27	61	421	55	379	52	385	2	0,181	5000	11,3	77,9	9,0	5

Observação: os valores de resistência são valores médios típicos; pode haver variação para mais ou para menos.

▼ APÊNDICE 10.2 Propriedades de ligas de magnésio fundidas sob pressão.

Designação do material	Resistência à tração (ksi)	Resistência à tração (MPa)	Tensão de escoamento (ksi)	Tensão de escoamento (MPa)	Tensão de compressão (ksi)	Tensão de compressão (MPa)	Alongamento percentual %	Densidade (lb_m/pol^3)	Densidade (kg/m^3)	Módulo de elasticidade (10^6 psi)	Módulo de elasticidade (GPa)	Resistência de impacto (pés·lb)	Resistência de impacto (J ou N·m)
AZ-91 MgA19Zn1(A)	33,4	230	22,5	155	21,5	148	3	0,0654	1810	6,5	45	4,4	6
AM-60 MgA16Mn	31,9	220	19,6	135	—	—	9	0,0650	1800	6,5	45	12,5	17
AM-50 MgA15Mn	29,7	205	17,4	120	16,4	113	10	0,0639	1770	6,5	45	13,3	18
AM-20 MgA12Mn	26,8	185	13,1	90	10,7	74	13	0,0632	1750	6,5	45	13,3	18

Observações: os valores de resistência são valores médios típicos; pode haver variação para mais ou para menos.
[1] Para deformação plástica de 0,2%.

APÊNDICE 11

▼ APÊNDICE 11.1 Propriedades de ligas à base de níquel.

Designação do material	Resistência à tração		Tensão de escoamento		Alongamento percentual	Densidade		Módulo de elasticidade	
	(ksi)	(MPa)	(ksi)	(MPa)	(%)	(lb_m/pol^3)	(kg/m^3)	(10^6 psi)	GPa
N06600 Recozido	93	640	37	255	45	0,304	8420	30	207
N06110 40% trabalhado a frio	175	1205	150	1034	18	0,302	8330	30	207
N04400 Recozido	80	550	30	207	50	0,318	8800	26	181
N04400 Estirado a frio	100	690	75	517	30	0,318	8800	26	181

▼ APÊNDICE 11.2 Propriedades de ligas de titânio.

Designação do material	Resistência à tração		Tensão de escoamento		Alongamento percentual	Densidade		Módulo de elasticidade	
	(ksi)	(MPa)	(ksi)	(MPa)	(%)	(lb_m/pol^3)	(kg/m^3)	(10^6 psi)	GPa
Alfa-titânio comercialmente puro									
Ti-35A Forjado	35	241	25	172	24	0,163	4515	15,0	103
Ti-50A Forjado	50	345	40	276	20	0,163	4515	15,0	103
Ti-65 Forjado	65	448	55	379	18	0,163	4515	15,0	103
Liga alfa									
Ti-0,2Pd Forjado	50	345	40	276	20	0,163	4515	14,9	103
Liga beta									
Ti-3Al-13V-11Cr Resfriado a ar de 1400 °F	135	931	130	896	16	0,176	4875	14,7	101
Ti-3Al-13V-11Cr Resfriado a ar de 1400 °F e envelhecido	185	1280	175	1210	6	0,176	4875	16,0	110
Liga alfa-beta									
Ti-6Al-4V Recozido	130	896	120	827	10	0,160	4432	16,5	114
Ti-6Al-4V Temperado e envelhecido a 1000 °F	160	1100	150	1030	7	0,160	4432	16,5	114

APÊNDICE 12

▼ APÊNDICE 12 Propriedades de bronzes, latões e outras ligas de cobre.

Material	Número de designação UNS	Resistência à tração		Tensão de escoamento		Dutilidade (% alongamento)	Módulo de elasticidade		Densidade	
		(ksi)	(MPa)	(ksi)	(MPa)		(10⁶ psi)	(GPa)	lb$_m$/pol³	kg/m³
Bronze — Lingotes forjados e barras										
Bronze fosforoso chumbado	C54400-H04	68	469	57	393	20	15,0	103	0,320	8890
Bronze ao silício	C65500-H06	108	745	60	414	13	15,0	103	0,308	8530
Bronze-manganês	C67500-H02	84	579	60	414	19	15,0	103	0,302	8360
Bronzes — Fundidos em areia										
Bronze-manganês	C86200-M01	95	655	48	331	20	15,0	103	0,288	7970
Bronze para rolamento	C93200-M01	35	241	18	124	20	14,5	100	0,322	8910
Bronze-alumínio	C95400-M01	85	586	35	241	18	15,5	107	0,269	7450
Liga de cobre-níquel-ferro	C96200-M01	45	310	25	172	20	18,0	124	0,323	8940
Liga de cobre-níquel-zinco (também chamada de níquel-prata)	C97300-M01	35	241	17	117	20	16,0	110	0,321	8890
Latões — Lingotes forjados e barras										
Latão com alto teor de chumbo	C35600-H02	55	379	25	172	10	97	14,0	0,307	8500
Latão corte livre	C36000-H04	65	448	30	207	6	103	15,0	0,307	8500
Metal Muntz corte livre	C37000-H04	80	552	60	414	6	103	15,0	0,304	8410
Latão naval	C46400-H02	75	517	53	365	20	103	15,0	0,304	8410

Observações:
1. Os valores de resistência e ductilidade listados são valores aproximados de mediana dos intervalos disponíveis e não são garantidos.
2. As propriedades variam muito para diferentes tamanhos de seção, condições de encruamento e tratamento térmico.
3. Condições de encruamento: 1/8 duro (H00), 1/4 duro (H01), 1/2 duro (H02), 3/4 duro (H03), completamente duro (H04), extra duro (H06), duro mola (H08) e superiores.
4. Mais informações e dados para diversas ligas adicionais podem ser encontrados em <www.copper.org/resources/properties>.

APÊNDICE 13

▼ APÊNDICE 13 Propriedades típicas de plásticos selecionados.

Material	Tipo	Resistência à tração (ksi)	Resistência à tração (MPa)	Módulo de tração (ksi)	Módulo de tração (MPa)	Resistência à flexão (ksi)	Resistência à flexão (MPa)	Módulo de flexão (ksi)	Módulo de flexão (MPa)	Resistência de impacto IZOD (pés · lb/pol de entalhe)
¹Nylon 66,	Seco	21,0	146	1200	8700	32,0	221	1100	7900	
30% Vidro	50% U. R. (umidade relativa)	15,0	102	800	5500					
²ABS	Médio impacto	6,0	41	360	2480	11,5	79	310	2140	4,0
	Alto impacto	5,0	34	250	1720	8,0	55	260	1790	7,0
Policarbonato	Fins gerais	9,0	62	340	2340	11,0	76	300	2070	12,0
Acrílico	Padrão	10,5	72	430	2960	16,0	110	460	3170	0,4
	Alto impacto	5,4	37	220	1520	7,0	48	230	1590	1,2
³PVC	Rígido	6,0	41	350	2410			300	2070	0,4-20,0 (varia muito)
Poliimida	25% de filler de grafite em pó	5,7	39			12,8	88	900	6210	0,25
	Filler de fibra de vidro	27,0	186			50,0	345	3250	22400	17,0
	Laminado	50,0	345			70,0	483	4000	27580	13,0
Acetal	Copolímero	8,0	55	410	2830	13,0	90	375	2590	1,3
Poliuretano	Elastômero	5,0	34	100	690	0,6	4			Sem ruptura
Fenólico	Geral	6,5	45	1100	7580	9,0	62	1100	7580	0,3
⁴Poliéster com reforço em manta de fibra de vidro (aprox. 30% de vidro por peso)										
	Lay-up, moldado por contato	9,0	62			16,0	110	800	5520	
	Moldado a frio	12,0	83			22,0	152	1300	8960	
	Moldado por compressão	25,0	172			10,0	69	1300	8960	

Observações: ¹Também conhecido como Poliamida 66 ou PA 66.
²Acrilonitrila-butadieno-estireno.
³Cloreto de polivinila.
⁴Polietileno tereftalato (PET) — resina de poliéster termoplástica.

APÊNDICE 14 FÓRMULAS DE DEFLEXÃO DE VIGA

▼ **TABELA A14.1** Fórmulas de deflexão para vigas simplesmente apoiadas.

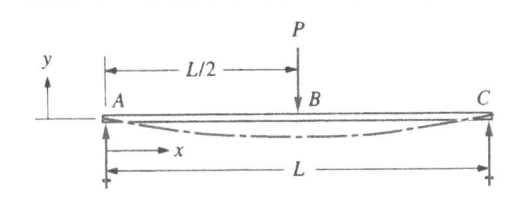

(a)

$$y_B = y_{máx} = \frac{-PL^3}{48EI} \text{ no centro}$$

Entre A e B:

$$y = \frac{-Px}{48EI}(3L^2 - 4x^2)$$

(b)

$$y_{máx} = \frac{-Pab(L+b)\sqrt{3a(L+b)}}{27EIL}$$

em $x_1 = \sqrt{a(L+b)/3}$

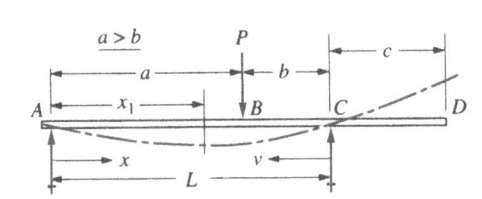

$$y_B = \frac{-Pa^2b^2}{3EIL} \text{ sob a carga}$$

Entre A e B (o segmento maior):

$$y = \frac{-Pbx}{6EIL}(L^2 - b^2 - x^2)$$

Entre B e C (o segmento menor):

$$y = \frac{-Pav}{6EIL}(L^2 - v^2 - a^2)$$

Ao final do balanço em D:

$$y_D = \frac{Pabc}{6EIL}(L+a)$$

(c)

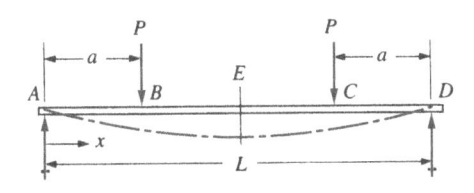

$$y_E = y_{máx} = \frac{-Pa}{24EI}(3L^2 - 4a^2) \text{ no centro}$$

$$y_B = y_C = \frac{-Pa^2}{6EI}(3L - 4a) \text{ sob as cargas}$$

Entre A e B:

$$y = \frac{-Px}{6EI}(3aL - 3a^2 - x^2)$$

Entre B e C:

$$y = \frac{-Pa}{6EI}(3Lx - 3x^2 - a^2)$$

(d)

$w = $ Carga total $= W = wL$
$w = $ carga distribuída uniformemente

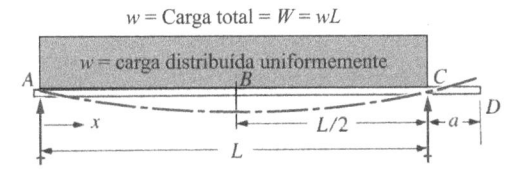

$$y_B = y_{máx} = \frac{-5wL^4}{384EI} = \frac{-5WL^3}{384EI} \text{ no centro}$$

Entre A e B:

$$y = \frac{-wx}{24EI}(L^3 - 2Lx^2 + x^3)$$

Em D na extremidade:

$$y_D = \frac{wL^3 a}{24EI}$$

(continua)

TABELA A14.1 (Continuação)

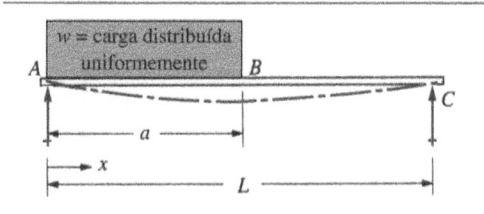

(e)

Entre A e B:
$$y = \frac{-wx}{24\,EIL}[a^2(2L-a)^2 - 2ax^2(2L-a) + Lx^3]$$

Entre B e C:
$$y = \frac{-wa^2(L-x)}{24\,EIL}(4Lx - 2x^2 - a^2)$$

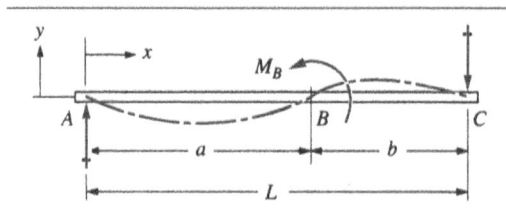

(f)

M_B = momento concentrado em B

Entre A e B:
$$y = \frac{-M_B}{6EI}\left[\left(6a - \frac{3a^2}{L} - 2L\right)x - \frac{x^3}{L}\right]$$

Entre B e C:
$$y = \frac{M_B}{6EI}\left[3a^2 + 3x^2 - \frac{x^3}{L} - \left(2L + \frac{3a^2}{L}\right)x\right]$$

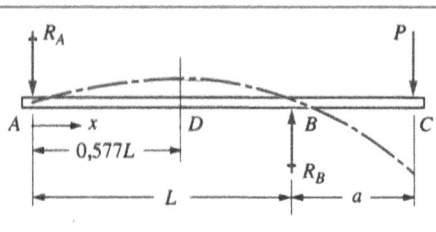

(g)

Em C ao final do balanço:
$$y_C = \frac{-Pa^2}{3EI}(L+a)$$

Em D, deflexão máxima para cima:
$$y_D = 0{,}06415\,\frac{PaL^2}{EI}$$

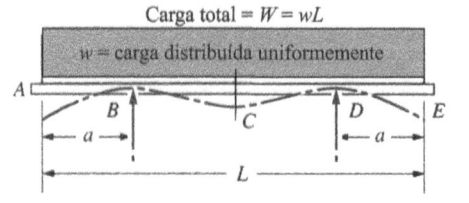

(h)

Em C no centro:
$$y = \frac{-W(L-2a)^3}{384EI}\left[\frac{5}{L}(L-2a) - \frac{24}{L}\left(\frac{a^2}{L-2a}\right)\right]$$

Em A e E nas extremidades:
$$y = \frac{-W(L-2a)^3 a}{24EIL}\left[-1 + 6\left(\frac{a}{L-2a}\right)^2 + 3\left(\frac{a}{L-2a}\right)^3\right]$$

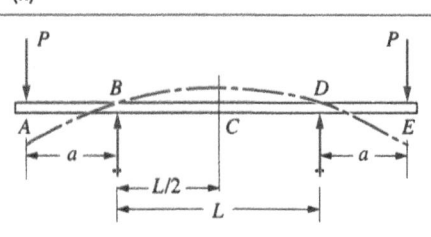

(i)

Em C no centro:
$$y = \frac{PL^2 a}{8EI}$$

Em A e E nas extremidades sob as cargas:
$$y = \frac{-Pa^2}{3EI}\left(a + \frac{3}{2}L\right)$$

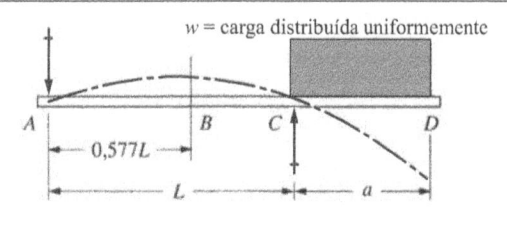

(j)

Em B:
$$y = 0{,}03208\,\frac{wa^2 L^2}{EI}$$

Em D na extremidade:
$$y = \frac{-wa^3}{24EI}(4L + 3a)$$

Fonte: Engineering Data for Aluminum Structures (Washington, DC: The Aluminum Association, 1986), p. 63-77.

▼ **TABELA A14.2** Fórmulas de deflexão para vigas em balanço.

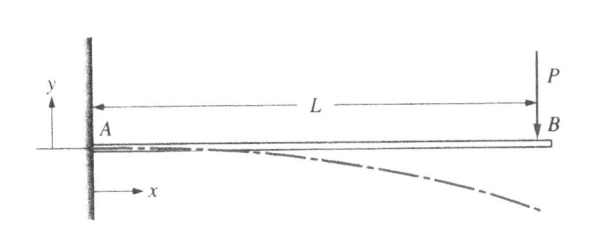

(a)

Em B na extremidade:

$$y_B = y_{máx} = \frac{-PL^3}{3EI}$$

Entre A e B:

$$y = \frac{-Px^2}{6EI}(3L - x)$$

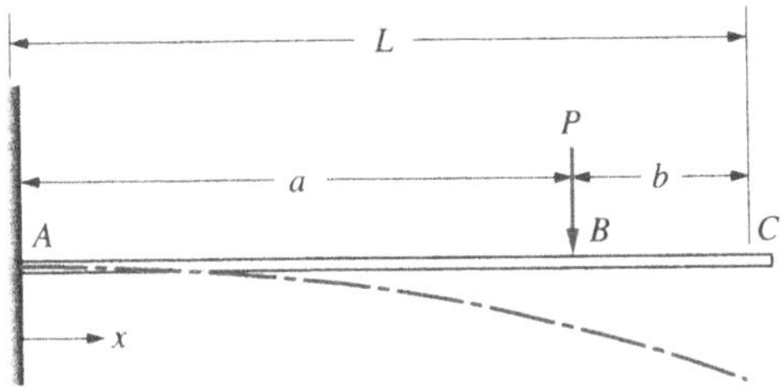

(b)

Em B sob a carga:

$$y_B = \frac{-Pa^3}{3EI}$$

Em C na extremidade:

$$y_C = y_{máx} = \frac{-Pa^2}{6EI}(3L - a)$$

Entre A e B:

$$y = \frac{-Px^2}{6EI}(3a - x)$$

Entre B e C:

$$y = \frac{-Pa^2}{6EI}(3x - a)$$

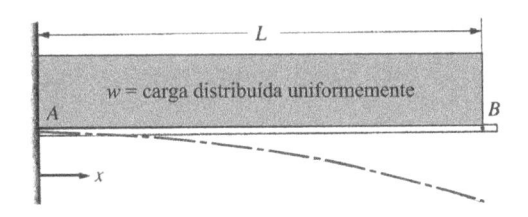

(c)

W = carga total = wL

Em B na extremidade:

$$y_B = y_{máx} = \frac{-WL^3}{8EI}$$

Entre A e B:

$$y = \frac{-Wx^2}{24EIL}[2L^2 + (2L - x)^2]$$

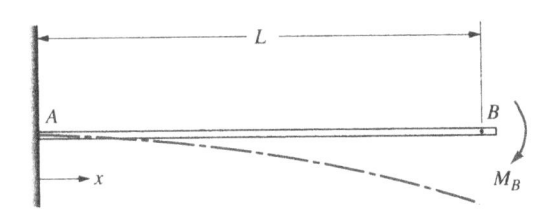

(d)

M_B = momento concentrado na extremidade

Em B na extremidade:

$$y_B = y_{máx} = \frac{-M_B L^2}{2EI}$$

Entre A e B:

$$y = \frac{-M_B x^2}{2EI}$$

Fonte: Engineering Data for Aluminum Structures (Washington, DC: The Aluminum Association, 1986), p. 63-77.

▼ **TABELA A14.3** Diagramas e fórmulas de deflexão para vigas estaticamente indeterminadas.

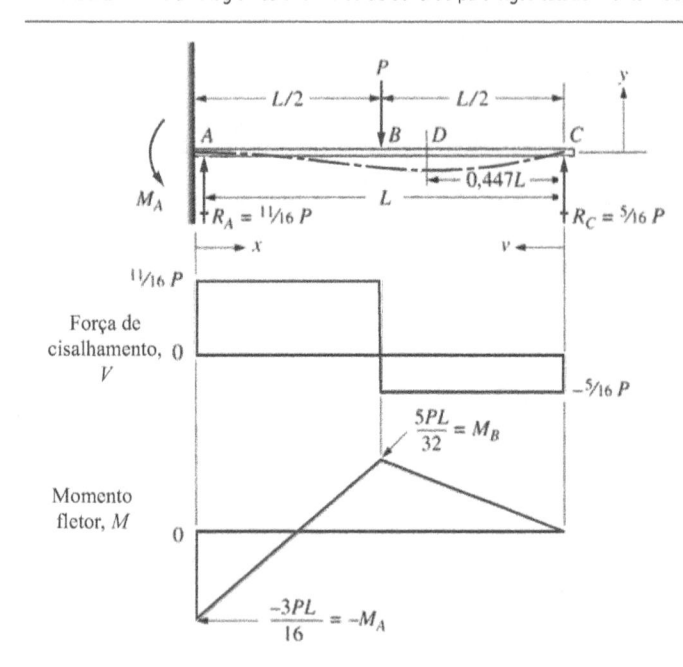

(a)

Deflexões

Em B sob a carga:

$$y_B = \frac{-7}{768} \frac{PL^3}{EI}$$

$y_{máx}$ está em $v = 0,447L$ em D:

$$y_D = y_{máx} = \frac{-PL^3}{107EI}$$

Entre A e B:

$$y = \frac{-Px^2}{96EI}(9L - 11x)$$

Entre B e C:

$$y = \frac{-Pv}{96EI}(3L^2 - 5v^2)$$

(b)

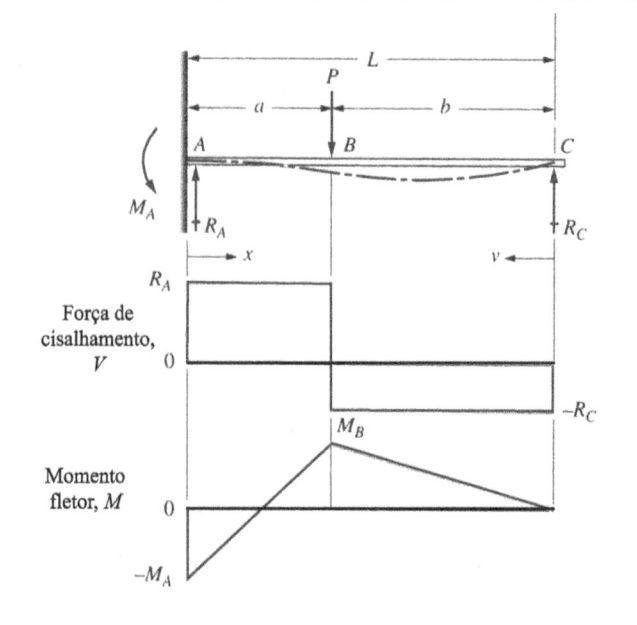

Reações

$$R_A = \frac{Pb}{2L^3}(3L^2 - b^2)$$

$$R_C = \frac{Pa^2}{2L^3}(b + 2L)$$

Momentos

$$M_A = \frac{-Pab}{2L^2}(b + L)$$

$$M_B = \frac{Pa^2b}{2L^3}(b + 2L)$$

Deflexões

Em B sob a carga:

$$y_B = \frac{-Pa^3b^2}{12EIL^3}(3L + b)$$

Entre A e B:

$$y = \frac{-Px^2b}{12EIL^3}(3C_1 - C_2x)$$

$$C_1 = aL(L + b); \quad C_2 = (L + a)(L + b) + aL$$

Entre B e C:

$$y = \frac{-Pa^2v}{12EIL^3}[3L^2b - v^2(3L - a)]$$

(continua)

▼ TABELA A14.3 (Continuação)

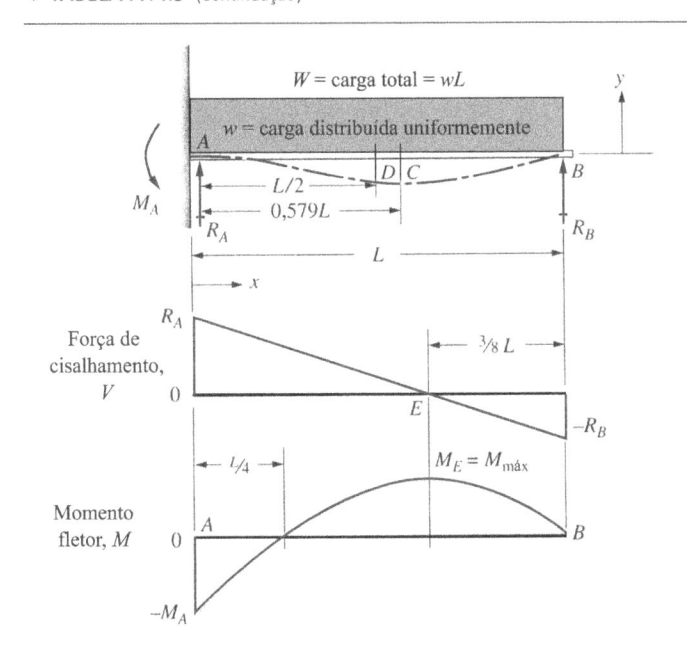

(c)

Reações

$$R_A = \frac{5}{8} W$$

$$R_B = \frac{3}{8} W$$

Momentos

$$M_A = -0{,}125\ WL$$
$$M_E = 0{,}0703\ WL$$

Deflexões

Em C em $x = 0{,}579L$:

$$y_C = y_{máx} = \frac{-WL^3}{185\ EI}$$

Em D no centro:

$$y_D = \frac{-WL^3}{192\ EI}$$

Entre A e B:

$$y = \frac{-Wx^2(L-x)}{48\ EIL}(3L - 2x)$$

(d)

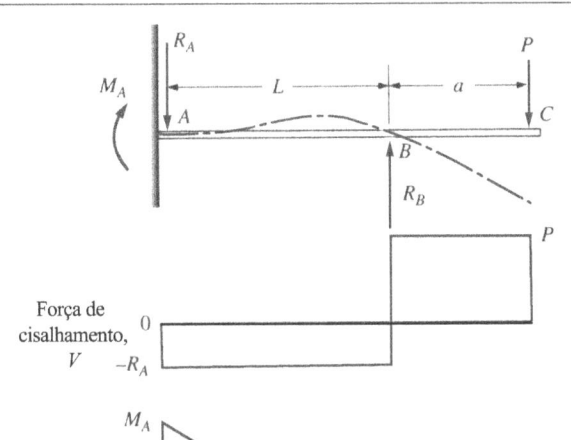

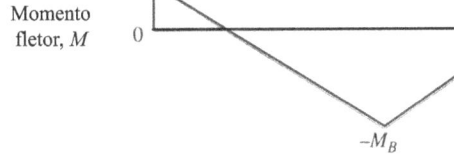

Reações

$$R_A = \frac{-3Pa}{2L}$$

$$R_B = P\left(1 + \frac{3a}{2L}\right)$$

Momentos

$$M_A = \frac{Pa}{2}$$
$$M_B = -Pa$$

Deflexão

Em C na extremidade:

$$y_C = \frac{-PL^3}{EI}\left(\frac{a^2}{4L^2} + \frac{a^3}{3L^3}\right)$$

(continua)

▼ TABELA A14.3 (Continuação)

(e)

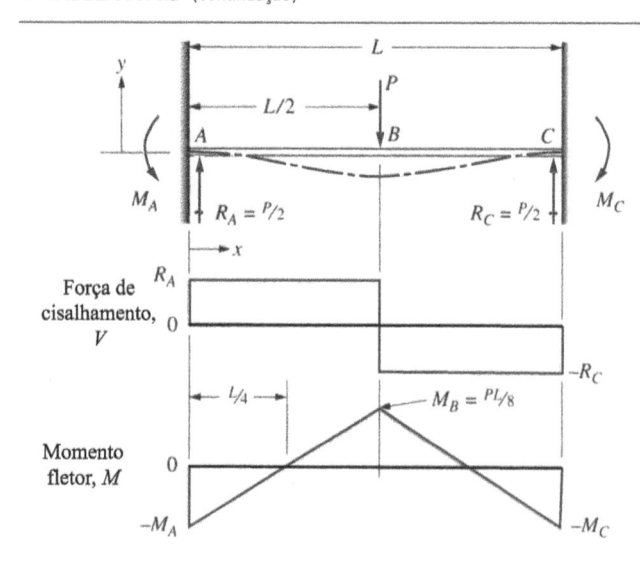

Momentos

$$M_A = M_B = M_C = \frac{PL}{8}$$

Deflexões
Em B no centro

$$y_B = y_{máx} = \frac{-PL^3}{192EI}$$

Entre A e B:

$$y = \frac{-Px^2}{48EI}(3L - 4x)$$

(f)

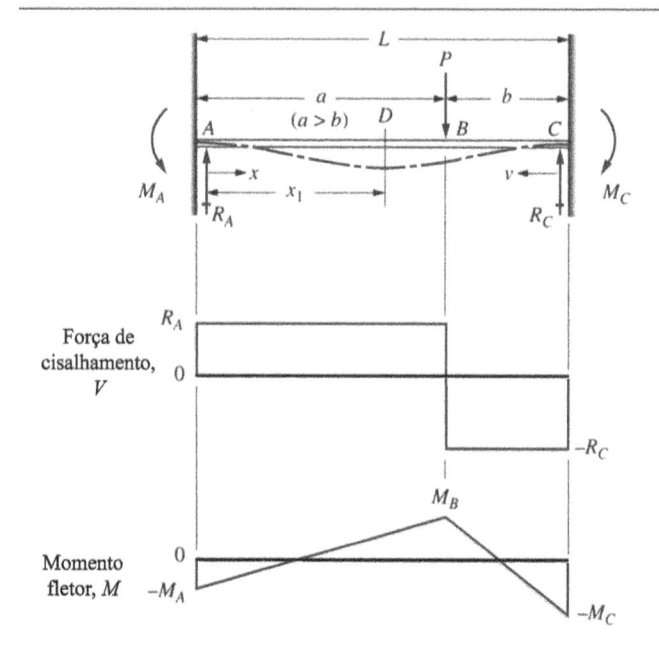

Reações

$$R_A = \frac{Pb^2}{L^3}(3a + b)$$

$$R_C = \frac{Pa^2}{L^3}(3b + a)$$

Momentos

$$M_A = \frac{-Pab^2}{L^2}$$

$$M_B = \frac{2Pa^2b^2}{L^3}$$

$$M_C = \frac{-Pa^2b}{L^2}$$

Deflexões
Em B sob a carga:

$$y_B = \frac{-Pa^3b^3}{3EIL^3}$$

Em D em $x_1 = \frac{2aL}{3a + b}$

$$y_D = y_{máx} = \frac{-2Pa^3b^2}{3EI(3a + b)^2}$$

Entre A e B (segmento maior):

$$y = \frac{-Px^2b^2}{6EIL^3}[2a(L - x) + L(a - x)]$$

Entre B e C (segmento menor):

$$y = \frac{-Pv^2a^2}{6EIL^3}[2b(L - v) + L(b - v)]$$

(continua)

▼ TABELA A14.3 (Continuação)

(g)

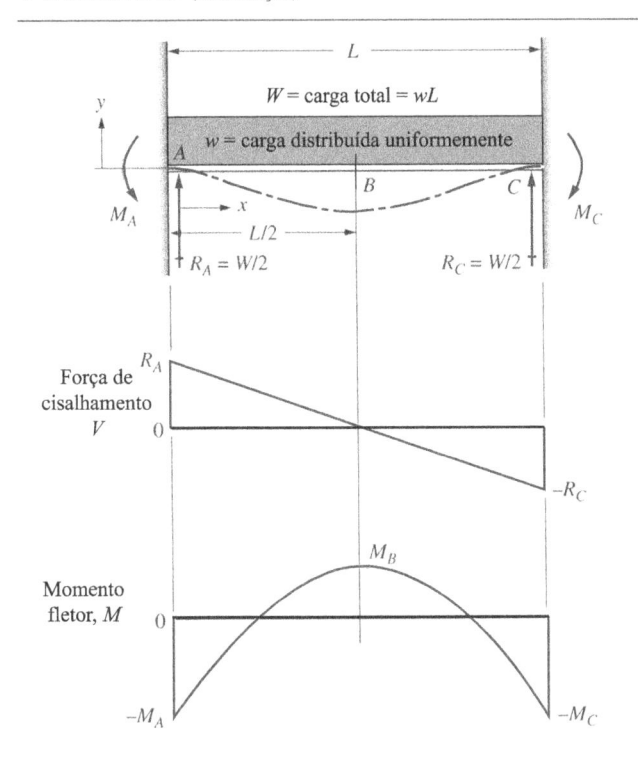

Momentos

$$M_A = M_C = \frac{-WL}{12}$$

$$M_B = \frac{WL}{24}$$

Deflexões

Em B no centro:

$$y_B = y_{máx} = \frac{-WL^3}{384EI}$$

Entre A e C:

$$y = \frac{-wx^2}{24EI}(L - x)^2$$

(h)

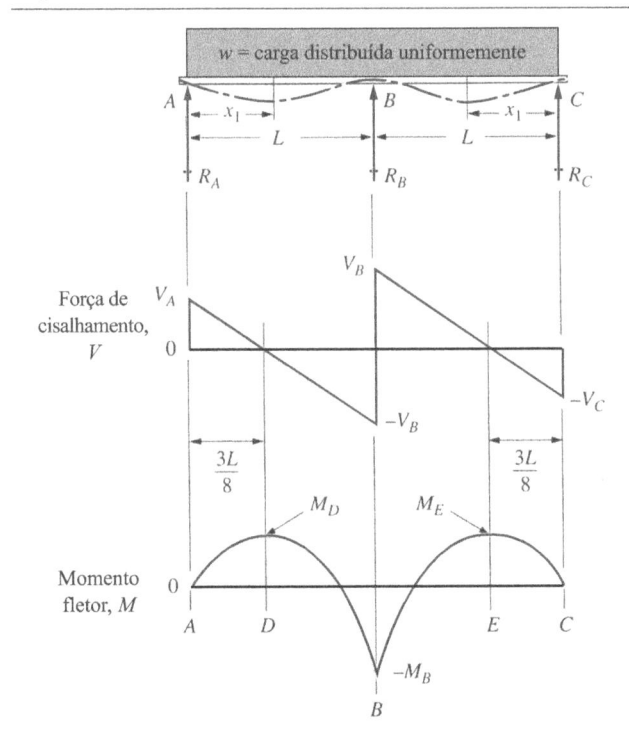

Reações

$$R_A = R_C = \frac{3wL}{8}$$
$$R_B = 1{,}25wL$$

Forças de cisalhamento

$$V_A = V_C = R_A = R_C = \frac{3wL}{8}$$

$$V_B = \frac{5wL}{8}$$

Momentos

$$M_D = M_E = 0{,}0703wL^2$$
$$M_B = -0{,}125wL^2$$

Deflexões

Em $x_1 = 0{,}4215L$ de A ou C:

$$y_{máx} = \frac{-wL^4}{185EI}$$

Entre A e B:

$$y = \frac{-w}{48EI}(L^3x - 3Lx^3 + 2x^4)$$

(continua)

TABELA A14.3 (Continuação)

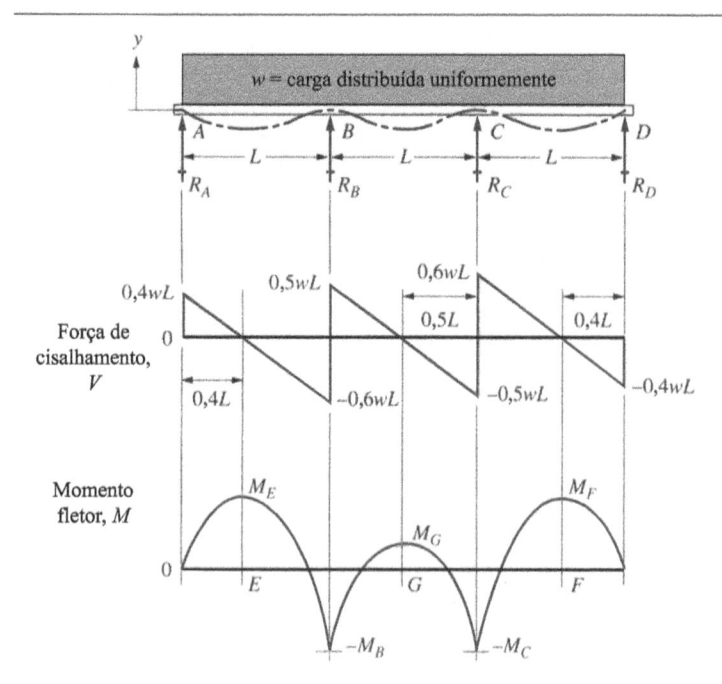

(i)

Reações

$R_A = R_D = 0,4\ wL$
$R_B = R_C = 1,10\ wL$

Momentos

$M_E = M_F = 0,08\ wL^2$
$M_B = M_C = -0,10\ wL^2 = M_{máx}$
$M_G = 0,025\ wL^2$

(j)

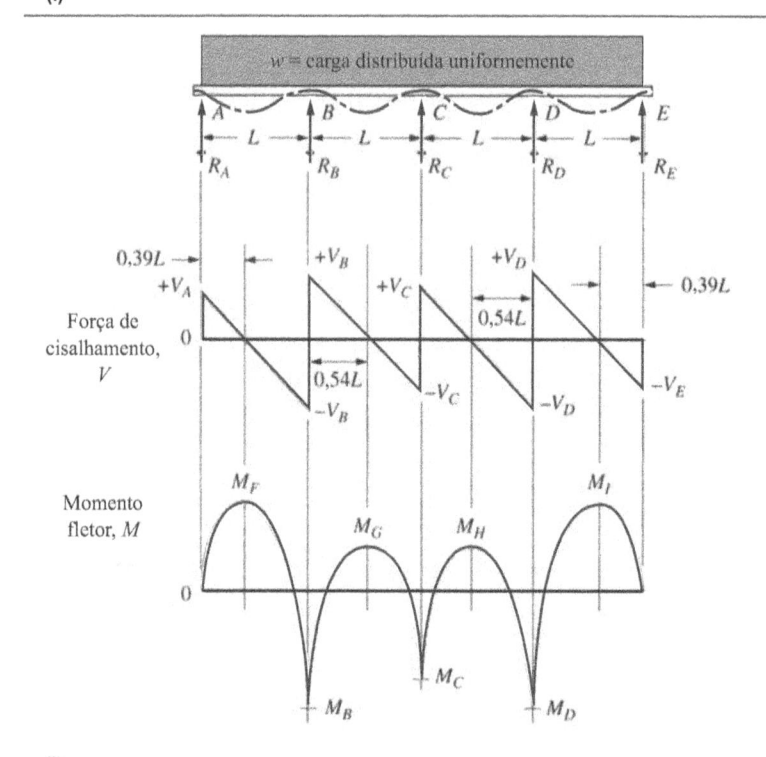

Reações

$R_A = R_E = 0,393\ wL$
$R_B = R_D = 1,143\ wL$
$R_C = 0,928\ wL$

Forças de cisalhamento

$V_A = +0,393\ wL$
$-V_B = -0,607\ wL$
$+V_B = +0,536\ wL$
$-V_C = -0,464\ wL$
$+V_C = +0,464\ wL$
$-V_D = -0,536\ wL$
$+V_D = +0,607\ wL$
$-V_E = -0,393\ wL$

Momentos

$M_B = M_D = -0,1071\ wL^2 = M_{máx}$
$M_F = M_I = 0,0772\ wL^2$
$M_C = -0,0714\ wL^2$
$M_G = M_H = 0,0364\ wL^2$

Fonte: Engineering Data for Aluminum Structures (Washington, DC: The Aluminum Association, 1986), p. 63-77.

APÊNDICE 15 PERFIS COMERCIALMENTE DISPONÍVEIS PARA ELEMENTOS PORTANTES

Tabela nº	Unidades	Descrição
15.1	Sistema norte-americano	Cantoneiras: aço e alumínio, abas iguais e desiguais, perfis L, tamanhos maiores: 2 a 8 pol
15.2	Sistema norte-americano	Cantoneiras: aço e alumínio, abas iguais e desiguais, tamanhos menores: 0,50 a 2,5 pol
15.3	Sistema internacional	Cantoneiras: aço e alumínio, abas iguais e desiguais, 10 a 100 mm
15.4	Sistema norte-americano	Perfis U: aço e alumínio, padrão norte-americano, perfis C, tamanhos maiores: 3 a 15 pol de profundidade
15.5	Sistema norte-americano	Perfis U: alumínio, tamanhos menores: 0,5 a 2,0 pol de profundidade
15.6	Sistema norte-americano	Perfis U: alumínio, perfis da *Aluminum Association Standard*, tamanhos maiores: 2 a 12 pol de profundidade
15.7	Sistema internacional	Perfis U: alumínio, perfis padrão europeu: 10 a 160 mm de profundidade
15.8	Sistema internacional	Perfis U: aço, perfis padrão europeu: 30 a 400 mm de profundidade
15.9	Sistema norte-americano	Perfis I: perfis de abas largas de aço, perfis W: 4 a 24 pol de profundidade
15.10	Sistema norte-americano	Perfis I: aço, padrão norte-americano, perfis S: 3 a 24 pol de profundidade
15.11	Sistema norte-americano	Perfis I: perfis da *Aluminum Association*: 3 a 12 pol de profundidade
15.12	Sistema norte-americano	Perfis I: alumínio, perfis extrudados pequenos: 0,70 a 2,11 pol de profundidade
15.13	Sistema internacional	Perfis I: aço, perfis padrão europeu: 80 a 600 mm de profundidade
15.14	Sistema norte-americano	Tubo oco: aço, quadrado e retangular, perfis HSS estruturais padrão: 2 a 8 pol de profundidade
15.15	Sistema norte-americano	Tubo oco: aço e alumínio, quadrado e retangular, tamanhos menores: 0,375 a 3,00 pol de profundidade
15.16	Sistema internacional	Tubo oco: aço e alumínio, quadrado e retangular: 20 a 300 mm de profundidade
15.17	Sistema norte-americano	Tubo: aço, padrão norte-americano Schedule 40 e norma AISC: tamanhos de 1/8 a 18 pol
15.18	Sistema norte-americano	Tubo para aplicações mecânicas: aço e alumínio: diâmetros externos de 0,50 a 5,0 pol
15.19	Sistema internacional	Tubo para aplicações mecânicas: aço e alumínio: diâmetros externos de 10 a 150 mm

Observações: cada tabela lista amostras de tamanhos de perfis comumente utilizados para viga, coluna ou membros tracionados.
Estão inclusos designações de tamanhos padronizados, dimensões detalhadas e propriedades da seção.
As propriedades da seção incluem: área da seção transversal, momento de inércia e módulo de seção.
Para algumas seções, o momento de inércia à torção, o módulo de seção e o raio de giração também são listados.
Vários perfis adicionais costumam estar disponíveis comercialmente.
Sites de empresas fornecedoras de cada tipo de perfil estão listados para ajudar a encontrar outros tamanhos.
No entanto, nem todos os sites apresentam os dados de propriedade da seção. Consulte o Apêndice 1 para fórmulas das propriedades da seção.
Os dados reais listados foram obtidos de uma variedade de fontes.

Cantoneiras: abas iguais e desiguais
Tabelas 15.1, 15.2 e 15.3

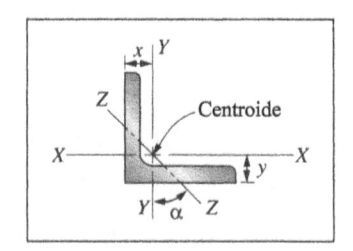

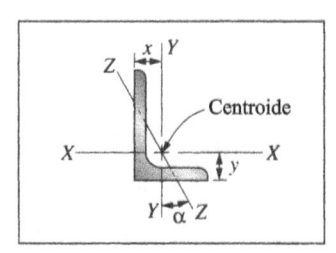

Unidades do sistema norte-americano

▼ **TABELA 15.1** Cantoneiras: aço e alumínio, abas iguais e desiguais, perfis L, tamanhos maiores: 2 a 8 pol.

Designação	Área A (pol²)	Peso por pé (lb/pés)	Eixo X-X I_x (pol⁴)	Eixo X-X S_x (pol³)	Eixo X-X y (pol)	Eixo Y-Y I_x (pol⁴)	Eixo Y-Y S_x (pol³)	Eixo Y-Y y (pol)	Eixo Z-Z r (pol)	Eixo Z-Z α (grau)
L8×8×1	15,0	51,0	89,0	15,8	2,37	89,0	15,8	2,37	1,56	45,0
L8×8×1/2	7,75	26,4	48,6	8,36	2,19	48,6	8,36	2,19	1,59	45,0
L8×4×1	11,0	37,4	69,6	14,1	3,05	11,6	3,94	1,05	0,846	13,9
L8×4×1/2	5,75	19,6	38,5	7,49	2,86	6,74	2,15	0,859	0,865	14,9
L6×6×3/4	8,44	28,7	28,2	6,66	1,78	28,2	6,66	1,78	1,17	45,0
L6×6×3/8	4,36	14,9	15,4	3,53	1,64	15,4	3,53	1,64	1,19	45,0
L6×4×3/4	6,94	23,6	24,5	6,25	2,08	8,68	2,97	1,08	0,860	23,2
L6×4×3/8	3,61	12,3	13,5	3,32	1,94	4,90	1,60	0,941	0,877	24,0
L4×4×1/2	3,75	12,8	5,56	1,97	1,18	5,56	1,97	1,18	0,782	45,0
L4×4×1/4	1,94	6,6	3,04	1,05	1,09	3,04	1,05	1,09	0,795	45,0
L4×3×1/2	3,25	11,1	5,05	1,89	1,33	2,42	1,12	0,827	0,639	28,5
L4×3×1/4	1,69	5,8	2,77	1,00	1,24	1,36	0,599	0,896	0,651	29,2
L3×3×1/2	2,75	9,4	2,22	1,07	0,932	2,22	1,07	0,932	0,584	45,0
L3×3×1/4	1,44	4,9	1,24	0,577	0,842	1,24	0,577	0,842	0,592	45,0
L2×2×3/8	1,36	4,7	0,479	0,351	0,636	0,479	0,351	0,636	0,389	45,0
L2×2×1/4	0,938	3,19	0,348	0,247	0,592	0,348	0,247	0,592	0,391	45,0
L2×2×1/8	0,484	1,65	0,190	0,131	0,546	0,190	0,131	0,546	0,398	45,0

Observação: $*I$ = momento de inércia; S = módulo de seção; r = raio de giração.
Exemplo de especificação: L4 × 3 × 1/2
4 = comprimento da aba mais longa (pol); 3 = comprimento da aba mais curta (pol); 1/2 = espessura das abas (pol)
Z-Z é o eixo do momento mínimo de inércia (I) e do raio de giração (r).
Fontes: Central Steel & Wire Co., várias localidades; <www.centralsteel.com/>
Earl M. Jorgensen Co., várias localidades; <www.emjmetals.com>

Unidades do sistema norte-americano

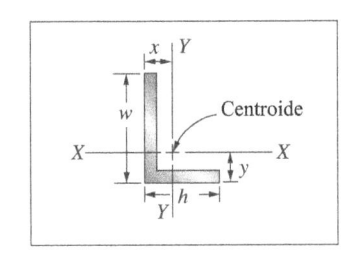

▼ TABELA 15.2 Cantoneiras: aço e alumínio, abas iguais e desiguais, tamanhos menores: 0,50 a 2,5 pol.

| | | | | | **Peso/pés | | *Propriedades da seção | | | | | |
| | | | | | | | Eixo X-X | | | Eixo Y-Y | | |
Ref.	Lado curto h (pol)	Lado longo w (pol)	espessura t (pol)	Área A (pol²)	Aço (lb/pés)	Alumínio (lb/pés)	I_x (pol⁴)	S_x (pol³)	y (pol)	I_y (pol⁴)	S_y (pol³)	x (pol)
a	1/2	1/2	1/8	0,109	0,372	0,131	0,00230	0,00698	0,170	0,00230	0,00698	0,170
b	5/8	5/8	1/8	0,141	0,478	0,169	0,00479	0,0113	0,201	0,00479	0,0113	0,201
c	7/8	7/8	1/8	0,203	0,691	0,244	0,01420	0,0233	0,264	0,0142	0,0233	0,264
d	5/8	1	1/8	0,188	0,637	0,225	0,00553	0,0121	0,167	0,0185	0,0286	0,354
e	3/4	1	1/8	0,203	0,691	0,244	0,00947	0,0174	0,207	0,0197	0,0295	0,332
f	1	1	1/8	0,234	0,797	0,281	0,0217	0,0309	0,296	0,0217	0,0309	0,296
g	1	1	1/4	0,438	1,487	0,525	0,0369	0,0558	0,339	0,0369	0,0558	0,339
h	1 1/4	1 1/4	1/8	0,297	1,009	0,356	0,0439	0,0493	0,359	0,0439	0,0493	0,359
i	1 1/4	1 1/4	1/4	0,563	1,912	0,675	0,0767	0,0905	0,403	0,0767	0,0905	0,403
j	7/8	1 3/8	1/8	0,266	0,903	0,319	0,0162	0,0247	0,217	0,0509	0,0560	0,467
k	1 1/4	1 1/2	3/16	0,480	1,633	0,577	0,0651	0,0726	0,353	0,1035	0,1013	0,478
l	1 1/2	1 1/2	1/8	0,359	1,222	0,431	0,0778	0,0721	0,421	0,0778	0,0721	0,421
m	1 1/2	1 1/2	1/4	0,688	2,337	0,825	0,1385	0,1340	0,466	0,139	0,1340	0,466
n	1 1/4	1 3/4	1/8	0,359	1,222	0,431	0,0486	0,0515	0,307	0,113	0,0943	0,557
o	1 3/4	1 3/4	1/8	0,422	1,434	0,506	0,1256	0,0992	0,484	0,126	0,0992	0,484
p	1 3/4	1 3/4	1/4	0,813	2,762	0,975	0,2272	0,1860	0,529	0,227	0,186	0,529
q	1 1/4	2	3/16	0,574	1,952	0,689	0,0707	0,0752	0,311	0,232	0,177	0,686
r	1 1/2	2	1/8	0,422	1,434	0,506	0,0847	0,0748	0,368	0,173	0,125	0,618
s	1 1/2	2	1/4	0,813	2,762	0,975	0,1515	0,139	0,413	0,316	0,236	0,663
t	1 1/2	2 1/2	3/16	0,715	2,430	0,858	0,1275	0,111	0,352	0,461	0,279	0,852

Observação: *I = momento de inércia; S = módulo de seção; consulte esboço para os eixos X-X e Y-Y e suas posições x e y.
Os valores são referentes a cantos perfeitamente quadrados. Alguns fornecedores aplicam raios aos cantos interno e/ou externo.
Muitos outros tamanhos estão disponíveis. Consulte os fornecedores.
**Com densidade de aço = 0,283 lb$_m$/pol³; densidade de alumínio = 0,100 lb$_m$/pol³. (Pode variar de 0,095 lb$_m$/pol³ a 0,102 lb$_m$/pol³.)
Alguns tamanhos também estão disponíveis em aço inoxidável. Verifique com o fornecedor.
Fontes: Reliance Steel & Aluminum Co./Earl M. Jorgensen Co., várias localidades; <http://jorgensen-usa.com/>
Central Steel & Wire Co., várias localidades; <www.centralsteel.com>
OnlineMetals.com, Seattle, WA; <www.onlinemetals.com>
Paramount Extrusions, Co., Paramount, CA; <www.paramountextrusions.com>
Metals Depot, Winchester, KY; <www.MetalsDepot.com>

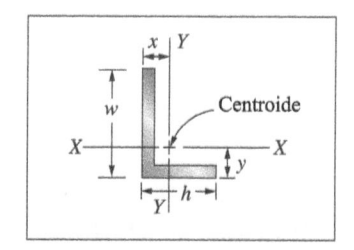

Unidades do SI

▼ TABELA 15.3 Cantoneiras: aço e alumínio, abas iguais e desiguais, 10 a 100 mm.

Ref.	Lado curto h (mm)	Lado longo w (mm)	espes-sura t (pol)	Área A (mm²)	**Peso/m Aço (N/m)	**Peso/m Alumínio (N/m)	*Propriedades da seção Eixo X-X I_x (mm⁴)	S_x (mm³)	y (mm)	Eixo Y-Y I_y (mm⁴)	S_y (mm³)	x (mm)
a	10	15	3	66,0	4,973	1,79	477	69,1	3,09	1375	146	5,59
b	10	20	3	81,0	6,103	2,20	520	72,1	2,80	3140	257	7,80
c	15	20	3	96,0	7,233	2,61	1743	163	4,31	3653	277	6,81
d	15	25	3	111	8,363	3,01	1856	168	3,93	6876	428	8,93
e	15	30	3	126	9,493	3,42	1946	171	3,64	1,146E+04	608	11,1
f	20	20	3	111	8,363	3,01	4030	290	6,09	4030	290	6,09
g	20	30	3	141	10,623	3,83	4551	306	5,12	1,272E+04	640	10,1
h	20	40	3	171	12,883	4,64	4897	316	4,48	2,829E+04	1109	14,5
i	25	25	3	141	10,623	3,83	8204	465	7,35	8,204E+03	465	7,35
j	30	30	5	275	20,719	7,47	2,216E+04	1072	9,32	2,216E+04	1072	9,32
k	30	50	4	304	22,904	8,25	2,152E+04	941	7,13	7,800E+04	2373	17,1
l	40	40	5	375	28,253	10,18	5,561E+04	1974	11,8	5,561E+04	1974	11,8
m	40	60	5	475	35,787	12,90	6,270E+04	2081	9,87	1,740E+05	4334	19,9
n	40	80	6	684	51,533	18,57	7,836E+04	2525	8,96	4,526E+05	8868	29,0
o	50	50	5	475	35,787	12,90	1,125E+05	3155	14,3	1,125E+05	3155	14,3
p	50	75	5	600	45,205	16,29	1,266E+05	3322	11,9	3,485E+05	6884	24,4
q	50	100	6	864	65,095	23,46	1,590E+05	4039	10,6	9,058E+05	14073	35,6
r	60	60	6	684	51,533	18,57	2,333E+05	5452	17,2	2,333E+05	5452	17,2
s	75	75	6	864	65,095	23,46	4,688E+05	8677	21,0	4,688E+05	8677	21,0
t	100	100	10	1900	143,148	51,59	1,800E+06	25240	28,7	1,800E+06	25240	28,7

Observações: *I = momento de inércia; S = módulo de seção; consulte o esboço para os eixos X-X e Y-Y e suas localizações x e y.
Os valores são referentes a cantos perfeitamente quadrados, Alguns fornecedores aplicam raios aos cantos interiores e/ou exteriores.
**Com densidade de aço = 7680 kg/m³; densidade de alumínio = 2768 kg/m³. (Pode variar de 2635 kg/m³ a 2829 kg/m³.)
Fonte: Parker Steel Company—Metric Sized Metals, Toledo, Ohio; <http://metricmetal,com>

Perfis U
Tabelas 15.4, 15.5, 15.6, 15.7 e 15.8

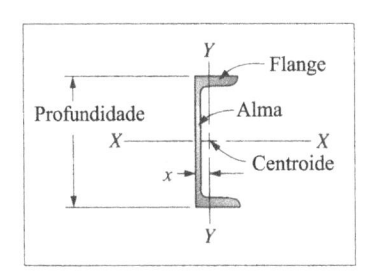

Unidades do sistema norte-americano

▼ **TABELA 15.4** Perfis U: aço e alumínio, perfis C no padrão norte-americano, tamanhos maiores: 3 a 15 pol de profundidade.

| | | | | Flange | | *Propriedades da seção | | | | |
| | | | | | | Eixo X-X | | Eixo Y-Y | | |
Designação	Área A (pol²)	Profundidade (pol)	Espessura da alma (pol)	Largura (pol)	Espessura média (pol)	I_x (pol⁴)	S_x (pol³)	I_y (pol⁴)	S_y (pol³)	x (pol)
C15 × 50	14,7	15,00	0,716	3,716	0,650	404	53,8	11,0	3,78	0,798
C15 × 40	11,8	15,00	0,520	3,520	0,650	349	46,5	9,23	3,37	0,777
C12 × 30	8,82	12,00	0,510	3,170	0,501	162	27,0	5,14	2,06	0,674
C12 × 25	7,35	12,00	0,387	3,047	0,501	144	24,1	4,47	1,88	0,674
C10 × 30	8,82	10,00	0,673	3,033	0,436	103	20,7	3,94	1,65	0,649
C10 × 20	5,88	10,00	0,379	2,739	0,436	78,9	15,8	2,81	1,32	0,606
C9 × 20	5,88	9,00	0,448	2,648	0,413	60,9	13,5	2,42	1,17	0,583
C9 × 15	4,41	9,00	0,285	2,485	0,413	51,0	11,3	1,93	1,01	0,586
C8 × 18,75	5,51	8,00	0,487	2,527	0,390	44,0	11,0	1,98	1,01	0,565
C8 × 11,5	3,38	8,00	0,220	2,260	0,390	32,6	8,14	1,32	0,781	0,571
C6 × 13	3,83	6,00	0,437	2,157	0,343	17,4	5,80	1,05	0,642	0,514
C6 × 8,2	2,40	6,00	0,200	1,920	0,343	13,1	4,38	0,693	0,492	0,511
C5 × 9	2,64	5,00	0,325	1,885	0,320	8,90	3,56	0,632	0,450	0,478
C5 × 6,7	1,97	5,00	0,190	1,750	0,320	7,49	3,00	0,479	0,378	0,484
C4 × 7,25	2,13	4,00	0,321	1,721	0,296	4,59	2,29	0,433	0,343	0,459
C4 × 5,4	1,59	4,00	0,184	1,584	0,296	3,85	1,93	0,319	0,283	0,457
C3 × 6	1,76	3,00	0,356	1,596	0,273	2,07	1,38	0,305	0,268	0,455
C3 × 4,1	1,21	3,00	0,170	1,410	0,273	1,66	1,10	0,197	0,202	0,436

Observação: exemplo de especificação: C15 × 50
15 = profundidade (pol); 50 = peso por comprimento unitário (lb/pés).
*I = momento de inércia; S = módulo de seção.
Fontes: Central Steel & Wire Co., várias localidades; <www.centralsteel.com/>
Reliance Steel & Aluminum Co./Earl M. Jorgensen Co., várias localidades; <http://jorgensen-usa.com/>
Metals Depot, Winchester, KY; <www.MetalsDepot.com>
OnlineMetals.com, Seattle, WA, <www.onlinemetals.com>

Unidades do sistema norte-americano

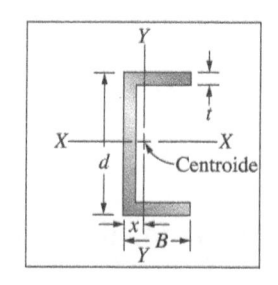

▼ TABELA 15.5 Perfis U: alumínio, tamanhos menores: 0,5 a 2,0 pol de profundidade.

Ref.	Profun-didade d (pol)	Largura de flange, B (pol)	Espes-sura t (pol)	**Peso/pés (lb/pés)	Área A (pol²)	*Propriedades da seção				
						Eixo X-X		Eixo Y-Y		
						I_x (pol⁴)	S_x (pol³)	I_x (pol⁴)	S_x (pol³)	x (pol)
a	0,500	0,375	0,125	0,150	0,1250	0,00358	0,0143	0,001506	0,00688	0,156
b	0,500	0,500	0,094	0,148	0,123	0,00418	0,0167	0,00290	0,00970	0,202
c	0,500	0,750	0,125	0,263	0,219	0,0070	0,0280	0,01145	0,0273	0,330
d	0,625	0,625	0,125	0,244	0,203	0,0105	0,0337	0,00740	0,01999	0,255
e	0,750	0,375	0,125	0,188	0,156	0,0106	0,0282	0,001766	0,0074	0,138
f	0,750	0,750	0,125	0,300	0,250	0,0199	0,0530	0,01345	0,02968	0,297
g	1,000	0,500	0,125	0,263	0,219	0,0285	0,057	0,00461	0,0140	0,170
h	1,000	1,000	0,125	0,413	0,344	0,0526	0,105	0,03401	0,0549	0,381
i	1,250	0,500	0,125	0,300	0,250	0,0501	0,080	0,00496	0,0144	0,156
j	1,250	1,250	0,125	0,525	0,438	0,1097	0,176	0,06910	0,0879	0,464
k	1,500	0,500	0,125	0,338	0,281	0,080	0,106	0,00525	0,0148	0,146
l	1,750	0,500	0,125	0,375	0,313	0,118	0,135	0,00549	0,0151	0,138
m	1,750	0,750	0,125	0,450	0,375	0,159	0,182	0,01819	0,0342	0,219
n	1,750	1,000	0,125	0,525	0,438	0,201	0,229	0,04159	0,0605	0,313
o	2,000	0,500	0,125	0,413	0,344	0,166	0,166	0,00569	0,01539	0,131

Observação: * I = momento de inércia; S = módulo de seção; consulte o esboço para os eixos X-X e Y-Y e as localizações x para o eixo Y-Y. As propriedades de seção foram calculadas tomando por base cantos quadrados e espessura constante da alma e dos flanges.
** Com densidade de alumínio de 0,100 lb_m/pol³. Pode variar de 0,095 lb_m/pol³ a 0,102 lb_m/pol³ para ligas diferentes.
Fontes: Reliance Steel & Aluminum Co./Earl M. Jorgensen Co., várias localidades; <http://jorgensen-usa.com/>
Central Steel & Wire Co., várias localidades; <www.centralsteel.com/>
OnlineMetals.com, Seattle, WA; <www.onlinemetals.com>
Paramount Extrusions, Co., Paramount, CA; <www.paramountextrusions.com>
Metals Depot, Winchester, KY; <www.MetalsDepot.com>

Unidades do sistema norte-americano

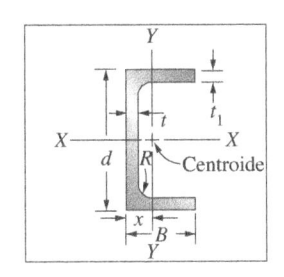

▼ TABELA 15.6 Perfis U: alumínio, perfis da Aluminum Association Standard, tamanhos maiores: 2 pol a 12 pol de profundidade.

Tamanho		Área A (pol²)	Peso † (lb/pés)	Espessura do flange, t_1 (pol)	Espessura da alma, t (pol)	Raio do filete, R (pol)	¹Propriedades da seção						
							Eixo X-X			Eixo Y-Y			
Profundidade, d (pol)	Largura, B (pol)						I_x (pol⁴)	S_x (pol³)	r_x (pol)	I_y (pol⁴)	S_y (pol³)	r_y (pol)	x (pol)
2,00	1,00	0,491	0,577	0,13	0,13	0,10	0,288	0,288	0,766	0,045	0,064	0,303	0,298
2,00	1,25	0,911	1,071	0,26	0,17	0,15	0,546	0,546	0,774	0,139	0,178	0,391	0,471
3,00	1,50	0,965	1,135	0,20	0,13	0,25	1,41	0,94	1,21	0,22	0,22	0,47	0,49
3,00	1,75	1,358	1,597	0,26	0,17	0,25	1,97	1,31	1,20	0,42	0,37	0,55	0,62
4,00	2,00	1,478	1,738	0,23	0,15	0,25	3,91	1,95	1,63	0,60	0,45	0,64	0,65
4,00	2,25	1,982	2,331	0,29	0,19	0,25	5,21	2,60	1,62	1,02	0,69	0,72	0,78
5,00	2,25	1,881	2,212	0,26	0,15	0,30	7,88	3,15	2,05	0,98	0,64	0,72	0,73
5,00	2,75	2,627	3,089	0,32	0,19	0,30	11,14	4,45	2,06	2,05	1,14	0,88	0,95
6,00	2,50	2,410	2,834	0,29	0,17	0,30	14,35	4,78	2,44	1,53	0,90	0,80	0,79
6,00	3,25	3,427	4,030	0,35	0,21	0,30	21,04	7,01	2,48	3,76	1,76	1,05	1,12
7,00	2,75	2,725	3,205	0,29	0,17	0,30	22,09	6,31	2,85	2,10	1,10	0,88	0,84
7,00	3,50	4,009	4,715	0,38	0,21	0,30	33,79	9,65	2,90	5,13	2,23	1,13	1,20
8,00	3,00	3,526	4,147	0,35	0,19	0,30	37,40	9,35	3,26	3,25	1,57	0,96	0,93
8,00	3,75	4,923	5,789	0,41	0,25	0,35	52,69	13,17	3,27	7,13	2,82	1,20	1,22
9,00	3,25	4,237	4,983	0,35	0,23	0,35	54,41	12,09	3,58	4,40	1,89	1,02	0,93
9,00	4,00	5,927	6,970	0,44	0,29	0,35	78,31	17,40	3,63	9,61	3,49	1,27	1,25
10,00	3,50	5,218	6,136	0,41	0,25	0,35	83,22	16,64	3,99	6,33	2,56	1,10	1,02
10,00	4,25	7,109	8,360	0,50	0,31	0,40	116,15	23,23	4,04	13,02	4,47	1,35	1,34
12,00	4,00	7,036	8,274	0,47	0,29	0,40	159,76	26,63	4,77	11,03	3,86	1,25	1,14
12,00	5,00	10,053	11,822	0,62	0,35	0,45	239,69	39,95	4,88	25,74	7,60	1,60	1,61

Observações: ¹I = momento de inércia; S = módulo de seção; r = raio de giração.
²Os pesos por pé têm por base as dimensões nominais e uma densidade de 0,098 lb/pol³, que é a densidade da liga 6061. (Pode variar de 0,095 lb$_m$/pol³ a 0,102 lb$_m$/pol³.)
Fontes: Aluminum Association, *Aluminum Standards and Data*, 11 ed., Washington, DC, © 1993, p. 187.
Metals Depot, Winchester, KY; <www.MetalsDepot.com>
OnlineMetals.com, Seattle, WA; <www.onlinemetals.com>

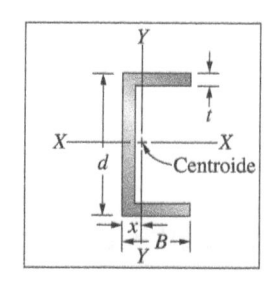

Unidades do SI

▼ TABELA 15.7 Perfis U: alumínio, perfis no padrão europeu: 10 a 160 mm de profundidade.

Ref.	Profun-didade d (mm)	Largura do flange, B (mm)	Espessura t (mm)	²Peso/m (N/m)	Área A (mm²)	¹Propriedades da seção				
						Eixo X-X		Eixo Y-Y		
						I_x (mm⁴)	S_x (mm³)	I_y (mm⁴)	S_y (mm³)	x (mm)
a	10	10	2	1,10	40,5	590,4	118,1	392	64,32	3,90
b	12	12	2	1,74	64,0	1301	216,9	881	121,6	4,75
c	15	15	2	2,23	82,0	2777	370,2	1812	196,1	5,76
d	20	20	3	4,40	162	9446	944,6	6279	514,5	7,80
e	25	20	2	3,31	122	1,215E + 04	972,0	4911	375,0	6,90
f	25	25	3	5,62	207	1,998E + 04	1598	1,285E + 04	827,7	9,47
g	35	35	3	8,06	297	6,001E + 04	3429	3,725E + 04	1679	12,81
h	40	30	4	9,99	368	8,900E + 04	4450	3,228E + 04	1653	10,48
i	50	30	4	11,08	408	1,520E + 05	6079	3,493E + 04	1716	9,65
j	50	40	4	13,25	488	1,944E + 05	7776	7,858E + 04	3000	13,80
k	60	40	4	14,34	528	2,982E + 05	9939	8,379E + 04	3093	12,91
l	80	40	4	16,51	608	5,869E + 05	1,467E + 04	9,216E + 04	3231	11,47
m	100	50	5	25,79	950	1,433E + 06	2,866E + 04	2,250E + 05	6310	14,34
n	125	80	8	58,43	2152	5,251E + 06	8,401E + 04	1,360E + 06	24905	25,41
o	160	80	10	81,46	3000	1,130E + 07	1,413E + 05	1,780E + 06	31592	23,67

Observações: ¹I = momento de inércia; S = módulo de seção; consulte o esboço para os eixos X-X e Y-Y e a localização x para o eixo Y-Y.
As propriedades de seção foram calculadas tomando por base cantos quadrados e espessura constante da alma e dos flanges.
Alguns fabricantes usam cantos filetados e flanges afunilados. Ajustes dos valores calculados podem ser necessários para haver precisão.
² Com densidade de alumínio = 2768 kg/m³. (Pode variar de 2635 kg/m³ a 2829 kg/m³.)
Fonte: Parker Steel Company—Metric Sized Metals, Toledo, Ohio; <http://metricmetal.com>

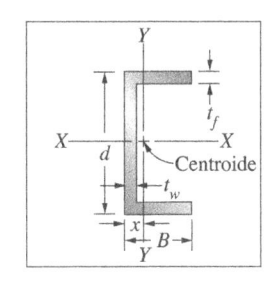

Unidades do SI

▼ TABELA 15.8 Perfis U: aço, perfis padrão europeu: 30 a 400 mm de profundidade.

| | | Flange | | | | | [1]Propriedades da seção | | | | |
| | | | | | | | Eixo X-X | | Eixo Y-Y | | |
Ref.	Profundidade d (mm)	largura, B (mm)	espessura, t_f (mm)	Espessura da alma, t_w (mm)	[2]Peso/m (N/m)	Área A (mm²)	I_x (mm⁴)	S_x (mm³)	I_y (mm⁴)	S_y (mm³)	x (mm)
a	30	15	4,5	4,0	16,5	219,0	2,399E+04	1,599	4,210E+03	438	5,39
b	30	33	7,0	5,0	40,8	542,0	5,558E+04	3706	5,546E+04	2987	14,43
c	40	20	5,5	5,0	27,5	365,0	7,292E+04	3646	1,255E+04	967	7,02
d	40	35	7,0	5,0	46,7	620,0	1,192E+05	5958	7,341E+04	3556	14,35
e	50	25	6,0	5,0	36,9	490,0	1,538E+05	6150	2,765E+04	1688	8,62
f	50	38	7,0	5,0	53,6	712,0	2,198E+05	8793	1,010E+05	4359	14,83
g	60	30	6,0	6,0	48,8	648,0	3,188E+05	1,063E+04	5,090E+04	2503	9,67
h	80	45	8,0	6,0	83,2	1104,0	8,981E+05	2,245E+04	2,179E+05	7441	15,72
i	100	50	8,5	6,0	101,6	1348,0	1,668E+06	3,336E+04	3,306E+05	9,978E+03	16,87
j	140	60	10,0	7,0	153,7	2040,0	4,885E+06	6,979E+04	7,104E+05	1,736E+04	19,09
k	200	75	11,5	8,5	243,3	3229,5	1,604E+07	1,604E+05	1,706E+06	3,220E+04	22,01
l	260	90	14,0	10,0	364,7	4840,0	3,966E+07	3,051E+05	3,653E+06	5,692E+04	25,83
m	300	100	16,0	10,0	443,0	5880,0	6,036E+07	4,024E+05	5,642E+06	8,002E+04	29,49
n	350	100	16,0	14,0	576,5	7652,0	1,180E+08	6,744E+05	6,182E+06	8,240E+04	24,98
o	400	110	18,0	14,0	682,3	9056,0	1,748E+08	8,742E+05	9,210E+06	1,123E+05	27,99

Observações: [1]I = momento de inércia; S = módulo de seção; consulte o esboço para os eixos X-X e Y-Y e a localização x para o eixo Y-Y.
As propriedades de seção foram calculadas tomando por base cantos quadrados e espessura constante da alma e dos flanges.
Alguns fabricantes usam cantos filetados e flanges afunilados. Ajustes dos valores calculados podem ser necessários para haver precisão.
[2]Com densidade de aço = 7680 kg/m³
Fonte: Parker Steel Company—Metric Sized Metals, Toledo, Ohio; <http://metricmetal.com>

Perfis I
Tabelas 15.9, 15.10, 15.11, 15.12 e 15.13

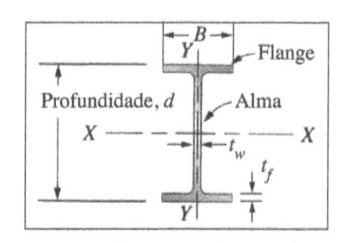

Unidades do sistema norte-americano

▼ TABELA 15.9 Perfis I: perfis de aço com abas largas, perfis W: 4 a 24 pol de profundidade.

Designação	Área A (pol²)	Profundidade d (pol)	Espessura da alma, t_w (pol)	Flange Largura, B (pol)	Flange Espessura, t_f (pol)	Eixo X-X I_x (pol⁴)	Eixo X-X S_x (pol³)	Eixo Y-Y I_y (pol⁴)	Eixo Y-Y S_y (pol³)
W24 × 76	22,4	23,92	0,440	8,990	0,680	2100	176	82,5	18,4
W24 × 68	20,1	23,73	0,415	8,965	0,585	1830	154	70,4	15,7
W21 × 73	21,5	21,24	0,455	8,295	0,740	1600	151	70,6	17,0
W21 × 57	16,7	21,06	0,405	6,555	0,650	1170	111	30,6	9,35
W18 × 55	16,2	18,11	0,390	7,530	0,630	890	98,3	44,9	11,9
W18 × 40	11,8	17,90	0,315	6,015	0,525	612	68,4	19,1	6,35
W14 × 43	12,6	13,66	0,305	7,995	0,530	428	62,7	45,2	11,3
W14 × 26	7,69	13,91	0,255	5,025	0,420	245	35,3	8,91	3,54
W12 × 30	8,79	12,34	0,260	6,520	0,440	238	38,6	20,3	6,24
W12 × 16	4,71	11,99	0,220	3,990	0,265	103	17,1	2,82	1,41
W10 × 15	4,41	9,99	0,230	4,000	0,270	69,8	13,8	2,89	1,45
W10 × 12	3,54	9,87	0,190	3,960	0,210	53,8	10,9	2,18	1,10
W8 × 15	4,44	8,11	0,245	4,015	0,315	48,0	11,8	3,41	1,70
W8 × 10	2,96	7,89	0,170	3,940	0,205	30,8	7,81	2,09	1,06
W6 × 15	4,43	5,99	0,230	5,990	0,260	29,1	9,72	9,32	3,11
W6 × 12	3,55	6,03	0,230	4,000	0,280	22,1	7,31	2,99	1,50
W5 × 19	5,54	5,15	0,270	5,030	0,430	26,2	10,2	9,13	3,63
W5 × 16	4,68	5,01	0,240	5,000	0,360	21,3	8,51	7,51	3,00
W4 × 13	3,83	4,16	0,280	4,060	0,345	11,3	5,46	3,86	1,90

Observações: exemplo de especificação: W14 × 43
14 = profundidade (pol); 43 = peso por comprimento unitário (lb/pés).
*I = momento de inércia; S = módulo de seção.
Fontes: Central Steel & Wire Co., várias localidades; <www.centralsteel.com/>
Reliance Steel & Aluminum Co./Earl M. Jorgensen Co., várias localidades; <http://jorgensen-usa.com/>

Unidades do sistema norte-americano

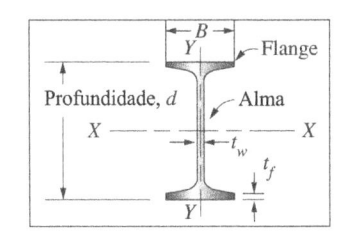

▼ TABELA 15.10 Perfis I: aço, perfis padrão norte-americano, perfis S: 3 a 24 pol de profundidade.

Designação	Área A (pol²)	Profundidade d (pol)	Espessura da alma, t_w (pol)	Flange Largura, B (pol)	Flange Espessura média, t_f (pol)	Eixo X-X I_x (pol⁴)	Eixo X-X S_x (pol³)	Eixo Y-Y I_y (pol⁴)	Eixo Y-Y S_y (pol³)
S24 × 90	26,5	24,00	0,625	7,125	0,870	2250	187	44,9	12,6
S20 × 96	28,2	20,30	0,800	7,200	0,920	1670	165	50,2	13,9
S20 × 75	22,0	20,00	0,635	6,385	0,795	1280	128	29,8	9,32
S20 × 66	19,4	20,00	0,505	6,255	0,795	1190	119	27,7	8,85
S18 × 70	20,6	18,00	0,711	6,251	0,691	926	103	24,1	7,72
S15 × 50	14,7	15,00	0,550	5,640	0,622	486	64,8	15,7	5,57
S12 × 50	14,7	12,00	0,687	5,477	0,659	305	50,8	15,7	5,74
S12 × 35	10,3	12,00	0,428	5,078	0,544	229	38,2	9,87	3,89
S10 × 35	10,3	10,00	0,594	4,944	0,491	147	29,4	8,36	3,38
S10 × 25.4	7,46	10,00	0,311	4,661	0,491	124	24,7	6,79	2,91
S8 × 23	6,77	8,00	0,441	4,171	0,426	64,9	16,2	4,31	2,07
S8 × 18.4	5,41	8,00	0,271	4,001	0,426	57,6	14,4	3,73	1,86
S7 × 20	5,88	7,00	0,450	3,860	0,392	42,4	12,1	3,17	1,64
S6 × 12.5	3,67	6,00	0,232	3,332	0,359	22,1	7,37	1,82	1,09
S5 × 10	2,94	5,00	0,214	3,004	0,326	12,3	4,92	1,22	0,809
S4 × 7.7	2,26	4,00	0,193	2,663	0,293	6,08	3,04	0,764	0,574
S3 × 5.7	1,67	3,00	0,170	2,330	0,260	2,52	1,68	0,455	0,390

Observações: exemplo de especificação: S10 × 35
10 = profundidade (pol); 35 = peso por comprimento unitário (lb/pés).
*I = momento de inércia; S = módulo de seção.
Fontes: Central Steel & Wire Co., várias localidades; <www.centralsteel.com/>
Reliance Steel & Aluminum Co./Earl M. Jorgensen Co., várias localidades; <http://jorgensen-usa.com/>

Unidades do sistema norte-americano

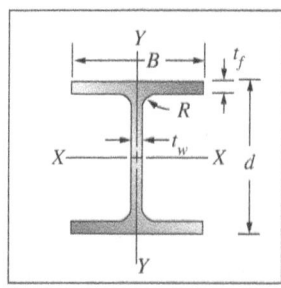

▼ TABELA 15.11 Perfis I: alumínio, perfis da Aluminum Association Standard, tamanhos maiores: 3 a 12 pol de profundidade.

Tamanho				Espessura do flange, t_f (pol)	Espessura da alma, t_w (pol)	Raio do filete, R (pol)	[1]Propriedades da seção					
Profundidade d (pol)	Largura B (pol)	Área A (pol^2)	[2]Peso (lb/pés)				Eixo X-X			Eixo Y-Y		
							I_x (pol^4)	S_x (pol^3)	r_x (pol)	I_y (pol^4)	S_y (pol^3)	r_y (pol)
3,00	2,50	1,392	1,637	0,20	0,13	0,25	2,24	1,49	1,27	0,52	0,42	0,61
3,00	2,50	1,726	2,030	0,26	0,15	0,25	2,71	1,81	1,25	0,68	0,54	0,63
4,00	3,00	1,965	2,311	0,23	0,15	0,25	5,62	2,81	1,69	1,04	0,69	0,73
4,00	3,00	2,375	2,793	0,29	0,17	0,25	6,71	3,36	1,68	1,31	0,87	0,74
5,00	3,50	3,146	3,700	0,32	0,19	0,30	13,94	5,58	2,11	2,29	1,31	0,85
6,00	4,00	3,427	4,030	0,29	0,19	0,30	21,99	7,33	2,53	3,10	1,55	0,95
6,00	4,00	3,990	4,692	0,35	0,21	0,30	25,50	8,50	2,53	3,74	1,87	0,97
7,00	4,50	4,932	5,800	0,38	0,23	0,30	42,89	12,25	2,95	5,78	2,57	1,08
8,00	5,00	5,256	6,181	0,35	0,23	0,30	59,69	14,92	3,37	7,30	2,92	1,18
8,00	5,00	5,972	7,023	0,41	0,25	0,30	67,78	16,94	3,37	8,55	3,42	1,20
9,00	5,50	7,110	8,361	0,44	0,27	0,30	102,02	22,67	3,79	12,22	4,44	1,31
10,00	6,00	7,352	8,646	0,41	0,25	0,40	132,09	26,42	4,24	14,78	4,93	1,42
10,00	6,00	8,747	10,286	0,50	0,29	0,40	155,79	31,16	4,22	18,03	6,01	1,44
12,00	7,00	9,925	11,672	0,47	0,29	0,40	255,57	42,60	5,07	26,90	7,69	1,65
12,00	7,00	12,153	14,292	0,62	0,31	0,40	317,33	52,89	5,11	35,48	10,14	1,71

Observações: [1]os pesos por pé têm como base as dimensões nominais e uma densidade de 0,098 lb/pol^3, que é a densidade da liga 6061.
[2]As áreas listadas são baseadas em dimensões nominais.
I = momento de inércia; S = módulo de seção; r = raio de giração.
Fontes: Aluminum Association, *Aluminum Standards and Data*, 11 ed., Washington, DC, © 1993, p. 187.
Central Steel & Wire Co., várias localidades; <www.centralsteel.com/>
Reliance Steel & Aluminum Co./Earl M. Jorgensen Co., várias localidades; <http://jorgensen-usa.com/>
OnlineMetals.com, Seattle, WA; <www.onlinemetals.com>

Unidades do sistema norte-americano

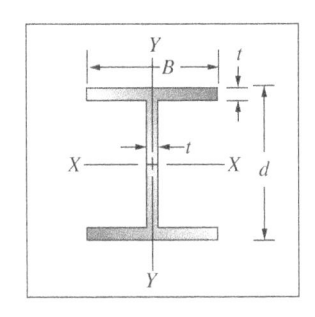

▼ TABELA 15.12 Perfis I: alumínio, perfis extrudados pequenos: 0,70 a 2,11 pol de profundidade.

Ref.	Profundidade d (pol)	Largura do flange, B (pol)	Espessura t (pol)	²Peso/ pés (lb/pés)	Área, A (pol²)	¹Propriedades da seção					
						Eixo X-X			Eixo Y-Y		
						I_x (pol⁴)	S_x (pol³)	r_x (pol)	I_y (pol⁴)	S_y (pol³)	r_y (pol)
a	0,700	1,060	0,050	0,160	0,136	0,0121	0,0346	0,299	0,00993	0,0187	0,270
b	1,040	1,074	0,050	0,185	0,154	0,0298	0,0573	0,439	0,0103	0,0192	0,259
c	1,950	1,000	0,050	0,230	0,193	0,117	0,120	0,778	0,00835	0,0167	0,208
d	1,120	1,724	0,050	0,268	0,223	0,0538	0,0961	0,491	0,0427	0,0495	0,437
e	1,034	1,500	0,062	0,290	0,242	0,0479	0,0926	0,444	0,0349	0,0465	0,379
f	2,110	1,500	0,055	0,329	0,275	0,211	0,200	0,876	0,0310	0,0413	0,336
g	0,876	1,500	0,188	0,790	0,658	0,0704	0,161	0,327	0,106	0,141	0,401
h	1,000	2,375	0,250	1,575	1,313	0,176	0,352	0,366	0,559	0,471	0,653

Observação: estes perfis são projetados para aplicações especiais e não são feitos em dimensões comuns. Os cálculos pressupõem cantos quadrados.
¹I = momento de inércia; S = módulo de seção; r = raio de giração, utilizado para análise de coluna; consulte o esboço para os eixos X-X e Y-Y.
²Com densidade de alumínio = 0,100 lb_m/pol^3. (Pode variar de 0,095 lb_m/pol^3 a 0,102 lb_m/pol^3.)
Fontes: Paramount Extrusions, Co., Paramount, CA; <www.paramountextrusions.com>
Metals Depot, Winchester, KY; <www.MetalsDepot.com>

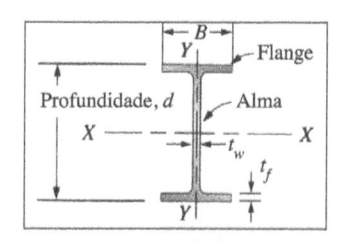

Unidades do SI

▼ TABELA 15.13 Perfis I: aço, perfis padrão europeu ([2]IPE): 80 a 600 mm de profundidade.

Ref.	Profundidade d (mm)	Largura do flange, B (mm)	Espessura Flange, t_f (mm)	Espessura Alma, t_w (mm)	[3]Peso/m (N/m)	Área A (mm²)	[1]Eixo X-X I_x (mm⁴)	S_x (mm³)	r_x (mm)	Eixo Y-Y I_y (mm⁴)	S_y (mm³)	r_y (mm)
a	80	46	5,2	3,8	57,6	764	8,014E+05	2,003E+04	32,4	8,487E+04	3,690E+03	10,54
b	100	55	5,7	4,1	77,8	1032	1,710E+06	3,420E+04	40,7	1,591E+05	5,786E+03	12,4
c	120	64	6,3	4,4	99,5	1321	3,177E+06	5,296E+04	49,0	2,766E+05	8,644E+03	14,5
d	140	73	6,9	4,7	123,8	1643	5,412E+06	7,732E+04	57,4	4,491E+05	1,230E+04	16,5
e	160	82	7,4	5,0	151,4	2009	8,693E+06	1,087E+05	65,8	6,829E+05	1,666E+04	18,4
f	180	91	8,0	5,3	180,4	2395	1,317E+07	1,463E+05	74,2	1,008E+06	2,216E+04	20,5
g	200	100	8,5	5,6	214,6	2848	1,943E+07	1,943E+05	82,6	1,423E+06	2,846E+04	22,4
h	220	110	9,2	5,9	251,4	3337	2,772E+07	2,520E+05	91,1	2,048E+06	3,724E+04	24,8
i	240	120	9,8	6,2	294,7	3912	3,891E+07	3,243E+05	99,7	2,835E+06	4,725E+04	26,9
j	270	135	10,2	6,6	346,2	4595	5,790E+07	4,289E+05	112,3	4,197E+06	6,218E+04	30,2
k	300	150	10,7	7,1	405,4	5381	8,356E+07	5,571E+05	124,6	6,036E+06	8,048E+04	33,5
l	330	160	11,5	7,5	471,7	6261	1,177E+08	7,131E+05	137,1	7,878E+06	9,848E+04	35,5
m	360	170	12,7	8,0	547,9	7273	1,627E+08	9,036E+05	149,5	1,043E+07	1,227E+05	37,9
n	400	180	13,5	8,8	642,0	8521	2,321E+08	1,161E+06	165,1	1,317E+07	1,464E+05	39,3
o	450	190	14,6	9,4	744,5	9882	3,374E+08	1,500E+06	184,8	1,675E+07	1,763E+05	41,2
p	500	200	16,0	10,2	870,4	11552	4,820E+08	1,928E+06	204,3	2,141E+07	2,141E+05	43,1
q	550	210	17,2	11,1	1013	13442	6,712E+08	2,441E+06	223,5	2,667E+07	2,540E+05	44,5
r	600	220	19,0	12,0	1175	15598	9,208E+08	3,069E+06	243,0	3,386E+07	3,078E+05	46,6

Observações: [1]I = momento de inércia; S = módulo de seção; r = raio de giração, utilizado para análise de coluna; consulte o esboço para os eixos X-X e Y-Y.
[2]As seções IPE apresentam flanges de largura média. Seções com flanges estreitos e largos também estão disponíveis.
[3]Com densidade de aço = 7680 kg/m³.
Fonte: Parker Steel Company—Metric Sized Metals, Toledo, Ohio; <http://metricmetal.com>

Tubos: quadrado e retangular
Tabelas 15.14, 15.15 e 15.16

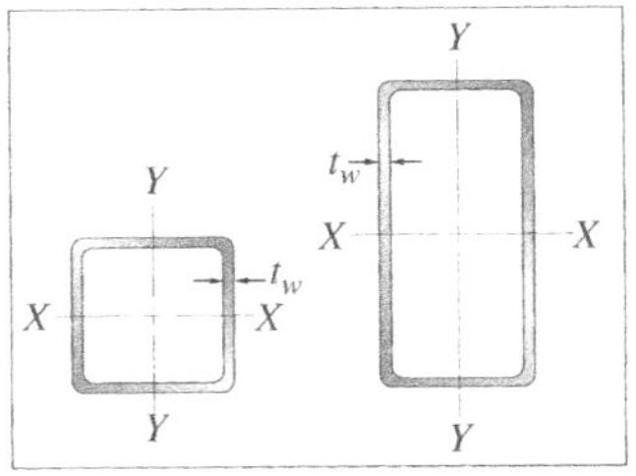

Unidades do sistema norte-americano

▼ TABELA 15.14 Tubos ocos: aço, quadrado e retangular, perfis HSS estruturais padronizados: 2 a 8 pol de profundidade.

Ref.	Perfil (pol) (pol)	Espessura de parede de projeto, t_w (pol)	²Peso por pé (lb/pés)	Área, A (pol²)	Eixo X-X			Eixo Y-Y			Constantes de torção	
					I_x (pol⁴)	S_x (pol³)	r_x (pol)	I_y (pol⁴)	S_y (pol³)	r_y (pol)	J (pol⁴)	C (pol³)
a	HSS 8 × 8 × ½	0,465	48,7	13,5	125	31,2	3,04	125	31,2	3,04	204	52,4
b	HSS 8 × 8 × ¼	0,233	25,8	7,10	70,7	17,7	3,15	70,7	17,7	3,15	111	28,1
c	HSS 8 × 4 × ½	0,465	35,1	9,74	71,8	17,9	2,71	23,6	11,8	1,56	61,1	24,4
d	HSS 8 × 4 × ¼	0,233	19,0	5,24	42,5	10,6	2,85	14,4	7,21	1,66	35,3	13,6
e	HSS 8 × 2 × ¼	0,233	15,6	4,30	28,5	7,12	2,57	2,94	2,94	0,827	9,36	6,35
f	HSS 6 × 6 × ½	0,465	35,1	9,74	48,3	16,1	2,23	48,3	16,1	2,23	81,1	28,1
g	HSS 6 × 6 × ¼	0,233	19,0	5,24	28,6	9,54	2,34	28,6	9,54	2,34	45,6	15,4
h	HSS 6 × 4 × ¼	0,233	15,6	4,30	20,9	6,96	2,20	11,1	5,56	1,61	23,6	10,1
i	HSS 6 × 2 × ¼	0,233	12,2	3,37	13,1	4,37	1,97	2,21	2,21	0,810	6,55	4,70
j	HSS 4 × 4 × ½	0,465	21,5	6,02	11,9	5,97	1,41	11,9	5,97	1,41	21,0	11,2
k	HSS 4 × 4 × ¼	0,233	12,2	3,37	7,80	3,90	1,52	7,80	3,90	1,52	12,8	6,56
l	HSS 4 × 2 × ¼	0,233	8,78	2,44	4,49	2,25	1,36	1,48	1,48	0,779	3,82	3,05
m	HSS 3 × 3 × ¼	0,233	8,78	2,44	3,02	2,01	1,11	3,02	2,01	1,11	5,08	3,52
n	HSS 3 × 2 × ¼	0,233	7,08	1,97	2,13	1,42	1,04	1,11	1,11	0,751	2,52	2,23
o	HSS 2 × 2 × ¼	0,233	5,38	1,51	0,747	0,747	0,704	0,747	0,747	0,704	1,31	1,41

Observação: exemplo de especificação: 6 × 4 × 1/4; 6 = profundidade vertical (pol); 4 = largura (pol); 1/4 = espessura da parede (pol).
¹I = momento de inércia; S = módulo de seção; r = raio de giração.
²Com densidade de aço = 0,283 lb_m/pol^3.
Fontes: Metals Depot, Winchester, KY; <www.MetalsDepot.com>
Bullmoose Tube Co.; <www.bullmoosetube.com/>
Steel Tube Institute of North America, Glenview, IL; <www.steeltubeinstitute.org>

Unidades do sistema norte-americano

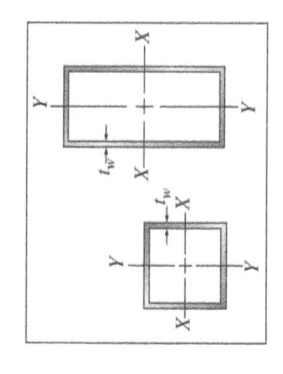

▼ TABELA 15.15 Tubos ocos: aço e alumínio, quadrado e retangular, tamanhos menores: 0,375 a 3,00 pol de profundidade.

	Dimensões externas		Espessura da parede t (pol)	Dimensões internas		Área A (pol²)	²Peso/pés		¹Propriedades da seção					
										Eixo X-X		Eixo Y-Y		
Ref.	Lado curto a (pol)	Lado longo b (pol)		Lado curto c (pol)	Lado longo d (pol)		Aço (lb/pés)	Alumínio (lb/pés)	I_x (pol⁴)	S_x (pol³)	r_x (pol)	I_y (pol⁴)	S_y (pol³)	r_y (pol)
a	0,375	0,375	0,049	0,277	0,277	0,064	0,217	0,077	0,00116	0,00617	0,13458	0,00116	0,00617	0,135
b	0,500	0,500	0,065	0,370	0,370	0,113	0,384	0,136	0,00365	0,0146	0,180	0,00365	0,0146	0,180
c	0,500	1,000	0,065	0,370	0,870	0,178	0,605	0,214	0,0214	0,0427	0,346	0,00674	0,0270	0,195
d	0,500	1,500	0,065	0,370	1,370	0,243	0,826	0,292	0,0613	0,0818	0,502	0,0098	0,0394	0,201
e	0,500	1,500	0,120	0,260	1,260	0,422	1,434	0,507	0,0973	0,130	0,480	0,0138	0,0551	0,181
f	0,625	0,625	0,065	0,495	0,495	0,146	0,494	0,175	0,00771	0,0247	0,230	0,00771	0,0247	0,230
g	0,750	0,750	0,065	0,620	0,620	0,178	0,605	0,214	0,0141	0,0375	0,281	0,0141	0,0375	0,281
h	0,750	1,500	0,065	0,620	1,370	0,276	0,936	0,331	0,0781	0,104	0,532	0,0255	0,0681	0,304
i	0,875	0,875	0,049	0,777	0,777	0,162	0,550	0,194	0,0185	0,042	0,338	0,0185	0,0422	0,338
j	1,000	1,000	0,065	0,870	0,870	0,243	0,826	0,292	0,0356	0,071	0,383	0,0356	0,0712	0,383
k	1,000	1,000	0,120	0,760	0,760	0,422	1,434	0,507	0,0555	0,111	0,363	0,0555	0,111	0,363
l	1,000	1,500	0,065	0,870	1,370	0,308	1,046	0,370	0,0948	0,126	0,555	0,0498	0,100	0,402
m	1,000	1,500	0,120	0,760	1,260	0,542	1,842	0,651	0,155	0,206	0,534	0,0789	0,158	0,381
n	1,000	2,000	0,065	0,870	1,870	0,373	1,267	0,448	0,193	0,193	0,718	0,0640	0,128	0,414
o	1,000	3,000	0,065	0,870	2,870	0,503	1,709	0,604	0,536	0,357	1,032	0,0925	0,185	0,429
p	1,250	1,250	0,065	1,120	1,120	0,308	1,046	0,370	0,0723	0,116	0,485	0,0723	0,116	0,485
q	1,375	1,375	0,058	1,259	1,259	0,306	1,038	0,367	0,0885	0,129	0,538	0,0885	0,129	0,538
r	1,500	1,500	0,065	1,370	1,370	0,373	1,267	0,448	0,128	0,171	0,586	0,128	0,171	0,586
s	1,500	1,500	0,120	1,260	1,260	0,662	2,250	0,795	0,212	0,282	0,566	0,212	0,282	0,566
t	1,500	2,000	0,065	1,370	1,870	0,438	1,488	0,526	0,253	0,253	0,761	0,162	0,216	0,608
u	1,500	2,000	0,120	1,260	1,760	0,782	2,657	0,939	0,428	0,428	0,739	0,269	0,359	0,586
v	1,500	3,000	0,120	1,260	2,760	1,022	3,472	1,227	1,167	0,778	1,069	0,384	0,512	0,613

Observações: ¹I = momento de inércia; S = módulo de seção; r = raio de giração, utilizado na análise de coluna; consulte o esboço para os eixos X-X e Y-Y.
Os valores são referentes a cantos perfeitamente quadrados. Alguns fornecedores aplicam raios aos cantos interiores e/ou exteriores.
Bitolas de espessura de parede: 0,049 pol = bitola 18; 0,058 pol = bitola 17; 0,065 pol = bitola 16; 0,120 pol = bitola 11.
Outras bitolas e tamanhos são disponibilizados por muitos fabricantes e fornecedores. Consulte o Apêndice A15.14 para tubos estruturais maiores.
²Com densidade de aço = 0,283 lb$_m$/pol³; densidade de alumínio = 0,100 lb$_m$/pol³. (Pode variar de 0,095 lb$_m$/pol³ a 0,102 lb$_m$/pol³.)
Fontes: Reliance Steel & Aluminum Co./Earl M. Jorgensen Co., várias localidades; <http://jorgensen-usa.com/> Central Steel & Wire Co., várias localidades; <www.centralsteel.com/> OnlineMetals.com, Seattle, WA; <www.onlinemetals.com> Bullmoose Tube Co.; <www.bullmoosetube.com/> Metals Depot, Winchester, KY; <www.MetalsDepot.com>

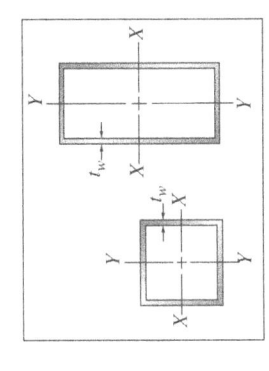

Unidades do SI

▶ TABELA 15.16 Tubos ocos: aço e alumínio, quadrado e retangular: 20 a 300 mm de profundidade.

Ref.	Dimensões externas		Dimensões internas				²Peso/m		¹Propriedades da seção					
	Lado curto a (mm)	Lado longo b (mm)	Espessura da parede t_w (mm)	Lado curto c (mm)	Lado longo d (mm)	Área A (mm²)	Aço (N/m)	Alumínio (N/m)	Eixo X-X			Eixo Y-Y		
									I_x (mm⁴)	S_x (mm³)	r_x (mm)	I_y (mm⁴)	S_y (mm³)	r_y (mm)
a	10	20	2	6	16	104	7,84	2,82	4,619E+03	462	6,66	1,379E+03	276	3,64
b	20	20	2	16	16	144	10,8	3,91	7,872E+03	787	7,39	7,872E+03	787	7,39
c	20	30	3	14	24	264	19,9	7,17	2,887E+04	1925	10,5	1,451E+04	1451	7,41
d	30	30	3	24	24	324	24,4	8,80	3,985E+04	2657	11,1	3,985E+04	2657	11,1
e	20	40	3	14	34	324	24,4	8,80	6,081E+04	3041	13,7	1,889E+04	1889	7,64
f	40	40	3	34	34	444	33,5	12,1	1,020E+05	5099	15,2	1,020E+05	5099	15,2
g	30	50	3	24	44	444	33,5	12,1	1,421E+05	5685	17,9	6,181E+04	4121	11,8
h	50	50	3	44	44	564	42,5	15,3	2,085E+05	8340	19,2	2,085E+05	8340	19,2
i	40	80	4	32	72	896	67,5	24,3	7,113E+05	1,778E+04	28,2	2,301E+05	1,150E+04	16,0
j	80	80	4	74	74	924	69,6	25,1	9,145E+05	2,286E+04	31,5	9,145E+05	2,286E+04	31,5
k	50	100	4	42	92	1136	85,6	30,8	1,441E+06	2,883E+04	35,6	4,737E+05	1,895E+04	20,4
l	100	100	4	92	92	1536	116	41,7	2,363E+06	4,727E+04	39,2	2,363E+06	4,727E+04	39,2
m	50	150	4	42	142	1536	116	41,7	4,041E+06	5,388E+04	51,3	6,858E+05	2,743E+04	21,1
n	150	150	5	140	140	2900	218	78,7	1,017E+07	1,357E+05	59,2	1,017E+07	1,357E+05	59,2
o	200	200	4	192	192	3136	236	85,1	2,009E+07	2,009E+05	80,0	2,009E+07	2,009E+05	80,0
p	100	200	4	92	192	2336	176	63,4	1,240E+07	1,240E+05	72,9	4,208E+06	8,415E+04	42,4
q	50	200	4	42	192	1936	146	52,6	8,561E+06	8,561E+04	66,5	8,979E+05	3,592E+04	21,5
r	250	250	8	234	234	7744	583	210,3	7,567E+07	6,054E+05	98,9	7,567E+07	6,054E+05	98,9
s	300	300	8	284	284	9344	704	253,7	1,329E+08	8,859E+05	119,3	1,329E+08	8,859E+05	119,3
t	300	300	12,5	275	275	14375	1083	390,3	1,984E+08	1,323E+06	117,5	1,984E+08	1,323E+06	117,5

Observações: I = momento de inércia; S = módulo de seção; r = raio de giração, utilizado na análise de coluna; consulte o esboço para os eixos X-X e Y-Y.
Os valores são referentes a cantos perfeitamente quadrados. Alguns fornecedores aplicam raios aos cantos interiores e/ou exteriores.
Muitos tamanhos e espessuras de parede adicionais são disponibilizados por fabricantes e fornecedores.
²Com densidade de aço = 7680 kg/m³; densidade de alumínio = 2768 kg/m³. (Pode variar de 2635 kg/m³ a 2829 kg/m³.)
Fontes: Parker Steel Company—Metric Sized Metals, Toledo, Ohio; <http://metricmetal.com>
Bulimoose Tube Co.; <www.bulimoosetube.com/>

Tubos

Tabelas 15.17, 15.18 e 15.19

Unidades do sistema norte-americano

▼ TABELA 15.17 Tubo: padrão norte-americano Schedule 40 e norma AISC: tamanhos de 1/8 a 18 pol.

Ref.	Tamanho nominal (pol)	Diâmetro externo (pol)	Diâmetro interno (pol)	Espessura da parede, t_w (pol)	Area, A (pol²)	Peso/pé Aço (lb/pés)	Propriedades da seção				Constantes de torção	
							I (pol⁴)	S (pol³)	r (pol)		J (pol⁴)	Z_p (pol³)
	Tubo Schedule 40											
a	1/8 pol	0,405	0,269	0,068	0,072	0,245	1,06E-03	5,25E-03	0,122		2,13E-03	1,05E-02
b	1/4 pol	0,540	0,364	0,088	0,125	0,425	3,31E-03	1,23E-02	0,163		6,62E-03	2,45E-02
c	3/8 pol	0,675	0,493	0,091	0,167	0,568	7,29E-03	2,16E-02	0,209		1,46E-02	4,32E-02
d	TUBO 1/2 STD	0,840	0,622	0,109	0,250	0,851	1,71E-02	4,07E-02	0,261		3,42E-02	8,14E-02
e	TUBO 3/4 STD	1,050	0,824	0,113	0,333	1,131	3,70E-02	7,05E-02	0,334		7,41E-02	0,1411
f	TUBO 1 STD	1,315	1,049	0,133	0,494	1,679	8,73E-02	0,1328	0,421		0,1747	0,2657
g	TUBO 1-1/4 STD	1,660	1,380	0,140	0,669	2,273	0,1947	0,2346	0,540		0,3894	0,4692
h	TUBO 1-1/2 STD	1,900	1,610	0,145	0,799	2,718	0,3099	0,3262	0,623		0,6198	0,6524
i	TUBO 2 STD	2,375	2,067	0,154	1,075	3,653	0,6657	0,5606	0,787		1,331	1,121
j	TUBO 2-1/2 STD	2,876	2,469	0,203	1,704	5,793	1,530	1,064	0,947		3,059	2,128
k	TUBO 3 STD	3,500	3,068	0,216	2,228	7,576	3,017	1,724	1,164		6,034	3,448
l	TUBO 3-1/2 STD	4,000	3,548	0,226	2,680	9,109	4,788	2,394	1,337		9,575	4,788
m	TUBO 4 STD	4,500	4,026	0,237	3,714	10,790	7,233	3,214	1,510		14,47	6,429
n	TUBO 5 STD	5,563	5,047	0,258	4,300	14,618	15,16	5,451	1,878		30,32	10,90
o	TUBO 6 STD	6,625	6,065	0,280	5,581	18,974	28,14	8,496	2,245		56,28	16,99
p	TUBO 8 STD	8,625	7,981	0,322	8,399	28,554	72,49	16,81	2,938		145,0	33,62
q	TUBO 10 STD	10,750	10,020	0,365	11,908	40,483	160,7	29,90	3,674		321,5	59,81
r	12 pol	12,750	11,938	0,406	15,745	53,525	300,2	47,09	4,367		600,4	94,18
s	16 pol	16,000	15,000	0,500	24,347	82,771	731,9	91,49	5,483		1464	183,0
t	18 pol	18,000	16,876	0,562	30,788	104,667	1171	130,2	6,168		2343	260,3

Observações: ¹todos os valores apresentados são referentes a tubos de aço Schedule 40.
As linhas d-q estão em conformidade com as normas AISC para as dimensões do peso padrão de tubo; já as linhas a-c e r-t, não.
Muitos outros tamanhos de seções estruturais tubulares redondas ocas (HSS) estão disponíveis. Consulte o manual AISC.
Fontes: American Piping Products, Chesterfield, MO; <www.amerpipe.com/reference/Ansi-Pipe-Chart.php>
Davidson Group, Specialty Pipe & Tube, Brooklyn, NY; <www.davidsonpipe.com/>

Unidades do sistema norte-americano

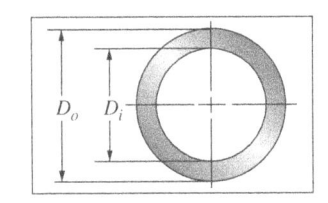

▼ TABELA 15.18 Tubo para aplicações mecânicas: aço e alumínio: diâmetro externo de 0,5 a 5,0 pol.

	Tamanho nominal		Diâmetro externo D_o (pol)	Diâmetro interno D_i (pol)	Espessura da parede t_w (pol)	Área A (pol²)	²Peso/pés		¹Propriedades da seção				
									Propriedades de flexão			Propriedades de torção	
Ref.	OD (pol)	Bitola da parede					Aço (lb/pés)	Alumínio (lb/pés)	I (pol⁴)	S (pol³)	r (pol)	J (pol⁴)	Z_p (pol³)
a	1/2	17	0,500	0,384	0,058	0,081	0,274	0,097	0,00200	0,00800	0,158	0,00400	0,0160
b	1/2	14	0,500	0,334	0,083	0,109	0,370	0,130	0,00246	0,00983	0,150	0,00491	0,0197
c	1	16	1,000	0,870	0,065	0,191	0,649	0,229	0,0210	0,0419	0,331	0,0419	0,0839
d	1	10	1,000	0,732	0,134	0,365	1,239	0,437	0,0350	0,0700	0,310	0,0700	0,140
e	1 1/2	16	1,500	1,370	0,065	0,293	0,996	0,352	0,0756	0,101	0,508	0,151	0,202
f	1 1/2	10	1,500	1,232	0,134	0,575	1,955	0,690	0,135	0,181	0,485	0,271	0,361
g	2	16	2,000	1,870	0,065	0,395	1,343	0,474	0,185	0,185	0,685	0,370	0,370
h	2	10	2,000	1,732	0,134	0,786	2,671	0,943	0,344	0,344	0,661	0,687	0,687
i	2 1/2	10	2,500	2,232	0,134	0,996	3,386	1,195	0,699	0,559	0,838	1,398	1,119
j	2 1/2	5	2,500	2,060	0,220	1,576	5,357	1,891	1,034	0,827	0,810	2,067	1,654
k	3	10	3,000	2,732	0,134	1,207	4,102	1,448	1,241	0,828	1,014	2,483	1,655
l	3	5	3,000	2,560	0,220	1,921	6,532	2,306	1,868	1,245	0,986	3,736	2,490
m	3 1/2	10	3,500	3,232	0,134	1,417	4,817	1,700	2,010	1,149	1,191	4,020	2,297
n	3 1/2	5	3,500	3,060	0,220	2,267	7,707	2,720	3,062	1,750	1,162	6,125	3,500
o	4	5	4,000	3,560	0,220	2,613	8,882	3,135	4,682	2,341	1,339	9,364	4,682
p	4	3/8 pol	4,000	3,250	0,375	4,271	14,518	5,125	7,090	3,545	1,288	14,180	7,090
q	4 1/2	5	4,500	4,060	0,220	2,958	10,056	3,550	6,791	3,018	1,515	13,583	6,037
r	4 1/2	3/8 pol	4,500	3,750	0,375	4,860	16,521	5,832	10,422	4,632	1,464	20,843	9,264
s	5	5	5,000	4,560	0,220	3,304	11,231	3,964	9,456	3,782	1,692	18,911	7,564
t	5	3/8 pol	5,000	4,250	0,375	5,449	18,523	6,538	14,665	5,866	1,641	29,329	11,732

Observações: ¹I = momento de inércia; S = módulo de seção; r = raio de giração, utilizado na análise de coluna; J = momento polar de inércia; Z_p = módulo polar da seção.
²Com densidade de aço = 0,283 lb$_m$/pol³; densidade de alumínio = 0,100 lb$_m$/pol³. (Pode variar de 0,095 lb$_m$/pol³ a 0,102 lb$_m$/pol³.)
Fontes: Reliance Steel & Aluminum Co./Earl M. Jorgensen Co.; <http://jorgensen-usa.com/>
Central Steel & Wire Co.; <www.centralsteel.com/>
Webco Industries, Inc.; <www.webcoindustries.com/tubing/mechanical>
Bullmoose Tube Co.; <www.bullmoosetube.com/>
Paramount Extrusions, Co., Paramount, CA; <www.paramountextrusions.com>
Metals Depot, Winchester, KY; <www.MetalsDepot.com>
Wheatland Tube Company, Sharon, PA (tamanho menores); <www.wheatland.com>
Davidson Group, Specialty Pipe & Tube, Brooklyn, NY (tamanhos maiores e parede mais pesada); <www.davidsonpipe.com/>

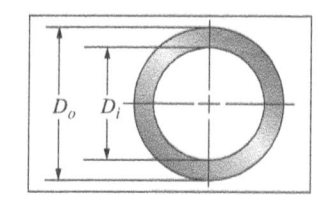

Unidades do SI

▼ **TABELA 15.19** Tubo para aplicações mecânicas: aço e alumínio: diâmetros externos de 10 a 150 mm.

Ref.	Diâmetro externo D_o (mm)	Diâmetro interno D_i (mm)	Espessura da parede t (mm)	Área A (mm²)	²Peso/m Aço (N/m)	²Peso/m Alumínio (N/m)	Propriedades de flexão I (mm⁴)	Propriedades de flexão S (mm³)	r (mm)	Propriedades de torção J (mm⁴)	Propriedades de torção Z_p (mm³)
a	10	8	1,0	28,27	2,130	0,768	289,8	57,96	3,20	579,6	115,9
b	10	6	2,0	50,27	3,787	1,365	427,3	85,45	2,92	854,5	170,9
c	20	17	1,5	87,18	6,568	2,367	3754	375,4	6,56	7508,3	750,8
d	20	15	2,5	137,4	10,36	3,732	5369	536,9	6,25	1,074E+04	1074
e	30	26	2,0	175,9	13,25	4,777	1,733E+04	1155	9,92	3,466E+04	2311
f	30	22	4,0	326,7	24,62	8,872	2,826E+04	1884	9,30	5,652E+04	3768
g	45	40	2,5	333,8	25,15	9,064	7,563E+04	3361	15,05	1,513E+05	6722
h	45	37	4,0	515,2	38,82	13,990	1,093E+05	4857	14,56	2,186E+05	9715
i	60	52	4,0	703,7	53,02	19,109	2,773E+05	9242	19,85	5,545E+05	1,848E+04
j	60	48	6,0	1017,9	76,69	27,639	3,756E+05	1,252E+04	19,21	7,512E+05	2,504E+04
k	75	70	2,5	569,4	42,90	15,462	3,746E+05	9,988E+03	25,65	7,491E+05	1,998E+04
l	75	65	5,0	1100	82,84	29,857	6,769E+05	1,805E+04	24,81	1,354E+06	3,610E+04
m	90	84	3,0	820	61,78	22,265	7,767E+05	1,726E+04	30,78	1,553E+06	3,452E+04
n	90	80	5,0	1335	100,6	36,255	1,210E+06	2,689E+04	30,10	2,420E+06	5,378E+04
o	110	104	3,0	1008	76,0	27,383	1,444E+06	2,626E+04	37,85	2,889E+06	5,252E+04
p	110	100	5,0	1649	124,3	44,786	2,278E+06	4,142E+04	37,17	4,556E+06	8,284E+04
q	130	124	3,0	1197	90,2	32,502	2,415E+06	3,715E+04	44,91	4,829E+06	7,429E+04
r	130	120	5,0	1963	147,9	53,317	3,841E+06	5,909E+04	44,23	7,682E+06	1,182E+05
s	150	144	3,0	1385	104,4	37,620	3,744E+06	4,992E+04	51,98	7,488E+06	9,983E+04
t	150	140	5,0	2278	171,6	61,847	5,993E+06	7,991E+04	51,30	11986157,7	1,598E+05

Observações: ¹I = momento de inércia; S = módulo de seção; r = raio de giração, utilizado na análise de coluna; J = momento polar de inércia; Z_p = módulo polar
²Com densidade de aço = 7680 kg/m³; densidade de alumínio = 2768 kg/m³. (Pode variar de 2635 kg/m³ a 2829 kg/m³.)
Fonte: Parker Steel Company—Metric Sized Metals, Toledo, Ohio; <http://metricmetal.com>

APÊNDICE 16 FATORES DE CONVERSÃO

Massa Unidade padrão do SI: quilograma (kg). Unidade equivalente: $N \cdot s^2/m$.

$$\frac{14,59 \text{ kg}}{\text{slug}} \qquad \frac{32,174 \text{ lb}_m}{\text{slug}} \qquad \frac{2,205 \text{ lb}_m}{\text{kg}} \qquad \frac{453,6 \text{ gramas}}{\text{lb}_m} \qquad \frac{2000 \text{ lb}_m}{\text{ton}_m} \qquad \frac{1000 \text{ kg}}{\text{tonelada métrica}_m}$$

Força Unidade padrão do SI: Newton (N). Unidade equivalente: $kg \cdot m/s^2$.

$$\frac{4,448 \text{ N}}{\text{lb}_f} \qquad \frac{10^5 \text{ dina}}{\text{N}} \qquad \frac{4,448 \times 10^5 \text{ dina}}{\text{lb}_f} \qquad \frac{224,8 \text{ lb}_f}{\text{kN}} \qquad \frac{1000 \text{ lb}}{K}$$

Comprimento

$$\frac{3,281 \text{ pés}}{\text{m}} \qquad \frac{39,37 \text{ pol}}{\text{m}} \qquad \frac{12 \text{ pol}}{\text{pés}} \qquad \frac{25,4 \text{ mm}}{\text{pol}} \qquad \frac{1,609 \text{ km}}{\text{mi}} \qquad \frac{5280 \text{ pés}}{\text{mi}}$$

Área

$$\frac{144 \text{ pol}^2}{\text{pé}^2} \qquad \frac{10,76 \text{ pés}^2}{\text{m}^2} \qquad \frac{645,2 \text{ mm}^2}{\text{pol}^2} \qquad \frac{10^6 \text{ mm}^2}{\text{m}^2} \qquad \frac{43560 \text{ pés}^2}{\text{acre}} \qquad \frac{10^4 \text{ m}^2}{\text{hectare}}$$

Volume

$$\frac{1728 \text{ pol}^3}{\text{pés}^3} \qquad \frac{231 \text{ pol}^3}{\text{gal}} \qquad \frac{7,48 \text{ gal}}{\text{pés}^3} \qquad \frac{264 \text{ gal}}{\text{m}^3} \qquad \frac{3,785 \text{ L}}{\text{gal}} \qquad \frac{35,3 \text{ pés}^3}{\text{m}^3}$$

Pressão, tensão ou carregamento Unidade padrão do SI: Pascal (Pa). Unidades equivalentes: N/m^2 ou $kg/m \cdot s^2$.

$$\frac{144 \text{ lb/pés}^2}{\text{lb/pol}^2} \qquad \frac{47,88 \text{ Pa}}{\text{lb/pés}^2} \qquad \frac{6895 \text{ Pa}}{\text{lb/pés}^2} \qquad \frac{1 \text{ Pa}}{N/m^2} \qquad \frac{6,895 \text{ MPa}}{\text{ksi}}$$

Energia Unidade padrão do SI: Joule (J). Unidades equivalentes: $N \cdot m$ ou $kg \cdot m^2/s^2$.

$$\frac{1,356 \text{ J}}{\text{lb} \cdot \text{pés}} \qquad \frac{1,0 \text{ J}}{N \cdot m} \qquad \frac{8,85 \text{ lb} \cdot \text{pol}}{J} \qquad \frac{1,055 \text{ kJ}}{\text{Btu}} \qquad \frac{3,600 \text{ kJ}}{W \cdot hr} \qquad \frac{778 \text{ pés} \cdot \text{lb}}{\text{Btu}}$$

Potência Unidade padrão do SI: Watt (W). Unidade equivalente: J/s ou $N \cdot m/s$.

$$\frac{745,7 \text{ W}}{\text{hp}} \qquad \frac{1,0 \text{ W}}{N \cdot m/s} \qquad \frac{550 \text{ lb} \cdot \text{pés/s}}{\text{hp}} \qquad \frac{1,356 \text{ W}}{\text{lb} \cdot \text{pés/s}} \qquad \frac{3,412 \text{ Btu/hr}}{W} \qquad \frac{1,341 \text{ hp}}{\text{kW}}$$

Densidade (massa/unidade volume)

$$\frac{515,4 \text{ kg/m}^3}{\text{slug/pés}^3} \qquad \frac{1000 \text{ kg/m}^3}{\text{gramas/cm}^3} \qquad \frac{32,17 \text{ lb}_m/\text{pés}^3}{\text{slug/pés}^3} \qquad \frac{16,018 \text{ kg/m}^3}{\text{lb}_m/\text{pés}^3}$$

Peso específico (peso/unidade volume)

$$\frac{157,1 \text{ N/m}^3}{\text{lb}_f/\text{pés}^3} \qquad \frac{1728 \text{ lb/pés}^3}{\text{lb/pés}^3}$$

Momento fletor ou torque

$$\frac{8,851 \text{ lb} \cdot \text{pol}}{N \cdot m} \qquad \frac{1,356 \, N \cdot m}{\text{lb} \cdot \text{pés}}$$

Módulo de seção

$$\frac{1,639 \times 10^4 \text{ mm}^3}{\text{pol}^3} \qquad \frac{10^9 \text{ mm}^3}{\text{m}^3}$$

Momento de inércia ou segundo momento de uma área

$$\frac{4,162 \times 10^5 \text{ mm}^4}{\text{pol}^4} \qquad \frac{10^{12} \text{ mm}^4}{\text{m}^4}$$

Abordagem geral para a aplicação de fatores de conversão: organize o fator de conversão desta tabela de modo que, quando multiplicado pela quantidade em questão, as unidades originais sejam canceladas, deixando apenas as unidades desejadas. Veja os exemplos abaixo.

Exemplo 1. Converta uma tensão de 36 ksi para MPa.

$$\sigma = 36 \text{ ksi} \times \frac{6,895 \text{ MPa}}{\text{ksi}} = 248 \text{ MPa}.$$

Exemplo 2. Converta uma tensão de 1272 MPa para ksi.

$$\sigma = 1272 \text{ MPa} \times \frac{1,0 \text{ ksi}}{6,895 \text{ MPa}} = 184 \text{ ksi}$$

APÊNDICE 17 TABELA DE CONVERSÃO DE DUREZA

Brinell Nº¹	Rockwell B	Rockwell C	Vickers Nº²	Aço: resistência à tração (1000 psi aprox.)	Brinell Nº¹	Rockwell B	Rockwell C	Vickers Nº²	Aço: resistência à tração (1000 psi aprox.)
(745)		65,3			262	(103,0)	26,6	277	127
(712)		63,3			255	(102,0)	25,4	268	123
(682)		61,7			248	(101,0)	24,2	261	120
(653)		60,0			241	100,0	22,8	252	116
(627)		58,7			235	99,0	21,7	246	114
601		57,3	639		229	98,2	20,5	241	111
578		56,0	614		223	97,3	(18,8)	235	108
555		54,7	590	298	217	96,4	(17,5)	228	105
534		53,5	569	288	212	95,5	(16,0)	222	102
514		52,1	546	274	207	94,6	(15,2)	217	100
495		51,6	527	269	201	93,8	(13,8)	211	98
477		50,3	508	258	197	92,8	(12,7)	207	95
461		48,8	490	244	192	91,9	(11,5)	202	93
444		47,2	472	231	187	90,7	(10,0)	196	90
429		45,7	455	219	183	90,0	(9,0)	184	89
415		44,5	440	212	179	89,0	(8,0)	188	87
401		43,1	424	202	174	87,8	(6,4)	183	85
388		41,8	410	193	170	86,8	(5,4)	179	83
375		40,4	396	184	167	86,0	(4,4)	175	81
363		39,1	383	177	163	85,0	(3,3)	171	79
352	(110,0)	37,9	371	171	156	82,9	(0,9)	164	76
341	(109,0)	36,6	360	164	149	80,8			73
331	(108,5)	35,5	349	159	143	78,7			71
321	(108,0)	34,3	338	154	137	76,4			67
311	(107,5)	33,1	327	149	131	74,0			65
302	(107,0)	32,1	319	146	126	72,0			63
293	(106,0)	30,9	309	141	121	69,8			60
285	(105,5)	29,9	301	138	116	67,6			58
277	(104,5)	28,8	292	134	111	65,7			56
269	(104,0)	27,6	284	130					

Observações: esta é uma condensação da Tabela 2, *Report J417b, SAE 1971 Handbook.* Os valores em ( ) estão além da faixa normal e são apresentados apenas para fins de informação.
¹Os valores acima de 500 são para esfera de carbeto de tungstênio; abaixo de 500, para esfera padrão.
²Vickers: número de dureza com a pirâmide de diamante; carga de 50 kg.
Fonte: Modern Steels and Their Properties, Bethlehem Steel Co., Bethlehem, PA.

APÊNDICE 18 FATOR GEOMÉTRICO, *I*, PARA CORROSÃO POR PITE EM ENGRENAGENS DE DENTES RETOS

A Seção 9.10 introduziu o fator geométrico, *I*, para resistência à corrosão por pite em engrenagens de dentes retos como um fator que relaciona a geometria do dente da engrenagem ao raio de curvatura dos dentes. O valor de *I* deve ser determinado no *ponto extremo inferior de contato de um dente* (LPSTC). A AGMA define *I* como

$$I = C_c C_x$$

onde

C_c é o fator de curvatura na linha primitiva
C_x é o fator para ajuste da altura específica do LPSTC

As variáveis envolvidas devem ser o ângulo de pressão, ϕ, o número de dentes no pinhão, N_P, e a relação de transmissão $m_G = N_G/N_P$.

Observe que m_G é sempre maior ou igual a 1,0, independentemente de qual seja a engrenagem acionadora. O valor de C_c é calculado com facilidade diretamente a partir de

$$C_c = \frac{\cos\phi \, \text{sen}\, \phi}{2} \frac{m_G}{m_G + 1}$$

O cálculo do valor de C_x requer a avaliação de vários outros termos.

$$C_x = \frac{R_1 R_2}{R_P R_G}$$

onde cada termo é desenvolvido nas seguintes equações em termos de ϕ, N_P e m_G juntamente com P_d. Será demonstrado que o passo diametral aparece no denominador de cada termo e que, portanto, pode ser cancelado. Além disso, cada termo será expresso na forma C/P_d por conveniência.

R_P = raio de curvatura para o pinhão no ponto do passo

$$R_P = \frac{D_P \,\text{sen}\, \phi}{2} = \frac{N_P \,\text{sen}\, \phi}{2 P_d} = \frac{C_1}{P_d}$$

R_G = raio de curvatura para a engrenagem no ponto do passo

$$R_G = \frac{D_G \,\text{sen}\, \phi}{2} = \frac{D_P m_G \,\text{sen}\, \phi}{2} = \frac{N_P m_G \,\text{sen}\, \phi}{2 P_d} = \frac{C_2}{P_d} = \frac{m_G C_1}{P_d}$$

R_1 = raio de curvatura do pinhão no LPSTC = $R_P - Z_c$

R_2 = raio de curvatura da engrenagem no LPSTC = $R_G + Z_c$

$Z_c = p_b - Z_a$

p_b = passo da base = $\dfrac{\pi \cos \phi}{P_d} = \dfrac{C_3}{P_d}$

$$Z_a = 0{,}5\left[\sqrt{D_{oP}^2 - D_{bP}^2} - \sqrt{D_P^2 - D_{bP}^2}\right]$$

Agora, todos os diâmetros nessa equação serão expressos em termos de ϕ, N_P, m_G e P_d.

D_{oP} = diâmetro externo do pinhão = $(N_P + 2)/P_d$
D_P = diâmetro do pinhão = N_P/P_d
D_{bP} = diâmetro base para o pinhão = $D_P \cos \phi = (N_P \cos \phi)/P_d$

Observe que cada termo tem o passo diametral P_d no denominador. Ele pode, então, ser fatorado do sinal da raiz quadrada. A equação resultante para Z_a é

$$Z_a = \frac{0{,}5}{P_d}\left[\sqrt{(N_P + 2)^2 - (N_P \cos \phi)^2} - \sqrt{N_P^2 - (N_P \cos \phi)^2}\right] = \frac{C_4}{P_d}$$

Agora é possível definir Z_c.

$$Z_c = p_b - Z_a = \frac{C_3}{P_d} - \frac{C_4}{P_d} = \frac{C_3 - C_4}{P_d}$$

Agora é possível completar as equações para R_1 e R_2.

$$R_1 = R_P - Z_c = \frac{C_1}{P_d} - \frac{C_3 - C_4}{P_d} = \frac{C_1 - C_3 + C_4}{P_d}$$

$$R_2 = R_G + Z_c = \frac{C_2}{P_d} + \frac{C_3 - C_4}{P_d} = \frac{C_2 + C_3 - C_4}{P_d}$$

Finalmente, todos esses termos podem ser substituídos na equação para C_x.

$$C_x = \frac{R_1 R_2}{R_P R_G} = \frac{[(C_1 - C_3 + C_4)/P_d][(C_2 + C_3 - C_4)/P_d]}{(C_1/P_d)(C_2/P_d)}$$

Agora é possível ver que o passo diametral P_d é cancelado, resultando na forma final

$$C_x = \frac{R_1 R_2}{R_P R_G} = \frac{(C_1 - C_3 + C_4)(C_2 + C_3 - C_4)}{(C_1)(C_2)}$$

O algoritmo para calcular I pode ser indicado. Primeiro, calcule cada um dos termos C.

$$C_1 = (N_P \operatorname{sen} \phi)/2$$

$$C_2 = (N_P m_G \operatorname{sen} \phi)/2 = (C_1)(m_G)$$

$$C_3 = \pi \cos \phi$$

$$C_4 = 0{,}5\left[\sqrt{(N_P + 2)^2 - (N_P \cos \phi)^2} - \sqrt{N_P^2 - (N_P \cos \phi)^2}\right]$$

$$C_x = \frac{R_1 R_2}{R_P R_G} = \frac{(C_1 - C_3 + C_4)(C_2 + C_3 - C_4)}{(C_1)(C_2)}$$

$$C_c = \frac{\cos \phi \operatorname{sen} \phi}{2} \frac{m_G}{m_G + 1}$$

Por fim, $I = C_c C_x$

EXEMPLO A18.1

Calcule o valor do fator geométrico, I, para a corrosão por pite com os seguintes dados: duas engrenagens de dentes retos em malha com ângulo de pressão de 20°, $N_p = 30$, $N_G = 150$.

SOLUÇÃO

Primeiro, calcule: $m_G = N_G/N_P = 150/30 = 5{,}0$

Então, $C_1 = (N_P \operatorname{sen} \phi)/2 = (30)(\operatorname{sen} 20°)/2 = 5{,}1303$

$C_2 = (N_P m_G \operatorname{sen} \phi)/2 = (C_1)(m_G) = 25{,}652$

$C_3 = \pi \cos \phi = \pi \cos(20°) = 2{,}9521$

$C_4 = 0{,}5\left[\sqrt{(N_P + 2)^2 - (N_P \cos \phi)^2} - \sqrt{N_P^2 - (N_P \cos \phi)^2}\right]$

$C_4 = 0{,}5\left[\sqrt{(30 + 2)^2 - (30 \cos(20°))^2} - \sqrt{30^2 - (30 \cos(20°))^2}\right] = 2{,}4407$

$C_x = \dfrac{R_1 R_2}{R_P R_G} = \dfrac{(C_1 - C_3 + C_4)(C_2 + C_3 - C_4)}{(C_1)(C_2)}$

$C_x = \dfrac{(5{,}1303 - 2{,}9521 + 2{,}4407)(25{,}652 + 2{,}9521 - 2{,}4407)}{(5{,}1303)(25{,}652)} = 0{,}91826$

$C_c = \dfrac{\cos \phi \operatorname{sen} \phi}{2} \dfrac{m_G}{m_G + 1} = \dfrac{\cos(20°) \operatorname{sen}(20°)(5)}{2(5 + 1)} = 0{,}13391$

Por fim, $I = C_c C_x = (0{,}13391)(0{,}91826) = 0{,}12297 \approx 0{,}123$

Este processo funciona bem com programação em planilha, MATLAB, BASIC ou qualquer outro auxílio computacional.

RESPOSTAS DE PROBLEMAS SELECIONADOS

Aqui são fornecidas as respostas aos problemas com solução única. Muitos problemas neste livro são verdadeiros problemas de projeto, e decisões individuais são exigidas para se chegar à solução. Outros funcionam como revisão, cujas respostas estão no texto do capítulo associado. Também deve ser observado que alguns problemas exigem a seleção de fatores de projeto e o uso de dados de tabelas e gráficos. Por causa do parecer e da interpretação, algumas respostas podem ser ligeiramente diferentes das suas soluções.

CAPÍTULO 1 NATUREZA DO PROJETO MECÂNICO

15. $D = 44,5$ mm
16. $L = 14,0$ m
17. $T = 1418$ N · m
18. $A = 2658$ mm^2
19. $S = 2,43 \times 10^5$ mm^3
20. $I = 3,66 \times 10^7$ mm^4
21. Com base na Tabela A15.3:
    Cantoneira $50 \times 100 \times 6$ ou $75 \times 75 \times 6$
    Ambas têm A = 864 mm^2
22. $P = 5,59$ kW
23. $s_u = 876$ MPa
24. Peso = 48,9 N
25. $T = 20,3$ N · m
    θ = 0,611 rad
    Constante = 5,14 lb · pol/°
    Constante = 33,3 N · m/rad
26. Energia = $1,03 \times 10^{11}$ lb · pés/yr
    Energia = $3,88 \times 10^7$ W · h/yr
27. μ = 540 lb · s/pés^2
    μ = $25,9 \times 10^3$ N · s/m^2
28. $4,60 \times 10^9$ rev

CAPÍTULO 2 MATERIAIS NO PROJETO MECÂNICO

9. Não. O alongamento percentual deve ser superior a 5,0 % para ser dúctil.
11. $G = 42,9$ GPa
12. Dureza = 52,8 HRC
13. Resistência à tração = 235 ksi (aproximadamente)
    As perguntas 14-17 pedem que se encontre o erro nas declarações feitas.
14. Os aços recozidos geralmente apresentam valores de dureza na faixa de 120 HB a 200 HB. Uma dureza de 750 HB é extremamente elevada, sendo típica de aços de alta liga como temperados.
15. A escala HRB é normalmente limitada a HRB 100.
16. A dureza HRC é normalmente superior a HRC 20.
17. A relação feita entre dureza e resistência à tração só é válida para aços.
18. Charpy e Izod
19. Ferro e carbono. Manganês e outros elementos estão presentes com frequência.
20. Ferro, carbono, manganês, níquel, cromo, molibdênio.
21. Aproximadamente 0,40 %
22. Baixo teor de carbono: menos de 0,30 %
    Médio teor de carbono: 0,30 a 0,50 %
    Alto teor de carbono: 0,50 a 0,95 %
23. Nominalmente 1,0 %
24. O aço SAE 12L13 tem adição de chumbo para melhorar a usinabilidade.
25. SAE 1045, 4140, 4640, 5150, 6150, 8650.
26. SAE 1045, 4140, 4340, 4640, 5150, 6150, 8650.
27. Resistência ao desgaste, resistência mecânica, ductilidade. SAE 1080.
28. O SAE 5160 OQT 1000 é um aço cromo, com uma proporção nominal de 0,80% de cromo e 0,60% de carbono, uma liga de aço com alto teor de carbono. Ele tem resistência bem elevada e boa ductilidade. O aço passou por têmpera completa, foi temperado em óleo e revenido a 1000 °F.
29. Sim, com especificação cuidadosa da forma de têmpera. A dureza HRC 40 é equivalente a HB 375. O Apêndice 3 indica que a têmpera em óleo não produziria uma dureza adequada. No entanto, a Figura A4.1 mostra que uma dureza de HB 400 poderia ser obtida por têmpera em água

e revenimento a 700 °F, mantendo 20% de alongamento para uma boa ductilidade.
33. SAE 200 e série 300
34. Cromo
35. Aço estrutural ASTM A992
37. Respostas possíveis: ferro cinzento, ferro maleável, ferro dúctil, ferro dúctil austemperado, ferro dúctil austemperado carbídico, ferro branco
41. Prensas de estamparia, prensas perfuradoras, discos de serra
43. Encruado
46. Liga 6061
48. O bronze é uma liga de cobre com vários elementos de liga.
50. Engrenagens e rolamentos
55. Plásticos termofixos: poliésteres, epóxis, poliimidas, fenólicos
    Termoplásticos: polietilenos, poliamidas, policarbonatos, cloretos de polivinila
56. Vidro, carbono, grafite, boro, aramida, carbeto de silício
60. Chassis de automóveis e caminhões; grandes carcaças

Problemas complementares

1. Coeficiente de Poisson:
   a. Aço-carbono-0,29;
   c. Chumbo-0,43;
   e. Concreto-0,10 a 0,25
3. Erosão, abrasão, adesivos, *fretting*, fadiga superficial
5. SAE 304 e SAE 316
9. a. DIN 42CrMo4 ou W-1,7225;
   b. BS 708A42;
   c. EN 42CrMo4;
   d. GB ML42CrMo4;
   e. JIS SCM 440H
12. a. DIN AlZnMgCu1,5 ou W-3,4365;
    b. BS L,95, L,96;
    c. EN AlZn6MgCu
13. Água, salmoura, óleo mineral, polialquileno glicol (PAG) solúvel em água.
15. ASTM A27/A27M; A915/A915M; A128/A128M; A148/A148M
17. Ferro dúctil austemperado carbídico, utilizado para: locomotivas, equipamentos para movimentação de terra, máquinas agrícolas, trituradores
23. Aço-carbono F-0008-HT, s_u = 85 ksi (590 MPa); aço de baixa liga FL-4405-HT, s_u = 160 ksi (1100 MPa);
    Liga de aço dependente da difusão FD-0205-HT, s_u = 130 ksi (900 MPa);
    Aço sinterizado FLC-4608-HT, s_u = 100 ksi (690 MPa)
27. Alumínio 2014, 2024, 6061
31. a. Bronze para rolamento C93200l;
    c. Metal Muntz C37000;
    e. Liga de cobre-níquel-zinco C96200
35. Metais, polímeros, cerâmicas, vidros, elastômeros, híbridos
37. Metais, cerâmicas, compósitos, polímeros, madeira, borrachas/elastômeros, espumas

CAPÍTULO 3 ANÁLISE DE TENSÃO E DEFORMAÇÃO

1. σ = 31,8 MPa; δ = 0,12 mm
2. σ = 44,6 MPa
3. σ = 66,7 MPa
4. σ = 5375 psi
5. σ = 17200 psi
6. Para todos os materiais, σ = 34,7 MPa
   Deflexão:
   a. δ = 0,277 mm
   b. δ = 0,277 mm
   c. δ = 0,347 mm
   d. δ = 0,830 mm
   e. δ = 0,503 mm
   f. δ = 27,7 mm
   g. δ = 7,56 mm.
   Observação: a tensão está próxima da resistência última para (f) e (g).
7. Força = 2556 lb; σ = 2506 psi
8. σ = 595 psi
9. Força = 1061 lb
10. D = 0,274 pol
13. $\sigma_{AD} = \sigma_{DE}$ = 6198 psi
    σ_{EF} = 7748 psi
    σ_{BD} = 0 psi
    σ_{BE} = 5165 psi
    $\sigma_{AB} = \sigma_{CE}$ = – 4132 psi
    σ_{BC} = –3099 psi
    σ_{CF} = –5165 psi
15. σ = 144 MPa
16. Nos pinos A e C: $\tau_A = \tau_C$ = 7958 psi
    No pino B: τ_B = 10190 psi
19. τ = 98,8 MPa
21. τ = 547 MPa
22. τ = 32,6 MPa
23. θ = 0,79°

25. τ = 32270 psi
28. τ = 70,8 MPa; θ = 1,94°
30. T = 9624 lb · pol; θ = 1,83°
31. Módulo de seção necessário = 2,40 pol³. Tamanhos nominais padronizados para cada perfil:
    a. Cada lado = 2,50 pol
    c. Largura = 5,00 pol; altura = 1,75 pol
    e. S4 × 7,7
    g. Tubo Schedule 40 de 4 pol
32. Pesos:
    a. 212 lb
    c. 297 lb
    e. 77,0 lb
    g. 107,9 lb
33. Deflexão máxima Deflexão sob as cargas
    a. 0,701 pol 0,572 pol
    c. 1,021 pol 0,836 pol
    e. 0,375 pol 0,307 pol
    g. 0,315 pol 0,258 pol
34. M_A = 330 N · m; M_B = 294 N · m; M_C = −40 N · m
36. a. y_A = 0,238 pol; y_B = 0,688 pol
    b. y_A = 0,047 pol; y_B = 0,042 pol
38. σ = 3480 psi; τ = 172 psi

    Para os problemas 39 a 49, as soluções completas exigem desenhos. Abaixo estão listados apenas os momentos fletores máximos:
39. 480 lb · pol
41. 120 lb · pol
43. 93750 N · mm
45. 2940 lb · pol
47. 11811 lb · pol
49. 8640 lb · pol
51. σ = 62,07 MPa
53. a. σ = 20,94 MPa tração no topo da alavanca
    b. Na seção B, h = 35,1 mm; em C, h = 18 mm
55. σ = 84,6 MPa tração
57. Lados = 0,50 pol
59. Máxima σ = −1,42 MPa compressão sobre a superfície superior entre A e C
61. σ = 89,7 MPa
63. Esquerda: σ = 39206 psi
    Centro: σ = 29512 psi
    Direita: σ = 31551 psi
65. σ = 98,6 MPa
67. σ = 32564 psi
69. Tração no membro A-B: σ = 50,0 MPa
    Cisalhamento no pino: τ = 199 MPa
    Flexão em A-C em B: σ = 14063 MPa (muito alto; redimensionar)
71. σ = 186 MPa
73. $\sigma_{máx}$ = 121,7 MPa na primeira etapa, 40 mm de cada apoio.
75. σ = 108,8 MPa
77. Com eixo no orifício superior: $\sigma_{máx}$ = 10400 psi no suporte
    Com eixo no orifício inferior: $\sigma_{máx}$ = 5600 psi no suporte
81. F = 126 N
83. N = 0,651 — Superfície interna;
    N = 0,913 — Superfície externa
    Ambos indicam falha por escoamento.
85. N = 3,12 — Superfície interna; N = 3,65 — Superfície externa

CAPÍTULO 4 TENSÕES COMBINADAS E CÍRCULO DE MOHR

	Tensão principal máxima	Tensão principal mínima	Tensão de cisalhamento máxima
1.	24,14 ksi	−4,14 ksi	14,14 ksi
3.	50,0 ksi	−50,0 ksi	50,0 ksi
5.	42,5 ksi	−122,5 ksi	82,5 ksi
7.	71,0 ksi	−51,0 ksi	61,0 ksi
9.	44,3 MPa	−144,3 MPa	94,3 MPa
11.	61,3 MPa	−91,3 MPa	76,3 MPa
13.	86,8 MPa	−156,8 MPa	121,8 MPa
15.	250,0 MPa	−80,0 MPa	165,0 MPa
17.	453 MPa	−353 MPa	403 MPa
19.	42,2 MPa	−52,2 MPa	47,2 MPa
21.	40,0 ksi	0 ksi	20,0 ksi
23.	42,8 ksi	−29,8 ksi	36,3 ksi
25.	23,9 ksi	−1,9 ksi	12,9 ksi
27.	328 MPa	0 MPa	164 MPa
29.	0 kPa	−868 kPa	434 kPa
31.	26,24 ksi	−5,70 ksi	15,97 ksi
33.	7730 psi	−4,0 psi	3867 psi
35.	398 psi	−6366 psi	3382 psi

CAPÍTULO 5 PROJETO PARA DIFERENTES TIPOS DE CARREGAMENTO

Relação de tensão

1. $\sigma_{máx}$ = 44,6 MPa
   $\sigma_{mín}$ = 6,37 MPa
   σ_m = 25,5 MPa
   σ_a = 19,1 MPa
   R = 0,143

3. $\sigma_{máx} = 5375$ psi
   $\sigma_{mín} = -750$ psi
   $\sigma_m = 2313$ psi
   $\sigma_a = 3063$ psi
   R = -0,140
5. $\sigma_{máx} = 110,3$ MPa
   $\sigma_{mín} = 50,9$ MPa
   $\sigma_m = 80,6$ MPa
   $\sigma_a = 29,7$ MPa
   R = 0,462
7. $\sigma_{máx} = 9868$ psi
   $\sigma_{mín} = 1645$ psi
   $\sigma_m = 5757$ psi
   $\sigma_a = 4112$ psi
   R = 0,167
9. $\sigma_{máx} = 475$ MPa
   $\sigma_{mín} = 297$ MPa
   $\sigma_m = 386$ MPa
   $\sigma_a = 89$ MPa
   R = 0,625

Resistência à fadiga

11. $s'_n = 211$ MPa
13. $s'_n = 31,2$ ksi

Projeto e análise

19. $N = 1,57$ (baixo)
23. $N = 2,82$ sob a carga direita. OK
25. $N = 11,8$
29. $D = 40$ mm; $a = 9,93$ mm
31. Tubo de aço Schedule 40 de 2 ½ pol ou tubo de aço de 2 ½ pol com parede de bitola 5 ($t = 0,220$ pol)
    O tubo de aço é mais leve com área menor.
33. $b = 1,80$ pol
35. $N = 9,11$
36. $\sigma = 34,7$ MPa
    a. $N = 5,96$
    c. $N = 7,95$
    e. $N = 23,8$
    g. $N = 1,30$ (baixo)
37. $N = 3,37$
39. Força = 1061 lb; $D = 5/16$ pol
41. $N = 1,69$ (baixo)
43. $N = 5,10$
45. $D = 1,75$ pol
49. $N = 7,92$
51. $N = 3,19$
55. Especifique: ASTM A536 Classe 100-70-03
57. $N = 1,61$ (baixo)
59. Uma possível especificação de material: SAE 3140 OQT 1300
    $s_u = 115$ ksi, $s_y = 94$ ksi, 23% de alongamento
61. Projeto a
64. $N = 0,24$ nos furos dos pinos (Falha)
67. $N = 1,65$ em B (baixo)
69. $N = 1,65$ (baixo)
73. $N = 1,29$ (baixo)
75. $r_{mín} = 0,22$ pol

CAPÍTULO 6 COLUNAS

1. $P_{cr} = 4473$ lb
2. $P_{cr} = 14373$ lb
5. $P_{cr} = 4473$ lb
6. $P_{cr} = 32,8$ lb
8. a. Extremidades articuladas: $P_{cr} = 7498$ lb
   b. Extremidades engastadas: $P_{cr} = 12000$ lb
   c. Extremidades engastadas e articuladas: $P_{cr} = 10300$ lb
   d. Extremidades engastadas e livres: $P_{cr} = 1700$ lb
10. $D = 1,45$ pol exigido. Use $D = 1,50$ pol.
14. $S = 1,423$ pol exigido. Use $S = 1,500$ pol.
16. Use $D = 1,50$ pol.
23. $P = 1189$ lb
25. $P = 1877$ lb
27. $\sigma = 212$ MPa; $y = 25,7$ mm
    A tensão está acima da tensão de escoamento do material da coluna. Especifique um tubo de tamanho maior.
28. $\sigma = 6685$ psi; $y = 0,045$ pol
30. $P = 37500$ psi
31. $P_a = 22600$ lb
33. $4 \times 4 \times 1/2$ é a menor dimensão externa.
    $I = 11,9$ pol^4. Peso = 21,5 lb/pés.
    $6 \times 4 \times 1/4$ é o mais leve dos listados.
    $I_{mín} = I_y = 11,1$ pol^4. Peso = 15,6 lb/pés.
35. $P_a = 11750$ lb
37. $P_a = 18300$ lb
39. A haste do pistão é segura.

CAPÍTULO 7 TRANSMISSÕES POR CORREIA E POR CADEIA DE ELOS

Transmissões por correia em V

1. Correia 3V, 75 pol de comprimento
2. $C = 22,00$ pol
3. $\theta_1 = 157°$; $\theta_2 = 203°$

10. $v_b = 2405$ pés/min
13. $P = 6,05$ hp

Corrente de rolo

25. Corrente nº 80
28. Taxa de potência de projeto = 18,08 hp; lubrificação tipo B (banho)
29. Taxa de potência de projeto = 45,2 hp
34. $L = 96$ pol, 128 passos
35. $C = 35,57$ pol

CAPÍTULO 8 CINEMÁTICA DE ENGRENAGENS

Geometria de engrenagens

1. $N = 44; P_d = 12$
   a. $D = 3,667$ pol
   b. $p = 0,2618$ pol
   c. $m = 2,117$ mm
   d. $m = 2,00$ mm
   e. $a = 0,0833$ pol
   f. $b = 0,1042$ pol
   g. $c = 0,0208$ pol
   h. $h_t = 0,1875$ pol
   i. $h_k = 0,1667$ pol
   j. $t = 0,131$ pol
   k. $D_o = 3,833$ pol
3. $N = 45; P_d = 2$
   a. $D = 22,500$ pol
   b. $p = 1,571$ pol
   c. $m = 12,70$ mm
   d. $m = 12,0$ mm
   e. $a = 0,5000$ pol
   f. $b = 0,6250$ pol
   g. $c = 0,1250$ pol
   h. $h_t = 1,1250$ pol
   i. $h_k = 1,0000$ pol
   j. $t = 0,7854$ pol
   k. $D_o = 23,500$ pol
5. $N = 22; P_d = 1,75$
   a. $D = 12,571$ pol
   b. $p = 1,795$ pol
   c. $m = 14,514$ mm
   d. $m = 16,0$ mm
   e. $a = 0,5714$ pol
   f. $b = 0,7143$ pol
   g. $c = 0,1429$ pol
   h. $h_t = 1,2857$ pol
   i. $h_k = 1,1429$ pol
   j. $t = 0,8976$ pol
   k. $D_o = 13,714$ pol
7. $N = 180; P_d = 80$
   a. $D = 2,2500$ pol
   b. $p = 0,0393$ pol
   c. $m = 0,318$ mm
   d. $m = 0,30$ mm
   e. $a = 0,0125$ pol
   f. $b = 0,0170$ pol
   g. $c = 0,0045$ pol
   h. $h_t = 0,0295$ pol
   i. $h_k = 0,0250$ pol
   j. $t = 0,0196$ pol
   k. $D_o = 2,2750$ pol
9. $N = 28; P_d = 20$
   a. $D = 1,4000$ pol
   b. $p = 0,1571$ pol
   c. $m = 1,270$ mm
   d. $m = 1,25$ mm
   e. $a = 0,0500$ pol
   f. $b = 0,0620$ pol
   g. $c = 0,0120$ pol
   h. $h_t = 0,1120$ pol
   i. $h_k = 0,1000$ pol
   j. $t = 0,0785$ pol
   k. $D_o = 1,5000$ pol
11. $N = 45; m = 1,25$
   a. $D = 56,250$ mm
   b. $p = 3,927$ mm
   c. $P_d = 20,3$
   d. $P_d = 20$
   e. $a = 1,25$ mm
   f. $b = 1,563$ mm
   g. $c = 0,313$ mm
   h. $h_t = 2,813$ mm
   i. $h_k = 2,500$ mm
   j. $t = 1,963$ mm
   k. $D_o = 58,750$ mm
13. $N = 22; m = 20$
   a. $D = 440,00$ mm
   b. $p = 62,83$ mm
   c. $P_d = 1,270$
   d. $P_d = 1,25$
   e. $a = 20,0$ mm
   f. $b = 25,00$ mm
   g. $c = 5,000$ mm
   h. $h_t = 45,00$ mm
   i. $h_k = 40,00$ mm

j. $t = 31,42$ mm
k. $D_o = 480,00$ mm
15. $N = 180$; $m = 0,4$
   a. $D = 72,00$ mm
   b. $p = 1,26$ mm
   c. $P_d = 63,5$
   d. $P_d = 64$
   e. $a = 0,40$ mm
   f. $b = 0,500$ mm
   g. $c = 0,100$ mm
   h. $h_t = 0,90$ mm
   i. $h_k = 0,80$ mm
   j. $t = 0,628$ mm
   k. $D_o = 72,80$ mm
17. $N = 28$; $m = 0,8$
   a. $D = 22,40$ mm
   b. $p = 2,51$ mm
   c. $P_d = 31,75$
   d. $P_d = 32$
   e. $a = 0,80$ mm
   f. $b = 1,000$ mm
   g. $c = 0,200$ mm
   h. $h_t = 1,800$ mm
   i. $h_k = 1,60$ mm
   j. $t = 1,257$ mm
   k. $D_o = 24,00$ mm
19. Problema 1: $P_d = 12$; folga entre os dentes = 0,006 a 0,009 pol
   Problema 12: $m = 12$; folga entre os dentes = 0,52 a 0,82 mm
21. a. $C = 14,000$ pol
   b. $VR = 4,600$
   c. $n_G = 48,9$ rpm
   d. $v_t = 294,5$ pés/min
23. a. $C = 2,266$ pol
   b. $VR = 6,25$
   c. $n_G = 552$ rpm
   d. $v_t = 565$ pés/min
25. a. $C = 90,00$ mm
   b. $VR = 3,091$
   c. $n_G = 566$ rpm
   d. $v_t = 4,03$ m/s
27. a. $C = 162,0$ mm
   b. $VR = 1,250$
   c. $n_G = 120$ rpm
   d. $v_t = 1,13$ m/s

A seguir, estão os erros nas declarações para os problemas 29 a 32:

29. O pinhão e a engrenagem não podem ter passos diferentes.
30. A distância de centro real deve ser 8,333 pol.
31. Há muito poucos dentes no pinhão; é esperado que haja interferência.
32. A distância de centro real deve ser 2,156 pol. Aparentemente, os diâmetros externos foram usados no lugar dos diâmetros de passo para o cálculo de C.
33. $Y = 8,45$ pol; $X = 10,70$ pol
35. $Y = 44,00$ mm; $X = 58,40$ mm
37. Velocidade de saída = 111 rpm no sentido anti-horário
39. Velocidade de saída = 144 rpm no sentido horário

Engrenamento helicoidal

41. $p = 0,3927$ pol
    $P_{nd} = 9,238$
    $D = 5,625$ pol
    $p_n = 0,3401$ pol
    $P_x = 0,680$ pol
    $\phi_n = 12,62°$
    $F/P_x = 2,94$ passos axiais na largura de face
42. $P_d = 8,485$
    $p_c = 0,2618$ pol
    $p = 0,370$ pol
    $P_x = 0,370$ pol
    $\phi_t = 27,2°$
    $D = 5,657$ pol
    $F/P_x = 4,05$ passos axiais na largura de face

Engrenagens cônicas

45. Resultados selecionados: $F = 1,25$ pol especificado.
    $d = 2,500$ pol
    $\gamma = 18,435°$
    $A_o = 3,953$ pol
    $A_m = A_{mG} = 3,328$ pol
    $c = 0,035$ pol
    $a_p = 0,213$ pol
    $d_o = 2,992$ pol
    $D = 7,500$ pol
    $\Gamma = 71,565°$
    $F_{nom} = 1,186$ pol
    $h = 0,281$ pol
    $h_m = 0,316$ pol
    $a_G = 0,068$ pol
    $D_o = 7,555$ pol
49. Resultados selecionados: $F = 0,800$ pol especificado.
    $d = 1,500$ pol
    $\gamma = 14,03°$
    $A_o = 3,092$ pol
    $A_m = A_{mG} = 2,692$ pol

$c = 0,018$ pol
$a_p = 0,112$ pol
$d_o = 1,755$ pol
$D = 6,000$ pol
$\Gamma = 75,97°$
$F_{nom} = 0,928$ pol
$h = 0,145$ pol
$h_m = 0,163$ pol
$a_G = 0,033$ pol
$D_o = 6,020$ pol

Engrenamento sem-fim

52. $L = 0,3142$ pol
$a = 0,100$ pol
$D_{oW} = 1,450$ pol
$D_G = 4,000$ pol
$VR = 40$
$\lambda = 4,57°$
$b = 0,1157$ pol
$D_{RW} = 1,0186$ pol
$C = 2,625$ pol

Análise de trens de engrenagens complexos

59. 0,4067 rpm
61. 0,5074 rpm

Projeto cinemático de um único par de engrenagens

63. $N_P = 22$, $N_G = 38$
65. $N_P = 19$, $N_G = 141$

Projeto cinemático de trens de engrenagens

68. Uma solução possível: redução tripla; esboço semelhante ao da Figura 8.30.
$N_A = N_C = N_E = 17$, $N_B = 136$, $N_D = 119$, $N_F = 85$
$TV = 280$ exatamente; $n_{saída} = 12$ rpm exatamente; método de fatoração utilizado

69. Uma solução possível: tripla redução com uma intermediária
$N_{P1} = 18$, $N_{G1} = 126$, $N_{P2} = 18$, $N_{G2} = 108$, $N_{P3} = 18$, $N_{G3} = 135$, $N_{intermediária} = 18$
$n_{saída} = 13,33$ rpm

72. Uma solução possível: redução dupla; esboço semelhante ao da Figura 8.29.
$N_A = N_C = 18$, $N_B = 75$, $N_D = 51$
$n_{saída} = 148,2$ rpm

CAPÍTULO 9 PROJETO DE ENGRENAGEM DE DENTES RETOS

1. a. $n_G = 486,1$ rpm
   b. $VR = m_G = 3,600$
   c. $D_P = 1,667$ pol; $D_G = 6,000$ pol
   d. $C = 3,833$ pol
   e. $v_t = 764$ pés/min
   f. $T_P = 270$ lb·pol; $T_G = 972$ lb·pol
   g. $W_t = 324$ lb
   h. $W_r = 118$ lb
   i. $W_N = 345$ lb

3. a. $n_G = 752,7$ rpm
   b. $VR = m_G = 4,583$
   c. $D_P = 1,000$ pol; $D_G = 4,583$ pol
   d. $C = 2,792$ pol
   e. $v_t = 903$ pés/min
   f. $T_P = 13,7$ lb·pol; $T_G = 62,8$ lb·pol
   g. $W_t = 27,4$ lb
   h. $W_r = 10,0$ lb
   i. $W_N = 29,2$ lb

5. a. $n_G = 304,4$ rpm
   b. $VR = m_G = 3,778$
   c. $D_P = 3,600$ pol; $D_G = 13,600$ pol
   d. $C = 8600$ pol
   e. $v_t = 1084$ pés/min
   f. $T_P = 2739$ lb·pol; $T_G = 10.348$ lb·pol
   g. $W_t = 1522$ lb
   h. $W_r = 710$ lb
   i. $W_N = 1680$ lb

8. A10
9. A7
11. A2
15. A8
26. a. $s_{at} = 28,26$ ksi; $s_{ac} = 93,50$ ksi — sistema norte-americano
    $s_{at} = 194,9$ MPa; $s_{ac} = 644,6$ MPa — sistema internacional
    c. $s_{at} = 43,72$ ksi; $s_{ac} = 157,9$ ksi — sistema norte-americano
    $s_{at} = 301,5$ MPa; $s_{ac} = 1088,6$ MPa — sistema internacional
    e. $s_{at} = 36,80$ ksi; $s_{ac} = 104,1$ ksi — sistema norte-americano
    $s_{at} = 253,7$ MPa; $s_{ac} = 718,5$ MPa — sistema internacional
    g. $s_{at} = 57,20$ ksi; $s_{ac} = 173,9$ ksi — sistema norte-americano
    $s_{at} = 394,3$ MPa; $s_{ac} = 1200,5$ MPa — sistema internacional

27. $HB = 300$ para Classe 1; $HB = 192$ para Classe 2

33. a. $s_{at} = 45{,}0$ ksi; $s_{ac} = 170{,}0$ ksi — sistema norte-americano
$s_{at} = 310$ MPa; $s_{ac} = 1172$ MPa — sistema internacional

c. $s_{at} = 55{,}0$ ksi; $s_{ac} = 180{,}0$ ksi — sistema norte-americano
$s_{at} = 379$ MPa; $s_{ac} = 1241$ MPa — sistema internacional

e. $s_{at} = 55{,}0$ ksi; $s_{ac} = 180{,}0$ ksi — sistema norte-americano
$s_{at} = 379$ MPa; $s_{ac} = 1241$ MPa — sistema internacional

f. $s_{at} = 5{,}00$ ksi; $s_{ac} = 50{,}0$ ksi — sistema norte-americano
$s_{at} = 35{,}0$ MPa; $s_{ac} = 345$ MPa — sistema internacional

h. $s_{at} = 27{,}0$ ksi; $s_{ac} = 92{,}0$ ksi — sistema norte-americano
$s_{at} = 186$ MPa; $s_{ac} = 634$ MPa — sistema internacional

j. $s_{at} = 23{,}6$ ksi; $s_{ac} = 65{,}0$ ksi — sistema norte-americano
$s_{at} = 163$ MPa; $s_{ac} = 448$ MPa — sistema internacional

l. $s_{at} = 9{,}00$ ksi; s_{ac} não listado
$s_{at} = 62{,}0$ MPa; s_{ac} não listado

34. $h_e = 0{,}027$ pol

35. $h_e = 0{,}90$ mm

Os três conjuntos de respostas a seguir são fornecidos em grupos de quatro problemas referentes ao mesmo conjunto básico de dados de projeto.

Grupo A

37. $s_{tP} = 32740$ psi; $s_{tG} = 26940$ psi
43. $s_{atP} = 34460$ psi; $s_{atG} = 28100$ psi
49. $s_{cP} = 172100$ psi; $s_{cG} = 172100$ psi
55. $s_{acP} = 189200$ psi; $s_{acG} = 185100$ psi

Grupo B

39. $s_{tP} = 2300$ psi; $s_{tG} = 2000$ psi
45. $s_{atP} = 3700$ psi; $s_{atG} = 3100$ psi
51. $s_{cP} = 37800$ psi; $s_{cG} = 37800$ psi
57. $s_{acP} = 63600$ psi; $s_{acG} = 62200$ psi

Grupo C

41. $s_{tP} = 9458$ psi; $s_{tG} = 8134$ psi
47. $s_{atP} = 10254$ psi; $s_{atG} = 8642$ psi
53. $s_{cP} = 78263$ psi; $s_{cG} = 78263$ psi
59. $s_{acP} = 87531$ psi; $s_{acG} = 85727$ psi

Os problemas 60 a 70 são questões de projeto para as quais não há uma única solução.

71. Capacidade de potência = 12,9 hp com base na tensão de contato da engrenagem com vida útil de 15000 h.

Os problemas 73 a 83 são questões de projeto para as quais não há uma única solução.

CAPÍTULO 10 ENGRENAGENS HELICOIDAIS, ENGRENAGENS CÔNICAS E ENGRENAMENTO SEM-FIM

1. $W_t = 89{,}6$ lb; $W_x = 51{,}7$ lb; $W_r = 23{,}2$ lb
$A_v = 11$; $s_t = 2778$ psi; $s_c = 36228$ psi
Ferro fundido classe 20

3. $W_t = 143$ lb; $W_x = 143$ lb; $W_r = 37{,}0$ lb
$A_v = 9$; $s_t = 9720$ psi; $s_c = 73300$ psi
Ferro dúctil 60-40-18 ou ferro fundido classe 40

14. $W_{tP} = W_{tG} = 599$ lb; $W_{xP} = W_{rG} = 69$ lb; $W_{rP} = W_{xG} = 207$ lb
$A_v = 9$

18. $D_G = 4{,}000$ pol; $C = 2{,}625$ pol; $VR = 40$
$W_{xW} = W_{tG} = 462$ lb; $W_{xG} = W_{tW} = 53$ lb; $W_{rG} = W_{rW} = 120$ lb
Eficiência = 70,3%; Velocidade do sem-fim = 1200 rpm; $P_i = 0{,}626$ hp
$\sigma_G = 24223$ psi [Ligeiramente mais alto para bronze fosforoso]
Carga de desgaste nominal = $W_{tr} = 659$ lb. [OK, > W_{tG}]

CAPÍTULO 11 CHAVETAS, ACOPLAMENTOS E VEDAÇÕES

1. Use chaveta quadrada de 1/2 pol; aço SAE 1040 estirado a frio; comprimento = 3,75 pol.

3. Use chaveta quadrada de 3/8 in; aço SAE 1018 estirado a frio; comprimento exigido = 1,02 pol com base na compressão no cubo de ferro fundido; use $L = 1{,}50$ pol para ser um pouco mais curto que o comprimento do cubo de 1,75 pol.

5. T = torque; D = diâmetro do eixo; L = comprimento do cubo.
Com base na Tabela 11.6, $K = T/(D^2L)$.
  a. Dados do Problema 1: K exigido = 1313; muito alto para qualquer estria na Tabela 11.6.
  c. Dados do Problema 3: K exigido = 208; use 6 estrias.

7. Roda dentada: chaveta quadrada de 1/2 pol; aço SAE 1020 estirado a frio; $L = 1{,}00$ pol
Engrenagem sem-fim: chaveta quadrada de 3/8 pol; aço SAE 1020 estirado a frio; $L = 1{,}75$ pol

13. $T = 2885$ lb · pol

15. $T = 27970$ lb · pol
19. Dados do Problema 16: $T = 313$ lb · pol por polegada de comprimento de cubo
    Dados do Problema 18: $T = 4.300$ lb · pol por polegada de comprimento de cubo

CAPÍTULO 12 PROJETO DE EIXOS

1. $T_B = 3436$ lb · pol
   $F_{Bx} = W_{tB} = 430$ lb←
   $F_{By} = W_{rB} = 156$ lb↓
3. $T_B = 656$ lb · pol
   $F_{Bx} = W_{tB} = 437$ lb→
   $F_{By} = W_{rB} = 159$ lb↑
5. $T_D = 3938$ lb · pol
   $W_{tD} = 985$ lb para cima 30° à esquerda da vertical
   $W_{rd} = 358$ lb para a direita 30° acima da horizontal
   $F_{Dx} = 182$ lb←
   $F_{Dy} = 1032$ lb↑
7. $T_C = 6563$ lb · pol
   $F_{Cx} = W_{tC} = 1313$ lb→
   $F_{Cy} = W_{rC} = 478$ lb↑
9. $T_C = 1432$ lb · pol
   $F_{Cx} = W_{tC} = 477$ lb←
   $F_{Cy} = W_{rC} = 174$ lb↓
11. $T_F = 1432$ lb · pol
    $W_{tF} = 477$ lb para baixo 45° à esquerda da vertical
    $W_{rF} = 174$ lb para a direita 45° abaixo da horizontal
    $F_{Fx} = 214$ lb←
    $F_{Fy} = 460$ lb↓
13. $T_A = 3150$ lb · pol
    $F_{Ax} = 0$
    $F_{Ay} = F_A = 630$ lb↓
15. $T_C = 1444$ lb · pol
    $F_C = 289$ lb para baixo 15° à esquerda da vertical
    $F_{Cx} = 75$ lb←
    $F_{Cy} = 279$ lb↓
17. $T_C = 2056$ lb · pol
    $F_{Cx} = F_C = 617$ lb←
    $F_{Cy} = 0$
19. $T_C = 10500$ lb · pol
    $F_{Cx} = F_C = F_{Dx} = F_D = 1500$ lb←
    $F_{Cy} = F_{Dy} = 0$
21. $T_E = 1313$ lb · pol
    $F_E = 438$ lb para cima 30° acima da horizontal
    $F_{Ex} = 379$ lb→
    $F_{Ey} = 219$ lb↑
22. $T_B = 727$ lb · pol
    $F_{Bx} = W_{tB} = 351$ lb→
    $F_{By} = W_{rB} = 132$ lb↓
    $W_{xB} = 94$ lb exerce um momento concentrado no sentido anti-horário de 194,6 lb · pol no eixo em B.
    W_{xB} também coloca o eixo em compressão de A a B se o rolamento A resistir à carga axial.
23. $T_A = 270$ lb · pol
    $F_{Ax} = 0$
    $F_{Ay} = F_A = 162$ lb↓
    $F_{Cx} = W_{tW} = 265$ lb←
    $F_{Cy} = W_{rW} = 352$ lb↑
    $W_{xW} = 962$ lb exerce um momento concentrado no sentido horário de 962 lb · pol no eixo no sem-fim.
    W_{xW} também coloca o eixo em compressão do rolamento B ao sem-fim se o rolamento B resistir à carga axial.

CAPÍTULO 13 TOLERÂNCIAS E AJUSTES

1. RC8: Furo — 3,5050/3,5000; eixo — 3,4930/3,4895; folga — 0,0070 a 0,0155 pol
3. RC8: Furo — 0,6313/0,6285; eixo — 0,6250/0,6234; folga — 0,0035 a 0,0079 pol
5. RC8: Furo — 1,2540/1,2500; pino — 1,2450/1,2425; folga — 0,0050 a 0,0115 pol
7. RC5: Furo — 0,7512/0,7500; pino — 0,7484/0,7476; folga — 0,0016 a 0,0036 pol (um ajuste mais apertado poderia ser usado)
10. FN5: Furo — 3,2522/3,2500; eixo — 3,2584/3,2570; interferência — 0,0048 a 0,0084 pol; pressão = 13175 psi; tensão = 64363 psi
12. FN5: Interferência — 0,0042 a 0,0072 pol; pressão = 8894 psi; tensão = 18901 psi na superfície interna do cilindro de alumínio; tensão = −8894 psi na superfície externa da barra de aço; a tensão no alumínio é muito alta
13. Interferência máxima = 0,00178 pol
14. Temperatura = 567 °F
15. Encolhimento = 0,0038 pol; $t = 284$ °F
16. Diâmetro interno final = 3,4973 pol

CAPÍTULO 14 ROLAMENTOS DE CONTATO ANGULAR

1. Vida útil = $2,76 \times 10^6$ rev
2. $C = 12745$ lb

Para os problemas 5 a 17, que pedem a seleção de rolamentos adequados para determinadas aplicações, há várias soluções possíveis. Os resultados listados utilizam os dados da Tabela 14.3, e foi selecionado o rolamento com menor diâmetro interno que satisfaria os requisitos de carga. A vida útil é uma decisão de projeto, e os valores usados para as soluções apresentadas estão listados. Para cargas radiais puras, R, o método da Seção 14.9 é empregado. Tanto para o carregamento radial quanto para o carregamento axial (R e T), o método da Seção 14.10 é utilizado. Visto que os dados da Tabela 14.3 não são provenientes do catálogo de um fabricante específico de rolamentos, os resultados não podem ser aproveitados para aplicação efetiva. É recomendável que catálogos on-line de fabricantes sejam usados para aplicações reais.

5. Para vida útil de 30000 h:
   Em B: $R = 4643$ lb; C exigido = 47637 lb; Rolamento 6326
   Em C: $R = 2078$ lb; C exigido = 21320 lb; Rolamento 6314
7. Para vida útil de 20000 h:
   Em A: $R = 509$ lb; C exigido = 2519 lb; Rolamento 6302
   Em C: $R = 1742$ lb; C exigido = 8621 lb; Rolamento 6212
9. Para vida útil de 20000 h: $R = 455$ lb; C exigido = 5066 lb; Rolamento 6206
11. Para vida útil de 5000 h: $R = 1265$ lb; $T = 645$ lb; C exigido = 6284 lb; Rolamento 6207
13. Para vida útil de 15000 h: $R = 2875$ lb; $T = 1350$ lb; C exigido = 31909 lb; Rolamento 6318
15. Para vida útil de 2000 h: $R = 5,6$ kN; $T = 2,8$ kN; C exigido = 25,61kN; Rolamento 6306
17. Para vida útil de 20000 h: $R = 1,2$ kN; $T = 0,85$ kN; C exigido = 20,62kN; Rolamento 6305
19. Vida útil = 45285 horas
21. Vida útil = 25300 horas
23. Vida útil = 47300 horas
25. $C = 17229$ lb
27. $C = 4580$ lb

CAPÍTULO 15 NENHUM EXERCÍCIO

CAPÍTULO 16 MANCAIS DE DESLIZAMENTO

Todos os problemas neste capítulo são questões de projeto, para os quais não há uma única solução.

Exemplo de solução — Problema 16.1:

Comprimento do rolamento = L = 1,50 pol; Diâmetro interno do rolamento = D = 3,00 pol
Pressão = p = 16,67 psi; $V = 1374$ pés/min.
$pV = 22900$ psi-fpm; valor de projeto para $pV = 45800$ psi-fpm

Especifique um rolamento de bronze poroso/impregnado de óleo:
Taxa de $pV = 50000$ psi-fpm

CAPÍTULO 17 ELEMENTOS DE MOVIMENTO LINEAR

5. Rosca Acme 2 1/2–3
6. $L > 1,23$ pol
7. $T = 6974$ lb · pol
8. $T = 3712$ lb · pol
11. Ângulo de avanço = 4,72°; autotravante
12. Eficiência = 35%
13. $n = 180$ rpm; $P = 0,866$ hp
14. Especifique um fuso de esfera ¾-2
17. 24,7 anos

CAPÍTULO 18 MOLAS

1. $k = 13,3$ lb/pol
2. $L_f = 1,497$ pol
3. $F_s = 47,8$ lb; $L_f = 1,25$ pol
7. $ID = 0,93$ pol; $D_m = 1,015$ pol; $C = 11,94$; $N = 6,6$ espiras
8. $C = 8,49$; $p = 0,241$ pol; ângulo primitivo = 8,70°; $L_s = 1,12$ pol
9. $F_o = 10,25$ lb; tensão = 74500 psi
11. $OD = 0,583$ pol em comprimento sólido
12. $F_s = 26,05$ lb; tensão = 189300 psi (elevado)
31. Tensão de flexão = 114000 psi;
    Tensão de torção = 62600 psi. Tensões são seguras.
35. Torque = 0,91 lb · pol para girar a mola 180°.
    Tensão = 184800 psi; OK para serviço pesado

CAPÍTULO 19 ELEMENTOS DE FIXAÇÃO

4. Parafusos Classe 2: 5/16–18; $T = 70,3$ lb · pol
5. $F = 1190$ lb
6. $F = 4,23$ kN
7. A rosca métrica mais próxima é a M24 × 2. A rosca métrica é 1,8 mm maior (8% maior).
8. A rosca padrão mais próxima é a M5 × 0,8 (a de nº 10-32 também é próxima.)
9. 6,35 kN
10. a. 1177 lb
    c. 2385 lb
    e. 2862 lb
    g. 1081 lb
    i. 2067 lb
    k. 143 lb

CAPÍTULO 20 QUADROS DE MÁQUINAS, CONEXÕES APARAFUSADAS E CONEXÕES SOLDADAS

Os problemas 1 a 16 são questões de projeto para as quais não há uma única solução.

17.	Material	Diâmetro (pol)	Peso (lb por polegada de comprimento)
a.	Aço 1020 HR	0,638	0,0906
c.	Alumínio 2014–T6	0,451	0,0160
e.	Ti–6Al–4V (recozido)	0,319	0,0128

CAPÍTULO 21 MOTORES ELÉTRICOS E CONTROLES

13. 480V, trifásico porque a corrente e o motor seriam menores
16. n_s = 1800 rpm nos Estados Unidos
    n_s = 1500 rpm na França
17. Motor de 2 polos; n = 3600 rpm com carga zero (valor aproximado)
18. n_s = 12000 rpm
19. 1725 rpm e 1140 rpm
20. Controle de frequência variável
34. a. Fase única, motor CA de fase dissociável (split-phase)
    b. T = 41,4 lb · pol
    c. T = 62,2 lb · pol
    d. T = 145 lb · pol
35. b. T = 4,15 N · m
    c. T = 6,23 N · m
    d. T = 14,5 N · m
39. Velocidade com carga máxima = velocidade síncrona = 720 rpm
47. Use um controle NEMA tipo K SCR para converter 115 V de CA em 90 V de CC; use um motor CC de 90 V.
51. A velocidade teoricamente aumenta até o infinito
52. T = 20,5 N · m
54. Acionador NEMA 2
55. Acionador NEMA 1

CAPÍTULO 22 CONTROLE DE MOVIMENTO: EMBREAGENS E FREIOS

1. T = 495 lb · pol
3. T = 41 lb · pol
5. Dados do Problema 1: T = 180 lb · pol
   Dados do Problema 3: T = 27,4 lb · pol
7. Embreagem: T = 2.122 N · m
   Freio T = 531 N · m
8. T = 143 lb · pés
9. T = 60,9 lb · pés
11. T = 223,6 lb · pés
15. F_a = 109 lb
17. W = 138 lb
18. b > 16,0 pol

ÍNDICE REMISSIVO

A

Abordagens estatísticas no projeto, 229
Acabamento de superfície, 196-198, 577-579
Acionadores, 782
Aço, 48-52
    aços-ferramenta, 58
    alto carbono, 49
    baixo carbono, 49
    carbono e liga, 48-52, 339-341, 842
    cementado, 845
    condições dos, 52-56
    estrutural, 58, 847
    grupos de liga, 51
    inoxidável, 57, 846
    médio carbono, 49
    propriedades, com tratamento térmico, 842
    rolamento, 49, 588-591
    sistemas de designação, 49-51
    teor de carbono, 49
    tratamento térmico, 52-56
    usos de alguns, 51
Acoplamentos, 488-520
    conexão poligonal, 503
    corrente, 507
    de garra, 509
    Dynaflex, 508
    engrenagem, 507
    ever-flex, 507
    flexíveis, 506-509
    fole, 507
    form-flex, 509
    para-flex, 508
    rígidos, 506
    Ringfeder® Locking Assemblies, 503
Acoplamentos flexíveis, 506-509
    capacidade de torque, eixos, 650
    tensões em eixos, 529-530
Aços cementados, propriedades de, 845
Aços-ferramenta, 58
Adelgaçamento de um dente da engrenagem, 331
Adesivos, 743
Ajuste, 565
Ajuste de folga, 568-572
    deslizante, 568
    de localização, 572
Ajuste forçado (de pressão), 505
    Ver também Ajustes de interferência; Ajustes de força
Ajustes de força
    tensões para, 572-576
Ajustes de interferência, 572
    ajustes de força, 572
    de localização, 572
    por contração, 572
    tensões para ajustes de força, 572-576
Ajustes de transição, 572
Ajustes para rolamentos, 627-630
Alongamento percentual, 31
Alumínio, 64-66, 850
    ligas forjadas de, 66
    ligas fundidas de, 65
American Gear Manufacturers Association (AGMA), 321, 326, 329, 379-401, 423-424, 428-429, 445, 449-451, 459-466, 468-471, 477-480, 667
American National Standards Institute (ANSI), normas, 568, 607
American Society for Testing and Materials (ASTM), 18, 33, 38, 45, 58-61, 698-701, 847, 848
American Society of Mechanical Engineers (ASME), norma, 568
Amplitude de tensão, 193
Análise de elementos finitos, 169
Anéis de retenção, 551
Ângulo de pressão
    engrenamento sem-fim, 344
    engrenagem sem-fim autofrenantes, 344
Aplicações de nanotecnologia em materiais, 85
Áreas, propriedades das, 834
Assentos e rasgos de chaveta
    concentrações de tensões, 529-530
    dimensões, 494
    filetes, 492
    seleção e instalação, 493
Associação de Desenvolvimento do Cobre (*Copper Development Assn – CDA*), 43
Associação do Alumínio (*Aluminum Association – AA*), 43
Atrito, 665
Auxílios computacionais, 14

B

Brasagem, 743
Bronze, 68, 384-385
    fundido, 647
    propriedades, 853
Bucha cônica dividida, 504

C

Cálculos de projeto, 15
Cantoneiras, abas iguais e desiguais, 864, 865, 866
Cantos filetados, 494
Carbonitretação, 55
Catraca, 824
Cementação, 55, 384
Centro de cisalhamento, 121
Centro de flexão, 121
Cerâmica, material de rolamento, 588-591
Chavetas, 488-520
    chanfros, 492
    de pino, 493
    de quilha, 490
    forças na, 496
    materiais para, 494
    paralelas, 490
    projeto para, 496
    tamanhos, 491
    tensões para determinar o comprimento de, 494-498
    tipos, 493
    tolerâncias, 490
    Woodruff, 493, 498
Cianetação, 55
Círculo de Mohr, 171-176
    condições especiais de tensão, 182-183
Cobre, 68-70
    propriedades, 853

Coeficiente de
    atrito, 473, 648, 814-815
    expansão térmica, 42, 572
    Poisson, 32
Colares, 511
Colunas, 246-272
    com carga excêntrica, 265-268
    comprimento efetivo, 249
    condições de extremidade, 249
    constante de coluna, 250
    deformadas, 262-265
    equação de J. B. Johnson, 253-255
    fatores de segurança de projeto, 250
    flambagem, 246-247
    formas ou perfis eficientes para seções transversais de coluna, 256-258
    fórmula de Euler, 250-253
    fórmula secante, 265
    índice de esbeltez, 249
    projeto de, 259-262
    raio de giração, 248
Concentrações de tensões, 131-139
    assentos, 529
    no projeto de eixo, 529-530
Conclusão de projeto de transmissão de potência, 614-639
Condutividade térmica, 43
Conexão poligonal, 503
Conexões soldadas, 756
    tensões admissíveis, 756
    fatores geométricos, 758
    comprimento de solda, 757
    método da abordagem da solda como uma linha, 758
    tipos de juntas, 756
    tipos de soldas, 756
Conformação por brochamento, 375
Contraporcas, 513, 602-603
Controle de movimento. *Ver* Embreagens e freios
Correias e correntes. *Ver* Transmissões por cadeia de elos; Transmissões por correia em V
Correias síncronas, 280, 290-295
    dimensões no sistema métrico, 292
Corrente dentada, 527
Cremalheira, 352-353
Critérios de avaliação, 10-12
Cubo sem chaveta para conexões do eixo, 502

D

Deformação, 108
Densidade, 42

Dente de entrosamento alternado, 353-355
Dentes da engrenagem, 383
Desdobramento da função qualidade (QFD), 9
Desenhos de montagem, 634-637
    detalhes finais do projeto para os eixos, 634
Desgaste, 665
Designações, comparação das aços e alumínio, 47
Dimensões preferenciais, 15-21, 836
Dispositivo padrão de ensaio de fadiga de R. R. Moore, 189
Ductilidade, 31
Dureza, 34-35
    Brinell, 34
    conversões, 35, 884
    Rockwell, 34

E

Elemento de tensão, 105-106
Elementos de fixação, 730-747
    adesivos, 743
    arruelas, 742
    brasagem, 743
    denominações de rosca, 735-737, 836
    desgaste de rosca, 741
    dispositivos de travamento, 743
    força tensora, 737
    juntas aparafusadas, 737-739
    materiais de parafuso, 732-735
    métrico, 737
    padrão norte-americano, 735
    parafusos de ajuste, 742
    parafusos, 732
    resistência, 732-735
    revestimentos e acabamentos, 735
    solda, 743
    tipos de cabeça, 731
    torque de aperto, 737
Elementos de movimento linear, 673-688
Elementos de tensão normal, 106
Embreagens e freios, 798-828
    absorção de energia, 811
    acionamento, 803-805
    acoplamento de embreagem, 800
    aplicações típicas, 801
    catraca, 824
    coeficiente de atrito, 814-815
    de disco, 805, 815-817
    desempenho, 806
    desgaste, 816-817
    embreagem de dentes, 824
    embreagem de fibra, 825

    de mola enrolada, 825
    de revolução simples, 825
    de sobrecarga, 825
    definição de, 798
    deslizante, 800, 804
    fluídicas, 825
    ou freio de cone, 802, 817-819
    por corrente parasita, 825
    freio à prova de falhas, 803
    freio, definição de, 798
    freios a disco, 802, 817
    freios a tambor, 819-822
    freios de cinta, 802, 822-824
    inércia, 809-811
    inércia efetiva, 809-810
    materiais de atrito, 814-815
    raio de giração, 807
    tempo de resposta, 812-814
    tensores, 825
    tipos, 802-805
    unidade de freio e embreagem, 800
    Wk^2, inércia, 807
Endurecimento por chama, engrenagens, 54
Endurecimento por indução, engrenagens, 54, 382
Endurecimento superficial
    endurecimento por chama, 54-55
    endurecimento por indução, 54-55
    operações de tratamento térmico, cuidados com as, 56
Energia de impacto, 38-39
    Izod, 38
Engrenagem cônicas retas, 338
Engrenagem helicoidal, 332-335
    ângulo de hélice, 332
    cruzada, 315
    fator geométrico, 386
    forças nas, 452
    forças nos dentes, 526
    geometria, 332-335
    passos, 334-335
    projeto de, 448-452
    redutores, 381
    resistência à corrosão por pite, 333, 446-448
    tensões nos dentes, 373
Engrenagem intermediária, 351
Engrenagem sem-fim. *Ver* Engrenamento sem-fim
Engrenagens cônicas, 335-338
    ângulo de pressão, 336
    engrenagem cônica retas, 335
    fator geométrico, 461
    forças dos rolamentos, 454-458
    forças, 452-454
    geometria, 335-342

momentos fletores nos eixos, 458
redutor, 430
resistência à corrosão por pite, 421
seleção de materiais para, 396-405
tensões nos dentes, 404
Engrenagens de dentes retos, 320-330, 367-439
adelgaçamento, 331
adendo, 326
ângulo de pressão, 371
capacidade de transmissão de potência, 420-421
características, 320-330
círculo base, 320
coeficiente elástico, 395
comentários, 326
cremalheira, 352-353
curvas conjugadas, 320
dedendo, 423
diâmetro de passo, 370
distância de centro, 326
eficiência, 373-374
engrenagem de plástico, 422-423
especificação de material, 421
fator de confiabilidade, 397
fator de espessura de borda, 390
fator de forma de Lewis, 385, 424, 477
fator de sobrecarga, 388
fator dinâmico, 379
fator geométrico, 386, 885
fluxo de potência, 373-374
folga entre dentes, 326
folga, 389
forças exercida no dente, 525
forças exercidas sobre os eixos, 525-529
forma involuta do dente, 319
geometria da engrenagem de dentes retos, 320
geometria, 385
interferência, 379
intermediária, 400
internas, 375
largura de face, 406-408
lei fundamental do engrenamento, 319
lubrificação, 428
materiais, 396-405
módulo métrico, 411
normas AGMA, 321
passo diametral, 372
produção, 374-375
projeto de, 405-411
qualidade, 375-380
razão de velocidade angular constante, 320
resistência à corrosão por pite, 421, 885

sistema de módulo métrico, 321, 324-325
tensão admissível, 380-381
de contato, 395-396
de contato Hertz nos dentes, 395
de flexão nos dentes, 385-395
tipos, 319
Engrenamento sem-fim, 340-347, 440-487
ângulo de avanço, 342
ângulo de pressão, 344
autotravante, 477
avanço, 342
coeficiente de atrito, 473
comprimento de face do sem-fim, 346
diâmetro do sem-fim, 345
dimensões da engrenagem sem-fim, 345
durabilidade superficial, 478
eficiência em conjuntos de, 472-477
forças sobre, 472
geometria de sem-fim, 342-347
passos, 342
projeto de, 481-483
razão de velocidade angular, 473
redutor, 341
roscas, 342
sem-fim oco, 345
tensão nos dentes, 477
tipos, 340-342
Ensaio de *Charpy*, 38
Equação de J. B. Johnson para colunas, 253-255
Espaçadores, 512
Estrias, 498-501
ajustes, 500
capacidade de torque, 499
de lado reto, 498-499
involutas, 499-501
módulo, 501
passos, 501
Execução de projetos, 829-832
Exemplo de
funções, 11-12
integração de elementos de máquinas em um projeto mecânico, 12-14
projeto, 212-225

F

Fadiga, 39, 189
Falhas por fadiga, análise de tensão
fadiga de alto ciclo (FAC), 193
fadiga de baixo ciclo (FBC), 192-193
Fator

de dimensão, 198-200
de redução da resistência, 147
fator J para engrenagens
de dentes retos, 386
helicoidais, 447
geométrico I, 885
pV, 649-650
Fatores de
concentração de tensão, 131-139, 529-530
confiabilidade, 198, 464
conversão, 883
segurança, 206
Ferro
branco, 61
cinzento, 29, 58, 848, 849
austemperado (ADI), 60, 848
fundido, 58-61, 384
Sistema internacional de unidades (propriedades de projeto), 849
Sistema norte-americano de unidades (propriedades de projeto), 848
maleável, 59, 848
Filosofia de projeto, 204-205
Fixação com pinos, 501-502
Flambagem
de colunas, 206
de molas, 703
Fluência, 39-41
Folga, 571, 656
Força, 22
Forças exercidas sobre os eixos pelos elementos de máquina, 525-529
Forma involuta do dente, 375
Fórmula de Euler para colunas, 250
Freios. *Ver* Embreagens e freios
Fuso de esfera
desempenho de, 685
eficiência, 684-685
flambagem de colunas, 686
materiais para parafuso, 686
torque, 684-685
velocidade crítica, 686

G

Graxas, 668

H

Habilidades necessárias no projeto mecânico, 10

I

Índice de esbeltez, 249
Índice de viscosidade, 667

Instituto Americano do Ferro e do Aço (*American Iron and Steel Institute – AISI*), 43
Interferência
    ajustes de, 572
    folga, 565

J

Junta universal, 509
Juntas aparafusadas, 737-739, 752-755
Juntas de garfo-olhal
    fatores de concentração de tensão, 137-139

L

Latão, 68
    propriedades, 853
Lei fundamental do engrenamento, 319
Ligas à base de níquel, 67
    propriedades, 852
Ligas de magnésio, 67
    fundidas sob pressão, 851
Ligas
    Inconel, 735
    Monel, 588
Limite de elasticidade, 31
Limite de proporcionalidade, 31
Lubrificação hidrodinâmica, 655
Lubrificação
    engrenagem, 428
    mancais de deslizamento *Ver* Mancais de deslizamento
    métodos de, 304
    transmissões por corrente, 304
Lubrificantes, 666
    sólidos, 668

M

Mancais de deslizamento, 643-672
    bucha, 643
        carregamento oscilatório, 653-654
    coeficiente de atrito, 646, 648
    comprimento, 651
        considerações de desgaste, 654
    Curva de Stribeck, 646
    desempenho do mancal hidrostático, 663-664
    desgaste, 668
    espessura da película, 655
    fator pV, 649-650
    folga diametral, 651-652, 656
    geometria, 644
    hidrodinâmicos de película completa, 654-656
    hidrostáticos, 662-665
    lubrificação
        de película mista, 645, 655
        hidrodinâmica de película completa, 646, 659
        marginal, 648-654
    materiais, 647-648
    número característico do mancal, 657
    número de Sommerfeld, 657-658
    parâmetro de deslizamento, $\mu N/P$, 646-647
    parâmetro $\mu N/P$, 646-647
    pressão, 656
    ranhura, 661
    rugosidade superficial, 656
        temperatura de operação, 650
    temperatura do lubrificante, 656-657
    torque de fricção, 659
    variável de
        coeficiente de atrito, 658
        de espessura da película, 658
    viscosidade, 657
Massa, 22
Materiais de engrenagens metálicas norma AGMA 2001-DO4, 381
Materiais de plástico para engrenagens, 482
Materiais de rolamento, 588-591
Materiais no projeto mecânico, 27-99
    aço estrutural, 58, 847
    aços ferramenta, 58
    aços inoxidáveis, 57, 846
    alumínio, 64-66, 850
    análise de decisão, 87-89
    carbono e ligas de aço, 48-52, 339-341, 842
    compósitos, 73-86
        construção dos, 79-81
        diretrizes de projeto, 83-86
    engrenagem, 396-405
        enrolamento filamentar, 76
    ferro fundido, 58-61, 384, 848, 849
    latão e bronze, 68-70, 853
    ligas à base de níquel, 67
        limitações dos, 79
    metais em pó, 61
        moldagem de chapas, 73
        cobre, 68-70
        outras considerações, 89-92
    plásticos, 70-73, 421-427, 854
    processo, 87
        pultrusão, 76
        fibras reforçadas, 75
    seleção, 86-92
    termofixos, 71
    termoplásticos, 70
    titânio, 67-68, 852
        vantagens dos, 76-79
    zinco, 66-67, 851
Metais em pó, 61
    exemplos, 61
    processamento, 61
Metal patente, 647
Metal Powder Industries Foundation (MPIF), 61
Metalurgia do pó (MP). *Ver* Metais em pó
Método de Gerber, 227
Método de Goodman, 208-209
Método de vida finita e de acumulação de danos, 230-234
Método de vida finita, 230-234
Método Taguchi, 579
Métodos de análise de projeto, 206-210
Modos de falha e análise de efeito (FMEA), 9
Módulo de elasticidade
    cisalhamento, 32
    do fio da mola, 703
    tensão, 31
Módulo de flexão, 33-43
Módulo de seção polar, 111
Módulo de seção, 120
    polar, 111
Módulo específico, 76
Mola Belleville, 692
Molas de extensão, 715-719
    configurações de extremidade, 715
    tensões admissíveis, 715-716
Molas de força, 692
Molas Garter, 692
Molas helicoidais de compressão, 693-701
    análise, 703-706
    ângulo primitivo, 697-698
    constante de mola, 694
    deflexão, 702-703
    diâmetros, 694
    fator de Wahl, 702
    flambagem, 703
    índice de mola, 697
    materiais, 698, 699
    número de espiras, 697
    passo, 697
    projeto de, 706-709
    tensões admissíveis, 698
    tensões, 702-703
    tratamento de extremidade, 693
Molas helicoidais de torção, 719-725
    constante de mola, 720
    deflexão, 720
    número de espiras, 720

procedimento de projeto, 720-723
tensões, 720
tensões de projeto, 720
Molas, tipos de, 691-693
fabricação, 726
granalhagem, 726
Momento estático, 116
Montagem de rolamentos de esferas e rolos cilíndricos, 625
Motores elétricos, 768-797
acionadores, 782
caixas, motores, 779-781
capacitador permanente, 777
capacitor de partida, 777
CC composto, 790
CC sem escova, 792
comando de velocidade variável CA, 787-788
controle de motores CC, 791
controle de velocidade, CA, 791
controles, CA, 781-788
curvas de desempenho, motores CA, 775
em derivação, CC, 790
fase dissociável, 777
fatores de seleção, 770
ímã permanente, CC, 791
motores CA, 770-772
motores CA, projetos B, C, D (NEMA), 774
motores com indução gaiola de esquilo, 774-776
motores com rotor bobinado, 775
motores de circuito impresso, 794
motores de indução, 774-776
motores de passo, 792
motores de torque, 792
motores lineares, 794
motores monofásicos, 776-777
motores síncronos, 776
motores universal, 776
polo sombreado, 777
potência CC, 788-789
potência monofásica, 777
potência trifásica, 771
proteção contra sobrecarga, 786
retificadores (SCR), 789
rotor bobinado, 775
servomotores, 792
tamanhos de quadro, 780
tamanhos, 770
tipos de caixa de motor CA, 677-781
tipos de motor CC, 790-791
tipos de quadro, 777-781
velocidades de motor CA, 772
velocidades, 772
Motorredutor, 440

N

National Electrical Manufacturers Association (NEMA), 774
Nitretação, 55, 201, 382
Normalização, 53
Número de Sommerfeld, 657-658

O

Óleos, 666-668

P

Parafusos de ajuste, 504-505
Parafusos de potência, 677-683
ângulo de avanço, 681
autotravante, 680
eficiência de um, 681
potência exigida, 681
rosca Acme, 677, 681
quadrada, 681
métricas, 681
torque exigido, 677
Parafusos de potência métricos, 677
rosca trapezoidal, exemplos, 679
Perfis
denominações, 17-18
dimensões preferenciais, 15
metais para usados, 45-47
membros sob carregamento, 17
Ver também Perfis estruturais
Perfil U, 867-871
Perfis americanos, 17, 873
Perfis de abas largas, 17, 872
Perfis estruturais, 17-21, 863
I, 872-876
U, 867-876
tubo, 877
tubos para aplicações mecânicas, 863, 881, 882
tubos quadrados e retangulares, 863, 877, 878, 879
Perfis estruturais tubulares (HSS), 18
Perfis I, 17, 872-876
Peso, 22
específico, 42
Pino
cônico e parafuso, 505
de cisalhamento, 502
Planilhas como apoio para projeto
ajustes de força, tensões para, 577
colunas, 255-256, 258, 259
projeto da cadeia de elos, 308
de eixo, 548
de engrenagem, 415-420
de mola, 710-712
Plásticos, 70-73, 421-427, 648
materiais de rolamento, 588
propriedades, 854
Polias de correia chatas, 529
Polias
correia em V, 528
correia plana, 529
Ver também Roldanas
Ponto de escoamento, 30
Potência, 109-110
Procedimento geral de projeto, 210-212
Processo de projeto de engenharia — projeto preliminar, 9
Processo de projeto mecânico. *Ver* Processo de projeto
Processo de projeto
desdobramento da função qualidade (QFD), 9
modos de falha e análise de efeito (FMEA), 9
processo de projeto de engenharia — projeto preliminar, 9
projeto
axiomático, 9
produtos para fabricação e montagem, 9
seis sigma (DFSS), 9
total, 9
TRIZ (teoria da resolução de problemas inventivos), 9
Processo de realização do produto, 9
Produção de engrenagens, 374-375
fresamento com caracol, 375
fresamento de forma, 374
medição, 376-380
normas para a qualidade (AGMA), 379-380
Projeto axiomático, 9
Projeto de eixo, 521-562
concentrações de tensões em, 529-530
considerações dinâmicas, 549
dimensões básicas recomendadas, 534
elementos de fixação
cubo sem chaveta, 502-503
Ringfeder® Locking Assemblies, 503
equação, diâmetro, 532
exemplos, 533
flexível, 550
forças exercidas sobre os eixos, 525-529
procedimento, 522-524
tensões de projeto, 530-533
Projeto de produto para fabricação e montagem, 9
Projeto robusto de produto, 579
Projeto seis sigma (DFSS), 9
Projeto total, 9

Propriedades dos materiais no projeto mecânico
    coeficiente de expansão térmica, 42
    fluência, 39-41
    densidade, 42
    limite de elasticidade, 31
    resistividade elétrica, 43
    resistência à fadiga, 39
    módulo de flexão, 33-37
    resistência de flexão, 33-37
    dureza, 34-37
    energia de impacto, 38-39
    usinabilidade, 38
    módulo de elasticidade em cisalhamento, G, 32
    módulo de elasticidade de tensão, E, 31
    medição não destrutiva, 33
    alongamento percentual, 31
    coeficiente de Poisson, 32
    limite de proporcionalidade, 31
    resistência à tração, Su, 30
    condutividade térmica, 43
    dureza, 34-37
    desgaste em dispositivos mecânicos, 37
    tensão de escoamento, Sy, 30
Propriedades dos materiais, 30

Q

Quadros de máquinas, 748-767
    limites de deflexão, 750
    materiais, 750
    torção, 752

R

Raio de giração, 248
Razão de engrenamento, 319
Razão de velocidade angular, engrenagens, 318
    trens da engrenagem, 347-353
Recozimento, 53
Redutores de velocidade de engrenagem, 429-431, 587, 791
Regra de Miner, 232, 609
Regra de Palmgren-Miner, 609
Relação de tensão, 188-192
Requisitos do projeto, 10-12
Resistência à fadiga, 39, 192-195
    fator de dimensão, unidades do sistema norte-americano, 199
    gráfico *versus* resistência à tração, 197
    real, 196
Resistência à tração, 30
Resistência ao cisalhamento, 29
Resistência ao desgaste
    aço, 35

bronze, 68
ferro cinzento, 58
ferro dúctil austemperado, 60
ferro fundido, 58
ferro maleável, 58
NCs (nanocompósitos), 86
Resistência
    à fadiga, 39, 192-195
    à tração, 30
    ao cisalhamento, 32
    tensão de escoamento, 30
Resistência específica, 76
Resistividade elétrica, 43
Revenimento, 54
Reyn, 657
Ringfeder' Locking Assemblies, 503
Rolamentos de contato angular, 582-613
    capacidade de carga dinâmica básica, 597
    capacidade de carga estática básica, 591
    carga equivalente, 599
    carga média efetiva, 609-610
    cargas variáveis, 605, 609-610
    confiabilidade, 601
    contraporcas, 602
    dados de fabricantes, 591-597
    desgaste, 591
    espessura da película de óleo, 608-609
    fator axial, 600
    fator de rotação, 599
    graxa, 606
    instalação, 606
    lubrificação, 605-606
    materiais, 590
    montagem, 602-603
    normas, 607
    pré-carregamento, 606
    relação carga/vida útil, 591
    rigidez, 607
    rolamento de rolos cônicos, 587
    rolamentos de encosto, 587
    rolamentos montados, 588
    seleção, 601
    tamanhos, 591
    tipos, 584-587
    tolerâncias, 607-608
    unidade esticadora, 588
    unidades de flange, 588
    vedação, 607
    velocidades limite, 607
    vida nominal, 591
    vida útil de projeto, 597
    vida útil de projeto, 597
Rolamentos de encosto, 587
Rolamentos de rolos cônicos, 587, 603-605
Rolamentos hidrostáticos, 662-665

Roldanas, correia em V, 278
    forças de flexão no eixo, 528
Roscas, 15, 735, 836

S

Sensibilidade ao entalhe, 147
Sistema de numeração SAE
    grupos de liga, 51
    novas designações, 49-51
Sistema unificado de numeração, UNS, 44
Sistemas de unidade, 21-22
Sociedade dos Engenheiros Automotivos (*Society of Automotive Engineers – SAE*), 43, 44, 498, 814
Soldagem, 743
Sulcos de anéis de retenção, 530

T

Tamanhos métricos, chavetas. *Ver* Chavetas
Tensão biaxial
    tensão de von Mises, 169-170
Tensão combinada, 164-169, 227
Tensão de cisalhamento
    chavetas, 108
    elemento de, 105-106
    fórmulas especiais de, 118
    máxima, 164-165
    vertical, 116-118
Tensão de contato Hertz, 395
Tensão de escoamento, 30, 208
Tensão flutuante, 189-192
Tensão máxima de cisalhamento, 164-165, 207
Tensão
    admissível, 380
    amplitude, 231
    caso geral de tensão combinada, 163
    círculo de Mohr em condições especiais, 182-183
    círculo de Mohr, 182-183
    de cisalhamento direto, 105
    de projeto para eixos, 530-533
    decorrente de flexão, 119-121
    diretas, tração e compressão, 106
    fadiga de alto ciclo (FAC), 192
    fadiga de baixo ciclo (FBC), 191-192
    flutuantes, 189-191
    fórmulas especiais de tensão de cisalhamento, 118-119
    para ajustes de força, 573-576
    relação de, 188-192
    reversa e repetida, 195
    tensão de cisalhamento torcional, 110-112

tensão de cisalhamento vertical, 116-118
tensão máxima de cisalhamento, 164
tensões normais combinadas, 129-131
tensões principais, 164
Tensões diretas, 106-107
Tensões normais combinadas, 129
  máxima, 164
Tensões normais máximas, 164, 207
Tensões residuais, 201
Tensões, principais, 179-181
Teoria da energia de distorção, 188, 531, 532, 533
Teoria de Mises-Hencky, 188
Teoria de Mohr, 225
Teoria de von Mises, 188
  para tensões biaxiais, 170
Tipos de carregamento, 186
Titânio, 67-68, 852
Tolerância, 565-567
  geométricas, 577
  graus de, 567
Torção
  deformação torcional, 112
  distribuição de tensão, 112
  em condições especiais de tensão, círculo de Mohr, 182-183
  em membros que têm seções transversais não circulares, 113-114
  em tubos fechados de paredes finas, 115
  fórmula da tensão de cisalhamento torcional, 110-112
  tração uniaxial, 182
Torção, tensões em, 114
Torque equivalente, 183
Torque, 109-110
  equivalente, 183
Transmissões por cadeia de elos, 296-309
  conexões, 298
  distância de centro, 299
  correia transportadora, 296, 300
  projeto de, 299-309
  forças nos eixos, 527
  comprimento, 299
  lubrificação, 304-308
  dimensões no sistema métrico, 297
  cabos múltiplos, taxas, 299

passo, 296
taxas de potência, 301-303
corrente de rolo, 296-297
fatores de serviço, 304
tamanhos, 297
rodas dentadas, 296
tipos, 296
Transmissões por correia em V, 281-296
  ângulo de contato, 281
  fator de correção do ângulo de envolvimento, 281
  construção da correia, 282
  seção transversal da correia, 281
  fator de correção para comprimento da correia, 283
  comprimentos de correia padrão, 290
  tração da correia, 290
  projeto de, 282-290
  tensões de projeto para eixos, 530-533
  dimensões no sistema métrico, seções transversais de correias padrão, 281-282
  tabelas de taxas de potência, 301
  polias. *Ver* Roldanas
  fatores de serviço, 285
  roldanas, 280-281
  comprimento do vão, 281
Tratamento térmico de aços
  carbonitretação, 54, 55
  cementação, 54, 55, 382
  cianetação, 54, 55
  endurecimento por chama, 54, 382
  endurecimento por indução54, 382
  endurecimento superficial, 54, 382
  nitretação, 54, 55, 382
  normalização, 53
  propriedades, 842
  recozimento, 52-53
  revenimento, 54
  têmpera, 53
Trens de engrenagem
  desenvolvimento
    projeto de um único par, 356-357
    abordagem de fatoramento para trens de engrenagem compostos, 359-360

dente de entrosamento alternado, 353
razão residual, 357-358
razão de engrenamento, 348-349, 353
razão de velocidade angular, 347-348
TRIZ (teoria da resolução de problemas inventivos), 9
Tubo, 20-21

U

Unidades do SI, 21
  prefixos, 21
  quantidades expressas em, 22
Unidades métricas, 21
Usinabilidade, 38

V

Vedações, 513-516
  eixo, 517
  elastoméricos, 514
  face, 515
  gaxetas, 514
  juntas, 514
  materiais, 516
  O-rings, 514
  rolamento, 516
  tipos, 513-516
  T-rings, 514
Velocidade crítica, 549, 686
Vigas curvas
  análise de tensão, 139
  procedimento geral para análise de, 140-144
  seções compostas, 143-144
  seção transversal, 143
Vigas
  centro de cisalhamento, 121
  centro de flexão em, 121
  com momentos fletores concentrados, 125-129
  deflexões, 121-124, 855
  tensão decorrente de flexão, 119-121
  perfis, 863
Viscosidade, 675

Z

Zinco, 66-67
  ligas fundidas sob pressão, 851